鹏飞现代煤化工循环经济示范园

投资 800 亿元的山西信发化工铝系综合循环项目

★突出生态修复，市域生态环境得到新提升。扎实推进节能减排、造林绿化、城乡环境卫生整治“三大工程”。全面完成 6 项减排约束性指标任务。胜溪湖湿地公园水利工程基本完工，兑镇河、下堡河、曹溪河等流域生态环境综合治理工程加快推进。森林覆盖率达到 30.9%，城区绿化覆盖率达到 42%。39 个城中村、城郊村实现“垃圾不落地”管理，被评为“省级城乡环境卫生整洁行动先进市”。成功创建“国家园林城市”“省综合性宜居城市”。

★突出民生改善，社会事业发展迈出新步伐。全年市财政用于民生支出近 13 亿元。高考二本 B 类以上达线人数达到 2568 人，吕梁职业技术学院东校区具备入驻条件，公共卫生服务大楼建成投用。新农合重大疾病保障由 8 项扩至 30 项以上，各级人均配套资金由 200 元提高到 240 元。医疗、养老、失业等社会保险不断扩面提标，城乡低保应保尽保。高标准完成农村新“五个全覆盖”工程和吕梁市“方便农民五件实事”年度任务。

2013 年，孝义市将紧紧围绕资源型城市经济转型和民生幸福型区域中心城市建设“两大战略”，以“两个试点”为统领，统筹“四化”协调发展，抢抓新机遇，争创新优势，谋求新跨越，为在全省率先走出资源型地区转型跨越发展新路，率先全面建成小康社会而奋斗！

（孝义市政府　供稿）

华美新天地商业广场

城南二期保障性住房

吕梁职业技术学院

指挥长刘智(左三)现场指导

箱梁数控张拉现场观摩会

质量零缺陷　工程零返工　全面创优质

——中铁十九局集团大西铁路客专指挥部

中铁十九局集团有限公司是国家铁路工程施工总承包特级资质企业，是一支集公路、市政、水利水电、矿山、房屋建筑工程施工总承包和公路路基、铁路铺轨架梁、桥梁、隧道、城市轨道交通等工程专业承包为一体的大型综合施工企业。其前身是中国人民解放军铁道兵第九师，组建于 1949 年。1984 年 1 月改编并入铁道部，称铁道部第十九工程局。1999 年 12 月与铁道部脱钩，划归中央企业工作委员会管理，改称中铁第十九工程局。2001 年 12 月 26 日，正式改制为中铁十九局集团有限公司，隶属于中国铁建股份有限公司。2009 年 7 月底，集团公司机关从辽宁省辽阳市迁址北京市。集团公司下辖 12 个子分公司，以及东北、西北、华北等 9 个区域指挥部，派出 31 个直管项目部。

集团公司现有员工 18500 余名，拥有各类专业技术人员 7400 多人，其中教授级高工 17 人、高级职称 718 人；一级注册建造师 390 余人。企业总资产 156 亿元，各类专业大型施工装备 5200 多台套，拥有世界先进、国内一流的隧道(地铁)、桥梁、铺轨、路面摊铺、沥青拌和、大型矿山运输等现代化施工设备。年完成施工生产能力 300 亿元以上。

先后荣获国家级优质工程 43 项，其中，国家优质工程金奖 4 项、银奖 23 项，鲁班奖 8 项、詹天佑大奖 8 项，获省(部)级优质工程奖 134 项；获国家科技进步二等奖 2 项、省部级科技进步奖 8 项。获国家级工法 4 项，省部级工法 59 项。现有专利 39 项。

中铁十九局集团有限公司承担大西客专站前 10 标的建设重任。三年来，指挥部严格标准化管理，实现高质量达标，打造精品工程，顺利完成各项施工任务。在大西客专全线实现了征地拆迁和三电迁改进度第一、桥梁下部工程和箱梁预制施工进度第一、桥梁防护墙和无砟轨道施工质量第一的既定目标，为大西客专全线起到了样板引路的作用。被大西客专公司评为 2011 年度优秀指挥部，所属二、四项目部被评为优秀项目经理部；获得大西客专公司 2012 年度“尽责任、创优质、保安全”劳动竞赛“红旗指挥部”称号，所属三项目部获得“红旗项目部”称号；被太原铁路局评为 2012 年度“三优共创”先进单位；在大西客专公司 2012 年至 2013 年度信用评价考核中连续三次获得第一名；荣获 2013 度山西省重点工程建设集体一等功。指挥长刘智于 2011 年和 2012 年两次获得“火车头奖章”。

(中铁十九局大西指挥部　供稿)

桥梁无砟轨道

箱梁架设施工

路堑边坡绿化

山西经济年鉴

YEARBOOK OF SHANXI ECONOMY

2013

山西出版传媒集团

山西经济出版社

编 辑 说 明

1. 本年鉴是由山西省人民政府组织编纂的一部反映山西经济发展实绩的资料性工具书，由山西省人民政府办公厅主管。

2. 本年鉴于1985年创刊，现在出版的是第29辑。

3. 本年鉴2013年卷的内容分为28个部分：(1)特载，(2)山西概况，(3)固定资产投资，(4)经济法制，(5)宏观管理，(6)农业，(7)工业，(8)交通、邮电，(9)住房和城乡建设，(10)测绘、地质、防震减灾，(11)贸易，(12)出入境检验检疫、海关，(13)旅游业，(14)财政、税收，(15)金融业，(16)保险业，(17)证券、期货，(18)科学事业，(19)教育事业，(20)文化、新闻、广播、出版事业，(21)卫生、体育，(22)人民生活，(23)县域经济发展概况，(24)转型跨越发展专文，(25)国民经济统计资料，(26)地方经济法规、规章，(27)山西经济大事记，(28)光荣榜。

4. 本年鉴采用分类编辑法，以部类(如工业)为单元，由分目(如煤炭工业、冶金工业等)和条目组成。条目是辑录资料和介绍情况的主要形式，条目标题用黑体字加【 】表示。较长的条目根据内容需要加楷体字插题，以备读者检索。

5. 作者署名均在文内条目之后，如遇同一作者撰写数个条目，则只在最后一个条目后署名。

6. 本年鉴辑录的文章，分别由山西省人民政府各有关部门，各市、县人民政府，工贸企业及有关单位指定专人撰写，并经山西经济年鉴编辑委员会编辑审定。

7. 本年鉴辑录的统计资料，由山西省统计局整理提供。“特载”部分由于文稿数字为年度快报数，与书中其他相关数据可能不尽一致。

8. “山西经济大事记”记录了2012年《山西日报》发表的经济消息和山西省人民政府各有关部门、各市、县人民政府和工贸企业提供的经济情况。

《山西经济年鉴》编辑委员会

2012年度山西经济十大新闻

山西转型综改试验区总体方案获批

2010年11月，国务院批准设立山西省国家资源型经济转型综合配套改革试验区，是我国第一个全省域、全方位、系统性的国家级综合改革配套试验区。2012年9月，国务院批复《山西省国家资源型经济转型综合配套改革试验总体方案》，标志着山西资源型经济转型综合配套改革试验区建设进入全面实施阶段。

总体方案科学规划了到2020年山西资源型经济转型综改试验的整体思路，明确了山西转型综改试验的主要任务，包括产业转型、生态修复、城乡统筹、民生改善四大领域。山西转型综改试验将在创新完善产业转型促进机制、深化财税体制改革等10个方面开展实施综合配套改革。

总体方案明确了山西转型的主要目标分两个阶段，提出到2015年"十二五"阶段的近期目标和到2020年的中期目标，力争通过20～30年的努力，山西综合配套改革效应持续显现，基本实现资源型经济转型和全面建设小康社会建设目标。

汾酒集团销售收入突破百亿元大关

截至2012年11月6日，汾酒集团销售收入突破百亿元，达到100.18亿元，提前3年实现了"十二五"确定的百亿目标，标志着汾酒集团质量规模型发展顺利结束，即将进入质量规模效益型发展新阶段。

山西塑造"晋善晋美"品牌新形象

2012年初，以"中国·山西·晋善晋美"为主题的山西旅游形象宣传片强势亮相央视各大黄金栏目，以及经过深度整合山西旅游品牌宣传片持续登陆和谐号动车电视广告，"2012山西旅游品牌塑造年"的宣传推广活动大幕正式开启。藉此，"晋善晋美"作为山西旅游新品牌口号得到迅速传播和提升，山西旅游也在围绕把山西旅游业打造成全省转型跨越发展的先导产业、战略性支柱产业和人民群众更加满意的现代服务业的目标指引下，开启了全新发展里程。

山西境内煤炭全部实现电子化交易

2012年以来，在煤炭市场持续走低的形势下，省属煤炭骨干企业和中国(太原)煤炭交易中心，勇于创新、先行先试，相继开创煤炭现货交易、建设煤炭超市、布局物流战略节点、打造煤炭供应链条等运输销售新模式，为全省发展煤炭物流服务业提供了值得借鉴的样本。2012年9月，山西已实现境内铁路运煤的"试上线"。从2013年1月1日起，山西境内煤炭全部实现电子化交易，告别了中国煤炭行业传统的一对一的实物交易模式。

煤炭供需主体通过电子交易平台可以直接协商议价，减少了传统销售模式下的某些中间环节，缩短了洽谈程序，节约了交易双方的时间成本。同时，在现代网络和技术的支撑下，交易中心可以有效整合信息、资金、物流等有关资源，提高煤炭的流通效率。煤炭交易商还可以通过交易中心这个电子平台进行结算，保证了双方的资金安全。

中国(太原)煤炭交易中心是目前国内唯一经国务院批准冠以"中国"字号的全国性煤炭交易中心。

首届世界晋商大会在太原隆重召开

2012年8月20日，以“新晋商·新山西·新跨越”为主题的首届世界晋商大会在太原隆重召开。来自全球42个国家和地区的1400余名晋商精英出席了此次大会，向全球晋商发出《晋商宣言》，共同弘扬晋商精神，彰显晋商形象，传承晋商文化，凝聚晋商力量，重铸晋商辉煌。

全省粮食总产、单产再创历史新高

据国家统计局山西调查总队抽样调查，并经国家统计局核定，2012年山西省粮食总产量127.4亿千克，比2011年增加8.1亿千克，增长6.8%；粮食亩产258千克，增加16千克，增长6.6%。粮食总产、单产双双实现新的突破，再创历史新高。

国家发改委批准太原地铁项目

2012年9月5日，国家发改委正式批准太原市城市轨道交通近期建设规划。根据规划，太原城市轨道交通线网由7条线路组成，其中5条市区线、2条市域线，总长约233.6千米，共设车站150座，换乘车站21座，中心城区线网密度0.44千米/平方千米。

山西打出稳增长系列“组合拳”

2012年，山西省委、省政府明确提出要把稳增长作为当前经济工作的中心任务，通过了《关于保持经济平稳较快增长的若干意见》，出台了一揽子稳增长的政策措施。这次的稳增长政策“组合拳”包括保持经济平稳较快增长、支持服务业发展、扶持小型微型企业加快发展等一揽子50多条政策措施，既有全面部署，也更加突出重点，充分体现了科学发展主题，加快转变经济发展方式主线和稳中求进的总基调。

山西开始向社会公布PM2.5数据

2012年6月5日，山西省开始向社会公布PM2.5等6项污染物指标，市民只需要登录山西省环保厅网站便可看到所在城市的污染物实时监测数值。

全省高速公路里程达到5000千米

2012年，山西公路建设全年累计筹集资金1000多亿元，完成公路建设投资680亿元，新建成高速公路1006千米，全省高速公路总里程突破5000千米。

截至2012年底，全省90%以上的县(市、区)通了高速公路，96.3%的国道、85.5%的省道达到二级以上公路标准，全省公路通车总里程达到13.8万千米，公路密度为87千米/百平方千米，具备条件的建制村实现了通水泥(油)路、通客车和街巷硬化“全覆盖”。

中国共产党
大同市委员会

市委书记　丰立祥

市委副书记、市长　李俊明

市委副书记　刘国庆

市委秘书长　郜向华

中国共产党大同市委员会

秘书长　郜向华

常务副秘书长　陈兴录

副秘书长　任建刚

副秘书长　郑关定

副秘书长　张忠义

副秘书长　于雅丽

副秘书长　丁玉柱

副秘书长　王福明

副秘书长　薛润生

大同市人民政府

市委副书记、市长　李俊明

市委常委、常务副市长　李世杰

市委常委、副市长　王克建

市委常委、副市长　操学诚

副市长　曹惠斌

副市长　靳瑞林

副市长　张韬

副市长　刘振国

秘书长　段建华

秘书长 段建华

副秘书长 张新平

副秘书长 王淑琴

副秘书长 梁全胜

副秘书长 王治军

副秘书长 张海风

副秘书长 刘法明

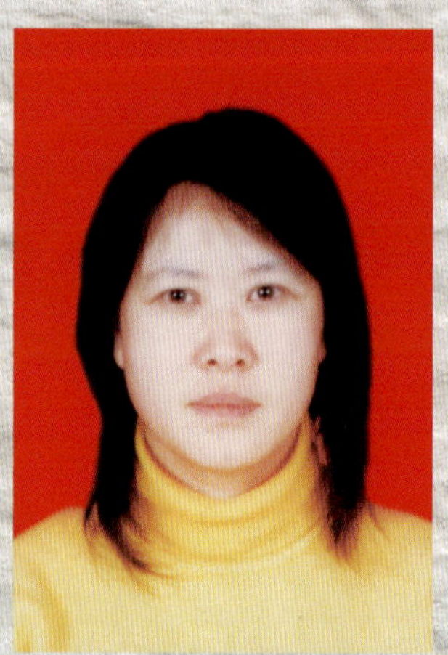
副秘书长 张学梅

副秘书长 成国栋

中国共产党晋中市委员会

市委书记　张璞

市委副书记、代市长 胡玉亭

市委副书记　张秀萍

市委常委、纪委书记 王琦

市委常委、常务副市长 刘志宏

市委常委、副市长 畅志仁

市委常委、组织部长 丁文禄

市委常委、政法委书记 苗伟

市委常委、宣传部长 黄耀春

市委常委、统战部长 孙光堂

市委常委、秘书长 王建忠

市委常委、军分区政委　王威

晋中市人民政府

市委副书记、代市长　胡玉亭

市委常委、常务副市长
刘志宏

市委常委、副市长
畅志仁

副市长　王盛章

副市长　辛　琰

副市长　王建林

秘书长、办公厅主任
陈定堂

阳曲县政法工作暨创建省级平安县动员大会

阳曲县公安局党委研究"平安阳曲"创建工作

警容警貌

凝心聚力铸警魂 情系阳曲保平安

——阳曲县公安局

民警日常巡逻

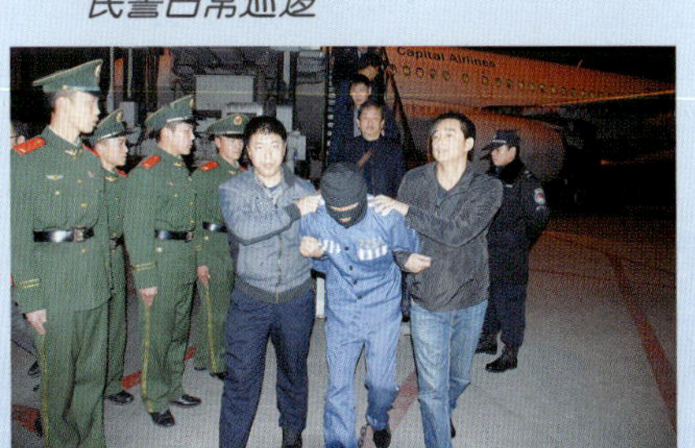
民警远赴云南将抢劫杀人在逃人员押解回井

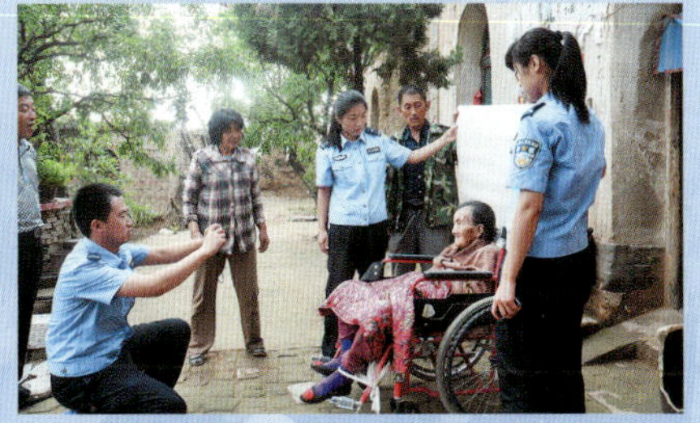
民警上门办证

近年来，阳曲县公安局紧紧围绕创建"平安阳曲"这一目标，以提升人民群众安全感和满意度为抓手，以社会治安防控体系建设为载体，全面落实社会管理综合治理各项措施，治安防范工作取得明显成效，有力地维护了全县社会治安大局的持续稳定，为阳曲县转型跨越发展创造了和谐稳定的社会治安环境。2009 年，新一届党委班子上任以来，强化领导责任，全面落实社会管理综合治理各项措施，为综治工作提供强有力组织保障。坚持打防结合，构筑确保长治久安的防范体系；坚持严打方针不动摇，严厉打击各类刑事犯罪，先后开展了"晋阳风暴""清网行动""暖冬行动""打黑除恶、打霸治痞"等专项行动，有效地维护了全县政治稳定和社会安定。强化社区警务建设，推进"城乡社区防控网"建设；强化巡逻防控措施，推进"街面巡逻防控网"建设；强化内部单位管控，推进"内部单位防控网"建设；强化天网工程建设，推进视频监控网建设；强化网盾安装工作，推进"虚拟社会防控网"建设；强化治安行政管理工作，推进"行业场所防控网"建设；强化协作配合，推进"区域警务协作网"建设。形成了一张覆盖辖区的治安防控网络，为维护辖区社会政治稳定、构建和谐社会发挥了应有的作用。2012 年，该局群众安全感、满意度均为全市第一，被省公安厅荣记集体三等功。2010 年和 2012 年两次被省公安厅评为全省优秀公安局。2010～2011 年度被市委、市政府授予"文明单位标兵"称号，2012 年度被市公安局评为"暖冬行动""清网行动"先进集体。2013 年被省人社厅、省综治委授予"2009～2012 年度全省社会管理综合治理先进集体"称号。

（阳曲县公安局　供稿）

省人大常委会副主任、省总工会主席田喜荣慰问岢岚县宋家沟乡小学生

省人大常委会副主任、省总工会主席田喜荣在报社调研

实现新突破 展现新作为

——山西省总工会

2012 年，在省委和全总领导下，山西省总工会认真贯彻党的“十八大”精神和全总十五届六次执委会精神，围绕中心、服务大局，突出特色、主动作为，不断提高工作科学化水平，各项工作取得新的进展。

★群众性建功立业活动取得新成果。以“转型跨越杯”劳动竞赛为统领，广泛开展转型综改试验区先行先试立功竞赛、重点工程“七比一创”竞赛、重点行业节能减排竞赛、创建“工人先锋号”班组升级竞赛等活动，参赛职工达 577.9 万人。隆重召开全省“五一”表彰大会，表彰了 100 个先进单位、508 名先进个人和 199 个先进集体，其中一线职工和专业技术人员占先进个人的 43.7%。我省 10 个单位、31 名个人、27 个集体分获“全国‘五一’劳动奖状”“全国‘五一’劳动奖章”和“全国工人先锋号”称号。

★凝心聚力工程得到新加强。深入开展“心系重点工程，情暖一线职工”慰问演出活动，深入实施社会主义核心价值体系建设工程，广泛开展“讴歌辉煌成就，凝聚奋进力量”职工主题教育活动、“岗位学雷锋，争做好员工”活动和职工职业道德建设活动，评选出山西省职工职业道德建设标兵单位 20 个、示范岗 20 个、标兵个人 20 个。

★职工队伍素质建设取得新突破。广泛开展群众性技术创新活动，职工提合理化建议 67.5 万条，完成技术革新 4.1 万项。成功举办第四届全省职工职业技能大赛，带动全省 100 多个工种技能竞赛，15.3 万名职工提升职业技能等级。组队参加全国第四届职工职业技能大赛，名列第二。健全完善高技能人才示范带动机制，命名了 100 个省级高技能人才创新工作室，选树技能带头人 7036 人。积极探索职工书屋创建模式，在全年新建 424 个职工书屋基础上，因地制宜建起职工书柜、书房、书角、书包、书箱等，职工学习更为便利。

省人大常委会副主任、省总工会主席田喜荣与工会代表交谈

山西省总工会十二届五次全委（扩大）会议

全国工会参与社会管理暨职工法律援助维权服务工作推进会在太原举行

省人大常委会副主任、省总工会主席田喜荣在岢岚县下乡调研

省人大常委会副主任、省总工会主席田喜荣在朔州市总工会调研

★工会维权机制建设取得新进展。持续推进安康工程，召开全省 2011～2012 年度“安康杯”竞赛总结表彰暨交流会议，推动竞赛进一步引深到班组，竞赛范围和规模实现新突破。切实加大参与职业病防治工作模式推广力度，开展全省职业病防治情况统计，广泛宣传修改后的《职业病防治法》，各级工会提出职业病防治法律政策制定意见和建议 5851 条，开展职业卫生检查 3472 次，提出职业危害隐患和整改意见 17576 条。着力推进平等协商集体合同制度，以“建制扩面提质年”为抓手，不断完善考核制度，提前一年完成全总三年规划任务。工资专项集体合同覆盖企业 76461 家，增长 57%；覆盖职工 483 万多人，增长 26.7%；工资集体协商指导员和集体协商代表分别达 3091 人和 41007 人，增长 12.4%和 46.4%。劳动争议调解组织达 21892 个，增长 12.5%。深入开展厂务公开、职工代表大会建制专项行动，选树了 50 家全省厂务公开民主管理工作示范单位，我省非公企业厂务公开和职代会建制率在全国排名第一，公有制企业排名第三。大力加强法律服务和法律援助工作，总结推广交口县总“一站式”社会化援助模式，依托工会帮扶中心或法律服务中心，及时为困难职工和农民工提供法律服务。

★工会服务帮扶能力得到新提升。推广西山煤电“3110”帮扶经验，推进帮扶网络向企业和社区延伸，10482 名工会干部与困难职工结成帮扶对子。深化送温暖活动，全年筹资 1.2 亿元，慰问困难企业 2598 家、困难职工 20.7 万户、困难农民工 29289 户，实现建档困难职工全覆盖、不遗漏。“金秋助学”筹资 3290 万元，资助困难职工子女 14515 人，其中农民工子女 2986 人。推动帮扶设施规范化，与建行联合发行晋工龙卡，慰问金直接入卡，持卡享受 80 余家商户和机构优惠，第一批已发放 12 万张。

同时，工会组建、自身建设、女职工、财务、经审、工运研究、资产监管、对外交流、职工物价监督、产业工会等工作进一步加强。王兆国同志 5 月份在山西考察，对省总工作给予高度评价。袁纯清同志、金道铭同志和全总副主席、书记处第一书记王玉普以及副主席陈豪、张鸣起等同志均多次对我省工会工作作重要批示。在全国工会“两个普遍”工作推进会议、全国工会推进世界 500 强企业工资集体协商工作经验交流会、全国工会推进职工法律援助工作视频会议、全国县级工会经审工作经验交流会议、全国工会经审工作创新成果推进会议、全国工会好信息表彰大会、全总女职工委员会五届四次会议上，我省都作了经验介绍。

（宋海兵、冯千　供稿）

全国工会推进企业民主管理工作会议在长治召开

劳模宣传月启动仪式

全省工会工作观摩团在晋中平遥煤化集团公司观摩

省委书记袁纯清听取太原铁路局工作情况汇报

省长李小鹏视察新建太原南站

坚持科学发展
全力服务国民经济和山西省转型跨越

——太原铁路局

太原铁路局成立于2005年3月18日，共有职工11.8万人。管辖南北同蒲、大秦、侯月、石太、太中（银）、京原、石太客运专线等12条干线和西山、介西、宁岢、口泉、云冈等13条支线，路网纵贯三晋南北，横跨晋冀京津两省两市，线路总延长8682.1千米，营业里程3328.2千米。配属机车1111台，客车1916辆，CRH380AL高速动车组1组，CRH5型动车组6组，是全路18个铁路局中货运量最大、重载技术最先进的铁路局，也是全路唯一运输主业整体改制上市的铁路局。主要担负着山西省的客货运输和冀、京、津、蒙、陕等省（市、区）的部分货运任务，用户群辐射全国26个省（市、区）、15个国家和地区，在山西省综合交通运输体系中居于骨干地位。

2012年，在山西省委、省政府和铁道部的正确领导下，太原铁路局以科学发展观为指导，以服务国民经济和山西省转型跨越发展为己任，坚持人民群众满意的根本标准，千方百计增加运输能力，不断提升铁路服务质量，全局安全生产持续稳定，运输经营业绩突出，铁路建设有序推进，职工生活不断改善，各项工作始终保持健康有序的发展态势。

★全力服务国民经济和山西经济转型跨越发展。在运量连年大幅增长、运能接近饱和的情况下，太原铁路局始终把提升货物运输通道能力作为主攻方向，全力服务山西经济发展。大力实施投入小、见效快、产出大的“短平快”扩能改造工程，累计投入16.9亿元，开展“短平快”扩能改造工程44项，先后在北同蒲、石太、太焦、宁岢等线增设中间站17个，对北同蒲线、京原线及原平站、前寨站等进行扩能改造，有效解决了管内部分区段运输能力“瓶颈”制约问题。西煤东运主通道大秦线，建局以来先后105次刷新单日运量纪录，2012年11月12日创造了133.1万吨的历史最高纪录。

铁道部副部长胡亚东在太原铁路局调度指挥中心视察

太原铁路局局长杨绍清、党委书记张义平慰问一线干部职工

★想方设法满足人民群众出行需求。坚持把服务作为铁路的本质属性，以人民群众满意作为铁路事业的评价标准，着力解决"一票难求""一车难求"等问题，全面提升服务水平，满足广大人民群众需求。大力推行实名制售票、电话订票、互联网售票和 POS 机购票等全新售票模式，地级市以上车站和客流较大的县城站实行 24 小时不间断售票，全局互联网售票和电话订票日均 1.6 万张，占每日售票总数的 11.5%，确保购票机会均等、先买先得。开发轩岗——原平"矿工号"点对点通勤列车等"定制"产品。在节假日、极端恶劣天气等客流高峰期，加开临客 829 列，热门车次加挂车厢 5051 辆次，全年日均新增运能 6038 个，每日总能力达到 11.7 万个；12 月 21 日起实施的新列车运

太原铁路局局长杨绍清在施工现场指挥作业

太原铁路局局长杨绍清春运期间在添乘机车检查工作

太原铁路局党委书记张义平深入南同蒲大维修现场检查工作

前寨作业施工现场

南吕梁山隧道施工现场

行图，在保留既有3对开往北京西动车组列车的基础上，新增13对开往北京、广州、武汉、郑州的时速300千米高速动车组列车，新增2对开往新石家庄站的动车组列车，新增开往沈阳北、烟台的2对普通客车，全局直通客运能力提升4%以上，进一步加速了山西与环渤海、珠三角等区域的人流、物流、信息流，山西铁路跻身高铁行列，对推进山西国家级转型综改试验区建设，实现转型跨越发展，打造美丽山西产生积极影响。

★科学有序推进铁路工程建设。2012年，太原铁路局共有续建铁路建设项目10项，其中，部管项目2项，局管项目8项，居各铁路局之首。按照"保在建、上必需、重配套"总体要求，依法保证进度，严控施工安全，确保工程质量。2012年全局(不包括中南部通道和大西客专)完成建设投资104.71亿元，完成年度计划的115.7%。省重点工程中，太原南站及相关工程，将于2013年6月底完工；北同蒲铁路增建四线取直线工程，将于2013年10月底完工；黄陵至韩城至侯马铁路(山西段)工程，将于2013年年底完工；新建朔州至准格尔铁路工程，将于2014年6月完工；吕梁至临县(孟门)铁路工程，太原枢纽新建西南环线工程，太原至兴县铁路工程，将于2014年年底完工。

★持续改善职工生产生活条件。始终把职工利益与安全、运输、经营、建设工作放在同等重要的位置，努力解决职工最关心、最直接、最现实的利益问题。2012年，扎实推进以"小伙食团、小单身、小浴室、小庭院、小互助会、小文化室(小书屋)、小活动场、小药箱"为主要内容的"八小"工程建设，全面改善一线职工生产生活设施。新建海南琼海职工疗养中心，改扩建北戴河职工疗养基地，对晋祠职工疗养院进行完善配套。加快保障性住房建设，全年在建保障性住房16个项目18330户，竣工交房3个项目1897户。太原地区建成和在建的10个小区、48栋保障房，已串成线、连成片，成为太原市标志性建筑群和太铁职工的幸福"大家园"。

2012年，太原铁路局先后荣获"全国安康杯竞赛优胜企业""全国模范劳动关系和谐企业""全国模范职工之家""全路经营业绩考核优秀企业""山西省'五一'劳动奖状""山西省思想政治工作优秀单位"等多项称号，连续入选中国企业500强和中国服务业企业500强。

(太原铁路局　供稿)

侯月线施工现场

大同——西安铁路客运专线晋陕黄河特大桥

新建太原南站

2012年12月26日,太原铁路局高速动车首发

太铁花园住宅楼竣工交房仪式

"八小工程"建设成果

省长李小鹏为公路煤炭交易鸣锣开市

中国太原煤炭交易价格指数启动仪式

立足山西　服务全国　面向世界

——CTCTC 中国（太原）煤炭交易中心

按照国务院《关于促进煤炭工业健康发展的若干意见》(国发〔2005〕18 号)精神，2006 年 7 月省政府决定成立煤炭商品交易市场。2007 年 5 月国务院正式批复关于组建“中国太原煤炭交易中心”的请示，同年 10 月中国太原煤炭交易中心有限公司在国家工商总局注册，注册资本 9.4 亿元，省内主要煤炭生产企业、国家五大电力集团和部分煤炭消费企业等 29 家股东单位入股。同年 11 月，在太原挂牌成立。

为加快推进交易中心建设运营步伐，2008 年 8 月，省政府决定成立省政府直属、正厅级建制、自收自支的事业单位——中国(太原)煤炭交易中心。事业性质的交易中心和企业性质的交易中心有限公司采取“两块牌子一套人马”的运行管理模式。前者接受省政府授权，延续和发挥原省煤炭销售办公室和原太原煤炭交易市场职能，继续从事全省煤炭运销管理，开展煤炭现货交易工作；后者则主要负责交易中心后续工程建设和会议、展览、煤炭物流及文化产业等相关经营性工作。

★煤炭现货交易规模不断扩大。2012 年 2 月 23 日，交易中心在全国率先正式启动煤炭现货交易。截至 2012 年底，铁路销售煤炭交易总量 6.72 亿吨，交易额 4612.35 亿元，煤炭现货交易取得突破性进展。2013 年 5 月，全省公路

煤炭现货交易启动仪式

省内煤电联营企业现场交易签约

2013 年度公路煤炭交易专场

煤炭交易也正式启动上线交易，标志着全省境内销售的煤炭全部纳入交易中心交易平台进行交易。截至 2013 年 8 月 31 日，注册交易商 6118 户，遍布全国 31 个省市区。2013 年 1～8 月，交易总量 8.29 亿吨，交易总额 5480.98 亿元。

★煤炭产运需衔接机制实现创新。2012 年底，交易中心召开“中国(太原)煤炭交易中心 2013 年度煤炭交易大会”。实现了三个创新，取得了三个突破：实现产运需衔接机制创新，在煤炭市场化方面有了新突破；实现了价格机制创新，在价格谈判方面有了新突破；实现了衔接手段创新，在交易规模上有了新突破。大会期间，新增交易商 726 户，注册交易商达到 3032 户；交易规模第一次突破 7 亿吨，签定年度销售合同 7.88 亿吨。

★煤炭交易价格指数填补了国内煤炭价格指数体系空白。中国太原煤炭交易价格指数是国内首个煤炭主产地价格指数，以主产地为特征，主要反映主产地分品类煤炭价格水平及其变化情况，填补了国内煤炭指数体系的空白。2013 年 5 月 23 日，交易中心与新华社合作正式向社会发布煤炭交易价格指数，受到业界的广泛关注，并将逐步成为煤炭市场景气度指标、企业定价的参考和行业风向标。

★综合服务体系高效快捷。积极构建“交易服务为核心，信息服务为基础，物流服务为保障，金融服务为延伸”的“一核三系”四位一体交易综合服务体系，为交易商在煤炭交易的各个流程和环节中提供了全程化的服务。

为进一步提升交易中心功能，交易中心正在研究探索煤炭场外交易的新模式，积极争取煤炭期货交易，努力将交易中心打造成“立足山西、服务全国、面向世界”的煤炭交易中心、物流中心、结算中心和信息中心。

(太原煤炭交易中心　供稿)

2013 年度煤炭交易大会

交易中心交易大楼

交易中心展览中心

忻州市交通运输局局长　李福弟

忻州市市委书记董洪运调研交通工作

交通运输转型跨越发展新篇章

——忻州市交通运输局

2012年，忻州市交通运输局本着服务社会主义新农村建设、服务经济社会发展、服务广大人民群众顺利出行的宗旨，全市交通运输系统广大干部职工不畏发展压力，不畏任务繁重，不畏困难重重，团结一致、开拓进取，全面完成省、市下达的各项目标任务，交通运输转型跨越发展取得重大突破。

2012年，忻州市交通基础设施建设投资、规模、质量、难度均创历史之最，全市地方交通基础设施建设完成投资约21.75亿元，全年新增通车里程388千米，全市通车里程达到17280千米，公路密度为68.71千米／百平方千米。

全力实施农村街巷硬化"全覆盖"工程，全市具备条件的建制村实现"全覆盖"，农村交通面貌发生历史性转变。努力推进"985"国防公路建设，克服资金不足、位置险要、地形复杂、建设难度极大等困难，9月底如期通车，开创了忻州市国防交通建设军民融合式发展新篇章。扎实推进农村公路建设，完成建设里程309千米。着力完成忻州汽车客运中心建设，成为忻州市第一个具有现代化、规范化、标准化的交通运输部一级旅客运输站场。农村公路管养工作取得新突破。综合运输体系建设成绩显著。运输市场管理水平稳步提升，全年累计客运周转量16.25亿人千米，累计货运周转量135.97亿吨千米。进一步引深治理超限超载工作，被评为全省"治超工作优秀市"和全省"优秀源头治超

规范农村公路施工

小康大道通远方

忻州市市长郑连生听取交通工作汇报

忻州市副市长张建平检查交通应急指挥中心

管理单位”；加强运输市场动态管理，全市“两客一危”车辆全部安装了卫星定位系统；安全生产与应急保障能力得到加强，全年未发生一起安全责任事故。城市公交发展见到成效，科技创新与节能减排取得实效。交通惠民工作不断深入，春运期间精心组织客运企业帮助农民工平安返乡；高考期间组织雷锋车队开展“三城联动、爱心送考”活动；连续两年组织交通战略物资保障车队为低收入农户运送过冬用煤。行风及党风廉政建设得到巩固提高，积极参加“给人民汇报、向人民问计、请人民评议”政风行风主题评议活动，社会满意度进一步提高。

2012 年，忻州市交通运输局继续保持了“省级文明单位”称号。在 2012 年省交通运输厅目标责任考核中，排名全省第一，获得“2012 年度目标责任考核优秀单位”称号。连续三年被忻州市委授予“年度目标责任考核优秀单位”称号。被交通运输部、中国海员建设工会全国委员会授予“2012 年春运农民工平安返乡(岗)安全优质服务竞赛先进集体”称号。被省政府授予“高速公路建设先进单位”称号。

（忻州市交通运输局　供稿）

“985”战备工程谱写拥军情

党建工作不放松

架起山村致富桥

运政执法规范化

争先创优　爱岗敬业　文明和谐

——大同市新荣区国家税务局

大同市新荣区国家税务局担负着全区 6 个乡 1 个镇的税收征管工作，现有干部职工 41 名，下设 1 个稽查局、3 个税务分局、1 个信息中心。

2012 年，该局全面贯彻落实科学发展观，以“建一流班子、带一流队伍、创一流服务、树一流形象”和“四个一”工程为载体，以规范税收执法、创新管理强税为重点，以“讲文明、树新风、促和谐”为主题，以构建社会主义核心价值体系，树立文明执法、优质服务国税新形象为切入点，大力开展组织收入、深入推进依法治税、全面加强队伍建设、持续优化纳税服务、不断完善内控机制建设、紧紧围绕全局中心工作开展省级文明和谐单位创建活动，搭建了税务机关与广大纳税人的沟通桥梁，树立了良好的国税形象。2012 年被省文明委授予“山西省文明和谐单位”称号，西村分局被共青团山西省委授予“省级青年文明号”称号。2013 年被山西省劳动竞赛委员会授予“‘五一’劳动奖状”称号。

（新荣区国税局　供稿）

目　　录

特　　载

山西概况

固定资产投资

经济法制

宏观管理

农 业

工　业

交通·邮电

住房和城乡建设

测绘·地质·防震减灾

贸　　易

出入境检验检疫·海关

旅 游 业

财政·税收

金 融 业

证券·期货

科学事业

教育事业

文化·新闻·广播·出版事业

卫生·体育

人民生活

县域经济发展概况

转型跨越发展专文

2012年国民经济统计资料

地方经济法规·规章

·法　规·

山西经济大事记

光 荣 榜

彩色专栏目录

特色市县

三 晋 功 勋

先进企事业单位

1

特载

TEZAI

政府工作报告

——2013年1月23日在山西省第十二届人民代表大会第一次会议上

山西省代省长 **李小鹏**

各位代表：

现在，我代表省人民政府向大会报告工作，请予审议，并请省政协委员和其他列席会议的人员提出意见。

一、过去5年工作回顾

刚刚过去的5年，是我省发展史上极不平凡的5年。5年来，我们认真贯彻落实党的“十七大”“十八大”精神，以邓小平理论、“三个代表”重要思想、科学发展观为指导，攻坚克难、扎实工作，全省经济发展、社会进步、人民生活水平不断提高，在推动转型跨越发展、全面建成小康社会的道路上迈出了坚实的步伐。

我们多措并举应对国际金融危机的严重冲击，经济保持平稳较快发展。认真贯彻落实中央宏观调控政策和决策部署，及时制定实施稳增长的一系列措施。不断加大投资力度，“四位一体”推进重点工程和重点项目建设，5年投资1814亿元，新增铁路营运里程660公里，营运总里程达到3740公里；投资2014亿元，推进公路建设，其中建成高速公路3000公里，总里程突破5000公里；投资636亿元，35项应急水源工程和引黄北干工程建成投用，大水网工程全面启动；投资1435亿元，推进电源点、主干电网、农村电网建设，新增电力装机2590万千瓦，总装机容量达到5800万千瓦，晋东南至湖北荆门世界首条1000千伏特高压输电线路投入使用；投资90亿元，建成燃气管网3000多公里。5年中，机场、通信等其他基础设施建设也取得了新的成绩。

努力扩大消费，全面落实“家电下乡”“农机下乡”等政策措施。推进流通基础设施建设，新建改造便民连锁店3.5万个、大型农产品批发市场112个，推进“农超对接”，发展电子商务等新型业态，深入开展打击假冒伪劣商品和侵犯知识产权活动，城乡消费持续扩大。努力稳定和拓展外需，2012年全省进出口总额达到150.4亿美元。

积极发展实体经济，大力推进“双千亿”工程。8户企业销售收入超千亿元，煤销集团率先进入世界500强。省监管国有企业不断发展壮大，实现利税、营业收入分别占规模以上工业企业的50%、60%以上，成为全省经济发展的重要支柱。落实鼓励民间投资、支持民营经济发展的政策措施，民营经济快速发展，创造了全省3/4的就业岗位和近一半的生产总值，成为吸纳就业、拉动经济增长的重要力量。

初步核算，2012年全省生产总值超过1.2万亿元，是2007年的2倍；财政总收入、一般预算收入分别完成2650亿元、1516亿元，是2007年的2.2倍、2.5倍；社会消费品零售总额达到4376亿元，是2007年的2.3倍；全社会固定资产投资完成9176亿元，是2007年的3.1倍。5年来，我省经济规模不断扩大，质量和效益明显提升，经济发展历史性地跃上了新的台阶！

我们多管齐下狠抓安全生产工作，安全生产形势持续明显好转。制定十大安全生产制度和118条安全生产规定，深入开展以煤矿为重点、覆盖20多个行业领域的安全生产专项整治；严格落实政府监管责任，选派市、县长安全助理，成立安全监管“五人小组”，实行安全生产挂牌责任制；全面落实企业安全生产主体责任，配齐配强煤矿“六大员”、非煤矿山“五大员”；加大安全生产投入，实行先培训后上岗、变招工为招生，强化现场管理；严肃对待事故、严格责任追究，实行安全生产“一票否决制”，有力地扭转了安全生产的被动局面。各类安全生产事故起数和死亡人数分别下降31%、32.7%，煤矿百万吨死亡率下降85.8%。与此同时，加强和创新社会管理，全面推行食品安全网格化管理，出台了食品生产加工小作坊和食品摊贩监督管理办法，食品安全保障水平进一步提高。公路超限超载率由13%降低到0.2%。全面推进基层社会管理体系建设，积极排查和化解社会矛盾，认真做好信访和人民调解工作。加强公共安全管理，健全社会治安防控体系，依法打击违法犯罪活动，妥善应对和有效处置各类突发事件。5年来，我省安全生产形势实现明显好转，社会保持和谐稳定，为做好各项工作奠定了坚实基础！

我们痛下决心推进煤炭资源整合煤矿兼并重组，转型发展呈现出强劲势头。全省矿井总数由2598座减少到1053座，办矿主体由2200多个减少到130个，30万吨以下煤矿全部淘汰，单井平均规模达到年产120万吨，安全生产水平、劳动生产率、资源利用率全面提高。2012年，全省煤炭产量、外运量分别达到9.1亿吨、5.8亿吨，比2007年增长45%、9%。

全面推进三次产业结构调整，制定实施十大产业调整振兴规划，加快推进非煤矿山、焦化、冶金、电力等行业整合重组和技术改造，探索构建和谐煤电关系，推动煤焦、煤化工、煤机一体化发展，产业集中度和竞争力明显提升。大力推进太重动车轮对总成国产化、富士康苹果手机和机器人、吉利新能源汽车、三一重工装备制造、潞安煤基多联产、太钢冷轧硅钢、杏花村汾酒工业园等项目建设，带动相关产业快速发展，特别是先进装备制造业销售收入由2007年的557亿元增加到2012年的1418亿元。大力实施服务业“1+10”工程，中国(太原)煤炭交易中心投入运营，组建省属六大文化产业集团，文化产业增加值达到420亿元；积极开展“晋善晋美”等旅游促销活动，全省旅游总收入达到1800多亿元。

加快推进国家循环经济和生态试点省建设，深入实施蓝天碧水、绿色生态、造林绿化和“2+10”生态环境治理修复工程，5年淘汰小火电430万千瓦、小钢铁4050万吨、小焦化3620万吨、小水泥5430万吨；万元地区生产总值综合能耗累计下降23.44%，主要污染物减排全部完成国家下达任务，太原环境质量改善初见成效；年均营造林480万亩，森林覆盖率年均提高近1个百分点；完成水土流失治理2000万亩，全省地下水位平均回升1.13米，生态环境持续改善。

认真贯彻落实中长期科技、人才发展规划纲要，全社会研发投入占地区生产总值的比重由0.86%提高到1.17%，省级以上各类技术中心达到337家，累计获得国家科学技术奖44项，授权发明专利4386件，成功开发了千万吨级矿井综采成套装备、煤基合成油、新一代激光显示等一批具有自主知识产权的技术和产品。累计引进两院院士48名、海外高层次人才137名，新增高层次专业技术人才3.6万名、高技能人才28.2万名。

5年来，我省煤炭工业发生了脱胎换骨的变化，以煤为基、多元发展的产业结构加快形成，转变经济发展方式迈出新步伐！

我们大力推进农业现代化和市域城镇化，城乡面貌发生了明显变化。不断加大强农惠农富农力度，财政对“三农”的投入年均增长27%。在认真落实国家各项补贴政策的基础上，实施了50项强农惠农富农政策，资金规模达到50亿元。扎实推进农业基础设施建设，积极推广先进实用技术，农田实灌面积达到1920万亩，主要农产品全面增产，粮食产量连续3年创历史新高，去年达到127.4亿公斤。全面推进现代农业示范区和雁门关生态畜牧经济区建设，深入实施“513”工程，60个“一县一业”基地县、4000个“一村一品”专业村初具规模，特色现代农业加快发展。完成1.1万个新农村重点村和200个连片示范区建设任务，全面启动吕梁山、太行山两大连片特困地区扶贫攻坚，大力实施移民搬迁、整村推进等重点扶贫工程，深入开展干部下乡住村包村增收活动，115万贫困人口实现脱贫。

统筹推进大中小城市和小城镇协调发展，编制完成“一核一圈三群”城镇总体规划，启动实施城镇建设“十大工程”，太原晋中同城化、晋北、晋南、晋东南三大城镇群及长治上党城镇群、临汾百里汾河新型经济带等城镇组群建设迈出新步伐，城镇化率5年提高了7个百分点、超过51%。

5年来，城乡发展一体化进程逐步加快，特别是投入600多亿元，圆满完成了两轮“五个全覆盖”，农村面貌和生产生活条件显著改善，农民群众得到了实实在在的好处！

我们高度关注、切实保障、着力改善民生，人民生活明显改善。5年城镇新增就业239万人，城镇登记失业率控制在4%以内，转移农村劳动力205万人；5年开工建设各类保障性住房165万套、竣工107万套，完成国有重点煤矿棚户区改造和沉陷区治理任务；2012年，城乡居民收入分别达到20412元、6357元，是2007年的1.8倍、1.7倍。

认真落实国家和我省中长期教育发展规划纲要，教育支出占地区生产总值的比重超过国家4%的要求，新建改扩建标准化公办幼儿园426所，改造农村幼儿园1568所；全面实行城乡免费义务教育，招聘农村特岗教师上万名，改造中小学校舍2200多万平方米；高中阶段教育毛入学率达到90%；普通本科院校生均经费由9000元提高到12000元；投资百亿元、占地近万亩、可容纳15万学生的高校新校区基本建成。

深化医药卫生体制改革，所有政府办基层医疗卫生机构和村卫生室实行了基本药物制度，药品价格平均下降30%以上；投资近20亿元的山西大医院建成投用，新建和改造医疗卫生机构9338个；人均公共卫生服务经费由15元提高到25元，66项公共卫生服务项目惠及城乡居民，在34个县开展公立医院改革和医药卫生一体化综合改革。

大力发展文化事业，覆盖城乡的公共文化服务体系基本建立，县县有图书馆、文化馆，乡乡有文化站，村村有文化室；《粉墨春秋》《解放》《走西口》等一批精品剧目引起较大反响；五台山申遗成功，平遥国际摄影展等文化活动影响广泛。哲学社会科学、新闻出版、广播影视、文学艺术繁荣进步。文物和非物质文化遗产保护得到加强。全民健身活动蔚然成风，竞技体育水平不断提高，我省体育健儿在北京奥运会和伦敦奥运会上共取得1金2银2铜的好成绩。

全面加强社会保障，城乡居民养老、医疗保险和低收入群体基本生活保障实现制度全覆盖。企业退休人员基本养老金“八连增”、月人均达到1876元，320万名60岁以上老人领到了养老金，新农合、城镇居民医保年人均补助标准由40元提高到240元。城乡低保平均保障标准分别由每人每月164元、60元提高到308元、148元。1.6万名孤儿和17万名残疾人得到救助。最低工资标准由610元提高到1125元。278万名困难群众领到物价补贴。800多万农户享受到免费取暖用煤。

深入开展国防教育和双拥工作，积极发展人口计生、妇女儿童、老龄事业和红十字会、慈善等公益事业，民族宗教、外事、侨务工作进一步加强，气象、地震、测绘、人防和档案、参事、史志、政策咨询、科普等工作都取得新的成绩。

5年来，我省社会事业全面发展，民生不断改善，人民群众共享改革发展带来的成果！

我们深化改革、扩大开放、推进民主法制建设，发展的动力和活力进一步增强。国家资源型经济转型综合配套改革试验区总体方案获批，加快推进“一市两县”“一市两园”“一县一企”、省属国有重点企业试点和标杆项目建设，土地、投融资等体制机制创新取得积极成效。事业单位分类改革稳步推进，集体林权制度改革主体任务基本完成，煤炭工业可持续发展政策措施试点取得明显成效，圆满完成文化体制改革阶段性任务，“省直管县”财政管理体制改革试点扩大到72个县，省属国有企业由35户重组为21户，省直机关与所属企业脱钩。取消和调整行政审批事项838项，在22个县开展扩权强县试点，下放审批权限85项。晋商银行组建运行，汇丰银行等设立分行，14家企业成功上市，5年资本市场直接融资2980多亿元。全方位扩大对外开放，太原武宿综合保税区成功获批，省部、省际、省校、省企合作不断深化，成功举办中博会、能博会、农博会、世界晋商大会等重大展会，招商引资成果丰硕，5年共签约项目8500多个，到位资金1.3万多亿元。

扎实推进民主法制建设，自觉接受人大监督和政协的民主监督，积极支持各民主党派、工商联、无党派人士参政议政。5年省政府共办理人大代表建议3450件，办理政协提案3015件，向省人大常委会提请审议地方性法规草案40件，制定政府规章18件。群团组织作用得到充分发挥。完成第八届、第九届村委会换届选举。深入推进“法治山西”建设，“五五”普法工作成绩显著。强化行政监察和审计监督，加强政府系统廉政建设，深入开展煤焦、工程建设等重点领域专项治理，推行政府绩效管理制度和行政问责制。5年来，全省上下政通人和、充满活力，各项事业欣欣向荣！

与此同时，全力以赴支援南方地区抗击雨雪冰冻灾害，圆满完成四川茂县等灾区援建任务，扎实开展对口援疆工作，彰显了山西人民顾全大局、团结互助、无私奉献的美德。

各位代表，过去5年所取得的成绩，靠的是党中央、国务院方针政策的指引，靠的是中共山西省委的正确领导和省人大、省政协的大力支持、有效监督，靠的是全省广大干部群众的团结奋斗和社会各界的积极参与。在此，我代表省人民政府，向全省人民，向驻晋解放军、武警官兵、公安干警和中央驻晋单位，向各民主党派、人民团体，向所有关心支持参与山西改革发展的海内外各界朋友，表示衷心的感谢和崇高的敬意！此时此刻，我们还要向先后领导本届政府、为山西发展做出重要贡献的孟学农同志、王君同志，表示衷心的感谢！

各位代表，5年的成就鼓舞人心，5年的实践给人启迪。我们深深体会到，办好山西的事情，必须坚持高举中国特色社会主义伟大旗帜不动摇，坚定不移地走中国特色社会主义道路，牢牢把握发展这个第一要务，坚持主题主线，不断提高发展的质量和效益，着力推动转型跨越；必须坚持把抓好安全生产作为做好一切工作的重要前提，树立发展是第一要务、安全生产也是第一要务的理念，强化责任、狠抓落实，切实维护人民群众生命财产安全，为经济社会发展提供有力的安全保障；必须坚持一切为了人民群众、一切依靠人民群众，着力解决好人民群众最关心最直接最现实的利益问题，切实保障和着力改善民生；必须坚持解放思想、转变观念、深化改革、扩大开放，以建设转型综改试验区为统领，着力破除制约科学发展的体制机制障碍，不断增强发展的动力和活力；必须坚持统筹兼顾、突出重点，立足当前、着眼长远，紧紧抓住煤炭资源整合、重大基础设施建设、生态环境保护、重点工程推进等事关全局和长远发展的大事，以重点工作带动整体工作，促进经济社会全面发展；必须坚持求真务实、真抓实干的作风，逢山开路、遇河搭桥，克服困难、解决问题，努力创造经得起实践、人民和历史检验的业绩。我们相信，只要在今后的工作中坚持和发扬这些宝贵经验，就一定能够在推动转型跨越发展、全面建成小康社会的征程中不断夺取新的更大的胜利！

二、今后5年的总体要求和主要任务

未来5年，是我省加快发展、全面建成小康社会的关键时期，是深化改革开放、加快转变经济发展方式的攻坚时期，也是办好“两件大事”、推动转型跨越发展、再造一个新山西的重要时期。站在新的历史起点上审视山西的发展，我们具有难得的机遇和有利的条件，党的“十八大”为我们指明了前进的方向，省第十次党代会描绘了山西新的发展蓝图，已经取得的发展成绩为我们奠定了坚实基础，包括综改区在内的一系列政策为我们提供了有力支持，丰富的能源资源、较低的要素成本、独特的区位条件是我们的比较优势，全省上下人心思进，为我们干事创业营造了浓厚氛围。

同时，我们也清醒地看到，前进的道路上还面临许多挑战。经济总量不大、结构不优、质量效益不高，传统产业大而不强，新兴产业比重偏低，中小企业发展不足；节能减排和环境保护任务艰巨，自主创新能力不强，发展方式还比较粗放；安全生产基础不牢、责任落实不到位，安全隐患仍然较多，实现全省安全生产形势稳定好转依然任重道远；城乡区域发展差距较大，社会事业发展欠账较多，农民增收特别是贫困地区脱贫致富任务艰巨，全面小康实现程度低于全国平均水平；思想解放不够，改革开放相对滞后，发展环境有待进一步改善，特别是政府职能转变、干部作风建设还需进一步加强，一些部门依然存在形式主义、官僚主义，少数干部作风漂浮、脱离群众甚至失职渎职、以权谋私等问题还比较突出。

未来5年，机遇与挑战并存。只要我们把握机遇、应对挑战、攻坚克难，不仅已有的政策、资源等优势和良好的基础、条件可以转化为发展优势，而且劣势也可以转化为新的优势。更为重要的是，人民群众对美好生活的新期待增添了我们奋力前行的动力。我们要以对山西发展和人民利益高度负责的精神，直面问题，正视差距，凝心聚力，开创转型跨越发展的新局面！

做好新一届政府工作，要全面贯彻落实党的“十八大”精神，高举中国特色社会主义伟大旗帜，以邓小平理论、“三个代表”重要思想、科学发展观为指导，围绕转型跨越发展、再造一个新山西的总体战略，以建设国家资源型经济转型综合配套改革试验区为统领，深化改革开放，实施创新驱动，加快推进工业新型化、农业现代化、市域城镇化和城乡生态化，全面推进经济、政治、文化、社会和生态文明建设，建设国家新型能源和工业基地、全国重要的现代制造业基地、中西部现代物流中心和生产性服务业大省，建设中部地区经济强省和文化强省，率先走出资源型地区转型跨越发展新路，为加快实现全面建成小康社会目标努力奋斗。

未来5年，要突出转型综改试验区建设的统领地位，完善顶层设计，锐意改革创新，充分尊重人民群众的主体地位和首创精神，充分调动各级各部门的积极性、主动性和创造性，充分依靠人大代表、政协委员及社会各方，全面推进经济、政治、文化、社会、生态文明建设。

大力推进经济建设，进一步做大经济总量、提高发展的质量和效益。坚持科学发展主题和加快转变经济发展方式主线，牢牢把握扩大内需这一战略基点，在努力扩大消费、积极拓展外需的同时，充分发挥重点工程和重点项目的火车头作用，带动全社会固定资产投资合理增长，进而拉动经济持续健康发展，确保2017年地区生产总值达到2万亿元以上，财政总收入达到4500亿元以上。牢牢把握发展实体经济这一坚实基础，促进大中小微企业协调发展。坚持“两个毫不动摇”的方针，保证各种所有制经济依法平等使用生产要素、公平参与市场竞争、同等受到法律保护，促进国有经济和民营经济共同发展。坚持工业化、信息化、城镇化、农业现代化同步发展。加快转变经济发展方式，努力构建以煤为基、多元发展的现代产业新体系，推动高碳资源低碳发展、黑色煤炭绿色发展。建设晋北、晋中、晋东三大煤炭基地，晋北、晋中、晋东南三大煤电基地，沁水、河东两大煤层气基地，建设国家综合能源基地。发展特色现代农业，建设社会主义新农村，打好新一轮扶贫开发攻坚战，坚持和完善农村基本经营制度，着力培育新型经营主体和多元服务主体。推进“一核一圈三群”建设，走集约、智能、绿色、低碳的新型城镇化道路，力争城镇化率年均提高1.5个百分点，2017年达到60%左右，构建工农互惠、城乡一体的发展新格局。实施创新驱动发展战略，加大科技投入，加快创新型省份建设，促进经济发展向更多依靠科技进步、劳动者素质提高、管理创新驱动转变。推进金融改革创新，发挥好金融对经济的重要支撑作用。进一步深化改革开放，充分发挥市场在资源配置中的基础性作用，提高我省开放型经济水平。

大力推进文化建设，加快建设文化强省。深入实施文化强省战略，加快推进文化建设“八大工程”。加强社会主义核心价值体系建设，坚持不懈用中国特色社会主义理论体系武装头脑、教育人民，大力弘扬山西精神，全面提高公民道德素质。坚持把社会效益放在首位、社会效益和经济效益相统一，推进重点文化惠民工程，加强重大文化设施建设，完善公共文化服务体系，促进文化事业全面发展。深化文化体制改革，增强公益性文化单位发展活力，完善经营性文化单位法人治理结构，培育壮大文化骨干企业，发展新型文化业态，使文化产业增加值占地区生产总值的比重超过6%，成为我省新的支柱性产业。广泛开展全民健身运动，促进群众体育和竞技体育全面发展。

大力推进社会建设，让人民过上更加幸福美好的生活。坚持教育优先发展，努力办好人民满意的教育，不断提高全民受教育程度和创新人才培养水平。实施就业优先战略和更加积极的就业政策，推动实现更高质量的就业。深化收入分配制度改革，按照我省"十二五"收入倍增计划部署，千方百计增加居民收入，努力实现居民收入增长和经济发展同步、劳动报酬增长和劳动生产率提高同步，2017年城乡居民收入分别达到3.3万元、1.1万元以上。坚持为人民健康服务的方向，大力发展医疗卫生事业，建立健全基本医疗卫生制度，为群众提供安全、有效、方便、价廉的公共卫生和基本医疗服务。坚持全覆盖、保基本、多层次、可持续的方针，全面建成覆盖城乡居民的社会保障体系。加快推进保障性住房建设，基本形成住房保障体系。在巩固提升过去两轮"五个全覆盖"成果的基础上，投入400亿元，为农民再办5件实事，即全面完成农村困难家庭危房改造、特困群众易地搬迁、行政村街道亮化、村级幼儿园改扩建和乡村清洁工程。毫不放松地抓好安全生产，加强和创新社会管理，维护社会和谐稳定。推进军民融合式发展。

大力推进生态文明建设，努力建设美丽山西。以建设国家循环经济和生态试点省为抓手，着力推进绿色发展、循环发展、低碳发展。加快实施主体功能区战略，优化国土空间开发格局。深入实施绿色生态工程，积极发展清洁能源，大力发展循环经济，促进节能降耗和污染减排。加大环境保护和生态治理力度，实施水生态系统保护修复工程、水土保持工程和造林绿化工程，每年营造林400万亩以上，力争森林覆盖率每年提高1个百分点，持续改善生态环境。

大力推进民主法制建设，促进社会公平正义。认真执行人大及其常委会的决议、决定，支持人民政协履行职能，自觉接受人大和政协的监督。健全协商民主制度。支持各民主党派、工商联、无党派人士和工会、共青团、妇联等开展工作。落实党的民族宗教政策。完善基层民主制度。全面推进"法治山西"建设，加强政府法制工作，支持人民法院、检察院依法独立公正行使职权，深入开展"六五"普法，继续做好法律服务和法律援助工作。深化行政体制改革，加强政府自身建设，推动政府职能向创造良好发展环境、提供优质公共服务、维护社会公平正义转变。

各位代表，未来5年，新一届政府决心与全省人民一道共同努力，推动转型跨越发展再上新台阶，转型综改试验区建设取得重大进展，全面小康实现程度达到全国平均水平。届时，一个经济发展、文化繁荣、社会和谐、人民幸福、山川秀美的新山西一定会展现在世人面前！

三、2013年工作

2013年是全面贯彻落实党的"十八大"精神的开局之年，是实施"十二五"规划承前启后的关键一年，也是全面推进转型综改试验区建设的重要一年。

按照稳中求进的总基调，综合考虑各方面的因素，2013年我省经济社会发展的主要预期指标是：地区生产总值增长10%左右，全社会固定资产投资增长22%，社会消费品零售总额增长15%，财政总收入和一般预算收入均增长12%，城镇居民人均可支配收入、农民人均纯收入分别增长10%、10%以上，城镇新增就业岗位50万个，城镇登记失业率控制在4.2%以内，居民消费价格涨幅控制在3.5%左右。

约束性指标是：万元地区生产总值综合能耗下降3.5%，万元地区生产总值二氧化碳排放量下降3.7%，二氧化硫、化学需氧量、氨氮、氮氧化物排放量完成国家下达任务，烟尘、粉尘排放量均下降2%，万元工业增加值用水量下降5.2%。

今年，要在全面做好各项工作的同时，重点抓好以下几个方面的工作：

（一）着力促进经济持续健康发展。千方百计扩大消费。扩大有效消费需求，改善居民消费预期。积极发展连锁经营、物流配送等新型业态，规范发展网络消费，倡导节能环保等绿色消费，促进家政、养老、文化、娱乐等服务消费，鼓励汽车、家电、住房装修等大宗消费，培育新的消费增长点。深化流通体制改革，加强城乡流通基础设施和市场体系建设，打造城市15分钟便民商圈，实施骨干流通企业"515"工程，抓好10个农产品产地集配中心建设，畅通农产品进城、工业品下乡渠道。大力整顿和规范市场秩序，加强信用体系建设，让群众安全消费、满意消费。

保持投资合理增长。深入开展"项目推进年"活动。选准方向，优化结构，注重效率，提高效益，进一步扩大投资规模。加强重点领域投资，基础设施投资1000亿元，产业开发投资5500亿元，民生社会事业投资2000亿元，城镇化和生态环保投资1000亿元。实行"六位一体"工作机制，大力推进重点工程建设。加快建设大西客运专线、中南部大通道等铁路项目，新建续建高速公路685公里，改造国省干线公路500公里、农村公路1000公里，加快建设吕梁、五台山和临汾机场；继续抓好中部引黄、东山供水等大水网骨干工程及配套工程建设；积极推进智能电网、燃气管网等建设，抓好通信等新型信息技术类基础设施建设。充分发挥政府投资"四两拨千斤"的作用，多种渠道、多种方式筹措资金，确保今年全社会固定资产投资完成1.1万亿元。

大力发展实体经济。加快推进大企业"双千亿"工程建设，完善治理结构，创新经营机制，提高管理水平，推动更多大企业进入全国百强、进军世界500强。积极推进煤销集团重组山西国际电力、晋煤集团重组太原煤气化，加快阳煤集团重组搬迁改造太化。加大对中型企业产品开发、品牌创建、市场开拓的支持力度，培育更多销售收入超亿元的企业。落实支持小微企业发展的政策措施，加强融资担保、创业辅导、企业孵化、人才培训等公共服务。

（二）*着力加快转变经济发展方式*。改造提升传统产业。巩固发展煤炭资源整合煤矿兼并重组成果，完成整合矿井改造任务，加快建设一批现代化矿井。加大煤炭转化利用力度，不断延伸煤电铝、煤焦化、煤建材等煤基产业链。促进煤电联营，落实电煤价格改革措施，构建和谐煤电关系。新建续建电力装机800万千瓦、投产430万千瓦，进一步提高外送电能力。完成焦化行业整合重组任务，推进化工行业整合提升。整合中小钢铁企业，培育发展大型现代化钢铁联合企业。全面提升传统产业信息化水平。严格控制产能过剩行业新上项目，通过消化、转移、整合、淘汰等方式，有效化解产能过剩矛盾，今年再淘汰300万吨焦化、300万吨水泥、160万吨钢铁等一批落后产能。

培育壮大新兴产业。大力实施“512”工程，进一步做大煤炭机械、重型机械等优势制造产品，抓紧培育高速列车设备、新能源汽车等高端制造产品；大力推进潞安集团煤基多联产、同煤集团煤制天然气、焦煤集团甲醇制烯烃等现代煤化工项目；加快推进不锈钢、铝镁深加工等新型材料项目；积极发展节能环保、新一代信息技术、生物、新能源等其他新兴产业。大力实施品牌创新战略，增强我省产品的市场竞争力。

加快发展服务业。大力实施“1511”工程，统筹推进各类服务业发展。着力打造“晋善晋美”整体品牌形象，加快五台山、云冈石窟、平遥古城等重点景区改造提升，打造精品线路，开发特色产品，培育骨干企业，完善配套设施，做大做强旅游业。以煤炭、焦炭等大宗货物为依托，建设大型物流园区，大力发展第三方物流；加强中国（太原）煤炭交易中心建设，发展煤炭现货期货交易。加快发展金融、现代通讯等其他生产性服务业。

强化科技和人才支撑。加快构建以企业为主体、市场为导向、产学研用相结合的技术创新体系。支持骨干企业、科研院所、高等院校相互合作，推进协同创新。加快推进太榆科技创新城和11个市的科技创新园建设，打造科技创新平台，促进科技成果转化。围绕煤炭高效清洁利用、煤层气开发利用、先进装备制造及新材料、节能环保、现代农业和社会民生等领域，布局实施一批科技重大专项和示范工程。坚持培养引进并举，以项目为载体，实施高端创新创业人才“三百计划”和“千人百县”专家服务基层计划。

（三）*着力做好“三农”工作*。不断加大强农惠农富农力度。在全面执行国家和我省已有的各项强农惠农富农政策的基础上，再出台10项新的扶持政策，新增补贴资金10亿元，确保农民务农种粮有效益、不吃亏、得实惠。加强农业基础设施建设。抓好1000万亩旱涝保收农田、山老区“一村一井”、病险水库除险加固、山洪灾害防治等工程建设，大力推进农业科技创新和农业机械化，促进粮食稳产增产，确保粮食安全和重要农产品有效供给。大力发展特色现代农业。深入推进现代农业示范区和雁门关生态畜牧经济区建设，加快发展“一村一品”“一县一业”，启动七大产业振兴和翻番工程，大力实施“513”工程，做大汾酒、老陈醋、乳制品等特色食品产业，培育大型农业企业集团，治理开发“四荒地”，积极推进板块式产业开发。扎实推进新农村建设。推动城乡发展“五个一体化”，再启动100个新农村集中连片示范区和3000个重点村建设。完成新一轮农村电网改造。今年改造农村困难家庭危房10万户，易地搬迁农村特困人口11万人，完成1.7万个行政村街道亮化任务，改扩建村级幼儿园500个，实施乡村清洁工程。切实抓好新一轮扶贫开发。以吕梁山、太行山两大连片特困地区为主战场，扎实推进移民搬迁、产业开发、劳动力素质提升等重点工作，启动大型企业产业扶贫开发工程，实施扶贫龙头企业“百企带万户”增收工程，资助万名大中专贫困生完成学业，深入开展干部下乡住村、领导干部包村增收活动和机关单位定点扶贫工作，力争再有47万贫困人口脱贫。

我省农业基础薄弱、农村人口众多，做好“三农”工作事关全面建成小康社会大局。我们要千方百计增加农民收入，让农业强起来、农村美起来、农民富起来！

（四）*着力推进城镇化进程*。大力推进城镇建设。支持太原率先发展，加快南部新区建设和老城区改造，推进轨道交通建设，改善环境质量。加快太原晋中同城化，抓好共建区和公用设施建设。继续推进晋北、晋南、晋东南三大城镇群建设，加快推进长治上党城镇群、临汾百里汾河新型经济带、孝汾平介灵等城镇组群发展。深入实施“大县城”战略，推进县城和中心镇扩容提质，统筹各项政策措施，加快产业和人口向县城、中心镇集聚，打造统筹城乡发展的桥头堡。

提升城镇化质量和水平。继续推进城镇建设“十大工程”，加快改造棚户区、城中村、老旧街区，完善市政设施和公共服务条件，优先发展城市公交，增加公共绿地和活动场所，提高居民生活便利度和舒适度。进一步提升城市管理水平，有效解决交通拥堵、环境脏乱等突出问题。研究出台户籍制度改革实施意见，推行居住证制度，解决好社会保障、子女上学、保障性住房等问题，有序推进农业转移人口市民化，使农民既能进得来，又能留得住，更能发展好！

（五）*着力抓好安全生产*。全面贯彻安全第一、预防为主、综合治理的方针，进一步强化政府的安全监管责任，严格落实企业的安全生产主体责任。深入开展专项整治，加强安全隐患排查治理，扎实推进“打非治违”行动，严厉打击违法非法建设、生产、经营活动，严厉打击私挖滥采行为。严格落实安全生产制度和规定，建立健全安全生产长效机制。不断加大安全投入，推进科技兴安、安全质量标准化建设和管理，抓好企业基础和现场管理，强化职工安全培训。严肃查处各类安全生产事故，依法追究相关责任人的责任。落实安全生产目标责任考核“一票否决制”。坚决遏制重特大事故、减少一般性事故、杜绝瞒报迟报现象，促进全省安全生产形势由明显好转向稳定好转坚实迈进。

各位代表，安全生产责任重于泰山。近期发生的几起事故警示我们，必须始终怀着敬畏生命、敬畏责任、敬畏制度之心，毫不放松地抓好安全生产工作，以安全生产的扎实成效维护山西发展大局、保障人民幸福安康！

（六）着力推进文化改革发展。践行社会主义核心价值观，引深精神文明创建活动，推进公民道德建设工程。深化文化体制改革，巩固经营性文化单位改革成果，完善转制企业法人治理结构，在公益性文化事业单位推行全员聘用制和岗位责任制，探索国有文化资产管理体制，促进国有文化资产保值增值。

大力发展文化事业。实施“百县强基”“万村千乡”文化工程，推进山西广电中心等重点文化工程建设，抓好山西大剧院、图书馆等文体设施的管理和运营，实施文化信息资源共享、农村电影放映和送书送戏下乡等工程，丰富群众精神文化生活。加强文化遗产保护。鼓励文化精品创作，实施哲学社会科学创新工程，发展新闻出版、广播影视、文学艺术事业。依托十大文化产业集团等骨干文化企业，加快发展文化产业，积极发展文化创意、动漫游戏等新兴文化业态。

三晋文化灿烂辉煌。我们要像挖掘煤炭资源一样挖掘文化资源，像抓经济建设一样抓文化建设，早日建成文化强省，让多姿多彩、博大精深的文化资源造福人民、繁荣山西！

（七）着力改善民生和发展社会事业。积极扩大就业。统筹做好农村转移劳动力、城镇困难人员和退役军人就业工作，重点做好高校毕业生等青年就业工作。大力发展劳动密集型产业和小型微型企业，加强职业技能培训，完善公共就业服务体系，落实好各项就业扶持政策，积极开展创业型城市和农村劳动力转移就业示范县“双创建”活动，深入实施创业扶持计划，以创业带动就业，实现全年城镇新增就业50万人的目标。

做好社会保障工作。城镇职工基本养老、医疗、失业、工伤、生育保险参保率全部达到95%以上。城乡居民基础养老金再提高10元、达到65元。企业退休人员基本养老金提高10%。城镇居民医保和新农合财政补助标准提高40元、达到每人每年280元。城乡低保保障标准每人每月分别提高30元、24元，达到338元、172元。稳步提高统筹层次和保障水平，完善城乡养老保险制度衔接和关系转移接续办法，健全被征地农民社会保障制度，探索建立重特大疾病保障机制，做好残疾人社会保障和服务工作，切实做好孤儿保障工作，不断完善社会救助体系。

加快推进保障性住房建设。在抓好续建工程的基础上，今年再开工建设城镇保障性住房18万套、建成18万套，完成城市和国有工矿集中连片棚户区改造任务，启动农村住房抗震改建试点。全面落实保障性住房建设、分配、运营和退出等管理办法，推动公共租赁住房和廉租住房制度并轨运行。认真落实房地产市场调控政策，促进房地产业健康发展。

全面发展各级各类教育。新建改扩建200所标准化公办幼儿园。实施中小学标准化建设工程和农村义务教育薄弱学校改造计划，促进义务教育均衡发展。普及高中阶段教育，加快发展现代职业教育。重视发展特殊教育。优化高校专业和学科设置，推动高等教育内涵式发展。完成高校新校区建设任务，确保师生按期入住。全面推进素质教育，加强教师队伍建设，着力提高教育质量。

大力发展医疗卫生事业。继续深化医药卫生体制改革，扩大县级公立医院改革试点，同步推进县域医药卫生一体化综合改革，在试点县全部实行药品零差率销售，推动基本药物制度向非政府办基层医疗机构延伸，实施好国家公共卫生服务项目，健全农村和城市社区卫生服务体系，启动建设山西省儿童医院。加强中医药工作。稳定低生育水平，提高出生人口素质。

加强和创新社会管理。建立完善重大决策社会稳定风险评估机制，畅通和规范群众诉求表达、利益协调、权益保障渠道，健全基层社会管理和服务体系，创新流动人口、特殊人群、非公有制经济组织和新社会组织的服务管理，加强网络社会管理。强化食品药品安全监管，确保人民群众饮食安全、用药安全。深化“平安山西”建设，完善社会治安防控体系和公共安全体系，依法打击各种违法犯罪行为。加强公路治超工作。强化防灾减灾能力建设和应急管理，妥善应对各类突发事件。支持国防和军队建设，做好双拥、优抚安置和人防工作。发展妇女儿童、老龄和红十字会等事业。做好外事、侨务、港澳、对台等工作。

各位代表，为人民服务永无止境，改善民生永不停步。我们要时刻把群众的安危冷暖放在心上，时刻把改善民生的工作抓在手上，努力让人民群众过上更加幸福美好的生活！

（八）着力推进生态文明建设。抓好节能降耗。全面开展能效对标活动，狠抓六大重点行业和千户重点企业节能工作，加强交通运输、公共机构、居民生活等领域节能工作，再完成750万平方米建筑节能改造任务。积极发展煤层气等清洁能源。推广应用节能、节地、节水、节材的产品、技术和设备，探索开展节能量和水权交易。严格保护耕地，强化建设用地考核，促进土地节约集约利用。

抓好减排治污。推进非电行业脱硫和火电、水泥行业脱硝，开展燃煤电厂和冶金、水泥等行业除尘改造。加强PM2.5监测，加大汽车尾气、燃煤烟尘、扬尘等治理力度。加强污水处理管网、垃圾无害化处理设施建设，确保环保设施有效运转。推进排污权交易，积极探索碳排放权交易。

抓好循环经济发展。在加快构建循环型农业和循环型服务业体系的同时，着力构建循环型工业体系，推进华润中铝吕梁兴县循环经济产业园、华能太原东山低碳工业园等建设。加强共生伴生矿产资源回收利用，积极开展低热值煤发电、劣质煤生产煤基合成油、煤焦油深加工、焦炉煤气综合利用，抓好煤矸石、粉煤灰等大宗工业固废资源化利用。积极倡导低碳消费模式。

抓好造林绿化和生态治理恢复。大力推进六大造林绿化重点工程，基本完成高速公路沿线绿化，启动实施吕梁山生态脆弱区植树造林工程，全年营造林450万亩以上。加快推进绿色生态工程、“2＋10”生态环境治理修复工程，抓好重点矿区、重点流域生态环境综合治理和农村环境连片整治，加强重点区域水土流失治理，积极开展水生态系统保护与修复试点，严禁超采地下水。

生态文明建设事关全省人民生活质量，事关山西长远发展大计。我们要坚持不懈、综合施策，建设美丽家园！

（九）着力推进转型综改试验区总体方案的实施。根据我省即将出台的转型综改区实施方案，围绕产业转型、生态修复、城乡统筹、民生改善4大任务和10项配套改革，全面推进转型综改试验区建设，切实发挥其在全省转型跨越发展中的统领作用。增加标杆项目数量，加快标杆项目建设，重点在先行先试和改革创新上取得新的突破。着力创新产业转型促进机制，完善接续替代产业发展支持政策，健全循环经济促进机制、资源型产业与非资源型产业均衡发展机制，建立完善资源性产品价格形成机制，建立公共资源出让收益合理共享机制；进一步放开市场准入，支持民间资本有序进入铁路、公路、金融、能源、电信、市政、教育、医疗等领域；积极推进财税体制改革，巩固省直管县财政改革试点成果，完善国有资本经营预算与收益分享制度，全面落实结构性减税政策，按照国家统一部署开展营业税改增值税、资源税、环境保护税等改革工作；加快金融改革发展，健全多层次资本市场，积极创新融资模式，培育非上市股份公司股权交易市场，做大做强地方金融机构，加快发展民营金融机构，鼓励金融机构向农村延伸服务网络，防范金融风险；创新用地机制。同时，要统筹推进农村综合改革、集体林权制度改革、事业单位分类改革、国有企业和集体企业改革等其他改革。

进一步扩大对外开放。加大招商引资力度，创新招商引资方式，发挥好开发区、各类园区的平台载体作用，推动引资、引技、引智有机结合，提高招商引资的综合优势和总体效益。推进国家外贸转型升级示范基地建设，健全出口信用保险机制，鼓励自主品牌、优势产品和高附加值产品出口，扩大省内紧缺原材料、先进技术、重要装备和关键零部件进口。充分发挥太原武宿综合保税区、侯马方略保税物流中心的作用，完善大通关体系，提高贸易便利化水平。鼓励有实力的企业“走出去”。加强与兄弟省（区、市）的交流合作，对接中原经济区，加快晋陕豫黄河“金三角”承接产业转移示范区建设。深化与国家部委、高校、科研院所和央企、民企的合作，落实好各项战略合作协议。办好国际太阳能十项全能竞赛和第三届农博会，做好第八届中博会等重大展会参展工作。

各位代表，转型综改试验区建设寄托着党中央、国务院的殷切期望，为山西转型跨越发展提供了难得的机遇。我们要只争朝夕、先行先试，推动转型跨越发展取得新突破！

打铁还需自身硬。新一届政府要以人民满意为目标，努力建设法治政府、服务政府、责任政府、廉洁政府和学习型政府。转变政府职能。改善经济调节和市场监管，加强社会管理和公共服务，深化行政审批制度改革，深入推进扩权强县试点；严格实行首问负责制、限时办结制、服务承诺制、责任追究制，为各类市场主体创造公平的发展环境，为人民群众提供良好的公共服务；推进政府绩效管理，强化目标责任考核，不断提高行政效能。严格依法行政。完善科学民主决策机制，提高决策的科学化民主化水平。进一步规范行政行为，严格依照法定权限和程序行使权力、履行职责，善于运用法治思维和法治方式深化改革、推动发展、化解矛盾、维护稳定。加强监察和审计工作，坚决整治行政不作为、乱作为行为，坚决杜绝吃拿卡要，严厉查处失职、渎职行为。大力推进政务公开，加强电子政务建设，完善信息公开制度，让权力在阳光下运行。加强廉政建设。贯彻落实习近平总书记在十八届中央纪委二次全会上的重要讲话精神，全面落实政府系统党风廉政建设责任制，完善惩治和预防腐败体系。继续推进煤焦领域反腐败工作，深入开展工程建设等领域突出问题专项治理，严肃查处各类违法违纪案件。严格控制“三公”经费，厉行勤俭节约，反对铺张浪费，以为民、务实、清廉的形象取信于民。改进工作作风。严格执行中央关于改进工作作风、密切联系群众的八项规定和实施细则以及我省出台的具体办法，改进文风会风，力戒形式主义、官僚主义，从繁文缛节、迎来送往、文山会海中解脱出来；深入基层调查研究，向群众学习，拜人民为师；夙夜在公、恪尽职守，求真务实、狠抓落实，以实实在在的工作成效向全省人民交一份合格的答卷。

各位代表，山西是华夏文明的重要发祥地，在中华文明发展史上产生了重要影响；山西是著名的革命老区，曾经为民族独立和人民解放付出了巨大牺牲；山西是国家重要的能源基地，为改革开放和现代化建设做出了重大贡献。在绵延不绝的历史长河中，在波澜壮阔的伟大实践中，三晋儿女不仅创造了可歌可泣的辉煌历史，而且孕育了晋商精神、太行精神、吕梁精神、右玉精神等宝贵的精神财富，彰显了“信义、坚韧、创新、图强”的山西精神，这是山西优秀文化的精髓，是我们引以为豪的荣耀，更是激励我们不断前行的动力。我们相信，勤劳智慧、淳朴善良的山西人民一定能够继续创造出无愧于历史、无愧于时代的新业绩，共同开创更加美好灿烂的明天！

各位代表，全面建成小康社会的光明前景鼓舞着我们，全省人民过上美好生活的热切期盼激励着我们。我们要紧密团结在以习近平同志为总书记的党中央周围，高举中国特色社会主义伟大旗帜，全面贯彻落实党的“十八大”精神，以邓小平理论、“三个代表”重要思想、科学发展观为指导，解放思想、开拓进取，齐心协力、真抓实干，办好“两件大事”，为实现转型跨越发展、再造一个新山西的宏伟目标而努力奋斗！

关于2012年国民经济和社会发展计划执行情况与2013年国民经济和社会发展计划草案的报告

——2013年1月23日在山西省第十二届人民代表大会第一次会议上

山西省发展和改革委员会主任　王　赋

各位代表：

受省人民政府委托，我向大会报告山西省2012年国民经济和社会发展计划执行情况，以及2013年国民经济和社会发展计划草案，请予审议，并请省政协委员和其他列席人员提出意见。

一、2012年全省国民经济和社会发展计划执行情况

2012年是我省积极应对复杂严峻的外部经济环境、经济社会发展和各项工作又取得新成绩的一年。在省委、省人大、省政府、省政协的坚强领导和监督支持下，全省上下认真贯彻省第十次党代会、省委十届二次全会暨全省经济工作会议、省"两会"精神，深入贯彻落实科学发展观，坚持主题主线和稳中求进的工作总基调，坚持把稳增长放在更加重要的位置，以转型综改试验区建设为统揽，着力推动转型跨越发展，继续加强和改善宏观调控，及时出台和实施了稳增长的一系列政策措施，扎实推进经济社会各项工作，促进全省实现了经济平稳较快增长和社会事业全面进步，顺利完成全年目标任务，转型跨越发展和全面小康社会建设迈出了坚实步伐。

初步核算，地区生产总值12112亿元，增长10.1%。全社会固定资产投资9176亿元，增长24.5%，增幅高出年度计划2.5个百分点。社会消费品零售总额4376亿元，增长16%。财政总收入2650亿元，增长17.2%；一般预算收入1516亿元，增长25%，增幅分别高出年度计划2.2个和10个百分点。城镇居民人均可支配收入20412元，增长12.6%，增幅高出年度计划2.6个百分点。农民人均纯收入6357元，增长13.5%，增幅高出年度计划3.5个百分点。城镇新增就业岗位51万个，超额11万个完成年度计划。城镇登记失业率3.4%，好于"控制在4.2%以内"的年度目标。居民消费价格总水平上涨2.5%，低于年度计划1.5个百分点。万元生产总值综合能耗、万元工业增加值用水量和主要污染物减排均实现了预定目标。

（一）以投资拉动为着力点，推动全省经济平稳较快增长。全力扩大有效投资。积极推进重点工程建设。全年省级重点工程完成投资3898.9亿元，增长

38.1%，带动全省投资实现了较快增长。努力激活民间投资。落实国家和省鼓励民间投资、支持民营经济发展的政策措施，编制完成20余项操作方案。全年民间投资超过4000亿元，增长33%。继续扩大资本市场融资。全年实现资本市场融资1087亿元，超出上年380亿元，再创年度融资额新高。加快下达政府投资计划。发改部门把加快投资计划下达作为提高执行力的重要手段，进一步强化服务理念、强化部门协调，在财政、国土、环保等部门支持配合下，省级政府109.42亿元投资计划上半年下达80%、10月底前基本下达完毕，政府投资的导向作用和倍增效应更加突出。

加强基础设施建设。铁路建设预计完成投资630亿元，大西客专、中南部铁路等1900公里在建铁路项目加快实施。高速公路投资490亿元，新增五台山至盂县、平遥至榆社等高速公路1006公里，总里程突破5000公里。机场建设投资4.1亿元，大同机场改扩建接近尾声，新建吕梁机场进展顺利，五台山、临汾机场加快推进。水利建设投资185亿元，大水网东山供水、中部引黄、辛安泉引水、小浪底供水等骨干工程全面开工，大同雁同、朔州塞上灌区开工建设，“一村一井”、病险水库除险加固、农田水利等工程有序推进。电力建设投资350亿元，霍州电厂、柳林联盛等煤矸石电厂和大唐浑源20个风电厂投运，新增电力装机500万千瓦，总装机容量达到5800万千瓦。基础设施的改善，为推动转型跨越发展创造了良好条件。

努力扩大消费稳定外贸。认真落实家电下乡、节能产品惠民、家具建材促销等政策措施。积极推动农产品流通体系建设，建成8400多个农村便民连锁店，有力促进了城乡消费。出台关于稳定外贸增长若干措施，加大对外贸企业的支持力度，全年外贸进出口总额达到150.5亿美元。

及时出台稳增长政策措施。按月召开经济形势分析联席会议，及时分析全省经济形势并采取了一系列调控措施。认真贯彻落实中央宏观调控政策，及时研究出台保持经济平稳较快增长30条措施、支持服务业发展9条措施和扶持小微企业发展17条措施，形成了强大的政策合力，有效稳定了经济增长。在减轻企业负担、解决融资难、促进产销衔接、开拓市场等方面全力支持实体经济发展，国有企业实力逐步壮大，煤销集团进入世界500强，10户省属企业入围全国500强，销售收入超千亿元企业达到8户；新增小型微型企业和个体工商户17.7万户，总数达到107万户。

（二）以转变经济发展方式为主线，推进产业结构转型升级。全力推进传统产业优化升级。争取中央投资3.74亿元，省煤炭可持续发展基金投入2.92亿元，重点支持了传统产业技术改造和产业链的延伸。提升煤炭产业水平。在圆满完成煤炭资源整合煤矿兼并重组的基础上，出台实施了新的行业标准，大力推进安全高效现代化矿井建设。全年原煤产量达到9.1亿吨，再创历史新高。加快推进煤电一体化、煤焦化、煤化工、煤机一体化进程，全省煤炭企业电力装机容量达到2000万千瓦、焦化产能达到5000万吨、合成氨和尿素产能达到1500万吨、煤机销售收入超过100亿元。加快焦化行业重组步伐。制定实施山西焦化行业兼并重组具体办法，全省有50户大企业整合117户焦化企业，涉及产能7000多万吨，占全省总产能的41%。加大冶金电力改造升级力度。太钢不锈钢冷连轧及配套技改等19个项目建成投产或部分投产。积极支持大型坑口电厂、煤矸石发电和城市热电联产项目建设，全省30万千瓦及以上火电机组装机容量占到全省总装机的70%，煤矸石综合利用发电装机达到584.5万千瓦，集中供热机组达到1140万千瓦。

着力推动新兴产业发展壮大。争取中央投资7.32亿元，省煤炭可持续发展基金投入9.29亿元，支持了一批重点项目建设。全年预计新兴产业、非煤产业投资占工业投资的比重分别由去年的36.2%、63%提高到42.8%、67%。现代煤化工：潞安集团180万吨煤基多联产、焦煤集团60万吨甲醇制烯烃等项目加快推进，同煤集团煤制天然气项目前期进展顺利。高端装备制造：太原三一重工装备制造工业园、大运重卡等一批重大项目加快推进，我国首条高速列车车轮生产线在太重顺利投产。新能源汽车：吉利轿车、中航工业等企业投资新能源汽车产业，晋中新能源汽车装备园区初具规模。新材料：宏特煤化工沥青基碳纤维、山西晋投玄武岩纤维、中电三十三所轻质结构功能一体化新材料、大同协和光伏产业循环经济一体化等项目开工建设。食品医药：杏花村汾酒、紫林老陈醋、亚宝药业、振东制药等一批项目陆续建成投产，大同医药产业园初具规模。新能源：全省新增新能源装机容量130万千瓦，累计达到607万千瓦，占全部装机的10%以上。煤层气：全年完成煤层气抽采量69亿立方米，增长32.7%；天然气利用量达到26亿立方米，煤层气和天然气利用已覆盖全省11个市70%的县（市、区）。

加快推动服务业发展。争取中央投资1.1亿元，省煤炭可持续发展基金投入11亿元，支持了服务业重点项目建设。争取国务院批准了太原武宿综合保税区，争取铁道部批复了太原地区货运（物流）中心；中国（太原）煤炭交易中心正式启动运营煤炭现货交易。大力支持省晋剧院演艺中心改造等重点文化项目建设，组织实施抢救性文物、历史文化名城名镇名村、国家文化和自然遗产地等三大保护工程。加大五台山、平遥古城、云冈石窟等重点旅游项目基础设施建设力度，强力打造“晋善晋美”旅游品牌，全年旅游总收入1813亿元，增长35%。

（三）以“三农”工作为重点，促进粮食增产农民增收。新出台小杂粮、设施蔬菜、移民搬迁等10项扶持政策，新增补贴20多亿元，累计补贴资金总规模达到50亿元。争取中央投资39.7亿元，省煤炭可持续发展基金投入26.5亿元，支持农业发展、农村基础设施和农村民生工程。大力实施农田水利等工程建设，农田实灌面积达到1920万亩，粮食综合生产能力明显提高，全年粮食总产量127.4亿公斤，再创历史新高。扎实推进三大现代农业示范区和雁门关生态畜牧经济区建设，组织实施了50多个重点项目。大力支持农产品加工龙头企业“513”工程，全省农产品加工销售收入超过800亿元，增长30%以上。以“一村一品”“一县一业”为主攻方向，着力打造杂粮、畜牧、蔬菜、水果、中药材等特色优势产业，对4000个专业村和60个基地县重点扶持。完成了3000个重点村和100个新农村连片示范区建设任务。全面推进扶贫攻坚，积极支持以工代赈、易地扶贫搬迁和生态扶贫等项目建设，又有40万贫困人口脱贫。

（四）以市域城镇化为目标，进一步拓展发展空间。启动实施了新区示范、旧区提质、百镇建设等“十大工程”。大同御东新区、怀仁新城区等新区初具规模，一批以城中村、棚户区为重点的旧城改造项目和特色鲜明的小城镇项目建设进展顺利，太原晋中共建区、临汾百里汾河新型经济带等城镇组群建设顺利推进。争取中央投资15.6亿元，省煤炭可持续发展基金投入5.37亿元，重点支持各市县实施集中供热、供水、供气、污水垃圾处理等一大批市政工程。预计全年新增集中供热面积5000多万平方米，新增供水能力15万立方米/日，新增用气人口35万人，新增生活垃圾无害化处理能力1100吨/日。全省城镇化率超过51%。

（五）以节能减排为抓手，促进生态环境持续改善。扎实推进节能降耗工作。出台《山西省“十二五”节能减排综合性工作方案》。重点推进节能技术改造项目，顺利实施1000万平方米既有居住建筑节能改造。在水泥、电力行业全面开展了能效对标活动，深入推进全民节能低碳行动，加快淘汰落后产能，为新上项目腾出了容量和空间。加大污染治理力度。出台《关于加强2012年主要污染物排放总量控制工作的意见》《山西省“十二五”控制温室气体排放工作方案》，在所有设区市开展了PM2.5监测。争取中央投资15.6亿元，省煤炭可持续发展基金投入5.37亿元，以省城太原环境综合整治为重点，全力推进集中供热、城中村改造、污染企业搬迁和水污染治理工程，重点支持火电行业脱硝、非电行业脱硫等工程。全省11个设区市城区空气质量均达到国家二级标准，水质优良断面上升3.1个百分点。加大生态建设力度。争取中央投资13.2亿元，省煤炭可持续发展基金投入8.95亿元，支持农村环境连片整治、矿山生态修复治理、林业六大工程建设，全年完成营造林460多万亩，流域和区域生态环境明显改善。大力促进循环经济发展。组织起草《山西省循环经济促进条例》，经省人大常委会审议通过，2012年10月1日起正式实施。在原有69个循环经济试点单位基础上，新选定并公布省级两批117个试点企业和园区，总投资约1400亿元的100个循环经济项目80%以上建成投产。

（六）以保障和改善民生为根本，促进社会事业全面发展。积极扶持就业。积极采取支持基层就业设施建设、加强职业技能培训、促进大学生就业、推动创业带动就业、开发公益性岗位等措施解决就业问题。全省高校应届毕业生就业率达到90%，创业带动就业10.6万人，转移农村劳动力42.5万人。加快保障性住房建设。全年新开工各类保障性住房40.9万套、竣工18万套，均超额完成国家下达任务。同时，房地产市场调控取得积极成效，呈现出开发投资、施工面积、销售面积增长、价格保持基本稳定的“三增一稳”良好态势。加强社会保障。城乡居民养老、医疗保险和低收入群体基本生活保障实现制度全覆盖，320万名60岁以上的老人领到了养老金，新农合、城镇居民医保年人均补助标准提高到240元，246万城乡低保和农村“五保”供养对象实现应保尽保。为全省800多万户低收入农户免费发放“一户一吨”煤任务在入冬前全部完成，确保了困难群众温暖过冬。大力发展教育事业。争取中央投资8.45亿元，省煤炭可持续发展基金投入2.76亿元，继续实施高校基础设施、中高职院校实习实训基地、农村校舍改造、中小学标准化、农村教师周转宿舍、幼儿园新建或改扩建工程建设以及购置设施设备。积极推进高校新校区建设，工程已基本完工。加快医疗卫生体系建设。争取中央投资7.1亿元，省煤炭可持续发展基金投入1.76亿元，支持了农村急救、重大疾病防控、食品安全风险监测、基层医疗卫生服务、儿童医疗服务、卫生监督、全科医生培养基地等七大体系260多个项目建设，极大地改善了城乡医疗卫生服务条件。圆满完成新“五个全覆盖”任务。召开现场推进会，加强督促检查，加快推进工程建设，两年投资300多亿元，圆满完成了全覆盖任务。同时，组织实施了409个空白乡镇邮政局所的补建，全省1196个乡镇实现了农村邮政局所全覆盖。安全生产形势持续稳定好转。全省各类安全生产事故起数、死亡人数分别下降14.2%和0.36%，没有发生重特大事故；煤矿百万吨死亡率0.091，居国内领先水平。全面推行食品安全网格化管理，出台了小作坊和食品摊贩管理条例，食品安全保障水平进一步提高。全面加强和创新社会管理，社会保持和谐稳定。扎实推进援疆工作，20项政府援建项目全部开工，2.15亿元援建资金全部到位，主体工程全部完工。

（七）以综改试验区建设为统揽，着力深化改革扩大开放。转型综改试验区建设扎实推进。《总体方案》成功获批。省主要领导和分管领导多次向中央领导和国家有关部委进行汇报对接，省发改委会同有关部门做了大量解释说明工作，2012年8月7日国务院正式批复。加快出台扶持政策。出台了支持“一市两园”、省级转型综改标杆项目的优惠政策，制定了《省级转型综改标杆项目认定办法》，确定了“一市两县”“一市两园”名单和第一批20个省级转型综改标杆项目。先行先试迈出实质步伐。全省上下不等不靠、主动作为，制定落实行动方案，抓住转型核心，突出改革创新，破解体制机制障碍，开展了鲜活生动、各具特色的先行先试探索实践，取得了阶段性成效。省直厅局围绕所属领域积极探索实践体制机制创新。太原市围绕改善省城生态环境大力推进五大工程和五项整治，大同市加快推进新兴产业集聚式和板块式发展，阳泉市着力打造特色生态新城，长治市大力推进上党城镇群建设，晋城市以气化晋城为突破口探索低碳发展新路径，朔州市加快推进东部新区“四化一体”建设，晋中市着力建设“108综合发展廊带”，忻州市建立储备、招商、落地、开工、服务和考核“六位一体”项目推进机制，临汾市加快推进百里汾河新型经济带建设，运城市加强与邻近省份合作加快黄河“金三角”承接产业转移示范区建设，吕梁市以产业集聚、园区承载、循环经济为重点推进产业转型。各试点县(市、区)按照行动方案扎实开展了先行先试。省属国有重点企业先行试点工作加快推进。编制完成《实施方案》。根据国家批复的《总体方案》要求,编制完成《实施方案》,从操作层面把《总体方案》落到实处。省部合作取得重要进展。我省已与国家有关部委、金融机构、央企、著名高校签署了30多个合作协议或备忘录。同时,在中央媒体、省内主流媒体开辟专版、专栏、专刊进行深入宣传报道,围绕《总体方案》开展了系列解读和专访。

山西省国家资源型经济

转型综合配套改革试验总体方案

《总体方案》的正式批复,标志着山西转型综改试验区建设进入全面实施阶段。作为推进山西转型综改试验区建设的总纲领和行动指南,《总体方案》明确了到2015年和到2020年两个阶段主要目标,同时展望了20～30年后的远景目标,科学部署了产业转型、生态修复、城乡统筹和民生改善四大领域的主要任务,以及创新完善产业转型促进机制、深化财税体制改革、改革完善土地管理制度、健全科技创新体制机制、加强金融创新和改革、完善资源、能源节约和生态环境保护修复机制、改革创新城乡统筹体制机制、加快社会体制改革、推进行政管理和投资体制改革、加大开放力度等十方面的综合配套改革措施。

重点领域改革取得新进展。事业单位分类改革稳步推进。集体林权制度改革主体任务基本完成,发证率达到96.3%。国有企业改革积极推进,省直机关所属企业全部脱钩。文化体制改革深入推进,163家国有文艺院团完成改革任务。医药卫生体制改革成果进一步巩固,基本药物制度试点范围扩大到非政府办社区卫生机构,药品价格平均下降30%以上,在34个县开展医药卫生一体化综合改革试点,38所县级医院全部实行药品零差率销售。继续推进投资体制改革,实行并联审批、一站式审批。深入实施扩权强县改革,下放85项审批管理权限。

对外交流与合作继续拓展。积极推动利用外资项目建设,新核准阳泉百度云计算等一批重大外商投资项目,争取国家批复了亚行贷款山西能效和环境改善项目等重大国外贷款项目。进一步加强交流合作,深化了与德国北威州、美国西弗吉尼亚州在多领域的合作。

(八)争取国家政策、资金和项目支持成绩显著。全年争取国家投资128亿元,高出去年30亿元;争取国家核准我省企业发行债券103亿元。在基础设施、能源等重点领域,70个项目获得国家规划批复、核准或路条批复,涉及总投资1937亿元。除《总体方案》获批外,还争取国家批准设立了"晋陕豫黄河'金三角'承接产业转移示范区",争取国家将运城、长治、晋城纳入《中原经济区规划》。

2012年,全省经济社会发展取得显著成绩,但还面临经济总量不大、产业结构不优、质量效益不高、生态环境压力大等突出问题。全省上下务必保持清醒认识、强化忧患意识,增强责任感、紧迫感和使命感,切实把思想和行动统一到中央和省委、省政府的决策部署上,统一到转型跨越发展、全面建成小康社会的战略上,把握机遇、迎接挑战,全力以赴推进经济社会持续健康发展。

二、2013年全省经济社会发展总体安排和主要任务

2013年是全面贯彻落实党的"十八大"精神的开局之年,是全面实施"十二五"规划承前启后的关键一年,更是深入推进转型综改试验区建设各项工作的重要一年。紧紧围绕主题主线,以提高经济增长质量和效益为中心,科学安排好2013年全省经济社会发展主要指标计划,对于引导全省形成推进转型跨越发展的强大合力、加快推进各项重点工作、促进经济社会持续健康发展具有重大意义。

全省经济工作的总体要求是:全面贯彻落实党的"十八大"和中央经济工作会议精神,深入落实省第十次党代表大会部署,以邓小平理论、"三个代表"重要思想、科学发展观为指导,坚持主题主线,坚持稳中求进,以建设转型综改试验区为统领,以提高经济增长质量和效益为中心,深入推进工业新型化、农业现代化、市域城镇化、城乡生态化,全面加强经济、政治、文化、社会、生态文明建设,全面提高党的建设科学化水平,着力保持经济持续健康发展,着力加快产业转型升级,着力推进创新驱动发展,着力推进城乡发展一体化,着力保障和改善民生,为走出资源型地区转型跨越发展新路、全面建成小康社会努力奋斗。

根据经济工作的总体要求,兼顾需要和可能,2013年全省国民经济和社会发展主要目标是:

预期性指标:地区生产总值增长10%左右,全社会固定资产投资增长22%,社会消费品零售总额增长15%,财政总收入、一般预算收入均增长12%,城镇居民人均可支配收入、农民人均纯收入分别增长10%、10%以上,城镇新增就业岗位50万个,城镇登记失业率控制在4.2%以内,居民消费价格涨幅控制在3.5%左右。

约束性指标:万元地区生产总值综合能耗下降3.5%,万元地区生产总值二氧化碳排放量下降3.7%,二氧化硫、化学需氧量、氨氮、氮氧化物减排完成国家下达任务,烟尘、粉尘排放量均下降2%,万元工业增加值用水量下降5.2%。

为顺利实现上述目标,全省上下必须按照省委、省政府的统一部署,创造性地做好以下工作:

(一)千方百计扩大内需,促进经济持续健康发展。发挥好投资对经济增长的关键作用。2013年全社会投资安排仍然要抓住重大基础设施、重点产业、城镇化和生态环境治理、民生和社会事业等重点领域和薄弱

环节，努力扩大有效投资。初步安排：重大基础设施项目投资1055亿元。铁路投资528亿元，重点加快大西客专、中南部铁路、太兴铁路等项目的建设进度，加快推进蒙西至华中地区煤运通道、和邢铁路、大张铁路、太原至焦作复线、阳泉至阳泉北等铁路项目前期工作，加快在建合资铁路沿线地方铁路、铁路专用线及战略装车点项目实施。公路投资300亿元，重点抓好685公里高速公路的新建续建、500公里国省干线公路和1000公里农村公路的改造。机场投资17亿元，重点加快吕梁机场建设进度，协调推进临汾机场复航改造和五台山机场改扩建工程尽快开工建设，推进太原机场应急救援及监护中心和备降机坪、运城机场飞行区扩建、长治机场航站楼扩建等工程建设。水利投资210亿元，重点抓好大水网、雁同和塞上灌区、汾河太原段综合治理等工程建设，积极推进农田灌溉、农村饮水、病险水库除险加固、中小河流治理等工程。产业开发项目投资可达5500亿元。其中，传统产业投资2000亿元，重点安排煤炭整合改造矿井、新建大型现代化煤矿、新建电源点和电网、冶金焦化等产业兼并重组和改造升级项目。新兴产业投资3500亿元，发挥20个省级转型重大标杆项目的引领和示范作用，大力实施科技创新，推动信息化、工业化深度融合，积极培育和发展商贸物流、文化旅游及“7＋2”战略性新兴产业。城镇化和生态环境治理投资1070亿元。其中，城镇化投资490亿元，突出抓好市政基础设施建设，统筹规划、着力推进小城镇和新农村建设。生态环境治理投资580亿元，大力推进太原市生态环境综合整治等生态治理重点工程，绿化面积新增450万亩以上，继续抓好重点流域水污染防治和工业污染治理、节能、循环经济等项目建设。积极推进燃煤发电脱硫、脱硝等项目建设。民生和社会事业投资2000亿元。重点抓好保障性住房、为农服务工程、扶贫开发以及科教文卫等其他社会事业建设；继续加强调控，促进房地产市场健康发展。

发挥好重点工程对经济增长的火车头作用。大力开展“项目推进年”活动，实行项目储备、签约、落地、开工、建设和投产“六位一体”推进机制，全力推进重点工程建设。进一步加强项目储备，继续实行动态调整，确保储备项目结构不断优化，质量不断提高；进一步加大前期投入，优化和完善审批流程，加快立项审批速度，提高行政效率；进一步拓宽融资渠道，加大招商引资力度，争取银行信贷支持，扩大资本市场融资，鼓励和引导民间投资，积极利用外资，确保重点工程建设资金需求；进一步加强服务监督，帮助项目单位解决项目推进中遇到的规划、土地、拆迁等困难，确保项目如期开工、加快建设和顺利竣工投产。

增强消费对经济增长的基础作用。促进消费升级。继续实施节能产品惠民工程，积极发展文化、娱乐、旅游、健身、信息、家政、养老等服务消费，加快培育一批拉动力强的消费新增长点。优化消费环境。加强商贸流通、宽带网络等消费基础设施建设，积极开展农超对接和农社对接，打造农产品产销一体化流通链条，建设市县乡三级配送中心，发展多种模式并存的配送体系。创新消费方式。鼓励发展电子商务、网络购物等新型消费业态，吸引知名电子商务企业在我省设立采购配送中心，培育我省电子商务龙头企业。做大商贸企业。积极培育现代物流园区、大型商贸物流企业、第三方物流企业和连锁龙头企业。规范市场环境。整顿规范市场秩序，加强信用体系建设，健全应急商品投放网络，提高保障市场供应能力。

（二）加快推进结构调整和发展方式转变，提高经济增长的质量和效益。着力改造提升传统产业。化解产能过剩。抓紧制定有针对性的调整和化解方案，把化解产能过剩作为产业结构调整的工作重点，尊重规律、分业施策，多管齐下、标本兼治，力争尽早取得实效。推进兼并重组。巩固和扩大煤炭资源整合煤矿兼并重组成果，继续推进焦化、电力等行业整合重组，积极引导钢焦、煤电、焦化等上下游企业联合，稳步推进钢铁、有色、水泥等行业兼并重组，不断延伸煤电铝、煤焦化、煤建材等产业链，推动行业集中度提升，提高市场竞争和抗风险能力。支持改造升级。煤炭行业要重点支持煤矿安全改造、瓦斯治理示范矿井建设、煤炭产业升级和煤矿地质补充勘探项目建设，加快煤电一体化步伐。冶金行业要依托太钢等龙头企业，积极延伸产业链，提高附加值。焦化行业要支持建设一批大型焦炉煤气综合利用、大型焦油加工和粗苯精制项目，推动焦化产业整体素质提升。电力行业要加快推进热电联产、低热值煤发电、大型坑口电厂建设，继续扩大晋电外送规模，推动电力产业优化升级。

着力做大做强新兴产业。出台《关于推进战略性新兴产业发展的若干措施》，组织实施“512”工程，努力实现以重大项目为龙头、高成长项目为纽带、带动潜力项目发展壮大的产业格局。装备制造业要坚持高端化、系列化、成套化方向，大力实施自主创新和品牌战略，加快我省建设国家现代制造业基地步伐。煤化工要围绕低质煤高效清洁利用，大力发展现代煤化工，延伸拓展特色煤化工，优化提升传统煤化工，实现煤化工产业跨越发展。新材料要大力发展资源深加工类新材料，推进我省新型材料产业由“材料加工”向“加工材料”跨越。煤层气要重点围绕“燃（气）、（气代）油、（发）电”三条发展主线，加大煤层气勘探开发力度，加快推进输气管线建设步伐，全力推进煤层气产业发展。新能源要积极推进风能、水能、太阳能和生物质能等可再生能源电厂建设。节能环保、生物、新一代信息技术等新兴产业要立足国家产业政策和我省产业基础，努力实现规模做大和企业做强。

推进战略性新兴产业发展的若干措施

围绕我省战略性新兴产业重点领域，组织实施“512”工程，即实施50个规模效益显著的重大项目，支持100个高成长性的重点项目，培育200个发展前景好的潜力项目。通过鼓励企业开展研发活动、支持创新能力建设和股权激励、实施土地和电价优惠、鼓励引进和培养高层次人才、拓展融资渠道、帮助企业开拓市场、支持民间资本、民营企业进入战略性新兴产业领域等政策措施，进一步培育壮大我省战略性新兴产业。

着力促进服务业加快发展。完善并落实好省鼓励服务业发展的财税、金融、土地、价格等政策，切实降低企业运行成本，优化服务业发展环境。组织实施服务业重点项目“1511”工程，充分发挥项目对服务业发展的带动作用。积极做好国家营业税改增值税试点扩围准备工作。统筹发展商贸流通、餐饮住宿等传统服务业和金融、文化旅游、现代物流等现代服务业，加快发展大宗商品交易、煤炭物流、工业设计、研发咨询、信息服务等生产性服务业，鼓励发展社会养老、康复医疗、家政服务等生活性服务业。

服务业重点项目“1511”工程

服务业重点项目“1511”工程，即推进建设项目100个，尽快开工项目50个，加快前期项目100个，储备项目1000个。配套建立项目分层管理制度、动态管理制度、进度通报制度、建设督查制度。明确项目责任主体，省直17个行业主管部门发挥好组织督促推进作用，11个市抓好项目建设条件落实和组织实施，发展改革部门履行好综合协调督促职能。通过实施“1511”工程，拓展支持政策的内容，强化支持政策的效果，促进各级各部门将发展壮大服务业放在重要位置。

着力实施创新驱动发展战略。营造自主创新良好氛围，加强科技创新平台建设，充分发挥企业在技术创新中的主体作用，加大工程研究中心、工程实验室等创新基础能力建设，组织实施一批重大科技专项，力争在一些关键共性技术上取得突破。加强科技与经济的结合，实施集成创新战略，形成一批产业带动性强、关联度大、科技含量高、优势资源集成度多的战略性新产品。

（三）毫不放松地抓好“三农”工作，推动农民持续增收。落实好强农惠农富农政策。在落实好近年来年度补贴资金50亿元的基础上，再新增资金10亿元，进一步调动农民生产积极性。加强农业农村基础设施建设。在切实抓好大水网工程、大型灌区、山区“一村一井”工程建设的同时，再启动3000个重点村和100个新农村集中连片示范区建设，加大旱涝保收高标准农田投入，打造2300万亩农田实灌面积，进一步提高粮食和农业综合生产能力。大力发展特色现代农业。积极推进三大现代农业示范区、雁门关生态畜牧经济区建设，加快推进“一村一品”“一县一业”和现代农业示范县建设，加大以“513”工程为核心的特色农产品加工项目建设。健全农业社会化服务体系，大力推进农业科技示范基地建设。千方百计促进农民增收。积极创造条件增加农民财产性收入和转移性收入。大力支持农村劳动力职业技能和转移培训力度，努力增加农民工资性收入。通过产业扶贫、下乡住村等方式，加快集中连片特困地区群众脱贫致富步伐。抓好为农民办实事工程。改造农村困难家庭危房10万户，易地搬迁农村贫困人口11万人，完成1.7万个行政村街道亮化任务，改扩建村级幼儿园500个。实施乡村清洁工程，进一步改善农村生产生活条件。

（四）加快“一核一圈三群”建设，走出具有山西特色的城镇化发展路子。推进城镇组群式发展。大力推进太原新区、太原晋中共建区和太榆科技创新城、上党城镇群、大同都市区、临汾百里汾河新型经济带建设，推进城际联系道路等基础设施和生态建设。推进大县城和百镇工程建设。充分发挥小城镇在城镇化中的重要节点作用，重点抓好沿河流域特色小城镇组群和晋中、临汾沿汾河小城镇带建设，基本建成20个重点镇新区和产业园区。抓好重大工程实施。加快推进棚户区、城中村、老旧街区改造提升工程。加强城镇供水供暖设施建设与改造，强化城市地下管网设施、排水与暴雨内涝防治综合体系建设。提高城镇化率。将城镇化推进与户籍制度、土地制度、公共服务能力等有机结合，尽快出台户籍制度改革实施意见，有序推进农业转移人口市民化，力争城镇化率再提高1.5个百分点。

（五）高度重视生态文明建设，促进绿色低碳循环发展。继续加强节能降耗工作。出台《山西省合理控制能源消费总量工作方案》，建立合同能源管理项目能效评价机制。全面开展能效对标，狠抓六大重点行业和千户重点企业节能工作。加快污染治理设施建设。继续抓好火电和水泥行业脱硝、非电行业脱硫、集中供热供气等设施建设。积极推进已建成污水处理厂改造升级和配套管网完善，抓好垃圾处理设施县级全覆盖工程。加大重点流域水环境治理力度。大力实施城乡清洁工程，加快以省城太原为重点的城市环境综合整治。加大生态修复保护力度。继续推进重点区域、流域生态和矿山修复治理工程建设，积极开展水生态系统保护与修复试点。组织实施六大造林绿化重点工程，加快高速公路沿线绿化，启动吕梁山生态脆弱区植树造林工程。开展农村连片整治和生态示范城创建，积极推进村容村貌改善。大力推动循环经济发展。落实《山西省循环经济促进条例》。完善并建立支持循环经济发展政策保障体系，引导并鼓励企业对传统产业进行循环化改造。加快推进城市餐厨废弃物资源化利用和废水、废气、废渣及余压、余热循环利用，初步构建全社会资源循环利用体系。

（六）加大保障和改善民生力度，努力让人民过上更好生活。全面发展教育事业。继续加大各类教育工程项目和基础能力建设，新建改扩建200所标准化公办幼儿园，加强高校新校区建设管理，确保按期进驻。大力发展文化事业。继续实施文化惠民工程，积极推进地市图书馆、群艺馆、非物质文化遗产保护工程建设，重点推进大型文化产业项目建设。做好就业工作。支持就业容量大的劳动密集型产业、小微企业和服务业，落实自主创业扶持政策，积极拓展就业领域，帮助困难群体就业，实现全年城镇新增就业50万人的目标。提高社会保障水平。力争城镇职工基本养老、医疗、失业、工伤、生育保险参保率全部达到95%以上。城乡居民基础养老金再提高10元、达到65元。企业退休人员基本养老金提高10%。城镇居民医保和新农合财政补助标准提高40元、达到每人每年280元。城乡低保保障标准每人每月分别提高30元、24元,达到338元、172元。努力增加居民收入。合理调整收入分配关系,努力促进居民收入增长和经济发展同步、劳动报酬增长和劳动生产率提高同步。扎实推进保障性住房建设。在抓好续建工程的基础上,今年再开工城镇保障性住房18万套、建成18万套。进一步完善医疗卫生服务体系。推进实施基本公共卫生和重大公共卫生服务项目,启动全省基层医疗卫生信息系统建设,健全农村医疗卫生服务网络。强化食品药品安全监管,加快推进长效监管机制建设,确保消费者放心消费。更加注重经济与社会协调发展。充分发挥群众参与社会管理的基础作用。努力促进广播电视、新闻出版、文物保护、邮政、科技、体育、政法、村级组织、社会福利、救灾救助、人防、档案、气象、地震、宗教、外事等社会事业发展。促进安全生产形势稳定好转。严格落实安全生产各项规定,强化"两个主体"责任落实,努力减少一般事故,坚决遏制和杜绝重特大事故。加强应急保障体系建设。出台山西省综合应急预案,建立应急物资储备调拨网,形成应急物资储备调拨的快速联动机制。继续抓好对口援疆工作,按照规划任务,再启动实施一批援建项目。坚持军民融合式发展,努力做好国民经济动员工作。

(七)全面推进转型综改试验区建设,进一步提升改革开放水平。坚持以转型综改试验区建设为统领,统筹谋划、协同推进,着力抓好重点领域、关键环节的体制机制改革创新,力争取得实质性突破。出台《实施方案》。协调引导全省各级各部门按职责分工,落实各项目标任务。抓好已经布局和出台的转型综改重点任务及政策措施的落实。落实好支持"一市两园"和省级转型综改标杆项目的双十条优惠政策及配套实施细则。支持"一市两园"加强基础设施建设、提升承载能力,深化园区管理体制改革。加快标杆项目建设进度,切实发挥好示范引领作用。开展"一厅一专项""一市一板块(主题)""一县一任务"试点。省直各部门以破解体制机制障碍为主攻方向,明确年度改革试验专项,大胆创新,积极实践,率先取得突破。11个市紧扣《总体方案》,突出比较优势,确定特色化的转型发展主题,开展综合配套改革试点。11个省级试点县(市、区)根据县域经济发展特点,针对制约本地转型发展的体制性障碍,选择重点、难点、亮点进行试点突破,由点到面,争取积小胜为大胜。开展重点体制机制改革课题研究。根据《总体方案》部署的十大配套改革任务,梳理提出针对性、细化性课题,力求尽快破题、及早形成专项改革意见或方案,并推动实施。深化重点领域和关键环节改革。深化医药卫生体制改革,扩大县级公立医院改革试点,同步推进县域医药卫生一体化综合改革,在试点县全部实行药品零差率销售。加快推进文化体制改革,不断健全覆盖城乡的公共文化服务体系。积极推进财税体制改革,加快推进金融改革,深化行政管理体制改革,统筹推进农村综合改革、集体林权制度改革、国有企业改革、事业单位分类改革、收入分配制度改革等。创新工作机制,争取推动国家层面改革事项和创新政策在我省优先试行。进一步扩大对外开放。支持进出口骨干企业做大做强,加快外贸转型升级示范基地建设,加强省内外贸代理工作,增加重要原材料、先进技术设施、关键零部件等的进口,促进对外贸易稳定增长。积极创新招商引资方式,推动引资、引技、引智有机结合。鼓励外资投向高新技术、现代服务业、新能源和节能环保等领域。完善境外投资促进机制,健全风险防范和监管机制。深化与德国北威州和美国西弗吉尼亚州更广泛、更直接的交流。

(八)加强经济形势研判,进一步提升宏观调控能力。坚持行之有效的经济形势分析制度,密切关注形势变化,加强监测预测分析,及时发现新情况、新问题,并根据形势变化,深入研究和储备一批针对性、前瞻性、操作性强的政策措施,牢牢把握经济工作的主动权。进一步完善保障市场供应、搞活流通等方面的价格调控政策,强化市场监管,合理引导社会预期,保持物价基本稳定。

三、2013年省级政府投资计划安排建议

(一)省级政府投资安排规模。2013年省级政府用于建设的资金为115.22亿元,其中,重大水利工程建设基金6亿元,引黄专项基金12亿元,省财政预算内资金4.2亿元,省煤炭可持续发展基金93.02亿元。

(二)财政预算内资金安排建议。2013年财政预算内资金安排投资4.2亿元,其中,直接安排在项目上的资金2.75亿元,主要包括太原机场改扩建、支线机场建设、省直机关住房补贴、归还汾河二库借用引黄水资源补偿费、省信访局信访接待大厅、政府投资项目前期工作经费;预备资金1.45亿元,主要用于省委、省政府临时交办重大事项,突发事件、重大灾害应急处置,争取国家政策、资金支持所需有关费用等。

(三)重大水利工程建设基金和引黄专项基金安排建议。根据省有关部门意见,拟安排重大水利工程建设基金6亿元,主要用于松溪供水工程、柏叶口水库、西山沿黄提灌等工程建设;拟安排引黄专项资金12亿元,主要用于雁同灌区、塞上灌区、左云供水等引黄工程配套工程建设。

(四)省煤炭可持续发展基金安排建议。2013年煤炭可持续发展基金安排93.02亿元。

安排原则:一是集中财力办大事。各行业、领域安排项目个数在去年的基础上压缩了1/3,省级政府投资项目个数由去年的780多个减少到580个,项目集中度进一步提高。二是坚持"保续建、保重点、保配套、保急需"的原则。优先安排在建及扫尾工程、中央投资项目配套资金及事关民生急需解决的事项。三是坚持资金跟着项目走,项目跟着原则走。不搞切块安排,对生态环境治理和社会事业项目主要以直接投资和投资补助方式投入,对经营性转产项目主要采用特别流转金方式投入。四是所有项目必须符合产业政策和投资方向。更加注重投资的质量和效益,规划选址、土地预

审、环境影响评价、节能评估等相关前期工作达到应有的深度，基本具备实施条件。

安排重点：一是围绕“四化”要求，突出转型导向。按照省委、省政府对转型综改试验区建设的部署和要求，集中安排15亿元用于影响力大、带动性强、见效明显的省级转型综改标杆项目和“一市两园”等重点园区建设，安排19亿元支持新兴产业和服务业发展。二是加大对“三农”的投入力度。重点投向农田整治、特色农业、水利、林业、生态扶贫、新农村物流、为农服务业、农村教育卫生、广播电视等领域，涉农各领域安排的资金总量超过27亿元，占比达到30%。三是加快生态环境治理步伐。重点推进太原生态环境治理、各市生态环境治理的重大工程及省内重大流域生态综合治理项目，对循环经济、节能减排等领域的示范项目予以倾斜支持。四是推进城乡发展一体化，加快城镇化步伐和社会主义新农村建设。重点支持城乡交通、市政基础设施、农村基础设施、城乡统筹等项目建设。五是着力支持民生和社会事业发展。以构建和谐社会为目标，以基本公共服务均等化为重点，支持与人民生活紧密相关的采煤沉陷区治理、保障性住房、教育、基层医疗卫生体系、文化体育、社会保障及其他社会公益领域。

具体安排：93.02亿元的盘子中安排项目前期准备资金2.34亿元，主要用于不确定、不可预见的重大项目建设需要，重大项目可行性研究及咨询评估等前期准备费用，重点行业及领域发展总体规划、专项规划等；其余90.68亿元按照国家规定的5∶3∶2比例安排，分别用于跨区域生态环境治理、转型转产和重点接替产业、与煤炭可持续发展相关的社会事业。分领域具体安排为：

(1)跨区域生态环境治理46.62亿元。生态保护22.88亿元。主要用于大水网、节水改造等水利工程，通道绿化、吕梁山生态脆弱区绿化等林业工程，农田整治及其他农村生态治理，中央下放煤矿棚户区改造、生态扶贫开发等。

环境综合治理10.87亿元。主要用于城市集中供热、天然气输配、污水处理及回用、垃圾处理、矸石山治理、河道城区段综合治理等。

节能和淘汰落后5.99亿元。包括工业领域节能、社会领域节能、淘汰落后三个领域，主要用于可再生能源开发、高效照明产品推广、既有建筑节能改造、机关节能投入等。

循环经济3.88亿元。主要用于试点企业、试点园区、重点县(区)资源综合循环利用，实现资源和能量合理流转与配置的示范性循环经济项目等。

重大项目动态调控资金3亿元。用于省委、省政府确定的重大项目建设。

(2)转型转产和重点接替产业22.14亿元。新兴产业发展9.05亿元。主要用于安排高端装备制造、新材料、节能环保、生物医药、现代煤化工、煤层气、新一代信息技术等“7+2”战略性新兴产业等项目，农产品加工“513”工程、“一县一业”基地县、现代农业示范区及中小企业成长工程，技术改造及公共服务平台、工程实验室、工程研究中心和企业技术中心等产学研联合的自主创新体系建设，行业领域研发创新平台、重大技术瓶颈突破及产业链延伸等。

传统产业提升1.19亿元。主要用于煤矿安全改造国家投资配套、冶金等传统产业升级改造、产业链延伸。

服务业9.9亿元。主要投向省政府确定的服务业重点项目，包括旅游服务业、铁路建设贴息、物流基础设施、现代物流重点示范项目、电子政务、社区信息化、重点信息化产品生产、为农服务体系、就业和社会保障、文化体育产业等。

重大项目动态调控资金2亿元。用于省委、省政府确定的重大项目建设。

(3)与煤炭可持续发展相关的社会事业21.92亿元。分离企业办社会8.1亿元。

教育基础设施建设2.76亿元。主要用于高校新校区等高等院校基础设施、职业教育基础设施、中小学标准化学校建设、学前教育基础设施建设及国债配套等。

卫生基础设施建设3.46亿元。主要用于山西大医院等省级医院基础设施、县乡村三级医疗机构网、农村卫生服务体系建设及国债配套等。

其他社会事业发展7.6亿元。主要用于科技、文化、广电、体育、劳动技校、人口计划生育、残疾人服务、文物保护、民政、政法基础设施和武警、消防、部队、基础测绘等能力建设及其他省直机关建设。

各位代表，过去一年全省经济社会发展取得了显著成绩，为全面建成小康社会奠定了坚实的基础。新的一年，让我们在省委、省人大、省政府、省政协的正确领导和监督支持下，认真贯彻落实省委十届四次全会暨全省经济工作会议精神，凝聚力量、真抓实干，开拓创新、攻坚克难，依法行政、提高效率，为全面开创转型综改试验区建设新局面、圆满完成全年经济社会发展目标、实现经济社会持续健康发展做出新的贡献！

关于 2012 年全省和省本级预算执行情况及 2013 年全省和省本级预算草案的报告

——2013 年 1 月 23 日在山西省第十二届人民代表大会第一次会议上

山西省财政厅厅长　**郑建国**

各位代表：

受省人民政府委托，我向大会提出 2012 年全省和省本级预算执行情况与 2013 年全省和省本级预算草案的报告，请予审议，并请省政协委员和其他列席会议的人员提出意见。

一、2012 年全省和省本级预算执行情况

2012 年，面对复杂严峻的经济形势，在省委、省政府的正确领导下，全省上下坚持主题主线和稳中求进总基调，着力稳增长、调结构、抓改革、惠民生、促和谐，经济社会各项事业发展取得了新的成绩。在此基础上，全省和省本级预算执行情况良好，财政工作取得新进展。

（一）全省和省本级预算变动情况。2012 年全省和省本级预算经省十一届人大六次会议审查批准后，各市县人民代表大会相继批准了本级预算，省政府于 2012 年 9 月汇总各市县的预算报送省十一届人大常委会备案。在预算执行中，根据财政部追加转移支付及各级预算调整情况，全省和省本级预算作了相应变动。2012 年全省一般预算收入为 1379.26 亿元，与备案预算一致；因中央转移支付补助增加 342.08 亿元，各级用当年超收、上年净结余及调入资金等安排支出增加 160.39 亿元，全省一般预算支出由 2673.83 亿元变动为 3176.3 亿元。省本级一般预算收入为 353.36 亿元，与备案预算一致；因中央转移支付补助增加 342.08 亿元，用上年净结余安排支出 10.92 亿元，当年列收列支的专项收入超收等安排支出 32.14 亿元，增加各市县转移支付补助相应减少省级支出 300.92 亿元，省本级一般预算支出由 752.93 亿元变动为 837.15 亿元。

（二）全省和省本级预算执行情况。2012 年全省一般预算收入完成 1516.39 亿元，为预算的 109.9%，增收 302.96 亿元，增长 25%；一般预算支出执行 2761.47 亿元，为变动预算的 86.9%，增支 397.62 亿元，增长 16.8%。教育、医疗卫生、社会保障和就业、住房保障、文化体育与传媒、农林水事务、城乡社区事务、节能环保、粮油物资储备及公共交通运输等民生支出规模占到全省一般预算支出总量的 81.6%。省本级一般预算收入完成 404.21 亿元，为预算的 114.4%，增收 82.05 亿元，增长 25.5%；一般预

算支出执行715.31亿元，为变动预算的85.4%，增支85.44亿元，增长13.6%。初步汇总2012年全省和省本级预算执行情况，全省可实现当年收支基本平衡，省本级略有结余，部分市县可消化一部分赤字。

2012年全省政府性基金收入完成802.23亿元，为预算的118%，增长10.9%；基金支出执行739.8亿元，为预算的60.8%，增长13.7%。省本级政府性基金收入完成297.3亿元，为预算的107.1%，增长4.8%；支出执行249.64亿元，为预算的57.6%，增长10.9%。

上述预算执行数字在全省决算汇总后，还会有些变化，具体结果待各级决算编制完毕后再向省人大常委会报告。

回顾过去一年，全省各级财政部门认真贯彻落实省委、省政府决策部署，加强财政调控稳增长促转型，优化支出结构保重点保民生，推进科学理财提效能增效益，全力服务我省转型跨越发展大局，全省财政收入任务超额完成，重点支出得到有力保障，为我省经济社会发展做出了积极贡献。这是省委、省政府正确领导、亲切关怀的结果，是省人大、省政协依法监督、民主监督的结果，更是全省人民团结奋斗、共同努力的结果，全省各级财税部门为此也做了大量扎实有效的工作。

*1.持续发力稳增长，努力促进经济平稳较快发展。*认真贯彻执行中央和我省一系列稳增长政策措施，全力拉动经济平稳较快增长。一是清费减税稳增长。提高增值税、营业税起征点至国家高限，对小微企业给予企业所得税优惠，清理取消9项行政事业性收费。二是扩大投资稳增长。累计筹措资金396亿元，集中支持公路、铁路、大水网等重点工程建设。新设立3支创业(风险)投资基金，引导带动社会资本投向新材料、节能环保和高新技术服务等产业。三是拉动消费稳增长。提高了企业退休人员基本养老金、城乡居民最低生活保障和城镇就业人员最低工资标准，提高了优抚对象和“五保”供养对象财政补助标准，落实了提高个人所得税免征额政策。对蔬菜和部分鲜活肉蛋产品批发零售免征增值税，及时启动社会救助和保障标准与物价上涨挂钩联动机制，认真落实价格调控基金、商品储备补贴及临时价格补贴政策，支持稳定物价。深入实施了“家电下乡”“万村千乡市场”等促消费工程。四是帮扶企业稳增长。联合有关部门制定出台《关于大力扶持创办微型企业的意见》，设立了小微企业扶持基金和贷款风险补偿专项资金，强化了中小企业融资性担保体系建设，扩大了中小企业发展资金规模，进一步完善了扶持中小企业发展的财税政策体系。全年拨付资金12.97亿元，助推中小企业发展壮大。五是均衡财力稳增长。进一步完善县级基本财力保障机制，对县级税收收入年新增部分给予奖励；制定了《山西省革命老区转移支付资金管理办法》，加大了对革命老区的转移支付力度。2012年共下达省对市县各类转移支付资金约907.86亿元，增长18%。

*2.把握重点促转型，推动经济发展方式加快转变。*一是优化产业结构。拨付资金34.5亿元，支持发展资源地区转型和接替产业项目494个，扶持先进装备制造等新兴产业项目229个，对焦化行业兼并重组、产能置换和产品深加工予以贴息补助，支持开展“晋善晋美”旅游宣传促销活动和景区开发建设。拨付资金27亿元，支持国有企业深化改革、结构调整。

二是推进节能减排。拨付资金27.54亿元，支持重点节能工程建设，完成北方采暖区既有居住建筑节能改造1200万平方米，新增可再生能源建筑应用面积300万平方米，对淘汰落后产能项目给予补偿，支持实施了节能重点循环经济、资源节约重大示范项目及重点污染治理工程，推进了全省65个黄河、海河流域县及重点镇的城镇污水处理设施配套管网建设，强化了重点行业、重金属污染防治和主要污染物排放治理。

三是支持生态建设。下达资金20亿元，支持三河三湖水污染防治、汾河水库湖泊生态环境保护试点、跨界断面水质考核生态补偿奖励及水土保持，推进实施造林绿化工程和天然林保护二期工程，支持森林资源保护、生态效益补偿和林业生态建设，对重点生态功能区涉及县和一些生态建设较好的县进行奖补，支持太原市环境综合治理。

四是促进科技创新。落实科技创新所得税优惠政策，对经认定的高新技术企业给予20%的低税率优惠，对企业研发费用加计50%的税前扣除。加快实施科技重大专项，加大对基础研究、星火计划、国际科技合作项目和科技成果推广项目的支持力度，推动国家重点实验室、省属科研院所中试基地和科研机构能力建设，全年财政科学技术支出达33.16亿元，增长22%。

五是助力综改试验。认真实施转型综改试验区建设财政部门专项行动方案和财税专项实施意见，支持22个产业转型园和科技创新园建设，对“一市两园”基础设施改造、公共服务体系建设和园区转型项目给予财政奖励、贷款贴息或投资补助；建立园区资源综合利用企业认定绿色通道，确保符合条件的企业全面享受国家资源综合利用产业税收优惠政策。积极争取国家支持，设立了太原武宿综合保税区。支持第四届能博会、首届晋商大会和其他招商引资活动成功举办。

*3.多措并举助“三农”，推进城乡统筹发展。*2012年，全省财政农林水事务支出达309.91亿元，增长28.4%。

重点扶持助农民增收致富。在全面巩固和落实中央及我省各项强农惠农富农政策的基础上，支持我省再出台小杂粮、设施蔬菜、山老区“一村一井”、移民搬迁补贴等10项惠农新政，新增补贴资金31.4亿元，资金总规模达50亿元。将薯类纳入粮补范围，按每亩60元标准补贴，小麦、玉米、杂粮补贴标准分别提高了20元、17元和37元；10.33万户农民购买农机具享受到财政补贴，支持培训42.5万名农村劳动力转移就业，对产粮(油)大县、设施蔬菜大县、生猪生产和调出大县实施财政奖补，扶持设施蔬菜、标准化果园和规模化猪场建设，支持深化集体林权改革，加快农民增收致富步伐。

夯实基础助农业增产增效。支持改造中低产田39.56万亩，治理大同盆地盐碱地4.06万亩，建设高标准农田22.5万亩。支持重点水利工程建设，加大病险水库除险加固及中小河流治理力度。继续推进实施以“513”工程为重点的特色农产品加工产业支撑项目建设和现代农业示范区、雁门关生态畜牧经济区建设，支持发展4000个“一村一品”专业村和60个“一县一业”基地县。推动农业科技成果转化、农业技术推广和农业社会化服务体系建设。深入实施农业保险保费补贴政策，及时保障了抗旱保墒、防洪度汛、农作物病虫害监测和防控等经费需要。

深化改革助农村社会发展。两年累计投入300亿元，支持建成农村新的“五个全覆盖”工程。当年投入5亿元支持农村环境综合整治。全面实施村级公益事业建设一事一议财政奖补，清理化解其他公益性乡村债务试点工作有序启动，成功争取成为全国构建新型农业社会化服务体系试点省份。村级管理费提高到村均5万元。下达扶贫资金19亿元，支持实施吕梁山、太行山集中连片特困地区扶贫攻坚，完成290个村整村推进、10万人易地扶贫搬迁任务，产业扶贫、教育扶贫和科技扶贫成效显著。

4. 集中财力惠民生，努力提高人民群众生活水平。增投入促教育惠民。全省财政教育支出执行559.41亿元，增长32.6%，占公共财政支出的比例达到17.7%，超额完成财政部下达我省考核指标，有力地支持了各类教育统筹发展。支持新建和改造一大批幼儿园，在70个县开展了农村义务教育薄弱学校改造，21个集中连片贫困县实行了义务教育学生营养改善计划，农村义务教育特岗教师工资待遇全部落实到位。支持解决进城务工人员随迁子女接受义务教育问题。中等职业教育免学费政策扩大到所有农村学生。普通本科院校生均经费由9000元提高到12000元。支持高校新区基本建成。

强政策促就业社保惠民。全省财政社会保障和就业支出执行354.97亿元，增长10.4%。落实了高校毕业生、退役军人、农村转移劳动力、城镇就业困难群体就业创业的各项扶持政策，全省城镇新增就业大幅增加。城乡居民养老和低收入群体基本生活保障实现制度全覆盖，320万名60岁以上老人领到了养老金，246万城乡低保对象和“五保”供养对象实现应保尽保。企业退休人员基本养老金实现“八连增”，月人均达1876元。

推改革促医药惠民。全省财政医疗卫生支出执行179.59亿元，增长12.5%。城乡居民医疗保险实现制度全覆盖。新农合和城镇居民医疗保险财政补助标准提高到每人每年240元。支持推进县域医药卫生一体化综合改革和县级公立医院改革，基本药物制度试点范围扩大到非政府办社区卫生机构，重大公共卫生服务项目稳步实施，城乡基本公共卫生服务经费保障机制进一步完善。

抓到位促安居惠民。全省财政住房保障支出执行86.81亿元，增长2.3%。认真落实各项财税扶持政策，积极拓宽渠道筹措保障性住房建设财政性资金，支持开工建设各类保障性住房40.9万套，竣工18万套，又有60多万名住房困难群众圆了安居梦。

抓关键促文化惠民。全省财政文化体育与传媒支出执行60.38亿元，增长25.3%。认真落实支持文化改革发展各项财税政策措施，推进公共文化服务体系建设。文化信息资源共享、农家书屋等重点文化惠民工程深入实施，公益性文化设施继续免费开放，农村文化体育场所建设成效显著。支持深化文化体制改革和文化产业发展，非时政类报刊出版单位转企改制稳步推进，163家国有文艺院团完成改革任务；六大文化集团健康运营，舞台艺术精品创作再结硕果。文化遗产和重点文物保护继续加强。

保运转促和谐惠民。稳步实施政法经费保障体制改革，基层政法部门建设得到明显加强。继续加大食品安全监管经费投入，加快推进全省煤矿安全质量标准化建设。支持加强和创新社会管理，按照每年每个社区3万元的标准建立了城市社区事务一般性转移支付制度。进一步加大应急救灾财政保障力度，增强基层应急救灾能力。

5. 科学精细强管理，积极提升财政管理绩效。推进法制建设。认真开展《山西省农业综合开发条例》立法后评估及新颁布的《山西省会计管理条例》贯彻落实工作。继续深化行政审批制度改革，加强行政审批窗口建设和行政审批电子监察，规范行政审批网上审批事项。

深化财税改革。继续完善省以下财政体制，将我省第一批22个扩权试点县(市)全部纳入省直管县财政管理体制改革范围。加大专项资金清理力度，扩大一般性转移支付规模。深化部门预算改革，提高预算年初到位率和编制完整性。全省11个市本级和131个县区(含开发区)完成或启动国库集中收付制度改革，市县级全部完成了会计集中核算转轨任务，11个市本级和107个县(市、区)非税收入收缴管理进入改革试点，公务卡制度改革覆盖范围扩大到省直111个一级部门、975个基层预算单位和全省98%的县。政府采购监管水平和效率进一步提升。初步实现对全省政府性债务的全口径管理和动态监控。

完善预算管理制度。积极健全政府预算体系，国有资本经营预算工作稳步推进。对省直部门预算执行进度实施量化考核，对省级单位与单位之间的转账与现金提取实行动态监控，财政结余资金特别是省级政府采购结余资金管理进一步加强。预决算信息公开和预算支出绩效评价试点工作扎实开展。

严格财政监督。对能源企业、粮食企业、中等职业教育学校、医疗卫生服务机构以及保障性住房项目建设单位的会计信息质量进行了专项检查，对新的“五个全覆盖”工程、保障性安居工程等重点民生项目的政策执行和财政补助资金使用情况进行了跟踪监督。继续巩固和深化“小金库”治理成果，实现了由专项治理向常态化监管的转变。加强会计行业监管，规范了财务会计秩序。

在看到成绩的同时，我们也清醒地看到财政运行和财政工作中存在的问题：财政增收基础不够稳固，各方面事业发展对财政投入的要求越来越高，财政收支矛盾凸显；财政支出结构调整难度加大，财政管理仍需加强，资金使用效益有待进一步提高；部分地区偿债压力较大，财政潜在风险不容忽视等等。这些问题事关全省经济社会发展大局，需要高度重视，采取有效措施，认真加以解决。

二、2013 年全省和省本级预算草案

2013 年是全面贯彻落实党的“十八大”精神的开局之年，是实施“十二五”规划承前启后的关键一年，也是全面推进转型综改试验区建设的重要一年。安排和完成好今年的财政预算，具有十分重要的意义。按照国务院关于 2013 年预算编制的通知精神，综合考虑我省今年财政经济发展的各种因素，2013 年全省财政预算安排总的指导思想是：全面贯彻落实党的“十八大”精神和省第十次党代表大会及全省经济工作会议决策部署，以邓小平理论、“三个代表”重要思想、科学发展观为指导，坚持主题主线，坚持稳中求进，继续实施积极的财政政策，深化财税制度改革，优化财政支出结构，提高财政管理绩效，厉行节约，严格控制一般性支出，着力保障和改善民生，着力支持转型综改形成新的经济发展方式，为促进我省经济持续健康发展和社会和谐稳定做出新贡献。

贯彻上述指导思想，2013 年全省和省本级预算草案如下：

全省一般预算收入 1698.4 亿元，比上年完成数增长 12%；全省一般预算支出 2570.91 亿元，比 2011 年向省人大常委会备案预算同口径增长 18.3%（剔除中央专项转移支付提前下达数后同口径比较，下同）。全省一般预算支出的主要项目安排情况是：一般公共服务 242.54 亿元，增长 15.8%；公共安全 139.28 亿元，增长 18.5%；教育 526.33 亿元，增长 20.9%；科学技术 34.42 亿元，增长 20.3%；文化体育与传媒 46.18 亿元，增长 19.2%；社会保障和就业 400.61 亿元，增长 17.8%；医疗卫生 170.4 亿元，增长 18%；节能环保 84.46 亿元，增长 19%；城乡社区事务 147 亿元，增长 18.9%；农林水事务 260.73 亿元，增长 21.2%；交通运输 124.57 亿元，增长 19.1%；资源勘探电力信息等事务 32.02 亿元，增长 18%；国土资源气象等事务 110.52 亿元，增长 13.3%；住房保障支出 33.84 亿元，增长 18.1%；预备费 29.6 亿元，增长 16.9%；其他支出 145.08 亿元，增长 14.2%。上述全省预算草案为省代编预算，待市县人代会开过之后，省财政将汇总各级人民代表大会批准的预算，再加上上年结转支出，一并报省人大常委会备案。

省本级一般预算收入 419.02 亿元，比上年完成数同口径增长 10.7%。省本级一般预算支出 631.01 亿元（其中：当年财力安排支出 427.8 亿元，中央提前下达转移支付安排支出 203.21 亿元），比 2012 年向省人大常委会备案预算同口径增长 8.3%。省本级主要支出项目安排情况是：一般公共服务 53.61 亿元，增长 8.1%；公共安全 26.96 亿元，增长 14%；教育 75.22 亿元，同口径增长 10%；科学技术 7.43 亿元，增长 10.6%；文化体育与传媒 11.64 亿元，增长 12%；社会保障和就业 99.01 亿元，同口径增长 7.6%；医疗卫生 17.74 亿元，同口径增长 19.4%；节能环保 19.43 亿元，同口径增长 19.9%；农林水事务 114.5 亿元，同口径增长 13.8%；国土资源气象等事务 20.83 亿元，增长 2%；粮油物资储备事务支出 11.3 亿元，增长 3.4%；预备费 5 亿元，增长 11.1%。

2013 年全省政府性基金收入安排 805.45 亿元，其中，煤炭可持续发展基金收入 190 亿元。基金支出 804.45 亿元。省本级政府性基金收入 283.57 亿元，其中，煤炭可持续发展基金收入 121 亿元。基金支出 291.57 亿元。

2013 年除一般预算和政府性基金预算外，省本级还编制了国有资本经营预算。2013 年省本级国有资本经营预算收入安排 5 亿元，其中，利润收入 2.61 亿元，股利股息收入 2.39 亿元。支出安排 5 亿元，主要用于国有企业转型发展资本性支出和省属国有企业破产清算。

2013 年全省财政收入计划安排增长 12%，比上年收入计划增幅调低 3 个百分点，主要是考虑了以下因素：一是作为能源原材料大省，我省煤炭、焦炭、冶金、电力等传统产业外部市场依赖程度强，受国内特别是东部地区经济增速放缓的不利影响，我省主导产业普遍面临市场需求减弱、产品价格下跌、企业生产经营成本上升和企业利润空间收窄等压力，且我省多数新兴产业尚处于培育成长阶段，新的经济增长点还不够多，预判 2013 年全省经济财政形势仍不容乐观，财政增收面临较大压力。二是目前我省处于转型跨越发展和城镇化建设快速上升期，将会释放出巨大的消费和投资需求；经济结构调整和稳增长政策效应的持续释放将会带来更多的产出效益，为财政收入增长打下好的基础。综合考虑以上因素，为完成“十二五”期间我省财政收入翻番目标，更加有力的保障经济社会转型跨越发展需要，本着积极稳妥、留有余地的原则，2013 年全省财政收入计划按增长 12%安排。

三、2013 年财政工作任务

（一）优化调控方式，推动经济持续健康发展。一是实施积极的财政政策稳增长。落实好结构性减税、投资抵免、稳定进出口和其他各项税费减免政策，清费正税，严格控制新增行政事业性收费，切实减轻企业和社会负担。积极争取地方政府债券资金，积极争取项目资金，认真落实地方配套资金，充分发挥财政资金“四两拨千斤”作用，广泛调动各类市场主体的投资积极性，多渠道、多种方式筹措资金，支持重大基础设施、产业开发、民生社会事业工程和其他重点工程建设。

二是支持扩内需促消费。深化收入分配制度改革，增加城乡居民收入，增强居民消费能力；稳步提高基本公共服务均等化水平，改善居民消费预期；落实消费惠民政策措施，促进消费结构升级，培育新的消费增长点；支持商贸流通体系建设，改善居民消费环境。

三是扶持实体经济发展。继续支持国有企业深化改革和国有经济布局调整。统筹使用扶持中小微企业发展各项专项资金和创业（风险）投资基金，支持面向中小微企业的公共服务平台建设，支持扩大面向中小微企业的融资性担保业务规模并降低收费标准，支持金融机构加大面对小微企业的信贷支持力度，促进中

小微企业特色发展、聚集发展。

四是促进产业结构优化。进一步发挥煤炭工业可持续发展试点政策的积极效应，支持巩固发展煤炭资源整合煤矿兼并重组成果，支持加快构建以煤炭等资源为优势的全产业链，支持发展煤基特色产业。进一步发挥财税政策体系的引导调节作用，推动焦化、冶金、电力、建材等传统产业通过总量控制、产能置换、上大关小、淘汰落后等方式，加快整合重组进程，实现做大做强；推动新兴产业"512"工程和服务业"1511"工程顺利实施，促进新兴产业和现代服务业成为我省多元发展的支撑产业。

五是增强科技创新能力。加大科技投入，带动全社会提高研发经费占地区生产总值的比重。保障科技重大专项顺利实施，支持做好太榆科技创新城这篇大文章，支持重点学科建设、科学技术研究开发、科技成果转化应用，促进科技资源合理布局、共建共享，切实增强创新发展新动力。

六是推动生态文明建设。充分发挥财政奖补、税费调节、政府采购等财税政策功能，推进重点行业、重点企业、重点领域节能工作，支持节能技术、设备、产品推广，支持减排治污，促进资源综合利用和经济循环发展。加大环境保护投入力度，推进跨界水质断面考核机制及排污权交易，继续实施农村环境集中连片整治，努力改善环境质量。加强矿产资源和土地收入的管理，支持地质灾害治理、矿山环境治理及土地治理。完善森林生态效益补偿制度并提高补偿标准，巩固退耕还林成果，实施天然林保护二期工程，支持全年营造林450万亩以上。

七是推进城镇化进程。加强财政促进城镇化政策措施的探索研究，把促进县域经济发展与加快城镇化步伐结合起来，把提高基本公共服务水平与推进城镇化建设结合起来，把支持城乡一体化与促进城镇化发展结合起来，选好财政支点，努力激发城镇化带动内需扩大的潜力。进一步完善相关财税政策，大力支持太原市率先发展。

（二）增加支农投入，全力支持加快城乡一体化进程。一是支持提高农业综合生产能力。切实加大对农田水利建设的财政支持力度，解决好农业灌溉、中低产田改造、高标准农田建设和防汛抗旱等现实问题；实施产粮（油）大县奖励政策，促进粮食稳产增产；完善扶持农产品高产优产政策体系，支持种业发展和防灾减灾稳产技术推广，支持农作物病虫害统防统治、畜牧业发展和"菜篮子"建设，扩大农产品有效供给。推进新型农业社会化服务体系建设，促进农业科技成果转化和新技术推广，不断提升农业物质技术装备水平；增加农业保险保费补贴品种，落实和完善农村金融奖补政策，进一步增强农业可持续发展能力。

二是支持发展特色现代农业。整合财政支农资金，推动省以下项目审批权下放，扎实推进现代农业示范区和雁门关生态畜牧经济区建设，支持"一村一品""一县一业"和现代农业示范县建设，启动实施粮食、杂粮、畜牧、设施农业、果业、中药材、酿造等七大产业振兴和翻番工程，深入推进以"513"工程为重点的特色农产品加工产业支撑项目建设。

三是支持农民多渠道增收。完善粮食风险基金政策，健全主要农产品补贴和收储制度，促进农产品价格理顺，让种粮务农获得合理利润；稳定完善强农惠农富农政策，增加农机购置补贴规模，推进农机更新报废试点，落实农资综合补贴动态调整机制，使务农种粮有效益、不吃亏、得实惠；着力培养新型经营主体，既注重引导一般农户提高集约化、专业化水平，又扶持联户经营、专业大户、家庭农场；着力培育新型农民合作组织和多元服务主体，促进支农项目与农民专业合作组织的有效对接，通过提高组织化程度，实现农业发展与市场的有效对接。积极开展农村劳动力技能培训和教育扶贫，提高农民生产技能和转移就业能力，拓宽农民增收渠道。加大扶贫投入力度，支持实施太行山、吕梁山两大连片特困地区扶贫规划，推动11万农村贫困人口易地搬迁，保障干部下乡住村包村增收活动顺利开展，增强贫困地区、贫困人口自我发展能力。

四是深化农村综合改革。加快推进城乡基本公共服务均等化，促进城乡要素平等交换，有序推进农业转移人口市民化，维护好农民合法权益。深入推进乡镇机构、集体林权等农村综合改革。扎实开展村级公益事业建设一事一议财政奖补，开展清理化解其他公益性乡村债务和新型农业社会化服务体系试点。完善村级组织运转经费保障制度。

五是推进新农村建设。巩固提升"十个全覆盖"建设成果，支持新农村建设，建设美丽乡村，进一步改善农村生产生活条件。

（三）加大投入力度，全力支持以保障和改善民生为重点的社会事业建设。支持办好人民满意的教育。严格落实中央核定我省的财政教育投入目标，重点加强教育资金使用管理。支持新建改扩建200所标准化公办幼儿园。落实好农村义务教育阶段学生营养改善计划和农村义务教育薄弱学校改造计划，实施中小学标准化建设工程，促进义务教育均衡发展；支持建设标准化县级职业教育中心，继续推进我省高校强校工程和重点学科建设。认真落实贫困学生教育资助政策，积极帮助进城务工人员解决子女就近入学问题。

推动实现更高质量的就业。大力实施就业优先战略和更加积极的就业政策。健全公共就业服务体系，加强职业技能培训，努力解决好农村转移劳动力、城镇困难人员、退役军人和高校毕业生等群体的就业问题。支持多渠道开发就业岗位，充分发挥小额贷款担保基金、社会保险补贴、岗位补贴和税费减免等财税政策的激励作用，深入实施创业扶持计划，以创业带动就业。

统筹推进社会保障体系建设。巩固新型农村和城镇居民社会养老保险制度全覆盖成果。完善城乡养老保险制度衔接和关系转移接续办法，稳步提高统筹层次和保障水平。按照10%的标准提高企业退休人员基本养老金，城乡居民基础养老金每人每月再提高10元，城乡低保保障标准每人每月再分别提高30元、24元，继续提高优抚对象补助标准。切实做好水库移民后期扶持工作，推进厂办大集体改革，支持企业做好政策性关闭破产工作。完善社会救助体系，支持发展社会福利和慈善事业。进一步加大对城市困难群体救助的支持力度。

支持提高人民健康水平。新农合和城镇居民医疗保险财政补助标准提高40元,达到每人每年280元。支持开展城乡居民大病保险试点,推动各项基本医疗保险制度相互衔接。支持扩大县级公立医院改革试点,推进县域医药卫生一体化综合改革,在试点县全部实施药品零差率销售,推进基本药物制度向非政府办基层医疗机构延伸,支持实施好国家公共卫生服务项目,健全城乡基本公共卫生服务体系,推进以全科医生为重点的基层医疗卫生人才队伍建设,支持开展好城乡医疗救助。

大力支持保障性安居工程建设。认真落实资金来源渠道,特别是要按规定将土地出让收益和住房公积金增值收益用于保障性安居工程建设;实施相关税费减免优惠政策,降低建设成本;通过投资补助、贷款贴息、资本金注入等方式,吸引银行贷款、社会资金参与保障性安居工程建设,支持全省再开工建设城镇保障性住房18万套,建成18万套,改造农村困难家庭危房10万户,完成城市和国有工矿集中连片棚户区改造任务,启动农村住房抗震改造试点。

支持推动文化大发展大繁荣。推进文化体制改革,巩固经营性文化单位改革成果;加强国有文化资产监督管理,探索建立现代出资人制度;支持公共文化服务体系建设,推进公益文化设施免费开放;加强文物遗址、文化资源、文化遗产保护,鼓励文艺创作和优秀文化产品生产;培育骨干文化企业,发展新型文化业态,促进三晋文化旅游资源优势转变为产业优势、发展优势。

支持加强和创新社会管理。深入实施政法经费保障体制改革,支持开展化解地方政法机关基础设施建设债务工作。支持改进政府提供公共服务方式,促进政府向社会组织购买服务。继续加大食品药品安全监管经费投入。

(四)深化财政改革,全力推进转型综改试验区加快建设。建立健全财力与事权相匹配的体制。优化转移支付结构,进一步提高一般性转移支付规模和比例,清理归并部分专项转移支付项目,加快形成统一规范透明的财政转移支付制度。巩固省直管县改革试点成果,扎实推进"扩权强县"改革试点,均衡省以下财力分配。巩固扩大县级基本财力保障机制建设成果,不断增强县级政府提供基本公共服务的保障能力。

积极完善支持转型综改试验区建设的财税政策体系。以转型综改试验区建设财政专项行动方案和专项实施意见为指导,着力创新促进产业转型、促进循环经济发展、促进新兴产业壮大的财税政策体系;落实好支持"一市两园"和转型综改标杆项目建设的财税奖补政策。支持招商引资,支持办好"农博会"、参展"中博会",对引进重大项目给予奖励。争取中央加大对我省转型综改试验区建设的专项转移支付力度。用好税收增量返还、国际金融组织贷款、外国政府贷款等政策,支持各类开发区建设,巩固和扩大招商引资成果,为在产业转型、生态修复、城乡统筹、民生改善四方面先行先试提供体制机制保障。管好用好煤炭可持续发展基金,切实发挥基金对资源型地区转型发展的支持作用。

引深各项财政改革。将部门预算制度改革、国库集中收付制度改革和公务卡制度改革覆盖到各级政府及所属预算单位。完善国有资本经营预算与收益分享制度。推进税收制度改革,做好调查研究、基础测算和相关衔接等准备工作,为争取"营改增"和开征环境保护税在我省试点做出地方税政应有的努力。改革财政对经营性竞争性领域投资方式,放大财政资金乘数效应,提高资金使用效益。

(五)科学精细管理,全力推动财政事业又好又快发展。加强财政收支管理。加强组织协调工作,完善增收促收政策措施,支持各征收部门依法征管、依法稽查,坚决查处涉税违法违规行为,坚决杜绝收入空转和收取"过头税""过头费",防止虚收探收、寅吃卯粮,拒绝有水分的收入增长,切实把入库收入搞扎实,为预算顺利执行提供基础和保证。坚持勤俭办一切事业,厉行节约,控制行政经费等一般性支出,特别是要严格控制因公出国(境)、公务用车购置及运行、公务接待等"三公经费",严肃财经纪律,深入推进会议费、差旅费管理和公务接待制度改革,加强车辆编制管理,严格按标准配车。进一步清理规范庆典、研讨、论坛活动,反对铺张浪费,降低行政成本。

加强财政法制建设。深入实施财政"六五"普法规划,有针对性地搞好财税法制宣传教育,提高社会各界特别是广大财政干部依法办事、依法理财的素质和能力;推进财政行政审批制度改革,规范财政执法,强化执法监督,提升财政行政执法水平。

加强财政预算管理。规范预算编制程序,细化预算编制内容,省财政进一步提高转移支付提前下达的规模和比例,市县财政完整编报上级财政的各项补助收入。完善重大项目财政投资评审机制,逐步将财政评审纳入预算管理环节。加强预算支出执行管理和动态监控,加快本级各部门、各单位预算批复进度和转移支付资金下达进度,不断提高预算支出执行的及时性、均衡性、有效性和安全性;加强预算绩效管理,拓展评价结果应用。扎实推进预决算信息公开,省级部门公开"三公经费",及时回应社会关切。

加强财政"双基"建设。完善部门基础信息数据库,逐步实现对本级行政事业单位涉及财政财务管理的各类数据的动态管理;健全项目支出定额标准体系,加强项目库建设和项目预算滚动管理;加强行政事业单位国有资产管理,从严控制新增资产数量和经费;加强会计人才队伍建设,积极构建乡村财会人员培训长效机制;注重强化县乡财政就近监管职责。

加强财政监督管理。建立健全事前审核、事中监控、事后检查和评价有机结合的全员参与、全程控制、全面覆盖、全部关联的财政监督机制。加强财政监督机构与预算管理机构之间的信息沟通反馈,将监督结果与预算编制和资金分配挂钩。

各位代表:做好2013年的财政经济工作,使命光荣,意义重大。让我们在省委、省政府的正确领导下,在省人大的监督支持下,坚持主题主线总基调,进一步解放思想,坚定信心,扎实工作,确保2013年预算任务圆满完成,为推进我省转型跨越发展、全面建成小康社会做出新贡献!

2

山西概况

SHANXI GAIKUANG

山西概况

自然地理

【山西地势概貌】 地理位置。山西省是中国的一个内陆省份。位于黄河中游东岸，华北平原西面的黄土高原上。省境四周山环水绕，与邻省(区)的自然境界分明。东以太行山与河北省为邻；西、南隔黄河与陕西省、河南省相望；北以外长城为界与内蒙古自治区毗连。全省疆域轮廓呈东北斜向西南的平行四边形，南北间距较长，最南端在芮城县南张村南，北纬 34°34′；最北端在天镇县远头村北，北纬 40°44′。纵长约 682 千米。东西间距较短，最东端在广灵县南坑村东，东经 114°33′；最西端在永济市长旺村西，东经 110°14′。宽约 385 千米。全省总面积为 15.67 万平方千米，占全国总面积的 1.6%。

地貌特点。山西省是典型的为黄土广泛覆盖的山地高原，地势东北高西南低，高原内部起伏不平，河谷纵横，地貌类型复杂多样，有山地、丘陵、台地、平原，山多川少，山地、丘陵面积为 12.55 万平方千米，占全省总面积的 80.1%，平川、河谷面积仅 3.12 万平方千米，占 19.9%。全省大部分地区海拔在 1500 米以上，最高点为五台山主峰北台顶(叶斗峰)，海拔 3061.1 米，有"华北屋脊"之称；最低点为垣曲县亳清河入黄河处的河滩，海拔仅 180 米。与东部海拔几十米的华北大平原相对照，山西地貌呈现整体隆起的地势，在高原中部，分列着一列雁行排列的断陷盆地。中部断陷盆地把山西高原斜截为二，东西两侧为山地和高原，使山西的地貌截面轮廓很像一个"凹"字形。

总的来看，山西地貌有以下几个特点：1. 山西是典型的黄土覆盖的山地高原，山地多、平原少。

2. 山西地貌以高峻的中山地貌为骨架，山脉脉络清晰，延伸方向多为东北—西南展布。

3. 山西地貌单元与地质构造吻合，北斜成山，南斜成谷。

4. 山西黄土地貌类型繁多，黄土堆积地貌有黄土塬、黄土阶地等，黄土侵蚀地貌有黄土梁、黄土峁、黄土峡谷、黄土墙等，黄土重力地貌有黄土滑坡、崩塌、陷穴等。

5. 山西地貌分区明显，中部为一系列彼此相隔的断陷盆地，东西两侧为隆起的山地、高原。

地貌分区。山西地貌按其明显的特征从东到西可分为 3 个区域：1. 东部山地区。东部山地区北起阳高县，南至芮城县，从北到南由贯穿省境东部和东南部的六棱山、恒山、五台山、系舟山、太行山、太岳山、中条山等山脉组成，山势大体呈东北—西南走向，海拔一般在 1500 米以上。该区山地在形成过程中因受构造断裂作用，与其东侧的华北平原、西侧的山西中部各盆地的界线十分清楚。山地北部，在六棱山、恒山、五台山之间，为浑河、滹沱河上游谷地。山地南部，在系舟山、太行山、太岳山、中条山之间，由于沁河、丹河、浊漳河等河流的侵蚀和堆积，形成黄土丘陵和长治、武乡—襄垣、黎城、高平、晋城、阳城等山间小盆地，一般称为"晋东南高原"或"沁潞高原"，是东部山地区的主要农业区。

2. 中部断陷盆地区。中部断陷盆地区，北起天镇县，南至永济市，纵贯省境中部，自东北至西南由一系列彼此分割的断陷盆地组成，依次为大同盆地、忻定盆地、太原盆地、临汾盆地、运城盆地。其中大同盆地、太原盆地和临汾盆地的面积均在 5000 平方千米以上。各盆地都以断层与山地相接，盆地之间有分水岭隔开；大同盆地与忻定盆地之间相隔宁武山(属恒山山系)，忻定盆地与太原盆地之间相隔石岭关(属系舟山系)，太原盆地与临汾盆地之间相隔韩侯岭(属太岳山系)，临汾盆地与运城盆地之间则以峨嵋台地相隔。盆地内部海拔的高低，由北向南地势逐渐降低，呈阶梯状，北端的大同盆地海拔在 1000 米以上，南端的运城盆地海拔在 400 米左右。盆地内广泛分布黄土和洪积冲积物，地势平坦，尤以中南部盆地区，土壤肥沃，气候适宜，灌溉便利，农业发达，城市密集，人口稠密，是山西经济最发达的地区。

3. 西部高原区。晋西高原区，又称西山地区，北起左云县，南至乡宁县，地处长城以南，黄河以东，吕梁山以西，由贯穿省境西部的一系列山地、高原组成，为我国黄土高原的主体部分之一。区内以吕梁山为主干，自北向南分布有采凉山、七峰山、洪涛山、黑驼山、管涔山、云中山、芦芽山、关帝山、紫荆山、龙门山等一系列东北—西南走向的山脉，海拔多在1500米以上。这些山脉东侧以断层与中部各盆地相接，山势雄伟，高出盆地700～1500米，山坡陡直，是山西的主要宜林区；西侧坡度则较平缓，形成了北高南低，由东向西倾斜的高原，地面普遍覆盖着较厚的黄土，称为“晋西高原”，高原境内河流大都短促，流水对地表侵蚀切割，水土流失严重，一遇暴雨，急流冲刷，致使地形破碎，千沟万壑，农业生产条件恶劣，是山西经济比较落后的地区。

【山西的主要山脉】 山西省境内多山，从北到南，主要山脉有：

恒山山脉。主山恒山是中国的名山之一，为五岳中之“北岳”。它是桑干河与滹沱河上游的分水岭，又是大同盆地和忻定盆地的界山。山脉呈北东走向延伸，西南端与省境西部的云中山、管涔山相邻，东北连接六棱山伸入河北省。在山西境内长约250千米，宽约20千米，海拔在2000米以上，山体两侧均有断层，北坡陡，断崖陡壁如削，内长城依山蜿蜒而筑，雄伟壮观，雁门关、阳方口、茹越口、平型关等著名关隘，自古就是兵家必争的战略要地。南坡倾斜稍缓，逐步过渡到繁峙、代县滹沱河谷地。属于该山脉的共有67座山。

五台山脉。主山五台山是驰名中外的中国佛教四大名山之一。位于五台县、繁峙县、代县之间，因由5个平台状的山峰组成而得名。北邻滹沱河谷地，西南与系舟山相接，东与太行山合为一体。山脉呈北东走向延伸，长约130千米。主峰北台叶斗峰，海拔3061.1米，是山西省第一高峰，也是华北地区的最高山峰。五台山四周群山层叠，北麓坡度陡峭，南麓倾斜徐缓，间有许多山间断陷盆地。属于该山脉的共有56座山。

太行山脉。主山太行山是山西东部山地区的主干，北接五台山，南抵晋城南端，在省境内长约350千米，宽约40～50千米，海拔一般在1500～1800米，最高地段海拔在2000米以上。山脊东侧，断崖壁立，西侧坡度缓斜，多是低山丘陵。太行山是山西、河北、河南3省间的界山，又是华北平原与黄土高原的天然分界线，属于该山脉的共有232座山。

太岳山脉。主山太岳山又称霍山，位于太行山西侧，北起介休市绵山，南至绛县的横岭关与中条山相连，长约200千米，是汾河与沁河的分水岭。西翼以霍山大断层与太原盆地、临汾盆地相接，山势陡峻，主峰霍山海拔2348米。太岳山森林茂密，是省内主要林区之一。属于该山脉的共有105座山。

中条山脉。主山中条山位于省境内西南部，东北起自绛县横岭关，向西南延伸至黄河岸边，长约150千米，宽约10～20千米，海拔1200～2000米。山势东段较为宽阔，山顶平坦，以舜王坪为最高，海拔2321米；西段较窄，山势挺拔，兀立在运城盆地和黄河谷地之间，以雪苍山为最高，海拔1825米。山体北坡陡峻，南坡缓斜，为典型的地垒状山地。属于该山脉的共有45座山。

吕梁山脉。吕梁山脉位于省境西部高原山区，自北而南包括管涔山、芦芽山、云中山、关帝山、紫荆山、龙门山，绵延400千米，宽约30～100千米。北段山势高峻，海拔2000～2500米，山脉分为东西两列，东为云中山，西为管涔山和芦芽山，两山之间为静乐盆地。中段关帝山，是吕梁山最高山段，群峰汇集，主峰关帝山海拔2830米。南段山势较低，海拔1500米左右。吕梁山北中段山高林密，是山西的主要林区和夏季牧场。吕梁山末端的龙门山，近东西走向，被黄河穿切，形成落差10余米的黄河壶口瀑布和峡谷。属于该山脉的共有316座山。

【山西的主要河流】 山西河流源于东西高原山地，分属黄河、海河两大水系。向西向南流的属黄河水系，向东流的属海河水系。全省共有大小河流1000余条，其中，我国第二大河流黄河，沿山西境界流程968千米。境内流域面积大于10000平方千米的河流有5条（不包括黄河），小于10000平方千米大于1000平方千米的河流有48条，小于1000平方千米大于100平方千米的河流有397条。汾河是山西境内第一大河，干流全长694千米。山西属于黄河水系的较大河流有汾河、沁河、丹河、涑水河、三川河等142条，属于海河水系的较大河流有桑干河、滹沱河、浊漳河、清漳河等81条。黄河流域在山西境内的面积有9.71万平方千米，占全省总面积的62%；海河流域在山西的流域面积5.91万平方千米，占全省总面积的37.7%。主要特点是河流较多，但以季节性河流为主，水量变化的季节性差异大。以径流量和开发条件比较，清漳河、沁河、滹沱河、浊漳河的条件较为优越，水能蕴藏量占到全省的80%～90%。山西省的主要水资源量由地表水资源和地下水资源组成，水资源的主要补给来源是当地降水。由于降水量分布不均及水文下垫面条件的差异，在地域上水资源分布极不均匀，总的趋势是由东南向西北递减。山西是全国水资源贫乏省份之一。1956～2000年系列全省多年平均水资源总量123.8亿立方米，其中，河川径流量为86.77亿立方米，地下天然水资源量（即降水入渗补给量）84.04亿立方米，河川基流量（重复量）为47.01亿立方米。全省水资源可利用量为83.8亿立方米，为全国的67.7%，且多分布于盆地边缘及省境四周，人均占有量为全国的17%，亩均占有水量只有全国的11%。

黄河。黄河在山西省西部和南部边境。西面的一段流经晋、陕峡谷，纵贯南北，水流急湍，南达风陵渡后，折向东流。黄河流经省境地段，水量为全省河流水量的3倍，由于河床低，水流急，航运、灌溉比较困难，但水力资源丰富，可供开发利用。除在保德已建成天桥水电站外，还建设了规模宏大的偏关万家寨引黄入晋枢纽工程。

汾河。汾河是山西第一大河，也是黄河第二大支流，发源于宁武县管涔山的雷鸣寺，全长 695 千米，纵贯省内中部，流经太原、临汾盆地，至河津市禹门口入黄河。流域面积 3.95 万平方千米，是山西省主要的农业地带。主要支流有岚河、潇河、文峪河、昌源河、洪安涧河、浍河等。

沁河。沁河是山西第二大河，发源于沁源县西北的太岳山二郎庙沟，流经沁源、安泽、沁水、阳城等县，然后穿过太行山流向河南省境注入黄河，全长 456 千米。在山西省境内流长 363 千米，流域面积 1.86 万平方千米。主要支流有丹河、阳城河、端氏河等。沁河是山西省境内水量丰富、水质最清的河流。

涑水河。涑水河在山西南部，发源于绛县横岭关，流经绛县、闻喜、夏县、运城、临猗、永济汇入黄河，全长 193 千米，流域面积 5565 平方千米。由于流域内气温高，降水少，蒸发量大，河水经常断流干涸，下游河床已垦为农田。在涑水河南侧，有 700 平方千米的闭流区，分布着盐池、硝池、鸭子池、汤里滩、伍姓湖等湖群，水面有 170 平方千米，盛产食盐、芒硝、白钠镁钒等矿产。

桑干河。桑干河在省境东北部，发源于宁武县管涔山的天池，上源叫恢河，至朔州市与源子河汇合后称桑干河，流经大同盆地，至阳高县出省境，在河北省境内注入海河的支流永定河。在山西省境内流长 252 千米，流域面积 1.55 万平方千米。主要支流有黄水河、浑河、御河等。

滹沱河。滹沱河在省境东部，发源于繁峙泰戏山，流经五台山的北麓和西麓，贯穿忻定盆地折向东流，穿过太行山进入河北省，注入海河的支流子牙河。在山西省境内流长 330 千米，流域面积 4282 平方千米，较大支流有阳武河、云中河、牧马河、永兴河、清水河等。

漳河。漳河在山西省境内分为清漳河和浊漳河两支。清漳河又分东源与西源，东源发源于昔阳县境，西源发源于和顺县境，在左权县境汇合后，经黎城县流入河北省，全河长 146 千米，流域面积 4159 平方千米。浊漳河有南、北、西三源，南源发源于长子县境，北源发源于榆社县境，西源发源于沁源县境，三源于襄垣县境汇合，流经长治盆地，在平顺下马塔以东进入河南省，全河长 237 千米，流域面积 1.17 万平方千米。清漳河和浊漳河在河北省涉县交漳镇合流后称为漳河，它是河北省与河南省的界河，在河北省境内注入海河的支流卫河。

【山西气候雨量】 四季气候。山西地处中纬度地带的内陆，在气候类型上属于温带大陆性季风气候。由于太阳辐射、季风环流和地理因素影响，山西气候具有四季分明、雨热同步、光照充足、南北气候差异显著、冬夏气温悬殊、昼夜温差大的特点。山西省各地年平均气温介于 4.2℃～14.2℃之间，总体分布趋势为由北向南升高，由盆地向高山降低；全省各地年降水量介于 358～621 毫米之间，季节分布不均，夏季 6～8 月降水相对集中，约占全年降水量的 60%，且省内降水分布受地形影响较大。1. 春季。春季气温受北方寒冷干燥气团控制减弱，太阳辐射增强，大地回暖很快，但时冷时暖，东西山区和北部地区常有急剧降温，出现早霜冻。由于暖湿气团尚未深入，春季多风少雨，因此常发生干旱。

2. 夏季。夏季受东南气流控制，暖湿空气进入省境，气温较高，7 月最热，全省平均气温 20℃～27℃，极端最高温出现在南部运城，达 42.7℃。全年降水多集中在夏季，7、8、9 月的降水量占全年的 60%，且多为大雨、暴雨，易引起山洪暴发等自然灾害。

3. 秋季。秋季由于受北方冷空气控制，降温迅速，晴天较多，气候凉爽，平均气温逐月降低 5℃～7℃。由于秋季正处于气流交替时期，冷气团南下，将暖气团抬升，降水亦多，占年降水量的 20%～30%，常出现秋涝灾害。

4. 冬季。冬季气候寒冷，1 月最冷，平均气温介于－2℃～－16℃之间，极端最低温度出现在五台山山顶，曾达－44.8℃。冬季在寒冷干燥气团控制下，多刮西北风，降雨（雪）最少，仅占年降水量的 2%～3%。

区域气候。山西气候按地理纬度和地形高低条件，分为 6 个气候区。1. 晋北温带寒冷半干旱气候区。包括内长城以北，除灵丘、广灵外的大同、朔州两市所辖地区，忻州市西北的岢岚、五寨、偏关、神池、宁武等地，年平均气温在 7℃以下，积温 2000℃～3200℃，无霜期 100～130 天，年降水量 380～460 毫米。

2. 暖温带冷湿半湿润气候区。包括恒山、五台山、系舟山、芦芽山、吕梁山等山区，及其周围的低山、丘陵、河谷和盆地。年平均气温 4℃～8℃，积温 1600℃～3000℃，无霜期 80～140 天，年降水量 450～700 毫米。

3. 暖温带冷温重半干旱气候区。包括忻定、太原、阳泉、寿阳等盆地。年平均气温 8℃～10.5℃，积温 3100℃～3600℃，无霜期 145～165 天，年降水量 400～490 毫米。

4. 暖温带冷温轻半干旱气候区。包括黄河沿岸，从晋西北的保德、河曲到晋西南的吉县、乡宁，以及吕梁山以西的黄土高原区。年平均气温 6.5℃～9℃，积温 2600℃～3700℃，无霜期 145～185 天，年降水量 400～500 毫米。

5. 暖温带冷温半湿润气候区。包括和顺、榆社以南，太岳山以东的晋东南地区。年平均气温 8℃～10℃，积温 2600℃～3300℃，无霜期 120～160 天，年降水量 550～670 毫米。

6. 暖温带温和重半干旱气候区。包括临汾盆地和除中条山东段山区以外的运城市。年平均气温 12℃～14℃，积温 3900℃～4600℃，无霜期 185～205 天，年降水量 480～570 毫米。

雨量分布。山西的降水，由于受地形的影响较大，除少数山区外，大部分地区年降水量为 400～600 毫米，由东南向西北递减，总的趋势是山地多于盆地，迎风坡多于背风坡。晋东南的太行山区和中条山区、五台山区和吕梁山区是山西 3 个多雨区，年降水量普遍在 600 毫米以上，以五台山区降水最多，年降水量 800 毫米。这是由于山区迎风坡对夏季暖湿气流的抬升所致，降水量随山地高度的增加而增加。大同盆地、忻定盆地、吕梁山以西的黄土丘陵区则是山西的 3 个少雨区，年降水量一般在400～450毫米。这是由于受高山迭降的影响，阻止暖湿气流深入内地，所以成为少雨区。

山西全省降水有两个特征：一是由于季风环流的交替，降水的季节分布很不均匀，夏季受来自太平洋和印度洋暖湿气流的影响，故夏季降水高度集中，强度较大，约占年降水量60%以上；冬季和春季雨雪稀少，12月至2月的降水量仅占年降水量的2%～4%，3月至5月的降水量占12%～25%。二是降水的年际变化很大，有的年份少雨，有的年份多雨，形成这种情况主要是季风环流逐年进退有早有迟，影响有强有弱所致。以太原为例，平均年降水量为459.5毫米，少水年只有216毫米，多水年多达749毫米，两者相差2.5倍。

（李仁贵）

经济地理

【山西矿产资源】 山西省矿产资源极为丰富，已发现的地下矿种达120种，其中，探明储量的有70种，保有资源储量居全国前十位的有36种。目前，山西煤炭保有资源储量2767.85亿吨，约占全国保有资源储量的20.1%；煤层气保有资源储量1825.16亿立方米，占全国保有资源储量的88.2%；铝土矿保有资源储量14.16亿吨，占全国保有资源储量的36.5%。此外，锰、银、金、石墨、膨润土、高岭岩、石英岩、含钾岩石、花岗岩、沸石等10种矿产也有着良好的勘查、开发前景。

【山西植物资源】 山西植物资源丰富，目前已知的维管植物有2700多种，其中，木本植物有463种。山西植被从南到北可分为：南部和东南部是以落叶阔叶林和次生落叶灌丛为主的夏绿阔叶林或针叶阔叶混交林分布区，也是植被类型最多、种类最丰富的地区；中部是以针叶林及中生的落叶灌丛为主、夏绿阔叶林为次分布区，是森林分布面积较大的地区；北部和西北部是温带灌草丛和半干旱草原分布区，森林植被较少，优势植物是长芒草、旱生蒿类和柠条、沙棘等。山西野生植物资源丰富，国家一级保护植物有南方红豆杉，国家二级保护植物有连香树、翅果油树、水曲柳、核桃楸、紫椴等。野生药用植物有1000多种，广泛分布在丘陵山地，比较著名的有党参、黄芪、甘草、连翘等。山西省森林覆盖率18.03%。

【山西动物资源】 山西野生动物以陆栖类为主，已知的有439种（含历史记录种类）。属于国家重点保护的珍稀动物有71种，其中，一级保护动物有17种：褐马鸡、金雕、朱鹮、白鹳、黑鹳、玉带海雕、白尾海雕、虎头海雕、丹顶鹤、大鸨、胡兀鹫、遗鸥、虎、金钱豹、梅花鹿、原麝、林麝。二级保护动物有54种，包括鸟类42种，两栖类1种，兽类11种。属于省级重点保护的有苍鹭、星头啄木鸟等27种。属于有益的，有重要经济、科学研究价值的野生动物315种。

【山西旅游资源】 山西是中华文明发祥地之一，是旅游资源富集省份。“华夏古文明，山西好风光”是对山西旅游的高度概括。山西省现存有国家级重点文物保护单位271处，占全国的11.5%，位居第一，其中，大同云冈石窟、平遥古城、五台山为世界文化遗产。全国保存完好的宋、金以前的地面古建筑物70%以上在山西境内，享有“中国古代建筑艺术博物馆”的美誉。四大佛教圣地之一的五台山，寺庙群集千年之萃。建于北魏的恒山悬空寺悬于悬崖峭壁之上，以惊险奇特著称。太原的晋祠是形式多样的古建筑荟萃的游览胜地。平遥古城是全国现存三座古城之一，被列为世界文化遗产名录。芮城永乐宫是典型的元代道观建筑群，宫内壁画是我国绘画艺术的珍品。解州关帝庙是全国规模最大的武庙。云冈石窟是全国三大佛教石窟之一，气势雄伟。因拍摄《大红灯笼高高挂》而闻名的祁县乔家大院，加上祁县渠家大院、灵石王家大院、太谷三多堂等，共同组成山西晋中的大院民俗文化。

山西名山大川遍布，自然风光资源丰富优美。北岳恒山是五岳之一，国家级风景名胜区。绵山气候宜人，自古就是避暑胜地。黄河壶口瀑布是仅次于黄果树瀑布的全国第二大瀑布，国家级风景名胜区。庞泉沟、芦芽山、历山、蟒河等自然保护区，风景秀丽，景致各异。

山西是老革命根据地，革命活动遗址和革命文物遍布全省。著名的有八路军总部旧址、黎城黄崖洞八路军兵工厂、文水刘胡兰纪念馆等。

【山西省土地利用空间布局】 按照《山西省土地利用总体规划（2006～2020年）》，到2020年山西省域土地利用空间布局为：

农业、林业、牧业生产用地布局。1. 农业生产用地布局及主要方向。建设以六大盆地区为主体、以其他农业地区为重要组成的粮食生产发展格局。重点建设以临汾、运城盆地为主体的晋南优质强筋小麦、优质棉花主产区，以雁同、忻定、晋中、晋东南盆地丘陵区为主的优质玉米主产区，以东西两山为主的优质杂粮生产区。

2. 林业生产用地布局及主要方向。建设以东西两山为生态屏障，以太行山、吕梁山、中条山、太岳山等山地为骨架，以“三北”防护林体系、太行山绿化、平原绿化为重点，以自然保护区、森林公园、风景名胜区、饮用水源和泉域保护区等组成的林业发展格局。重点建设五大林业生产体系：建设和完善以九大森林管理局范围为主的商品林与生态防护林并重的生产基地，在黄河流域以治理水土流失为主的生态防护林体系，在晋北建设以防沙治沙为主的林草生态防护林体系，在东西部土石山区营造以涵养水源为主的生态防护林体系，在六大盆地和通道沿线营造以保护农田、改善城乡环境为主的景观防护林和苗木商品生产体系。

3. 牧业生产用地布局及主要方向。北部盆地重点发展优质奶牛业，中南部盆地重点发展生猪和蛋鸡、肉鸡及肉牛生产，东西两山重点发展肉牛、肉羊和绒山羊养殖生产。重点建设雁门关生态畜牧经济区。

城乡居民点用地布局。1. 城镇用地空间布局。强化省域中心城市功能，将以太原为中心的城市群建设成为我国中西部重要的城市密集区。以南北纵贯的同蒲大运沿线串珠状分布的城市为主脉，以两翼地带拓展的东西向交通线和基础设施为支脉，共同组合成“叶脉型”的城镇体系布局框架体系。全省的城镇用地布局以“一圈、一带、两轴、多点”为发展重点。支持以太原为中心的经济圈建设用地，同时考虑大运经济带、太焦轴带、太旧—太汾柳轴带及其他发展轴线，适当安排城镇发展建设用地。

2. 农村居民点用地布局。以新农村建设为契机，合理调整农村居民点用地规模与布局。重点加强集镇和中心村建设，积极改造城中村和城边村。对于位置偏远且生产生活条件差的村庄，以及位于采矿沉陷区需治理搬迁的村庄，要积极做好村庄迁建规划。加强城乡居民点用地空间管制，实行建设用地扩展边界控制。

工矿生产用地布局。建设新型能源和工业基地是山西省的一项长期战略任务，要按照战略部署，统筹煤炭工业和非煤产业发展、煤炭开发与生态环境协调发展，合理布局和安排工矿生产建设用地。全省的工业用地要进一步向工业园区集中。大运经济带要重点发展资源经济转型和循环经济产业。煤炭产业要重点支持晋北、晋中、晋东“三大”煤炭基地建设。电力工业用地重点支持大型坑口电站、煤矸石电厂、热电联产等项目建设，以及晋北、晋东、晋东南“三大”外送电力基地的项目建设，积极支持风电和太阳能发电等新能源项目建设。

交通发展建设用地布局。全省的交通发展建设及用地布局，将围绕“四大网络”(铁路、高速公路、一般干线公路、乡村公路)建设，以“煤运通道、高速公路、快速铁路客运系统”为重点。1. 公路建设用地布局。全省公路建设用地主要支持以高速公路为运输主通道、一般干线公路为集散通道(次骨架和连接层)、农村公路为出入道路(基础)的综合公路网体系建设。根据《山西省高速公路网调整规划》，全省高速公路网布局规划为“3纵11横11环”，即由3条纵线、11条横线和11条环线及连接线组成，形成纵贯南北、承东启西、覆盖全省、通达四邻的高速公路网络。

2. 铁路发展建设用地布局。全省铁路建设用地主要支持的是围绕新型能源和工业基地建设，加强快速铁路客运系统及晋煤外运通道的建设，具体考虑全省从北而南形成的三大铁路运输通道和十字形快速铁路客运系统，还要完善与国铁配套的地方铁路、铁路专用线及大型煤炭集运站建设。

水利发展建设用地布局。全省水利发展总体布局为“西引黄河，东抓拦蓄，腹部盆地突出水资源节约和保护，两翼边山全方位实施生态恢复与建设”，要以实现水资源的优化配置和可持续发展为目标，扎实抓好以应急水源工程为重点的全省兴水战略，保障水利建设的顺利开展。规划期间，共安排水利建设用地指标1.34万公顷，拟规划建设一批包括水库、水电站及引/供水工程的国家和地方重点水利建设项目。

【山西省土地利用区域划分】 按照《山西省土地利用总体规划(2006～2020年)》，到2020年山西省土地利用区域划分为：

晋北区域。本区域范围包括大同市和朔州市的17个县(区)，土地总面积为2.47万平方千米。在本区域内又分为3个二级区，即朔同盆地平原区——包括大同市城区、矿区、南郊区、大同、应县、朔州市朔城区、山阴、怀仁等县(区)，晋西北山地丘陵区——包括左云、右玉、平鲁、新荣等县(区)，晋东北山地丘陵区——包括阳高、天镇、广灵、灵丘、浑源等县。

本区域土地利用管理重点及调控措施为：在改造提升煤电产业的同时，加强资源型经济转型，发展高新技术产业、旅游业、高载能工业和环保产业。重点保障煤电基地和运煤通道建设用地及引黄北干等重要水利设施用地。加强工矿废弃地复垦、污染防治和采煤塌陷区治理。新增建设用地要充分利用荒沟、荒坡、荒滩等未利用地资源和工矿废弃地。引导农业结构调整，支持商品粮基地建设，增加大宗农产品生产能力。大力发展畜牧产业及畜牧产品加工，重点建设雁门关生态畜牧经济区。支持盐碱地的改良和未利用地开发，加强风沙治理和生态建设。

中部区域。本区域范围包括太原、忻州、阳泉、吕梁和晋中等5个市的53个县(市、区)，土地总面积为7.41万平方千米。在本区域内又分为5个二级区，即晋中盆地区——包括太原市的6个城区及阳曲、清徐、榆次、太谷、祁县、平遥、介休、文水、汾阳、孝义、交城、灵石等县(市、区)，忻定原盆地区——包括忻府区、原平市、定襄县等3个县(市、区)，晋西山地区——包括方山、古交、岚县、静乐、娄烦、宁武、岢岚等7个县(市)，晋西黄土丘陵区——包括兴县、临县、离石区、柳林、中阳、偏关、河曲、保德、神池、五寨、石楼、交口等县(区)，太行山山地丘陵区——包括盂县、寿阳、阳泉郊区、昔阳、平定、代县、繁峙、五台、榆社、左权、和顺等县(区)。

本区域土地利用管理重点及调控措施为：采取积极的城镇发展战略，建设以太原—榆次为核心，包括介(休)孝(义)汾(阳)、阳泉、忻(州)定(襄)原(平)在内的太原经济圈。适应城镇化和工业化加快进程，适当提高区域建设用地比重，积极培育人口及经济集聚能力。重点保障晋中煤电基地和石太铁路客运专线、同蒲铁路客运专线、太中银铁路、汾平高速等交通基础设施建设用地。在介孝汾、离柳等地建立煤炭能源重化工产业循环经济示范区。开发区建设要以节约集约用地为重点，提高项目用地投资强度、土地产出效益等用地标准和准入门槛，引导发展技术和知识含量高的制造业和现代服务业。加强区内基本农田保护，积极实施农田基本建设整理工程，促进稳产高产商品粮油基地建设。要加强晋西黄土丘陵区、太行山山地丘陵区的水土保持和生态屏障建设，加强汾河治理和环境保护。

晋南区域。本区域范围包括运城市和临汾市的30个县(市、区)，土地总面积为3.45万平方千米。在本区域内又分为3个二级区，即晋南盆地区——包括尧都区、洪洞、襄汾、新绛、侯马、曲沃、翼城、永济、临猗、盐湖区、夏县、闻喜、绛县、霍州、万荣、河津、稷山等17个县(市、区),太岳中条山区——包括芮城、平陆、垣曲、古县、安泽、浮山等6个县,晋西南黄土丘陵山地区——包括乡宁、吉县、大宁、隰县、蒲县、永和、汾西等7个县。

本区域土地利用管理重点及调控措施为:加强临汾、运城、侯马等3个中心城市的建设,适当增加城镇建设用地。改造与提高焦化、煤炭、化学工业,扶持轻型工业和高新技术产业发展。加强区内基本农田保护,重点发展优质小麦、棉花,支持商品粮、棉基地建设,增加大宗农产品生产能力。加强区内汾河流域的综合治理和晋西南黄土丘陵山地区的水土流失治理,搞好东西两山的生态屏障建设。

晋东南区域。本区域范围包括长治市和晋城市的19个县(市、区),土地总面积为1.63万平方千米。在本区域内又分为3个二级区,即晋东南川谷盆地区——包括潞城、襄垣、屯留、长治城区、长治郊区、长治、长子、晋城城区、高平、泽州、阳城等11个县(市、区),太行山南部山区——包括武乡、沁县、平顺、壶关、黎城、陵川等6个县,晋东南西部山区——包括沁源、沁水等2个县。

本区域土地利用管理重点及调控措施为:着力完善中心城市功能,建立煤化工产业循环经济示范区。适当增加建设用地供给,积极培育人口及经济集聚能力。加强废弃煤矿、乡镇企业用地整理,开发未利用地,为工业化、城市化提供新的发展空间。合理安排建设用地,加大对基础设施建设的支持力度,促进公路、铁路、航运等交通网的完善和枢纽建设,提高区域的整体发展能力。重点加强太行山区生态建设、中部川谷盆地区环境治理和耕地资源保护。

【山西省林业生态建设总体布局】 按照《山西省生态功能区划》,全省划分为5个生态区、15个生态亚区、44个生态功能区。与这些生态功能区域相衔接,结合各地自然条件和树木生长特性,山西省林业生态建设的总体布局是:以汾河两岸为中轴线,以太行山和吕梁山为重点,集中建设四大生态屏障,发展五大产业集群,推进城乡全面绿化。

四大生态屏障。四大生态屏障是指晋北晋西北防风固沙林区、吕梁山黄土高原水土保持林区、太行山土石山水源涵养林区、中南部盆地防护经济林区。1.晋北晋西北防风固沙林区。在晋北晋西北建设以防风治沙为主要功能的乔灌草防护林体系,建设范围包括大同县、大同新荣区、大同城区、大同矿区、左云县、阳高县、天镇县、大同南郊区、浑源县、灵丘县、广灵县、右玉县、朔州平鲁区、朔城区、应县、山阴县、怀仁县、河曲县、保德县、偏关县、神池县、五寨县、岢岚县、宁武县、静乐县、繁峙县、代县等27个县(区)。通过大力植树造林,特别是大规模发展沙棘、柠条等灌木林,形成乔灌草相结合的绿色屏障,使晋北晋西北的风沙基本得到遏制。

2.吕梁山黄土高原水土保持林区。在吕梁山脉及周边地区建设以治理水土流失、降低土壤侵蚀模式为主要功能的防护林体系,建设范围包括原平市、忻州忻府区、兴县、临县、岚县、孝义市、石楼县、柳林县、方山县、中阳县、交口县、交城县、汾阳市、吕梁离石区、娄烦县、古交市、太原晋源区、太原尖草坪区、太原万柏林区、隰县、永和县、大宁县、吉县、乡宁县、蒲县、汾西县、新绛县、稷山县、河津市、万荣县等30个县(市、区)。通过实施退耕还林、天然林资源保护、“三北”防护林建设等国家重点林业工程,有效改善黄河东岸严重的水土流失状况,努力形成固土凝水、降温保湿、植被良好、林茂粮丰的可喜局面。

3.太行山土石山水源涵养林区。在太行山区域建设以涵养水源为主要功能的防护林体系,建设范围包括五台县、阳曲县、太原迎泽区、太原杏花岭区、榆社县、和顺县、左权县、寿阳县、昔阳县、灵石县、平定县、盂县、阳泉城区、阳泉矿区、阳泉郊区、平顺县、黎城县、壶关县、武乡县、沁源县、沁县、霍州市、安泽县、翼城县、古县、浮山县、陵川县、沁水县、阳城县、垣曲县、平陆县、芮城县等32个县(市、区)。通过大力造林、封山育林、积极护林,有效涵养太行土石山区珍贵的水资源,从根本上逐步改善山西十年九旱、长期缺水的自然状况。

4.中南部盆地防护经济林区。在山西中南部盆地建设防护经济林区,建设范围包括定襄县、清徐县、太原小店区、介休市、平遥县、祁县、太谷县、晋中榆次区、文水县、屯留县、长治县、潞城市、长子县、襄垣县、长治郊区、长治城区、高平市、泽州县、晋城城区、侯马市、襄汾县、曲沃县、临汾尧都区、洪洞县、运城盐湖区、临猗县、永济市、闻喜县、夏县、绛县等30个县(市、区)。通过大力营造干鲜果经济林,既获取经济效益,又发挥生态功能,收到大地增绿、林业增效、农民增收的良好效果。

五大产业集群。全省发展五大林业产业集群,主要是:干鲜果经济林建设,速生丰产用材林建设,林木种苗花卉产业,森林旅游产业,林下资源开发和灌木林产业。

推进城乡全面绿化。继续坚持“山上治本、身边增绿”的发展理念,以国家六大重点林业工程为骨架,以省十大造林绿化工程为重点,全力推进通道绿化、交通沿线荒山绿化、村镇绿化、环城绿化、厂矿区绿化、城市绿化、河流流域行洪河道两侧的滩涂绿化、城郊森林公园建设、生态庄园建设、碳汇造林等重点区域绿化,努力实现城乡绿化一体化。

【山西省现代农业发展区域布局】 区域布局。全省现代农业发展的总体布局分为大同盆地、忻定盆地、晋中盆地、上党盆地、晋南盆地和太行山、吕梁山七大特色板块。大同盆地重点建设雁门关生态畜牧经济区,忻定盆地重点发展玉米、杂粮,晋中盆地重点发展蔬菜、水果、花卉等设施农业,上党盆地重点发展玉米、畜牧业,晋南盆地重点发展粮食、水果和蔬菜,太行山、吕梁山重点发展杂粮、林果业。

产业发展布局。按照区域布局,规划建设一批优势农产品产业区和产业带，形成跨区域、大规模、集群式、板块化推进的格局。

1. 粮食产业布局。规划建设太行山、大同盆地、忻定盆地、晋中盆地和晋南盆地玉米优势生产区，到2015年，优势区玉米面积占全省的比重达到70%。规划建设南部运城、临汾、晋城中熟冬麦区，到2015年，小麦种植面积达到64万公顷，占全省的96%以上。以晋西北、太行山为重点，规划建设谷子、荞麦、莜麦、杂豆、马铃薯五大作物优势区域，优势区小杂粮的优质率、商品率、加工转化率达到80%、50%、60%。

2. 畜牧产业布局。规划建设一批生猪、蛋鸡、肉鸡、奶牛、肉牛和肉羊优势生产基地县，力争到2015年基地县畜产品产量占到全省70%左右。

3. 水果产业布局。规划建设晋南丘陵区、晋西边山丘陵区、晋中丘陵区三大优质苹果生产板块，忻定、晋中、晋东南和晋南4个优质梨生产区。

4. 蔬菜产业布局。重点在晋南、晋中、忻定、上党和大同五大盆地内具有优势的70个县发展蔬菜产业，播种面积、产量均占到全省播种面积、产量的85%以上。

现代农业示范区布局。以城乡统筹发展，推进农业现代化为目标定位，打造全省一流、全国领先的现代农业示范样板区。继续推进大同(包括阳高等5个县)、晋中(包括榆次等4个县区)和运城(包括盐湖等7个县区)三大现代农业示范区建设，实施朔州、临汾、忻州、长治、阳泉、太原、吕梁、晋城等8个市10个县现代农业示范县(区)及现代农垦示范场建设。以所在板块的主导产业为主，发展粮食、做强畜牧、提升果菜、深化加工。突出粮食高产创建、标准化规模健康养殖、设施蔬菜、高效园艺以及农产品加工增值等重点建设，因地制宜打造一批示范园和综合示范园。

(李仁贵)

行 政 区 划

【山西行政区划的历史变迁】 山西省是我国文化发祥地之一。相传尧都平阳，舜都蒲坂，禹都安邑，都建在今山西境内南部地区。西周时为唐国，后改为晋国，山西省简称晋即由此而来。战国时分属于赵、魏、韩。秦置代、雁门、太原、河东、上党5郡。西汉时置并州，辖代、雁门、太原、上党4郡，朔方辖西河郡，司隶部辖河东郡。东汉时并州辖定襄、雁门、太原、西河、上党5郡，司隶部辖河东郡，幽州辖代郡。三国时魏置并州辖雁门、新兴、西河、太原、东平、上党6郡，司州辖河东、平阳2郡，幽州辖代郡，冀州辖灵丘县，此外，天镇、山阴、平鲁西北属拓跋鲜卑，五寨、临县以西属羌。西晋时并州辖雁门、新兴、上党3郡及太原、东平、西河3国，司州辖河东、平阳2郡，幽州辖代郡，山阴以北仍属拓跋鲜卑，五寨、临县以西属羌。北魏置朔、恒、汾、肆、并5州，霍县、高平以南属司州。隋代改州为郡，置马邑、雁门、娄烦、离石、太原、龙泉、西河、临汾、文水、河东、绛、长平、上党13郡。唐代置河东道，辖太原府及云、蔚、朔、代、岚、忻、石、隰、汾、晋、慈、绛、蒲、辽、沁、潞、泽17州。五代后唐置太原、河中2府及云、蔚、应、寰、朔、代、岚、忻、石、隰、汾、晋、慈、绛、辽、沁、潞、泽19州。后晋置太原、河中2府及代、岚、宪、忻、石、隰、汾、晋、慈、绛、辽、沁、潞、泽14州，云蔚、应、寰、朔、代5州属契丹。后汉行政区划未变。北宋时置河东路，辖太原、隆德2府，代、忻、宪、岚、石、隰、汾、慈、晋、绛、辽、泽12州及火山、保德、岢岚、宁化、晋宁、平定、威胜7军，永兴路辖解州及河中府。大同府及朔、应、蔚3州属辽的西京道。金于山西置河东南路，河东北路，雁门关北属西京路。河东南路辖河中、平阳2府及隰、耿、绛、解、泽、潞、沁、辽8州，河东北路辖太原府及澳、保德、岢岚、岚、宁化、管、忻、代、石、汾、平定11州。西京路辖大同府及武、朔、应、蔚4州。元代置河东山西道，隶中书省，领大同、冀宁、晋宁3路，大同路辖应、朔、武、浑源4州及大同、白登等5县，冀宁路辖兴、岚、管、坚、代、崞、忻、台、临、石、汾、盂、平定12州及阳曲、文水等10县，晋宁路辖河中府及隰、吉、霍、绛、解、辽、沁、潞、泽9州及临汾等12县。明代置山西布政使司，辖大同、太原、平阳、潞安4府，汾、辽、沁、泽4州，共95县。清代山西省，辖朔平、大同、宁武、太原、汾州、平阳、潞安、泽州、蒲州9府，保德、代、忻、平定、辽、隰、霍、沁、绛、解10州及归化、绥远、萨拉齐、托克托、和林格尔等6厅，共辖108县。6厅及朔平、大同2府的北部系今长城以北的土默特、呼和浩特、集宁、丰镇等地区，民国二年(1913年)划归绥远、察哈尔两特别区。民国三年(1914年)山西省设雁门、冀宁、河东3道。雁门道辖晋北的26县，冀宁道辖晋中及晋东南的44县，河东道辖晋南的35县。1930年废道，县由省直辖。

1937年抗日战争爆发后，中国共产党在山西境内建立了晋冀鲁豫、晋绥、晋察冀3个边区抗日民主政府，其在山西境内辖区面积约占全省总面积的70%以上。解放战争初期，山西解放区各县分属太行、太岳、晋察冀、晋绥4个行政公署，行署下设专区，分别领导各县。

1945年8月抗日战争胜利后，阎锡山政府迁回太原，抢占了铁路沿线主要城市，按每个行政督察区辖5～7个县的原则，把全省划为18个区。1949年4月，随着太原的解放，全省复归统一，阎锡山政府的行政区划遂告结束。

【新中国成立以来山西行政区划的变化】 新中国成立以来，为适应社会主义建设发展的需要，山西省行政区划曾有过多次的调整。1949年10月，将雁北地区划归察哈尔省，山西省共设忻县、兴县、榆次、汾阳、临汾、运城、长治7个专区、92个县及太原市、阳泉工矿区、长治城关区和运城镇。1951年撤销汾阳专区。1952年撤销兴县专区。1952年11月察哈尔省撤销后，原雁北专区13个县及大同市划回山西省，全省共辖雁北、忻县、榆次、临汾、运城、长治6个专区及太原、阳泉、长治、大同4个市和运城镇，103个县。1958年，全省公社化后，行政区划进行了较大的合并，将6个专区并为晋北、晋中、晋南、晋东南4个专区，103个县合并为41个县，设太原市1个省辖市和大同、阳泉、长治、榆次、侯马5个专辖市。

20世纪60年代初期，全省行政区划又几经调整，原来合并的县先后分设，到1965年，全省设雁北、忻县、晋中、晋南、晋东南5个专区，太原、大同、阳泉3个省辖市，长治市为专辖市，县数为96个。1970年专区改为地区，同年撤销晋南专区，设立临汾、运城2个地区。

1971年，晋中地区分为晋中和吕梁2个地区，恢复侯马、临汾、榆次3市及古县、方山、娄烦3县，新设置柳林、交口2县，全省县数为101个。

1983年，对全省部分市、县区划及名称作了调整变动。全省划分为7个地区、4个省辖地级市、6个省辖县级市、96个县。

1985年，撤销晋东南地区，将其所属各县分别划归长治市和晋城市，晋城市升格为省辖地级市，全省设6个地区、5个地级市、5个县级市和96个县。

1989年设朔州市(地级市)和古交市(县级市)。

1990年霍县撤县建霍州市(县级市)。

1992年原平、孝义撤县建市(县级市)。

1993年撤销雁北地区，将其所辖县分别划归大同市和朔州市。同年，介休、高平县撤县建市(县级市)。

1994年潞城、永济、河津县撤县建市(县级市)。

1996年离石、汾阳撤县建市(县级市)，晋城市郊区撤区建立泽州县。

1997年太原市城区行政区划重新调整，将原北城区、南城区、河西区、北郊区、南郊区等5城区调整为：杏花岭区、迎泽区、万柏林区、尖草坪区、小店区、晋源区等6个城区。

1999年撤销晋中地区，成立晋中市(地级市)，原榆次市改为榆次区。

2000年撤销忻州地区、运城地区、临汾地区，成立忻州市、运城市、临汾市(地级市)，原县级忻州市、运城市、临汾市改为忻府区、盐湖区、尧都区。

2003年撤销吕梁地区，成立吕梁市(地级市)，原离石市(县级)改设为离石区。

【2012年乡镇以上行政区划】 截至2012年底，山西省共设太原、大同、阳泉、长治、晋城、朔州、忻州、晋中、临汾、运城、吕梁等11个地级市，11个县级市，85个县，23个市辖区。现有1196个乡镇，其中564个镇、632个乡。2012年全省乡镇以上行政区划如下：

太原市

迎泽区

柳巷街道　文庙街道　庙前街道　迎泽街道
桥东街道　老军营街道　郝庄镇

杏花岭区

巨轮街道　三桥街道　鼓楼街道
杏花岭街道　坝陵桥街道　大东关街道
职工新街街道　敦化坊街道　涧河街道
杨家峪街道　中涧河乡　小返乡

万柏林区

千峰街道　下元街道　和平街道　兴华街道
万柏林街道　杜儿坪街道　白家庄街道　南寒街道
东社街道　化客头街道　神堂沟街道　西铭街道
长风西街街道　小井峪街道　王封乡

小店区

坞城街道　营盘街道　北营街道　平阳路街道
黄陵街道　小店街道　北格镇　西温庄乡
刘家堡乡

尖草坪区

尖草坪街道　光社街道　上兰街道　南寨街道
迎新街道　古城街道　汇丰街道　柴村街道
新城街道　向阳镇　阳曲镇　马头水乡
柏板乡　西墕乡

晋源区

义井街道　罗城街道　晋源街道　金胜镇　晋祠镇
姚村镇

清徐县

清源镇　徐沟镇　东于镇　孟封镇　马峪乡
柳杜乡　西谷乡　王答乡　集义乡

阳曲县

黄寨镇　大盂镇　东黄水镇　泥屯镇　高村乡
侯村乡　凌井店乡　西凌井乡　北小店乡　杨兴乡

娄烦县

娄烦镇　静游镇　杜交曲镇　庙湾乡　马家庄乡
盖家庄乡　米峪镇乡　天池店乡

古交市

东曲街道　西曲街道　桃园街道　屯兰街道　河口镇
镇城底镇　马兰镇　阁上乡　嘉乐泉乡　梭峪乡
岔口乡　常安乡　邢家社乡　原相乡

大同市

城　区

南关街道　北关街道　东街街道
西街街道　南街街道　北街街道
新建南路街道　新建北路街道　大庆路街道
新华街街道　西花园街道　老平旺街道
向阳里街道　振华南街街道

矿　区

新胜街道　新平旺街道　煤峪口街道
永定庄街道　同家梁街道　四老沟街道

忻州窑街道　白洞街街道　雁崖街道
挖金湾街道　晋华宫街道　马脊梁街道
大斗沟街道　王村街道　姜家湾街道
新泉路街道　民胜街道　口泉街道
马口街道　燕子山街道　杏儿沟街道
青磁窑街道　平泉路街道　四台沟街道
和瑞街道　和顺街道

南郊区
古店镇　高山镇　云冈镇　口泉乡　新旺乡
水泊寺乡　马军营乡　西韩岭乡　平旺乡　鸦儿崖乡

新荣区
新荣镇　破鲁堡乡　郭家窑乡　花园屯乡　西村乡
上深涧乡　堡子湾乡

左云县
云兴镇　鹊儿山镇　店湾镇　管家堡乡　张家场乡
三屯乡　马道头乡　小京庄乡　水窑乡

大同县
西坪镇　倍加造镇　周士庄镇　吉家庄乡　峰峪乡
杜庄乡　党留庄乡　瓜园乡　聚乐乡　许堡乡

天镇县
玉泉镇　谷前堡镇　米薪关镇　逯家湾镇
新平堡镇　三十里铺乡　南河堡乡　贾家屯乡
赵家沟乡　南高崖乡　张西河乡

浑源县
永安镇　西坊城镇　蔡村镇　沙圪坨镇　王庄堡镇
大磁窑镇　东坊城乡　裴村乡　驼峰乡　西留村乡
下韩村乡　南榆林乡　吴城乡　黄花滩乡　大仁庄乡
千佛岭乡　官儿乡　青磁窑乡

广灵县
壶泉镇　南村镇　一斗泉乡　蕉山乡　加斗乡
宜兴乡　作疃乡　梁庄乡　望狐乡

灵丘县
武灵镇　东河南镇　上寨镇　落水河乡　史庄乡
赵北乡　石家田乡　柳科乡　白崖台乡　红石塄乡
下关乡　独峪乡

阳高县
龙泉镇　罗文皂镇　大白登镇　王官屯镇　古城镇
东小村镇　友宰镇　长城乡　北徐屯乡
狮子屯乡　下深井乡　马家皂乡　鳌石乡

阳泉市

城　区
上站街道　下站街道　北大街街道　南山路街道
义井街道　坡底街道

矿　区
平潭街街道　桥头街道　蔡洼街道　赛鱼街道
沙坪街道　贵石沟街道

郊　区
荫营镇　河底镇　义井镇　平坦镇　西南舁乡
杨家庄乡　李家庄乡　旧街乡

盂　县
秀水镇　孙家庄镇　路家村镇　南娄镇　牛村镇
苌池镇　上社镇　西烟镇　仙人乡　北下庄乡
下社乡　梁家寨乡　西潘乡　东梁乡

平定县
冠山镇　冶西镇　锁簧镇　张庄镇　东回镇
柏井镇　娘子关镇　巨城镇　石门口乡　岔口乡

长治市

城　区
东街街道　西街街道　英雄南路街道　英雄中路街道
紫金街道　常青街道　太行西街街道　太行东街街道
五马街道　延安南路街道

郊　区
长北街道　故县街道　老顶山镇　堠北庄镇
大辛庄镇　马厂镇　黄碾镇　西白兔乡

潞城市
潞华街道　成家川街道　店上镇　微子镇
翟店镇　辛安泉镇　合室乡　黄牛蹄乡
史迴乡

长治县
韩店镇　苏店镇　荫城镇　西火镇　八义镇
贾掌镇　郝家庄乡　西池乡　北呈乡　东和乡
南宋乡

襄垣县
古韩镇　王桥镇　侯堡镇　夏店镇　虒亭镇　西营镇
王村镇　下良镇　善福乡　北底乡　上马乡

屯留县
麟绛镇　上村镇　渔泽镇　余吾镇　吾元镇
张店镇　丰宜镇　李高乡　路村乡　河神庙乡
西贾乡

平顺县
青羊镇　龙溪镇　石城镇　苗庄镇　杏城镇
西沟乡　东寺头乡　虹梯关乡　阳高乡　北耽车乡
中五井乡　北社乡

黎城县
东阳关镇　上遥镇　西井镇　黄崖洞镇　黎侯镇

西仵乡　停河铺乡　程家山乡　洪井乡

壶关县

龙泉镇　百尺镇　店上镇　晋庄镇　树掌镇
集店乡　黄山乡　东井岭乡　石坡乡　五龙山乡
鹅屋乡　桥上乡

长子县

丹朱镇　鲍店镇　石哲镇　大堡头镇　慈林镇
色头镇　南漳镇　岚水乡　碾张乡　常张乡
南陈乡　宋村乡

武乡县

丰州镇　洪水镇　蟠龙镇　监漳镇　故城镇　墨镫乡
韩北乡　大有乡　贾豁乡　故县乡　上司乡　石北乡
涌泉乡　分水岭乡

沁　县

定昌镇　郭村镇　故县镇　新店镇　漳源镇　册村镇
段柳乡　松村乡　次村乡　牛寺乡　南里乡　南泉乡
杨安乡

沁源县

沁河镇　郭道镇　灵空山镇　王和镇　李元镇
中峪乡　法中乡　交口乡　聪子峪乡　韩洪乡
官滩乡　景凤乡　赤石桥乡　王陶乡

晋城市

城　区

东街街道　西街街道　南街街道　北街街道
矿区街道　钟家庄街道　西上庄街道　北石店镇

泽州县

南村镇　下村镇　大东沟镇　周村镇　犁川镇
晋庙铺镇　金村镇　高都镇　巴公镇　大阳镇
山河镇　大箕镇　柳树口镇　北义城镇
川底乡　李寨乡　南岭乡

高平市

北城街道　东城街道　南城街道　米山镇　三甲镇
陈区镇　北诗镇　河西镇　马村镇　野川镇
寺庄镇　神农镇　建宁乡　石末乡　原村乡
永禄乡

陵川县

崇文镇　礼义镇　附城镇　西河底镇　平城镇
杨村镇　潞城镇　夺火乡　马圪当乡　古郊乡
六泉乡　秦家庄乡

阳城县

凤城镇　北留镇　润城镇　町店镇　芹池镇　次营镇
横河镇　河北镇　蟒河镇　东冶镇　白桑乡　寺头乡
西河乡　演礼乡　固隆乡　董封乡　驾岭乡

沁水县

龙港镇　中村镇　郑庄镇　端氏镇　嘉峰镇
郑村镇　柿庄镇　樊村河乡　土沃乡　张村乡
苏庄乡　胡底乡　固县乡　十里乡

朔州市

朔城区

北城街道　南城街道　神头街道　北旺庄街道
神头镇　利民镇　下团堡乡　小平易乡
滋润乡　福善庄乡　南榆林乡　贾庄乡
沙塄河乡　窑子头乡　张蔡庄乡

平鲁区

井坪镇　凤凰城镇　白堂乡　陶村乡　下水头乡
双碾乡　阻虎乡　高石庄乡　西水界乡　下面高乡
榆岭乡　下木角乡　向阳堡乡

山阴县

玉井镇　北周庄镇　古城镇　吴马营乡
马营乡　下喇叭乡　合盛堡乡　岱岳镇
安荣乡　薛圐圙乡　后所乡　张家庄乡
马营庄乡

应　县

金城镇　南河种镇　下社镇　镇子梁乡　义井乡
臧寨乡　大黄巍乡　杏寨乡　下马峪乡　南泉乡
大临河乡　白马石乡

怀仁县

云中镇　吴家窑镇　金沙滩镇　毛家皂镇
何家堡乡　亲和乡　新家园乡　海北头乡
马辛庄乡　河头乡

右玉县

新城镇　右卫镇　威远镇　元堡子镇
牛心堡乡　白头里乡　高家堡乡　丁家窑乡
杨千河乡　李达窑乡

忻州市

忻府区

南城街道　长征街道　新建路街道　播明镇
奇村镇　三交镇　庄磨镇　豆罗镇
董村镇　曹张乡　高城乡　秦城乡
解原乡　合索乡　阳坡乡　兰村乡
紫岩乡　西张乡　东楼乡　北义井乡

原平市

北城街道　南城街道　轩煤矿街道　东社镇
苏龙口镇　崞阳镇　大牛店镇　阎庄镇
长梁沟镇　轩岗镇　新原乡　南白乡
子干乡　中阳乡　沿沟乡　大林乡
西镇乡　解村乡　王家庄乡　楼板寨乡
段家堡乡

定襄县
晋昌镇　河边镇　宏道镇　杨芳乡　南王乡
蒋村乡　神山乡　季庄乡　受禄乡

五台县
台城镇　台怀镇　耿镇镇　豆村镇　白家庄镇
东冶镇　沟南乡　东雷乡　高洪口乡　门限石乡
陈家庄乡　建安乡　神西乡　蒋坊乡　灵境乡
阳白乡　茹村乡　石咀乡　金岗库乡

代　县
上馆镇　阳明堡镇　峨口镇　聂营镇　枣林镇
滩上镇　新高乡　峪口乡　上磨坊乡　胡峪乡
雁门关乡

繁峙县
繁城镇　砂河镇　大营镇　下茹越乡　杏园乡
光裕堡乡　集义庄乡　东山乡　金山铺乡　柏家庄乡
横涧乡　神堂堡乡　岩头乡

宁武县
凤凰镇　阳方口镇　东寨镇　石家庄镇　薛家洼乡
榆庄乡　涔山乡　化北屯乡　西马坊乡　新堡乡
圪㙍乡　迭台寺乡　怀道乡　东马坊乡

静乐县
鹅城镇　杜家村镇　康家会镇　丰润镇　堂尔上乡
中庄乡　双路乡　段家寨乡　辛村乡　王村乡
娑婆乡　神峪沟乡　娘子神乡　赤泥洼乡

神池县
龙泉镇　义井镇　八角镇　东湖乡　太平庄乡
虎北乡　贺职乡　长畛乡　烈堡乡　大严备乡

五寨县
砚城镇　小河头镇　三岔镇　前所乡　李家坪乡
孙家坪乡　梁家坪乡　胡会乡　新寨乡　韩家楼乡
东秀庄乡　杏岭子乡

岢岚县
岚漪镇　三井镇　神堂坪乡　高家会乡
李家沟乡　水峪贯乡　西豹峪乡　温泉乡
阳坪乡　大涧乡　宋家沟乡　王家岔乡

偏关县
新关镇　天峰坪镇　老营镇　万家寨镇
窑头乡　楼沟乡　尚峪乡　南堡子乡
水泉乡　陈家营乡

河曲县
文笔镇　楼子营镇　刘家塔镇　巡镇镇　鹿固乡
前川乡　单寨乡　土沟乡　旧县乡　沙坪乡
社梁乡　沙泉乡　赵家沟乡

保德县
东关镇　义门镇　桥头镇　杨家湾镇
腰庄乡　韩家川乡　林遮峪乡　冯家川乡
土崖塔乡　孙家沟乡　窑洼乡　窑圪台乡
南河沟乡

晋中市

榆次区
北关街道　锦纶街道　新华街道　西南街道
路西街道　经纬街道　安宁街道　新建街道
晋华街道　乌金山镇　东阳镇　什贴镇
长凝镇　北田镇　修文镇　郭家堡乡
张庆乡　庄子乡　东赵乡

介休市
北关街道　西关街道　东南街道　西南街道
北坛街道　义安镇　张兰镇　连福镇
洪山镇　义棠镇　龙凤镇　绵山镇
城关乡　宋古乡　三佳乡

榆社县
箕城镇　云簇镇　郝北镇　社城镇　河峪乡
北寨乡　西马乡　岚峪乡　讲堂乡

左权县
辽阳镇　桐峪镇　麻田镇　芹泉镇　拐儿镇
石匣乡　粟城乡　羊角乡　寒王乡　龙泉乡

和顺县
义兴镇　李阳镇　松烟镇　青城镇　横岭镇
喂马乡　平松乡　牛川乡　马坊乡　阳光占乡

昔阳县
乐平镇　皋落镇　冶头镇　沾尚镇　大寨镇
李家庄乡　界都乡　三都乡　赵壁乡　孔氏乡
阎庄乡　西寨乡

寿阳县
朝阳镇　南燕竹镇　宗艾镇　平头镇　松塔镇
西洛镇　尹灵芝镇　平舒乡　解愁乡　温家庄乡
景尚乡　羊头崖乡　上湖乡　马首乡

太谷县
明星镇　胡村镇　范村镇　侯城乡　北洸乡
水秀乡　阳邑乡　小白乡　任村乡

祁　县
昭余镇　东观镇　古县镇　贾令镇　城赵镇
来远镇　峪口乡　西六支乡

平遥县
古城街道　城东街道　城南街道　古陶镇　段村镇
东泉镇　洪善镇　宁固镇　南政乡　中都乡

岳壁乡　卜宜乡　孟山乡　朱坑乡　襄垣乡
杜家庄乡　香乐乡

灵石县
翠峰镇　静升镇　两渡镇　夏门镇　南关镇　段纯镇
马和乡　英武乡　王禹乡　坛镇乡　梁家墕乡
交口乡

吕梁市

离石区
凤山街道　城北街道　滨河街道　莲花池街道
吴城镇　田家会街道　西属巴街道　交口街道
信义镇　红眼川乡　枣林乡　坪头乡

孝义市
新义街道　中阳楼街道　振兴街道　崇文街道
兑镇镇　阳泉曲镇　下堡镇　西辛庄镇
高阳镇　梧桐镇　柱濮镇　大孝堡乡
下栅乡　驿马乡　南阳乡　杜村乡

汾阳市
文峰街道　太和桥街道　贾家庄镇　杏花村镇
冀村镇　肖家庄镇　演武镇　三泉镇
石庄镇　杨家庄镇　峪道河镇　西河乡
阳城乡　栗家庄乡

文水县
凤城镇　开栅镇　南庄镇　南安镇　刘胡兰镇
下曲镇　孝义镇　南武乡　西城乡　北张乡
马西乡　西槽头乡

交城县
天宁镇　夏家营镇　西营镇　水峪贯镇　西社镇
庞泉沟镇　洪相乡　岭底乡　东坡底乡　会立乡

兴　县
蔚汾镇　魏家滩镇　瓦塘镇　康宁镇
高家村镇　罗峪口镇　蔡家会镇　交楼申乡
恶虎滩乡　东会乡　固贤乡　奥家湾乡
蔡家崖乡　贺家会乡　孟家坪乡　赵家坪乡
圪垯上乡

临　县
临泉镇　白文镇　城庄镇　兔坂镇
克虎寨镇　三交镇　湍水头镇　林家坪镇
招贤镇　碛口镇　刘家会镇　丛罗峪镇
曲峪镇　木瓜坪乡　安业乡　玉坪乡
青凉寺乡　石白头乡　雷家碛乡　第八堡乡
大禹乡　车赶乡　安家庄乡

柳林县
柳林镇　穆村镇　薛村镇　庄上镇　留誉镇
下三交镇　成家庄镇　孟门镇　李家湾乡　贾家垣乡

陈家湾乡　金家庄乡　石西乡　高家沟乡　西王家沟乡

石楼县
灵泉镇　罗村镇　义牒镇　小蒜镇　龙交乡
和合乡　前山乡　曹家垣乡　裴沟乡

交口县
水头镇　康城镇　双池镇　桃红坡镇　石口乡
回龙乡　温泉乡

方山县
圪洞镇　马坊镇　峪口镇　大武镇　北武当镇
积翠乡　麻地会乡

中阳县
宁乡镇　金罗镇　枝柯镇　武家庄镇　暖泉镇
下枣林乡　车鸣峪乡

岚　县
东村镇　岚城镇　普明镇　界河口镇　土峪乡
上明乡　王狮乡　梁家庄乡　顺会乡　河口乡
社科乡　大蛇头乡

临汾市

尧都区
解放路街道　鼓楼西街道　水塔街道　南街街道
乡贤街道　辛寺街道　路东街道　滨河街道
车站街道　汾河街道　屯里镇　乔李镇
大阳镇　县底镇　刘村镇　金殿镇
吴村镇　土门镇　魏村镇　尧庙镇
段店乡　贾得乡　贺家庄乡　一平垣乡
枕头乡　河底乡

侯马市
路东街道　路西街道　浍滨街道　上马街道
张村街道　新田乡　高村乡　凤城乡

霍州市
鼓楼街道　北环路街道　南环路街道　开元街街道
退沙街道　白龙镇　辛置镇　大张镇
李曹镇　陶唐峪乡　三教乡　师庄乡

曲沃县
乐昌镇　史村镇　曲村镇　高显镇　里村镇　北董乡
杨谈乡

翼城县
唐兴镇　南梁镇　里砦镇　隆化镇　桥上镇　西阎镇
中卫乡　南唐乡　王庄乡　浇底乡

襄汾县
新城镇　赵康镇　汾城镇　南贾镇　古城镇
襄陵镇　邓庄镇　陶寺乡　永固乡　景毛乡

西贾乡　南辛店乡　大邓乡

洪洞县
大槐树镇　甘亭镇　曲亭镇　苏堡镇　广胜寺镇
明姜镇　赵城镇　万安镇　刘家垣镇　淹底乡
兴唐寺乡　堤村乡　辛村乡　龙马乡　山头乡
左木乡

古县
岳阳镇　北平镇　古阳镇　旧县镇　石壁乡　永乐乡
南垣乡

浮山县
天坛镇　响水河镇　张庄乡　东张乡　槐埝乡
北王乡　北韩乡　米家垣乡　寨圪塔乡

吉县
吉昌镇　屯里镇　壶口镇　车城乡　文城乡
东城乡　柏山寺乡　中垛乡

乡宁县
昌宁镇　光华镇　台头镇　管头镇　西坡镇
双鹤乡　关王庙乡　尉庄乡　西交口乡　枣岭乡

蒲县
蒲城镇　薛关镇　黑龙关镇　克城镇　山中乡
古县乡　红道乡　乔家湾乡　太林乡

大宁县
昕水镇　曲峨镇　三多乡　太德乡　徐家垛乡
太古乡

永和县
芝河镇　桑壁镇　阁底乡　南庄乡　打石腰乡
坡头乡　交口乡

汾西县
永安镇　对竹镇　勍香镇　和平镇　僧念镇　佃坪乡
团柏乡　邢家要乡

隰县
龙泉镇　午城镇　黄土镇　阳头升乡　寨子乡
陡坡乡　下李乡　城南乡

安泽县
府城镇　和川镇　唐城镇　冀氏镇　马壁乡　杜村乡
良马乡

运城市
盐湖区
中城街道　东城街道　西城街道　南城街道
北城街道　安邑街道　大渠街道　姚孟街道
龙居镇　陶村镇　东郭镇　三路里镇
北相镇　泓芝驿镇　解州镇　席张乡
金井乡　冯村乡　王范乡　上郭乡　上王乡

永济市
城西街道　城北街道　城东街道　虞乡镇　卿头镇
开张镇　栲栳镇　蒲州镇　韩阳镇　张营镇

河津市
城区街道　清涧街道　樊村镇　小梁乡　柴家乡
赵家庄乡　僧楼镇　下化乡　阳村乡

临猗县
猗氏镇　嵋阳镇　临晋镇　七级镇　东张镇　孙吉镇
三管镇　牛杜镇　楚侯乡　庙上乡　角杯乡　北辛乡
耽子镇　北景乡

芮城县
古魏镇　风陵渡镇　陌南镇　西陌镇　永乐镇
大王镇　阳城镇　东垆乡　南磑乡　学张乡

万荣县
解店镇　通化镇　汉薛镇　荣河镇　万泉乡
里望乡　西村乡　南张乡　高村乡　皇甫乡
贾村乡　王显乡　光华乡　裴庄乡

新绛县
龙兴镇　三泉镇　泽掌镇　北张镇　古交镇　万安镇
阳王镇　泉掌镇　横桥乡

稷山县
稷峰镇　西社镇　化峪镇　翟店镇　清河镇　蔡村乡
太阳乡

闻喜县
桐城镇　郭家庄镇　畖底镇　薛店镇　东镇镇
礼元镇　河底镇　神柏乡　阳隅乡　侯村乡
裴社乡　后宫乡　石门乡

夏县
瑶峰镇　庙前镇　裴介镇　水头镇　埝掌镇
泗交镇　尉郭乡　禹王乡　胡张乡　南大里乡
祁家河乡

绛县
古绛镇　横水镇　陈村镇　卫庄镇　磨里镇　南樊镇
安峪镇　大交镇　郝庄乡　冷口乡

平陆县
圣人涧镇　常乐镇　张店镇　张村镇　曹川镇
三门镇　洪池乡　杜马乡　部官乡　坡底乡

垣曲县
新城镇　历山镇　古城镇　王茅镇　毛家湾镇

蒲掌乡　英言乡　解峪乡　华峰乡　长直乡　皋落乡

（李仁贵）

2012年国民经济运行概况

【经济健康平稳增长】 2012年，山西省经济健康平稳增长。一季度、上半年、前三季度增速为10.3%、10.1%、10%。2012年全省生产总值12112.8亿元，比2011年增长10.1%，快于全国平均水平2.3个百分点。其中，第一产业增加值698.3亿元，增长6.3%；第二产业增加值6731.6亿元，增长10.8%；第三产业增加值4682.9亿元，增长9.7%。全省2012年10.1%的增速是在2010年、2011年连续两年13.9%、13%高增长之下取得的，全省经济开始由政策刺激向自主增长有序转变。

【供给支撑有力】 粮食总产、单产双双创新高。2012年，全省粮食总产量127.4亿千克，比2011年增长6.8%；粮食亩产258千克，增长6.6%。全省粮食播种面积329.2万公顷，比2011年增加4000公顷。农产品供应充足，为促进经济平稳较快发展、平抑物价起到了基础性作用。

工业经济保持较快增长，原煤产量突破9亿吨。2012年，全省规模以上工业增加值增长11.9%，快于全国平均水平1.9个百分点。在全省十大工业行业中，装备制造、纺织、食品等新兴产业增加值增速高于全省工业平均水平，煤炭、冶金等传统行业保持两位数增长，但低于工业平均增速。原煤、洗煤、焦炭、生铁、粗钢、钢材、原铝、氧化铝、水泥、发电量10种主要工业产品产量，除焦炭下降4.8%外，其余保持增长。其中，原煤产量9.1亿吨，增长4.7%；水泥产量5076.2万吨、钢材产量3799.5万吨，分别增长23.9%、12.7%。全省全社会用电量1765.8亿千瓦小时，增长7%；其中，工业用电量1434亿千瓦小时，增长6.6%。

服务业提速。2012年一季度、上半年、前三季度，服务业增加值累计增速分别为8.6%、9.2%和9.6%，呈上升走势。全年全省服务业增长9.5%，服务业对经济贡献率超过三成。全年旅游总收入1813.01亿元，增长35%；接待海外旅游者189.2万人次，增长21.8%；国内旅游者1.9亿人次，增长29.3%。

【需求拉动效果显著】 投资高速增长。2012年，全省全社会固定资产投资9176.3亿元，比2011年增长24.5%，快于全国平均水平3.9个百分点。其中，第一、二、三产业完成投资381.4亿元、4146.7亿元、4648.2亿元，分别增长40.6%、23.8%、23.8%，继续保持高增长。在全社会固定资产投资中，国有及国有控股投资4521.2亿元，增长17%；民间投资完成4568.4亿元，增长33.1%。在全国调控房地产政策作用下，全省房地产开发投资快中有落，全年完成投资1010.5亿元，增长27.9%，回落5.5个百分点。

消费市场稳健。2012年，全省社会消费品零售总额4506.8亿元，比2011年增长15.5%，快于全国平均水平1.2个百分点。限额以上批发和零售业商品零售类值中，日常生活刚性需求和提升生活环境质量的粮油食品、服装鞋帽、家具、建筑装潢类商品等增速超过20%。

进出口总额超过150亿美元。2012年，全省进出口总值150.4亿美元，比2011年增长1.9%。其中，出口总值70.2亿美元，增长29.3%；进口总值80.3亿美元，下降13.9%。出口商品类值中，机电产品出口额增长116.7%，高新技术产品出口额增长246.3%。进口商品类值中，铁矿砂进口额下降32.7%。

【工业结构调整成效初显】 2012年，全省装备制造业增加值增长33.3%，增速居全省十大主要工业行业之首；拉动工业近2个百分点，对工业贡献率超过15%，同比上升近9个百分点（煤炭工业减少6.7个百分点），居全省工业第二大支柱。食品工业贡献率位于电力之后居第五位。高耗能行业低速增长，占比回落。煤炭百万吨死亡率下降到0.091，居国内领先水平。

【经济运行质量提高】 财政收入较快增长。2012年，全省财政总收入2650.3亿元，比2011年增长17.2%；一般预算收入1516.4亿元，增长24.9%。全省工业主营业务收入17788.4亿元，增长9.7%。新型工业利润增长较快，食品、装备制造、建材工业分别增长25.4%、25.2%和14.1%。

金融市场活跃。2012年12月末，全省金融机构本外币存款余额24157.9亿元，比2011年增长15%。金融机构本外币各项贷款余额13214.5亿元，增长17.3%。其中，中长期贷款余额增长11.7%，短期贷款余额增长22.9%，继续保持活跃。

物价得到有效遏制。2012年，全省居民消费价格涨幅总体呈回落态势，1月份上涨4.8%，工业生产者出厂价格上涨1.1%，工业生产者购进价格上涨2.2%，均为2012年最高点。为遏制居民消费价格涨幅上涨较快，全省认真落实国家调控政策，多措并举，自3月份开始回落，12月份同比上涨2.5%，比1月回落2.3个百分点，全年上涨2.5%，低于全国平均水平0.1个百分点。工业生产者出厂价格下降5.5%，工业生产者购进价格下降1.9%。全省消费价格上涨较快、工业价格下降较猛得到有效遏制。

【民生改善强劲】 财政支出倾斜民生。2012年，全省财政一般预算支出2759.5亿元，比2011年增长16.7%。全省保民生促和谐，财政支出进一步向民生倾斜，用于教育、文化体育和传媒、医疗卫生、社会保障和就业等直接与民生相关的支出分别增长32.3%、24.9%、12.9%、10.3%。

就业稳定，居民收入增长较快。截至2012年底，全省城镇新增就业51万人。2012年，城镇居民人均可支配收入20412元，比2011年增长12.6%；农民人均纯收入6357元，增长13.4%。

（董晓玲）

2012年山西省政府工作概述

【坚持把稳增长放在更加重要的位置】 *充分发挥政策措施的保障作用。*在深入调研、充分论证的基础上，出台56条稳增长政策措施，包括促进经济平稳较快增长的30条措施、支持服务业加快发展的9条措施和扶持小型微型企业发展的17条措施；各地各部门认真贯彻执行这些政策措施，并结合实际制定了具体的贯彻落实意见，形成强大的政策合力，对有效克服外部环境的不利影响、稳定经济增长起到重要作用。

*充分发挥内需的拉动作用。*积极开展“项目落地年”活动，继续实行项目储备、签约、落地、建设“四位一体”机制，大力推进重点工程建设，取得明显成效。投资结构进一步优化，民间投资增长33%，占总投资的49.8%；新兴产业、非煤产业投资占工业投资的比重分别由2011年的36.2%、63%提高到42.8%、67%。认真落实家电下乡、家具建材促销、节能产品惠民等政策措施，大力推进城乡流通基础设施建设，积极开展打击假冒伪劣商品和侵犯知识产权活动，促进消费平稳较快增长。

*充分发挥实体经济的支撑作用。*国有大型企业加快推进“双千亿”“双五百亿”“双百亿”工程，成为推动全省转型跨越的重要力量。全省销售收入超千亿元的企业达到8户，煤销集团进入世界500强，省监管国有企业资产总额、营业收入、上缴税金等主要经济指标均排全国前列。大力培育发展中型、小型、微型企业，新增销售收入超亿元的企业约200户，总数达到1900户以上；新增小型微型企业和个体工商户17.7万户，总数达到107万户；引导上下游企业签订长期合作协议，允许企业缓缴相关费用，努力帮助困难企业渡过难关，保持正常的生产经营，夯实了实体经济基础。

【坚持把促转型作为事关全局的大事来抓】 *工业新型化步伐明显加快。*大力推进煤焦冶电等传统产业整合重组和技术改造，产业集中度和竞争力明显提升，特别是煤炭工业在圆满完成整合重组的基础上，全面进入现代化矿井建设阶段；同时，面对需求疲软、外部竞争激烈的不利局面，加强内部管理和市场营销，全年煤炭产量、外运量分别达到9.1亿吨、5.8亿吨，全行业销售收入突破万亿元。积极推进煤电、煤焦、煤化工、煤机一体化发展，全省煤炭企业电力装机容量达到2000万千瓦、焦化产能达到5000万吨、合成氨和尿素产能达到1500万吨。先进装备制造业、现代煤化工、新型材料工业和特色食品工业等新兴产业和服务业快速发展；积极开展“晋善晋美”旅游促销活动，旅游总收入达到1810亿元、增长35.1%。

*科技支撑作用进一步增强。*突出企业技术创新主体地位，组织实施了10个科技重大专项和403个重点技术创新项目，攻克掌握了新一代激光显示、精细化工、多晶硅制造等新技术、新工艺，成功开发了10米以上C型钢、6.25米捣固焦炉成套设备等新产品、新设备，大力推广应用新型煤炭机械装备、干熄焦、超临界大容量高参数及空冷等先进技术，为转型发展提供了有力支撑。

*节能减排和环境保护成效明显。*全年淘汰小钢铁55万吨、小焦炭1015万吨、小火电62万千瓦、小水泥2310万吨，新建节能建筑和完成建筑节能改造4000万平方米，全省资源综合利用率、大宗工业固废综合利用率均达到50%以上；以省城太原为重点大打环境质量改善攻坚战，在全部设区市开展PM2.5监测，拆除各类燃煤锅炉4万多台，新增集中供热面积5000多万平方米，关停30家重污染企业，11个设区市空气质量均达到国家二级标准，水质优良断面上升5.3个百分点、达到48.5%。加大植树造林力度，完成营造林30.7万公顷。深入推进重点区域生态环境治理修复，地下水位平均回升0.38米，全省生态环境持续改善。

【坚持把基础设施建设作为重要支撑】 继续加强交通建设。加快推进大西客运专线、中南部大通道等铁路项目建设，完成投资500亿元，在建里程达到1900千米，相当于目前全省铁路营运里程的一半还多；加快推进吕梁、临汾、五台山机场项目建设；千方百计克服资金短缺等困难，掀起了“决战三百天、融资上千亿、高速通万里”的高速公路建设新高潮，完成1000千米建设任务，总里程超过5000千米；同时加大国省干线、农村公路改造力度，全省公路总里程达到13.68万千米。大力推进大水网建设，东山供水、中部引黄、辛安泉引水、小浪底调水等骨干工程加快建设，配套工程协调推进。新增电力装机容量510万千瓦，总装机容量达到5810万千瓦，电网、燃气管网、通信等建设改造力度不断加大。

【坚持把“三农”工作作为重中之重】 *不断加大强农惠农富农政策力度。*出台小杂粮、设施蔬菜、规模养殖等10项扶持政策，累计达到50项之多，资金总额达到50亿元，补贴范围之广、含金量之高、受益农民之多都是前所未有的；新建“一村一井”工程345个，农田实灌面积达到126.7万公顷，大力推广先进实用技术，农业综合生产能力稳步提升，粮菜果、肉蛋奶等主要农产品全面增产，特别是粮食产量连续3年突破100亿千克，2012年达到127.4亿千克、再创历史新高；扎实推进现代农业示范区和雁门关生态畜牧经济区建设，支持发展4000个“一村一品”专业村、60个“一县一业”基地县，深入实施农产品加工龙头企业“513”工程，全省农产品加工业销售收入超过800亿元，增长30%以上；编制实施吕梁山、太行山两大集中连片特困地区扶贫开发规划，深入开展干部包村增收和机关定点扶贫活动,40万贫困人口脱贫。

协调推进大中小城市、小城镇和新农村建设。启动实施新区示范、旧区提质、城乡清洁等“十大工程”,城镇化进程不断加快,城镇化率超过51%。完成100个新农村连片示范区和3000个重点村建设任务,特别是在完成第一轮“五个全覆盖”的基础上,圆满完成街巷硬化、便民连锁商店、文化体育场所、中等职业教育免费、新农保等第二轮“五个全覆盖”任务。

【坚持把惠民生放在更加突出的位置】 进一步加大投入力度。各级财政用于与民生直接相关的投入达到1437亿元,增长22%,占到总支出的一半以上。

就业工作成效显著。全年城镇新增就业51万人,转移农村劳动力42.5万人。

教育条件显著改善。建成200所标准化公办幼儿园,改造农村幼儿园1600所,招聘农村特岗教师1752名,在21个集中连片贫困县全部实行义务教育学生营养改善计划,投资上百亿元、占地近万亩、可容纳13万学生的高校新校区基本建成。

医药卫生事业加快发展。医药卫生体制改革成果进一步巩固,基本药物制度试点扩大到非政府办社区卫生服务机构,药品价格平均下降30%以上;改扩建市县乡医疗机构137所,34个县公立医院改革基本完成,群众看病难、看病贵的问题得到初步缓解。

文化改革发展取得新突破。163家国有文艺院团完成改革任务,公共文化服务能力不断提高,六大文化集团健康运营,《粉墨春秋》《立春》等一批精品力作引起较大反响。

保障性住房建设力度加大。开工建设各类保障性住房40.9万套,竣工18万套,并出台了保障性住房建设、分配、运营和退出等管理办法。同时,全省房地产市场呈现出“三增一稳”的良好态势,即开发投资增长27.9%,施工面积增长25.9%,销售面积增长16.6%,价格保持基本稳定。

社会保障全面加强。城乡居民养老、医疗保险和低收入群体保障实现制度全覆盖,316万名60岁以上的城乡老人领到了养老金,新农合、城镇居民医保补助标准提高到每人每年240元,246万名城乡低保和“五保”供养对象实现应保尽保。进一步完善供应制度和办法,共有812万名低收入农户享受到每户1吨免费取暖煤,群众得到了更多实惠。

【坚持把安全生产作为做好一切工作的重要前提】 在全面强化安全生产组织、制度、技术、人才、管理、措施、纪律和体制等“八个保证”的基础上,下大气力规范各行业各领域安全生产经营运行秩序,集中开展以煤矿为重点,覆盖非煤矿山、尾矿库、危险化学品、交通运输、消防、食品安全等领域的专项整治行动,对9万多个矿井、企业进行拉网式排查,对2285家重点企业实行安全生产挂牌责任制;深入开展“打非治违”专项行动,严厉打击私挖滥采行为;制定完善各行业各领域安全生产标准,全面提高从业人员素质;严肃对待事故、严格责任追究,促进了安全生产形势持续明显好转。全省各类安全生产事故起数、死亡人数同比分别下降14.2%、0.4%,煤矿百万吨死亡率控制在0.091,继续保持国内领先水平。与此同时,加强和创新社会管理,积极排查和化解社会矛盾,认真做好信访工作,健全社会治安防控体系,严厉打击违法犯罪活动,妥善处置各类突发事件,社会保持和谐稳定,为党的“十八大”胜利召开创造了良好环境。

【坚持把转型综改试验区建设作为总抓手】 经过多方努力,转型综改试验区《总体方案》正式获批。在积极组织学习、宣传、解读《总体方案》的同时,编制实施方案,制定市县、省直部门行动方案,并选派干部到省外8个综改区学习先进经验,到省内11个试点县挂职指导工作。大力推进试点工作,围绕产业转型、生态修复、城乡统筹、民生改善等4项主要任务,加快推进“一市两县”“一市两园”“一县一企”、省属国有重点企业先行试点和标杆项目。积极创新用地、人才机制,有效保障了建设用地,引进了包括17名院士在内的一批高层次人才;不断深化配套改革,事业单位分类改革稳步推进,省直机关所属企业全部脱钩,集体林权发证率达到96.3%,深入实施扩权强县改革,下放审批权限85项。进一步扩大对外开放,全年进出口总额完成150.4亿美元;太原武宿综合保税区成功获批;成功举办了第四届能博会、首届晋商大会,赴广东、福建、湖北、河南招商引资,全年协议引进资金达到3.6万亿元,落地项目投资额达到1.7万亿元;与环保部、北京大学、民生银行、华润集团等部委、院校、企业签订战略合作协议,对外交流合作进一步深化。深入开展对口援疆工作,20个援建项目全部完成年度任务。

(柏亚华)

山西经济年鉴

YEARBOOK OF SHANXI ECONOMY

3

固定资产投资

GUDING ZICHAN TOUZI

固定资产投资

综　述

【全社会固定资产投资完成情况】 2012年，全社会固定资产投资完成9176.3亿元，比2011年增长24.5%。其中，房地产开发投资完成1010.5亿元，增长27.9%；农户投资完成278.4亿元，增长18.3%。

按构成分。2012年，在全社会投资中，全省建筑安装工程投资完成6370.5亿元，比2011年增长28.6%；设备工器具购置投资完成1719.8亿元，增长15.3%；其他费用投资完成1086.1亿元，增长17%。

按经济类型分。2012年，在全社会投资中，全省国有固定资产投资4521.2亿元，比2011年增长17%，增幅比2011年提高0.9个百分点。全省非国有固定资产投资4655.1亿元，增长32.6%，增幅比2011年回落9.9个百分点；其中，外商及港澳台投资完成106.5亿元，增长13.1%，增幅比2011年回落35.8个百分点。

按隶属关系分。2012年，全省全社会固定资产投资中，中央项目完成投资942亿元，比2011年增长13.9%，增幅比2011年下降6.8个百分点。中央项目投资在全社会投资的比重由2011年的11.2%下降到10.3%。地方项目投资完成8234.3亿元，增长25.8%，增幅比2011年回落2.4个百分点。地方项目投资在全社会投资的比重由2011年的88.8%上升为89.7%。

按三次产业分。2012年，在全省全社会投资中，第一产业投资完成381.4亿元，比2011年增长40.6%，增幅比2011年上升15.8个百分点；占全省全社会投资的比重为4.2%，比2011年上升0.5个百分点。第二产业投资完成4146.7亿元，比2011年增长23.8%，增幅比2011年回落13.8个百分点；占全省全社会投资的比重为45.2%，比2011年回落0.2个百分点。第三产业投资完成4648.2亿元，比2011年增长23.8%，增幅比2011年上升4.3个百分点；占全省全社会投资的比重为50.7%，比2011年下降0.2个百分点。

按资金来源分。2012年，在全省全社会投资中，国家预算内资金投资完成470亿元，比2011年增长20.7%，增幅比2011年提高29.2个百分点；占全省全社会投资的比重为5.1%，与2011年持平。国内贷款投资完成941.2亿元，比2011年增长2.5%，增幅比2011年提高10.9个百分点；占全省全社会投资的比重为10.3%，比2011年下降2.2个百分点。利用外资投资完成22.9亿元，比2011年增长13.9%，增幅比2011年提高68.5个百分点；占全省全社会投资的比重为0.2%，与2011年持平。自筹资金投资完成6285.1亿元，比2011年增长26.5%，增幅比2011年下降8.9个百分点；占全省全社会投资的比重为68.5%，比2011年上升1.1个百分点。其他资金投资完成797.7亿元，比2011年增长1.4%，增幅比2011年提高2个百分点；占全省全社会投资的比重为8.7%，比2011年回落2个百分点。

按国民经济行业分。2012年，在全省全社会投资中，农林牧渔业投资完成381.4亿元，比2011年增长40.6%，增幅比2011年上升15.8个百分点；占全省全社会投资的比重为4.2%，比2011年提高0.5个百分点。

工业投资完成4129.8亿元，比2011年增长23.7%，增幅比2011年回落14.2个百分点；占全省全社会投资的比重为45%，比2011年回落0.3个百分点。其中，采矿业投资完成1581.7亿元，比2011年增长10.9%，增幅比2011年回落36.3个百分点；占全省全社会投资的比重为17.2%，比2011年下降2.1个百分点。制造业投资完成1941.6亿元，比2011年增长42.2%，增幅比2011年回落1.6个百分点；占全省全社会投资的比重为21.2%，比2011年上升2.7个百分点。电力、热力、燃气及水的生产和供应业投资完成606.5亿元，比2011年增长10.8%，增幅比2011年上升2个百分点；占全省全社会投资的比重为6.6%，比2011年回落0.8个百分点。

建筑业投资完成16.9亿元，比2011年增长76%，增幅比2011年上升93.6个百分点；占全省全社会投资的比重为0.2%，比2011年提高0.1个百分点。

批发和零售业投资完成195.9亿元，比2011年增长32.2%，增幅比2011年回落70.6个百分点；占全省全社会投资的比重为2.1%，比2011年上升0.1个百分点。

交通运输、仓储和邮政业投资完成1326.5亿元，比2011年增长7.3%，增幅比2011年回落2.6个百分点；占全省全社会投资的比重为14.5%，比2011年回落2.3个百分点。

住宿和餐饮业投资完成60.7亿元，比2011年增长17.4%，增幅比2011年回落27.1个百分点；占全省全社会投资的比重为0.7%，与2011年持平。

信息传输、软件和信息技术服务业投资完成35.6亿元，比2011年增长36.9%，增幅比2011年上升57.5个百分点；占全省全社会投资的比重为0.4%，与2011年持平。

金融业投资完成2亿元，比2011年增长17.6%，增幅比2011年上升43.8个百分点；占全省全社会投资的比重为0.02%，与2011年持平。

房地产业投资完成1856.7亿元，比2011年增长25.6%，增幅比2011年回落11.2个百分点；占全省全社会投资的比重为20.2%，比2011年提高0.1个百分点。

租赁和商务服务业的投资25.9亿元，比2011年增长64%，增幅比2011年提高116.5个百分点；占全省全社会投资的比重为0.3%，比2011年提高0.1个百分点。

科学研究和技术服务业投资完成34.9亿元，比2011年增长44.2%，增幅比2011年回升38.8个百分点；占全省全社会投资的比重为0.4%，比2011年提高0.1个百分点。

水利、环境和公共设施管理业投资完成742亿元，比2011年增长51.3%，增幅比2011年上升36.1个百分点；占全省全社会投资的比重为8.1%，比2011年提高1.5个百分点。

居民服务、修理和其他服务业投资完成15.3亿元，比2011年增长59.4%，增幅比2011年回升26.3个百分点；占全省全社会投资的比重为0.2%，比2011年提高0.1个百分点。

教育业投资完成168.5亿元，比2011年增长34.3%，增幅比2011年回升59.9个百分点；占全省全社会投资的比重为1.8%，比2011年提高0.1个百分点。

卫生和社会工作投资完成54.3亿元，比2011年增长4.4%，增幅比2011年下降1.8个百分点；占全省全社会投资的比重为0.6%，比2011年回落0.1个百分点。

文化、体育和娱乐业投资完成83.1亿元，比2011年增长6.9%，增幅比2011年回落22.5个百分点；占全省全社会投资的比重为0.9%，比2011年回落0.2个百分点。

公共管理、社会保障和社会组织业投资完成46.8亿元，比2011年增长188.9%，增幅比2011年回升221.9个百分点；占全省全社会投资的比重为0.5%，比2011年提高0.3个百分点。

【2012年全省投资呈现新特点】 规模较大。2012年，全省全社会固定资产投资总量9176.3亿元，相当于“九五”时期全社会固定资产投资总和的3.7倍、“十五”时期的1.5倍、“十一五”时期的45%，是2008年投资规模的2.5倍。2012年，山西省地区生产总值总量占全国的2.3%，而投资总量占全国的2.4%，高出0.1个百分点。

月均投资规模明显扩张。2012年，全省月均固定资产投资完成额为765亿元，比2011年的月均投资扩大150亿元。

增速较快。2008年以来，山西省固定资产投资持续高增长，每年增速至少保持在24%以上，2008～

阳城县润城镇泊水新城

2011年全社会固定资产投资年均增长27.7%，远高于全国(24.8%)的平均水平。

2012年，全省全社会固定资产投资增长24.5%，增速比全国固定资产投资快3.9个百分点，高于同期全省经济增长速度14.4个百分点，高于消费需求增长速度8.5个百分点。

贡献率高。2012年，全省全社会固定资产投资占地区生产总值的比重由2011年的66.4%上升到75.8%，比2011年提高9.4个百分点；与2011年相比，全省固定资产投资增量为1803.2亿元，比地区生产总值增量(875.2亿元)多928亿元，是地区生产总值增量的2.1倍。

【投资结构持续优化，转型发展势头强劲】 项目数量明显增加，重大项目带动作用增强。2012年，全省施工项目10777个，项目数量比2011年增加836个。其中，亿元以上项目2760个，比2011年增加677个，增长32.5%；占施工项目的比重25.6%，提高4.6个百分点。亿元以上项目完成投资5792.5亿元，增长29.6%，比同期全国亿元以上项目固定资产投资快2个百分点；占全省固定资产投资(不含农户投资)的比重65.1%，提高2.5个百分点；对全省固定资产投资增长的贡献率75.2%，提高6.1个百分点，拉动全省固定资产投资增长18.6个百分点。

民间投资活力增强，投资比重不断提高。2012年，全省民间固定资产投资完成4568.4亿元，增长33.1%，在2011年高增长42.2%的基础上继续保持较快增长，增速比全社会固定资产投资高8.6个百分点，明显快于全国民间固定资产投资的增速(24.8%)，占全省全社会固定资产投资的比重49.8%，比2011年提高3.2个百分点。2012年，全省全社会固定资产投资增长24.5%，其中，民间投资的贡献率为63%，拉动全省全社会投资增长15.4个百分点。

第一、三产业投资增速明显加快，三次产业投资结构进一步改善。2012年，全省全社会固定资产投资中，第一、二、三产业投资分别完成381.4亿元、4146.7亿元和4648.2亿元，分别增长40.6%、23.8%、23.8%。第一产业投资高速增长，比第二、三产业投资高16.8个百分点，比全社会固定资产投资快16.1个百分点。二产投资在2011年快速增长37.6%的基础上继续保持稳定增长，三产投资增速比2011年加快4.3个百分点。三次产业投资比例由2011年的3.7：45.4：50.9转变为2012年的4.2：45.2：50.6，第一产业投资比重明显上升。

【工业投资稳步增长，转型步伐明显加快】 2012年，全省工业投资完成4129.8亿元，增长23.7%，占全省全社会投资的比重45%，下降0.3个百分点。从不同分类看，制造业、新兴产业、非煤产业投资分别成为工业投资快速增长的重要支撑。

制造业投资总量大、占比高、增速快。从三大门类行业投资看，2012年，全省工业投资中，采矿业、制造业、电力、燃气及水的生产和供应业投资分别完成1581.7亿元、1941.6亿元和606.5亿元，分别增长10.9%、42.2%、10.8%，采矿业投资增速幅度减缓，2011年投资增速为47.2%。制造业投资继续保持高速增长态势。电力、燃气及水的生产和供应业投资继续保持增长。制造业投资占全省工业投资的比重为47%，提高6.1个百分点；采矿业、电力、燃气及水的生产和供应业投资占全省工业投资的比重分别为38.3%、14.7%，同比分别下降4.4个、1.7个百分点。

新兴产业投资呈现迅猛增长态势，传统主导工业投资增速明显减缓。2012年，全省工业固定资产投资中，非传统产业(除煤炭、炼焦、冶金、电力外)完成投资1830.2亿元，增长48.3%，增幅比2011年提高2.6个百分点，比全省工业投资高24.6个百分点，占全省工业投资的比重44.3%，提高7.3个百分点，拉动全省工业投资增长17.8个百分点，与2011年比提高1.5个百分点。非传统产业中食品、纺织、化学、机械、非金属矿物制品业、燃气生产和供应业等工业投资呈现高增长，分别增长66.7%、36.9%、71.4%、36.1%、76.9%、33.6%。医药工业投资增长缓慢，增长10.9%。水的生产和供应业、印刷业和记录媒介的复制、家具制造业、皮革、毛皮、羽毛(绒)及其制品业等工业投资下降，分别下降2%、20.5%、5.4%、4.8%。传统产业完成投资2306.2亿元，增长9.6%，增幅比2011年回落24个百分点，占全省工业投资的比重55.8%，下降7.2个百分点，拉动全省工业投资增长6个百分点，与2011年比下降15.6个百分点。传统产业中冶金工业投资增长较快，增长27.6%；煤炭、炼焦工业投资增长放缓，分别增长8.5%、13.9%；电力工业投资下降4.9%。

非煤产业投资增速加快，煤炭工业投资增速明显减缓。2012年，受煤炭价格下降和煤炭行业资源整合项目数量的逐步减少影响，山西省煤炭开采和洗选业投资增速持续回落，与此同时，非煤产业投资增速加快。2012年，全省工业固定资产投资中，非煤产业投资完成2777.5亿元，增长32.3%，增幅比2011年回落3个百分点，仍保持较快增长态势；对全省工业投资增长的贡献率85.8%，提高26.3个百分点，拉动全省工业投资增长20.3个百分点。煤炭工业投资完成1352.2亿元，增长9%，增幅比2011年回落33.6个百分点；对全省工业投资增长的贡献率14.2%，拉动全省工业投资增长3.4个百分点，下降11.9个百分点。

夯基础与惠民生并举，服务业投资结构进一步改善。2012年，全省服务业投资完成4641.6亿元，增长23.7%，增速比2011年加快4.2个百分点。特别是基础设施投资力度加大，民生领域投资稳步增长，为实现“稳增长”创造了有利条件。

一是加强基础设施建设。2012年，山西省通过持续加大基础设施投入力度，不断优化投资环境等措施，为转型跨越发展进一步夯实基础。全年全省交通运输、邮政、电信、水利、环境管理和公共设施管理业等基础设施投资完成2028.5亿元，增长19.8%，增速比2011年加快10.4个百分点，较同期全国平均水平高6.5个百分点，占全省服务业投资的比重43.7%，拉动全省服务业投资增长8.8个百分点，提高

3.7个百分点。

全省基础设施投资中，以城镇化建设为重点的公共设施管理业投资和用于生态文明建设的生态保护与环境治理业投资增势强劲，交通运输业和水利业投资增速相对较缓，邮政业、电信和其他信息传输服务业投资减少。2012年，全省公共设施管理业、生态保护和环境治理业分别完成投资609.8亿元、51.1亿元，分别增长56.1%、55.2%，所占比重分别为30.2%、2.5%，比2011年分别提高7.1个、0.6个百分点；交通运输业投资1268.2亿元，增长7.4%，所占比重62.5%，比2011年下降7个百分点；水利业投资75.8亿元，增长13.4%，所占比重3.7%，比2011年下降0.2个百分点；邮政业、电信和其他信息传输服务业投资16.7亿元，下降25.6%，所占比重0.8%，比2011年下降0.5个百分点。

二是保障和改善民生领域投入稳步增长。全年全省住宅、居民服务、修理和其他服务业、教育、卫生和社会工作、文化、体育和娱乐业等民生领域投资完成1788.3亿元，增长23.2%，增速比同期全国平均水平高9.1个百分点，占全省服务业投资的比重38.5%，回落0.2个百分点，拉动全省服务业投资增长8.9个百分点。

【投资领域值得关注的问题】 *应该更加重视激发民间投资的活力。*近年来，山西省民间投资增长速度不断加快，投资比重不断提高，民间投资带动全省投资增长的作用不断增强，但与全国和中部省份比较，投资规模依然偏小，投资比重明显偏低。2012年，山西民间投资占全省投资的比重为49.8%，同期全国和中部省份的比重均在60%以上。从行业投向看，山西省交通运输、仓储和邮政业投资中民间投资的比重占10.3%，比全国平均水平低8.9个百分点，是民间投资占比最低的行业；另外有7个门类行业投资中民间投资的比重低于全国平均水平，分别是采矿业、制造业、电力、热力、燃气及水的生产和供应业、教育、卫生和社会工作、文化、体育和娱乐业、公共管理、社会保障和社会组织。由此可见，山西省民间投资增长空间依然较大。要认真贯彻落实《山西省人民政府关于鼓励和引导民间投资健康发展的实施意见》中的40条政策措施，继续创优投资环境，拓宽民间投资领域，进一步激活民间投资，加快推进山西省民间投资健康发展。

*应该更加重视发挥重大项目和新开工项目建设带动作用。*2012年，山西省固定资产投资的较快增长，主要得益于重大项目和新开工项目的带动。随着山西省固定资产投资项目建设步伐的不断加快，全省在建项目未完工程投资增速呈现大幅减缓趋势。全年全省亿元项目投资占全省投资的近2/3，新开工项目完成投资占全省投资的近一半，全省固定资产投资项目竣工率为60.9%，未完工程投资规模9139.1亿元，增长19.4%，增幅比2011年(22.7%)回落3.3个百分点，比2010年(41.3%)回落21.9个百分点，为近三年来的最低增速。新的一年，要更加关注投资增长后劲，进一步加大投资项目储备、签约、落地、开工、建设、投产力度，重视重大项目和新开工项目的开工与建设，加快在建项目建设进度，努力提高项目竣工率和投产率，为投资的稳定增长奠定基础。

*应该更加重视提高新兴产业和民生领域的投资比重。*近年来，山西省不断加大新兴产业和民生领域投资力度，投资增速不断加快，投资比重不断提高。2012年，全省非传统产业投资占工业投资的比重44.3%，民生领域投资占服务业的比重38.5%，这仍与全省转型跨越发展的要求有一定差距。全省培育新领域的投资增长点任务依然艰巨，需要进一步提高新兴产业和民生领域投资比重，支持有利于提高产业技术水平、有利于发展循环经济、有利于加强薄弱环节的行业投资与建设，确保全省投资持续健康稳定增长。

*应该更加重视促进房地产业健康快速发展。*2012年，山西省房地产开发投资增长较快，同比增长27.9%，增速高于全国平均水平，高于全省全社会投资，但与全国、周边及中部省份横向比较，房地产开发业投资总量小、占全社会投资的比重低、对全社会投资的贡献率不足。从投资总量看，2012年，山西省房地产开发投资总量居全国第24位，居中部六省第5位，周边五省末位；从占固定资产投资的比重来看，2012年，山西省房地产开发投资占全省固定资产投资的比重为11.4%，比全国平均比重(19.7%)低8.3个百分点，在中部仅比江西高3.1个百分点；从占全国房地产开发投资的比重来看，2012年，山西省房地产开发投资占全国的比重仅为1.4%，低于周边及中部其他省份；从贡献率来看，山西省房地产开发投资对固定资产投资的贡献率为12.5%，比全国平均水平低3.6个百分点。要继续坚持房地产市场调控政策不动摇，同时重视山西房地产开发业发展的不足，促进房地产业健康发展，增强房地产开发投资对全省投资的拉动作用。

*应该更加重视抑制高耗能行业投资过快增长。*2012年，全省六大高耗能行业投资增长28.3%，增速比2011年加快8.4个百分点，比全省投资快3.8个百分点，比全国平均水平快12.7个百分点，占全省工业投资的比重36.7%，提高1.3个百分点。2012年，山西省六大高耗能行业投资增速均快于全国平均水平。六大高耗能行业中，除石油加工、炼焦及核燃料加工业、电力、热力的生产和供应业和有色金属冶炼及压延加工业外，其余三大耗能行业投资增长较快，增速高于工业投资，"两高"行业投资大幅增长尽管能够促进全省投资较快增长，但不利于投资结构优化，对山西省未来的节能减排将带来较大压力，应倍加关注。

*更加重视拓宽项目建设的投融资渠道。*2012年，山西省投资建设资金增速一直慢于投资增速，建设资金逐步趋紧，直接影响和制约了全省投资的持续快速增长。2012年，全省固定资产投资项目到位资金增长20.3%，比投资增速低4.2个百分点。新的一年，要进一步拓展投融资渠道，扩大项目建设资金来源。继续瞄准国家倡导的投资方向和重点，力争国家更多资金支持，尤其围绕重大项目建设领域，进一

步拓展投融资渠道，加大筹集建设资金的力度，切实加强对中小项目的信贷支持，大力吸引民间资本、省外资金和外资，积极推进金融创新，发挥好金融机构和资本市场作用，整合统筹各类资金，集中力量确保固定资产投资稳定增长。

（邱慧东）

房地产开发

【2012 年全省房地产开发企业的基本状况】 2012 年，全省房地产开发经营企业有 2221 家，比 2011 年增加 65 家。其中，内资企业 2201 家，增加 66 家；港澳台企业 13 家，减少 2 家；外资企业 7 家，增加 1 家。年末从业人员 5.3 万人，增加 0.7 万人。

从企业的资质等级看，一级企业有 14 家，比 2011 年增加 5 家，所占比重为 0.6%；二级企业有 139 家，增加 18 家，所占比重为 6.3%；三级企业有 369 家，增加 24 家，所占比重为 16.6%；四级企业有 1045 家，增加 85 家，所占比重为 47.1%；四级以下的企业有 654 家，减少 67 家，所占比重为 29.4%。

【房地产开发企业投资规模】 2012 年，全省房地产业开发项目计划总投资 4561 亿元，比 2011 年增长 42.7%。房地产开发投资完成 1010.5 亿元，增长 27.9%。

按构成分，建筑工程投资完成 707.4 亿元，比 2011 年增长 27.3%；安装工程投资完成 101.6 亿元，增长 25.5%；设备工器具购置 12.3 亿元，增长 123.6%；其他费用 189.1 亿元，增长 27.6%。

按用途分，住宅投资完成 735.6 亿元，比 2011 年增长 19.5%，占全省房地产开发投资的比重由 2011 年的 77.9%下降到 72.8%。其中，90 平方米及以下住房投资完成 216.7 亿元，增长 30.2%，占住宅投资的比重由 2011 年的 27.1%提高到 29.5%；办公楼投资完成 22.8 亿元，增长 31.9%，占全省房地产开发投资的比重由 2011 年的 2.2%提高到 2.3%；商业营业用房投资完成 139.3 亿元，增长 89.3%，占全省房地产开发投资的比重由 2011 年的 9.3%提高到 13.8%。

按注册类型分，国有企业投资完成 84 亿元，比 2011 年下降 7.7%，占全部房地产开发投资的比重由 2011 年的 11.5%下降到 8.3%；民营企业投资完成 900.1 亿元，比 2011 年增长 32.6%，所占比重由 2011 年的 85.9%提高到 89.1%；港澳台投资企业投资完成 12.4 亿元，比 2011 年增长 134%，所占比重由 2011 年的 0.7%提高到 1.2%；外商投资企业投资完成 13.3 亿元，比 2011 年下降 8.9%，所占比重由 2011 年的 1.8%下降到 1.3%。

【房地产开发企业资金来源情况】 2012 年，房地产开发企业到位资金 1033.7 亿元，比 2011 年增长 21.6%；加上上年结余资金共计为 1338.7 亿元，增长 19.1%，是当年投资完成额的 1.3 倍。

在当年到位资金中，国内贷款 60.9 亿元，比 2011 年下降 11.5%；占当年到位资金的比重由 2011 年的 8.1%下降到 5.9%；其中，银行贷款 44.9 亿元，下降 10.9%，占当年到位资金的比重由 2011 年的 5.9%下降到 4.3%。自筹资金为 550.7 亿元，增长 42.7%，占当年到位资金的比重由 2011 年的 45.4%提高到 53.3%，其中，企业自有资金 240.9 亿元，增长 28.6%，占当年到位资金的比重由 2011 年的 22%提高到 23.3%。其他资金 422.1 亿元，增长 6.7%，占当年到位资金的比重由 2011 年的 46.5%下降到 40.8%；其中，定金和预收款 318.4 亿元，增长 14.9%，占当年到位资金的比重由 2011 年的 32.6%下降到 30.8%；个人按揭贷款 72.2 亿元，增长 12.1%，占当年到位资金的比重由 2011 年的 7.6%下降到 7%。

【房屋施工、竣工及造价情况】 2012 年，全省房屋施工面积 11714.3 万平方米，比 2011 年增长 25.9%。其中，住宅施工面积 9299.6 万平方米，增长 20.5%；办公楼施工面积 216.7 万平方米，增长 30.5%；商业营业用房施工面积 1253 万平方米，增长 51.4%；其他类房屋施工面积 945 万平方米，增长 57.5%。

2012 年，全省房屋新开工面积 4166.3 万平方米，比 2011 年增长 46.2%。其中，住宅新开工面积 3271.1 万平方米，增长 34.6%；办公楼新开工面积 66.6 万平方米，增长 125.8%；商业营业用房新开工面积 442.4 万平方米，增长 121.5%；其他类房屋新开工面积 386.2 万平方米，增长 102.6%。

2012 年，全省房屋竣工面积 1733 万平方米，比 2011 年下降 17.9%。其中，住宅竣工面积 1435.7 万平方米，下降 24%；办公楼竣工面积 14.9 万平方米，下降 37.1%；商业营业用房竣工面积 182.5 万平方米，增长 66.1%；其他类房屋竣工面积 99.9 万平方米，增长 12.6%。

2012 年，全省房屋竣工价值 399.2 亿元，比 2011 年增长 1.9%；平均每平方米造价 2304 元，增长 24.1%。其中，住宅竣工价值 330.2 亿元，下降 4.5%；平均每平方米造价 2300 元，增长 25.6%。办公楼竣工价值 3.3 亿元，下降 45.9%；每平方米平均造价 2193 元，下降 15.5%。商业营业用房竣工总价值 46.3 亿元，增长 84.5%；平均每平方米造价 2534 元，增长 10.8%；其他房屋竣工价值 19.5 亿元，增长 32.7%；平均每平方米造价 1950 元，增长 17.8%。

【商品房销售情况】 2012 年，全省商品房销售面积 1497.9 万平方米，比 2011 年增长 16.6%。其中，现房销售面积 653.1 万平方米，增长 33.3%；期房销售面积 844.8 万平方米，增长 6.3%。商品住宅销售面积 1390.4 万平方米，增长 18.8%。其中，现房销售面积 600.5 万平方米，增长 36.1%；期房销售面积 790 万平方米，增长 8.2%。在商品住宅销售中，90 平方米及以下住房销售面积 227 万平方米，增长 19.6%；别墅和高档公寓销售面积 5.4 万平方米，增长 2.4 倍。办公楼销售面积 9.5 万平方米，下降 33.6%。其中，现房销售面积 4.7 万平方米，下降 16.1%；期房销售面积 4.9 万平方米，下降 43.7%。商业营业用房销售面积 79.5 万平方米，下降 3.2%。其中，现房销售面积 38.4 万平方米，增长13.2%；期房销售面积41.1万平方米，下降14.8%。其他商品房销售面积18.4万平方米，增长5.1%。其中，现房销售面积9.5万平方米，增长2.2%；期房销售面积8.9万平方米，增长8.5%。

2012年，全省商品房销售额579.9亿元，比2011年增长31.5%。其中，现房销售额191.3亿元，增长36.1%；期房销售额388.6亿元，增长29.3%。商品住宅销售额513.2亿元，增长35.6%。其中，现房销售额167.8亿元，增长42.7%；期房销售额345.4亿元，增长32.5%。在商品住宅销售中，90平方米及以下住房销售额72.7亿元，增长20.3%；别墅和高档公寓销售额2.9亿元，增长4.8倍。办公楼销售额7.5亿元，下降25.7%。其中，现房销售额2.9亿元，下降17.1%；期房销售额4.6亿元，下降30.3%。商业营业用房销售额54.6亿元，增长14.8%。其中，现房销售额18.4亿元，增长7.1%；期房销售额36.2亿元，增长19.5%。其他商品房销售额4.6亿元，下降8%。其中，现房销售额2.2亿元，与2011年持平；期房销售额2.5亿元，下降10.7%。

2012年，全省房地产开发各类商品房平均销售价格3871元/平方米，比2011年增长12.8%。商品住宅平均销售价格3691元/平方米，增长14.2%。在住宅销售价格中，90平方米及以下住房平均销售价格3204元/平方米，增长0.6%；别墅和高档公寓平均销售价格5457元/平方米，增长67.9%。办公楼平均销售价格7835元/平方米，增长10.5%。商业营业用房平均销售价格6865元/平方米，增长18.6%。其他商品房平均销售价格2524元/平方米，下降11.8%。（注：商品房平均销售价格是由全省商品房销售额除以销售面积计算得出，只是参考价格，并不能代表房地产市场交易价格）

2012年底，全省商品房待售面积758万平方米，比2011年增长10.7%。其中，待售1至3年（含1年）的房屋面积282.5万平方米，增长7.7%；待售3年以上（含3年）房屋面积8.6万平方米，下降51.4%。商品住宅待售面积575.3万平方米，增长2.9%。其中，90平方米及以下住房待售面积88.3万平方米，增长2.2%；别墅和高档公寓待售面积6.7万平方米，增长39.6%。办公楼待售面积11万平方米，增长2.8%。商业营业用房待售面积126.8万平方米，增长56.9%。其他商品房待售面积44.9万平方米，增长32.1%。

【房地产经营效益】 2012年，全省房地产企业资产总计3738.5亿元，比2011年增长30%；所有者权益491.8亿元，增长16.1%；实收资本合计469.1亿元，增长18%；负债合计3246.7亿元，增长32.5%；主营业务收入460.6亿元，增长29.8%；主营业务成本362.8亿元，增长31.3%；主营业务税金及附加35.2亿元，增长28.9%；利润总额5.1亿元，增长49.9%。

（郝志军）

山西经济年鉴

YEARBOOK OF SHANXI ECONOMY

4

经济法制

JINGJI FAZHI

经济法制

经济法规

【2012年政府法制建设综述】 政府立法工作。2012年，省人民政府向省第十一届人民代表大会常务委员会提交了《山西省气候资源条例（草案）》（晋政函〔2012〕50号）、《山西省安全技术防范管理条例（草案）》（晋政函〔2012〕51号）、《山西省食品生产加工小作坊和食品摊贩监督管理办法（草案）》（晋政函〔2012〕53号）、《山西省公路条例（草案）》（晋政函〔2012〕87号）、《山西省非物质文化遗产保护条例（草案）》（晋政函〔2012〕84号）、《山西省促进就业条例（草案）》（晋政函〔2012〕117号）和《山西省节约用水条例（草案）》（晋政函〔2012〕118号）7件地方性法规草案议案，完成省人大常委会2012年度立法工作计划确定的由省政府提交法规草案的工作任务。省政府为加强和创新社会管理工作，向省人大常委会提出了《关于废止〈山西省暂住人口治安管理条例〉的建议》议案，同时开始起草制订《山西省流动人口服务管理办法（草案）》这一省政府规章工作。省政府法制办公室为加强省政府规章立项和项目草案的起草、审查工作，研究制定了《进一步制定完善地方性法规规章为加强政府自身建设提供有力制度保障》的报告，向省政府提出了起草制定《山西省行政执法规定（草案）》《山西省规范行政裁量权规定（草案）》《山西省政府信息公开规定（草案）》《山西省行政效能监察办法（草案）》《山西省行政决策规定（草案）》5件省政府规章的建议，得到省政府领导的充分肯定，省政府法制办公室按照立法草案计划进度完成起草工作任务。省政府法制办公室组织有关部门完成《山西省石油天然气管道建设和保护办法（草案）》《山西省行政区域界线管理办法（草案）》《山西省医疗纠纷预防与处理办法（草案）》《山西省陆生野生动物损害补偿办法（草案）》《山西省道路交通事故预防与处理规定（草案）》等省政府规章草案的起草、调研、征求意见、立法论证、立法审查等工作。在国务院批复《山西省国家资源型经济转型综合配套改革试验区总体方案》后，为保障总体方案的顺利实施和给综改试验区建设提供有力制度支撑，省政府法制办公室及时召集省转型综改办、发展改革委、经信委等省直部门的法规处长和相关业务处室负责人召开了政府立法引领保障综改试验区建设工作座谈会，讨论了今后五年立法规划和2013年立法计划建议项目，就政府立法工作如何为推动促进综改试验区建设提供有力制度支撑提出了建设性的意见和建议。

推进依法行政工作。为全面履行综合协调、督促指导、政策研究和情况交流等项工作职责，努力发挥好省政府法制办公室在政府法律事务方面的参谋、助手和顾问作用，召开了全省政府法制工作电视电话会议，省委常委、常务副省长高建民出席会议并作了题为《加强法治政府建设保障跨越发展》的重要讲话；会议全面总结了近三年来全省政府法制和依法行政工作情况，分析了新形势下政府法制建设和依法行政工作的主要任务，安排部署了具体开展的工作任务；太原市等3个市和省环保厅等3个省直部门在会上作了典型经验交流发言。为培育领导干部依法行政观念，着力提升政府机关工作人员特别是领导干部依法行政的意识和能力，省政府法制办公室牵头与省委党校、省行政学院共同举办了两期领导干部依法行政专题研讨班。为发挥省级依法行政示范县示范单位的引领示范作用，以点带面地整体推进全省依法行政工作，省政府法制办公室组织在武乡县召开了全省省级依法行政示范县示范单位经验交流会议。为进一步向全社会宣传依法行政工作，营造更加浓厚的依法行政社会氛围，省政府法制办公室领导带队，邀请新华社山西分社等6家中央和省级新闻媒体记者参加的采访报道团，在8月份组织开展了"依法行政宣传月"和第二届"依法行政山西行"媒体集中采访报道活动。为贯彻落实《国务院关于加强法治政府建设的意见》和省年度目标责任分解意见，省政府法制办公室组织开展了"全面推进依法行政，加强法治政府建设"的专项督促检查工作。

行政复议和行政诉讼工作。2012年，省政府法制办公室以推进行政复议工作规范化建设为主线，以提高行政复议办案质量为重点，加大对行政复议工作的宣传力度，扩大行政复议工作的社会影响力；

全国工会参与社会管理暨职工法律援助维权服务工作推进会在山西太原召开

强化对基层政府行政复议工作的指导监督，提升行政复议工作水平。组织召开全省行政复议工作会议，总结近年来行政复议工作开展情况，分析研究新形势下行政复议工作面临的新情况、新任务，提出了今后开展行政复议工作的指导思想、总体思路和工作重点。在向全省转发国务院法制办公室《关于进一步加强行政复议工作规范化建设的实施意见》的同时，结合山西行政复议工作实际，制定下发了《山西省行政复议工作规范化建设实施方案》，进一步明确了加强行政复议工作规范化建设的思路、方向、措施和目标。编辑出版《山西省行政复议工作手册》。及时指导设区市、县级政府行政复议机构办理重大、复杂和疑难的行政复议案件，对运城市政府、晋城市政府法制办公室、阳泉市矿区政府法制办公室提出的关于工伤认定、发放养老保险金、行政处罚复议管辖权等比较复杂的行政复议问题及时进行了认真研究和答复；对山西碛口黄河旅游有限责任公司反映吕梁市临县政府不受理该公司不服碛口镇政府作出的停产停业、扣押财产决定而申请行政复议的案件，责成专人赴吕梁市采取调研的方式进行指导督促；协助省监察厅修改完善《山西省监察厅行政复议和行政应诉工作办法(草案)》。加强重大政复议决定备案工作，全年对设区市政府及省直部门报送的8件重大政复议决定进行备案审查。坚持落实行政复议与行政诉讼联席会议制度，与省高级人民法院行政审判庭组织召开第二届行政复议与行政诉讼联席会议，在通报2011年全省行政审判和行政复议工作情况的基础上，研究探讨了行政诉讼与行政复议的衔接机制。加强对行政复议工作的分析研究，针对土地管理行政复议案件数量逐年上升的趋势，与省国土资源厅联合组织召开全省土地管理行政复议案件专题研讨会，总结分析了近年来省和设区市两级政府的法制机构、国土资源管理部门在办理土地管理行政复议案件中发现的引发行政争议的共性问题，探析了产生争议的原因，研究并提出了解决问题的办法。全年共办理行政复议案件72件，办理行政诉讼案件5件，处理群众来信来访百余次，对解决行政争议、维护政府的权威和形象、依法保护人民群众和企业、社会组织的合法权益、保障综改试验区建设的良好法治秩序环境，发挥了行政复议的积极作用。

行政执法监督工作。2012年，省政府法制办公室坚持以建立完善行政执法监督制度为基础，以提升行政执法队伍素质为根本，以推行行政执法责任制为主线，以行政执法案卷评查、行政执法资格管理、行政执法监督检查、规范行政执法自由裁量权等为抓手，促进政府和执法部门严格、规范、公正、文明执法。在北京大学法学院举办了规范行政裁量权研讨会。召集省人社、水利、国土、交通等8个重点执法部门召开了规范行政执法座谈会，研究讨论进一步建立健全行政执法监督反馈机制和重点研究解决行政执法突出问题的措施；组织研究并起草了《山西省行政执法规定(草案)》和《山西省规范行政裁量权规定(草案)》两个省政府规章草案。为贯彻实施《中华人民共和国行政强制法》，举办了“加强法治政府建设暨贯彻行政强制法专题报告会”。根据国务院法制办公室的工作部署，组织完成规章、规范性文件中有关行政强制规定的清理工作；组织编写和印发了《行政强制法知识问答》，指导全省贯彻实施《行政强制法》工作；在全省开展贯彻实施《行政强制法》的监督检查活动。为加强和创新社会管理，严格规范行政执法行为，不断优化政务环境，进一步深入推行行政执法责任制，对全省人社、教育行政部门推行行政执法责任制情况进行抽查检查。加强行政执法人员资格管理和行政执法证件系统的维护和升级工作，进一步完善行政执法证件申领网上查询、审核、发送程序，共审核发放行政执法证件17417个。组织对全省各级各部门贯彻实施行政许可法、推进行政审批制度改革情况进行专门调查统计，形成书面调查统计报告报国务院法制办公室。省政府法制办公室积极推动行政执法体制改革，在根据吕梁市政府申请、深入调查研究和报请省政府批准后，指导柳林县在城市管理领域开展相对集中行政处罚权工作，进一步扩大了全省行政执法体制改革的范围。

规范性文件前置审查和备案监督工作。2012年，省政府法制办公室为提高规范性文件的起草质量和审查效率，分别在阳泉市和忻州市举办了两期规范性文件审查备案培训班。省政府法制办公室全年共审查、备案规范性文件299件，包括审查各设区市报送备案的规范性文件99件，审查以省政府和省政府办公厅名义发文的规范性文件56件和对省直部门报送前置审查的规范性文件144件。省政府法制办公室分别与省监察厅、发展和改革委员会、交通运输厅联合对全省范围内涉及招标投标和收费公路的规范性文件进行了集中专项清理。

依法参加行政诉讼活动。2012年，省政府法制办公室根据省政府领导批示，依法对省高级人民法院向省政府通报的关于某公民与山西煤炭运销集团下属公司煤矿股权转让合同纠纷案件的审理意见进行了认真研究，在对案情详细分析的基础上，提出处理意见，引起省高级人民法院的高度重视，得到省政府领导的充分肯定。省政府法制办公室受省政府委托依法办理和参加临汾柏松实业有限公司不服省政府向中条山森林经营局三交林场颁发《林权证》提起行政诉讼的4件上诉案件，依法出庭应诉，4起行政诉讼案件均以省政府胜诉而终结。

省政府法律顾问工作。2012年，省政府法制办公室组织省政府法律顾问积极参与省政府重大行政决策和涉法事务的研究、咨询和论证活动，参与研究了6件重大涉法事务，为省政府领导决策提出了许多具有建设性的意见和建议，发挥了法律顾问的职能作用。

为省政府提供法律服务工作。2012年，省政府法制办公室根据省政府领导批示，对省人大代表和省政协委员提出的由省政府办理的10件议案和提案依法提出答复，得到省政府领导的肯定。代省政府依法审查13件法律草案和法规草案的征求意见稿，并提出书面意见和建议。对省政府与国家有关的部委和银行拟签署战略合作协议的草案文本依法提出法律性意见和建议。向省政府起草专项工作报告和提出答复各类请示的法律性审查意见30多件。

政府法制理论研究工作。2012年，省政府法制办公室紧紧围绕政府法制保障服务转型跨越发展和综改试验区建设这一中心工作，紧密结合实践活动，积极开展政府法制理论研究工作，在理论研究创新上迈出新步伐，取得以下优秀理论研究成果：(1)在《山西信息》上发表了《大力发展循环经济推动山西转型跨越发展》和《加强政府立法工作提高制度建设质量为转型综改试验积极发挥引领保障作用》两篇理论研究文章。(2)为国务院法制办公室召开的环渤海区域政府法制工作研讨会提交了题为《推进依法行政是优化发展环境的重要因素》的论文，得到肯定和赞扬。(3)向由山西省经济法研究会、山西省法学会经济法学研究会共同举办的“山西综改试验区法律问题研讨会暨山西省经济法研究会年会”提交了6篇论文和研究报告，其中3篇获得优秀论文一等奖、2篇获得优秀论文二等奖、1篇获得优秀论文三等奖。

法规规章的译审和编纂工作。2012年，省政府法制办公室对2011年省人大常委会审议通过的4件新制定的地方性法规、14件修订的地方性法规、6件废止的地方性法规和12件批准太原市和大同市的地方性法规，省人民政府1件新制定的规章、49件修订的规章、113件现行有效的规章、27件废止的规章，太原市人民政府4件新制定的规章、29件修订的规章、7件废止的规章，进行搜集、整理、汇集和编纂，形成《山西省法规规章汇编(2011年)》。

指导仲裁工作。2012年，省政府法制办公室根据国务院法制办公室的工作安排，加强了对7个市仲裁委仲裁工作的指导，使其顺利完成各自的换届工作，保障仲裁工作有序有效地进行，为经济社会协调发展发挥了积极的促进作用。

【山西省地方性经济法规建设】 2012年，经省第十一届人民代表大会常务委员会第二十八次至第三十二次会议审议通过的新制定的地方性法规有9件，包括《山西省突发事件应对条例》《山西省循环经济促进条例》《山西省安全技术防范条例》《山西省非物质文化遗产条例》《山西省气候资源开发利用和保护条例》《山西省食品生产加工小作坊和食品摊贩监督管理办法》《山西省公路条例》《山西省节约用水条例》和《山西省就业促进条例》。经省第十一届人民代表大会常务委员会第二十八次、第二十九次和第三十一次会议批准太原市新制定的地方性法规有《太原市养犬管理条例》和《太原市终身教育促进条例》2件，批准修订太原市的地方性法规有《太原市城镇企业职工失业保险条例》《太原市市场管理条例》《太原市查处传销和变相传销办法》《太原市社会保险管理条例》和《太原市晋祠保护条例》5件，批准废止太原市的地方性法规有《太原市城市房屋拆迁管理办法》《太原市私营企业工会条例》和《太原市劳动监察条例》3件。经省第十一届人民代表大会常务委员会第二十八次会议批准大同市修订的地方性法规为《大同市企业集体合同条例》，第二十九次会议批准大同市新制定的地方性法规为《大同市再生资源回收利用管理条例》。

《山西省循环经济促进条例》的制定。《山西省循环经济促进条例》由山西省第十一届人民代表大会常务委员会第二十九次会议于2012年5月31日通过，自2012年10月1日起施行。

省人民政府根据中共山西省委批准的省第十一届人民代表大会常务委员会2011年立法计划，委托省发展和改革委员会起草《山西省循环经济促进条例(草案)》(以下简称《条例草案》)。省发展和改革委员会成立了《条例草案》起草组，根据2007年国家发改委、统计局等六部委将山西作为全国第二批循环经济试点省和2010年又将山西列为循环经济统计试点省和标准化认证试点省以来的实践活动和取得的经验，2008年省人大常委会制定公布了《关于加快发展循环经济的决定》和国家发改委批复省发改委编制的《循环经济发展总体规划(2008～2012年)》以后，省人民政府制定并出台了《加快发展循环经济的实施意见》《关于支持循环经济发展的投融资政策措施实施意见》等文件实施的情况，为着重解决山西循环经济发展中存在的制度建设、产业循环和资源综合利用等重点问题，确立适应山西促进循环经济发展的体系制度，组织专门人员在调查、研究、学习的基础上完成《条例草案》的起草、征求意见、修改工作，于2011年3月形成报省人民政府法制办公室审查的《条例草案》(送审稿)。省人民政府法制办公室在对《条例草案》(送审稿)进行依法审查、书面征求11个设区市政府和省直有关部门及企业意见、对有关问题进行论证和协调、修改补充完善等一系列工作后，形成报省人民政府常务会议讨论和审议的《条例草案》(修改稿)。2011年10月25日在省人民政府第96次常务会议上对《条例草案》(修改稿)进行了讨论和审议，通过后形成提请省人大常委会会议审议的正式《条例草案》文本，并以省人民政府名义于2011年10月28日向省第十一届人民代表大会常务委员会提交了《山西省人民政府关于提请审议〈山西省循环经济促进条例(草案)〉的议案》(晋政函〔2011〕148号)。

省人民政府提请省第十一届人民代表大会常务委员会会议审议的《山西省循环经济促进条例(草案)》分为“总则”“基本管理制度”“生产领域循环经济”“消费和流通领域循环经济”“重点废弃物资源化利用”“激励机制和措施”“法律责任”和“附则”，共8章75条内容。

省第十一届人民代表大会常务委员会经过第二十六次和第二十九次常委会会议对省人民政府提交的《山西省循环经济促进条例(草案)》的审议，形成省人大常委会会议表决的《山西省循环经济促进条例(修改稿)》，在第二十九次常委会会议上表决通过。

经省第十一届人民代表大会常务委员会第二十九次常委会会议审议通过并向社会公布的《山西省循环经济促进条例》分为“总则”“基本管理制度”“生产领域循环经济”“流通和消费领域循环经济”“废弃物资源化利用”“激励措施”“法律责任”和“附则”，共8章48条内容。

《山西省食品生产加工小作坊和食品摊贩监督管理办法》的制定。《山西省食品生产加工小作坊和食品摊贩监督管理办法》由山西省第十一届人民代表大会常务委员会第三十一次会议于2012年9月28日通过，自2013年1月1日起施行。

为规范食品生产加工小作坊和食品摊贩生产经营活动，传承饮食文化，方便群众生活，保证食品安全，保障公众身体健康和生命安全，省人大常委会将制定《山西省食品生产加工小作坊和食品摊贩监督管理办法》纳入2012年地方性法规立法计划。省人民政府根据中共山西省委批准的省第十一届人民代表大会常务委员会2012年立法计划，委托省卫生厅起草《山西省食品生产加工小作坊和食品摊贩监督管理办法(草案)》(以下简称《办法(草案)》)。省卫生厅成立了以厅长为组长的《办法(草案)》起草组，经过起草草案初稿、征求意见、调研、修改等立法工作，形成报省人民政府法制办公室审查的《办法(草案)》送审稿。省人民政府法制办公室经过依法审查、书面征求11个设区市政府和40个省直部门意见、赴省内外调研、召开立法论证会和协调会、多次修改等一系列立法程序，形成报省人民政府常务会议审议的《办法(草案)》修改稿。2012年4月24日省人民政府在第104次常务会议上对《办法(草案)》修改稿进行讨论和审议，通过后形成拟提请省人民代表大会常务委员会审议的《办法(草案)》，并以省人民政府名义于2012年5月10日向省第十一届人民代表大会常务委员会提交了《山西省人民政府关于提请审议〈山西省食品生产加工小作坊和食品摊贩监督管理办法(草案)〉的议案》(晋政函〔2012〕53号)。

省第十一届人民代表大会常务委员会经过第二十九次和第三十一次常委会对省人民政府提交的《山西省食品生产加工小作坊和食品摊贩监督管理办法(草案)》的审议，主要对以下内容进行了修改：(一)关于《办法(草案)》的体例。将《办法(草案)》的体例由“第一章总则、第二章食品生产经营(第一节一般规定、第二节有形市场外食品生产加工小作坊、第三节有形市场内食品生产加工小作坊和零售食品摊贩、第四节餐饮服务类食品生产加工小作坊和餐饮食品摊贩)、第三章监督管理、第四章法律责任和第五章附则”修改为“第一章总则、第二章生产经营(第一节一般规定、第二节食品生产加工小作坊、第三节食品摊贩)、第三章监督管理、第四章法律责任和第五章附则”，并增加了章节目录。(二)关于政府服务职能建设。在《办法(草案)》中增加了政府和行业服务的职能，即省人民代表大会常务委员会会议审议通过并公布的《山西省食品生产加工小作坊和食品摊贩监督管理办法》的第六条、第七条、第九条、第十条规定。(三)关于“食品生产加工小作坊”和“食品摊贩”的概念界定。《办法(草案)》对“食品生产加工小作坊”和“食品摊贩”的概念界定不科学不准确，会给《办法》出台后的贯彻实施和执法活动带来理解和执行上的困难，经过认真研究后将其修改为“本办法所称食品生产加工小作坊，是指有固定生产经营场所，其生产规模、生产条件、固定从业人数等达不到国家规定的食品生产加工企业许可要求的食品生产经营者。食品生产加工小作坊包括餐饮服务类和非餐饮服务类食品生产加工小作坊。餐饮服务类食品生产加工小作坊，是指即时制作加工、销售食品并向消费者提供消费场所及设施的食品生产加工小作坊”和“本办法所称食品摊贩，是指无固定店铺，摆摊设点从事食品销售或者现场制售的食品生产经营者。食品摊贩包括餐饮服务类和非产品服务类食品摊贩。餐饮服务类食品摊贩，是指即时制作加工、销售食品并向消费者提供消费场所及设施的食品摊贩”，即省人民代表大会常务委员会会议审议通过并公布的《山西省食品生产加工小作坊和食品摊贩监督管理办法》的第三条规定。(四)关于监管部门职责分工。《办法(草案)》对监管部门的职责划分不明确不清楚,经过审议讨论、研究后,对监管部门的职责进一步作了明确的具体划分,即省人民代表大会常务委员会会议审议通过并公布的《山西省食品生产加工小作坊和食品摊贩监督管理办法》的第五条规定;同时删除了《办法(草案)》第五条第三款规定的“食品生产加工小作坊和食品摊贩监督管理职责未明确或者有争议的,由县级人民政府确定相应的监督管理部门”内容。(五)关于食品生产加工小作坊和食品摊贩管理模式。根据省人大常委会组成人员的提议,将《办法(草案)》中规定的“对食品摊贩实行备案制度”修改为“对食品摊贩实行登记制度”,同时增加了“《食品生产加工小作坊许可证》《食品摊贩登记证》的管理办法和专门为中小学生提供餐饮服务的小饭桌的管理办法,由省人民政府制定”的内容,即省人民代表大会常务委员会会议审议通过并公布的《山西省食品生产加工小作坊和食品摊贩监督管理办法》第三十五条规定。(六)关于举报及奖励。根据省人大常委会组成人员的提议,在《办法(草案)》中增加了“县(市、区)人民政府应当建立健全食品安全举报奖励和保护制度,公布举报电话,方便群众举报”的内容,即省人民代表大会常务委员会会议审议通过并公布的《山西省食品生产加工小作坊和食品摊贩监督管理办法》第七条第一款规定。

经山西省第十一届人民代表大会常务委员会第三十一次会议于2012年9月28日审议通过并向社会公布的《山西省食品生产加工小作坊和食品摊贩监督管理办法》分为总则、生产经营、监督管理、法律责任和附则,共5章36条内容。

《山西省气候资源开发利用和保护条例》的制定。《山西省气候资源开发利用和保护条例》由山西省第十一届人民代表大会常务委员会第三十一次会议于2012年9月28日通过,自2012年12月1日起施行。

省人民政府根据中共山西省委批准的省第十一届人民代表大会常务委员会2012年立法计划,委托省气象局起草《山西省气候资源条例(草案)》(以下简称《条例草案》)。省气象局根据有关法律法规规定,结合山西省实际情况,经过起草《条例草案》初稿、征求意见、实地调研座谈和组织专家、专业技术人员、起草组成员一起多次修改,形成报送省人民政府法制办公室审查的《条例草案》(送审稿)。省人民政府法制办公室经过依法审查、调研座谈、书面征求11个设区市政府和省直30个部门意见、专家论证、召开立法协调会和多次修改等一系列立法程序,形成报送省政府常务会议讨论和审议的《条例草案》(修改稿)。2012年4月24日省人民政府在第104次常务会议上对《条例草案》(修改稿)进行了讨论和审议,原则通过后经进一步修改完善,形成拟提请省人民代表大会常务委员会审议的《条例草案》文本,并以省人民政府名义于2012年5月3日向省人民代表大会常务委员会提出《山西省人民政府关于提请审议〈山西省气候资源条例(草案)〉的议案》(晋政函〔2012〕50号)。

省第十一届人民代表大会常务委员会经过第二十九次和第三十一次会议审议,对省人民政府提交的《山西省气候资源条例(草案)》作了以下具体的修改:(一)关于条例的名称。根据省人大常委会组成人员提出的条例名称与条例草案内容不一致的问题,将条例名称由“山西省气候资源条例”修改为“山西省气候资源开发利用和保护条例”。(二)关于条例的体例结构。省人大常委会部分组成人员在审议过程中认为,省政府提交的《条例(草案)》有些章的名称不是很准确,各章之间的逻辑关系也不够严密,建议对《条例(草案)》的体例再认真研究;根据省人大常委会组成人员的建议,将条例的体例结构由分章设置修改为不分章,并对相关内容的条款顺序作了相应调整。(三)关于监管与服务。省人大常委会部分组成人员在审议中认为,省政府提交的《条例(草案)》存在行政监管的色彩较浓、公共服务的职能体现不足和省市县气象主管机构职责规定不科学不明确的问题,建议修改。根据省人大常委会组成人员的建议,对行政监管的相关内容进行了合并和删除,增加了气象主管部门公共服务的内容;分别对省和市县气象主管机构的职责进行了科学划分并作出明确具体规定。(四)关于国境外组织从业审批。《条例(草案)》第七条关于外国组织和个人在本省行政区域从事气候资源开发利用和保护工作的规定与上位法规定不一致,因此,删除了《条例(草案)》第七条的规定内容。(五)关于法律责任的承担。删除了《条例(草案)》第三十三条第二、三项和第三十四条、第三十五条的规定,增加了一项关于气象主管机关未在法定期限内出具书面审查报告承担相应责任的内容,即省第十一届人民代表大会常务委员会第三十一次会议通过并公布的《山西省气候资源开发利用和保护条例》的第二十三条第(三)项规定。

省第十一届人民代表大会常务委员会第三十一次会议通过并向社会公布的《山西省气候资源开发利用和保护条例》共25条内容。

《山西省节约用水条例》的制定。《山西省节约用水条例》经山西省第十一届人民代表大会常务委员会第三十二次会议于2012年11月29日审议通过,自2013年3月1日起施行。

为加强节约用水管理,科学合理利用水资源,保障经济社会可持续发展,省第十一届人民代表大会常务委员会将《山西省节约用水条例》列入2012年地方性法规立法计划。省人民政府根据中共山西省委批准的省第十一届人民代表大会常务委员会2012年立法计划,委托省水利厅起草《山西省节约用水条例(草案)》(以下简称《条例(草案)》)。省水利厅从2003年就着手起草《条例(草案)》,于2008年形成比较成熟的《条例(草案)》初稿,经过进一步的调研,结合国家和山西省新出台的一系列法律法规政策,以及经济社会发展和机构改革的新形势新情况,在对《条例(草案)》初稿进行认真细致的补充修改后,形成报省人民政府法制办公室审查的《条例(草案)》送审稿。

2012年4月,省人民政府法制

办公室接到《条例（草案）》送审稿后，经过依法审查、书面征求11个设区市政府和44个省直部门意见、实地调研、召开立法论证会和协调会、多次修改等一系列立法工作，形成报省人民政府常务会议讨论和审议的《条例（草案）》修改稿。省人民政府于2012年9月11日在第111次常务会议上对《条例（草案）》修改稿进行了讨论和审议，通过后形成提请省第十一届人民代表大会常务委员会会议审议的《山西省节约用水条例（草案）》文本，并以省人民政府名义于2012年9月12日向省第十一届人民代表大会常务委员会提交了《山西省人民政府关于提请审议〈山西省节约用水条例（草案）〉的议案》（晋政函〔2012〕118号）。

省第十一届人民代表大会常务委员会经过第三十一次和第三十二次常委会会议的审议，对省人民政府提交的《山西省节约用水条例（草案）》主要作了以下修改：（一）关于限制高耗水项目的规定。增加了一条“本省限制高耗水工业项目、高耗水服务业发展和农业粗放用水”“严格执行建设项目水资源论证制度。对未依法完成水资源论证工作的建设项目，不予批准”的内容，作为省第十一届人民代表大会常务委员会第三十二次会议审议通过的《山西省节约用水条例》的第十六条。（二）关于保护地下水。增加了一条“县级以上人民政府水行政主管部门应当根据当地地下水超采程度，地表水替代地下水水源工程建设情况，会同有关部门制定地下水超采区和地表水供水区域水源置换和关井压采实施方案，报本级人民政府批准后实施”的内容，作为省第十一届人民代表大会常务委员会第三十二次会议审议通过的《山西省节约用水条例》的第十七条。（三）关于采矿排水。将《山西省节约用水条例（草案）》第二十二条规定的“采矿排水按技术规程进行，并进行回收利用，不得直接排放”内容修改为“采矿企业应当配套建设矿井水综合利用设施，并在采矿作业中优先使用矿井水。矿井水需要排放的，应当达到地表水环境质量标准Ⅲ类”。（四）关于公共机构节水。增加一款“国家机关、事业单位和社会团体应当带头使用节水型产品和设备，提高节约用水水平”内容，作为省第十一届人民代表大会常务委员会第三十二次会议审议通过的《山西省节约用水条例》的第二十八条第二款。

经省第十一届人民代表大会常务委员会第三十二次会议审议通过并向社会公布的《山西省节约用水条例》分为总则、计划用水和计量管理、节水措施、法律责任和附则，共5章43条内容。

《山西省公路条例》的制定。《山西省公路条例》经山西省第十一届人民代表大会常务委员会第三十二次会议于2012年11月29日审议通过，自2013年1月1日起施行。1994年9月29日山西省第八届人民代表大会常务委员会第十一次会议通过，1997年12月4日山西省第八届人民代表大会常务委员会第三十一次会议修正的《山西省公路管理条例》同时废止。

随着2004年《中华人民共和国公路法》的修订和2011年《公路安全保护条例》这一行政法规的公布实施，1995年1月1日起施行的《山西省公路管理条例》已经不能适应经济社会形势发展、国家法制建设发展、公路建设与管理发展的实际需要，省第十一届人民代表大会常务委员会就将修订《山西省公路管理条例》列入2012年立法计划。省人民政府根据中共山西省委批准省第十一届人民代表大会常务委员会2012年立法计划，委托省交通厅起草《山西省公路管理条例（修订草案）》。省交通厅经过组织起草人员认真学习研究有关法律法规，根据山西省公路建设发展和管理工作实际情况及其存在的问题，结合2004年修订的《中华人民共和国公路法》、2011年国务院新制定的《公路安全保护条例》和2007年省人大常委会制定的《山西省道路运输管理条例》、2008年省人民政府制定的《山西省道路货物运输源头治理超限超载暂行办法》（第223号令）和《山西省治理车辆非法超限超载工作责任追究办法》（第224号令）两个规章，将条例的名称由“山西省公路管理条例”修改为“山西省公路条例”，对《山西省公路管理条例》中规定的行政处罚、行政许可、行政强制及行政管理主体与《行政处罚法》《行政许可法》《行政强制法》和《收费公路管理条例》《公路安全保护条例》存在抵触或者不一致的，进行了删除或者修改，增加或者充实了公路规划、安全、养护和公路建设资金超限超载运输管理、乡道和村道管理养护等规定，细化了法律责任部分的行政处罚内容，形成报省人民政府法制办公室审查的《山西省公路条例（草案）》送审稿。省人民政府法制办公室经过依法审查、书面征求11个设区市政府和有关省直部门意见、调研、召开立法论证会和协调会、多次修改等一系列立法工作，形成报省人民政府常务会议审议的《山西省公路条例（草案）》修改稿。省人民政府于2012年6月21日在第108次常务会议上对《山西省公路条例（草案）》修改稿进行了讨论和审议，形成提请省第十一届人民代表大会常务委员会会议审议的《山西省公路条例（草案）》文本，并以省人民政府名义于2012年6月26日向省第十一届人民代表大会常务委员会提交了《山西省人民政府关于提请审议〈山西省公路条例（草案）〉的议案》（晋政函〔2012〕87号）。

山西省第十一届人民代表大会常务委员会经过第三十次和第三十二次会议的审议，主要对省人民政府提交的《山西省公路条例（草案）》（以下简称《条例（草案）》）作了以下主要修改：（一）关于公路主管机构职责。为进一步明确公路主管机构的职责，将《条例（草案）》第四条规定修改为：“省人民政府交通运输主管部门负责全省公路工作。省公路管理机构负责国道、省道的建设、养护和管理工作，并对县道、乡道和村道工作进行指导。”“设区的市、县（市、区）人民政府交通运输主管部门及其所属的公路管理机构按照其职责负责本行政区域内县道的建设、养护、管理和乡道的管理工作。”“乡（镇）人民政府负责本行政区域内乡道的建设、养护和村道的组织建设、养护、管理工作；经县（市、区）人民政府批准，乡（镇）人民政府可以委托县（市、区）人民政府交通运输主管部门所属的公路管理机构行使村道的管理职责。”(二)关于保障公路养护资金。将《条例(草案)》第十四条规定的“省交通运输主管部门负责制定全省公路养护维修工程费和小修保养费的定额标准,并根据国家和省有关规定结合市场情况适时调整”“公路管理机构按照公路等级、里程、路况、交通量、养护定额及养护规范组织编制公路养护计划,并报有管辖权的交通运输主管部门和投资主管部门批准后实施”修改为山西省第十一届人民代表大会常务委员会第三十二次会议于2012年11月29日通过并向社会公布的《山西省公路条例》第十六条的规定,即:“省交通运输主管部门负责制定并适时调整全省公路养护维修工程费和小修保养费的定额标准。”“公路管理机构按照公路等级、里程、路况、交通量、养护定额及养护规范组织编制公路养护计划,并报有管辖权的交通运输主管部门和投资主管部门批准后实施,财政部门应当按照批准的公路养护计划及时足额拨付公路养护资金。”(三)关于超限运输。增加一条“经许可进行超限运输的车辆,应当随车携带超限运输车辆通行证。超限运输车辆的型号及运输的物品应当与通行证记载的规格保持一致”内容(山西省第十一届人民代表大会常务委员会第三十二次会议于2012年11月29日通过并向社会公布的《山西省公路条例》第三十八条);同时在法律责任部分增加了一条违反这一内容的行政处罚,即山西省第十一届人民代表大会常务委员会第三十二次会议于2012年11月29日通过并向社会公布的《山西省公路条例》第六十四条规定的“违反本条例规定,超限运输车辆的型号及运输的物品与超限运输车辆通行证记载的内容不一致的,由公路管理机构依据本条例第六十三条第一款的规定处理”。(四)关于乡道、村道的建设和养护资金。根据省人大常委会组成人员提出的建议,对《条例(草案)》中有关乡道、村道的建设和养护资金内容的条款作了进一步的充实和修改完善,形成山西省第十一届人民代表大会常务委员会第三十二次会议于2012年11月29日通过并向社会公布的《山西省公路条例》第四十八条至第五十一条的规定。

经山西省第十一届人民代表大会常务委员会第三十二次会议于2012年11月29日通过并向社会公布的《山西省公路条例》分为总则、公路规划和建设、公路养护、路政管理、超限运输管理、收费公路、乡道村道特别规定、法律责任和附则,共9章68条内容。

【山西省人民政府经济规章建设】 2012年,省人民政府法制办公室在完成《山西省行政执法规定(草案)》《山西省规范行政裁量权规定(草案)》《山西省政府信息公开规定(草案)》《山西省行政效能监察办法(草案)》《山西省行政决策规定(草案)》5件省政府规章草案起草工作任务的同时,还组织有关部门完成了《山西省石油天然气管道建设和保护办法(草案)》《山西省行政区域界线管理办法(草案)》《山西省医疗纠纷预防与处理办法(草案)》《山西省陆生野生动物损害补偿办法(草案)》《山西省道路交通事故预防与处理规定(草案)》等省政府规章草案的起草、调研、征求意见、立法论证、立法审查等工作。

(任刚军)

经济司法

【始终狠抓执法办案,大力营造和谐稳定环境】 2012年,全省法院共受理各类案件22.4万件,审(执)结20.8万件,分别比2011年上升4.9%和5.4%。诉讼标的额达253.72亿元。其中,省高院受理各类重大案件5040件,审(执)结3502件。

*刑事审判坚持宽严相济政策,着力构建平安三晋。*全省法院继续依法严厉打击各种危害社会稳定的犯罪活动,始终保持对黑恶势力、故意杀人、制售有毒有害食品、重大安全责任事故、非法吸收公众存款等危害国家安全、危害人民群众生命财产安全、破坏市场经济秩序等犯罪行为的高压态势。全省法院全年共受理刑事一审案件25116件,比2011年上升13.9%,审结24092件。其中,黑恶势力犯罪、团伙犯罪案件14件190人,故意杀人、抢劫、盗窃等严重暴力犯罪和多发性侵财犯罪案件9145件14503人,制售伪劣食品药品、偷税漏税、商业贿赂等破坏社会主义市场经济秩序犯罪案件954件1392人,贪污、贿赂、挪用公款、渎职等案件1221件1682人。各级法院还积极参与社会治安综合治理,认真做好罪犯的教育、改造、挽救工作,对罪行较轻、确实不致再危害社会的被告人依法适用了缓刑并辅之以社区矫正,对8929名服刑人员依法予以减刑假释,努力减少社会对抗,营造和谐稳定的社会环境。

*民商事审判坚持维护经济发展,切实关注保障民生。*全省法院积极履行民商事审判服务经济发展、维护保障民生的审判职能,全年受理民商事一审案件11.3万件,比2011年上升8.7%,审结11.2万件。各级法院以高度的政治敏锐性和责任感,合理考虑综改试验区建设对当前各种民商事活动的客观影响及纠纷形成的特殊背景,正确理解政策原理和法律精神,慎重把握审判尺度,依法引导、保障和支持有利于经济转型升级的经济活动和经济行为;突出审判导向,妥善审理企业设立和企业兼并重组等产权流转过程中产生的纠纷案件,加强投资者权益保护;加大对经济增长具有重大突破性作用、具有自主知识产权的关键核心技术的司法保护力度,使创新驱动成为山西省经济转型升级的主要驱动力。坚持对公有制、非公有制企业和省内外、境内外投资者合法权益的平等保护,认真审理各类关系经济发展的民商事案件。审结买卖、借贷、租赁、保险等合同纠纷41481件,依法惩处非法集资、违约失信等行为,积极营造良好的投资、创业、发展环境;审结企业破产改制、公司清算案件99件,专利、商标、著作权等知识产权案件334件,助力产业结构调整,促进核心竞争力的提升。认真审理婚姻家庭、继承、相邻关系、宅基地纠纷等案件43518件,弘扬社会公德,切实维护妇女、儿童、老人、残疾人等弱势群体合法权益;审理房地产开发经营合同纠纷案件811件,平衡利益关

系，切实保障人民群众的居住权益和城乡建设的顺利进行；妥善化解涉农矛盾纠纷，依法审结农村土地承包等案件655件，努力维护农村稳定。

*行政审判坚持矛盾化解，推进社会管理创新。*为创新行政审判工作方式，变消极裁判、被动司法为主动服务、能动司法。省高院召开行政审判与行政复议、行政执法联席会，通报全省行政审判工作情况，与省公安厅、省国土资源厅等18个行政执法机关交流讨论，以案说法，对政府部门败诉案件的特点和原因进行分析，建议行政机关注重在行政程序中化解纠纷，努力使行政争议化解在行政程序内部。充分发挥行政复议、行政协调等非诉程序的功能，强化行政机关与人民法院的良性互动、实现诉讼与非诉讼的衔接，更加重视把矛盾解决在基层，解决在行政执法环节。全省法院全年受理行政一审案件1225件，审结1111件，其中，判决维持行政机关具体行政行为的254件，撤销的123件，全力监督、支持依法行政，维护保障行政相对人合法权益。省法院和太原、吕梁、晋中等法院通过向当地党委、人大、政府报送行政审判“白皮书”，增进了行政机关对法院工作的理解，使行政审判工作环境进一步改善。

*执行工作坚持多措并举，努力攻坚执行难。*全年共执结各类案件32014件，执结率达83.8%。全省法院进一步降低案件中止终结率，切实提高案件的实际履行率。进一步完善执行快速反应机制、“立、审、执”协调配合机制，大力解决刑事附带民事案件执行难问题。全省法院进一步推进“无执行积案先进法院活动”和“反规避执行专项活动”，牢牢抓住有利时机，精心选择一批执行阻力大、社会关注、需要重点督办的执行积案，集中清理、集中攻坚。特别是主动加强了与检察、公安、工商、税务、银行等部门的联系，充分运用执行联动机制和执行威慑机制，促使被执行人自觉履行义务，有效遏制了被执行人逃债赖账规避法律的行为，巩固了清理执行积案活动的成果，维护了申请执行人的合法权益。

【强化能动司法理念，努力提高司法水平】 *以多元调解为抓手，坚持化解矛盾纠纷。*全省法院坚持把“调解优先、调判结合”的原则，延伸到刑事、民事、行政、执行工作全领域，贯穿于诉前、立案、审判、执行、信访工作全过程，并纳入对法官的个人绩效考评。2012年，全省法院民事案件调解撤诉率69.1%，执行案件和解率27.4%。全省法院努力拓展审判领域，延伸司法功能，积极参与人民调解、行政调解、司法调解的“三位一体”大调解体系构建。为使大调解体系真正落到实处，在全省基层法院推行“法官驻村、驻社区”工作制度。基层法院普遍成立民调指导小组，建立审判庭室与民调组织联络沟通机制，依法确认人民调解组织调解协议的法律效力，引导当事人就地、就近选择人民调解、行业调解等方式化解纠纷。法院与村委会、居委会和工青妇等组织密切协作，把矛盾排查化解的工作前移到群众家门口，尽可能把纠纷化解在初始阶段，使大量纠纷消除在萌芽和初始。怀仁县法院作为最高院确定的扩大诉讼与非诉讼相衔接的矛盾纠纷解决机制试点法院，成立诉调对接中心，完善诉讼联调机制，做到内外联动，变法院“独奏”为社会“交响”，建立特邀调解组织、特邀调解员名册制度，在行政机关、人民调解组织、商事调解组织、行业调解组织以及其他具有调解职能的组织中选定特邀调解组织，在人大代表、政协委员、人民陪审员等人员中选定特邀调解员，实现了联动便民诉调对接网络全覆盖，该成功经验正在全省法院大力推广。

*以维护稳定为重心，全力破解涉诉信访难题。*全省法院紧紧围绕“为党的‘十八大’胜利召开营造和谐稳定有序的社会环境”主题，扎实推进涉诉信访工作，认真贯彻落实中联会议、省联会议精神及最高法院“四个必须”“五项制度”要求，采取领导包案、院长接待、责任到人、标本兼治、重点排查督办等措施，全力破解进京越级重复访难题，全面强化信访积案化解工作，取得一定成效。中政委交办的124件积案全部化解。在省“两会”、全国“两会”和党的“十八大”召开等重大活动期间，省院和各中院领导亲自带队，分别驻京接访和带案下访，使山西省所有中院在进京越级访和重复访的全国排名均退出前50名，所有基层法院都退出前100名，省高院也从2011年的第3名退至23名。为切实畅通诉讼渠道，保障人民群众合法权益，省高院还抓了全省法院立案信访窗口规范化、标准化建设，并由省高院业务庭室领导、中基层法院院长、副院长轮流坐班、定期接访、解答咨询，对困难上访人积极帮扶救助，仅省院信访处2012年以来就稳妥处理了藏民集体访等多起群体性事件，有效维护了良好的社会管理秩序。

*以提高质效为重点，大力加强审判管理。*全省法院加强审判管理，制定并落实以审判流程管理、审判运行态势分析、干警业绩档案、绩效考核、案件评查等为主要内容的各项制度规定，加强对审判执行工作的全程跟踪和动态管理，使办案质量效率有了新的进步。省高院制定出台《关于推进全省审判管理工作全面开展、建立健全审判管理体系的意见》，构建科学、完备、有效的审判管理体制，进一步规范司法行为，提高审判质效。各级法院进一步细化完善庭审和裁判文书“两评查”标准，把开展“两评查”活动作为案件质量评查的重要内容，全面强化案件质量评查工作，努力提高案件审判质量。一些中基层法院结合审判实践摸索出一些新鲜管用的经验和做法。晋中中院规范执行款物的发放，制定出台《执行款物公开发放办法》，明确规定执行局发放执行款物须由审监庭审查监督。大同中院推行《大同市中级人民法院目标管理考核办法》，达到全覆盖、全渗透、全量化、全挂钩的考核管理目标。运城中院坚持司法公开、阳光审判，除法律规定不公开审理的案件以外，所有案件都实行公开审理，同时对查封、扣押、司法鉴定、评估、拍卖等程序实行公开。太原市迎泽区法院运用现代科技手段，推行“数字化庭审”，实行立案、审判、审监和执行工作的网络流程管理，对案件的审限、卷宗材料的归档等实行全程动态跟踪监督，提高工作效率和管理水平。太谷县法院建立信息化

案件流程管理制度，安装运行《法院综合信息管理系统》，逐步实现软件自动分案、自动计算诉讼费，审判时限公开，方便司法统计，避免人为干预，提高管理效率。

以司法调研为抓手，全力服务转型跨越发展。各级法院围绕省委、省政府重大决策部署，特别是结合综改试验区建设的政策规定，认真调研全省和当地经济社会发展实际及司法需求，准确把握法院工作与大局工作的结合点，强化能动司法理念，创新服务举措，不断增强服务大局的主动性、针对性和实效性。围绕省委、省政府确定的"项目落地年"，省高院先后制定出台《关于为"项目落地年"提供司法保障的八项工作举措》《关于在全省基层法院推行"法官驻村、驻社区"工作制度的意见》和《关于服务和保障转型综改试验区建设的实施意见》，三级法院合力为转型跨越和综改试验区建设提供优质司法服务，全力为重点项目建设保驾护航，为转型跨越发展提供司法保障。

（马云跃）

经济检察

【全力维护社会和谐稳定，保障全省经济平稳发展】 2012年，坚持把维护山西稳定、保障首都安全，为党的"十八大"胜利召开创造良好环境作为检察工作第一位的任务，一手抓打击犯罪，一手抓化解矛盾。全年共逮捕各类犯罪13792件20676人，提起公诉19766件29330人。注重结合办案化解矛盾纠纷，办理当事人达成和解的轻微刑事案件206件，民商事和解息诉案件632件。积极参与加强和创新社会管理，创新监外执行、社区矫正监督方式，协助基层组织加强对特殊人群的管理帮教。认真落实检察环节社会治安综合治理措施，结合执法办案向党委、政府及社会管理部门提出检察建议2683件。成立办理未成年人案件专门机构，完善办理未成年人刑事案件配套工作体系，加强对未成年人的司法保护。扎实推进集中化解涉检进京访专项工作，中政委交办的7起、高检院交办的8起进京访案件全部得到化解，实现了重大敏感时期涉检进京"零上访"目标。

【依法查办和积极预防职务犯罪，全力维护经济秩序】 2012年，始终保持对腐败犯罪的高压态势，突出查办职务犯罪大要案件，共查办各类职务犯罪1244件1723人。其中，大案746件，要案61人。深入开展查办重点领域职务犯罪专项治理工作，查办涉农惠民领域贪污贿赂犯罪410件637人，查办危害民生民利渎职侵权犯罪170件212人，查办国土、城建等行政执法机关职务犯罪338人。研究制定《检察机关侦防一体化机制建设实施细则》，推进侦查和预防工作机制建设。认真落实讯问职务犯罪嫌疑人同步录音录像制度，规范办案区的管理使用，进一步规范执法办案活动。不断深化职务犯罪预防工作，组织召开省预防职务犯罪领导小组第三次会议，在全省116项重点工程建设中开展职务犯罪专项预防，举办"廉政宣传短片"评选活动，加强警示教育基地建设，对党员干部开展预防教育5524次，受理行贿犯罪档案查询15579次。

【全面加强诉讼监督】 2012年，进一步加强刑事立案和侦查活动监督，监督纠正侦查机关应当立案而未立案案件1457件，不应当立案而立案案件1019件。开展公安经侦队办理案件专项监督活动，共监督立案19件，监督撤案12件；发现违规扣押处理涉案款物、违法变更强制措施等案件144件，已纠正106件。开展"另案处理""在逃"案件专项检查活动，共发现处理不当案件25件35人，分别作了监督立案、督促移送审查起诉、督促公安机关上网追逃等处理。加强刑事审判监督，对认为确有错误的刑事裁判提出抗诉337件，原审改变率84.2%，刑事审判监督质量进一步提升。开展职务犯罪案件一审判决两级检察院同步审查工作，同步审查职务犯罪案件一审判决624件，着力解决职务犯罪轻刑化问题。加强刑罚执行和监管活动监督，制定罪犯暂予监外执行同步监督程序的规范意见和特定重点罪犯教育改造和减刑假释同步监督规定，组织开展看守所留所服刑专项检查以及清理久押不决案件专项检查活动，纠正减刑、假释、暂予监外执行不当383人，清理久押不决案件139案279人。加强民事行政检察工作，认真学习贯彻修改后的民事诉讼法，加大对二审生效裁判的审查力度和再审检察建议适用力度，共审结提请抗诉案件114件，对认为确有错误的民事行政裁判提出抗诉212件，原审改变率82%；发出再审检察建议251件，法院采纳142件。拓宽监督范围，积极稳妥开展民事执行监督，多元化监督格局基本形成。

【全力推进检察队伍的素质教育】
扎实开展政法干警核心价值观教育实践活动。2012年，组织和参加清明节公祭、英模事迹巡回报告会、演讲比赛、应知应会考试等活动，开展"山西省第四届十大杰出检察官"评选活动，检察人员思想政治素质进一步提高。

加强检察文化建设和涉检舆情引导应对工作。积极探索发展繁荣检察文化的新思路、新举措，加强文化建设示范院建设，成立山西检察官文学艺术联合会，组织开展专项活动3次，检察文化建设水平居全国前列。加强涉检舆情引导应对，设立专门机构，配置舆情监测设备，配备专业人员，加大《涉检舆情快报》编发力度，及时处置涉检舆情6次，取得较好效果，为检察工作科学发展提供了有力的精神动力和舆论支持。

加大教育培训和人才培养力度。继续实施"351"人才培养工程，完成第二批全省检察业务专家、业务尖子和办案能手的培养和考察确定工作。以领导素能、任职资格、专项业务、司法考试培训等为重点，开展大规模教育培训，省检察院举办各类培训班19期，培训1943人次。深化检校合作，再次选聘4名高校教授到省检察院挂职锻炼，检察队伍的能力素质和专业化水平进一步提高。

大力推进信息化建设。制定全

省检察信息化建设3年发展规划，计划用3年时间，投入3亿元，大力推进侦查监督、公诉、职务犯罪侦查、检察技术、检察队伍建设等九大平台软件建设，并与其他政法机关和行政执法机关实现信息互联互通，以实现信息资源共享，使全省检察机关信息化建设达到全国一流水平。检察专线网线路租用项目工程已经启动，各项建设工作正在按规划全面铺开。

扎实推进基层基础建设。深入推进基层检察院“四化”建设，扎实开展“落实《基层检察院建设规划》攻坚年”活动，完善落实省、市院领导联系基层检察院制度，狠抓示范院培养指导工作，深入开展结对帮扶活动，推动基层院建设协调发展。研究探索基层检察院内设机构设置改革，取得阶段性成果。积极延伸检察工作触角，稳步推进派驻乡镇检察室工作，全省设立乡镇检察室66个，广泛开展农村巡回检察，为农民群众提供快捷优质的法律服务。深入推进铁路检察院工作体制改革，山西省在全国首家签订铁路检察院移交协议，加大对铁路检察院工作的指导力度，积极协调解决铁路检察院人员管理、经费保障、资产移交、信息化建设等方面的问题，促进铁路检察院工作平稳健康发展。

（尹桂珍）

5 宏观管理

HONGGUAN GUANLI

山西经济年鉴

YEARBOOK OF SHANXI ECONOMY

宏观管理

宏观经济管理

【保持经济平稳较快增长的30条政策措施】 1.加快在建、续建项目实施进度。对铁路、公路、机场、大水网等重要基础设施项目、重大转型标杆项目、重点民生工程项目,加大投入力度,加快施工进度。

2.加快项目审批核准步伐。围绕重大基础设施、清洁能源、“三农”、民生和重大产业等重点领域集中申报项目,积极争取国家审批、核准和资金支持。各级职能部门要变串联式审批为并联式审批、变多站式审批为一站式审批。扩大大型企业集团投资自主决策权。大型企业集团经批复的发展规划中,属于省权限内的鼓励类项目不再另行核准,只需在开工前办理备案手续。

3.落实促进民间投资发展政策。在加快招商引资项目落地工作的同时,落实好国务院和山西省关于鼓励和引导民间投资发展的实施意见,支持民间资本有序进入铁路、公路、电力、金融、能源、电信、市政、教育、医疗和农田水利等领域。

4.完善促进消费政策。继续实施“家电下乡”“万村千乡市场工程”等政策。启动实施节能产品惠民工程,对符合节能标准的空调、平板电视、电冰箱、洗衣机和热水器进行补贴。积极开展以家具、建材等为主的“幸福暖家促销活动”。

5.培育发展新的消费业态。鼓励发展连锁经营向多行业、多业态延伸,推进物流配送、特许经营、电子商务、网络购物等现代流通方式,支持信用消费。开展鲜活农产品现代流通体系建设试点,完善城乡流通网络。推进再生资源回收、家政服务体系等建设试点,扩大循环消费。

6.开展产品促销活动。制定实施积极的营销战略和策略,全面开展促销活动,努力增加销售、促进消费。组织省内企业踊跃参加全国性大型展销会,在北京、上海、广州等全国性和区域性消费中心建立山西省特色产品展示平台,扩大山西省特色产品的影响力和销售量。

7.鼓励扩大进出口。整合并统筹使用现有中央及省级外贸发展资金,综合运用财政奖补、融资支持、出口信用保险等措施,鼓励出口企业巩固传统市场、开拓新兴市场,支持企业增加外贸进出口规模、调整外贸结构。鼓励企业引进核心技术、进口关键设备,增强市场竞争力。

8.加强省内外贸代理工作。加快武宿综合保税区建设,鼓励省外保税区出口货物、省外代理商品出口转回省内,鼓励山西省进出口企业在本省办理进出口业务,降低企业成本。

9.提供便捷服务。继续完善大通关体系,健全跨关区、跨检区协作机制,认真执行检验检疫优惠政策,改善海关、检疫服务,提高通关效率。

10.加大强农惠农富农政策支持。在继续落实好已有政策基础上,以培育杂粮特色产业、发展设施农业和现代畜牧业、培训推广技术、推进农产品加工企业发展为重点,加大财政资金支持力度,再推出一批新的强农惠农富农政策。

11.促进粮食增产。组织农技人员深入田间地头,指导农民加强农作物田间管理,强化抗灾减灾措施,保障农资供应,千方百计夺取全年粮食丰收。引导农民调整种植结构,大力发展“一村一品”“一县一业”,积极发展高效农业,促进农业增产、农民增收。

12.保障企业生产用煤、用电和运力需求。省内大型煤炭集团及整合矿主体在同等条件下优先供应省内企业用煤,供需双方直接签订合同、直接结算,鼓励签订长期合作协议。电网企业要完善供电设施,保障企业特别是重点用户用电需求;支持电力企业加大生产、外输力度。铁路部门要统筹运力,保证重点企业、重点产品运输需求。

13.搞好产销衔接。鼓励省内企业在同等条件下优先使用本省产品,支持在煤矿生产建设,交通、水利等基础设施建设,煤化工、钢铁、风电等项目建设中使用山西省煤机、钢材、成套设备、水泥等产品。

14.切实减轻企业负担。认真落实国家结构性减税政策。清理行政事业性收费,凡收费标准有上下限的,一律按下限标准收取。暂缓征收焦炭生产企业排污费和焦炭运销服务费,缓缴期至2012年底。允许困难企业缓缴养老、医疗、失业、工伤、生育保险费,缓缴期至2012年底。

15. 稳定煤炭生产，扩大煤炭销售。采取针对性措施帮助资源整合改造矿井完善手续，加快相关证照办理，积极推进现代化矿井建设。对符合国家产业政策和矿区总体规划的项目，积极争取国家授权省内补办核准手续或直接进行产能核定，加快已建成矿井产能释放。在保证安全的前提下，稳定煤炭生产，加大营销力度，增加煤炭销量。

16. 推进冶金、焦化行业兼并重组。抓住市场回调机遇，大力推进钢铁行业兼并重组，支持骨干企业对相关企业进行联合重组和升级改造。贯彻落实焦化行业兼并重组指导意见和实施方案，加快推动焦化行业兼并重组。支持重点焦化企业发展化产精深加工项目，加强资源综合利用，提高产品附加值，提高企业核心竞争力。积极推进其他资源型产业等传统产业兼并重组和技术改造。

17. 加快发展战略性新兴产业。围绕新能源、节能环保、生物、高端装备制造、新型材料、新一代信息技术、新能源汽车、现代煤化工和煤层气等战略性新兴产业，研究出台政策措施，谋划布局重大项目，促进工业结构优化升级，推动转型发展。

18. 大力发展建筑业。积极培育房建、交通、矿山、水利等领域的骨干建筑企业，带动山西省建筑业的整体发展。支持在山西开展业务的省外建筑企业在山西省设立子公司。

19. 落实服务业优惠政策。把加快服务业发展作为推进山西省稳增长、调结构的重要途径，认真落实省政府出台的关于支持服务业发展的若干措施，逐步提高服务业在经济中的比重。

20. 促进房地产业健康发展。进一步加大各地政府对保障性住房建设资金支持力度，中央政府代发的地方政府债券资金中25亿元用于保障性住房建设。增加普通商品住房供给，稳定新建住房价格，促进房地产开发投资和到位资金稳步增长。加快房屋权属登记办理，促进存量房屋交易市场健康发展。

21. 加快旅游文化产业发展。深入开展"晋善晋美"旅游促销活动，加大对山西旅游精品的推介力度，继续推出旅游新路线、新项目，实施季节性扩大旅游消费措施，加强省内旅游景点与周边省区的合作。扶持文化企业和文化产业加快发展。推动旅游与文化的深度融合。

22. 加快推进"双千亿""双五百亿"工程。大企业大集团要抓好"双千亿""双五百亿""双百亿"工程项目。有关部门要在企业采购原料、融资贷款、扩大市场、加快技改等方面加大支持力度，推动项目尽快落地开工、早日达产达效，充分发挥大企业在保持经济平稳较快增长、推动转型跨越发展中的主力军作用。

23. 支持小微企业加快发展。全面落实国家、省扶持小微企业加快发展的政策措施，切实减轻小微企业负担，缓解小微企业融资、用地困难。加大财政支持小微企业的力度，进一步加强小微企业公共服务体系建设，优化小微企业发展环境。支持和鼓励创新型、创业型、劳动密集型小微企业发展。促进相关领域小微企业与大企业、大集团联合发展，促进小微企业加快融入大企业、大集团的社会化分工体系，形成大中小微企业合理分工、协同发展的格局。

24. 提高企业管理水平。深入开展企业挖潜增效活动，进一步加强和改善企业内部管理，调整产品结构，改进工艺流程，加强财务管理，优化资产结构，降低库存水平，压缩非经营性开支，节约经营成本，增强产品市场竞争力，提高企业效益。

25. 加大金融支持力度。金融机构要用足用好信贷规模，支持实体经济发展。鼓励对符合条件的企业实行贷款重组，鼓励对小微企业以集合贷款方式发放贷款，对具有一定还贷能力的项目探索开办以项目收益权或应收账款为质押的贷款发放业务。加大对金融机构的考核力度，对用足信贷规模、新增存贷比超过2011年和全省平均水平的金融机构给予一定奖励。政府性存款要与金融机构贷款发放挂钩。

26. 加大资本市场融资力度。大力推动企业上市，对已上报中国证监会的企业，要加大沟通协调力度，争取尽快通过审核上市；对在山西证监局辅导备案的企业，积极帮助协调解决存在的困难和问题，争取早日上报；对重点后备拟上市企业，要进行零起点全方位跟踪服务，一对一重点辅导；有关部门对重点拟上市企业在项目审批、土地供应、环境评价、资金安排等方面要给予大力支持和重点倾斜。支持上市公司再融资和上市公司资产重组。大力发展企业债、公司债、短期融资券、中期票据、中小企业集合债券和集合票据等，拓宽企业融资渠道。支持具有稳定现金流的项目企业通过资产证券化等方式筹集资金，鼓励企业采取BOT、BT等方式融资。发挥政府融资平台的作用，对合理合规在建项目加大融资力度。

27. 加大用地保障力度。科学安排建设用地计划，新增用地计划优先保障包括交通、水利等基础设施建设项目、转型标杆项目、保障性住房等民生工程项目等在内的重点工程项目以及其他在建、续建项目。继续实施城乡建设用地增减挂钩、露天采矿用地改革、废弃工矿地复垦调整利用等机制，拓宽建设用地渠道。加大存量建设用地挖潜盘活力度，积极推进闲置土地利用，提高土地利用效率。在保障各地基本需求的同时，实行重点项目谁先开工谁先占用土地指标的办法，鼓励各地加大投资、加快重点工程建设。

28. 加强经济形势分析。加强国内外宏观经济形势和国家宏观经济政策变化对山西省经济发展的影响分析，提前做好应对各种风险的预案。加强经济运行监测预警，加强对宏观经济指标及关联指标之间影响程度的分析，准确把握山西省主导产品市场变化趋势和存在的具体问题。建立和完善经济运行监测保障协调机制，及时出台应对措施。

29. 做好价格调控工作。落实国家及山西省稳定物价的各项政策措施，在搞好农业生产，特别是粮、油、肉、菜、蛋、奶等农产品生产的同时，积极做好居民生活必需品和重要商品的储备调节，努力保障市场供应；加强鲜活农产品流通体系建设，畅通运输绿色通道；密切监测价格波动，加强市场价格监管，维护正常的市场秩序，保持物价总水平基本稳定。发挥好社会救助和保障标准与物价上涨挂钩的联动机制，确保困难群体的基本生活。

30. 各地各部门要进一步细化措施，明确责任，狠抓落实。省政府有关部门要对贯彻落实情况加强督促检查和考核。

【扶持小型微型企业加快发展的17条政策措施】 1. 严格执行涉企收费减免规定。认真落实国家及山西省关于免征减征缓征小型微型企业部分行政事业性收费和其他涉企收费的规定，公示收费目录和标准，实行小型微型企业缴费登记制度，清理取消各种不合理收费。

2. 切实降低融资成本。除银团贷款外，省内各银行不得对小型微型企业贷款收取承诺费、资金管理费，严格限制对小型微型企业收取财务顾问费、咨询费等费用。

3. 落实税收优惠政策。对从事国家非限制和禁止行业，并符合条件的小型微利企业减按20%的税率征收企业所得税。自2012年1月1日至2015年12月31日，对年应纳税所得额不超过6万元的小型微利企业，其所得减按50%计入应纳税所得额，按20%的税率缴纳企业所得税。自2011年9月1日起，对个体工商户业主、个人独资企业和合伙企业自然人投资者的生产经营所得依法计征个人所得税时，投资者本人的费用扣除标准统一确定为42000元/年(3500元/月)。营业税起征点提高到最高标准，自2011年11月1日起，按期纳税的，为月营业额2万元；按次纳税的，为每次(日)营业额500元。将增值税起征点提高到最高标准，即销售货物和销售应税劳务的增值税起征点统一为月销售额2万元；按次纳税的，为每次(日)销售额500元。

4. 加大信贷支持。省内各银行业金融机构，对小型微型企业贷款的增速应不低于全部贷款平均增速，增量高于2011年同期水平，并重点加大单户授信总额500万元(含)以下小型微型企业的信贷支持。要积极研究和探索适合小型微型企业的多种贷款模式，不断推出适应小型微型企业需求的金融产品。支持符合规定的商业银行发行专项用于小型微型企业贷款的金融债。鼓励和支持各类担保机构开展小型微型企业担保业务。

5. 积极支持企业直接融资。鼓励和支持省内小型微型企业通过股权融资、企业债券、短期融资券、集合票据、集合债券、项目融资及信托产品等形式直接融资。支持符合条件的小企业上市融资。搭建小型微型企业与创业投资机构、风险投资机构对接的平台，引导国内外投资基金和社会资本参与山西省小型微型企业发展。

6. 鼓励和引导民间资本进入金融服务领域。在加强有效监管、促进规范经营、防范金融风险的前提下，放宽对金融机构的股比限制。支持民间资本与其他资本按同等条件进入银行业，支持民间资本以入股方式参与商业银行的增资扩股，参与农村信用社的改制工作。鼓励民间资本发起或参与设立村镇银行、贷款公司、农村资金互助社等金融机构，放宽村镇银行或社区银行中法人银行最低出资比例的限制。鼓励民间资本发起设立金融中介服务机构，参与证券、保险等金融机构的改组改制。允许小额贷款公司按规定改制设立村镇银行。

7. 扩大金融服务网点覆盖面。鼓励和支持商业银行在已开设分支行的地区加快建设小型微型企业金融服务专营机构分中心，将小型微型企业金融服务专营机构向县城、乡镇和社区延伸。对于小型微型企业授信客户数占所有企业授信客户数60%以上，最近6个月月末平均小型微型企业授信余额占全部企业授信余额达到10%以上的商业银行，在综合评估其风险管控水平、IT系统建设水平、管理人才储备和资本充足状况的基础上，可允许其一次同时筹建多家同城支行，但每次批量申请的间隔期限不得少于半年。鼓励商业银行新设或改造部分分支行为专门从事小型微型企业金融服务的专业分支行。

8. 扩大财政扶持资金规模。2012年起，省级财政扶持中小企业发展专项资金由1亿元增加到1.5亿元，主要用于支持创业型、创新型、劳动密集型小型微型企业的技术创新、专业化生产、与大企业的协作配套，以及小型微型企业集群发展、服务体系建设、小企业创业基地建设、中小企业融资风险分担和风险补偿、小型微型企业贷款贴息等。各市、县(市、区)也要设立中小企业发展专项资金。

9. 增加中小企业成长工程扶持资金。2012年起，将省煤炭可持续发展基金扶持中小企业成长工程的资金总规模由5500万元增加到1亿元，重点支持在转型发展、技术改造、规模扩张、增加就业等方面具有导向性、示范性、带动性的项目。

10. 政府采购支持小型微型企业发展。负有编制部门预算职责的各部门，应当安排不低于年度政府采购项目预算总额18%的份额，专门面向小型微型企业采购。在政府采购评审中，对小型微型企业产品可视不同行业情况给予6%～10%的价格扣除。鼓励大中型企业与小型微型企业组成联合体共同参加政府采购，小型微型企业占联合体份额达到30%以上的，可给予联合体2%～3%的价格扣除。各银行业金融机构和专业担保机构应当优先为获得政府采购合同的小型微型企业提供信贷支持。

11 多渠道解决小型微型企业生产经营用地。通过节地挖潜、盘活存量、城乡建设用地增减挂钩等多种途径，切实解决小型微型企业用地。在符合总体规划的前提下，为占用农村集体建设用地实际建厂5年以上的小型微型企业依法办理用地手续。对不改变土地用途，利用自有土地，增加容积率的，不再收取土地价款。对创办3年内租用经营场地和店铺的小型微型企业，符合条件的，给予一定比例的租金补贴。

12. 大力建设小企业创业基地。把小企业创业基地纳入当地城乡建设规划。“十二五”期间，每个县(市、区)至少建设一个小企业创业基地。每年从市县预留新增建设用地指标中安排小企业创业基地建设用地计划。充分利用企业闲置土地、商务楼宇、各类园区等，建设新型工业和现代服务业为主的各类小企业创业基地。鼓励创业基地和各类园区建设标准厂房，为小型微型企业提供生产经营场地。

13. 支持小型微型企业加快技术改造。充分利用政府扶持中小企业发展资金，鼓励和支持小型微型企业走“专精特新”的道路。鼓励和支持小型微型企业采用新技术、新工艺、新设备、新材料，进行技术改造，淘汰落后产能，推进产业升级。支持和引导小型微型企业发展现代服务业、战略性新兴产业、现代农业和文化旅游产业。积极发展各类科技孵化器，推动产学研成果转化与应用。鼓励大型企业积极向小型微型企业提供技术、人才、设备、资金支持，通过专业分工、服务外包、订单生产等方式，加强与小型微型企业的协作配套。

14. 加快服务体系建设。到“十二五”末，基本建成覆盖全省的“1+150”(1个省级枢纽平台、150个窗口平台)中小企业公共服务平台网络，为小型微型企业提供政策法律、创业辅导、产业引导、人才培育、管理咨询、知识产权、检验检测、技术创新、市场开拓、融资担保、运行监测、信息宣传等方面的服务。开展公益性双代理服务，即开展小型微型企业政务代理服务，对创办企业涉及的相关手续提供一站式免费政务代理服务；开展小型微型企业维权代理服务，对企业经济合同、企业维权等提供公益性法律咨询和代理服务。

15. 帮助小型微型企业开拓国内外市场。支持小型微型企业积极参加中国中小企业国际博览会等国内国际经贸洽谈会和产品展销会，并给予展位补贴。鼓励和支持小型微型企业积极开拓国际市场。

16. 提升企业管理水平。实施“企业素质提升”工程，加大对经营管理者、创业者和技术工人的培训力度。支持专业的管理咨询机构和管理咨询志愿者开展小型微型企业管理咨询活动，帮助小型微型企业改善管理，鼓励有条件的小型微型企业积极开展管理创新和体制创新。对小型微型企业新招用应届高校毕业生，签订1年以上劳动合同并按时足额缴纳社会保险费的，给予1年的社会保险补贴，政策执行期限截至2014年底。

17. 加强指导协调。建立小型微型企业运行监测统计制度，及时掌握情况，做好预警分析。建立领导帮扶联系小型微型企业制度，协调解决发展中的重大问题和具体困难。建立小型微型企业发展考核评价机制。研究制定清理大企业拖欠小型微型企业资金的办法。

【支持服务业发展的9条政策措施】 1. 加大资金投入力度。从省级煤炭可持续发展基金提出不低于30%的资金用于支持服务业发展。省财政继续加大对服务业的支持。把服务业重大项目纳入转型综改重大标杆项目，并进行动态调整。

2. 切实落实价格政策。对现代物流、文化、旅游、高技术服务、金融、商贸、交通运输、房地产业、节能环保、电子商务、家庭服务、住宿餐饮等服务业，实行用电、用水价格与一般工业同价。省级服务业重点项目和标杆项目可享受大工业电价政策。

3. 加大金融支持力度。支持符合条件的服务业企业进入资本市场融资。创新融资担保方式，对具有一定还贷能力的服务业项目探索开办以项目收益权或应收账款为质押发放贷款的业务。支持具有稳定现金流的项目通过资产证券化等多种方式扩大资金来源。支持金融机构开展小微服务企业以集合贷款方式发放贷款业务。

4. 适当增加土地供应。在符合土地总体规划、年度计划和产业政策的前提下，对服务业项目用地优先给予保障。中心城市迁出或关闭工业企业退出的土地和旧城改造中收购储备的存量土地，优先用于发展服务业；在土地用途和使用权人暂不变更的前提下，支持以划拨方式取得土地的单位利用工业厂房、仓储用房、传统商业街等存量房产、土地资源兴办信息服务、研发设计、创意产业等现代服务业。

5. 鼓励企业技术创新。服务业企业为开发新技术、新产品、新工艺发生的研究开发费用，未形成无形资产计入当期损益的，在按照规定据实扣除的基础上，按照研究开发费用的50%加计扣除；形成无形资产的，按照无形资产成本的150%摊销。在一个纳税年度内，居民服务企业技术转让所得不超过500万元的部分，免征企业所得税；超过500万元的部分，减半征收企业所得税。

6. 提高对外开放水平。鼓励省外大型服务业企业与本省企业的战略合作，实现优势互补。以技术入股、管理人员持股、股票期权激励等新型分配方式，吸引服务业各类境内外高级人才来晋创业和工作。加强与世界500强企业一对一招商合作，对新引进在山西省独立核算且项目投资额在10亿元以上的现代物流、文化旅游等鼓励类项目，按照项目实际投资额的5‰给予一次性奖励，单个项目最高奖励额不超过1000万元，奖励资金由引进地政府安排，具体奖励办法由引进地政府确定。

7. 深化服务领域改革。加大对文化、旅游、现代物流、仓储、商贸等跨行业、跨部门、跨地区、跨所有制的兼并重组整合，对其在合并、分立、出售、置换等企业重组过程中，发生转让实物资产及其相关的债权、债务和劳动力的行为，涉及的不动产、土地使用权转让，不征收营业税。

8. 推进服务品牌建设。加强商标尤其是地理标志商标和老字号等品牌文化建设，加强国家级服务标准化试点单位推进力度，对新获得国家驰名商标的服务业企业、国家服务标准化试点单位、3A级以上服务企业，由省财政资金给予100万元的一次性奖励。支持服务业企业开展品牌连锁经营。

9. 强化统筹协调机制。调整充实省服务业发展联席会议组成人员，定期召开推进协调会，督查、考核优惠政策落实和重大项目推进，各设区市要相应建立服务业发展联席会议制度。将服务业发展的目标任务分解到联席会议成员单位和市、县(市、区)政府，建立省、市、县三级联动推进机制，确保服务业重大项目有序推进。进一步完善服务业发展的统计调查制度和信息发布制度。

【支持省级转型综改标杆项目建设的10项优惠政策】 1. 标杆项目是推进山西省国家资源型经济转型综合配套改革试验区建设和转型跨越发展的重点项目，建设期内的标杆项目列为相应年度的省重点工程。

2. 省级政府投资资金以直接投入、贷款贴息、特别流转金等方式对符合政府投资方向的标杆项目给予支持。

3. 优先支持标杆项目列入国家重点项目，使用国家用地指标。优先安排标杆项目使用新增建设用地计划，通过开展城乡建设用地增减挂钩、矿业用地整合利用、工矿废弃地复垦调整利用和直接开发未利用地等措施，保障标杆项目用地。经省政府批准，标杆项目可以使用省级预留用地计划指标。

4. 独立核算的经营性标杆项目自投产获利之日起三年内，省财政按其上缴省级财政的企业所得税给予一定比例的奖励。重大科技专项经费向标杆项目倾斜。

5. 优先支持标杆项目利用各类金融工具进行融资。定期组织标杆项目单位和金融机构召开对接会，确保金融机构向标杆项目提供融资支持。组织有关金融监管机构对省内各金融机构进行绩效评价考核，把对标杆项目的支持列为考核事项，并根据考核结果给予表彰和奖励。

6. 优先将标杆项目企业列入"山西省拟上市企业资源储备库"，享受山西省拟上市企业扶持政策。优先支持标杆项目单位通过发行各类债券进行直接融资。对已上市的标杆项目企业支持其通过定向增发、发行公司债等方式进行再融资。

7. 标杆项目享受同行业最优惠的电价政策。标杆项目可享受大工业电价政策。标杆项目中的服务业电价享受与工业同价的优惠政策。对原执行大工业电价类别的，在列入标杆项目后，用差别电价专项收入，按照大工业电度电价标准的20%给予补贴。

8. 各级行政审批部门在严格履行相关行政审批程序的基础上，对涉及标杆项目的行政审批事项要提前对接，加强指导，跟踪督办，加快审批速度，优化审批流程，提高审批效率。

9. 凡经区域规划环境影响评价审查通过的，简化其中所包含的标杆项目环境影响评价内容。对植树造林、河道整治、污染治理等生态修复类标杆项目，下放环境影响评价的审批权限，简化环境影响评价内容。

10. 加大对标杆项目建设、生产和经营过程中的水、电、油、气、运等重要生产要素的协调保障力度。

【支持"一市两园"建设的10项优惠政策】 1. 支持"一市两园"(即每市一个产业转型园和一个科技创新园)通过资源整合等方式扩大发展空间，实现扩容提质。

2. 省级政府投资资金对"一市两园"基础设施和公共服务体系建设给予贷款贴息和补助支持。

3. 对"一市两园"项目建设用地，根据土地总体规划和年度计划积极予以保障。

4. "一市两园"内独立核算的新建转型项目自投产获利之日起三年内，省财政按其上缴省级财政的企业所得税给予一定比例的奖励。

5. 鼓励国家政策性银行、商业银行对"一市两园"内基础设施项目及公用事业项目给予融资支持。支持"一市两园"内符合条件的企业通过资本市场实现直接融资。

6. 支持产业转型园内的企业打破行业界限，围绕主业向上下游产业实施跨行业重组，实现产业链延伸和资源循环利用。进一步依法落实科技创新园内的企业研发费用加计扣除、孵化器税收减免、创业投资和高新技术企业税收优惠等政策。

7. "一市两园"中非省级以上开发区的园区参照享受省级开发区的优惠政策，鼓励"一市两园"中非省级以上开发区的园区发展升级为省级开发区。

8. 对符合产业政策、审批权限在省内的"一市两园"内的项目，实行一站式审批(核准、备案)，确保"一市两园"内项目统筹布局、同期建设。

9. 凡"一市两园"园区规划环境影响评价审查通过的，简化"一市两园"内项目的环境影响评价内容。

10. 将"一市两园"的发展与当地政府实际工作业绩结合起来，列为对所在地市政府年度目标责任考核的内容。

【山西省转型综改的阶段性目标】 山西省是我国典型的资源型地区，是我国重要的能源和原材料供应基地，长期以来为国家能源供应和现代化建设做出了突出贡献，但由于过分依赖煤炭等资源开发，发展方式粗放，导致产业结构单一、生态环境恶化、资源浪费严重、生产事故频发等一系列矛盾和问题，亟须通过深化改革和体制机制创新，探索资源型经济转型发展的新路子。2010年12月1日，国务院批准山西省作为国家资源型经济转型综合配套改革试验区，山西成为我国第一个以资源型经济转型为主题的全省域、全方位、系统性的国家级综合配套改革试验区。2012年8月7日，国务院正式批复《山西省国家资源型经济转型综合配套改革试验总体方案》，标志着山西资源型经济转型综合配套改革试验区建设进入全面实施阶段。

第一阶段。通过实施山西省"十二五"规划，到2015年，初步形成"以煤为基、多元发展"的产业体系，资源型产业改造提升取得明显成效，接续替代产业和服务业比重显著提高，经济对煤炭资源的依赖明显降低，促进资源型经济转型的体制机制初步建立，把山西建设成为国家新型能源基地、全国重要的现代制造业基地、中西部现代物流中心和生产性服务业大省、中西部经济强省和文化强省。

第二阶段。到2020年，山西省资源型经济转型综合配套改革取得重大进展，支撑资源型经济转型的政策体系和体制机制基本建立，产业结构调整取得重大进展、生态环境显著改善、城乡区域发展协调性不断提高，以民生改善为重点的社会建设明显加强；综合经济竞争力和城乡居民收入达到全国中等偏上水平，生态破坏、环境污染、安全事故、能源消耗问题明显改观，基本实现全面建设小康社会目标。

力争通过20～30年的努力，综合配套改革效应持续显现，结构合理、新型多元、竞争力强的现代产业体系全面建立，综合经济竞争力、人民生活水平和可持续发展能力达到全国上游水平，呈现经济发达、人民富裕、生态良好、社会和谐的崭新面貌。

【山西省转型综改的4项主要任务】 以循环经济和技术进步为基本路径，全面推进产业优化升级。1. 提高煤炭资源开采回采率、就地转化率和综合利用率。全面实现煤矿综合机械化开采，提高煤炭开采回采率。加强对原煤洗选的监督管理，提高原煤入选率。根据环境承载能力，推进煤炭资源就地转化，发展坑口电站、变输煤为输煤和输电相结合，高水平实施现代煤化工升级示范工程，发展市场前景好、污染排放低、技术水平先进的现代煤化工产业，延长煤—电—铝、煤—焦—化、煤—气—化、煤—电—材等资源循环产业链。加强铝矾土、白云石等优势资源就地转化，提升加工利用技术水平。加强共伴生矿、工业"三废"和再生资源的综合开采高效利用，推进低热值煤发电和粉煤灰等工业固体废弃物加工转化利用，支持高炉煤气、焦炉煤气等废气发电和化工应用。加快大同塔山特厚煤层等矿产资源综合利用示范基地建设，积极发挥示范引导作用。按照"先采气后采煤，先抽后采"的原则，加快煤层气（煤矿瓦斯）开发和综合利用；对于过去已经批准的同一区域内煤层气和煤炭矿业权分属不同矿业权人的项目，通过协商解决先抽后采问题；新开发项目应先采气后采煤，实行先抽后采。

2. 继续推进煤炭资源整合和企业兼并重组。全面落实矿产资源规划，按照一个规划区块范围内原则上只设一个勘查开发主体的原则，进一步推进煤炭资源整合和煤矿企业兼并重组，提高煤炭回采率和安全生产、清洁生产水平，减少生态破坏、加快生态修复。推进焦化、冶金、电力等行业的产业整合和兼并重组。打破产业边界，加快推进煤炭、冶金、焦化、电力、建材等上下游关联产业的联合兼并重组整合，促进资源型企业跨行业、一体化发展。

3. 改造提升资源型产业。以"多联产、全循环、高端化"为基本模式，加大技术改造投资力度，用先进适用技术改造提升煤炭、焦化、冶金、电力等资源型产业，使多数资源型企业的主要工艺水平达到国内先进水平。全面提升煤炭产业规模化、机械化和信息化水平，加快建设晋北、晋中、晋东三大煤炭基地和晋北、晋中、晋东南三大煤电基地，加强晋电外送能力。严格控制焦化产能，推进焦炭企业技术进步和升级换代。优化冶金行业产品结构，控制总量扩张。全方位推进煤炭资源和其他矿产资源清洁利用，大力推进节能减排和资源综合利用，实施重点节能工程。加大淘汰落后产能、"关小上大"等量或减量替换力度。积极探索高碳产业实现低碳发展的新模式，在电力、冶金、焦化等高耗能、高排放行业，推进碳捕捉、碳封存、碳利用的技术研发示范和产业化。

4. 培育壮大接续替代产业。坚持低污染、低消耗、高附加值、高技术含量的产业技术标准，强化政策引导，推进接续替代产业跨越式发展。大力发展煤矿机械、铁路装备、重型机械、重型汽车、不锈钢和铝镁深加工等山西有产业基础和市场潜力的产业。发挥后发优势，重点发展资源深加工类新材料、高成长性新材料和高精尖新材料产业，创造条件发展新能源、节能环保、生物医药、高端装备制造、新能源汽车等战略性新兴产业。通过10年努力，使接续替代产业成长为支柱性主导产业，主要工艺达到国内一流水平。

5. 大力发展现代服务业。把推动服务业大发展作为产业结构优化升级的战略重点，努力使服务业增加值比重5年提高到40%以上、10年提高到50%左右。充分发挥山西作为中华文明重要发祥地、中国古代建筑"博物馆"等的历史文化优势，利用好晋商大院、关公故里、佛教圣地等得天独厚的旅游资源，把旅游业打造成重要的支柱产业。推动电信网、广播电视网、互联网"三网融合"。推进物联网技术的研发与应用。依托丰富的物流资源，完善城乡现代物流体系，支持发展煤炭、冶金、化工等基础能源原材料专业物流，推进综合物流枢纽和大型现代物流园区建设，着力提高物流服务效率和专业化、信息化水平。把中国（太原）煤炭交易中心建设成为立足山西、服务全国、面向世界的高水平、现代化的交易中心。着力促进科技信息、会展商务、节能减排等生产性服务业向规模化、专业化、现代化发展。积极发展商贸流通、住宿餐饮、家庭服务、健康服务、体育产业等生活性服务业。

6. 促进循环经济发展。全力推进循环经济试点省建设。推广煤炭、电力、冶金、化工等行业循环经济发展典型模式。大力发展循环经济园区和生态工业园区，用循环经济理念和模式对各类园区进行再规划、再改造。加快推进朔州市开展国家工业固体废弃物综合利用基地建设试点工作，带动建设一批资源综合利用基地，提高工业固体废弃物综合利用水平。在切实加强污染防治的基础上，建立工业废弃物、废旧汽车、废旧家电回收利用体系，促进废弃物资源化利用。

7. 加快推进产业集聚区发展。把国家级经济技术开发区和国家级高新技术产业开发区等产业集聚区作为产业转型的主要载体，推动重大项目相对集中布局。创新产业园区发展模式，加大规划、建设和改造力度，提升各类园区承载力和发展水平。启动建设太（原）榆（次）科技创新产业集聚区。支持太原经济技术开发区和太原高新技术产业开发区加快发展。推动资源型城市建设科技创新园区和循环经济园区。

以生态环境保护和治理修复为主要抓手，着力提高可持续发展能力。1. 加快生态治理修复。以汾河流域和大同矿区生态修复为龙头，对全省11条重点河流和国家规划的18个重点矿区的采煤沉陷区、采空区、水土流失区、煤矸石山，全面推进实施生态环境修复工程。全面推进尾矿库安全治理与闭库。加大煤田灭火力度，保护资源，防止对生态环境新的破坏。开展生态建设示范区和生态文明试点工作。

2. 全面推进污染治理。实施污染治理工程，加大执法力度，淘汰落后产能，推进工艺改造，加强工业生产全过程污染防治，严格控制新增污染物排放量，确保二氧化硫、化学需氧量、氮氧化物、氨氮排放控制在国家确定的约束指标之内，烟尘、工业粉尘排放得到严格控制。"十二五"期间，单位地区生产总值能耗降低16%，单位地区生产总值二氧化碳排放降低17%。

3. 大力开展造林绿化。实施太

行山、吕梁山和荒山、荒沟、矿山、道路、城乡重点区域绿化工程，形成点、线、面相结合的城乡绿色生态体系。集中建设晋北和晋西北防风固沙林区、吕梁山黄土高原水土保持林区、太行山土石山水源涵养林区、中南部盆地防护经济林区四大生态屏障。加强自然保护区建设管理。

4. 加强水资源开发利用和节约保护。完善引黄配套供水体系，改造提升提黄能力，推进提黄灌溉工程建设。提高供水保障能力，积极推进大中小型水库建设，完善地表水利用配套工程，做好山西大水网规划和实施工作。大力开展水生态系统保护与修复试点工作，加强汾河、海河流域城镇生活和工业污水处理能力建设，提高城市中水循环利用效率。进一步加大矿井水、工业废水资源化利用。严格地下水管理和保护，逐步实现采补平衡。加快建设节水型社会，提高水资源利用效率和效益，构建节水制度体系，倡导节水生产生活方式。

*以城乡统筹为基本方略，协调推进城镇发展和社会主义新农村建设。*1. 提升城镇化质量和水平。把城镇化作为资源型经济转型的重要内容，坚持严格保护耕地特别是基本农田，努力使城镇化水平5年提高到55%，10年提高到60%以上。实施太原都市圈战略，以太原都市区为核心，以太原、晋中同城化为重点，以阳泉、忻州、吕梁为支撑，把太原都市圈打造成为中部崛起新的增长极。推进太原都市圈内产业发展规划、土地利用规划、城乡规划、生态环境保护规划之间的相互衔接和协调。发展晋北、晋南、晋东南三大城镇群，建立都市圈与城镇群高效协同机制，形成"一核一圈三群"协调发展的城镇体系。加快重点镇建设，打造一批各具特色的转型强县。加快大同、阳泉等资源型城市转型，促进矿区和城区融合发展。适时研究将符合条件的资源型城市列入国家资源枯竭城市转移支付政策支持范围。加强历史文化名城、名镇、名村保护。稳步推进农业转移人口转为城镇居民。加强农民工权益保护，使在城镇稳定就业的农民工及其子女在教育、医疗、社保、就业、住房等方面公平享有基本公共服务。

2. 加快社会主义新农村建设。建立以城带乡、以工补农的长效机制。加快农村饮水、生活污水和垃圾处理、公路、供电、沼气等基础设施建设和教育、卫生、文化等社会事业发展。拓宽支农资金渠道，强化支农资金整合运用。加大农村扶贫开发力度，对革命老区和集中连片特殊困难地区给予重点扶持，在全省范围内经济发达地区与贫困地区之间开展结对帮扶，加大偏远农村移民工作力度，5年内使全省现有贫困人口减少50%。加强农村环境保护，开展农村环境综合整治，提高农村环境质量。

3. 统筹城乡基础设施建设。统筹建设交通、能源、水利、信息、物流等重大基础设施，推进城乡基础设施一体化，促进都市圈、城市群、城乡间有机融合、联动发展。建设以普通公路为基础，以铁路、高速公路为骨干，与其他运输方式共同组成的综合交通网络，总体适应区域经济社会发展需要。着力提升太原机场的国际化、现代化水平，促进对外开放。

4. 加快发展现代农业。不断加大农业基础设施建设投入，通过产业转型资金支持现代农业发展。完善现代农业产业体系，培育壮大现代农业示范区，发展高产、优质、高效、生态、安全农业，加快建设特色农产品大省。加快建设农田水利基础设施，大规模建设旱涝保收高标准基本农田，着力提高粮食综合生产能力。大力发展设施农业、有机农业、观光农业，优化种养业结构。积极发展农民专业合作组织，健全农业社会化服务体系，推进农业产业化经营。加快发展农产品加工转化，做大做强特色食品产业。

5. 优化国土空间开发格局。着眼于资源集中开发利用和产业转型，科学划分各类主体功能区，科学规划城市空间、产业空间、生态空间，规范空间开发秩序。实施不同主体功能区分类管理的区域政策。探索建立各有侧重的绩效评价机制。

*以改善民生为重点，努力构建和谐社会。*1. 积极促进就业。实施更加积极的就业政策，大力发展劳动密集型产业、服务业和小型微型企业。加大对就业和创业的支持力度，促进以创业带动就业。强化并落实好政府促进就业的责任。建立健全促进高校毕业生就业和农业富余劳动力转移就业的机制。突出抓好资源枯竭城市和老工矿区职工及其子女的就业工作。强化公共就业和人才服务。全面开展职业技能培训。

2. 合理调节收入分配。努力实现居民收入增长和经济发展同步、劳动报酬增长和劳动生产率提高同步，提高中低收入者收入水平，培育壮大中等收入群体，有效调节过高收入，大力扭转城乡、区域、行业和社会成员之间收入差距扩大趋势。

3. 推进基本公共服务均等化。加快建立覆盖城乡的义务教育经费保障体系、医疗卫生服务体系、社会保障和救助体系、公共文化服务体系。实施好教育、卫生等领域的重大民生工程。"十二五"期间，全面完成棚户区改造任务和煤矿采煤沉陷区危房搬迁改造，实现城镇低收入住房困难家庭廉租住房全覆盖，积极推进农村危房改造。

4. 建立完善安全发展长效机制。把安全发展作为科学发展的基本要求，大力实施安全发展战略，建立健全安全生产制度，全面落实企业安全生产主体责任和政府安全监管主体责任，不断创新安全生产管理体制和机制，突出抓好以煤矿为主的工矿企业和交通运输领域的安全生产。进一步加强和完善公共安全体系，健全食品药品安全监管机制，完善社会治安防控体系和应急管理体制。

5. 加强和创新社会管理。推进社会管理理念、体制、机制、方法创新。大力推进企业社会责任建设。推动管理模式网络化、管理手段信息化、公众参与制度化，提高决策民主化、科学化水平。强化城乡社区自治和服务功能。加强社会组织建设。完善社会舆情汇集和分析机制。建立健全重大项目建设和重大政策制定的社会稳定风险评估机制。

【山西省转型综改的10个方面配套改革措施】 *创新完善产业转型促进机制。*1. 理顺煤炭等资源开发利用的体制机制。完善煤炭等矿产资源矿业权按市场原则有偿取得制度，矿业权价款收益地方留成部分除用于资源勘查、保护和管理支出外，主要用于支持资源所在地转型发展、改善民生和分离国有煤矿企业办社会职能。提高煤炭等资源开采准入标准。巩固完善煤炭工业可持续发展试点政策。建立衰退产业援助机制，保障资源枯竭企业平稳退出。

2. 建立资源型产业与非资源型产业均衡发展机制。进一步理顺煤炭等资源产业收益分配体制。建立健全接续替代产业尤其是高新技术产业和鼓励类服务业发展援助机制。强化国有资本经营预算产业调控机制，重点支持非资源型产业发展。充分发挥市场机制作用，积极引导非国有煤炭企业将利润的一定比例投向非资源型产业。统筹煤炭市场和电力市场建设，积极探索推进煤电体制改革有关试点工作。

3. 健全接续替代产业发展推进机制。建立完善各类资源型经济转型专项资金统筹使用制度，加大转型发展的投入力度。健全促进产业结构调整和支持企业技术改造的长效机制和评价体系，改造提升传统产业。建设大(同)运(城)经济带承接产业转移示范区。创新战略性新兴产业发展促进机制。把山西物流业纳入国家服务业综合改革试点。启动山西旅游产业改革发展试点。

4. 完善促进循环经济发展机制。坚持把符合循环经济要求作为产业准入的基本条件。完善政策引导和资金扶持机制，加大循环经济发展支持力度。加快建立循环经济技术创新体系。实行生产者责任延伸制度，探索建立工业废弃物处理认证等制度。建立完善循环经济统计评价制度，开展对市县循环经济发展成效的评估。制定完善循环经济标准体系和产品资源消耗标识制度。

5. 优化企业所有制结构。加大国有企业改革力度。推动地方企业与中央企业联合重组，培育具有较强竞争力的大企业集团。完善国有资本有进有退、合理流动机制。大力发展非公有制经济，落实放宽市场准入的各项政策，鼓励民间资本进入基础设施、公用事业、金融服务和社会事业等领域。鼓励和引导民营企业通过参股、控股、并购等多种形式，参与国有企业改制重组。

深化财税体制改革。1. 完善资源环境税收制度。按照“清费立税”的原则，加快推进煤炭等资源税改革，将煤炭资源税由从量计征改为从价定率计征。统筹推进各类矿产资源税费制度综合改革，促进资源高效节约利用和生态保护。落实有利于资源综合利用和促进循环经济发展的税收政策。

2. 加大对转型的财政支持。中央财政对山西水源保护和生态恢复给予支持，加大对社会保障、基础教育、公共卫生等民生项目的转移支付力度，逐步提高中央财政对山西的转移支付水平。

改革完善土地管理制度。1. 节约集约利用土地。坚持最严格的耕地保护制度和最严格的节约用地制度。建立节约集约用地奖惩考核机制，实行单位地区生产总值新增建设用地考核制度。开展采矿业土地整理，推进朔同地区成片盐碱地改造利用，组织实施国家级重大土地整治工程。建立财政投入与社会投入相结合的土地开发整治多元投入机制。

2. 推进用地制度改革。以太原城市圈及其他设区市为单元，深化城乡建设用地增减挂钩试点。探索适合矿业特点的差别化土地管理政策。开展工矿废弃地复垦利用试点，选择部分有条件的市、县，对煤矸石占地、沉陷区、工矿废弃地等存量建设用地的复垦与建设用地调整利用相挂钩，通过复垦的土地可以调整使用，优先用于转型项目。复垦应坚持山、水、田、林、路综合整治，具备条件的，应首先复垦为耕地。探索露天采矿用地方式改革，积极稳妥地在所批准的矿区范围内开展试点。探索推进土地审批、耕地占补平衡、重点转型项目用地保障、未利用地审批等改革。推进农村土地管理制度改革，加快推进农村集体土地确权登记发证，逐步建立城乡统一的建设用地市场，规范开展农村集体经营性建设用地流转试点，完善和创新宅基地管理机制。

健全科技创新体制机制。1. 大幅增加研发投入。建立政府引导、市场驱动、企业投入为主体，多元化、多层次、多渠道的新型科技投融资体系。发展创业投资，推进科技与金融结合。山西省设立政府科技创新引导基金，切实增加研发投入，创建全省科技创新投融资服务平台，更好发挥创业投资支持创业创新的作用。开展知识产权质押贷款、科技保险等业务。“十二五”末，地方政府研发投入、全社会研发投入占地区生产总值比重均进入中西部地区前列。

2. 加大对技术创新的扶持力度。实施科技创新跨越工程。推进实施科技重大专项。支持创新要素向企业集聚，使企业真正成为技术创新主体。组建产业技术创新战略联盟。加强与国家重点高校、科研院所的合作。建设一批工程中心、工程实验室、企业技术中心。发展科技中介组织，健全技术市场体系。加快科技成果转化，力争率先在循环经济及煤炭清洁生产利用、现代煤化工、装备制造、新能源、新材料等领域取得关键技术的突破。加大对中小型企业和微型企业技术创新的支持力度，健全服务体系，拓宽融资渠道，落实税收优惠政策，营造良好创新环境，充分激发企业创新活力。

3. 强化创新人才支撑。建设与资源型经济转型相适应的人才教育、培养和引进体系。优化人才培养结构，着力培养创新型、应用型、复合型人才。推进省重点大学进入中西部地区高等教育振兴计划，建设一批对资源型经济转型具有重要支撑作用的特色重点学科，全面改善一批职业院校办学条件。充分发挥企业家和科技领军人才，特别是创新团队在技术创新中的重要作用，突出加强人才的引进和培养。

加强金融创新和改革。1. 打造金融创新高地。加快构建与资源型经济转型相适应的金融体系。鼓励创新金融产品，加大对重点产业和重点领域的信贷支持，改善中小企业金融服务。推动符合条件的企业上市。积极参与全国性证券场外市场。支持符合条件的企业发行企业(公司)债券、短期融资券、中期票据等债务融资工具。山西省设立创业

投资引导基金，扶持发展创业投资；规范发展各类股权投资企业（基金）。研究在太原增设焦炭期货交割仓库。不断扩大责任保险、农业保险覆盖面。支持山西保险业改革创新发展。探索组建有利于促进资源型经济转型的地方政府引导基金。

2. 发展"晋商金融"。做大做强晋商银行。支持国内外各类银行在山西设立分支机构和营业网点。引导和鼓励银行业金融机构创新为小型微型企业服务的金融制度、业务和产品，加大对有市场、有效益、有前景的小微企业信贷支持力度。探索建立农业贷款保险制度。加快推进农村信用社股份制改造，培育发展村镇银行、贷款公司、农村资金互助社等新型农村金融机构，继续完善农户小额信贷制度。探索完善小额贷款公司设立审批制度，有序发展小额贷款公司。有序发展证券、期货、保险、信托、金融租赁、财务公司等金融机构以及融资性担保、典当等机构。鼓励金融机构进行业务创新。

完善资源、能源节约和生态环境保护修复机制。1. 探索建立生态环境产权制度。科学核定环境容量，实施主要污染物排放总量控制。开展主要污染物排污权有偿使用和交易试点，发展排污权交易市场。按照有关规定，研究设立太原污染物排放权交易所。建立污染者付全费制度。加强环境容量管理，构建科学的环境监测监控评估体系。

2. 建立完善矿山环境保护与恢复治理责任机制和补偿机制。实行矿产资源开采、地质环境恢复治理、土地复垦与生态修复同步规划、同步实施机制。严格落实矿产资源规划中关于禁止、限制开采区的管理要求。进一步完善煤炭开采生态环境综合补偿机制，将其推广至非煤矿山企业，建立相应的生态环境恢复评估制度和矿山环境恢复治理保证金制度。加大对生态环境综合治理的投入力度。加强国家重点生态功能区的生态监测、评价与考核。探索实施生态受益地区对生态损耗地区的生态补偿制度。

3. 健全资源节约机制。理顺资源性产品价格形成机制，按照国家统一的会计制度对资源性产品进行成本核算，全面、规范地把矿业权取得、资源开采、环境治理、生态修复、安全投入、基础设施建设、企业退出和转产等费用列入资源性产品的成本构成，实现资源开发外部成本的内部化。建立健全节约用水和水资源保护机制，完善水价形成机制，实行最严格水资源管理制度，确立用水总量控制、用水效率控制和水功能区限制纳污控制"三条红线"。严格水资源开发利用，加强水资源节约和保护，加快用水方式转变。加快水权转换和交易制度建设，开展跨行政区域水权交易试点。

4. 创新完善节能降耗、减排治污机制。通过强化管理、提升技术、优化结构，逐步建立节能降耗、减排治污的长效机制。健全固定资产投资项目节能评估审查制度。开展冶金、焦炭、电力、化工、建材等高耗能产业的能效对标管理。推行合同能源管理。建立能效"领跑者"制度。发展绿色建筑、低碳交通，降低公共机构能耗水平，倡导绿色消费，扩大可再生能源应用。进一步健全节能减排统计、监测和考核体系。

改革创新城乡统筹体制机制。1. 建立健全城乡发展一体化制度。促进城乡基础设施、公共服务、社会管理一体化。加快形成城乡劳动者平等就业制度。完善城乡平等的要素交换关系，促进土地增值收益和农村存款主要用于农业农村。规范征地管理，深化农村土地使用制度改革，适时调整提高征地补偿水平，确保农民在土地增值中的收益权。促进公共资源在城乡之间的均衡配置，推动生产要素在城乡之间的自由流动。

2. 加快形成有利于城乡统筹的户籍制度。因地制宜、积极稳妥地把在城镇有稳定职业和稳定住所的农民工及其家属逐步转为城镇居民。对暂不具备在城镇落户条件的农民工，要改善公共服务，加强权益保护。

加快社会体制改革。1. 加快完善覆盖城乡的社会保障制度。进一步完善城乡基本养老、基本医疗保险和最低生活保障制度。完善跨地区养老保险关系转移接续办法、异地就医协作机制，推进城乡社会保险制度全覆盖和城乡统筹。探索建立工伤预防、补偿、康复相结合的工伤保险体系，按规定将国有煤炭企业已退休职工中的老工伤人员纳入工伤保险统筹管理。

2. 改革公共服务供给制度。在基本公共服务领域，引入竞争机制，推进政府购买服务等提供方式改革，实现提供主体和提供方式多元化。在非基本公共服务领域，放宽市场准入，推进市场化改革，增强多层次供给能力。深化教育体制改革、医疗卫生体制改革、文化体制改革。积极稳妥推进事业单位分类改革。

推进行政管理和投资体制改革。1. 优化行政管理体制。提升行政效率，合理调整完善行政区划。实施扩权强县，加快探索和推进实行由省直接管理县的体制。完善市辖区空间布局，扩展城市核心区服务范围。建立高效协同的跨区域行政协调机制，促进经济区域一体化管理。加快转变政府职能，大力推进依法行政。建立健全政府绩效管理和行政问责制度。提高政府执行力和公信力。

2. 完善转型项目审批机制。在强化投资项目科学管理的同时，规范前置审批程序，减少审批环节，加快审批进度。建立转型项目储备库，推进转型项目储备、签约、落地、建设一体化管理。

加大开放力度。1. "引进来""走出去"并举。积极引进国内外有实力的企业参与山西资源型经济转型。推进与中央企业的全方位、多领域、深层次战略合作。鼓励煤炭、冶金等行业的优势企业到境外开展投资合作。

2. 积极推进贸易便利化。加快内陆口岸建设，支持山西省条件成熟的地区按程序申请设立综合保税区等海关特殊监管区域。支持开发区和重点加工贸易企业设立保税仓库。加强跨区域口岸合作，建立陆港航一体化大通关链条，提高口岸服务功能。

3. 深化国内区域合作。密切与京津冀的协作发展，积极融入环渤海经济圈。探索积极承接长三角、珠三角地区产业转移的统筹协调机制。加强与沿海地区合作，建设出海通道、临港产业和物流基地。开展黄河金三角区域协调发展试点。扩大山西与中西部各省(区)经济、文化等领域的合作交流,形成优势互补、分工协作的区域合作机制。

【第一批省级转型综改标杆项目名单】 2012年,山西省坚持把转型综改试验区建设作为推动转型跨越发展的总抓手,突出抓好产业转型这个核心、企业发展这个主体,着力推进转型综改标杆项目建设。省发展改革委、省转型综改办会同省直有关部门按照产业定位准、技术水平高、节能减排多、投资规模大、经济效益好、行业带动强的原则,确定了20个省级转型综改标杆项目。

各市(11项):太原市生态环境综合整治工程,总投资490亿元;大同市协和新能源多晶硅及光伏产业循环经济建设项目,总投资173亿元;阳泉市中科春明有限公司全固态高功率激光技术应用项目,总投资105亿元;长治市重型装备制造基地项目,总投资7.6亿元;晋城市富士康科技工业园A区项目,总投资44亿元;朔州市晶都太阳能光伏产业项目,总投资75亿元;晋中市新能源汽车零部件产业化项目,总投资27亿元;忻州市五台山风景名胜区改造提升工程,总投资45亿元;吕梁市杏花村产业集中发展区建设项目,总投资125亿元;临汾市百里汾河生态治理修复工程,总投资43亿元;运城市大运汽车公司大运重卡项目,总投资49.1亿元。

省属国有大型企业(9项):山西焦煤集团60万吨焦炉煤气制烯烃项目,总投资85亿元;山西潞安集团百万吨级煤基多联产资源综合利用项目,总投资310亿元;山西晋煤集团100亿立方米煤层气抽采和利用项目,总投资300亿元;山西阳煤集团新型煤化工项目,总投资143亿元;山西同煤集团煤制天然气项目,总投资248亿元;山西煤销集团煤电一体化项目,总投资570亿元;太钢集团不锈钢冷连轧及硅钢冷连轧扩建项目,总投资103.2亿元;太重集团高速列车关键零部件国产化及煤机成套装备制造基地项目,总投资50亿元;山西国际能源集团气化山西项目,总投资71亿元。

【"一市两县"名单】 为尽快发挥试点县对全省资源型经济转型综合配套改革试验区建设的示范和带动作用,根据省政府的安排部署,省发改委、省转型综改办按照每市选择两个县开展转型综改试点的要求,依据具有示范作用、体现转型要求、经济基础较好的标准,紧紧围绕产业转型、生态修复、城乡统筹、民生改善等转型综改主要任务,确定了"一市两县"名单(即每市一个省级资源型经济转型综合配套改革试点县和一个市级资源型经济转型综合配套改革试点县)。

省级转型综改试点县:尖草坪区、灵丘县、阳泉郊区、潞城市、高平市、平鲁区、灵石县、原平市、孝义市、侯马市、盐湖区。

市级转型综改试点县:万柏林区、新荣区、盂县、长治县、泽州县、右玉县、介休市、宁武县、岚县、尧都区、临猗县。

【"一市两园"名单】 2012年,山西省坚持把转型综改试验区建设作为推动转型跨越发展的总抓手,突出园区建设这个载体,着力推进一市一个产业转型园和一个科技创新园建设,通过政策扶持、引导和驱动,通过"一市两园"建设的示范引领和带动,推动全省转型综改试验区建设尽快取得更大突破,迈出更大步伐。

产业转型园:太原经济技术开发区、大同市装备制造产业园、阳泉市鑫磊循环经济产业园、长治市光电工业园、晋煤集团高硫煤洁净利用循环经济工业园、中煤金海洋循环经济工业园、晋中经济技术开发区、忻州市煤化工循环经济园、吕梁交城经济技术开发区、临汾经济技术开发区甘亭工业园、运城空港经济技术开发区。

科技创新园:太原高新技术产业开发区清华科技园太原分园、大同经济技术开发区科技创新园、阳泉市东城科技创新园、长治市科技创新园、晋城市新能源科技创新园、朔州市新型产业科技创新园、晋中市科技创新园、忻州市蓝天科技创新园、吕梁市科技创新园、山西国际陆港科技创新园、运城市盐湖科技创新园。

(李仁贵)

【转型综改试验区建设进展显著】 《总体方案》成功获批。2012年8月7日国务院正式批复《总体方案》,8月20日国家发改委正式印发。

先行先试工作迈出实质步伐。全省上下不等不靠、主动作为,制定落实行动方案,抓住转型核心,突出改革创新,破解体制机制障碍,开展各具特色的先行先试探索实践,取得阶段性成效。省直厅局围绕国企改革、土地保障、排污权交易等领域积极探索实践体制机制创新。11个市开展各具特色的创新和实践。太原市围绕改善省城生态环境大力推进五大工程和五项整治,大同市加快推进新兴产业集聚式和板块式发展,阳泉市着力打造特色生态新城,长治市大力推进上党城镇群建设,晋城市积极推进政银合作和企地合作,朔州市加快推进东部新区"四化一体"建设,晋中市着力建设"108综合发展廊带",忻州市建立储备、招商、落地、开工、服务和考核"六位一体"项目推进机制,临汾市加快推进百里汾河新型经济带建设,运城市加强招商引资、招才引智和科技创新平台建设,吕梁市以产业集聚、园区承载、循环经济为重点推进产业转型。各试点县(市、区)按照行动方案扎实开展先行先试。省属国有重点企业先行试点工作加快推进。

编制完成《实施方案》。根据国家批复的《总体方案》要求,在多轮广泛征求意见修改完善的基础上,编制完成并上报省政府《实施方案》,从操作层面把《总体方案》落到实处。

省部合作取得重要进展。山西省已与国家有关部委、金融机构、央企、著名高校签署了30多个合作协议或备忘录,积极推进建立包括部际联席会议制度等在内的部门协调、上下联动的工作机制,在多方面得到国家有关部委和机构的大力支持。

【全力促进投资较快增长】 全力抓好"项目落地年"的各项工作部署。2012年,加大策划、筛选、储备项目力度,并对入库项目及时进行动态调整,全省储备项目已超过2万个,总投资保持在10万亿元以上。成功举办第四届能博会、首届晋商大会等大型招商引资活动，取得丰硕成果，全年协议引进资金3.6万亿元，落地项目投资额1.7万亿元。完善项目审批“绿色通道”，协调解决项目实施中存在的困难和问题，有效促进了重大项目前期准备和签约、落地开工。

加大引导民间投资力度。全省民间固定资产投资4568.4亿元，增长33.1%，总量占全省投资的比重达49.8%。民间投资对全省投资增长的贡献率63%，拉动全省投资增长15.4个百分点。

资本市场融资实现新突破。出台《山西省资本市场发展“十二五”规划》，制定《关于加快推进企业改制上市工作的指导意见(范本)》，提出促进山西省资本市场发展的一揽子优惠政策。全年全省资本市场融资1087亿元，首次突破千亿元大关，在全国排名第11位，同比增长50.5%。

着力加强基础设施建设。铁路建设完成投资633亿元，山西中南部铁路通道、大同——西安客运专线、朔州——准格尔铁路、太原南站及相关工程、北同蒲应县至原平等10余项在建铁路进展顺利。公路投资完成590亿元。截至2012年底，全省公路通车里程13.8万千米。高速公路建成1000千米，通车总里程突破5000千米。基本建成晋城客运东站、运城客运东站、临汾客运西站等一批综合运输中心，有力地提升了山西省公路出行的能力。机场建设投资10亿元，大同和运城机场改扩建完工，临汾和五台山机场可行性研究报告已获国家发改委批复，相关工作正在有序推进。水利建设投资185亿元，35项应急水源工程全部建成，引黄北干工程如期实现引水到大同、朔州的目标；大水网工程进展顺利，晋中东山调水工程、中部引黄、辛安泉引水、小浪底调水等工程已全面开工建设，累计完成隧洞开挖73千米。供水结构不断优化。省城十大公益建筑全部竣工，发展环境明显优化，发展后劲显著增强。

【积极推动经济结构调整】 *加快传统产业改造升级*。一是巩固提升煤炭资源整合和兼并重组成果。积极推进兼并重组企业改革，特别是混合所有制煤矿企业加快建立现代企业制度，建立规范的法人治理结构。全省约有85%的整合改造矿井已开工建设，约有55座整合改造矿井建成投产，新增生产能力5500万吨/年。二是加快兼并重组整合步伐。制定实施山西焦化行业兼并重组具体办法，全省有50户大企业整合117户企业，涉及产能7000多万吨，占全省总产能的41%。三是加大改造升级力度。太钢不锈钢冷连轧及配套技改等19个项目建成投产或部分投产。积极支持大型坑口电厂、煤矸石发电和城市热电联产项目建设，全省30万千瓦及以上火电机组装机容量占到全省总装机的70%，煤矸石综合利用发电装机达到584.5万千瓦，集中供热机组达到1140万千瓦。

加强新兴和接替产业培育壮大。起草《关于推进战略性新兴产业发展的若干措施》，争取中央投资7.32亿元，省煤炭可持续发展基金投入9.29亿元，支持一批重点项目建设。全年新兴产业、非煤产业投资占工业投资的比重分别由2011年的36.2%、63%提高到42.8%、67%。现代煤化工产业，潞安集团180万吨煤基多联产、焦煤集团60万吨甲醇制烯烃等项目加快推进，同煤集团煤制天然气项目前期进展顺利。高端装备制造产业，太原三一重工装备制造工业园、大运重卡等一批重大项目加快推进，我国首条高速列车车轮生产线在太重顺利投产。新能源汽车产业，吉利轿车、中航工业等企业投资新能源汽车产业，晋中新能源汽车装备园区初具规模。新材料产业，宏特煤化工沥青基碳纤维、山西晋投玄武岩纤维、中电三十三所轻质结构功能一体化新材料、大同协和光伏产业循环经济一体化等项目开工建设。食品医药产业，杏花村汾酒、紫林老陈醋、亚宝药业、国药集团威奇达药业、振东制药等一批项目陆续建成投产，大同医药产业园初具规模。新能源产业，全省新增新能源机组装机容量130万千瓦，累计达到607万千瓦，占全部装机容量的10%以上。全年煤层气抽采量58亿立方米，增长11.5%；天然气利用量26亿立方米，煤层气和天然气利用已覆盖全省11个市70%的县(市、区)。

大力促进循环经济发展。《山西省循环经济促进条例》，经省人大常委会审议通过，2012年10月1日起正式实施。编制完成《山西省“十二五”循环经济发展规划》，将循环经济发展纳入主体功能区规划。研究起草《关于进一步加快推进循环经济发展的意见》。在原有69个循环经济试点单位基础上，新选定并公布省级两批117个试点企业和园区，总投资约1400亿元的100个循环经济项目80%以上建成投产。组织省内企业和园区参加第二届中国国际循环经济成果交易博览会，集中展示了山西省近年来大力发展循环经济取得的成果。

着力推动服务业加快发展。出台《关于支持服务业发展的若干措施》，在资金、价格、金融、土地、品牌等方面提出具体办法。争取中央投资1.1亿元，省煤炭可持续发展基金投入11亿元，重点支持服务业项目建设。争取铁道部批复太原地区货运(物流)中心，标志着山西省开通了连接国内外的“白货”物流和商品集散的大通道；争取国务院批准太原武宿综合保税区，山西省具备了进出口加工贸易和吸纳国内外企业入园投资兴业的优惠政策平台；推动中国(太原)煤炭交易中心正式启动运营煤炭现货交易。大力支持省晋剧院演艺中心综合改造、高平市潞绸文化展示馆、广灵剪纸研发基地等重点文化项目建设，组织实施了抢救性文物、历史文化名城名镇名村、国家文化和自然遗产地等三大保护工程。加大五台山、平遥古城、云冈石窟、关帝庙、洪洞大槐树、历山等重点旅游项目基础设施建设力度，强力打造旅游品牌。开展“晋善晋美”旅游促销活动，旅游服务业保持快速增长。

切实强化“三农”工作。认真落实中央和山西省各项强农惠农政策，全年“三农”投入832亿元，增长28%，支持了农业发展、农村基础设施和农村民生工程，粮食综合生产能力明显提高，粮食总产量再创历史新高。扎实推进三大现代农业示范区和雁门关生态畜牧经济区建设，组织实施58个重点项目。大力

实施农产品加工龙头企业“513”工程,农产品加工销售收入800亿元,增长30%以上。以“一村一品”“一县一业”为主攻方向,着力打造杂粮、畜牧、蔬菜、水果、中药材等特色优势产业,对4000个专业村和60个基地县重点扶持,农业生产经营性收入大幅增加。完成3000个重点村和100个新农村连片示范区建设任务。全面推进以太行山、吕梁山两个集中连片贫困区为主战场的扶贫攻坚,又有40万贫困人口脱贫。

【积极推进节能减排和生态建设】扎实推进节能降耗工作。出台《山西省“十二五”节能减排综合性工作方案》,分解下达各市目标任务,对固定资产投资项目全部实行了节能评估审查。重点推进节能技术改造项目,顺利实施1000万平方米既有居住建筑节能改造。在水泥、电力行业全面开展能效对标活动,深入推进全民节能低碳行动,加快淘汰落后产能,为新上项目腾出了容量和空间。

加大污染治理力度。出台《关于加强2012年主要污染物排放总量控制工作的意见》,下达2012年环境末位淘汰企业(设施)名单,实现减排指标排污权交易全覆盖,建立银行绿色信贷效果评价办法,在全国率先在所有设区市开展PM2.5监测,加大污染问责力度。争取中央投资15.6亿元,省煤炭可持续发展基金投入5.37亿元,以省城太原环境综合整治为重点,全力推进集中供热、城中村改造、污染企业搬迁和水污染治理,重点支持火电行业脱硝、非电行业脱硫等污染减排工程。全省11个设区市空气质量均达到国家二级标准,水质优良断面上升5.3个百分点。

加大生态建设力度。争取中央投资13.2亿元,省煤炭可持续发展基金投入8.95亿元,支持农村环境连片整治、矿山生态修复与治理、林业六大工程建设,全年完成营造林30.7万公顷,流域和区域生态环境明显改善。出台《山西省“十二五”控制温室气体排放工作方案》,分解下达目标任务。鼓励符合条件的企业参与CDM项目合作,争取国家批准山西省清洁发展机制项目累计180个,全年减排5531万吨二氧化碳当量。

【加大保障改善民生力度】加大就业扶持。研究起草《山西省就业促进条例》,采取支持基层就业设施建设、加强职业技能培训、促进大学生就业、推动创业带动就业、开发公益性岗位等措施解决就业问题。全省高校应届毕业生就业率90%,创业带动就业10.6万人,转移农村劳动力42.5万人。

加快保障性住房建设。全年新开工各类保障性住房40.9万套、竣工18万套,均超额完成国家下达任务。在全国率先出台保障性住房建设管理办法和廉政风险防控意见。房地产市场呈现出“三增一稳”良好态势,商品房施工面积增长26.3%,销售面积增长17.1%,价格保持基本稳定。

加快发展教育事业。争取中央投资8.45亿元,省煤炭可持续发展基金投入2.76亿元,继续实施高校基础设施、中高职院校实习实训基地、农村校舍改造工程、中小学标准化、农村教师周转宿舍、幼儿园新建或改扩建以及购置设施设备工程建设。积极推进高校新校区建设,在规划、土地、资金、审批等方面给予大力倾斜,为新校区建设提供了坚实保障。

强化医疗卫生事业。争取中央投资7.1亿元,省煤炭可持续发展基金投入1.76亿元,支持农村急救、重大疾病防控、食品安全风险监测、基层医疗卫生服务、儿童医疗服务、卫生监督、全科医生培养基地等七大体系260多个项目建设,极大地改善了城乡医疗卫生服务条件。

圆满完成农村新“五个全覆盖”工程。召开现场推进会,加强督促检查,加快推进工程建设,两年投资300多亿元,完成全覆盖任务。两轮“五个全覆盖”工程,极大地改善了群众的生产生活条件。组织实施了409个空白乡镇邮政局所补建,全省1196个乡镇实现了农村邮政局所全覆盖。

中央下放煤矿和国有工矿棚户区改造。2012年,山西省中央下放煤矿棚户区改造全面开工,按计划全年开工建设面积427万平方米,开工率100%,全年完成投资50亿元,其中,争取国家基础设施配套投资3.46亿元,省级投资7000万元,可安置职工20889户。

国有工矿棚户区改造。2012年的目标任务是开工建设2.1万户,已立项审批2.6万户,已开工建设面积168万平方米,开工率100%,可安置职工2.1万户,全年完成投资19亿元,其中,争取国家基础配套设施投资2.73亿元。

农村危房改造。2012年,国家安排山西省10万户农村危房改造任务,年底完成6万户;中央安排资金8.05亿元,省补助资金2.6亿元。截至年底,全省累计完成农村危房改造任务17.2万户,为60.2万农村困难人口解决了住房安全问题。

(潘俊香　张靖铂　杨　燕)

【加大重点领域和关键环节改革】事业单位分类改革工作基本结束,干部人事制度改革不断深化。集体林权制度改革不断深入,发证率96.3%。国有企业改革取得新进展,省直机关所属企业全部脱钩,市、县国企改革积极推进。文化体制改革深入推进,163家国有文艺院团完成改革任务,公共文化服务能力不断提高,六大文化集团健康运营。医药卫生体制改革成果进一步巩固,基本药物制度试点范围扩大到非政府办社区卫生机构,药品价格平均下降30%以上,改扩建市县乡医疗机构137所,34个县公立医院改革基本完成,试点县医院全部取消药品加成、实行零差率销售,群众看病难、看病贵的问题得到初步缓解。继续推进投资体制改革,制定出台优化投资管理流程实施意见和重大投资项目咨询评估管理办法,继续创优投资管理模式,实行并联审批、一站式审批。深入实施扩权强县改革,下放85项审批管理权限。

【积极拓展对外交流与合作】积极推动利用外资项目建设,新核准阳泉百度云计算等一批重大外商投资项目,争取国家批复亚行贷款山西能效和环境改善项目等重大国外贷款项目,利用国外长期低息优惠贷款2.56亿美元。稳步推进境外投资，推动津巴布韦铬矿开采等项目获得国家发改委核准，指导太钢集团在境外收购矿产资源等项目开展前期工作。进一步加强交流合作，深化与德国北威州在会展、培训、节能等重点领域的合作，推动山西省驻德国北威州联络处正式挂牌成立，这是山西在境外设立的第一个对外联络机构，完成山西省第九批赴德研修生派出和第十批赴德研修生的培训启动工作。帮助省内企业与院校在二氧化碳封存、盐碱地改良、文化交流、干部培训等方面与美国西弗吉尼亚州开展合作。起草《山西省加大培育国际合作和竞争新优势的意见》。

【全力争取国家支持】 积极争取中央投资。全年争取国家投资128亿元，高出2011年30亿元；争取国家核准山西省企业发行债券103亿元，同意山西省属7大煤业集团增加发债规模200多亿元。积极争取布局重大项目。在基础设施、能源等重点领域，70个项目获得国家规划批复、核准或路条批复，涉及总投资1937亿元。其中，交通项目5项，总投资440.4亿元；工业项目4项，总投资821亿元；煤炭项目8项，总规模2790万吨，总投资171.2亿元；火电项目6项，总装机430万千瓦，总投资194.9亿元；风电项目40项，总装机318万千瓦，总投资257.2亿元；太阳能光伏发电项目1项，总装机34万千瓦，总投资36亿元；生物质发电项目6项，总装机17.4万千瓦，总投资16.2亿元。

（张靖铂　杨　燕）

【实施中部地区崛起战略】 2012年，继续深入贯彻落实国家促进中部地区崛起的有关政策措施，进一步推进政策的落实，深入调查研究，开拓工作领域，努力促进各项工作迈上新台阶。一是进一步贯彻落实《促进中部地区崛起规划》和《中西部地区承接产业转移的指导意见》，配合国家发改委起草研究中部崛起政策，积极组织有关专家起草贯彻实施意见。二是积极开展山西省实施中部崛起战略的重大领域研究，完成《中部崛起战略之山西区域协调发展研究》。三是大力推进晋陕豫黄河"金三角"承接产业转移示范区建设。在国家发改委的大力支持下，批准设立"晋陕豫黄河金三角承接产业转移示范区"（以下简称"示范区"）。根据国家示范区批复要求，按照省委、省政府部署，组织争取建设国家晋陕豫黄河"金三角"区域协调发展综合试验区办公室，山西大学中国中部发展研究中心起草完成《关于加快晋陕豫黄河"金三角"承接产业转移示范区建设的意见》（初稿），与陕西省、河南省联系会商，指导协调4个市研究讨论推进思路和措施。

【煤层气、天然气开发利用】 煤层气勘探开发。2012年是山西省"十二五"煤层气勘探开发的关键年，也是能否完成"十二五"各项目标的重点年，煤层气勘探开发保持良好的发展势头。在原来区块开发的基础上，在河东煤田的柳林、三交、永和，沁水煤田的长治、阳泉以及西山地区等，取得一定程度进展。

天然气利用。积极与中石油、中石化等央企协调，全省天然气气源已基本实现多元化。途径山西省的5条国家级管道，全部实现了对山西省的天然气供应。

输气管网等项目建设。近年来，山西省输气管道取得跨越发展，"三纵十一横"的总体布局初具雏形。2012年，在此基础上继续加大投入力度，一批新管道项目正在进行。另外，相关配套支线也在抓紧建设。加气站、城市燃气、煤层气发电等项目也在抓紧推进。

推动省企与央企等企业层面加强合作，从不同角度优势互补，强强联合，共同加快产业快速发展。

努力为煤层气、天然气的开发利用建章立制。2012年，在已有各项制度的基础上，结合《中华人民共和国石油天然气管道保护法》和有关法律、法规，结合山西省实际，起草编制《山西省石油天然气管道建设和保护暂行办法》等相关文件，经过反复修改完善，走上立法程序。

积极向国家争取相关政策。向国家有关部门呼吁更好解决煤层气矿权和煤炭矿权重叠事宜，为"气化山西"和燃气产业的快速、健康、有序发展提供更好的政策和法律保障，加快煤层气开发进度。

【采煤沉陷区地质灾害治理】 实施国有重点煤矿采煤沉陷区治理，是党中央、国务院做出的重要决定。省委、省政府高度重视，全力推进。"十一五"期间，该项工作重点是改善人居环境，主要是对采煤沉陷区群众进行合理搬迁和妥善安置；"十二五"期间，山西省适时启动了国有重点煤矿采煤沉陷区人员搬迁后地质灾害的综合治理，目的是消除地质灾害及地质灾害隐患，有效遏制地面塌陷和诱发次生地质灾害，控制水土流失，保护环境，恢复生态，保障社会和谐可持续发展。2012年，山西省筛选了一批具有代表性和示范意义的煤矿作为采煤沉陷区地质灾害综合治理试点项目。大同煤矿集团公司晋华宫矿（云冈）采煤沉陷区地质灾害综合治理示范项目就是其中的典型。

（潘俊香）

国有资产监督管理

【山西国有企业在国民经济中举足轻重】 国有经济的顶梁柱作用更加彰显。截至2012年底，山西省国有企业资产总额1.46万亿元，比2011年增长16.8%；营业收入1.5万亿元，增长38.7%。其中，山西省属企业资产总额13027.7亿元，增长20%；营业收入14289.7亿元，增长37.6%；增加值2347.5亿元，增长10.3%；上缴税金855.6亿元，增长11%；实现利润214.5亿元，下降36%。上述指标中，资产总额、营业收入继续保持较快增长，上缴税金、增加值虽然增速放缓，但仍分别占山西省财政总收入的32%、占山西省规模以上工业企业的36%。在全国省级国资委监管企业中，营业收入、增加值、上缴税金列第二位，资产总额和利润排第五位。

转型发展的排头兵作用更加彰显。2012年，山西省属企业完成投资1915亿元，比2011年增长19.7%。其中，晋煤集团、同煤集团、阳煤集团和山西煤销集团分别完成320亿元、242亿元、233亿元和231亿元，合计占山西省属企业一半以上。省管12户大型骨干企业完成落地投资额2517.3亿元，完成年度落地任务的116.3%。其中，潞安集团、太钢集团、山西焦煤集团列落地额前3位。全年完成结构调整类投资1150亿元，占全部投资的60%。山西省属煤炭企业非煤产业发展态势令人瞩目，全年收入8730.6亿元，占总收入的76%，提高8个百分点。各市上项目、抓重组，在发展装备制造、商贸物流、文化旅游等产业上取得积极进展。山西省国有企业驶上调产转型的快车道，呈现出“产品多元、产业多极、增长多基、发展多源”的良好势头。

省属企业的主力军作用更加彰显。2012年，山西煤销集团成功跨入世界500强企业。太钢集团等10户省属企业入围中国500强企业，排位比2010年前移31位。山煤集团营业收入突破千亿大关，省属千亿级企业增加到8户。山西煤销、山西焦煤、同煤集团、阳煤集团、潞安集团、晋煤集团营业收入均超过1600亿元，向极具竞争力的一流企业加快转型，有望冲刺世界500强。山投集团、中条山有色金属集团、阳煤集团、山煤集团、潞安集团营业收入分别增长276%、65.9%、56.5%、52.2%、52.1%。晋城兰花集团销售收入突破百亿，成为山西省市县首家百亿级企业。

社会责任的主心骨作用更加彰显。2012年，省属企业免费供应低收入农户冬季取暖用煤670万吨，让利38.8亿元。累计投资60亿元，建成保障性住房99766套，建筑面积887万平方米。全年新增就业岗位2.7万个，在岗职工人均工资6.5万元。省属煤炭企业投资山西省高速公路建设，缓解了建设资金短缺难题。省属煤炭企业煤炭生产百万吨死亡率连续2年控制在0.05以下，仅为山西省平均水平的1/2。“气化山西”工程年减排烟尘8万吨、二氧化硫15万吨、氮氧化物4.7万吨。山西省国资委和太原市国资委督促协调太原煤气化、太化集团、蓝星化工、狮头集团等8户企业按期关停，为改善太原市环境质量做出巨大贡献。太钢集团位居2012年中国国企社会责任100强第16位，在地方国企中排第1位。

【2012年国有资产监督管理工作概况】 措施得力稳增长。2012年，省属企业全面加强经济运行监测和分析，及时调整经营策略，千方百计扩大市场份额。同煤集团开辟“北煤南运”通道，打通运输瓶颈。晋煤集团所属化工企业消化了集团一半的商品煤，实现了外部市场内部化。太重集团完成出口订货20亿元，成套订货大幅增加。汾酒集团逆势而上，通过事件营销、文化营销，品牌效益明显。国有企业严控各项费用开支，大力推进降本增效。山西焦煤煤炭、焦炭成本以及“三公”费用大幅下降，减少支出43.17亿元。太钢集团深化对标挖潜，降低成本31亿元。山西省国资委出台一系列稳增长措施，在全国各省率先开展抱团发展机制研究，从出资人角度，以市场化方式搭建省属企业之间互利合作的联动平台，推动煤炭与电力、钢铁、煤机等8个相关产业的技术融合、产品融合、业务融合和衍生对接，覆盖原料供应、产品销售、市场开拓、重大项目等多个环节和领域。8个机制建立以来，企业之间交流合作、供需对接明显加强，部分达成意向的企业签署联动协议，发挥整体优势，携手共赢发展，对克服外部环境不利影响起到重要作用。

项目建设创佳绩。山西省国资委启动项目建设年活动，出台山西省属企业投资考核办法，密切跟踪投资进度，开展项目建设督查。省属企业各亮硬招、竞相争先，全年开工建设山西省政府重点项目66个，完成投资655.7亿元，完成年度计划的104.8%，竣工投产25个，可新增营业收入575.5亿元。11个项目入围山西省级转型综改试验标杆项目，占山西省的55%。潞安集团百万吨级高硫煤清洁利用油化电热一体化项目取得“路条”，同煤集团40亿立方米煤制天然气前期工作进展顺利，山西焦煤60万吨煤制烯烃项目、太钢集团不锈钢冷连轧及硅钢冷连轧扩建项目、太重集团高速列车关键零部件国产化项目、汾酒集团集中发展区项目加紧建设。各市项目投资力度也明显超过历年水平，晋城兰花集团20万吨己内酰胺项目开工建设，阳泉市属国有企业19个项目完成投资14亿元，完成额达到年度计划的4倍。全省国有企业通过抓项目建设，以增量扩张推动总量增长、后劲增强。

融资工作成绩大。2012年，山西省属企业着力打通债权融资渠道，资本市场直接融资额大幅增加。山西省国资委全年审核批准企业各类融资申请1450亿元，是过去5年的总和，为转型跨越赢得了强劲的增量资金支持。太钢集团、山西国际电力集团、阳煤集团、太重集团、山西能投集团在融资上均有不俗表现。特别是山西煤销集团利用非公开定向债务融资工具等融资155亿元，潞安集团运用项目股权质押等融资新方式，实现了改善融资结构、降低财务成本、保证生产经营的综合效应。以项目引投资，以投资促项目，山西省属企业大力开展招商引资和对外合作工作，全年引进实体项目29个，总投资1171亿元，拟引资111.5亿元，招商项目完成投资212亿元。太原市国资委加快投融资平台建设，筹备成立国兴投融资股份有限公司。朔州市国资委组织企业开展银企对接。运城市国资委想方设法帮助企业盘活资产、变现资金，都取得了明显成效。

传统产业升级快。山西省属煤焦冶电等传统产业加快推进规模扩张和一体化发展，产业集中度和竞争力明显提升。煤炭产量突破5亿吨，占山西省的比重达到55%，同比上升2个百分点。投产和在建千万吨级大型矿井14个，占全国的44%，全速迈向大矿时代。整合矿井批复开工率86%，已经竣工投产12个，新增产能1900万吨，具备了变资源优势为经济优势、发展优势的巨大潜力。省属焦炭企业积极参与山西省焦炭产业整合，培育了一个1000万吨级、两个500万吨级大型焦化企业。太钢集团不锈钢产量连续4年保持全球第一，科技研发水平国内领先。阳煤集团、同煤集团氧化铝已形成产能规模优势。山西煤销集团与山西国际电力集团战略重组积极推进，同煤集团成功重组漳泽电力并收购中电投集团在华北地区的6个电厂，山西焦煤集团并购武乡和信电厂，省属企业电力装机容量突破2000万千瓦，占山西省1/3以上。山西国际能源集团成为世界装机容量和单机容量最大的煤矸石发电集团，山西国际电力集团以新能源发电为突破口加快转型。山西建工集团运用EPC、BOT、BT等经营方式，与政府的战略合作取得突破。太原、晋城部分资源整合矿井已经投产，产能迅速释放。吕梁离柳集团300万吨焦化项目开工建设。

新兴产业势头好。2012年，山西省属企业加快发展煤化工、煤层气、煤机制造、煤炭物流和新能源、新材料产业，形成各具特色、各有千秋的新兴产业发展格局。总氨产能2000万吨，约占全国的1/3；尿素产能1500万吨，约占全国的1/4。一批大型现代煤化工、精细化工、化工新材料项目迅速推进，逐步成为煤炭转型的支撑性产业。晋煤集团、山西国新能源集团等企业加快推进“气化山西”建设，全年完成煤层气地面抽采14.1亿立方米，综合售气约40亿立方米，累计建设长输管线近5000千米，建成加气站80余座，全省气化人口率27.7%，推动山西由燃煤时代向燃气时代大步跨越。煤炭企业与太重集团优势联合、互动发展，实现煤机产值超过150亿元，主要矿用设备已初步实现自产自给，晋煤集团金鼎公司8.3米液压支架、短壁单滚筒采煤机、大采高“8G”采煤机等一批先进设备成功问世。太钢集团钛合金、晋煤集团镁合金深加工、潞安集团光伏产业链、阳煤集团蓄电池等一批新能源、新材料项目高起点进入，扎实推进。物流贸易产业升级壮大、做实做强，山西煤销集团、山煤集团、晋煤集团、山西能投集团物流信息化和网络建设初见成效。山西经贸集团、山投集团、国控集团等资产管理企业在争取增量基金、加快回收贷款的同时，积极向房地产、旅游业等实体产业转型。

企业改革齐头进。山西省直厅局所属企业脱钩改革基本完成，27个省直机关所属233户企业正式划转到山西省国资委，省级国资监管全覆盖迈出关键一步。继续推进劣势企业有序退出，1户企业进入破产法律程序，拨付22户企业关闭破产补助费用7.86亿元。妥善解决山西省国企职教幼教退休教师待遇问题，拨付2011～2012年生活补贴资金1亿多元。完成山西省属煤炭企业自办林场移交工作。进一步强化山西省属企业工资总额管控、人工成本管理和领导人员薪酬管理。山煤集团、山西国际电力集团、山西国际能源集团等企业面向社会公开招聘员工，加大竞争性选拔高级经营管理人员工作力度。国控集团破产终结和职工安置工作取得实质性进展。经贸集团等企业着力解决改革历史遗留问题。交通开发集团、水务投资集团、粮油集团和中小企业基金集团等脱钩企业基本完成清产核资工作。体育产业集团、农业投资集团、高速公路集团、交通投融资集团抓紧推进组建和正式运营相关工作。长治、临汾、吕梁、阳泉、大同等市国资委投入大量人力物力，破产改制工作取得积极成效。

经济结构再调整。阳煤化工借壳上市获批，国新能源集团天然气公司上市积极推进。山西省国资委积极配合山西省政府开展解决信达公司债转股问题的有关工作，努力为煤炭企业首发上市或整体上市创造条件。省属企业与境内外23家企业合资合作或并购重组，资源整合能力明显增强。山西焦煤集团整合运城盐化，阳煤集团重组中化平原，化工产业实力进一步增强。太钢集团受让星原钢铁部分股权，双方渐进式股权融合取得实质性成果。太重集团煤机公司收购美国REI钻机公司60%的股份，国际化战略取得新进展。潞安集团在重点项目上积极与国内外知名企业和当地政府开展股权合作，有效分散了投资风险。国药集团重组山西医药集团进展顺利，新公司销售收入和实现利润大幅增长。忻州、阳泉等市与部分省属企业签订战略合作协议，大力开展项目交流合作。

创新管理双提升。2012年，山西省属企业积极完善科技创新体系，加大科技投入，加快提升自主创新能力，突破了一批关键核心技术。太钢集团成功开发叶片钢、双相钢管坯、超临界锅炉用钢、易切削轴类用钢等新产品。太重集团研发的世界最大75立方米矿用挖掘机成功下线，并开发出大型风机、核电、高铁车轮、车轴等高端产品。潞安集团建立特别贡献、特别激励机制，鼓励员工开展岗位创新和小改小革，以独创的烟煤喷吹技术促成潞安环能成为全国煤炭行业唯一的高新技术企业，全年享受税收优惠4.5亿元。省属企业普遍注重对自身管理水平的反思和再认识，着眼经营管理关键环节，边查边改，止血堵漏。山西煤销集团以全面计划、全面预算、全面质量管理的“三全管理”为抓手，企业管理得到全面加强。汾酒集团、山西国际能源集团、山西国际电力集团等企业把信息技术渗透到企业价值链的各个环节，使信息化成为企业经营、研发和管理工作的基础。晋煤集团、山西经贸集团等企业将风险管理融入日常管理工作，建立重大风险预警指标体系和动态预警机制。山投集团完善下属公司治理结构，强化母公司管控体系。山煤集团预算和绩效管理成效显著，资金管控能力显著增强。

监管水平有提高。2012年，出台或转发产权登记、薪酬分配、职务消费、财务管理、绩效评价、业绩考核等方面的管理制度。继续建立完善总法律顾问制度。全面推进预算管理。加大监事会监督检查力度。省属企业收取2011年度国有资本收益4.8亿元，初步发挥了国有资本收益对困难企业破产改制的保障作用。全面实行工资总额预算管理，开展企业领导人员薪酬收入专项治理和薪酬稽核检查。强化产权进场交易制度，通过信息化手段实现了对产权交易过程的动态监督。对省直机关脱钩企业基本完成清产核资、财务和薪酬衔接等工作。加大对省属企业领导班子的考核力度，把考核结果与领导人员的薪酬挂钩。开展省属企业中层领导人员选拔任用“一报告两评议”和企业领导人员后备人选选拔工作。完善党管人才工作机制，出台企业经营管理人才素质提升工程实施意见，经营管理、专业技术、高技能3支人才队伍建设取得积极进展。精心组织人才培训，初步形成组织调训、干部选学和在线学习“三位一体”的教育培训格局，省属企业全年投入人才激励资金和培训经费超过10亿元。

（刘忠兵）

安全生产监督

【2012年山西安全生产形势继续好转】 2012年，全省发生各类安全生产事故9475起，死亡2507人，继续保持“双下降”的态势；亿元地区生产总值死亡率、工矿商贸10万从业人员死亡率、道路交通万车死亡率比2011年分别下降9.6%、13.2%、11.4%，煤炭百万吨死亡率0.091，继续保持全国领先水平（全国0.374）；连续3年无特别重大事故。

【2012年安全生产监督管理工作】

强化安全生产工作。2012年，省政府连续第5年下发1号文件安排安全生产工作，省政府全年共召开常务会议、安委会议和电视电话会议13次，专题研究部署安全生产工作。新省长履新第二天就深入煤矿对安全生产进行调研，发生事故省长都在第一时间赶赴现场。各级党委政府都建立了党政一把手负总责、行政一把手担任安委会主任的工作体系，把安全生产摆在了重要位置。

完善目标责任体系。省政府与11个市政府和省有关部门签订安全目标责任书，各级、各部门把考核指标和工作目标层层分解，落实到基层政府、部门和企业。各级、各部门不断完善挂牌责任制实施细则，落实挂牌责任人的安全责任。坚持实行5人监管包保制度，并实施监管部门、分管领导和具体监管人员监管责任“三落实”制度，进一步强化了政府部门安全监管。

安全生产专项整治。连续4年开展覆盖20个行业的专项整治，排查各类生产经营单位35万多个，关闭取缔非法窝点3.8万个，投入隐患治理资金70多亿元。2012年的整治工作，分三个阶段，组织了集中整治行动和两个“百日安全生产活动”。省安委办派出7个督查组，由各部门副厅（局）长带队，不间断地进行督查。省级行业主管部门进行了垂直督导和重点抽查，全省煤矿整治分12个督导组，分别由副厅级领导带队，对全省煤矿逐一排查评估，取得良好效果。2012年全省共成立检查组8万多个，检查各类企业40多万个（次），发现和治理隐患72万多条，重大隐患303条，落实隐患治理资金7700多万元。

推行挂牌责任制。继续在重点行业推行企业法定代表人安全生产承诺制，11万家企业签订了承诺书，促进企业建立健全安全生产管理机构，完善安全生产制度，落实领导现场带班制度，足额提取安全生产费用，加大从业人员安全培训力度。全省安监部门着力推行高危行业安全责任保险，充分发挥责任保险的社会管理辅助功能，通过建立事故预防机制、行业差别费率和费率浮动杠杆机制，促进企业自我约束，自觉加强安全风险管控力度。通过发挥煤矿“六大员”、非煤矿山“五大员”作用，加强矿山企业现场安全管理，提高了企业安全生产水平。

标准化和安全乡村创建。深入开展以岗位达标、专业达标和企业达标为内容的安全生产标准化建设。煤矿生产矿井全部达标，对申报一、二级标准化的273座矿井正在验收；非煤矿山和尾矿库856家企业达标，年底达到总数的60%以上；危险化学品2302家企业达标，年底达到总数的80%以上；冶金工贸等行业622家企业达标，年底990家企业达标，达到总数的60%；建筑施工在年底前，特级企业全部通过安全认证，建筑工程施工现场全部达到“合格”标准。通过开展安全标准化创建活动，企业实现了安全管理工作程序化、岗位作业要求标准化、作业人员安全操作规范化，建立了运转有效的安全生产保障体系。全省95%的乡村（镇、街道、社区）通过安全乡村基本标准达标验收，有14775个乡村建成“安全乡村”，占全省乡村总数（30397个）的48.6%。通过召开会议、现场观摩，分解目标、加强考核等措施，大力推进安全乡村创建活动。截至2012年底，全省已有96%的乡、村通过基本标准达标验收，有7000余个乡村（社区）建成“安全乡村”，安全监管的触角已延伸到行政村，初步形成“四级机构、五级网络”的安全监管格局。

打非治违专项行动。2012年，各级、各部门坚持以联合执法为手段，以打击非法违法采矿为重点，加大巡查、突查、夜查、抽查和督查力度，采取停产整顿、关闭取缔、从重处罚和从严问责的“四个一律”打击治理措施，对非法违法行为进行严肃查处。省政府召开5次专题会议，布置打击非法违法采矿活动，对37个重点县、152个重点乡和589个重点村实施全程跟踪、全程监控、重点打击。专项行动以来，全省共打击非法违法行为96331起，责令停产、停业、停止建设企业3744家，关闭取缔非法违法窝点4786个。

事故查处。2012年，各级、各部门不断完善安全生产目标责任考评办法，严格实行日报告、周调度、月通报、半年发布、年终考核制度，在全省大考核中坚持安全“一票否决”。严格查处各类安全生产事故，2012年全省共查处事故93起，追究刑事责任59人，党纪政纪处分413人。对3起社会影响大的较大事故，提高了事故调查等级，由省政府组织成立调查组进行调查处理。

【2012年的重大以上安全事故】

2012年2月25日9时25分，晋城市境内，一辆大客车行驶至国道207成庄村路段时，翻入路右侧深沟内，造成15人死亡。

2012年4月13日1时58分，长治市善福煤业有限公司发生透水事故，造成11人死亡。

2012年11月23日19时52分，晋中市寿阳县博大西街喜羊羊火锅店发生液化气泄漏引起爆炸燃烧事故，造成14人死亡。

（成　龙）

审　计

【2012年审计成果】 2012年，全省各级审计机关共审计和审计调查单位4927个，审计查出违法违规金额614.8亿元，损失浪费金额4.51亿元，管理不规范金额1735.09亿元。

2012年，审计促进整改落实有

关问题金额211.47亿元，为各级财政增加收入73.6亿元，核减投资额50.12亿元。

2012年，通过审计移交司法、纪检监察机关及主管部门查处案件277件，涉及1322人，涉及金额4.16亿元。

2012年，审计建议得到各级政府和有关部门采纳5646条，审计报告和信息简报得到批示采用2308篇(次)。

2012年，省人民政府制定印发了《关于加强审计发现问题整改工作的意见》，就加强审计发现问题整改工作的领导和建立健全整改工作制度、机制提出具体意见。建立和完善政府领导、部门负责、审计机关督促、各有关方面协调配合的整改工作长效机制。

2012年，省本级预算执行审计共促进省人民政府及各有关部门单位制定相关的管理制度、办法31项，补征补缴预算内外收入136.98亿元，下达应拨未拨的财政资金2.04亿元，归还原渠道资金和调整账务9641.1万元，促进配套资金到位1096万元。

此外，还组织省、市、县审计机关对11个市审计局及所属县(市、区)和省厅27个处室2009年至2011年审计决定落实情况进行全面检查，促进了审计决定的落实，维护了财经纪律的严肃性。

【2012年审计工作概况】 预算执行审计。开展对省财政厅、发改委等18个部门和7项专项资金的审计和审计调查，延伸审计337个二、三级预算单位和项目实施单位。《关于2011年省本级预算执行和其他财政收支的审计工作报告》在肯定成绩、反映问题的同时，提出进一步加强预算管理，提高财政效能；完善政府投资建设项目管理和监督机制；完善征管机制，促进各项财政资金应征尽征、应收尽收；规范行政机关与所属事业单位的关系；进一步规范财政资金扶持企业特别是民营企业的程序和办法；深化财政改革，优化财政资源配置六个方面的建议。11月26日，省人民政府就审计发现问题的整改向省人大常委会作了整改工作报告。

财政决算审计。按照“两年审一次，一次审两年”的审计组织方式，对大同、朔州等8个市2010年、2011年度财政决算审计。审计查出违反财政制度金额162.12亿元，管理不规范金额270.79亿元，可增加财政收入89.3亿元，可促进资金拨付到位5.71亿元，提出改进财政收支管理、提高资金使用效益等方面的审计建议25项。

民生工程资金审计。按照审计署的统一安排，2012年2月至4月，组织全省977名审计人员，对除太原市以外的10个市、110个县(区)人民政府及其所属人力资源和社会保障、民政、卫生、财政、残联、社会保险经办机构等部门单位筹集管理使用的社会保险基金、社会救助资金和社会福利资金等12类18项社会保障资金进行审计，并延伸调查了1093家企业、8个社区居委会、279个村(居)委会、161家医院和6家药店。通过审计，摸清了社会保障制度建设和运行情况及社会保障资金收入、支出、结余规模和管理情况，评价和肯定了社会保障工作的成效，揭示了社会保障制度运行、政策执行、资金筹集管理使用和业务管理中存在的突出问题，深入分析问题形成的原因，针对性地提出深化改革、加强管理、保障资金安全和完善社会保障制度等6方面的意见和建议。

按照审计署的统一安排，组织山西省各级审计机关对全省45个县(市、区)2006年以来义务教育阶段农村中小学布局调整情况进行专项审计调查。抽查了初中271所、小学749所，涉及初中在校生27.7万人、小学在校生32.4万人，调查走访学生及家长27741名。客观评价了45个县农村中小学布局调整取得的主要成效，深入反映了农村中小学布局调整过程中出现的部分县执行政策欠规范、教育资源过多向县城学校倾斜、农村家庭教育支出增加负担较重、停办学校校舍资产处置和管理不规范等问题，注重从体制、机制、制度方面深刻分析原因，提出了科学规划、增加投入、完善保障机制、完善配套设施、做好停办学校资产处置利用工作等切实有效的改进建议，促进农村中小学布局调整更加合理，推动农村地区教育事业深入发展。

按照审计署的统一安排，组织全省各级审计机关，采取“上审下”的方式，对全省11个市119个县(区)2012年城镇保障性安居工程进行跟踪审计。延伸审计了1239个保障性安居工程项目融资、建设、勘察、设计、施工、监理、质量监督等相关部门单位和企业、238个街道办、613个居委会、10341户家庭，对重要事项进行了必要的延伸和追溯。

专项资金审计。组织开展对2011年全省煤炭可持续发展基金、国土资源、环保、水利、农业、卫生等7项专项资金征收、管理、使用情况的审计和审计调查。采取“顺着渠道看水流”的方法，使审计覆盖了专项资金征收、管理、使用的各个环节。在审计中，重点关注中央和山西省转变经济发展方式和宏观调控等方面重大政策措施以及各项惠民政策的贯彻落实情况，财政资金的支出结构，资金管理使用效益和项目建设情况，及时揭示和反映了征收入库不及时、少征漏征、管理不规范、资金分配拨付不及时、资金使用效率低、建设项目监管不到位、挤占挪用建设项目资金等问题，提出审计建议40多条。在促进资金及时拨付到位、规范管理和高效使用等方面发挥了积极作用。

政府投资建设项目审计。重点开展对全省2008年以来开工的40个高速公路建设项目、省属10所高校新校区建设、全省中小学校舍安全工程以及山西省对口支援新疆维吾尔自治区昌吉州阜康市和新疆生产建设兵团农六师五家渠市资金和项目等项目的跟踪审计和审计调查。在审计中，坚持边指出问题边督促整改，及时纠正了招投标、投资控制、土地征用和环境保护等方面存在的问题，核减投资额2866万元。结合审计工作深入开展工程建设领域突出问题专项治理工作。

金融审计。统一组织开展对晋商银行及其分支机构2010年、2011年度资产负债损益情况的审计，重点揭示反映信贷资金投向结构不合理，违规融资、投资、担保等方面的问题和风险，切实加大对金融领域重大违法违规问题和经济犯罪案件线索的查处力度，促进企业防范金融风险，完善金融监管。

企业审计。开展对太原重型机械集团有限公司、山西煤炭进出口集团公司、山西杏花村汾酒集团有限责任公司、山西省国新能源发展集团有限公司等5户国有企业2010年至2011年度资产负债损益情况的审计。从审计情况看，一些企业存在资产质量不高、决策不规范、损失浪费以及影响企业科学发展的制度性、体制性等问题。审计反映的情况和提出的建议，为省委、省政府及有关部门全面掌握企业发展现状、采取有效扶持政策提供了重要依据。

外资审计。开展对国际农发基金、世界粮食计划署山西晋北农业综合开发项目等9项国外贷援款项目的公证审计，并积极关注国外贷援款项目建设和资金管理使用情况，评价外资利用绩效，促进对外开放。

经济责任审计。组织开展对20名省管领导干部的经济责任审计。在审计中，重点关注领导干部任职期间贯彻执行国家经济法律法规、重大方针政策及决策部署，重大经济决策制定和执行，重大投资项目建设和管理的合法合规及科学有效性等方面责任履行情况，揭示和反映违法违纪违规及失责问题，客观公正、实事求是地评价领导干部经济责任履行情况和政府行政效能，强化对权力的监督和制约。全省各级审计机关完成对520名领导干部的经济责任审计。审计结果表明，绝大多数领导干部能够守法守纪，认真履行职责。同时，审计也查出领导干部负有直接责任的问题金额2.71亿元。

（郑钰卿）

工商行政管理

【2012年工商行政管理工作成绩斐然】 全力促进市场主体发展，总量达到125.7万户。发挥职能作用、积极主动作为，及时出台促进“稳增长”的八条措施，新增私营企业3.1万户，总量达到20.3万户；新增个体工商户13.3万户，总量达到94.1万户。加上5.9万户内资企业，3623户外资企业及分支机构，5万户农民专业合作组织，全省各类市场主体总量达到125.7万户。此外，出台8项措施，支持扩权强县；打造“融资平台”，帮助中小企业和个体工商户融资409亿元；推进“五农工程”，农民专业合作组织总量继续位居全国前列。

扎实推进“品牌兴省”，驰名商标达到67件。以“品牌战略与转型综改试验区建设”为主题，深入开展第六届山西品牌节宣传展示活动，进一步营造“品牌兴省、品牌兴企、品牌兴农”的浓厚氛围。引导帮助企业注册商标8735件，总量达到45870件；新认定和重新认定山西省著名商标351件，有效著名商标总量999件；国家工商总局两次共认定山西省驰名商标17件，是历史上认定最多的一年，总量达到67件。

推进信用建设，形成一批服务市场监管和社会管理的建设成果。编制印发《山西省社会信用体系建设“十二五”规划》。完成省纪委交办的工程建设领域和中介组织机构的信用体系建设任务，归集发布项目信息40万条，信用信息159万条，为工程建设领域科学监管提供了信息技术支撑；归集发布7712户中介组织及其2.1万人从业人员的信用信息，为中介组织的规范管理奠定了基础。

【深入开展执法行动，实现食品流通市场安全稳定】 2012年，在食品安全整治上，集中开展乳制品市场、食用油市场、食品添加剂市场、节假日市场等8项专项整治，查处案件1318件。在打击虚假广告上，查处案件2119件。在反垄断和反不正当竞争上，查处商业贿赂案件171件，限制竞争案件35件，不正当竞争案件686件，其他经济违法案件3451件。在打击传销上，查处传销案件22起，捣毁传销窝点536个。在打击侵犯知识产权上，查处商标侵权案件789件。在打击合同欺诈上，查处案件1203起。在治理超限超载上，查处案件307起。此外，积极开展诚信市场创建活动，评选出全省诚信示范市场30家并进行了表彰。

【加大消费维权力度，清理格式合同】 2012年，畅通渠道，及时维权，全省各级12315机构共受理消费者咨询80563件，办结申诉案件10996件，成功调解纠纷7678起，处理举报案件3385件，为消费者挽回经济损失1611万元。发布消费提示和消费警示439条。广泛开展清理整顿格式合同执法行动，公布5个领域29种不公平格式条款和合同违法典型案例，打击“霸王条款”，规范了行业行为。

（官　频　薛宝元）

国土资源管理

【强化责任，坚守土地红线】 严格落实耕地保护目标责任。将耕地保有量和基本农田保护目标及2万公顷造地任务分解到各市，并与11个市市长签订2012年耕地保护目标责任书。2012年末，全省耕地保有量412万公顷，基本农田保护面积340.2万公顷，确定并超额完成年初确定的405万公顷和339.2万公顷的耕地保护考核目标任务。

加大农村土地整治力度。在全国首创省域耕地占补平衡新机制，报请省政府下发《山西省耕地开发项目专项资金使用管理暂行办法》，确定省财政垫资30亿元，专项用于“十二五”期间耕地开发。截至2012年末，全省已落实耕地开发项目1426个，可新增耕地面积2.7万公顷；已验收耕地开发项目765个，可新增耕地1.2万公顷；批准申请省财政专项资金开发项目85个，总建设规模1.8万公顷，可新增耕地1.3万公顷。确定高标准基本农田建设示范县28个，确定任务11.6万公顷；完成省级土地整治项目立项42个，可新增耕地0.4万公顷；安排省级土地整治项目11个，可新增耕地580公顷；完成国家级、省级土地开发整理项目验收工作25个，项目总建设规模16664.7公顷，总投资4.22亿元。认真开展全省农村土地整治项目清理清查工作，得到国土资源部通报表扬与肯定。

【开拓创新，保障经济发展】 10项用地新机制取得明显成效。全年拓展用地空间0.7万公顷。已争取到城乡建设用地增减挂钩指标0.7万公顷，在93个县铺开128个增减挂钩项目，下达周转指标0.4万公顷，56个县已上报用地报批材料，用地面积0.2万公顷，有效解决了县域经济发展用地问题；38个县报送了矿业存量土地整合利用方案，可复垦土地0.3万公顷；选择晋城、长治、临汾、朔州4个市14个县开展工矿废弃地复垦调整利用试点，可复垦土地0.8万公顷；组织全省26座露天矿山编制采矿用地改革方案，可用地2万公顷，国土资源部已批复13座露天矿。

努力保障项目用地。全年提供用地2.5万公顷。2012年，通过积极争取国土资源部追加和调剂指标，累计使用国家下达新增建设用地计划指标1.8万公顷，加上10项新机制提供的0.7万公顷用地，共为全省提供建设用地指标2.5万公顷，为历史最多。安排高速公路用地0.3万公顷，安排“大水网”用地667公顷，安排重点园区建设0.1万公顷；为全省33.2万套保障性住房供应土地1146公顷，做到应保尽保。2012年，全省共批准建设用地1.9万公顷，供应土地1.7万公顷。保障了一大批转型标杆项目、新兴产业项目和民生项目的用地。

【优化布局，整合矿产资源】 煤炭企业兼并重组后续五项工作基本完成。截至2012年末，全省需领取兼并重组长期采矿许可证的煤矿909座，储量核实备案工作完成900座，完成率99%；开发利用方案评审工作完成895座，完成率98.5%；矿山地质环境保护与治理恢复方案备案工作完成881座，完成率96.9%；土地复垦方案备案完成880座，完成率96.8%；价款缴纳工作完成870座，完成率95.7%；年末应换证数874座，已审批换证810座，换证率92.7%。铁、铝土矿、耐火黏土等12种非煤资源应按整合方案批复划定矿区范围的137座矿山全部完成划界审批，全省整合保留非煤矿山省级发证基本完成。组织开展全省2012年度采矿权和探矿权年度检查工作，采矿权部级发证95座，实检矿山93座，不合格2座；省级发证1387座，实检矿山1366座，不合格19座；市级发证1889座，实检矿山1850座，不合格19座；县级发证1604座，实检矿山1576座，不合格40座。探矿权部级发证34个，实检18个，全部合格；省级发证136个，实检124个，全部合格。完成新立探矿权审批11宗，延续探矿权审批23宗，保留探矿权审批7宗，变更探矿权审批1宗。开展矿山企业矿产资源节约与综合利用以奖代补综合示范工程工作，向国土资源部推荐优秀矿山企业11座，代国土资源部审查央企3座。开展了7个煤炭国家规划矿区矿业权设置方案的修编和煤炭非国家规划矿区矿业权设置方案的编制工作，已通过国土资源部评审批复1个，待批复2个，已编制完成待省级初审1个。组织开展全省重要矿产资源“三率”调查与评价工作。

积极推进找矿突破战略行动。编制并报省人民政府批准实施了《山西省找矿突破战略行动实施方案(2011～2020年)》，落实整装勘查区项目27个(安排21588万元)，铝土矿整装勘查区项目12个(安排10511万元)，铁矿整装勘查区项目15个(安排11077万元)。全年共安排地质勘查经费5.5亿元，新立勘查项目68个。找到重要大中型矿产地12处，验收104个地勘项目，分别新增资源储量煤80亿吨、铁和铝土矿各1亿吨。

完成多种报告及资料。完成矿业权价款评估报告备案22个。完成4个矿山的采矿权评估摇号工作。完成建设用地压覆重要矿产资源报告审批175个，其中，压覆重要矿产资源报告50个，无压覆重要矿产资源报告125个。完成地质成果资料汇交620种，其中，矿产类411种，地质环境类209种。对全省新中国成立以来地质工作成果(地质资料钻孔)进行清查，清查资料7512档，钻孔31851个。全面启动矿山储量动态监督管理，对煤、铁、铝、铜等重点矿种2011年度储量年报进行抽查。完成矿产资源储量数据库与矿产资源利用现状调查成果库的衔接工作，使矿产资源储量数据库更加符合山西省矿产资源开发利用现状。

【防灾减灾，确保国土安全】 制定出台相关法规制度。出台《山西省地质灾害防灾条例》《山西省2012年度地质灾害防治方案》和《山西省人民政府办公厅贯彻落实国务院关于贯彻地质灾害防治条例决定及重点工作分工方案的实施意见》。

健全防灾队伍。确定13名地质灾害应急处置首席专家，设立6个应急小分队，安排专业技术人员与首席专家共同负责全省11个市的应急处置工作。发挥科技支撑作用，建立雨量监测站，在太原、忻州、晋中等市的泥石流隐患点建立了30个自动雨量监测站。对全省11个市、22个县开展了汛期地质灾害防治督促检查，市、县、乡、村四级层层签订地质灾害防治责任书。落实地质灾害隐患点责任人和监测人，发放防灾工作明白卡、防灾避险明白卡14.9万余份。

指导各市普遍开展应急演练。组织市、县、乡、工矿企业、学校、在建工程演练300多次，参加演练人员34000余人。建立山西省地质灾害防治信息群。一是与省气象局联合开展汛期地质灾害气象预警预报，及时发布地质灾害防治信息。2012年发布地质灾害气象预警预报23次，发送手机短信2561条。二是新建地质灾害群测群防“十有县”81个，全省达到114个，比前3年建成数增加2.5倍，全面建成“十有县”。

加大防治工程建设力度。2012年，中央财政资金1.14亿元用于11个特大型地质灾害治理项目；省级财政资金0.99亿元，用于24个地质灾害治理项目；灾害损失得到有效降低，2012年全省发生规模以上地质灾害18起，死亡12人，伤2人，比2011年减少人员伤亡9人，下降39.1%；直接经济损失345.3万元，减少1126.7万元；成功预报地质灾害5起，搬迁避让人员409人，避免人员伤亡91人，避免直接经济损失128万元。

推进矿山地质环境保护与恢复

治理工作。一是在对全省4400多个废弃矿井进行详查的基础上，编制评审《山西省废弃矿井详细调查报告》，建成废弃矿井数据库和管理信息系统。二是全省地热资源勘查开发利用保护规划工作基本完成。三是实施了21个煤矿企业矿山地质环境恢复治理示范工程，累计投资15125.3万元。使用中央投资3784万元，完成太原市万柏林区西山煤矿区、同煤大唐塔山煤矿、大同晋华宫国家矿山公园南部的地质环境治理。使用中央投资1亿元，对长治市潞安采煤塌陷区进行治理。

启动实施矿山地质环境治理项目。一是对历史遗留和责任人灭失的矿山地质环境进行治理。二是狠抓矿山公园建设。国家首批28个国家矿山公园之一——晋华宫国家矿山公园于2012年9月7日正式揭碑开园。大同火山群、晋城王莽岭国家地质公园顺利通过国家验收。晋中榆社古生物化石省级地质公园揭碑开园，被国土资源部批准成为资源保护类国家级国土资源科普基地。

【规范管理，夯实监管基础】 在省直部门和全国国土资源系统，首次发布实施《省市县三级国土资源行政许可事项业务规范》，依法行政水平有了新提升；加大审批改革力度，精简、下放10项审批事项。完成省、市、县、乡四级土地利用总体规划的编制、审批工作，并付诸实施。完成全省征地补偿标准更新工作，亩均补偿费比2009年提高5500元，增幅达21.4%。完成山西省新中国成立以来投资最大的一次农村集体土地确权登记发证工作。以国土资源“一张图”工程为基础，初步建成国土资源“批、供、用、补、查”监管平台。全年国土资源收益达891.2亿元，超额50%完成年度任务。其中，建设用地成交价款414.2亿元，征收矿产资源规费455亿元，征缴新增建设用地有偿使用费22亿元。全省矿产资源利用现状调查全优通过国土资源部验收，全面调查清理“两权”价款底数，并与各市分成交割清楚。

（张　峰）

【山西省“十二五”地质灾害易发区和重点防治区】 *地质灾害易发区*。根据地质环境条件和人类工程活动特征，省境可分为地质灾害高易发区、中易发区和低易发区3个大区。其中，地质灾害高易发区包括7个亚区、26个小区，面积为65692.9平方千米，占全省总面积的42%；地质灾害中易发区包括2个亚区、17个小区，面积为73245.1平方千米，占全省总面积的46.9%；地质灾害低易发区包括2个亚区、8个小区，面积为17355.9平方千米，占全省总面积的11.1%。

省内地质灾害高易发区主要分布于晋西黄土高原吕梁山西至黄河岸边之间的黄土丘陵区、大同煤田、宁武煤田、西山煤田、霍西煤田、沁水煤田等煤矿区及中条山铜矿区、五台山铁矿区，区内地质灾害类型主要为崩塌、滑坡、泥石流、地面塌陷等。

地质灾害低易发区主要分布于大同盆地、忻定盆地、太原盆地、临汾盆地、运城盆地等盆地区，地质灾害类型主要为地面沉降、地裂缝及少量的泥石流等。

地质灾害中易发区主要分布在介于高、低易发区之间的吕梁山、太岳山、中条山、太行山、恒山、五台山、晋北黄土高原等人口密度较小的山区及黄土丘陵区，地质灾害类型主要为崩塌、滑坡、泥石流、地面塌陷等。

地质灾害重点防治区。山西省地质灾害重点防治区位于吕梁山区西部至黄河岸边之间的广大黄土丘陵区和矿山开采区，面积约43449.1平方千米，占全省总面积的27.8%，包括11个亚区。

1.晋西黄土高原崩塌、滑坡、地面塌陷地质灾害重点防治亚区(Ⅰ1)。

该区行政范围包括河曲、保德、柳林、石楼、永和、大宁、吉县的全部，偏关、五寨、岢岚、兴县、临县、离石、中阳、隰县、蒲县的部分地区，总面积约19424.4平方千米。该区地貌类型为黄土丘陵区，下部煤层属山西河东煤田，发育的地质灾害类型主要为崩塌、滑坡、泥石流和地面塌陷。该区地质灾害防治重点是村庄、厂矿、209国道、307国道、离柳高速公路、孝柳铁路及其他县乡道路周围的小规模黄土崩塌、滑坡及地面塌陷地质灾害。

2.大同平朔矿区崩塌、滑坡、地面塌陷地质灾害重点防治亚区(Ⅰ2)。

该区行政范围包括大同市新荣区、南郊区、左云、怀仁、山阴、平鲁、朔州市朔城区的部分地区，总面积约1921.5平方千米。该区地貌类型主要为中低山、黄土丘陵，区内矿业活动强烈，发育的地质灾害类型主要为崩塌、滑坡、泥石流和地面塌陷。该区地质灾害防治重点是村庄、厂矿、208国道、大运高速公路、大同——岢岚铁路及县乡道路周围的崩塌、滑坡及地面塌陷地质灾害。

3.宁武、轩岗矿区崩塌、滑坡、地面塌陷地质灾害防治亚区(Ⅰ3)。

该区行政范围包括宁武、原平等县的部分地区，总面积约652.3平方千米。该区地貌类型为中低山，区内矿业活动强烈，发育的地质灾害类型主要为崩塌、滑坡、泥石流和地面塌陷。该区地质灾害防治重点是村庄、厂矿、208国道、大运高速公路、北同蒲铁路、宁武——五台铁路及县乡道路周围的崩塌、滑坡及地面塌陷地质灾害。

4.大同城区地裂缝地质灾害重点防治亚区(Ⅰ4)。

该区行政范围主要是大同市城区，总面积约107.4平方千米。区内发育的地质灾害类型主要为地裂缝。该区地质灾害防治重点是查明地裂缝成因，新建工程避让地裂缝危险区。

5.岚县——静乐矿区崩塌、滑坡、泥石流、地面塌陷地质灾害重点防治亚区(Ⅰ5)。

该区行政范围包括岚县、静乐、娄烦的部分地区，总面积约2247.4平方公里。该区地貌类型为中低山，区内矿业活动强烈，发育的地质灾害类型主要为崩塌、滑坡、泥石流和地面塌陷。该区地质灾害防治重点是村庄、厂矿、太古岚铁路、209国道及县乡道路周围的崩塌、滑坡、地面塌陷地质灾害。

6.太原西山—汾西—霍州—乡宁—河津矿区崩塌、滑坡、泥石流及地面塌陷地质灾害重点防治亚区(Ⅰ6)。

该区行政范围包括太原古交、万柏林、晋源、清徐、交城、汾阳、孝义、交口、介休、灵石、汾西、霍州、乡宁、河津的部分地区，总面积约8734.7平方千米。该区地貌类型属吕梁山东麓中低山，采煤活动强烈，区内发育的地质灾害类型主要为崩塌、滑坡、泥石流和地面塌陷。该区地质灾害防治重点是村庄、厂矿、太古公路、太汾高速公路、大运公路、大运高速公路、南同蒲铁路、太古岚铁路及县乡道路周围的崩塌、滑坡、泥石流、地面塌陷地质灾害。

7.太原城区地面沉降地质灾害重点防治亚区（Ⅰ7）。

该区行政区范围为太原市六城区（尖草坪区、杏花岭区、万柏林区、迎泽区、晋源区、小店区）部分地区，总面积约400.5平方千米。该区地貌类型为太原盆地，长期大量开采地下水，造成了中深层地下水位大面积下降，形成了以地下水下降漏斗为中心的地面沉降地质灾害。该区地质灾害防治重点是对地面沉降进行专业监测，查清地面沉降的变化趋势，采取限制地下水开采、减缓地下水位下降的方式防治地面沉降地质灾害。在地面沉降影响范围进行工程建设时，须进行建设用地地质灾害危险性评估工作，工程建设时应按评估结果采取相应的地质灾害防治措施。

8.太原东山—阳泉—潞安—晋城—沁水矿区崩塌、滑坡、泥石流、地面塌陷地质灾害重点防治亚区（Ⅰ8）。

该区行政范围包括太原杏花岭区、寿阳、盂县、阳泉市郊区、平定、昔阳、和顺、左权、武乡、襄垣、屯留、潞城、长治县、高平、陵川、晋城城区、阳城、沁水等县（市、区）的部分地区，总面积约6848.1平方千米。该区为沁水煤田（盆地）北、东、西三翼浅埋部分，地貌形态为中低山区及山间盆地，发育的地质灾害类型主要为崩塌、滑坡、泥石流、地面塌陷和地裂缝。该区地质灾害防治重点是村庄、厂矿、307国道、太旧高速公路、207国道、晋侯高速公路、太长高速公路、太焦铁路、石太铁路、阳泉——长治铁路及县乡道路周围的崩塌、滑坡、地面塌陷地质灾害。

9.沁源矿区崩塌、滑坡、地裂缝、地面塌陷地质灾害重点防治亚区（Ⅰ9）。

该区行政范围包括介休、平遥、沁源、古县的部分地区，总面积约849.9平方千米。该区为沁水煤田的西部浅埋区，地貌类型属中低山区及部分盆地平原区，发育的地质灾害类型主要为崩塌、滑坡、泥石流、地裂缝和地面塌陷。该区地质灾害防治重点是村庄、厂矿、309国道、208国道及县乡道路周围崩塌、滑坡、地面塌陷地质灾害。

10.襄汾塔儿山矿区崩塌、滑坡、地面塌陷地质灾害重点防治亚区（Ⅰ10）。

该区行政范围包括襄汾、浮山、翼城等县的部分地区，总面积约471.1平方千米。该区地貌类型属中山区、黄土丘陵及台塬区，矿业活动以铁矿开采为主，区内发育的地质灾害类型主要为崩塌、滑坡、泥石流和地面塌陷。该区地质灾害防治重点是村庄、厂矿、县乡道路周围崩塌、滑坡、地面塌陷地质灾害。

11.中条山矿区崩塌、滑坡、泥石流地质灾害重点防治区（Ⅰ11）。

该区行政范围包括垣曲、闻喜、夏县、运城、永济、芮城等县的部分地区，总面积约1791.7平方千米。该区地貌类型为构造侵蚀中低山区及盐湖盆地，铜矿开采活动比较强烈，发育的地质灾害类型主要为崩塌、滑坡、泥石流、地面塌陷和地裂缝。该区地质灾害防治重点是村庄、厂矿、209国道、运（城）三（门峡）高速公路、芮城—平陆—垣曲等县乡道路周围的崩塌、滑坡和泥石流地质灾害。

（李仁贵）

物价管理

【稳中求进，努力稳定价格总水平】进一步提高价格监测水平。进一步提高价格监测工作的前瞻性、准确性和有效性，通过两加强、两提高，即“加强重要的基本的商品和服务价格监测、加强应急监测，提高监测水平、提高监测效率”，汇集价格监测数据24万多条，向省委、省政府报送信息和调研报告700多篇，30多篇被采用，为领导决策提供了可靠的依据。2012年，山西省居民消费价格指数上涨2.5%，涨幅低于全国平均水平0.1个百分点，在全国各省、市、自治区居22位。

进一步加大价格监管力度。元旦、春节、中秋、国庆等重大节假日期间，市场相对活跃，是居民消费出行高峰，也是价格异常波动的易发多发期。及时对市场价格监管、稳定节日市场价格做出安排。省、市、县各级物价部门积极开展节日市场价格监测、巡查，依法查处趁节日之机乱涨价、乱收费等价格违法行为，维护市场正常的价格秩序，有效保障节假日市场价格的稳定。

进一步加强对低收入群体的保障。1月份居民消费价格指数上涨幅度达到联动机制启动条件，及时上报省人民政府启动联动机制，安排9126.8万元发放保障对象价格补贴。自联动机制建立以来，累计发放13个月保障对象价格补贴，总计13亿元。

进一步推进平价商店建设。一是成立推进平价商店建设领导组，加强组织领导。二是召开全省平价商店建设晋中现场会，组织全省各市、部分县相关人员实地考察平价商店，交流工作经验。三是在深入广泛调查研究的基础上，组织起草并印发《关于推进农副产品平价商店建设管理的指导意见》，稳步推进平价商店建设工作。

进一步深化“绿色通道”制度。山西省开通鲜活农产品运输“绿色通道”以来，共有921万辆次鲜活农产品运输车辆享受了“绿色通道”优惠政策，累计免收车辆通行费15.9亿元。鲜活农产品“绿色通道”的开通，方便了鲜活农产品运输车辆的通行，促进了农副产品的流通，增强了农副产品的市场竞争力，增加了农民收入，降低了流通费用。

进一步完善重要商品价格调控机制。一是继续完善价格调节基金征收运用管理制度，制定印发《关于依法完善价格调节基金管理进一步增强价格调控监管能力的通知》，严格征收管理，加大征管力度。二是进一步完善生猪价格调控机制。根据国家发改委等六部委《缓解生猪市场价格周期性波动调控预案》，结合山西省实际，适时修订《山西省缓解生猪市场价格周期性波动调控预案实施细则》，对于政府引导市场预期、缓解生猪零售价格周期性波动，保护农民利益，稳定价格总水平发挥了积极作用。

【围绕深化改革主题，有序推进价格改革】 积极稳妥推行居民生活用电阶梯电价制度。按照《国家发展改革委关于印发居民生活用电试行阶梯电价的指导意见的通知》(发改价格〔2011〕2617号)，充分考虑山西省经济社会发展情况和社会承受能力，同时与周边省份相衔接，在充分征求意见，科学论证基础上，精心制定了全省居民阶梯电价实施方案，并于7月1日顺利实施。实施居民用电阶梯电价后，7～10月全省居民生活用电量40.59亿千瓦小时，比2011年同期增长11.9%，与上半年相比增速下降4.5个百分点。

推进水价改革，促进水资源优化配置。水资源匮乏是制约山西省经济社会发展的重要因素，运用价格杠杆，促进节约用水势在必行。2012年，积极开展“五种水价格”课题研究，研究论证推进水价改革，理顺水源比价关系，促进节约用水的价格政策措施，11月23日在北京通过专家评审。

继续加大对“差别水价”和“阶梯式水价”的执行力度，通过价格杠杆的调节作用，促进节约用水和水资源可持续利用。水价改革的不断深入，有效调整了供水结构，增强了人们的节水意识，推进了节水工作。

积极推进医疗价格改革。2012年，会同有关部门制定印发《关于推进县级公立医院医药价格改革的指导意见》。取消药品加成，县级公立医疗机构减收或亏损由财政补偿60%，价格补偿40%。明确价格调整的原则和比例，诊查费、治疗费、手术费、护理费提价幅度不超过13%，床位费提价幅度不超过30%，降低检查费、检验费，降低幅度不低于10%。2012年，山西省34个试点县的医药价格改革工作已按照部署要求全部完成。

【促进节能减排，推进环境价格改革】 实施差别电价，促进转型升级。继续对电解铝、铁合金、电石、烧碱、水泥等“两高一资”企业实行差别电价政策，将限制类企业电价加价标准由现行每千瓦小时0.05元提高到0.1元，淘汰类企业电价加价标准由现行每千瓦小时0.2元提高到0.3元。累计执行差别电价的高耗能企业1259家，促进其中856家企业关停、转产、关小上大或技术改造，促进了企业转型、升级。

率先在全国实行排污权交易。为促进污染减排，实现在总量控制条件下环境资源配置的最优化，结合山西省实际情况，在全国率先制定氨氮等4项污染物排污权交易基准价。排污权交易基准价实行政府指导价，按照“排污权交易价格不得低于交易基准价”的原则，采取“一次性补偿”的办法，制定和调整氨氮等四种污染物排污权基准价格。这项措施将促进关小上大，有效地抑制低水平、高耗能、低效率企业的盲目发展行为。2012年，二氧化硫、化学需氧量、氨氮、氮氧化物、烟尘和工业粉尘排污权交易基准价为17000元/吨、29000元/吨、30000元/吨、18000元/吨、5000元/吨和4900元/吨。2012年，参与交易的企业有135户，交易金额4169.9万元。

在全国率先实行脱硝试点。为使全省的环境质量进一步好转，在全国率先实施脱硝试点，脱硝加价由原来的每千瓦小时加价0.6分，调整到0.8分。2012年，累计实施脱硝装机容量已达270万千瓦。

继续加大脱硫工作力度。继续执行燃煤电厂脱硫加价政策，对燃煤电厂实行每千瓦小时1.5分的脱硫加价。严格实行动态管理，依据环保部门的定期监测，对擅自停运脱硫设施，或开机不足的要扣减脱硫加价。2012年，累计执行脱硫的装机容量3262.6万千瓦，累计脱硫已达246.7万吨。

积极支持山西省新型标杆项目发展。2012年规定标杆项目享受同行业最优惠的电价，标杆项目可享受大工业电价，标杆项目中的服务业电价享受与工业同价的优惠。并且，用差别电价专项收入对标杆项目中的大工业实施电费补贴，即按照大工业电每千瓦小时电价标准补贴20%。

围绕优化发展环境要求，不断推进清费治乱和同价工作。为促进山西省经济平稳较快发展，营造良好的价格环境，进一步清理行政事业收费、经营服务收费，取消一批，降低一批，暂免一批。进一步推动用水、用气价格同价工作。通过组合施策，进一步减轻社会负担，优化发展环境。

取消、降低、暂免部分行政事业收费。为切实减轻企业负担，优化企业生产经营环境，促进经济平稳较快发展，取消行政事业收费12项，降低了部分检测收费标准，减轻企业负担约5亿元。暂免征收小微企业行政事业收费，涉及13个部门26项收费，减轻小微企业负担4697万元。暂缓征收焦炭生产企业排污费，按2009年7月至2012年底测算，减轻焦化行业负担31亿元；暂缓征收外运出省焦炭运销服务费至2012年底，减轻焦炭企业负担1亿元。

规范和降低部分经营服务性收费标准。取消山西省对运营车辆收取的汽车二级维护检测收费和综合性能检测收费，每年减轻企业和车主负担2亿多元。规范和降低山西省产权交易市场服务收费标准。部分项目降低幅度20%～50%，同时规范了市场网站挂牌公告费、项目策划费、项目推介服务费标准，每年减轻企业负担200多万元。

大力推行同价政策措施。积极推进山西省营业用气与工业用气同价政策。按照《国务院关于加快发展服务业的若干意见》，为进一步支持服务业发展，实施城市燃气企业营业用气与工业用气同价措施。同价的原则是：现行营业用气价格高于工业用气的按照工业用气价格执行，低于工业用气价格的仍按现行标准执行。

根据《国家发改委、住房城乡建设部关于做好城市供水价格管理工作有关问题的通知》要求，为理顺全省水价结构，简化用水分类，下发了《关于对我省设区市城市自来水非居民用水实行同价的通知》，将工业用水、经营服务业用水和行政事业用水统一合并为非居民用水，合并后执行统一的价格标准。居民生活用水和特种行业用水价格，仍按现行标准执行，合并后的非居民用水价格标准按照价格管理权限，将作适当调整。

【加强民生价格监管，切实减轻群众负担】 加强药品价格管理，切实降低药品虚高价格。一是规范药品定价行为。对政府制定的药品价格进行全面清理，严格定价目录管理，维护药品价格秩序。二是全面实行药品价格公示制度。加大监管力度，对列入价格管理目录的5000多个品种规格的药品价格进行公示。三是降低部分药品价格。调整消化类药品价格，共涉及53个品种、400多个剂型规格，平均降幅17%，其中，高价药品平均降幅22%，每年可减轻群众负担近亿元。调整部分抗肿瘤、免疫和血液类等药品最高零售价格，涉及95个品种、200多个代表剂型规格，平均降价17%。

加强教育收费监管。进一步规范各类教育收费、代收费行为。严格中小学教材价格管理，严格审批程序，经过审批教辅材料价格，在网站上予以公布，方便社会监督。实行中等职业学校教育免收学费政策，从2012年秋季学期起，全省职业高中（含职业中专）、普通中专和技工学校全日制学历教育学生全部免学费。

加强和完善保障性住房价格管理。制定印发《关于加强和完善保障性住房价格管理的通知》。进一步明确经济适用房、限价商品住房价格和公共租赁住房租金的管理权限，价格管理形式，规范了定价原则和方法，对稳定保障住房价格，抑制商品住房价格过快上涨起到积极作用。

(1)完善经济适用住房价格管理。规定中央驻晋、省属国有企事业单位集资合作建房销售价格报省物价局制定。政府直接组织建设的经济适用住房不计利润，按成本加规定税金制定销售价格。单位集资合作建房不计管理费和利润，税金按有关规定执行。

(2)规范限价商品住房价格管理。限价商品住房销售价格一般应掌握在周边市场或同地段、同品质普通商品住房市场销售价格的70%～80%之间。限价商品住房销售价格为销售基准价格的最高限价，不得上浮。

(3)加强公共租赁住房租金管理。公共租赁住房租金标准实行政府定价，由市、县价格主管部门综合考虑住房市场租金水平和供应对象的支付能力，以保证正常运营和维修管理为原则，按照不同地段、不同房屋类别等因素合理确定。要低于普通商品住房租金一定比例，原则应掌握在同一时期、同地段、同品质普通商品住房市场租金标准的50%～70%之间。

着力规范价格秩序。2012年，省物价部门先后开展涉农价费、涉车收费、医药价费、大型零售企业明码标价、市场价格、教育收费等专项检查及巡查。全省共查处价格违法案件1729件，查出涉嫌价格违法金额7949.3万元，实施经济制裁6988.7万元。其中，退还用户1271.5万元，上缴财政5717.2万元。受理各种投诉举报20550件，办结率99.6%。查处举报价格违法案件861件，退还用户409.8万元。

（祁治荣　马润卯）

质量技术监督

【2012年的质量技术监督工作】 制度创新。山西省质监局认真落实《质量违法行为有奖举报办法》，成效显著；大同市质监局实行的监察、检验、执法“三位一体”特种设备安全工作机制，长治市质监局认证监管“六项制度”，晋中市质监局督促企业落实主体责任“六字工作法”，吕梁市质监局在食品安全监管上的“六定三公示”“三定四有”“两方八级”和“三级四项”，太原高新区局的特种设备安全黑名单、重大危险源监控等措施，使安全监管能力得到增强；晋中市质监局编制5个风险管理和控制指导手册的使用，阳泉市质监局被总局评为全国质检系统法治优秀创新奖的“特种设备安全电子动态执法监管系统”开发应用，都收到良好效果。深入开展质量月、食品安全宣传周、世界计量日、国际认可日、安全生产月等活动。在食品安全方面，省质监局建立食品监管人员和食品生产企业人员定期培训制度，在全省推广晋中市质监局网络化监管模式，代省政府起草的《山西省食品生产加工小作坊和食品摊贩监督管理办法》已由省人大常委会审议通过，颁布实施。在特种设备安全方面，完善全省统一的企业安全承诺制、安全约谈制、安全例会制等10余项规章制度。全年省质监局召开4次安全例会，全省质监系统共约谈企业负责人396人次，培训作业人员14.2万人次，组织应急演练476次。在“两节”和“十八大”期间，以“特殊时段采取特殊举措”为总体思路，从“两节”开始至“十八大”闭幕，全省质监系统各级领导干部和相关监管人员取消节假日和双休日，坚守工作一线，对“两个安全”督查督导、现场值守；采取“省局领导包市、市局包县、县局领导包点”的措施，坚持行政与技术督查相结合，将“两个安全”监管对象全部纳入包片责任范围，采取集中约谈、严治隐患、责任前移、短信提示等14项举措，确保重要时段“两个安全”。

基础能力建设。申请筹建的国家不锈钢及其制品、祁县玻璃器皿和阳泉耐火材料3个质检中心成功获得国家质检总局批准。省质监局“质监综合检验检测中心”正在筹建。国家煤矿安全计量器具产品质检中心已完成基本建设，具备运行条件。晋城煤层气和晋中纺织机械两个国家级质检中心建设正在有序推进。新批准设立混凝土外加剂和红枣及加工产品两个省级质检中心正在筹建。积极争取各方对检验检测工作的支持，获得土地支持17.9公顷、资金支持近2亿元。省质监局成立能力建设专家组，对8个省机构和21个市所的能力建设情况进行验收考核，达标率100%；各市质监局对所辖县所进行验收考核，达标率89%，完成2012年能力建设目标任务。

科技兴检。申报国家和省级科技计划项目31项，省计量院承担的1项国家质检总局科技项目和2项省级科研项目达到国际领先水平，1项省级科研项目达到国际先进水平。组织专家对晋中纺机、长治新能源、晋城煤层气、阳泉耐火材料和太原不锈钢等5个国家质检中心进行论证。对省、市、县三级机构的实验室、食品设备、人员等基本情况进行普查，建立基本资料信息库。积极争取实验室仪器设备投入，编制《“提升食品质量安全检(监)测能力专项(2010～2015年)”2012年度检测装备项目计划》。5个技术装备项目通过国家质检总局评审立项。省计量院与国家计量院结对并被列为“西部地区科技结对帮扶项目”被帮扶单位。

质量立省。深入宣贯《质量发展纲要》。大力开展“全国知名品牌示范区”创建申报活动，积极帮助汾阳白酒集中产区、祁县玻璃器皿产业集中发展、大同云冈旅游示范区等单位申报创建，大同云冈旅游示范区已成功获批。帮助太原市、襄垣县、长治县等市县申报“全国质量强市示范城市”。太原、晋中顺利开展“政府质量奖”评审活动。长治对申报2012年山西省名牌产品的88个产品进行了专家评审和市场评价。组织太钢、太重、南风化工等骨干企业积极参与品牌价值评价。太原经济区局协调管委会对质量管理先进单位和个人进行表彰，奖励金额达100余万元。研究建立重点企业动态质量信用档案和重点产品质量数据库，评选2012年全省质量信誉企业210家，山西省AAA级质量信誉企业12户，AA级质量信誉企业70户，A级企业128户。大力开展电线电缆、车用汽柴油等9类重点产品质量提升行动，努力规范重点行业发展。组织803人参加山西省质量工程师考试，99人参加设备监理师考试，256人参加继续教育。联合多家媒体推出“转型跨越质量行”系列采访报道活动。

认证认可监管。深入推进有机产品认证示范区创建，长治沁县获批第二批“国家有机产品认证示范区”。大力推广建立“五定四查三监管”的联合监管模式和“一网三联”执法监管系统，加强3C产品认证监管，推广长治、临汾市质监局联合监管模式经验，开展强制性认证产品质量安全专项整治监督抽查和涉及食品和环境空气的7个参数能力验证活动。全面规范机动车安检机构的检验行为。狠抓食品检验机构资质认定评审，已为45家食品机构换发新的食品检验机构资质认定证书。联合山西出入境检验检疫局和《山西经济日报》开展“世界认可日”专题宣传和实验室开放日活动。

执法监管。以食品、农资、建材、汽配、化妆品为重点，扎实开展“质监利剑行动”“双打”专项行动和20余项专项整治，查处各类违法案件2800余起。进一步加强对食品、农资、建材、日用消费品等产品的质量监督抽查，累计抽查41类6375批次产品，总体合格率91.2%，其中，山西产品的合格率95%；对全省12564个企业生产销售的14632批次的产(商)品进行定期监督检查，合格率96.5%。不断加大监督抽查后处理力度，对563家不合格企业进行惩处，先后通过新闻媒体发布监督抽查通报29期和消费警示1期，向省内外质监部门发出不合格产品处理通知单64份，约谈不合格产品生产企业负责人25人次，吊销食品生产许可证1张。在全省范围内开展电线电缆、电力变压器、车用油品、自镇流荧光灯、节水器材、建材、农资、儿童用品、眼镜等9类重点产品质量提升行动；通过监督抽查，对化肥、农药、农膜、小型潜水泵、钢筋、水泥、电线电缆、工业气体、建筑扣件、粗苯、煤焦油、食品包装袋(膜)、棉被等13种产品进行风险排查。山西省产品质量总体水平稳步提升。

【在新兴领域实施标准化体系建设】 大力加强节能减排、循环经济评价、特色农业、高速公路建设和旅游业5个重点领域标准体系建设。主动向103个省直单位征集、确定133个地方标准制(修)订项目，全年共审定发布57项地方标准，其中，产品能耗限额标准8项、循环经济评价标准4项，制(修)订转化企业标准2146项。完成16个国家级和30个省级农业标准化示范区年度建设任务，与省发改委共同对4个国家级循环经济标准化试点城市建设进行中期评估督导，晋中市旅游服务标准化试点项目顺利通过国标委中期验收。条码、代码工作稳步发展，应用领域不断拓展，获得社会广泛认可，省标准化院获全国物品编码工作先进集体、全国代码工作二等奖。

【进行民生领域计量器具专项检查】 研究起草《山西省用能单位能源计量评定》地方标准，与12个省直部门联合印发《千家企业节能低碳行动方案》；组织开展能源计量服务活动和专项监管检查，大力规范和促进全省白酒行业节能减排，组织多家企业开展“能效对标计量诊断”活动，省质监局荣获全省节能减排先进集体称号。深入推进“诚信计量、和谐城乡”行动，扎实开展加油机、电子计价器、热量表计量等民生领域计量器具专项监督检查，共检查加油机9403台件，合格率98.9%；检查在用热量表49258台，首次检定数35566台。检查在用电子计价秤11599台件。查处各类计量违法案件78件。完成定量包装商品净含量、商品包装国家计量监督专项抽查工作，民生计量环境不断改善。不断加强治超用衡器的周期检定和动态监管，组织开展公路在用汽车衡专项检查，省质监局被表彰为全省治超工作“工人先锋号”。参加国家质检总局组织的全国计量知识竞赛，取得优异成绩；组织全省计量技能技术比武，组织各类计量考评员换证培训考核256人次。

【倾力确保食品安全和特种设备安全】 食品安全监管始终是重中之重。围绕国务院《关于加强食品安全工作的决定》，研究制定8个方面28条具体措施。推广晋中市食品安全监管责任监督的成功经验，在全系统建立了全覆盖、无缝隙的网络化监管网络。安排太原市质监局试点研究小作坊监管具体措施，积极探索建立小作坊监管机制。全面理顺食品生产许可证受理、审核、发证等各项职责，严把许可受理关、现场核查关和产品检验关，累计发放各类食品生产许可证867张，注销269张。继续深入推进乳制品、肉制品等6类重点产品综合治理以及非法添加和滥用食品添加剂严打行动，开展非法使用工业明胶加工食品彻查严打行动。安排200万元专项经费，重点选择22类37种食品的6大类指标62个风险因素进行风险监测，白酒、食醋等重点产品覆盖率100%。

特种设备安全监察常抓不懈。通过"四个转变"、集中开展全省特种设备普查、编制标准化检查指导书，深入推行安全例会、约谈法人、企业承诺等制度措施，全面提高监管能力。开展打非治违、小型立式锅炉安全隐患大清查、气瓶充装站和检验站整顿治理、法兰元件质量提升、学校在用特种设备检查等10余项专项整治行动和两轮特种设备百日安全大检查活动，致函29个相关部门共同参与，开展执法检查11213次，责令整改各类问题35896个。

【积极开展打击制售假冒伪劣商品专项行动】 开展以酒类、农资、建材、汽车配件和化妆品为重点的五个"质监利剑行动"。全年共查获假劣产品货值7800余万元，捣毁制假售假窝点114个，移送公安机关案件4起。按时、按要求完成国家质检总局督办案件1起、转办案件9起。加大食品生产违法违规行为的查处力度，联合省直8个部门下发《2012年联合打击假冒侵权酒类产品专项集中行动方案》，把吕梁、晋中、太原三地作为重点地区，严厉查处制售假劣白酒和严厉打击生产加工非法添加和滥用食品添加剂违法行为。

开展农资打假集中行动。在春季、秋季以复混肥、农药、农膜等产品为重点，以有效含量不足、虚假标注、以次充好、无证生产等违法行为为重点打击对象，有效保障春耕和秋收工作。

进行建材市场秩序专项整顿。会同省直九个部门联合下发了《关于印发2012年建材市场秩序专项整治工作重点的通知》，重点突出了瘦身钢材、无证水泥、劣质电线电缆和油漆、涂料、乳胶等问题比较多的产品，着力加强对保障性住房、大西高铁、高速公路等重点工程建设用建材质量的执法监管。

另外，还开展了以刹车片、安全玻璃等涉及汽配的打假工作；对美白、祛斑、防晒和婴幼儿化妆品开展执法检查，严厉打击无证生产、标实不符、限量物质超标及添加行为；形成对质量安全违法违规行为的执法打假高压态势。

（郝建玉　李　昆）

人力资源与社会保障

【城乡就业人数创历史新高】 2012年，把促进充分就业放在经济社会发展的优先位置，实施更加积极的就业政策，全省城镇新增就业人数、转移农村劳动力人数创历史新高，全省城镇新增就业51.1万人，城镇登记失业率3.4%，低于4.2%的控制目标。一是不断完善就业法规政策体系。起草完成《山西省就业促进条例》（草案）并获省人大常委会第32次会议讨论通过，2013年3月1日将正式实施。出台扶持创办微型企业的14条新政策，制定促进高校毕业生就业的18条措施。二是深入开展创业型城市和农村劳动力转移示范县"双创建"活动。创建创业型城市30个，其中，国家试点3个。晋城市创建成果显著，受到国务院表彰。全省投入创业资金7000万元，建立创业孵化基地83个，入驻创业实体6637家。实施"3万人创业扶持计划"，扶持3.4万人成功创业，带动就业12万人。创建农村劳动力转移就业示范县30个，树立劳务品牌20个，为重点工程有组织输出劳动力10万人次。三是大力开展职业技能培训。制定劳动预备制全员免学费培训办法，实现劳动预备制培训全覆盖。完成失业人员培训21.8万人、农村劳动力技能培训24.5万人、创业培训4.5万人、新成长劳动力培训8.7万人。四是抓好重点群体就业。坚持把高校毕业生放在就业工作首位，开展公共就业和人才服务进校园活动，组织实施"大学生创业引领计划"，组织就业见习1.5万余人，机关事业单位考录招聘和"三支一扶"招募1.5余万人，全方位、多渠道促进大学生就业，应届高校毕业生就业率90%。面向就业困难家庭和人员建立帮扶长效机制，帮助5.2万困难人员实现就业。五是强化公共就业服务。组建省就业服务局，整合人力资源市场，形成城乡统一的就业服务规范。省市县联动，坚持开展"就业援助月""春风行动""民营企业招聘周""高校毕业生就业服务月"等系列公共就业专项服务活动，组织各类招聘会3000余场次，提供岗位信息百余万个。为170余户企业缓缴各项社会保险费21亿元，有效稳定了就业岗位。六是召开全省创业就业表彰大会。树立就业先进集体和先进个人413个，营造了全民创业就业的浓厚社会氛围。

【基本实现社会保障体系城乡全覆盖】 2012年，继续全力推进"社保全覆盖、服务一卡通"，城乡基本养老、基本医疗保险覆盖城乡全体人民，失业、工伤、生育保险覆盖规定职业人群，基本建成省市县社保专网，实现参保人员人人持有社会保障卡。城镇职工基本养老保险、基本医疗保险、失业保险、工伤保险、生育保险人数分别达到648.5万人、1057.5万人、390.9万人、529.5万人、422.8万人。一是健全城乡居民养老保险制度。在全省范围内建立起新型农村和城镇居民社会养老保险制度，广大城乡居民养老有了制度性保障，城镇居民社会养老保险、新型农村社会保险参保人数分别达到84.5万人、1397.7万人。二是组建省社会保险局。推行"五保合一，五险统征"，建立"一张票据征收、一个平台共享"业务经办新模式。降低个体工商户和灵活就业人员参保门槛。积极稳妥处理群体历史难题。深入开展非公经济单位专项扩面行动。社会保险参保率和基金征缴率都创造了接近翻番的好成绩。三是稳步提高各项社保待遇。企业退休人员基本养老金实现"八连调"，月人均达1873元，比2011年增长12%，居中部六省首位。将封闭运行的6大企业集团医疗保险纳入社会统筹，基本实现医疗保险市级统筹。全面提高城镇医疗保险待遇水平，城镇居民医保补助标准提高到每人每年240元，进一步扩大个人账户支付范围。在100所公立医院开展付费方式改革试点，医疗费用不合理上涨得到有效控制。四是全面推进社保"一卡通"建设。狠抓数据集中、网络延伸、软件统一、业务协同、服务提升，与8家金融机构战略合作，全力推进社保卡制发工作，新制发社会保障卡超过1000万张。基本建成省市县三级信息网络和社会保障卡综合服务窗口，实现了省域内的异地就医和即时结算。依托农村便民连锁店，将服务终端延伸到行政村，有效解决了社保卡在农村的应用难题，社保体系建设在全国名列前茅。

【人力资源和社会保障工作成绩可佳】 *人才工作力度进一步加大，两高人才培养成绩显著。*以高层次人才和高技能人才为重点，着力推进人才体制机制改革创新，人才发展环境不断优化。新增高层次人才6700余名，高技能人才7.3万名，在晋工作的外国专家超过500名。一是提出在太榆科技创新城建设人才特区的意见。许多重大人才创新政策已在晋中市率先实施。制定专家服务基层等人才政策和特色人才发展"十二五"规划，形成完善的人才培养、引进、激励政策体系。二是制定引进国内高层次人才的意见和"三晋学者"培养计划。提出突出贡献人才奖励办法，健全引进海内外人才和培养本土人才的政策体系，形成高层次人才培养、引进、评价、激励相互协调的工作机制。三是牵头实施高端创新型人才培养引进工程、新兴产业领军人才培育工程、专技人员继续教育工程和高技能人才开发工程4项人才工程。新设立院士工作站18个，博士后科研流动站15个，建立国家级、省级高技能人才培训基地9个、技能大师工作室11个，选拔"三晋学者专家"18个，选拔省级学术技术带头人400名，新产业领军人才50名，享受政府特贴专家55人，282名高技能人才受到国家和省表彰，2人获中华技能大奖。四是成功举办世界晋商人才论坛和人才智力交流大会。搭建高层次人才交流平台，引进海外留学人才及"985"院校毕业生1600余人。

*人事制度改革进一步深化，公职人员管理得到加强。*一是公务员制度建设不断加强。全面强化考录工作风险点管控，顺利完成全省行政机关公务员考录工作。首次在5个省直部门公开遴选基层公务员28人，开辟公务员培养选拔新通道。深入推进分类管理工作，完成监狱、劳教系统干警的职务套改工作。坚持开展公务员"四类培训"。深入开展创先争优争做人民满意公务员活动，推选右玉县在全国经验交流会上作典型发言。二是事业单位人事制度改革不断深入。在各级各类事业单位全面推行新进人员公开招聘制度，进一步优化队伍结构。事业单位全面实行岗位设置管理和聘用合同管理，岗位设置核准率96%，聘用合同签订率95%。三是开展机关事业单位人事纪律、工资收入情况专项检查。整顿纠正了2300余个工龄、身份造假和"吃空饷"问题。四是认真做好军转安置工作。推行"四公开两统一一监督"的安置方式改革，771名军转干部得到妥善安置。

*工资分配调控进一步加强，从业人员劳动报酬普遍提高。*2012年年，城镇单位在岗职工平均工资46000元，比2011年增长15%。一是继续提高最低工资标准。一类地区达1125元，平均增幅15.1%。扎实推进工资集体协商制度，发布企业工资指导线，基准线增长15%。二是全面实施事业单位绩效工资制度。新覆盖近60万人，月人均增资542元，平均增长21%。三是进一步规范公务员工资。四是在建设领域推行农民工工资支付登记卡管理办法，有效防止了企业拖欠农民工工资。

*劳动纠纷调解和矛盾排查进一步强化，劳动关系总体保持和谐稳定。*一是强化劳动合同源头管理。全省企业劳动合同签订率保持在98%以上，集体合同覆盖率占已建工会企业的85%。二是落实劳动监察网格责任制。划分监管网格9791个，实地检查企业10.5万户次，涉及职工591.8万人次，主动监察面50%以上，为7.4万人追发工资及经济补偿金3.72亿元，督促缴纳社会保险费2.82亿元。健全法律援助服务体系，建立刚性维权和柔性维权相结合的维权机制，投诉举报结案率95%。三是进一步完善信访维稳和争议仲裁工作机制。全系统接待来信来访件(次)和人数均有所下降，信访案件有效处置率97%，劳动人事争议仲裁结案率93.1%，困难企业军转干部进省赴京"零上访"，劳动关系总体和谐稳定。

（刘大宇）

【开展"创业型城市(县)和农村劳动力转移就业示范县(市)"创建活动】 创业型城市(县)在三年内完成创建任务，达到以下创建目标：新增创业实体(包括个体工商户和私营企业)户数年均递增5%以上，其中，稳定经营一年以上的占当年新增创业实体总数的20%以上。实现创业的劳动者人数与其带动就业人数的比例达到1∶3以上。新增创业实体吸纳就业人数占当年城镇新增就业人数的50%以上。经过创业培训后开办创业实体人数占创业培训总数25%以上。

农村劳动力转移就业示范县(市)在三年内完成创建任务，达到以下创建目标：农村劳动力转移就业人数占当年农村从业人员总数的40%以上。农民人均工资性收入占当年农民人均纯收入的50%以上。乡(镇)、村工作平台实现机构、人员、经费、场地、工作、制度"六到位"，并与县级公共就业服务机构连接贯通。公共就业服务机构、职业中介机构、职业培训机构作用发挥明显。各项财政补贴政策落实到位。

【调整山西省最低工资标准】 依据《山西省最低工资规定》(省政府令第218号)和《最低工资规定》(劳动保障部令第21号)，结合山西省经济社会发展、城镇居民消费水平提高的实际，并考虑社会保障和住房公积金等因素，省人民政府决定对现行最低工资标准进行调整，自2012年4月1日起实行。

1. 提高最低工资标准。将现行月最低工资标准由一类980元、二类900元、三类820元、四类740元，依次调整为1125元、1035元、945元、855元。同时，相应提高小时最低工资标准。调整后，全日制小时最低工资标准依次为一类6.5元、二类5.9元、三类5.4元、四类4.9元；非全日制用工小时最低工资标准依次为一类12.3元、二类11.3元、三类10.4元、四类9.4元。

2. 该最低工资标准，是剔除下列各项后用人单位支付给劳动者的货币性工资:(1)加班加点工资。(2)中班、夜班、高温、低温、井下、有毒有害、行车等特殊工作环境、条件下的津贴。(3)法律、法规和国家规定的劳动者福利待遇等。

(李仁贵)

山西省最低工资标准

单位:元

类别	全日制用工		非全日制用工	适用区域
	月标准	小时标准	小时标准	
一类	1125	6.5	12.3	太原市迎泽区、尖草坪区、杏花岭区、万柏林区、晋源区、小店区、古交市,大同市城区、矿区、南郊区,阳泉市城区、矿区、郊区,长治市城区,晋城市城区、泽州县,朔州市朔城区,晋中介休市,吕梁孝义市,运城河津市
二类	1035	5.9	11.3	太原市清徐县,大同市新荣区,长治市郊区、潞城市、襄垣县,晋城高平市,朔州市平鲁区、怀仁县、山阴县,忻州市忻府区、原平市,吕梁市离石区、汾阳市,晋中市榆次区,临汾市尧都区、侯马市、霍州市,运城市盐湖区、永济市
三类	945	5.4	10.4	太原市阳曲县,大同市左云县、浑源县、大同县,阳泉市盂县、平定县,长治市长治县、屯留县、沁源县,晋城市阳城县、沁水县、陵川县,朔州市应县,忻州市定襄县、代县、宁武县,吕梁市交口县、交城县、柳林县,晋中市灵石县、左权县、和顺县、昔阳县、寿阳县、太谷县、祁县、平遥县,临汾市翼城县、襄汾县、洪洞县、古县、汾西县、吉县、乡宁县、蒲县、隰县,曲沃县,运城市临猗县、稷山县、绛县、新绛县、芮城县
四类	855	4.9	9.4	太原市娄烦县,大同市阳高县、广灵县、天镇县、灵丘县,长治市平顺县、沁县、武乡县、壶关县、长子县、黎城县,朔州市右玉县,忻州市繁峙县、神池县、五寨县、河曲县、保德县、偏关县、岢岚县、静乐县、五台县,吕梁市兴县、方山县、岚县、临县、中阳县、石楼县、文水县,晋中市榆社县,临汾市大宁县、永和县、安泽县、浮山县,运城市闻喜县、平陆县、垣曲县、夏县、万荣县

食品药品监督

【食品药品监督工作在创新中发展】 监管方式创新。2012年,山西省食品药品监督管理局在全系统推行"网格化监管、格式化检查、痕迹化管理"的"三化"监管模式,网格化监管解决责任到人、监管覆盖无空白的问题,格式化检查解决监管到位、检查项目无遗漏的问题,痕迹化管理解决行为规范、监管问责有依据的问题。通过实施"三化"监管,强化责任落实,提升监管效能,提高案件查办力度,收到明显的监管成效。全年,共出动执法人员52.7万人次,检查各类单位20.8万家次,责令整改3.2万家,停业整顿2055家,捣毁窝点81个,查处各类违法违规案件9692起,罚没款3363万元,比2011年分别增长72.9%和114%,案件查办数和罚没款总额均达到历史最高水平。

监管机构配套改革。2012年,全省市县两级机构配套改革基本完成,累计新增监管机构168个,新增编制1780名。

省食品药品监督管理局着眼于倾斜基层能力建设,加大对市县两级的投入力度,全年拨付市县两级资金7516.9万元,重点加强基层检测检验、快速检测、信息化建设和业务培训等方面的能力建设,全系统监管能力有了显著提升。

省食品药品检验所完成餐饮和保健食品省级检验认证273个项目,通过国家级项目认证51个,药品评价抽验和药品质量分析2项工作经过国家局考评被评为全国第一。省药品不良反应监测中心荣获"全国不良反应监测工作先进省级中心"称号。

推进医药产业发展。2012年,省食品药品监督管理局抓住国家实施新版《药品生产质量管理规范》这一机遇，采取"五个加强"推进措施，即加强外引内联、加强银企合作、加强政策引导、加强责任落实、加强跟踪服务，推动省内一批企业兼并重组，推动国药集团、华润集团、石药集团、扬子江药业等国内优势企业来山西投资合作，2012年已有29家制药企业实施资源整合，提高了产业集中度，增强了山西制药企业的核心竞争力。选择交通银行、民生银行作为战略合作伙伴，引导金融机构把医药产业作为重点投资领域，成功举办医药产业转型发展企业合作洽谈会、银企合作洽谈会，帮助制药企业落实信贷支持17.5亿元。通过一系列措施，加快山西制药企业认证进程，已有14家企业30条生产线率先完成新版GMP认证，全省医药产业呈现出健康快速发展的势头。2012年12月13日，国家食品药品监督管理局在山西召开现场会，向全国推广该局的做法。

【药品和医疗器械监管】 药品生产监管。重点整治原辅料来源不合法、生产投料不规范、工艺要求不严格、检验记录不完整等问题。对全省158家药品生产企业全部进行现场检查，对77家药品生产企业的181个高风险品种执行新版药典情况、原辅料生产工艺变更情况进行专项检查，完成药品GMP跟踪检查41家，组织检查麻黄碱原料使用企业36家次、化学原料药购进使用情况119家次。

药品流通监管。重点整治购进渠道、储存条件、异地设库及票据管理等问题。对78家药品批发企业仓储温湿度实施在线监控，检查基本药物配送企业88家、疫苗经营企业9家，检查互联网药品信息服务网站63家，对11家存在问题的网站实施行政告诫，收回服务资格证1家、关闭1家，对9家违法广告企业警示告诫，对7个违法广告品种采取全省暂停销售的行政强制措施。

医疗器械产销监管。重点整治医疗器械生产质量管理体系不落实、购销记录不真实、使用行为不规范等问题。全省共对32家一类医疗器械生产企业生产质量体系建立和运行情况、102家无菌、植入类医疗器械生产企业执行规范情况进行现场检查，检查体外诊断试剂经营企业54家，检查医疗器械生产经营企业11805家次，查处案件416起，限期整改1157家。

积极稳妥应对铬超标药用胶囊事件，得到国家局和省委、省政府主要领导充分肯定。山西省作为全国最大的药用胶囊生产基地，年产240亿粒，占全国市场的1/10，因为严格地实施批批检，保证了生产的药用胶囊全部符合国家标准。同时，全系统集中力量对流入山西省的问题胶囊及时处置、监督销毁，有效防范和控制了问题胶囊对山西省的冲击和影响。

【餐饮服务食品、保健食品、化妆品监管】 对重点餐饮单位开展综合整治。以学校食堂、建筑工地食堂、旅游景区餐饮单位、大型餐饮单位为整治重点场所，以肉及肉制品、凉菜、腌制食品、食用油、餐用具、水产品为重点品种，以进货渠道、清洗消毒、加工操作为重点内容开展综合整治，督促餐饮单位整改问题，有效防范安全风险。

严厉整治学校食堂餐饮安全。采取检查排队、约谈告诫、停业整顿、公开曝光和上限罚款等监管办法，对全省6232所学校食堂进行检查整顿，责令整改2211家，停业整顿159家，警告1359家，吊销餐饮服务许可证7家。对太原警官职业学院食堂等8家问题比较突出的高校食堂进行公开通报，学校食堂餐饮安全保障能力明显提升。

积极破解小餐饮监管难题。采取"全面整顿、重在规范，降低门槛、登记备案，先行试点、逐步推开"的办法，以小餐饮、小饭桌、农家乐为重点对象，大力开展小餐饮整顿规范。全省已对9000余个小餐饮登记备案，对30余条小餐饮片区和街道进行集中整治。省政府在长治召开全省餐饮食品安全现场会，张建欣副省长评价省食品药品监督管理局"思路清晰，措施有力，敢于担当，积极作为，为全省整治小作坊、小摊贩、小餐饮问题提供了借鉴。"

大胆探索保健食品监管办法。针对保健食品非法添加、违规宣传和委托生产行为混乱等问题，省食品药品监督管理局在全国率先制定实施《保健食品非法添加行为管理办法》《保健食品违法宣传管理办法》和《保健食品委托生产管理办法》，采取全省禁售、强制下架、监管公告、媒体曝光和委托生产登记备案等措施进行专项整治，下架禁售94种保健食品，发布4期监管公告，对32个品种的委托生产行为进行严格规范，收到明显震慑作用和整治效果。省食品药品监督管理局在全国保化监管工作会上作了经验介绍，大同市局和省局保化处受到国家食品药品监督管理局3项表彰。

食品药品安全示范县创建取得新进展。采取分类指导、宣传引导、资金支持等措施，充分调动地方政府示范创建工作积极性。新创建闻喜县、孝义市、寿阳县、潞城市、侯马市、右玉县等6个省级药品安全示范县(市)。新创建孝义市、原平市、繁峙县、长治县、曲沃县、闻喜县、介休市、平定县、怀仁县、泽州县等10个省级餐饮安全示范县(市)，新创建省级餐饮安全示范街16条、示范店84家。太原小店区、晋城城区、右玉县、稷山县成为首批国家级餐饮安全示范县(区)。

(高　翔)

山西经济年鉴

YEARBOOK OF SHANXI ECONOMY

6

农 业

NONGYE

农业

综述

【2012年全省农业实现新的跨越】 粮食产量再创历史新高。通过实施粮食高产创建工程、加大种粮补贴力度等措施，粮食总产、单产均创历史新高。粮食总产量127.4亿千克，比2011年增长6.8%，增幅在全国排第三位；单产258千克，增长6.6%，增幅在全国排第四位。全省11个市全部增产，有8个市创历史新高。运城市增产3.8亿千克，增幅14.2%，列全省之最。襄汾、阳高、忻府、永济、汾阳、泽州6个产粮大县受到全国表彰。同时，蔬菜、水果、肉、蛋、奶等其他主要农产品也实现全面增长，比2011年增长9.3%、9.3%、8.4%、5.1%和8.6%。

农民收入实现较大幅度增长。认真贯彻省委、省政府关于实现农民收入翻番的决定，通过产业增收、项目增收、政策增收、劳务增收，干部包村增收等措施，千方百计增加农民收入。全省农民人均纯收入6357元，增长13.5%，高于全国平均增幅，高于城镇居民收入增幅。各市普遍增幅在15%以上，太原市农民人均纯收入率先过万，达到10079元。晋中市增幅23.8%，列全省之首。临汾市建设水果、蔬菜、中药材"三个百万亩"高效特色产业基地促进产业增收，吕梁市在全国大中城市建立劳务输出机构促进农民转移增收，为全省创造了经验。

特色现代产业发展势头强劲。以"一村一品""一县一业"为主攻方向，制定出台全省现代农业发展规划，深入推进晋中、大同、运城3个现代农业示范区和10个示范县建设，狠抓农产品加工"513"工程，启动实施杂粮、畜牧、设施农业、水果、中药材等一批产业工程，引进正大、新希望、中粮、首农、雨润等一批国内外知名企业投资山西省，全省特色现代农业呈现出强劲发展势头。全年扶持发展"一村一品"专业村4000个，"一县一业"基地县60个，累计建设各类产业园区600个，完成投资近100亿元，全年农产品加工业销售收入800亿元，比2011年增长29.7%。全省新建、改扩建标准化规模养殖小区700个，新增设施蔬菜1.4万公顷，新发展果园1.4万公顷。长治市的现代特色农业，太原市的十大主题产业园区，大同市的农产品加工业，晋中市的设施农业，晋城市的循环农业，忻州市的杂粮产业等，为全省树立了标杆。

【农村工作在加强中不断创新】 农业科技支撑进一步加强。2012年，全面落实中央"一个衔接，两个覆盖"政策，积极组织开展以"双百"转化工程、百万农民素质提升工程和"一乡一站、一村一点"建设工程为主要内容的"最后一公里"农业科技

省长李小鹏在运城调研粮食生产工作

推进行动。全年推广新品种 100 个、新技术 100 项，培训农民 105 万人，完善建设乡镇或区域农技推广站 1075 个，在全国率先建成村级服务点 520 个。科技成为全年农业丰收的一个重要因素，全省农业科技贡献率 52%，较 2011 年提高 1 个百分点。在加强农业科技方面，各市创造了不少好的做法和经验，比如：长治市乡镇农技站和农产品质监机构互促互建，全部达到“有编制、有人员、有场所、有仪器、有经费”五有标准，晋中市创新组织形式大规模开展“十百千万”农业科技大培训，太原市设立 6 家农企博士工作站引进高端人才加快农业科技成果转化等。

*农业经营管理形式不断创新。*依法积极稳妥推进土地流转，大力开展农民合作社“358”示范社建设行动，创新农村社会管理，全省土地流转面积 42.7 万公顷，完成 35 个县的农村土地流转服务体系规范化建设任务。新发展农民合作社 9800 家，省市县乡村五级开通“阳光农廉网”，实现了农经、农廉同网运行。农业部和中纪委分别在山西省召开全国农村经营管理信息化建设和全国村务公开民主管理现场会，中央农村工作会议上山西省就创新农村社会管理作了典型发言。

*农业风险防控安全平稳。*狠抓重大动物疫病防控，集中力量大打春防、秋防攻坚战，全年没有发生重大动物疫情。深入开展《农产品质量安全条例》宣传，扎实推进农产品质量安全五大专项整治和农资打假供优活动，全面落实农畜产品监管责任，全力推进乡镇农产品质量安全监管站建设全覆盖，全年没有发生重大农产品质量安全事故。狠抓“一喷三防”、病虫害防治等防灾减灾措施的落实，确保农业生产稳定。

*强农惠农富农政策力度加大。*在认真落实中央和山西省已有政策的基础上，省政府又出台新的 10 项补贴政策，新增补贴资金 20 多亿元，累计补贴政策 50 项，资金总额 50 亿元。补贴种类之多、范围之广、力度之大、含金量之高、受益农民之多，是前所未有的，也是全国少有的。同时，各级农业投入也有较大幅度增长，7 个市本级财政支农投入增幅同比超过 20%。大同市增加额最高，增加 6400 万元。阳泉市增幅最大，增长 83.1%。孝义市本级财政支农投入 3.6 亿元，高平市农业补贴资金超亿元。

*新农村建设扎实推进，两轮“五个全覆盖”全面完成。*启动实施 3000 个新农村重点村建设和 104 个连片示范区建设。组织 7500 名农村两委干部参加全省新农村建设基层干部专题培训。在全省开展“一矿一企帮一村”活动，资源型企业积极投资公益事业，帮建新农村 5000 多个，投资 33.6 亿元。配合有关部门全面完成新的“五个全覆盖”，改善农村生产生活条件。

*干部下乡住村包村增收活动成效明显，贫困村面貌发生根本变化。*省四大班子领导带头深入驻点村，与农民群众制定发展规划，谋划增收项目，帮助贫困村脱贫致富。全省 6000 名领导干部包扶 6010 个贫困村，其中，省领导包村 35 个，厅(局)领导包村 92 个，市委书记、市长包村 22 个。经过一年的包村增收活动，包点村发生了根本性变化，驻点村农民人均收入增幅高于全省农民人均收入增长水平。

此外，以中低产田改造和农村沼气建设为主的农业基础设施建设、以北京展销周为平台的农业招商引资和农产品走出去战略、以强化农业项目监管为重点的党风廉政建设等，都取得了显著的成效。

（周智深）

【进一步做好减轻农民负担工作】 *切实加强涉农收费和价格的监管。*切实加强直接针对农民收费项目的监督管理，坚决杜绝乱收费、乱摊派以及截留、挪用农民款物的行为。继续实行农民负担监督管理部门负责制。财政、物价以及农业部门，要严格执行涉农收费文件“审核制”，防止出台加重农民负担的政策文件；物价部门要全面推进涉农收费和价格“公示制”，提高收费透明度。教育部门对农村义务教育阶段的学校，要坚持学生自愿征订教辅资料的原则，不得突破“一教一辅”；突出学生食堂的公益性，合理控制饭菜价格，不得按学期或年度向就餐学生收取餐费；严禁以赞助、捐助的名义向村级组织摊派教师工资和活动经费。人口计生部门对不符合有关法律法规规定生育子女的农民，除依法征收社会抚养费外，严禁收取其他费用。国土资源部门对依法利用农村集体土地建住宅的农民，除收取土地权属证书工本费外，严禁收取其他费用。民政部门对办理婚姻登记的农民，除收取婚姻登记证书工本费外，严禁收取其他费用。商务部门要加强对屠宰企业的监管，严格执行价格部门确定的收费标准，严禁向代宰户多收费用。财政部门负责各项强农、惠农、富农政策的落实，并严格监督对农民的各种补贴补偿款的发放工作，任何单位和个人不得抵扣和代缴其他费用，不得“搭车”收费或配售商品。物价、水利部门要在总结农业综合水价改革试点经验的基础上，进一步完善有关政策措施，降低农民水费支出。

不断规范“一事一议”筹资筹劳行为。“一事一议”筹资筹劳限额标准按绝对数额来确定。每个农村人口和其他常住(一年以上)受益人口，每人每年最高不超过 15 元；筹劳对象为上述受益人口中男性 18～55 周岁、女性 18～50 周岁的劳动力，每年每个劳动力最多不超过 5 个标准工日。以资代劳工价，按照每个工日不超过 30 元的标准执行，并严格控制数量、比例，防止以自愿以资代劳名义变相向农民筹资。农民负担监督管理部门对“一事一议”筹资筹劳要进行严格审核，完善“一事一议”筹资筹劳操作程序，规范组织实施。加大专项检查力度，坚决纠正层层下放限额标准权限，乡镇统筹使用、县级集中管理“一事一议”筹资筹劳资金以及套取、挪用政府补助资金等违规问题。各级农民负担监督管理部门要认真履行职能，积极配合财政部门全面推进村级公益事业建设“一事一议”财政奖补工作，加大奖补力度，扩大奖补覆盖面，完善制度办法，促进村级公益事业健康发展。

*深入开展乱收费、乱罚款及乱摊派专项清查。*继续深入开展对村级组织及农民专业合作社乱收费行为的专项治理。严禁有关部门或单

位委托村级组织向农民收取税费，违反规定的要坚决纠正。严禁将部门或单位经费的缺口转嫁给村级组织。加强对向村级组织及农民专业合作社收费事项的日常审核监管，防止乱收费和各种摊派行为。村级组织不得擅自设立项目向农民收费，严禁用罚款和违规收取押金、违约金等方式来管理村务。加强农民专业合作社负担监管，深入治理乱收费、乱罚款和集资摊派等问题，推动落实各项优惠扶持政策。

强化农民负担监管长效机制建设。严格落实涉农收费文件"审核制"，对不符合减负政策规定，超限额、超范围、超标准向农民收费的，一律不予审批；继续坚持涉农收费和价格"公示制"，将政策范围内农民承担的费用及有关涉农收费项目、标准、依据和举报电话等，向农民公示；继续严格执行村级组织公费订阅报刊"限额制"，禁止任何组织和个人向村级组织摊派发行报刊、图书和音像制品等出版物，逐步加大主要党报党刊向村级组织免费赠阅力度；继续严格执行农民负担案(事)件"责任追究制"，对违反规定加重农民负担并引发严重群体性事件、恶性案件或造成重大影响的其他事(案)件，追究有关单位或部门主要负责人的责任。

加大对涉及农民利益违规违纪问题的查处力度。加强涉及农民负担事项的检查监督，对向农民、村级组织和农民专业合作社违规违纪收取的各种款项，坚决予以退还；对违规使用的农民劳务，按当地工价标准给予农民合理补偿；对擅自出台、设立涉及加重农民负担的文件和收费项目、建设项目，坚决予以撤销；对擅自提高的收费标准，坚决予以降低。严格实行农民负担责任追究制度，对违反政策规定，加重农民负担或影响强农惠农富农政策落实的相关责任人员，要依照有关规定予以严肃处理。

【山西省 2012 年新实施 10 项强农惠农富农补贴政策】 1. 提高小杂粮补贴标准，新增马铃薯补贴。每亩杂粮补贴由原来的 43 元提高到 80 元；新增马铃薯补贴，每亩补贴 60 元。

2. 加大设施蔬菜补助力度。继续对农民建设设施蔬菜日光温室贷款给予贴息。继续对 20 个设施蔬菜生产大县给予奖补，每县 100 万元。继续对蔬菜生产基地建设项目进行专项扶持。继续对蔬菜标准园创建给予补助，每个补助 50 万元。新增集约化设施蔬菜育苗补助 3000 万元。

3. 加大对"513"龙头企业和特色农产品产业支撑项目扶持力度。改革龙头企业贷款贴息办法，捆绑农业、扶贫、农业综合开发、林业等部门产业化贴息资金，并从财政超收收入中安排部分资金，共同用于农业产业化龙头企业新建项目贷款贴息。市、县与省按照 1∶1∶1 的比例配套贴息资金。继续安排 9000 万元用于农产品加工"513"龙头企业及特色农产品产业支撑项目建设。

4. 强化生猪补贴，促进粮猪转化。继续实施生猪良种补贴，新增地方生猪良种补贴 400 万元，用于省级重点县生猪良种补贴。继续对生猪生产大县进行奖补，每县 100 万元。新增补贴资金 1697 万元对生猪调出大县予以重点扶持。

5. 加大对农村劳动力转移和新型农民培训补助力度。继续实施"阳光工程"，安排资金 5200 万元，主要用于农村劳动力职业技能和转移培训、农民实用技术培训和新型职业农民培训。继续实施巩固退耕还林成果培训，安排资金 1500 万元，全年培训 5 万人。继续实施"雨露计划"，安排资金 2500 万元，主要用于贫困地区农村劳动力转移培训，每人补助 500 元。新增贫困地区劳动力转移培训方式改革试点补助，每人每年补助生活费 1500 元。

6. 支持奶牛园区建设，增加奶牛良种补贴。继续安排资金 5250 万元用于奶牛标准化养殖园区建设，每个园区补 50 万元。新增 740 万元用于奶牛良种补贴。

7. 继续对新造干果经济林给予补助。安排资金 2.88 亿元，用于 100 万亩(6.7 万公顷)新造干果经济林补助，每亩补助 200～600 元。

8. 继续对新造灌木林及柠条加工给予补助。安排资金 1500 万元，用于 10 万亩(6667 公顷)新造灌木林补助；安排资金 1000 万元，继续对柠条平茬作业给予补贴，每亩补助 65 元。新增 400 万元，对柠条加工新建和改扩建项目进行贷款贴息。

9. 新增山老区"一村一井"工程补助，每眼井补助 40 万～50 万元。

10. 加大扶贫移民搬迁补贴规模。新增移民搬迁 5 万人，每人补贴 5000 元。

【规划实施现代农业发展重大工程】 粮食综合生产能力提升工程。按照稳定面积、主攻单产，稳定夏粮、主攻秋粮，改善品质、增加总产的发展思路，以玉米、小麦、杂粮为主攻方向，通过集成推广优良品种及高产配套栽培技术，建设一批田间设施标准化、栽培技术模式化、管理服务专业化、生产过程机械化的粮食高产示范片，辐射带动粮食生产水平的提高。玉米生产，重点扩大种植面积，大力推广优良品种和关键技术，努力提高玉米单产水平，保证秋粮产量稳定增加。小麦生产，重点稳定面积，着力提高单产水平，确保夏粮生产稳定。实施杂粮振兴计划，重点培育龙头企业，建设杂粮生产示范基地县和集中连片的杂粮种植带、种植区，打造有全国影响力的杂粮专业市场，提高杂粮的优质率、商品率和加工转化率。"十二五"期间，全省粮食综合生产能力达到 120 亿千克以上。

振兴畜牧业工程。着力建设雁门关生态畜牧经济区和"一县一业"畜牧重点县，精心培育肉禽、生猪、牛、羊四大优势产业，以龙头企业为载体，以重大项目建设为核心，积极谋划发展一大批标准化规模养殖产业项目，推动传统畜牧业向现代畜牧业转型升级。力争到 2015 年，主要畜产品产量、农民人均畜牧业收入实现翻番，畜牧业产值占到农业总产值的 40%以上。

设施蔬菜建设工程。以晋南、上党、晋中、忻定和大同五大盆地为重点，加快以日光节能温室为主的设施蔬菜发展。推进区域化、规模化种植，培育一批千亩村、万亩乡、十万亩县的设施蔬菜生产基地。力争"十二五"末，全省新增设施蔬菜面积 6.7 万公顷。

水果“双增”（增产增效）工程。以晋中盆地、晋南边山丘陵区、吕梁山南麓丘陵区三大水果产业带为重点，扩大果园面积，增加果品产量，提高水果产业的整体素质和效益，推动水果产业上档升级。坚持新果园发展与老果园更新改造并重。通过完善果园水利设施、配套新型装备等措施，建成一批现代化、标准化水果示范园区；通过完善水利设施、增施有机肥、果园间伐、高光效树形改造、推广新品种和新技术等措施，加快老果园更新改造。

农产品加工“513”工程。统筹和新增资金投入，主要通过贴息办法，支持特色农业产业化支撑项目建设。加大农产品加工“513”工程实施力度，引导龙头企业通过吸引社会资本和金融扶持贷款，新上一批技改和扩建项目；与大专院校、科研院所联手推进技术创新；从优化股权结构和法人治理结构入手，建立现代企业制度，组建现代企业集团，实现规模扩张；以优势企业为依托，实施品牌战略，整合打造山西特色的大品牌。力争到2015年，培育销售收入50亿元以上的龙头企业达到5个，10亿元以上企业达到20个，亿元以上企业达到200个。

农产品质量安全工程。加强农产品质量安全监管体系建设，健全完善省、市、县三级监管机构，加快乡镇农产品质量安全监管机构建设，到2012年底全省所有乡镇基本建立农产品质量安全监管服务机构。深入开展农产品质量安全专项整治，进一步完善农产品质量安全例行检测和监督抽查制度，提高监测频度，扩大监测覆盖面，对生鲜乳生产收购、农兽药和饲料生产、经营、使用实行全过程监管。建立健全农产品质量安全监管责任制，进一步完善落实农产品产地准出、质量追溯等项制度。实行农产品产地安全分级管理。推动农产品生产、加工和流通企业建立诚信制度。大力推进农业标准化，加快制订一批符合山西省农产品生产实际的技术规范和操作规程，大规模开展标准化生产示范创建活动。加大“三品一标”认证监管力度，精心培育特色农业品牌，支持涉农企业和农民专业合作社争创中国驰名商标和山西省著名商标。

农村劳动力转移工程。结合县域经济发展，加快农民就地转移。大力实施农村劳动力转移及农民创业工程，加大阳光工程培训力度，鼓励农民外出打工，支持农民创业就业。在大力发展大中型企业的同时，积极发展小企业和微型企业，增强吸纳农村劳动力的能力。切实加强引导服务，进一步拓宽农村劳动力向省外转移的渠道。改善农民工就业环境，提高农民工资性收入。力争“十二五”期间，全省每年有60万农村人口进入城镇，每年向城镇和非农产业转移30万农村劳动力。

现代种业工程。围绕玉米、小麦、马铃薯、杂粮、瓜菜等5大产业，重点支持5个育繁推一体化龙头种子企业做大做强，同时完善良种繁育、新品种展示示范、种子质量检验、种子信息网络等支撑服务体系，构建以产业为主导、企业为主体、基地为依托、产学研相结合、育繁推一体化的现代农作物种业体系。畜牧业立足实现省内优种自给，着力构建“畜禽祖代场—扩繁场—商品场”制种供种体系，加强地方畜禽品种的保护、培育、选育和开发利用。积极引进国内外优良畜禽品种，加快山西省地方品种的杂交改良。

动植物保护工程。推进重大动物疫病预警指挥、基础设施、技术支撑、物资保障、区域化管理五大动物疫病防控体系建设，健全兽药质量安全监管体系，开展动物疫病区域化管理试点工作。推进植保数字化预警、无害化防控、专业化服务、法制化管理，重点建设农业有害生物预警控制、植保专业化防治、检疫性有害生物防控、农药质量检定、植保技术推广五大体系。

农业信息化建设工程。实施农业信息化示范建设工程，建设一批农业生产经营信息化示范基地和农业综合信息服务平台，建立健全全省农业应急指挥平台，启动山西省“金农二期工程”和全省农业云计算中心建设，建立共享化农业信息综合数据库和网络化信息服务支持系统，开展农业物联网应用示范。依托“三电合一”项目建设成果，深入开展“12316，信息进农家”活动，增强信息服务能力。

农田水利工程。按照“西引黄河、东抓拦蓄、腹部节水，大力发展地表水灌溉”的原则，以“大水网”骨干工程为依托，加快沿线“小水网”建设，突出抓好大中型灌区节水改造及大型泵站改造、小农水重点县、“一村一井”、西山提黄、末级渠系配套和“五小”水利等六项重点工程建设，全面贯彻大中型泵站灌溉电价水价和末级渠系配套两项补贴政策，深化小型水利产权制度改革，不断提升灌溉工程管理和服务水平。力争到“十二五”末，全省有效灌溉面积达到153.3万公顷，实现农业人口人均一亩水浇地，节水灌溉面积达到100万公顷，灌溉水利用系数达到0.6。

农业机械化推进工程。加快构建以技术推广、质量监督、安全监理、教育培训和信息宣传为主要内容的农机化公共服务体系，以农机专业合作社、农机大户和农机专业户为基础的农机社会化服务体系。积极推进农业机械的更新换代，大力开展机械化节本增效工程建设，加快农机化主推技术示范应用。力争到2015年，全省玉米机收水平达到45%以上，马铃薯机收水平达到50%以上，设施农业机械化水平达到65%。

农民素质提升工程。以“阳光工程”为主线，开展农村实用人才和新型农民培训，每年培训100万人。广泛开展以农业实用技术和田间地头手把手为重点的普及性培训；重点抓好以种养大户、专业合作社负责人、大学生村干部、农村经纪人、农机手等为重点的职业农民培训；深入推进以青年农民和有志于农村创业的大学生为主的农民创业培训；积极扶持农业广播电视学校、农业职业院校办好农业中等职业教育，通过送教下乡等形式，实现对35岁以下的农村青年基本完成农业中专学历教育。

“一村一品”“一县一业”推进工程。大力发展“一村一品”“一县一业”，加快建设一批较大规模的特色农业产业基地。力争到2015年，全省建成10000个“一村一品”专业村，60个“一县一业”示范县，规划建设一批优势农产品产业带或产业区，形成跨区域、大规模、集群式、板块化推进的格局。

【规划推进现代农作物种业发展】 发展目标。到2020年，全省种业基本建立起科研分工合理、产学研相结合、资源集中、运行高效的育种新机制，培育具有重大应用前景和自主知识产权的玉米、小麦、马铃薯等主要农作物突破性优良品种10～15个；重点建设标准化、规模化、集约化、机械化玉米、小麦、马铃薯、杂粮、瓜菜等作物种子生产基地100万亩(6.7万公顷)；整合培育20～30个种子骨干企业，打造5个育种能力强、生产加工技术先进、市场营销网络健全、技术服务到位的“育繁推一体化”现代农作物种业集团，力争有1～2家成为上市公司。

主要任务。(1)加强基础研究，完善种业创新体系。(2)推进机制创新，培育现代种业企业。(3)加强基地建设，提升供种保障能力。重点开展玉米、小麦、马铃薯、杂粮、瓜菜等作物原原种、原种、良种、杂交种和优质蔬菜、果树种苗生产。在忻定、晋中、上党、大同、运城等盆地建立杂交玉米制种基地2万公顷，年产种子8000万千克。在运城、临汾、晋城、晋中等地建立小麦良种繁育基地2万公顷，年产种子7500万千克。在吕梁、大同、朔州、忻州、长治、太原等高海拔冷凉山区，建立马铃薯脱毒种薯繁育基地1.3万公顷，年产脱毒种薯2亿千克。在雁门关、太行山、吕梁山等区域建立杂粮种子繁育基地6667公顷，年产种子1000万千克，重点繁育豆类、谷子、糜黍、莜麦、荞麦良种。在大同、忻定、晋中、上党、晋南等盆地建立瓜果菜种子、种苗繁育基地6667公顷。其中，种子基地6000公顷，年产种子600万千克；种苗基地667公顷，年产标准化种苗40亿株。(4)完善管理机构，提升市场管理能力。(5)规范品种试验，严格品种审定和保护。(6)完善储备制度，提升抗灾救险能力。

政策支持。(1)制定现代农作物种业发展规划。编制省、市、县现代农作物种业发展规划，明确今后10年推进现代农作物种业发展的任务和措施。(2)加大企业育种投入。加大政策支持力度，将“育繁推一体化”龙头种子企业列入省级农业产业化龙头企业，享受相关的政策待遇；农业产业化资金、扶贫资金、技改资金、科技支农资金要优先向“育繁推一体化”种子企业倾斜。(3)加强种业基础设施建设。在原资金渠道不变的前提下，统筹安排农作物种业资金和项目，加强育种研究、品种测试和试验、种子检验等基础设施建设。(4)鼓励科技资源向企业流动。鼓励科技资源合理流动，支持从事商业化育种的事业单位或人员进入种子企业开展育种研发。允许省内科研教学推广单位事业编制科技人员采取技术合作、项目转让、技术入股等多种方式与种子企业签约开展商业化育种。对企业引进的科技人才，当地政府要参照有关政策积极解决户籍、住房和待遇等问题。(5)实行种子企业税收优惠政策。对符合条件的种子企业批发和零售种子免征增值税。对符合条件的“育繁推一体化”种子企业的种子生产经营所得，免征企业所得税；对以“公司＋农户”经营模式从事种子生产企业的农、林、牧、渔业项目所得，按规定减免企业所得税。对企业兼并重组涉及的资产评估增值、债务重组收益、土地房屋权属转移等给予税收优惠，具体按照国家有关规定执行。工商、质监、卫生、国土、税务等各有关部门对种子企业收取的行政性费用一律按最低标准执行。(6)加强种子生产基地保护。实行种子生产基地保护制度，建立玉米、小麦、马铃薯、杂粮和瓜菜种子生产基地保护区，除法律法规有明确规定和轮作倒茬外，不得改变种子生产基地保护区的用地性质。各级人民政府要积极协调种子生产基地土地流转。种子生产基地与县乡公路之间的道路由农业部门负责统筹规划，各级财政部门负责投资修建。水利部门对种子生产基地建设水利设施配套予以支持。(7)完善救灾备荒种子储备和种子生产加工收储补贴政策。各级财政每年要安排专项资金，对省市县三级救灾备荒种子储备给予补助，主要用于储备种子收购资金利息、仓储保管、质量检测、损耗及转商损失等费用的补贴。建立政府支持、多方参与、市场化运作的种子生产风险政策性保险保障机制，对玉米、马铃薯种子生产开展保险试点，保费由中央财政、省财政、制种企业和农户按40%、30%、25%和5%的比例分担。完善种子收储政策，鼓励和引导相关金融机构特别是政策性银行加大种子收储的信贷支持，并按权限下调贷款利率，确保种子及时收购和农民制种款按时兑付。加大高效、安全制种技术和先进适用制种机械的推广使用，将种子生产加工机械设备纳入农机具购置补贴范围。(8)加大种子管理工作经费支持和管理能力建设。各级人民政府要切实保证种子管理工作经费投入，将种子市场监管、质量监督检验、品种区域试验等属于公共服务范围的种子管理工作经费纳入同级财政预算。

(李仁贵)

种植业

【粮食生产连续三年突破历史最高纪录】 高产作物面积继续扩大。2012年，全省粮食播种面积329.2万公顷，比2011年增加0.4万公顷，连续4年增长。全省玉米播种面积166.9万公顷，比2011年增加2.2万公顷，连续2年超过粮食面积的一半。

2012年，山西省粮食总产量127.4亿千克，比2011年增长6.8%；粮食平均亩产258千克，增长6.6%。粮食总产、单产双双创历史新高，总产、单产增幅在全国各省(区、市)排名中分别列第3位和第4位。同时，夏粮、秋粮两季都增产，秋粮首次超过百亿千克。全省11个市全面增产。

农产品质量安全水平提升。全省切实加强以农药、化肥、种子为主的农业投入品管理，大力推行标准化生产，积极开展绿色防控示范区建设，从源头上抓好农产品质量安全工作。全年共查处假冒伪劣农资1700多吨，为农民挽回经济损失2200多万元。高毒农药定点经营管理基本覆盖优势蔬菜产区。全省蔬

灵石县英武乡核桃林示范区

菜产品监测合格率97.8%,为历年来最高。

设施蔬菜发展势头强劲。2012年,山西省继续实行设施蔬菜生产大县奖补、蔬菜日光温室贷款贴息、蔬菜标准园创建补助、蔬菜生产基地建设补助等强农惠农富农政策。2012年用于扶持设施蔬菜发展的中央、省资金达1.26亿元,极大地促进了设施蔬菜发展。2012年,山西省设施蔬菜表现出强劲的发展势头。全省设施蔬菜新增1.4万公顷,总面积达到9.4万公顷,设施蔬菜周年化的生产体系已基本形成,破解了山西省冬春淡季蔬菜生产和产品供应的难题,蔬菜冬春自给率已由"十一五"期间的30%左右上升到50%左右,基本实现了蔬菜等产品的周年均衡供应。

惠农政策力度进一步加大。2012年,共安排粮食直补、生产资料综合补贴资金34.8亿元,比2011年增加12.5亿元。在提高玉米、小麦补贴标准的同时,围绕省政府实施小杂粮产业振兴计划,大幅度提高杂粮补贴标准,新增马铃薯补贴。新增杂粮补贴资金4.44亿元,杂粮补贴由每亩43元提高到80元;新增马铃薯补贴资金1.8亿元,马铃薯每亩补贴60元。落实玉米、小麦、棉花、水稻全覆盖良种补贴3.86亿元。马铃薯脱毒种薯繁育补贴资金正式列入财政预算,落实资金2000万元。省财政安排资金3900万元,对13个省级产粮大县进行奖补。政策性农业保险稳步推进,全省小麦、玉米保险面积达到132.7万公顷。

粮食高产创建工程扎实推进。2012年,利用中央财政资金3920万元,建立粮食高产创建万亩示范片245个,每个示范片平均补助16万元。其中,在定襄县及寿阳、文水、高平、屯留、长子、祁县、原平、应县、朔城、大同、永济、临猗等12个县(市、区)的12个乡镇开展粮棉整县整乡整建制高产创建推进试点工作。2012年,全省粮棉高产创建工程示范面积16.9万公顷,涉及183个乡镇、1273个村的34万农户,累计增产粮食11万吨、皮棉2790吨。利用省财政资金2000万元,建立粮棉高产万亩示范片41个。部、省级粮棉万亩高产示范片达286个,涉及78个县,小麦面积1.3万公顷以上和春播玉米面积1.3万公顷以上的县实行全覆盖。

玉米丰产方地膜覆盖顺利完成。利用中央财政安排山西省的旱作农业技术推广项目资金6000万元、现代农业生产发展资金4500万元,支持旱作节水技术推广,推广地膜覆盖技术23.3万公顷,比2011年增加3.3万公顷,每亩补贴30元。项目区共涉及11个市、42个县、513个乡、2345个村,惠及62万农户。全省实际落实以玉米为主的粮食作物地膜覆盖技术24.9万公顷,增产粮食3亿多千克,增收6亿多元。在阳曲、五寨等县积极示范推广"全膜覆盖"、渗水地膜等,在天镇县开展"以旧膜换新膜"试点。

【落实科学发展观,坚持科学种田】

推进现代种业发展。一是积极引导,整合种子企业做大做强。种子管理部门加大协调服务工作力度,引导督促骨干企业进行资源整合,使企业做大做强,推动山西省种业综合实力不断提升。强盛、潞玉、诚信等3家种子企业注册资金已经达到1亿元;注册资金达3000万元的种子企业有金鼎、屯玉、金色农田、华科、鑫农奥利、天元等6家。另外,强盛种业、潞玉种业被评为全国3A级种子企业。二是重点扶持,提升种业科技创新能力。种业科技创新得到农业部、省发改委、财政厅、科技厅等部门的支持,在种子工程、战略储备、综合开发、技术改造、科技创新等方面进行重点扶持,加大项目资金的投入。国家发改委2012年生物育种能力建设与产业化专项"屯玉种业玉米新品种生物育种开发应用及产业化示范推广"项目、太原强盛种业玉米良种生产基地建设项目、长子方兴、岢岚神剑优质种苗繁育基地建设项目等已经落实。在品种科学试验的基础上,积极探索种子企业品种审定绿色通道,种子企业19个品种通过2012年省级品种审定,占全省审定品种的29.7%,种子企业商业化育种的主体作用日趋明显。三是强化培训,不断提高从业人员素质。为更好地适应种业发展和种子管理的新形势、新要求,山西省以种子质量监管、种子加工储藏、种子质量检验等内容为重点,组织开展多层次不同类型的培训班50余期,培训人员3000余人次,进一步提升了全省种子管理人员和种子生产经营者的能力素质,为加快现代种业发展奠定了坚实基础。

新技术集成试验。2012年,在全省11个市、45个县(市、区)开展了小麦、谷子、大豆、油料等67

个新品种、小麦节水栽培、沼液喷浇小麦、谷子精播、冬油菜北移等39项新技术、巴斯夫植物健康剂、那氏齐齐发等11种新材料的试验、示范。

*全面开展测土配方施肥行动。*2012年,山西省共有115个县(市、区)、108个项目实施单位开展测土配方施肥工作,全省在玉米、小麦、棉花、果树、蔬菜、小杂粮等作物上共推广测土配方施肥面积301.3万公顷,其中,配方肥施用面积135.5万公顷,免费为590多万户农民提供测土配方施肥技术服务。所有项目县全部完成数据录入和数据库建设与升级工作。整建制测土配方施肥工作稳步推进,3个县、44个乡(镇)、2845个村实现了整体推进。通过实施测土配方施肥,作物单产水平提高十分明显。据调查,小麦应用测土配方施肥技术,亩增产4.2%左右,亩均节肥0.2千克(纯养分)左右。玉米应用测土配方施肥技术,亩增产5%左右,亩均节肥0.1千克(纯养分)。棉花应用测土配方施肥技术,亩增产4.1%左右,亩均节肥0.5千克(纯养分)。马铃薯应用测土配方施肥技术,亩增产4.9%左右,果树、蔬菜应用测土配方施肥技术,亩均增产6.5%左右。

*继续推进中低产田改造工程。*2012年,全省完成中低产田改造面积16.2万公顷(包括大同盆地盐碱地改造0.7万公顷)。其中,实施坡耕地综合治理5.8万公顷、沟坝地整治与培肥1.8万公顷、河川地补灌与培肥1.1万公顷、旱平地培肥5.6万公顷、盐碱地改造1.1万公顷、高产稳产农田建设0.9万公顷,涉及666个乡镇、3781个村、43万个农户,11个市均按计划完成工程建设任务。通过工程建设,取得显著的经济、生态和社会效益。工程田平均亩增粮56.5千克、增菜85.7千克、增加经济作物28.4千克;工程田总计增粮1.27亿千克、增产蔬菜1210万千克、增产经济作物103万千克,总增收2.73亿元,总节本0.24亿元,总增收益2.97亿元,项目区平均每个农户增加收入690元。同时,项目区田、水、渠、林、路得到综合治理,农田基础设施和农业生产条件得到明显改善,耕地抗拒自然灾害能力和农业综合生产能力明显提高,促进了农业资源的高效利用,有效地保护和改善了生态环境。

*积极推进旱作节水农业工程。*2012年,以开展农田节水示范活动为抓手,以国家旱作农业示范基地建设为依托,以灌区节水和旱区蓄水为主攻方向,共建设旱作节水工程田12万公顷,显著提高了水资源的利用率。一是继续组织开展农田节水示范活动。集成推广少耕穴灌聚肥节水技术1.9万公顷、日光温室水肥一体化技术0.3万公顷,膜下滴灌技术0.2万公顷、"W"膜盖集雨补灌技术1.1万公顷、秸秆覆盖蓄水保墒培肥技术9万公顷,涌现出陵川秸秆覆盖、原平酥梨水肥一体化、阳曲县全膜双垄沟播技术等先进典型。二是认真组织实施旱作节水农业项目。2012年,在尧都、介休实施农业部膜下滴灌技术示范面积366.7公顷,累计节水100万立方米,肥料利用率提高10个百分点。项目区总增蔬菜100万千克,共节支增收400万元。三是加强农田土壤墒情监测工作。2012年首次确立的20个国家级墒情监测县按照农业部的要求,完成各项任务。截至2012年底,共采集墒情监测数据1万多个,发布省级墒情简报21期,各市、县累计发布墒情信息83期,及时服务于农业生产。四是认真组织实施基本口粮田建设项目。在娄烦、阳高等25个县的退耕还林区实施基本口粮田建设2万公顷,为巩固退耕还林成果、确保退耕区退耕农民的粮食安全创造了条件。

稷山县李老庄村2012年实施设施蔬菜水肥一体化示范及配套技术应用119栋日光温室,统计数据表明,滴灌比常规灌溉每栋节水量143.3,每栋施肥量比常规施肥区节约氮肥(N)7.1千克、磷肥(P_2O_5)5.3千克、钾肥(K2O)3.7千克,每栋节水节肥节支220元;每栋增产637.3千克,品质提高每栋增收716元,合计增收1862元;总计每栋温室节本增收2082元。

*实施土壤有机质提升项目。*结合山西省实际,在地力消耗较大的冬小麦——夏玉米一年两熟种植区的永济、稷山、盐湖、夏县、襄汾、尧都、洪洞、曲沃等8个县(市、区)的45个乡(镇)、401个村实施玉米秸秆粉碎还田腐熟技术5.3万公顷。结合有机质提升项目的实施,狠抓秸秆还田技术的推广。出动秸秆还田机具累计11767台,秸秆还田面积159.1万公顷。

*落实科学抗灾减灾措施。*一是针对大风和降温天气,及时发布指导意见和技术方案,指导各地做好灾害性天气预防和灾后抗灾工作。二是组织农业专家和技术人员深入生产一线,了解和评估灾害对农业生产造成的危害和损失,指导农民抗灾减灾。三是配合保险公司推进政策性农业保险。全省玉米、小麦保险面积132.7万公顷,比2011年增加42.5万公顷,并组织专家对部分县玉米受灾情况进行评估。四是开展小麦"一喷三防"。2012年中央共安排山西省抗灾减灾资金5250万元,集中用于64个小麦生产县的70万公顷小麦后期"一喷三防"技术补助,每亩补助5元,实现了全覆盖。

【振兴杂粮产业】 2012年4月,省政府组织召开全省电视电话会议,安排部署山西省杂粮产业振兴工作。这次会议是山西省多年来首次召开的以发展优质杂粮为主题的重要会议,对当前山西省杂粮生产的形势进行了分析,研究部署用新的理念和现代方式推进山西省杂粮产业发展。会议指出,近年来山西省杂粮发展取得了一定成效,得到国内外消费者的认可,山西杂粮供不应求。山西省发展杂粮产业有基础、有条件、有潜力、有市场,只要加大力度,坚持不懈地抓下去,山西的杂粮产业将会再上一个新台阶。根据会议精神,2012年山西省大幅度提高杂粮补贴标准,新增杂粮补贴资金4.44亿元,杂粮补贴由每亩43元提高到80元。由于措施得力,补贴到位,2012年山西以谷子、豆类、薯类为主的杂粮种植面积得到稳定,生产获得丰收。总产量12.3亿千克,比2011年增长25.3%。

2012年,山西组织各市县区参加了第十一届中国优质稻米博览交易会，参展的20个企业在稻博会上展销了小米、燕麦、荞麦、杂豆等8大类40余个加工及深加工产品，充分展示了山西特色优质杂粮的优良品质，产业前景看好。

【继续深入开展种子执法年活动】 连续第三年开展种子执法年活动。年初，制定了《2012年山西省种子执法年活动实施方案》，启动了执法年活动，派出11个督查组对各市种子执法工作进行检查指导。各级种子管理部门按照"退出一批品种、清理一批企业、查处一批案件、规范一批基地、完善一批制度"的总体要求，立足种业全程监管，突出"五重一大"监管重点，集中开展冬季种子企业督查、春季种子市场专项检查、夏季种子生产基地巡查、秋季种子市场专项检查四大专项行动，加大种子案件查处力度，严厉打击种子生产经营违法行为，维护公平有序的种业发展环境。全省共检查种子企业271个次，检查种子经营门店3264个次，检查种子经营档案3859份，检查种子经营台账4105部。查处种子案件60余起，查获假劣种子20余万千克，为农民挽回经济损失2000余万元。

积极开展新品种展示示范。 2012年，全省新品种展示示范面积1.7万公顷，涉及20多种作物300多个品种。在展示示范田收获前，以市、县为主召开不同层次的现场观摩会，组织种子企业、管理部门、农业科技人员、种粮大户、农民、经销商等进行参观、学习和评价，为下一年度新品种推广奠定了基础。同时，加大推广力度，在玉米上重点推广先玉335、农大84、大丰26号、强盛52号等新品种，面积达72.2万公顷，占全省种植面积的40.6%；在小麦上重点推广临丰3号、舜麦1718等新品种，面积达34.2万公顷，占全省种植面积的51.1%。

组织品种试验。 对玉米、大豆、向日葵等11种作物实行编码试验。开展参试品种选育档案检查和转基因检测工作。进一步规范品种申报、试验管理、试验操作、报告审核等程序。共组织完成20种作物30个区组108个试验点的国家区域试验和38种作物831个品种556个试验点的省级区域试验和生产试验。开展34个品种35个试验点的外省审定通过相同生态区的玉米引种试验，为品种审（认）定提供了科学依据。

严格品种审定管理。 组织召开全省品种审定会议，共审（认）定22种作物64个品种，审议通过外省审定在山西省同一适宜生态区引种的9个玉米品种。开展品种田间考察工作，共考察110个试点27种作物157个品种，淘汰39个品种，淘汰率占考察品种的24.8%。严格落实品种退出制度，对审定通过但没有按要求提交标准样品的63个主要农作物品种公告退出。此项工作在农业部种子管理局《种业简报》上作为工作典型推广。完成品种审定委员会换届，组建新的品种审定委员会和专家组。

【推动马铃薯产业发展】 以实施马铃薯脱毒种薯繁育补贴项目为契机，以马铃薯脱毒种薯繁育基地建设为重点，积极推动马铃薯"一县一业""一村一品"建设。认真开展马铃薯高产创建活动，组织推广先进实用技术，促进全省马铃薯产业发展，带动农民增收。2012年，全省马铃薯平均亩产1300千克，种植农户亩收入1560元，分别比2011年提高18.2%和41.8%。马铃薯增收典型不断涌现，娄烦县马铃薯种植面积由原来的0.4万公顷增加到0.5万公顷，种植农民人均收入由400多元增加到1200元。朔城区由原来的0.2万公顷增加到0.6万公顷，全区种植农户人均收入4000多元。

【大力开展病虫草鼠防治与疫情监测】 *农作物病虫害总体偏重发生。* 2012年，山西省农作物病虫害发生时间早、为害种类多，流行范围广，局部暴发、突发形势严重。全年病虫草鼠发生面积1240万公顷次，比2011年增加13万公顷次。其中，小麦病虫发生面积230.8万公顷次，增加30.3万公顷次；玉米病虫发生面积417.1万公顷次，增加62.1万公顷次。棉花病虫发生面积2.7万公顷。果树病虫发生139.4万公顷次，面积略大于2011年。马铃薯病虫发生面积41.4万公顷次，而且马铃薯晚疫病发生最重。暴发性病虫总体中等发生，其中，东亚飞蝗发生面积3.7万公顷次，夏蝗发生重于秋蝗。土蝗发生面积23.7万公顷。草地螟总体轻发生。农田草害偏重发生，发生面积260万公顷，较2011年增加10万公顷。农区鼠害中等偏轻，农田鼠害发生面积116.7万公顷。

积极采取措施，早谋划、早部署，落实防控责任，加大监测预警力度。 2012年，各级植保部门强化技术指导，充分发挥植保专业服务组织和应急防治队的作用，有效控制了小麦穗蚜、小麦赤霉病、小地老虎、玉米大斑病、马铃薯晚疫病等重大病虫发生危害。全省共防控农作物病虫草鼠害1240万公顷次，占发生面积的90.1%。其中，杂草防除201.3万公顷次，占发生总面积的77.4%；农田灭鼠面积59.3万公顷。全年共挽回粮食损失16.58亿千克、蔬菜17.2亿千克、水果15.12亿千克、油料1925万千克，挽回经济损失52.78亿元。

加强植物疫情监测，严防检疫性有害生物入侵。 2012年，通过疫情调查和普查，美澳型核果褐腐病在个别地区发现；稻水象甲在忻州市的原平、代县和太原市的晋源区发生，发生面积653公顷，占种植面积的63%；向日葵列当在吕梁、太原和忻州3个市发生，发生面积0.4万公顷。全年共组织疫情防控6400公顷次，挽回经济损失856万元。

大力开展统防统治。 在各级政府扶持下，植保专业化防治组织得到较快发展，全省农作物病虫害专业化统防统治服务组织1205个，其中，通过注册的807个，专业化防治队员1.5万人，拥有背负式机动喷雾器1.4万台，烟雾机324台，大型植保机械115台，日防控作业能力在10.7万公顷以上。专业化防治组织的发展，使山西省农作物病虫专业化统防统治面积273.3万公顷次，比2011年增加113.3万公顷次。在2012年小麦"一喷三防"工作中，共出动专业防治队367支，17.5万人次，大型机械59台，中型施药器械1.9万台，植保专业化防治面积81.4万公顷次。在飞蝗防治中，组织专业防治队在永济韩阳滩河泛蝗

区开展生物防蝗，共出动加农炮18台次，共用白僵菌、绿僵菌等生物农药3000千克，防治面积0.2万公顷。在二、三代黏虫防治中，共出动专业化防治队伍481支，2万余人次。在以玉米大斑病、玉米螟、马铃薯晚疫病等为主的大秋作物病虫应急防控中，共出动专业防治队459支，21.8万人次，大型机械65台，中型施药器械1.9万台，植保专业化防治面积169.8万公顷次。

加强绿色防控示范区建设。2012年，山西省承担了4个国家级绿色防控示范区建设工作，分别在榆次、临猗、万荣、芮城建立了蔬菜、果树和小麦绿色防控示范区。各市、县结合本地实际，加强了示范区的建设。到2012年底，全省共建立绿色防控示范区257个，比2011年增加8个；防控示范面积19.5万公顷，增加1.3万公顷；辐射带动面积90.4万公顷，增加3.8万公顷。

蔬菜标准园建设取得显著成效。2012年，山西省以农业部蔬菜标准园创建项目实施为契机，加强规模化、标准化示范园区和生产基地建设。在21个部级蔬菜标准园和10个省级蔬菜标准园创建基础上，新创建23个部级蔬菜标准园和50个省级蔬菜标准园。各个园区按照“规模化种植、标准化生产、商品化处理、品牌化销售、产业化经营”的“五化”创建要求，通过完善投入品、生产档案、基地产品检测、基地产品准出、质量追溯五项管理制度，全省蔬菜质量安全水平得到不断提升，蔬菜农药残留合格率97.8%，为历年最高。

（张软斌　武少东）

扶贫开发

【2012年山西扶贫工作概况】 外资扶贫工作。亚行贷款山西河川流域农业综合开发项目建设扎实推进。该项目通过发展良种畜禽养殖、建设特色经济作物基地和温室大棚、实施旱作农业工程、扶持农产品加工企业，辐射带动项目区农户生产增收。2012年除进行项目中期调整外，完成提款报账1972.8万美元，项目建设投资2.12亿元，超额完成年度目标任务。

劳动力技能培训工作。一是依托117个“雨露计划”培训基地，瞄准农村困难家庭初、高中毕业后未升学的“两后生”，开展劳动力转移培训5万人次，促进扶贫对象稳定就业、增加收入。二是围绕特色优势产业开发，采取农业实用技术培训、科技项目示范和新技术推广等方式，瞄准在乡务农青壮年劳动力开展科技培训7万人次，帮助扶贫对象提高技能，生产增收。三是按照国务院扶贫办的安排，在10个国家扶贫开发工作重点县和连片特困地区扶贫攻坚重点县组织开展“雨露计划”实施方式改革试点工作，资助各类贫困生36040人。

教育扶贫工作。采取提前下达资金使用计划、资助对象网上公示、加强督导检查和社会监督等措施，加强完善教育扶贫工作。2012年新资助贫困大学生900名、中职生1645名、高中生2000名，受益贫困生累计达到19046人。

机关定点扶贫工作。2012年，各级扶贫工作队以促进农民增收为核心，进一步将帮扶重点转向产业开发，全年筹集帮扶资金31.86亿元，新建项目6468个；其中，省级工作队投入帮扶资金8.69亿元，新建项目414个，为贫困地区农民增收提供了有力支持。

领导干部包村增收工作。全省先后召开省直机关和市县乡领导干部包村增收活动推进会，进一步促进各级包村增收领导干部以加快发展“一村一品”为核心任务，发挥行业部门优势，帮助6010个包扶村发展增收产业。包扶村农民人均纯收入在2011年增长23.9%基础上，2012年继续保持了20%以上的好势头。

扶贫资金项目管理工作。2012年，山西省财政扶贫资金投入15.46亿元，其中，中央财政扶贫资金10.35亿元，省级财政扶贫资金5.11亿元，实际增幅分别比2011年增长27.5%和36.3%，为完成扶贫各项工作提供了可靠的财力保障。

省扶贫部门把瞄准扶贫对象作为安排资金项目的首要原则，把贫困人口增收作为考核工作实绩的硬性指标，严格执行扶贫资金项目管理办法，认真落实项目公示、资金报账、工程验收和绩效保证金制度，定期检查监督、跟踪问效，确保资金安全运行和项目发挥效益。在国家财政扶贫资金绩效考评中，山西省被评为B级，并获得1200万元财政扶贫资金奖励。

扶贫宣传工作。坚持把扶贫宣传作为扩大扶贫开发社会影响力的重要平台。2012年，通过在《山西日报》组织“贫困山区记者行”系列报道，进一步营造出全社会关心支持扶贫开发的良好氛围。连续两批成功接待发展中国家的50多名高级政府官员来山西省实地考察学习扶贫开发经验做法，得到国务院扶贫办和中国国际扶贫中心的高度评价。

扶贫调研工作。围绕促进贫困地区农民增收和加快推进易地扶贫搬迁，督促落实年度扶贫目标任务，坚持开展扶贫开发大调研和演讲汇报活动。特别是围绕全省实现“十二五”农民收入翻番和打好新一轮扶贫开发攻坚战的决策部署，配合省人大、省政协完成扶贫工作专题调研，并分别向省十一届人大常委会三十一次会议和省政协十届二十八次常委会议进行专题汇报，提出一系列推进扶贫开发、促进农民增收的政策建议，为扶贫开发赢得了更为广泛的社会支持。

【山西扶贫开发工作进入攻坚阶段】 2012年，包括大同县在内的贫困地区58个县农民人均纯收入4841.4元，比2011年增长19.8%。其中，35个国家扶贫开发工作重点县农民人均纯收入3685.9元，增长17.8%。两项增幅分别超出全省平均水平6.3个和4.3个百分点，全省有40万贫困人口实现脱贫。

按照新扶贫标准完成全省农村贫困人口识别确认和建档立卡工作。按照新阶段扶贫开发的总体部署，2012年开始，山西省扶贫工作范围扩大到所有农业县份，同时实行2300元的新扶贫标准，对全省452万农村贫困人口实现扶贫开发全覆盖。在民政、残联等部门的支持配合下，按照扶贫开发和农村低保“两项制度”有效衔接的工作要求，组织全省扶贫系统开展农村贫困人口识别确认和建档立卡工作。到2012年底，全省农村贫困人口识别确认工作基本完成，进入扫尾汇总和建档立卡阶段。为确保真正困难群众纳入扶持范围，有针对性地落实帮扶措施，实现农村贫困人口应保尽保、应扶尽扶奠定了坚实基础。

编制全省新十年农村扶贫开发总体规划。按照《中国农村扶贫开发纲要（2011～2020年）》的总体要求和山西省转型跨越发展的战略部署，省扶贫办在深入调研和广泛征求各级各部门意见的基础上，结合全省扶贫开发实际，编制完成《山西省2011～2020年农村扶贫开发总体规划》（以下简称《规划》），对新阶段全省扶贫开发范围和工作对象、总体要求和奋斗目标、重点措施和政策保障等做出全面的安排部署，并以省委文件印发全省实施。

编制连片特困地区区域发展和扶贫攻坚规划。根据国家新一轮扶贫攻坚总体安排，在国家对口联系单位工信部和卫生部的协调指导下，省扶贫办和省发改委共同牵头，按照"区域发展带动扶贫开发、扶贫开发促进区域发展"基本思路，组织省直有关部门和相关市、县，分别编制完成太行、吕梁两大连片特困地区区域发展和扶贫攻坚规划。规划着眼于彻底改变两大区域落后面貌，瞄准制约区域发展的瓶颈问题，共提出重点基础设施、产业发展、生产生活条件改善、公共服务、农村人力资源开发、生态建设和环境保护等7大类8000多个项目。2012年10月和12月，分别通过国家批复。

开展连片特困地区扶贫攻坚试点工作。根据省委、省政府的安排部署，在太行、吕梁两大连片特困地区选择临县、大宁、岢岚、五台、天镇等5个县作为试点县，同时依托试点县辐射周边县组成3个示范片（吕梁山片区分别依托临县和岢岚县、辐射兴县和岚县，依托大宁县辐射吉县组成2个示范片；太行山片区依托天镇县，辐射大同县和阳高县组成示范片），率先启动扶贫攻坚试点工作。通过在试点示范区每县选择3～5个集中连片的贫困乡镇，制定实施产业开发为核心的扶贫攻坚3年试点规划，努力为大规模实施连片特困地区扶贫攻坚探索路子，做出示范。2012年省级安排专项资金2亿元，支持开展试点示范工作。到年底，试点规划全部批复，一半以上项目启动实施。

加大力度推进易地扶贫搬迁。为确保在5年时间内基本完成山庄窝铺移民搬迁任务，2012年省政府出台《关于加快推进易地扶贫搬迁工作的意见》，提出要按照易地扶贫搬迁与产业开发、城镇化建设、旧村开发利用和完善社会保障"四个结合"的原则，加大力度推进易地扶贫搬迁。2012年全省年度易地扶贫搬迁规模由往年5万人扩大到10万人，省级补助资金从2.5亿元增加到5亿元。为有效解决搬迁用地和减轻搬迁群众负担，学习借鉴外省经验，在11个县开展利用土地增减挂钩政策推进易地扶贫搬迁试点工作。到2012年底，当年10万人的易地扶贫搬迁工程主体完工率75.6%，2011年滚动入住率75.4%，超额完成两个60%的年度目标任务。

抓好"一县一业"片区扶贫开发。2012年新启动实施11个片区开发项目，扶持11个贫困县、44个乡镇、365个贫困村发展设施农业、特色种养业和核桃等经济林为主的优势产业。到2012年底，11个项目工程建设总进度达到79.6%，超额完成年度目标任务。

实施"一村一品"整村推进。采取"一次规划、两年实施"的办法，扎实抓好2011年620个整村推进项目建设，2012年新扶持214个贫困村实施整村推进。到2012年底，先期安排的165个村项目开工建设，工程实施总进度达到82%。

扶持扶贫龙头企业。2012年为22家国家扶贫龙头企业的4.95亿元贷款安排下达贴息资金828万元，辐射带动2.6万贫困农户生产增收。

（杜姗姗）

【山西省贯彻农村残疾人扶贫开发纲要（2011～2020年）的目标任务】

总体目标。到2015年，农村残疾人生活明显改善，基本生活得到稳定的制度性保障；农村残疾人"两个体系"建设基本框架建立，保障水平和服务能力明显提高。到2020年，农村残疾人家庭收入逐年递增，稳定实现农村残疾人不愁吃、不愁穿、有房住、有学上、有医就、有地位，残疾人生存有保障，生活有尊严，发展有基础。

主要任务。1. 到2015年，扶持35万农村贫困残疾人家庭增加收入，生活状况达小康。到2020年，有就业愿望和就业能力的农村贫困残疾人普遍要有针对性扶持项目、扶持资金、服务保障，家庭收入达到当地平均水平。

2. 到2015年，各项社会保障制度全面覆盖农村残疾人。农村符合条件的残疾人全部纳入最低生活保障，按规定参加新型农村社会养老保险和新型农村合作医疗。到2020年，农村残疾人社会保障和福利水平要有制度性的安排、体系化的措施、专业化的服务和社会化的工作。

3. 到2015年，普遍开展农村残疾人社区康复和康复救助，有需求的贫困残疾人普遍适配基本型辅助器具。到2020年，每个市、县（市、区）至少有一所标准的残疾人康复中心，有康复需求的农村残疾人普遍得到有效的康复服务。每个社区均应建立标准、规范、实用的康复室。

4. 到2015年，农村适龄残疾儿童少年普遍接受义务教育，入学率达到90%以上，并逐步提高巩固。到2020年，农村适龄残疾儿童少年和残疾人家庭子女受教育状况达到当地平均教育水平；基本消除农村残疾人青壮年文盲发生的现象；积极发展残疾儿童学前康复教育、残疾人职业教育、普通高中教育和高等教育。

5. 到2015年，为5万农村残疾人提供实用技术培训。到2020年，有劳动能力和就业愿望的农村残疾人普遍得到实用技术培训和职业技能培训，并通过培训稳定实现就业。

6. 到2015年，通过保障性安居工程，特别是农村危房改造计划的落实，帮助改善农村贫困残疾人家庭居住条件。到2020年，农村残疾人家庭居住条件明显提高，家庭无障碍得到有效改造。

7. 到2015年，初步建立起农村残疾人托养服务体系框架。到2020

年，每个市、县（市、区）至少建有一个托养中心，农村残疾人托养服务体系逐步完善，托养服务水平进一步提高。

8. 到2015年，农村残疾人公共文化和体育事业得到发展。到2020年，农村残疾人普遍享有无障碍基本公共文化和体育服务。

【山西省以工代赈建设“十二五”区域布局和建设任务】 把连片特困地区作为扶贫开发主战场。山西省将燕山—太行山片区和吕梁山片区作为“十二五”时期以工代赈建设的攻坚区。按照地理位置相邻、地形地貌与气候特征相似、贫困人口相对集中，结合以工代赈工程实施的特点，规划扶贫开发工作重点县划分为三大片区：晋北小型农田水利、基本农田重点建设片区，太行山小流域治理、小型农田水利重点建设片区，沿黄小流域治理、基本农田重点建设片区。继续实施广灵县万亩节水灌溉工程、静乐县扶头会河流域和浑源县浑河流域的片区开发、汾西县的坝系工程、临县沿黄公路建设、保德县的坝路一体化工程等“十一五”期间尚未完工的重大续建项目。同时，重点开工建设和顺县松溪河流域、天镇县新平堡镇、岚县上明乡、吉县柏山乡西头村等片区大型综合开发项目。

分片区建设布局。1. 晋北小型农田水利、基本农田重点建设片区。该片区位于雁门关东北部，邻近北京、天津，属雁门关生态畜牧经济区，是京、津的“菜篮子”生产基地。包括大同市的天镇、阳高、广灵、浑源、灵丘、大同县，朔州市的右玉县，忻州市的五台、繁峙、代县，共3个市10个县。总人口237.6万人，其中，农业人口193.3万人。贫困人口72.9万人，占该区农业人口的37.7%，占规划县贫困人口的27.5%。片区内以山地丘陵为主，气候寒冷干燥，土壤贫瘠，沙漠化严重，但土地资源和地下水资源较丰富，开发潜力大。

2. 太行山小流域治理、小型农田水利重点建设片区。该片区地处太行山南麓，属优质杂粮和干果经济区，红色旅游资源丰富。包括晋中市的和顺、左权县，长治市的武乡、平顺、壶关县，共2个市5个县。总人口95.6万人，其中，农业人口82万人。贫困人口38.8万人，占该区农业人口的47.3%，占规划县贫困人口的14.6%。片区内山峦起伏，沟壑纵横，水土流失严重，但降雨量较充沛，地下水资源较丰富。

3. 沿黄小流域治理、基本农田重点建设片区。该片区地处黄河沿岸，是全省贫困面最广、贫困人口最集中、贫困程度最深、生态环境最为恶劣的区域，属雁门关生态畜牧经济区、西山优质杂粮和干果经济区、中南部无公害果菜经济区3个经济区。包括忻州市的河曲、保德、偏关、神池、五寨、岢岚、宁武、静乐县，吕梁市的兴县、临县、岚县、方山、石楼、中阳县，太原市的娄烦县，临汾市的隰县、汾西、永和、大宁、吉县，运城市的平陆县，共5个市21个县。总人口336.6万人，其中，农业人口280.5万人。贫困人口153.2万人，占该区农业人口的54.6%，占规划县贫困人口的57.8%。片区内山高坡陡，梁峁起伏，沟壑纵横，干旱少雨，土壤贫瘠，水土流失严重。沿黄区适宜发展红枣、核桃等经济林，荒滩资源较丰富，可治理利用的沟道较多。

分领域建设布局。在与交通、农业、水务、林业规划进行充分衔接的基础上，重点安排以基本农田、小型农田水利、小流域治理项目为主的建设项目。

1. 基本农田建设：在耕地数量严重不足的贫困山区和河道两岸较为宽阔的荒滩地带，以建设河滩地、沟坝地和改造中低产田为主，布局基本农田建设项目。

2. 农田水利建设：在滹沱河、黄河、浊漳河、清漳河及其主要支流沿岸水资源较为丰富的平川地带，以发展旱作节水农业和增加有效节水灌溉面积为主，布局农田水利建设项目。

3. 小流域综合治理：在吕梁山和太行山水土流失严重的区域，以实施山、水、田、林、路、渠综合治理建设为主，布局小流域综合治理建设项目。

4. 乡村道路建设：结合村村通油（水泥）路工程，在不通路的自然村与行政村之间、自然村与自然村之间以及生产区，以实施乡村道路和小型桥涵为主，布局乡村道路建设项目。

5. 草场建设：结合退牧还草、封山禁牧政策，在雁门关生态畜牧经济区和传统牛羊养殖区，以加强贫困地区草场建设和发展舍饲圈养为主，布局草场建设项目。

6. 人畜饮水工程：在人畜饮水困难或存在安全隐患的贫困地区，特别是晋北区域，建设以村级供水工程为主的高标准工程，布局人畜饮水建设项目。

7. 林业示范项目：在经济林发展对当地具有较强示范带动作用的地区，以林地基础设施工程为主，布局林业示范建设项目。

8. 片区综合治理工程：在贫困人口较为集中的连片区域，以山、水、田、林、路和梁、峁、沟、坡、垣全方位综合治理为主，布局片区综合治理建设项目。

【山西省“十二五”易地扶贫搬迁对象和搬迁、安置方式】 搬迁对象。按照国家易地扶贫搬迁政策的要求，搬迁对象主要为缺乏基本生存条件和发展环境、居住在偏远山庄窝铺且具备搬迁和安置条件的农村贫困人口，优先在战争年代做出重大牺牲、突出贡献至今仍处于贫困状态的革命老区群众。主要包括：生活在自然条件差、生存环境恶劣的深山区、边山峪口、土石山区和高寒冷凉等区域的农村贫困人口。生活在生态环境脆弱和干旱缺水区域的农村贫困人口。生活在滑坡、泥石流、塌方等地质灾害频发、生命财产受严重威胁的地区，亟须避险搬迁的农村贫困人口。其他需要搬迁的农村贫困人口。如以传统扶贫方式解决贫困问题难度大、成本高的区域贫困人口。

因重点工程、大型工程、矿区沉陷和企业占地等原因需搬迁的人口不在之列。

搬迁方式。以自然村落为单元，搬迁方式分为整体搬迁和部分搬迁两大类。对地域相连、人口集中的自然村，尽量实行整体搬迁；对纳入规划但一时难以搬迁的极少数特困群众，可以通过发挥先行搬迁户的示范效应，引导其在第二年、第三年逐步搬迁到位。

迁入安置。1. 安置方式。主要包括新建安置点集中安置、依托城镇和园区安置、插花分散安置、其他安置等4种方式。

2. 安置区选择条件。(1)集中安置区应选择土地资源丰富、自然条件较好、环境容量较大、宜于发展农业和地质安全无隐患的地区；分散插花安置应选择土地资源较富裕、自然条件较好、基础设施较完善、耕地资源可以调配的地区。(2)水、电、路、医疗、教育等基础设施条件较好，公共基础设施建设任务较小的区域。(3)可开发资源条件相对较好。尽量选择土地资源开发潜力大、人文环境较好的区域。

3. 安置区资源状况。“十二五”期间，规划易地扶贫搬迁安置地可利用耕地资源总量5314公顷。其中，可新开垦耕地2460.7公顷，占总量的46.3%；可调整置换耕地1856公顷，占总量的34.9%；可采取其他方式获取耕地997.3公顷，占总量的18.8%。

4. 主要安置类型。(1)城镇、园区吸引型。随着农村城镇化的深入推进，就业空间不断扩展，鼓励部分素质较高、经济实力较强的农民自发搬迁到城镇、各类园区从事二、三产业。充分利用近郊已进城农户所腾出的闲置资源安置偏远搬迁农户。(2)同村安置型。即在拟搬迁自然村所属行政村选择各方面条件较好的地块进行统一安置。近年来的扶贫开发工程已改善了不少行政村的基础设施条件，易地扶贫搬迁可将这些行政村所属的、生产生活条件恶劣的自然村，或部分居住偏远的贫困农户进行搬迁，集中安置到条件较好的行政村所在地。这种自然村并行政村的安置方式阻力小，易实施，效果好，是规划期主要的安置类型之一。(3)企业(项目)带动型。所选择安置点是规模较大、发展前景较好、吸纳劳动力较高的企业或项目所在地，通过企业(项目)的带动增加就业机会，为搬迁户提供稳定的收入来源。(4)新农村带动型。随着社会主义新农村建设的推进，搬迁农户可向新农村靠拢，以充分利用新农村建设的基础设施资源。

【加快推进易地扶贫搬迁工作】 目标任务。1. 搬迁对象。经扶贫开发和农村最低生活保障“两项制度”有效衔接识别的，户籍人口在300人以下、实际居住人口不足一半、农户自愿，符合下列条件之一的贫困村，实施易地扶贫搬迁：(1)地理环境恶劣，土地匮乏、贫瘠，环境承载能力不足，不适合发展生产和生活居住的。(2)地处偏远，易发洪涝、地质等自然灾害，地方病较重，影响和制约群众脱贫致富的。(3)基础设施和公用事业建设滞后，存在吃水难、行路难、用电难、上学难、就医难、通信难、结婚难等问题的。(4)本地缺少可开发利用资源，产业发展受限，采取常规扶贫手段难以脱贫的。

2. 时间安排。计划利用10年左右时间，基本完成全省易地扶贫搬迁任务，鼓励支持有条件的县加快移民搬迁进度。贫困县优先安排户籍人口150人以下贫困村的易地扶贫搬迁计划，在2016年底前，基本完成这些山庄窝铺的易地扶贫搬迁任务；非贫困县易地扶贫搬迁任务，应在“十二五”期间基本完成。

政策措施。1. 逐步提高补助标准。省政府安排专项扶贫资金支持贫困群众易地搬迁，主要用于搬迁建房和购买住房，并根据经济实力和物价水平的提高，逐步提高省级补助标准。市、县两级政府主要负责易地扶贫搬迁基础设施和公用服务事业建设。从2012年开始，省级新增财政扶贫资金主要用于易地扶贫搬迁和配套支持的产业开发项目。

2. 多种方式解决用地。国土部门参照国家保障性住房工程有关政策，新增建设用地指标要优先保障移民建房所需。要将城乡土地增减挂钩政策落实到易地扶贫搬迁工作中，搬迁旧村开发利用置换的土地指标和补偿费用，重点用于搬迁新区建设用地和搬迁补助。

3. 积极整合各类资源。县级政府要整合各类建设资金，统筹做好易地扶贫搬迁、农村危房改造、生态移民、库区移民、地质灾害避让搬迁等各类移民搬迁项目；要整合各类资源，为搬迁工程配套建设好水、电、路、校、医等基础设施和公用事业工程项目；要与煤炭等矿产资源开发相结合，一方面解决搬迁资金问题，另一方面帮助移民转产就业。

4. 保护搬迁农户权益。易地扶贫搬迁农户原有的旧村土地、山林、耕地所有权不变。搬迁旧村的开发利用要充分考虑贫困群众的利益。迁出村退耕还林的，比照国家退耕还林补助政策适当提高补助标准，延长补助年限。

5. 落实优惠扶持政策。易地扶贫搬迁进入城镇的农户，具有稳定生活条件的，给予办理农转非手续；在公租房、廉租房、城市低保、子女上学、劳动就业、社区管理等方面与市民同等对待；符合人口和计划生育、双拥工作等优抚条件的予以倾斜扶持；较大幅度提高补偿标准，保障农村“五保”供养对象、农村低保对象和残疾人等特困群体基本生活和搬迁需要。选择投亲靠友等分散迁移方式的易地扶贫搬迁对象，在享受建房补助和享有集体土地、山林、耕地所有权和经营权方面参照整体搬迁政策。

【积极做好农村最低生活保障制度和扶贫开发政策有效衔接工作】 从2012年起，中央将扶贫标准提高到2300元，对农村贫困人口实施扶贫开发政策全覆盖。按照这一新的政策要求，省农村贫困人口规模由246万人扩大到452万人，扶贫工作范围由现有的57个扶贫开发重点县扩大到所有农业县。

总体目标。通过“两项制度”有效衔接，充分发挥农村低保制度和扶贫开发政策的作用，保障农村贫困人口基本生活，提高收入水平和自我发展能力。对有劳动能力的农村低保对象，在最低保障的基础上再给予扶贫开发支持，帮助其通过劳动进一步增加收入、稳定解决温饱并实现脱贫致富，为到2020年基本实现消除绝对贫困现象的目标奠定基础。

农户属性。农村贫困农户分为扶贫户、低保户、扶贫低保户和“五保户”。(1)扶贫户：指2011年家庭年人均纯收入低于2300元且具备劳动能力的农户。(2)低保户：指家庭年人均纯收入低于当地低保标准的农户，主要是因病残、年老体弱、丧失劳动能力以及生存条件恶劣等原因造成生活常年困难的农户。

(3)扶贫低保户：指有劳动能力和劳动意愿的低保户。(4)“五保户”：指《农村“五保”供养工作条例》(国务院令第456号)中的“五保”供养对象，主要包括无法定抚养义务人，无劳动能力、无生活来源的老年人、残疾人和未成年人。

工作范围及要求。“两项制度”有效衔接工作范围为全省115个农业县(市、区)。2012年，要通过农户申请、民主评议、入户调查、村级复评、乡(镇)审核、县级审批等工作程序，对新增的206万农村贫困人口进行识别确认和建档立卡，落实工作措施。

(李仁贵)

畜牧业

【畜牧业生产稳步增长】 畜牧业生产快速增长。2012年，全省肉、蛋、奶产量分别为77.4万吨、74.7万吨、81万吨，分别比2011年增长8.4%、5.1%、8.6%。主要畜产品市场供应充足，满足了城乡市场对畜产品的基本需求。

农民牧业收入继续增加。2012年，主要畜产品价格保持基本稳定，牛、羊肉价格一路走高，生猪、蛋鸡价格先跌后涨，全年平均算账，饲养一头肉牛可盈利2000元，一头奶牛1500元，一只羊200元，一头猪160元，一只蛋鸡14元。全年农民人均牧业纯收入560元。

“两个确保”任务完成。生鲜乳三聚氰胺检测合格率连续四年保持100%，畜产品瘦肉精检测合格率100%，饲料质量安全检验合格率98%，兽药产品监督抽检合格率94%。全年没有发生高致病性禽流感、牲畜口蹄疫、高致病性猪蓝耳病等重大动物疫情，其他动物疫病也得到有效控制。畜产品安全和重大动物疫病防控均处于历史最高水平。

现代畜牧业扎实推进。规模养殖水平稳步提高，2012年新建大型生猪、肉鸡、肉牛养殖企业30多家。工业饲料生产集中度进一步提高，年产20万吨以上的饲料加工企业达到8家。畜牧类专业合作组织快速发展，达到1.5万个。

【2012年畜牧兽医工作的具体措施和主要特点】 狠抓畜牧产业振兴。2012年5月召开了全省振兴畜牧业工作会议，明确提出今后几年山西省畜牧业要坚持工业化理念、产业化经营，以提高生产能力和市场竞争力为核心，以雁门关生态畜牧经济区和“一县一业”重点县为载体，以重大项目建设为突破，积极构建猪、鸡、牛、羊现代畜牧产业的发展思路。进一步明确雁门关生态畜牧经济区以牧为主的发展战略，建设大草场、大园区、大龙头、大物流、大体系的现代畜牧产业体系，打造优势畜产品基地。与此同时，对生猪、牛、羊、肉鸡等重点产业专题进行研究，提出具体的发展目标。发展畜牧业的思路更加清晰，目标更加明确。

狠抓重大项目建设。2012年山西省首次在京举办了第二届山西特色农产品北京展销周畜牧项目招商引资活动，共签约项目44个，总金额163亿元，新希望、中粮、首农、雨润、双汇等一批国内知名企业入驻山西省。与此同时，山西省一大批社会资本纷纷投资畜牧产业，涌现出武乡鑫四海、中阳厚通、山西九牛、高平凯永等一批现代化大型养殖企业。可以说2012年是山西省引进外资、新上项目、上大项目最多的一年，是现代畜牧业推进力度最大的一年。省畜牧局继续扶持一批有市场潜力、带动农户增收明显的中小型企业上规模、上档次，积极开展标准化创建活动，全年省级资金扶持建设的标准化养殖小区和规模化养殖场700多个。

狠抓扶持政策落实。2012年，在继续贯彻落实中央和山西省对畜牧业扶持政策的基础上，又出台了生猪养殖强县、肉牛冻精补贴、草原生态保护补助、“一县一业”等扶持政策，资金总额4亿元以上。从已出台政策扶持的范围看，涵盖了养殖环节、良繁体系、生态建设、重大疫病和体系建设等各个方面。特别是在养殖环节上，以生猪生产出台的政策最多，扶持力度最大。经过多年的努力，不仅乡镇人员的工资得到保障，待遇普遍提高，而且一大批养殖户也得到有效的扶持，是得实惠最多的时期。

狠抓重大动物疫病防控和畜产品质量安全。在重大动物疫病防控上，狠抓以强制免疫为主的综合防控措施的落实，确保对口蹄疫、禽流感、猪瘟、猪蓝耳病的免疫密度和免疫质量，加大抗体监测的比重，及时组织消毒灭源工作。认真落实农业部下发的动物检疫执法“六条禁令”，进一步规范动检人员的执法行为，加强对养殖、流通、屠宰环节的监督管理，全面开展生猪定点屠宰企业动物防疫审核清理整顿工作。继续深入开展以瘦肉精、生鲜乳、兽药抗生素等为主要内容的专项整治行动，规范生产、经营行为，加大对养殖、贩运、屠宰等关键环节的监督管控。按照层级监管、责任到人的原则，先后明确全省饲料生产企业、饲料经营门店、生鲜乳收购站、生鲜乳运输车辆的主体资格责任，提升了畜产品质量安全水平。积极应对网络媒体关于粟海“速成鸡”的炒作，及时调查澄清了有关问题的不实报道。

狠抓服务体系建设。基层动物防疫体系建设全面加强。在完成乡镇站建设的基础上，市、县两级兽医实验室通过验收的有90个，全额落实乡镇兽医人员工资的县111个，村级防疫员每月工资补贴200元的县56个，长治市每月补贴500元。全省11个市完成官方兽医资格确认工作，连续3年组织执业兽医资格考试，累计334人取得执业兽医资格。全省有10个市建立了畜产品质量检测中心，建立了乡镇畜产品质量安全监管网络，为开展畜产品质量安全监测评估工作奠定了基础。完成对马身猪、广灵驴及右玉边鸡的第七世代家系的纯繁选育工作，晋南牛通过国家验收，进入国家级保种场范围。全年对332个种畜禽企业进行了生产经营许可证的审核备案。

(兰志杰)

农垦事业

【山西农垦事业概况】 山西农垦系

统现有企业29个，分布在全省9个市、26个县(区)境内。其中，省属企业8个，市属企业10个，县属企业11个。垦区总人口2.6万人，土地总面积22150公顷，其中，耕地6683公顷。到2012年底，以农牧业为主的企业26个，工业企业1个，商业企业2个。全省垦区总资产7.9亿元，总负债6.4亿元，所有者权益1.5亿元，资产负债率81.5%。

2012年，山西省垦区地区生产总值4.61亿元，比2011年增长29.2%。垦区粮食生产再创历史新高，总产量3.1万吨，比2011年增长0.1%；奶牛存栏1.3万头，增长9.9%；农垦人均纯收入6067元，增长3.7%。

【2012年的主要工作】 *大力发展现代农业，在示范带动和整体提升上有亮点。*围绕省农业厅党组指导全省现代农业建设的思路，结合全省24个农场实际，以“一场一品”为主题，努力打造高起点、高标准、高效益，具有农垦特色的现代农业示范园区。山阴农牧场规模建设万头奶牛示范园区，第一期工程千头奶牛示范场已建成。忻定农牧场建设的万亩设施蔬菜示范园区，跻身全国100个农垦现代农业示范园区。大同云城乳业利用城郊优势，发展现代都市观光农业，得到大同市政府的充分肯定。红旗牧场建设的千亩苗木示范园和千亩设施蔬菜示范园，打造朔州市最大的现代农业科技示范园区。金沙滩农牧场种植的“金沙滩”牌无公害蔬菜，打开北京、内蒙古、河北等省外市场。长治果树场开发建设千亩现代农业示范园区，成为长治市农业新亮点。方山肉牛场的无公害蔬菜和万寿菊特色农业种植、太原果树场的生态农业示范园区、永济黄河农场的芦笋生产基地建设等也都形成一定规模，为山西农垦“一场一品”建设带来勃勃生机。

*强力推进危房改造，在项目管理和建设进度上下硬功。*2011～2012年，国家发改委、农业部、住建部联合下达山西省垦区危房改造任务4760户。2012年，农垦危房改造在山西省垦区全面铺开，项目累计开工4699户，开工率98.7%；基本建成或主体工程已完工990户，完工率20.8%。达到项目建设进度要求，得到省保障性安居工程住房领导组的肯定和省劳动竞赛委员会的表彰。忻定农牧场的惠泽园小区、山阴农牧场的红卫小区、方山肉牛场的武当小区、大同奶牛场的云城花园、朔州红旗牧场的幸福小区、金沙滩农牧场的文华小区等一座座职工新家园拔地而起。

*不断加大改善民生力度，推动农垦社会事业全面发展。*一是认真落实社会保障政策的覆盖。从提高职工待遇水平和解决遗留问题入手，提升职工五项社会保险的参保率，养老和医疗保险基本实现全覆盖。二是积极争取社会救助。2012年，省农垦局与省民政、财政争取，为农场争取自然灾害救助60万元。三是有效化解农场义务教育债务200余万元。四是积极落实特困企业医疗保险补助资金16.1万元。五是为全省国有农场有效落实农场税费改革资金524万元，其中，省直农场157万元。六是扎实推进农场农工负担监管工作。七是积极开展农产品质量追溯工作。八是山西省学生饮用奶计划推广范围不断扩大。省农垦局组织学生奶推广企业参与山西省实施的“农村义务教育学生营养餐改善计划”，学生奶日供应量由2011年的2.5万份，增加到2012年的76.2万份，供应学校也由49所增加到1809所。

*多方争取政策和项目支持，在增强农场实力上求突破。*多年来，由于国家政策和投资的缺位，拉大了农垦国有农场与城市和农村的差距，加剧了农垦国有农场的贫穷与落后。省农垦部门围绕“强农惠企”这一目标，四处奔波，八方求援，多渠道、多途径争取项目和资金支持。一是争取到农业部扶贫项目510万元，集中资金实施了3个农业建设项目。二是争取落实危房改造项目资金1.32亿元，其中，中央投资0.91亿元、省配套0.41亿元。三是18个农场列入国家电网改造升级工程计划，共下达投资1324.4万元，项目已全部开工建设。四是组织农场实施“一事一议”财政奖补项目，共完成投资43.8万元。五是积极开展土地确权和维权工作。从省国土资源厅为忻定农牧场争取到基本农田整理项目，项目总投资1488.8万元，批准整理土地409.2公顷，新增耕地14.4公顷。

此外，粮食直补、农资综合补贴、良种补贴等一系列惠农政策也都得到有效落实。雁门关生态畜牧经济区养殖生态园项目、现代农业设施蔬菜建设项目等财政支农项目和优质玉米科技推广、高产奶牛养殖等农业科技推广等项目也在各农场全面实施。这些项目资金量虽不大，但在一定程度上支撑和改变着农场的面貌，为早日建成小康农场注入了活力。

*继续深化农垦改革，在完善体制和机制上求创新。*省农垦局根据农业部关于农垦体制改革总体要求，组织召开全省农垦改革发展朔州现场会，因地制宜探讨农垦改革发展的路子。按照省农业厅直属企业脱钩改革领导组要求，积极支持农业投资集团的组建。积极开展国有农场办社会职能改革工作。2012年，农业部农垦局启动了国有农场办社会职能改革试点，省农垦局积极开展调查，做好农场政府职能社会事务改革的前期准备工作。组织各农场在规范农业承包经营主体、保障农工土地承包经营权益的前提下，继续深化农场经营体制改革，积极创新农业组织经营形式，合理进行土地流转，通过组建专业合作社和股份制公司等形式，推进适度规模经营，取得一定成效，有效促进了农垦经济的持续稳定发展。

（许云麒）

林　业

【稳步推进“六大”林业生态工程，生态脆弱区造林取得新突破】 *科学整合、合理布局国家和省级造林绿化工程。*2012年，重点实施太行山和吕梁山“两山”造林工程，进一步提高森林覆盖率；实施“绿色路网”和“绿色水网”“两网”绿化工程，着力打造绿色森林景观；实施干果经济林和速生丰产林“两林”富民工程，有效促进农民增收；实施城市郊区和矿区“两区”增绿工程，切实改善人居环境；实施新造乔木林6.7万公顷、改造灌木林6.7万公顷的“双百”示范工程，进一步发挥典型样板的示范带动作用；实施天然林保护和森林资源综合保护“双保”管护工程，确保森林资源得到有效管护，发挥更大的功能和效益。通过扎实推进“六大工程”，进一步扩大全省造林范围、提高森林覆盖率。全年共完成造林30.7万公顷(人工造林22.5万公顷，飞播造林2333公顷，封山育林8万公顷)，其中，“两山”造林工程16.8万公顷，“两网”绿化工程1.5万公顷，“两林”富民工程5.5万公顷，“两区”增绿工程5.5万公顷，“双百”精品工程1.3万公顷。完成四旁植树1.04亿株，完成育苗5.5万公顷，当年新育苗2.4万公顷。

在造林总任务中完成国家重点工程造林18.3万公顷，100%完成国家计划任务。

天然林资源保护工程。一是公益林建设任务全面完成。全年造林4.3万公顷，其中，人工造林1.3万公顷，封山育林3万公顷。二是森林管护进一步加强。接收了25个煤炭企业林场，新增森林管护面积18.6万公顷，核实了林场区域界线，科学制定了森林管护方式，管护人员和管护责任落实率100%。

退耕还林工程。完成退耕还林面积5.4万公顷，其中，人工造林4.7万公顷，无林地和疏林地新封7331公顷。自工程实施以来，累计粮食补助资金85.72亿元(含京津风沙源工程中的退耕还林)，其中，当年粮食补助资金5.19亿元；累计生活费兑现金额17.01亿元(含京津风沙源工程中的退耕还林)，其中，当年生活费兑现金额1.33亿元。当年粮款兑现涉及户数79.5万户。

京津风沙源治理工程。山西省承担京津风沙源治理工程的3个市13个县(区)及两个国有林局，全年完成造林1.8万公顷，其中，人工造林4001公顷，飞播造林2333公顷，无林地和疏林地封山育林1.1万公顷。通过12年的努力，山西省沙区植被大幅增加，土地沙化得到初步遏制，各种气象要素变化明显，沙区产业结构进一步优化。

“三北”及重点防护林体系工程。全年造林6.8万公顷，其中，人工造林3.8万公顷，封山育林3万公顷。(1)“三北”防护林工程全年造林5.3万公顷，其中，人工造林2.9万公顷，封山育林2.5万公顷。(2)太行山绿化工程全年造林1.4万公顷，其中，人工造林8880公顷，封山育林5535公顷。

生态脆弱区造林绿化有了较大突破。晋西北和大同、朔州两市是山西省生态环境脆弱、风沙危害严重的突出区域。省林业厅多次专题研究，下大力气推进，攻克盐碱、风沙、干旱等制约因素，开展大规模、连片式造林绿化，在大同县、新荣、山阴、怀仁等每个县(区)形成6667公顷以上的集中连片造林工程，在平鲁、右玉形成6.7万公顷樟子松基地，使风沙肆虐、水土流失的状况有了较大改观，基本遏制了生态持续恶化局面。据省气象部门遥感监测，晋北地区植被趋于变好，降水增加。

【山西省林业工作在创新中生机勃勃】 财政投入稳定增长，有力支持了林业生态建设。2012年，全省林业投资总量82.97亿元，比2011年增长12.6%。其中，中央投资23.27亿元，省级投资13.59亿元，县级财政及自筹资金46.11亿元。

创新造林机制，全社会参与造林呈现多轮驱动的新气象。全社会林业秉持“不求所有、但求有绿”的理念，创新造林绿化机制，努力突破思想束缚、体制制约，打破国有、集体、个人的所有制界限，探索不论林地权属、谁造谁有的办法，大力推广开发式、合作式、直补式、购买式等造林模式，出台鼓励政策对超额完成任务按同等标准补助，调动了社会各方面参与造林绿化的积极性。太原市在西山推行开发式造林，以80%的荒山绿化置换20%面积的经营开发权；乡宁县企业流转承包耕地林地，栽植核桃等经济林；省直林区与市县开展合作造林等，典型示范，在全省形成“政府主导、市场运作、社会参与”的造林新格局。

严格管护森林资源，科学编制林地保护规划，拓展林业生态建设空间。森林资源管护继续引向深入，省政府与各市市长签订森林防火责任状，加强森林防火工作责任落实。严格森林防火重点治理县管理制度和事前问责制度，追究火灾事故相关责任人58人。全年发生森林火灾21起，受害面积94.9公顷，火灾受害率0.03‰。未发生一起重大森林火灾和人员伤亡事故。加强林业有害生物防控，及时发布有害生物发生趋势预报，层层签订“2011～2013年松材线虫美国白蛾等重大林业有害生物灾害防控工作”目标责任书，科学实施防控。全年发生林业有害生物面积22.5万公顷，防治面积14.5万公顷，防治率64.2%，林业有害生物成灾率0.74‰。组织开展“林保”整治、“打击野生动物及其制品网络犯罪和非法贸易活动”“打击盗挖苗木、树木违法犯罪活动”“象牙等濒危物种及其制品非法贸易清理整治”等专项行动，查处各类森林和野生动物案件2993起，打击处理各类违法犯罪人员5619人次。编制完成《山西省林地保护利用规划(2010～2020年)》。加强自然保护区管理，2012年黑茶山自然保护区晋升为国家级自然保护区。开展全省湿地资源调查，外业工作基本完成。

有效推行以林兴产，坚持增绿与增收并举发展林业产业。全省上下坚持增绿与增收并举，以林为基、以林兴产，林业产业总产值达到311.52亿元，比2011年增长21.9%。年度新发展核桃、红枣、仁用杏等干果经济林6.1万公顷。引导农民发展个体育苗、合作制育苗，新育面积2.4万公顷。新建森林公园21处，全年森林旅游人数917万人次，门票收入1.5亿元。林下经济面积30.7万公顷，从业人员155万人，经营者人均收入1600余元。

扎实推进集体林权制度改革，林权抵押流转和森林保险政策逐步完善。完成明晰产权、承包到户的集体林改主体任务，林权发证面积577.5万公顷，发放林权证131万本，林权发证率96.3%，超额完成年度任务。推进配套改革，出台林权抵押贷款、林权流转管理、森林保险等政策措施，进一步调动广大农民造林护林的积极性。

转变职能，强化服务，坚持干部下基层到群众中去解决实际问题。

省林业厅党组一直把作风建设作为推动工作的强力抓手，首次在春秋两季开展厅领导班子全体成员集体督查，做到每县都查、现场点评、专题分析、分类排队、公开通报，共检查252项造林工程，起到了鼓励先进、鞭策后进的作用。向全省115个农业县派出综合指导员、科技特派员、行政信息服务员“三员”，为基层办实事235件，代办审批项目81个，开展技术培训106次，培训干部群众5000多人次。

新华社内参和国内动态清样先后3次刊发山西省林业建设成效和典型，人民日报、中央电视台等中央新闻媒体集中报道山西省林业建设成效，安徽、青海、辽宁等全国多个省市派出考察组来山西省学习观摩。大型话剧《立春》和眉户剧《守望》，弘扬右玉精神，宣传林业典型。开展向“全国治沙防沙先进县”大同县林业局长、“全国绿化奖章”获得者赵德清同志学习的活动。

完成煤炭企业林场交接落实任务。按照山西省人民政府办公厅印发《关于山西省5户重点煤炭企业林场移交工作实施方案的通知》（晋政办发〔2012〕39号），省林业厅抽调8个省直林局资源、财务、公安、人事等方面169人，组成27个接收小组，对同煤集团、焦煤集团、阳煤集团、晋煤集团、潞安集团等5户重点煤炭企业所属27个林场进行接管。按照就近集中、适度规模的原则，将其整合为25个林场。到2012年底，省直国有林场147个，林地总面积142.7万公顷。

完成大运高速北段绿化提档升级。省林业厅先后4次召开现场办公会，组织大同、朔州、忻州3个市研究制定方案，强化督促落实，完成143千米高速公路的提档升级、盐碱地治理分段试验的年度任务。

完成大同矿区、太原西山棚户区改造绿化。帮助规划，包点实施，资金扶持，年度任务全部完成。

（张桂香）

【继续实施山西省天然林资源保护工程】 主要目标。通过实施天然林保护二期工程，加快建设稳定的森林生态屏障。到2020年，国家级工程区和省级工程区共新增森林面积1000万亩（66.7万公顷），净增森林蓄积量3500万立方米，新增森林固碳量6400万吨，实现森林资源从恢复性增长进一步向质量提高转变，生态状况从逐步好转进一步向明显改善转变，工程区水土流失明显减少，生物多样性明显增加。建立现代国有林业体制机制，推动林区林场经济从稳步复苏进一步向持续发展转变，民生明显改善，社会保障全面提升，确保林区林场和谐稳定。

期限范围。山西省天然林保护二期工程实施期限为2011年至2020年。国家级工程区包括太原、运城、晋城、长治、临汾、晋中、吕梁、忻州、朔州9个市的72个县（市、区），中条山、吕梁山、太岳山、关帝山、黑茶山、管涔山等6个国有林管理局，桑干河杨树丰产林实验局，山西林业职业技术学院实验林场和省煤炭林业管理中心，共81个县（局）级实施单位。省级工程区包括五台山、太行山两个国有林管理局。

主要政策。1. 全面落实中央补助政策。中央对国家级工程补助的范围和标准是：国有林中，2010年已经纳入中央森林生态效益补偿范围的国家级公益林地，继续安排森林生态效益补偿基金每亩每年5元，其余有林地、灌木林地、未成林造林地，安排森林管护费每亩每年5元；集体林中，属于国家级公益林的，安排森林生态效益补偿基金每亩每年10元，属于地方公益林的，安排森林管护费补助每亩每年3元；人工造林每亩补助300元，封山育林每亩补助70元，国有森林抚育每亩补助120元；国有林业在职职工（不含2000年以后新进人员）五项保险补助以2008年全省城镇在岗职工平均工资25828元的80%为基数，按照单位缴费30%的比例确定，每人每年补助6198.72元；政策性社会性人员中，教育人员年均补助30000元，医疗卫生人员年均补助15000元，森林公安人员按天然林保护工程一期补助基数给予补助，优先用于林业改革方面的支出。中央财政补助资金可在森林管护费、社会保险补助费、政策性社会性支出补助费之间进行适当调整。

2. 建立完善地方补助政策。按照事权划分原则，对天然林资源保护工程有关项目予以补助。（1）确保省级天然林保护二期工程投入。省级天然林保护二期工程比照国家级工程项目进行规划，给予补助。森林管护、森林抚育、职工社会保险和政策性社会性支出补助等项目所需资金，列入省财政年度预算。人工造林、封山育林等项目所需补助，列入省发展改革委年度基本建设计划。工程实施过程中，根据国家级工程投资补助标准的调整提高，适时调整提高省级工程的有关补助标准。（2）建立完善地方森林生态效益补偿基金制度。进一步完善省级森林生态效益补偿基金制度，建立市、县森林生态效益补偿基金制度。各级林业主管部门要会同财政部门加快地方公益林区划界定进度，市、县级公益林区划界定成果由同级人民政府予以公布，并报省级财政、林业主管部门备案。

【规划实施绿色生态工程】 绿色生态工程实施范围。太原都市区的9个县（区）：太原市迎泽区、杏花岭区、万柏林区、尖草坪区、小店区、晋源区、清徐县、阳曲县，晋中市榆次区。

太原都市圈的21个县（市、区）：太原市古交市，晋中市太谷县、祁县、平遥县、介休市、寿阳县，阳泉市城区、郊区、矿区、平定县、盂县，忻州市忻府区、定襄县、原平市，吕梁市离石区、文水县、交城县、孝义市、汾阳市、柳林县、中阳县。

晋北城镇群的10个县（区）：大同市城区、矿区、南郊区、新荣区、大同县，朔州市朔城区、平鲁区、怀仁县、应县、山阴县。

晋东南城镇群的12个县（市、区）：长治市城区、郊区、长治县、襄垣县、屯留县、壶关县、长子县、潞城市，晋城市城区、泽州县、高平市、阳城县。

晋南城镇群的16个县（市、区）：临汾市尧都区、曲沃县、翼城县、襄汾县、洪洞县、侯马市、霍州市，运城市盐湖区、稷山县、新绛县、河津市、临猗县、闻喜县、绛县、夏县、永济市。

“一核一圈三群”城镇建设及经济发展区以外的、主要河流源头及汾河流域和高速公路沿线需要实施区域流域或生态环境重点保护的21个县：太原市娄烦县，大同市左云县、浑源县、灵丘县，忻州市宁武县、繁峙县、静乐县、河曲县、代县、五台县、保德县，晋中市榆社县、灵石县，吕梁市交口县、岚县，长治市沁源县、黎城县，晋城市陵川县、沁水县，运城市芮城县、万荣县。

绿色生态工程实施内容。"减排工程"。实施企业排污总量控制，提高行业准入门槛，对现有企业实施生产技术及工艺、设备改造，使各行业污染治理技术装备及污染物排放达到国内相对领先的水平。全面完成二氧化硫、氮氧化物、化学需氧量、氨氮、烟尘、工业粉尘排放总量减排任务。推进工业园区化建设，推进工业企业集中生产、集中配置资源、集中治污。

"净空工程"。强化城市环境综合整治，集中治理燃煤污染、机动车排气污染和加油站油气污染、城中村大气污染、城市扬尘污染，大力普及使用清洁能源，推动城镇大气环境质量的全面改善。

"净水工程"。对汾河流域内现有涉水企业实施污水深度治理，加强对达标河流及湖、库等洁净水域水体水质的保护，对三川河、涑水河、丹河、桑干河、七里河、十里河、滹沱河、浊漳河、文峪河、南云中河、潇河等河流实施全面治理，全面实施设区城市市区内河流及沟、渠环境综合整治，持续推进饮用水水源地环境保护，加快污水处理厂提标改造、管网配套和污水回用设施建设。

"清洁工程"。建立垃圾分类、资源化利用及无害化处理网络，各风景名胜区和旅游景区景点及旅游集散地应对生活垃圾进行分类收集，推广垃圾资源化利用技术，开展城市餐厨垃圾资源化利用，整体推进污染企业"退城行动"，加强城乡接合部环境综合整治，整体净化城乡环境。

"提质工程"。大力开展农村环境连片综合整治，实施乡村清洁工程，加大畜禽养殖业污染治理，推广农业生产废弃物综合利用技术、推进重要生态功能区和重点资源开发区建设，加强生态系统恢复和矿山生态恢复工作，全面推进生态环境治理修复"2+10"工程，加强高速公路、国道、省道及旅游专用道路两侧绿化、环保工作，积极开展园林城市、宜居城市、人居环境范例奖、星级公园、园林道路、园林单位和园林小区创建和生态文化综合性公园建设，全面提升生态环境质量。

"创建工程"。加大城市区域环境噪声控制工作力度，推广低碳环保消费模式，开展城市节能降耗工作，在长治市、晋城市、忻州市等城市进行服装干洗业污染治理试点，开展生态示范系列创建活动，填补山西省没有国家级环境保护模范城市的空白。

【山西省5户重点煤炭企业林场移交】 煤炭企业林场移交是贯彻落实国务院《关于在山西省开展煤炭工业可持续发展政策措施试点意见》(国函〔2006〕52号)，全面推进山西省转型跨越发展的一项重大举措，按照《山西省人民政府办公厅关于山西省分离国有重点煤炭企业办社会职能的指导意见》(晋政办发〔2009〕192号)精神，省人民政府决定将省属5户重点煤炭企业林场(以下简称煤炭林场)移交给省林业厅直属的8个国有林管理局。

移交范围。省属大同煤矿集团有限责任公司、山西焦煤集团有限责任公司、阳泉煤业(集团)有限责任公司、山西潞安矿业(集团)有限责任公司、晋城无烟煤矿业集团有限责任公司所属的27个林场，分别移交省林业厅直属的8个国有林管理局管理。

1. 大同煤矿集团公司所属的大同矿区林场、平鲁林场，移交杨树丰产林实验局。

2. 大同煤矿集团公司所属的五寨林场、静乐林场，山西焦煤集团西山煤电集团公司所属的原平林场，移交管涔山国有林管理局。

3. 大同煤矿集团公司所属的灵丘林场、五台林场、原平林场，山西焦煤集团西山煤电集团公司所属的灵丘林场，移交五台山国有林管理局。

4. 山西焦煤集团西山煤电集团公司所属的矿区林场、阳曲林场，移交关帝山国有林管理局。

5. 阳泉煤业集团公司所属的盂县庄头林场、木口林场、苌池林场、西烟林场、乌河林场、拦掌苗圃和寿阳景尚林场、松塔林场，移交太行山国有林管理局。

6. 山西焦煤集团霍州煤电集团公司所属的安泽林场，潞安矿业集团所属的平顺林场，移交太岳山国有林管理局。

7. 山西焦煤集团霍州煤电集团公司所属的汾西林场，移交吕梁山国有林管理局。

8. 晋城无烟煤矿业集团公司所属的泽州东沟林场、晋庙铺林场、柳口林场和沁水林场，潞安矿业集团所属的沁水林场，移交中条山国有林管理局。

移交时限。接收单位于2012年6月9日之前进驻煤炭林场，6月20日前全面完成交接工作。

交接内容。(1)人员移交。以2008年12月31日(含12月31日)为基准日，移交范围为煤炭林场在岗并在册人员(不含集体职工)。2008年12月31日(不含12月31日)以后调入人员不在移交范围之内，由原企业负责安置。(2)资产移交。以2008年12月31日为基准日，煤炭林场的全部国有资产按照产权，整体无偿、零债务移交接收单位。包括森林资源移交、建筑物移交、附属设施移交、债务处理。(3)档案移交。主要包括：煤炭林场成立时的有关技术资料及相关文件档案资料，煤炭林场的林权证及其相关权属证明材料，煤炭林场历年来的森林经营资料及相关文件图表等资料，煤炭林场历年来相关的财务、基建、人事、劳资等一系列应随林场移交的相关档案资料。

(李仁贵)

水利事业

【水利事业发展概况】 2012年，山西省水资源总量124.34亿立方米，其中，地表水资源量76.65亿立方米。全年降水量940.9亿立方米。全年实际用水量74.18亿立方米，其中，农田灌溉38.15亿立方米，工业用水14.27亿立方米，城镇生活用水10.9亿立方米，农村生活用水5.52亿立方米，林牧渔业用水5.25亿立方米。

2012年，全省有农村小型水电站71个，装机容量2809.3万千瓦。

【严肃水政】 政策法规。(1)2012年11月29日，山西省第十一届人大常委会第三十二次会议表决通过《山西省节约用水条例》，于2013年3月1日起施行。(2)《山西省水文计算手册》正式颁布。(3)对现行的15个涉及招标投标的规范性文件进行全面清理，继续执行的11件，修改的3件，废止的1件。

水政执法。为贯彻落实国务院《关于实行最严格水资源管理制度的意见》，巩固2011年水资源专项执法检查取得的成果，按照水利部相关要求，制定下发《关于开展深化水资源专项执法检查活动的通知》，积极组织各市县对各项水资源管理制度实施情况进行专项检查。全省共查处各类水资源案件224起，下达各类处罚107起。共化解各类水事纠纷百余起，是平常年份的1.5倍。

水务一体化建设。支持、鼓励涉水事务的统一管理，全年共安排26个水务工程建设项目，已全部完成任务。通过新建供水管网，新增供水人口17000人，增加工业供水60万立方米；通过对旧管网改造，改善供水人口53300人，保障了市区稳定供水；通过对再生水产生的浓水的再处理，杜绝了生态遭受二次污染。

【水资源进入严管时期】 (1)按照水利部批复的最严格的水资源管理制度试点省的实施方案，山西省加快推进最严格的水资源管理“三条红线”制度的落实，重点开展包括河流地表水、盆地地下水和岩溶大泉在内的水生态系统保护与修复工程，强力推进地下水超采区关井压采工作，全年万元工业增加值用水量降幅超过3.5%，地下水位较2011年回升0.38米。(2)根据省考核办工作要求，组织各市完成全省万元工业增加值用水量考核指标分解工作。(3)积极协调省国土资源等部门，分泉源、水量、水质重点区域对岩溶泉域保护区范围重新提出划定方案，并上报省政府批复。组织编制完成《兰村泉及晋祠泉泉域保护设计方案》，制定了扩大两泉入渗补给、实现两泉恢复出流的目标。(4)组织开展节水型社会建设试点创建工作，配合水利部水资源司完成太原市试点进行中期评估和行政验收，太原市被批准授予“节水型社会试点示范城市”称号。组织修订完成《山西省用水定额》。(5)组织协调忻州、晋城等市政府开展关井压采工作。7月晋城天脊集团完成地表水源置换和地下水井封闭工作，忻州原平晋北铝厂水源置换及关井也即将完成。(6)根据省水利普查办的统一安排，多次组织厅直属有关单位和各市、县集中办公，完成经济社会用水、地表水水源地等各专项数据普查和审核工作。(7)做好水资源基础工作，组织审查建设项目水资源论证报告24份，审批取水许可10项，审查建设项目水环境影响评价项目38项。

【水利规划超前慎重】 水利规划。(1)全面启动实施水利工程项目合规性审查制度。组织协调厅有关单位建立完善山西省水利规划项目库，11个市项目数据库已启动运行，全年共受理合规性审查项目210项。(2)编制完成《山西省水利扶贫规划（2011～2020年）》《山西省转型综改试验水利专项行动方案》。组织召开山西大水网县域供水规划编制工作会议，印发《山西大水网县域供水规划设计指导意见(试行)》，启动大水网县域供水规划编制工作。(3)按照水利部统一部署，编制完成《山西省水中长期供求规划工作大纲》。编制完成《山西省灌溉发展总体规划工作大纲》，规划成果已上报水规总院，规划报告正在编制。制定了《山西省水工程建设规划同意书制度管理办法实施细则》(试行)。

项目审批。组织完成应急水源、大水网、小(二)型水库除险加固、大中型病险水闸除险加固、大江大河及重要支流治理、中小河流治理、“10＋2”河道生态综合治理、灌区续建配套和节水改造工程、灌区高效节水和水源基础设施建设、农业节水灌溉示范、小流域水土保持综合治理及淤地坝建设、小水电工程等10余类项目可研报告、初步设计、实施方案等成果的审查报批。完成雁同灌区、塞上灌区改扩建工程可研报告、太原市汾东水系一期清水复流工程初步设计的审查工作。2012年共完成水利项目审查228项，其中，可研报告34项，初步设计146项，实施方案48项。同时组织开展张峰水库、夹马口灌区、黄土高原淤地坝等项目后评价工作。

水利统计。根据国务院第一次全国水利普查领导小组办公室统一安排部署，有序推进水利普查数据清查登记、汇总审核、空间数据采集标绘及审核、普查档案整理归档等工作，编制上报普查成果顺利通过水利部审核。

【基本建设常抓不懈】 工程建设。(1)大水网建设。大水网工程全面开工建设。大水网配套工程朔州塞上和大同雁同两大灌区开工建设，汾河、桑干河、滹沱河等3条河流治理先行开工，坪底供水等5项新开工水源工程进展顺利。

(2)应急水源建设。到2012年底，35项应急水源工程尾工建设基本完成，一大部分工程已经开始发挥效益。

(3)病险水库除险加固、中小河流治理。按照水利部和省政府的要求，突出抓好项目前期设计、招投标、施工进度、工程验收四个关键环节，采取集中设计审批、细化分解任务、签订责任书、强化责任考核和奖惩等措施，在确保施工安全和工程质量的前提下，加快工程进度。2012年完成88座小(一)型、71座重点小(二)型病险水库除险加固和21条中小河流治理任务。

工程管理。(1)综合管理。2012年共监督检查45次，发现质量问题及安全隐患50余项，均进行认真整改，全年未发生安全生产事故。全省水利工程单元工程综合优良率79.5%，其中，大水网四大骨干工程和应急水源工程单元工程综合优良率83.5%。2012年全省水利建设市场投标企业100%信用备案，全年共完成252家企业备案审定，完成

72家企业备案年检。

(2)水库管理。开展规范化水库普查,对已进行除险加固的水库建立水库影像资料计算机档案。10座大中型水库安装了监控设施,汛前蓄水的53座大中型水库已全部与省水利厅数字中心联网对接。针对水库除险加固后新的工程设施标准,委托水利部水科院安全所完成全省10座水资源丰富的中型水库汛限水位研究,完成1座大型水库的流域综合调度研究,正组织专家进行审核评价。制定《山西省大中型水库运用管理考核办法》,在此基础上,在全省选择了10座基础条件较好的水库,开展水库管理达标创建活动。

(3)河道管理。河道采砂规划编制工作。省管河道中汾河、沁河、滹沱河河道采砂规划已编制完成,运城、晋城、吕梁、忻州4个市已基本完成全市河道采砂规划的编制及审批工作。完成全省规模以上黄河流域及海河流域入河排污口监测工作,并形成监测报告。

【防汛抗旱措施科学有力】 汛情灾情。2012年汛期(6～9月),山西省平均降雨量356毫米,与历年同期基本持平。7月下旬的3场强降雨,旬雨量高达97毫米,较历年同期偏多1倍以上。整个汛期日降雨量超过50毫米的站点多达600余点次,比2011年多200点次。黄河、湫水河、朱家川、偏关河、榆社河等多条河流均发生不同量级的洪水。汛情主要有三个特点:一是极端天气多。整个汛期全省日降雨量超过50毫米的暴雨多达600余次。7月27日,临县兔坂镇3小时降雨197毫米。7月31日,全省普降大到暴雨,34个县降暴雨,25个站点降大暴雨,晋城城区平均降雨量达到168.7毫米。二是洪水量级大。7月27日临县清凉寺沟发生1020立方米每秒的大洪水、湫水河发生1350立方米每秒的中洪水。黄河吴堡站发生29年来最大洪水,洪峰流量达10600立方米每秒。在三次强降雨期间,黄河北干流发生了上万流量的特大洪水,为1969年以来最大值,3次强降雨过程,特别是黄河特大洪峰是山西省多年来没有的。三是洪灾范围广。全省11个市53个县、329个乡镇、66万人受灾,紧急转移3.8万人,死亡8人,失踪2人。直接经济损失26.2亿元,其中,水利经济损失2.43亿元。

备汛防汛。(1)备汛扎实。3月中旬省防指就开始对防汛工作进行全面安排部署,特别是对国土、煤炭、安监、交通、住建等各部门的防汛任务提出明确要求。汛前,省防指派出11个工作组对各地防汛检查和整改情况进行督查,隐患整改率90%以上,对无法整改的,均落实了应急措施。全省共落实抢险队伍4165支20余万人,组织各类防灾培训181次,参加人数63100人,防撤抢演练186次80720人,落实物资储备总价值达1.8亿元,各项防汛准备工作扎实有序。

(2)组织保障有力。在抗洪救灾关键时刻,各级党委、政府领导靠前指挥、超前应对,各级防汛指挥部指导全局,科学调控,加强联合会商,及时组织人员转移和抢险救灾,以快捷有效的方法防范灾害发生,遏制了险情灾情的发展蔓延。

(3)应急处置得当。省防指除常规化的业务指导外,在遇极端天气情况时,周密分析雨情汛情,并组织专家分析判断暴雨洪水发展态势,反复研究调度对策,逐条提出防汛指令,果断实施调度措施,并层层传达至基层。各市、县结合实际,强化各项防汛抗洪救灾应急措施,保证抗洪抢险工作的高效有序开展。在2012年"7·27"黄河特大洪水中,省防指判断准确,将洪峰演进时间、洪量和流量误差控制在5%以内,同时沿河加强布控,关闭壶口等旅游景区,武警部队、沿黄市、县、乡、村干部群众专群结合、严防死守,将灾害损失降到最低程度,未造成一人伤亡。

工程措施与非工程措施并举,构建现代化防洪体系。在2012年的抗洪斗争中,新水源工程、除险加固后的水库及近期中小河道治理工程经受了严峻考验,发挥了显著的防洪减灾效益。水库工程有效蓄滞洪水,大大减轻了下游防洪压力,中小河流治理使重要地区的防洪安全度大为提高,黄河控导工程的建成,使黄河北干流有能力战胜更大洪水。山洪灾害防治非工程措施作用凸显。7月14日及7月22日,保德县2次出现强降雨。山洪灾害非工程建设发挥了显著的防洪减灾效益,全县未造成一人伤亡。

抗旱减灾。(1)旱情灾情。2012年,全省各县受旱高峰期作物受旱面积83.4万公顷,其中,作物受灾面积13.7万公顷,成灾面积18.5万公顷,绝收面积0.8万公顷。同时因旱造成49.7万人、12.1万头大畜发生临时性饮水困难。

(2)抗旱工作。①2012年,全省水地粮食播种面积95.8万公顷,占总粮食播种面积的28.9%;水地粮食总产量77.61亿千克,占全省总产量的60.9%。水地单产540.2千克。占总粮食播种面积近1/3的水地面积,收获了六成以上的粮食产量,水利设施抗旱效益显著。2012年全省抗旱挽回粮食7.7亿千克,挽回经济作物8.33亿元。②通过送水解困的方式缓解了因旱临时饮水困难人口49.7万人、牲畜12.1万头。③全省115支抗旱服务队共投入抗旱设备累计4000台(套),维修设备4100台(套),新建维修水利设施机井近2000眼(处),拉运水11万余次,送水近8万立方米,及时缓解了36万人、7万头大畜的饮水困难。在保障旱区群众饮水的同时,各级抗旱服务组织利用小白龙、流动机泵等各类抗旱机具扩浇耕地面积3.6万公顷,挽回粮食损失1000万千克,增产各类水果1240.3万千克,挽回经济作物损失660万元。

【农村水利工作不断加强】 农田水利基本建设。围绕"保障全省粮食安全和促进农民收入翻番"的总目标,加快推进灌区节水改造、泵站更新改造和小农水重点县项目建设,大力实施"一村一井"工程和灌区末级渠系配套工程,全面推行"标准化设计、集约化生产、程序化管理、定额化补助"的农田水利标准化建设,大同雁同灌区、朔州塞上灌区开工建设,省级农业灌溉水价补贴资金如期下达。晋西北山区忻州、吕梁2个市9个县"一村一井"工程完成打井345眼,吕梁市还自筹资金在全市其他县完成打井90眼。农田实灌面积127.8万公顷,再创历史新高。

强农惠农补贴政策。2012年，省政府进一步对惠农政策进行完善，在维持原补贴资金不变的情况下，将年度建设任务由原来的10000千米调整为5000千米，相当于每千米补贴资金由原来的2万元提高到4万元，全年共完成末级渠系5000千米的建设任务。

工程建设管理体制机制。一是继续深化大中型灌区水管体制改革，积极落实人员经费和工程养护经费。积极推进基层水利服务体系建设，协调有关部门完成现状摸底调查工作，编制《健全完善基层水利服务体系实施方案》。二是全面推广"阳光工程"和用水户协会参与式管理模式，坚持水量、水价、水费三公开制度。积极组建农民用水户协会、用水合作组织，鼓励农民参与灌溉管理。三是推广水利工程管理模式。在大中型灌区，重点推行回龙提黄泵站地表水、地下水区域化统一管理模式。在井灌区，重点推行以清徐县为代表的节水型社会建设模式。四是推行"基建+农建"工程建设模式。调动受益区农民的投工积极性，为加快工程建设进度，确保工程效益尽早发挥提供有效保障。

节水技术推广使用。重点支持技术成熟、管理方便、经济负担较小、农民最接受的管灌和渠道防渗技术，井灌区以管灌为主，大中型灌区及引黄水覆盖范围以渠道防渗为主。在晋城等少数经济条件好、配套资金落实比例高的地区以及大棚作物区安排少量喷微灌工程，在大棚经济作物区安排微灌节水工程。

在重点项目选择方面重点支持集中连片、技术集成的节水示范工程项目。支持省级节水型社会试点县数字水利建设和用水计量项目，以发挥其在水权分配和现代化管理方面的示范引导作用。

全省72个农业县节水示范工程计划新增节水面积0.2万公顷，改善节水面积0.4万公顷；清徐、洪洞、盐湖、万荣4个省级节水社会建设试点县(区)主要完成水权分配、县级数字水利中心建设、用水计量等工作。

【水土保持工作稳步推进】 综合治理。依托国家水土流失重点治理工程、国家水土保持重点建设工程、坡耕地水土流失治理工程、京津风沙源治理工程、国家农业综合开发水保项目、巩固退耕还林成果水利项目、坝滩联合整治工程、沟坝地治理项目、雁门关项目、水保大户资金扶持项目、省水土保持生态工程等国家和省级重点建设工程，2012年共完成水土流失综合治理面积25.5万公顷，年治理度达2%。

生态文明建设。2012年10月13日，右玉县顺利通过水利部组织的"国家水土保持生态文明县"专家评审，成为山西首个"国家水土保持生态文明县"。

三期治汾前期工作。山西省决定用10年时间投资15亿元，在汾河上游开展第三期汾河上游水土保持综合治理工程。经过省市县的共同努力，汾河上游第三期治理规划报告已编制完成并上报省水利厅。

【城乡供水安全可靠】 2012年，全省新建或改扩建供水工程2446处，对2796个自然村、146万农村人口和191所学校、10.9万农村学校师生的饮水安全现状进行改善和提高，年底前已全部完工。全省农村自来水普及率86%。继续安排建设11处水质监测站，监测站依托农村饮水工程管理服务中心或大型集中供水工程，主要负责区域内已建工程的日常水质化验，为工程运行管理提供水质数据服务。

【地方水电建设步伐加快】 水电农村电气化县建设。沁水县曲堤水电站、陵川县东双脑水电站和古交35千伏输变电工程3个水电农村电气化项目完成建设任务，2个水电站已试运行发电。12月上旬竣工验收。

泽州县三姑泉二级水电站、平顺县赤壁水电站两个水电新农村电气化项目进展顺利。至2012年底，技改项目平顺县赤壁水电站厂房土建、前池防渗加固、视频监控系统安装调试已完成。新建三姑泉二级水电站上坝公路开挖、大坝基础灌浆已完成。

小水电代燃料项目建设。定襄县南庄生态Ⅱ站、陵川县夺火两个续建的小水电代燃料项目建设任务已完成，并试运行发电，年底前竣工验收。左权县苏公续建项目完成引水渠2300米，于12月底进行机组启动验收，项目区年内全部完成。上沿河续建项目主体工程已基本完成。

交城县旮旯和灵丘县北泉两个新建的小水电代燃料项目均已开工建设。

增效扩容项目电价配套政策得以落实。2012年7月20日，山西省物价局下发了《关于适当提高全省农村小水电上网电价的通知》，将全省农村小水电上网电价由原来的每千瓦小时0.25元调整为每千瓦小时0.27元，从2012年8月1日起执行。

【渔业生产稳定提高】 渔业生产。2012年，全省水产品总产量4.1万吨，比2011年增长13.9%。山西省渔业继续加大转方式、调结构、增投入、强科技、促增收力度，全省渔业经济总产值6.68亿元，增长18.2%；渔民人均纯收入6035元，增长11.7%。

水产健康养殖。2012年，山西省新创建农业部水产健康养殖示范场7家，省级水产健康养殖示范场16家，示范场创建整体水平进一步提高。无公害水产品产地认定和产品认证继续扩大，全年新认定无公害水产品产地27家，认定面积572公顷，认证无公害水产品52个，认定产量2364吨。开展吴王渡牌黄河鳖地理标志登记保护工作。新改造老旧池塘422.6公顷，新建池塘192.7公顷，分别比2011年增加207.1公顷和8.8公顷；池塘养殖产量2.6万吨，池塘养殖面积2435公顷，分别增长22.3%和19.8%。"菜篮子"水产品标准化生产项目取得实效，2012年全省有16家部省级水产健康养殖示范场获得中央财政扶持"菜篮子"水产品标准化生产项目补助资金，进一步提升了水产健康养殖示范场的档次和安全供给能力，促进了渔民增收、渔业增效。

水产种业建设。印发实施《山西省省级水产原良种场资格认定和管理办法》，组建山西省水产苗种审定委员会，有8家水产苗种场取得省级水产原良种场资格。先后从中国水产科学研究院淡水渔业研究中心引进60万尾鲤鱼选育新品种福瑞鲤夏花和5000尾两个品系的福瑞鲤亲本，选择7家基础条件好、生产能力强的鲤鱼苗种场进行试验示范，取得明显成效。

转变渔业发展方式。首次创建全国休闲渔业示范单位4家，新创建省级休闲渔业示范园区11个，全省休闲渔业产值2865.9万元，增长9.3%。大力实施水库渔业示范工程，不断调整和优化水库渔业养殖结构，将大规模放养鲢、鳙鱼作为水库渔业的发展重点，开展名优品种匙吻鲟大水面牧式放养，带动1.3万公顷大水面增养殖和4公顷滤食性鱼类网箱养殖。在巩固和发展鲤鱼、草鱼等大宗水产品和虹鳟、鲟鱼、黄河鳖等特色水产品养殖生产的同时，引进和扩大加州鲈、南美白对虾、大闸蟹、黄颡鱼、斑点叉尾鮰等经济效益高、市场销路好、适合山西省养殖的名优水产品种养殖，名优水产养殖品种的比重稳步提高，养殖品种结构持续优化。

水产品质量安全监管。2012年，山西省水产品质量安全水平稳中有升，全年未发生重大水产品质量安全事故。省水利厅组织开展的产地水产苗种监督抽查合格率连续四年保持在100%，产地水产品质量安全监督抽查合格99.5%，市场水产品质量安全例行监测合格率100%。农业部对山西省开展的产地水产品质量安全监督抽查合格率97%，市场水产品质量安全例行监测合格率90%。

渔业资源与环境保护。2012年，省水利厅在全省9个市组织开展水生生物增殖放流活动，有效扩大了增殖放流活动的社会影响，放流经济鱼类1351万尾。对黄河流域渔业资源保护区建设和运行、维护、管理情况进行重点调研，完成山西省黄河流域渔业情况调研报告和水生生物自然保护区建设管理情况调查。按照农业部、公安部、海关总署的要求，联合省公安厅、太原海关等单位开展打击非法捕捉走私经营利用水生野生动物保护专项执法行动，提高全社会水生野生动物保护意识，规范水生野生动物特许利用行为。水生珍稀濒危物种和特有鱼类保护不断加强。在沁河安泽段采捕乌苏里拟鲿、唇鱼骨、鲶鱼、雅罗鱼野生亲本1600尾进行保种和亲本培育，为实现山西省特有鱼类人工繁育奠定了基础。

渔政渔船管理。按照农业部的要求和部署，积极开展"全国平安渔业示范县"创建活动，运城市垣曲县荣获"全国平安渔业示范县"称号。不断加强渔政执法工作，突出抓好水产养殖质量安全执法检查，依法严厉查处农业部对山西省开展的和山西省自行开展的产地水产品质量安全监督抽查中发现的两起水产品中氯霉素药残超标事件和一起孔雀石绿药残超标事件，产地水产品质量安全执法查处率100%。开展黄河流域(山西段)联合执法行动和渔业行政督察活动，有效维护了正常的渔业生产秩序。

【水利科技先行先试】 *技术项目进展*。年度科研计划项目顺利执行。围绕大水网建设、标准化建设、生态修复、节水灌溉等重点技术研究需求，共安排7类49个科研项目。其中，隧洞施工、高扬程泵站、新型筑坝技术等大水网建设技术研究项目15个，末级渠系自动化生产设备、U型混凝土配合比试验、安全饮水工程标准化设计、数字水利数据库规范化等标准化研究类项目8个，晋祠泉复流、小浪底引黄工程生态环境影响分析等生态修复研究项目5个，大棚高产节水技术集成、路面集雨节灌技术研究、便携式太阳能抽水灌溉设备研发等节水灌溉工程研究项目10个，匙吻鲟成鱼养殖等水产养殖类项目5个。各项目均顺利开展，按期提交项目成果。

重点科研项目取得阶段成绩。省水文局自行研制的《无线遥控雷达波数字化测流系统》荣获国家专利并在全国推广。省水资所、中国水科院完成的《山西省水生态系统保护与修复关键技术研究及示范》项目获2012年度省科技进步一等奖。省水保所完成的《王家沟小流域可持续发展评价研究》《山西省风沙治理及退耕还林实施对策研究》获中国水土保持学会三等奖。中国水科院承担的《山西省汾河防洪调度体系研究》和西安理工大学承担的《山西沁河防洪调度体系研究》项目已通过省级验收。北方工业大学承担的《远程自动化控制闸门研究》完成中试，即将验收推广。《水库水位水质监测》项目已生产出样机，即将在水库、河道投入中试。美国犹他大学承担的《册田水库底泥处理及水质保护》项目完成现场取样、分析等工作，即将确定相应技术方案并开展小规模试验。省水利机械厂承担的《全自动防渗U型渠现浇成型机》项目已通过验收，拟在末级渠系工程建设中推广应用。省农田水利灌溉标准化研究与推广中心、北赵灌区、西山提黄中心、省水科院、省设计院等单位联合开展的《U渠道标准化构件生产试验及推广应用》项目在借鉴山东、江西经验的基础上，已经完成厂址选定、素混凝土预制设备外购、生产设备改造等工作，已生产出素混凝土预制件，加筋混凝土预制设备研制、混凝土配合比等子项目研究顺利进行。省水保所、省水文局承担的两个948项目通过水利部验收，评价为A。省水职院承担的《涑水河生态基流保障与污染控制技术》项目、省水产技术推广站承担的《水产健康养殖综合技术推广示范》项目通过验收。省水科院和天津农学院完成的《非充分供水条件下灌溉预报研究》成果和省水产所承担的《山西省渔业资源利用与物种保护研究成果》通过省科技厅鉴定，分别达到国际先进、国内领先水平。

地下水监控体系维护。对2009年、2010年项目中大同、阳泉、朔州、吕梁、临汾、晋城、晋中7个市、23个县444台地下水监测设备加装太阳能系统，确保监测设备有稳定电源。委托省水务科技公司对损坏设备进行巡检，并清点形成准确的地下水位监测系统原始数据库；对市县维护人员组织技术培训，确保全省设备在线率80%以上。

水利科技交流。2012年，邀请尼日利亚专家团到省水机厂考察钢桶生产设备，双方进行了充分的技术交流与沟通，为今后进一步合作奠定了基础。根据大水网建设技术需求，与境外有关机构充分沟通并确定了考察内容、技术交流要点等，配合省设计院、中部引黄等工程单

位完成高扬程水泵、TBM掘进机等专项境外技术考察工作。

（王秀芳）

农机事业

【2012年山西省农机行业概况】 农机装备水平持续提高。到2012年底，全省农机总动力3056.1万千瓦，比2011年增长4.4%。其中，大中型拖拉机、玉米收获机和薯类收获机分别达到9.8万台、1.1万台和5454台，分别增长10%、61.4%和32%；新增畜牧业、林果业、设施农业和农产品加工等机械3.7万台(件)，全省农机装备结构得到有效改善。农机作业水平持续提升。全省机耕、机播、机收面积分别达到257.3万公顷、244.4万公顷和151.5万公顷，主要粮食作物机械化综合水平58.4%，比2011年提高3.2个百分点。农机化经营效益持续增长。全省农机化经营总收入115亿元，比2011年增加7.6亿元。其中，农机户经营纯收入57亿元，增加4亿元。农机安全生产形势持续稳定。全省发生10起一般农机事故，未发生一次死亡3人以上的重特大农机事故，没有突破农机安全生产控制考核指标。

落实农机购置补贴政策。全省共落实农机购置补贴资金7.4亿元，其中，中央财政资金6.7亿元，比2011年增长15.5%；省级财政投入4000万元。共补贴10.3万户农民购买各类农业机械15.9万台(件)，带动全省农机经销企业销售额23亿元。在实际工作中，省农机局实行了“补贴资金结算审核、经销商确定和监管、补贴资金分配和调剂”三权下放到市、“三先三后”(“先上户后累加”“先作业后累加”和“先验收后补贴”)和补贴资金到卡等办法，出台了经销商监督管理、补贴资金结算等办法，进一步严格补贴程序过程管理；强化农机补贴廉政风险防控机制建设和警示教育，狠抓网上监督和实地督导检查，启动农机报废更新补贴试点工作，农机购置补贴工作总体上保持平稳运行。

重要农时季节机械化生产。春耕春播期间，全省投入各类农业机械40.5万台(件)，完成机械化耕整地182.3万公顷，机械播种145.3万公顷，分别比2011年增长23%和21%，总体生产进度比2011年提早7天左右。“三夏”抢收抢种期间，全省组建跨区机收服务队195个，成立接待站97个；投入各类作业机具42.5万台，其中，联合收割机1.3万台，播种机2.2万台；完成小麦机收面积66.3万公顷，小麦机收水平95.1%，比2011年提高3个百分点；秋粮机械复播面积37.7万公顷。“三秋”作业期间，全省共完成玉米、薯类机收面积65.8万公顷和11万公顷，玉米机收水平37.2%，比2011年提高10.7个百分点。完成柠条机械化平茬面积1万公顷。投入1.13亿元，实施玉米丰产方机收秸秆还田作业补贴25万公顷，完成玉米秸秆还田面积120万公顷。玉米、马铃薯机收等作物生产关键环节机械化“瓶颈”实现了较大突破。

机械化保护性耕作。全省机械化保护性耕作新增实施面积12.8万公顷，累计实施面积86.7万公顷，覆盖了全省11个市100多个县，受益农民近1100万人，为全省增产粮食7亿千克，节约生产成本3.5亿元，总节本增效18.2亿元以上。在资金投入、建设规模和建设质量等方面，山西省保护性耕作都名列全国前茅。在工程建设中，省农机局重点抓了以下四方面工作：一是制定《山西省保护性耕作工程建设项目管理办法及实施细则》，对项目立项、施工管理、合同管理、财务管理和督查验收等各环节作了明确规定，为今后全省保护性耕作科学发展奠定了良好基础。二是举办全省保护性耕作培训班，对项目县局长和管理财务人员等120多人进行专题培训，有效提高了项目实施综合能力。三是初步建立起国家保护性耕作工程项目承担县的筛选机制。从全省规划的项目建设县中筛选出12个县作为2013年国家保护性耕作工程项目承担县。四是与联合国粮农组织和农业部农机化司等单位联合在北京举办“中国保护性耕作20年国际研讨会”，作了《山西保护性耕作20年》专题报告；组织11名外国专家到尧都区考察我国最早的保护性耕作试验田，农业部领导和中外专家普遍肯定了山西省为全国保护性耕作发展提供的成功经验。

农机科研和农机化技术推广。在农机科研方面，全省投入农机科研项目资金273万元，实施28个农机装备引进试验项目和10个现代农业机械化技术综合示范项目。“柠条饲料智能收获制粒装备开发”列入国家863计划项目。落实2012年度省科学技术发展计划项目5项。组织申报2013年度省科技厅科技攻关项目和国家863计划备选项目10项。《山西省设施农机化工程技术集成与示范》项目获得省科技进步三等奖。在农机推广方面，全省共举办各类大型现场演示展示活动110场，培训机手20万人次；举办专题技术培训班140多次，培训农机管理人员和业务骨干3.7万人次。建设玉米和马铃薯机收示范区366个。引进和试验示范特色农业新机具64种。新建设现代农机化项目示范区4个。在扶持农机工业方面，投入175万元财政贷款贴息，帮助农机工业企业贷款2000多万元，全省农机工业产值达到25亿元。

农机化公共服务体系建设。在农机技术推广方面，省农机局抓住贯彻落实“一个衔接、两个全覆盖”政策的有利时机，狠抓基层农机推广机构改革和发展。投入1000万元，改善部分市县基层农机推广机构推广设施和工作条件，初步形成较为完整的省、市、县、区域四级联动的农机化技术推广网络。在农机质量监管方面，投入132万元，对省农机质量监管站进行试验室改造升级，为省市两级农机质量监管站配备检测设备52套。在农机安全监督方面，投入330万元，改造省级农机安全监理信息管理系统，为29个县级农机安全监理机构配备29套移动式检测设备和20辆执法车。在农机教育培训方面，争取将农机培训列入省财政预算，并安排600万元专项资金，对全省3.5万名新购机农民进行系统的农机培训。在信息宣传方面，建立信息报送和新

闻宣传奖励机制。对“一网三刊”进行深度整合，组建成立正处级规格的山西现代农业工程出版传媒中心。

农机安全生产。在农机安全生产监理方面，省农机局狠抓拖拉机安全监理“三率”工作，全省新注册登记拖拉机、联合收割机2.1万台，检验机动车8.8万台，新训新考驾驶员1.3万人。实施新购拖拉机、联合收割机累加补贴政策，审批兑付1.2万台拖拉机、联合收割机补贴资金893万元。开展农机免费监理工作，免除2.1万台手扶拖拉机检验费、8.8万台拖拉机及联合收割机喷放大字号费等50.8万元。开展“打非治违”、百日农机安全生产、农机交通安全“牵手平安行”和农机安全生产专项整治等活动。新创建5个省级“平安农机”示范县、52个示范乡、563个示范村。在农机产品质量监管方面，在全省组织开展“发展与安全”农机化质量大型宣传活动、玉米收获机质量调查和质量督导，联合工商、质检等部门开展农机打假专项治理行动，查处无证、假冒、劣质农机及零配件产品1200台(件)，共受理农民投诉25起、结案25起，为农民挽回经济损失30余万元。

【积极推进农机专业合作社建设】 省农机局采取健全组织机构、增加资金投入、制定创建标准、推出示范典型、建立表彰机制等措施，开展农机化生产劳动竞赛，狠抓农机专业合作社规范发展。全省农机合作社和农机大户分别达到1558个和4716个，分别比2011年增加286个和1300个，承担了全省30%以上的农机作业任务和近50%的农机项目建设任务，成为农业生产的主力军。采取带地入社、承租等方式，参与流转土地5.1万公顷，占全省土地流转面积的13.3%，已成为山西省土地流转的重要承载主体和推进主体。省农机局主要采取了以下几项措施：一是制定《山西省农机专业合作社“示范社”建设标准》，明确“示范社”的建设目标、建设内容、建设标准及推进措施。二是制定农机合作社“规范化建设样本”，统一农机合作社规范化建设十项管理规章制度。三是采取划片组织、分期编班的办法，举办五期农机专业合作社社长培训班，共培训600余人。选送11名农机维修技术人员和3个农机合作社社长参加农机化司组织的农机维修高技能人才培训，柳林县鑫联农机专业合作社在会上作了典型发言。四是开展“星级”农机维修网点创建活动。全省共投入650万元，改扩建农机维修点226个，新发展农机维修网点264个，建设标准型“星级”维修网点180个，“四星级”网点13个。在全国农机合作社建设经验交流会和创新农机维修工作研讨会上，分别作了题为“规范建设夯基础，强化管理促发展”和“严管理规范发展秩序，夯基础提升服务能力”的典型发言。

（秦永红）

气象事业

【2012年基本气候概况】 2012年天气气候基本特征。2012年，山西省年降水量接近常年略偏多。气温接近常年略偏低，为近15年来最低。大部分地区年日照时数偏少。2012年，山西省主要气象灾害及极端天气气候事件有暴雨、冰雹、大风、高温、寒潮、雾霾、霜冻等，灾害性天气给全省工农业生产及人民生活造成一定的影响，暴雨、冰雹、大风等造成的影响较为严重。但总体看，2012年山西省极端天气气候事件较往年偏少。

降水。2012年，全省各地降水量介于283.1～657.9毫米之间。吕梁市的西部地区、晋城及忻州市的偏关、河曲降水较多，基本在600毫米以上；大同市东南部、忻州市的定襄、运城市的中西部及晋城市的西部地区是降水最少的区域，在400毫米以下；其余大部分地区年降水量介于400～600毫米之间。与常年相比，山西大部分地区年降水量接近常年；降水偏多的区域主要集中在北中部的西部地区以及晋中市的部分县(市)，南部的运城市和晋城市部分地区降水偏少。

2012年(1～12月)山西省年平均降水量474.1毫米，较常年值偏多5.8毫米，较最多年1964年偏少240.4毫米，较2011年偏少99.5毫米。从历年降水量变化来看，2012年降水量在近10年由多到少排位中处于第五位。2012年，山西省降水主要集中在夏、秋季，夏季和秋季分别占全年降水量的61.8%和21.2%。

2012年冬季（2011年12月～2012年2月），全省平均季降水量4.3毫米，较常年同期偏少8.7毫米，较2011年同期偏少10.9毫米，为1971年以来第四少降水量。从空间分布来看，全省冬季降水量在0～11毫米之间，除北部忻州市的西部、中部吕梁市西部和晋中市大部以及东南部的大部地区降水量在5～10毫米，个别县(市)在10毫米以上外，其余地区降水量不足5毫米。与常年同期相比，除个别县(市)正常或偏多外，其余大部地区降水为显著偏少到异常偏少。从季内降水分布情况看，降水前、后期偏少，中期略少。

2012年春季，山西省平均季降水量72毫米，较常年同期偏少7.2毫米，较2011年同期偏多0.3毫米。全省各地降水量介于38～107毫米之间。从空间分布来看，太原市部分及吕梁市局部地区降水量少于50毫米；忻州市西部、大同市局部以及临汾、运城和晋城等市的个别县(市)降水量在90毫米以上；其余地区降水介于50～90毫米之间。与常年同期相比，山西北部局部地区降水偏多，南部局部地区降水偏少，其他大部降水正常。从季内降水分布情况看，3月、4月降水接近常年略偏多，5月降水较常年均值偏少。

2012年夏季，全省平均季降水量293.2毫米，较常年同期偏多25毫米，较2011年同期偏多26.3毫米。各地降水量介于148～457毫米之间。南部的运城市部分县(市)降水量不足200毫米，其余大部分地区降水量在200毫米以上，其中，河曲、榆社、平遥、昔阳、柳林、安泽和晋城7个县(市)降水量达400毫米以上。与常年同期相比，全省大部分地区降水正常，运城市和晋城市部分地区偏少，偏多的区域主要集中在西北部和中部的部分地区。

从季内分布来看，前后期少，中期多，降水主要集中在7月份。7月降水量占整个夏季降水的58%，6月和8月分别占20%、22%。

2012年秋季，全省平均降水量100.5毫米，较常年同期偏少7.4毫米，较2011年同期偏少108毫米。各地降水量介于57～231毫米之间。大同市大部、朔州市东部、忻州市大部、吕梁市、太原市南部、阳泉市西部、晋中市北部和临汾市局部地区降水量大于100毫米，其中，吕梁市西部的降水量大于200毫米；其余大部分地区降水量小于100毫米。与常年同期相比，北部局部和中部局部地区降水量偏多，南部大部地区降水量为偏少到异常偏少，其余大部分地区降水量正常。从季内分布来看，整个秋季前期降水量偏多，中、后期偏少。

2012年12月，全省平均降水量5.2毫米，较常年值偏多1.6毫米，在近10年中位列第二位，仅少于2002年。全省大部分地区降水量在4毫米以上，降水天气在月内各旬均有分布。

气温。2012年，春季气温偏高，夏季气温接近常年，冬、秋季气温偏低。1～12月，全省年平均气温9.4℃，较常年偏低0.4℃，较2011年偏低0.2℃，为近15年来最低。年平均气温空间分布为由北向南逐渐升高，且中部盆地高于同纬度东西两侧山区。左云县、朔州市西部、忻州市局部、吕梁局部及晋中局部地区年平均气温较低，基本在6℃以下，右玉最低为3.9℃；运城市大部以及临汾盆地气温较高，在12℃～14℃之间，河津和运城最高为14℃；其余大部分地区平均气温基本都在6℃～12℃之间。与常年相比，全省除运城市、临汾市的局部和中部个别县(市)年平均气温略偏高外，其余大部分地区年平均气温略偏低。

2012年冬季(2011年12月～2012年2月)，全省平均气温为－5℃，较常年同期偏低1℃，较2011年同期偏低0.3℃。全省冬季平均气温介于－12.7℃～0.7℃之间。北部大部地区平均气温在－8℃以下，局部达－10℃以下；南部大部在－4℃以上，其中，运城市气温较高，在－2℃以上，部分地区在0℃以上；其余地区介于－8℃～－4℃之间。与常年同期相比，山西省绝大部分地区平均气温偏低。其中，北中部大部地区偏低在1℃～2℃之间，个别县市偏低2℃以上。从季内气温时间分布看，前期气温正常，后期偏低。

2012年春季，全省平均气温12℃，较常年同期偏高0.7℃，较2011年偏高1.3℃。2012年春季山西省各地平均气温介于7.1℃～16℃之间，全省平均气温分布呈北低南高与盆地高山地低的特征。其中，朔州市西部、忻州市西部和吕梁市部分地区的平均气温在9℃以下，右玉最低为7.1℃；运城市、临汾市大部、晋城市大部、太原盆地、忻定盆地南部以及吕梁市和阳泉市平原地区的平均气温在12℃以上，河津最高为16℃；其余地区介于9℃～12℃之间。与常年同期相比，山西省各地区平均气温除个别县(市)偏低0.1℃～0.7℃外，全省大部平均气温偏高0.1℃～1.8℃。从季内分布来看，季前期气温偏低，中、后期气温偏高，5月平均气温为19℃，较常年偏高1℃，为近10年同期第二高，1971年以来第四高。

2012年夏季，全省平均气温22.3℃，较常年值偏低0.1℃，为2000年以来第4个夏季气温偏低年。各地平均气温在18.4℃～26.8℃之间。朔州市的西部、忻州市的中西部平均气温在20℃以下，临汾市中部和运城市平均气温在24℃以上。与常年同期相比，北部、南部偏高，中部偏低，大部分地区偏高和偏低的幅度在0.5℃以内。从季内分布来看，各月气温均接近常年。

2012年秋季，全省平均气温8.9℃，较常年均值偏低0.8℃，较2011年同期偏低1.3℃。全省各地平均气温介于3.1℃～13.7℃之间。从区域分布来看，北部大部分地区在8℃以下，其余大部分地区的气温在8℃～13.7℃之间，运城市大部和临汾市局部地区的气温在12℃～13.7℃之间。与常年同期相比，临汾市南部、运城市大部、晋城市大部和长治市局部的气温距平均值在±0.5℃范围内，其余大部地区气温偏低0.5℃以上，局部地区偏低1℃以上。从季内分布来看，前期、后期偏低，中期接近常年。9月全省平均气温15.4℃，比常年均值偏低1.3℃，较2011年同期偏高0.2℃，为1971年以来同期第六低、近10年次低气温。

2012年12月，全省月平均气温－5.9℃，较常年均值偏低1.8℃，在近10年中为第二低气温。各地气温介于－13.4℃～0℃之间。右玉最低，永济最高。从月平均气温空间分布看，山西省北部大部气温在－8℃以下；南部基本在－6℃以上，运城市基本在－2℃以上。与常年同期相比，全省月平均气温普遍偏低，北部大部和中南部部分地区气温偏低2℃以上。

日照。2012年(1～12月)，山西省平均日照时数2344.9小时，较常年偏少104.4小时。北部的大同市大部和朔州市大部、忻州市局部、吕梁市部分以及晋中市局部年日照时数多于2600小时，最多年日照时数出现在宁武；临汾市、运城市和长治市的局部年日照时数少于2000小时，最少日照时数出现在南部的潞城，其余大部地区年日照时数介于2000～2600小时之间。

与常年相比，全省大部分地区日照时数较常年偏少。在统计的108个县(市)中，64个县(市)日照时数偏少，其中，13个县(市)偏少300小时以上，42个县(市)偏少100～300小时；只有13个县(市)日照时数较常年偏多100小时以上。

2012年，山西省日照年内分布状况为，春季日照接近常年略偏多，夏季和冬季日照偏少，秋季全省大部日照正常。

2012年冬季(2011年12月～2012年2月)，山西省各地日照时数在243～637小时之间，北部多于南部。全省大部分地区日照时数在400小时以上。与常年同期相比，除北中部部分地区偏多外，大部地区日照时数偏少0～100小时，局部地区偏少100～200小时，个别县(市)偏少200小时以上。从季内分布来看，冬季日照时数各月普遍偏少。

2012年春季，山西省各地日照时数在529～837小时之间，由北向南递减。运城市大部与临汾、长治和晋中市的个别县(市)日照时数在600小时以下，中、北部大部地区日照时数超过700小时，其他地区日照时数在600～700小时之间。与常年同期相比，吕梁市北部、太原市南部、晋中市大部及长治市北部的日照时数偏多50小时以上，其他地区大部日照时数距平均值在±50小时以内。从季内分布来看，春季日照时数前期偏少，中期略偏多。

2012年夏季，山西省各地日照时数在432～790小时之间。北部多于南部，除南部局部地区日照时数不足500小时外，全省大部分地区日照时数在500小时以上，其中，大同市、朔州市西部、忻州市西部和吕梁市西北部日照时数在700小时以上。与常年同期相比，全省仅有18个县(市)偏多0～50小时，大部分地区偏少100小时以内，有14个县(市)偏少达100～200小时。从季内分布来看，夏季日照时数各月均偏少。

2012年秋季，山西省各地日照时数在455～800小时之间，北部多于南部。北部大部地区日照时数在600小时以上，其中，吕梁市西部日照时数大于700小时，南部大部分地区日照时数在500小时以下。与常年同期相比，全省大部秋季日照时数正常。吕梁市西部、晋中市大部、长治市局部和临汾市局部偏多50小时以上，大同市局部、朔州市局部和忻州市西部偏少50小时以上，其余大部分日照时数正常。从季内分布来看，秋季前、中期日照时数偏多，后期日照时数偏少。

2012年12月，山西省北部大部日照时数在100～150小时之间；中南部局部地区日照时数在150小时以上。与常年同期相比，全省绝大部分地区月日照时数较常年偏少，中南部大部地区日照偏少0～50小时，北部大部偏少50～100小时。

【2012年主要气象灾害、气候事件及其影响】 暴雨。2012年夏季，山西省降水量为2000年以来第三多，其中，7月全省平均降水量170.4毫米，占整个夏季降水的58%，较累年平均值偏多65.3毫米，月内多次出现暴雨天气，全省7月出现的暴雨总站(次)为历史最多。

全省较大范围的暴雨天气过程主要出现在2012年7月的9日、21日和30日，其中，7月30～31日的大范围降水为最强降水过程，全省过程降水量在1.3～235.3毫米之间，7个县(市)降水量超过100毫米；53个县(市)降水量在50～100毫米之间。

7月30～31日，吕梁市有8个县(市)出现暴雨，1个县(市)出现大暴雨，其中，临县出现的暴雨天气导致14个乡镇236个村交通中断，全县农作物受灾面积35133.1公顷，成灾面积19652.1公顷，绝收面积8195.8公顷，毁坏耕地面积3796.5公顷，大畜死亡294头，猪死亡1356头，羊死亡5332只，鸡死亡36120只，损毁圈舍6000平方米，造成直接经济损失3.2亿元。

7月30日晚～7月31日，太原全市范围出现暴雨天气，此次降雨强度大、范围广、持续时间长。31日凌晨1时许，太原市积水路段共有40处。尖草坪区的柴村街办、马头水乡、古城街办在此次暴雨中受灾，受灾人口42人，房屋倒塌45间。

7月30～31日，长治市出现大到暴雨，过程降水量大于100毫米的有4个乡镇，大于50毫米的有45个乡镇。武乡的故城镇受大风、暴雨、洪水袭击，导致农作物受火面积553公顷，倒塌房屋51间，道路损毁500多米，桥梁坍塌2座，造成经济损失1300多万元。

7月30日夜间，晋城市市区、阳城县南部、泽州县大部、陵川县东部和南部突降大暴雨到特大暴雨。截至31日8时，市区雨量达到223.7毫米，突破了有气象纪录的历史极值，有6个区域雨量站超过200毫米、19个区域雨量站超过100毫米、58个区域雨量站超过50毫米。由于降雨强度大，短时间内晋城市市区多条道路积满雨水，街道变成“河流”，低洼处房屋进水。特大暴雨导致山洪暴发、河水暴涨，淹没冲毁多处农田、道路、桥梁和水利设施，给群众生产生活、城市设施等造成巨大损失。

阳泉市盂县和临汾市7个县(市)也在7月30日出现暴雨。其中，阳泉市受雨涝灾害影响，14个乡镇居民住房倒损情况都有发生。

寒潮降温。2012年，山西省在冬季、初春和年末多次出现寒潮降温天气。2012年冬季(2011年12月～2012年2月)，大同市发生5次寒潮天气，共有28站(次)出现，出现时间为12月2～3日(7站)、12月5～6日(6站)、1月31日～2月2日(3站)、2月22～23日(5站)、2月22～23日(7站)；朔州市1月4日(3站)和1月20～22日(5站)出现2次寒潮天气，2月1日和2月25日朔州部分地区也出现寒潮天气；吕梁市发生3次寒潮天气，共有4站(次)出现，出现时间为12月6～8日(2站)、12月14～16日(1站)和1月20～22日(1站)；12月6～8日忻州市大部和运城市部分地区出现寒潮天气；12月7～9日临汾市局部出现寒潮天气；2月7日晋中市4站和2月7日长治市4站出现寒潮天气。

3月末，受强冷空气影响，朔州市、忻州市、运城市等地出现寒潮天气。运城市除芮城外其余各地均出现霜冻天气，其中，闻喜县日最低气温降至－0.5℃；闻喜、垣曲、临猗和平陆出现寒潮天气，24小时最低气温分别下降10.1℃、9.1℃、8.1℃和8℃。由于此次降温过程持续时间较短，而且闻喜县小麦尚未拔节、果树也未开花，因此寒潮天气对农业生产影响不大。

12月，山西省月平均气温－5.9℃，较常年均值偏低1.8℃，在近10年中为第二低气温。月内多次出现寒潮天气，其中，22～24日，山西全省出现明显降温，大部分县(市)气温下降6℃～8℃，有26个县(市)降温幅度在8℃～11℃之间。期间山西大部出现入冬以来气温最低值，其中，右玉12月23日最低气温－33℃，为山西省2012年最低气温。

降雪。虽然2012年冬季降水偏少，但仍有几次明显的降雨(雪)过程。降水过程对农业生产较为有利，但积雪和道路结冰也给交通运输带来不利影响。

1月，主要有2次全省范围的降雪过程。1月7日出现小雪天气过程，共46个县(市)有降雪；1月19～22日出现大范围降雪天气过程，其中，1月20日共106个县(市)出现降雪，26个县(市)降中雪，兴县、交口、永和、吉县、乡宁、翼城和垣曲等7县(市)的降水量超过5毫米。2月12日和23～27日出现2次不同程度的雨雪天气。12日，山西省部分地区出现小雪，降水量介于0～0.6毫米之间；23～27日，大同市大部、忻州市西部和晋中市大部出现降雪过程，最大降雪量为忻州市的保德，降雪量2.2毫米。

2012年下半年，降雪天气较常年偏早，北中部部分地区在11月初出现了降雪天气。11月2～3日，全省出现雨雪、大风天气，4日早晨，北部大部、吕梁市的西部、临汾市的西部山区、晋中市的东部山区等38个县(市)有0～9厘米积雪，其中，兴县、五台山、岢岚、方山、石楼、中阳、偏关、大同的积雪深度在5～9厘米。4日，气温明显下降，24小时最低气温北部大部下降6℃～9℃，中南部大部下降5℃～8℃。

12月，共出现5次降雪过程。1日，中南部大部和北部局部共75个县(市)出现降雪天气，其中，晋城市区达到中雪；6日，全省共有22个县(市)出现降雪天气，其中，五寨降中雪，岢岚、右玉、神池、左权、兴县、岚县出现2～4厘米积雪；12～13日，全省过程降雪量在0.1～5.8毫米之间，其中，有34个县(市)降雪量在2.5毫米以上；19～20日，全省大部出现降雪天气，过程降雪量在0.1～6.4毫米之间，共31个县(市)降雪量在2.5毫米以上；21日8时观测显示，有85个县(市)有积雪，其中，小店、岚县、隰县、平定、长治县、屯留、偏关、潞城、壶关、沁源、盂县的积雪深度为5～9厘米；28日，全省大部出现降雪天气，24小时降水量在0.1～5.1毫米之间，其中，广灵降大雪，怀仁、朔城区降中雪，其余县(市)降小雪。

阶段性干旱。2012年，春夏两季，由于降水时空分布不均，加之温度阶段性冷暖起伏变化，部分地区出现旱情，给山西省农业生产带来一定不利影响。

大同市春夏两季，由于阶段性的温高少雨，造成大同市出现不同程度的阶段性旱象。4月1～22日全市仅出现3次小于5毫米的阵性降水，由于降水持续偏少、气温偏高，土壤失墒快，大部分地区旱情持续并发展，至4月中旬，87.5%的乡镇的表层土壤出现不同程度干旱，重度干旱18个乡镇。4月下旬，大同市出现的降水虽然对前期的旱情有所缓解，但是进入5月，上旬全市基本无有效降水，使得旱情蔓延加重，大同、天镇、左云整层土壤严重干旱，最大干土层厚度8厘米。大同市6月上、中旬降水偏少，降水为分布不均的阵雨或雷雨，全市大部分地区出现不同程度干旱，市区、大同县、天镇存在干土层，最大厚度9厘米。7月中旬虽然出现降雨，但是日降雨量超过10毫米的仅有3站(次)，全市大部分地区出现了明显的阶段性干旱，尤其是灵丘严重干旱，干土层厚度8厘米。

运城市自4月份开始降水持续偏少，4～6月末，全市平均降雨量70.7毫米，比2011年同期偏少30.5毫米，比历年同期偏少71.8毫米，特别是5月29日至6月25日间，近一个月的时间全市平均降水量仅为10.8毫米，比2011年同期偏少13.2毫米，比历年同期偏少50.3毫米，除零星降雨外，基本没有有效降雨，加之气温高，土壤失墒严重，旱情持续发展。严重的干旱影响到复播进度和大秋作物的正常生长。

春季大范围降水。2012年春季，山西省降水量接近常年略偏少，但季内出现的几次较大范围降水过程，有效补充了土壤水分，缓解了阶段性旱情，对农作物生长发育和夏播的顺利进行较为有利。3月，山西省雨雪天气较多。上旬1～5日山西省大部分地区出现小雪或雨夹雪，过程降水量介于0.3～8.2毫米之间；18～19日全省大部县(市)有雨雪天气；20日南部大部有雨，过程降水量介于0～11毫米之间；下旬，21～22日出现全省性雨雪天气，过程降水量介于0.1～26.9毫米之间，28日全省大部有雨雪天气。4月9～10日，全省106个县(市)出现降雨，48小时降雨量介于0～9.8毫米之间；23～24日，山西省出现大范围降水天气过程，其中，23日，全省出现降雨，8站出现大雨，45站出现中雨；24日，全省91个县(市)有降雨；30日，山西省西部30站出现阵雨或小雨。5月7～12日，21日，28～29日和31日共出现4次大范围降水天气过程，其中，31日，山西北部、中部共52个县(市)出现较强降雨，24小时全省降雨量介于0.1～39.8毫米之间，其中，36个县(市)降雨量超过10毫米，6个县(市)降雨量超过25毫米。

局地强对流天气。2012年春季，多次出现雷暴天气，尤其3月末运城市出现的强雷暴天气，给电力部门造成较大影响。3月27日，运城市大部分县(市)出现强雷暴天气，此次强雷暴造成平陆县的曹川、三门、坡底、张店4个乡镇大面积停电。加之气温偏低，冻雨天气使得该县10个乡镇的电力设施倒杆、断线，直接经济损失80余万元。

夏季，山西省局地出现大风和冰雹等强对流灾害性天气，给工农业生产及人民生活财产等造成较大损失。6月1日，高平市、阳泉市、太原市等地区遭受冰雹袭击，受灾面积分别为239.2万公顷、1130万公顷和710万公顷，直接经济损失分别为560万元、2570万元和1330万元；6月13日，长治市和晋中市出现大风天气，最大风速分别达到19.3米/秒(武乡)和26.2米/秒(榆次)；6月3日、9日、19日、22日伴随雷雨天气，朔州市部分县出现了短时大风。6月23日朔州市右玉县16时33分出现雷电天气；6月23～24日，晋城市高平、泽州遭受大风和冰雹袭击，高平的北诗镇12个村不同程度受灾，降水量29.9毫米，并伴随8级左右大风及短时冰雹。泽州县晋庙铺镇遭受大风、冰雹、洪涝等强烈自然灾害，大风、暴雨夹带冰雹持续时间近1个小时，给群众的生产、生活造成了严重损失。7月5日，大同市天镇、广灵分别出现最大直径6毫米和10毫米的冰雹。7月6日16时10分～16时40分浑源县4个乡镇遭受冰雹灾害。7月10日17时20分灵丘县出现大风，最大风力达到8级以上。7月11日7时11分，浑源县西坊城镇5个村出现大风；7月10日18时20分至18时30分太原市清徐出现冰雹，持续时间10分钟，冰雹最大直径1厘米左右。

7月11日下午18时～18时32分，晋中的榆次、祁县、寿阳出现强降雨，并伴有大风，风速分别为榆次17.3米/秒，寿阳20.2米/秒，祁县19米/秒，榆次同时伴有冰雹，冰雹直径6毫米。7月13日，阳泉市平定气象站出现冰雹，张庄镇西部暴雨伴有大风冰雹，时间长达1小时，张庄镇、锁簧镇和冶西镇受灾人口合计23833人，农作物受灾面积1689.9公顷，直接经济损失2180万元；7月26日白天和夜间（27日）出现强对流天气，盂县气象站出现大风；7月26日下午14时30分，阳泉市盂县普降骤雨，仙人乡、北下庄乡、西潘镇、东梁乡4个乡镇受风灾严重，受灾面积0.1万公顷，半数成灾，有333公顷绝收，直接经济损失800万元，居民房屋倒损13户，仙人乡受灾最重，岭西岩到沙井线沿路树木倒折200余株，大面积农作物伏倒。7月29日12时到16时，晋城市区、陵川出现短时强降水，陵川县伴有冰雹，持续时间达40分钟，最大的冰雹鸡蛋大小，厚度有7厘米之多。陵川受灾人口800余人，农作物受灾面积30公顷，损毁核桃树750株，蜂箱30个，农业总经济损失218万元。

高温。2012年夏季，山西省气温接近常年略偏低，高温日数也较往年偏少，但季内气温冷暖起伏变化，出现多次35℃以上的高温天气，出现时段集中在6月份。

6月份大于等于35℃的高温天气，主要出现区域集中在中部和南部，出现时段在6月中旬至下旬前期。13日、18日出现大于等于35℃的高温天气的范围较大，分别有50个、43个县（市），主要在太原盆地、临汾盆地和运城盆地内，22日、23日次之，分别为20个、26个县（市），主要出现在临汾市和运城市。6月份全省共有213县（次）出现大于等于35℃的高温天气。临汾市和运城市大部分地区在2天以上，运城市大部在5天以上，其中，稷山、夏县、运城、永济、平陆在10天以上，夏县和平陆最多，达11天。6月13日大于等于35℃的高温天气最高，平陆、运城、夏县、稷山、永济分别40.3℃、39.6℃、39.5℃、39.4℃、39.3℃。

7月份大于等于35℃的高温天气主要出现区域集中在南部，出现时段在上旬初、中旬初和下旬后期。7月份全省共有114个县（次）出现大于等于35℃的高温天气，南部的临汾市和运城市出现次数最多，大部分县（市）出现5～7天。7月25～30日每日均有高温天气出现，共出现77县（次）。

8月份大于等于35℃的高温天气，主要出现在南部的临汾市和运城市，出现时段在月末。8月份全省共有8个县（次）出现大于等于35℃的高温天气。

大风、沙尘。2012年，山西省大风、沙尘天气各季均有出现，但主要出现在3～5月。3月23日，大同市大部、朔州市局部、阳泉市、晋城市和晋中市部分地区出现大风天气，其中，最大的风速出现在大同市天镇县23日4时55分到11时39分，极大风速达27.9米/秒。大同市部分县区4月3日、5～7日、10日、18日、20日、23～27日、30日出现大风天气，个别县（区）3日、10日、23～24日、27日出现扬沙，气象台共发布大风蓝色预警信号9次；4月忻州市多地出现大风天气，宁武和岢岚分别出现6次和8次大风天气，其中，4月2日，忻州市部分县（市）出现5～6级西北风，局部县（市）出现瞬间7～9级大风，繁峙出现浮尘，原平、保德出现扬沙；4月晋中市的平遥分别出现浮尘、扬沙和大风天气11次、4次和1次，太谷2日出现浮尘、扬沙天气，15日出现大风并伴有扬沙天气。5月30日17时左右，运城市闻喜县南垣境内出现大风天气，持续到31日10时，夜间风力较大，最大风力接近7级，造成小麦已经成熟的裴社、后宫、河底3个乡镇93个行政村的1133公顷小麦麦粒脱落，损失率30%～50%，严重的麦穗上麦粒所剩无几，直接经济损失425万元。

雾（霾）天气。2012年，山西各季均出现不同程度的雾霾天气。

冬季，1月8日，晋中市6个站出现大雾天气，最小能见度分别为300米、500米，100米、200米、200米、500米；1月，运城市雾霾天气多达21天，尤其是14～19日间全市持续雾霾，造成高速公路关闭，影响交通。

春季，山西省出现多次大雾天气，主要发生在晋中市和晋城市。5月1日夜间高平出现最小能见度为800米的雾，29日夜间到30日早上晋城市区出现最小能见度为700米的雾。在雾的影响下，长晋、晋焦高速暂时封闭，给交通运输带来不便。

夏季，雾霾天气主要发生在晋城市、阳泉市、晋中市和大同市。晋城市陵川6月、7月和8月分别出现2天、3天和5天雾日；晋中市7月和8月分别出现3站（次）和8站（次）雾日；阳泉市和大同市在6月也出现雾日，其中，大同市除大同县、左云、广灵外，其余县（区）轻雾日数介于1～15天，且集中出现在下旬，6月1日天镇出现大雾，29日大同市区出现能见度为700米的大雾。

秋季，9月出现大雾天气较多，其中，吕梁市岚县出现了6次大雾天气，晋中市出现6站（次）雾日天气，阳泉市各站出现雾日2天，晋城市出现雾（包括大雾）5站（次）；10月，山西省大雾天气较少，全省共出现5站（次）雾日；11月山西省大雾天气较少，仅有一次，出现在11月10日晋城市陵川县，能见度为300米的大雾，给交通、行人出行造成不便。

霜冻。2012年，山西北部、中部地区的初霜冻主要出现在9月上旬、中旬，南部霜冻主要出现在10月中旬，其中，9月1～2日大同市出现25.3～57.7毫米的降雨。降雨过后，9月2～4日，全市最低气温降幅介于5.4℃～11.2℃，4日早晨天镇、浑源的部分乡镇出现霜冻。天镇县南高崖乡9个村出现了霜冻，直接经济损失600万元。浑源县黄花滩乡、大仁庄乡9月4日早晨遭受秋霜冻灾害，油料、大豆、莜麦大面积受冻，直接经济损失914.5万元。9月28～30日，大同市8个县（区）出现初霜冻，最低气温－2.6℃，地表最低温度－2℃，大同县、天镇、浑源、广灵、灵丘出现霜冻，市区、阳高、左云出现轻霜冻，各县初霜冻日与常年相比均偏晚。

【气候影响专题评价】 气候对冬小麦的影响。2012年，山西省冬小麦生育期内积温和降水较常年偏多，日照偏少。光、温、水条件基本能满足冬小麦生长需要，利于产量形成。2011年秋季，山西省中南部麦区在播种前后降水充沛，冬小麦足墒播种，出苗顺利，冬前苗情普遍较好；越冬期灾害少，底墒充足，且有积雪覆盖，冬小麦安全越冬；初春土壤解冻后良好的墒情使小麦顺利返青，气温偏低利于幼穗分化；拔节抽穗期降水及时，温高光足，长势良好；灌浆乳熟期出现阶段性干旱和局部干热风，但持续时间不长，且底墒较好，籽粒灌浆较充分；麦收期间多晴好天气。总体上冬小麦生育期间的农业气象条件对其生长发育较为有利，小麦再获丰收。

气候对玉米的影响。2012年，玉米生育期内光热条件正常，水分条件大部好于常年，后期灌浆充分，籽粒饱满，产量明显增加。其中，春播期墒情大部适宜，且出现春播好雨，播种出苗顺利；苗期表层土壤出现阶段性干旱，但底墒较好，利于根系下扎；拔节到抽雄吐丝期降水充沛，春夏玉米顺利拔节和抽雄；灌浆乳熟期土壤墒情适宜，气温正常，玉米灌浆充分；成熟收获期天气晴好，收晒顺利。

气候对水资源的影响。2012年，全省降水资源量约为739.6亿立方米，较累年值偏多9.6亿立方米，较2011年偏少149亿立方米。根据降水资源及丰枯标准，山西省2012年降水资源总量属正常年份。从各市降水资源总量分布看，北中部和南部的临汾市降水资源较为丰沛。全省11个市中有8个市属正常或丰水年份，长治、晋城和运城市为枯水年份；与2011年同期相比，除北部的大同市、朔州市和忻州市降水资源较上年增加外，其余市均较2011年减少。

气候对人体舒适度的影响。2012年，山西省舒适日数135天，比累年均值偏少5天，较2011年偏多3天，为2000年以来第三偏少年份。

从季节分布来看，2012年山西省冬、秋季舒适度日数偏少，春、夏季偏多。其中，冬季全省舒适度日数为4天，较常年偏少10天，为1971年以来最少年份；秋季全省舒适度日数为22天，较常年偏少5天。春季全省舒适度日数为34天，较常年偏多6天，为1971年以来第三多年份，与2004年基本相当；夏季全省舒适度日数为76天，较常年偏多4天。

气候对交通的影响。2012年，影响山西省交通的气候事件主要有大范围雨雪天气、暴雨、大雾等。

2012年1月19～22日出现全省大范围降雪过程，加之气温持续偏低积雪不易融化以及道路结冰，全省大部分高速公路受到影响一度被封闭，给春运的交通运输带来较大影响。

春季季内出现的大雾和大风天气为交通运输和人们出行带来不便。其中，4月10日、22日夜间、23日凌晨，晋城市陵川和市区、高平出现局地的大雾天气，最小能见度分别为200米、500米，长晋、晋焦高速暂时封闭，给交通运输带来不便。同时，4月山西省大风天气较多，部分城市设施损毁，造成短时交通堵塞，给交通运营及人们出行带来不便。

夏季部分地区的大雾天气以及局地暴雨强降水等较为频繁，部分公路、路段被冲毁、造成道路积水和城市内涝等，影响交通。其中，6月出现的大雾和强降雨天气给交通运输带来较大的影响。6月24日13时45分至15时12分，陵川县的平城、秦家庄、崇文突降暴雨，共损毁乡、村道路4800余米，公路护坡塌方3处270米，塘坝损毁8处240余米。秦家庄乡德义、秦家庄、石井村，平城镇三街、杨寨、南召等村的乡村道路损毁较为严重。秦家庄乡德义、西脚、庞家川村的跨河通道桥体全部垮塌，给村民出行带来不便。由于道路损毁严重，导致28个村交通中断。道路损毁总经济损失达300余万元。7月下旬大范围强降雨及洪涝灾害致房屋损坏、倒塌，部分农田及道路设施被冲毁，多个城市内涝较严重，给交通运输带来不利影响，严重影响了人们的正常出行。7月30日夜间，晋城市市区、阳城县南部、泽州县大部、陵川县东部和南部突降大暴雨到特大暴雨，城区冲倒电线7根，开发区冲倒电线杆1根，阳城电力设施和通信设施受损达511.2万元。吕梁市临县的暴雨造成17个乡镇、324个村庄、17178户停电，直接经济损失1860万元。

8月局地出现的暴雨天气造成部分路段短时积水，给交通运输带来了一些不利影响，另外，东南部和北中部部分地区出现的大雾天气也对交通造成一定影响。

秋季季初和季末山西省各地出现的局地暴雨(雪)、大雾、寒潮天气等，对交通运输有一定不利的影响。其中，9月，山西省降水较多，造成部分路段有短时积水，另外，局部暴雨、大雾等天气都给交通运输带来了一些不利的影响。

11月雨雪天气过程较多，降雪天气北部地区较多，南部较少。南部地区气候条件对交通运输业基本有利。晋中雨雪天气造成道路结冰，高速公路被迫封闭，影响了机动车辆和行人的外出；11月朔州市气温偏低，降水偏多，雨雪天气造成路面出现结冰，对行人出行和交通运输造成不利影响；11月降雪过程对改善土壤墒情、净化空气非常有利，但降雪降温及道路结冰对交通及设施农业有不利影响。

气候对植被的影响。根据气象卫星资料，对山西省植被长势较好的8月份进行有关分析。从卫星遥感植被指数监测图分析可以看出，山西省吕梁山、太岳山北部、太行山中北部、恒山等林区的植被指数均在0.6以上；而在城镇相对集中的地区以及临汾盆地、上党盆地、运城和晋城的大部分地区植被指数在0.2以下，植被较差；在吕梁、忻州西部植被长势也较差，植被指数介于0.2～0.4之间；其余地区植被指数介于0.4～0.6之间，植被长势一般。从2012年8月与2011年8月植被指数监测比较图可以看出，2012年山西省大部分地区的植被长势与2011年持平至略好。

气候对林果业影响。2012年，对林果业影响的主要气象灾害和极端事件是干旱、大风降温及冰雹等。夏季季初山西南部地区降水偏少，气候干燥。晋城市出现多起火灾事故，6月16～18日在阳城县蟒河镇的杏林、曹山沟和河北镇的孤堆底和圪涝掌发生了火灾，过火面积14公顷，其中，有林地5.3公顷。同时局地出现的强对流天气也对树木造成了一定的影响。6月1日晚11时，高平市寺庄镇出现强降雨，并伴有大面积的冰雹，致使79.9公顷果树受灾。6月23日下午和24日下午，高平市北诗镇、原村乡、马村镇等地被洪水冲毁树木百余棵。

气候对旅游的影响。2012年，1月23日和2月6日我国传统的春节和元宵佳节期间天气较好，有利于人们出行和观灯以及社火表演等。

夏季6月，随着山西省中、高考的结束，外出旅游人数较多，但因下旬降雨天气较多，给人们的旅游带来一定的影响。7月，由于强降水天气较多，引发山体滑坡、泥石流等地质灾害都对人们外出游玩造成一定的安全威胁。进入8月，山西省气候适宜，对旅游较为有利。

秋季季内出现寒潮、大风降温等天气对人们出行和旅游造成不利影响。9月气候适宜，对旅游观光较为有利。10月，气温正常，降水偏少，日照偏多，为旅游者提供了较好的气候条件。又恰逢国庆假期，秋高气爽，景色宜人，是旅游的黄金季节。11月，气温偏低，且出现多次寒潮、大风降温过程，对旅游造成不利影响。

【气象服务能力再上台阶】 气象预报及时准确。针对2012年2月份寒潮降温、3月份大风降温、春播期第一场好雨、汛期5次区域性暴雨、8月末强降水以及首场强降雪等重大天气过程，做到了无一漏报、预警及时、服务到位。完成“首届世界晋商大会”“太原国际马拉松赛”“第四届中国（太原）国际能源博览会”等重大活动气象服务保障。农业气象业务服务能力显著提升，全年制作发布各类农业服务材料755期。省气象局共启动应急响应5次，利用多种媒体，及时发布各类气象预警信号3012次，发送手机气象预报预警服务信息6930万人(次)，制作发布各种决策服务材料982期，向省委、省政府等提供气象灾害防御预警专报31期。中国天气网山西页面总点击量超过7300万次；中国气象频道在各市全部落地，省级电视频道均能及时发布天气预报和插播气象预警信息；腾讯、搜狐、新浪开通了省、市级气象官方微博，微博听众42万人，比2011年翻一番；12121、96121声讯平台月平均拨打量6万次。全省公众气象服务满意度为88分，较2011年提高0.4分。

人工增雨成效明显。2012年，气象部门抓住31次有利的天气过程，共组织实施人工增雨作业146架(次)，作业覆盖及影响面积118.6万平方千米，全年人工增雨总量25.93亿立方米，为山西农业抗旱减灾、森林灭火、增加水资源、改善环境起到了重要作用。2012年人工增雨飞机在完成人工增雨的同时，还承担了森林灭火及其他应急服务任务。2012年6月12日，榆次、榆社、太谷三地交界处发生山林火情，省人工增雨防雹办公室立即启动应急预案，省气象局领导亲自乘坐人工增雨飞机抵达火场上空，开展火情实时现场监测，为省政府领导及森林防火指挥部组织灭火工作提供了第一手情报。积极开展地面人工影响天气作业，与飞机人工影响天气现成立体作业体系。2012年全省各市县气象部门共组织地面人工增雨防雹作业217次，共发射增雨弹1943发，火箭弹1326枚。

气候变化应对有力。重点面向农业、生态、水资源、卫生、能源等行业开展气候变化研究和评估，提高气候风险管理能力和适应气候变化能力。制定了本地干旱、暴雨、高温、低温等项目的极端天气气候事件指标，极端天气气候事件系统和气象干旱监测指标系统开始业务运行。参与了《山西省“十二五”控制温室气体排放工作方案》的编写。组织编写的《火电厂空冷气象条件分析论证技术指南》由中国气象局预报司印发全国。向省政府报送2篇气候变化决策咨询报告，郭迎光副省长批示有关单位全面做好应对气候变化和防灾减灾工作。“山西省温室气体观测站网建设(一期)工程”太原、大同、临汾3个观测站已开始业务运行，二期已获山西省发改委批复投资，拟在朔州、五台山、晋城再建3个观测站。每月与省发改委联合报送《山西省温室气体监测报告》，监测温室气体变化趋势，检验不同区域温室气体减排效果，为政府应对气候变化提供决策依据。

气象防灾减灾体系基本建成。2012年，山西省、市、县三级政府均成立了气象防灾减灾领导组，组长由各级政府分管领导担任，气象局长任副组长。积极推进以“一个预案、两支队伍、三个能力、四种手段、五项措施”为主要内容的气象灾害防御体系建设，省、市、县三级均以政府专项预案形式出台本级《气象灾害应急预案》，7个市发文出台了《气象灾害防御规划》，75个县(市)以政府文件形式出台了气象灾害应急准备认证工作文件。全省已建成36600人的防灾减灾责任人队伍，30837人的气象信息员队伍。已建成乡村气象信息服务站6516个，乡镇电子显示屏1302块，农村大喇叭自动语音广播系统1万余套。分别在晋中寿阳和运城市试点建设了气象预警调频接收系统和北斗卫星气象预警信息发布系统。临汾、长治、太原、阳泉等市将农村气象防灾减灾工作纳入地方政府工作目标考核。积极推进突发事件预警信息发布体系建设，不断整合省级部门113个预案的预警信息资源和发布平台资源，充分履行政府预警信息发布职能。省级突发事件预警信息发布中心业务运行一年来，共发布预警信息82次，起到了提前防御、有效应对的重要作用。中央党校、国务院应急办和50余个省市政府、省市气象部门来省级中心交流学习。在省级预警信息发布中心建设带动下，3个市级预警中心和9个县级预警中心相继建设完成。继续整合各部门涉农信息资源和平台，积极推进农业综合信息服务体系建设。省气象局农业综合信息服务中心已完成业务场地建设。4个市气象局已建成农业综合信息服务中心。31个县(市、区)农业综合信息服务体系建设取得明显进展。

现代气象业务体系成形。2012年，成立了由省委政研室、省政府政研室、省政府办公厅、省法制办和气象局等单位组成的“山西省率先基本实现气象现代化方案研制领导组”。通过充分调研、咨询、论证，编写完成《山西省率先基本实现气象现代化的实施意见》并上报省政府，即将由省政府出台印发。《实施意见》分析了实现气象现代化的意义，明确了指导思想和目标，确立了六项主要任务和七个重点工程，并初步制定八大类气象现代化指标。同时，省气象局确定长治为推进气象现代化市级试点。推进交通气象服务体系建设，在全省5000千米高速公路上分期进行监测站建设，建立高速公路气象监测预警服务，一期投资1600万元已落实到位，57个监测站已开始建设；推进旅游气象服务体系建设，一期已建28个监测站，二期50个监测站已开始建设，将覆盖全省所有4A以上景区，提供旅游景区气象监测预警服务；推进河流防洪防汛气象监测服务体系建设，已在汾河、桑干河、漳河等重要河流及流域面积200平方千米以上的中小河流建设25个自动监测站，逐步实现河流防洪的提前预警和有效防范；推进山洪地质灾害气象监测服务体系建设，在山洪易发区、泥石流沟、滑坡点已建221个山洪地质灾害监测站，不断提高山洪地质灾害监测预警能力；推进环境气象监测服务体系建设，建设了3个温室气体观测站和4个气溶胶观测站，与省环保厅共建共享54个环境监测站，逐步开展环境空气质量预报；推进农作物病虫害气象服务体系建设，与省农业厅共建共享30个病虫害测报站，建立了山西13种病虫害的预测模型，定期开展农作物病虫害监测预警服务。重视预报员队伍建设，设立13名市级首席预报员。强对流天气落区、精细化预报和中尺度数值模式3个预报团队作用显著。继续加强中尺度天气分析业务，建立了精细化监测资料基础上的山西暴雨、暴雪、冰雹、雷雨大风等预报模型。逐步建立了基于WRF模式的区域数值预报业务系统，在森林大火、空气污染等突发事件气象预报服务中发挥重要作用。全省24小时晴雨、最高和最低气温预报准确率分别为88.9%、73.9%和75.4%，均比2011年有所提高。积极推进气象观测业务改革调整，全省109个国家级台(站)地面观测业务切换完成。全省区域气象观测站网规划稳步实施，覆盖乡镇和城市社区的气象观测网进一步优化，交通、旅游、河流周边、山洪地质灾害气象观测网基本形成，已建设区域气象监测站1631个。岢岚大气光学干涉成像仪、五寨中频雷达项目开始业务运行，为太原卫星发射中心提供服务。完成4项中国气象局信息网络试点工作任务。进一步加强自动气象站运行监控和资料质量控制，气象信息共享能力显著提升。“新一代国内通信系统”“卫星数据广播接收系统”正式投入业务运行，实时气象资料的传输时效和收集数量均有大幅度提高。

（郭继瑞）

山西经济年鉴

YEARBOOK OF SHANXI ECONOMY

7

工业

GONGYE

工　业

综　述

【2012年全省工业经济运行概况】

工业增长高于全国水平，运行呈现趋稳回升走势。2012年，全省规模以上工业增加值6230.2亿元，比2011年增长11.9%，高于全国水平1.9个百分点，低于2011年6个百分点，全国排名第23。全年全省工业经济运行呈现W运行走势。1～4月，工业增速连续下滑，5月出现短暂回升后，6～8月又呈现持续下滑走势，8月当月仅增长8.6%；从9月开始，随着中央和省政府稳增长政策效果的陆续显现，全省工业经济持续回升，增速逐月走高，特别是从11月开始，增速开始高于2011年同期水平运行。累计增速看，9月开始全省工业经济呈现筑底企稳回升走势，8～10月累计增速连续保持在11.4%，前11月累计增速为11.6%，全年达到11.9%，企稳回升趋势明显。分结构看，全年轻工业增长13.4%，高于全省平均水平1.5个百分点，低于2011年9.1个百分点；重工业增长11.8%，低于全省平均水平0.1个百分点，较2011年回落5.9个百分点。分区域看，忻州(16.4%)、朔州(16.3%)、晋城(14.6%)、晋中(13.7%)、太原(13.5%)、临汾(13.5%)、吕梁(13.5%)、大同(13.4%)、长治(13.4%)等9个市工业增速均高于全省平均水平，运城工业增速低于全省平均水平5.9个百分点(6%)，阳泉工业增速与全省平均水平持平(11.9%)。

发电、用电增速减缓，铁路货运量低速增长。2012年，全省发电量2535亿千瓦小时，比2011年增长8.1%，增速回落0.9个百分点；全社会用电量1765.8亿千瓦小时，增长7%，其中，工业用电量1434亿千瓦小时，增长6.6%，增速回落6.4个百分点。累计外送电量769.2亿千瓦小时，增长10.9%，全国排名第三。

2012年，全省铁路总运量7.14亿吨，增长3.2%。其中，煤炭运量5.92亿吨，增长2.5%；其他货物运量8372万吨，下降1.4%。

主要产品产量保持稳定增长，但增速回落。2012年，全省煤炭产量9.13亿吨，比2011年增长4.7%；焦炭产量8612.7万吨，下降4.8%；钢材产量3799.5万吨，增长12.7%；粗钢产量3950.2万吨，增长13.2%；原铝产量105.6万吨，增长0.8%；氧化铝产量508.6万吨，增长1.5%；水泥产量5076.2万吨，增长23.9%；化肥(折纯)产量389.1万吨，增长6.9%。

市场需求低迷，主导产品价格低位徘徊。2012年，受市场需求低迷影响，主导产品价格持续下滑。9月中旬以来部分产品价格止跌回升，但回升力度有限，产品价格仍在低位反复波动。与2011年相比，煤炭、焦炭、钢材价格分别下降22.6%、18.9%和18.5%。

产品销售受阻，企业经济效益下降较大。全省规模以上工业企业销售产值比2011年增长7%，增幅较2011年大幅下降25.4个百分点。产销率为95.2%，下降2.5个百分点。全年全省规模以上工业企业主营业务收入17788.4亿元，增长9.7%；实现利税1770.7亿元，下降18.3%；利润总额806.5亿元，下降30%；销售利润率4.5%，回落2.6个百分点。

【主要工业行业运行概况】 煤炭行业。2012年上半年，煤炭市场供需基本平衡，略显宽松；进入下半年，煤炭需求下滑，进口煤炭增加，市场呈现供大于求态势，量价齐跌，下行压力持续加大。全年全省煤炭产量9.13亿吨，增长4.7%，增速比2011年回落13个百分点。从单月产量看，基本保持月产7000万吨以上水平，3月、5月、6月、12月4个月当月产量突破8000万吨，6月达到8600万吨的历史高位。从产量增速看，上半年总体保持平稳增长，进入下半年，受市场需求持续低迷影响，除9月外，其余月份当月产量均为负增长。在煤炭市场需求萎缩与价格下降的双重压力下，煤炭行业进入“微利时代”。2012年，煤炭行业主营业务收入7297.6亿元，增长10.1%；实现利润677.5亿元，下降31.5%，低于2011年2.9个百分点；销售利润率9.3%，低于2011年4.4个百分点。全年实现利润下降31.5%，下降幅度超过2009年金融危机时期水平。

冶金行业。国内经济增速放缓，钢材、电解铝等产品市场需求乏力，供大于求局面更趋明显，产品价格持续下跌并低位波动，全行业增产不增效。2012年，全省粗钢、钢材和电解铝产量分别增长13.2%、12.7%和0.8%，与2011年相比，增速分别回落1.3个、4.9个和29.1个百分点。全省平均日产粗钢量10.8万吨，上半年粗钢日产水平逐月上升，6月达到11.6万吨的当年峰值后呈回落走势，但仍然保持较高水平。2012年，冶金行业主营业务收入3777.5亿元，比2011年增长9.8%。实现利润27.8亿元，下降66.1%；其中，钢铁行业实现利润39.3亿元，下降46.9%；有色行业亏损11.5亿元。全行业销售利润率0.7%，回落1.9个百分点。

电力行业。2012年，电力市场供求关系逆转，市场供应总体宽松。受经济增长减缓等因素影响，前8个月全省工业用电低速增长，9月、10月出现发电、用电“双下降”。随着全省经济逐步向好，11月、12月工业用电开始回升，成为带动全社会用电量增速回升的主要动力。全行业扭亏为盈，扭转了自2008年以来连续4年亏损的局面。2012年，电力行业主营收入1481.2亿元，增长19.9%，高于2011年4.4个百分点。实现利润36.8亿元。截至2012年底，全省装机容量5455万千瓦，较2011年底增长9.2%。全年发电设备利用小时累计4778小时，减少280小时。

焦炭行业。受钢铁行业持续下行影响，焦炭行业产能过剩矛盾突显，量价齐跌，企业效益持续下滑，生产经营困难，焦炭行业成为山西省工业最困难的行业。2012年，焦炭行业产量8612.7万吨，比2011年下降4.8%。经济增长减缓，钢铁消费减少，导致焦炭需求大幅下滑。上半年，山西省近三成企业延长结焦时间或采取限产措施，部分企业结焦时间延长至50小时以上甚至焖炉保温，生产持续下降。2012年，仅11月焦炭产量增长15.7%，其余月份均为负增长。受下游需求萎缩和上游原材料焦煤价格下降幅度有限等因素影响，焦炭行业亏损严重。2012年，焦炭行业主营业务收入1478.7亿元，比2011年下降14.4%，净亏损83亿元。全省规模以上焦炭企业192户，其中134户亏损，亏损面达69.8%。

化工行业。2012年，全省化肥（折纯）产量389.1万吨，增长6.9%。上半年，化工行业主导产品化肥受市场需求拉动影响，保持平稳增长；进入下半年，节能降耗工作压力增大，部分企业未能满负荷生产，产量开始下降。6～9月负增长，10月开始逐步回升。2012年，化工行业主营业务收入832.7亿元，比2011年增长15.3%；实现利润15.4亿元，下降23.7%；销售利润率1.9%，低于2011年1.5个百分点。

机电行业。作为山西省工业转型升级重要支撑的机电行业，持续保持强劲发展势头，在全省工业行业中增长最快，贡献突出，占全省工业比重由2011年底的5.4%上升至7.3%，已经超过焦炭、电力，成为山西省第三大支柱产业。2012年，全省机电行业主营业务收入1589.8亿元，比2011年增长21.2%；实现利润53.2亿元，增长24.9%；销售利润率3.3%，低于2011年0.2个百分点。

医药行业。2012年，全省医药行业工业总产值132.17亿元，比2011年增长16%。其中，化学药品工业83.07亿元，增长20%；中成药及中药饮片工业28亿元，增长7%；生物制药工业17.19亿元，增长15%；卫生材料工业3.89亿元，增长20%。全行业销售收入106.34亿元，增长6.3%；利润总额7.82亿元，减少21.8%；利税总额14.84亿元，减少7.3%。

轻工行业。2012年，山西省轻工行业整体运行良好，工业增加值300亿元，产品销售收入750亿元，实现利税80亿元，实现利润35亿元。其中，食品工业占轻工行业增加值的比重90%以上，造纸、塑料、陶瓷等行业规模偏小。

纺织行业。2012年，全省纺织行业主营业务收入54.1亿元，比2011年增长4.8%；利润总额1.1亿元，利税总额2.4亿元。亏损企业16户，亏损面37.2%。

（乔丽刚　石　卉）

【促进煤炭电力企业协调发展】 推动煤电联营。按照“政府引导、自愿合作、一厂一策”的原则，鼓励省调现役火电企业与煤炭企业先行先试，通过资本金注入、股权交换等方式，实现煤炭企业和省调现役火电企业的相互参股、控股或通过资产重组注册成立新的煤电联营企业。实施煤电联营后，可仍按照原有的专业化分工，独立经营管理，煤电双方按照股权权益当年分配损益（当年盈利当年分红，当年亏损当年补资）。

建立电煤长期供需协作机制。推动省调现役火电企业与省内煤炭企业签订长期战略性供需协作合同，建立长期协作合同全覆盖的省内电煤供需管理模式。长期协作合同合作期一般应在5年以上，合同主要明确战略合作期内定点、定量的供煤条款，达成定质、定价的合作意向。

在长期协作合同框架内，根据电煤市场需求状况，双方签订年度供需合同（简称年度合同），合同内容主要明确当期内的数量、质量、供煤价格以及价格联动条款、违约责任等。

长期协作合同和年度合同均由煤炭管理部门制定合同范本并组织签订，由第三方交易机构鉴证合同签订，组织交易对接，建立健全合同监管奖惩机制，监督合同履约情况。

充分发挥煤炭交易中心作用。充分利用中国（太原）煤炭交易中心煤炭现货交易平台，实现煤电双方直接见面，自主交易，开通绿色通道，减少中间环节。电煤运输方式由煤电双方自主协商，可采用矿场发货制，执行矿场价；也可采用送货制，执行到厂价。

相关部门组织清理取缔电煤产运销环节中存在的不合理收费，净化电煤市场环境，提高电煤流通效率。

建设坑口煤电一体化新型电源项目。“十二五”期间，除城市热电联产、电网安全需要建设的电源项目外，新建燃煤发电项目，原则上应按照坑口煤电一体化要求进行规划。鼓励电力企业和煤炭企业共同出资成立新型煤电企业。鼓励煤、电、铁（路）联营电源点和煤源点之间的铁路专用线建设。加快电煤运输通道建设，加快推进电源点配套的煤炭、电网的项目建设，对坑口煤电一体化的电源项目和配套煤矿，原则上优先立项报批、优先准予投产。

探索构建省级煤炭储备体系。探索建立以政府主导，煤炭企业、电力企业、交通物流企业等为承储主体的煤炭储备体系，争取纳入国家煤炭战略资源储备体系。

【大力推进焦化行业兼并重组】 焦化行业兼并重组目标。1.产业集中度大幅度提升。打造4个1000万吨级的焦化园区（或集中区），3个1000万吨级和10个500万吨级特大型企业。独立焦化企业数量从160户左右减到40户左右（已通过行业准入的热回收焦炉企业和气源、热源企业除外），独立常规机焦企业户均产能从70万吨提到300万吨，全省前15位焦化企业产能占全省动态控制产能比例达到70%以上。

2.企业装备水平显著提高。全省形成炭化室6米（5.5米捣固）以上焦炉焦炭产能达到5600万吨以上。钢铁联合企业和有条件的大型焦化园区新建焦炉全部配套干熄焦装置。2012～2015年淘汰落后产能4000万吨以上，总产能不再增加。

3.节能减排达到新水平。通过推进焦炉的大型化、节能降耗技术的应用和淘汰落后产能，“十二五”末全省炼焦工序吨焦能耗达到120千克标准煤以下，全行业污染物排放量相对“十一五”末下降30%。

4.化产精深加工形成规模。在统筹优化化产布局的基础上，鼓励煤气进行高附加值加工利用，生产国内短缺的烯烃等石化替代品、乙二醇、聚甲醛等高附加值化工产品。以焦炉煤气制甲醇300万吨为基础，力促一个年产60万吨以上甲醇合成稀烃项目建成投产，一个开工建设；以全省焦油加工能力300万吨、粗苯精制能力100万吨为基础，形成粗苯精制及煤焦油馏分酚油、萘油、洗油、蒽油、二蒽油、煤焦油沥青等系列产品及延伸产品产业体系。在“十二五”末实现对焦化副产品的充分二次加工，个别产品取得技术突破实现三次加工，销售收入达到600亿元以上。

5.煤化工发展形成新平台。充分利用省内现有大型化产加工装置，在全省范围内形成以核心企业为主体各具特色的化产加工格局：形成以孝义、洪洞千万吨级焦化产业园区为主体的烯烃生产基地，以潞矿为主体的双气头法制合成油产业基地，以路鑫为主体的聚甲醛生产基地，以阳光、太工天成为主体的焦炉气制清洁燃料生产基地，以三维、天脊、侨友为主体的苯精制及精细化工中间体和精细化工产品生产基地，以山焦、三维、宏特为主体的煤焦油精细化工中间体和精细化工原料生产基地，以山焦、宏特为主体的新型碳材料生产基地，以阳光华泰、永东为主体的特种炭黑生产基地。

焦化行业兼并重组企业分类标准。1.兼并重组主体企业标准。(1)200万吨级（产能不低于180万吨，下同）独立常规焦化企业。(2)钢铁企业。(3)有兼并重组焦化企业意向的，兼并后焦化达到200万吨级的煤炭兼并主体企业或煤炭单独保留企业。

2.单独保留企业标准。(1)6米以上（含5.5米捣固）200万吨级以下的独立焦化企业（尚未开工建设的项目鼓励其参与兼并重组）。(2)已准入的热回收焦炉企业（鼓励其参与兼并重组）。(3)现有的经省级以上主管部门批准，确需作为民用气源的且位于全省天然气、煤层气供应规划区之外的县级城市区域的已准入气源、热源焦化企业。太原市以外的同区域内气源、热源焦化企业最多保留一户。位于规划区之内的气源、热源焦化企业在天然气未衔接之前暂时保留。

3.被兼并企业标准。(1)200万吨级以下的4.3米已准入独立焦化企业。(2)申报第六批准入，因搬迁等问题还未准入的4.3米焦炉和热回收焦炉企业。被兼并企业原则上由兼并重组主体企业兼并。

4.关停企业标准。(1)200万吨级以下的4.3米已准入独立焦化企业，都应通过兼并重组达到200万吨级，否则参照《山西省人民政府关于山西焦化行业兼并重组的指导意见》（晋政发〔2011〕29号，以下简称《指导意见》）中应当关停的同类型企业，列入相应年度关停计划。(2)200万吨级以下的4.3米已准入气源、热源企业，在天然气、煤层气接替后，也要通过兼并重组达到200万吨级，否则参照《指导意见》中应当关停的同类型企业，列入相应年度关停计划。(3)《指导意见》中规定2015年前应当关停的企业。

焦化行业兼并重组政策。1.推进产业升级政策。(1)产能置换建设项目原则上必须建在园区，炭化室高度6米以上，产能200万吨以上（现有焦化企业中已准入的4.3米焦炉和5.5米捣鼓焦炉后续分期建设的焦化项目除外）。(2)产能置换建设项目前期工作批准后，无特殊原因2年内须完善手续并核准，核准后2年内须建成投产，否则批文失效。产能仍可再交易。(3)化产集中加工平台要采用大型化产加工装置，焦炉气制甲醇年生产能力要达到10万吨或以上，煤焦油年加工能力要达到30万吨或以上，粗苯年加工能力要达到10万吨或以上。

2.淘汰落后产能政策。(1)产能已置换的焦化项目，原则上在新项目建成投产前关停，但不得迟于《指导意见》中规定的期限。(2)应当关停淘汰的焦化企业，必须按期关停。按期关停的，合法产能仍可进行交易；不按期关停的，产能不得进行交易，也不得领取淘汰落后产能中央奖励资金和省补偿资金，焦化设施强制拆除。(3)对列入2012年以前年度淘汰计划未关停和《山西省人民政府关于对全省焦化项目实施分类处置的通知》（晋政发〔2005〕13号）发布后违规建设的项目，立即采取“五停”措施，进行清理关停。(4)淘汰单套加工规模10万吨/年以下的煤焦油加工装置、酸洗法粗（轻）苯精制装置。原则上不再新建无焦化企业为依托的煤焦油粗加工和苯精制装置。(5)对于国家产业政策没有要求强制关停而确需关停的企业，应当根据炉型、装备水平、固定资产净值等情况给予一定补偿。具体办法另行制定。

3.扶持主体企业政策。(1)对产能置换大项目建设应当给予贴息资金支持。依据《指导意见》中“对于已通过市场交易的产能，省人民政府不再安排淘汰落后资金对其补偿，相应产能的淘汰落后补偿资金转为引导金融机构支持贴息资金和政府奖励资金，用于扶持重点焦化企业兼并重组、产能置换大项目和化产深加工项目建设”要求，由省经信委会同省财政厅另行制订具体实施办法。(2)2013年底之前，符合规定的企业享受《山西省人民政府关于减轻我省焦化企业负担有关事项的通知》(晋政发〔2009〕92号)中规定的各项优惠减免政策。从2014年起，达不到保留企业标准的焦化企业，不再享受优惠减免政策。(3)鼓励重点焦化企业与煤炭企业建立长期战略合作关系，各国有重点煤炭集团和地方煤矿整合主体企业加强对所整合煤矿炼焦煤销售的调控，在同等条件下优先供应省内重点焦化企业用煤，价格不高于省外长协户价格。除纳入国家产运需衔接的炼焦用煤外，其余全部供省内重点焦化企业，原则上从2013年起省内新增炼焦用煤产量全部供给省内重点焦化企业，依据《指导意见》中“切实加强在煤源、运力上对重点焦化企业的支持。省经信委要加大协调力度，保证重点焦化企业的煤源和运力”要求，由省经信委会同省煤炭厅另行制订具体实施办法。(4)铁路运力优先支持重点焦化企业。对通过公路供省内重点焦化企业的运煤车辆开辟绿色通道，除省人民政府明文规定外，不得再加收任何费用。(5)对兼并重组主体企业新建项目特别是对化产集中加工企业的新增建设用地，各市、县在用地计划、周转计划方面要给予倾斜。对于在原有建设用地上改扩建的焦化企业，不再增收土地价款。对于符合条件的焦化企业在兼并重组中腾出的旧厂区土地复垦、新厂区占用土地，优先纳入工矿废弃地复垦调整利用试点。(6)各市淘汰落后产能腾出的环保容量要优先用于重点焦化企业产能置换项目及化产品集中加工项目。省、市、县三级的排污费收入优先安排重点焦化企业的治理污染项目。(7)各级税务部门要支持焦化行业兼并重组工作，指导企业在兼并重组过程中用好、用活、用足现有政策，确保现有兼并重组的税收优惠政策全面落实到位。

【山西省新型材料产业“十二五”发展规划】 壮大产业规模。着力培育和发展五大领域新型材料产业，到“十二五”末，新型材料年销售收入突破2700亿元，年均递增24%。其中，新型金属材料领域1000亿元，新型化工材料领域500亿元，新型无机非金属材料领域170亿元，新型建筑材料领域260亿元，新兴新材料领域770亿元。

提升自主创新能力。瞄准一批重大战略性产品，加强技术集成，建设公共研发、服务平台，争取在关键技术和高端产品开发上取得突破。到2015年，各行业地方技术标准大幅度增长，专利申请量、授权量年均增长15%以上，发明专利申请量年均增长20%左右，商标注册量年均增长10%，境外注册商标量和境外专利申请量年均增长5%以上。

优化产业结构。传统产业升级换代。新型金属材料中，高强度、高耐磨损、高抗腐蚀、抗冲击性的高品质特殊钢产品占70%以上，保持和扩大不锈钢货车、轻轨车辆、高铁客车用钢等产品的国内市场占有率。镁、铝合金深加工产品产值占到行业总产值的60%以上。钕铁硼磁性材料中的高档产品比例达到80%。新型化工材料中，特种橡胶、工程塑料、有机硅以及高性能膜材料等先进高分子材料产值占比达到20%以上。新型无机非金属材料中，陶瓷材料高技术产品和高档产品比例达到50%以上，高性能不定型耐火材料、特种耐火材料达到50%以上，煤系高岭土深加工产品比重达到60%以上。新型建筑材料中，新型墙体材料的比例达到80%以上，产品生产能耗下降20%；高强钢筋的产量占螺纹钢筋总产量的80%，使用量达到建筑用钢筋总量的65%以上。新兴产业快速发展。新能源材料、新型电子信息材料、高性能纤维复合材料、功能陶瓷材料、纳米材料和固废再生等新兴材料产业占全部新型材料产业产值的30%以上。资源综合利用水平提高。粉煤灰、煤矸石、矿渣、镁渣、脱硫石膏等工业废弃物综合利用率达到70%以上。各领域清洁生产水平和资源利用水平有较大幅度提高。

培育龙头企业，实施重点示范项目。“十二五”时期，培育年销售收入超500亿元的特大型企业集团1个，超100亿元的大型企业集团9个，超50亿元的骨干企业10个，超10亿元的重点企业20个；集中力量推进实施300个重点示范项目，引领产业发展方向，带动新型材料产业快速发展。

做大做强12条产业链。特殊钢深加工产业链、镁合金深加工产业链、LED基片—外延片—芯片—封装—组件产业链、太阳能晶硅—电池片—组件—电站系统产业链、高性能钕铁硼深加工—应用产业链、煤焦化—烯烃—精细化工产品产业链、煤焦油—针状焦—超高功率电极产业链、焦化苯—深加工—化工新材料和精细化工产业链、有机硅单体—聚合物—硅橡胶产业链、矿渣、炉渣、粉煤灰、煤矸石等工业废弃物—新型建材产业链、煤矸石—高岭土产业链、铝矾土—高新耐火材料和特种陶粒产业链。

打造18个产业基地和集聚区。太原特殊钢基地，太原高精尖新材料产业集聚区，太原、大同、长治、运城镁合金及深加工产业集聚区，运城、长治、吕梁、晋中、太原钕铁硼磁性材料集聚区，大同阳高龙泉化工新材料工业基地，太原清徐煤化工新材料基地，大同、朔州、吕梁、临汾、长治、晋城、运城煤化工新材料集聚区，晋中有机硅产业基地，长治、临汾、晋城、运城LED光电材料产业集聚区，大同、朔州、太原、长治、晋城、吕梁、运城太阳能光伏材料产业集聚区，吕梁交城新型玻璃生产基地，临汾洪洞新型陶瓷生产基地，晋城新型功能陶瓷生产基地，阳泉石油压裂支撑剂陶粒及化工陶瓷产业集聚区，太原、大同连续玄武岩纤维生产基地，吕梁、太原、阳泉碳纤维生产基地，太原、阳泉、晋中、吕梁、临汾耐火材料产业集聚区，大同、朔州、忻州、太原、晋中煅烧高岭土产业集聚区。

(李仁贵)

煤炭工业

【山西煤炭工业2012年发展概况】

主要经济指标。2012年，煤炭产量9.13亿吨，比2011年增长4.7%；出省销量5.82亿吨，增长0.1%；销售收入11870.18亿元，增长46%；上缴税费1313亿元，增长8.4%；煤炭工业增加值3711亿元，增长11.6%，占全省地区生产总值的31%。煤炭工业对全省经济的贡献率56.6%，拉动工业经济增长6.7个百分点。

煤炭标准管理。山西省首次在全国把建设煤炭标准体系作为加强行业管理的手段，颁布了《煤矿办矿企业标准》《煤矿建设施工管理标准》《煤矿管理标准》《煤矿建设标准》《煤矿现代化矿井标准》《煤矿安全质量标准化标准》六个新标准，配套出台《关于加快推进现代化矿井建设的意见》和《关于加强和改进煤矿安全质量标准化检查验收工作的通知》，形成系统性、科学性的具有山西特色的煤炭工业发展标准体系，开创了山西省煤矿标准建设的新里程。

现代化矿井建设。召开全省现代化矿井建设暨煤炭基本建设工作会，全面推进现代化矿井建设系统工程。全省现有500万到1000万吨的矿井33座，产能1.99亿吨/年；1000万吨及以上的矿井14座，产能1.85亿吨/年。

煤炭基本建设。2012年，全省完成煤炭固定资产投资1802亿元，比2011年增长26.9%。其中，煤矿项目完成1228亿元，增长27.3%。审批初步设计755座、开工报告710座，分别占应批总数的96.8%和91%；建成矿井124座，其中，61座完成竣工验收，形成产能6180万吨/年，63座进入联合试运转。

煤矿安全生产。全省煤矿累计发生事故39起，死亡83人，事故起数同比下降27.8%；百万吨死亡率0.091，比全国低0.283，为全省经济建设创造了安全稳定的环境。一是创立煤矿安全生产“三新”理论体系。树立“安全先于一切，重于一切，高于一切，大于一切”的新思想。确立“文化引领、制度先行、理念统一、执行有力、落实到位”的新思路。坚持“居安思安、科技兴安、管理强安、文化创安、打造久安”的新理念，用“三新”理论推进煤矿安全生产。二是强势开展了3次“百日煤矿安全生产集中整治专项行动”，召开13次专题会议研究部署，累计排查隐患65958条，整改率95%，特别是出台了“五项十五条”坚决措施和“八条”强力规定，确保了重大时节和特殊时段的安全生产。三是严格落实两个主体责任。认真贯彻落实省政府《关于进一步强化煤矿安全生产工作的规定》《煤矿安全生产挂牌责任制实施方案》，严格履行政府监管、企业生产两个主体责任，严格考核煤矿“六大员”和安全监管“五人小组”的履职情况，清退不合格“五人小组”监管人员20名。四是扎实推进安全质量标准化工程建设。召开全省煤矿安全质量标准化建设工作会议，按照新的安全质量标准化标准，积极开展岗位达标、专业达标、企业达标活动，全省共建成259座安全质量标准化煤矿。五是深入开展是“打非治违”专项行动。全省共出动44516人次，检查煤矿4826矿次，责令整改、限期整改及停止非法违法行为418起，责令停产、停业、停建394家，打击非法违法、治理纠正违规违章行为3765起。

煤炭科教人才体系建设。一是科技创新能力进一步提高。山西省煤炭工业厅出台《进一步加强全省煤炭行业科技创新工作的意见》，全省煤炭科研项目有68项通过省级鉴定，28项荣获国家级安全生产科技成果奖，3项获得国家科学技术进步二等奖。二是培训教育力度进一步加大。省煤炭厅组织培训各类从业人员15万人，省属煤炭院校输送煤炭人才1.3万人。三是劳动用工管理进一步完善。推进变招工为招生，全省煤矿新招从业人员3.7万人，其中，变招工为招生1.4万人，占37.8%。

煤炭经济建设。坚持“定量、稳价、提效”原则，建立“一日一了解、一旬一分析、一月一总结”的煤炭经济运行分析制度和市场研判机制；加强省内煤炭企业合作，实施“抱团经营”策略；加强煤炭企业与电力用户的沟通合作，建立长期战略合作关系。完成全省1281户洗储煤企业和铁路查验回收联网建设工作。为全省812万户低收入农户供应冬季取暖用煤846万吨。

综合生态矿区建设。全省煤炭系统造林2653公顷，绿化面积370万平方米。全省煤炭企业在岗职工平均收入增长10%以上，企业效益与职工收入同步增长。全行业工伤保险参保人数59.4万人，井下职工意外伤害参保人数40万人。全行业有11个煤矿被列入第二批国家级绿色矿山试点，潞安集团6座煤矿、晋煤集团6座煤矿、同煤集团5座煤矿荣获“中国最美矿山”称号。

【煤炭转型发展步入快车道】 非煤项目收入大幅增长。2012年，全行业非煤项目投资574亿元，比2011年增长26%；非煤项目收入7028亿元，增长75.9%，以循环经济发展模式为特征的煤炭转型发展步入快车道。

构建煤炭工业转型综改试验高端框架。编制《转型综改试验煤炭工业发展专项行动方案(2012年)》《转型综改试验区煤炭工业实施方案(2012～2015年)》，建立全行业转型标杆项目储备库，筛选了108个高端化、科技化、潜质化转型标杆项目，加快构建循环经济发展模式，形成全省煤炭工业转型综改试验框架。其中，同煤集团40亿立方米煤制气、焦煤集团60万吨/年烯烃、阳煤集团化工新材料园区、潞安集团煤基多联产园区、晋煤集团100亿立方米煤层气抽采利用等一批综改试验和转型标杆项目建设进展顺利。

积极打造煤炭循环多元产业链条。煤电一体化、煤焦化、煤气化、煤液化、煤机(制造)化“五化”产业链条发展进程进一步加快。

(王德善)

【潞安集团百万吨级煤基多联产资源综合利用项目】 建设规模及主要内容。该项目位于长治市襄垣县，项目投资310亿元。年产825万吨冶金焦、180万吨油品及化学品。建设内容包括825万吨/年焦化装置、45万吨/年焦油加工、15万吨/年粗苯加氢装置、120万吨/年F-T合成和油品精制装置，以及相应的公用工程和配套装置。

项目效益。该项目以资源综合利用为核心，回收利用煤炭开采过程中预抽瓦斯和焦炉气作为煤制油的补充原料气体，通过将焦化、焦油加工、粗苯加氢和煤基合成油装置有机结合，实现“焦化油化并举”，实现“三高三低”（即高技术集成、高效能循环、高效益体现、低水、低碳、低耗能）。利用废弃的高硫下组煤、焦炉气、瓦斯气和尾气，生产油品和高端化学品，实现“一废三气”的耦合利用。利用生产过程中的富裕氢气、高纯度氮气和二氧化碳废气生产化肥、低热值尾气和低浓度瓦斯发电。通过联产尿素和焦炉气、煤层气重整，可减少二氧化碳排放近200万吨，矿井水作为本项目的生产用水，处理后回收重复利用，可实现污水零排放。另外煤炭中所含的硫份也将全部回收生产为硫黄。预计达产后年销售收入257亿元，利润35亿元，并将对国家能源安全和山西省转型跨越发展发挥重大意义。

项目进展。省发改委于2012年2月22日办理项目备案手续，并于4月17日向国家能源局上报了项目开展前期工作的请示。项目已确定了厂址，选定了主要工艺路线和技术方案，煤炭及焦炉气由企业自给，用水由后湾水库和漳泽水库保障。2012年计划投资30亿元。

（李仁贵）

煤矿安全监察

【2012年煤矿安全监察工作取得新成绩】 深入开展“安全生产年活动”。2012年，全省煤矿共发生各类伤亡事故39起，死亡83人，煤矿百万吨死亡率为0.091，连续2年保持在0.1以下。

监察执法效能不断提高。认真贯彻党中央、国务院关于安全生产的一系列指示精神，落实国家总局和省政府的部署要求，科学制定年度监察执法计划，按计划有序开展“三项监察”。认真开展煤矿安全评估，定期开展监察执法分析，完善工作措施，强化网络式监控监察，提高监察执法效能。2012年，全系统共监察3320矿次（其中“三项监察”1910矿次），下达各类执法文书6661份，依法行政罚款10651万元。晋中、长治、朔州分局（站）每月人均下基层监察超过15天。临汾、吕梁、朔州、晋城、晋中、阳泉分局（站）全年依法行政罚款超过1000万元。太原、忻州、大同、朔州、晋中、晋城、吕梁分局（站）完成全年安全控制指标。

“打非治违”活动深入推进。制定《煤矿集中开展“打非治违”专项行动实施方案》，成立专项行动领导小组，分阶段组织开展“打非治违”专项行动。坚持把“打非治违”专项行动与“三项监察”相结合，与安全监察日常工作相结合，针对无证、证照不全、证照过期的矿井，停产整顿未经验收擅自组织生产的矿井，违反建设项目审批程序进行建设的矿井等违法生产和建设行为，依法严肃查处，严格落实停产整顿、从重处罚、关闭取缔、严厉问责的“四个一律”措施。全年责令停产整顿矿井26个，暂扣和吊销安全生产许可证30个。

专项整治督查有序开展。按照省政府的统一部署，制定专项整治实施方案，开展以整合技改、瓦斯治理、水害防治等为重点的集中整治、集中清理、集中整改3个百日专项行动。山西煤矿安全监管局组成5个督查组，由5名局领导带队，抽调采煤、机电、通风等方面的专家，对太原、大同、朔州、忻州、阳泉5个市的煤矿专项整治情况进行督促检查，按照规定一项项检查、一项项过关。对查出的每条隐患和存在问题实行督查责任挂牌明示制度，及时通报地方政府和煤炭企业，对隐患整改情况进行跟踪落实，增强检查和督查的实效。

隐患排查治理继续深化。继续狠抓瓦斯这个“第一杀手”问题，推进健全瓦斯综合治理工作体系，督促煤矿企业落实先抽后采、抽采达标瓦斯治理措施，全年煤矿瓦斯抽采量38亿立方米，利用量13亿立方米。积极推进瓦斯抽采达标数据化检测工作，提高瓦斯隐患排查治理的针对性和实效性。督促煤矿企业加强水、火等重大隐患排查治理，对兼并重组整合建设矿井实施重点监控。落实重大隐患挂牌督办、跟踪监管、整治效果评价和重大隐患约谈制度，坚持查处隐患与服务煤矿相结合，指导、帮助煤矿消除隐患，实现安全生产。全年共查处各类隐患和问题11072条（其中，重大隐患130条），已督促整改10911条（重大隐患整改116条）。

事故调查处理更加严厉。坚持“四不放过”和“科学严谨、依法依规、实事求是、注重实效”原则，依法严肃调查处理煤矿事故，严格责任追究。对造成事故的原因及存在的重大隐患，依据国务院446号令等法律法规规定，按上限依法处罚。加大对较大事故的问责力度，凡发生较大以上事故的煤矿企业，吊销其主要负责人的矿长资格证和安全资格证，取消其终身担任矿长职务的资格。全年共组织调查处理煤矿事故39起，结案39起，处理相关责任人585人，其中，追究刑事责任72人。在全省煤矿开展事故警示教育活动，制作4起典型案例光盘，下发并在煤矿企业进行宣讲。

【安全保障能力稳步提升】 开展煤矿安全科技论坛、科研项目遴选、申报、表彰、推广等工作。加强对煤矿安全技术服务机构的监督监管，发挥技术支撑作用。全年全省煤矿安全生产检测检验机构共完成报告14417个，发现隐患3858处。加强矿山应急救援工作，组织19个矿山救护队开展矿山救援知识竞赛活动；指导协调煤矿事故抢险救援工作，全年成功救出遇险矿工41名。不断推进煤矿安全质量标准化工作，到2012年底全省建成国家级标准化矿井72座。全年实现安全生产无事故矿井929座。实现千日以上安全生产矿井89座。

【监察基础工作全面推进】 依法严格实施安全生产许可，全年受理办结煤矿安全生产许可380个，审查批复建设项目安全设施设计130个，竣工验收批复67个，并及时完善全省煤矿安全许可数据库。制定煤矿安全培训机构管理办法和二、三级机构认定标准，严格资质认定，全年受理办结安全培训机构二、三级资质认证18个。开展培训机构专项检查，督促各培训机构不断提升培训质量和水平。继续加大安全宣传力度，推进安全文化建设，制定推进省级煤矿安全文化建设示范企业创建暂行办法，开展安全文化培训和宣讲，对申报示范矿进行现场评审检查。

加强监察人员培训和考核工作，举办全省煤矿安全监察行政执法案卷评查活动。全年选配14名监察人员参加国家局组织的培训，评选出43名优秀公务员。开展目标责任考核工作，吕梁分局、朔州站考核得分超过了千分。

（郭凤美）

电力工业

【2012年全省电力工业运行概况】 新增发电、输变电设备情况。2012年，山西电网共投产发电机组30台（座），容量418.8万千瓦，全部为省调发电机组。其中，火电机组8台，容量310万千瓦；风电场22座，容量180万千瓦。60万千瓦及以上机组3台，为霍州电厂2号机组和河曲电厂3号、4号机组。全年共关停机组4台，为榆社电厂2台10万千瓦机组，神头一电厂2台20万千瓦机组，火电机组装机容量净增250万千瓦。

2012年，山西电网500千伏系统网架变化不大，投产3条500千伏线路，均为电厂并网线；220千伏系统新建厂站主要为π接方式，仍维持大同、忻朔、中部、南部4片运行的格局。局部网架和主变下载能力得到加强，进一步优化了潮流分布。全年未投运500千伏以上变电容量。220千伏变电站投产13座，主变31台，容量501.3万千伏安；退役3台，容量29万千伏安；总计净增加主变28台，容量472.3万千伏安。新增500千伏线路3条，线路长度增加128.3千米。220千伏线路投产线路50条，线路长度991.4千米。退役220千伏线路13条，线路长度426.8千米。220千伏及以上电压等级共计增加线路40条，增加长度692.9千米。

发电装机容量。截至2012年底，山西电网总装机5454.9万千瓦。按调度单位划分，国调装机330万千瓦，阳城电厂以点对网方式送江苏电网。华北网调直调机组容量592万千瓦；省调装机容量4200.4万千瓦。地区小电厂合计容量332.5万千瓦。省调机组按机组性质划分，光伏电站2座，容量1.5万千瓦；风电场27座，容量197.5万千瓦；煤层气电厂3座，容量181.2兆瓦；水电厂4座（含抽水蓄能）、16台，容量228.8万千瓦；火电机组139台，容量3754.5万千瓦。

国调、网调、省调系统发电装机容量共5137.1万千瓦，接入500千伏系统机组56台，容量2704万千瓦；接入220千伏系统112台，容量2203.5万千瓦；接入110千伏系统41台，容量228.1万千瓦；接入35千伏系统2座，容量1.5万千瓦。

输变电设备容量。截至2012年底，山西电网共有220千伏及以上输电线路540条，线路长度1.6万千米（不含跨省输电线路）。其中，500千伏线路71条，长度4599千米；220千伏线路469条，1.2万千米（其中，省调线路411条，1.1万千米）。共有220千伏及以上电压等级变电站177座，主变391台，变电容量8000.1万千伏安，其中，特高压变电站1座，变压器2台，容量600万千伏安；500千伏变电站18座（含开闭站），主变30台，容量2450万千伏安；220千伏变电站160座，主变359台，容量4950.1万千伏安。

发电完成情况。2012年，直调发电量1898.59亿千瓦小时，比2011年增长10.5%，完成“调控目标”101.8%，超日历进度1.8个百分点。日最大发电量6.32亿千瓦小时，增长13.1%。日最小发电量4.27亿千瓦小时，增长10.6%。日平均发电量5.17亿千瓦小时，增长10.5%。

2012年，直调发电平均最大负荷2421.7万千瓦，比2011年增长11.3%；平均最小负荷1850.3万千瓦，增长8.7%；平均峰谷差571.4万千瓦，增长20.8%；平均峰谷差率23.6%，增长1.9个百分点。

用电完成情况。2012年，电力供应富裕，直调用电量1608.78亿千瓦小时，增长6.3%。其中，单日最大用电量5亿千瓦小时，单日最小用电量3.9亿千瓦小时，平均单日电量4.4亿千瓦小时。

2012年，直调用电高峰最大负荷2322.2万千瓦，比2011年增长7.7%；低谷最小负荷1353.9千瓦，增长6.3%；平均峰谷差468.1万千瓦，增长15.2%。日均高峰旋转备用171万千瓦，高峰负荷率90.3%，下降0.7个百分点；平均峰谷差率21%，上升1.8个百分点。

用电负荷情况。2012年，全省电力供应处于平衡有余、供大于求的局面。直调电厂电煤价格下调，盈利空间显现，发电积极性提高，发电能力过剩。直调电厂煤源、煤质稳定，同时厂内加大设备检修投入力度，机组健康水平显著好转，机组非停和高峰影响出力均明显下降。全年直调用电最大负荷10次创历史新高，在2012年12月29日达到2322.2万千瓦，较2011年最大负荷（2184.6万千瓦，发生在2011年12月18日）增长6.3%。

电力平衡情况。2012年1～2月，全省经济保持2011年以来高速增长势头，省内用电需求强劲，直调电厂在2011年末上网电价调整和省政府帮扶政策的有力支持下，经营状况有所好转，来煤基本得到保证，缺煤停机机组逐步恢复并网，1月、2月直调用电量同比增速在15%左右，直调用电最大负荷在1月接连3次创新高，最大负荷2211.8万千瓦。

3～9月，直调用电负荷受宏观经济面影响，钢铁、水泥、煤矿、冶炼等用电大户采取限产、停产等措施导致用电增速明显回落。直调用电量同比增速由3月的8.5%下降到9月的1.8%，前期快速下降，后期趋于平缓。

“十一”长假期间，直调用电负荷、电量均达年内最低，中旬之后随着经济形势开始向好、供暖负荷增加，负荷增速开始缓慢回升。11～12月，直调用电负荷7次刷新新高，在12月29日达到2322.2万千瓦，创年内最高。

电力外送情况。2012年，通过网间电力交易向京津唐、河北南网送电量180.43亿千瓦小时，比2011年增长24.2%（含短时交易电量）。

其中，向河北送电量84.95亿千瓦小时，增长6.1%；向京津唐送电量95.48亿千瓦小时，增长1.1%。

特高压南送电量102.72亿千瓦小时，增长87.2%。

电煤调运情况。2012年，直调机组缺煤停机平均容量49.7万千瓦，占直调平衡装机容量的1.3%。缺煤停机主要集中在前半年，容量在30万～235万千瓦之间。受经济增长放缓、电煤价格下降、发电积极性提高等因素影响，2012年3月以后缺煤停机机组由北向南逐渐恢复并网。

2012年，直调电厂电煤库存呈现逐步上升趋势。年底直调电厂电煤库存591万吨，可用天数29天。存煤低于7天电厂3座，分别为永济、汾泽和太钢电厂，装机容量110万千瓦。

1月、2月因节日因素影响电煤库存保持平稳，进入3月以后，煤炭市场受宏观经济面和供需平衡影响，价格保持平稳或略有下降趋势，直调燃煤电厂在2011年末政府财政资金和电煤框架合同帮扶政策以及调高上网电价等政策的支持下，普遍出现较大边际利润，发电积极性逐步提高，存煤有所增加。省内用电需求也受到宏观经济面影响，用电量增速放缓电厂耗煤量减少，库存增加。

发电设备利用水平。2012年，省经信委年度火电机组发电计划1790亿千瓦小时，火电发电企业58家，其中，56家发电企业完成率偏差低于3%，偏差超出3%的发电企业2家，分别是华泽电厂、耀光电厂。火电机组利用小时最高的电厂为太钢电厂，利用小时7085小时，利用小时最低电厂为晋田电厂934小时。

2012年，直调50万千瓦以上机组平均利用小时数5431小时，30万千瓦级机组平均利用小时数5258小时，20万千瓦级机组平均利用小时数4781小时，15万千瓦以下火电机组平均利用小时数4252小时，发电机组利用小时按照装机容量正序排列。

【山西省电力公司经营概况】 概述。山西省电力公司是国家电网公司全资子公司，属国有特大型企业，以电网规划、建设、运行管理及电力调度、经营等为主营业务，下设11个市供电公司、99个县级供电公司，肩负着山西省3610万人民电力供应的基本使命，承担着向京津唐、河北、江苏、湖北、山东等地外送电力的重要任务，服务客户812万户，拥有资产524亿元，员工3万人。

省电力公司共拥有220千伏及以上变电站177座，输变电容量8000.1万千伏安，输电线路1.6万千米。其中，1000千伏变电站1座，容量600万千伏安，输电线路116千米；500千伏变电站18座（含开闭站），容量2450万千伏安，输电线路5511千米；220千伏变电站137座，容量4551万千伏安，输电线路1.1万千米；110千伏变电站408座，容量3404万千伏安，输电线路1.6万千米。山西电网主网架形成了500千伏“两纵四横一环网”、220千伏分区供电、110千伏和35千伏及以下辐射供电的网络格局，建成6个通道13回外送线路。2012年，售电量1629.6亿千瓦小时，外送电量283.2亿千瓦小时，在全国能源资源优化配置中发挥了重要作用。

电网建设与发展。2012年，山西“十二五”电网滚动规划通过国家电网公司评审，省内特高压“两横一纵”和配套三大煤电基地纳入山西省电力发展“十二五”规划。电网前期工作取得重大进展，5项特高压工程可研取得90%的支持性协议，受阻多年的9项500千伏输变电项目和中南铁路配套工程通过核准，其中，太钢送出等7项多年历史欠账项目顺利解决。配合设计单位完成宁东—浙江、蒙西—天津南等5项特高压交直流工程选址选线，取得相关文件协议。完成泽州猕猴保护区功能调整，开展桑干河、运城湿地保护区功能调整工作，为加快特高压发展奠定了坚实的基础。正点推进哈郑特高压直流工程，建成投产110千伏及以上输电线路1192.8千米，变电容量635.6万千伏安，首次实现全年各季度均衡投产，位居国家电网公司前列。长治、晋城等5个市105台CDM配变全部更换，2010年、2011年新一轮农网改造升级和3年低电压综合治理完成。500千伏稷山—吕梁输电线路工程获得国优，榆次北变电站工程首夺国家电网公司项目管理流动红旗，220千伏及以上项目优质工程率100%。密切与政府各部门合作，统筹资源，积聚合力，努力解决日益困难的征地、青赔、采伐、拆迁补偿标准、线路跨越等影响项目建设的外部突出问题。省国土厅帮助办结50多年来累积的238座（279.5公顷土地）110千伏及以上变电站遗留土地手续，省林业厅发文简化对地方、集体林区穿越手续，保证了电网工程的顺利进展。省送变电、供电承装公司产值创新高，合同金额均超10亿元；锦通咨询公司中标特高压泰州站项目，市场竞争力进一步增强。

经营管理。2012年，省电力公司不断加强综合计划和预算管控，深化电网、人力、经营诊断分析，促进管理创新。基建均衡投产、财务业务融合、运检变压器抗短路校验等7项成果入选入围国家电网公司同业对标典型经验库，是取得成果最多的一年。发挥特高压跨区输电优势，外送电量比2011年增长42.9%，缓解了由于全省电量增速下滑对发电企业造成的经营压力。实施在役机组发电权交易和灵活短时支援交易，累计增收9000多万元。太钢和阳泉兆丰铝业自备电厂纳入“统购统销”试点，市场占有率提高0.9个百分点。创新采取资产无偿移交、人员政府安置的方式，接管运城夏县小水电自供区，为解决“网中网”难题和提高市场占有率闯出新路。新建大同等4座电动汽车充换电站，安装智能电能表259万只，用电信息采集覆盖率67%，阳泉、朔州公司实现“全覆盖、全采集”。加强付费售电管理，月均预付电费占应收电费80%以上，节约财务费用2亿多元，临汾公司预付费比例86%。加快忻州等高损台区改造，更换2542台高损变压器，综合线损率比计划下降0.01个百分点。开展6项合同能源管理，节电指标超额完成。创建晋中榆次等11个省市级优质服务示范区，居民用电服务质量得到提升。

主多分开通过国家电网公司核查验收，累计处置多经企业70户，清退股权2.81亿元。完成集体企业清产核资，加强对晋能公司指导和监管，帮助开展新业务，发展质效不断提升。全面开放配合国家电网公司依法治企等重要检查，领导班子成员分课题负责，集中处置一大批遗留问题，整改率95%。完善内控机制，严格规范公务用车、薪酬福利等管理，开展9个单位离任经济责任审计，实施工程建设、清产理财等26项效能监察，保障安全健康发展。

安全生产。2012年，强化各级安全责任制落实，狠抓基础管理，严格领导干部到岗到位和“两票”写实，安全管理水平整体提升。平稳接管特高压长治站，建立省调发电机组备用原则，规范大规模风电并网接入，实现AVC系统全覆盖，确保大电网安全稳定运行。深化隐患排查整改与反措“回头看”，动态完善1062个高危客户“一户一案”，完成“十八大”等重大活动保电任务。统筹基建、运行、营销各专业，开展220千伏闻喜—三家庄等8个整站整线联合“大检修”，检修效率提高35%，停送电操作时间减少25%。状态检修达标计划全面完成。建成省市县三级应急指挥中心，开展无脚本联合反事故演习，应急保障能力进一步提升。加强标准化管理和重大风险管控，生产、基建、农网现场安全有序，信息系统和消防安全平稳。

农电工作。2012年，省电力公司投资17.5亿元进行新一轮农网改造升级工程，全年完成新建和改造110千伏变电站2座；35千伏变电站3座，线路78千米；10千伏线路1075千米；配变1819台，低压线路1480千米，户表配套改造31.7万户。全年农网售电量526.15亿千瓦小时，综合线损率7.4%，比2011年降低0.1个百分点。供电可靠率99.8%，综合电压合格率98%，分别提高0.1个百分点和0.5个百分点。全面落实农电安全生产责任制，以“安全年”活动要求为主线，深入开展农网工程“五查一整改”专项行动，持续推进农网隐患排查治理，保持农网安全稳定局面，全年未发生人身伤亡事故、误操作事故、一般电网及设备事故。新建电气化县6个（代县、大同县、长子、平陆、山阴、昔阳），电气化乡镇60个，电气化村1200个。在完成潞城配电自动化试点项目的基础上，进一步深化试点建设经验，共投资3928万元，分三期实施汾阳营配调一体化建设，集成县域调度、配网运行和营销业务数据，为农网控制与管理提供决策依据。充分应用智能变电技术，投资3312万元试点建设平定黄统岭35千伏智能化变电站，促进农电生产管理水平提升。

不断扩大农网改造覆盖面。投资2.2亿元开展农林场电网改造和农业排灌配套设施改造，促进全省农业产业发展。完成运城夏县小水电自供区的全面接收工作，有效化解山区群众多年来的用电难题，此区域老百姓每千瓦小时电7～8元的历史画上句号。

营销工作。2012年，组织开展以“保供电、促增长、助发展”为主题的“百日攻坚”专项活动，大力实施省内“百个重点项目落地年”活动，7个市公司售电量超过百亿千瓦时。积极拓展电费回收渠道，努力打造十分钟缴费圈，全面推广银行批扣代收为主，电费充值券、POS机收费等25种收费方式为辅的电费收缴模式，全省城市地区全部实现“十分钟缴费圈”，农村地区缴费网点新增6910个，月均收费金额7亿元。居民阶梯电价如期平稳实施，通过开展居民用电情况调查、历史数据分析、电价标准测算、编制典型算例、参加价格听证会、开展大规模培训宣传、制定实施业务规则等工作，确保阶梯电价7月1日按期实施。反窃电工作有效开展，长治公司建设全省首家反窃电、反违约用电实验室。先后查获全省首例“单向智能电表窃电案”“夏县康乐小区窃电案”，联合公安机关查处“太原红房子快捷酒店窃电案”等窃电大案，全年共查处各类违约用电与窃电2657起，追补电量损失2464万千瓦小时，追补电费及违约使用电费4014万元。充换电服务网络初步形成，全省累计建成7座充换电站、300个交流充电桩。积极争取政府对充换电设施和电动汽车应用的支持，向省政府上报了《关于促进山西电动汽车产业发展和应用的报告》，编制了太原市纯电动公交项目建设方案。节能服务体系初步建成，全省11个市公司全部成立能效服务小组，成员单位177个。大力推广智能电能表，加快建设用电信息采集系统，全年共安装智能电表259万只，累计安装529万只，实现了784个省网关口的100%全采集、全覆盖，采集成功率99%以上。大力实施为民服务创先争优活动和95598光明服务工程，深化“塑文化、强队伍、铸品质”工程收官提升，开展保障居民用电服务质量专项行动，全面落实新“十项承诺”。做好分布式光伏发电并网服务工作，编制下发《分布式光伏发电项目并网服务管理实施细则》，按照国家电网公司“欢迎、支持、服务”工作方针，做好分布式光伏发电项目并网服务。认真落实“安全年”活动各项要求，滚动修订“一户一案”2319户次，“一户一案”制定率100%、季度巡检率100%、滚动修订率100%。

科技与信息化。智能用电小区建设模式和关键技术等32项重点科研项目取得重大进展，农网智能化技术等18项成果获国家电网公司及以上科技进步奖。加大群众性创新和专利专项奖励，申请专利586项，获得授权308项，比2011年增长319%和322%。碳纤维导线等13项重点新技术顺利推广。完成35个信息系统适应性调整，加快运营监测（控）中心信息支撑平台建设，实现营配集成等14条业务主线数据共享和信息融合。纵向贯通各级通信骨干网架，开展容灾应急演练与保密检查，安全防护能力显著提升。

（陈晓亮）

冶金工业

【练内功，转方式，增效益，努力保持钢铁工业健康平稳发展】 主要产品产量保持稳定增长，增速高于全国平均水平。2012年，全国粗钢、生铁、钢材的产量分别为7.16亿吨、6.58亿吨、9.52亿吨，分别比2011年增长3.1%、3.7%、7.7%。山西省由于部分重点钢铁企业的技改项目陆续投产和达产，主要产品产量的增幅均高于全国平均增幅。其中，粗钢产量3950.2万吨，比2011年增长13.2%；生铁产量4009.6万吨，增长5.9%；钢材产量3799.5万吨，增长12.7%。钢、铁、材产量均创山西省历史最高水平。

钢材价格大幅下跌，企业经济效益普遍下滑。2012年，国内钢材价格呈现出短期回升，大幅下跌，低位波动的态势，平均价格水平低于2011年。受钢材价格大幅下跌的影响，山西省大部分企业盈利能力明显下降，21家重点企业12家处于亏损状态。全行业销售收入3335.46亿元，比2011年增长11.1%；实现利税116.5亿元，下降25.4%；实现利润41亿元，下降41.5%。值得指出的是，与国内全行业相比，山西省钢铁行业的经济效益指标相对处于较高水平。2012年，全国钢铁行业中钢协会员企业销售利润率0.04%，吨钢利润仅2.6元。山西省钢铁企业销售利润率1.2%，吨钢利润105元。特别是中阳钢铁公司，销售利润率8.7%，吨钢利润304元，在全行业名列前茅。

原料保障能力有所增强，有效支撑了企业生产平稳运行。多年来，由于山西省铁矿山产业发展滞后，铁矿自给率较低。近两年来，山西省矿山产业有了较快发展，2012年铁矿产量8130万吨，比2011年增长26.2%，铁矿自给率60%以上，对夯实产业原料基础，降低企业经营风险起到了积极的作用。

企业管理水平难以适应形势，竞争能力亟待提升。从山西省钢铁企业的管理现状来看，大部分企业仍处于相对粗放阶段，难以适应新形势下市场竞争对企业管理的要求。虽然各企业近年来管理水平有了一定提升，但总体上看，相当一部分企业的管理理念仍然落后，缺乏现代化管理的意识和紧迫感；管理机制缺失，规章制度不完善；管理基础薄弱，有的企业甚至各工序能源和物料消耗的计量器具都没有；管理手段落后，绝大多数企业没有实行信息化管理；管理团队和员工的素质有待进一步提高。管理的落后是山西省钢铁行业进一步发展的瓶颈，严重影响了企业竞争能力的提升。

【淘汰落后产能，节能减排取得明显成效】 2012年，全行业继续淘汰落后产能55万吨。节能减排继续推进，一批回收利用余热、余压、余气、废渣、废水等节能减排项目顺利实施和投产，企业的能效水平不断提高，生态环境进一步改善。2012年全行业能源消耗总量5450万吨标准煤，其中，有50余家钢铁生产企业列入全省双百重点耗能企业，这些企业2012年万元产值能耗平均为1.93吨标准煤，吨钢综合能耗平均为661千克标准煤，均比2011年有明显改善。但是与全国先进水平比，无论是能耗指标，还是污染物排放指标，山西省仍然存在着较大差距。

（祝锋亮）

机械电子工业

【2012年机械电子工业发展概况】 2012年，山西省机电工业全行业共有规模以上企业527家，资产总计1972亿元，从业人员30.7万人。全年工业总产值1518.59亿元，比2011年增长28.1%；工业增加值429.63亿元，增长11.4%；主营业务收入1509.52亿元，增长23.4%；实现利税83.44亿元，增长15.1%；实现利润50.83亿元，增长25.1%；机电产品出口34.3亿美元，增长110.4%，占到全省出口总值的49%，为全省出口产品的半壁江山。

【科技新产品层出不穷】 国家级企业技术中心再添新丁。2012年10月25日，汾西重工有限责任公司技术中心和山西华顿实业有限公司技术中心被国家发改委、科技部、财政部、海关总署、国家税务总局认定为国家级企业技术中心。

太重科协获全国“先进院士专家工作站”称号。2012年11月，中国科协、国家发改委、科技部和国务院国资委在北京联合授予太重科协“先进院士专家工作站”称号。全国科协系统共有50家单位获此殊荣，而太重科协是山西省唯一获此称号的单位。

太矿集团喜获2项大奖。2012中国企业自主创新TOP100评价发布暨第三届中国企业自主创新高峰论坛上，山西省煤机装备制造业的龙头企业太矿集团榜上有名，位列装备制造行业TOP第19位，太矿董事长张克斌当选“2012年中国企业自主创新十大人物”。

中白货运Ⅰ型电力机车试验成功。2012年3月6日，中国北车同车公司出口白俄罗斯的首台中白货运Ⅰ型电力机车完成滚动台综合试验，机车试验最高速度125千米/小时，成功实现该型机车的设计要求。中白货运Ⅰ型电力机车是中国北车同车公司结合白俄罗斯铁路运营环境和技术要求研制的新型大功率交流传动电力机车，是中国铁路机车首次登陆欧洲铁路的高端电力机车产品。与国际上普遍采用的1435毫米铁路标准轨距不同，中白货运Ⅰ型电力机车采用宽轨转向架技术，适用铁路轨距为1520毫米。芬兰、蒙古以及俄罗斯、白俄罗斯等苏联加盟共和国铁路均采用宽轨技术。

全球首个矿用节能变压器在山西问世。2012年5月，太原市鑫宇联电器有限责任公司，收到国家知识产权局寄来的全球首家非晶合金矿用隔爆型干式变压器的专利批复证书。这是一种使用非晶合金带材生产的矿用隔爆型变压器，既能在煤矿井下安全应用，而且还能降低变压器的空载和负载损耗，实现巨大的节能效果。比现行的硅钢片铁心系列变压器降低损耗80%以上，温升降低40%，使用寿命增加两倍达到40年以上。一台1000千伏安的变压器，每年可以减少二氧化碳排放22.1吨，实现真正的节能减排。

潞安高效单晶光伏电池亮相。2012年5月17日，潞安集团生产的新型高效单晶光伏电池在一年一度的亚洲规模最大的太阳能光伏展，SNEC第六届（2012）国际太阳能光伏大会暨（上海）展览会上亮相。潞安太阳能公司作为一家集新能源、高新技术与最前沿产品为一体的创新型企业，其最新研发的产品和技术在展会上引起同行业的关注。“潞安高效”单晶光伏电池，与传统工艺单晶电池18.4%的平均转换效率相比，电池平均转换效率为19.6%，且生产成本低，适合规模化生产，易于传统工艺升级。产品技术达到国际领先水平。

世界最大矿用挖掘机在太重下线。2012年6月5日，太重集团公司承担的“十二五”山西省科技重大专项“装备制造关键技术”中的“75立方米大型矿用挖掘机研发”项目取得重大进展，公司独立研发制造和拥有完全自主知识产权的世界首台WK-75型矿用正铲式挖掘机正式下线，价值1.5亿元。继研制出WK-27、WK-35、WK-55系列矿用挖掘机后，太重一跃成为与美国P&H、比塞洛斯并驾齐驱的大型矿用挖掘机制造企业，标志着山西省大型矿用挖掘机制造技术站到世界领先地位。

太重6.25米捣固焦炉设备成功下线。2012年8月13日，由太重自主研发的6.25米捣固型焦炉成套设备在太重焦化设备分公司制造完毕，成为当今世界上配套炭化室容积最大，自动化要求最高的捣固型焦炉设备。该套设备的用户为孝义市金岩电力煤化工有限公司，这不仅是太重焦炉设备产品高端化、大型化的代表之作，也是山西省首套采用捣固、装煤、推焦一体化技术的大型捣固焦炉设备，技术水平达到世界前列。

大同机车有限责任公司造出铁路重载王。2012年8月27日，以研发和制造完全实现自主化为标志的一台蓝白相间的新型大功率电力机车，在中国北车集团大同电力机车有限责任公司成功下线，其投入运营后的经济性、可靠性和可维护性将更加适用于中国铁路。

新型电力机车最高速度为120千米/小时，总功率达1万千瓦，是目前世界上功率最大的电力机车。传统马力最强的直流机车每台也只能牵引不到50节载重70吨的车皮，而新型机车每台能牵引100多节载重80吨的车皮，首尾相连长达1千米，铁路运输效率实现了大幅提升。

世界最大功率采煤机在太重煤机·太矿问世。2012年10月28～31日举行的“第十四届中国国际煤炭采矿技术交流暨设备展览会”上，太重煤机·太矿展出的最新研制成功的世界最大功率3000千瓦电牵引采煤机引起与会者的极大兴趣。这台具有完全自主知识产权的综采设备，可在井下采7.2米煤层、每小时产煤量4500吨，不仅技术性能达到世界先进水平，而且价格仅为同类进口设备的2/3。该采煤机针对中硬厚煤层地质构造所研制，各项技术性能比2500千瓦采煤机更先进，结构更合理，可靠性更高，可满足煤矿一井一面一次采7米厚煤层、年产原煤千万吨的要求。

晋煤集团再次刷新液压支架“世界高度”。2012年9月13日，晋煤集团金鼎公司成功研制出世界上支撑高度最高的8.2米大采高综采液压支架，这也是晋煤集团第二次刷新该产品的世界高度。此前，世界上支撑高度最高的7.6米大采高液压支架也由晋煤集团制造。

此次成功研发的8.2米大采高液压支架，是金鼎公司技术创新上的又一重大成果。该支架创造了高度最高、工作阻力最大、护帮高度最高等多项世界第一。不仅满足了大采高工作面支架使用的要求，同时对改善顶板维护，软底条件下移架和减少粉尘具有重要意义，为矿井安全生产提供了重要保障。它的研制成功，充分展示了我国重大煤机装备自主研发能力、制造技术与综合实力已达到世界领先水平，为我国煤炭行业摆脱长期以来对国外煤机装备的依赖创造了条件。

太重集团公司完成我国首个灰熔聚粉制取工业燃气工程。2012年10月，太重煤化工分公司承建的云南冶金集团公司年产80万吨氧化铝项目配套煤气工程竣工投产，成为我国第一个利用灰熔聚粉技术制取工业燃料气的工程项目，填补了我国煤化工制造领域的一项技术空白。

太重集团公司产出世界最大BGL气化炉。2012年10月18日上午，当今世界上最大的液态排渣BGL气化炉在太重煤化工设备分公司大门口横卧在一辆巨型载重车上整装待发。该炉长17米，直径4.6米，总重量220余吨。这是太重煤化工设备分公司为中煤鄂尔多斯能源化工有限公司图克化肥项目生产的年产200万吨合成氨项目配套的气化炉。此项目是目前我国规模最大、工艺最先进的化肥制造项目，太重生产的液态排渣气化炉不仅是同类产品中世界最大的，而且工艺技术也达到国际领先水平。

世界最大核电环形起重机在太重问世。2012年12月14日，国内首台AP1000核电站环形起重机在太重成功下线。AP1000环吊的成功制造，对提升我国核电自主化能力，推动核电事业安全高效发展具有重要意义。

【重点项目光彩夺目】 富士康智能手机项目。2012年2月23日，富士康智能手机整机生产项目在太原正式投产，同时，富士康科技集团与太原市政府正式签订项目投资协议。该项目由富士康科技集团投资1亿美元在富士康(太原)科技工业园建设，先期投入使用的有4条生产线，年内还将有12条生产线投产，预计年生产智能手机整机2200万台，实现产值50亿美元，解决就业2万余人。

山西青云集团飞机制造项目。2012年3月24日，介休青云通用航空基地项目正式开工建设。该项目是省级转型标杆项目，总投资159.3亿元，项目完成后，可形成每年5000架通用飞机生产制造能力。

青云通用航空基地项目是山西青云集团与德国HPC公司合作项目，主要建设内容为通用飞机研发与制造基地、通用飞机产品支援基地、通用飞机销售与服务基地以及通用航空飞行体验、娱乐基地与国展中心五个板块。项目分三期工程完成。

首钢长钢锻压重型机械装备制造基地奠基。2012年3月28日，首钢长钢锻压重型机械装备制造基地奠基。该项目一期工程总投资6.8亿元，预计2013年正式投产。达产年，可实现年产值10亿元、销售收入8.3亿元、税金1亿元。该项目着力打造以“一主两辅”为核心的全国锻压行业弯曲校正机械类设备研发、制造基地，真正成为首钢长钢

"五位一体"循环经济产业链的重要组成部分。

长治LED综合体项目。2012年3月29日，由长治高科产业投资有限公司和台湾立碁公司合作投资10亿元的LED综合体项目正式开工奠基，这是该市在LED产业从高端向封装、照明应用市场的进一步延伸和完善，标志着长治市LED高、中、低端垂直一体化产业链将实现全面贯通。

2012年，长治LED光电产业园区已入驻6家企业9个项目，LED蓝宝石拉晶、蓝宝石切磨抛、外延及芯片和LED封装4个项目已于2011年9月竣工投产。

太重(天津)滨海重型装备研制基地一期项目。2012年4月27日，太重(天津)滨海重型装备研制基地一期项目在天津临港经济区竣工并试生产，二期工程同时开工。二期工程建成达产后，太重滨海公司将具备海上多功能起吊安装平台、液压打桩锤和海上风电机组等重点海工设备的成套总装能力，部分设备关键技术达到国际水平，对于提高重大装备国产化率，推动我国战略性新兴产业发展产生积极的影响。

基地于2009年11月正式开工建设。一期工程总投资9亿元。二期项目计划投资10亿元，预计2014年底完成。项目主要内容包括：海工装备厂房、表面处理厂房、35千伏降压站等，并新建重件吊装泊位、舾装泊位及配套设施。二期项目建成达产后，年新增销售收入20亿元，将为国家战略性新兴产业的发展贡献力量。

永磁电机项目。2012年5月17日，太原不锈钢产业园区与阳煤集团山西华鑫电气有限公司签约，总投资6亿元的永磁电机不锈钢铸造项目将落户不锈钢产业园区。

电子商务基地项目。2012年5月29日，侯马经济开发区电子商务产业园获得首批国家电子商务示范基地牌匾，这是商务部在山西省确定的唯一示范基地，全国共34家。这意味着，其将获得国家在公共信息和服务平台建设、基础环境和软环境建设、改善中小企业融资环境等多方面的政策扶持。

2012年底，已经有天津渤海商品交易所、金银岛(北京)网络科技、山东招金集团招金投资、山西黄河金三角工业品交易所有限公司、中小企业在线国际、山西恒威新生网络科技有限公司云计算中心等6个项目入驻。

马钢晋西轨道装备项目。2012年7月，国内最大的车轮生产商马钢和最大的车轴生产商晋西车轴股份公司喜结良缘，由双方共同投资的马钢晋西轨道装备项目正式开工。

马钢公司是我国最大的车轮生产基地，具有40多年的车轮生产经验，拥有高速铁路用车轮钢材料的核心技术和自主知识产权，所开发的大功率机车车轮和高速动车轮已通过国家科技部专家组验收，有望批量生产。

晋西集团隶属于中国兵器工业集团公司的战略性子集团，是我国兵器一流企业和先进的铁路装备制造企业，是我国能力最强、质量最优、型号最全的铁路产品生产基地之一。其生产的铁路车轴在国际市场具有较强的竞争力，出口北美、南美、欧盟、东南亚、南亚、澳大利亚等国家和地区，与通用、庞巴迪、阿尔斯通、西门子等公司建立了良好的合作关系。双方联姻将形成马钢轮、晋西轴在市场上最优的产品组合。

该项目总投资12亿元，达产后产能为7万套轮轴，年销售收入30亿元。项目分两期建设，一期为4.5万套客货车系列轮轴，二期为年产2.5万套城轨地铁系列轮轴、动车组系列车轴、机车系列轮轴。

晋煤大功率LED项目。2012年8月2日，由晋煤集团晟泰能源投资有限公司和东莞昆翔光电科技有限公司共同投资组建的晋城晟皓光电公司生产的LED产品开始熠熠发光。该项目总投资40亿元，分两期建设。一期投资2.1亿元，生产包括LED路灯、高棚灯、工矿防爆灯、日光灯等100多个品种的产品，可广泛应用于工矿、道路、场馆、机场、港口及城市大型LED灯光艺术工程等。尤其是自主研发生产煤矿专用的LED特种灯具和LED防爆灯具，不仅填补国内该领域的空白，也是晟皓光电公司最有竞争力的产品。

北方汽车产业园项目。2012年8月18日，投资60亿元的中国北方汽车产业园项目正式在应县开工奠基。该项目的建设，填补了朔州在装备制造业的多项空白。对应县经济的转型发展具有巨大的示范和拉动作用。

该项目位于应县新型产业科技创新园城西片区，占地20公顷，总建筑面积120万平方米，由华夏晋商投资控股有限公司投资，皇冠重工股份有限公司负责运营。该项目建设主要分三个单元，即工业制造园区、商贸园区、职工生活园区。项目建成后，将成为中国北方大型的汽车零部件、汽车集装箱挂车、特种汽车、专用汽车、电动车生产销售基地和各类家用轿车销售中心，达产达效后，年可实现销售收入120亿元，利税20亿元，解决就业人数1000余人。

液晶显示器生产项目。2012年8月22日，山西惠建电子液晶显示器项目一号车间液晶电视组装生产线全部组装完毕，进入试投产阶段。该项目的引进，填补了山西省液晶显示器生产的空白。

山西惠建电子液晶显示器项目，是侯马开发区2011年引进的珠三角产业转移项目，是临汾市政府确定的深圳电子信息产业园重要项目之一，投资商深圳惠科集团是国内最大的集IT、通讯、家电为一体的消费类综合型供应商。山西惠建电子液晶显示器项目占地6.6公顷，总投资6亿元，分三期建设。

万吨压机炼铸钢系统项目。2012年8月25日，太重集团大型铸锻件国产化研制项目(又称万吨压机项目)炼铸钢系统正式投产。该重大技术装备国产化项目2010年启动，总投资15亿元，包括炼铸钢系统和锻造热处理系统。万吨压机项目投产后，年新增钢水12.5万吨，年生产大型铸钢件2.5万吨，年产大型锻件4万吨；可提供最大铸钢件500吨，最大钢锭400吨，一次最大出钢量800吨，能够满足太重集团产品配套所需，产品广泛应用于军工、核电、火电、水电、船用、石油化工等领域，填补了华北、西北地区万吨压机的空白。

新能源电动汽车项目。2012年9月11日，朔州安普新能源电动汽车项目在朔州经济开发区红旗牧场开工奠基。该项目是2012年“山西省重点工程”“朔州市政府重点招商引资项目”“资源可持续发展综改试验区”建设龙头项目。项目预计总投资50亿元，占地267公顷，年产30万辆电动汽车。朔州安普电动车辆有限公司从事纯电动汽车整车设计、制造、生产、销售、服务，以及电动汽车关键零部件生产。该公司引入欧美关键零部件技术，加自主研发技术，已掌握超级电容电源、直流无刷电动机、电控分配器、车辆底盘轻量化处理等一系列电动汽车领先技术。

世界最先进高铁车轮生产线项目。2012年11月29日，当今世界技术最先进、自动化和智能化程度最高的高速列车车轮生产线在太重集团铁路工业区正式投产，标志着我国高速铁路关键零部件国产化取得阶段性成果。

太重高速列车关键零部件国产化项目总投资31亿元，一期工程为高速车轮生产线，投资16.86亿元，主要设备集中了国际一流供应商的最先进技术。全线按工艺分为锯切线、锻轧线、热处理线、机加工线、检测线五部分，整条生产线具备年产30万片高品质车轮的制造能力。二期工程包括重轴和轮对两条生产线，重轴生产线以重载、高速和城轨高端车轴为主，设计能力为年产4万根；轮对总装生产线以高铁、城轨和出口轮对为主，具备年产3万副各类轮对的生产能力。

该项目预计于2013年全部建成投产，届时将完全替代进口，太重将成为我国乃至世界高速列车关键零部件研发、制造、集成的重要基地。

【对外合作风起云涌】 山西太重联手美国西屋电气建设核电燃料搬运设备基地。2012年4月23日，太重集团公司与全球核电设备产业巨头之一的美国西屋电气公司签署合作协议，成立太重派尔核电有限公司，共同投资建设核电燃料搬运设备产业和服务基地，努力将之打造成国内一流的核电站燃料转运系统供货和服务公司。

江铃汽车重组太原重汽。2012年8月8日，江铃汽车股份有限公司重组太原长安重型汽车有限公司协议签约仪式在并举行。新的太原重汽将成为江铃汽车的全资子公司，继续现有的重型卡车生产经营及其相关业务。江铃汽车承诺将尽快导入江铃品牌重卡新产品，并提升现有太原重汽产品的市场竞争力。

根据协议，江铃汽车将收购太原重汽全部股权，包含中国长安汽车集团股份有限公司和中国兵器装备集团公司分别持有的太原重汽80%与20%的股权。收购完成后，太原重汽将成为江铃汽车全资子公司，拥有独立法人资格，继续现有的重型卡车生产经营及其相关业务。江铃汽车收购太原重汽，也将使公司快速进入重卡市场。

太重煤机1250万美元并购美国公司。美国时间2012年9月21日，太重煤机公司的威利朗沃集团在美国盐湖城以1250万美元（约合7907万人民币）控股美国REI钻机公司60%的股份。太重煤机总经理张克斌与REI公司原董事长杰夫在并购文件中签字。至此，太重煤机已成为在国外成功并购2家外资企业的公司。

美国REI钻机公司主营业务是设计和执行甲烷回收及销售项目，主要业务是为煤矿定向钻机成套工程服务及生产和销售钻机产品包括导向系统。其主要工程技术人员来自美国一些著名大学。该公司长期为威利朗沃钻机提供导向系统，双方已形成一种关联的产业链。

太重煤机2011年4月29日并购威利朗沃后，威利朗沃运营成绩喜人，2012年工业总产值20亿元。威利朗沃鉴于同美国这家公司长期的产业链的合作关系，也鉴于美国REI公司掌握着钻机定向系统的世界第六代先进技术，非常有必要控股，而美国REI公司也认为双方控股有利于双赢，为此双方一拍即合。

并购后太重煤机的主要产品千米定向钻机的孔底马达和导向控制系统在世界处于领先地位，同时还拥有矿业打钻工程服务公司，在中国拥有长期固定的煤矿市场。

永济电机将在印度设合资公司。2012年4月27日，中国北车所属永济电机公司与印度先锋公司举行合资意向签字仪式，永济电机公司董事长、总经理徐印平和印度先锋公司主席萨希尔分别在合资意向书上签字。

先锋公司作为永济电机公司在印度市场的合作代理公司，双方至今已有多年的良好合作关系。在多年合作中所建立的良好的信誉和友谊，为合资公司的快速组建搭建了良好的合作平台。

罗克佳华公司进军云计算。2012年9月13日，罗克佳华工业有限公司与美国易安信电脑系统（中国）有限公司签订“联合开发解决方案及市场推广”战略合作协议，双方将合作成立研发及系统集成中心，入驻山西物联网产业园区云计算中心。

罗克佳华与易安信开展联合开发解决方案及市场推广合作后，将在山西物联网产业园区建设云计算及物联网解决方案中心。项目建成后将为山西省太原市，乃至全国物联应用提供按需使用、扩展的综合云服务平台。

西山煤电集团牵手光为照明公司涉足LED。2012年，由西山煤电集团与广州光为照明科技有限公司合资的太原西山光为照明科技有限公司正式成立。

该公司注册资金1000万元，产品包括矿井使用的各类防爆灯具、LED光源等，预计年销售收入3000万元。计划在5年内打造成山西省规模最大的大功率LED照明产品生产基地。

【市场开发勇闯海外】 太重大型挖掘机首次出口南非。2012年2月初，太重正式签订2台35立方米大型矿用挖掘机出口南非的合同，标志着该公司在实现世界太重的目标上迈出了坚实的一步。

太重生产的挖掘机产品自2010年进入俄罗斯和秘鲁市场以后，2011年再度加快了产品国际化步伐。此间先后有2台4立方米挖掘机出口哈萨克斯坦，2台10立方米挖掘机出口印度，2011年12月7日又与俄罗斯签订4台35立方米大型挖掘机的出口合同。2012年挖掘机出口依旧保持了强劲势头。太重挖掘机产品从质量、各项性能到服务普遍被外商看好，许多国家和地区的客户纷纷来太重洽谈并签订意向书。此次出口南非的两台大型矿用挖掘机于5月全部制造完工，8月发运到南非。

*太重生产出世界最大无缝钢管轧机组跨出国门。*2012年5月9日，太重生产的当今世界最大的无缝钢管轧机机组装车发运韩国。

2009年太重为山东墨龙石油机械股份有限公司生产了第一套Φ180三辊连轧管机机组，成为国内生产的首套世界最大的无缝钢管轧机机组。专家鉴定认为，该套设备工艺布置合理，运行稳定可靠，填补了国内空白，具有广阔的市场前景，整体技术水平达到国际先进水平，一举打破国外公司长达半个世纪的技术垄断。太重也成为能够生产全系列、高品质无缝钢管轧机机组的国内龙头企业。

此后，太重又为河南风宝钢铁厂生产了第二套Φ180三辊连轧管机组，该套机组在首套基础上进行设计改进和工艺完善，使之更加科学和先进。此次出口韩国的是太重生产的第3套世界最大的无缝钢管轧机机组，年内还将为印度生产第4套世界最大的无缝钢管轧机机组。

*永济工矿电机车现身曼谷地铁。*2012年8月，永济电机公司一批工矿电机车首次出口泰国成功交付用户，“永济电机”品牌将出现在泰国曼谷首条地铁施工线上。

此次生产的产品包括3台套25吨蓄电池电机车及11台配套车辆，均按照客户要求研制的914轨距新制。作为运输牵引系统，这批工矿电机车将用于泰国首条地铁线。

*永济发电机拿到北美“通行证”。*2012年8月，中国北车永济电机公司自主研制的1500千瓦和3000千瓦大功率双馈异步发电机顺利通过出口北美洲的ETL认证，成为国内第一家通过ETL认证企业。这意味着该公司已拿到通向北美洲风电市场通行证，标志着该产品已达到国际同类产品先进水平。

永济电机公司是我国风电企业漂洋过海“吃螃蟹”的第一个企业。该公司产品已形成年配套1500千瓦至6000千瓦风力发电机4000余台的能力，可以满足国内一半以上的市场需求。

【榆缆集团在天交所挂牌上市】 榆缆线缆集团股份有限公司2012年6月26日在天津股权交易所成功挂牌上市，标志着该企业已从传统产业市场进入资本市场。

榆缆集团是晋中市在天交所挂牌的第3家企业，也是该市招商引资、企业改制、转型发展的一个成功范例。该集团是集电线、电缆生产、电子元件科研开发、房地产开发销售等于一体的股份制企业，中国500家最大电气机械及器材制造企业，山西省制造业百强企业，“榆缆”商标已被国家工商总局认定为中国驰名商标。

（姚文举）

【吕梁无人机产业基地】 吕梁无人机产业基地是离石区转型跨越发展的高新技术园区之一。2012年，吕梁市与国防科技大学战略合作，为离石区引进了由山西江川国威无人系统科技有限公司建设运营、概算总投资50亿元、占地约100公顷的吕梁无人机产业基地项目。该项目预计2013年底前完成一期建设，形成生产调试2000台（架）无人系统装备的能力，至2014年形成5000台（架）无人系统装备的生产调试能力，到2016年年产各类无人系统装备1万台（架），并形成配套的运营服务平台。项目建成投运后，园区年产值可达120亿元，年可实现税收8亿元，解决就业2万人，将成为全国无人系统领域的技术制高点和无人产业聚集地。还将吸引、聚集航空油漆、复合材料、新型能源、零部件生产等一批关联企业，使离石区真正成为全国最大的无人机产业基地。

（李仁贵）

国防科技工业

【山西国防科技工业保持平稳健康发展】 2012年，全省国防科技工业销售收入320.47亿元，比2011年增长12.4%；工业增加值69.37亿元，增长11.4%；军工资产526.24亿元，增长8.6%，资产负债率64.1%；实现利润7.86亿元，增长37.3%；职工年均收入38436元，增长10.5%。

全省军工承担的武器装备科研生产项目，均高质量按节点顺利完成，军工整合重组初见成效，核心能力进一步提高。全行业未发生重大质量事故。大力推动实施科技创新驱动战略，技术创新成果显著，全系统共获得6项国家科学技术奖国防专项奖，21项国防科学技术进步奖，2项国防技术发明奖一等奖。

【军民融合发展取得新进展】 一是政策引领。贯彻落实国发〔2010〕37号文件精神，提出《山西省人民政府关于加快推进军民结合产业发展的意见》，提交省政府研究。二是跟踪服务。建立领导分工负责制，一个领导联系一个集团，狠抓山西省政府与军工集团签署的战略合作框架协议项目落地。三是建立机制。探索并建立了与太原市、大同市推动驻地军工企业建设发展的协调机制，先后解决涉及规划、土地等方面20多个问题，与省环保厅协调解决项目建设中的环评审批问题。全省军工落地建设项目117项，总投资377亿元，完成投资113亿元。在项目建设、节能减排、技术改造、科技攻关、自然基金等方面，为企业争取到省相关部门的政策和资金支持。四是全力推动民品跨越发展。充分发挥军工优势，抓住全省转型跨越发展和建设综改试验区的机遇，继续加大规划引导、政策扶持、督查协调、考核激励工作力度，推动军工民品跨越发展。高精度铜板带、风力发电机、节能电机、矿用避难硐室、太阳能电池硅片及成套装备等一批具有先进技术和市场潜力的民品项目建成投产，成为新的经济增长点。军工系统民品销售收入增长11.2%。五是扩大民口配套能力。以军品科研生产为纽带，积极引导省内民用资源通过规范有序的市场准入机制参与到军品科研生产中。不断加快“民参军”步伐，全省民口配套单位的规模和数量进一步提高，成为山西军工崛起的又一支充满活力和希望的生力军。

【军工安全生产、质量管理、保密工作全面加强】 针对军工行业高危特殊性，牢固树立安全发展理念，促进全行业实现安全发展。一是狠抓责任落实。全面落实企业安全生产主体责任，推行法人安全生产承诺，与各企事业单位签订"零死亡"责任书。二是狠抓隐患排查。认真开展安全生产"打非治违"专项行动和百日安全生产活动，强化现场管理和隐患治理，杜绝各类安全生产事故。三是狠抓监督检查。先后组织两次大规模的督导检查，确保"十八大"期间安全稳定。四是狠抓基础管理。严格安全生产制度，加大安全培训力度，推进安全生产标准化建设，加大重大危险源监控，发现问题，责令整改。全年安全生产形势平稳，未发生重伤以上安全生产事故，15年来军工系统首次实现零死亡目标。

2012年，全省国防科技工业深入贯彻落实武器装备科研生产的各项法律法规，夯实质量工作基础，加强质量管控工作，强化计量考核认证，全年表彰QC成果36项，促进了企业质量管理规范化、法制化。全行业未发生质量事故。加强军工保密和安全保卫工作，认真落实安全保密责任，坚决执行安全保密"六项规定"，开展保密工作"系统建设年"活动，全系统保密建设水平进一步提升。狠抓保密教育和培训，全年培训专兼职保密管理干部、计算机信息系统管理等人员238名，并取得上岗证书。严格进行保密检查和安全保密条件审查，排查军工单位安全保密隐患，各项工作做到严格依法行政、依法管理，有力保障了科研生产顺利实施。全年检查25个重点保密单位，完成10个单位安全保密条件审查，排查军工单位周边安全保密隐患14处，未发生重大失泄密案件。

【民爆行业保持安全和谐、稳定健康发展】 2012年，全省民爆行业深入开展"安全生产专项整治""打非治违""百日安全生产"等活动，安全基础进一步夯实，安全管理水平进一步提高，安全生产工作进一步加强，保持了安全发展态势。大力推进行业信息化建设，建立和完善民爆行业生产经营动态监控信息系统，全省所有生产企业24个生产厂点的工业炸药和工业雷管生产线主要危险工序的全景视频图像已按照每条生产线4个摄像头上传，并做到24小时不间断和保留3个月录像备查。全省41条工业炸药和工业雷管生产线164个监控头全部接入民爆行业生产经营动态监控系统，基本实现企业生产量、现场视频影像等基本信息的采集、上传和监控，进一步提升了安全监管水平。坚持科技兴安战略，各企业加快技术改造步伐。壶化集团引进美国复合型高强度、高精度导爆管生产设备，已取得安全生产许可。4家民爆企业完成工业雷管生产线技术改造，逐步实现人机分离，提高了行业本质安全度。督促有关企业对5条淘汰生产线进行销爆处理。进一步推进民爆行业结构调整，优化资源配置，提高产业集中度，7家民爆销售企业完成整合重组，形成以生产企业为主体的新型民爆销售体系。工业炸药产品结构基本形成以环保型、安全性能高的含水炸药和现场混装炸药为主的格局，工业雷管形成以导爆管雷管和电雷管并重的格局。产品结构趋向合理，现场混装炸药生产能力占到炸药总能力的45.6%，远超过全国同期14.9%的水平。着力推进生产、销售、爆破服务一体化服务模式，推广混装车等移动式炸药生产方式，全年建成现场混装炸药爆破服务生产基地3个，并已通过安全条件考核。

2012年，全省民爆行业共生产工业炸药37.4万吨，比2011年增长2.3%；生产工业雷管1.06亿发，增长19.1%；工业总产值24.7亿元，增长2.4%；实现利税1.86亿元，增长15.8%。

（赵云刚）

化学工业

【产业规模稳步增长，结构调整进一步优化】 2012年，山西省化工行业规模以上企业243户，资产1284亿元。尿素、甲醇、聚氯乙烯、粗苯加工、煤焦油加工产能分别达到700万吨、400万吨、120万吨、145万吨、300万吨。2012年，全省规模以上煤化工企业工业总产值777亿元，比2011年增长8.3%；主营业务收入893亿元，增长14.8%；实现利润18.4亿元，下降20%；固定资产投资完成329亿元，增长35.9%。

2012年，山西省尿素产量722万吨，占全国的11%，列第二位；甲醇产量147万吨，占全国产量的5.6%，列第五位；粗苯加工、煤焦油加工分别为65万吨、170万吨，均位居国内第一位；氯丁橡胶、1,4-丁二醇及下游产品等生产规模和技术水平居全国前列。

【产业创新能力增强，技术装备水平明显提高】 认真做好技术创新项目论证申报工作。2012年，共审查上报31个技术创新项目。经过组织全省技术创新专家网上测评，技术创新处分两批下达9项化工立项项目，并组织专家对其中3个项目完成项目可研审查。向省科技厅上报重大专项项目2项，科技发展项目7项，科技奖励项目2项。向省知识产权局上报申请自主专利资助项目3项。

*兰花纳米碳酸钙采用新工艺。*纳米碳酸钙是一种应用广泛的超细粉体材料，目前我国产能达75万吨，规模小、能耗高、污染重已成为该行业发展的软肋，迫切需要新技术、新工艺对现有装置进行优化和改造。兰花公司研发的高浓度二氧化碳碳化与常包覆技术在其1.5万吨/年纳米碳酸钙装置使用后，不仅大大提高了装置产能和产品质量，还使综合能耗大幅下降，二氧化碳实现资源化利用。专家认为，这两项新技术如果在全国得以推广，我国纳米碳酸钙行业能耗下降15%，二氧化碳等污染物减排10%左右。

采用该技术使现有以1.5万吨/年纳米碳酸钙装置年产能即可增至4万吨，可使装置产能提高2.5倍。年节电1593万千瓦小时，节煤12000吨。同时还可减排二氧化碳15400吨，经济、环保、节能效益可观。

碳化与包覆是生产纳米碳酸钙的两个关键环节,国内目前多采用煤炭燃烧产生的中浓度(35%)二氧化碳作碳化剂,碳化效率低,产品质量差,还需消耗一定的煤炭,并向大气排放大量的含尘烟气,污染环境。兰花公司技术人员经过充分调研论证,将附近化肥厂排放的纯度为95%以上的二氧化碳引入碳化釜作碳化剂,使生产1吨纳米碳酸钙的无烟煤用量由原来的0.6吨减少至0.3吨。同时,由于二氧化碳纯度高,加快了反应速度,减少了电耗,每釜产品反应时间由原来的10小时降至1小时,每吨产品耗电量由原来的650千瓦小时降至251千瓦小时。

高包覆是目前国内生产纳米碳酸钙普遍采用的技术,耗时、耗电,生产效率低下。兰花公司科技人员通过数次试验,研发出一种新型表面活化剂,投用后实现了纳米粉体常下包覆。不仅省去了原来的加热升环节,还大大提升了产品质量和生产效率,每小时节电达150千瓦小时。

山西成立气煤共采技术创新战略联盟。2012年9月15日,由山西晋城无烟煤矿业集团等29家单位组成的山西省煤与煤层气共采产业技术创新战略联盟在太原成立。

为推动产学研融合,山西省科技厅与山西晋城无烟煤矿业集团还共同设立了"山西省煤层气联合研究基金",并作为山西省自然科学基金的组成部分,重点资助煤层气资源开发与利用、煤炭生物气化等方面的基础和前沿技术研究。

为推动山西省煤层气研究,山西省将每年投入1000万元建立"煤层气联合研究基金",资助我国煤层气产业领域前瞻性基础研究和应用基础研究。

从2012年至2016年,省科技厅和晋煤集团每年共同出资1000万元建立"煤层气联合研究基金",资助我国煤层气产业领域前瞻性基础研究和应用基础研究,加强煤层气领域原始创新、促进知识创新和技术创新的有机结合,提高科技成果转化效率。

同时,山西省还积极推动建立山西省煤与煤层气共采产业技术创新战略联盟。联盟由晋煤集团牵头、29家产学研单位参与,形成联合开发、优势互补、利益共享、风险共担的产业技术创新合作组织,为共采产业技术水平的整体提升搭建技术支撑平台,推动行业科技进步和产业升级。

【推动重点项目建设,促进产业升级转型】 一批转型、调产项目顺利推进。主要有山西省电石乙炔化工行业重要调产项目——阳煤百万吨电石(一期40万吨/年)项目顺利投产。晋煤集团年产百万吨甲醇制清洁燃料项目、阳煤清徐新材料工业园区、山焦60万吨/年甲醇制烯烃项目、天泽集团40.60项目等已开工项目进展顺利。兰花集团20万吨/年己内酰胺项目、同煤集团60万吨/年烯烃项目、襄矿集团20万吨/年合成气制乙二醇项目等开工奠基。同煤集团低变质烟煤清洁利用气电热一体化示范项目(煤制天然气)和潞安集团高硫煤清洁高效利用油化电热一体化示范项目(煤制油)通过国家能源局审批。煤销集团年产"40万吨聚丙烯、20万吨丁辛醇及IGCC多联产项目"已开展前期工作。2012年,山西省化工行业在建项目218个,竣工项目70个,完成投资186亿元,比2011年增长33.2%。

为推进项目建设,促进行业转型跨越发展,配合省经信委相关处室开展了《山西省工业转型升级实施方案》和《山西省煤化工产业国家资源型经济转型综合配套改革试验实施方案(2012年)》等的编制工作,并对化工行业转型升级提出政策建议。对《产业转移指导目录(2012年本)》山西部分、《山西省新型材料产业"十二五"发展规划》等产业发展规划提出政策建议。筛选省化工研究所低碳生物质塑料配套助剂的开发等8个项目或产品申报"山西省战略性新兴产业关键共性技术和关键产品推进重点"。此外,还完成2012年度技术改造项目咨询机构的审核推荐工作,共上报赛鼎工程公司、省化工设计院、泰华设计院3家机构,已全部列入省经信委2012年度《技改项目咨询机构名单》。

山西电石产业调整首个项目投产。阳煤集团100万吨/年(一期40万吨/年)项目经过一年半的建设,继5月29日成功点火,通过10天的连续运行调试后,于6月8日宣告正式投产,标志着山西省电石行业首个加快淘汰落后产能重大调整项目取得成功。该项目由上海宝钢工程技术有限公司设计,总投资8.9亿元。根据山西省煤化工产业调整和振兴规划,阳煤集团100万吨/年电石项目被作为电石工业重新布局的启动项目,是阳煤集团2012年正式投产的第一个大型化工项目。采用国内单台产能最大的6台万千伏安全密闭电石炉,配套干法除尘系统、气烧石灰窑和计算机PLC系统集中控制管理系统等国内先进的生产工艺。100万吨/年电石项目投产后,可实现低能耗、低污染和高清洁生产,每年可节省电力消耗2.6亿千瓦小时以上,减少粉尘排放量7万吨,节约标准煤16万吨以上。项目将严格按照发展循环经济的理念来建设,立足于补齐阳煤集团乙炔化工产业链,提高产品市场竞争力。

焦炭企业转型煤化工。2012年3月,年产焦炭240万吨、焦油15万吨的山西大土河焦化有限责任公司投入213亿元,建设500万吨/年新型焦化及400万吨/年劣质煤气化后产生的合成气与焦炉煤气相互配合,形成"气化岛",进而生产其他化工产品。

2012年10月10日,年产焦炭200万吨的鹏飞实业集团公司总投资300亿元的500万吨/年焦化一体化项目一期建成点火、二期奠基,包括年产焦炭500万吨、煤焦油25万吨、粗苯6万吨、硫铵6万吨、60万吨甲醇及15万吨合成氨、30万吨丙烯等项目。

2012年10月22日,山西焦化公告称,拟在山西省洪洞县赵城精细煤化工园区建设60万吨/年甲醇制烯烃项目。该项目以焦炉煤气为原料制甲醇,由甲醇延伸深加工生产烯烃,形成年产烯烃60万吨、聚乙烯30万吨、聚丙烯30万吨的生产能力。

目前,山西焦化企业在建焦炉煤气制甲醇项目17项,产能414万吨。到"十二五"末,以煤制烯烃、煤制油、煤制天然气和化工新材料为代表的新型煤化工产能比重将大幅提高，产值将占全省化工行业比重80%以上，并摒弃“以量为主”的发展模式，转向“控量提质”。

【产业发展重新定位，现代煤化工健康发展】 煤化工产业发展呈现出向大企业集团集中的态势。近年来，煤化工产业与煤炭产业融合步伐明显加快，煤化工企业纷纷与煤炭企业联合，为山西省煤化工产业的发展注入了新的活力。在晋煤集团10万吨甲醇制汽油项目和潞安集团21万吨煤制油项目稳定运行的基础上，山西焦煤集团60万吨焦炉煤气制烯烃项目、潞安集团百万吨级煤基多联产资源综合利用项目、阳煤集团现代煤化工项目、同煤集团煤制天然气项目、山西煤销集团煤电一体化项目等五个现代煤化工项目列入山西省转型综改标杆项目，项目正快速推进；同时，晋煤集团百万吨级煤制清洁燃料项目、兰花集团己内酰胺项目、襄矿集团合成气制乙二醇等项目已开工建设，顺利推进。现代煤化工正发展成为山西省煤化工产业的支柱产业。

签署《加快山西省煤化工行业转型跨越发展战略合作协议》。2012年9月16日，在第四届中国(太原)国际能源产业博览会上，中国石油和化学工业联合会与山西省政府在太原签署《加快山西省煤化工行业转型跨越发展战略合作协议》。双方将以新建大型煤化工项目为载体，联合组建山西现代煤化工研究设计院，积极开展油页岩、油砂、长焰煤制油气等可替代能源领域的战略研究，加快建立山西煤化工及可替代石油资源领域的技术创新支撑体系，努力争取国家可替代石油资源工程实验室落户山西。同时，积极引导山西煤化工行业向高端化和精细化方向发展，为山西新能源战略的实施奠定基础。

山西煤企与煤层气企业友好牵手。2012年10月16日，山西省国新能源发展集团有限公司与中石油煤层气有限责任公司在北京签署战略合作框架协议。双方将利用各自优势，构建山西境内及周边煤层气资源的开采、集输、利用的全产业链条，提升煤层气资源的生产和利用能力。

这是山西煤炭企业与煤层气企业友好牵手的又一典范。根据协议，双方将在企业现有煤炭资源探矿权、采矿权以及煤层气矿业权区块范围内，共同进行勘探、开发和利用煤层气资源；在双方合作区域的煤矿内，进行煤炭与煤层气资源协调开发的技术性探索实验；双方还确定专人建立交流与会商制度，并积极为对方提供一切方便，落实具体合作项目，加快该地区煤层气勘探开发步伐。

与央企中联公司合作的还有山西阳煤集团。2012年8月，双方就寿阳合作区煤层气与煤炭协调开发等签署战略合作框架协议。

阳煤化工投资公司借壳上市。2012年12月，东新电碳股份有限公司第三次临时股东大会、第八届董事会、监事会第一次会议通过有关议案，阳煤化工投资公司将实现借壳上市，借助东新电碳的上市资源，通过资产重组，发行阳煤集团旗下第四只股票——阳煤化工。阳煤化工与东新电碳的成功合作，为阳煤化工产业开辟了新的融资渠道。

【山西省煤化工发展存在的问题及困难】 环境、水资源压力较大，产业发展受到制约。山西省煤化工产业的工业废水和COD排放量在全省10个工业行业中排第一位，环境问题已成为制约山西省煤化工产业发展的重要因素。煤化工项目用水量相对较大，山西省水资源分布却不均衡，水源建设工程相对滞后。

行业结构不尽合理，产品附加值偏低。产业产品结构初级化，规模小，厂点多，产业结构的“传统型”特征依然十分明显。煤化工全行业整体装备水平偏低，还缺少拥有一流先进水平的特大型煤化工装置。2011年全行业的工业增加值占总产值的24.5%，低于全国35%的平均水平。

吸引省外优势企业投资的条件不足。近年来，为大力发展现代煤化工，周边富煤省区纷纷出台各项优惠政策，吸引有实力的大企业投资当地煤化工。内蒙古、陕西、新疆为重大煤化工项目配套煤炭资源，并在土地、税收、电价方面给予优惠，而山西省可以给出的优惠政策吸引力相对不足，大型企业特别是重量级央企在山西省投资煤化工产业明显不足。

(王乐意)

建材工业

【增长速度大幅回落，经济效益明显下滑】 主要经济指标完成情况。2012年，全省建材行业规模以上的382户，工业总产值392.6亿元，比2011年增长5.3%，增速回落29.9个百分点，在中部六省排名第六位，占全国建材工业的1%。工业增加值121亿元，增长11.2%，增速回落8.9个百分点，分别低于全省工业、全国建材工业0.7个、0.3个百分点，占全省工业的1.9%。主营业务收入347.1亿元，增长5.5%。利税总额24.66亿元，增长1%。利润总额10.66亿元，增长10.2%。

全省统计的24种主要建材产品产量，18种增长，6种下降。

水泥产量5076.2万吨，比2011年增长23.9%，占全国总产量的2.2%，排名第20位。平板玻璃产量1975.8万重量箱，增长6.9%，增速回落3.6个百分点，占全国的2.6%，排名第11位。耐火材料制品产量233.1万吨，增长12.1%，增速回落17.5个百分点，占全国的8.3%。建筑陶瓷砖产量1378.5万平方米，下降49.7%，增速回落29.6个百分点，占全国的0.2%，排名第21位。商品混凝土产量492.6万立方米，下降13.2%，增速回落19.2个百分点。

【行业投资高位增长，产业发展喜忧参半】 固定投资高位增长。2012年，全省建材行业完成固定资产投资286亿元，比2011年增长82.3%，增速位居全国各省(市、区)第二位，中部六省第一位，高出全国建材行业平均增速64.8个百分点，高出全省工业58.6个百分点。水泥工业完成投资57.7亿元，占全省行业总投资的20.2%，增长8.9%，而全国水泥工业完成投资增速为一

4.2%。

新材料产业得到较快发展。技术玻璃、石灰石、石膏开采、防水建材、隔热及隔音材料制造、水泥制品、建筑陶瓷、建筑用石加工、砼结构构件、轻质建材、新型墙材等行业投资完成均持续保持一定幅度增长，反映出山西省非金属矿的资源型开采及加工仍在持续快速发展。较为值得可喜的是随着省政府有关资源节约和综合利用相关产业政策以及转型综改试验区先行先试相关政策的强力推动，加上新型材料产业发展“十二五”规划的全面实施，在粉煤灰、煤矸石、炉渣、脱硫石膏等工业废弃物综合利用生产新型墙体材料、新型耐火材料及其他新型材料，以及煤系煅烧高岭土加工、泡沫陶瓷、铝塑共挤复合门窗型材和新型塑料复合管材、木塑建材制品和新型防水材料等方面发展较快。

过剩行业产能仍在扩大。让人忧虑的是水泥、建筑陶瓷等产能过剩行业固定资产投资仍维持较大规模，高水平重复建设导致总量控制更加困难。无机非金属新材料的产业规模化发展明显不足，绿色建材的发展与推广应用也明显滞后。

【2012年的主要工作】 推进结构调整，提升产业素质。省建材行管办紧紧抓住产业结构调整的有利时机，认真贯彻落实国家及建材工业产业发展政策和新材料及建材各产业的“十二五”规划，积极推动建材各产业的产品结构、技术结构、组织结构和产业链结构的优化调整和转型升级。2012年，全省建成投产新型干法水泥生产线8条，新增水泥产能1100万吨，水泥总产能达到7100万吨。新型干法水泥占有率达98%，已基本完成“十二五”目标。全省有30家水泥小企业进行了升级改造，均形成60万吨以上的粉磨能力。平板玻璃的2050万重量箱产能均为浮法玻璃，玻璃深加工率已达30%。建筑陶瓷砖产能近1亿平方米，企业平均年产规模400万平方米以上，全省产能排名前10位的企业生产集中度将近70%。阳城县建筑陶瓷工业园区正在全力打造成为全国最大的内墙砖生产基地。新型墙体材料总产能360亿块标砖，占墙材总比重55%，新型墙材企业的生产规模及利废新型墙材的开发应用力度在持续明显加大。石膏、珍珠岩、铸石、石材、高岭土等非金属矿物材料工业及防水材料、化学建材等产业也通过快速的发展，产生了一批拥有技术优势、品牌优势，达规模、上水平的优势企业。耐火材料产能400万吨，已成为全国四大生产基地之一。

淘汰落后产能。积极配合省经信委开展年度水泥行业淘汰落后产能相关企业的预审查等工作，全年淘汰落后水泥产能2310万吨，涉及企业113户。近5年已淘汰水泥产能5430万吨，淘汰任务基本完成。省建材协会还受省经信委及省财政厅委托完成2012年度全省关闭20户小企业资金申报材料的审核工作。

积极招商引资，推进优势企业兼并重组。省建材行管办凭借协会平台牵线搭桥，积极推动省内外优势企业的产业投资和企业间的兼并联合重组。水泥工业积极扶持和推动河北冀东、山东山水、华润集团、北京金隅、吉港水泥、浙江金圆等大企业大集团的兼并重组和发展，2012年引进投资20亿元，大集团总产能达3345万吨，占全省总量近一半的份额。墙体材料工业随着利废和循环经济的发展，一批骨干大企业发展加快。耐火材料和煤系高岭土通过技术改造和联合重组，得到优化升级。

转变增长方式，实现节能增效。一是组织召开学术座谈会，邀请业内专家学者紧紧围绕节能减排、生态文明建设、环境友好、固废治理等主题，探讨建材工业节能减排技术方向与技术途径。二是组织召开山西卓越水泥公司高效能、低能耗生产水泥熟料新技术和辽宁北票理想机械公司水泥粉磨多点给料、多点取料、循环粉磨新技术、新工艺、新装备的论证会议，对水泥工业的节能降耗新技术、新工艺、新装备的推广应用给予充分的肯定，并建议进行示范性的推广应用，实现水泥工业节能低碳绿色目标。

2012年，全省建材工业实现节能量50多万吨标准煤。水泥工业余热利用的推广应用，得到企业普遍认可。全省有13户企业18条新型干法水泥生产线建成余热发电站，总装机容量118兆瓦，年可发电8亿千瓦小时，多家企业在改建中。主要污染物排放总体呈明显下降趋势，其中，烟粉尘排放量和二氧化硫排放量年平均下降10%以上。全行业全年综合利用各类工业固体废弃物超过1500万吨，其中，粉煤灰、煤矸石综合利用率均达到30%以上，电厂脱硫石膏等工业废弃物也得到有效利用。利用水泥窑协同处置工业废弃物、有毒有害废弃物、城市垃圾的工程试验在陆续启动，脱硝处理工程正在实施建设中。

开展水泥企业能效对标工作。2012年，由省建材协会牵头，会同山西职业技术学院等单位在全省水泥企业开展能效对标活动，制定各项行动方案。此项工作已列入省政府2013年重点推进工作之一。

制定实施水泥等单位产品综合能耗限额地方标准。完成《山西省水泥单位产品综合能耗限额标准》的起草工作，并于2012年6月25日正式发布，从2012年7月25日起正式实施。正在制定的《山西省铝硅系耐火熟料及制品单位产品综合能耗限额标准》和《山西省蒸压加气混凝土砌块单位产品综合能耗限额标准》通过专家初审和报批稿审查。

做好固定资产投资项目节能评估工作。在省建材工业设计研究院配合下，2012年按要求对5户新建和技改固定资产投资建材项目开展节能评估工作，提交的节能评估报告全部通过专家评审。

加强质量管理，确保产品质量。组织开展水泥企业化验室的年度考核和监督检查。省建材行管办继续认真组织对工信部颁发的《水泥企业质量管理规程》的贯彻实施工作，组织人员在各市经信委配合下，对10户新投产水泥企业的化验室按国家《规程》规定要求进行了评审考核，经考核和后期整改合格后颁发了水泥企业化验室合格证和水泥检验报告专用章。下半年又组织了各市考核检查和省重点抽查，完成对全省213户水泥企业化验室合格证的年度考核工作和9户申报星级化验室评定的现场审核工作，对10户年度考核不合格的企业和31户关闭淘汰的企业注销了其化验室合格证和检验报告章。

*加强建材产品质量监督抽查。*2012年，继续加强对建材产品的质量监督抽查工作。省建材质检中心全年完成183个水泥批次的定期监督抽查，批次合格率99.3%。完成100个涉及8个品种的墙体材料产品批次，178个预拌混凝土产品批次，52个建筑陶瓷产品批次的产品监督抽查和定期监督抽检，批次合格率均达到100%。组织对全省170户水泥企业进行对比验证检验，对比验证检验样品511批次，并与172家水泥企业和13家预拌混凝土企业进行了水泥性能检测与化学分析大对比。通过对比验证和大对比，努力纠正和提高企业的检测条件和检验水平，确保了质量检测和质量管理工作水平的稳步提高。同时，进一步加强了水泥标准砂的使用和管理。

*组织开展群众性的质量管理活动。*省建材行管办继续开展群众性的质量管理小组交流评比活动。6月对上报的优秀QC小组等集体和个人材料通过认真的评审，择优分别向中国建材联合会和省质量与名牌协会推荐上报，有5个集体和个人分别荣获全国建材行业及山西省优秀QC小组等称号。

*搞好培训竞赛，提高职工素质。*全年对392名水泥中央控制室操作员、化学分析、物理检验、质量控制4个工种岗位人员进行了理论知识及操作技能培训，经考试合格颁发了相应岗位资格证书。另有142人通过技能鉴定考核，其中，有初级工9人，中级工75人，高级工42人，技师16人，获得国家人力资源和社会保障部颁发的技术等级资格证书。

*积极开展行业岗位职业技能竞赛活动。*2012年，省建材行管办会同省人力资源和社会保障厅、省总工会、共青团省委，于6月份共同举办了全省建材行业“华润福龙杯”化学分析、物理性能检验操作岗位职业技能竞赛，最终决出两个工种的前六名优秀选手。华润福龙水泥有限公司的张玉玲和山西天王台建材集团有限公司的于虹分别夺得两个岗位工种比武的第一名，荣获“山西省五一劳动奖章”和“山西省三晋技术能手”称号，张玉玲等10人获“山西省青年岗位能手”称号，有2人破格获得技师职业技能资格证书，10人荣获高级工职业资格证书。同时评选出吕梁市经信委等6个优秀组织奖单位。

*发挥协会优势，搞好协调服务。*积极开展节能增效行业自律工作。面对水泥行业产能严重过剩，竞争无序、效益下滑的压力，省建材行管办配合河北省、北京市、天津市在山西省中部地区尝试开展节能增效限产保价活动，努力通过各有关企业统一思想，统一行动，自觉地服从和服务于大局，摒弃眼前利益，放眼长远利益，维护行业的健康发展。

*做好全省建材行业经济运行分析工作。*2012年，建立重点建材企业经济指标月报制度，及时收集整理月度、季度经济运行报表，按季度对全省建材工业经济运行情况进行分析和形势预测，及时通过山西省建材网和协会《会讯》向社会公布。同时向有关部门及时提供经济运行情况和市场形势态势以及应采取的对策措施建议，以确保行业和企业的健康发展。

*努力培育优势企业，树立行业标兵。*2012年，省建材行管办对智海企业集团有限公司等38户全省建材行业产业结构调整功臣企业，冯建新等37名全省建材行业产业结构调整功臣企业家，进行了表彰，并通过《山西日报》、协会会讯和山西省建材网等媒体向社会进行公告宣传。8月，根据省人力资源和社会保障厅及省经信委关于开展推荐评选“全国建材行业先进集体、劳动模范和先进工作者”的通知要求，推荐3个先进集体，10名劳动模范和先进工作者。按照省人力资源和社会保障厅和省经信委关于评选全省建材行业先进集体、劳动模范和先进工作者的通知要求，对涌现出来的7个全省建材行业先进集体、13名劳动模范和6名先进工作者进行表彰。在全省开展了行业“最具影响力企业”和“知名品牌企业”的推荐评选活动，评选出5户全省建材行业最具影响力企业和5户全省建材行业知名品牌企业，并通过《山西日报》《山西省建材工业协会会讯》和山西省建材网等媒体向社会进行公告宣传。

（樊　宇）

医药工业

【2012年山西省医药工业发展态势良好】 2012年，山西省医药工业总产值132亿元，销售收入106亿元，分别比2011年增长15%和6%。医药工业销售收入上10亿元的有3户，分别为振东、威奇达、亚宝，上亿元的企业有康宝、晋德、仟源等21个。全国制药行业100强按资产总额排名亚宝药业列第74位、振东制药列第86名，按主营业务收入排名振东制药列第88名。

*医疗器械生产项目落地长治。*2012年4月，山西联合科技医疗公司投资2亿元在长治壶关县建设医疗器械产业园和物流配送中心项目。该项目建成后，主要生产医疗用品和医疗器械，人工心脏项目，将填补山西省医疗器械生产的空白。预计年销售收入2亿元，上缴利税4000万元。

*山西瑞丰制药集团旗下的爱天然中草药保健有限公司成为首家在发达国家上市的中草药企业。*2012年5月1日，山西瑞丰制药集团旗下的爱天然中草药保健有限公司在加拿大多交所创业板成功上市，获得数十亿加币的授信额度，成为全国第一家在发达国家上市的中草药企业。爱天然中草药保健有限公司总部设在温哥华，在美国、加拿大拥有天然植物保健品生产基地，成功出口了山西党参、连翘、甘草、柴胡、太行白菊等几十种中草药。申请了100多种保健品批号。2012年在加拿大销售达88万美元，今后企业将通过资本运作，进一步拓宽国外市场。

*山西普德药业股份有限公司向深圳证券交易所申报首次公开发行股票说明书。*2012年6月17日，山西普德药业股份有限公司向深圳证券交易所申报首次公开发行股票说明书（申报稿），拟登陆深交所中小板。本次发行前本公司总股本为13880万股，拟发行4630万股普通股，发行后总股本18510万股。募

集资金主要用于综合制剂及配套原料药建设项目、研发中心建设项目以及其他与主营业务相关的运营资金。

企业兼并重组工作取得新成效。随着山西省一系列重大兼并重组项目的签订和内部重组工作的深入,全省医药企业实力大大增强。2012年初,山西太行药业股份有限公司在长治市产权交易市场挂牌,公开转让54.75%股权。该公司已与长治医药公司达成合作意向,重组工作正有序进行;3月,山西省医药上市企业——仟源药业使用招募资金收购了浙江海力生制药股份有限公司60%股权,本次股权收购完成后,该企业有可能涉足海洋药物的研发和销售,竞争实力进一步加强。为增加企业发展活力,华卫药业按照程序,通过评估、核准和挂牌交易,由企业原有大股东收购该企业国有产权。所有转让手续均已完成,公司拟进一步改制,通过增加注册资本、异地迁建、扩大规模、增加品种等手段,为企业发展注入活力。

新版GMP认证工作有序推进。2012年,山西省医药企业积极筹措资金进行搬迁改造。截至2012年底,山西省已有亚宝药业集团股份有限公司、山西振东制药股份有限公司、山西康宝生物制品股份有限公司、山西仟源制药股份有限公司、石药银湖制药有限公司、国药集团山西瑞福莱药业有限公司、山西晋新双鹤药业有限责任公司、山西康源堂生物科技有限公司、山西昂生药业有限责任公司、山西皇城相府药业有限公司、大同长兴制药有限责任公司、山西诺成制药有限公司、山西振东道地药材开发有限公司等13家药品生产企业通过新版GMP认证。同时,有一批企业也正积极筹措资金,按照新版GMP要求准备认证,相关工作在积极推进中。

【打造企业腾飞的双翼】 省级医药企业技术创新中心增添新成员。2012年11月,经过省经信委、省科技厅、省财政厅、省国税局、省地税局、太原海关等相关部门审核批准,山西普德药业股份有限公司和山西同达药业有限公司两户企业技术中心成为山西省第十六批省级企业技术中心。截至2012年底,山西省已拥有国家级企业技术中心1户,省级企业技术中心15户。

山西大学—振东制药研究生教育创新中心成立。2012年3月,山西省医药行业首个研究生教育创新中心—山西振东制药研究生教育创新中心揭牌。该中心是由山西振东制药股份有限公司与山西大学共建的省级研究生教育创新中心,由省经济和信息化委员会、省教育厅、省政府学位委员会及省产学研工程领导组认定。校企合作双方将以药品质量控制为重点研究方向,开展从原料基地建设到药品使用规范的全过程监控体系构建,针对企业在药品研发、生产、销售中的技术与政策法规等问题,开展合作研究和高端人才培养,逐步探索形成产学研联合培养研究生的新模式,推进实现校企的协同创新。

振东中—澳分子中医学研究中心成立。2012年5月11日,由山西中医学院、山西振东制药股份有限公司与澳大利亚阿德莱德大学联合建立的振东中—澳分子中医学研究中心在北京举行成立仪式。该中心设在阿德莱德大学分子与生物医学科学学院,将以系统生物学和网络生物学与中医药结合,以及开展区域优势中药资源和产品开发研究为主要研究内容,是我国第一个以国际化产学研联合模式设在西方著名大学的中医药联合研究中心,第一次由西方著名综合大学在世界范围内为中医药学研究招聘特聘教授岗位,第一次在西方著名综合大学内以我国著名中药企业冠名的研究中心和教授岗位。该中心实行中医药学研究的国际化协同创新体系和机制,是开展中医药国际科技合作的新模式。该中心的成立,将对促进我国传统中医药学的现代化、国际化和可持续发展进程有着积极的示范意义。

(张晓蕾)

纺织工业

【2012年纺织工业行业发展概况】 经济运行情况。2012年,纺织行业主营业务收入54.1亿元,比2011年增长4.8%;利润总额1.1亿元,下降32.9%;利税总额2.4亿元,下降15.5%;亏损企业16个,亏损面37.2%;亏损企业亏损额1.3亿元,增长85.7%;主营业务成本48.6亿元,增长4.5%;利息支出1.3亿元,增长26.2%。

第五届两岸纺织科技研讨会在山西召开。2012年7月9日,由台湾纺织产业综合研究所、台湾产业用纺织品协会、太原理工大学、省纺织工程学会联合主办,太原理工大学轻纺工程与美术学院承办的"第五届两岸纺织科技研讨会"在榆次召开。来自海峡两岸18所高校、5个研究所和6家企业的59位专家学者、企业家,以及其他相关领导和专业人员共200余人参加了此次学术盛会。

印染企业实施准入公告管理。对印染企业实施准入公告管理,是加快印染行业产业结构调整,推进印染行业节能减排和淘汰落后,促进行业可持续发展的要求,也是加强行业管理的重要内容。根据工信部和省经信委的具体要求和安排,山西省纺织工业行业管理办公室组织有关专家根据《印染行业准入条件(2010年修订版)》涉及企业的六大类问题进行认真分解,细化为32个核查项目,最终形成《山西省2012年印染企业准入公告管理现场核查表》(试行稿)。山西规模以上的印染企业(含服装印染及染纱)共有7个,印染总能力2.2亿米。从5月25日开始,现场核查专家小组在运城市、晋城市经信委的协助下,对提出准入公告申请的山西一洲纺织印染有限公司、山西森鹅服装有限公司、晋城市凤凰织品有限公司进行了现场查看,重点是企业的生产工艺与装备、质量管理、能源消耗、环境保护与资源综合利用、安全生产与社会责任等方面是否达到准入条件,全部核查工作于5月29结束。

通过现场核查,查阅相关资料和证明,专家组认为山西一洲纺织印染有限公司和山西森鹅服装有限公司基本达到准入条件,同意这两个企业上报工业和信息化部进行公告。晋城市凤凰织品有限公司的生产设备相对比较落后，车间仍有列入国家淘汰目录的设备在线生产，经专家小组与晋城市经信委及企业负责人沟通，决定待企业今后技术改造完成以后，再进行准入验收。

山西彩佳印染有限公司(运城市)总生产能力5000万米印染布/年，本次申报的淘汰落后产能项目包括：74型染整生产线1条，涉及产能1500万米印染布/年。主要设备包括，烧毛机、打卷机、卷染机等40台。经现场核查，这条印染生产线属于列入国家淘汰目录的"74型生产线(包括前处理、染色或印花后整理)"，其生产能力和设备型号与企业申报情况相符。拟淘汰设备的产量至少应占总生产能力的80%以上。截至5月25日现场核查时，已拆除设备26台，并做了毁废处理。现场核查人员对剩余设备和部分拆解下来的零部件和材料进行了查验拍照，剩余设备的拆除工作于9月底前完成。

山西森鹅服装有限公司(晋城市)申报的拟淘汰设备生产能力为40万米针织面料/年。本次申报的淘汰落后产能的设备包括Q113-28绳状染色机1台、WMD-3多功能染色机1台。这2台设备均属已列入国家淘汰目录的"浴比超过1∶10的间歇式染色机"，使用年限均已在15年以上。截至5月27日现场核查时，Q113-28绳状染色机已拆除，WMD-3多功能染色机于9月底拆除。

*《山西省志·纺织工业志》完成*送审稿。本志编纂始于2007年10月，2012年7月完成总纂稿之后，征求了纺织界老领导和撰稿人的意见建议，并根据山西省地方志办公室初审意见，对志书编章框架和内容进行了调整、修改、补充，12月完成送审稿。本志共分概述、志、人物、大事编年、附录、索引六部分，其中，志分18编67章。

设计院转制工作。设计院(所)的转企工作从2002年就已经开始，2007年省政府38次会议纪要后进入高峰。虽然做了大量工作，但省纺织工业行业管理办公室所属山西中方森特建筑工程设计研究院由于在职员工担心改革后利益受到大的影响和政策的连续性问题致使表决没有通过。2012年，省有关部门督促推进此项工作。为推进中方森特设计研究院转企工作，省纺织工业行业管理办公室召开了各种类型的座谈会，并请专家和兄弟单位讲解政策、测算对比。经多轮全面的征求意见，11月10日对方案进行表决，并明确了相关事项：一是转企后单位应与职工签订书面劳动合同，并将原先的事业单位工资制度改为企业工资制度。二是采取"老人老办法、新人新办法"政策，转企前已按规定办理离、退休手续的人员，由省社保局按国家和省规定的事业单位离、退休费标准支付养老金；转企后退休的人员，按企业职工基本养老金计发养老金。三是转企后，参加企业基本养老保险、基本医疗保险、失业保险、工伤保险和生育保险。

产品获奖。2012年2月23日，山西绿洲纺织有限责任公司开发的双色大麻循环涤弹力布以其绿色、环保、保健的优良特性获得第27届(2013年春夏)中国流行面料入围评审会评委的一致好评，并入围中国流行面料。至此，该公司已连续27次入围"中国流行面料"。

2012年3月10日，在中国印染行业协会第四届五次会议暨四届五次常务会议上，中国印染行业协会授予山西彩佳印染有限公司"中国染整功能性面料研发生产基地"称号。3月24日，山西彩佳印染有限公司开发生产的多功能整理户外防护服面料荣获2012年度中国优秀印染面料一等奖，山西华晋纺织印染有限公司生产的有机棉斜纹面料荣获二等奖。

标准化与质量工作。2012年7月1日，由全国纺织品标准化技术委员会麻纺织品分技术委员会组织制定修订的FZ/T33013-2011《大麻棉混纺本色布》、FZ/T32013-2011《大麻棉混纺本色纱》2项标准开始实施。这两项标准的第一起草单位是山西绿洲纺织有限责任公司，该公司参与编写的《大麻涤纶混纺本色纱》《转杯纺大麻本色纱》已通过标准审定。

2012年9月1日，GB1103棉花国家标准正式颁布，山西省纺织工业行业管理办公室配合中国棉纺织行业协会和中国纤维检验局对棉花新标准的宣传贯彻进行了前期准备工作。

2012年11月8～9日，全国纺织行业质量大会暨全国纺织行业质量奖、实施卓越绩效模式先进企业表彰仪式在北京召开，山西纺织服装行业有4个企业受到表彰。际华三五三四制衣有限公司、经纬纺织机械股份有限公司榆次分公司被中国纺织工业联合会授予全国纺织行业质量奖鼓励奖，山西兵娟制衣有限公司、山西格芙兰纺织有限公司荣获全国纺织行业实施卓越绩效模式先进企业称号。

【技术创新让企业焕发新春】 山西新新纺织行业技术中心发挥行业技术中心作用，组织实施了五个技术创新项目：一是通过实施"牛奶蛋白纤维系列产品开发"带动省内部分纺织企业形成上下游衔接的技术创新体系，2012年3月15日通过省科技厅组织的验收。二是"土工布技术开发"项目于2012年5月15日通过省经信委组织的专家论证，研究了本省发展土工用纺织品的方案，探讨了组织企业交流合作、建立产业用纺织品产业示范基地的可行性。三是受省经信委委托，省纺织工业行业管理办公室于2012年6月29日，组织召开"长绒棉与牛奶蛋白纤维混纺系列纱线开发"技术创新项目验收会。专家们一致认为该项目充分利用了山西纺织行业技术资源，采取联合攻关、集成创新措施，形成上下游协调、产学研结合的技术开发体系，为本省纺织行业技术创新和产品开发创立了新的模式。四是完成"聚苯硫醚长丝生产技术开发"项目，并进行了多次小试、中试等工作。五是加大"数码艺术织物应用技术开发"产学研联合项目的研发力度，通过增加人员、投入经费等措施建立起项目试验平台，像景画的设计与制作技术不断完善，具备了推广条件。

山西彩佳印染有限公司实施的技术创新项目有"还原染料电化学连续轧染工艺及设备开发"和"棉织物连续快速冷堆练漂方法(工艺)"，通过省科技厅组织的成果鉴定；山西新天玺科技有限公司"XTXBG201

型特殊纤维气流成网机”在天津工业大学试用，通过省科技厅组织的成果鉴定。山西绿洲纺织有限公司成功攻克大麻雨露麻湿纺纱技术，并投入批量生产。雨露麻就是大麻成熟收割后，放在地上或田间地头，通过露水雨霜、风干晾晒、脱皮去茎而制成的打成麻，这是一种纯天然的纺织纤维。

际华三五三四制衣有限公司研发的“一种烫领花孔装置”获得国家发明专利，该公司已经拥有2项国家发明专利、21项实用新型专利，并成功晋级省级研发中心。

【服装家纺行业力推自主品牌】 服装和家用纺织品是近年来山西纺织工业中发展最快的行业，已初步形成研发、设计、制造、销售的现代服装业体系，并以品牌化、专业化市场和相关服务为支撑，自主品牌建设取得一定成效。“兵娟”牌荣获中国驰名商标称号，“绿洲”“三五三四”“億百顺”“佶利尔”“森鹅”“红萍”等自主品牌被认定为“山西省著名商标”和“山西省名牌产品”。

2012年，为加强行业管理，推进自主品牌建设，山西省纺织工业行业管理办公室按照工信部的部署，根据省经信委《全省服装家纺自主品牌调查分析工作方案》(晋经信合作字〔2012〕138号)要求，对际华三五三四制衣有限公司等服装和家用纺织品企业的自主品牌建设情况进行了调查，并对企业上报资料进行了复核。对复核中提出的问题，及时与相关市经信委和企业进行沟通、修改。

经过复核，际华三五三四制衣有限公司、山西兵娟制衣有限公司、山西特别特制衣有限公司、山西芬德制衣有限公司、山西森鹅服装有限公司、山西红萍服饰有限公司、山西吉利尔潞绸制造股份有限公司、晋城市晋氏实业有限公司、山西绿洲纺织有限责任公司、山西金澜丝绸纺织品有限责任公司基本符合上报条件，后经省经信委审核后上报工业和信息化部。这10个企业的主营业务收入占到全省纺织工业的40%以上，实现利税占到75%以上。

(孙宝民)

轻工业

【2012年轻工业运行概况】 *经济指标快速增长。*2012年，山西省轻工行业工业增加值300亿元，产品销售收入750亿元，实现利税80亿元，实现利润35亿元，与2011年相比增幅都在20%以上。

轻工业在工业增加值中所占比重4.8%，比2011年上升1.4个百分点。特别是食品工业增速为17%，高于全省工业增速5.1个百分点。农副食品加工业贡献份额最大，所占比重38.4%，拉动全省食品工业增长6.5个百分点。其次，饮料制造业、食品制造业、烟草制品业分别拉动全省食品工业增长5.6个、2.2个、2.6个百分点。从经济效益看，食品制造业利润最高，实现利润总额4.3亿元，增长45.8%，所占比重12.3%。

*产品展销再摘硕果。*在北京举办的第二届山西特色农产品北京展销周中，山西亿佳美食品有限公司芦笋深加工扩建项目签约。同时该公司还与北京亦法兴商贸有限公司签约一个贸易项目——速冻水饺系列食品销售，总贸易额24亿元，签约金额1.5亿元。

*轻工企业跻身先进。*2012年7月，由山西省工业经济联合会、山西日报、山西经济日报组织，以企业全年营业收入为主，结合总资产贡献率、全员劳动生产率、环保、安全生产等指标综合评分产生的山西省2011年度工业企业30强中，山西省轻工业仅有山西杏花村汾酒集团有限公司一家，位列21位。

2012年7月，在中国轻工十大品牌及优秀特色展会表彰大会上，山西大华玻璃实业有限公司、山西宏艺玻璃器皿有限公司被评为2011年度中国轻工业日用玻璃(玻璃器皿)行业十强企业，山西中德塑钢型材有限公司、山西惠丰型材有限公司被评为2011年度中国轻工业塑料(塑料型材)行业十强企业，山西澳瑞特健康产业股份有限公司被评为2011年度中国轻工业体育用品行业十强企业，太原双合成食品有限公司被评为2011年度中国轻工业焙烤食品糖制品(糕点行业)十强企业。

*喜获“百花奖”金奖。*2012年中国工艺美术“百花奖”评选展览在福建省莆田举行。本次评选展览活动全国参展作品2109件，评出金奖240件、银奖307件、铜奖343件。涉及木雕、根雕、陶瓷、玉雕、石雕、刺绣、漆器、剪纸等26大类工艺品。山西宏艺公司参展的作品——大型花丝摆件《晋祠圣母殿》《应县木塔》获得“百花奖”金奖，这是全国工艺美术界最高级别的大奖。

*重点项目陆续开工。*2012年，全省100项重点工程开工项目中有轻工项目两个，即洪洞恒富美尔美陶瓷有限公司1亿平方米高新绿色建筑陶瓷生产线建设项目和山西沁源春矿泉水开发项目。

2012年，通过省轻工业行业办申请省科技厅的项目分别是山西省玻璃陶瓷科学研究所3项，科技创新计划项目“导电玻璃包覆缺陷型磷酸铁锂”、科技基础条件平台建设项目“日用陶瓷技术转移服务平台建设”、科技攻关计划工业项目“锂质陶瓷蓄热体的研究”；山西合盛工贸有限公司1项，科技攻关计划工业项目“双网鼓式纸浆压榨机提取黑液的研究和应用”。

山西省玻璃陶瓷科学研究所完成科技工业项目——“氮化硅泡沫陶瓷的研究”申请验收。该项目总投资30万元，省科技厅补助20万元，于2008年开始，到2010年完成，2012年申请验收。

山西水塔食品产品检验检测公共服务平台项目申报完成。山西水塔老陈醋公司是国家八部委首批认定的农产品产业化重点龙头企业，也是目前国内规模最大、品种最多、市场占有率最广的大型食醋酿造企业，各项主要经济指标居全国食醋行业领先。项目按照醋产品生产链和专业化要求改建实验室，满足从制曲、原辅料、食品添加剂、醋产品、包装物等全过程的分析检验，建立食醋产品检验检测公共服务平台。并以此为桥梁建立食醋生产企业的广泛联系，为食醋业开展检测服务，更好地体现质检服务企业、服务社会的理念。满足地理标志产品保护对生产监督的需要，实现有效地节约检验资源和避免重复建设。该项目预计到2013年建成，总投资3249万元。项目前期工作已完成，正在建设中。

驰名商标又添新军。2012年新认定的中国驰名商标中，山西省轻工行业有山西郭氏食品工业有限公司的“郭国芳及图”、山西太谷通宝醋业有限公司的“明泉宝及图”、山西杏花村汾酒厂股份有限公司的“汾”。山西杏花村汾酒厂股份有限公司在1997年获得“杏花村”、在2005年获得“竹叶青”、2012年获得“汾”3件中国驰名商标，成为全省唯一拥有三件中国驰名商标的企业，被国家工商总局评为山西唯一一家“国家商标战略实施示范企业”。2004年“杏花村”品牌价值仅42.81亿元，到2012年跃升至73.26亿元，成为中国最具成长性的品牌之一。

山西省食品工业研究所成为国家级食品工业企业诚信管理体系评价机构。工业和信息化部先后确定两批国家级食品工业企业诚信管理体系评价机构共22家。山西省食品工业研究所是山西省唯一的集食品发酵研究、开发设计、检测为一体的综合性研究所，拥有省食品工程技术开发重点试验室、省级食品生物工程技术中心、省高级食品中试基地等机构。

【强力推动醋产业做大做强】 2012年，严格控制食醋生产许可的授予，把住市场准入关口，年内对食醋企业重新审核换发生产许可证，以规范食醋产业的生产秩序，坚决淘汰一批基础条件差的生产企业，提高食醋产品的总产量和质量安全水平。

山西借“醋王大赛”“中国老陈醋文化节”“山西老陈醋中华行”等活动，加大对山西老陈醋形象的品牌推广，以加快醋产业发展，实现由产醋大省向醋业强省转变。2012年，醋产业已作为山西财政支持产业转型的重点内容被提出。山西虽然堪称产醋大省，但由于品牌效益差、企业分布分散、同行压价竞争、资金短缺等多种因素的制约，山西老陈醋的地位和影响力甚至被江苏“镇江香醋”、广东“海天”等外埠品牌超越，行业发展空间受到挤压。2012年，山西财政推动醋企业加强产学研合作，建设一个国家级食醋技术中心。同时，全力争取“食醋国家标准”出台，利用“贴标”的手段严厉打击假冒伪劣商品，为合法企业腾出空间。加强食醋食品安全标准的宣传、引导和培训，确保食品安全。

2012年8月20日，中国太原(清徐)国际醋文化节盛大开幕。本次文化节凸显三个亮点：一是国际化。确定具有开放的视角和国际化的视野，参会嘉宾不仅有国际食醋行业的厂商、专家学者，还有各国驻华使馆商务参赞等。二是规模化。来自意大利、西班牙等国际食醋主要生产国家的代表，国内山西老陈醋、镇江香醋、保宁醋、永春老醋等中国四大名醋企业及其他各省的食醋企业、国际国内的专家学者，还有参加首届世界晋商大会的企业家等，涵盖了食醋研发、生产、流通、消费等各个领域，盛况空前。三是文化化。充分挖掘山西老陈醋、清徐老陈醋和“中国醋都”厚重的文化元素，通过书法、美术、剪纸、摄影、彩船、LOGO、吉祥物、LED展示墙等传统民间文艺和现代声光电技术等形式进行了全方位、多角度、立体式的展示，使国际醋文化节醋香氤氲，醋韵绵长。本次活动的主题“晋善晋美、醋处精彩”。活动节为期一周，由开幕式、醋产业展览交易、醋文化论坛、醋文化展示、醋形象及品牌传播、醋产业招商六大板块组成。有10余名国内外知名专家学者共同探讨醋产业的发展与未来。有近100家食醋企业进行参展招商。为期一周的中国太原(清徐)国际文化节活动期间，每天参观人数2万人次，签约项目14个，总金额15.87亿元。有意大利、俄罗斯、日本以及江苏、浙江、上海、台湾等国外、省外的60余家企业参展。自2007年以来，清徐县已连续举办了多届中国清徐醋文化节。

中国民生银行山西陈醋产业互助基金与陈醋产业商业合作社正式揭牌成立，提供山西陈醋产业互助基金，致力于山西陈醋产业的转型升级。这是山西省第一支以农产品为核心的产业互助基金，也是山西省转型跨越发展的背景下，通过银企合作，达到产业升级的一次成功典范。副省长张建欣参观了国内外名醋企业展位，并要求山西醋业要做大做强，实现传统与现代融合、文化与经济融合、区域与国际融合。借助传统文化与现代技术，提高醋产品的附加值。

【连续开展食品安全专项整治行动】 为加强山西省食品安全管理，进一步提高食品企业的诚信保障能力和食品质量安全管理水平，山西省率先在乳制品、食醋、葡萄酒3个行业试点建立食品诚信体系，经过前期大量调查研究和专家论证，全省已确定食品诚信体系建设咨询机构2家，山西省食品工业协会和山西省食品工业研究所。聘请专家28名。参评企业原则上优先选择已确定的乳制品、食醋、葡萄酒3个试点行业的企业。

2012年6月11日，山西省食品安全宣传周活动在太原启动，旨在落实《2012年山西省食品安全重点工作实施方案》和进一步推动山西省食品安全宣传教育工作的深入开展。重点抓好食品安全“七项整治”，深化食品非法添加剂和滥用食品添加剂专项整治。深化乳制品、食用油、肉类、水产品、酒类、食醋、食品添加剂和保健食品等8项重点品种综合治理。开展食品交易市场、城乡接合部、城中村、建筑工地、中小学校园及周边等重点场所的食品安全专项整治。开展农兽药残留专项整治。开展畜禽屠宰专项整治。开展调味品专项整治。开展餐具、食品包装材料专项整治。

完善食品安全目标责任考核体系，建立山西汾酒、平遥牛肉、山西老陈醋、乳制品等山西省名优食品产地与销售地政府区域性联动机制，进一步健全完善食品安全案件查处、风险监测预警和信息报告制度。落实乡镇政府、街道办事处的食品安全责任，推进基层食品安全信息员、协管员等群众性监督队伍。成立食品安全违法犯罪案件专门侦察队伍，确保食品安全案件快速侦破。加强食品企业诚信体系建设，实施“黑名单”制度，建立各类食品生产经营者的信用档案，率先在乳制品和醋生产企业建立诚信管理体系。落实食品安全举报奖励办法，广泛发动群众积极举报食品安全违法行为。

2012 年第二季度，山西省质监局对全省 9 类食品质量进行监督抽查。对 21 家食醋企业的 21 个批次、对全省 16 家含乳饮料生产企业的 16 个批次、对全省 1 家食用明胶生产企业的 1 个批次质量进行了监督抽查，全部抽查合格率 100%。

对太原、大同、忻州、吕梁、阳泉 5 个市的 33 家生产企业的 36 个批次的白酒产品质量进行了监督抽查，合格 33 个批次。不合格项目主要是酒精度、乙酸乙酯、总酸、总酯不符合标准要求。

对全省 60 家蜜饯生产企业的 60 个批次的蜜饯质量进行监督抽查，合格 56 个批次，抽样合格率 93.3%。不合格产品的主要质量问题为个别产品的苯甲酸、霉菌不符合标准要求。苯甲酸超标的主要原因是企业为了延长产品保质期而过量添加所致，霉菌超标的主要原因是生产企业对生产环节的质量控制不严格所致。

对全省 58 家饮料生产企业的 65 个批次的饮料产品质量进行监督抽查，合格 59 个批次，抽样合格率 90.8%。不合格产品存在的主要问题是菌落总数、酵母等微生物超标，蛋白质和果汁含量不符合标准要求。生产过程控制不严是菌落总数、酵母超标的主要原因。蛋白质不符合标准的主要原因是企业为降低成本，减少含蛋白质原料的添加量。果汁含量不合格的主要原因是企业在果汁配制过程中未控制好“量”或为降低成本偷工减料。

对全省 68 家生产肉制品企业的 74 个批次的肉制品进行抽查，合格 69 个批次，抽样合格率 93.2%。存在的主要问题是，个别产品的菌落总数、大肠菌群、无机砷含量超标。

对全省 50 家食用油生产企业的 50 个批次的食用油质量进行监督抽查，合格 49 个批次，抽样合格率 98%。

【区域轻工业蓬勃发展】 为加快食品工业结构调整，太原市经信委、市食品工业协会组织编制出台《太原市食品工业“十二五”发展规划》。“十二五”期间，太原市将建设 2～3 个食品工业集聚区，发展食醋、乳业、酒业、饮料业、焙烤业、肉制品加工业、小杂粮加工业、干果加工业等产业集群，引导食品工业企业向园区集聚。此外，将扩大品牌食品的知名度和市场占有率，到 2015 年，争创全国驰名商标 13 个，省著名商标 25 个；巩固和壮大老字号食品品牌，争取有 1 个食品工业集团进入国内食品行业 100 强序列，出口创汇达到 1 亿美元。此次规划的发展重点为做大做强四大传统食品产业，培育壮大 5 大醋企业，组建大型食品集团，不断提高白酒的生产水平和产品档次。注重葡萄酒和佐餐酒同步发展。积极研究开发多功能、高营养、高附加值的乳制品，带动乳制品加工业上档次、上规模。做细做好四大特色食品产业。推进屠宰加工业产品结构调整，加强肉蛋制品的精深加工。扩大无公害、无污染的果品、蔬菜基地建设。延伸杂粮产业加工链条。研究特种食用油脂和附加值较高的特色油脂加工技术。

吕梁市酒制造业的工业增加值占全市的 5.2%，成为支柱行业之一。汾阳市杏花村，一座面积 15 平方千米、10 万人口的十里酒城——中国汾酒城正拔地而起。总投资 139 亿元的标杆项目将新增白酒产量 10 万吨，新增销售收入 200 亿元，新增税收 50 亿元。提供 3 万个就业岗位，带动 6666 公顷高粱种植、20 万头生猪养殖。建成后，将成为中国最大的清香型白酒生产基地。

怀仁县把“以煤扶瓷，煤瓷联合”作为推进产业转型的重要载体，一家煤炭企业结对扶持一户陶瓷企业，发展壮大陶瓷业，实现由“黑”向“白”的全新转型。借助建设朔州市金沙滩陶瓷工业园区的有利时机，投资 20 亿元，新建 15 家陶瓷生产企业、27 条生产线。全县陶瓷生产线达到 100 条，产能达 18 亿件。同时，在园区内筹建山西省日用陶瓷质量监督检验中心，筹建硅酸盐研究所、怀仁县职业技术学院、朔州市陶瓷博物馆，逐步构建“产、学、研、销、展”一条龙产业体系，全力打造集科研、开发、生产、仓储、物流于一体的日用瓷生产基地。预计到“十二五”末，怀仁县各类陶瓷企业达 65 家，从业人员 4 万人，人均劳务收入 4 万元。截至 2012 年底，各类项目开工 96 项，完成投资 53 亿元。

2012 年，榆次区紧紧围绕“五大百亿产业集群”，大力推进工业结构调整，以山西老陈醋生产基地为载体，整合区内酿醋作坊，加快推进中粮三盟醋业和福源昌醋博园建设进度，促成天地一号、娃哈哈等大型企业与区内陈醋企业深度合作。做大做强醋饮品、醋保健品，推动陈醋产业质的飞跃。着力打造一批规模大、实力强、效益好的百亿元级优势企业群体，打造全国最大的山西老陈醋生产基地。目前，山西老陈醋集团公司投资 4.2 亿元，在怀仁村兴建了山西福源昌老陈醋科技文化博览园，项目包括新型液态醋生产中心等 16 个项目，建成后将成为一个集新型生产、研发、工业旅游、农业循环经济示范功能为一体的现代醋文化园区。预计达产后工业总产值 12 亿元，将成为榆次区的支柱企业，也会进一步拉动晋中市传统产业的提升。

2012 年运城市轻工业增长 20.9%以上，比重工业快 19.5 个百分点。农副食品加工业增长 17.2%，酒、饮料和精制茶制造业增长 55.8%，合成洗涤剂增长 6.2%。

长治市轻工业保持较快增长，工业增加值增长 36.2%，比重工业快 24.5 个百分点。

（袁　珊）

【2012 年山西省城镇集体工业发展概况】 完成跨越转型目标。在全省城联系统全面实施了 10 个转型：由单一的集体企业向股份合作制企业转型，由劳动密集型企业向小微技能劳动密集型企业转型，由封闭单一的行业经济向县域经济转型，由二轻行业管理向集体资产监管运营转型，由传统手工业向低碳产业、为一村一品和“三农”服务转型，工艺美术向文化旅游产业转型，传统二轻优势行业向山西省十大产业链的延伸转型，招商引资向东南沿海

省份产业梯度转移的接续转型，发挥各级城联社机关和成员企业区位优势向现代服务业转型，发挥城联社合作经济优势向服务城镇化建设转型。

整合城联社资产，重组直属单位。2012年，省城联社在推进山西省城镇集体工业经济改革发展的同时，加大对城联社和直属单位资产两个资源的整合重组，坚持以“产权清晰、权责明确、政企分开、管理科学”的现代企业制度，加强对省城联社资产产权的监管。

一是对省城联社的直属单位山西省二轻迎泽交易大厦和山西城联物业公司进行整合，对山西省职工工艺美术学院和技工学校、包装研究所领导班子进行了调整。

二是进一步推进山西省皮革试验厂和山西省皮革工业公司的破产工作及闲置场地的开发利用。督促山西城联物流公司落实山西省发改委的专项资金支持项目，成效显著。推进山西省二轻文教事业发展中心所属国文学校、山西美好文化传播有限公司开拓市场，势头良好。

三是加大山西省太行锯条厂转型发展，招商引资2000多万元，建设年拆解处理40万台废旧家电项目，建成正式投产。年交易量20万吨的长治市区域性大型再生资源回收利用基地项目通过能评和环评，2012年底初步建成“五区二中心”格局。

四是省城联社注册成立了山西工艺美术有限公司和山西城联资产管理投资公司。与中国工艺美术集团总公司签订协议，双方出资5000万元，组建山西工艺美术（集团）有限公司，列入山西省十大文化产业集团之列。迎泽大街办公楼临街一层新装修后的中国工美珍宝馆太原店、山西黄河画廊已开始试营业。

参加第十七届世界手工艺大会。第十七届世界手工艺大会2012年10月7～18日在印度金奈市召开。中国工艺美术协会秘书长王山带领中国代表团一行62人出席了会议。山西省工艺美术协会常务理事、山西省工艺美术大师蔺涛，山西省新绛县绛州澄泥砚研制所所长解玉霞作为山西省仅有的2名团员出席了此次盛会。

7名手工技艺传承人入选第四批国家级非遗项目代表性传承人名录。根据《中华人民共和国非物质文化遗产法》及《国家级非物质文化遗产项目代表性传承人认定与管理暂行办法》（中华人民共和国文化部令第45号），文化部开展了第四批国家级非物质文化遗产项目代表性传承人的申报和评审工作。经国家级非物质文化遗产项目代表性传承人评审委员会评审，形成第四批国家级非物质文化遗产项目代表性传承人推荐名单，共490名。其中，山西省手工技艺代表性传承人7名，他们是：弓春香、雷显元、曹运建、梁中秀、乔月亮、何俊明、杨贵庭。

4家企业2个项目被认定为国家文化出口重点企业和重点项目。山西省4家企业和2个项目被商务部、中宣部、财政部、文化部、广电总局和新闻出版总署共同认定为2011～2012年度国家文化出口重点企业和重点项目。4家文化出口重点企业分别是山西宇达集团有限公司、中国广灵剪纸文化产业园区、山西广灵蕙花民间文化艺术发展有限公司、太原特玛茹电子科技有限公司。

【市级城联社因地制宜各显神通】

晋城市城联社改革发展取得新成绩。一是企业改革、多元发展齐头并进。21家地面企业进入“双置换”改制程序，8家已完成资产置换、清算和社会保险办理，进入托管中心。二是积极招商引资。组织市县两级城联社及企业赴上海、河南等地招商引资，与上海新工联集团（联社）、远洲集团、深圳市创新投资集团上海有限公司、博爱新开源制药股份有限公司进行了接洽。新签订招商项目5个，引资5亿元。三是积极推进“项目落地年”，对列入市重点工程和招商项目的进行跟踪服务。高平6大煤企借助资源整合吸收兼并周边小煤矿，煤田面积、产能均扩大一倍；阳城伏岩煤业公司利用闲置场地成立金玉新型材料公司年产90万平方米粉煤灰外墙干挂板项目已试生产，年销售收入4亿多元。沁水利用玻璃厂厂房土地引入新技术项目液压支架专用保护液优势显现。陵川县行源化工乙炔化工综合开发项目开工奠基，总投资30亿元，将形成年产25万吨电石、30万吨聚氯乙烯和60万吨水泥的生产能力，高平平泉煤业与山东大象集团合作投资5000万元的年产18万吨饲料一期工程动工。四是新兴三产项目高举。凤展新时代广场、工贸大厦和红星美凯龙稳步推进，总投资10亿元的陵川武家湾景区开发项目开工，商业集群体系形成气候。多元发展梯次推进，优势煤炭企业80%向内向外转型，介入化工、养殖、饲料、医药、旅游等行业。高平牛山煤业在建成80余栋蔬菜大棚之后，投资1亿元和山西太平洋投资有限公司融资成立“高平蝴蝶兰生产基地”，转型跨越形势喜人。

长治市城联社深入企业帮扶，为企业改革和新建项目实行保姆式跟踪服务。城区联社对玛钢公司实施改制，为千余名职工发放安置费用6000万元。为22户直属特困企业3576名职工争取医保补助金150余万元。引进资金22亿元新建项目26项，涉及煤炭、化工、机械、房产、文化旅游等8个行业，亿元以上项目7项，5000万元以上项目5项。壶化集团两条基础雷管生产线顺利验收投产。长治县城联社总投资5亿元的年产350万平方米机织地毯项目已施工。长治市城联社市直企业红枫家具公司引资上亿元开发的长治市规模最大的现代家具城即将营业。

临汾市城联社积极调整产业产品结构，发挥地理优势，进军房地产。一是古县城联社成立房地产公司兴建了样板工程“龙潭小区”，翼城城联社承建了两个小区的住宅楼，大宁城联社完成自建60套廉租房并涉足廉租楼和经济适用楼，霍州城联社联建联营“聚鑫购物中心”，赢得就业岗位和联社收入双丰收。二是加大技改力度增加活力。翼城明亮铁厂转产风电机组铸造，承接陕鼓集团铸件，年产值达2000多万元。临汾市工艺美术印刷公司产值倍增，职工增资20%。三是扩大涉农产业发展空间。蒲县城联社组织下岗职工组建杞柳编织工艺厂，产品获北京农博会银奖，新增杞柳种植6.7公顷，年销售逾百万元。隰县城联社接管三益农贸公司开发干果产品加工，产量效益翻两番。

古县城联社开发五马水库，投资3000万元进行特色鱼类养殖。四是促进传统产业规模发展。临汾市旅游工艺美术公司成立“平阳书画社”“平阳木版年画社”，在出版《平阳木版年画墨线册》基础上，抢救开发“漆座屏”等民间工艺，营业额翻倍，职工工资提高70%。襄汾城联社帮助企业开发仿古家具、民间剪纸和威风锣鼓铜器。洪洞城联社挖掘剪纸艺术，乡宁城联社拟创建“紫砂工业园区”，临汾市的传统工艺美术行业悄然复兴。

太原市联社积极开发三产找新路。太原市二轻市场实施多种经营，创办休闲度假中介服务。家具公司与正大美家购物中心合作后勤及售后服务，新开鲜花礼品店和餐厅。电子材料厂与大型企业合作开发小型风电互补发电设备节能产品。

阳泉市城联社积极为社员争取优惠政策。帮助17家困难企业解决职工个人垫交养老金、减轻职工医保缴费等问题。为6000多职工及时办理增减“4050”“4555”手续，及时发放阳泉市财政下拨的1200余名困难职工生活费。与民政部门协调，重新为阳泉纺机厂职工争取回因个别人上访取消的低保待遇。阳泉色织公司贷款为职工缴纳医疗保险，阳泉精达金属制品厂从租金中挤出资金退还职工办理退休代垫的养老保险，阳泉市结构厂联合阳泉市质量技术监督局成立焊工培训、考试中心，填补了该市空白。

【平遥推光漆抱团闯市场】 平遥推光漆是中国四大漆器之一，其造型美观、制作精良，工艺独到、富丽堂皇，极具观赏、艺术、收藏和使用价值。2006年，平遥推光漆器髹饰技艺被列入首批国家非物质文化遗产名录后，一度时期，因体制机制等原因走入低谷，企业破产，几百名工人分散在100余户生产作坊，各自为战，造成人才资源浪费，影响行业整体形象，使传统手工艺濒临失传。

近年来，平遥县积极探索发展新路，邀请中国漆艺泰斗乔十光、清华大学美术学院工艺美术系漆艺专业主任周剑石及国内各知名漆器原产地漆艺大师和日本、韩国多位漆艺专家把脉平遥推光漆文化产业发展，形成建设平遥推光漆文化产业园示范园区的思路。平遥煤化（集团）有限责任公司在实施转型发展时，担当起振兴平遥推光漆的重任，投资1.3亿元建成平遥推光漆文化产业创意园。

平遥推光漆文化产业创意园是聘请中央美院、清华大学、中国建筑设计集团、山西古建筑研究所组成策划团队，对漆艺文化博物馆进行了设计规划，与北京、扬州、甘肃的漆器厂签订合作协议，引进各种漆器800余种、6000余件，丰富了漆器博物馆展品内容，推动了中国漆器不同技艺的融合、交流，为中国漆器互通有无、协作发展搭起大平台。在第六届“中国北京国际文化创意产业博览会”上，平遥推光漆器以其精湛的制作工艺和产品质量赢得满堂彩。目前，推光漆为平遥创造的年生产总值1亿元，预计“十二五”末将提高到6亿元。目前，唐都漆艺公司、漆器博物馆、中国漆器展销中心已开始运营，国家级工艺美术大师薛生金、梁中秀的大师工作室，漆艺培训中心、薛派漆艺传承基地正在建设中。

（冯晓东）

中小民营企业

【2012年全省中小企业发展概况】
社会贡献继续扩大。2012年，全省民营经济单位总户数83.3万户，比2011年净增6.5万户；从业人数535万人，净增31万人。完成增加值6348亿元，增长18.1%；占全省地区生产总值的52.3%，提高4.5个百分点。上缴税金992亿元，增长18.1%；占全省财政收入的37.4%，提高0.2个百分点。

2012年，全省中小企业（法人单位）数量11.3万户，比2011年净增2万户；从业人数345万人，净增16万人。完成增加值5243亿元，增长18.1%；占全省地区生产总值的43.2%，提高3.7个百分点。上缴税金945亿元，增长18.1%；占全省财政收入的35.7%，提高0.3个百分点。

在全省3716户规模以上工业企业中，中小企业户数3435户，占全省规模以上工业企业的92.4%。完成工业增加值2786亿元，占全省规模以上工业增加值的44.7%；比2011年增长12.9%，快于全省规模以上工业增速1个百分点，快于全省地区生产总值增速2.8个百分点。

发展走势平稳较快。2012年，全省中小企业增加值比2011年增长18.1%，增幅降低8.5个百分点。从季度走势看，一季度增长19.5%，二季度增长18.6%，三季度增长16.7%，四季度增长18.1%。前三季度逐季下滑，第四季度略有反弹。整体看，全年中小企业运行态势呈现平稳较快的势头。

分地市看，1～12月，增加值增速高于全省平均速度的有5个市，分别为吕梁增长23.1%，长治增长21.9%，太原增长21.6%，忻州增长21.4%，朔州增长21.3%。其余6个市增速低于全省。

企业成长进展明显。2012年，全省正常生产经营的中小企业（法人单位）数量比2011年净增2万户，为推动全省中小企业快速发展注入了新的力量。2012年，全省新增规模以上工业企业473户，规模以上中小工业企业总数达到3435户。在规模以上工业中，全省营业收入最高的中小企业是孝义市兴安化工有限公司，营业收入53亿元；上缴税金最高的中小企业是山西华瑞煤业有限公司，上缴税金4.1亿元；从业人员最多的中小企业是山西平定古州煤业有限公司，从业人员3253人。2012年，全省亿元以上中小企业净增109个，总数达到932个。

投资总额较快增长。2012年，全省中小企业完成投资1680亿元，比2011年增长19.7%，增幅回落12个百分点。其中，本年施工项目数2637个，增长11.2%；本年新开工项目数1525个，增长2.2%；本年投产项目数1094个，下降3.8%。在完成投资总额中，金融机构贷款228.7亿元，增长87.4%，占投资总额的13.6%；引进资金186.9亿元，增长8.5%，占投资总额的11.5%；

自有资金1017亿元，下降74.7%，占投资总额的62.8%。

出口形势缓中趋稳。2012年，全省中小企业完成出口交货值144亿元，比2011年增长1.9%，增幅回落23个百分点。

工业生产销售稳定。2012年，全省中小企业产销率93.5%，比2011年上升3.6个百分点。

从主要工业产品产量看，2012年，全省监测的44种主要工业产品中，24种产品产量保持增长，发电量、铸铁件、粗钢、成品钢材、原煤、水泥分别增长32%、31.8%、27.4%、15.5%、5.6%、2.9%；20种产品产量下降，电解铝、金属镁、生铁、焦炭分别下降88.7%、33.1%、12.8%、0.4%。在轻工产品中，肉制品、乳制品、酒类、活性炭、陶瓷、磁性材料等产品产量保持较快增长，药品、罐头食品、干果系列产品、食用植物油等产品产量出现下降。

主要工业产品价格环比变化不大。12月主焦煤价格比11月每吨下跌70元左右，配煤上涨60元，电煤价格未变；焦炭上涨160元左右，生铁下跌20元左右，钢材下跌80元左右，水泥下跌15元左右。

经营效益有所改善。2012年，全省中小企业营业收入比2011年增长17.1%，利润总额增长12.8%，上缴税金增长18.1%，劳动者报酬增长18.6%。总体看，尽管三、四季度企业利润和税金增幅下降，但全年全省中小企业效益指标相对稳定。

【2012年促进中小企业发展的主要措施】 加强政策支持，优化中小企业发展环境。2012年，山西省出台了《关于扶持小型微型企业加快发展的若干政策措施》（晋政办发〔2012〕42号），太原、大同、长治、晋城、朔州、忻州、晋中、临汾等市，也先后出台了扶持中小微企业发展的政策措施。全省各级、各部门出台的关于中小企业发展的政策文件50余件。山西省促进中小企业发展的政策体系进一步配套完善。

加大资金支持力度。省级中小企业发展资金增加1亿元。市县两级“两金”（中小企业发展专项资金、服务体系建设专项资金）增加9040万元。争取国家各类中小企业专项资金1.04亿元，扶持企业项目128个。

落实税费优惠政策。仅“增值税起征点调至最高限2万元”一项，每年可使全省中小企业享受税收优惠3.1亿元。暂免征收小型微型企业行政事业性收费26项，每年可为企业减轻负担近5000万元。

营造良好发展氛围。以“服务企业、助力成长”为主题，以深入开展公益性双代理服务为重点，在全省范围内先后开展了“中小企业服务年”活动500多场（次），服务企业近万家。组织和动员各方面力量，第一次在全省范围内开展“送政策、送专家、送服务”三送活动，提高了企业对政策的知晓率，提高了社会各界对中小企业工作的关注度。省中小企业局首次代省政府向省人大常委会作了《关于全省中小企业发展情况的报告》，省人大常委会组成人员对进一步加强和改进山西省中小企业发展工作，提出一系列指导性、针对性很强的意见和建议，起到了积极的推动作用。

加强运行协调，促进全省中小企业稳增长。完善中小企业经济运行监测平台，重点监测企业由2012年初的405户扩大到1200户，实行每月数据网上直报，及时了解中小企业生产经营动态。

切实加强综合协调。每月召开中小企业经济运行分析会，全面掌握中小企业发展情况，为各级各部门指导中小企业发展提供决策依据。每月参加省政府召开的经济形势分析部门联席会议，积极协调解决中小企业生产经营中遇到的困难和问题。

探索建立统计制度。省中小企业局联合省统计局在全国率先开展中小企业统计制度课题研究，取得阶段性成果，2013年起在全省范围试行。

坚持分类指导，推动中小企业快速成长。积极开展创业辅导，在政策咨询、项目开发、创业培训、创业孵化、小额贷款、开业指导、跟踪辅导等方面为创业者提供全方位服务。联合省教育厅、团省委、省妇联等有关部门，开展以大学生、青年、妇女、进城务工返乡人员等为主体的“四大创业工程”。各市县通过创业项目推介、创业明星评比、创业成果展览等多种方式，积极营造创业氛围。2012年，全省新创办小微企业3万户，超额完成新创办1万户以上小微企业的年度任务。

培育壮大“小巨人”企业。制定下发《培育“小巨人”企业实施意见》，召开全省推进中小企业“小巨人”工作现场会，实行干部定点联系企业制度，对培育对象进行点对点帮扶指导。强化“小巨人”培育企业的生产要素保障，在项目推动、资金支持、政策优惠等方面给予倾斜。2012年，全省新培育销售收入超亿元的“小巨人”企业118户，超额完成新培育100户“小巨人”企业的年度任务。全省“小巨人”企业达809户，主营业务收入3000亿元左右。

加快结构调整，推进中小企业转型升级。编制《2012年山西中小企业产业指导目录》。充分发挥中小企业发展资金、煤炭可持续发展基金的引导作用，积极支持中小企业实施技术改造，开展节能降耗，淘汰落后产能，退出传统行业，进入装备制造、精细化工、高新技术、新型材料、特色食品、现代服务业等新兴产业领域。山西省中小企业已基本退出煤炭开采业，采掘业企业数量由2008年的9.1%下降到3%以下。新兴产业发展迅速，2012年，电子设备制造、医药、特色食品等行业营业收入同比大幅增长39%、22%、20.3%，规模和效益持续提升。

着力推进技术创新。支持中小企业技术中心建设，认定首批省级中小企业技术中心28个。积极开展中小企业技术需求征集活动，深入推进产学研合作，中小企业新技术、新产品研发能力逐步提高。太原市组织产学研对接，签订合作意向28个，涉及项目总投资近10亿元。

着力推进集聚发展。全省已形成120个左右产业特色鲜明的中小企业集聚区，成为县域经济发展的重要增长极。其中，太原不锈钢制品、清徐食醋加工、汾阳白酒酿造、代县黄酒酿造、原平皮带加工、榆次改装车制造、阳泉耐火材料、定襄法兰等产业集群，比较优势突出，在全国具有一定的影响力。

着力推进协作配套。依托山西中小企业信息网，搭建小微企业与大中型企业协作配套平台，定期发布中小企业产品推介目录和大企业产品需求目录。2012年，重点推动了86户和116户中小微企业，分别与太钢集团、太重集团开展协作配套，带动中小微企业发展。

大力开展招商引资。组织242家企业、350多种产品，参加了第十二届金属冶金展、第七届APEC中小企业技术交流暨展览会、第九届中国国际中小企业博览会等大型展会，签约156个项目，引进资金近60亿元。

强化管理创新，提升中小企业整体素质。鼓励有条件的中小企业完善法人治理结构，健全质量、计量、节能、安全、用工等管理，依法经营，诚实守信，履行社会责任。连续四年组织开展"最具社会责任中小企业"评价活动，2012年又有101户中小企业入选"山西最具社会责任中小企业"。

广泛开展管理咨询。各市县积极组织行业协会、专业管理咨询机构，为中小企业提供管理咨询服务，帮助中小企业改善经营管理。晋中市开展中小企业规范化管理评价活动，对山西鸿基实业等9户企业进行管理规范化评价。晋城市在泽州县开展企业标准化管理试点，15户装备制造企业通过相关管理体系认证，为企业标准化管理积累了宝贵经验。

积极开展各类培训。一是开展能力素质培训。举办全省中小企业管理系统领导干部能力素质提升专题培训班，近200名领导干部和业务骨干参加培训，提升了服务中小企业发展的能力。二是开展"银河培训"。2012年共举办培训班5期，培训中小企业中高层管理人员1250余人。"银河培训"已经成为全省最具影响力的政府公益性培训特色品牌。三是开展创业培训。启动"山西中小企业创业大讲堂"，累计培训创业者3万人次以上，带动就业超过30万人。四是开展实用技能培训。整合利用社会资源，累计培训技术工人10万人次以上。五是鼓励企业自主培训。全省中小企业全年开展的自主培训累计达20万人次以上。

坚持多措并举，缓解中小企业融资困难。到2012年底，全省小微企业贷款余额2114.43亿元，与2012年初相比，增长18.1%，增速高于全省银行业各项贷款平均增速0.9个百分点，中小企业融资难的问题得到一定程度的缓解。

创新"政银企保"合作机制。加强与银行业金融机构沟通协调，完善客户推介机制，推进政银企合作。在前几年与各大国有商业银行签订合作协议的基础上，省中小企业局与民生银行签订政银企战略合作协议，在交城县联合开展加强政银企合作、支持县域经济发展活动，为50户小微企业提供1亿元贷款授信额度。2012年，全省中小企业系统组织各层次金融产品推介会、银企洽谈会等百余场，向金融机构推荐企业2600多户，帮助1057户企业落实贷款170亿元，落实率41%。

加强信用担保服务。为7家担保机构申请国家风险补偿资金3440万元，为3家担保机构申报取得免征营业税资格，提高担保机构的担保能力和抗风险能力。

拓宽直接融资渠道。榆缆线缆、华南纸业、湖滨餐饮、斯普瑞机械制造等4家企业在天交所挂牌，山西省在天交所挂牌交易的中小企业达到8家，其中，晋中市在天交所挂牌的企业数量占全省一半。吕梁交城试点的省内首只中小企业集合票据已完成前期申报工作。

创新服务理念，强化中小企业公共服务。编制完成全省《中小企业公共服务平台网络建设方案》，争取到中央财政扶持资金5000万元，场地改造、软件开发、硬件购置等工作正有序推进。

推进示范平台建设。山西省青年创业指导服务中心、太原市中小企业创业服务中心、阳泉市不定形耐火材料研究所等三个单位，成为第二批"国家中小企业公共服务示范平台"，全省"国家中小企业公共服务示范平台"达到6个。

积极拓展服务领域。一是试点建设全国首家"小微企业服务站"，为创业兴业者提供一站式、全方位免费服务。二是支持新建30个中小企业创业基地，认定29个省级中小企业创业基地。三是举办首届山西中小微文化企业博览会，推动中小微文化企业发展。四是与山西财经大学联合组建山西省中小企业发展研究院，开展中小企业信息的收集整理、数据统计分析、决策咨询服务和战略性、前瞻性的政策研究。

（原晋军）

山西经济年鉴

YEARBOOK OF SHANXI ECONOMY

8

交通·邮电

JIAOTONG YOUDIAN

交通·邮电

铁　路

【山西铁路概况】 2012年，全省铁路营业里程3774千米，与2011年持平。每百平方千米平均铁路里程2.4千米。全省铁路货运量7.14亿吨，增长3.3%；铁路货物周转量2143.54亿吨千米，增长5.3%。铁路客运量6208万人，下降0.2%；铁路旅客周转量192.37亿人千米，下降1.7%。

【太原铁路局经营概况】 概况。2012年末，太原铁路局有职工11.8万人，管辖南同蒲、北同蒲、大秦、侯月、石太、侯西、太焦、太中(银)、京原、京包、迁曹、石太客运专线等12条干线和西山、东晋、上兰村、忻河、介西、礼垣、宁岢、太岚、口泉、云冈、京唐港、曹南、东港等13条支线，路网纵贯三晋南北，横跨晋冀京津两省两市，线路总延长8682.1千米，营业里程3328.2千米；配属机车1162台、CRH5型动车组6组48辆、客车2005辆，是全路18个铁路局中货运量最大、重载技术最先进的铁路局，也是全路唯一运输主业整体改制上市的铁路局。主要担负着国家新型能源工业基地——山西省的客货运输和冀、京、津、蒙、陕等省(市、区)的部分货运任务，用户群辐射全国26个省(市、区)、15个国家和地区，在山西省综合交通运输体系中居于骨干地位。

京包线东端(郭磊庄站)K225+000处与北京铁路局分界，北端(古店站)K380+500处与呼和浩特铁路局分界，京原线东端(灵丘站)K234+000处与北京铁路局分界，石太线东端(赛鱼站)K117+000处与北京铁路局分界，太焦线南端(夏店站)K190+800处与郑州铁路局分界，南同蒲线南端(风陵渡站)K849+500处与西安铁路局分界，侯西线西端(禹门口站)K76+089与西安铁路局分界，侯月线东端(嘉峰站)K147+273处与郑州铁路局分界，太中线西端(吴堡站)K1173+650处与西安铁路局分界。

运输安全持续稳定。牢固树立“三点共识”，坚持“三个重中之重”，深入推进安全风险管理。重点抓215条客车风险控制措施落实和600项惯性问题整治，严厉打击“黑施工”，集中开展管理“打假”活动，不断深化安全文化建设，全局安全风险管理体系基本形成，关键风险环节得到有效控制。杜绝责任行车B类及以上事故，责任C类事故下降17%。2012年12月29日实现安全生产2000天，顺利实现了第5个安全年。

核心业务在市场需求低迷、管内运输增量空间日益缩小的情况下，实施“短平快”扩能改造，在南北同蒲、太焦线增设8个中间站，通道运输能力极大释放；增加(延长)端氏、曲沃、曹妃甸西、原平4个车站的22条到发线，车站办理能力极大提升；通过与铁道部和相邻铁路局之间的密切协调，高效实施“两高一远”和“百千战略”，大力增运补欠，仅四季度路局就补欠近10亿元。全年运输总收入、货物发送量、装车数、换算周转量、货物周转量五项主要生产指标全路第一。

非运输业与核心业务融合发展，实体化经营迈出坚实步伐。油田开采、汽车销售、高端电液转辙机等形成新的“拳头”产品，客运广告发布、商业开发、餐饮经营等业务快速扩展。新建太原配餐、洗涤两大中心开始运营。全年太原铁路局完成多元化经营总收入829.1亿元，顺利完成铁道部下达的170.62亿元盈亏考核目标。其中，运输收入595.9亿元，比2011年增加38.7亿元；非运输业收入233.2亿元，增加40.8亿元。实现利润6.05亿元，增加2.55亿元。货物发送量5.55亿吨，旅客发送量5920.4万人。特别是大秦线先后5次打破单日运量历史纪录，最高日运量达133.4万吨，铁道部下发表彰嘉奖令38次。

铁路建设项目实现新突破。面对征地拆迁、地方资金欠缺等巨大困难，积极组织专家论证、设计比选、方案审查等前期工作，专人专项与省市地方进行联系沟通。2012年实施的403项既有线施工、1712项临近既有线施工，杜绝了因建设引起的铁路交通事故。全局所有建设项目均未发生触及质量管理“五条红线”问题。太原南站已初显规模，铁路建设工程整体推进有序。全年完成建设投资77.26亿元(不含大西客专、山西中南部铁路通道)，比2011年增加34.95亿元，全面完成建设调整计划。

设备基础投入逐年增加。先后

开展8次集中修施工，基本消灭了主要干线客车径路木枕道岔。购置钢轨打磨车，更新工务养护检测设备4095台，新建大型养路机械检修基地。改造京原、南北同蒲、石太、太焦线29个车站信号设备及侯月、南同蒲、宁岢线传输网络。完成144个车站（站场）及机务段、车辆段的综合视频监控系统。改造374.5条千米接触网。实施太原机务段北区电力机车检修设施改造。完成太原、太原北车辆段检修设施改造和湖东车辆段厂段修设施完善配套工程。全局正线无缝化比例85%，微机连锁覆盖率77.7%，空调客车占76%。

科技信息化水平快速发展。建成集通信传输网、运输调度管理系统（TMDS）、分散自律调度集中系统（CTC）/列车调度指挥系统（TDCS）、铁路数字移动通信系统（GSM-R）、调度通信系统等铁路核心技术为一体的综合性信息中心，实现全局运输生产信息系统的集中监控、集中维护、集中管理，系统的兼容性、可靠性，资源的共享性和技术的先进性达到一流水平，可满足国家批准的中长期路网规划涉及山西省和太原铁路局所有项目的发展需求。在全路率先建成客车标签识别系统。各车务站段分界口全部加装车号识别系统。全局既有信号集中监测实现2兆数字电路联网，主要干线通信传输能力明显提升。大力开展科研攻关，加大科技成果奖励力度，科学技术进步奖、合理化建议和“小改小革”等350项成果受到表彰。大秦重载铁路延长钢轨使用寿命研究取得突破性成果，通过总重由9亿吨扩展到15亿吨，极大地节约了运输成本。“重载组合列车紧急制动控制”研究等两个项目，列入铁道部重大课题，完成“LKJ数据换装卡控辅助管理系统”等56项科研项目，49项科研成果在第十一届中国国际现代化铁路技术装备展览会上展示。

客货服务质量显著提高。坚持以人民群众满意为根本标准，大力推进货运组织改革，建成集货运受理、营销、咨询、投诉和全程物流服务为一体的综合性货运服务中心，为客户提供便捷、周到的“一条龙”服务，全局网上受理请车数名列全路前列。深入开展“服务旅客创先争优”活动，实施实名制售票、电话订票、网络售票等客运服务新举措，在太原长治路、迎泽街和铁路文化宫建成3个占地面积1400平方米的大型售票广场，新增代售点64个、应急窗口84个，全局售票窗口达702个。完善客站配套设备，新建宁武站站房，对太原、岢岚等15个车站站台及候车室等设施进行改造，旅客乘车环境得到改善，倒票等问题得到有效遏制。特别是随着12月21日新图的实施，CRH380AL高速动车组成功开行，路局开行的动车组可直达珠三角和武汉经济圈，太原至北京仅用2.5小时，客运服务品质大幅提升，旅客和社会各界广泛称赞。

企业内部管理进一步加强。主动承担铁路局市场主体责任，按照有利于运输安全、有利于专业管理的原则，将信息技术处、所分设，新成立公寓管理段、物资供应段，调整部分专业系统内设机构和车间设置，进一步明确路局机关职能处室、附属机构及下设机构、岗位的工作职责。优化干部选拔机制，采取公开招聘、差额选拔等方式，选拔27名领导干部和11名高铁人才，实行太原地区站段劳动人事、财务科长横向交流。坚持收入分配向生产关键岗位倾斜，实行机车乘务员工资总额单列管理，对1500名动车、重载司机比照享受技师或高级技师待遇，高铁岗位技师聘任比例达26%以上。按照国家司法体制改革要求，在全路率先完成检、法两院移交工作。全局经营管理不断规范，全年高质量地接受了国家审计署、铁道部审计中心对路局建设工程项目、经营业绩等专项检查和审计，连续7年被铁道部评为经营业绩考核优秀企业。

教育培训工作成效明显。按照职工安全教育与技术业务教育并重的思路，统筹全局教育资源，建成集教学与实训为一体的现代化职工培训基地。成立路局电教中心，全局主要运输生产站段全部独立设置了职教中心。拓展数字图书、远程教育、信息化考试3个平台，组织干部学习14万人次，培训1.2万人次，考试9055人次。创新职教培训方式，建立全局职教培训考试系统，健全职工电子技术档案，完成35349名主要行车工种职工应知应会等培训考试。加大高技能人才和高铁储备人员委外培训力度，全方位提升职工素质。

（孙淑环）

【山西地方铁路集团有限责任公司经营概况】 企业基本情况。山西地方铁路集团有限责任公司是由原山西省地方铁路局，2003年改制设立为国有独资大型一类企业。2010年，根据山西省国资委晋国资改革函〔2010〕530号文件，山西地方铁路集团有限责任公司整体划转为山西能源交通投资有限公司的全资子公司。截至2012年底，集团公司在册职工2840人，资产总额42.29亿元。

集团公司主要业务包括省内地方铁路基本建设及客货运输管理，铁路专用线的社会共用服务管理，省内地方铁路的煤台建设与经营管理，大秦铁路煤炭集运站的建设、设备管理、配件经销、维修及人员培训，经销铁路专用物资等。目前集团经营管理有孝（义）—柳（林）、武（乡）—左（权）、沁（县）—沁（源）、宁（武）—静（乐）等4条地方（合资）铁路，正线里程344千米。下属有4个子公司，1个分公司。3个控股公司和1个参股公司。

经营运输继续强化，运量完成再创新高。2012年，地方铁路集团货运量3144.5万吨，比2011年增长12.9%；货物周转量20.4亿吨千米，增长10.7%；行业管理的铁路专用线全年货运量10220.4万吨，增长3.2%。营业收入15.31亿元，增长41%；实现利润9322万元，增长30.1%。

2012年被评为“全国地方铁路工作先进单位”，这是集团公司连续9年获此殊荣。

强化调度，优化运输，挖掘内部潜力。强化调度指挥，完善调度制度，开展调度工作专项整治，严格考核，进一步提高调度质量；优化运输组织，制定新规章，严格作业时间，加强交出列车盯控，规范作业流程，压缩车辆周转时间，对装卸车组织及日装车兑现合理管控，对各项数据严格检测，合理调配机车，提高区间通过能力，实行两站同时排空，缩短空车无作业时间，极大地提高了运输效率。2012年，集团公司各运输单位均超额完成任务。

协调上下游，组织货源，确保运输有量。对铁路沿线货源情况进行摸底调查，宏观掌握货源分布；积极走访各发运企业，细致沟通，详细了解煤炭库存情况及发运需求，掌握有效信息；与发运单位保持密切联系，将各自掌握的有利信息和优惠政策交换意见，沟通协调，为使双方实现互惠共赢达成一致；面对煤炭市场疲软，煤炭价格倒挂，发运单位积极性不高的实际，优化服务，实施大客户战略，确保运量不减。

重点项目工作稳步推进，铁路建设投融资有了突破。“静乐至静游”地方铁路作为山西省“十二五”规划的重点项目，用地预审、水资源利用、环评等手续于2011年已办理完成。2012年，集团公司组织专人与铁道部、省发改委进行多次沟通，2月铁道部组织召开了接轨评审会，接轨许可文件3月20日下发，4月18日随着核准文件的最终批复，该项目的前期审批手续全部办理完毕。6月18日，在完成与煤气化集团合作建设经营“静乐至静游”地方铁路的签约仪式后，成立项目筹备组，即将开工建设。

此外，“武乡至沁县”地方铁路的可行性研究已经完成，正在办理项目审批。“穆村至薛村”和“长子南至嘉丰”两个地方铁路项目的前期准备工作也在有条不紊地推进中。

拓展业务渠道，多元发展取得新成效。一是拓展行业代管代运营范围。2012年，集团公司在纳新线上实现了与同煤铁丰公司联合经营计费里程59千米的铁丰线，自9月底正式运营以来，3个月内即发运煤炭54万吨，创收800余万元。

二是铁盛公司作为集团大同地铁公司践行多元发展、延伸产业产品链的试点企业，运营开局之年累计完成煤炭销售收入2.56亿元，为集团公司营业收入的增长做出了巨大贡献。

三是大同地方铁路公司与同煤集团重新签订了口泉矿山线联合运输协议以及燕子山、四台沟专用线代运营协议，分别提升了线路运距和运价，未来每年可为企业增加收益达1000万元左右。

四是集团煤运公司组建宁武分公司重启了宁静铁路线路发运，宁武分公司全年创收0.87亿元；将原河曲分公司改组为晋北公司，并与大同国际煤业有限公司合作引资5000万元，与浙江物产签订年供煤120万吨的供煤协议；租赁临汾北站的万吨列专用站台，立户手续已获国铁审批并发了运行电报；在宁静铁路姜庄站成功办理立户手续，利用宁静全线发运的便利优势，大大提高煤炭的发运量；与神华集团合作，设立结算账户，新增为神华集团配煤的业务，进一步扩大了煤炭运输范围。

科学规划，合理布局，打造煤炭物流旗舰。能交投公司于2012年4月启动了《山西能源交通投资有限公司物流业发展规划》的编制工作，集团牵头负责“规划”中《煤炭物流业发展规划》的编制工作。2012年，集团公司编写了《山西能交投公司煤炭物流业调研报告》，并配合有关专家编写了《山西能源交通投资有限公司煤炭物流业发展规划》讨论稿。

集团公司于2011年在宁静铁路沿线规划了两个煤炭物流基地项目，2012年7月编制了姜庄煤炭物流基地项目可研报告，开展了项目环境影响评价，11月获得省发改委批复，同意建设该项目，并拨付500万元煤炭可持续发展基金给予资金支持。同时，集团公司还对山西省内的其他成熟地区做了实地考察与合理规划，为进一步扩大煤炭物流网络做准备。

加强内控，科学管理，企业管理水平有了新提高。在财务管理上，面对企业生产成本和非生产性支出的不断增加，集团公司把控制成本支出，严格资金使用等作为本年度企业管理的主要工作来抓，强调集团上下厉行节约，做好开源节流工作。加大财务预算审核力度，严格财务支出审批工作，严格大额资金使用，确保资金流的安全；压缩成本支出，杜绝计划外的各项费用，减少不必要的开支，做到“不该花的一分不花，能少花的尽可能少花”，确保资金的合理利用，用有所值；完善会计制度及核算办法，优化管理手段，提升财务管理水平；运用财务电算化工作平台，进一步使财务工作变得更科学，更高效。

在绩效考核方面，完善和修订考核目标责任条款，改进考核激励机制，通过沟通核定目标值，上下级签订目标责任书等方式，使任务目标层层落实，人人有责；实行按月量化考核办法，相比较以前的一年一考核，更能增强考核工作的有效性，更好地起到了对各下属单位在经营中全程跟踪和监督的作用；实行年末企业业绩考核和干部测评制，奖优罚劣。

加大安全管理及投入力度，安全生产形势持续稳定。完善各类规章制度，确保安全生产有章可循。为严格落实企业安全生产主体责任和各级领导、部门的安全生产责任，进一步细化和量化安全生产责任考核内容，严格奖惩标准，将经营业绩考核与安全生产责任考核紧密结合，通过否决指标和扣分指标，增加安全生产的权重。通过集团公司与各下属单位签订目标责任书，再由各单位与其生产站段签订责任书，使得安全目标责任层层分解，环环相扣。

扎实开展各类安全生产活动。2012年，集团公司要求各单位从管理、制度、作业、设备四个方面着手，认真开展大检查工作。各单位突出重点地制定方案，开展自查自纠活动，共发现和处理各类问题及安全隐患1049件。开展春检春鉴、秋检秋鉴安全生产检查，共发现整改各类安全问题405件。在汛前、汛期对管内线路进行突击检查，全面排除各类隐患。开展营运线施工安全、调车命令、车辆防溜、消防安全、“十八大”期间的安全维稳等17项安全生产专项整治活动及“打非治违”专项检查和隐患排查治理，共整改各类安全问题和隐患441件。

加大安全生产软硬件的投入力度。完善应急救援预案的编制，《生产安全事故应急预案》《道口铁路交通事故应急专项预案》《机车、车辆脱轨、颠覆铁路交通事故应急专项预案》通过专家评审，在省安全生产监督管理局备案登记。加强应急救援队伍建设和设备物资管理，组织开展电力机车脱轨起复等演练活动。投入资金对隧道、钢轨、救援机、安全防护网等设施进行维护和改造。举办安全培训及技术比武，成绩及格率95%以上。举办山西地方铁路集团第一届“安康杯”知识竞赛活动，进一步增强了群众的安全意识。2012年集团公司连续8年被评为“全省安全生产先进单位”。

（樊　璐）

公　路

【山西公路概况】　2012年，全省公路13.8万千米，比2011年增长2.2%。其中，高速公路里程5011千米，增长25.1%。每百平方千米公路里程87.9千米。全省公路货运量7.32亿吨，增长12.3%；公路货物周转量1202.25亿吨千米，增长14.8%。公路客运量3.37亿人，增长2.4%；旅客周转量230.61亿人千米，增长4.9%。全省民用汽车327.6万辆，增长10.9%。

【2012年山西省交通运输行业成绩斐然】　*高速公路基本建成1000千米。*2012年，新建成高速公路1006千米。经检测，实体工程抽检合格率95.1%，其中，关键指标抽检合格率96.7%。

*在全国率先实现农村街巷硬化“全覆盖”。*2011～2012年，全省完成农村街巷硬化工程27873个行政村13.7万千米，提前实现了具备条件的行政村街巷硬化“全覆盖”，工程合格率100%。至此，山西省在全国率先实现了农村交通“两通一硬化”，农村交通面貌发生了翻天覆地的变化。

*融资总量全国交通运输系统领先。*面对前所未有的资金困难，山西省交通运输部门把化解政府融资平台制约与转变高速公路发展方式结合起来，积极创新融资方式，拓宽融资渠道。2012年融资总量1023亿元，确保了还本付息不欠账、建设资金不断链。

*治超工作继续保持全国领先。*2012年，山西省各级交通运管部门不断加大源头监管、路面执法、经济调节和责任追究力度，加快推进科技治超和检测站点升级改造，全省所有的公路超限检测站和214个高速公路入口全部安装了不停车检测系统，8个市104个县建立了远程监控平台。以打击短途运输和过境车辆为重点，不断深化超限超载车辆治理专项行动，全省公路超限超载率稳定控制在0.2%以下，高速公路和干线公路杜绝非法超限超载，公路桥梁得到有效保护。9月，交通运输部部长杨传堂出席了全省治超表彰会议。

*交通战备工作名列全国前茅。*2012年，全省交通战备工作以军民融合式发展的重大战略思想为指导，着力提升军民融合式发展的层次和水平，在全国交通战备系统起到了示范和标杆作用。“136”等贯彻国防要求工程初步具备战略投送集散、人员物资掩蔽储藏和联合指挥三大功能，驻晋部队进出口道路硬化基本实现“全覆盖”。8月，国家有关部门在山西省专门召开了交通建设贯彻国防要求现场观摩暨交通战备践行“平时服务、急时应急、战时应战”总要求交流研讨会议。

*城乡公交发展创历史之最。*山西省政府出台了《关于进一步促进道路运输行业健康稳定发展的通知》和《关于优先发展城市公共交通的意见》。2012年，各市财政当年对城市公共交通投入15亿元，新增更新公交车辆1552辆，城市居民公交出行分担率16%。太原市被列入全国首批“公交都市”试点城市，连续3年每年新增更新公交车600辆，并建设了总车数20000辆、覆盖主城区、面向广大市民的公共自行车服务系统。在村村通客车的基础上，加大农村客运公交化改造力度，全省13%的乡镇政府所在地、6%的行政村通了公交。

【主要经济指标连创新高】　*公路投资及建设任务基本完成。*2012年，全省公路建设累计完成投资589.61亿元，其中，高速公路完成493.54亿元，干线公路完成33.63亿元，农村公路完成55.48亿元；站场和交通院校新校区完成6.96亿元。除高速公路新建成1000千米外，国省干线公路完成新改建工程350千米，农村公路完成新改建工程2156千米，提前完成全年目标任务。运输枢纽建设建成7个一级客运站、16个二级客运站。太原公路主枢纽武宿货运中心主体工程和物流公共信息平台基本建成。

*车辆通行费收入再创新高。*2012年，全省收费公路车辆通行费收入130.28亿元，比2011年增长5%。其中，高速公路114.34亿元，增长5.1%；普通公路15.94亿元，增长4.3%。

*“绿色通道”政策得到落实。*全省收费公路共为150万辆鲜活农产品运输车辆减免通行费4亿元，为降低农产品流通成本、增加农民收入做出贡献。

*贯彻小客车免费通行政策首战告捷。*2012年中秋、国庆长假期间，全省交通部门和公路管理机构提前制定实施方案、操作细则和应急预案，全力以赴做好首次小客车免费通行工作，共为600万辆7座及以下小型客车减免通行费1.62亿元。没有发生大面积长时间拥堵事件，没有发生重大及以上交通事故，60%的交通事故能够在20分钟内清障，为社会公众安全便捷出行、扩大消费需求、促进经济增长发挥了积极作用。

*公路管养继续加强。*完成《山西省公路条例》的起草、调研、论证等工作，进一步明确市县政府的公路保护职责和农村公路养护主体责任等，省人大常委会12月初正式发布，2013年1月1日正式实施。干线公路实施改造危桥33座、灾害防治264处660千米、安保工程162处100千米、翻修10千米、加铺92千米、双罩面281千米。高速公路分路段制定养护计划，对三类桥梁进行维修加固、标志标识及排水设施进行完善、砌体边坡进行整修、路容路貌全面整治，保证道路始终处于良好的使用状态。深入开展“农村公路养护管理年”活动，推动养护责任主体落实，努力做到有路必养。全省高速公路优良路率99.9%，国省干线公路优良路率81.6%，县公路优良率80.8%。

*安全生产形势稳定好转。*深入开展百日安全大检查、安全生产专

项整治“回头看”等活动，大力加强基层基础工作。公路部门将列入危桥数据库的桥梁进行改造，对夏季水毁路段及时抢修抢通，对事故多发路段进行专项整治，提高安保标准，设立警示标志，进一步提高公路安全保障能力。运管、海事机构重点加强客车、客船安全管理，深入开展“安全带—生命带、救生衣—救命衣”专项行动，全省所有高速客运班车、200千米以上客运班车和旅游客车安全带安装率100%，农村客运安全带安装率80%。GPS终端动态监管记录纳入处罚依据，市级和企业平台上线率100%，车辆上线率79%。水上客运船舶救生衣实现全员配置。

全系统安全生产形势稳定好转。2012年共发生安全生产事故13起，死亡23人。与2011年相比，事故起数减少1起，下降7.1%；死亡人数减少12人，下降34.3%。未发生重大及以上事故。

交通运输节能减排效果明显。道路运输方面，加强道路运输行业节能减排统计监测，加快淘汰高耗能、高排放老旧车辆，大力推广清洁能源。2012年全省新增公交车全部为双燃料车辆，双燃料公交车占全省公交车总量的38%，50%以上的出租车进行了双燃料改造。公路运营方面，加快推进公路不停车收费技术应用，全省高速公路ETC用户4万余户。河津、晋中等服务区清洁能源和水资源循环利用工程被交通运输部列为“十二五”首批节能环保试点工程。工程建设方面，继续推动实施交通运输部忻阜高速资源节约型和环境友好型科技节能示范工程，推广了一批潜力大、应用广的节能减排技术和产品。

【一批高速公路陆续通车】 太古高速公路投入运营。2012年7月12日，太原至古交高速公路正式投入运营。

太古高速公路是省重点工程，东起太原环城高速西北环东社枢纽，西至古交市河口镇，全长23.4千米，概算投资28.48亿元。全线共建有西山隧道群、大中桥11座、互通式立交1座，设计时速80千米/小时。项目制约工程西山特长隧道长达13.65千米，是全国第二长公路隧道。

高陵高速、和榆高速（榆社到左权段）正式运营。2012年8月28日，高陵高速、和榆高速（榆社到左权段）正式运营。高陵高速公路是高（平）新（乡）高速公路省境内段，是山西省“三纵十一横十一环”高速公路规划网中第十横的重要组成部分。高陵高速公路起点位于高平市河西镇常乐村，以常乐互通与长晋高速公路相交，西与在建的高（平）沁（水）高速公路相接，往东途经高平市和陵川县的8个乡镇59个行政村，终点为陵川县古郊乡营盘村，由王莽岭隧道进入河南省，与新乡市待建的新（乡）高（平）高速公路相接，全长63千米。设计等级为山岭区高速公路，设计时速为每小时80千米。路基宽24.5米，全线有大桥24座，中桥9座，涵洞122道，天桥11座，隧道13座。设5个收费站，1个服务区。工程概算总投资37亿元，由省交通开发投资集团有限公司以BOT方式投资组织建设，于2009年4月正式动工。

和榆高速公路是山西省“三纵十一横十一环”高速公路规划网中主骨架第七横汾阳至邢台高速公路的重要组成部分，与平榆高速公路终点相接。起于与太长高速公路相交的榆社峡口枢纽互通以东3千米处的赵道峪村，途经榆社、左权、和顺3个县20个村庄，终点同河北省路网规划中第五横临清至和顺高速公路西段以康家楼特长隧道相连，全长76.69千米。采用双向四车道高速公路标准建设，路基宽度24.5米，设计行车速度每小时80千米。桥涵设计汽车荷载等级为公路-Ⅰ级。本项目分两期建设，一期工程榆社—左权段全长40.5千米正式运营。

临汾北环及京昆与青兰高速联络线通车。2012年8月28日，临汾北环及京昆与青兰高速联络线举行通车仪式，标志着临汾市高速公路网络建设取得新突破，结束了市区无环城高速的历史。

临汾市环城高速北环是山西省高速公路网“三纵十一横十一环”规划中的“临汾环线”重要组成部分，工程投资概算8.7亿元，建设工期两年。工程承东接西，是构建临汾高速公路的整体框架之一。

京昆与青兰高速公路临汾联络线是国家高速公路网京昆高速与青兰高速在临汾市境内的最佳连接线，也是山西省“十一五”规划的重点项目之一。起点连接青兰高速公路长临段曲亭互通，止于京昆高速公路祁临段明姜互通西南。全长16.03千米，设计速度100千米/小时，估算总金额14.1亿元，建设工期2年。工程连南通北，可称为促进临汾经济发展的骨架。

太原环城高速太谷连接线清徐段正式通车。2012年10月26日，太原环城高速太谷连接线清徐段正式竣工通车。

太原环城高速太谷连接线工程是太原市公路建设重点工程，也是清徐县有史以来所承担的建设等级最高、投资规模最大的一项交通建设项目。工程全长34.4千米，从小店途经清徐至晋中市太谷县。全线按一级公路标准设计，为双向四车道，设计行车速度为每小时100千米。

临吉高速公路正式通车运营。2012年8月23日，临吉高速公路正式通车运营。

临吉高速公路穿越临汾西部重要农业区、资源富集区、重要旅游区，是名副其实的旅游黄金线、国道主干线、重要出口线。临汾至吉县高速公路于2009年8月5日正式开工建设，是国家高速公路网第六横青岛至兰州公路山西境内的一段，也是山西省“三纵十一横十一环”高速公路网第九横的重要组成部分，是省重点工程。线路起于襄汾县南辛店乡西邓村南侧，经襄汾县、乡宁县、吉县止于吉县苇子湾黄河西岸，设黄河特大桥至陕西省宜川县，全长99.1千米。全线采用全封闭双向四车道高速公路标准建设，路基宽度24.5米，设计速度80千米/小时。全线共有大中桥23.5千米/81座，其中，特大桥5036米/4座；隧道41.2千米（单洞）/17座，其中，特长隧道16.8千米（单洞）/2座。主线收费站1处、匝道收费站5处、服务区3处。建设工期历经3年。

临吉高速公路黄河壶口特大桥建成通车，临吉高速公路全部竣工通车。2012年12月30日上午，临吉高速公路重点控制性工程黄河壶口特大桥建成通车，标志着历经3年艰苦建设的临吉高速公路全部竣工通车。

黄河壶口特大桥为临吉高速公路重点控制性工程，桥梁上部结构为预应力混凝土箱型连续梁，下部结构采用矩形空心薄壁墩、嵌岩桩基础，桥台采用组合式桥台，嵌岩桩基础。桥址位于临汾市吉县与陕西省宜川县之间的吉县苇子湾，横跨309国道及黄河，连接山西与陕西两省，全长757米。大桥高墩、大跨连续梁、深水基础为项目施工的重点和难点。一是桥位地形起伏较大、场地狭窄，梁场、拌和站、便道等施工场地选址困难，临时工程量大。二是工期紧，桥梁必须冬季施工，因此克服低温、保证施工质量措施尤为关键。三是沿线施工材料匮乏，钢材、水泥等主材需要由临汾、太原等地远运供给，运输距离远、运输成本高。四是工程质量目标高，竣工验收必须达到交通部优良工程标准，并力争鲁班奖。五是墩高、跨径大，大桥3号主墩高146米，为目前山西省境内桥梁最高墩，同时也是黄河最高墩，桥梁最大跨径175米，且2号、3号墩位于水流汹涌的黄河水中，施工难度大、技术含量高、施工工艺极为复杂。

*平遥至榆社高速公路正式通车运营。*2012年12月25日，平遥至榆社高速公路正式通车运营。

平遥——榆社高速公路是《山西省高速公路网规划》中"三纵十一横十一环"高速公路网主骨架中第七横S66的重要组成部分，是西通陕、甘、宁三省，东达京、津、冀三省市的重要战略通道。路线起点接汾阳——平遥高速公路和大运高速公路(G5)，终点以枢纽形式连通太长高速公路(G55)与榆社——和顺高速公路连接，沿途经过介休、平遥、祁县、武乡、榆社等5个县(市)的11个乡镇、41个行政村。

平遥至榆社高速公路按双向四车道高速公路标准建设，路线全长83.1千米，其中，重丘区路线长13.8千米，设计速度采用100千米/小时，路基宽度26米；山岭区路线长9.3千米，设计速度采用80千米/小时，路基宽度24.5米；桥涵设计荷载标准公路—I级。全线修建桥梁185.7千米/73座。修建隧道单洞总长325.5千米/3座，其中，宝塔山特长隧道单洞长20.7千米，紫金山特长隧道单洞长9050米。设互通立交枢纽5处，匝道收费站3处，服务区2处。建设工期3年。

【持续不断5年治超成果显著】 *超限超载现象基本消失。*2012年12月18日召开的全省新一轮治超总行动实施五周年新闻发布会上发布：从2007年12月18日全省"无缝隙、拉网式"治超总行动正式开始，5年来，山西省通过政府主抓、部门联动、源头监管、责任倒查等措施，取得治超工作重大阶段性成果，成效显著。超限超载率大幅下降，由13%下降到0.2%以下。交通事故与2007年相比，平均每年减少1950起，死亡人数平均每年减少492人，受伤人数平均每年减少2514人。

*道路运输效率大幅提高。*高速公路货车平均行车速度从治超前的30千米/小时，提高到现在的60千米/小时以上，客车正点率90%以上，长时间大面积堵车现象基本消除。全省干线公路货车通行量由治超前的2.2万辆提高到4.6万辆。

*货运价格合理回升。*煤炭等九大类货物平均运输价格由2007年的0.93元提高到现在的1.24元，增长33%，加上高速公路通行费优惠10%，整个运价增长40%多，治超使不合理的过低运价逐步"归位"。

*公路设施得到保护。*全省827座危桥全部得到治理，没有因超载新增一座危桥，因超载形成的公路损坏基本绝迹，累计减少公路经济损失150亿元。

【具备条件的行政村实现街巷硬化"全覆盖"】 2011～2012年，全省累计投资265亿元，建成水泥(油)路近15万千米，27881个行政村实现街巷硬化"全覆盖"。

工程实施以来，充分发挥地方政府和各有关部门两个积极性，坚持规划到位、资金到位、管理到位"三个到位"，做到规划与新农村建设、区域交通发展、资源开发和农业园区建设、移民扶贫、村通水泥(油)路相结合，保证省级补助资金及时全额到位，形成三级政府力度大、三个文件打基础、四次会议掀高潮、两种巡查保质量、多次检验保覆盖的良好发展局面，基本实现了"六大目标"。

对农村街巷硬化"全覆盖"工程后期管护问题，各市政府先后出台《农村街巷硬化"全覆盖"工程后期管护指导意见》，明确管护主体和资金来源，大部分县(市、区)结合实际，制定街巷硬化"全覆盖"后期管护办法，采取"县为主体、乡镇负责、村委实施"的管理模式，养护资金和人员经费由县、乡两级解决，巷户道采取"自扫门前雪"的方式由村民自行负责。

(梁锦华)

煤炭运销

【昂首跨入世界500强企业行列】 *进入世界500强行列。*2012年，山西煤炭运销集团公司入选《财富》杂志榜，提前3年实现了进军世界500强的战略目标，成为山西省首家进入世界500强的企业。煤炭产量突破5000万吨，一举进入煤炭生产大集团行列，建设大型煤炭集团的基础进一步夯实；煤炭贸易量再次超过3亿吨，煤炭物流和多元产业初具雏形。集团营业收入、利润总额、资产总额三大指标在全省国有企业名列前茅。全年营业收入1850.2亿元，名列全省第一；实现利润36.8亿元，名列全省第二；资产总额1360亿元，名列全省第三。

*优化经济指标。*2012年，营业收入1850.2亿元，比2011年增长16.7%。焦炭集团营业收入324.2亿元，增长54.2%。

2012年，生产原煤5040.8万吨，比2011年增长22.8%。长治公司生产原煤1619.3万吨，占集团总产量的32.1%；阳泉公司生产原煤812万吨，占集团总产量的16.1%。

2012年，焦炭产量160.8万吨，比2011年增加44.9万吨。

2012年，煤炭贸易量30225.1万吨，比2011年增长8.8%。焦炭贸易量1521.9万吨，增长83.5%。

2012年，实现利税135.6亿元，比2011年减少20.3亿元。实现利润36.8亿元，下降17亿元。

狠抓项目建设。2012年，累计投资128.9亿元，续建项目112个，38个项目开工建设，11个项目竣工验收。其中，煤炭生产完成投资102.2亿元，重点推进46座矿井建设，泰山隆安、泰安、天和、莲盛、保安、金达、裕兴、峪煌、大西等9座矿井通过竣工验收，新增生产能力1095万吨。李家窑、晋永泰、南河、永晋等4座矿井进入联合试运转。

煤炭物流完成投资11.5亿元，吕梁孝龙、晋中平舒集运站建成，新增发运能力300万吨/年。

多元产业完成投资15.1亿元。装备制造产业及介休焦化园区建设初见成效。

坚持安全第一。一是以落实安全生产责任制为主线，落实"一岗双责"，落实企业的安全生产主体责任和管理责任，继续在配齐人员、队伍，提高能力素质，健全完善制度，深化考核监督上下功夫。各矿、厂、站、点是安全生产的责任主体，负安全生产主体责任；集团公司、市公司、直属公司负安全生产管理责任。二是坚持办矿理念、"六大阶段性目标"，按照"二个五"的基本工作要求，建设安全高效矿井。三是健全完善安全风险预控体系，突出重大灾害预防、隐患排查机制，狠抓质量标准化动态达标工作。四是继续狠抓矿井安全准入，示范矿井建设，矿井设计优化，对标贯标达标，岗位描述、手指口述、班组建设活动。"干部上讲台、培训到现场"，创新安全管理。五是着力培育以安全为灵魂的矿区文化。统一全员的价值取向和核心价值观为"崇尚安全、敬畏生命、行为规范、自主保安"。

【煤炭产业走上创新发展之路】 苦练五项基本功。(1)资源与衔接。下功夫研究煤层赋存情况，并确定与之适应的开拓部署和抽、掘、采接替关系，根据对煤层赋存情况的认知和变化，修改设计，制定针对性的安全生产措施。(2)装备与技术。提高核心装备技术水平，有条件的优先采用一次采全高技术，采用高、新、精、尖装备，大力推广应用新材料、新工艺、新装备、新技术。(3)环节与系统。把矿井的环节系统优化、简化，常态化，一切以有利于安全生产和提高效益为准绳。(4)人员与队伍。把功夫下在减少用人，提高素质，全方位培养核心骨干队伍上。(5)体制与机制。按照"公司化、专业化、市场化"的统一管理模式，因地制宜构建产权清晰、法人治理结构完善、责权明确、管理科学的现代管理体制机制。

狠抓五个关键点。(1)狠抓瓦斯和煤尘治理。按照瓦斯治理的3年规划，认真组织实施，把瓦斯治理的主要措施放在地面抽采上。树立煤尘、瓦斯治理同等重要的工作理念，提高对防尘工作的认识。把供电系统、电器设备防爆管理作为瓦斯治理的主要措施加以落实。(2)狠抓水害治理。开展地质补勘，物探、钻探相结合，对矿井水害，尤其是小煤窑采空区水害务必做到心中有数。(3)狠抓立井和大斜坡运输管理。坚决做到行人不行车。(4)狠抓小煤窑灾害综合治理。防范小煤窑采空区，水、火、瓦斯、有毒有害气体、顶板对安全生产构成的威胁。(5)狠抓顶板管理。研究顶板管理技术，提高支护质量，确保支护安全。

突出五个先进性。(1)突出装备技术的先进性。核心装备技术高、新、精、尖，并以本质安全为目标。(2)突出数字矿山建设的先进性。加快建设自动化配电硐室、自动化压风机房、水泵房、自动化工作面等，大幅度减少井下用人。在安全监控、自动控制、信息化管理等方面，要走在全行业的前列。(3)突出管理理念的先进性。树立正确的"投入产出观"，该投则投，应投尽投。树立正确的"淘汰报废观"，对于淘汰的、落后的、不匹配的生产设备要坚决淘汰报废，杜绝落后的材料、设备流入生产领域形成制约的短板和瓶颈。树立正确的"生产组织观"，根据煤层储存和煤层生产能力确定井型和矿井生产规模，根据市场以销定产，正确处理均衡生产和弹性生产的关系。(4)突出风险预控体系建设的先进性。倾全集团之力建成具有煤销特色的安全风险预控体系。(5)突出安全文化的先进性。使安全生产成为全体员工共同的价值观和行为准则。

准备用3年左右的时间，把集团公司的矿井全部建设成为"安全、高效、数字、绿色、发展"的现代化新型矿井。

【贸易物流业瞄准现代服务高标准】 加快物流信息平台建设。实现商流、物流、信息流、资金流的"四流统筹"，打造以物联网技术应用为核心，建设物流环节全覆盖、技术标准相统一、信息数据实时共享、功能可配置、管理可视化、运行智能化的物流信息平台。充分发挥物流节点作用，实现集团对货物在运输、储存、加工、配送各环节的网络监控，合理配置资源，支撑煤炭贸易物流发展，提高集团物流贸易的服务水平和经营能力。

大力推进铁路专用线、集运站，公路洗配煤中心、仓储超市等物流节点的合理布局、整合及建设。抓紧落实忻保、长平两条高速公路综合物流项目，布局LNG和CNG加气站，加快新型能源车辆的应用，实现甩挂运输，推进绿色物流通道建设。以秦皇岛、日照港等煤炭配送基地建设为中心，加快煤炭集散地、港口中转基地建设。立足山西，面向全国，构建大物流体系，构建支撑煤炭物流"巨无霸"的基石。

加快煤炭物流营销团队建设。建立专业化采购，专业化销售，数字化、均质化配煤，科学化配送，信息化保障的"五化"队伍，实现从传统的、行政的煤炭贸易物流管理到现代服务业的根本转变。

【多元产业以板块化为主业拉构产业链】 煤化工板块(煤一化)：介休焦化园区继续加大力度推进全规模、全循环生产运营，强化"管理、指挥、采购、销售、监测、结算"六统一业务流程，多手段控制吨焦成本，实现提产增效。发挥园区联产优势，建设示范园区。积极推进焦化企业联合重组，抓好焦炭交易中心的规范化运作。积极推进宁武烯烃项目。

电力板块。加快集团煤电一体化步伐，积极推进和电力企业的整合重组，强强联合、优势互补，筹建坑口电厂、矸石电厂、瓦斯电厂，走绿色、循环的发展道路，力争在“十二五”末形成1000万千瓦小时/年的发电装机容量。

装备制造板块。树立“高级定制＋保姆式服务”的理念，加快装备制造的产品研发及服务，在重载卡车、带式输送机、掘锚一体机等制造上走高端化、差异化的道路。

新能源板块。大力发展以煤层气、焦炉煤气、LNG、CNG为主的清洁能源。发挥压缩天然气公司和大元公司的优势，结合国家相关规划，铺设长输管线，加快推进工业用气、加注站全省布局建设，形成强大的供给能力。

房地产板块。积极融入山西的城镇化建设，以优先保障员工住房为重点，打造集团房地产品牌效应，率先把万景苑小区、朔州清河湾、晋城兰煜龙湾等建成区域亮点。

文化旅游及后勤板块。面向基层，服务一线，增强企业的凝聚力和向心力，促进集团文化产业和后勤服务业逐步发展壮大为现代服务业。运城公司要力争建成集团后勤服务基地。

金融板块。积极组织推动企业整体上市，把上市作为保障集团“资金链”安全的重要手段。推进山西能源产业基金募集工作和租赁、财产保险等融资业务的开展。

贵金属板块。加快推进晋银公司的贵金属矿产资源整合工作，延伸产业链，争取综合经济效益最大化。

另外，2012年省煤炭厅11家脱钩企业加入煤销集团，为集团发展注入了新鲜血液。

（杨　蓓）

民用航空

【山西省民航机场集团公司经营概况】 毫不松懈保安全，安全形势持续平稳。2012年，山西省民航机场集团公司始终把“持续安全”和“没有安全，一切归零”的理念贯穿于安全生产全过程，认真贯彻国家、省、民航安全生产工作部署，落实安全责任，强化安全监管，将安全生产专项整治、“打非治违”行动、安康杯竞赛活动、安全生产月和百日安全生产活动与全年工作相结合，贯穿于整个生产运行中，完成各项安全生产保障工作，杜绝责任原因造成的航空严重差错以上不安全事件和各类生产安全事故，实现了年度安全目标。

2012年，山西省民航机场集团公司荣获“全国航五一劳动奖状”“山西省安全生产先进单位”称号，山西省民航机场集团公司总经理、党委书记郝孝义荣获“全国安康企业家”称号。

健全安全管理体系。重新组织修订《太原机场航空器非法干扰和威胁备降处置程序》《安防监控系统管理办法》《太原机场控制区证件管理规定》，制定山西民航机场《内部治安保卫工作指导意见》《重要会议安全保卫工作规范》和《党的“十八大”安保工作总体方案》等一系列安全管理文件，为全省机场的安全生产工作奠定了良好的基础；完善安全岗位目标责任制和空防安全规章制度体系。通过“十八大”安保专项行动，将一系列安保工作经验演变成保障大型安保工作任务的固化工作制度，使机场安保工作真正做到有章可循，有法可依，基本构建了山西民航科学明晰的安全责任管理体系。

强化安全教育考核。为全面贯彻落实“100－1＝0”的安全理念，重点强化对职工的安全教育考核。通过对新入职员工的安全教育工作以及定期开展安全目标考核活动，实现了员工安全教育100％全覆盖，增强了全体职工安全生产的自觉性和积极性；强化安全监察队伍建设，建立安全监察员选拔和聘用制度，46名人员通过首批安全监察员选拔考试。开展岗位安全达标活动，太原机场完成84个岗位手册和612个岗位危险源的辨识工作，大幅度提高机场安全生产技能，也为其他各支线机场的安全生产水平的提升提供了丰富的经验。

提升应急管理水平。制度建设方面，根据山西省政府要求，山西省民航机场集团公司起草制定《山西省民航机场应急救援体系建设“十二五”规划》，为“十二五”时期山西省民航应急救援体系的建设提供了切实可行的政策依据。修订《太原武宿国际机场突发事件应急救援预案》，并已得到山西省政府批准。实战演练方面，太原机场组织开展了太原武宿国际机场大面积航班延误应急处置和航空器非法干扰桌面演练等各类演练25次，全面提升了机场应急救援的操作性和时效性。队伍建设方面，为切实发挥应急专业人才在突发事件中咨询建议和技术支持作用，组建山西省民航机场集团公司应急管理专家库，同时开展了长治机场应急部门的整合工作，充分发挥了应急专业人才在突发事件中的咨询建议和技术支持作用。经过层层选拔，在第四届全国急救中心急救技能大赛中，太原机场医疗急救中心代表队作为全国民航系统唯一的参赛队伍，在全国33支代表队中取得团体第二名的优异成绩，应急管理水平得到大幅度提升。

开展安全专项活动。一是加大净空保护工作力度。全年共审批净空高度申请61件。积极参加山西省政府组织的“安全生产月”咨询活动，发放《太原机场净空环境保护知识》500余册，为全省净空保护工作的持续开展营造了良好的氛围。二是在民航系统发生多起航空器受到非法干扰事件的背景下，通过多次召开专题会议，加强多部门联动机制，严格落实安全责任，加大机场公共区域治安管控工作巡逻力度，为确保“十八大”的召开营造了安全稳定的治安环境。对省内4个运营机场安保工作进行全面督查，要求相关部门严格执行空防安全二级、三级预警响应预警等级措施，并协调解决了机场安保工作中的重点和难点问题，确保了“十八大”安保任务的万无一失。三是积极开展山西民航机场“百日安全生产活动”，深化责任落实，加大隐患排查力度，进一步强化广大干部职工安全意识，全省民航机场安全生产形势持续稳定向好。四是开展计算机保密安全定期检查，确保了山西省民航机场集团公司的信息安全。

挖掘潜力拓市场，运输生产稳健增长。国际及地区航线进一步完善。新开新加坡、日本大阪和静冈航线。泰国东方航空公司、韩国易斯达航空公司、香港航空公司、韩国济州航空公司和泰国都市航空公司相继加入到运营太原的航线中，分别加密了仁川、曼谷和香港航班，新增了至济州岛和普吉岛的航班。进一步加大与澳门航空公司的合作力度，澳航于10月底起将太原机场作为过夜基地。至此，太原机场引进的外籍（地区）航空公司达到8家。全年共运送国际及地区航线旅客22万人次，比2011年增长2.1倍。

国内航线和省内支线航班良性发展。2012年，统筹协调山西省4个机场大力推进航线开发工作，航线网络布局进一步丰富、完善。太原机场新增了至大连、三亚、海口、昆明和桂林等29条至国内重点旅游城市的航线，加密了太原至北京、厦门和青岛等15条至国内主要城市的航线；长治机场新增了武汉—长治—太原航线，加密了重庆—长治—天津和太原—长治航线；大同机场新增了大同—太原—重庆、大同—太原—南京和大同—运城—三亚3条航线；运城机场新增了郑州—运城—合肥、杭州—运城—乌鲁木齐和天津—运城—昆明3条航线，同时还增加了运城至上海和太原的航班密度。通过积极的市场营销和宣传推广，省内支线包机航班的客座率及收益率均取得较好成绩。积极与郑州空军、北京军区空军及大同指挥所协调，供民航使用的空域得到了最大限度的释放，为确保航路顺畅和军民航共同发展提供了有力保障。建立中转联程柜台，简化旅客中转手续，提高机场中转效率，进一步推动了太原机场区域性枢纽建设步伐。

公务机市场发展迅速。2012年，太原机场公务机业务量继续迅猛增长。北京、上海、广州、深圳、三亚和香港等是公务机的主要流向城市，全年太原机场共执行公务机456架次，比2011年增长93.2%。

货运市场取得长足发展。主动出击货运市场，强化营销力度，通过调整收运价格及出台优惠政策、加强与长期客户的合作、加强对机场内货运市场的管理力度等方式，积极争取客源和货源。与20多家省内外物流公司和机场货运部门建立了长期合作关系，货运仓储量大幅增长。在全国航空货运市场整体下滑的形势下，仍然保持了12.3%的增长水平。

2012年，山西省民航机场集团公司（管理局）继续加强航空市场的开发力度，航线补贴全年共计3075班次，补贴金额9296万元。通过合理的补贴，进一步优化了航线网络，促进了航空市场健康、快速增长。

全年全省民用机场共保障运输起降8.7万架次，完成旅客吞吐量852.1万人次，货邮吞吐量4.8万吨，分别比2011年增长10.1%、17.5%、6.9%，旅客吞吐量增幅高出全国平均水平8.3个百分点。其中，太原机场通航航线94条，通航城市55个，共保障运输起降6.7万架次，旅客吞吐量681.3万人次，货邮吞吐量4.2万吨，分别比2011年增长13.6%、15.9%、7.7%；长治机场开通国内航线9条，通航城市9个，共保障运输起降6459架次，旅客吞吐量50.2万人次，货邮吞吐量1617.2吨，分别比2011年增长16.3%、22.4%、－1.5%；大同机场开通国内航线8条，通航城市10个，共保障运输起降4294架次，旅客吞吐量28.3万人次，货邮吞吐量2133.5吨，分别比2011年增长28%、30.4%、18.6%；运城机场开通国内航线14条，通航城市15个，共保障运输起降9641架次，旅客吞吐量92.4万人次，货邮吞吐量2430.2吨，分别比2011年增长18.6%、23.2%、10.8%。

*增收节支创效益，非航项目稳步推进。*严格财务管控，加强经营管理。推行财务预算管理，坚持量入为出、开源节流的原则，进一步加强预算费用控制能力，各项成本费用得到有效控制。进一步下放考核部门预算费用内的审批权限。积极争取山西省政府、中国民航总局对航线开发、房地税减免、基础建设、贷款贴息和节能减排等方面的支持，共获得资金支持2.59亿元。加强法律事务及各类合同的审核、报批管理，对外签订各类合同671份，下放了子公司合同审批权限，审核子公司各类合同100余份，经济活动更加活跃。有效利用集团资源，为山西省民航机场集团公司增加了收入，对航站楼商业进行准确定位、合理分配；最大限度地利用航站楼空间设置商业布局，实现了商业价值的最大化。强化对外合作，与太原高新技术开发区签订南中环建设项目合作协议书，在保护太原机场北远导航台功能前提下，充分利用和整合了周边土地资源。与太原海关签署《合作备忘录》，为促进山西航空口岸进一步发展创造了有利条件。积极拓宽思路，与中国民航管理干部学院联手，达成校企合作协议。

完善非航结构，拓展非航业务。完善投资公司的法人治理结构，理顺了子公司经营管理体制，经营收入得到提高。继续拓展非航业务发展空间，启动了可行性非航项目的筹建工作，目前共有7个非航项目落地，完成5个子公司的资产评估和工商注册工作，合资成立加气站，合作成立加油站，为下一步各项业务的顺利开展打好了基础。完成山西省民航机场集团公司非航服务价格审批事宜，拓展和规范非航业务收费范围，为资源增收创造了条件。

2012年，山西省民航机场集团公司营业收入5.01亿元，其中，航空性业务收入2.21亿元，非航空性业务收入2.8亿元，非航空性收入占营业收入的55.9%。

*精细管理重创新，管理工作日趋完善。*体改工作取得实效。2012年8月1日，山西省民航机场集团公司与大同市人民政府签署大同机场托管协议，标志着全省机场一体化管理进程迈出第一步。托管大同机场后，初步明确了大同机场的战略定位和发展目标，为促进大同机场走上快速、健康发展之路，更好地为大同市经济社会发展服务起到了助推作用。

进一步理顺机构，精简山西省民航机场集团公司机关，成立了以太原、长治、大同为版块的机场公司，管控模式实现了由集中管控向战略管控转变。

子弟幼儿园顺利移交太原市教育局，标志着剥离“企业办社会”职能的任务基本完成。

内部管理进一步完善。2012年初获得ISO9001国际质量认证、

ISO14001 环境认证和 GB/T28001 职业健康安全认证证书，标志着山西省民航机场集团公司向国际化标准化管理迈出坚实的一步。为扎实推进“三体系建设”，实现管理模式战略转型，制定了详细的三体系工作计划，并严格按照计划稳步落实各项工作，为加强管理工作提供了有力保障。陆续出台包括人力资源管理、行政管理、经营管理等方面的各项规章制度 32 项，制度建设进一步完善。积极推进山西省政府与中国民航总局签署《关于加快推进山西民航发展的会谈纪要》，为山西民航业持续稳定发展创造了良好机遇。完成山西省民航机场集团公司 10 宗国有土地的办证工作。增强办公自动化系统功能，开通太原至大同、长治的办公和财务网络专线，实现了异地办理办公网业务与财务业务。

人力资源管理、培训工作有效加强。认真贯彻执行《劳动法》，在人事管理、薪酬、福利等各方面实现了全体员工的同工同酬。建立工资总额预算化管理控制体系。进一步完善干部选拔的程序和选拔方式。开展二级干部职业性格测试，为管理人员自我发展提供了参考。组织 327 人参加民航职业技能鉴定考试。打通以专业技术和职业技能评聘体系为基础的职业发展通道，逐步实现了对各岗位的覆盖。加大教育培训工作的规范化管理力度，开展机场安全运行相关岗位专业人员资质排查工作，进一步理顺和完善了山西省民航机场集团公司内部培训工作的监督考核机制。积极整合内部培训资源，推动内训课程的有效实施，内训课程使用率 95%。正式启用山西省民航机场集团公司危险品训练机构，引入三方监督机制，顺利开展了危险品资质培训、考核工作。

科学规划抓项目，基础建设扎实推进。机场建设方面。全省各民航机场建设项目按照发展规划有序推进。太原武宿国际机场改扩建收尾工程全部完工，并顺利通过竣工验收和行业验收。2012 年 6 月，山西省发改委组织的太原机场改扩建工程调整概算评审会议原则通过了《太原武宿国际机场改扩建工程调整概算书》。目前，山西省政府同中国民航总局就调整概算事宜已达成共识，调整概算书审批手续正在办理中。经过与长治市政府多次研讨，长治机场总体规划编制完成并初步通过。长治机场迁建事宜基本明确。运城机场航站区扩建工程总投资 4.4 亿元，已全部完工，顺利通过竣工验收和行业验收，已正式投入使用。大同机场改扩建工程总投资 3.37 亿元，已全部完工，顺利通过竣工验收和行业验收，已正式投入使用。新建吕梁机场工程总概算 9.47 亿元，已完成土方和地基处理工程及水源井施工工程，航站楼、综合办公楼工程、综合服务楼、生产业务用房等配套工程已开工建设，累计完成投资 9.4 亿元。五台山机场改扩建工程预计总投资 6.34 亿元，可研报告已批复，待国家发改委批复，总体规划、初步设计及概算预评审会议原则通过，环评报告等工作已完成，正在进行开工前的准备工作。临汾机场复航改造工程总投资约 4.71 亿元，可研报告已批复，总体规划、初步设计及概算预评审会议原则通过。

内部建设方面。为做好运输生产服务工作，满足机场安全运营的发展需要，2012 年共下达投资约 1.2 亿元用于机场内部建设，完成约 1 亿元，其中，大型项目已启动实施 11 项。一系列内部建设，提升了机场整体形象，满足了生产发展的硬件需求。此外，山西省民航机场集团公司职工保障性住房工程做好了开工前的各项准备，并举行了奠基仪式。

广开思路创品牌，服务保障有序顺畅。在加强规范化方面，完善《服务投诉处理管理办法》，为规范服务工作提供了标准。针对上海浦东机场和广州白云机场发生的旅客擅闯机坪事件，修订《太原机场大面积航班延误应急处置预案》，完善处置不正常航班旅客冲击机坪、安检通道和飞机等违法行为的程序和措施，进一步提高了航班不正常情况下的服务技巧以及大面积航班延误后的处置能力。开展关舱门后航班地面长时间等待专项治理工作，采取有效措施，切实提高了机场出港航班的正常率。在加强人文化方面，正式推出“乘机方便行”服务平台，为旅客提供更加及时、全面、贴心的乘机及出行服务。依据民主评议政风行风工作方案，按季度开展问卷测评活动，不仅量化了旅客满意度，还直接搜集了旅客意见和建议。二号航站楼行李寄存处正式投入使用，公共服务功能进一步完善。与中国联通合作，对标国际一流机场，对二号航站楼公用电话终端进行更新换代升级。启用新版登机牌，登机信息更加一目了然。在加强差异化方面，根据服务差异化的要求，制定了有针对性的服务细则和服务星级提升标准。

完成节假日、重大会议及大型活动的运输保障任务。在顺利完成春运、中秋、国庆黄金周期间等客流高峰时段运输保障工作的基础上，高标准、高规格完成各项重大会议的服务保障任务，包括“十八大”、两会、能博会、全国文化体制改革会议等 8 次大会，完成中共山西省委、省政府代表团包机服务保障任务。

长治机场加强军民航协调，完善《军、民航飞行保障协议》，强化空管统一协调运行管理机制，在航班密度加大及军方飞行训练任务增加的情况下，针对不同机型和不同飞行任务规范工作程序，保证了航班正常运营。大同机场组织专业力量，对地面服务人员进行技能培训，规范地面服务内容及流程，切实提升了大同机场的整体服务水平。

（郝　睿）

【东航山西分公司夯实基础，盘活资源，创造价值，稳健发展】 安全管理严格，体系推进有力，文化内核凸显，安全持续平稳。2012 年，东航山西分公司共安全飞行 58691 小时、28321 架次，飞行小时比 2011 年增长 1.6%，完成 T2 指标。

基础管理突出扎实。一是层层分解落实任务指标的同时，根据不同安全生产任务形势采取责任人约谈的形式，提升了领导干部责任意识。继续完善《安全奖惩管理程序》，修订《一般差错标准》，强化责任落实和考核科学性。二是审计检查严格，发现 69 条改进项目，换季、除防冰运行检查完善。三是航线审定把关严格，完成 33 条航线补充运行合格审定。作为东航 B737 机型代表顺利通过局方Ⅱ类航线验证检查，并得到验证组的高度肯定。四是安全培训覆盖广、完成好。安全教育完成率 99.7%，ICAO 通过率 79.7%，换季教育完成率、《运行手册》阶段性培训和《除冰和防冰大纲》培训完成率合格率 100%。

专项治理整顿突出落实。在继续开展防止外来物损伤航空器轮胎、锂电池运输等专项活动的基础上，认真落实东航"七项"专项治理及"打非治违"专项行动要求，并对空勤人员时间管理工作进行了专项整治，细化方案，落实责任。针对发生在昆明机场的擦尾橇事件，高度警觉，迅速围绕驾驶舱资源管理、飞行技术等内容提出六项具体整顿措施和要求，有效遏制了不安全事件抬头的趋势。在"十八大"安全保障工作中，严格落实预案，精心调配人员，确保了"十八大"期间空防安全。

训练关口突出严实。进一步严格飞行人员资质管理及飞行品质分析管理，全年培养机长 7 名、副驾驶 16 名，超额完成总部下达的任务指标。一是充分利用信息平台强化培训，加强模拟机复训人员网上理论学习。二是强化 QAR 译码监控，并认真总结分析。三是组织飞行人员完成 RNP APCH 理论培训，并纳入模拟机训练科目序。四是大力开展Ⅱ类运行模拟机训练。五是完成星级飞行人员的初评工作。六是持续改进飞行技术管理工作，梳理优化工作流程 34 个。

SMS 体系突出务实。一是完成《航空安全委员会例会组织程序》等 4 个程序的编写和修订。二是在飞行运行和客舱安全系统确立"预先准备质量提高"等三个重点安全风险管理项目。三是大力开展基层体系培训，完成 26 班次，923 人次培训。四是严把安全信息报送时限和质量，全年收集各类信息 706 条。五是认真开展运行状态系统评价及安全风险管理工作。六是严格落实公司安全巡视制度，解决存在问题。

人力调配突出全局。在总部运力受到飞行人力资源限制时，主动担当，派出大量飞行、乘务骨干力量帮助四川、武汉、云南、河北等兄弟公司代飞，共安全飞行 2000 余小时，受到总部表扬。

优化航线结构，提升营销能力，收益再创新高。全省机场累计客运吞吐量 855.5 万人次，比 2011 年增长 17.2%；累计货邮吞吐量 4.4 万吨，增长 8.4%。太原机场累计客运吞吐量 680 万人次，增长 15.7%；货邮吞吐量 3.8 万吨，增长 7.4%。2012 年，太原市场在飞航空公司 26 家，比 2011 年增加 3 家。平均始发航线 69 条，比 2011 年增加 9 条。

2012 年，经营工作取得难能可贵的成绩。一是市场份额好。东航太原进出港旅客 217 万人，比 2011 年增长 19%；山西地区进出港旅客 260 万人，增长 22%。在机场吞吐量总体大幅增加的情况下，东航太原市场份额 32%，其中，共飞市场份额 48%，山西市场份额保持在 30%。二是指标完成好。全年进出港收入 10.15 亿元，进出港客运收入 10.08 亿元，连续 3 年创新高。三是渠道管控好。核心代理人东航代理份额 42%，增长 8%，高于东航市场份额。四是边际贡献好。完成不定期包机收入 5978 万元，增幅达 224%，定期包机收入 1.24 亿元。取得机上升舱 197 万余元、逾重行李 90 万元等非航收入，获得太原机场减免航空性业务收费 750 万元。五是运行增效思路好。科学分析太原航路结构，从进离场优化、国际航线规划等多角度设计优化方案。以提高性能限制重量为出发点，向总部提出在昆明长水机场波音飞机运行采用最优 V1 方式计算的建议，被列为公司运行政策。

优化运力，合理布局。积极落实"候鸟战术"，适时调整太原始发 4 条经停航线，做到了运力与市场高度匹配。加密 2 班北京航线，平均座千米收益 0.99 元。同时，根据市场及销售情况，多次及时协调总部调整适合机型，做到了成本与产出的密切联动。

巩固运价，提高收入。继续畅通共飞公司运价协商机制，稳定市场运价水平。合理把握供求关系，提高太原—北京等 10 条航线头等舱运价，仅北京线头等舱全年累计增收 880 万元。

紧抓团队，巩固大客户。分航线落实团队销售计划，填补收益"洼地"。福州/厦门、昆明团队成行率分别达到 73%和 75%。深挖集团客户潜力，新签 25 家三方集团客户、2 家两方集团客户。全年共完成集团客户销售 1.29 亿元。

深挖渠道，产品增值。分公司班子多次率队走访核心代理，进一步密切代理人联系，突出主动服务意识，核心代理贡献收入比 2011 年增加 1777 万元；通过代理人推进产品落地，"三南"产品累计销售 10.1 万人次，在东航分子公司、营业部中排名第五，国际长航线销售人数同比增长近 1 倍。

协调机制，货运增收。结合市场需求，巩固运价协调机制，调整深圳航线运价和长沙等地中转运价，促进台北货运销售等。全年共完成货运销售 5165 吨，收入 934 万元。

转变观念，提升服务，品牌增辉。结合东航服务转型一体化工作部署，进一步深入树立"以客为尊，倾心服务"的服务理念。以 SKYTRAX 星级评定和山东地服为标杆，以强化服务基础管理为抓手，以高端服务为侧重，努力提高全流程服务保障能力。前 11 月空中客户投诉率均完成 T3 指标，地面客户投诉率 10 个月完成 T3 指标；服务质量评价第一季度股份排名第二、上半年地面旅客满意度排名第二，空中旅客满意度第三。获选"东航 2011 年度最佳客舱服务奖"，在 2012 年股份公司地面服务技能大赛中取得团体第二名，1 个个人一等奖，2 个二等奖的优异成绩。

变革观念，夯实基础。空中服务确立"观念变革之仗"，突出转变服务观念。以"靓起来、笑起来、动起来、细起来"四个阶段的分段落实强化，积极营建服务转型思想氛围。兼顾进一步细化服务质量考核办法，建立绩效考核、日常服务考核、年终奖励制度，明确服务指标权重、绩效考核系数计算方法和年终服务奖励标准等，夯实服务激励约束管理，获得服务外审机构高度评价。通过与山西民航机场集团公司围绕权益接触点、基础服务资源的获取等进行协商，形成进一步的合作共识，打牢了服务提升的基础。

丰富内涵，科学保障。完善要客保障工作流程，继续开展高端旅客生日祝福活动，以紫色"VIP 姓氏温馨记录贴”等人性服务为高端提供机上尊享服务。结合各个假期，相继开展“浓浓海峡情、共庆团圆年”“群龙聚首庆新年、凌燕祝福永相伴”“工人先锋号”等特色空地主题服务活动。精心组织、科学保障，圆满完成山西代表团“十八大”运输保障任务。

细节管控，对标先进。在“SkyTrax服务提升”方面，从细节入手，进行服务质量的改进培训及自查，及时制定纠正预防措施。定期召开95530旅客投诉分析会并建立业务培训成绩与收入关联机制等，持续提升实际效果。认真组织召开“学先进，找差距，促进服务再上新台阶”主题服务研讨会和山东地服精神落地推广工作部署会，从“谈感想、提建议”及“细化和实施”两个方面积极开展服务工作提升活动。发挥明星班组示范带动作用，评选“美丽之星”“优雅绅士”等，树立服务榜样。

强化运行，保障航延。2012年，受气象条件、流控增多多方面客观因素影响，太原航班正常率72.5%，航班放行正常率91.7%。在8月11日的成都航延事件以及12月20日的大雪航延事件中，及时启动预案，做好了航延服务。

多元宣传，品牌增辉。结合产品特点及定位，继续加强主流媒体宣传力度。结合品牌，突出企业文化及精神内涵，在与山西广播电视台、广电传媒等建立良好沟通渠道的基础上，围绕安全飞行20周年活动进行了多元化、多角度宣传。在航延、超售、旅客媒体投诉等事件中，做到了第一时间汇集信息、遵照程序、及时应对。东航在山西地区的品牌维护能力持续增强。

管理体系有力推进，管理提升有序开展，管理基础持续夯实。启动质量管理体系建设工作。抓住总部流程建设试点单位的契机，引入外部咨询机构，多次开展流程培训及研讨，提升了干部的认识，奠定了推进的基础。进一步明确工作目标和工作内容，完成31份自我诊断报告及5个管理提升项目并申请立项。

基础管理方面，一是大力压缩管理费用开支，全年未突破下达指标。应收账款回收率连续9年保持100%。争取政府地区航线补贴费1750万元，纳税筹划收益630万元，认证、抵扣增值税2686万元等，计财管理分析能力持续提升。二是深入调研摸底，稳步推进“三定”工作。广泛搜集数据，推进“E-HR项目”建设。优化人力储备，加快优秀人才引进并强化内部激励机制建设。薪酬管理、员工培训、招飞招乘工作均稳步开展。三是积极协调完成机场土地测绘及申报材料筹备，继续加快分公司土地证办理工作。制定完成基建项目可行性研究报告，准确评估大修项目必要性，提升东航投资科学性及成本控制能力。职工服务质量、内部服务效率持续提高。四是顺利完成东航餐食机供品管理系统落地，进一步强化机供品管理维护，制定下发《新餐具管理实施细则》等，服务质量细节管控持续落实。

（顾　骁）

通　信　业

【通信业概况】 2012年，全省市话年末有482万户，比2011年增长3%；农话年末有203.2万户，下降5.2%；移动电话2764.6万户，增长13%；移动短信264.93亿条，增长6.1%。

【中国移动山西分公司2012年经营概况】 加大基础设施建设力度，不断提高网络质量，提升对社会经济的通信及信息服务能力。2012年，中国移动山西公司投资47亿元用于通信网络建设，新建GSM网络宏基站3600多个，网络覆盖遍及全省100%的乡镇、100%的行政村，以及99.5%以上的道路和99%以上的铁路，为广大用户打造了一张覆盖全面、质量优良的精品网络。

大力实施TD-SCDMA网络建设运营。2012年，新建TD网络宏基站800多个，总数超过8000个，实现了全省所有县级以上城市的连续覆盖，为广大用户提供了高速的3G网络体验。目前，中国移动山西公司GSM、TD基站总数已超过3.5万个。加强传输网及宽带接入网建设，光纤传输网络总里程32万皮长千米，居于全国领先水平。努力提升CMNET网络数据业务带宽能力，构建综合业务接入区，CMNET出口带宽400G。积极推进信息服务网络建设，面向全业务运营，加大对业务网、支撑网的投资力度，强化系统支撑能力，新增局房面积5万余平方米，业务接入半径缩小至1千米内，接入能力明显改善。

中国移动山西公司牢固树立“网络质量是通信企业的生命线”理念，将通信网络的优化维护放在至关重要的位置上，千方百计提高网络质量，提升客户感知。扎实推进四网协同，深入实施GSM、TD及WLAN网络的协同优化，深入开展室内覆盖竞赛，积极开展“工兵行动”、WLAN优化整治等活动，排查解决各类问题，促进网络质量提升。在中国移动集团公司开展的网络评估中，中国移动山西公司TD网络健康度名列全国第一，分流健康度名列全国第二，WLAN发展健康度名列全国第六，三网流量发展健康度名列全国第四。建立网络与信息安全保障机制，整治各类安全风险，全员安全意识得到提升。高质量完成“十八大”网络与信息安全保障任务，被集团公司授予“突出贡献奖”。积极开展创新活动，“计费账务系统云计算研发与应用”荣获山西省科技进步三等奖，“四网协同分析运营体系”“基于电子渠道用户行为的智能服务”分别荣获集团公司科技进步三等奖、业务服务创新三等奖。

不断丰富产品，持续改善质量，努力提升公司对广大百姓的个人生活信息化服务水平。2012年，中国移动山西公司服务的移动用户总数超过2300万户，其中，3G用户超过220万户。

着力推动宽带山西建设。中国移动山西公司在全省范围内加快宽带网络布局，构建高速无线网络覆盖，新增热点2万余个，热点总数达到3.1万个，AP总数达到31.5万个，网络规模排名全国第二，实现了对机场、车站、高校、宾馆、大型会展中心、商场等主要数据业务热点区域的网络覆盖。不断优化网络结构,提升 WLAN 网络质量,为全省用户提供了无线上网的飞速体验。

着力推进加大 IDC(互联网数据中心)基础设施建设,有效支撑移动互联网及宽带业务发展。加快优质内容资源引入,有效提升了山西省互联网用户网站访问速度。探索实施云平台建设,提升移动互联网发展能力。加快实施村村通宽带工程,完成 600 个行政村的建设任务,助力全省实现行政村 100%通宽带。积极开展宽带普及提速工作,4 兆以上带宽客户达到 34 万户。

积极推动数字山西建设,大力实施无线城市建设运营。以民生、政务类应用为重点,不断丰富内容应用。截至 2012 年底,共上线便民、政务、医疗、交通、旅游等九大类 1300 余项应用,全年访问次数 2300 万人次。积极推广手机视频、手机电视、手机阅读、手机支付、移动应用商场等 3G 业务,满足广大客户更加丰富的个性化服务需求。2012 年,山西公司手机上网用户超过 1300 万户。

*立足省情,服务山西转型跨越发展,努力提升公司对社会各行各业的信息化服务水平。*2012 年,中国移动山西公司持续加大在煤炭、环保、交通、旅游等行业的信息化应用推广力度,先后在环保执法、污染源监控、煤炭票据中心、E 矿山、物流信息平台、高速交警卡口、新农合项目、智慧旅游、文物局安防监控、移动办公等信息化建设中取得重要进展,先后建成省发改委政务外网、省综治委信息化平台、太原数字城管、长治出租车信息系统、山西师大数字校园等一批信息化项目,助力政企客户提升信息化水平。公司共为全省 8.8 万家集团及政企客户提供了信息化服务,并不断扩展服务内容,提升服务质量。

积极推进物联网发展。在电力、交通、环保等行业实现规模应用,电力抄表、车辆定位、环保监测等终端用户超过 20 万户。持续探索物联网技术在煤炭开采、煤炭物流、节能减排、气象监测、水文监测、林业防火监控、旅游信息、金融 POS 和消防监控等方面的应用,着力为山西转型跨越发展提供移动信息化支撑。

*以客户感知为出发点,推动服务模式转型,不断提升客户服务能力和水平。*中国移动山西公司坚持"客户为根、服务为本"的服务理念,狠抓全员服务意识的落实。2012 年,客户满意度继续保持行业领先。

中国移动山西公司狠抓全员服务意识,努力从服务管理、窗口服务、投诉处理、问题解决、服务传播等五方面推动服务模式转型,客户服务品质进一步提升。扎实推进"为民服务,创先争优"活动,推出的 20 项优势服务举措中,客户满意度测评排名全国第七。

建立产品质量管理体系。对全省 99 项产品实施全面质量管理,实现产品质量管理模式从"生产指标推动"向"客户感知推动"的转变。明确业务服务标准,加强投诉一体化运营管理,完善营业厅服务标准、VIP 服务规范等制度,通过全球通 VIP 大讲堂、电话经理专属服务等措施,开展热线服务专项提升工作,业务质量和客户满意度进一步提高。"灵活账期"、营业无纸化、客户信用服务体系等差异化服务举措在全省推广,受到客户热烈欢迎。在中国移动集团公司举行的满意度调查中,中国移动山西公司热线满意度排名全国第二,新业务质量满意度排名全国第五,流量客户满意度排名全国第一。

*加强内部管理,持续提升企业运营水平。*从流程制度入手,全面提升企业标准化、规范化、集中化管理水平。以客户及市场需求为导向,创新管理模式,成立流量经营、四网协同等 6 个虚拟项目组,纵贯上下、横跨部门的协同作用得到良好发挥,有效支撑公司战略落地。开展"管理提升"活动,全面优化关键运营领域的 98 项重点内容、165 条流程和 46 项制度,建立流程监控平台,提升 OA 运转效率,基础管理工作进一步夯实。完善集团专线快速通道等流程,客户需求得到更快响应。

全面提升人力资源管理水平。以人为本、注重激励的集中化人力资源管理体系日趋完善。优化人力资源管理制度,先后出台职位、薪酬、绩效、培训、招聘等多项制度办法并认真落实。加强经理人员及专家人才队伍建设,建立大 H 员工职业生涯发展通道。注重员工能力素质提升,实施各类培训近 3 万人次。有效推进班组建设,加强组织领导,实施班组长轮训,基层执行力逐步提升。加强全面预算精细化管理,实施成本标杆管理,有效提高资金使用效率与效益。加大安全生产及保密工作监督检查力度,有效杜绝重特大安全事故及失泄密事件发生。

积极构建和谐企业,员工素质明显提升。段李娟、刘韶霞分别夺得 2012 年全国女职工岗位创新技能大赛(话务员工种)决赛第一名和 2012 年中央企业职工技能竞赛(电信营业员工种)决赛第一名,3 个基层单位和个人分别荣获"全国五一劳动奖状""全国五一劳动奖章""全国工人先锋号"。开展"走听转""阳光走基层"活动,切实为基层员工解难事、办实事。实施文化领航、倾心服务等六大举措,积极推进班组建设,企业凝聚力、向心力、战斗力进一步增强。

*积极主动履行社会责任,服务地方经济社会发展。*2012 年,中国移动山西公司在省内交纳税费超过 16 亿元,占到通信行业的 80%以上。公司成立以来,累计交纳税费超过 120 亿元。

中国移动山西公司还通过自身发展,积极创造各种就业机会。通过提供劳务机会、代维、代办等方式,直接及间接提供的就业岗位多达 10 万余个。

2012 年,积极深入实施村村通工程,解决了 600 个行政村通宽带的问题。积极实施应急通信保障,先后完成世界晋商大会、森林火灾、防汛抢险等重大活动及事件的应急通信保障,先后提供各类应急通信保障 106 次,出动应急车 498 车次,应急通信人员 4376 人次。积极实施基础通信设施共建共享,提高社会资源使用效率。支持平遥国际摄影大展、跤王争霸赛等文化体育活动,助推文化强省战略。建设 15 个大学生就业见习基地,为超过万名学生提供就业见习机会。继续加大实施手机淫秽色情专项整治及垃圾短信治理,切实保障客户权益。落实定点扶贫工作,支援贫困地区经济建设发展。

（杨改桃）

【中国联通山西分公司经营概况】

概述。2012年，山西省联通公司主营收入75亿元，比2011年增长9.1%。其中，3G收入增长87.9%，成为拉动主营收入增长的强劲动力；宽带收入增长11.3%，2G收入下降8.9%。创新型业务取得突破，移动数据业务占收比42.1%，数据网元收入增长21.4%，位居中国联通北方十省（区）第一。

本地网体制机制改革进一步深化。一是完成省市分公司职能部门岗位人员配置优化。全口径人员比例达到市场58.6%、网络（含信息化）33.9%、综合7.5%，一线营销队伍得到充实。二是建立以454个网格和113个行业销售部为单元的全客户市场营销体系。管理上移，资源下沉，向扁平化管理转型。三是建立本地网内135个中心和337个网格维护站为单元的专业化维护体系。开展宽带市场份额、网络效能"双提升"，促进市场需求与网络能力深度匹配。四是资源配置向网格倾斜。实施以网格为中心的投资项目一体化名单制规划和评价、实施体系。本地网内营销费用中广告宣传费按75%配置网格，用户维系成本、用户接入成本、宽带终端设备成本、用户获取成本4项费用全部配置网格。新增人工成本配置网格，网格单元的部门系数、岗位系数高于市分公司本部系数。建立全省统一、不区分用工类别的一线销售人员、区域维护人员职级体系，适当拓展一线岗位职级带宽。五是完善全省统一的电子商务营销体系，在全国率先开展互联网预约受理宽带业务。完成网格化营销体制改革、光速城市改造等的信息化支撑工作。

大服务机制逐步完善。不断提高网络能力。新增3G基站3776个，达到10110个。2G基站达到13100个。室内系统达到3148套。WLAN覆盖热点达到2026个。新增宽带接入63.4万线，达到554.6万线，其中，FTTB/H接入243.8万线。围绕"两个服务承诺"，着力改善基站断站和宽带装移修短板。开展"3G和宽带网络服务提升"大会战、"网络提质、服务提升"竞赛活动。W网通信质量投诉量较8月下降30.2%，G网通信质量投诉量较8月下降33.9%，宽带网通信质量投诉量较8月下降43.2%。影响网络质量提升的瓶颈问题逐步得到解决。强化网管中心数据管控职能。积极开展网络优化，解决覆盖类、干扰类、速率低等问题点8307处。完成集团客户响应售前技术支撑1312件。以营业服务提升为重点、以电子化多渠道为抓手的窗口服务改善明显，特别是营业厅客户的"排队等待时长"和"临柜办理时长"显著缩短。

持续改善基础管理工作。一是认真开展管理提升活动。围绕14个专项提升，重点从7方面梳理56个短板问题，制定具体改进方案，实施8项重点突破。二是以三年规划为主导，提升各专业及前后台联动机制。三是持续完善5个专业线成本定额和对标工作。完善执行全年滚动成本预算制。推进物资采购公开招标工作，实现集采物资份额分配公式化，盘活库龄一年以上物资2583万元。积极开展安全生产监督检查及隐患整改。认真做好网间结算和互联互通工作。创建合同综合管理系统和法律纠纷管理系统，开展重大决策法律审核论证、风险评估及预警，持续完善内控规范，有效防控纠纷与风险。做好存续资产管理和经营，在存续企业开展提升工程建设领域服务质量活动。四是认真落实党风廉政建设责任制，认真开展反腐倡廉惩防体系建设。制定完善7方面的规章制度，严格执行"三重一大"决策制度。实施31项效能监察项目。五是员工关怀工程稳步推进。组织劳模、先进和一线员工共880名参加疗休养，慰问困难员工629名，营造出了和谐有序的发展环境。

顺利完成"神九"发射重要通信保障任务。2012年6月16日，山西联通按照集团公司统一安排部署，执行"神九"发射重要通信保障任务。沿线各级机务部门严守工作岗位，密切关注设备和系统的运行状况。整个"神九"发射期间，公司进行通信保障的电路、系统、设备和光缆全部运行正常，顺利完成"神九"发射重要通信保障任务。

与山西证券股份有限公司签署战略合作框架协议。2012年7月10日，中国联通与山西证券股份有限公司在山西签署战略合作框架协议。根据协议，双方确立战略合作伙伴关系，实现双方资源的整合和跨行业的协同发展，进一步拓宽合作范围，深化合作内容，充分发挥双方各自行业资源和技术优势，提高山西证券信息通信应用水平。目前，双方已在数字电路、互联网专线、视频会议、呼叫中心、移动办公等方面开展业务合作，下一步将重点在手机炒股、IDC/EDC、客户及渠道资源共享方面加强合作。

中标山西省检察院综合信息化建设项目。2012年8月，山西联通经过持续的项目跟踪与营销，中标山西省检察院综合信息化建设项目。合同期10年，年收入1400万元。该项目组建覆盖省、市、县的检察院专线网和数据中心，实现语音、视频、数据三网合一的检察院信息化综合系统，推动检察业务网络化和规范化，提高办案效率和质量。同时，还为全省检察机关开发辅助办公移动系统云孵化平台，并组建全省综合语音VPN，通过实现全省检察系统移动办公，促进全省检察系统3G整体转网。

3G终端服务专家座席上线。为进一步提升客户认知度和服务满意度，满足在网3G客户对于智能终端方面的个性化服务需求，山西联通公司专门在10010客服热线开通"3G终端服务专家座席"，为3G客户提供在线终端同步操作指导、功能使用方法解析、ITUNES软件连接操作指导、终端类疑难故障在线排查等业务咨询，对客户的咨询热点、服务需求进行跟踪和深入分析，得到了客户的一致好评。

圆满完成重要通信保障任务。2012年，山西联通圆满完成"全省高速公路2012决战1000千米突破5000千米誓师动员大会"现场直播通信保障任务。为保障誓师动员大会现场直播成功，省公司、临汾市分公司迅速完成线路管道铺设、应急通信车辆部署、线路开通等工作。在誓师动员大会开始前，实现了与山西电视台的卫星直播车成功对接，准确无误地将直播信号从大会现场传回省电视台的控制中心机房，电视台的工作人员还通过联通3G手机观看现场直播画面，现场直播通信保障工作得到大会组委会的赞扬。

助力山西国寿“国寿e家”在全国率先开通。2012年4月25日，山西联通太原市分公司成功为山西国寿开通“国寿e家”。该项目是中国人寿保险股份有限公司使用中国联通无线虚拟专用网业务，依托于WCDMA 3G高速网络和APN技术，实现保险业务在线投保录入、出单、核保、收费、客户管理等一系列移动化营销手段，为用户构建高速、稳定、安全可靠的无线数据解决方案，增强中国人寿销售队伍的转型和专业化销售能力的信息化工程。该项目的成功实施，使山西国寿成为全国首家开通“国寿e家”的分公司，同时为分公司实现3G行业应用项目2300户用户的落地，带来年收入120万元。

山西省农村气象灾害防御体系信息化建设推进会暨长治市气象大喇叭村村通工程首播仪式在长治召开。2012年6月26日，山西省气象局和山西联通在长治召开山西省农村气象灾害防御体系信息化建设推进会暨长治市气象大喇叭村村通工程首播仪式。该项目结合各行政村的大喇叭，通过固定电话、手机短信等方式建立覆盖面广的气象灾害预警信息发布网络。主要采取“固定电话+移动电话+农村大喇叭+商信通”的方式，并在每个村配备一名气象员。其中，长治市气象局主要负责2500个行政村的触发器终端的配备和气象预警终端的通信费；分公司负责投资建设气象语音自动播报系统、语音合成系统升级、固定电话安装、气象预报反馈平台、气象预警终端等。该项目可带来年收入120万元，并实现了农村固话市场的保有和2G市场的拓展。

（黄云霞）

【中国电信山西分公司经营概况】 助力转型发展和服务型政府建设。2012年，业务收入19.68亿元，比2011年增长22.5%；2012年底公司总资产53亿元，用户总数310万户。2012年，中国电信山西分公司围绕深化电子政务信息化建设、提升市场监管及社会管理能力、加速公众服务信息化建设、提升综合性基础能力等四大方面，加快信息化应用项目合作，逐项推进与省政府战略合作协议落地，拓展智慧城市、智慧政府、智慧矿山、智慧旅游、智慧民生等各经济社会领域的信息化应用，承接了全省党务内网建设、C+G应急通信应用、福彩中心手机投注应用、智慧旅游、社区居家养老、教育信息化“三通两平台”等近30个项目的信息化应用建设工作，积极助力山西省信息化建设及转型跨越发展。

助力智慧政府建设。以促进建设服务型政府、提高政务行政执法效率、建设和谐社会为目标，满足政府提高办公效率、提高便民服务水平、增强监管执法效率的需求，构建服务于各级政府和各级部门的应用平台产品。2012年，承接省委党务内网建设项目，完成80余个厅局委办单位的线路建设、软件设计和系统调测等工作，全面实现高速的专用线路接入和可靠的党务信息报送，得到山西省委的高度赞扬。大力服务教育信息化，推进全省教育系统视频会议建设项目，完成省市两级视频会议系统建设。

推进“智慧校园”建设。大中专校园市场营销重点以“天翼飞YOUNG”品牌为引领，进一步夯实翼机通院校优势，以3G差异化营销拉动智能机用户规模发展，全省实现接入学校147所。中小学以“翼校通”应用为代表，为教师、家长提供基于手机客户端、互联网和短信的家校沟通服务以及学生到离校安全管理服务。积极参与全省15000多所中小学宽带接入项目，有力提升了山西省校园信息化应用水平。

推进“智慧矿山”建设。立足于山西煤炭能源大省的实际情况，关注山西省煤矿行业的信息化转型建设，以“智慧矿山”为主导，将井上井下融合语音通信、集群对讲（PTT）、指挥调度、数据及图像传输、井下环境监测监控、人员定位、视频监控、移动办公、生产和经营报表等作为主要功能切入点，大力推进智慧矿山行业应用的营销推广。2012年，已经在中煤平朔煤矿建立了以“智慧矿山”为代表的煤炭行业信息化应用，是全国首个基于CDMA专网的、同时覆盖井上井下融合通信的重点样板，对平朔煤矿的生产和管理提供了强有力的支撑。2012年第四届中国（太原）国际能源博览会期间，与煤销集团、同煤集团、晋煤集团等世界500强和全国500强企业签署合作协议，共同推进煤炭行业信息化建设。

推进智慧民生建设。面向老年人居家养老推出健康老人手机。为中老年人提供实时健康数据监测的健康管理。帮助繁忙工作的打工一族解决家中老人养老问题。帮助中老年紧急救助，实现一键呼救，老人定位，健康管理，亲人通话。提供老人代购服务，帮买粮、送药。2012年省城太原已经有2.4万余名社区老人享受到中国电信居家养老服务带来的便捷和健康。在太原、临汾等市建立基于电信宽带网络组建医保、社保服务网络，服务全省200多家医疗机构。

推进旅游行业信息化。与山西省旅游局签署战略合作协议，围绕山西省实施旅游行业转型跨越发展核心，在打造导游工作平台（导游助手）的基础上，进一步建设旅游监管平台、旅行社管理平台等一系列信息化行业应用，推进山西省旅游业由传统粗放式经营向现代服务业迈进。

提升服务质量和客户感知。强化3G服务，实施三单优化和提醒服务优化，开展3G应用辅导体验和客户俱乐部活动，提升客户使用感知，3G服务标准达标率98%以上。提升宽带服务，打造“96100信息化专家热线”，为客户解决使用问题，提高客户使用粘性；落实宽带七项维系规定动作，提高宽带客户到期续约率。优化服务细节，通过客户消费行为分析，研究6类客户服务感知，归类29项服务优化关键点，完成服务优化设计和流程再造。全省客户满意度稳中有升，综合客户满意度86.55分，较2011年提高0.54分，同业排名由第三上升为第二。手机满意度全省同业排名由第三上升为第二，宽带满意度全省同业排名保持第二。阳泉、忻州、运城、临汾分公司手机、宽带满意度同业排名第一。

提升移动网络能力。重点抓好无线网疏忙补盲,在2G网络覆盖率较大程度提升的同时,3G网络覆盖广度、深度、连续方面继续保持优势。市区覆盖率99.8%,乡镇覆盖率100%,高速公路1X覆盖率99.8%。

打造光纤宽带网络。全面推进FTTH光纤宽带建设,新增覆盖住户较2011年增长40%;其中,FTTH覆盖占比达41.1%,顺利实现了网络转型,保持了竞争优势。承接工信部"宽带提速普及工程",制定《中国电信山西分公司宽带提速普及实施方案》,明确山西省本年度宽带提速普及的4项目标;至年末,各项指标均超额完成,其中,4M以上宽带用户占比由年初的14.8%提升至51.9%,为打造"光网城市",加快山西信息化建设做出积极贡献。

开展宽带维护专项整治行动。从客户感知入手剖析宽带安装和修障涉及的营业受理、资源管理、装维服务、工程验收、接入网管理等全过程各个环节,找到影响客户感知的各个关键点,通过充实服务管理和质量监督岗位、细化考核指标、组织开展"宽带维护专项整治行动"、扩容省市网络出口带宽、优化承载网络结构,优化FTTX业务开通和故障处理流程,加强资源管理和队伍建设等措施,宽带网络质量明显提升。宽带故障申告率10.9%降低至9.6%,宽带用户投诉率由5.75‰降低至4.17‰。

持续优化组织架构,提升企业运营效率。适应前端和市场发展需要,成立渠道服务部,省、市两级成立校园营销中心、中小聚类营销中心,提升专业化运营水平。完善多通道直供体系建设,建立11个市分公司"天翼互联网手机直供运营中心",促进了市分公司业务发展和终端销售。建立全省纵向一体化政企队伍,提升专业化营销能力。

(赵 苇)

邮 政 业

【山西省邮政业"十二五"普遍服务建设工程】 "乡乡设所"工程(空白乡镇邮政局所补建工程)。完成全省409个空白乡镇局(所)补建工程。逐步提升乡镇自有邮政服务网点比例。

"村村建站"工程。完成1万个村邮站建设工程,并力争做到与新农村建设同步发展。

"户户建箱"工程。落实新建居民楼信报箱同步设计、同步建设、同步验收的有关规定,推动制定信报箱补建更新的具体办法。努力实现"十二五"末全省城镇居民楼信报箱安装率达到70%以上,新建楼盘信报箱普及率达到100%。

城市邮政基础网络建设工程。新建和改扩建太原火车站、大型汽车站和机场建设配套的邮政通信设施。加快城市新区、新建住宅小区、人口主要集聚区的邮政服务网点建设,城市邮政服务网点的布局基本达到普遍服务的国家标准。新增电子化局(所)380个。投资建成邮政综合信息指挥调度中心大楼和太原火车南站邮件转运场地。

城市便民服务站、农村邮政"三农"服务站建设工程。全省建设城市邮政便民服务站15000个,农村邮政"三农"服务站20000个,为广大城乡居民提供邮政类、缴费类、票务类、代理销售类、商旅服务类等便民业务。"三农"服务站还提供农业生产资料、消费品、农产品和其他商品的销售和配送服务。

邮政报刊亭建设工程。与各级城建、规划、文化市场管理等相关部门共同研究,统一设计、统一规划、统一建设1000个报刊亭。

邮政投递"三化"工程。城市党政机关、企事业单位等大客户投递汽车化达到80%,城市城区道段投递电动自行车化达到100%,乡邮道段投递摩托化达到50%。

【山西省邮政业"十二五"快递转型升级工程】 快递物流园区建设工程。加快在太原、运城、大同机场、车站、高速公路枢纽附近建设快递物流产业园区,支持快递企业建设仓储中心、处理中心或分拨中心(率先将国有企业作为试点,建设邮政速递物流大型仓储配送中心、邮件处理中心)。以重点物流节点和大型物流园区为依托,推动各种运输方式对快件的优先搭载,实现快递服务与多种运输方式的"无缝对接"。

快递与相关产业联动发展。推动快递服务融入产业链、供应链和服务链,构建快递企业与电子商务企业合作发展平台,建设适应制造业和电子商务发展的快递配送体系。

【加快推进山西省空白乡镇邮政局所补建工程项目建设】 建设范围和数量。山西省要在2012年之前完成全部409个空白乡镇邮政局所补建任务,实现乡镇邮政局所全覆盖。补建范围仅限于没有乡镇邮政局所的空白点(不含租赁局房和代办点),原则上一个空白乡镇补建一个局所。

建设标准及功能。补建邮政局所的基准建筑面积为150平方米,确有需求以及有条件的地方,可以适当扩大。补建标准参见国家邮政局和中国邮政集团公司联合编制的《空白乡镇邮政局所补建参考标准》和《山西省空白乡镇邮政局所补建工程建设参考标准》。各地可根据实际情况,采取新建、合建、代建、购置等多种方式建设,并确保水、电、路、电信等设施畅通。购置房屋用于开办邮政局所的,参照新建标准执行。补建的乡镇邮政局所承担邮政信函、包裹、印刷品、汇兑、党报党刊发行及适当的物流配送等功能。

投资安排。按照政府投入、行业监督、企业参与的基本原则,统筹兼顾省、市、县、乡和邮政企业的积极性。在投资安排上,国家给予一次性定额补助,享受中、西部政策的每个补建邮政局所分别安排13万元和16万元,用于土建和装修;省采取定额补助方式,分别安排17万元和14万元,补齐到每个邮政局所30万元,主要用于土建装修和管网配套。项目所在市县政府负责解决征地、拆迁及市政配套费用和建筑装修不足部分投资等。

(李仁贵)

【2012年山西邮政业发展概况】 邮政业务稳健发展。2012年,全省邮

政支局所(处)1516个，比2011年减少10个。邮路总条数530条，其中，航空邮路32条、铁路邮路6条、汽车邮路374条。邮路总长度(单程)8.5万千米，下降20.6%。投递函件5332万件，下降20%；投递包件73万件，增长1.4%；快递2805万件，增长33.9%。全省邮政业务总收入25.39亿元，比2011年增长7.5%。其中，函件业务稳步发展，报刊收入增长10.1%，集邮收入增长10.3%，电子商务收入增长25.5%，分销收入增长7.5%，代理邮储收入增长9.7%，代理保险收入增长6.3%。全年新增代理邮储余额106.47亿元，余额总规模1114.76亿元。代理保险实现保费26.17亿元，市场占有率继续位列各大金融机构之首。

服务能力有效提升。2012年，装修改造服务网点183处、3.7万平方米，更新各类服务终端设备1041台(套)，新增ATM150台，邮政窗口形象和服务能力显著提升。将便民(三农)服务站作为邮政打造社会综合服务平台的重要载体，全年共建成开办业务的便民(三农)服务站1481个，为城乡居民就近使用邮政业务、缴纳与日常息息相关的各类费用提供了便利。积极配合政府部门推进空白乡镇邮政局所建设，全年共开工建设393个，基本完工294个。积极推进投递网建设，对全省104处投递场地进行装修改造，配备70辆投递汽车、1019辆电动车、1970套投递桌椅等标准化设备，投递服务能力大大增强。加强邮政信息化建设，开发了一批支撑业务运行的软件及系统集成项目，邮政网络的现代化水平不断提高。

企业管理持续加强。健全完善公司议事决策办法及相关配套制度，确保重大事项民主决策、科学决策。坚持德才兼备德为先和凭政绩用干部、群众公认的原则，制定了一系列干部管理办法，为科学选人用人提供了制度保障。大力推进企业经营、人力资源、财务、网路运行、安全等管理工作的精细化，提升企业科学管控水平。

服务质量稳步提高。秉承“情系万家，信达天下”的服务理念，深入开展“为民服务创先争优”活动，着力强化邮件全程时限管理，不断加大对普遍服务和特殊服务质量的监督检查力度，全面落实“迅速、准确、安全、方便”的服务方针，普遍服务切实履行，机要通信质量全优，报刊发行量稳中有升，义务兵通信和盲人读物寄递保障有力，全省邮政整体服务质量稳步提高，得到社会各界认可。在被省政府确定为2012年全省政风行风工作免评单位后，始终严格按照“管行业必须管行风”的原则，行风建设和评议工作持续深入开展。

和谐企业建设扎实推进。强化以人为本理念，积极为员工搭建职业生涯发展平台，一批基层员工实现晋级晋职和身份转换。推进农村支局职工小家、城市投递员之家建设，努力改善员工生产工作环境。开展形式多样的教育培训、技能竞赛活动，全年累计培训职工11766人，组织新一轮职业技能鉴定5446人次。广泛开展“送温暖”活动和帮扶济困活动，累计发放各类慰问救助款260余万元，受益职工超过2000人次。

【搭建现代平台，拓展邮政新天地】

邮乐网山西特色产品销售专区启动。2012年1月16日，山西省邮政公司与山西省商务厅共同举办中国邮政邮乐网山西省特色产品销售专区启动仪式。来自全省各地的60余个商家参加启动仪式。该专区的启动，是省商务厅、省邮政公司等五部门围绕“扩内需、促消费、惠民生”主题组织的“龙腾三晋”新春欢乐消费月主题活动之一。邮乐网山西省特色产品销售专区为山西知名品牌、名优特产销售至全国、全世界开辟了新的渠道。

山西省邮政公司在多个领域深化战略合作。2012年2月29日，山西邮政与平安财险山西分公司签订电话销售保单配送项目合作协议。

2012年4月12日，省邮政公司与省电力公司签署战略合作协议，在全省推进电费缴纳便民服务网络建设，实现电费缴纳城市10分钟完成、农村“村村设点”。

2012年5月14日，省邮政公司与中国人寿保险股份有限公司山西省分公司签订战略合作协议。根据协议，在市场拓展上，双方将在数据库商函、代理销售各类保险产品、优先购买保险产品、提供咨询等方面开展合作。在客户服务中，双方将在账单服务、贺卡服务、第三方订阅服务、商旅业务等方面开展合作。同时，双方还将在品牌宣传及公益慈善、速递物流、产品开发及信息技术等方面加强合作。

2012年6月27日，省邮政公司与中国太平洋人寿保险股份有限公司山西省分公司签订战略合作协议。根据协议，双方将充分利用各自渠道资源和优势，通过联合品牌推广和业务创新等手段共同巩固双方的传统业务合作并开展新领域业务合作。

山西旅游年票明信片(册)发行。2012年5月19日，由山西省旅游局、太原市政府和山西省邮政公司共同主办的“晋善晋美山西旅游”系列活动启动仪式在太原市滨河花苑小区举办。举办了山西旅游年票明信片(册)首发式。该旅游年票明信片(册)是山西省邮政公司充分利用邮资明信片这一邮政特有媒介，创新邮政产品功能，深化与山西省旅游局的合作，推出的一款邮游结合的产品和服务，旨在推广山西旅游品牌、提升山西旅游形象、促进山西文化旅游融合、推动山西旅游产业发展。山西旅游年票明信片附加有景点门票、酒店房价打折功能，同时具有宣传、馈赠、邮寄、收藏等多重价值。使用时，游客可享受该明信片(册)中景点的门票、酒店房价五折到九折不等的优惠。该明信片(册)涵盖了山西省包括五台山、平遥古城、皇城相府、绵山等知名景点在内的37个景点。

“母亲邮包”项目山西发放仪式在武乡举行。2012年9月20日，由中国妇女发展基金会、省妇联、省邮政公司共同举办的“母亲邮包”项目山西发放仪式在武乡县举行。“母亲邮包”通过为公众提供便捷直接透明的一对一捐赠平台，为贫困地区的母亲提供一些生活必需品。“母亲邮包”项目山西捐赠的重点是国家级贫困县及太行、吕梁集中连片特困地区，并逐步覆盖全省。为保证项目的顺利实施，全省邮政开放全省1016个邮政网点作为“母亲邮包”捐赠站，方便社会爱心人士捐赠；为各级妇联组织的捐赠活动及时提供现场受理服务，推进“母亲邮包”项目进校园、进社区、进商场、进企业、进机关；进一步优化作业流程，构建“母亲邮包”绿色安全通道，保障实物安全及时运递；全力配合各级妇联组织做好项目宣传工作，促进项目发展。

【山西省集邮协会成立 30 周年】 2012 年 12 月 13 日，山西省集邮协会成立 30 周年纪念大会、省集邮学术交流暨集邮沙龙、省集邮协会七届二次常务理事会及“光辉历程”集邮展览，同时在山西邮政大厦举行。1982 年 12 月 13 日，山西省集邮协会成立。30 年来，协会始终坚持正确的集邮文化事业发展方向，积极弘扬社会主义先进文化，经过全省各级集邮协会和广大会员、集邮爱好者的共同努力，山西省集邮文化事业蓬勃发展。全省会员已达 5 万余人，共参加世界邮展、国际邮展、全国邮展 30 次，获得各项奖牌 187 个。

【王收秋荣获“全国创先争优优秀共产党员”称号】 全国创先争优表彰大会于 2012 年 6 月 28 日在北京人民大会堂召开。太原市邮政报刊发行投递局西山投递部大虎沟投递组步班乡邮员王收秋荣获“全国创先争优优秀共产党员”称号，受到中共中央总书记、国家主席、中央军委主席胡锦涛和中共中央政治局常委、中央书记处书记、国家副主席、中央军委副主席习近平等党和国家领导人的亲切接见。

1985 年，王收秋成为太原市邮政局西山邮政分局大虎沟投递组的一名普通职工，负责给太原市万柏林区王封乡所辖的 15 个山区行政村送邮件，服务范围方圆 138 平方千米，服务人口 1 万多人。虽然王封乡大部分村已经通车，但由于路况太差只能步行投递。27 年来，王收秋几乎没休息过，无论刮风下雨，都坚持为村民们送邮件，累计投递邮件 60 多万件，日均 80 件左右，累计徒步行程近 40 万千米，相当于绕行地球 10 圈，从未延误一个班期、丢损一件邮件，投递准确率达到他所在班组的最高值。

王收秋连续多次荣获山西省、太原市劳动模范、“省邮政系统十佳投递员、服务明星”以及“省、市邮政先进生产者”称号，荣获“2009 年度太原市十大新闻人物”“2010 年省城十大诚信模范”称号，2011 年被评为太原市“并州先锋”、感动山西邮政人物。

（孙久臣）

山西经济年鉴

YEARBOOK OF SHANXI ECONOMY

9 住房和城乡建设

ZHUFANG HE CHENGXIANGJIANSHE

住房和城乡建设

建 筑 业

【建筑业支柱产业地位继续巩固】 建筑业发展。2012年，全省完成建筑业总产值2668.2亿元，比2011年增长12.8%；建筑业增加值706.36亿元，增长4.6%，占全省地区生产总值的5.8%，继续发挥了建筑业的支柱产业作用。培育一级（甲级）资质企业66家，二级（乙级）资质企业245家，支持6家企业取得对外承包工程资格。新增资质类别覆盖房屋建筑、公路、铁路、矿山、电力、建筑装饰装修、消防、环保、机电设备安装等20余个专业，企业发展呈多元、均衡发展的良好态势。2012年，山西省共有建筑业资质企业3415家，其中，总承包企业1245家，专业承包企业1933家，劳务分包企业237家。工程勘察设计企业551家，工程监理企业227家，工程招标代理机构178家，设计施工一体化企业66家，项目管理企业36家。

建筑市场监管。出台《关于支持我省骨干建筑业企业做大做强的实施意见》和《关于加强省外入晋建筑业企业服务与监管工作的意见》。印发《山西省房屋建筑和市政公用工程项目建设中挂靠借用资质投标违规出借资质问题专项清理实施方案》和《2012年全省建筑市场监督执法督查方案》，《山西省住房和城乡建设厅关于2012年全省建筑市场监督执法专项检查情况的通报》。完成2011年度企业资质动态考核，分6个批次对参加2011年度动态考核的954家省内企业和487家省外企业核定了动态考核结论，对不符合资质要求的63家企业停业整顿，注销39家企业资质。组织开展2012年度建筑业等5类企业的动态考核评价工作，对考核评价合格的653家企业出具了第一批动态考核结论。

完成山西省建筑市场监管信息系统，已在晋中市试点运行。通过构建省、市、县三级监管平台，实现网上审批、市场监管、信息公开、诚信评价一体的现代信息化管理。在山西省住房和城乡建设厅门户网站上开设“山西省住房和城乡建设厅工程建设领域项目信息公开专栏”，建立了建筑业等六类企业基础信息数据库，2012年共公布公开各类信息20535条。印发《山西省住房和城乡建设厅关于印发〈建设类企业资质动态考核及诚信评价办法〉的通知》，开展2012年度动态考核评价工作，将动态考核与诚信评价结合起来，通过量化评分综合评定考核诚信等级，引导企业自觉按照监管要求规范市场行为。

【建筑节能扎实推进】 既有居住建筑节能改造。国家下达山西省2012年节能改造任务750万平方米，山西省确定改造任务753万平方米。全省共确定改造面积775万平方米，开工759.5万平方米，完工430.2万平方米，达到年初确定的工作目标。经省政府批准，按照与中央奖励资金进行1·1配套，“十二五”9亿元的省级配套资金来源渠道明确，2012年已落实近3亿元，获得国家“既改”补助资金14765万元。同时，在太原实验中学开展中德技术合作既有公共建筑节能改造示范。

新建建筑节能。印发《关于严格执行民用建筑类固定资产投资项目节能评估审查预审制度的通知》《关于认真整改执行建筑节能标准中突出问题的通知》。严格执行规划阶段节能审查制度、建筑节能设计专用章制度、建筑节能设计认定制度、建筑节能技术（产品）认定制度、信息公示制度、专项验收制度、建筑能效评定制度和建筑项目节能评估审查预审制度八项监管制度，重点加强规划阶段节能审查工作的执行力度。从2012年6月1日起，山西省全面执行65%地方居住建筑节能标准，并于6月组织培训了山西省技术骨干500余人的培训工作。

可再生能源建筑应用示范。2012年，山西省共获得中央补助可再生能源资金9447万元。山西省新建可再生能源建筑951万平方米，应用比重达到32.4%。大同市被列为国家可再生能源应用示范城市，介休市、闻喜县被列为国家可再生能源建筑应用示范县，获得国家补助资金6000万元。应县公用事业局屋顶太阳能光伏电站等3个项目被批准为2012年国家光电建筑一体化示范项目。

绿色建筑工作。开展绿色建筑试点示范项目的培育、申报与审查工作。确定全省绿色建筑培育项目44项，申报面积232万平方米。已通过评审15项，121.1万平方米，其中，二星级10项，一星级5项，规模达到10万平方米以上的4项。报请国家评审的三星级项目3项，29.9万平方米。

公共建筑节能监管体系建设。山西省建筑能耗监测平台列为国家2012年度公共建筑能耗监测平台建设示范项目，获得国家补助资金1000万元。完成省机关事务管理局、太原、长治、忻州4个试点单位国家机关办公建筑和大型公共建筑能耗统计、能源审计工作。太原理工大学和山西大学通过住建部组织的验收，山西医科大学、山西师范大学、太原工业学院2012年被列为国家示范，获得补助资金1720万元。太原理工大学公共建筑节能改造开始启动，被国家批准改造20万平方米，获得国家补助资金400万元。

【工程质量安全形势平稳】 建筑工程质量监管。编制印发《山西省保障性住房建设技术导则》。组织开展"我的住房我参与"为主题的保障性住房规划设计方案竞赛活动，完成《山西省保障性住房优秀规划设计方案汇编》。开展全省保障性住房建设争创"汾水杯"质量奖竞赛活动，对获奖企业（个人）和成效显著的主管部门（个人）予以表彰，对成绩突出的推荐申请省劳动竞赛委员会给予记功或授予"五一劳动奖章"。印发《山西省住房和城乡建设厅保障性住房质量监督检查办法》（晋建质函〔2012〕94号），规定了项目部、施工企业和省、市、县各级住房城乡建设部门对保障性住房检查的频次和内容，规范保障性住房监督执法检查工作，加大保障性住房质量监督执法力度，共抽查保障性住房项目616项。2012年，8个专业类别共3251人参加了建设工程质量检测试验员培训，2732人通过考试，通过率84%。严格落实"准入清出"制度，2011年度检测机构动态考核中，对49家检测机构责令限期整改，2家检测机构注销了资质，规范了市场秩序。

施工图审查。起草《施工图审查机构考核办法》，并通过省政府法制办审查。开展2012年施工图审查机构动态考核，3家施工图审查机构限期整改，1家机构被撤销资格。继续加大施工图审查力度，2012年，山西省图审机构共审查房屋建筑和市政基础设施工程6671项，建筑面积6320.3万平方米，总投资992.1亿元；纠正违反强制性条文16806条次，消除严重安全隐患3817处。

建筑安全生产管理。2012年，山西省房屋建筑和市政工程生产安全事故4起，死亡10人，比2011年事故起数减少3起，死亡人数持平，死亡人数占全年控制指标的91%。印发《山西省住房和城乡建设厅建筑安全生产考核办法》，加强对各市住房城乡建设部门、重点企业的建筑安全生产考核。全年累计对24079名建筑施工企业"三类人员"和7425名特种作业人员进行安全培训。加快建筑工地远程视频监控系统建设。开展建筑安全生产专项整治，建筑施工企业累计排查一般隐患7908项，重大隐患433项，整改率100%，落实治理资金598万元，其中，重大隐患按照属地挂牌督办的规定进行了督办。各级住房城乡建设部门累计组织检查组3182个，出动检查人员33824人次，共打击非法违法、治理纠正违规违章行为7918起；抽查企业10025个（次），其中，责令停工整顿的77家，罚款1409万元。先后两次对各市百日安全生产活动开展情况进行督导，共检查建筑工地72个，下达整改通知书12份，执法建议书7份。

抗震防灾。修编完成《山西省住房和城乡建设系统破坏性地震应急预案》，组建山西省超限高层建筑工程抗震设防专家队伍，成立山西省超限高层建筑工程审查委员会。邀请国家工程设计大师傅学怡举办超限高层建筑工程培训讲座，开展以"汲取教训、科学应对、积极防御、共建辉煌"为主题的"7·28"抗震宣传周活动。专项审查"太原市华宇绿洲三期公建写字楼"等14栋超限高层建筑工程抗震设防。

（杜晓宇）

城市建设

【城市公用设施建设进一步加强】 2012年，完成城市（含县城）市政公用设施建设投资380亿元，比2011年增长2.7%。

城市供热。山西省城市集中供热面积达到4.52亿平方米。11个设区城市市区集中供热面积达2.99亿平方米，其中，热电联产集中供热面积1.8亿平方米，占集中供热面积的60.2%。开展供热企业运营考核工作，136个供热企业参加考核，对考核中发现的问题进行整改，市本级企业达到良好水平。大力推进供热计量改革工作，会同省物价局出台《关于进一步做好按用热量计价收费工作的通知》，安装供热计量装置及温控装置面积达2629万平方米，按规定全部实行供热计量收费。

城市燃气。全省城市用气人口达到1365万人，燃气普及率83.5%（2011年城市燃气普及率排全国第11位，县城排第20位）。制定《山西省住房和城乡建设厅城镇燃气经营许可管理办法》，组织城镇燃气行业安全管理和技术人员培训，参加培训人员4337名。对82个燃气企业进行运营考核，经过考核、整改，市本级企业均达到良好等级，推动了燃气企业运营管理水平的提高。

城市供水和节水。全省城市公共供水设计处理能力达到282万吨/日，用水普及率97%（2011年城市用水普及率排全国第15位，县城排第7位）。建立完善供水企业运营考核制度，在109个公共供水企业中开展运营考核工作。制定《全省城市供水水质提升工程实施方案》和《城市供水企业水质监测能力建设导则（试行）》，对供水设施、检测能力、水质管理、应急处置等方面提出明确要求和具体措施。孝义市创建成为省级节水型城市。太钢集团、临汾师大等7个项目被命名为省级节水型企业（单位、校园、小区），太原市节水覆盖率51.4%。组织开展太原市星河湾、临汾市古城公园、侯马市世纪佳苑小区等3个省级雨水收集利用试点项目。推荐太原市排水监测站进入国家排水监测网，太原市非居民排水许可覆盖率40.2%。

城市污水和垃圾处理。建成10

座城市生活垃圾无害化处理场，新敷设污水配套管网560千米。共处理污水74480.3万立方米，比2011年提高5.7%。组织对山西省128座污水处理厂进行运营考核，会同省财政下达年度“以奖代补”资金1702.8万元。对山西省污水处理关键岗位人员进行培训，并实行持证上岗制度，持证上岗率92.2%。对山西省已投运的40座城镇生活垃圾无害化处理场，开展年度运营考核工作，对新投运的进行了等级评定。2012年山西省生活垃圾无害化处理402.9万吨，比2011年提高8.9%。

城市园林绿化。完成城市绿化投资54.26亿元，新增绿地面积2814.1公顷，城市建成区绿地率、绿化覆盖率、人均公园绿地面积分别达到33.3%、37.6%、10.5平方米。创建成省级园林单位75个、园林小区47个、园林道路54条和星级公园42个。大同、朔州申报了国家园林城市，长子、黎城、洪洞、阳城、古县、灵石等6个县申报国家园林县城。高平、古交、沁源、昔阳等4个县(市)通过省级园林城市(县城)考核验收，汾阳、寿阳、沁县、长治、和顺、娄烦等6个县(市)通过省级园林城市(县城)的初审考核。临汾、运城、吕梁及永济、盂县、清徐等市县启动了省级园林城市(县城)创建工作，提高了城市园林绿化水平。

宜居城市创建。2012年，山西省完成城市(含县城)市政公用设施投资374.5亿元。孝义市和侯马市被省政府命名为山西省首批宜居城市。大同市智家堡垃圾场生态恢复工程、大同市电厂余热回收利用、晋中市污水处理厂水资源综合利用、侯马市可再生能源综合利用、孝义市孝河生态环境综合治理、黎城县生活垃圾卫生填埋场等6个项目被评为山西省人居环境范例奖，晋中市污水处理厂水资源综合利用、侯马市可再生能源综合利用两个项目获得2012年中国人居环境范例奖。临汾市城市公厕项目获得联合国迪拜改善人居环境最佳范例奖。

城乡清洁工程。太原、阳泉、长治、晋城、运城市和22个扩权强县试点县先行开展城乡清洁工程。太原市投资20亿元，全面建立“村收集、乡镇转运、县市处理”的垃圾处理体系，引入可视化、精细化管理，环卫保障机制由城镇向农村延伸，城乡面貌大变样。建立城乡清洁工程月报制度，制定城乡清洁示范县、镇、村和保洁示范街道、容貌示范街道、星级城市公厕的考核办法与评价标准。会同山西省总工会对推进城乡清洁工程、创建示范项目表现突出的16个先进集体命名表彰，对62名先进个人予以记功表彰；开展“山西省首届十佳城市美容师”评选活动，全面推动城乡清洁工程深入开展。在开展城乡清洁工程中，补助资金19255万元，覆盖农村1.7万个，清运垃圾670万吨，涌现出城乡清洁示范县(市、区)11个、示范镇(乡)11个，创建保洁示范街道37条、容貌示范街道31条、星级城市公厕76座，城乡环卫工作明显加强。

数字城管工程。太原市数字城管覆盖面积扩大到438平方千米，开展了数字化城管与“12319”城建服务热线资源整合，完成159家国有土地施工工地现场视频监控系统建设，并向县(市)延伸，古交市数字化城管平台建设已投入试运行。同时，将数字城管由地上向地下延伸，开展地眼工程建设试点工作。编制了《太原城乡管理物联网标准体系(第一部分)总则》，在太原市核心区启动3.2平方千米的试点建设。大同市、晋城市的数字城管工程分别投入运营，覆盖面积分别达到46平方千米和40平方千米。长治市、忻州市成立管理机构，2012年基本完成硬件建设。朔州、吕梁、临汾、阳泉、晋中、运城等6市完成数字城管项目可行性研究，并通过专家评审。

风景名胜区管理。召开山西省风景名胜区专项治理与规划发展工作会议，启动12处省级风景名胜区的总体规划编制工作。指导开展风景名胜资源调查，积极组织风景名胜区申报工作。大同县火山群等6个省级景区通过专家审查和部门审核，碛口被国务院公布为国家级风景名胜区。开发山西省风景名胜网和风景名胜区监管信息系统，并于10月投入试运行。组织编制完成《五台山风景名胜区数字化景区建设规划大纲》，召开《五台山旅游服务基地修建性详细规划》修编和《五台山风景名胜区总体规划》修改工作协调会，指导五台山风景名胜区完成景区内清水河流域河道治理、景区生态修复等工作。会同忻州市政府共同开展五台山风景名胜区建设工程联合执法检查工作。

【城市规划水平提升】 推进城镇化。一是科学确定规划转型工程、新区示范工程、旧区提质工程、城市“六水联动”工程、百镇建设工程、城乡清洁工程、宜居创建工程、数字城管工程、“四名”保护工程、“四改四变”工程等“十大工程”，实施城市扩容提质。二是严格标准，精心选定项目，实行项目化管理。在各市申报基础上，省城镇化办选定了首批百项标杆项目。三是按照各市列入省标杆项目名录的数量、规模、实施进度和示范效果等进行量化考核，并纳入省考核办对各市的“三合一”考核体系之中。对标杆项目实行动态考核。对未按要求推进的项目，取消其标杆名录，并在考核中予以减分处理，对于推进好的项目予以表彰和加分。2012年，山西省城镇化率达51.3%，总体步入城市型社会。各市年度目标任务完成情况普遍较好，项目数量、建设规模、建设进度和完成投资，均创历史最高。

城镇群建设。山西根据“一核一圈三群”的城镇化发展战略，积极推进统筹城镇格局、统筹规划指导、统筹设施建设、统筹园区产业、统筹户籍社保、统筹公共服务、统筹土地管理、统筹资金投入、统筹社会管理、统筹区域协作“十个统筹”，加快全省城镇组群发展。太原汾东商务区、大同御东新区等城镇新区建设取得实质性进展。以山西高校新校区为依托的晋中北部新城全面拉开框架，其中，高校新校区10所高校开工面积270多万平方米，累计完成投资60亿元。长治市上党城镇群以城际快速路建设为抓手，打造中心城区和周边6个县(市)20分钟交通圈，出台《上党城镇群行动计划》，取得显著成效；全市园林城市(县城)基本实现全覆盖，形成了全省最大规模的园林城市群。大同市统筹推进古城保护和新区建设，城市框架不断拉大，新旧两利、古今兼顾的特色城市逐步建成。

规划编制和管理。结合山西省综改试验区建设方案，对规划纲要进行深化完善，形成“一核一圈三群”规划成果。指导太原、晋中、大同、朔州、忻州、阳泉、运城、长治等市编制太原、晋中共建区、太榆科技创新城、大同都市区、朔州四化一体东部新区、忻定原城镇群，阳泉市、运城市、长治市、高平市、洪洞县城市总体规划，太原市汾东商务区，忻州市云中新区及城中村、城镇旧区改造等100余项规划编制工作，超额完成山西省考核办下达的33项编制任务。对晋中开发区升级为国家级开发区，朔州经济开发区、晋城经济开发区易地扩区，运城空港新区设立为省级开发区进行了规划审核，出具了规划意见。为太原市轨道交通2号线一期工程等150余项建设项目办理了选址审批手续。对参加第七届中部博览会、世界首届晋商大会、第四届能博会的10批次3000余项招商项目完成了规划审核。

历史文化名城保护。指导太原市、孝义市、介休市、翼城县、新绛县完成明代太原县城、南华门历史文化街区、孝义古城、翼城县南十字街历史文化街区、新绛县常家胡同保护规划编制工作。指导太原市、孝义市、太谷县、祁县、平遥县、新绛县开展明代太原县城历史文化街区、孝义市旧城、太谷县历史文化街区、祁县历史文化名城、平遥古城米粮市街历史文化街区、新绛县常家胡同历史建筑修缮工程。会同省财政厅对左云县、浑源县历史文化名城，太谷县、繁峙县、偏关县历史文化街区保护规划编制，太原市、代县历史文化名城保护管理信息系统建设以及介休市顺城街历史文化街区保护更新等14项项目下达了1000万元的历史文化名城（街区）保护资金。

（米玉婷）

【山西省“十二五”城镇生活垃圾无害化处理设施建设工作目标】 到2015年，太原市生活垃圾全部实现无害化处理，其他城市无害化处理率达到90%以上，县城达到75%以上，城市生活垃圾处理能力和质量达到全国中上游水平。

到2015年，太原市、晋中市、大同市要建成生活垃圾分类示范城市，其他设区城市初步建立生活垃圾分类体系，选择一批重点县城开展生活垃圾分类试点工作；11个设区城市净菜进城率达到70%，其他城市达到50%以上；50%的设区城市初步实现餐厨垃圾分类收运处理。

到2015年，全省城市生活垃圾资源化利用比例要达到30%，其中，太原市、大同市要达到50%。

到2015年，建立完善的城镇生活垃圾处理监管体系。

“十二五”期间各项建设任务目标为，新建60座生活垃圾无害化处理场（厂）（2011年底之前已建成12座），新增处理能力10250吨/日；新增转运能力13762吨/日，新增运输能力13755吨/日；新增餐厨垃圾处理能力1000吨/日；加快推进垃圾处理设施存量治理、分类设施建设，加快完善监管体系。

【启动实施城镇建设“十大工程”】
规划转型工程。实现规划理念从单纯追求现代向现代与地方特色并重转变，规划重点从重物质性规划向重综合性规划转变、从重规划编制向编制与实施并重转变、从重单个城市向城市与城镇组群并重转变，以规划转型引领城市转型。

新区示范工程。疏解老城密度，改善城市功能，彰显城市形态，以新区转型促进城市转型。将加快太原晋中共建区建设作为新区建设的重中之重，科学编制共建区规划，实施一批重大基础设施项目。

城市旧区提质工程。坚持整体开发和成片改造原则，力争两年完成城市和国有工矿集中连片棚户区改造。

城乡清洁工程。在注重城市环境的同时，切实加大农村环境整治力度，力争实现一年一变样，三年大变样。

宜居城市创建工程。以提升功能、改善环境、搞好绿化、节能减排、加强管理为重点，推进环境友好、功能完善、资源节约、管理先进的宜居城市建设。

数字城管工程。在11个设区城市全面推行数字化城市管理，建立全省统一的城市市容环卫、风景名胜、住房保障等“十大”公共信息平台。

“四名”保护工程。保护历史文化名城名镇名村和风景名胜资源，正确处理保护、开发、利用三者关系，走出一条具有山西特色城镇化的路子。

城镇“六水联动”工程。推进城镇供水、排水、污水、中水、节水、雨水“六水联动”，优化城镇水资源配置，改善城镇水生态环境，提高城镇供水保障能力。

百镇建设工程。以省级示范镇为重点，每年完成50项重点规划，打造50项标杆工程，增强重点镇的辐射力、带动力，促进大中小城市和农村协调发展，实现城镇体系和格局的转型。

“四改四变”工程。“四改四变”即实行房改、户改、地改、社改和农民变市民、村委变居委、村民变股民、农保变城保，在城乡统筹改革上取得突破性进展，以城镇化率每年1.5%的增速，确保实现“十二五”55%的目标。

【规划优先发展城市公共交通】 总体目标。到2015年，确立城市公共交通在城市交通系统中的优先地位，实现公共交通“总量上规模、车型上档次、服务上台阶、管理上水平”的目标，行业可持续发展能力显著增强，群众出行更便捷、更环保、更和谐。300万以上人口城市基本建成以公共汽（电）车为主体，城市轨道交通、快速公交适度发展的公交服务网络，公交出行分担率达到30%以上并力争达到40%，公交车辆万人拥有量达到15标台以上，建成区公交站点300米覆盖率不低于50%，公交车辆进场率不低于90%，公交车平均运送速度不低于20千米/小时；人口100万至300万、100万以下的城市，建立以公共汽（电）车为主体的城市公交服务网络，公交出行分担率分别不低于20%，公交车辆万人拥有量分别达到10标台和8标台以上，力争达到12标台和10标台,建成区公交站点300米覆盖率、公交车辆进场率、平均运送速度明显提高;城市周边20千米范围内城乡客运班线公交化改造率达到85%以上。

到2020年,确立城市公共交通在城市交通系统中的主体地位,基本形成贯通市、县(市)和城市群的公交体系以及城乡公交客运一体化网络,公交出行分担率、公交车辆万人拥有量、公交站点覆盖率、车辆平均运送速度、公交场站面积不低于国家标准,太原市和有条件的城市建设轨道交通或大容量快速公交系统(BRT),中心城市周边的县(市)实现公交全覆盖,满足市域城镇化、城乡一体化的要求。

主要任务。(1)加快城市公交基础设施建设。主要包括城市公共交通线网建设、城市公共汽(电)车专用道网络建设、城市公交场站和配套设施建设、城市交通换乘枢纽建设。鼓励有条件的城市建设轨道交通、快速交通等基础设施。(2)全面提升城市公共交通服务质量和智能化管理水平。(3)加强城市公共交通安全管理。加强城市公交客运市场监管,健全城市公共交通应急保障体系和预防预警机制。(4)推进城乡公共客运一体化。(5)推进公共交通行业改革。

主要措施。(1)健全城市公共交通政策法规。(2)加强城市公共交通规划的编制和实施。(3)加大公共交通基础设施建设和运能建设。(4)加大公共交通财政保障力度。(5)建立规范的公共交通补贴补偿制度。(6)制定科学的城市公共交通票制和票价。(7)加强城市公共交通队伍建设。

(李仁贵)

村镇建设

【村镇规划建设取得新进展】 实施百镇建设工程。根据山西省村镇资源禀赋、发展特色,初步形成以沁河流域小城镇群为代表的集群发展模式、以孝义市梧桐镇为代表的新区建设模式、以阳城县北留镇为代表的旧区提质模式、以汾阳市杏花村镇为代表的园区拉动模式、以临县碛口镇为代表的文化旅游模式等5种小城镇发展模式。新农村建设初步形成了以阳城县润水新城为代表的中心村集聚型、以榆次区石羊坂村为代表的易地搬迁型、以岢岚县吴家庄村为代表的以企带村型、以泽州县洞头村为代表的旧村整治型、以阳城县皇城村为代表的乡村旅游型等5种类型,引领带动山西省小城镇和新农村建设。2012年,山西省百镇建设开工项目663项,完成投资86.37亿元。其中,基础设施项目230项,完成投资20.09亿元;居住社区项目101项,完成投资35.48亿元;其他项目332项,完成投资30.8亿元。

实施规划转型工程。以规划理念转型引领百镇转型,指导洪洞县广胜寺镇修编总体规划。首次构建山西省绿色小城镇指标体系,并从发展理念、产业、生态等八方面提出绿色小城镇建设路径。引入中规院等国内一流规划编制单位修编县域村镇体系规划,全年累计完成县域体系规划、小城镇总体规划和近期建设规划、历史文化名镇名村保护规划共56项,完成全年目标任务。

实施古村镇保护工程。编制完成《沁河流域古村镇保护与发展规划》,从组群角度提出沁河流域30个古村镇全面保护、整体协调的方法,构建以古堡为特色的旅游发展策略。组织300余人对山西省959个传统村落实地调查走访,形成《山西古村落调查报告》,并择优向国家推荐。指导灵石县董家岭村等古村镇编制完成保护规划,编制《中国历史文化名镇名村保护设施项目库》。指导临县碛口镇等开展古村镇传统民居修复试点。介休市张壁村推动历史、文化、旅游、影视四位一体融合发展。阳城县上庄村在保护开发中注重保留村落的原始生活气息,国庆期间首次接待游客2.9万人次,门票收入25万元。

(米玉婷)

【全省首批"百镇建设"名单】 太原(5个):清徐县徐沟镇、清徐县孟封镇、阳曲县泥屯镇、娄烦县静游镇、古交市马兰镇。

大同(6个):南郊区云冈镇、阳高县罗文皂镇、天镇县新平堡镇、灵丘县东河南镇、左云县鹊儿山镇、大同县倍加造镇。

朔州(5个):平鲁区凤凰城镇、山阴县北周庄镇、应县南河种镇、右玉县右卫镇、怀仁县金沙滩镇。

忻州(13个):忻府区奇村镇、定襄县宏道镇、定襄县河边镇、五台县东冶镇、五台县台怀镇、代县峨口镇、繁峙县砂河镇、宁武县阳方口镇、宁武县东寨镇、五寨县三岔镇、岢岚县三井镇、原平市崞阳镇、保德县杨家湾镇。

吕梁(13个):文水县刘胡兰镇、交城县夏家营镇、临县碛口镇、柳林县留誉镇、柳林县成家庄镇、岚县普明镇、方山县大武镇、中阳县枝柯镇、交口县双池镇、孝义市梧桐镇、孝义市下堡镇、汾阳市杏花村镇、汾阳市贾家庄镇。

晋中(12个):榆次区东阳镇、榆社县云竹镇、左权县麻田镇、和顺县李阳镇、昔阳县大寨镇寿、阳县宗艾镇、太谷县胡村镇、祁县东观镇、平遥县洪善镇、灵石县静升镇、介休市义安镇、介休市张兰镇。

阳泉(5个);郊区河底镇、平定县娘子关镇、平定县张庄镇、盂县南娄镇、盂县西烟镇。

长治(9个):长治县苏店镇、长治县荫城镇、襄垣县下良镇、屯留县渔泽镇、壶关县百尺镇、长子县大堡头镇、武乡县洪水镇、沁源县郭道镇、潞城市店上镇。

晋城(8个):沁水县嘉峰镇、沁水县中村镇、沁水县郑村镇、阳城县北留镇、阳城县润城镇、陵川县礼义镇、泽州县周村镇、高平市马村镇。

临汾(9个):曲沃县曲村镇、翼城县里砦镇、襄汾县汾城镇、襄汾县邓庄镇、洪洞县广胜寺镇、洪洞县赵城镇、吉县屯里镇、乡宁县管头镇、蒲县乔家湾乡。

运城(15个):盐湖区解州镇、临猗县临晋镇、万荣县荣河镇、闻喜县东镇、稷山县翟店镇、稷山县西社镇、新绛县泽掌镇、绛县陈村镇、垣曲县皋落乡、夏县水头镇、平陆县张店镇、芮城县风陵渡镇、永济市蒲州镇、永济市卿头镇、河津市僧楼镇。

（李仁贵）

重点工程建设

【重点工程投资概况】 2012年，省市两级重点工程完成投资12599.15亿元，比2011年增长64.4%。其中，334项省重点工程完成投资3898.89亿元，增长38.1%；5543项市级重点工程完成投资8700.26亿元，增长79.7%。

全省334项省重点工程项目，有214个项目完成投资额达到或超过100%，占项目总数的64.1%；有15个项目接近完成年度投资计划，且形象进度达到目标要求。综合考核分析，完成年度目标计划的省重点工程项目为229项，占项目总数的68.6%。

【省级重点工程分类建设情况】 2012年，计划新开工项目100项，全年共有71项重点工程项目开工建设，开工率71%，高于2011年18个百分点。在建项目305项，在建率91.3%，高于2011年0.5个百分点。

1. 保障性安居工程类7项，年度计划投资400亿元，1～12月累计完成投资448.4亿元，占年度计划的112.1%。全省保障性住房目前开工建设42.49万套，建设面积3221万平方米，开工套数已超额完成年度计划目标。

2. 水利基础设施类17项，年度计划投资109.51亿元，1～12月累计完成投资114.33亿元，占年度计划的104.4%。万家寨引黄北干线完成扫尾任务。山西省中部引黄工程、小浪底引黄等“大水网”建设项目全部开工，强力推进。

3. 铁路项目类16项，年度计划投资606.28亿元，1～12月累计完成投资633.72亿元，占年度计划的104.5%。大同至运城至西安客运专线、山西中南部铁路通道、太原至兴县铁路、吕梁至临县铁路支线等项目均进展顺利，全线路基基本贯通，提前超额完成年度目标。

4. 公路项目类34项，年度计划投资550亿元，1～12月累计完成投资492.50亿元，占年度计划的89.5%。天镇至大同高速公路、广灵至浑源高速公路、朔州环线西南段高速公路等项目均顺利推进，年内将新增高速公路运营里程1000千米。

5. 文教、卫生、机场和公益建筑类41项，年度计划投资288.08亿元，1～12月累计完成投资304.17亿元，占年度计划的105.6%。山西高校新校区工程基本完工。大同市御东新区太阳宫项目进展顺利，为承办第一届中国国际太阳能10项全能竞赛奠定了基础。

6. 产业结构调整项目120项，年度计划投资911.6亿元，1～12月累计完成投资1065.42亿元，占年度计划的116.9%。年内建成山西成功淮海发动机有限公司车用发动机技术升级、扩产技改项目，阳煤集团尿素（百万吨）建设项目等一大批调产项目，开工建设吉利汽车、榆次液压工业高性能液压产品自主化产业基地项目等一批重大技术装备项目，为山西省转型跨越发展注入强劲动力。

7. 电力类40项，年度计划投资401.03亿元，1～12月累计完成投资402.76亿元，占年度计划的100.4%。华能左权电厂、京能右玉煤矸石电厂和山阴昱光煤矸石电厂等投产发电，新增发电装机容量240万千瓦以上。风力发电、太阳能发电等新能源项目也得到大力发展。

8. 煤炭能源项目44项，年度计划投资268.87亿元，1～12月累计完成投资324.76亿元，占年度计划的120.8%。潞安高河煤矿、同煤麻家梁矿井已建成投产，新增煤炭产能1800万吨/年。“气化山西”工程进展顺利，基本建成覆盖全省的天然气、煤层气管道建设网络。

9. 节能减排、生态建设类15项，年度计划投资92.95亿元，1～12月累计完成投资112.83亿元，占年度计划的121.4%。生态环境治理工程稳步推进，为“绿化山西”添砖加瓦。

2012年度省属大型企业投资重点工程项目完成额情况

省属大型企业	项目个数	累计完成投资（亿元）	排名
太钢集团	6	143.20	1
同煤集团	12	130.12	2
能交公司	7	128.65	3
国际电力集团	7	60.84	4
潞安集团	9	58.77	5
阳煤集团	6	53.58	6
国际能源集团	7	49.03	7
焦煤集团	8	43.46	8
晋煤集团	6	40.13	9
太重集团	3	24.43	10
煤炭进出口集团	2	17.82	11
煤炭运销集团	1	7.55	12
合　计	74	752.85	

【重点工程项目分市建设情况】 2012年，各市共确定市级重点工程5543项，全年累计完成投资8700.26亿元，比2011年增长79.7%。其中，省市重点工程投资完成额前3名的分别是：太原市1697.5亿元，吕梁市1545.37亿元，临汾市1466.56亿元；省级重点工程在各市的投资完成率排前3名的分别是晋城市134.5%，忻州市121.7%，阳泉市、运城市114.7%。

1. 太原市省市两级重点工程累计完成投资1697.5亿元，其中，省重点工程投资完成478.09亿元，为年度投资计划的100%。

2. 吕梁市省市两级重点工程累计完成投资1545.37亿元，其中，省重点工程投资完成585.22亿元，为年度投资计划的105.7%。

3. 临汾市省市两级重点工程累计完成投资1466.56亿元，其中，省重点工程投资完成339.93亿元，为年度投资计划的105.7%。

4. 长治市省市两级重点工程累计完成投资1433亿元，其中，省重点工程投资完成345亿元，为年度投资计划的77.8%。

5. 大同市省市两级重点工程累计完成投资1309.69亿元，其中，省重点工程投资完成436.73亿元，为年度投资计划的113.8%。

6. 晋中市省市两级重点工程累计完成投资1140.5亿元，其中，省重点工程投资完成403.76亿元，为年度投资计划的112.7%。

7. 运城市省市两级重点工程累计完成投资934.47亿元，其中，省重点工程投资完成207.19亿元，为年度投资计划的114.7%。

8. 朔州市省市两级重点工程累计完成投资917.24亿元，其中，省重点工程投资完成417.94亿元，为年度投资计划的113.3%。

9. 忻州市省市两级重点工程累计完成投资854.76亿元，其中，省重点工程投资完成310.78亿元，为年度投资计划的121.7%。

10. 晋城市省市两级重点工程累计完成投资778.14亿元，其中，省重点工程投资完成231.04亿元，为年度投资计划的134.5%。

11. 阳泉市省市两级重点工程累计完成投资522.36亿元，其中，省重点工程投资完成143.65亿元，为年度投资计划的114.7%。

【大型企业转型项目建设情况】 2012年，12家省属大型企业投资的省重点工程项目74个，全年共完成投资752.85亿元，占省重点工程实际完成投资额的19.3%。太钢集团、同煤集团、能交集团以完成投资143.2亿元、130.12亿元、128.65亿元的规模，位列省属企业投资完成额前3名。

2012年，11家中央企业投资的省重点工程项目40个，全年共完成投资830.08亿元，占省重点工程实际完成投资额的21.3%。中南通道、大西客专、太原铁路局位列中央企业在晋投资完成额前3名。

2012年度中央及外省企业投资重点工程项目完成额情况

项 目 名 称	项目数量	累计完成投资（亿元）	排名
晋豫鲁铁路通道公司	1	207.70	1
大西客专公司	1	169.00	2
太原铁路局	7	133.81	3
山西省电力公司	1	111.27	4
中煤能源集团	3	43.41	5
华能集团	4	39.72	6
国电集团	8	37.62	7
华电集团	3	35.80	8
中电投集团	4	21.27	9
大唐集团	5	18.47	10
华润集团	2	12.64	11
合 计	40	830.08	

【重点工程保证措施落实有力】 *“项目落地年”活动发挥重要作用。* 2012年为山西省“项目落地年”。4月16日，省政府举行了“项目落地年”启动仪式，11个市也分别采取不同的形式举行了各自的“项目落地年”启动仪式，对全年工作作出部署安排。全年省重点工程领导组共召开调度会12次，召开专题会、协调会、推进会100余次。特别是对大西客专、山西中南铁路通道等一些建设周期长、占地面积大、压覆矿产多、拆迁任务重的线性工程项目，领导组办公室组织骨干力量，多次召开协调会、现场会，研究解决问题，确保了项目施工单位按期施工，按计划实现了全年投资目标。

省重点办出台《关于对重大签约项目落地进展情况进行跟踪服务的通知》等文件，促使各市建立健全对口推进、跟踪服务机制，扎实开展重大项目对口推进工作，效果明显。配合省政府陆续开展同华能集团、华润集团、中航集团深化“十二五”战略合作框架协议系列推进活动。通过典型引路，样板带动，山西省同中央企业签订的合作框架协议取得实质性进展，加快了签约项目落地速度。

“超万亿”目标调动了各方工作积极性。 重点工程建设是山西省扩大投资、稳定增长的主力军，省委、省政府确定在年初目标的基础上加大投资力度，实现全年投资超万亿，极大鼓舞了士气。各级各部门工作热情空前高涨，强化协同配合，把为重点工程搞好服务、创造宽松发展环境作为本部门、本单位工作的重中之重，真正做到了扑下身子，沉到一线，主动为重点工程提供服务，解决困难，重点工程推进速度明显加快。

省总工会坚持重点工程“七比一创”劳动竞赛活动。省有关厅局两次对重点项目落地进行联合督查，对重点工程农民工工资支付情况进行联合检查。省财政厅、省国土厅、省环保厅、省林业厅和省水利厅等厅局分别按照职责要求，密切配合，努力工作，在建设资金拨付、项目用地审批、环境评价、林地审批、水保方案审批等方面发挥了积极作用。

各市采取有效措施，强力推进重点工程。太原市建立重点工程“一事一表”制度，及时掌握并解决矛盾问题。大同市实行重点工程工作“事不过夜”、领导干部一线工作法，强化现场解决问题。忻州市加大服务和考核力度，建立“六位一体”工作机制。吕梁市实行重点工程进展约谈问责制度，不断强化各级领导责任。晋城市建立人大代表定期对项目落地和重点工程建设质询和评议制度，加强重点工程工作监管。各级各部门同心协力、攻坚克难，保障了重点工程建设高效推进，提前实现“超万亿”目标。

“四位一体、统筹推进”机制握指成拳形成合力。省委、省政府实行的“四位一体、统筹推进”工作机制已进入常态化管理轨道，做到了及时安排部署，定期讨论研究，狠抓责任落实，严格任务考核。各级各部门在项目储备、签约、落地和建设四个环节上统筹谋划，聚指成拳，形成合力，整体推动。

2012年，省发改委、省经信委认真搜集、筛选项目，加大库存容量，做好项目储备工作。省投促局积极与国家部委和有关央企对接，充分利用中博会、能博会等招商平台，签约工作再上新台阶。省重点办科学分解任务，严格责任考核，加强项目监管，搞好协调服务，完成项目落地、重点工程建设各项工作任务。各市充分发挥地域优势，内联外合，上下联动，建立健全重大项目跟踪服务制度，完善对口推进工作机制，把建设大项目、好项目作为改善发展面貌、增强发展后劲、提高人民生活水平的主要抓手，重点工程实现了新突破。

（杜晓宇）

【2012年省级重点工程项目名录】

1.保障性安居工程类（7项）：全省廉租住房工程，全省经济适用住房工程，全省公共租赁住房工程，全省限价商品住房工程，全省棚户区改造工程，中央下放地方煤矿棚户区改造工程，全省农村危房改造工程。

2.水利基础设施类（17项）：万家寨引黄工程北干线，黄河给水工程大同净化水厂及配水管线，汾河生态环境治理修复与保护工程，柏叶口水库龙门供水工程，晋中东山供水工程，汾河清水复流北赵连接段工程，山西省中部引黄工程项目，山西省辛安泉供水改扩建工程项目，永和水电站工程，山西省小浪底引黄工程项目，临汾市百里汾河生态环境治理修复与保护工程，晋阳湖除险加固工程，大型灌区节水改造工程，河道治理打捆项目，中小型病险水库打捆项目，安全饮水工程，山洪灾害防治县级非工程措施建设项目。

3.铁路项目类（16项）：大同—运城—西安客运专线，山西中南部铁路通道，准格尔至朔州铁路，太原枢纽西南环线，太原至兴县铁路，吕梁至临县铁路支线，北同蒲铁路增建四线工程，侯西复线电气化扩能改造，邯长铁路改造，嘉丰至南陈铺铁路，太原铁路南站及相关工程，能交公司地方铁路及全省战略装车点，大准至朔黄联络线，五寨至沙泉铁路，保德至兴县瓦塘铁路建设项目，张台铁路及西延台头至谭坪、蒲县至管头线。

4.公路项目类（34项）：天镇至大同高速公路，广灵至浑源高速公路，朔州环线西南段高速公路，临汾至吉县（壶口）高速公路，长安高速公路长治至平顺段，汾阳至邢台高速公路平遥—榆社段，汾阳至邢台高速公路榆社—和顺段，运城解州至陌南（黄河桥头）公路，国高荣成至乌海高速公路山阴至平鲁段，平定至阳曲高速公路，浑源王庄堡至繁峙高速公路，繁峙至原平大营高速公路，忻州环城高速公路，阳泉环城高速公路，阳泉至左权高速公路，岢岚至临县高速公路，临县至离石高速公路，吕梁环城高速公路，五台山至盂县高速公路，霍州至永和关高速公路东段，霍州至永和关高速公路西段一期，高平至沁水高速公路，国高青兰高速公路山西境黎城至长治拓宽改造工程，国高青岛至兰州国家高速公路长治至临汾段，运城三门峡公铁黄河大桥及连接线，京新高速公路山西境内段，原平大营至神池高速公路，神池至河曲高速公路，左权至黎城高速公路，吉县至河津高速公路，太佳黄河公路大桥，芮城黄河公路大桥，临猗黄河大桥，太原公路主枢纽武宿货运中心。

5.文教、卫生、机场和公益建筑类（41项）：山西高校教育园区工程，太原美术馆，太原博物馆，大同市文体中心项目，运城学院扩建工程，晋美工商管理专修学院，山西省航空运动学校尧城机场，省农科院迁建项目，太原电力专科学校朔州校区，山西农业大学信息学院新校区，太原科技大学晋城校区，山西工商职业学院新校区，山西兴华职业学院新校区，省出入境检验检疫局综合楼，太原南站站前广场项目，国资委监管企业总部基地项目，太原茂业天地项目，运城市东郊城镇化建设项目，长治市上党城镇群路网改造项目，吕梁民用机场，临汾飞机场复航改造工程，大同机场扩建工程，军民合用五台山飞机场扩建工程，山西煤炭职业技术学院，山西水利职业技术学院太原新校区工程，太原呼延水厂二期工程，太钢医院住院综合大楼，山西湖滨会堂，新建山西广播影视中心，华宇商业中心，御东新区太阳宫，中国·大同论坛，大同市采凉山森林公园项目，大同市代王府复建项目，大同市城墙修复工程，应县释迦塔申遗保护及环境整治项目，中新（长治）文化城（长治市文化创意传媒产业园区），皇城相府城市综合体，临汾市奥林匹克体育中心建设项目，中国国际关公文化旅游胜地建设项目，怡乎贝尔草原牧场山西老年疗养基地怡心家园建设项目。

6.产业结构调整类（120项）：同煤60万吨甲醇项目，山西同德铝业有限公司年产100万吨氧化铝项目，太钢集团公司调产项目，太钢集团公司袁家村铁矿工程，太原重型机械集团有限公司重大技术装备项目，榆次液压工业有限公司高性能液压产品自主化产业基地项目，潞安年产1吉瓦太阳能光伏垂直一体化产品项目，吉利汽车（一期），太原铁路货车造修基地建设项目，吉天利科技实业公司循环经济低碳工业示范园，山西杏花村酒业集中发展区项目，中国兵器工业集团公司车轴生产线技术改造项目，山西紫林食品有限公司食醋工业园建设项目，山西中科鸿基生物科技有限公司中科鸿基平遥生物科技产业园项目，太原六味斋实业有限公司新建熟肉制品、豆制品、速冻食品系列加工产品项目，山西新天源医药化工有限公司年产5000吨β-内酰胺抗生素中间体产品项目，山西成功淮海发动机有限公司车用发动机技术升级扩产技改项目，山西晶都太阳能电力有限公司太阳能用单晶硅项目，高平市融高太阳能开发有限公司年产500兆瓦高效晶体硅太阳能电池片生产线项目，高平唐一新能源科技有限公司高容量动力锂离子电池项目，山西阳煤丰喜肥业（集团)有限责任公司年产8万吨环己酮、10万吨己二酸技改项目,安泰集团焦炉煤气制液化天然气(LNG)项目,晋煤集团金鼎煤机制造项目,晋煤集团宏圣现代煤炭加工综合利用配送中心,山西华驰物流有限责任公司西水洋物流园区,山西能源工业国际分销港,兰花国际物流园区,孝义市乐百利特LED照明产业项目,大同经济技术开发区医药工业园区项目,大同市装备制造业园区项目,大同市南郊区塔山工业园区项目,大同市阳高县龙泉工业园区项目,华能东山低碳产业园,潞安百万吨级煤基多联产循环经济产业化项目,同煤集团与中海油合作煤制天然气项目,大同协鑫新能源科技有限公司多晶硅及光伏产业循环经济建设项目,阳泉百度云计算中心项目,首钢长钢1000万吨钢改造升级项目,三一集团有限公司太原工业城,灵石东方希望铝业综合循环项目,孝义市千万吨级新型工业园区建设项目,富士康A区和精密刀具、工业机器人项目,山西华夏动力车业有限公司年产1000万套电动农用作业车电机项目,阳煤集团太原化工新材料有限公司清徐化工新材料工程建设项目,绿色新能源控股集团有限公司薄膜太阳能电池项目,山西焦化股份有限公司60万吨/年甲醇制烯烃和20万吨/年甲醇改扩建项目,高平科兴集团薄膜太阳能生产线及其应用产品,山西省物联网应用产业园区,原平市百万吨短流程铸造循环经济项目,同煤集团聚甲醛项目,山西潞宝集团调产项目,中原伟业新材料有限公司煤矸石粉煤灰综合耦合利用制备陶瓷纤维氮氧化物耐火材料项目,山西襄矿集团年产100亿安时电力储能电池项目,太谷大禾国际建材交易仓储中心项目,美国安普电动汽车总装生产线项目,中航集团新能源专用车生产项目,沁源老凹沟铝业年产40万吨阻燃级氢氧化铝,40万吨铝镁阻燃剂项目,天脊煤化工集团朔州140万吨硝基复合肥项目,山西金德成信矿业有限公司繁峙后峪铜钼矿项目,中煤平朔劣质煤综合利用示范项目,运城市解州九龙潜水电机有限公司年产2500万千瓦高效节能电机项目,兰花科创年产20万吨己内酰胺项目,天脊集团煤化工项目,山阴40万亩(2.7万公顷)盐碱地种植枸杞、油桃、有机玉米、经济林项目,古县华康铸造年产200万吨铸造项目,山西襄矿泓通煤化工有限公司煤制乙二醇项目,山西三晋硅业有限公司3万吨多晶硅一期,山西晋煤天泽有限公司氨醇、大颗粒尿素项目,山西凌云龙盟纸业有限公司36万吨/年环保纸系列产品生产线建设项目,大同庞大汽车文化园林广场,山西太谷恒达煤气化有限公司20万吨精密铸造项目,太原狮头水泥股份有限公司异地搬迁工程,山西瑞恒化工有限公司年产40万吨聚氯乙烯项目,山西国电置业有限公司山西新能源研发中心项目,太原铁路枢纽太原地区货运(物流)中心,山西方略保税物流中心功能延伸中心,中煤平朔120万条全钢载重子午线轮胎项目,皇城相府中道能源公司高效动力锂离子电池项目,山西飞虹微纳米光电科技有限公司大功率白光LED用外延片及芯片产业化建设项目,太钢袁家村铁矿配套球团技术改造及普明铁路专用线工程,山西华北皮革城,山西纳克太阳能科技有限公司年产500兆瓦晶体硅太阳能电池项目,中阳钢铁有限公司一期升级改造项目,晋煤集团百万吨甲醇制清洁燃料项目,洪洞恒富美尔美陶瓷有限公司年产1亿平方米高新绿色建筑陶瓷生产线建设项目,晋西机器工业集团高精度铜板带材项目,阳煤集团太原化机制造基地项目,山西古特金铸造有限公司年产20万吨大型机床等铸铁和铸钢件建设项目,阳煤集团尿素(百万吨)建设项目,山西华鑫煤焦化实业有限公司新建18万吨合成氨、60万吨硝基复合肥项目,中铝山西分公司河津氧化铝生产节能及资源综合利用项目,山西福川制铁高铁及汽车配件项目,太钢万邦年产30万吨高碳铬铁项目,太原西山水泥厂搬迁改造项目,华润水泥(长治)有限公司4500吨/日新型干法水泥熟料生产线项目,灵石中煤化工有限公司1830化肥项目,山西舜达锻造股份有限公司新建165兆牛等五条热模锻压力机生产线及机加工项目,平遥煤化集团有限责任公司4万吨/年聚甲基丙烯酸酯颗粒料及2万吨/年导光板生产项目,山西新能源镁业有限公司年产10万吨镁及镁合金、5万吨压铸产品产业化项目,江苏雨润食品集团有限公司食品加工项目,信息产业电子第十一设计研究院科技工程公司LED外延及芯片项目,山西兰花药业有限公司年产片剂20亿片、颗粒剂2亿袋、胶囊剂20亿粒、中药免煎颗粒100吨项目,中法文化创意孵化基地一期工程建设项目,运城城郊型观光农业示范园项目,山西三元碳素有限责任公司年产11万吨碳素制品搬迁技改项目,山西华翔投资有限公司年产35万吨搬迁扩建项目,同煤集团10万吨/年活性炭项目,长治市黛威斯建材有限公司年产200万平方米微晶石板材项目,山西水塔老陈醋股份有限公司年产30万吨老陈醋、陈醋扩建及甲烷综合利用项目,华锐风电科技(山西)有限公司侯马风电装备制造基地项目,中石油昆仑能源新疆新捷公司焦炉煤气提氢、天然气综合液化示范项目,山西中池联华科技开发有限公司LED照明项目,际华年产220万件套高档服装生产项目,山西沁源春矿泉水开发项目,山西宏普大型农副产品冷冻冷藏库及肉类水产批发市场项目,液化空气(大同)有限公司工业气体项目,太重集团煤机有限公司煤炭综采成套装备智能系统开发与示范应用项目,美特好物流配送中心建设项目,平定福润禽业食品有限公司年加工3000万只肉鸡项目,山西榆次汇隆农产品综合市场项目。

7. 电力类(40项):国电霍州电厂2×600兆瓦工程,中电投临汾热电厂2×300兆瓦工程,中电投侯马热电厂2×300兆瓦工程,华电朔州热电厂2×300兆瓦工程,华能左权电厂,京能右玉煤矸石电厂,山西国际能源山阴昱光煤矸石电厂,山西国际电力平遥热电厂,阳城煤矸石热电厂2×135兆瓦工程,柳林联盛煤矸石电厂2×300兆瓦工程,交城煤矸石电厂2×300兆瓦工程,河坡电厂改扩建2×300兆瓦工程,朔州神头发电公司平鲁“上大压小”2×600兆瓦工程,大唐太原二电厂七期2×300兆瓦工程,大唐集团公司风力发电项目，山西福光风电公司宁武盘道梁、平鲁二期风电项目，山西国际能源集团新能源投资管理责任公司新荣二期、神池三期风电项目，运城风电项目，山西国际能源集团新荣光伏发电项目，华能新能源山西风电分公司风力发电项目，华润新能源控股有限公司广灵月明山、天镇大梁山、阳高长城风电项目，山西电网输变电工程，山西国际电力电网工程，同煤大唐煤矸石热电二期，中电投永济热电厂扩建，京能长治欣隆煤矸石电厂，神华河曲 2×300 兆瓦煤矸石发电项目，山西文峰 2×300 兆瓦煤矸石综合利用电厂，山西国金电力 2×350 兆瓦煤矸石综合利用发电工程，山西国际电力嘉节燃气热电联产项目，山西国际能源集团新能源投资管理责任公司皇姑山风电项目，山西华电集团广灵甸顶山、阳高南顶山风电项目，国电山西太岳山风电、静乐娑婆风电项目，国电山西新能源开发有限公司风电项目，北京天润新能源平鲁大山台风电项目，中广核右玉县杨千河铁山堡风电场项目，大唐新能源平鲁白玉山风电项目，大唐国际发电有限公司白马石风力电项目，大唐天镇环翠山 30 兆瓦光伏发电工程，恩菲太阳能光伏电站项目。

8. 煤炭能源类(44 项)：华晋焦煤王家岭煤矿，潞安集团高河煤矿，太原煤气化龙泉煤矿，山西兰花科创玉溪煤矿，山西保德王家岭煤矿及配套专用线，同煤集团东周窑煤矿，山西焦煤斜沟煤矿，潞安李村矿井，同煤集团麻家梁矿井，鑫磊集团煤电化循环经济示范园项目，中阳荣欣高家庄煤矿，阳泉南煤集团西上庄煤矿，山西右玉元堡煤业有限责任公司整合改造矿井，潞安集团常村煤矿改造，山西山阴金海洋五家沟煤业公司整合改造矿井，山西煤炭进出口旧县露天煤业公司整合改造矿井，山西汾西瑞泰井矿正行煤业公司整合改造矿井，山西华晋吉宁焦煤公司整合改造矿井，山西左云长春兴煤业公司整合改造矿井，山西省山阴县华夏煤业公司整合改造矿井，山西平鲁区茂华万通源煤业公司整合改造矿井，山西省天然气有限公司天然气管道建设项目，山西能源煤层气控股有限公司煤层气综合利用项目，山西煤层气集输有限公司输气管道建设项目，山西省压缩天然气有限公司输气管道及 LNG 加气站项目，山西燃气产业集团公司煤层气输气管道及吕梁、太原煤层气加气站项目，山西国化能源有限责任公司煤层气输气管道及寿阳煤层气压缩母站项目，兰花集团 110 平方千米煤层气开采项目，同煤集团马道头矿井，同煤集团梵王寺矿井，中煤马营堡煤矿，中煤金海洋南泉湾露天开采煤矿，中煤金海洋水泉露天开采煤矿，潞安集团孟家窑煤业整合改造矿井，兴县肖家洼年产 1000 万吨煤矿及配套选煤厂，山西金地赤峪煤矿 300 万吨矿井，山西焦煤庞庞塔煤矿及选煤厂，华晋焦煤沙曲一矿、二矿及选煤厂改扩建项目，临县锦源煤矿年产 600 万吨矿井及配套选煤厂，阳煤集团七元煤矿，潞安集团王庄煤矿开拓延伸工程，山西亚美煤层气勘探开发项目，山西西山蓝焰煤层气有限公司煤层气抽采综合利用项目，山西省沁水盆地南部煤层气直井开发示范工程(二期)。

9. 节能减排、生态建设类(15 项)：十市生态环境综合治理项目，五台山风景名胜区改造提升项目，大同市文瀛湖和御河两岸景观绿化工程，国能神州年处理 20 万吨高铝粉煤灰项目，平朔年产 20 万吨粉煤灰资源化综合利用项目，柳林煤矸石综合利用产业示范园区项目，山西西山晋兴能源有限责任公司循环经济新型建材项目，中煤金海洋循环经济园区，太原市再生水回供城北工业企业工程，太钢城郊森林公园项目，边山支河治理项目，禹门河城区段生态综合治理一、二期工程，山西省喜洋洋新能源有限公司年产 3 万平方米零耗能住宅项目，山西中岚国际物流园区项目，沁县莱茵湖郡旅游开发。

【2012 年重点预备项目名录】 2012 年重点预备项目 53 项：太原市轨道交通二号线一期工程，阳涉铁路电气化改造，阳泉北至阳泉铁路，和顺至邢台铁路，运城至三门峡铁路，介西线孝义市区改线工程，右玉到平鲁高速公路，神池到岢岚高速公路，离石至隰县高速公路，隰县至吉县高速公路，黎城到霍州高速公路，朔州环线至神池高速公路，繁峙至五台高速公路，安泽至沁水高速公路，阳城至蟒河高速公路，大同古店至王官屯高速公路，大同肥村至陈庄高速公路，垣曲华峰至古城高速公路，晋阳湖区一湖、三河、四道路基础设施配套建设工程，汾河美化三期南北延工程，新建朔州飞机场，长治飞机场迁建，山西省戏剧职业学院晋祠新校区，山西省歌舞艺术中心，山西省美术馆，山西省群众文化艺术中心，山西警官高等专科学校迁建工程，山西省戒毒康复基地、禁毒教育基地项目，山西省保密局涉密载体销毁中心工程，百校兴学工程，山西青云集团介休青云公司直升机，山西国际电力资产管理公司清徐综合物流园区项目，山西北斗位讯电子技术有限公司 GPS 北斗星二代，太原武宿综合保税区，山西太原神花铸晶科技有限公司蓝宝石晶体材料项目，深圳晋商、河北晋商、深圳波特集团晋商波特城项目，开明投资股份公司国际矿山机电设备交易中心，北京鼎泰融鑫投资有限公司全固态激光器及其应用技术项目，煤炭地下导控气化高新技术项目，长治市企业总部园区，宜昌陆圣车辆有限公司运城分公司空港陆圣车辆制造项目，晋城芦池化工园区，漳泽电厂 2×1000 兆瓦发电工程，王曲电厂二期 2×600 兆瓦发电工程，国电高河电厂 2×600 兆瓦发电工程，国电太原第一热电厂燃气热电联产项目，大唐绛县安峪热电厂，大唐国际沁州发电厂 2×1000 兆瓦工程，晋煤集团赵庄电厂 2×600 兆瓦工程，山西大土河煤业有限公司光明煤矿及选煤厂，晋煤集团东大煤矿，同煤集团北辛窑煤矿，东西山绿化全覆盖工程。

(李仁贵)

房地产业

【房地产市场健康发展】 房地产市场调控。2012 年，山西省房地产市场呈现“三增一稳”的良好发展态势，即：房地产开发投资较快增长，商品房建设面积稳步增长，商品房销售面积平稳增长，商品住房销售价格基本稳定。完成房地产开发投资1010.5亿元，比2011年增长27.9%，高于全国平均水平(16.2%)11.7个百分点。商品房施工面积11714.3万平方米，增长25.9%，比全国平均水平高12.7个百分点；其中，新开工面积4166.3万平方米，增长46.2%，比全国平均水平高53.5个百分点。商品房销售面积1497.9万平方米，增长16.6%，比全国平均水平高14.8个百分点。据各市商品住房交易网签(备案)数据显示，2012年，11个设区城市新建商品住房平均销售价格“四降七稳”，朔州、太原、临汾、吕梁4个市房价低于2011年价格，长治、忻州、运城、晋城、大同、阳泉、晋中7个市房价略高于2011年价格。2012年，太原市新建商品住房平均销售价格5988元/平方米，比2011年下降1.2%。据国家统计局公布的数据，2012年太原市每月新建住宅价格同比、环比指数涨跌幅度均控制在1%以内，保持基本稳定。

房地产业发展。山西省住房和城乡建设厅下发《关于加快房屋权属登记促进房地产市场健康发展的意见》，提出加快和规范房屋权属登记的具体办法和措施。积极创建示范项目，6个项目被列入国家康居示范工程，10个项目获得国家物业管理示范项目称号，44个项目获得省级物业管理示范项目称号。加强对示范项目的动态管理，对2008年以前获得国家和省级物业管理示范项目的122个住宅小区、大厦、工业区进行复验，不达标的34个示范项目称号被取消。山西省住房和城乡建设厅将行使的四级房地产开发企业资质核定及延续的行政审批权下放至设区市、扩权强县试点县(市)，将房地产开发企业暂定资质的行政审批权下放至各市、县(市)，简化审批程序，提高行政效能。实行企业资质网上审批，优化审批流程，房地产企业资质审批时间由以前的两个月缩短至33天，进一步创优了发展环境。

房地产市场监管。对全省商品房预(销)售许可等5类市场监管行为和房地产开发等6类27种经营行为进行拉网式排查，共检查项目2202个，查处203项房地产市场违法违规行为，进一步规范了监管主体和市场主体行为。太原市完成个人住房信息系统建设，并实现了与住房和城乡建设部联网。其他各市基本完成个人住房信息系统建设和纸质档案数字化工作。各县启动了个人住房信息系统建设工作。大同等10个城市出台商品房预售资金监管办法。太原市采取措施，将商品房预售资金纳入监管范围。建立房地产中介机构和物业服务企业房屋出租信息申报、房屋租赁信息采集、城中村房屋租赁备案制度，强化房屋租赁管理。

（米玉婷）

【山西省“十二五”保障性住房建设目标任务和保障模式】 总体目标。建设保障性住房123.1万套(户)，新解决城镇中低收入住房困难家庭100.8万户。完成农村危房改造22.3万户。通过实物配租和租赁补贴对廉租住房保障对象实现应保尽保。“十二五”期末，全省城镇保障性住房覆盖面达到20%以上。

保障模式。1.廉租住房。保障对象：具有当地城镇非农业户口，人均可支配收入低于当地上年度城镇居民人均可支配收入的80%，人均住房建筑面积13平方米以下的城市低收入住房困难家庭和无房户家庭。

保障方式：实物配租、租赁补贴和租金核减。实物配租的比例不得低于80%。

2.经济适用住房。供应对象：具有当地城镇非农业户口，人均可支配收入低于当地上年度城镇居民人均可支配收入的80%，人均住房建筑面积低于当地上年度城镇居民人均住房平均面积的60%的城市低收入住房困难家庭或无房户家庭。

保障方式：购买有限产权。

3.公共租赁住房。供应对象：城镇中等偏下收入住房困难家庭、新就业职工和有稳定职业并在城镇居住一定年限的外来务工人员。

保障方式：租赁方式供应。

4.限价普通商品住房。供应对象：具有当地城镇非农业户口的城市中等收入住房困难家庭。城市中等收入住房困难家庭，是指家庭人均可支配收入在当地上年度城镇居民人均可支配收入的80%至120%之间，人均住房建筑面积低于当地上年度城镇人均住房面积80%的家庭。

保障方式：购买全部产权。

（李仁贵）

【住房保障继续走在全国第一方阵】 建设情况。2012年，山西省新开工建设城镇保障性住房36.48万套，为国家下达任务(34.23万套)的129.3%；竣工13.07万套，为国家下达任务(7.11万套)的183.9%；改造农村危房6万套，为国家下达任务的100%；完成投资448.4亿元，为年度计划的112%。山西省保障性住房建设继续走在全国第一方阵，促民生和稳增长的双重作用日趋彰显。

制度建设。2012年，山西省住房和城乡建设厅启动住房保障立法前期工作，起草了《山西省住房保障条例(草稿)》，并报请省人大列入2013年立法计划。在全国率先创新出台保障性住房建设管理等6个办法和廉政风险防控意见(“6+1”制度)，“6”是指由山西省人民政府印发的保障房建设管理办法、保障性住房运营管理办法、廉租住房配租与退出管理办法、公共租赁住房配租与退出管理办法、经济适用住房供应与退出管理办法、限价商品住房供应管理办法等6个办法。“1”是指由山西省监察厅和山西省住建厅联合印发的保障性住房建设管理工作廉政风险防控意见。“6+1”制度科学、系统的规范了保障性住房建设、分配、运营、管理、退出等各个环节运行程序，进一步强化对住房保障权力运行的监管制约，基本形成涵盖六大类保障房，覆盖城乡中低收入住房困难家庭和城镇新就业人员、外来务工人员的多层次、全方位住房保障政策体系。

机制创新。山西积极推进保障性住房建设和管理机制创新。创新项目审批机制，设立由发改、国土、环保、建设等相关部门组成的省重点工程行政审批中心，进一步简化审批程序；成立五个协调小组，对涉及棚户区改造项目的建设用地、环评、立项审批手续实行统一受理、集中办公、限时办结，统筹协调，大大提高了办事效率。创新补偿安置机制，将棚户区改造与廉租住房保障相结合。按照棚户区改造范围内廉租住房保障对象，以实物配租方式实现应保尽保的目标，配建廉租住房。采取产权调换和货币补偿相结合的方式进行，对需要异地安置的，先建安置住房，后拆迁改造；对经济困难家庭，采取实物配租或先购买部分产权、租赁部分产权，待具备购买能力后，再自愿购买其余产权的方式，予以安置。创新工作推进机制，通过召开调度会、协调会、现场推进会，及时掌握情况，研究解决问题，总结推广经验，加快建设进度。

【住房公积金管理有所突破】 山西省新增住房公积金缴存额 199.56 亿元，比 2011 年增长 21.7%。为职工离、退休和购、建、大修住房等提取住房公积金 65.16 亿元。发放住房公积金个人贷款 54.13 亿元，比 2011 年增长 31.9%。住房公积金缴存总额 991.86 亿元，缴存余额 707.57 亿元；累计提取住房公积金 284.29 亿元，提取率 28.7%；累计发放住房公积金个人贷款 222.26 亿元，个贷率 18.9%。实现增值收益 11.05 亿元，增值收益率 1.5%，增长 0.9 个百分点。历史遗留的逾期项目贷款全部清理回收，共清理回收资本金 1.69 亿元。太原、晋中、朔州 3 个市被确定为第二批利用住房公积金贷款支持保障性住房建设试点城市，涉及 8 个项目，贷款额度 25.87 亿元，占项目总投资的 30.6%。

（米玉婷）

引黄工程

【供水运行安全稳定，运营效益继续向好】 2012 年，供水总量 2.47 亿立方米，较 2011 年增加 1.47 亿立方米，实现了年初确定的“翻一番”目标。其中，生态供水 1.14 亿立方米，生活和工业供水 1.34 亿立方米。向太原供水 9441 万立方米，12 月下旬开始，日供水量由 26 万立方米增加到 26.5 万立方米。向朔州供水 1475 万立方米，日供水量 4 万立方米。向大同供水 2414 万立方米，日供水量 7 万立方米。向平鲁供水 45 万立方米。全年供水总费用 5 亿元，应收水费 4.41 亿元，实收 3.83 亿元，水费收缴率 85%。

围绕安全生产和经济运行，省引黄局加强检修维护技改，加大节能降耗力度，投入 7000 余万元实施大修、技改 54 项，设备完好率进一步提高。通过改进运行方式，总干线、南干线和连接段单方水耗电量比 2011 年下降 1.9%。通过强化制度建设、检修维护、成本管理、指标考核，供水运行管理水平进一步提升。泵站输水单机运行 117 天、双机运行 148 天，运行总耗电量 3.9 亿千瓦小时，安全稳定无事故，供水水质符合国家标准。

【在建工程扫尾基本完成，后续项目有序推进】 2012 年，在建工程完成投资 7.07 亿元。北干线剩余工程，除 PCCP 静水压试验、隧洞 IV 标缺陷处理、平鲁地下泵站前池灌浆和 1 号机组返厂外，其余基本完成，大部分项目的合同变更费用已经过审查，压覆矿产、永久征地等手续报批工作取得实质性进展，各专项验收按有关程序积极推进。呼延调蓄工程已具备蓄水条件。总干、南干泵站扩机工程招标采购完成，其中，4 台水泵已交货进场，进入安装阶段。怀仁和金海洋两个配套水厂正在调试中。

在工程建设中，省引黄局始终狠抓质量、安全管理不放松，确保工程优质和安全。一期工程验收经多方协调，已按照国家的新验收规程完成准备工作，水规总院正在进行竣工验收技术鉴定，技术鉴定完成后，即可报请省政府和水利部组织竣工验收。后续项目方面，左云供水工程正在进行方案比选，方案确定后即开展相应设计及报批工作，争取与中海油煤制天然气项目同步建设。此外，积极协调配合工程沿线地方政府推进供水配套工程和污水处理厂建设、运营。

（李佳丽）

环境保护

【山西省环保工作“十二五”重点工程】 主要污染物减排工程。焦化废水污染控制工程、矿井水深度治理及废水资源化、电厂废水深度治理、化工生产废水回用工程、其他行业工业废水深度治理、新（改扩）建城市污水处理厂工程、污水厂升级改造工程、污水中水回用工程、规模化畜禽养殖污染防治工程。电力行业烟气脱硫工程、电力行业烟气脱硝工程、钢铁行业烧结机烟气脱硫工程、钢铁烧结机脱硝示范工程、有色金属行业硫酸尾气治理工程、建材窑炉烟气脱硫项目、燃煤锅炉烟气脱硫工程、焦化行业脱硫设施改造工程、工业除尘工程。“四气”替代工业企业燃煤工程、“四气”替代生活燃煤工程。燃煤锅炉集中供热改造工程等。

区域环境安全综合整治重点工程。地表水饮用水源地安全保障工程、城市地下水饮用水水源地安全保障工程、城镇地下水饮用水源地安全保障工程、乡镇地下水饮用水源地安全保障工程。河道环境整治工程、生态湿地建设工程。城区重污染企业搬迁工程、城中村改造工程、工业固废安全处理设施建设工程、有毒有害物质防治工程、移民新区建设工程。

环境基础公共服务重点工程。城镇生活垃圾无害化处理工程、废弃电器电子产品处理工程、简易垃圾填埋场封场整治工程、工业固废综合利用重点工程。燃煤锅炉集中供热改造工程。污泥安全处置。太原危险废物处置中心项目建设工程、危险废物专业化处理工程、铬渣处理工程、焦化、化工企业危险废物收集处置利用示范工程、工业园区危险废物集中收运处置示范工程。

农村与生态环境保护重点工程。自然保护区建设工程、生物多样性保护工程、湿地保护与恢复工程、煤炭开采生态环境恢复治理、生态创建示范工程、典型敏感区域生态治理修复工程、矿山生态系统恢复治理工程、污染土壤修复与综合治理工程。农村饮用水安全保障工程、畜禽养殖面源污染控制工程、农村新能源利用工程、建制镇集中供热工程、农村污水治理工程、农村垃圾治理工程。

环境监管能力建设重点工程。环境监管机构标准化建设工程、环境监测、监控、监察、信息、应急、宣教能力建设工程、核与辐射安全监管工程、固体废物监管工程、创新型环保管理能力建设工程、科研和人才能力建设工程、环保物联网建设工程。

【山西省"十二五"控制温室气体排放主要目标】 到2015年,全省单位地区生产总值二氧化碳排放比2010年下降17%。控制非能源活动二氧化碳排放和甲烷、氧化亚氮、氢氟碳化物、全氟化碳、六氟化硫等温室气体排放取得成效。应对气候变化政策体系、体制机制进一步完善,温室气体排放统计核算体系基本建立,碳排放权交易取得积极进展。通过低碳试验试点,在全省形成一批特色鲜明的低碳市(县),建成部分具有典型示范意义的低碳园区(企业)和低碳社区,推广具有良好减排效果的低碳技术和产品,全省控制温室气体排放能力得到全面提升,应对气候变化综合能力得到有效加强。

【山西省"十二五"重点流域水污染防治主要目标】 重点流域概况。国家重点流域水污染防治"十二五"规划范围包括山西省海河、黄河中上游流域,西及西南部属黄河流域,东及东北部属海河流域。黄河流域面积9.7万平方千米,占全省面积的62.2%;海河流域面积为5.9万平方千米,占全省面积的37.8%。两大流域面积小于1万平方千米、大于1000平方千米的中等河流有48条。共涉及全省11个地级市、11个县级市、23个市辖区、85个县,有633个乡、563个镇、2.8万个村民委员会、193个街道办事处、3041个居民委员会。

规划目标。1. 总体目标。到2015年,城镇集中式地表水饮用水水源地水质稳定达到功能要求;跨省界断面、污染严重的城市水体和支流水环境质量明显改善,重点湖库富营养化程度有所减轻,水功能区达标率进一步提高;主要水污染物排放总量和入河总量持续削减;水环境监测、预警与应急能力显著提高。

2. 水质目标。到2015年,按照《地表水环境质量标准》(GB3838-2002)评价,重点流域总体水质由中度污染改善到轻度污染,Ⅰ-Ⅲ类水质断面比例提高5个百分点,劣Ⅴ类水质断面比例降低8个百分点。

海河流域重度污染程度有所缓解。黄河中上游流域总体水质由中度污染改善到轻度污染。海河干流水质达到Ⅴ类。唐河、绵河、浊漳河、清漳河、滹沱河、恢河等河流水质稳定达到Ⅲ类。壶流河、桑干河等河流水质稳定达到Ⅳ类。御河(利仁皂)、桑干河(固定桥)等河流水质达到Ⅴ类。黄河干流(龙门)水质稳定达到Ⅲ类。汾河、涑水河劣Ⅴ类断面水质显著改善。汾河小店桥化学需氧量≤60毫克/升其余指标达Ⅴ类,汾河临汾化学需氧量≤60毫克/升、氨氮≤8毫克/升其余指标达Ⅴ类。涑水河张留庄化学需氧量≤60毫克/升、氨氮≤8毫克/升其余指标达Ⅴ类。

3. 总量控制目标。到2015年,重点流域化学需氧量排放量控制在28万吨,比2010年削减10.6%;氨氮排放量控制在4.1万吨,比2010年削减12.6%。海河流域化学需氧量排放量控制在9.5万吨,比2010年削减10.6%;氨氮排放量控制在1.4万吨,比2010年削减12.5%。黄河中上游流域化学需氧量排放量控制在18.5万吨,比2010年削减10%;氨氮排放量控制在2.7万吨,比2010年削减12.6%。

【大打全省环境质量改善攻坚战】 工作重点。以省城太原为重点,在全省范围内开展一场环境质量大整治、大治理、大提升、大改善的攻坚战,重点解决城中村燃煤污染、小区锅炉燃煤污染、扬尘污染、机动车尾气污染和建成区内河道污染等问题。加快城市建成区范围内污染企业搬迁改造、退城进园步伐。继续强化环境监管,严厉打击污染防治设施不正常运行、偷排漏排、超总量排污、恶意排污等环境违法行为。

具体任务。1. 全力推进城中村整体搬迁改造,彻底解决城中村原煤散烧污染。对在2012年底前不能实施搬迁改造的城中村,要通过集中供热和调整能源消费结构,全面取缔土小锅炉。

2. 实行集中供热全覆盖,彻底解决市区采暖锅炉原煤污染。进一步加快城市集中供热热源和管网工程建设,实现市区集中供热全覆盖。纳入城市集中供热覆盖区域的燃煤锅炉,必须在2012年9月底前拆除;暂不具备集中供热条件的,要在2012年9月底前完成清洁能源改造。

3. 加快城市建成区内污染物排放企业整体搬迁。各市要结合当地实际,制定切实可行的工作计划,加快城市建成区内企业整体搬迁和转型步伐;城市建成区内严禁审批除城市集中供热项目以外的燃煤设施,确保城市建成区内环境空气质量良好。

4. 强化环境监管,确保城市建成区内工业污染源稳定达标排放。继续强化城市建成区及周边地区污染源环境监管,全面推行网格化管理,严格落实监管责任。对城市建成区内工业企业和燃煤设施现场检查频次每月不得少于2次,对城市周边地区工业企业现场检查频次每月不得少于1次,确保企业污染防治设施正常运行、污染物稳定达标排放;对不能稳定达标排放的污染源,由具有管辖权的人民政府依法采取停产治理措施;进一步加强城市周边地区煤炭发运站环境监管,对于污染防治设施不健全、不符合环保要求的,由具有管辖权的人民政府采取停止运行措施。

5. 制定严格监管措施,解决建筑工地扬尘污染。城市建成区内建筑工地要设置足够高度的硬质围挡,严禁敞开作业。采取洒水、覆盖等防尘措施,定期对围挡落尘进行清洗。采取建筑工地道路硬化、主体结构施工外脚手架密目网全封闭、车辆出工地全冲洗等措施,确保施工工地内外环境整洁;建筑物拆除必须边拆除、边洒水、边清运渣土，渣土、垃圾应在拆除完成后3天内清运完毕，暂时不能清运出场的，要采取覆盖防尘措施。

6. 进一步加强监管，解决运输车辆道路扬尘污染和机动车尾气污染。严厉查处砂石、土方、煤炭和垃圾运输车辆不按规定苫盖和沿途泄漏遗撒行为；加强汽车尾气检测机构管理和环保标志发放管理，加大机动车尾气环保合格标志执法检查力度，加快淘汰黄标车，强制报废污染严重的机动车辆，严格控制和治理机动车尾气污染。

7. 调整能源结构，加快"气化山西"建设步伐。各市要进一步加快能源结构调整步伐，制定工作措施，从落实气源和布设管网入手，全力解决热电联产用气、居民用气、工业用气等方面需求，减少原煤使用量，提高清洁能源使用率。

【深入开展整治违法排污企业专项行动】 全面整治重点行业重金属排放企业环境污染问题。(1) 深入开展以重有色金属矿采选、冶炼为重点的重金属排放企业的排查整治。实施六个一律整治措施，即：对不符合国家产业政策、应淘汰的落后生产工艺，一律取缔；对未经环境影响评价或达不到环境影响评价要求的，一律停产整治；对环境保护、安全设施、职业健康"三同时"执行不到位的，一律停止生产；对无污染治理设施、污染治理设施不正常运行或超标排放的，一律停产整治；对不能依法达到防护距离要求的，一律停产整治；对排查整治工作不到位，发生重大环境污染事件的，一律追究责任。同时，对重金属整治工作不力，发生重大环境污染事件的地区实行"双否决"，即：一律否决各种环保荣誉称号（包括环保模范城、生态建设示范区等），一律否决重金属污染防治目标任务的考核，并对该地区实施涉重金属行业区域限批。(2) 继续巩固铅蓄电池行业整治成果。加速淘汰铅蓄电池落后产能，防止铅蓄电池企业污染反弹。

全面排查危险废物产生、利用、处置企业，严肃查处违法行为。对危险废物产生单位进行全面排查。对危险废物转移管理制度执行情况进行全面排查。对危险废物处置利用企业进行全面排查。

继续加大污染治理和污染减排重点企业监管力度。加强对城镇污水处理厂和各类工业园区污水处理厂日常监督检查。加强电力企业（包括企业自备电厂）燃煤机组脱硫、脱硝设施建设和运行维护监管。

继续强化重点污染源的环境监管。继续强化城市建成区及周边地区污染源环境监管。今后城市建成区内不得布局新建燃煤污染企业。进一步加大城市建成区内现有工业污染源的治理力度，加快城市建成区内企业退城入园和转型步伐。继续强化国控、省控重点污染源的环境监管。

（李仁贵）

【环境保护工作呈现良好局面】 审议通过《山西省环境保护"十二五"规划》。2012年4月，省政府召开政府常务会议，审议通过《山西省环境保护"十二五"规划》，7月省政府下发《关于印发山西省环境保护"十二五"规划的通知》，全面启动实施规划。参照环保部关于规划重点工作部门职能分工方案，经征求相关部门意见，对涉及的32个职能部门对照规划任务进行认真详细的分解，形成《山西省环境保护"十二五"规划重点工作部门分工方案》上报省政府。

一是加大环保资金投入。中央和省级环保专项资金投入8.34亿元，其中，省级环保专项资金投入3.63亿元，用于集中式饮用水源地保护、重点行业污染源治理、区域流域环境污染综合治理项目、农村环境保护、新技术新工艺推广应用等128个治理项目。二是争取中央环保投入4.71亿元，主要用于太原市燃煤锅炉烟尘治理，重金属污染防治，"三河三湖"治理，汾河水库生态环境保护试点，农村环境连片整治示范等环保治理项目。三是中央和省级环境能力建设投入1.13亿元。其中，中央资金3367万元，省级资金7964.5万元。主要用于环境监测、环境监察、重点污染源自动监控系统运行维护、环保信息能力建设、环保宣教能力建设、环境辐射能力建设、生态环境遥感等项目。

环境影响评价工作。2012年，山西省下放环评审批权限，简化审批程序，印发《关于进一步调整和下放建设项目环境影响评价文件审批权限的通知》，将部分审批权限和环境管理权限下放至市级环保部门。出台《扩权强县试点工作环境保护管理实施细则》，明确扩权强县试点县（市）环保部门的审批权限及相应责任。全年省本级共审批建设项目环评文件766个，其中，环评报告书533个，报告表233个；项目总投资3715.21亿元，环保投资90.64亿元。全年省本级审批规划环评16个。

环境监测工作。2012年，编制并向社会发布了2011年《山西省环境状况公报》，对11个市和43个重点县（市、区）编制发布的2011年度《环境状况公报》进行评选。组织开发全省11个省辖城市环境空气质量预警预报系统，在"6·5"世界环境日，11个省辖城市环境空气质量预报和PM2.5等研究性监测数据一并通过省环保厅网站对外发布。根据《山西省环境监测资质管理办法》，对20个县（市、区）环保局所属环境监测站实施环境监测机构监测资质认定，切实加强扩权强县试点县（市）的环境监测工作。对全省18个县国家重点生态功能区县域生态环境质量进行考核，加强对全省环境空气、地表水监测点位及断面的管理。开展国控企业污染源自行监测情况检查，促进企业履行自行监测职责、努力为企业日常环境管理提供第一手数据。在国家环保部开展的对2011年度减排监测体系建设考核中取得全国第5名的好成绩。狠抓监测业务培训，累计参训人员1200余人次。成功举办第二届全省环境监测技术大比武活动。在中国环境监测总站组织的比对考核中获得等次为"优异"的好成绩。成功举办首次全省性环境应急监测演练活动，检验了各市近年来环境应急监测工作的成效。

污染防治工作。2012年，山西省监测的99个断面中，水质优良断面比重48.5%，比2011年上升3.1

个百分点。山西省28个重点流域国家考核断面中，19个断面水质达到目标要求。地表水跨界断面水质考核共扣缴流域生态补偿金14950万元，奖励5110万元。全省11个省辖城市城区环境空气质量优良天数平均348天，优良天数比重95.1%。

完成9个市乡镇集中式饮用水水源保护区划定和22个城市的城考。朔州市、高平市、洪洞县、怀仁县、神池县、右玉县2个市4个县通过山西省环保模范城验收。完成《重点区域大气污染防治"十二五"规划》《山西省持久性有机污染物(POPs)"十二五"污染防治规划》《山西省2012～2020年大气污染防治措施》《山西省地表水跨界断面水质考核生态补偿专项资金管理办法》《创建山西省环境保护模范城考核实施细则》的编制，对6家申请上市公司进行环保核查并出具核查意见。重金属污染防治顺利通过国家考核。完成机动车氮氧化物年度减排核查，减排8778.4吨。下达应实施清洁生产审核企业名单，公示第五批通过清洁生产审核评估验收企业名单。

自然生态保护工作。2012年，山西省加强了自然保护区监管。组织对全省自然保护区进行执法检查，对芦芽山等6个国家级自然保护区标准化建设情况进行评估，依法调整5个省级自然保护区的范围和功能区划分。继续推进煤炭工业可持续发展工作。全年对煤炭企业编制的320个《矿山生态环境恢复治理方案》组织专家审查，并批复实施，组织对《矿山生态环境恢复治理方案》实施情况进行检查。以平朔集团为试点，开展矿区生态环境质量季报监测工作，取得试点经验。

农村环境保护工作。2012年，山西省共创建2个国家级生态示范区、24个省级生态乡镇、183个省级生态村。全面开展农村环境连片整治，完成532个村庄的农村环境连片整治工作，受益人口127.1万人。建设山西省污染土壤修复技术开发重点实验室。开展山西焦化场地污染土壤修复试点示范项目，获得6项专利。临汾市吉县有机苹果基地建设规划完成，国家级有机食品基地建设开始起步。

危险废物安全监管工作。2012年，山西省坚持以危险废物规范化管理为抓手，不断加大危险废物安全监管力度，危险废物管理工作取得积极进展。环保部限期治理的两个历史遗留铬渣治理项目全部完成。上半年完成全省危险废物初次申报登记和危险废物规范化考核交叉大检查，对各市存在的问题进行通报和限期整改。全年共核发危险废物经营许可证10份，办理危险废物跨省转移审批手续130批。

环境监察与排污收费工作。2012年，按照环保部要求，山西省先后组织开展整治违法排污企业专项行动、环境安全百日大检查活动和湖库型集中式饮用水水源地专项执法检查。全省累计出动执法人员9.5万余人次，检查工业企业4万余家次，抽查湖库型集中式饮用水源地8个，依法关停取缔环境违法企业115家，实施停产治理125家，下达限期治理359家，立案查处环境违法案件153起，对存在问题的12个湖库型集中式饮用水水源地提出整改要求，集中解决了一批危害群众健康影响和可持续发展的突出环境问题。根据实际需要，深入开展全省环境质量改善攻坚行动、违法排污排查整治专项行动、环境行政执法后督察和矿产资源开发利用和生态环境保护专项执法检查。进一步加大环境稽查力度，对全省11个市级和15个县(市、区)级环保部门开展环境监察专项稽查，抽查污染源现场监察档案200余份，环境行政处罚案卷130件，制作稽查笔录590份。加大对环境违法案件查处力度，省本级全年共立案117起，执行行政罚款1370余万元，切实维护了人民群众环境权益。

2012年，全省认真开展排污申报登记与排污费征收，全省的排污申报登记和排污收费管理工作全部实现计算机系统化。在2012年度全国排污申报核定与排污收费汇审考评中，双获"一等奖"。全年共征收入库排污费13.5亿元，其中，征收焦炭生产排污费2.46亿元，省本级征收30万千瓦以上电力企业二氧化硫排污费1亿元。

【污染物减排再施重手】 2012年，山西省先后印发《关于加强环境保护促进生态文明建设的决定》《山西省"十二五"节能减排综合性工作方案》，加强生态文明建设的战略部署，实施生态环境"大修复""大治理"。强化污染减排责任考核，实施重大环境问题约谈制度，建立污染减排联动机制，推行排污权交易全覆盖，形成污染减排长效机制。细化工程减排，积极推进高排放机动车强制淘汰和强制注销，2012年淘汰或强制注销机动车是2011年的2倍。省政府对11台逾期未完成限期治理任务的发电机组下达停产治理处理意见，2012年全省脱硝装机容量达到1768万千瓦，是2011年的3.9倍。强化结构减排，对178家企业、457台(套)设施实施环境污染末位淘汰，全面超额完成国家下达山西省的2012年各项淘汰落后产能目标任务。与2011年相比，山西省二氧化硫排放量削减7%、化学需氧量排放量削减2.6%，氨氮排放量削减3.7%，氮氧化物排放量削减3.3%，均超额完成全年目标任务。

【辐射安全监管再上台阶】 2012年3月开始，山西省开展了核技术利用辐射安全综合检查专项行动，检查督导企业2104家，新排查出核技术利用单位40家。对14家不符合辐射安全要求的企业提出限期整改，对50家111枚闲置的废源进行收贮。全年共办理放射性同位素转让审批76家，298枚放射源。办理放射性同位素异地使用备案28家。组织全省11个市和22个扩权强县试点县(市)的223名辐射安全防护监督员进行业务培训。举办6期辐射安全培训，经考核共为859人颁发《辐射安全培训合格证》。截至2012年12月31日，全省共有2104家核技术利用单位领取了辐射安全许可证，其中，涉源单位476家，3403枚放射源。射线装置使用单位1628家，3847台。

【环境宣传教育再掀高潮】 2012年，环境宣教工作按照"宣教机制长效化、舆论监督规范化、宣传活动经常化、宣传内容社会化"的思路，为全面推进"绿化山西、气化山西、净化山西、健康山西”和“城乡生态化”提供良好的社会氛围和有力的舆论支持。组织开展世界环境日大型系列纪念活动，省城和11个市举办高规格、大规模的纪念集会。出台《“六五”世界环境日宣传活动绩效考核机制》，对绩效考核的10项内容进行细化，形成统一的考核标准。组织山西省污染减排新闻采访活动，在中国环境报发表《山西环保公众参与》《山西强势倒逼电企脱硝》，引起社会强烈反响，“杜邦杯”评委会对此高度评价，推荐为一等奖。开展绿色创建活动，全省创建绿色学校和绿色幼儿园323个，绿色社区39个，推动生态文明理念在全社会树立。编写出版《中小学环境教育读本》，首次在全省中小学教科书中植入环保篇章。

（石振龙）

山西经济年鉴

YEARBOOK OF SHANXI ECONOMY

10

测绘·地质·防震减灾

CEHUI DIZHI FANGZHENJIANZAI

测绘·地质·防震减灾

测　绘

【2012年测绘地理信息工作再创佳绩】 基础测绘取得新成果。2012年，省级基础测绘经费全面落实。实施运城、晋城测区、汾河流域951幅1∶1万地形图全要素采集和左权测区1057幅1∶1万数字正射影像生产任务。全省96个县(市)有65个开展了基础测绘。其中，太原、晋中、晋城、阳泉、临汾等5个市的县级基础测绘全面实施，忻州市的县级基础测绘大面积展开。《山西省基础测绘“十二五”规划》由省政府印发。除大同、吕梁、晋中3个市外，其余8个市的“十二五”基础测绘专项规划均通过本级政府批准并报省局备案。省级贫困县基础测绘“以奖代补”政策得到落实，古县、大宁、隰县3个贫困县基础测绘经费补贴全部到位。

落实重大测绘项目专项经费。完成“省专题地图数据库”“测绘成果及档案的快速提供”“第二次土地调查省级数据库建设”“省突发公共事件地理信息应急服务系统”“山西卫星定位接收机、电磁波测距仪基线检定场技术改造”等项目。此外，还完成省“十二五”规划大水网重点工程中部引黄工程的数字航摄及正射影像图制作，完成省级电网GIS平台影像数据入库，为省内多条高速公路、一级公路和旅游公路建设提供优质的测绘保障服务。

保障能力得到新提高。围绕全省转型跨越发展，积极开展服务。完成“省国防动员综合应用系统”的更新，并成功应用于山西省军区八一演练。开发“省地震应急基础地理空间数据库”管理和展示系统。编制“省森林资源信息管理系统”方案。向全省重点工程建设和社会事业提供地形图5478幅，测绘成果数据32477幅，大地控制点1405个。2012年全省测绘服务总值12亿元，全局测绘服务总值2.22亿元。

更新1∶100万、1∶75万及1∶50万山西省系列地图。编制新版省领导工作用图、专用挂图、省委省政府紧急接待工作用图。完成全省11个市的政区、交通、旅游和119个县(市、区)行政区划地图的制作。编制完成《山西省农业地图集》《汾河流域地图集》等60余种普通及专题地图。“山西地图网”日均点击率稳定增长，推进了地图成果的社会化应用。针对热点问题，及时编制《图说钓鱼岛》和《图说南海诸岛》专题图册，供省领导参阅。

数字城市开创新局面。全省11个地级市的数字城市建设全面开展。其中，太原、晋城、阳泉、晋中已经完成，大同、朔州、忻州、长治、临汾、运城正在实施，吕梁已立项未启动。同时开展了长治县、孝义市、古交市、清徐县、昔阳县、介休市、潞城市7个数字县(市)建设。国家2012年边老少区基础测绘专项补助项目——数字昔阳正式启动，数字武乡已落实中央财政项目资金。全省数字城市建设工作重点已逐步由建设向应用转移。智慧城市建设进行积极探索。太原市作为全国首家完成数字城市建设的地级市，已在公安、国土、环保、应急等21个部门开展成果推广应用。同时，太原市智慧城市时空信息云平台建设已获国家测绘地理信息局批准。太原市申报的“统一时空体系下的多源信息实时接入与异构信息自主加载技术”和“城市信息多层次智能决策关键技术与系统”两个项目已列入国家863计划，获科技部批准。

平台推广取得新成效。山西省地理信息公共服务平台于2011年底投入运行。国家测绘地理信息局在2012年3月召开的“天地图”省市级节点建设技术培训会上，推广了山西省在平台建设方面的做法。山西省人民政府新闻办和山西省测绘地理信息局联合组织召开“山西省地理信息公共服务平台”新闻发布会，“天地图·山西”正式向社会提供在线地理信息服务。该局与省政府办公厅联合召开平台应用推广会。与省公安厅密切合作，解决了平台与PGIS平台对接的难题，在警用地理信息服务方面进行积极探索。在平台数据更新方面，完成全省骨干交通网、11个地级市城区电子地图、0.5米城市高清影像等数据更新工作。平台全年为国土、交通、环保、联通等20余个厅局及企事业单位提供服务。国内外用户通过互联网方式访问平台计8万余次。

【测绘地理信息工作在创新中发展】 项目带动，省情监测展开新探索。开展地理省情监测已列入《山西省基础测绘“十二五”规划》。开展地理省情普查的前期准备工作。启动“山西省重点城市建设用地遥感监测系统”项目。项目成果对打击土地违法占用，建立土地利用动态监测机制，确保土地利用可持续发展具有重要意义。“山西省煤层自燃遥感调查”项目正在稳步推进。该项目将对全省六大煤田、五个煤产地煤层自燃火区的范围、灾害现状进行调查，为今后灾害治理及生态环境修复提供科学依据。“山西省汾河主河道流域生态地理环境影像信息系统”项目通过验收。项目所取得的汾河流域的生态环境治理、国土空间格局优化和经济结构调整地理影像数据等成果，将为全省生态文明建设和政府科学决策提供支撑和依据。

凝心聚力，产业发展抢抓新机遇。山西省测绘地理信息局先后与武汉大学签订战略合作框架协议，与浙江省测绘与地理信息局签订友好省局协议，为及早谋划全省测绘地理信息事业发展及“借智”和合作共赢奠定了基础。同时，首次邀请省人大代表到局视察，主动听取人大代表对发展全省测绘事业和壮大地理信息产业的意见和建议。首次召开全省测绘地理信息企业代表座谈会，共谋全省测绘地理信息事业发展大计，畅通管理部门与地信企业对话交流的渠道。与省交通厅开展公路数据信息共享合作，与省公安厅、民政厅开展地名地址信息共享合作。为山西省深蓝地理信息工程有限公司等100余家企业提供GPS连续跟踪站实时定位、控制点坐标和地图数据服务。与国家级太原高新技术产业开发区管委会协商，拟共建山西省测绘地理信息产业创新基地。

依法有序，统一监管创造新成绩。依法开展《测绘资质证书》年度注册、作业证审核发放工作。对175个地图网站进行甄别和确定。开展测绘地理信息市场信用体系建设。组织测绘地理信息行政处罚案卷评查和专项执法检查，2件案卷被国家测绘地理信息局评为优秀。继续加强测绘成果质量管理、地图市场监管。加强测绘成果保密检查，加强测量标志管理，扎实开展国家版图意识宣传教育“进学校、进社区、进媒体”等活动。

制度推进，管理体制呈现新气象。2012年1月，山西省测绘地理信息局举行更名揭牌仪式。积极与有关部门沟通协调，争取在11个地级市国土资源局加挂测绘地理信息局牌子，强化测绘地理信息行政管理职能。运行机制更加科学。出台《加强测绘地理信息人才工作的意见》《政务督查制度》《新闻发言人工作制度》《网络舆情监测办法》等制度，局机关政务运行机制更加规范，用制度管人，照流程办事，确保重大决策的高效落实。荣获全国省级部门贯彻落实科学发展观年度测绘地理信息工作考评2012年度“特色工作创新单位”、山西省年度目标责任考核2012年度“良好单位”称号。

（杜永刚　任玉荣）

地质勘探

【2012年山西地质勘查工作概况】

地质勘查成果显著。2012年，共实施中央和省级地质勘查项目、局专项资金项目138个，累计完成钻探50.7万米、槽探6万立方米，开展不同比例尺区域地质调查18.7万平方千米。经过10年不懈努力，右玉县金矿普查取得重大发现，有望提交1个中型金矿，运城盆地煤炭资源空白区万荣——临猗一带首次发现大型煤矿，原平市南坡村——孙家庄铁矿详查项目估算铁矿资源量达1亿吨。此外，灵丘县腰站铁矿普查、繁峙县铁矿普查、兴县后发达铝土矿远景预查、交口——汾西铝土矿远景预查等项目也取得较好工作效果，发现了规模较大的矿体。河津义唐铁矿普查发现新类型铁矿。物化院与中国地科院矿产所合作的国家深部探测与研究专项，在江西银坑示范区钻孔深部验证取得明显地质成果，达到预期目的，大大提高了综合地球物理方法探测解译水平。2012年，全局可提交煤炭资源量123亿吨、铝土矿3.8亿吨、铁矿2.3亿吨、铜矿7638吨、金矿8.68吨、白云岩12亿吨、石墨2817万吨。由于成绩突出，山西省地调院、217队和三勘院被国土资源部授予“全国模范地勘单位”称号。

立项工作卓有成效。42个2012年度省矿业权价款项目经国土厅和省财政厅审查确定，项目经费3.28亿元，占全省新立项目数的66.7%；13项国家地质矿产调查评价项目获得批准，控制经费3250万元。

勘查开发一体化工作积极推进。213队与西山煤电股份有限公司共同出资组建股份公司开展煤炭资源勘查开发，214队与北京百成公司合作在甘肃康县开展联合探矿。三勘院铺上铁矿销售收入2953万元，上缴税费590.8万元。东腰庄金矿开发利用方案通过相关部门评审。融入地方更加紧密。山西地勘局与吕梁市政府签署战略合作框架协议，与长安大学达成战略合作意向。物化院和山西煤炭运销集团签订长期战略合作协议，地调院成为太原理工大学资源勘查工程、勘查技术与工程专业教学实习基地。各单位紧紧围绕市场需求开展工作，积极承揽实施地质灾害治理、环境评价、工程勘察、水资源勘查、土地开发整理复垦等市场项目1900余个，全年社会地质工作收入17.9亿元，既有力支撑了地勘经济持续较快发展，也为山西省社会经济发展做出积极贡献。

境外经营迈出新步伐。坚持推进“一队一国”海外发展战略不放松，积极开展境外平台搭建工作。山西地勘院在肯尼亚、二勘院在埃塞俄比亚、214队在喀麦隆、213队在尼日利亚和埃塞俄比亚等国家分别投资设立公司，香港、迪拜公司完善管理，为进一步做实做强境外市场创造了基础条件。境外市场取得新拓展。全年签订境外项目合同2510万美元，实现产值3652万美元。地勘院在肯尼亚、阿尔及利亚完成水井施工及水利工程项目1388万美元。213队在尼日利亚完成93眼水井及供水工程建设项目，完成产值647万美元；在埃塞俄比亚签订水井合同155万美元，打井40眼。214队在赤道几内亚打井29眼，与大连国际北京盛大森国际承包有限公司合作在喀麦隆开展金矿勘查开发工作。二勘院在埃塞俄比亚新签合同1570万美元，完成产值891万美元。地建公司在坦桑尼亚完成产值564万美元。与西澳大利亚石油矿产部就在澳开展矿业开发工作进行沟通接洽，肯尼亚水资源部来山西地勘局考察洽谈相关业务，为全局扩大海外经营工作奠定了基础。管理服务取得新成效。组织举办全局境外项目管理人员培训班，参加有关部门组织的涉外业务培训，境外工作管理水平得到明显提高。加强资质建设，顺利完成各类涉外资质的申办和年检工作。密切与境外人员联系沟通，确保职工人身安全，马里、尼日利亚发生局部动乱后，在短时间内安全撤回境外人员，确保职工生命财产安全。

基地开发稳步推进。三勘院鸣李基地整体开发控制性规划通过晋中市规划局审查，首期10幢职工住宅楼主体工程如期完成，水、暖等室内配套设施安装进入收尾阶段，二期13000平方米职工住宅取得规划许可证。榆次基地6000平方米职工住宅已办理施工许可证，并完成招投标工作。217队大同基地地矿大厦顺利封顶，职工住宅楼建设进展顺利；忻州基地开发立项工作取得明显进展。214队综合楼建设完成，运城市空港南区1.7公顷土地购置取得实质性进展。212队限价商品房项目通过长治市政府批准，正在办理施工建设相关手续。物化院综合楼建设项目经市规划局同意，与省规划院签订控制性详细规划，完成规划的前期准备工作；地勘院棚户区改造项目完善相关手续，东西院基地开发及房屋拆迁有序推进。

安全生产态势良好。健全落实安全生产责任制，深入开展安全生产专项整治，打非治违专项行动和百日安全生产活动，通过背靠背交叉检查，对生产经营领域存在的突出问题和隐患及时进行整改。全面推进安全生产基础建设，组织开展第11个全国“安全生产月”活动，进行全局地质勘探安全生产、安全标准化建设和特种作业人员培训，开展危险源和新建、改建、扩建项目安全设施“三同时”情况普查。积极推进安全生产标准化创建和安全文明工地创建工作，推广应用安全生产新技术新方法，有效提高安全管理水平和保障能力。坚持防救结合，进一步提高应急救援能力。全局安全生产总体保持平稳态势，顺利通过省安委会检查验收，实现省“安全生产工作先进单位”十三连冠。

【基础管理工作不断加强】 重视财会管理。加强对局属单位往来账务的监管，在全局范围开展银行账户、货币资金专项检查，对发现的问题及时整改，保证全局经济发展健康有序。加强预算管理，制定实施《山西省地质勘查局预算执行进度考核办法》，顺利完成51个财政投资地质项目的绩效评价自查。积极与省财政厅沟通，在预算进度以及财政资金支付方式、地勘单位的人员经费实行银行支付等工作上得到有力支持。

加强内部审计。对地调院等3个单位法定代表人进行任期经济责任审计，制定《山西省地质勘查局工程项目审计办法》，完成“小金库”治理收尾工作。强化资产管理。完善设备购置报废程序，召开全局设备管理专项会议，对在设备管理工作中表现突出的先进单位和机台进行表彰奖励。

强化人事劳动管理。积极与省有关部门沟通协调，提出局属事业单位分类改革意见，解决了全局津补贴政策问题。开展全局事业单位大中专毕业生公开招聘工作，招录毕业生87名。加强劳动用工管理，开展《劳动合同法》等法律法规的培训和宣传工作，全面推行《农民工工资支付登记卡》制度，进一步规范劳动用工管理。重视职工岗位教育，举办地质理论与规范等10期业务培训，培训专业技术骨干与管理干部近600人。

加强保密工作。召开全局保密工作会议，成立局密码工作领导小组，在全局范围开展涉密计算机和涉密网络自查整改、保密承诺书签订等工作，进一步完善规章制度，健全保密机构，建立涉密载体台账，提高了全局保密管理工作水平。

强化技术质量管理。认真落实三级质量检查和质量保证承诺制度，严格执行质量管理体系，加强对外协和分包工程的监督管理，在全局范围组织开展成果评奖、原始资料展评、成果汇报交流、质量先进评比等活动，项目技术质量明显提高。地调院参与完成的青藏高原地质理论创新与找矿重大突破项目获得国家科学技术进步特等奖，忻州幅1∶25万区调获得国土资源部科学技术二等奖，山西省黄土高原盆地经济带生态地球化学调查与评价项目通过省政府和中国地调局联合验收并获优秀，“玉米锌锰肥拌种方法”获得国家专利授权。212队荣获全省矿产资源利用现状调查工作“优秀单位”称号。

（曹拥军）

防震减灾

【2012年山西地震发生情况】 2012年，山西地区发生1级地震153次，其中，1～1.9级地震129次，2～2.9级地震21次，3～3.9级地震3次（表1），最大地震是2012年9月17日清徐3.2级地震和11月2日浮山3.2级地震。其中，3级以上地震分布为大同盆地1次，太原盆地1次，临汾盆地1次。全年共召开年度地震趋势会商会1次，年中会商会1次，周、月会商会52次，临时、紧急、加密、应急会商会12次。地震活动具有以下特点：一是地震活动较多年平均水平略低。本年度山西地区3级及以上地震共有12次，明显小于年平均频度18次的活动水平，2010年、2011年、2012年频度3年持续走低，2012年为最低。二是全年无4级地震，强度偏低。2012年度最大地震3.2级，无4级以上地震发生（山西地区4级地震年均次数为1.2次）。

【2012年山西地震工作概况】 台网运行管理。2012年，及时解决台站中心10多次受灾停测事件。全年全省测震台网运行台站32个，全年平均实时运行率95.7%，全年平均数据完整率96.1%；前兆台网运行仪器83台套，共计237个测项，平均运行率100%，连续率98.2%，完整率97.8%；

信息服务网络运行信息节点17个，区域中心局域网运行率100%，区域中心到国家中心骨干网运行率99.9%，市县信息节点运行率99.8%，台站信息节点运行率99.9%。

制度建设。出台《山西省地震局值班制度》《山西省地震局关于加强地震监测预报若干重点工作安排的意见》《山西省强震强化监视跟踪工作方案》等制度。

教育培训工作。外派55人次参加中国地震局组织的培训。自办培训班9个，共计培训383人次，其中，地震预报理论与方法培训班被列为国家级的基层重点培训班。

台站项目建设。完成离石台优化改造项目、长治备份台网中心，省财政市县重点台站优化改造项目。完成中国地震局背景场项目、钻孔应变组网观测试验与应变实时监视系统项目、极低频项目的年度建设任务。

观测环境保护。2012年，在观测环境保护方面进行执法处理的事件主要有下达枝测线、天镇台、偏关子台、保德子台、原平GPS测点，共赔偿金额169万元。完成太原基准地震台迁建方案编写、论证，确定先勘选、后设计的程序，先期拨付200万元勘选费。提出大同中心地震台迁建方案。

科研工作。2012年，局属科研项目批准下达科研项目23项。共争取到省部级科研项目11项（含震情跟踪工作任务合同制项目1项），其中，山西省科技项目4项，中国地震局"三结合"项目3项，地震星火计划项目3项，震情跟踪合同制项目1项。获批地震行业科研专项协作项目2项，经费共计75万元。组织推荐2013年度中国地震局"三结合"项目7项，2013年度山西省科技计划项目3项，2013年度地震科技星火计划项目3项。选择6个科研项目开展地震科技成果推广应用活动。完成局防震减灾优秀成果奖励评审工作。推荐2012年度省科技进步奖项目1项。邀请国内外地震学专家5人次来山西做学术报告，安排省地震局科技人员2人次做学术报告。完成2012年监测预报工作，在全国地震监测台网运行经常性项目考评中获得第四名，在全国观测质量统评中获15项前三名。

应急指挥技术系统建设。2012年正式开通"12322"防震减灾公益服务热线语音服务，全年运行正常。更新地震应急基础数据库，强化灾情信息获取研判能力，建立分时段的应急技术产品服务保障体系。一是更新人口、经济、地理信息、学校、医院、地质灾害危险源等基础数据，新购置一批DEM和遥感数据，数据更新量、科目多是"十五"项目以来最大的一次。二是完成基于公里格网的新的数据库系统和管理系统，以作为"十五"项目应急技术系统的替补产品。三是购置2套包括全省11个市、110多个县（市、区）的基础地图并全部进行电子扫描。承担"山西地震安全信息服务工程"和"国家地震社会服务工程"中的应急项目建设任务。在中国地震局组织的2012年度省级地震应急指挥技术系统运行维护质量考核中，获得综合考核优秀、地震应急指挥平台单项第三名，地震应急基础数据库单项第三名的好成绩。

地震应急救援准备。修订《山西省地震应急预案》，注重实用性、操作性和衔接性。一是实行全省地震系统统一指挥、分工协作的大应急模式。二是加强局地震应急指挥部各应急工作组、现场工作队各应急工作组和市地震局、台站间的协调合作。三是完善应对模板，根据震情级别分别制定了2套应对模板。组织申报国家发改委4个应急避难场所建设项目，获中央预算投资1100万元。2012年，全省已建成Ⅱ类以上应急避难场所7处，正在建设2处，拟建4处。

各市积极开展各类救援队伍培训和演练，太原、阳泉派出救援队骨干队员赴北京国家地震紧急救援训练基地进行培训。2012年，全省共开展各级地震演练4000余次。临汾、运城、阳泉组织了较大规模的地震综合演练。

地震应急救援队伍建设。2012年，全省拥有2支省级地震救援队，21支市级地震救援队，17支县级地震救援队，队伍人数达到3839人。2012年，为山西省地震灾害紧急救援二队采购200万元救援装备。8月21日，组织召开省地震灾害紧急救援队工作会议。会议就存在的问题和今后的工作重点进行了研究讨论，对地震救援队队伍建设、训练经费、训练场地、队员考察、技能培训等多个问题达成共识。

地震应急救援行动。2012年山西省发生了9月17日清徐3.2级地震、11月2日浮山3.2级地震、11月29日怀仁3级地震等多起有感地震。地震发生后，各级地震部门迅速开展应对处置，及时公布地震信息、地震类型和震后趋势判定。以上地震均无人员伤亡和房屋破坏。

地震灾害防御工作。积极推进各市开展抗震设防要求管理工作，全省11个市均下文将抗震设防要求纳入基本建设审批程序。忻州、阳泉、长治3个市将抗震设防要求监管纳入基本建设管理程序。2012年，全省完成抗震设防要求审批912项，地震安全性评价405项。临汾市活断层探测和震害预测工作基本完成。加大农村民居建设力度。完成重点监视防御区69个县的农村民居抗震性能普查数据收集和汇总，向省政府上报普查结果并提出解决全省重点监视防御区和地震危险区农村民居抗震加固建议。继续推进农村民居地震安全示范工程建设，全省共有505个农村民居地震安全工程示范点，共建成符合抗震设防要求的民居12万套；向3万余个行政村发放了农村民居抗震设防宣传挂图（一村一套），建成12个农村民居建筑抗震服务中心。稳步推进全省地震安全示范社区创建活动。全年共下拨防震减灾示范社区创建补助经费35万元，新建示范社区74个，示范学校274所，确定了31个省级示范社区和47所省级示范学校，被中国地震局评定了8个国家级示范社区。

（车海兵）

YEARBOOK OF SHANXI ECONOMY

贸易

MAOYI

贸　易

综　述

【山西省稳定外贸增长的15项政策措施】 加大财政支持力度。加强中央及省级外贸发展资金的整合统筹，完善财政促进外贸稳定增长的支持机制，优化外贸发展资金支持方向，进一步提高外贸发展资金绩效。

用足用好国家税收减免政策。认真贯彻落实国家相关税费减免政策，对出口农产品实施减免检验检疫费政策，出口活畜、活禽、水生动物全额免收，其他出口农产品减半收取。用足用好国家鼓励发展的内外资项目、教学、科研、国批减免等国家税收优惠政策。用足用好自贸区、自最不发达国家进口税收优惠政策。

加大金融支持力度。鼓励商业银行按照风险可控、商业可持续原则，充分运用外贸企业特别是中小企业各项优惠政策，提升金融服务水平。争取政策性金融机构对外贸企业的优惠信贷支持。地方法人金融机构要创新对外贸企业的服务品种，进一步扩大服务范围。进一步完善跨境贸易人民币结算业务，鼓励符合条件的企业在跨境贸易、直接投资和跨境融资中运用人民币结算。

创新外贸企业融资担保方式。鼓励金融机构以出口退税账户托管、出口信用保险保单质押、出口订单抵押、货权质押、封闭贷款等方式支持出口企业融资。支持企业采取金融机构关税保函等多种担保方式减少通关环节税款保证金、风险担保金等资金占用。加强与担保机构、进出口银行的合作，创新支持外贸企业融资的办法。

健全风险保障和应对贸易壁垒机制。继续支持企业投保出口信用保险，保持财政扶持政策的稳定性和连续性。充分利用国家信用保险支持大型成套设备出口和海外工程承包的“421”政策，支持企业“走出去”。鼓励各市搭建小微企业统一投保出口信用保险平台，提高企业运用出口信用保险政策的能力。建立山西省进出口公平贸易网络互动平台，健全国外技术性贸易措施信息通报咨询机制，提高企业的应对能力。

认真落实部门领导包干制度。积极推进省级部门包干50家、市级包干30家、县级包干外贸企业全覆盖工作。加强省内外贸代理工作。

积极扩大进口。在现有外贸发展资金基础上，增加安排进口促进资金，鼓励山西省企业进口急需的关键设备、先进技术、重要原材料，重点做好铁矿砂、镍、铬矿砂、铬铁、不锈钢废料、锰矿等大宗商品的进口工作。

加快外贸转型升级示范基地和国际营销网络建设。在加快推进国家级铝镁合金和玻璃器皿转型升级示范基地建设的基础上，全面启动省级外贸转型升级示范基地建设，培育新的增长点。支持一批重点企业在境外设立贸易中心、品牌推广中心、售后服务中心等国际营销网络。

不断壮大龙头企业。支持20户进出口骨干企业、30户重点企业和100户潜力企业做大做强。进一步密切商务、海关、检验检疫、银行等部门（机构）合作机制，对上述企业在通关、检验检疫、外汇资金流动、汇兑、结算等方面研究个性化政策给予支持。

支持中小企业发展。进一步加强对中小企业的指导和服务，加强政策和业务培训，帮助企业熟悉业务流程，搭建开拓国际市场平台。积极组织开展各种类型的工贸、贸贸对接活动，为中小外贸企业组织货源、提高代理能力服务。

提高通关效率。在有效监管前提下，提高享受直通放行、绿色通道等优惠便利检验检疫措施的企业覆盖面。扩大区域通关合作范围，落实分类通关管理，积极推广税费电子支付系统，开展通关无纸化试点。口岸及海关特殊监管区域所在地海关和出入境检验检疫机构实行工作日24小时预约通关和报检。

加快出口退税进度。积极推进企业出口退税与出口收汇的脱钩管理，适时取消出口退税和出口收汇核销挂钩限制，在确保真实性前提下，企业不需办理核销手续即可申请出口退税。国税部门要及时受理企业申报，在符合条件前提下，10个工作日内完成退税审批，国库要加快退库速度，在2个工作日内确保企业出口退税款项及时足额到位。

简化贸易收付汇手续。全面推

进货物贸易收付汇管理制度改革，逐步实现贸易外汇管理向总量核查、非现场核查和主体监管转变。进一步简化境外投资审查手续，改进和完善外商投资企业登记管理，支持符合条件的企业实行出口收入留存境外、外汇资金内部集中管理。完善县级金融网点外汇金融服务功能，推动外汇管理与服务延伸到县（市、区）。

简化办事程序。在符合条件的前提下，商务部门要在3个工作日内完成许可证签发，并争取当天申报，当天签发。对符合条件的市，下放对外贸易经营者备案登记权限到县（市、区）。检验检疫、贸促等部门（组织）要在2个工作日内完成原产地证书签发。

支持海关特殊监管区和口岸建设。以“大通关”为目标，以“提速增效、服务发展”为核心内容，优化山西省航空口岸、陆路口岸布局。积极推动与沿海沿边省份的跨区域口岸合作，形成陆、海、空立体交叉口岸开放格局。加快综合保税区审批和建设进程，做好综合保税区封关运行工作，推动海关、检验检疫、外汇管理、国税等部门分支机构入区。拓展保税物流中心功能。加快海关、检验检疫等分支机构设立。

【制订实施山西省现代物流业发展“十二五”规划】 发展目标。以建成中西部现代物流中心为目标，按照“一核、三区、多节点”的总体布局，构建专业化、信息化、集约化的现代物流体系。到2015年，全省物流业增加值比2010年翻一番，力争达到1600亿元，年均增长15%左右，占全省生产总值的比重达到10%左右，全省物流费用占全省生产总值的比重由2010年的28%下降到23%左右，实现由物流大省向物流强省的跨越。

空间布局。结合城镇空间格局、产业基础和功能定位，遵循物流业发展规律，着力培育“一核、三区、多节点”的物流空间布局，构建重点突出、层级清楚、功能完整、特色鲜明的物流业空间分布架构。

“一核”是以太原都市圈为中心，建设现代物流业发展的核心区。将太原都市圈打造成为产业集聚、功能齐备、资源共享的现代物流枢纽和物流服务平台。加快建设一批涵盖保税、仓储、加工、集运、商贸流通、信息化平台和金融服务在内的重点项目，辐射太钢、焦煤、太重等煤炭、冶金、装备制造、煤化工大型工商企业及周边河北、河南、内蒙古等省（区），带动太原高新区、开发区和榆次开发区实现快速发展，推进太原与榆次同城化。

“三区”指晋北物流功能区、晋南物流功能区、晋东南物流功能区。晋北物流功能区以大同和朔州为中心，构建煤炭物流中心和核心服务区，形成煤炭和装备制造物流中心区。晋南物流功能区以侯马为中心，建立临汾、运城与陕豫的跨区合作机制，建成山西省南部面向邻近省份的桥头堡、大通道和综合物流集散中心。晋东南物流功能区以长治和晋城为中心，以建立综合物流基地和晋东南煤炭枢纽为目标，构建链接我国东部沿海大通道的物流基地。

“多节点”即以省城太原——晋中为核心，以区域中心城市为节点，以县城为支撑，以中心集镇为网点，构建城市间、城乡间对接有序、安全快捷、高效率低成本的人流、物流、资金流、信息流、商流体系。

发展重点。推进六大重点工程：物流园区建设工程、物流保税及物联网公共信息平台建设工程、物

孝义市华美新天地商业广场

流金融服务工程、日用消费品配送工程、物流业联动工程、应急物流工程。

做强六大专业物流：煤炭物流、装备制造业物流、农副产品及农业生产资料物流、冶金建材物流、生活日用消费品物流、进出口商品物流。

建设九大物流体系：三晋综合保税物流港园区、太原武宿综合保税区、中国(太原)煤炭交易中心、太原罗克佳华物联网、美特好物流配送中心、山西粮食物流中心、山西煤炭综合物流配送体系、山西能源交通投资集团全省公共仓储物流配送网络体系、全省城乡农副产品物流配送体系。

政策措施。1. 财政支持政策。加大政府各类投资对物流业的支持。把物流业重大项目纳入转型综改重大标杆项目。

2. 土地支持政策。在符合土地总体规划、年度计划和产业政策的前提下，对物流业项目用地优先给予保障。中心城市迁出或关闭工业企业退出的土地和旧城改造中收购储备的存量土地，优先用于发展物流业；在土地用途和使用权人暂不变更的前提下，支持以划拨方式取得土地的单位利用工业厂房、仓储用房、传统商业街等存量房产、土地资源发展现代物流业。

3. 绿色通道政策。对采用国际化标准开展进出口业务的集装箱运输车辆给予通行费用优惠和绿色通道待遇，提高物流效率，降低物流成本，吸引周边省份进出口物流业务在山西省保税通关。参照国际通行的货运行业标准，清理、规范山西省集装箱运输的超高超重标准，持通关手续放行所有进出口货运车辆。实施物流业一票制结算、一次性纳税，提高物流效率，降低物流成本，增加地方收入。

4. 切实落实价格政策。对现代物流服务业实行用电、用水价格与一般工业同价。省物流业重点项目和标杆项目可享受大工业电价政策。

5. 结算与税收政策。山西省物流企业设立跨地区分支机构的，其企业所得税应按税法规定由总机构汇总缴纳；对国家发展改革委和国家税务总局联合确认纳入试点名单的物流企业及所属企业，将承揽的运输业务或仓储业务分给其他单位并由其统一收取价款的，以该企业取得的全部收入减去付给其他运输企业运费或其他仓储合作方仓储费后的余额为营业额计算征收营业税。

（李仁贵）

【2012年山西贸易持续稳定发展】

外贸进出口再创新高。2012年，山西省进出口总额150.43亿美元，比2011年增长1.9%。其中，出口70.16亿美元，增长29.3%；进口80.27亿美元，减少13.9%。累计贸易逆差10.11亿美元。

社会消费品零售总额稳步增长。2012年，全省社会消费品零售总额4506.8亿元，比2011年增长15.5%。按地域分，城镇3682.5亿元，增长15.5%；乡村824.3亿元，增长15.3%。按行业分，批发和零售贸易额3936亿元，住宿和餐饮439.8亿元，其他131亿元。

利用外资保持增长。2012年，全省批准设立外商投资企业36个，外资到位21.6亿美元，比2011年增长31.7%。

【扩消费稳增长取得明显成效】

“万村千乡市场工程”暨农村便民连锁商店全覆盖任务提前超额完成。2012年，全省建设改造了2242个农家店，提前超额完成全覆盖任务。2005年以来，全省建成农家店3.5万个，实现了对所有适宜建店行政村的全覆盖。全年落实中央财政扶持资金5718万元，省级财政配套资金1500万元，用于支持全省农家店、配送中心、乡镇商贸中心和农家店信息化改造，带动社会投资农村流通设施近20亿元，带动就业人数近万人。

鲜活农产品流通体系建设顺利启动实施。大力推进鲜活农产品流通体系建设，省政府办公厅印发《关于大力推进鲜活农产品流通体系建设的实施意见》和《关于大力推进鲜活农产品流通体系建设重点工作部门分工的通知》，建立了全省加强鲜活农产品流通体系建设部门协调联动工作机制。争取商务部、财政部同意将山西省列为2012年农产品现代流通综合试点，重点支持太原、长治、运城3个市开展试点工作。组织连锁超市、流通企业与农民专业合作社参加全国“农超对接进万村”等省内外各种推介活动，支持山西省农产品进入全国大型连锁企业采购网络，为连锁超市、流通企业和农民专业合作社牵线搭桥。

家电下乡稳步推进政策效应显著。2012年，全省家电下乡销售额100亿元，兑付补贴资金9.34亿元；累计销售额230亿元，兑付农民补贴资金30亿元。新增家电下乡销售网点1113个，家电销售和售后服务维修网点基本覆盖全省1196个乡镇，大大改善了农村消费环境。销售家电下乡产品301.5万台，销售额86.51亿元，有效带动了农村家电消费市场。

惠民服务更加深入。2012年，开展放心早餐工程，扩大早餐网点建设，新建早餐网点1000余个，服务民生能力进一步增强。为推动社区商业发展，出台推进城市社区菜市场建设实施意见，在全省11个市的276个社区开办周末车载蔬菜市场，价格比市场价低15%～20%，可增加农民群众收入10%～15%。推进家政服务体系建设，晋城市、长治市分别被确定为商务部城市家政服务体系建设试点城市和培育家政服务企业试点城市，2012年完成培训家政服务人员6300余人。推进再生资源回收体系建设，向商务部推荐了20家再生资源回收龙头企业。晋城市被确定为全国第三批再生资源回收体系建设试点城市，长治市被确定为培育家政服务企业试点城市。

特色商品销售效果良好。2012年，山西特产在北京商品大集累计销售815.9万元，参展企业共签订购销合同215单，合同金额3608.2万元。参展的97家企业中有近85%在北京开设专卖店或者选定了代理商，为山西特色商品开拓北京市场奠定了基础。山西老陈醋中华行活动上海站、成都站等活动，签订销售合同3760万元，发展山西老陈醋连锁专卖店171家，零售额20余万元。

【进一步规范流通市场秩序】 “双打”工作步入常态。2012年，省政府出台《关于进一步做好打击侵权假冒伪劣工作的实施意见》，以及《关于加强战略性新兴产业知识产权工作引领资源型经济发展的若干意见》，山西省在全国召开的“双打”工作会议上介绍了经验。深入开展打击侵犯知识产权和制售假冒伪劣商品专项行动，共立案查处各类侵权假冒案件7000余起，移送司法机关30余起。

加强市场监测和应急调控机制建设。2012年，全省新增样本监测企业33家，达到504家。全省落实地方猪肉储备1.2万吨(省级4100吨)，地方食糖储备5020吨(省级2500吨)。加强重要生活必需品储备管理，完善应急保供预案，在全国率先建立了饮用水、方便面和饼干等应急商品储备，市场保障能力得到有效提升。

消费环境进一步改善。大力整顿和规范交易秩序，全省大型零售商向供应商违规收费清理整顿工作得到国务院纠风办、商务部的高度赞扬。开展酒类流通领域专项整治，全面推进“放心酒工程”建设，重点整治无证批发，严格落实零售备案制度和《酒类流通随附单》的溯源制度，加强对散装酒及进口酒市场的整顿，重点打击制售假冒伪劣酒品的不法行为，促进全省酒类市场健康有序发展。推行酒类违法、违规经营“黑名单”制度，将58个酒类违法经营户列入酒类经营“黑名单”。省商务厅与各市商务主管部门签订畜禽屠宰监管工作目标责任书，组织开展打击私屠滥宰强化肉品安全专项整治活动。

【招商引资成效明显】 成功举办以“绿色能源与转型跨越”为主题的第四届能源博览会。2012年，举办了第四届能源博览会，来自39个国家和地区的192家企业、1.2万名客商参会，国际企业参展参会占比24.5%，国际化程度明显提升。会上，山西省共签约招商引资项目1123个，签约金额1.07万亿元，签约项目涉及美国、德国、香港、台湾等13个国家和地区。在京举办外资企业推介会和山西——央企合作恳谈会。在广州、武汉、郑州、福州举办山西招商推介会。

综改试验区工作取得突破性进展。申建的山西省首个海关特殊监管区域——太原武宿综合保税区获国务院批准。综合保税区是目前我国开放层次最高、优惠政策最多、功能最齐全的特殊功能区，它整合了海关特殊监管区域的所有功能和有关政策。太原武宿综合保税区的设立，对于完善综改试验区功能，提升综改试验区对内对外开放的层次和水平，改善综改试验区投资环境，优化产业结构，加强综改试验区对内、外资的吸引力，增强山西省企业的国际竞争力，都有着至关重要的现实意义，标志着山西经济从此拥有了接轨世界的大平台，标志着山西实施国家资源型经济转型综合配套改革试验区战略规划进入一个新阶段。

【开发区发展步入新阶段】 提质工作稳步推进。出台《关于大力推进开发区科学发展的意见》和《全省开发区考核办法》。组织全省开发区领导干部培训班，对市、县、开发区、部门领导120余人进行开发区业务知识培训。大力推进开发区建设承接产业示范区，支持帮助阳泉开发区引进百度云计算项目，临汾开发区承接格力、美的铸件精加工项目。

扩容工作取得新进展。2012年，晋中经济开发区获国务院批准升级为国家级经济技术开发区，运城空港经济开发区升级为省级开发区，山西省国家级经济技术开发区增至3个，省级以上开发区增至25个。晋城经济开发区和朔州经济开发区成功扩区。全省开发区区内企业突破1万家，初步形成医药、汽车、光电、现代物流、煤机装备、食品、农产品深加工等产业集群。

大项目引进成效明显。2012年，富士康项目稳步推进，24条手机生产线全部投产，新增投资额11亿美元。全省富士康项目进出口金额19.1亿美元，比2011年增长114.6%，占全省进出口总额的12.7%；占全省出口总额的20%，是全省第一大出口企业；占全省进口总额的17%，是全省第二大进口企业，成为山西省外贸新的增长极。

【进一步转变外经贸发展方式】 外贸转型升级工作不断加强。制定加快推进山西省外贸转型升级示范基地建设的实施意见和外贸转型升级示范基地管理办法，开展山西省第一批外贸转型升级专业型示范基地认定工作，共认定太原市黑色金属材料(不锈钢)等26家首批省级外贸转型升级专业型示范基地。进出口商品结构进一步优化，全省机电和高新技术产品进出口占比提升，手机取代不锈钢成为山西第一大出口产品。机电产品进出口占比提高11.9个百分点，高新技术产品进出口占比提高9个百分点。

加工贸易和服务贸易发展加速。2012年，加工贸易进出口额比2011年增长26.4%，占全省进出口总额的25.1%；服务贸易进出口额9.96亿美元，增长3%。向商务部申报8个企业(项目)，特别是申报的《一把酸枣》《粉墨春秋》列入国家文化出口重点项目，4家企业被列入国家文化出口重点企业项目。

发展环境更加优化。进一步修订完善《山西省对外贸易“十二五”发展规划》。不断提高贸易便利化水平，协同海关、检验检疫、国税、外管、银行、中信保等部门，实行24小时预约通关和报检，在2个工作日内确保企业出口退税款项及时足额到位，简化贸易收付汇手续，创新外贸企业融资担保方式，支持企业投保出口信用保险，健全风险保障和应对贸易壁垒机制。妥善应对国际贸易摩擦，反倾销、反补贴工作取得新成效。产业损害调查工作取得新进展。

走出去战略稳步推进。2012年，核准对外投资企业19家，涉及美国、加拿大、澳大利亚等国家和资源开发、机械制造、技术研发、贸易等领域。晋非经贸合作区扎实推进，增资1.8亿元用于项目建设，进一步完善企业入园投资条件。

(赵志刚)

【成功举办首届世界晋商大会】 2012年8月19日至20日在太原隆重召开。大会由中共山西省委、山西省人民政府、全国工商联和中国侨联主办，省委统战部、省工商联牵头承办。大会主题为“新晋商、新山西、新跨越”。

首届世界晋商大会诚邀海内外晋商代表齐聚太原，共叙桑梓之情，共商发展大计。大会得到海内外晋商的积极响应和亲身参与，来自美国、加拿大、英国、澳大利亚、俄罗斯、法国、新西兰、日本、泰国、新加坡、马来西亚、印度、韩国、缅甸、柬埔寨、印度尼西亚、菲律宾及台湾、香港、澳门等42个国家和地区、国内和省内的65个代表团、1400多名嘉宾和企业家代表参加会议。

首届世界晋商大会协议、合同项目总数561个，总投资额7921.9亿元，拟引资额7084.4亿元。从产业、行业看，项目涉及高新技术产业、装备制造业、商贸物流业、文化旅游业、现代农业等多个行业和领域；从投资来源看，投资方涉及新加坡、美国等多个国家和香港、澳门等特区，北京、广东等23个省（区、市）。这些项目的实施，必将进一步带动山西省产业结构的优化升级，对促进山西省转型跨越发展起到有力的推动作用。

首届世界晋商大会期间共签约引进两院“院士”18名，引进海外高层次人才31名，引进博士后及各类急需紧缺人才74名。他们的研究领域和合作项目涉及煤化工、新能源、新材料，以及生态环保、安全生产、国际金融、风险管理等山西省“十二五”发展的关键行业和重点领域。

【成功举办第四届中国(太原)国际能源产业博览会】 2012年9月16日至18日在太原举办。本届能源博览会的主题为“绿色能源与转型跨越”。

本届能源博览会共有来自39个国家和地区的192家企业、1.2万名客商参会。其中，世界500强企业26家，中国500强企业30家，央企25家，山西省属企业12家，外省省属企业5家，民营及其他类企业41家。参展企业137家，其中，国际企业47家，国内企业90家，国际企业参展参会占比达到24.5%，国际化程度显著提升。本届能源博览会按照能源分类划分展区，分设了煤炭及煤层气、石油及天然气、火电及其设备、水能及水电、核能及核电、新能源、大型设备、低碳工业园等8大类展区，展场面积36000平方米。

本届能源博览会期间，山西省共签约招商引资项目1123个。其中，50亿元以上项目89个，总投资额10696.75亿元，拟从省外引进资金6334.1亿元。签约项目中，转型、民生和基础设施类项目702个，占全部签约项目总投资额的64.9%；一批重大项目成功签约，省政府与中国铝业公司、华润集团签署了循环经济产业园项目合作协议，三一集团与太原经济技术开发区签下合作投资500亿元的三一科技工业城及配套产业园项目；省政府与中国工商银行等一批金融机构签订了战略合作协议、授信协议，将围绕基础设施、能源、装备制造、文化旅游、民生工程及中小企业发展等领域开展全方位合作。全部签约项目涉及美国、德国、法国、加拿大、韩国、香港、台湾等13个国家和地区，以及北京、天津、上海、江苏、浙江、河南、广东等26个省(市、区)；包括新能源、材料工业、高新技术、机械电子、装备制造、食品加工、信息技术、生物医药、文化旅游、基础设施、社会事业等众多行业和领域。涵盖面广，产业拉动性强。涌现出LED垂直一体化、HIP超薄真空绝热板、180万吨煤制油、6GW太阳能电池板、30万辆微型汽车、纯电动中巴车、15万吨乳化油、公路集装箱生产线、新一代OLED显示器生产线、太阳能背板、生物制药等一批填补空白的好项目。此外，还呈现出项目质量高、新兴产业项目比重增大、项目布局集群化的特点。

【太原武宿综合保税区成功获批】 2012年9月4日，山西首个综合保税区——太原武宿综合保税区获国务院正式批准，标志着山西省结束了没有海关特殊监管区域的历史。综合保税区的设立，对于完善综改区功能，提升综改区对内对外开放的层次和水平，改善综改区投资环境，优化产业结构，加强综改区对内外资的吸引力，增强山西省企业的国际竞争力，都有着至关重要的意义。

综合保税区是经国务院批准，在内陆城市的特定区域内建立的集仓储、物流和加工为一体，具有口岸功能的海关特殊监管区域。由于叠加了保税区、出口加工区、保税物流园区(中心)的全部政策和功能，综合保税区是目前我国境内开放层次最高、优惠政策最多、功能最齐全的区域。综合保税区内享受以下政策：国外货物入区保税。货物出区进入国内销售按进口有关规定办理报关手续，并按货物实际状态征税。国内货物入区视同出口，予以退税，区内企业之间的货物交易不征增值税和消费税。区内允许注册贸易公司，各类企业拥有进出口经营权，可以从事国际和国内采购、分销和配送等。

太原武宿综合保税区投资25亿元，规划总面积2.94平方千米，分东西两区。西区为太原经济开发区富士康D区厂房，现已投入使用，面积为0.2平方千米；东区在武宿机场附近，面积为2.74平方千米。东西区计划通过专用通道进行连接。目前，已经有一批项目签约入区。

（李仁贵）

国内贸易

【2012年山西消费品市场变化特点】 *消费品市场快速增长。*2012年，全省社会消费品零售总额4506.8亿元，比2011年增长15.5%，高于全国平均水平1.2个百分点。按销售地区分，城镇市场社会消费品总额3682.5亿元，增长15.5%；乡村市场社会消费品零售总额824.3亿元，增长15.3%。在全省限额以上批发和零售业的21大类商品中，增幅居前6位的是煤炭及制品增长67.3%、家具类增长50.8%、建筑及装潢材料类增长42.3%、服装鞋帽针棉织品类增长33.8%、化妆品类增长30.5%、中西药类增长30.4%。

*居民消费价格上涨幅度得到控制。*2012年，全省居民消费价格总水平上涨2.5%，其中，城市上涨2.4%，农村上涨2.6%。从大类商品看，食品价格上涨4.2%，烟酒及用品上涨3.1%，居住上涨2.7%，分别比全省平均水平高出1.7个、0.6个和0.2个百分点。衣着上涨

2.1%，医疗保健及个人用品上涨1.9%，家庭设备用品及维修服务上涨1.7%，娱乐教育文化用品及服务上涨1%，低于全省平均水平。交通及通信价格下降0.3%。

*商品零售价格总指数上涨平稳。*全省商品零售价格总指数上涨1.8%，其中，城市上涨1.7%，农村上涨2.1%。农村生产资料价格上涨5.4%。

【加强市场体系建设】 *农村市场体系建设成效明显。*积极培育大型流通企业，加强多级配送体系建设，加快提升农家店生存能力，推动"万村千乡市场工程"转型发展。2012年，全省建设改造农家店2242个，提前超额完成全覆盖任务。支持大型企业建设面向农村市场的物流配送中心，大力发展具有配送功能的乡镇直营商贸中心，重点支持的7个配送中心和13个乡镇商贸中心项目完工并投入运营，畅通了农产品进城和工业品下乡双向流通渠道。积极推进农村流通网络"一网多用"，进一步提高农家店经营管理水平和持续生存能力。

*启动实施鲜活农产品流通体系建设。*省政府办公厅印发《关于大力推进鲜活农产品流通体系建设的实施意见》和《关于大力推进鲜活农产品流通体系建设重点工作部门分工的通知》，开展《山西省鲜活农产品现代流通发展规划》编制工作。山西省被列为2012年农产品现代流通综合试点，重点支持太原、长治、运城3个市开展试点。积极组织连锁超市、流通企业与农民专业合作社参加全国"农超对接进万村"等省内外各种推介活动，支持山西省农产品进入全国大型连锁企业采购网络。2012年，全省有94家连锁超市和流通企业参与实施"农超对接"，对接农民专业合作社和农产品生产基地2543个，实现生鲜农产品销售额35亿元左右。通过推动农产品流通体系建设，带动社会投资农产品流通设施近30亿元，带动就业人数近万人，带动农户数30万户，增加农产品年销售额50多亿元。

*家电下乡政策效应显著。*截至2012年底，全省累计销售家电下乡产品822.9万台，销售额216.55亿元，兑付补贴资金24.39亿元。其中，2012年销售家电下乡产品301.5万台，销售额86.51亿元，兑付补贴资金9.34亿元，有效带动了农村家电消费市场。全省核准备案家电下乡销售网点5469个，增加就业近2万人，2012年新增家电下乡销售网点1113个，增加就业4000余人。家电下乡销售及售后服务维修网点进一步向乡镇延伸，改善了农村消费环境，促进了城乡经济协调发展。

*向供应商违规收费清理整顿工作卓有成效。*认真落实国务院办公厅及商务部等六部门关于清理整顿大型零售企业向供应商违规收费工作的部署要求，健全组织机构，加强宣传监督，组织专项检查，建立长效机制。将清理整顿范围扩大至全省54家重点零售企业，向企业推广使用《山西省商品购销合同》《山西省商品代销合同》两个示范合同文本，在全省积极推广"华宇模式"，探索建立规范零供关系的长效机制，工作成效显著。

*特殊商品流通行业健康发展。*认真贯彻落实国家《汽车贸易政策》《汽车品牌销售管理办法》《二手车流通管理办法》，加强报废汽车回收拆解企业和二手车交易市场升级改造，组织开展二手车和报废车市场清理整顿工作，促进汽车市场规范发展。在典当、拍卖、直销等行业管理方面，认真贯彻《典当管理办法》《拍卖管理办法》《直销管理条例》及配套管理办法，切实加强监管，确保全省特殊行业依法规范经营。

【商贸服务管理水平持续提高】 *制定商贸服务业发展规划。*制定出台《山西省成品油分销体系"十二五"发展规划》《山西省"十二五"餐饮业发展规划》《山西省"十二五"家政服务行业发展规划》《山西省家电维修行业"十二五"发展指导意见》《山西省美容美发行业"十二五"发展指导意见》等规划和意见，加强全省服务业发展的宏观设计。

*推进社区菜市场建设。*2012年，全省共有1906个社区，共有社区菜市场1003个，903个社区没有菜市场。出台《关于大力推进城市社区菜市场建设的实施意见》《关于开办周末车载蔬菜市场的指导意见》，计划在全省开办200个周末车载蔬菜市场。组织对太原市40个标准化菜市场进行检查验收，在太原市龙兴菜市场举行了山西省标准化菜市场(太原)揭牌仪式，全面推进全省标准化菜市场建设。

*推进再生资源回收体系建设。*2012年，向国家上报了山西省区域性再生资源回收利用基地项目。根据《国务院办公厅关于建立完整的先进的废旧商品回收体系的意见》和商务部贯彻意见，起草了山西省的《实施意见》。在全省开展省级再生资源回收体系建设试点，确定3个省级试点城市。向商务部推荐了20家再生资源回收龙头企业。经过积极组织申报，晋城市被确定为全国第三批再生资源回收体系建设试点城市。

*推进家政服务体系建设。*2012年，晋城市、长治市分别被商务部、财政部确定为城市家政服务体系建设试点城市和培育家政服务企业试点城市。争取到商务部2012年度家政服务体系建设项目扶持资金2200万元，其中，晋城市、长治市家政服务体系建设扶持资金1400万元，家政服务从业人员培训资金800万元。制定了《关于"十二五"时期促进家政服务业发展的指导意见》。

*加强早餐工程建设。*根据省政府搞活流通扩大消费的精神，引导和督促支持过的美特好、六味斋、江南餐饮、早早便利、双合成、阳泉颐寿华天、芙蓉酒家、晋中万宝便民饮食等早餐主食加工配送中心在完善冷链系统、信息系统、检测系统建设的基础上，重点扩大早餐网点建设。2012年，共发展早餐网点1000余个。

*推进电子商务发展。*根据《商务部办公厅关于2012年国家电子商务示范基地创建工作有关事项的通知》要求，向商务部推荐侯马经济技术开发区和晋城经济技术开发区申报国家级电子商务示范基地。经商务部组织论证，侯马经济技术开发区被确定为首批国家级电子商务示范基地。组织临汾、运城、晋城3个市生产流通领域200余家企业负责人参加了山西省首期电子商务培训。

加强商贸领域节能工作。省商务厅会同省经信委等部门下发《关于印发山西省千家企业节能低碳行动实施方案的通知》。完成46家饭店、宾馆和商贸企业年度节能目标责任评价考核。向商务部推荐6家流通领域节能示范企业，将被纳入商务部“十二五”期间开展流通领域节能减排“百城千店”示范工程。

加强成品油市场管理工作。严格审批事项，充分发挥资源配置效率，下发《关于对已规划确认的油库和加油站重新进行审核的通知》，对规划确认超过2年的加油站和超过3年的油库，但尚未领取成品油经营批准证书的，重新进行审核确认。下发《排查油库加油站安全隐患的通知》，组织各市对油库和高速公路、重点路段、重点地区、重要路口的加油站的安全隐患进行排查，对存在的安全隐患进行整改。完成对晋城、长治、晋中、运城、临汾、忻州等市的“十二五”加油站行业发展规划论证，并批准实施。

组织名优产品开拓外埠市场。2012年，组织省内34家企业的180余种产品参加第十六届“西洽会”的展览展销和经贸洽谈，共签约项目26个，总投资额142.7亿元，合同金额141.4亿元。在上海国际技术进出口促进中心举办山西名优特精品展示，组织国藏汾酒系列、精品老陈醋、壶瓶枣及核桃工艺品、杏仁油、亚麻油、翅果油保健品系列、仙塔干果系列、红海玻璃制品等15家企业的45种名优精品进行为期4个月的展示。组织山西省10家品牌餐饮企业、4家名优产品企业和9家特色风味小吃企业参加在澳门举办的中国第三届餐饮业博览会。

【积极维护市场秩序】 *商务综合行政执法实现市级全覆盖*。2012年，商务部批准山西省为市场监管公共服务体系建设试点省。全省11个地级市全部成立商务综合行政执法机构，实现了市级商务综合行政执法全覆盖，将对维护市场秩序发挥积极作用。

“双打”专项行动成效明显。出台《关于进一步做好打击侵权假冒伪劣工作的实施意见》《关于加强战略性新兴产业知识产权工作引领资源型经济发展的若干意见》。完成省级机关软件正版化工作。2012年出动执法人员90余万人次，检查各类经营主体20多万户，立案查处各类侵权假冒案件7000余起，移送司法机关30余起。

稳步开展药品流通管理工作。出台《山西省药品流通行业“十二五”发展规划》，制定《山西省药品流通行业“十二五”人才培训工作方案》。召开“全省药品流通行业工作会议”，支持成立“全省药品流通行业协会专业委员会”。推荐山西省18种中药材列入商务部统计范围，31家药品流通企业为商务部药品流通直报企业。在全省部署开展对铬超标胶囊的清理工作。省药科职业学院被商务部确立为全国药品流通行业人才培训基地。

深入推进畜禽定点屠宰工作。召开全省畜禽屠宰管理工作会议、全省畜禽屠宰暨食品安全监管工作现场会，总结推广晋中市“1061”监管工作经验。与各市商务主管部门签订畜禽屠宰监管工作目标责任书。开展生猪定点屠宰资格审核清理工作。组织公安、农业、卫生、工商、质监、食药监等部门，牵头开展为期8个月的打击私屠滥宰强化肉品安全专项整治。检查生产经营主体12.2万个(次)，查处各类生猪屠宰违法违规案件181起，查获非法屠宰加工肉品1.7万千克，捣毁私屠滥宰窝点12个，处罚违法违规人员37人(次)，移送司法机关案件4起，3名失职渎职人员被处理。

积极开展商业信用建设工作。出台《山西省“十二五”商务信用建设工作实施意见》，明确“十二五”期间商务信用建设工作的目标任务。组织20个有关厅局(单位)开展“诚信兴商”宣传月活动，召开“诚信兴商”宣传活动新闻发布会。开展“诚信经营”创建活动，161家企业被评为“2012年全省零售行业诚信经营企业”，并登上全国反商业欺诈网红榜。组织省金融办、省人行、省工商局开展对单用途商业预付卡专项检查，开展对商务系统预付卡管理人员的上岗培训。山西省被商务部列为全国中小商贸企业融资担保补助试点省，争取试点资金640万元。

肉菜流通追溯体系建设取得成绩。太原市被商务部确定为“2012年全国肉菜流通追溯体系建设试点城市”，争取试点项目资金3238万元。该项目将链接16家屠宰企业、10个肉菜批发市场、40个标准化菜市场、36个超市、400个团体消费单位，做到肉菜来源可追溯、去向可查证、责任可追究，有助于提高省城肉菜市场安全保障能力，提高肉菜流

2012年山西省出口1亿美元以上商品项目

商品	金额(万美元)	比上年增减(%)
盐，硫黄，土及石料，石膏料、石灰及水泥	12197	3.96
矿物燃料、矿物油及其产品	47302	-60.16
有机化学品	13609	25.31
塑料及其制品	13958	683.79
皮革制品，旅行箱包	10820	35277.5
针织或钩编的服装及衣着	10152	737.82
陶瓷产品	17545	27.33
玻璃及其制品	12904	22.46
钢铁	101802	-17.73
钢铁制品	50362	22.5
其他贱金属、金属陶瓷及其制品	16532	-46.28
核反应堆、锅炉、机械器	43939	15.9
电机、电气、音像设备及其零件	202635	239.93
铁道车辆，轨道装置，信号设备	11873	54.64
车辆及其零附件，但铁道及电车道车辆除外	14406	11.89
家具，寝具等，灯具，活动房	27408	1326.96

2012年山西省2000万美元以上进出口市场情况

市场	进出口		出口		进口	
	金额(万美元)	比上年增减%	金额(万美元)	比上年增减%	金额(万美元)	比上年增减%
国家及地区	1504325	2.09	701620	29.33	802706	—13.79
亚洲	558898	—0.67	267953	—7.88	290946	7.05
孟加拉国	5550	139.97	5550	139.97	0	0
香港	28750	—12.94	28648	—10.1	101	—91.24
印度	31818	—52.97	22817	—26.67	9000	—75.37
伊朗	19742	—28.41	2956	—38.65	16785	—26.25
日本	89149	1.49	26598	—35.24	62551	33.76
蒙古	2507	31.44	236	—70.83	2270	106.97
巴基斯坦	3452	15.29	1629	25.98	1823	7.17
沙特阿拉伯	9578	42.79	9138	40.89	440	98.54
韩国	85184	—15.21	63085	—22.21	22099	14.11
土耳其	15065	—12.76	5497	0.97	9567	—19.08
阿联酋	6044	—11.61	5717	—12.42	327	5.56
中国	50480	327.61	0	0	50480	327.61
台湾	43049	—29.38	24389	—25.12	18659	—34.26
东盟	114390	—29.83	62806	108.7	51584	—11.09
印度尼西亚	43716	—13.61	12991	40.71	30725	—25.73
马来西亚	18310	144.81	14359	193.95	3952	52.29
菲律宾	5530	—58.73	1755	9.8	3775	—68.01
新加坡	21707	419.84	19542	474.28	2165	180.11
泰国	10200	—31.21	9639	52.83	560	—61.79
越南	13876	277.5	3468	—5.25	10408	67611.45
哈萨克斯坦	44600	47.29	282	—36.05	44318	48.52
非洲	60370	39.9	34276	181.62	26094	—15.78
安哥拉	4985	125.92	4985	125.92	0	0
毛里塔尼亚	2456	102.03	0	—100	2456	102.73
南非	32213	7.6	10514	199.39	21698	—17.89
多哥	3693	3280.82	3693	3280.82	0	0
欧洲	292662	6.1	167452	46.11	125211	—22.34
俄罗斯	18050	—18	8148	—21.09	9902	—15.26
乌克兰	6369	—33.22	1458	61.2	4911	—43.11
前南马其顿	10193	—17.89	28	45.65	10165	—17.99
欧盟	252279	12.66	154972	53.25	97307	—20.76
比利时	16665	—33.37	15876	—35.7	789	146.89
丹麦	3043	59.71	2187	302.44	856	—37.15
英国	24851	138.18	14531	159.77	10320	113.22
德国	70836	—8.73	14076	—13.1	56759	—7.58
法国	7961	—66.28	3975	—36.36	3986	—77.04
意大利	30625	—25.31	20278	14.22	10347	—55.5
卢森堡	7893	0	7479	0.	415	0
荷兰	61244	314.02	57614	364.52	3630	51.91
西班牙	8222	1.01	6227	31.35	1995	—41.3
芬兰	2191	71.17	989	—0.46	1202	319.05
瑞典	4350	56.8	992	51.3	3357	58.5
波兰	3876	44.51	3404	27.06	472	14724.61
捷克共和国	2587	28.7	2249	118.87	338	—65.61
拉丁美洲	186103	—11.53	48665	15.8	137439	—18.36
巴西	107693	—20.7	21647	—21.55	86046	—20.48
智利	17002	194.68	4639	328.58	12363	163.76
哥伦比亚	7554	4.62	949	40.65	6606	0.9
古巴	17315	—48.49	73	158.84	17241	—48.67
多米尼加	12800	85.03	143	7.82	12657	86.54
墨西哥	8628	—16.78	6907	100.56	1721	—75.15
巴拿马	3097	559.01	3097	559.01	0	0
委内瑞拉	4476	—20.73	4055	0.1	422	—73.58
北美洲	198014	47.91	163217	124.85	34797	—43.22
加拿大	21947	—44.01	18155	88.9	3792	—87.19
美国	176067	85.96	145062	130.33	31005	—2.19
大洋洲	208277	—15.91	20057	95.57	188220	—20.73
澳大利亚	201468	—18.36	18662	99.87	182806	—23.01
新喀里多尼	5410	456549.31	8	612.89	5401	

通组织化、集约化水平。

城乡市场信息服务体系进一步完善。积极优化监测样本结构，把握监测样本在行业、业态、地域、规模等各方面的代表性。2012年，全省新增样本监测企业33家，总数达到504家，形成"技术先进、反应迅捷、功能完善"的市场监测体系。监测成果的开发利用不断拓展，市场公共信息服务水平得到提高。商务预报网站共发布信息8800余条，编发《市场运行监测快报》《山西市场运行监测月报》，在《山西经济日报》开设"三晋市场、商务预报"专栏发布市场监测信息，起到良好的市场引导作用。

生活必需品市场应急和调控工作取得新进展。修订《山西省生活必需品市场供应应急预案》，进一步完善应急机制。积极开展应急商品数据库建设，确定40家应急商品生产和流通企业。落实重要商品储备，完成地方猪肉储备1.2万吨，地方食糖储备5020吨。在全国率先建立了饮用水、方便面和饼干等应急商品储备，市场保障能力得到有效提升。

（赵志刚）

对外贸易

【2012年山西进出口贸易概况】 2012年，全省进出口总额150.43亿美元，比2011年增长1.9%。其中，出口总额70.16亿美元，增长29.3%；进口总额80.27亿美元，下降13.9%。累计贸易逆差10.11亿美元。

【对外贸易呈现主要特点】 **单月进出口创历史新高，全年进出口恢复增长。**2012年12月全省进出口19.79亿美元，创历史新高。比2011年增长29.4%，环比增长34.6%。其中，出口11.94亿美元，增长106.9%，环比增长44.2%；进口7.86亿美元，下降17.5%，环比增长22.4%。

2012年，由于山西省焦炭、铁矿砂等大宗商品交易走势低迷，前11个月进出口一直处于负增长状态，但跌幅一路收窄，呈前低后高走势。从进口、出口看，出口是拉动进出口回升的主要因素。2012年出口增长29.3%，比2011年净增15.9亿美元，拉动全省进出口回升10.6个百分点；进口下降13.9%，比2011年同期减少进口13.1亿美元，拖累全省进出口下跌8.6个百分点。机电产品是拉动出口增长的主要力量，2012年机电产品出口增长116.7%，净增18.52亿美元，拉动全省出口增长34.2个百分点。进口下降的主要原因是矿产品进口大幅减少，2012年矿产品进口下降29.1%，减少15.7亿美元，影响全省进口下降16.9个百分点。

加工贸易、外资企业进出口比重上升，各类型企业进出口全面增长。2012年，全省加工贸易进出口44.24亿美元，比2011年增长52.2%，拉动全省进出口增长10.7个百分点，在进出口总值中的比重由2011年的19.7%上升到29.4%。其中，出口28.17亿美元，增长88.1%；进口16.07亿美元，增长14%。一般贸易进出口97.18亿美元，下降11%。从企业性质看，外资企业进出口44.33亿美元，增长67.6%，拉动全省进出口增长12.6个百分点，在进出口总值中的比重由17.9%上升到29.5%。民营企业进出口39.89亿美元，增长35.9%；集体企业进出口5.74亿美元，增长9.6%；国有企业进出口75.45亿美元，增长9.1%。

2012年，全省进出口1亿美元以上的企业有22家。排在前三位的企业依次为富士康集团33.66亿美元，增长137.2%，拉动全省进出口增长13.7个百分点；太钢集团25.92亿美元，下降19.3%；山西建邦集团5.17亿美元，下降6.7%。进出口在1亿美元以上的企业还有海鑫国际、晋城福盛钢铁、山西中阳钢厂、山西明迈特、太原重工、山西煤炭进出口、长钢集团、平朔煤业、大典商贸、新泰钢铁、同煤集团、金石达国际、阳煤中瑞能源等。

机电产品出口成倍增长，手机成为第一大出口商品。2012年，山西省机电产品出口34.39亿美元，增长116.7%，拉动全省出口增长34.2个百分点，在全省出口总值中的比重由2011年的29.3%提高到49%。其中，手机出口16.2亿美元，占到机电产品出口总值的47.2%，成为山西省第一大出口商品；增加出口16.1亿美元，拉动机电产品出口增长101.6个百分点。出口额较大的其他机电产品还有钢铁管子附件2.4亿美元，机车轴、轮1.2亿美元，电视摄像机1亿美元，电灯及照明装置9937万美元，机动车辆用零件8316万美元，矿用电铲5537万美元，车辆零件3848万美元，起重机3520万美元等。

四大商品出口依然低迷。2012年，除焦炭等四大商品以外的其他商品出口55.91亿美元，增长

2012年山西省进口5000万美元以上商品项目

商　　品	金　额（万美元）	比上年增减（%）
矿砂、矿渣及矿灰	334766	－31.12
矿物燃料、矿物油及其产品	42578	－8.42
化学工业及其相关工业的产品	5982	－15.32
橡胶及其制品	5098	40.69
钢铁	98324	32.28
钢铁制品	5979	36.51
铜及其制品	14460	419.38
镍及其制品	24914	－61.33
核反应堆、锅炉、机械器	122206	－2.6
电机、电气、音像设备及其零件	89609	27.06
车辆及其零附件，但铁道及电车道车辆除外	9026	451.9
光学、照相、医疗等设备	26629	15.95

85.6%。除机电产品外，较大的商品依次为合金钢板材1.26亿美元、玻璃器皿1.15亿美元、箱包1.06亿美元、服装1.01亿美元、耐火黏土9082万美元、铸铁管8810万美元、陶瓷制品7172万美元、棉布6185万美元、活性炭5781万美元、铁合金5313万美元等。2012年四大商品共出口14.25亿美元，比2011年下降41%，在出口总值中的比重由44.5%下降到20.3%。其中，不锈钢出口8.05亿美元，下降13.7%；煤炭出口2.68亿美元，下降35.9%；焦炭出口1.89亿美元，下降74.9%；金属镁出口1.61亿美元，下降46.8%。

【主要进口商品有升有降】 铁矿砂进口量价齐跌。2012年，铁矿砂进口2366万吨，比2011年下降17.6%；进口额28.8亿美元，下降32.7%，影响全省进口下降15个百分点，是山西省进口总额减少的主要原因。

进口1亿美元以上的商品依次为铁合金8.31亿美元，增长47.9%；煤炭2.8亿美元，下降3%；手机零件2.9亿美元，增长18倍；立式加工中心2.86亿美元，增长286.7%；电视摄像机2.5亿美元，增长266倍；铬矿砂2.42亿美元，下降23.3%；镍中间体1.9亿美元，下降43.4%；精炼铜1.4亿美元，增长524.5%；控制仪器1.3亿美元，增长12.8%；不锈钢废碎料1.2亿美元，下降4.9%；锰矿砂1.1亿美元，下降14.2%。

从大类商品看，机电产品进口26.4亿美元，增长11.5%；高新产品进口13.9亿美元，增长22.7%；农产品进口3064万美元，增长99.6%。

【对北美洲、非洲进出口保持增长，对欧洲恢复增长】 2012年，山西省对北美洲进出口比2011年增长47.9%；其中，对美国进出口17.6亿美元，增长85.9%，占到对北美洲贸易总额的88.9%。对非洲进出口增长39.9%，其中，对安哥拉、多哥和毛里塔尼亚的进出口分别增长125.9%、3280.8%和102%。对欧洲进出口增长6.1%(2012年前11个月一直处于负增长)，其中，对荷兰、英国和芬兰的进出口分别增长314%、138.2%和71.2%。对亚洲进出口55.9亿美元，占全省进出口总额的37.1%，下降0.7%；其中，对东盟进出口11.4亿美元，增长29.8%，超过日本成为山西省在亚洲的第一大贸易伙伴。对孟加拉和哈萨克斯坦的进出口也分别增长139.9%和47.3%。对拉丁美洲进出口下降11.5%，其中，对智利和巴拿马进出口则分别增长194.7%和559%。对大洋洲进出口下降15.9%。2012年，山西省居前3位的贸易伙伴分别为欧盟25.2亿美元、澳大利亚20.1亿美元、美国17.6亿美元。居前3位的出口市场分别为美国14.5亿美元、欧盟15.5亿美元、韩国6.3亿美元。居前3位的进口来源地分别为澳大利亚18.3亿美元、欧盟9.7亿美元、巴西8.6亿美元。

对外经济

【利用外资情况】 *外商直接投资额*。2012年，全省外商直接投资合同额3.56亿美元，比2011年下降77.1%；实际使用外资25.04亿美元，增长20.8%。

外商直接投资行业。2012年，外商直接投资项目中，生产型项目18个，占46.1%；非生产型项目21个，占53.9%。

外商直接投资来源。外商直接投资主要来自香港、美国、台湾、日本、加拿大、塞舌尔、意大利、英属维尔京群岛等国家和地区。

外商直接投资企业生产经营情况。2012年，参加年检的外商投资企业营业收入1268.24亿元，利润73.21亿元，外商投资企业从业人员21.2万人。

利用外资保持增长，香港是外资项目主要来源地。2012年，新批外资企业36个，外资到位21.6亿美元，增长31.7%。其中，商务部口径6.8亿美元，增长30.6%。从项目所涉及的行业看，服务业18个(电力燃气供应、信息传输计算机服务和软件业、批发和零售业以及卫生社保和社会福利业)，制造业15个，农业3个。从合作外方来源地看，香港20个，占项目总数的55.6%，是山西省外资项目的主要来源地。美国4个，台湾3个，日本、加拿大、投资性公司各2个，塞舌尔、意大利、英属维尔京群岛各1个。从投资方式看，合资企业15个，独资企业12个，合作企业7个，外商投资股份制2个。

对外承包工程和劳务合作。2012年，全省对外承包工程、劳务合作新签合同额6.4亿美元，比2011年增长51.7%；完成营业额4.49亿美元，下降35.9%。期末在外人数3513人(次)，下降40.8%。

(赵志刚)

开发区建设

【开发区建设概况】 2012年，山西省有省级以上开发区25个，其中，国家级5个(包括太原经济技术开发区、太原高新技术产业开发区、大同经济技术开发区、晋中经济技术开发区和晋城经济技术开发区)，省级20个。

2012年，全省省级以上开发区实际使用外资8.33亿美元，占全省实际使用外资的33.3%，比2011年增长33.1%；进出口总额39.5亿美元，增长63.1%；区内生产总值817.3亿元，增长30.5%；税收收入99.4亿元，增长15.2%。

(赵志刚)

物资流通

【主要经济指标完成情况】 截至2012年底，山西物资产业集团有限责任公司(以下简称"集团公司")营业收入74.59亿元，比2011年增长48.7%；实现利润5904万元，增长26.5%。全年销售煤炭809万吨，增长169.7%；销售化工产品9.7万吨，增长34.7%；销售钢材15.2万吨,增长72.6%;回收报废汽车2024辆,增长7.8%。

【大力开拓主营业务】 贸易板块快速扩展。2012年,进出口公司一方面围绕煤炭主营产品,巩固和扩展新的资源基地和销售基地,坚持应用"总代理""总经销"经营模式,实现"两个基地"由省内向省外拓展。另一方面积极培育新的经济增长点,大力开拓非煤业务,相继开展镍矿石加工与销售、设备代理进口等业务。特别是第四季度,探索节点贸易机会,通过准确研判焦炭市场价格走势,组织20万吨焦炭货源,不仅实现价差3000余万元,而且快速回笼资金2.84亿元。2012年进出口公司营业收入58.77亿元,比2011年增长54.6%,实现利润6460万元,增长44.7%。民丰化工公司进一步密切和大型焦化企业的合作,扩大一手资源供给。在巩固大客户的基础上,积极开发山东、天津等地的新用户,实现规模效应。物产金属公司狠抓供应链业务,在巩固和扩大与山西国联、广东建材合作的同时,与介休新泰、山西德仁结成合作伙伴,新增山西焦煤集团螺旋管供货业务,以较少的资金占用实现了较好的销售业绩。物产再生公司围绕主营业务,全面出击,抢占市场,取得全省所有部队报废退役设备"独家回收"的资格,提前半年完成全年目标任务。

传统物流向现代物流转型初见成效。现代物流公司积极延伸服务链条,在承揽海尔产品装卸业务后,2012年又正式承接仓管业务,赚取服务增加值,全年仅海尔仓库综合收入增加近两倍。质押监管业务规模稳步扩大,项目涉及煤焦、汽车、棉花、钢材、铁矿粉等,成为公司新的支柱业务。全年开展监管项目8个,月均控货规模5.5亿元,服务收入205万元,比2011年增长89.8%。

稳步推进房地产开发业务。根据宝佳万科紫台项目建设进度要求,对困扰项目建设的双塔南街村民临时建筑,组织力量低成本拆迁,有力地保证了合作项目的顺利实施。该项目一期工程7幢住宅楼于2012年10月封顶并开始装修,二期7幢住宅楼已建至25层,全年实现销售收入17亿元。在太原市调整土地收储拍卖政策的情况下,加强协调沟通,使胜利街项目土地于2012年8月成功摘牌。克服用电困难和天气影响等不利因素,完成胜利西街再生住宅项目地上建筑物拆除、雨水方涵改造、设计方案及规划指标优化等前期工作和桩基工程。对并州北路33号宝佳商务楼项目完成控规修改,取得新规划设计条件,完善了设计方案修订工作。

加快项目落地步伐,积极争取项目资金。以太原南站建设占用现代物流公司土地为契机,新购置13公顷土地,为综合性物流配送中心项目的落地建设创造了条件。完成位于太原市经济开发区5.3公顷土地的平整和围墙砌筑等基础工程,为集团转型项目的落地奠定了基础。民丰公司延伸产业链条,引进纺粘法环保型丙纶无纺布生产项目,完成厂房、水电等配套设施改造、生产设备购置安装等相关工作,投入试生产。利用山西塑料物流中心(三期)项目资金,修建完善4幢共4000平方米的简易库房,对部分库区地面进行了硬化。

集团公司向省发改委申报的"城市物流中心项目(一期)""区域性物流配送中心(四期)""山西塑料物流中心(三期)"和"宽幅塑料膜"等项目资金共计1200万元已到位。"综合性区域物流配送中心物流与电子商务示范信息系统"被省经信委列入山西省信息化重点项目,获得资金支持120万元。

【稳步推进企业改革改制】 平稳推动转制搞活类企业工作。财务公司从集团整体利益出发,尽力协调并维护好与金融部门的关系,确保集团所属企业改制破产工作的顺利推进。旧车交易中心面对竞争日趋激烈的二手车市场,强化服务意识,提前半年足额上缴了全年租赁经营收入。

有序推进困难企业关闭破产工作。针对金属、机电、化轻、储运4户企业原有土地、办公楼等资产问题,整理编写了有关资产处置情况的说明;主动反映情况,使贸易企业混岗人员全部纳入破产清算范围;无接续破产企业的436名离退休人员和军转干部移交集团破产企业服务中心管理,有效地保障了企业破产工作的推进。4户破产企业财政资金核拨到位,补齐了欠缴的职工保险,办理了126人提前退休手续,分流安置工作有序推进。

【继续强化企业管理】 加强资金管理,积极防范经营风险。制定出台《关于进一步加强营运资金管理的规定》,对预付及应收账款、库存商品、借入借出资金等实行月报制度。同时明确规定了经营业务上的"五不做",即:有风险的不做,赊销账的不做,有疑问的不做,市场前景不明朗的不做,信誉不好的不做。集团公司领导带队,对4户企业的相关业务进行实地调研,针对性地提出风险防范改进意见。针对应收款大幅增加的问题,普遍采取设置警戒线、明确清欠责任人、规范合同管理、加强信息收集和分析预测、规范业务流程、区别用户情况实施不同结算方式等措施,加大货款回收力度,有效地降低和规避了营运风险。

树立节约理念,大力开源节流。发展类企业对各种融资产品"货比三家",选择最低的贷款利率,融资结构趋向优化,财务成本明显降低,股东收益有所提高。2012年发展类企业增加受信规模6.75亿元,节约财务费用1000多万元。长风物流公司积极落实铁路拆迁补偿,收回补偿金500万元,累计达到4500万元;在北区写字楼交付使用后抓紧装修,采取分层出租的办法,使租赁收入达到700万元,公司得以顺利回迁。现代物流公司争取到拆迁补偿金300万元。积极寻求政策支持,在办理集团公司办公大楼过户手续过程中,免交契税和维修基金256万元。为争取利益最大化,通过大量的工作,胜利街再生项目土地出让收入80%得以返还,为下一步工作提供了较为宽松的资金环境。

积极回购不良债权。2012年,集团公司以70万元回购东方资产管理公司持有的集团所属7户企业1.1亿元不良债权。至此,集团公司在四大资产管理公司中的所有不良债务全部清理完毕。

强化基础管理,切实提升管理

汾阳市汾州核桃交易中心

水平。集团公司制定完善《公文处理制度》《安全生产管理办法》等十几项规章制度。发展类企业管理制度建设取得新突破,宝佳公司重新修订《档案管理制度》等,派专人对宝佳丽景综合楼和12号楼的各类设计文件、合同、技术核定及工程图纸进行造册归档,整理工程档案400余册。

理顺产权关系,完成工商变更。根据土地出让金返还转增注册资金要求,集团注册资本由1.5亿元增加到2.29亿元。下大力气理顺集团与相关企业之间以及各相关子公司之间的产权关系。

强化依法治企理念,进一步防范法律风险。集团公司从完善程序出发,明确在签署有关合同、协议时需出具《法律审查意见表》,做到法律顾问审查意见的完整和有据可查。2012年完成合同起草、审核13次,经济合同法律审核率100%。进出口、民丰化工等企业相继聘请了常年法律顾问,为规范法律行为、防范风险打下良好基础。

狠抓安全生产,确保企业持续稳定发展。按照"夯实基础、强化管理、维护稳定、确保平安"的指导思想,结合"打非治违"专项行动、安全生产百日大检查和全面开展安全隐患排查治理等活动,集团公司健全安全生产监督机构,层层签订安全生产目标责任制,参加实务培训,狠抓监督管理,组织大检查和整改"回头看",取得全年"零事故"的好成绩。

充分发挥联合会作用,积极为山西现代物流业发展献计献策。物流采购联合会充分发挥桥梁纽带作用,协助省政协开展全省现代物流业发展调研活动,并撰写了调研报告;配合省政协27次常委会"大力发展山西现代物流业"主题,参与省政协的有关调研、常委会建议报告的起草和省政府"加快服务业发展实施意见"、山西省"十二五"物流发展规划的调研论证等工作,联合会在全省的影响力进一步提高。

(李　隽)

供销合作社

【全省供销系统经济运行势头强劲】 经营绩效再创历史新高。2012年,山西省供销系统购进总额262.9亿元,销售总额283.6亿元,实现利润1.28亿元,分别比2011年增长25.1%、25.5%和24.9%。

加快转变经济增长方式,从单一业务向多领域发展,从传统经营向综合服务转变。2012年,太原、运城、平定等市县社大力推进农产品物流园区建设,现代流通模式初步显现;省盐业公司加快业务结构调整,非盐业务经营取得突破。山西农资集团积极开展水肥一体化科技创新和商业模式创新,经营活力不断激发。山大商务学院大力整合教育教学资源,教学质量在巩固中大幅提升。省商业供销职工医院积极引进医疗新技术,服务水平不断提高。省盐务局全力推进食盐安全示范市、县、村建设,碘盐合格率和覆盖率分别达99.1%和99.2%,超指标完成任务。

改善设施,优化经营。2012年,河津、汾阳、平定、潞城、平遥、昔阳、原平、灵丘、吉县、高平、阳城、沁水等县级供销社强化配送中心功能,对基层社门店和便民店进行电子信息管理,普遍实行连锁配送、电子商务、计算机管理等现代经营方式,有效提高了经营管理水平。

强化制度,规范管理。2012年,全系统深入开展社有企业管理效益年活动,省社制定了《直属企事业单位管理制度汇编》。运城市、晋中市社制定加强社有资产监督管理意见,高平市社实行企业财务收支统一报审制度,企业管理更趋规范。

【便民店"两年全覆盖"工程圆满收官】 2012年,全省累计建设便民店2.5万个,提前实现了全覆盖。各级供销社及时分解任务,层层抓紧落实。省社联合有关厅局下发实施意见,制定建店标准和资金补助办法。各级社主动与相关部门做好申报协调工作,做到项目落地、资金到位。省、市、县三级财政累计为便民店建设补贴资金1.34亿元,全省供销社直接投入资金和经费1860万元。晋城市社争取落实市、县配套资金363.6万元。省社进一步规范和完善便民店软硬件配套建设以及配送中心、连锁加盟体系建设标准,组成

11个督查组先后4次深入实地督查。在省政府召开的全省新“五个全覆盖”工程现场会上，重点推出屯留县“一店多能”的先进经验。忻州市社建立回访制度有效制止了个别便民店“只挂牌、不连锁”的现象。晋中市社对全市便民店实行量化百分制考核星级评选等工作措施，管理水平进一步提升。

【新农村现代流通网络生机勃发】 2012年，全系统持续推进“新网工程”建设，网络体系的带动力和影响力进一步显现。一是农资配送新体系新机制基本形成。全系统建设改造提升农资配送中心28个，形成有龙头、有骨干、有主体、有终端的农资连锁经营服务新体系。特别是省农资集团创新模式，创新机制，连锁经营，诚信服务，下乡进村，促进企业活力倍增，商品配送面达90%，配送率达85%。二是日用消费品配送体系建设步伐加快。全系统建设改造提升日用消费品配送中心48个，日用消费品商品配送面达80%，配送率达69.5%。吕梁市社投资总额3612万元的5个日用消费品配送中心改造项目全部完成。三是农副产品购销网络体系日趋壮大。全系统建设改造提升农副产品交易市场22个，累计达到67个。年交易额10.3亿元，较2011年增长23.6%。长治市供销社依托金鑫瓜果批发市场，先后与襄垣神手、武乡三里湾等县区专业合作社联合，初步构建起“一条龙”服务的农产品物流体系。四是再生资源回收利用网络体系蓄势待发。全系统已建设再生资源回收利用集散市场59个，废旧家电拆解中心3个，回收网点1454个。阳泉天元电器公司的废旧电器回收网络已遍布全省，被列为山西省循环经济试点企业。大同市新建再生资源交易市场占地面积10公顷，总投资5700万元。太原、长治、朔州、临汾等市社加快实施再生资源和物资回收产业发展，提升了再生资源回收利用加工水平。

【基层基础建设强势推进】 2012年，全省供销社系统开展了基层基础建设年活动。一是基层社多元化改造更加扎实。按照“空白抓重组、薄弱抓改造、较强抓提升”的分类指导原则，全系统先后争取资金1500余万元，消灭网络空白县30个，同时对256个经营困难社成功进行改制，对75个无法经营的实行撤并和破产。武乡县故城、芮城县陌南、平顺县杏城、灵丘县上寨等一大批基层社，通过明晰产权、吸收农民入社入股等方式共同开发，盘活了资产，增强了实力。汾阳、高平、临猗、河津、原平等县级社，通过对经营基础较好基层社的提升改造，经营规模和服务领域不断拓宽，率先成为农业社会化服务的骨干力量。汾阳市肖家庄供销社2012年销售总额1.1亿元，进入全国供销社系统的百强社。二是以专业合作社改造基层社创出新路。全省供销社积极领办创办专业合作社，现已发展各类专业合作社1336个，入社农户7.5万户，其中，山里红等4家专业合作社被全国总社确定为“百佳标准化农产品品牌”。朔州市社积极探索发展资金互助社，前期基础工作已基本就绪。省社“农合联”和小杂粮协会，阳泉、运城、长治、朔州等市级“农合联”，汾阳、吉县、阳城等县级“农合联”先后成立，在提供信息、推销产品和合作经营等方面开始发挥作用。三是综合服务社打造了农村社会化服务的新平台。全系统已建成综合服务社460多个。在太原尖草坪、襄垣供销社率先带动的基础上，屯留、临猗、阳城、河津、怀仁、应县、昔阳、平定等一大批县社也积极主动，奋力打造，取得明显成效。

【社会改革正能量努力激活】 2012年，各级社持续加大社有企业改革力度，进一步激发企业活力。一是优化结构，增强实力。一批体制全新、机制灵活、管理先进、竞争有力的企业开始显现和活跃，社有资产进一步优化。截至2012年底，全系统资产总额113.17亿元，比2011年增长3.2%；所有者权益23.1亿元，增长13.6%；资产负债率79.6%，下降1.9个百分点。省棉麻公司近年共核销贷款6.94亿元，迈出了发展和重生的重要一步。二是项目带动，强化龙头。各级社在政策、资金上重点向龙头企业倾斜，落实“新网工程”中央专项资金、山西省城乡一体化商贸流通体系建设资金、全国供销总社农业综合开发资金共计8000多万元，支持各类项目100多个。省盐业公司、省农资集团在全国供销总社2012年“百强企业”排行榜上分别跃居第53位和第55位。三是加强管理，提高效益。通过管理效益年活动，社有企业的创效能力明显增强。全系统汇编企业2381个，其中，2365个实现盈利，盈利面99.3%。

（司昌平）

粮油购销

【2012年山西粮食购销概况】 2012年，全省各类粮食企业收购粮食730.3万吨，比2011年增长10.3%。其中，国有粮食经营企业收购167.6万吨，占总收购量的22.9%。全年销售粮食803.3万吨，增长14.3%。其中，国有粮食经营企业销售213.9万吨，占总销售量的26.6%。截至2012年末，全省共有国有粮食企业812个，在册职工2.8万人。其中，国有粮食购销企业294个，在册职工1.8万人。山西国有粮食企业总仓容740万吨，有效仓容522.5万吨。

【落实粮食安全责任，细化“米袋子”负责制】 2012年，按照“米袋子”省长、市长负责制的要求，山西省粮食局积极发挥职能作用，在省政府的支持下，分解落实目标责任：一是省政府连续两年向各市政府颁发“粮食安全目标责任状”，细化目标责任4大项，12小项。各市政府也对所辖县级政府实行年度粮食安全目标任务考核，形成省、市、县政府齐抓共管、上下联动的工作机制，有力地促进了“米袋子”省长负责制的落实，为山西省完成保供稳价任务、夯实粮食安全基础提供了重要的制度和组织保障。二是山西省粮食局对各市粮食局、局属各单位和局机关各处室颁发目标责任状，进一步细化分解工作目标，落实工作责任，形成纵向到底、横向到边的考核体系，有力地推进了“米袋子”负责制的落实。

【强化保供稳价措施，维护粮食市场稳定】 完善粮食应急预案。山西省粮食局完成《山西省粮食应急预案》修订，11个市和113个县制定和修订当地粮食应急预案。2012年，临县遭受“7·27”特大洪灾后，山西省粮食局紧急支援100吨救灾面粉，并启动市级粮食应急预案，有力地保障了灾区粮油供应。同时加强市场预警，47个省级粮油监测点实行价格周报制度，密切监测粮油购、销、存及价格变化。

组织政策性粮食投放。2012年，山西省向市场投放国家政策性粮食23.5万吨，食用油6000吨，促进保供稳价。春节、中秋、国庆等重大节日期间，省粮食局加强货源组织调度，确保成品粮油市场供应不脱销、不断档。

健全粮油储备体系。山西省粮食局认真落实省政府下达的地方储备粮油规模，加强粮食应急体系建设。2012年末，山西省地方粮食储备库存总量位居全国第10位，较2011年前进一位。同时，完善制定《山西省储备粮油应急动用方案》，巩固了107个粮食应急加工企业，建设粮食应急供应网点641个，建立应急成品粮储备5.2万吨。

【加快转变发展方式，提升粮食行业发展水平】 山西省粮食局采取搭建招商引资合作平台、加强经营管理指导、落实储备粮油费用补贴标准、核销不良贷款等措施，指导企业深化改革开放，提高经济效益。一是截至2012年底，全省国有粮食企业盈利1761万元，比2011年减亏增盈2783万元，增长272%。其中，国有粮食购销企业盈利2078万元，利润增加873万元，增长72%。全省国有粮食企业统算一举扭亏为盈，实现了粮食市场放开8年来首次统算盈利的历史性突破。二是2011年签订的招商引资合作项目落地建设12个，完成目标任务的120%。项目总投资5.7亿元，其中，引资4.5亿元。三是在山西晋城市成功举办2012年山西粮食(小杂粮)交易合作洽谈会，签订招商引资合作项目40个，总投资25.9亿元，引资17.2亿元，超过预期目标。同时，山西省粮食局与国际自愿连锁超市组织SPAR(中国)、国际独立零售商联盟IGA(中国)签订小杂粮产业发展合作框架协议，力促山西小杂粮走向全国、走向世界。这样宽领域、大力度地招商引资合作是山西粮食部门历史性突破。

【搞好搞活粮食流通，保证粮食供需平衡】 面对近年来国际粮油市场复杂多变的形势，针对山西省粮食供需“总量不足、结构失衡”的现状，山西省粮食局充分利用省内、省外两个市场，精心做好粮油供需平衡工作。一是扎实做好粮食收购工作，促进粮农利益得到切实保障。2012年，山西省粮食局认真贯彻执行粮食购销市场化、经营主体多元化的国家粮改方针，对粮食生产和市场形势深入调研，精心安排部署粮食收购工作。截至2012年末，全省具有粮食收购资格的各类粮食市场主体2033家，其中，国有733家。粮食购销市场呈现多渠道有序竞争的活跃局面。夏粮收购期间，省粮食局主要领导带队到夏粮收购一线现场办公，协调收购资金，解决农民集中排队售粮问题，畅通多渠道收购。2012年，全省共收购粮食730.3万吨，比2011年增加67.9万吨，粮食收购量位列全国第12位，较2011年前进1位，再创历史新高。由于收购数量增加，加之近两年粮价合理上升，有力地促进了农民增产增收，支持了粮食生产发展。二是大力开展省际产销合作，依托国内市场搞好供需平衡。全年通过产销衔接从省外调入粮食241.9万吨，比2011年增长6.8%。其中，调入小麦174.3万吨，大米50.5万吨，其他17.2万吨。

【加强仓储设施建设，夯实粮食安全基础】 2012年底，全省共有360个省级示范站(库)，56个仓储企业达到现代化库建设标准。山西省示范站(库)建设经验在全国作了交流。山西省粮食系统完成31个准低温成品粮库的提升改造，提升改造仓容12万吨，完成投资4955万元。省粮食局会同省财政厅完成对6个市的抽验工作。

2012年，省级投资3700万元用于仓储设施提升改造和维修改造，其中，安排投资2000万元用于省市两级储备粮库粮情监测系统建设和氮气储粮试点项目，达到国内先进技术水平；安排投资1700万元用于骨干粮库仓库维修改造和功能提升。山西省高起点引进新技术项目，是对传统仓储方式的深刻变革。

【开展粮食惠民建设，做好服务“三农”工作】 一是推进农户科学储粮工程。山西省有694万农户，在粮食储存环节损失平均为5%。为改善农户储粮条件，山西省“十二五”时期，计划为全省58个小麦和玉米主产县(市、区)的40万农户配置标准化储粮装具，帮助农民减损增收。2012年，投资3440万元完成农户科学储粮8万户计划，两年累计投资4300万元为10.5万户农户配置标准化储粮装具，可存粮10万吨以上，每年可减少粮食产后损失3000多吨，相当于每年增加1000公顷“无形粮田”，助农增收600余万元，减损增收效果明显。二是与1500多家农户签订粮食订单收购协议1.1万公顷，带动农民增收500多万元。三是贯彻综改试验区先行先试方针，深入调研粮食直补改革，向省政府上报《山西省粮食直补与省级储备小麦订单收购挂钩试行方案》，调动种粮农民积极性。四是全省粮食系统积极开展下乡住村活动。省粮食局包扶的永和县新建项目4个，总投资7966万元，尤其是引进美特好公司投资7800万元建设农产品加工项目，带动全县农民脱贫致富。

【依法监管粮食市场，维护粮食质量安全】 监督机构组建方面。山西全省市级粮食市场监管内设机构全部组建完成，粮食流通管理稽查队基本实现编制、机构、人员和经费四落实。全省县级粮食局中市场内设机构全部组建完成，成立粮食流通管理稽查队115个，其中，经编制部门批准成立99个，占总数的86%。全省粮食执法人员达到1373人。

市场检查方面。2012年，山西省粮食局开展夏秋两季收购市场专项监督检查，出动检查人员5020人次，检查收购主体3329个，暂停和取消收购资格82家，查处案件264

起，维护了粮食收购秩序，保护了农民利益。完成粮食库存检查工作，检查各类粮食企业550个，账实基本相符。在保障粮食数量安全的同时，山西省粮食局更加突出保障粮食质量安全。完成新收获小麦、玉米卫生调查和品质测报工作，在26个主产县抽取小麦样品100份，在55个主产县抽取玉米样品300份进行检测。对国有粮食购销企业存储的粮油质量进行抽查，对新入库20.9万吨省级储备粮油质量进行检查验收，省、市两级储备库科学保粮率平均达到99.2%。

粮食质检体系建设方面。投资960万元为省级粮食质监中心和4个市级质检站配备检化验设备。山西省的监督检查工作、粮食质量监管工作被国家粮食局评为先进单位。

【开展优质服务，做好军粮供应工作】 2012年，省粮食局制定《山西省军粮应急保障预案》，保证了在非战争状态下部队演习拉练、抢险救灾、处突维稳等粮食需求突变情况下的军粮供应需求，对军供粮源的筹措、储存、加工、运输、供应等方面采取了对应保障工作。全省各级粮食部门和军供单位继续致力于军粮供应规范化建设，公开招标统一筹措粮源，保质保量及时供应，重大节日安排品种调剂。2012年，基层军粮供应站更新14辆军粮送货车，军粮送货上门率96.2%，131个部队伙食单位对军粮供应工作满意度100%。

（祝志光）

烟草专卖

【经济效益稳定增长】 2012年，全省烟草商业系统卷烟销售收入290.07亿元，比2011年增长13.5%。实现税利67.74亿元，增长8.9%；其中，利润37.1亿元，增长6.1%。

【卷烟经营态势良好】 卷烟销售。2012年，全省烟草商业系统销售卷烟750.19亿支（150万箱），比2011年增长1.3%。其中，销售一类烟98.09亿支（19.6万箱），二类烟25.25亿支（5.1万箱），三类烟363.2亿支（72.6万箱），四类烟163.28亿支（32.7万箱），五类烟100.37亿支（20.1万箱）。本地区销量居前三位的品牌为“云烟”“红河”“红塔山”，其中，销售“云烟”122.08亿支（24.4万箱），增长25.4%；“红河”80.09亿支（16万箱），下降21.1%；“红塔山”60.17亿支（12万箱），下降5.3%。

重点品牌培育。出台《山西烟草2012年品牌培育工作指导意见》，在全省推行“工商零消为链，市、县、店（铺）为线，区域成长为片，零售客户、客户经理为主”的品牌培育新机制。出台《培育知名品牌建功立业实施方案（2012年）》和《重点品牌营销策划活动方案》，开展第二届山西烟草知名品牌营销策划、为知名品牌建功立业演讲和建功立业活动评优表彰活动。行业重点品牌在山西省累计销售570.43亿支（114.1万箱），增长9.1%；重点品牌占总销量的76%，提高5.4个百分点。

现代卷烟零售终端建设。学习柳州市公司零售终端建设经验，出台《山西烟草现代卷烟零售功能终端建设指引》，结合实际积极推进，全省现代终端客户数量达到4417户。实施客户优质服务工程，出台《打造“优质服务”创建“满意工程”实施方案》，搭建“三位一体”服务体系。推广“135”工作法，加强标准化服务体系贯彻执行，实施“服务定制”“弱势帮扶”等服务措施，协调银行为客户提供跨行结算、贷记卡等增值服务。

现代物流建设。2012年，吕梁新配送中心建设项目和大同、朔州、晋中、临汾配送中心改造项目进展顺利。持续优化配送中心管理模式和作业流程，初步建立基于信息化支撑的全省物流统一管理体系。完成行业物流新标准的贯标任务，建立全省物流四级绩效评价体系，非法人实体化运作进入全面实施阶段。开展配送中心创优活动，全省大部分市公司实现“直送24小时完成、接力送48小时完成”服务模式。太原物流配送中心被国家局授予“全国烟草行业现代卷烟物流配送中心示范单位”称号。

【烟叶生产产销平衡】 烟叶生产与收购。2012年，全省签订烟叶种植收购合同1666份，比2011年下降13%；合同约定和实际移栽面积3080公顷，与2011年持平。实际收购7900吨（15.8万担），其中，上等烟叶2800吨（5.5万担），占35%；中等烟叶5100吨（10.2万担），占64%。全省烟叶收购均价18.9元/千克，提高4.3元/千克。

基地单元建设。与吉林烟草工业公司、河南农业大学合作，在平陆、长子建立两个清洁型烟叶基地科技示范园区，建设规模分别为66.7公顷、33.4公顷。与红云红河烟草集团签订《共建山西特色烟叶基地战略合作框架协议》。全年投入补贴资金3826.7万元，实施烟叶基础设施建设项目115个。

【强化专卖管理与监督】 卷烟打假打私。2012年，全省共查处假烟案件3639起（查获案值5万元以上假烟案件105起），查获假冒卷烟5768.7万支，标值2761.8万元。全省共查处符合国家局标准的网络案件23起。共向公安机关移送案件122起，公安、司法机关拘留79人、逮捕59人、判刑94人。

市场监管。依托现代网络信息技术，省局主持开发并在全省推广使用市场监管移动平台，市场监管实现从“拉网式”向以信息分析支撑的“重点捕捞”转变，建立起“打击严厉、管理到位、疏导及时、服务周到”的市场监管体系。

内部专卖管理监督。启动全省专卖内管委派制工作，制定《关于全面推行专卖内管委派制实施方案》《关于单设内部专卖管理监督机构的通知》《内部专卖管理监督派驻人员管理暂行办法》等，明确各部门职责和专卖内管委派制推行的时间进度。强化内部监管，组织全省专卖内管大检查，对“两烟”生产经营开展日常监管、针对性抽查，对各单位存在的不规范生产经营问题进行实名制通报。全年共查处真烟案件3856起，查获真烟5356.9万支。

零售许可证管理。各市局建立

了行政许可政务大厅，实行许可证管理“三个一、五个零”，即办证“一站式”服务“一条龙”、公示告知“一体化”，大厅查询“零距离”、口头咨询“零厌烦”、审验资料“零含糊”、登记办理“零拖延”、办理结果“零差错”。全省烟草专卖零售许可证的办理时间统一规定为从受理之日起5个工作日内必须完成制证和送达，入网访销配送时间规定为接到入网通知书之日起7个工作日内完成。

【企业管理进一步加强】 财务管理。以预算管理和资产监管为重点，出台《中国烟草总公司山西省公司预算执行情况考核办法》，严格控制重点费用的预算编制和预算执行，全省系统业务招待费、业务宣传费均有下降，重点费用支出总额控制在预算范围内。

审计监督。完成全面审计“回头看”复查整改，共发现6个方面的172个问题，整改落实金额6.55亿元。2012年，全省系统共完成审计项目1402个，涉及资产金额60.82亿元，取得直接经济收益4854万元。

信息化建设。完成山西烟草“十二五”信息化规划编制工作，明确了构建“数字晋烟”的总体目标、基本架构和主要任务。“云计算”平台主体建设基本完成，实现了信息资源集中共享、信息应用统一入口、流程运转整合贯通。继续优化提升十大流程体系，信息技术与经营管理深入融合，“制度＋科技”效果更加明显。

基层创优。以忻州、临汾市局（公司）为试点，推进优秀市级局（公司）创建活动，出台创建标准，明确创建目标，细化考核办法，深入调研督导，精心组织实施，营造全员参与的浓厚氛围，促进基层建设水平不断提升。

（陈晓勇）

山西经济年鉴

YEARBOOK OF SHANXI ECONOMY

12

出入境检验检疫·海关

CHURUJING JIANYAN JIANYI HAIGUAN

出入境检验检疫

【2012年山西出入境检验检疫工作概述】 2012年，山西出入境检验检疫局共检验检疫进出境货物2.1万批次，货值56.79亿美元，比2011年分别增长31.3%、115.1%；签发各类原产地证书1.2万份，签证金额7.99亿美元，分别减少8%、16.8%；检疫查验出入境人员23.2万人次，增长209%；健康检查5339人次，下降0.5%；从出入境货物中检验出不合格商品155批，不合格金额20375.7万美元；在出入境人员健康体检中，检出艾滋病2例、性病7例、肺结核2例、肝炎129例；截获入境旅客携带的禁止进境的动植物产品740批次。

【进一步加强质量安全管理工作】 大力推进企业质量诚信体系建设。与山西省质监局共同召集15家进出口企业和10家国内企业参加“千家食品企业质量安全共承诺”活动。在辖区4家企业实施电子监管系统上线运行后，又新增3家。印发《进一步推进进出口企业诚信体系建设实施意见》，对需纳入信用管理系统的928家出口企业和814家进口企业全部完成企业信用评级并实施分级管理，5家企业被国家质检总局评为“AA”级企业。对2011年度质量诚信企业单位进行表彰，2012年度新推荐6家企业。

全面加强质量安全风险排查整治和道德领域突出问题专项教育治理活动。2012年，山西检验检疫局深入开展质量安全风险排查整治和道德领域突出问题专项教育治理活动，分别对业务、政务、队伍、道德领域突出问题进行全面的排查整治活动。通过对5个方面52项内容进行隐患排查，对国家质检总局《质量安全风险排查整治和道德领域突出问题专项教育治理活动实施方案》中的35个项目确定责任单位、工作目标以及内容和步骤，在政务、业务、道德领域共排查出24个方面、130项风险和问题，制定针对性防范措施106条。2012年7月底，联合山西省质监局共同协助国家质检总局在太原市承办了“全国质量安全风险排查整治工作座谈会”。

【持续提升检验检疫能力】 口岸卫生检疫。2012年，山西检验检疫局不断提升能力，强化口岸卫生安全。牵头制定的《山西口岸应对突发公共卫生事件及核与辐射事件处置预案》作为省级部门预案正式印发。在太原国际机场航空口岸开展“口岸生物有害因子突发事件”和“核与辐射恐怖袭击事件”应急处置演练。与太原市第四人民医院（即太原市结核病防治中心、太原市突发公共卫生应急重症救治中心）签署《合作备忘录》，双方就口岸突发公共卫生事件应急处置、结核病、艾滋病、呼

吉县苹果出口泰国

吸道传染病防控以及生物恐怖事件应急处置工作达成合作意向。加强口岸卫生监督管理和卫生许可工作，对口岸食品生产经营及服务行业共计48家企业进行卫生许可考核发证工作。有针对性地对口岸食品生产经营单位的卫生状况进行不定期抽查，抽查率不低于50%。

进出口食品检验监管。2012年，山西检验检疫局注重综合整治，保障全省进出口食品安全。推荐山西祁县、平陆、临猗、吉县共4万公顷出口水果质量安全示范区顺利通过国家质检总局的考核验收，并获得“国家出口水果质量安全示范区”牌匾，认可品种达到7种，分别是苹果、鲜梨、鲜桃、柿子、李子、葡萄、杏，为促进山西省水果进入国际市场、扩大出口、实现农民增收提供了有利条件。2012年，山西检验检疫局共检验检疫出口水果1272批，4.1万吨，货值3480万美元，分别是2011年的4.5倍、6.4倍和5.5倍。主要出口水果种类有苹果、酥梨和鲜桃，出口28个国家和地区，实现了山西省出口水果历史性的突破。进出口食品安全领域“潜规则”排查活动共排查食品生产及加工企业85家。妥善应对“可口可乐（山西）公司饮料含氯超标”事件。

进出境动植物检疫。2012年，山西检验检疫局加强监测，保障动植物产品安全。与各地邮政主管部门加强联系，贯彻落实新修订的《中华人民共和国禁止携带、邮寄的动植物及其产品名录》；从旅客携带物中截获禁止进境物740批，比2011年增长275%。在禁止进境物中截获有害生物4种。在进境大豆中发现有害杂草籽40种，其中，检疫性有害杂草4种。完成山西玉龙马业发展有限公司从荷兰引进的17匹赛马和太原动物园从南美洲圭亚那引进3只大食蚁兽的隔离检疫任务。完成外来有害生物监测。全年查验进出境集装箱5278标箱，共对925标箱实施卫生除害处理，共检出携带疫情及有毒有害物质等不合格集装箱344标箱，检出率6.5%。

进出口商品检验。2012年，山西检验检疫局加强监管，保障进出口商品安全。对新纳入法检目录的活性炭包装采取针对性检验监管措施，全年共检验出口活性炭1629批次、6.6万吨，货值7675万美元；监管出口煤炭580批、250万吨；清除雷管370枚、铁器类杂物6.7吨、木屑类杂物119.7吨、其他类杂物499.5吨。对生产出口药用胶囊企业进行检查整治。完成“2012年环渤海地区（太原）品牌暨投资贸易博览会”期间来自韩国的70多种进口展品的检验检疫和展会后的展品处理。

【认证监管工作严格有效】 2012年，山西检验检疫局开展“认可日”和以“抓质量，保安全，惠民生”为主题的CCC认证十周年宣传活动，对94家卫生注册企业进行备案换证审核，撤销9家，归类合并11家；完成行政许可企业考核发证61家，累计行政获证企业214家。加大中煤集团平朔公司和富士康有限公司强制性产品认证扶持力度。对中车双喜轮胎有限公司载重汽车轮胎获证产品、3C产品进行现场核查。向山西省民航机场集团公司颁发了中国质量认证中心ISO9001、ISO14001、GB/T28001三体系合一认证证书。

【优化服务，出台措施，推动山西外贸实现稳定增长】 为进出口企业减轻负担。2012年第四季度，全局共免征检验检疫规费1901.7万元，涉及货值24.85亿美元，惠及全省1300多家进出口企业。

全面服务综改试验区建设。制定出台《服务山西国家资源型经济转型综合配套改革试验区建设实施意见》，提出5个方面23项服务地方经济发展的具体举措。对山西省《部门领导包干外贸企业制定实施方案》中包干的天脊集团等3家企业“一企一策”进行重点帮扶。主动跟进，服务武宿综合保税区、山西方略保税物流中心建设。对太原重工

太原海关关长吕伟红在晋城开发区调研

股份有限公司“新建高速列车轮轴国产化项目”进行跟踪帮扶。对太原富士康集团苹果手机项目实行“首件安全项目检测＋产品监督抽查＋日常生产过程监督管理”的检验监管模式，使该公司实现20条生产线落户。

大力促进贸易便利化。与山东检验检疫局签署《关于鲁晋两地实施直通放行模式合作备忘录》，与珠海检验检疫局签署《关于促进山西优质水果供澳合作备忘录》，与太原海关签署《关于共同服务山西省国家资源型经济转型综合配套改革试验区建设合作备忘录》。新增19家企业获得晋津直通放行资格，30家企业获得晋鲁直通放行资格；25家企业获得绿色通道资格，2家企业出口免验资格获批延续。

【努力提高科技创新能力】 一是贯彻落实《全面建设科技质检实施意见》，把科技质检理念贯彻到检验检疫工作的各个方面。二是开展科研和标准化工作。国家质检总局批复2012年度科研项目2项，均为山西检验检疫局主持，争取科研经费29万元。争取山西省科技厅科技攻关项日2项，科研经费20万元。认监委批复2项2012年度第一批检验检疫行业标准制定任务，获得制标补助经费5万元。卫生部批准2012年度食品安全国家标准立项1项，争取制标经费10万元。组织完成由山西检验检疫局承担完成的山西省科技攻关项目《食品中多种真菌毒素同时测定方法的研究与应用》的鉴定和验收工作。三是进一步加强实验室建设与管理。技术中心动物检疫和化矿金两个区域性检测中心实验室通过由总局区域实验室能力建设达标验收组的核查验收；完成对大同局、阳泉局、长治局、侯马局的4个综合常规实验室的现场验收。顺利通过总局2009年批复建设的“国家蚧虫检疫重点实验室（山西）和国家煤焦炭检测重点实验室（山西）”核查验收。参加由总局组织成立的质检系统“国家煤炭检测实验室联盟”和“国家食品农产品检测联盟”筹备和建设工作。组织全局两个检测机构、4个分（支）局所属的10个实验室举办检测实验室开放日活动。通过中国合格评定国家认可委员会(CNAS)对技术中心管理体系复评和扩项评审、计量认证管理体系复评审和扩项评审、食品检测机构资质认定及生物安全认证的四合一评审，认可的检测能力达到190余类、2800余项。对2012年到期的14家指定实验室进行复评审，撤销3家指定实验室的资质，完成4家新申请指定实验室考核、审批工作。

（张建龙）

海　关

【2012年太原海关业务运行概况】 2012年，太原海关税收入库47.8亿元，比2011年增长12.6%；监管货运量1920万吨，增长5.1%；监管进出境飞机2285架次，增长2.2倍；监管进出境人员23.4万人次，增长2.1倍。

2012年太原海关主要业务情况

业务类别	指标值	与2011年相比(%)
监管货运量(万吨)	1920	5.1
出口	3	－0.4
进口	1917	5.1
进出口报关单(张)	5520	2.3
出口	707	－18.1
进口	4813	6.2
进出口报关单记录(条)	13763	20.8
集装箱标准数量(箱次)	14436	18.7
出口	1056	－12.4
进口	13380	22.1
集装箱载货量(吨)	234956	12.7
出口	20791	－21.7
进口	214165	17.8
税收入库(万元)	478479	12.6
关税	47423	91.2
进口环节税	431056	7.8
出口税(万元)	4185	－3.7
实际减免税(万元)	38864	－59.2
加工贸易合同备案(份)	74	－37.3
其中：金额(万美元)	59783	23.8
企业注册累计(家)	2058	5.8
其中：合资企业	133	－14.7
合作企业	5	－37.5
独资企业	53	－8.6
国有企业	197	－5.3
私营企业	1610	10.9
实际进出口企业(家)	1164	1.2
监管进出境飞机(架次)	2285	220
监管进出人员(人次)	234302	210
采取强制措施(人次)	5	150
罚没入库(万元)	56	－48.6

【太原武宿综合保税区获国务院批准】 国务院于8月26日正式批复设立太原武宿综合保税区（国函〔2012〕122号），规划面积2.9平方千米，东至武宿国际机场，南至龙城街，西至唐槐路，北至电子街。武宿综合保税区的设立结束了山西没有海关特殊监管区域的历史，对促进全省开放型经济发展、综改试验区建设、调整经济结构、承接产业转移都具有十分重要的意义。为确保建

设工作顺利进行，太原海关成立了由关长任组长的专项工作组，并指定专人对接武宿综保区指挥部，积极参与相关工作。从规划选址、基础建设、监管设施、产业项目、管理机构、政策解读等方面提出政策建议，并帮助综保区指挥部开展规划、设计、招商等工作，年内综保区建设工作顺利推进。

【运城海关获批设立】 中央机构编制委员会办公室于2012年4月26日正式批复设立运城海关（中央编办复字〔2012〕66号），承担运城市辖区的海关业务，正处级，核定行政编制26名。至此，太原海关的隶属海关增加到4个，山西省内的海关机构布局更加合理。为确保运城海关尽快开关，太原海关成立专门工作组，指定专人驻运城工作，切实加强与运城市政府的联系协调，筹建工作正在进行之中。

【支持全省开放型经济发展】 2012年1月出台《太原海关服务和支持山西转型跨越发展的20项措施》，10月出台《太原海关促进山西外贸稳定增长的30条措施》，11月海关总署出台《关于支持山西省国家资源型经济转型综合配套改革试验促进外贸稳定增长的意见》，制定为山西量身定做的12项具体措施，成为国家部委中第一个出台支持山西综改区建设具体意见的单位。

【努力提升服务质量和水平】 一是深入各市开展调查研究和政策宣讲。由关长带队，先后多次赴省内各市调研，会见当地党政领导，并深入有关进出口企业实地考察，帮助地方政府和企业解决外贸发展中的困难。各业务部门结合实际积极组织进出口企业培训，深入企业送政策上门，积极帮助相关人员了解掌握海关规定。二是将服务措施机制化。太原海关先后与晋城、太原、长治、大同、吕梁5个市政府，省商务厅、省民航机场管理局和山西出入境检验检疫局3个协作单位，以及太钢、太重、同煤、平朔、建邦集团5个大型企业签订合作备忘录，明确了海关支持各地和重点企业发展的具体措施，建立了沟通顺畅的紧密合作机制。三是真诚服务外贸企业。畅通“12360”海关服务热线，统一受理社会各界向海关提出的服务需求，全年受理各类咨询电话7679个，接通率100%，直接回复率95%，满意率100%，取得良好的社会效益。与外贸企业建立紧密合作伙伴关系，继续落实大客户服务制度，指定专人具体服务重点企业，及时解决通关过程中遇到的问题。继续与口岸海关加强区域通关合作，与16个海关建立区域通关合作关系，将区域通关适用范围放宽至1年内无走私违规记录、资信良好的B类生产型出口企业，适用区域通关的企业由原来的27家上升为98家。通过向企业提供“一次报关、一次查验、一次放行”的区域通关服务，在提高通关效率的同时，大大降低了企业贸易成本，有力支持了外贸企业的快速发展。在人力紧张的情况下，科学配置管理资源，为山西增加的国际航班做好监管服务，有效支持了全省的对外开放工作。

【打击走私取得新突破】 2012年，组织召开山西省打击走私综合治理办公室工作会议，扎实推进“国门之盾”行动，保持打私高压态势。破获低报价格出口走私金属镁锭案件，案值9275.5万元，偷逃税款211.5万元。成功破获走私武器弹药案。立案调查行政违规案件59起，比2011年减少3.3%；案值4.24亿元，增长5.7倍；偷逃税额272.39万元，增长2.4倍。查获政治类违禁宣传品、非法出版物135起394册，增长7.8倍。查获侵犯知识产权案件2起。

（张新年）

山西经济年鉴

YEARBOOK OF SHANXI ECONOMY

旅游业

LÜYOUYE

旅游业

旅游业

【2012年山西旅游业概况】 全省旅游经济运行情况良好。2012年，全省共接待海外旅游者189.2万人次，比2011年增长21.8%；入境旅游创汇7.2亿美元，增长26.9%。接待国内旅游者1.94亿人次，增长29.3%；国内旅游收入1766.28亿元，增长35.3%。旅游总收入1813.01亿元，增长35%，完成年度目标的111.6%。全省新增4A级景区9处、3A级景区8处、四星级饭店5家、三星级4家、旅行社27家、导游员2028名，旅游产业规模进一步扩大。省市政府部门用于旅游宣传促销的经费达到4.14亿元。

进一步树立山西旅游整体形象，提高山西旅游知名度。2012年，省市旅游局联合在中央电视台CCTV－1《新闻30分》、CCTV－4《中国新闻》、CCTV－4《海峡两岸》、新闻频道的《朝闻天下》、凤凰卫视《凤凰大视野》《凤凰早班车》等栏目播出山西旅游形象宣传片，共播出11个市主要旅游资源和城市形象片及6个全省主要景区的宣传片。启动了主题以"我发现·晋善晋美"的整体品牌传播活动推广，美好印象山西十大景点全球票选、"我在山西·发现美——最美山西摄影作品征集"等大型网络互动活动。随着"晋善晋美"的旅游主题形象推广不久，山西旅游文化方面所代表中华文明之瑰宝与典范越来越被世人所认同，中外游客也从山西传统文化、民俗、人文、建筑、地理风貌特征等不同方面分别感受"晋善晋美"的深刻内涵，提升了山西旅游品牌在全国乃至全球范围内公众层的认可度、美誉度，吸引了更多的国内外游客来山西旅游。

【旅游业监管力度不断加大】 截至2012年底，全省共有旅行社825家，其中，出境游组团社52家，赴台游组团社5家；星级饭店328家，其中，五星级18家、四星级67家、三星级147家、二星级96家。

规范旅游市场秩序工作迈出新步伐。2012年，省旅游局与省纠风办、公安厅、交通厅、卫生厅、工商局、质监局、宗教局、文物局、物价局等建立联合工作机制，下发《关于在全省旅游景区开展规范市场秩序工作的通知》，针对晋祠、云冈石窟、藏山、平遥古城、太行山大峡谷、皇城相府、应县木塔、五台山、碛口古镇、大槐树、关帝庙、八路军太行纪念馆等旅游综改试验景区和其他重点景区开展规范旅游景区市场秩序专项整治行动，重点整治社会反映强烈、游客投诉集中的景区基础设施、景区餐饮管理、客运及停车场管理、导

国家历史文化名村——宁武县悬空村

偏关县老牛湾

游服务、宗教场所管理、景区服务项目管理、特种设备使用管理等七大热点、难点问题。景区市场秩序规范工作由纠风办列入市、县政风行风建设工作年度考核指标。

2012年3月,省旅游局、工商局、质检局、宗教局、文物局召开全省规范宗教旅游场所燃香活动电视电话会,部署进一步规范全省宗教旅游场所燃香活动工作,贯彻《燃香类产品安全通用技术条件》《燃香类产品有害物质测试方法》和《宗教活动场所和旅游场所燃香安全规范》三项国家标准。

2012年5月,省旅游局邀请省直有关部门及部分景区在绵山风景区组织召开全省旅游景区交通工作座谈会。省住建厅、省物价局、省运管局等部门相关处室负责人,五台山风景区管理局、绵山风景区等负责人参加会议,共同研究了旅游内部交通运力、运营情况以及当前存在的主要问题及解决办法。

2012年4月、9月,在全省范围内部署两次市场检查周活动。重点针对零负团费、挂靠承包、虚假广告、强迫和变相强迫消费等进行专项治理,集中打击无证经营和超范围经营以及违反合同约定损害游客权益的行为;对旅行社部门挂靠、承包经营、转让、出租、出借、受让、租借许可证等违规行为进行依法查处。两次市场检查周,共检查旅游企业1719个,其中,检查旅行社999家、饭店296家、景区290个,处罚旅游企业65家。同时,为进一步规范旅游市场行为,维护旅游者合法权益,引导旅游市场健康发展,打击低价恶性竞争,提升旅游服务质量,出台《山西省热点旅游线路产品价格报备制度》,要求全省所有旅行社企业进行明码标价并向县级以上旅游管理部门报备。省、市两级旅游部门公布首批旅游热线参考价格,包括省内、省外、境外的42条旅游线路的全包价或小包价,其内容包含游览天数、旅游景点、交通工具、食宿标准、购物点、自费项目、保险总费用等,为游客理性消费、防止陷入低价陷阱提供了依据。

2012年8月,在全省范围内开展"规范旅游市场秩序抽百人查百案"行动。由省、市旅游局、旅游质监所相关人员及旅游行风监督员、记者等组成6个组,分别对11个市进行交叉暗访检查。检查以旅行社为重点,兼顾景区、酒店,特别对旅行社非法经营、超范围经营、欺客宰客、零负团费、强迫和变相强迫消费等行为,以及星级饭店、A级景区是否符合国家标准进行针对性检查和处理。共检查旅游企业268家,其中,旅行社212家、饭店38家、景区18家,处理有违规行为的旅游企业107家。山西卫视公共频道"新闻观察"栏目对旅游企业违规行为进行了报道,对旅游全行业形成警示。

开展旅游品质活动。倡导开展全省旅游行业"讲诚信、守承诺、树品牌、促发展","为民服务、创先争优"活动。省旅游局在晋中市召开"全省旅游企业稳增长扩内需创先争优推进会",就规范全省旅游市场秩序、提高旅游服务质量,推动旅游企业为民服务、创先争优作了安排部署。全省旅行社、星级饭店向社会做出优质服务公开承诺。省旅游局下发《关于深入开展"品质旅游伴你远行"系列旅游公益宣传活动的通知》,引导诚信旅游、品质旅游发展。

旅行社管理。在阳泉藏山举行了"山西省旅行社诚信经营大会",出台旅行社诚信经营"六不准",各级旅游管理部门与全省旅行社签订《诚信经营责任状》。公布《"明白旅游消费"提示卡》。对推进旅行社诚信体系建设、加强旅行社业管理、规范旅游市场秩序进行了安排部署。

为树立典型,表彰先进,进一步推进旅行社的持续发展,促进旅行社企业做强做大,评选出2011年度山西省"十强旅行社"、2011年度山西省"十佳旅行社"、2011年度山西省"入境旅游外联接待突出贡献单位"、2011年度山西省"诚信旅行社和最佳星级饭店"。为促进山西省旅游业发展,扶持旅行社企业做强做大,树立一批旅行社企业品牌,出台了《山西省"百优旅行社"评定标准》。在每年末正式注册满一年的旅行社中,以其入境旅游自助外联人天数、入境旅游横向接待人(天)等10项指标乘以权重之和从小到大排序选取前100名为"百优旅行社"。

为鼓励省内旅行社积极向省外扩张,开拓省外客源市场,出台《旅行社在外省设立分社及同行广告奖励办法》,设立了分支机构奖和广告宣传奖。贯彻落实《山西省旅行社组织接待境外旅游者奖励办法》及实施细则。2011年度,共奖励旅行社16家,奖励金额44万余元。

星级饭店管理。2012年,开展了全省星级饭店交叉复核工作,加强企业间交流。省旅游局在坚持"局店配"、交叉复核的基础上,进一步扩大复核范围,对全省68家四星级饭店和50家三星级饭店进行复核。检查星级饭店329家,取消星级标牌22家,限期整改7家。召开五星级饭店总经理联席会议、四星级饭店总经理联席会议,就开展文化进饭店、节能减排、避免恶性价格竞争等进行了讨论。

【提升旅游公共服务】 铁路、公路、机场等基础设施的完善,为拓展旅游业发展半径提供了更加充分的条件。2012年,全省高速公路里程5000千米,4个民用机场开通航线80余条,北京至太原高铁全线开通,全省46%的A级景区通了高速公路,19%通了一、二级公路,12%新建、改建了旅游专线公路。

确保旅游安全生产责任落实到位。2012年,省旅游局与11个市旅游局签订年度安全生产目标责任书,制定下发《2012年旅游安全工作考核指标和考核奖励办法》,各市与县级旅游行政管理部门签订旅游安全目标责任书115份,县、市旅游局与监管企业签订旅游安全目标责任书823份,形成全省旅游行业目标责任监管和考核体系。

按时提供相关信息。利用多种方式,及时、准确地发布省内高速公路、重点旅游景区的交通、住宿、气象、卫生等相关信息,引导游客合理安排出行,有效地引导了重点景区游客合理分流。

加强旅游车辆的安全审查。会同省交通运输管理局对全省旅行社租用旅游客运包车安全进行专项检查。

开展餐饮安全大检查。配合省食药局对全省旅游景区餐饮服务、食品安全进行督导检查。联合省质监局、交通厅、食药局对长治、晋城、临汾、运城进行专项检查。省市两级旅游局共组织检查组192个,督导检查1000余次。通报批评29家次,行政处罚108家次,关闭取缔2家。

强化旅游公共服务。省市旅游局周密安排依托旅行社分社、门市部、旅游景区游客服务中心、旅游星级饭店、高速公路服务区等建设233个旅游咨询服务点。集中举办山西省首期旅游咨询服务人员培训班,对全省设点的星级饭店、旅行社、旅游景区的210余名咨询服务人员进行了培训。

华北第一漂——交城庞泉沟红柳湾漂流

推进旅游景区(点)与基础设施建设。多次组织赴五台山、太行山大峡谷等景区调研指导,努力推进景区管理体制改革与资源整合。2012年,共完成9处4A级旅游景区创建,完成8处AAA级旅游景区评审工作。

【旅游教育培训】 2012年,通过导游资格考试的有2019人,中、高导游人员有84名。

加强教育培训合作交流。省旅游局举办了"山西省旅行社、星级饭店管理人员高级研修班",开展了"名导进课堂(山西站)"等活动。开展山西省人才资源调查工作,主要统计了十大门类的旅游人才:旅游行政管理人才、旅行社经营管理人才、导游人才、星级酒店经营管理人才与专业技术人才、A级旅游景区经营管理人才与讲解技能人才、旅游教育人才、旅游研究人才、旅游规划人才、旅游会展策划与营销人才、旅游商品生产与研发人才等,共收集1566个涉旅单位总计3.5万人的信息。

(王海叶)

【积极开展"晋善晋美"旅游促销活动】 2010年,山西省提出将旅游业打造成为全省转型跨越发展的先导产业、战略性支柱产业和人民更加满意的现代服务业;同年,山西省被确定为国家资源型经济转型综合配套改革试验区;2011年,省政府确定12个旅游标杆项目纳入综改区建设范畴,旅游业的发展作为转型发展的先导产业新定位更加突出。

2003年以来,山西省一直使用"华夏古文明山西好风光"的旅游宣传口号。2011年,经过4个月的海选、初选、复选及网络投票,"晋善晋美"成为山西旅游新形象。2012年初,山西省整合了11个市、36个景区的旅游资源,在"晋善晋美"的主题下,17个不同版本的广告宣传片在央视、凤凰卫视等媒体的黄金时段长时间大规模播放,全面推广山西旅游整体形象,充分展示各个景区的特色。这一宣传活动将持续3年时间。同时,通过互联网、会展节庆活动、区域旅游合作、旅游纪念品宣传等进行品牌塑造。随着"晋善晋美"山西旅游主题形象的全方位塑造及品牌推广,山西省旅游业绩一片飘红:5·19

中国旅游日、“2012 山西旅游季”“晋善晋美进社区·百万读者欢乐游”“我发现晋善晋美”“晋善晋美晋唐诗”“晋善晋美晋味道”及第十七届中国北方旅游交易会，一个个大事件撬动着山西旅游的新发展。岁末，“晋善晋美”入选年度山西经济十大热词。

不懈的努力使旅游业的规模不断扩大，产业贡献率居第三产业首位。到 2012 年，旅游景区点达到 543 处，A 级景区 116 处；旅行社达到 824 家，首次有 4 家旅行社营业收入突破亿元。希尔顿、凯宾斯基、假日、万达文华等一批国内外知名品牌酒店落户山西，五星级饭店增至 18 家。

（李仁贵）

山西经济年鉴

YEARBOOK OF SHANXI ECONOMY

财政·税收

CAIZHENG SHUISHOU

财政·税收

财　政

【2012年财政收入与支出】 财政收入。2012年，山西省财政总收入2650.33亿元，比2011年增长17.2%，增收389.79亿元。其中，一般预算收入1516.38亿元，比2011年增长24.9%，增收302.95亿元。

财政支出。2012年，全省一般预算支出2759.46亿元，比2011年增长16.7%，增支395.61亿元。分级次看，省、市、县各占全省总支出的比重分别为25.9%、17.4%、56.8%。其中，教育、文化体育传媒、社会保障就业、医疗卫生、城乡社区事务、农林水事务和住房保障等民生领域分别支出558.03亿元、60.20亿元、354.61亿元、180.34亿元、160.5亿元、309.63亿元和85.65亿元，比2011年分别增长32.3%、24.9%、10.3%、12.9%、12.7%、28.2%和0.9%，以上民生支出总额和增支额分别为1708.96亿元和289.1亿元，占全省一般预算支出总量和总增支额的61.9%和73.1%。

【加强财政宏观调控，推动转型发展】 推进转型综改区建设。2012年，认真实施“转型综改试验区建设”财政部门专项行动方案和财税专项实施意见，支持22个产业转型园和科技创新园建设，对“一市两园”基础设施改造、公共服务体系建设和园区转型项目，给予财政奖励、贷款贴息或投资补助；建立园区资源综合利用企业认定绿色通道，确保符合条件的企业全面享受国家资源综合利用产业税收优惠政策。积极争取财政部支持，设立太原武宿综合保税区。支持第四届中国（太原）国际能源产业博览会、首届晋商大会和其他招商引资活动成功举办。外国政府和国际金融组织贷款利用力度进一步加大，山西省政府与财政部签订清洁发展机制基金战略合作协议。

确保结构性减税政策执行到位。将增值税、营业税起征点提高至国家规定上限，对小微企业减半征收企业所得税并扩大政策覆盖范围，清理取消9项行政事业性收费，共计减轻企业负担10亿元左右。

支持重点工程建设和节能减排。通过盘活资产权益、注入一定资本金等方式充分调动建设主体投资积极性，全年累计筹措各类资金396亿元，有力支持了山西省公路、铁路、大水网等重点工程建设。拨付资金27.54亿元，支持重点节能工程建设，完成北方采暖区既有居住建筑节能改造1200万平方米，新增可再生能源建筑应用面积300万平方米。对淘汰落后产能项目给予补偿，支持实施节能重点循环经济、资源节约重大示范项目及重点污染治理工程。推进全省65个黄河、海河流域县及重点镇的城镇污水处理设施配套管网建设。强化了重点行业、重金属污染防治和主要污染物排放治理。

增加居民收入拉动消费。2012年，山西省提高公务员津补贴、企业退休人员基本养老金、城乡居民最低生活保障和最低工资标准，提高优抚对象和“五保”供养对象财政补助标准；落实提高个人所得税免征额政策，为全省工薪阶层年减税17亿元。及时启动社会救助和保障标准与物价上涨挂钩联动机制，认真落实价格调控基金、商品储备补贴及临时价格补贴政策，促物价稳定。拨付资金2.8亿元，支持实施了消费惠民政策和产品促销活动。

支持实体经济发展和县域经济发展。制定出台《关于大力扶持创办微型企业的意见》，设立小微企业扶持基金和贷款风险补偿专项资金，强化中小企业融资性担保体系建设，扩大中小企业发展资金规模，进一步完善扶持中小企业发展的财税政策体系。全年拨付资金10.11亿元，助推中小企业发展壮大。省财政对财政总收入3亿元以下的县工业企业每年新增增值税、企业所得税省集中部分实行返还，对县级税收收入每年新增部分，按省集中增加额的20%奖励给县；对扩权强县试点县，省、市财政按上缴省、市级收入增加额的50%实施奖励。制定《山西省革命老区转移支付资金管理办法》，加大对革命老区的转移支付力度。2012年共下达省对市县各类转移支付资金907.86亿元，比2011年增长18%。

支持生态文明建设。2012年，省财政共下达资金20亿元，支持三

省财政厅厅长武涛到基层调研

河三湖水污染防治、汾河水库湖泊生态环境保护试点、跨界断面水质考核生态补偿奖励及水土保持，推进实施造林绿化工程和天然林保护二期工程，支持森林资源保护、生态效益补偿和林业生态建设，对重点生态功能区涉及县和一些生态建设较好的县进行奖补，支持太原市环境综合治理。

促进产业结构优化。2012年，省财政拨付资金34.5亿元，支持发展资源地区转型和接替产业项目494个，扶持先进装备制造等新兴产业项目229个，对焦化行业兼并重组、产能置换和产品深加工予以贴息补助，新设立3支创业(风险)投资基金，支持组建文化旅游产业投资集团、开展“晋善晋美”旅游宣传促销活动和景区开发建设。拨付资金27亿元，支持国有企业深化改革、结构调整。

增强科技创新能力。2012年，全省财政科学技术支出33.32亿元，较2011年增长22.6%。积极落实科技创新所得税优惠政策，对经认定的高新技术企业给予20%的低税率优惠，对企业研发费用加计50%的税前扣除。加快实施科技重大专项，加大对基础研究、星火计划、国际科技合作项目和科技成果推广项目的支持力度，推动国家重点实验室、省属科研院所中试基地和科研机构能力建设。

【落实强农惠农政策，推动城乡统筹发展】 财政支出向农民增收致富倾斜。2012年，支持出台小杂粮、设施蔬菜、山老区“一村一井”、移民搬迁补贴等10项惠农新政，新增补贴资金31.4亿元，资金总规模达50亿元。将薯类纳入粮补范围，按每亩60元标准补贴，小麦、玉米、杂粮补贴标准分别提高20元、17元和37元；10.3万户农民购买农机具享受到财政补贴，支持培训42.5万名农村劳动力转移就业，对产粮(油)大县、设施蔬菜大县、生猪生产和调出大县实施财政奖补，扶持设施蔬菜、标准化果园和规模化猪场建设，支持深化集体林权改革，加快农民增收致富步伐。下达扶贫资金19亿元。支持实施吕梁山、太行山集中连片特困扶贫开发试点，做好干部包村增收和机关定点扶贫工作，完成290个村整村推进、10万人易地扶贫搬迁任务，产业扶贫、教育扶贫和科技扶贫取得新成效，全省又有40万贫困人口脱贫。开展农村低保和扶贫开发“两项制度”有效衔接工作。

财政支出向农业增产增效倾斜。投入农田基本建设基金，改造中低产田2.6万公顷，治理大同盆地盐碱地2707公顷，建设高标准农田1.5万公顷。支持重点水利工程建设，加大病险水库除险加固及中小河流治理力度。支持实施以“513”工程为重点的特色农产品加工产业支撑项目建设和现代农业示范区、雁门关生态畜牧经济区建设，发展4000个“一村一品”专业村和60个“一县一业”基地县。支持农业科技成果转化、农业技术推广和农业社会化服务体系建设，实施农业保险保费补贴政策，保障抗旱保墒、防洪度汛等经费需要。

财政支出向农村社会发展倾斜。2011年、2012年两年累计筹措资金300亿元，支持建成农村新的“五个全覆盖”工程。投入5亿元支持农村环境综合整治。全面实施村级公益事业建设一事一议财政奖补，清理化解其他公益性乡村债务试点工作有序启动，成功争取成为全国构建新型农业社会化服务体系试点省份。村级管理费提高到村均5万元。

【保障和改善民生，提高人民生活水平】 增加教育事业支出。2012年，全省教育支出558.03亿元，比2011年增长32.3%，占一般预算支出的20.2%。支持发展学前教育，下达学前教育资助经费3926万元，农村小学增设附属幼儿园资金1.45亿元，利用农村闲置校舍改建幼儿园资金2.28亿元，幼儿园专项补助经费2000万元。在21个集中连片贫困县实行义务教育学生营养改善计划，2012年下达中央补助资金2.09亿元，专项用于集中连片特困地区农村义务教育学生营养膳食补助，受益学生43.5万人。新建、改扩建幼儿园1586所，在70个县开展农村义务教育薄弱学校改造。下达2012年农村义务教育阶段学校教师特设岗位计划专项资金7711万元，确保特岗教师工资待遇落实到位。建成50个省级中职实训基地，中等职业教育免学费政策扩大到所有农村学生，普通本科高校生均经费由9000元提高到1.2万元以上，高校新区基本建成。保障家庭经济困难学生顺利完成学业，下达普通本科高校、高等职业学校、中等职业学校及普通高中各类奖学金、助学金共计8.44亿元，全省近50万大中专和16.5万名高中学生获得资助。

增加城乡社会保障支出。2012年，全省社会保障和就业支出354.61亿元，增长10.3%。城乡居民养老和低收入群体保障制度实现全覆盖，325万名60岁以上的城乡老人领到了养老金，246万名城乡低保对象和“五保”供养对象实现应保尽保。企业退休人员基本养老金实现“八连增”，月人均1873元，居中部六省首位。针对城镇个体工商户和灵活就业人员缴费困难问题，将全省城镇个体工商户和灵活就业人员基本养老保险最低缴费基数调整到2011年度全省在岗职工平均工资的40%。组织1.5万名离校未就业高校毕业生参加就业见习。将高校毕业生就业见习生活补助标准提高到每人每月1100元。

增加卫生事业支出。2012年，全省医疗卫生支出180.34亿元，增长12.9%。城乡居民医疗保险制度实现全覆盖，城镇居民基本医疗保险和新型农村合作医疗财政补助标准由人均200元提高到240元。基本药物制度试点范围扩大到非政府办社区卫生机构，城乡基本公共卫生服务经费保障机制进一步健全。出台《全省财政支持县级公立医院综合改革试点补偿办法》，推进公立医院改革。制定《提高农村居民重大疾病医疗保障水平工作实施方案（试行）》，对重性精神疾病、乳腺癌、宫颈癌和终末期肾病四种重大疾病制定了具体实施方案，减轻农村居民因重大疾病而造成的经济负担，进一步提高农村居民的医疗保障水平。推进乡村医生队伍建设，将村卫生室实施基本药物制度减少的药品收入补助标准由4元提高到5元，对乡村医生在岗期间按每人每月30元的标准享受政府的专项缴费补助，直接计入该参保人的养老保险个人账户。

增加保障性安居工程支出。2012年，全省住房保障支出85.65亿元，增长0.9%。落实各项财税扶持政策，支持开工建设各类保障性住房40.9万套，竣工18万套，有60多万名住房困难群众圆了安居梦。

增加文化事业支出。2012年，全省财政文化体育与传媒支出60.2亿元，增长24.9%。重点文化惠民工程深入实施，文化体制改革深入推进，文化产业布局调整优化，非时政类报刊出版单位和163个国有文艺院团完成转企改制任务，六大文化集团健康运营，舞台艺术精品创作再结硕果，公共文化服务能力不断提高。

【提升理财水平，推进财政科学化精细化管理】 在全省范围内组织开展财政“六五”普法法规知识竞赛。加强行政审批窗口建设和行政审批电子监察工作。全省11个市本级和131个县（区）完成或启动国库集中支付制度改革，市县级全部完成会计集中核算转轨工作，11个市本级和107个县（市、区）非税收入收缴管理改革进入试点阶段，公务卡改革覆盖范围扩大到省直111个一级部门、975个基层预算单位和全省98%的县。省级国有资本经营预算覆盖企业由21户扩大至109户，11个市全部建立了国有资本经营预算制度。对省直部门预算执行进度实施量化考核，省财政及71个省级部门公开预算，对209个项目实施了预算支出绩效评价。对546个单位的会计信息质量进行专项检查。加强财政科研工作，完成《山西省志·财政志》的编纂工作。加强煤炭可持续发展基金征缴稽查和使用管理，稽查出欠缴漏缴基金和应提未提“两金”5.82亿元，2012年征收煤炭可持续发展基金190.27亿元。加大财政投资评审力度，全年审减资金7.69亿元，审减率11.6%。继续对乡村财会人员进行免费培训，加强会计人才队伍建设，规范财务会计秩序。

（李晋中　张小三）

国家税收

【税收收入突破1300亿元】 2012年，全省国税收入1316.74亿元，比2011年增长5.8%，增收72亿元。其中，与地方财力挂钩收入1223.54亿元，增长5.4%，增收62.36亿元。分税种看，增值税入库974.62亿元，增长1.1%，增收10.08亿元；消费税入库43.34亿元，增长26.3%，增收9.02亿元；企业所得税入库237.37亿元，增长25.6%，增收48.38亿元；车辆购置税入库61.16亿元，增长9.1%，增收5.12亿元；储蓄存款利息个人所得税入库0.25亿元，下降71.1%，减收0.61亿元。

【税收收入呈现四大特点】 年度规模再创新高。全省国税收入规模继2010年、2011年相继突破1000亿元、1200亿元后，2012年再创新高，达到1316.74亿元。

月份间走势起伏较大。受经济增速放缓税源萎缩影响，各月份之间税收收入增幅变化较大，增幅最高的月份为37.4%，最低的出现负增长为19%，峰差达到56.4个百分点。

重点行业税收贡献降低。全省重点监控的10个行业入库增值税和企业所得税1032.16亿元，增长3.2%，占总收入的78.4%，下降1.9个百分点。其中，主导行业煤炭税收拉低全年收入增幅4.4个百分点。

企业所得税贡献突出。企业所得税增收48.38亿元，占增收总额的67.2%，提高45.9个百分点，增收贡献突出。

【深入推进税收法治建设】 加强制度建设，积极推进行政审批制度改革，认真开展税收规范性文件合法性审查工作；深入推进依法行政，组织完成全省国税系统依法行政考核，积极开展依法治理示范单位创建工作，有4个基层单位被省委依法治省领导组评为“省级依法治理标兵单位”和“省级依法治理示范单位”；做好税收法治工作，认真开展重大税务案件审理和税务行政复议。

【提高各税种管理水平】 增值税管理。开展在部分行业试行农产品增值税进项税额核定扣除试点工作，科学确定全省农产品扣除标准，修改完善《农产品收购及抵扣增值税管理办法》，强化汇总纳税企业管理，抓好增值税发票管理。

消费税管理。核定4户白酒生产企业130个品牌的白酒消费税最低计税价格，实现对各市级卷烟批发单位所售卷烟价格电子信息采集。

车辆购置税管理。组织开展为期4个月的全省车购税业务专项检查，完成全省车购税二维条码申报系统整合对接。

企业所得税管理。组织全省对跨地区经营汇总纳税企业进行核查，确认总机构78户、分支机构1670户，将不符合分支机构判定条件的569户企业，视同独立纳税人就地缴纳企业所得税。编写2012年企业所得税汇算清缴工作指引，做好汇算清缴工作。

出口退税管理。加强出口退税执法风险管理，开展出口货物真实性核查，建立关注信息预警、发布、传导、应用机制，防范和打击出口骗税，全年办理出口货物退(免)税25.89亿元。

【提升纳税服务质量】 一是完善纳税服务工作制度。制定完善《12366纳税服务平台业务支持管理暂行办法》《办税服务厅基本规范(试行)》《纳税服务需求管理办法(试行)》，完善市县两级纳税服务部门双主体运行模式的指导意见，创建“纳税人之家”征纳沟通服务品牌的指导意见和税法宣传工作实施办法(试行)等工作制度。二是成功举办第21个税收宣传月，开展内容丰富、形式多样的宣传活动。三是省级12366热线解答咨询3.2万次，按月编制12366运行报告，把纳税人普遍关心的问题引入宣传辅导工作。四是积极创新纳税服务平台建设。全省147个办税服务厅实现标准化，大力推广多元化办税方式，优化办税流程，开展“免填单”“办税导航”服务，探索试行“一窗通办”“同城通办”，全省纳税人有12.4万户使用网上申报，17.4万户通过财税库银联网缴税。五是推进纳税人权益保护工作。开展纳税人需求和满意度调查322次，调查纳税人3.4万户次，受理纳税服务投诉51起。六是完善纳税信用等级评定指标体系和方式方法。共评出A级纳税人460户，B级纳税人6.8万户，C级纳税人5679户，D级纳税人2224户，建立纳税信用记录数据库。七是加强纳税服务自身建设。省局表彰20个模范办税服务厅和100名纳税服务标兵、156名办税服务厅业务标兵。在全国纳税人满意度调查中，山西省国税系统名列第九。

【在改革中改进税收体制】 深化税收征管改革。做好征管基础工作，开展全省管户清查工作，全年共清查漏征漏管户1.1万户。在全省推广应用税源与征管状况分析软件，实现征管数据自动展现、管理环节风险预警以及风险纳税人自动查找。积极稳妥深化税收征管改革，开展专项调研，起草指导意见，明确改革发展思路，抓好体制机制规划，着力破解难题。积极开展纳税评估，全年纳税评估入库税款28亿元，占全年税收收入的2.3%，特别是着力提升了煤炭行业税收风险应对质效，煤炭行业评估入库税款17.2亿元。深入推进税源专业化管理，以煤炭行业为重点，开展税源调查、税收风险专题分析、纳税评估，编写税收风险管理指引。积极发挥信息化支撑作用，推广机打发票，全省推广机打普通发票6.6万户，建立发票数据库，完成金税三期广域网络建设，搭建税收风险管理信息平台。完善征管运行机制，建立新的征管质量考核评价体系，起草纳税评估工作规程，建立与其他部门信息共享机制。

探索大企业税收专业化管理。积极探索大企业税收专业化管理模式，实施个性化服务。组织召开涉及总局税收风险报告的29户驻地企业税企见面会，发放《大企业税收风险管理指引》宣传册，引导和督促企业建立税收风险内控机制。开展对中国石油化工股份公司山西销售分公司税收风险自查和税收风险集中分析评估，对24户总局定点联系企业驻晋分支机构开展税收风险测评和后续管理，补缴税款1.1亿元。

改善国际税收管理。加强反避税工作，建立案例指导制度，将跨国公司利润水平作为反避税工作的重点。成功将发生在境外非居民企业间接转让股权产生的非居民企业所得税4.03亿元征缴入库，完成2011年度非居民企业所得税汇算清缴。加强非居民企业在华承包工程作业和提供劳务税收管理，2012年入库非居民企业所得税5.98亿元。

加强税务稽查整顿税收秩序。2012年，全省国税系统各级稽查部门共检查纳税人5510户，查补税款19.17亿元，比2011年增长20.8%，增加3.31亿元。一是开展对接受成品油增值税专用发票的企业、资本交易项目、办理电子(服装、家具)类产品出口退(免)税的企业及承接出口货物业务的货代公司以及农村信用社联合社税收专项检查，查补收入13.86亿元。其中，在打击利用成品油企业增值税专用发票进行虚开、变造虚开发票涉税违法行为的专项整治行动中，税警合作，实施精准打击，共检查煤炭、矿产、商贸、成品油等重点企业1010户，破获犯罪团伙4个，抓获犯罪嫌疑人31人，移送公安机关立案查处企业48户，查补1.96亿元。二是对永济市和太谷县农产品加工企业，开展重点区域税收专项整治，查补收入960万元。三是开展重点税源企业检查工作，对117户省级重点税源企业开展自查、重点检查，查补收入2.25亿元。四是全省共受理公民举报涉税案件156件，查处141件，查补收入3939万元。五是开展打击发票违法犯罪专项行动，严肃清理整顿虚假发票“买方市场”，查处违法企业3441户，查处非法发票19.7万份，涉及金额11.86亿元，查补总额2.53亿元，公安机关立案101件，抓获犯罪嫌疑人105人，移送起诉案件81起。

推进税收信息化建设。积极推进金税三期工程，完成全省金税三期广域网络建设。推广使用8个新应用系统，拓展应用服务范围，发挥信息化对税收工作的支撑作用。制定电子税收数据质量管理办法，加强数据管理和分析利用。优化省局机房设施，完成设备安装改造，确保信息化基础设施正常运行。成立网络与信息安全领导组，制定网络与信息安全应急预案，开展全省信息安全检查，组织信息安全评测。山西综合征管系统的健康等级被总局评为“五星级”。

(董其文)

地方税收

【2012年山西地方税收继续增长】 2012年，全省地税系统完成各项收入1270.87亿元，比2011年增长19.1%，增收203.36亿元。其中，各项税收完成957.27亿元，比2011年增长23.8%，增收184.15亿元；地方各项税收完成943.87亿元，增长24.2%，增收183.76亿元；完成汇总预算的103.9%，超收35.43亿元。其他收入完成313.6亿元，增长6.5%，增收19.2亿元。其中，煤炭可持续发展基金完成190.27亿元，增长2.9%，增收5.29亿元。

【地方税收呈现新特点】 收入规模再创新高，但增幅波动明显。2012年，全省地税各项税收累计完成957.27亿元，提前两个月超过2011年全年收入，一年内接连突破800亿元、900亿元关口。各项税收比2011年增加184.15亿元，增量超过以往各个年度。2006～2012年，各项税收年均增长24.7%，年均增速比"十一五"时期加快0.7个百分点。2012年各项税收增长23.8%，低于2007年16.9个百分点，分别高于2009年、2010年12.9个和2.4个百分点，呈现明显的振荡运行状态。

税收负担明显提高，弹性高于历年平均水平。由于税收滞后于经济一个季度的规律性特征，与2011年四季度至2012年前三季度实现的生产总值对比，2012年地税宏观税赋为10.8%，同口径高于2011年3.6个百分点；宏观税收弹性为2.3，高于地税组建以来平均弹性1.2个单位。

税收收入增幅在全国排位大幅前移。2012年，全省完成各项税收957.27亿元，比2011年增长23.8%，增收184.15亿元。规模在全国地税30个省(市、区)中位列第17位，在中部六省中列第5位；增幅比全国地税平均增幅高10.2个百分点，在全国地税位列第4位，比2011年提升16位，在中部六省中居第3位。

一般预算收入比重略有下降。2012年，全省财政一般预算收入1516.38亿元，比2011年增长24.9%，增收302.95亿元。全省地税部门组织一般预算收入742.89亿元，增长23.1%，增收139.44亿元。地税部门组织的一般预算收入占全省财政一般预算收入的49%，受财政"两权"收入增长70.9%的影响，比重下降0.7个百分点。

税种结构呈现"大更大、小变大"特征。各税种中，营业税和企业所得税两个龙头税种比重再度提升，比2011年分别提高1.1个和2.7个百分点。土地增值税、耕地占用税和契税，合计占各项税收的4.5%，提高0.1个百分点，逐步从2006年的0.42亿元、1.24亿元、3.89亿元增加到2012年的15.33亿元、8.95亿元、18.58亿元，合计增长近7倍，充分体现了房地产税收一体化管理的积极成果。资源税、土地使用税、房产税等财产类税种的比重下降0.8个百分点，个人所得税受扣除标准提高至3500元的影响，比重下降2.5个百分点。

行业结构仍以"煤炭"为龙头。2012年，煤炭行业共完成税收317.11亿元，占各项税收的33.1%，比重比2011年提高0.3个百分点；煤炭税收增长25%，增收63.47亿元，拉动各项税收增长8.2个百分点，仍占据各行业中的主导地位。

级次结构"偏向"省级。2012年，省级收入完成176.55亿元，比2011年增长27.7%，分别高于中央级、市级和县级4.5个、2.1个和6.3个百分点。省级收入中，省本级金融业营业税完成24.52亿元，占省级收入的13.9%；省本级重点工程建筑业营业税完成4.86亿元，占省级收入的2.8%；2012年忻阜、忻保、太佳东三条高速公路部分经营权转让实现税收1.07亿元，全部为省级收入的净增量。中央级收入完成252.79亿元，增长23.2%，增收47.63亿元。中央级收入中，大秦铁路中央级营业税完成13.4亿元，增长3%；两个所得税中央级收入完成239.39亿元，增加47.23亿元。

企业结构"集中度"弱化。从重点税源企业实现税收看，省地税局监控的1.8万户重点税源企业2012年实缴税款667.84亿元，比2011年增长2.5%，重点税源企业税收占全省税收收入的71.8%，比重下降11.2个百分点。2012年实缴税款在1000万元以上的企业965户，增加49户，实缴税款481.78亿元，增长10.2%，增收44.71亿元，增幅下滑32.5个百分点，增量缩减93.99亿元，显现出经济运行复杂多变的严峻形势。省地税局监控的重点税

大同市国税局定点扶贫村灌溉机井扶贫项目出水仪式

源户中，亿元以上的企业98户，主要集中在煤炭和金融行业，比2011年增加18户，实缴税款248.54亿元，增长15.2%。

【征管质效显著提升】 2012年，山西地税部门税收业务流程再造实现重大突破，流程导向型税收管理形态初步建立。征管改革创新取得新的经验，以纳税评估为切入点的专业化管理试点深入推进，省市局定点联系大企业机制不断健全。以票控税不断强化，数据分析应用全面深化。在全国率先建立税收风险指数体系，完善税源发展指数体系，重点税源监控和税收预警工作经验在总局交流。房地产税收一体化管理持续深化，在拓展评估范围、建立健全机制、实现信息共享等方面走在全国前列。重点行业自开票、代开票纳税人管控不断加强，建筑业、不动产营业税项目管理取得实效，营业税管理工作成绩突出。财产行为税税源监控成效明显，在全国率先完成车船税管理系统与国家保监协会、全省22家保险公司征收系统的联网运行。土地增值税预征清算全面加强，国际税收管理不断强化。房地产企业所得税历经3年重点管理成效显著，收入3年增长近3倍。牵头编写全国煤炭行业所得税管理指南，企业所得税税收优惠政策质效反馈机制初步建立，所得税纳税评估、汇算清缴、股权登记信息传递及中介机构和高收入者管理等工作受到总局表扬。个人所得税管理系统新增上线企业1万余户，年所得12万元以上自行纳税申报人数持续增长，为160万人开具完税证明。夯实规费征管基础，推进规费征管信息化，开展规费专项检查，完成煤炭水补费停征清缴工作，规费管理水平稳步提升。煤炭可持续发展基金票据管理全面加强，查验补征监管力度不断加大。稽查基础建设稳步推进，体制机制更加完善，稽查质效明显提高。2012年查补收入11.8亿元，查处违法受票企业1117户，查获非法发票3.8万份。综合征管系统和基金征管软件完成升级改造，契耕两税统一会计核算纳入新征管系统，涵盖财产行为税"六税一费"的税源监控平台和规费征管软件上线运行，使信息系统涵盖税收、规费、基金全部内容，一个结构完整的税费征管系统即将全面建成。网上申报和财税库银横向联网电子缴税全面开通，POS机刷卡缴税业务成功运行，机打发票使用范围稳步扩大，24小时自助办税终端试点成功。信息安全与运维体系建设不断加强，金税三期基本建设全面启动，数据中心建设取得重大进展。

【税收环境不断优化】 积极服务转型综改试验区建设，广泛开展税收科研和税收政策研究，多条政策建议被省综改办吸纳。加强涉税政策把关审核，178条意见建议被省政府及有关部门采纳。出台支持小微企业加快发展的实施意见，全面落实税收优惠政策特别是结构性减税政策，2012年为纳税人减免税收92.1亿元。纳税服务平台建设取得突破性进展，投资1.89亿元、150个办税服务厅标准化改造初步完成，12366纳税服务热线正式开通，网站功能进一步完善。出台多项纳税服务制度办法，推行多元化办税方式，开展纳税信用等级评定，办税服务日益规范，纳税人权益保护不断加强。

（徐　鸿）

山西经济年鉴

YEARBOOK OF SHANXI ECONOMY

金融业

JINRONG YE

金融业

综　述

【金融市场运行平稳】 存款增速平稳，贷款增速较快。截至2012年末，山西省银行业金融机构本外币各项存款余额24157.94亿元，比年初增加3154.7亿元，比2011年多增746.2亿元，增量创历史新高，余额增长15%。贷款增速较快，投向重点突出。截至年末，全省银行业金融机构本外币各项贷款余额13214.5亿元，增长17.3%，比年初增加1935.24亿元，多增340.12亿元，增量再创历史新高。新增贷款集中投向采矿、制造、建筑、批发零售和交通运输五大行业，合计新增1551.2亿元，占全部新增贷款的80%，增长19.7%。各金融机构严格执行房地产调控政策，全年新增房地产贷款69.59亿元，少增65.7亿元。金融薄弱环节不断加强。截至年末，全省农村信用社累计发放支农贷款1808.9亿元，巩固和扩大支持农业龙头企业1328个，支持农民专业合作社1263个，支持优势农畜产品种养基地(园区)517个，支持农村供销社(流通企业)513个；累计为479万农户提供金融服务，支持5.5万名农村青年创业。

银行间市场发展迅速。2012年，全省进入全国银行间同业拆借市场、债券市场的金融机构分别为23家、60家。在这两个市场上全年累计成交额分别为164.21亿元和57725.8亿元。全省各金融机构累计签发银行承兑汇票3551.62亿元，比2011年增加986.08亿元，增长38.4%；累计办理贴现3700.3亿元，增加873.75亿元，增长30.9%。全省融资结构继续改善，全年增加直接融资569亿元，其中，短期融资券新增80亿元，中期票据新增92亿元，非公开定向融资工具新增397亿元。发行短期融资券和中期票据的企业以能源类企业为主，分布在煤炭、冶金、焦化、制造、化工、交通运输、电力、重工等8个行业。全省票据市场的迅速发展，对银行信贷渠道形成有力的补充。

外汇市场收支逆差态势减弱。全省跨境外汇收支总额219.1亿美元，比2011年增长15.9%，其中，跨境外汇收入99.8亿美元，增长18%；支出119.3亿美元，增长14.2%，资金净流出19.5亿美元，与2011年持平。银行结售汇总额136.1亿美元，减少6.3%，其中，结汇收入52.4亿美元，减少18.5%；售汇支出83.7亿美元，增长3.4%，逆差31.3亿美元，增长87.4%。从全年数据来看，表现为结汇减少、售汇小幅增长态势。

【金融服务效益和质量进一步提升】 信贷政策导向作用进一步凸显。中国人民银行太原中心支行先后出台金融支持农村经济发展、文化产业发展、加快推进金融改革发展等指导意见，有效发挥信贷政策的导向作用。大力实施“十项重点推进”工作，召开全省金融支持转型综改、“三农”、中小企业、文化旅游产业等推进会，引导信贷资金投向转型项目、实体经济、薄弱环节和民生领域。积极推进商业银行融资机制创新，总结推广出“九大融资模式”，形成具有山西特色的“1+3”评估体系。跨境人民币结算实现全省覆盖，2012年业务量73.1亿元，比2011年增长3.8倍。这些措施为全省经济转型跨越发展提供了强有力的金融支持。

“两管理、两综合”工作进一步深化。2012年，共接收、处理金融机构申报事项606项，组织开展7家银行的综合执法检查，完成对26家银行业金融机构的综合评价工作。

支付体系建设进一步完善。在2011年实现“村村通”工程的基础上，2012年又提前一年实现银行卡助农取款服务全覆盖，切实解决了农民现金支取难问题。全年新增助农取款受理终端1.7万台，发展助农取款服务点6.8万个，乡村覆盖率100%。

国库服务水平进一步提升。加大财税库银横联系统推广力度，开发应用横联电子税票信息查询系统，开展银行卡刷卡缴税和异地缴税业务，提高了国库资金使用效率。深化国库直接支付业务，全省共支付各类政府补助资金655万笔，金额30.6亿元。加强组织协调，顺利完成国库会计数据集中系统在全省的推广上线工作。

反洗钱监管进一步推进。开展对92家金融机构的反洗钱现场检查、对99家机构的反洗钱监管评估和对32家机构的现场核验。指导山西证券开展大额和可疑交易报告综合试点工作。开展反洗钱调查和协查工作，共接收重点可疑交易线索37份，协助公安部门破获涉嫌洗钱、诈骗等案件3起。

金融生态环境进一步改善。大力推进中小企业和农村信用体系建设，为4.9万个中小企业和362万农户建立信用信息档案。推动农村青年信用示范户工程全省覆盖，累计实现优秀农村青年和大学生村官创业支持贷款44.89亿元。组织完成机构信用代码推广应用。全年共发放机构信用代码证37.7万户，实现银行业金融机构全覆盖，累计开通各类用户3400个。

金融科技支撑作用进一步发挥。继续加强行业信息安全指导和协调，完善风险防范措施，确保信息系统安全可控。建立金融IC卡数据报送统计平台，推进金融IC卡在公共服务领域应用，有效提升了银行竞争力和现代金融服务水平。

金融创新力度进一步加强。华夏银行太原分行积极开展票据池业务，为山西焦煤、潞安集团、晋煤集团等特大型企业提供票据托管、托收、贴现、票易票、票证通等一揽子管家式金融服务。民生银行太原分行拓展创新小微业务作业理念，成立山西首家小微专营支行，创新性地提出了“厅堂一体化”策略，变规范化服务为“体温式”服务，成立小微企业促进会，与山西省重点经济开发区、产业园区等签订战略合作协议，全力支持山西地方经济发展。

【金融法制环境持续向好】 金融业运行的法制基础进一步夯实。《刑事诉讼法》《民事诉讼法》《证券投资基金法》等法律的修订以及《征信业管理条例(草案)》的审议通过，为金融业的持续健康发展创造了更为公平的市场环境。在人民银行太原中心支行的牵头组织下，金融机构采取多种形式面向社会开展反洗钱、征信、票据管理、反假货币、支付结算、银行卡管理等方面的金融法制宣传活动。

开展假币违法犯罪重点整治，反假货币工作保持常态。依据国务院反假办《关于对假币违法犯罪活动突出县(市、区)进行重点整治的函》，山西省原平、闻喜、孝义3个县(市)开展重点整治工作并取得良好成效。截至2012年末，3个县(市)累计收缴假币3268张、面额30.4万元。全省各级公安部门认真做好涉嫌假币犯罪监控，立案23起，破案14起，收缴假币8183张、79万元；金融机构收缴假币9.1万张、825.4万元。

积极推进金融消费者权益保护工作。截至2012年末，全省共有71家人民银行分支机构开展金融消费者权益保护试点工作，成立金融消费者保护中心22个，共受理消费者投诉、申诉366件，均得到妥善处理，投诉满意度100%。

(张　杰)

【进一步促进全省融资性担保行业规范发展】 加强融资性担保行业管理。(1)明确省级监管部门。根据《山西省人民政府金融工作办公室主要职责内设机构和人员编制规定》(晋编字〔2011〕25号)，由山西省人民政府金融工作办公室(以下简称“省金融办”)负责融资性担保机构设立、变更审批及监管工作。省财政厅不再承担中小企业信用担保机构的管理工作。(2)明确市、县(市、区)级监管部门。各设区市、县(市、区)政府是本行政区域内融资性担保机构风险处置和处置非法集资工作的第一责任人。(3)建立省、市、县(市、区)三级监管机制。构建“省金融办统筹全省监管工作、市级监管部门全面监管监督、县(市、区)级监管部门日常基本监管”的分级属地监管模式，并根据山西省融资担保行业和监管手段发展情况不断完善监管机制。(4)建立山西省融资性担保行业监管联席会议制度(以下简称“省联席会议”)。省联席会议由省金融办牵头，省发展改革委、省财政厅、省公安厅、省监察厅、省高院、省住建厅、省商务厅、省工商局、省法制办、省中小企业局、人民银行太原中心支行、山西银监局等部门组成。省联席会议办公室设在省金融办，负责联席会议日常工作。(5)严把市场准入关，规范融资性担保业发展。现阶段在山西省市辖区新设立的融资性担保公司，其注册资本金必须达到5000万元以上(含5000万元)，在县(市)新设立的融资性担保公司，其注册资本金必须达到3000万元以上(含3000万元)。(6)加强经营许可证管理。融资性担保机构经营许可证的颁发、换发、注销等由省金融办依法办理，有关实施细则以省金融办发布的《山西省融资性担保机构经营许可证管理指引》为准。(7)加强对董事、监事及高级管理人员任职资格的管理。(8)加强现场检查，强化非现场监管。(9)实行资本金托管制度。融资性担保公司要与银行业金融机构签署资本金托管协议，由一家或多家银行机构(同一家银行只能开立一个托管账户)对其资本金进行全额托管，并向当地监管部门备案。(10)建立监管部门监管问责、履职评价体系。

促进融资性担保机构规范、健康、可持续发展。(1)鼓励支持融资性担保机构做大做强。积极构建以实收资本金1亿元以上的融资性担保机构为主体的多层次、差别化的融资性担保体系。着力培育一批实收资本金超过5亿元、经营管理较好、风险管控能力较强、有一定影响力的大型融资性担保机构。(2)加大财税政策支持力度。制定促进融资性担保业务健康发展的支持政策，特别是对国家及省已经出台的支持政策要落到实处。落实好财政部制定的对符合条件的融资性担保公司免征营业税、准备金提取和代偿损失税前扣除等财税优惠政策。(3)加强银行业金融机构与融资性担保机构合作。(4)建立抵(质)押登记服务制度。凡符合抵(质)押登记管理要求的，各登记部门或主管部门要按照《中华人民共和国担保法》《中华人民共和国物权法》及加强中小企业信用担保体系建设等的有关规定给予办理相关登记手续。在办理有关登记手续过程中，有关部门不得指定评估机构对抵(质)押物进行强制评估。(5)积极开展融资性担保行业评级工作。评级结果向省人民政府建立的征信系统提交、归集，同时纳入人民银行企业信用信息基础数据库，向社会公布，并提供免费查询服务。(6)建立风险预警和处置机制。(7)加强融资性担保行业自律组织建设。全省融资性担保公司可依法成立融资性担保行业协会,履行自律、维权、服务等职责。

(李仁贵)

中国工商银行山西省分行

【组织实施三项工程,激发全行经营活力】 2012年,全行组织实施"合规文化建设工程""竞争力提升工程"和"最佳服务银行打造工程",从业务协调发展、全面风险防控、市场客户梳理、大服务格局构建等多方面,提出了经营转型和结构调整的目标和举措。2012年,全行实现拨备前利润66.79亿元,比2011年增长6.5%;实现净利润46.75亿元,增长6.9%;实现经济增加值(EVA)24.67亿元,增加2.2亿元。

【狠抓账户质量,巩固存款业务领先地位】 2012年,分行依托账户营销工作,重点抓好对公新开基本账户代发工资业务的同步拓展,以及"两卡一U盾"的跟进营销,努力扩大个人中高端客户规模。以储蓄存款"双第一、三个点"为核心,发挥理财、基金、保险等产品优势,与存款互为支撑,精准互动,实现了储蓄存款的稳定增长。加强与中国(太原)煤炭交易中心的合作,与252个客户建立了银商转账合作关系。精准判断财政性资金流走向,抓住财政、社保、公积金等系统龙头,实施高层营销,实现30亿元社保资金、70亿元财政非税收入归集分行。加强存款波动监测分析,加大日均和月均指标考核,建立存款增长长效机制,严格落实稳存责任,防止了月末季末存款的大起大落。充实客户经理队伍,将账户营销、客户关系维护与客户经理绑定,明确营销责任,层层挂钩考核,确保了存款业务的量质并举。截至2012年末,人民币全部存款(含同业)时点较年初增加269.88亿元,日均增加129.66亿元,其中,储蓄存款时点较年初增加229.19亿元,四大行占比33.7%,排第一位。

【梳理市场,落实责任,推动信贷业务稳中求进】 全面梳理确定目标市场。结合山西省"十二五"发展规划和"综改试验区"建设方案,紧紧围绕"全省转型发展中的重大机遇和项目、核心客户的上下游和个人业务成长的新机会",按照总行行业政策,从14个维度对全省所有行业、企业、项目进行由上到下、自下而上的大规模梳理分析,确定未来目标市场客户1844户,项目362个,融资需求9230亿元,其中,近期目标市场客户738户、项目145个、融资需求4577亿元。

千方百计推进信贷结构调整。积极推动"四大新市场"拓展,在总行确定的目标客户基础上,进一步丰富分行重点客户名单,开展针对性营销。大力拓展小企业集群化融资,加快贸易融资业务营销进度。以分行个人贷款余额在省内金融同业率先突破"百亿元"为契机,大力宣传营销,加快发展个人消费信贷和信用卡贷款业务。截至2012年末,"四大新市场"贷款较年初增加36.96亿元,增长32.6%;"三大战略领域"贷款较年初增加25.76亿元,其中,小企业贷款较年初新增10.57亿元,增长12.2%;个人贷款新增21.63亿元,增长21.5%。

层层落实营销责任。对梳理出的目标市场进行名单制管理,采取定目标、定客户、定人员、定进度的推动措施,逐户制定营销计划和融资方案,形成反应敏锐、响应及时、责任清晰、挂钩包户的营销格局。按照"两个提前"思路,提前介入客户需求,中后台提前介入营销,实现了中后台政策优势和前台营销力量的有机结合。按照"投行开路、商行跟进"思路,多渠道满足客户需求,确保了分行在目标客户核心业务的主导地位。完成太钢、太重50亿元项目贷款的总行审批,交通厅49亿元贷款的总行核准,西山煤电、同煤80亿元固定资产融资的新增授信。截至2012年末,累计投放各类贷款(含贴现)1246亿元。创新融资(包括理财融资、债券承销、承兑汇票、信用证、代理信托计划、PE主理等)199亿元。

【强化规范经营,培育优势产品,力促中间业务二次起飞】 积极组织开展整治不规范经营专项治理,全面推进消费者权益保护工作。持续开展产品创新,完成8个课题调研、9个项目评估,推动10个产品列入总行开发计划。强化考核机制引导,制定20款拳头产品专项计划,增强了重点产品的增收创收能力。以投行业务发展为龙头,出台《加快投行业务发展的13条意见》,组建投行专职团队,建立投行项目长效梳理制度和动态储备库,重点拓展品牌类投行业务。购买潞矿、太钢私募债、阳煤短融中票、兰花公司债等债券29.6亿元,实现投资收益3.03亿元,中间业务收入2477万元。成功营销潞安集团60亿元股权融资业务。加大信用卡产品营销,以分期付款业务为抓手,全年信用卡中间业务收入3.2亿元,比2011年增长68.4%。实施托管业务"211工程",资产托管规模当年新增2499.59亿元,收入9438.68万元。积极推进养老金业务规模发展,业务收入3523万元,增长33%,保持了在同业和总行的领先地位。大力提升高净值客户贡献,开拓私人银行产品新渠道,全年净增私人银行客户181户,中间业务收入1.2亿元,增长53.2%。加强特色贵金属产品推广,创新安保模式,创下单月销售228千克、收入2055万元的销售佳绩,确保分行贵金属实物销售始终保持2/3的市场领先优势。截至2012年末,全行中间业务收入20.13亿元(含工银租赁7328万元、工银瑞信管理费510万元),比2011年增收1.47亿元,增长7.9%,四大行占比40.6%,排第一位。

【突出重点治理,全面提高风险管控水平】 推进合规文化建设工程。组织实施面向全行的"合规文化建设工程"。将各项监督管理行为纳入合规文化建设范畴,按专业、按部门、按条线全面加强制度建设、风险排查、行为习惯养成等,全员依法合规意识明显增强,内控案防水平显著提升，成功摘掉“总行内控案防重点关注行”的帽子。

突出重要领域治理。创新员工行为动态排查手段，采取“一级包一级”的排查责任制，实行“谁排查、谁负责”制度，努力把排查工作抓出实效。重点对员工个人账户与企业账户往来进行全面逐一排查核实，落实问责处理。2012 年共排查人员 1.4 万名，排查覆盖率 97.7%。开展对近三年各种内外部检查发现的 279 个项目、3331 个问题的跟踪整改，确保全面消除风险隐患。夯实账户管理基础，分五个阶段进行账户“大清查、大核对”，对一些空户、死户、假户及时清理销户，对 8.7 万户进行清查核对，整改不规范账户 1409 户；激活唤醒长期不动户 878 户，清理长期不动户 5725 户。加强对柜员、网点现场管理人员、授权人员、对账人员等重点岗位人员的履职管理，确保各岗位责任明确、各环节风险控制有效。建立运营风险警示约谈制度。将网点服务、自动柜员机管理、监控中心职守等全面纳入监督，保证对重要风险点监督的完整性和连续性。全面摸底排查各类不稳定因素，及时处置声誉风险事件，积极开展应急演练。

加强信贷风险管控。创造性地开展三级联动的贷后管理交叉检查活动，聘用 26 名特约检查员组成专门队伍，开展贷后交叉检查和作业监督合规性检查。加快不良贷款清收处置进度，进一步提升全行资产质量水平。在全年新释放不良贷款 10.53 亿元的情况下，不良贷款余额和不良率实现“双下降”，分别较年初下降 0.76 亿元和 0.2 个百分点。

【加快离柜业务营销，切实提升全行服务水平】 以开展“把工商银行搬回家”活动为抓手，重点营销银行卡和电子银行产品，加快离行式自助网点建设，以及新排队叫号机等新兴自助设备的布放进度，推进“1＋2＋N”模式的试点工作，新增自助银行 134 个、自助设备 1200 台。重点推进存取款等基础性产品的离柜业务营销，实现了离柜业务占比的快速提升，2012 年末全行柜面业务可分流率 36.9%，较年初下降 2.9 个百分点。专项治理网点排长队问题，有效缓解客户排队压力。开展“管理人员示范营销”和“本部员工进网点营销”专项活动。

（李文杰）

中国银行山西省分行

【主营业务稳健发展，经营效益持续提升】 2012 年，全行实现净利润 23.76 亿元，比 2011 年增长 27.3%，创年度盈利最高水平。人民币各项存款余额增长 12.8%，排名四大行第二；人民币各项贷款余额增长 6.9%。中间业务收入增长 18%，增幅快于全国系统内增长水平。单位人民币结算账户增长 21.1%。个人有效客户数较年初增长 21.7%，全国系统内排名第四。资产质量持续改善，不良贷款实现“双降”。绩效考核在系统内实现争先进位目标，较 2011 年提高 6 个位次。

【全力支持地方经济建设】 不断优化信贷资源配备，促进山西重点工程建设、产业结构调整和经济平稳较快发展。2012 年，中国银行与省政府签署《金融支持山西转型跨越发展合作备忘录》，与省内 8 家核心重点企业签署《多元化业务合作协议》。一是积极支持山西煤炭资源整合。针对山西煤炭资源整合进入全面技术改造阶段的情况的现状和特点，认真分析企业服务需求，加强与省内重点煤炭企业在技改支持、融资支持、债券发行、综合金融服务等方面的业务合作，2012 年新增煤炭行业贷款投放 34.66 亿元，为山西煤炭资源整合的顺利推进做出积极贡献。全辖重点行业贷款余额占比达 83.4%。中长期贷款占比 74.9%，较 2011 年上升 1.1 个百分点。二是积极支持山西基础设施建设。利用银团贷款和项目贷款等方式，重点支持吕临铁路、准朔铁路和太原铁路枢纽西南环线等山西大型铁路项目建设。2012 年累计投放基础设施建设项目贷款 70 亿元。三是积极支持山西经济转型发展。重点支持省内节能减排项目和绿色信贷业务，先后为省内多家重点新能源企业提供授信 4.25 亿元。认真落实国家产业政策，严格控制对产能过剩行业的信贷投放，加大对不符合要求的“两高一低”行业授信的主动退出力度，促进相关产业健康有序发展。

结合地方经济特色，加大金融产品和服务创新力度。持续深化与银企对接财务软件提供商的合作，先后成功投产太原市财政局和山西省交通厅等重点客户银企直连项目；在企业网银 WEB 渠道实现了山西省养老金基金管理中心批量付款功能。截至 2012 年末，全辖企业网银交易量 14985.7 亿元，完成全年计划的 133%。主动加强对债券、资本、货币三大市场的研究，充分利用中国银行全球一体化多元服务平台，帮助大型重点客户优化融资方案，推出信托理财计划、中银结构投融通等直接融资方案。成功为省内重点客户发行信托及特定资产收益权理财计划，募集资金 78.8 亿元；加大银行间债券市场企业债务融资产品推介力度，取得省内重点企业私募债券及短期融资券的主承销商资格，为企业在银行间债券市场发行私募债券融资 90 亿元，有效满足了企业多元融资需求。

继续发挥外汇贸易优势，为山西省进出口企业提供及时高效、多样化的结算服务和贸易融资业务。2012 年，累计办理国际贸易结算业务 55.19 亿美元，跨境人民币结算业务 11.94 亿元，市场份额均达到 35%以上。成功取得销易达、代付达业务、保函业务以及跨境出口单证业务的重大突破，并创新开办了全省首笔“理财产品＋企贷保项下进口开证”业务。积极联动海外机构和同业，为全省进出口企业累计办理海外代付业务 3600 万美元，协议付款 1.01 亿美元，办理“代付达”及同业代付 4.97 亿美元。有效利用供应链金融产品优势，为企业融资 24.29 亿元，较好地解决了省内重点进出口企业融资难题。

继续加快中小企业“信贷工厂”先进服务模式推广应用，积极完善小企业信贷管理体系。制定出台中型客户拓展意见、产业集群和供应链式营销拓展意见，以省内重点大型企业供应链上下游客户为切入点，梳理集团产业链上下游企业名单，针对性地开展营销，通过钻石团队派驻网点或与网点联动营销等方式，带动网点强化中小企业业务服务能力。根据山西经济特点及中小企业发展现状，加强与地方政府、商会和经济园区的沟通与联系，全面开展名单式营销。围绕核心企业，大力发展供应链融资业务，将资金注入处于相对弱势的上下游配套中小企业，并与中银保险联动为企业提供企贷保业务等多产品服务方案，综合满足了中小企业需求，节约了财务支出。加大与担保公司的合作，借鉴兄弟行经验，在扩大担保公司合作范围的基础上，开展联保联贷业务，扶持中小企业做大做强，有效解决了中小企业因质押担保不足、信息不对称、抗风险能力弱而带来的融资难问题。

【继续推进网点转型】 一是统一规划网点渠道建设。围绕城市规划及经济发展重点区域，建立网点储备机制；完成新设县域机构考察模型，在经济发展前景看好的县（区）域增设机构和离行式自助银行，提升机构覆盖率。二是出台网点转型实施方案，细化转型工作重点，选择确立试点标杆网点，优化网点岗位配置，开展标准化流程导入工作。着力构建网点等级管理体制。三是加快规范网点服务销售流程。重点推进公司金融产品下沉，形成更加完善的服务体系。四是壮大网点营销服务力量。通过优化岗位设置，释放柜台人力资源，组建网点营销队伍，提高网点营销服务能力。五是整章建制，规范管理。出台省分行《营业网点柜员等级管理实施方案》《营业网点员工队伍考核与管理实施意见》等制度，加快专业队伍建设步伐，激发专业队伍的营销潜能。六是全面提高网点队伍素质。创新培训手段，建立培训基地，全面提高“操作”“销售”“内控”三支队伍素质。七是加大产品下沉力度，在网点开展贸易融资、中小企业、资金理财等重点业务推广，提升网点的产品营销和叙做能力。截至2012年末，全行标准化服务销售流程导入网点达到254个，网点的服务销售能力进一步提高。低产低效网点数量逐步下降，2亿元以下网点减少16个，1亿元以下网点较年初减少5个。个人客户持有个金产品数量的提升幅度排名全国系统内第二位，个人有效客户新增金融资产较年初增长15.6%。全辖营业网点竞争力进一步提升。

【加快建设安全、高效的业务流程】 以操作流程和管理流程为重点，制定出台业务流程再造实施方案，全面启动同城业务后台集中工作。截至2012年末，全面完成26项同城业务集中和流程再造工作。全辖所有网点机构455支交易纳入集中授权，网点总数及集中授权交易总数均达100%。推广运行监控系统，对冻结/解冻、挂失/解挂、长短款损益、存款证明、保证现金支取等业务建立风险识别模型。在省分行及二级分行成立银企对账集中运营中心，提升对账服务能力。完成国内跨行人民币汇入汇款同城集中，投产国内批量汇划系统。完成个人国际汇入查询查复业务的后台集中，直接为全辖网点减少日均业务量20笔。优化总分行汇差调拨业务流程，节省单笔业务工时近50%，创新跨行汇款代发工资账户直入账，大幅提高了直入账效率，有效减负网点前台，提升工作效率。

【进一步改善金融服务能力】 优化物理渠道网络布局，持续提升网点服务能力。2012年，全辖新增自助银行20家、离行式自动柜员机36台，继续加大对现有网点硬件的标准化改造力度。全力支持县域地区城镇化建设，全年申报新增县域机构11家。加大重点项目建设投入，持续提升服务民生能力。加大人员和资金投入，丰富和完善社保卡服务渠道和功能，进一步提升社保卡使用体验。截至2012年末，累计为全省居民发放社保IC卡142万张。与多家省内重点客户签订企业年金账户管理协议，开展养老金福利计划。积极满足省内个人客户在购房、出国留学、个人消费等方面的融资需求，累计提供消费贷款资金18亿元。加大校园卡项目投入，与山西省电力高等专科学校、忻州师范学院等签订校园一卡通业务合作协议；深化与中职院校的合作，发行中职卡20.3万张；不断拓展银校合作的广度与深度，有效满足校方和学生的资金结算、项目融资、日常服务等金融需求。积极落实国家支持新医改政策，深化与医疗卫生机构的合作关系，与省内大型医疗机构签署银医合作项目，成功研发投产诊疗卡项目。

【大力强化风险管控】 加强对山西整体及区域经济、主流产业的研究，陆续出台煤化工、医药行业、政府融资平台贷款的授信指引和贸易融资、零售贷款、中小企业窗口风险指引，强化风险管理对业务发展的支持服务作用，引导授信资源向支持客户基础与存款等重点业务发展方向倾斜。同时，明确授信审批流程和时效，大力支持业务一线提升市场反应速度。针对山西省“大县域”战略，研究制定支持县域机构和大型网点业务发展的指导意见，在资源配置、产品和业务授权、队伍培养以及管理模式上予以重点扶持，努力提升县支行和大型网点的核心竞争力。围绕中小企业发展现状与机遇、抵押品的授信风险缓释以及基层机构内控现状三个重点领域，制定相应授信内控政策，通过制度化导向传递风险偏好。丰富风险缓释手段，增加抵质押种类，积极推广货权、采矿权、股权、应收账款等企业有效资产质押。同时，梳理制定各条线的业务品种、流程操作风险指引，汇编成培训教材在全辖推广实施。组织开展“内控管理质量提升年”活动，加强检查、监督、考核、培训力度，统筹合规检查项目，规范整改落实流程，严格责任追究，完善考核评价。加大非现场监控力度，成立省分行录像查看中心。建立重要诉讼案件督导机制，有效化解诉讼法律风险。全面加强对授信从业人员的培训，加强专业队伍管理，建立公司授信人员准入与退出机制和名单式管理模式，不断提升专业人员素质。制定贷后管理流程，将贷后管理纳入二道防线检查计划。

截至2012年末，全辖表内不良清收化解完成总行计划的114.9%，公司类和零售类授信不良率分别较年初下降0.5个和6.2个百分点，不良资产余额较年初下降6.06亿元，不良率较年初下降0.8个百分点。BB级以上(含)授信客户抵质押率较年初上升2.8个百分点。关注类贷款占比逐月下降，较年初降低2.3%，资产质量逐步趋于稳定。高度关注金融案件风险，扎实开展案件专项治理，强化重点业务风险提示。建立全辖重要案件督导机制，开通法律咨询服务热线，全力提升法律服务水平。加大对重点风险领域的监控，组织开展案件风险排查、存款滚动式检查、员工行为失范排查、案例警示教育等活动，积极消除和化解操作风险与道德风险。2012年，全辖无重大案件和责任事故，堵截诈骗案件104起，涉及资金396.6万元。

（王　纲　冯培义）

中国建设银行山西省分行

【业绩持续提升，主要指标实现新突破】 经营效益大幅提升。2012年实现账面利润35.4亿元，比2011年多增9亿元。资产质量持续改善。不良贷款额9.14亿元，不良贷款率0.8%，四行中最优。负债业务发展迅速。2012年末，全口径存款余额2495亿元，比年初新增367亿元。其中，企业存款余额1146亿元，新增159亿元；个人存款余额1304亿元，新增207亿元。同业存款余额45亿元，新增1亿元。资产业务稳步增长。2012年各项贷款余额1105亿元，新增134亿元。其中，对公类贷款余额998亿元，新增106亿元；个人类贷款余额107亿元，新增28亿元；“三类贷款”余额158.7亿元，新增56亿元。中间业务有效增长。2012年中间业务毛收入14.77亿元，市场占比30%，同比增量、增幅均居四行第一。房金业务多措并举快速发展。2012年个贷新增27.8亿元，贷款增速35%。其中，个人住房贷款新增24亿元，同业第一；个人消费贷款新增3.7亿元，首超工行，同业第一。住房资金存款余额190亿元，新增34亿元，余额、新增均居同业首位；住房公积金贷款余额66亿元，新增18.6亿元，余额、新增均居同业首位。国际业务发展再创新高。2012年国际结算量27.6亿美元，较2011年增加6.3亿美元，增长29.7%；营销外汇账户110户，国际结算量1.87亿美元；完成结售汇量15.4亿美元。机构业务紧抓政策机遇，全面铺开省级财政非税业务，部分地区已取得代理资格；社保一卡通项目4个地区取得发卡资格；高校园区建设项目积极跟进取得有效突破。投资银行业务融资167亿元，比2011年增加33亿元。投行业务收入3.8亿元，增加1.1亿元，增长38%。电子银行业务账务性交易量比61%，电子银行与柜面比202%。悦生活交易总量35.7万笔，网站注册会员数30万。电子渠道基金销售占比73.9%。电子渠道销售账户金占比99.8%，理财产品销售占比69.7%。个人电子银行客户新增排名同业第一，尤其是电子银行进校园活动成效显著，“学生惠”签约客户新增14万户。开通学生惠高校101所，覆盖率91%。票据业务承兑汇票直贴余额7.3亿元，增加3.3亿元，增长85%；累计直贴18.7亿元，增加10.3亿元，增长123%。累计贴现186亿元，增加45.5亿元，增长32%。信用卡业务净增发卡20.9万张，增长98%，同业第一；公务卡累计发卡12万张，同业排名第二位，新增3.6万张，同业第一；信用卡分期贷款余额7.7亿元，新增5.5亿元，余额为2011年的3.5倍。

建行山西省分行大楼外景

【支持发展重点，助推地方经济】 紧跟政策导向，把握发展机遇，签订战略合作协议。2012年，国家批复的晋陕豫黄河“金三角”产业示范区、中原经济区发展规划及《关于大力实施促进中部地区崛起战略的若干意见》，均覆盖或者涉及山西。建行山西省分行紧抓这一机遇，以国务院批准山西省“国家资源型经济转型综合配套改革试验区”为切入点，紧密围绕山西省“十二五”

经济社会发展战略目标，推动山西省社会经济资源与建设银行金融资源的有效对接，加强深度合作。一年来，战略合作协议不断落实跟进，双方互惠互利，共赢发展，成效显著。

关注支柱行业，服务重点客户，加大信贷支持力度。加强对支柱行业及重点客户的信贷支持力度。截至2012年末，对公贷款累计投放518亿元，重点支持了山西省煤炭、电力、制造、炼焦、化工等行业发展，支持了五大煤业集团及其子(分)公司、国家五大发电集团，以及铁路、公路行业等一批全省重点工程项目。机构类贷款比年初新增6亿元，主要投向教育、卫生等行业。密切追踪“十二五”规划中2012年重点工程项目的进展，做好项目落地对接工作，从省分行、二级行到经办行做到客户与客户经理一一对应。对“中博会”项目的转化进行跟踪，对符合分行信贷政策的客户及项目积极支持。在加大贷款投放的同时，充分利用各种产品为企业和社会融资。发行项目投资类、股权收益权类新型融资理财产品5笔19.5亿元；发行信托贷款、资产收益权类等信贷类理财产品9笔32.7亿元。发行票据受益权理财产品14笔2亿元。发行保本型理财产品3笔10亿元。发行短融、中期票据、私募债9笔103亿元。

密切银企关系，助力中小企业发展。建行山西省分行积极落实国家政策，年初即把小企业业务确定为战略性、基础性业务。在工作安排中明确信贷资源优先向小企业倾斜，确保实现监管机构关于小企业“两个不低于”：即小企业贷款增速不低于全部贷款平均增速、增量不低于上年同期增量的要求。在机构建设上，建行山西省分行在全省共设立13个小企业经营中心，进一步完善服务体系；在业务创新方面，推出“速贷通”“联贷联保”“商用物业抵押贷款”“小额贷”“助保贷”“信用贷”“供应贷”“网银循环贷”等产品，申报的新产品—“商会通”已经通过总行审批并推广应用。2012年发放2户1000万元，储备客户30余户，形成专业专注小企业服务模式。在服务方面，广泛营销外省驻晋商会，开展银企对接会10余场，开展“小微企业金融服务宣传月”活动，掀起金融服务新高潮。2012年12月，建行山西省分行在临汾分行成功发放首笔小企业善融贷业务。截至2012年末，小企业贷款余额47.7亿元，新增25亿元。其中，小企业非贴现贷款余额38.5亿元，新增25亿元，是2011年存量的1.8倍，完成“两个不低于”目标；不良贷款额1.62亿，较年初下降0.47亿元；不良率3.4%，较年初下降5.7个百分点。

加快个贷投放，支持保障房建设。建行山西省分行在全省11个市建立了标准化个人贷款中心，在经营机制、业务操作流程、客户服务规范等方面建立标准运作模式，极大地提高了服务客户效率。按照各级政府规划、确立的保障房建设规划，积极支持县域地区保障房建设项目，先后与大型企业以及县域保障房项目等37个经适房、保障房项目建立合作关系。2012年，个人类贷款达到107亿元，发放个人住房贷款1.4万笔，投放金额近30亿元，与2011年相比实现翻番。加快业务创新，于2012年11月投放第一笔善融商务个人小额贷款，打开了个人贷款通过电子渠道办理的通道。

加大贸易融资，发展国际业务，开启外向型经济发展。建行山西省分行积极推广新型贸易融资系列产品，为支持国内大型企业“走出去”参与国际市场竞争，解决其境外融资需求，推出内保外贷、跨境供应链融资产品。2012年，与外贸客户办理国际结算量6000万美元。全年新增500万美元以下客户20户，国际结算量1400万美元，办理4.1亿元跨境人民币结算。提高对重点客户服务水平，为重点客户办理9000万美元内保外贷业务。

【履行社会责任，关注民计民生】

一是社保卡业务打开新局面。建行山西省分行以社保金融IC卡发卡为契机，大力拓展社保业务，服务民众生活。截至2012年末，社保存款余额175亿元，新增30亿元；社保卡累计发行量174万张。公务卡继续推广，累计发卡超过10万张，同业排名第二，当年新增发卡超过2.4万张，同业排名第一。二是“晋工龙卡”提供新服务。以“融入民生建设，承担社会责任”为主题，创新推出面向全省的“晋工龙卡”，已发卡3.7万张。三是服务社区开拓新路子。在全省统一打造“建行你我他　共筑一个家”的特色社区金融服务品牌，以思路创新引领社区金融市场，把金融产品服务更加深入地开展到社区居民中去。与太原钢铁集团签署协议，全面承办其97个社区近40万人口的社区自助服务。

【扶持“三农”发展，支持县域经济】

建行山西省分行积极支持山西省农业发展，涉农贷款逐年增长。截至2012年末，建行山西省分行“三农”贷款余额达10亿元，2012年当年新增近3亿元，贷款户数由年初的20户增加到69户，新增贷款客户全部为小企业客户。出台《建设银行山西省分行县域机构发展指导意见》，加大对县域机构的资源配置与投入力度，尤其是在机构网点的设置、自助设备的投入、人员的配置，以及对中小企业的金融服务等方面给予一定的倾斜政策，着力改善县域机构网点布局与服务环境。同时，强化管理创新与服务创新，形成具有区域经营特色的金融服务机构，支持县域经济向强县经济发展。

【强化管理效能，提升服务能力】

狠抓客户数量，拓展客户关系。建行山西省分行以提升客户数量作为工作重心，切实做强做大客户数量，做实做厚客户基础。截至2012年末，单位人民币结算账户5万户，新增1.2万户，四行第一。个人有资产客户新增61万人，增长13.5%。为建立良好的客户关系，稳定客户群体，持续提高经营能力，着力打造3000人客户经理队伍。

优化组织结构，提升服务效能。2012年，建行山西省分行顺利推进组织机构优化调整，实现了“三化、三压缩、三提升”预期目标，即：业务经营专业化，中后台事项集约化，非主营业务社会化；压缩管理层级，压缩内设部门数量，压缩中后台人员数量；提升前台人员占比，提升客户经理队伍数量，提升本部服务效能和基层服务水平。为提升服务效能，成立太原地区业务发展协调委员会，恢复省分行营业部，改建3个综合型城区支行，形成太原地区新的组织架构。明晰了太原地区各行对应行政主体的经营责任，实现由“平行同质化经营”向“区域管理＋特色经营”转变，有效提升机构覆盖度和市场竞争力。专门设立渠道管理部门，对网点建设重新规划。2012年，新设机构16个，迁址改造装修机构19个，全省网点数量达到349个。自助设备布放全面加速，新增自助现金设备500台。目前运行各类自助设备1513台，其中，自动取款机506台、存取一体机426台、自助终端581台，自助银行达到311家，自助设备开机率98.8％。

提升合规意识，加强风险防控。建行山西省分行将“合规经营的行为”作为“又快又好”发展的底线与根基，加强基础管理，从严执行制度，始终坚持对违规、违纪行为“零容忍”。全面传导责任意识，培育责任文化，营造合规经营、全面风险管理、扎实干工作的氛围。

（赵建伟）

中国农业银行山西省分行

【主营业务稳定发展，各项指标完成良好】 2012年，农行山西省分行人民币各项存款余额2665.25亿元，比2011年增加205.5亿元；各项贷款余额916.67亿元，增加127.51亿元；中间业务收入7.8亿元，增收5300万元。主要业务指标和利润指标全部完成经营计划，且均实现增长，发展形势向好。

【支持地方经济，全力服务稳增长】 加大信贷投放力度。2012年，农行山西分行积极对接山西省“项目落地年”9000亿元投资规划和“稳增长”政策30条，有效加大服务实体经济力度。全年累计投放贷款472亿元，贷款余额突破900亿元，新增投放额占四家国有商业银行新增投放总额的27.2％，主要支持省属八大煤业集团整合矿井的技术改造、55家地方煤炭主体并购贷款，八大煤业集团贷款余额307亿元；支持国家五大电力集团在晋新建电厂项目，贷款余额60亿元；支持中南铁路大通道、准朔铁路等铁路基础设施建设和交通厅高速公路建设项目，铁路和公路项目贷款余额148亿元；此外，还支持了农电网建设、农产品流通、医疗教育等重点民生工程项目。与此同时，提高信贷服务小微企业的水平和效率，重点支持大企业上下游的配套型、特色型、出口导向型和科技型中小企业快速持续发展。2012年，小微企业贷款余额50亿元，较年初增加17亿元。全省农行涉农贷款余额251亿元，较年初增加近60亿元。

大力发展直接融资。针对企业资金需求与信贷规模紧张之间的矛盾，农行山西分行大力发展直接融资，在同业中首家推出私募债、委托债权投资等新型融资工具。2012年，为8家省属重点企业发行私募债195亿元，居同业第一位、系统内第三位；委托债权投资提款110亿元，居系统内第二位；直接融资总额合计305亿元，居同业第一位。主要支持了太钢集团、焦煤集团、同煤集团等省属重

省农行为山西移动仲夏签约洽谈会提供金融服务和保障

点企业。直接融资与信贷融资合计，年融资总额453亿元，比2011年增长3.4倍，创历史最高水平。

深化服务“三农”工作。农行山西分行持续深化金穗“惠农通”工程，不断提高服务“三农”和县域经济的水平。金穗“惠农通”工程是运用现代金融电子手段，以惠农卡为载体，以转账电话等自助机具为平台，向农村地区延伸基础金融服务，把金融服务送到农民家门口，解决一直以来存在的村级金融服务空白的问题，使农民足不出村就能享受便利、快捷的基础金融服务。截至2012年末，全省共布放“惠农通”转账电话4.9万部，发放惠农卡682万张；全省“惠农通”转账电话当年金融性交易153万笔、204亿元。全省共有98个县支行代理新农合，累计发放资金83.8亿元，共有53个县支行代理新农保业务，累计发放资金12.14亿元；共有38个县支行代理各项涉农补贴共计110项，累计发放资金5.88亿元。

农行山西分行以产业链金融为主要方式，不断加大信贷支持力度。2012年，产业链金融服务共涉及64个产业链、156户各类客户，贷款余额11.96亿元，带动农户34万余户，发放贷款4460万元。截至2012年底，共为美特好产业链35户合作单位布放8台ATM、326台POS机、95台转账电话，贷款余额10.15亿元，资金结算3.1万笔、32.5亿元。同时在“惠农通”上开发代缴水电费、代缴移动、联通话费等公共事业缴费功能，进一步方便农民生活。

【优化规范管理，全面提升金融服务品质】 严格规范服务收费。严格执行信贷业务“七不准”禁止性规定和服务收费标准。在全省营业网点公告公示有关服务项目、服务内容和收费标准，认真接受社会各界的监督。设立“不规范经营”举报专线电话，专人受理客户投诉，妥善解答客户业务咨询和处理客户投诉等。对举报投诉的违规收费行为，在第一时间给予响应，发现一起，查处一起，维护金融消费者的自主选择权和知情权。

加大网点服务巡查。制定出台《网点文明标准服务定期检查管理办法》和《网点文明服务品质提升方案》。建立网点文明服务管理联系人制度，加强全省农行主管部门、主要负责人等网点服务提升关键岗位人员的联系协调。外聘专业机构连续开展两次“神秘人”暗访检查，检查覆盖全部农行山西分行网点。专门邀请政风行风监督员深入太原5个城区支行和8个营业网点开展文明服务明察暗访，有效纠改不规范服务行为。利用视频监控全省联网的有利条件，由专人负责每月随机调阅10%以上的网点实时画面，随机抽查各营业网点的服务情况。

全面开展文明服务。2012年，完成装修改造营业网点244个，占到全行网点总数的49%，网点整体形象焕然一新。现金类自助设备1196台，离行式自助银行133个；电子渠道交易量占比64%，比2011年提高15个百分点。在全部网点开展文明标准服务，选聘517人担任大堂经理，实行各级行和各部门全面联动，及时有效处理95599客服中心反馈的关于客户投诉、咨询等事件。

（贾　峰）

中国农业发展银行山西省分行

【各项业务稳健发展】 2012年，农发行山西分行发放各类贷款120.8亿元，各项贷款余额337.1亿元，较年初增加12.2亿元；不良贷款余额较年初下降8.2亿元，不良贷款率下降2.7个百分点，资产质量不断优化；各项存款日均余额108.5亿元，较2011年增加11.5亿元，自筹资金能力不断提高；中间业务收入1006万元，增加339.5万元；实现账面利润达6.8亿元，增加1.23亿元，经营效益达到新水平。

【信贷支农水平持续提升】 以提高农业农村可持续发展能力为目标，大力支持农业农村基础设施建设。紧紧围绕各级政府新农村建设规划，主动加强与各级政府的联系与沟通，出台《与地方政府沟通联系制度的实施意见》。加强与各级政府的协调与沟通，先后与晋中、运城等市领导就项目合作进行座谈。按照全省县域经济暨农村工作会议部署，对农业农村基础设施建设、新农村建设、县域城镇建设、水利建设等重点领域给予大力支持。在贷款投放方面，优先保证续贷项目资金需求，对已审批未投放的农业农村基础设施建设贷款，督促承贷企业加快贷前条件落实，严格按照项目工程进度及总行核定的信贷规模投放贷款，保证重点续贷项目资金的有序供应。2012年累计投放农业农村基础设施建设贷款38.9亿元，2012年末，基础设施建设贷款余额达128.6亿元。先后保证了大同市23.3亿元的农民集中安置房建设项目、运城市城区东郊35亿元的城镇化建设项目、晋中市20亿元土地储备项目、忻州市8.4亿元的路网改造项目、晋中市3.7亿元泽城西安水电项目等一大批重点工程顺利实施，保持了农业农村中长期贷款业务较快发展的势头，促进了农业农村生产生活条件改善。

以增强政府调控能力和保障农民利益为目标，支持粮油储备和流通。紧紧围绕保证国家粮食安全、稳定物价和保护农民利益等政策目标，积极履行政策性银行的基本职责，支持全省粮棉油的储备和流通，全力配合各级政府实施宏观调控。2012年累计为中央储备粮企业投放轮换贷款7.03亿元，为省、市两级政府地方储备粮增储投放贷款4.4亿元。2011年度秋粮收购期间，累计投放跨年度秋粮收购贷款6.25亿元，支持企业收购玉米3.3亿千克；累计投放2012年夏粮收购贷款1.77亿元，支持企业收购小麦8900万千克，保证了国家和地方政府粮食储备计划的实现和市场调控能力的增强，保证了农民余粮的出售，保护了农民利益和种粮积极性，全省没有因农发行工作不到位出现农民“卖粮难”和“打白条”现象。

以支持现有商业性客户稳健经营为目标，支持农副产品加工转化。对现有商业性客户，认真评估企业发展规划、市场前景、风险承受能力，落实好风险防控措施，对资质好、信誉佳、前景好的企业,适度增加贷款,满足其发展产业链、调整产品结构、扩大生产规模等合理资金需求,支持企业做大做强。农发行支持的运城市粟海集团、文水大象禽业、山西龙海实业等一批企业的经营规模、加工能力已处于全省乃至全国同行业的领先地位。截至2012年末,全行农业产业化龙头企业、加工企业贷款余额达40.17亿元,企业生产经营基本平稳,贷款风险基本可控。

【金融产品不断创新】 对已进入贷款办理流程的政府重点项目,专门成立项目领导组、金融服务组,制定金融服务方案,配备专职客户经理,明确工作职责,优化办贷流程,加快项目调查、审查、审批进度。对已发放贷款的项目,利用系统资源优势,积极为企业提供市场变化、价格走势、行业动态、国际结算等信息,根据不同客户和不同贷款品种,选择期限管理、封闭管理、日常监测与定期检查等差异化管理方式。对老客户提前两个月启动续贷调查,实现续贷项目即收即放、无缝衔接,并根据企业风险承受能力与生产经营特点,适时运用公开授信、中期流动资金贷款等贷款品种,提高资金使用效率。对农发行总行级、省分行级黄金客户和优质客户商业性流动资金贷款取消风险保证金,利率不上浮。对业务量较大、资金汇划频繁的产业化龙头企业,完善结算工具,充分利用农发行牡丹金山卡、网银业务以及国际结算业务等工具,为企业提供便捷高效的结算服务,有条件的行及时开办了山西移动"企信通"业务,通过手机短信的方式及时与企业核对每日账户余额、发生额等重要信息,进一步树立了农发行政策支农、专业支农、优惠支农的品牌形象。

【继续优化信贷资产质量】 一是在清收处置存量不良贷款方面,以"四落实、三明确"和三级行领导"145"督导办法为抓手,与各二级分行签订《不良贷款清收管理责任书》,完善不良贷款清收管理卡制度,通过管理卡明确贷款发放、清收、督导等环节的责任人,按照清收任务和完成进度与责任人的绩效工资挂钩。对不良贷款余额大的四家二级分行派出督导组,重点督导不良贷款企业和关联企业的债务追偿方案、破产改制计划与组织落实情况,解决不良贷款清收处置过程中存在的难点问题,并深入企业开展催收工作,始终保持不良贷款清收工作的强度不放松,力度不减弱。2012年累计清收处置不良贷款8.75亿元。二是在防控增量不良贷款方面,加大政府融资平台公司贷款的整改力度,共有23个项目增补了抵押担保,49个项目修订了一年两次还款协议。加大政策指导性收购贷款的管理力度和促销收贷力度,累计收回粮油政策指导性贷款8.24亿元,2011年度玉米、小麦、棉花收购贷款均实现本息"双结零"。加强与财政部门的沟通联系,共处理消化第三次粮食政策性财务挂账贷款本金4.09亿元。开展客户风险大排查,共排查各类贷款客户866户,涉及贷款260.5亿元,为实施"区别对待、有保有压"的信贷政策,加强信贷结构调整和有效防控风险奠定了基础。

【加大案防和基础管理力度】 一是在案防长效机制建设方面,印发《关于建立和完善案件防控"三不为"长效机制的意见》,推行岗位廉政风险等级管理,开展员工涉及社会融资行为排查、"九种人"行为排查等,推行廉洁从业承诺制,层层签订廉洁从业承诺书,案件防控继续保持高压态势,廉政建设措施不断完善,实现了全年无案件、无重大责任事故的管理目标。二是在合规管理长效机制建设方面,下发《关于建立合规管理长效机制的工作意见》,开展"合规管理深化年"活动,完善法律合规组织体系建设,经济案件管理、业务合同管理、违规积分管理和法律审查工作进一步加强。对商业性贷款、中长期项目贷款等进行专项检查,加强对新发生贷款和财务收支的跟进审计,使以业务经营合规、操作流程规范、制度执行到位、风险防控有效为主要内容的合规管理逐步常态化。三是在运营管理方面,适应总行信贷计划管理变化,及时调整管理办法,保证了各项信贷投放需求。积极开展中间业务和国际业务,2012年共办理国际结算业务3579万美元,代理保险手续费和咨询业务顾问费收入833万元。修订《财务资源配置办法》,财务资源向业务量大、经营绩效突出的机构倾斜。加强与各级政府的协调,第三次粮食政策性财务挂账贷款利息到位1.8亿元,到位率95.2%,比2011年上升24.5个百分点。加快基建项目的申报工作,共有14家营业机构办公用房项目得到总行的批复。完成CM2006系统升级改造项目、综合办公平台、短信金融服务平台等系统的上线运行,全行运营管理水平明显提高。

(牛晓辉)

交通银行山西省分行

【各项经营指标完成良好】 2012年,分行资产总额、人民币大口径存款余额、各项存款余额,均较2011年增长23%。人民币各项贷款余额增长17%。不良贷款余额减少5219万元,占比下降29个基点,降至0.9%。全年经营利润增长22%,其中,中间业务净收入增长72%。

【经营管理水平持续提升】 *以存款业务为标志的发展类指标突破性增长。*2012年,交通银行山西省分行通过拓展渠道、强化创新等措施,促进各项业务快速发展,负债、客户、转型类指标全面超额完成任务。人民币各项存款时点余额增加136亿元,增量系统排名第11,平均余额增加117亿元,系统排名第12;存款余额市场占比提高37个基点,系统占比提高17个基点;存款余额系统排名前移四位,排第17;存款增速高出系统平均水平11个百分点,快于本地同业9个百分点,符合总行"跑赢大市,争先进位"要求。

*以存贷业务为标志的主体指标持续增长。*2012年,各项主要指标全面超额完成总行任务,各项业务可持续发展,克服了部分单位"期末存款不稳定,只会为来年增加负担"的恐惧心理,提振了全行上下"强者

恒强，在辉煌之上再造辉煌”的发展自信。

以经营利润为标志的效益类指标全面赶超。通过在全行深入开展业务知识培训，强化全员资金计价意识、经济资本意识与基点定价意识，年末经营利润、拨备后利润、经济利润等三大效益类主体指标全部超额完成任务。全口径存贷利差率较2011年提高22个基点，达到4.8%，成本收入比28.7%，保持系统较高水平。在机构、人员较快增长的情况下，人均利润与2011年持平。

以不良贷款“双降”为标志的质量类指标历史性提升。2012年，累计投放信贷资金286亿元，重点支持了山西的采矿、燃气与机械制造等行业，通过信托、租赁等为山西融入资金153亿元。在支持地方经济建设的过程中，积极调整信贷结构，主要行业发展度指标全部达标，客户结构、期限结构持续向好。全年累计压降存量监察名单客户贷款1.8亿元；清收存量不良资产1.3亿元，其中，现金清收8325万元，存量对公、对私与非信贷不良资产清收全部超额完成任务。逾期贷款总量较2011年减少1亿元。质量与结构类指标全面超额完成总行任务，不良贷款率15年来首次压降在1%以下，拨备覆盖率提高24个百分点，达到172%。

以业务条线指标为代表的各项考核争先进位。明确总行任务为分行底线目标，加强考核过程管理。在总行下达的45项考核指标中，44项超额完成任务，25项拿到考核满分，综合绩效考核排名较2011年前移7位，排第二名；注重可持续发展，发挥全员办交行、全面办交行优势，综合竞争力评价排名前移10位，排第八名；加强近3年来各类外查内审问题整改，加强对省辖分行内控管理的检查提升，内控评价排名前移10位，排第九名；推进服务由“微笑交行”向“真心交行”转段提升，服务提升排名成功实现“三连冠”。在总行对境内分行12个条线的综合评价中，山西分行资产负债、风险、授信、纪检监察等4个条线排名第一，公司、零售、营运等4个条线排名前五，信息条线排名第七，授信、纪检监察、公司、国际、信息、零售与保全等7个条线排名均有提升。

（阎瑞生）

光大银行太原分行

【各项业务经营和信贷运行情况稳健】 各项经营指标完成情况良好。2012年，太原分行已有19个经营网点，资产总规模近496.8亿元，较年初增加78.9亿元，增长18.9%。各项存款余额407.6亿元，增长16.4%。各项贷款余额297.7亿元。全年共发放授信40多亿元。

加大市场拓展力度，积极发展新的利润点。以“立足煤、加强煤、延伸煤、不唯煤”为营销思路，以模式化经营为手段，着眼于整个产业链，重点开展煤电、煤焦、煤化工模式化营销，效果显著。同时，积极拓展酒类模式化、美特好超市供应商、太钢上游企业应收账款、商通赢及医药、医院产业链等业务，综合收益明显。

加大对授信管理。全年对信贷投放进行全方位的监控，每周对项目的上报、审批、提款进度进行动态跟踪，始终保持超额度储备状态，确保用足光大太原分行贷款投放规模；严把综合收益关，信贷资源优先向收益高、资本占用少的项目倾斜，同时综合考虑中小、贸金、存款贡献度、新增客户等方面因素，确保贷款投放综合收益最大化。采取多种方式提升授信批复的使用率，做好到期授信的梳理工作。光大太原分行2012年对公贷款余额在总行系统位居前列，有效支持了山西省转型跨越发展。

积极拓展贸金业务。2012年，在山西省外贸环境恶化的背景下，国际结算持续萎缩，光大太原分行积极利用行内行外资源，拓展贸金中间业务收入渠道，顺应宏观经济环境和业务发展节奏，及时调整经营重心，推动商品融资业务发展，保持了业务的平稳发展和较好的盈利水平。同时，加大对国际业务的关注力度，不断加强与商务厅、外管局等部门的合作，发挥对外汇业务的“窗口指导”作用，提前介入、超前服务、靠前指导，已与数家企业达成业务意向。同业业务发展迅速。通过加强考核力度，制定激励政策，资源倾斜等措施，在全行范围内开展大规模的直贴业务营销，并开始尝试票据信托业务，打开票据消化渠道，增加中间业务收入来源，为相关企业的运行提供了流动资金保障。

零售业务实现做宽做优，“大零售”架构初见成效。一是零售负债业务方面，高度重视基础储蓄的建设工作，通过基础储蓄“一托四”和“四个联动”等方式，做大做强批量代发业务、出国金融业务、三方存管业务以及联名卡等基础性项目，提高基础储蓄在对私存款中的占比，超额完成储蓄存款任务。零售负债余额在本地同业位居前列。二是私人银行业务方面，围绕“积极延揽项目，丰富投资产品、加强精准营销、对接服务支行”的经营理念，加大高端产品研发及平台搭建。重点与信托公司合作，开发固定收益类投资产品，以稳定的高收益优势产品导入新客户，提升老客户在光大太原分行管理资产规模，先后搭建了信托平台、证券平台、PE平台、香港投资移民、海外投资平台，强化了服务高端客户的能力。截至2012年，光大太原分行准私及以上客户数位列全系统第四名。三是信用卡业务方面亮点不断，引领同业。2012年4月起，光大太原分行信用卡清算金额在太原市场占比连续8个月排名第一，且呈现出逐月递增的态势；从全省来看，在异地支行网点有限的情况下，分行信用卡清算金额稳居第三名，仅次于工行和建行。

积极落实“客户下沉”战略，小微业务顺利开局。2012年，光大太原分行积极发展中小、小微业务，成立“小微金融业务推进委员会”以及小微金融部，优化了小微金融的管理架构和流程。加快促进客户经理转型和支行经营综合化转型，立项各类模式化方案29个，全年发放各类小微贷款10亿元。

【业务创新成绩突出】 积极发展电子银行业务，打造“网络里的光大银行”。一是对私电子银行渠道方面，全面打造“网络里的光大银行”，强化移动金融业务，完成各网点电子银行体验区建设，加大手机银行、网上银行运用。同时，加快拓展各种代理收费业务，为客户提供简单快捷的金融服务。二是对公电子渠道方面，在公私交叉营销模式方面勇于尝试，将企业网银、网上代发、个人网银、手机银行及自助银行成功进行打包营销，效果明显。三是电子银行实体渠道方面，加快离行式自助银行建设速度。截至2012年底，光大太原分行自助设备机具数量位居本地股份制同业第一名。

利用集团联动优势，为山西省的转型跨越发展贡献力量。2012年，光大太原分行积极响应总行号召，以“市场原则、同等优先”为指导，全面开展集团内部企业业务联动，打造“联动工程”。全年除了三方存管、代理保险等传统业务外，与光大证券太原营业部、光大金融租赁公司、光大永明资产管理公司等集团内企业紧密合作，为山西省的相关企业提供融资10亿元，有效满足了各类型企业的多样化资金需求，支持了山西省的转型跨越发展。

（申毅刚）

华夏银行太原分行

【综合营销能力进一步增强】 客户开发成效显著。2012年，华夏银行太原分行在公司、个人、国际、中小4个条线开展客户倍增计划活动，客户基础得到扩大。公司业务依托客户资金链、采购链、销售链和关系链，建立了授信客户延伸开发台账，针对每一个授信客户确定了延伸开发目标客户，全年新开发多个交通行业客户；个人业务加强贵宾客户管理，完善贵宾客户基础信息建设，在营业网点推行网点竞争力提升项目，不断提升贵宾客户的服务水平，巩固了与贵宾客户的关系，个人贵宾客户净增3714户，总数突破1.2万户，夯实了储蓄存款的基础。国际业务以存量客户挖掘上下游客户，成功营销富士康、大同煤矿集团等进出口20强企业，新增贸易融资客户22户。小企业业务新增小微企业结算客户897户，与太原市科技局签署金融战略合作框架协议，签约客户3户。

产品运用能力增强。紧紧围绕区域主流经济和重点客户，开发供应链金融核心客户。2012年供应链金融业务40亿元，对客户上下游资源开发收到成效；以票据池等创新产品为合作切入点，成功与焦煤、潞安、晋煤3家省内特大型煤炭企业开展票据池业务，共办理票据池业务31亿元；以新兴业务替代传统业务，运用信托融资、非公开定向债务融资工具、中期票据等新兴业务工具，满足客户融资需求，全年承做非定向债务融资项目60亿元。围绕“龙盈理财”品牌推广，积极开展理财竞赛，销售理财产品159.21亿元，理财产品余额33.9亿元。积极发展国际结算业务，继续抓好贸易项下国际结算业务的同时，密切关注全省资本项目、劳务合作等项目的进展情况并重点攻关，国际结算量9.36亿美元。

信贷投放稳健审慎。合理调整贷款结构，优化新增贷款规模和风险资产配置，积极支持煤炭、电力、交通等重点行业，贷款业务稳步增长。2012年新增人民币公司贷款59.6亿元，新增个人贷款6.56亿元，纯贷款余额达到324亿元，80%投向保增长的交通、煤炭、电力、制造业等基础和重点项目建设，并适度加大了能源资源、综合运输、现代服务及绿色信贷领域的投放。

电子银行业务不断发展。加快推进电子银行应用，新增POS机具517台，新增TPOS机具1289台，新增自助设备21台，手机银行开户数2271户，均超额完成总行计划。网银客户大幅增长，2012年新增个人网银客户4万户，个人电子银行动账交易笔数43.8万笔；企业网银净增719户，网银交易15万笔。充分利用分行先进的电子平台，不断扩大客户群体，成功签约中国（太原）煤炭交易中心合作银行，签约交易商客户26户，电子银行在提升营销、服务和效益等方面发挥了积极作用。

【管理基础得到提升】 内控建设深入推进。坚持把内控建设、合规管理与案件防控相结合，制定下发《华夏银行太原分行风险管理与内部控制委员会工作规则》《华夏银行太原分行合规管理工作实施方案（试行）》，成立风险管理与内部控制委员会，协调全行以信用风险、市场风险、操作风险为核心的全面风险管理与内部控制工作，明确了各部门的工作职责和相关要求。深入开展内控规范实施项目推广工作，扎实推进“规范贷款行为、科学合理收费”专项治理活动，修订各类实施细则15个，梳理制度94项，进一步增强全员合规意识，提高全行执行力。建立“三不放过”整改长效工作机制，切实发挥内控查错纠错作用，及时纠正检查发现的问题。以会计责任区建设为契机，进一步加强会计人员管理，强化会计专业管控力度和前台风险制约措施，全面实施营业室经理及总会计委派制，形成基层柜台相互补充、相互制约的三级风险控制体系。制定《保密管理实施细则》和《行政印章管理实施细则》，对全行保密和印章管理进一步规范。

风险管控成效显著。信贷审批风险把控关口前移，专职审批人参与项目评估、现场指导，提高贷前调查的针对性和有效性。推行新增授信预报机制，严格授信准入，加强新增贷款客户和项目的精细化选择，对新准入信贷项目，坚守风险底线，强化授信关键环节风险管控，对2011年以来新授信的客户进行“回头看”，认真梳理和排查相关风险因素，按月召开贷后管理联席会和信用风险运行分析会，共同研究制定风险化解方案，有效防控各类风险，切实做到在防控风险的前提下促发展。2012年，不良贷款减少额、不良率下降率、逾期与欠息贷款较年初变化、不良贷款处置计划完成率、不良贷款现金清收额等5项指标均排华夏银行全系统第一位，风险防控取得明显成效。

科技保障作用得到发挥。完善新核心上线后分行信息技术制度体系，修订下发《华夏银行太原分行突发事件总体应急预案》，建立信息安全的长效机制。完成DAT自助设备金融IC卡项目改造、财政集中支付系统改造、新版绩效考核系统上线等项目，积极配合业务部门进行公积金、代理山西省级财政国库集中支付清算的改造、煤炭交易平台、财政授权支付项目的开发工作，支持了全行业务发展。

机构建设进展顺利。2012年，成立了1个二级分行、3个同城支行和3个小微支行筹备组，完成平阳路支行筹建工作；大同分行、襄垣支行、漪汾街支行已经获准筹建。截至2012年底，华夏银行太原分行共有同城机构10家，异地机构3家，员工总数585人。

（韩　雪）

民生银行太原分行

【走出了"低风险、快增长、高效益"的发展道路】 规模效益持续向好。2012年，民生银行太原分行下设吕梁、大同2家异地二级分行，清徐、孝义2家异地县域支行，21家同城支行，85家自助银行。资产规模690亿元，各项存款余额697亿元，各项贷款近580亿元，累计创利超过100亿元，市场份额连续11年保持系统内和当地股份制银行首位。

强力支持省内重点项目建设。先后参与了煤炭兼并重组、吕梁等地老区建设、大西客运专线、龙城城区建设、农业产业化龙头企业、高新技术开发区等重点产业园区、下岗再就业等重点产业和项目。信贷支持涉及煤、焦、冶、电、化工等传统主导产业，农业、商贸、机械制造等30多个行业。

大力开展政银合作，努力推动区域经济繁荣。2012年，民生银行太原分行先后与省内9家开发区、产业园区签订战略合作协议，为园区企业提供一揽子金融服务。先后与山西省工商联、省经信委、各市人民政府建立战略合作关系，支持民营经济发展。2012年9月，中国民生银行与山西省政府正式签约，两年内将为山西提供不少于500亿元的信贷支持。

【优化提升小微服务】 一是搭建政府平台，实现政府搭台、银行唱戏、银企双赢。由山西省小微企业金融服务促进会牵头各行业管理委员会，对成立的城市商业合作社按行业进行统一管理，同山西省工商联和民政厅、商务厅、人社厅等政府部门联动合作，借力政府优势、争取优惠政策、全力支持小微企业。二是搭建机构平台，驻点商圈前置服务。进行小微企业金融工作室、小微企业俱乐部、专营机构三个层级的分层机构建设，专职人员驻点营销推动。2012年9月，系统内以及全省首家驻点商圈的小微企业专营支行——现代装饰城小微专营支行开业。三是搭建信息平台，发掘小微客户销售商机。创办系统内首份《城市商业合作社会刊》，为会员企业提供银行信息咨询、企业产品展示和订单服务平台；按月投放《收银员俱乐部会刊》，提供会员培训便利和会员专属特惠信息。自2009年以来累计投放超过166亿元，贷款余额超过81亿元，累计支持小微企业客户5100余户，间接为社会创造近1.5万个工作岗位。贷款投放领域涉及农副水产、服装鞋帽、日用百货、机械汽配、家居建材、电子文教以及五金工矿等多个国计民生行业。

【坚持稳健合规经营】 锁定风险点，开展专项排查。专设内部审计委员会，锁定不规范经营、民间借贷、理财业务、小微钢贸授信客户、小微业务道德风险防范等关键风险点，成立重点业务风险排查工作专项小组，开展专项排查32次。累计发布风险提示及预警81份。强化内控管理和案件防控，开展基层网点案防安保督查，提升案防工作主动性。严格引入委托外包催收机构，组合运用多种催收方式，稳步改善资产质量。

实施风险前移，推行全过程风险监控。坚持"评审、风险、市场"共同参与区域特色公司业务开发，提高风险把控能力；前移小微、评审和售后服务，从产品设计、客户准入、业务审批、放款管理和贷后服务等方面入手，对小微业务全过程进行风险识别、评估、控制和评价。

（袁志虹　王　晶）

信托投资

【信托投资业务在改革中发展】 完成各项经济指标。2012年，公司营业收入4.14亿元，利润总额1.88亿元，净利润1.33亿元，固有资产总额16.87亿元，信托资产总额478.51亿元。

进行股份制改造工作，引进战略投资者，实现增资扩股。股份制改造方案以2012年6月30日为基准日，进行组织形式的变更，由有限责任公司变更为股份有限公司，注册资本变更为13.57亿元。在加快推进股份制改造工作的同时，一方面与财务顾问等专业团队协助制定新的增资方案，另一方面积极与多家机构就下一步增资扩股进行沟通，为引进战略投资者奠定基础。

各类信托业务收入稳步增长。2012年，共管理存续信托计划213个，信托资产总值478.51亿元，代保管资产8.14亿元。全年新增信托计划165个，新增实收信托规模374.98亿元，预计在存续期新增手续费收入4.89亿元。截至12月底，共清算兑付到期信托计划106个，规模163.92亿元，兑付客户收益21.34亿元，比2011年增长60.8%，继续保持了公司成立以来100%的履约率和兑付率。

以有限合伙形式开展对外股权投资业务。2012年，对外股权投资业务规模已达2亿元。按照国家金融业服务实体经济要求，加大对房地产以外其他工商企业的投融资服务力度，2012年规模达228亿元，比2011年增长616%。大力开展风险低、收益稳定的单一资金信托业务。截至2012年末，该类业务规模达170亿元。

积极与地方政府开展合作，业务向公益、民生方面拓展。与太原市政府合作，向太原市公交控股（集团）公司提供2亿元的资金支持，用于太原市公共自行车建设项目；在太原市西山综合治理工作中，公司成立"晋阳湖"项目，提供3亿元贷款用于项目建设;为临汾市政府各类市政公益项目提供11亿元的资金支持。

自有业务呈现良好发展态势。一是自营证券投资业务。通过一级半市场定向增发,收入6600多万元。自有资金管理业务,通过购买较高收益信托产品、投资金融股权等方式,实现2300多万元稳定收益。二是顺利完成入股长治商行工作,入股比例9.9%,成为长治商行第一大股东,长治商行注册资本已于2012年6月30日变更完成。

【做好客户服务工作,拓宽业务营销渠道】 一是大力培育高净值客户。加强与各金融机构间的业务合作,推进网点布局建设,进一步拓宽业务营销渠道。二是继续做好日常客服工作,满足客户的理财需求。大力培育高净值客户,发展合格投资理财人,吸收留存一定规模的信托资金,确保信托业务的顺利开展。三是积极与多家银行、券商和第三方理财机构洽谈合作,建立多种销售渠道,提升合作层次。完成27个信托计划的发行销售,募集资金49.2亿元。四是新设立青岛、广州、武汉3个异地业务部门,完成北京、上海等5个异地业务部门办公场所的装修工作,顺利挂牌营业。各异地部门依托自身资源、地域等优势积极拓展各类业务,截至2012年末,共实现收入1910万元,为公司异地展业创造了良好开端。五是加强与省内各市资产管理公司的联系和沟通,签订合作协议,进一步扩大在全省的业务覆盖范围,已通过各市网点筹集资金3亿元。

(王　鑫)

山西经济年鉴

YEARBOOK OF SHANXI ECONOMY

保险业

BAOXIANYE

保险业

综　述

【2012年山西保险市场总体运行情况】 业务增速缓中趋稳。2012年，全省原保险保费收入384.65亿元，比2011年增长5.5%。全省保险业承保保额5.3万亿元，增长32%。保险密度1065.3元/人，保险深度3.2%。保险公司资产总额911.28亿元，行业实力进一步增强。

主体建设有序推进。2012年，保险公司各级分支机构数量较2011年末增长5.1%，略低于保费收入增幅。截至2012年末，全省共有保险法人机构1家；保险公司省级分公司42家，其中，财产险公司23家，寿险公司16家，专业健康险公司1家，养老险公司2家。保险中介方面，共有保险代理法人机构65家、保险公估法人机构4家、保险经纪分支机构10家、保险兼业代理机构5321家。

赔付支出保持平稳。2012年，全省共发生赔款与给付支出119.33亿元，比2011年增长15.3%。财产险公司赔款支出65.37亿元，其中，车险业务赔款支出58.29亿元。人身险公司赔款与给付支出53.95亿元，其中，满期给付37.89亿元。

地市市场加快发展。随着保险公司地市级及以下分支机构的铺设，基层保险市场规模进一步扩大，区域、城乡市场的发展差距进一步缩小。

财产险保费规模继续扩大。2012年，财产险公司保费收入127.79亿元，比2011年增长12.8%，保费规模居全国第16位，较2011年前进1位。非煤产业快速发展，特别是特色农业现代化，客观上形成财产险市场新的增长点，促进了财产险业务的结构调整。

2012年，各财产险公司省级分公司中保费收入超亿元的公司达12家。从集中度指标看，CR_3（业务规模前三名公司所占的市场份额）为72%，比2011年下降2.3个百分点；CR_5（业务规模前五名公司所占的市场份额）为85.3%，下降3个百分点。

人身险保费增速总体趋缓。2012年，全省人身险公司累计原保险保费收入256.86亿元，比2011年增长2.2%，保费规模居全国第14位。人身险公司以此为契机推进业务结构调整。同时，大病保险政策出台，为保障型人身险提供了发展平台。

2012年，各人身险公司省级分公司中，保费规模超亿元的公司达12家。从集中度指标看，CR_3为67.2%，比2011年下降4.2个百分点；CR_5为84.5%，下降3.3个百分点，市场集中度有所降低。

【服务经济社会发展的能力进一步提高】 农业保险覆盖面显著扩大。2012年，农业保险承保保额68.32亿元，比2011年增长48.9%；赔款支出1.37亿元，增长73.2%；受益农户23.6万户，增长143.1%。

农村小额人身保险稳步发展。2012年，全省农村小额人身保险累计为107.7万人提供145.63亿元风险保障，累计支付赔款1992万元。

出口信用保险覆盖面进一步拓宽。2012年，短期出口贸易信用保险为出口企业提供风险保障12.5亿美元，比2011年增长41%；支持企业融资1.38亿美元，增长8.1%；支付赔款328.5万元，增长438.1%。前11个月的一般贸易出口渗透率达35%，位居全国第一，提高10.9个百分点；服务企业234家，其中，小微企业145家，客户覆盖率22%，位居全国第一。

重点领域责任保险业务继续保持稳步增长。2012年，责任保险承保保额5681.38亿元，比2011年增长59.4%；支付赔款1.68亿元，增长47.9%；保费收入4.99亿元，增长57.2%。其中，煤矿安全生产责任险增长83.9%，环境污染责任保

2012年山西保险业赔付支出分析

项　目	当年累计（单位：万元）
原保险赔付支出	1193250.77
1. 财产险	653708.77
2. 人身险	539542.00
(1)人身意外伤害	18445.72
(2)健康险	42443.34
(3)寿　险	478652.94

注：1. "原保险赔付支出"为按《企业会计准则(2006)》设置的统计指标，指保险企业支付的原保险合同赔付款项。
2. 原保险赔付支出为当年累计数。
3. 上述数据来源于各公司报送的保险数据，未经审计。

2012 年山西省各市原保险费收入情况

单位:万元

地区名称	财产险	寿　险	意外伤害险	健康险
太原市	317764.32	526998.43	20298.92	50218.65
大同市	126716.28	196593.73	4611.20	14744.26
阳泉市	65314.38	122701.54	2621.27	5954.25
长治市	103093.49	187203.96	3425.04	15893.08
晋城市	96610.40	198111.02	4580.56	10216.47
朔州市	56348.48	58381.14	2265.65	3290.93
晋中市	112222.57	258452.61	5469.42	12502.29
运城市	119077.88	265669.88	6202.95	18631.55
忻州市	88075.58	110088.31	4942.70	5588.07
临汾市	104283.72	230343.82	5807.23	17107.02
吕梁市	88361.31	186544.48	5306.09	7854.92
省本级	0.00	0.00	1.04	0.21
合　计	1277868.41	2341088.92	65532.07	162001.69

注:1. 全部数值均为当年累计值。

2. 上述数据来源于各公司报送的保险数据,未经审计。

险增长 105.6%,承运人责任险增长 16.7%,医疗责任险增长 42.2%,校园方责任险增长 47.8%,产品责任险增长 305.9%。

（山西保监局统计研究处）

中国人民财产保险股份有限公司山西省分公司

【业务发展平稳健康,经营效益持续良好】 保费增长平稳。2012 年,保费收入 60.55 亿元,比 2011 年增长 3.7%;实收保费 60.37 亿元,增长 4.6%,保费收入、实收保费双双突破 60 亿元。新增保费 2.18 亿元,其中,农险新增保费 1.3 亿元,增长 49.8%;责任信用、意外健康险增量保费均首次突破 5000 万元。市场份额 46.3%,排名系统保费规模 60 亿元以上省级分公司第一,市场主导地位稳固。

经营效益增强。2012 年,综合成本率比 2011 年下降 4 个百分点,综合赔付率下降 2.4 个百分点,综合经营系统排名 B 类;11 个市分公司全部实现承保盈利,5 个市分公司综合成本率控制在 90%以内。

服务效能提升。2012 年,车险理赔周期 14.2 天,提速 25.2%,排名系统第七。一小时通知赔付达成率 94.2%。亿元保费投诉量 1.8 件,减少 3.5 件,降幅 65.6%。车险出单时长低于 9 分钟,单均缩短 2 分钟。

社会责任彰显。2012 年,累计承担各类保险责任金额 1.5 万亿元,是山西省地区生产总值的 1.2 倍;处理各类赔案 65.7 万件,累计支付赔款 32.6 亿元;上缴税金 6.2 亿元,增长 8%。被山西省政府授予“2012 年支持山西转型跨越发展突出贡献奖”。

【经营品质不断提升】 注重战略执行,精品创建新格局逐步形成。贯彻总公司“使命 2015 计划”,开展“如何做 60 亿元公司管理者和员工”大讨论,领悟“宏观无限、微观无限”内涵,提出“四力”建设总要求,实施“五大工程、五项重点”,精品推进的载体、路径、方法和落点日趋丰富,首批 15 个精品区县窗口验收达标。典型示范,辐射带动,“三位一体”精品战略体系创建步伐扎实高效。

主动优化结构,业务发展新格局初步构筑。融入经济发展大格局,坚持专业化经营和新渠道拓展同步推进。深度整合渠道资源,全面参与社会管理。在拓展业务蓝海中优化业务结构,家庭自用车成为车险第一大客户群,公务用车全省统保,大型车商实现“省对省”合作。全省七大煤矿集团、太钢、省联通、省电力、汾酒集团等标志性集团客户业务稳固,引黄工程、准朔铁路等重大工程项目连续中标,规模企业护航行动净增保费 4000 余万元。连续九年主承保承运人责任险、火灾公众责任险、旅行社责任险覆盖率 100%。首席承保全省医疗责任保险,独家试点全省高危行业、非煤矿山安全生产责任险,继续承保全省 7 个市校园方责任险,环境污染责任险第二批试点保险企业承保顺利启动,自然灾害公众责任险在 3 个市 11 个县实现统保,健康险专项业务实现首个市级统保。

发挥先发优势,“三农”保险新格局广泛渗透。借助政府引导,紧抓中央农业保险敞口政策机遇,大力发展能繁母猪、奶牛保险,积极拓展玉米、小麦、林木火灾、农作物种植雹灾、收获期农作物火灾、塑料大棚蔬菜种植、烟草种植保险,试点推广农村家财、农村小额借款人和补充医疗保险。累计承保各类农作物、林木 334 万公顷,能繁母猪 248.4 万头(次),奶牛 25.9 万头(次)。农险保费收入 3.88 亿元,农村五小车辆、家财、小额借款人人身和补充医疗等涉农保费收入 1.8 亿元。政策性种植业覆盖面 56.4%,政策性养殖业覆盖面 42.9%,为参保农户提供 165.16 亿元风险保障。

深化销售体系改革,销售网络新格局基本形成。以提升销售能力为目标,优化组织,完善布局,重构销售体系。组建渠道管理部门,实施销售人员渠道化分类和归建,初步构建“区域—产品线—渠道”三维一体的销售组织架构,基本实现产品、渠道、队伍与客户的有效对接。启动城区销售网点转型工程,完成首批 25 家标识类转型工程,21 家职场改造和 31 家标识类转型工程稳步推进。深化农网“一号工程”建设,改造 60 个“三农”保险营销服务部,建成 582 个“三农”保险服务站、1675 个“三农”保险服务点,“三农”保险专(兼)干和协保员队伍达到 3562 人,网点到镇、人员到村、服务到户“三农”保险服务网络格局成形。战略性发展电(网)销新兴渠道,保费收入突破8亿元,电销市场份额50.5%,保持区域第一品牌。

完善集中模式,运营管理新格局走向深入。以提升整体运营效能为目标,依托IT技术,完善差异授权,细化标准流程,推广运用新型管理工具,提升关键环节精细化管理水平。初步构建理赔垂直管理模式,稳步推进财务共享中心建设,实现资金、会计核算、费用报销集中化操作,完成全省信息系统大集中。推广应用市场地图、手机远程销售和移动查勘定损系统,销售智能化水平和理赔速度不断提升,移动查勘定损系统使用率排名全国第一。

健全服务体系,快捷服务新格局不断优化。围绕总公司“服务年”和“满意在人保”主题活动,按照“服务参与全员化、服务成本明晰化、基础服务标准化、特色服务差异化、增值服务多元化”大服务体系目标,以提升客户满意度为宗旨,强化销售、承保、理赔、95518客户接触环节效能考评,推广标准服务,落实差异服务,丰富客户体验。细化服务效能考核,完善理赔服务流程,实施VIP客户分类评级体系,推进优质服务示范创评,以“金牌服务明星”“金牌服务示范窗口”和“金牌服务标兵单位”为突破,典型引路,示范带动。全省涌现出总公司级“金牌服务标兵”1个、“服务示范窗口”3个、“服务明星”3名,省级“服务示范窗口”25个、“服务明星”100名,山西保险业双十佳“优秀服务标兵”3名、“优秀服务窗口”4个。

强化内控合规,风险管理新格局更加牢靠。以合规经营三道防线为重点,坚持动态监督与责任追究、思想教育与系统防预相结合,持续改进运行层面内控缺陷,不断提高风险防范水平。梳理业务发展、经营管理重要环节风险点,完善重大违规事件处理流程,严格落实责任追究;逐级签订合规承诺,强化合规文化宣导,推进合规经营刚性考核。认真落实上级公司和外部机构专项审计意见,动态纠改;优化审计整改闭环管理,注重结果运用,开展E级市分公司专项审计。加大理赔队伍整肃力度,果断处理违规违纪人员,净化队伍风气,着力解决“理赔难”问题。坚守合规经营底线,全年无重大行政处罚案件发生。

(茹哲峰)

中国人寿保险股份有限公司山西省分公司

【业务发展态势逐步向好】 截至2012年底,总保费收入99.3亿元。其中,个险首年期交保费收入6.54亿元,银保首年保费收入27.9亿元,团体短期险保费收入2.22亿元。个险渠道强化制度经营,获得总部2000余万元的过渡性政策补贴和战略性投入,提高了团队收入,提振了队伍士气。银保渠道在备战2013年开门红阶段全面超额完成2.57亿元的年终冲刺目标;团险渠道到年底达成短期险预算的96%。截至2012年底,总体市场份额为39.3%,三大销售渠道、11个市级公司继续占据市场制高点。

【队伍有效扩充,实现历史性突破】 个险方面。2012年新增营销人力1.3万人,在补齐首季指标缺口的基础上,月均增员率6.3%,创近三年来新高。新晋升主管3163人次,主管人数增至4801人,主管占比升至16.7%。季均举绩人力增至1.6万人,增长22%,其中,绩优人力占比12.7%。代资考通过率升至76%,新人举绩率68%。国寿E家开通人数突破2万人,科技营销能力大幅跃升。大同、忻州、吕梁、朔州、太原5家分公司,月均增员率排全省系统前列。晋城、运城、长治、晋中、吕梁5家分公司,季均举绩率排全省系统前列。

银保方面。2012年新增理财经理650人,新增客户经理375人。忻州、运城、大同、朔州、吕梁5家分公司,增员目标达成率排全省系统前列。

团险方面。2012年新增销售人力160人。太原、运城、吕梁、朔州、忻州5家分公司,增员目标达成率排全省系统前列。

电销方面。2012年持证人力62人,建起一支新兴的销售队伍。

【新型管理体系初步建立】 “展管分离”迈出重要一步。全面完成各条线人员梳理、岗位职级初套、权限设置等基础工作。强化各条线在人力、业务、财务等重点领域的纵向垂直管理,促进了责权利的统一。规范各级各类经营单位的财务审批权限和审批流。建立客户服务条线定期述职、考试、考核制度。市级公司共向基层分流员工180人。

优化资源配置迈出必要一步。建立分条线配置资源和分单元核算的模式。销售模块人力占比充实提高到35%。省公司和市公司留用机动资源占比分别降至2.7%和2%以下。省市县三级公司共用一张薪点值表。销售管理人员薪点值高于非销售管理人员5%～20%。

理顺分配关系上迈出合理一步。进一步区分基本工资与绩效工资,建立销售管理人员与新单保费直接挂钩的绩效分配制度。初步明确了各条线各岗位工作职责和考核指标,加快理顺“同岗同酬、岗变薪变、以岗定薪”的分配关系。在全辖实施绩效考核结果打分排名并与绩效收入、职业生涯紧密关联的新的绩效考核办法。

市场化选人用人迈出优化一步。按照公开、竞争、择优的原则,组织省公司本部23个二级部经理的岗位竞聘与全体员工岗位的双向选择。组织开展岗位说明书、岗位工作流程、业绩目标合同等方面的学习、辅导和应用。

体制机制创新迈出积极一步。在太原分公司推行扁平化管理模式,其资源安排、责任传承、管理效能、预算执行的效果初步显现。对太原双塔支公司实行总公司新型体系框架内的省公司直管,省会公司形成了个险并驾齐驱、竞相发展的两驾马车。

【公司运行安全稳定】 加强行为引导和制度执行,树立依法合规经营导向。对个别支公司无视制度、白条抵库、欠费出单等违规行为的责任人做出严肃处理。针对晋城分公司在媒体危机事件处理中的出色表现,在全辖通报表扬,并给予奖励。

强化专项治理,有效堵塞内控漏洞。深入开展销售误导综合治理工作，发现和纠正各类涉嫌问题300件(次)，查处违规销售人员33人。认真组织开展20余份审计意见书整改、业务财务数据真实性自查、单证管理百分制考核检查等工作，及时清除风险隐患。

严格管控重点风险，坚守风险防范底线。精心组织分红派发工作，制定实施"信息灵、责任明、处置快"的方针，严控"退保、案件、法律、理赔服务、信访投诉、媒体危机、集资欺诈"等七大风险。登门拜访敏感客户，清理客户信访投诉，处理非正常退保，平息媒体危机，切实做到防微杜渐，防患未然。

【解决基层建设难题，强化运营服务能力】 2012年，针对基层反映服务流程繁杂、时效性差等问题，持续推进省级集中优化，推广保全统一作业平台，推行集团业务"月转年"工作，大力推广业务资金省级批量代收代付，完成网络扁平化改造和县公司网络扩容。新契约端对端时效缩短8.6%，柜面客户满意度提升8.7%，柜面标准化改造率92%，理赔5日内结案率提高2.2个百分点。针对基层费用超支问题，一方面，澄清底子，核实真伪，区分责任；另一方面，严格纪律，追究责任。清理基层公司超支近6000万元。统一制定基层开门费及综合费用最低标准，落实举绩人力、重点城市人力发展、农村网点建设等战略性投入2000余万元。制定相同职级员工、基层公司薪酬高于上级公司、增长幅度快于上级公司的规定。针对基层后援服务需求强烈的实际，构建"受理统一、处理标准、反馈主动、优化持续"的内部服务平台，打通"向上报送问题、向下反馈意见"的两个管道。全年处理工单2.2万件，日均受理209件。

（刘建珍）

2012年山西省各财产保险公司原保险保费收入情况

单位：万元

公司名称	合计原保险保费收入
中国人民财产保险股份有限公司山西省分公司	605520.13
中国太平洋财产保险股份有限公司山西分公司	116257.84
永安财产保险股份有限公司山西分公司	31871.85
中国平安财产保险股份有限公司山西分公司	153190.70
天安保险股份有限公司山西省分公司	11511.96
中国大地财产保险股份有限公司山西分公司	59688.53
太平财产保险有限公司山西分公司	22459.61
华安财产保险股份有限公司山西分公司	7947.08
安邦财产保险股份有限公司山西分公司	2535.52
永诚财产保险股份有限公司山西分公司	15641.49
阳光财产保险股份有限公司山西省分公司	24740.54
中国人寿财产保险股份有限公司山西分公司	189606.21
渤海财产保险股份有限公司山西分公司	935.80
都邦财产保险股份有限公司山西分公司	4651.11
华泰财产保险股份有限公司山西分公司	14405.56
中国出口信用保险公司山西分公司	2814.45
天平汽车保险股份有限公司山西分公司	8045.51
安诚财产保险股份有限公司山西分公司	1944.20
信达财产保险股份有限公司山西分公司	6783.26
中银保险有限公司山西分公司	21817.55
中煤财产保险股份有限公司山西分公司	4608.21
英大泰和财产保险股份有限公司山西分公司	9270.31
紫金财产保险股份有限公司山西分公司	1551.89
合计	1317799.31

注：以上数据是保险业执行《关于印发〈保险合同相关会计处理规定〉的通知》(财会〔2009〕15号)后，各保险公司按照相关口径要求报送的数据。

中国太平洋财产保险股份有限公司山西省分公司

【2012年主要业务经营概况】 2012年，太平洋产险山西分公司保费收入11.63亿元，比2011年增长6.3%。其中，机车险保费收入9.28亿元，增长11.1%；非车险保费收入2.35亿元，下降8.9%。车险与非车险结构比为80∶20，非车险占比下降3.6个百分点。赔款支出5.57亿元，简单赔付率47.9%，上升7.1个百分点。结案率88.4%，上升1.9个百分点。应收保费率3.7%，控制在总公司要求之内。综合成本率91.3%，实现报表利润8467万元。

【沉着应对市场变化，全力推动业务销售】 车险业务较快增长。一是认真分析市场动态，准确把握核保政策，努力提高车险产品的市场竞争能力，及时对车险核保参数进行调整。二是在总公司"稳新保、强续保、促转保"的工作思路指导下，着力强化车险工作督导。三是开展一系列销售竞赛活动。四是大力倡导和鼓励团体业务的拓展。五是夯实管理基础，提高精细化管理水平。

非车险业务全力扭转不利局面。一是狠抓续保，坚守固有阵地。认真梳理非车险的每一笔业务，按月逐笔跟踪，督促机构进行业务维护，制定续保方案，确保续保率的提升。二是推行包点督导制度。制定针对机构的非车险包点制度，开展业务分析和预警。三是组织开展一系列非车险劳动竞赛活动。四是针对部分地市机构非车险业务发展滞后的现状，组织现场调研和业务宣导，帮助地市机构解决非车险业务发展存在的问题。五是强化非车险业务的后援支持。通过业务培训、优化核保流程、调整费率参数等措施,不断提升非车险产品的市场竞争能力。

理顺架构,发挥优势,推动渠道业务销售增长。一是车商渠道方面。积极开展高端车型促销活动。适时开展一汽大众“买车送保险”促销活动。继续加快销售平台搭建步伐,延伸销售网络。积极承接总对总项目,保费规模占到车商渠道的50%。建立送返修系统,为与车商的合作提供数据支持。2012年车商渠道保费收入2.12亿元,比2011年增长36.6%,主渠道作用日渐体现。二是电销渠道方面。积极争取总公司广告费投入,持续加大宣传力度,为电销业务拓展营造市场氛围。强化市场分析,及时调整营销策略,掌握市场竞争的主动权。开展贯穿全年的竞赛推动,积极开展礼品促销活动。加大数据收集力度,全年累计收集30余万条,为电销呼出奠定了基础。通过政策倾斜、改善服务、理赔支持和增值服务等全方位配套举措,进一步夯实电销渠道基础。截至2012年末,电销渠道保费收入8723万元,增长125.1%。三是交叉渠道方面。实现寿险职场远程出单,大幅提高产险专员专职率。组织开展一季度“开门红”、二季度“任务过半”等竞赛活动,三、四季度根据市场变化及时辅助政策支持,有力地推动了业务销售。强化考核,进一步优化交叉销售绩效考核办法及管理制度,提高销售专员的积极性。积极开展“产代寿”工作,促进“产代寿”业务提升。2012年,交叉销售保费收入6748万元,增长24.1%,“产代寿”保费收入300多万元,在全司系统排名第三。四是银保渠道方面。制定出台银保业务拓展指导意见,着力提高渠道铺设能力与业务拓展能力。与五大国有银行建立全面合作机制,与多家股份制银行签署合作协议,同时积极承接总对总推动活动。开展主题业务竞赛活动及贯穿全年的银保业务推动活动,完善销售费用政策,促进银保业务发展。强化与传统合作伙伴的关系,巩固业务基础。2012年银保渠道保费收入2924万元。五是经纪人渠道方面。充分发挥公司的品牌优势,

2012年山西省人寿保险公司原保险保费收入情况

单位:万元

公司名称	合计
中国人寿保险股份有限公司山西省分公司	993486.54
中国人寿存续业务	35132.97
中国太平洋人寿保险股份有限公司山西分公司	413731.52
中国平安人寿保险股份有限公司山西分公司	162823.18
新华人寿保险股份有限公司山西分公司	291623.48
泰康人寿保险股份有限公司山西分公司	130840.69
中国平安养老保险股份有限公司山西分公司	6465.75
太平人寿保险有限公司山西分公司	71816.32
中国人民人寿保险股份有限公司山西省分公司	274145.28
嘉禾人寿保险股份有限公司山西分公司	21547.34
中国人民健康保险股份有限公司山西省分公司	22089.40
英大泰和人寿保险股份有限公司山西分公司	4554.62
合众人寿保险股份有限公司山西分公司	9387.61
民生人寿保险股份有限公司山西分公司	27751.87
阳光人寿保险股份有限公司山西分公司	27578.13
生命人寿保险股份有限公司山西分公司	17921.18
光大永明人寿保险股份有限公司山西分公司	5082.20
国华人寿保险股份有限公司山西分公司	8671.16
幸福人寿保险股份有限公司山西分公司	4042.53
合计	2528691.77

注:1. 以上数据是保险业执行《关于印发〈保险合同相关会计处理规定〉的通知》(财会〔2009〕15号)后,各保险公司按照相关口径要求报送的数据。
2. 泰康养老以代理身份开展相关业务,保费统计在泰康人寿项下。

强化与经纪人公司的合作关系。扎实做好对经纪人业务的服务工作,组织公司重客、理赔等部门对大客户和经纪公司开展培训工作。整合资源,积极参与重大项目招标活动,先后招标承保了山西手术意外险、山西亚美大宁能源有限公司责任险、国际电力财产险等项目。2012年经纪人业务保费收入8648万元。

整合重要客户资源,提升服务,在大项目上有所突破。2012年,针对重点行业新投资、新项目明显减少的形势,以属地500强企业和地方百强企业为目标,以项目集中拓展为运作方式,扎实推进重大客户业务发展。开展重大客户业务竞赛,引导和鼓励销售人员在公司未覆盖的客户中取得突破,在已有的客户中挖潜拓展。启动重大客户业务“领航员工程”,引领全体员工开展重大客户业务。建立中支公司重客业务督导制。通过基础数据分析,按月对中支重大客户业务进行督导,并提供及时帮助和支持。借鉴500强客户管理拓展经验,加强与地方百强企业合作,已与25家地方百强企业建立了合作关系。开展重大客户拜访工作,增进感情,密切联系,为业务发展奠定扎实基础。2012年,重大客户业务取得较好业绩,在属地13家500强企业中,公司承保了晋煤、阳煤、同煤、太钢等9家集团企业。在非属地重大客户中,公司承保了中电投、中电国际、中国大唐、华电集团、中石油等17家集团企业。2012年保费收入7456万元,比2011年增长10.5%。

【加快建立集约化运营体系,持续提升运营效率】 客户服务再上台阶。一是制定《窗口服务规范与质量标准》,完善考核办法与细则,促进服

务质量提升。二是将公司承保、理赔、投诉流程全面公示，切实维护消费者的合法权益。三是以推行综合柜员制为契机，加大培训和内部横向协作力度，实现出单、缴费和理赔一站式服务，大幅度减少客户办业务的时间。四是积极开展服务创新。对资深和大客户提供多种增值服务，强化资深和大客户的忠诚度。五是加强单证管理的培训与考核，对各机构及代理点单证使用、核销情况进行实时监控和分类管理，防范风险发生。六是全面提升95500服务内涵及服务质量。七是制定《出险案件回访管理办法》和投诉案件处理考核办法，完善重大投诉应急机制，建立投诉案件的专人联系制和升级问责制。2012年投诉一次性解决率94.1%，比2011年提高10.6个百分点。

理赔服务加快速度。一是认真落实保监会“关于治理车险理赔难”的有关精神，对2011年之前的所有案件全面清理。经过清理，未决案件结案率87%，针对车险人伤案件结案周期长的老问题，实施“一对一”服务，使这类案件赔付速度和质量有了快速提升。二是借助于新技术、新系统的运用，提升理赔质量和效率。三是继续推进理赔省级集中工作，集约化管理步入新阶段。四是加强理赔岗位技能培训，打造过硬理赔队伍。五是积极创新，优化流程，提升客户体验。六是树立“防重于赔“的理念，扎实做好防灾防损工作。制定大灾风险应急预案，大幅度化解和减轻灾害造成的损失。七是加大理赔费用改革力度。

财务管理不断强化。加大经营分析力度。加大销售费用，推动业务发展。继续强化财务集中，抓好财务核算。

法律规范认真严谨。组织开展年度内控和风险自查，对发现的问题进行整改落实。开展第三次财务、业务数据真实性自查和中介业务常态监督检查工作。通过印发“合规动态”和“风险提示函”，对机构进行合规风险提示，预防风险发生。监督业务机构对代理协议进行认真清理，对公司运营各流程环节进行监控，防止洗钱行为的发生。配合集团公司审计部对公司开展产寿险交叉销售审计调研工作及对公司领导班子的任期审计工作。

【继续提升服务能力，充分发挥后援支撑作用】 *信息技术支持*。通过系统的持续优化，为数据分析提供技术支持。认真抓好信息安全。完成车险平台升级和车船税系统、保监会公文系统、新视频系统等一系列上线工作。

人力资源支持。持续推进人力资源优化项目，全面促进人均产能提升。深入推进干部管理体制改革，加强干部工作能力建设。不断加强人力资源集约化管理，有效防范劳动用工风险。以提升投入产出效能为目标，不断健全人力成本管控机制。以强化价值传导为核心，持续优化绩效管理机制，进一步激发员工工作的积极性和创造性。

（柴　煜　陶　莹）

中国太平洋人寿保险股份有限公司山西省分公司

【2012年主要业务经营概况】 2012年，太平洋寿险山西分公司累计实现原保险保费收入41.4亿元，比2011年增长6.7%，继续保持稳固的市场地位。截至2012年底，全省设有11个市级机构以及100余家县(区)机构。

始终致力于为客户提供全方位、高品质服务的追求，充分发挥保险的经济补偿、资金融通和社会管理功能。2012年，处理各类理赔案件8276件，累计给付理赔金8540.6万元。其中，身故及残疾理赔案件1785件，理赔金4690.4万元；重大疾病理赔案件1371件，理赔金3019.9万元；医疗及医疗补贴理赔案件5120件，理赔金830.3万元。

【各项业务稳健发展】 *个险业务*。个险条线以推动人力健康发展和产能持续提升的“双轮驱动”模式为主线，确保公司价值可持续增长。2012年渠道新保总保费累计5.76亿元，比2011年增长6.7%，占山西市场份额的20%。其中，期缴累计5.32亿元，增长2.5%，占山西市场份额的23%。营销渠道总人力达1.7万人，较2011年增加3436人，占山西营销队伍的20.7%。围绕总公司“以客户需求为导向”的战略转型，在山西太原4家四级机构进行老客户后期增值服务试点活动。

银保业务。银行保险条线积极贯彻落实“保价值、促转型、谋发展”的发展战略，深入推进银保转型，优化银保销售模式，以提升网点经营效能、扩充客户经营人力规模、拓展新渠道经营为抓手，业务结构不断优化，趸缴、简单期缴与新型期缴逐步实现协调发展。2012年，银行保险条线累计实现保费6.7亿元，其中，保障类期缴保费1.7亿元，占比23.6%，业务结构持续优化，转型发展初见成效。

团险业务。团体直销条线围绕总公司“通过客户需求导向的战略转型，实现公司可持续价值增长”的发展战略，以“四个坚持”为业务发展指导思想：坚持以效益为导向，坚持以渠道开拓为主线，坚持以职团开拓、团个交叉为推进，坚持以创新发展为突破。在巩固意外险业务、“安贷宝”渠道及传统业务的基础上，强势推进“职团开拓”业务和“个团交叉”销售业务发展。2012年，团体直销条线标准保费累计收入1.4亿元，核心业务意外险累计保费收入6000万元，主渠道“安贷宝”业务收入4000万元，业务结构调整成效显著。

【技术助推战略转型】 积极推进“以客户需求为导向”的战略转型，围绕“关注客户需求，改善客户界面，提升客户体验”，着力打造“在你身边”的保险公司。启动“把理赔放进金鱼缸”理赔透明化项目，有效改善客户和代理人的投保体验。实现投保进度自助查询，为在线、移动承保奠定了基础，提升了增量客户数据质量。打造“神行太保”智能化平台，规范业务员展业行为。2012年，通过“神行太保”系统出单保费占比已达97%，该项目已完成投保智能化推广，正在进行客制化、无纸化项目的推广上线。保全GPS项目成功上线，使柜员易操作且平均作业量下降22%，为客户带来“便捷、坐享、自助”的服务体验。

【有效提升客户体验】 “3·15”期间，以“关注销售误导，维护客户权益”为主题开展各类服务活动。上线“便捷在你身边”全国通赔通付服务，个人和团体客户持完整资料可在保单签发地或其以外的国内(除西藏)任意服务网点就近办理理赔、保全业务申请，由受理机构接洽并提供及时服务。执行《投保人关键信息强制录入和自动校验制度》和《投保风险短信提示制度》，2012年共承保新契约保单4.9万件，发送风险提示短信4.1万件，短信成功率98%。通过在公司核心系统、银保通系统中嵌入信息控制功能，提高保单信息的真实性和有效性，提升保单质量及回访成功率。

【财务管理日趋完善】 一是建立渠道预算管理员。预算管理实行“条块结合、以条为主”的预算管理模式，渠道预算管理员以管理条线预算为主、管理机构为辅，有效提升渠道经营核算及分析水平。二是建立经营分析月度表，有效助推业务部门调整业务结构及市场投入。三是完成第三次财务业务数据真实性自查工作。四是开展全辖会计基础工作检查。五是实现佣金管理全流程系统化管理。

【合规经营防范风险】 2012年，以制度为抓手，强化合规执行力，注重合规管理工作成效，实现结果管理到过程管理的转型，更好地预防和控制合规风险。进一步提升服务意识和理念，正确理解和处理好合规管理与业务发展的关系，实现风险与收益的良好平衡。加强合规队伍建设，健全合规管理制度，提高合规管理水平和重点风险评估监控能力，支持业务创新发展。

(刘志平)

中国平安财产保险股份有限公司山西省分公司

【业绩持续增长，效益稳步提升】 中国平安财产保险股份有限公司山西分公司基础管理进一步扎实，队伍建设持续优化，服务水平不断提升。2012年，保费收入突破15亿元，比2011年增长19.8%；利润总额1.25亿元，增长22.1%。

【快易免再升级，客户满意度提升】 2012年，保险行业由业务稳健发展转变为“抓服务、严监管、防风险、促发展”。通过持续优化全案赔付周期、理赔时效等夯实服务品质，深刻理解并牢牢抓住客户的需求，时刻秉承“以客为尊，用心服务”的服务理念，在行业内率先推出客户需求度最高的“快、易、免”三项全能服务。提升客户品牌认知度的增值服务同时，夯实各环节基础服务动作，成立37个外联调解点，服务广大客户。

严格按照保监会治理车险理赔难专项工作要求，全面清理车险长期未决赔案。从管理团队、基层组织、服务规范和落实跟踪方面着手，有效提升整体服务水平。严格各个客户接触点服务规范执行情况的改善，整体服务水平有较大提升。实施投诉综合治理，投诉率大幅下降，客户满意度大幅提升。

【完善内控管理，依法合规经营】 2012年，积极转变发展方式，严格合规经营，积极优化业务结构，持续提升服务，取得较好的经营成果。紧抓市场机遇，坚持各销售渠道齐头并进，持续加强服务体系建设，搭建行业领先的服务平台。狠抓风险管理和内部控制，将合规经营作为实现战略目标、提升工作信赖水平、树立品牌与探索的最佳实践手段及核心途径，为快速发展夯实基础。

【机构铺设有序，队伍全面成长】 截至2012年底，山西分公司机构总数65个，其中，省级分公司1个，中心支公司10个，支公司17个，营销服务部37个。2012年，分公司共铺设5家四级机构，保险行业门店标准化进程又向前迈进了一步。

持续强化各层级管理干部的培养和基层队伍建设，为公司发展建立充足的人员储备，公司队伍建设成效斐然。2012年，分公司外部加强品牌宣传，强化保险知识普及，内部积极推动先进文化宣传，活跃员工思想。全面提升员工的综合技能、社会责任感和行业荣誉感，进一步激发干部员工的主观能动性，在公司持续发展的同时加速干部员工队伍的全面成长。

(胡　丹)

中国平安人寿保险股份有限公司山西省分公司

【主营业务持续稳定增长】 2012年，中国平安人寿保险股份有限公司山西分公司保费收入继续实现稳步增长，寿险累计保费收入13.83亿元，比2011年增长5.6%。2012年11月，分公司通过“万人大业，决战龙年”为主题的增员行动，成功实现人力万人大关，营销员人数达1.1万人，持证率100%。2012年，山西平安10家三级机构积极参与市场竞争，勇于开拓业务，累计实现保费收入7.11亿元，比2011年增长8.2%，保费贡献度43.6%。在分险种保费收入中，寿险累计保费收入13.83亿元，其中，普通寿险保费收入6948.2万元，非传统寿险13.14亿元。意外险保费收入1738.8万元，健康险保费收入22742.5万元。

2012年，分公司积极调整销售理念和产品结构，全面倡导保险销售回归保险本源，保险销售逐渐回归保障，重点推出高保障的“常青树”系列组合产品，在全年推动万能产品附加重疾，开始推动主要产品附加无忧豁免，为客户提供更多的保障，满足客户不断增长的保障需求。

为提升客户服务体验开展多项行动，试点进行每月为平安客户送客服报，为客户普及保险常识和开展相关服务。开展以“诚信、健康、关爱”为主题的客户服务节活动。推动MIT移动展业和E化服务，为客户提供更加省时、省心、放心、便捷的服务。2012年，客户综合满意度达到90%。

【分支机构有序发展】 2012年末，

分公司机构总数为51个，其中，省级分公司1个，中心支公司(二级分公司)9个，支公司7个，营销服务部23个。

【优化理赔服务】 2012年，平安人寿山西分公司标准案件共结案8308件，占整体案件量的80%以上，件均时效0.9天，3日结案率达成99.9%。分公司赔款(给付)累计2.59亿元，其中，赔款支出755.7万元，给付合计2.51亿元。赔款支出方面，意外险382.2万元，短期健康险373.5万元。短期健康险简单赔付率32.7%。满期给付累计1.79亿元，死伤医疗给付累计5980万元。

【实现合规经营】 2012年，分公司合规工作以内控评估项目的全面开展为契机，以建立合规经营文化，有效落实合规经营，实现永续发展为目标，积极推动全员树立合规操作、合规管理、合规经营意识，全面防范风险，提升经营管理水平。开展内控自评项目，全面覆盖公司各业务条线和工作流程。通过对公司内控状况的自我评估，对公司合规经营状况进行全面检视和完善。开展合规反洗钱宣传月活动，通过合规大讲堂、全员学合规、人人谈合规、合规反洗钱比武等一系列活动，集中推广合规经营文化，有效落实合规经营管理。

(张　倩)

永安财产保险股份有限公司山西省分公司

【2012年各项经营指标完成情况】 截至2012年底，永安财险山西分公司保费收入3.19亿元，市场份额2.4%，比2011年增长2.2%。市场主体排名第六。分公司综合费用率38.3%，综合赔付率54.8%。

【强化措施，改善服务环境】 一是加快理赔服务时效。理赔部召开全省理赔部门专题会议，解决理赔时效差的问题。二是强化为基层服务。充分发挥分公司管理和指导职能，不断提高服务客户的质量和水平。三是加强培训力度。制定科学、合理培训计划，做好对口岗位的培训工作，提升员工实际操作能力。四是做好上下沟通交流。了解基层存在的问题和需求，采取相应的措施及时解决问题。

【提升理赔服务质量，实施理赔集中管理】 强化制度建设，规范操作流程。对照总公司车险理赔管理要求，全面检视车险理赔组织管理、赔案管理、数据管理、运行保障等制度，加强理赔运行管理、优化资源配置、服务标准及服务体系建设。提高全省结案率，缩短小额案件的结案周期。一是在全省实行地市理赔中心主任竞聘上岗。二是精简部分工作项目，简化理赔手续，提升工作效率。三是细化各环节的时效管控，规定调度、查勘、核损、报价、核赔各环节明确时限要求。四是按月公布各机构理赔指标数据，尤其针对机构的结案率、结案周期、24小时结案占比的指标进行详细分析，对数据不达标的机构加强督导，落实责任。

积极实施“小额财损快速处理办法”。积极实施《机动车小额财损交通事故快速理赔办法》，完善内控制度，建立快速理赔通道。强化宣传效果。组织全省理赔、客服人员培训，确保实施到位。建立责任追究制度，确保车险理赔提速。

清查历史遗留问题，坚持总经理接待日制度，提高客户满意度。为解决遗留问题，分公司成立两个工作组，专门清理未决积压案件和处理诉讼案件。不断完善总经理接待日制度，加强宣传力度，搭建与客户的沟通平台。建立和完善理赔服务质量评价体系，将理赔服务客户满意度纳入考核体系。

建立车险理赔服务质量长效机制。强化理赔管理职能，提升理赔服务，分公司依照“由易到难、按照条线、逐步集中”的工作思路，实现全省理赔集中管理，依次从核价、核赔、核损条线进行了人员初选，制定岗位职责，并在各地市理赔服务中心配备专职、专业人伤查勘调查人员，从源头上挤压理赔水分。建立考核体系，设立涵盖理赔各环节的考核指标，奖优罚劣，不断提高理赔的工作质量和效率。加强现场检查力度，成立大案、疑案组，对所涉案件第一时间介入，有效控制风险。通过现场检查督导、协同作业等方式指导机构确保理赔指标的顺利达成。建立责任追究制度，清查理赔过程中出现的违法违规问题。

2012年，分公司车险结案率89.1%，案件流转时效明显加快，平均结案时间由28.1天下降到21.2天。车险24小时结案占比15.4%，其中，当年报案并结案的3000元以下案件结案周期为4.6天，万元以下案件结案周期为21.7天，3000元及万元以下结案周期呈现逐月下降趋势。

【强化激励措施，推动业务发展】 一是做好思想动员。强化“发展立司、发展兴司”的理念，树立“要发展、求发展、快发展”的思想意识，切实增强全员加快发展的主动性和自觉性。二是制定奖励政策。制定业务单位《2012年下半年业务竞赛奖励办法》和《分公司2012年下半年部门绩效考核方案》，充分调动全员展业积极性。三是抓好督促落实。加大督促考核力度，通过日公布、周点评、月总结、季分析等方式，发挥好先进典型的示范带动作用，烘托出“比、学、赶、帮、超”的争先创优局面。

【加快四级机构批设速度】 2012年，山西分公司新批设并已开业的中支公司1家，营销服务部5家，保监局批设已验收的营销部2家(长治城区、晋城城区)，保监局已批筹的中心支公司1家(朔州)，县级公司2家(孝义、柳林)，总公司已批设的营销部3家(翼城、浑源、长子)。

(王建宇)

山西经济年鉴

YEARBOOK OF SHANXI ECONOMY

证券·期货

ZHENGQUAN QIHUO

证券·期货

证券管理

【2012年山西资本市场发展运行情况】 截至2012年底，在全国融资规模下降38.5%的情况下，山西辖区资本市场直接融资规模突破千亿大关，核批1200亿元，实现1150亿元，比2011年增长64.4%。

上市公司方面。截至2012年末，山西省境内共有A股上市公司34家，其中，主板29家，中小板3家，创业板2家，数量与2011年持平。总股本495.22亿股，流通股本467.6亿股；总市值（含限售）4502.89亿元，流通市值4349.78亿元，总市值在全国排第九位，较2011年上升一位，在中部六省排名第一位。

证券经营机构方面。截至2012年末，山西辖区有2家证券公司，3家证券分公司和123家证券营业部（含2家筹建中）。其中，辖内证券公司营业部73家，辖外证券公司营业部50家，比2011年新增9家证券营业部。

2012年末，2家证券公司注册资本25亿元，总资产143.47亿元，比2011年下降1.6%；净资产67.35亿元，增长2.4%；净资本48.91亿元，增长2.5%。2012年，2家证券公司累计营业收入9.32亿元，减少15.3%；累计实现净利润2.34亿元，减少6.3%。

2012年，辖区证券投资者开立资金账户163.7万户，比2011年增长5.8%。全年辖区证券市场交易量累计7529.25亿元，减少18.5%；辖区证券营业部营业收入9.6亿元，减少29.5%；净利润2.39亿元，减少44.2%。

期货经营机构方面。截至2012年末，山西辖区共有4家期货公司，28家期货营业部，3家期货交割库和31家IB证券营业部，比2011年新增2家期货营业部。

2012年，4家期货公司注册资本1.92亿元，净资本2.45亿元；资产总额14.02亿元，比2011年下降2.9%；净资产总额2.34亿元，增长3.1%；手续费收入1.76亿元，下降4.8%；利润总额1323.9万元，实现较大幅度增长；21家外埠营业部累计亏损971.97万元。

2012年末，辖区期货投资者开户数3.3万户，比2011年增长10.4%；客户保证金11.09亿元，下降4.6%；期货代理交易量4697.4万手，下降2%；代理交易额34429.84亿元，减少17.1%。

（张　军）

【山西省“十二五”资本市场发展目标】 到“十二五”末，基本建成主体健康、体系完善、机制健全的多层次资本市场体系，打造中西部资本市场产业集群，构建中西部资本市场强省，在全国达到中等以上水平。

1. 上市公司力争达到80家，其中，境内上市公司力争达到60家，境外上市公司力争达到20家；拟上市企业资源储备库入库企业达到300家。

2. 实现股权融资1000亿元，其中，企业通过上市首发、股权挂牌、增资扩股等方式融资500亿元，上市公司通过公开增发、定向增发、配股、可转换债券、权证等方式再融资500亿元。

3. 实现债权融资3000亿元，其中，通过发行企业债融资500亿元，发行公司债融资500亿元，发行短期融资券、中期票据等融资2000亿元。

4. 通过上市公司市值管理、资产证券化融资创新等方式实现融资1000亿元。

5. 各类基金募集资金500亿元。其中，完成现有能源产业基金的募集工作，募集资金50亿元；新增产业基金募集资金50亿元；新设股权投资企业募集资金300亿元；省内外证券公司在山西的直投业务管理资产规模达到100亿元。

6. 上市公司并购、重组、整合资产规模达到1000亿元。

7. 做大做强资本市场服务机构。山西证券股份有限公司主要业务指标进入全国证券行业20强，大同证券有限责任公司按照“特色化”发展之路做精做强；全省证券营业部数量达到160家；全省11个设区市全部设立期货营业部，数量在现有基础上翻一番；增设20家股权投资企业；重点扶持3家以上地方律师事务所开展资本市场业务；发挥金融资源整合优势，探索建立全省“五位一体”的综合融资服务平台。

（李仁贵）

【资本市场支持实体经济发展能力大幅度提升】 直接融资方式方法和规模取得历史性突破。截至2012年底，辖区资本市场直接融资突破1150亿元，其中，非公开发行股票再融资52.61亿元，定向增发融资87.85亿元，发行债券融资合计945.6亿元，其中，包括企业债融资103亿元、中期票据融资549亿元、短期融资券融资82.6亿元、公司债融资146亿元、地方政府债券融资65亿元，资产证券化融资53.5亿元，创投基金、股权融资等其他方式融资10.44亿元。另有50.34亿元融资申请获核准，尚未完成。

上市公司充分利用多种工具积极再融资。辖区上市公司积极运用公司债、可分离转换债券、公开发行、定向增发等手段实施再融资。辖区太钢不锈、兰花科创、大秦铁路、永泰能源、山西三维等5家上市公司发行或拟发行公司债171亿元，永泰能源、亚宝药业、山西焦化等8家公司股权再融资或拟再融资174.21亿元。

上市公司并购重组有较大突破。为促进行业整合与产业升级，辖区并购重组取得较大进展。2012年，推动辖区＊ST漳电、＊ST关铝、＊ST太工、ST东碳、永泰能源和山西证券7家公司实施并购重组，重组涉及规模128.77亿元。

ST公司加快重整激活生机。2012年，通过相关市国资委、第一大股东、证监会、山西证监局及交易所的大量工作，辖区ST公司通过重大资产重组等方式加快解决公司持续经营和盈利能力问题，化解上市公司退市风险，重点风险公司维稳防控工作完成。＊ST漳电、＊ST关铝、＊ST太工3家公司并购重组取得实质进展，涉及金额38.85亿元，辖区上市公司所面临的退市风险平稳化解，上市公司活力得到激活。

辖区企业改制上市工作步伐加快。2012年，山西证监局在全省9个市分别召开推进企业改制上市工作座谈会。联合省资本办出台《关于加快推进企业改制上市工作指导意见》，多次举办各类企业改制上市培训班，加强对重点拟上市企业辅导验收工作，各市掀起了企业改制热潮，对拟上市企业培育工作的重视程度明显提升。2012年末，全省已有17家企业进入备案辅导期，4家企业上报证监会审核。

大力推动证券公司服务企业融资。2012年，省内外多家证券公司与地方政府签订战略合作协议，为城镇化建设和企业提供IPO、再融资、改制或重组等多项综合融资服务。出台《创建证券营业部综合服务窗口试点工作实施意见》，将证券公司综合金融服务优势延伸到基层实体经济。

多层次资本市场体系建设加快。山西省区域“四板市场”和“五位一体”综合融资服务平台建设取得实质性进展。在2011年取得零的突破后，私募股权投资基金在全省地市发芽。山西证券设立直投基金，证券公司积极探索资产证券化融资，中小企业私募债试点方案出台，太原高新区启动与“新三板”的对接准备工作。

资本市场发展环境进一步完善。证监局领导班子带队深入11个市、30多个县（区）及近百家企业实地调研、指导工作，为政府和企业发展“送理念、送知识、送服务”。2012年，山西证监局先后与晋中市、太原高新区、运城市、朔州市、省旅游局、省科技厅签订合作备忘录，明确资本市场建设、助推经济转型发展的合作目标、合作重点；8个市出台鼓励发展和利用资本市场的相关政策，形成发展和利用资本市场合力。

宣传教育和金融人才培养进展良好。2012年，举办资本市场服务实体经济专题讲座30余场。组织编写《套期保值理论与实践》《资本的魅力》等宣传书籍，免费发放。充分调动媒体积极性，资本市场宣传工作加强。山西省委组织部组织的“全省年轻干部挂职锻炼工作”以及证监局与高校联合举办的“资本市场后备人才培训班”进展顺利，挂职干部35名，培训学生350名。组织了多批针对全行业高管人员的专题培训班。

投资者保护工作加强。创新辖区投资者关系管理，建立“资本市场特约咨询员制度”，形成投资者保护分层工作体系。开展多样化投资者专题教育活动，引导投资者树立理性投资和价值投资理念，稳妥处理信访投诉420件。开展大规模打非和防控内幕交易专项宣传活动，严厉打击资本市场违法犯罪行为。

（张　军）

18

科学事业

KEXUE SHIYE

科学事业

科学事业

【2012年山西省科技工作综述】 科研机构概况。2012年，山西省有科研机构164个，其中，自然科学研究机构133个，社会科学研究机构19个，情报科学机构12个。全省科研机构中，从事科技活动人员8768人，其中，自然科学科技人员7698人，社会科学科技人员755人，情报科学人员315人。

2012年，山西省获省科学技术奖1902项，其中，科技进步奖161项，技术发明奖62项，自然科学奖23项。

研发高端产业引领项目。2012年6月，神舟九号飞船在酒泉卫星发射中心成功发射升空。由中北大学动态测试省部共建国家重点实验室培育基地研制的黑匣子项目完成获取火箭飞行过程中的图像、声音等多参数，实现火箭发射过程中逃逸、一二级火箭所有力学及图像数据的采集存储等任务，山西省科研单位研发的测试技术再次成功应用于中国航天事业。世界上首台规格最大、技术性能最先进、生产能力最高的WK－75型矿用挖掘机，在山西太重集团公司正式下线。这台从设计到制造完全国产化的挖掘机，采用了世界先进的智能化控制技术、运行状态自动检测和故障诊断、能量回馈等技术，可满足国内外现代化大型露天矿山高效、低耗、智能化和绿色开采的需要。太钢以科技为依托，面向市场，主动承担我国高等级不锈钢研发，一批技术含量高、发展前景好、产品附加值高的不锈钢产品，广泛应用于我国尖端领域和重大工程项目中。作为我国生产高级别管线钢的重要厂家，太钢采用先进技术，在国际上首次成功开发高厚度焊接钢管用热轧卷板，为西气东输二线工程提供X80管线钢，保证了工程项目顺利开工建设的同时，填补了国内空白。

组织科技重大专项。完善重大专项的实施机制，明确首席专家制、企业主导技术研发机制，突出抓好核心、关键技术攻关和技术示范，推动产业发展的新业态和新模式的形成。“磷酸铁锂动力电池及电动汽车示范”项目取得重大进展，“电子信息领域关键技术”专项“激光消干模块工程化技术研究”项目取得新突破，“现代煤化工关键技术及示范”专项“水煤浆水冷壁气化炉技术开发”项目取得重大创新成果，由太原钢铁（集团）有限公司承担的“非晶、纳米晶带材及制品研发”项目取得重要进展。

加快农业科技创新发展。2012年，山西省加快农业科技创新、加强农业技术推广、加大农业科技社会化服务，紧紧围绕“一县一业”“一村一品”，通过农技协服务网络，采取大联合、大协作的方式，搞好适用技术培训等工作，为农业增产、农民增收、农村繁荣提供服务。通过完善农科教、产学研、人技物相结合的推广机制，设置玉米、小麦、蔬菜、生猪、牛等17个现代农业产业技术体系。以主导品种、主推技术、主体培训为重点，开展科技进村入户行动，加快农业科技成果转化步伐，农业科技进步贡献率51%。

启动“山西省农业综合开发粮食高产优质高效科技支撑行动计划”，当年投入财政资金606万元，群众自筹资金37万元，依托省农科院和省农业大学的技术与人才优势，实施小麦、玉米、高粱高产优质高效种植示范12个项目；积极支持杂粮科技振兴计划，组织实施谷子、荞麦、燕麦、糜子、杂豆等10个杂粮科技示范推广项目；实施盐碱地改良技术示范推广项目，在大同盆地推广盐碱地改良技术；支持实用技术推广应用，2012年投入1409.6万元，组织实施粮食、蔬菜、经果林、工厂化育苗、无土栽培等27个农业新品种、新技术科技示范推广项目。

培育具备竞争力的企业。依托省创新计划，在煤机装备、光伏产品、物联网、云计算、新能源汽车及动力电池、半导体及绿色照明、金属新材料、风电装备等领域，以骨干企业为主体，培育山西省的新品牌和经济增长点。2012年，山西省属国有企业着力推进转型升级，传统产业精彩转型，新兴产业发展迅速。在传统优势产业、战略新兴产业，依托骨干领军企业，启动建设2～3个产业技术创新联盟。深化产学研战略合作，集成省内外企业、高校和科研单位的研发资源，集成人才、项目、基地。密切跟踪服务省“双千亿”企业、“一县一企”试点企业，科技人员领办创办的小、微企业等。

民营科技企业保持良好发展态

势。2012年，新认定的山西省民营科技企业都是科技含量高、经济效益好、资源消耗低、环境污染少的典型企业，拥有自主知识产权、专利的占到新认定民营科技企业的25%左右。经营领域包括化工、机械、农业、电子通信、计算机系统集成、软件开发、生物医药、煤炭深加工、环保工程设计、金属及非金属冶炼加工、食品与饮料制造加工等20多个领域。目前，全省民营科技企业已涉足全省经济社会发展的大多数领域和行业，成为推动山西省经济和社会发展的一支重要力量。

发展富有特色的科技创新循环经济园区。按照“板块化发展、园区化承载、集群化推进”的发展思路，以建设“一城一院十园”为重点，树起综改试验区的科技新标杆。在每市布局实施一项重大科技产业化示范项目，打造市域科技特色板块。2012年，山西省煤炭工业完成投资1600多亿元，用高精尖科技建设煤炭企业，打造煤炭科技新高地，提高煤炭资源省内转化率，建立煤炭产业全循环经济园区。山西省深入推进煤炭循环经济园区和转型标杆项目建设，发展煤—电—化、煤—焦—化、煤—气—化、煤—液—化4条链条，开辟“以煤为基、循环高端、多元发展”的新途径，努力实现建设循环经济和发展高端产业相结合。

实施科技惠民计划。由国家科技部、财政部联合启动实施的科技惠民计划2012年启动，山西省成为首批12个试点省(市、区)之一。国家科技惠民计划重点围绕人口健康、公共安全、城镇化与城市发展等与群众生活紧密相关的领域加大投入力度，强化科技创新。逐步消除煤、焦、电、冶等能源重化工产业对全省生态环境、人口健康造成的深远破坏和影响；大力研发矿山和矿井灾害的预测、预警和综合治理关键技术、应急救援关键技术、自然灾害监测预警技术及社会安全监控预警网络体系关键技术；通过广泛推广应用多发病、地方病先进预防治疗技术，建立普惠大众的医疗科技服务体系模式。

提出高新技术产业发展实施方案。一是突破“7+2”战略性新兴产业核心技术。“7+2”战略性新兴产业即在国家确定的新能源、节能环保、生物、高端装备制造、新型材料、新一代信息技术和新能源汽车七大产业的基础上，增加煤层气产业和现代煤化工产业。推进山西省“7+2”战略性新兴产业取得突破性发展，重点突破一批制约产业升级和发展的核心关键技术。加快煤化工、节能环保、高端装备制造、新能源、新材料等产业的共性关键技术攻关，重点突破一批在设计技术、制造工艺、基础零部件、大型铸锻件、仪器仪表等方面的关键技术，通过发展这些技术含量高、发展潜力大、提升带动作用强的好项目，扩大自主创新项目培植与规模，引导企业增强研发势力，提升产品技术含量，提升企业在国家重点支持的战略性新兴产业领域的自主创新能力。

二是积极推进战略性新兴产业“512工程”。围绕国家、省战略性新兴产业，搞好重大项目顶层设计和宏观布局，择优选择龙头企业和核心技术，支持发展50个重大项目、100个高成长性项目、200个潜力项目。通过实施重大专项计划、科技创新计划、科技攻关计划、科技成果推广计划等培育一批重大项目，不断提升高新技术产业化水平。围绕全省现代煤化工、装备制造、新材料、生态修复、煤层气利用、新能源、生物医药等产业，凝练组织科技重大专项，集中攻关，延伸产业链，提升产业层次，实现产业的升级和转型。在煤机装备、光伏产品、物联网、云计算、新能源汽车及动力电池、半导体及绿色照明、金属新材料、风电装备等领域，以骨干企业为主体，组织实施重大科技集成示范工程，尽快培育出新的产品品牌和经济增长点。

三是壮大高新技术企业发展规模。加大对高新技术企业的认定力度，进一步推动企业科技投入，夯实创新基础，创造和应用更多具有核心知识产权的技术，扩大产学研合作与成果转化，不断发展壮大山西省的高新技术企业队伍。吸引一批高层次人才、高新技术项目和产品来晋落户，把引进与创新紧密结合，跟踪世界先进技术成果，不断提升高新技术企业自主创新能力和市场竞争力。加大高新技术企业认定管理工作的宣传力度，通过高新技术企业优惠政策的宣传，做好高新技术企业认定管理工作。

四是加强服务企业的公共服务平台建设。继续坚持实行创新平台建设向企业倾斜。整合相关资源，面向重点行业建设一批产业创新和服务平台、质量安全技术示范平台、综合信息服务平台等，加大支持引导企业采取多种形式建设工程技术研发中心、工程实验室、企业技术中心，努力形成以企业为主体、市场为导向、产学研紧密结合的技术创新体系。加大对中小型企业的支持力度，建立和完善一批中小企业公共服务平台和生产力促进中心。充分利用企业、高等院校、科研院所、产业技术联盟的各自优势，开放和共享科技资源，共建国家级、省级工程技术研究中心、重点实验室、企业技术中心等共性技术研发平台，联合承担科研项目，开展产、学、研、用交流与合作，加大研发投入，提升原始创新、集成创新、消化吸收再创新的能力。

五是发展高新技术园区和开发区。积极推进开发区的建设发展。支持发展10个高新技术产业园和11个重点省级经济开发区。按照“板块化发展、园区化承载、集群化推进”的发展思路，以建设“一城一院十园”为重点，树立转型综改试验区的科技新标杆，充分发挥园区的承载、集聚和扩散效应。依托各市科技创新园，以提高自主创新能力为核心，以骨干企业的特色产业发展巩固支柱产业集群的形成，以产业量的扩张带动产业质的提升。支持重点园区的研发设计、质量认证、试验检测、信息服务、资源综合利用等公共服务平台的升级改造，进一步鼓励和支持科技创新园区建设，加大园区产业集群建设力度，形成骨干企业引领、上下游企业集聚、产业链不断拉长的发展模式。继续推动优势产业通过技术转移、产业转移等向外延伸、扩散，强化对区域经济的辐射带动作用，提升园区整体产业发展水平，推动实现区域经济协调发展。

【科研成果研发进一步升级】 世界最大矿用挖掘机在山西下线。2012

年6月，世界上首台规格最大、技术性能最先进、生产能力最高的WK—75型矿用挖掘机，在山西太重集团公司正式下线。WK—75型矿用挖掘机总长37.5米，宽17.3米，从履带到顶部高达23.5米，总重量近2000吨，其一个月的煤炭开采量可达500万吨，相当于一座大型煤矿一年的产量。WK—75型矿用挖掘机的成功下线，标志着我国在重大装备领域实现了从“跟随”到“引领”质的飞跃，牢固树立了太重在大型矿用挖掘机的世界领先地位。

国家“863”计划“过程控制流量传感器及系统”通过验收。2012年8月，科技部高技术研究中心组织有关专家对太原太航流量工程有限公司承担的国家“863”计划“过程控制流量传感器及系统”进行了验收。专家组对该项目给予了高度评价，一致同意通过验收。该项目的研究成功，标志着我国在高性能流量传感器的核心技术方面实现了自主可控，为我国仪器仪表行业及企业整体研发水平的提高奠定了良好基础。

“大型煤炭基地高效集约化开采关键装备与技术”通过验收。2012年4月，山西省科技厅组织承担的“十一五”国家科技支撑计划项目“大型煤炭基地高效集约化开采关键装备与技术”通过验收。该项目结合我国大型煤炭基地高效集约化开采关键装备与技术，开展年产千万吨级大采高综采成套装备与技术、近水平中厚煤层短壁机械化开采工艺与装备、中大断面半煤岩巷和岩巷快速掘进技术与装备以及无轨胶轮辅助运输技术等方面的研究工作。

煤炭行业依靠科技向“高精尖”转变。2012年，山西省煤炭企业开发出诸多具有自主知识产权的科技成果和产品，与国内诸多科研院所、高校建立产学研合作，正大力依靠科技向“高精尖”转变。煤矿企业技术中心建设发展迅速，同煤集团、潞安集团、晋煤集团、山西焦煤集团以及阳煤集团均已建立国家级企业技术中心。山西煤炭进出口集团等建立了5户省级企业技术中心，市级技术中心达18户。

国家自然科学基金立项资助山西282个项目1.6亿元。2012年，山西省共有22个单位的282个项目获得国家自然科学基金立项，资助经费总额超过1.6亿元，立项数和资助经费比2011年分别增长14%和33%，继续保持快速发展的良好势头。2012年，山西省国家自然科学基金立项项目呈现出以下主要特点：一是青年科学基金项目显著增长，二是重点项目和专项基金项目取得新突破，三是国家基金项目承担单位数量和质量继续提高。

四个基地成为国家火炬特色产业基地。2012年，山西省组织推荐的永济电机产业基地、太原钕铁硼材料产业基地、大同医药产业基地、迎泽高端包装装备及材料产业基地，被科技部认定为国家火炬特色产业基地，全省国家火炬特色产业基地达到5家。

绿色能源发展硕果累累。截至2012年6月底，全省新能源发电装机532万千瓦，比“十一五”末增长68%。其中，水电装机243万千瓦，增长33%；燃气及余热余压发电装机126万千瓦，增长29%；生物质能发电装机11.5万千瓦，增长15%；风力发电装机150万千瓦，比“十一五”末增长4倍；太阳能光伏发电装机1.5万千瓦，实现了零的突破。

2012年，山西省在能源领域已建有国家和省级重点实验室、省级工程技术研究中心，拥有山西潞安环保能源开发股份有限公司等一批高新技术企业，新能源产业服务体系初具雏形。太阳能光伏产业方面，中国电子科技集团公司第二研究所自主研制的多晶硅铸锭炉、硅片清洗设备、电池片制绒设备等关键设备，取得多项国内专利，为全省光伏产业链形成奠定了良好基础。在风力发电机组研究与制造方面，依托太重集团、永济新时速等龙头和骨干企业，把山西省打造为具有国际先进水平的风电装备研发制造基地的条件已经成熟。2012年设立了煤层气联合基金，将进一步推动煤层气开发的原始创新能力。山西省将抓好“五个一”科技创新工程，即突破一批产业核心技术，在太阳能光伏产业、风能装备制造、生物质能开发利用、煤炭清洁利用、煤层气产业发展等领域，加大高端技术项目投入，抢占制高点；组织一批科技重大专项，围绕能源上下游产业集中攻关，解决一批共性、关键、核心技术；布局一批重大科技集成示范工程，在光伏产品、新能源汽车及动力电池等领域培育新的产品品牌和经济增长点；培育一批极具竞争力的企业；发展一批富有特色的科技创新园区，提高新能源领域科技创新能力。

省属国有企业着力推进科研成果转型升级。2012年，山西省属煤焦冶电等传统产业加快推进规模扩张和一体化发展，产业集中度和竞争力明显提升。煤炭产量突破5亿吨，投产和在建千万吨级大型矿井14个，占全国的近44%，全速迈向大矿时代。整合矿井批复开工率86%，已经竣工投产12个，新增产能1900万吨，具备了变资源优势为经济优势、发展优势的巨大潜力。积极参与全省焦炭产业整合，培育了一个1000万吨级、两个500万吨级大型焦化企业。太钢不锈钢产量连续4年保持全球第一，科技研发水平国内领先。阳煤、同煤集团氧化铝已形成产能规模优势。煤销集团与国际电力战略重组正在推进，同煤集团成功重组漳泽电力并购了中电投集团在华北地区的6个电厂，焦煤集团并购了武乡和信电厂，省属企业电力装机容量突破2000万千瓦，占全省1/3强。国际能源成为世界装机容量和单机容量最大的煤矸石发电集团，国际电力以新能源发电为突破口加快转型。此外，山西省属企业加快发展煤化工、煤层气、煤机制造、煤炭物流和新能源、新材料产业，形成各具特色的新兴产业发展格局。

两课题入选国家“973”科技计划。2012年9月，科技部发布《关于973计划前期研究专项2012年课题立项的通知》，山西省两课题入围。入围的两个课题分别是，依托中北大学承担的“商用车轮毂轮辋以铝代钢控制成形基础研究”和依托中科院山西煤化所承担的“生物质低温水热合成新型功能炭材料机理研究”，总经费130万元。2006年以来，科技部在“973”计划中组织实施了前期研究专项，主要支持地方有区域优势与特色的基础研究，六年来，山西省共有19个课题获得“973”计划前期研究专项立项，资助经费1840万元。

世界首台商业规模水煤浆水冷壁气化炉开发成功。首批“十二五”山西省科技重大专项中“现代煤化工关键技术及示范”专项“水煤浆水冷壁气化炉技术开发”项目取得重大创新成果。具有完全自主知识产权的世界第一套可使用水煤浆气化的水冷壁气化炉在山西阳煤丰喜肥业(集团)有限责任公司临猗分公司建成投运，并完成连续稳定运行，生产的合格煤气已并入合成氨生产系统。“十二五”山西省科技重大专项“水煤浆水冷壁气化炉技术开发”项目的成功实施，标志着我国自主研发的水煤浆水冷壁煤气化技术跻身世界先进行列，为山西省乃至我国大型煤化工企业的技术选型提供了新的选择。

山西省承担的煤矿安全数字化监控研究通过验收。2012年，山西省承担的“十一五”国家科技支撑计划项目“煤矿全矿井安全生产数字化监测监控及重大灾害预警系统的研究”通过专家验收。该项目通过对煤矿瓦斯、顶板、水、火等灾害预警和通风及供电系统故障机理的研究，提出基于多元信息融合的灾害和故障预警方法，开发了适于示范矿井的重大瓦斯灾害、火灾和水灾预测预警监控系统、矿井顶板、通风和供电系统安全状态连续监测与灾害预警系统，搭建了多系统集成平台。项目开发12项新技术、形成15项新产品，获得发明专利授权9项。

多个项目获得国家科技支撑计划支持。“褐煤粉煤高效清洁低温炭化转化关键技术研究与开发”项目，“镍资源节约型不锈钢产品开发及产业化关键技术研究”项目，“资源转型城市矿区生态修复关键技术与示范”课题，“城镇供热系统智能决策平台开发与示范”课题，“大型煤炭基地难采资源高回收率开采关键技术集成示范”课题等，共获得资助经费4037万元。

【现代农业科技快速崛起，成为农村经济增收的强大引擎】 抓住机遇，政策扶持，全力支持农技协发展。2012年，山西省11个市都成立了市级农技协，有近一半的县成立了县级农技协。在全省开展农技协规范化建设活动，并将农技协工作列入创建省级科普示范县的内容。农技协积极搭建服务平台，利用山西省科普惠农数字图书馆等网络资源和山西省科普惠农实用技术讲师团等资源，开展了科普惠农实用技术培训“1111”工程。建立科普惠农兴村计划项目储备库，吸纳更多的基层农技协加入，发展壮大农村科普队伍，进一步规范科普惠农兴村计划工作。

建设具有双向交流功能的农技协服务平台。2012年，山西省科协致力于建设具有双向交流功能的农技协服务平台。在“十一五”期间率先完成中国科协要求的“站栏员”覆盖60%行政村的要求，全省建成“站栏员”1.7万处。省科协自主开发中科云媒传播体系，建设200个电子显示屏，增强了农技协科普宣传和信息交流能力。将基层农技协优秀人才推荐到省农科110专家队伍，对广大农民进行电话咨询和现场指导服务，深受农民群众欢迎。

科普惠农绿色通道工程快速发展。2012年是山西科普惠农绿色通道工程快速发展的一年，在全省农村新建50多个科普惠农绿色通道优质农产品示范基地，在太原市建成5个科普惠农优质农产品专营店。巩固完善500个服务站，服务和发展5000个农信员、5万名农民会员。农科110接听农民咨询电话3.5万人次。成功举办首届科普惠农特色优质农产品展销会。努力提升服务站的服务能力，大力实施科普惠农“四个一百”计划，通过专家、服务站、企业、技术、基地“五位一体”的模式，真正为农民提供“放心农资下乡，优质农产品返城”双向服务，让农业增效，让农民增收。

农业基础设施不断完善，产业化程度逐步提高。在农业基础设施建设上，先后启动实施了“2000万亩耕地综合生产能力建设工程”“中低产田改造工程”“旱作农业示范工程”等项目，特别是“两纵十横、六河连贯”的大水网工程全面启动，长期制约山西省发展的水资源短缺问题开始得到解决。

继续大力推进现代农业产业体系建设的优良工程：雁门关生态畜牧经济区、三大现代农业示范区、农产品加工龙头企业“513”工程等。通过多种形式的招商引资和产品推广，生产基地标准化建设、大型龙头企业的引进和培育，山西省特色农业的规模化、产业化程度不断得到提升。

【科技活动丰富多彩】 *开展科技奉献奖评选活动*。2012年度山西省“科技奉献奖”评选结果揭晓。本次评选共评出先进集体97个，其中，一等奖29个；先进个人196名，其中，特等奖8名。山西煤化所粉煤气化工程研究中心获得先进集体一等奖，朱玉雷研究员获得先进个人特等奖。近年来，山西煤化所粉煤气化工程研究中心承担并完成多项国家层面的科技攻关项目，开发的常压和加压灰熔聚流化床粉煤气化制合成气工业示范装置已成功运行，形成具有自主知识产权的适合我国煤炭特点的系列煤气化技术。

参加第十五届北京科博会。2012年5月，第十五届科博会在北京举行。会上，山西代表团集中展示18家国际科技合作基地的建设发展情况，重点展示了在国际科技合作和高新技术成果中精选的78项具有代表性的合作项目，发布105项项目、技术、人才需求，内容涉及能源化工、装备制造、电子信息、新材料、节能环保、生物医药、现代农业、文化创意等领域。展会期间，山西省开展了与科技部、国家基金委、中国工程院等单位的合作交流洽谈活动，促进了“省部会商”“省院合作”工作的深入开展。

山西省煤与煤层气共采产业技术创新战略联盟(试点)启动揭牌。2012年9月，山西省煤与煤层气共采产业技术创新战略联盟(试点)成立。该合作组织是由晋煤集团发起、全国29家单位联合构成。该联盟是以企业的发展需求和各方的共同利益为基础，以提升产业技术创新能力为目标，以具有法律约束力的契约为保障，形成的联合开发、优势互补、利益共享、风险共担的技术创新合作组织，是市场经济条件下

建设以企业为主体、市场为导向、产学研相结合的技术创新体系的有效组织模式。该联盟是山西省成立的第一家产业技术创新战略联盟。

启动实施科技创新团队培育建设工程。为大力推进科教兴晋和人才强省战略实施，进一步提高全省科技创新人才队伍建设水平，加快建设充满活力、富有特色的区域科技创新体系，充分发挥科技和人才团队对转型跨越发展的支撑引领作用，推动发展更多依靠创新驱动，山西省科技厅从2012年起正式启动实施“山西省科技创新团队培育建设工程”。首批科技创新团队建设推荐工作正在进行中。山西省科技创新团队重点支持以省部级以上重点学科、重点实验室、工程技术(研究)中心、工程实验室、企业技术中心、产业技术创新战略联盟等科技创新平台和研发基地为依托，围绕全省经济社会发展战略和科技发展规划，在重点产业、优势产业和战略性新兴产业领域，从事基础前沿研究、应用研究及成果转化和产业化开发的科技创新群体。

召开山西省2013年度国家重点新产品计划项目评审会。山西省2013年度国家重点新产品计划项目的评审重点围绕培育和发展国家战略性新兴产业，推动企业成为技术创新主体，增强企业创新能力，继续加大对拥有自主知识产权、技术含量高的创新产品进行推荐支持。共申报52个项目，推荐上报科技部战略性创新产品3项，重点新产品17项。

9家企业被评选为2012年国家火炬计划重点高新技术企业。2012年，山西潞安环保能源开发股份有限公司等9家企业被评选为国家火炬计划重点高新技术企业。至此，山西省的国家火炬计划重点高新技术企业数量累计达到16家，这16家重点高新技术企业将在资金、管理、服务等方面得到国家重点倾斜。

山西大学被认定为国家国际科技合作基地。为更有效地整合国际国内两种资源，实现国际科技合作方式从一般性的人员交流和项目合作向“项目—基地—人才”相结合的战略转变，科技部同意认定山西大学为国家国际科技合作基地(国际联合研究中心类)，基地名称为“原子分子物理国际联合研究中心”。至此，山西省国家级国际科技合作单位已增加至8家。

全省新增3家国家创新型试点企业。2012年11月，大同煤矿集团有限责任公司、山西光宇半导体照明有限公司、山西振东制药股份有限公司3家企业荣膺国家创新型试点企业称号。至此，全省共有15家企业被命名为国家创新型试点企业。国家创新型企业享受优先承担国家科技计划项目、优先在企业中建立国家重点实验室、优先得到国际科技合作渠道等优惠政策。

2012年度新立项建设的4个省重点实验室通过专家论证。2012年12月，2012年新立项建设的4个省重点实验室建设方案及目标任务书通过评审论证。本批新立项建设的4个重点实验室分别是依托永济新时速电机电器有限责任公司建设的“船舶电力推进技术山西省重点实验室”、依托中国电子科技集团公司第三十三研究所建设的“电磁防护技术山西省重点实验室”、依托太原理工大学建设的“煤矿装备与安全控制山西省重点实验室”、依托山西省交通科学研究院建设的“黄土地区公路建设与养护技术山西省重点实验室”。这些实验室都是围绕山西省转型跨越发展、瞄准全省重点产业和战略性新兴产业领域，布局建设的省重点实验室。

召开山西省第五届高新技术产业成果展示暨合作洽谈会。2012年4月，山西省第五届高新技术成果展示暨合作洽谈会在中国(太原)煤炭交易中心开幕。展会以“加快培育和发展战略性新兴产业，大力推进和建设国家资源型经济转型综合配套改革试验区”为主题，重点展示了山西省近几年出台的有关支持高新技术产业和战略性新兴产业发展的政策法规、信息技术、新材料、新能源及新能源汽车、节能环保、高端装备制造、生物、煤化工及煤层气、工程研究中心、工程实验室、企业技术中心、高校科技成果、高新技术企业、优秀专利成果等，全面展现了山西省技术创新体系建设的整体风貌。

(宋培贤)

农业科技

【农业研究又获硕果】 2012年，山西省农业科学院共开展各类研究课题962项，其中，国家级138项，省级385项，横向协作课题29项，院级410项。在新上的国家级项目中，国家自然科学基金项目6项，国家863项目4项，国家星火计划项目2项，国家农业科技成果转化资金项目12项，国家国际合作项目2项，国家支撑计划项目4项，农业部公益性行业项目7项，农业部948项目1项；在国家现代农业产业技术体系中，岗位专家12人，综合试验站26个。

2012年，全院共鉴定(评审)科研新成果23项，其中，3项达到国际领先水平，14项达到国际先进水平；2项协作科研成果获得2011年度国家科技进步二等奖(参加单位为山西省农业科学院果树研究所和山西省农业科学院谷子研究所)，14项科研成果获2012年度山西省科学技术奖励，其中，一等奖1项，二等奖7项，三等奖6项；2个农作物新品种获植物新品种权，9个农作物新品种通过国家品种审定委员会审(鉴)定，46个农作物新品种通过省级品种审定委员会审(认)定。获国家授权专利40件，其中，发明专利21件，实用新型专利18件，外观设计专利1件。

2012年，全院共获得国家授权专利37件，其中，发明20件，实用新型16件，外观设计1件。发表省级以上科技论文416篇，SCI收录论文11篇，出版专著10部。

两项成果获国家科技进步类二等奖。果树研究所参与完成的“苹果矮化砧木新品种选育与应用及砧木铁高效机理研究”，选育出具有早果、丰产、抗寒、铁高效等特性的SH1、GM－310及矮化自根砧中砧1号等苹果矮化中间砧木，初步确定了我国苹果产区矮化砧木的适用区域。首次揭示了苹果吸收利用铁素的分子机理，提出了矮化自根砧、中间砧的致矮机理；研发了自育矮化砧木的弥雾扦插繁殖法，构建了我

国苹果矮化砧木育种平台，推动了苹果生产向矮化密植集约化栽培的转型，为我国苹果产业的现代化提供了技术支撑。

谷子研究所参与完成的“抗除草剂谷子新种质的创制与利用”，针对谷子生产中除草间苗费时费工不适合机械化作业的技术难题，以导入谷子近缘野生种抗除草剂基因为突破口，在国际上首次创制出达到实用水平的非转基因抗除草剂种质，培育出一批抗除草剂谷子新品种及杂交种，取得谷子遗传改良与栽培技术的重大创新，有效地解决了谷田间苗除草去杂难、谷子育种效率低、杂种优势利用难的瓶颈问题，实现了谷子简约集约种植，促进谷子科研和生产的发展。

一项成果获山西省自然科学类一等奖。作物科学研究所主持完成的“小麦种质创新的细胞遗传学机制及外源抗病新基因分子鉴定”，在国际上首次将偃麦草的抗病基因导入小麦，发现6个抗病新基因，其中，抗白粉病基因Pm40、Pm43和抗条锈病基因Yr41、Yr50被国际小麦基因命名委员会正式命名。首次育成小麦与多年生簇毛麦、非洲黑麦和茸毛偃麦草新物种。发现黑麦属亚种间异染色质分布的多态性及非洲黑麦与小麦之间存在着高频率的染色体重组，为揭示小麦族基因组进化机制及物种间染色体结构重排提供了直接的细胞学证据。揭示了小麦异源隐形易位的形成机制，建立了准确识别外源染色质和研究小麦族基因组进化关系的新方法。

一项成果获山西省科技进步一等奖。经济作物研究所主持完成的“国审高产广适应大豆品种汾豆56”，选育出大豆新品种汾豆56，具有耐旱、高产、广适应等特点。粗蛋白质41.1%，粗脂肪20.9%。抗花叶病毒病SC3、SC7株系，高感大豆孢囊线虫病1号生理小种。4年全国区试平均亩产182.6千克至205.88千克。适宜在山西南部、河南中部和北部、河北南部、山东中部和陕西关中地区夏播种植。

七项成果获山西省科技进步类二等奖。农作物品种资源研究所主持完成的“优质抗倒密植型无叶豌豆品种品协豌1号的选育与推广”，选育出山西省第一个无叶豌豆新品种品协豌1号，具有直立、防风、抗倒、抗病性强、适应性广等特点。粗蛋白24.6%，粗脂肪1%，粗淀粉52.8%。对花叶病和霜霉病有良好的抗性。参加山西省豌豆区试，两年平均亩产194.3千克，比对照增产30.1%。2010年5月通过山西省农作物品种委员会审(认)定。累计推广1.7万公顷，增产734万多千克，经济效益2900多万元。

果树研究所主持完成的“苹果新品种‘晋霞’选育及推广应用”，是在连续40年收集、保存500份苹果种质资源和鉴评园艺性状的基础上，选育出的苹果新品种“晋霞”，具有早果、优质、丰产等特点，较抗腐烂病、轮纹病和早期落叶病等。该品种已在山西、辽宁、山东、河南、河北、陕西、甘肃、新疆等省区示范栽植。

畜牧兽医研究所山西科元动物胚胎工程中心主持完成的“獭兔集约化饲养关键技术研究与应用推广”，采用群体继代选育法，选育出高产优质基础群；利用胚胎移植技术快速生产优质獭兔，移植成活率71.4%，产仔数5.6只。提出繁育优质彩色獭兔的生产模式。开展褪黑素对缩短獭兔饲养周期和被毛质量研究。筛选出9个优质獭兔饲料配方、3个绿色预混料产品获农业部门批准文号，建立了家兔常用饲料营养成分数据库。开发集约化獭兔养殖设备，制定出獭兔集约化饲养重大疾病综合防控技术规程。

玉米研究所主持完成的“晋糯8号等优质甜糯玉米系列品种选育与应用”，创制了一批新的黑色糯玉米种质资源。育成配合力高、品质好、抗性强的甜糯玉米优良自交系8个。优化育种模式，将Lancaster×塘四平头杂优模式应用于甜糯玉米育种上构建了一种黑果皮糯玉米的育种新模式。育成适于鲜食、速冻、真空保鲜加工及干籽粒利用的黄甜、白、黑糯玉米品种4个，满足了生产和市场多样化的需求。

棉花研究所主持完成的“双低甘蓝型冬油菜晋油9号选育与应用”，选育出的晋油9号是山西省第一个芥酸和硫苷含量均低的中早熟优质品种。两年生产试验，平均亩产115.4千克，比对照增产7%。2010年通过山西省品种审定委员会审定命名。研究出适宜的机械化栽培、轻简化栽培及油棉两熟高产高效栽培等配套技术，以及培土精量播种耧、割晒机等配套机械并申报了专利，实现了油菜种植机械化，同时通过育苗移栽，实现油棉两熟增产增收。累计推广18.4万公顷，增产2073万千克，增收1.33亿元。

小麦研究所主持完成的“抗旱广适性小麦新品种晋麦79号选育与推广”，选育的小麦新品种晋麦79号具有苗期生长势强，分蘖力较强，抗倒、抗旱、抗寒性较好等特点。参加北部冬麦区旱地区试，平均亩产275.8千克至298.3千克，生产试验平均亩产282.9千克。2006年和2007年分别通过国家和省级审定，连续5年确定为国家及山西省小麦良种补贴主推品种。2010年获国家植物新品种权。累计推广106.7万公顷，增产小麦37.6万吨，经济效益7.89亿元。

农业资源与经济研究所主持完成的“山西省农业功能区划研究”，在研究山西农业自然资源、农业和农村经济发展状况、农业相关区划与规划的基础上，全面分析了山西省农业主要功能，建立了山西农业功能区划指标体系，将全省划分为农产品供给主导功能区、农业就业和生活保障主导功能区、生态调节主导功能区、农业文化传承和休闲主导功能区四大主导功能区和晋南盆地农产品供给区、晋东南低山丘陵盆地农产品供给区、晋中盆地丘陵农产品供给区、大同、忻定盆地农产品供给区、大中城市近郊就业和生活保障区、工矿业集中型就业和生活保障区、水源涵养保护区、晋西北风沙治理区、晋西黄土丘陵水土保持区、太行山绿化治理区、中条山生态保护区、农业文化传承功能区、休闲观光农业功能区等13个农业功能亚区。确定各区域农业功能定位与拓展方向，提出各功能区相应的政策措施和区域性保障措施，为加快形成区域特色鲜明、优势互补的现代农业产业体系提供科学依据。

三项研究成果达到国际领先水平。农业环境与资源研究所主持完成的“宜农工矿废弃地固碳技术研究与示范”，针对我国工矿区土地破坏严重、植被稀疏、土壤固碳能力差等问题，系统研究了厚黄土区和土石山区宜农工矿废弃地植被恢复和高效碳截获技术，建立了不同立地条件下高效碳截获的植被恢复和土壤固碳减排模式，建立了宜农工矿废弃地土壤固碳潜力评估模型，编制了工矿区作物和土壤固碳减排技术规程。研制开发出土壤固碳调理剂，使土壤一植被系统固碳量增加约28%，土壤二氧化碳排放量减少6%～10%，为大幅度提高宜农工矿废弃地固碳能力提供了技术支撑。项目实施以来，建立试验示范基地8个，成果被应用到10多个矿区，累计辐射推广1.3万公顷，取得了显著的经济、社会和生态效益，为大幅度提高宜农工矿废弃地固碳能力提供了技术支撑。

农业资源与经济研究所主持完成的“基于土壤养分供应强度和配比的施肥理论方法的研究”，通过系统的田间肥料试验，研究了氮高磷低、磷高氮低、氮磷双低和氮高钾高磷低等平衡与不平衡土壤养分供应下作物产量与作物最佳养分比例的关系，充实了作物施肥中最小因子效应随养分比例变化的认识，提出了合理养分配比修正最小养分因子效应的作物施肥原则和量比线性极点养分平衡施肥新观点。开发了以作物苗期植株氮含量判断品种产量潜力水平的新技术，阐明了施肥比例和施肥量的作用，对高产施肥具有重要的指导意义，为节省化肥、降低温室气体排放提供了重要的科学依据。首次提出了耐肥性和养分效率是作物品种的基本性状并决定品种产量潜力水平的新观点。

山西强盛种业有限公司与食用菌研究所共同主持完成的“新型食用菌液体接种技术研究”，开发出固体食用菌菌种液体装置、食用菌液体菌种接种注射枪及接种系统，具有设计科学合理、经济适用、快速高效的特点，筛选出以土豆和豆类为主要原料的十余个品种的菌种配方，菌丝生长健壮，并与液化和液体接种设备相互匹配。可以减轻接种过程的劳动强度，效率提高20倍以上，污染率降低6%以上，是食用菌接种方法的突破。

14项研究成果达到国际先进水平。农业环境与资源所完成的“加快矿区生态恢复的微生物制剂的筛选与应用”，针对山西省典型矿区复垦土壤养分贫瘠、微生物群落数量少、土壤生物活性差等主要问题，完成矿区土著菌株和适生优势菌株的筛选及土著菌最佳培养条件的筛选，建立了矿区复垦土壤肥料一植物一微生物协同修复模式，可使玉米亩产量提高约27.5%，微生物总量增加1～2数量级，土壤总养分含量提高15%～20%。累计示范300公顷，为加快矿区生态恢复与重建提供了技术支撑。

农业环境与资源研究所完成的“粮菜轮作体系养分资源合理配置与高效利用研究”，在调研和分析太原市城郊粮菜轮作模式及养分资源配置状况基础上，分析了粮菜轮作土壤硝态氮空间变异特征。利用15N示踪研究氮素优化配置和农民习惯配置对各茬作物氮素利用率和作物生长的影响，确定了影响氮素利用率和氮素在土壤中残留的主要原因。根据轮作作物养分需求规律，建立了番茄一小麦一甘蓝两年三作氮素优化配置模式。

农业环境与资源研究所完成的“提高农田土壤质量中水灌溉技术研究”，对太原市污灌区土壤中9种重金属积累状况进行系统调查和分析，揭示了土壤中9种重金属的垂直分布规律和灌溉水质对农田土壤养分和重金属变化规律及作物养分利用的影响。通过冬小麦灌溉试验，研究了不同灌溉水质和灌溉量对土壤养分和重金属变化规律及冬小麦养分利用状况的影响；提出了较为系统的科学利用中水灌溉的技术措施。

省农药重点实验室完成的“新型杀虫剂对天敌昆虫广赤眼蜂风险性评估与合理使用技术研究”，系统深入地评价了5种新型杀虫剂对广赤眼蜂的毒性和风险性。研究探明试验农药对广赤眼蜂的残留毒性和亚致死效应。组建广赤眼蜂在米蛾卵上繁殖的实验种群生命表，并将生命表技术应用到阿维菌素和苦参碱亚致死剂量对广赤眼蜂种群动态影响的评价中。制定了5种杀虫剂的安全合理使用技术，并在生产上示范应用，经济效益显著。

省农药重点实验室完成的“高毒农药替代药剂对经济昆虫家蚕风险性评估与合理使用技术研究”，采用生物测定技术，完成7种农药对家蚕的毒性和风险性评价。明确了阿维菌素类农药对家蚕的生态毒理学效应。阐明了该类药剂对家蚕生物学、经济学和食物利用等方面的影响。综合致死效应、亚致死效应和残留毒性研究结果，提出7种农药在蚕桑区安全合理使用技术，并在生产上示范应用，经济效益显著。

作物科学研究所完成的“植物RNA提取鉴定和无标记转化技术创新及应用”，优化植物RNA提取程序，发明了不使用DEPC和甲醛等有害试剂的植物RNA提取和完整性鉴定的新方法，克隆了马铃薯X病毒外壳蛋白基因、籽粒苋的磷酸烯醇式丙酮酸羧化酶基因PEPC等6个基因，其中5个在GenBank注册。建立了无标记转基因技术体系。“一种提高马铃薯对PVX病毒和PVY病毒双抗性基因的构建方法”获国家发明专利。利用该体系转化效率提高3～4倍，并获得对马铃薯X和Y病毒双抗的无标记转基因植株，通过农业部批准的“中间试验”。该成果已被中科院遗传所等国内19个研究机构应用，应用对象包括马铃薯、烟草、拟南芥、小麦、玉米、水稻、棉花等植物。

生物技术研究中心完成的“枣树金属硫蛋白基因克隆及螯合重金属技术研究”，首次从枣树结果枝cDNA文库中克隆了一个金属硫蛋白基因，构建了基因工程菌pGEX－ZjMT－B。该工程菌能够螯合镉、铬、锰、铜、镍、锌等重金属，具有较强的耐受重金属的能力，对水体重金属污染的处理具有良好的应用前景。

现代农业研究中心、畜牧兽医研究所和农业科技信息研究所共同完成的“羊胚胎干细胞体外培养研究”，研制了新型羊胚胎保存液（PBS＋2.0%五味子木脂素），使羊胚胎从桑葚胚到扩张胚发育时间由4～6小时延长至10小时以上，提高了有效胚的利用率。成功分离、培养羊胚胎干细胞，建立波尔山羊的胚胎干细胞系，并传至第6代。研究确定5－氮胞苷的最佳诱导浓度，成功地将羊胚胎干细胞诱导分化出心肌细胞团。

畜牧兽医研究所完成的“猪繁殖与呼吸综合征分子流行病学调研及免疫应用研究”，结合生产需要，查明了山西PRRSV的感染情况，并从发病猪群中分离出5株PRRSV，证实该病毒ORF5基因序列和Nsp2基因部分序列发生遗传变异以及免疫现行疫苗JXA1株JXA1－R株、CH－1R株、Ch－1a株的有效性；揭示了PRRSV母源抗体和免疫抗体消长规律，建立了最佳免疫程序。

畜牧兽医研究所完成的“鸡沙门氏菌病综合预防技术研究”，摸清了流行于山西省鸡沙门氏菌病的优势血清型和流行现状。研究建立了微生态制剂预防雏鸡沙门氏菌病的临床应用技术。研制出新型、高效的沙门氏菌菌影灭活菌苗，制定出科学的新型灭活菌苗免疫程序。制定了“竞争排斥微生态制剂＋新型灭活菌苗预防接种”的临床综合微生物技术预防新模式，大大降低了鸡沙门氏菌对环境和产品的污染风险，提高了禽产品质量。

畜牧兽医研究所完成的“禽流感监测检验技术研究及应用示范”，在分离鉴定H9N2和H5N1亚型山西株的基础上，制备诊断抗原，确定了最佳的首免时间和剂量。优化禽流感抗体检测技术，提高了检测的准确性、科学性和可靠性。

棉花研究所与旱地农业研究中心共同完成的“秸秆育苗钵规模化生产关键技术研究及应用”，以农作物秸秆为原料，经物理化学改性处理及配方优化，机械模塑旋压成型，形成具有不同规格、类型、用途的秸秆营养钵，研制出相应的制钵机械和营养基质。在玉米、棉花、瓜菜等农作物育苗移栽及荒山荒地、沙化缺水及困难地区植树造林中广泛应用，创造了秸秆等有机物料资源化利用的新途径。

农业资源与经济研究所、广灵县北野食用菌业开发有限责任公司共同完成的“香菇液体菌种应用及仿野生地栽集成技术研究”，通过对香菇菌株优选、液体菌种制作、培养基配方筛选、栽培设施建造、关键生产环节等规范化栽培技术的综合配套研究，特别是通过对香菇菌丝后熟、低温发菌、高温出菇条件进行的系统研究，把香菇液体菌种工业化生产和仿野生农业化地栽模式进行技术集成，实现了现代食用菌液体菌种制种技术与传统香菇栽培技术的有机结合，为香菇液体菌种的大规模应用，香菇产业化奠定了物质和技术基础。

蔬菜研究所完成的“高寒区SF型日光温室结构设计及建造技术研究”，针对山西省高寒区日光温室生产现状，将骨架材料、围护墙体、内置覆盖等三种新技术创新应用到高寒区SF型日光温室建造上，并对日光温室建造技术进行集成创新，提高了日光温室采光性、蓄热性、保温性、安全性和稳定性，使寒冷季节凌晨的棚温平均达到12℃，高出普通日光温室5℃以上。实现了太原以北高寒地区不进行人工加温的条件下，就可以在元旦前生产出喜温蔬菜。

*九个新品种通过国家级审（鉴）定。*高寒区作物研究所选育的谷子新品种大同34号，属黄谷黄米，米质粳性。平均生育期125天，平均株高130.9厘米，穗长24.4厘米，单穗重27.5克，穗粒重21.9克，千粒重3.4克。籽粒粗蛋白11.1％、粗脂肪3％、赖氨酸0.2％。出谷率77.7％，出米率76％。全国区试中，抗倒性1级，谷瘟病、谷锈病抗性0级，纹枯病抗性0级。2010～2011年参加国家西北春谷早熟组谷子品种区试，平均亩产373.2千克，比对照增产8.8％。2011年参加生产试验，平均亩产335.3千克，比对照大同29号增产9.9％。适宜在山西省北部、河北张家口坝下、宁夏、甘肃、陕西榆林、内蒙古赤峰和呼和浩特谷子春播早熟区种植。

高粱研究所选育的能源甜高粱新品种晋甜杂2号，平均生育期137天，平均株高390.3厘米，穗长35.9厘米，穗粒重45克，千粒重28.1克。茎秆多汁，含糖量19.1°(Bx)，出汁率53.5％。籽粒粗蛋白4.5％、粗纤维25.6％，粗脂肪1.6％、粗灰分3.9％、可溶性总糖34.7％。2010－2011年参加全国区试，平均亩产5444千克，比对照辽饲杂1号增产33.6％。适宜在东北三省、山西、河北、河南、山东、甘肃、新疆、内蒙古、湖南等省区种植。

高粱研究所选育的酿造高粱新品种晋杂105，生育期119天，平均株高164.6厘米，穗长36.1厘米，穗粒重70.3克，千粒重30.7克。倾斜率0.8％，倒折率0.1％。丝黑穗病自然发病率为零。籽粒粗蛋白9.1％、粗淀粉77.6％、单宁0.1％、赖氨酸0.3％。2010～2011年参加国家区试，平均亩产436.3千克，比对照两糯1号增产12.1％。2011年生产试验，平均亩产429.5千克，比对照两糯1号增产15.3％。适宜在四川、重庆、贵州、湖南、湖北等地种植。

高粱研究所选育的饲草高粱新品种晋草7号，生育期130天，平均株高247.5厘米，倾斜率8.6％，倒折率5.6％；抗旱，叶病轻、抗紫斑病、丝黑穗病自然发病率为零。茎秆多汁，刈割后植株再生力强，生长速度快，茎叶鲜嫩适口性好。茎叶粗蛋白6.5％、粗纤维29.2％、粗脂肪1.8％、粗灰分6.5％，可溶性总糖13.8％、水分6.2％。2010～2011年参加全国区试，两年平均亩产6241.3千克，比对照增产5.4％。适宜在年活动积温2300℃以上的区域种植。

高粱研究所选育的牧草新品种晋牧1号，生育期124天，属一年生禾本科牧草。抗旱、耐盐碱、抗叶病、抗倒伏能力强。粗蛋白14.7％，粗灰分8％，粗脂肪23.5克/千克，粗纤维278.5克/千克，中性洗涤纤维55.9％，酸性洗涤纤维30％，钙0.8％，磷0.3％。在南方地区全年可刈割3～4次，北方地区2～3次，鲜草产量每公顷100～150吨。分蘖性强，刈割后再生能力强。为短日照作物，适口性好，适宜青饲或青贮。适宜我国年活动积温2300℃以上的温带、亚热带地区种植。

小麦研究所选育的高产、抗旱小麦新品种晋麦92号，属弱冬性中熟品种。生育期252天，株高适中，抗倒性中等，抗倒春寒能力较强。平均亩穗数31.9万穗，穗粒数28.7粒，千粒重35.1克。抗冻性强、抗倒性中等、抗旱性强、抗青干中等、成熟落黄好，抗寒性较差，高感叶锈病、白粉病、赤霉病、纹枯病，中抗条锈病。2010年、2011年品质测定：籽粒容重789克/升、802克/升，蛋白质含量15.9%、15.2%，面粉湿面筋含量35.8%、34.2%。两年生产试验，平均亩产351.7千克，居第一位，比对照晋麦47增产4.2%。适宜在黄淮旱薄地块种植。

蔬菜研究所选育的早熟秋甘蓝新品种惠甘68(惠丰68)，具有耐裂球、耐贮运、耐热、抗病性较强等特点。球形圆正、品质好、产量高，在全国秋甘蓝区域试验与生产示范中，在山西、北京、河南、云南等省市区表现好，比对照夏强平均增产13.2%～17.5%，平均每亩增收300～400元。

棉花研究所选育的食用型向日葵新品种H717向日葵，平均生育期100天，株高189.3厘米，茎粗2.5厘米，百粒重12.32克，籽仁率53.8%，籽实粗蛋白质15.1%，籽仁粗蛋白质28.2%，品种生长整齐，籽粒商品性较好。2010～2011年参加全国区试，两年平均亩产212.3千克，比对照LD5009增产7.3%。参加全国生产试验，平均亩产216.5千克，比对照LD5009增产8.1%。适宜在山西、陕西榆林、宁夏中部、甘肃河西走廊、内蒙古赤峰的向日葵产区推广。

经济作物研究所选育的中熟绿豆新品种晋绿豆6号，生育期80天左右，高抗旱、高抗白粉病，中抗叶斑病和豆象，石粒少，综合性状良好。碳水化合物56.5%，脂肪0.9%，蛋白质27%。参加全国区试，3年平均亩产98.6千克，比对照白绿522增产3.1%，居第二位。参加全国生产试验，四年平均亩产103千克，比对照白绿522增产15.3%。适宜在山西、陕西、内蒙古、河北等地春播种植。

【农业技术推广示范行动取得新成效】 2012年，农业技术推广示范行动纳入省政府重点工作目标责任，同时被省政府列为强农惠农十大政策。示范行动紧抓“一村一品，一县一业”这条主线，以核心示范上水平、推广辐射上规模为中心，做到高产高效和节本增效、技术创新和技术集成、技术进村入户和农民三个相结合，全面提升示范行动服务全省农业的质量和水平，取得显著的社会经济效益。全院530名科技人员在全省50个县实施53个农技推广项目，共推广新品种235个，集成260项先进适用技术，配套30项高产高效技术模式，累计示范6333公顷，累计推广19.9万公顷，粮、棉、油、瓜、果、菜、畜牧、食用菌、药材、贮藏保鲜等示范推广累计增加经济效益13.6亿元。

集成配套30项高产高效技术模式。主要示范推广的技术模式有：玉米农机农艺相结合超高产技术，晋南小麦—玉米一年两作高产技术，晋东南玉米秸秆覆盖旱作高产技术，旱作粮菜节水高产高效种植技术，晋中小麦—蔬菜高产高效技术，渗水地膜“VVV型”覆盖旱作高产技术，晋东南小麦复播大豆一年两作高产高效技术，大同春玉米套种蔬菜立体种植高产高效技术，谷子“112”简约高产栽培技术，甜糯玉米两茬及复播蔬菜高效种植技术，调控施肥技术，玉米深松耕农机农艺配套高产栽培技术，大豆“促控型”高产栽培技术，脱毒马铃薯高垄、宽行种植高产技术，酿造专用高粱高产高效栽培技术，玉米豌豆套种复播荞麦立体高效种植技术，优质抗虫棉高产、抗逆、防早衰技术，露地蔬菜高产高效种植技术，设施蔬菜高产高效种植技术，设施蔬菜水肥一体化高效技术，旱地幼龄果树立体种植技术，苹果高光效树形技术，设施瓜果立体高效栽培技术，鲜食枣套袋防裂果高产高效技术，小型节能冷库及果蔬贮运高效保鲜技术，核桃旱作高产高效栽培技术，新型无公害苹果高效生产技术，枣无公害优质高效生产技术，药粮间作立体高效种植技术，废弃果枝资源化生产香菇技术等。

创建一批高产示范典型。①临汾市优质小麦玉米一年两熟超高产示范，洪洞县大槐树镇秦堡村133公顷(2000亩)小麦示范田，平均亩产584.9千克，创山西省小麦中低产田单产最高纪录。②晋东南玉米旱作集成高产技术示范，壶关县龙泉镇小山南村的6.9公顷(103亩)示范田，平均亩产玉米1189.4千克，比对照增产490.8千克，创山西省旱地玉米高产纪录。③优质小麦玉米一年两熟超高产示范，临汾市襄汾县永固乡续村34.7公顷(520亩)样板田，平均亩产998.1千克，创山西省夏播玉米高产纪录。④甜糯玉米新品种高产高效技术示范，太谷县范村镇闫村、榆次区东阳两个示范点，平均每亩收入6200多元，是种植普通玉米收益的3～4倍，创山西省甜糯玉米高产高效典型。⑤谷子简约化高产优质高效技术示范推广，襄垣县王村镇南铺村8.2公顷(123亩)旱地谷子，平均亩产605.8千克，比对照增产199.7千克，创山西省旱地谷子高产纪录。

（张敬忠）

社会科学

【深入开展党的“十八大”精神和中国特色社会主义理论体系的学习研究】 徐久刚撰写的《深刻领会准确把握党的“十八大”主题》(《山西日报》2012年12月11日)认为，党的“十八人”主题，就是党的“十八大”报告的中心思想，就是党的“十八大”报告的纲。提出和确定这样的主题，对我们党团结带领全国各族人民在新的历史征程上继往开来、与时俱进十分紧要。正确理解和深刻领会党的“十八大”报告的主题，对学习贯彻党的“十八大”精神至关重要。李福明撰写的《始终不渝地坚持与发展中国特色社会主义》(《中共山西省委党校学报》2012年第6期)认为，坚持和发展中国特色社会主义是贯穿党的“十八大”报告的一条主线，是学习贯彻党的“十八大”精神的聚焦点、着力点、落脚点。梁丽萍撰写的《科学发展观必须长期坚持的指导思想》(《山西日报》2012年12月18日)，论述了科学发展观被确立为党必须长期坚持的指导思想，再一次实现了党的指导思想的与时俱进。必须把科学发展观贯彻到我国现代化建设全过程、体现到党的建设各方面。陈彪撰写的《社会主义核心价值体系的政治文化解读》(《山西煤炭管理干部学院学报》2012 年第 2 期）认为，建设社会主义核心价值体系要在坚持马克思主义为指导的基础上不断推进理论创新，增强其科学性和吸引力；要继续明确和加强灌输理论在核心价值体系建设中的重要地位，推动当代中国马克思主义大众化；要根据政治文化的层次性，关注特定群体，下移工作重心。高建生撰写的《凝练核心价值观的三重选择》（《光明日报》2012 年 4 月 28 日）提出，凝练社会主义的核心价值观，应注重从以下三方面内容选择：即从社会主义发展的源头中凝练，从社会主义的大众感悟中凝练，从社会主义的普遍共识中凝练。张翠莉撰写的《马克思主义中国化的科学内涵及历史进程》（《沧桑》2012 年第 1 期），该文从马克思主义中国化的必然性、马克思主义中国化的科学内涵及实现途径、马克思主义中国化的历史进程和重要意义、马克思主义中国化的最新理论成果等几个方面阐述了马克思主义中国化研究中值得关注的几个问题。田辉撰写的《当代中国马克思主义大众化的几个基本问题》（《探索》2012 年第 4 期）提出，当代中国马克思主义大众化需要在时代背景、内涵、对象、目的和途径方面进行深入反思。

【突出山西特色问题的研究】 晋文化研究。殷俊玲撰写的《从民间文献看晋商的婚姻生活——以晋省中部为中心的考察》（《晋阳学刊》2012 年第 4 期），为国家社科基金项目“民间文献中的晋商与山西社会变迁研究”、山西省高等学校优秀青年学术带头人支持计划资助项目的阶段性研究成果。周子良、赵芮撰写的《山西票号习惯法的特点及价值》（《中北大学学报》2012 年第 4 期）认为，在晋商习惯法的基础上，山西票号习惯法形成了自己的特点，山西票号习惯法不仅有效防止了金融风险，保证了票号的发展与兴盛，而且弥补了国家法的不足，并为当代人的法律思考与实践提供了参照。殷宪撰写的《北齐〈张谟墓志〉与北新城》（《晋阳学刊》2012 年第 2 期），作者通过考证证明，朔州市梵王寺村之古城，即北魏之平齐郡，北齐之北新城镇和北朔州。它还可能是代王拓跋猗卢南移的小平城。张建伟、尹姝红撰写的《论金元陵川郝氏的理学传统》（同上，第 5 期），为教育部人文社科青年基金项目中期研究成果。牛贵琥撰写的《论郑珍的诗学观及与元好问的比较》（同上，第 3 期），为教育部人文社会科学研究规划基金项目的阶段性研究成果。此外还有，高春平撰写的《明清太原概述》（《晋阳文化研究》（第六辑）三晋出版社 2012 年）和《试论伟大思想家傅山产生的社会历史背景》（《傅山研究专辑》第一辑，山西人民出版社 2012 年版），张舒、张正明撰写的《清代晋商的人力顶身股制》和《明清晋商与关公文化》（载《工商史苑》2012 年第 1、4 期），前文指出，晋商人力顶身股，又称顶生意者。基本内涵就是凭劳动力可以占有企业的股份，与投资方一样参与企业利润的分红。后文认为，明清晋商信仰神关公，如何走向神坛，关公文化内涵及其对晋商的影响，同时晋商又对关公文化的发展起到了积极的推动作用。

文化强省的建设和研究。周荣撰写的《山西文化改革发展：脉络、成就与推进》（《中共山西省委党校学报》2012 年第 2 期），对党的十一届三中全会以来山西文化改革发展历程加以回顾，总结其发展成就，并对进一步推进山西文化改革发展提出相应的建议。艾斐撰写的《文艺创作是文化产业的芯源与引擎》（《东岳论丛》2012 年第 5 期）认为，文艺创作是营构和发展文化产业的前提条件与基本元素。杨茂林撰写的《关于文化对话的几点思考》（《理论探索》2012 年第 5 期）提出，文化对话基于文化的普遍价值与特殊价值展开，其本质是一种价值交换。成功的文化对话要有共同的预设和前提，即文化理解和文化自觉，前者是一种理性态度，后者是一种理性选择。郭永伟撰写的《试论“省际文化旅游资源整合”》（《经济师》2012 年第 12 期），文章结合跨区域发展这一大的趋势，以及“十七大”以来国家重视旅游文化，依靠文化产业化发展，提倡文化软实力，促进文化大发展、大繁荣的宏观背景，重点结合晋、陕、内蒙古三省区目前旅游业发展的情况，提出省际文化旅游资源整合这一全新思路，以期转变目前旅游业发展中各自为政、互相排挤的恶性竞争局面。

转型跨越发展研究。贾明建、申长平编著的《资源型经济转型：山西省发展的根本路径》（经济科学出版社，2012 年版），孙毅、景普秋撰写的《资源型区域绿色转型模式及其路径研究》（《中国软科学》2012 年第 12 期），为国家社科基金重点项目、2010 年度教育部新世纪优秀人才支持计划项目、山西省软科学研究项目的阶段性成果。高萍撰写的《关于山西资源型经济综改试验区财税政策改革的思考》（《经济问题》2012 年第 5 期）提出，资源型经济转型需要发挥政府的主导作用，构建与综改区相适应的财税政策体系，强化资源的节约集约利用和生态环境保护，促进资源型地区的产业结构升级和可持续发展，对于山西省的转型跨越发展意义重大。在山西省财政收入总量和结构现状分析基础上，探析当前制约山西省资源型经济转型发展的各种矛盾和问题，针对性地提出了山西省财税政策改革的政策建议。武健鹏撰写的《产业融合：资源型地区产业转型路径》（《理论探索》2012 年第 2 期）认为，资源型地区产业转型的关键是突破资源经济发展的路径依赖，实现产业结构优化升级，其重要途径是推进产业融合。赵建英撰写的《以产业集群助推资源型经济转型》（《前进》2012 年第 9 期）认为，山西省资源型经济转型的任务之一就是要通过深化改革，加快产业结构的优化升级和经济结构的战略性调整，其路径就是要培育和大力发展接续替代产业，使其代替资源型产业而成为新的支柱产业，实现产业转型从而实现经济转型。张爱权撰写的《城市建设用地短缺的破解之策——以我省综改试验背景下农村建设用地流转为突破口》（《中共山西省委党校学报》2012 年第 6 期）认为，山西省城市建设用地短缺问题突出。在综改区背景下，可以把农村建设用地流转作为解决城市建设用地短缺的突破口。郅润明撰写的《关于在综合配套改革中实施旅游强省发展战略的调研报告》，获全省宣传思想文化优秀调研成果一等奖。武小惠撰写的《推进综改试验区基本公共服务均等化》(《山西财税》2012年第7期)提出,提高政府保障能力,推进基本公共服务均等化是实现社会公平正义的需要,有利于实现机会平等或起点意义上的公平,它是与当前山西综改区发展阶段相适应的民心工程,也是山西经济社会发展到一定阶段保障和改善民生的重要战略。陈百强、张莹丹撰写的《转型期行政文化建设新思路》(《中共山西省委党校学报》2012年第3期)认为,随着经济社会的转型发展,要提高行政管理效率,促进服务型政府建设,必须加强行政文化建设。宋东风撰写的《太原市转型时期发展模式研究》(《城市发展研究》2012年第1期),文章在分析资源型区域和区域中心城市概念的基础上揭示资源型区域中心城市的内涵。对太原市建设区域性中心城市的现状作了分析,提出了太原资源型区域中心城市发展得五大对策。孟艾芳撰写的《对循环经济的再认识——兼评柴守忠、柴阳云〈循环经济〉主要观点》(《前进》2012年第4期),全文被收入中国领导科学研究会2012年《领导干部创新社会管理的理念与实践》文集。王云珠、周洁撰写的《新形势下山西中小企业转型发展的政策选择》(《科技创新与生产力》2012年第4期),分析了在新形势下,山西中小企业转型发展面临的困难,阐述了山西中小企业转型的具体内容,提出促进山西中小企业加快转型发展的政策建议。黄桦撰写的《新形势下山西区域经济发展战略研究》(《经济问题》2012年第12期)认为,随着经济发展战略的转变和体制的转轨,国家区域发展政策也在不断调整之中,对于山西来说,既是机遇,又是挑战。面对全国经济格局和区域发展的新变化,山西作为一个欠发达省份,统筹区域发展、优化经济布局、加快转型升级、建立和完善省际以及省内各区域之间协调互动发展机制,是当前提升山西区域综合竞争力的迫切需要。

【其他学科方面的研究】 *哲学方面的研究*。杨珺撰写的《马克思"自然生产力"论的伦理意蕴》(《理论探索》2012年第1期)提出,马克思的"自然生产力"论包括自然条件形成的生产力和人自身自然所具有的生产力两个层面,这两个层面通过劳动而融通成一个有机整体。耿振东撰写的《荀子人性论重诂》(《诸子学刊》2012年第2辑,上海古籍出版社2012年)提出,荀子的人性论是建立在生的意义上立言,是对人类在求生过程中所体现出的原始本能的概括。以生论性的荀子并非没有看到人的心之性,只是在他看来,心之性具有不确定性,不能作为人性的根本和代表。吴晓峰撰写的《关公信仰与儒学的关系探究》(《哈尔滨学院学报》2012年第9期),重点阐述和说明了关帝崇拜与儒教的内在关系,通过探索关帝崇拜的儒学背景与宗教特质等问题,力图揭示出某些中国文化自我发明和创新的动因和方法,以推助新世纪中国国家核心价值理念的改良或重塑。薛莲、耿振东撰写的《先秦儒学政治理想的三种表现特征》(收入《棉兰儒教论文集》印尼儒教总会2012年版),该文借助先秦儒家学者孔、孟、荀对管仲事功的评论,在孔子的肯定、孟子的否定、荀子抑扬参半的分析中,初步探讨了先秦儒学政治理想所具有的通达、迂阔、理性三种不同的表现特征。高专诚撰写的《试析作为晋国社会核心价值的忠义精神》(《山西社会主义学院学报》2012年第3期)认为,在晋国由弱到强的过程中,晋国社会逐渐形成了以忠义精神为核心价值的社会文化体系,亦即"忠义文化"或"忠文化"的思想体系,并且拓展成为一种社会潮流。薛勇民、马君撰写的《论基督教伦理视野中的人与自然及其关系》(《科学技术哲学研究》2012年第1期),文章基于基督教的"人具有上帝的形象",从本体论的角度论述了人是"关系的存有"与"理性的存有";从价值论的角度阐明了自然具有自身价值,人类应该尊敬自然;从方法论的角度揭示了人与自然应当平等、和平地共存。魏屹东、宋绿华撰写的《米勒意义心理说的本质特征》(《晋阳学刊》2012年第1期),为国家社科基金后期资助项目"科学哲学的语境重建"、山西省留学基金项目"科学认知的机制与表征模型研究"阶段性成果。文章认为,米勒从语言使用者的认知能力出发,以心理语言学的研究路径探讨意义问题,对意义的形成的心理机制和过程进行分析,形成了独特的意义心理说。意义心理说主张,意义作为心理建构的结构蕴涵于心理之中,并且以心理结构的组织方式呈现。这样的意义理论彰显了意义的认知特征。

关于五台山相关问题的研究。李玉明、周祝英著的《佛教唯识宗大师窥基》(三晋出版社2012年版)认为,著名高僧窥基法师是初唐名将尉迟敬德之侄子,是唐代佛教高僧玄奘大师的高足弟子,为佛教文化做出重要的贡献。该书就窥基的功业作一专门介绍。崔玉卿撰写的《关于建立五台山学的思考》(《五台山研究》2012年1期)认为,积极构建"五台山学",大力推进文化发展繁荣,必将对三晋文化乃至中华文化、世界文化的研究、发展起到积极的促进作用,必将对文化强国、文化强省及文化产业的发展注入新的活力和赢得新的绩效。董永刚撰写的《清帝巡行及台山行宫、坐落与尖营分布》(《同上,第4期)认为,五台山因特殊的环境和氛围,至今仍保留很多当年清帝巡幸后留下的建筑及建筑遗迹,弄清这些建筑的范围、大小及各处之间的距离,对于研究和开发五台山文化颇有意义。崔玉卿撰写的《不空三藏与五台山文殊信仰》和王国棉撰写的《印僧波颇密多罗与大兴善寺》,(均被收入《首届大兴善寺唐密文化国际学术研讨会论文集》第一辑,陕西师范大学出版社,2012年版)。

社会学方面的研究。潘峰撰写的《准确把握与努力提升低收入群体稳定度》(《理论探索》2012年第6期)认为,化解低收入群体政治心态问题,提升其稳定度,要从若干方面抓起。该文为国家社科基金项目"低收入群体问题的预警指标体系研究"阶段性成果。孙淑云、徐晓兰撰写的《破解新型农村合作医疗"集体扶持"筹资困局——以制度性缺陷为视角》(同上,第4期)提出,"集体扶持"筹资制度是现行新型农村合作医疗制度明确的筹资制度之一,但是,由于"集体"筹资主体的制

度性缺陷，以及集体筹资来源的不确定性和模糊性，导致新农合“集体扶持”筹资困局成为常态。破解新型农村合作医疗的集体筹资困局，需要明确农村集体经济组织的法律地位、财产范围和收益来源，同时将新型农村合作医疗的集体筹资主体、集体筹资来源和缴费方式制度化、规范化。董红琴、王瑞娟撰写的《城中村社区建设的路径选择》（《中共山西省委党校学报》2012 年第 4 期），为山西省哲学社会科学“十二五”规划 2011 年度课题研究成果。陈红爱撰写的《关于完善我国社会稳定风险评估机制的思考》（《科技创新与生产力》2012 年第 1 期），介绍了现行社会稳定风险评估机制框架，对现行风险评估机制进行评析，借鉴社会评价理论与方法，提出完善社会稳定风险评估机制的有效途径。秦建军、戎爱萍撰写的《财政支出结构对农村相对贫困的影响分析》（《经济问题》2012 年第 11 期），通过采用相对贫困指数测算法和 GLS 线性回归法对农村相对贫困进行了分析。杜胜利、杨国玉撰写的《农村利益分化背景下的村庄治理研究》（同上，第 12 期），为 2011 年河北省科技厅软科学研究计划项目“农村社会分化背景下的村庄治理与和谐村庄建设对策研究”的阶段性成果。陈新凤、李小伟撰写的《山西贫困山区卫生服务抽样调查》（《中共山西省委党校学报》2012 年第 1 期），通过对山西贫困山区卫生服务抽样调查，发现乡镇卫生院和村卫生所在建设和发展过程中均存在一些问题，并提出一系列解决方法。陈新凤、赵平利撰写的《太原市西山地区城市经营探讨》（《经济师》2012 年第 11 期）提出，太原市西山地区城市经营是一种新型的城市发展运作的模式，政府从投入和产出的角度出发，利用市场机制，将城市可以用来经营的资源资产化，实现社会资源配置在容量、结构和秩序上的优化，实现经济效益、社会效益和环境效益等多重目标。李文清撰写的《推动新农村文化建设可持续发展的对策思考》（《科技创新与生产力》2012 年第 9 期），介绍了实施新农村文化建设的背景，阐述了新农村文化建设缺乏可持续发展的主要原因，提出了推动新农村文化建设可持续发展的几点建议。陈红爱撰写的《建立和完善社会稳定风险评估机制》（《山西日报·理论版》2012 年 12 月 25 日），为 2011 年度山西省哲学社会科学规划课题阶段性成果。李小伟撰写的《民间信仰中的村民精神世界透视》（《晋中学院学报》2012 年第 6 期），通过对山西省晋中市柏林头村民间信仰形式和分布的实证考察，分析了民间信仰中所折射出来的现阶段村民的精神面貌和其在意识形态领域的深刻含义。王宏纲撰写的《澳大利亚法律制度浅析》（《法制与社会》2012 年第 30 期），孟海贵撰写的《走新型城镇化道路　跨越后危机困境》（《城市》2012 年第 12 期）认为，后危机时代有可能延续下去，导致我国出口萎缩，经济下滑，陷入后危机困境。产生经济危机的根源是有效需求不足，扩大需求是应对经济危机的有效途径。

*关于妇女与性别的研究。*刘宁撰写的《顶层设计视阈下的中国妇女理论研究》（《中华女子学院学报》2012 年第 1 期）提出，在目前我国把“更加重视改革顶层设计和总体规划”的要求提到重要位置的背景下，中国妇女理论研究也面临着如何进行总体性思考与设计的问题。王雪盼撰写的《21 世纪视野中的中国女性主义》（《吉林工程技术师范学院学报》2012 年第 2 期），文章站在 21 世纪的角度，揭露女性主义在中国遭遇的尴尬现状，同时对女性主义未来发展前景进行描绘，希望女性在自我觉醒中真正获取男女平等，实现社会和谐。刘宁撰写的《大众化视域下推进我国先进性别文化建设的三维指向》（《中共山西省委党校学报》2012 年第 4 期）提出，先进性别文化建设必须从反映当代中国社会性别文化建设中大众特别是女性大众的主体地位出发，以大众认同维度、大众参与维度和大众传播维度的三维指向推进先进性别文化建设。刘刚撰写的《一曲女性的赞歌——论冯梦龙笔下的女性形象》（《河北民族师范学院学报》2012 年第 3 期）认为，明代资本主义萌芽出现，市民阶层壮大，王学左派兴起，千百年来形成的“男尊女卑”“三从四德”“女子无才便是德”等根深蒂固的传统偏见遇到了挑战。在这种社会背景下，冯梦龙在其作品“三言”中塑造了一批光彩照人、超凡脱俗的女性形象，她们对封建礼教的批判和冲击，拉开了初期妇女解放运动的帷幕。刘宁撰写的《中西部地区农村女性人口流动的积极作用》（《山东女子学院学报》2012 年第 2 期）认为，从中西部地区女性流动人口的流动进程来看，无论对于流动女性自身还是对于中西部地区经济社会发展来说都具有重要的实质意义和积极作用。

*人口学方面的研究。*由王涤、周长洪、谭克俭著的《倾听基层计生干部的心声——来自江浙沪粤的报告》（社会科学文献出版社 2012 年版），认为计划生育，从它诞生之日起就注定了特有的争议性，然而在第一线执行计划生育的工作者对这个问题究竟有什么想法？该书通过对三省一市基层计划生育执行者的实地调查，直接了解他们的看法和心声。研究结果：中国计划生育走向何处？生育政策调整何时为好？郅润明撰写的《关于创新流动人口服务管理若干重大政策问题的探讨》（《经济问题》2012 年第 11 期），为山西经济社会发展重大课题“转型跨越中的山西流动人口服务管理创新研究”的阶段性成果。郅润明撰写的《以人为本　服务为先——山西流动人口服务管理创新的思考》（《山西日报·理论版》2012 年 5 月 29 日），谭克俭、梁春贤撰写的《应对人口老龄化战略研究——以山西为例》（《经济问题》2012 年第 11 期）认为，山西人口老龄化目前处于加速阶段，应对人口老龄化是全社会的责任。孙晓芳撰写的《劳动力流动的人口结构与区域经济差异研究》（《中国人口资源与环境》2012 年第 9 期）和《劳动力流动、人口经济弹性与空间经济差异研究——我国东、中、西部动态面板数据模型的对比分析》（《当代经济管理》2012 年第 6 期），均为国家社科基金青年项目“后人口红利时代劳动力流动问题研究”的阶段性成果。高瑞撰写的《山西人口老龄化现状及特点》（《山西高等学校社会科学学报》2012 年第 10 期）提出，山西人口老

龄化具有增长速度超前于经济发展水平，空间发展不平衡等特点。为应对已经到来的人口老龄化，一要适时调整生育政策；二要鼓励社会力量对养老设施的投入；三要适时调整退休年龄。

政治学方面的研究。范俊彦、吴敏撰写的《加强党对农村基层民主建设领导的重要途径》（《理论探索》2012年第6期）提出，加强党对农村基层民主建设的领导，当前要着力加强农村基层民主建设理论的宣传教育，完善村党组织领导村民自治的政策和法规，健全村党组织领导村民自治的运行机制。程淑兰撰写的《山西马克思主义理论研究述评》（《山西高等学校社会科学学报》2012年第2期）提出，伴随着中国改革开放的实践进程，山西马克思主义理论研究取得了丰硕成果，其研究主题不断深化、研究内容丰富而重点突出、研究方法多样，产生了一批马克思主义中国化以及推动山西经济社会发展的理论成果。李娟、冯耀明撰写的《新农村建设要对"当政富人"有效引导》（《中共山西省委党校学报》2012年第4期），在领导主体上，要坚持村党支部领导下对当政富人的有效引领与村"两委"的有机结合；在公共设施建设上，要采取以当政富人捐资捐物与集体、村民适当出资相结合的方式；在发展思路上，要大力发挥当政富人视野开阔、勇于创新的思维优势；在发展途径上，要坚持当政富人带动村民共同致富、共建和谐新农村的发展要求；在外部环境上，要着力探索规范当政富人施政行为、维护村庄社会稳定的发展机制。张翠莉撰写的《转型发展实践中增强农村基层党组织凝聚力的几点思考》（《前进》2012年第6期）提出，深入分析研究转型发展实践中农村基层党组织的凝聚力问题，对于加强农村基层党组织建设，巩固党在农村的执政基础，充分发挥农村基层党组织在化解农村社会矛盾、维护农村社会稳定方面的领导核心作用，具有重大的现实意义。赵际红撰写的《加强山西国有企业党建工作的几点建议》（同上，第11期），围绕如何进一步加强国有企业党建工作，充分发挥国有企业党组织的政治核心作用，推进国有企业实现转型跨越发展的问题提出了五点建议。由李中元、贾桂梓主编的《文化建设与中国发展道路——全国社科院系统中国特色社会主义理论体系研究中心第十七届年会暨理论研讨会论文集》（山西人民出版社2012年版），围绕"文化建设与中国发展道路"的会议主题，从提交的论文中精选了104篇，划分为四大板块，力图阐释和体现中国特色社会主义理论体系中文化建设的战略意义和重要地位。李永洪、王瑞娟撰写的《反腐倡廉要重视发挥专业人才的积极作用》（《理论探索》2012年第1期），为国家社科基金项目"互联网与廉政监督新途径研究"和西华师范大学校基金青年项目"新时期我国网络反腐的理论与实践研究——基于相关省市实证比较研究的视角"研究的阶段性成果。此外还有，贾德荣、李雯撰写的《加强廉政文化建设推进反腐倡廉》（《中共山西省委党校学报》2012年3期），郭秀兰撰写的《山西在多重压力下走出的反腐倡廉建设道路》（全文收入《反腐倡廉蓝皮书》社会科学文献出版社2012年版），常瑞撰写的《煤焦领域反腐败斗争的经济转型意义探析》（《经济问题》2012年第11期）和《治理矿难腐败有待监管制度体系的完善》（《中国行政管理》2012年第12期），李玉萍撰写的《民主文化的历史意蕴》（The Historical Connotation of Democratic Culture）（全文收入《第九届国际普世对话学会世界大会论文集》2012年6月）。刘丽瑛撰写的《非政府组织在民意表达中的作用》（《晋阳学刊》2012年第4期），为国家社科基金项目"基层民主建设与民意表达机制的健全问题研究"成果。

法学方面的研究。王继军、赵大为专著的《电煤市场法律问题研究》（法律出版社2012年版），为《山西大学建校110周年学术文库》丛书之一。王继军、赵大为撰写的《公平和秩序在社会管理创新中的辩证关系》（《毛泽东邓小平理论研究》2012年第3期），为教育部人文社科研究规划基金项目"矿产资源有偿取得法律问题研究——以山西煤炭资源有偿使用为例"阶段性研究成果。丁鹏飞撰写的《论刑法保障机能的实现途径》（《山西经济管理干部学院学报》2012年第1期）认为，强化刑法的保障机能不仅有利于和谐社会的积极构建，而且有利于社会主义法治国家的积极建设。杜学文撰写的《和平权的司法保障与违宪审查模式的选择》（《中共山西省委党校学报》2012年第6期），为国家社科基金青年项目"人权与和平权基本理论研究"成果。王瑞恒、任媛媛撰写的《涉诉特困群体执行救助制度的价值分析》（《辽宁师范大学学报》2012年第3期），通过价值分析的方法判断现存涉诉特困群体执行救助制度的价值，对该制度的目的价值和功能价值进行剖析，为建立全国统一的涉诉特困群体执行救助制度提供借鉴和参考。于晓媛、赵晋泰撰写的《关于民生诉求的几点新把握》（《理论探索》2012年第6期）提出，党和政府应从多层面关注并满足民生诉求，完善搜集、处理、反馈民生诉求的相关机构，健全这些机构的运行管理和监督机制，改革信访制度，提高基层干部政治素养和化解矛盾的能力。康慧撰写的《山西私募股权基金监管法律研究》（《山西经济管理干部学院学报》2012年第2期）认为，私募股权基金在我国大量存在且已具相当规模，对社会经济的增长具有重要作用，但是由于相关的法律制度缺位，导致与此有关的问题和争议很多，要创新监管模式，为我国私募股权基金的法律监管体制提供有益的借鉴。刘臻荣撰写的《工伤保险赔付与侵权损害赔偿的冲突与协调》（《山西大学学报》2012年第2期），文章首先从法理视角分析了工伤保险赔付与普通侵权损害赔偿的性质及相互关系，进而论述了工伤保险赔付与普通侵权损害赔偿竞合时的法律适用模式及其缺陷，最后提出了完善工伤保险赔付与普通侵权损害赔偿冲突解决机制的设想。

经济学方面的研究。杨茂林撰写的《关于绿色经济学的几个问题》（《经济问题》2012年第9期）认为，绿色经济学是在对传统经济学反思与批判的基础上，整合相关绿色理论资源、适应绿色经济实践而发展起来的经济学学科，是经济学内部逐渐发展起来的新因素和新需求，

也是重建经济学理论的新思路和新尝试。由李中元任主编，潘云任执行主编，景世民任副主编的《山西经济社会蓝皮书(2013)》(山西经济出版社 2012 年版)，是山西省社会科学院编撰出版的第 12 本“蓝皮书”。姜玉砚撰写的《经济转型和城镇化背景下的区域产业布局优化研究——基于山西的实证》(《城市发展研究》2012 年第 12 期)，在对山西产业布局和城镇化的现状及问题的研究基础上，认为应该通过以“一核一圈三群”的“人”字形城镇化格局为依托，选择具有区位优势的主导产业优先发展；优化三次产业布局，升级调整三次产业之间和各产业内部结构；以产业链延伸为导向进行多元化发展，加快资源型经济平稳转型；强化开发区和产业集聚区建设，增强城镇化产业布局的合理推动力等路径优化山西产业布局。刘晔撰写的《山西融入首都经济圈的思考》(《山西经济管理干部学院学报》2012 年第 4 期)，文章着重把握首都经济圈的内涵和意义，阐述首都经济圈与山西转型跨越发展的关系及相互促进的作用机理，提出一些山西主动融入首都经济圈的举措建议。陈新风、赵平利撰写的《山西资源型地区循环经济指标体系评估研究》(《经济问题》2012 年第 10 期)和《山西循环经济发展优先领域和路径选择》(《科技创新与生产力》2012 年第 11 期)，均为山西经济社会发展 2011 年度重大研究课题“创新山西循环经济发展机制”研究成果。戎爱萍著的《每天学点经济学》(山西经济出版社 2012 年版)，该书以经济学的基本结构为骨架，以生活中的鲜明事例为血肉、涵盖个人、家庭、企业、社会、世界……生动而又严谨地阐述了经济生活中的许多基本原理和热门话题。原锁社、冯耀明撰写的《努力探索扶贫开发新途径》(《中共山西省委党校学报》2012 年第 6 期)提出，要想使扶贫开发工作切实取得实效，必须进一步提高认识，不断拓宽扶贫资金投资渠道，着力实施对扶持对象的动态管理，大力加强扶贫机构和队伍建设，为全面建成小康社会奠定坚实的基础。阎俊爱、荆树伟撰写的《山西城镇化快速推进背景下新农村建设模式探讨》(《未来与发展》2012 年第 7 期)，文章主要应用 SWOT 分析法对山西省在城镇化快速推进背景下新农村建设的因素进行了分析，在此基础上提出适合山西省不同地区的新农村建设的五种主要模式。孙秀玲等撰写的《中国农村居民贫困测度研究——基于山西的调查分析》(《经济问题》2012 年第 4 期)，为世界银行“中国经济改革实施技术援助项目”和“山西经济增长、财政支农政策减贫效应研究”成果。赵旭强、穆月英、陈阜撰写的《保护性耕作技术经济效益及其补贴政策的总体评价——来自山西省农户问卷调查的分析》(同上，第 2 期)和《保护性耕作及其补贴的经济学分析》(《农业经济》2012 年第 2 期)，均为公益性行业(农业)科研专题项目“现代农作制模式构建与配套技术研究与示范”研究成果。李中元撰写的《工业文明的战略转型——从可持续发展到超越“资本逻辑”》和《超越工业文明　开创人类文明新纪元》(载《经济问题》2012 年第 7、8 期)，均为山西经济社会发展重大课题“高危时代与人类文明转型研究”成果。此外还有，李江利撰写的《技术生态化与生态工业园区建设》(同上，第 12 期)；张爱英著的《皮尔·卡丹：如何缔造商业帝国》(山西经济出版社 2012 年版)；李连济、王云撰写的《中国转型期的产能过剩问题研究》(《经济问题》2012 年第 12 期)，为国家社科基金重点课题“部分行业投资过度、产能过剩原因分析及解决途径研究”成果；韩克勇撰写的《我国国有企业治理机制的发展及完善》(《现代经济探讨》2012 年第 10 期)；郭卫东、穆月英撰写的《我国水利投资对粮食生产的影响研究》(《经济问题探索》2012 年第 4 期)；郑延涛等撰写的《推进山西军民融合式发展》(《理论探索》2012 年第 5 期)，为山西省国防动员委员会国民经济动员办公室课题“提高山西国民经济动员能力研究”成果；武小惠撰写的《基本公共服务均等化　让全民沐浴公共财政的灿烂阳光》和《财政体制改革理论及路径选择》(载《山西日报·理论版》2012 年 1 月 30 日、10 月 23 日)；韩克勇撰写的《金融业上市公司高管薪酬激励研究》(《兰州商学院学报》2012 年第 3 期)和《我国金融类上市公司高管薪酬激励机制实证分析》(《财经理论与实践》2012 年第 3 期)；王书华、张润林撰写的《金融资源配置与城乡居民收入差距研究》(《商业研究》2012 年第 7 期)，为教育部人文社科规划基金项目、世界银行山西农村扶贫项目的阶段性研究成果。

关于能源经济的研究。由李中元任主编，马志超、杨茂林任执行主编的《煤炭突围》(山西人民出版社 2012 年版)，全书分为上、下册，共 80 万字。该书为资源性经济转型跨越发展丛书之一。潘玉香、韩克勇撰写的《中国能源利用效率、绩效及其障碍》(《经济问题》2012 年第 2 期)，在分析总结我国能源利用效率变化的趋势和特点的基础上，通过对能源强度系数进行分解，发现能源强度变化的技术效应和结构效应都有减弱的趋势，进一步探讨了阻碍我国能源利用效率进一步提升的原因。赵国浩等撰写的《基于随机前沿模型的山西省碳排放效率评价》(《资源科学》2012 年第 10 期)，为国家自然科学基金面上项目：“应对气候变化的煤炭资源低碳化利用理论与政策研究”“煤炭资源优化配置的理论与政策研究”成果；山西省软科学研究项目：“山西省‘十二五’期间碳排放目标实现路径及措施研究”成果。苏玉娟撰写的《我国环境保护创新系统：结构、特征与演化趋势》(《中共山西省委党校学报》2012 年第 4 期)提出，在中国共产党的领导下，我国构建了由思维、战略、组织、制度、管理和科技等组成的环境保护创新系统，促进了经济、政治、社会、文化与生态文明建设。我国环境保护创新系统体现了整体性、层次性、动态性、开放性和实践性等特征。从总体趋势看，越来越走向视野的国际化、过程的自觉化、功能的融合化、目标的多元化。牛峰、闫世强撰写的《低碳技术与山西高碳产业转型发展研究》(《科学技术哲学研究》2012 年第 6 期)，为山西省软科学项目“山西煤炭资源整合中政府主导作用研究”成果。王云珠、何静撰写的《山西节能企业风险投资相关政策研究》(《科技创新与生产力》2012 年第 10 期)，介绍了山西作为我国资源能源大省的节能服务业发展情况，分析了山西省节能企业风险投资存在的问题，指出了制约节能企业风险投资发展的因素，并就如何促进山西节能企业风险投资发展提出了政策建议。王文亮撰写的《山西煤层气产业经济效益分析》（《现代工业经济和信息化》2012年第16期），阐述了煤层气产业发展的进程和现状，分析了煤层气产业经济效益，通过分析可以看出，山西煤层气产业蕴藏着巨大潜力，有广阔的市场前景。周洁撰写的《山西新能源产业的发展方向及对策研究》（科技创新与生产力）2012年第1期），通过分析山西新能源产业发展的方向，从产业引导、财税激励、技术创新等方面提出了山西省新能源产业发展的政策措施，进而更好地促进山西新能源产业的发展。王云珠、周洁撰写的《山西加快开发利用生物质能源的意义及对策研究》（《现代工业经济和信息化》2012年14期），文章在对山西省生物质能资源状况及其开发利用现状进行调研的基础上，分析了当前山西省生物质能开发利用存在的问题，阐述了山西发展生物质能源的战略意义，提出了促进山西省生物质能源发展的对策建议。黄志建、岳森撰写的《山西省煤炭物流发展战略分析与定位》（《物流工程与管理》2012年第3期），文章通过对山西省煤炭物流发展现状进行综合分析，运用SWOT分析工具从外部机会、外部威胁、内部优势、内部劣势四个要素分析了山西省煤炭物流发展状况，归纳出山西省发展煤炭物流的SWOT战略矩阵，并对山西省煤炭物流发展提出一些对策建议。

图书馆学、情报学方面的研究。李嘉琳主编的《山西大学图书馆史》（三晋出版社2012年版），为山西大学建校110周年学术文库之一。该书记述了山西大学图书馆建馆110年的沧桑历程，从一个侧面体现了中国图书馆事业的发展。白才进、王红撰写的《SOLOMO环境下图书馆发展变革》（《图书馆学研究》2012年第5期），文章介绍了SOLOMO的概念、特征，指出其对图书馆的影响以及SOLOMO时代图书馆面临的主要问题，探讨了SOLOMO带给图书馆的发展机会。郭阿姣撰写的《正确认识图书馆的核心价值》（《中共山西省委党校学报》2012年第2期）提出，图书馆核心价值由社会核心价值与职业核心价值两部分组成。马玉英撰写的《图书馆公共关系新探》（《晋图学刊》2012年第2期），指出图书馆公共关系的重要性，对图书馆公共关系的概念及分类进行简要论述，提出图书馆公共关系的若干策略和需要注意的问题，阐述了危机公关的重要性。王志英撰写的《浅谈高校图书馆在发展地方经济中的作用》（《科技信息》2012年36期）提出，高校图书馆应尝试通过专业资源和信息管理的优势，在地方经济建设和社会发展中发挥更大的作用。霍春英、赵国良撰写的《加强专业图书馆人才队伍建设》（《中共山西省委党校学报》2012年第1期）认为，专业图书馆不仅是我国图书馆事业的重要组成部分，也是发展社会主义文化不可或缺的部分。目前，专业图书馆人员素质不高、人才流失严重、引进人才困难等因素阻碍了专业图书馆的发展。因此，人才成长创造良好环境、培养高素质人才、降低人才引进门槛、搭建人才发展平台、建立图书馆与科研部门合作要从多方面加强专业图书馆人才队伍建设。霍春英、赵国良撰写的《论社科图书馆人才队伍建设平台的构建》（全文收入《图书馆、情报与文献学研究的新视野》中国书籍出版社2012年版）和《论学科建设与社科图书馆创新服务》（全文收入中国社会科学情报学会《2012年学术年会论文集》），均获中国社科情报学会优秀论文二等奖。王丽华撰写的《对学科馆员研究的思考》（《晋图学刊》2012年第5期），通过对有关文献的统计分析，得出了服务好用户是学科馆员制度得到认可并健康发展的关键。张永红撰写的《浅谈信息时代高校图书馆员的角色转换》（《科技创新与生产力》2012年第8期），阐述了高校图书馆员的角色转换势在必行，从转变思想观念等方面，提出了高校图书馆员进行角色转换的有效措施。阎丽珍撰写的《女性图书馆员职业生涯危机管理》（《晋图学刊》2012年第2期），从性别视角揭示了女性图书馆员的弱势地位和发展瓶颈，分析了女性图书馆员的职业生涯危机，并提出职业生涯危机管理的措施和对策。

教育学方面的研究。孙杰专著的《五四时期教育目标研究》（中国社会科学出版社出版2012年版），全书力图以历史研究的角度关照现实，对于当今教育界梅建以“个性发展”为核心的育人模式，具有非常重要的理论价值和实践意义。智效民撰写的《教育要使人成为和谐发展的人》（《民主与科学》2012年第5期）提出，完全对立的教育观研发出两种教学方式：一种是启发式，一种叫注入式或者灌输式，作者认为启发式和注入式是大家常见的两个概念，但往往在最普通的一些词汇中包含着非常深刻的道理。杨有振、王书华、卫博撰写的《高等学校教学质量的现状、影响因素与对策》（《高等财经教育研究》2012年第1期），基于国内高校教学情况的调查数据，从培养目标、课程体系、课堂教学、学生与用人单位的满意程度等几个不同的方面，分析了当前我国高校教学质量的现状、影响因素及存在的问题，并提出了提高高校教学质量的政策建议。兰苑撰写的《浅析合作学习在大学英语教学中的应用》（《山西经济管理干部学院学报》2012年第3期）认为，在大学英语教学中运用合作学习，可以促进学生知性、感性和社会性等方面的全面发展。郑文靖撰写的《党校教师应努力讲好专题课》（同上，第6期）认为，党校教师要讲好主体班专题课，必须做好以下三点：一是找准切入点，选择合适的专题；二是合理设计，科学安排专题内容；三是精心准备，合理安排课堂教学。南海专著的《职业教育的逻辑》（山西人民出版社2012年版），为《山西大学建校110周年学术文库》丛书之一。

语言学方面的研究。赵变亲、李德龙撰写的《现代汉语教学中应处理好的两种对接关系》（《中国大学教学》2012年第12期）提出，摆脱现代汉语教学尴尬局面的一种途径就是教师调整自己的知识结构，正确处理该课程与相关学科及语言生活之间的对接关系。白云专著的《汉语常用动词历时与共时研究》

（中国社会科学出版社2012年版），为《山西大学建校110周年学术文库》丛书之一。刘泽玲撰写的《从社会语言学角度解析幽默笑话》（《北方文学〈下半月〉》2012年第10期），文章将结合多个社会因素，如：行业、年龄、社会地位、心理状况、社会现象、语码转换等以及从幽默与交际能力的角度来分析幽默、笑话与社会语言学的关系。白平撰写的《“祭”“祀”本义考析》（《古汉语研究》2012年第1期），该文认为，《辞源》对“祭”和“祀”的原始含义的解释未必正确，提出“祭”的最早词义应该是在对鬼神表达敬爱供奉的仪式中向鬼神敬献各种饮食，“祀”的最早词义应该是指向鬼神祈祷而希望赐予子嗣的一种仪式。申慧撰写的《当代语境中新成语特点探微》《北方文学〈下半月〉》2012年第1期），该文主要从新成语的定义、新生成语特点两个方面来进行探分析。曹瑞芳撰写的《论汉语成语语形的演变——语义不变背景下的成语应用类型分析》（《语言文字学》2012年2期），人大复印资料全文转载。安志伟撰写的《试论成语的变异与规范》（《大连海事大学学报》2012年第2期），针对成语在运用中的具体情况，提出采用语言和言语、共时和历时的观点对成语的变异进行不同情况的区分，在此基础上探讨成语规范问题。曹瑞芳撰写的《“如丧考妣”辞书释义辨析》（《古汉语研究》2012年3期），文章在梳理“考”“妣”词义的历时演变情况后认为，把成语“如丧考妣”中的“考妣”注释为“（死去的）父母”，既有悖于事理逻辑，又有违于成语本来的含义。其致误的原因在于注释者没有重视词语发展的历史层次，简单地以今义释古义。王海静编写的《经济谚语》（山西经济出版社）2012年版），是由吴建生主编的实用谚语丛书之一。此类研究成果还有，由温端政、吴建生主编的《惯用语10000条》和由温端政主编的《俗语10000条》《谚语10000条》《俗语10000条》《歇后语10000条》（均由上海辞书出版社2012年出版），李小平、曹瑞芳撰写的《傅山近体诗用韵考》（《语言研究》2012年第3期全文收入《中国音韵学》论文集，2012年），安志伟撰写的《语文辞书出版的市场化策略研究》（《科技与出版》2012年第6期），人大复印资料《出版业》2012年第9期全文转载。

关于山西方言的研究。范晓林撰写的《晋北方言领属代词的重叠》（《中国语文》2012年第1期），研究认为，晋北的大同县、山阴县、应县、左云县、右玉县等方言中，人称代词“我”“你”“他（她）”用在亲属名词前表领属时，都可以重叠。武玉芳撰写的《晋北方言中的“给给”》（《山西师大学报》2012年第2期）认为，晋北方言中动词“给”可以连用成“给给”，表示“给予”和“换做（某人）”等意义。赵变亲撰写的《晋南中原官话的人称代词》（《方言》2012年第2期）和《中古见溪群三母在晋南方言中的卷舌化现象》（《山西师大学报》2012年第2期），前文指出，晋南中原官话汾河片人称代词单数形式单一且各地一致性强，基本上是“我、你、他”，个别点出现“人家”的合音形式。复数形式复杂多样，有变音式、合音式、附加式三种；后文为山西省软科学课题研究成果。任淑宁撰写的《论临汾尧都区方言中的“得”字式》（出处同上），临汾尧都区方言中的“得”表义非常丰富。杨萌撰写的《离石方言的人称代词》（《黄河科技大学学报》2012年第1期）认为，离石方言人称代词由三身代词和其他代词构成，有单复数之分，且表现形式多样。

文学方面的研究。高宏洲撰写的《古代文论研究的“二重历史化”》（《文化与诗学》2012年第1期），希望通过对古代文论历史“求真”与“求用”各自研究方法合法性的辨析，清除以往研究中由于二者之间的纠缠不清所造成的问题，使得“求真”与“求用”能够和谐地贯通起来，从而推进古代文论研究的进一步发展。毛巧晖、韩娜撰写的《民间传说的记忆与民间信仰——以山西运城舜帝传说为例》（《民俗研究》2012年第2期）认为，在舜帝传说兴盛流传中，“超人间”叙事最为凸显，它是舜帝传说记忆的核心，也是舜帝信仰仪式的生长点。耿振东撰写的《论陶渊明〈闲情赋〉的创作归旨》（《沧州师范学院学报》2012年第2期）认为，联系作者的人生经历及整个诗文创作可以看出，《闲情赋》中的“美人”有象征意义，它寄托了陶渊明少年的“猛志”和对田园生活的留恋，以及在晚年的生活潦倒中，在理想与现实的矛盾中，力守田园的努力。冀明霞撰写的《浅析李商隐诗歌的意象特征》（《剑南文学〈经典教苑〉》2012年第2期），文章从李商隐对意象的选择，其意象的组合方式、用来表达意象的词语三个方面来探讨其独特的意象系统。郭鹏、尹变英撰写的《晚唐五代“苦吟”诗风的“比物讽刺”内涵及其意义》（《山西大学学报》2012年第6期），为国家社科基金项目“中国文学批评史视野中的古代诗社研究”成果。李玉明、乔林晓著的《北宋经学家孙复　南宋抗金宰相赵鼎》（三晋出版社2012年版），该书就北宋经学家孙复，南宋抗金宰相赵鼎的生平事迹做了详细介绍。郭鹏撰写的《论〈文心雕龙＞的文学理论谋略》（《海南大学学报（人文社会科学版）》2012年第4期）提出，《文心雕龙》文学理论的体系性表现在理论体制上的完整性和各理论构成要素间的不同类型、不同层次的紧密关联上。其理论谋略决定了《文心雕龙》“体大虑深”的理论特色，是《文心雕龙》文学理论的重要贡献。牛贵琥、秦琰撰写的《论金代文学的叙事性与俗化倾向》（《山西大学学报》2012年第1期），为山西省教育厅高等学校哲学社会科学研究基地项目“女真政权下的文学研究”成果。牛贵琥撰写的《金代文学与金代社会》（《辽宁工程技术大学学报〈社会科学版〉》2012年第6期）和《论郑珍的诗学观及与元好问的比较》（《晋阳学刊》2012年第3期），均为教育部人文社会科学研究规划基金资助项目研究成果。郭万金撰写的《诗情心路张太岳——关于张居正诗歌的文化解读》（《苏州大学学报》2012年第6期）和《八股冲击下的明诗位移》（《晋阳学刊》2012年第1期），前文为教育部人文社会科学研究基金项目“明代科举与文学”研究成果，后文为山西省高等学校青年学术带头人计划和山西省高等学校中青年拔尖人才计划的阶段性成果。李新宇撰写的《论晚明小品赋的发展变化》（《文学评论》2012年第3期），为国家社科基金青

年项目“明代辞赋历史与批评研究”阶段性成果。梁归智撰写的《曹雪芹“写人”的二纲八目与痴、常二谛、三象合一》(《晋阳学刊》2012 年第 3 期)认为,曹雪芹在《红楼梦》中写人的艺术宗旨和手法可以归结为二纲八目。张建伟撰写的《论黄侃〈咏怀诗补注〉——兼谈阮籍〈咏怀〉诗的注释》(《江汉大学学报》2012 年第 2 期)提出,黄侃《咏怀诗补注》突破以史证诗这一传统注释方法,立足于诗句本身阐发诗意,纠正了前人的不少牵强附会,为阮籍《咏怀》诗的注释开辟了一条新路。徐慧琴主编的《山西革命根据地作家类型生成研究》(山西人民出版社,2012 年版),为山西省高等学校哲学社会科学课题、中央财政支持地方高校发展专项资金项目研究成果。尹变英撰写的《沈从文对左翼文学的批评》(《重庆师范大学学报》2012 年第 4 期)提出,沈从文曾经对左翼文学展开过直接和间接的批评。他的批评并非否定左翼文学本身,而是质疑其过度的政治化倾向,质疑其文学性和艺术性的缺失,质疑其幼稚性,希望左翼文学能取得真正的文学成就。王春林撰写的《近年来长篇小说叙事方式多样化趋势的分析——以第八届茅盾文学奖为中心》(《山西大学学报》2012 年第 4 期),文章通过对第八届茅盾文学奖五部获奖作品以及部分入围优秀作品的细读,对于近几年长篇小说创作叙事方式的多样化趋势,进行了深入的艺术分析。王春林撰写的《知识分子苦难命运与精神困境的审视与表现——论严歌苓长篇小说〈陆犯焉识〉》(《南京师范大学文学院学报》2012 年第 3 期)和《透彻的现实批判与深入的人性挖掘——评王十月长篇小说〈无碑〉》(《文艺评论》2012 年第 5 期),前文通过对小说主人公陆焉识的细致分析认为,在 20 世纪这样一种悠远阔大的历史背景下深刻地思索表现一代知识分子的悲剧命运,进而展开对于知识分子精神困境的挖掘、审视与表现,是《陆犯焉识》最突出的思想艺术成就所在。王春林撰写的《乡村、历史、知识分子及其他——2011 年长篇小说印象》(《小说评论》2012 年第 1 期)认为,长篇小说创作在 2011 年确实形成了一个小高潮,出现了若干部思想艺术品质优秀的重要文本。因此,沿袭旧例,说 2011 年是一个长篇小说创作的所谓“大年”,也就自然是毫无疑问的一件事情。从题材的意义来看,这一年度的长篇小说,约略集中在了乡村、历史以及知识分子这样三个题材领域。陈坪专著的《思考与言说》(北岳文艺出版社 2012 年版),是由张平、张明旺主编的山西文学批评书系的八种之一。此外还有,陈坪撰写的《城乡胶着中的寻觅》(《文艺报》2012 年 3 月 9 日)和《由〈金陵十三钗〉观影之争谈受感动阈值的高低》(《都市》2012 年第 3 期),周萍撰写的《期望中的失望——严歌苓〈金陵十三钗〉影评》(《太原日报》2012 年 1 月 10 日),段崇轩、王春林、陈坪等撰写的《文学发展与核心价值观的审视与对话》(《名作欣赏》2012 年第 11 期),赵树婷撰写的《理性对待网络媒体和网络舆论》(《山西日报・理论版》2012 年 12 月 11 日),史宏云专著的《花鸟画和题画诗的意象研究》(中国社会科学出版社 2012 年版),梁晓萍撰写的《读图时代文学理论教学的困境及其可行性路径探略》(《文艺理论研究》2012 年第 3 期)为教育部人文社会科学青年基金项目研究成果,周萍撰写的《不同地域创作特征比较研究——东南亚华文文学与美华文学的宏观考察》(全文收入“学术视野中的华文文学”国际性会议《华文 30 年论文集》,福建大学出版社 2012 年版)等优秀研究成果。

历史学方面的研究。李宗人撰写的《“否定之否定”:社会史与政治史关系探究》(《清华大学学报》2012 年第 2 期)认为,中西方社会史发展到今天,从兴起伊始纯然“否定政治”、到研究实践中“悬置政治”、再到逐步“融汇政治”,经历了一个“否定之否定”的发展历程。会史研究的进一步深入离不开政治史,从社会史出发亦可深化政治史研究,而社会史和政治史更需要在新的基础上相融合。耿振东撰写的《论轻重学说》(《诸子学刊》2012 年第 1 辑,上海古籍出版社 2012 年),从“轻重”释义、轻重学说的运行机制、轻重学说的抑商特征与宏观调控、轻重学说与货殖之术、轻重学说的法家渊源、轻重学说与法家理论、轻重学说与古代荒政的关系几个方面,对其作了全面阐述。耿振东撰写的《简论桑弘羊的理财思想》(《临沂大学学报》2012 年第 4 期),通过分析桑弘羊为增收国家财政采取的一系列经济措施可知,他的理财思想是对《管子》轻重思想的运用和发展。耿振东撰写的《司马迁否定轻重论质疑》(《江南大学学报》2012 年第 4 期)指出,许多学者认为司马迁提倡宏观经济管理的善因论,而否定国家干涉主义的轻重论。从司马迁对汉初盛世“物盛而衰”的历史记述可知,他对经济上的善因政策并非完全肯定。分析武帝政府实施轻重论的缘起及这种理论所带来的经济、政治实效,司马迁对轻重论是持赞同态度的。轻重论与善因论具有互补性,它是在特殊社会形势下采取的一种特殊政策。郭永琴、郭永玲撰写的《〈法显传〉对中国古代描述地理学的贡献》(《重庆科技学院学报》2012 年第 21 期)认为,魏晋南北朝时期是中国古代描述地理学发展的一个高峰时期,这一时期的《法显传》不仅提供了南亚次大陆的地理分区,而且法显在旅行中非常关注各地区之间的距离,同时还注意辨别方向,确定高低,并不同的量度对其进行了测量。此外,它对于南亚次大陆地区地名的保存也做出了重大贡献。张俊峰撰写的《明清中国水利社会史研究的理论视野》(《史学理论研究》2012 年第 2 期)提出,明清中国水利社会史研究理论可以从四个方面来把握,一是以反思和批判魏特夫的治水学说为起点;二是充分运用国家与社会关系理论,讨论水利与社会、水利与国家的关系。三是吸收人类学研究成果,以弗里德曼的理论假设和宗族范式为基础,实现了从“宗族社区”向“水利社区”的转变。四是具有反思与超越日本学界“水利共同体”理论的学术自觉,实现了从水利共同体向水利社会的转变。对当前国内的明清水利社会史研究具有理论创新潜质。还有,杨茂林撰写的《山西保矿运动心理群体及其形成机制探析》、高春平撰写的《爱国保矿运动催生的山西保矿运动及其历史启示》、雒春普撰写的《关于保矿运动的几个

问题》、赵俊明撰写的《保矿运动对阳泉兴起的历史作用》(均被收入《山西保矿运动历史研究·专家论文集》中国友谊出版公司2012年版),刘晓丽撰写的《保晋公司与近代山西保矿运动》(《山西煤炭管理干部学院学报》2012年第2期),雒春普撰写的《柯璜与山西省立图书馆》和《山右才子宁超武》(载《太原日报》2012年1月10日、1月31日)、《文坛重镇郭象升》(同上,2月14日)、《王尊光与晋华卷烟》(同上,2月28日)、《"尽得军学最高之理解"的朱绶光》(同上,3月13日),刘晓丽撰写的《实力决定地位》和高春平撰写的《巾帼女豪马夫人》(载《新晋商》2012年第8、9期),陕劲松撰写的《近代山西婚姻行为中的陋俗问题》(《沧桑》2012年第3期)为2011年度山西省软科学研究计划资助项目"20世纪山西民间婚俗变迁"的阶段性成果,岳谦厚、杜清娥撰写的《新中国成立初期山西省农村扫盲》(《当代中国史研究》2012年第3期)为教育部人文社会科学研究规划基金项目的阶段性研究成果,朱婵媛撰写的《民俗学研究之我见》(《剑南文学〈经典教苑〉》2012年第9期),田其治撰写的《既有继承 更有创新——简评第二轮〈山西省志·社会科学志〉》(《晋阳学刊》2012年第5期),张海瀛撰写的《一部高起点高品位的村志——评阳泉郊区〈义东沟村志〉》和张海瀛、张晨撰写的《一部特色鲜明的新修县志——评新修中华书局版〈盂县志〉》(载《沧桑》2012年第2、3期)等。

【2012年版山西社科著作选介】

《先师孔子》,高专诚著,北岳文艺出版社2012年版。《中国红色经典案例》丛书,孟艾芳主编,山西教育出版社2012年版。丛书共260万字,分为10册。《应对人口老龄化战略研究》,秦谱德、谭克俭、王进龙、丁润萍主编,社会科学文献出版社2012年版。《山西旅游业分析与预测》,李中元主编、李永宠执行主编,山西经济出版社2012年版。全书26万字,这是山西省第一本旅游绿皮书,也是山西省改革开放以来旅游业研究发展的重要里程碑。《生态建设补偿机制研究——以西(中)部地区为例》,韩东娥著,山西经济出版社2012年版,该书是国家社科基金项目"西(中)部地区生态建设补偿机制、配套政策和评价体系研究"的成果。《电煤市场法律问题研究》,王继军、赵大为著,法律出版社,2012年版。《五四时期教育目标研究》,孙杰著,中国社会科学出版社2012年版。《职业教育的逻辑》,南海著,山西人民出版社2012年版。《汉语常用动词历时与共时研究》,白云著,中国社会科学出版社2012年版。《网络语言的多角度研究》,安志伟著,山西人民出版社2012年版,该书是在网络语言的本体研究基础之上,结合社会语言学的有关理论对汉语中的网络语言现象进行多角度研究的结果。《方瀛斋诗学录》,周萍著,山西人民出版社2012年版,全书27万字,分为上、下篇。

【2012年山西社科界主要学术活动】

中国廉政研究中心山西调研基地暨山西廉政研究中心成立在山西省社科院挂牌。山西省社科院"园区经济研究基地"在晋城市成立。第二十九届华北地区社科院科研管理联席会议在并召开。中国社科院中国特色社会主义理论体系研究中心年会在并召开。"姚奠中研究所"在山西省社科院挂牌成立。"现代化城市建设与发展高峰论坛"在并举办。"晋商文化研究中心"揭牌仪式暨学科建设座谈会在并举行。"中国龙文化学术论坛"在灵石县举办。山西省第七次社科研究优秀成果揭晓。

(霍春英)

山西经济年鉴

YEARBOOK OF SHANXI ECONOMY

教育事业

JIAOYU SHIYE

教育事业

综　述

【山西省"十二五"教育事业主要发展目标】　总体发展目标。统筹各级各类教育科学协调发展，形成更高质量的普及教育和更广覆盖的公平教育，努力构建具有山西特色的现代教育体系，为实现山西省"到2020年在中西部地区率先基本实现教育现代化，基本形成学习型社会，进入教育强省和人力资源强省行列"的总体目标奠定坚实基础。

具体发展指标。(1)基本普及学前一年教育，城镇和经济发达地区基本普及学前三年教育，全省学前三年毛入园率达到78%。(2)高质量普及九年义务教育，初步实现区域内义务教育均衡发展，九年义务教育入学率保持在99%以上，巩固率达到95%以上。残疾儿童、少年九年义务教育普及程度明显提高。(3)基本普及高中阶段教育，高中阶段教育毛入学率达到93%；保持普通高中教育与中等职业教育招生规模大体相当，中等职业教育在校生达75万人。(4)高等教育大众化水平进一步提升，在学总规模98万人，高等教育毛入学率达38%。(5)加快发展继续教育，推进全民学习、终身学习和学习型社会建设。完成从业人员培训1000万人次。主要劳动年龄人口平均受教育年限达10.5年以上。

【山西省"十二五"教育事业重点工程】　学前教育推进工程。支持办好现有的城镇和乡村幼儿园。城市新建住宅小区必须配建幼儿园。"十二五"期间，在全省城乡新建或改扩建1000所公办标准化幼儿园，对幼儿园园长和教师进行一轮全员培训。

义务教育学校标准化建设工程。完善城乡义务教育经费保障机制，改造小学和初中薄弱学校，尽快使义务教育学校师资、图书、教学仪器设备、体育场地达到省定标准，为群众提供优质均衡、公平普惠的义务教育。优先支持农村保留学校办学条件达标，确保新城镇建设和新建小区配建学校达标。改善农村学校寄宿条件，基本满足需要。到"十二五"末，80%的县(市、区)达到义务教育学校标准化要求。积极实施农村义务教育学生营养餐改善计划。

职业教育基础能力建设工程。支持建设一批高标准的县级职教中心。支持建设100个省级职业教育实训基地，提升职业教育实践教学水平。完成一批"双师型"教师培训。重点支持建成100所中等职业教育改革示范和优质特色学校以及10所高等职业教育示范学校，争取一批学校进入国家建设行列。

高等教育质量和水平提升工程。继续支持山西大学和太原理工大学重点建设。适应发展需要，支持建设40个左右对全省经济社会发展具有重大支撑作用的重点学科，支持100个本科特色专业和100个高职重点专业建设，新增20个省部级重点实验室、30个行业企业共建工程研究中心。深化高校教学质量与教学改革工程。实施研究生教育创新计划、产学研合作计划、哲学社会科学繁荣计划和高层次创新人才支持计划，实施"三晋学者"支持计划，引进和培养一批高层次领军人才。推进高校新校区建设，加快高校危旧校舍改造，2013年基本完成改造建设任务。

农村教师队伍水平提升工程。实施农村义务教育学校教师特设岗位计划和农村学校新任教师学历提升计划，吸引高校毕业生到农村从教。以"国培计划"为示范引领，实施山西省中小学教师培训计划，加大农村骨干教师培训力度。实施名师、名校长培养计划，造就一批教育教学名家。落实农村教师待遇倾斜政策，进一步提高农村教师工资收入水平。建设农村教师周转宿舍。

教育信息化工程。建设有效共享、覆盖各级各类教育的数字化教育资源库和公共服务平台。为中小学班级配备多媒体远程教学设备。基本建成较完备的教育基础信息库。建立办公与文件信息交换、视频会议系统和门户网站，构建教育办公协同与应急指挥体系。建立教育发展动态监测、分析与决策支持系统，构建教育科学决策体系。

【山西省"十二五"教育事业体制改革试点工作】　推进素质教育改革试点。探索减轻中小学课业负担的有效途径和机制。完善中小学课堂教学改革。探索开展研究性学习活动和综合实践活动。加强基础教育课程教材建设，推进开发校本课程。

开展普通高中多样化发展改革试点，建设一批特色明显的普通高中和普职融通的综合类高中。

职业教育人才培养模式改革试点。深化职业学校工学结合人才培养模式改革，完善“双证书”制度，开展“双师型”教师队伍建设试点。探索部门、行业、企业参与办学的有效机制，完善职业教育集团的运行机制。探索统筹城乡职业教育发展的新途径，推动城乡中等职业学校通过多种形式合作办学。开展财政支持、校企合作、人员互动的职业教育教师特聘制度试点。

教师培养模式改革试点。探索建立和完善符合基础教育改革发展需求的课程体系和实践教学体系。积极探索高等学校师范生实习支教与农村教师换岗培训联动机制。探索吸收中小学优秀教师和优秀教研人员参与教师培养教育模式。开展师范生免费教育试点工作。

校企联合培养研究生改革试点。支持高校围绕山西省新兴产业、支柱产业的需要，与大型企业和科研院所联合共建研究生教育创新中心和培养基地，探索产学研合作培养高层应用型人才的新模式。

终身教育体制机制建设试点。健全终身教育管理协调体制，探索区域内全日制与非全日制教育的衔接方式，建立完善终身学习网络和服务平台。逐步建立继续教育学习资源中心。统筹开发社会教育资源，广泛开展社区教育和学习型组织创建活动。探索建立“学分银行”制度，实施学分互认。

现代大学制度改革试点。制定和完善学校章程，探索学校理事会或董事会、学术委员会发挥积极性的有效机制。推进行政管理人员聘任制度和专业技术职称评聘制度改革。建立健全高校廉政风险防范机制。

办学体制改革试点。探索公办学校联合办学、中外合作办学、委托管理等形式。探索对营利性和非营利性民办学校实行分类管理。完善民办学校财务、会计和资产管理制度。探索独立学院管理和发展的有效方式。

地方教育投入保障机制改革试点。完善多渠道筹措教育经费长效机制。制定各级学校学生人均经费基本标准和学生人均财政拨款基本标准。探索建立教育投入分项分担机制。探索建立对长期在农村基层工作的教师实行工资福利倾斜政策制度。

【进一步加大财政教育投入】 落实法定增长和政策规定要求，提高教育支出占公共财政支出比重。1. 严格落实教育经费法定增长要求。在年初安排公共财政支出预算时，要积极采取措施，调整支出结构，努力增加教育经费预算，保证财政教育拨款增长幅度明显高于财政经常性收入增长幅度，并使在校学生人均教育费用逐步增长，保证教师工资和学生人均公用经费逐步增长。对预算执行中超收部分，也要按照法定要求优先安排教育拨款，确保全年预算执行结果达到法定增长要求。

2. 提高教育支出占公共财政支出的比重。要进一步优化财政支出结构，压缩一般性支出，新增财力要着力向教育倾斜，优先保障教育支出。要认真落实国务院关于2012年财政教育支出占公共财政支出比重有明显提高的要求，确保2012年财政教育支出占全省一般预算支出比例达到16%，并保持稳定增长。省级财政要充分发挥统筹作用，进一步加大对市、县特别是经济欠发达地区教育事业发展转移支付力度，同时努力加大本级教育支出。

3. 提高预算内基建投资用于教育的比重。要把支持教育事业发展作为公共投资的重点。在编制基建投资计划、规划城镇公共基础设施建设、实施基建投资项目时，充分考虑教育的实际需求，确保用于教育的预算内基建投资明显增加，确保新建住宅小区按规划配套建设中小学、幼儿园，不断健全教育事业发展的长效保障机制。

4. 多方筹集财政性教育经费。要认真贯彻落实国务院及省人民政府关于拓宽财政性教育经费来源渠道的各项政策措施。从2010年12月1日起，统一内外资企业和个人城市维护建设税和教育费附加制度，教育费附加统一按增值税、消费税、营业税实际缴纳税额的3%征收。从2011年2月1日起，按增值税、消费税、营业税实际缴纳税额的2%全面开征地方教育附加。从2011年1月1日起，从土地出让收益中扣除规定支出项目后，按10%的比例计提教育资金，并从计提的资金中计提20%用于省级统筹。各地要加强收入征管，依法足额征收，不得随意减免。落实上述政策增加的收入，要按规定全部用于支持教育事业发展，同时不得因此而减少其他应由公共财政预算安排的教育经费。

组织实施教育重点工程，提高各级各类教育经费保障水平。1. 强化学前教育财政投入。学前教育实行政府投入、社会举办者投入、家庭合理分担的投入机制。要将学前教育经费列入各级政府财政预算，新增教育经费要向学前教育倾斜，大力发展公办幼儿园，逐步提高财政性教育经费中学前教育所占比例。实施学前教育推进工程，“十二五”期间，在全省城乡新建或改扩建1000所公办标准化幼儿园，使学前三年毛入园率达到65%以上。

2. 提高义务教育经费保障水平。义务教育全面纳入各级财政保障范围，进一步提高义务教育经费保障水平。2011年春季学期起，提高山西省农村义务教育阶段生均公用经费财政拨款标准，达到小学500元/年、初中700元/年，并建立义务教育生均公用经费财政拨款基准定额稳定增长机制。大力实施义务教育学校标准化建设工程。改造小学和初中薄弱学校，为群众提供优质均衡、公平普惠的义务教育。

3. 健全高中阶段教育经费保障机制。普通高中实行以财政投入为主、其他多种渠道筹措经费为辅的机制。中等职业教育实行政府、行业和企业及其他社会力量等多渠道投入的机制，实施中等职业教育免学费政策；继续支持职业教育学校的实验实训基地建设；研究制定中等职业学校年生均公用经费拨款基本标准；认真实施职业教育基础能力建设工程，支持建设一批高标准的县级职教中心。各地人民政府要切实承担起举办高中阶段教育的主体责任，逐年提高高中阶段教育财政投入水平。

4. 提升高等教育内涵发展水平。高等教育实行以举办者投入为主、受教育者合理分担培养成本、学校设立基金接受社会捐赠等筹措经费的机制，并推行基本支出拨款与专项绩效拨款相结合的财政拨款制度。大幅度提高高校生均财政拨款标准，确保到2012年底本科高校生均拨款达到12000元。各地要加大对市属高校的投入。认真实施高等教育质量和水平提升工程。推进高校新校区建设，加快高校危旧校舍改造。启动"三晋学者"支持计划，引进和培养一批高层次领军人才。

5. 增加师资队伍建设投入。要根据大力提高师资队伍整体素质和水平的要求，按照不低于各级各类学校教师核定工资总额(含基本工资和绩效工资)的2.5%安排专项经费，并列入财政预算，统筹用于本地区师资培训。实施农村义务教育学校教师特设岗位计划和农村学校新任教师学历提升计划，吸引高校毕业生到农村从教。以"国培计划"为示范引领，实施中小学教师培训计划，加大农村骨干教师培训力度，落实农村教师待遇倾斜政策，进一步提高农村教师工资收入水平。

6. 加快教育信息化进程。要把教育信息化纳入全省信息化发展整体战略，统筹安排资金，积极部署推进教育信息网络建设。整合资源，加快山西教育公共服务网络平台建设，推进数字化校园建设。加强各类教育资源库建设，建立开放灵活的教育资源公共服务平台，促进优质教育资源普及共享。

7. 完善政府主导的扶困助学机制。进一步完善"政府主导、学校联动、社会参与"的扶困助学体系，健全资助标准，提高资助比例，确保每一个孩子不因贫失学。建立学前教育资助制度，对孤儿和残疾儿童实行保育费全免，对家庭经济困难儿童接受普惠性学前教育给予资助。完善义务教育阶段学校家庭经济困难寄宿生生活费补助政策。实施农村义务教育学生营养改善计划。完善普通高中国家助学金制度，落实中等职业学校国家助学金和免学费政策。完善普通本科高校和高等职业学校奖、贷、助、补、减政策，建立国家奖助学金标准动态调整机制。

8. 健全学校债务化解和控制机制。加快完善并严格执行制止农村义务教育学校新增债务的各项制度。积极化解高中阶段学校基本建设债务，建立严格控债机制。积极支持高校加快化解债务进程，进一步明确高校化解债务的主体责任，省财政安排专项资金，对高校化解债务进行奖补。拓展化债资金渠道，缩减债务余额，将财务风险控制在合理区间。严格执行高校借贷款和基本建设项目审批制度，从宏观政策上给予引导和监督。

(李仁贵)

【深入落实规划纲要，扎实推动教育优先发展】 2012年，山西省教育部门紧紧抓住教育规划纲要实施的大好时机，加大对市县政府落实教育发展责任的考核力度，促进全省教育优先发展地位进一步落实，教育投入不断增加。2012年，全省财政预算内教育支出460亿元，占财政总支出的16%，仅此一项就比2011年增加100亿元，有力地支持了全省教育事业的发展。

为推动规划纲要的更快落实，总结实施经验，2012年12月6日省政府召开了"全省贯彻落实教育规划纲要，推进区域内教育协调发展现场会"，推广晋城高平市的先进经验，大力营造贯彻落实教育规划纲要的良好氛围，对推动教育事业协调发展、科学发展起到了积极的促进作用。

【全面加强高校党建和学校德育工作，保持教育系统和谐稳定】 一是认真贯彻落实全国高校党建工作会议精神，扎实推进创先争优活动，学习型党组织建设和保持党的纯洁性学习教育活动取得显著成效，全省教育系统基层党组织的战斗力、凝聚力进一步增强。创新思想政治教育形式，积极开展高校师生思想状况调研，起草《关于深入推进大学生思想政治教育工作的意见》，报请省委省政府印发。以迎接"十八大"、宣传贯彻"十八大"精神为主题，深入推进社会主义核心价值体系进课堂、进教材、进头脑。二是"十八大"胜利召开后，省高校工委、省教育厅制定了工作方案，对全省教育系统的学习贯彻工作进行部署，并组织召开座谈会、专题报告会等，推动全省教育系统掀起学习贯彻"十八大"精神的热潮。三是全面落实安全稳定工作责任，建立教育系统突发事件应急处置和专项稳定工作协调机制，强化领导、细化措施，深入排查化解安全隐患和矛盾纠纷，大力治理校园及周边治安环境，学校安全防范能力进一步增强，有力地保证了全省教育系统安全稳定大局。

【以农村教师为重点，大力加强各级各类教师队伍建设】 一是坚持树立先进典型、弘扬良好风尚。2012年是山西省的"师德师风建设年"，全省涌现出一批师德高尚的优秀教师，241位被评为省级"师德标兵"，特别是晋中市榆次区农村教师范妹锁被评选为"全国教书育人楷模"。二是继续实施"特岗计划"，2012年公开招聘特岗教师2200名，全部安排到贫困县的农村中小学校任教。三是以"国培计划"为示范引领，对2万名农村中小学骨干教师进行教育新理念和新技能培训，农村教师队伍整体素质明显提升。四是积极实施高等学校人才强校战略。积极引进和扶持高层次、高素质的拔尖创新人才，有2人入选"长江学者"计划，2人获得国家级教学名师奖。五是山西省"三晋学者"计划顺利实施。

【切实保障公民受教育权利，教育公平取得新成效】 一是坚持教育的公益性和普惠性原则，切实保障人民群众公平享有受教育的机会和权利。二是全面落实国家助学制度。学前教育实施全省资助制度，不断提高义务教育阶段家庭经济困难寄宿生生活费补助，中等职业教育实现免费就学并按规定享受国家助学金，高校形成"奖、免、助、贷、补"的资助体系，全省基本建立起覆盖各阶段教育的政策资助体系，确保每位学生不因家庭贫困而失学。三是认真解决进城务工人员子女和农村留守儿童教育问题，保障他们公平、平等的受教育权利。四是深入实施普通高考"阳光招生"，规范各类招生和考试工作。五是大力治理教育乱收费，规范各类学校办学行为。

六是大力推进依法办学治教，保障师生合法权益，教育公平迈出坚实步伐。

（秦志伟）

【实施农村义务教育学生营养改善计划】 按照国家统一安排，从2011年秋季学期起，山西省按照“政府主导、试点先行、因地制宜、突出重点”的原则，在集中连片贫困地区的21个县启动农村（不含县城）义务教育学生营养改善计划国家试点工作。21个县涉及山西省大同、忻州、临汾、吕梁4个市，分别为阳高县、天镇县、广灵县、灵丘县、浑源县、大同县、五台县、繁峙县、静乐县、神池县、五寨县、岢岚县、吉县、大宁县、隰县、永和县、汾西县、兴县、临县、石楼县、岚县。试点工作由省人民政府统筹，市级人民政府指导协调，县级人民政府具体组织实施。要在营养食谱、原料供应、供餐模式、食品安全、监管体系等方面积极探索，取得经验后逐步向全省推广。

其他有条件的市、县也可结合本地实际情况，逐步开展农村义务教育学生营养改善计划工作。

1. 提供营养膳食补助。试点地区农村义务教育阶段学生营养膳食补助标准为每生每天3元，全年按照学生在校时间200天计算，每生每学年共600元。21个国家试点县学生营养膳食补助经费由中央财政负担。各试点县可将营养改善计划补助资金与“一补”资金相结合，根据实际情况统筹安排。

2. 改善就餐条件。各试点地区要严格按照《餐饮服务许可管理办法》规定的条件，对农村义务教育学校学生食堂进行重点建设和装备，新建、改建或扩建的学校食堂一律不准设在地下室或半地下室，一律不得个人承包。新建或改扩建食堂要遵循节俭、安全、卫生、适用的原则，严禁超标准建设。

21个国家试点县义务教育学校学生食堂的新建、改扩建及设施设备配置等所需资金由各县筹措解决。国家及省实施的农村义务教育薄弱学校改造计划食堂建设项目资金向21个国家试点县倾斜，按照5∶5的比例给予奖励支持。各地要统筹自有财力，足额落实应承担的资金。各市、县要将新改扩建学生食堂和为学生就餐配备设施设备作为今后几年义务教育学校标准化建设的重点，多方筹措资金，与“中西部农村初中校舍改造工程”“中小学校舍安全工程”“农村义务教育薄弱学校改造计划”等项目相结合，落实配套资金，保证使用效果。县级人民政府要根据当地实际，为农村学校食堂配备合格工作人员并妥善解决待遇和专业培训等问题。

3. 选定供餐模式。各试点县要指导农村义务教育学校根据实际情况选择适合的供餐模式。学校有食堂或者可以配备食堂的，可以实行食堂供餐；学校目前没有食堂的，可以向具备资质的餐饮企业、单位集体食堂购买供餐服务；偏远山区的学校或教学点，可以在食品药品监管部门批准的前提下按标准实行个人或家庭托餐。供餐内容包括午餐的加餐或课间餐，加餐和课间餐以提供富含铁、钙、维生素A等营养的蛋、奶、果蔬等为主。

4. 鼓励社会参与。鼓励共青团、妇联等人民团体，居民委员会、村民委员会等有关基层组织，以及企业、基金会、慈善机构在县级人民政府统筹指导下，积极参与学生营养改善计划工作，在改善就餐条件、创新供餐方式、加强社会监督等方面发挥积极作用。

（李仁贵）

基础教育

【学前教育】 基本情况。2012年，全省共有幼儿园5489所，比2011年增加581所。入园幼儿42万人，增加5.3万人；在园幼儿91.5万人，增加9.4万人；离园幼儿32.6万人，增加5.9万人。其中，民办幼儿园2408所，占全省幼儿园总数的43.9%，提高1.2个百分点；在园幼儿36.8万人，占全省在园幼儿的40.3%，提高2个百分点。幼儿园专任教师3.8万人，增加4900人。学前三年毛入园率75%，提高4.5个百分点。

*以扩大资源为重点，加快学前教育发展。*继续实施学前教育三年行动计划，坚持政府主导、社会参与、公办民办并举，统筹农村和城市，加强规划与建设，大力发展学前教育。加快建设公办幼儿园，在2011年完成200所标准化公办幼儿园的基础上，2012年又建成214所，新增5.5万个幼儿学位。投入资金4.45亿元，充分利用农村闲置中小学校舍改建幼儿园806所、在小学附设幼儿班946个，又新增幼儿学位14.3万个。学前三年教育毛入学率75%。

【义务教育】 基本情况。1. 小学。2012年，全省共有小学10042所（其中，单人校900所），比2011年减少894所；在校生261.8万人，减少15.4万人；招生44万人，减少342人；毕业生54.7万人，增加1.9万人。其中，民办小学185所，在校生19.8万人，分别占全省小学校数和在校生数的1.8%和7.6%。小学学龄儿童净入学率99.9%。

全省共有小学专任教师18.4万人（其中，小学17.1万人，九年一贯制学校1.2万人，十二年一贯制学校1453人），比2011年减少4494人；专任教师学历合格率99.9%，比2011年提高0.1个百分点。

全省小学共有校舍建筑面积1748.1万平方米，比2011年增加13.7万平方米。小学体育运动场（馆）面积达标学校的比例为26.4%，体育器械配备达标学校的比例为31.5%，音乐器械配备达标学校的比例为27.7%，美术器械配备达标学校的比例为29.6%，数学自然实验仪器达标学校的比例为33.9%。

全省小学在校生中有寄宿制学生42.8万人，进城务工人员随迁子女21.8万人，农村留守儿童12.9万人，分别占全省小学在校生总数的16.4%、8.3%和4.9%。

2. 初中。2012年，全省共有普通初中学校2023所（其中，初级中学1546所，九年一贯制学校477所），比2011年减少70所；招生46.2万人，减少4.7万人；在校生数150.2万人，减少14.1万人；毕业生数57.9万人，增加2.3万人。其中，民办普通初中228所，在校生26.6

万人，分别占初中阶段教育学校数和在校生数的11.3%和17.7%。

全省初中共有专任教师11.8万人(其中，初级中学8.9万人，九年一贯制学校1.3万人，十二年一贯制学校1499人，完全中学1.4万人)，比2011年减少1083人；专任教师学历合格率99%，提高0.2个百分点。

全省初中学校共有校舍建筑面积1400.6万平方米，比2011年增加32.3万平方米。初中学校体育运动场(馆)面积达标学校的比例为44.8%，体育器械配备达标学校的比例为50.9%，音乐器械配备达标学校的比例为45.5%，美术器械配备达标学校的比例为46%，理科实验仪器达标学校的比例为59.3%。

全省初中学校在校生中有寄宿制学生66.7万人，进城务工人员随迁子女8万人，农村留守儿童7.6万人，分别占全省初中在校生总数的44.4%、5.4%和5%。

推进资源标准化配置，义务教育均衡发展取得新进展。统筹实施薄弱学校改造计划与义务教育学校标准化建设工程。2012年集中投入11.96亿元，对48个县的3568所农村义务教育学校进行标准化改造，各项目县所有义务教育学校都达到了标准化，并实现教学多媒体配备"班班通"。进一步加大义务教育均衡发展评估力度，严格验收标准、加强指导检查，2012年又有35个县通过评估。21个集中连片贫困县的"农村义务教育学校学生营养改善计划"试点工作进展顺利，下拨资金5.14亿元，改善就餐条件、落实膳食补助，共惠及1948所学校的32万余名学生。大力提升"农远工程"使用效益，加强区域内校长、教师交流，促进优质教育资源城乡共享。2012年12月，组织召开全省义务教育学校标准化建设工作现场推进会，大力推广吕梁孝义市的先进经验，推动全省逐步形成均衡发展义务教育的良好氛围。

【高中阶段教育】 基本情况。2012年，全省高中阶段教育(包括普通高中、中等职业教育)共有学校1067所，比2011年减少35所。招生50.8万人，比2011年增加3624人；在校生145.5万人，减少2.4万人；毕业生48.9万人，减少1.9万人。高中阶段毛入学率90%，提高1.5个百分点。

1. 普通高中。2012年，全省共有普通高中511所(其中，完全中学234所，高级中学244所，十二年一贯制学校33所)，比2011年减少8所。招生29.3万人，增加5950人；在校生85.5万人，增加2297人；毕业生28.5万人，增加1.5万人。其中，民办普通高中154所，招生数5.9万人，在校生17.6万人，毕业生6万人，分别占全省普通高中总校数的30.1%、招生数的20.2%、在校生数的20.6%和毕业生数的21.1%。

全省普通高中共有专任教师5.8万人(其中，完全中学1.9万人，高级中学3.7万人，十二年一贯制学校1905人)，比2011年增加1938人；专任教师学历合格率95.7%，比2011年提高0.8个百分点。

全省普通高中共有校舍建筑面积1495.7万平方米，比2011年增加58.2万平方米。普通高中体育运动场(馆)面积达标学校的比例为73.8%，体育器械配备达标学校的比例为74.2%，音乐器械配备达标学校的比例为72.8%，美术器械配备达标学校的比例为72.4%，理科实验仪器达标学校的比例为77.1%。

2. 中等职业教育。2012年，全省中等职业教育(包括普通中专、成人中专、职业高中、技工学校、其他机构、附设中职班)共有学校556所，比2011年减少16所。招生21.5万人，减少2326人；在校学生60万人，减少1.9万人；毕业生20.3万人，减少3.1万人。

(1)普通中专学校。2012年，全省共有普通中专学校90所(其中，中等技术学校86所，中等师范学校4所)，减少3所。招生5.7万人(其中，普通中专学生5.4万人，职业高中学生2208人)，比2011年增加4433人；在校生17.8万人，减少4774人；毕业生6.3万人，增加883人。全省有民办中等技术学校13所，招生3286人，在校生9564人，毕业生5619人，分别占全省普通中专学校总校数的14.4%，招生数的5.8%，在校生数的5.4%，毕业生数的8.9%。

全省普通中专学校共有教职工1.2万人。其中，专任教师7903人，比2011年增加26人；副高级以上职称专任教师1880人，占专任教师总数的23.8%；中级职称专任教师2811人，占专任教师总数的35.6%。具有本科及以上学历的专任教师7171人，占专任教师总数的90.7%，比2011年提高1.9个百分点。普通中专学校师生比为1∶22.6。

全省普通中专学校占地面积654.1万平方米，比2011年增加25万平方米；校舍建筑总面积316.9万平方米，减少1.2万平方米。固定资产总值27.83亿元，增加1.95亿元；教学实习仪器设备资产值5.49亿元，增加4473万元；图书490.9万册。

(2)成人中等专业学校。2012年，全省共有成人中等专业学校120所。招生9793人(其中，普通中专学生527人，成人中专学生9266人)，比2011年减少1.2万人；在校生3.5万人，减少1.5万人；毕业生6387人，减少2万人；教职工4170人，专任教师3430人。

(3)职业高中。2012年，全省共有职业高中学校246所，比2011年减少2所。招生8.3万人，减少1087人；在校生21.4万人，减少8489人；毕业生7.9万人，减少180人。全省有民办职业高中学校90所，招生1.7万人，在校生4.7万人，毕业生1.4万人，分别占全省职业高中学校总校数的36.6%，招生数的20.3%，在校生数的20%，毕业生数的17.9%。

全省职业高中共有专任教师1.4万人，比2011年增加567人；专任教师学历合格率81.8%，提高0.4个百分点。共有校舍建筑面积287.6万平方米。

(4)其他机构、附设中职班。2012年，全省有其他中等职业教育机构16所和附设中职班72所(不计校数)，招生2.2万人(其中，普通中专学生1.9万人，成人中专学生1767人，职业高中学生1632人)，比2011年增加5180人；在校生5.5万人，增加2687人；毕业生2.2万人，减少3037人。

(5)技工学校。2012年，全省有技工学校100所。招生4.2万人，在校生11.7万人，毕业生3.2万人。

实现中职教育免学费全覆盖，职业教育人才培养模式改革不断深化。大力推进中职教育免学费教育，在2011年免除职业高中、职业中专学生学费基础上，2012年范围扩大到普通中专和技工学校，真正实现了中职教育免学费就学，惠及学生86.7万人次。这一惠民政策实施，极大增强了职业教育吸引力，中职招生任务基本完成，高中阶段毛入学率90%。加强职业教育基础能力建设，获批建设11所国家级中等职业教育改革示范校、25个国家级实习实训基地，投入8630万元建设10个省级实训基地，29个县级职教中心通过验收，职业院校办学实力显著增强。强化实践教学，充分发挥九大职业教育集团的规模办学优势，全面推广订单培养、工学结合，广泛开展"送教下乡""送教下矿"。面向农民、企业职工、退役士兵、进城务工人员进行学历教育和技能培训，共培训409.7万人次，劳动者技能水平进一步提升。

进一步规范普通高中办学行为，稳定普通高中规模。省教育厅审定批准并公布了2012年各市普通高中学校规模轨制，要求各公办高中学校招收择校生严格执行"三限"政策，及时将招生规模轨制和招生范围于高中招生开始前向社会公布，接受社会监督。全省普通高中办学条件明显改善，内涵建设扎实推进，高中学业水平考试制度和学生综合发展报告制度全面实施，形成了富有特色的多样化办学模式，教育质量稳步提升。

（秦志伟）

【加快发展学前教育】 2011～2015年，全省新建、改扩建标准化公办幼儿园1000所以上，努力构建覆盖城乡、布局合理的学前教育公共服务体系，基本满足适龄儿童接受学前教育的需要。到2015年，学前三年毛入园率达到80%以上，经济条件和教育基础好的地区达到85%以上。

大力发展公办幼儿园。县级以上政府要根据学前教育事业发展规划，合理布局，新建、改建、扩建一批安全适用的公办幼儿园。原则上按每5000～10000人口规模，规划建设1所规模适当的幼儿园，方便幼儿就近入园。制定优惠政策，鼓励优质公办幼儿园举办分园或合作办园。支持街道、农村集体举办幼儿园，满足儿童就近入园的需求。

加快农村幼儿园建设。将幼儿园作为农村基本公共服务设施统一规划，优先建设，保障留守儿童入园。每个乡镇都要规划建设1所以上标准化中心幼儿园。人口居住集中的大村可独立办园，也可依托农村小学增设附属幼儿园（班）。一般行政村可在小学附设幼儿园。居住分散的村或村民小组，应按实际情况和有关标准设立幼儿教育点、流动幼儿班或游戏活动小组。中小学布局调整后富余的教育资源及其他公共资源，要尽可能按标准规划改造成幼儿园（班）。

扶持发展普惠性民办幼儿园。积极扶持民办幼儿园发展，特别是要通过政府购买服务、减免租金、安排专项奖补资金、派驻公办教师、优惠划拨土地等方式，引导和支持民办幼儿园提供普惠性服务。民办幼儿园在审批登记、分类定级、评估指导、教师培训、职称评定、资格认定、表彰奖励等方面与公办幼儿园具有同等地位。

推进城镇小区配套幼儿园建设。各地在城镇居住小区建设和旧城改造时，要规划建设与居住人口相适应的配套幼儿园，并做到与其他建筑设施同步设计、同步建设、同步验收、同步交付使用。未按规定安排配套幼儿园建设的小区规划不予审批。城镇小区没有配套幼儿园的，应根据居住区人口规模，按照国家有关规定配套建设幼儿园。城镇小区配套幼儿园作为公共教育资源由当地政府统筹安排，由当地教育行政部门统一管理。小区配套幼儿园在具备相关条件的情况下可设为公办幼儿园。开发商按规划已建设的幼儿园应在办理有关手续后移交当地教育部门举办公办幼儿园，或在当地政府统筹下办成普惠性民办幼儿园，任何单位和个人不得改变其性质和用途；对已改变性质和用途的，由当地政府限期整改，予以纠正。各地要结合当地实际研究制订加强住宅小区配套幼儿园建设具体管理办法。

【进一步加快特殊教育事业发展】 明确工作目标，完善特殊教育体系。（1）全面提高残疾儿童少年义务教育普及水平和质量。到2015年，城市和经济教育较发达的县（市、区）适龄视力、听力、智力残疾儿童少年（以下简称"三类残疾儿童少年"）义务教育阶段入学率要达到95%以上，其他县（市、区）三类残疾儿童少年入学率要逐年提高，努力达到85%以上。各市都要建设好一所以上规模较大、条件优良、中等教育层次以上的特殊教育学校，30万人口以上的县（市、区）要建设一所标准化的特殊教育学校，其他县（市、区）要在普通中小学附设标准化配置、规范化教学的辅读班。（2）积极发展以职业教育为主的残疾人高中阶段教育。（3）加快推进残疾人高等教育和残疾儿童学前教育发展。

完善特殊教育经费保障机制，提高特殊教育保障水平。1.坚持特殊教育经费以政府投入为主的原则，努力加大特殊教育投入。各级人民政府要将义务教育阶段残疾学生全面纳入义务教育保障范围（包括特教班和随班就读学生），根据实际情况，逐步调整特殊教育学校生均公用经费标准，保证特殊教育学校正常办学需要。随班就读学生的生均公用经费标准参照特殊教育学校学生生均公用经费标准发放，有条件的地方逐步提高。在民办特殊教育学校就读的义务教育阶段残疾学生免收学杂费，当地人民政府按照公办特教学校公用经费标准予以补助。设立特殊教育补助经费，用于改善特殊教育学校办学条件和教师培训工作，并随着财力的增长逐步提高。按照彩票公益金使用的政策和原则，逐步加大社会福利彩票公益金支持残疾儿童少年特殊教育的力度。积极吸引和鼓励社会力量捐助特殊教育。

2.进一步完善残疾学生助学制度。对特殊教育学校（班）学生和在普通中小学校随班就读的残疾学生，免除学杂费，免费提供教科书，对农村家庭经济困难的寄宿生发放生活补助，补助标准不低于当地义务教育阶段中小学生标准，所需经费由政府统筹，纳入财政预算。民政、残联等部门还要将特殊教育学生纳入当地残疾人生活补助范围，通过多种方式对特殊教育学校学生和随班就读家庭困难学生给予帮扶。同时，要做好中等教育和高等教育阶段残疾学生资助工作。普通高校和中等职业学校要将残疾学生纳入国家助学体系，优先享受国家助学金。在特殊教育学校职业高中班(部)就读的残疾学生也应享受国家助学金。

3. 努力改善特殊教育学校办学条件。各级人民政府要加大对特殊教育学校建设和配备的投入，要把特殊教育学校纳入中小学校舍维修改造计划，要把特殊教育学校信息化建设纳入本地教育信息化建设范围。

进一步加强特殊教育师资队伍建设，不断提高教师素质。(1)大力加强特殊教育教师的培养、培训工作。进一步加强阳泉师范高等专科学校特殊教育专业建设，继续稳定招生规模，为山西省特殊教育提供素质优良的教师资源。力争在3年内使特殊教育学校教师学历合格率达到全省平均水平。(2)认真落实特殊教育教师编制。各地要按照特殊教育学校教职工师生比1∶3的编制标准要求，全面核定教职工编制，未配齐的要于2012年底前足额配齐。(3)不断提高特殊教育教师待遇。

(李仁贵)

高等教育

【高等教育基本情况】 全省共有培养研究生单位12个(其中，普通高校9个，科研机构3个)。普通高等学校67所(其中，本科院校19所，高职高专院校48所)，比2011年增加1所；独立学院8所(不计校数)；民办普通高等学校7所〔其中，本科院校1所，高职(专科)院校6所〕；成人高等学校13所(其中，职工高等学校7所，管理干部学院3所，教育学院2所，广播电视大学1所)，与2011年持平。

2012年，全省共招收研究生9212人(其中，博士生468人、硕士生8744人)，比2011年增加467人；在学研究生2.6万人(其中，博士生2147人、硕士生2.4万人)，增加1308人；毕业生7771人(其中，博士生291人、硕士生7480人)，增加441人。

2012年，全省普通高等教育本专科共招生20.8万人，比2011年增加2.3万人；其中，本科10.4万人，增加1万人；高职(专科)10.4万人，增加1.3万人。在校生63.7万人，增加4.3万人；其中，本科35.4万人，增加3.1万人；高职(专科)28.3万人，增加1.1万人。毕业生16.3万人，增加9891人；其中，本科7.2万人，增加7123人；高职(专科)9万人，增加2768人。全省民办高校普通高等教育本专科共招生1.3万人，在校生2.9万人，毕业生8127人，分别占全省总数的6.1%、4.5%、5%。2012年，全省高等教育毛入学率32.5%，比2011年提高2.5个百分点。

2012年，全省普通高等学校校均规模达到9512人，比2011年增加505人，其中，19所本科院校的在校生规模32.1万人(不含独立学院在校生)，校均规模达到1.7万人，比2011年增加1011人。

2012年，全省成人高等教育共招生6.2万人(其中，本科2.4万人，专科3.8万人)，比2011年减少3523人；在校生18.1万人(其中，本科7.9万人，专科10.2万人)，增加1.4万人；毕业生4.8万人(其中，本科2.3万人，专科2.5万人)，增加4135人。

2012年，全省普通高等学校共有教职工5.8万人，比2011年增加297人；其中，专任教师3.8万人，增加597人。具有高级职称的教师占专任教师总数的33.3%，比2011年提高0.1个百分点。具有研究生及以上学历学位教师占专任教师总数的54.9%，比2011年提高3.7个百分点。普通高校占地面积3070.9万平方米，增加267万平方米。校舍建筑面积1630.9万平方米，增加46.6万平方米，生均25.6平方米；教学行政用房面积747.3万平方米，增加21.2万平方米，生均11.7平方米；学生宿舍面积394.2万平方米，增加14.9万平方米，生均6.2平方米。全省普通高校教学仪器设备资产值47.4亿元，增加3.6亿元，生均教学仪器设备值7430元。学校藏书4865.9万册，增加166.3万册，生均76.4册。

2012年，全省成人高等学校共有教职工3047人，比2011年减少24人；其中，专任教师1810人，减少38人。专任教师中副高级以上职称的占专任教师总数的38.2%，下降0.5个百分点。具有研究生及以上学历学位的教师占专任教师总数的27.7%，增加3.9个百分点。成人高校占地面积154.9万平方米，校舍建筑面积91.9万平方米，教学行政用房建筑面积47.4万平方米，学生宿舍建筑面积20.1万平方米，图书资料217.2万册，固定资产值6.35亿元，教学仪器设备值1.93亿元。

【以内涵建设为中心，全面提高高等教育质量】 一是大力推进高校新校区建设，开工面积290.1万平方米，9所高校已具备基本入住条件。二是高等教育投入不断增加，普通本科高校生均拨款标准提高到1.2万元，高等学校办学条件不断改善。三是适度扩大高等教育规模，全省高校共招生26万人，高等教育毛入学率32.5%，较好满足了人民群众接受高等教育的需求。四是深入推进高校内涵建设，进一步优化学科和专业结构，遴选支持了一批对山西经济社会发展具有重大支撑作用的优势特色专业和新兴学科。五是巩固教学中心工作地位，深化教学改革，强化质量监测，进一步加强创新型人才培养平台建设，大学生创新创业能力显著增强，人才培养质量稳步提高。六是加强高校科研创新平台建设，新增3个山西省高校人文社科重点研究基地。七是着重推进协同创新，全省高校共承担国家科研项目299项，获得发明专利授权320件。八是积极搭建产学研合作和成果转化平台，一批优秀科研成果成功转化，取得良好经济社会效益，高校服务社会能力显著提高。

(秦志伟)

【推进师范生免费教育的主要政策措施】 1. 从2012年秋季开学起，在山西师范大学试行师范生免费教育。通过试点，建立制度，积累经验，逐步扩大到省内其他师范类院校。

2. 省教育行政部门根据全省中小学教师队伍建设需要，科学制定和统筹安排免费师范生招生计划，合理确定分市、分专业招生数量，确保招生培养与教师岗位需求有效衔接。

3. 免费师范生实行提前批次录取。择优选拔热爱教育事业、有志于长期从教的优秀高中毕业生。报考免费师范教育专业的考生成绩要达到当年高考录取一本分数线。免费师范生入学后，单独编班、单独培养。免费师范生在校学习期间免除学费、教材费，免缴住宿费，并补助生活费。

4. 免费师范生录取前与培养学校和生源所在市的教育行政部门签订师范生免费教育协议，承诺毕业后从事中小学(包括职业中学基础课)教育教学工作10年以上。到市直和县城学校工作的免费师范毕业生，在服务期内由当地教育部门安排到农村义务教育学校任教2年。鼓励免费师范毕业生长期从教、终身从教。

5. 加强免费师范生的学籍注册与管理。培养院校要根据《普通高等学校学生管理规定》和师范生免费教育相关政策，制定在校期间免费师范生学籍管理具体办法。录取后，经考察不适合从教的免费师范生，入学1年内可按规定调整到非师范专业。对弄虚作假和有其他违规、违纪行为的免费师范生，依据有关规定处理。

6. 免费师范生毕业前及在协议规定服务期内，不得报考脱产研究生。符合条件的可报考在职教育硕士专业学位。免费师范毕业生在职培训纳入中小学教师省级培训计划。

(李仁贵)

文化·新闻·广播·出版事业

WENHUA XINWEN GUANGBO CHUBANSHIYE

文化·新闻广播·出版事业

文化事业

【文化事业概况】 2012年，全省有无线广播电台2个，中短波发射台和转播台15个；有电视台4个，100瓦以上电视发射台148个；广播人口覆盖率95.4%，电视人口覆盖率98.1%。

2012年，全省有文化艺术机构7549个，从业人员60924人。有艺术表演团体163个，文化馆119个，公共图书馆126个，博物馆92个。全省公共图书馆总藏量1462.3万册（件），其中，省级公共图书馆340.6万册（件），市级公共图书馆275.2万册（件），县级公共图书馆846.4万册（件）。全省博物馆、文物机构藏品84.4万件，其中，一级藏品3129件。

2012年，全省制作电视剧1部、50集，制作电影故事片18部。

2012年，全省有出版社7个，从业人员441人。国有书店130个，从业人员4234人。全年出版图书4002种，总印数1.48亿册；出版期刊198种，总印数3733万份；出版报纸77种，总印数20.89亿份。

【文化体制改革深入推进】 2012年，全省文化系统继续推动国有文艺院团体制改革向纵深发展，163家国有文艺院团体制改革阶段性任务全面完成，转企改制中心环节取得重大进展，并形成《山西省组建演艺院线联盟实施方案》。继续深化行政体制改革，较好解决了市县两级“三局”合一中存在的不彻底、不到位问题，文化市场综合执法改革工作全部到位。继续深化事业单位分类改革，形成方案，进一步完善事业单位岗位绩效工资制度，建立健全与工作业绩紧密联系的保障机制。开展事业单位法人治理结构试点工作，激发文化发展创新的活力，为文化强省建设打下坚实基础。经过不断改革探索，实现了全省范围内的演艺产业布局、剧种科学保护和演出市场的初步调整，基本形成国有、集体和民营院团竞相发展，大剧种小剧种平等竞争的局面，达到出人才、出作品、出活力、出效益的目标。2010年以来，连续三年被中宣部、文化部评为全国文化体制改革先进地区，文化晋军跻身于全国第一方阵。

【公共文化服务体系不断完善，文化惠民取得显著成效】 着力加强公共文化基础设施建设。2012年，配合做好山西大剧院和山西省图书馆新馆建设后续工作，做好图书馆新馆搬迁、大剧院移交准备工作。长治市国家级公共服务体系示范区创建工作扎实有力，初步形成面向基层、面向农村的公共文化服务体系。继续实施“万村千乡文化设施建设工程”，中央累计下达乡镇综合文化站建设1098个，补助资金1.72亿元，先后安排9批共1.14亿元省级建设资金进行配套，完工项目1020个，占乡镇区划总数的94.9%；完成村级综合文化活动室建设2.8万个，提前实现全省乡村文化设施建设全覆盖任务。开展第二届山西省文化先进乡镇和示范村的评选工作，推动基层公共文化设施建设和服务水平不断提升。继续实施“百县强基”工程，积极推进中央资助支持的16个市级公共图书馆、群众艺术馆建设，引导地方政府规划、论证85个县级项目和新建20个县级文化馆、图书馆，引导各地编制市级文化设施建设规划，新开工县级文化设施近30个，落实补助项目20多个。加强对“三馆一站”和免费开放工作的监督检查，落实美术馆、公共图书馆、文化馆（站）中央免费开放补助资金5813万元，地方配套近5000万元。推进省图书馆和4个市级图书馆首批数字图书馆试点单位建设，推进乡镇综合文化站和农村文化活动场所开放利用，完成市县级文化共享工程标准化支中心建设，共建成1个省中心、6个市中心、119个县支中心、975个乡镇（街道）站点、2.9万个村（社区）站点。

【文艺创作亮点纷呈】 2012年，山西省文化艺术生产创作迎来了新的高峰期、高产期和超越期，出现前所未有的繁荣，涌现出大量具有鲜明时代特征和体现民族精神的精品佳作。创作了《美丽女孩》《申纪兰》《幸福全覆盖》《立春》《东方欲晓》等一批精品力作，说唱剧《解放》获得中宣部第12届精神文明建设“五个一工程”奖，晋剧《大红灯笼》入围2010～2011年度国家舞台艺术精品工程资助剧目，《傅山进京》参加第四届全国少数民族文艺会演荣获表演大奖、编剧大奖、导演大奖等9个奖项，舞剧《一把酸枣》《粉墨春秋》荣膺2011～2012年度国家文化出口重点项目。第七届全国儿童剧优秀剧目展演中，晋剧《刘胡兰》、皮影木偶剧《孙悟空三打白骨精》共获4项大奖。完成《粉墨春秋》《立春》《知音》、群文专场晚会《大地情深》等10台剧目为“十八大”献礼演出22场，举办喜迎“十八大”文化大惠民优秀剧目展演活动，共选调全省19家文艺单位的26台剧节目，共计演出49场，集中展示近年来省、市、县各级文艺院团的转企改制、狠抓创作的最新成果。

【非物质文化遗产保护工作稳步推进】《山西省非物质文化遗产条例》正式通过，将于2013年1月实施，非物质文化遗产立法保护走在全国前列。文化部批准《晋中文化生态保护实验区总体规划》，成为全国第三家获得论证通过的国家级文化生态保护实验区总体规划。成功举办2012年文化遗产日系列宣传展示活动，非遗保护社会影响进一步扩大。完成河曲、碛口2个省级文化生态保护区和山西杏花村汾酒有限集团公司、山西水塔醋业股份有限公司等16个省级非物质文化遗产生产性保护示范基地的评审认定工作。参加文化部举办的全国非物质文化遗产生产性保护成果展，共4个项目获奖。组织第四批国家级非物质文化遗产代表性项目代表性传承人评选工作，全省35人入选，占全国的7%。组织参加深圳文博会非物质文化遗产展，签约项目总额4400万元。成功举办中国山西非物质文化遗产成果展，5天时间吸引3万余名观众参观，实现交易额40余万元。此外，组织参加了中国第二届非物质文化遗产博览会，中国非物质文化遗产传统技艺大展，各项展览展示活动都取得了良好社会效益和经济效益。全省非物质文化遗产保护取得显著成效，优势文化资源的社会价值和文化价值得到充分发扬。

【文化产业发展步伐加快】 2012年，山西省文化产业呈现出蓬勃发展的良好态势，市场主体大量涌现，产业结构趋向合理，市场体系更加完善，品牌影响显著提升，初步形成体现山西特点的文化产业体系。制定《山西省文化厅“十二五”时期文化产业翻番计划》《山西省国家资源型经济转型综合配套改革试验区文化建设实施方案（2012～2015年）》《山西省组建演艺院线联盟实施方案》，《山西省科学技术厅、山西省文化厅关于建立文化与科技融合工作会商制度议定书》，《山西省文化与旅游结合发展的意见》正在征求意见，全省文化产业发展政策环境得到有效改善。组织实施重大文化产业项目带动战略，“一市一景区一文化企业一演艺剧（节）目”取得突破，《印象·平遥》《印象·五台山》将分别同观众见面。山西省非物质文化遗产展示园、山西省文化产业创意示范园等重大项目推进顺利，“三纵两横”文化旅游线（黄河风情线、魅力太行线、塞北神韵线、晋商万里茶路线、雁门五台山线）建设取得进展，晋商万里茶路线进入试运营。积极培育文化产业示范基地，太原高新区火炬创意产业联盟管理有限公司、平定古窑陶艺有限公司入选第五批国家文化产业示范基地。第二批省级文化产业示范基地评审命名工作正有序进行。搭建交流平台，成功举办黎氏阁杯·中国山西第四届赏石文化博览会、首届中小文化企业博览会、山西省首届工艺美术大师作品暨艺术精品博览会、山西省首届全国手机动画大赛等。参与组织第八届深圳文博会，共签约项目38个，总额达77亿元。组织举办文化产业投融资及担保知识培训班，在山大商务学院设立首家山西省文化产业人才培养基地。

【对外文化交流日趋活跃，山西文化影响力显著提升】 坚持走出去和引进来并举，充分调动国际与国内、政府与民间、省级与地方等各方文化资源，全面推动新时期对外及对港澳台文化工作向纵深发展。2012年完成对外文化交流项目20个，涉及智利、美国、加拿大、意大利等20个国家和地区。完成出访斯里兰卡演出、大型舞台精品《粉墨春秋》赴澳大利亚参加中国文化年闭幕式演出和新加坡演出、省歌舞剧院《黄河情韵》剧组赴南美参加《欢乐春节》等重大文化品牌活动。组派文化交流代表团参加山西与意大利阿布鲁佐大区结好20周年庆祝活动。完成澳门各界庆“五一”演出活动。

【强力实施文化人才战略】 实施文化领军人才素质提升工程，继续与中国戏曲学院、上海戏剧学院等高等院校合作，开展戏曲表演人才、舞美、导演等紧缺人才的培养工作。开展人民艺术家评选评比工作，推进知名艺术家建立工作室，鼓励名师收徒传授。参加第十六届中国少儿戏曲“小梅花”荟萃，并获“金花冠军”，全省共有150余人获得“小梅花”称号，获奖总数和获奖质量居全国之首。组织开展全省第八届音乐舞蹈比赛和第十三届“杏花奖”评比演出，对近年来全省艺术创作生产成果集中汇报，已成为山西省最具品牌价值、公信力与权威性的舞台艺术政府奖项。全年申报成功国家级课题2项、省软科学课题5项、省艺术科学规划课题15项，在全系统范围营造出学习理论、研究问题的良好氛围。

【文化政策和市场管理不断创新，文化发展环境明显优化】 文化政策不断完善。2012年，《山西省图书馆管理办法（草案）》通过省政府法制办修改定稿。修订完善《山西省文化厅“十二五”时期山西文化发展规划纲要》。起草完成《山西省文化厅2012～2016年艺术创作规划》《山西省舞台艺术精品创作资助办法》《公益性演出补贴暂行办法》《人民艺术家评比办法》和《山西省文化厅知识产权评价体系建设指导意见（草案）》。编制《山西省公共文化场所和文化活动突发事件应急预案》，健全省直文化系统政策保障体系。

文化市场规模继续扩大。2012年，全省演出、娱乐、艺术品、网吧、网络音乐、网络游戏六大市场总规模达到31.18亿元，其中，网吧3658家，市场规模13.4亿元，连锁率达66%，文化市场已成为人民群众文化消费的主要渠道。

文化市场管理水平不断提升。进一步深化行政审批制度改革，将原有11项审批缩减为4项。健全省直文化系统应急保障体系，集中研究解决文化市场综合执法改革的难点和问题，执法力量明显加强，执法成本显著降低，执法效能显著提高。

*文化市场环境进一步净化。*组织开展“全省文化市场专项整治行动”，检查各类文化市场12.9万家，立案853个，移交案件89个，办结案件816个。

（杨　渊）

文物事业

【文物保护工作】　*公布20处全国重点文物保护单位保护规划。*2012年，省政府公布大同云冈石窟、绛县太阴寺、新绛绛州大堂、应县净土寺、孝义中阳楼、阳城下交汤帝庙、屯留宝峰寺、潞城东邑龙王庙、平顺夏禹神祠、平顺龙门寺、永济蒲津渡与蒲州故城遗址、太原天龙山石窟、平顺回龙寺、曲沃大悲院、运城解州关帝庙、天镇慈云寺、太原龙山石窟、晋城二仙庙、长治玉皇观、长子天王庙等20处全国重点文物保护单位的保护规划，要求相关市、县人民政府必须把已公布的保护规划纳入当地经济社会发展计划和城乡建设规划，做好文物保护规划与各专项规划的有序衔接，依法加强文物保护单位及其周边环境的保护管理工作。山西省全国重点文物保护单位保护规划公布工作从2009年正式开始，已连续公布四批56处。其中，2009年公布4处，2010年公布12处，2011年公布20处，2012年公布20处。

*进一步核查全省古建类文物家底。*2012年5月，山西省文物局组成12个核查组，分赴各市对全省古建筑类文物保护单位保护管理状况进行全面核查。重点对全省国保、省保及部分市县级文物保护单位进行全面核查，对省保以上古建筑的现存状况、管理机构以及经费需求等有了更准确的把握，为下一步全省文物事业发展规划和决策提供了可靠依据。

*4处文物保护单位列入更新后的《中国世界文化遗产预备名单》。*2012年11月，国家文物局组织开展《中国世界文化遗产预备名单》更新工作，对各地提交的申报项目进行专业评估，最终形成重新确定的《中国世界文化遗产预备名单》。山西省共有4处文物保护单位入选，分别是：汾阳市杏花村汾酒老作坊和四川水井街、泸州老窖、郎酒、剑南春、五粮液、红楼梦糟房头、泰安等酒作坊一并以“中国白酒老作坊”入选；应县木塔和辽宁义县奉国寺大雄宝殿以“辽代木构建筑”入选；襄汾县丁村古建筑群和陕西韩城党家村古建筑群以“山陕古民居”入选；运城关圣文化建筑群入选。

*南部早期建筑保护工程。*2012年，新绛三官庙等20处项目的招投标工作完成，襄垣昭泽王庙等15处项目开工。武乡洪济院等9处项目的保护规划编制完成，长子天王寺等17处工程项目的维修方案得到批复，晋城玉皇庙等6处完工项目已竣工验收。南部工程涉及的彩塑壁画保护项目着手推进。组织专家多次开展实地检查，工程质量整体稳定并不断提升。山西南部元代以前木结构建筑保护工程105处，截至2012年底，本体维修完工44处，在建项目26处，其余35个项目将于2015年全部完成，已完工的项目全部通过验收。

*云冈石窟窟檐保护工程。*2012年6月27日，云冈石窟五华洞岩体加固及保护性窟檐建设工程正式启动，这是针对云冈石窟文物本体进行的一项大型保护工程。云冈壁画泥塑彩绘抢救性保护修复方案正按国家文物局意见修改。云冈石窟动态信息和监测预警系统设计、第3窟保护性窟檐建设工程比选优化、五华洞文物本体和微环境监测系统建设等方案已上报国家文物局审批。窟顶考古发掘收尾、石窟现状调查与评估等工作结束。

*五台山重点寺庙文物保护工程。*2012年初省政府确定了五台山景区改造提升标杆工程，包括文物本体维修、周边环境整治、基础设施改善等。专家对五台山“10＋4”寺庙进行了现场踏勘，确定了每处寺庙文物维修及环境整治内容。

平遥古城保护。《平遥城墙岩土工程监测设计方案》编制完成，并开始实施为期3年的监测。对平遥城墙局部危险地段进行了抢险修缮。

*应县木塔保护及申遗。*应县木塔申遗文本已编制完成并上报国家文物局，2012年11月被列入中国世界文化遗产预备名录。应县木塔保护规划获批，周边环境整治方案已上报国家文物局，组织专家对二、三层结构加固方案进行评审，并着手起草保护管理条例。

*壁画彩塑保护工程。*2012年7月，国家文物局启动山西彩塑壁画保护工程，对山西全省彩塑壁画尤其是国保单位里的彩塑壁画进行有史以来最大规模的保护修复。山西现存古建筑2.8万处，其中元代以前早期建筑占到全国同期建筑存量的75%以上，是中国古建筑存量最多的省份。作为古建筑的附属文物，山西现存彩塑1.2万余尊，壁画2.4万余平方米，数量之多、历史之久、艺术之精，享有“中国古代彩塑壁画艺术宝库”的美誉。但由于自然和人为因素的影响及赋存环境的改变，其中相当一部分险情严重，亟须进行抢救性保护。壁画彩塑工程是国家文物局确定的全国文物保护重点项目，是继山西南部早期建筑保护工程之后，山西文化遗产保护的又一重大举措。同时开办了彩塑壁画修复培训班。

*长城与大遗址保护。*2012年，明代长城调查报告交付出版，全省现存战国以降8个时代长城资源得到确认，偏头关、平型关关堡等修缮方案已报国家文物局。晋阳古城遗址保护规划及明太原城内重要文物点维修方案编制完成，西城墙遗址抢险加固及展示方案获批，重点区域勘探和考古发掘进展顺利。陶寺遗址保护规划已上报审批，各项前期准备工作有序开展。

*建设工程中文物考古保护工作。*省政府确定的2012年省重点工程建设项目中，省文物局受理并完成16个涉及文物考古的项目，共勘探39万平方米，发掘2万平方米，出土各类遗物1410余件(套)。

*山西土质文物保护基地落户太原。*2012年，山西土质文物保护基地在太原市建成。占地2230平方米，内设塑像修复室、壁画修复室、

实验室、器物修复室、纸质文物修复室、文物周转库、多功能室等。该基地基本具备先进的科技保护设备、前沿的文物保护理念，并制定了严谨的科学方法手段，力争使山西省土质文物保护走上专业化、常态化、系统化、规模化的发展道路。

【考古发掘研究】 *云冈石窟窟顶北魏辽金佛教寺院遗址入选全国十大考古新发现。*2011年度全国十大考古新发现评选揭晓，山西省大同云冈石窟窟顶北魏辽金佛教寺院遗址，以其丰富的学科内容和独有的考古价值入选2011年度全国十大考古新发现。为配合云冈石窟顶部的防渗水工程，山西省考古研究所、云冈研究院和大同市考古研究所联合组队，连续数年在云冈窟顶做遗址调查和发掘，并于2010年4月～2011年10月，在云冈窟顶一区和二区连续发掘两年，新发现两处北魏辽金的佛教寺院遗址。北魏佛教寺院遗址是现存最早的佛教寺庙遗址，出土的八边形北魏辽金塔基，成为北魏至辽金寺院佛塔演变的物证。

*山西十大考古发现评出。*获得此次山西十大考古发现的考古项目有：翼城枣园新石器遗址、夏县西阴新石器遗址、天马—曲村遗址及晋侯墓地、襄汾丁村旧石器遗址、襄汾陶寺新石器遗址、侯马晋都新田遗址、太原隋代虞弘墓、芮城西侯度旧石器遗址、太原晋阳古城遗址、翼城大河口西周墓地。

主动性的考古发掘成果丰硕。(1)晋阳古城遗址考古。山西省考古研究所对晋阳古城遗址做了大量的调查工作，并对遗址局部进行小范围考古试掘。共发掘面积450平方米，共发现各类遗迹现象20余处。本次发掘否定了过去传说的晋阳古城完全同庞培古城一样保存完整性观点。(2)应县佛宫寺及辽代应州城遗址。一是经过考古勘探基本摸清了明代城墙以北300～330米处勘探出呈带状分布的砖质堆积遗迹，明代城墙以北400米处进行南北向解剖勘探。勘探出疑似辽代北城墙及护城河遗迹。二是以应县文物局提供的1∶1000地形图为基础，确定考古用图永久控制点。三是在勘探出疑似城墙、护城河遗迹的西段南北向布设宽2米长50米的探沟，对城墙、护城河遗迹进行解剖，目前发掘过半。(3)蒲津渡与蒲州故城遗址考古勘探与发掘。蒲州古城勘探工作主要完成城内两条勘探带及钟楼遗迹的勘测，总勘探面积7.2万平方米。(4)陵川县西瑶泉村洞穴遗址调查与试掘。山西省考古研究所共调查西瑶泉村8个洞穴或岩棚，其中3处可见明显的人类文化遗存，均为旧石器时代洞穴遗址。本次调查与试掘收获遗物3000余件，包括石制品和化石。此外，还发现了明显的人类用火遗迹。

【博物馆建设】 *积极推进各级博物馆建设。*2012年，太原、运城、大同、朔州4个市新馆的陈列布展工作步伐加快，忻州、晋中、临汾3个市新馆建设取得新进展。朔城区、昔阳、灵石、芮城、介休等一批县级博物馆和平顺生态博物馆已建成使用或正加快建设。山西博物院帮扶广灵剪纸艺术博物馆工程完成。山西博物院、八路军太行纪念馆在全国一级博物馆年度评估中取得较好成绩。博物馆免费开放工作不断深化。

*精品展览丰富多彩。*2012年，全省各级各类博物馆共举办各类展览近500个，接待观众约2500万人次，服务能力提升，社会影响扩大。《晋国文物精华展》赴苏粤鄂赣等地展出，《金代戏曲砖雕艺术展》赴美国展出，筹备关帝祖庙文物赴台湾巡游展出，承办中国博协区域博物专业委员会国际研讨会等几个大型会议，扩大了山西文物的国家影响力和国际传播力。

*“山西金代戏曲砖雕艺术展”在美国纽约开展。*2012年2月，美国纽约华美协进社中国美术馆和山西博物院联合举办的“山西金代戏曲砖雕艺术展”在位于美国纽约曼哈顿市中心区的纽约华美协进社中国美术馆开幕。此次展览共展出山西出土的宋金戏曲砖雕89件(组)，共计144件，其中，一级文物15件。通过出土文物展示、场景复原、视频资料等形式，再现了宋金时期戏曲艺术在山西地区的繁荣发展。

【执法监督与安全保卫工作】 *认真开展文物安全检查。*2012年，实施了“十八大”等重点时段全省文物安全隐患排查治理行动，组织了元旦、春节、清明节、“五一”节等节假日期间全省文物消防安全检查。全省各级文物行政部门共检查文博单位3569个(次)，发现安全隐患652处，下达安全隐患整改通知书125份，整改594条，有效防范了危及文物的安全隐患。

*严肃查处文物违法案件。*2012年，全省共查处文物行政违法案件38起，其中，省局督办10起。配合公安机关破获了芮城县国保单位广仁王庙唐碑失盗案、昔阳县于海生团伙文物盗窃案、天镇县沙梁坡汉墓群盗墓案等一批文物犯罪案件。

*积极探索文物保护新路子。*组织召开全省社会参与文物保护工作曲沃座谈会，交流曲沃县吸引企业家参与古建筑认领保护、广灵县构筑全社会参与文物保护“四包四防”末端防范安全体系、新绛县建立“四级文物安全责任制”的经验做法，为探索建立适应市场经济体制要求，遵循文物工作自身规律，国家保护为主、全社会参与的文物保护体制积累了经验。全省国保单位“一键报警”工程全部完成。

【文物管理交流及组织建设】 *“国家文物进出境审核山西管理处”挂牌成立。*2012年4月，“国家文物进出境审核山西管理处”在太原成立，国家文物局授权省文物局的山西文物鉴定站承担单位和个人携运文物进出境及文物临时进出境审核工作的职能。山西作为独联体各国在华北地区最大的贸易中转省份、文物大省，今后在文物进出境贸易和文化交流时将不用再借道他省办理进出境审核手续。

*山西省古建筑协会成立。*2012年1月，山西省古建筑协会成立大会在太原召开。山西省古建筑协会是由山西省古建筑工程有限公司等18家具有文物保护工程勘察设计或施工资质的单位发起，并经山西省文物局和山西省民政厅批准成立的非营利性文物保护行业的社会团体。协会将主要研究探讨文物保护行业改革与发展方向，向政府主管部门提出行业发展的建议，建立行业行规自律机制，组织开展文物保

护文物从业人员的培训，开展同国内外同行业社团的合作交流和各种学术交流活动，针对古建筑保护现存的主要问题组织科技攻关，为促进文物保护工程管理及保障工程质量提供技术支撑。

（谢宾顺）

新闻事业

【精心组织新闻宣传报道】 牢牢把握正确导向，深入开展“新山西　新跨越　新成就”、喜迎“十八大”“科学发展　成就辉煌”、学习贯彻“十八大”精神“多措并举稳增长”等多个重大主题宣传，精心组织党的“十八大”期间的宣传报道。精心组织山西省转型综改试验区的新闻宣传工作，召开转型综改试验区建设宣传报道座谈会，组织山西日报、山西广播电视台等省直主要新闻媒体推出“转型综改”专刊，开设“转型综改　先行先试”专栏，营造了全省大力推进转型综改试验区建设的浓厚氛围，进一步提升了转型综改试验区在全国的影响力。精心组织山西省首届晋商大会、第四届能博会等省委、省政府重要活动的新闻宣传工作，组织省城媒体开设“办好能博会　吸引十八大”“绿色能源　转型跨越”专栏，为第四届能博会的举办营造了浓厚氛围。配合有关部门，完成文博会、高展会的宣传报道任务，为各项活动的顺利开展营造了热烈浓厚的舆论氛围。与此同时，组织新闻媒体对省委、省政府的其他重点工作、重要会议和省直部门重点工作进行集中宣传，有力地配合了各项中心工作。

【完善新闻宣传管理】 全年组织召开新闻通气会20余次，强化了以新闻通气会、重要事件打招呼等为核心的管理制度。下发《关于进一步加强管理　严禁有偿新闻的通知》，继续深入开展增强社会责任感，加强新闻职业道德建设教育活动，对山西晚报、三晋都市报、良友周报出现的违规现象进行严肃批评教育。组织“走基层、转作风、改文风”活动总结表彰大会，开展“走基层、转作风、改文风”集中采访活动，推出一大批来自基层的优秀新闻报道作品。建立交流学习制度，组织部机关业务处室干部定期参加山西日报、山西广播电视台编前会，组织新闻单位编辑记者到部机关业务处室换岗实践，推动了新闻业务工作的有效开展，促进了干部素质的综合提高。建立省直新闻单位编辑记者赴基层学习锻炼制度，拓展编辑记者学习教育活动新渠道，创新了思路、丰富了方法。

【稳妥做好突发事件新闻应急处置和社会热点的舆论引导】 以解疑释惑、理顺情绪、化解矛盾、凝心聚力为目标，坚持多措并举，积极有序开展突发事件和社会热点的舆论引导工作。对中宣部安排的食品安全及打击食品添加剂、房地产市场调控和房产税改革、征地拆迁、重庆事件、黄岩岛事件、钓鱼岛事件等多个社会热点，及时传达宣传口径，合理安排报道规模，牢牢把握正确导向。对多个社会热点和突发事件，及时介入，主动应对，有效处置，确保了舆论平稳适度，氛围积极良好，促进了社会和谐稳定。出台《关于进一步做好出版舆情信息报送工作的通知》《关于进一步做好出版舆情信息报送工作的补充通知》，新增了18家信息直报责任单位，出版舆情信息工作得到进一步加强。

【积极做好出版管理工作】 组织第三届全民阅读月活动，完成第十届“五个一工程”文艺类图书的申报评审工作，从26种图书中选出8种优秀作品上报参选全国“五个一工程”奖。省委宣传部申报的长篇小说《绽放的玫瑰》获得中宣部“五个一工程”优秀作品奖。

【继续做好新闻系列职称评审工作】 下发《山西省新闻系统高级职称申报工作的通知》，认真做好评审资料申报工作，补充完善评委专家库，顺利完成2012年度新闻系列高级职称评审工作。

【加强联系协调，凝聚工作合力】 探索建立碰头会制度，组织中央驻晋主要新闻单位和省直主要新闻单位的负责人，定期召开碰头会，传达省委、省政府的中心工作和宣传重点，了解媒体的报道需求，共同研究宣传报道工作。

坚持将中央主要新闻媒体作为宣传山西、提升山西形象的重要力量，主动提供报道线索，积极协调省直主要厅局为中央主要新闻单位的宣传报道提供素材。先后协作人民日报、经济日报制作完成“喜迎十八大特刊”，协作人民日报制作完成“第四届能博会特刊”“山西转型综改试验区建设特刊”。中央主要媒体对山西的宣传报道力度进一步加大。2012年末，涉及山西省的报道中，人民日报头版30多个，头条7个；新华社每日电讯头版近20余个，头条6个；光明日报头版近30个，头条9个；经济日报头版近20个，头条5个；中央电视台新闻频道、国际频道、外语频道等共播发新闻近400条，首发新闻200条，新闻联播12条。

坚持将中央驻晋新闻单位和省、市党报、电台电视台作为新闻宣传工作的主渠道、主阵地，同时积极发挥晚报都市报行业报和互联网受众广泛、形式活泼、贴近生活的特长特色，作为宣传工作的重要力量，同等看待、同步部署，努力打通两个舆论场，形成宣传合力，实现全方位、立体化传播，与党报党刊、电台电视台保持舆论导向一致、宣传重点一致、舆论氛围一致，形成多角度聚焦、多媒体联动的报道态势。

（骞　进）

广播电视事业

【2012年山西省广播电视事业发展概况】 2012年，山西省共有广播电视播出机构118座（电台2座、电视台4座、广播电视台112座），开办229套广播电视节目（广播108套，电视121套）。其中，省级广播播出7套节目；省级电视国内播出9套节目，国外播出4个外宣频道；市级广播电台2座，播出21套节目；市级电视台4座，播出30套节目；县级

广播开办80套节目,县级电视开办78套节目。

2012年,全省广播每天播出时间1034小时,其中,省级广播机构每天播出158小时,市级广播机构每天播出347小时,县级广播机构每天播出530小时。全省每周电视播出时间9161小时,省级电视机构每周播出时间1114小时,市级电视机构每周播出时间3753小时,县级电视机构每周播出时间4295小时。

2012年,全省广播综合覆盖人数3426.6万人,综合覆盖率95.4%。电视综合覆盖人口3525.2万人,覆盖率98.1%。全省有线网络总长9.8万千米,网络用户474.8万户。

2012年,全省广播电视从业人员2.2万人。其中,省级广播电视从业人员4026人,市级广播电视从业人员7050人,县级广播电视从业人员1万人。全省广播电视从业人员中,大专以上学历1.5万人,研究生及以上学历199人;专业技术人员1.3万人,其中,高级职称778人,中级职称3747人。到2012年底,山西广播电视系统资产总额72.99亿元,其中,省级广电23.7亿元。

【扎实推进全省广播影视事业稳健发展】 新闻宣传成效突出。2012年,全省广电系统坚持新闻立台,充分发挥主流媒体引导、主导舆论的作用,以迎接"十八大"和宣传"十八大"为主线,以推进科学发展和转型发展为中心,以宣传报道全省"两会"、全国"两会"以及"两件大事""两个文明"建设的新成就、新经验、新举措为重点,精心策划选题,推出30多个新栏目、新节目,营造了浓厚的舆论氛围。特别是"十八大"精神的宣传浓墨重彩,转型综改的宣传重点突出,民生工程全覆盖的宣传广泛深入,新闻宣传的引导力有新提升。在第22届中国新闻奖评选活动中,广电系统有4件作品获奖,其中,《右玉精神》荣获一等奖。

安全播出成效突出。2012年是近10年来安全播出重要保障期次数最多、时间最长的一年。全省广电系统高度戒备、周密部署、全力应对,省市县三级局台层层签订责任书,确保播出安全。全省组织了两次事故隐患大排查、大整改,组织各个环节的应急演练500余次。全年共投入2.8亿元对相关设施、装备进行改造,全省广电系统安全播出的保障能力有新提高。

精品创作成效突出。坚持以抓剧本、抓策划为重点,组织生产了一批符合时代要求、弘扬山西精神和群众喜闻乐见的精品力作。全年共拍摄电影14部、电视剧6部。其中,《红军东征》在央视一套黄金时段播出,《天下大同》在央视九套黄金时段播出,《咆哮无声》在第二届北京国际电影节展播,电视剧《革命人永远是年轻》受到中宣部表彰,并荣获第十二届精神文明建设"五个一工程"优秀作品奖。

专项整治成效突出。2012年,省广电局围绕"十八大"组织了"收听收看""电视购物""违规网站""广告播出""境外卫星传播"等7次专项行动,查处违规节目19档、停播违规广告125条、关闭违法网站12个、收缴非法卫星接收设施2.5万件、拆除非法卫星接收设施7265座、取缔非法销售安装点388个,是历年来开展专项整治活动力度最大、效果最好的一年。

电影下乡成效突出。围绕"弘扬主旋律、迎接十八大"主题,组织开展"公益电影进农村活动"。截至2012年底,电影下乡34万场,超额完成33万场的任务。同时,率先在全国建成"农村数字电影监管平台"。

"村村通"工作成效突出。落实国家补助资金1465万元、省级补助资金1600万元。截至2012年底,完成4527个自然村的村村通广播电视任务,36万山庄窝铺的农民群众免费看上52套数字电视、听到8套数字广播,超额完成482个村。为提前完成国家"十二五"计划打下了坚实基础。

年度目标任务超额完成。2012年,省政府下达省广电局的年度目标任务共有8大类23项。完成情况是:提前一个月完成全年的目标任务。村村通广播电视、公益电影下农村、县县有数字电影院、户户通直播卫星、电影生产创作5项任务超额完成。广播电视村村通工作、广播电视法制教育工作、"十八大"安全播出工作、老干部管理等10余项工作分别受到国家广电总局或省委、省政府表彰。

(王　珽)

出版事业

【2012年山西出版事业综述】 新闻出版宣传。2012年,山西省新闻出版局组织出版单位策划推出《中国共产党图史》《科学发展观论纲》《红色账簿1921～1927》《支点——国共山西合作抗战历史纪实》等一批献礼图书。组织出版《中国模式经济发展论》《跨越万亿谋崛起:2011年中部发展与比较》等出版物。协调组织省内报刊媒体,以"喜迎十八大""科学发展　铸就辉煌"等为主题内容开设专题专栏,开展党的"十八大"深度宣传报道。

晋版出版精品。首次设立"山西出版精品工程",《慈善的力量》等10种图书首批入选。《乍放的玫瑰》获中宣部第十二届精神文明建设"五个一工程"优秀作品奖,《与大学生谈心——谈谈我们的现实与信仰》入选"弘扬社会主义核心价值体系出版工程",《讲给孩子的世界科学》入选2012年新闻出版总署向全国青少年推荐百种优秀图书,《金代人物传记资料索引》等6种图书列入国家古籍整理出版资助项目。在全国性教辅类报纸综合评估中,《英语周报》位列第一。

农家书屋全覆盖。2012年6月底,完成7147个农家书屋的年度建设任务,提前半年实现全省2.8万个行政村农家书屋全覆盖的建设目标。几年来,累计投入中央财政资金2.83亿元,省级财政资金1.39亿元,市级财政资金8501.7万元,县级财政资金5925.9万元。8月完成新建农家书屋省市县三级验收。在9月召开的全国农家书屋工程建设总结大会上,山西省新闻出版局、山西新华书店集团有限公司荣获全国农家书屋工程建设突出贡献单位称号,山西省21个农家书屋获得全国示范农家书屋称号,20名农家书屋管理员受到表扬并获得荣誉证书。

政府软件正版化。2012年4月,全面完成111个省级政府机关正版软件的安装使用工作,共为2.6万台计算机(其中便携机4223台)安装正版办公软件2.7万套。组织检查组对39个省级政府机关使用正版软件进行抽查验收,所抽查部门正版软件安装全部合格。太原、吕梁、朔州市级机关软件正版化全面完成,孝义市完成县级机关软件正版化工作。山西日报报业集团、山西出版传媒集团有限公司、山西新华书店集团有限公司三大集团软件正版化全面完成。

非时政类报刊改革。召开全省非时政类报刊出版单位体制改革动员大会,全省非时政类报刊改革工作按照“三个一批”和“两步走”的思路推进。省财政厅下发《关于委托主管主办单位对所属非时政类报刊企业国有资产管理的通知》,决定由同级财政部门履行出资人职责的非时政类报刊出版企业的国有资产委托主管主办单位管理。在主管主办单位积极筹集的基础上,省财政拨付2726万元为首批转制企业补充注册资本金。省新闻出版局与省委宣传部、省财政厅、省工商局等部门建立联合办公制度,协调工商等有关部门,开辟绿色通道,提供“一站式”服务。全省两批99家非时政类报刊出版单位基本完成改革任务。

新闻出版产业发展。《中国分体文学学史(5册)》等3个项目入选国家出版基金资助项目,山西出版传媒集团数字出版系统等4个项目入选全国新闻出版产业发展项目库。全国首家创意设计包装产业园挂牌。2012年全省图书音像电子出版单位共输出版权75种,引进版权14种,版权贸易成交额740万元,版权贸易连续6年实现顺差。在第二十二届全国图书交易博览会上,山西图书出版总计订货突破6000万码洋。2012年,山西省新闻出版业实现总产出139.82亿元,较2011年增长35.8%;营业收入136.55亿元,增长35.7%;资产总额143.95亿元,增长20%。

【继续加强出版行业监管和行政执法力度】 新闻出版行业监管。推

2012年山西省各出版社系统外获奖情况

所获奖项	书名	等级	获奖单位
中宣部第十二届精神文明建设“五个一工程”优秀作品奖	乍放的玫瑰	优秀作品奖	希望出版社
新闻出版总署2012年向全国青少年推荐百种优秀图书	讲给孩子的世界科学(三册)		希望出版社
2012年全国优秀古籍图书奖	中国画像石棺全集	一等奖	三晋出版社
2012年全国优秀古籍图书奖	山西碑碣	二等奖	三晋出版社
2012年新闻出版总署“经典中国国际出版工程”项目资助	中草药的故事		希望出版社
中宣部、中央文明办、新闻出版总署三部委联合向社会推荐的100种优秀思想道德读物	流动的花朵		希望出版社
“弘扬社会主义核心价值体系出版工程”	与大学生谈心——谈谈我们的现实与信仰		山西人民出版社
2012年度国家古籍整理出版资助项目	金代人物传记资料索引		三晋出版社
2012年度国家古籍整理出版资助项目	三晋石刻大全·晋城市分卷(5种)		三晋出版社
山西省第十届精神文明建设“五个一工程”奖	乍放的玫瑰	特别奖	希望出版社
山西省第十届精神文明建设“五个一工程”奖	支点——国共山西合作抗战历史纪实	优秀图书奖	北岳文艺出版社
山西省第十届精神文明建设“五个一工程”奖	风从塞上来:中国右玉县六十年生态建设报告	优秀图书奖	山西人民出版社
山西省第十届精神文明建设“五个一工程”奖	吉庄纪事	优秀图书奖	三晋出版社
山西省第十届精神文明建设“五个一工程”奖	红色账簿:1921～1927	优秀图书奖	北岳文艺出版社
山西省第十届精神文明建设“五个一工程”奖	钱伟长传	优秀图书奖	山西人民出版社
山西省第十届精神文明建设“五个一工程”奖	黄河岸边的歌王	优秀图书奖	北岳文艺出版社
山西省第十届精神文明建设“五个一工程”奖	海子边风云	优秀图书奖	山西人民出版社
山西省第十届精神文明建设“五个一工程”奖	为啥抛弃我	优秀图书奖	北岳文艺出版社
山西省优秀文艺作品	张颔传	优秀	三晋出版社
山西省优秀文艺作品	何澄	优秀	三晋出版社
山西省优秀文艺作品	流动的花朵		希望出版社
山西省优秀文艺作品	中国著名作家评传丛书		希望出版社
山西省优秀文艺作品	晋人援蜀记		山西教育出版社
山西省优秀文艺作品	戏曲文献学		山西教育出版社
山西省优秀文艺作品	中国话剧艺术通史		山西教育出版社
山西省优秀文艺作品	公司的力量		山西教育出版社
新闻出版总署大众喜爱的五十种图书	讲给孩子的中国科学		希望出版社

进行政审批制度改革，清理调整审批事项，共减少24项，保留10项，精简率70.6%，缩短审批时限共计250个工作日。2012年审批选题4100余种，对18种选题进行专题报备。重点审读报纸44种、期刊43种，编发《审读快报》45期。完成77种报纸、200种期刊、152家驻晋记者站、4000余家印刷复制企业和出版物发行企业的年度核验工作。开展第十七轮图书编校质量检查、报纸质量评估、学术期刊学术不端行为检查、中小学教辅材料出版发行专项检查、印刷企业超范围经营“百日集中整治”专项行动、“3·15”质检活动、打击“新闻敲诈”治理有偿新闻等专项行动。

“扫黄打非”工作。2012年，查办案件282起，查缴各类非法出版物116万余件，其中，违禁类非法出版物1.8万件，淫秽色情出版物2.4万件，侵权盗版出版物60万余件，非法报纸期刊51万余件。

（潘 焱 周炳良）

21 卫生·体育

WEISHENG TIYU

卫生·体育

卫生事业

【卫生事业概况】 2012年，全省有卫生机构11907个，其中，医院1215个，医学科学研究机构7个。全省卫生机构床位数16.5万张，其中，医院床位数12万张，增长8.1%；平均每千人口拥有医院床位数3.3张。全省有卫生技术人员20万人，其中，执业医师8.7万人，注册护士7万人。平均每千人口拥有卫生技术人员5.5人。全省医疗机构总诊疗人次1.19亿人次，出院348.5万人次。

【医药卫生体制改革成果】 五项重点改革任务全面完成，多项工作走在全国前列。2012年新农合参合率98.9%，人均筹资标准290元，住院最高支付限额10万元以上，自付比例47%。基本药物制度在全省所有政府办基层卫生机构实施的基础上，在全国率先扩大到所有村卫生室。人均基本公共卫生服务经费25元，服务项目扩展到10大类41项，在卫生部、财政部组织的国家公共卫生服务项目考核综合评分中，排全国第6名。在34个县38所县级医院开展公立医院综合改革，全部实行了药品零差率销售。安排27所三甲医院对口帮扶38所综合改革试点医院，起草制定《关于推进县级公立医院综合改革试点工作的实施意见》及配套文件，举办了两期公立医院院长职业化培训。试点县医疗服务出现"两升两降"的良好趋势，门(急)诊次均费用比2011年下降5.3%，住院次均费用下降6.8%。创造性地在试点县同步实施县域医药卫生一体化综合改革，得到卫生部和国务院医改办的充分肯定。

(刘　翔)

【2012年山西省医药卫生体制改革重点】 加快健全全民医保体系。1. 巩固扩大基本医保覆盖面。职工基本医疗保险(以下简称职工医保)、城镇居民基本医疗保险(以下简称城镇居民医保)和新型农村合作医疗(以下简称新农合)三项基本医疗保险参保率稳定在98%。重点做好农民工、非公有制经济组织从业人员、灵活就业人员以及学生、学龄前儿童和新生儿参保管理工作。继续推进关闭破产企业退休人员和困难企业职工等困难群体参保工作。

2. 继续提高基本医疗保障水平。(1)政府对新农合和城镇居民医保补助标准提高到每人每年240元，个人缴费水平相应提高，人均筹资达到300元左右。(2)职工医保、城镇居民医保和新农合政策范围内统筹基金最高支付限额分别提高到当地职工年平均工资和当地居民年均可支配收入的6倍以上、全国农民年均纯收入的8倍以上，且不低于10万元。城镇居民医保和新农合政策范围内住院费用支付比例分别达到73%以上和75%以上，逐步缩小与实际住院费用支付比例之间的差距，门诊统筹支付比例进一步提高。探索通过个人账户调整等方式逐步建立职工医保门诊统筹。

3. 改革医保支付制度。(1)积极推行按人头付费、按病种付费、按床日付费、总额预付等支付方式改革，逐步覆盖统筹区域内医保定点医疗机构。加强付费总额控制，建立医疗保险对统筹区域内医疗费用增长的制约机制，制订医疗保险基金支出总体控制目标并分解到定点医疗机构，与付费标准相挂钩。积极推动建立医保经办机构与医疗机构的谈判机制和购买服务的付费机制，通过谈判确定服务范围、支付方式、支付标准和服务质量要求。结合支付方式改革，探索对个人负担的控制办法。逐步将医疗机构总费用和次均(病种)医疗费用增长控制和个人负担控制情况，以及医疗服务质量列入医保评价体系。(2)完善差别支付机制，支付比例进一步向基层医疗卫生机构倾斜，鼓励使用中医药服务，引导群众首诊到基层。将符合条件的私人诊所等非公立医疗机构和零售药店纳入医保定点范围。(3)加强医保对医疗服务行为的监管，完善监控管理机制，逐步建立医保对医疗服务的实时监控系统，逐步将医保对医疗机构医疗服务的监管延伸到对医务人员医疗服务行为的监管。建立联合反欺诈机制，加大对骗保欺诈行为的处罚力度，并及时公开相关信息。

4. 进一步加大医疗救助力度。(1)加大救助资金投入，筑牢医疗保障底线。救助范围从低保家庭成员、五保户扩大到低收入重病患者、重度残疾人以及低收入家庭老年人等困难群体，资助其参加城镇居民医保或新农合。提高救助水平，取消医疗救助起付线，稳步提高封顶线，在政策范围内进一步提高救助对象住院自负医疗费用救助比例。(2)研究建立疾病应急救助基金。通过政府出资、社会捐赠等多渠道筹资建立基金，解决无费用负担能力和无主病人发生的应急医疗救治费用。抓紧制订基金管理办法。

5. 探索建立大病保障机制。(1)研究制订重特大疾病保障办法，积极探索利用基本医保基金购买商业大病保险或建立补充保险等方式，有效提高重特大疾病保障水平，切实解决重特大疾病患者因病致贫的问题。做好基本医保、医疗救助、商业保险等的衔接。(2)全面推开尿毒症、儿童白血病、儿童先天性心脏病、乳腺癌、宫颈癌、重性精神疾病、耐多药肺结核、艾滋病机会性感染等8类大病保障，试点将肺癌、食道癌、胃癌、结肠癌、直肠癌、慢性粒细胞白血病、急性心肌梗死、脑梗死、血友病、Ⅰ型糖尿病、甲亢、唇腭裂等12类大病纳入基本医疗保障和救助范围。

6. 提高基本医保经办管理水平。(1)积极推广医保社会保障"一卡通"和新农合就医"一卡通"，方便参保人员就医。基本实现参保人员统筹区域内和省内医疗费用异地即时结算，加快推进以异地安置退休人员为重点的跨省医疗费用异地即时结算。稳步推进职工医保制度内跨区域转移接续，加强各项基本医疗保险制度的衔接。(2)加强医保基金收支管理，新农合和城镇居民医保基金坚持当年收支平衡原则，结余过多的结合实际重点提高高额医疗费用支付水平，使基金既不沉淀过多，也不出现透支；职工医保结余过多的地方要采取有效办法把结余逐步降到合理水平。(3)进一步探索完善基本医保管理和经办运行机制。探索对职工医保、城镇居民医保和新农合制度管理职能和经办资源的整合，有条件的地区先行试点，逐步建立城乡统筹的居民基本医疗保险制度。(4)在确保基金安全和有效监管的前提下，鼓励以政府购买服务的方式，委托具有资质的商业保险机构经办各类医疗保障管理服务。

7. 大力发展商业健康保险。完善商业健康保险产业政策，鼓励商业保险机构发展基本医保之外的健康保险产品，满足多样化的健康需求。鼓励企业、个人参加商业健康保险及多种形式的补充保险，制订落实税收等相关优惠政策。

巩固完善基本药物制度和基层医疗卫生机构运行新机制。1. 巩固完善基本药物制度。(1)扩大基本药物制度实施范围。巩固政府办基层医疗卫生机构实施基本药物制度成果，落实基本药物全部配备使用和医保支付政策。有序推进村卫生室实施基本药物制度，同步落实对乡村医生的各项补助和支持政策。对非政府办基层医疗卫生机构，各地政府可结合实际，采取购买服务的方式将其纳入基本药物制度实施范围。鼓励公立医院和其他医疗机构优先使用基本药物。(2)规范基本药物采购机制。坚持招采合一、量价挂钩、双信封制、集中支付、全程监控等政策。完善基本药物质量综合评价指标体系。对基本药物中的独家品种、经多次集中采购价格基本稳定且市场供应充足的基本药物试行国家统一定价。探索建立短缺药品监测机制，对用量小、临床必需的紧缺品种可采取招标定点生产等方式确保供应。建立省级基本药物集中采购使用管理信息系统，落实集中付款和供应配送政策，提高及时配送率。(3)完善国家基本药物目录。研究调整优化国家基本药物目录，更好地适应群众基本用药需求。逐步规范基本药物剂型、规格和包装。规范地方增补基本药物，增补药品严格执行基本药物制度相关政策。(4)加强基本药物质量监管。继续提高基本药物质量标准，对基本药物实行全品种覆盖抽验和电子监管，提高对基本药物从生产到使用全过程监管能力。

2. 深化基层医疗卫生机构综合改革。(1)建立完善稳定长效的多渠道补偿机制，确保基层医疗卫生机构正常运转。各地政府要将基层医疗卫生机构专项补助，以及经常性收支差额补助纳入财政预算并及时足额落实到位，实行先预拨后结算。积极推行一般诊疗费，落实医保支付政策。落实基层医疗卫生机构承担的基本公共卫生服务的经费。(2)深化编制和人事制度改革。合理确定编制总量，根据基层医疗卫生机构的服务功能定位和发展需要实行动态调整。落实基层医疗卫生机构法人自主权，全面实行聘用制度和岗位管理制度，重点选聘好院长并建立任期目标责任制。(3)完善绩效分配机制。坚持多劳多得、优绩优酬，收入分配重点向关键岗位、业务骨干和做出突出贡献的人员倾斜。在平稳实施绩效工资的基础上，有条件的地方可在规定的范围内适当提高奖励性绩效工资的比例，合理拉开收入差距。要按时足额发放绩效工资。基层医疗卫生机构收支结余部分可按规定用于改善福利待遇，调动医务人员积极性。(4)加快清理化解基层医疗卫生机构债务。认真细致地做好债务核实和锁定工作，多渠道筹集并落实化债资金，按时完成债务剥离和债务化解工作，坚决制止发生新债。

3. 提高基层医疗卫生机构服务能力。(1)按照填平补齐的原则，继续加大支持乡镇卫生院标准化建设力度。(2)加快推进基层医疗卫生机构信息化建设，建立涵盖基本药物供应使用、居民健康管理、基本医疗服务、绩效考核等基本功能的基层医疗卫生信息系统，统一技术信息标准，实现与基本医保等信息互联互通，提高基层医疗卫生服务规范化水平。(3)加强以全科医生为重点的基层人才队伍建设。积极推进全科医生制度建设，开展全科医生规范化培养，继续为乡镇卫生院招收270名订单定向免费医学生，包括220名临床医学生和50名中医学生，安排550名基层医疗卫生机构在岗人员进行全科医生转岗培训，按要求组织实施全科医生特设岗位项目，完善落实鼓励全科医生长期在基层服务的政策，力争实现每个城市社区卫生服务机构和乡镇卫生院都有合格的全科医生。继续加强全科医生培养基地建设。严格按照国家发展改革委下达的投资计划，建设全科医生临床培养基地，地方配套资金要及时足额到位，确保按时竣工投入使用。继续加强基层医疗卫生人员在岗培训，重点开展具有全科医学特点、促进基本药物使用等针对性和实用性强的培训项目，共培训35460人次。(4)鼓励有条件的地方开展全科医生执业方式和服务模式改革试点，推行全科医生(团队)与居民建立稳定的契约服务关系。鼓励基层医疗卫生机构提供中医药等适宜技术和服务。建立健全分级诊疗、双向转诊制度，积极推进基层首诊负责制试点。

4. 筑牢农村医疗卫生服务网底。(1)采取公建民营、政府补助等多种方式，对村卫生室的房屋建设、设备购置给予扶持。将村卫生室纳入基层医疗卫生机构信息化建设和管理范围。落实乡村医生的多渠道补偿及养老政策。(2)加强乡村医生培训和后备力量建设。对在村卫生室执业的乡村医生每年免费培训不少于两次，累计培训时间不低于两周。采取本地人员定向培养等多种方式充实乡村医生队伍，确保每个村卫生室都有乡村医生。(3)加强县级卫生行政部门对乡村医生和村卫生室的行业管理，重点强化服务行为监管。积极推进乡镇卫生院和村卫生室一体化管理。

积极推进公立医院改革。1. 加快推进县级公立医院改革试点。(1)改革补偿机制。采取调整医药价格、改革医保支付方式和落实政府办医责任等综合措施和联动政策，破除“以药补医”机制。将公立医院补偿由服务收费、药品加成收入和财政补助3个渠道改为服务收费和财政补助2个渠道。医院由此减少的合理收入或形成的亏损通过调整医疗技术服务价格、增加政府投入等途径予以补偿。调整后的医疗技术服务收费按规定纳入医保支付范围。增加的政府投入由中央财政给予一定补助，地方财政要按实际情况调整支出结构，切实加大投入。(2)调整医药价格。取消药品加成政策。提高诊疗费、手术费、护理费等医疗技术服务价格。降低大型设备检查价格，政府投资购置的公立医院大型设备按扣除折旧后的成本制订检查价格。完善县级公立医院药品网上集中采购，积极推进药品带量采购和高值医用耗材集中采购，压缩中间环节和费用，着力降低虚高价格。(3)发挥医保的补偿和监管作用。同步推进总额预付、按人头付费、按病种付费等复合支付方式，通过购买服务对医疗机构给予及时合理补偿，引导医疗机构主动控制成本、规范诊疗行为、提高服务质量。严格考核基本医保药品目录使用率及自费药品控制率等指标，控制或降低群众个人负担。(4)落实政府办医责任。落实政府对公立医院的基本建设和设备购置、重点学科发展、公共卫生服务、符合国家规定的离退休人员费用和政策性亏损补贴等投入政策。合理确定公立医院(含国有企业医院)数量和布局，严格控制建设标准、规模和设备配备。禁止公立医院举债建设。(5)加快建立现代医院管理制度。按照政事分开、管办分开的要求，落实县级公立医院经营管理和用人自主权。探索建立理事会等多种形式的公立医院法人治理结构，公立医院功能定位、发展规划、重大投资等权力由政府办医主体或理事会行使。建立完善院长负责制和任期目标责任考核制度。各级卫生行政部门负责人不得兼任公立医院领导职务。继续深化人事制度改革，逐步推进公立医院医务人员养老等社会保障服务社会化。(6)完善医院内部分配激励机制。健全以服务质量、数量和患者满意度为核心的内部分配机制，体现多劳多得、优绩优酬。提高人员经费支出占业务支出的比例，提高医务人员待遇。院长及医院管理层薪酬由政府办医主体或授权理事会确定。严禁将医务人员个人收入与医院的药品和检查收入挂钩。

2. 拓展深化城市公立医院改革试点。围绕政事分开、管办分开、医药分开、营利性和非营利性分开，以破除“以药补医”机制为关键环节，以改革补偿机制和建立现代医院管理制度为抓手，深化体制机制创新，提高服务质量和运行效率，尽快形成改革的基本路子。研究探索采取设立专门管理机构等多种形式确定政府办医机构，履行政府举办公立医院的职能。根据改革需要，在绩效工资分配、定价、药品采购等方面给予试点地区一定自主权。

3. 大力发展非公立医疗机构。(1)尽快出台鼓励社会资本举办发展医疗机构的实施细则，细化并落实鼓励社会办医的各项政策，支持一批非公立医疗机构举办发展。限期清理修改相关政策文件。进一步开放医疗服务市场，放宽社会资本举办医疗机构的准入范围，积极引进有实力的企业、境外优质医疗资源、社会慈善力量、基金会、商业保险机构等举办医疗机构，对举办发展非营利性医疗机构给予优先支持。鼓励具有资质的人员(包括港、澳、台地区人员)依法开办诊所。进一步改善执业环境，落实价格、税收、医保定点、土地、重点学科建设、职称评定等方面政策，有条件的地区可以对社会资本举办非营利性医疗机构予以补助。积极发展医疗服务业，鼓励非公立医疗机构向高水平、规模化的大型医疗集团和康复医疗机构发展。(2)鼓励公立医院资源丰富的地区引导社会资本以多种方式参与包括国有企业所办医院在内的部分公立医院改制重组。鼓励社会资本对部分公立医院进行多种形式的公益性支持。

4. 全面开展便民惠民服务。(1)以病人为中心、以服务为导向，简化挂号、就诊、检查、收费、取药等医疗服务流程，积极推进区域统一预约挂号平台建设，普遍实行预约诊疗，开展“先诊疗、后结算”，改善就医环境，明显缩短病人等候时间，方便群众就医。大力推广优质护理，倡导志愿者服务。(2)大力推行临床路径，加强质量控制。开展单病种质量控制，规范医疗行为。继续开展抗菌药物临床应用专项整治活动。以电子病历和医院管理为核心，推进公立医院信息化建设。医疗机构检验对社会开放，检查设备和技术人员应当符合法定要求或具备法定资格，实现检查结果互认。

5. 提升县级医院服务能力。加强县级医院以人才、技术、重点专科为核心的能力建设，每个县重点办好1～2所县级医院(含县中医院)，降低县外转出率。启动实施县级医院设立特设岗位，引进急需高层次人才。巩固深化城市医院对口支援县级医院的长期合作帮扶机制，安排300名县级医院骨干人员到三级医院进修学习，发展面向农村及边远地区的远程诊疗系统。

统筹推进相关领域改革。1. 提高基本公共卫生服务均等化水平。(1)继续做好10类国家基本公共卫生服务项目,着力提高服务质量及居民知晓率和满意度。城乡居民健康档案规范化电子建档率达到72%以上,高血压、糖尿病患者规范化管理人数分别达到177万人、50万人。将排查发现的所有重性精神病患者纳入管理范围。加强国家免疫规划疫苗接种工作。提高流动人口以及农村留守儿童和老人公共卫生服务可及性。加强健康促进与教育,倡导健康的生活方式,引导科学就医和安全合理用药。(2)继续实施重大公共卫生项目,做好传染病、慢性病、职业病、重性精神病、重大地方病等严重危害群众健康的疾病防治。完善专业公共卫生服务网络,继续支持农村院前急救体系和县级卫生监督机构建设,加强重大疾病防控和食品安全风险监测能力建设。

2. 推进医疗资源结构优化和布局调整。(1)制订区域卫生规划,明确省、市、县卫生资源配置标准,新增医疗卫生资源优先考虑社会资本。每千常住人口医疗卫生机构床位数达到4张的,原则上不再扩大公立医院规模。(2)加强医疗服务体系薄弱环节建设,支持医疗机构临床重点专科建设。加强省级儿童专科医院和市、县级综合医院儿科建设。加强医疗卫生信息技术标准化建设,促进信息技术与管理、诊疗规范和日常监管有效融合。

3. 创新卫生人才培养使用制度。(1)加大护士、养老护理员、药师、儿科医师,以及精神卫生、院前急救、卫生应急、卫生监督、医院和医保管理人员等紧缺人才和高层次人才的培养。加快建立住院医师规范化培训制度。(2)推进医师多点执业。各地要出台医师多点执业实施细则,鼓励具备行医资格的人员申请多个地点执业,完善执业医师注册、备案、考核、评价、监管政策,建立医师管理档案。建立健全医疗执业保险和医疗纠纷处理机制。

4. 推进药品生产流通领域改革。(1)改革药品价格形成机制,选取临床使用量较大的药品,依据主导企业成本,参考药品集中采购价格和零售药店销售价等市场交易价格制定最高零售指导价格。完善进口药品、高值医用耗材的价格管理。(2)完善医药产业发展政策,规范生产流通秩序。推动医药企业提高自主创新能力和医药产业结构优化升级。发展药品现代物流和连锁经营,提高农村和边远地区药品配送能力。促进药品生产、流通企业跨地区、跨所有制的收购兼并和联合重组。鼓励零售药店发展,并按规定配备执业药师。(3)完善药品质量标准,提高仿制药质量水平。严格执行新修订的《药品生产质量管理规范》和《药品经营质量管理规范》,定期发布药品质量公告。严厉查处制售假药等违法行为,严厉打击"挂靠""走票"等出租出借证照,以及买卖税票、发布虚假药品广告等违法违规活动。

5. 健全医药卫生监管体制。(1)加强医疗费用监管控制。将次均费用和总费用增长率、住院床日以及药占比等控制管理目标纳入公立医院目标管理责任制和绩效考核范围,加强对费用增长速度较快疾病诊疗行为的重点监控。及时查处为追求经济利益的不合理用药、用材和检查及重复检查等行为。加强医疗服务收费和药品价格监督检查。(2)加强卫生全行业监管。研究建立科学的医疗机构分类评价体系。加强医疗服务安全质量监管,加强处方点评和药品使用管理,规范医疗器械临床使用和安全管理。依法严厉打击非法行医,严肃查处药品招标采购、医保报销等关键环节和医疗服务过程中的违法违规行为。建立信息公开、社会多方参与的监管制度,鼓励行业协会等社会组织和个人对医疗机构进行独立评价和监督。加强行业自律和医德医风建设。

6. 深入推进县域医药卫生一体化综合改革。在34个试点县(市、区)探索推进县域医药卫生一体化综合改革,出台《关于实施县域医药卫生一体化综合改革的意见》,指导各地紧密结合实际,按照"六个一体化"的思路,积极推进综合改革,重点要在卫生资源一体化配置和县乡村一体化管理上实现突破。

(李仁贵)

【医疗卫生服务能力建设】 2012年,山西省医疗机构诊疗人数8342万次,出院人数353万人次,住院手术75万人次。制定出台《山西省医疗机构设置规划(2011～2015年)》。投资20亿元的山西大医院建成并投入使用,运城、临汾、大同、忻州、晋城等5个市分别新建扩建了市级医院,优质卫生资源不足的问题得到明显缓解。修订出台《山西省二、三级综合医院评审标准实施细则(2012年修订版)》,制定《山西省卫生厅医院评审专家库管理办法(试行)》,建立了省一级的评审专家库。2012年,共评审14所三级综合及专科医院、20所二级综合及专科医院,督导检查60所二级医院,91.7%的农业县县医院达到二级甲等水平,新增3个国家临床重点专科,总数达13个。继续实施"城乡医院对口支援"和"县级医院骨干医师培训"项目,安排300名基层骨干到城市三级医院接受规范培训,派出594名技术骨干支援基层医疗卫生工作。组织起草《山西省鼓励社会资本举办发展医疗机构实施细则》,鼓励社会资本举办发展医疗机构。积极开展医师多点执业试点。确定太原市、大同市、朔州市、晋城市作为医师多点执业试点城市。截至2012年底,山西省申请开展多点执业的执业医师数96人次。按照《山西省卫生厅关于印发〈山西省卫生厅优质医院创建工作实施方案〉的通知》有关要求,共组织73所医疗机构开展申报创建工作。其中,申报创建国家级优质医院、区域级优质医院和优质县医院的医疗机构分别为8所、27所和38所,向卫生部推荐山西医科大学第一医院为首批国家优质医院创建重点联系单位。推进预约诊疗服务。下发《全省医院预约诊疗服务工作实施方案》,启动建立全省统一的预约诊疗服务平台。截至2012年底,山西省所有三级综合医院和专科医院普通门诊号源全部开放,专家号源开放率高于50%,二级以上公立医院均能提供两种以上预约诊疗服务,工作开展比例达到100%。实施同级医院检查检验结果互认工作,下级医院认可上级医院检查检验结果全面开展。优化就诊流程落实便民服务。推行"先诊疗,后结算”模式,开展双休日及节假日门诊,结合“三好一满意”活动,在全省三级医院和有条件的二级医院大力开展“志愿服务在医院”活动。

【中医药服务能力建设】 大力实施基层中医药服务能力提升工程和中医药“名院、名科、名医”工程。开展全省基层中医药工作基本情况调查,将基层中医药工作先进单位建设列入工作目标责任制考核,设立专项经费对新创建的全国先进单位实行“以奖代补”。2012年,24个县(市、区)创建成为全省先进单位,总数达到35个;11个县(市、区)创建成为全国先进单位,总数达到21个。基础设施条件显著改善。省中医院新建门诊综合楼项目开工奠基,省中西医结合医院新建门诊综合楼项目获批立项,大同市中医院御东新院、长治市中医院新住院楼投入使用,35所县级中医院启动信息化服务保障能力建设。举办首期中医院院长培训班。省中西医结合医院被评为全国重点建设中西医结合医院。省中医院大幅下调中药饮片价格,实行专家门诊不限号、复诊患者分时段预约。山西中医学院附属医院率先推行“先看病、后付费”服务模式后,太原市在全市新农合定点机构予以推广。4所三甲中医院团队帮扶50所县级中医院开展专科(专病)特色强化建设,对口支援4所县级中医院综合改革试点工作。各级中医院积极探索改革发展的新路径,省中医院托管大同市中医院,省中西医结合医院托管太原市杏花岭区创伤骨科医院,山西中医学院附属医院在社区建立中医指导基地,平遥县中医院在乡村设立名老中医诊所。2012年,新增国家临床重点专科(中医专业)3个,总数增加到5个;新增国家局重点专科(专病)25个,总数32个;新增国家局重点学科12个,总数18个。省中西医结合医院入选国家局重点专科重症医学科协作组组长单位,另有12所医院入选13个协作组成员单位。开展省级中医重点专科(专病)考核工作,成立11个省级中医重点专科(专病)协作组。启动新一轮省级中医药重点学科(实验室)建设工作,确定25个重点学科和4个重点实验室。5所医疗卫生机构入选国家局第四批“治未病”试点单位,阳泉盂县入选国家局第二批“治未病”试点地区,运城、临汾入选国家局中医养生保健服务机构准入试点地区。启动省级“治未病”试点工作,首批确定16个试点单位。6所医院入选国家局第三批中医药防治传染病临床基地建设单位。

【疾病防控工作】 2012年,山西省共报告法定传染病18万例,发病率约518/10万,无鼠疫、霍乱等甲类传染病病例报告。

重点传染病防治。加强布病防治,2012年,全省共报告布病6276例,分布在除阳泉市城区以外的11个市118个县(市、区)。共筛查高危职业人群8.3万人,血清学检查4万人,阳性检出率7%。与山西省教育厅联合加强托幼机构和学校手足口病防治工作,全年共报告病例3.1万例。强化丙型肝炎防治能力,与中国肝炎基金会联合启动全省丙肝防控暨医师培训项目,举办7·28世界肝炎日运城盐湖区现场宣传活动,完成了骨干医师培训任务。

结核病防治。印发《结核病“三位一体”防治服务技术方案》,在全省推广新型结核病防治服务模式。固定剂量复合剂药品试点市扩增为5个,启动耐多药结核病防治项目,妥善处置原平市学校结核病疫情,对11个市38个县(市、区)进行结核病防治工作督导。2012年共筛查可疑肺结核病患者5.3万例,发现肺结核患者2万例,均规范治疗,新涂阳肺结核患者治愈率达97%。

艾滋病防治。2012年,各级艾滋病实验室累计检测145.7万人次,确证阳性数667例;全省423个自愿咨询检测点,咨询3.5万人次,检测3.5万人次。对1876例符合条件的病人进行免费抗病毒药物治疗。临床用血100%来自于无偿献血。

慢性病防治。开展食管癌/贲门癌、大肠癌早诊早治项目,共筛查1.7万例,早期病变83例,癌症88例。在7个市9个县(市、区)开展肿瘤随访登记,上报癌症发病9200例,死亡5100例。开展儿童口腔疾病综合干预项目,共完成口腔健康检查11万人,为2.7万名儿童窝沟封闭10万颗牙,县级完好率94%,省级完好率92%。在太原等5个市12个县(市、区)启动脑卒中高危人群筛查和干预试点项目,完成年度12万人筛查任务。在山阴等11个县(市、区)开展农村癫痫防治项目,共筛查癫痫患者6085例,随访患者5127例。在大同、忻州、临汾、吕梁4个市21个贫困县(市、区)启动农村义务教育学生营养改善计划营养健康状况监测评估工作,除对21个试点县(市、区)开展常规监测外,对其中的大同县和吉县进行重点监测。强化人员培训,专题培训各级精防专业人员1600余人,利用督导对11个市22个县(区)44个社区和乡镇卫生院以及村卫生室卫生人员1687人进行了现场培训。在6个市19个县开展重性精神疾病管理治疗项目,免费用药1213人,免费住院120人,应急处置191人。实施基本公共卫生重性精神疾病患者管理服务项目,全省累计登记录入重性精神疾病患者7.7万例,纳入管理服务患者7.4万例。

地方病防治。邀请国家级、省级专家完成两轮全省地方病专业人员培训,对垣曲等18个大骨节病区县考核验收自查工作进行现场技术指导,在5个高碘县对儿童开展碘营养监测,在3个克山病病区县开展克山病病情监测,以县为单位开展碘盐监测,每县抽取300份食盐样本进行检测,碘盐覆盖率达到95%以上。

【卫生应急工作】 组织协调应急医疗卫生救援。截至2012年底,累计接报处置突发公共卫生事件10起,发病275人,无死亡病例。组织协调开展突发公共事件医疗卫生救援8起,成功救治伤员134人。有效组织协调调动国家和省级专家30余人次赶赴事故现场指挥、指导医疗救治工作,完成“4·25”吕梁离石区馥兴园酒店食物中毒事件、“2·25”207国道晋城泽州段重大交通事故、“7·26”阳泉盂县玉泉煤业瓦斯燃烧事故、“11·23”晋中寿阳火锅店爆炸燃烧事故等突发事件医疗卫生救援任务。

强化卫生应急队伍建设。2012年,全省累计组建、调整各级各类卫生应急队伍1034支1.3万余人(其中,省级13支212人,市级164支2427人,县级857支10494人)。建立了卫生应急培训师资库,编写卫生应急案例和培训教材,组织举办应急管理、风险评估、紧急医学救援、伤员转运、床位动员、应急疏散等培训演练20余次。

建立科学合理的装备储备。调整完成《2012年省级医药储备品种目录》,储备价值2500万元的各类医药物资276种120余万盒(支、瓶)。从实战出发,先后为省级卫生应急队伍采购卫生应急现场处置和通讯、后勤保障、个人携行装备。建立了卫生应急通讯保障网络。

【卫生监督工作】 2012年,山西省卫生监督检查各类单位6.7万家,覆盖率100%,监督频次13万余次,查处案件2774起。

打击非法行医专项整治。2012年,山西省打击非法行医共投入专项经费336万元,共检查医疗机构2.9万家,查处案件3255起,罚款405.3万元,取缔“黑诊所”2154家,移送案件83件。全省非法行医、非法采供血举报案件查处率100%。医疗机构(不含村卫生室)监督覆盖率100%。

学校卫生专项整治。2012年,山西省学校卫生工作共投入经费1361万元,检查各级学校8123家,四部门联合检查1293次,查处案件145件,罚款7.1万元。全省寄宿制中小学校卫生监督覆盖率100%。

职业病防治工作。制定《山西省职业健康检查机构考核办法》《山西省职业健康检查机构考核标准》,开展全省职业健康检查机构工作质量的年度考核工作。在全省选择10家综合性医疗机构增挂省、市职业病防治院的牌子,开展职业病预防、诊断及救治工作。完成职业健康状况调查工作。

放射卫生监管工作。制定《山西省放射卫生建设项目评价工作细则》,优化工作流程、明确新改扩建项目的界定、无国标放射诊疗设备的检测等问题。继续按照《山西省“蓝盾行动”——放射诊疗专项整治工作方案》要求,共检查1616家放射诊疗机构、19家放射卫生技术服务机构(含放射工作人员职业健康检查机构)。查处违法违规单位106家。

饮用水卫生监督监测工作。山西省11个市的全部城区及清徐、浑源等26个县纳入国家饮用水监测网络。委托太原市疾病预防控制中心,在临汾市洪洞县、安泽县开展环境与健康专项调查,重点了解环境因素对人体健康的影响等,为制定环境保护和人群健康干预措施提供了参考依据。

公共场所卫生监管工作。公共场所监督覆盖率91.9%,合格率99.8%,量化分级管理率81.4%。制定《公共场所卫生技术服务业务能力考核评估程序》《集中空调通风系统技术评估程序》。

【基本药物制度实施情况】 截至2012年12月,全省11个市、119个县(市、区)的政府办基层医疗卫生机构和村卫生全部通过省级平台采购使用基本药物,基本药物采购总金额7.33亿元,到货总金额6.7亿元,到货率91.5%。基层药品价格明显下降,群众用药负担有所减轻,用药安全得到有效保障。

2012年,累计对98个供货配送不达要求的企业进行约谈;取消11个不及时供货,造成较大影响的药品生产企业的中标资格;取消中标后拒不签订购销合同的16家药品生产企业的中标资格,取消14个配送较差的药品批发企业的配送资格。

2012年,阳泉市作为山西省非政府办基层医疗机构实施基本药物制度试点地区,制定出台《非政府办基层医疗卫生机构实施基本药物制度指导意见(试行)》,对试点机构使用基本药物实行统一采购、统一配送、统一结算。当地财政以购买服务的方式,按基本药物销售金额的30%给予试点机构基本药物零差率销售核定补助政策,并在2个县开展试点工作。

【食品安全工作】 起草并通过《山西省食品生产加工小作坊和食品摊贩监督管理办法》,出台《山西省食品安全黑名单管理办法》。与省公安厅等六部门联合下发《关于加强行政执法与刑事司法衔接严厉打击危害食品药品安全犯罪的通知》,建立打击危害食品安全犯罪的联动机制。各市县根据《山西省食品安全举报奖励办法(试行)》,制定出台实施细则,受理食品安全举报1006起。截至2012年底,全省11个市财政共投入食品安全工作经费1.7亿元,较2011年增加近6000万元。

2012年,山西在晋中市召开食品安全责任监管现场会,在全省推广食品安全责任监管网格化经验。截至2012年底,各市县全部实施食品安全责任监管,构建了上下联动、内外结合、条块协调、层层监管、责任到人的食品安全责任监督网格化监管体系。开展食品安全7项专项整治和8个重点品种的综合治理。在种养殖环节开展农产品质量安全例行监测和监督抽检,建立问题产品追溯查处和“检打联动”机制。加强对畜禽屠宰和酒类的监管,推广屠宰企业“1061”管理模式和“放心酒工程”示范店。加大食品安全隐患排查力度,严厉打击食品“黑窝点”。流通环节实现食品流通许可证电子打印和网上登记,从源头上实现了对食品质量安全的追溯。餐饮服务环节推行“三化”监督模式,即:网格化监管,解决监管责任全落实的问题;格式化检查,解决现场检查有标准的问题;痕迹化管理,解决监管过程有依据的问题。2012年,全省共出动执法人员98.2万人次,检查62.8万户次,其中整改5.1万户次,处罚9546户,取缔2491户,立案6618起,移送40起72人,抽检食品3.9万批次,合格3.6万批次;农产品1.5万批次,合格1.5万批次,没收假冒伪劣食品13.5万千克,责令企业下架招回不合格食品5.2万千克。

及时妥善处置媒体反映的“可口可乐”“速成鸡”等食品安全问题。完善舆情监测制度,建立舆情监测队伍,加强舆情监测和处置工作,完善食品安全事故应急预案,加强应急队伍建设,提高食品安全事故应急处置能力。2012年全省没有发生重大食品安全事件。

【强化治理医药购销和医疗服务领

域商业贿赂专项工作】 2012年，先后对4家药品、医疗器械供应商给予不良记录通报，列入黑名单，两年内不得在山西境内经营；对配送率不足60%的29家企业下达限期整改通知书。对没有在规定时间内签订《山西省基层医疗卫生机构基本药物集中采购购销合同》的16家药品生产企业的19个基本药物品规，取消其中标资格。截至2012年底，医药购销领域商业贿赂信访举报案件56件(次)，全部处理结案。上交药品提成230人(次)，总金额7.67万元。联合省纠风办、省国税、省地税，组织全省范围的医疗器械和药品采购发票专项清查工作。参加省直13所医院的发票检查工作。

【健康教育与健康促进】 继续开展科普报刊进万村活动。启动健康素养促进项目，完成健康素养监测、烟草流行监测现场调查工作。按照《国家基本公共卫生服务规范(2011年版)》，对全省农村居民健康档案内容进行查缺补漏、规范登记等工作。各市利用信息化软件系统，推进农村居民建档工作规范化。截至2012年底，全省农村居民规范化建档率89.1%，电子建档率85.6%。

(刘　翔)

【进一步加强乡村医生队伍建设】 逐步提高村卫生室全覆盖水平。原则上一个行政村设置一所村卫生室，人口较多或者居住分散的行政村可酌情增设，乡镇卫生院所在地的行政村原则上不设村卫生室。村卫生室可以由乡村医生联办、个体举办，或者由政府、集体或单位举办，并经县级卫生行政部门批准后设立。各县(市、区)要将村卫生室标准化建设纳入年度卫生工作目标逐年推进，稳步提高村卫生室全覆盖水平。

合理确定乡村医生的职能与任务。乡村医生(包括在村卫生室工作的执业医师、执业助理医师，下同)主要为农村居民提供公共卫生和基本医疗服务，包括在专业公共卫生机构和乡镇卫生院的指导下，按照服务标准和规范开展基本公共卫生服务。协助专业公共卫生机构落实重大公共卫生服务项目，按规定及时报告传染病疫情和中毒事件，处置突发公共卫生事件等；使用国家基本药物、适宜技术和中医药诊疗技术为农村居民提供常见病、多发病的一般诊治，将超出诊治能力的患者及时转诊到乡镇卫生院或县级医疗机构；受卫生行政部门委托填写统计报表，保管有关资料，开展宣传教育和协助新农合筹资等工作。

加强乡村医生和村卫生室管理。(1)严格乡村医生准入和退出。村卫生室从业人员必须具有乡村医生执业医师资格或执业助理医师资格，并在县级卫生行政部门注册获得相关执业许可。新进入村卫生室从事预防、保健和医疗服务的人员应当具备执业助理医师及以上资格。严禁并坚决打击不具备资格人员非法行医。年满60周岁的村卫生室从业人员，原则上应退出乡村医生岗位。如确因工作需要，可由县级卫生行政部门根据其业务能力、健康状况、村民意愿等考核后注册聘用。(2)加强村级医疗卫生服务管理。(3)强化村卫生室和乡村医生考核。考核结果作为财政补助经费核算、乡村医生聘用和收入分配的依据。(4)推进乡村卫生服务一体化管理。实施国家基本药物制度的村卫生室全部纳入乡村卫生服务一体化管理。(5)提高村卫生室信息化水平。将村卫生室纳入基层医疗卫生机构信息化建设和管理范围，建立与新农合管理、农村居民健康档案、基本药物采购和使用等相衔接的信息管理系统。实行乡镇卫生院和村卫生室统一的电子票据和处方笺。

完善乡村医生补偿政策。(1)对村卫生室实施基本药物补助。将村卫生室纳入基本药物制度实施范围，执行基本药物制度的各项政策，实行基本药物集中采购、配备使用和零差率销售。对村卫生室实施基本药物制度后减少的药品收入补偿，由财政部门按行政村农业户籍人口每人每年不低于5元的标准给予补助，其中，中央财政补助3元，省财政补助1元，市、县(市、区)财政补助分别不少于0.5元。(2)通过新农合门诊统筹对村卫生室基本医疗服务进行补助。将符合条件的村卫生室纳入新农合定点医疗机构管理，并将村卫生室收取的一般诊疗费和使用的基本药物纳入新农合支付范围，支付比例不低于在乡镇卫生院门诊就医的支付比例。鼓励各地结合新农合门诊统筹推进，同步开展新农合支付方式改革，探索按人头支付、总额预付等多种支付方式，利用支付政策引导乡村医生和村卫生室转变服务行为，发挥新农合基金对村卫生室医疗费用的补偿和监管作用。村卫生室一般诊疗费收费标准由省物价局联合省卫生厅统一制订。(3)对乡村医生提供的基本公共卫生服务，主要通过政府购买服务的方式进行合理补助。

建立乡村医生培训、培养制度。加强乡村医生技术培训。县级卫生行政部门对在村卫生室执业的乡村医生每年免费培训不少于两次，累计不少于两周。培训经费由县级财政专项安排。加强乡村医生后备力量建设。

对乡村医生参加新型农村社会养老保险制度给予补助。从2012年1月起，比照行政村党支部书记、村委会主任参加新型农村社会养老保险缴费补助制度，解决乡村医生养老保障问题。乡村医生在岗期间，按每人每月30元的标准享受政府的专项缴费补助，直接计入该参保人的养老保险个人账户。其中，省级财政负担50%，市县财政负担50%(具体市县分别负担的比例由各市确定)。鼓励市、县政府采取补助等多种形式，妥善解决老年乡村医生的养老保障和生活困难问题。

【山西省“十二五”期间结核病防治目标】 全省肺结核患者发现并治疗管理人数达到9.8万人。全省新涂阳肺结核患者的治愈率保持在85%以上。涂阳肺结核患者密切接触者筛查率达到95%以上。报告肺结核患者和疑似肺结核患者的总体到位率达到90%以上。以县(市、区)为单位抗结核固定剂量复合制剂使用覆盖率达到100%。80%以上的县级结核病实验室开展痰培养，100%的市级结核病实验室开展药敏试验，省级结核病实验室开展快速菌种鉴定。跨区域流动的肺结核患者信息反馈率达到90%，流动人口肺结核患者的成功治疗率达到80%。以市为单位开展耐多药肺结核诊治工作覆盖率达到50%,耐多药肺结核可疑者筛查率达到60%。艾滋病病毒感染者结核病的筛查率达到90%,卫生部确定的闻喜、稷山、新绛、绛县、夏县、芮城艾滋病流行重点县结核病患者艾滋病病毒的筛查率达到70%。全民结核病防治核心信息知晓率达到85%。

(李仁贵)

人口和计划生育

【**2012年山西人口发展概况**】 人口数量保持低水平增长。2012年,全省人口出生率10.7‰,比2011年上升0.23‰;人口死亡率5.83‰,上升0.22‰;人口自然增长率4.87‰,上升0.01‰,低生育水平保持稳定。2012年底,全省常住人口3610.8万人,增加17.6万人,增长0.5%。

区域间人口规模差异显著,城镇人口比重首次超过50%。山西省人口、资源与生态环境存在着明显的区域差异,这种差异表现为条带状纵列的东、中、西三大地带的差异与平原、山区、丘陵自然地理区域的差异。2012年山西省中部、东部和西部人口的地区分布依次为:东部978.9万人,占全省常住人口的27.1%;中部2226.4万人,占全省常住人口的61.7%;西部405.5万人,占全省常住人口的11.2%。从人口分布的自然地理区域观察:平原2080.5万人,占全省常住人口的57.6%;山区590.1万人,占全省常住人口的16.3%;丘陵940.2万人,占全省常住人口的26%。三大区域中部盆地人口稠密,东部山地和西部黄土丘陵人口稀疏的格局没有发生明显变化。

2012年山西省城镇化率调查数据显示:全省城镇化率51.3%,比2011年增长1.6个百分点,超过"十二五"规划目标年均增长速度0.1个百分点,全省城镇化发展进程总体稳定。

在全省常住人口中,居住在城镇的人口1851.1万人,比2011年增加65.8万人;居住在乡村的人口1759.8万人,减少48.2万人。城镇人口比乡村人口多91.3万人。全省11个市中城镇人口超过50%的市由2011年的4个增加为5个,朔州市也进入的城镇化率过半的第一军团。

人口的迁移流动持续增长,省内跨乡(镇、街道)流动人口占近九成。2012年人口抽样调查登记的常住人口中,户口登记地与现住地不一致的人口比重17.4%。其中,省内占89.4%,省外占10.6%;在省内现住地与户口登记地不一致的人口中,人户分离人口(指市辖区内现住地与户口登记地不一致的人口)比重22.9%,省内跨乡(镇、街道)流动人口比重77.1%。由此推算,全省常住人口中,现住地与户口登记地不一致的人口629.7万人,其中,省内563.2万人,省外66.6万人;人户分离人口129.1万人,省内跨乡(镇、街道)流动人口434万人。

总人口性别比保持在平衡区,出生人口性别比表现出优化的态势。2012年,全省常住人口中,男性1850.9万人,女性1759.9万人,性别比为105.2,比2011年下降0.2个百分点,低于全国平均水平,属于总人口性别比平衡区域。

2012年,山西省出生人口性别比为113.1,比2011年下降0.1个百分点,高于正常水平,但出生人口性别比偏高的态势表现出减弱势头。

人口老龄化快速上升,"人口红利期"仍在持续。山西省自2003年进入老龄型人口后,人口老龄化呈现不断上升的趋势。2012年,山西省65岁及以上人口287.8万人,占总人口的8%,比2011年上升0.06个百分点。0～14岁人口593.6万人,占总人口的16.4%,下降0.03个百分点;15～64岁人口2729.4万人,占总人口的75.6%,下降0.03个百分点。

由于山西省自然禀赋、社会经济政策的特殊性,表现出人口转变的不同的特征。2012年全国15～59岁劳动年龄人口比2011年减少345万人,占总人口的比重下降0.6个百分点。山西省15～59岁劳动年龄人口比重下降0.02个百分点,由于受人口惯性的影响仍增加11.8万人。2012年山西省总抚养比为32.3%,老年抚养比为10.5%,少儿抚养比为21.7%,总抚养比和老年抚养比分别比2011年提高0.05个和0.08个百分点,但山西省总人口抚养比仍然很低。这种人口结构表明山西省劳动力资源仍相当充足,劳动年龄人口负担轻,人口红利依然存在,有利于山西省转型跨越发展。

人口素质不断提高,人口死亡率处于低水平状态。2012年,全省15岁及以上人口平均受教育年限为9.7年。从各种受教育程度人口看,每十万人口中接受大专及以上受教育程度人口为8625人,接受高中教育的1.9万人,接受初中教育的4.4万人,接受小学教育的2万人。与2011年相比,每十万人中大专及以上受教育人口增加1397人,高中增加1964人,初中减少540人,小学减少2120人。体现出高中及以上受教育人口增加,初中及以下人口减少的态势。

2012年全省死亡人口20.9万人,死亡率5.83‰,与2011年相比下降0.22个千分点。这是因为人口死亡率受分年龄死亡水平和人口年龄结构的影响。由于受经济社会发展,医疗卫生条件的改善,山西省分年龄死亡水平已处于较低水平,同时人口年龄结构趋向老化,死亡率较高的老年人口比重增加,将使总人口死亡水平提高。这一低一高的变化使山西省人口死亡率处于较低水平。

人口婚姻关系持续稳定,家庭户规模继续缩小。2012年,山西省人口婚姻状况仍保持相对稳定,继续呈现未婚比例低、有配偶比例高、离婚比例低的基本特征。在15岁及以上人口中,未婚比例22%,初婚有配偶比例70.9%,再婚有配偶比例1.4%,离婚比例仅为1.3%,丧偶比例4.5%。

家庭户规模继续保持平稳下降的趋势。2012年,山西省平均家庭户规模为3.15人,比2011年减少0.02人。分城乡看,城镇平均家庭户规模3.05人,小于乡村3.26人的平均家庭户规模。

随着家庭户规模的缩小,以父

母与未婚子女组成的核心家庭为主的"二代户"是目前最典型的家庭户类型，其占家庭户比重为54.7%，其次是一代户和三代户，分别为31.6%和13.5%，四代及以上户占家庭户的0.3%。

（周俊英）

【人口和计划生育工作取得新进展】 加强组织领导和统筹协调，统筹解决人口问题迈出新步伐。《山西省人口发展与人口计生事业发展"十二五"规划》顺利实施。全面推进免费孕前优生检查和"三晋康家"工程。坚持和完善人口计生目标责任制考核，促进重点工作落实。加强经费投入保障，2012年全省人口计生事业人均经费57.4元，达到全国中等水平。抓好稳定低生育水平的首要任务，2012年山西省人口总量3610.8万人，人口出生率和自然增长率分别为10.7‰和4.87‰，"十二五"规划的人口调控目标圆满完成。

坚持依法管理和依法行政，提高人口计生法制化水平。坚持干部提拔、评先评优等计划生育审核制度。开展依法行政、政务公开和便民维权活动，重点治理基层乱收费、乱罚款和"吃拿卡要"等问题，维护群众合法权益。全省共创建依法行政示范乡镇(街道)131个，60%的县达到诚信计生标准，61个村(居)被评为全国基层群众自治示范村(居)。开展出生人口性别比治理年活动，公安、卫生、计生、药监、妇联等部门联合查处"两非"典型案例，树立了全社会关爱女孩的良好风尚。推进流动人口服务管理全省"一盘棋"和服务均等化，开展"爱在流动"服务家庭、关心关爱留守儿童、空巢老人系列活动，流动人口服务均等化试点扩大到53个县，保障了流动人口合法权益。

加快推进优质服务全覆盖，提升人口计生公共服务能力。2012年，按照标准化、规范化、信息化要求，建成50个县级数字化服务站。继续开展优质服务先进单位创建活动，共创建9个国家级和15个省级优质服务先进县(市、区)。开展优质服务进农村、进社区、进企业、进机关、进军营活动，实施农村独生子女、双女母亲"第二春"免费生殖健康检查，服务123万多人次，改善了群众生殖健康水平。推进优生促进工程，运用"孕前优生咨询指导系统"，为群众提供免费孕前风险评估累计90.4万例。认真落实国家免费孕前优生健康检查项目，投入专项资金1700多万元，在72个县开展试点，覆盖率60.5%。2012年全省共确定目标人群17.9万人，实际检查19.1万人，超额完成任务，建起了预防出生缺陷的重要防线。

加强人口信息化建设，着力创新人口服务管理。健全完善"四网一库"为架构、九大应用系统为支撑的人口信息化体系，全省全员人口信息库常住人口入库率99.9%。加强信息共享，各级人口计生与公安、教育、民政、卫生等部门按季度互通信息，建立了长效机制。强化业务协同，3.5万个手机信息直报终端覆盖全省乡村、社区，运用人口计生考核平台对市、县进行网上考核，推广运用计生奖励扶助系统、人口计生证件打印系统等，实现重点任务、业务工作与目标责任制考核统筹推进。深化综合应用，开发创建"山西省人口管理服务信息系统"，搭建了基层社会服务管理的信息平台。在阳泉矿区、介休、娄烦等21个县开展人口网格化管理服务新模式试点，召开"全省人口社会管理服务信息系统建设座谈会"，加快推广步伐，为新时期人口领域加强和创新社会管理探索了有效途径。"山西省城镇人口管理服务平台"获得2012年度中国信息化(人口计生领域)成果评选一等奖。2012年12月，国家人口计生委在山西召开全国人口计生信息化建设工作会议，推广了该经验做法。

全面实施"三晋康家"工程，增强计生家庭民生福祉。全力打造"三晋康家"民生工程，形成"一市一品牌、一县一特色"的良好局面。2012年，全省共发放奖励扶助资金6.08亿元，惠及计生群众92万余人(户)；发放生育关怀救助金2700多万元，救助计生大病家庭和基层计生工作者近1万人；全省有15.6万户计生家庭在集体林权改革、扶贫移民搬迁、集体收益分配中，多领到1人份补助；32.7万户计生家庭在新农合和新农保中享受优先优惠；1.4万余名农村独生子女和双女中考加分被录取；1.3万多户计生家庭在贴息贷款、种植养殖、科技项目等方面得到帮扶。"三晋康家"工程，使更多的计生家庭走上"文明、健康、优生、致富、奉献"的小康之路。

（张晋军）

体育事业

【体育事业概况】 2012年，全省有体育场地10165个，其中，体育场104个，体育馆34个，游泳馆24个，有固定看台的灯光球场201个，航空运动场3个，运动场189个，射击场13个。

2012年，全省有等级运动员679人，其中，国际级运动健将6人，一级运动员203人，二级运动员470人。全省有等级裁判员2148人，其中，一级裁判员167人，二级裁判员1981人。

【强化公共体育服务，全民健身覆盖范围不断拓展】 农民体育健身工程覆盖全省。2012年，新建农村体育健身场地3255个，实现全省2.8万个行政村农民体育健身工程"全覆盖"。农民体育健身工程电子档案同步实现"全覆盖"，场地建设管理信息化、网络化、精细化水平不断提高。全省新建、扩建农村乡镇型全民健身活动广场200个，更新、建设城市社区全民健身路径工程180个，扶持具备条件的2568个自然村建成农民体育健身场地。积极争取国家援建项目，6个"雪炭工程"项目获得资助，创建国家级"全民健身活动中心"2个、"全民健身户外活动基地"4个。

群众体育组织不断发展壮大。加强体育总会建设，2012年，全省11个市全部设立体育总会，县(市、区)体育总会建设积极推进。社区、农村全民健身指导站(点)组织建设力度不断加大。继续采取鼓励、扶持措施，社会各界投资兴办的各类体育俱乐部不断增长。推进组建全省各级社会体育指导员协会和志愿者组织，培训等级社会体育指导员

2012 年山西省运动员参加世界大赛录取名次

比赛名称	姓名	项目	名次
伦敦奥运会测试赛	董 栋	网上个人	1
国际体操联合会蹦床世界杯(太原站)	董 栋	网上个人	1
国际体操联合会蹦床世界杯(太原站)	涂 潇 董 栋	网上同步	1
国际体操联合会蹦床世界杯(瑞士站)	董 栋	网上个人	1
国际体操联合会蹦床世界杯(西班牙站)	董 栋	网上个人	1
伦敦奥运会	董 栋	网上个人	1
第十一届空手道亚洲锦标赛	孙敬超	—55 千克级	1
第十一届空手道亚洲锦标赛	师建玲	女子团体	1
第二届东亚空手道锦标赛	孙敬超	—55 千克级	1
女子摔跤世锦赛	张 兰	59 千克级	1
世界青年举重锦标赛	伍 超	69 千克级抓举	1
世界青年举重锦标赛	伍 超	69 千克级挺举	1
世界青年举重锦标赛	伍 超	69 千克级总成绩	1
国际体操联合会蹦床世界杯(瑞士站)	涂 潇	网上个人	2
国际体操联合会蹦床世界杯(西班牙站)	涂 潇	网上个人	2
国际体操联合会蹦床世界杯(葡萄牙洛莱站)	符 冰	网上个人	2
伦敦奥运会	方玉婷	团体淘汰赛	2
射箭世界杯系列赛第一站—上海站	方玉婷	个人淘汰赛	2
多哈亚洲射击锦标赛	王智伟	10 米手枪	2
亚洲摔跤锦标赛	梁 磊	120 千克级	2
亚洲山地自行车锦标赛	白 月	越野赛	2
亚洲沙滩运动会	胡安娜 陈春霞	女子沙排	2
乒乓球亚洲杯	武 杨	女子单打	2
国际乒联巡回赛(匈牙利)	武 杨	女子单打	2
国际乒联巡回赛(匈牙利)	武 杨 范 瑛	女子双打	2
国际乒联巡回赛(斯洛文尼亚)	武 杨 范 瑛	女子双打	2
第十一届空手道亚洲锦标赛	刘 哲 董明明	男子团体	3
第二届东亚空手道锦标赛	董明明	—67 千克级	3
第二届东亚空手道锦标赛	王晓红	—55 千克级	3
第二届东亚空手道锦标赛	刘 哲	—84 千克级	3
第二届东亚空手道锦标赛	朱刚勇	—75 千克级	3
射箭世界杯系列赛第一站(上海站)	方玉婷	女子团体淘汰赛	3
射箭世界杯系列赛第一站(上海站)	方玉婷	混合团体淘汰赛	3
射箭世界杯系列赛第一站(土耳其站)	方玉婷	女子团体淘汰赛	3
伦敦奥运会	王智伟	50 米手枪	3
世界青年摔跤锦标赛	张彦南	120 千克级	3
世界大学生摔跤锦标赛	徐龙生	120 千克级	3
射击世界杯意大利米兰站	王智伟	50 米手枪	5
国际体操联合会蹦床世界杯(西班牙站)	符 冰	网上同步	6

近 1 万名,全省注册总数近 4 万名。

全民健身活动更加精彩纷呈。广泛开展全民健身活动,各具特色的健身活动覆盖全省、贯穿全年。元旦、春节全民健身系列活动、"体育三下乡"、山西跤王争霸赛、晋城棋子山国际围棋文化节、永济五老峰登山节等品牌项目深入人心,国际形意拳交流大会、国际柔力球交流大会、全省第九套广播体操培训和通讯赛、第四届老年人健身大会、残疾人体育健身展演赛、省直妇女体协趣味健步走、武乡太行穿越挑战赛等一系列活动深受群众喜爱。与有关部门共同组队参加第七届全国农民运动会、第九届全国大学生运动会,都取得运动成绩和精神文明双丰收。

《全民健身条例》得到深入落实。2012 年,全省 11 个市、119 个县(市、区)全部制定了《全民健身实施计划》并着手实施。各级政府推进全民健身工作"三纳入"取得新成效。长治市积极创建国家"全民健身示范城市"取得新进展。青少年体育工作不断加强,公益性青少年体育活动组织机制基本形成,青少年体育活动举办主体更加多元,引导、支持青少年参加体育活动的社会氛围正在形成。太原、大同、平遥 3 个城市举办主题为"激扬青春、与青奥同行"的"全国青年迎青奥"(山西站)长跑活动,约 7000 名青少年踊跃参加。创建山西省体育传统项目学校师资培训基地 4 所。

【优化运动项目布局,竞技体育竞争实力不断增强】 伦敦奥运创造优异成绩。山西体育健儿在 2012 年伦敦奥运会上取得 1 金 1 银 1 铜和 1 个第五名的优异成绩,实现山西 28 年奥运征战史上单项金牌"零"的突破,创造本省奥运参赛历史上最好成绩。国家体育总局授予山西省体育局"2012 年伦敦第 30 届夏季奥运会重大贡献奖",省委、省政府授予省体育局及省体操运动管理中心、省射击射箭运动管理中心"山西省先进集体"称号;董栋被评为 2012 年"感动山西"十大人物之一。

全运备战扎实有效推进。坚持"以奥运带全运"战略,及早制定备战方案,及时优化项目布局,深入开展规律研究,扎实抓好运动训练,不断巩固强化优势项目,积极挖掘发展潜优势项目,以冬训和夏训为重点,推动整个备战队伍上水平、求突破、出效益。2012 年,在全国最高水平的年度比赛中共获得金牌 18 枚、银牌 26 枚、铜牌 28 枚。

重大赛事不断落户山西。成功

举办2012年奥运会摔跤项目资格赛、蹦床世界杯赛、太原国际马拉松赛、全国蹦床锦标赛、全国自行车锦标赛、全国自行车冠军赛、全国跳水锦标赛、全国女子武术冠军赛、全国小轮车锦标赛。全国男子篮球职业联赛(CBA)、全国女子篮球职业联赛(WCBA)、中国乒乓球俱乐部超级联赛山西赛区比赛精彩激烈、组织有序,山西汾酒男篮夺得CBA年度比赛第3名,山西兴瑞女篮当年组队、当年冲甲成功。

省运比赛力求规范有序。对2011年取得阶段赛资格的运动员进行赛后集训和骨龄测试,对举报投诉的运动员进行身份鉴定和骨龄测试,取消部分违规运动员的参赛资格。制定下发各单项竞赛规程。通过赛事竞标明确各单项比赛的举办地点和比赛时间。进一步加强裁判员培训工作。第十四届省运会阶段赛19个大项的比赛顺利完成。

【深化产业结构调整,体育产业和体育场馆设施建设基础不断巩固】

组建产业集团积极推进。把组建山西省体育产业集团有限公司作为推进体育产业上台阶的突破口,借鉴兄弟省市经验,广泛征求意见,起草、完善组建方案并上报省政府,已经省政府常务会议研究通过。努力加强部门协调,完成局属企业脱钩改制及清产核资等相关工作。

体育市场监管更加规范。不断规范行政执法行为,进一步明确体育产业行政执法范围和依据。积极履行市场监管职能,组织全省体育经营活动安全工作检查。加强体育市场信息统计和服务,与山西大学联合开展全省体育产业和体育市场调研。建立健全体育市场监管考评机制,组织全省体育产业考评。体育产业市场主体、市场交易、市场竞争行为和行政执法行为进一步规范,市场消费环境得到优化。山西参展中国体育旅游博览会获10项大奖。

体彩销售突破10亿元大关。大力拓展市场,提升营销水平,进一步加大优势玩法市场占有率,加强销售网点品牌建设。2012年,全省体育彩票共计销售10.16亿元,首次突破10亿元大关。

2012年山西省运动员参加全国锦标赛和冠军赛冠军名录

比赛名称	姓名	项目
全国蹦床系列赛(第一站)	董栋	网上个人
全国蹦床系列赛(第二站)暨伦敦奥运会模拟比赛	涂潇	网上个人
全国蹦床冠军赛	涂潇 符冰 穆童 董栋	网上团体
全国蹦床冠军赛	涂潇	网上个人
全国空手道锦标赛	刘哲	个人组手－84千克级
全国空手道锦标赛	孙敬超	－55千克级
全国空手道冠军赛	董明明	－67千克级
全国空手道冠军赛	孙敬超	－55千克级
全国跆拳道锦标赛	郑义	＋87千克级
全国女子拳击锦标赛	陈莹	51千克级
全国女子拳击冠军赛	陈莹	51千克级
第30届奥运会射箭项目选拔赛	方玉婷	射箭总积分
全国室外射箭锦标赛	祝珊珊	个人单轮30米
第30届奥运会射击选拔赛	王智伟	50米手枪
全国射击团体锦标赛	于炜 张鑫 刘毅	10米气手枪
全国男子古典式摔跤锦标赛	常永祥	74千克级
全国青年女子自由式锦标赛	白春香	63千克级
全国道馆俱乐部柔道锦标赛	张雯	－63千克级
全国男子举重锦标赛	伍超	69千克级挺举
全国男子举重冠军赛	伍超	69千克级挺举
全国武术套路冠军赛(女子赛区)	赵诗	剑术
全国武术套路冠军赛(女子赛区)	赵诗	枪术
全国武术套路锦标赛(男子赛区)	袁晓超	长拳
全国山地自行车冠军赛(第一站)	白月	计时赛
全国BMX自行车冠军赛(第一站)	赵志阳 冯思哲 王宝玉	团体
全国BMX自行车冠军赛(第一站)	荆静 马越 郝雯丽	团体
全国BMX自行车冠军赛(第一站)	郝雯丽	BMX
全国BMX自行车冠军赛(第三站)	赵志阳 冯思哲 王宝玉	团体
全国BMX自行车冠军赛(第四站)	王宝玉	BMX
全国艺术体操集体锦标赛和个人冠军赛	赵雅婷	少年个人球操
全国艺术体操集体锦标赛和个人冠军赛	赵雅婷	少年个人圈操
全国艺术体操集体锦标赛和个人冠军赛	赵雅婷	少年个人带操
全国艺术体操冠军赛	张豆豆	成年集体全能
全国艺术体操冠军赛	张豆豆	成年3圈2带
全国艺术体操冠军赛	张豆豆	成年5球
全国艺术体操冠军赛	赵雅婷	少年个人全能
全国艺术体操冠军赛	赵雅婷	少年个人球操
全国艺术体操锦标赛	赵雅婷	全能
全国艺术体操锦标赛	赵雅婷	绳操
全国艺术体操锦标赛	赵雅婷	带操
全国艺术体操锦标赛	赵雅婷	圈操

航空体育服务不断拓展。积极推动航空体育普及，加大滑翔、跳伞等运动培训和航模科普工作力度，成功举办2012年全国滑翔锦标赛。大力发展通用航空事业，完成飞播造林、防火灭虫、人工增雨、航拍航测等大量通航服务，特别是借助国家西部大开发和山西综改试验区政策，努力向西部地区拓展业务，创造经济和社会效益。

体育设施建设进展顺利。2012年，山西体育中心全面竣工并交付使用，承办了多项大型国际体育赛事和大型文体活动。太原航校迁建工程正式开工。省全民健身中心改建工作积极推进。大同、临汾等市级体育场馆建设取得新进展。

【2012年山西体育十大新闻】 1.奥运会单项金牌实现“零”突破，董栋荣获“2012年感动山西十大人物”。山西体育健儿在伦敦奥运会上取得1金1银1铜和1个第五名骄人成绩，实现山西运动员28年奥运征战史上单项金牌“零”突破，创造奥运历史上最好成绩。

2. 山西农民体育健身工程“全覆盖”。国家和省两级共投入引导资金4亿多元，匹配全民健身路径器材1.4万条、篮球架1.9万副、乒乓球台1.2万张，全省人均体育场地面积达1.5平方米，提前实现国家“十二五”人均体育场地面积目标。《人民日报》《中国体育报》将山西农民体育健身工程“全覆盖”评为年度国内十大体育新闻。

3. 山西体育中心全面投入使用，“红灯笼主体育场”荣获2012～2013年度中国建设工程鲁班奖。

4. 山西职业篮球水平取得长足进步。山西中宇篮球俱乐部山西汾酒队获2011～2012中国男子篮球职业联赛第三名；山西兴瑞职业篮球俱乐部女子篮球队冲击中国女子篮球甲级联赛成功，并在其后进行的2012～2013年度WCBA联赛中取得十连胜佳绩。

5. 山西运动员扬威国际体坛。2012年，山西竞技体育捷报频传。2月，李晓丹夺得国际乒联职业巡回赛卡塔尔公开赛女子双打冠军；9月，张兰在加拿大摘取女子摔跤世锦赛59千克级桂冠；11月，赵瑾、周昕在亚洲游泳锦标赛上分别夺得女子50米蛙泳、100米蛙泳、200米蛙泳、4×100米混合泳接力和男子三米板跳水冠军。其中，赵瑾独揽4金，轰动泳坛。

6. 成功举办一系列国际国内重大赛事，极大提升了大型赛事的组织运行水平，对展示山西面貌，促进中外交流具有深远意义。其中，奥运会摔跤项目国际资格赛是伦敦奥运会在中国举办的唯一一项资格赛，也是本省历史上承办的规模最大、水平最高的国际体育大赛，70多个国家和地区约1000多名运动员、教练员、工作人员参加了比赛。

7. 棋类项目发展势头强劲。山西选手在亚洲国际跳棋锦标赛上获1个冠军、2个亚军、2个季军，创棋类国际赛事最佳战绩；第8届杭州国际城市围棋赛山西围棋队获得团体和个人2项亚军，创业余围棋赛最佳成绩；600人参加庆全民健身日“全国万人同下一盘棋”山西分会场活动，参赛人数创新高。

8. 体育彩票销售额突破10亿元大关。2012年，山西体育彩票销售突破10亿元，再创历史新高。全年销售达10.16亿元，筹集公益金2.7亿元，体育彩票起到的体育事业生命线、公益事业助推器的作用更加突出。

9. 运动员文化教育和保障工作有重大突破。省政府办公厅出台《关于进一步加强运动员文化教育和运动员保障工作的实施意见》，对保障竞技体育事业健康发展，促进全省体育事业全面、协调、可持续发展具有重要意义。

10. 中国体育旅游博览会山西展区再创佳绩，荣获10项大奖。12月21日，中国体育旅游博览会在海南开幕，山西展区以“体育旅游、健康绿色”为主题，集中展示浓郁厚重的自然人文和丰富的旅游资源，宣传激情蓬勃的体育时尚精品项目，彰显健康山西的时代特征与魅力，山西代表团再创佳绩，荣获“最佳组织”和“最佳创意”等10项大奖。

（王宏德）

人民生活

RENMIN SHENGHUO

人民生活

综　述

【城乡居民收入水平较快增长】 2012年，全省人均地区生产总值33628元，比2011年增长9.6%。

工资性收入依然是城镇居民收入的主体。2012年，山西省城镇居民人均可支配收入20412元，比2011年增长12.6%。城镇居民收入增长的特点是：人均可支配收入首次迈上2万元台阶，工资性收入增长明显，转移性收入平稳增长，经营净收入增势强劲，财产性收入稳定增长，高、低收入户收入差距有所缩小。

2012年，山西省城镇居民人均工资性收入14974元，比2011年增长13.9%，拉动可支配收入增长10.1个百分点，成为城镇居民收入较快增长的主要动因。其中，人均工资及补贴收入14465元，比2011年增长14%。

农村居民财产性收入和转移性收入保持较快增长。2012年，山西农民人均纯收入6357元，比2011年增长13.4%。收入结构呈现新的特点：①工资性收入持续增长。2012年，全省农民人均工资性收入3175.5元，比2011年增长18.3%。工资性收入对农民收入增长的贡献率为64.9%，工资性收入的上涨拉动农民人均纯收入上涨8.9个百分点。②家庭经营纯收入稳步增长。2012年，全省农民人均家庭经营纯收入2334.4元，增长9%。家庭经营纯收入对农民收入增长的贡献率为25.6%，家庭经营纯收入的上涨拉动农民人均纯收入上涨3.5个百分点。③转移性纯收入较快增长。2012年，全省农民人均转移性收入705.9元，增长16.6%。转移性收入对农民收入增长的贡献率13.3%，拉动农民人均纯收入上涨1.8个百分点。④财产性纯收入减少。2012年，全省农民人均财产性纯收入140.8元，下降17.4%。财产性收入的减少主要是转让土地经营权收入减少所致。财产性收入的减少影响农民人均纯收入下降0.5个百分点。

农民收入增长的主要原因是农产品价格和农民工工资上涨，特别是惠农政策的落实和一系列惠农工程的实施对农民收入增长均有不同程度的助推作用：惠农政策的实施，支持"三农"力度的加大是山西省农民农业收入增长的动力所在。就业形势向好和工资水平提高是拉动农民收入增长的关键因素。农业生产的丰收和主要农产品价格的上涨对农民收入的增长做出很大贡献。

城乡居民收入差距缩小。以农民收入为1，2012年城乡居民收入之比为3.2∶1，与2011年相比基本持平。

【城乡消费水平继续提高】 2012年，全省社会消费品零售总额4506.8亿元，比2011年增长15.5%。

城乡消费市场平稳发展。从城乡市场发展看，两大市场稳定增长，城镇消费仍为市场主导力量。2012年，全省城镇市场社会消费品零售总额3682.5亿元，比2011年增长15.5%，占全省社会消费品零售总额的81.7%。乡村市场社会消费品零售总额824.3亿元，增长15.3%，占全省消费品市场零售额的18.3%。

城镇居民消费增速放缓结构优化。2012年，山西城镇居民消费支出与居民收入保持同步增长，增速放缓。全省城镇居民家庭人均消费支出12211.5元，比2011年增长7.5%，扣除价格上涨因素的影响，实际增长5%，明显低于2011年名义增长15.9%、实际增长10.3%的水平。在消费支出中，食品、交通和通信、居住支出是主要增长点，依次增长8.4%、8.4%和12.4%，分别拉动人均消费支出增长2.6个、1.6个和1个百分点。而衣着、家庭设备用品、教育文化娱乐、医疗保健等支出增长相对缓慢。

城镇居民消费结构趋于优化。2012年，山西省城镇居民在满足吃、穿、住等基本需求的同时，把更多的钱投向交通和通信等服务享受型消费，具体表现为：生存型消费（食品、衣着消费）比重持续下降，由2011年的44.2%下降到2012年的44.1%，减少0.1个百分点；发展型消费（教育文化娱乐消费）支出增长6.1%，与2011年基本持平；而享受型消费（交通和通信、居住消费）比重则从24.8%上升到25.5%，增加0.7个百分点。①交通和通信支出增长12.4%。2012年，全省城镇居民人均交通和通信支出1672.3元，比2011年增长12.4%。其中，购买车辆燃料支出增长30.7%，交通工具服务支出增长13.9%。截至2012年末，平均每百户城镇居民家庭汽车拥有量20.8辆，增长11.9%。②人均居住支出增长8.4%。2012年，受维修用建筑材料支出增长24.3%、维修服务费增长24%、物业管理费增长18.3%等影响，全省城镇居民家庭人均居住支出1438.9元，增长8.4%。③其他商品及服务增长13.3%。2012年，全省城镇居民人均其他商品和服务支出470.7元，增长13.3%。其中，人均购买金银珠宝饰品支出114.4元，增长29.2%；化妆品支出为115.7元，增长20.3%。

*农民生活消费支出稳步增长。*2012年，全省农民生活消费支出人均5566.2元，比2011年增长21.4%。从生活消费支出的八大项来看，呈全面增长态势。其中，居住消费支出、交通通讯消费支出和医疗保健消费支出涨幅较大。①生存型消费支出平稳增长。2012年，全省农民食品消费人均支出1859.9元，增长7.5%，恩格尔系数33.4%，下降4.3个百分点。随着收入的提高，生活质量的改善，农村居民购买服装更加追求品牌和时尚潮流。2012年，全省农村居民用于购买衣着支出为人均501.8元，增长24.8%。②享受型消费支出快速增长。一是居住条件继续改善。2012年，全省农民人均住房面积32.4平方米，比2011年增加0.6平方米。在居住面积和房屋质量提高的同时，广大农民更加注重和追求室内环境的舒适、美观。2012年，全省农民用于装修生活用房材料方面的支出人均104.3元，增长35.9%。全年用于居住消费方面的支出人均1142.1元，增长38.5%。二是家庭设备和用品支出持续增长。2012年，全省农民人均用于家庭设备用品方面的支出298.3元，增长22.3%。三是医疗保健支出增势强劲。2012年，全省农民用于医疗保健消费支出人均490.3元，增长40.4%。四是交通通讯支出依然是消费亮点。2012年，全省农民用于交通和通讯支出人均625.9元，增长36.5%。交通工具用燃料、零配件、路桥费用及购买通信工具支出迅猛增长。③消费结构更加合理，消费层次不断提升。随着城市化建设步伐的进一步加快，农村居民文化教育、娱乐消费理念不断提升，生活方式不断拓宽，旅游、上网、休闲娱乐等时尚消费越来越多。2012年，全省农民用于文教娱乐消费支出人均498元，增长11.1%。

（韩　亮）

城镇居民生活

【居民收入增速跑赢地区生产总值】2012年，山西省地区生产总值和规模以上工业增加值依次增长10.1%和11.9%，分别快于全国平均水平2.3个和1.9个百分点，从而为保障和改善民生提供了有力支撑。与此同时，山西省年内出台一系列增资政策，调高了企业退休人员基本养老金和井下职工意外伤害保险补偿标准；发布企业工资指导线，并对现行最低工资标准进行调整。加上各地对近年来出台的涉及居民收入增加政策兑现力度的加大，使得城镇居民收入稳步增长。

*人均可支配收入首次迈上2万元台阶。*2012年，全省城镇居民人均可支配收入20411.7元，比2011年增长12.6%，高于山西省地区生产总值增幅2.5个百分点。扣除价格上涨因素的影响，实际增长10%。这是山西省城镇居民人均可支配收入继2006年迈上万元大关之后的又一次飞跃。

*工资性收入增长明显。*2012年，山西省城镇居民家庭人均工资性收入14973.6元，比2011年增长13.9%，拉动可支配收入增长10.1个百分点。其中，人均工资及补贴收入14464.9元，增长14%。近年来，全省各级政府将改善民生放在重要位置，如太原市下发《关于11月份执行公务员津补贴提标及事业单位绩效工资提标的通知》，吕梁市、运城市、兴县等地加大了往年政策的兑现力度，带动了居民收入的增长。另外，受人工费用增高、打工人员偏紧、最低工资标准上调等影响，一些效益欠佳的企业和个体经营主，也相应提高了用工人员待遇。

*转移性收入平稳增长。*受离退休人员政策性增资因素和行政事业单位离退休人员兑现补发地方津补贴等影响，2012年，山西省城镇居民家庭人均转移性收入5783.4元，比2011年增长7.7%，拉动可支配收入增长2.3个百分点。其中，人均养老金或离退休金收入4981.3元，增长17%，仅此一项拉动可支配收入增长4个百分点。

*经营净收入增势强劲。*因居民家庭经营活动增加和经营效益提高，2012年，山西省城镇居民家庭人均经营净收入1041.4元，比2011年增长19%，拉动可支配收入增长0.9个百分点。

*财产性收入稳定增长。*伴随城市改造步伐的加快和房地产市场的宏观调控，城镇居民出租房屋收入明显增加。2012年，全省城镇居民家庭人均财产性收入301.8元，比2011年增长10.1%。其中，人均出租房屋收入107.9元，增长53.2%。

*半数中心城市收入增速快于全省平均水平。*在全省调查的11个中心城市中，有6个地级市的城镇居民家庭（城区）人均可支配收入增速快于全省平均水平，分别为：吕梁14.8%、临汾14.2%、朔州13.9%、大同13.6%、忻州13.5%和运城13.4%；其余5个市均不同程度地低于全省平均水平。

*高、低收入户收入差距有所缩小。*近年来，山西省为确保低收入群体的基本生活，多次提高城镇居民最低生活保障标准，低收入户家庭收入增速明显加快，高、低收入差距呈现缩小趋势。2012年，20%的高收入户城镇居民家庭人均可支配收入41131.4元，是20%的低收入户（人均8544.9元）的4.8倍。高、低收入之比由2011年的4.95∶1，缩小到4.81∶1。

*人均收入水平仍居全国第21位。*2012年，全国城镇居民人均可支配收入24564.7元，比2011年增长12.6%。山西省为20411.7元，增长12.6%，增幅与全国持平。在31个省、市、区中，高于四川（20306.9元）、吉林（20208元）、江西（19860.4元）、宁夏（19831.4元）、贵州（18700.5元）、西藏

(18028.3元)、新疆(17920.7元)、黑龙江(17759.8元)、青海(17566.3元)和甘肃(17156.9元),排第21位,位次与2011年相同。

【消费支出增速明显放缓】 2012年,山西省城镇居民家庭人均消费支出12211.5元,比2011年增长7.5%,扣除价格上涨因素的影响,实际增长5%。从八大类消费看,除家庭设备用品及服务支出微降外,其余均呈上升态势。从增长点来观察,食品、交通和通信、居住支出等是带动城镇居民消费增长的主要力量,分别拉动人均消费水平上升2.6个、1.6个和1个百分点。

食品支出增长8.4%。2012年,山西省城镇居民家庭人均食品支出3855.6元,比2011年增长8.4%。其中,人均粮油类支出679.6元,增长4.2%;人均肉禽蛋水产品类支出726.3元,增长6.6%;人均蔬菜类支出383.7元,增长9%;人均调味品支出56.6元,增长9.6%;人均糖烟酒类支出475.4元,增长13.8%;人均饮料支出81.5元,增长13.9%;人均干鲜瓜果类支出402.9元,增长14%;人均糕点、奶及奶制品支出314.8元,增长6.5%,食品消费呈现营养化、多样化的趋势。值得一提的是,近年来居民更加注重就餐环境和就餐服务,宴请亲朋好友更多地选择在外就餐,使在外饮食支出成为拉动食品支出增长的因素之一。2012年城镇居民人均在外饮食支出732.2元,增长8.1%。

医疗保健支出增长6.4%。生活质量的提高使城镇居民愈发意识到健康的重要性,健康投资意识日渐浓厚,医疗保健消费支出持续增长,在养生、按摩等保健服务方面的花费也逐渐增多。2012年,本省城镇居民人均医疗保健支出905.9元,增长6.4%。

教育文化娱乐服务支出增长6.1%。随着收入的提高和生活品位的提高,文化消费日益受到居民的青睐,精神文化生活的方式、内容和档次的悄然变化,居民外出旅游、参加健身、摄影等活动明显增加,城镇居民家庭文化娱乐服务消费持续增加。2012年,全省城镇居民家庭人均教育文化娱乐服务支出1506.2元,比2011年增长6.1%。直接原因主要有三:一是由于购买彩电、计算机、健身器材数量的增多,使人均文化娱乐用品支出380.9元,增长18%。二是居民人均参观游览支出38.2元,增长21%;人均团体旅游支出231.9元,增长14.3%;人均娱乐服务支出405.5元,增长8.6%。三是虽然城镇居民家庭教育支出微降0.4%,但人均托幼费和培训班支出却分别增长45.1%和21.5%。

通过互联网购买商品或服务支出成倍增长。2012年,山西省城镇居民人均通过互联网购买商品或服务支出58.9元,比2011年增长1.2倍。网上购物支出较快增长得益于信息化的快速普及,2012年全省每百户城镇居民家庭接入互联网的计算机为63.5台,增长8.6%;接入互联网的移动电话为61.6台,增长15.8%。

【居民消费结构趋于优化】 2012年,山西省城镇居民在满足吃、穿、住等基本需求的同时,把更多的钱投向交通和通信等服务享受型消费,具体表现为:生存型消费(食品、衣着消费)比重持续下降,由2011年的44.2%下降到2012年的44.1%;发展型消费(教育文化娱乐消费)支出增长6.1%,比重基本持平;享受型消费(交通和通信、居住消费)比重从24.8%上升到25.5%,增加0.7个百分点。

交通和通信支出增长12.4%。2012年,本省城镇居民人均交通和通信支出1672.3元,比2011年增长12.4%;其中,人均购买车辆燃料支出增长30.7%,交通工具服务支出增长13.9%。截至2012年末,平均每百户城镇居民家庭汽车拥有量20.8辆,增长11.9%。

居民人均居住支出增长8.4%。随着生活水平的不断提高,城镇居民家庭的住房配套设施日趋完善,居民用于居住方面的支出也相应增大。2012年,受维修用建筑材料支出增长24.3%、维修服务费增长24%、物业管理费增长18.3%等影响,全省城镇居民家庭人均居住支出1438.9元,增长8.4%。

其他商品及服务增长13.3%。城镇居民用于家庭饰品、化妆品等方面的消费快速增加。2012年,全省城镇居民人均其他商品和服务支出470.7元,比2011年增长13.3%;其中,人均购买金银珠宝饰品支出114.4元,增长29.2%;化妆品支出115.7元,增长20.3%。

(侯宗良)

农民生活

【农村居民收入较快增长】 2012年,全省农村居民人均纯收入6356.6元,比2011年增加755.2元,增长13.4%。

农村居民收入变化特点。一是工资性收入持续增长。2012年,全省农村居民人均工资性收入3175.5元,比2011年增长18.3%。其中,在非企业组织中劳动得到的收入人均212.8元,增长2.1%;在本乡地域内劳动得到的收入人均2112.3元,增长19.7%;外出从业得到的收入人均850.5元,增长19.6%。工资性收入对农民收入增长的贡献率64.9%,工资性收入的上涨拉动农村居民人均纯收入上涨8.8个百分点。二是家庭经营纯收入稳步增长。2012年,全省农村居民人均家庭经营纯收入2334.4元,增长9%。从三次产业收入来看:第一产业人均纯收入1820.2元,增长9.6%。其中,农业收入1611.3元,增长9.4%。第二产业纯收入34元,下降8.4%。第三产业纯收入480.3元,增长8.3%。家庭经营纯收入对农民收入增长的贡献率25.6%,家庭经营纯收入的上涨拉动农民人均纯收入上涨3.5个百分点。三是转移性纯收入较快增长。2012年,全省农村居民人均转移性收入705.9元,增长16.6%。拉动农民人均纯收入上涨1.8个百分点。四是财产性纯收入减少。2012年,全省农村居民人均财产性纯收入140.8元,下降17.4%。财产性收入的减少主要是转让土地经营权收入减少所致。

促进农村居民收入增长的主要原因。①惠农政策的实施,支持“三农”力度的加大是山西省农村居民农业收入增长的动力所在。2012

年，山西省委、省政府认真贯彻党中央“一号文件”精神，加大强农惠农工作力度，倾力支持“三农”发展，在落实国家各类补贴政策的基础上，又出台了一系列新的惠农政策。这一系列惠农政策的实施极大地调动了广大农民从事农业生产的积极性，为促进农业收入持续稳定增长创造了良好的环境。②就业形势向好和工资水平提高是拉动农村居民收入增长的关键因素。2012年，随着山西省委、省政府转型跨越战略部署的进一步实施，特别是综改试验区的进一步推进，山西省把招商引资作为突出重点来抓。一些县区的公路建设、工业园区项目建设陆续投产，部分煤炭企业经过整合也逐步复产开工。一大批基础设施建设的大量投入和工业化进程的加快均为当地农民提供了大量的劳动岗位和更多的就业机会。在就业形势持续向好，劳务用工紧缺加剧的情况下，农民务工工资水平明显提高，有些行业甚至成倍增长。③农业生产的丰收和主要农产品价格的上涨对农村居民收入的增长贡献较大。2012年，山西省农业收入实现较大幅度增长，一方面是粮食生产喜获丰收，另一方面是主要农产品价格的上涨拉动了农民收入的增长。

【农村居民生活消费变化的主要特点】 2012年，全省农村居民生活消费支出人均5566.2元，比2011年增长21.4%。

生存型消费支出稳步增长。①恩格尔系数下降，食品消费结构优化。2012年，山西农村居民人均食品消费支出1859.9元，恩格尔系数33.4%，比2011年下降4.3个百分点。农村居民的饮食习惯及消费观念也在不断发生变化，主食消费减少，副食消费增加，消费结构明显优化。2012年，主食用粮消费支出下降5.7%，食用油消费支出增长11.4%，肉禽蛋奶及制品消费支出增长9.6%，蔬菜及制品消费支出增长1.2%。此外，居民在外饮食消费增长11.9%，占食品消费的比重继续上升。②衣着消费成衣化、时尚化。2012年，山西农村居民衣着消费支出人均501.8元，增长24.8%。衣着支出增加的主要原因是购买服装类支出增加，农村居民衣着消费基本实现了成衣化和时尚化。

享受型消费支出快速增长。①居住条件继续改善。2012年，全省农村居民人均住房面积32.4平方米，增加0.6平方米。其中，楼房面积和砖瓦平房面积占81.1%。平均每户住房价值5.9万元，增加0.2万元。在居住面积和房屋质量提高的同时，广大农村居民更加注重和追求室内环境的舒适、美观。2012年，全省农村居民用于装修生活用房材料方面的支出人均104.3元，增长35.9%。全年用于居住消费方面的支出人均1142.1元，增长38.5%。②家庭设备和用品支出持续增长。随着农村居民购买能力的增强和农村消费环境的改善，特别是近几年家电下乡作为一项重大惠农政策，真正使农民受益，使山西省农民家庭设备更新速度加快，拥有的中高档家电稳步增加。2012年，山西农村居民用于购买家庭设备和用品的支出人均298.3元，比2011年增长22.3%。其中，家电设备占很大比重，农户日用家电的普及率明显提高。到2012年末，全省农村居民平均每百户家庭拥有洗衣机86.6台、电冰箱52.9台、家用计算机27.7台，分别增加2.4台、4.5台、3.6台。表明农村居民在保证生产和基本生活的前提下，购买各种中高档家用电器成为生活水平提高的重要标志，也体现出农村居民生活质量越来越趋向城市化。③医疗保健支出增势强劲。随着生活水平的提高，健身器材、医疗保健器材和滋补保健品逐渐进入农民家庭。特别是近两年，山西省农村顺利推行新型农村合作医疗制度工作，建立了农村特困群体大病救助等制度，农村医疗条件明显改善，农民防病保健的意识进一步增强。2012年，全省农村居民用于医疗保健消费支出人均490.3元，比2011年增长40.4%。其中，购买医疗保健品支出增长15.6%；医疗费用支出增长60.1%。④交通通讯支出依然是消费亮点。2012年，山西省农村居民用于交通和通讯的支出人均625.9元，比2011年增长36.5%，增速加快8.3个百分点。交通通讯支出较快增长的主要原因：一是移动电话快速增加。到2012年末，每百户农民家庭拥有移动电话186.8部。二是交通消费服务支出增加较快。2012年，山西省农村居民用于交通消费服务的支出人均154.7元，增长23.4%。到2012年末，每百户农民家庭拥有电动自行车28.8辆，增长9.6%；拥有生活用汽车6.5辆，增长8%。同时，交通工具用燃料、零配件、路桥费用及购买通讯工具支出迅猛增长。

消费结构更加合理，消费层次不断提升。①农村居民精神生活日益丰富。在物质生活逐步改善的同时，许多农村居民家庭注重健康、休闲和精神享受，休闲娱乐类消费越来越受到重视。2012年，山西农村居民家庭人均文教娱乐消费支出498元，比2011年增长11.1%。②农民家庭拥有的电脑和移动电话继续增加。2012年，山西每百户农民家庭拥有的家用电脑、移动电话分别由2011年的24台和172.8部，上升到27.7台和186.8部。在被调查的2100户农民家庭中，2012年接入互联网的有916户，增长18.8%，占全部调查户的43.6%。每百户农民家庭接入互联网的电脑由2011年的19.8台上升到2012年的22.9台；接入互联网的移动电话由每百户29部上升到34.1部。

（严林英）

山西经济年鉴

YEARBOOK OF SHANXI ECONOMY

县域经济发展概况

XIANYU JINGJI FAZHAN GAIKUANG

县域经济发展概况

太原市

【自然概况】 太原市是山西省的省会，位于山西省中部。东西长144千米，南北宽107千米，总面积6989平方千米，其中，城区面积1475平方千米。

太原是一座历史悠久的古城。古称晋阳，简称并(州)。自春秋晋定公十五年(公元前497年)赵简子筑晋阳城迄今已有2500多年的历史。战国时为赵国早期都城，秦汉置郡，北魏、北齐称"霸府""别都"。公元617年，李渊父子从晋阳起兵，推翻隋王朝，建立了唐朝的统治后，晋阳被称为"北都"，与京都长安、东都洛阳齐名。五代十国时的后唐、后晋、后汉、北汉都以晋阳为国都或陪都，因此，太原素有"龙城"之别称。宋太平兴国四年(公元979年)，宋太宗伐汉，将晋阳夷为废墟。宋太平兴国七年(公元982年)改为并州府，移治唐明镇(今太原市城西附近)；宋嘉祐四年(公元1059年)并州改为太原府。明、清两代为府、路所。辛亥革命后废除府制，归属阳曲县管辖。1927年确立太原市的建制。1997年5月，太原市行政区划重新调整，将9个县(市)区调整为6个区1个市3个县，即小店区、迎泽区、杏花岭区、尖草坪区、万柏林区、晋源区6个城区和古交市、清徐县、阳曲县、娄烦县4个市县。2012年总人口425.6万人。

太原属北温带大陆性气候，夏季炎热多雨，冬季寒冷干燥。年平均气温9.5℃，无霜期平均202天，年均降水量456毫米。主要农作物有小麦、水稻、玉米、蔬菜及葡萄、苹果等。

矿藏资源既有铁、锰、铜、铅等金属矿，也有煤、硫黄、矾土、硝石、石膏、黏土、石英、石灰石、白云石、大理石等非金属矿。煤、铁资源尤为丰富，正处在山西"煤海"的中心，含煤面积1282平方千米，约占全市总面积的1/5，已探明储量185亿吨。铁矿初步探明储量1.7亿吨。

太原是一个名胜荟萃的古城。自然景观有"阳曲八景"和天龙山、龙山、蒙山、崛岬山等多处佳景，人文景观有新旧石器遗址和历代墓葬。位于市西南的晋祠，殿宇栉比，古树参天，山环水绕，景色秀丽，是闻名全国的旅游胜地。

【经济发展概况】 2012年，全市地区生产总值2311.43亿元，比2011年增长10.5%；财政总收入454.49亿元，增长15.6%；一般预算收入215.67亿元，增长23.4%；农林牧渔业总产值67.49亿元，增长6.2%；粮食总产量3.19亿千克，增长1%；工业总产值2926.02亿元，增长10.3%；规模以上工业增加值782.96亿元，增长13.5%；社会消费品零售总额1139.16亿元，增长15.6%；城镇居民人均可支配收入2.2万元，增长12.1%；农民人均纯收入1万元，增长13.4%。固定资产投资1320.63亿元，增长28.9%。

*产业结构优化升级，发展方式加快转变。*2012年，项目建设取得重大进展，江铃重汽等30个重大项目签约落地，太钢高性能碳纤维等25个高新技术项目开工建设，富士康苹果手机零组件等15个重大项目建成投产；现代物流、商务会展、城市综合体快速发展，中国(太原)煤炭交易中心正式运营，华润集团煤业总部落户太原市。科技创新取得重大突破，企业创新能力持续提高，华顿实业和汾西重工建成国家级企业技术中心，中绿环保被确定为国家级国际科技合作基地；与高等院校、科研院所产学研合作迈出新步伐，组织实施50个自主创新项目，建设1个省级科技园、5个市级科技园；市技术转移促进中心被授予"中国创新驿站"称号，留学人员创业园成为国家级科技企业孵化器。武宿综合保税区获国家批准建立，对外开放迈出新步伐。

*宜居城市建设加快，环境改善初见成效。*2012年，新建、改建道路27条，综合改造小街巷45条，南客站广场及配套工程进展顺利，轨道交通建设规划获国务院批准，西山旅游防火通道及太古、太阳高速公路建成通车。积极创建国家卫生城市，深入开展城乡清洁工程达标活动和老旧片区整治，实现"两年大变样"的阶段性目标。全面改善省城环境质量初见成效，集中供热扩网2785万平方米。太化、煤气化等8家重点污染企业关停。天然气置换工程全部完成。启动23个城中村整村拆除。"五河一渠"截污工程铺设管网46.2千米。市区煤炭消耗总量减少602万吨，采暖期燃煤总

量下降35%。全年二级以上天数324天,增加16天。全市绿化覆盖率、绿地率分别提高1.1、1个百分点,人均公园绿地增加0.6平方米。地下水位止降回升0.8米,集中式饮用水源地水质达标率稳定保持100%,荣获"全国节水型社会建设示范区"称号。

现代都市农业稳步发展,新农村建设有序推进。2012年,农业产业化龙头企业达到190个,销售收入101.13亿元。新建蔬菜标准园15个、设施蔬菜403.5公顷,培育省级标准化养殖园9个。新增农民专业合作社445个,2万人脱贫。娄烦县马铃薯、小店区奶牛"一县一业"示范县和153个"一村一品"专业村建设顺利,区域主导产业逐步显现。农村新的"五个全覆盖"任务圆满完成,改造农村危房6500户,新建、改建农村公路229千米,提高农村10万人饮水安全标准,85个新农村建设省级重点推进村、8个连片示范区建设有序推进。

民生改善成效显著,社会事业全面进步。2012年"十件实事"全部完成。新开工建设保障性住房5.3万套,竣工9426套。新增公交车600台,建成主城区公共自行车服务系统,开通清徐、阳曲、高校园区等公交线路,太原市入选首批国家创建"公交都市"示范城市。实施"百院兴医"工程,新建、改扩建25个项目。推进"百校兴学"工程,新建、改扩建59所项目学校、30所公办幼儿园。新增义务教育标准化学校122所,"联盟校"增加到152所。太原大学专科升本。城镇基本医疗保险转外就医范围扩大到全国。城乡低保标准进一步提高,4个主城区实现城乡低保标准一体化。城镇新增就业11.2万人,城镇登记失业率3.4%。加强和创新社会管理,大力推进社区管理网格化。强化安全生产责任落实,组织开展安全隐患有奖举报,扎实开展"打非治违"专项行动。

文化建设不断加强,文化强市再创佳绩。大力践行"三个核心价值观"。引申群众性文明创建活动,城市文明程度指数测评居省会、副省级提名城市第二。加强公民思想道德建设,树立"感动太原人物"等四类先进典型。组织"文化太原、幸福龙城"广场文化活动2500余场。成功举办"三会一节一赛"。推进文艺精品塑造工程,编撰完成《晋阳通史》,晋剧《大红灯笼》《傅山进京》等精品节目获国家奖励。认定第四批市级非物质文化遗产名录22项。高新区创意产业园等一批文化产业示范基地初步建成,文化产业增加值占到全市地区生产总值的6%左右。文化体制改革阶段性任务基本完成,再次荣获"全国文化体制改革工作先进地区"称号。

(张清利)

古交市

【自然概况】 古交市位于山西省吕梁山脉中段东麓,省会太原以西23千米处,是一座典型的资源型工矿城市,也是省会太原唯一的县级市。1958年设立太原市古交工矿区,1988年撤区建市。市域面积1551平方千米,辖7个乡3个镇4个街道办事处,146个行政村,37个社区居委会。2012年全市总人口20.8万人。

古交山地占总面积的95%以上,地貌特征为"一河三川"(汾河、大川、原平川、屯兰川)。土地总面积15.2万公顷,其中,农业用地9.4万公顷。

古交境内矿产资源丰富,现已探明51种,已开发利用的有煤炭、铁矿、铝土矿、石英、长石、石膏、石灰岩等,其中,以煤炭资源最为丰富,现已探明储量80.4亿吨,而且种类齐全,有肥煤、焦煤、瘦煤、贫煤和无烟煤。

【经济发展概况】 2012年,古交市地区生产总值32.67亿元,比2011年下降8.6%;一般预算收入7.64亿元,下降11.1%;农林牧渔业总产值3.53亿元,增长8.5%,粮食总产量1016.4万千克,增长1.2%;工业增加值14.8亿元,下降26.6%;固定资产投资54.3亿元,增长38.6%;财政总收入12.62亿元,下降20.7%;社会消费品零售总额33.26亿元,增长8.3%;城镇居民人均可支配收入20919元,增长14.6%;农民人均纯收入9910元,增长13.4%。

产业转型步伐加快。积极推动传统产业改造发展,24座煤矿企业中16座基建矿井的提升改造工作取得实质性进展,焦化行业编制了山西省第一个煤焦化工园区规划,启动实施太原煤气化古交煤焦化工园区建设项目;电力行业全面完成古交电厂二期工程,煤矸石发电装机容量达180万千瓦;全面完成西山煤气化化产回收、屯兰矿瓦斯发电、陆源鑫煤矸石制砖一期等一大批项目;开工建设纸面石膏板、华通4500吨粉煤灰水泥等传统产业延伸项目。新兴产业增势强劲,新能源产业迈出步伐,西山蓝焰煤层气开发项目顺利推进,向省城日供气15万立方米煤层气;三晋新能源古交到太原煤层气输气管道项目开始建设。中广核古交阁上风电场一期49.5万千瓦工程正在上报省级部门审批,中电投风力发电项目也在积极推进。新技术新材料产业异军突起,依托科技园区入驻新项目11项,其中,赛隆特种陶瓷、液体金属芯片散热器、人体健康信息无线监测系统技术3个项目填补国内空白,纳米聚晶金刚石、泡沫彩釉玻璃两个项目填补省内空白;赛镁合金深加工、纳米聚晶金刚石等4个项目试生产,赛隆陶瓷、泡沫彩釉玻璃等7个项目基本建成。现代服务业不断发展,扶持壮大铁磨沟、马兰滩两个新商业片区,培育镇城底、马兰、河口等城镇商业片区,开工建设台湾商业街、富丽华大酒店,投入运营龙城向新滑雪场,龙池沟度假村展开前期论证。

现代农业逐步壮大。河口福福山、岔口老农、龙城向新等5个现代农业园初见规模,其中,龙城向新被评为太原都市现代农业十大主题产业园之一。培植海粟、源林两户大型农产品加工企业,认证166.7公顷无公害基地,"粟磊""净苑"两个农产品品牌获"省著名商标"称号。完成童子川滩坝联治、大沟流域水土保持项目,建成蔬菜集约化育苗中心和河口集中供水工程。

2012年,补贴农药、化肥、种子、农机具等生产资料539万元,家电补贴 272 万元。培训农民 7600 余人。林地确权 6.7 万公顷。被评为全省集体林权制度改革、农机化综合工作先进单位和太原市农产品监管先进县(市)。

招商引资成效显著。推行招商引资"三段式"服务,与中铝矿产、阳泉华润燃气等 6 家大型集团签订合作协议。全年签约资金 485 亿元,实际利用资金 49 亿元,成为历史上引进资金最多的一年。荣登全省投资环境创优县(市)行列,获得全省招商引资资金到位重要贡献奖。

生态环境持续改善。大力改造提升电力、焦化、煤炭、洗煤等行业污染治理设施。清理取缔废旧场址和非法储配煤厂 67 家,提档升级洗煤厂 15 家。综合整治西曲、马兰、镇城底 3 个排矸场,对 13 个行政村进行环境连片整治。完成国家、省市造林任务和太克线东大门、环城北山二期等重点绿化工程,全年造林 5666.7 公顷。实施中心城区绿化美化,城市绿化覆盖率达 39.3%,绿地率达 34.4%,人均公园绿地面积 8.8 平方米。被评为全省环境质量改善攻坚行动突出县(市)和"两山"造林工程建设先进单位。

民生福祉不断提升。2012 年,争取到国家、省市各类科技资金 7100 余万元,再创历史新高。实施 56 所薄弱学校改造,完成 16 所学校标准化建设,改扩建幼儿园 3 所。公开招聘教师 84 名,其中,38 名为全日制研究生。中心医院住院楼投入使用,卫生监督所工程基本完工,公立医院改革了以药养医的现象,新农合实行市乡医院"先住院、后付费"政策。完成 76 个"农家书屋"设施配套和 10 个乡镇文化站建设,开展"忠"文化研究论证,实施电视台数字化采编播系统改造。建成人口文化广场,制定落实 15 条优生优待政策,全年落实长效措施 3660 例,被评为全国阳光计生行动示范单位、全省人口和计划生育工作目标管理责任制考核先进单位,太原市医改先进县(市)和科技工作优秀县(市)。社会保障进一步增强,城镇居民养老保险参保 15158 人,新农保参保 34162 人。新增城镇就业岗位 6546 个。城乡低保标准分别提高到 396 元和 252 元,发放高龄保健津贴 147 万元。农村低收入户冬季吨煤补贴及时兑现。市区水电气暖得到较好保障。采煤沉陷区安置房首期 1030 户分配到位,保障性住房开工 2004 套、竣工 598 套。农村街巷硬化、便民连锁店等新的"五个全覆盖"工程全面完成。落实城乡义务兵优待金 370 万元。农村 1630 户危房改造、60 余套公租房建设等 10 件实事全面完成。

(古交市人民政府办公室)

太原市迎泽区

【自然概况】 迎泽区地处太原市汾河之东、城区中部,南连小店区,北接杏花岭区,东与榆次区、寿阳县相邻,西隔汾河与万柏林区相望。辖迎泽、柳巷、文庙、桥东、庙前、老军营 6 个街道办事处和郝庄镇,总面积 117 平方千米,2012 年总人口 59.9 万人。

【经济发展概况】 2012 年,全区地区生产总值 413.63 亿元,比 2011 年增长 10.1%;服务业增加值 352.31 亿元,增长 11%;固定资产投资 112.2 亿元,增长 41.7%;社会消费品零售总额 262.57 亿元,增长 17.2%;规模以上工业增加值 31.49 亿元,增长 12.2%;财政总收入 24.1 亿元,增长 30.9%,其中,一般预算收入 11.15 亿元,增长 22.1%;农民人均纯收入 13427 元,增长 14.2%。

突破转型重点,产业结构明显优化。加快传统产业聚集区基础设施改造和环境综合整治,完成御都服饰、东城服装城等朝阳商圈标志性商厦改扩建,对食品街进行了升级改造和产业调整;加快建立总部经济发展格局,实施楼宇总部经济"510"工程,选树培育百元裤业等 5 个总部标杆企业,打造鼎元时代等 10 个楼宇总部经济发展基地,引来华润制药、赛博数码等大型企业区域总部落户;启动企业创新园建设,引入瑞飞机械、佰源智能等一批实体经济总部和新兴产业项目;重点推进湖滨国际广场、宝佳万科紫台等省、市重大项目,累计完成投资 41.3 亿元;加大招商引资力度,签约国海广场等 14 个重点项目,协议资金 191 亿元。

攻克城建难点,城市承载力和环境面貌明显改观。完成双塔景区总体规划设计,先行起步朝阳片区综合整治,并对朝阳街道路进行改造。铁路三项工程、双塔北路南延工程房屋征收工作基本完成。朝阳街北一巷棚户区回迁楼主体完工,东岗棚户区房屋征收基本完成,东岗路改造竣工通车。对庙前、柳巷片区进行全方位综合整治,改造小街巷 30 条。引申城乡清洁工程,100 个社区单元通过达标验收,创建 210 个单位宜居小区、院落和 210 个无物业宜居小区、院落,全区 1006 个无物业楼院实现清扫保洁全覆盖;新建、改造公厕 40 座,对外开放单位厕所 50 座。

治理生态环境,城乡宜居水平明显提升。郝庄、双塔城中村整村拆除工作稳步推进,140 台土小锅炉全部封停。完成 108 台分散采暖和常年运行燃煤锅炉拆除及清洁能源替代工作。对满洲坟等 5 个困难小区进行集中供热改造。对全区重点工程涉及范围的 2700 余台土小锅炉和燃煤设施进行拆除,拆除改造数量创历年之最。南沙河截污工程铺设管道 4850 米,改善省城环境质量初战告捷。完成 35 条道路行道树补植补种和 1.2 万延长米的垂直绿化,建成南沙河沿岸和新建北路两条花卉街,新增单位附属绿地和居住区绿地 1 万平方米。新造林 1333.3 公顷,吸引社会资金参与城郊森林公园建设,与 3 家企业签订了 800 公顷林地认养框架协议。严厉打击私挖滥采和农村集体土地上违法建设行为,关停石料厂两座,拆除违法建筑 1.5 万平方米,生态环境明显改善。

坚持统筹发展,城乡一体化进程明显加快。大力发展"一村一品",积极发展特色种植养殖,新办农民专业合作社 5 家,创建省、市级示范社 3 家。完成 8 个城中村集体经济改制和 9 个城中村"村改居"。实施观枣线观家峪段公路建设和张新线、东郝线、松小线、王山线等县乡公路改造。解决了松庄、观家峪等 7 个村 5000 余人的饮水安全和用水紧张问题。健全农村医疗卫生服务体系，郝庄镇卫生院和96%的村卫生室通过标准化验收。扩大农村社会保障覆盖面，新农保参保率超过95%，新农合参合率达98.4%。

做实民生工程，人民生活质量明显提高。新增城镇就业1.9万人，城镇登记失业率降至2.9%。完善社会救助保障体系，累计救助1.6万余户(人)次，开工建设保障性住房3705套。改扩建7所中小学校和3所公办标准化幼儿园，为21所学校高标准配置了设施设备，19所学校通过义务教育标准化验收。完成区文化馆、图书馆、美术馆和郝庄镇综合文化站建设，并免费向社会开放。文庙社区卫生服务中心建成投用，解南社区卫生服务中心成功创建全国示范中心。建成区残疾人综合服务中心，对150余户残疾人家庭进行无障碍设施改造和住房修缮。完成22个社区服务场所新改扩建和功能提升，社区居家养老试点扩大到20个社区，社区年平均办公经费由2.7万元提高到6万元，社区干部月平均工资普涨300元。新改建6个社区菜市场，提档升级30个社区流动蔬菜直销点，建成3家平价商店。

（迎泽区人民政府办公室）

太原市杏花岭区

【自然概况】 杏花岭区是1997年经国务院批准组建的城乡一体化新区，位于太原市的东北部，总面积170.2平方千米，其中，建成区面积32.2平方千米。全区现辖2个乡、10个街道办事处，108个社区，38个行政村。2012年总人口65万人。

【经济发展概况】 2012年，全区地区生产总值376.35亿元，比2011年增长11.5%；服务业增加值293.12亿元，增长14%；财政总收入26.32亿元，增长39.6%；一般预算收入12.02亿元，增长20%；固定资产投资158.22亿元，增长36.9%；社会消费品零售总额120.13亿元，增长17%。农民人均纯收入11822元，增长14.5%；城镇居民人均可支配收入22587元，增长12.1%。

经济增长平稳加快，质量效益不断提高。全年新建续建项目190个，总投资622亿元，其中，新建项目94个，总投资147亿元。万达文华酒店开业运营，丈子头农产品物流园冷库投入运营。万达广场、富力华庭、府东公馆、铂尔曼酒店等一批现代服务业项目正加快推进。华远物流、华联超市整体改造、晋韵假日酒店等一批项目正在做前期准备工作。全区投资规模扩大、结构优化、效益提高，产业升级步伐加快，经济运行保持良好态势。

东山生态建设成效明显，现代都市农业积极推进。东山生态绿化2400公顷，栽植各类苗木162万株，其中，重点造林工程1200公顷，高标准打造了牛驼生态观光园。启动东坪垃圾填埋场生态修复工程，清运垃圾52万立方米，平整土地5.3公顷，土建工程基本完工。新建淖马种苗研发基地，完善后沟苗木培育基地，花卉苗木“四大基地”初具规模。新建东涧河洪子峪智能温室1.6万平方米。完善水利、路网等基础配套工程建设，完成东沟至石柱沟、牛驼片区道路、307国道至东沟3条9.8千米农村公路。

宜居城区建设力度加大，城乡面貌明显改观。积极推进城中村改造，重点实施耙儿沟、七府坟整村拆除和剪子湾村改造建设。加快推进棚户区改造，启动实施迎晖苑、路景苑、胜利街13号院等11个棚改项目，保障性住房开工总套数8443套。协调推进市重点工程建设，府东街东延工程竣工通车。深入开展城乡清洁工程，全区达标单元130个，达标率91.6%，在全市综合考评中名列前茅。完成坝陵北街片区、国贸片区、同乐苑片区、半坡片区、北大街中片区等小街巷连片综合整治工程，整治小街巷57条，改造楼院257个，惠及居民2.8万户、8.8万人。强力推进全面改善环境质量工作，重点开展集中供热全覆盖工程和气化工程，拆除分散采暖锅炉80台218蒸吨、常年运行燃煤锅炉52台109蒸吨、土小锅炉452台，彻底解决了半坡片区、精营东边街片区、北大供热站片区等一批区域供热难题。全年共完成供热改造面积151万平方米，减少燃煤12.8万吨，6项污染物排放总量明显下降。

社会事业全面进步，城乡居民得到更多实惠。完成10个标准化社区建设，新增社区办公用房3713平方米，惠及居民2.3万户、6.4万人。完成新建路小学、五一路小学、后小河小学、区实验幼儿园、西羊市幼儿园、区第一幼儿园新建改建工程，新增优质小学学位1800个、幼儿学位300个。建设北路小学、柏杨树街小学新建工程主体完工，享堂南街小学新建工程正在施工。加强公共卫生服务体系建设，新型农村合作医疗实行“先住院、后付费”的服务模式，参合率100%。加强人口和计生工作，进一步稳定低生育水平，提高出生人口素质，人口自然增长率控制在4.14‰。农村新的“五个全覆盖”工程全部完成。积极开展就业再就业工作，新增就业人数1.9万人。累计发放各类社会保障资金5.59亿元。区委、区政府向全区人民承诺的“十大重点工程”“十件惠民实事”全面完成。

（杏花岭区人民政府办公室）

太原市万柏林区

【自然概况】 万柏林区地处汾河西畔，西依龙山山脉，南邻晋源区、北接尖草坪区，与杏花岭区、迎泽区、小店区隔河相望。辖区总面积305平方千米，辖1个乡、14个街道办事处，69个行政村、84个社区居委会。2012年总人口76.1万人。

境内地形西高东低，西部为山地，东部为带状平川，地质构造属西山向斜盆地，汾河流域陷落区。气候属北温带大陆性季风气候。地下蕴藏有丰富的煤炭、石膏、铝矾土等矿产资源，特别是煤炭储量达1.7亿吨。汾河蜿蜒流过区境东部，玉门河、虎峪河、九院沙河3条边山支河由西向东汇入汾河。

【经济发展概况】 2012年，全区地区生产总值348.39亿元，比2011年增长4.1%；一般预算收入9.17亿元，增长30.4%；农林牧渔业总产值1.36亿元，下降6%；粮食总产量125.6万千克，增长6.2%；规模工业增加值216亿元，增长2.1%；社会消费品零售总额166.68亿元，增长16.6%；城镇居民人均可支配收入22587元，增长12.1%；农民人均纯收入14164元，增长13.9%。

着力推进项目建设，发展后劲持续增强。坚持项目带动战略，紧紧抓住总投资696亿元的68个重点项目，强力推进落地建设，完工8个，在建50个，完成投资151亿元。区域十大综改标杆项目全部开工，完成投资37亿元。瞄准绿色发展方向，强化招商引资，29个招商项目开工建设25个，到位资金40亿元。利用中博会、能博会和世界晋商大会等平台，签约引资131亿元。非公经济税收占财政总收入的79.1%。

着力统筹城乡发展，城乡面貌焕然一新。迎泽西大街西延、南内环西街西延、西南环铁路等工程完成动迁30多万平方米，前期准备就绪。和平南路等10条主次干道和小街巷改造工程竣工通车。县乡公路通车里程新增43千米，完成万亩生态园至狼坡景区、王封一线天两条旅游公路，以及王封至堡山公路建设。农村街巷硬化任务完成338千米，实现农村街巷硬化全覆盖。高标准实施“三河治理”工程，投资1.5亿元，新建堤防、整修河道13千米，铺设“两河一渠”截污管线20千米。强化城市管理，投入近4亿元，高标准打造移村南北街等18个精品片区。全面打响城中村改造攻坚战，9个重点推进村累计拆迁110万平方米。采煤沉陷区移民搬迁一期3192户居民迁入新居，二期安置住房开始分配。

着力改善人居环境，生态文明成果丰硕。在西部山区，实施“两线、两圈”绿化工程，完成造林4913公顷，创历史新高；长风、东社两大城郊森林公园建设顺利推进，园区风貌雏形显现。在建成区，实施游园绿地、道路绿化、片区绿化3大类22项工程，新增绿地面积36.6万平方米。全面推进“五大工程”和“五项整治”，投入资金4亿元，拆除各类燃煤锅炉3000余台，集中供热改造3个城中村、64个区域，完成天然气置换工程，搬迁关停太原煤气化等5家污染企业。

着力保障改善民生，发展成果普惠于民。加大财政向民生领域的倾斜，农村低保标准提高到每月360元，实现了城乡低保一体化；新型农村合作医疗区级补助标准提高10元，参合率达到100%，“五保户”等困难群众全部纳入保障范畴；城乡居民养老保险覆盖面达到99.8%以上，在全市率先实现了全覆盖。全年城镇新增就业1.9万人，登记失业率控制在3.1%。开工建设保障性住房9581套，低收入农户冬季取暖供煤政策落实到位。农村新的“五个全覆盖”工程全部完成。

（万柏林区人民政府办公室）

太原市小店区

【自然概况】 小店区位于太原市区东南部，是太原市“南移西进、扩容提质”城市发展战略的主要扩张区域，是太原市与晋中市联合开发的前沿地带，具有空间大的区域优势。全区辖1个镇2个乡7个街道办事处，74个社区、82个行政村。全区总面积295平方千米，建成区50平方千米。2012年总人口81.6万人。

作为省城的重要门户，小店区境内有全省最大的航空港——太原民航机场。太旧高速、大运高速、太榆路、太茅路、石太路、东山过境高速路、南外环高速路等公路干线和南同蒲铁路连接全省8个地市和周边省市。

【经济发展概况】 2012年，全区地区生产总值506.09亿元。一般预算收入18.18亿元，增长18.3%；农林牧渔业产值13.41亿元，增长22.6%；粮食总产量7438万千克，增长2%；规模以上工业总产值63.3亿元，增长21.5%；社会消费品零售总额344.26亿元，增长17.1%；固定资产投资285.2亿元，增长35%；财政总收入35.33亿元，增长25.9%；城镇居民人均可支配收入22587元，增长12.1%；农民人均纯收入13665元，增长13.7%。在中国中小城市经济发展委员会等单位联合发布的“2012年度中国市辖区综合实力百强”名单中，小店区名列74位，为山西省唯一入选“百强”的市辖区。

千方百计增强发展动力，努力保持经济增长势头。2012年，谋划储备项目50余项，实施新兴产业、基础设施、生态绿化等各类重点项目66项。茂业天地、平阳景苑、嘉节热电联产等项目顺利开工建设。重点工程签约完成额全市第一，省、市重点工程完成额全市第三。服务好经济区扩区、高新区扩区、综合保税区、南站片区、汾东商务区、龙城片区建设。完成保税区征地93.3万平方米，迁坟700余座；完成铁路南站项目全部征地，迁坟800余座，拆迁16.5万平方米；完成铁路三项工程引入太原枢纽全部征地、迁坟任务，拆迁42.9万平方米；完成汾东商务区4条道路全部征地任务，拆迁8.1万平方米；完成联盛城市综合体、云计算、罗克佳华3个项目全部征地任务；完成龙城片区征地92.7万平方米。利用市外、境外资金108亿元，完成市下达任务的105%。组团参加第七届中博会、首届世界晋商大会、第四届能博会，共签约物联网产业园区等项目13个，总投资446亿元，为市下达任务的两倍多，签约数量和投资总额创历年新高，资金到位名列全省第八、全市第一。

调整优化经济结构，努力提升产业发展水平。持续优化产业结构，一、二、三次产业占比为3∶25.9∶71.1。现代都市农业势头强劲。新增无公害设施蔬菜43.5万平方米。“513”工程龙头企业销售收入25.6亿元。青玉食品加工园、华辰葡果休闲农业园列入全市现代农业十大主题产业园。新兴工业提质增效。积极引进昆烟太原卷烟厂、汇镪磁材等大型项目，推动山西煤机、山西电机厂搬迁改造。规模以上工业企业由38户增至46户，完成工业固定资产投资25.5亿元。现代服务业加快发展。全力推进现代服务业重点项目19个，总投资531亿元。阳光地带五星级酒店、华宇商业中心等16个项目开工建设，现代服务业已成为经济发展的强力增长极。

加快城乡建设步伐，提升市域城镇化水平。统筹推进城乡建设。

投资1100万元，改造晨光西街、永康北路、都乐街等小街巷，方便群众出行。开工建设保障性住房7674套。启动实施新庄等3个城中村整村拆迁。全面开展新农村建设前后两轮“五个全覆盖”工程“回头看”活动，建设水平居全省前列。持续加强城乡管理。深入推进城乡清洁工程，单元达标率91.8%。财政投资3500万元，带动社会投资，集中改造了文华苑等9个老旧片区。城乡清洁工程达标考核、数字城管绩效考核、市容环卫绩效考核均为全市第一。依法查处违法用地94.5万平方米，制止违建39起，拆除违建28处，“双违”行为得到有效遏制。全面改善生态环境。东山五龙城郊森林公园建设顺利推进，投入近2亿元，基本完成水、电、路等基础设施建设，完成一期绿化286.7万平方米。深入推进改善省城环境质量行动，完成14个城中村集中供热及燃煤锅炉改造，拔掉黑烟囱8682根，承担完成全市改造任务的近60%。134台分散采暖燃煤锅炉实施集中供热、燃气供热替代。42台常年运行燃煤锅炉完成清洁能源替代。供暖扩网近700万平方米。

民生改善取得实效。新增城镇就业人口19812人，城镇登记失业率3.3%。实现城乡低保一体化，标准从360元提高到430元。企业职工4项保险指标居全市首位。城镇居民基本医疗保险参保人数全市第一。加大新农保补贴力度，农村养老累计参保77083人。全区“五保”老人实现统一供养。为1565名困难职工建立互联网电子档案，87名大病职工得到保险理赔。推行救灾资金“一卡通”发放新模式，3460户受灾群众得到救助。开展高龄老人、散居孤儿和困难职工帮扶行动，526名高龄老人享受财政补贴。解决1400多名农民工1900余万元工资拖欠问题。在完成为全区人民办的10件实事的基础上，投资6000余万元开展为群众“办实事、解难事”活动，建设平价菜店、免除婚姻登记费等82项承诺全部兑现。

各项事业全面进步。教育投入占一般预算支出31.5%，总量排全市十县(市、区)之首。新建38中、八一小学，完成32中等4所学校配套建设。实施中小学标准化装备二期配备。义务教育阶段生均公用经费每生增加200元，全市最高。安排科技项目专项经费2706万元，占一般预算支出1.5%。科技成果转化率55%以上，专利申请量1700件，科技工作在十县(市、区)中唯一连续5年全市优秀。打造了20个高标准示范社区，形成六大特色亮点社区群；探索试行政府购买楼院长服务社区11个，开展居家养老服务试点社区14个；为社区空巢老人配发“爱心一键通”手机1652台。全面推行“一站式”城乡医疗救助模式，为1663名特困群众发放门诊医疗救助证。率先在全市组建卫生监督协管队伍。被评为“全国社区中医药工作先进单位”。荣获“2012年全国县级防震减灾工作考核先进单位”称号。秧歌《农家乐》荣获省优秀文艺作品奖。

(小店区人民政府办公室)

太原市尖草坪区

【自然概况】 尖草坪区位于太原市区北端，东西北三面环山，汾河纵贯南北，是太原市的上风头、水源地。全区总面积285.6平方千米。辖5个乡镇、9个街道办事处、84个行政村、61个社区居委会。2012年总人口42.3万人。

【经济发展概况】 2012年，全区生产总值258.43亿元，财政总收入13.65亿元，一般预算收入5.92亿元，工业总产值825.4亿元，社会消费品零售总额57.47亿元，农林牧渔业总产值4.79亿元，粮食总产量1370万千克，城镇居民人均可支配收入22587元，农民人均纯收入9612元。

全力推动项目攻坚，转型综改先行试点取得新进展。项目建设成效显著，总投资达千亿元的56个重点项目开工32个；18个标杆项目完成投资45.1亿元，投资总额在全省11个省级转型综改试验先行试点区中位居第四。招商引资签约417亿元。

着力产业结构调整，三次产业发展取得新进步。农业产业化稳步推进。积极推进农业园区化、产业化、品牌化发展，基本形成花卉培育、生态养殖、蔬菜种植和特色农家乐等产业为主的都市农业体系。工业经济转型升级步伐加快。新型产业投资完成69.63亿元，占到工业投资总量的87.6%。太原市冶金机械厂和太原市恒山机电设备有限公司等5家民营工业企业被认定为省高新技术企业。第三产业快速发展。专业市场日趋繁荣，晋东小商品批发市场群改造一期主体封顶，太原红星锦绣灯世界正式开业。

加大城乡建管力度，居民宜居指数得到新提升。坚持规划引领，对接完成柴村三给、赵庄新村等“六大片区”控制性详规，出台阳曲镇镇域体系规划，为推进市域城镇化奠定了基础。基础设施建设加快实施，新兰路、西山旅游防火通道和北山绿化通道顺利通车，迎新北三巷东段全面竣工，区域路网日趋完善。大力实施城乡清洁工程，完成9个老旧片区综合整治和141个单元达标，城乡清洁工程在全市排名第四。全力开展省城环境质量改善五大工程，全区环境面貌大为改观。积极推进生态建设，全区绿地率、绿化覆盖率和人均公共绿地面积分别达到40%、46.7%和15.1平方米。

全面推进民生工程，社会各项事业展现新风貌。就业和社会保障工作成效显著，全年新增城镇就业10268人，城镇登记失业率3.4%。按时足额发放各类社会养老金、失业保险金3.1亿元，发放社会救助金和城乡低保金3486.9万元。科教事业不断进步，承担并实施国家、省、市科技项目74项，争取科技扶持资金3830万元，被评为“全省知识产权工作先进单位”。全力推进素质教育，区一中“1+1”课堂教学改革工作走在全省前列，被授予“全国两基工作先进单位”和“全省校舍安全工程先进集体”称号。基层卫生服务能力显著提升，新农合医疗参保率100%，15家医疗机构实施了“先住院、后付费”服务，被授予“山西省农村卫生室全覆盖工程先进单位”和“山西省卫生城区”称号。文化惠民步伐加快，为偏远农村群众送戏、送电影1300余场。

(尖草坪区人民政府办公室)

太原市晋源区

【自然概况】 晋源区地处太原市西南，北起义井东街，与万柏林区相依，南至姚村镇高家堡村，西南与清徐县、古交市接壤，东以汾河为界，与小店区隔河相望。全区总面积287平方千米。辖金胜、晋祠、姚村3个镇，晋源、义井、罗城3个街道办事处，83个行政村，26个社区居委会。区委、区政府驻晋源新城。2012年总人口22.4万人。

【经济发展概况】 2012年，全区地区生产总值56.06亿元，比2011年增长1.3%；规模以上工业总产值65.77亿元，下降11%；全社会固定资产投资78.52亿元，增长33.3%；社会消费品零售总额21亿元，增长17%；财政总收入6.84亿元，增长26.2%；一般预算收入3.87亿元，增长36.7%；农民人均纯收入9364元，增长13%；农林牧渔业总产值6.32亿元，增长13.3%；粮食总产量2152万千克，与2011年持平。

工业转型稳步推进。2012年完成工业投资20.41亿元，太原药业中药针剂技术改造等14个项目完工。锦业小企业创业基地列入2012年度国家中小企业发展专项资金重点支持项目。组建景辉太阳能等3个企业技术中心，企业科技创新能力进一步提升。

都市农业迅猛发展。新增设施面积73.4公顷，新建农之乐等标准化养殖园区8个。康培集团建成华北最大的白皮松育苗基地，梅芝园艺建成全省首个花卉繁育中心。农产品加工"513"工程销售收入4.12亿元。改造中低产田202.8公顷，完成农田实灌面积400公顷。

第三产业不断壮大。2012年服务业增加值26.04亿元。明太原城复兴综合整治工程完成投资5800余万元，西山农村旅游及防火通道竣工通车，20家农村便民连锁店提档升级。蒙山大佛景区累计接待游客55万人次，以旅游业为重点的第三产业带动作用进一步增强，在经济中的比重比2011年增长5.3个百分点，达到46.5%。

各项社会事业协调发展。2012年，积极推进"百校兴学"工程，5所学校6个项目全部完工，9所义务教育标准化学校建设通过验收，新改扩建幼儿园5所，公开招聘教师94名。对农民进行科技培训2.6万人次，转移农村劳动力7500余人。区文化馆、图书馆建成投用。按时保质保量为37662户低收入农户发放冬季取暖用煤。镇村两级医疗机构达标率100%。人口自然增长率保持在6‰以内。

人民生活得到较好保障。医疗、失业、工伤等各类社会保险覆盖面继续扩大，新型农村养老保险累计参保7.5万人，城镇居民社会养老保险累计参保4432人。发放城市低保救助金1126.7万元、农村低保救助金1163.2万元。新增城镇就业6761人，安置下岗失业人员2519人，登记失业率控制在4%以内。为3753名农民工解决拖欠工资4499.1万元。新开工建设保障性安居工程10642套。新开通和优化延长58路、856路两条公交线路。

基础设施建设步伐加快。加快晋阳湖、晋源新城、明太原城等重点区域的道路、供热、供水、供气等城市基础设施建设，完成征地任务186.5公顷、拆迁任务38.9万平方米。蒙山大街、冶峪南北街等建设工程全面展开，纬三路、纬四路等3条小街小巷改造工程全部完成。北阜村整村拆迁基本完成，吴家堡、南阜等5个城中村的旧村整村拆迁工作全面展开，累计拆除40.1万平方米。木厂头、城北等6个村完成集体经济改制和村改居工作。

城市管理水平持续提升。继续严厉打击"两违""四抢"行为，拆除违建179处共31.2万平方米。启动晋祠镇规划编制和全区规划全覆盖工程。深入开展城乡清洁工程，93个单元实现达标。园林绿化、数字化城管、治理超限超载等工作成效明显。义井地区老旧片区环境整治工程顺利完工，居民居住条件大幅改善。

新农村建设取得新进步。新发展新农村重点推进村10个，申报成功"一村一品"专业村8个。新的农村"五个全覆盖"工程全部完成。改善提高饮水安全标准2.2万人。农村环境进一步改善，农民收入大幅增加。

生态建设成效明显。完成省市造林任务1866.7公顷。6个西山城郊森林公园完成投资8亿元，绿化607.8公顷。治理水土流失面积306.7公顷，生态修复管护面积666.7公顷，地下水位止降回升1.5米。

（晋源区人民政府办公室）

清徐县

【自然概况】 清徐县位处山西中部晋中平原，是全国最早的建制县之一，《三国演义》作者罗贯中故里、晋商发祥地。全县总面积609平方千米。辖10个乡镇（街办），188个行政村，24个社区居委会。2012年总人口34.7万人。

【经济发展概况】 2012年，全县地区生产总值117.5亿元，比2011年增长3.8%；规模以上工业增加值61.1亿元，下降5.7%；固定资产投资85.2亿元，增长40.5%；服务业增加值30.21亿元，增长11.5%；财政总收入14.39亿元，下降19.1%；一般预算收入10.02亿元，增长2.1%，社会消费品零售总额33.27亿元，增长11.4%。

突出项目带动。构建"一带四区四园"产业布局，阳煤化工新材料园等21项省、市重点项目开工19项，完成投资53.1亿元。全年流转土地800公顷，创建部级蔬菜标准园1个，省、市级蔬菜标准园5个，发展设施蔬菜160.7公顷，进入全国580个蔬菜产业重点县。实施农产品加工龙头企业"513"工程，农产品加工销售收入28.7亿元，增长11.2%。农民专业合作社达到570个。休闲观光农业示范点发展到45个，2012年接待游客120.1万人次，增长23.2%；旅游收入1.01亿元，增长48%。组建交通运输协会，加快建设货运调度中心，运输行业营业额20亿元，税收9700万元。

统筹城乡发展。完成县城湖东二街、行政办公区、商贸城片区3个区域修建性详细规划设计方案，以及孟封镇、王答乡、徐沟镇、西谷乡总体规划初稿和北录树等8个新农村规划。太原环城高速太谷连接线工程建成通车，全县通车里程1309千米。开工建设3000套保障性安居工程，完成农村危房改造1500户。新农村重点村达到107个。徐沟“百镇建设”稳步推进。投资5740万元，完成通湖路老旧片区改造。

加强生态建设。2012年，完成植树造林2100公顷，森林覆盖率16.2%；建成区绿化覆盖率39.8%，人均公共绿地面积14.4平方米。投资2141万元，完成3个乡镇15个村环境连片整治工程，创建马峪省级生态乡镇和西谷、北程、西罗、南东社4个省级生态村。编制《煤层气综合利用发展规划》，建成古交到清徐煤层气管线50千米，覆盖7个乡镇、55个新农村；11户企业、20余户公共福利用户、15个村6000余户居民用上了天然气。污染物排放总量得到控制，全面完成主要节能减排指标。

增进民生福祉。2012年，全面完成新“五个全覆盖”工程。新改扩建5所中小学、3所公办幼儿园、18所义务教育标准化学校，创建10所校园文化示范校和10所平安校园示范校。启动农村居民商业大病保险工作，完成县医院公立医院改革试点，建成集档案查询、疾病预防、电子查房、远程诊断、调配医疗资源为一体的数据中心。城乡居民养老保险参保率分别达到96.6%、96.3%。投资1207万元，建成29处饮水安全工程，2.6万人喝上放心水。开通太原至县城和徐沟公交车，25台农村客运车辆进行公交化改造，2460名老人领取了免费乘车卡。

创新社会管理。深化行政审批制度改革，全面推进扩权强县试点工作，直接争取各类建设用地指标153.5公顷，接收往来款项4.7亿元。建立县、乡、村三级社会服务管理中心，搭建四级电子信息平台框架，划分网格780个，选聘网格长780人，形成“六网合一”社会服务体系。配备食品安全管理员10名、协管员210名。论证复查无公害产品20个，认证无公害产地933.3公顷。

（清徐县人民政府办公室）

阳曲县

【自然概况】 阳曲县地处山西中部，忻定盆地与太原盆地之脊梁地带，为太原北大门，属太原市的近郊县，距省城太原17千米。北接忻府区、定襄县，东连盂县、寿阳县，西与静乐县和古交市接壤，南靠尖草坪区、万柏林区、杏花岭区。总面积2081平方千米。辖4个镇6个乡，4个社区居民委员会、123个村民委员会、424个自然村。2012年总人口12.1万人。

【经济发展概况】 2012年，地区生产总值33.02亿元，比2011年增长12.4%；规模以上工业增加值18.83亿元，增长21.5%；固定资产投资25.45亿元，增长60.9%；服务业增加值10.01亿元，增长5%；社会消费品零售总额7.44亿元，增长9.3%；财政总收入5.74亿元，增长23.7%；一般预算收入3.45亿元，增长36.5%；城镇居民人均可支配收入16107元，增长15.6%；农民人均纯收入5177元，增长13.5%。

项目建设推进有力。按照转型跨越发展要求和太原市工业振兴行动方案，全力构筑工业承载平台。阳曲转型发展产业园区启动建设，一期投资2.6亿元，建设面积10.4平方千米。已征地310公顷，管委会办事大厅、园区大道及基础配套基本建成。大力招商引资，全年共签约项目28个，储备项目58个，项目落地完成额全市第一。太钢碳纤维、锦地工业园、精密铸造加工等一批项目开工，鑫宇联检测中心主体完工，华润燃气加气站、超丰工业园试运行，喜跃发路用新材料项目投产。

现代农业步伐明显加快。大力发展设施蔬菜，蔬菜种植面积增加92公顷，保有量达到376公顷，蔬菜产量1.37亿千克。利用贴息办法鼓励畜牧养殖规模发展，永丰禽业项目引进建设，北家庄养羊集中圈养试点进展顺利。进一步改善农村生产生活条件，完成9座病险水库除险加固、山洪灾害防治项目和1.6万人农村饮水安全工程。荣获全国农村集体“三资”管理示范县、全国“平安农机”示范县称号。

环境面貌大为改善。2012年，完成县城控制性详规和修建性详规，县城面积由4.3平方千米增加到9.2平方千米。加快旧城改造，牡丹苑、紫阳湾、双龙小区、红全佳苑、德和盛小镇开工建设。综合整治首邑路、城南街片区，高标准绿化县城南北出口，新架设人行天桥两座，完成阳曲公园护坡治理。群众期盼已久的太原市区到县城的公交全线开通，阳曲人民享受到安全、经济、便捷、舒适的公交服务。继续引深“城乡清洁工程”，全县127个单元达标118个，达标率92.9%。农村街巷硬化1030千米。加快生态建设，造林2840公顷，打造了环县城万亩景观林带、凤凰山综合治理等生态亮点，六固村种树直补经验受到关注。

民生保障能力稳步提升。2012年政府承诺的七件实事全部完工，其中，保障性住房开工建设1044套，农村危旧房改造1600户，天网工程基础完工，县文化馆、老干部活动中心和县机关幼儿园新建工程主体完工，创新和延伸“五个全覆盖”，建成村级澡堂102座。继续实施“百校兴学”“百院兴医”工程，合作共建效果良好，新农合推行“先住院、后付费”服务模式，基本药物实现零差率销售，建成村级人口计生服务室129个。全面启动“万人脱贫大行动”，实施帮扶项目168个，惠及6710户、1.3万人。开展农村居家养老日间照料中心试点，建成投用“爱晚之家”小院10个，成为全省农村养老工作新亮点。全县城镇新增就业1778人，转移农村劳动力1785人。

（阳曲县人民政府办公室）

娄烦县

【自然概况】 娄烦县地处太原市西北、吕梁山腹地、汾河中上游，距太原市城区97千米，是集山区、老区、库区为一体的国家扶贫开发重点县，是省城水源保护地和生态屏障。

全县总面积1289平方千米。辖3个镇5个乡，6个社区居委会、142个行政村。2012年总人口10.7万人。

【经济发展概况】 2012年，全县地区生产总值15.71亿元，比2011年增长17.2%；规模以上工业增加值6.85亿元，增长32.4%；固定资产投资8.77亿元，增长95.9%；财政总收入9.66亿元，增长19.9%；一般预算收入5.33亿元，增长27.3%；社会消费品零售总额2.89亿元，增长13.5%；农民人均纯收入4073元，增长13.4%；服务业增加值6.8亿元，增长11.1%。

造林绿化成效显著。2012年，实施了库周城周造林绿化、石峡沟生态景观、东山生态基地绿化、矿山生态恢复治理、通道景观绿化、出口靓化等多项重点工程，建设育苗基地666.7公顷，造林4953.3公顷。绿化率51%，森林覆盖率17.3%。被林业部评为"全国建立保护发展森林资源目标责任制优秀县"。

环境质量不断好转。狠抓节能减排，净水质、控烟尘、查超标、削总量，二氧化硫、氨氮等6项污染指标大幅下降，万元地区生产总值能耗下降5.4%。县城二级以上天数365天，一级大数85天。全年治理水土流失面积4526.7公顷，地下水位止降回升0.6米，年减少入库泥沙27万吨。汾河水库出入口水质均达到地表水三类水标准。矿山生态恢复治理绿化工程竣工，环库危化品车辆监控系统一期工程完工并投入使用，汾河水库生态保护试点项目进展顺利，涧河人工湿地水质改善工程正加紧施工，库周第一山脊造林绿化提档工程全面铺开，水源地保护提升到更高层次。

支柱产业健康发展。龙泉煤气化矿井完成主体工程，静游至静乐地方铁路线开工建设，煤运集团煤矿技改和矿区110千伏输变电工程有序推进。山西国际能源集团风电项目一期工程完成测风。环宇矿业、陆海洗煤厂完成技改升级。汾河水库获批国家级水利风景区。高君宇纪念馆主体完工并对外开放。"山水娄烦、天然氧吧"的旅游品牌逐步打响。

招商引资稳步前行。2012年，成功举办招商引资恳谈会，签订万亩油松育苗基地等项目，签约金额达7.95亿元。全年共签约8个项目24.16亿元，到位资金18.14亿元。煤矸石发电、光伏发电等项目正在洽谈中。

滨水园林县城初步建成。尖山移民搬迁工程、综合性医院项目、国防教育和民兵训练基地、南大街东延、迎宾大道等市政基础设施开工建设，东区、西区土地储备基本完成。投资2.7亿元，实施"一河两路三桥"和"一街五巷提升改造"工程，完成县城南大街片区综合整治、涧河公园改造、涧河蓄水和音乐喷泉等一批宜居城市建设项目，精心设计楼宇、园林和水系灯光，打造靓丽节能的夜景灯光环境，县城面貌焕然一新，通过省级园林县城初验和省级卫生县城验收。

马铃薯产业规模扩大质量提升。2012年，建成惠农马铃薯脱毒种薯繁育中心，太原惠农马铃薯科技产业园被确立为"太原现代农业十大主题产业园"之一，典型示范和引领带动作用逐步放大。打造"一带三园四片区"，种植马铃薯5333.3公顷，占全县耕地面积的29.6%，实现产值1.3亿元，被评为全省"一县一业"工作先进县。

现代农业发展加速。2012年，编制完成南川河现代农业示范园区建设规划，建成核心区397栋节能温室和大棚，带动周边种植蔬菜400公顷。培育张家庄大蒜、大圣堂蔬菜、国练胡萝卜、马家庄种薯等14个"一村一品"特色产业村庄。农业效益逐步提升，农作物播种面积1.3万公顷，粮食总产量1387万千克，比2011年增长0.7%。"513"龙头企业效益稳步提高，销售收入1.93亿元。

（娄烦县人民政府办公室）

太原不锈钢产业园区

【自然概况】 太原不锈钢产业园区（简称不锈钢园区）位于太原市尖草坪区，规划控制面积14.7平方千米，可利用面积4.5平方千米，入园企业85家。2003年10月起步区正式破土动工。2004年8月一期工程建成并正式开园。2006年4月经省政府批准并经国家发改委审核，正式设置为省级开发区。2008年被山西省发展循环经济、建设资源节约型社会工作领导组确定为全省第一批循环经济试点单位。2010年1月被国家工信部授予"国家新型工业化产业示范基地"称号。

【经济发展概况】 2012年，不锈钢园区科工贸总收入60.25亿元，比2011年增长35.6%；规模以上企业工业增加值2.43亿元，增长26.5%；固定资产投资20.5亿元，增长46.9%；财政总收入1.69亿元，增长28%；一般预算收入0.94亿元，增长15.9%。

项目建设突飞猛进。2012年，新建、续建项目15个，总投资72.66亿元，全部建成达产后可实现总产值178亿元。其中，投资亿元以上的十大项目全面开工建设。同时，不断加大优质项目的引进力度。华尊工业园、正坤总部基地、广立工业园等14个项目的前期工作已基本完成，总投资35.3亿元，将于2013年陆续开工。

招商引资成果喜人。坚持"招大商，引强企"理念，瞄准世界500强、国内十强企业进行跟踪招商。2012年新签约项目12个，总投资31.7亿元。其中，阳煤华鑫稀土永磁电机项目，投资6亿元，投产达效后可实现年销售收入14.9亿元，上缴税金0.5亿元；国药集团物流园项目，投资2亿元，建成后将成为省内最大的药品物流中心，销售收入可达100亿元。

基础设施建设步伐加快。不锈钢园区突破传统投资体制制约，采用BT模式成功融资8600万元，加强道路、电力供应等基础设施建设，在多元化融资、多渠道投入、完善园区基础设施配套方面做出成功的探索。

转型升级成效明显。一是建立不锈钢产品展销中心。该中心集不锈钢产品的展示和销售于一体，将传统工业与现代工业旅游业有机结合。总投资630万元，建筑面积1400平方米，于2012年10月正式建成运营，实现“变产品为商品，变展台为市场”的目的，进一步拓宽企业的营销渠道。累计接待国内外来宾1.6万余人，销售收入962万元。二是针对目前园区整体效益不高、亩均税收偏低的状况，创新推出“亩效化考核办法”。主要做法就是以亩为单位，根据可研报告和园区规定，合理确定完成目标和增长比例，通过亩均税收提高园区整体效益。三是引进一批不锈钢回收利用项目。完善企业循环链条，构建清洁生产、废物交换、物质能源的“循环圈”，变“上游废物”为“下游原料”，实现“零污染、零排放”。国家级循环经济示范园区创建工作于2012年11月正式启动。

科技创新成绩斐然。出台《科技创新鼓励办法》，对太钢大明、太原锅炉、福伊特等12家拥有核心自主知识产权的企业，给予现金奖励85万元；鼓励引导企业加大技改投入，2012年累计投入技改资金5200余万元。其中，太原工具厂投入2100万元，高效精密复杂刀具扩能技术改造已完成；天成不锈钢建筑外墙、屋顶用PVD不锈钢镀膜技术研究成功，产品应用于晋阳湖展览馆和太钢总医院。注重高端人才引进，实现由“不锈钢制造”向“‘智’造不锈钢”的转变。锅炉集团与清华大学岳光溪院士合作研发的节能环保型循环流化床锅炉，获国家科技进步二等奖。加快院士和博士后创建工作，已与中北大学、太原理工大学、山西财经大学三所高校达成初步合作意向，相关前期工作正在进行。

优化服务，创优环境。一是全面清理审批事项，进行流程再造，并联审批，最大限度地减少办事环节，简化办事程序，缩短办事时限。以“一函、两会、四报告、一承诺”为突破口，扎实做好“整治吃拿卡问题、创优发展环境”工作。建立领导包项目制度，构建项目包点领导、责任部门、建设单位负责人“三位一体”的项目推进工作格局，项目建设有序推进。严格奖惩制度，增强全员推进项目建设的工作合力。二是深入开展项目落地年活动。全程跟踪项目立项、环评、规划、用地、建设等方面进展情况，促进投资环境的整体优化。建立融资贷款服务平台，切实解决企业融资难题，2012年累计为企业融资4000余万元。

加强社会管理，构建和谐社会。2012年，共受理各类安全隐患举报4起，全部办结，办结率100%。扎实做好信访维稳各项工作，全年共接待来信来访9案103人次，经过积极协调全部解决，未发生越级上访事件。积极落实失地农民保险工作，为6个村2200余名被征地农民缴纳养老保险3690余万元。深入开展为人民群众“办实事、解难事”活动，公开承诺的6件实事全部落实。深入开展城乡清洁工程，大力实施绿化亮化工程，新增绿化面积5万余平方米。

大同市

【自然概况】 大同市位于山西北部，地处山西、河北、内蒙古“三角”地带，是国务院1984年批准的全国13个较大城市之一。全市共辖4个区7个县，总面积1.4万平方千米。2012年总人口335.7万人。

大同地处温带大陆性季风气候区，夏季气候温和，冬季寒冷漫长。年平均气温5.5℃，年平均降雨量在370毫米左右，无霜期大约100～156天，年日照时数为2973小时，光能利用潜力可观。主要农作物以黍、高粱、玉米、杂粮为主，地方特色植物资源有黄芪、黄花、枸杞、苦荞等。

悠久的历史为大同留下了丰富的文化遗产，现有各级文物保护单位346处，其中，世界文化遗产1处，国家级文物保护单位22处，省级文物保护单位20处，市县级文物保护单位300余处。建筑于北魏时期的云冈石窟是国内最大的石窟群之一，为1961年3月4日国务院公布的第一批全国重点文物保护单位，2004年被联合国教科文组织列为“世界文化遗产”，被誉为人类艺术的宝库，与龙门石窟和敦煌莫高窟齐名，合称为“石窟三圣”。九龙壁是我国建筑最早、规模最大、保存最好的龙壁。悬空寺是我国唯一的高空绝壁建筑。建筑宏伟的上、下华严寺被誉为辽金艺术的博物馆。

大同市目前发现的矿产资源有42种，探明储量的有28种，主要有煤、铜、铁、锰、铝、锌、铅、金、银、石墨、沸石、石棉、花岗岩、大理岩等，其中，以煤炭储量最多，素有“煤海”之称。现已探明储量380亿吨，且品位高，埋藏浅，易开采。煤炭的生产量、出口量、外销量均居全国煤炭城市之首。依托煤炭优势，年发电量约390.55亿千瓦小时，是华北地区重要的电力生产基地。

【经济发展概况】 2012年，全市地区生产总值931.39亿元，比2011年增长10%；财政总收入190.74亿元，增长17.6%；一般预算收入80.3亿元，增长24.2%；农林牧渔业总产值92.4亿元，增长9.3%；粮食总产量94.9万吨，增长10.5%；规模以上工业增加值418.7亿元，增长13.4%；固定资产投资完成831.79亿元，增长25.1%；社会消费品零售总额427.96亿元，增长15.4%；城镇居民人均可支配收入21622元，增长14.3%；农民人均纯收入5642元，增长14.3%。

深入实施转型发展，加快项目建设步伐。东周窑1000万吨矿井建成，马道头1000万吨矿井完成500万吨工作面，8座资源整合重组矿井完成技改扩建。中国重汽大齿公司搬迁改造项目一期工程、中国北车集团大同电力机车公司六轴大功率电力机车项目、山柴公司396燃气发电机组、晋投公司1万吨玄武岩连续纤维及后制品项目投产，陕汽大同新能源专用车项目一期试生产。灵丘冶金工业园区300万吨钢铁管线材项目奠基，灵丘金地公司320立方米富锰渣生产线即将竣工，新成新材料公司太阳能蓄热和等静压石墨制品项目进展顺利。煤化工业按照“乙炔化工、煤制甲醇、煤制天然气”三条主线发展，蓝星化工有限责任公司年产13万吨TDI、1.5万吨ADI项目奠基。同煤60万吨甲醇及深加工项目进展顺利，同煤集团与中海油合作的40亿立方米煤制天然气示范项目已得到国家发改委批复。国药威奇达、国药中抗制药建成投产，振东泰盛、同达等公司搬迁项目进展顺利。协和新能源科技公司多晶硅及光伏产业循环经济建设项目前期进展顺利，已建成3.5万千瓦太阳能电站。新增风力发电装机40万千瓦。广灵富成公司日产4000吨水泥熟料生产线竣工，同煤集团4万吨高岭土、4.8亿块煤矸石烧结砖项目开工建设。

*全力推进城镇化进程，美丽大同日新月异。*2012年，全市城镇化率提高1.5个百分点，达到57.9%。御东新区加快建设步伐，太阳宫、博物馆、大剧院、图书馆、美术馆、体育中心六大工程主体基本完成。投资22亿元，建设改造城市道路57条103千米；天大高速、同源高速通车，广源高速基本完工，市县一小时经济圈初步形成。大同机场新航站楼投入使用。张家口——大同——原平客运专线列入铁道部2013年前期工作计划。新增供热面积600万平方米。投资10.48亿元的城市供水管网扩建工程完工，引黄工程实现向御东延伸供水。市餐厨废弃物资源化处理项目被国家发改委等5部委列为国家试点项目，城区、左云、灵丘、浑源等县区城镇垃圾处理项目全面启动，加速推进。

*着力打造历史名城，强力推进古城复兴。*按照"一轴双城、双城并美"的思路，加快推进特色城市建设。北城墙修复完工，西城墙大部分主体完工，展览馆平移工程分体成功，代王府一期主体完成；法华寺、古城东南隅、西南隅民居、鼓楼东西街历史街区等历史遗存的修复工程进展顺利。云冈石窟窟檐保护工程进展顺利。晋华宫国家矿山公园正式开园，文化科技产业基地主体完成。成功举办第十一届云冈文化旅游节、国际壁画双年展、曾竹韶雕塑艺术奖学金作品展和中国大同国际汽车文化节。2012年旅游总收入163亿元，比2011年增长19%。

*积极推广现代农业，稳步提升农业水平。*现代农业示范区建设初具规模，全市设施农业面积超1.1万公顷，万亩设施农业示范园区3个，千亩以上5个，百亩以上84个。新建和改扩建养殖小区165个，规模养殖园区发展到530个，万头以上的13个，建成国家和省级标准化小区10个。农业产业化龙头企业上档升级，全市规模化企业达150家。新增有效灌溉面积4666.7公顷，新增节水灌溉面积4860公顷，改造中低产田和盐碱地1.4万公顷。孤山水库竣工，唐河水库下闸蓄水，守口堡水库开工建设，王千庄水库可研已批复。"一县一业"稳步发展，南郊、阳高、天镇、浑源、左云分别被列入省级奶牛、蔬菜、黄芪羊、马铃薯基地县。省级"一村一品"专业村发展到322个。完成农村饮水安全工程105处，8.9万人饮水安全得到改善。涉及98个村、14.5万人的9个新农村集中连片示范区开工建设。

*坚持发展绿色战略，显著改善生态环境。*万元地区生产总值综合能耗下降4.8%。二氧化硫削减2.9%、氮氧化物削减0.7%、化学需氧量削减1.5%、氨氮削减1.6%、烟尘削减3%、粉尘削减2.9%。二级以上良好天数349天。东郊污水处理厂二期、西郊污水厂改扩建基本完工，御东新区污水处理、阳高县城污水深度处理及回用、罗文皂镇污水处理等项目进展顺利。全市完成营造林3.1万公顷，完成1133.3公顷的造林绿化任务。十里河3千米河道及唐河、南洋河治理工程基本完成。文瀛湖公园、十里河综合公园、御河东西两岸景观绿化、口泉植物园完工，采凉山森林公园、梓家村森林公园、南城墙带状公园、御东新区公共活动走廊、左云东山森林公园二期、广灵木槽涧河公园绿化等项目进展顺利。新增绿化面积346万平方米，绿化覆盖率、绿地率、人均公共绿地分别达到41.7%、36.9%和13.1平方米，分别增加3.2个百分点、2.5个百分点和1.2平方米。

*持续改善社会民生，共建共享美好生活。*全市保障性住房开工11.6万套，基本建成4.9万套。新增就业岗位5.4万个，城镇登记失业率2.9%，转移农村劳动力2.8万人。城镇居民基本养老保险参保8.9万人，新型农村养老保险参保88.9万人，参保率94.5%。城镇居民、城镇职工医保和新农合参合人数分别达到46.4万人、87.3万人和154.3万人，政策范围内住院费用支付比例分别达到73%、83%和70%，城镇和农村医疗保险参保(合)率分别达到98%和98.6%，基本医疗卫生机构和村卫生室全部实施了国家基本药物制度，实现药品零差率销售。左云、浑源、灵丘公立医院改革试点稳步推进，法人治理结构初步建立。市中医院御东新院、一医院御东新院、六医院、市疾控中心建成并投入使用，五医院御东新院完工，正在进行搬迁准备。调整市直学区并组建5个教育集团。阳高、天镇、大同、浑源、灵丘、广灵6个县落实学生营养改善计划，惠及11.8万名中小学生。农村初中校舍改造工程、农村学前教育推进工程、大同高等师范专科学校、五中、十二中、九中、一中初中部、市示范性综合实践基地建设项目进展顺利。新改扩建20所标准化幼儿园，大同实验小学、大同三中、大同十六中、大同卫校4所新校投入使用。

（杨建功）

大同市城区

【自然概况】 大同市城区位于山西省北部，是中国"煤都"大同市的政治、经济、文化中心。成立于1954年。总面积46.1平方千米。全区辖15个街道办事处，129个社区居民委员会。2012年总人口73.1万人。

城区具有得天独厚的人文资源，曾是秦汉名郡，北魏京华，辽金元三代陪都，明清重镇，是国务院首批公布的24座历史文化名城。千年的历史为古城积淀了丰厚的文化底蕴，留下了许多名胜古迹，有彰显皇城气象，独具历史魅力的明代古城墙，有代表中国雕塑一流境界的上下华严寺、善华寺、九龙壁等众多名胜古迹，有法华寺、白塔寺、鼓楼、朝阳寺等古建筑。这些建筑殿宇巍峨，金碧辉煌，与引领中华文化数百年风骚的"平城文化"，浑源悬空寺、北岳恒山遥相呼应，形成了别具一格、雄浑质朴的塞外胜景。

城区属温带大陆性季风气候区，四季分明，年平均气温6.5℃～

9.1℃之间。全年主要风向为西北风，初霜期较早，终霜期较晚，无霜期130天至140天。年平均降水量384毫米，河川径流量9000万立方米，地下水资源7000万立方米，全区水资源总量1亿立方米，人均250立方米。

【经济发展概况】 2012年，全区地区生产总值131.77亿元，比2011年增长10.4%；财政总收入32.94亿元，增长27.2%；一般预算收入3.32亿元，增长31.7%；规模以上工业增加值20.24亿元，增长2.8%；社会消费品零售总额164.57亿元，增长16.1%。固定资产投资总额192.03亿元。服务业增加值76.83亿元，增长9.9%；城镇居民人均可支配收入21482元，增长13.6%；非公经济税收6.96亿元，增长20.2%。

招商引资和项目建设进展顺利。2012年，全区签约项目12个，其中，上亿元项目8个，签约总额98.9亿元，实际到位资金43.6亿元。全区施工重点工程项目34个，总投资108.28亿元，实际完成投资52.4亿元，投资完成率全市第三；完成重点工程落地额29.31亿元，落地完成率195.4%，落地完成率全市第一。

城市管理提质提速。启动开展城市管理"一二三四五"全面提升年活动，建立垃圾快运处置体系，推行市容管理"三定一包"责任制，推进园林绿化和古城管理快步提质，加快城市管理设施、队伍、标准、文化"四位一体"大城管建设。投入3888万元的一期32座垃圾挤压站加紧建设。市、区两级共投资2800万元，购置大、中型机扫、保洁车辆56部，组建成立机扫四公司。新改扩建7个便民市场，打造10个精品示范市场。为市容监察执法车辆安装GPS定位系统。古城管理处购置各类机械装备14部。高质量完成环城高速互通32万平方米绿化任务。

教育基础不断夯实。2012年，教育投入3.27亿元，占全区财政总支出的33.1%。实施义务教育薄弱学校改造达标，省、区两级财政投资2800万元，为学校配置教学设施设备。6所学校全部建成并投入使用，2所学校扩建工程开工建设，17所学校安装监控设备。组织全区45岁以下教师业务素质测试，选派10名校长赴北师大参加全国优秀骨干校长高级研修，选拔13名副校长分批赴北京海淀区学校挂职锻炼。

社会管理成效明显。完成区、街、社区、网格"四级"社会管理信息平台建设，推进向阳里街道社会管理创新试点工作。深入实施社区建设"双百工程"，新接收水泉湾龙园、柳港园等社区办公用房面积4000余平方米。优化街道社区布局，新成立开源街街道办事处和御锦源等20个社区。开展校园周边环境集中整治专项行动，为11所小学和1所幼儿园配备专职校警。城区被中国社会工作协会社区工作委员会授予"全国社区睦邻文化建设工程示范城区"称号，惠民里社区、花园里社区、同兴里社区被评为省级"充分就业星级社区"。

民生事业全面进步。2012年，新增城镇就业3014人，城镇登记失业率控制在4%以内。发放低保金1.94亿元，发放医疗救助413.9万元，发放优抚款1704万元，发放临时救助金100.8万元。启动实施城镇居民社会养老保险试点工作，医疗保险参保19.7万人，养老保险参保2万人。深化医改工作，39家社区卫生服务机构全部实行药品零差价销售制度。为2.7万户居民发放廉租住房补贴，为672户居民实物配租。城区文化艺术团在全国第七届中国农民运动会老年秧歌项目比赛中获得一等奖。

（城区人民政府办公室）

大同市矿区

【自然概况】 矿区地处城乡接合部，是典型的工矿区，成立于1970年，当时受大同市和原大同矿务局双重领导，1980年隶属于大同市，成为一级行政区。辖区与南郊区相互交叉，无明确区域界限和辖区面积。全区下辖28个街道办事处，106个社区居委会。2012年总人口50.5万人。辖区内有同煤集团、太原铁路局口泉站、冀东水泥有限公司等国有大中型驻区企业，有历史悠久的口泉老镇。

【经济发展概况】 2012年，全区地区生产总值18.52亿元，比2011年增长12.5%；规模以上工业增加值4962万元，增长16.2%；社会消费品零售总额63.98亿元，增长16.1%；财政总收入11.43亿元，一般预算收入1亿元。

工商业发展迅速。一是新发展私营企业和个体工商户1350户，新增从业人员3244人，新增注册资金9333万元，民营经济上缴税金2.15亿元。二是发展壮大煤机制造业。发挥煤机企业在结构调整中的主体作用，科技创新在产品升级中的带动作用，想方设法为煤机企业的项目用地、基础设施建设等提供配套服务，继完成华能煤机公司、虹云煤机公司两个煤机技改扩建项目后，2012年又成功实施富达昌液压刮板运输机、远达物资贸易公司煤机配件和大同市百易通科技发展公司防爆组合开关等3个项目，煤机制造业的产品领域和市场空间不断拓展，呈现出良好的发展势头。2012年煤机企业实现产值2.6亿元，比2011年增长73%，上缴税金近3000万元。三是加快发展商贸服务业。华亿新天地、名都购物广场、佳家玛超市、华林超市、同和大酒店、北方电器等一大批知名企业相继落户矿区。

社会事业成效突出。优先发展教育，投资6000多万元，新建平盛二小、清泉二小2所小学和3所附属幼儿园。投资400万元，新建民胜一小、大钢中学操场。全区学校的办学条件和教学资源布局继续得到改善和优化。加强社区卫生基础工作，继煤峪口、新平旺两个社区卫生服务中心后，同家梁社区卫生服务中心又被卫生部命名为全国示范社区卫生服务中心。完善社会保障体系，政府一次性出资900多万元，实现了企业人员看病与机关事业单位人员同比例报销，这一民生关怀今后政府每年还将支出500万元；启动实施城镇居民社会养老保险工作，政府补贴20万元，为2.8万名城镇居民办理养老保险。全年共征缴各类保险金8377.9万元，支出1.6亿元，分别比2011年增长37.7%和18.5%。全年城镇新增就业3008人，城镇登记失业率控制在3.9%以内。落实国家低保条例，全年共发放低保金1.7亿元，低保对象大病医疗救助金165.5万元，教育资助金24.5万元，全区共有2.9万户6.7万人享受最低生活保障待遇，基本实现了应保尽保。

（矿区人民政府办公室）

大同市南郊区

【自然概况】 南郊区作为历史文化名城大同市的近郊区，位于大同盆地北部，东临大同县，西接左云县，南连怀仁县，北靠新荣区。全区总面积1068平方千米。辖3个镇、7个乡、190个自然村。2012年总人口41.4万人。是全省首批达小康县（区），是晋北地区最大的商品集散地，也是全省重点产煤县（区）之一。

南郊区旅游资源得天独厚，拥有闻名中外的云冈石窟，还有石窟、寺庙、摩崖刻石、新石器遗址等市级文物景点10余处。

【经济发展概况】 2012年，全区地区生产总值416.31亿元，比2011年增长12.8%；财政总收入98.14亿元，增长26.8%，连续5年位居全省县（区）之首；一般预算收入8.25亿元，增长36.9%；农林牧渔总产值10.21亿元，增长11.6%；粮食总产量5.7万吨，增长0.5%；规模以上工业总产值164.33亿元，下降2.2%；社会消费品零售总额7.31亿元，增长15.6%；城镇居民人均可支配收入21482元，增长13.6%；农民人均纯收入9329元，增长14.7%。

现代农业建设实现新突破。紧紧围绕国家级现代农业示范区建设，扎实推进“三农”工作，城郊特色农业发展步入快车道。全年新建温室大棚2048栋，总数达10458栋，设施蔬菜面积1186.7公顷；新建、扩建畜禽规模养殖园区21个，全区规模化、标准化养殖场达72个，农民人均畜牧业纯收入1650元；积极扶持杨家窑特色农业示范园区、夏进乳业等龙头企业扩容增效，农业龙头企业年销售收入20.3亿元，带动农户6万户，安排就业1.3万人，产业化增收4.6亿元，户均增收820元；小型农田水利重点县项目顺利推进，完成高效节水灌溉面积2666.7公顷，实施3个农业综合开发项目，治理总面积达786.7公顷，农机综合生产率68%，位居全市第一。

项目建设取得新成绩。全年新建、续建各类项目53个，总投资278.53亿元，其中，新建26个，续建27个，亿元以上项目34个，项目到位资金104亿元，位居全市第一、全省第十。投资11亿元的东信广场建成运营。投资28亿元的同煤大唐2台33万千瓦热电联产项目即将运营。投资1.8亿元的杨家窑四方高科奶牛养殖园区项目全部完工。投资20亿元的庞大汽车文化园林广场、投资7.5亿元的云兴大厦、投资7亿元的凯德世家购物中心及投资4.9亿元的液化空气等项目主体完工。

城镇化建设迈出新步伐。按照“统一规划、量体组合、节约土地、彰显特色”的原则，加快推进口泉新区建设，总体规划设计方案已通过专家评审。启动实施时庄村“城市棚户区改造”工程，完成拆迁3.6万平方米，建设道路9.3千米，“六纵三横”一期路网框架基本形成。加快推进房屋征收，全力配合市政府搞好御东新区国际太阳能十项全能竞赛场馆、道路建设、古城保护等重点工程建设，实施新胜、和平、宋庄等7个村城市棚户区改造工程，共完成房屋征收9637户、148.7万平方米，安置1.2万户、107.4万平方米。继续推进口泉乡“百镇建设”工程，实施马军营乡、平旺乡、西韩岭乡17个村的农村环境连片整治项目，以及口泉乡大路辛庄、杨家窑等10个村新农村集中连片示范区建设工程，进一步改善了新农村人居环境。

生态建设取得新成果。以全省造林绿化大同现场会为契机，共投资5.26亿元，实施以同左路绿化工程为重点的51.9千米的通道绿化工程、1133公顷的荒山造林工程，投资规模、建设力度两年相当于前20年的总和。对重点企业、重点区域、重点流域进行综合治理，大中型企业基本实现清洁生产，污染减排目标基本完成，全年空气质量二级标准天数达300天以上，集中水源地水质达标率100%，全区生态环境明显改善。

社会各项事业再上新台阶。圆满完成农村新的“五个全覆盖”工程。加快推进采煤沉陷区治理搬迁，对18个村3131户实施搬迁，在建工程全部完工后，可安置受灾户1万户。解决了4个村、0.3万人的饮水安全问题。为低收入农户发放冬季取暖煤10.7万吨。社会保障能力不断增强，社保覆盖面逐步扩大，养老、医疗、生育、工伤、失业及新型农村社会养老保险应缴尽缴，社会发放率、支付率均达100%，农村、城市低保实现应保尽保。全面推进公立医院改革，所有药品执行零差率销售，新型农村合作医疗得到进一步巩固完善，参合率99.5%；再就业工作成效显著，新增城镇就业1550人，转移农村劳动力520人，城镇登记失业率控制在2%以下。

（杨霄鹏）

大同市新荣区

【自然概况】 新荣区建于1970年，辖1个镇6个乡、140个行政村。2012年总人口11万人。

全区土地总面积1018平方千米。呈黄土丘陵地貌。平均海拔1245米。属温带大陆性季风气候，日照时间长，昼夜温差大，年均无霜期110天，年降水量356毫米左右。

矿产资源主要有煤、石墨、玄武岩等，石墨资源储量大、品位高、易开采，开发潜力巨大。

农业生产以杂粮种植和畜禽养殖为主，主要农产品有小杂粮、马铃薯、瓜菜、羊肉、奶、蛋等。

工业生产以煤炭、化工、碳素、制造业为主，主要产品有煤、水泥、石墨电极、机械设备等。

旅游资源有国家重点保护文物单位1处，省级文物保护单位13处，市级文物保护单位5处，区级文物保护单位4处。2007年被确定为全省11个发展循环经济示范区之一。2012年被确定为市级转型综改试点县(区)。

【经济发展概况】 2012年,全区地区生产总值19.36亿元,财政总收入5.16亿元,一般预算收入1.55亿元,农林牧渔业总产值5.8亿元,粮食总产量4688.7万千克,规模以上工业总产值20.03亿元,社会消费品零售总额6.89亿元,城镇居民人均可支配收入16333元,农民人均纯收入5664元。

强基固本,打造品牌,农业增产增效。2012年,发放粮食直补和农资综合补贴资金1973.1万元。牛、奶牛、猪、羊饲养量分别达到2.7万头、3885头、8.1万头和23.1万只,肉、蛋、奶总产量分别达到1万吨、3552吨和8954吨。引进15个农作物新品种,完成120公顷播种面积的试验、推广。完成天顺、新世纪、海天、有和4个畜牧精品工程。建成煜华、有和、东兴3个标准化养殖小区。投资580万元,新建、扩建畜禽养殖小区9个。畜牧业总产值2.96亿元,农民人均牧业收入1336元。完成中低产田改造166.7公顷、土地整理333.3公顷、口粮田866.7公顷、耕地种草3400公顷、草地改良4266.7公顷、改造沟坝地40公顷、小流域治理1106.7公顷、水源工程110处、节水工程7处,棚圈建设1.1万平方米,新增塑料大棚100栋。投资845万元,新建重点推进村12个。新增10个"一村一品"专业村,发展农业专业合作社30个,全区农民专业合作社总数达到155个。

加大力度,快速推进,转型步伐加快。始终把项目建设作为拉动经济发展的"火车头",加快经济转型进程。2012年,全区招商引资签约项目9个,协议引进区外资金47.73亿元,到位资金16.45亿元,是建区以来签约最多、投资规模最大的一年。新成新材料年产4000吨同性等静压石墨制品技改项目开始生产。明阳新材料有限公司碳素新材料项目、新科健有限公司高密高强石墨制品项目的土建工程全部完成。通扬碳素、扬子碳素超高功率石墨电极项目、宇林德炭锂电池负极材料生产项目积极推进。这些项目建成后,全区碳素制品加工能力将达到17万吨,占到全国的近1/6。完成光华矿业球磨机节电控制系统、巨强活性炭活化炉节能装置、荣和炭素油洗电捕替代焚烧加工碳素石墨节能等技改项目。唯实机电二期矿用带式输送机、华进薯业马铃薯淀粉生产线、明星门窗年产10万平方米高档门窗、山西国际能源集团分散式风电、鑫龙商砼混凝土搅拌站、瑞泽混凝土减水剂等项目全部建成。投资245万元,完善谢家场科技示范园区道路和配套工程。投资228万元,完成花园屯工业园区排水、电路改造等工程。

优化布局,扩容提质,承载能力提升。科学定位城镇发展方向,创造适宜创业发展和居住生活的良好环境。完成交通基础设施建设投资5145.7万元,公路通车里程960.8千米,公路网密度101.8千米/百平方千米,形成区乡村之间便捷畅通的公路网络。完成堡子湾至李佩沟路面改造工程。完成迎宾路两侧建筑物改造,改造后总建筑面积7176平方米。完成迎宾路改造工程。完成居民区街巷改造150条,全区居民区街巷硬化全覆盖。完成云丰路南侧砼路面硬化6000平方米。完成检察院办案业务技术用房。法院审判大楼、国税局业务用房、文苑小区、福华苑小区、矿产资源补偿征费中心业务用房等工程基本完工。投资1.15亿元,完成古长城森林公园、区址主干道、大呼连接线、云丰公路等绿化工程,圆满完成全省造林绿化现场会各项造林绿化任务。

加大投入,协调推进,民生持续改善。多渠道筹集资金,大力发展社会事业,提高群众生活水平。投资310万元,完成区机关幼儿园、花园屯中心校幼儿园、新荣镇中心幼儿园、甘庄幼儿园改扩建任务。投资440万元,新建区二小食堂及餐厅。投资50万元,新建得胜小学。投资150万元,完成青泽学校综合楼维修改造任务。投资100万元,完成区二中维修改造及校园硬化工程。投资458万元,完成薄弱学校改造项目。全区22所学校教育设施设备达到省定标准。区医院住院楼、医技楼基本完工。新农合参合人数7.9万人,参合率98.6%,发放新农合补偿资金2192.8万元。投资523.5万元,完成区文化馆、图书馆主体工程。投资150万元,新建5个乡镇邮电所。完成59个村农家书屋建设任务。完成28个农民体育健身场所建设。全区140个行政村全部实现"五个全覆盖"。投资120万元,完成河东窑扬水站末级渠道配套工程。投资254万元,完成农村饮水安全工程8处,解决5142人、1120头大牲畜的饮水安全问题。投资696万元,完成张士窑引水项目。为3060人发放养老金5213万元,发放率100%。新型农村和城镇居民社会养老保险参保5.1万人,发放养老金1409.5万元,参保率95.2%。发放城市和农村低保金2437万元、救灾救助金180.6万元、"五保"供养金215万元、优待抚恤金343.6万元。为317名贫困残疾人免费配备辅助工具。为3500户低保户和低收入家庭发放廉租住房补贴350万元,解决了部分低收入困难群众住房问题。

(新荣区人民政府办公室)

左云县

【自然概况】 左云县位于山西省北端,大同市西部,北隔长城与内蒙古凉城县接壤,西南与朔州市右玉、山阴、怀仁县毗邻。全县总面积1314.2平方千米。辖3个镇6个乡228个行政村。2012年总人口15.8万人。

左云地处黄土高原东部边缘,地貌特征以黄土丘陵区为主。平均海拔1200米以上。气候类型属温带半干旱大陆性气候,年平均气温5.5℃,多年平均降水量409.7毫米,无霜期121天。

【经济发展概况】 2012年,全县地区生产总值34.78亿元,比2011年增长9.6%;财政总收入8.75亿元,下降3.6%;一般预算收入3.45亿元,增长14.9%;农林牧渔业总产值4.63亿元,增长9.1%;粮食总产量3.2万吨,增长6.7%;规模以上工业增加值10.73亿元,增长16.2%;社会消费品零售总额15.79亿元,增长16%;农民人均纯收入7431.6元,增长14.2%;城镇居民人均可支配收入17838元，增长16.3%。

着力优化产业结构，转型跨越发展迈出新步伐。基建矿井加快推进建设，17座建设矿井累计完成投资40.66亿元，占总投资的57.6%。李家窑煤矿、高家窑煤矿已实现联合试运转。金庄煤业和同发东周窑煤业累计完成投资64.13亿元。同煤集团煤制天然气项目、马道头煤电一体化发电项目、京能集团煤电气热电厂项目、大同低质煤高效利用循环工业项目、铁丰鹊山高家窑煤炭集运站、小京庄风力发电项目、歌美飒风力发电项目、大唐国际和天华阳光光伏发电项目等进展顺利。招商引资全年共签约引进项目21个，总投资额307亿元，到位资金64.49亿元，位列全省前茅。全县能源消耗量43.9万吨标煤，万元地区生产总值综合能耗1.3吨标煤，下降3.7%。全年空气质量二级以上良好天数353天，位于全市县（区）前列。

倾力助长农业产业，生态龙头企业得到新发展。全县设施农业标准大棚3000多栋，"513"龙头企业销售收入2.5亿元，专业合作社总数230家，养殖小区（场）66个，棚圈建设达20多万平方米。全县养殖场、户共饲养牛1.7万头，猪2.7万头，羊23.2万只，鸡21.5万只；全县肉产量4245吨、蛋产量1210吨、奶产量7958吨。全年完成机械化柠条平茬1000公顷，完成机耕2000公顷。先后实施国省级和一大批县级林业重点工程，新增造林面积1993.3公顷，基本形成"网带片点相结合，整体绿化创一流"的生态林业体系大格局。

加快城乡统筹发展，社会基础设施喜获新提升。农村新的"五个全覆盖"工程圆满完成。农村街巷硬化221个行政村，建设里程576.9千米，完成投资9317.9万元。建成高标准农村便民连锁店90个，新增营业面积3780平方米，具备条件的191个行政村全覆盖。建成农家书屋228个、农民体育健身广场223个、文化活动场所228个，实现了全县农村文化体育活动场所全覆盖。全县共有5.7万人参加新型农村社会养老保险，参保率98.8%。为中等职业教育在校生124人免除学费，覆盖率100%。全年完成24个新农村重点推进村建设任务。投资391万元解决了24个村、近1万人、600多头大牲畜的安全饮水问题。投资1330万元对县城周边12个村进行环境集中连片整治，惠及7263户1.8万人。投资1.3亿元，完成云新大街整体改造工程。投资1.01亿元，完成供热三站扩容改造工程，县城供热面积增加到160多万平方米，启运左云二级汽车站。开工建设5万平方米"云和园"经济适用房二期和2万平方米廉租住房工程。投资2100多万元，在县城重要路口安装交通信号灯及监控设备8处，设置交通隔离栏3400多米。投资8704万元的古长城旅游路主体工程完工，完成路面建设30千米。投资3668万元完成高低压建设工程15处，完成1座110千伏变电站和2座35千伏变电站主变增容工程。

努力保障和改善民生，各项社会事业取得新成绩。从2012年开始县财政每年拿出1500多万元，在全省率先实行了从学前到高中阶段的15年免费教育，惠及2万多名中小学生。投资500多万元，新建改建单办幼儿园2所，增设附属幼儿园4所。投资1500万元实施薄弱学校改造计划，重点为23所学校的教学装备、信息技术装备进行标准化配置。县综合职业技术学校一期工程主体建筑全部完工，建成后将成为全市中等职业教育三大基地之一。新型农村合作医疗2012年度全县参合人数9.5万人，参合率99.3%。投资600多万元完成全县9个乡镇的综合文化站建设。2012年左云县被授予"山西省文化强县"称号。全县共兑现各类低保金、"五保"供养金、救助金2800多万元。启用县社会福利中心，开办全省首家县级儿童福利院，集中收养孤儿28名。

（左云县人民政府办公室）

大同县

【自然概况】 大同县战国时属赵，汉置平城县，辽重熙十七年（公元1048年）从云中县分置大同县，大同县之名自辽始。现辖3个镇7个乡175个行政村。2012年总人口18.8万人。

大同县地处山西省东北部，大同盆地中间地带，县境平均海拔1157米，平均全年日照时数2576.6小时，无霜期111天左右。境内有大小河流13条，年平均降水量390毫米，水资源储量1亿立方米。全县总面积1497平方千米，耕地面积4.2万公顷。

全县探明矿藏11种，玄武岩储量最大，已探明储量69亿立方米，分布面积211.8平方千米。

黄花、绿豆、杏脯等特色农产品通过国家绿色食品认证，"大同黄花""小明绿豆"取得国家原产地认证、农产品地理标志认证。

【经济发展概况】 2012年，全县地区生产总值20.03亿元，比2011年增长13.2%；财政总收入3.41亿元，增长16.8%；一般预算收入1.39亿元，增长23%；农林牧渔总产值11.63亿元，增长16.3%；粮食总产量7800万千克，增长23.8%；工业总产值10.92亿元，增长33.7%；社会消费品零售总额10.96亿元，增长16.1%；城镇居民人均可支配收入13555元，增长16.8%；农民人均纯收入5657元，增长15.3%。

项目建设构建支柱。全年完成固定资产投资49.69亿元，相继推进大同论坛、万昌物流、恒岳重工、金森农牧等10多个投资亿元以上项目，其中，万昌物流、恒岳重工、同华矿机等7个企业建成投产。投资10.5亿元的宝迪食品工业园、投资25亿元的多晶硅新型清洁能源前期工作进展顺利，具备开工条件；投资120亿元的纺织园区签约落地，完成选址。

"一县一业"开发特色。全县新增黄花种植面积1200公顷，总规模达到4000公顷，主导产业的品牌效应开始凸显。具有地域特色的露地蔬菜、绿豆、杏果面积分别达到4666.6公顷、4666.6公顷、5333.3公顷。77个村被省列为"一村一品专业村"。鼎胜肉牛、天佑养鸡等一批龙头企业不断成长。农村饮水安全、高标准农田建设、小型水库除险加固、退耕还林口粮田建设、盐碱地改造等惠农工程圆满完成。

生态建设精品迭出。依托良好的生态资源，大力实施“生态立县”战略。投资1.1亿元，完成造林绿化2766.5公顷。在短短3个月的时间内，完成大同机场至县城西环路连接线、火山群旅游路、老虎山停车点等一批精品工程，生态建设已经成为大同县的“第一名片”。被评为“全国防风治沙先进县”“全省造林绿化先进县”“全省林业生态县”。

城市品位明显提升。投资3.89亿元，先后完成大同机场到县城公路建设、火山地质公园旅游路建设、西坪河公园一期建设、棚户区改造、湖东宾馆改建和县城北街集贸市场等工程，县城城市品位明显提升。文化图书大楼投入使用。大同火山群国家地质公园得到国土部批复。

（大同县人民政府办公室）

天镇县

【自然概况】 天镇县位于山西省东北部，地处山西、河北、内蒙古三省（区）交界处。全县辖11个乡镇、221个行政村。2012年总人口20.9万人。

全县总面积1635.1平方千米，海拔高度在976～2106米之间。地貌特征为山区多、平原少，山区、丘陵、平原分别占总面积的51%、29%和20%。

天镇属大同断陷盆地，为大陆性北温带干旱区季风气候，四季分明，冬季偏长，风多雨雪少，蒸发量大，年均降水量400毫米，常年平均气温6.7℃，昼夜温差平均13.7℃，无霜期120天。

天镇没有煤炭资源，但其他矿产资源比较丰富，已探明的矿产有39种，地热水、铁、石墨、花岗岩、大理石、白云岩、玄武岩、霞石正长岩、泥炭等都具有一定的开采价值。

天镇现存文物古迹388处，国家级重点文物保护单位慈云寺、汉墓群和省级文物保护单位盘山石窟、古长城以及玉皇阁、惠庆塔等都具有较高的开发和观赏价值。

【经济发展概况】 2012年，全县地区生产总值16.97亿元，比2011年增长10.6%；工业总产值6.88亿元，增长34.5%；固定资产投资31.55亿元，增长19.9%；社会消费品零售总额6.52亿元，增长16%；财政总收入1.2亿元，增长18.8%；一般预算收入5508万元，增长20.3%；城镇居民人均可支配收入14788元，增长17.3%；农民人均纯收入4209元，增长14.6%。

农业发展步伐加快。全年新增设施蔬菜面积520公顷，总面积近1333.3公顷；建设养殖小区22个，新增圈舍面积2.4万平方米。巩固和加强与北京市东城区“产销对接”合作，新建农副产品直营店7家，总数达到17家，顺利完成东城区所有街道全覆盖目标。加大扶贫开发力度，启动玉泉等4个乡镇39个贫困村的连片扶贫攻坚试点工作，实施956户3250人易地扶贫移民工程和16个村的整村推进项目。扎实推进农业基础设施建设，发展节水灌溉2460公顷，改造中低产田和盐碱地1060公顷。粮食总产量再创新高，达到1.49亿千克，被评为全省粮食生产先进县。

项目建设力度加大。组织实施省市重点工程42项，完成投资48.7亿元。装机总容量15万千瓦的华能武家山风电场一期二期工程、华润大梁山风电场一期工程并网发电，全年发电2.5亿千瓦小时，产值1.5亿元。华润大梁山风电场二期工程顺利推进。全省“十二五”期间首个核准的光伏发电项目——大唐环翠山30兆瓦光伏电站开工建设。新裕隆金属镁公司年产1.5万吨镁锭、2万吨镁合金技改扩建工程完工。博诚公司年产5000吨脱水蔬菜项目启动实施。

城乡基础条件不断改善。天大高速公路天镇至大同段通车运行，新建和改造县乡公路67千米，迎宾大桥主体吊装完成。铺设县城污水管网10千米、电力管网15千米，实施华润天然气供气站主体建设和部分中压管网铺设工程，开工建设商品住宅11.5万平方米。完成南洋河县城段北岸133公顷绿化、省道马走线通道绿化和逯家湾镇200公顷柠条生物质能源林等重点生态建设工程。组织实施新平堡省级重点示范镇建设项目17个，开展谷前堡等3个乡镇18个村的环境连片综合整治。

民生保障水平逐步提升。圆满完成农村新的“五个全覆盖”工程。累计实施农村街巷硬化1492千米，新建农村便民连锁商店80个，行政村全部建成农村文化活动场所、农家书屋、体育场所，9.2万人参加新农保、参保率89.8%，对符合条件的2645名职业高中学生免除学费317万元。加快保障性住房建设，新建廉租住房1008套6.2万平方米，实施棚户区改造755户、农村危房改造500户。保障低收入群体生活，纳入城乡低保和“五保”供养对象2万户3.1万人，为低收入农户发放冬季取暖用煤9万吨。

（天镇县人民政府办公室）

浑源县

【自然概况】 浑源县总面积1966平方千米。地形呈“南山北坡中盆地”，山地、丘陵、盆地分别占总面积的56%、26%和18%。年降水量400毫米左右。2002年被确定为国家扶贫开发工作重点县，2012年被确定为燕山—太行山片区扶贫县。

县内有煤炭、花岗岩、膨润土、正北芪等20多种资源。境内现有文物保护单位21处，其中，国家级重点文物保护单位7处。

2012年全县总人口34.8万人。

【经济发展概况】 2012年，全县地区生产总值34.13亿元，财政总收入4.56亿元，一般预算收入2.47亿元，农林牧渔业总产值14.99亿元，粮食总产量1.44亿千克，工业总产值23.4亿元，社会消费品零售总额21.25亿元，城镇居民人均可支配收入15038元，农民人均纯收入4547元。

项目建设成绩喜人。2012年，总投资202亿元的100个省市县重点项目，完成年度投资52.81亿元。

改革创新　先行先试　探索实践

——我省县域经济转型综改迈出实质步伐

2011 年 2 月，省委、省政府作出加快发展县域经济的战略部署后，全省上下坚持科学发展主题、加快转变经济发展方式主线和转型跨越发展总战略，全面推进转型综改试验区建设。

2012 年，我省资源型经济转型综合配套改革试验区建设进入全面实施阶段，发展的动力和活力不断增强。经过多方努力，2012 年 8 月 7 日国务院正式批复《山西省国家资源型经济转型综合配套改革试验总体方案》。在多轮广泛征求意见修改完善的基础上，编制完成山西省转型综改《实施方案》。大力推进试点工作，围绕产业转型、生态修复、城乡统筹、民生改善四大任务，确定了“一市两县”“一市两园”和首批 20 个省级转型综改标杆项目，出台了支持园区和项目的优惠政策。

全省上下不等不靠、主动作为，制定落实行动方案，抓住转型核心，突出改革创新，开展了鲜活生动、各具特色的“先行先试”探索实践。如太原市围绕改善省城生态环境大力推进五大工程和五项整治，大同市加快推进新兴产业集聚式和板块式发展，阳泉市着力打造特色生态新城，长治市大力推进上党城镇群建设，晋城市以气化晋城为突破口探索低碳发展新路径，朔州市加快推进东部新区“四化一体”建设，晋中市着力建设“108 综合发展廊带”，忻州市建立储备、招商、落地、开工、服务和考核“六位一体”项目推进机制，临汾市加快推进百里汾河新型经济带建设，运城市加强与邻近省份合作加快黄河“金三角”承接产业转移示范区建设，吕梁市以产业集聚、园区承载、循环经济为重点推进产业转型。县域经济转型综改“先行先试”迈出实质步伐，取得了阶段性成效。

耿彦波市长向省政府领导汇报

耿彦波市长走访工程涉及的住户

2013 年太原城市建设掠影

2013 年，太原市加快南部新区建设和老城区改造，进行大规模城市道路改造以及配套管网的升级改造建设，24 个新建改造大型路桥项目全部实现当年设计、当年开工、当年完工；道路总计拆迁 483 万平方米，新修、改造大小道路 105 条，累计完成里程 185.66 千米、道路面积 637 万平方米，完成投资 232 亿元。其中，2013 年城市路桥新建改造项目中，中环快速交通体系于 12 月 26 日通车，6 项工程主线全长 48.46 千米；府东府西街、并州路、太茅路等 18 项城市主次干道工程已完工，累计总长 72.7 千米。为优化城市主干与支路的合理匹配，太原市还对 78 条支线进行了微循环改造，总计 19.3 千米。在道路建设中，坚持地上与地下并重，力争做到地下 50 年不开挖。2013 年结合道路改造，全市铺设供水管网 123.83 千米、供热管网 87 千米、燃气管网 69.75 千米、污水管网 165 千米、雨水管网 149 千米、电缆 325 千米、通信线路 1500 千米。这些都将对改善城市交通、促进经济发展、方便人民生活起到显著的作用。

（太原市政府办公厅　供稿）

改造后的并州路

耿彦波市长施工现场踏勘

耿彦波市长现场办公

北中环桥西

南中环路面一景

西中环

东中环长风街下穿

改造后的府西街

东中环

太原市中环路高架桥建设集锦

大同市重点工作观摩团在灵丘县观摩

灵丘县县长罗永山(中)调研设施农业

砥砺前行　逆势奋进

——灵丘县

正在建设的 2×320 立方米富锰渣技改生产线项目

2012 年，灵丘县认真贯彻落实中央和省、市一系列决策部署，团结奋进，奋发有为，全县经济社会各项事业稳中有进，取得了新的成绩。

★坚持谋发展、促跨越，综合实力再上新台阶。2012 年，全县生产总值 33.33 亿元，比 2011 年增长 10.2%；社会消费品零售总额 20.13 亿元，增长 16%；规模以上工业增加值 13.52 亿元，增长 13.6%；固定资产投资总额完成 49.27 亿元，增长 71.5%；财政总收入 5.51 亿元，占年度调整目标任务的 102.7%；农民人均纯收入 4597 元，增长 14.5%；城镇居民人均可支配收入 18112 元，增长 17.6%；粮食总产量 7.4 万吨，达到历史最高水平。

★坚持抓转型、上项目，结构调整迈出新步伐。2012 年，实施重点工程项目 36 项，完成投资 51.54 亿元，占年任务的 140%。寒风岭风力发电项目并网运营。唐河水库建设项目下闸蓄水。县城集中供热二期工程全部完工。管道天然气项目入户供气。其他项目顺利推进。

★坚持夯基础、求特色，农村经济得到新发展。2012 年，各级财政用于“三农”的投入 6.5 亿元，增长 42.3%。实施 27 个新农村重点推进村建设。从 2009 年开始连续四年在全县开展的两轮“五个全覆盖”工程，全方位改善了农村、

灵丘县政府与盛世桑业科技公司签署有机农业合作协议

灵丘县大作现代农业观光园一角

农民的社会生活，是全县农村面貌变化最大、农民得到实惠最多的四年。

★坚持抓统筹、促建设，城乡面貌发生新变化。2012年，围绕城乡基础建设，不断统筹城乡发展，推进县域城镇化进程。全县公路通车总里程达到1370千米，县城“六横八纵”交通框架基本形成。东河南镇“百强镇建设”工程顺利启动。

★坚持办实事、惠民生，人民生活质量有了新提升。保障体系进一步健全，全县新农保参保人数达到11.7万人，2.8万名60岁以上农民领取养老金1872万元，城乡低保和农村“五保”供养对象领取生活补助金5031万元，新型农村合作医疗为全县患者报销医疗费5754万元。每年1吨“爱心煤”按时足量发放，惠及全县所有低收入农户。教育事业健康发展，全县高考本科达线386人，达线率17.8%。被国务院评为全国“两基”工作先进单位。医疗卫生水平继续提高，武灵镇卫生院建成使用，县医院住院楼主体工程、史庄乡卫生院、独峪乡卫生院改建工程和17所村卫生所建设工程全部完成。人口计生工作进一步加强，顺利通过全省优质服务县验收。城乡文化事业蓬勃发展，成功举办“2012年361°中国乒超联赛”和“平型关大捷75周年纪念”活动，举行全省体育“三下乡”健身行活动，启动有线电视“村村通”工程，恢复灵丘人民广播电台调频节目播出。

（灵丘县政府办　供稿）

新农村建设示范村——灵丘县上北泉村

省长李小鹏在原平调研指导工作

原平市市委书记薛根生在范亭中学调研指导工作

弘扬原平精神 彰显原平速度 挺进全国百强

——原平市

2012年，原平市紧紧围绕“扭住跨越发展，挺进全国百强”奋斗目标，牢牢抓住转型综改和扩权强县历史机遇，以争创一流的决心和敢行敢试的勇气，齐心谋转型，戮力促跨越，扎实惠民生，“四大战役”捷报频传，“八大工程”（园区创建、天牙景区、治理滹沱、范亭广场、城南水系、城市畅通、化二改造、范中振兴）凯歌高奏，各项经济指标逆势上扬，生产总值越过100亿元，财政收入突破20亿元，粮食产量超过35万吨，经济总量持续扩张，综合实力大幅攀升。

★集中优势建园区，新型工业闯出新天地。按照省委书记袁纯清“把原平循环经济示范区建成全省转型综改试验破局的排头兵”指示要求，加快示范区建设步伐。路网、供水、供电、排水等基础设施完成投资3.2亿元，示范区的承载力显著提升。在一年多的时间内，入园项目23个，总投资209.4亿元，已完成投资31亿元。示范区内30多座标准化厂房相继建成，3个项目的一期工程竣工投产。在代表忻州接受全省项目观摩中，省委书记袁纯清给予“建设速度之快、项目落地之多、招商效果之好，走在了全省前面，为推进转型综改试验区建设、加快工业园区发展提供了新的标杆，值得学习借鉴”的高度评价。

★集中精力攻项目，产业发展得到新提升。进一步加大招商引资力度，实施和建设了一批影响力大、带动性强的项目，包括20大工业项目、6大农业项目、4大商贸物流项目等，全市形成以铝、电、煤、铁、机械装备制造为支柱的产业格局，为转型跨越发展奠定了坚实基础。

★集中力量创宜居，城乡面貌实现新巨变。按照“东拓南改、三水环城”的发展思路，“两景·十二路”胜利竣工，范亭广场和牛卧河生态公园一期工程，将于今年全面建成，街道整治、硬化绿化等一体化建设成效显著，新“五个全覆

王家庄乡"聚满园"无公害蔬菜进京

原平市循环经济示范园区佳诚液压有限公司车间一角

盖"任务全部完成，打造出城乡环境优美、人文气息浓厚的崭新形象。

★集中财力惠民生，社会事业迈上新台阶。城南供热站、轩岗立交桥等"六基五校"工程扎实推进，市委、市政府承诺为老百姓办的实事基本兑现。社保政策有效落实，基本实现城乡养老、医疗保障全覆盖。创建成为国家计生优质服务先进市、全省文化强市、食品安全省级示范市，科技专利申报名列忻州市第一。

★集成创新抓党建，政通人和展现新气象。扎实推进创先争优和保持纯洁性教育活动，组织工作满意度测评名列忻州第一、全省前茅，忻州市党建项目观摩评比为第一名。深入开展反腐倡廉工作，"农廉""三比一树""惩防体系信息化建设"等工作忻州第一、全省领先，连续三年被评为"全省政风行风评议先进市"。"崇文尚武、自强包容"的原平精神成为展现市域文化形象的一张靓丽名片，遍布城乡的"草根文化"得到省领导和中央媒体的高度关注。深入推进"法治原平""平安原平"建设，成为山西省唯一的全国法制宣传县级联系点，市公安局被评为"全国公安机关执法示范单位"，政法综治工作忻州第一、全省领先。认真抓好统战工作，年度综合考评忻州第一，晋商大会签约任务超额完成。扎实抓好信访维稳工作，获得中央信访督导组的好评，工作经验在全国信访会议上交流推广，被列为全省信访工作的两面红旗县之一。

（原平市委秘书处　供稿）

国家级非物质文化遗产原平凤秧歌

风景秀丽的天牙山景区

经济转型　社会进步　民生改善

——原平市

北岗设施农业

2012年，原平市紧紧围绕“扭住跨越发展，挺进全国百强，建设新型工业基地、商贸物流中心、和谐宜居家园”的奋斗目标，以打好“四大战役”、实施“四大工程”为着力点，抢抓“双试点”机遇，先行先试，率先突破，开创了经济转型、社会进步、人民生活不断改善的良好局面。

★经济实力大幅提升。2012年全市生产总值105.2亿元，比2011年增长10.5%；财政总收入20.8亿元，增长18.7%；一般预算收入8.8亿元，增长27.3%；规模以上工业增加值52亿元，增长11.2%；固定资产投资114.6亿元，增长26%；社会消费品零售总额39.8亿元，增长16.4%；城镇居民人均可支配收入19895元，增长14.6%；农民人均纯收入6472元，增长16.8%。生产总值、财政总收入、固定资产投资等5项指标的总量均居忻州市第一，连续三年被评为忻州市目标责任考核优秀市。

★项目攻坚再创佳绩。全年启动实施项目224个，总投资1084亿元，累计完成投资235亿元。循环经济示范区已列入省级新型工业化示范基地、省级工业循环经济产业基地；万亩起步区一年多时间入驻项目23个，总投资209.4亿元，其中亿元以上项目13个。全市储备项目207个，总投资1600多亿元，其中新型产业项目占到60%以上。

★“三农”工作稳步发展。认真落实各项惠民政策，全年发放各类补贴资金7088万元。粮食总产量3.5亿千克，再创历史新高。农业结构进一步优化，省、市级“一村一品”专业村99个。全面完成2400公顷中低产田改造和7座水库除险加固工程，被评为全省农田水利基本建设红旗县(市)、忻州市水利工作先进县(市)。两轮“五个全覆盖”工程投入力度大、覆盖范围广、受益群众多，农村生产生活条件明显改善。

★城乡建设统筹推进。按照“东拓南改、三水环城”的城市发展思路和“一核两次十字形”城镇发展格局，全力落实“决战城建年”工作部署，完成了青年西街、文化北路、北环线等12条道路建设，进一步拉大了城市框架。全市用于

中电投山西铝业公司

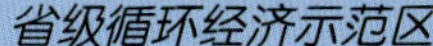
省级循环经济示范区

青年西街

城市基础设施建设的资金 4.2 亿元，为历年之最。崞阳镇抓住列入山西省“百镇工程”契机进行了升级改造，其他中心城镇建设规模逐步扩大。

★民生改善成效显著。由四景、九路、六基、五校组成的“4965”民生工程取得突破性进展，天牙山风景区、滹沱河水利风景区等工程竣工投用。保障性住房建设超额完成任务，社会保障体系进一步健全，城市低保、农村低保、农村五保实现应保尽保。列入忻州市文化产业扶持项目的电影《梨花情》已经公映，民间文体活动丰富多彩，被中国诗歌学会授予“中国诗歌之乡”称号。基本公共卫生服务均等化稳步推进，新农合参合率 99.8%。城镇人口网格化服务管理省级试点有序推进，荣获“国家级计划生育优质服务先进县(市)”称号。

（原平市政府办　供稿）

二桥卧波

滹沱河水利风景区

天牙山风景区

全国人大常委会副委员长、中华全国总工会主席王兆国在梧桐新区考察新农村建设情况

省委书记袁纯清在孝义调研

先行先试　积极作为　奋力开创转型跨越发展新局面

——孝义市

2012年，孝义市坚持以科学发展观为指导，以转型综改和扩权强县“双试点”为总抓手，解放思想，先行先试，破解难题，加快发展，全面推进工业新型化、农业现代化、市域城镇化、城乡生态化，资源型经济转型和“民生幸福孝义”建设取得新成效。

★综合经济实力继续位居全省前列。2012年全市生产总值390.1亿元，全省县域总量第一；财政总收入64.26亿元，全省县域总量第二；一般预算收入24.82亿元，全省县域总量第二；规模以上工业增加值257.9亿元，全省县域总量第一；全社会固定资产投资完成221.25亿元，全省县域总量第一；社会消费品零售总额93.38亿元，全省县域总量第一；城镇居民人均可支配收入23151元，全省县域第三；农民人均纯收入11077元，全省县域第二。在中国百强中位列第65位，连续6年进位赶超，连续两年位列全国百强居民满意度前十名。

★转型综改和扩权强县试点工作取得新进展。在全省市县两级首家获批《孝义市转型综改试验先行试点行动方案(2012年)》，首家通过《绿色转型三年行动计划》。千万吨级煤化工循环经济园区列为全省四个焦化集中发展区之一。高新科技产业园区被确定为吕梁市级科技创新园。金岩集团入围全省“一县一企”循环经济试点企业。城乡一体化建设、胜溪湖湿地公园和梧桐镇宜居新区项目被列为全省城镇化首批百项标杆项目。借助梧桐镇、下堡镇列入全省首批“百镇建设”有利契机，启动6个扩权强镇试点。

★转型项目攻坚实现新突破。全年项目储备2103.42亿元，落地707.32亿元，建设投资210.03亿元。重点项目建设综合排名吕梁前茅。千万吨级煤化工循环经济园区、高新科技产业园区、装备制造业园区、现代农业园区和中心城区现代服务业集中示范区“五大园区”吸引70余个转型项目入驻园区，总投资涉及2000亿元。

★农业产业化实现新突破。依托“一村一品”“一县一业”，大力发展特色“种养加”产业，核桃经济林总面积突破2.7万公顷，设施蔬菜总面积1133公顷。胜溪新村(绿盈蔬菜)入围全国第二批“一村一品”示范村镇名单。

省长李小鹏在孝义调研

吕梁市委常委、孝义市市委书记张旭光在基层现场办公

★特色城镇化实现新突破。围绕在全省率先实现"市域城镇化、城乡一体化"目标，深入实施特色城镇化"1420"工程。加快推进总投资13亿元的吕梁职业技术学院等地标性建筑建设，"一河一湖、沿河环湖"城市框架基本形成。搭建起"八横九纵一环"的开放型交通网络。市区集中供热普及率95%，集中供气普及率95.7%。

★市域生态化实现新突破。在全省市县两级首家通过《绿色转型三年行动计划》。深入实施节能减排、造林绿化和城乡环境卫生整治"三大工程"。城区空气质量二级以上天数361天，一级天数111天。森林覆盖率30.9%，林木绿化率42%。荣获全国生态文明先进市、国家园林城市、首批省级综合宜居城市、省级城乡环境卫生整洁行动先进市等称号。

★文化强市实现新突破。大力弘扬"行孝仗义、包容大气"的优秀传统和"先行先试、勇闯一流"的时代精神。金晖小学、胜溪新村小学列入中央专项彩票公益金支持乡村学校少年宫项目，司马初中刘炳彤获得山西省助人为乐美德少年。农家书屋实现全覆盖，图书馆、文化馆面向社会免费开放。

★保障和改善民生实现新突破。高标准完成农村新"五个全覆盖"、低收入农户"暖心煤"发放，吕梁市"方便农民五件实事"全面推进。新农合、新农保以及城镇居民养老保险、医疗保险全面推行，城乡低保应保尽保。

★基层党组织和党员队伍建设实现新突破。认真学习贯彻党的"十八大"精神，深入开展保持党的纯洁性学习教育活动，举办"孝义大讲坛"。实施干部任职挂职"五个一批"计划。扎实开展基层组织建设年活动，选树基层党建工作示范点100个，基层党组织实现党务公开全覆盖。组织工作和廉政工作满意度均名列全省县市第一。

（孝义市委办　供稿）

概算总投资800亿元的山西信发化工铝系综合循环项目

总投资35亿元的梧桐新区建设工程

总投资13亿元的吕梁职业技术学院

省长李小鹏在灵石调研扩权强县工作

灵石县县委书记段燕翔调研核桃产业

大胆探索　先行先试

——灵石县

灵石县被确定为全省转型综改试点县以来，大胆探索、先行先试，在重点领域和关键环节上进行了一系列积极的探索和尝试，取得一定成效。

★创新金融服务机制。成立县金融创新领导组，3 家银行与 15 家企业达成 13.2 亿元的贷款意向；与县建行签订小微企业“助保贷”业务合作协议，全力支持项目建设和小微企业发展。积极探索现代融资模式，启动了 6 家小额贷款公司组建工作；采取“政府引导、企业主体、社会参与”模式，首支 10 亿元城镇化建设基金已认购 4.5 亿元。与省城镇化建设金融服务团、融资担保联盟签订全面战略合作协议，为城镇化建设提供资金保证。力争用 3 年左右的时间，将基金规模扩大到 80 亿～100 亿元，培养 1 家本土上市公司。

★创新土地管理机制。重点实施城乡建设用地增减挂钩、矿业存量土地整合利用、露天采矿用地方式改革试点“三项改革”。第一轮增减挂钩城镇和工业建新区 11 个项目征地已获省政府批准，第二轮增减挂钩城镇和工业建新区 4 个项目征地资料已上报省国土厅。着手启动三、四轮城乡建设用地增减挂钩工作。矿业存量土地整合利用实施方案获批，复垦设计通过评审，实施后可解决煤矿建设用地 180.6 公顷，新增耕地 32.1 公顷。

★创新矿山生态环境恢复治理模式。实行地税部门代征，财政、煤炭部门参与调度的工作机制，将矿山生态环境恢复治理保证金缴纳作为煤矿复工复产的前置条件，确保按时足额征收；尝试推行保证金统筹使用办法，县政府从保证金中提取 50%，对重点区域统一规划、集中治理，其余 50%由企业申请立项、就地使用，形成统分结合、科学有效的治理模式。

★探索产业转型促进机制。按照“地下与地上捆绑、以地下促地上”的原则，要求新设立矿权或增层扩界的煤炭企业同步建设与煤矿投入等额的地面项目，已有 4 户企业上马总投资 410 亿元的北斗导航智慧应用云计算、汽车零部件制造、动力锂电池、通信级塑料光纤等 6 个转型项目；出台《灵石县本土企业建设转型项目优惠政策》，逐步建立起有利于生产要素向非资源型企业集聚的体制机制。

静升万亩核桃园

投资390亿元的东方希望铝系综合循环经济园奠基开工

★创新社会管理机制。进一步深化网格化管理，充分利用现有的安全生产、信访稳定、综合治理、市政管理、食品安全、应急管理“六网”体系，健全基层管理和服务体系，提高管理效率。出台《灵石县流动人口管理办法》，进一步完善流动人口服务管理机制。

★深化行政审批改革。围绕打造全省“审批事项最少、时限最短、流程最简、费用最低、服务最优”的目标，进一步精简审批事项，优化审批流程，行政审批事项由76项减少到53项；建立公共资源交易中心，将建筑、交通工程交易、政府采购监管、土地招拍挂及其他交易监管统一整合，解决了项目建设招标难、集中采购交易慢、国有(集体)产权出让不便捷等问题，真正实现公正开放、竞争有序、服务到位、监管有力的公共资源交易管理服务新体系。

（灵石县委办　供稿）

灵石文化艺术中心

山西存山新能源产业园、北斗导航智慧应用云计算项目奠基仪式

保障房建设一角

县域城镇化建设基金试点推进会

灵石县县委书记段燕翔、县长刘旋在中煤化工公司调研

英武乡核桃林示范区

紧抓试点机遇　加速转型跨越

——灵石县

2012年，灵石县紧紧抓住全省综改试验和扩权强县“两个试点”机遇，全面实施“十二五”战略部署，加速推动转型跨越发展，经济社会朝着又好又快发展的方向不断迈进。全县生产总值174亿元，比2011年增长12.7%；规模以上工业增加值116.9亿元，增长20.4%；固定资产投资完成101.6亿元，增长13.4%；社会消费品零售总额46.4亿元，增长16%；财政总收入36.7亿元，增长17.5%；一般预算收入13.8亿元，增长46.2%；城镇居民人均可支配收入25175元，增长13.1%；农民人均纯收入10515.5元，增长15.6%。

★产业转型迈出新步伐。坚持以项目调结构、促转型，深入开展“项目落地年”活动。引进项目11个，达成引资意向270.5亿元，到位资金36.9亿元；实施108项重点工程，完成投资134.1亿元，一批重点项目竣工投产。狠抓传统产业改造和新兴产业培育，26座煤矿升级改造完成投资45.8亿元，中煤化工“18·30”项目进入试产阶段，东方希望铝系综合循环经济项目取得积极进展。推进特色现代农业建设，发展以核桃为主的“一村一品”专业村92个。新植核桃林2667公顷，总面积达到1.9万公顷，产量达到1200万千克，带动农民人均增收1500元。设施蔬菜面积达到220公顷。新建了驰鑫万头生猪、通宇8万只蛋鸡等养殖项目。加快文化旅游业发展，围绕打造“古镇大院文化名地、山水休闲旅游胜地、中国版画艺术基地”三张名片，积极推进石膏山风景区、红崖峡谷景区等一批旅游项目建设，成功举办首届中国灵石国际版画双年展和第三届文化旅游月活动，旅游综合收入达到26.4亿元。

东方希望铝系循环项目工地一角

聚义循环产业园煤矸石制砖车间

静升河城区段整治

大道永吉

美轮美奂的山城夜景

文化艺术中心

成立的首家村镇银行

灵石"五保"老人实现100%集中供养

灵石博物馆

★城乡面貌发生新变化。积极实施"大县城"战略，持续加大旧城改造力度，畅青苑小区、存山启明城、贵都财富中心等一批房地产开发项目完成主体工程，成为城市建设的新亮点；全面启动静升新区建设，路网工程、人民医院、政法业务大楼、森林公园等工程进展顺利。加快特色村镇建设，20个新农村建设重点村有序推进，鑫源、延安新村成为新农村建设样板。加快水、电、路、气等基础设施建设，石膏山水库竣工蓄水，完成10千伏弓珍线路、农村低压台区及线路改造等电力工程和南马路、玉郝线等道路建设工程，新铺设煤气管网9千米。大力推进节能减排，完成汾河沿线、县城周边5户污染企业搬迁，万元生产总值综合能耗下降3.7%，二氧化硫等6项减排指标全部完成。全方位推进造林绿化，新植生态林4267公顷，完成村庄绿化37个、通道绿化103.8千米，县城绿化覆盖率43%，人均公共绿地面积达到9平方米。加大环境综合整治力度，县城区二级以上天数358天，一级天数142天，空气质量稳定达到国家二级标准，通过国家卫生县城综合评审。

★改革创新实现新突破。坚持先行先试、快行快试，出台了推动综改试点的"十六条"意见。创新土地供应机制，解决项目用地253.3公顷。搭建项目融资平台，启动6个小额贷款公司和1支私募股权基金的筹建工作，成立了首个村镇银行。深化行政审批制度改革，审批事项由269项精简为76项，单件审批平均时限由20.6个工作日压缩为4.4个工作日，26个部门76个审批事项和35个部门132个服务事项全部纳入政务服务中心集中办理。用足用好省、市下放的85项经济社会管理权限，全年共办理事项703项。加强和创新社会管理，社会管理网格化服务体系全面建立，被确定为全市社会管理创新综合试点，城关居委"村改居"工作取得突破。

★社会事业有了新发展。县财政用于民生领域支出达到9.6亿元，较2011年增长16%。新开工保障性住房3911套，完成投资3.2亿元。城镇新增就业4970人，安置下岗失业人员1130人，困难人员再就业233人，转移农村劳动力5036人，创业带动就业1540人。发放城乡居民养老金2598万元、低保户救助金2769万元。高考达线人数突破千人大关，职中实训楼和36所中小学校舍维修工程完工。县乡村三级医疗卫生机构达标率98.3%，新农合参合率98.6%。4个文化站建设完工，实现乡镇文化站全覆盖。人口计生工作受到国家和省市表彰。深入开展百日安全大检查和"打非治违"专项行动，加强知责、履责、问责"三责"教育，安全基础进一步夯实，亿元地区生产总值安全事故死亡率下降14.8%；狠抓食品药品行业管理，有效保障了广大群众食药安全。

（灵石县政府办　供稿）

社会管理网格化指挥中心

贴心的政务服务

红崖大峡谷

王家大院夜景

周槐苍翠

潞宝集团 6.3 米大焦炉点火

王曲电厂

引深实施“三三”战略 强力推进六化建设 加速冲刺全省二十强

——潞城市

近年来，潞城市委、市政府认真贯彻落实省委、省政府转型跨越发展战略部署，逐步完善了“以转型综改和扩权强县试点市建设为统揽，引深实施三三战略，即突出抓好招商引资、项目建设和党的建设三项重点工作，在建设全国一流的现代煤化工循环经济集聚区、现代服务业集聚区和高新技术产业集聚区三个方面取得重大突破，强力推进工业新型化、农业现代化、市域城镇化、城乡生态化、文化特色化、社会和谐化六化建设，以立志大干的决心和先行先试的勇气，加速冲刺全省二十强”的总体工作思路，进一步解放思想，先行先试，扎实苦干，经济社会发展取得新进展、新成效。

★突出抓好招商引资，项目建设保持强劲势头。把项目建设作为全市工作的第一抓手，确立并牢牢坚持了“投资者是恩人、引资者是亲人、破坏发展环境者是罪人”的理念，创新实施了“双十机制”，即处级领导包项目责任制、首席代表制、挂牌保护制、倒排工期公示制等“十项制度”，成立经济环境保护委员会、选派机关干部到项目单位挂职服务、举报并查处不落实的人和事、开展对照职责找差距活动等“十项措施”，创造了一流的政策环境、政务环境、信用环境、人文环境和治安环境。从 2011 年至今，开工建设了 93 个投资额在 3000 万元以上的新项目。这些项目总投资 400 多亿元，全部建成达效后，可新增年产值 500 多亿元、税金 40 多亿元、就业岗位 3 万多个。特别是潞宝 30 万吨

潞宝 60 万吨有机合成材料项目

城西水系

己内酰胺一期、6.3 米捣固焦炉、30 万吨甲醇、潞安钴基合成油、天脊 27 万吨硝酸、北航无人机等 10 个 10 亿元以上的工业转型项目，以及城西新区一期颐龙湾和水岸春城、二期昌运嘉苑、凯丰物流、汽车大世界、家电大世界等 10 个亿元以上的现代服务业项目，对潞城转型跨越发展有着举足轻重的作用。

★统筹发展各项事业，“六化”建设迈出坚实步伐。农业现代化方面，坚持把核桃经济林作为“一县一业”的载体，被命名为全省优质核桃基地县和核桃产业重点县。因地制宜发展“一村一品”，大力支持美味、圣堂等 10 大龙头企业发展壮大。市域城镇化方面，城镇化率达到 51.37%，店上镇被确定为全省“百镇建设”示范镇。城乡生态化方面，森林覆盖率达到 19.5%，林木覆盖率达到 25.6%，市区二级以上天数 354 天，被命名为“全国绿化模范县(市)”。文化特色化方面，率先在全省成立了第一个县级中华文化促进会，凝练出“崇仁、包容、求实、敢为”的潞城精神。社会和谐化方面，扎实推进教育优先、全民健康、保障扩面、就业增收、社会管理创新等工作，第二轮农村“五个全覆盖”全部完成。

（潞城市委办　供稿）

常庄村新农村建设

潞城市经济适用房建设现场

长潞城际快速通道

城西新区房地产开发

省委书记袁纯清在潞城调研项目建设

省长李小鹏在潞城调研

凝神聚力促转型 知难求进谋发展

——潞城市

2012 年，潞城市面对宏观经济环境复杂多变和经济下行压力加大的严峻形势，突出招商引资，狠抓项目建设，负重前进，扎实工作，经济社会发展取得新成绩。全市生产总值 97 亿元，比 2011 年增长 10.4%；规模以上工业增加值 72.8 亿元，增长 13.9%；社会消费品零售总额 10.1 亿元，增长 15.7%；城镇居民人均可支配收入 18953 元，增长 13.8%；农民人均纯收入 8533 元，增长 15.6%；财政总收入 8.01 亿元，一般预算收入 3.56 亿元。

★坚持项目带动，发展后劲进一步增强。建立健全“双十推进机制”，“项目落地年”活动取得明显成效。全年确定重点项目 119 个，总投资 582 亿元；在建项目 98 个，完成固定资产投资 81.1 亿元，增长 43.1%，增幅长治市第一；全年引进科技含量高、市场前景好、投资 10 亿元以上的大项目 10 个。

★坚持先行先试，综改试点进一步推进。《潞城市转型综改试验先行试点行动方案》通过省综改办批复，产业转型、生态修复、城乡统筹、民生改善 4 大领域、15 个标杆项目全面启动。率先在全省推行惠农卡服务。组建潞城农商行，率先在全省走出了高风险信用社改制新路子。

凯丰物流仓储项目

长治市四套班子领导在潞城观摩项目建设

山西华农纳米科技公司年产 5 万吨纳米碳溶胶、2000 吨纳米碳粉项目

★坚持调整结构，运行质量进一步提升。确定了潞宝煤焦化、天脊煤气化、潞安焦化、史回物流“一区四园”的产业布局，煤化工循环经济集聚区建设迈出坚实步伐。卓越水泥、兴宝钢铁等企业采用新技术改造现有生产工艺，传统产业循环发展有了新突破。华农纳米碳增效肥、航空航天高科技产业园等一批新项目相继落地开工。大力发展现代服务业。完成城南新区规划。总投资 30 亿元的中盛汽车、永达家电等一批项目开工建设，现代服务业集聚区初具雏形。农业现代化稳步推进，特色养殖规模稳步壮大。

华润日产 4500 吨水泥熟料项目工地

★坚持城乡统筹，人居环境进一步改善。城西新区开发有序推进，基础设施日趋完善。店上镇农村环境连片整治示范工程全面完工，生态绿化提档升级，市区二级以上天数达到 354 天，顺利通过全国绿化模范市(县)验收。

★坚持关注民生，生活水平进一步提升。农村寄宿制小学营养餐工程全面实施，高考录取率 74.4%，超出全省平均水平 6 个百分点。乡、村两级医疗机构基本药物制度全面实行，顺利通过省级药品安全示范市(县)验收。第二轮农村“五个全覆盖”工程全面竣工。

(潞城市政府办　供稿)

金威超市、金威大酒店项目建设工地

潞城市府前广场

省委书记袁纯清带队在高平市凯永生态循环农业园区观摩

高平市市委书记张玉宏(中)、市长杨晓波(右)调研生态绿化工作

转型跨越发展 建设美丽高平

——高平市

2012 年,高平市坚持稳中求进总基调,解放思想、锐意进取,创新实干、攻坚克难,各项工作取得了新的重大进展,呈现出经济持续发展、社会和谐稳定、人民富裕安康、党建坚强有力的良好局面。

★综合实力得到新提升。2012 年全市生产总值 234.7 亿元,比 2011 年增长 11.9%;财政总收入 42.3 亿元,增长 16.1%;一般预算收入 11.9 亿元,增长 16%;城镇居民人均可支配收入 21324 元,增长 14.7%;农民人均纯收入 8647 元,增长 13.8%。连续三年被评为中国全面小康成长型百佳县市。先后荣获全国"创先争优活动先进县(市、区)党委""农田水利基本建设先进县""全民健身活动先进单位"和山西省"园林城市""环保模范城市""文化体制改革工作先进市""人口计生工作目标责任制考核先进县(市)""农建'禹王杯'先进县""治超工作先进市""集体林权制度改革先进县""中小学德育工作先进市""一县一业先进市""粮食生产先进市"等称号。

★转型发展取得新成效。继续大力实施"两个转移"战略,强势推进"六个十"项目,项目落地年和重点工程建设取得显著成效。唐一新能源等一批项目建成投产,华润制药等一批项目开工建设。融高太阳能、海诺科技、金田农业三个项目代表晋城市接受省委、省政府观摩检查,得到高度肯定。马村煤电化工业园区被省政府升格为副处级工业园区,米山高新技术产业园区成为晋城市"一市两园"试点。四大园区落户企业 30 余家,总资产 150 亿元,园区引领作用初步显现。

★新农村建设呈现新景象。加快发展生猪、蔬菜两大主导产业,成功承办全国生猪产业高层论坛、全省发展生猪产业现场会,"一县一业"生猪示范基地规模效应充分显现,生猪出栏 145 万头。新建百亩以上设施农业园区 22 个,涌现出 10 个"一村一品"示范村。创新性地启动实施农村新一轮"五个全覆盖"工程,"一村一街亮化、农业科技服务、文化活动组织、天网工

兰花华润制药

丹河市区段改造

高平市市委书记张玉宏看望十八大代表毕腊英

高平市市委书记张玉宏在项目一线现场办公

程、民兵武装”全覆盖工程均完成年度建设任务。深入推进“六村联创”活动，新农村建设水平和层次明显提高。扎实推进扶贫攻坚工作，实施了一批产业扶贫项目，群众自我增收致富能力显著提升。

★城乡面貌发生新变化。大力实施“一城五镇双百村”特色城镇化战略，启动实施了十大城建重点工程。大力推进集中供热、供气工程，建成综合性城市公园长平苑，新建一批城市小游园，被省政府命名为省级园林城市。加快推进“五镇”建设，实施基础设施项目 48 个，城镇化率 51.1%。

★生态文明建设取得新成果。加快建设绿化、净化、气化、健康高平，森林覆盖率达 18.3%，市区空气质量二级以上天数 357 天，顺利通过省级环保模范城验收。果则沟村、侯家庄村荣膺晋城市“最美乡村”称号。

★社会建设实现新进步。全面推进教育协调发展，教育重点工程稳步推进，高考成绩再攀新高。率先实施普通高中“两免一补”、职业高中免费，实现了 12 年教育全免费。公立医疗机构彻底取消“以药补医”，新农合为农民直接减轻医药负担 1.2 亿元。大力实施公民道德建设工程，在第九届中国公民道德论坛上作了主题发言。《西沟女儿》二度晋京演出并作为廉政文化精品剧目在全省巡演。

★党的建设得到新加强。深入开展“十个一”主题活动，制定出台加快建设美丽高平的指导意见。建立健全“双服务”机制，深入开展“旗帜在行动”党员志愿服务和六村联创、干部下乡住村、领导包村增收等主题实践活动。全面落实学习培训、常委分工、民主决策、常委值周、集体观摩等五项制度，健全完善“三考两推两评两票决全程差额”干部选任机制，领导班子和干部队伍进一步加强。分类召开农村、机关、学校、企业党建推进会，基层党建科学化水平显著提升。全面实行网上审批和动态监管，被确定为全国“县级政务公开平台建设试点县”。

（高平市委办　供稿）

金田农业科技园

融高太阳能开发有限公司

唐一新能源锂离子动力电池项目

忻州市市委书记董洪运在宁武检查指导创卫工作

忻州市市长郑连生在宁武检查安全生产工作

先行先试 大胆探索 加快综改试点县建设

——宁武县

城市建设

2012年，宁武县委坚持以科学发展观为统领，紧扣全省转型跨越发展大势，认真贯彻落实市委“3581”发展战略，全面实施“4374”总体发展要求，努力克服宏观经济趋紧、经济下行压力加大、信访维稳任务繁重等多种困难和挑战，解放思想、创新苦干，自我加压、赶队前行，全县经济社会继续保持了稳中求进的良好势头。

★坚持执政为民，着力加强班子和自身建设。始终坚持把加强自身建设作为推进工作落实的关键来抓，充分发挥好班子在把好方向、定好思路、抓好大事方面的核心作用。始终把“立党为公、执政为民”作为工作的出发点和落脚点，进一步密切了党群干群关系。

★坚持发展为要，着力促进经济转型跨越发展。一是大力推进综改试验，在先行先试上求突破。着力强化生态建设，重点实施了以“保护母亲河、建设生态源”为主的河道整治、生态修复、公园建设等重点工程，县域生态环境有了质的提升。瞄准产业转型这个核心，全年实施项目215个，总投资241.28亿元，完成投资58.99亿元，在全市项目考核中，再次蝉联第一，被市委、市政府授予一等奖。突出先行先试，积极推进用地改革，努力探索综改新路径。二是大力推进新型工业，在转型升级上求突破。加快煤矿升级改造步伐，原煤产量达到1318万吨，比2011年增长38.6%。高度重视工业园区建设，阳方口煤炭洁净化综合利用循环经济工业园区被省发改委批准为省级循环经济工业园区。余庄太阳能热电项目被国家发改委国际合作中心确定

县委书记任宁虎下乡调研

脱毒马铃薯科技制种产业园区

为全国太阳能光热研究基地。三是大力推进现代农业，在富民增收上求突破。着力加强农业基础设施建设，巩固发展传统优势农业，大力实施特色乡镇建设工程，积极发展现代设施农业。初步形成以怀道食用菌、化北屯反季节蔬菜、薛家洼中药材、涔山芥菜、圪谬獭兔、石家庄生猪等为代表的区域产业格局。四是大力推进旅游开发，在上档升级上求突破。以创建国家5A级景区为目标，重点实施"3321"工程。五是大力推进城镇建设，在城乡统筹上求突破。坚持高起点规划、大力度开发、高标准建设，上马实施"4442"城镇建设重点工程。投资1.2亿元，全面开展创建省级卫生县城和东寨国家卫生镇"双创"活动，并顺利通过国家和省级验收。

★坚持民生为重，着力为群众解难事办实事做好事。以新的"五个全覆盖"为抓手，大力实施六大民生保障工程，深入开展扶贫攻坚大行动，全面完成新的"五个全覆盖"，切实让人民群众得到了更多实惠。

★坚持以人为本，着力维护社会和谐稳定。牢固树立"安全稳定压倒一切"的思想，努力创建"平安和谐宁武"，确保全县社会政治大局和谐稳定。狠抓安全生产，创新社会管理，高度重视信访维稳工作，全县煤矿安全生产实现死亡事故零指标，实现了安全生产形势的根本好转。

★坚持从严治党，着力提升党建科学化水平。坚持以建设高素质的领导干部队伍和夯实基层组织为重点，全面推进党的思想、组织、作风制度和反腐倡廉建设。狠抓各级领导班子和干部队伍建设，狠抓基层组织建设，狠抓干部作风建设，狠抓党风廉政建设和反腐败工作，努力提升各级党组织和党员领导转型跨越发展的本领。

（宁武县委办公室　供稿）

质量标准化矿井

省委书记袁纯清在宁武县东寨调研

宁武县县委书记任宁虎、县长边东圣陪同市领导在刘家园移民新区观摩

争做转型跨越发展排头兵 建设全省新型能源基地和特色旅游强县

——宁武县

宁武县县长边东圣、副县长田贺玉在庄旺煤业井下检查安全工作

宁武化北屯乡日光节能温室蔬菜大棚

2012年,宁武县紧扣主题主线,坚持稳中求进、好中求快,深入开展"项目落地年""大干城建年""走出去年"活动,扎实推进各项工作,较好地完成了年初确定的各项任务。

★经济指标平稳增长。2012年,全县生产总值40亿元,比2011年增长12%;固定资产投资完成40.8亿元,增长31.6%;财政总收入14.8亿元,增长14.7%;一般预算收入5亿元,增长19.2%;社会消费品零售总额6.9亿元,增长16.2%;农民人均纯收入3356元,增长19.7%;城镇居民人均可支配收入15881元,增长16.6%。

★项目建设成效显著。2012年,全县储备项目达到368个,总投资1133亿元;新签约项目15个,引资59亿元,超额完成年度任务;全年重点项目落地57个,落地投资额196.8亿元,落地率253%;实施项目228个,总投资252.45亿元,完成投资78.86亿元。在全市产业项目考核中,被市委、市政府授予一等奖。

★转型升级明显加快。一是工业转型步伐提速。24座整合煤矿主体矿井15座开工建设。全县煤炭产量达1318万吨,增长38.6%。华润2×350兆瓦煤矸石电厂已上报国家发改委,阳方口煤炭工业园区已完成规划、修编等工作。国电洁能谢家坪风电项目一期并网发电,国电福光盘道梁风电项目基本完工;龙源余庄风电、光大

宁武县县长边东圣检查栖凤公园绿化建设

宁武县县长边东圣、副县长刘明亮调研荒坡治理

赵家山风电项目一期、光大长房山风电项目一期前期工作基本完成。二是农业转型初见雏形。以“两增三建”为抓手，发展四大优势产业，实施五大富民增收工程。“一乡一业、一村一品”特色产业初见雏形。化北屯现代化工厂育苗基地、余庄脱毒马铃薯制种产业园区、西马坊生物科技产业园区等现代农业强势推进。雨润生猪、清福肉鸡、紫云牧业等龙头养殖企业起步良好。三是第三产业逐步壮大。重点实施“3321”旅游开发工程。悬空村保护性开发基本结束，被评为“中国传统村落”。全年游客人数65万人次，旅游综合收益4.5亿元，分别增长20.4%、33.9%。

★综改试验积极推进。围绕“生态修复、产业转型”这个主题和主线，在生态修复上，投资1.36亿元实施以“保护母亲河、建设生态源”为主的汾源生态修复等重点工程；投资2.4亿元，基本完成恢河河道城区段治理工程。在产业转型上，重点推进芦芽山生态旅游、煤炭地下气化和煤制烯烃3个标杆项目。在改革创新上，积极推进露天采矿用地、矿业存量土地整合利用和城乡建设用地增减挂钩三项改革，荣获“全市国土资源管理先进县”称号。高度重视科技创新，全年获批国家级专利25件、市级科技项目9项。

千亩食用菌科技示范园区

国家级水利风景区、暖泉沟水保生态科技示范园

种、养殖生态循环科技示范园区

东寨汾源大道

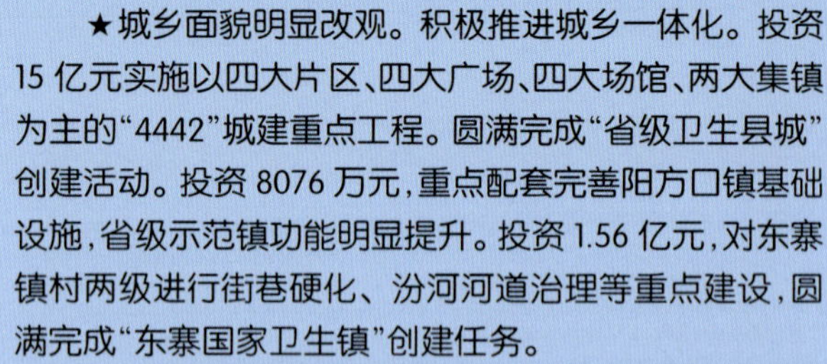

★城乡面貌明显改观。积极推进城乡一体化。投资15亿元实施以四大片区、四大广场、四大场馆、两大集镇为主的“4442”城建重点工程。圆满完成“省级卫生县城”创建活动。投资8076万元，重点配套完善阳方口镇基础设施，省级示范镇功能明显提升。投资1.56亿元，对东寨镇村两级进行街巷硬化、汾河河道治理等重点建设，圆满完成“东寨国家卫生镇”创建任务。

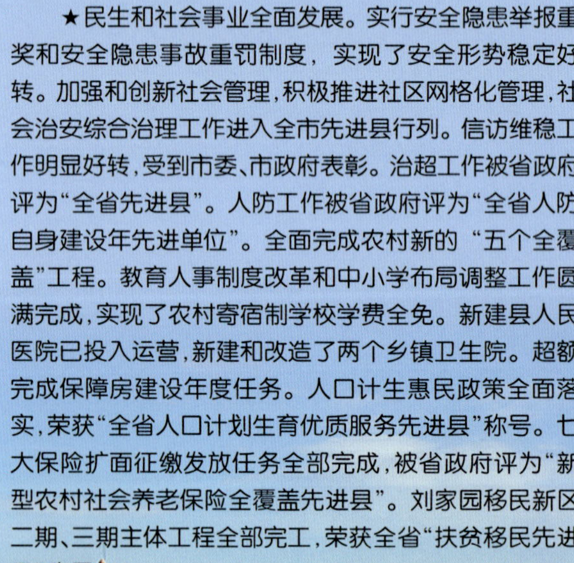

★民生和社会事业全面发展。实行安全隐患举报重奖和安全隐患事故重罚制度，实现了安全形势稳定好转。加强和创新社会管理，积极推进社区网格化管理，社会治安综合治理工作进入全市先进县行列。信访维稳工作明显好转，受到市委、市政府表彰。治超工作被省政府评为“全省先进县”。人防工作被省政府评为“全省人防自身建设年先进单位”。全面完成农村新的“五个全覆盖”工程。教育人事制度改革和中小学布局调整工作圆满完成，实现了农村寄宿制学校学费全免。新建县人民医院已投入运营，新建和改造了两个乡镇卫生院。超额完成保障房建设年度任务。人口计生惠民政策全面落实，荣获“全省人口计划生育优质服务先进县”称号。七大保险扩面征缴发放任务全部完成，被省政府评为“新型农村社会养老保险全覆盖先进县”。刘家园移民新区二期、三期主体工程全部完工，荣获全省“扶贫移民先进县”称号。

（宁武县政府办 供稿）

宁武县寺儿沟移民新村

现代化生产矿井——宁煤集团庄旺煤业

宁煤集团新兴墙体材料厂

国家级历史文化名村——悬空村

4A 级景区——芦芽山风景名胜区

岚县县委书记薄宇新带队观摩检查农业产业化建设

岚县县长油晓峰在生活垃圾发电项目签约仪式上致辞

勇于创新 敢于实践 不断加快岚县转型综改试验步伐

——岚县

按照省市转型综改工作的总体要求和部署，以综改试点为平台，以项目建设和扶贫开发为抓手，强力推进资源开发、资源转化和新型产业，协调推进土地利用、生态建设、社会管理等体制机制创新，严格落实综改责任，细化推进措施，把握关键，合力攻坚，转型综改工作取得明显成效。

★积极编制转型综改《实施方案》和《行动计划》。组织编制《岚县资源型经济转型综合配套改革试验实施方案》和《2013年行动计划》，确定了"十二五"后三年及2013年转型综改工作的重大改革、重大工程、重大项目，明确全县转型综改工作目标任务，确保工作顺利推进。

★三大改革驱动转型跨越发展。一是进一步深化行政审批制度改革，实行了"两集中、两到位"。二是深化教育和医疗卫生体制改革，创新基层社会服务管理机制。三是制定出台《关于加强金融支持县域经济社会发展的意见》和《岚县银行业金融机构支持地方经济发展考核评比奖励暂行办法》，为重大项目融资近4亿元，解决了项目建设资金紧缺难题。

★五大工程增强县域综合实力。一是实施工业转型升级工程，大力调整和优化产业结构，积极发展以煤、铁资源开采为主的采掘业，以煤、铁资源转化为主的产业链延伸，以新材料研发生产为主的新兴产业。到2020年，三大产业集群各提供20亿元以上的财政收入，全县财政总收入完成60亿元以上，力争达到100亿元。二是实施农业提质增效工程，抓住"吕梁山集中连片特困地区"扶贫攻坚和全省"百企千村"产业扶贫机遇，全力推进以马铃薯为主，油松育苗、生态养殖、生态旅游为辅的

太钢集团岚县矿业公司铁矿采选项目

普明新型工业园区铸造产业基地

岚县江川国威新材料工业园区生产的可降解植物纤维花盆

脱毒种薯原种培育基地

油松育苗

"一主三辅"农业产业发展战略。到2020年，年生产微型薯1亿粒，马铃薯种植总面积达到2.3万公顷，成为全国大中型脱毒微型薯繁育基地、商品薯生产基地和重要加工基地，实现"中国种薯第一县"和"中国土豆第一县"目标。加快种苗基地建设，建成6667公顷油松育苗基地，打造"华北油松种苗第一县"。打造以猪、牛、羊现代规模养殖为主的地方特色生态品牌，建成"雁门关生态养殖示范县"。三是实施城镇化建设工程，加快与省城在思想观念、产业布局、基础设施、城镇提质、生态建设等方面对接，主动融入太原都市圈，努力将岚县建设成为太原都市圈旅游、休闲、纳凉和美食目的地。开展国家文明县城、国家园林县城、国家卫生县城、国家环保县城"四城"同创。在去年成功创建国家卫生县城的基础上，全面铺开创建国家文明县城、国家园林县城、国家环保县城活动。四是实施民生改善工程，抓好民生民本建设，加快推进保障性住房建设，着力推动创业、促进就业，完善社会保障，提高人民生活质量。五是实施招商引资工程，与安邦集团签订战略合作框架协议，规划总投资303.8亿元，建设集煤电铝及相关产业链延伸的煤电产业园；与广东广新矿业资源集团有限公司签订了总投资6亿元的合作框架协议；成功引进了山西江川国威科技发展有限公司，投资30亿元建设集新材料设计制造、核心技术延伸拓展、特殊相关产品设计制造等为一体的新材料工业园区，该项目今年启动，今年开工，年内2万吨生物质复合材料和1200万只软磁蕊加工项目将建成投产；与山西大象农牧集团签订了总投资7.5亿元的生猪产业化开发项目。

★十大项目加快转型升级步伐。太钢袁家村铁矿项目和配套的球团项目，煤电和煤焦一体化项目，新材料工业园区项目，正利150万吨矿井及200万吨重介洗煤项目，昌恒90万吨矿井建设项目，大唐200兆瓦风电项目，继亨30万吨铸造技改配套518立方米高炉汽车配件总装生产线项目，岚县中学（新校区）和岚县职教中心建设项目，太佳高速连接线建设项目，马铃薯产加销一体化项目。

（岚县县委办　供稿）

省级非物质文化遗产——岚县面塑

县城一角

岚县人民医院新建项目效果图

脱毒种薯原种培育基地

油松育苗基地

转型跨越　赶超发展

——岚　县

30轨制岚县中学新区

岚县县城民觉路

2012年，岚县以科学发展为主题，以转型跨越为主线，以转型综改试点建设为契机，深入实施“五五”发展方略，巩固和持续了赶超发展的良好态势。

★县域经济快速增长。2012年全县生产总值16.29亿元，比2011年增长10.8%；财政总收入10.01亿元，增长166.3%，增幅全市第一；规模以上工业增加值6.43亿元，增长19.7%；固定资产投资完成60.5亿元，增长30.5%；社会消费品零售总额7.43亿元，增长14.5%；城镇居民人均可支配收入13638元，增长14%；农民人均纯收入3381元，增长18.6%。

★项目建设进展顺利。列入市考核的总投资230亿元的37个重点工程项目顺利推进。省重点项目、亚洲规模最大的露天冶金矿山——太钢袁家村铁矿项目及配套的200万吨球团项目建成试产，金隅日产2500吨干法水泥、正利150万吨煤矿等项目建成投产。普明工业园区30万吨铸件项目顺利推进，被省经信委确定为“山西省新型工业园区铸造产业示范基地”。被评为全省重点项目落地、工程建设先进集体，全市重点工程项目考核先进县市一等奖。招商引资实现历史性突破，全年签约项目总投资近1000亿元。

太钢集团岚县矿业有限公司铁矿采选项目

★农业产业化步伐加快。全县马铃薯种植面积超过1.3万公顷，被省政府确定为"全省马铃薯生产示范基地县"。投资1.3亿元的集电子交易大厅、产品检验检测中心、恒温贮藏窖等为一体的马铃薯批发市场主体建成。

★扶贫开发和新农村建设成效显著。编制完成《岚县区域发展与扶贫攻坚规划(2011-2020年)》。投入专项扶贫资金900万元，实施了涉及12个乡镇18个村的整村推进项目。完成新农村建设20个重点推进村、8个"百村行动计划"村和1个新农村连片示范区规划编制及"四化四改"、"五个一"工程。

★城乡面貌大为改善。投资3200余万元，完成向阳路等升级改造工程和县城供水工程改造及新水厂建设。投资9000余万元，对县城供热、供水、供气等市政公用设施进行了配套建设。在全市成功创建第一个国家卫生县城，被全国爱卫办授予"2012年度国家卫生县城"称号，被省爱卫会授予"病媒生物防治工作先进县""农村改厕先进县""城乡环境卫生整洁行动先进县"等称号。

★民生事业全面进步。投资3.4亿元的30轨制岚县中学新建项目主体完工。投资2亿元的12轨制岚县职教中心开工建设。投资2亿元的岚县人民医院新建项目加快推进。全县乡村医疗卫生机构实现全覆盖，被省政府评为"村卫生室全覆盖先进县"。城镇居民和职工基本医疗保险参合率95%，新农合参合率100%，基本医疗保障制度初步建立。全县所有公立医疗机构全部实行了国家基本药物制度。圆满完成新的农村"五个全覆盖"任务，县政府年初向全县人民承诺的"十件实事"全部兑现，"方便农民五件实事"年度目标任务全面完成。

(岚县政府办　供稿)

普明新型工业园区

新建的岚县人民医院

介休市市委书记王继堂、市长王怀民在大西高铁介休站前广场现场办公

介休市市长王怀民被评为“中国文化遗产保护年度杰出人物”

城市美好 经济发达 社会和谐 人民幸福

——介休市

2012 年，介休市全力以赴抓项目、稳增长、促转型、惠民生、保稳定，社会各项事业明显进步，经济社会发展多项工作走在晋中、全省前列。受到晋中市级以上表彰 18 项，28 个单项工作获得省部级以上表彰，获得国家园林城市称号，被评为“全省扩权强县试点优秀县”。

★经济综合实力进一步增强。2012 年全市生产总值 150.9 亿元，比 2011 年增长 9.6%；规模以上工业增加值 94.7 亿元，增长 15.1%；财政总收入 28.02 亿元，增长 1.9%；一般预算收入 12.3 亿元，增长 9.5%；固定资产投资 75.8 亿元，增长 37.2%；外贸进出口总额 19920 万美元，增长 15 倍。

★产业升级转型卓有成效。实施总投资 508 亿元的 110 个转型项目，完成投资 100 亿元，26 个建成投产。煤矿总产能达到 1500 万吨，焦化总产能提升到 1215 万吨。中加大型锻件、煤化成套设备项目落地，博创纳米氧化锌等项目建成投产，总投资 159 亿元的青云通航基地加快建设，义安千万吨新型煤化工循环经济园区、装备制造产业园区、新材料产业园区、青云通航产业园区基础设施和框架规模初具。60 个“一村一品”专业村、龙凤 2000 公顷核桃基地、陶庄千亩苗木基地建成。

★城镇建设发生深刻变化。全面推进北部新区建设，8 条续建道路竣工，文化中心等新区标志性工程顺利推进；规划控制 2.37 平方千米老城区，实施后土庙修复等十项历史文化名城重点保护工程，改造一批街巷，城市历史文化特色逐步显现。城镇化率达 60.6%，城镇化建设名列晋中第一。

实验小学

青云通用航空基地项目开工仪式

山西焦炭集团介休园区

★美丽介休建设迈出新步伐。以创建国家园林城市、国家卫生城市、省环保模范城为抓手，扎实推进造林绿化、城乡清洁、蓝天碧水、节能减排“四大工程”。建成区绿地率33.7%，汾河湿地公园成为国家级试点单位。城区空气质量二级以上天数363天，一级天数131天。

★“三大试点”工作成效明显。介休市被确定为全省扩权强县试点和晋中转型综改试点，义安镇是全省唯一经济发达镇试点。行政审批事项压缩51%，时限压缩到7个工作日内。设立5000万元发展基金用于重大转型和循环经济项目建设。创新用地机制，基本解决当年重点项目用地。拓宽融资渠道，争取上级各类项目资金近10亿元，组建城乡基础设施投资公司，全市各银行当年新增贷款18.6亿元。

★社会民生建设硕果累累。财政用于民生资金占到总支出的71.6%。校安工程和中小学标准化建设走在全省前列。社会保障体系进一步完善，参保人数、保费征缴率进一步提高，城乡低保应保尽保。农村冬季“爱心煤”落实到位。在晋中率先完成医药卫生体制改革。低生育水平保持稳定，人口网格化管理服务的做法经验在全省推广。

（介休市政府办　供稿）

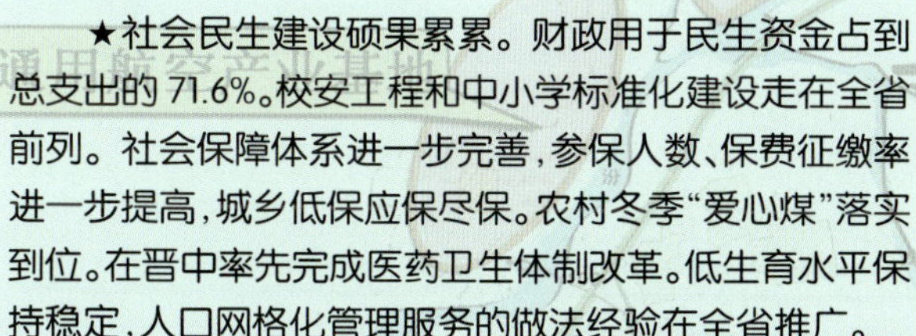

现代化陶瓷生产线

现代化育苗基地

张兰古玩市场施工现场

在建的保障性住房

省委书记袁纯清在长治县调研

省长李小鹏在成功集团调研

转型跨越发展 争当三晋第一

——长治县

成功汽车装配车间

高中阶段教育免费

2012 年，长治县围绕冲刺百强目标，积极应对国内外环境的复杂变化，攻坚克难、抢抓机遇、拼搏进取、奋力前行，较好地完成年度目标任务。

★努力保持经济增长。2012 年全县生产总值 185.5 亿元，比 2011 年增长 14.6%；财政总收入 57.3 亿元，一般预算收入 20 亿元，分别增长 21%、19.7%；城镇居民人均可支配收入 21391 元，农村居民人均纯收入 10557 元，分别增长 12.5%和 16%。完成固定资产投资 83.4 亿元，增长 38%，在全市重点项目观摩评比中再次获得第一名。7 个煤矿扩能改造项目完工并进入试生产阶段，4 个百亿元项目进展顺利，振东制药百亿片剂生产线和成功汽车项目正式建成投产。振东制药被商务部确定为第一批药品流通企业。太行山农产品物流园区日均交易量 500 吨以上，交易额 10 亿元。教育园区一期工程全面完工。新型工业创业园基础设施建设全面展开。

★继续强化“三农”工作。全年下达农业补贴资金 2.2 亿元，增长 5%，政策性农业保险实现全覆盖。加快发展现代高效农业，总面积达到 1333 公顷；建成年出栏 1 万头以上生猪养殖场 8 个。农业产业化经营取得显著成效，新增农民专业合作社 136 个，农产品“513”龙头企业实现销售收入 3.5 亿元。完成 15 个村庄环境整治任务，城乡环境不断优化。

长治市市委书记马天荣在晟龙实业调研

长治市市长习小军在日盛达调研

★着力推进城乡一体化。统筹城乡规划布局、基础设施和公共服务，编制完成《长治县县城总体规划(2011–2030年)》。"一轴两区"建设全面铺开，县城及县城以北城市区"五纵十横"道路框架基本形成，产业聚集区城乡一体化工程顺利开工建设，荫城次中心镇集聚功能显著增强。

★积极实施文化强县战略。围绕创建"国家公共文化服务体系示范区"，实施文化惠民工程。设立文化产业发展专项资金，制定全县中长期文化产业发展规划。成功举办第三届中华祈福文化旅游节，地域特色文化品牌的影响力、传播力日益增强。

★加大改革和创新力度。紧紧抓住综改扩权"双试点"机遇，制定综改试验总体行动方案。完善金融体系和社会信用体系建设，强化金融对产业发展的支撑作用。加大招商引资力度，全年签约项目 42 个，签约总额 603.2 亿元，实际到位资金 65.37 亿元。易通集团与天津大学合作设立博士研究站，并研发生产出我国首台具有国际领先技术的低温发电机组。

★努力增进人民福祉。2012 年，全县民生支出 17 亿元，占地方公共财政支出的 70.2%，新增财力的 80%投向民生领域。率先在全省实现了从幼儿园到高中 15 年免费教育。农村新"五个全覆盖"工程全面完成。全年共获得国家级荣誉 28 项，省级 19 项，市级 81 项，被评为"中国全面小康十大示范县市"。

（长治县政府办　供稿）

太行山农业园区剪彩

晋城市市委书记张九萍在泽州调研重点项目建设

泽州雨润10万头生猪养殖项目开工仪式

活力秀美幸福和谐的新泽州

——泽州县

2012年,泽州县紧紧围绕“建设城乡一体化先行县、打造中部地区经济强县”奋斗目标,以“项目落地年”活动为总抓手,着力夯基础、解难题、促转型、抓统筹、惠民生、提效能,保持了经济平稳发展、社会和谐稳定的良好局面。2012年全县生产总值217.7亿元,比2011年增长10.9%;财政总收入37.5亿元,增长9.8%;一般预算收入12.5亿元,增长15.2%;规模以上工业增加值68.7亿元,增长15.1%;全社会固定资产投资127.1亿元,增长30.1%;社会消费品零售总额26.7亿元,增长16.1%;外贸进出口总额4.13亿美元,增长47.1%;城镇居民人均可支配收入21691元,增长14.2%;农民人均纯收入9044元,增长13.9%;全县粮食总产量2.7亿千克,创历史最高水平。

★致力夯基础,发展后劲在壮大实体经济中不断增强。深入开展项目落地年活动,实施重点工程项目65个,完成投资137.6亿元,超计划14%;落地项目69个,总投资228亿元,超计划20%。全年签约项目57个,拟引资685亿元;31个项目开工建设,到位资金89.7亿元;特别是引进建设了晋煤集团高硫煤洁净利用循环经济工业园等一批重大转型项目,为“十二五”翻番强县奠定了坚实基础。着力增强科技自主创新能力,与山西农大签订了校县合作共建农业综合试验示范推广基地协议。大力优化发展环境,被评为全省投资环境创优县区。

★致力解难题,发展瓶颈在主动创新实践中有效破解。积极协调解决煤炭资源整合兼并重组企地矛盾和利益纠纷,4个整合主体进一步规范运营,原煤产量740万吨。为56个项目解决用地226.4公顷,指标总量全市第一,被确定为全省工矿废弃地复垦利用试点县。积极为中小企业搭建融资平台,有效解决了中小企业发展资金不足的问题。

★致力促转型,发展步伐在调优经济结构中更加稳健。制定《转型综改试验行动方案》,出台招商引资、项目建设等系列实施意见和政策措施,加速推动经济转型发展。大力发展“一县一业”和“一村一品”,“一村一品”专业村发展到111个,荣获“全国粮食生产先进县”和“全省设施蔬菜生产先进县”称号。大力发展铸造及装备制造产业,争取到省级铸造产品质量监督检验检测中心落户泽州,被中铸协确定为“全国铸造产业集群试点县”,被商务厅确定为“山西省首批外贸转型升级汽车配件出口基地”,全县有4家企业被确定为“国家认定铸造生铁企业”,7家企业被确定为“全国铸造行业千家重点骨干企业”。

晋城市清慧汽车配件生产车间

硕阳光电700兆瓦光伏产业垂直一体化项目生产车间

★致力抓统筹，城乡面貌在一体化推进中进一步改善。编制完成《城镇空间协调发展规划》，统筹推进特色城镇和新农村建设，被确定为“全国新农村建设示范县”，周村被确定为省级百镇建设重点镇，川底、南村、巴公、金村、周村被确定为市级重点镇，中国古镇系列之《走遍中国·大阳》在央视四频道播出，东四义、土岭被评为晋城最美乡村。统筹推进城乡基础设施建设，全面完成新“五个全覆盖”工程。全县森林覆盖率达到35%，成功创建省级林业生态县。

★致力惠民生，社会事业在提升质量水平中全面进步。投资3.7亿元完成十大惠民工程。在全市率先对非公办幼儿园“民办公助”、对普通高中学生“两免一补”、对义务教育学生推行“营养改善计划”。积极争取国家开发银行贷款1亿元，全面更新县乡医院医疗设备。推进文化大发展大繁荣，《大耳朵爷爷历险记》荣获全省“五个一”工程奖和全国优秀国产动画片奖。全县新农合参合率99.3%，社会养老保险覆盖率98.7%，社会保障工作继续走在全省前列。全面加强人口计生工作，荣获全国计划生育优质服务先进县称号。深入开展平安创建，被评为“全国平安农机示范县”和“省级餐饮服务食品安全示范县”。

（泽州县政府办　供稿）

丹河湿地

泽州县人民医院门诊楼

泽州二十八宿影视公司与央视动画公司联合制作的《老子安天记》

尧都生态产业园智能连栋温室

尧都生态产业园智能温室内景

文明开放富裕和谐的新尧都

——尧都区

2012年，尧都区委、区政府团结带领全区人民，克服困难，扎实工作，全区经济社会发展取得重大成就，综合考评位列全市第三。

★经济平稳较快发展，综合实力持续增强。2012年全区生产总值完成247.9亿元，比2011年增长10.2%；规模以上工业增加值完成76.7亿元，增长14%；社会固定资产投资完成178.7亿元，增长35.8%；财政总收入完成32.8亿元，增长7.1%；社会消费品零售总额完成163.9亿元，增长16.2%；城镇居民人均可支配收入达到21614元，增长14.2%；农民人均纯收入达到8912元，增长15.6%。

★结构调整深入推进，转型步伐明显加快。全区三次产业比例达到3.5∶39∶57.5，经济增长的质量和效益稳步提升。

魅力东城

30万亩核桃基地

万亩葡萄基地

贾得工业园区总体规划图

“三农”工作不断增强。粮食总产量26.2万吨，再创历史新高。尧都生态产业园区稳步发展。投资1.2亿元，12栋、4.2万平方米智能连栋温室建成使用；投资2000万元，完成200公顷城市绿化苗木基地建设。三大基地快速推进。投资1.3亿元，发展核桃5867公顷，总面积达到8533公顷；新增设施蔬菜800公顷、优质水果1000公顷。基础设施有效改善。投资1.2亿元，完成大阳基本农田整治、末级渠系改造等9个农业基础项目；投资4000万元，完成72.9千米三级联网公路改造工程。新农村49个重点村建设扎实推进，新“五个全覆盖工程”圆满完成。

工业转型步伐加快。贾得工业园区和汾河煤电化工业园区规划编制已经完成。中煤260万吨焦化及煤化工项目前期工作基本就绪。中国五矿集团西里北铁矿300万吨采选矿项目勘探工作基本完成，450万吨生铁、500万吨钢铁项目已经启动申报程序。同世达、太原煤气化公司300万吨焦化项目达成合作意向。

大唐国际临汾热电公司全景

涝洰河生态建设工程

东城学校

东城医院

现代服务业快速发展。奥特莱斯芭蕾雨产业园项目前期工作全面完成。临汾建材家居博览城、大图置业仙洞沟旅游开发项目前期工作已经启动。红星美凯龙大型国际家居贸、超级百货贸项目确定落地。上东世纪 CBD 城市经济综合体、生龙国际商贸城启动建设。恒安美特好项目主体竣工。仙洞沟旅游公路竣工通车。尧帝陵祭祀大殿完成年度计划。

★城乡建设力度空前，环境面貌明显改观。城市建设扎实推进。涝洰河生态建设工程全面启动，河道治理、景观建设、城市路网工程已经省发改委立项批复，河道治理及龙湾园节点工程进展顺利。滨河东路南北延工程、屯里桥北段汾河综合治理工程全面开工。五一东路拓宽改造拆迁工作全面完成。秦蜀路南延拓宽改造拆迁完成 60%。二中路、北外环拓宽改造拆迁完成 50%。枣林街北段拓宽改造路基工程已经完工。尧都公园、东辰公园基本完工。东城学校、职业技术学校主体完工。东城医院地下工程基本完成。

城中村改造开局良好。26 个试点村前期工作全面启动。尧庙镇郭村、西街西关社区、刘村镇涧头村、汾河办盘龙社区 4 个村改造工程顺利实施。西关社区拆迁正在进行。郭村拆迁基本完成，五栋还迁楼以及小学、老年公寓楼主体工程全部完工。

河西重点项目征地拆迁进展顺利。完成滨西佳园二期 3.9 万平方米还迁房主体工程、旖汾花园和大西高铁还迁小区桩基工程。完成规划四路、五路等四条道路的征地拆迁工作。完成广电中心、景观大道、奥体中心、站前广场等五项重点工程的征地拆迁摸底和评审工作。

尧都公园

乔村城中村改造鸟瞰图

二中路道路拓宽改造工程

环境建设年活动成效显著。投资3.9亿元，开展“环境建设年”四大会战，城乡面貌明显改观。投资1亿元，实施东城“两路一街”、“五化”工程。投资3500万元，开展春秋大绿化，完成植树107万株。乔李镇环境连片整治示范工程全面完成。全区二级以上天数342天。

尧庙

★发展环境不断优化，项目建设成效显著。出台《关于进一步优化发展环境的实施意见》，开展专项整治活动，建立行政审批电子监察平台和涉企检查网上报备系统。全区行政审批事项由357项精简为121项，审批项目平均办理时限由25个工作日压缩到9个工作日。立案查处干扰破坏发展环境的案件44起。“四位一体”推进项目建设，项目储备突破千亿元大关，招商引资签约资金445亿元，落地226亿元，56个重点项目当年完成投资132亿元。

★安全形势持续稳定，社会管理全面加强。严格落实政府监管和企业主体责任，深入开展“打非治违”专项整治活动，共排查整治隐患2万余条。严厉打击私挖盗采，炸毁、封堵私开坑口159处，安全形势稳步好转。加强和创新社会管理，城市社区“网格化管理”和“两实”登记管理工作顺利推进。高度重视信访稳定工作，社会大局和谐稳定。

★大力发展社会事业，民生状况有效改善。教育、医疗、文化、科技等各项事业协调发展，社会保障、社会救助、就业指导体系不断完善。医疗、养老等六大保险参保人数56.2万人，2.7万城乡居民纳入低保范围。2615套保障性住房开工建设。

（尧都区政府办　供稿）

西关城中村改造滨河景观

交城农牧合作社育苗中心

岚县脱毒种薯原种培育基地

打基础 利长远 惠民生

——吕梁市

山东信发交口肥美铝业公司氧化铝厂全景

建设中的国锦煤电发电厂

2012年，吕梁市深入贯彻落实科学发展观，牢牢把握“打基础、利长远、惠民生”总体要求，迎难而上，积极应对，着力推动转型跨越发展，经济社会发展和各项工作都取得了新的成绩。

★经济保持稳定增长。2012年全市生产总值1230.4亿元，比2011年增长10.8%，总量由全省第四位上升到第三位。工业增加值892.1亿元，增长13.5%，总量全省第一。固定资产投资完成690.4亿元，增长27%。全社会消费品零售总额301.4亿元，增长15.5%。财政总收入341.7亿元，增长23.4%，总量全省第二，增幅全省第一；一般预算收入141.9亿元，增长41.2%，总量全省第二，增幅全省第一。

★项目建设扎实推进。全年建设重点项目473个，总投资5456亿元，当年完成投资1550亿元，其中，市“百项重点工程”完成投资972.7亿元，居全省第二。一些大项目基本建成或投产。特别是与国防科技大学合作的军民融合协同创新研究院正式成立，柳林李家湾光电子园、离石无人机等高科技产业项目正在紧张建设。

★强农惠民取得实效。2012年“三农”投入112.1亿元，增长29.5%。粮食生产实现“八连增”，总产量11.1亿

柳林县造林绿化一角

裕源桃仁挑选车间

中国汾酒城

千克。农业“六大工程”成效显著，完成350个重点村、12个集中连片示范区建设和100个贫困村整村推进任务，减少贫困人口11.1万人。省“五个全覆盖”超额完成。市“方便农民五件实事”年度任务超额完成。参加农村养老保险、城镇养老保险、基本医疗保险249.6万人，参保人数均超额完成年度任务。农村低保提标扩面。农民人均纯收入5346元，增长13.1%；城镇居民人均可支配收入突破2万元，增长14.8%。开工建设保障性住房13185套，超额完成省下达任务。节能减排任务如期完成，空气质量优良率96.6%。吕梁城区煤气置换天然气完成40%，10个县(市、区)城区居民用上了清洁天然气。

华北最大的水泥厂——柳林福龙水泥厂

煤矸石综合利用示范园区

兴安化工 4A 沸石及多品种氢氧化铝建设基地

临县西纵高速施工现场

★基础设施加速建设。吕梁新城正式开工建设，新城所有规划、设计已基本完成，方山、离石开始拆迁。吕梁民用机场即将建成。西纵高速、环城高速基本建成。农村街巷硬化 7505 千米，超出省下达任务 3097 千米。中南出海大通道、太兴铁路、吕临铁路等建设步伐加快。柏叶口水库建成蓄水，龙门供水按期推进，中部引黄、沿黄提灌等骨干水利工程加快建设。一批输变电和电网项目相继建成并投入运行。

★安全稳定持续好转。深入开展以煤矿为重点的各行业各领域安全生产专项整治行动，实现了安全生产事故起数、较大事故起数、主要相对指标"三下降"，杜绝了重特大事故的发生。深入开展领导干部大接访、矛盾纠纷大排查、信访问题大化解"三大活动"，妥善应对和有力处置了各类突发事件。

★社会事业全面进步。坚持教育优先发展，学前教育三年毛入园率 65%，义务教育巩固提高，高中阶段毛入学率 92.5%，中职教育免学费入学实现全覆盖。吕梁学院在校生 18900 人，排全省高校第 6 位。汾阳医学院护理学成为全国特色专业、省级重点学科和品牌专业。医药卫生体制改革扎实推进，基层基本药物制度实现常态化，1177 个基层医疗卫生机构全部参加网上采购，县级公立医院改革试点取得实质性进展，新型农村合作医疗参合率提高到 97.8%。文化事业繁荣发展，一批文艺作品获得全国大奖，市直经营性文化事业单位及文艺院团转企改制全面完成。组织实施科技计划项目 80 个，消化吸收科技成果 130 个，争取省以上各类科技计划 57 项，申报专利 1202 项。

（吕梁市政府办公厅　供稿）

太钢集团岚县矿业有限公司铁矿采选项目

柳林县经适房龙泉小区

兴县便民幼儿园

建设中的临县30轨高中

新农村建设

省委书记袁纯清在长治市调研

省长李小鹏在沁源沁河工业园区调研

保增长 上项目 抓转型 惠民生 强安全 促稳定

——长治市

市两代会

2012 年，长治市经济社会发展的各项工作取得了新成绩，在全面建成小康社会的征程中迈出了新步伐。在全国城市文明程度指数测评中，名列全国地级城市第 15 名，被中央文明委表彰为“全国未成年人思想道德建设工作先进城市”。

★经济保持平稳较快发展。2012 年全市生产总值 1328.6 亿元，比 2011 年增长 10.6%；财政总收入 302.1 亿元，增长 18.2%；一般预算收入 133.5 亿元，增长 27.9%；固定资产投资 867 亿元，增长 26.2%；城镇居民人均可支配收入 22548.9 元，增长 12%；农民人均纯收入 8120 元，增长 14.5%，连续三年快于城镇居民收入增幅。重点项目完成投资 1433 亿元，招商引资实际到位资金 590 亿元。经济总量继续保持全省领先位次。

长治市市委书记马天荣、市长席小军在沁新集团调研

长治市与法国圣迪耶市签约

★产业发展得到新的提升。粮食总产量15.9亿千克，创历史新高。新增设施蔬菜面积7180公顷，占到全省新增面积的一半。规模以上农业产业化龙头企业296家，销售收入突破百亿元，农产品加工转化率53%。煤、焦、冶、电改造提升步伐进一步加快，新兴产业加速发展，完成投资246亿元，增长38.7%，占工业总投资的57.5%，首次超过传统产业投资，新兴产业增加值增幅高于地区生产总值增幅12.2个百分点。社会消费品零售总额372.6亿元，增长16.1%；进出口总额11.5亿美元，增长47.5%；旅游总收入166.5亿元，增长31.9%；第三产业增加值占地区生产总值的比重较2011年提高0.5个百分点。

★先行先试激发新的活力。扎实推进转型综改试点县、试点园区和重大标杆项目建设。大胆探索，先行先试，争取到19个国家级试点和18个省级试点。大力推进行政审批制度改革，市级审批事项由461项精简到116项，精简75%。全面开展城乡建设用地增减挂钩、矿业存量土地整合利用、工矿废弃地复垦试点工作，有效保障了项目用地。建立了多个院士、博士工作站，与中科院、北京大学等50多所国内外知名高校和大型科研院所建立了合作关系。长治县华南纸业在天津股权交易所挂牌交易。

襄子老粗布生产车间

上党城镇群勇创全国范式

长治市市委书记马天荣在郊区调研

长治市市长席小军在赵庄煤业公司检查安全生产

位居全国同行业前列的金泽生物玉米深加工项目

★上党城镇群建设积极推进。按照“一核双圈”的城镇化战略构架，全面实施《上党城镇群行动计划》。大力推进主城区旧城改造，主干道畅通工程和部分城中村改造工程都已启动实施，一批大县城建设的城建重点工程陆续竣工。规划建设了 53 个重点镇和 240 个中心村。全市城镇化率 45.3%，提高 1.9 个百分点。市域城镇化工作综合考评全省排名第一。

★生态环境建设得到加强。深入实施绿色生态、“两地”保护和十大节能工程，节能工作连续六年排名全省第一，二氧化硫、化学需氧量等六项主要污染物排放量均完成省定任务。完成造林 3.5 万公顷，生态防护功能进一步提高。城市建成区绿化覆盖率 45%，市区空气质量二级以上天数 357 天，稳定达到国家二级

长治市文明志愿者风采

滨河公园

广场全景

标准，在环保部监测的113个重点城市中连续5年名列华北第一。

★社会建设和民生保障水平稳步提高。全面完成省政府确定的第二轮“五个全覆盖”工程。完善义务教育阶段经费保障机制，为2.4万名普通高中家庭经济困难学生免除学费。新增城镇就业5万人，超额完成省定任务。城镇养老、医疗、失业等社会保险覆盖率保持在95%以上，新型农村合作医疗参合率99.5%。在全省率先实施“食品久安工程”。卫生工作在全省综合排名实现“九连冠”。开工建设各类保障性住房21629套，竣工2598套。实施两大片区扶贫开发和64个整村推进扶贫项目，完成易地搬迁6900人，又有3.9万贫困人口稳定脱贫。继续开展文化低保惠民活动，进一步丰富人民群众文化生活。

（长治市政府办公厅　供稿）

潞宝集团项目建设工地

山西成功汽车生产车间

省长李小鹏在晋城调研

晋城市市委书记张九萍调研城市建设工作

经济较快增长 民生持续改善 社会和谐稳定

——晋城市

2012年，晋城市围绕打造山西经济重要增长极和山西新兴产业重要支撑基地的目标，着力增投资、壮产业、创优势、惠民生，总体呈现出经济较快增长、民生持续改善、社会和谐稳定的良好态势。全市生产总值1011.6亿元，比2011年增长11%；固定资产投资完成655亿元，增长29.9%；财政总收入213.5亿元，增长17.4%；一般预算收入82.9亿元，增长22.1%；社会消费品零售总额260.8亿元，增长16.2%；外贸进出口总额12.35亿美元，增长8.9%；城镇居民人均可支配收入22565元，增长12.1%；农民人均纯收入8037元，增长14.1%。"方便晋城"十大工程全部完成。被评为山西省2012年度目标责任考核优秀市。

★产业转型取得新成效。项目建设和重点工程全力推进，省级重点工程完成率134.5%，居全省第一。传统产业进一步巩固提升。煤炭产业，巩固兼并重组成果，新转产验收和联合试运转矿井14座，产能规模达975万吨/年。煤层气产业，地面抽采井达到5500口，年抽采能力达到40亿立方米。中国联盛、新奥集团、晋煤天煜等煤层气液化项目建成运行。一批电力、煤化工项目开工建设。非煤主导产业成长壮大。高新技术产业快速崛起，装备制造业规模不断扩大。富士康A区苹果手机精密机构件、金鼎煤机等标杆项目加紧推进。商贸物流业快速发展，苏宁电器、必胜客、凤展新时代广场正式营业，太行明珠游乐城、皇城相府城市综合体等项目加紧建设。旅游产业蓬勃发展，"晋善晋美、精彩晋城"提升了知名度和美誉度。全市旅游总收入、接待入境旅游者、旅游外汇收入、国内旅游收入增幅均居全省第一。与此同时，积极推进非煤主导产业集群化发展，形成了县域经济错位发展、差异竞争、优势互动的良好势头。

晋城市市委书记张九萍在陵川县调研

晋城市市长刘润民在沁水县调研

★对外开放迈出新步伐。深度对接上海、富士康、华润、晋煤，招商引资持续升温。与上海及长三角地区签约项目48个，落地25个，总投资172亿元。金匠工业园区完成一期采空区治理和场地平整。华润兰花制药项目落地。深入实施融入中原战略，加大旅游景点建设和营销力度。联合河南、河北等省的20多个城市，共同打造“太行山文化旅游”精品。全力推进综改试验区建设，编制了转型综改行动方案，完成“一市两园”总体规划，开工建设标杆项目18个。全市招商引资实际到位资金561亿元，增幅居全省第一。

★“三农”工作实现新突破。认真落实中央强农惠农富农政策，农民收入稳步增长。粮食总产量97.5万吨，创历史最高水平。生猪出栏258.4万头，全省第一。大力发展“一村一品、一县一业”，扎实推进农业产业化，新建现代农业科技园区30个，农民专业合作社发展到2980家。300个重点推进村完成规划编制、“四化四改”和“五个一工程”。开展首届“晋城最美乡村”评选活动。重点扶持146个贫困村，生产生活条件明显改善，新的“五个全覆盖”工程全部超额完成。

★城市品质得到新提升。强力推进城市建设，实施了一批城建重点工程。改造提升凤台街、文昌街两条主干道，取消西上庄收费站，打通兰花北路、红星街东西延伸段、文昌街西段、建设北路、客运东站环路等断头路，新增城市道路7千米。“三馆合一”主体完工。加快推进城市水系建设，任庄水库调水工程完工，滨河南路完成路基建设。开工建设保障性住房11560套，占省定任务的181%；竣工5291套，占省定任务的130%。市区经济适用住房被评为“国家康居示范工程”。

晋城市市长刘润民在泽州县调研

瓦斯发电

丹河湿地

白马寺森林公园

★生态环境又有新改善。强力推进污染减排，关闭落后产能及生产设施企业 10 个，取缔市区分散燃煤供热锅炉 102 台。完成污染减排重点项目 38 个。丹河人工湿地三期工程通水试运行。市区空气质量二级以上天数 353 天，稳定达到国家二级标准，综合污染指数控制在 1.72。加大节能降耗力度，实施节能项目 52 个。完成村庄绿化 300 个，造林 8067 公顷。被评为“全国国土绿化突出贡献单位”，荣获“国际花园城市”称号。

★社会事业取得新进展。爱物学校、汇仟小学主体完工，中等专业学校一期工程和凤城中学项目顺利推进，新建标准化幼儿园 15 所。在全省率先实现了十二年免学费教育，为农村寄宿制学校配备校车 76 辆。加快推进晋城大医院建设，正式启用市、县两级医院远程医疗会诊系统，投资 6 亿元加强县乡村三级医疗基础设施建设。城镇医疗保险标准全省第一，工伤、失业、生育、城乡居民养老保险标准居全省前列。积极推进就业和全民创业，新增城镇就业岗位 4.1 万个，城镇登记失业率 1.8%，被国务院授予“全国创业先进城市”称号。城乡低保、五保供养保障标准名列全省前茅。群众性文化、体育活动蓬勃发展。“文化低保”工程覆盖面扩大，“周末大剧场”“百姓大舞台”等活动深得人心。

★和谐稳定呈现新局面。深入推进精神文明和民主法治建设。连续 8 年被省政府表彰为“政风行风评议先进市”。创新社会管理机制，城市社区网格化管理试点工作圆满完成。深入开展“严打”整治斗争，强化信访和社会矛盾排查调处工作，“平安晋城”建设成效显著，在全省群众安全感和满意度民意测评中名列第一。安全生产形势持续平稳，各类事故起数和死亡人数均低于省控指标。

（晋城市政府办公厅　供稿）

太行明珠娱乐城

城市建设

皇城相府大型开城仪式

王莽岭

省长李小鹏在临吉高速建设工地调研

临汾市市委书记罗清宇在襄汾县调研

产业转型 环境提升 城乡统筹 民生改善

——临汾市

曲沃县西南街村

2012年，临汾市紧紧围绕“率先转型、全力跨越”的总目标，牢牢把握“稳中求进、好中求快”的总基调，突出“产业转型、环境提升、城乡统筹、民生改善”四大重点，攻坚克难，开拓进取，圆满完成各项工作目标。全年生产总值1220亿元，比2011年增长10.1%；规模以上工业增加值726亿元，增长13.5%；全社会固定资产投资完成822亿元，增长27.5%；财政总收入201.6亿元，增长7%；城镇居民人均可支配收入18126元，增长13.6%；农民人均纯收入6899元，增长13.4%。

★突出板块引领，“百里汾河新型经济带”建设迈出重大步伐。坚持以基础设施建设为先导，以产业园区建设为支撑，“经济带”一期工程各项审批手续顺利完成，水利生态工程列入全省综改试验标杆项目，汾河生态治理洪洞至襄汾段全线开工，滨河东路砂石路基全线贯通；临汾民航机场复航改造正式获国家批复，完成地基初步处理工程；大西、中南、张台铁路进展顺利；临吉高速、临汾北环、京昆与青兰高速联络线竣工通车；18个工业园区实现销售收入1000亿元，新上项目65个，10个高效农业示范园区有8个初具规模，6个物流园区有4个开工建设，17个旅游景区有12个实施整体开发，19个小城镇有9个启动连片区建设。“经济带”固定资产投资占到全市的49%，招商引资总额占到全市的64%，“百里汾河新型经济带”已成为全市经济发展的重要引擎。

★坚持项目拉动，产业结构调整取得新进展。深入开展“项目落地年”活动，把项目前期作为重中之重，全年落地项目1225个，落地资金2225亿元；实施了359项省市重点项目，完成投资1466亿元，项目落地和建设均居全省三甲。特别是实施了一批重大产业结构调整项目，三次产业结构进一步优化。农业方面，“大水网”涉临工程进展顺利，新增改善灌溉面积6.6万公顷，全市粮食总产达222.3万吨，再创历史新高；培育了8个省级“一县一业”示范基地县

临汾市市长岳普煜在洪洞百里汾河新型经济带调研

红苹果乐农家

隰县梨果丰收

丰收的曲沃里村红提葡萄

和 483 个省级“一村一品”专业村，“四个百万亩”基地规模不断扩张，乡宁戎子酒庄、浮山玉杰食用菌、汾西洪昌肉鸡养殖等一批龙头企业进一步壮大，进入省“513”工程的农产品加工企业达到 43 家，农民专业合作社发展到 6308 个。工业方面，114 座煤矿和 41 座铁矿完成采矿许可证换领，94 座基建矿井批复开工报告；焦化行业产能整合达到 4000 万吨；钢铁行业产能达到 2100 万吨，中宇和通才两座 1860 立方米高炉改造项目，获省经信委核准；安泽永鑫 12 万吨甲醇、华翔精密制造二期、普泰发泡铝等项目建成投产；飞虹微纳米光电、平阳重工高端制造、翼城舜达锻造等项目进展顺利，新兴产业累计完成工业增加值 53 亿元，增长 18.4%。服务业方面，山西国际陆港园区总规及 22 平方千米起步区控制性详规编制完成，海关特殊监管区卡口竣工投用；侯马开发区被国家商务部授予全省唯一的国家电子商务示范基地，引进电子商务、现代物流等项目 80 余个。洪洞大槐树、吉县壶口瀑布国家 5A 级景区创建工作持续推进，曲沃晋国博物馆、乡宁云丘山、霍州七里峪等旅游景点建设取得新进展，全年旅游综合收入达 160 亿元。

太钢临钢公司现代化生产线

临汾热电项目效果图

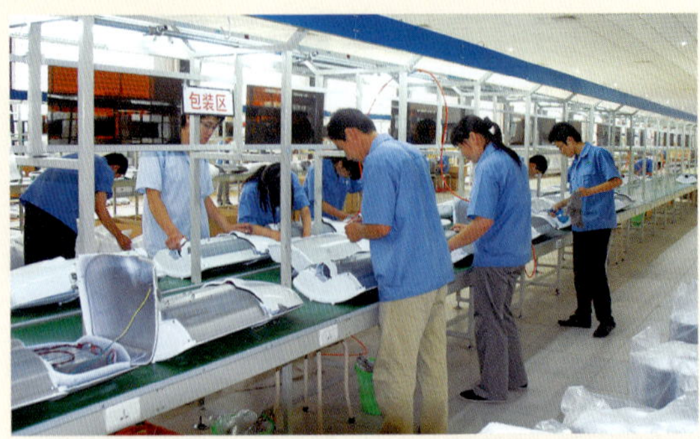

光宇电源生产车间

对外贸易企业三维公司一角

临汾民航机场候机楼效果图

机场大道效果图

士师高架桥

★推进城乡统筹，人居环境进一步改善。市区解放路立交桥道路改造、滨河东路辅道、古城公园二期、平阳大桥景观改造等工程全面完成，城市公厕建设获联合国“迪拜国际最佳范例奖”，新增城市公交车60辆。侯马城乡一体化、霍州霍东新区、曲沃城东新区、蒲县锦绣新区等大县城建设成效明显，洪洞广胜寺、乡宁管头镇、蒲县乔家湾等53个小城镇建设全面铺开。农村新的“五个全覆盖”全面完成，300个重点推进村完成年度目标，30个示范连片区加快建设，整村推进71个，易地扶贫搬迁8570人。大力开展以城乡垃圾清理、市容环境整治、道路交通整治、环境污染整治为重点的“环境建设年”活动，实施并完成重点节能改造项目120个、减排项目79项，市区二级以上天数342天，其中一级天数118天，城乡面貌明显改善。

★加快改革开放，发展活力显著增强。事业单位分类改革稳步推进，集体林权制度改革走在全省前列。转型综改试验深入实施，市级《转型综改实施方案》和市、县两级《行动方案》编制完成，“一市两县”、“一市两园”和“一县一企”先行试点和标杆项目加快实施。创新用地机制，将城乡增减挂钩政策与矿业存量土地整合利用有效结合；创新融资方式，发挥财政性存量资金作用，为项目建设提供了有力支撑。全年引进大企业、大项目167个，签约资金3120亿元；成功举办首届“汾河论坛”，临汾对外影响力进一步扩大，开放型经济迈出新的步伐。

尧庙

黄河壶口瀑布

鼓楼广场音乐喷泉

汾河临汾段治理工程

★着力改善民生，社会事业全面发展。教育方面，临汾一中高中部二期、市第一小学教学楼加快建设；27所公办标准化幼儿园、5个县市区薄弱学校改造和300所义务教育标准化学校建设基本完成；高考二本B类以上学生12711人，增加2014人；启动5个国贫县义务教育学生营养改善计划，受惠学生36492名；二类城市语言文字工作在全省树立了样板。医疗卫生方面，市精神病医院开工建设，古县、蒲县、乡宁等8个县公立医院改革顺利推进，全市171所政府办的基层医疗卫生机构全部配备使用基本药物，实施零差率销售。低生育水平保持稳定，全市人口自然增长率控制在5.11‰，再次跨入全省综合先进市行列。“新农合”参合率98.4%。文化建设方面，市博物馆、图书馆启动建设，广电中心、奥体中心加快前期，全市实现了“县县有两馆”目标，151个乡镇全部建成标准化综合文化站。社会保障方面，五大保障体系进一步完善，全市新增城镇就业5.5万人，城镇登记失业率控制在3.1%以内。社会保险参保人数451.3万人次。开工建设各类保障性住房17145套，完成农村危房改造4542户。“十件实事”有5件完成，5件正在加紧实施。

（临汾市政府办公厅　供稿）

洪洞大槐树景区

大型舞蹈《寻根祭祖我中华》

霍州署

丁村民居

运城市市委书记　王茂设

运城市市长　王清宪

砥砺奋进促发展　转型跨越谱新篇

——运城市

2012 年是不平凡的一年，面对经济下行压力加大的严峻形势和挑战，运城市深入贯彻科学发展观，认真落实中央、省一系列决策部署，抓投资上项目，调结构转方式，惠民生促和谐，攻坚克难，扎实工作，全市经济社会发展取得了新的成绩。

全力遏制经济下滑，主要指标超额完成。2012 年，全市地区生产总值达到 1068.1 亿元，比 2011 年增长 7.8%。三次产业占生产总值的比重为 16.6∶46∶37.4。人均地区生产总值 20618 元，按 2012 年平均汇率计算达到 3266 美元。农林牧渔业总产值 331.6 亿元，增长 13%。规模以上工业总产值 1385.7 亿元，规模以上工业增加值 344.3 亿元，增长 6%；固定资产投资 826.8 亿元，增长 24.5%；社会消费品零售总额 483.2 亿元，增长 15.7%；外贸进出口总额 10.6 亿美元，完成省目标任务；财政总收入 80.1 亿元，完成省调控任务；一般预算收入 41.5 亿元，增长 1.8%；城镇居民人均可支配收入 18248 元，增长 14.5%；农民人均纯收入 6381 元，增长 13.5%。

加大项目建设力度，投资拉动作用增强。2012 年，全市落地项目 1340 个，投资总额达到 2305 亿元，超额完成省定任务，落地任务完成率和完成额排名全省前列，省级重点工程完成率全省第三。新上的 36 个标志性产业项目完成投资 125 亿元，其中 8 个建成投产。新增规模以上工业企业 35 户，完成全年任务的 116.7%。

实施工业强市战略，转型发展成果显现。2012 年，完成工业投资 520.8 亿元，增长 37.6%，高于全社会固定资产投资增速。第八届银保企洽谈会落实资金 532 亿元，履约率 96.5%。深入开展“金融下乡、送贷入企”活动。全年本外币各项贷款余额 713.4 亿元，较年初增长 17.9%。启动实施 27 个传统产业改造升级项目。中铝山西分公司氧化铝改造项目建成投产，海鑫热轧板卷项目、中条山多金属综合捕集项目、新绛煤化循环园、稷山西社工业园等扎实推进。五个产业集群完成增加值 164.7 亿元，增长 14.5%，高于五大传统支柱行业增速 8.4 个百分点。新认定高新技术企业 7 家，省级企业技术中心 5 家。新增中国驰名商标 3 件，累计达到 18 件，运城市成为全省唯一国家商标战略实施示范城市。

大力发展现代农业，“三农”工作成效显著。2012 年，农林水事务支出 26.2 亿元，增长 16.1%。粮食总产达到 30.4 亿千克，增长 14.2%，创历史新高。肉、蛋、奶产量分别增长 13.5%、10.8%、10.6%。完成“双创”增粮田 6.2 万公顷。新认定无公害产地 5600 公顷、“三品一标”50 个。新发展农民专业合作社 1310 个，盐湖、永济、平陆、新绛 4 个国家级现代

省委书记袁纯清在运城调研

省长李小鹏在河津中铝调研

农业示范区（基地）建设顺利推进。依托F型杂交小麦研究与应用，山西运城国家农业科技示范园区总体规划及布局全面展开。“一村一品”专业村发展到661个。完成330个重点村“四化四改”、“五个一”工程建设任务。年度扶贫开发项目圆满完成，易地扶贫搬迁6430人，贫困人口减少2.1万人。市级以上龙头企业发展到245家。全年农产品加工销售收入达到172.9亿元，同比增长28.7%。“三引六扩、河库成网”项目进展顺利。小浪底引水、尊村引黄、禹门口灌区扩建等工程开工建设，汾河清水复流北赵连接段、西范灌区东扩完成可研批复。农业灌溉面积36.2万公顷，新增有效灌溉1.6万公顷，新增节水灌溉3.3万公顷。新一轮农村电网升级改造全面推进。

统筹推进城乡发展，特色城镇化步伐加快。2012年，市政公用设施完成投资24.3亿元，城镇化率达到41.4%。“规划工程建设年”活动深入开展，完成了运城市城市总体规划、盐（湖）临（猗）夏（县）城镇群规划、12个县市建筑风格规划等38项编制任务。运城机场新航站楼投入使用，通航城市22个，年旅客吞吐量92.4万人次。天逸公园向市民开放，解放南路棚户区综合改造基本完成，各县（市）的污水处理、垃圾处理、园林绿化等一批市政公用设施相继建成并投入使用。扎实开展城建质量提升综合整治活动，大力实施城乡清洁工程，城乡面貌明显改观。

关公祖庙圣像赴台巡游启动仪式

市委书记王茂设在农机大市场调研

市长王清宪在万荣调研

市长王清宪在新绛调研

海鑫炼铁高炉

鹳雀楼

持续推进节能减排，生态环境明显改善。2012年实施节能技术改造项目117个，节约标准煤106万吨。申报了6家资源节约与综合利用示范企业和5个资源综合利用重点项目。在全省率先实现天然气管网全覆盖。全市集中供热普及率、污水处理率和中心城区天然气普及率分别达到62%、83%、91%。造林工程完成3.7万公顷，占全年任务的167%。发展以核桃为主的干果经济林2.1万公顷。全市GDP综合能耗下降4.76%，二氧化硫等六项减排指标均超额完成省定任务。中心城市、12个县（市）二级以上优良天数完成省定任务，环境空气质量达到国家二级标准。“四城联创”活动全面启动。

深入推进各项改革，对外开放步伐加快。“一市两县” （盐湖、临猗）、“一市两园”（空港产业转型园、盐湖科技创新园）转型综改试点工作扎实推进。大运重卡被确定为首批省级转型综改重点标杆项目。各项改革有序推进。完成林权制度改革44.8万公顷，占总面积的94%。土地承包经营权登记试点工作进展顺利。历经6年不懈努力，晋陕豫黄河金三角承接产业转移示范区批准设立，成为全国唯一跨省域的承接产业转移示范区。运城海关、商检机构获准设立。运城玻璃器皿、临猗纺织面料、闻喜铝镁合金被列为全省首批外贸转型升级示范基地。全年利用外资897万美元。积极开展了形式多样的招商引资活动。深入开展了“热爱运城、回乡创业”活动。全年招商引资到位资金562.3亿元，完成任务的124.9%。争取国家、省政策扶持资金20.6亿元，名列全省第一。

着力保障和改善民生，社会管理不断加强。2012年，全市一般预算支出192.6亿元，比2011年增长16.2%，其中用于教育、医疗卫生、社会保障和就业支出分别增长21%、12.6%和7.9%。农村新的“五个全覆盖”全面完成。123.5万

世界最大的面塑群——裴氏宰相·将军群塑

关公祖庙圣像巡台启程

平陆风电

运城市临猗枣园丰收景象

低收入农户“暖心煤”按时发放。全市城镇职工基本养老保险参保 47.7 万人，城镇基本医疗保险参保 83.6 万人。新型农村合作医疗参合率 99.6%。城镇登记失业率 2.02%。县乡村三级医疗卫生机构达标率 98.4%。城乡低保纳保分别为 9.4 万人、18 万人。城镇新增就业 6.8 万人。转移农村劳动力 11 万人。开工建设各类保障性住房 12814 套，竣工 7004 套(含续建项目)。县乡村三级公共文化服务设施建设任务基本完成。五项文化惠民工程深入人心。食品安全放心城市创建活动扎实推进。新建 28 所公办幼儿园，学前三年毛入园率达到 82%。完成了 4 个县(市)农村义务教育薄弱学校改造任务。运城师范高等专科学校获省政府审批。深入开展“打非治违”“百日安全生产”等各项整治活动，安全生产形势持续稳定好转。加强和创新社会管理，认真做好信访工作，健全社会治安防控体系，严厉打击违法犯罪活动，社会保持和谐稳定。

（运城市政府办公厅　供稿）

五老峰秋景

盐湖大道绿化

马拉鼓车

飞燕桥

省委书记袁纯清在太原高新区考察调研

省长李小鹏考察太原高新区汾东园建设进展情况

集聚创新资源　提升创新能力
打造全省最大的科技创新引领区

——太原高新技术产业开发区

太原高新技术产业开发区(简称“太原高新区”)成立于1991年7月,1992年11月经国务院批准成为国家高新区,是山西省目前唯一的国家级高新区。2012年,太原高新区坚持“总量做大、优势做强、研发做优、平台做好”的方针,大力实施“内抓提升转型、外抓扩区跨越”战略,以新区开发为中心,自主创新为主线,项目推进为重点,平台建设为支撑,组织建设为保证,园区综合实力、创新能力、服务能力和竞争能力全面提升。

★经济保持较快增长。2012年,太原高新区科工贸总收入1474.2亿元,比2011年增长6.4%;工业总产值1266.7亿元,增长5.4%;区内生产总值373亿元,占太原市生产总值的16.1%,增长5.7%;财政收入16.15亿元,增长20.1%;出口创汇3.84亿美元,增长50.5%。

★产业集群不断壮大。2012年,全区重点项目落地22项,落地资金116.98亿元。随着云计算产业园、物联网产业园等一批重点项目的启动,电子信息产业集群建设进一步提升,成为山西省传统产业信息化改造的重要引擎;围绕全省产业升级和结构转型,以填补国内空白的“1,4-丁二醇加氢催化剂”项目、中元煤洁净项目、华顿甲醇燃料等项目为代表的煤化工基地建设得到深入推进;以激光投影仪、全固态激光器、红外成像系统项目为核心的光电产业集群初步形成;以基因芯片、干细胞基因工程项目为核心的生命科学产业初具规模;以蓝宝石中试基地、钕铁硼、太阳能为核心的新材料与环保节能产业集群发展壮大;以清华同方知网、问天网游、舶奥无纸动画基地为龙头的文化创意产业进一步发展,荣获“国家文化产业示范基地”称号。

★招商引资成绩显著。2012年,共引进入区企业359家,注册资本累计57.49亿元。其中,注册资本亿元以上企业9家,世界五百强及大型央企投资企业2家。与新加坡水木集团、航天42所、美国EMC公司、德国维嘉公司、香港英特立公司等国内外知名企业签署了项目合作协议。

★稳步推进平台建设。2012年,太原高新区与山西省民航集团签署合作协议,合作建设资本大厦项目。与山西证监局签署战略合作协议,与建设银行、交通银行、民生银行等多家银行建立战略合作关系,成立高新区政策性融资担保公司,成立太原高新区科技基金投资有限公司。出台推进企业改制上市政策,上市后备企业15家,新三板后备企业15家。与太原理工大学、太原科技大学等科研院所签订产学研战略合作协议,与中科院过程所联合建设“新型节能环保技术联合实验室”。

省委常委、太原市委书记陈川平调研高新区重点项目建设推进情况

太原高新区管委会主任赵伟东在企业调研

★初步形成人才高地。山西省人力资源产业服务园区正式启动，智联招聘、北京泰来猎头咨询事务所、美国博欧士人力资源服务公司等国际国内顶尖的猎头公司入驻园区；加快院士工作站和博士后工作站建设，成立 3 家院士工作站，吸纳 35 名博士后进站工作；3 人新入选国家“千人计划”，9 人入选山西省“百人计划”，引进 5 名省外“千人计划”人才来区创业；支持海外高层次人才创业发展，截至 2012 年底，共吸引留学人员 208 人，创办企业 105 家。

★新区建设快速推进。新规划了汾东新区 13.3 平方千米用地以及龙城大街两侧 13.3 公顷用地扩区发展。2012 年 4 月 16 日，总投资 65 亿元的山西云计算产业园在高新区汾东园正式奠基，拉开高新区新区建设的帷幕。规划的云计算产业园、物联网产业园、光电产业园、生命科技产业园、广告创意数字出版产业园、环保节能产业园、科技产业孵化及加速器园 7 个专业园区，企业即将进驻。龙城大街两侧规划用地已安排入驻军威集团技术创新中心等重点项目。与清徐县政府签署战略合作协议，合作建设太原高新区清徐分园区。

（太原高新区　供稿）

太原高新区与太原科技大学签署产学研战略合作协议

太原高新区与中国民生银行太原分行签署战略合作协议

清华科技园太原分园项目

总投资 65 亿元的山西云计算产业园项目在汾东新区奠基

高起点谋划 高标准建设 高规格打造
加快建设引领率先转型跨越的国家级开发区

——太原经济技术开发区

2012年，太原经济技术开发区进一步解放思想，抢抓机遇，真抓实干，全力建设一流的新兴产业基地和一流的自主创新基地，不断推进经济社会转型跨越发展。

★合理布局，发挥优势，为太原市转型跨越发展做出突出贡献

（一）五大产业基地全面发展，带动全区经济快速增长。通过不断加快推进重大项目的建设和发展，进一步完善产业链，已形成全省第一、国家水平的国家级装备制造（能源装备）产业基地，全省第一、国家水平的国家级新材料新能源基地，全省第一、国内有影响的电子信息产业基地，全省第一、国内有影响的食品及农产品加工基地，全省第一、国内有影响的生物制药产业基地等"五大产业基地"。特别是在煤机装备制造领域，聚集了太重煤机、三一重工等30余家技术水平先进的企业，形成较为完整的产业链条，采煤机的全国市场占有率30%，大功率电牵引采煤机国内市场占有率60%，系列掘进机国内市场占有率35%，煤矿无轨胶轮车国内市场占有率80%，短臂机械化煤矿开采设备国内市场占有率100%，刮板输送机占全国的14%。已初步形成国内规模最大、煤机产品品种最全、综采综掘成套能力最强的煤机研发制造基地。

2012年全区科工贸总收入569亿元，比2011年增长33.7%；区内生产总值144.87亿元，增长80.7%，完成全年任务113亿元的128.2%；规模以上工业总产值完成430.86亿元，增长78.26%，完成全年任务328亿元的131.36%；规模以上工业增加值完成171.92亿元，增长98%；社会消费品零售总额16.6亿元，增长30%；财政总收入19.27亿元，

增长 20.2%；一般预算收入 6.08 亿元，增长 15%。区内生产总值、规模以上工业增加值、社会消费品零售总额与进出口总额 4 项指标增幅全市第一，工业增加值占全市的 22%，进出口总额占全市的 30%，为太原市转型跨越发展作出显著贡献。

（二）以“项目落地年”为契机，全力做好招商与项目落地工作。推动项目投产，促进产业升级转型。建成并投入生产项目 4 个，总投资 25.36 亿元。富士康智能手机项目 22 条生产线已全面投产，太重新建高速列车关键零部件国产化项目、山西华夏动力科技有限公司的新建钇铁锂离子电池项目达到国内领先的技术水平和生产能力。抓好项目建设，在优化结构中促进经济发展。2012 年，新开工、续建和近期开工项目 42 项，其中，省级重点工程 6 项，完成投资 16.41 亿元；市级重点工程 18 项，完成投资 55.27 亿元。武宿综合保税区项目国务院于 8 月下发《关于同意设立太原武宿综合保税区的批复》，正式同意设立武宿综保区。创新招商引资方式，为园区发展储备后续力量。2012 年引进并签订入区协议的生产型项目 16 个，总投资约 133.12 亿元。

（三）抓好科技创新，在自主创新基地建设中实现新飞跃。加强科技创新平台建设。目前，区内有煤矿采掘装备国家工程实验室、煤矿掘进机械质量国家监督检验中心、通泽重工国家级技术中心等 6 个国家级研究检测机构和企业技术中心，山西煤机行业技术中心等 8 个省级企业技术中心，通则重工获批国家技术创新示范企业。加大科技人才引进力度。为企业引进博士后人员两名，引进海外博士两名。通泽重工成为太原市第一批“院士工作站”单位。大力扶持企业开展科技创新工作。2012 年，协助企业完成科技部计划项目、省科技计划项目以及太原市科技计划等各类项目申报 40 项，协助企业争取回科技资金支持 2000 余万元，向企业发放科技扶持资金 7105 万元。新认定高新技术企业 3 家，高新技术企业的总数达到 19 家。

★关注民生事业，推进生态建设，园区内各项事业和谐发展

（一）加快推进国家生态工业示范园区建设，循环经济建设成效显著。制定了《建设国家生态工业示范园区年度实施方案》。环境监测站建设基本完成。通过强化排污许可证制度、规范环评审批行为等措施，基本完成市政府下达的目标任务，被省政府评为“十一五”减排先进单位。

（二）加大基础及配套设施建设力度，增强园区综合服务能力。2012 年，经济区开展市政道路排改造工程 9 项，总投资额约 4 亿余元。继续积极推进教育园区基础配套设施建设。

（三）坚持强区与富民并重，民生与发展并举，社会事业实现协调发展。全面推进城中村改造工作。社会保障体系基本健全，最低生活保障制度、大病医疗救助制度、优抚对象医疗保障制度，社会救助体系不断完善，优抚保障能力不断增强。文教、计生、民政等工作全面发展。

（太原经济技术开发区　供稿）

构筑山西生态屏障 打造塞外绿色海洋

——大同市新荣区

近年来，新荣区认真贯彻落实全省“绿化山西，生态兴省”战略部署，大力推进植树造林生态建设工程，城乡人居环境不断优化，生态优美之区、百姓宜居之地初步形成，生态建设取得了显著成绩。2008年以来，全区累计完成造林投资7.06亿元，全区林地面积净增2.8万公顷，“四旁”植树净增280万株，通道绿化总里程323千米，森林覆盖率从2007年的17.8%提高到24.82%，是全省24个国家级生态示范县(区)之一，连续4年荣获“全省造林绿化先进县区”称号。

★坚持生态兴区，绿色理念深入人心。围绕全省“绿化山西，生态兴省”和全市“转型发展，绿色崛起”战略目标，确立了“生态兴区”的发展思路和建设“名城生态区，古都后花园”的目标。按照“国家项目打基础，省级工程搞好衔接，区级工程出精品，三级工程配套联动”的思路，以通道绿化、荒山绿化、村镇绿化、矿区绿化、旅游景区绿化、区址绿化、种苗基地建设为重点，铺开了多处造林绿化工程，全区上下形成了“主要领导亲自抓，分管领导具体抓，林业部门全力抓，相关部门配合抓”的良好氛围。

★坚持规模造林，绿色发展成果显著。大手笔、大工程、大投入、大力度发展林业生产，基本形成“以区址绿化为中心，通道绿化为骨架，荒山绿化为屏障，农村绿化为羽翼，厂矿绿化为亮点”的城乡一体化高标准生态体系。高标准完成通道绿化323千米，高标准建成规划6667公顷的古长城森林公园，高标准对全区56个村和5座煤矿进行绿化，高标准建设种苗基地，高标准规划并启动了1.3万公顷造林绿化工程。在今年举办的全省造林绿化大同现场会的观摩中，受到省和各市县领导的高度肯定。

★坚持封育并举，绿色效益逐步显现。大力发展现代林业产业，实现生态建设与产业发展的良性互动、协调发展。近8年间，全区共完成退耕还林还草6133公顷，建设规模养殖园区18个，建设棚圈26万平方米，有效解决了林牧争地的矛盾，实现了造林绿化、生态建设和畜牧养殖、农民增收的多方共赢。

★坚持管护结合，绿色机制不断完善。不断完善管护制度，提高管护队伍建设，增加专项经费投入，林业管护工作取得了较好的成绩。基本构建了“乡村抓源头管理，管护站抓查验管理，林业执法队伍抓活动管理，林业局抓全面管理”的立体综合管理横式和区、乡、场、村、林业员、应急分队六位一体的管理网络建设，巩固了造林绿化成果。

(大同市新荣区委办公室　供稿)

新荣区区委书记董志刚植树造林

淤泥河生态湿地

古长城森林公园

大呼高速通道绿化

马邑文化节开幕

玉米丰收

大美朔城

——朔州市朔城区

2012 年，朔城区紧紧围绕转型跨越发展这一主题，突出经济建设和主城区建设两大任务，持续推进“四个升级”，经济社会各项事业继续保持平稳较快、健康协调的发展态势。

★综合经济实力持续攀升。2012 年全区生产总值 264.2 亿元，比 2011 年增长 11.2%；财政总收入 25.1 亿元，增长 18.9%；一般预算收入 10.88 亿元，增长 17.4%；固定资产投资完成 166.2 亿元，增长 29.7%；社会消费品零售总额 51.6 亿元，增长 16.8%；城镇居民人均可支配收入 22712.4 元，增长 14.8%；农民人均纯收入 9198 元，增长 13.6%。

★产业转型升级初见成效。围绕以煤为基、多元发展的总体目标，规划建设了富甲循环工业园区、东坡煤电工业园区等四大工业园区，煤炭生产—洗选—煤矸石发电—粉煤灰综合利用产业链初步形成。义乌小商品城建成运营，中煤金海洋企业总部基地、金沙国际等 12 个现代服务业项目有序实施，转型跨越发展迈出新步伐。

★现代农业发展成绩喜人。大力实施“一县一业、一村一品”工程，发展特色园区，巩固壮大十大种植基地，粮食总产量 31.5 万吨，实现了九连增。连续三年成为全省设施蔬菜建设先进县区 20 强。规模养殖场发展到 208 个，规模健康养殖取得新进展。在全市率先开展村镇环境综合整治，130 个重点村基础建设和村容村貌大幅改善。

★生态文明建设亮点纷呈。全面铺开了总投资 25 亿元的十大生态建设工程，林草覆盖率达到 45%。城市绿化覆盖率达到 40.5%，成为全省第五个环保模范城。

★社会民生事业不断改善。投资 4 亿多元，完成二中、五中等学校建设改造工程。中医院新建基本完成，初步形成覆盖城乡的基本医疗卫生服务体系。被国家计生委评为全国计划生育优质服务区。农村家庭“暖心煤”供应在全省率先足额发放到位。全面完成农村新“五个全覆盖”工程。

（朔城区委宣传部　供稿）

规模养殖

保障性住房迎宾苑小区

大唐风力发电

朔州市市委书记王安庞在开发区调研

朔州市原市长李正印在开发区美可莱科技创业园调研

项目立区　招商兴区　机制活区

——朔州经济开发区

朔州经济开发区成立于 1992 年，1996 年经省政府批准为省级开发区，2006 年 9 月通过国家发改委核准。2012 年 3 月，省政府批准红旗牧场 41.54 平方千米土地划归开发区。开发区现有规划面积 57.94 平方千米，管辖面积 86.9 平方千米。截至 2012 年底，开发区共有入区企业 509 家，其中规模以上工业企业 12 家。

★主要经济指标在连续六年平均增幅 30%的基础上，继续高位运行。2012 年，全区生产总值 22.3 亿元，比 2011 年增长 14%；财政总收入 2.89 亿元，增长 33.7%；一般预算收入 1.78 亿元，增长 34.4%；社会消费品零售总额 5.16 亿元，增长 16.5%；城镇居民人均可支配收入 22712.4 元，增长 14.8%；农民人均纯收入 9198 元，增长 13.6%。被省商务厅授予“2012 年度全省先进开发区”称号。

★一批有质、有量的标杆性项目撑起产业园区转型建设，努力突出园区的聚集效应和承载能力。坚持“高端化定位、大项目支撑、新产业带动”，在做好现有煤机装备、现代物流、现代服务业三大支柱产业的基础上，集中精力布局了新能源电动汽车、生物医药两大支柱产业园区，将项目的规模定位在新型制造业项目投资 10 亿元

省级重点工程麻家梁矿年产 1000 万吨矿井项目建成

朔州市副市长李武章在入区企业麻家梁煤矿东水库调研

组团参加 2012 年广州招商推介会

以上，现代商贸物流项目投资 5 亿元以上，高新技术项目投资 2 亿元以上。2012 年，开发区基础设施建设项目 19 个，总投资 14.1 亿元。签约招商引资项目 12 个，项目总投资额 133 亿元，增长 44.4%。外贸进出口总额 266 万美元，增长 8.6%。

★大胆创新，先行先试，积极在土地、体制、用人等方面进行创新突破。一是省政府批准红旗牧场 41.54 平方千米土地划归朔州经济开发区，全区规划面积从 16.4 平方千米增加到 58 平方千米。二是实行"一委两区"、分区管理运行机制。将开发区分为朔东新区和朔南新区，管委会在两个新区分别设立执行委员会。三是实行以市场为导向、企业化运作的经营机制。

★下大力气实施"九大"民生工程，切实解决百姓最关心、最直接、最现实的利益问题。率先实施"收入倍增"计划，为低收入居民发放冬季取暖用煤和过节生活补贴，顺利完成农村新"五个全覆盖"任务，在全市率先出台兑现了高中阶段免费教育和教育奖励制度。实施"饮用奶工程"，率先将实施对象由寄宿生扩大到全部学生，由义务教育阶段扩大到包括公立幼儿园在内。

（朔州经济开发区　供稿）

省级重点工程安普新能源电动车项目奠基仪式

省级重点工程华电 2×350MW 热电联产项目开工

新建的实验小学投入使用

率先走出农业县转型跨越发展新路

——应县

应县县委书记兰成国在企业调研

应县县长边润文在全民健身场所调研

应县人民医院

应县地处山西北部、朔州东端，全县总面积 1708 平方千米。辖 3 个镇 9 个乡 298 个行政村，2012 年总人口 33 万人。是全国、全省粮食生产先进县，全省现代农业示范县，绿色无公害蔬菜生产基地县，奶牛养殖基地县。2012 年全县生产总值 52.7 亿元，比 2011 年增长 10.8%；社会消费品零售总额 21.8 亿元，增长 16.3%；粮食总产量 2.75 亿千克，增长 14.6%；财政总收入 2.98 亿元，增长 6%；一般预算收入 1.48 亿元，增长 18.1%；城镇居民人均可支配收入 16418 元，增长 13.9%；农民人均纯收入 6550 元，增长 13.9%。

★产业发展取得新成效。以打造新型工业创新区、现代农业示范区、文化旅游核心区为发展定位，大力实

应县全民健身广场

万豪凯悦国际酒店

雅仕利集团

应县梨花春

施园区承载、项目带动战略，铺开五大园区和 95 项重点项目工程，总投资达 480 亿元。朔州新型产业科技创新园，形成新能源、高档陶瓷、农副产品加工、化工建材、装备制造五大产业板块。围绕园区建设，推进总投资 270 亿元的 27 个新型工业项目。现代农业特色发展。集中打造“南菜北牧”两大特色农业板块，南部“蔬菜板块”以南河种镇现代农业示范园区为引领，北部“畜牧板块”以臧寨现代养殖示范园区为引领，以蔬菜、畜牧为主的“一村一品”专业村发展到 218 个，占到农村总数的 73%。“应州绿”蔬菜基地成为全省首家通过国家“良好农业规范认证”的蔬菜基地。文化旅游业破题发展。重点规划建设文化旅游产业园区、现代商贸物流园区。

★社会民生事业取得新进展。城乡统筹发展实现新突破。应县木塔被国家文物局正式列入中国世界文化遗产预备名录。大县城建设铺开了总投资 60 亿元，以道路改造、公园绿地建设、保障性住房、水热电气扩容配套、亮化美化等为主的 40 项城市综合改造建设工程，大范围改善了市政基础设施，提升了城市品位。小集镇、新农村建设高标准推进了南河种镇“城乡一体化”项目，被列入全省“百镇建设”示范镇。生态文明建设开创新局面，重点实施了造林绿化和生态水系建设两大工程。民生事业取得新进展，重点推进以教育、卫生、道路交通等为主，总投资 120 亿元的十大民生工程。

（应县政府办　供稿）

陶瓷展销会

秸秆生物质能发电厂

和牛养殖场

天喜农业

创建国家卫生县城誓师大会暨城建“1234”工程启动仪式

赶队前行　进位争先

——五台县

现代设施农业园区

建设中的五台县工业园区

2012 年，五台县全面实施“三五”战略，以“三整治四创建”活动为抓手，深入开展“项目落地年”“大干城建年”“走出去年”活动，致力于打基础、利长远、办实事、求实效，扎实推进各项工作。

★经济平稳较快增长。全县生产总值 33.6 亿元，比 2011 年增长 10.9%；固定资产投资 26 亿元，增长 25%；社会消费品零售总额 14.8 亿元，增长 16.03%；财政总收入 5.1 亿元，增长 24.4%，全市增幅第一；一般预算收入 2.3 亿元，增长 18.5%；城镇居民人均可支配收入 17216 元，增长 15.3%；农民人均纯收入 4024 元，增长 14.1%。

★项目建设成效显著。开工和建设省市重点项目 25 个，累计完成投资 38.58 亿元，完成率 124%；重点项目落地 30 个，落地额 26.4 亿元，落地率 135%。续建和新建县乡产业化项目 115 个，累计完成投资 79.87 亿元。引进项目 24 个，签约金额 141.85 亿元。

★“三农”工作稳步发展。在落实上级各项强农惠农政策的基础上，县财政支出 1000 万元用于“三农”补贴。新建“一县一业”肉牛基地示范园区 2 个，建设“一村一

五台县投资规模最大的民营工业企业之一——云海镁业有限公司

连接五台山和西柏坡的门限石至河北平山界旅游公路

品”示范村 30 个，发展新农村重点推进村 50 个，建成特色专业村 186 个。实施连片特困地区扶贫攻坚和中央专项彩票公益金支持贫困革命老区整村推进，完成 2000 人移民搬迁。全县粮食总产量 1.2 亿千克，再创历史新高。

★工业经济平稳运行。全年规模以上工业企业实现产值 23.3 亿元，创利税 2.8 亿元。规模以上工业增加值 7.2 亿元，增长 16.3%，占全县生产总值的比重达 21.3%。

★旅游综改步伐加快。以打造“五个五台山”为目标，全力推动五台山改造提升工程。成功举办了中国五台山第三届国际文化旅游月开幕式、海峡两岸佛教论坛等活动，全县大旅游格局加速推进。共接待国内外游客 487 万人次，实现旅游总收入 39.1 亿元。

★城镇建设扎实推进。抢抓“大县城”战略和“双百”城镇建设机遇，认真落实“大干城建年”各项任务，重点实施了“12345”工程，县城框架进一步拉大、县城品位进一步提升、县城人居环境和投资环境得到有效改善。

★民生和社会事业全面发展。农村新的“五个全覆盖”和县政府十件惠民实事全部完成。中考、高考再创佳绩，县委、县政府拿出 143 万元重奖教育功臣。新农合住院报销比例平均提高 10%，参合率达到 99.6%。新型农村社会养老保险完成市考核指标的 102%，城市低保、农村低保实现应保尽保。

★社会秩序保持和谐稳定。严格落实 10 项安全生产制度和 12 个行业 118 条安全生产规定，层层签定安全生产责任状，出台了安全隐患举报奖励和安全生产事故重罚制度。2012 年五台县通过了全国平安畅通县验收，荣获全市“安全生产工作模范县”称号，治安工作和交警工作全市排名第一，交警大队被评为全省“红旗大队”。

（五台县政府办　供稿）

五台县城市总体规划

全省转型综改试验旅游领域第一标杆项目——五台山风景区改造提升

建设中的五台县新城区

干部帮扶推进神池养羊业发展

油桃试种成功

聚力拼搏 务实奋进 成绩斐然

——神池县

2012 年，神池县紧扣主题主线，坚持稳中求进，深入开展"走出去年""项目落地年""大干城建年"活动，努力克服经济下行的压力，各项工作取得新成绩。

★经济指标稳步增长。2012 年，全县生产总值 13.6 亿元，比 2011 年增长 10.3%；规模以上工业增加值 1.06 亿元，增长 20.1%；固定资产投资完成 19.5 亿元，增长 32.1%；社会消费品零售总额 6.98 亿元，增长 16.3%；财政总收入 3.46 亿元，增长 15.6%；一般预算收入 1.62 亿元，增长 26.5%；城镇居民人均可支配收入 15245 元，增长 15.1%；农民人均纯收入 4782 元，增长 17.6%。

★特色农业亮点凸显。全县粮食总产量 1.25 亿千克。投资 2184 万元新建了海泉、晋龙等 8 个肉羊养殖小区，15 个标准化养殖小区跻身"忻州市百强养殖示范场"行列，全县羊饲养量 65.1 万只。成功举办第七届中国神池月饼美食文化节和神池月饼美食文化北京展销会，月饼产业成为富民强县的主导产业。投资 500 万元实施 10 个村整村推进，重点发展日光温室大棚和种草养羊。馨乐苑移民小区即将建成，可整体安置 3000 人。建成胡麻、燕麦等 6 个粮油种植示范基地，长畛乡被省农业厅树为高产典型在全省示范推广，被授予"全省油料高产创建先进县"称号。

★项目建设扎实推进。全年实施县重点项目 107 项，开工 74 项，累计完成投资 34.04 亿元。全县已建成投产风电场 4 期 20 万千瓦，继阳山 3 期 15 万千瓦风电场即将并网发电。干法水泥项目累计完成投资 5.9 亿元。4 个煤台建成运营，

神池体育馆

月饼美食文化节盛况

草莓熟了

迅速发展壮大的设施农业

全年共发运煤炭 235.2 万吨，上缴税金 5554.7 万元。积极开展招商引资活动，招商引资到位资金 35 亿元。实施省市重点项目 25 项，年度计划投资 22.05 亿元，开工率 100%，完成投资 39.61 亿元，完成计划的 136.7%，完成率全市排名第二。

★生态环境明显改善。造林绿化 2313 公顷。投资 1300 万元实施西海子四期工程。节能减排工作受到省政府表扬。窑子上等 5 个村获得“省级生态文明村”称号。被省爱委会评为“省级十佳卫生县城”。“创模”工作顺利通过省级验收，被授予“省级环保模范城”称号。

★社会事业全面进步。扎实推进“5763”工程，投入 1.7 亿元用于“路、水、医、校、电”等基础设施建设。投资 3.71 亿元改造旧城 21.9 万平方米。新的“五个全覆盖”全面完成。投入 8000 余万元完成就业再就业、养老、优抚、救灾、低保等各项社会保障工作。为全县农户按时足额发放冬季取暖用煤，受到市政府表彰。推荐和申报毛主席路居纪念馆、圆明观、千佛院碑刻、东湖汉墓群四处为第五批山西省重点文化保护单位。农家书屋建设工作受到省新闻出版局表彰。登山健身步道被国家体育总局命名为“全民健身户外活动基地”。

★各类改革深入推进。积极稳妥推进事业单位改革，医疗卫生体制改革持续推进，全县 10 个乡镇卫生院及 157 所村卫生室全面实施基本药物制度，实行药品零差率销售。深入开展综改试验工作，全面建设 13 个县域标杆项目。综改工作排名全市第一。

★发展大局和谐稳定。深入开展“安全生产年”和“打非治违”专项行动，安全生产形势总体平稳。全面落实社会管理综合治理各项措施，扎实开展法制宣传教育活动、矛盾纠纷排查调处活动和信访积案化解行动，被市委、市政府评为“三年信访攻坚先进县”。

（神池县政府办　供稿）

规模宏大的万只养羊场

园区奠基仪式

水泥厂一角

省长李小鹏在岢岚调研

省委常委、省委组织部部长汤涛在岢岚调研

城乡巨变 成果丰硕

——岢岚县

荷叶坪

晋岚绒山羊

2012 年，岢岚县深入开展“项目落地年”“大干城建年”“走出去年”活动，扎实推进各项工作，在 2012 年度目标责任考核中名列全市第一。

★经济平稳较快增长。2012 年全县生产总值 14.2 亿元，比 2011 年增长 13.4%；固定资产投资 24.5 亿元，增长 41.6%；社会消费品零售总额 6.14 亿元，增长 16.3%；财政总收入 3.34 亿元，增长 20.96%；一般预算收入 1.17 亿元，增长 31.5%；城镇居民人均可支配收入 1.7 万元，增长 16.2%；农民人均纯收入 4006 元，增长 19.3%。

★项目攻坚再创佳绩。全年规划实施各类项目 137 项，总投资 248.8 亿元。总投资 79.6 亿元的 50 个省市重点项目全部开工，年内竣工 12 项，完成投资 33.2 亿元，完成率 115.5%。超额完成市政府项目建设任务，再获全市项目攻坚战三等奖殊荣。

★脱贫增收势头强劲。柏籽羊肉、红芸豆获国家地理标志认证，5 个蔬菜品种获得有机认证，农业农村“44516”工程扎实推进。建设了国家级晋岚绒山羊育种中心，全县绒山羊饲养量 48.6 万只，畜牧业总产值突破 3 亿元，再获全省“一县一业”先进县称号。规划建设高家会高科技园区。

★民生基础明显改善。实施总投资 3 亿元的“36822”市政综合工程，城市框架进一步拉大，县城品位显著提升，连续 9 年荣获“省级卫生县城”称号。大力实施农业基础设施建设，北川灌区基本建成，被评为全省

忻州市市委书记董洪运在岢岚调研

忻州市市长郑连生在岢岚调研

岢岚县县委书记张钰祥在农村调研

岢岚县县长刘亮在农村调研

"农田水利基本建设红旗县"。全面加快扶贫开发。启动连片特困地区试点工作，全省易地扶贫搬迁现场会在岢岚召开。启动 20 个重点推进村建设，农村面貌发生明显变化。

★生态建设成效显著。推进生态岢岚建设，打造"书记林、县长林"示范工程，实施以一条线、一座山、一面坡、一条沟、一道川为重点的"五个一工程"，被评为"全省植树造林先进县"。推进节能减排工作，城区二级以上天数 365 天。

★社会事业全面进步。优先发展教育事业，实施农村义务教育营养改善、两免一补、生源地助学贷款等惠民工程，职业高中免学费实现全覆盖。提升医疗服务水平，县级医疗机构实行药品网上集中招标采购，乡(镇)村药品零差价全覆盖，新农合参合率 99% 以上。加强安全稳定工作，连续九年被评为全省"信访工作先进县"。

（岢岚县政府办　供稿）

三井镇脱毒马铃薯示范园区

普利丰红芸豆加工厂

省委书记袁纯清与五寨县大辛庄村村民亲切交谈

忻州市市委书记董洪运、市长郑连生在五寨县县委书记张春、县长张宇光陪同下到顺喜强农饲料公司调研

经济发展　环境优化　民生改善

——五寨县

2012 年，五寨县紧紧围绕“发展经济、优化环境、改善民生”三大工作重点，着力推进农业产业化、工业新型化、三产现代化、特色城镇化、城乡生态化，较好地完成了年初确定的各项目标任务。

★经济指标持续攀升。2012 年全县生产总值 18.8 亿元，比 2011 年增长 10.5%；财政总收入 6.45 亿元，增长 20.8%；一般预算收入 1.8 亿元，增长 2.2%；固定资产投资完成 15.9 亿元，增长 26.5%；社会消费品零售总额 6.8 亿元，增长 16.2%；城镇居民人均可支配收入 15934 元，增长 15.4%；农民人均纯收入 4538 元，增长 19.1%。

★项目建设强力推进。出台《五寨县招商引资优惠奖励办法》《五寨县重点项目考核办法》，落实县长联系“一园六企”制度和“四大班子”领导包项目制度，实施“八位一体”项目推进战略。全年组织实施重点项目 160 个，总投资 70 多亿元，规模和数量较 2011 年翻了 4 倍。

★农业生产喜获丰收。出台《五寨县农业产业化发展奖扶办法》，完成《山西（五寨）小杂粮产业园区规划》。建成玉米丰产方 15 个，小杂粮丰产方 12 个，万亩玉米高产创建示范区 1 个，马铃薯集中连片起垄栽培播种示范区 1 个，全省马铃薯示范基地县、全市小杂粮示范区建设稳步推进。全年粮食产量达到 16.3 万吨，创历史新高。

★产业发展富有成效。13 个新型工业项目落地，总投资 10.3 亿元。6000 万穗甜糯玉米加工等 7 个项目建成投产。煤炭物流产业提能升级步伐进一步加快，乡镇煤炭运销公司铁路专用线改扩建等 5 个项目竣工。五寨沟国际旅游度假区项目稳步推进，产业结构进一步优化。

★县城面貌变化明显。完成县城总体规划、东城新区控制性详细规划，实施旅游路、清涟河综合治理等 20 项市政建设工程，资金投入、建设规模创历史之最。启动省级环保模范城市创建工程，县城环境面貌逐步改善。

★基础设施不断夯实。完成新的“五个全覆盖”。完成小河头至河底路面改造等 5 项交通建设工程。农田水利建设实施了护村河道治理、“一村一井”等 9 项水利建设工程。生态环境治理完成以“荒山绿化、通道绿化、城区绿化”为重点的 10 项造林绿化工程。对县城污水管网、供气管网、供热管网进行了全面改造，城乡基础设施和生态环境进一步改善。

★社会事业全面进步。财政全年用于民生支出达 6.5 亿元。国家基本药物制度全面落实，公立医院改革全面推进，乡镇卫生院、村卫生室全覆盖。企业离退休人员和城乡居民养老金全部按时足额发放，城乡居民最低生活保障标准不断提高。成功举办首届“中国五寨沟寻胜”摄影大赛，群众文化生活日益丰富，人民群众幸福指数不断攀升。

（五寨县政府办　供稿）

设施农业大棚

甜糯玉米加工

五寨沟美景

生态养猪

万亩野生柠条狩猎区

省委书记袁纯清在静乐县调研

省长李小鹏调研静乐玫瑰产业

抢抓机遇 乘势而上 奋力开启全面建成小康社会新征程

——静乐县

2012年，静乐县以"项目落地年""走出去年""大干城建年"为抓手，务实奋进，扎实工作，奠定了转型跨越的坚实基础，呈现出后发争先的良好态势。2012年，全县生产总值19.3亿元，同比增长14.2%；财政收入3.44亿元，增长19.3%；一般预算收入1.76亿元，增长46.7%；规模以上工业增加值5.52亿元，增长13.4%；固定资产投资38.2亿元，增长25.2%；社会消费品零售总额6.4亿元，增长16.1%；城镇居民人均可支配收入1.5万元，增长15.9%；农民人均纯收入4022元，增长17.6%。8项主要经济指标中有6项增幅超过了全市平均水平，各项约束性指标均圆满完成了年度任务。

★项目建设扎实推进。全年实施省市重点项目43个，完成投资54.9亿元、完成率127.2%；项目落地13个，落地金额33.8亿元、落地率356.7%。三项考核指标均排全市前列，荣获全市项目观摩三等奖。全年签约项目8个，总投资159亿元，其中6个当年落地。

★工业经济强势发展。以9大煤矿为重点的煤炭产业全面复苏，以"1830"化工项目为主的综改试验园区建设初见成效，以风电为主的清洁能源项目全面兴起，以洁净改性型煤为代表的一批转型项目开工建设。逐步走上依托煤又不依赖煤、立足煤又超越煤的转型发展轨道。

★脱贫步伐明显加快。发展特色高效产业，确立了人均1亩水浇地、1亩藜麦、1分大棚、1亩经济林和1亩小杂粮的

静乐河西商务区拔地而起

汾河西区怡汾公园一角

忻州市市委书记董洪运在静乐调研

静乐县县委书记李德新陪同德国专家察看藜麦长势

“五个一”目标，扩大“一村一品、一乡一业”，狠抓以藜麦、玫瑰、养羊、小杂粮种植加工四大产业为主的增收富民项目，培育起了汾源科技、静丰园、稼祺等一批农业龙头企业，推动特色农业的规模化、产业化、效益化。

★人居环境不断改善。按照“县域城镇化、城乡生态化”的发展要求，以太原大都市圈建设为契机，以建设“百里汾河川、太原后花园”为目标，大手笔改善城乡基础设施，大力度实施生态环境治理，初步取得了“山上治本、身边增绿，环境优化、碧水长流”的效果。

2013年，静乐县委、县政府将认真贯彻落实党的十八大精神，紧紧围绕市委、市政府“3581”战略，以强县富民为核心，以建设“百里汾河川、太原后花园”为目标，以“扬正气、树新风，创环境、促发展”为统揽，深入推进工业新型化、农业现代化、县域城镇化、城乡生态化。将紧抓“百企千村”产业扶贫和吕梁山片区扶贫开发等历史机遇，狠抓42项省市重点工程和60项县重点工作，大力培育以藜麦、玫瑰、养羊、小杂粮加工为主的富民产业，全面实施煤炭、风电、制衣等强县项目，逐步实施国家级卫生城市、省级环保城市、园林城市创建工作，强化基础建设，为民兴办实事，不折不扣完成57项县城经济发展考核指标，确保经济实力显著增强、人民生活持续改善、整体工作明显进步，全面推进富裕文明、美丽和谐的小康静乐新征程。

（静乐县政府办　供稿）

静乐县县长王昕调研藜麦种植

静乐县玫瑰种植基地

霍州煤电集团晋北煤业公司

静乐县养羊基地

忻州市市长郑连生在代县调研

代县县长郝江陵在代王酒厂调研

综合实力显著增强 社会事业全面进步

——代 县

2012年，代县以转型发展为主线，以项目建设为抓手，全面实施“三大战略”，奋力推进“五大突破”，全县经济社会保持了平稳较快发展的良好势头。

★综合实力显著增强。2012年全县生产总值55.2亿元，比2011年增长13.2%；固定资产投资21亿元，增长36.1%；社会消费品零售总额10.1亿元，增长16.2%；财政总收入12亿元，增长20.2%；一般预算收入3.9亿元，增长27.5%；城镇居民人均可支配收入17374元，增长16.6%；农民人均纯收入3651元，增长19.5%。项目建设成果丰硕。全年省、市重点项目30个，完成投资36.39亿元，投资完成率112.3%。招商签约项目29个，引资119.2亿元。

★“三农”工作扎实推进。全面落实各项强农惠农政策，投入涉农资金1.96亿元，实施农建工程120处，成功列入全国小型农田水利重点县。大力发展现代设施农业和特色高效农业，建成省级“一村一品”村38个、农业示范园区11个，被省政府确定为“一县一业”肉鸡养殖基地县。39个新农村重点推进村完成村级规划和“四改四化”“五个一工程”建设任务。

★工业经济稳步提升。一批骨干项目取得突破性进展。钢钛联产工业园区完成概念规划，200万吨钢铁项目获得核准，200兆瓦雁门关风电一期工程竣工并网发电，100兆瓦大唐风电一期工程开工建设。全县标准化建设达标企业55家，位居全市前列。

★县城建设步伐加快。新城建设进入大规模建设阶段，累计完成投资21亿元，基本完成市政基础设施建设，提升了历史文化名城的品位和形象。

代县金九州公司水果玉米加工车间

大唐山西代县(100MW)风电工程开工仪式

★文化旅游亮点纷呈。围绕“一心四线”总体布局，统筹推动五大景区联动发展。成功举办第二届“雁门关国际边塞文化旅游节”，荣获中国节庆产业“金手指奖”，跻身“美好印象·山西十大景区”行列。电影《浴血雁门关》获省“五个一工程奖”，《山路弯弯》在全国公映。

★生态环境明显改善。以“生态代县”为目标，全面加强环境保护和生态治理，大力实施造林绿化、流域综合治理、城区大气污染集中整治、污水处理、垃圾填埋场整治等工程。建成区绿化覆盖率 36%，二级以上天气 363 天。

★社会事业全面发展。新的“五个全覆盖”工程全部完成。城乡居民社会养老保险参保率位居全市前列。新农合参合率 99.9%。实现“村村通”广播电视全覆盖。

（代县政府办　供稿）

建设中的代县新城住宅小区

第二届中国·雁门关国际边塞文化旅游节

雁门关跻身“美好印象山西十大景区”

省委书记袁纯清在偏关调研

省委常委、省委宣传部部长胡苏平在偏关调研

振奋精神谋发展 奋起直追谱新篇

——偏关县

华能风电场

2012 年，偏关县自我加压、赶超建设，全面推进“双五”发展战略，深入开展“项目落地年”“大干城建年”等活动，扎实推进 5 大类 147 项重点工作，较好地完成了年初确定的各项任务。

★经济社会发展争先进位。2012 年，全县生产总值 23.7 亿元，比 2011 年增长 17.1%；固定资产投资完成 13 亿元，增长 27.9%；社会消费品零售总额 7.6 亿元，增长 16.1%；城镇居民人均可支配收入 14573 元，增长 17.6%；农民人均纯收入 4224 元，增长 18.5%；财政总收入 3.43 亿元，增长 19%；一般预算收入 1.68 亿元，增长 22.5%。地区生产总值、工业增加值和城镇居民人均可支配收入增幅位居全市第一。

黄河老牛湾

优质杂粮基地

温室大棚

★强财项目实现提质增量。先后有17个重点项目成功签约，签约资金95亿元，到位资金18.2亿元，完成市政府下达任务的165%。25个项目完成落地任务，累计完成落地投资19.63亿元，落地任务完成率174.3%。33项省市两级重点工程累计完成投资20.37亿元，完成年度计划的150.1%，投资完成率全市排名第一。

★产业富民势头强劲。以小杂粮为主的"一村一品"喜获丰收，全县粮食总产量5250万千克以上。以新农村为主的城乡一体化建设成效明显，27个"片区开发试点村"验收合格，5个整村推进村和26个新农村建设全部完成。以脱贫增收为主的惠民实事落地有声。全市规模较大的马家坡移民新区，一、二期工程主体竣工。5个标准化养殖小区和4个养殖示范场全部完成，被列入全省"一县一业"扶持范畴。

★民生和社会事业全面发展。惠民实事影响力提升，被省政府评为"新五个全覆盖先进县"，"校安工程"被评为"全省校安工程建设先进县"，计生工作被国家计生委评为"全国阳光计生行动和阳光统计"示范单位，连续七次获得"全省双拥模范县"称号。生态环境持续改善，全县二级及二级以上天数330天。被市委、市政府评为"林业生态建设先进县"。

（偏关县政府办　供稿）

舍饲养殖

林业工程

长城烽火台

忻州市重点项目观摩组在河曲观摩检查

投产发电的河曲电厂一、二期工程

项目建设成效明显 转型综改稳步推进

——河曲县

河曲白朴公园

2012 年，河曲县认真贯彻“3581”发展战略，全力推进十大工程，紧紧围绕“项目落地年、大干城建年、走出去年”活动，坚定信心，攻坚克难，强化措施，狠抓落实，基本实现了年初确定的各项目标任务，被省政府授予“2012 年度县域经济发展先进县”称号。

★县域经济实力稳健增强。2012 年全县生产总值 59.12 亿元，比 2011 年增长 13%；规模以上工业增加值 39.08 亿元，增长 19.6%；财政总收入 15.4 亿元，增长 19.5%；一般预算收入 5.47 亿元，增长 15%；固定资产投资完成 60.05 亿元，增长 11.4%；社会消费品零售总额 10.1

创卫后的县城夜景

省级示范高中——河曲中学

建设中的神华神东低热值煤发电项目

亿元，增长 16.1%；城镇居民人均可支配收入 17773元，增长 17.2%；农民人均纯收入 4019 元，增长 18.7%。被评为“全市工业经济运行优秀单位”。

★新型工业化取得明显突破。实施 33 项重点工程，当年完成投资 55 亿元。煤矿企业整合重组扎实推进，煤炭工业的集约化、规模化、机械化水平和安全保障能力实现新的跨越。电力工业发展加快，河曲电厂二期、神华低热值煤发电项目正式核准。化工工业发展提速，同德公司稳健运营，产销爆“一体化”项目顺利推进，振刚癸二酸项目落地开工建设。建材工业发展迅猛，全县形成 3.2 亿块煤矸石砖、5900 万块粉煤灰砖、20 万立方米粉煤灰砌块和 110 万吨水泥的年生产能力。

★“两增三建”扎实推进。引黄灌溉工程实现试水到县城目标，五花城水库除险加固、县川河流域治理、中低产田改造工程全部完成。农村两轮“五个全覆盖”工程全部完成。建成 1 个新农村示范区，发展 3 个明星村，启动 35 个省级重点推进村建设。认真落实国家省市各类补贴政策，稳步实施振兴畜牧产业“2531”工程，建成“一村一品”专业村 31 个。以创建省级环保模范城市为目标，大力开展城乡生态环境建设。2012 年，在国家生态环境质量考核中，河曲县获得环保部、财政部转移支付额 5%的奖励。“创卫”工作取得阶段性成果，在全市率先通过国家爱卫办验收。

★民生和社会事业加快发展。义务教育均衡发展成效受到市政府肯定和表扬，“两基”工作受到国务院肯定。完成义务教育阶段薄弱学校改造年度任务。实施国家基本药物制度，新农合报销比例继续提高，县人民医院顺利通过二甲医院评审，被省政府评为全省计生优质服务县。养老、医疗两大类保险基本覆盖全县各类人群，新农合、新农保参合(保)率保持全市前列，新农保和城镇居民养老保险工作受到国务院表彰，社会保障管理服务受到省政府表彰。年初承诺兴办的“十件实事”有效落实。省文化厅批准设立文化生态保护实验区，省级艺术人才培养基地挂牌。城乡碘盐免费供应和乡镇邮政所实现全覆盖。公路治超工作连续两年被省政府评优奖励，荣记集体一等功。

（河曲县政府办　供稿）

年产 120 万吨、已投产运行的中天隆山水水泥厂

保德县县委书记段新在三干会上讲话

保德县县长郭新生在三干会上作报告

经济繁荣 环境优美 社会和谐 民生殷实

——保德县

2012年，保德县紧紧围绕“建设三晋新型工业强县、中西部物流集散地、优秀宜居宜业城市”的总体目标，牢牢抓住“扩权强县”试点县机遇，深入开展“项目落地年、农民增收年、城市建设年、作风转变年”活动，较好地完成了年初确定的各项目标任务。

★主要指标稳步增长。2012年全县生产总值72亿元，比2011年增长14.2%；规模以上工业增加值56.3亿元，增长20%；固定资产投资完成58.9亿元，增长25.2%；社会消费品零售总额11.9亿元，增长16.31%；财政总收入19.2亿元，增长13.6%；一般预算收入6.1亿元，增长14.1%；城镇居民人均可支配收入19309元，增长15.1%；农民人均纯收入4570元，增长19.8%。

★项目建设成效显著。省、市重点工程完成投资75.3亿元，完成率194.6%；签约项目36个，总投资103.28亿元，资金到位9.4亿元。煤炭产业顺利推进，原煤产量1893万吨，增长24.2%。扶持吉港冠宇、三元等民营企业，增强发展后劲。

保德县县委书记段新检查创卫进展情况

保德县县长郭新生检查创卫工作

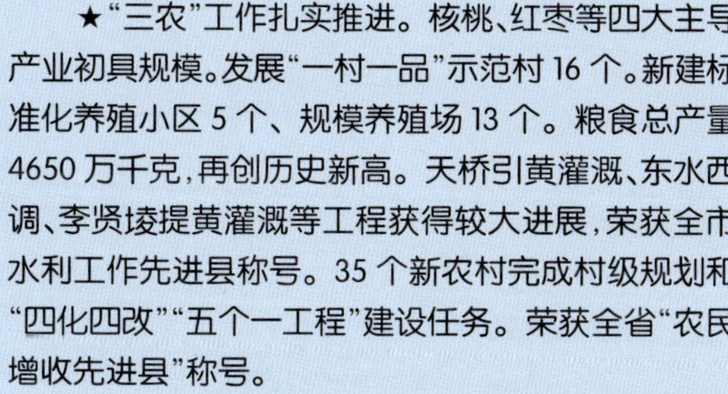

★“三农”工作扎实推进。核桃、红枣等四大主导产业初具规模。发展“一村一品”示范村 16 个。新建标准化养殖小区 5 个、规模养殖场 13 个。粮食总产量 4650 万千克，再创历史新高。天桥引黄灌溉、东水西调、李贤墕提黄灌溉等工程获得较大进展，荣获全市水利工作先进县称号。35 个新农村完成村级规划和“四化四改”“五个一工程”建设任务。荣获全省“农民增收先进县”称号。

★生态环境持续改善。狠抓造林绿化。全年完成造林 4453 公顷，城区绿化率 27%，荣获全省“两林”富民先进县称号。强化节能减排。实施天然气入户工程，加快淘汰落后产能，整治城乡环境。城区空气质量稳定达到国家二级标准，连续五年通过省级卫生县城验收，连续三年进入山西省“十佳卫生县城”行列。

★民生事业全面发展。安全生产常抓不懈，荣获“全市安全生产工作模范县”称号。加强社保和就业。继续提高城乡困难群众的救助标准，各项社会保险覆盖面不断扩大。落实惠民政策。全面完成农村新“五个全覆盖”任务。推进教育攻坚。职中对口升学率全市第一，中考成绩综合排名全市第二。深化医药改革。全面推行国家基本药物制度，县级公立医疗机构基本药物实行零利率销售，新农合参合率 99.6%。

（保德县政府办　供稿）

飞龙山度假森林公园一期工程——龙池建成

兴保塔景点

省委常委、省委组织部长汤涛在开发区调研

忻州市市委书记董洪运在开发区调研

勇于争先　跨越发展　成效显著

——忻州经济开发区

开工奠基仪式

2012 年，忻州经济开发区管委会坚持以科学发展观为指导，认真贯彻落实忻州市"3581"发展战略，努力在招商引资上取得更大的突破，在大项建设上强力扎实推进，在基础设施建设上取得显著成效，在推进扩区上取得实质性进展，促进转型跨越，努力争先进位，向争创全省先进开发区的目标迈进，各项工作取得较为显著的成效。

★各项经济指标较快增长。2012 年忻州开发区科工贸总收入 56 亿元，比 2011 年增长 34.2%；区内生产总值 16.8 亿元，增长 34.2%；工业总产值 38.14 亿元，增长 42.6%；实现税收 3.22 亿元，增长 40.9%；财政总

忻州市市长郑连生在开发区调研

省发改委副主任、省转型综改办专职副主任王成在开发区调研

收入 1.91 亿元，增长 15.3%；一般预算收入 6065 万元，增长 32.9%。

★重大项目建设扎实推进。分别成立由班子成员牵头的项目工作组，分别对山西美新通用机械有限公司新建通用煤机建设项目、忻州城市广场项目、忻州香江国际大酒店项目、忻州长城钨钼有限公司异地扩建年产 500 吨钨钼制品项目等 4 个重点项目进行跟踪服务、推进，进一步强化责任，集中精力，狠抓各个重点项目的落地、开工和工程建设，4 个重点项目正在扎实向前推进。

★招商引资工作成效显著。总投资 47 亿元的厦门泛华忻州城市广场项目签约，是近年来签约引进的最大投资项目。2012 年共审核各类申请入区项目 14 个，其中，食品加工类 3 个、生物制药类 1 个、其他项目 10 个。批准项目投资总额 11.95 亿元。

★大力加强基础设施和各项配套工程建设。本着全方位服务企业的理念，力争在最短时间内为入区单位提供水、电、交通等便利条件，为项目建设提供了坚强、有力的保障。同时，大力配合市政府"7451"重点工程，积极为工程建设提供便利，排除障碍，为全市重点工程建设作出了积极贡献。

★和谐园区建设取得丰硕成果。为在册环卫工人启动了"职工养老保险基金""医疗保险""失业保险""工伤保险"等相关保险的缴纳工作，对未纳入参保体系到龄退休的环卫职工发放一次性补偿金。对重点项目所涉及村的被征地对象进行集中政策讲解，使村民理解国家政策，支持项目建设，为开发区落地项目如期开工建设提供了有力保障。拆除后没有一户群众上访告状，真正做到了和谐拆迁。针对"三农"问题，特别是失地农民问题，在做好失地农民登记、落实、公示、审核等工作的同时，积极做好养老保险工作的推进与落实，解决了失地农民的后顾之忧。

（忻州经济开发区　供稿）

加快经济发展　建设美丽汾阳

——汾阳市

汾阳市市委书记　李建国

汾阳市市长　李玉林

2012 年，汾阳市深入贯彻落实科学发展观，着力推动经济社会转型跨越发展，团结一心，共同努力，各项工作取得新成绩。

★着力经济发展，提升综合实力。2012 年全市生产总值 115.3 亿元，比 2011 年增长 3.4%；财政总收入 33.57 亿元，增长 44.2%；一般预算收入 7.3 亿元，增长 29.9%；规模以上工业增加值 63.48 亿元，增长 0.5%；固定资产投资 45.76 亿元，增长 27.4%；社会消费品零售总额 42 亿元，增长 15%；城镇居民人均可支配收入 15844 元，增长 14.2%；农民人均纯收入 9001 元，增长 19.1%；进出口总额 2452.89 万美元，增长 16.7%。

★着力产业结构，助推转型发展。三次产业占全市生产总值的比重由 2011 年的 6.5∶62.5∶31 发展为 7.3∶58.7∶34。全市 67 个重点项目，开工 62 个，当年完成投资 145.7 亿元，占计划的 188%；完成落地项目 110 个，投资额 140.3 亿元，占计划的 110.6%；40 个重点项目竣工试产、投产或投运；重点项目建设成效显著，荣获吕梁市考核一等奖。全年新签约项目 14 个，签约金额 95.23 亿元，实际到位资金 26.57 亿元。“汾州裕源”被国家工商总局认定为中国驰名商标。

★着力“三农”工作，改善生产条件。落实强农惠农政策，加强农、林、水、机、牧等各项工作，粮食总产 2.38 亿千克，实现四连增，被评为“全国粮食生产先进市”和“全省农民增收先进市”。大力发展特色农业，建成花生、谷子、酿酒高粱、设施蔬菜、长山药“五大”特色基地，全国花生全程机械化生产现场观摩交流会在汾阳召开；铺开 15 个农产品加工新改扩建项目，建成荣璋万头猪场和众兴 12 万只蛋鸡场，上马农业产业化项目 15 个，全市农产品加工销售收入突破 20 亿元，裕源公司成为国家级龙头企业。新农村建设试点村和重点推进村 166 个，省级标准“一村一品”专业村 37 个，农民增收渠道进一步拓宽。

汾州裕源桃仁挑选车间

禹门河生态公园

杏花村酒业集中发展区

汾州核桃交易中心

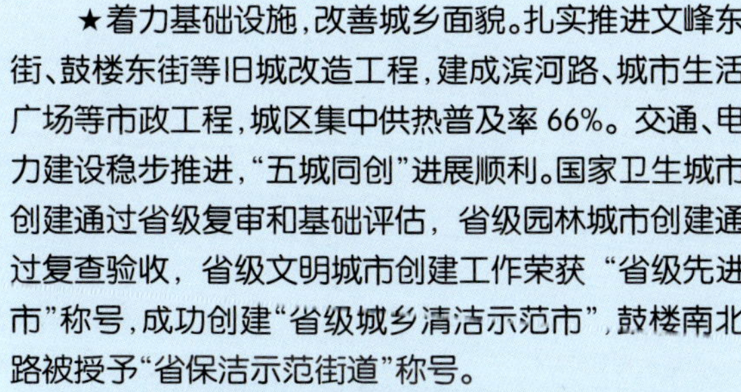

★着力基础设施，改善城乡面貌。扎实推进文峰东街、鼓楼东街等旧城改造工程，建成滨河路、城市生活广场等市政工程，城区集中供热普及率66%。交通、电力建设稳步推进，“五城同创”进展顺利。国家卫生城市创建通过省级复审和基础评估，省级园林城市创建通过复查验收，省级文明城市创建工作荣获“省级先进市”称号，成功创建“省级城乡清洁示范市”，鼓楼南北路被授予“省保洁示范街道”称号。

★着力社会事业，改善人民生活。完成高中布局调整，普高全部进城办学。实施了59所薄弱学校改造工程，办学条件改善，教育质量提高。建立社会救助和保障标准与物价上涨挂钩联动机制，社会保障体系进一步健全。国家基本药物制度惠及城乡，基本公共卫生服务均等化水平提高，新农合参合率98.6%。实现农家书屋和村级文化活动场所全覆盖。

（汾阳市政府办　供稿）

东辉公司年产400万吨重介洗煤场

文湖文化园

临县县委书记张建国慰问困难老党员

临县县长李双会作政府工作报告

经济平稳增长 社会和谐稳定

——临 县

2012 年，临县县委、县政府团结带领全县人民，开拓创新，扎实工作，较好地完成了各项目标任务，取得可喜成绩。

★经济指标平稳增长。2012 年全县生产总值 38.12 亿元，比 2011 年增长 9.3%；财政总收入 15.09 亿元，增长 13%；一般预算收入 5.93 亿元，增长 31.7%；固定资产投资完成 30.6 亿元，增长 28.3%；社会消费品零售总额 27.51 亿元，增长 15.7%；城镇居民人均可支配收入 11862 元，增长 15.6%；农民人均纯收入 3144 元，增长 18.3%。

★项目建设强力推进。启动"百项千亿"重点项目建设，霍州煤电吕临能化千万吨矿井项目进展顺利，千万吨选煤厂开工建设，美锦锦源 600 万吨等大型矿井项目前期工作取得新突破，五麟吕家岭 600 万吨矿井项目取得国家发改委路条。整合矿井完成技改投资 4.6 亿元，全年原煤产量 697 万吨。中石油奥瑞安煤层气 3 万立方米 CNG 试验站建成投用。紫光钾业、中铝铝业等矿产资源开发利用取得新进展。煤炭企业"1+1"工程顺利推进。

★"三农"工作成效显著。枣福莱等一批红枣深加工项目奠基开工，白文万吨千头奶牛养殖项目一期工程建成投产，以红枣深加工、养殖、蔬菜为重点的城北科技园逐步形成。"一县一业"、"一村一品"扎实推进。粮食产量 11.4 万吨，实现"九连增"。全面落实强农惠农政策，农民得到更多实惠。造林绿化 4400 公顷，生态环境逐步改善。

★城镇面貌明显改善。编制完成北城新区控制性详细规划，城市建设按规划有序推进。完成城区供热、供气、污

黄河暮色

湫河景观

中国红枣之乡

水、自来水管网灾后恢复重建工程，"气化湫川"工程县城至碛口天然气管线已投入使用。开展城区环境卫生和违法乱建集中整治，城区面貌明显改善。

★基础设施不断完善。加大交通、水利、电力等基础设施建设力度，全力支持"三条铁路"、"两条高速公路"建设，县乡村交通条件进一步改善。启动"一村一井"和提黄灌溉工程，水利基础设施进一步加强。实施27个村整村推进和5个乡镇12个村易地移民搬迁工程。白文500千伏输变电项目顺利推进，碛口35千伏等4个新建输变电项目和林家坪110千伏、小甲头35千伏输变电改造项目全面完成。

★民生事业全面发展。完成省政府农村新"五个全覆盖工程"和市政府"便民五件实事"年度任务。实施学生营养改善计划，全县有6万多名学生享受学生营养餐。完善基层医疗卫生服务体系，开工建设急救中心和6个乡镇卫生院改扩建工程项目。碛口成功申报首批省级文化生态保护区和第八批国家级风景名胜区。

（临县政府办　供稿）

省级蔬菜检测中心效果图

三和公司LNG煤层气液化厂效果图

中国伞头秧歌之乡

县城新貌

世外桃源

碛口全景

柳林县县委书记　王宁

柳林县县长　武跃飞

克难攻坚　奋勇争先
开启转型跨越的新征程

——柳林县

2012 年，柳林县委、县政府团结带领全县人民克难攻坚，奋勇争先，开启了转型跨越发展和建设“三大家园”的新征程，取得了经济社会发展的新业绩。全县各项工作有 69 项受到省、市表彰，特别是有 10 项工作进入了全国先进行列。

★经济实力实现了新提升。2012 年，全县生产总值 280.2 亿元，比 2011 年增长 14.8%，增速在全省 22 个扩权强县中位居第一；财政总收入 86.36 亿元，增长 19.6%，继续巩固了“吕梁第一、全省第二”的位置；一般预算收入 25.35 亿元，增长 52%，总量位居全省第一；固定资产投资完成 92.99 亿元，增长 19.7%；居民消费价格指数为 2.7%，回落 2 个百分点；社会消费品零售总额 26 亿元，增长 15.9%；城镇居民人均可支配收入 21226 元，增长 17.9%；农民人均纯收入 7596 元，增长 18.7%。各项经济指标总量和增幅继续保持全省、全市前列。

★产业转型开辟了新路径。按照“全县所有煤炭主体企业和各驻柳林大企业都必须建设一个真正意义上的转型项目，同时领办或扶持一个农业园区”的“1+2”转型发展模式，全县 8 个煤炭主体企业和 2 个驻柳林国有企业建设了总投资 58 亿元的 12 个非煤转型项目，同时领办和扶持了总投资 116.5 亿元的 9 大农业园区。以“1+2”模式为切入点，全县全年共铺开总投资 645 亿元的 55 个重点工程项目，完成投资 150.09 亿元，超计划任务 37 个百分点。并与中科院等科研院校合作，储备了 11 个领域 214 个高科技项目。荣获“全省重点工程项目先进县”称号。

★城乡统筹迈出了新步伐。全年铺开各类城市建设项目总投资 38.8 亿元。完成《县城总体规划》《县域城镇体系规划》及 10 个专项规划。实施了北大街建设、贺昌大街升级改造及薛家湾、青龙、锄沟城中村改造等工程。启动了北大街、贺昌、穆村、上青龙、龙门会等 13 处棚户区改造项目。新开通庙湾至汇丰中学、鑫飞中学和清河广场至柳林南站免费公交。城区新增供热面积 32 万平方米、供气 1800 户，集中供热总面积达到 60 万平方米、集中供气达到 13053 户。特别是全县人民期盼已久的太中银铁路柳林南站正式通车，柳林铁路货物集运站开工建设。与此同时，继续加大造林绿化力度，全年投入造林绿化资金 3.5 亿元，新增绿化面积 7733 公顷，森林覆盖率达到 32%，被国家林

水利部部长陈雷在柳林调研

省委书记袁纯清在柳林调研

省长李小鹏在柳林调研

省委常委、省委副书记金道铭在柳林调研

吕梁市市委书记高卫东在柳林调研

吕梁市市长丁雪峰在柳林调研

蔬菜大棚一角

山西联盛生态农业文化园区

业局授予"全国生态建设突出贡献奖"。继续加快城乡基础设施建设步伐，总投资6亿元的聚雅、八石、康前公路有序推进。总投资11.8亿元的横泉水库引水、黄河提水、中部引黄三大重点水源工程进展顺利。总投资20亿元的307国道城区段改线工程完成征地手续，铺开拆迁工作，积极争取省交通厅落实贷款。新农村建设、设施蔬菜建设、"千井富民"工程、"身边增绿"工程、规模健康养殖、扶贫移民等"农村六项重点工作"和每村办一所幼儿园、建一所洗澡理发室、建一座磨面碾米豆腐坊、建一个红白理事厅、主街道安装太阳能路灯等"方便农民五件实事"年度目标任务圆满完成。获得全省农建"禹王杯""全省农民增收先进县"等称号。

★民生改善取得了新成果。县财政全年用于民生事业的资金占到可用财力的85%，直接用于教育投资7亿元、医疗卫生投资1.6亿元、社会保障投资2.6亿元、文化事业投资5000万元。特别是汇丰、鑫飞中学投入使用，高中阶段免学费全面实行，医改工作深入推进，500套经济适用房、500套廉租房和264套公租房建设全面启动，城乡低保、五保、孤儿救助标准进一步提升。

★民主法制得到了新加强。严格执行"党委决策、人大决定、政协监督、政府执行"的工作机制，进一步加强民主法制建设。积极开展"省级依法行政示范县"创建工作，在全省、全市率先委托北京大学、中国人民大学专家编制了《柳林县法治政府建设总体规划》。被司法部授予"全国法治县创建活动先进单位"称号。

（柳林县政府办　供稿）

通道绿化

柳林县金家庄镇下峭芝新农村

森泽煤铝公司

花园式经济适用住房龙泉小区

鑫飞中学、汇丰中学

柳林县城一角

华北最大的水泥厂 华润福龙水泥厂

2012·中阳转型奏强音

——中阳县

中阳县县委书记郭保平指导创卫工作

中阳县县长乔晓峰检查创卫工作

2012年，中阳县按照“打基础、利长远、惠民生”的总体要求，紧紧抓住市级转型综改试点县机遇，团结带领全县干部群众，攻坚克难，扎实工作。全年生产总值62.3亿元，比2011年下降1.5%；规模以上工业增加值51.21亿元，下降4%；固定资产投资完成28.25亿元，增长31.8%；社会消费品零售总额10.37亿元，增长15.5%；财政总收入18.93亿元，一般预算收入6.56亿元，分别增长5.5%、30.7%；城镇居民人均可支配收入15282元，农民人均纯收入4345元，分别增长15%、16.6%。

西山核桃林

★项目建设进展顺利。全年重点实施了25个工业项目，当年完成投资79亿元。其中，1对煤矿竣工投产，中钢一体系升级改造、桃园东义水泥熟料项目基本建成，福裕煤化工2座焦炉建成。商贸、物流等服务业发展加快，第三产业产值8.56亿元，增长5.3%。节能减排和环境保护积极推进，主要污染物减排任务圆满完成，城区空气二级以上天数350天。

★"三农"工作继续加强。全年财政"三农"投入1.24亿元，增长59.9%。基本建成1.3万公顷优质核桃基地。生态营林1000公顷，综合改造低效林1433公顷，被省政府授予"林业生态县"称号。积极推进规模健康养殖，开工建设厚通10万头生猪、紫云10万只羊等养殖项目。农村新的"五个全覆盖"圆满完成，"方便农民五件实事"三年任务一年基本完成。

★城乡建设稳步推进。二郎坪生态公园进展顺利，第一人民医院开工建设，一批商住小区基本建成，城乡面貌进一步改观。水电路等基础设施建设有力推进。完成农村安全饮水工程26处、淤地坝20座。城南110千伏变电站建成投运。

★社会事业全面发展。教育科技方面，新建、改扩建、提升幼儿园33所，纳入薄弱学校改造计划的6所学校竣工投用。中考继续保持全市先进水平。5631人次享受到寄宿生补贴、生源地贷款、助学金等优惠政策。利用中钢助教资金培训教师7769人次。专利申请29件。卫生计生方面，县级公立医院综合改革全部完成，县医院实行药品零差率销售，新农合保障水平进一步提高，普通门诊统筹补偿比例提高到80%，51个行政村卫生室实现定点补偿。文化方面，《中国·中阳剪纸》编辑出版，中阳刺绣列入市第七批非遗项目。社会保障方面，事业人员绩效工资足额兑现，公职人员住房公积金普遍增加。职工养老、医疗、失业、工伤、生育五大保险覆盖面继续扩大，农村养老保险、城镇居民养老保险参保人数分别完成市任务的100%、167%。

（中阳县政府办　供稿）

农业产业化建设

城区夜景

新城区全景

剪纸艺术

省委书记袁纯清在交城宏特煤化工公司调研

省长李小鹏在国锦煤电调研

凝心聚力 砥砺奋进

——交城县

2012年，交城县深入贯彻落实科学发展观，牢牢把握“打基础、利长远、惠民生”的总体要求，以产业建设为重点，以改善民生为根本，奋力拼搏，砥砺前行，经济社会发展取得较好成绩。

★县域经济平稳运行。2012年，全县生产总值73.5亿元，比2011年增长12.2%；规模以上工业增加值60.98亿元，增长16.8%；社会消费品零售总额15.12亿元，增长14.1%；全社会固定资产投资完成30.36亿元，增长20.3%；城镇居民人均可支配收入14870元，增长13%；农民人均纯收入6229元，增长18.3%；财政总收入11.4亿元，与2011年基本持平；一般预算收入5.56亿元，增长33%。

★产业建设势头强劲。项目建设加快推进，全年共实施重点工程项目43个，总投资209亿元，宏特煤化工年产6万吨超高功率石墨电极等18个项目完工或部分完工。农业产业化势头强劲，设施蔬菜初具规模，形成千亩设施蔬菜示范园区。太原桥西蔬菜批发市场投资4.8亿元建设设施蔬菜、物流仓储、加工配送基地，形成设施蔬菜生产、仓储、加工、销售一体化发展新模式。

★旅游开发高位起步。玄中寺、卦山天宁寺被评为国家4A级景区，“千年古县”申报通过民政部、联合国地名专家组中国分部和中国地名研究所专家评审。编制完成《全县旅游发展总体规划》，出台《加快旅游业发展的意见》和《旅游资源保护与开发管理办法》。成功举办首届“山水交城”全国摄影大赛等活动，对外形象进一步提升。

县城龙山大街

吕梁市市委书记高卫东在交城铁合金公司调研

吕梁市市长丁雪峰在尚·农垣田庄调研

★城乡建设统筹推进。基础设施不断完善，新农村建设成效显著，“方便农民五件实事”超额完成年度任务，农村“五个全覆盖”全面完成。生态环境明显改善，空气质量优良率达 98.6%。

★民生工程全力实施。龙门供水工程已累计完成投资 1.32 亿元，山医大一院交城分院已奠基开工，进山大通道今年将开工建设，保障性住房一期已具备入住条件，垃圾处理场开工建设，各项工程有序推进。

★社会事业协调发展。教育方面，南街、坡底幼儿园投入使用，梁家庄、段村、西社幼儿园主体完工；师资力量得到充实，中高考再创新高。卫生方面，乡村两级医疗机构基本药物实行“零差价”销售，新农合参合率 99.7%，城镇居民医保参保率 98%。社会保障方面，向低收入农户发放“暖心煤”，向低保对象发放低保金，向困难群众发放医疗救助金，向重点优抚对象发放抚恤金，向社会散居孤儿发放基本生活保障金，向困难家庭寄宿制中小学生发放生活补助，全县 60 周岁以上的城乡居民全部按时足额领取养老金。

（交城县政府办　供稿）

交城县县委书记李志安、县长薛凤奎在夏汾高速交城连接线施工现场调研

交城利虎玻璃集团现代化生产车间

华北第一漂——庞泉沟红柳湾漂流

盛锦化工焦化副产品深加工循环经济项目开工建设

省长李小鹏在交口县新农村建设村调研

吕梁市市委书记高卫东在交口肥镁氧化铝公司调研

加快经济转型 夯实发展基础 增进人民福祉

——交口县

2012年，交口县紧紧围绕“打基础、利长远、惠民生”的工作要求，着力推动经济社会转型跨越发展，各项工作取得新成绩。全县生产总值40.14亿元，比2011年增长16.1%；工业增加值37.35亿元，增长23.5%；财政总收入18.02亿元，增长69.7%；一般预算收入5.65亿元，增长31.4%；固定资产投资完成24.3亿元，增长31%；城镇居民人均可支配收入13650元，增长13.2%；农民人均纯收入4899元，增长18.7%。

★重点项目建设有序推进。全力实施53个重点工程项目。其中，省、市重点工程项目28个，概算投资329.12亿元，当年完成投资126.1亿元，居全市第五位。道尔200万吨低品位铝土矿综合利用、旧城区改造等37个项目开工建设，信发240万吨氧化铝、旺庄130万吨焦化技改等16个项目投产投运，安华100万吨循环铸造集群产业园、桃临一级路、汾阳至交口高速等一批转型标杆性项目取得实质性进展。

东征文化广场新落成的毛泽东群雕

交口县一中新校区

交口县县委书记徐宇平深入一线调研企业项目用地

交口县县长刘应刚在食用菌基地调研

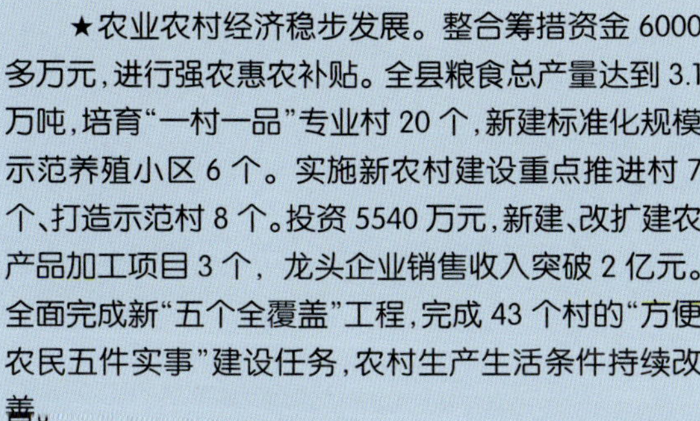

★农业农村经济稳步发展。整合筹措资金6000多万元，进行强农惠农补贴。全县粮食总产量达到3.1万吨，培育“一村一品”专业村20个，新建标准化规模示范养殖小区6个。实施新农村建设重点推进村7个、打造示范村8个。投资5540万元，新建、改扩建农产品加工项目3个，龙头企业销售收入突破2亿元。全面完成新“五个全覆盖”工程，完成43个村的“方便农民五件实事”建设任务，农村生产生活条件持续改善。

★社会民生事业全面加强。大办教育、卫生、文化事业，投入近2亿元改善基础设施。县一中新校区、第三幼儿园、县医院住院楼建成投运，东征文化广场、体育场（馆）、吕梁学院交口分院等标志性项目开工建设。实施城乡“双消零”就业工程，城乡居民养老、医疗保障全覆盖且执行全市一类标准，义务教育、高中教育、职业教育、就业培训实现全免费。城乡低保基本实现动态管理下的应保尽保。

（交口县政府办　供稿）

交口县新田园种养专业合作社蔬菜大棚

核桃林种植基地

南部新区青城大街

铝工业基地——信发厂区夜景

方山县县委书记李少杰、县长田安平调研县高级中学建设规划

设施蔬菜

万寿菊基地

实施二次创业　实现二次腾飞

——方山县

新星集团循环经济

2012 年，方山县牢牢把握“打基础、利长远、惠民生”的总体要求，坚持绿色发展理念，大力实施“五位一体”战略，全县经济社会各项事业均取得了新的成绩。

★经济保持平稳增长。2012 年全县生产总值 26.6 亿元，比 2011 年增长 4.3%；固定资产投资完成 12.1 亿元，增长 19.2%；社会消费品零售总额 6.47 亿元，增长 13.8%；财政总收入 8.44 亿元，增长 17.5%；一般预算收入 3.04 亿元，增长 21.9%；城乡居民收入分别达到 14596 元、3268 元，增长 13.2%、26.6%。项目建设扎实推进。确定并铺开 74 个重点项目建设，项目落地完成 18.6 亿元，占任务的 148.2%。

★强农惠民成效显著。全年“三农”投入 1.26 亿元，粮食总产量 3.8 万吨，再创历史新高，被评为全省粮食生产先进县。实施“农业六大工程”“千井灌溉”富民工程，完成整村推进 20 个村，集中打造 15 个高标准新农村，两轮“五个全覆盖”全面完成，“方便农民五件实事”年度任务超额完成。

★社会事业全面进步。全年教育支出占到一般预算支出的 18%。投资 2 亿元的新高中建设奠基开工。建立县、乡、村三级医疗卫生服务网络，基本药物制度实现了全覆盖，新农合参合率 98%。

（方山县政府办　供稿）

城区集中供热一期工程

北川河流域综合治理工程开工仪式

太佳高速方山连接线开工仪式

北武当山景区

经济发展　事业进步　民生改善

——黎城县

高效农业示范园区

晋道酒庄

2012 年，黎城县紧紧围绕打造“中国硅都、世界红山、宜居古城”战略实施，同心同德，扎实工作。全县生产总值 30.8 亿元，比 2011 年增长 13.9%；财政总收入 3.95 亿元，增长 0.8%；一般预算收入 1.6 亿元，增长 3%；全社会固定资产投资完成 29.9 亿元，增长 30.3%；社会消费品零售总额 9 亿元，增长 15.7%；城镇居民人均可支配收入 1.27 万元，增长 13.7%；农民人均纯收入 5467 元，增长 14%。

★克服经济下行压力，工业经济发展后劲不断增强。引进中国建筑科学院中技集团集成房屋新型建材项目，同步建设全省唯一的低碳建筑研发生产基地，已列入国家“十二五”科技支撑计划。成功组建太阳能新材料博士工作站和矿山物联网博士工作站。中技金谷集成房屋新型建材、华驰物流等 8 个项目被列为省级重点项目。

★紧紧围绕农民增收，现代农业水平稳步提高。黎城高效农业示范园区，总投资 3.5 亿元，生产核心区建设顺利推进；生态农业科技产业园区项目落地，总投资 6.56 亿元，实现了农业产业化的历史性突破。被列为全省农村最低生活保障和扶贫开发政策两项制度有效衔接片区扶贫开发试点县。

★加快基础设施建设，城乡面貌不断改善。进一步完善旧城改造规划，稳步推进旧城改造工作。投资 35 亿元，占地 100 公顷的黎侯古城项目一期工程全面铺开。国家园林县城创建工作全面启动，县城绿化覆盖率 42.8%。浩华垃圾处理场荣获“2012 年山西省人居环境范例奖”。

★加大景区开发力度，文化旅游产业发展全面提速。编制完成太行红山景区总体规划和主要景点的详细规划。上党战役指挥部、北方局高干会议旧址等革命遗址全面修复。文化旅游产业正成为转型跨越发展的重要支撑。

★高度关注民生，人民幸福指数进一步提升。农村新“五个全覆盖”工程全面完成。实施了农村幼儿园建设、贫困学生资助、义务教育阶段学生免费、寄宿制小学“一颗鸡蛋”和“一两肉”工程，义务教育阶段学校标准化建设，率先通过全市验收。15 个乡镇卫生院和 290 个村卫生室实现了基本药物制度全覆盖；新农合参合率 99.6%。积极改善县乡卫生状况，被评为“全省城乡环境卫生整洁行动先进县”。城乡低保基本做到应保尽保，社会养老保险基本实现全覆盖。

（黎城县政府办　供稿）

万瑞达三醋酸甘油酯项目建成投入试生产

黎侯古城实景

白岩寺

区委书记孙刘琳宣布重点项目集中开工

区长胡坚深入园区调研项目建设

立志大干促发展 加速快跑争进位
坚定不移地推进"四宜"城区建设再上新台阶

——长治市城区

2012 年，长治市城区紧紧围绕建设"四宜"城区目标，大力实施"双擎四驱"发展战略，抢抓机遇、攻坚克难、争先进位，全区经济社会呈现出好中求快、稳中求进的发展态势。全年获得国家部委荣誉 9 项、省级荣誉 97 项、市级荣誉 127 项，在全省 2012 年度县域经济发展考核评价中，位列全省 23 个市辖区的第三名，被省政府评为"2012 年度县域经济发展先进区"。

★全区经济持续健康发展。2012 年，全区生产总值 151.2 亿元，比 2011 年增长 8.5%；规模以上工业增加值完成 18.9 亿元，增长 5.2%；固定资产投资完成 107.9 亿元，增长 25.3%；财政总收入 20.48 亿元，增长 9.9%；一般预算收入 4.32 亿元，增长 12.3%；社会消费品零售总额 215.3 亿元，增长 16.1%；城镇居民人均可支配收入 2.26 万元，增长 12%；农民人均纯收入 9373 元，增长 15%。

★项目建设高位加速推进。总投资 416 亿元的 100 个项目顺利推进，11 个重点项目分两批集中开工，40 个重点项目顺利竣工。全年完成投资 77.8 亿元，占年度目标任务的 122%。先后与百盛、沃尔玛等 50 余家国内外知名企业进行洽谈，分三批与北京地雅、山西田森等 25 家集团公司签订合作协议，签约金额达 280 亿元。

★城市品质实现稳步提升。圆满完成"全国文明城市"测评考核任务。编制了全市首张城管便民地图，"10 分钟便民服务圈"初步形成。蝉联省级卫生区 17 连冠、病媒生物防制工作 21 连冠。全年市区空气质量二级以上天数 357 天。投资 110 万元实施环卫职工"暖心早餐"工程。投资 1000 万元的令公巷等 10 条城市背街小巷硬化任务全面完成，府后东街等 6 条道路征迁工作顺利推进。

环卫职工喜涨工资

首次为全区低收入农户发放"暖心煤"

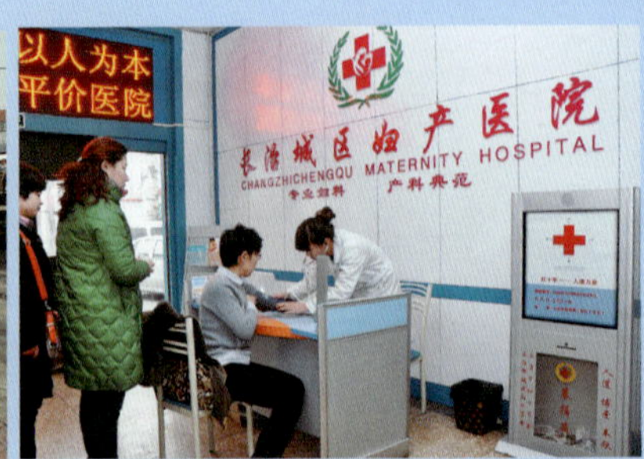

关爱女职工免费体检

肿瘤医院挂牌成立填补全市医疗空白

国内最完整的 LED 前端产业链投产

★城中村改造进程明显加快。统一编制并通过了焦家庄等 13 个村的修建性详细规划，“阳光拆迁、和谐拆迁”面积达 100 万平方米。高标准建设城中村改造展示中心，开工建设 53 万平方米的安置楼，李家庄等 500 余户城中村居民喜迁新居。在全省率先为城中村改造居民办理城镇职工养老保险。

★文化旅游事业蓄势发力。投资 520 万元为街道、社区、农村配置各类文体器材，10 个街道综合文化站、农家书屋和社区电子阅览室实现“全覆盖”和免费“全开放”。编制东山旅游总体规划和控制性详细规划，塔岭山旅游文化景区被评为“全市十佳旅游景区”。

★民生事业全面持续发展。全年财政对民生事业投入 4.8 亿元。淮海、安康 2 所幼儿园，华丰路等 2 所学校改扩建工程顺利实施，荣获“全国家庭教育工作示范区”称号。基本公共卫生服务均衡发展，代表全省迎接国家考核取得第六名的好成绩，太东社区卫生服务中心荣获“全国示范中心”称号。全省“三晋康家工作现场会”在城区召开，人口自然增长率控制在 4.71‰，被评为“全省计划生育优质服务先进区”。在全市率先开展城市居民养老试点工作，荣获全省“创业就业工作先进集体”称号。农村新的“五个全覆盖”工程提前圆满完成，群众满意度和幸福指数明显提升。

（长治市城区政府办　供稿）

高标准建成全省首家规模最大的城中村改造展示中心

城市管理服务上门

文化建设红红火火

志愿服务汇聚社会“正能量”

加快建设全国百强县区 率先全面建成小康社会

——长治市郊区

长治市郊区区委书记　王辅刚

长治市郊区区长　金所军

2012年，长治市郊区攻坚克难，大干快上，全区经济发展、社会进步、人民生活水平不断提高，在推动转型跨越发展、全面建成小康社会的道路上迈出了坚实的步伐。先后荣获“全国生态文明先进县区”“中国科技创新示范区”“中国循环经济优秀品牌城市”“全国休闲农业与乡村旅游示范县区”“中国十佳最具投资潜力文化旅游目的地区县”“中国绿色生态农业示范区”和“亚洲金旅奖·最具民俗特色旅游区”等称号。

★经济发展逆势增长，综合实力明显增强。2012年全区生产总值170亿元，比2011年增长17.5%；固定资产投资完成114.9亿元，增长27.5%；社会消费品零售总额31.3亿元，增长15.9%；财政总收入30.76亿元，增长21%；一般预算收入5.92亿元，增长49.3%；城镇居民人均可支配收入26097元，增长14.2%；农民人均纯收入11076元，增长17%。

★项目建设助推转型，产业素质快速提升。2012年全区招商引资签约项目64个，签约资金843.6亿元，到位资金96.4亿元。签约资金总额、到位率、落地率、开工率和招商引资项目总数均名列全市第一。漳泽新型工业园等园区项目承载和产业集聚作用发挥更加明显，新发展天苑现代农业科技园等农业现代化项目13个，发展“一村一品”专业村22个，大力发展商贸业、休闲旅游业、交通和现代物流业等十大产业，一大批现代服务业项目落地郊区。

★“3420”工程全面实施，城镇化和生态化稳步推进。集聚30万人口居住的“三城”建设全面启动，黄三村改造项目被列入省百项城镇化项目“标杆”工程。全区城镇化率达到67.5%。进一步引深“生态文明建设百村竞赛活动”，全面实施“一村一品”、园林村等“八大工程”，城乡基础设施和环境面貌明显改善。

★社会事业不断进步，发展成果普惠于民。全面完成省、市确定的第二轮“五个全覆盖工程”，有效改善了全区的办学条件，促进了基本公共卫生服务均等化。按新标准落实了城市和农村居民最低生活保障，进一步扩大了城乡居民养老保险、医疗保险、失业保险等基本社会保险覆盖面。

（长治市郊区政府办　供稿）

长治市郊区区委书记王辅刚深入湛上村调研

杏林药材种植基地

潞安年产 1GW 太阳能光伏垂直一体化项目

省级循环经济示范园区—昌晋苑煤化工业园一角

铺就小康富裕路，打造三晋第一村（南村）

东山名邸

长治高新区管委会主任、长治市郊区区委书记　王辅刚

长治高新区党工委书记　李安清

坚持创新驱动　加快深度转型　向国家高新区的宏伟目标阔步前进

——长治高新区

2012年，长治高新区以项目建设为带动，以招商引资为重点，以创建国家高新区为契机，持续深入推进“一二三五五”发展战略，全区经济、政治、文化、社会和生态文明建设迈上新台阶。全区科工贸总收入323亿元，比2011年增长15.4%，绝对值在全省24个省级以上开发区排名第三；工业增加值168亿元，增长15.8%，绝对值全省开发区第二；区内生产总值178.5亿元，增长15.9%，绝对值全省开发区第二；财政总收入31.3亿元，增长10.95%，绝对值全省开发区第一；一般预算收入2.4亿元，增长38.81%，增速全市第六。

★创建工作取得重大进展。市委、市政府下发了《关于加快长治高新技术产业开发区科学发展的意见》，提出高新区扩区方案，明确了高新区的办区方向、体制机制、政策权限，为创建国家高新区提供了坚强有力的政策支持。国家新型工业化产业示范基地、国家科技企业孵化器，顺利通过国家工信部、国家科技部的审核验收。被授予“2012年度亚太区最具投资潜力开发区”称号。

★招商引资实现新突破。2012年，全区重点招商项目共18个，总投资117亿元。重点签约项目16个，总投资115.6亿元，协议引资85.6亿元，完成市下达任务的385%，签约任务完成率全市第三；全区招商引资到位资金9.15亿元，增长73%，完成市下达任务的131%，资金到位率全市第一。

★项目建设跃上新台阶。2012年共确定重点推进项目48个，总投资82亿元。完成固定资产投资30亿元，增长100%；项目储备金额406亿元，完成率203%；新开工项目总投资27.5亿元，达产达效后可实现年销售收入72亿元、利税8.5亿元。两年来，全区共完成45亿元的固定资产投资，比建区20年来的前18年总和还多13.6亿元。被省发改委、省经信委、省科技厅联合授予“山西省高新技术产业化先进集体”称号，被省中小企业局授予“山西省中小企业创业基地”“推进中小企业创新先进单位”称号。

长治高新区管委会、党工委班子成员深入项目一线调研

中信软件园项目

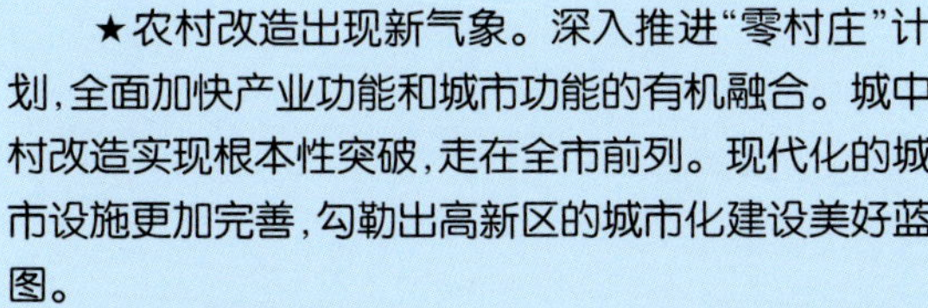

★农村改造出现新气象。深入推进“零村庄”计划，全面加快产业功能和城市功能的有机融合。城中村改造实现根本性突破，走在全市前列。现代化的城市设施更加完善，勾勒出高新区的城市化建设美好蓝图。

★民生事业摆在突出位置。4所学校实现了教育均衡发展，教育教学工作进一步加强。深入推进医疗机构规范化建设，医疗卫生工作进一步加强。农村居民新农合保障水平不断提高。全区社会保险各项业务全部开展，基本实现了社会保险全覆盖。积极推进市容环卫管理长效机制建设，有效确保了重点项目安全高效推进，进一步巩固了国家文明城市和国家卫生城市建设的成果。

（长治高新区　供稿）

山西康宝基因工程疫苗项目

集公共服务、科技孵化为一体的长治高新区创新大厦成为长治市新的地标工程

大化村城中村改造效果图

平顺县四大班子领导陪同长治市市委书记马天荣在虹霓峡景区调研

平顺县县委书记、县长吴小华，县委副书记、政法委书记秦军陪同长治市市长席小军调研

宜居宜业宜游美丽平顺

——平顺县

2012 年，平顺县按照省、市转型跨越发展的战略部署，团结带领全县人民，顽强拼搏，砥砺奋进，圆满完成年初确定的各项目标任务。

★经济指标稳中有升。2012 年确定各类建设项目 218 个，其中重点项目 70 个，总投资 163.57 亿元，累计完成投资 39.71 亿元，投资额占年计划的 101%。全县生产总值 21.18 亿元，比 2011 年增长 12%；全社会固定资产投资完成 20.5 亿元，增长 26.4%；财政总收入 1.59 亿元，一般预算收入 7204 万元；社会消费品零售总额 5.7 亿元，增长 15.5%；城镇居民人均可支配收入 15483 元，增长 13.7%；农民人均纯收入 3677 元，增长 14.9%。

★招商引资成效明显。全年签约亿元以上非煤非电项目 16 个，其中，5 亿元以上大项目 7 个，签约总额 101.04 亿元，是市定目标任务的 112.3%，项目到位资金 18.2 亿元，为市定目标任务的 121.3%。

★工业项目健康成长。长治清华机械厂平顺航天工业园区一期工程快速推进，文正卓越和弘泰化工两家企业入驻高新科技产业园区，大唐公司风力发电项目风场道路建设完成，瑞烽化工 2×2.5 万千伏安密闭电石炉项目已具

平顺县城全景

亚行贷款花椒芽菜基地

生态绿化

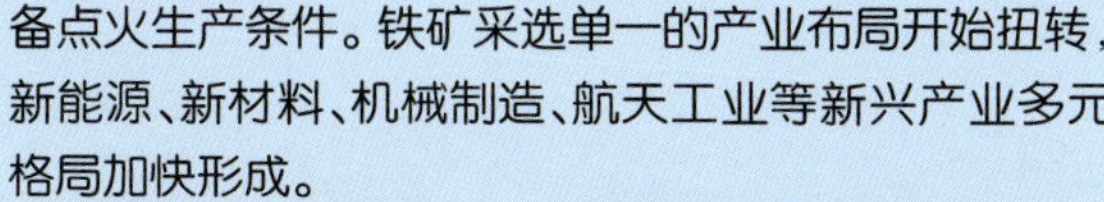

备点火生产条件。铁矿采选单一的产业布局开始扭转，新能源、新材料、机械制造、航天工业等新兴产业多元格局加快形成。

★旅游产业持续发力。太行水乡游客服务中心等项目顺利推进，太行水乡、红色西沟等景区主题分区和功能设置进一步完善，东庄村和岳家寨村入选“国家首批传统村落名录”，神龙湾村被命名为“全国特色景观旅游名村”，荣获“全省休闲农业与乡村旅游示范县”称号。

★特色农业稳步发展。大红袍花椒芽菜、振东集团连翘深加工等项目顺利实施。5 个品牌成为“山西省著名商标”，成功认证 21 个有机食品、9 个绿色食品、9 个无公害农产品和 1 个地理标志产品，被省政府确定为全省“一县一业”中药材基地县，并授予“全省一县一业先进县”称号。

★民生事业不断改善。长平高速平顺段试通车，农村街巷道硬化全覆盖工程全面完成，职教中心、特教小学、教师培训基地投入使用，“一颗鸡蛋、一两肉”工程惠及所有农村寄宿制小学学生。凤凰卫视反映全国农业互助组、合作化的五集专题片拍摄完成。居民健康档案建档率 98.4%，新型农村合作医疗参合率 99.9%。完成 16 个整村推进项目，建设移民新区 9 个。

（平顺县政府办　供稿）

省道河潞线

长安高速平顺互通

平顺县城新区

神龙湾景区祥云湖

省委常委、省委组织部部长汤涛在沁县调研指导工作

沁县县委书记卢展明在册村镇调研农业产业

富民强县　争先晋位

——沁县

亲雅苑商住小区工程

2012 年，沁县扎实工作，攻坚克难，各项工作整体平稳推进，呈现出争先晋位的良好局面。获得"国家有机产品认证示范创建县""北方水城国家水利风景区""中国最佳休闲小城""中国曲艺之乡""全省一县一业先进县""全省粮食生产先进县"等称号。

★县域经济有了新增长。2012 年全县生产总值 14.9 亿元，比 2011 年增长 10.4%；财政总收入 1.31 亿元，一般预算收入 6132 万元；全社会固定资产投资 29.25 亿元，增长 30.9%；社会消费品零售总额 6.62 亿元，增长 16.4%；城镇居民人均可支配收入 12858 元，增长 14.12%；农民人均纯收入 3838 元，增长 16.1%；粮食总产量 1.7 亿千克，增长 8.9%。规模以上工业增加值增幅全市第一，社会消费品零售总额、城镇居民人均可支配收入、农民

沁州黄农业园区米醋加工项目

沁园春矿泉水公司

沁县县长王现敏在沁县中学调研教育工作

沁县县长王现敏在沁县华安焦化有限公司调研公司运行情况

人均纯收入全市第二，固定资产投资增幅全市第三。项目建设实现新突破，项目建设“四位一体”目标任务超额完成。

★农业产业呈现新格局。筹资 2.4 亿元，大力发展现代农业板块经济。全县有机（转换期）认证产品达到 32 种，有机认证总面积 773 公顷。全力推进沁州黄农业产业示范园区建设，共有 16 家企业入驻园区，21 个项目落地建设。

★城镇建设迈出新步伐。向南、向西拓展新城区建设，改善旧城区人居环境。县城绿化覆盖率和绿地率分别达到 40.5%和 35.4%，省级园林城市创建通过初步验收。城镇化率较 2011 年提高 5.1 个百分点，达到 37.4%。

★生态建设取得新成效。“北方水城”国家水利风景区申报成功。千泉湖湿地公园晋升国家级湿地公园。启动 5 项“山花烂漫”工程，跻身“中国绿化模范县”行列。全县森林覆盖率 38.5%，一级以上天数 191 天。

★民生质量有了新提升。筹集 6.55 亿元投入民生领域，人民群众关注的上学、看病、养老、保障等民生问题逐步改善。新农合参合率达 99%。农村新的“五个全覆盖”工程全面完成。

（沁县政府办　供稿）

国家认监委在沁县考察国家有机产品认证示范县创建工作

举办第四届端午民俗文化节

襄矿集团华安焦化公司

沁源县县委书记　李丁夫

沁源县县长　杨红旗

生产发展　生态保护　生活富裕

——沁源县

2012 年，沁源县引深“六化”建设，加速“五大”赶超，全力推进宜居和谐幸福新沁源建设。全县地区生产总值 110.86 亿元，比 2011 年增长 17.1%；规模以上工业增加值 87.05 亿元，增长 24.4%；固定资产投资完成 58.33 亿元，增长 27.7%；社会消费品零售总额 15.32 亿元，增长 16.2%；财政总收入 25.57 亿元，增长 16.8%；一般预算收入 11.76 亿元，增长 39.3%；农民人均纯收入 8648 元，增长 15.4%；城镇居民人均可支配收入 22570 元，增长 14.1%，各项主要经济指标均实现了两位数增长。先后有 5 个省市现场会在沁源召开，79 个单位 205 项工作受到市局级以上表彰。跻身全省 17 家省级园林县城之一，代表山西省接受国家公共卫生服务项目现场核查取得优异成绩，作为唯一一家县级单位在全国天保工程云南现场会上介绍经验；荣获全省县域经济发展先进县、全省林业生态县和全国计划生育优质服务先进单位等称号，荣膺 2012 年度中国最具投资潜力中小城市百强县和中国最具区域带动力中小城市百强县称号。

★抓项目，调结构，提升县域经济综合实力。项目建设强力推进。全年实施各级各类工程项目 188 个，总投资 329 亿元，完成投资 135.6 亿元，投资完成率达 117%；招商引资签约项目 23 个，签约资金 252 亿元，到位资金 46.8 亿元，分别占市定任务的 229%和 134%；推动项目落地 96 个，落地金额 127.6 亿元，占市定任务的 128%，各项指标均超额完成市定任务。新型工业成效显现。20 个煤炭扩能增值和升级改造项目完成投资 58 亿元，全县原煤产量突破 800 万吨。煤焦化、煤气化、煤化工、煤矸石建材等煤基产业进一步延伸。老凹沟铝业双 40 万吨铝工业项目稳步推进，蓝天工业园区 20 万吨石油压裂支撑剂两条 5 万吨生产线即将投产，国电太岳山风电已具备 10 万千瓦发电能力。现代农业初具规模。“一县一业”初步形成了集培育、种植、生产、加工、销售为一体的产业发展体系。续建沁河缘、昶苑、南石苗圃等现代农业园区，新建好乐草莓、农丰菇业、坤泰乳业三大示范园区，开工建设螺山种植等生态庄园 23 个，新、改、扩建投资“千万元”养殖

省委书记袁纯清在沁源调研

长治市市委书记马天荣在沁新集团调研

场 10 个，带动建成“一村一品”示范村 30 个、重点推进村 40 个。开办一年制现代农业青年人才专修班，成立省农科院高寒区作物研究所沁源工作站，建成脱毒马铃薯、夏季草莓两个博士工作站。现代服务业快速发展。实施了灵空山圣寿寺维修、花坡植被恢复等一批宗教、生态文化旅游项目，全年接待游客 80 万人次，旅游总收入 11.98 亿元。建成农村便民连锁店 292 个，实现全覆盖。餐饮、物流、保险、房地产、金融信息技术等均得到快速发展。

★抓规划，强功能，推进城乡一体化建设。城乡规划渐趋完善。编制完成沁源县 2010-2030 城市总体规划等 8 个市政专项规划，以及灵空山、李元、郭道、王和 4 个建制镇的总体规划。旧城改造扎实推进。采取“政府主导、市场运作、社会参与”改造模式，县城承载能力和发展空间得到新拓展。市政功能再度提升。继续实施县城“三供”工程，实施基础设施升级工程，市政功能建设取得大进步。基础设施持续改善。投资 1.2 亿元，完成农村街巷硬化 465.15 千米，实现全覆盖。完成支角水库除险加固，永和水电站等重点水源工程建设按进度推进。35 千伏聪子峪变电站开工建设，110 千伏古寨变电站、35 千伏灵空山变电站和赤石桥变电站投入使用。

无公害农业种植

灵空山绿色食品公司“非油炸苦荞麦方便面”生产线

安置房小区效果图

通洲集团焦化厂全景

康伟集团总部航拍

太岳山风电项目

沁源县文化中心效果图

旧城改造南片区鸟瞰图

花坡风光

★抓环境，树形象，加强生态文明建设。节能降耗取得明显成效。县城空气质量二级以上天气达到360天以上，沁河地表水稳定达到三类水质标准，各项环保指标均达到宜居水准。生态立县战略取得阶段性成果。编制完成林地保护与利用规划，建成马森村等26个生态示范村。绿地率35.28%，绿化覆盖率40.23%，达到国家级园林县城标准，被评为“全省林业生态县”“山西省园林县城”。

★抓民生，增福祉，改善人民生活水平。力促科教利民。新建和改扩建标准化幼儿园14所，县机关幼儿园硬件达到全省一流标准，实验小学新校区、太岳中学宿舍楼投入使用。建立义务教育均衡发展校际联盟，与省教科院合作开展为期三年的县域教育质量提升工程。继续实施义务教育阶段“两免一补”等惠民政策。力促文化惠民。县体育中心全部完工，建成省级示范“职工书屋”5个。剪纸、石雕、木刻等非物质文化遗产项目得到保护与传承，设立了县级文化产业发展专项资金。力促医疗便民。顺利推进县级公立医院改革，县二院及两个乡镇卫生院新建项目主体完工，挂牌组建并开工建设县中医院。县、乡、村三级医疗机构实行基本药物零差率销售。启动新农合定点医疗机构“先住院、后结算”改革，全县新型农村合作医疗参合率100%，资金使用率103.6%，受益率160.3%。力促保障安民。扩大城镇养老、医疗、失业、工伤、生育保险覆盖面，继续为新中国成立前老党员、农村卸职主干、70岁以上老人等按时足额发放生活补贴，实现应保尽保。

（沁源县政府办　供稿）

清洁型企业通洲集团公司144万吨综合煤化生产全景

天然气项目

山水宜居沁河畔

新型农民住宅小区

灵空山圣寿寺

灵空山“九杆旗”

省委常委、省纪委书记李兆前在襄垣调研

长治市市委书记马天荣在襄垣调研

克难攻坚 砥砺奋进 创新发展

——襄垣县

仙堂山

2012 年，襄垣县牢牢把握科学发展主题，坚持安全与发展两手抓、当前与长远共谋划，重转型、重管理、重民生，全县经济建设和社会各项事业平稳持续发展。

★经济运行稳中有进。2012 年全县生产总值 226.7 亿元，总量继续保持全市第一；财政总收入 40.2 亿元，比 2011 年增长 12.6%；固定资产投资完成 105.1 亿元，增长 2.3%；社会消费品零售总额 17.6 亿元，增长 16%；城镇居民人均可支配收入 23250 元，增长 12.9%；农民人均纯收入 9414 元，增长 15.2%。

★引资上项取得突破。全年共引进各类项目 153 个，落地开工 71 个，协议引资 488.4 亿元，到位资金 69.6 亿元。建设各类重点工程项目 121 项，完成投资 142.9 亿元。

设施农业岸底蔬菜大棚外景

长治市市长席小军在襄垣调研

襄垣县县委书记田志明、县长张志刚在王桥镇调研

★产业转型持续推进。发展设施蔬菜等高效农业，建成3座智能化育苗中心、5处冷库和县级农产品质量安全检测中心，东宝薯业等一批龙头企业不断发展壮大。发展新型工业，依托富阳、王桥两个园区，建设了聚氯乙烯、电力储能电池等一批非煤科技项目。发展第三产业，仙堂山、宝峰湖旅游开发初见成效，物流、信息、金融等现代服务业崭露头角。

★城乡设施逐步完善。新建城北街、城际快速路等路网工程，下良、西营等小集镇建设初具特色。农村新的"五个全覆盖"全面完成。建设六大造林绿化工程，新增绿化面积2120公顷。

★民生事业全面进步。为全县人民兴办的十件实事基本落实。高中阶段学生住宿费和信息费全部免除。药品零差率销售制度稳步实施，新农合参合率99.7%，提高了新农合、城镇居民医保和城乡低保补助标准，顺利通过国家卫生应急综合示范县和全国农村中医药工作先进县验收。城乡居民养老保险实现全覆盖。新编大型历史剧《豫让与襄子》获省"五个一工程"奖，《襄垣秧歌》《襄垣鼓书》音像制品获第四届中华优秀出版物提名奖，荣获"山西省文化强县"称号。

（襄垣县政府办　李俊杰、卫俊　供稿）

文王山观光农业园

省级工业园区——富阳工业园区

襄垣东湖

襄矿集团循环经济典范

百万只太行黑头羔羊项目签约仪式

王家峪集团与五矿集团签约仪式

"三个建设"引领　"五项措施"保障 全力以赴推进脱贫翻番和转型跨越

——武乡县

大象集团北涅水种鸡场

武乡山水水泥有限公司

2012年，武乡县坚持"三个建设"引领，"五项措施"保障，全力以赴推进脱贫翻番和转型跨越，经济社会保持了平稳较快发展势头。全县生产总值66亿元，比2011年增长15.1%；财政总收入13.5亿元，增长11.4%；一般预算收入5.04亿元，增长20.9%；固定资产投资完成39亿元，增长27.3%；规模以上工业增加值46.5亿元，增长20.4%；社会消费品零售总额8.6亿元，增长15.9%；城镇居民可支配收入15725元，增长13.8%；农民人均纯收入4493元，增长30.3%。

★农民增收基础不断夯实。粮食总产量1.18亿千克，为历史第二高产年。在全面落实各项强农惠农富农政策基础上，通过以奖代助、贷款贴息等办法，累计投入扶农资金1.5亿元。积极推进移民搬迁、片区开发，9196人稳定脱贫。

★三次产业调整增量提质。农业现代化全面推进。设施农业长足发展，农机装备水平不断提升。培育形成"一村一品"专业村42个，农产品加工转化率36%。重点推进规模健康养殖，被确定为全省"1323"生猪产业化重点县、肉鸡"一县一业"基地县和核桃种植重点县。工业新型化迈出新步伐。着力提高循环经济水平，利用煤矸石制造新

首届"红星杨杯"中国·武乡太行穿越挑战赛

第二届八路军文化旅游节

型建材，成功签约等离子新技术冶炼金属镁等项目。文化旅游异军突起。"两园一剧"正式运营，被省文化厅表彰为山西十大文化品牌，大型实景剧《太行山》被省委宣传部评为第十届精神文明建设"五个一工程"特别奖。旅游综合收入18亿元，增长36.6%。商贸物流业快速发展，第三产业规模化强势推进。

★项目建设成效突出。全年确定实施78个重点工程项目，累计完成投资58亿元，投资完成率118.4%，重点项目落地金额完成72.8亿元，完成率145%，15个重点项目建成或投产。八路军文化产业示范区被列入全省综改标杆项目。

★城乡建设协调推进。制定了《武乡县城镇化建设行动计划(2012-2020年)》，修订完善了《县域城镇化考核指标体系》。以大县城建设为龙头，实施21项城建重点工程项目，14个已完成。洪水镇被列入全省100个小城镇建设重点镇之一。省政府确定的新一轮"五个全覆盖"工程全部或超额完成。

★民生保障水平不断提升。新、改、扩建幼儿园10所。在全省首家实施了以省、市、县医疗机构协作联盟为平台的"双向转诊，控费扩保"模式。城乡居民养老保险水平进一步提高，参保率96.3%，医疗、失业、工伤、生育保险全部实现市级统筹。新农合参合率99.3%，政策补偿比达到70%以上。

★城乡生态环境明显改善。以建设生态宜居县为目标，广泛开展"一矿一企绿化一山一沟"行动，全县森林覆盖率达24.6%，被省林业厅表彰为"两林富民先进县"。县城空气质量二级以上天数363天。被中国民族建筑研究会评为全国"宜居宜业典范县"。

(武乡县政府办　供稿)

农家乐一条街夜景

县人民医院门诊综合大楼

屯留县县委书记　郭泽兵

屯留县县长　段树新

凝心聚力谋转型　创新举措促跨越

——屯留县

2012年，屯留县以科学发展观为指导，突出主题主线，坚持稳中求进，凝心聚力谋转型，创新举措促跨越，千方百计惠民生，经济和社会发展取得显著成绩。

★综合实力跃上新台阶。2012年，全县生产总值112.4亿元，比2011年增长13.1%；财政总收入16.05亿元，增长3.5%；一般预算收入5.5亿元，增长8.9%；规模以上工业增加值89.2亿元，增长18.6%；全社会固定资产投资76.5亿元，增长27.2%；社会消费品零售总额10.1亿元，增长16.1%；城镇居民人均可支配收入18098元，增长12.5%；农民人均纯收入9581元，增长15.3%。

★项目建设取得新成效。全年共实施重点项目127个，总投资383亿元，完成投资141亿元，竣工76个。储备项目131个，总投资1569.1亿元；引进项目18个，总投资94亿元，到位资金50亿元，落地项目15个，落地率84%。

★工业经济迈出新步伐。围绕建设全省循环经济示范县，实施工业新型化项目39个，总投资100.9亿元，完成投资47.3亿元。古城900万吨矿井加快建设，小南村煤矿90万吨技改项目开工复产。兴旺、尔安等焦化企业兼并重组工作全面启动。新能源、新材料等新兴产业形成体系，40万吨聚氯乙烯一期、6万吨赖氨酸等一批非煤非电项目竣工投产。康庄大道改造完成，康庄医药产业园区基础设施不断完善，“两带六园”初具规模。

保障性住房

省委书记袁纯清在屯留县调研

县领导深入基层调研

★现代农业开创新局面。围绕建设现代农业先导县，以“一乡一业、一村一品”为抓手，大力实施现代农业“5553”工程。粮食总产量2.4亿千克，全市第一。建成“一乡一业”特色乡镇3个、“一村一品”特色产业村67个。福瑞、助民等五大农业生态园效益良好，金泽生物、亨德谊食品等农业产业化龙头企业健康发展。

★城乡建设展现新面貌。围绕建设全省一流宜居县城，启动实施城镇化项目48个，总投资69.5亿元。县城“七纵七横一环”城市道路框架基本形成。以余吾、路村等乡镇为主的重点镇建设初具雏形，20个中心村建设全面启动，全县城镇化率34.1%。

★生态文明谱写新篇章。全县森林覆盖率30%，县城绿化率44.3%，绿地率39.5%，人均公共绿地面积11.1平方米。县城污水管网改造工程全面竣工，热电联供集中供热工程投入运行，集中供气工程全面实施。空气质量二级以上天数361天。

★社会事业实现新发展。全面完成农村新的“五个全覆盖”工程。河神庙寄宿小学等标准化建设工程全面竣工，14所农村闲置校舍改建幼儿园、32所义务教育薄弱校改造任务全面完成，新建公办幼儿园主体工程已经完工，“一颗鸡蛋一两肉”营养餐工程全面实施。积极推进医药卫生体制改革，标准化卫生室达到265所，新农合参合率100%。设立文化产业发展奖励扶持基金1000万元，大力实施“123”文化产业和文化低保工程，初步形成老爷山、巍山体育休闲和康庄彩印包装三大文化特色品牌。抗大一分校旧址修缮工程一期完工。农民体育健身工程覆盖率100%，乡镇广场被表彰为“全国乡镇体育健身示范工程”。

（屯留县政府办　供稿）

助民蔬菜研究所

余吾煤电油园区

农村便民超市“全覆盖”

长治市人大常委会主任李年善在壶关开发区调研

长治市政法委书记李国隆在壶关开发区调研

发展特色产业　带动城乡发展

——山西壶关经济开发区

壶关经济开发区的前身为壶关常平经济开发区，位于壶关县城北，始建于2001年1月，2001年6月升格为市级经济开发区，2006年更名为山西壶关经济开发区，2006年4月升格为省级开发区，建制为正处级。主要产业为钢铁深加工和煤化工。

目前，壶关经济开发区共辖10个行政村，占地面积行政管辖范围20平方千米，规划面积266.6公顷，区内现有规模企业16家，共有职工4650余人，其中，拥有各类专业技术人才1200余名。

★致力招商引资抓转型，项目建设进一步推进。引进资金3000万元，建设30万吨矿渣纤维保温材料厂一期工程，将作为常平集团的又一项新兴产业来发展。引进资金1500万元，建设闫家河汽车检测线项目。投资3亿元，建设常平凤凰城。投资1亿元，建设八泉峡景区。投资3000万元，建元宝山生态恢复、"常乐寺"完善改造工程。投资500万元，开发了小包装精米、精品小杂粮、孕产妇专用小米粉等8个"庄稼园"系列产品。

★致力民生改善，城乡建设协调发展。持之以恒实施"一企带十村、共建新城镇"目标，加大投资力度，加快城镇一体化建设进程。街巷硬化全覆盖整体推进，道路美化亮化工程成绩喜人，环境治理成效显著。立足根本狠抓民生，幸福指数进一步提升。全面推进居民社会养老保险、医疗保险，新农合参保率达到99%。

2012年，实现工业总产值44亿元，销售产值42.7亿元，上缴税金6409万元。农民人均纯收入5100元。全年完成固定资产投资1.7亿元。粮食总产量2500吨。

（壶关经济开发区　供稿）

壶关县县委书记李全心、县长崔江华、管委会主任郭志敏在开发区小米粉加工企业调研

壶关开发区八泉峡景区

壶关开发区美景

常平的春天

壶关开发区常平农业园区一角

省长李小鹏在榆次调研

榆次区区委书记贡琦调研重点工程

凝心聚力 加快赶超 再创辉煌

——榆次区

2012 年，榆次区抢抓机遇，攻坚克难，都市核心区建设开启新征程，转型跨越发展开创了新局面，在全市目标责任制考核中被评为优秀县区，向全区人民承诺的十件实事全部兑现！

★区域经济稳中求进，综合实力显著增强。2012 年全区生产总值 198.1 亿元，比 2011 年增长 10.2%；财政总收入 22.8 亿元，增长 25.9%；一般预算收入 9.8 亿元，增长 46.8%；全社会固定资产投资 141.2 亿元，增长 60.2%；社会消费品零售额 119.7 亿元，增长 16.2%；城镇居民人均可支配收入 22568 元，增长 11.8%；农民人均纯收入 10630.3 元，增长 16.3%。

★项目建设快速推进，转型发展跨越前行。56 项重点工程全部开工，完成投资 147 亿元，投资完成率 105.1%。10 项转型综改标杆项目顺利实施，太重榆液、汇隆农产品市场等项目列入省级标杆。全力实施招商引资，全年招引项目 28 项，总投资 321.6 亿元。重点工程开工率、完成额、项目签约、项目落地四项工作全市考核第一。

建设中的小南庄高校服务区安置区

乌金山国家森林公园三期欢乐谷

榆次区区长张祖祁调研重点工程

太重榆液高性能液压产品自主化产业基地项目

★园区工业发展壮大，产业集群蓄势升级。园区集聚能力不断增强，实现产值141.7亿元，增长10.7%。31平方千米扩区规划基本完成。以先进装备制造为特色的新型工业迅速崛起，工业园区获批省级新型工业化产业示范基地。液压集群申报国家级创新型产业集群，山西省精密铸造及机械装备制造院士工作站落户榆次，榆次液压研究院正式成立，液压工业园启动建设。

★特色产业龙头引领，现代农业扩规提档。全力实施“一村一品”工程，省、市级“一村一品”专业村达124个。总投资17.4亿元的国家农业科技示范园通过中期评估。重点实施无公害设施蔬菜基地建设，重点推进规模养殖园区扩规上档，全力扶持农产品加工龙头，大力改善基础设施。荣获全省“农民增收先进县”和“一县一业先进县”等称号。

★文化旅游持续升温，现代物流势头强劲。乌金山国家森林公园通过省级旅游休闲度假区和国家4A级景区验收。投资3亿元的省粮食物流中心主体完工，太铁物流、美特好等投资近20亿元的物流项目加快落地。实现了农村流通网点全覆盖，“万村千乡”市场工程、“新网工程”健康运行。

★太榆同城加速融合，城乡统筹一体发展。牢牢抓住太榆科技创新城启动的历史机遇，积极配合高校新校区、吉利中航配套等市政重点工程，市区一体化加速推进，城乡融合不断加速。深入推进“蓝天碧水”工程，二级以上优良天数达360天，环境空气优良率98.6%，全省第一。

★民生事业全面进步，幸福榆次稳步推进。财政用于民生支出12.1亿元。推进均衡教育初见成效，阳光均衡编班全国示范。医疗改革扎实推进，新农合参合率99.6%，基本药物制度实现全覆盖，人口和计生工作连续17年全市第一。

（榆次区政府办　供稿）

太钢万邦30万吨镍铬合金项目

康培苗木基地

金粮农科饲料加工项目

太谷县县委书记郝向明、县长武晓花深入森林公园办公

太谷县县委书记郝向明、县长武晓花在金谷广场调研

赶超跨越　争先进位

——太谷县

2012年，太谷县紧紧围绕“解放思想年、项目建设年”的总体部署，大力实施“双十双百”工程，有力地推动了全县经济社会快速发展。

★致力争先进位，经济实力持续攀升。2012年，全县生产总值60.6亿元，比2011年增长8.9%；固定资产投资35亿元，增长37%；社会消费品零售总额23.6亿元，增长16.1%；财政收入7.2亿元，增长20%；城镇人均可支配收入20038元，增长15.7%；农民人均纯收入10952元，增长15%。农民人均纯收入绝对额全市第一，固定资产投资增速超出全市8.2个百分点。获得全省“一县一业”先进县、国家中医中药先进县、全国教育督导先进单位等称号。

★突出项目建设，发展活力显著增强。认真落实“四位一体”项目管理机制。全县储备项目170个、落地项目108个，签约项目15个，引资222.3亿元；实施重点项目56个，完成投资45.9亿元。

★谋求赶超跨越，三次产业相融发展。现代农业强势推进。采取“连片发展、财政奖补”的办法，大力实施“四个一”工程。建成8个精品种植园、10个健康养殖园、17个省级专业村、71个合作社。工业园区初具规模。太谷新型产业园、恒达循环经济园、胡村铸造工业园、南山医药食品园四大工业园区企业集中、行业集聚态势不断增强。新和管路精密铸造项目开工建设，成为我省首批外贸转型升级示范基地。“明泉宝”商标成为中国驰名商标，实现了全县中国驰名商标零的突破。第三产业蓬勃发展。生态旅游、商贸物流、交通运输等现代服务业蓬勃发展，农村信用体系示范县创建工作全面启动。

万国风情园木屋

凤凰山生态园

★统筹城乡发展，城乡面貌明显改观。城乡建设同步推进。实施了总投资82亿元的40项城建工程，年内完成投资26亿元，成为太谷历史上投资规模最大、工程项目最多、建设品位最高的一年。胡村、范村分别开展省级示范镇、市级重点镇建设，水秀乡撤村建居工程初见成效。生态环境持续改善。创建了1个省级生态文明村、2个市级生态文明村、1个环境优美乡镇。

★注重改善民生，社会事业蓬勃发展。财政用于民生领域的支出占总支出的86.9%，民生事业得到进一步发展。六大盟区运行机制不断完善，中高考成绩持续保持全省前列。成功举办中华母亲节推动大会暨太谷孟母文化节、第三届国际形意拳交流大会，编制《孟母三迁》秧歌剧、《面里好乾坤》等多部专题片。科技进步贡献率58%，高出全省平均水平6个百分点。五大社会保险覆盖面进一步扩大，创建省级创业型试点县工作全面实施。

（太谷县政府办　供稿）

金谷广场彩虹桥

孟母三迁剧照

水秀工贸园区大项目投产

平遥县县委书记卫明喜参加省文博会

平遥县县长曹治胜在峰岩集团调研

转型跨越 争先进位 先行先试

——平遥县

2012年，平遥县抓大事、打硬仗、破难题、促发展，实现了经济社会的平稳发展。

★保增长、促转型，县域经济运行平稳。2012年全县生产总值92.7亿元，比2011年增长8.9%；财政总收入12.05亿元，增长9.4%；一般预算收入5.4亿元，增长28.8%；固定资产投资51亿元，增长21.4%；社会消费品零售总额39.1亿元，增长16%；城镇居民人均可支配收入20104.6元，增长13%；农民人均纯收入7735.6元，增长15.3%。“一区三化十大重点工程”建设全面推进，粮食总产量25.8万吨。煤化光学材料产业园和中科鸿基生物产业园被列为省转型综改标杆项目，光学材料产业园一期投产并填补国内空白，煤化集团成为省“一县一企”转型综改试点循环经济企业。“又见平遥”大型室内情境体验剧在省内外引起强烈反响。全县国家级非物质文化遗产传承人达4人，省级12人，居全市之首。成功申报全省唯一国家级文化生态保护区传统手工技艺传习培训基地。成功举办平遥国际摄影大展、中部六省非遗成果展、平遥中国年、襄垣梨花旅游节和酥梨采摘节。第三产业占全县生产总值的46.2%，成为富民强县的朝阳产业。

液化天然气项目

护城河保护修复工程

★抓统筹、强建设，城乡面貌持续改善。按照“中部神龟灵动，两翼凤凰展翅”的布局理念，铺开概算投资40余亿元的城建工程，城镇化率提高2个百分点，达37.4%。完成30个省级重点推进村的规划编制，“四化四改”和“十个有、十个一”建设持续推进。

★惠民生、促和谐，社会建设全面推进。县政府向人民承诺的十大惠民工程全部落实。农村和城镇新型居民养老保险实现全覆盖。新农合参合率98.6%。广播、电影、电视实现数字化全覆盖。创建市级以上文明单位51个，社会服务网格化管理模式得到省市肯定。

（平遥县政府办　供稿）

万亩生态林

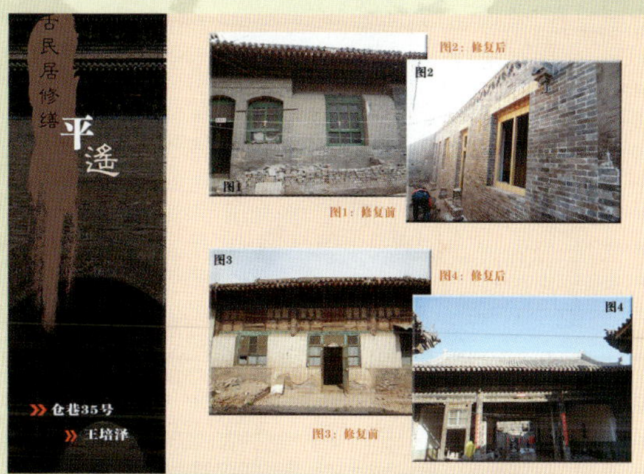

古城民居保护修缮项目

中科鸿基生物科技产业园

煤化光学新材料生产线

《又见平遥》大型情境体验剧

梨花旅游节

转型跨越 富民强县

——祁县

祁县县委书记　吴文胜

祁县县长　张鹏

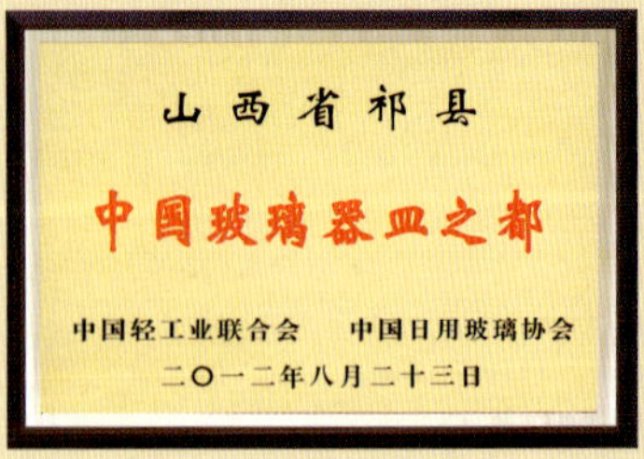

山西省祁县

中国玻璃器皿之都

中国轻工业联合会　中国日用玻璃协会

二〇一二年八月二十三日

2012 年，祁县县委、县政府围绕“转型跨越、富民强县、重振雄风”目标，以“双十重点工程”和“十大续建项目”为统揽，突出抓好项目建设和民生改善两件大事，扎实推进“三区一基地”建设，经济社会保持平稳较快发展，跨入全市优秀行列。

★大力推进项目建设，发展基础更加坚实。完成重点项目储备 165 个，总投资规模 1010 亿元。落地项目 110 个，总投资 82.7 亿元。实施重点项目 37 项，完成投资 41.4 亿元，投资完成率 108%。全年生产总值 54.95 亿元，比 2011 年增长 10%；规模以上工业增加值 13.64 亿元，增长 21%；固定资产投资 33.04 亿元，增长 35.9%；财政总收入 5.11 亿元，增长 18.7%；城镇居民人均可支配收入 21370 元，增长 13%；农民人均纯收入 10129 元，增长 17%；社会消费品零售总额 26.9 亿元，增长 15.4%；外贸进出口总额 4362.3 万美元，增长 13.5%。

★加快推进产业升级，发展质量有效提升。国家玻璃器皿质检中心项目顺利推进，设立祁县玻璃器皿美国营销中心，荣获“中国玻璃器皿之都”称号。酒类饮品业形成白酒、啤酒、果汁、饮品等较为完整的产业体系。经济开发区扩区、移位、升级进程加快，成为县域经济新的增长极。现代农业建设迈出新步伐，财政投入 1.96 亿元专项资金支持现代农业。新发展“一村一品”专业村 68 个、专业乡镇 1 个。荣获全国林业合作社建设典型示范县、国家级出口酥梨质

宏艺玻璃公司与外方技术人员进行技术探讨

省级经济开发区——祁县经济开发区

量安全示范区、中国辣椒之乡、全省农民增收先进县、农机化生产先进县等称号。乔家大院5A景区创建有序推进，红海玻璃文化艺术园成为工业旅游新亮点。旅游业门票收入6165万元，增长80%。

★稳步推进大县城建设，城乡面貌明显改观。编制完成《祁县城乡一体化发展规划》，启动"一轴两区"大县城规划与建设。实施总投资17亿元的十大市政重点工程。东观镇进入省级示范镇行列。全面加强城乡管理，荣获"省级卫生县城"称号。大力推进生态建设，森林覆盖率26%，环境空气优良率99%，稳定达到国家二级标准。

★着力改善民生民利，社会事业全面发展。"十件实事"完成9件，汽车客运站开工建设。为全县80岁以上老人发放长寿优待金，财政出资缴纳医保和新农合基金。建成示范幼儿园等3所标准化幼儿园。祁中新校区投入使用。乡镇卫生院和村卫生室全部实施基本药物制度，新农合参合率99.5%。强化食品安全监管，率先建立"一专三员"食品安全责任监督管理体系。农家书屋、农村体育场地实现全覆盖。

（祁县政府办　供稿）

"山西统一"奠基典礼

山西省工业旅游示范点——红海玻璃文化艺术园展厅

昌源河国家级湿地公园

乔家大院明楼院

和顺县政府与北京中冶能源控股公司项目签约

设施蔬菜大棚

加快后发崛起　建设美丽和顺

——和顺县

湿地公园

县城规划图

2012年，和顺县围绕"五地两区"、山西"东大门"建设总要求，锲而不舍抓项目，克难攻坚抓落实，圆满完成各项目标任务。

★经济平稳较快增长。2012年全县生产总值41.5亿元，比2011年增长11.2%；工业增加值22.4亿元，增长15.7%；固定资产投资45亿元，增长38.4%；社会消费品零售总额9.45亿元，增长16.4%；财政总收入12.68亿元，增长39.8%；一般预算收入5.3亿元，增长58.5%；城镇居民人均可支配收入16010元，增长16%；农民人均纯收入3830元，增长14.9%。

★投资项目加速实施。全县43个市级重点项目全部开工建设，开工率100%，全市排名第一，完成投资56.44亿元，占年度投资计划的149.1%；重点项目落地55项，落地资金70.25亿元，完成市定考核任务的100.4%。重点项目"四位一体"推进工作获全市一等奖。总投资18.57亿元的10大转型综改标杆项目全部开工建设，其中8个项目已竣工或投产，完成投资19亿元，占年度投资计划的102.3%。引进中国华电集团、北京中冶能源等一批大企业、大集团，签约项目6个，引资318.7亿元。

双孢菇养殖

大友牧业

★产业转型持续推进。工业经济提速增效。投资6.58亿元对煤矿进行升级改造，全年煤炭产量1121万吨。农业发展形势喜人。全县粮食总产量3150万千克，完成市考核指标的157.5%。全县规划“一村一品”专业村170个，发展“一村一品”示范村24个。天凯现代农业科技示范项目完成投资6430万元，填补了现代农业空白。第三产业加快发展。加强商业网点建设，各类市场繁荣活跃。

★城镇建设步伐加快。大县城建设日新月异。投资1.8亿元，完成六大片区、660余户的房屋征收工作，实现了和谐搬迁目标。泰山东路全线贯通，北内环路、西外环路、北外环路陆续开工。启动和顺新城建设。文昌公园、湿地公园开工建设。荣获“省级卫生县城”称号。着力推进“大交通”建设。加快推进农村安全饮水、电网、沼气、危房改造等基础设施建设。荣获“全省新农村建设先进县”称号。生态环境不断改善，县城环境空气质量二级以上天数361天。

★社会建设取得实效。全年用于民生及各项社会事业的投入6.58亿元，增长20.5%。县政府向全县人民承诺的“十件实事”全部完成。社会事业全面进步。职中对口升学率连续两年全省第一。中考成绩在全市综合质量评估中名列第一。学前教育和小学课改受到省、市好评。“五名兴教”和教育论坛得到国家教育部肯定，并总结经验推广。新建了县中医院。40所标准化村级卫生所投入使用。新农合参合率98.6%，基本药物制度在乡村卫生院(室)全面实施。“和顺刺绣”列入山西省手工艺代表项目。精神文明创建富有成效，全县现有省级文明和谐单位(村)8个，市级文明和谐单位(村)34个，县级文明和谐单位(村)94个。

(和顺县政府办　供稿)

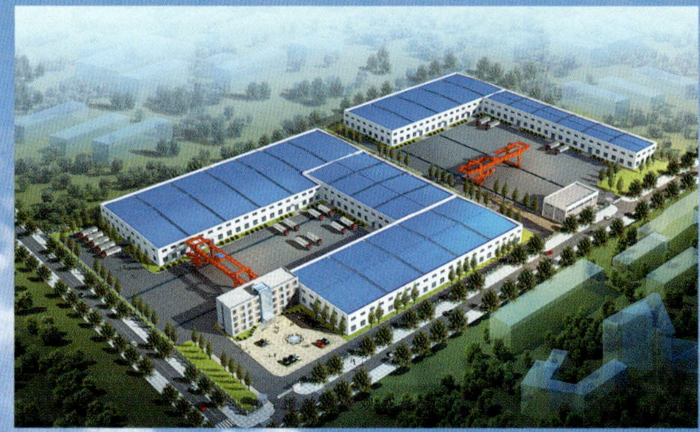
煤机设备晋东检修基地效果图

和顺县工业园区规划图

省委书记袁纯清在晋中开发区观摩

晋中开发区管委会主任温毓诚现场研究区域规划产业用地

示范 引领 带动 辐射

——晋中开发区

2012年，晋中开发区围绕“转型跨越”和“四化”率先发展的新目标，因应晋升国家级开发区后的新定位，抢抓“太原晋中同城化”“太原晋中科技创新城”、108经济发展廊带的新机遇，攻坚克难，储能蓄势。

★经济逆势增长。2012年，晋中开发区生产总值21.9亿元，比2011年增长7.3%；规模以上工业增加值10.6亿元，增长8.8%；财政总收入7.3亿元，增长21.3%；固定资产投资完成35.8亿元，增长25.1%；进出口总额1535.2万美元，下降11.5%；工业总产值39.2亿元，增长14.8%；科工贸总收入196亿元，增长34.4%。

★架构发展新体系。基本形成“三园两区”的区域主体功能规划和“4+1”的产业发展规划。即科技创新产业园、新型工业园、现代物流产业园、综合服务区和自主创新核心区。以此为依托，努力建设“4+1”新的产业体系，即医药食品、装备制造、环保节能、电子信息4个工业主导产业，以及现代物流产业，为结构优化、“四化”率先奠定了基础。

★创新发展新机制。形成党工委、管委会、投资建设有限公司一套人马、三块牌子的管理体制，形成党政联席会议、主任办公会、董事会会议分别就重大事项、重要项目、大额资金使用集体讨论决定、决策程序。建立完善项目储备、签约、落地、建设“四位一体”的招商引资和落地建设机制。与上海绿地集团、长沙远大住工公司、中国北斗集团等

中华老字号双合成食品制作车间

晋中开发区和谐花园

晋中开发区晋升为国家级开发区揭牌仪式

山西振东安特生物制药有限公司新厂项目奠基

500强企业建立了合作意向。建立了从党政领导班子成员到各级各部门包项、包村、包进地的责任体系，全年完成涉及4个村、6类30个项目、61公顷土地的项目开工任务，完成投资40亿元。

★重塑服务新形象。研究出台《招商引资扶持奖励暂行办法》《扶持企业做大做强暂行办法》，制定《投资建设项目联合审批办法》《企业设立登记并联审批办法》，建立了一事一议、特事特办的决策机制。将政务大厅变更为服务中心，优化一站式联合审批办法，服务更优、效率更快。本级财政支持重点企业1.1亿元，帮助重点项目争取上级扶持资金5000余万元，帮助企业解决10亿元的贷款。

★构建设施新体系。着手规划开发区"十二五"期间的供电、供水两大系统。铺开39项城建工程项目。城中村改造、居民养老保险、劳动就业、医疗救助等摆在重要位置。基础设施跟进保障了项目建设及生产生活需要。

（晋中开发区管委会　供稿）

新华物流流水线配送车间

晋中开发区区位优势及三园两区规划图

奋力推进转型跨越发展 加快全面建成小康社会

——平定县

平定县县委书记王银旺与群众亲切交谈

新投入使用的县医院综合病房大楼

十二五”以来，平定县抢抓转型综改和扩权强县试点县机遇，围绕“两大”目标，打造“三大”基地，加快“四县”建设，全县经济社会各项事业蓬勃发展，转型跨越迈出坚实步伐。2012 年，全县生产总值完成 71.72 亿元，财政总收入完成 12.12 亿元，主要经济指标增幅 6 项全市第一、2 项第二，在全省 22 个扩权强县试点县中位居上游。

★突出项目建设，打造转型跨越增长极。一是“六位一体”推进项目建设。2012 年确定重点项目 94 个，省重点项目 10 个，市重点项目 84 个，总投资 465.27 亿元，其中亿元以上项目 42 个。昌鑫有机复合肥二期、煜昌机械 3 万台大型铸件及整装设备生产、鼎正环保建材三期等 30 个项目竣工投产。二是健全项目推进机制。实行“一个项目、一位领导、一套班子、一抓到底”的工作机制，建立项目建设责任倒挂机制，全面落实重大项目跟踪服务制。三是加大招商引资力度。全年签约 17 个项目，协议利用外资 273.1 亿元，到位资金 69.4 亿元。

★突出转型主线，推动产业格局多元化。一是集群化布局。规划建设沿南川河两岸的龙川产业集聚带、平定高新技术产业园、王家庄新能源新型装备制造产业园、巨城耐火新材料产业园“一带三园”产业发展平台。2012 年入园企业 90 余个，年产值 70 亿元，利税 17 亿元，对全县经济贡献率达到 90%以上。二是高端化引领。加快新型装备制造、新型节能环保、新材料、新能源产业的培育壮大，与中科院合作的全固态高功率激光器生产应用项目，与中国矿大合作的煤炭地下导控气化等一批高科技项目顺利奠基、开工建设。三是循环化发展。深入推进全省循环经济试点县建设，大力发展延伸煤电铝、煤气化、煤电材、钙化工等资源循环产业链，发展了阳光发电、兆丰铝冶等一批循环经济龙头企业。四是品牌化推进。加快具有比较优势的陶瓷、砂锅、陶粒砂、农产品加工等特色产业发展，“长青”品牌先后通过 ISO、HSE 和美国石油协会(API)质量管理体系认证。昌鑫复合肥、莹玉陶瓷、万和油脂等一批富有地域特色的品牌远销省内外。

★突出“三农”工作，加快城乡发展一体化。一是大力发展现代农业。突出“种植业、养殖业、加工业”三大重点，形成了以猪鸡养殖为主导的“一县一业”，培育了农产品加工 10 大龙头、10 大骨干、10 大潜力“三大板块”企业。被确定为全省猪、鸡饲养畜牧大县，“现代肉鸡健康养殖技术示范推广”项目列入国家富民强县专项行动计划。二是强化农业基础地位。认真落实

生态宜人的城东松树山公园一角

国家级非物质文化遗产——平定武迓鼓

各项强农、惠农、支农、富农政策，保障农业基础设施建设投入，大力推进农业科技创新和农业机械化。三是促进农民增收致富。通过发展现代效益型农业，大力发展农村二、三产业，全面提升农业农村经济整体质量与效益。

★突出民生改善，建设更加美好新家园。一是建设幸福家园。以保障和改善民生为重点，持续加大民生投入，推进社会保障扩面提质，大力发展教育科技、医疗卫生等社会事业，制定实施“收入倍增计划”，关心困难群体，切实保障基本生活，覆盖城乡的养老、医疗等社会保障体系和低保、五保等社会救助体系不断完善。农村新的“五个全覆盖”全面完成，供热、供气工程向城周村、中心村延伸。二是建设美丽家园。大力实施“蓝天碧水”和治污减排工程，积极开展国家森林城市和省级环保模范城创建工作，大力推进村庄美化、环境绿化、卫生净化，全县生态环境明显好转。三是建设宜居家园。统筹推进大县城、重点镇和新农村建设，县城外延有序扩展，张庄、娘子关等5个省市重点小城镇建设快速推进；涌现出一批因地制宜、各具特色的新农村。成功创建为全省城乡清洁示范县。四是建设和谐家园。创新和改进社会管理，切实解决事关群众切身利益的困难和问题，毫不松懈抓好安全生产，“全国平安建设先进县”成果进一步巩固提升。

日新月异的新农村——鹊山新村

城乡路网建设重点工程——广阳路

★突出文化兴县，增强县域发展软实力。提升公共文化服务水平，乡镇综合文化站实现全覆盖。加快文化产业发展，娘子关景区开发有序推进，娘子关镇被评为中国特色景观旅游名镇；平定刻花瓷入选全省十大文化品牌，刻花瓷文化园被国家文化部授予“国家文化产业示范基地”，列入全省“10+1”文化产业园区。稳步推进公益性文化事业单位改革，建立公共财政投入稳定增长机制，形成多元化投入格局。

（平定县委办　供稿）

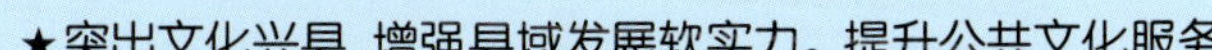

科技部和农业部重点推广的农业技术项目——昌鑫生物有机复合肥项目

国家重点现代农业示范园建设项目——山西华通生态示范园

阳泉开发区党工委书记要真调研社区工作

阳泉开发区管委会主任马骥在企业调研

特色凸显 奋力前行

——阳泉开发区

安全舒适的新校车投入使用

2012 年，阳泉开发区本着“扩区”与“挖潜”并举、“建设”与“管理”并重、“发展”与“稳定”齐抓的指导思想，主动出击，负重前行，实现了发展思路的新变化、发展质量的新提高、社会和谐的新进步、民生改善的新成效。

★经济发展呈现良好态势。2012 年全区财政总收入 2.71 亿元，比 2011 年增长 30.9%；一般预算收入 1.43 亿元，增长 43.6%，增幅全市第一。区内生产总值 10.81 亿元，增长 13.8%；固定资产投资完成 22.2 亿元，增长 30%；社会消费品零售总额 9.36 亿元，增长 15.3%；规模以上工业增加值 2.3 亿元，增长 3.1%；外贸进出口总额 5344 万美元。

★产业结构布局日趋优化。随着煤机制造工业园区项目、天峰五星级大酒店项目等一批新项目签约落地，百度云计算中心、晋东物流园、红星美凯龙等一批大项目开工建设，兆丰金属镓项目、林兴磁材、居然之家二期等一批重点项目建成投产，开发区以矿机装备制造、电子信息、现代化工和现代商贸物流为特色的产业结构更加凸显。一个以信息化为方向、支柱和引领的产业结构即将形成。

★宜居宜业新城再展新姿。率先全面完成创建国家园林城市各项任务。创建国家卫生城市和创建国家环保模范城市各项工作走在全市前列。大连街创建为省级街景容貌示范街，宁波路创建为省级保洁示范街，上五渡村创建为省级清洁工程示范村。大连街省级园林道路和审计局、奥伦胶带省级园林单位等申报工作顺利通过省考核验收。

★社会民生投入大幅提升。2012 年，教育投资创历年新高，达 3797 万元，投资 500 万元援建太原理工大学阳泉学院。医疗、养老、低保做到全覆盖，城镇职工基本养老保险和城镇基本医疗保险参保人数分别完成市政府下达计划的 131.3%和 109%，完成率均居全市第一，社会保险中心荣获省人社厅“优质服务窗口”奖。太行工贸公司盛世新城项目被评为“全国保障性安居工程建设劳动竞赛优秀工程项目”。

★社会管理创新取得突破。开展安全生产承诺、安全生产隐患清剿、安全生产领域“打非治违”系列活动，组织开展问题乳粉、非法使用和滥用食品添加剂、地沟油等专项执法检查。投资 500 万元建成全市设施齐全、硬件一流，集公安、交警、城管、环卫、社区等综合协调指挥为一体的社会服务管理指导中心。投资新建的计生人口文化园被省人口计生委命名为“省人口文化示范基地”，平坦垴村、康达社区分别达到省级示范村（社区）标准。

（阳泉开发区　供稿）

阳泉开发区管委会与太原民生银行签约仪式

干部领导力提升培训学习班

阳泉开发区申报省“百人计划”

百度云计算（阳泉）中心项目奠基开工

设施一流的社会服务管理指导中心

焕然一新的开发区宁波北路

盛世新城保障性住房竣工

改造后的阳泉十中校舍

省委书记袁纯清在城区调研

人社部副部长胡晓义在城区调研

争先综改 竞逐中原

——晋城市城区

The International Awards for Liveable Communities 2012
GOLD AWARD
Jincheng
White Horse Temple Mountain Forest Park
UNEP
Date: 26th November 2012

白马寺山森林公园荣获自然类单项金奖

2012 年，晋城市城区坚持以科学发展观为统领，全力以赴抓项目、促转型、保稳定、惠民生，圆满完成各项目标任务。全区生产总值 203.3 亿元，比 2011 年增长 11%；财政总收入 11.6 亿元，增长 37.7%；一般预算收入 7.02 亿元，增长 34.9%；社会消费品零售总额 136.6 亿元，增长 16%；全社会固定资产投资完成 172 亿元，增长 31.1%；城镇居民人均可支配收入 22565 元，增长 12.1%；农民人均纯收入 9052 元，增长 13.7%。

★转型发展势头更加强劲。项目建设助推转型。全年落地项目 162 个，落地金额 303.7 亿元，全市第一。产业集聚效应开始凸显。组织实施总投资 560.7 亿元的 81 个非资源类重点项目，完成投资 156.5 亿元，占年度计划的 170%。豪德一期、凤展新时代广场等商贸物流项目开业运营，皇城相府城市综合体、兰花国际购物广场等大型商业项目加快建设，以晟皓光电 LED、天煜煤层气等为代表的新型工业项目建成投产，以摩登大地为代表的现代农业加快发展，“一体两翼”的产业格局更加稳固。

★改革开放步伐更加稳健。重点领域改革取得突破。编制完成转型综改行动方案，27 个转型标杆项目加快推进。招商引资全市领先。全年签约项目 32 个，引资额 154 亿元，外来资金到位 93.4 亿元，增长 50%，排名全市第一。

★城镇化建设成效更加明显。北石店新区建设扎实推进。城中村改造在规范中加快。全年实施 9 个城中村改造项

文化，让群众生活更精彩

晟皓光电投产仪式

晋城城区荣获“国际花园城市”金奖

晋城市城区“项目落地年”启动仪式

目，完成投资9.96亿元，占年度计划的110.7%。城市环境更加宜居。在第16届国际花园城市总决赛中，荣膺“国际花园城市”综合金奖和景观改善类特别金奖，白马寺山森林公园生态治理工程荣获自然类单项金奖。新农村建设稳步推进。财政对“三农”的投入达2.43亿元，占财政总支出的22.1%。司徒、东武匠等5个农业园区建设扎实推进。巩固提升“513”龙头企业，特色种养项目继续发展壮大。区财政投入300万元扶持建设牛山现代农业园。新培育省、市级“一村一品”专业村18个。洞头村入选全市“最美乡村”。农村新的“五个全覆盖”工程全部完成。

★保障和改善民生更加有力。全年财政对民生的支出达7.68亿元，占财政总支出的69.8%，增长38%。荣获“全市创业型城市创建工作突出贡献奖”。城镇居民社会养老保险和新农保工作被确定为国家级试点，城镇居民社会养老保险社会化征缴工作得到国家人社部充分肯定。区政府为民承诺的12件实事全部兑现。社会事业全面进步。财政性教育投入3.22亿元，占财政总支出的29.3%。实施了以改厕、改暖、改操场、改宿舍、改餐厅为重点的“五改”工程。基本药物制度在公立基层医疗卫生机构全面实施，新农合参保率99.6%。夏匠村爱乐合唱团荣获“德国国际合唱节”一等奖。

（晋城市城区政府办　供稿）

凤展新时代广场开业仪式

晋城新地标：国贸中心

国际花园城市——晋城

阳城县县委书记冯志亮听取企业产品介绍

阳城县县长王晋峰调研煤矿安全生产工作

经济发展　生态文明　民生改善

——阳城县

2012 年，阳城县坚持以科学发展为主题，以加快转变经济发展方式为主线，以民生为先，以项目为重，克难攻坚，全县经济社会保持了平稳较快的发展势头。

★县域经济整体平稳。2012 年，全县生产总值 160.1 亿元，比 2011 年增长 14.5%；全社会固定资产投资 90.9 亿元，增长 33.2%；社会消费品零售总额 29.4 亿元，增长 16%；财政总收入 30.4 亿元，增长 19.9%；一般预算收入 8.8 亿元，增长 13.4%；城镇居民人均可支配收入 19244 元，增长 14%；农民人均纯收入 8048 元，增长 13.7%。多项指标和工作走在全市和全省 22 个“扩权强县”试点县前列。

★产业结构日趋优化。突出把煤炭作为转型跨越的基础产业来巩固，全年原煤产量达 1100 万吨。突出把陶瓷作为战略性非煤主导产业来培育，实现了从传统到现代、从低端向高端、从单系列向多系列的突破。突出把旅游作为带动三产、繁荣城乡的龙头产业来壮大，三龙瀑布、望蟒孤峰等景点建成投用，成为首批省级休闲旅游度假区；皇城相府跻身“中国旅游百强景区”，荣获“山西省休闲农业与乡村旅游示范县”称号。突出把园区(集中区)作为产业集群发展的载体来建设，实现了工业化、城镇化、生态化的统筹规划，整体推进。

★“三农”工作得到加强。持续落实各类强农惠农政策，全年粮食总产量 1.86 亿千克，创历史新高。持续把蚕桑作为“一村一品、一县一业”特色产业来抓，蚕茧产量达 363.5 万千克。加大特色种植养殖发展力度，持续走龙头化带动、规模化发展、组织化营销的路子，产业化经营水平持续提高。

晋陶陶瓷公司生产车间

皇城相府雪景

阳城县四大班子领导观摩项目建设

蚕农在养蚕大棚内喂蚕

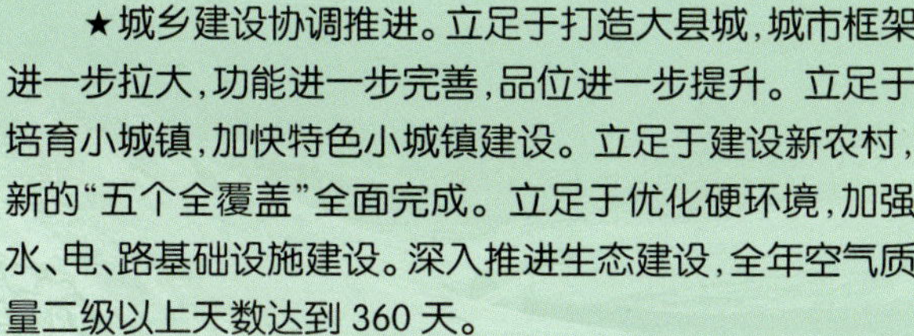

★城乡建设协调推进。立足于打造大县城，城市框架进一步拉大，功能进一步完善，品位进一步提升。立足于培育小城镇，加快特色小城镇建设。立足于建设新农村，新的“五个全覆盖”全面完成。立足于优化硬环境，加强水、电、路基础设施建设。深入推进生态建设，全年空气质量二级以上天数达到 360 天。

★发展后劲进一步增强。致力于招商引资上项目，全年签订招商引资项目合同及协议 25 个，实际引进利用县外资金 83 亿元。致力于激活民营创项目，全年新增民营企业 260 家、个体工商户 1100 余户。致力于创新举措推项目，创造性实行煤矿对口共建重大项目新机制，成立重点工程护航中心，全程跟踪服务项目建设。

★民生事业持续改善。加强学校基础设施建设，为农村寄宿制学校配备校车 31 辆，免除普通高中学杂费和职中学生住宿费，为贫困幼儿家庭提供生活补助。公立医院和乡村卫生院所实行基本药物零差率销售，医疗服务水平进一步提高。文化馆、图书馆向全社会免费开放，91.5 兆赫无线调频广播电台试播。新农合筹资标准进一步提高，城乡居民基础养老金提高，群众生活更有保障。

（阳城县政府办　供稿）

蟒河风光

九女仙湖

相府庄园

省委书记袁纯清、原省长王君带领省观摩团在晋城开发区富士康观摩

晋城市市委书记张九萍、开发区管委会主任程琳、党工委书记田烨陪同省委常委、省委组织部长汤涛在开发区调研

争先综改　竞逐中原

——晋城经济开发区

山西晋城经济开发区成立于1992年，1997年经省政府批准成立为省级经济开发区，2006年1月通过国家发改委审核公告，成为山西省首批公告的省级开发区之一。2013年3月经国务院正式批准成为国家级开发区。目前辖"一区一园"（高新技术开发区和新兴产业工业园），区域批准规划面积9.86平方千米，管辖面积23.95平方千米，区内辖14个社区（村），共有落地企业400余个。

经过20年的开发建设，目前已形成了以光电通讯、机械制造为主导，以丝麻服装、生物医药、新材料等为重点的产业发展格局。区内现已建成全球最大的光通讯连接器、光学镜头模组、精密刀具生产基地。以高端煤机装备、LED光源、瓦斯抑爆设备、特种陶瓷、核级阀门、ZSM-5分子筛等为代表的一批高新技术项目落户晋城开发区，其技术含量达到国内、国际领先水平。

2012年，晋城开发区坚持主题主线，抢抓转型综改政策机遇，狠抓招商引资项目落地，推进城乡统筹改善民生，全区经济社会各项事业取得了新成绩。规模工业增加值29.98亿元，比2011年增长20%；财政总收入5.71亿元，增长30.3%，其中，一般预算收入2.69亿元，增长33.8%；外贸进出口18.65亿美元，增长62%；高新技术产业总产值88.56亿元，增长29.8%，高新技术产业增加值28.78亿元，占全区工业增加值的89%；实际利用外资1.96亿美元，增长50.1%；全社会固定资产投资32.4亿元，增长62.1%。被省商务厅评为"全省先进开发区"。

★项目落地成效显著，重点工程顺利推进。一是项目落地任务超额完成。2012年，晋城开发区批准落地重点项目24项，落地项目投资额134.4亿元，占晋城市下达年度任务的107.3%，落地项目平均投资额5.6亿元。二是重点工程建设顺利推进。2012年晋城开发区列入省、市两级重点工程项目7项，到2012年底圆满完成年度建设任务，投资完成率100%。其中，富士康A区被列为山西省首批转型综改标杆项目，晋城市首座全智能变电站——侯匠110千伏变电站建成投运，晋城市市级重点工程——皇城相府药业口腔速溶膜剂项目已实现投产。

★积极主动对接项目，招商引资再创佳绩。2012年签约项目12项，涉及总投资175.71亿元，引资170.71亿元，占晋城市下达任务的123%。招商引资到位资金120亿元，占晋城市下达任务的120%。

★扶持发展高新产业，科技创新成果斐然。一是优化科技创新环境。制定落实扶持高新技术产业发展的优惠政策，为科技企业提供倾斜扶持。晋城开发区财政2012年安排支持企业发展科技专项资金1139万元。引进晋城市首家

联合国环境规划署专员在开发区调研

晋城市市委书记张九萍在金匠工业园调研

私募股权投资基金——中科晋城基金在晋城开发区落户，通过财政注资，组织企业与基金对接，为晋城开发区企业，特别是科技型、成长性企业进军资本市场、拓宽融资渠道提供了新的途径。二是强化科技创新人才建设。到 2012 年底，晋城开发区有“千人计划”科技领军人才 1 名，“百人计划”人才 3 名，新申报“百人计划”人才 3 名。与中科招商合作，拟在金匠园区建设科技孵化基地。2012 年晋城开发区共取得和申报专利 121 项，一批科技成果达到国内乃至国际领先水平。LED 光源显色指数达到 98，创世界最优；8.2 米大采高液压支架，创造矿用液压支架“世界高度”；非能动高温高压核级阀门，填补国内空白；纳米介孔 ZSM-5 分子筛研发成功，为全球首创。

★开拓创新先行先试，发展平台优势持续提升。一是成功获批异地扩区。2012 年 2 月 22 日，晋城开发区经省政府批准正式实现异地扩区 5.85 平方千米，扩区后晋城开发区面积近 10 平方千米。2013 年 3 月经国务院正式批准成为国家级开发区。

晋城市市委书记张九萍在晋氏织造调研

晋城市市委书记张九萍在郝匠社区调研

晋城经济开发区办公楼

太原海关关长吕伟红、副市长茹栋梅在晋氏织造调研

富士康（晋城）科技工业园区

★扎实推进城乡统筹，社会建设成效显著。一是大力推进城乡一体化基础设施建设。以金匠新区为重点，积极推动园区“七通一平”建设，加快完善区域水、电、热、气等基础设施。以“五个全覆盖”、棚户区改造、新农村“四化四改”工程为抓手，累计完成实事工程 43 件，投入资金 4.5 亿元，农村社区面貌发生了明显变化。二是提升社会公共服务水平。教育方面，落实义务教育“两免一补”政策，新购校车配备到位，2012 年财政支持教育事业支出 1769 万元。社保方面，完善医疗保障，财政安排资金 223 万元，基层医疗卫生机构建设不断加强，药品零差率改革制度落实到位，新型农村社会养老保险参保人数、保费征缴和城镇居民养老保险参保人数、保费征缴均超额完成市下达指标。就业促进方面，2012 年超额完成晋城市政府下达的新增城镇就业 600 人指标，圆满完成富士康工业园人力招募 2900 人任务。三是加强社会治安综合治理和安全生产工作，扎实做好信访维稳工作，全区社会治安形势保持稳定，安全生产形势继续保持平稳运行。

（晋城开发区　供稿）

富士康(晋城)科技工业园生产车间

在建中的金鼎煤机装备制造园

在建中的富士康(晋城)科技工业园A区

兰花汉斯抑爆设备

临汾开发区党工委书记林泽忠、管委会主任尚日红在工业园区实地查看路面铺设和路灯架设情况

临汾开发区党工委书记林泽忠在工业园区现场办公

追求卓越　创造奇迹

——临汾开发区

2012 年，临汾开发区始终把“稳增长”放在工作首位，紧紧围绕招商引资、项目落实、园区开发、民生改善等重点工作，狠抓工作落实，确保了全区经济运行的稳速增长，各项工作实现新突破。

★主要经济指标持续稳定增长。2012 年区内生产总值 35 亿元，比 2011 年增长 65%；固定资产投资完成 25 亿元，增长 36%；招商引资合同资金 66.9 亿元，增长 183%；财政收入 3.04 亿元，增长 16%。

★项目实施建设扎实推进。加大项目建设力度，优化企业服务水平，强化项目审批监管，全年累计办结项目审批事宜 11 件，圆满完成市政府下达的重点项目建设考核任务。

★招商引资工作成效明显。把招商引资作为经济建设突破口，采取多项举措大力招商，进一步加速区域经济跨越式发展。全年签订入区合同及协议 7 项，合同和协议资金 66.9 亿元。金泰·财富国际写字楼项目、玉柴制造及物流园建设项目等一批实力型项目签约入驻。

★工业园建设形势喜人。突出工业园基础设施配套，加快园区道路、供水站和污水处理厂等项目实施步伐，圆满完成市政府下达的项目落地任务，被省政府确定为转型综改“一市两园”的“产业转型园”。

★和谐社区建设稳步推进。全面落实各项惠民政策，失地居民生活补助发放、“两免一奖”、城市居民最低生活保障和新型农村合作医疗、城市居民医疗保险、廉租房、经济适用房等各项保障落到实处。

★转型综改工作全面实施。编制《临汾开发区 2012 年转型综改行动方案》《临汾开发区工业园区转型综改实施方案（2012—2015）》和以工业园区体制机制创新为特色的“一县一任务”实施方案，启动“一县一企”先行试点工作。园区基础设施项目被列入 2013 年省转型综改重点支持项目。

（临汾开发区　供稿）

临汾开发区管委会主任尚日红在烟草物流公司检查安全工作

临汾开发区 2012 年经济工作会议

玉柴入驻开发区工业园签约仪式

临汾开发区在北京举办招商活动

社区春节文化活动

工业园区飞虹微纳米 LED 生产车间

洪洞县县委书记　王黎明

洪洞县县长　郑步电

转型综改先行先试 扩权强县跨越发展

——洪洞县

转型综改试验区建设工作开展以来，洪洞县紧紧围绕"新型工业引领区、现代化城市精品区、高效农业示范区、文化旅游核心区和城乡生态文明样板区"发展目标，深化改革、扩大开放、创新驱动、先行先试、大胆探索，通过实施"重大改革、重大事项、重大项目、重大课题"任务，努力破解制约资源型经济转型的体制机制障碍，在重点领域和关键环节取得新突破，全面构建现代产业体系，持续改善生态环境质量，加快推进新型城镇化建设，着力提高人民生活水平，努力探索建立促进资源型经济转型的制度体系，率先走出资源型经济转型跨越发展的新路子，加快建成富裕文明、生态宜居、开放和谐的新型工业旅游城。

★主要目标。综合经济实力明显增强。到 2015 年，生产总值达到 420 亿元，比 2010 年增长 244.3%，年均递增 28.8%；财政收入达到 70 亿元，增长 250%，年均递增 28.5%；规模以上工业企业增加值达到 220 亿元，增长 218.8%，年均递增 26.1%；社会消费品零售总额达到 90 亿元，增长 215.8%，年均递增 25.9%；全社会固定资产投资累计完成 700 亿元，比"十一五"累计投资增长 259%，年均递增 29.1%；城镇居民人均可支配收入达到 30000 元，增长 101.4%，年均递增 15%；农民人均纯收入达到 12000 元，增长 102.7%，年均递增 15.2%。基本实现主要经济指标翻一番以上，经济综合实力迈进全省十强、中部百强，奋力冲刺全国百强。产业结构调整取得重大进展。一、二、三产业结构比例调整为 5∶55∶40，形成农业现代化、工业新型化、服务业特色化的产业发展格局。

到 2020 年，综合配套改革取得重大突破，"以煤为基、多元发展"的产业体系初步形成，资源型产业改造提升取得明显成效，接续替代产业和服务业比重显著提高，经济对煤炭资源的过度依赖明显降低。

★重大改革。一是创新产业转型发展体制机制。理顺煤炭等矿产资源有偿获得开发利用体制，创新煤炭等矿产资源开发补偿、获利回馈收益分配体制，推进煤电体制改革，健全持续替代产业发展推进机制，创新园区管理体制，完善促进循环经济发展机制。二是完善资源、能源节约和环境保护体制机制。建立健全生态环境保护与恢复治理补偿机制，完善资源开发与生态保护修复同步规划、同步实施机制，建立完善生态环境保护与修复治理责任机制，构建生态环境保护修复多元投入机制，实施主要污染物总量管理制度改革，推进污染者付全费制度改革，推进排污权有偿使用和市场化改革，深化资源性产品价格改革，推进集体林权制度配套改革，深化水资源有偿使用制度改革。三是创新城乡统筹体制机制。创新"五规合一"规划统筹协调机制，深化户籍制度改革，创新农业生产经营机制，探索公共资源在城乡之间均衡配置促进机制，完善农田水利建设新机制。四是创新社会管理体制机制。完善就业促进机制，构建城乡劳动者平等就业机制，探索推进收入分配制度改革，创新基本公共服务供给机制，探索推进社会保障体制改革，深化教育体制改革，统筹城乡教育均衡发展，深化医药卫生

飞虹微纳米光电科技项目

洪洞甘亭工业园区内总投资10亿元的山西华翔集团公司

体制改革，推进基层卫生资源统筹配置改革，深化公益性文化事业单位转企改制，创新社会管理机制。五是创新科技体制机制。深化科技投融资体制改革，建立企业研发费用提取积累机制。六是创新财税体制机制。深化资源税费制度改革，建立健全财力与事权相匹配的财政管理体制，改革和完善财政预算管理体制。七是创新金融体制机制。健全利用多层次资本市场融资机制，创新金融机构资金投放激励机制，完善创业投资和股权投资发展促进机制，创新中小微企业融资扶持机制，创新金融普惠化体制机制，深入推进支付体系建设，积极推进征信体系建设。八是创新土地管理机制。深入推进用地管理改革，加快农村土地使用制度改革，改革农村土地征地制度，建立土地开发整治多元投入机制，健全农村土地管理制度，推进土地审批制度改革。九是创新行政管理体制。分类推进事业单位改革，深化行政审批制度改革。

★重大事项。产业转型方面，推进百里汾河新型经济带建设，深化煤炭资源整合和企业兼并重组，加快煤化工基地建设，加快装备制造基地建设，加快高新技术产业基地建设，加快新型建材基地建设，大力发展现代农业，加快发展现代服务业，加快发展民营经济，大力发展循环经济。生态修复方面，加快汾河环境保护与生态修复，加强东西两山生态建设，全面推进污染治理，大力开展造林绿化。城乡统筹方面，夯实基础设施，提高城镇承载能力。积极推进新农村建设。优化国土空间开发格局。民生改善方面，拓宽就业渠道，千方百计扩大就业。大力发展教育事业。增强社会保障，切实改善人居条件。加快发展医疗卫生事业。强化公共安全服务，维护人民生命财产安全。加强和创新社会管理。科技创新方面，提升技术创新能力，强化创新人才支撑。对外开放方面，实施“大开放、大招商”战略，全力抢占对外开放新高地。积极推进区域合作。

★重大课题。围绕《省总体方案》部署的各项综合配套改革任务，针对制约资源型经济转型的关键和重大体制机制问题，开展战略性、前瞻性课题研究，建立改革事项和改革举措储备库，为制定各类转型综改试验专项改革方案、争取上级重大政策支持、出台适应资源型经济转型的政策措施奠定基础。重点开展“五规合一”规划统筹协调机制研究，区域经济协调发展研究，完善生态环境补偿机制研究，公共资源在城乡之间均衡配置促进机制研究。

（洪洞县委办　供稿）

广胜寺拓展改造工程还迁区

六城同创后形成的“六横六纵”城市框架

滨河东路夜景

洪洞县县委书记王黎明调研小麦生产情况

洪洞县县长郑步电在煤矿企业调研

富裕文明　生态宜居　开放和谐

——洪洞县

2012年，洪洞县攻坚克难，开拓进取，县域经济社会取得新发展。全县生产总值165.4亿元，财政总收入22.6亿元，规模以上工业增加值115.4亿元，固定资产投资完成101.4亿元，社会消费品零售总额38.7亿元，城镇居民人均可支配收入18319元，农民人均纯收入7359元。

★始终坚持项目拉动，产业调整迈出新步伐。农业方面，粮食总产量39万吨，小麦最高单产710.1千克，为全省第一。启动实施以现代农业园区、新型农村社区“两区共建”为特色的甘亭现代农业转型综改示范园建设，巩固完善大槐树农业生态园和历山农业观光园，大力发展规模健康养殖。工业方面，恒美陶瓷二期、飞虹微纳米光电等项目建成投产。园区配套设施不断完善，招商引资工作成效明显，储备项目184个，新签约项目17个，签约资金445亿元。第三产业方面，广胜寺景区拓展改造顺利推进，成功举办中国洪洞大槐树文化节等节庆活动。金融商贸繁荣发展，启动了龙信达、新丽都2个大型仓储物流项目和晋槐农贸、恒通建材等4个专业市场建设。

★深入推进六城同创，发展环境得到新改善。加快城市扩容提质步伐，投资21.1亿元，完成汾河生态修复治理与保护一期等工程。国家卫生县城成功创建，所有城中村创建成为“省级卫生村”。省级环保模范城圆满验收，国家园林县城通过初审，国家平安县创新实施，国家文明县城持续推进，国家优秀旅游城市全面深化。

★全力保障和改善民生，社会事业取得新进展。学前教育、义务教育、高中教育、职业教育协调发展，医疗卫生体系不断完善，新人民医院投入使用，25个乡镇卫生院实施国家基本药物制度，全面推行计划生育网格化管理，有效稳定低生育水平。社会保障覆盖面不断扩大，社会救助力度逐步加大，保障体系更加务实惠民。

（洪洞县政府办　供稿）

林下经济

肉牛养殖

天泽现代农业转型综改示范园

恒富陶瓷

甘亭产业转移示范园

洪洞县人民医院

东方幼儿园

体育场

城市新貌

广胜寺还迁区

二十二届祭祖大典

新广电大楼

甘亭两区同建鸟瞰图

中心广场夜景

洪洞客运站

霍州市市委书记陈纲、市长崔山原陪同临汾市市委书记罗清宇、市长岳普煜调研

霍州市市长崔山原在霍州署廉政文化馆调研

建设三晋经济强市 实现整体率先发展

——霍州市

2012 年，霍州市紧紧围绕“建设三晋经济强市、实现整体率先发展”的奋斗目标，深入开展“项目建设年、环境整治年、作风转变年”活动，抢抓机遇，奋力赶超，实现了经济社会的平稳较快发展。全市生产总值 86.6 亿元，比 2011 年增长 10.9%；固定资产投资完成 89.1 亿元，增长 36.1%；社会消费品零售总额 22.6 亿元，增长 14.7%；城镇居民人均可支配收入 19923 元，增长 13%；农民人均纯收入 8770 元，增长 15.1%；财政总收入 16.3 亿元，一般预算收入 7.2 亿元。

★注重转型升级，结构调整日益加快。工业新型化步伐加快。国电“上大压小”两台机组先后并网发电。力拓煤业 90 万吨技改、液化天然气调峰储气项目进展顺利，霍东新产业聚集区全面启动。农业现代化稳步推进。强力建设特色经济林、无公害蔬菜、规模养殖三大基地，积极培育扶持马刨泉小米、古衙黄小米、东湾芦笋、城南大葱等一批特色农产品，荣获全省农民增收先进市称号。现代服务业蓬勃发展。完成七里峪山门广场等工程，建成辛置商业文化广场等一批商贸项目，启动了联源现代物流园区建设。全年签约项目 11 个，签约资金 125 亿元。

★立足品位提升，城乡建设亮点纷呈。启动并完成城市绿地系统、综合交通体系、停车设施以及供电、供排水等一批市政专项规划修编。全力推进扩容提质，城镇功能不断完善。霍州署文化产业示范园、中镇国际花园等城市开发项目全面启动。18 个新农村重点推进村建设任务基本完成。新农村档案创建工作成绩喜人，荣获“全国社会主义新农村建设档案示范市”称号。新的“五个全覆盖”工程全面完工，荣获“省级全民健身工程”和“农家书屋全覆盖先进市”称号。

★聚焦绿色发展，环境治理不断深入。强力度组织开展城乡垃圾清理、市容环境整治、交通环境整治、工业污染治理“四大会战”，大力实施植树造林、栽花布绿，启动实施汾河、南涧河综合治理工程，城乡生态明显改善，市区二级以上天数 336 天，连续四年成功创建省级卫生城市。

★关注民生福祉，社会事业全面进步。民生支出连年占到财政支出的 65%以上。全市义务教育学校教学仪器、图书资料、文体器材、多媒体设备全部配齐，达到省级义务教育标准。新医院一期工程主体完工，医药卫生体制改革、国家基本药物制度全面推行，新农合参合率 97%以上。弱势群体固定帮扶、包联、救助机制不断完善、力度连年加大、惠及范围更广。

（霍州市政府办　供稿）

霍州市西张垣现代农业生态循环示范园区

霍州市永和公园二期采摘园

国电霍州发电厂

霍州市液化天然气调峰储气项目

七里峪景区高山草甸

霍东新产业聚集区山西焦煤霍州煤电非煤产业园区

省委副书记金道铭在襄汾检查指导工作

临汾市市委书记罗清宇在襄汾调研重点工程项目建设

转型跨越迈大步 进军中部百强县

——襄汾县

2012 年，襄汾县以科学发展观为统领，直面挑战，破解难题，抓住关键，整体推进，取得了来之不易的成绩。

★主要经济指标稳中有增。2012 年全县生产总值 128.6 亿元，比 2011 年增长 11.6%；固定资产投资完成 61.8 亿元，增长 37.8%；社会消费品零售总额 28.7 亿元，增长 16.1%；城镇居民人均可支配收入 19993 元，增长 14.9%；农民人均纯收入 8176 元，增长 14.9%；财政总收入 13.86 亿元。

★现代农业发展扎实推进。狠抓丁村白莲、官滩红枣等八大种植基地和南贾、襄陵两大养殖园区建设，年初确定的 3 个万头生猪园区和 10 个千头标准化养殖场全部建成投产。“惠圆”面粉、“三盛合”小米醋等农产品跻身“山西省著名商标”行列，“侯临”杏鲍菇通过农业部无公害认证，赵康镇荣获“中国辣椒之乡”称号。被评为“全国粮食生产先进县”。

陶寺观象台

新落成的襄汾县第二幼儿园

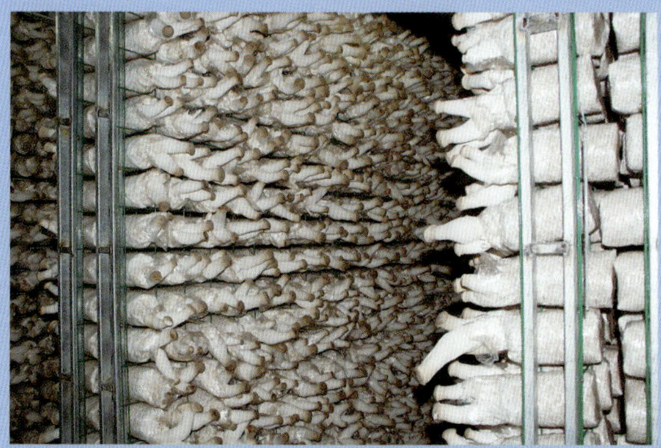
侯临日产 8 吨无公害杏鲍菇项目

正在施工的汾河生态治理与修复工程

★工业经济转型步伐加快。突出传统产业兼并重组、整合升级，新型工业强县建设实现新进展。焦化产业整合步伐进一步加快，钢铁行业整体实力进一步提升。河西煤化工园区、制药工业园区、星原集团循环经济工业园区集聚效应进一步显现。

★城乡环境质量显著改善。统筹推进城乡一体化发展，宜居宜业新区建设展现新面貌，县城发展框架不断拉大。农村新"五个全覆盖"工程全面告捷，城乡面貌焕然一新。被授予全市"环境整治行动先进县"和省级"卫生县城"称号。

★文化旅游开发全面提速。丁村国家考古遗址公园景区牌楼、戏台、广场等设施完成建设，丁村古建筑群再次入围《中国世界文化遗产预备名单》；陶寺国家考古遗址公园观象台复旧工程、出土文物成果展示区对外开放；双龙湖国家湿地公园开园迎客。《走进襄汾见证帝尧之光》《发现陶寺》等专题片在央视、旅游卫视、中国教育卫视先后播出。

★社会各项事业协调发展。中高考成绩稳居全市前列。惠及全县人民的医疗卫生网络基本形成。丁村、陶寺村、西中黄村入选全省首批传统村落名单。大力实施"绿色生态"工程，县城环境空气质量二级以上天数 342 天。深入开展"春季攻势""丁陶净土"等专项行动，荣获全市"社会管理创新先进县"和"平安县"称号。

（襄汾县政府办　供稿）

滨河东路施工现场

滨河公园高层住宅小区

星原集团日产 2500 吨新型干法水泥熟料生产线项目

中国陶寺帝尧文化旅游节开幕式

省长李小鹏在大宁调研

国务院扶贫办主任范小建来大宁调研

生态立县　林果富民　工业强县

——大宁县

村村通公路

黄河仙子庙

2012年，大宁县紧紧围绕“生态立县、林果富民、工业强县”三大战略，大力实施富民、强县、生态、宜居、民生五大工程，狠抓30件实事的落实，全县经济社会各项事业继续保持了持续、健康、平稳发展的良好势头。

★县域经济稳步发展，综合实力持续增强。2012年，全县生产总值4.1亿元，比2011年增长9%；财政总收入4846万元，增长17.2%；一般预算收入2802万元，增长16.8%；城镇居民人均可支配收入13095元，增长13.2%；农民人均纯收入2012元，增长20.7%；社会消费品零售总额2.2亿元，增长15.5%；固定资产投资完成6亿元，增长40.2%。粮食总产量3.3万吨。

★富民产业不断优化，基地建设扎实推进。引进推广万寿菊等低杆经济作物，新建有机蔬菜示范园区，蔬菜直接进入太原市场。在太古乡推广“猪一沼一果”生态循环经济模式，全县生猪饲养量达2万余头。继续加快种羊基地建设，新建规模健康养殖小区4个，羊饲养量新增1万余只。

★工业经济不断扩张，发展后劲持续增强。成立山西大宁西山能源有限公司，全面负责三多循环经济园区开发工作。220千伏变电站建设工程全面启动，年产1万吨乳化炸药生产线建设工程投入生产。签约风能发电、生物质能发电和苹果深加工项目，总金额达到41.2亿元。

大宁县县委书记刘奎生调研果树经济林

大宁县县长樊宇下乡住村帮扶点调研

★重点工程有序推进，城乡建设步伐加快。启动古乡大桥、城市集中供气等基础设施建设工程，实现了新的“五个全覆盖”目标，完成8个新农村重点推进村年度规划建设任务，实施农村环境连片整治示范项目和“一事一议”财政奖补项目，农村面貌进一步改观。

★生态环境有效改善，基础建设不断加强。实施国家、省、市造林绿化工程，依托巩固退耕还林成果、三北防护林、世行贷款造林、干果经济林等生态项目，全年完成人工造林3787公顷，有效改善了生态脆弱的状况。

★民生保障持续改善，社会事业全面进步。完成8所中小学标准化建设任务，高中生全部实行了免费教育，12年免费教育走在全市前列。实行基本药物网上采购制度，全县新型农村合作医疗参合率达到98.96%。

（大宁县政府办　供稿）

大宁县有机蔬菜示范园

退耕还林

果树套袋技术

省长李小鹏在吉县调研苹果产业

临汾市市委书记罗清宇在吉县调研旅游产业

幸福吉县 和谐家园

——吉县

荣获国际金奖的吉县苹果

2012年，吉县围绕推进"四个发展"、做好"五篇文章"，坚持"打基础、利长远，顺民意、惠民生"，扎实开展"六个年"活动，全县经济社会各项事业呈现出大转型、大跨越、大发展的良好局面。全年生产总值17.7亿元，比2011年增长11.6%；规模以上工业增加值9.3亿元，增长16.6%；固定资产投资完成16.6亿元，增长40.8%；社会消费品零售总额4.7亿元，增长15.6%；财政总收入2.46亿元，增长57.4%；一般预算收入10528万元，增长32.5%；城镇居民人均可支配收入13335元，增长17.8%；农民人均纯收入3138元，增长29.2%。财政总收入增幅连续四年全市第一，农民人均纯收入增幅全省第一。

★苹果转型实现重大突破。实施现代果业科技示范基地项目，完成新栽苹果、建设标准化果园、发展绿色苹果、开发功能保健苹果"四个一万亩"工程。全县苹果总产量17万吨，产值5亿余元，果农人均纯收入5000余元。吉县苹果荣获山西省特色农产品"十大名牌"等称号，直接出口认证通过评审，被确定为"国家级出口苹果质量安全示范区"。产业化园区初具规模，北京新发地——吉县农产品批发市场项目成功签约落地。全省水果产业现场会在吉县召开，获得全省"农民人均收入增幅先进县"和"一县一业先进县"称号。

临汾市市长岳普煜在吉县调研新农村建设

吉县县长刘浩检查地质灾害防治工作

★旅游开发取得明显成效。壶口瀑布国家 5A 级景区创建工作有序推进，人祖山旅游开发快速推进。创建山西省重点旅游县工作通过市级评审，与韩国大田广域市中区结成友好县区。成功举办第二届黄河壶口文化旅游节，全年接待游客 203.8 万人次，旅游综合收入 16.3 亿元。

★工业崛起呈现出强劲势头。全年原煤总产量 189.3 万吨，桑峨 500 万吨煤电材一体化项目完成投资 1.5 亿元，中石油煤层气开发项目完成投资 5 亿元，建成明珠集气站，顺利投产运营。

★城乡建设管理水平全面提升。新城开发一期工程基本完成。新农村建设、连片区开发以及土地复垦、整村推进、移民搬迁、危房改造等工程顺利实施。临吉高速公路建成通车。“三北”防护林、退耕还林成果巩固、天然林保护、国家公益林等造林绿化工程和流域综合治理工程圆满完成。全年二级以上天数 353 天，其中一级天数 200 天。

★社会事业得到持续发展。教育提质、医疗健康、文化强县、扩大就业、社会保障五大民生工程全面提速，40 所中小学达到义务教育阶段标准化要求，达标率 95%，“五险一金”实现了全覆盖，新农合参合率 99.5%。完成农村新“五个全覆盖”工程，投资 1 亿元兴办 10 件民生实事，各项强农惠农富农政策全面落实。

★发展活力后劲显著增强。转型综改《行动方案》编制完成，“一县一企”先行试点和标杆项目顺利实施。扎实开展“项目落地年”活动，重点项目“四位一体”工作任务超额完成，全年储备项目 38 个、796.6 亿元，签约项目 13 个、82.1 亿元，落地项目 83 个、26.82 亿元，市、县重点建设项目完成投资 19.9 亿元。

（吉县政府办　供稿）

清水河河道治理

吉县县城夜景

翼城县县委书记郭行杰在阳煤集团堡子煤业调研

翼城县县长杨春权调研城建工作

经济富庶 社会和谐 欣欣向荣

——翼城县

翼城唐霸生态观光园

翼城县位于山西省南部，临汾市东南隅，境内平川、丘陵、山区大体各占1/3，县域总面积1170平方千米，辖4个乡6个镇，212个行政村，2012年总人口32万人。

翼城历史悠久，文明富庶，是华夏文明的重要发祥地之一，是大唐之源、晋国古都、霸国故地。相传尧及其后裔封于此，古称唐；西周初年，周成王封其弟叔虞于唐，建都于翼，为“翼城”始，迄今已有3100多年的历史。翼城风光秀美，底蕴深厚。有华北地区最大的自然保护区——历山舜王坪风景旅游区，历山、绵山、佛爷山三大风景旅游区初具规模。翼城气候宜人，物产丰富，盛产小麦、玉米、小杂粮和干鲜果等，是全国商品粮基地县、山

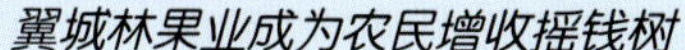
翼城林果业成为农民增收摇钱树

翼城标准化养鸡示范基地

西省果品生产重点县、全省瘦肉型商品猪基地县和生猪、奶牛优势产区县。翼城三面环山，资源丰富，已初步探明的矿藏有煤、铁、石灰岩等30余种，尤以煤、铁为最，煤炭面积195平方千米，总储量近20亿吨，铁矿储量达7214万吨。工业主导产业为钢铁、煤炭、铸造、纺纱。全县现有兼并重组整合煤矿13座，年设计生产能力990万吨；有冶炼、铸造企业17家，150万吨炼轧钢生产线一条，年产优质生铁360万吨、钢150万吨、材150万吨、各类铸件25万吨；有纺纱企业8家，纺纱生产能力达到10万锭。

★综合实力有了新提升。2012年，全县生产总值83.1亿元，比2011年增长9.6%；财政总收入11.7亿元，增长12.3%；规模以上工业增加值49.1亿元，增长13.3%；固定资产投资完成40.6亿元，增长38.4%；社会消费品零售总额28.2亿元，增长16.3%；城镇居民人均可支配收入19773元，增长13.7%；农民人均纯收入7141元，增长15.6%。

★"三农"工作有了新发展。粮食总产量21.2万吨，小麦产量创历史最高水平。新发展干鲜果经济林4133公顷，成为全省苹果产业"一县一业"基地县。翼众公司西郑百万只无公害蛋鸡养殖基地建成投用，7家养殖场改扩建工程全部完工，畜牧业规模化、标准化生产能力明显提升。投资8000余万元，实施中卫乡史庄片高标准农田建设、隆化镇上吴片基本农田整理、农业机械化推广、小河口水库除险加固、新一轮农网改造等项目，农业生产基础更加稳固。农村新的"五个全覆盖"工程圆满完成，解决了43个自然村、1.9万人饮水安全问题，新农村连片示范区和重点村建设稳步推进，群众生产生活条件进一步改善。

★工业转型有了新突破。全力破解工业发展瓶颈制约，三大高端工业园区建设在逆境中艰难起步。高端锻造工业园区"三通一平"等基础设施建设基本完成，舜达公司8000吨生产线完成设备安装。高端铸造工业园区亿通10万吨汽车零部件铸造及机加工、永益30万吨铸管、励鑫20万吨铸管项目有序推进。高端特钢工业园区翼钢优特钢升级改造项目，规划调整经省经信委备案，环境评价在省市领导和环保部门的大力支持下加紧办理，居民搬迁完成1/3，配套干熄焦项目土建工程基本完工。大力推进煤炭产业扩张延伸，首旺煤业120万吨坑口选煤厂投产运营，阳煤、晋煤12座整合煤矿办证进度全省领先，技改工程全部开工，3座基本完工，煤炭产能持续释放。非煤矿山资源整合进度加快，证照办理实现历史性突破，5座铁矿取得安全设施设计批复，达到复工建设条件。

翼城晋源公司为美国福特公司生产的汽车制动盘

翼城铸造项目加快工业经济转型跨越

丰富多彩的群众文化活动

★城乡建设有了新变化。大力开展“环境建设年”活动，城乡环境综合整治取得阶段性成效，连续六年获“省级卫生县城”称号。唐霸大道全线竣工，北环路开工建设，县城主干道拓宽改造全面完成，启动了唐霸文化公园、城西防洪排水等市政工程，集中供热供气覆盖范围进一步扩大。完成农村危房改造 200 户，国有工矿棚户区改造和保障性住房建设项目有序推进。实施了西南线道路改造，启动了重点产煤乡镇公路建设，农村客运班线公交化正式开通运营。城乡建设用地增减挂钩试点县获批，单宗土地拍卖收益首破亿元。

翼城唐霸大道

翼城县城鸟瞰图

★民生事业有了新进步。汇丰及5个乡镇中心幼儿园相继开工，中小学校舍安全改造工程按期完成。教师队伍不断充实，教育资源配置更加优化。高考二本以上达线人数创历史新高，中考成绩继续保持全市领先。科技专利申请和项目申报实施数量大幅增长。公立医院改革稳步推进，县中心医院建设前期工作基本完成，中医院附属楼主体完工。完成了7处文保单位修缮、佛爷山景区配套工程和坞岭抗日纪念馆主体工程建设。基本实现数字电视信号全覆盖。大力开展非物质文化遗产保护，被文化部命名为“民间文化艺术之乡”。就业再就业工作成效明显，城乡社保实现全覆盖，医疗救助资金足额兑现，低保、五保、部分优抚对象抚恤和生活补助标准进一步提高。“低供煤”工作圆满完成。城区空气质量二级以上天数362天，生态环境持续改善。

★社会管理有了新成效。食品药品安全监管持续加强，医疗市场秩序明显好转。为全县20820名65岁以上老年人实施免费体检，建立电子健康档案。扎实开展“三关爱”活动，对1800余户残疾人家庭实施帮扶救助，农村80周岁以上无固定收入老人全部纳入低保范围。深入开展安全生产专项整治、“打非治违”和百日安全生产活动，安全生产形势持续稳定好转。集中开展打黑除恶、打击“两抢一盗”、网上追逃等严打整治专项斗争，推进社会治安综合整治“三项战役”，提升了公众安全感。实行县级领导轮流接访，进一步畅通信访诉求渠道。突发事件应急预案体系不断完善，应对能力进一步提升。

（翼城县政府办　供稿）

临汾市市委书记罗清宇在霍永高速汾西段调研

临汾市市长岳普煜在汾西调研

创造强县富民新业绩 铸就汾西发展新辉煌

——汾西县

2012 年，汾西县以科学发展观为统领，以转型跨越发展为主线，实施五大战略，开展“五个年”活动，圆满完成各项工作目标。全县生产总值 17.2 亿元，比 2011 年增长 7.5%；固定资产投资完成 15.1 亿元，增长 40%；财政总收入 1.73 亿元，增长 32%；一般预算收入 1.15 亿元，增长 29.8%；城镇居民人均可支配收入 16900 元，增长 14.6%；农民人均纯收入 2357 元，增长 12.2%。

★重点工程有效实施。全年确定实施 33 项重点工程，开工建设 31 项，概算总投资 39 亿元，完成投资 25.6 亿元，增长 115%。特别是霍永高速、引黄工程两大省级重点工程的顺利实施，为县域经济发展奠定了坚实基础、蕴育了发展后劲。

★招商引资成果丰硕。全县累计签约 9 大招商项目，签约资金 273.7 亿元。其中，总投资 36.4 亿元的高科耐火材料、硫铁矿酸铁联产、煤矿新矿井建设、石膏加工项目完成立项备案、资源审批等前期工作。投资 145.5 亿元的铝系工业项目经省发改委备案，进入筹建阶段。

大力发展核桃产业

现代化养殖大棚

汾西县县委书记任天顺调研城市公共设施建设

汾西县县长张安文在汾西一中现场办公

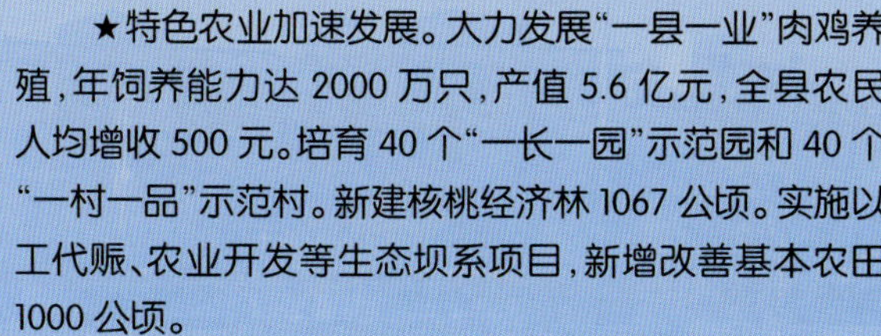

★特色农业加速发展。大力发展“一县一业”肉鸡养殖，年饲养能力达 2000 万只，产值 5.6 亿元，全县农民人均增收 500 元。培育 40 个“一长一园”示范园和 40 个“一村一品”示范村。新建核桃经济林 1067 公顷。实施以工代赈、农业开发等生态坝系项目，新增改善基本农田 1000 公顷。

★城乡建设步伐加快。顺利完成高速引线城区房屋征收拆迁，启动永安大桥建设。实施古郡新区开发。开工改造桃临公路。县城将实现南连西扩、三垣一城。实施垃圾填埋场、农村电网改造、联通基站建设和生态沼气建设工程。圆满完成两轮农村“五个全覆盖”。农村公路养护工作接受了全省观摩，走在全省山区县前列。

★社会事业全面进步。教育事业优先发展，教学改革深入推进，全省农村小学课堂教学改革现场会在汾西召开。师家沟清代民居和姑射山真武祠景点建设步伐加快，文化旅游的软实力明显增强。医疗卫生工作成效显著，三年医改任务圆满完成。社会保障工作进一步加强，五大保障体系逐步完善。投资 1.87 亿元的十件为民实事全部兑现落实。

（汾西县政府办　供稿）

正在建设的 2x6 兆瓦煤气热电站项目

整修一新的植物园

三垣一城鸟瞰图

姑射山自然风光

安泽县县委书记任秀红调研社会管理工作

安泽县县长毛跟云调研民生工程

生态安泽　富裕安泽　幸福安泽

——安泽县

安泽县位于山西省南部，太岳山东南麓。县域总面积1967平方千米，辖4个镇3个乡，103个行政村，总人口8.3万人。早在五千多年前就有先民定居，是大禹分九州之冀州治所，不仅孕育了“五夫三卿、四代八杰”的晋国上大夫冀芮、冀缺一家，协助司马光编纂《资治通鉴》的刘恕等历史名人，还诞生了荀子这位伟大的思想家、教育家、文学家。这里有着黄花迎春、青松护夏、红叶映秋、冰瀑伴冬的神奇景色，全县林木覆盖率达67.2%，全年二级以上天数365天，境内水源充足，人均水资源占有量4000立方米。这里地肥水美，物华天宝，煤炭贮藏面积达1944平方千米，总储量240亿吨以上，煤层气储量达4400亿立方米；野生动植物品种800余种，优质中药材288种，是全国连翘生产第一县。太岳行署、太岳军区司令部、太岳军区政治部都曾在这里驻扎，刘少奇、邓小平、朱德、陈赓、薄一波等老一辈无产阶级革命家曾先后在这里生活、战斗过，留下了光辉的足迹。秉承太岳革命老区的光荣传统，传承荀子“群居合一”的和谐思想，老区安泽民风淳朴、以和为美，社会环境和谐稳定。

2012年，安泽县围绕建设“生态安泽、富裕安泽、幸福安泽”的奋斗目标，大力实施“六县”战略，全面完成各项目标任务，全县经济社会保持良好发展态势。综合实力在项目引领中显著提升。2012年全县生产总值51.1亿元，比2011年增长11%；固定资产投资30.8亿元，增长37.3%；财政总收入12亿元，增长19.8%；城镇居民人均可支配收入18352

今日冗山脚下一泓清水两岸锦绣

实施碧水蓝天工程，大力发展循环工业

元，增长14.2%；农民人均纯收入5735元，增长9.2%。产业结构在创新驱动中不断优化。实施"双千万"惠农工程，被省农业厅确定为中药材开发"一县一业"基地县。以园区建设为引领，编制完成唐城煤焦化工业园区产业发展规划。城乡面貌在重点突破中明显改善。投资2.9亿元，重点实施了沁河县城段综合治理等10项城建重点工程。着力推进"一廊两道七区"建设，初步形成板块主导产业。基本完成农村新"五个全覆盖"以及县定"十个全覆盖"工程。全面实施省级环境连片整治示范区建设，获得"环境建设年"优秀奖。社会事业在统筹发展中全面进步。实现了"十二年教育全免费"。成功创建全国农村中医药工作先进县、计划生育优质服务县。进一步提高城乡低保保障标准，全面扩大城乡医疗救助范围，城乡居民社会养老保险实现全覆盖。

（安泽县政府办　供稿）

安泽一中

安泽县新建中医院

月亮湾湿地公园

省长李小鹏(左三)在开发区检查指导工作

临汾市市委书记罗清宇(左三)、市长岳普煜(左四)在开发区管委会主任李山林(左一)和党工委书记毛克明(右三)陪同下调研

区域经济动力港和个性化开发区

——侯马开发区

侯马开发区国家电子商务示范基地揭牌

侯马开发区国际大宗商品交易中心

2012 年是侯马开发区建区以来发展成果最突出的一年，在各个方面都取得了好成绩，表现为“六新”。

★经济运行实现新突破。2012 年，全区生产总值 29.38 亿元，比 2011 年增长 36.5%；财政收入 2.35 亿元，增长 17%；固定资产投资完成 25.15 亿元，增长 82.8%；引进国内资金 36 亿元，增长 38.2%；进出口总额 2.67 亿美元。连续 12 年保持高速增长势头。

★平台优势彰显新特色。方略保税物流中心各项进出口业务实现质的突破，有力地发挥了服务实体企业、带动区域发展的作用。加工贸易梯度转移重点承接地平台效益更加显著，一大批沿海产业转移项目考察入驻。商务部授牌的“国家电子商务示范基地”平台增添了新亮点，中国网库山西“电商谷”、恒威新生 IDC 数据中心、黄河金三角工业品交易中心、澳大利亚思迈斯中小企业在线、上海“我的钢铁网”“敦煌网”外贸公共服务平台等国内知名电商企业纷纷入驻，有力地带动了金融、物流、快递、设计包装、总部中心等相关配套产业向开发区的集聚。

★招商引资迈出新步伐。年初制定的招商任务是“6626”，就是引进 6 个独立选址工业项目，实际完成 8 个；6 个入驻标准厂房项目，实际完成 8 个；20 个总部经济、电子商务类项目和 60 个商贸物流项目，实际完成 121 个。项目总

恒威新生网络科技有限公司 IDC 数据机房

黄河金三角工业品交易中心

数达到 137 个，项目数量比 2011 年增长 16%，投资额比 2011 年增长 63%。

★项目建设取得新进展。投资 38 亿元启动推进“双十”项目工程，全部完成年初目标任务。在 CBD 商务办公园区，投资 20 亿元的十大现代服务业项目，将在 2013 年底前陆续建成投入使用。在园区基础设施建设上，投资 2.98 亿元，完成东区高压线网改造、排污管网铺设以及道路、供水、供气等工程，园区基础设施建设基本完备。启动实施职工公寓和惠仁堂中医养生会所等一批民生工程。

★和谐新区建设呈现新面貌。全面落实政府监管责任和企业主体责任，认真开展隐患排查、专项整治活动，安全生产基础工作进一步夯实，全年没有发生一起大的安全生产事故。没有越级上访案件。优先安排 2200 余名农村劳动力在区内企业培训就业，实现了与所在农村共建发展环境、共享发展成果的良好局面。

★党的建设取得新成效。以党的建设总揽发展全局，为开发区干事创业营造良好氛围。基层组织建设进一步加强，党风廉政建设进一步加强，文明和谐创建工作进一步加强，管委会机关再度被评为“省级文明和谐单位”。

（侯马开发区　供稿）

山西好利阀业公司与加拿大班芙集团签署合作协议

铃木电梯生产线

新百佳 3D 电影本生产基地

志盛太阳能生产线

永济市市委书记陈杰在韩阳镇就党建民生年活动进行调研

永济市市长朱晓东在开张镇石桥村与农民亲切交谈

转型跨越发展　拼搏铸就辉煌

——永济市

2012 年，永济市紧紧抓住“扩权强县”政策机遇，深入开展“四个主题年”活动，大力实施“四十加双五”重点项目建设，全市经济在重重困难下实现了持续健康发展。

★抢抓机遇，克难攻坚，县域经济平稳运行。2012 年全市生产总值 119.4 亿元，比 2011 年增长 13.5%；规模以上工业增加值 39.6 亿元，增长 20.6%；财政总收入 6.01 亿元，一般预算收入 2.82 亿元，增长 16.8%；固定资产投资完成 63.3 亿元，增长 34.2%；社会消费品零售总额 38.6 亿元，增长 18.3%；城镇居民人均可支配收入 19175 元，增长 15.2%；农民人均纯收入 8082 元，增长 13.5%。

★突出重点，强化服务，工业项目快速推进。2012 年安排的十大工业项目中，宏远化工新能源综合利用一期等 8 个项目建成投产。招商引资成效明显，共实施招商引资项目 35 个，到位资金 53.7 亿元。特别是广银铝加工园和阳煤千军汽车发动机缸体两个项目的落地开工，将对全市工业经济的快速发展产生巨大的拉动作用。

★加快建设，狠抓整治，城乡面貌持续改善。十大城乡基础设施重点工程快速推进，涑水街西延拓宽改造等 7 个项目建成竣工，采取 BOT 模式融资 2.5 亿元的城区供热管网改造一期工程顺利竣工。深入开展“文明创建年”活动，十个方面的突出问题得到有效整治。

★完善基础，优化结构，“三农”工作再上台阶。圆满完成现代农业产业化园区农产品展览馆主体等工程建设，园区硬件设施进一步提升。大力实施东北腹地排水等农田水利基础设施项目，狠抓肉鸡养殖、绿色蔬菜、高效干鲜果、生态林带四大调产工程建设。全市粮食总产量 2.26 亿千克，再次荣膺“全国粮食生产先进市”称号。

★旅游带动，商贸推动，第三产业蓬勃发展。神潭大峡谷旅游综合服务区一期工程顺利完工。成功举办首届鹳雀楼诗歌文化节，被授予“中华诗词之乡”“中国诗人之家”称号。全年接待游客 170 万人次，增长 30%。西厢商城等重点商贸项目快速推进，建成后可新增商业营业面积 12.8 万平方米，新增就业岗位 1000 余个。

★聚焦热点，力攻难点，社会事业全面进步。“五个全覆盖”圆满完成。集中精力实施“十件民生实事”，圆满完成年初既定的各项目标任务。基层医疗卫生体制改革深入推进，农民参合率 99.98%。被省政府授予“省级计划生育优质服务先进单位”称号。在全省县级城市中首家实现视频监控市域“全覆盖”，为经济建设创造了和谐稳定的发展环境。

（永济市政府办　供稿）

粮食生产屡创新高

早熟水果富农家

新时速电机电器有限公司车间一角

阳煤千军铝业有限公司机加车间

中山街东延工程掠影

五大城市主题公园——柳园

神潭大峡谷景区

运城经济开发区管委会主任　王瑞宝

团结奋进的开发区班子

区域经济社会发展排头兵

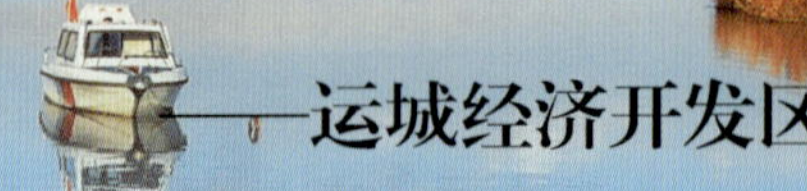

——运城经济开发区

2012 年，运城经济开发区深入贯彻科学发展观，坚持主题主线和稳中求进的总基调，突出工业强区这一主题，招商引资和项目建设取得新成效。全年主要经济指标提前完成，连续两年被省商务厅评为全省先进开发区。

★经济发展高位运行，主要经济指标增速高于全市平均水平。2012 年开发区科工贸总收入 385.6 亿元，比 2011 年增长 30%；区内生产总值 80.6 亿元，增长 24.2%，高于全市 17 个百分点；社会消费品零售总额 142.4 亿元，增长 34.5%，高于全市 19 个百分点；固定资产投资完成 40.2 亿元，增长 32.7%，高于全市 8 个百分点；财政总收入 5.14 亿元，增长 10.5%；进出口总额 6307.9 万美元，增长 82.2%。

★项目建设快速推进，投资拉动作用明显。全年重点项目落地率 193.97%，全市开发区第一；重点项目开工率 100%，全市开发区第一；重点项目建设投资完成 26.61 亿元，完成率 110%，全市开发区第一。标志性产业项目任务 2 个，完成 3 个。重点推进 21 个项目，总投资 108.8 亿元，在建 12 个，完工 9 个。

★主动承接产业转移，招商引资取得新成效。引进承接产业转移的示范项目——投资 25 亿元的铝轮毂项目，投资 1.5 亿元的海博贝马生物科技项目，特种电线电缆、真空绝热板、美特好物流配送、大运汽车前桥后桥等项目。海关、商检以及国家三系杂交小麦研究中心落户开发区。全年新签约项目 14 个，合同投资 115 亿元，招商引资实际到位资金 27.24 亿元，增长 156.9%。

★投资环境不断改善，服务质量不断提升。坚持“统一规划，分步建设”的方针，全力完善基础设施和公共配套。着力优化政务环境、投资环境和法制环境，简化审批程序，减少审批事项，缩短审批时限。项目建设实行封闭式管理，营造了公正严明的法治环境。

（运城经济开发区管委会　供稿）

居然之家运城店

山西诺维兰集团办公大楼

豪德光彩贸易广场

省委书记袁纯清在开发区企业调研

省委副书记金道铭在开发区同誉镁业调研

省政协原副主席吕日周在开发区奥圣管业调研

运城市市委书记王茂设在开发区调研

运城市市长王清宪在开发区现场办公

市四大班子领导视察居然之家运城店

南方洗化分公司制皂车间

职业技术学院一角

同心同德　团结拼搏　成绩斐然

——垣曲县

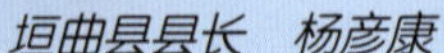
垣曲县县长　杨彦康

干果经济林

野生灵芝

2012年，垣曲县认真落实科学发展观，抓调产保增收、抓项目优结构、抓投入强基础、抓民生促和谐，迎难而上、扑身实干，经济社会发展呈现出质量提高、增速加快、后劲充足的良好态势。全县生产总值34.4亿元，比2011年增长13.8%；财政总收入3.75亿元，增长13.7%，其中，一般预算收入1.21亿元，增长10.7%；全社会固定资产投资完成30.1亿元，增长40.2%；社会消费品零售总额15.7亿元，增长22.4%；城镇居民人均可支配收入16951元，增长14%；农民人均纯收入4220元，增长13.1%。核桃林总面积达1万公顷，被确定为全省三个优质核桃示范园区之一；桑、烟、椒、菜、蜂等传统特色产业稳步发展。华峰14个村新农村集中连片示范区建设稳步实施，20个新农村重点村“四化四改”、“五个一”工程圆满完成。五龙集团110万吨焦化和6万吨镁合金项目被列为全省循环经济示范点，正鑫矿业年产20万吨铁精粉等重点项目顺利推进。西峰山中小企业创业基地，路、电、水、气、绿化基本到位；李家窑循环经济工业园区专用二级公路路基建设全面完成。生态环境在建管并重中持续优化，1个乡镇和2个村获“省级生态文明乡村”称号，古城国家级湿地公园稳步建设，被省政府授予“林业生态县”称号。民生问题在着力保障中有效改善，“五保户”集中供养率稳居全市第一。社会事业在统筹创新中全面进步，“中职免费全覆盖”政策全面落实，高考达二本线人数突破千人大关，被授予“全国两基工作先进地区”称号。舞蹈《垣曲花鞭》荣获文化部群星奖。市级“文明和谐县城”和全国“楹联文化县”创建成功。

（垣曲县政府办　供稿）

保障住房建设

学校一角

小浪底渡口

中博会、能博会6个签约项目招商引资144亿元。转型综改试点行动方案编制完成，35个申报综改项目争取到国家、省、市资金1.19亿元。

现代农业绽放新姿。2012年，神农、春润、巨丰、鑫泰荣等现代农业园区建设引领全县，设施农业活力显现，年内新建温室大棚1700栋，农业经济合作组织发展到318个，有机食品、无公害农产品、绿色农产品认证总量14个。特色农业聚力再生，“人种天养、恒岳一绝”的黄芪规范化种植面积新增1600多万平方米，“户均一头牛、人均两只羊”规模化养殖目标得以实现，辐射6个乡镇的6000万平方米仁用杏经济林初具规模。扶贫攻坚持续加力，全年落实各类惠农补贴4151万元，高质量完成12个重点推进村年度任务，转移输出农民6060人。

产业转型稳步推进。煤炭、花岗岩产业在整顿规范中继续发挥支柱作用，全年分别上缴税费2.89亿元、1683万元。风电、光伏发电、抽水蓄能项目建设加快，大唐风电密马鬃一期、二期项目并网发电，凌云口一期、泽青岭一期基建工程完成投资10亿元，国电新能源大仁庄一期风电项目完成投资4亿元。

旅游产业再造优势。投资亿元的岳门湾景区建设主体完成，投资4000万元的恒山索道迁建工程基础建设完工。《北岳恒山》纪录片在央视频道播出，成功举办中国健身登山赛恒山站赛事，开发主题旅游特色纪念品50余种。景区全年接待中外游客82.7万人次，直接收入突破5000万元，综合收入突破3.5亿元，分别比2011年增长10.7%、11.3%和15%。

城市建设全面推进。投资5000万元完成北岳东街、恒荫街、天峰路等12条道路改造提标工程。2011年开工的10万平方米廉租房建设工程主体竣工，2012年启动建设20万平方米保障住房。投资600万元完成历史文化街区修复和周边环境综合整治续建工程；投资8000余万元实施集中供热扩容、集中供气主管网建设工程、县城主干道路节能亮化工程；投资1700万元，实施供水管网二期建设工程。

生态建设成绩斐然。完成采空区生态恢复160万平方米，新增经济林2260万平方米，完成京津风沙源治理、巩固退耕还林、恢复植被造林等绿化工程2668万平方米，实施迎宾大街西出口生态景观园、步云路生态绿化和浑源西高速公路入口等绿化工程。取缔土小炉窑21座，完成生态移民搬迁2700人。

民生事业持续改善。圆满完成农村新的“五个全覆盖工程”任务。县级公立医院改革全面提速，新型农村合作医疗参合率99.2%，当年为农民补偿医药费4800余万元。省级创业型试点县工作全面铺开，城镇退役士兵安置，特岗教师、公安协警人员招聘等工作顺利完成，全年新增城镇就业1000余人。新农保国家试点县工作全面铺开，新型养老保险参保率95.8%，发放城乡低保金7288万元，发放农户取暖用煤11万吨。3100户农村特困户危房改造全面完成。

（李长春）

广 灵 县

【自然概况】 广灵县地处太行山北端，恒山东麓，为山西省东北门户。东与河北省蔚县毗邻，南同灵丘县接壤，西和浑源县相连，北接阳高县和河北省阳原县。全县辖2个镇7个乡，180个行政村。总面积1283平方千米。2012年总人口18.5万人。

广灵属温带大陆性季风气候，四季分明，年均气温7℃，年均降水量388毫米。平均海拔1650米，最高为西北六棱山顶2375米，最低为壶流河出境处930米左右。

广灵是一个传统农业县，是大同市优质杂粮生产基地，也是国家扶贫开发重点县和山西省“晋西北和太行山革命老区扶贫开发”战略实施重点县。广灵还是全省首家国家级绿色农业示范区建设单位、中国绿色名县、国家首批绿色能源示范县、国家首批有机产品认证示范创建县、山西省文化建设示范县、山西省文化建设先进县。

矿产资源储量较大的有高钙石灰石和富镁白云岩，为国家级镁及镁合金产业基地。

广灵生态环境良好，绿化覆盖率18.9%，现有湿地2000多公顷，2007年设立壶流河湿地省级自然保护区。

广灵旅游资源丰富，历史文化底蕴深厚，享有“中国民间文化艺术之乡”“国际剪纸艺术之乡”“中国最佳文化生态旅游名县”等美誉。

【经济发展概况】 2012年，全县地区生产总值17.03亿元，比2011年增长11.8%；全社会固定资产投资30.5亿元，增长15.9%；财政总收入1.47亿元，增长16.7%；一般预算收入6197万元，增长28.3%；工业增加值4.9亿元，增长27.3%；农村经济总收入13.4亿元，增长16.6%；农民人均纯收入4417元，增长14.6%；城镇居民人均可支配收入14761元，增长17.8%。

特色农业步伐加快。全面落实强农惠农政策，扎实推进农业基础设施建设，积极推广农业新技术，被表彰为“全省粮食生产先进县”。着力推动农业产业化、规模化、标准化建设，2012年新申报现代农业示范园区建设项目3个，新增“一村一品”专业村11个，食用菌产值2.1亿元。肉、蛋、奶总产量分别增长19%、13.9%和17.5%。有机、绿色、无公害农产品认证12个，认证面积占总播种面积的59%。

环保工作成绩明显。10户规模以上工业企业生产指标增幅较大，工业总产值增长33.3%，电力、建材、化工、冶炼、煤炭及食品工业等“六大”支柱产业在全县工业经济中占比达到98%。节能减排工作取得新成效，万元地区生产总值综合能耗下降3.6%。县城饮用水水源地一、二级保护区和7个乡镇饮用水水源地保护区的水质达标率100%，县城污水处理率70%以上。县城二级以上天数335天。

项目建设卓有成效。圆满完成重点项目市考核任务，争取上级项目资金2亿多元。21项重点工程项目完成投资38亿元。围绕产业升级、城乡统筹、生态修复、民生改善四大领域的16个标杆项目顺利推进，文冠果项目列入省级标杆项目。招商引资成果喜人，促成项目签约11个，签约金额92.56亿元。

城乡建设大步推进。大力实施县城扩容提质工程，涧东新区建设全年完成投资7.26亿元，总投资3.3亿元的15条市政道路和2座桥梁工程已完成投资2.2亿元，“七纵五横”的路网格局和大县城框架初步形成。秀水佳苑、尚品公寓、东方丽都、舒惠佳园等住宅开发项目顺利实施，保障性住房建设扎实推进，县城绿化、美化、亮化水平进一步提升。城乡交通条件持续改善，客运公交化改造项目顺利完成。新农村建设和扶贫开发力度不断加大，完成16个村的整村推进项目和17个重点推进村的建设任务，全面完成新的“五个全覆盖”工程。

社会民生全面进步。基本医疗保障制度逐步完善，新型农村合作医疗参合率99.5%。继续实施文化惠民工程，剪纸产业增加值和销售收入持续增长。全面落实就业政策，开发就业岗位1600个，下岗再就业257人。社保体系进一步完善，新农保参保率98.5%，城镇居民养老保险参保率90.4%。社会救助水平不断提升，重建宜兴乡敬老院和王洼敬老院，新建广灵县革命烈士纪念馆。

（广灵县人民政府办公室）

灵丘县

【自然概况】 灵丘县地处山西省东北边陲，大同市东南端，东、南与河北涞源、蔚县、阜平接壤，西、北与繁峙、浑源、广灵毗邻。全县南北长84千米，东西宽66千米，总面积2732平方千米。辖3个镇9个乡254个行政村。2012年总人口23.7万人。

境内主要河流有唐河、赵北河、三楼河、下关河、华山河。全县地表水2.65亿立方米，地下水1.1亿立方米。全县年平均气温6.9℃，降水量432.4毫米，无霜期150天左右。年主导风向为西北偏北风，风力一般是四到五级，属温带半干旱大陆性气候。

【经济发展概况】 2012年，全县地区生产总值33.25亿元，比2011年增长10.1%；财政总收入5.51亿元，下降3.3%；一般预算收入2.15亿元，增长16.7%；农林牧渔业总产值6.49亿元，增长14.4%；粮食总产量7.4万吨，增长0.6%；工业总产值32.21亿元，下降4.6%；社会消费品零售总额20.14亿元，增长16%；城镇居民人均可支配收入18122元，增长17.6%；农民人均纯收入4597元，增长14.5%。

“转型综改”和“扩权强县”试点建设扎实推进。2012年，围绕产业转型、生态修复、城乡统筹、民生改善四大领域，确定了12个总投资420亿元的标杆项目，争取到省级投资2000万元，全年完成投资12亿元。

项目建设长足发展。2012年，实施重点工程项目36项，完成投资51.54亿元，其中，省、市重点项目之一，也是该县历史上建设规模最大、投资数额最多的重大项目——同煤集团300万吨钢铁项目开工奠基，产业转型标杆项目——金地公司富锰渣生产线项目已完成全部工程量的95%以上，现代农业产业项目——春阳公司苦荞芸香苷生产线投入试生产，社会民生项目——县城集中供热二期工程全部完工。

“三农”工作再创佳绩。2012年，县财政投入资金1.9亿元，重点用于新农村建设、现代农业产业发展、农田水利基本建设、生态林业建设和农村农业基础设施建设。实施了27个新农村重点推进村建设，修筑护村护地坝3115米，改造危房1096户，日光节能温室达到2026栋，新改扩建畜禽标准化养殖小区11处，实施农建工程70处，完成造林任务2893.3公顷，农村饮水安全工程解决了16个行政村、1.2万人、3767头大畜的饮水不安全问题。粮食生产取得大丰收，农村经济总收入17.46亿元。农村新的“五个全覆盖”工程完成95个村街巷硬化774千米，建成便民连锁店25个，农家书屋145个，农村体育健身场所64个，免费招收职高生918名。

城乡建设不断加强。道路交通方面，荣乌高速公路灵丘段建成通车，沙六线六合地至养家会段县乡道路改造工程、固城至驿马岭段国防公路路基工程，全县公路通车总里程达到1370千米。东河南镇“百强镇建设”完成街道改造5.1千米、铺设污水管网500余米。

民生事业全面进步。2012年，全县新农保参保人数达到11.7万人，2.8万名60岁以上农民领取养老金1872万元，城乡低保和农村“五保”供养对象领取生活补助金5031万元。全县改建、增设幼儿园11所，上寨中心幼儿园投入使用，对57所中小学校食堂进行了维修改造，招聘70名特岗教师充实到农村学校空缺岗位。武灵镇卫生院建成使用，县医院住院楼主体工程、史庄乡卫生院、独峪乡卫生院改建工程和17所村卫生所建设工程顺利完成。

（灵丘县人民政府办公室）

阳高县

【自然概况】 阳高县位于山西省东北部，山西、河北、内蒙古三省（区）交界处，总面积1678平方千米。辖7个镇6个乡259个行政村。2012年总人口27.6万人。

全县三面环山，最高海拔2420.5米，最低海拔980米，是典型的黄土丘陵区。属内陆干燥气候区，年平均降水量400毫米左右，无霜期159天。境内水资源居大同市各县（区）前列，河川径流量年平均达8194万立方米，地下水资源量1.24亿立方米/年。

【经济发展概况】 2012年，全县地区生产总值23.17亿元，比2011年增长9.6%；财政总收入2.06亿元，增长15.1%；一般预算收入8662万元，增长17.5%；农林牧渔业总产值19.27亿元，增长14.6%；粮食总产量23.7万吨，增长24%；规模以上工业总产值3.7亿元，增长14.5%；社会消费品零售总额7.64亿元，增长16.1%；城镇居民人均可支配收入14419元，增长16%；农民人均纯收入4589元，增长13%。

工业经济快速发展。全年共铺开建设工业项目14个，长城风电、创格科技建成投产，阻燃皮带、高锰酸钾项目奠基开工，南顶山风电、大泉山风电、青介山风电、下深井风电、金光公司搬迁技改等项目前期工作进展顺利。全年共引进自动风门、掘进机、纯净水、煤炭物流等项目8个，协议引资额40.07亿元。投资3466万元，完成园区纬十一路绿化和管委会服务大楼、两座白登河大桥主体工程。守口堡水库正式开工，白登河综合治理工程、污水处理项目前期工作顺利推进。

设施农业大步迈进。全年新建蔬菜大棚6716栋，蔬菜总面积9466.7公顷，被评为全国蔬菜产业重点县、全省“一县一业”先进县。新建和改扩建规模养殖园区14个，生猪饲养量达到78万头，成为全省四大生猪养殖大县之一。新栽优质杏树1600公顷，杏果产业进一步壮大。北农阳光蔬菜育苗基地、顺鑫种猪繁育二期项目建成投产，绿苑饮品杏饮料加工项目主体完工，产业龙头基本形成。全年实施土地整理、农业综合开发等农建项目10个，新增水浇地560公顷，改善和恢复水浇地1000公顷，粮食生产实现“六连增”，被评为全国粮食生产先进县。

城乡环境日益改善。以打造特色宜居县城为总目标，完成大北街拓宽改造、大西街管线入地和西门口整体改造主体工程，政府街、辕门街改造工程顺利推进。硬化县城街巷63条，配套建设污水管网15千米。进一步扩大集中供热供气覆盖面，全年二级以上天数347天。深入开展县城环境综合整治，再次被评为全省卫生县城。认真实施农村新的“五个全覆盖”工程，硬化街巷1035千米，新建村卫生室15个、农家书屋158个、健身广场21个、便民超市40个，农村面貌明显改观。

社会事业全面加强。完成阳高一中新校区绿化、硬化、美化以及网络建设和报告厅设施配套。新建校舍1.6万平方米，新建农村幼儿园18所。启动实施义务教育学生营养改善计划，并配备了相关设备。通过公开招聘，为阳高一中补充教师19名，为农村学校补充特岗教师30名。

（阳高县人民政府办公室）

大同经济技术开发区

【自然概况】 大同经济技术开发区于1992年11月由省政府批准设立，2010年12月经国务院批准，升级为国家级经济技术开发区。2006年国务院四部委核准规划面积8.2平方千米，是晋北区域唯一的国家级开发区。开发区实行“一区多园”管理模式，管理区面积30.2平方千米。行政管辖城南街道办和樊庄、蔚洲疃两个社区，人口7050人。入区企业职工1.3万余人。

大同开发区是国家科技部认定的国家火炬计划大同医药特色产业基地、山西省转型综改科技创新园、全省新型工业化示范基地、山西省首批省级外贸转型升级专业型示范基地。2012年开发区管委会成功通过国家ISO14001环境管理体系认证。开发区现有规模以上工业企业12家，资质以上建筑业15家，资质以上房地产业17家，限额以上批零贸易业15家。全区有中外合资企业6家，实际利用外资10.76亿元，投资商分别来自印度、美国、日本、英国、香港等国家和地区，投资领域涉及制药、石材加工、活性炭、商业服务等行业。进出口企业4家，产品远销印度、巴基斯坦、意大利、日本、巴西、比利时、台湾和香港等14个国家和地区。高新技术企业4家，高新技术产品和项目67个（医药类65个），名牌产品7件，著名商标10件。国家重点支持的高新技术产品8项。

【经济发展概况】 2012年，开发区生产总值34.7亿元，比2011年增长10.4%；规模以上工业增加值11.12亿元，增长17.3%；财政总收入6.43亿元，增长19.2%；一般预算收入2.91亿元，增长25.2%；固定资产投资41.04亿元，增长113.9%；进出口总额8643万美元，增长70.5%，其中，出口总额8600万美元，占全市的36.8%；医药产值38.28亿元，增长28%。重点项目建设成效明显，完成项目落地资金62.88亿元，完成率104.8%。重点工程建设投资59.13亿元，完成率107.3%。高新技术企业产值33.58亿元，占全区工业总产值的62.2%。

坚持大手笔规划，企业搬迁，腾笼换鸟，打造经济引领型开发区。通过扶持企业上市融资、强强联手、兼并重组等方式，加快推进开发区本部腾笼换鸟。仅医药园区就搬迁入驻国药集团威奇达药业、普德药业、仟源制药、振东泰盛、同达药业、大同国际药品展示及仓储物流综合园医药企业15家，项目总投资76.2亿元。已开工企业10家，完成投资38.9亿元，部分企业已投产达效。特别是国药威奇达药业与中国医药集团战略合作重组，联手打造全国最大抗生素生产基地。实施投资13.5亿元、建筑面积24万平方米的企业搬迁项目，实现了当年建设当年投产。

坚持大创新驱动，产研结合，自主创新，努力打造创新发展型开发区。大力扶持企业科技创新，将区一般预算收入的10%纳入扶持重点企业创新发展资金，先后撬动企业在节能降耗、科技创新方面投入资金1.45亿元。国药威奇达与中国医药研究总院、华东理工大学等科研院所建立长期合作关系，研究开发的多个项目分别获得国家科技部“十二五”重大课题项目和山西省科技进步奖；普德药业公司拥有国家新药品种33项，正在研发国家一类新药1项；仟源制药公司5个品种市场占有率居全国前三位，并跻身全国青霉素市场和半合成青霉素复方制剂市场前十位。2012年，全区高新技术企业产值占全区规模以上工业总产值的79.8%，创新能力的提升有力地带动了经济发展水平的增强。2012年企业新申请专利数22件，授权专利累计达38件；新增高新技术产品和项目23个。

坚持大力度推进，建设园区，集聚产业，打造产业集群型开发区。以国药集团大同百亿元抗生素生产基地为产业龙头，着眼“转型发展、绿色崛起”目标，先行筹资建设规划22平方千米的医药工业园和高新技术工业园。园区市政基础设施功能配套基本完善，实现通路、供电、供水、供热、供气（天然气）、排水、通讯和园区绿化“七通一绿”，为企业落户园区创造良好的市政配套条件。园区作为国药集团大同百亿元抗生素生产基地的重要承接平台，既是国家火炬计划大同医药特色产业基地，也是大同市重要的高新技术产业发展基地之一。

坚持大项目引领，创新方式，招商引资，打造项目支撑型开发区。一是鼓励和引导企业走出去，引进来，通过强强联合、兼并重组、异地收购等措施借企招商。国药威奇达公司将仟源药业原料药生产线及星宇星火药业公司、维敏制药2家企业整体兼并重组，同达药业兼并威奇达光明、亚宝大同制药两家企业，仟源制药公司收购浙江海力生制药有限公司60%股权，向海洋药物拓展。二是从发改、经信、招商、贸促等部门聘请开发区招商顾问，与发达地区各种商会建立长期合作关系，制定招商引资奖励办法。三是制定招商引资任务分解到部门，责任到领导，落实责任招商。先后成功引进世界500强国药集团大同百亿元抗生素生产基地项目、北京凡元兴公司脉冲节能吹灰器项目、大同国际医药展览物流综合园区项目等各类项目30余个，项目总投资70多亿元。正在洽谈的项目有北京汉氏联合生物技术公司干细胞产业化基地项目、北京汉能集团非晶硅薄膜太阳能电池组件项目等5个大项目，项目计划总投资62亿元。

阳泉市

【自然概况】 阳泉地处山西省中东部，太行山中段西侧，全境总面积4570平方千米，其中，山地占73.6%，丘陵占13.7%，平原占12.7%。现辖平定县、盂县、郊区、城区和矿区5个县(区)，1个省级经济技术开发区，共有32个乡镇，12个街道办事处，960个行政村。2012年总人口137.9万人。

阳泉是典型的资源型城市。境内矿藏资源丰富，已探明的矿藏多达52种，是全国重要的无烟煤生产基地和四大耐火材料生产基地之一。建市以来，累计生产原煤16亿吨，每平方千米产煤35万吨，是全国单位面积产煤最多的地区。通过多年的发展，逐步形成以煤炭、电力、铝工业、耐火材料、装备制造、新型材料为主的能源原材料工业体系，奠定了整个国民经济的基础。

阳泉旅游资源丰富。现已发现文物古迹432处，其中，国家、省、市级文物保护单位27处。境内有驰名中外的万里长城第九关、唐代平阳公主驻守的娘子关，有风景如画的千古绝唱春秋时期赵氏孤儿藏身之处——藏山旅游景区，有历代文人学者隐居治学的冠山书院，有近代著名女作家石评梅的故居，有比八达岭长城早150年建成的中山国古长城，还有水温达80℃、医疗保健效果神奇的梁家寨温泉等。

阳泉是山西的东大门，位于太原和石家庄两个省会城市的中间，是中西部地区连接京津唐、环渤海地区和沿海发达地区的重要通道，具有承东启西、东进西联的区位优势。石太铁路、石太高速铁路客运专线、石太高速公路、太阳高速和307国道横贯东西，阳涉铁路、阳五高速及207国道纵贯南北。阳泉距太原和石家庄机场均不足一小时车程，空中交通便利。

【经济发展概况】 2012年，全市生产总值601.95亿元，比2011年增长9.6%；规模以上工业增加值296亿元，增长11.9%；全社会固定资产投资391亿元，增长14.5%；社会消费品零售总额225.6亿元，增长15%；财政总收入141亿元，增长16.1%；一般预算收入56.9亿元，增长22%；城镇居民人均可支配收入21749元，增长7.4%；农民人均纯收入8683元，增长13.1%；居民消费价格总水平涨幅控制在2.3%以内。

有序推进项目建设。2012年，按照储备、签约、落地、建设“四位一体”工作方法，推动项目建设。全年储备项目1578个，总投资6888亿元；签约项目154个，总投资1498亿元；落地项目389个，落地金额850亿元。年初确定的188个重点项目，累计开工181项，实际完成投资522亿元。特别是新兴产业完成投资54亿元，增长42.5%。兆丰氧化铝二期、天翼石油压裂支撑剂、华鑫电气永磁电机、鼎正建材等58个项目竣工投产，太钢鑫磊循环经济园、中科春明激光器、百度云计算、河坡2×35万千瓦发电等项目进展顺利。

继续加强“三农”工作。2012年，全面落实各项强农惠农富农政策，财政直接用于农业的投入3.26亿元，增长24.6%。粮食总产量再创历史新高，达到2.8亿千克。大力发展现代农业，新增核桃种植3933.3公顷，设施蔬菜70.6公顷，新建、改扩建各类畜禽标准化养殖小区21个，农产品加工龙头企业销售收入12.3亿元，增长36.7%。

加快推进城镇化进程。2012年，实施市政重点项目23个，完成投资15亿元，广阳路、青年路、北大街、大阳泉桥等改扩建工程建成投用；铺设供热、供气管网52千米，市区集中供热率91.5%，燃气普及率93%。加快区域重大交通基础设施建设，盂五、阳左、西环高速、307复线二期等项目进展顺利。统筹推进大县城和特色镇建设，平定、盂县两个大县城和南娄、张庄、河底等省级重点镇建设加快推进。全市城镇化率63%。

持续改善生态环境。多措并举狠抓节能减排，重点实施区域环境综合治理、水环境保护、工业企业达标成果巩固、矿山生态环境恢复、废物综合利用“五大工程”，取得初步成效。省下达的各项节能减排目标任务圆满完成，万元地区生产总值能耗下降4.3%，二氧化硫、化学需氧量、氨氮、烟尘、工业粉尘排放量分别下降4.2%、0.8%、7.1%、6%、5.1%，氮氧化物排放量增长控制在0.2%，市区空气质量二级以上天数338天。大力推进造林绿化工程，投入资金3.9亿元，完成营造林1.1万公顷，被国务院授予“全国造林绿化模范城市”称号。集中开展城乡清洁整治和街景容貌示范创建工作，城市卫生状况进一步改善。娘子关水源地保护取得阶段性成效。

进一步改善民生。2012年，财政用于民生领域的投入38.7亿元。全市城镇新增就业、创业就业、再就业工作均超额完成年度目标任务。开工建设保障性住房1.7万套，竣工1万套，改造农村危房700户。城镇居民医保、新农合参保率分别达到95%和99.2%。深化医药卫生体制改革，公共卫生服务水平进一步提高，人口和计生工作成效明显。覆盖城乡的公共文化服务体系基本建成，人民群众的精神文化生活不断丰富。广泛开展全民健身活动，阳泉市射击运动员王智伟在伦敦奥运会上获得铜牌。市政府承诺的5件实事全部兑现，城乡居民低保标准每人每月分别提高40元、34元，农村“五保”集中供养对象年补助标准提高2100元，新农合人均筹资标准提高到300元，在全省率先实现数字电视全覆盖、肢体残疾人轮椅免费发放全覆盖、义务教育阶段学生教科书免费全覆盖。

不断深化改革开放。大力推进转型综改试验区建设，取消调整市级行政审批事项96项，实施扩权强县试点，共下放审批权限85项，公共资源交易中心建成投入使用。集体林权制度主体改革任务基本完成。国库集中支付等财政改革顺利推进。城乡建设用地增减挂钩和存量土地整合利用工作全面开展。市金融办挂牌成立，交通银行入驻阳泉。全市存款总量突破1000亿元，新增贷款突破100亿元，存贷比例明显提高。制定实施鼓励煤炭企业发展非煤产业和促进高科技产业发展的政策措施，高新技术创业园成为国家级科技孵化器。

（赵成金）

阳泉市城区

【自然概况】 阳泉城区是全市政治、经济、文化中心和商贸、物流、信息的主要集散地，是全市城市化进程的第一平台。城区位于市境中部偏南，西邻矿区、北接开发区、东南两面与郊区相连，辖区面积16.2平方千米，约占全市总面积的0.4%。下辖上站、下站、北大街、南山、义井、坡底6个街道办事处、44个社区居委会。2012年总人口19.4万人。

【经济发展概况】 2012年，全区生产总值131.35亿元，比2011年增长9.1%；规模以上工业增加值12.1亿元，增长1%；社会消费品零售总额118.82亿元，增长15.7%；财政总收入4.96亿元，增长7.5%；一般预算收入2.7亿元，增长8.5%；城镇居民人均可支配收入21892元，增长8%。

强力推进重点项目，转型跨越步伐加快。2012年，按照全省“项目落地年”的总体要求，推行区级领导包保重点项目责任制，切实加大重点项目推进力度。列入市重点工程的17个项目完成投资32.36亿元。重点项目落地任务完成64.33亿元。天元智能家电生产项目初步投产，移动通讯大厦、嘉禾3D影院、金联商务酒店等项目相继建成。

加强城市生态建设，环境质量继续改善。围绕国家“森林城市”“卫生城市”“环保模范城市”创建目标，大力推进市容整治和生态建设。按照“一街一景观、一路一特色”的思路，深入推进园林单位、园林小区达标创建活动，全区森林覆盖率、绿地率分别达29.5%、33.1%，人均公共绿地面积16.4平方米。大力开展以城市“四乱”治理和城市容貌“十创”工程为主要内容的城乡清洁工程百日集中整治行动，完成西河滩、南庄路、天成巷等20余条街道的整治任务，建成桥北民族烧烤一条街，取缔青年路、新建路、南山东路等市民反映强烈的夜市烧烤，市容市貌进一步改观，连续17年获得省级“卫生区”称号。全年二级以上天数338天，空气优良率92.3%，环境空气质量稳定达到国家二级标准。

全力保障改善民生，社会事业不断发展。全年用于民生领域的支出2.91亿元，占到区财政总支出的64.2%。优先发展教育事业，投资1300万元实施中小学教育“班班通”工程，义务教育标准化学校建设通过省级验收，中考保持全市领先，高考取得重大突破。实施创业就业工程，全年新增就业4166人。启动城镇职工工伤、生育保险以及城镇居民养老保险，推行社会保障服务一卡通，涵盖所有人群的全方位社会保障体系基本建成。加大社会救助力度，低保标准由每人每月310元提高到350元，全年发放低保金1864.8万元、一次性生活补贴633.5万元、医疗救助金316.1万元、残疾人特殊救助金114万元。区人民医院实行药房托管。建成社区卫生服务中心两个，义井社区卫生服务中心步入全国示范中心行列。全面落实廉租住房政策，发放补贴437.4万元，实物配租169户。

（阳泉市城区人民政府办公室）

阳泉市矿区

【自然概况】 阳泉矿区位于阳泉市市区西部和南部，属温带大陆性季风气候。辖区总面积19.2平方千米。全区共设6个街道办事处，40个社区居民委员会。2012年总人口24.6万人。

矿区矿产资源蕴藏丰富，区域内可开采的矿产资源有10余种，开采价值较大的主要是无烟煤、煤层气、硫铁矿等，优质无烟煤可采储量21亿吨，煤层气年供气量3600万立方米，是全国最大的无烟煤生产基地。

【经济发展概况】 2012年，全区地区生产总值168.71亿元，比2011年增长9.1%；财政总收入6.21亿元，增长21.5%；一般预算收入3亿元，增长19.2%；工业总产值356.1亿元，增长13.2%；社会消费品零售总额16.89亿元，增长15.6%；城镇居民人均可支配收入21892元，增长5.6%。

总部经济成效初显。区政府、阳煤集团分别出台《发展总部经济实施意见》《加强合作，共同繁荣矿区经济的实施细则》等政策性文件。财政专项投资改造的总部商务大楼全面启用，对阳煤集团供应商注册矿区制定优惠政策，52户企业落户矿区。同信证券、长安信托、博亿通典当公司等金融机构挂牌运营。新落户矿区企业的注册资金达2.6亿元，比2011年翻了一番。

项目建设扎实推进。全年重点工程投资15.08亿元，重点工程落地金额51.15亿元。全年协议利用外来资金116.34亿元，实际到位资金22.38亿元。争取到国家老工业基地建设政策以及煤炭可持续发展基金、中小企业发展资金2000万元、贴息补贴350万元。对28项科技发展项目支持605万元，增长47.6%。全区民营经济总收入16亿元，增长9.6%。

第三产业日趋繁荣。制定出台《关于进一步加快第三产业发展的实施意见》《加快家庭服务业的实施办法》等优惠政策，第三产业增加值19.31亿元，增长11.9%，在经济总量中的比重较2011年提高1个百分点。

转型综改工作先行先试。《建成区控规及城市设计》和《贵石沟循环工业园区控规》已通过专家组评审。与郊区政府合作，积极探索发展“飞地模式”。争取到985万元的矿山环境恢复治理保证金指标，完成二矿蔡西历史遗留矸石堆治理等3项生态恢复治理工程。

生态环境建设取得新成绩。全年更新景观花卉7万余株，新增、改造绿化面积140余万平方米，完成造林面积126.7公顷。开展“百日集中整治”、沿街广告牌匾规范整治等活动，市容市貌得到明显改观。稳步推进环境保护，全区新建项目环评率、已建成项目竣工验收率均达100%。烟控区覆盖率、噪声达标区覆盖率100%，餐饮业禁煤率96%。二级以上天数338天，一级以上天数58天。加强基础设施建设，桥东街地下管网改造、桃北西路管线入地、北大西街和桃北中路人行道铺装、平治路改造、阳煤供水管网改造、桃南路声屏障工程如期完工。

（阳泉市矿区人民政府办公室）

阳泉市郊区

【自然概况】 阳泉市郊区处于山西省东部，环绕阳泉市区。全区总面积617平方千米，耕地7866.7公顷。2012年总人口28.7万人。辖4个镇4个乡184个行政村。

郊区气候属于温带大陆性气候，年平均气温11℃，年平均降水量572毫米，无霜期221天。

境内有无烟煤、铝矾土、硫铁矿、黏土、铁矿石、白云石、石灰石、石英砂、紫砂陶土等10多种得天独厚的矿产资源，是全国四大耐火材料基地之一。

区内人文环境优良，民风淳朴。有全国现存最早的宋代建筑玉泉山关王庙，清代民居建筑银圆山庄，近代女杰、著名女作家石评梅女士的故居石家花园，中国历史文化名村小河村，4A级国家旅游景区翠枫山等一批人文景观和旅游景点。

【经济发展概况】 2012年，全区生产总值71.66亿元，比2011年增长9.7%；财政总收入12.02亿元，增长19.9%；一般预算收入5.1亿元，增长25.6%；规模以上工业增加值26.3亿元，增长16.1%；全社会固定资产投资56.1亿元，增长34%；社会消费品零售总额11.66亿元，增长15%；农民人均纯收入9203元，增长14%；城镇居民人均可支配收入17552元，增长11.1%。

产业转型成效明显。以启动、落地、储备“三个一批”项目建设为引领，全年共引进百万元以上经济技术合作项目69项，签约金额413.4亿元，到位资金62.4亿元；实施投资项目65项，完工33项。其中，冀东水泥一期项目实现试生产，赛诺粉末、氧化铝二期、新瑞昌机械制造等一批项目相继开工或建成投产。与信发集团、恒大地产等确立战略合作关系。保安煤矿顺利完成转产验收，7个基建煤矿有6个领证开工。恒源耐火与北京荣大实现联合发展。全年外贸进出口总额1468万美元。

“三农”工作扎实推进。10个新农村建设试点村达到“十个有”和“六个一”标准，24个省级重点推进村“四改四化五个一”工程全部完工。全年新增温室大棚20.2公顷、果品133.3公顷，新建规模养殖小区10个，生猪出栏7万头，蛋鸡存栏180万只。13个村新成为全省“一村一品”专业村，总数达到18个；桃林沟村荣获全国“一村一品示范村”称号。现代农业为农民人均增收1500元，被评为全省“农民增收先进县(区)”。

城建环保再迈新步。双营路竣工通车，漾泉大道一期和南区新城主干道建设如期推进，荣获省级“重点公路建设先进县（区）”称号。雅馨园小区续建工程完成主体，义东沟南苑学府小区建设基本完成。区行政服务中心启动运行，漾泉大道拆迁安置项目珍宝园顺利开工，完成柳沟、桑堰集中供暖和西外环、杨白线拆迁扫障，一批遗留问题得到解决。生态建设力度加大，全年完成各类造林面积2200公顷，水土流失治理面积14平方千米，完成荫营河道综合治理4.5千米，荫营城区绿化率41.2%，全区森林覆盖率27.3%。节能减排深入实施，荫营城区二级以上天气340天，空气质量优良率92.9%。

国计民生有效改善。以实施新的“五个全覆盖”为带动，社会事业全面发展，为全区人民承诺办理的实事全部兑现。启动实施优质教育联盟创建活动，“一对一”帮扶和捆绑评价模式在全市推广，义务教育标准化建设实现全覆盖。全年申请专利251件，完成专利成果转化5项，争取上级科技扶持资金700余万元。群众文化进一步繁荣，成功举办“美丽之春”郊区首届春晚，荣获全省“农家书屋全覆盖优秀县(区)”称号，牵牛镇村被新闻出版总署命名为“全国示范农家书屋”。区档案新馆建成并投入使用，顺利承办全省县级综合档案馆建设现场会。区人民医院新建住院大楼投入使用，建成全市首套远程诊疗系统，新型农村合作医疗实现“一卡通”。婴幼儿早期发展指导、免费孕前优生健康检查工作全面启动。200户危房改造全面完工，第一批廉租住房分配到户。区财政支出120万元，为737名下岗再就业职工和登记失业人员缴纳医疗保险；支出100万元提高“五保”供养标准，超过全市平均水平。为二级以上残疾人发放救助金118万元，7.4万吨“暖心煤”分发到户。

（阳泉市郊区人民政府办公室）

盂　　县

【自然概况】 盂县位于山西省东部、太行山西麓。北依五台县、定襄县，西接阳曲县、寿阳县，南连阳泉市郊区、平定县，东邻河北省平山县、井陉县。全县总总面积2442平方千米，占全市总面积的51%。辖8个镇6个乡453个行政村。2012年总人口31.5万人。

盂县地域广阔，境内以山地为主，拥有西烟川、苌池川、城坪川3个山间盆地。全县属温带大陆性气候，年平均降水量530毫米，年平均气温9.1℃，平均无霜期179天。

【经济发展概况】 2012年，全县生

产总值134.58亿元，比2011年增长12.6%；财政总收入23.17亿元，增长12.5%；一般预算收入9.28亿元，增长19.1%；规模以上工业总产值189.98亿元，增长29.8%；规模企业工业增加值82.7亿元，增长17.2%；全社会固定资产投资完成90亿元，增长38.5%；社会消费品零售总额36亿元，增长15.2%；农民人均纯收入8734元，增长11.3%；城镇居民人均可支配收入21081元，增长14.3%；粮食总产量1.33亿千克，增长6.4%。

*五大基地不断拓展，现代农业开创新局面。*大力发展核桃、蔬菜、粮食、养殖、农产品加工五大基地建设。重点实施1万公顷优质玉米生产区和1333.3公顷玉米高产示范项目。核桃种植总面积达到1.3万公顷，进入全省十强，成为促进农民增收的重要产业。万寿菊、平菇、药材种植总面积达到666.7公顷，设施蔬菜种植总面积166.7公顷。肉牛、生猪、獭兔、肉羊和蛋鸡养殖全面提升。大寨核桃饮品等农产品加工企业生产能力稳步提高，鑫兴养殖及屠宰一体化项目投入运行，“513”工程销售收入4.0亿元。农田水利基本建设扎实展开，累计投入资金10.5亿元。新农村建设取得重大进展，西小坪村等被命名为“省级新农村建设示范村”，孙家庄镇被命名为“省级生态镇”，中兰村等被命名为省级生态村。全面完成247个村垃圾清运及卫生保洁工程，发展户用沼气40户，吊炕1600户，秸秆气化炉5000户。全面启动农户科学储粮工程，已重点发展2000户。全年农村经济总收入102亿元，比2011年增长10%。

*项目建设扎实展开，产业转型迈出新步伐。*依托丰富的煤炭资源优势，实施重点工业产业转型项目39项，完成年度投资近50亿元。其中，圣天宝地煤业改造提升、鲁中10万吨耐火材料、天翼石油压裂支撑剂、中节能圣天宝地煤层气发电、恒固速凝剂一期和昕亮木业红木家具生产线二期项目建成投产，跃进煤业改造提升项目进入联合试运行，大贤煤业、常顺煤业技改和鑫磊66万吨冶金灰、西小坪耐火材料20万吨新型复合材料项目建设进展顺利。鑫磊园区和吉天利园区列入省级循环经济试点园区，南娄集团列入省级循环经济试点企业。以文化旅游业、现代物流服务业为重点的第三产业开发力度加大，梁家寨温泉、藏山、水神山、龙台山、藏山翠谷等景区建设加快推进，华北奕丰生态园列入省休闲农业与乡村旅游示范点。中岚国际物流园完成项目主体变更和规划评审。

*扩容提质强势推进，城乡面貌发生新变化。*2012年，共实施县城路网建设工程12项，县城至南娄一级公路、藏山南路、藏山北路、站前大街建成通车，高城山路二期、金龙大街东延伸线、东二环、天然气公司至藏山游园外环公路开工在建。特别是以藏山北路改造完成、藏山南路建成通车为标志，县城路网骨架中的“西纵”全线贯通。以高城山路加快推进为标志，县城路网骨架中的“中纵”框架正在形成。以东二环、天然气公司至藏山游园外环公路开工建设为标志，县城路网骨架中的“两环”即将形成。太阳高速建成通车，盂五高速、阳泉西外环高速建设有序推进，盂县一跃成为晋东地区重要交通枢纽。高标准完成站前大街、太阳高速盂县段通道绿化和沿线荒山绿化工程，积极打造东部生态旅游循环圈、西部水源涵养林循环圈和北部干果经济林循环圈3个林业生态循环圈造林工程，全年累计营造各类生态林3133.3公顷，森林覆盖率28.6%，顺利通过全国绿化模范城市核查。深入开展城乡清洁工程百日集中整治活动，县城“脏、乱、差、堵”面貌改观。

*民生保障坚强有力，社会事业迈出新步伐。*新一轮“五个全覆盖”全面完成，年初确定的“10件实事”基本兑现。211个村1244千米街巷硬化任务全面完成，实现全县453个行政村街巷硬化全覆盖。继续实施城乡供热“暖心工程”，50元取暖补贴和1吨暖心煤全部发放到位，扩容新建120吨锅炉，集中供热面积155万平方米。农村无线数字电视通达工程、城乡电网升级改造工程和县城二期供水扩容工程顺利推进，国防动员指挥中心、保障性住房工程全部启动。19所标准化幼儿园建设进展顺利，第三实验小学、孙家庄中学建成使用，高考全县二本以上达线824人，创历史新高。大力开展县级公立医院改革，全部实现基本药物零差率销售，打破了“以药补医”机制。中医院新建工程开工建设。就业和再就业工作有效展开，全年新增就业3704人，城镇登记失业率3.8%，低于控制指标4.2%。

（盂县人民政府办公室）

平定县

【自然概况】 平定县位于山西省中部东侧，是山西的东大门，素有“文献名邦”之称，是中国刻花瓷艺术之乡。总面积1394平方千米。辖10个乡镇、318个行政村。2012年总人口33.8万人。

境内资源丰富，山川秀美，交通便利，有“晋冀通衢”之称。现已探明的30多种矿种中尤以无烟煤、高铝黏土、硫铁矿、石灰石著称，其中以煤炭为最，孙中山先生曾有“以平定煤，铸太行铁”之说。307国道、207国道、307复线东西贯通，石太铁路、阳涉铁路、太旧高速公路、阳五高速、京昆高速穿境而过。境内娘子关、冠山书院、固关长城、浮山、药林寺等旅游景区名扬三晋。

【经济发展概况】 2012年，全县地区生产总值71.72亿元，比2011年增长12.8%；财政总收入12.12亿元，增长20%；一般预算收入5.49亿元，增长36.3%；规模以上工业增加值27.94亿元，增长19.9%；粮食总产量1.21亿千克，创1991年以来历史新高；全社会固定资产投资89.1亿元，增长36.9%；社会消费品零售总额24.9亿元，增长15.8%；城镇居民人均可支配收入19418元，增长14.6%；农民人均纯收入8213元，增长14%。

*项目建设取得新成效。*开展“项目落地年”活动，全年签约外来投资项目26个，协议利用外资445.4亿元，到位外资55.8亿元；重点项目落地金额328亿元，75个重点项目进展顺利，65个落地，61个开工；昌鑫有机复合肥二期、煜昌机械3万台大型铸件及整装设备生

产、鼎正环保建材三期等30个项目竣工投产。中科春明激光器、亿隆古州煤炭地下气化、山西贝特瑞石墨化负极粉、阳光2×350兆瓦热电联产等项目进展顺利。

*产业结构调整迈出新步伐。*2012年，三次产业结构调整优化为4.5∶56.1∶39.4。工业新型化强势推进。规划布局"一带三园"产业集聚区，加大投入力度打造园区平台，已累计投资7000多万元完善园区水、电、路、气等基础设施，承载入园企业300多个。完成新型产业投资3.5亿元，增长25%。"以煤为基，多元发展"的产业格局正在形成。农业现代化效益凸显，全县优质核桃、优质杂粮、蔬菜种植三大基地规模分别达到8000公顷、6000公顷、1533公顷，全县生猪、蛋鸡饲养量分别达到20.6万头、126万只，肉鸡饲养490万只，福润禽业3000万只肉鸡加工项目竣工试产，山丰、东鑫、龙升3个存栏10万只肉鸡场建成。8个"513"龙头企业销售收入3.56亿元。第三产业蓬勃发展，东升太阳城购物中心、农资物流仓储园建成运行，晋东商贸物流园、华通农贸市场一期工程完工，农村便民连锁店、农家店实现镇村全覆盖。

*基础设施建设得到新加强。*张庄、娘子关等5个重点城镇总体规划编制完成，县城建成区面积10平方千米，城镇化率35.4%。市政公用设施投资完成2.3亿元。建成区绿化覆盖率38.4%，煤气普及率85%以上，县城集中供热普及率90%以上。广阳路竣工通车，农村街巷硬化工程提前完工，阳左高速、阳五高速、水峪至娘子关一级公路、杨白线二级出省路、药林寺旅游公路、冠山舍利文化园旅游专线、平定北互通连接线等道路工程进展顺利。

*生态环境获得新改善。*2012年，历史遗留铬渣治理项目通过国家验收，全县万元地区生产总值能耗下降4.5%，万元工业增加值用水下降3.5%，削减烟尘768.8吨、工业粉尘860吨、二氧化硫1061.4吨、氨氮48.4吨、氮氧化物389.3吨。"一路两河三圈"绿化工程完成造林2400公顷，森林覆盖率21.6%，治理水土流失面积1467公顷，地下水位止降回升1米。

*民生事业有了新提高。*平定四中小学部投入运行。中等职业教育免费和农村小学寄宿生三餐全免费"营养工程"落实到位。全县转移农村劳动力和下岗失业人员再就业人数均达到3100人，创业带动就业和劳动技能培训人数分别达到342人和1700人，新增就业人数4260人。县医院综合病房大楼投入使用，深化县级公立医院改革，实行基本药物零差价销售。人口自然增长率控制在1.72‰。乡镇综合文化站实现全覆盖。城镇职工养老、失业、医疗保险覆盖率100%，新型农村社会养老保险和城镇居民社会养老保险实现全覆盖，城乡困难群体实现应保尽保。第三期700套保障性住房开工，首批272户城镇低收入家庭喜迁廉租房。为9.7万户低收入农户每户发放1吨爱心煤。

（平定县人民政府办公室）

长 治 市

【自然概况】 长治位于山西省东南部，与河南、河北两省接壤，平均海拔1000米，地处太行山之巅，有"与天为党"之说，史称"上党"，宋代大文豪苏东坡曾在这里留下"上党自古天下脊"的美丽诗篇。现辖13个县（市、区）和1个高新技术开发区，总面积1.4万平方千米。2012年总人口336.9万人。

长治是华夏文明的重要发祥地。炎黄始祖炎帝神农氏曾在这里"尝百草、得五谷、教民耕种"，实现了人类从游牧到定居、从渔猎到农耕的伟大转折。华夏典籍中记载的精卫填海、女娲补天、后羿射日、愚公移山等脍炙人口的传说均发端于长治，被誉为"中国神话的故乡"。

长治是历史文化名城。至今已有2300多年的建城历史，历朝历代为郡、州、府所在地。秦置上党郡，南北朝始称潞州，明朝嘉靖年间潞州升格为潞安府，增设长治、平顺两县，取"长治久安"之意，长治之名由此而来。

长治是著名的革命老区。抗日战争时期，八路军总部和中共中央北方局在长治长期驻扎，解放战争时期，闻名中外的"上党战役"在此打响，朱德、彭德怀、刘伯承、邓小平等老一辈无产阶级革命家都曾在这里长期战斗和生活过。八年抗战，有12万人参加八路军，46万人随军参战，17万人为国捐躯，为民族解放事业做出了巨大牺牲。

长治是山西省能源和工业基地的重要组成部分。现已探明的地下矿藏有40多种，其中，煤炭探明储量295亿吨，占山西省的12%。水资源总量19亿立方米，境内河流分属海河、黄河流域，地均占有量和人均占有量分别是全省的1.9倍和1.6倍，是华北地区的相对富水区。现已形成以煤、焦、冶、电、化工、机械装备、新能源、新材料、医药食品为主门类较为齐全的工业体系。我国首条建成、世界唯一商业化运作的1000千伏特高压输电线路起点位于长治。全国第一桶钴基煤基合成油2008年底在长治诞生。

长治是旅游资源丰富的城市。境内有被称为"稀世珍宝"的2.5亿年前的树化石等自然遗产，有八路军太行纪念馆、黄崖洞兵工厂等革命遗址遗迹551处，有太行山大峡谷、天脊山、灵空山等以喀斯特地貌、丹霞地貌为特征的众多自然风景区，是八百里太行的最美地段。现有7个国家AAAA级风景区，2009年被评为中国优秀旅游城市。

长治是交通便捷的城市。有较为完备的高速公路、铁路、民航立体交通网络。现有长邯、长晋、长太、长安4条高速公路，207国道、208国道纵贯南北，309国道横穿东西。长治机场有直通北京、上海、天津、广州等地的10条航线。

长治是全国第一个农业综合标准化示范市。素有山西"米粮川"之称，现有耕地36.1万公顷，主要农作物综合机械化水平达到60%。"沁州黄"小米、潞麻、潞党参等特色农产品闻名全国，有127个绿色农产品通过国家认证，有58个无公害农产品品种，数量均居全国地级市之首。

长治是天蓝水碧、生态较好的城市。地处被誉为"黄金人居带"的北纬36～37度之间，森林覆盖率30.9%，城市绿化覆盖率45%，冬无严寒、夏无酷暑，年均气温9.7℃，有“清凉之都，高山盆景”的美誉。市区东有50平方千米的老顶山国家森林公园，西有27平方千米的漳泽湖和32平方千米的长治湿地，内有20千米长的环城水系，非常适宜人居人游。

【经济发展概况】 2012年，全市地区生产总值1328.61亿元，比2011年增长10.6%；财政总收入302.05亿元，增长18.2%；一般预算收入133.49亿元，增长27.9%；农林牧渔业总产值93.8亿元，增长9.4%；工业总产值2072.6亿元，增长8.6%；固定资产投资867亿元，增长26.2%；规模以上工业增加值879.3亿元，增长13.4%；城镇居民人均可支配收入22545元，增长12%；农民人均纯收入8120元，增长14.5%。

项目建设取得优异成绩。按照全省“项目落地年”部署要求，全年共实施重点项目1481项，完成投资1433亿元；落地项目1259项，总投资1915.4亿元；招商引资签约项目299个，总投资3956.1亿元，实际到位资金590亿元。创造了投资完成额、落地项目数、引资到位资金3个“历史之最”。

产业发展得到新的提升。第一产业方面，粮食总产量达到15.9亿千克，创历史新高。新增设施蔬菜面积6666.7公顷，占到全省新增面积的一半。规模以上农业产业化龙头企业296家，销售收入突破百亿元，农产品加工转化率53%。第二产业方面，煤、焦、冶、电改造提升步伐进一步加快，新兴产业加速发展，完成投资246亿元，增长38.7%，占工业总投资的57.5%，首次超过传统产业投资，新兴产业增加值增幅高于地区生产总值增幅12.2个百分点。第三产业方面，社会消费品零售总额386.2亿元，增长15.6%；进出口总额11.5亿美元，增长47.5%；旅游总收入166.5亿元，增长31.9%；第三产业增加值占地区生产总值的比重较2011年提高0.5个百分点。

城镇建设积极推进。按照“一核双圈”的城镇化战略构架，编制完成《长治市市域城镇体系规划》和长治市城市总体规划，制定《上党城镇群行动计划》，全面启动上党新区建设。大力推进中心城区旧城改造，“九纵九横”主干道畅通工程已有7条路段完工，市区49个城中村有29个启动改造，被住建部确定为首批国家智慧城市试点。“1＋6”城镇群和外围5个大县城全面加大城镇建设力度，开工建设道路改造、供气供热、公共文化体育场所等城建重点工程25项。全市新增城镇人口7万人，城镇化率45.3%，提高1.9个百分点。

生态环境建设得到加强。深入实施绿色生态、“两地”保护和十大节能工程，累计淘汰落后产能491万吨，完成73.2万平方米既有建筑节能改造，万元地区生产总值综合能耗下降4%，节能工作连续六年排名全省第一，二氧化硫、化学需氧量等6项主要污染物排放量均完成省定任务。全面推进造林绿化，投资10亿多元，完成造林3.5万公顷，生态防护功能进一步提高。市区空气质量二级以上天数357天，稳定达到国家二级标准，在环保部监测的113个重点城市中连续5年名列华北第一。

民生保障水平稳步提高。全面完成省政府确定的第二轮“五个全覆盖”工程。新增城镇就业5万人，超额完成省定目标。城镇养老、医疗、失业等社会保险覆盖率保持在95%以上，新型农村合作医疗参合率99.5%。在全省率先实施食品“久安工程”，卫生工作在全省综合排名实现“九连冠”。开工建设各类保障性住房2.1万套，竣工2598套。实施两大片区扶贫开发和64个整村推进扶贫项目，完成易地搬迁6900人，又有3.9万贫困人口稳定脱贫。

综改试验区建设步伐加快。扎实推进转型综改试点县、试点园区和重大标杆项目建设。大胆探索，先行先试，争取到19个国家级试点和18个省级试点。大力推进行政审批制度改革，市级审批事项由461项精简到116项，精简75%。建立多个院士、博士工作站，与中科院、北京大学、天津大学等50多所国内外知名高校和大型科研院所建立了合作关系。长治县华南纸业在天津股权交易所挂牌交易。

部分城市发展指标实现突破。人均地区生产总值6261美元，非农业增加值占地区生产总值的96%，第三产业增加值占地区生产总值的28.6%，进出口总额相当于地区生产总值的5.5%。教育事业费用支出占地区生产总值的3.4%，城镇居民家庭恩格尔系数30.2%、农村居民家庭恩格尔系数40.2%，人均生活用电量11.6千瓦小时，每百人拥有固定电话和手机96.2部，城市建成区绿化覆盖率45%，人均公园绿地面积10.5平方米，每万人拥有医生22.9人。

（李　鹏）

长治市城区

【自然概况】 长治市城区位于山西省东南部，地处太行之巅、漳河之滨的上党盆地，是长治市政治集聚区、产业集聚区和交通商贸集聚区，是“1＋6”上党城镇群的核心。1976年2月建区。全区总面积55.6平方千米。辖10个街道办事处、28个行政村、61个社区居委会。2012年总人口50万人，有回、满、蒙、朝等30多个少数民族。

城区属温带半湿润气候，年平均日照时间2600个小时，平均降水量620毫米，平均气温9℃，森林覆盖率23%，人均占有公共绿地12平方米，绿化覆盖率48%，平均空气湿度59%～60%。冬无严寒、夏无酷暑。区域内有石子河、黑水河两条季节性河流，属海河流域浊漳河水系，境内流长7.8千米。

城区人文底蕴深厚，区内有古遗址4处（新石器时代3处），古建筑30多处，馆藏文物3万余件，有上党门、城隍庙、塔岭山、碧霞宫等古迹。

【经济发展概况】 2012年，城区地区生产总值151.16亿元，比2011年增长8.5%；财政总收入20.48亿元，增长9.9%；一般预算收入4.32亿元，增长12.3%；城镇固定资产投资107.9亿元，增长25.5%；规模以上工业增加值18.9亿元，增长5.2%；社会消费品零售总额215.33亿元，增长16.1%；城镇居民人均可支配收入22549元，增长12%；农民人均纯收入9373元，增长15.1%。在全市重点工作观摩考评活动中名列第三。

项目建设高位加速推进。坚持"项目为基"理念不动摇，全力克服土地资源紧张的现实制约，向空间、科技和投资强度要效益。总投资416亿元的100个项目顺利推进，总投资102亿元的11个重点项目分两批集中开工，40个重点项目顺利竣工。全年共完成投资77.8亿元。坚持招商引资不懈怠，先后与百盛、沃尔玛等50余家国内外知名企业进行洽谈，分三批与北京地雅、山西田森等25家集团公司签订合作协议，签约金额280亿元。

城市品质实现稳步提升。持续提高城管工作水平，围绕城市管理"作业精细化、管理人性化、监管科学化、工作长效化"目标，全面推行市容环境卫生一体化网格管理，开通城管热线，完成数字化城管二级平台建设。投资110万元实施环卫职工"暖心早餐"工程。城乡环境卫生清洁工程深入推进，农村生活垃圾实行统一收集，200个农村旱厕改造任务全面完成，全区80%的农村(菜场)达到省级卫生村标准，蝉联省级卫生区17连冠、病媒生物防制工作21连冠。完成18个大项、44个小项的"全国文明城市"测评考核任务，城市品牌进一步彰显。持续完善城市服务，编制全市首张城管便民地图，规范改扩建32所公厕、120个公共澡堂和177个便民服务网点，"10分钟便民服务圈"初步形成。持续优化城乡生态环境，大力实施造林绿化工程，植树80余万株，造林58.6公顷，治理水土流失573.3公顷，高标准建成东山绿道和上党月季园，市区空气质量二级以上天数357天，区域环境质量明显改善。投资1000万元的令公巷等10条城市背街小巷硬化任务全面完成，府后东街等6条道路征迁工作顺利推进，市民出行更加便捷。

城中村改造进程明显加快。坚持把城中村改造作为推进市域城镇化的总抓手，围绕"六变""四有"目标(农民变市民、村委变居委、村民变股民、农保变城保、旧村变新城、土地由集体所有变国家所有；就业有渠道、收入有提高、住房有改善、生活有保障)，重点实施马坊头等16个村的改造工作。以规划为基础，因地制宜，高效整合有限土地资源，按片区和道路框架统一编制并通过了焦家庄等13个村的修建性详细规划。以拆迁为核心，围绕"阳光拆迁、和谐拆迁"，充分尊重民意，完善工作程序，保障村民的合理需求，累计拆迁面积达100万平方米。以安置为根本，高标准建设城中村改造展示中心，开工建设53万平方米的安置楼，李家庄、南石槽、南关等500余户城中村居民喜迁新居。

文化旅游事业蓄势发力。进一步夯实基层文化建设，全力开展"国家公共文化服务体系示范区"创建工作，启动区图书馆、文化馆建设，投资520万元为街道、社区、农村配置各类文体器材，10个街道综合文化站、农家书屋和社区电子阅览室实现"全覆盖"和免费"全开放"。不断丰富群众文化生活，成功举办第四届塔岭山桃花节暨社区(农村)文化艺术节。加快旅游产业发展，编制东山旅游总体规划和控制性详细规划，塔岭山环山旅游公路建设日趋完善，刘伯承兵工厂、潞商文化园、农耕体验中心等项目启动建设，塔岭山旅游文化景区被评为"全市十佳旅游景区"。

民生事业持续发展。始终把保障和改善民生作为政府工作的出发点和落脚点，全年财政对民生事业投入达4.8亿元。教育事业优先发展。在全省率先实施"片区互动联合体工程"，在全市率先实施"区域、片区、学校"网络教研三级模式，投资2600万元的淮海、安康2所幼儿园建设高标准推进，投资1880万元的华丰路等2所学校改扩建工程顺利实施，投资400万元的13所学校旱厕改造全面完成。家庭教育指导和服务水平显著提高，荣获"全国家庭教育工作示范区"称号。科技创新能力持续增强。全年专利申请量382件，各项指标连续多年位居全市第一。新培育高新技术企业3家，城南工业园成为全市唯一的省级"科技创新园"。全年新增就业人数4560人，创业带动就业1200人，荣获全省"创业就业工作先进集体"称号。此外，全力抓好保障房建设，发放廉租住房租赁补贴253万元；为全区1.6万余户低收入农户首次发放"暖心煤"，农村新的"五个全覆盖"工程提前完成；为市容环卫职工、社区干部等人员提高工资待遇，人均增资近300元。

(城区人民政府办公室)

长治市郊区

【自然概况】 长治市郊区地处太行山西麓，上党盆地东缘。现辖5个镇1个乡、1个旅游开发区、2个街道办事处、122个行政村。总面积285平方千米。2012年总人口28.3万人。

历史悠久，文化深厚。6000多年前，炎帝神农氏来到老顶山，人类从此实现了由游牧到定居、渔猎到农耕的伟大转折，开创了中华文明之先河；壁头新石器文化遗址、观音堂、二贤庄、潞商申家二十四院等人文景观星罗棋布，传统文化源远流长；抗日战争时期，朱德、彭德怀率八路军总部驻扎于此。

东山西水，南秀北美。全区年平均气温9.1℃，冬暖夏凉，四季分明。平均海拔930米，东有近50平方千米的老顶山国家森林公园，群峰叠翠，五龙腾跃，九顶竞秀，被誉为长治市的"城市之肺"；西有50平方千米的漳泽湖和长治湿地，波光淋漓、水草丰茂，蓄水量近2亿立方米，是华北地区相对富水区，被誉为长治市的"城市之肾"；北有富庶物产，厂矿林立，商贾云集；南有环城生态农业景观，田园牧歌，娱乐休闲。

区位优越，交通便利。全区东、西、北三面环绕长治市区，是上党新区建设的主阵地。太长、长邯、长晋高速和208国道、309国道等主要干道贯通全境，太焦、长邯两条铁路在此交汇，长北、长治两个火车站坐落境内，机场航班直达北京、上海、广州、成都等地。

长治市郊区是"全国生态文明先进县(区)""全国休闲农业与乡村旅游示范县(区)""中国科技创新示范区""中国循环经济优秀品牌城市""中国绿色生态农业示范区""中国十佳最具投资潜力文化旅游目的

地区县”和“亚洲金旅奖最具民俗特色旅游区”。

【经济发展概况】 2012年，全区地区生产总值170.32亿元，比2011年增长17.5%；财政总收入30.76亿元，增长21%；一般预算收入5.92亿元，增长49.1%；工业增加值130亿元，增长26%；固定资产投资114.9亿元，增长27.7%；社会消费品零售总额31.25亿元，增长15.9%；城镇居民人均可支配收入26096元，增长14.2%；农民人均纯收入11076元，增长17%。

项目建设成效斐然。2012年，全区共确定重点项目166个，总投资1000多亿元，其中，在建项目129个，总投资937.6亿元；当年竣工或投产项目81个，完成投资153.2亿元。当年开工建设三产服务业项目69个，占项目总数的53.3%，完成投资60.2亿元，占投资总额的42%。

产业素质快速提升。全区规模以上企业达到46家，14家企业进入全市销售收入百强行列，初步形成钢铁、电力、煤焦、化工、医药、装备制造、三产服务和现代农业等八大产业集群。

农业现代化特色鲜明。充分发挥交通发达、沿城近市、临矿靠企的区位优势，聘请中国农业大学专家高标准编制《长治市郊区农业发展总体规划》，出台10项强农惠农政策，粮食总产量达到5403万千克。当年新增农业现代化项目13个，总投资7.9亿元，农业产业化龙头企业达到35家，发展“一村一品”专业村22个、农户公司1600余家、农村经济合作社294个。

区域城镇化稳步推进。启动了集聚30万人口居住的老顶山旅游城、故县新钢城和漳泽新型工业城建设，规划了堠北庄、大辛庄、马厂、黄碾4个中心集镇和20个大村项目，年内开工项目31个，全区城镇化率提高5.9个百分点，达到67.5%。

（郊区人民政府办公室）

潞 城 市

【自然概况】 潞城市位于山西省东南部，太行山西麓，上党盆地边缘。总面积615平方千米。2012年总人口23万人。现辖4个镇3个乡2个办事处，191个行政村，11个社区。潞城是国家卫生县城、国家园林城市和省级文明和谐城市。

【经济发展概况】 2012年，全市地区生产总值97.06亿元，比2011年增长10.4%；财政总收入8.01亿元，一般预算收入3.56亿元，分别下降34.9%、25.2%；粮食产量12.4万吨，增长3.3%；工业总产值205.2亿元，增长10.5%；社会消费品零售总额10.08亿元，增长15.7%；城镇居民人均可支配收入18953元，增长13.8%；农民人均纯收入8533元，增长15.6%。

坚持项目带动，发展后劲进一步增强。2012年，“项目落地年”活动取得明显成效。全年确定重点项目119个，总投资582.2亿元；在建项目98个，完成固定资产投资81.1亿元，增长43.1%，增幅长治市排名第一；全年开工建设投资3000万元以上的项目53个，平均一周一个新项目开工，建成投产25个。特别是引进了10个投资10亿元以上的大项目，全部投产达效后，可新增年产值300亿元、税金25亿元。在长治市项目建设7项考核指标中，4项获得获前3名，获奖总数排名长治市第二。

坚持先行先试，综改试点进一步推进。《潞城市转型综改试验先行试点行动方案》顺利通过省综改办批复，全面启动产业转型、生态修复、城乡统筹、民生改善4大领域的15个标杆项目。探索实施城乡建设用地增减挂钩、集体土地预征收等5项土地利用新机制。搭建政银企合作平台，帮助企业融资43亿元，吸纳社会股金15亿元，成功组建潞城农商行。

坚持调整结构，运行质量进一步提高。按照以煤为基、多元发展的思路，确立潞宝煤焦化、天脊煤气化、潞安焦化、史回物流“一区四园”产业布局，着力打造全国一流的煤化工循环经济集聚区。完善城南新区概念性规划，大力发展现代服务业，一批现代服务业项目开工建设，现代服务业集聚区初具雏形。全年新发展核桃经济林1400公顷、设施蔬菜678公顷、特色种植133.3公顷；新增“百千万”规模养殖场20个，特色种养规模稳步壮大。

坚持城乡统筹，人居环境进一步改善。加快推进城西新区开发力度，207国道城际路连接线、县道李黄线、常辛线提档升级等工程完工。全年淘汰落后产能162万吨，二氧化硫、化学需氧量等6项主要减排指标全面完成，市区二级以上天数354天。森林覆盖率19.5%，城市建成区新增绿地1.7万平方米，绿地率35.1%；绿化面积321.5万平方米，绿化覆盖率40.2%，通过全国绿化模范市(县)验收。

坚持关注民生，生活水平进一步提升。全面实施农村寄宿制小学营养餐工程，全面实行乡、村两级医疗机构基本药物制度，新农合财政补助由每人每年200元提高到240元，通过药品安全示范县验收。60套保障性住房主体完工，全面完成314户农村危房和50户农村贫困残疾人家庭危房改造任务。城乡低保年发放标准分别提高360元和264元，634名“五保”对象应保尽保，集中供养标准由每人每年2700元提高到4500元。新建市文化馆工程开工建设。5.6万吨“暖心煤”按时发放，新增城市集中供热23万平方米，总面积达到173万平方米。第二轮农村“五个全覆盖”工程全面竣工，其中，街巷硬化433千米，超出计划110千米，排名长治第一。

（潞城市人民政府办公室）

长 治 县

【自然概况】 长治县地处山西省东南部，太行山西麓，上党盆地南缘。东靠壶关，西连长子，北与长治市接壤，南和晋城市相邻。东南部系丘陵山区，西北部为盆地平川，全县平均海拔1166米，年均气温9℃，年降水量411毫米，属大陆季风性气候。县域面积483平方千米。辖6个镇5个乡2个区、254个行政村，2012年总人口34.4万人。

长治县拥有耕地面积2.5万公顷，是山西省县域面积最小的县，人口密度每平方千米684人。县内煤炭资源丰富,地质储量48.5亿吨,是全国100个重点产煤县之一,是长治市的人口大县,资源富县,经济强县。

【经济发展概况】 2012年,全县地区生产总值185.46亿元,比2011年增长14.6%;财政总收入57.28亿元,增长21%;一般预算收入20.03亿元,增长19.7%;工业总产值191.8亿元,增长8.6%;农林牧渔业总产值10.36亿元,增长28%;社会消费品零售总额18.92亿元,增长16.3%;社会固定资产投资83.4亿元,增长38%;城镇居民人均可支配收入21391元,增长12.5%;农民人均纯收入10557元,增长16%;粮食总产量1.43亿千克,增长8.4%。

*园区建设初见成效,产业转型步伐加快。*产业聚集区进入效益显现期,30家企业有6家投产,17个亿元企业进展顺利。太行山农产品物流园区六大板块、15个功能区全部开工,初具规模,日交易蔬菜500吨以上,以潞卓配送公司为代表的农产品物流业发展迅速。教育园区一期工程全部完工,基础设施配备到位。新型工业创业园区强势发展,雅瑞地毯、新视界照明等项目进展顺利。狠抓"双百"项目建设,加快推动产业转型。7个煤矿扩能改造全面完工并进入试生产阶段,原煤产量2148万吨,税金50亿元,振东制药建成亚洲最大百亿片剂车间,成功汽车实现批量生产,易通集团全国首台低温发电机组下线,日盛达具备点火条件,华鹏铝塑取得2项国家标准制定权,华南纸业在天津股权交易所上市。

*继续强化"三农"工作,农业产业化不断加快。*公共财政投入"三农"的总量、增量和比例持续提高。全年农业补贴资金2.2亿元,增长5%,政策性农业保险实现全覆盖。加快发展现代高效农业,设施蔬菜新增面积533.3公顷,总面积达到1333.3公顷;建成年出栏1万头以上生猪养殖场8个。农业产业化经营取得显著成效,新增农民专业合作社136个,农产品"513"龙头企业销售收入3.5亿元。完成15个村庄环境整治任务,解决了17个村、1.8万人的饮水安全问题。完成造林绿化466.7公顷,水土流失治理733.3公顷。

城乡一体互动发展,县域融合整体对接。"一轴两区三带""一城五镇五十村(区)"县域城镇化发展空间布局完成。"县城—荫城"快速通道全线开工,打通纵贯县境南北的主轴线。北部城市区"五纵十横"道路框架搭建完成,与市区实现对接;东外环路正式奠基,太行CBD国际中心、24个村撤村并区工程全面铺开,苏店、西申家庄居住点改造进展加快。县城公安大厦、国防动员指挥中心、民生大厦、县大医院等项目进展顺利。南部城镇区,投资4.8亿元的荫西旅游公路建成通车,将荫城古镇、南宋五凤楼、振兴新区、天下都城隍等旅游景点连为一体。荫城镇启动集中供热工程,次中心城镇集聚功能显著增强。

*文化事业全面发展。*成功举办第三届文化旅游节,创建国家公共文化服务体系示范区,荣膺"中国书法之乡"称号。成功举办"刘宇一油画展""中国画画中国""万人群众文体展示""新年音乐会"等多项大型文体活动。

(长治县人民政府办公室)

襄垣县

【自然概况】 襄垣县位于长治市北部,太行山西麓,上党盆地北缘。辖8个镇、3个乡、1个市级工业园区、323个行政村。总面积1178平方千米。2012年总人口27.3万人。

*历史悠久。*公元前455年赵襄子筑城得名"襄垣",西汉初期置县,历代未改,至今已有2400多年。襄垣地杰人灵、人文荟萃,历史上曾涌现出西汉杰出政治家张良、比唐玄奘到印度取经早230年的东晋高僧法显、明代监察御史连楹等一批杰出人物。襄垣还是中华连氏的发祥之地,2009年4月国民党名誉主席连战曾专程回来寻根祭祖。

*资源丰富。*矿产资源有煤、铁、铝、锰等30余种,其中,煤炭探明储量75.8亿吨,可开采40亿吨。现有煤矿17座,核定产能1750万吨。海河流域浊漳河水系的西、南、北三大干流汇集于此,大中小型水库14座。其中,后湾水库库容1.45亿立方米,是山西省六大水库之一。

*交通便利。*太焦铁路、太长高速公路、国道208线、省道榆长线以及即将建设的霍黎高速穿境而过。正在建设的襄垣至长治城际快速路通车以后,车程仅30分钟,与长治享有同城效应。

【经济发展概况】 2012年,全县地区生产总值226.59亿元,比2011年下降7.4%;财政总收入40.17亿元,增长12.6%;一般预算收入17.11亿元,增长48.5%;农林牧渔业总产值10.7亿元,增长11.7%;粮食总产量17.6万吨,增长6%;工业总产值353.3亿元,下降17.9%;社会消费品零售总额17.64亿元,增长16%;城镇居民人均可支配收入23250元,增长12.9%;农民人均纯收入9414元,增长15.2%。

*新型工业势头强劲。*富阳、王桥两个园区基础设施不断完善,产业集聚度不断增强。依托园区建设了襄矿瑞恒化工60万吨聚氯乙烯、至德电力储能电池、山力铂纳PVC/PE管材、彩印包装等一批非煤科技项目,产业结构得到优化。

*现代农业稳步发展。*新增设施蔬菜933.3公顷,总面积达到2133.3公顷;新增春秋大棚800公顷,总面积达到1942.2公顷;新增日光温室133.3公顷,总面积达到333.3公顷。建成3座智能化育苗中心、5处冷库和县级农产品质量安全检测中心。新建和扩建蛋鸡、肉牛、肉羊规模养殖场19个。东宝薯业、宝达菇业、林盛果业等一批龙头企业不断发展壮大。安排农村剩余劳动力3万余人。

*第三产业蓬勃发展。*在仙堂山旅游区总投资23亿元,建设四大区域31个景点。其中,主峰59米释迦牟尼大佛、法显八国游历馆、景区宾馆等大部分工程主体完工,西山柒子闹佛、财神庙、法显塑像等景点已对外开放。在宝峰湖旅游区总投资680万元,宝峰寺牌楼、欢乐采摘园、温泉钻探等工程完成建设。襄垣国际大酒店、金鑫大厦建成投用,物流、信息、金融等现代服务业发展

迅猛。

*项目建设成果丰硕。*引进各类项目153个、落地开工71个，协议引资488.4亿元、到位资金69.6亿元。建设各类重点工程项目121项，完成投资142.9亿元，完工45项。紧抓综改试验和扩权强县机遇，列入省级重点项目4个。

*城乡设施逐步完善。*新建城北街、滨河东路、城际快速路等路网工程，文化活动中心、游泳馆、垃圾处理厂等基础工程顺利推进。农村新的“五个全覆盖”任务全面完成。建成善福集中供水工程，解决8000余人安全饮水问题。复垦农村闲置宅基地和废弃工矿建设用地200公顷。建设六大造林绿化工程，新增绿化面积2120公顷。

*民生事业统筹推进。*新建县二中、四中、职业中学，全部免除高中阶段学生住宿费和信息费，教育事业进入全新发展时期。新建县医院急救中心和中医院门诊楼，药品零差率销售制度稳步实施，新农合参合率99.7%。开工建设保障性住房1200套。推进县乡村三级公共文化服务体系建设，新编大型历史剧《豫让与襄子》获省“五个一工程”奖，《襄垣秧歌》《襄垣鼓书》音像制品获第四届中华优秀出版物提名奖，荣获“山西省文化强县”称号。

（襄垣县人民政府办公室）

屯留县

【自然概况】 屯留县地处山西省东南部、上党盆地西侧，是长治市“1＋6”上党城镇群之一。全县总面积1142平方千米。辖14个乡镇(区)、294个行政村。2012年总人口26.7万人。

【经济发展概况】 2012年，全县地区生产总值112.35亿元，比2011年增长13.1%；财政总收入16.05亿元，增长3.5%；一般预算收入5.46亿元，增长8.9%；固定资产投资76.5亿元，增长27.2%；社会消费品零售总额10.14亿元，增长16%；城镇居民人均可支配收入18098元，增长12.5%；农民人均纯收入9581元，增长15.3%。

*狠抓项目落地，全力推进项目建设。*2012年，共实施重点项目127个，总投资383亿元。其中，续建项目40个，全部开工建设；新建项目87个，有86个开工建设，开工率99%，竣工项目76个。储备项目131个，总投资1569.1亿元；引进项目18个，总投资94亿元，到位资金50亿元；落地项目15个，落地率84%。

*着力转变发展方式，同步推进“四化”建设。*在工业新型化上，围绕建设新型能源生产供应基地和煤化工循环经济集聚区，实施工业新型化项目39个，总投资100.9亿元，完成投资47.3亿元。目前，康庄—李高—西贾和渔泽—路村—余吾南北两条产业带和康庄高新、余吾煤电油、王村煤焦化、渔泽煤焦化、古城煤电、金泽玉米深加工6个工业园初具规模。在农业现代化上，大力实施农业现代化“5553”工程。粮食总产量2.41亿千克，全市第一。优质玉米、设施蔬菜、干鲜水果、规模养殖、苗木花卉五大主导产业形成规模，福瑞、助民等五大农业生态园效益良好，建成“一乡一业”特色乡镇3个、“一村一品”特色产业村67个；农业机械化综合水平79.9%，农民专业合作社751家。在市域城镇化上，抢抓“1＋6”上党城镇群建设机遇，全力加快大县城、小城镇、中心村建设。启动实施城际路、禹王路、东环路、集中供热、供气等城镇化项目48个，全县城镇化率34.1%。在城乡生态化上，全力推进绿化、气化、净化、健康“四个屯留”建设。全县森林覆盖率30%，县城绿化率44.3%，绿地率39.5%，人均公共绿地面积11.1平方米，空气质量二级以上天数361天。

*全面加强社会建设，切实保障和改善民生。*农村新的“五个全覆盖”工程全面完成，代表长治市成功迎接了全省农村新的“五个全覆盖”工程现场推进会。教育事业持续发展，河神庙寄宿制小学、上莲寄宿制小学标准化学校建设工程全面竣工，14所农村闲置校舍改建幼儿园、32所义务教育薄弱校改造任务全面完成，新建公办幼儿园主体工程已经完工，“一颗鸡蛋一两肉”营养餐工程全面实施。卫生工作富有成效，建立完善城乡居民公共卫生服务体系，新农合参合率100%，农民体育健身工程覆盖率100%。创业就业工程扎实推进，新增就业3500余人，转移农村劳动力6000余人，公开为医护、畜牧、民政招聘高校毕业生82人，城镇登记失业率控制在2.3%。社会保障惠民暖心，开工建设各类保障性住房250套，新改扩建敬老院6所，改造完成农村危房425户，为全县低收入农户发放“暖心煤”7.3万吨。文化事业加快发展，大力实施“123”文化产业和文化低保工程，建成乡镇文化站9个，村级文化活动室100个，农家书屋294个。

（屯留县人民政府办公室）

平顺县

【自然概况】 平顺县位于太行山南端，山西省东南部，晋冀豫三省交界处。全县总面积1550平方千米。辖5个镇7个乡、262个行政村，1370个自然庄。2012年全县总人口15万人。平顺县西沟村是全国著名劳模、唯一的一至十二届全国人大代表申纪兰的家乡。

*生态优良，气候宜居。*地处太行山腹地，全县森林覆盖率41.6%，县城绿化覆盖率46.8%，空气质量二级以上天数始终维持在360天左右，是名副其实的“天然氧吧”。

*资源丰富，区位优越。*全县已探明的矿产资源有铁、硅、镁、大理石、石英砂等20余种。

*山清水秀，风光绝美。*拥有天脊山、太行水乡两个国家4A级景区，正在开发的虹霓大峡谷，被誉为“华北平原的天然巨型雕塑盆景”。全县文物古迹1566处，其中，有国家级文物保护单位10处，省级文物保护单位5处，堪称“中国古代建筑艺术博物馆”。

【经济发展概况】 2012年，全县地区生产总值20.94亿元，比2011年增长12%；财政总收入1.59亿元，一般预算收入7204万元，分别下降9.1%、5.8%；社会消费品零售总额5.69亿元，增长15.5%；城镇居民人均可支配收入15483元，增长13.7%；

农民人均纯收入3677元,增长14.9%。

招商引资成效明显。全年共接待各类考察投资商80多批次,外出招商70多批次,参加大型招商会20多个,签约亿元以上非煤、非电项目16个,签约总额101.04亿元,项目到位资金18.2亿元。

工业项目健康成长。长治清华机械厂平顺航天工业园区一期工程快速推进,文正卓越和弘泰化工2家企业入驻高新科技产业园区,大唐公司风力发电项目风场道路建设完成,瑞烽化工2×2.5万千伏安密闭电石炉项目已具备点火生产条件。铁矿采选单一的产业布局开始扭转,新能源、新材料、机械制造、航天工业等新兴产业多元格局形成。

特色农业稳步发展。大红袍花椒芽菜、振东医药集团连翘深加工、纪兰饮料、蜀中制药、双喜科技等项目顺利实施。全年共争取各类农业项目资金(粮食补贴资金除外)2282.4万元。5个品牌成为"山西省著名商标",成功认证21个有机食品、9个绿色食品、9个无公害农产品和1个地理标志产品,被省政府确定为全省"一县一业"中药材基地县,并授予"全省一县一业先进县"称号。

旅游产业持续发力。太行水乡、神龙湾、红色西沟、天脊山景区主题分区和功能设置进一步完善,虹霓峡景区初步具备接待能力;成功举办第六届全国新闻记者漂流邀请赛暨首届"晋善晋美·诗画平顺"风光摄影大赛。东庄村和岳家寨村入选国家首批传统村落名录,神龙湾村被命名为全国特色景观旅游名村,平顺县荣获"全省休闲农业与乡村旅游示范县"称号。

生态建设显著提升。完成造林4666.7公顷,长环高速平顺段两侧、长青线(北社段)两侧荒山绿化、兼用经济林建设等工程全面完工。集体林权制度改革如期完成,均山到户、联户承包6.1万公顷。全年二级以上天数365天。

民生事业得到改善。农村街巷道硬化全覆盖工程全面完成。高考达线突破300人,中考600分以上90人。居民健康档案建档率98.4%,新型农村合作医疗参合率99.9%。新增就业人数1750人,城镇登记失业率控制在1.7%。全年共争取各级各类扶贫资金2000多万元,完成16个整村推进项目,建设移民新区9个,实施移民搬迁338户1200人,入住率95%。

(平顺县人民政府办公室)

黎城县

【自然概况】 黎城,古称黎侯国,是中华文明发祥地之一,是太行革命老区。全县总面积1101平方千米。辖5个镇4个乡251个行政村。2012年总人口16万人。

区位优势。黎城地处晋、冀、豫三省交界,素有"三省通衢"之称,是山西的"东大门"。青兰高速(长邯段)、长邯铁路、国道309线横穿东西,国道207线以及在建的黎左、黎霍两条高速纵贯南北。距长治机场仅40千米,交通优势明显。

矿山优势。境内发现矿产21种,其中,铁矿储量2.03亿吨,硅矿储量20亿吨,钾矿、白云石、石英矿等矿产资源富集,煤炭资源也较丰富。

生态优势。气候温和,四季分明,年平均气温10.4℃,平均降水量547毫米,无霜期最长年份216天。森林覆盖率40%。水利条件优越,是山西的富水区。清浊两漳河贯穿县境,勇进、漳北、漳南三大灌渠襟南缠北;境内有40多处山泉水源,水量充足,水质优良,有很高的饮用开发价值。

奇山优势。北部、西部山区地形奇特,有着壮丽的红石景观,峰峦叠嶂,壁立千仞,丹霞地貌,是八百里太行雄奇风光最独特的部分,素有"太行画廊"之称。特别是30亿年前的造山运动形成的红山地貌,世界罕见,可与美国科罗拉多大峡谷相媲美。地质专家称,"30亿年遗迹看黎城"。

人文优势。黎城历史悠久,有"炎帝获佳禾之地、秦将定燕卒之乡"的记载,文明史长达5000多年。塔坡西周古墓群发掘证明,黎城是古黎侯国所在地。女娲补天、蚩尤争天、许由洗耳、燕王争雄、西伯戡黎等神话传说和历史故事均产生于此。黎城还是革命老区,黄崖洞兵工厂被誉为"新中国兵器工业的摇篮",冀南银行被誉为"新中国金融的摇篮"。

【经济发展概况】 2012年,全县地区生产总值30.81亿元,比2011年增长13.9%;财政总收入3.95亿元,增长0.8%;一般预算收入1.6亿元,增长3.2%;农林牧渔业总产值4.9亿元,增长9.1%;粮食总产量8万吨,增长15.9%;工业总产值78亿元,增长39.5%;社会消费品零售总额8.98亿元,增长15.7%;城镇居民人均可支配收入12725元,增长13.7%;农民人均纯收入5467元,增长14%。

工业经济发展后劲增强。与协鑫集团洽谈合作,引进太阳能光伏发电项目,完成可研编制等前期工作。华驰物流500万吨物流项目全面推进实施。蓝天燃气煤高效洁净转化项目引进美国先进技术,用低热值煤生产活性炭和煤气,已投入试生产。万瑞达三醋酸甘油酯项目建成投入试生产。青春玻璃深加工项目投入生产。云计算信息平台和矿山物联网项目攻克核心技术,完成专利申报和成果鉴定。晋道生态酒庄建成酿造车间、成装车间、私藏酒窖、潞商博物馆、晋道美术馆及艺术酒店,一期工程投产。积极争取省里支持,中技金谷集成房屋新型建材、华驰物流、博泰建材等8个项目被列为省级重点项目。

现代农业水平稳步提高。总投资3.5亿元的黎城高效农业示范园区,一期工程投资8564万元,生产核心区建设顺利推进;生态农业科技产业园区项目正式落地,入驻园区的冷链物流配送基地及三泰科技、奥利种业、昌晋粮油等企业的新建项目完成规划。山西飞鹤乳业生产的乳制品、豆制品成功打入国内大中城市市场,三泰科技的非油炸核桃休闲系列产品项目建成投产,奥利种业与四川同路集团联合建成4000公顷标准化玉米种子繁育基地,农产品就地加工转化能力和产品附加值提升。新栽植核桃经济林1333.3公顷,管护8666.7公顷。完成1333.3公顷荒山造林,全县生态绿化水平进一步提高。辛安泉供水工程完成前期工作，源泉、清泉2项提水工程规划上报省水利厅，水利设施条件进一步改善。投资406万元解决了14个村8000多人和855头大牲畜的饮水安全问题。对2000公顷耕地实施保护性耕作。新成立50家农民专业合作社，推广“公司+基地+合作社+农户”的生产经营模式，农民进入市场的组织化程度进一步提高。

城乡面貌不断改善。聘请深圳建筑设计院编制新区建设规划，聘请中国建筑设计研究院进一步完善旧城改造规划，出台《黎城县城中村及城边村改造试行办法》，稳步推进旧城改造工作。投资35亿元，占地100公顷的黎侯古城项目一期工程全面铺开，古城西环路工程进展顺利，“黎城印象”住宅小区开工建设。县城集中供热工程正式开工，国防动员应急指挥中心、基层就业和社会保障中心完成主体工程，新区地标性建筑城市综合体工程完成选址勘界。居民住宅小区建设有序实施，县城居民住房条件进一步改善。县城绿化覆盖面积190万平方米，绿化覆盖率42.8%，人均公共绿地面积20.8平方米。

文化旅游产业发展全面提速。编制完成太行红山景区总体规划和主要景点的详细规划，完成400千米景区道路基础工程和26千米标准化生态旅游路工程，景区至207国道4条旅游连接线开工建设，1条已经完成路面铺装，使景区具备了对外招商、合作开发的良好条件。杨岐山、四方山景区完成主干道路拓宽改造、游步道和停车场建设。广志山景区129师后方医院旧址修复完成主体工程。黄崖洞景区索道、观光火车道、电梯、兵工文化园、黎侯古国文化园、文化演艺广场等项目完成主体工程，游客服务中心基本建成。

人民幸福指数提升。农村街巷硬化、农村便民连锁商店、农村文化体育场所、中等职业教育免费、新型农村社会养老保险等新“五个全覆盖”工程全面完成。投资2840万元实施农村幼儿园建设、贫困学生资助、义务教育阶段学生免费、寄宿制小学“一颗鸡蛋”和“一两肉”工程。投入1445万元对全县44所义务教育阶段学校进行标准化配套，率先通过全市验收。县教研室、职教中心建设顺利通过省级达标验收。招聘69名中小学幼儿教师，师资力量进一步充实。15个乡镇卫生院和290个村卫生室实现了基本药物制度全覆盖，新农合参合率99.6%，共补偿群众医疗费用18.9万人次、3400多万元。县医院、西井和上遥镇中心卫生院的外科楼和门诊综合楼投入使用，群众就医环境进一步改善。建立食品药品“四品一械”监管网格，基本实现全覆盖。为2970多户计生家庭发放奖励扶助资金206万元，为833对符合条件的待孕夫妇免费进行优生健康检查，对33户重大疾病计生家庭给予每人2800元的大病救助。全面实施保障性安居工程，开工建设保障性住房609套，首批54户符合条件的困难家庭全部入住，为431户城镇低收入住房困难群体发放租赁补贴38万元。投入390多万元对280户农村危房进行改造。城乡低保覆盖8887户、1.2万人，基本做到应保尽保；社会养老保险基本实现全覆盖，为全县1.8万名60岁以上老人发放养老金1170多万元。实施新一轮农村电网改造工程，完成9个村街道亮化。

（黎城县人民政府办公室）

壶关县

【自然概况】 壶关县地处山西省东南部、太行山腹地，全县总面积1013平方千米。辖5个镇7个乡1个经济开发区，390个行政村。2012年总人口29.3万人。按国家贫困新标准人均年收入2300元测算，目前仍有11.5万人生活在贫困线下，占全县总人口的39.2%。是一个典型的山区县、老区县、农业县和国家扶贫开发重点县。

【经济发展概况】 2012年，全县地区生产总值37.91亿元，比2011年增长16.6%；规模以上工业增加值23.2亿元，增长25.7%；固定资产投资29.2亿元，增长27.9%；财政总收入4.1亿元，增长18.5%；一般预算收入2.03亿元，增长59.8%；社会消费品零售总额12.15亿元，增长16.1%；服务业增加值11.1亿元，增长10.8%；城镇居民人均可支配收入15200元，增长13.9%；农民人均纯收入3529元，增长17%；粮食总产量1.2亿千克。

新型工业转型升级。常平集团循环经济保温材料，是国家863计划项目和科技攻关项目，企业连续多年跻身中国民营企业500强；拥有国内第一条数码电子雷管生产线、第一条高强度导爆管生产线、第一条乳化炸药生产线的壶化集团按产能和科技水平，排名全国第三、世界第五，引进的北京邦仕得“克烧净”项目，主要生产特效烧伤药，被誉为“中国一绝，世界一流”。

特色农业省市领先。特色农业发展快速，紫团公司投资1.8亿元新建的冷冻调理食品（包子）项目一期工程竣工投产；食用菌产业链辐射带动周边市县万户农民户均增收4万元、人均增收1万元，在同行业中位居全国第五、华北第一，覆盖“三北一湾”地区；郭氏食品公司投资6300万元建设的系列速冻水饺项目正式投产，“郭国芳”牌商标被评为中国驰名商标；规模养殖、特色种植持续发展，标准化种养基地达到86个，旱地西红柿种植覆盖9个乡镇130个村，面积近2000.7公顷，亩均收入1万元。

旅游开发力度加大。资源整合启动实施，旅游循环路竣工通车，八泉峡大坝和游客中心主体完工。2012年，大峡谷接待游客129万人次，门票收入突破2000万元，社会总收入达18亿元。

县城面貌大有改观。编制完成《壶关县县城总体规划（2011～2030年）》，供热、供水、绿化、照明等10个专项规划和百尺、店上、晋庄、树掌4个重点集镇、70个新农村建设规划。总投资11.7亿元，建设上党城镇群连接线“五化”配套、文化广场、文体馆、保障性住房、树人学校、城南幼儿园、国防动员指挥中心、社会保障服务大楼、文昌阁、垃圾填埋场、路街翻修改造等22项城建工程，进一步完善县城功能，提高县城品位，提升县城形象。

社会事业全面发展。投资6400万元的树人学校建成招生，投资

2000万元的城南幼儿园和投资350万元的教师培训基地主体完成。投资2200万元的县人民医院门诊医技大楼投入使用,投资400余万元的百尺、集店、东井岭卫生院改扩建工程和大峡谷急救中心全面完工。

民计民生明显改善。省、市确定的第二轮"五个全覆盖"工程全面完成。向全县人民承诺的低收入农户免费供煤、农家乐特色化改造、廉租房建设、免费体检等10件实事全部兑现,总投资3.5亿元。社会保障工作扎实有效,以城乡低保、医疗救助、"五保"供养、救灾救济为主要内容的城乡困难群众救助体系基本建立,新型农村合作医疗参合率99.9%;城乡低保标准稳步提高,全年发放城乡低保金2960万元,农村养老金1976万元。慈善事业健康发展,累计募集善款32.8万元,救助困难人员1640人次。组织开展家政服务培训,职工在岗培训5000余人次,新增城镇就业2085人,转移农村劳动力3000人。

(壶关县人民政府办公室)

长 子 县

【自然概况】 长子县地处山西省东南部,上党盆地西侧。东望太行与长治县搭界,西枕太岳与沁水、安泽为邻,南接高平、北毗屯留。全县共辖7个镇5个乡2个管理中心,399个行政村。总面积1029平方千米。2012年总人口35.6万人。

长子县地势西高东低,境内主要有发鸠山、浊漳河等山脉和河流。属温带半湿润大陆性季风气候,四季分明,气候宜人。全年日照充足,平均气温10.4℃,平均降水量344毫米,无霜期194天。

【经济发展概况】 2012年,全县地区生产总值96.72亿元,比2011年增长15.6%;财政总收入30.28亿元,增长79.8%;一般预算收入8.75亿元,增长74.2%;农林牧渔业总产值16.95亿元,增长7.8%;粮食总产量23.6万吨,增长1.8%;工业总产值121.4亿元,增长27.5%;社会消费品零售总额11.93亿元,增长16.5%;城镇居民人均可支配收入19029元,增长14.1%;农民人均纯收入8707元,增长16%。

产业结构优化升级。把项目建设作为转方式、调结构、促跨越的总引擎,推进总投资756亿元的重点项目234个,促进产业结构优化升级。一是坚持以煤为基、多元发展。全年煤炭产量1793万吨,比2011年增加561万吨。二是现代农业提质增效。加快建设优质农畜产品生产供应基地,深入推进设施蔬菜"双二十"、2000万只畜禽规模健康养殖、万亩优质烤烟生产三大工程,全县蔬菜种植总面积突破1.3万公顷,设施蔬菜面积达到0.7万公顷;规模健康养殖场(区)达到137个,畜禽饲养量1215万只(头);烤烟种植面积593.3公顷。三是积极支持农业龙头企业建设。雨润集团畜产品、方兴蔬菜检测加工及物流配送、绿森番茄酱等重点农业项目加速推进。成功引进纳米大豆等纳米超高产育种技术。2012年,全县农业龙头企业销售收入9.09亿元,农民专业合作社达到781家,农产品加工转化率40%。全县三产增加值19.85亿元,增长10.8%。

城镇建设亮点纷呈。以建设上党城镇群示范区为目标,努力提升城镇化建设水平。长子会堂、五星级大酒店、金融大厦、商贸大厦、鹿谷大街延伸改造等总投资20多亿元的城建重点项目加快推进。龙兴花园、晋丹嘉园二期等5个住宅小区基本建成,扩容城镇人口2.8万人。县直新小学、县城示范幼儿园、县医院12层住院楼、集中供热二期等基础设施工程进展顺利,县城供水管网改造工程基本完成。

民生事业统筹发展。惠民政策方面,完成农村新的"五个全覆盖工程",落实蔬菜种植、畜禽养殖、低收入农户冬季取暖用煤等各项补贴政策,实施寄宿制小学"一颗鸡蛋一两肉"营养餐工程和幼儿园免书费政策。《乡村书记》《小两口回娘家》《好兴头》等文艺作品获得全省、全国大奖。生态建设方面,投资4632万元,实施荒山绿化、通道绿化等八大造林绿化工程,狠抓节能减排,县城空气质量实现全年365天二级以上目标。

(长子县人民政府办公室)

武 乡 县

【自然概况】 武乡县位于太行山西麓,山西省东南部,长治市最北端。总面积1610平方千米。辖9个乡、5个镇、1个农业开发区,377个行政村,942个自然村。2012年总人口18.2万人。

矿产资源丰富。主要有煤、铝矾土、白云岩、天然矿泉水等20多种,其中,煤探明储量28.6亿吨,年生产能力1100万吨,是全国重点产煤县之一;白云岩探明储量18亿吨,是山西省四大金属镁原材料主要生产基地之一。

旅游资源独特。武乡县是全国红色旅游重点县、中国优秀旅游目的地、山西省革命文物重点县。革命遗址遍布全县,馆藏国家级革命文物342件,被列为全国30条红色旅游精品线路之一,在全国100个红色旅游经典景区中武乡就有3个。有国家AAAA级景区、华北第一溶洞——太行龙洞,山西省六大水库之一——太行龙湖,太行山中段精华——太行板山,原始森林宝库"天然氧吧"——崇城山。

交通优势明显。太长高速、208国道、太长公路、太焦铁路纵穿南北,武左地方铁路、南沁公路、邢汾高速横贯东西。

【经济发展概况】 2012年,全县地区生产总值66.27亿元,比2011年增长15.1%;一般预算收入5.04亿元,增长20.9%;财政总收入13.52亿元,增长11.4%;农林牧渔业总产值5.2亿元,增长10.2%;粮食总产量11.3万吨,增长20.3%;工业总产值73.9亿元,增长15.4%;社会消费品零售总额8.57亿元,增长15.9%;城镇居民人均可支配收入15726元,增长13.8%;农民人均纯收入3947元,增长15.1%。

农业产业步伐加快。坚持把农民增收、脱贫翻番作为头等大事和核心任务,确立了"两年翻一番,四年翻两番"的目标。实施100万头生猪、4000万只肉鸡、300万只蛋鸡、100万只羔羊、20万亩(1.3万公顷)核桃等重大农业产业项目,初步形成生猪、肉鸡、羔羊、核桃等“一县一业”品牌。

坚持以煤为基,多元发展。以建设全国镁合金终端制品基地为目标,一手抓传统产业改造提升,一手抓新兴产业培育发展,实施了7座120万吨矿井技改扩建、中国五矿轻金属新材料产业集群项目、西山焦煤集团武乡发电厂二期、日产3000吨新型干法水泥熟料和年产90万吨水泥生产线及6兆瓦纯低温余热发电等项目,在煤、电、镁、焦四大支柱产业基础上,镁合金、压铸件、装备制造、新型建材等新兴产业发展格局初步形成。

第三产业发展迅速。强力度实施大型实景剧《太行山》、八路军文化园、游击战体验园“一剧两园”等重点文化产业项目。引进八一电影制片厂进行战略合作,建设全国战争题材影视基地,努力实现“南有横店、北有武乡”的目标。成功举办两届八路军文化旅游节和三届八路军文化研讨会,八路军文化品牌在全省乃至全国打响叫亮,武乡已经成为长治的品牌、山西的窗口。2012年,共接待游客221万人次,文化旅游产业成为县域经济发展新的增长极,有力地带动了第三产业的蓬勃发展。

(武乡县人民政府办公室)

沁　县

【自然概况】　沁县位于山西省东南部、长治市北部,太行、太岳两山之间。东接襄垣,南邻屯留,西连沁源,北倚平遥,自古有“冀州门户、潞泽咽喉”之称。全县辖6个镇7个乡、306个行政村、6个社区。总面积1318平方千米。2012年总人口17.3万人。

水土资源丰富。境内河湖纵横交汇,泉眼星罗棋布,有大小泉水270多处、河流126条、湖泊湿地30余处,水资源总量1.21亿立方米。拥有耕地面积4万公顷,其中1/3四年来未施用过任何化肥,素有山西“一圪垯好土”之称,是中国名米“沁州黄”的原产地,是健康食品、安全食品的天然粮仓。

生态环境良好。县境平均海拔1000米左右,年均气温8.9℃,降雨量606毫米,全年无霜期约170天。境内有“千泉湖”国家级湿地公园、北方水城国家级水利风景区等40多处生态景观。森林覆盖率38.5%。县城空气质量全年保持在二级以上,2012年一级以上天数191天。

【经济发展概况】　2012年,沁县地区生产总值14.94亿元,比2011年增长10.4%;财政总收入1.31亿元,下降4.3%;一般预算收入6132万元,下降5.1%;农林牧副渔总产值6.22亿元,增长5.9%;粮食总产量17.1万吨,增长6.2%;规模以上工业总产值6.4亿元,增长36.9%;社会消费品零售总额6.62亿元,增长16.4%;城镇居民人均可支配收入12858元,增长14.2%;农民人均纯收入3838元,增长16.1%。

项目建设实现新突破。引进襄矿集团兼并重组华安焦化公司,开工建设焦炉二期工程。潞宝金和生食品公司生产厂房一期工程、谷子博物馆等项目完工。沁园春矿泉水公司矿泉水生产项目一期工程试产出水,二期厂房建成。沁州黄醋业公司小米老陈醋生产项目主体完工。沁州黄小米(集团)公司婴幼儿小米营养粉成功上市。

农业产业呈现新格局。立足特色优势,大力发展现代农业板块经济,全县设施蔬菜种植面积660多公顷,核桃经济林种植面积5300多公顷,沁州黄谷子种植面积2000公顷。全县有机(转换期)认证产品32种,有机认证总面积770多公顷,年产量5000吨。全力推进沁州黄农业产业示范园区建设,共有16家企业入驻园区,21个项目开工建设。

城镇建设迈出新步伐。县客运站、残疾人康复中心等新建工程顺利实施,拓展了新城区建设。西湖美景、湖滨花园等住宅区工程,改善了旧城区人居环境。县城绿化覆盖率和绿地率分别达到40.5%和35.4%,省级园林城市创建通过初步验收。在5个大集镇、20个中心村实施街巷硬化、园林绿化等40多项工程,全年改造农村公路41千米。城镇化率较2011年提高5.1个百分点,达到37.4%。

生态建设取得新成效。河道治理工程3处、水库除险加固工程5处。新修水平梯田834公顷。“北方水城”国家水利风景区申报成功。千泉湖湿地公园晋升国家级湿地公园。启动5项山花烂漫工程,灭荒造林2600多公顷,跻身“中国绿化模范县”行列。全县森林覆盖率较2011年提高2个百分点,达到38.5%。

民生质量有了新提升。沁县第五中学建成并投入使用。利用农村闲置校舍改造幼儿园3999平方米。中医院综合住院楼工程基本完工。新农合参合率99%。城镇职工养老保险人数8891人。城乡低保人数1.7万人。开工建设保障性住房734套,主体完工290套。为低收入农户发放“爱心煤”46359吨。农村新的“五个全覆盖”工程全面完成。

(沁县人民政府办公室)

沁　源　县

【自然概况】　沁源县地处太岳山东麓,山西省东南部,长治市西北部。自西汉刘邦元年(公元前206年)置县,初名谷远,后为谷近,北魏建义元年(公元528年)因沁河之源得名沁源。全县总面积2554平方千米。辖5个镇、9个乡,254个行政村。2012年总人口15.9万人。

生态优美、景色宜人。全县森林面积14万公顷,森林覆盖率57%,是全国的“油松之乡”,全国天然林保护重点县。草地面积9万公顷,是华北南部唯一的亚高山草甸区。境内有沁河、汾河两大水系,年平均径流量2.6亿立方米,是山西相对富水区。气候温和,空气湿润,平均温度8.6℃,年相对湿度65%。境内四季山清水秀、地绿天蓝,处处绿树婆娑、郁郁葱葱。葳蕤的森林,温润的气候,被誉为太岳胜景“天然氧吧”。境内旅游资源丰富,有灵空山、菩提寺、花坡、沁河源等景区,特别是灵空山景区被称为油松之王的“九鼎松”,一树九杆,挺拔参天,已载入大世界基尼斯纪录。

矿产资源丰富。储量大的有煤、铁、铝矾土、石灰岩等,煤炭总储量128亿吨，可开采储量90亿吨(主焦煤60亿吨，动力煤30亿吨)，含煤面积占总面积的80%，是全国重点产煤县、全省主焦煤基地县。铁矿总储量5800万吨。铝矾土储量1.5亿吨。

野生资源种类繁多。尤以野生中药材连翘、党参、丹参、黄芩、柴胡、桔梗为多，野生天然食品有黑木耳、蘑菇、黄花菜、蕨菜、山核桃等20余种。

【经济发展概况】 2012年，全县地区生产总值110.87亿元，比2011年增长17.1%；财政总收入25.57亿元，增长16.8%；一般预算收入11.76亿元，增长39.3%；粮食总产量7.6万吨，增长15.2%；农业总产值4.05亿元，增长13.6%；规模以上工业总产值179.98亿元，增长14.7%；城镇居民人均可支配收入22570元，增长14.1%；农民人均纯收入8648元，增长15.4%；社会消费品零售总额15.32亿元，增长16.2%。

产业转型步伐加快。2012年，共实施各级各类工程项目188个，总投资329亿元，完成投资135.6亿元。20个煤炭扩能增值和升级改造项目完成投资58亿元，全县原煤产量突破800万吨。大唐集团马军峪10×500千瓦瓦斯发电项目竣工投产。蓝天工业园区20万吨石油压裂支撑剂两条5万吨生产线、国电太岳山风电已具备10万千瓦发电即将投产，新型工业成效显现。"一县一业"马铃薯产业形成集培育、种植、生产、加工、销售为一体的产业发展体系。续建沁河缘、昶苑、南石苗圃等现代农业园区5个，新建好乐草莓等农业示范园区3个，开工建设螺山种植等生态庄园23个，现代农业初具规模。大力推进"三区同创"文化旅游，实施灵空山圣寿寺维修、花坡植被恢复等一批宗教、生态文化旅游项目，山地自行车生态休闲旅游项目完成前期工作，现代服务业发展迅速。

城乡建设推进有力。高标准编制完成沁源县2010～2030年城市总体规划、县城旧城南北片区控制性详规、县域村镇体系规划和8个市政专项规划、4个建制镇总体规划，形成较为完善的城乡规划体系。全面铺开居民、行政事业单位、商贸企业房屋征收与补偿工作，征收面积15.4万平方米。投资20亿元，铺开安置房小区建设、人民路改造等10余项市政工程，56幢6层住宅楼主体完工，改造供水管网6200米，完成集中供热管网铺设17.3千米，新增供热面积24.6万平方米，完成安泽至沁源36千米天然气管网铺设。投资1.2亿元，完成农村街巷硬化465.2千米。改造农村危房500户，完成农村饮水安全工程23处、水土流失综合治理1000公顷。110千伏古寨变电站、35千伏灵空山变电站和赤石桥变电站投入使用。

生态文明成效显著。造林绿化2133.3公顷。拆除建成区燃煤锅炉617台，治理餐饮油烟污染70家，搬迁污染企业15家，封堵沿河企业排污口9个，完成矿山开采生态恢复治理70.3公顷。修缮改造人民广场和游园，栽植各类乔木3000余株、各类花灌木8万余株，新增绿地面积12万平方米，人均公园绿地面积23平方米，绿地率35.3%，绿化覆盖率40.2%，达到国家级园林县城标准。2012年，被评为"全省林业生态县""山西省园林县城"。

民生事业优先发展。新改扩建标准化幼儿园14所，县机关幼儿园硬件达到全省一流标准。新农合补助标准提高到290元，门诊统筹补偿比例提高到80%，门诊补偿和住院补偿范围逐步扩大，封顶线分别提高到5000元和12万元。公开招聘教育、卫生等事业人员202名。新增就业2816人，下岗再就业580人，转移农村劳动力2592人。为全县4.6万农户供应冬季取暖用煤6.9万吨。全年民生事业投入4.54亿元，增长10.7%。

(沁源县人民政府办公室)

晋城市

【自然概况】 晋城市位于山西省东南部，属暖温带季风气候，四季分明，冬长夏短，雨热同季，温和宜人。全年无霜期165～198天，东部山区较短。年平均降水量一般为624.6～680.8毫米，最大降水1010.4毫米，年平均湿度63%～68%；年平均气温7.9℃～11.7℃，最高气温38.6℃。

境内群山连绵，太行山雄居东部，中条山横卧西南，四周崇山峻岭，峰峦叠嶂。南面山势蜿蜒而下，伸向中州平原；中部丘陵起伏，盆地镶嵌其间；沁丹两河从西北向东南畅流出境，归入黄河。整个地形，状若簸箕。山地占全市总面积的58.6%，丘陵占28.5%，平川占12.9%。东南两面与河南省的焦作、济源、洛阳接壤，西与临汾市、运城市相交，北与长治市毗邻。全市东西宽160千米，南北长约100千米，总面积9490平方千米，其中，市区面积147平方千米。

晋城现辖1个市、1个区、4个县，84个乡镇、街道办事处。2012年总人口229.1万人。

晋城气候温和，雨量充沛，森林覆盖率达35.7%，是华北地区相对的富水区，华北地区最大的蚕桑丝绸基地和山西省重要的畜牧业基地。同时，晋城市还是国家园林城市、国家卫生城市、中国优秀旅游城市、全国文明城市先进市、全国绿化模范城市和山西省环保模范城市。

晋城历史悠久，人杰地灵。作为华夏文明的发祥地之一，相传女娲氏、神农氏，以及尧、舜、禹都曾在这里留下了活动的足迹，愚公移山、精卫填海、女娲补天、神农躬耕等诸多美丽的传说也出自这块神奇的土地。晋城自然风光和文化遗存相得益彰。蟒河、历山、王莽岭峻险奇秀，皇城相府、长平古战场、炎帝陵底蕴深厚。全市拥有古文化遗址63处，国家级重点文物保护单位66处。尤其是现存宋、金时期基本保存完好的木结构古建筑46处，占山西的2/3、全国的1/3。

晋城资源丰富，宝藏遍地。煤、煤层气、白云岩、石灰岩、铝土矿等矿产资源储量丰富。特别是煤炭资源储量大，品质优，享誉全国。全市含煤面积占总面积的49%，无烟煤探明储量占全国的1/4多、山西的1/2多，煤炭产量占全国的近5%，煤层气在全国率先实现了规模化商业化开发。

【经济发展概况】 2012年,全市地区生产总值1012.81亿元,比2011年增长11.1%;固定资产投资655亿元,增长29.9%;财政总收入213.5亿元,增长17.4%;一般预算收入82.9亿元,增长22.1%;社会消费品零售总额268.6亿元,增长15.6%;外贸进出口总额12.35亿美元,增长8.3%;城镇居民人均可支配收入22539元,增长12.1%;农民人均纯收入8037元,增长14.1%。被评为“山西省2012年度目标责任考核优秀市”。

产业转型取得新成效。2012年,项目建设和重点工程全力推进,省级重点工程完成率134.5%,居全省第一。传统产业进一步巩固提升。煤炭产业巩固兼并重组成果,新转产验收和联合试运转矿井14座,产能规模达975万吨/年。煤层气产业拥有地面抽采井5500口,年抽采能力40亿立方米。中国联盛、新奥集团、晋煤天煜等煤层气液化项目建成运行。一批电力、煤化工项目开工建设。非煤主导产业成长壮大,高新技术产业快速崛起,装备制造业规模不断扩大。富士康A区苹果手机精密机构件、金鼎煤机等标杆项目加紧推进。商贸物流业快速发展,苏宁电器、必胜客、凤展新时代广场正式营业,太行明珠游乐城、皇城相府城市综合体等项目加紧建设。

对外开放迈出新步伐。深度对接上海、富士康、华润、晋煤,招商引资持续升温。与上海及长三角地区签约项目48个,落地25个,总投资172亿元。金匠工业园区完成一期采空区治理和场地平整。华润兰花制药项目落地。深入实施融入中原战略,加大旅游景点建设和营销力度。联合河南、河北等省的20多个城市,共同打造“太行山文化旅游”精品。全力推进综改试验区建设,编制转型综改行动方案,完成“一市两园”总体规划,开工建设标杆项目18个。全市招商引资实际到位资金561亿元,增幅居全省第一。

“三农”工作实现新突破。2012年,粮食总产量9.74亿千克,创历史最高水平。生猪出栏258.4万头,全省第一。大力发展“一村一品、一县一业”,扎实推进农业产业化,新建现代农业科技园区30个,农民专业合作社发展到2980家。300个重点推进村完成规划编制、“四化四改”和“五个一工程”。开展首届“晋城最美乡村”评选活动。重点扶持146个贫困村,生产生活条件明显改善,新的“五个全覆盖”工程全部超额完成。

城市品质得到新提升。强力推进城市建设,实施一批城建重点工程。改造提升凤台街、文昌街两条主干道,取消群众呼吁强烈的西上庄收费站,打通兰花北路、红星街东西延伸段、文昌街西段、建设北路、客运东站环路等断头路,新增城市道路7千米。“三馆合一”主体完工。加快推进城市水系建设,任庄水库调水工程完工,滨河南路完成路基建设。开工建设保障性住房1.1万套,竣工5291套。市区经济适用住房被评为“国家康居示范工程”。

生态环境又有新改善。强力推进污染减排,关闭落后产能及生产设施企业10个,取缔市区分散燃煤供热锅炉102台。完成污染减排重点项目38个。丹河人工湿地三期工程通水试运行。市区空气质量二级以上天数353天,稳定达到国家二级标准,综合污染指数控制在1.72。加大节能降耗力度,实施节能项目52个。完成村庄绿化300个,造林7414公顷。被评为“全国国土绿化突出贡献单位”,荣获“国际花园城市”称号。

社会事业取得新进展。爱物学校、汇仟小学主体完工,中等专业学校一期工程和凤城中学项目顺利推进,新建标准化幼儿园15所。在全省率先实现了十二年免学费教育,为农村寄宿制学校配备校车76辆。加快推进晋城大医院建设,正式启用市、县两级医院远程医疗会诊系统,投资6亿元加强县乡村三级医疗基础设施建设。城镇医疗保险标准全省第一,工伤、失业、生育、城乡居民养老保险标准居全省前列。积极推进就业和全民创业,新增城镇就业岗位4.1万个,城镇登记失业率1.8%,被国务院授予“全国创业先进城市”称号。城乡低保、“五保”供养保障标准名列全省前茅。

(陈高晋)

晋城市城区

【自然概况】 晋城城区位于山西省东南部,雄踞太行之巅,扼晋、豫两省之要塞,是山西通往中原、走向全国的重要门户,也是全国沟通东西、联结南北的重要支点。城区面积149.6平方千米。辖1个镇、7个办事处,62个行政村、75个社区。2012年总人口48.3万人。目前,建成区范围内同时驻有晋城市、城区、泽州县和开发区4个政府机构,是晋城市的政治、经济、文化、信息、金融、交通中心。

城区环境宜人,文脉流长。全区绿化总面积3266.7公顷,绿化覆盖率45.8%,绿地率43.2%,人均公共绿地面积15.5平方米,主要绿化指标均超全省、全国平均水平。空气质量优良,冬无严寒,夏无酷暑,气候宜人。人文景观有白马禅寺、程颢书院、景德桥、景忠桥、怀覃会馆、文峰笔塔等。

城区区位优越,交通便捷。太焦铁路、侯月铁路纵贯全境,境内有二连浩特至广州、太原至澳门等省际公路5条,与国道207、省道太洛路、陵沁路、晋韩路等纵横交错,距郑州、洛阳、长治3个机场均在100千米左右。辖区内城乡路网四通八达,公路通车总里程347.7千米,实现了全区行政村通油路、通客车目标。

【经济发展概况】 2012年,全区地区生产总值203.35亿元,比2011年增长11%;财政总收入11.59亿元,增长37.7%;一般预算收入7.02亿元,增长34.9%;社会消费品零售总额136.62亿元,增长16.2%;服务业增加值114亿元,增长10.8%;全社会固定资产投资172亿元,增长31.1%;城镇居民人均可支配收入22565元,增长12.1%;农民人均纯收入9052元,增长13.7%。

转型发展势头更加强劲。2012年,落地项目162个,落地金额

303.7亿元，排名全市第一。省市重点工程投资完成额和市级重点工程投资完成率均排名全市第一。产业集聚效应凸显，组织实施总投资560.7亿元的81个非资源类重点项目，完成投资156.5亿元。豪德一期、凤展新时代广场、美特好、苏宁电器、必胜客、太行明珠游乐城等商贸物流项目的开业运营，极大地改善了消费环境，提升了市民的生活品质。以晟皓光电LED、天煜煤层气等为代表的新型工业项目建成投产，以摩登大地为代表的现代农业加快发展，"一体两翼"的产业格局更加稳固。

改革开放步伐更加稳健。招商引资全市领先。全方位对接上海，成功引进红星美凯龙等8个项目，引资额43亿元。多次组团参加各种展会，成果丰硕。深度对接晋煤、华润、富士康、兰花等大企业，赛博数码、华润万家等项目成功签约。全年共签约项目32个，引资额154亿元，外来资金到位93.4亿元，增长50%，排名全市第一。同时，大力扶持本土企业发展，财政投入中小微企业的扶持资金达2800万元，促进了本土企业的发展壮大。重点领域改革取得突破，编制完成转型综改行动方案，27个转型标杆项目加快推进。

城镇化建设成效更加明显。北石店新区建设扎实推进，高标准绿化、美化、亮化畅安路。司徒、北石店等5个村新开工回迁楼22栋，加快水、电、路、气、暖等基础设施配套。购物中心、写字楼、酒店等商业开发项目正在加紧推进。晋城大医院开工建设。出台《关于进一步规范城中村改造的实施意见》，确立了"政府主导、市场运作、整村拆除、安置优先"的原则，促进城中村改造工作的健康有序。全年共实施9个城中村改造项目，完成投资9.96亿元，完成拆迁面积6.1万平方米，开工面积65.6万平方米，竣工面积25万平方米，回迁面积10万平方米，950户居民顺利回迁。积极创建国家森林城市，完成造林绿化506.7公顷，进一步提升了白马寺山森林公园、豪德公园、凤还巢森林公园的绿化水平。对白马寺山森林公园核心区域进行高标准亮化。在第16届国际花园城市总决赛中，荣膺"国际花园城市"综合金奖和景观改善类特别金奖，白马寺山森林公园生态治理工程荣获自然类单项金奖。新农村建设稳步推进，财政对"三农"的投入2.43亿元，占财政总支出的22.1%。司徒、东武匠等5个农业园区建设扎实推进。巩固提升"513"龙头企业，特色种养项目继续发展壮大。区财政投入300万元扶持建设牛山现代农业园，使白马寺山森林公园的辐射带动作用得到发挥。

保障和改善民生更加有力。2012年，财政对民生的支出达7.68亿元，比2011年增长38%，有力促进了民生和社会事业的快速发展。新增就业1.1万人，荣获"全市创业型城市创建工作突出贡献奖"。城镇居民社会养老保险和新农保工作被确定为国家级试点，城镇居民社会养老保险社会化征缴工作得到人社部充分肯定。出台《失地农民社会保障办法》，将8000多名失地农民纳入社会保障范围。为600多名社区工作者办理了社会保险。扎实推进保障性住房建设，完成投资6.6亿元，竣工1000套，为663户住房困难家庭发放廉租住房补贴。连续第二年为环卫工人增加工资，每人每月增资145元，达到1155元，居全省前列。为一线环卫工人免费提供"贴心早餐"。高标准完成低收入农户供煤工作。投入1000多万元对市区8处低洼地段进行治理，有效抵御了"7·30"晋城市有水文记录以来最大暴雨袭击。投资470万元对群众反映强烈的汇仟小区质量和环境问题进行集中整改。区政府为民承诺的12件实事全部兑现。

社会事业全面进步。财政性教育投入3.22亿元，占财政总支出的29.3%。实施了以改厕、改暖、改操场、改宿舍、改餐厅为重点的"五改"工程，涉及42所学校，2.6万名学生受益；为全区所有学校配备保安，安装监控设施，校园更加安全；城区职中新校区开始招生，新建汇仟小学完成主体工程；城市义务教育阶段中小学生均公用经费分别由430元、330元提高到603元和482元；公开招聘54名教师，对在编不在岗的教师进行集中清理；首次实行划片招生、阳光编班，班容量过大的问题得到初步解决。医疗保障水平稳步提升，基本药物制度在公立基层医疗卫生机构全面实施，新农合参保率99.6%。二院住院大楼开工建设，远程医疗会诊系统建成启用。文化馆、图书馆实现对外免费开放，农家书屋读书活动、基层电影免费放映活动以及全民健身运动扎实开展。

（城区人民政府办公室）

泽州县

【自然概况】 泽州县位于山西省东南部，太行山南端，是山西通向中原的重要门户。东与陵川县相连，西与阳城、沁水县衔接，北与高平市毗邻，南与河南省济源、博爱、沁阳等县（市）交接。总面积2023平方千米。辖14个镇3个乡、632个行政村。2012年总人口48.6万人。

泽州是华夏文明的发源地之一。有三万年前的新石器时代文明遗址，有女娲补天、孔子回车等许多人文历史传说。境内文物古迹遍布，历史名人众多，现存国保单位8处。曾哺育和造就了唐代著名佛经注疏家高僧慧远、宋代文学家刘羲叟、首创诸宫调的北宋艺术家孔三传、南宋抗金名将梁兴、民国时期"山西第一才子"郭象升等一批历史文化名人。

境内矿产资源丰富。全县含煤面积420平方千米，占全县总面积的20.8%，煤炭探明储量48亿吨，是全国重要的无烟煤基地。全县水资源总量3.54亿立方米，是华北地区相对富水区。

【经济发展概况】 2012年，全县地区生产总值217.67亿元，比2011年增长10.9%；财政总收入37.52亿元，增长9.8%；一般预算收入12.49亿元，增长15.2%；规模以上工业增加值68.7亿元，增长15.1%；全社会固定资产投资127.1亿元，增长30.1%；社会消费品零售总额26.71亿元，增长16.1%；外贸进出口总额4.13亿美元，增长47.1%；城镇居民人均可支配收入21691元，增长

14.2%；农民人均纯收入9044元，增长13.9%；粮食总产量2.7亿千克，创历史最高水平。

发展后劲在壮大实体经济中不断增强。深入开展项目落地年活动，实施重点工程项目65个，完成投资137.6亿元；落地项目69个，总投资228亿元。积极开展招商引资，全年签约项目57个，拟引资685亿元；31个项目开工建设，到位资金89.7亿元；特别是引进建设了晋煤集团高硫煤洁净利用循环经济工业园、兰花己内酰胺、兰花国际物流园、月星国际家居广场、雨润10万头生猪养殖等一批重大转型项目，为“十二五”翻番奠定了坚实基础。首批15家试点企业通过质量管理体系、环境管理体系和职业健康安全管理体系认证，市场竞争力进一步增强。大力扶持本土企业发展，为164家中小微企业发放扶持资金3748万元；为山水合聚水泥、硕阳光电、美虹板钢、聚寿山文化旅游等企业发放以奖代补资金1727.8万元。

发展瓶颈在主动创新实践中有效破解。2012年，29个矿井复工复产，原煤产量达到740万吨。积极争取建设用地指标和政策，为56个项目解决用地226.4公顷，指标总量全市第一。积极为中小企业搭建融资平台，出资1000万元与建设银行合作开展“助保金”贷款业务，为14家企业融资6150万元；充分发挥金诺担保公司平台作用，为14家中小企业担保资金4200万元；协调有关企业为清慧制造、硕阳光电提供流动资金贷款担保1.3亿元，解决了中小企业发展资金不足的问题。

发展步伐在调优经济结构中更加稳健。2012年，生猪出栏70万头，名列全省第二。“一村一品”专业村发展到111个。专业合作社实现行政村“全覆盖”。新增土地流转面积933.3公顷，荣获“全国粮食生产先进县”和“全省设施蔬菜生产先进县”称号。大力发展铸造及装备制造产业，编制完成《铸造产业发展规划》，争取到省级铸造产品质量监督检验检测中心落户泽州县，争取到市级发展县域主导产业专项资金1200万元，新发展大通、麒麟、榕鑫等规模铸造企业。全县有4家企业被确定为“国家认定铸造生铁企业”，7家企业被确定为全国铸造行业千家重点骨干企业。大力发展现代服务业，规划建设金村现代服务业集聚区，全县服务业增加值51.5亿元。

城乡面貌在一体化推进中进一步改善。统筹推进城乡基础设施建设，投资3.3亿元完成金村大道和10条县乡道路升级改造。全面完成新“五个全覆盖”工程。开工建设南村水厂和金村水厂。完成泽州东220千伏及水东110千伏输变电工程。新增小城镇集中供热面积33万平方米、煤层气用户3000户。全县城镇化率41.3%，提高2个百分点。统筹推进城乡生态环境建设，投资1亿元，植树造林2966.7公顷，通道绿化1300千米，村庄绿化400个，全县森林覆盖率35%，成功创建省级林业生态县。投资3000万元，完成100个行政村、17个乡镇政府驻地、3个工业园区、30段主要道路的环境综合整治，开工建设下村、南村、金村、高都、巴公5个生活垃圾卫生填埋场。加强水土治理，完成水保综合治理面积15.2平方千米，治理长河、丹河河道16千米。

社会事业在提升质量水平中全面进步。不断加大财政对民生事业倾斜力度，投资3.7亿元完成十人惠民工程。优先发展教育事业，新改扩建高标准幼儿园28所，开工建设泽州一中综合教学楼、县职中学生宿舍楼和餐厅，在全市率先对非公办幼儿园“民办公助”、对普通高中学生“两免一补”、对义务教育学生推行“营养改善计划”。全面提升医疗水平，积极争取国家开发银行贷款1亿元，全面更新县乡医院医疗设备。推进文化大发展大繁荣，《大耳朵爷爷历险记》荣获全省“五个一”工程奖和全国优秀国产动画片奖，“两馆”改造进展顺利，乡镇文化站实现全覆盖。不断提升社会保障水平，为全县重度残疾人发放护理补贴193万元，为80岁以上老人发放生活补贴417万元，为全县农民新增合作医疗补助基金420万元、大病救助资金200万元，全县新农合参合率99.3%，社会养老保险覆盖率98.7%。

（泽州县人民政府办公室）

高平市

【自然概况】 高平市位于山西省东南部，是中华民族人文始祖炎帝的故里，是中国历史上著名的长平之战发生地，也是太行太岳革命老区和闻名全国的“煤铁之乡”“黄梨之乡”“生猪之乡”和“上党梆子戏曲之乡”。

高平春秋时称泫氏，战国时称长平，北魏至今称高平。1993年5月撤县设市。全市总面积946平方千米。辖16个乡（镇、街道办事处）、463个行政村（居委）。2012年总人口48.7万人。

【经济发展概况】 2012年，全市地区生产总值234.68亿元，比2011年增长11.9%；财政总收入42.31亿元，增长16.1%；一般预算收入11.91亿元，增长16%；全社会固定资产投资104.7亿元，增长33.5%；社会消费品零售总额40.69亿元，增长16.3%；城镇居民人均可支配收入21324元，增长14.7%；农民人均纯收入8647元，增长13.8%。

项目建设强势推进，发展动力持续增强。精心实施事关全市长远发展的“六个十”项目，2012年完成投资58亿元。新能源科技创新园成为全省确定的“一市两园”试点，马村煤电化工业园区被省政府升格为副处级工业园区，唐一新能源、福川制铁等项目建成投产，兰花华润制药、科兴光电等项目落户园区，10座骨干矿井建设顺利推进，米山、迎宾变电站基本建成。泫氏家装、九龙大酒店等完成主体，盛业广场、澳林大酒店等开始营业，肯德基、好伦哥等全球知名餐饮企业落户高平市。

“一村一品”快速发展，农民收入持续增加。全面实施“一村一品”三年推进战略，60个重点推进村带动效应明显。粮食产量再创新高，总产量2.44亿千克。养猪、种菜两大产业蓬勃发展，组建猪业协会，开通生猪网，生猪出栏145万头。成功承办全国生猪产业高层论坛、全省发展生猪产业现场会，高平市生猪标准化养殖经验在全省交流推

广。新建设施农业园区22个，新增设施蔬菜504.1公顷，进一步夯实农民增收基础。

城乡统筹步伐加快，人居环境持续改善。立足于打造宜居宜业城市，编制完成城市总体规划以及旧城改造、人工湿地、工业园区等10余个专项规划设计，城市规划展厅正式运行。创新思路、强势推进丹河市区段整治，拆迁临建及房屋200户，长平桥北段河道与景观建设初见成效，南段污水管涵全线贯通；改造提升丹河路，打通10条断头路，完成客运中心、人武部办公楼、公安局业务用房等工程主体。加快“五镇”建设，实施基础设施项目48个，城镇化率48.9%。深入推进新农村建设“八大工程”和“六村联创”活动，实施新“五个全覆盖”工程，新农村建设迈上新台阶。完成造林绿化1533.3公顷，森林覆盖率18.3%；推进市区公园游园建设，新增绿地面积108万平方米，长平苑被评为省级星级公园。

民生事业蓬勃发展，幸福指数持续提升。市财政拨出4500万元，实施普通高中“两免一补”、职业高中免费，实现了12年教育全免费；改善提升医疗卫生设施，人民医院综合住院楼和64排螺旋CT投入使用；补助480万元，实现公立医院所有药品零差率销售。投资2亿多元，完成实验高中二期主体和市直、马村、野川等7所幼儿园建设。申请科技专利240项，唐一新能源“锂离子电池储能电站项目”被列为国家“863计划”。千方百计做好“暖心煤”供应，坚持不懈推进“双供”工程，新增供热面积80万平方米，市区供热能力410万平方米，新增供气5000户。新配置22辆校车和20辆公交车。完成30个村、2万人的饮水提升改造工程。开工建设保障性住房1872套。完成数字电视整体转换2万户。新增城镇就业岗位5012个。

（高平市人民政府办公室）

陵川县

【自然概况】 陵川县位于山西省东南端，北靠壶关、长治，西连高平、泽州，东南与河南辉县、修武接壤，为山西省东南之门户。全县总面积1751平方千米。大部分地区海拔在1200～1600米之间，最高海拔1791.9米，最低海拔628米。石质山区面积占全县总面积的43.9%。全县森林覆盖率52.1%。全年平均气温7℃～9℃，素有“清凉圣境”之美称。

全县共辖7个镇5个乡、378个行政村。2012年总人口23.3万人。

【经济发展概况】 2012年，全县地区生产总值30.4亿元，比2011年增长10%；规模以上工业增加值6.78亿元，增长12%；社会消费品零售总额12.32亿元，增长16%；城镇居民人均可支配收入12978元，增长13.1%；农民人均纯收入5421元，增长13.4%；全社会固定资产投资22.8亿元，增长32%；财政总收入4.28亿元，增长18%；一般预算收入1.52亿元，增长20.6%。

项目建设态势良好，发展后劲逐步增强。2012年，实施重点工程项目71项，其中，省级3项、市级28项、县级40项。投资在1亿元以上的项目20个，5000万元至1亿元的项目12个。采取以企招商、以商招商、以特招商、会展招商和联谊招商等多种形式，累计外出招商70余次，邀请外地客商来陵考察40余次，与江西正邦、江苏银光、山西国药等企业签订投资协议，与上海企业家联合会、河南省晋商会、新乡市非促会建立战略合作关系，共签约项目51个，落地27个，到位资金17亿元，比2011年增加6.7亿元。

工业经济迎难而上，质量效益不断提升。坚持以骨干项目建设为引领，推进煤炭资源整合，加快非煤产业发展。苏村煤业全年正常生产，关岭山煤业投产试运行，德通电子项目完成主体，达利化工3万吨橡胶助剂项目开工建设，金隅水泥变频风机节能改造项目顺利完成，侨鑫铸造5万吨球墨铸管、工具公司数控硬质合金刀具、行源化工乙炔综合开发一期工程进展顺利。积极探索循环经济发展路径，申报并实施省级节能备选项目4个，申报省级信息化发展专项资金支持项目3个。特别是礼义铸造园区获得省经信委批复，为冶铸产业规模化、集约化发展奠定了基础。

特色农业扎实推进，农民收入稳步增长。大力发展“一村一品”“一乡一特”，全县以设施蔬菜、优质谷子为主的特色种植业面积已达7333.3公顷，中药材种植面积1.9万公顷，畜禽饲养量207万头（只），核桃干果经济林3186.6公顷，食用菌大棚700栋。启动了50万头生猪基地建设，开工建设正邦集团正嘉5万头原种猪场、鸿生10万头猪场、佰润普2万头种猪场、亨远30万只蛋鸡场等大型养殖项目，“陵川黑山羊”获得国家农产品地理标志认证保护。加快汇丰中药材深加工、太行中药材植物提取项目建设，建成古陵山马铃薯烘焙食品、百盛菌业菌包生产线，新建“珍菇坪”工厂化食用菌生产项目。特色农业产业成为县域经济发展的亮点，为农民增收提供了有力支撑。被列为全省生猪养殖大县，荣获中药材“一县一业先进县”称号。

旅游开发持续升温，产业效益正在显现。高标准编制《陵川旅游发展战略规划》《山西省陵川县旅游发展总体规划》。打破景区界线，实施插件开发，全年景区景点建设投资4.3亿元。王莽岭创5A景区规划通过专家评审，王莽岭国家地质公园通过国土资源部验收。组织首届“围棋源地·清凉陵川”消夏文艺晚会，举办凤凰欢乐谷冬季暖谷游、第十四届中国太行山（陵川）金秋红叶节等一系列活动，推动旅游客源由周边城市扩展到豫、冀、苏、港、台及韩国等国内外大市场。2012年，全县接待游客突破100万人次，门票收入突破3000万元，旅游总收入4.25亿元。

基础建设力度加大，发展环境不断优化。高陵高速建成通车，棋源山庄至古郊路基工程全面完成，历经2年完成371个建制村1612千米街巷硬化全覆盖任务。东双脑水库和梧桐水库除险加固通过省级验收。山洪灾害非工程措施预警预报工程投入使用。事关全县发展的重大水利工程磨河水库正式批复立项。新建10处饮水安全提升工程，解决了28个自然村1.8万人饮水安全问题，同步实施农村饮水水价补贴，惠及280个村13万人。推进农村电网升级改造，按进度全面完成阶段性建设任务。推进城乡生态建设，实施65平方千米小流域综合治理，连翘种植2000公顷，绿化造林2046.6公顷，全省森林资源保护责任制现场会在陵川召开。县城空气质量二级以上天数364天。供热新入网46万平方米，总面积达到155万平方米；供气新增用户1500户，总用户达到4500户。县城污水处理厂投入试运，生活垃圾处理场基本完工，客运中心奠基开工。大打农村环境综合整治攻坚战，农村面貌大为改观，凤凰村、丈河村、锡崖沟村被评为晋城市最美乡村。

社会事业全面进步，人民生活日益改善。2012年，公共财政用于民生投入占公共预算支出的85%以上。全县中小学校舍安全工程圆满完成，6所乡镇中心幼儿园建设完成主体。新招聘教师68名。组织开展“陵川好人”评选活动。实施文化惠民工程和文化低保工程，县文化馆、图书馆免费对外开放，平城纸龙和玉泉武故事申报市级非物质文化遗产。城乡居民就医环境和医疗条件进一步改善，全县60岁以上老人免费体检。高度重视创业就业工作，新增城镇就业岗位2280个，转移富余劳动力1万余人，陵川县就业创业协会被国务院评为全国创业就业工作先进集体。加快完善城乡社保体系，参保人数22.3万人，3.9万人享受到社保待遇。城乡低保再次提标，发放低保、“五保”供养金4536万元，为全县低收入农户免费供煤8万余吨。开工建设廉租房90套，完成农村危房改造200户，配租到户2011年度廉租房84套。

（陵川县人民政府办公室）

阳城县

【自然概况】 阳城位于山西省东南部，太行、太岳、中条三大山脉交汇处，也是太行与中原的交接地。全县总面积1968平方千米。辖10个镇7个乡1个办事处、467个行政村。2012年总人口38.9万人。森林覆盖率51.1%，人均绿地面积10.9平方米，被命名为“山西省园林县城”。

阳城气候温和。属于暖温带大陆性气候，平均气温11.7℃，平均日照时数2400小时，无霜期180天左右。多年平均降水量627毫米，年蒸发量在2000毫米以上。

阳城资源丰富。地下已探明开采的矿产资源有21种，其中，煤炭、陶瓷黏土和铝矾土最为富集。可利用水资源储量15.8亿立方米，在山西属于相对富水县。地上动植物资源共有1100多种，野生中药材300余种，是全国四大山茱萸产地之一。境内旅游景点众多，有以“中国北方第一文化巨宅”、国家5A级景区皇城相府为代表的古堡民居建筑群，有以国家级森林公园、国家4A级景区蟒河为代表的山水风光，还有以亚高山草甸而闻名的析城山为代表的喀斯特地貌奇观。

阳城历史悠久。远在周朝就开始栽桑养蚕，金元年代冶铸在全国领先，明清时期陶瓷成为贡品，琉璃工艺品被用在北京故宫屋脊和十三陵的殿堂顶冠上。自隋朝实行科举制度以来，先后出过2名宰相、4名尚书、123名进士、325名举人，南宋有与李唐齐名的大画家萧照，清代有主持编纂《康熙字典》的文渊阁大学士陈廷敬、著名数学家张敦仁，康熙、雍正年间文化鼎盛，与陕西韩城、安徽桐城并称全国文化发达之乡。

【经济发展概况】 2012年，全县地区生产总值160.05亿元，比2011年增长14.5%；全社会固定资产投资90.9亿元，增长33.2%；社会消费品零售总额29.38亿元，增长16%；财政总收入30.39亿元，增长19.9%；一般预算收入8.8亿元，增长13.4%；城镇居民人均可支配收入19244元，增长14%；农民人均纯收入8048元，增长13.7%。

产业结构在转型跨越的大潮中日趋优化。突出把煤炭作为转型跨越的基础产业来巩固，在确保安全的前提下，加快整合骨干矿井建设进度，伏岩、大桥两座煤矿正式投产，大西、西沟、宇昌、西河、四侯5座煤矿进入联合试运转，全年原煤产量1100万吨。煤层气开发力度加大，惠阳、潘庄煤层气开采和舜天达煤层气液化项目顺利推进，煤炭产业整体发展水平进一步提高。突出把陶瓷作为战略性非煤主导产业来培育，新建三英、晋陶、舒耐奇等7个项目，实现了从传统到现代、从低端向高端、从单系列向多系列的突破，初步形成横向配套、纵向延伸，上下链接、相互支撑的新格局。突出把旅游作为带动三产、繁荣城乡的龙头产业来壮大，蟒河景区二期建设加速推进，三龙瀑布、望蟒孤峰等景点建成投用，成为首批省级休闲旅游度假区；析城山景区以“三路一中心”（马刨泉至北门口道路、回龙庙道路、北门上山道路、碾腰游客服务中心）为重点，开发步伐加快；皇城相府对周边旅游资源进行整合，跻身“中国旅游百强景区”；天官王府开门营业，旅游内涵更加丰富。成功举办2012世界旅游小姐（中国）年度冠军总决赛、全国首届商汤文化学术研讨会，品牌形象大幅提升，荣获“山西省休闲农业与乡村旅游示范县”称号。

“三农”工作在夯基础育特色的实践中得到加强。2012年，粮食总产量18.6万吨，创历史新高。持续把蚕桑作为“一村一品、一县一业”特色产业来抓，坚持政策推动和科技提升双管齐下，投入扶持资金1800余万元，新建优质丰产桑园666.7公顷，改造低产桑园233.3公顷，建成养蚕大棚1300余栋，蚕茧产量363.5万千克，收入1.3亿元。持续加大特色种植养殖发展力度，累计发展规模养殖户2300余户，鸡、猪、羊饲养量分别达到540万只、40万头、14万只。新发展设施蔬菜733.3公顷、干果经济林近1333.3公顷、食用菌近800万袋。实施农业产业化经营项目27个，东鹏绿汇、晋豫食品等龙头企业不断壮大，新发展农民专业合作社100余家、累计460家。

城乡建设在城镇化发展进程中协调推进。立足于培育小城镇，以沁河、芦苇河流域乡镇为重点，借“百镇建设”契机，加快北留、润城特色小城镇建设，为全县树立了样板。立足于建设新农村，重点狠抓街巷硬化，投资3.9亿元硬化主村街巷1200余千米，新的“五个全覆盖”全面完成。立足于优化硬环境，加强水、电、路基础设施建设，町店110千伏变电站完成升压改造，南部联网供水工程加快推进，西蟒路、马瓜线等多条县乡道路改造全面完成。深入推进生态建设，投资1.2亿元，完成造林面积1333.3公顷，建成生态园林村80个。全力狠抓节能减排，关闭减排末位淘汰企业3家，在西城水泥、宏园建材、山水水泥3家企业启动低氮燃烧和脱硝改造，实施喷水降尘。开展机动车尾气检测。全年空气质量二级以上天数360天。

发展后劲在大力推进项目建设中进一步增强。致力于招商引资上项目，积极参加中博会、能博会、世界晋商大会等各类经贸洽谈活动，在福州、莆田等地成功举办招商推介会，全年共签订招商引资项目合同及协议25个，实际引进利用县外资金83亿元。致力于激活民营创项目，积极引导红太阳陶瓷、华泰电力杆塔、侨枫陶瓷等民营企业做大做强，鼓励县内投资者创办项目，全年新增民营企业260家、个体工商户1100余户。

民生事业在全面协调中持续改善。公共服务不断健全，职中多功能餐厅全面完工，新建、改建标准化幼儿园7所，完成86所农村义务教育薄弱学校改造任务；新招聘中小学、幼儿教师130名，为农村寄宿制学校配备校车31辆，教育资源配置更加完备；免除普通高中学杂费和职中学生住宿费，为贫困幼儿家庭提供生活补助，教育的普惠性得到体现。县人民医院迁建工程完成主体，公立医院和乡村卫生院所实行基本药物零差率销售，医疗服务水平进一步提高。县体育中心篮球场维修改造全面完成，文化馆、图书馆向全社会免费开放。91.5兆赫无线调频广播电台开始试播。

提升服务、技能培训、资金扶持三管齐下促就业，全年新增城镇就业岗位5900个。新农合筹资标准进一步提高，个人年度住院累计封顶线由5万元提高到10万元。城乡居民基础养老金由55元提高到65元，城乡低保标准分别增长1080元和264元。

（阳城县人民政府办公室）

沁水县

【自然概况】 沁水县位于山西省东南部，总面积2676平方千米。辖7个镇7个乡、9个社区、242个行政村。2012年总人口21.4万人。

沁水历史悠久，二万三千年前就有先民创造出灿烂的“下川文化”。沁水文化底蕴深厚，荆浩、常伦、赵树理等历代文人墨客层出不穷。

沁水地处沁水煤田腹地，含煤面积2421.9平方千米，占全县总面积的90.5%，地质储量269.52亿吨。煤层气储量6000亿立方米，是目前国内最大整装煤层气田。水资源总量6.75亿立方米，为山西相对富水区。有林面积12.8万公顷，森林覆盖率53.4%。拥有天然草地11.6万公顷，载畜量53万个羊单位。蜜源面积6.7万公顷。种植冬虫夏草等名贵中药材200余种。历代古堡遗址及自然景观100余处，尤以国家级自然保护区、国家森林公园——历山风景区最负盛名。

【经济发展概况】 2012年，全县地区生产总值162.74亿元，比2011年增长12%；财政总收入32.63亿元，增长25.2%；一般预算收入9.05亿元，增长25.2%；工业总产值124.7亿元，增长12.8%；农林牧渔业总产值8.24亿元，增长11.8%；粮食总产量1.37亿千克，增长3%；社会消费品零售总额15.05亿元，增长16.4%；城镇居民人均可支配收入18371元，增长16.1%；农民人均纯收入7051元，增长15.8%。

农民增收势头强劲。2012年，“三农”投入12.8亿元，比2011年增长34.7%，其中，用于农业项目的投入4.3亿元，增长280.6%。以八条路径和“五个三”战略为导向，以博大、嘉沁、大象、枫彩4个龙头为带动，以畜牧、蚕桑、蔬菜、苗木花卉4个基地为支撑的农业产业化体系初步形成。全年新增设施蔬菜80公顷，新建肉鸡养殖大棚162栋，新培育苗木花卉666.7公顷。农民人均纯收入7051元，增幅全市第一，被省委、省政府授予“增加农民收入先进县”称号。

工业转型深度破题。2012年，在煤炭产业的物流运输上做文章，分别与煤运公司、沁城煤矿加强战略合作，实现煤炭产业经济效益的最大化；在参与煤层气开发利用上做文章，理顺管理体制，编制产业规划，与国新能源、北京商络深度合作，在群雄逐鹿的格局中用市场手段赢得了利益分配上的话语权；在推进10个以煤为基和10个工业转型项目上做文章，3个煤矿建成投产，新增产能140万吨，非煤产业完成增加值63.8亿元，占全县生产总值的比重比2011年提高4个百分点。

城市建设全面铺开。确立了建设山水园林县城、打造沁河沿线特色城镇带和历山生态旅游城镇圈“一城一带一圈”的城镇化发展思路。县城总规、控规以及核心区设计全面完成。沁水大酒店、城市综合展馆、梅园城市综合体等一批地标性建筑开工奠基，全民健身中心、城市绿道、河道治理、石楼公园、龙脖公园等一批城市建设项目加快推进。在“一带一圈”建设上，《全县旅游战略规划》和《张峰水库旅游规划》初稿编制工作基本完成。郑村三化协同推进示范镇建设控制性详规完成初稿；以郑村嘉峰、龙港两个示范区，河头、侯村、里必3个新农村标杆村建设为带动，郑村至端氏等4条公路沿线的生态建设、通道绿化和环境综合整治，实现了由点状实施向片区开发、区域联动推进。

重点项目强力推进。2012年，完成项目落地资金158亿元，实施省市县重点工程82项，完成投资123亿元，省级工程投资完成额、市级工程投资完成率均居全市第二。招来山西博大灵芝北虫草、广东力宇、北京花木、深圳铁汉、江苏春之晨等一大批引领和支撑全县经济社会发展的大项目、好项目，全年签约项目14个，引资总额310.8亿元，到位资金88.8亿元，招商引资综合考评全市第二。

人民生活更加幸福。2012年，全面完成236个行政村1321.3千米的农村街巷硬化全覆盖任务，农村医药卫生体制改革全面完成，县城

数字电视实现全覆盖，城乡环境综合整治、已婚妇女健康普查、安居工程等项目强力推进，全年用于民生改善的投入9.2亿元，增长29.6%，其中，用于城市建设、新农村建设、扶贫攻坚、道路交通等基础设施方面的投入4.9亿元，户均“添家当”7350元；用于教育、医疗、保障、就业、住房、取暖等方面的投入4.3亿元，人均“得红利”2000元。

生态环境清新宜人。2012年，投资2644万元，实施了3个镇18个村的农村环境连片整治工程。由24家煤炭企业投资完成荒山绿化366.7公顷，交通沿线荒山绿化533.3公顷，绿化村庄43个，栽植各类绿化树木100余万株，义务植树50万株，造林4300公顷，苗木培育466.7公顷。实施了通道绿化、龙脖公园等生态创建工程，县城绿化覆盖率43%，县城空气质量二级以上天数365天，创历史新高。

（沁水县人民政府办公室）

朔州市

【自然概况】 朔州市地处山西北部，居内外长城之间，是山西、陕西、内蒙古交界区域的一座新兴城市。1989年1月，朔州从原雁北地区划分出来，成为省辖市。全市辖2个区4个县，总面积1.07万平方千米。2012年总人口173.5万人。

朔州文化底蕴厚重。两万八千多年前，峙峪“猎马人”拉开了史前文化的序幕。长期农耕文明与草原文明的碰撞交融，孕育出无数智勇双全的将帅、聪颖卓越的志士和名垂青史的豪杰。先后出现过5位皇帝和13位宰相。西汉著名女诗人班婕妤、三国曹魏名将张辽和“中华门神”尉迟恭等都是朔州人。朔州境内有与法国埃菲尔铁塔、意大利比萨斜塔并称为世界三大奇塔的应县佛寺释迦塔，有全国罕见的以减柱艺术筑就的朔城区崇福寺，有秦代著名将领蒙恬筑城养马的马邑古城，有见证蒙汉交融、晋商辉煌的著名“西口”杀虎口，以及汉墓群、金沙滩等标志性景区景点，彰显出历史遗存和人文资源交相辉映的文化内涵。

朔州煤电能源产业优势明显。现已探明的煤炭储量约493亿吨，是我国重要的动力煤基地。全市煤炭生产能力、洗选能力、发运能力均达到2亿吨以上，居全省第一，在全国地级市中位居前三。现有电力装机容量604万千瓦，居全省第一。

朔州的陶瓷产业比较发达，乳品业在全省形成一强。全市共有规模以上日用陶瓷企业49个、93条生产线，年可生产日用陶瓷11.66亿件。奶牛存栏占全省总量的半壁江山，鲜奶产量占全省总量的62%。同时，朔州又是全国重要的肉羊养殖基地，每年出栏肉羊100万只左右。

【经济发展概况】 2012年，全市地区生产总值1007.12亿元，比2011年增长11.1%；工业增加值569.9亿元，增长16.3%；服务业增加值360.14亿元，增长9.5%；全社会固定资产投资610.6亿元，增长28.6%；财政总收入210亿元，增长20%；一般预算收入84.25亿元，增长18.8%；社会消费品零售总额201.2亿元，增长15.8%；外贸进出口总额2.57亿美元，增长84.2%；城镇居民人均可支配收入23341元，增长15.1%；农民人均纯收入8000元，增长13.9%。

产业转型升级迈出新步伐。加快推进工业新型化，兼并重组保留矿井，全年完成改造投资100多亿元，22座矿井达到标准化矿井要求，全市原煤产量2.07亿吨。积极发展新能源电力，煤矸石发电装机容量267万千瓦，居全国第一；风电装机容量81.8万千瓦，居全省第一。加快提升陶瓷产业发展水平，全市日用瓷生产能力达到16亿件。8个工业园区投产和在建项目314个，总资产520多亿元，2012年实现产值256亿元，增长70%，成为全市重要的经济增长极。加快提升农业现代化，大力推进“一村一品、一县一业”，特色农业加快发展，粮食产量10.7亿千克，增长10.2%，创历史新高；新增设施农业面积2100公顷，总面积6666.7公顷；新建和完善标准化养殖园区116个，奶牛养殖园区236个，肉羊养殖园区187个，奶牛存栏17.8万头，肉羊饲养量403万只；农产品加工龙头企业202个，全市农产品加工企业销售收入超过100亿元。文化旅游业加快发展，2012年旅游业收入61.6亿元，增长35.5%。加大科技研发支持力度，全市财政安排科技研发经费6709万元，企业研发中心23家，全市申报专利578件。市政府投资3000万元，与北京大学合作建成固废资源化研究中心。

城乡环境面貌呈现新变化。全市铺开城镇化项目246项，全年完成投资154亿元，改造20多条城市道路，增加集中供热面积600万平方米，城市功能进一步完善。深入推进特色城镇建设，全市城镇化率50%，城镇化水平实现历史性突破。进一步推进新农村建设，增加重点推进村185个，总数达到818个。深入开展干部包村增收和机关定点扶贫活动，1.3万贫困人口实现脱贫。普遍开展环境综合治理，农村面貌得到改变。大力加强交通建设，全市公路建设完成投资97亿元，公路通车里程9910千米。加大造林绿化力度，广泛种植大规格苗木，全市投资15.2亿元，高标准完成营造林2.2万公顷。大力加强水系建设，投资10.8亿元，建设33处水系重点工程。

民生工作取得新成果。全市财政在民生领域投入89.3亿元，占一般预算支出的64.4%。加大教育投入力度，新增39所城镇和农村幼儿园；实施义务教育阶段学校标准化建设，“两基”工作受到国务院表彰；自筹资金6亿元，建成朔州市第一所本科院校中北大学朔州电力学院。推动文化体育事业发展，应县木塔被列入世界文化遗产预备名录。实施积极就业政策，新增就业2.2万人。进一步健全社会保障体系，启动五险统征工作，提高城乡低保和居民医保标准，发放社会保障卡100万张。大力实施惠民工程，完成778个农村5946千米街巷硬化，建成378个便民连锁店，完成农村新的“五个全覆盖”工程。开工建设各类保障性住房4.1万套，完成投资60.69亿元；改造农村危房9248户，完成投资2.4亿元；为40.5

万农户免费供应冬季取暖煤；投入1000多万元，购置20部新型环保公交车投入运营；投入8000多万元，解决了遗留多年的7家改制企业1100多名职工的安置问题；投入9000万元，实施义务教育阶段寄宿学生饮用奶工程，免除城市义务教育阶段学生教科书费用。

*改革开放实现新突破。*晋商银行朔州分行、浦发银行朔州分行正式开业，全市银行业机构达到14家。产业转型促进机制加快建立，推进“一矿一企”，煤炭企业在循环经济、装备制造、现代农业、现代服务业等领域兴办了大批转型项目。加大招商引资力度，精心组织参加中部博览会、能源博览会、晋商大会、广州招商会等大型招商活动，赴台湾开展旅游推介活动，成功举办首届山西省工艺美术精品博览会暨朔州精品陶瓷展、第一届中国朔州煤炭工业及循环利用技术装备展览会。2012年，签约招商引资项目178项，总投资3704亿元，签约项目总投资额居全省第三；到位外来投资684亿元，到位额居全省第一。

（朔州市人民政府办公厅）

朔州市朔城区

【自然概况】 朔城区地处雁门关外，古称马邑、朔州、鄯阳。汉属雁门郡，北齐称朔州，隋唐称鄯阳。1989年朔州建市时由朔县更名为朔城区。是朔州市委、市政府所在地，全市的政治、经济、文化中心。全区总面积1793平方千米。辖9个乡2个镇4个街道办事处、299个行政村、43个社区居委会。2012年总人口51.1万人。

朔城区地势由西向东倾斜，西、南、北三面环山，中部和东部是平川。属典型的温带大陆性气候，年均降水量400毫米左右，年均气温6.8℃，全年日照时数2862.6小时，平均无霜期120天左右。地势平坦，土壤肥沃，农业生产条件较好，曾连续8年夺得全省农建“禹王杯”。全区7.1万公顷耕地，50%是水浇地，有天然草场6.7万公顷，为全国粮食生产先进区县。

朔城区历史悠久，文化底蕴浓厚，人文荟萃。汉朝著名女诗人班婕妤、三国时魏国名将张辽等均诞生于此，历史上著名的“马邑之谋”孕育于此。境内比较著名的自然景观有紫金山保护区和素有“塞上西湖”之称的神头天然湿地以及近年来建设的西山森林公园、金沙植物园、恢河公园；人文景观有“峙峪人”遗址、大型汉墓群和国家级重点文物保护单位、全国现存的三大辽金佛寺之一的崇福寺。

朔城区矿藏富集，种类较多，已初步探明的矿藏有35种之多，煤炭和石灰石资源最为突出。煤炭已探明储量195亿吨，占全省煤炭储量的1/10、朔州储量的40%；石灰石储量1600亿吨，且品位极高，含钙高，含镁、碱少，开采价值很高；铝矾土储量7000万吨，黏土储量1500万吨，水资源总量3.54亿立方米。

【经济发展概况】 2012年，全区地区生产总值264.23亿元，比2011年增长11.2%；财政总收入25.1亿元，增长18.9%；一般预算收入10.89亿元，增长17.4%，总量位居全市第二；农牧渔业总产值23.73亿元，增长23.5%；工业增加值97.5亿元，增长17.1%；固定资产投资166.2亿元，增长16.4%，增幅全市第一；社会消费品零售总额56.27亿元，增长16.8%，总量、增幅均居全市第一；城镇居民人均可支配收入22712元，增长14.8%，增幅全市第二；农民人均纯收入9198元，增长13.6%。

*产业转型升级初见成效。*全年共实施省、市级重点工程项目48个，总投资643.5亿元，年度完成投资217.9亿元。签约项目48个，总投资829.1亿元；招商引资到位资金128亿元，位居全省第三、全市第一。围绕以煤为基、多元发展的总体目标，坚持以发展新型工业为主攻方向，规划建设四大工业园区。其中，富甲循环工业园区已入驻22家企业25个项目，总投资205亿元，华源科技、元兴工业包装、兴源盛科技等10个项目已投产，中煤平朔20万吨粉煤灰综合利用、易荣年产100万根热虹吸管、丰泰年产10万吨铝型材加工等15个项目正在建设；东坡煤电工业园区主干道和桥梁建成通车，葫芦堂年洗选300万吨全封闭现代化洗煤厂投入运营，煤炭生产—洗选—煤矸石发电—粉煤灰综合利用产业链初步形成。此外，金圆水泥日产4000吨干法熟料水泥生产线及余热发电项目达产达效，同煤2×35万千瓦矸石发电、山水日产4500吨水泥熟料新型干法生产线建设顺利推进。坚持把发展现代服务业作为重中之重，义乌小商品城建成运营，全市商贸物流中心的地位进一步巩固；刘家口、葫芦堂等4个煤炭洗选项目和新开渊、东方长宏等两个万吨列发运项目投入运营，生产型物流规模进一步壮大；中煤金海洋企业总部基地、准池铁路总部经济等项目加快推进，北京亿城、杭州绿城、北京华联、平朔物流园、金沙国际等12个现代服务业项目有序实施，转型跨越发展迈出新步伐。

*现代农业发展成绩喜人。*2012年，大力实施“一县一业、一村一品”工程，注重科技推广，发展特色园区，农民增收渠道进一步拓宽。全年各级财政投资3.1亿元，农业基础设施建设扎实推进。巩固壮大十大种植基地，完成播种面积6.5万公顷，积极推广先进实用技术，粮食总产量3.15亿千克，实现了九连增。大力发展特色现代农业，全区新增设施蔬菜480公顷，累计达到2066.7公顷，连续3年成为全省设施蔬菜建设先进县（区）20强。新建改造规模养殖场40多个，总数发展到208个，规模健康养殖取得新进展。同时，采用企业（单位）+农村“一对一”帮扶建设模式，在全市率先开展村镇环境综合整治，130个重点村基础建设和村容村貌大幅改善。

*宜居城市创建再上台阶。*2012年，开工城乡各类建设工程123项，总建筑面积540万平方米，已竣工86项380万平方米，启用总建筑面积300万平方米的怡家苑、家和苑、马邑花园等17个保障性住房小区，打通20条城市道路。加快推进老城、西关、曹沙会、照什八庄等棚户区改造，拆迁面积110万平方米，新建面积180万平方米。完成11条新修道路亮化，亮灯率97%。城市

清扫保洁面积扩大到160万平方米，机扫率60%，城市管理水平进一步提高。

生态文明建设亮点纷呈。全面铺开总投资25亿元、总治理面积1万公顷的十大生态建设工程，重点实施5333.3公顷西山生态水系、93.3公顷金沙植物园二期、266.7公顷恢河湿地五期、6千米森林大道西延及两侧绿化等4大工程。全区新增水面106.7公顷，生态治理面积8.7万公顷，林草覆盖率45%。实施以绿化、亮化、美化、净化为重点的城市主干道环境改善提升工程，新建完善17个街角游园广场，高标准绿化15条城市道路，新增绿地面积3.8万平方米，城市绿化覆盖率40.5%，人均公共绿地面积11.8平方米，成为全省第5个环保模范城。

社会民生事业不断改善。2012年，投资4亿多元，完成二中、五中、二小、五小改造和职中新建工程，促进区域教育均衡发展。一医院、二医院全部达到"二甲"或"二甲"以上水平，中医院新建基本完成，初步形成覆盖城乡的基本医疗卫生服务体系。成功举办首届"中华访塞之都·马邑文化节"和第二届大型菊花展，促进全区特色文化产业发展。社会保险覆盖面继续扩大，参保人数22万多人，征缴各项社会保险基金近2亿元，增长15%。北旺庄敬老院和新光荣院正式投入使用，全区9.1万户农村家庭"暖心煤"足额发放到位。投资4亿多元，全面完成农村"新五个全覆盖"工程。完成紫荆山旅游公路20千米、峪沟治砂公路5.2千米、富甲工业园区南大道2.1千米和朔州生态旅游公路(朔广线)25千米路基拓宽、桥涵建设等任务，路网结构进一步改善。投资8500万元，建设24个高标准社区服务中心，社区综合服务能力进一步提升。

(王怀富)

朔州市平鲁区

【自然概况】 朔州市平鲁区地处晋西北内外长城之间，西北沿长城与内蒙古自治区清水河县、和林格尔县接壤，西南与忻州市偏关县、神池县毗邻，南连朔城区，东接山阴县，东北邻右玉县。总面积2314.5平方千米。辖2个镇11个乡、286个行政村。2012提总人口20.6万人。

【经济发展概况】 2012年，全区地区生产总值292.15亿元，比2011年增长12.4%；财政总收入35.01亿元，增长16%；一般预算收入15.87亿元，增长6.2%；农林牧渔业总产值8.39亿元，粮食总产量6208万千克；工业总产值536.24亿元，增长10.8%；社会消费品零售总额25.93亿元，增长16.4%；城镇居民人均可支配收入16883元，增长15%；农民人均纯收入6206元，增长13.7%。

产业转型全面提速。一是支柱产业基础稳固。全区24座整合保留矿井中，9座已经建成安全质量标准化矿井，全年生产原煤1.32亿吨(含平朔)，百万吨死亡率0.0076，煤炭产业整体素质和安全生产能力显著提升。二是产业转型势头强劲。全年实施省市重点工程23项，总投资299.76亿元，完成投资133亿元。特别是北坪、东露天两大循环经济园区取得重大进展，建成项目8个，在建项目8个，即将落地9个，两大园区成为全市转型发展的样板和亮点。三是现代农业成功起步。以下水头乡为主的设施农业迈出可喜步伐，以向阳堡乡为主的双万亩种苗基地新增育苗333.3公顷，以凤凰城镇为中心的四大优势农产品种植基地连片种植3.3万公顷，以双碾乡为中心的畜牧产业已经建成标准化养殖园区和牧场5个。四大农业产业板块初具规模，农业增收前景广阔。

城乡统筹步伐加快。2012年实施城建重点工程29项，总投资20亿元。完成2个住宅小区、3条城市道路、七大功能性建筑、五大公共设施建筑、两大商贸流通工程以及环城生态新区水系工程，全面启动"智慧平鲁"建设。特别是按照山水园林城市定位，全面实施总投资16亿元、涉及3个乡镇20个村、总面积70平方千米的环城生态新区建设工程，加快推进煤矿生态恢复治理、塌陷区生态修复、生态旅游景观、水系建设等八大工程，其中，投资3000万元的元宝湖和投资9000万元的如意湖，当年建设，当年蓄水，当年成景。投资2.6亿元新农村建设，完成街巷硬化1604千米。

生态修复效益彰显。2012年，按照"打造千里绿色长廊、建设二百万亩生态屏障"的定位，以迎接"三北"防护林现场会的召开为契机，投资5.2亿元，重点实施"一园一圃两大圈，一区三山四条路"造林绿化工程。完成大片造林1万公顷，通道绿化200千米，零星植树100万株，新育苗666.7公顷，村庄、煤矿、学校绿化各20座。2012年8月，全国"三北"防护林四期工程总结暨五期工程启动大会在平鲁区召开，大会授予平鲁区"全国生态建设突出贡献奖"。

民生改善成效显著。教育方面，启动实施15年免费教育，与山大附中开展全方位深度合作，实施振兴平鲁教育3年行动计划。卫生方面，深化和省人民医院的合作关系，加快推进全省医疗卫生体制改革试点区建设，完善新型农村合作医疗和基本药物制度，新农合补助标准达到315元，报销比例90%，封顶线提高到10万元，三项指标全省第一，全国领先；所有基本药物和1500多种非基本药物补助标准也达到全国领先水平。文化方面，北固山、乌龙洞等旅游景区进一步完善，博物馆免费向社会开放，成功举办第三届门神文化节，开机制作60集《中华门神》动画片，门神文化之乡的知名度进一步提升。

(平鲁区人民政府办公室)

山阴县

【自然概况】 山阴县因位于恒山余脉翠微山北而得名。总面积1651平方千米。辖4个镇9个乡、257个行政村。2012年总人口24.2万人。

【经济发展概况】 2012年，全县地区生产总值169.08亿元，比2011年增长11%；财政总收入30.02亿元，增长24.2%；一般预算收入10.61亿元，增长22.4%；固定资产投资

95.1亿元，增长55.7%；工业增加值80.8亿元，增长17.1%；农业总产值24.05亿元，增长5.6%；粮食总产量2.52亿千克，增长25.4%；社会消费品零售总额27.1亿元，增长16.3%；城镇居民人均可支配收入22811元，增长13.5%；农民人均纯收入10110元，增长13.5%。

新型工业水平显著提升。12座煤矿推进“两型三化”矿井建设，8座矿井达到安全质量标准，进入联合试运转阶段。炫昂建材水泥生产线一期工程建成并投入试生产。中煤金海洋洗煤厂改扩建、装备维修中心、引黄供水等项目加快实施。同煤风电一期33台风电机组并网发电，二期5万千瓦风电项目和联成偏岭5万千瓦风电项目开工建设。

现代农业发展步伐加快。全县日光温室示范园区新增和扩建到52处，建成各类设施大棚5100座，规模达到1066.7公顷。宇昊蘑菇种植有限公司建成双孢菇生产车间6栋，加工车间3栋，首批双孢菇开始试种。10个标准化奶牛养殖园区建设初具形态。古城农副产品加工园区完成5千米主干道路基工程。古城乳业集团列入山西省唯一的“学生饮用奶定点生产企业”，全年销售收入8亿元。天鹏农牧有限公司完成生物有机肥生产线、污水处理沼气工程、智能连栋温室大棚、日光绿色大棚等工程，初步形成综合生态循环体系。

城乡面貌发生深刻变化。2012年，完成河阳大道、顺通街等新区主体框架道路10千米，完成大忻线县城段、青年东街、西环路、北环路、虎山线、文卫东街等6条15千米旧城街道改造。完成集中供热一次管网铺设26千米，新建换热站5座，县城热电联供集中供热面积达到130万平方米。完成自来水县城支管网改造及水表出户一期工程。县城生活垃圾处理厂投入使用。按照“三拆四改五化”要求，推进农村环境综合整治。

城乡生态环境持续改善。大力实施生态水系综合治理，在生态建设方面，桑干河湿地完成绿化1333.3公顷，西山拓展绿化2666.7公顷，广武拓展绿化666.7公顷。完成干果经济林133.3公顷。实施208国道、大忻线、大运高速引线等10条通道绿化。在水系建设方面，初步形成以桑干河、引黄北干线、南山引水“两横一纵”为骨架，以人工湖、蓄水库为点源的覆盖全县域的大水系，重点实施桑干河湿地十大系列湖水面工程和南山引水工程。

服务产业发展态势强劲。旅游业方面，重点实施旧广武城墙及城楼保护修复一期工程、长城游览步道、旧广武城道路改造等项目。物流业方面，虹桥商贸城、城南农产品交易中心成功引进华联商厦集团和美特好连锁超市。雁门关农产品物流中心完成气调保鲜库、物流配送区等分区建设和框架道路工程。文化方面，成功举办首届中国·山阴边塞文化周暨奶牛节，《雁门关外好人家》震撼人心，广武长城摄影大赛开启千年古城大门，成为山阴重要的形象符号。

民生保障水平不断提升。教育方面，第一幼儿园、雁杰学校及下喇叭、古城、玉井、薛圐圙等4个中心幼儿园新、改、扩建工程竣工并投入使用。医疗卫生方面，新建县人民医院住院大楼主体工程完工。道路交通方面，完成虎山线改造路基和桥涵工程。城乡就业和社会保障方面，全县城镇新增就业3139人，全县城镇登记失业率控制在2.4%以内；全县养老、失业、医疗等九项社会保险参保24万人次。保障性住房建设方面，开工建设各类保障性住房2251套。

（孙培峰）

应　县

【自然概况】 应县地处山西北部、朔州东端，全县平面图呈平行四边形。东邻浑源县，西向平朔邻山阴县，北邻怀仁县，南毗繁峙县、代县。全县总面积1708平方千米。辖3个镇9个乡298个行政村。2012年总人口33.2万人。

应县年平均降水360.9毫米，平均气温7.1℃，无霜期90～141天，水资源总量12000万立方米。耕地面积6.4万公顷，基本农田面积5.5万公顷。是全国全省粮食生产先进县、全省现代农业示范县、绿色无公害蔬菜生产基地县、奶牛养殖基地县。

【经济发展概况】 2012年，全县地区生产总值52.69亿元，比2011年增长10.8%；社会消费品零售总额21.77亿元，增长16.3%；工业总产值58.5亿元，增长78.1%；规模以上工业增加值16.2亿元，增长17.1%；农业总产值23.37亿元，增长24.5%；粮食总产量2.54亿千克，增长6.3%；服务业增加值22.8亿元，增长10.2%；财政总收入2.98元，增长6%；一般预算收入1.48亿元，增长18.4%；城镇居民人均可支配收入16418元，增长13.9%，农民人均纯收入6550元，增长13.9%。

产业发展取得新成效。2012年，以打造新型工业创新区、现代农业示范区、文化旅游核心区为发展定位，大力实施园区承载、项目带动战略，铺开五大园区和95项重点项目工程，规划投资480亿元。重点建设全省“一市两园”之一的朔州新型产业科技创新园，整体规划为总面积1700公顷的核心区和周边辐射区，形成新能源、高档陶瓷、农副产品加工、化工建材、装备制造五大产业板块。围绕园区建设，推进总投资270亿元的27个新型工业项目。新能源方面，重点建成单晶硅二期、生物质能发电两个项目；新型高档陶瓷方面，新建优尊、天顺、富彩、通盛等8个项目；新型化工建材方面，新建减水剂、再生橡胶、华通建材、光华复合材料、草酸二期、水泥粉磨站等7个项目；农副产品加工方面，新建梨花春黄芪养生酒项目；装备制造方面，新建赛特电梯和总投资60亿元的北方汽车产业园两个项目。

加快现代农业发展。2012年，集中打造“南菜北牧”两个特色农业板块，建设两个现代农业示范园区。南部“蔬菜板块”以南河种现代农业示范园区为引领，全年新发展规模园区和项目18个，带动发展各类示范园区93个，板块内人均蔬菜产业收入占到农民人均纯收入的50%左右。北部“畜牧板块”以臧寨现代养殖示范园区为引领，全年新铺开规模养殖小区23个，带动发展各类现

代养殖加工园区145个，全县畜牧业产值7.13亿元。以蔬菜、畜牧为主的“一村一品”专业村发展到218个，占到农村总数的73%。“应州绿”蔬菜基地成为全省首家通过国家“良好农业规范认证”的蔬菜基地，“513”龙头企业销售收入27.7亿元。新发展农民专业合作社62个，累计达到614个。组团参加第二届山西特色农产品北京展销周系列活动，签约23个农业项目，签约金额39.1亿元。国家惠农政策全面落实，全年发放各项惠农补贴7826万元。整合各类项目投资6亿多元，完成1.1万公顷农业基础设施建设工程。

*文化旅游业破题发展。*2012年，重点规划建设两大园区。其中，文化旅游产业园区，推进动漫博览园和工艺美术城两个项目的前期工作；现代商贸物流园区，开工建设金亿建材装饰城、天津港散货物流园、华联物流中心3个项目，总投资17.7亿元。

*城乡统筹发展实现新突破。*大县城建设方面，铺开总投资60亿元，以道路改造、公园绿地建设、保障性住房、水热电气扩容配套、亮化美化等为主的40项城市综合改造建设工程，大范围改善市政基础设施，提升城市品位。小集镇、新农村建设方面，高标准推进南河种镇“城乡一体化”项目，完成投资6100万元，被列入全省“百镇建设”示范镇。同时，全面完成中曹山、席家堡等新农村中心村改造建设一期工程。特别是紧抓全省实施新“五个全覆盖”工程的机遇，2年投入3.5亿元，完成农村街巷硬化2267千米。

*生态文明建设开创新局面。*以建设“美丽应县”为目标，重点实施造林绿化和生态水系建设两大工程。投资1.35亿元，完成造林2200公顷，完成通道和乡村道路绿化176千米，义务植树40万株；启动塔北水景公园、清宁公园、城东湖3个蓄水景观工程和镇子梁库区、薛家营库区两个湿地公园建设，铺开龙首山、石柱山两个生态森林公园建设。

*民生事业取得新进展。*重点推进以教育、卫生、道路交通等为主，总投资120亿元的十大民生工程。教育方面，投资1.5亿元，实施一中教学楼新建、八小迁建、3所幼儿园建设和56所薄弱学校改造工程；补充新鲜血液，公开招聘教师200名。医疗卫生方面，重点推进总投资1.5亿元的县医院迁建工程和医护人员补充工作。干部职工薪金方面，全年新增加工资性支出6981万元，全县干部职工工资进档升级转入正常。

（应县人民政府办公室）

怀仁县

【自然概况】 怀仁县地处雁门关外大同盆地中部。全县三分山、七分川，总面积1230平方千米。辖10个乡镇，162个行政村。2012年总人口33.1万人。

【经济发展概况】 2012年，全县地区生产总值175.83亿元，比2011年增长12.8%；财政总收入25.01亿元，增长24.5%；一般预算收入8.54亿元，增长36.5%；规模以上工业增加值98.06亿元，增长17.1%；固定资产投资86.9亿元，增长31.2%；社会消费品零售总额48.43亿元，增长16.4%；城镇居民人均可支配收入23107元，增长14.9%；农民人均纯收入9834.3元，增长13.9%。

*坚持产业转型，突出项目建设，工业新型化步伐明显加快。*2012年，依托“八大园区”，开工建设重点工程66项，完成投资117.8亿元，为转型跨越发展奠定了坚实基础。深入推进“煤成亿吨”战略。大同市焦煤矿发运站、集华兴业发运站、金海洋集团发运站基本完工，玉龙集团发运站加紧建设。深入推进“以煤扶瓷、瓷成精品”，建设金沙滩陶瓷工业园区，建起“陶瓷展销中心”，“怀仁陶瓷”的知名度进一步扩大。

*坚持羊成商品，注重龙头带动，农业现代化步伐明显加快。*羔羊养殖基地巩固壮大，新建起养殖小区50个、棚圈12万平方米，全年羔羊饲养量达到230万只，农民人均养羊纯收入3160元，羊产业已成为怀仁县农民增收的重要渠道。投资5亿多元，建成金龙、五洲、瑞誉等一批屠宰加工企业，新建怀仁羔羊肉展销中心，形成集养殖、繁育、屠宰加工、市场营销于一体的现代牧业体系。现代农业快速发展，新建日光节能温室1000个，全县大棚累计达到5700个。投资1000万元，实施小型农田水利高效节水工程，夺得全省农田水利基本建设“禹王杯”。全年粮食产量1.6亿千克，比2011年增长16.4%，再创历史新高。

*坚持城乡统筹，强化设施配套，县域城镇化步伐明显加快。*深入推进“大县城”战略，投资130亿元，实施35项重点工程，县城的经济承载能力和辐射带动能力显著增强。加快构建现代商贸物流基地，金沙滩、怀贤、仁福3条商业步行街和蔬菜大市场按计划实施，华北最大的皮革物流中心——中国怀仁·海宁皮革城建成营业，被评为“山西省特色旅游商品购物示范区”。努力打造“畅通怀仁”，怀安大街、仁德路、仁爱路等6条城市主干道改造工程如期完工，芦子沟煤业、同煤建材、同煤王坪电厂3条运输通道和7条乡村、旅游道路建成通车。全力建设宜居怀仁，城市棚户区改造有序进行，热源厂三期工程、两个引黄水厂基本建成，开工建设保障性住房4599套，改造背街小巷1046条，新增城市绿地面积50万平方米，人居环境改善。全面铺开农村环境整治工作，认真落实农村危房改造工程，全县农村面貌发生了深刻变化。

*坚持生态优先，促进绿色转型，城乡生态化步伐明显加快。*坚持“林成风景”，投资10.5亿元，高标准实施金沙滩生态经济园林区三期工程，大片造林9000公顷；秋季又实施四期工程，造林整地6666.7公顷，建成循环全县200千米的绿色生态大通道，被评为全省林业生态县。坚持“水成公园”，规划建设口泉河、鹅毛河、清凉河、磨道河、大峪河、金沙河、桑干河七大水系，全年完成投资17亿元，建成清凉河、金沙滩两个湿地公园，构建起循环水系大框架，有效地保护了生态环境，展现了晋北水城的秀美风光。全方位开展环境综合整治和节能减排活动，取缔燃煤锅炉、大灶、茶浴炉270多台（眼），清洁能源使用率95%。全年县城环境空气质量二级以上天数353天，被省政府授予“山西省环

境保护模范县城”称号。

坚持以人为本，倾力保障民生，人民群众幸福指数持续提高。新建、改扩建幼儿园9所，学前教育条件得到改善；城镇新增就业4369人，城镇登记失业率控制在1.7%以内；中医院改造工程顺利实施，医疗条件和医疗质量明显提高；成功举办“中国幸福怀仁杯”自行车环城邀请赛；为7万低收入农民每户发放一吨优质煤，连续2年为县城居民免费延长1个月供暖期。

（谷丽聪）

右玉县

【自然概况】 右玉县位于晋西北边陲，地处朔州市、大同市、呼和浩特市三角地带，是山西的北大门。全县总面积1969平方千米。辖4个镇6个乡1个旅游区，321个行政村。2012年总人口11.3万人。

全县平均海拔1400米，年均气温4.2℃。

境内矿产资源丰富，主要有煤、硅线石、石灰石、铁矿石、黄金、云母、沸石、石墨等，初步探明煤田面积165平方千米，储量达34亿吨。森林覆盖率53%，被誉为“塞上绿洲”。

【经济发展概况】 2012年，全县地区生产总值43.45亿元，比2011年增长12.4%；规模以上工业总产值44.17亿元，增长58.1%；规模以上工业增加值20.5亿元，增长20.1%；财政总收入8.1亿元，增长37%，一般预算收入3.52亿元，增长63%；农林牧渔业总产值7.98亿元，增长22.7%；粮食总产量3172.2万千克，增长3.3%；固定资产投资58.8亿元，增长28.1%；社会消费品零售总额11.63亿元，增长16.4%；城镇居民人均可支配收入15684元，增长14.7%；农民人均纯收入4600元，增长20.7%。

农业农村工作取得新成效。种植业结构得到优化，新增“一村一品”示范村15个，建成高效种植园区15个、大棚290座、优种马铃薯繁育基地570公顷，优种覆盖率90%以上。养殖业稳步发展，新建肉羊养殖园区11处，完成黄牛改良2.5万头、绵羊改良18万只，黄牛冷配实现全覆盖，山远公司3万头生猪养殖基地基础工程完工。农业基础条件明显改善，新增农田灌溉2300公顷，完成京津风沙源小流域治理7500公顷，解决21个村1.5万人的饮水困难，新建移民房58套。强农惠农政策落到实处，补贴农机具购置国补资金212万元，发放粮食直补资金2850万元，惠及农户2.4万户。

工业新型化水平实现新提升。煤炭产业扩能提效，教场坪、东洼北、玉龙煤业3座矿井通过省一级质量标准化验收，玉岭煤业矿井改造进入联合试运转，元堡煤业300万吨洗煤厂开始调试，铁丰铁路开通运营，准池铁路右玉段控制性工程完工，教场坪铁路即将完成铺轨。非煤产业快速发展，京玉电厂投入运营，诚达牛家堡风电升压站建成，臣丰苦荞项目饮料车间主体完工，永昌LED产业园项目分装车间开始试生产。招商引资成果丰硕，签约项目28个，引资518.53亿元，到位资金81.5亿元。

城乡面貌有了新改观。县城功能更加完善，新区主干道和纵七路配套了供水、供热管网，县城新建供水工程完成初设，热电联供项目完成可研，新区马官屯路南侧、市政路、滨河路和工业园区道路绿化提升，铺设天然气管网12千米、污水管网2.3千米，紫玉酒店和紫玉苑小区主体完工，大呼高速右玉连接线主体工程完工，人民公园改建工程主体基本完成。镇村建设稳步推进，建成65个便民连锁店和12个农资放心店，新建395千米农村街巷道路，改建右新线、牛心——云阳两条乡村公路，通市路、虎山线、大呼高速路沿线村庄整治成效明显。

生态建设再上新台阶。城乡绿化水平提升，栽植各类苗木120多万株，造林6700公顷，育苗面积3100公顷，绿化村庄40个，围栏封育3300公顷。生态旅游产业加快发展，完成省级重点旅游县申报工作，南山公园玉林湖坝体加固、青少年露营基地和丰碑改造工程完工。廉政教育基地基本完工。海子湾水库水上乐园主体完工，李洪河生态旅游路修复工程完工，成功举办生态旅游文化节和首届晋商大会系列活动，2012年接待游客98万人次，旅游收入9.86亿元，分别比2011年增长27%、31%。

社会事业取得新成果。县财政投入民生领域6.3亿元，占公共预算支出的61%。教育事业优先发展，一中新校区建设工程完工，雨露小学新教学楼、上堡幼儿园主体完工，多媒体“班班通”二期完成设备安装，实现从幼儿到高中15年免费教育。卫生计生和科技广电工作扎实推进，县医院新门（急）诊大楼投入使用，全县新农合参合率100%，最高报销补偿限额提高到10万元，广播电视卫星覆盖户户通基本完成。社会保障水平提高，各类社保参保人数9.5万人，征缴社会保险1.36亿元，基金积累3.03亿元，各类救助救济资金及物资和低收入农户免费供应一吨煤足额发放到位，建成保障性住房200套，改造农村残疾人危房50户。

（右玉县人民政府办公室）

朔州经济开发区

【自然概况】 朔州经济开发区成立于1992年，1996年经山西省人民政府批准为省级开发区。2006年9月通过国家发改委核准，规划面积14.4平方千米，管辖面积16.4平方千米。2001年、2007年受朔州市人民政府委托，先后代管西盐池生态园和红旗牧场。2012年3月，省政府批准红旗牧场41.5平方千米土地正式划归开发区。开发区现有规划面积57.9平方千米，管辖面积86.9平方千米，按地理位置分为朔东新区、朔南新区和西盐池生态园区。区内总人口3.4万人，流动人口1.2万人。朔东新区以平朔铁路线为界，分为铁东区和铁西区。铁东区12平方千米为工业园区。铁西区4.4平方千米属城市规划区，目前已建成各类居民住宅小区45个，建成面积近200万平方米；朔南新区即红旗牧场，地势开阔，矿藏丰富，朔南大道贯通南北，是开发区未来重要的发展区域。代管的西盐池生态园区位于山阴县古城镇，原为部队农场，总面积15.8平方千米，大部分为盐碱地，多年来一直发挥着占补平衡的重要作用。2012年，开发区共有企业509家，规模以上工业企业有12家。

【经济发展概况】 2012年，开发区地区生产总值22.3亿元，比2011年增长14%；财政总收入2.89亿元，增长33.7%；一般预算收入1.78亿元，增长34.4%；工业总产值30.7亿元，增长44.4%；社会消费品零售总额5.16亿元，增长16.5%；城镇居民人均可支配收入2.2万元，增长14.8%；农民人均纯收入9198元，增长13.6%。被省商务厅授予“2012年度全省先进开发区”称号。

招商引资工作成绩突出。2012年，开发区签约招商引资项目12个，项目总投资133亿元，增长44.4%。签约意向性项目19个，项目总投资396亿元。储备项目60个，总投资607亿元。利用市外境内资金37.65亿元，增长93.5%。合同引进外资金额1793.65万美元，增长14.7%。利用境外投资到位资金1285.7万美元，增长7.1%。外贸进出口总额266万美元，增长8.6%。

加快体制创新步伐。2012年，省政府批准红旗牧场41.5平方千米土地正式划归朔州经济开发区，全区规划面积从16.4平方千米增加为57.9平方千米。管委会将开发区分为朔东新区和朔南新区两个区，分别设立执行委员会，实行“一委两区”、分区管理运行机制。

加大财政对社保和民生的投入。2012年，全年新增就业1265人。率先实施“收入倍增”计划，在红旗牧场建成使用蔬菜大棚300个。实现城镇基本医疗保险参保8613人。为全区2559户低收入居民发放冬季取暖用煤和过节生活补贴。顺利完成红旗牧场廉租房600套建设任务，921套保障性住房按期开工。

（朔州经济开发区管委会）

忻州市

【自然概况】 忻州市位于山西省北中部，东倚太行，西临黄河，南接太原、吕梁，北邻朔州、大同，是全省唯一横跨省际东西的市。全市总面积2.51万平方千米，占全省总面积的1/6。2012年总人口309.9万人。辖14个县（市、区）、191个乡镇（办事处）、4893个行政村。

革命老区。忻州曾是著名的晋察冀、晋绥两大革命根据地中心腹地，也是高君宇、续范亭、徐向前、薄一波等老一辈无产阶级革命家的故乡，是一块红色热土。抗日战争和解放战争时期，忻州参军参战者有数十万人，革命烈士1.3万名，南下、北上、西进的干部2991人。

欠发达地区。忻州是全国18个集中连片贫困地区之一，14个县（市、区）中有11个国家扶贫开发重点县，6个县分别属于吕梁山、太行山连片特困地区，贫困面比较大。2012年，全市有77.1万农村人口的纯收入不达2300元新的扶贫标准线；农民人均纯收入4776元，相当于全省的75.1%、全国的68.4%；城镇居民人均可支配收入1.8万元，相当于全省的89.7%，全国的83.9%；人均地区生产总值2万元，相当于全省的59.7%、全国的52.4%；人均财政收入4653元，相当于全省的63.4%、全国的60.4%。

资源富区。全市耕地63.2万公顷，其中，水浇地13.2万公顷。林地60.5万公顷，天然牧草地69.9万公顷，人工草地20万公顷。植物200多种，野生动物184种，野生草种400多种，野生中药材300多种。地下矿产资源丰富，具有工业开采价值的有50余种。其中，煤炭探明储量207.17亿吨、保有储量200.1亿吨；铁矿探明储量15.95亿吨、保有储量15.02亿吨；还有钼、金、铝土、金红石、高岭岩、白云石、大理石等保有储量在全省均占较大份额。地热田总面积32.3平方千米。

人文大区。忻州文化底蕴厚重。有全国重点文物保护单位19处、省级重点文物保护单位47处，有三级以上文物藏品2466件，有国家级非物质文化遗产保护名录11项、省级26项。历史孕育了杨家将、元好问、白朴、徐继畬等历史名人。忻州素有摔跤之乡、民歌海洋的美誉，北路梆子、二人台、挠羊赛是忻州文化体育的传统品牌。忻州的佛教文化在世界占有极其重要的地位。边塞古战文化具有鲜明的地域特征，雁门关、宁武关、偏头关是其现存物证，历史上为汉民族与北方游牧民族长期战争、交往、融合的地方。

旅游热区。全市有97处旅游景区、景点。其中，有五台山、禹王洞、赵杲观3个国家级森林公园，有五峰山、岚漪、马营海3个省级森林公园。芦芽山是国家级自然保护区，有5.5万公顷原始次生森林，与五台山佛教古建文化旅游区、代县雁门关边塞古战文化旅游区、忻府原平温泉休闲度假旅游区、河曲保德偏关黄河风情旅游区，共同构成忻州五大特色旅游区。五台山是全国5A级景区，在第33届世界遗产大会上，被联合国教科文组织世界遗产委员会以“世界文化景观遗产”列入《世界遗产名录》。河边民俗馆为国家4A级景区和国家二级博物馆。

【经济发展概况】 2012年，全市地区生产总值620.94亿元，比2011年增长11.5%；固定资产投资653.3亿元，增长26.6%；规模以上工业增加值301.6亿元，增长16.4%；社会消费品零售总额232.9亿元，增长15.6%；财政总收入144.2亿元，增长18%；一般预算收入65.17亿元，增长21.6%；外贸进出口总额2.18亿美元，增长15.2%；城镇居民人均可支配收入19493元，增长13.5%；农民人均纯收入4776元，增长15.5%。

项目攻坚收效显著。狠抓重点工程，推动投资增长。2012年，省、市重点工程投资854.76亿元，投资完成率111.4%；重点项目落地657项，落地金额1384.5亿元，增长1倍多；中博会、首届晋商大会等13次招商活动签约项目339个，投资额3190亿元，到位资金378亿元，增长80%。狠抓重点产业，夯实发展基础。兼并重组煤矿标准化建设顺利推进。风电装机突破100万千瓦。静乐“1830”、河曲同德化工项目竣工投产。定襄昊坤不锈钢等装备制造企业改造升级步伐加快。代县全向实业等农业产业化龙头企业发展壮大，百万元以上龙头企业销售收入44亿元。五台山景区提升改造工程取得阶段性成果，芦芽山景区汾源公园全面开工，原平天涯山生态修复治理和宁武恢河治理进展顺利。忻州瑞新物流中心等一批现代商贸物流项目获批，煤炭物流业成为神池、五寨、偏关、岢岚等县财政增收、经济发展的重要支撑。涉及7大产业的70个转型发展重点项目中，有40个竣工投产、20个正在建设、10个开展前期工作。全市工业新兴产业投资增幅达到28%以上。攻坚重大项目，加快核准进度。河曲电厂二期2×660兆瓦、神华河曲一期2×300兆瓦项目获得核准，忻州广宇电厂二期热电联产、繁峙华茂二期、代州钢铁等项目获批。实施县(市、区)长联系“一园六企”制度。建设“一园”11个，入驻项目39个；建设“六企”84个，建成19个、在建48个、开展前期的17个。原平煤化工循环经济园区被列入省级新型工业化示范基地培育园区。

农民脱贫增收势头较好。实施“两增三建”工程，推动“三农”更好发展。建设14.6万公顷杂粮核心产业区，新增设施农业面积973.3公顷。全市粮食总产量16.34亿千克，再创历史新高。引进江苏雨润等一批大型企业，全市农产品加工转化率48%。发展“一村一品”专业村275个，新认证“三品一标”产品88个，忻府区糯玉米获国家地理标志认证。加强农业基础建设，实施8大水利工程，河曲引黄灌溉工程通水到县城试验成功。500个新农村建设重点推进村和12个新农村连片区全部完成村级规划和“四化四改”“五个一工程”建设任务。扎实推进扶贫攻坚，当年减贫8.5万人。贫困县农民人均纯收入4264元，增长22%。事关3.2万人的扶贫移民搬迁工程全部开工，2012年共建房8629套。

生态环境持续改善。强化节能管理。开展对列入全省“千家企业”的61户企业和全市105户重点企业的节能目标考核评价，淘汰13户企业145万吨落后产能和4台2.4万千瓦小火电机组，实施40个重点节能改造项目。全面治理工业源、农业源、生活源污染，严格控制重点区域和主要流域的污染排放。15座污水处理厂正常运行，五台山污水处理厂按照世界遗产地标准升级扩建，五台、静乐、神池、五寨、岢岚、偏关6个县垃圾处理场全部完工。实施农村连片整治示范工程，成功创建3个省级生态乡(镇)、25个省级生态村。19个县级以上集中饮用水源保护地水质达标率全部稳定在100%，提前5个月实现消灭劣五类水目标。积极推进中心城市创建全国环保模范城市、省级园林城市、国家可再生能源应用示范城市“三城同建”工作，城区绿化覆盖率提高5个百分点，建筑节能综合排名全省第一。推动县(市)创建山西省环保模范城市。神池县通过验收，保德等8个县“创模”工作扎实推进。全市14个县(市、区)及五台山风景区二级以上天数总计达到5455天，忻州城区达到356天。积极开展国家卫生城镇创建活动，定襄县城、河曲县城和忻府区奇村镇、宁武县东寨镇通过国家验收。狠抓造林绿化，营造林面积4.6万公顷。

民生和社会事业全面发展。完成低收入农户1吨煤发放工作。为444个村建设饮水安全工程455处，解决了21.3万农村人口的饮水安全问题。开工建设各类保障性住房1.9万套、竣工2887套，出台10个规范性文件，确保保障性住房建设、分配始终在阳光下进行。全面完成6963户农村危房改造年度任务。实施农村义务教育学生营养改善工程，惠及6个县680所学校7.9万名学生。强化科技支撑。全年专利申请739件，争取国家级科技项目4项、省级科技项目56项。

(银培秀　王国良)

忻州市忻府区

【自然概况】 忻府区位于山西省北中部，东连定襄，西邻静乐，南靠阳曲，北依原平。其前身为县级忻州市，2000年撤地设市时，改为县级行政区，是市委、市政府所在地，地处晋西北交通枢纽中心，素有“三关总要”“晋北锁钥”之称。南北41千米，东西49千米。地形西高东低，逐步倾斜，北、西、南三面环山，东部开阔平坦，为忻定盆地的主体部分。区域总面积1954平方千米，其中，山地905平方千米，占46.3%；平原693平方千米，占35.5%；丘陵356平方千米，占18.2%。2012年总人口55.2万人。辖11个乡、6个镇、3个街道办事处，394个行政村。

【经济发展概况】 2012年，忻府区地区生产总值104.25亿元，比2011年增长10.4%；财政总收入12.04亿元，增长18.7%；一般预算收入3.64亿元，增长17.1%；固定资产投资83亿元，增长37.2%；社会消费品零售总额62.44亿元，增长16%；城镇居民人均可支配收入19493元，增长13.5%；农民人均纯收入6130元，增长15.7%。

项目建设成效突出。2012年，共储备项目52个，对接洽谈项目37个，签约项目18个，落地项目16个，新开工项目13个。浙江日发集团机床制造项目、晋煤集团物流项目、仙塔脱水蔬菜项目等骨干项目成功引进，苏宁电器、家乐福超市、天禄资本等项目达成意向。投资13亿元的华润日产4500吨水泥项目正式开工。金宇二期10万吨高岭土项目、禹王360万吨重介洗煤项目建成运营，东方家园物流项目、银山湖奶牛场扩建项目、洁晋垃圾发电项目全面完工。项目落地金额名列全市第一，项目建设被市委、市政府评为二等奖，连续4年受到市委、市政府的表彰，4个项目代表忻州市接受全省观摩。

粮食总产再创新高。围绕“一村一品”“一县一业”，着力提高农业产业化水平。大力发展甜瓜种植，把小甜瓜做成大产业，全年种植甜瓜近1000公顷，产品叫响省城，打进京城，获得水果之王的美誉，经济效益明显提升。积极扶持发展特色玉米种植，2011年被农业部授予“国家级甜糯玉米标准化示范区”称号，2012年忻府区甜糯玉米又通过国家地理标志产品认证。积极实施粮食高产创建，在平川乡镇发展万亩玉米丰产方12个，在丘陵山区推广种植“张杂谷”谷子1万公顷，产量、效益倍增，全区粮食总产量3.21亿千克，再创历史新高，忻府区再次获得全国粮食生产先进县(区)称号。

市区一体融合发展。2012年，全力配合和服务“7451”重点工程，征占土地299.2公顷，征迁房屋5.1万平方米，拆除违建1.7万平方米，全面完成工程协调、保障、督查、服务等任务，确保工程按照市委、市政府的总体进度要求顺利完成。大力推进古城提质开发，投资1700万元对古钟公园进行整体改造，投资140万元实施古城亮化工程、道路改造工程，对古城基础设施进行完善。开展奇村创卫活动，累计投入资金8000多万元，完成六大工程八个方面的公共服务和管理，顺利通过国家爱卫会验收，奇村镇成为省内第二个全国卫生镇。

(王化雨)

原平市

【自然概况】 原平市是晋北唯一的县级市，辖7个镇、11个乡、3个街道办事处，520个行政村。2012年总人口49.5万人。

市情特点可概括为“地域广阔、资源富集，区位优越、交通便利，特色闻名、百业齐备，人文荟萃、山川秀美”，有“铝电名城、酥梨基地、三班故里、慧远故里、晋贤故里、将军之乡、书画之乡”之美称。经济基础雄厚，铝、电、煤、化、冶、建、机等产业齐备，为全国三大氧化铝生产基地之一，全国最大的替代进口密封件生产基地，全国著名的酥梨生产基地，全国粮食生产先进县(市)，山西省卫生城市，文化强市，双拥模范城。2011年被列为“山西省资源型经济转型综合配套改革试验区先行试点”和“扩权强县试点”。

【经济发展概况】 2012年，全市生产总值105.24亿元，比2011年增长10.5%；财政总收入20.84亿元，增长18.7%；一般预算收入8.8亿元，增长27.3%；农林牧渔总产值21亿元，增长16.7%；粮食总产量3.5亿千克，增长9.7%；工业总产值145亿元，增长10.5%；社会消费品零售总额39.82亿元，增长16.4%；城镇居民人均可支配收入19895元，增长14.6%；农民人均纯收入6416元，增长15.8%。

项目攻坚再创佳绩。2012年，启动实施项目224个，总投资1084亿元，累计完成投资235亿元。循环经济示范区万亩起步区一年多时间入驻项目23个，总投资209.4亿元，其中，亿元以上项目13个。神达千万吨洗选一期、新石新型煤化工等项目进展迅速，佳诚液压、兴胜机械、融伍科技一期3个机械装备项目竣工投产。生态铝业三期、同华电厂二期和华能、华润、国电三大风电项目积极推进，德金农贸、日昇建材、成品油库等一批市场项目基本完工。参加、举办各类招商会，对接洽谈重大项目18个，签约资金800多亿元。

“三农”工作稳步发展。认真落实各项惠民政策，全年发放各类补贴资金7088万元。农业结构进一步优化，省、忻州市级“一村一品”专业村发展到99个。王家庄温室示范园区竣工投用，北岗设施农业示范园区完成二期扩建，全市设施农业总面积867公顷。全面完成2400公顷的中低产田改造和7座水库除险加固工程，被评为全省农田水利基本建设红旗县(市)。2012年发动群众复垦造地，新增耕地660多公顷。

城市建设扎实推进。2012年，全力落实“决战城建年”工作部署，完成青年西街、文化北路、北环线等12条道路建设，城市框架基本形成。吸纳社会投资兴建的城南热源厂，实现了当年建设、当年供暖。街道综合整治、人行道硬化、路灯安装及管网改造等工程完工受益。全市用于城市基础设施建设的资金达到4.2亿元，为历年之最。

民生改善成效显著。总投资6.5亿元的天涯山风景区和滹沱河水利风景区竣工投用。总投资2.6亿元的范亭广场完成主体工程。总投资1400万元的新政务服务中心软硬件建设全省一流。总投资860万元的计生服务中心搬迁投用。投资1094万元解决了2.1万人的饮水安全问题。10个乡镇邮政所全部竣工。社会福利服务中心完成主体框架。城郊移民搬迁住宅楼开工建设。保障性住房建设超额完成任务，300户农村危房改造完成主体工程。所有农户都领到“暖心煤”。城乡低保实现应保尽保，新农合参合率99.8%。本土电影《梨花情》已经公映。

(赵世伟　张美春)

定襄县

【自然概况】 定襄县位于山西省北中部，忻定盆地东侧。东邻五台县，南毗盂县、阳曲县，西接忻府区，北与原平接壤。全县辖3个镇6个乡155个行政村。县域总面积865平方千米。2012年总人口22万人。

【经济发展概况】 2012年，全县地区生产总值41.45亿元，比2011年增长11%；全社会固定资产投资22.5亿元，增长34.5%；社会消费品零售总额13.96亿元，增长16.1%；财政总收入3.86亿元，增长1.3%；一般预算收入1.77亿元，增长7.3%；城镇居民人均可支配收入19854元，增长14.8%；农民人均纯收入8017元，增长14.2%。

主导产业加快转型。锻造业是定襄县主导产业，至2012年底，锻造企业达567户，拥有各种锻锤820部，有大型辗环机28台，油压机29台，各种机加工设备10841台(套)，年锻造生产能力100万吨。大部分企业取得了ISO9000系列质量体系认证和产品标志认证，建立了比较完备的检测设施。冠力、鳌源、双环、艾斯特金石公司等9户企业取得“山西省著名商标”称号。

项目建设扎实推进。通过组织专题培训，出台考核办法，建立激励机制等措施，全年接待外商投资考察30余次，共签约项目14个，总投资182亿元。当年引进落地并开工的聚力公司环保设备生产项目和宝源公司年产10万吨大型铸件项目，成为定襄县项目建设有史以来的推进典范。

城乡环境明显改善。大力实施城乡清洁工程，持续改善村容村貌，重点推进和完善10个新农村基础设施建设工作，广大农村发展焕发新活力。坚持节约创卫、能力创卫、全民创卫，历时5个月，投资近4亿元，全面完成9大类46大项237小项创卫工作任务，顺利通过国家爱卫会的考核验收。

项目带动经济作用明显。引进投资2.7亿元的聚力集团环保设备生产项目奠基开工。西大街迁建工程奠基。赴广州招商签约两个项目，分别是广东省环境工程装备总公司投资3000万元的定襄县南城区污水处理厂建设项目、广州华炬科技企业孵化器有限公司投资2.4亿元的物流园区建设项目。晋商大会签约项目两个，分别是山西永旺集团投资35亿元的物流园区建设项目、大唐国际发电股份有限公司总投资45亿元的2×350兆瓦热电联产建设项目。

（杨屹峰　高　蕾）

五台县

【自然概况】 五台县位于山西省东北部，总面积2865平方千米。辖1个区6个镇13个乡573个行政村。2012年总人口30.1万人。

五台县拥有耕地面积3.7万公顷，森林覆盖率31.3%。矿产资源主要有煤、铁、铝土矿、白云岩等，品位较高，极具开发价值。水资源充足，5条较大河流总长268.8千米，水资源储量2.8亿立方米。

文物古迹和革命遗址众多，有国家级文物保护单位10处，省级保护单位9处，市、县级保护单位98处，保存历代不同风格寺庙118处。中国四大佛教名山之首五台山，为国务院首批公布的国家级重点风景名胜区、国家森林公园、国家地质公园、国家首批自然文化双遗产、国家对外推出的35张旅游王牌之一、5A级旅游景区、世界文化景观遗产。另有徐向前元帅故居和纪念馆、南茹村八路军总部旧址、白求恩模范病室旧址、晋察冀军区司令部旧址和纪念馆、毛泽东路居馆旧址等革命遗迹。

【经济发展概况】 2012年，全县地区生产总值33.59亿元，财政总收入5.13亿元，一般预算收入2.29亿元，农林牧渔业总产值8.59亿元，粮食总产量1.2亿千克，工业总产值23.3亿元，社会消费品零售总额14.85亿元，城镇居民人均可支配收入17216元，农民人均纯收入4024元。

项目建设成效显著。2012年，实施省市重点项目25个，累计完成投资38.58亿元。重点项目落地30个，落地额26.4亿元。续建和新建县乡产业化项目115个，累计完成投资79.87亿元。招商项目24个，签约额141.85亿元。

“三农”工作稳步发展。在落实上级各项强农惠农政策的基础上，县财政拨出1000万元用于“三农”补贴。以东雷乡为中心的农业科技示范园区初具规模。新建蔬菜大棚60.3公顷，新建“一县一业”肉牛基地示范园区两个。农产品“513”龙头企业销售收入8860万元。建设“一村一品”示范村30个、特色专业村186个，发展农民专业合作社156个。启动实施连片特困地区扶贫攻坚试点和中央专项彩票公益金支持贫困革命老区整村推进项目，移民搬迁2000人。

工业经济稳健运行。聘请北京东西部能源技术研究院编制五台县工业园区规划，智通源红木家具厂、新世际生态园已入驻园区。“煤铁铝镁电”五大工业支柱产业扎实推进。全年规模以上工业增加值7.2亿元，比2011年增长16.3%。

旅游综改步伐加快。全省转型综改试验旅游领域第一标杆项目——五台山风景区改造提升工程顺利推进，成功举办中国五台山第三届国际文化旅游月开幕式、“翼彩五台山”大型文化活动楹联匾额揭幕暨颁奖仪式、海峡两岸佛教论坛等活动。驼梁自然风景区木栈道建成，门限石乡至河北省平山县旅游公路竣工通车，大旅游建设有序推进。2012年，共接待国内外游客487万人次，旅游总收入39.1亿元。

城镇建设扎实推进。抢抓“大县城”战略和“双百”城镇建设机遇，实施“12345”城建重点工程，县城框架进一步拉大、县城品位进一步提升、县城人居环境和投资环境得到有效改善。

社会事业全面进步。2012年，农村新的“五个全覆盖”和县政府十件惠民实事全部完成。中考、高考再创佳绩，县委、县政府拨出143万元重奖教育功臣。改扩建3所乡镇卫生院，新农合参合率99.6%。为全县低收入农户发放“暖心煤”10.7万吨。

（刘　胜　马　峰）

代　县

【自然概况】 代县位于山西省东北部。全县地形由东北向西南倾斜，南北两山对峙，中部平川，滹沱河由东北向西南横贯全境。总面积1728平方千米。全县辖6个镇、5个乡、1个居民办事处，377个行政村。2012年总人口21.7万人。

代县矿产资源较为丰富，已知矿藏24种，其中，铁矿总储量15亿吨，位居全省第一；金红石矿探明储量8650万吨，是全国第二大钛矿。花岗岩、钾长石、石灰石、金、银、铜等也比较丰富。

代县是中国历史文化名城、中国现代民间绘画之乡、中国民间文化艺术之乡、国际精品文化旅游县，拥有雁门关、边靖楼等历史文化遗址432处，其中，国保文物4处，省保文物8处。

【经济发展概况】 2012年，全县地区生产总值55.24亿元，比2011年增长13.2%。财政总收入12亿元，增长20.2%；一般预算收入3.93亿元，增长27.5%；固定资产投资21亿元，增长35.8%；社会消费品零售总额10.08亿元，增长16.2%；城镇居民人均可支配收入17374元，增长16.5%；农民人均纯收入3620元，增长18.5%。

项目建设成果丰硕。2012年，实施省市重点项目30个，完成投资36.39亿元，投资完成率112.3%。项目落地58个，完成落地投资74.52

亿元，落地率277.9%。招商签约项目29个，引资119.2亿元。全县78家规模以上企业已有35家建设转型项目37个，完成年度投资6.98亿元。

“三农”工作扎实推进。2012年，建成黄酒、水果玉米、小杂粮、金鸡农牧业、丰达养殖园区等20多家农产品加工龙头企业，5个10万亩产业扶贫基地基本建成，并显现出良好的规模效益；“一村一品”专业村达47个，设施农业面积333.3公顷，规模健康养殖示范小区123个，农民专业合作社489个，农业产业化发展迈出坚实的步伐。粮食总产量7945.4万千克。完成整村推进6个村，减少贫困人口9358人，39个新农村重点推进村完成“四改四化”“五个一工程”，农村面貌显著改善。

工业经济稳定提升。2012年，依托矿产资源优势，大力实施“工业富县”战略，非煤矿山资源整合工作全面完成，全县铁矿企业由37家整合为25家，规模以上企业78家；通过推动技改和标准化建设，铁矿采选业较好地实现了产业化升级，铁矿采选业的支柱作用更加牢固、扎实。200万吨钢铁项目获得核准。总投资6.1亿元的2200万吨水泥项目完成一半工程量。总投资30亿元的300兆瓦雁门关风电和人庙风电项目快速推进。总投资3.6亿元的具有国家专利技术和自主知识产权的混炼胶项目一期工程竣工投产，经济效益和环保效益显著，全县工业新型化向纵深发展。

县城建设步伐加快。新城方面，累计投资20亿元，完善市政基础设施建设，挂牌转让建设用地32公顷，检察院、人武部、新城医院、公安局等一批单位已入驻或正在建设中。五星级酒店诚济大厦主体完工，六大住宅区完成工程量的70%。旧城恢复性建设方面，城隍庙街等6条历史街区整治工程全部完工，西门瓮城、西城墙等4项恢复性建设工程完成规划设计。县域城镇化水平进一步提升。

文化旅游亮点纷呈。围绕“一心四线”总体布局，统筹推进五大景区联动发展。完成古城西北角楼复建、文庙敬一亭、崇圣祠修缮工程。雁门关景区威远楼及两侧城墙复建和前后腰铺服务区宾馆酒店全部竣工。旅游循环公路开工建设。赵杲观景区完成旅游开发总体规划，并开工建设。杨家将朝圣文化园建设项目完成可行性报告和总体建设规划。杨氏古建、锦绣源刺绣、天顺昌泥塑等一批文化产业龙头企业快速发展。韩街民俗博物馆成为山西雕镌技艺博物馆和中国长城书画协会理事单位。电影《浴血雁门关》获省“五个一工程奖”，《山路弯弯》在全国公映。

生态环境明显改善。2012年，实施污水处理提标改造、集中供热、天然气管道入户、新技术推广等四大工程，污水处理率90%以上，垃圾填埋率95%。完成造林1000公顷，水土流失治理5000公顷，建成区绿化覆盖率36%，人均公园绿地面积10.5平方米。实现城区内住宅小区和企事业单位集中供热全覆盖。2012年，全县二级标准以上天气363天。6项减排约束性指标全部完成市政府下达的目标任务，生态文明建设取得明显成效。

社会事业全面发展。新的“五个全覆盖”全面完成。新增城镇就业岗位2740个，登记失业率控制在3.8%。投资3729万元对69所中小学、幼儿园校舍、食堂进行改造，为52所中小学配备图书、仪器和多媒体设备。县、乡、村三级医疗卫生机构实行药品零差价销售，新农合参合率99.9%。累计完成保障房建设910套，改造农村危房870户。暖心煤使全县6.7万农户受益。人口自然增长率控制在3.15‰。

（代县人民政府办公室）

繁峙县

【自然概况】 繁峙县位于山西东北部，总面积2368平方千米。全县辖3个镇、10个乡、1个居民办事处、401个行政村。2012年总人口27万人。

繁峙属北温带半干旱大陆性气候，年平均气温6.8℃，年平均日照2906小时，无霜期120～150天，年降雨量400毫米左右。

繁峙境内资源丰富且各具特色。矿产资源品种多、储量大、品位高、分布广。现已查明和发现的矿产有30种，已初步探明储量的有金、银、铁、钼等27种。其中，钼矿探明储量17.1万吨，居全省之首；岩金矿纯金储量20吨，居全省之首。风力资源充足，大营镇、横涧乡附近风力资源最为充足，高度65米处平均风速达7.42米/秒，风功率密度465.6瓦/平方米，是发展风力发电机组的理想场所。水资源富足，境内共有大小河流30余条，有龙山、虎山、孤山、下茹越等4座中小型水库，总容量5129.4万立方米，可控制地面径流2000万立方米。牧草资源充沛，拥有宜牧草地8万公顷，宜药坡地2万公顷，林地总面积13.1万公顷。

境内共有各类文物景点45处，以古寺名刹和山隘关口居多，有国保文物单位5处、省保3处、市保5处、县保28处。

【经济发展概况】 2012年，全县地区生产总值58.67亿元，比2011年增长14.5%；财政总收入7.42亿元，增长23.4%；一般预算收入2.86亿元，增长31.8%；农林牧渔业生产总值6.19亿元，增长9.3%；粮食总产量7290.8万千克，增长4.2%；工业总产值99.77亿元，增长30.7%；社会消费品零售总额11.41亿元，增长16.3%；城镇居民人均可支配收入19039元，增长16.7%；农民人均纯收入4712元，增长17.9%。

项目建设实现新跨越。2012年，实施重点项目100个，完成投资76.3亿元。其中，省重点项目11个，完成投资7.53亿元；市重点项目25个，完成投资43.79亿元。利用世界晋商大会、中博会等平台签约16个项目，总投资126.01亿元。荣获忻州市重点工作和重点项目建设三等奖。

“三农”建设取得新成果。2012年，用于“三农”投入1.73亿元，比2011年增长23.4%。新发展设施农业76.7公顷，建设标准化大棚538个。新培育“一村一品”专业村24个，农民专业合作社48个，全县农机化综合水平68%。新造地208.9公顷，特别是繁城镇艾蒿梁造地项目镇村自己设计、自己投资，创造了"自主造地，一举多赢"的新模式。2012年，畜牧业总投入2.6亿元，畜牧总产值占农业总产值的54.1%，畜禽养殖总量130.6万头(只)。被评为山西省农田水利基本建设红旗县、农机化先进县、农民增收先进县。

城镇建设迈出新步伐。2012年，完成县城总体规划和控制性详规编制及滨河公园东延伸工程的规划设计。完善县城保洁、管理等各项机制，县城环境常年保持干净整洁，顺利通过省爱卫会专家组对"创卫"的第二次复检。成功创建省级餐饮服务食品安全示范县，总成绩全省第二。

民生福祉又有新提高。2012年，地方财政支出中，社保和就业支出1.44亿元，比2011年增长1.9%；用于科技方面的投入1093万元，增长25.9%。提出"打造繁峙教育品牌，建设晋北教育强县"的目标，全年用于教育的投入3.52亿元，比2011年增长37.4%，增幅全市第一。完成新建中医院的选址、设计等工作，投资1300万元启用已建成的县医院医技大楼。投入1700万元实施新型城乡社会养老保险，参保人数13.8万人，参保率94.7%；城镇新增就业2840人，城镇失业登记率控制在3.2%内。新农合参合20.9万人，参合率99.4%。

(刘平牢　程　巍　詹俊伟)

宁武县

【自然概况】 宁武县地处晋西北管涔山麓，属古楼烦国故地、内长城外三关要塞，是三晋母亲河——汾河的发源地。全县总面积1987.7平方千米，其中，山区面积1888平方千米，占全县总面积的95%。县境平均海拔1600米，年平均气温6.2℃，无霜期90～120天，年降水量550毫米左右。全县辖4个镇10个乡464个行政村。2012年总人口16.2万人。

宁武境内资源丰富，素有"地下黑色宝库"和"地上绿色银行"之美誉。煤炭资源初步探明可采储量230亿吨，分布面积1114平方千米，占全县总面积的56%，且具有煤种全、煤质好、煤层厚、覆盖浅的特点，是全国重点产煤县之一。境内拥有5.5万公顷原始次生林，森林覆盖率21.7%，栖息着国家一级保护动物山西省鸟褐马鸡以及黑鹳、金雕等200多种珍稀动物，生长着百余种珍贵中药材。

旅游资源得天独厚，门类齐全，品位高雅，涵盖了山、石、林、草、洞、湖、泉、谷、庙、关等十大系列，可供观赏的自然和人文景观达150多处，具开发价值的有40多处。已开发形成五大景区、十大景观、一百多个自然景点，是中国北方地区独具特色的山水自然生态与人文景观旅游新区。

【经济发展概况】 2012年，全县地区生产总值40.02亿元，比2011年增长12%；固定资产投资40.8亿元，增长31.6%；财政总收入14.76亿元，增长14.7%；一般预算收入5.01亿元，增长19.2%；工业增加值31亿元，增长17.7%；社会消费品零售总额6.94亿元，增长16.2%；农民人均纯收入3328元，增长18.7%；城镇居民人均可支配收入15881元，增长16.6%。

项目建设成效显著。2012年，积极引导乡镇、部门、企业谋划储备大项目、好项目，全县储备项目368个，总投资1133亿元；采取多种形式，加大招商引资力度，新签约项目15个，引资59亿元，超额完成年度任务；积极创优发展环境，帮助企业解决实际困难，全年重点项目落地57个，落地投资额196.8亿元；想方设法推进项目建设，共实施项目228个，总投资252.45亿元，完成投资78.86亿元。在全市产业项目考核中，以全市第一的好成绩，被忻州市委、市政府授予一等奖。

转型升级明显加快。2012年，24座整合煤矿主体矿井18座矿拿到开工报告，15座矿开工建设。全县煤炭产量1318万吨，增长38.6%。华润2×350兆瓦煤矸石电厂已上报国家发改委，煤制烯烃项目正修编可研，4×660兆瓦煤电一体化项目推进良好，煤矸石砖厂进入设备调试阶段，阳方口煤炭工业园区已完成规划、修编等工作，小庄地下气化项目正办理环评等前期手续。国电洁能谢家坪风电项目一期已并网发电，国电福光盘道梁风电项目基本完工；龙源余庄风电、光大赵家山风电项目一期、光大长房山风电项目一期前期工作基本完成。余庄太阳能热发电项目已取得路条。

农业转型初见雏形。2012年，以"两增三建"为抓手，发展四大优势产业，实施五大富民增收工程。完成造林任务3333.3公顷，土地开发整理133.3公顷，改造中低产田1000公顷，解决了39个村1.5万人2000多头大畜的饮水安全。"一乡一业、一村一品"特色产业初见雏形。化北屯现代化工厂育苗基地、余庄脱毒马铃薯制种产业园区、西马坊生物科技产业园区等现代农业强势推进。雨润生猪、清福肉鸡、紫云牧业等龙头养殖企业起步良好。五谷园、永禾、芦芽等农副产品加工企业健康发展。认证有机农产品3个。全县粮油总产量2415万千克。现代农业从无到有，从小到大，实现了跨越发展。

第三产业逐步壮大。2012年，重点实施"3321"旅游开发工程。东寨客服中心、汾源大型演艺广场基本完工。东寨五星级酒店正在内装修，新建改造的8个快捷酒店已投入运营，启动建设50户农家乐示范店。芦芽山索道建设项目已上报国家相关部委待批，游步道建设项目已完成前期规划。悬空村保护性开发基本结束，被评为"中国传统村落"。首届芦芽山冰雪文化旅游节成功举办，添补宁武冬季旅游空白。全年游客人数65万人次，旅游综合收益4.5亿元，分别增长20.4%、33.9%。以发展现代物流业为重点，实施物流园区建设工程。县城豪德商贸物流园区主体完工。凤鑫(潞宁)煤炭物流园区已完成选址。化北屯潞昌达物流运输项目已建成投入使用。

综改试验积极推进。2012年，在太原举办转型综改研讨会，为综改工作明确了方向，理清了思路。围绕"生态修复、产业转型"这个主题和主线，在生态修复上，投资1.36亿元实施以"保护母亲河、建设生态源"为主的汾源生态修复等重点工程，投资2.4亿元，基本完成恢河河道城区段治理工程；在产业转型上，重点推进芦芽山生态旅游、煤炭地下气化和煤制烯烃3个标杆项目；在改革创新上，积极推进露天采矿用地、矿业存量土地整合利用和城乡建设用地增减挂钩三项改革，积极开展国土资源节约集约利用模范县创建活动，破解用地难题，荣获全市国土资源管理先进县称号。同时，高度重视科技创新，全年获批国家级专利25件、市级科技项目9项。

城乡面貌明显改观。加大城市建设力度，积极推进城乡一体化。投资15亿元实施以四大片区、四大广场、四大场馆、两大集镇为主的“4442”城建重点工程。体育馆、图书馆、汾西正晖培训中心等一大批标志性建筑拔地而起，增强了城市承载服务功能。完成“省级卫生县城”创建活动。投资8076万元，重点配套完善阳方口镇基础设施，省级示范镇功能明显提升。投资1.56亿元，实施东寨镇村两级街巷硬化、汾河河道治理等重点建设，完成“东寨国家卫生镇”创建任务。投资900万元，集中开展乡村环境卫生整治。

民生和社会事业全面发展。七大保险扩面征缴发放任务全部完成，被省政府评为“新型农村社会养老保险全覆盖先进县”。刘家园移民新区二期、三期主体工程全部完工，荣获全省“扶贫移民先进县”称号。开工建设各类保障性住房489套，基本竣工35套，为307户低收入家庭困难住房户公开摇号分配了258套廉租房。在完成省政府下达的为低收入农户发放冬季取暖用煤任务的基础上，为全县低收入非农户也免费发放了1吨煤。县城集中供暖面积170万平方米，县城二级以上天数365天。天然气管网、站点等工程基本完成。全年文化送戏下乡300余场，放映公益电影5556场。

（宁武县人民政府办公室）

静乐县

【自然概况】 静乐地处汾河上游，东临忻州，南连娄烦，西接岢岚，北靠宁武。总面积2058平方千米。全县辖4个镇10个乡1个居民办事处、381个行政村、450个自然村。2012年总人口15.8万人。

境内含煤面积1300平方千米。汾河纵贯县境40千米，八大河流网状分布。

【经济发展概况】 2012年，全县地区生产总值19.34亿元，比2011年增长14.2%；财政总收入3.44亿元，增长19.3%；一般预算收入1.76亿元，增长41.9%；规模以上工业增加值5.52亿元，增长13.4%；固定资产投资38.2亿元，增长25.2%；社会消费品零售总额6.39亿元，增长16.1%；城镇居民人均可支配收入14831元，增长15.9%；农民人均纯收入3988元，增长16.6%。

项目建设扎实推进。2012年，共实施省市重点项目43个，完成投资54.9亿元；项目落地13个，落地金额33.8亿元；三项考核指标均排全市前列。积极参加各类招商活动，全年签约项目8个、总投资159亿元，6个当年落地。项目工作成效突出，荣获全市项目观摩三等奖。

工业经济强势发展。2012年，晋北煤业建成投产，大远煤业开始试生产，其余7座煤矿正在紧张建设。“1830”化工项目单体试车，生产尿素4.7万吨、甲醇3400吨。国电5万千瓦项目并网发电，当年发电1600万千瓦小时。龙源15万千瓦风电项目、天然气综合开发项目开工建设，生物质能发电项目进展顺利。惠恒制衣、洁净改性型煤等一批转型项目开工建设。静乐已经走上依托煤又不依赖煤、立足煤又超越煤的转型发展轨道。

脱贫步伐明显加快。2012年，围绕人均1亩水浇地、1亩藜麦、1分大棚、1亩经济林和1亩小杂粮的“五个一”目标，扩大“一村一品、一乡一业”。狠抓以藜麦、玫瑰、养羊三大产业为主的增收富民项目，推广种植藜麦93.3公顷，发展羊4万只，玫瑰种植200公顷，全县粮食总产量3886.5万千克。累计修建蔬菜大棚1600座，种植核桃1800公顷，育苗1067公顷，农民专业合作社293个，有效推动了特色农业的规模化、产业化、效益化。

人居环境不断改善。以建设“百里汾河川、太原后花园”为目标，大手笔改善城乡基础设施。汾河西区综合开发全面推进，448套保障房、1500人的移民工程、105户棚户区改造主体完工。全年造林3733公顷，水土流失治理率43.5%，县城垃圾处理厂、污水处理厂改扩建工程以及杜家村污水处理厂基本完工，空气质量二级以上天数364天。

各项事业协调推进。全年发放涉农补贴5376万元、保险金1.1亿元、低保五保金4378万元、医疗救助补偿金3746万元，发放农民用煤4.7万吨。一中综合楼投入使用，县城第二幼儿园主体完工，新建改建农村幼儿园7所，高考达线140人，各项事业全面进步，安全形势稳定好转。

（袁俊峰　刘建峰）

神池县

【自然概况】 神池县位于山西省的西北部，管涔山脉的西北麓。东邻朔州，西连五寨，南接宁武，西北靠偏关，东北界平鲁。辖3个镇7个乡1个街道办事处，251个自然村，241个行政村。2012年总人口10.7万人。

全县总面积1472平方千米。地势东高西低，最高海拔2545米，最低海拔1300米。东北部为土石山区，海拔均在1900米以上，西部是黄土丘陵区，海拔在1600米以上，县城海拔1548米。

神池属温带大陆性季风气候，年平均气温4.6℃，最冷极端气温零下33.8℃，最热极端气温34.8℃。年均无霜期114天，最短96天，最长165天。年平均降水481毫米。自然特征可以概括为：地多坡广、高寒冷凉、风大沙多、十年九旱，是一个典型的农牧交错区。

【经济发展概况】 2012年，全县地区生产总值13.65亿元，比2011年增长10.3%；规模以上工业增加值1.06亿元，增长20.1%；农林牧渔生产总值8.53亿元，增长18.8%；

粮食总产量1.27亿千克，增长9.2%；社会消费品零售总额6.98亿元，增长16.3%；财政总收入3.47亿元，增长15.6%；一般预算收入1.62亿元，增长26.5%；城镇居民人均可支配收入15245元，增长15.1%；农民人均纯收入4741元，增长16.6%。

“三农”工作不断加强。按照“一核两线”“五统一”工作思路，建成胡麻、燕麦等六个粮油种植示范基地，长畛乡被省农业厅树为高产典型在全省示范推广，神池县被授予“全省油料高产创建先进县”称号。农民专业合作社发展到265个，农机总动力18万千瓦。2012年，投资2184万元新建海泉、晋龙等8个肉羊养殖小区，15个标准化养殖小区跻身“忻州市百强养殖示范场”行列，全县羊饲养量65.1万只。2012年，整合11家月饼作坊，组建庆秋圆、自永和两个月饼联合体，成功举办第七届中国神池月饼美食文化节和神池月饼美食文化北京展销会，月饼知名度进一步提高，成为群众的致富产业。扶贫开发力度加大，投资500万元，在10个村实施整村推进，发展日光温室大棚和种草养羊。馨乐苑移民小区建成后可安置3000人。

项目建设不断推进。2012年，实施省市重点项目25项，完成投资39.61亿元，完成率全市排名第二。实施县重点项目107项，开工74项(47项完工，27项在建)，累计完成投资34.04亿元。全县已建成投产的风电场4期20万千瓦，继阳山3期15万千瓦风电场即将并网发电。干法水泥项目累计完成投资5.9亿元。4个煤台建成运营，全年共发运煤炭235.2万吨，上缴税金5554.7万元。积极开展招商引资活动，招商引资到位资金35亿元。

社会事业不断进步。扎实推进“5763”工程，投入1.7亿元用于“路、水、医、校、电”等基础设施建设。2012年，神池县被省爱委会评为“省级十佳卫生县城”。完成2213.3公顷的造林绿化任务，“创模”工作顺利通过省级验收，被授予“省级环保模范城”称号。投资3.71亿元改造旧城21.9万平方米。新的“五个全覆盖”全面完成。投入8000余万元完成就业再就业、养老、优抚、救灾、低保等各项社会保障工作。为全县农户按时足额发放冬季取暖用煤。全年城镇新增就业1030人，下岗失业再就业566人，转移农村劳动力1016人，城镇登记失业率控制在4.2%以内。

(神池县人民政府办公室)

五寨县

【自然概况】 五寨县地处晋西北黄土高原丘陵区，东接神池县，西连岢岚县，南临宁武县，西北与偏关县、河曲县接壤。全县总面积1391平方千米。下辖3个镇9个乡，250个行政村。2012年总人口10.9万人。

全县耕地面积3.6万公顷，人均耕地0.4公顷。主要作物有马铃薯、玉米、小杂粮、蔬菜、中药材等。五寨是一个传统的畜牧养殖大县，畜牧业收入占到农民人均纯收入的60%。

五寨县处在山西两大经济轴和两大能源基地之间，即处于黄河轴和同蒲轴之间，东有宁静煤炭能源基地，西北有神华能源基地及河、保、偏煤铝电能源基地，是西煤东运的重要通道之一和晋西北物资转运与商品集散的重要经济活动中心。

五寨县的生态环境较好，南有芦芽山自然风景区、华北最大的亚高山草甸荷叶坪、生态自然旅游区“五寨沟”；东西两梁有2.7万公顷柠条，是华北最大的狩猎区。全县共有林地面积5.8万公顷，其中，乔木林1.3万公顷，灌木林4.4万公顷。建成南山以天然林为主的水源涵养林，东西两梁以柠条、杨树为主的防风固沙林，平川以农田林网为主的农田防护林，沟壑区以乔灌混交为主的水土保持林，初步形成“两山两梁”“两纵两横”“四条百里绿色屏障”的生态格局。

【经济发展概况】 2012年，全县地区生产总值18.79亿元，比2011年增长10.5%；工业总产值7.2亿元，增长40.3%；规模以上工业增加值1.5亿元，增长21.3%；财政总收入6.45亿元，增长20.8%；一般预算收入1.78亿元，增长2.3%；农林牧渔业总产值6.28亿元，增长6.8%；固定资产投资总额15.9亿元，增长26.2%；社会消费品零售总额6.81亿元，增长16.2%；城镇居民人均可支配收入15934元，增长15.4%；农民人均纯收入4500元，增长18.1%。

项目建设呈现新亮点。2012年组织实施重点项目160个，其中，省、市重点项目64个，总投资近50亿元，规模和数量较2011年翻了4倍，保障性住房、农网改造、街巷道硬化、农村危房改造等44个工程全部完成。96个县级重点工程全面推进，完成投资3.5亿元。“一园六企”项目进展顺利，完成年度建设任务。积极参与各类招商活动，中博会、晋商大会、能博会、温州经济洽谈会、哈尔滨招商会，签约项目12个。

“三农”工作再上新台阶。2012年，出台《五寨县农业产业化发展奖扶办法》，完成《山西(五寨)小杂粮产业园区规划》。全县落实播种面积4.9万公顷。全年粮食产量1.6亿千克，创五寨历史新高。全市小杂粮生产马铃薯机播现场会、胡萝卜机械收获现场会、“两增三建”工程扶贫移民(西片)现场促进会在五寨召开。25个新农村重点推进村完成“四化四改”和“五个一工程”建设。

产业发展迈出新步伐。重点落实13个新型工业项目，总投资10.3亿元。6000万穗甜糯玉米加工、万兴制粉公司小杂粮加工、柠条饲料加工、百禾淀粉加工等7个项目建成投产。全年发运煤炭2387万吨，完成税收4.1亿元。《中国·山西芦芽山荷叶坪五寨沟国际旅游度假区总体规划》通过省市评审。

市政建设取得新进展。实施旅游路、清涟路拓宽改造，万通南路、北峰台公园、西城区公园建设，清涟河综合治理，县城13条街巷管网改造和路面硬化、绿化、亮化等20项市政建设工程。建成人武部办公楼、司法大楼、法院审判大楼等一批市政亮点工程。出台《五寨县市容市貌管理办法》《集中供热管理办法》。

城乡面貌发生新变化。完成小河头至河底路面改造、胡白线路面改造、河湾路改造、沿河公路硬化等

5项交通建设工程。完成护村河道治理、山洪灾害防治、饮水安全等水利建设工程。完成以“荒山绿化、通道绿化、城区绿化”为重点的10项造林绿化工程。对县城污水管网、供气管网、供热管网进行了全面改造，城乡基础设施和生态环境得到进一步改善。

改善民生收到新成效。2012年，财政用于各项民生支出达6.5亿元。投入2100多万元，修建五寨一中学生住宿楼和图书楼。国家基本药物制度全面落实，公立医院改革全面推进。第一人民医院医技楼、韩家楼卫生院门诊住院楼全部竣工。社会福利中心大楼全面建成，清涟移民新村敬老院投入使用。成功举办首届“中国·五寨沟寻胜”摄影大赛。

（五寨县人民政府办公室）

岢岚县

【自然概况】 岢岚县地处晋西北黄土高原中部，管涔山西北麓。属中温带大陆性季风气候，年平均降水量456毫米。境内以山地、丘陵为主，总面积1984平方千米。平均海拔1443米。辖2个镇10个乡202个行政村。2012年总人口8.5万人。

岢岚农田广阔、草场丰茂、气候凉爽，具有种植小杂粮、发展养羊业优越的自然条件，享有“中华红芸豆之乡”和“中国绒山羊之县”的称号。境内环境优美，空气清新，有现存完整的宋代长城、避暑胜地荷叶坪、全省最大的县级山地森林公园、毛主席路居馆等旅游资源。

【经济发展概况】 2012年，全县地区生产总值14.18亿元，比2011年增长13.4%；规模以上工业总产值11.81亿元，增长63.3%；农林牧渔业产值4.91亿元，增长15.9%；粮食总产量4318万千克，增长10%；固定资产投资24.5亿元，增长41.6%；财政总收入3.34亿元，增长21%；一般预算收入1.17亿元，增长31.5%；社会消费品零售总额6.14亿元，增长16.3%；城镇居民人均可支配收入17239元，增长16.2%；农民人均纯收入3973元，增长18.3%。

项目建设取得新成绩，工业经济迈出新步伐。2012年，规划实施各类项目137项，总投资248.8亿元。昊东煤台、鑫圆洗煤、庆江玻棉等项目建成投入运营。晋兴奥隆水泥建材、龙源风电、浩力丰石油压裂支撑剂等项目相继开工。高家会高科技加工园区初具雏形。山西暖神和山地阳光成为省级龙头企业、山西省AA级信用企业。

特色农业不断跨越，农业农村健康发展。总投资1.55亿元的国家级晋岚绒山羊育种中心开工建设投入使用，新建饲养量1000只以上规模养殖场17个，培育饲养量300只以上重点繁育户500家，全县绒山羊饲养量达48.6万只，再次被评为全省“一县一业”先进县。投资1000万元建成科技示范园区33个，全县红芸豆种植8667公顷、产量2万吨、出口创汇1100万美元。岢岚柏籽羊肉、红芸豆获国家地理标志认证，5个蔬菜品种获有机认证。农业基础建设完成水土流失治理2000公顷、农田灌溉867公顷、坡耕地治理1113公顷、新增造地190公顷，耕地综合生产能力建设220公顷。总投资4327万元的北川灌区基本建成，完成荒山荒坡生态产业种植464公顷，新发展干鲜果经济林467公顷、苗圃40公顷，被评为“全省植树造林先进县”。农村建设完成“一村一井”和2.2万人的饮水安全工程、9个村的整村推进、394千米的街巷道硬化。投资3000万元的片区扶贫开发开始实施，易地扶贫搬迁项目建成主体860套，干部下乡住村落实帮扶资金3000余万元。

市政建设不断推进，民生事业持续发展。市政建方面，实施投资3亿元的综合工程，完成三山绿化467公顷，新建南山森林公园、文昌塔公园、高速出口等6大景观，实施环城路、209国道改移线、岚漪河东段南岸景观路等8条道路。县城污水处理厂达标运行，第二热源厂厂房完工，天然气入户工程启动，城区无害化垃圾处理厂投入运营，连续9年荣获“省级卫生县城”称号。教育方面，完成新岢岚中学行政办公楼、学生公寓、艺术楼、图书馆等主体工程，投资1200万元改扩建学生食堂40个、幼儿园8所，投资896万元为薄弱学校配备多媒体等教育教学设备。医疗卫生方面，县级医疗机构药品全部实行网上集中招标采购，乡镇药品零差价实现全覆盖，落实门诊、住院及大病补偿1605万元，新农合筹资标准达到290元，住院补偿支付限额达到10万元，参合农民59805人，参合率99%以上，农村居民健康档案建档率92%。文化旅游方面，新建和改造文体广场露天舞台、文化活动中心等活动场所，12个乡镇综合文化站建成投入使用，农村文化活动场所、县城周边网络电视实现全覆盖。成功举办首届晋岚绒山羊文化节暨赛羊大会，启动航天博览城和宋长城荷叶坪旅游开发项目。就业保障方面，新增就业、再就业1774人，就业培训2447人。农村养老保险参保4.5万人，城乡低保分别提标30元和22元。“五保户”集中和分散供养标准分别提高到4000元、2600元。

（岢岚县人民政府办公室）

偏关县

【自然概况】 偏关县地处山西省西北部，位于山西、内蒙古交界地带，素有“三关首镇，晋之屏藩”称誉，是文化底蕴较为深厚的历史古城。全县总面积1680平方千米。现辖4个镇、6个乡、248个行政村。2012年总人口11.3万人。

境内丘陵起伏，沟壑纵横，总的地势东高西低，平均海拔1380米。年平均气温变化于3℃～8℃之间，无霜期105～145天，年平均降雨量425毫米。

境内长城、古堡、黄河相得益彰，边塞历史文化和黄河风情文化氛围浓郁，旅游景观丰富独特，发展黄河长城文化特色旅游前景广阔。

【经济发展概况】 2012年，全县地区生产总值23.73亿元，比2011年增长17.1%；财政总收入3.43亿元，增长19.1%；一般预算收入1.68亿元，增长22.5%；农业总产值7.12

亿元，增长15.9%；粮食总产量4432万千克，油料产量536万千克；工业总产值15.9亿元，增长45%；工业增加值11.38亿元，增长22.4%；社会消费品零售总额7.57亿元，增长16.1%；城镇居民人均可支配收入14573元，增长17.6%；农民人均纯收入4188元，增长17.5%。

优化投资，调整产业，强财项目提质增量。2012年，成功签约17个重点项目，签约资金95亿元，到位资金18.2亿元。投资项目质量高，全年完成落地投资19.67亿元，其中，煤炭资源类项目10个，落地金额9.74亿元，占比49.5%；“33项”省、市级重点工程累计完成投资20.37亿元，完成率名列全市第一，大项目优势产业投资引领成效初显。

面向市场，科技引领，富民产业促增收脱贫。温室大棚实现电动卷帘机全覆盖，温室总数达到1200座，塑料大棚总数达到1100座。脱贫增收实事落实有力，马家坡移民新区一、二期工程主体竣工，三期工程建设迅速，并完成3个省级扶贫龙头企业项目的规划申报、3个扶贫绿色支撑项目企业的贴息申报工作。5个标准化养殖小区和4个养殖示范场全部完成，新发展养殖示范户100户，全县养羊发展到46.8万只，并列入全省“一县一业”扶持范畴。农民人均牧业纯收入2018.4元，比2011年增长10.8%。在9个乡镇16个村共完成占补平衡造地240公顷。“一村一井”工程完成35眼井的建设。投资600万元，解决了53个自然村、12000人、400头大畜的安全饮水问题。新发展合作社30个，全县农民专业合作社累计达到193个，进一步激活了“一县一业”，充实了“一村一品”，实现了增产增收。

突出特色，提升品位，旅游景区经典频现。借助铁路、高速公路这“一大机遇”，建设以老牛湾为龙头的黄河风情景区和以长城、古堡(台)、古村落为重点的古军事文化景区“两大景区”，紧扣黄河、长城、古堡“三大要素”，不断充实古堡军事文化、黄河风情文化和中华长城文化以及黄河水路游“四项内容”。一条以古军事文化旅游为精髓，以黄河风情为特色，以生态休闲旅游为补充的特色旅游之路逐步形成。依托“黄河”在“乾坤湾”景区建设以黄河文化和“八卦”文化为特色元素的“一区八景”工程主体已竣工。老牛湾景区旅游循环路已完成路基建设。护宁寺长城附近新建旅游公路和两个停车场，观光采摘园完成经济林26.6公顷。

加大投入，以民为本，民生事业谱新篇。2012年，新“五个全覆盖”任务全部完成，偏关县被省政府评为“新五个全覆盖先进县”。新建2所标准化幼儿园，2012年高考二本以上达线人数152人，位居西八县第二，被评为“全省校安工程建设先进县”。2.2万平方米的廉租房续建项目和4800平方米经济适用房续建项目全部竣工。100户城市棚户区改造和200户农村危房改造全面完成。县计生局被国家计生委评为“全国阳光计生行动和阳光统计”示范单位。投资1400万元的县医院综合大楼开工建设，为县医院投资460万元购置了先进的CT机；中医院、妇保院、食药局设备购置和维修工程启动。新建的6个乡镇邮电所投入使用。投资3000万元的县城供水扩建工程投入运营。新型农村养老保险参保4.7万人。城镇居民养老保险参保3370人。全县新农合参保7.5万人，参合率99%以上。失业保险和工伤保险使用范围进一步扩大，参保人数增加到7000人和6000人。全年发放低保、“五保”生活补助1747万元，“两保”人员生活得到保障。启动新关镇敬老院，70名“五保”老人得到集中供养。文化事业健康发展。成功举办首届“唱响偏关”才艺比拼活动，老干部艺术团公演30场以上，为15个村585户安装电视村村通设备，“两馆一站”实行免费开放。

(高　瑞　秦小龙)

河曲县

【自然概况】　河曲县地处山西省西北黄土高原地区，是山西、陕西、内蒙古三省区结合部，明清时有“水旱码头”之称，是国家非物质文化遗产河曲民歌、二人台、河曲河灯会的发祥地，是中国北方民歌之乡和中国最具文化风情旅游名县。总面积1323平方千米。辖4个镇9个乡340个村。2012年总人口14.7万人。

境内矿产资源分布较广，储量丰富。初探有相当储量的矿种6类18种，煤储量120亿吨，分布面积355平方千米。铁矿储量15.6亿吨，铝矾土储量1.79亿吨。此外，还有高岭土、锰矿、油页岩、工程砂等矿产资源。

【经济发展概况】　2012年，全县地区生产总值59.13亿元，比2011年增长13%；财政总收入15.4亿元，增长19.5%；一般预算收入5.47亿元，增长15.2%；工业总产值73.5亿元，增长40.4%；社会消费品零售总额10.1亿元，增长16.1%；固定资产投资总额60.05亿元，增长11.4%；城镇居民人均可支配收入17773元，增长17.2%；农民人均纯收入3985元，增长17.7%。主要经济指标同2011年相比，均实现两位数增长。地区生产总值、规模以上工业增加值、固定资产投资、财政总收入、一般预算收入绝对量继续保持全市前列水平，被评为全市工业经济运行优秀单位。

“创卫”工作取得阶段性成果。2012年，在连续7年荣获省级卫生县城称号的基础上，把创建国家卫生县城作为全县最大的民生工程全力狠抓。在时间紧、任务重的情况下，全县上下团结一心，大干苦干，顺利通过国家爱卫办验收。市政基础设施得到全面改造，城市面积扩大了一倍，县城面貌发生了历史性变化。创造了近年来投资额度最大、建设任务最多、推进速度最快、取得效果最好的“四个之最”。

新型工业化取得明显突破。实施完成33项重点工程，完成投资55亿元。煤矿企业整合重组扎实推进，煤炭工业集约化、规模化、机械化水平和安全保障能力实现新跨越。电力工业发展加快，河曲电厂二期、神华低热值煤发电项目正式核准。化工工业发展提速，同德公司稳健运营。振刚癸二酸项目开工建设。建材工业发展迅猛，全县形成3.2亿块煤矸石砖、5900万块粉煤灰砖、20万立方米粉煤灰砌块和110万吨水泥的年生产能力。新型能源工业基地地位得到进一步巩固。

“两增三建”扎实推进。引黄灌溉工程实现试水到县城目标，人饮工程解决了1万人的饮水安全问题，完成“一村一井”工程27眼。五花城水库除险加固、县川河流域治理、中低产田改造工程全部完成。水土流失治理3333公顷，移民搬迁1500人，贫困人口减少6137人，农民科技培训2万余人次。农村两轮“五个全覆盖”工程全部完成。建成1个新农村示范区，发展3个明星村，启动35个省级重点推进村建设，片区开发项目扎实推进。国家省市各类补贴政策落实到位，县级财政加大对土豆、大棚种植和养殖小区的补贴力度，扶持种植、养殖大户规模经营。脱毒种薯普及率80%以上，新建设施农业55.3公顷，稳步实施振兴畜牧产业“2531”工程。累计建成“一村一品”专业村31个，发展各类农民专业合作社295个，农业特色产业逐步成型，涌现出一批农业产业化龙头企业和增收致富能手。以创建省级环保模范城市为目标，大力开展城乡生态环境建设。完成城区绿化93.3公顷，造林绿化3240公顷，城区二级以上天气358天。2012年国家生态环境质量考核中，获得环保部、财政部转移支付额5%的奖励。

民生和社会事业加快发展。教育方面，新建2所幼儿园，完成义务教育阶段薄弱学校改造，招聘特岗教师75名，2012年高考二本以上达线人数位居忻州市第三。卫生方面，实施国家基本药物制度，新农合报销比例继续提高，县人民医院顺利通过二甲医院评审，县级公立医院改革年度目标完成。计生方面，被省政府评为全省计生优质服务县。科技方面，财政投入连年增加，全年申请专利35件。社保方面，养老、医疗两大类保险基本覆盖全县各类人群，新农保和城镇居民养老保险工作受到国务院表彰，社会保障管理服务受到省政府表彰。开发和新增城镇就业岗位1880个，“创卫”活动提供临时性就业岗位5000余个。城乡最低生活保障、廉租住房补贴按时足额发放到位。冬季取暖用煤供应工作受到市政府表彰。实施棚户区改造，推进保障性住房建设，县级敬老院基本完工。年初承诺兴办的“十件实事”有效落实。文化方面，积极扶持地方文化产业，建立民歌二人台农村籍传承人补贴机制，成功举办四省(区)民歌二人台艺术交流展演，省文化厅批准设立文化生态保护实验区，成为省级艺术人才培养基地。县政府被评为山西省高速公路建设先进集体，公路治超工作连续2年被省政府评优奖励，荣记集体一等功。

(许旺全　吕剑锋)

保德县

【自然概况】 保德县地处晋西北黄土高原，背靠巍巍吕梁山、面临滔滔黄河水，东与岢岚县为邻，南与吕梁市的兴县毗邻，西隔黄河与陕西省府谷县相望，北与河曲县接壤。全县总面积997.5平方千米。辖4个镇9个乡341个行政村。属国家扶贫开发重点县。2012年总人口16.2万人。

境内梁峁起伏、沟壑纵横、植被稀少、岩石裸露，立地条件差，自然灾害多。地势东高西低，平均海拔840米。属典型的温带大陆性气候，年均日照2814小时，气温8.8℃，降水量410毫米，无霜期145天左右。农作物以豆类、薯类、糜谷、玉米为主。保德油枣堪称一绝，系山西八大名枣之一，享誉全国，畅销世界。

全县耕地面积3.6万公顷，林地1.4万公顷，草地5065公顷，宜林荒山1.6万公顷，森林覆盖率8.8%。

全县已探明的矿产资源有煤、铝、铁、硫、红土、长石、粗砂、石灰石、高岭土、油母页岩等多达14种，煤炭储量127亿吨，煤层气储量初步探明1000亿立方米，油母页岩储量10亿吨，铝土矿总储量1.64亿吨，铁矿总储量37.8亿吨，石灰石可开采量360亿吨，硫黄矿储量11.52亿吨，“天桥泉”地下水可采量14.5立方米/秒。此外，长石、粗砂、红土等资源储量也较为丰富。

县内各级文物保护单位253处，非物质文化遗产1100余项。保德是民歌之乡、红枣之乡、神秘的三趾马化石之乡。保德铜贝更是人类金属货币之鼻祖，开中华5000年钱币文化之先河。

【经济发展概况】 2012年，全县地区生产总值72.33亿元，比2011年增长14.2%；规模以上工业增加值56.3亿元，增长20%；固定资产投资58.9亿元，增长25.2%；社会消费品零售总额11.99亿元，增长16.3%；财政总收入19.21亿元，增长13.6%；一般预算收入6.07亿元，增长14.1%；城镇居民人均可支配收入19309元，增长15.1%；农民人均纯收入4532元，增长18.8%；农林牧渔总产值5.81亿元，增长58.5%；粮食总产量3867.4万千克，增长80%，创历史新高。

项目建设成效显著。2012年，省市重点工程完成投资75.3亿元，重点项目落地39项，落地金额89.78亿元。组团参加中博会、能博会、首届晋商大会等招商活动，签约项目36个，总投资103.28亿元，资金到位9.4亿元。王家岭煤化工业园区完成投资7.55亿元，杨家湾铝工业园区完成投资9.15亿元，煤层气开发项目完成投资9.8亿元。世德孙家沟、五鑫两座矿井完成机械化升级改造，泰山隆安、泰安煤业通过竣工验收，芦子沟、金山完成一期工程建设，晋保煤业、望田煤业进入二期建设阶段，同舟露天煤矿顺利推进。原煤产量1893万吨，比2011年增长24.2%。吉港冠宇、三元等民营企业逐步壮大，石料行业整合步伐稳步加快，以粉煤灰、煤矸石等废弃物为原料的建材企业不断涌现。繁庄塔高新农业示范园、飞龙山山地公园、新城区路网、高耐特石油支撑剂4个项目接受了市重点项目观摩检查，荣获二等奖。

农村经济快速发展。2012年，新栽核桃666.7公顷，补栽枣树173.3公顷，新建红枣加工厂21个，“保德红枣”国家地标认证进入公告阶段。发展农民专业合作社62个、“一村一品”示范村16个、“三品认证”4个、科技示范户1000户，推广优种2.4万公顷。新建标准化养殖小区5个、规模养殖场13个、规模养殖户37户。发展温室大棚135.7公顷，设施农业总产值6000万元。农产品加工企业销售收入1.86亿元，农村经济总收入13亿元，农民工资性收入2000元，荣获全省农民增收先进县称号。

人民生活明显改善。2012年，城镇新增就业1797人，农村富余劳动力转移就业2135人，安排194名大中专毕业生就业，城镇登记失业率控制在3.8%以内。全面完成农村新"五个全覆盖"任务。为低收入农户供应取暖用煤4.8万吨。450套保障性住房续建工程主体完工并验收合格，350套新建保障性住房开工建设。住房公积金缴存比例提高到12%。实施天然气入户工程，气化率23%。全年完成造林4453.3公顷，城区绿化率27%。城区垃圾无害化处理率100%，污水处理率95%，热化率75%，完成市政府下达的各项约束性指标。开展"三城联创"活动，城区空气质量稳定达到国家二级标准。

社会各业协调发展。2012年，改造17所学校食堂，改扩建3所幼儿园，免除高一、高二学费，对农村寄宿生每人每天补贴3.5元伙食费。公开选聘34名中小学校长、学区主任。全面推行国家基本药物制度，县级公立医疗机构基本药物实行零利率销售，农村居民电子健康档案建档率86%，新农合筹资标准增至290元，参合率99.6%。

（韩晋春）

晋中市

【自然概况】 晋中市位于山西省中部，毗邻省府太原，地处山西连接南北、贯通东西的核心位置，总面积1.64万平方千米。下辖1个区、1个市、9个县和1个国家级经济技术开发区，有118个乡镇、14个街道办事处、2749个行政村。2012年总人口328.7万人。是全省重要的新型工业基地、现代农业基地和新兴文化旅游城市、现代物流枢纽城市。

晋中依托资源形成了独具特色的新型化工业体系。晋中矿藏资源丰富，已探明储量的矿产17种，煤炭储量200亿吨，原煤年生产能力突破1亿吨。晋中是亚洲规模最大的纺机制造基地，全市纺机企业200余家，产品畅销40多个国家和地区。晋中是中国液压工业发祥地，是中国液压元件重要的制造基地。还有艺术玻璃、玛钢等产品在全省乃至全国占有较大份额。

晋中是山西重要的传统农业区。晋中四季分明、气候宜人，境内有山西农业大学、省果树研究所等多所农科院所，具有发展现代农业得天独厚的良好条件。晋中是国家级农业科技园区、山西省现代农业示范区，是全省粮食、蔬菜、畜产品、干鲜果、小杂粮的重要生产加工基地，是省城太原和首都北京的农副产品重要供应基地。全市设施蔬菜、水果、花卉和苗木种植面积达到1.7万公顷，肉蛋奶产量多年位居全省之首，山西老陈醋、平遥牛肉、左权绵核桃、太谷壶瓶枣等7种特色产品纳入国家地理标志保护体系，农副产品出口20多个国家和地区。

晋中是新兴的文化旅游城市。晋中是中华文明发祥地之一、著名的晋商故里，历史悠久厚重，文化遗存丰富。全市不可移动文物5500余处，44处列为国家文物保护单位，数量居全省首位，11处列入国家4A级景区景点。这里有迄今为止保存最完整的明清县城、世界文化遗产平遥古城，有乔家、王家、常家等晋商巨贾大院，有被誉为"中国彩塑艺术馆"的平遥双林寺。晋中山、川、丘陵皆备，独特的地形地貌孕育了奇秀峻美的自然风光，著名歌唱家郭兰英演唱的《人说山西好风光》就是晋中风光的真实写照。晋中非物质文化遗产丰富，16项被列入国家和省级名录，是中国社火、清明文化、寿星文化、牛郎织女文化、民间文化艺术、化石文化之乡。

晋中交通便捷区位优势突出。晋中是山西连接华北和我国中西部地区的重要交通枢纽，是太原都市圈的核心组团。市城区距武宿国际航空港15千米。全市12个县（区、市）全部通达铁路，市域高等级公路总里程全省第一，市到县90分钟交通圈基本形成。太原铁路货运物流中心、方略保税物流中心已获批开建，22个大型物流项目在这里集聚，项目全部完工后，晋中将成为全国第二大铁路货运物流中心。

【经济发展概况】 2012年，全市地区生产总值986.56亿元，比2011年增长10.2%；规模以上工业增加值480.9亿元，增长13.7%；财政总收入210.38亿元，增长18.1%；一般预算收入99.23亿元，增长27.2%；固定资产投资744.1亿元，增长28.2%；社会消费品零售总额387.3亿元，增长15.5%；外贸进出口总额4.9亿美元，增长113%；城镇居民人均可支配收入22878元，增长13.2%；农村居民人均纯收入7936元，增长14.8%。

推进项目建设，发展后劲更加坚实。2012年，全市签约项目总投资2399亿元，项目落地1432.8亿元。共有134个重点项目完工或基本完工，太重榆液高端液压产业园区、平遥煤化宇皓新型光学材料产业园等具有全局意义的高端前沿项目建成投产，对全市转型跨越发展的支撑和引领作用逐步凸现。传统产业改造实现新突破，煤矿升级改造完成投资100亿元，新增8个生产矿井竣工，新增21个联合试生产，原煤产量突破8000万吨；焦化企业兼并重组全面启动，推动产能向省定兼并主体企业集中。新兴产业培育取得新进展，轻型直升机、新能源汽车等制造项目扎实推进；新材料产业健康发展，光学材料开始试生产。太铁货运中心前期工作进展顺利。两个中央厨房投产运营。文化产业增加值占地区生产总值比重达到5.4%，继续保持全省领先。旅游总收入216亿元，增长59.7%。2012年粮食产量169.5万吨，比2011年增长7.1%。特色现代农业建设迈出新步伐，新发展特色专业村269个、设施蔬菜4133公顷、各类养殖小区（园区）237个、干果经济林8067公顷。农产品加工龙头企业345户，销售收入92.6亿元，增长21.2%；转化农产品43亿千克，带动51万农户增收8.1亿元。

统筹城乡发展，城乡面貌明显改观。2012年，城乡基础设施投入创历史新高，城镇化率47.4%，比2011年提高1.7个百分点。农村街巷硬化、便民连锁商店、文化体育场所和中等职业教育免费、新型农村社会养老保险新“五个全覆盖”在全省率先完成。太原晋中同城化取得新进展，城区市政重点工程完成投资141.2亿元。山西高校新校区拔地而起，基础设施和配套服务建设加快推进，新生开始入住。新建4条纵向城市道路与太原延伸对接，“东出口”工程、晋商公园二期、潇河湿地公园一期等项目竣工，新开902、903两路同城公共交通。重大基础设施建设步伐加快，以东山供水、中部引黄、松塔水电站、恋思和石膏山水库、松溪河供水工程建设为标志，水利建设“百项工程、百亿投入”进展顺利。龙城高速、汾邢高速平遥左权段、省道汾屯线晋中段竣工通车，董榆线和顺段一级公路改建开工。电网及农网改造工程新增35千伏及以上线路117.5千米，新增变电容量736兆伏安。节能减排和生态建设扎实推进，全市单位地区生产总值能耗比2011年下降3.5%，二氧化硫、化学需氧量、氨氮、烟尘、粉尘排放量分别削减1.4%、1.4%、1.1%、6.5%、7.2%，氮氧化物增排1.7%；市城区空气质量优良率98.8%，居全省第一，各县(区、市)空气质量优良率均在97%以上。新造林2.7万公顷，林木绿化率提高1.1个百分点。介休市在全市首家跨入国家园林城市行列，汾河湿地森林公园被确定为国家级湿地公园试点，昔阳县被命名为省级园林县城。灵石县通过国家卫生城市综合评审，左权县被省政府命名为林业生态县，全市11个县(区、市)继续保持了省级卫生城市称号。

改善民生民利，社会事业全面发展。全市财政用于民生领域支出较2011年增长13.2%。保障性住房开工建设4.4万套，竣工1.6万套，居全省第一。2498户农村危房改造工程全部竣工。住房公积金支持保障性住房全国试点城市申报成功。省级创业型城市创建活动扎实开展，城镇新增就业4.5万人，城镇登记失业率1.9%。各类保险参保人数、保费征缴额进一步提高，城乡低保实现应保尽保。全市80周岁以上的城乡居民免费享受基本医疗保险。“爱心煤”政策得到落实，86.4万户农民家庭受益。义务教育均衡发展，学校标准化建设继续走在全国前列，教育信息化工作成为全国首批试点市，教育公平步伐坚实。公立医院改革试点工作扎实，基本药物制度在乡村卫生院(室)全面实施；新农合参合率99.1%，9个县(市)推行城乡困难群众医疗救助“一站式”服务。县级体育馆全覆盖全面启动，城市社区500米健身圈工程70个社区、160块健身场地交付使用。文化体制改革、文艺创作以及文物和非物质文化遗产保护传承取得新进步。持续加大扶贫开发力度，贫困人口减少2.8万人，农民增收明白卡覆盖全市60%行政村和70%农户。

推动改革创新，综改试验稳步实施。认真组织20个重大转型标杆项目，投资140.8亿元。全省资本市场改革创新示范区建设取得新进展，5家村镇银行挂牌营业，3家改制农村商业银行健康运营，3家股权投资管理公司挂牌成立，2支私募股权投资基金设立晋中市，新增2户企业在天津股交所挂牌，全市在资本市场直接融资60亿元，民营资本进入金融领域56.5亿元。建设用地渠道增加，11个县(区、市)全部列为城乡建设用地增减挂钩试点，获得周转指标400公顷，新造耕地、复垦土地、盘活存量土地都取得较大进展。

(张　静)

晋中市榆次区

【自然概况】 榆次设县制最早始于战国初期。西周时期，部落首领榆罔，乃神农氏后代，率部居涂水之畔立榆州国，榆次因之得名。北魏、北齐曾一度更名中都。隋开皇十一年(公元591年)，复名榆次，沿袭至今。1999年晋中撤地设市，榆次遂为晋中市榆次区。现辖6个镇、4个乡、9个街道办事处、272个行政村。全区总面积1328平方千米。2012年总人口64.4万人。

境内气候属于温带大陆性季风气候，年平均气温9.8℃，降雨量418～483毫米，年日照时数2662小时，无霜期158天，四季变化明显，农业气候条件比较优越。

境内已探明的矿产资源有煤、耐火黏土、砖瓦黏土、建筑用砂石等11种，煤炭储量2亿吨。

【经济发展概况】 2012年，财政总收入22.84亿元，固定资产投资总额141.2亿元，社会消费品零售总额119.7亿元，比2011年分别增长25.9%、60.2%、16%；生产总值、规模以上工业增加值分别为198.6亿元和71.3亿元，增长10.2%和19.4%；外贸进出口总额6208.2万美元，增长41.8%；城镇居民人均可支配收入、农民人均纯收入分别为22567.6元和10630.3元，增长11.8%和16.3%。

项目建设快速推进，转型发展跨越前行。2012年，56项重点工程全部开工，完成投资147亿元，当年23个项目竣工，太重榆液系统装置车间、娃哈哈热罐装生产线等一批重大项目投产运行，10项转型综改标杆项目顺利实施。全力实施招商引资，全年共招引项目28项，总投资321.6亿元，开工建设14个项目；优选储备116项区级重大项目。全面强化要素保障，用足用活土地开发整理、矿业存量建设用地整合、城乡建设用地增减挂钩等政策，全年为项目建设供地187.5公顷。

园区工业发展壮大，产业集群蓄势升级。坚定不移实施“工业强区”战略，园区集聚能力不断增强。实现产值141.7亿元，比2011年增长10.7%；上缴税金4.5亿元，增长12.5%。二期道路基础设施框架拉开，31平方千米扩区规划基本完成。以先进装备制造为特色的新型工业迅速崛起，实现产值125.7亿元。区属84户规模企业完成工业增加值60.6亿元，增长20.3%；实现工业总产值202.7亿元，增长27.5%。五大百亿产业集群方兴未艾，经纬纺机专件分厂完工，意大利电脑横机样机下线；液压集群申报国家级创新型产业集群，山西省精密铸造及机械装备制造院士工作站落户榆次。榆次液压研究院正式成立。总规划350公顷的“一核两区”液压工业园启动建设。博世通、海洋、航天等项目顺利实施。太钢万邦30万吨一期土建工程迅速推进，国际领先的进口设备开始安装。福源昌醋博园、金醋"老陈醋生产基地"一期竣工投产，天地壹号、珠江桥等知名企业加盟榆次醋产业。

特色产业龙头引领，现代农业扩规提档。全力实施"一村一品"工程，省、市级"一村一品"专业村达124个。总投资17.4亿元的国家农业科技示范园通过中期评估，辐射带动作用全面显现。全区粮食播种面积3.4万公顷，粮食总产量2.04亿千克。重点实施无公害设施蔬菜基地建设，面积达6866.7公顷，蔬菜总产量突破16亿千克；新发展苹果586.7公顷、核桃666.7公顷，干鲜果总产量达1.47亿千克。重点推进规模养殖园区扩规上档，全区肉、蛋、奶总产量突破8万吨。全力扶持农产品加工龙头，金粮、德御、泽榆等企业销售收入19亿元，带动农户3.8万户。大力改善基础设施，全国小型水利重点县项目落户榆次，涉及7个乡21个村的安全饮水工程1.1万人受益。完成土地整理项目6个，新增耕地133.3公顷。榆次区荣获全省"农民增收先进县"和"一县一业先进县"等称号。

文化旅游持续升温，现代物流势头强劲。乌金山国家森林公园通过省级旅游休闲度假区和国家4A级景区验收，欢乐谷、山外山宾馆及各项配套工程基本完工，成功举办"第九届文化旅游节"，古村老城游、乌金生态游、庄园休闲游成为榆次文化旅游名片。现代物流步入快车道，投资3亿元的省粮食物流中心主体完工，太铁物流、美特好等投资近20亿元的物流项目加快落地，汇隆农产品交易市场一期完成投资2.13亿元，主体建筑完工，区域物流中心城市渐具雏形。流通体系日益完善，全区建成各类农村便民店318个，实现了农村流通网点全覆盖，"万村千乡"市场工程、"新网工程"健康运行，城乡消费市场繁荣活跃。

太榆同城加速融合，城乡统筹一体发展。2012年，抓住太榆科技创新城启动的历史机遇，积极配合高校新校区、吉利中航配套等市政重点工程，完成5500户、1000公顷、60万平方米征地拆迁任务，市区一体化加速推进；投资13.8亿元，实施直隶庄一期、大东关牛奶庄小区、小南庄整体搬迁等7个城中村改造项目，城乡融合不断加速；启动高校新校区周边控制性规划，寇村服务区前期工作完成，西堝服务区建设启动，伽西、朱村等10个中心村建设进展良好，城乡承载能力不断提高。深入推进"蓝天碧水"工程，二级以上优良天数达360天，环境空气优良率98.6%，位居全省第一；万元地区生产总值综合能耗下降3.5%，完成义务植树101万株，北山绿化666.7公顷，共造林2600公顷，108沿线3个乡10个村环境综合整治工程完成，全区城乡面貌改善。

民生事业全面进步，幸福榆次有效构建。2012年，财政用于民生支出达12.1亿元，医疗、教育、社会保障支出持续加大。推进均衡教育初见成效，阳光均衡编班全国示范；新改扩建幼儿园17所，9所已竣工；启动"护校安园"治安防控试点和校车安全管理联席制度，校园安全基础进一步夯实。医疗改革扎实推进，新农合参合率99.6%，基本药物制度实现全覆盖，投资3986万元新建区人民医院外科住院楼，全国慢性非传染性疾病、省中医示范区顺利通过验收。社会保障体系更加健全，开展创业型城市创建，累计提供就业岗位2.7万个，新增就业9200人，转移农村劳动力1.2万人，城镇基本养老、医疗保险参保人数分别达到7.6万人、18.5万人，城镇登记失业率控制在4%以内。

（榆次区人民政府办公室）

介 休 市

【自然概况】 介休市位于山西中南部，总面积744平方千米。辖7个镇3个乡5个街道办事处231个行政村。2012年总人口41.1万人。

介休是慈孝之都、琉璃之城、寒食之乡、三贤（介子推、郭林宗、文彦博）故里。市级以上文物保护单位95处，国保单位8处。绵山是中国历史文化名山、山西省十大重点风景名胜区和国家4A级景区，张壁古堡集全国十大魅力名镇、全国历史文化名村、国家重点文物保护单位3张国字号品牌于一身。三晋三大名楼之一祆神楼既是明清木结构建筑的典范，更是国内罕见的祆教文化代表实物。后土庙有"琉璃艺术瑰宝"之称。

介休有煤面积占全市总面积的72%。已发现的地下矿产资源达27种。

【经济发展概况】 2012年，全市地区生产总值151.04亿元，比2011年增长9.6%；规模以上工业增加值94.7亿元，增长15.1%；财政总收入28.02亿元，增长1.9%；一般预算收入12.3亿元，增长9.5%；全社会固定资产投资75.8亿元，增长37.2%；社会消费品零售总额60.35亿元，增长16.1%；城镇居民人均可支配收入23060元，增长15.4%；农民人均纯收入8704元，增长14.8%；外贸进出口总额1.99亿美元，增长15倍。

产业升级转型成效明显。2012年，深入推进"项目落地攻坚年"活动，实施总投资508亿元的110个转型项目，完成投资100亿元，26个建成投产。以总产能1500万吨的16座现代化矿井，9座正常生产或进入联合试运转，产量达到455万吨为标志，煤矿安全生产水平、劳动生产率、资源利用率全面提高；以焦化企业兼并重组启动，省定5个兼并主体企业总产能提升到1215万吨为标志，焦化产业上档升级、循环发展；以中加大型锻件、煤化成套设备项目落地为标志，机械制造产业水平大幅提升；以安晟陶瓷保温材料、博创纳米氧化锌等项目建成投产，三佳有机硅深加工、大唐路鑫低热值煤发电项目集中布局为标志，新材料产业做大做强；以总投资159亿元的青云通航基地加快建设为标志，高新技术产业积极推进；以义安千万吨新型煤化工循环经济、装备制造产业、新材料产业、青云通航产业园区基础设施和框架规模初具为标志，产业集聚效应日益凸显；以黄金港五星级酒店建成运营，家家利、银益、美特好等大型超市连锁扩张为标志，现代服务业蓬勃兴起；以60

个"一村一品"专业村、龙凤2000公顷核桃基地、陶庄千亩苗木基地建成为标志,现代农业发展进程加快。

城镇建设发生深刻变化。全面推进北部新区建设,8条续建道路竣工,文化中心等新区标志性工程顺利推进;规划控制2.37平方千米老城区,实施后土庙修复等10项历史文化名城重点保护工程,改造一批街巷,城市历史文化特色逐步显现。城市集中供热、供气普及率分别达88%和95%,生活污水、垃圾基本实现集中无害化处理。义安、张兰成为全省重点镇,张兰古玩市场主体封顶。投资1亿元完成张壁古堡新村建设。投资2.1亿元建成农村公路52千米、桥梁3座。城镇人口达24.6万人,城镇化率60.6%,城镇化建设名列晋中第一。

美丽介休建设迈出新步伐。以创建国家园林城市、国家卫生城市、省环保模范城为抓手,推进造林绿化、城乡清洁、蓝天碧水、节能减排"四大工程"。投资2亿元实施9项工程,造林666.7公顷;新增城市绿地60.6万平方米,建成区绿地率33.7%;启动汾河综合整治一期工程。投入1140万元完成2个乡镇11个村环境集中连片整治。依法关闭淘汰落后企业32户,万元地区生产总值能耗下降3.5%,完成省市污染物减排任务,城区空气质量二级以上天数363天,一级天数131天。

"三大试点"工作成效明显。介休市被确定为全省扩权强县试点和晋中转型综改试点,义安镇是全省唯一经济发达镇试点。设立5000万元转型建设发展基金,垫资1.04亿元帮助重大项目完成土地流转和拆迁。争取用地指标136.7公顷,盘活低效利用土地26.7公顷,基本解决当年重点项目用地。争取上级各类项目资金近10亿元,组建城乡基础设施投资公司,全市各银行当年新增贷款18.6亿元。义安经济发达镇正式挂牌运行,并组建充实了机构人员。引进太重、大唐、德国HPC、香港中华煤气等国内外大集团,安泰、三佳、路鑫等骨干企业"走出去"投资建厂建矿,极大提升介休在全国的影响力。

社会民生建设硕果累累。2012年,财政用于民生资金占到总支出的71.6%。建成城乡38所新校,开工建设23所幼儿园,校安工程和中小学标准化建设走在全省前列;在全省首家配备26辆校车免费接送1.5千米以上农村走读小学生。社会保障体系进一步完善,城乡低保应保尽保,新农合补偿31万人次、7256万元。农村冬季"爱心煤"落实到位。新开工总投资15.8亿元的保障房9069套,在建数达到1.4万套。在晋中率先完成医药卫生体制改革,500张床位的新建人民医院加快推进,开工建设7个乡镇卫生院。城乡群众生活水平不断提高,居民储蓄存款余额151.2亿元,增长14.1%。社区建设全面推进,50个单位结对帮建35个社区,解决街道、社区办公场所,社区网格化管理机制初步形成。

(介休市人民政府办公室)

榆社县

【自然概况】 榆社县地处太行中段西麓、晋中市东南部,东与左权、和顺为邻,北与太谷、榆次接壤,西与祁县相依,南与武乡毗邻,是海河支流漳河的发源地。全县总面积1699平方千米。下辖4个镇、5个乡、1个城区管委会、272个行政村。2012年总人口13.7万人。

榆社地形四周高、中间低,属丘陵山区,91%为丘陵山地,河谷、平川仅占9%,平均海拔1100米。

气候类型为暖温带大陆性季风气候,年均气温8.8℃,年降水量560毫米,无霜期175天。

【经济发展概况】 2012年,全县地区生产总值23.82亿元,工业总产值39.9亿元,财政总收入3.24亿元,一般预算收入1.42亿元,社会消费品零售总额8.08亿元,农林牧渔总产值4.62亿元,粮食总产量6092万千克,城镇居民人均可支配收入15360元,农民人均纯收入3346元。

现代农业迈出新步伐。大力实施"1311"特色产业工程,核桃种植、笨鸡养殖、设施蔬菜、小杂粮等特色产业迅速扩张。全年新发展核桃经济林2933公顷,总量达到5267公顷;新发展笨鸡57万只,年饲养量达到146万只;新发展设施蔬菜67.5公顷,累计达到256.7公顷,小杂粮发展到5333公顷,特色农业初具规模。土地整理开发、农村安全饮水、坡耕地水土流失治理、小型水库除险加固、国家水保重点工程等顺利完成,产业基础进一步夯实。有效落实各项支农惠农政策,发放粮食直补和综合补贴1679万元。建成省级"一村一品"专业村22个,市级专业村10个,特色产业发展推动新农村建设步伐明显加快。

工业转型实现新突破。2012年,按照工业园区化要求,编制化工、医药、食品、物流园区规划。化工工业园成功引进山西东方红特种涂料生产项目,从洽谈到主体完工仅用时5个月,既实现了工业项目招商引资近年来零的突破,又创造了项目落地建设新的"榆社速度";榆化公司3万吨聚合氯化铝项目建成投产,化工产业规模不断壮大。医药工业园转型升级步伐加快,天生制药入园,6000吨中成药技改扩产项目进展顺利,广生公司100亿粒植物胶囊项目开工建设,医药产业发展势头强劲。食品工业园主力阿胶、五福小杂粮和森生核桃等项目主体基本完工,食品加工业取得实质性进展。节能减排扎实有效,万元地区生产总值能耗降幅3.5%,6项污染物减排任务全面完成。

三产发展取得新成效。充分发挥旅游业在三产中的龙头作用,成功举办第六届云竹湖休闲旅游垂钓节和环湖自行车嘉年华等活动,旅游品牌影响力进一步提升。编制完成云竹湖旅游策划及总体规划,成功与省投资集团、景峰国际集团签约合作,云竹湖旅游招商引资和风景区开发迈出实质性步伐。

城乡面貌发生新变化。顺利实施廉租房、公租房、经济适用房、城市棚户区、林业棚户区等保障性住房建设,丽华苑住宅小区、仪川小区建成投用,150户农村危房改造全面完成,安居工程建设取得新进展。高标准完成迎春路南段综合改造、顺城街改造、城市路灯节能改造等工程,完成城区供热二期续建和污水管网补充建设工程,城市功能更加完善。实施北寨——幸福桥路面改造工程，全面实现境内农村公路养护标准化、专业化和管理社会化，城乡交通更加便捷。城区二级以上天气360天，生态宜居县城建设成效明显。

（榆社县人民政府办公室）

左权县

【自然概况】 左权县位于山西省东南部、太行山主脉西侧。原名辽县，1942年9月为纪念在此殉国的八路军副总参谋长左权将军，易名为左权县。全县辖5个镇、5个乡、1个城区管委会，203个行政村、8个居委会。2012年总人口16.3万人。

全县总面积2028平方千米，其中，耕地面积1.6万公顷，有“八山一水一分田”之称。年平均气温7.8℃，年均降水量502.6毫米，无霜期110～180天，属大陆性季风半干旱区。

左权是革命老区，抗战时期，仅有7万人口的小县，就有1万人参军、1万人支前、1万人牺牲，为民族独立和解放做出了巨大贡献。

左权是资源富区，属全国100个重点产煤县之一，是颇负盛名的“中国核桃之乡”。

左权是文化名区，有“万首民歌千出戏”之称，是“中国民间文化艺术之乡”，特别是“左权开花调”被列为国家首批非物质文化遗产保护名录。

左权是旅游景区，境内有龙泉国家森林公园等800余处自然景观、150余处革命遗址以及元代文庙大成殿等多处人文历史景观。

【经济发展概况】 2012年，全县地区生产总值34亿元，比2011年增长13.2%；财政总收入9.42亿元，增长2.3%；一般预算收入4.35亿元，增长8.7%；农林牧渔总产值4.77亿元，增长10.5%；粮食产量5170万千克，增长3.8%；规模以上工业增加值11.7亿元，增长29.3%；全社会固定资产投资57.9亿元，增长23.1%；社会消费品零售总额9.54亿元，增长16.3%；城镇居民人均可支配收入17638元，增长15.8%；农民人均纯收入3236元，增长16.8%。

农民增收步伐加快。2012年，投入各类涉农资金4亿多元，实施各类农业项目156个，新增有效灌溉面积1666.7公顷，新栽植核桃1400公顷，新发展设施蔬菜73.3公顷，新发展生态庄园10处，左权湖万亩现代生态农业示范园区“五大功能区”已显雏形。初步形成东南核桃、中北杂粮、沿河蔬菜、西部养殖的产业框架，产业布局得到优化，农民增收基础进一步夯实，农民人均纯收入增速分别高于地区生产总值、城镇居民人均可支配收入3.6个和1个百分点，并高于国家和省市平均水平。

工业经济稳中有升。2012年，共生产原煤415.7万吨、铁精粉29.8万吨，发电量65亿千瓦小时。特别是阳煤石港煤业生产原煤142万吨，鑫瑞公司生产铁精粉19万吨，华能左权电厂发电量64亿千瓦小时，分别占到全县产量的34.2%、63.8%和98.5%。骨干企业引领工业总产值增幅高达68.3%，煤与非煤的产值比重有所优化。

文化旅游特色显现。2012年，新建农家书屋79个，成功举办双70周年纪念活动，大型花戏歌舞剧《太行奶娘》首演叫响。实施麻田红色旅游综合开发，建成全省展陈面积最大、实物资料最多、展示手段最先进的八路军总部纪念馆，被评为国家AAAA级旅游景区。全年累计接待游客62.5万人次，旅游综合收入4.8亿元。莲花岩田源生态庄园被评为全省首批“休闲度假区”，左权县被授予“山西省文化强县”称号。

（左权县人民政府办公室）

和顺县

【自然概况】 和顺县地处山西省东陲、太行山中段，背靠山西，面向冀、鲁、津、京，东与河北省邢台相邻，西通省府太原，北连太旧高速，南下上党盆地，省道董榆线横穿东西，207国道和阳涉铁路纵贯南北。随着汾邢高速和顺段、阳左高速、邢和铁路全面开工建设，全县交通条件彻底改观。全县东西长75千米，南北宽30千米，总面积2250平方千米，为晋中市版图最大的一个县。全县辖5个镇5个乡，294个行政村。2012年总人口14.6万人。

全县矿藏资源丰富。现已探明地下矿藏有煤、铁、铝、石灰岩、白云岩、耐火黏土、铜、磷、硫、水晶石、辉绿岩等29种。尤以煤炭资源为最，在储量、煤种、煤质等方面具有很大的优势，已探明储量156亿吨，为全国重点产煤县之一。除煤炭外，铝矾石储量约为15亿吨，金钢沙储量约为2000万吨。

和顺县山大坡广，林丰草茂。宜林宜牧面积10万公顷，占总面积的45%，发展林牧业具有得天独厚的优势。是国家秸秆养牛示范县和全国林业基地县，境内森林覆盖率26.7%，林木覆盖率36.5%。平均海拔1300米，年平均气温6.3℃，昼夜温差大，夏无酷暑，清凉宜人，是个天然的“大空调”“大氧吧”。和顺气候独特，有着优良的土特产品，金奖莜麦、银奖谷子、品牌黄牛为发展现代农业提供了广阔的前景。

和顺县素以“山险、洞幽、泉奇、林茂”而闻名，境内山势险峻，众峰耸峙，依次有夫子岭、黄巢寨、南天池、黄榆关、姑岩庙、水帘洞、石佛洞等自然景观景点。太行风光，古迹奇观，清凉气候，为和顺开发旅游业提供了良好条件。牛郎织女传说被列入国家第二批非物质文化遗产保护名录，被中国民协命名为“中国牛郎织女文化之乡”。新建八路军“石拐会议”纪念园。

【经济发展概况】 2012年，全县地区生产总值42.12亿元，比2011年增长11.2%；工业增加值22.4亿元，增长15.7%；固定资产投资45亿元，增长38.4%；社会消费品零售总额9.45亿元，增长16.4%；财政总收入12.68亿元，增长39.8%；一般预算收入5.32亿元，增长58.8%；城镇居民人均可支配收入16010元，增长16%；农民人均纯收入3830元，增长14.9%。

发展后劲持续增强。2012年，43个市级重点项目全部开工建设，开工率100%，全市排名第一，完成投资56.44亿元。总投资18.57亿元的十大转型综改标杆项目全部开工建设，8个项目竣工投产，完成投资19亿元。招商引资签约项目6个，签约资金318.7亿元。

新型工业化建设成效显著。2012年，投资6.58亿元对煤矿进行升级改造，阳煤集团500万吨泊里矿井奠基开工，全年完成煤炭产量1121万吨。阳煤集团百万吨尿素项目一期、盛宝年产1.2亿块烧结砖、随生年产4000万块烧结砖、长沟选煤厂、丰泰选煤厂项目竣工投产。阳煤集团晋东煤机维修制造项目推进顺利。佰裕东粮食加工项目完成工程量的70％。

农村经济发展势头强劲。2012年，全县粮食总产量4953万千克，新增设施蔬菜面积268公顷。规划“一村一品”专业村170个，发展“一村一品”示范村24个。新建、改扩建标准化养牛园区88个，全县10头以上母牛饲养户2153户，母牛存栏2.4万头。新建绿和、宇蕻、和牧3个千头规模肉牛育肥企业，大型肉牛育肥企业达到8个，龙旺公司肉牛屠宰生产线建成投产。天凯现代农业科技示范项目完成投资6430万元。新增双孢菇菇床面积15万平方米，总产量300余万千克。扎实推进新一轮扶贫开发工作，利用各类扶贫资金3650万元，受益人口2.2万人，8782人脱贫，扶贫工作考核位列全市第一。

城乡环境不断改善。2012年，编制完成《和顺县县城中心区域城市设计》，投资1.8亿元，重点实施旧城扩容提质工程。完成六大片区、660余户的房屋征收工作。开工建设1752套保障性住房，超额完成市定任务269套，开工率、竣工率、投资完成率、综合排名均居全市前3位。投资500余万元改善市容市貌，顺利通过省级园林县城初评工作。安和线恋思水库淹没段改线二期铺油配套工程、董榆线至县城连接线工程全面完工，安和线城市过境段井玉沟至东垴改线路基工程完成90％，董榆线董坪至部家庄段一级路改造工程和和榆高速许村至松烟、平松至喂马连接线工程前期工作基本完成，征地拆迁有序推进，进入施工阶段；和榆高速和顺段完成投资3.1亿元，阳左高速和顺段完成投资9.15亿元；和邢铁路列入全国铁路建设“十二五”规划，线路定测已完成。二级汽车客运站投入运营。总投资1.76亿元的恋思水库工程下闸蓄水。投资597万元，实施饮水安全工程40处，解决了40个自然村、1万人、6389头大牲畜的饮水安全。投资5621.6万元，扎实推进生态文明建设，造林2200公顷，村庄绿化43个。

民生和社会事业成绩显著。2012年，用于民生及各项社会事业的支出6.58亿元，增长20.5％。县政府向全县人民承诺的“十件实事”全部完成。新增城镇就业1729人，转移农村劳动力6000人，城镇登记失业率控制在2％以内。新农合参合率98.6％。投资1.8亿元，实施薄弱学校改造和标准化幼儿园建设工程。新建县中医院项目竣工。40所标准化村级卫生所竣工投用。投资9000万元的县文体中心开工建设。9所乡镇敬老院建成投用。为全县4万户农户免费供应原煤4万吨。

（和顺县人民政府办公室）

昔阳县

【自然概况】 昔阳县位于晋中市东部，太行山西麓。东临河北赞皇县，西、南分别和本市的寿阳、和顺县毗邻，北面和阳泉市平定县接壤。总面积1954平方千米。辖5个镇7个乡，335个行政村。2012年总人口22.9万人。

昔阳县平均海拔1116米，属温带半干旱大陆性气候，年平均气温9.5°C，年降水量624毫米左右，无霜期158天。

昔阳历史源远流长，早在旧石器时代，就有人类在这里耕耘生息。秦时设沾县，东汉设乐平郡，隋初乐平郡降为县，民国初因与江西乐平县重名，故改昔阳县。

境内矿产资源丰富，有煤、铁、铜、铝矾土等各类矿藏40多种，煤炭总储量73.3亿吨，是全国重点产煤县之一。

区位优势明显，石太铁路、太旧高速相邻而过，阳涉铁路、207国道、317省道贯通全境，阳左高速正在建设过程中，是全国公路建设示范县。

河山毓秀，景色宜人，大寨旅游景区被确定为全省五大特色旅游景区之一。

【经济发展概况】 2012年，全县地区生产总值51.1亿元，比2011年增长7.3％；财政总收入12.72亿元，增长26.7％；一般预算收入4.17亿元，增长24.1％；农林牧渔总产值6.85亿元，增长13％；粮食总产量1.49亿千克，增长17.8％；社会消费品零售总额16.49亿元，增长15.5％；城镇居民人均可支配收入16924元，增长15.1％；农民人均纯收入5367元，增长14.1％。

特色农业发展壮大。围绕“西菜东果中养猪，山上山下种蘑菇”的农业产业化发展思路，2012年蔬菜种植面积1625公顷，投资3000万元免费为9个乡（镇）种植1333.3公顷核桃树，全县核桃种植总面积达到1万公顷；全县万头、千头、百头规模养猪场160个，猪饲养量突破50万头。投资1亿元大力实施双孢菇特色产业，双孢菇种植面积30万平方米，带动农民人均增收160元，成为全省最大的双孢菇种植基地。四大特色产业的发展壮大，极大地促进了农民增收致富，农业对经济发展的拉动力明显增强。

项目建设快速推进。2012年，实施重点工程项目64项，总投资212.8亿元，新建37项，续建27项，开工率100％，实际完成投资78.9亿元，项目建设呈现出规模大、进展快、效益好的局面，发展后劲明显增强。投资5000万元以上的项目47个，投资1亿元以上的项目39个，投资5亿元以上10亿元以下的项目4个，10亿元以上项目4个，项目的投资额明显增大。丰汇120万吨、丰汇乐平60万吨、丰汇红土沟30万吨、安顺胜利45万吨煤矿改扩建工程相继完工，开始试运行；国投白羊岭一期8×2000千瓦、黄岩汇5×2000千瓦、丰源二期24×600千瓦瓦斯发电项目并网发电；阳煤40万吨电石、瑞阳含氧煤层气液化项目气化工程正式竣工投产。投资20亿元的年产7万吨的铁氧体项目奠基开工。“一煤独大”的产业结构正逐渐被改变，“一白一黑、一电一气”的多元发展格局逐渐形成，经济发展的潜力、优势、后劲大幅凸显。

城市面貌日益改善。围绕“上城、下城、新城”三城同建，新建改造厚庄路、小西外环、庄园路、下城街4条道路和水泥厂桥、东风桥两座百米大桥。铺开东关、南关、留庄、武家坪等“城中村”改造，已开工和计划开工的各类住宅面积200万平方米。启动公安刑侦大楼、人武部、煤销公司等单位办公大楼建设工程，新城框架初步形成。昔阳中学、全周文化园、旧207国道步行街改造等旧城扩容提质工程投入使用。新建6座特色鲜明的文化墙、20个雕塑建筑，建成县医院旧址公园、鑫阳顺旧址公园、原县中医院旧址公园等10多个城市小绿园、小公园，全县新增城市绿化面积22.7万平方米，市民人均公共绿地面积16平方米。城市内涵更加丰富，城市功能更加完善。

（王雪波）

寿阳县

【自然概况】 寿阳县位于山西省东部，太行山西麓。全县总面积2100平方千米。辖7个乡7个镇1个城区管委会、206个行政村。2012年总人口21.2万人。

寿阳人文历史悠久，自西晋太康置县，至今已有2000多年历史。是清“三代帝师”祁寯藻、女英雄尹灵芝故里和“中国寿星文化之乡”。

寿阳矿产资源丰富，含煤面积1890平方千米，已探明煤炭总储量70亿吨，是全国“重点产煤县”之一。

【经济发展概况】 2012年，全县地区生产总值111.09亿元，比2011年增长9.2%；一般预算收入9.85亿元，增长32.3%；农林牧渔总产值16.8亿元，增长4.3%；粮食总产量3.09亿千克，增长7.3%；规模以上工业总产值109.2亿元，增长3.2%；社会消费品零售总额17.71亿元，增长16.5%；城镇居民人均可支配收入和农民人均纯收入23245元、8287元，增长16%、16.8%；固定资产投资完成78.9亿元，增长37.8%；财政总收入31.42亿元，增长24.1%；外贸进出口总额335.6万美元，增长186.8%。

项目建设持续发力。2012年，48个重点项目顺利推进，完成投资107亿元，全市第一；全年引进重点项目10个、258亿元，全市第二。达成重点项目意向10个、400亿元。先后有17个转型项目竣工投入试生产，多点发力、多元支撑的格局不断增强。

现代产业发展加快。煤矿技改扩规基本完成，全年产煤2003万吨。风力发电、瓦斯发电、环保石头纸等一批新型产业项目的建设发展，成为工业转型新亮点。全年新增设施蔬菜267.3公顷、干果经济林1733.3公顷，新建标准化养殖园区16个。景尚现代农业示范园区、雨润高科技养殖园区等项目成为现代农业发展的新标杆。祁氏故居、鹿泉山寿星文化旅游景区建成开放，游客不断增加。

城乡建设统筹推进。正在完善的北部新区规划，使主城区面积扩展2倍，达到20平方千米。举全县之力实施的中心城区建设改造征收安置工作稳健推进。6条城市道路、12条街巷硬化、3个公园广场建设全面完成，白马河综合治理工程顺利推进。县城供热、供气覆盖率、垃圾、污水处理率进一步提高。7个矿区移民新村建设扎实推进，30个省级推进村达到验收标准，全县城镇化率提高2个百分点。全年投资2.5亿元，造林4800公顷，林木绿化率提高2.3个百分点，达到省级园林城市创建标准。

民生事业持续发展。寿阳一中新校区、滨河一幼及27所乡村幼儿园建设工程完工。医药卫生体制改革深入推进，县城公立医院全部药物实现零差率销售。第二人民医院全面完工，人民医院迁建工程启动建设，成功创建全省药品安全示范县、卫生应急综合示范县。全年新增就业4097人。保障房建设任务超额完成。新一轮城乡医疗、养老等社会保险扩面提标。被评为全国敬老助老模范县。

（寿阳县人民政府办公室）

太谷县

【自然概况】 太谷县位于山西省中部，地处晋中盆地东北部。东北与榆次区相依，东南与榆社交界，西南与祁县毗邻，西北与清徐接壤。县域东西长50千米，南北宽约39千米，总面积约1049.9平方千米。辖3个镇6个乡198个行政村。2012年总人口30.3万人。

县域地貌形态分山地、丘陵、平原，地势由东南向西北倾斜，海拔在1914～676米之间，平川与山地丘陵的比例是37∶63。

【经济发展概况】 2012年，全县生产总值60.56亿元，比2011年增长8.9%；财政总收入7.2亿元，增长19.8%；一般预算收入3.42亿元，增长36.3%；农林牧渔总产值24.08亿元，增长11.2%；粮食总产量2.1亿千克，增长2.9%；工业总产值63.2亿元，增长19.1%；社会消费品零售总额23.62亿元，增长16.1%；城镇居民人均可支配收入20038元，增长15.7%；农村居民人均纯收入10952元，增长14.9%。

现代农业强势推进。2012年，采取“连片发展、财政奖补”的办法，大力实施“四个一”工程。设施蔬菜、苗木花卉5333.3公顷、7333.3公顷，猪、鸡年饲养量170万头、3041万只。建成8个精品种植园、10个健康养殖园、17个省级专业村、71个合作社。农产品加工龙头企业45家，年加工农产品6亿千克，带动农民增收4亿元。资本农业、公司农业、科技农业进一步提升，种养加一体化、贸工农一条龙发展趋势明显增强。

工业园区初具规模。四大工业园区企业集中、行业集聚态势不断增强。水秀新型工贸园，入园项目27家，投资总额突破150亿元。其中，18家开工建设，8个项目完成一期工程。恒达循环经济园，3个项目建成试产，2个项目完成一期工程。成功重组中煤京达，成为省级焦化产业保留企业。胡村铸造工业园，完成核心区规划，新和管路精密铸造项目开工建设，成为山西省首批外贸转型升级示范基地。南山医药食品园，品牌效益凸显，“明泉宝”商标成为中国驰名商标，实现了全县中国驰名商标零突破，为企业重品质、树品牌树立了榜样。

第三产业蓬勃发展。2012年，深入实施旅游带动战略，生态旅游、商贸物流、交通运输等现代服务业蓬勃发展。成功举办桃花节、草莓节等一系列营销活动，成为周边县市以及省城附近农家乐、乡村游的首选目的地。全年旅游人数突破170万人次，增长1.4倍。“万村千乡”等市场建设全面推进，城乡物流网络进一步完善。建立运输业发展基金，重点扶持年度营业额1200万元以上的骨干企业，全行业营业收入近6亿元。此外，兴泰村镇银行、银泰贷款公司开业运营，农村信用体系示范县创建工作全面启动，金融市场繁荣活跃。

（太谷县人民政府办公室）

祁　县

【自然概况】 祁县位于山西省中部，太岳山北麓，太原盆地南部，汾河中游东岸。总面积854平方千米。

祁县交通便利，古为“川陕通衢”，今是山西省重要的交通枢纽之一。境内公路、铁路四通八达，南同蒲铁路复线，国道108线、208线，大运高速公路、龙城高速公路、省道东夏、祁方、祁清公路及正在建设的邢汾高速公路、大西铁路客运专线在境内纵横分布，交织成网。

祁县是国家历史文化名城，拥有著名旅游景点乔家大院。

全县现辖6个镇2个乡3个城区1个开发区、160个行政村。2012年总人口26.8万人。

【经济发展概况】 2012年，全县地区生产总值54.95亿元，比2011年增长10%；财政总收入5.11亿元，增长18.6%；一般预算收入2.31亿元，增长24.2%；农林牧渔业总产值20.48亿元，增长15%；粮食总产量2.23亿千克，增长3.5%；工业总产值46.91亿元，增长21%；社会消费品零售总额26.86亿元，增长15.4%；城镇居民人均可支配收入21370元，增长13.2%；农民人均纯收入10129元，增长17%。

大力推进项目建设，发展基础更加坚实。2012年，积极落实“项目落地年”各项措施，“四位一体”推进项目建设。完成重点项目储备165个，总投资规模1010亿元。新签约统一饮品、千朝庄园、正大饲料等11个项目，总投资189亿元。落地项目110个，总投资82.7亿元。重点实施SEP管道生产线、磁悬浮水泵、晶质玻璃改扩建生产线等37个项目，完成投资41.4亿元。

加快推进产业升级，发展质量有效提升。2012年，工业转型步伐加快，大华晶质玻璃改扩建项目竣工投产，国家玻璃器皿质检中心项目顺利推进，设立祁县玻璃器皿美国营销中心，荣获“中国玻璃器皿之都”行业最高荣誉。酒类饮品业形成白酒、啤酒、果汁、饮品等较为完整的产业体系，产业规模进一步壮大。经济开发区扩区、移位、升级进程加快，实现了6.5平方千米“七通一平”，新建总投资48亿元的16个项目，集聚效应开始显现，成为县域经济新的增长极。现代农业建设迈出新步伐，出台《扶持水果、设施蔬菜、规模养殖和林下经济产业发展意见》，财政投入1.96亿元专项资金支持现代农业。新发展水果813.3公顷、干果866.7公顷、设施蔬菜468.3公顷，牛饲养量14.7万头。新发展“一村一品”专业村68个、专业乡镇1个。公开选聘33名农技人员，充实到乡镇、园区等农业科技推广服务第一线。荣获全国林业合作社建设典型示范县、国家级出口酥梨质量安全示范区、中国辣椒之乡、全省农民增收先进县、农机化生产先进县等称号。旅游产业提档升级，乔家大院5A景区创建有序推进，“德兴堂”对外开放，乔家堡新农村建设与整村搬迁工程顺利实施。昌源河国家湿地公园完成一期工程，成为108经济综合发展廊带一道亮丽的风景线。千朝庄园项目完成13.3公顷连栋景观温室大棚基础钢架。红海玻璃文化艺术园项目进展顺利，成为工业旅游新亮点。启动古城规划与开发，成立昭馀古城管理处，加强古城保护与管理。旅游业门票收入6804万元，增长117.2%，“一城一院三园”的大旅游格局初步形成。

稳步推进大县城建设，城乡面貌明显改观。2012年，编制完成《祁县城乡一体化发展规划》，启动“一轴两区”大县城规划与建设。实施总投资17亿元的十大市政重点工程，新建南北路、友谊东西路改造，湿地公园旅游路（一期），东风大街立面整治，108国道亮化，古城4条大街及小街巷改造等工程全部竣工。集中供热工程完成热源厂建设以及县城主管网和部分小区管网改造与并网，集中供热面积10万平方米。编制完成《东观镇总体规划》和《东观镇近期建设规划》，东观镇进入省级示范镇行列。全面加强城乡管理，荣获“省级卫生县城”称号。大力推进生态建设，植树139万株，森林覆盖率26%，环境空气优良率99%，稳定达到国家二级标准。

着力改善民生民利，社会事业全面发展。2012年，“十件实事”全面完成。为全县80岁以上老人发放长寿优待金，财政出资缴纳医保和新农合基金。新开工新御花苑、晨虹花苑等保障性住房2929套，改造农村危房300户。建成示范幼儿园等3所标准化幼儿园。祁中新校区投入使用，县级标准化教研室通过验收。新增城镇就业再就业5166人，农村劳动力转移就业6753人。巩固医药卫生体制改革，乡镇卫生院和村卫生室全部实施基本药物制度，新农合参合率99.5%，居民健康档案建档率98%。强化食品安全监管，率先建立“一专三员”食品安全责任监督管理体系。农家书屋、农村体育场地实现全覆盖。坚持依法治价管费，稳控管调作用明显。继续实施“平安祁县”工程，开工建设视频监控中心。新改建的信访服务中心投入运行。建成12个乡镇（城区、开发区）和166个村（社区）社会服务管理中心，建立三级平台、四级网格社会服务管理模式。开展地质灾害、森林防火等应急演练，修订24个专项应急预案和63个部门应急预案，应急处置能力得到加强。

（祁县人民政府办公室）

平遥县

【自然概况】 平遥县辖5个镇9个乡3个街道办，273个行政村。2012年总人口50.9万人。

全县总面积1260平方千米。地势东南高、西北低，山地、丘陵、平川分别占到46.6%、21.1%、33.3%。

境内文物数量众多，有各级文物保护单位120处，其中，国家级11处、省级8处、市级4处。拥有丰富完整的旅游资源体系，是全省“一山(五台山)、一城(平遥古城)、一水(壶口瀑布)”旅游格局的重要组成部分和全省晋商文化旅游的龙头、现代服务业基地。

境内富藏煤、铁、石膏、石灰石等矿产资源。水资源贫瘠，人均、亩均占有量低于全省平均水平。

【经济发展概况】 2012年，全县地区生产总值92.84亿元，比2011年增长8.9%；财政总收入12.05亿元，增长9.48%；一般预算收入5.45亿元，增长28.8%；农林牧渔业总产值22.13亿元，增长5.8%；粮食总产量2.46亿千克，增长6.9%；工业总产值105.89亿元，增长18.7%；规模以上工业增加值36.1亿元，增长12.5%；固定资产投资51亿元，增长21.4%；社会消费品零售总额39.12亿元，增长16%；城镇居民人均可支配收入20105元，增长13%；农民人均纯收入7735.6元，增长15.3%。

现代农业名牌为先。2012年，粮食总产量24.6万吨，蔬菜总产量38.5万吨，干鲜果产量近20万吨，鸡、牛、猪、羊数量分别为1470只、5.1万头、55头、27万只。全县有国家级龙头企业两户，冠云商标被认定为晋中市首个中国驰名商标，以1.93亿元的品牌价值位列第二届中华老字号品牌价值百强榜第78位，成为全省身价最高的中华老字号品牌。

新型工业逐步成形。基本形成六大产业、五区两园的发展格局。2012年，37户规模以上工业企业纳税6.72亿元，占到财政总收入的56%。7座煤矿产能600万吨，电机壳产量占到全县的60%，“信凯”减速器商标被认定为中国驰名商标，是“中国再生橡胶生产基地”和“中国再生橡胶生产示范基地”，煤化光学材料产业园和中科鸿基生物产业园被列为省转型综改标杆项目，峰岩集团、煤化集团分别成为全省循环经济试点企业、全省“一县一企”转型综改试点循环经济企业。

国际旅游又见平遥。依托丰富的文物资源和深厚的文化底蕴，确立了全面建设晋商文化旅游中心城市的发展目标，旅游六大要素逐步完善，是全省唯一国家级文化生态保护区传统手工技艺传习培训基地，拥有全县国家级非物质文化遗产传承人4人、省级12人。连续成功举办平遥国际摄影大展、平遥中国年等节庆活动，“又见平遥”大型室内情境体验剧投入运营，先后荣获“中国优秀旅游目的地”“2011年全球最值得旅游的41个地方”等诸多殊荣。2012年全年旅游人数417万人次，旅游综合收入40亿元，第三产业产值占地区生产总值的比重达46.2%。

城区建设快步前行。城区面积扩大到17平方千米。城市亮化率、污水处理率、集中供热率、燃气普及率、绿化覆盖率分别达到98.5%、86%、84.5%、85.2%、37.1%。高标准完成433.3公顷汾河绿化和生态植物园建设，全县林木覆盖率达到29.5%，61个省级试点村和推进村达到园林村标准，被评为全省造林绿化先进县。集中开展5个乡镇、16个村的农村环境连片治理，被表彰为全市农村环境连片治理及绿色生态工程先进县，成功创建省级卫生县城。

(平遥县人民政府办公室)

灵石县

【自然概况】 灵石县位于山西省中部、晋中市南端。县域面积1206平方千米。辖6个乡6个镇3个城区，291个行政村。2012年总人口26.5万人。

【经济发展概况】 2012年，全县地区生产总值174亿元，财政总收入36.7亿元，一般预算收入13.83亿元，农林牧渔总产值6.46亿元，粮食总产量5423万千克，工业总产值116.9亿元，社会消费品零售总额46.41亿元，城镇居民人均可支配收入25175元，农民人均纯收入10515元。

项目建设取得新进展。2012年，总投资730亿元的108项重点工程完成投资134.1亿元。积极创新招商模式，全方位开展“对口”招商，成功引进项目11个，达成引资意向270.5亿元，到位资金36.9亿元。一批重点项目竣工投产，一批招商项目落地开工，为转型跨越发展提供了强大支撑。

产业转型迈出新步伐。围绕转变经济发展方式，在工业新型化、农业现代化、旅游规模化上持续发力。加快传统产业改造和新兴产业培育，26座煤矿技改完成投资45.8亿元，东方希望铝系综合循环经济项目完成投资42亿元。全力推进以核桃为主的“一村一品”工程，发展“一村一品”专业村92个；新植核桃林2667公顷，核桃林总面积达到18667公顷，核桃产量12000吨，带动农民人均增收1500元。大力发展设施农业和规模健康养殖，设施蔬菜面积220公顷，驰鑫万头猪场、通宇8万只蛋鸡等养殖项目完工。围绕打造“古镇大院文化名地、山水休闲旅游胜地、中国版画艺术基地”三张名片，石膏山风景区、红崖峡谷景区等一批旅游项目快速推进，全年旅游人数316万人次，旅游综合收入26.4亿元。

城乡面貌发生新变化。紧扣城乡统筹发展主基调，积极实施大县城战略，推进城乡一体发展。持续加快旧城改造步伐，总投资22.6亿元的一批房地产开发项目主体完工。全面启动静升新区建设，新区路网工程基本完工，人民医院、政法业务大楼主体封顶，森林公园完成总工程量的80%。特色村镇建设有序推进，20个省级新农村重点村建设全面铺开。全力完善水、电、路基础设施，完成10千伏弓珍线路等电力工程，南马路等道路建设工程完工。

*环境质量有了新提升。*按照“城乡生态化”的要求，以节能减排、造林绿化为重点，增强可持续发展能力。深入开展环境污染整治，汾河沿线、县城周边5户企业完成搬迁。强化企业节能减排，万元地区生产总值综合能耗下降3.7%。全方位推进造林绿化，新植生态林4267公顷。县城绿化覆盖率43%，人均公共绿地面积9平方米。区域环境明显好转，全年县城区二级以上天数358天，一级天数142天。

*改革创新取得新突破。*坚持“煤”与“非煤”联动，实施“以煤补农”“以煤补绿”“资源换项目”。创新土地使用制度，解决项目用地253公顷。积极搭建项目融资平台，启动6个小额贷款公司的筹建工作。用足用活85项扩权下放事项，全年共办理项目703项。

*民生改善谱写新篇章。*2012年用于民本民生支出9.6亿元，比2011年增长16%。坚持教育优先发展战略，职中实训楼和36所中小学校舍维修工程完工。大力发展医疗事业，县乡村三级医疗卫生机构达标率98.3%，新农合参合率98.6%。社会保障体系日趋完善，发放城乡养老金2573万元，发放城乡低保户救助金2769万元。千方百计扩大就业，城镇新增就业4970人。乡镇文化站实现全覆盖。积极推进安居工程，新开工保障性住房3911套，完成投资3.2亿元。

（灵石县人民政府办公室）

晋中经济技术开发区

【自然概况】 晋中经济技术开发区（简称晋中开发区）是1996年1月经省政府批准设立的省级开发区，2012年3月经国务院批准升级为国家级经济技术开发区。管辖面积55.8平方千米。区内有17个村，常住人口6.2万人，其中，农村人口3.2万人。

【经济发展概况】 2012年，开发区地区生产总值21.9亿元，比2011年增长7.3%；财政总收入7.3亿元，增长21.3%；一般预算收入3.7亿元，增长31.8%；工业总产值39.2亿元，增长14.6%；规模以上工业增加值10.6亿元，增长8.8%；科工贸总收入196亿元，增长34.4%；固定资产投资35.8亿元，增长25.1%；进出口总额1535.2万美元，下降24.5%；社会消费品零售总额50亿元，增长27.5%。

*农业增效，农民增收。*2012年，全区农作物播种面积1800公顷，粮食产量1101万千克，肉蛋奶产量3304吨。农村经济总量33.73亿元，比2011年增长14%。农民人均纯收入1.1万元，增长15%。

*招商引资成效明显。*2012年，引进5亿元以上项目5项，当年全部落地，总投资130.35亿元。中航国际汽车展销中心项目，投资35.35亿元，占地24.2公顷。北京居然之家商业综合体项目投资35亿元，占地4公顷。新引进和续建项目到位资金41.3亿元。与上海绿地集团、长沙远大住工公司、陕西延长—壳牌集团、中国北斗集团等国内知名大企业建立了初步合作关系。

*主导产业稳步增长。*2012年，全区规模以上工业企业工业总产值29.12亿元，比2011年增长8.2%。其中，医药行业产值5.92亿元，增长28.8%；食品行业产值2.54亿元，增长23.1%。限额以上企业销售额75.76亿元，增长11%。其中，汽贸行业销售23.41亿元，增长22%；石化行业销售27.61亿元，增长32.1%。

*重点项目顺利推进。*2012年，落地开工建设项目54项，其中，新开工项目14个。列入晋中市考核重点项目6类30项，总投资147.14亿元，30项全部开工，实际完成投资42.73亿元。12个转型综改标杆项目全部开工建设。

*惠农政策落实有效。*2012年，积极落实各种补贴，农民种粮补贴及农资综合直补预补资金142.8万元，购置农机具补贴28.7万元；水库移民补助、种植业保险补贴全部到户。推广测土配方，举办科普培训，推行农民增收明白卡工作。新型农村社会养老保险完成1.1万人，完成率122%。新型农村合作医疗参合人数32169人，参合率98.1%，筹资标准每人240元，补偿金额567万元。

（李　茂　侯惠芳）

吕梁市

【自然概况】 吕梁市辖1个区2个市10个县，148个乡镇，13个街道，3118个行政村、196个社区。2012年总人口377.2万人。

全市总面积21095平方千米，山区、半山区面积占92%。全市耕地保有量54.8万公顷，基本农田保护面积43.1万公顷。无霜期190天，全年降水量542.9毫米。

全市矿产资源多达40种，尤以煤、铁矿石、铝土矿储量大、品位高著称。全市含煤面积占总面积的54.3%，预测储量1538亿吨，煤种齐全，被誉为“国宝”的4号优质主焦煤储量达62亿吨。铁矿资源储量15亿吨，占全省的29.6%。铝土矿储量12亿吨，占全省的46%。

旅游资源丰富，共有全国重点文物保护单位17处，省级重点文物保护单位43处，市级重点文物保护单位52处，县级文物保护单位1458处；有汾酒文化园、汾阳贾家庄生态园、柳林昌盛农场等3处国家级工、农业旅游示范点，有晋绥边区革命纪念馆、“四八”烈士纪念馆、刘胡兰纪念馆、石楼红军东征纪念馆等4处红色旅游经典景区，有汾酒文化景区、卦山景区、玄中寺景区等3处国家AAAA级景区，柳林黄河三峡母亲峰景区国家AAA级景区。有旅行社58个、分社17家、旅游咨询点12个，星级饭店14个。2012年，旅游总收入110.05亿元，比2011年增长43.5%。

【经济发展概况】 2012年，全市地区生产总值1230.42亿元，比2011年增长10.8%；工业总产值1903.1亿元，增长6.3%；工业增加值892.1亿元，增长13.5%；固定资产投资690.4亿元，增长27.4%；全社会消费品零售总额312.4亿元，增长15%；农林牧渔业总产值99.7亿元，增长7.6%；粮食产量11.1亿千克，增长4.6%；农民人均纯收入5364元，增长13.1%；城镇居民人均可支配收入20006元，增长14.8%；财政总收入341.66亿元，增长23.4%；一般预算收入141.95亿元，增长41.5%。财政收入质量明显改善，一般预算收入占财政总收入比重41.6%。财政总收入超过10亿元的县又增加了1个，达到10个。

项目推进势头良好。2012年，全市新建重点项目473个，总投资5456亿元。当年完成投资1550亿元，其中，吕梁市主抓的“百项重点工程”完成投资972.7亿元，全市重点工程完成额居全省第二。一些大项目基本建成或投产，兴县西山1500万吨煤矿建成投产，兴县华电1000万吨、临县霍电1000万吨、文水金地300万吨大矿全面建成，柳林凌志960万吨洗煤建成投产，孝义金州、鹏飞焦化一期建成。中钢1780立方米高炉、文水海威1380立方米高炉建成，岚县太钢750万吨精矿粉、200万吨球团建成投产，交口信发240万吨氧化铝建成投产，兴县中铝、孝义信发两个项目建设顺利。庞泉沟果老峰水上乐园建成。

产业转型快速起步。“煤转电”方面，总投资143亿元的交城、文水、汾阳3座2×60万千瓦发电厂开工建设，柳林2×30万千瓦电厂建成投产，临县、兴县两座2×60万千瓦电厂和离石2×30万千瓦电厂及垃圾发电厂、岚县风力发电等电力项目基本具备开工条件。“煤转‘化’”方面，孝义两个500万吨焦化项目基本建成，柳林500万吨焦化项目正在安装设备，汾阳1500万吨煤焦化循环经济园区、中阳福裕200万吨焦化和20万吨甲醇项目、交城宏特100万吨煤焦油深加工、孝义金岩和金辉90万吨焦炉煤气合成甲醇及15万吨粗苯精制项目正在抓紧建设，兴县锦兴100万吨甲醇正在做前期工作。“铁转铸”方面，岚县30万吨精密铸件、交口20万吨锁条铸造等项目建成投产，交城20万吨注塑机汽车配件和16万吨全自动静压造型等项目基本完工。“粮转酒”方面，中国汾酒城总投资139亿元，白酒生产板块已全部开工，到位投资45亿元，部分车间已经投产。

强农惠民全力实施。2012年，全市“三农”投入112.1亿元，比2011年增长29.5%。粮食生产实现“八连增”，总产量达到11.1亿千克。新发展设施蔬菜1480公顷。建成千井富民工程200眼。完成造林3.7万公顷，新植核桃林3.7万公顷。开工2.3万人易地扶贫搬迁工程。孝义大象集团1亿只肉鸡屠宰加工及60万吨饲料生产项目建成投产，离石、临县大象两个4500万只肉鸡养殖项目正式启动。完成350个重点村、12个集中连片示范区建设和100个贫困村整村推进任务，减少贫困人口11.1万人。省“五个全覆盖”超额完成。全市“方便农民五件实事”年度任务超额完成，共投资3.13亿元，建成幼儿园540所、澡堂706个、理发室671个、磨面房724个、红白理事厅746个，868个村安装了太阳能路灯。249.6万人参加农村养老保险、城镇养老保险、基本医疗保险。农村低保提标扩面，每人每月提高22元，全市农村低保人数30万人。新增城镇就业5.6万人。为行政事业单位干部职工提高津贴补贴标准，使其工资水平与省直机关和太原等地拉平。由市财政出资，47户市属国有特困企业2992名职工和1557名退休人员全部参加了城镇职工基本医疗保险。开工建设保障性住房1.3万套。投入抗灾救灾资金2.33亿元，发放救灾衣物17.2万件，保证灾区群众的正常生产生活。节能减排任务如期完成，万元生产总值综合能耗、工业用水量、主要污染物排放量等约束性指标均控制在计划之内。空气质量优良率96.6%。吕梁城区煤气置换天然气完成40%，有10个县（市、区）城区居民用上了清洁天然气。

基础设施加快建设。吕梁新城规划、设计基本完成，方山、离石已开始拆迁，正式开工建设。吕梁民用机场建设已近竣工。西纵高速、环城高速基本建成。农村街巷硬化完成7505千米。中南出海大通道、太兴铁路、吕临铁路等建设步伐加快。柏叶口水库建成蓄水，龙门供水按期推进，中部引黄、沿黄提灌等骨干水利工程加快建设。一批输变电和电网项目相继建成并投入运行。

社会事业发展情况。坚持教育优先发展，学前教育三年毛入园率65%，义务教育巩固提高，高中阶段毛入学率92.5%，中职教育免学费入学实现全覆盖。吕梁学院在校生1.8万人，排全省高校第6位。汾阳医学院护理学成为全国特色专业、省级重点学科和品牌专业。医药卫生体制改革扎实推进，基层基本药物制度实现常态化，1177个基层医疗卫生机构全部参加网上采购，县级公立医院改革试点取得实质性进展，新型农村合作医疗参合率97.8%。组织实施科技计划项目80个，消化吸收科技成果130个，争取省以上各类科技计划57项，申报专利1202项。

（白涿军）

吕梁市离石区

【自然概况】 离石区地处山西省西部，吕梁山脉中段西侧。现辖2个镇3个乡7个街道办事处，193个行政村（378个自然村），13个居委会。总面积1324平方千米，其中，城区面积12平方千米。2012年总人口32.5万人。

离石资源丰富，全区含煤总面积175平方千米，总储量17.35亿吨，已探明含煤面积300平方千米，占离柳矿区的38.2%，地质储量31亿吨，占矿区总储量的40.3%，其中，焦煤6.48亿吨。

【经济发展概况】 2012年，全区地区生产总值90.01亿元，比2011年增长6.1%；财政总收入29.24亿元，增长17.9%；一般预算收入11.15亿元，增长44.7%；社会消费品零售总额49.12亿元，增长13.9%；城镇居民人均可支配收入20006元，增长14.8%；农民人均纯收入3833元，增长16.2%。

以扶贫攻坚为重点，发展集约型农业。2012年，按照“山上核桃、山下蔬菜、山沟养殖”的发展模式，积极落实各项扶持补贴政策，加大财政投入引导力度，全年新建蔬菜大棚123公顷，建成两个5000头的种猪场、10万头的保育场和20万只肉鸡种鸡场，奠基开工大象集团4000万只肉鸡产业项目。投入2500万元，新栽植核桃林3334公顷，宜栽山区村基本全覆盖。总投资900万元的2000公顷柠条绿化工程全部完工。

以园区为载体，发展循环型工业。加快推进信义工业园区基础设施建设，启动铺开坪头工业区选址、规划等前期工作，引领全区转型发展的示范性标杆项目、总投资50亿元的高科技无人机产业基地开工建设，环保造纸项目一期工程进入设备安装阶段，即将投入试生产。同辉机械制造项目一期工程顺利建成投产。煤矿改造建设步伐加快，年内又有2对矿井进入联合试运转，4对矿井完成一期工程转入二期工程建设。

以现代商贸为重点，发展辐射型三产。大力发展现代商贸物流业，奠基开工天源物流、居然之家等一批现代服务业项目，横店影视城、同至人购物中心建成投入使用，旭海物流、红星美凯龙等项目进入实质性操作阶段。安国寺、白马仙洞、十年景区3个旅游项目加快推进。

以基础设施为重点，服务中心城市建设。以东城新区建设为重点，投资3.4亿元，基本完成河道综合整治工程，具备蓄水功能。6座大桥竣工通车。投资近亿元的生态公园基本建成，东城新区的框架基本搭起。开工电厂工矿区棚户改造，完成车家湾1.5万平方米、田家会8万平方米、高崖湾3万平方米的安置房主体工程。大力推进新农村建设，全面实施“五个一工程”，完成53个村的“五件便民实事”，解决了1.2万人的饮水安全问题，完成787户2353人易地搬迁；推进5条公路的前期工作，投资2000余万元，完善滨河南路车家湾——信义段，超额完成农村街巷硬化全覆盖工程任务。

以关注民生为重点，社会事业全面发展。完善袁家庄中小学、江阴高中附属工程，新建三中教学实验楼和西崖底小学多功能教室，完成21所幼儿园建设任务。发掘整理的《离石旱船秧歌》《离石三弦书》等被列为省保项目，出版《离石汉画像石选集》等书刊。发放各类救助资金5587万元，对城乡低保对象29732人、“五保”供养对象1471人、孤儿78名、大病患者743人给予了及时救助。铺开保障性住房建设工程，惠及家庭9626户，发放金额2510万元。

（王黎平）

孝 义 市

【自然概况】 孝义地处山西中部，西靠吕梁山，东临汾河水，是有记载的全国置县历史最早的九县之一。1992年撤县设市。市域面积945.8平方千米。2012年总人口47.4万人。辖7个镇5个乡6个街道办事处，379个行政村。是一个以煤焦、铝化工、农副产品加工和商贸为支柱产业的新兴城市。

境内矿产资源丰富，煤炭探明储量90亿吨，铝矿探明储量2.6亿吨，铁矿、石膏、石灰岩、耐火黏土等储量丰富。

孝义也是享誉海内外的汾州核桃主产区。

【经济发展概况】 2012年，全市地区生产总值390.1亿元，比2011年增长14.1%；财政总收入64.26亿元，增长7.1%；一般预算收入24.82亿元，增长22.3%；农林牧渔业总产值21.69亿元，粮食总产量1.29亿千克；全社会固定资产投资221.25亿元，增长30.1%；社会消费品零售总额93.38亿元，增长17%；城镇居民人均可支配收入23151元，增长17.2%；农民人均纯收入10797元，增长16%。

产业转型超越明显突破。全年新建亿元以上项目22个，累计建设重点转型项目65个，33个完工或部分完工。鹏飞500万吨焦化项目一期点火，信发铝系综合循环项目一期建成。汾西矿业煤矸石制陶瓷微珠项目、华夏电动农用车电机项目等一批高新项目开工建设。沃尔玛综合商务区超市具备总包进场条件，义乌商品交易国际博览城、华美新天地商业广场、金龙山旅游开发等商贸旅游项目加快建设，以煤为基、多元发展的现代产业体系不断完善。全市90%以上新兴产业项目入驻“五大”园区，吸引投资突破2000亿元。

现代农业规模明显扩大。全年累计投入“三农”资金4.15亿元，新增设施蔬菜304.2公顷、核桃经济林3666.7公顷，新增改善节水面积1000公顷、水土流失治理及中低产田改造3533.3公顷，核桃林区循环路网总里程增至231千米。发展“龙头＋基地＋农户”模式，大象禽业肉鸡屠宰及饲料加工、铭信禽业二期、威尔仓储果蔬加工等重点项目加快建设或部分投产，带动新发展67个标准化养殖小区(场)、9个投资千万元以上规模养殖场，全市肉禽养殖总规模达到2400万只，农民人均畜牧业收入460元。

特色城镇建设明显推进。全力推进“1420”特色城镇化战略。打通大众路南北段、府前街西延、永安路南延等城市断头道路，完成孝汾立交、时代大道东延等标志性工程，实现城市南北、东西大贯通。以梧桐新区、胜溪新村为代表的中心镇村建设顺利推进，启动涉及84个村5万人的压煤村庄搬迁工程，已铺开60万平方米的5个安置新区工程。全市城镇化率60.6%。

生态环境质量明显提升。万元地区生产总值能耗下降到1.7吨标准煤，综合污染指数下降为1.7。森林覆盖率30.9%，城区绿化覆盖率42%。城区空气质量二级以上天数361天，其中，一级天气111天。成功创建国家园林城市、省综合性宜居城市，国家卫生城市创建通过暗访。

民生事业发展明显加快。市财政用于民生的支出近13亿元。城镇新增就业5288人，全年转移农村劳动力11291人。新农合重大疾病保障由8项扩至30项，各级人均配套资金由200元提高到240元。保障性住房竣工1270套，首批1068套廉租房、312套公租房分配到户。

（孝义市人民政府办公室）

汾 阳 市

【自然概况】 汾阳市位于山西省腹地，西依吕梁山，东濒汾河水，全境地势西北高、东南低，由西北向东南逐渐倾斜，平均海拔1414米。总面积1179平方千米。现辖9个镇2个乡5个街道，262个行政村，37个社区居委会。2012年总人口42.2万人。

历史名城。自春秋初叶(公元前594年)置瓜(虢)衍县始，历经战国兹氏、西晋之隰城、唐朝之西河、明清之汾州，至今已有2600余年历史，期间设郡、州、府治长达2000余年。

文化强市。境内有杏花村等3处新石器遗址，有全国最高古塔"文峰塔"，全国第二大悬塑珍品金代建筑太符观，杏花村汾酒老作坊和北榆苑五岳庙等726处不可移动文物，各级文物保护单位113处。曾孕育出唐代律诗鼻祖宋之问、明代数学巨匠王文素、当代中国油画之父卫天霖、联合国原副秘书长冀朝铸、著名导演贾樟柯等杰出人物。

资源丰富。境内已探明煤炭储量14.65亿吨，已占用储量7.99亿吨，占探明资源储量的54.6%。现有煤矿4座。铁矿储量10万吨，铝土矿储量1500万吨。水资源总量1.6亿吨。耕地4.5万公顷，木材林、经济林和天然牧坡4万公顷，森林覆盖率24.6%。

【经济发展概况】 2012年，汾阳市地区生产总值115.3亿元，比2011年增长3.4%；财政总收入33.57亿元，增长44.2%；一般预算收入7.35亿元，增长29.9%；规模以上工业增加值63.48亿元，增长0.5%；固定资产投资45.76亿元，增长27.4%；社会消费品零售总额42.04亿元，增长15%；城镇居民人均可支配收入15845元，增长14.2%；农民人均纯收入8775元，增长16.1%；进出口总额2452.9万美元，增长16.7%。

转型跨越发展成效显著。2012年，全市一二三产业比重由2011年的6.5∶62.5∶31发展为7.3∶58.7∶34，三次产业比例趋于合理。杏花村酒业集中发展区6大区域、22个项目开工建设。阳城商贸物流经济开发区签约项目11个，开工4个。三泉焦化园区国峰煤电2×300兆瓦电厂项目完成主机招标，焦煤五麟10万吨甲醇项目试产。肖家庄科技工业集中发展区已有利民陶瓷、泰众新能源等企业落户。全市67个重点项目，开工62个，到位投资145.7亿元，40个重点项目竣工试产、投产或投运。完成落地项目110个投资额140.3亿元。招商引资签约项目14个，签约金额95.23亿元，到位资金26.57亿元。实施品牌战略，新注册商标100件，新认定著名商标4件，重新认定著名商标4件、知名商标8件。

农业生产条件改善加快。2012年，粮食总产量2.03亿千克，创历史新高，实现四连增，成为全国粮食生产先进市和全省农民增收先进市。新增核桃经济林3333.3公顷，建成花生、谷子、酿酒高粱、设施蔬菜、长山药"五大"特色基地1.5万公顷，全国花生全程机械化生产现场观摩交流会在汾阳市召开。建成荣璋万头猪场和众兴12万只蛋鸡场，建设农业产业化项目15个，农产品加工销售收入突破20亿元。加强农田水利建设，完成中低产田改造2000公顷、测土配方施肥4万公顷、农田灌溉2.1万公顷、治理水土流失753.3公顷，饮水安全覆盖新增28个村、2.5万人。新农村建设试点村和重点推进村达166个，省级"一村一品"专业村37个。新发展农民专业合作社127个，培育农民经纪人1700人，转移农村劳动力4325人。

基础设施建设扎实推进。完成两个乡镇区域规划，完善杏花村镇总体规划。推进城区文峰东街、鼓楼东街、荣盛路、英雄南路等旧城改造工程，建成滨河路和禹门河公园，完善小街小巷路面改造及亮化工程，完工汾孝公路、英雄南路等道排工程，全长6千米的英雄路改造工程部分完成，城市生活广场、购物广场主体工程完工。新增城区集中供热13万平方米，普及率提高到66%。国家卫生城市创建通过省级复审和基础评估，省级园林城市创建通过复查验收，省级文明城市创建工作荣获"省级先进市"称号，历史文化名城和省级环保模范城市创建工作有序推进，成功创建"省级城乡清洁示范市"，鼓楼南北路被授予"省保洁示范街道"称号。建成市行政中心、公安大楼、汾州府文庙、汾阳王府等一批公益性项目。完成885.8千米农村街巷硬化和石盘山旅游公路工程，完成农网改造升级等5项电力设施建设工程，城中110千伏变电站基本完工。

社会事业繁荣进步。教育完成高中布局调整，16轨制的四中、五中投入使用，高中阶段毛入学率93.3%。实施59所薄弱学校、4所幼儿园新建、改扩建工程。落实"方便农民五件实事"，超额完成任务。建立社会救助和保障标准与物价上涨挂钩联动机制，60岁以上老年人免费乘坐公交，80岁以上无固定收入老年人发放高龄补贴，城乡低保金6400万元，低收入农户冬季取暖用煤11.8万吨，216套廉租房分配到户，铺开162套廉租房和1107套棚户区改造房工程。国家基本药物制度惠及城乡，新农合参合率98.6%。申报各类专利135项，人口自然增长率4.89‰，农家书屋和村级文化活动场所全覆盖，28个村"村村通"广播电视，盘活市职业艺术学校、汾阳地秧歌等文化资源。

（李志祥）

文 水 县

【自然概况】 文水县位于山西省中部，太原盆地西缘，吕梁山脉东麓，地处太原、晋中、吕梁三市交会点，距山西省会太原76千米，属太原经济圈。全县东西长72千米，南北宽30千米，总面积1064.4平方千米。全县辖7个镇、5个乡、1个办事处、1个省级经济开发区、199个行政村。2012年总人口42.6万人。

地上地下水资源丰富，文峪河、汾河、磁窑河纵贯全境，境内有省内第二大水库文峪河水库，蓄水量1.6亿立方米。地下水资源可开采利用量9104.3万立方米，地表水可利用量16055.8万立方米。

文水矿产资源分布集中，已发现矿产资源主要有煤、石灰岩、石英石、石棉、铅、银、石膏等，其中，西山煤田储量约14亿吨。砂储量16046.4万立方米以上，且质优，易开采。

【经济发展概况】 2012年，全县地区生产总值56.33亿元，比2011年增长3.5%；财政总收入5.62亿元，下降11.3%；一般预算收入2.19亿元，下降1.8%；规模以上工业增加值33.6亿元，增长5.7%；固定资产投资14.35亿元，下降37.7%；社会消费品零售总额13.67亿元，增长14.1%；粮食总产量2.6亿千克，增长1.2%；城镇居民人均可支配收入14570元，增长12.9%；农民人均纯收入6319元，增长15%；外贸进出口2641万美元，增长349%。

“三农”工作成效明显。2012年，全县17个新农村重点推进村建设进展顺利。农村“五个全覆盖”工程和“方便农民五件实事”年度目标全部完成。大象农牧、诚信种业、仙塔食品、野山坡饮品等农业产业化龙头企业的规模和影响不断扩大，市场销售总额45亿元。实施国家级小型农田水利建设重点县一期工程、千井灌溉富民工程等项目，投资2954万元的磁窑河整治工程完工，投资4.6亿元的文峪河整治工程正式立项，新建改建人畜饮水工程16处，解决了20个村、2万余人的饮水安全问题。完成266.7公顷核桃经济林和141公顷设施蔬菜建设任务，农业大县的地位得到巩固。

工业经济逐步回升。2012年，重点项目建设方面，加快推进20个重点工程项目建设，其中，5个市重点工程项目(包括两个省重点工程)总投资169.9亿元，累计完成投资32.34亿元。山西金地煤焦有限公司300万吨煤矿建设顺利推进。山西国金电力有限公司2×350兆瓦煤矸石发电项目、2×200万吨/年水泥项目正式启动，分别完成投资6.65亿元、4.7亿元。文水海威钢铁有限公司300万吨钢铁新区建设项目全部建成。太中银铁路文水县战略装车点项目完成投资4.14亿元。招商引资方面，引进中国水电集团25亿元风电项目，与有关企业和投资单位就120万吨焦化、7万吨大型锻造件、氮化硅、PVC管材、肉鸡产业化开发、沙棘黄酮、农作物种子育繁推、梨汁加工等项目达成建设或合作意向，山西省安泰矿用机械有限公司与山西焦煤集团有限责任公司进行强强联合，为县域经济发展积蓄后劲。向上争取资金方面，通过项目承载，已争取到各类资金11366.7万元。启动文水县信用联社农商行改制工作，寻求到部分投资合作伙伴，已落实有意向的投资人十余人，入股金额7亿元左右。

第三产业健康发展。2012年，在“五大惠民工程”“家电下乡”等政策的拉动下，传统服务业增长较快，城乡市场繁荣活跃。旅游景点方面，完成《旅游总体规划》(初稿)编制工作，进一步加快刘胡兰纪念馆、则天纪念馆、世泰湖景区的基础设施建设。第三产业方面，实施新农村现代流通服务网络工程建设，累计建成农村便民连锁商店182个。商务工作方面，出台《文水县招商引资奖励办法》，积极参加首届晋商大会、第四届能源博览会等招商现场会，成功引进一批风力发电等大型项目落户文水。先后为保贤村肉牛集中屠宰场、山西立信化工有限公司、山西仙塔食品工业集团有限公司、山西大象农牧集团有限公司等企业申请扶持资金，带动了全县的企业发展。

(文水县人民政府办公室)

交城县

【自然概况】 交城地处山西省中部，晋中盆地西缘，是吕梁的东大门。全县辖6个镇4个乡148个行政村。总面积1822.1平方千米。2012年总人口23.3万人。

交城县气候特征悬殊，山区是温带大陆性气候，边山及平川属暖温带大陆性气候。全年日照时数2741.8小时。平川及边山年均气温10.5℃，无霜期165天；山区年均气温7℃～10.3℃，无霜期90～120天，年均降水465.2毫米。

交城县资源丰富，已探明蕴藏矿产资源30余种，依托2号配焦煤、低硫低磷铁矿等资源优势，铸造、冶炼、煤炭、机械、化工、建材等产业发展潜力极大。

【经济发展概况】 2012年，全县地区生产总值73.54亿元，比2011年增长12.2%；财政总收入11.41亿元，与2011年基本持平；一般预算收入5.56亿元，增长33%；农林牧渔业总产值5.08亿元，粮食总产量4560万千克；社会消费品零售总额15.12亿元，增长12.4%；城镇居民人均可支配收入14870元，增长13%；农民人均纯收入6071元，增长15.3%。

新农村建设成效显著。坚持以特色产业发展带动农民增收，新发展核桃经济林866.7公顷；依托原禾源、坤润等龙头企业带动，新建日光温室43.3公顷、蔬菜大棚71.1公顷；新的“五个全覆盖”工程全部完成，累计硬化街巷道路1298千米，建成农村体育健身场所148个、农家书屋142个、便民连锁店39个，1054人享受到中等职业教育免费政策，90192人享受新型农村养老保险；“方便农民五件实事”扎实推进，累计投入4100万元，完成32个幼儿园、36个洗澡理发室、36个磨面豆腐房、41个红白理事厅、41个村路灯安装任务；稳步推进扶贫攻坚，全年转移农村劳动力3500人，减少贫困人口5015人。

产业建设势头强劲。全年共实施重点项目43个，总投资209亿元。完成立项审批41个，环评审批34个，土地审批39个，43个项目全部开工，完成投资139.52亿元，18个项目完工或部分完工。项目审批攻坚力度加大，国锦煤电2×30万千瓦热电联产项目、宏特公司6万吨/年超高功率石墨电极项目等先后通过国家相关部委审批，促进了项目快速落地。积极拓宽融资渠道，累计为中小企业融资29.08亿元。

旅游开发高位起步。玄中寺、卦山景区被批准为国家4A级旅游景区，成为全市首个拥有2处国家4A级旅游景区的县份；“千年古县”通过专家组评审，是吕梁首个通过“千年古县”评审的县。编制完成《全县旅游发展总体规划》，出台《加快旅游业发展的意见》和《旅游资源保护与开发管理办法》,确保旅游开发有序进行、依法管理。2012年,全县共接待游客84万人次,门票收入突破800万元。

社会事业协调发展。教育方面,交城二中改扩建二期工程、职中新校园一期工程扎实推进,南街、坡底幼儿园投入使用;梁家庄、段村、西社幼儿园主体已完工,机关幼儿园开工建设;高考录取首次突破千人大关,中考各项指标全市领先。卫生方面,乡村两级医疗机构516种基本药物全部实行"零差率"销售,新农合参合率99.7%,城镇居民医保参保率98%,全年共支付保险金4032万元。社会保障方面,向低收入农户发放"暖心煤"6.3万吨,向2万多名低保对象发放低保金2304万元,向1061名困难群众发放医疗救助金331万元,向600名重点优抚对象发放抚恤金321万元,向77名困难家庭寄宿制中小学生发放生活补助64.2万元。

(交城县人民政府办公室)

兴　县

【自然概况】 兴县位于晋西北,总面积3168平方千米,是山西县域面积最大的县。辖7个镇10个乡、376个行政村。2012年总人口28.2万人。

兴县北齐设县,始称蔚汾。唐贞观元年(627年),易名合河。金兴定二年(1218年),改称兴州,寓意兴盛。明洪武二年(1369年)又称兴县至今。

兴县矿产资源丰富,全县境内已发现煤炭、煤层气、铝土矿、含钾岩石等23种矿产资源,已有山西焦煤、中铝公司、香港华润、中国华电等大企业相继入驻开发。

【经济发展概况】 经济总量实现新提升。2012年,全县地区生产总值70.43亿元,比2011年增长15.8%;一般预算收入7.33亿元,增长47.5%;农林牧渔业总产值6.81亿元,增长2.7%;粮食总产量9082万千克,增长4.2%;规模以上工业总产值115.92亿元,增长30.7%;社会消费品零售总额5亿元,增长15%;财政总收入25.28亿元,增长47.1%;城镇居民人均可支配收入和农民人均纯收入分别为14540元和2831元,增长16%和15.3%。以财政总收入衡量,全县经济总量晋位到吕梁市第五位。

项目建设取得新成果。2012年共有11个项目被列为省、市、县重点项目,总投资182亿元,当年完成投资76.1亿元。西山晋兴公司1500万吨矿井及配套选煤厂项目(续建)全面建成投产,华电锦兴肖家洼1000万吨煤矿及配套选煤厂项目(续建)基本建成,中国铝业公司100万吨氧化铝项目主体工程进展顺利。华润联盛和金地煤业的4个煤矿改扩建及配套选煤厂项目,友兰中学二期工程、蔚汾河清淤蓄水一期工程、山花烂漫农业综合开发有限公司小杂粮深加工项目均按计划完成年度建设任务。全市重点工程项目综合考核,兴县位列第三。

"三农"工作迈出新步伐。全年建成设施蔬菜86.8公顷,日光节能温室30.1公顷,移动大棚56.7公顷;建成标准化养殖示范小区6个,全县养羊户发展到1.2万户,占到全县农户总数的1/5以上,初步实现了规模化;全年新建成农村饮水安全工程37处,新打灌溉深井44眼;人工造林和封山育林累计完成1.1万公顷,新栽植核桃经济林4000公顷;启动涉及7个村、265户、1000余人的扶贫移民工程,完成205户、755人的移民房主体工程。

城乡面貌发生新变化。全面贯通全长4.2千米的连城大道。大力推进城市燃气工程,建成日供气能力6万立方米的城市门站1座、供热站专用调压站7座、区域调压柜(箱)3个,完成中低压管道铺设19.3千米,居民户内安装3000户,验收通气1500多户。继续推进县城燃气集中供热工程,新安装供热总干线3.5千米,供热惠及户数5000余户。

人民生活得到新改善。全力办好"方便农民五件实事",建成农村幼儿园39所、洗澡理发室50个,在64个村主街道安装了太阳能路灯、在45个村建设了碾米磨面豆腐坊和红白事务厅。全力推进新"五个全覆盖"工程,完成农村"街巷硬化"1686千米,建设村级便民店80个、县级配送中心2个。

(吕永平　贺艳军)

临　县

【自然概况】 临县地处晋西黄土高原,东倚吕梁山,西濒黄河水,与陕西佳县、吴堡隔河相望。属黄土丘陵沟壑区,地势由东北向西南倾斜,平均海拔1000米以上,属温带大陆性气候。辖23个乡(镇),631个行政村。总面积2979平方千米。2012年总人口58.6万人。

临县已探明矿产资源有煤、铝等24种。红枣栽植5.5万公顷,其中,有机红枣面积2万公顷。

【经济发展概况】 经济指标持续增长。2012年,全县地区生产总值38.24亿元。财政总收入15.09亿元,增长13.4%;一般预算收入5.93亿元,增长33%;固定资产投资30.6亿元,增长28.3%;城镇居民人均可支配收入11862元,增长15.6%;农民人均纯收入3065元,增长15.3%;社会消费品零售总额27.51亿元,增长15.7%。

项目建设稳步提升。深入实施"百项千亿重点项目",项目储备、签约、落地、开工、建设、投产"六位一体"协调推进。全县100个项目已开工81个,累计完成投资400亿元,霍州煤电等一批骨干支撑项目取得新进展。中电国际与县新民能源投资集团达成煤电一体化开发合作框架协议。

农业开发进程加快。认真落实各项强农惠农富农政策,整合农业资源,围绕农民增收目标,培育壮大红枣、核桃、设施蔬菜、畜牧养殖、马铃薯和劳务输出六大特色产业,"一县一业、一村一品"进程加快。全力支持农业龙头企业发展,有效破解融资难题,农业产业化程度进一步提高。2012年,粮食总产量1.19亿千克,农业总产值14.77亿元。

发展环境明显改善。积极配合推进铁路、高速公路、水利、电力、煤层气等重大基础设施项目建设，扎实推进县乡公路升级改造，实施造林绿化和流域综合治理。继续引深城乡环境卫生综合整治，不断巩固省级卫生县城创建成果。重点推进旧城区改造提升和新城区开发建设，城区各项基础设施包括水毁设施恢复项目以及亮化、美化工程稳步推进，县城品位不断提升，发展环境得到优化。

（临县人民政府办公室）

柳林县

【自然概况】 柳林县组建于1971年。地处晋西吕梁山西麓、黄河东岸，东与离石区、中阳县交界，南邻石楼，北毗临县，西与陕西省吴堡县隔黄河相望。素有“煤都”“枣乡”之称。全县总面积1288平方千米。辖8个镇7个乡257个行政村。2012年总人口32.4万人。

全县拥有耕地面积3.8万公顷，非耕地面积9.1万公顷，红枣林1.9万公顷，核桃林1.1万公顷，退耕还林面积8600公顷，林木绿化率40%，森林覆盖率32%。

柳林县地质上属西北黄土高原丘陵沟壑区，地势东高西低、沟壑纵横，县城平均海拔780米，最高点为东北部王老婆山1522米，最低点为西南部三交黄河滩607米。全年平均日照2449.5小时，平均气温10.5℃，平均降水量472.3毫米，无霜期199天。

柳林县地处河东煤田腹地，是全国优质的主焦煤生产基地，储煤面积800多平方千米，探明储量54.3亿吨，远景储量100亿吨以上，4号主焦煤被誉为“国宝”。柳林县还是全国的产枣大县，1.9万公顷红枣林正常年景产量达3000万千克，主要品种“木枣”名列全国八大名枣之首。

【经济发展概况】 2012年，全县地区生产总值280.21亿元，比2011年增长14.8%；财政总收入86.36亿元，增长19.6%；一般预算收入25.35亿元，增长52%；固定资产投资92.99亿元，增长16.7%；社会消费品零售总额26.01亿元，增长15.9%；城镇居民人均可支配收入21226元，增长17.9%；农民人均纯收入7404元，增长15.7%。

*产业转型开辟了新路径。*2012年，共铺开总投资645亿元的55个重点工程项目，开工54个，完成投资150.09亿元，荣获“全省重点工程项目先进县”称号。在全省、全市率先提出并全面推行“1+2”转型发展新模式，即全县所有的煤炭主体企业和各驻柳林大企业都必须建设一个真正意义上的转型项目，同时领办或扶持一个农业园区。全县8个煤炭主体企业和两个驻柳林国有企业按照这一模式建设了总投资58亿元的12个非煤转型项目，同时领办和扶持了总投资116.5亿元的9大农业园区，历史性地开辟了“以煤为基，多元发展”的产业转型新路径。同时，筛选了11个领域214个高科技项目充实到转型项目储备库，初步形成“谋划一批、立项一批、储备一批、建设一批”的转型项目梯度循环体系。

*城乡统筹迈出新步伐。*全年铺开各类城市建设项目总投资达38.8亿元。完成《县城总体规划》《县域城镇体系规划》及10个专项规划。大规模实施北大街建设、贺昌大街升级改造及薛家湾、青龙、锄沟城中村改造工程。新开通庙湾至汇丰中学、鑫飞中学和清河广场至柳林南站免费公交，以及县城至李家湾城际公交。城区新增供热面积7万平方米、供气1800户，集中供热总面积达到60万平方米、集中供气达到1.3万户。太中银铁路柳林南站正式通车，柳林铁路货物集运站开工建设。同时，继续加快城乡基础设施建设步伐，总投资6亿元的聚雅、八石、康前公路有序推进。总投资11.8亿元的横泉水库引水、黄河提水和中部引黄三大重点水源工程进展顺利。农村“六项重点工作”和“方便农民五件实事”年度目标任务完成，获得全省农建“禹王杯”“全省农民增收先进县”等称号。

*生态环境实现新突破。*按照“两个全覆盖”目标，即5年内实现全县通道和荒山荒坡生态林全覆盖、坡耕地经济林全覆盖，年内共投入造林绿化资金3.5亿元，高标准、高质量完成生态林、核桃林、“三北”防护林共7733.3公顷，村庄、企业、校园、旅游景点绿化100个，森林覆盖面积达到32%，被林业部授予“全国生态建设突出贡献奖先进集体”称号，槐树沟凤凰岭工程被省政府授予“三北防护林建设优质工程”称号。编制《柳林县试点扩权强县推进绿色发展重大战略实施方案》，形成《柳林县资源环境承载力评估》《绿色GDP核算与煤炭资源开发生态环境污染损失评估》和《柳林县城市总体规划环评》三大课题成果。

*民生改善取得新成绩。*县财政全年用于民生事业的资金占到可用财力的85%，直接用于教育投资7亿元、医疗卫生投资1.6亿元、社会保障投资2.6亿元、文化事业投资5000万元。总投资5.28亿元的鑫飞中学、汇丰中学正式投用，总投资18亿元的联盛教育园区主体完工。加大城乡医疗补助力度，年内补偿患者7.1万人次、补偿金额5167.4万元；县人民医院对所有门诊病人实行免挂号费、诊查费服务，全年共让利患者19.2万元，在全省医疗卫生系统开创了先例。在城乡居民和企业职工各项政策性保险实现全覆盖的基础上，县财政出资600万元为城乡居民购买意外伤害险，各项保险基金收缴工作全部完成市下达目标任务；新增城镇就业4590人，农村劳动力转移就业6450人，失业率控制在1.9%以内；全面铺开500套经适房、500套廉租房、264套公租房建设项目，总投资1.84亿元。

（柳林县人民政府办公室）

石楼县

【自然概况】 石楼县位于山西省西部中段，黄河东岸，吕梁山西麓。全县辖4个镇5个乡，134个行政村，506个自然村。总面积1808平方千米。2012年总人口11.3万人。

境内拥有煤炭、煤层气、石英岩、紫砂陶土、石灰石、硅、矿泉水等多种矿产资源物，煤炭探明储量53亿吨，煤层气2000亿立方米。旅游资源有天下奇观“黄河石楼湾”，红军东征纪念馆，毛泽东《沁园春·

雪》创作地和东岳庙国家级文物保护单位等。

【经济发展概况】 2012年，全县地区生产总值7.2亿元，比2011年增长11.6%；工业总产值3.3亿元，增长13.4%；农林牧渔总产值3.93亿元，增长27%；社会消费品零售总额1.7亿元，增长13.3%；财政总收入1.17亿元，增长3.5%；一般预算收入6623万元，增长14.9%；城镇居民人均可支配收入10001元，增长17.6%；农民人均纯收入2097元，增长16.5%。

工业化建设实现新突破。2012年，以"十大工程、十大项目"为总抓手，全力推进项目建设。投资2.5亿元的坪底水库开工建设，两座年产60万吨煤炭企业基建顺利推进，开启了300万吨煤矿、100万吨焦化、2×60万千瓦发电、20亿立方米液化气的前期项目工作。先后与大唐山西分公司、中煤集团大屯公司、北京中海沃邦能源投资有限公司和山西新天能源股份有限公司4个公司就2×30万千瓦电厂、煤电一体化、煤层气开发和城市供气供暖等项目签订战略合作协议，达成合作意向，以图形成煤炭、煤气、煤电为主的工业发展框架。

农业化建设取得新发展。2012年，落实各类强农惠农资金3.6亿元，夯实农业生产基础设施，提高农业生产效益。2012年，粮食总产量3874万千克，比2011年增长7.3%，创近年新高。经济林建设方面，围绕"提升红枣，发展核桃"的产业化思路，在红枣产业上，大力实施嫁接改良工程，重点建立了3个总面积109.7公顷的红枣抗裂品种示范园，提高了全县红枣优质品种普及率。由于红枣受灾减产，年产量7500吨，仅为正常年景产量的30%；核桃产业以精品示范园建设为重点，以退耕还林后续产业建设项目和片区开发项目为支撑，新发展核桃4000公顷，建成9个精品示范园区，完成山、水、田、林、路全部配套，规模大、标准高、质量好，真正起到了样板示范作用，全年产量达到370万千克。设施蔬菜产业建设方面，通过实施个户自筹一半，政府扶持一半，并且为农户自筹资金贴息一年的优惠扶持政策，同时整合水利、交通、电力等部门为设施蔬菜集中区域建设"一村一井"、田间路硬化和电力等配套设施，共投资4153万元，建成设施蔬菜422栋，其中，日光温室300栋，拱棚122栋，日光温室当年建设当年投产。农业循环经济园区方面，在灵泉镇薛家垣村投资1100多万元，初步建成种植—养殖—加工循环利用产业链条，探索性地构建了贫困山区循环农业产业发展新模式。有机特色农业打造方面，立足石楼绿色无污染的生态优势，启动了有机食品示范县申报工作，组织培训红枣、小米、小杂粮等取证企业，力争2013年底完成有机产品认证工作。

城乡统筹发展得到新提升。把城镇化作为经济社会发展的龙头，坚持"三个突出"，即突出县城扩容提质，成功运用市场化经营理念，首次引进地产开发商，铺开总投资9.95亿元的3个城中村和3个重点小区建设工程，城市建设品质得到有效提升。突出城区基础设施建设，投资9660万元，开工建设东征大街延伸工程、城市供水工程和新城区供热工程、屈产河河道治理以及蓄水美化工程等一系列城市基础设施工程。突出中心村镇建设和移民搬迁，整合资金9600余万元完成15个省级新农村重点推进村和4个百村行动村和8个扶贫移民点建设任务。全县城镇化率39%。

生态文明建设取得新进步。出台《进一步加强以红枣核桃为主的林果经济林产业发展的意见》和《进一步加强封山禁牧工作的意见》，组织实施核桃干果经济林、通道荒山绿化、灌木造林绿化、"三北"防护林、天然林保护工程和村庄绿化等六大工程，全年完成造林8313.3公顷，其中，核桃经济林4000公顷。全县森林覆盖率20.6%，林木覆被率56.8%。2012年，全县经济林累计达到3.2万公顷，其中，红枣1.8万公顷，核桃1.4万公顷。此外，全县的林业产业化进一步推进，林木育苗、工程造林和以蜜蜂养殖为主的林下产业健康发展，禁牧工作进一步强化，生态优势进一步凸显。

（石楼县人民政府办公室）

交 口 县

【自然概况】 交口县位于山西省中部西侧，吕梁山脉中段，全县总面积1258平方千米。辖7个乡镇、95个村委、381个自然村。2012年总人口12.1万人。

境内地势起伏、群山环抱，处于中纬度地带，属中温带大陆性气候区。年均气温6.7℃，年均降水量618毫米，森林覆盖率33.8%，林木绿化率56.6%，居全省前列。是全国沙棘、汾州核桃和晋西小杂粮的主产区之一。

矿产资源主要有煤、铝、铁、硫、石灰岩、白云岩、耐火黏土等14种，且分布广、埋藏浅、易开采，尤以铝、镁资源开发潜力较大。

交口县殷商时期，就有人类聚居繁衍，重耳筑城，汉初置县，唐朝设温泉县，历经700余年。境内旅游资源丰富，云梦山、牡丹洞、元代千佛寺、金代大铁钟、韩极石碑坊、晋西民居、红军东征总指挥部旧址、幸福泉等自然人文景观和革命遗迹星罗棋布，在发展生态休闲旅游、民俗文化旅游和红色旅游方面颇具开发价值。

【经济发展概况】 2012年，全县地区生产总值40.14亿元，比2011年增长21.2%；财政总收入18.02亿元，增长69.7%；一般预算收入5.65亿元，增长31.4%；农林牧渔业总产值2.9亿元，增长16.94%；粮食总产量2851万千克，增长7.4%；工业总产值85.8亿元，增长38.7%；规模以上工业增加值37.35亿元，增长42.9%；社会消费品零售总额3.57亿元，增长13.7%；城镇居民人均可支配收入13650元，增长13.2%；农民人均纯收入4775元，增长15.7%。

转型项目步伐加快。2012年，抓住省、市"项目落地年"重大契机，强势推进投资329.12亿元的5大类53个重点工程项目。信发240万吨氧化铝项目、旺庄130万吨焦化技改项目建成投运，云梦山生态旅游项目、兴华科技2×35万吨铝基新材料项目、道尔200万吨低品位铝土矿综合利用项目开工建设，2×35万千瓦低热值煤发电项目上报，安华集团100万吨铸造循环集群产业园项目签约，产业发展呈现出体系进一步壮大、链条进一步拉长、布局进一步合理的良好态势。

基础建设力度空前。桃临一级公路、西纵高速公路获准立项，汾阳—交口高速公路争取列入规划，中部引黄工程开工建设，阳双铁路上报行政许可。启动大规模的旧城拆迁改造工程，17万平方米旧城区改造房屋征收拆迁基本完成，南北片区、中心商业区、东征文化广场项目奠基开工。

民生事业协调发展。新建城区幼儿园1所、乡镇示范幼儿园3所、农村幼儿园6所，县一中新校区建成投运，体育场（馆）、吕梁学院交口分院项目开工；县医院整体委托汾阳医院管理，实现合作办医，创建为"二级甲等医院"，新建住院楼建成使用。新农合参合农民8.7万人，实现全覆盖，新农合住院费用支付比例达到75%，报销封顶线提高到15万元，新农合慢性病保障增加到30种，重大疾病保障扩大到20项。

（交口县人民政府办公室）

方山县

【自然概况】 方山县位于山西省西部，吕梁山西麓腹地，总面积1434.1平方千米。辖5个镇2个乡，169个行政村。2012年总人口14.6万人。

方山县年均气温8.7℃，年均降水量440～650毫米，无霜期90～150天。农业生产条件优越，沿川有近6666.7公顷水浇地。水资源充沛，总量为1.09亿立方米，人均拥有水量780立方米。横泉水库总库容8556万立方米，年供水量3689万立方米。生态环境良好，全县森林覆盖率41%，是全国森林覆盖率的2倍，高出全省近20多个百分点。主要农作物有谷子、玉米、莜麦、豆类等。

旅游资源丰富。境内名胜古迹众多，北武当山是1994年国务院公布的第三批国家级风景名胜区。还有国家级自然保护区庞泉沟、省级风景区南阳沟、清代张家塔民居，以及于成龙故里、横泉水库等24处旅游景点。

【经济发展概况】 2012年，全县地区生产总值26.61亿元，比2011年增长4.3%；规模以上工业总产值46亿元，下降1.8%；农林牧渔业总产值2.49亿元，增长12%；粮食总产量3312万千克，增长7.6%；社会消费品零售总额6.47亿元，增长13.8%；财政总收入8.44亿元，增长17.5%；一般预算收入3.04亿元，增长22.1%；城乡居民人均收入为14596元、2953元，分别增长13.2%、15.7%。

项目建设掀起新高潮。2012年，精心筛选、加快推进74个重点项目，其中，33个市县重点项目完成投资50.5亿元，3个市百项重点项目完成投资5.7亿元。项目落地18.6亿元，完成立项审批25个、土地审批20个、环评审批17个。金晖瑞隆、金晖凯川、汇丰新星3个煤矿实现联合试运转，国电马坊风力发电项目已经国家能源局核准。

"三农"工作呈现新气象。全面实施"农业六大工程"，新建成设施蔬菜156.5公顷（大棚135.8公顷、温室20.7公顷）。新打井10眼，可灌溉农田153.3公顷。新栽核桃林2000公顷，全县总面积达到8000公顷。完成横泉水库周边绿化20公顷、北武当山旅游路绿化266.7公顷、太佳高速两边荒山绿化666.7公顷、灌木造林2000公顷。完成整村推进20个村，扶贫移民830人。新建千头肉牛、绒山羊标准化养殖小区4个。集中打造15个高标准新农村。

民生事业喜获新成果。概算总投资7亿元，铺开新高中建设、城区集中供热、天然气入户、太佳高速方山连接线、北川河综合治理等多项民生工程。集中供热一期工程竣工，供热面积达21.3万平方米。天然气入户工程首批顺利通气。开工建设廉租房400套、经济适用房70套、棚户区改造192套。完成农村新"五个全覆盖"工程，实施"便民五件实事"54个村。

（方山县人民政府办公室）

中阳县

【自然概况】 中阳县位于山西省西部、吕梁山脉中段西麓，黄河支流三川河上游的南川河流域。辖5个镇2个乡100个行政村（居委）。总面积1441.4平方千米。2012年总人口14.3万人。

境内呈不规则菱形，地势由东南向西北倾斜。东南部为土石森林区，西部为黄土丘陵区，沿川为河谷区。最高海拔2100.7米，最低846米，平均海拔1473.4米。

中阳属暖温带亚干旱区大陆性明显的季风气候，年平均气温8℃，多年平均降水量518.6毫米，全年日照时数2708.4小时，无霜期平均为143天。

中阳县历史悠久，春秋属晋，战国设邑，西汉置县，至今已历2200余年。剪纸艺术源远流长，2006年"中阳剪纸"被国务院列为首批非物质文化遗产保护项目。1936年，红军东征成立了山西省第一个县级苏维埃政权——中阳县苏维埃革命委员会。有仙明洞、车鸣峪兵工厂旧址、庞家会古村落和庞涓寨等人文景观。

境内资源丰富，有国家一类、二类保护动物褐马鸡、金钱豹、麝獐等上百种野生动物和上千种植物。柏籽羊久负盛名，属"三晋百宝"之一。有煤、铁、铝矾土、石英等20多种矿产资源，煤以储量大、品质优、埋藏浅而著称全国，探明储量49亿多吨。

【经济发展概况】 2012年，全县地区生产总值62.3亿元，比2011年下降1.5%；一般预算收入6.56亿元，增长30.7%；农林牧渔业总产值2.07亿元，增长12.11%；粮食总产量2037万千克，增长3.9%；规模以上工业增加值128.47亿元，下降26.2%；社会消费品零售总额10.37亿元，增长15.5%；城镇居民人均可支配收入15000元，增长12.9%；农民人均纯收入4291元，增长15.1%；财政总收入18.93亿元，增长5.5%；外贸进出口总额

3.7亿美元，下降13.3%。

产业转型步伐加快。2012年，围绕转型跨越发展主题，全县实施了重点工业项目25个，总投资310亿元。项目主要集中在五个方面：一是提升基础项目。坚持把煤炭、钢铁作为县域经济转型跨越的基础，投资133.75亿元的16个煤矿项目建成后（不含朱家店煤矿），全县煤炭产能可达2000万吨；中钢公司一体系升级改造项目，两年完成投资20亿元，建成全省第二、民营第一的1780立方米炼铁高炉，达产达效后，全县铁、钢、材产能将分别达到400万吨。二是“煤转电”项目。中钰热电年发电16亿千瓦小时，并成为县城集中供热热源。大唐桃园2×30万千瓦煤矸石综合利用电厂项目，取得省级全部支持性文件，选址规划已获国家部委批复。项目建成后，全县年可消化矸石400万吨，输电44亿千瓦小时。三是煤转“化”项目。总投资20.1亿元的福裕公司煤化工一体化项目，450万吨洗煤一期已建成，200万吨焦化建成两座焦炉、两座在建，甲醇项目正在进行循环水清水池、泡沫站及甲醇罐区基础建设。全县焦化企业产能达562万吨，原煤洗选能力达到2850万吨。四是钢转“丝”项目。昌盛金属10万吨一期4万吨线材深加工和鑫泽金属50万吨丝网项目建成投运，全县钢材转化能力达到70万吨。五是新工艺建材项目。桃园东义200万吨水泥熟料项目，投资5.1亿元，当年开工，当年基本建成。这些项目全部建成可安置就业1万人，农民人均纯收入1万元，地区生产总值达到120亿元，财政收入有望超过30亿元。

农业工作持续推进。围绕农民增收这一核心，全面落实强农惠农富农政策。全年“三农”投入1.24亿元，比2011年增长59.9%。新栽核桃1333.3公顷，全县核桃面积达到1.3万公顷；完成核桃园区道路硬化723千米、配套旱井1972眼。继续扶持农产品加工企业，暖泉钙果核桃露加工厂主体基本建成。发展设施蔬菜32.1公顷。启动建设年出栏10万头生猪的厚通科技养殖和10万只羊的紫云生态羊业养殖项目，完成10个标准化养殖小区建设。农村新的“五个全覆盖”工程完成，“方便农民五件实事”三年任务一年基本完成，农民生产生活条件进一步改善。

基础建设力度加大。城区3条街（路）建成通车，3座人行天桥接近完工，二郎坪生态公园进展顺利，第一人民医院开工建设，“四馆合一”工程完成规划设计，一批商住小区基本建成。城区新增集中供热面积18万平方米、排洪排污管网6.4千米、集中供气2000户。金罗、枝柯等中心集镇铺开公园、街道、集贸市场等一批建设项目。张子山乡三期移民工程进展顺利，梗阳煤业一期移民工程主体完工。万年饱—吴家峁运煤专线，部分路基成型。原209国道街路一体化改造工程金罗段竣工通车。东山绕城过境公路进入设计招标程序。完成农村安全饮水工程26处、淤地坝20座。城南110千伏变电站建成投运。全社会固定资产投资完成28.3亿元，比2011年增长31.8%。

社会事业稳步发展。教育科技方面，学前3年教育工程提前完成，新建、改扩建、提升幼儿园33所。纳入薄弱学校改造计划的6所学校竣工投用。宁兴学校全面托管中阳二中。高考二本以上达线422人，中考继续保持全市先进水平。5631人次享受到补助、贷款等优惠政策。利用中钢爱心助教资金培训教师7769人次。专利申请29件。卫生计生方面，县级公立医院综合改革9项指标全部完成，县医院实行药品零差率销售，工资、经费全额纳入财政预算。新农合保障水平进一步提高，普通门诊统筹补偿比例提高到80%，住院补偿封顶线提高到15万元，行政村定点补偿新增51个。人口与计生工作不断加强，人口自然增长率5.32‰。社会保障方面，事业人员绩效工资足额兑现，公职人员住房公积金普遍增加。职工养老、医疗、失业、工伤、生育五大保险覆盖面继续扩大，农村养老保险、城镇居民养老保险参保人数分别完成市任务的100%、167%，城乡低保、农村“五保”对象19005人，占总人口的12.4%，城乡大病救助、困难群众救济3200人次、374万元。廉租房一期、二期工程全部完工，三期工程顺利铺开。县一中经济适用房主体完工。生态建设方面，节能减排任务完成，城区空气质量二级以上天数350天。造林绿化力度加大，生态营林1000公顷，综合改造低效林1433.3公顷，通道绿化18千米，被省政府授予“林业生态县”称号。

（中阳县人民政府办公室）

岚县

【自然概况】 岚县地处晋西北黄土高原，吕梁山北端，汾河上游。北靠岢岚，西接兴县，东邻静乐，南连娄烦、方山。全县辖4个镇8个乡1个城区居民管理委员会，167个行政村、336个自然村。总面积1512平方千米。2012年总人口17.6万人。

岚县矿产资源有煤、铁、石灰石、硅、铜、锰、大理石、水晶石等20多种，煤铁资源尤为丰富。铁矿探明储量13.6亿吨，远景储量21亿吨。煤田总面积220平方千米，探明储量26.1亿吨，远景储量48亿吨，属优质动力煤，开发利用前景广阔。

岚县平均海拔1415米，年平均气温6.8℃。夏日气候凉爽，绿色盈目，是理想的避暑胜地。荣获“十二五”首批生态（人文）宜居县、最具发展潜力县、省级卫生县城、省级卫生县城十佳县、全省城乡清洁工程先进县等称号，2012年成功创建吕梁市第一个国家卫生县城。

岚县历史悠久，文化底蕴深厚。春秋晋国建汾阳邑，明洪武年间定名岚县至今。境内有省、市重点文物保护单位多处。岚县是世界著名生殖生理学家、“试管婴儿之父”张民觉先生的故乡。

【经济发展概况】 2012年，全县地区生产总值16.12亿元，比2011年增长10.8%；财政总收入10.01亿元，增长166.3%；一般预算收入7.37亿元，增长307.2%；农林牧渔业总产值4.54亿元，增长6.4%；粮食作物总产量7453万千克，增长3.1%；规模以上工业企业增加值6.43亿元，增长19.7%；固定资产投资60.5亿元，增长28.2%；社会消费品零售总额7.43亿元，增长14.5%；城镇居民人均可支配收入13638元，增长14%；农民人均纯收入3296元，增长15.6%。

项目建设进展顺利。列入市考核的总投资230亿元的37个重点工程项目顺利推进。省重点项目、亚洲规模最大的露天冶金矿山——太钢袁家村铁矿项目及配套的200万吨球团项目建成试产，金隅日产2500吨干法水泥、正利150万吨煤矿等项目相继建成投产。普明工业园区30万吨铸件项目顺利推进，被省经信委确定为“山西省新型工业园区铸造产业示范基地”。并被评为全省重点项目落地、工程建设先进集体，全市重点工程项目考核先进县市一等奖。招商引资实现历史性突破，2012年全年签约项目总投资近1000亿元，转型跨越后劲增强。

农业产业化步伐加快。全县马铃薯种植面积超过1.3万公顷，被省政府确定为“全省马铃薯生产示范基地县”。通过0.7万公顷无公害马铃薯产地、产品认证，实现包装上市。成功注册“岚县土豆”商标，与太原“美特好”“沃尔玛”等超市签订“岚县土豆”直销合同。建设大型马铃薯加工生产线，年加工转化马铃薯7.2万吨。占地16.7公顷、投资1.3亿元的集电子交易大厅、产品检验检测中心、恒温贮藏窖等为一体的马铃薯批发市场主体建成。油松育苗总面积突破0.3万公顷。新增设施蔬菜面积60.2公顷。

扶贫开发和新农村建设成效显著。编制完成《岚县区域发展与扶贫攻坚规划(2011～2020年)》。投入专项扶贫资金900万元，实施涉及12个乡镇18个村的整村推进项目。片区扶贫开发马铃薯产业项目完成100公顷原种繁育、1333公顷一级种薯种植和63000立方米薯窖、25000立方米防芽网棚建设。完成劳动力转移培训500人，转移400人，转移率80%以上。完成20个自然村、3所农村中小学17处安全饮水工程，解决了9000人、1000头大畜的饮水安全问题。完成新农村建设20个重点推进村、8个“百村行动计划”村和1个新农村连片示范区规划编制及“四化四改”“五个一”工程。

城乡面貌大为改善。投资3200余万元，完成县城向阳路、秀容街、民觉路、滨河北路升级改造工程和供水工程改造及新水厂建设。投资9000余万元，对县城供热、供水、供气等市政公用设施进行配套建设。完成1000套棚户区改造任务，开工建设190套1.3万平方米经济适用房、1310套限价商品房一期和200套廉租房。投资13.5亿元，在全市成功创建第一个国家卫生县城，被全国爱卫办授予“2012年度国家卫生县城”称号，被省爱卫会授予“病媒生物防治工作先进县”“农村改厕先进县”“城乡环境卫生整洁行动先进县”等称号。加快生态建设，全年造林5666.7公顷，全县绿化率提高3个百分点。全力开展绿色生态工程三大环保攻坚行动，城区二级以上天数347天，一级天数124天。

民生事业全面进步。教育、卫生、文化、社会保障同步推进。投资3.4亿元、占地18公顷的30轨制岚县中学新建项目主体完工。投资2亿元的12轨制岚县职教中心开工建设。投资2亿元、拥有490张床位的岚县人民医院新建项目加快推进。全县乡村医疗卫生机构实现全覆盖，被省政府评为“村卫生室全覆盖先进县”。城镇居民和职工基本医疗保险参合率95%，新农合参合率100%。深入挖掘岚县文化底蕴，成功拍摄历史文化专题纪录片《岚之风》，出版发行《炎黄地理》岚县专刊。4388名城镇贫困人口和19831名农村贫困人口纳入救助范围。对1425名农村“五保”对象和112名孤儿给予生活、就学资金保障。积极开展灾害救助和大病医疗救助，年内下发救灾资金88万元，医疗救助资金345万元。对干部津补贴、城乡低保、大病救助、新农保、新农合等9项民生事业提档扩面，增加财政支付6300余万元，经济社会发展成果不断惠及全体人民。

(张志亮)

临汾市

【自然概况】 临汾市位于山西西南部，汾河之滨。为“两山夹一川”地形。属温带大陆性气候，四季分明，雨热同期，土地肥沃，物产丰富。现辖1个区2个市14个县和2个省级经济技术开发区。总面积20275平方千米。2012年总人口436.7万人。

临汾历史文化悠久。10万年人类诞生之源在临汾，5000年华夏文明之宗在临汾，600年大槐树移民之根在临汾。目前，元代以前地上文物资源山西占全国总量的70%，临汾占山西的30%。

临汾交通区位便捷。地处晋陕豫黄河“金三角”区域的中心，是欧亚大陆桥的重要节点。所辖侯马市是中国四大货运中心之一，拥有保税物流区、海关、商检等直通国外的商贸平台，是华北地区的“旱码头”。

临汾矿产资源丰富。煤炭资源储藏面积1.54万平方千米，占总面积的75%；总储量960亿吨，占全省的23.7%，是全国三大优质主焦煤基地之一。除煤炭之外，铁矿是临汾的第二大矿产资源，储量4.2亿吨，富矿占全省的70%以上，生铁产量占全省的43%。大理石、石膏等资源在全省也占有重要位置。

临汾农业产业发达。素有“棉麦之乡”和“膏腴之地”美誉。盛产小麦、棉花、玉米、谷子、烟叶、西瓜等，粮食总产量占全省的15%左右，小麦占全省的35%以上。东西两山干鲜果品种多、产量大，林牧业相对发达，有115个农产品获得国家绿色认证。

【经济发展概况】 2012年，全市地区生产总值1221.08亿元，比2011年增长10.1%；规模以上工业增加值726亿元，增长13.5%；全社会固定资产投资822亿元，增长27.5%；财政总收入201.6亿元，增长7%；一般预算收入110.78亿元，增长24.3%；城镇居民人均可支配收入21464元，增长13.4%；农民人均纯收入6899元，增长13.4%。

“百里汾河新型经济带”建设稳步实施。作为全省转型综改试验区标杆项目，“经济带”各项工程进展顺利。汾河生态治理洪洞至襄汾段全线开工，滨河东路砂石路基全线贯通。临汾民航机场复航改造正式获国家批复，完成地基初步处理工程。大西、中南、张台铁路进展顺利。临吉高速、临汾北环、京昆与青兰高速联络线竣工通车。18个工业园区销售收入1000亿元,新建项目65个,10个高效农业示范园区有8个初具规模,6个物流园区有4个开工建设,17个旅游景区有12个实施整体开发,19个小城镇有9个启动连片区建设。"经济带"固定资产投资占到全市的49%,招商引资总额占到全市的64%,"百里汾河新型经济带"已成为全市经济发展的重要引擎。

重大项目建设成效显著。深入开展"项目落地年"活动,把项目前期作为重中之重,全年落地项目1225个,落地资金2225亿元;实施了359项省市重点项目,完成投资1466亿元,项目落地和建设均居全省三甲。农业方面,"大水网"涉临工程进展顺利,新增改善灌溉面积6.6万公顷,全市粮食总产量达22.23亿千克,再创历史新高;培育了8个省级"一县一业"示范基地县和483个省级"一村一品"专业村,"四个百万亩"基地规模不断扩张,乡宁戎子酒庄、浮山玉杰食用菌、汾西洪昌肉鸡养殖等一批龙头企业进一步壮大,进入省"513"工程的农产品加工企业达到43家,农民专业合作社发展到6308个。工业方面,114座煤矿和41座铁矿完成采矿许可证换领,94座基建矿井批复开工报告。焦化行业产能整合达到4000万吨。钢铁行业产能达到2100万吨,中宇和通才两座1860立方米高炉改造项目,获省经信委核准。安泽永鑫12万吨甲醇、华翔精密制造二期、普泰发泡铝等项目建成投产。飞虹微纳米光电、平阳重工高端制造、翼城舜达锻造等项目进展顺利,新兴产业累计完成工业增加值53亿元,增长18.4%。服务业方面,山西国际陆港园区总规及22平方千米起步区控制性详规编制完成,海关特殊监管区卡口竣工投用。侯马开发区被商务部授予全省唯一的国家电子商务示范基地称号,引进电子商务、现代物流等项目80余个。洪洞大槐树、吉县壶口瀑布国家5A级景区创建工作持续推进,曲沃晋国博物馆、乡宁云丘山、霍州七里峪等旅游景点建设取得新进展,全年旅游综合收入160亿元。

城乡面貌明显改善。市区解放路立交桥道路改造、滨河东路辅道、古城公园二期、平阳大桥景观改造等工程全面完成,城市公厕建设获联合国"迪拜国际最佳范例奖",新增城市公交车60辆。侯马城乡一体化、霍州霍东新区、曲沃城东新区、蒲县锦绣新区等大县城建设成效明显,洪洞广胜寺、乡宁管头镇、蒲县乔家湾等53个小城镇建设全面铺开。农村新的"五个全覆盖"全面完成,300个重点推进村完成年度目标,30个示范连片区加快建设,整村推进71个,易地扶贫搬迁8570人。大力开展以城乡垃圾清理、市容环境整治、道路交通整治、环境污染整治为重点的"环境建设年"活动,实施并完成重点节能改造项目120个、减排项目79项,完成营造林4.6万公顷,万元地区生产总值能耗下降3.5%,市区二级以上天数342天,一级天数118天,综合污染指数1.68,下降1.2%。

民生事业蓬勃发展。教育方面,临汾一中高中部二期、市第一小学教学楼加快建设。27所公办标准化幼儿园、5个县(市、区)薄弱学校改造和300所义务教育标准化学校建设基本完成。高考二本B类以上学生达1.2万人。启动5个国定贫困县义务教育学生营养改善计划,受惠学生3.6万名。医疗卫生方面,市精神病医院开工建设,古县、蒲县、乡宁等8个县公立医院改革顺利推进,全市171所政府办的基层医疗卫生机构全部配备使用基本药物,零差率销售。低生育水平保持稳定,全市人口自然增长率控制在5.11‰,再次跨入全省综合先进市行列。"新农合"参合率98.4%。文化建设方面,市博物馆、图书馆启动建设,广电中心、奥体中心加快前期工作,全市实现了"县县有两馆"目标,151个乡镇全部建成标准化综合文化站。社会保障方面,五大保障体系进一步完善,全市新增城镇就业5.5万人,城镇登记失业率控制在3.1%以内。社会保险参保人数451.3万人次。开工建设各类保障性住房17145套,完成农村危房改造4542户。

(张林海)

临汾市尧都区

【自然概况】 尧都区位于山西省南部,是临汾市政治、经济、文化、商贸中心。总面积1304平方千米。辖6个乡、10个镇、9个办事处,372个行政村、50个社区居委会。2012年总人口95.5万人。

【经济发展概况】 2012年,全区地区生产总值247.83亿元,比2011年增长10.2%;规模以上工业增加值76.7亿元,增长14%;固定资产投资178.7亿元,增长35.8%;财政总收入32.82亿元,增长7.1%;一般预算收入13.04亿元,增长21.8%;社会消费品零售总额163.95亿元,增长16.2%;城镇居民人均可支配收入21614元,增长14.2%;农民人均纯收入8912元,增长15.6%。

"三农"工作不断增强。认真落实各项惠农政策,粮食总产量26.2万吨,农林牧渔业总产值16.7亿元。尧都生态产业园区稳步发展。投资1.2亿元,12栋、4.2万平方米智能连栋温室建成使用。投资2000万元,建成200公顷城市绿化苗木基地。三大基地快速推进。投资1.3亿元,发展核桃5867公顷,总面积达到8533公顷;新增设施蔬菜800公顷、优质水果1000公顷。基础设施有效改善。投资1.2亿元完成大阳基本农田整治、末级渠系改造等9个农业基础项目。投资4000万元,完成72.9千米三级联网公路改造。新农村建设扎实推进,新"五个全覆盖工程"完成。

工业转型步伐加快。坚持以煤为基、多元发展,以园区化的理念推动工业转型。贾得工业园区和汾河煤电化工业园区规划编制已经完成。中煤260万吨焦化及煤化工项目前期工作基本就绪。中国五矿集团西里北铁矿300万吨采选矿项目勘探工作基本完成,450万吨生铁、500万吨钢铁项目已启动申报程序。同世达、太原煤气化公司300万吨焦化项目达成合作意向。

现代服务业快速发展。投资100亿元的奥特莱斯芭蕾雨产业园项目前期工作全面完成。临汾建材家居博览城、大图置业仙洞沟旅游开发项目前期工作启动，红星美凯龙大型国际家居商贸城、超级百货商贸城项目确定落地，上东世纪CBD城市经济综合体、生龙国际商贸城启动建设，恒安美特好项目主体竣工。仙洞沟旅游公路竣工通车。

城市建设扎实推进。总投资37.9亿元的涝洰河生态建设工程全面启动，河道治理、景观建设、城市路网工程已经省发改委立项批复，河道治理及龙湾园节点工程进展顺利。滨河东路南北延、屯里桥北段汾河综合治理工程全面开工。五一东路拓宽改造拆迁工作全面完成，秦蜀路南延拓宽改造拆迁完成60%，二中路、北外环拓宽改造拆迁完成50%，枣林街北段拓宽改造路基工程已经完工。尧都公园、东辰公园基本完工。东城学校、职业技术学校主体完工。东城医院地下工程全部完成。

环境建设成效显著。投资3.9亿元，开展“环境建设年”四大会战，城乡面貌明显改观。投资1亿元，实施东城“两路一街”“五化”工程。投资3500万元，开展春秋大绿化，完成植树107万株。乔李镇环境连片整治示范工程全面完成。全区二级以上天数342天。

发展环境不断优化，项目建设进展顺利。出台《关于进一步优化发展环境的实施意见》，开展专项整治活动，建立行政审批电子监察平台和涉企检查网上报备系统。全区行政审批事项由357项精简为121项，审批项目平均办理时限由25个工作日压缩到9个工作日。立案查处干扰破坏发展环境的案件44起。“四位一体”推进项目建设，项目储备突破千亿元大关，招商引资签约资金445亿元，落地226亿元，56个重点项目当年完成投资132亿元。

（尧都区人民政府办公室）

侯马市

【自然概况】 侯马地处山西省南部的临汾盆地和运城盆地之间，汾河与浍河交汇处的平原地带。东连曲沃县，西接新绛县，南屏紫金山与闻喜县、绛县毗邻，北隔汾河与襄汾县相望。总面积220.1平方千米。辖3个乡5个街道办事处，77个行政村、27个社区居民委员会。2012年总人口24.3万人。

侯马地处秦、晋、豫大三角的中心，自古为“燕、赵、秦、蜀之通衢大道”，交通区位优势突出。境内南同蒲、侯西、侯月铁路、大西高铁，大运、晋韩高速公路，108国道、大运二级公路，呈三个十字交汇。是山西省政府批准设立的全省唯一的“城乡发展一体化综合配套改革试验区”，也是山西省设立的11个国家资源型经济转型综改配套试验区试点县(市)和22个扩权强县试点之一。设有海关、口岸、出入境检疫检验局、山西国际陆港区和省级经济技术开发区、山西南部邮件分拣中心、山西移动第二呼叫中心及华北最大的铁路编组站之一——侯北编组站等。2012年10月12日，彭真故居纪念馆建成开馆。

【经济发展概况】 2012年，全市地区生产总值90.99亿元，比2011年增长6.1%；财政总收入5.78亿元，下降18.5%；一般预算收入2.94亿元，下降13.7%；规模以上工业增加值38.89亿元，增长5.2%；固定资产投资40.41亿元，增长18.2%；社会消费品零售总额60.02亿元，增长16.1%；城镇居民人均可支配收入19050元，增长13%；农民人均纯收入9319元，增长11.5%；粮食总产量7.9万吨，增长1.5%。

项目建设取得新成绩。开工建设省市县三级重点项目42个，完成投资42.6亿元。落地项目81个，总投资121.09亿元。积极参加中博会、晋商大会、能博会，共签约项目18个，总投资198.35亿元。项目前期工作成效明显，完成逾20个大中型项目的立项、环评、供地等手续。

“三农”工作再上新台阶。现代农业发展势头强劲，初步形成“一村一品”各类专业村46个，发展10个现代农业种植园区，累计发展设施蔬菜7533.3公顷，兴盛面业、百穗食品、济斌酱菜等龙头企业销售收入3.4亿元。专业合作社总数达223个。新增土地流转面积100公顷。实施农田高效节水和中低产田改造等工程，农业生产条件持续改善。引深新农村“全覆盖”工程，累计实现农村全覆盖15项。农村环境卫生不断改善，“一事一议”筹资筹劳办法进一步完善。培训农民6000人次，转移农村劳动力3503人。

宜居城市凸显新特色。完成《侯马市城乡总体规划（2011～2030年）》等规划的编制评审工作。创建国家环保模范城市工作扎实推进，十大创模工程进展顺利。彭真故居纪念馆建成，新职中东侧等新建道路及新田路、浍滨街等8条城市街道整修工程完工投用，108国道改线、大上线改造等道路工程快速推进。浍河生态修复、垃圾中转、城市污水处理二期等工程积极推进。铺设天然气管道101.7千米，新增用户7730户。新增城市绿化面积25.3万平方米，城市绿化覆盖率42.5%，人均公共绿地12.8平方米。二级以上天数363天。“1+4”城镇化战略加快推进，城市基础设施不断向农村延伸，实施城市自来水进村和天然气入户工程，自来水进村11个、覆盖人口2.1万人，新增农村天然气用户1811户，更新农村公交车20台。实现光缆电视信号与曲沃对接和城际公交与周边4个县互通。

社会事业又获新发展。新改建幼儿园3所。医疗卫生体制改革继续深化，三级医疗机构达标率98.1%。新农合参合率99.9%。新增就业岗位6603个，城镇登记失业率控制在2%以内。低保对象应保尽保，医疗救助820人次。

（侯马市人民政府办公室）

霍州市

【自然概况】 霍州市地处山西中南部，地处晋中、临汾交界，是临汾市的“北大门”。境内东北高、西南低，平原、丘陵和山地各占1/3。全市总面积765平方千米。辖3个乡4个镇5个街道办事处，199个行政村、34个社区居委会。2012年总人口

28.6万人。

霍州具有丰厚的自然资源。探明储量的矿藏有煤炭、石灰岩、铝矾土、铁矿等20余种，其中，石灰岩储量5000万吨，铝矾土1200万吨，铁矿50万吨，煤炭储量约55亿吨。水利资源较为充足，山西最大的河流汾河流经霍州市30余千米，中镇霍山七里峪、陶唐峪两个多流量的泉水从东向西常年涌流不断。旅游资源得天独厚，全市共有重点文物保护单位100多处，最著名的是国家级重点文物保护单位、全国唯一保存完整的古代州级衙署——霍州署。国家级森林公园——中镇霍山七里峪被誉为"华北绿肺""天然氧吧""生物宝库"。

霍州具有雄厚的工业基础。煤炭、电力、化工是工业经济的三大支柱。有国电、兆光两个大型发电厂，电力总装机容量300万千瓦。年产煤炭800万吨，年产合成氨24万吨、尿素40万吨、甲醇10万吨。特别是全面启动了霍东新产业聚集区建设，霍煤集团50亿元非煤产业已成功入驻，为晋南地区最大的煤机加工制造基地。

霍州具有鲜明的特色农业。三大农业基地基本建成，无公害蔬菜种植面积2000公顷，核桃、苹果等特色经济林4000公顷，规模较大的养殖户已达260余户。同时，梨湾小米、城南大葱、东湾芦笋、三教苹果等名牌产品远销大江南北。

【经济发展概况】 2012年，全市地区生产总值86.59亿元，比2011年增长10.9%；工业总产值140.58亿元，增长7.1%；工业增加值61.9亿元，增长16.6%；固定资产投资89.1亿元，增长38.2%；社会消费品零售总额22.61亿元，增长14.7%；城镇居民人均可支配收入19923元，增长13%；农民人均纯收入8770元，增长15.1%；财政总收入16.3亿元，一般预算收入7.21亿元；农林牧渔业总产值6.12亿元，增长5.3%；粮食总产量7053万千克，增长1%。

坚持"以煤为基、多元发展"，结构调整成效明显。工业新型化步伐加快，国电"上大压小"两台机组先后并网发电。力拓煤业90万吨技改、液化天然气调峰储气项目进展顺利。霍东新产业聚集区全面启动，涉及液压支架、防爆电器、洗煤成套等7个项目的霍煤50亿元非煤产业成功入驻，一期工程顺利推进。霍煤、兆光、霍化等原有骨干企业均保持了较好的发展态势。农业现代化稳步推进，按照"一县一业""一村一品"的发展要求，强力建设特色经济林、无公害蔬菜、规模养殖三大基地，重点打造西张垣现代农业生态循环示范园区，建成高标准示范温室11栋、日光节能温室360棚，供电、供水、通道工程基本配套，综合服务大楼、智能育苗中心主体完工。完成张家楼、南李庄2处中低产田改造和涉及辛置、李曹、三教、退沙等4个乡镇办的66千米末级渠系建设工程，农业生产条件进一步改善。累计发展苹果、核桃等经济林3333.3公顷、无公害蔬菜2200公顷、小杂粮1000公顷，新增规模养殖场85个。积极培育扶持马刨泉小米、古衙黄小米、东湾芦笋、城南大葱等一批特色农产品。荣获2012年全省农民增收先进市称号。现代服务业蓬勃发展，完成七里峪山门广场、镇山坛、红色教育基地、霍州廉政文化馆、陶唐峪景区修缮等工程，实施林溪晋茶精品酒店等项目，举办"中镇霍山·华夏州署"第七届文化旅游月活动。建成辛置商业文化广场、白龙综合商贸城等一批商贸项目。启动联源现代物流园区建设。举办第四届书刊营销洽谈会，成交总额近2亿元。全年共签约项目11个，签约资金125亿元。

坚持"完善功能、提升品位"，城乡面貌焕然一新。永和公园二期采摘园初具规模。永康路和南涧河桥建成通车。热电联产一期20万平方米如期供暖。天然气置换、扩户1.2万户。东关村城中村改造4栋回迁楼主体封顶。融通大街、锦和小区棚户区改造完成回迁楼和部分商业区主体工程。霍州署文化产业示范园、中镇国际花园、汇元小区等城市开发项目全面启动。玉霍线、南赵线、上霍线、段庄至曹村段等46.5千米县乡公路改造一新。18个新农村建设重点推进村建设任务基本完成。7个乡镇、11个行政村的安全饮水工程投入使用。新农村档案创建工作成绩喜人，荣获"全国社会主义新农村建设档案示范市"称号。

坚持"节能降耗、治污增绿"，环境质量持续好转。市区新增绿化面积5万平方米，完成造林面积286.7公顷。启动实施汾河、南涧河综合治理工程，完成河道清淤56万立方米，新建、维修堤防工程10.1千米，安装河道排污管网2千米，城乡生态明显改善。节能减排上档达标，全年万元地区生产总值能耗下降3.9%，二氧化硫、化学需氧量、氨氮化物分别削减8049.6吨、300吨、20吨。市区二级以上天数336天，一级天数82天。

坚持"倾情倾力，关注民生"，人民生活不断改善。把保障和改善民生放在头等重要的位置，民生支出连年占到财政支出的65%以上。倾力抓教育，市一中图书楼、市委党校综合办公楼以及开元、大张中心幼儿园建成主体工程；全市义务教育学校教学仪器、图书资料、文体器材、多媒体设备全部配齐，达到省级义务教育标准；新招聘187名教师充实教育一线，教育教学改革和师德师风建设进一步强化。倾心抓文卫，连续举办9场"文明霍州·亮丽风采"大型广场消夏月活动，开展各类大型文体活动80余次，门球比赛获全国第九名，蝉联"中国民间文化艺术之乡"称号；新医院一期工程主体完工，医药卫生体制改革、国家基本药物制度全面推行，新农合参合率97%以上；人口计生工作得到加强。倾情抓社保，全年新增就业岗位5250个，创业就业562人，转移农村劳动力4326人，城镇居民登记失业率控制在4%以内。公开招聘事业单位人员50名。城乡低保补助标准每人每月分别提高30元和22元。

（霍州市人民政府办公室）

曲沃县

【自然概况】 曲沃县位于山西省南部、临汾盆地南端。县域总面积437.9平方千米。辖5个镇2个乡

158个行政村。2012年总人口23.9万人。

境内地势平坦，气候温和，土壤肥沃，交通便利，资源富集，人文历史遗迹众多，曾是春秋五霸之首晋文公建都之地，素有“桐叶封唐地，三晋发端处”之美誉。

【经济发展概况】 2012年，全县地区生产总值96.59亿元，比2011年增长13.0%；财政总收入7.5亿元，增长17.2%；一般预算收入2.53亿元，增长11%；农林牧渔业总产值19.12亿元，增长6.8%；粮食总产量18.1万吨，增长2.3%；工业总产值228.55亿元，增长10.4%；社会消费品零售总额14.56亿元，增长16.2%；城镇居民人均可支配收入20103元，增长14.7%；农民人均纯收入8909元，增长17.2%。

工业经济发展迅猛。千万吨级钢铁工业园区、马庄新型装备制造园区、山西国际陆港曲沃项目园区、华电曲沃煤电一体化循环经济产业园区、紫金山黄金产业开发园区等“五大工业园区”建设稳步推进，特别是千万吨级钢铁工业园区发展迅猛，园区内1860立方米高炉、180万吨双高线、300万吨焦化一期、10.5万千瓦煤气发电、150万吨双高线、煤气综合利用以及220千伏变电站、日处理2万立方米的污水处理厂等一大批项目全部竣工并投入运营。

农业经济形势喜人。围绕农民增收主题，扎实落实各项强农惠农政策，大力实施“建设一个基地、打造八大园区、构架一条走廊”的“151”农业提质增效工程，特别是坚持把农业精品园区建设作为发展现代农业的主要平台和载体，在全县规划建设以“晋之源”统一冠名、统一打造的涉及大棚蔬菜、红提葡萄、优质大蒜、精品苹果、高效莲菜等高效产业为主的五大精品系列园区，有效引导带动以设施蔬菜为代表的高效农业健康发展，全县蔬菜大棚发展到6776栋，面积达到2259公顷，为农民创收5亿元以上，成为带动广大农民增收致富的主导和拳头产业。

文化旅游发展加快。大力推进以晋国考古遗址文化旅游区、桥山黄帝庙生态文化区、磨盘岭农业观光区、太子滩休闲度假区、浍河自然风景区、景明生态旅游区等六区为主的精品文化旅游带建设。其中，作为龙头景点的晋国博物馆建设工程已进入扫尾阶段，年内将开馆面世。与此同时，深入推行《曲沃县古建筑认领保护办法》，有效推进了各景区周边散布文物古迹的修缮保护和开发。

（曲沃县人民政府办公室）

翼城县

【自然概况】 翼城县位于山西省南部，临汾市东南隅，境内平川、丘陵、山区大体各占1/3。县域总面积1170平方千米。辖4个乡6个镇，212个行政村。2012年总人口31.5万人。

翼城历史悠久，文明富庶，是华夏文明的重要发祥地之一，是大唐之源、晋国古都、霸国故地。相传尧及其后裔封于此，古称唐；西周初年，周成王封其弟叔虞于唐，建都于翼，为“翼城”始，迄今已有3100多年的历史。

翼城风光秀美，底蕴深厚。有华北地区最大的自然保护区——历山舜王坪风景旅游区，历山、绵山、佛爷山三大风景旅游区初具规模。

翼城气候宜人，物产丰富，盛产小麦、玉米、小杂粮和干鲜果等，是全国商品粮基地县、山西省果品生产重点县、全省瘦肉型商品猪基地县和生猪、奶牛优势产区县。

翼城三面环山，资源丰富。已初步探明的矿藏有煤、铁、石灰岩等30余种，尤以煤、铁为最，煤炭面积195平方千米，总储量近20亿吨，铁矿储量达7214万吨。

工业主导产业为钢铁、煤炭、铸造、纺纱。全县现有兼并重组整合煤矿13座，年设计生产能力990万吨；有冶炼、铸造企业17家，150万吨炼轧钢生产线一条，年产优质生铁360万吨、钢150万吨、材150万吨、各类铸件25万吨；有纺纱企业8家，纺纱生产能力10万锭。

【经济发展概况】 2012年，全县地区生产总值83.05亿元，比2011年增长9.6%；财政总收入11.7亿元，增长12.3%；一般预算收入5.47亿元，增长18.9%；规模以上工业增加值49.1亿元，增长13.3%；固定资产投资40.6亿元，增长38.6%；社会消费品零售总额28.19亿元，增长16.3%；城镇居民人均可支配收入19773元，增长13.7%；农民人均纯收入7141元，增长15.6%。

“三农”工作有了新发展。粮食总产量18.9万吨，小麦产量创历史最高水平。新发展干鲜果经济林4133.3公顷，成为全省苹果产业“一县一业”基地县。翼众公司西郑百万只无公害蛋鸡养殖基地建成投用，7家养殖场改扩建工程全部完工，畜牧业规模化、标准化生产能力明显提升。投资8000余万元，实施中卫乡史庄片高标准农田建设、隆化镇上吴片基本农田整理、农业机械化推广、小河口水库除险加固、新一轮农网改造等项目，农业生产基础更加稳固。农村新的“五个全覆盖”工程完成，解决了43个自然村、1.9万人饮水安全问题。

工业转型有了新突破。三大高端工业园区建设在逆境中艰难起步。高端锻造工业园区“三通一平”等基础设施建设基本完成，舜达公司8000吨生产线完成设备安装；亿通10万吨汽车零部件铸造及机加工，永益30万吨铸管，励鑫20万吨铸管项目有序推进。高端特钢工业园区翼钢优特钢升级改造项目，规划调整经省经信委备案，环境评价在省市领导和环保部门的大力支持下加紧办理，居民搬迁完成1/3，配套干熄焦项目土建工程基本完工。大力推进煤炭产业扩张延伸，首旺煤业120万吨坑口选煤厂投产运营，阳煤、晋煤12座整合煤矿技改工程全部开工，3座基本完工，煤炭产能持续释放。非煤矿山资源整合进度加快，证照办理实现历史性突破，5座铁矿取得安全设施设计批复，达到复工建设条件。

城乡建设有了新变化。连续6年获“省级卫生县城”称号。唐霸大道全线竣工，北环路开工建设，县城主干道拓宽改造全面完成。启动唐霸文化公园、城西防洪排水等市政工程，集中供热供气覆盖范围进一步扩大。完成农村危房改造200户，国有工矿棚户区改造和保障性住房建设项目有序推进。实施西南线道路改造，启动重点产煤乡镇公路建设，农村客运班线公交化正式开通运营。城乡建设用地增减挂钩试点县获批，批复挂钩周转指标33.3公顷，完成土地储备80公顷，单宗土地拍卖收益首破亿元。

民生事业有了新进步。汇丰及5个乡镇中心幼儿园相继开工，中小学校舍安全改造工程按期完成。中医院附属楼主体完工。完成7处文保单位修缮、佛爷山景区配套工程和坞岭抗日纪念馆主体工程建设。基本实现数字电视信号全覆盖。大力开展非物质文化遗产保护，翼城县被文化部命名为“民间文化艺术之乡”。“低供煤”工作完成。完成造林绿化2066.7公顷，万元地区生产总值能耗下降3.9%，城区空气质量二级以上天数362天，生态环境持续改善。为全县2万名65岁以上老年人免费体检，建立了电子健康档案。对1800余户残疾人家庭实施帮扶救助，农村80周岁以上无固定收入老人全部纳入低保范围。

（翼城县人民政府办公室）

襄汾县

【自然概况】 襄汾县位于山西省临汾市中南部，东邻浮山县、翼城县，南接曲沃县、侯马市、新绛县，西傍乡宁县，北靠尧都区。县境南北长39.3千米，东西宽26.5千米，总面积1034平方千米。辖7个镇6个乡348个行政村。2012年总人口44.8万人。

襄汾历史悠久，源远流长。人类文明、国家起源、黄河文化发源都在这里有重要物载，是中华民族的发祥地之一、华夏文明的根祖之地。驰名中外的“丁村人”，10万年前就在这里繁衍生息。华夏之祖尧帝5000年前在陶寺建国立都，兴业安邦。以丁村和陶寺两大遗址形成的丁陶文化享誉三晋，闻名全国。

【经济发展概况】 2012年，全县地区生产总值128.61亿元，比2011年增长11.6%；一般预算收入7亿元，增长13.7%；农林牧渔业总产值22.33亿元，增长10.9%；粮食总产量40.3万吨，增长4.1%；工业总产值84.99亿元，增长4.8%；社会消费品零售总额28.74亿元，增长16%；城镇居民人均可支配收入19984元，增长14.9%；农民人均纯收入8176元，增长14.9%；财政总收入达13.86亿元，下降6.6%。

现代农业发展扎实推进。夯实农业生产基础，全年建设高标准农田700公顷，开发复垦耕地413.3公顷。狠抓农业特色产业，重点抓好八大基地和两大园区建设，全县蔬菜、中药材和干果林面积分别达到1.1万公顷、5800公顷、1.3万公顷，年初确定的3个万头生猪园区和10个千头标准化养殖场全部建成投产。壮大龙头企业规模，帮扶重点农业龙头企业贷款9800万元，天美食品、丰谷农业等28家企业进入年销售收入100万元企业行列，全县36家农业龙头企业辐射带动农户超过3.5万户。

工业经济转型步伐加快。巨成100万吨焦化项目和宏源、腾达整合重组后的120万吨焦化项目正在办理土地、环评等手续，光大、宏源、腾达、万鑫达420万吨焦化产能获得工信部公告准入，建滔万鑫达二期10万吨焦炉煤气制甲醇项目建成投产。中升1280立方米高炉和新金山2×120吨转炉获得省经信委批复，星原与太钢“渐进式”重组进展顺利。新兴冶炼、塔山通用和荣世达铸造3家企业的铸造高炉获得工信部认定，强盛、鑫盛两座高炉作为铸造生铁高炉予以保留。河西煤化工园区环评工作顺利完成，新兴际华绿色铸造园区60万吨高端铸件项目获得省经信委备案，制药工业园区1.2亿瓶注射剂及60亿片固体制剂项目一期完工，星原集团循环经济工业园区矿渣综合利用项目建成投产。积极参加中博会、能博会、晋商大会等招商活动，全年签约项目28个，签约金额183.95亿元，落地项目7个，完成投资32.3亿元，为县域经济发展增添了新的动力。

文化旅游开发全面提速。加大景区建设力度，丁村国家考古遗址公园景区牌楼、戏台、广场等设施完成建设，丁村古建筑群再次入列《中国世界文化遗产预备名单》。陶寺国家考古遗址公园观象台复旧工程、出土文物成果展示区面向游客开放。双龙湖国家湿地公园开园迎客，成为生态休闲旅游的一大亮点。襄汾县歌正式确定，《襄汾文物旅游资源分布示意图》《丁氏家族与丁村》系列丛书出版发行，大型原创音乐舞蹈剧《帝尧》、经典民歌演唱会《击壤遗韵》相继推出，《走进襄汾见证帝尧之光》《发现陶寺》等专题片在央视、旅游卫视、中国教育卫视先后播出。

城乡环境面貌明显改善。“百里汾河新型经济带”襄汾段建设力度空前，滨河东路长20.3千米、宽60米的砂石路面全线贯通；汾河治理河道固槽顺利完工，总体工程进度过半。滨河公园建设全面竣工，计生、法院、司法等单位业务办公用房投入使用，泽欣花园、晨光家园等滨河生态水景住宅主体完工，丁陶西路、振兴路北延、城北铁路桥改造等市政道路建成通车，保障性住房、锣鼓雕塑等工程快速推进。累计硬化农村街巷2018千米，新增农村便民连锁店84家，新建农村体育场所131个、文化场所283个、农家书屋306个，农村新型社会养老保险参保人数27万人，中等职业教育免费全覆盖惠及学生3857人。全面实施交通干道、县境出入口、集贸市场等重点区域卫生大整治，城乡面貌焕然一新。2012年，襄汾县被授予省级“卫生县城”和全市“环境整治行动先进县”称号。

民生事业得到加强。撤并农村中小学校17所，改建乡镇示范公立幼儿园20个，星原中学正式动工，特殊教育学校迁址建设。10所乡镇卫生院改建一新，376个村级卫生室通过验收。新城镇丁村、陶寺乡陶寺村、汾城镇西中黄村入选全省首批传统村落名单。成立县建设投资公司，累计融资2.72亿元。保障12万户家庭温暖过冬的“爱心煤”发放到位，500户农村低收入家庭和50户残疾人危房改造全部完工，迎宾馆改制、丁陶文化公园建设等一大批热点、难点问题得到彻底解决。

（襄汾县人民政府办公室）

洪洞县

【自然概况】 洪洞位于山西南部，临汾盆地北端。全县辖9个镇7个乡，463个行政村，902个自然村。总面积1494平方千米。2012年总人口74.2万人。

境内拥有煤、铁、石膏、硅石、铝矾土、石灰岩、油页岩等30余种矿产资源，煤炭探明储量44亿吨，具有煤质好、埋藏浅、分布广的特点。

旅游资源丰富，名胜古迹众多。以广胜寺、大槐树寻根祭祖园和苏三监狱为代表的人文名胜及自然景观达252处。

全县水资源充沛。地下水资源1.4亿立方米/年，广胜寺霍泉是县内最大的碳酸盐岩溶泉，流量为8000万立方米/年。

【经济发展概况】 2012年，全县地区生产总值165.34亿元，财政总收入22.61亿元，一般预算收入9.46亿元，规模以上工业企业增加值115.4亿元，固定资产投资完成101.4亿元，社会消费品零售总额38.75亿元，城镇居民人均可支配收入18319元，农民人均纯收入7359元。

始终坚持项目拉动，产业调整迈出新步伐。农业方面，粮食总产量3.9亿千克。启动实施以现代农业园区、新型农村社区“两区共建”为特色的甘亭现代农业转型综改示范园建设。巩固完善大槐树农业生态园和历山农业观光园。发展林下经济473.4公顷、设施蔬菜880公顷、各类果树713.3公顷、核桃933.3公顷。大力发展规模健康养殖，全年畜禽存栏牛1.6万头，生猪23.8万头，羊10.9万只，禽类251万只。农村基础设施不断完善，重点建设66个新农村，完成饮水安全工程23处、机井配套改造259眼、渠道防渗68.6千米。工业方面，恒美陶瓷二期、飞虹微纳米光电、华翔精密制造二期、普泰发泡铝、亿明LED、双银电热膜扩建、三维叔碳酸乙烯酯等项目建成投产，秉鼎陶瓷、山水水泥、尧天LED等项目进展顺利。园区配套设施不断完善，筹资1.9亿元，完成甘亭产业转移示范园5千米循环路工程、洪洞煤焦化深加工园东环路2.7千米路基及桥涵工程。招商引资工作成效明显，储备项目184个，新签约项目17个，签约资金445亿元。第三产业方面，旅游开发力度不断加大，广胜寺景区拓展改造顺利推进，景区循环路、集中供热等基础设施建成竣工，成功举办中国洪洞大槐树文化节等节庆活动，全年共接待游客150万人次，门票收入3300万元。金融商贸繁荣发展，启动龙信达、新丽都两个大型仓储物流项目和晋槐农贸、恒通建材等4个专业市场建设，全县城乡居民储蓄存款余额110亿元，贷款余额75.6亿元。

深入推进“六城同创”，发展环境得到新改善。投资21.1亿元，完成汾河生态修复治理与保护一期、恒富西街、涧河大桥、二级汽车客运站、体育场翻新改造、洪淹路、赵关公路二期、赵克路翻新改造等工程，大槐树文化中心、滨河东路和飞虹中街棚户区改造等工程进展顺利。国家卫生县城成功创建。修缮改造主要街道19条，硬化小街小巷20余条，所有城中村创建成为“省级卫生村”。省级环保模范城通过验收。不断加快环保基础设施建设，新增供热面积50万平方米、天然气用户5300户，生活垃圾综合处理厂一期投入使用，城区空气质量二级以上天数352天，一级天数59天。国家园林县城通过初审。完成造林2600公顷、植树394万株，城区绿化覆盖面积达687.1万平方米，绿化覆盖率47.1%。

全力保障改善民生，社会事业取得新进展。医疗卫生体系不断完善，新人民医院投入使用，25个乡镇卫生院实施国家基本药物制度。全面推行计划生育网格化管理，有效稳定低生育水平。社会保障覆盖面不断扩大，五项社会保险参保人数57.5万人，新增就业岗位4230人，转移农村劳动力5165人次。社会救助力度逐步加大，发放城乡低保和各类救助金8900万元，为农村低收入家庭发放取暖用煤19.4万吨，开工建设各类保障性住房1800套。

（洪洞县人民政府办公室）

古县

【自然概况】 古县位于山西省临汾市东北部，太岳山南麓，汾河一级支流——涧河中上游。东与安泽毗邻，西与洪洞接壤，南与尧都、浮山相参，北与霍州、沁源交界。县域总面积1206平方千米。辖4个镇3个乡。2012年总人口9.3万人。

古县属暖温带季风气候，四季分明，气候温和，全县年平均气温10.1℃。

县境内矿产资源有煤、铁、铝矾土、铜和耐火黏土等20余种，可以利用开发的优势矿产主要有煤、铁、铝土矿、白云岩、石灰岩等。煤炭资源最具优势，已探明井田面积114.9平方千米，储量48.96亿吨。古县位于沁水煤田和霍西煤田的结合部，煤种以山西组2号、3号为主，煤质优良，结焦性能良好，属于国家稀有煤种。依托得天独厚的煤炭资源使古县成为山西省的重要产煤县和优质主焦煤生产基地之一。

【经济发展概况】 2012年，全县地区生产总值62.5亿元，比2011年增长7.5%，农林牧渔总产值4亿元，增长5.2%；城镇居民人均可支配收入20537元，增长13.8%；农民人均纯收入6381元，增长11.7%；财政总收入10.01亿元，下降15.5%；一般预算收入5.63亿元，增长21.9%；粮食总产量5.6万吨，增长2.2%；社会消费品零售总额6.51亿元，增长14%。

坚持以结构调整为主导，产业效益得到新提升。农业坚持产业化发展思路，紧紧抓住核桃这一主导产业不放松，全年发展核桃1133.3公顷50万株，综合管护230万株，育苗213公顷；发展产业化示范园区8个、“一村一品”专业村28个、整村推进项目16个、农业综合开发项目2个、农田水利建设4处，完成11个重点推进村、5个标兵村和2个连片区的新农村建设任务，重点推进村58个，占全县农村总数的52.3%。工业立足煤炭和焦化主导产业，不断加快煤矿技改和焦化提升工作，投资12.5亿元实施煤矿企业改扩建工程，13座矿井全部取得开工报告，12座基建矿井开工建设，个性化考核全市第一；4座矿井完成基建并验收投产，产能贡献度全市第一；利达甲醇项目开始试运营，华康200万吨铸造焦、正泰焦炉煤气制备天然气等一批转型标杆项目开工建设。旅游业坚持龙头带动，不断扩大三合牡丹景区规模和影响力，完成牡丹景区游客服务中心、牡丹园西园工程建设，"蝴蝶花园"设计方案通过评审。成功举办第五届牡丹文化旅游节，全年接待游客24万人次，景区综合收入超过3000万元。

坚持以项目建设为抓手，为经济社会发展后劲增添了新动力。深入开展"项目落地年"活动，落实"四位一体"工作机制，全年签约项目7个，引资65.11亿元；落地项目61个，落地金额40.39亿元。重点工程投资43.78亿元。全年完成项目备案立项34个，12个项目列为省市重点监测项目。

坚持以夯实基础为重点，城乡面貌呈现出新面貌。投资788万元整修道路34.5千米，新建"村村通"水泥路10千米，完成农村街巷硬化312.1千米，超额完成"农村街巷硬化全覆盖"任务。按照"南延北扩"拉大城市框架的思路，总投资3.5亿元的文昌新区开发工程稳步推进，新区建成后，将进一步拉大城市框架、丰富民生内涵、改善群众居住条件，为古县经济社会发展注入新的活力。公共服务能力不断提升，实施县城供水、供热、供气管网的维护及扩容改造，供热普及率88%，供气普及率83%。植树造林成效明显，完成造林绿化633公顷。严格控制污染物排放总量，全年城区空气质量均达到二级标准，一级天数101天，完成市政府下达的节能减排任务。

坚持以改善民生为根本，社会事业取得新成效。始终坚持公共资源向民生倾斜、社会服务向民生覆盖，不断加大民生投入，人民生活水平明显提高。新建城镇寄宿制学校主体工程接近完工，县财政出资150万元重奖教育功臣。2012年高考生达本科线143人，再次刷新历史纪录。新建县人民医院工程主体完工。

（古县人民政府办公室）

浮山县

【自然概况】 浮山县位于山西省南部，太岳山南麓，临汾盆地东缘，总面积940平方千米。全县辖2个镇7个乡2个居民委员会，185个行政村。2012年总人口12.9万人。

浮山县气候温和，物产丰富。全县共有耕地面积2.7万公顷，荒山荒坡面积4.7万公顷。境内气候温润，光照充足，无霜期长，小麦、玉米、谷子等农作物长势好、产量高、品质优。米家垣乡被评定为"国家级绿色谷子农业标准化生产示范基地"，盛产的"神山贡米"系列产品享誉国内外。野生植物种类多达400余种，盛产连翘、黄芩、山楂、远志、柴胡等名贵中药材。农业以粮食和多种经济作物为主，历史上曾以产粮多而享有"拉不完的东山"之誉。

浮山物华天宝，资源丰富。浮山县煤、铁、石灰石等矿产资源丰富，特别是铁矿石总储量占临汾市总储量的60%，平均品位40%以上，被誉为"人参铁"，是全省重要富铁矿生产基地之一。煤炭资源初步探明储量76亿吨，属沁水优质无烟煤种，工业及民用价值极高。

浮山历史悠久，文化灿烂。据县志记载，帝尧时期，洪水泛滥，为避洪荒，尧王率众至此，见一山随水势起伏，其形若浮，故名浮山。自唐武德二年建县至今已有1300多年的历史，唐尧文化、道教文化和民间艺术文化交相辉映，蜚声海外。浮山剪纸享誉全国，被文化部授予"中国剪纸艺术之乡"称号，架子鼓曾获全国鼓艺大赛金奖，木偶列入了《全国非物质文化遗产名录》。

【经济发展概况】 2012年，全县地区生产总值38.35亿元，比2011年增长11.2%；财政总收入4.69亿元，增长16.7%；一般预算收入1.98亿元，增长35.5%；工业总产值27.97亿元，增长18.1%；固定资产投资22.46亿元，增长32.2%；社会消费品零售总额5.89亿元，增长14.6%；城镇居民人均可支配收入19366元，增长13.6%；农民人均纯收入5577元，增长11.7%。

"三农"工作不断加强。围绕农业基础设施建设，重点实施中低产田改造、农村饮水安全、病险水库除险加固和移民搬迁工程。粮食总产量9.8万吨，再创历史新高。张庄现代农业示范园区建设取得新进展，晋杰育苗中心、管理服务中心、物流中心先后竣工投入使用。建设了集设施蔬菜大棚、移动式瓜菜大棚、黄花菜种植加工、宏源青苗木基地、红豆杉培育基地、徐民牧业千头牛场、益园康万头猪场、中宝脱水蔬菜、凤凰山庄农村休闲旅游等9个子项目为一体的张庄现代农业示范园区。全年栽植核桃1000公顷，累计达到8333.3公顷。支持发展"一村一品"专业村50个。

经济转型步伐加快。注重发展循环型产业，东诚钢铁公司成功申报国家级优质铸造铁生产基地，鸿丰达450立方米锰铁合金高炉试运营，"采—选—冶—铸"产业链条正在形成；福山煤业90万吨煤矿升级改造取得阶段性成效，3万吨活性炭项目完成前期工作，准备试产；玉杰食用菌公司逐步形成全封闭循环生产链条。注重发展开放型经济，新增定影膜、黑刚玉等有出口供货值企业5家，特别是与西班牙合作的石材加工设备、智能电瓶牵引车等项目的落地建设，不仅首开中外合资的先河，而且填补了装备制造业的空白。

项目建设成效明显。不断引申"项目建设年"活动，全面开展招商引资，扎实推进项目建设。全年储备项目45个，储备金额485亿元；签约项目9个，签约金额118.2亿元；完成落地项目38个，落地金额55.86亿元；年初确定的58个重点实施项目，完成投资12亿元，其中，13个市级监测项目完成投资6.98亿元，各项任务指标均超额完成。全县转型综改试验行动方案获市综改办正式批复，8个县级标杆项目全部启动实施。

基础设施日臻完善。垃圾处理厂一期工程建成投入使用。集中供热、供气工程成功运营。县青少年活动中心、职工活动中心、老干部活动中心、示范幼儿园、中医院、妇幼保健院等完成主体工程。尧山广场主体建筑基本竣工。古北线东郭至米家垣段建成通车。中南铁路浮山客运站建设有序推进。110千伏浮山变电站改造工程投入运行,文昌110千伏输变电工程开工建设,北王220千伏输变电工程完成前期工作。

环境质量有效提升。县城二级以上天数356天。完成建筑节能改造1.8万平方米,万元地区生产总值综合能耗、工业粉尘、氮氧化物等7项节能减排指标全部完成。涝河、洰河浮山段出境断面水质达标。完成圪塔岭金矿矿山环境治理工程。植树造林2893.3公顷,通道绿化128千米。继续推进集体林权制度改革,确权面积3.3万公顷。

(浮山县人民政府办公室)

吉县

【自然概况】 吉县位于黄河中游,山西吕梁山南麓,属黄土高原残垣沟壑区。东西最长跨度62千米,南北宽48千米,总面积1777.3平方千米,占全市总面积的8.8%。辖3个镇、5个乡,79个村民委员会、567个自然村。2012年总人口10.8万人。属国家扶贫重点开发县。

【经济发展概况】 2012年,全县地区生产总值17.91亿元,比2011年增长11.6%;规模以上工业增加值9.3亿元,增长16.6%;固定资产投资16.6亿元,增长40.8%;社会消费品零售总额4.75亿元,增长15.9%;财政总收入2.46亿元,增长57.7%;一般预算收入1.05亿元,增长32.9%;城镇居民人均可支配收入13340元,增长17.8%;农民人均纯收入3138元,增长29.2%;农林牧渔业总产值7.97亿元,粮食总产量4.9万吨。

苹果转型实现重大突破。实施现代果业科技示范基地项目,完成新栽苹果、建设标准化果园、发展绿色苹果、开发功能保健苹果"四个一万亩"工程,推广标准化生产、病虫害防治等先进实用技术,苹果产量、质量和效益全面提高。全县苹果总产量17万吨,产值5亿余元,果农人均纯收入5000余元。吉县苹果荣获山西省特色农产品"十大名牌"等称号,直销窗口建设在全国各大中城市全面铺开,直接出口认证通过评审,苹果成功出口泰国,实现了自主直接出口创汇。

旅游开发取得明显成效。壶口瀑布国家5A级景区创建工作有序推进,壶口游客服务中心、停车场、游览步行道、景区绿化等工程基本完工。人祖山旅游开发快速推进,完成投资1.3亿元,编制了总体规划和一期工程详细规划,打通了壶口—克难坡—人祖山景区旅游公路,完成122孔窑洞宾馆主体工程和人祖文化国际大厦8层建设任务。引资11.2亿元,开发建设壶口、克难坡景区及配套设施。吉县创建山西省重点旅游县工作通过市级评审,在全市推荐的3个县中排名第一。与韩国大田广域市中区结成友好县区。成功举办第二届黄河壶口文化旅游节,壶口瀑布受到中央电视台的持续关注,仅国庆期间就播报8次,黄河文化、壶口瀑布旅游品牌的知名度不断扩大,影响力明显增强。全年共接待游客203.8万人次,旅游综合收入16.3亿元。

工业崛起呈现强劲势头。全年原煤总产量189.3万吨,再创历史新高。桑峨500万吨煤电材一体化项目完成投资1.5亿元,实施主井、副井、风井3个井筒的岩性观测孔钻探工程。昌盛煤业改扩建项目完成投资6000万元,年产能160万吨改造项目已竣工投产。中石油煤层气开发项目完成投资5亿元,钻探开发井150口,建成明珠集气站,已顺利投产运营。中油中泰煤层气开发利用项目完成投资900万元,建成压缩站、县城供气管网,燃气供应覆盖了16个住宅小区和机关单位。

城乡建设管理水平全面提升。新城开发一期工程基本完成,中心广场改造、新华东街道路改造、公厕建设、环城绿化、城区交通设施配套等工程如期完工,桥南片区改造、城关供销社棚户区改造、清水河治理等工程进展顺利。城市亮化工程加快实施,山区县"不夜城"初具雏形。临吉高速公路建成通车,吉河高速公路开工建设。节能减排工作扎实开展,万元地区生产总值能耗下降3.3%,全年二级以上天数353天,一级天数200天,综合污染指数0.978,全市第一。

社会事业得到持续发展。40所中小学达到义务教育阶段标准化要求,达标率95%。"五险一金"实现了全覆盖,新农合参合率99.5%,全年共发放各类保障金6800余万元。完成农村新"五个全覆盖"工程,投资1亿元兴办了10件民生实事。各项强农惠农富农政策全面落实,农民群众生活水平稳步提高。全年各项存款余额24.9亿元,较年初净增加4.3亿元。

经济发展后劲显著增强。转型综改《行动方案》编制完成,"一县一企"先行试点和标杆项目顺利实施。积极参加中博会、文博会、能博会、首届世界晋商大会、临汾市(广州)经济合作暨招商推介会等各种项目推介博览会,举办了"黄河壶口文化旅游节项目推介活动",招商引资成果丰硕。扎实开展"项目落地年"活动,重点项目"四位一体"工作任务超额完成。全年储备项目38个、796.6亿元,签约项目13个、82.1亿元,落地项目83个、26.82亿元,市、县重点建设项目完成投资19.9亿元。

(强培家)

乡宁县

【自然概况】 乡宁县位于山西省临汾市西隅,东与临汾尧都区、襄汾县接壤,西隔黄河与陕西韩城市相望,南以运城河津市、稷山县为邻,北接临汾吉县。总面积2029平方千米。全县共辖10个乡镇、182个村委、1113个自然村。2012年总人口23.6万人。

乡宁县森林覆盖率29%,林木绿化率49%,是临汾市林业资源最为丰富的县份之一。煤田面积1600平方千米,占全县总面积的78%;总储量153亿吨,可采储量107亿吨,2号主焦煤是国家三大稀缺煤种之一,是全国三大优质主焦煤基地之一和全国首批100个重点产煤县之一,是临汾煤炭资源最丰富的县份。

煤炭资源整合后，全县保留29座矿井，设计年产能2715万吨。

乡宁历史悠久，文脉厚重，古迹众多，风景秀丽，资源富集，物产阜盛。早在旧石器时代，人类的祖先就在这里劳动、生息和繁衍。春秋时期因晋鄂侯居此，称曰鄂，战国先属韩后属赵，秦属北屈，汉为骐县。之后相继改称平昌、吕香、吉乡、昌宁等，五代后唐改昌宁县为乡宁县沿袭至今，迄今已有2000多年历史。比较著名的历史人物有明代兵部尚书郑崇俭、清代方志大家杨笃等。文物古迹有战国荀息墓、隋唐千佛洞、宋代柏山寺、金代寿圣晨钟、明代结义庙、清代古长城等。境内的云丘山、万宝山、云泰山、高天山，山峦起伏，气势雄伟，是休闲养生、避暑纳凉的极好去处。具有特色的土特产品主要有下县长山药、乡宁豆腐、空心月饼、乡宁油糕和"琪尔康"翅果油、戎子葡萄酒等。

【经济发展概况】 2012年，全县地区生产总值78.08亿元，比2011年增长13.5%；财政总收入25.93亿元，增长4.6%；一般预算收入15.55亿元，增长50.6%；农林牧渔业总产值4.87亿元，增长6.2%；粮食总产量7.8万吨，增长4%；工业总产值99.49亿元，增长20.8%；规模以上工业增加值62.02亿元，增长21.8%；固定资产投资总额38.2亿元，增长38.4%；社会消费品零售总额13.31亿元，增长15.9%；城镇居民人均可支配收入19271元，增长14.4%；农民人均纯收入6043元，增长9.4%。被表彰为全省林业生态县、农田水利建设"禹王杯"先进县。

农业基础更加稳固。认真落实各项强农惠农政策，投入3.66亿元扶持"三农"发展。新栽植核桃1333.3公顷，建成管头200公顷精品园区，总面积达8000公顷。高标准推进昌宁、管头新农村连片区和24个重点村建设。投资6000余万元，全面完成农村新的"五个全覆盖"。深入开展农田水利基本建设、土地开发整理、片区扶贫开发，改造中低产田666.7公顷，治理水土流失2480公顷，生态自然修复5533.3公顷，解决了9000余人的饮水安全问题。扎实开展农业科技促进年活动，开展各类培训80余场，培训农民1.5万人次。

产业质量平稳提升。29座整合矿井中，直接提能3座，批复开工报告25座，开工建设21座，台头煤焦实现联合试运转。4个60万吨焦化厂积极发展循环经济，台头煤焦150万吨洗煤项目建成投运。继续实施"内留外引"优惠政策，积极参加各类招商引资活动，储备646.22亿元，签约146.73亿元，落地197.46亿元，完成投资110.53亿元。戎子酒庄和琪尔康销售突破3.5亿元，宏强焦化9000万块空心砖项目建成投产，云丘山旅游效益初步显现，枣园白色农业产业化试验园进展顺利，双凤祥百万株核桃园规模达100余万株，产业规模不断壮大。

生态环境稳步改善。深入开展"环境建设年"四大会战和十项整治，清运垃圾22.8万立方米，粉刷墙面120余万平方米，新建清洁池1540个，综合评比荣获全市优秀奖，省级卫生城顺利通过验收。县城集中供热热源厂、通洋紫陶、永昌源焦化等重点监测企业达到环保标准。新增供热面积33.8万平方米，新增煤气用户1400余户。完成节能减排任务。大力开展造林绿化，全年造林4533.3公顷。

民生事业稳健发展。投资1.66亿元，完成新城区幼儿园、义务教育标准化等教育重点工程，免除高中阶段学生学费、书本费、住宿费700余万元，发放困难学生生活补助611万元。招聘各类专业人才187名，推出公益性岗位安置人员60名。县财政补助785.6万元，全面推行基本药物制度，县级公立医院综合改革工作走在全省前列。发放低保、医疗等补助金8940万元，救助各类弱势群体2.1万人次。免费供应群众过冬用煤13万吨。更新城乡公交线路9条、汽车18辆。开工建设各类保障房544套。

（乡宁县人民政府办公室）

蒲 县

【自然概况】 蒲县位于吕梁山脉南端西麓，临汾西北部。总面积1510.6平方千米。辖4个镇5个乡、93个行政村。2012年总人口10.9万人。是一个典型的山区资源县。

一脉久远厚重的历史。境内的薛关镇龙王庙细石器遗址发掘证实，远在1.2万年以前，就有先民在此繁衍生息。相传上古时期，唐尧之师蒲伊子曾隐居于此，县名由此而来。北魏太和二十一年（公元497年）置石城县，隋大业元年（公元605年）改为蒲县至今。

一块资源富集的宝地。境内有20余种矿产资源，尤以煤为最，储量大、煤质优、易开采。全县含煤面积1360平方千米，占总面积的90%以上，地质储量约181亿吨，是全省重点产煤县，也是1/3焦煤最优质、最集中之地。

一个区位独特的县份。被誉为"西山锁钥"，是临汾通往隰县、大宁、永和及吕梁石楼、交口等县的门户，临午一级公路贯穿全境，40分钟可通达临汾市区。随着临吉高速蒲县连接线的竣工和中南铁路、霍永高速蒲县连接线的开工建设，蒲县将成为西山地区重要的交通枢纽、最大的煤焦集散地。

一方灵动秀美的山水。境内奇峰异洞、大峡深谷、古老文物、建筑遗址构成了发展旅游业的独特优势。现有各类文物保护单位108处。自然景观有五鹿山国家级自然保护区、梅洞山天然林保护区、峡村峡谷等景区，人文景观有国家级文物保护单位柏山东岳庙、井沟战役主战场遗址、真武祠、段云书艺馆等。全县林木覆盖率51.5%。

【经济发展概况】 2012年，全县地区生产总值41.21亿元，比2011年增长10.7%；规模以上工业增加值31.53亿元，增长14.6%；全社会固定资产投资25亿元，增长55.6%；财政总收入15.07亿元，增长5.8%；一般预算收入7.59亿元，增长21.2%；社会消费品零售总额5.17亿元，增长14.9%；粮食总产量56646吨，增长8.5%；农林牧渔业总产值3.07亿元，增长16.5%；城镇居民人均可支配收入18314元，增长13.8%；农民人均纯收入5575元，增长14.4%；各项存款余额59.68亿元，比年初净增

8.98亿元。

产业再造全面发力。24座整合改造矿井,20座开工建设,累计完成投资74.7亿元,潞安新良友竣工投产,潞安开拓、太原煤气化华胜等7座批准联合试运转,霍州煤电新乐完成基建任务,11座矿井形成705万吨产能。两次组团赴广州、上海招商引资,签约260亿元,大唐风力发电、山煤国际煤炭集运站两大项目即将落地。龙祥干法水泥二期日产4500吨熟料项目全面开工,赢晟园精密铸造一期两条生产线试车运行,万国全年产3000吨复合氨基酸粉、200吨胱氨酸生产线建成投产。马铃薯高新技术示范园竣工运营,成为晋南最大的马铃薯繁育基地、特色商品薯基地和立体种植技术传播中心;优质脱毒马铃薯发展到2666.7公顷,马铃薯产业"繁产储销"格局基本形成,被确定为全省"一县一业"示范县。成立核桃发展中心,新栽植核桃56万株,建成山中垣、西坪垣两个万亩连片示范园。鼎旺达金蝎、张河川养牛、伊悦养鸡等特色养殖势头良好,农业专业合作社发展到287个。

基础建设提档升级。滨河大道竣工通车,5条纵向支干道开工建设,"三横五纵"新城框架基本形成。第一中学、奥体中心、全民健康服务中心、锦绣大桥主体完工,保障性住房二期、消防大楼、锦绣公园开工建设。旧城区4.1千米主街道改造一期综合管网工程竣工,各种管线"入地藏身",创全国县城先河。翠屏山森林公园一期、北山森林公园一期、迎宾公园一期、翠屏公园竣工开放。乔家湾入选全省首批"百镇建设"方阵,黑龙关屯里坡、乔家湾刘家山、太林麦庄新村建设顺利推进。临吉高速连接线竣工通车,五鹿山旅游路、古午线薛关—山中段路基形成,13条、60.5千米村通循环路竣工投用,蒲城110千伏输变电工程建成运行。

生态修复纵深推进。扎实开展"环境整治年"活动,取缔焦化、建材、洗煤企业11家,清理废渣、垃圾、淤泥500立方米,城乡面貌焕然一新。作为全省农村环境连片整治试点县,连续2次全省考核排名第一,全省现场会在蒲县召开,农村环境连片整治模式全省推广。东川河生态修复一期河道清淤工程完成,城区河道治理全面完工。全年造林3000公顷,林木覆盖率51.5%,跻身省级"林业生态县"行列。

发展成果深度普惠。学校标准化建设通过省级评估验收,免除学前教育学杂费,率先在全省实现15年教育全免费。县级公立医院改革率先完成,群众就医成本大幅降低,医疗保障水平明显提升。各项社会保险参保9.4万人,基金累计滚存3.18亿元。259套廉租住房分配到户,500户农村危房改造如期完成。免费为农户供应"暖心煤"2.9万吨,发放城镇居民价格临时补贴500万元。全年新增城镇就业2079人,转移安置城镇、农村富余劳动力6500人。总投资2亿多元的15年免费教育、城区天然气入户、开通城乡公交等10件实事全部兑现。

(蒲县人民政府办公室)

大宁县

【自然概况】 大宁县位于山西省吕梁山南端,临汾市西部,黄河东岸。北周保定元年(公元561年)始置大宁县,距今已有1452年的历史。全县总面积967平方千米。现辖2个镇4个乡,84个行政村,309个自然村。2012年总人口6.5万人。

大宁地貌属黄土高原残垣沟壑区,有"三川十垣沟四千,周围大山包一圈"之说。海拔最高1740米,最低481米。年平均气温10.9℃,昼夜平均温差12.7℃,年平均日照数2466.7小时,无霜期213天,年均降雨量493毫米,四季分明,光照充足;昕水河、义亭河纵贯全境,可利用的小泉小水有198处,全县水资源总量4769.6万立方米。

已探明的煤炭、煤层气、黄河砂岩储量分别在21亿吨、300亿立方米、30亿立方米以上。

人文和自然景观有二郎山原始森林、黄河仙子祠、新旧石器遗址等。

【经济发展概况】 2012年,全县地区生产总值4.16亿元,比2011年增长9%;财政总收入4846万元,增长17.2%;一般预算收入2802万元,增长16.8%;城镇居民人均可支配收入13095元,增长13.2%;农民人均纯收入2012元,增长20.7%;社会消费品零售总额2.19亿元,增长15.9%;固定资产投资6亿元,增长39.5%;粮食总产量3.3万吨,增长6.5%。

富民产业不断优化,基地建设扎实推进。苹果产业方面,全年新增果树1533.3公顷,引进推广万寿菊等低秆经济作物,有效解决了林粮间作矛盾和果农当年收益的问题。蔬菜产业方面,新建有机蔬菜示范园区和1260个蔬菜大棚,配套水井19眼。完成南菜园蔬菜批发市场设计、征地等前期准备工作。依托山西政拓公司建立蔬菜销售网络,蔬菜直接进入太原市场。全年销售蔬菜250万千克,销售额400万元以上。养殖产业方面,在太古乡率先推广"猪—沼—果"生态循环经济模式,新建和改造沼气池338座,高标准猪圈248座,全县生猪饲养量达2万余头。继续加快种羊基地建设,新建规模健康养殖小区4个,羊饲养量新增1万余只。狠抓农村科技教育和技能培训,培训农民5400人次,发展农民专业合作社45个。

工业经济不断扩张,发展后劲持续增强。与西山煤电、144煤炭地质勘探院成立山西大宁西山能源有限公司,全面负责三多循环经济园区的开发工作。编制完成《大宁县三多循环经济园区规划》,煤层气液化(LNG)项目也正式列入规划,并将作为启动项目,全面加快建设工作。220千伏变电站建设工程全面启动,年产1万吨乳化炸药生产线建设工程正式投入生产。积极参加中博会、能博会、广州招商引资推介会等活动,签约风能发电、生物质能发电和苹果深加工项目,总金额41.2亿元。

重点工程有序推进,城乡建设步伐加快。在城市建设方面,启动古乡大桥、城市集中供气、水网改造、老城南城区开发、城西路开发等工程,完成城西路拆迁、红卫桥加宽等任务,完成县直第二幼儿园、体育场等前期准备工作,建成法院审判大楼、司法业务大楼、档案馆综合大楼及150套保障性住房，新增建筑面积8万多平方米。在乡村建设方面，狠抓新农村建设和新"五个全覆盖"工程，农村街巷硬化488.9千米，所有行政村都建起了便民连锁店和农家书屋，中等职业教育100%免费，新型农村社会养老保险参保2.1万人，实现了新"五个全覆盖"的目标。完成8个新农村重点推进村的年度规划建设任务，改造农村危房500户，巩固完善农村饮水工程7处，解决了7个自然村3000人的饮水安全问题。实施农村环境连片整治示范项目和"一事一议"财政奖补项目，建成垃圾填埋场2个、污水处理厂1个，修建垃圾池102个，下水道1万多米、清理历史遗留垃圾5万多立方米，农村面貌有了进一步改观。

生态环境有效改善，基础建设不断加强。实施国家、省、市造林绿化工程，依托巩固退耕还林成果、"三北"防护林、世行贷款造林、干果经济林等生态项目，全年完成人工造林3786.7公顷。实施徐家垛乡和秀岩沟小流域治理、省市级土地整理开发、以工代赈等项目工程，修建梯田33.3公顷，新增耕地62.6公顷，打坝58座，有效改善了全县生态脆弱的状况。

民生保障持续改善，社会事业全面进步。完成8所中小学标准化建设任务，招聘28名特岗教师，为523名高中生全部实行了免费教育，为427名住校生全部免除了住宿费，为全县城乡义务教育阶段学生实行每人每天3元的营养餐补助。公开招聘15名医护人员，为县医院、妇幼保健站配备了363万元的医疗和妇幼保健设备。全县新型农村合作医疗参合率98.9%。新增城镇就业502人，城镇职工基本养老保险和医疗保险参保人数分别达7700余人、12000余人。发放城乡低保补助金1459.2万元。

（大宁县人民政府办公室）

永和县

【自然概况】 永和县地处吕梁山脉南端，黄河中游晋陕大峡谷东岸，临汾市西北边缘，是革命老区、省界边区、国家扶贫开发工作重点县。县境东西宽41千米、南北长46千米，总面积1212平方千米。辖2个镇5个乡，79个行政村，306个自然村。2012年总人口6.4万人。

境内山峦起伏，梁峁层叠，3大山系9座大山成"川"字形排列，大小2500多条沟道纵横交错，呈千沟万壑之貌，属典型的黄土高原梁峁残垣沟壑区。地势东北高西南低，最高海拔1521米，最低海拔511.9米。年均气温9.5℃，年降雨量在500毫米左右。

【经济发展概况】 2012年，全县地区生产总值5.76亿元，比2011年增长5.7%；全社会固定资产投资6.5亿元，增长54.5%；社会消费品零售总额3.21亿元，增长14.5%；财政总收入5025万元，增长46.8%；一般预算收入2350万元，增长41.3%；城镇居民人均可支配收入14190元，增长13.3%；农民人均纯收入2206元，增长15.6%。

项目建设成效显著。以省市开展"项目落地年"活动为契机，狠抓项目储备、签约、落地、建设。全县共储备项目58个，储备投资253亿元；签约项目6个，签约资金42亿元；落地项目31个，落地资金27.5亿元；实施60个重点项目，完成投资10.97亿元。列入临汾市重点监测考核的煤层气开发利用、坡耕地水土流失综合治理、芝河源头生态精品农业园区开发、阁西垣沿黄提水灌溉工程（续建）4个项目全部完成，总投资3.45亿元。

产业转型优势彰显。经济林面积每年以2000公顷的速度递增，全县红枣树发展到1.7万公顷750余万株，核桃树发展到8666.7公顷260余万株，年产量达2000万千克。新发展管护重点村21个，示范户500个，管护水平进一步提高。在新型工业培育方面，按照"气化山西"的目标要求，加快煤层气勘探开发，投资3.1亿元，完成"7+1"水平井组的钻探工作，初步预测可采储量为900亿～1300亿立方米，能源工业培育取得实质性进展。在旅游产业开发方面，以"龙行黄河、天下永和"为宣传定位，加快乾坤湾、永和关、于家咀渡口等景点景区的建设，大力推进特色旅游经济园区建设。投资3000余万元，完成黄河蛇曲国家地质博物馆的布展、景区绿化和道路建设，以红军东征永和纪念馆、黄河蛇曲国家地质公园、乾坤湾石质山地造林、于家咀黄河渡口为主景点的旅游线路初步形成。

生态治理享誉全国。按照建设"生态山西"的奋斗目标，深入开展以经济林建设、通道绿化、荒山绿化、城区绿化、新农村绿化为重点的"绿色行动"。投资2000余万元，高标准完成荒山绿化2333.3公顷、通道绿化30千米、环城绿化2100公顷、新农村绿化8个、经济林建设2000公顷。全县林地面积5.1万公顷，森林覆盖率23.6%，林木绿化率40%以上。实施芝河源头生态精品农业园区三期工程，完成机修梯田1200公顷、发展核桃经济林1066.7公顷、营造水保林2866.7公顷。

城乡面貌明显改善。围绕创建市级文明和谐县城，修编县城建设总体规划和桑壁镇、打石腰乡、坡头乡、交口乡4个小城镇总体规划。投资1.5亿元，重点实施芝河综合治理、城区道路改造等10个城市建设项目，全县城镇化率36.4%。大力开展交通干道、市容卫生等八大环境整治工作，城市服务功能明显提升，获得"临汾市环境建设年活动优秀县"称号。围绕新农村建设，完成8个重点推进村建设任务。成功打造出一大批以红枣、核桃为主的特色产业村，"一村一品"的产业格局初步形成。

基础设施日新月异。紧紧抓住国家建设"大交通""大水利""大电网"的发展机遇，在公路建设上，投资4000余万元，重点实施坡桑线路面改造、东征旅游路渡口段路面改造、城区道路改造、农村街巷硬化工程等，全县公路总里程835千米，形成以县城为中心、辐射内外的公路主框架，道路通行能力明显提高。水利建设方面投资1030万元，实施人畜饮水安全工程，解决了136个自然村2.1万人的饮水安全问题。投资4370万元，实施县城河道治理一期项目，防洪减灾能力显著提高，芝河面貌明显改善。投资1500万元，实施阁西垣沿黄提水灌溉项目，为阁西垣发展高效农业奠定了坚实基础。电力通信建设方面投资7000余万元。

（永和县人民政府办公室）

汾西县

【自然概况】 汾西县位于山西省中南部，临汾市北端。总面积880平方千米。辖5个镇3个乡1个社区。2012年总人口14.7万人。

境内地势西北高东南低，属典型的黄土丘陵沟壑区。气候东南温和，西北干燥多风，年平均气温10.1℃，年均降水量482.5毫米，无霜期170天左右。现有耕地2.7万公顷，以种植玉米、小麦、小杂粮为主，核桃经济林、畜牧养殖业发展初具规模。

矿藏资源丰富。煤炭储量达16.6亿吨，铝土矿15亿吨、石膏矿10亿吨、硫铁矿4.8亿吨、铁矿石2.1亿吨。

历史文化悠久。东汉置县，隋开皇三年（公元583年）改为今治。师家沟清代民居依山而建，雄浑古朴，有"晋商文化又一村"之称；姑射山风景区古木参天、奇峰云海，为休闲游乐理想之所。

【经济发展概况】 2012年，全县地区生产总值17.17亿元，比2011年增长7.5%；财政总收入1.73亿元，增长32.1%；一般预算收入1.15亿元，增长29.8%；农林牧渔业总产值4.28亿元，增长9.6%；粮食总产量5.5万吨，增长1.9%；农民人均纯收入2357元，增长12.2%；城镇居民人均可支配收入16901元，增长14.6%；社会消费品零售总额7.74亿元，增长15.8%。

重点工程有效实施。2012年实施31项重点工程，全年完成投资25.6亿元。特别是霍永高速公路、中部引黄工程两大省级重点工程进展顺利。投资1.87亿元的10件利民为民实事全部落实兑现。

招商引资成果丰硕。全县签约9大招商项目，签约资金273.7亿元。其中，总投资36.4亿元的高科耐火材料、硫铁矿酸铁联产、煤矿新矿井建设、石膏加工项目完成立项备案、资源审批等前期工作。投资145.5亿元的铝系工业项目经省发改委备案，进入筹建阶段。

特色农业加速发展。县政府设立肉鸡产业发展专项基金，大力发展"一县一业"肉鸡养殖。按照"五统一、三固定"的模式，引导农民群众建成肉鸡养殖棚265个，年饲养能力达2000万只，产值达5.6亿元。继续加大核桃产业发展和经济林管护扶持力度，新建核桃经济林1066.7公顷，全县核桃经济林面积达到8400公顷。培育40个"一长一园"示范园和40个"一村一品"示范村。实施以工代赈、农业开发等生态坝系项目，新增改善基本农田1000公顷。

（汾西县人民政府办公室）

隰　县

【自然概况】 隰县，古称隰州，地处晋西吕梁山南麓、临汾市西北部，属黄土高原残塬沟壑区。总面积1415.3平方千米。辖8个乡镇、97个行政村、351个自然村。2012年总人口10.5万人。

隰县历史源远流长，文化底蕴深厚，素有"三晋雄邦""河东重镇"之美誉。建城已有2600多年的历史。早在公元前16世纪，就是商朝属下的基方小国。春秋时代曾是晋文公重耳的封地。后汉刘渊曾迁都于此。隋朝废郡置州，始以"隰"命名。民国元年，改为隰县。

隰县是革命老区，著名的红军东征、晋西事变、午城战役等重大革命历史事件均发生在这里。隰县是国家级生态示范区、全国造林百佳县，梨园风光清纯秀美。小西天悬塑艺术精美绝伦。中国梨博园、紫荆山、石马沟、马刨泉等风景区景色宜人。明代大观楼气势非凡。晋西革命纪念馆、毛主席东征路居地吸引着越来越多的游客。

隰县境内资源丰富。仅1000米以下的深层煤储量就达120亿吨，占到全县总面积的80%，目前仍不具备开采条件。

【经济发展概况】 2012年，全县地区生产总值10.11亿元，比2011年增长10.1%；社会消费品零售总额6.56亿元，增长16%；财政总收入1.1亿元，增长57.1%；一般预算收入6435万元，增长50.7%；粮食总产量6.8万吨，增长13.3%；城镇居民人均可支配收入15384元，增长14%；农民人均纯收入3466元，增长65%。

产业效益大幅提升。一产方面，大力发展梨果特色主导产业，新栽玉露香1000公顷，高接换优466.7公顷，全县梨果总面积达2.1万公顷，人均果品收入4000元，梨果产业成为农民群众奔小康的第一主导产业。二产方面，汾西正佳煤业90万吨矿井基建工作基本结束，投产后将成为工业经济和财税收入增长的重要支撑。午城酿酒系列产品倍受消费者青睐。煜佳合冶炼试生产。全县砂场、石料厂、砖厂等企业生产经营行为进一步规范。工业经济在克难攻坚中起死回生。三产方面，成功举办以"梨花雪海·黄金未来"为主题的中国隰县第二届梨花节。小西天和梨博园国家4A级景区申报成功。午城黄土地质公园和地热勘探项目通过省国土资源厅批复。李城、曹城等一批农家乐建成。隰县被评为"山西休闲农业与乡村旅游示范县"。

城乡面貌再换新颜。统筹城乡发展，坚持新区开发与旧城改造并举，建设与管理齐抓，扎实推进"城市建设年"活动，县城"四大纵十一横"的城市框架基本形成。全县城镇化率39.1%，集中供热普及率65%，供水普及率97%，污水处理率81%，垃圾处理率100%，无害化卫生厕所覆盖率74.5%。投资1.3亿元，硬化农村街巷919.8千米；农民文化体育场所、便民连锁店覆盖97个行政村。

民生事业长足发展。新建四中餐厅和5所教师周转宿舍，完成6所幼儿园建设，免除高中生学杂费，义务教育阶段中小学生"爱心营养餐"实现全覆盖。中医院门诊楼封顶，急救中心、城南卫生院建成使用，新农合参合率98%。各类参保人数达9.9万余人次，征缴社会保险费2.03亿元。住房公积金比例提高到6%，兑现补贴788万元。新建保障性住房636套。新增城镇就业人数851人，全县城镇登记失业率控制在4%以内。

（隰县人民政府办公室）

安泽县

【自然概况】 安泽县位于山西省中南部，临汾市东部，太岳山东南麓，处在临汾、晋城、长治三市的中心地带。总面积1967平方千米。辖4个镇3个乡，104个行政村。2012年全县总人口8.3万人。

安泽县历史悠久，是我国古代伟大的思想家、政论家、教育家荀子的故里，中华“千年古县”。是太岳革命老区，刘少奇、朱德、邓小平、薄一波、陈赓等老一辈革命家曾在这里生活、战斗过，现存“太岳军区司令部”“太行行署”、邓小平路居地等革命旧址。

安泽县生态良好，是国家级生态示范区、中国绿色名县、省级森林公园、全省清洁水源地，也是全国首家通过ISO14001国际环境管理体系认证的县。全县森林覆盖率67.2%，居山西省第一位。山西第二大河——沁河，纵贯境内109千米。良好的生态环境、丰富的矿产资源、深厚的文化底蕴，为安泽工农业发展夯实了先天基础。2012年县城空气质量二级以上天数365天，位居全省前列。

【经济发展概况】 2012年，全县地区生产总值51.13亿元，比2011年增长11%；规模以上工业增加值41.3亿元，增长15.9%；固定资产投资30.8亿元，增长37.3%；财政总收入12.01亿元，增长19.8%；一般预算收入4.86亿元，增长41.7%；城镇居民人均可支配收入18348元，增长14.2%；农民人均纯收入5735元，增长9.2%。实施了当年完成投资19.8亿元的60项重点工程项目。与大连傅氏等企业集团建立合作关系，全年签约项目14个，签约资金256.3亿元，发展后劲进一步增强。

产业结构不断优化。 农业方面，实施“双千万”惠农工程，新发展有机玉米666.7公顷、优质核桃1333.3公顷，新增农民专业合作社49个，畜禽规模养殖户达211户，被省农业厅确定为中药材开发“一县一业”基地县，农业产业化进程进一步加快。实施有机玉米产业化、万亩玉米高产创建示范片、中低产田改造等项目，农业综合生产能力不断增强。工业方面，以园区建设为引领，编制完成唐城煤焦化工业园区产业发展规划，总体规划报省经信委待批。安鑫煤业120万吨改扩建项目和阳煤集团登茂通煤矿技改工程，完成年度任务；永鑫120万吨焦化配套12万吨甲醇项目投料试车，增添工业经济新亮点。三产方面，重点完成荀子文化园美化亮化、月亮湾公园等基础建设，加大旅游宣传与推介力度，旅游综合收入稳步增加。

城乡面貌明显改善。 县城建设方面，编制完成县城控制性详规等3个总体规划和城市绿地系统等5个市政专项规划。投资2.9亿元，重点实施垃圾处理厂、还迁安置住宅小区、沁河县城段综合治理等10项城建重点工程。新农村建设方面，着力推进“一廊两道七区”建设，沁河生态经济走廊22个重点推进村的基础设施项目和壮大集体经济项目全部完工。309国道、326省道的44个自然村，完成“三治四改六化”年度任务。7个连片区完成道路硬化、绿化等工作，初步形成板块主导产业。生态建设方面，完成人工造林1667公顷，全面实施省级环境连片整治示范区建设。

社会事业全面进步。 教育方面，实施义务教育标准化验收、冀氏幼儿园等工程，实现了“十二年教育全免费”。卫生方面，投资670万元，全面加强卫生、计生基础设施建设。公开招聘76名医护人员。大力推进县级公立医院体制改革。成功创建全国农村中医药工作先进县、计划生育优质服务县。社会保障方面，新增就业岗位718个，转移农村富余劳动力2156人，进一步提高城乡低保保障标准。

（安泽县人民政府办公室）

运城市

【自然概况】 运城古称“河东”，位于山西省西南部的晋陕豫黄河“金三角”地区。辖1个区2个市10个县5个省级开发区，146个乡镇（办事处）。总面积1.4万平方千米。2012年总人口519.5万人。

运城属暖温带大陆季风气候区，平均海拔350～400米。气候温和，土壤肥沃，光照充足，农业生产条件优越。全市年平均总降水量387.9毫米，日照2039.5小时，气温13.3℃，无霜期205天。

运城矿产资源丰富，原材料工业基础较好。已发现矿种61种，其中，28种列入《国家储量表》，已经开发利用34种。芒硝储量在全国占有重要位置。铜、镁储量位居全省前列。2012年，南风化工集团股份有限公司元明粉产量139万吨，占全国总产量的20%；硫化碱产量5.5万吨，占全国总产量的15%；硫酸钡产量4.1万吨，占全国总产量的15%。

五千年文明看运城。这里是“中华”之源，“华夏”之根。古老的运城盐池，面积132平方千米，已有4000多年的开发历史。这里有天下第一武庙解州关帝庙，东方壁画艺术宝库芮城永乐宫，中华瑰宝唐开元大铁牛，中国四大历史文化名楼鹳雀楼，气势壮观的舜帝陵，《西厢记》故事发生地普救寺等，戏曲、民俗等民间艺术异彩纷呈，绛州鼓乐、稷山高台花鼓敲上了春晚、走进了奥运、跨出了国门。

【经济发展概况】 2012年，全市地区生产总值1068.65亿元，比2011年增长7.8%；农林牧渔业总产值331.6亿元，增长13%；规模以上工业总产值1385.7亿元，规模以上工业增加值344.3亿元，增长6%；固定资产投资826.8亿元，增长24.5%；社会消费品零售总额493.8亿元，增长15.2%；外贸进出口总额10.6亿美元，下降15.2%；财政总收入80.09亿元，下降8.4%；一般预算收入41.54亿元，增长1.8%；城镇居民人均可支配收入19661元，增长13.3%；农民人均纯收入6381元，增长13.5%。

项目建设取得新成绩。2012年，全市落地项目1340个，投资总额2305亿元。新建的36个标志性产业项目完成投资125亿元，其中，8个建成投产。新增规模以上工业企业35户。

工业强市迈出新步伐。2012年，完成工业投资520.8亿元，比2011年增长37.6%，高于全社会固定资产投资增速。第八届银保企洽谈会落实资金532亿元，履约率达96.5%。深入开展“金融下乡、送贷入企”活动。全年本外币各项贷款余额713.4亿元，较年初增长17.9%。启动实施27个传统产业改造升级项目。中铝山西分公司氧化铝改造项目建成投产，海鑫热轧板卷项目、中条山多金属综合捕集项目、新绛煤化循环园、稷山西社工业园等扎实推进。五个产业集群完成增加值164.7亿元，增长14.5%，高于五大传统支柱行业增速8.4个百分点。新认定高新技术企业7家，省级企业技术中心5家。新增中国驰名商标3件，累计达到18件，运城市成为全省唯一国家商标战略实施示范城市。

“三农”工作取得新成效。2012年，农林水事务支出26.2亿元，比2011年增长16.1%。粮食总产量30.42亿千克，增长14.2%，创历史新高。肉、蛋、奶产量分别增长13.5%、10.8%、10.6%。完成“双创”增粮田6.2万公顷。新认定无公害产地5600公顷、“三品一标”50个。新发展农民专业合作社1310个，盐湖、永济、平陆、新绛4个国家级现代农业示范区(基地)建设顺利推进。依托F型杂交小麦研究与应用，山西运城国家农业科技示范园区总体规划及布局全面展开。“一村一品”专业村发展到661个。完成330个重点村“四化四改”“五个一”工程建设任务。年度扶贫开发项目完成，易地扶贫搬迁6430人，贫困人口减少2.1万人。市级以上龙头企业发展到245家。全年农产品加工销售收入172.9亿元，比2011年增长28.7%。“三引六扩、河库成网”项目进展顺利。小浪底引水、尊村引黄、禹门口灌区扩建等工程开工建设，汾河清水复流北赵连接段、西范灌区东扩完成可研批复。农业灌溉面积36.2万公顷，新增有效灌溉1.6万公顷，新增节水灌溉3.2万公顷。新一轮农村电网升级改造全面推进。

特色城镇化有了新进展。2012年，市政公用设施完成投资24.3亿元，城镇化率41.4%。“规划工程建设年”活动深入开展，完成运城市城市总体规划、盐(湖)临(猗)夏(县)城镇群规划、12个县(市)建筑风格规划等38项编制任务。运城机场新航站楼投入使用，通航城市22个，年旅客吞吐量92.4万人次。天逸公园向市民开放。解放南路棚户区综合改造基本完成。各县(市)的污水处理、垃圾处理、园林绿化等一批市政公用设施相继建成并投入使用。扎实开展城建质量提升综合整治活动，大力实施城乡清洁工程，城乡面貌明显改观。

生态环境质量得到新提升。2012年，实施节能技术改造项目117个，节约标准煤106万吨。申报6家资源节约与综合利用示范企业和5个资源综合利用重点项目。在全省率先实现天然气管网全覆盖。全市集中供热普及率、污水处理率和中心城区天然气普及率分别达到62%、83%、91%。造林工程完成3.7万公顷，发展以核桃为主的干果经济林2.1万公顷。全市万元地区生产总值综合能耗下降4.8%，二氧化硫等6项减排指标均超额完成省定任务。中心城市、12个县(市)二级以上优良天数完成省定任务，环境空气质量达到国家二级标准。

民生福祉得到新改善。2012年，全市一般预算支出192.6亿元，比2011年增长16.2%，用于教育、医疗卫生、社会保障和就业支出分别增长21%、12.6%和7.9%。农村新的“五个全覆盖”全面完成。123.5万低收入农户“暖心煤”按时发放。全市城镇职工基本养老保险参保47.7万人，城镇基本医疗保险参保83.6万人。新型农村合作医疗参合率99.6%。城镇登记失业率2%。县乡村三级医疗卫生机构达标率98.4%。城乡低保纳保分别为9.4万人、18万人。城镇新增就业6.8万人。转移农村劳动力11万人。开工建设各类保障性住房1.2万套，竣工7004套(含续建项目)。县乡村三级公共文化服务设施建设任务基本完成。五项文化惠民工程深入人心。食品安全放心城市创建活动扎实推进。新建28所公办幼儿园，学前3年毛入园率82%。完成4个县(市)农村义务教育薄弱学校改造任务。

(李　政)

运城市盐湖区

【自然概况】 盐湖区地处秦晋豫三省交汇的黄河“金三角”地带，是运城市委、市政府所在地，是全市的政治、经济、文化中心。全区辖22个乡镇办、314个行政村，42个社区。2012年总人口68.7万人。总面积1237平方千米。

【经济发展概况】 2012年，全区生产总值162.16亿元，比2011年增长12%；财政总收入20.13亿元，增长7%；一般预算收入6.62亿元，增长3.3%；规模以上工业增加值29.8亿元，增长19.8%；固定资产投资180.1亿元，增长27.4%；社会消费品零售总额157亿元，增长17.3%；外贸进出口总额8906万美元，增长44.8%；城镇居民人均可支配收入19661元，增长13.3%；农民人均纯收入7405元，增长14.5%。

现代农业发展态势良好。2012年，全面建设300平方千米的高标准现代农业示范区，“三纵三横”道路建设基本完成，新发展双季槐和核桃各666.7公顷，现代化大农业的雏形正在形成。发挥农业龙头企业和专业合作社的引领作用，绿港、颐源、迎太、天和源等企业建设步伐加快，带动作用开始显现。大力发展休闲观光农业，林原农业等14个休闲观光农业景点全部开园迎客，被农业部和国家旅游局确定为全国休闲农业与乡村旅游示范区。推动优质农产品认证，已认证黄瓜、西红柿、莲菜、相枣等14个品种，认证面积4.2万公顷。着力打造农产品品牌，路露红苹果、涑水牌韭菜、舜帝牌无公害蔬菜、关公故里水果等品牌农产品在全市乃至全省都有一定的知名度和美誉度。大力实施造林绿化工程，全年投资5000万元，植树500万株，造林2533.3公顷，森林覆盖率增长2个百分点。

工业经济日益壮大。通过园区化承载、集群化发展，引导企业和项目向园区集聚。2012年，盐湖工业园区入驻企业明显增多，以石药银湖为龙头，招引亚宝、航中靶向等医药企业先后入驻，中磁科技、英利特种陶粒等一批项目正在加快建设。城西机电化工园区破土动工，博鸣木业年产35万套木门生产线投产运营，与山西焦煤集团初步达成建设化工园的框架协议。积极鼓励天海泵业、九龙电机等传统企业改造升级，实现规模扩张和转型升级。

服务产业蓬勃发展。聘请泛华集团和北大文化产业研究院，对盐湖文化产业园区进行发展定位和规划，重点发展文化创意、金融商务、会展演艺、现代物流等新型业态，实现文化创意产业的成功破题。园区内，寰烁科技、喜洋洋新能源等项目投产达效，清尚创意产业孵化基地、国际会展中心等项目正在抓紧建设，中央工美附中、欢乐嘉年华等一批项目先后入驻。大力推进金融创新，以盐湖区农村信用联社为平台，创立运城农村商业银行，获得国家银监会批复。大力发展文化旅游产业，成功举办梨花节、桃花节等一系列文化旅游活动，舜帝陵、凤凰谷、九龙山等旅游景点服务功能不断完善，全年接待游客949万人次，带动相关产业收入66亿元。

社会事业全面发展。积极发展文化事业，图书馆、文化馆和13个乡镇综合文化站免费开放。蒲剧现代戏《祝你幸福》被省文化厅授予舞台艺术优秀剧目奖，并在北京、上海成功展演。改扩建冯村中心幼儿园、陶村镇苦池幼儿园2所省级标准化幼儿园，新建北相镇李村、姚孟办南村等7所农村小学附属幼儿园，促进教育均衡发展。城乡环境不断改善，生态文明村连片整治、涑水河河道整治取得阶段性成果。中心城市空气质量二级以上天数超过330天。全区安全生产形势稳定，没有出现重特大安全事故。

人民生活不断改善。全年民生投入累计达到16.79亿元，占到财政总支出的84.9%。全面完成农村新的“五个全覆盖”任务，硬化巷道1640千米，建设便民连锁店322家、农家书屋275个，完成危房改造任务1000户，新建村级文化活动场所80个，中等职业教育免除学费7890人，新型农村社会养老保险参保25.4万人，新农合参合率99%以上。在18个村新建日间照料中心，为70岁以上老人提供一日三餐和文化娱乐活动，让他们老有所养，老有所乐。实施农村无线数字电视网络覆盖工程，新增农村无线数字电视用户4.3万户，解决了30多万农村群众看电视难问题。加快乡村道路建设，新修舜帝陵至报国寺、农业示范园区王范绕村、路家庄村至三路里村35千米道路。

（盐湖区人民政府办公室）

永济市

【自然概况】 永济市地处晋、陕、豫三省交界的黄河“金三角”区域中心。全市总面积1221平方千米。下辖7个镇3个街道办事处，265个行政村，23个社区居委会。2012年总人口45万人。

永济历史悠久，古称蒲坂。上古唐虞时代为虞舜建都之地，是中华民族的发祥地之一。1994年1月撤县设市。

【经济发展概况】 县域经济平稳运行。2012年，全市地区生产总值119.4亿元，比2011年增长13.5%；规模以上工业总产值205.1亿元，增长11.3%；财政总收入6.01亿元，下降5.7%；一般预算收入2.82亿元，增长17%；固定资产投资63.3亿元，增长32.3%；社会消费品零售总额38.63亿元，增长18.3%；城镇居民人均可支配收入19175元，增长15.2%；农民人均纯收入8082元，增长13.5%。

工业项目快速推进。全年共实施重点工业项目10项，宏远化工新能源综合利用一期项目、粟海铝业年产5万吨冷轧板带、德科达粉煤灰制砖、彩佳印染机电设备、汽车变速箱壳体、天兴气体空气分离一期项目、新通源食品加工二期项目、昌兴机械机加中心二期项目、三丰机电配套标准化厂房一期项目等8个项目建成投产。招商引资成效显著，共实施招商引资项目35个，到位资金53.7亿元。特别是广银铝加工园和阳煤千军汽车发动机缸体总成两个项目的落地开工，增强了全市工业经济的发展后劲和活力。

城乡面貌持续改善。十大城乡基础设施重点工程快速推进，涑水街西延拓宽改造、舜帝山森林公园二期绿化、城市质量提升一期、涑水河滨河公园提升、东环路翻新改造及北延、客运中心汽车站二期、城西110千伏变电站等7个项目先后建成竣工。文化中心一期、东外环道路建设、小风线首阳桥危桥改造等3个工程按期向前推进。采取BOT模式融资2.5亿元的城区供热管网改造一期工程竣工投用，有效提高了城区集中供热质量。深入开展“文明创建年”活动，10个方面突出问题得到有效整治，城市环境明显改善，城市品位进一步提升。

“三农”工作再上台阶。完成现代农业产业化园区农产品展览馆主体、粟海大道东延、园区绿化美化亮化等工程建设，园区硬件设施进一步提升。大力实施东北腹地排水、黄灌区末级渠系配套、节水园区等农田水利基础设施项目，新增和改善灌溉面积7266.7公顷。狠抓肉鸡养殖、绿色蔬菜、高效干鲜果、生态林带四大调产工程建设，新建改建标准化鸡舍279栋，新增肉鸡出栏800万只、设施蔬菜265.3公顷、大田蔬菜760公顷、优质芦笋266.7公顷、干鲜果3800公顷、生态林带133.3公顷。全市粮食总产量4.51亿千克，较历史最高年份增加3700万千克，再次荣膺“全国粮食生产先进市”称号。深入推进农民专业合作社标准化建设，农民合作组织达到656个。

第三产业蓬勃发展。神潭大峡谷旅游综合服务区一期工程顺利完工。成功举办首届鹳雀楼诗歌文化节，共面向全球华人征集优秀古、新体诗歌7656首，被授予“中华诗词之乡”“中国诗人之家”称号。召开永济旅游太原推介会，省内客源市场得到全面拓展，2012年共接待游客170万人次，增长30%。商贸流通产业蓬勃发展，西厢商城、蒲津世贸广场、彩虹汽贸二期等重点商贸项目快速推进，建成后可新增商业营业面积12.8万平方米，新增就业岗位1000余个。

社会事业全面进步。“五个全覆盖”完成，硬化农村街巷1764千米，完成168个村便民连锁店建设及巩固提升，新建村级体育设施场地23.9万平方米，新建农家书屋248个，实现中等职业教育全免费，城乡居民社会养老保险参保登记20.7万人，为4.6万60岁以上城乡居民发放养老金1516万元。集中精力实施“十件民生实事”，完成年初既定的各项目标任务。教育教学质量全面提高。基层医疗卫生体制改革深入推进，全市基本药物配送率100%，农民参合率99.9%。就业和社会保障措施有效落实，城镇新增就业9820人，下岗失业人员再就业1652人，就业困难群体就业372人，转移农村劳动力1.9万人。不断加大劳动者维权力度，为663名农民工追讨工资712万元。城乡社会救助体系进一步健全，全年共发放低保金等各项救助资金5014万元，发放各类抚恤补助1149万元。人口出生率和自然增长率控制在预期目标以内，被省政府授予“省级计划生育优质服务先进单位”称号。科技项目开发力度继续加大，共申报完成国家、省、市项目25项。加强环保治理，全年二级以上天数343天。安全专项整治扎实推进，全年没有发生一起重特大事故。创新社会管理，狠抓矛盾排查，全力化解信访积案。严厉打击各类违法犯罪活动，特别是在全省县级首家实现视频监控市域“全覆盖”，刑事、治安案件连续12个月“双下降”，为经济建设创造了和谐稳定的发展环境。

（永济市人民政府办公室）

永济五老峰秋景

河津市

【自然概况】 河津市位于山西省西南部，黄河、汾河交汇处。总面积593平方千米。全市共辖2个镇5个乡、2个街道办事处、148个行政村。2012年总人口40万人。

【经济发展概况】 2012年，全市地区生产总值184.67亿元，规模以上工业增加值85.1亿元，财政总收入12.22亿元，一般预算收入6.26亿元，固定资产投资97.7亿元，社会消费品零售总额61.21亿元，城镇居民人均可支配收入19176元，农民人均纯收入8625元。

积极启动项目建设。2012年，全市申报项目174个，批复61个。争取上级资金1.6亿元。全年20项工业重点项目，中铝50万吨氧化铝挖潜改造、阳光120万吨焦化产能整合、王家岭煤矿矿井建设、华鑫源高炉技改、博翔2万吨隔热断桥型材等项目建成投产。宏达1380立方米高炉建设、康庄15万吨冷轧板、远东5万吨薄水铝石、龙门150万吨水泥、海圣物流、津华原料药等项目顺利推进。

“三农”工作推进有力。累计投资1.5亿元，连续3年实施小型农田水利重点县、农业综合开发、土地整理等项目，改善和新增灌溉面积1.7万公顷，改造中低产田1866.7公顷，整理改良土地1066.7公顷，被省政府授予“农田水利基本建设红旗县”称号。投资1100万元发展干果经济林2066.7公顷。投资2亿元完成街巷硬化980千米。实施小梁新农村连片示范区建设，启动北原、北午芹、清涧等新农村住宅楼建设，新建楼宇式住宅35栋。财政拨出100万元，补贴农村公用电费，推进农村亮化工程。

基础设施投资力度加大。2012年，共确定30项基础建设重点工程，馨苑经济适用房一期、城市垃圾处理场、汾河坝治理、209国道西卫段改造、高禖庙旅游路、石庙梁输变电等工程相继建成。市医院、九龙大街、城市客运站、城乡集中供水、台头庙休闲广场、10家单位业务用房等工程正在加紧施工。开展四城联创，更换街道隔离栏杆1.8万余米，划定标线1.8万平方米，新增停车位1000个，亮化美化单位60个，新增绿化面积20万平方米。

加快招商引资工作。鼓励煤矿企业转型转产，支持达康与宝钢、晋都与西航、博翔与西飞进行战略合作，加快迪宝酒店、金港龙湾二期、龙福家园等项目建设。组织企业家到广东佛山、江苏宜兴、江西景德镇等地参观考察，帮助企业家选项目、上项目。全年共引进项目30个，到位资金59.2亿元，招商引资工作名列运城第一。

惠民工程继续推进。完成下化、樊村、城区等7所乡镇中心幼儿园建设，建成23所特色小学。全市乡级公办医疗机构和村级卫生室全部实行药品零差率销售，药品价格平均下降25%以上。提高新农合补贴标准，对20种大病按住院费70%报销，全年共报销8150万元。发放城乡低保2480万元。

（谭睿佳）

临猗县

【自然概况】 临猗县位于山西省西南部，运城盆地北沿。西临黄河，东望太岳，北屏峨嵋岭，南面中条山。全县总面积1339平方千米，耕地面积10万公顷。2012年总人口57.9万人。辖9个镇5个乡2个区，375个行政村。

【经济发展概况】 2012年，全县地区生产总值108.03亿元，比2011年增长11.8%；固定资产投资60.3亿元，增长24.1%；财政总收入3.81亿元，增长8%；一般预算收入1.86亿元，增长34%；外贸进出口总额1.1亿美元，增长30.8%；社会消费品零售总额41.98亿元，增长31.3%；城镇居民人均可支配收入18288元，增长14%；农民人均纯收入7785元，增长14.2%。

项目建设收获新硕果。2012年，全县共签约项目124个，落地项目118个，新开工项目83个。其中，重点落地项目41个，落地金额121.8亿元。省、市、县重点工程43项，完成投资54.85亿元。

新型工业化迈出新步伐。通过展会招商、园区招商、人脉招商等方式，引进项目32个，签约金额232亿元，到位资金44.8亿元。全年新建20个工业重点项目，规划投资130亿元，9个项目已完工，11个项目正在加快推进，全部投产达效后年可新增产值282亿元，新增利税42亿元，投资额度之大、新建项目之多为近年来少有。临猗工业园区整合规划基本完成，新开工的12个项目进展顺利，被列为省级新型工业化示范基地；楚侯高科技工业园区展厅建成并对外开放，园区主干道已建成，天然气已接通，供水工程已规划，110千伏变电站已上报待批，基础设施推进有力，吸引了一批项目落户园区，签约10个，落地5个，开工3个。全年新增4家规模企业。新增1个中国驰名商标，2个工业类省著名商标，驰名商标、著名商标数量在省、市均保持领先地位。新增1家国家级高新技术企业，3家省级企业技术中心。

现代农业再创新局面。实施果树“二次革命”及枣业二次振兴工程，苹果间伐面积2600公顷，枣树大棚发展到1000公顷。苹果年产17.1亿千克，产值45亿元；枣业年产2.5亿千克，产值8.2亿元。全县粮食总产量3.11亿千克，增长11%。棉花总产量1800万千克。新增41个“一村一品”专业村，被表彰为全省“一县一业”先进县。通过国家级果品出口安全示范区和国家良好农业规范(GAP)认证。在北京成功举办临猗名优苹果展示推介会，在大中城市设立直销窗口，临猗苹果成为省农业厅首推苹果。市级以上龙头企业发展到16家，农业产业化综合工作在全市排名第一。荣获全国农田水利建设先进县和全省农田水利建设“禹王杯”奖。投资1.3亿元，实施七大造林工程，被省政府表彰为全省林业生态县。

城乡面貌焕发新气象。南城建设全面启动，被确定为全省城镇化和城市扩容提质十大工程中新区示范工程的标杆项目。东环路改造、北环路东延竣工通车，峨嵋公园二期顺利建成，吉祥小区棚户区改造全面启动，双塔南北路街景整治效果明显，投资1365万元对209国道实施亮化。临晋镇被列为全省百镇建设示范镇，被评为国家级生态镇，临晋镇许庄被评为国家级生态村。实施“北景—阎家庄新农村建设连片示范区”建设工程，精心打造“三个循环”内12个新农村建设样板村，被表彰为全省新农村建设先进县。

民生得到新改善。完成经济适用房续建500套，新开工建设406套，开工率116%，在全市保持领先。县医院综合楼投入使用。县直二园迁建工程破土动工。集中供热工程进展顺利。完成15千米县级道路改造。大西高铁进展顺利，河运、闻合两条高速公路建成通车。全县6.9万名60周岁以上城乡居民享受到每人每月55元的基础养老金。新农合为116.9万人次报销补偿1.3亿元。认真执行“两免一补”政策，为义务教育阶段学生发放免费教科书，为8.9万人次免除学杂费，为2.9万名困难学生发放资助金1453万元。大力实施城乡低保提标扩面工作，为3.1万名城乡低保对象发放低保金4799万元。认真落实家电下乡财政补贴政策，兑现资金2930万元。

社会事业取得新进展。教育系统争取2784万元，用于中小学校舍改造以及增设农村幼儿园。公开招聘140名年轻教师，充实到教育一线。全县教学基础条件得到改善，教育质量持续攀升，适龄幼儿学前3年入园率97.2%，初中3年保留率100%。傅作义故居完成修复并对外开放。临晋县衙主体修复已完工。大型现代眉户剧《守望》在全市巡回演出，并入选全省迎接“十八大”调演的精品剧目。八集眉户电视连续剧《峨嵋岭》拍摄完成。荣获中国楹联文化县称号。

（王晓锋　祁艳妮）

芮城县

【自然概况】 芮城县地处晋、秦、豫三省交界的黄河中游“金三角”地带，素有“鸡鸣一声听三省”之美誉。北隔中条山与永济市、盐湖区毗邻，东与平陆县接壤，西南隔黄河与陕西省大荔县、潼关县、河南省灵宝市相望。全县辖7个镇3个乡，172个建制村，714个自然村，1个城镇居民管理委员会，6个社区。2012年全县总人口39.9万人。

境内北高南低，东西狭长，阶梯分布，一面阳坡。总面积1178平方千米。

芮城属暖温带大陆性季风气候，四季分明，气候温和，光照充足。

年平均气温12.8℃,无霜期250天左右,年降水量513毫米。

【经济发展概况】 2012年,全县地区生产总值66.85亿元,比2011年增长13.4%;财政总收入2.71亿元,下降1.1%;一般预算收入1.43亿元,增长34.9%;固定资产投资40.3亿元,增长27%;社会消费品零售总额21.12亿元,增长30.9%;城镇居民人均可支配收入18840元,增长14.1%;农民人均纯收入6809元,增长13.4%;外贸进出口总额902万美元,增长19.2%。

工业发展势头强劲。2012年,共实施工业项目14个,其中,新开工项目10个、在建项目4个,年内完成投资12亿元。工业产业聚集区新入驻企业5家,企业总数达到22家。新泰纳米、圣奥化工2家公司由中小企业进入规模以上企业行列,全县规模以上工业企业增至18家。骨干企业大唐电厂上缴税金7671万元(净增6032万元),亚宝集团和亚宝经销公司上缴税金1亿元,2家企业对财政的贡献高达42.8%,为全县经济平稳增长提供了有力支撑。全县规模以上工业企业总产值40亿元,比2011年增长22.2%;上缴税金1.7亿元,增长22%。

"三农"工作扎实开展。2012年,苹果提质增效、设施蔬菜和干果经济林三大富民工程成果喜人,建成现代苹果核心示范园10公顷、标准化示范园133.3公顷,改造中低产果园1333.3公顷,新增果园1333.3公顷,认证无公害苹果面积2.3万公顷。新增设施农业250.2公顷,全县设施农业总面积826.7公顷。发展干果经济林1666.7公顷。建成"一村一品"专业村20个,全县"一村一品"专业村达到54个。实施小农水重点县建设和五大引黄灌区节水续建及泵站改造工程,恢复改善和新增灌溉面积9000公顷。全县粮食总产量3.15亿千克,比2011年增长12.5%,再次荣获"全国产粮大县"称号。新启动新农村建设重点推进村22个,全县新农村建设试点村和重点推进村达到135个,占建制村总数的78.5%。

招商引资成效显著。2012年,进一步完善招商引资相关政策和实施方案,制定出台《芮城县招商引资工作规范》《关于对招商引资项目服务环境实行跟踪监督的管理办法》和《芮城县推进工业强县行动方案》,对13家重点企业挂牌实行封闭式管理,进一步优化企业发展环境,被省国资委、财政厅、科技厅等16家单位评为"山西2012年度投资环境创优县(区)"。全年共新引进项目14个,开工建设13个,招商引资到位资金22.09亿元。共实施重点项目60个,年底建成完工45个,其余跨年度项目都在有序推进,共完成投资41.5亿元。投资10.5亿元的标志性产业项目现代国际物流商贸城项目开工建设,完成投资1亿元。全年重点项目落地指标完成178亿元,完成率全市第一。

生态创建稳步推进。2012年,共栽植各种苗木340余万株,完成造林面积1466.7公顷,林木覆盖率由2011年的39.9%提高到41.1%。实施阳城、古魏两个片区15个村的农村环境连片综合整治,建立乡镇所在地生活垃圾"集中收集,统一转运"长效管理机制,进一步改善乡村环境卫生面貌。天然气主管道与大管网连接,县城新增天然气用户5000户,改造燃煤锅炉10余个。县域空气质量进一步提升,全年二级以上天数365天,一级天数125天。全县共申报国家级生态乡镇5个(古魏、大王、阳城、陌南、南卫)、国家级生态村2个(刘原、太安),建成省级生态乡镇8个、省级生态村13个、省市级绿色学校7所。在国家级生态文明县的创建上迈了一大步。

文化旅游魅力初显。2012年,成功举办中国(芮城)永乐宫第五届国际书画艺术节。芮城青年蒲剧团编排演出的大型蒲剧现代戏《生命》,在第二届全国戏剧文化奖优秀剧目调演中一举获得8大类16个奖项。总投资12.27亿元的百梯山、九峰山、圣天湖、水峪四大景区开发项目均全面开工建设。按照整合资源、突出特色、适度开发、分步推进的思路,编制完成《芮城县文化旅游总体规划(2012~2020年)》,对全县文化旅游资源进行了详细分析和全面规划,确立了"一带两区七景"的旅游产业发展格局和"黄河第一游,永乐道芮城"文化旅游品牌。

基础建设亮点纷呈。全年硬化农村街巷979千米,实现了农村街巷硬化全覆盖;新建、改造县乡公路100.7千米,完成自然村通公路39.8千米,全县公路通车总里程1453千米,公路密度123.3千米/百平方千米,居全市前列。

民计民生持续改善。城镇新增就业9331人,城镇登记失业率控制在1.2%,低于省市控制指标2.8个百分点。建成廉租房40套、经济适用房200套、公共租赁房60套,改造城市棚户区100户、林区棚户区18户、农村贫困户危房800户。新农合参合率99.7%,新型农村养老保险和城镇居民养老保险工作被省政府授予"先进县"称号,农村和城镇低保覆盖面进一步扩展。募集资金450余万元,成立县慈善总会。2012年,县财政用于民生事业支出10.5亿元,占全县财政总支出的72.8%。

(马彦军)

万荣县

【自然概况】 万荣县位于山西省西南部,运城市西北部,黄河东岸。全县总面积1081.5平方千米,其中,耕地面积6.8万公顷。2012年总人口44.4万人。下辖10个乡4个镇,281个行政村。

境内地势东高西低,为峨嵋岭台地西部组成部分。属暖温带季风型半湿润气候,年均气温11.9℃,年降水量550毫米。

【经济发展概况】 2012年,全县地区生产总值51.64亿元,比2011年增长13%;固定资产投资43.3亿元,增长23%;粮食总产量1.78亿千克,增长25.4%;工业总产值35.4亿元,增长26%;规模以上工业增加值9.8亿元,增长32%;社会消费品零售总额20.79亿元,增长21.8%;外贸进出口总额1714万美元,增长22%;财政总收入2.45亿元,下降14%;一般预算收入9408万元,下降8.2%；城镇居民人均可支配收入16328元，增长15.1%；农民人均纯收入5597元，增长14%。

农村经济充满活力。苹果生产提档升级。完成果树大间伐1253.3公顷，树形大改造6666.7公顷，套高档纸袋18亿枚，改良品种211.4公顷，新建4个精品苹果示范园区。全县苹果总产量6.26亿千克，优质果率40%。万荣文化果荣获第十届中国国际农产品交易会“畅销产品奖”。华荣公司1600吨苹果出口澳大利亚，进入国际高端市场。特色农业不断壮大。裴庄、光华等沿河乡镇新发展滩涂水产养殖666.7公顷，西村、汉薛、皇甫等沿山乡镇新栽植核桃、双季槐2666.7公顷，万泉新发展露地西红柿333.3公顷。全县新增规模养殖场36个，新增“一村一品”专业村31个，南景村成为全国“一村一品”示范村。启动有机农产品认证工作，认证有机小麦60公顷。农业生产条件改善。高标准建成北赵引黄末级渠系177千米，新增灌溉面积4333.3公顷，西范灌区恢复灌溉面积4666.7公顷，全县农田有效灌溉面积2.8万公顷，被省政府授予“全省农田水利基本建设红旗县”称号；县东集中供水工程顺利完工，张王水库除险加固完成；全县中低产田改造666.7公顷，水土保持治理1066.7公顷；农机化服务水平大幅提升，被评为“全省农机化生产先进县”；土地整理工作有序推进，被确定为“全国高标准基本农田项目建设示范县”。认真落实各项支农惠农政策。全年发放各类补贴1.63亿元，转移农村劳动力1.1万人，扶贫开发整村推进项目惠及4613人，皇甫、汉薛12个村的新农村集中连片示范区建设全面启动。

工业经济逆势增长。大力实施“工业强县”战略，对22家规模以上企业定点帮扶，定期调研，定向解难，全年共帮助企业融资2.4亿元。医药行业稳步提升，华康公司拳头产品大山楂丸供不应求，朗致集团万荣药业改扩建项目进展顺利，万辉药业产值突破亿元大关。农副产品加工行业产销两旺。汇源公司新建4条生产线，瓶胚瓶盖产品80%销往加多宝公司；汇源和中鲁的果汁生产期延长1个多月，产值销售比2011年增长60%以上。防水建材行业加速整合，关停取缔手续不健全的速凝剂企业9家，黄腾、凯迪被确定为国家高新技术企业，金盾苑建材、恒泰伟业、康瑞化工入驻荣河建材园。新型材料行业快速发展，中磁科技“新金属材料国家重点实验室联合研究中心”挂牌成立，与德国西门子公司签订的1亿元供货合同全部兑现。联丰公司800吨螯合树脂生产线建成投产。世纪阳光石油添加剂项目即将建成。2012年全县新增规模以上企业4家，产值上亿元企业11家，税金上千万元企业5家，工业对财政的支撑作用进一步增强。

第三产业快速发展。旅游景区逐步完善，对东岳庙景区和万泉文庙进行修缮，增加孤峰山和后土祠景区的配套设施。李家庄园建成运营，李家大院被评为山西省十大最具影响力景区。规划打造有机农业观光带，开通“万荣旅游网站”。全年六大景区共接待游客121万人次，门票收入1217万元。文化事业蓬勃发展，电视剧《李家大院》拍摄过半，《快乐的万家村》在山西卫视贺岁热播，电影《陇南往事》在万荣县合作拍摄，南景花鼓、软槌锣鼓等一批优秀文艺节目先后8次亮相央视舞台，成功举办北京水墨行动走进万荣、特色产品太原推介会等主题活动，万荣笑话剧在太原、运城举行专场演出，笑话剧《麦田风波》登上2013年中国民间春晚。2012年新增市级非物质文化遗产4个。

（万荣县人民政府办公室）

新绛县

【自然概况】 新绛古称绛州，位于山西省西南部，运城市北端。全县总面积593平方千米。辖8个镇1个乡1个区，220个行政村。2012年总人口33.7万人。享有7个国家级招牌——国家级历史文化名城、全国文化先进县、全国无公害蔬菜生产基地县、全国食品安全示范县、中国鼓乐之都、中国澄泥砚之都、中国民间艺术之乡。

【经济发展概况】 2012年，全县地区生产总值63.48亿元，比2011年增长13.6%；财政总收入5.01亿元，增长15.1%；一般预算收入1.82亿元，增长24.7%；固定资产投资47亿元，增长27.8%；规模以上工业增加值28.9亿元，增长22.3%；社会消费品零售总额28.18亿元，增长22.7%；城镇居民人均可支配收入17946元，增长14.2%；农民人均纯收入6991元，增长13.4%。

项目建设成效显著。全年实施重点项目29项，完成投资49.9亿元，项目落地金额122亿元。丰喜华瑞焦炉煤气综合利用改造、雨润集团年屠宰200万头生猪等一批项目全面建成并投入运行。标志性产业项目——高义钢铁投资29亿元的2×1380立方米炼铁高炉完成主体工程。新增鑫建管业、天祥机械、天利塑料、恒德化工等4家规模以上企业。招商引资到位资金36.6亿元，县域经济发展后劲和活力进一步增强。

现代农业大步跨越。大力推进“一村一品”，农业增收潜力持续释放。新发展设施蔬菜666.7公顷，生物技术推广面积不断扩大，蔬菜年产销量14.2亿千克，农民人均蔬菜收入4614元。全县省级“一村一品”专业村42个，蔬菜专业合作社发展到121家。与市农委共同举办第二届新绛“一村一品”展示交流会，七大展区各具特色、1200个展位琳琅满目，展示产品2000多种，吸引外地客商200多家，现场交易额超过1亿元，签约投资贸易项目18个。

城乡建设统筹推进。强力实施“大县城扩容提质”战略，不断提升综合承载能力。新城建设方面，完成旅游路、荀子路建设工程，实施主干道路绿化、亮化、美化和凤凰岭生态森林公园建设工程，完成新绛中学新校区、新城区人民医院住院楼建设。国土、计生、环保等单位工程全面竣工，丽华苑、龙盛华庭等住宅小区累计建成封顶50万平方米。老城保护方面，完成城壕路护崖、绿化及工业路、正平街主体改造，新建文庙菜市场，新绛中学整体搬迁，新绛二中和西街学校搬迁正在有序推进。统筹城乡发展，新苏线小聂——北苏村公路改造、新乡路小聂——华灵庙山区公路改造等一批工程竣工通车。

服务产业蓬勃发展。编制完成《推进文化强县实施方案》，积极筹划绛州文化园和绛州鼓乐艺术培训中心建设，澄泥砚文化园一期工程主体基本完工，启动实施李毓秀故居修复工程，全面实施"三楼大堂"景区二期工程，城隍庙二期复建工程顺利竣工，常家胡同基础设施改造及传统古民居修缮工程开工建设。加快精品旅游连接线开发，完成14千米旅游公路建设。物流产业日益壮大，全县上规模的运输企业发展到11家，运输行业纳税3400万元，增长21.5%。

社会事业全面推进。加快县人民医院迁建和乡镇卫生院建设步伐，新建、改建星级卫生室163个，被评为"全国中医药工作先进县"。城镇新增就业6920人，转移农村劳动力1.3万人，农村养老保险、企业养老保险、城镇基本医疗保险等覆盖面扩大，全县参保人数30余万人。"五个全覆盖"工程顺利完成，8万余吨低收入农户"暖心煤"供暖前保质足量发放到位，县体育场(馆)、残疾人康复中心等民生重点工程顺利完工。

（王　磊）

稷 山 县

【自然概况】 稷山县位于运城市北端。总面积686平方千米。下辖5个镇、2个乡及1个社区办，200个行政村。2012年总人口35.2万人。

稷山历史悠久。中国农业始祖五谷之神后稷生于稷山，并在此教民稼穑，数千年农耕文明先河在这里开启。作为中华民族的发祥地之一，境内有全国最大祭祀后稷的稷王庙、稷王山。稷山春秋属晋、战国属魏，北魏太和十一年(公元487年)设置高凉县，公元598年改称稷山县至今。

【经济发展概况】 2012年，全县地区生产总值63.75亿元，比2011年增长13.7%；财政总收入3.77亿元，下降20%；一般预算收入1.49亿元，下降14.4%；固定资产投资43.4亿元，增长23.3%；城镇居民人均可支配收入17125元，增长14.4%；农民人均纯收入6709元，增长13.5%；社会消费品零售总额18.87亿元，增长22.5%。

工业强县导向明晰，产业布局结构合理。兴稷大道、振西大街建成通车，供水管网完成2.5千米，两座变电站完成增容改造，污水处理和绿化亮化完成招投标，居民搬迁完成规划设计。高新园区支干路开始启动，晋龙科技研发中心开工建设。翟店印刷包装园区和高新技术园区水、电、路等基础设施建设全面铺开。一批低碳、循环、节能、技改项目成功入驻，三大园区成为承接产业转移、项目落地的投资洼地。永祥公司130万吨焦化一期、永恒工贸100万吨轧材一期、阳煤丰喜氨醇系统优化及6万吨合成氨、东方公司370立方米锰铁高炉、3万吨镁合金等项目建成投产，秦晋电力生物质发电等年初确定的工业项目全部如期建设。招商引资注入新活力，引进吴江元盛铸造公司10万吨精密铸造等项目。

现代农业基础稳固，新农村建设向前推进。特色农业高效发展，2012年粮食总产量2.24亿千克，实现"十连增"。板枣面积新增1666.7公顷，总产量4500万千克，创历史最好收成。蛋鸡养殖标准化规模化发展，10万只以上的养殖小区新增10家，蛋鸡存栏850万只，稳居全省第一。兴水战略惠及百姓，完成马家巷提水、汾南灌区建设渠系配套、禹门口末级渠系配套等水利工程，新增水地800公顷，稷山县再次被列为第四批全国小型农田水利重点县。惠农政策全面落实，发放粮食直补等惠农资金6487万元，争取国家农业投资8020万元，完成化峪基本农田整理、稷峰农业综合开发治理等强农富民工程。农村基础设施建设6个全覆盖任务全部完成，中央农村环境连片整治项目试点实施，新农村片区建设初见成效。"一村一品"主导产业初步形成，新涌现出核桃、药材、双季槐、灯笼编制等38个专业村、8个新农村高标准片区。

"双宜"县城形质趋好，城乡面貌有新变化。实施"大县城"发展战略，县城"东延北扩"步伐加快，"四馆一中心"、天然气调控中心、晋华家园、公安大楼、精神病院、明鑫苑二期等现代办公住宅项目矗立新区，兴稷大道将县城和西社连为一体，拉近了县城和西社的空间距离。加快城镇一体化建设步伐，启动实施富强街、垃圾处理厂、汾河公园一期、城中村改造、稷峰街街景容貌示范一条街整治等"十大工程"，城镇化进程不断加快，城镇化率33%。创建卫生县城，城乡环境卫生综合整治深入开展，50个环境卫生整治重点村成效明显，城乡居民文明卫生习惯和卫生面貌有了质的变化。创建全省百强镇，翟店、西社按照全省百强镇标准加快建设，投资3亿多元，实施镇区道路、污水处理、商业街、居民小区等工程建设，镇区面貌日新月异。创建生态之城，生态造林1866.7公顷，森林覆盖率达22.3%；县城植树43.4万株，绿化覆盖率达35%。打造便捷出行环境，农村街巷道硬化1699千米，农村公路改造70千米。

社会事业稳步发展，人民生活不断改善。2012年，县财政用于与民生相关的投入7.5亿元，增长20%，占总支出的67%。社会保障全面加强，城乡居民养老和医疗保险实现全覆盖，3.8万名60岁以上的老人领到养老金，1.8万名城乡低保和"五保"供养对象实现应保尽保，9.7万低收入农户享受到每户1吨免费取暖煤，1.1万名干部职工月均增资300元，534套保障性住房全面竣工，26个村2.6万人畜饮水安全问题得到解决。医改成果惠及百姓，财政补贴药品差价400余万元，实现了药品"零差价"销售，药品价格平均下降20%，稷山县被确定为全国公立医院改革试点县，被评为"全国农村中医药工作先进县"。就业渠道不断拓宽，全年城镇新增就业5385人，转移农村劳动力8801人，补贴就业困难大学生367人，公开招聘公务员和事业单位工作人员50人。

（赵景龙）

闻 喜 县

【自然概况】 闻喜古称桐乡，春秋时属晋国曲沃，曾为晋国之都。秦设郡县，名为“左邑”。西汉元鼎六年(公元前111年)，汉武帝刘彻巡幸缑氏(今河南偃师)途经左邑桐乡，欣闻平南越大捷而喜，御赐县名“闻喜”。

闻喜县位于山西省南部、运城市北端。全县共辖7个镇6个乡、343个行政村。总面积1167平方千米。2012年总人口40.9万人。

闻喜县地形地貌多样，山、川、沟、岭、垣形态俱全。河谷盆地占总面积的20.5%，丘陵、塬地、山地占总面积的79.5%。

【经济发展概况】 2012年，全县地区生产总值94.7亿元，规模以上工业增加值45亿元，财政总收入5.15亿元，一般预算收入2.19亿元，全社会固定资产投资73.2亿元，社会消费品零售总额28.15亿元，城镇居民人均可支配收入18390元，农民人均纯收入5934元。

工业强县迈出新步伐。企业规模不断壮大，全县规模以上企业资产总值230亿元，比2011年增长7%。传统产业升级加快，海鑫板卷项目完成设备安装，玻璃行业新建全自动生产线两条，银光建成世界第一条镁合金汽车轮毂生产线，被列为全省首批铝镁合金外贸转型升级示范基地。科技创新扎实推进，新增国家级高新技术企业1家、省级企业技术中心1家，申报专利70件。项目建设成效显著，银光轮毂一期、金阳光蓄电池一期等项目顺利完工，森特二期、塑料容器等项目正加紧实施，丰喜复合肥等一批重点储备项目的洽谈引进取得初步成效。

农村发展又有新气象。2012年，粮食生产喜获丰收，总产量达到2.64亿千克，增幅全市第一，小麦单产、总产均创历史新高。农业结构不断优化，新增蔬菜400公顷、设施蔬菜206.7公顷、中药材1066.7公顷，林木种苗发展到1666.7公顷，干果经济林发展到3733.3公顷，规模养殖场发展到125个。产业化水平不断提升，农民专业合作社483个，农副产品加工企业139家。新农村建设扎实推进，新“五个全覆盖”全面告捷，东侯新农村连片示范区建设启动实施，23个省级重点推进村“四化四改”和“五个一工程”建设任务全面完成。

基础设施发生新改观。城区建设上，完成桃园路拓宽等一批重点工程，启动实施兴闻街绿化和开发等工程建设，城市综合承载能力进一步增强。交通建设上，实施完成县乡道路建设200千米、街巷道硬化1793千米，乡与乡、村与村形成循环圈。电力建设上，农网改造升级全面完成，城网实现“手拉手”，电网供电能力和稳定水平进一步提高。水利建设上，小浪底引黄工程奠基开工，白土河防洪应急等工程启动实施，北垣集中供水等工程建成运行，解决农村饮水安全2万余人。

民生改善实现新进展。大力实施惠民工程，“十件实事”全面推进，扶贫解困成效明显，一些民生难题正在逐步破解。加快发展社会事业，城镇新增就业8756人，转移农村劳动力1.8万人；7所农村寄宿制小学和3所县城学校相继投入使用，高考两大类达线创历史新高；县乡村三级医疗卫生机构达标率98.8%，新农合参保率99.95%；被评为省级药品安全示范县和餐饮服务食品安全示范县。健全社会保障体系，养老、医疗、失业等社会保险综合覆盖率95%，新农保参保22万人。

(李双泰)

夏 县

【自然概况】 夏县位于运城中偏东南部，南接平陆，北临闻喜、垣曲，西连盐湖，东隔黄河与河南渑池县相望。总面积1352.6平方千米。辖6个镇5个乡，257个行政村。2012年总人口35.7万人。

境内山川相连，林茂粮丰，自然风光秀美，生态植被良好，人文景点众多。地形概貌“七山二川一丘陵”。东西长、南北窄，东面高、西面低、中间平。地处暖温带，平均海拔510～560米，属大陆性半湿润季风气候，年平均气温12.9℃，年降雨量400～700毫米，年日照时间2218小时，无霜期208天。

【经济发展概况】 2012年，全县地区生产总值35.71亿元，比2011年增长11.8%；财政总收入1.69亿元，增长7.6%；一般预算收入8105万元，增长6%；粮食总产量2.59亿千克，增长10.2%；工业总产值15.1亿元，增长11.9%；社会消费品零售总额17.48亿元，增长22.3%；城镇居民人均可支配收入16863元，增长15%；农民人均纯收入4692元，增长13.4%。

工业发展态势良好。大力实施工业强县战略，制定出台《工业强县行动方案》。安瑞风机与山西焦煤集团进行战略合作。进一步理顺水头工业园区管理机制，完善园区基础设施，新入驻企业2家。2012年，全县工业销售收入16.1亿元，比2011年增长13.3%，产销率94.3%。

“三农”工作成效明显。2012年，全县粮食总产量创历史新高，被评为“山西省小麦生产先进县”。出台贷款贴息、以奖代补等优惠政策，扶持发展蔬菜产业，新增设施蔬菜466.7公顷。创建蔬菜、水果等“一村一品”示范村和推进村50个，其中，列入省级示范村和重点推进村45个。全县农产品加工龙头企业销售收入4.2亿元，增长32.9%。发展番茄、香葱、辣椒、葡萄等农产品生产基地3333.3公顷。整合项目资金1000余万元，积极推进新农村连片示范区建设。不断规范合作组织，培育省级示范合作社6家，市级示范社5家，县级示范社23家。

城镇化建设步伐加快。修编城市发展战略规划，完成建成区控制性详细规划、县城绿地系统和道路系统专项规划，完成5个乡镇总体规划和县域村镇体系规划、裴庙地区一体化发展规划。康杰路新建工程主体完工，白沙河中大桥工程正在实施，环城道路骨架基本形成。深入开展城建质量提升综合整治工作，形成规范有效的常态化管理机制。

*生态建设提档升级。*全年完成造林工程3733.3公顷，森林覆盖率增加2个百分点，达到44.6%，被评为“全省集体林权制度改革先进县”。新发展核桃、红枣等经济林2666.7公顷。完成209国道裴介至空港段、水头经胡张至南大里15千米道路的环境整治和绿化，完成20个园林村的提档升级工程，实施荒山造林和封山育林1000公顷。对落后产能企业进行关停淘汰，对重点领域、重点行业进行综合治理，县城空气质量二级以上天数350天。

*文化旅游产业势头强劲。*大力实施文化强县战略，宇达集团、东升彩印等一批文化企业快速发展、势头良好。完成唐回漂流码头扩建、架桑漂流改造提升、晋平漂流护河坝修建、神奇洞水上乐园建设等工程。漂流景点和司马温公祠、堆云洞、瑶台山景区强强组合，提升市场占有率。全年接待游客92.6万人次，旅游总收入6.4亿元，比2011年增长31%。

*社会事业全面发展。*如期完成农村新的“五个全覆盖”工程，硬化农村街巷1080千米，建成农村便民连锁店97个、农村书屋193个，中等职业教育免费招生1552人，新型农村养老保险参保20.2万人。完成廉租住房102套、经济适用房511套、解决农村住房困难500户。投资3000余万元实施中小学宿舍餐厅、幼儿园改扩建等工程。申报各类专利24项，省级民营科技企业发展到11家，科技合作社15家。新农合覆盖面进一步扩大，参合率达99%。成建制输出劳务9838人，全县新增就业6256人，城镇登记失业率控制在1.2%。城乡低保对象补助标准每人每月分别提高到220元、110元。完成302户1200人移民建房主体工程。贫困人口减少3800人。

（梁栋峰）

绛　县

【自然概况】 绛县位于山西省南部、运城市东北端，同侯马市及晋东南地区紧邻。辖8个镇2个乡205个行政村。2012年总人口28.5万人。总面积994平方千米。

绛县自然生态环境良好，全县林木覆盖率达31%，超过全国平均水平，大气质量达国家一级标准。水资源丰富，水质优良，富含矿物质。林果、动物等生物及金、银、铜、铁、花岗岩等矿产资源丰富。

绛县历史悠久，是尧之故乡，晋之故都，西汉大将周勃之封地。公元前541年晋平公设置绛县，使绛县成为古代中国的第一个“县”，号称“天下第一县”。

绛县文物资源丰富，现有国家一级文物保护单位太阴寺，省级文物保护单位晋文公墓、晋灵公墓、晋献公墓等，新发掘的横水西周古墓群以揭开古倗国地理谜团而获得2项国家级大奖。绛县还是龙舞文化的发祥地之一，绛县飞龙获得国家专利，曾参加过十一届亚运会开幕式和香港回归庆典，先后出访过日本、马来西亚等国。

【经济发展概况】 2012年，全县地区生产总值52.14亿元，比2011年增长15.4%；规模以上工业增加值23.7亿元，增长35.4%；全社会固定资产投资53.3亿元，增长19.2%；社会消费品零售总额15.95亿元，增长20.5%；财政总收入1.36亿元，下降6.8%；一般预算收入6399万元，下降2%；城镇居民人均可支配收入16737元，增长15%；农民人均纯收入5886元，增长13.4%。

*大力实施项目建设，发展后劲进一步增强。*2012年，实施重点项目67个，开工57个。年终完成24个，在建33个。重点项目落地完成率、年度投资完成率位居全市前列。中国风电集团投资30亿元的风力发电项目，为绛县新能源的发展再添生力军。投资7亿元的泰鑫源630立方米铸造炉项目落地开建。德生轮胎年产120万条轮胎项目，一期10万条生产线建成投产。“引黄入绛”项目，引水高程从730米提高到780米，建成后每年为绛县供水6400万立方米，新增水浇地4000公顷。

*大力实施工业强县，转型发展步伐加快。*成立工业强县推进领导组，出台《工业强县行动方案》。筛选重点工业项目38个，全部由县级领导包联推进。引进项目34个，总投资83.5亿元，到位资金32.5亿元。亚新科二期扩能、明迈特4×25000千伏安矿热炉、鑫泽煤业180万吨洗煤、恒天镁业镁合金深加工一期建成投产。中冶机械年产5.5万吨高强度合金铸钢件项目试产，佩格特化工年产1.2万吨高性能色素炭黑项目一期投产，大唐安峪热电联产项目进入最后核准阶段，天润风力发电33个基座开始吊装风机，群力年处理6万吨废旧轮胎项目完成基建，丕康药业中药饮片加工项目建成厂区。与省、市多家银行、担保公司签订战略合作协议，为绛县企业放贷1.32亿元。新批成立4家小额贷款公司，为中小企业放贷7149万元。县信用联社全年累计放贷6亿多元，净投放近3亿元。

*大力发展“一村一品”。*2012年，粮食总产量1.68亿千克，比2011年增长14.3%。新增“一村一品”示范专业村16个，总数达到33个。新增山楂、大樱桃、中药材、核桃等经济林(作物)近2666.7公顷，总面积突破1.4万公顷。新建规模养殖场8个。农林水支出1.84亿元，增长24.1%。完成高标准农田示范工程666.7公顷，基本农田整理933.3公顷。实施“双创”增粮、中低产田改造、保护性耕作、玉米丰产方等粮食增产项目8133.3公顷。发放农机补贴587.5万元。完成4座水库的除险加固和2座水库的维修养护。完成东、中、西3个新农村连片示范区建设规划编制，投资4000余万元实施西片示范区基础建设。总投资2.2亿元新建农产品加工项目9个。新增市级以上农业产业化龙头企业4家，总数达13家。新增农民专业合作社116个，总数达436个。纳入国家第四批小农水建设重点县，3年可争取项目资金4800万元。2013～2017年抗旱规划建设项目获批，每年可争取资金1500万元。2012年绛县成为运城市唯一申报成功的省级“休闲农业和乡村旅游示范县”。

*大力实施文化强县战略，三产发展势头强劲。*起草《绛县旅游发

展总体规划》，启动明清民居城项目，完成绛北大峡谷旅游景区漂流项目，太阴寺、紫云寺纳入运城"一卡通"景点。全年旅游接待23.4万人次，比2011年增长20.7%。农家书屋、文体活动场所实现全覆盖，深入开展送书、送戏、送电影下乡活动，出版《晋文公》《涑水源》等文学精品。成为全市唯一的省级老年书法先进县。柔力球荣获全国邀请赛集体银奖、省第四届老年人体育健身大会交流赛金奖。完成九龙庙修缮和太阴寺元碑碑亭保护工程。农村便民连锁商店实现全覆盖，家电下乡销售网点66家，销售额2.46亿元。全县三产增加值18.77亿元，比2011年增长10.3%。

不断加强基础设施建设，城乡面貌变化较大。卫庄至翼城一级公路完成投资1亿元，路基工程完成90%。农村街巷硬化完成1410千米，实现全覆盖。完成34个村、10所学校的26处饮水安全工程，解决了1.2万名群众和4000名师生的饮水困难问题。安峪220千伏变电站土建工程完成90%，开发区110千伏智能变电站投入使用。投资515万元对城市主街道进行整体加铺，浍水环城路完成规划设计。天然气管网铺设40千米。投资2000多万元，完成城西生态公园的主干道路建设和80%园区绿化。陈村镇成为全省首批"百镇建设"重点镇，完成农民公园、山区移民区等一系列工程。

持续推进节能减排，生态环境明显改善。年节约标煤4.1万吨，全县万元地区生产总值综合能耗下降3.5%。水土保持治理533.3公顷。植树造林3906.7公顷。天然气入户1000户。饮用水源地保护区水质、城镇集中式用水水源地水质达标率100%。横水、郝庄2个乡镇11个村庄生态创建工程进展顺利。

着力保障和改善民生，社会管理不断加强。新型农村社会养老保险实现全覆盖。城乡居民社会养老保险列入国家级试点县，全县60岁以上的老人每月都领上了养老金。全年支付各项社会保险2.7亿元。新农合年人均补助标准提高到240元。城乡低保平均保障标准分别提高到308元、148元。农村"五保户"应保尽保。优抚对象待遇全部落实。为困难群众、60岁以上农村籍退役士兵和特孤儿童发放物价补贴、生活补贴和救助资金。城镇新增就业6654人。农村劳动力转移12300人。完成低收入农户冬季取暖用煤发放任务。建成保障性住房200套，改造农村危房700户、贫困残疾人危房29户，完成"暖房子"工程120万平方米。县医院住院大楼基本建成。国家基本药物制度全面实施，药价下降15%。申报科技项目13项，专利申请21项。

（程　博）

平陆县

【自然概况】 平陆地处晋、秦、豫黄河"金三角"地带，是山西的南大门。辖6个镇1个区4个乡，228个行政村。2012年总人口26.1万人。总面积1173.5平方千米。

平陆文化底蕴深厚，是我国最早见之于文献的圣人——殷商贤相傅说故里。平陆是"中国大天鹅之乡"，每年有上万只白天鹅来此越冬栖息，占到全世界存留总数的1/10；平陆是"全国生态示范区"，有果品2.3万公顷，其中，水果2.1万公顷，干果2000公顷。有林地3.6万公顷，其中，油松林6666.7公顷，森林覆盖率42.6%。

【经济发展概况】 2012年，全县地区生产总值29.36亿元，比2011年增长14.1%；固定资产投资34亿元，增长25.5%；财政总收入2.57亿元，增长16.3%；一般预算收入1.06亿元，增长24.7%；社会消费品零售总额18.16亿元，增长32.4%；

平陆风电

城镇居民人均可支配收入15172元，增长16%；农民人均纯收入4237元，增长13.5%；外贸进出口总额4280万美元，增长9.9%。

“双十工程”圆满完成，发展后劲明显夯实。“十项重点工程”全部达到预期目标。武圣新材料10万吨陶瓷粉体材料项目已建成投产，昌盛铬铁精炼炉项目点火试车，天润风电一期工程建成，中广核风电一期加快建设，新环橡塑120万套汽车上支架总成、博纳科技2万吨新型电子粉体材料项目即将开工，1333.3公顷西红柿片区扶贫开发项目顺利完成当年投资计划，垃圾填埋场基本完工，三湾天鹅风情小镇项目完成投资8000万元。6.9万吨“暖心煤”全部发放到户。348户扶贫移民搬迁主体工程全部结束。650户居民和武圣新材料公司用上了天然气。485套保障性住房全部开工，800户农村群众、903户城镇居民领到住房补贴，566户城市住房困难户喜迁新居。体育馆土建工程结束。投资1600余万元，实施移民后期扶持项目126处。

工业强县深入实施，转型跨越明显加快。2012年，共实施21个工业项目，有8个项目建成投产，其余13个项目全部实现预期目标。特别是事关全县转型翻番的重大项目——郑煤集团武圣80万吨氧化铝项目，正式开工奠基。中小企业创业园区顺利建成，占地66.7公顷的中小企业创业园区，实现了“七通一平”，3个项目将进驻园区，结束了平陆没有工业园区的历史。招商引资卓有成效，全年招商引资到位资金20.4亿元，连续5年增幅位列全市前茅。

“三农”工作稳步推进，农民收入明显增加。全年农林水事务支出2.1亿元，占到财政总支出的20%。粮食总产量1.1亿千克，创历史新高。5000套新型粮仓得以推广，有效确保了科学储粮和粮食安全。烟叶生产在300万元的财政扶持拉动下，实现扭亏为盈，种植烟叶866.7公顷，总产值2711万元，比2011年增长181%。新建人畜分离养殖示范小区和专业村各10个，全县畜牧业总产值2.9亿元。发展蔬菜3666.7公顷，总产量8420万千克。县财政投入450万元专款，用于果树间伐、套袋、反光膜铺设和果农培训。农业基础条件持续改善，争取资金1亿多元，建设农村饮水安全工程36处，改善灌溉面积2000公顷，改造中低产田260公顷，整理土地600公顷，新增耕地133.3公顷，增强了农业抵御自然灾害能力。新农村建设扎实有效，累计整合资金4600余万元，完成21个新列新农村推进村建设任务，实施以“四化四改”“五个一”为主的各项工程135处，编制完成新农村连片示范区建设总体规划，并通过市评审验收。张店新农村建设生态高效集中连片示范区，整合各类资金6177万元，街巷硬化、绿化、亮化工程全面完成。农民专业合作社逐步规范，新建省级示范社2个、市级示范社4个、县级示范社10个，组建合作社联合社3个。全县无公害农产品认证合作社23个，有机果品认证合作社7个，农产品地理标志认证合作社2个。

城乡统筹协调发展，城镇化水平明显提升。汽车客运站主体工程完成。圣人大街中段、茅津路附近、条山大街沿线的水毁设施抢修和污水管网改造全面完工，保证了城市水网通畅和汛期安全。

民生改善不断加强，群众福祉明显提高。2012年，全县用于民生改善的资金3.2亿元，新型农村社会养老保险等4个工程提前一年实现全覆盖。2年完成农村街巷硬化2260千米，全县228个建制村全部实现街巷硬化全覆盖。社会保障不断完善，全县新农保参保16.4万人，城镇居民养老保险参保2730人，城镇职工基本养老保险参保1.9万人，城镇基本医疗保险参保3万人；全县新农合参保20.8万人，参合率98.8%。足额发放城乡低保资金4700万元。及时提高“五保”供养标准，为1645名“五保”对象发放供养金366万元。医疗救助1384人，发放救助资金378.9万元。

（平陆县人民政府办公室）

垣曲县

【自然概况】 垣曲县位于山西省南部，运城市东端。东北与阳城、沁水两县毗连，北和翼城、绛县接壤，西与闻喜县交界，西南连接夏县，东邻河南省的济源市，南与河南省的渑池、新安隔河相望。总面积1620平方千米，其中，山地面积占97.2%。辖11个乡（镇），188个行政村。2012年总人口23.4万人。

【经济发展概况】 2012年，全县地区生产总值34.46亿元，比2011年增长13.8%；财政总收入3.75亿元，增长13.7%；一般预算收入1.21亿元，增长10%；全社会固定资产投资30.1亿元，增长40.2%；社会消费品零售总额15.68亿元，增长22.4%；城镇居民人均可支配收入16951元，增长14%；农民人均纯收入4220元，增长13.1%。

农村经济持续发展。2012年，全县粮食总产量8594万千克，比2011年增长23.1%。“一县一业”的主导产业——核桃经济林产业初具规模，全年新发展3733.3公顷，全县核桃经济林已达1万公顷，被确定为全省3个优质核桃示范园区之一；新兴特色产业持续发展，设施蔬菜273.3公顷，食用菌达到510万袋，新扩建规模养殖场11个，新增规模养殖户112户，规模饲养比重55%以上，桑、烟、椒、蜂等传统特色产业继续巩固壮大，分别为1466.7公顷、495.3公顷、1066.7公顷和1.2万箱。农业基础设施建设方面，小浪底水库引提水工程按时开工。长直和王茅中低产田改造、蒲掌坡改梯、农发水保和闫家河坝系续建等工程全面完成。上庄和华峰中低产田改造、长涧水库除险加固、易地扶贫搬迁以及退耕还林成果巩固、河道治理等多项农业基础设施建设工程加快推进，全县农业生产条件得到进一步改善。农业产业化方面，山里红公司核桃深加工和康源蜂业蜂蜜茶饮料两个新建项目，正在抓紧建设。沐风香菇酱、润茂科牧、燕鑫薯业等企业的二期扩建项目正在抓紧实施，其余农副产品加工企业均在不断壮大发展，全县农产品加工“513”战略企业销售收入5.4亿元。新农村建设方面，完成20个新农村建设重点推进村建设任务，全县新农村重点推进村84个，占到行政村总数的45%。

工业项目稳步推进。一是狠抓传统产业技改利用。五龙集团镁合金综合利用和北方铜业综合技改两个项目，分别完成投资9亿元和5.4亿元。二是狠抓两个工业园区建设。西峰山中小企业创业基地，已有4家企业入园建设，一家已经投产；李家窑循环经济工业园区，实施6千米的专用二级公路建设工程，相关基础设施正在抓紧建设。三是狠抓六大重点工业项目。正鑫矿业年产20万吨铁精粉、宝芝林药业技改、燕尾沟煤矿年产30万吨无烟煤、和刚玉与美国CMC公司合作扩建20万吨陶粒生产项目首期6万吨生产线3个项目，已经建成投产；天玉建材年产630万立方米高档陶瓷和力诺兽药及动物保健产品两个项目进展顺利。

基础设施建设继续加强。市政建设方面，2012年实施11项重点工程。闻垣路口改造、县城街道、游园绿化和道路修复、人民东路路面硬化、建设路及建设路桥、东环路综合管网建设、滨河公园完善等7项重点工程全面完成。县城垃圾处理场建设工程累计投资3500余万元。城市天然气工程，60千米的长输管线和24千米的城区管网工程已经完工，刚玉陶粒砂作为首家企业成功实现生产用气，正在实施进区入户工作。道路建设方面，学府路至岭回和皋落至西河两条二级公路建设工程，路基工程已全面完工；垣渑高速公路建设项目，列入省交通网规划。旅游基础设施建设方面，概算总投资3.2亿元的白马山景区，已完成投资2500万元，实施了景区专用旅游公路路基工程；历山、皇姑幔、望仙三潭瀑布、天盘山、清泉漂流等景区的基础设施均得到进一步完善，旅游接待条件大为改善。2012年全县共接待游客11.2万人(次)，旅游直接收入1820万元，带动相关产业收入近亿元。

生态建设成效明显。大力实施造林绿化工程，2012年全县共投入资金3000余万元，栽植各类树木400余万株，通道绿化165千米，营造林1980公顷，园林村绿化80个，城区绿化1.6万平方米；完成生态园林式企业创建19个，中小学绿化59所。古城国家级湿地公园建设稳步推进，全县生态环境进一步改善。2012年7月，垣曲县被评为“山西省级林业生态县”。

民生工程建设稳步推进。全县投资5亿元，共新建或续建涉及教育、卫生、交通、饮水、保障性住房等重点民生工程19项。新建农村饮水安全工程26处，解决了50个自然村、4所学校共1.2万人的饮水安全问题。县医院整体迁建工程，门诊楼、医技楼、体检中心和住院楼主体工程完工。人民剧院建设工程，已竣工投入使用。县城供水净水厂及管网工程，引水隧洞和城市管网全部完工，净水厂工程已经动工。老年公寓建设工程，已建成投入使用。保障性住房建设工程，2012年共完成各类保障性住房515套，新开工563套，完成700户农村困难群众和25户残疾人危房改造工程。

(垣曲县人民政府办公室)

山西经济年鉴

YEARBOOK OF SHANXI ECONOMY

转型跨越发展专文

ZHUANXINGKUAYUE FAZHANZHUANWEN

继承、完善、创新、提高
在加快转型跨越、全面建成小康社会伟大实践中
充分发挥工会作用

山西省人大常委会副主任、省总工会主席　田喜荣

工会是党领导下的工人阶级群众组织，工会工作承载着党的重托，凝结着职工群众的期望，肩负着推动转型跨越的光荣使命。当前，加快转型跨越发展步伐、全面建成小康社会，以及经济关系、劳动关系和职工队伍状况变化给工会组织提出了新情况、新问题、新要求，工会工作既面临着大好形势、有利机遇，也面临着新挑战和新考验。因此，我们必须坚定不移地走中国特色社会主义工会发展道路，进一步增强做好工会工作的责任感和使命感，切实做到"三个坚持"：

一、坚持党的领导，始终保持工会工作正确方向

为什么要坚持党的领导。中国共产党执政的合法性和正确性是不容置疑的。首先，中国共产党依靠人民，实现了民族独立和人民解放，建立了中华人民共和国，从革命的党成为执政的党。其次，中国共产党能够坚持实事求是，依靠自己和人民的力量纠正错误，在挫折中奋起，继续胜利前进。第三，中国共产党团结带领人民，经过90年艰苦奋斗，把贫穷落后的旧中国变成日益迈向繁荣富强的新中国。第四，中国共产党接班人的培养、选拔、交班，是稳定、有序、按时进行的，这在世界各国领导交班中绝无仅有。第五，中国共产党坚持把马克思主义基本原理同中国具体实际相结合，在推进马克思主义中国化的历史进程中产生了两大理论成果，一是毛泽东思想，二是中国特色社会主义理论体系。这些理论成果有效地回答和解决了一系列重大问题。第六，中国共产党形成了一套相互衔接、相互联系的制度体系，这些制度有利于保持党和国家活力，调动广大人民群众和社会各方面的积极性、主动性、创造性，有利于推动经济社会全面发展和公平正义，有利于集中力量办大事，有效应对前进道路上的各种风险和挑战，有利于维护民族团结、社会稳定和国家统一。这些都充分表明我们的党不愧是伟大光荣正确的党，不愧是中国特色社会主义事业的领导核心。

中国共产党是中国工人阶级的先锋队，也是中国工运事业的坚强领导核心。我们党自成立时起，就把工人阶级作为自己最可靠的阶级基础。中国工会是党领导的工人阶级群众组织，是党领导工人运动的重要组织力量。我国工人阶级的性质、党的性质和工会组织的性质，决定了工会必须坚持自觉接受党的领导；我国《宪法》《工会法》《党章》《中国工会章程》明确规定，

工会必须坚持自觉接受党的领导；我国工会80多年的发展历史、山西省工会70多年的发展历史充分证明，工会必须坚持自觉接受党的领导。只有坚持自觉接受党的领导，工会工作才能保持正确的政治方向，才能更好地服务于党和国家工作大局。对此，各级工会必须旗帜鲜明，绝不动摇，绝不含糊。

怎样坚持党的领导。一是要认真学习贯彻党的“十八大”精神和“十八大”以后习近平总书记一系列重要讲话精神。党的“十八大”提出的各项目标任务，完全符合工人阶级的根本利益，为广大职工展示了“中国梦”的光明前景，也为工会工作提供了新的发展机遇。各级工会要把学习贯彻“十八大”精神作为当前和今后一个时期的首要政治任务。二是要坚持围绕中心、服务大局，把省委学习贯彻“十八大”精神提出的加快转型跨越、打好两场战役、再造一个新山西、早日建成小康社会目标，变成全省广大职工的共同自觉行动，要认真贯彻落实好省总十二届五次全委会审议通过的《关于团结动员全省职工为加快转型跨越、全面建成小康社会建功立业的决议》，团结动员广大职工在建设富裕山西、创新山西、和谐山西、法治山西、诚信山西、美丽山西的伟大进程中充分发挥工人阶级主力军作用。三是要坚定不移走中国特色社会主义工会发展道路，进一步明确工会的历史使命、政治保证、理论指南、基本职责、发展路径等一系列重大问题，保持工会工作的正确方向。

二、坚持着眼长远，努力开创我省工会工作新局面

未来五年，全省工会工作要以党的“十八大”精神为统领，以继承、完善、创新、提高为总体要求，以解放思想、攻坚克难为强大动力，在加快转型跨越、全面建成小康社会伟大实践中充分发挥工会作用。所谓继承，就是大力发扬山西省工会的优良传统和好的做法、好的经验、好的成果，保持目前全省工会良好的发展势头，巩固多年来全省工会取得的各项先进荣誉、各项工作成绩。所谓完善，就是进一步拓展工作思路，丰富工作手段，健全工作体制、机制和制度，完善工会工作法规政策体系。所谓创新，就是要与时俱进，针对新形势、新任务、新课题，瞄准深层次、长期性、普遍性工作难题，解放思想，改革创新。所谓提高，就是在继承、完善、创新的基础上，在原有良好水平的基础上，全省工会工作再进一步、更上一层，开创全省工会工作新局面。

在推进全面工作的基础上，今后五年全省工会将集中开展主题年活动，力争以主题活动引领和带动工会日常工作，推动各项工作取得实质突破，迈上新的台阶。

2013年，广泛开展“调查研究年”活动。工会自下而上的群众组织结构，决定了必须把调查研究作为工会工作的谋事之基、成事之道。调研主要围绕以下10个课题进行：①中国工会的性质、地位和作用。②《工会法》的贯彻执行情况。③工会在构建和谐劳动关系三方机制中的作用。④工会维护职工权益问题。⑤工会领导班子建设特别是工会主席按同级副职配备问题。⑥工会经费的收管用问题。⑦工会如何更好地服务党委政府工作大局。⑧工会组织运行机制和活动方式问题。⑨工会组织团结统一问题。⑩选树具有全国意义的山西劳动模范问题。

2014年，广泛开展“依法维权年”活动。依法维权，前提是要学法。学工会维权所依之法，学职工权益所合之法。根本是要用法。一是依法解决实际问题。二是依法履行监督职责。三是依法建立维权机制。关键是科学维权。既要坚定不移地维护职工合法权益，通过维权激发职工对企业的自豪感和归属感；也要胸怀全局团结动员职工推动企业发展，为实现职工合法权益提供坚实的保障。

2015年，广泛开展“组织建设年”活动。以“扩大覆盖面、增强凝聚力”为目标，对全省工会组织进行回头看、解难点。回头看，就是对全省工会组织建设进行总结察看。一看全省工会组建率、职工入会率是多少，二看规范化建设情况，三看干部队伍建设情况，四看还存在不存在由企业行政负责人及其近亲属等担任工会主席的违法现象，五看哪些地方解决了基层工会履行维权职责难、维权效果不明显、职工会员意识差、工会缺乏影响力和凝聚力的问题，六看还有哪些市、县总工会没有实现高配、由同级副职担任工会主席，没有到期换届等。解难点，就是要始终贯穿创新这一主线。一是创新组建形式，在动态中扩大覆盖。以农民工、劳务派遣工、流动性职工等人群为重点，最广泛地把职工组织到工会中来。二是创新组织体制，更加注重工作质量。大力推广自下而上的基层工会主席直选工作，切实增强职工群众的会员意识。三是创新激励机制，不断焕发工作活力。推广建立工会主席向会员(代表)大会述职和会员评议工会工作制度，激发工会干部为职工说话办事的积极性、主动性。

2016年，广泛开展“素质提升年”活动。工会要充分发挥“大学校”作用，着眼维护职工的学习权、发展权，着眼为加快转型跨越培养高技能人才，着眼发挥工人阶级主力军作用，着力锻造一支高素质的职工队伍。一要抓住根本。用社会主义核心价值体系、劳模精神、工人阶级伟大品格、山西精神引领职工思想、凝聚职工共识。二要赛奖衔接。对在劳动竞赛、技能大赛等活动中涌现出的先进集体和先进个人，坚持精神奖励与物质奖励相结合。三要建用并重。在加强工人文化宫、俱乐部、职工学校、职业学校及“职工书屋”等阵地建设的基础上，更加注重、深入研究这些阵地如何发挥作用。

2017年，广泛开展“总结提高年”活动。对5年来全省工会工作进行总结，这也是向省委和全省职工做出的历史性回答。一要回答四个问题。一是“继承”问题：工会经费、工会资产、各项荣誉、职工收入等是否保住了原有基数，并有所增长发展。二是“完善”问题：工作思路、制度措施、法规政策等是否更加完善，增加、修订了多少。三是“创新”问题：涌现出多少个带有创新性的先进典型和经验。四是“提高”问题：五年任务目标完成得如何，有无先进典型和经验被全总推广等。二要推出一批典型。根据是否具有创新意义、示范效应、推广价值等标准，确定一批典型经验，在全省大力推广。三要表彰一批先进。省总对先进集体和先进个

人、重视支持工会工作的党政干部、踊跃参与工会活动的积极分子做出表彰，把全省工会工作推向高潮。

三、坚持加强自身建设，不断增强工会组织的能力

各级工会要按照建设学习型、服务型、创新型工会的要求，切实加大工会自身建设力度。一是大兴学习之风，提高工会干部素质。要抓住学习重点。熟练掌握《工会法》《劳动法》《劳动合同法》《社会保险法》《山西省职工劳动权益保障条例》等法律法规，熟练掌握劳动就业、劳动报酬、劳动保护、社会保障、劳动争议等有关政策。要拓宽学习渠道。既要熟练掌握专业知识，也要全面了解经济、政治、历史、文化、科技、法律、互联网、循环经济等领域的知识；既要向书本学习，也要向实践学习。要健全学习制度。在当前各项学习制度的基础上，通过学习竞赛、层层选拔、评奖表彰，促进各级工会干部的学习热情，提高各级工会干部的工作能力。二是大兴竞赛之风，形成创先争优的局面。明确工作目标。凡是有评比、有考核、有比例要求的工作，都要抓主动、创一流、争第一。明确评价标准。引入“第三者评价标准”，把工作考核与党委考核、会员评议、公众评议结合起来。明确奖惩措施。以工作成效来衡量干部、考核部门。三是大兴发展之风，增强工会服务职工的实力。经费收缴有所突破。不断深化工会经费“一改三策”改革，努力实现工会经费应收尽收。工会资产有所拓展。加大职工帮扶中心、培训中心、活动中心、疗休养中心等的建设力度，确保工会资产保值增值。职工生活有所改善。根据机关实际，着力解决干部群众生活上的后顾之忧，让大家心气顺、活力足、士气高，增强工会组织的团结力、凝聚力和向心力。四是改进工作作风，厉行勤俭节约。贯彻勤俭办会方针，建立厉行勤俭节约、反对铺张浪费长效机制，规范公务活动，降低行政运行成本，形成勤俭办一切事情的良好风气，把工会经费更多地用于为职工群众办实事、解难事，更多地用于支持基层、保障重点工作的开展，切实把改进工作作风落到实处。

全面建设小康社会
谱写上党人民美好生活新篇章

长治市市长　**席小军**

2012 年，长治市经济社会发展的各项工作取得了新成绩，在全面建成小康社会的征程中迈出了新步伐。

2013 年是全面贯彻落实党的“十八大”精神、实施“十二五”规划承前启后的关键一年，是推进转型跨越发展、为全面建成小康社会奠定坚实基础的重要一年。做好 2013 年的工作，意义十分重大。

一、2013 年政府工作的总体要求

高举中国特色社会主义伟大旗帜，以邓小平理论、“三个代表”重要思想、科学发展观和党的“十八大”精神为指针，以转型综改试验区建设为统领，以加快转变经济发展方式为主线，以增进人民福祉为根本，紧紧围绕市委十届五次全会确立的实施“五五”战略、率先全面小康的发展目标，保增长、上项目、抓转型、惠民生、强安全、促稳定，打造长治经济社会发展升级版，奋力开创全市转型跨越新局面，为在全省率先全面建成小康社会奠定坚实基础。

二、2013 年全市经济社会发展的主要预期目标

地区生产总值增长 11.5%左右，全社会固定资产投资增长 25%，社会消费品零售总额增长 15.5%，财政总收入和一般预算收入均增长 13%，城镇居民人均可支配收入和农民人均纯收入分别增长 11%和 13%，新增城镇就业 4.2 万人，城镇登记失业率控制在 4.2%以内，居民消费价格总水平涨幅控制在 3.5%左右。

三、2013 年政府工作重点

（一）全力以赴保持经济增长。加强对重点产业、重点企业和主要产品的帮扶支持力度，抓好现有企业的正常生产和挖潜增效，着力培育新的经济增长点。加强税源管理，严格税收征管。增强统计工作的科学性、规范性，切实发挥好对经济运行的分析监测预警作用。加快实施“千企百强”培育工程，形成一批销售收入 10 亿元、50 亿元、100 亿元以上的“三大企业方阵”，倾力打造引领长治经济发展的旗舰团队。煤炭行业力争增加值增长 14%以上。焦炭行业加快重组整合步伐，完成增加值增长 15%以上。冶金行业实现增加值增长 20%以上。电力行业降低生产成本，增加值增长 13%以上。先进装备制造、生物医药、特色农产品加工、现代煤化工、新能源、新材料等新兴产业要加大培育发展力度,确保增加值增长30%以上。服务业力争增加值增长12%以上。特别是要大力扶持发展民营经济和中小微企业,新增千户小微企业和15个销售收入超亿元的“小巨人”企业,力争民营经济增加值占地区生产总值的比重提高2个百分点,使之真正成为带动就业和保增长的生力军。

(二)百折不挠抓好项目建设。重点抓好项目的落地、开工、建设、投产达效。各级行政部门尤其是市县两级的发改、国土、环保、监察部门必须加紧制定和落实项目的先期预审协调和快速联办联批机制,以及“一站式保姆服务”制和严肃问责制,切实做到想项目所想、急项目所急、办项目应办,高效、规范地推动项目的落地、开工、建设、投产,确保2011年之前开工的项目80%投产达效,2012年开工的项目50%建成,2013年新开工的项目50%主体完工,全年重点工程投资完成1420亿元。与此同时,下大力气招商、立足优势招商、瞄准产业政策招商、盯住大企业大集团招商,加强与东部沿海省份、国内外友好城市的合作联系,主动承接发达地区产业转移,争取更多的世界500强和国内著名企业来长治投资发展。力争引进落地1到2个投资百亿元以上的项目,3到5个投资50亿元以上的项目,20个投资10亿元以上的项目,各类产业园区招商引资额增长40%以上。

(三)综改试验引领转型发展。一是推进改革和创新。重点推进行政审批制度、户籍制度、创新“五规合一”规划编制、用地管理、金融创新5项重大改革。进一步减少行政审批项目,尽快启动运行新的行政审批服务大厅,切实做到行政审批“三集中、三到位”。放宽城镇户籍落户条件,允许在城镇常住的农村人口落户城镇,与原住居民享有同等待遇。探索建立经济社会发展、城乡建设、土地利用、产业发展、生态环境保护等规划编制的协调机制。创新用地机制,全面推进城乡建设用地增减挂钩,积极推进矿业存量土地整合利用,确保耕地占补平衡和总量动态平衡,切实提高土地投资强度,实现高效集约用地和土地效益最大化。推进科技创新,加强与国家重点高校、科研院所的合作,对关键技术组织联合攻关。优化人才培养结构,大力引进科技领军人才特别是创新团队。加快金融改革创新,引导民间资本更多地投向产业发展领域,加快长治商业银行、农村信用社改制步伐,鼓励新型金融组织创新发展,打造在全省有影响的长治金融商务区。继续深入开展整顿规范煤炭经营管理秩序、整治主城区规划建设违法违规行为、打击土地矿产资源违法行为、整治工业商业领域改制企业国有资产流失、整治化工企业违法排污行为的“五大战役”,为推进综改试验区建设创造良好的改革发展环境。二是推进产业转型升级。做好产业发展规划,积极推进信息化和工业化的深度融合,全面提升工业新型化水平。大力实施“长治品牌”战略,打造具有长治特色、在全国有名的产业品牌,重点在打造七大新兴产业板块上下功夫。(1)现代煤化工循环经济板块。以潞安、潞宝、天脊、襄矿为龙头,有效整合现有煤化工园区和企业,不断延伸煤电化、煤焦化、煤气化、煤油化等煤基产业链,全市传统产业循环率和原材料深加工率要分别再提高2个百分点。(2)生物医药板块。大力发展生物制药和现代中药产品,加快康宝基因工程疫苗、生物雪莲、振东创新药物GMP生产线等项目建设,延伸血液制品链条,完善中药材种植、加工、研发、销售体系。(3)先进装备制造板块。以成功集团、清华、淮海等企业为龙头,大力引进先进技术、先进工艺、高端产品,积极发展煤矿机械、健身器材、精密加工、节能环保装备、电机电器、汽车制造及零部件等项目。(4)新能源新材料板块。重点发展大尺寸LED背光源、封装、太阳能电池组件等产品,努力打造工业硅—多晶硅—电池片—电池组件—太阳能光伏电站垂直产业链,加快推进电力储能、永磁材料、镁合金、轻钢轻混凝土等新材料项目建设,大力发展生物质能发电、太阳能发电、风力发电、余热发电、“四气”综合利用等新能源项目。积极申报国家新能源示范城市和分布式光伏发电规模化应用示范区,加快建设国家级新能源产品质量检验检测中心。(5)现代物流板块。利用铁路、公路、机场综合交通优势,重点抓好中南铁路长子编组站物流园、郊区老顶山商贸园、长治县太行山农产品物流园、黎城华驰物流联组园等项目建设,全力打造晋东南地区重要的物流集散地。(6)文化旅游板块。提升完善总体规划,深度开发山水峡谷、红色教育、神话传说、古建文明、休闲度假等旅游资源,打造精品旅游线路。进一步完善旅游要素配套,提升旅游业综合竞争力。(7)特色农产品生产加工板块。培育壮大长子方兴、壶关紫团、潞玉种业等重点农业产业化龙头企业,建设玉米、小杂粮、干鲜果、食用菌、无公害蔬菜、畜禽养殖等专业化生产基地,不断延伸加工链条,提高加工转化率,努力打造上党特色农副产品生产加工区。

同时要积极发展商贸服务、社区服务和家政服务。鼓励引导有实力的工业企业和大型农业产业化企业兴办服务业,引导民间资本进入服务业。构建更加开放的经济体系。积极建设硝酸铵、汽车配件、建材、手工刺绣等外贸转型升级示范基地,不断扩大出口规模。

(四)攻坚克难推动城镇化建设。一是提升主城区城市品质。实施九大城建工程:新建改造14条城市道路,改造3座铁路立交桥,新建5座市政跨河大桥,新建8座过街天桥,实施“三河一渠”环城水系二期工程,新建北一环城东路互通立交桥,建设市区至襄垣快速连接线,整治30条背街小巷,开工建设新区环湖大道。全力推进长临、黎左、黎霍等高速公路建设项目。加快主城区城中村、城边村改造步伐,大力实施保障性安居工程。积极推进城市综合体的规划建设,突出上党地域文化。抓好全国“智慧城市”建设试点,提升城市建设管理水平。不断完善水、电、气、暖、园林等基础设施,完成11万户居民煤层气、天然气置换工作。二是提高县城综合承载能力。主城区周边的6个县市提升规划建设标准,努力建设12万人以上的卫星城。加快“1+6”上党城镇群同城化步伐。坚持“产城融合”发展,对上党城镇群6条快速通道沿线500米范围内的土地实行总控,统筹规划建设一批各具特色的产业园区。外围5个大县城不断完善基础设施,发展核心产业，壮大县域经济规模，以产业集聚带动人口和要素集聚。重点镇围绕工矿型、商贸型、农业型、旅游型等不同类型，注重发展特色产业，不断完善基础设施，吸纳周边农民就地转移定居，形成承载万人的规模。中心村积极创新经济发展路径，切实增强集体经济实力，逐步引入城市社区物业管理模式，为农民提供水、电、路、气、卫生、通信等公共服务。三是完善城乡统筹发展新机制。加快城市交通体系、市政公用设施、城乡公共服务等向农村延伸，着力构建城乡一体的教育、卫生、文化、就业培训、社会保障公共服务体系。

（五）毫不松懈促进"三农"工作。一是大力发展现代农业。实施"235"现代农业示范工程，重点培育20个现代农业示范园区、30个销售收入超亿元的大型农产品加工龙头企业和50个"一村一品"示范村，鼓励社会资本投向现代农业。强化农产品质量安全监管。加强农业龙头企业科技创新，搞好基层农业科技服务队伍建设。积极探索农村土地流转新机制，发展长子双孢菇、振东中药材等一批现代化种植园区，不断提高农业效益和竞争力。扎实搞好病险水库除险加固和中小河流治理，大力实施农田水利灌溉工程。切实提高农业综合生产能力，确保粮食总产量稳定在14亿千克左右。二是多渠道增加农民收入。认真落实各项强农惠农富农政策，继续实施"五大增收工程"，新发展6667公顷（10万亩）设施蔬菜、1.3万公顷（20万亩）干果经济林、100个规模养殖场、500个农民专业合作社，转移农村劳动力4万人，努力提高农民经营性收入和工资性收入。大力培育新型职业农民和设施农业技术能手，积极发展新兴农业经营主体。鼓励农民创业、置业、投资、理财，促进农民转移性和财产性收入持续增长，确保农民收入增幅高于城镇居民。三是扎实推进新农村建设。抓好380个省级新农村重点村建设，提升11个新农村连片示范区建设水平。以60个市级重点中心村为样板，引领全市新农村建设。扎实做好省里确定的农村"五件实事"。四是加大扶贫攻坚力度。组织骨干企业对贫困重点县进行产业扶贫开发，大力实施沁县设施蔬菜、平顺花椒芽菜、武乡和黎城核桃经济林等4个片区产业开发项目，启动平顺、壶关、武乡、沁县、沁源5个贫困县百人以下960个自然村移民搬迁工程。深入开展干部下乡住村、领导干部包村增收活动和机关单位定点扶贫工作。

（六）齐心协力建设"美丽长治"。一要切实加强对水资源的保护。深入开展浊漳河流域焦化、化工行业整顿治理，对浊漳河流域118户焦化、化工企业进行集中整治，查处、取缔浊漳河沿岸废水排放不达标的污染企业。加快推进大水网工程建设，逐步将境内化工企业用水全部置换为地表水。加强漳泽水库上游和周边污染源治理，促进库区生态环境有效改善。实施辛安泉文王山地垒渗漏段治理工程，保护好辛安泉水质。启动"民生引水工程"，将申村水库作为城市应急备用水源和"三河一渠"补充水源，尽快引水入市。二要强力治污减排和节能降耗。严格"两高一资"等传统产业的能耗和环保准入门槛。大力推进燃煤电厂和水泥行业脱硝、非电行业脱硫及畜禽养殖环保设施建设。加强污水、垃圾无害化处理设施建设和运营管理，加快市污水处理厂二期工程建设。落实新上项目的能评、环评制度。推行排污权和节能指标交易制度。完善减排指标考核体系。继续实施十大节能工程，抓好煤炭、冶金、化工、焦化、电力、建材等六大高耗能行业和105户重点企业的节能工作。加强交通运输、公共机构、居民生活等领域节能工作，积极推进再生资源回收试点。三要做好植树造林和生态修复。加快推进造林绿化工程，加大秋季造林力度，确保森林覆盖率再提高1个百分点，森林蓄积量增加100万立方米。提升城市绿化品质。做好采煤沉陷区、水土流失等地质灾害治理和生态修复工作，严格控制主城区周边的煤炭开采活动，促进全市生态环境持续改善。

（七）全心全意发展民生事业。一要积极扩大就业和鼓励创业。统筹做好农村劳动力转移、城镇就业困难人员和退役军人就业工作，重点做好高校毕业生等青年就业工作。实施创业扶持计划，以创业带动就业。进一步拓宽就业渠道，强化就业政策扶持，完善公共就业服务体系。二要全面发展教育事业。进一步加大教育投入。全力办好学前教育，均衡发展义务教育，大力发展现代职业教育。推进科教园区建设。三要大力发展医疗卫生事业。加快医药卫生体制改革，同步推进县域医药卫生一体化综合改革，在试点县全部实行药品零差率销售，推动基本药物制度向非政府办基层医疗机构延伸。巩固完善县乡村三级卫生服务网络和城市社区卫生服务体系，逐步实现基本公共卫生服务均等化。进一步加强全科医生培养和乡村医生队伍建设，不断提高基层医疗服务水平。切实提高出生人口素质，稳定低生育水平，促进人口长期均衡发展。四要健全覆盖城乡的社会保障体系。城乡居民基础养老金在全省提高10元的基础上，再提高5元，达到70元，企业退休人员基本养老金再提高10%。城镇居民医保和新农合财政补助标准再提高40元，达到280元，其中14.5万农村低保户和"五保户"的个人缴纳部分全部由市级财政负担。城乡低保保障标准每人每月分别提高30元、24元。健全被征地农民社会保障制度，逐步将城市中稳定就业的农民工全部纳入社会保险范围。五要加强和创新社会管理。进一步引申"法治长治""平安长治"创建活动。完善社会治安防控和公共安全体系，做好对特殊人群的管控，严厉打击各类严重刑事犯罪活动。加强"扫黄打非"，搞好文化市场管理。切实强化应急管理和网络舆情工作，完善各种公共危机处理机制，有效应对公共突发事件。依法管理民族宗教事务，促进社会和谐稳定。加快推进食品药品监管机构改革，深入实施"食品久安工程"，重拳打击食品药品违法违规行为。认真实施"六五"普法。深入开展全国全民健身示范市创建活动，不断提升竞技体育水平。

（八）强举措确保生产安全。要树立"大安全"的观念，扎实抓好煤矿、非煤矿山、危险化学品、尾矿库、道路交通、森林防火、特种设备、建筑施工、中小学校等重点行业领域的安全整治。重监管，严格落实企业主体责任和政府监管责任，各种安全生产指令必须做到令行禁止。强队伍，对全市所有安全监管执法人员进行严格培训、科学管理；对所有高危企业一线操作人员、特殊岗位人员进行基本安全知识和技能培训，提高企业职工的安全素质。除隐患，深入开展安全隐患排查治理，建立完善企业安全隐患排查治理体系。严追究，严格执行安全生产“一票否决制”，坚决杜绝重特大事故，遏制较大事故，减少一般事故，确保人民群众生命财产安全！

（九）文化强市构建城市文明。一要促进文化事业大发展大繁荣。扎实推进国家公共文化服务体系示范区建设，提高公共文化服务能力，丰富群众精神文化生活。加大物质文化遗产保护，重塑上党古城文化之魂。加强非物质文化遗产传承。鼓励文化精品创作。实施重大文化产业项目带动战略，大力发展新兴文化业态。二要传承长治传统美德。践行社会主义核心价值观，引申精神文明创建活动，进一步巩固“三项治理”成果，努力提高市民的文明素质和城市的文明品位。

实现“一争三快两率先”战略目标 谱写晋城人民美好生活新篇章

晋城市市长　刘润民

2012年，晋城市围绕打造山西经济重要增长极和山西新兴产业重要支撑基地的目标，着力增投资、壮产业、创优势、惠民生，总体呈现出经济较快增长、民生持续改善、社会和谐稳定的良好态势。

2013年是全面贯彻落实党的“十八大”精神的开局之年，是实施“十二五”规划承上启下的关键一年，必须坚定信心、抢抓机遇，努力做好2013年的工作。

一、2013年政府工作的总体要求

深入贯彻落实党的“十八大”精神，坚持以科学发展观为指导，突出主题主线，坚持好中求进，按照市委“一争三快两率先”的战略部署，着力改革开放，着力项目建设，着力民生改善，在加快产业转型上有新突破、在加快统筹城乡上有新作为、在加快建设美丽晋城上有新成效，为率先全面建成小康社会、率先走出资源型地区科学发展新路奠定坚实基础。

二、2013年经济社会发展的主要预期目标

全市生产总值增长11%以上，固定资产投资增长24%以上，财政总收入和一般预算收入分别增长14%，城镇居民人均可支配收入增长12%，农民人均纯收入增长12%以上，社会消费品零售总额增长15.5%。

三、2013年政府重点工作

（一）以“一争三快两率先”统揽各项工作，全力推进改革开放。一要解放思想。用思想的解放引领行动的率先，推动“一争三快两率先”战略目标的顺利实现。二要深化改革。围绕新一轮政府机构改革和转变政府职能，深化行政审批制度改革。重点推进煤层气管理体制改革、市政建设建管体制改革、投融资体制改革、园区体制改革、户籍和社会保障制度改革。继续深化财政体制改革、文化体制改革和土地供给创新等，并要务求实效。三要扩大开放。围绕招商引资、招才引智，深化和重点地区、重点企业全方位合作对接。加快与中原经济区的沟通融合，推进区域一体化发展。利用资源优势，形成产业链关系，加强文化旅游合作，共同打造“太行山文化旅游”精品。积极推进高速公路的立项和建设。力争把晋城市建设成为中原地区人流、物流、信息流汇集区。积极推进晋城海关、国检机构和综合保税区建设，为进一步对外开放提供保障。四要先行先试。加快综改标杆项目、重点园区、先行试点建设。把巴公镇作为综改试点区，扩权强镇，园镇一体化，为全市率先走出资源型地区科学发展新路进行积极的探索。加快建立健全转型综改试验的评价、考核体系。

（二）加快产业转型升级，率先走出资源型地区科学发展新路。一是改造提升传统产业。加快矿井整合改造，提高规模化、集约化、现代化水平。完成矿井投资59亿元，建设转产验收和联合试运转矿井19座，形成有效产能1500万吨/年。加快煤制油、煤转电等发展步伐。加快“气化晋城”步伐，加快煤层气的综合开发利用，到2015年建成国家级沁水盆地煤层气产业化基地。二是不断壮大非煤产业。坚持“多元发展”，加快产业转型。以富士康为龙头，打造“高新技术产业集聚区”。大力发展装备制造产业，打造全国有一定影响的“装备制造产业集聚区”。积极发展现代服务业，打造“区域性商贸物流中心”。做大做强文化旅游产业，整合全市资源禀赋，推动历史、文化、自然与旅游的深度融合。三是加快推进园区建设。尽快研究出台《加快工业园区建设实施意见》，建立健全高效率的运行机制和开发模式。加大政府投入，加快园区的基础设施和公共服务平台建设。明确准入门槛，提高引进项目质量，提高园区土地利用率。充分发挥工业园区资源共享、产业集群、企业集聚和辐射带动作用。四是大力发展实体经济。支持冶铸、汽配、陶瓷、蚕桑等传统优势行业兼并重组，形成一批具有自主创新能力的大企业、大集团。支持企业产品开发、品牌创建、市场开拓的力度，培育更多销售收入超亿元企业。加快建设融资担保、创业辅导、企业孵化、人才培训、技术支撑等公共服务平台，加大小微企业扶持力度。深化市场资源要素配置改革，激活民间资本，确保各类投资主体公平待遇。五是扎实开展“项目推进年”活动。认真落实“六位一体”工作机制，2013 年招商引资要完成签约项目总投资 1600 亿元，确保固定资产投资快速增长。下功夫引进一批效益型、高科技、标杆性的大项目、好项目，加大项目推进力度。

（三）加快生态绿色发展，持续打造美丽晋城。一要加大环境保护力度。深入开展绿色生态工程，加快生态环境综合整治。推动企业污水深度处理和中水回用工程建设。加快丹河流域生态恢复治理步伐，规划建设丹河两岸城市生态景观走廊。大力开展饮用水水源保护区工程，保障人民群众饮水安全。开工建设市污水处理厂二期工程和餐厨垃圾、粪便无害化综合处理厂。实施农村清洁工程，开展好“十镇百村”建设。积极实施环境空气质量新标准，有效提升空气质量监测能力。二要狠抓节能减排。开展国家低碳城市试点工作。强力推进节能减排，实施排污权有偿交易。加大对高耗能、高污染企业和项目的监管力度。继续加速淘汰落后产能。推进交通运输节能，开展绿色建筑行动，大力推进绿色建筑试点示范。三要大力发展循环经济。加快国家循环经济标准化试点城市建设步伐，推进生产、流通、消费各个环节循环经济发展。开展在农业、工业、建筑等重点领域推进清洁生产示范，降低资源消耗。加强煤矸石、粉煤灰等固废资源综合利用及废水、废气、废渣循环利用。推动形成绿色生活方式和消费模式。四要加强生态林业建设。加快造林绿化步伐。规划启动环城森林公园建设。重点实施“两山”造林、“两网”绿化等六大林业工程，突出抓好环城绿化、村庄绿化、通道绿化、矿区绿化。力争森林覆盖率每年提高 1 个百分点。

（四）加快实施“四位一体”战略，促进城乡一体化发展。一是加快中心城市建设步伐。全面提升中心城市综合承载力和辐射带动力，东南拓展，西北改造，中心提质。重点抓好皇城相府城市综合体、城市会展中心、文化艺术中心、商务大厦等地标建筑。加快花园头河景观水系主体工程、城市公园绿地、新植物园建设。配套建设北石店、金匠污水处理厂等 10 项市政基础设施。二是加快“大县城”建设。加强高平、阳城、陵川、沁水次中心城市建设，积极引导生产要素、优势资源向大县城集中。完善县城基础设施和公共服务设施，增强县城对县域经济的带动作用和吸纳集聚人口的能力。三是加快产业片区建设。围绕巴公装备制造工业园、金匠高新技术产业工业园、高平煤焦化工业园、北留周村煤电化工业园、沁水新能源产业工业园和高平新能源科技创新园，以产业为支撑，以园区为载体，通过产业集聚带动人口集聚，通过工业化带动城镇化。集中打造北留—周村等六大产业片区，启动建设一批对周边城镇具有辐射作用的社会公共服务设施，“十二五”期间，6 个片区规划城镇人口规模达到 10 万人。四是加快中心镇建设。扩权强镇，统筹城镇与新农村建设、土地流转与规模化经营，带动周边乡村人口向中心镇集聚。突出抓好沁河流域、丹河流域、环城高速“两河一路”城镇组群发展。重点推进巴公、马村等 20 个中心镇建设。着力提升中心镇公共服务能力。

（五）加快发展现代农业，不断增加农民收入。一是多措并举增加农民收入。加强农村劳动力转移培训工作，提高农民的务工收入。提高农民经营性收入。加大支农资金整合力度，增加对农民的直接补贴，切实保障农民的转移性收入。完善征地补偿机制，鼓励农村土地向农业园区流转，引导农民进入园区就业。二是做大做强特色农业产业基地。新建“一村一品”特色专业村 200 个，“一村一品”特色乡镇 10 个。巩固发展一批畜牧、蚕桑、蔬菜、食用菌、小杂粮、中药材等为代表的特色农业基地，建设一批集生态农业、循环农业、观光农业、资本农业为一体的综合性示范园区，扶持一批市场开拓能力强、经营规模大、辐射带动面广的农业产业化龙头企业，培养一批创新技能人才和农业实用技术人才，以农业产业化发展带动农民增收致富。三是抓好农村基础设施建设。加快“井”字形骨干供水网、农田水利灌溉网、城乡一体化饮水安全网建设，突出抓好郭壁供水改扩建等七项重点水源工程的开工建设。加大中低产田改造，建设高标准农田。加强耕地保护，加大土地开发力度，增加耕地面积。积极引导农民按照“依法、自愿、有偿”的原则流转土地，实现土地规模化经营，为农业机械化和农业现代化打下基础。四是加大新农村建设和扶贫开发力度。以中心镇为重点，提升农村公共服务水平，推动农民生产生活方式转变。重点抓好 100 个新农村建设和 10 个新农村示范片建设，抓好小城镇、乡（镇）政府所在地及中心村建设。巩固提升“五个全覆盖”成果。加大 150 个贫困村产业发展扶持力度，增强贫困村自我发展能力。

（六）加快发展社会事业，着力保障和改善民生。一要积极促进就业创业。全面引申国家级创业型城市创建工作，健全城乡就业体系，改善就业环境，保护合法权益，构建和谐劳动关系。全年城镇新增就业 3 万人，完成城镇失业人员再就业培训和新成长劳动力培训 1 万人。二要全面增强社会保障能力。推进城镇职工和城乡居民养老保险衔接、城镇职工医保与居民医保、新农合衔接。提高城镇居民医保、新农合补助标准和实际报销水平。进一步扩大社会保障覆盖面。实行惠农补助一卡通。试行启动社会养老机构建设、运营政府补助制度和购买服务制度。加快发展普惠型社会福利和社会服务体系建设。三要推动教育均衡协调发展。扩大学前教育资源。加快推进城乡义务教育均衡发展,实施义务教育免课本费全覆盖,完成全市教育城域网“校校通”,完成县级义务教育学校标准化建设。逐步改善市区薄弱学校办学条件,持续增加教育资源总量。大力发展和提升现代职业教育,支持特殊教育发展,促进民办教育规范健康发展。继续深化教育综合改革,加强教师队伍建设,有效提升教育教学质量。四要提高人民健康水平。深化医药卫生体制改革,扩大县级公立医院改革试点,同步推进医药卫生一体化综合改革。加强基层卫生服务标准化建设。完善新农合制度,参合率保持在98%以上,重大疾病保障范围由6类扩大到20类。实施好国家基本公共卫生服务项目,防控重大传染病暴发流行。大力加强医疗卫生人才培训和引进,切实提高医疗水平。五要加快发展科技、文化、体育等社会事业。继续加大科技投入,引进高层次人才,提高自主创新能力。切实加强人口和计划生育工作,稳定低生育水平。围绕创建国家公共文化服务体系建设示范区,加强文艺精品创作,推动文化大发展大繁荣。广泛开展全民健身运动,促进群众体育和竞技体育全面发展。

(七)加快社会管理创新,维护和谐稳定发展大局。一要加强民主法治建设。认真实施“六五”普法,扎实推进法治政府建设。二要加强精神文明建设。着力推进公民和未成年人思想道德建设。深入推进全国文明城市创建活动。广泛开展群众性精神文明创建活动。三要加强和创新社会管理。加强社区建设,健全基层社会服务网格化管理体系,提高基层社会管理服务效能。完善信访工作和矛盾调处机制。加强食品药品安全监管。继续加强国防动员、国防教育和国防后备力量建设。进一步加强应急管理,健全突发事件应急体系。做好治超和防灾减灾工作。深入开展平安建设,完善社会治安防控体系,维护社会和谐稳定。四要加强安全生产工作。进一步强化政府的安全监管责任和企业的安全生产主体责任。强化安全生产“三同时”管理。严厉打击各种违法违规行为,有效防范和遏制重特大事故发生,确保安全生产持续平稳。

打基础　利长远　惠民生

吕梁市市长　丁雪峰

2012年,面对经济增长下行压力和市场持续疲软的不利形势,在市委的坚强领导下,全市上下深入贯彻落实科学发展观,牢牢把握“打基础、利长远、惠民生”总体要求,迎难而上,积极应对,着力推动转型跨越发展,经济社会发展和各项工作都取得了新成绩。

2013年是全面贯彻落实党的“十八大”精神的开局之年,是实施“十二五”规划承前启后的关键一年,也是本届政府任期的最后一年。做好2013年的工作,意义十分重大。

一、2013年政府工作的指导思想

以邓小平理论、“三个代表”重要思想、科学发展观为指导,全面贯彻落实党的“十八大”精神和全国“两会”精神,牢牢把握“打基础、利长远、惠民生”的总体要求,大力推进“四化”协调发展,突出抓好资源转化和扶贫攻坚,着力保持经济持续健康发展,着力加快产业转型升级,着力推进城乡发展一体化,着力保障和改善民生,为加快稳定脱贫、全面建成小康社会努力奋斗。

二、2013年经济社会发展的主要预期指标

地区生产总值增长11%,财政总收入增长17%,规模以上工业增加值增长13%,一般预算收入增长19%,固定资产投资增长26%,社会消费品零售总额增长16%,服务业增加值增长10%,城镇居民人均可支配收入增长15%,农民人均纯收入增长18%,居民消费价格总水平涨幅控制在3.5%左右。

三、2013年政府工作重点

(一)继续大上项目。毫不动摇地坚持上大项目、上好项目、上新项目,全面落实“项目推进年”各项要求,实行项目储备、签约、落地、开工、投资、投产“六位一体”整体推进,2013年的目标是:项目储备完成10000亿元,项目签约、项目落地、项目开工、项目投资、项目投产分别完成1500亿元。筛选确定市级重点项目173个,紧紧扭住不放,务必开工建设。

1. 传统产业要升级改造,继续做大做强。坚持扩张规模和改造提升双管齐下,重点向“五大”推进。一是大煤焦。抓紧大矿建设,使吕梁市第二梯次的大矿尽快建成。抓好煤炭洗选,真正做到原煤不出市或少出市。抓住焦炭整合,把全市49户焦化企业整合为25户。二是大电厂。开工一批,上报一批,准备一批,

真正迈出"输煤"变"输电"坚实的一步。全市电力装机容量尽快达到1000万千瓦，真正由挖煤大市向发电大市转变，并为滞销的煤炭开辟一条量大而稳定的销路。三是大铝铁。铝系方面，建成投产两个氧化铝项目，开工建设铝土矿综合利用、铝基新材料、方山铝矾土深加工及铝制新材料等项目，使全市铝系产业得到大力发展。钢铁方面，加快推进焦钢一体项目、焦钢铸一体项目、特种钢和铁合金项目开工建设。四是大酒业。"汾酒城"要全面投产，使汾酒新增产量10万吨。下大力气整合文水散酒和原酒生产，启动优质白酒原酒集聚区建设，统一品牌，统一销售。五是大园区。努力把孝义梧桐、交城夏家营、文水百金堡三个省级园区和"一县一园"的工业园区做大做好，发挥集约、规模、服务、管理的作用。

2. 新兴产业要大力发展，推动循环转型。一是延伸煤化工。以孝义鹏飞、金达，交城美锦、中阳福裕、离石大土河等企业为载体，建成一批"煤化工示范企业"，形成从源头到终端的相互衔接、不断延伸的"全产业链"，实现真正意义的转型。二是做大制造业。开工建设交口安华百万吨铸造加工项目，争取岚县三鑫汽车配件总装生产线建成投产，开工建设文水华一重工大型铸造件项目，促进装备制造业发展壮大。三是开发新能源。继续加快临县年产5亿立方米煤层气项目和气化湫川项目，开工建设石楼20亿立方米天然气项目，争取上马汾阳中节太阳能光伏电站和文水、岚县、方山风电项目，太阳能和风力发电实现"零"的突破。四是发展新材料。进一步加快离石环保纸项目建设步伐，开工建设汾阳广东长城工艺陶瓷、岚县生物质材料加工、离石特种电缆等项目，实现新材料产业重大突破。五是壮大服务业。开工吕梁新城物流组团建设等项目，促进第三产业繁荣发展。六是提升旅游业。重点抓好庞泉沟、碛口、北武当、苍儿会旅游综合开发，做好汾酒城、杏花村镇的酒文化和旅游开发，策划"印象汾酒"实景剧，打造特色旅游品牌。

3. 高科项目要重点突破，引领结构调整。加快引进一批科技含量高、资源消耗少、驱动能力强、带动能力大的高新技术项目，加快培育一批高科技企业。重点深化与国防科技大学的战略合作，全面推进军民融合协同创新。切实抓好柳林李家湾光电子高新技术园、离石无人飞机研发生产、临县高性能计算机电子产业园等高新技术项目建设。

4. 大上项目要攻坚克难，坚决扭住不放。各级领导要带头抓项目，重点在审批、开工、进度、竣工、投产等关键环节上下功夫，特别是要在立项、环评、土地"三大关"上扭住不放，攻坚克难，协调解决各种问题，确保项目建设顺利推进。

(二)倾力支持"三农"。1. 不断创新生产经营体制。一是积极培育专业大户。新增补贴要重点向新型生产经营主体倾斜，支持和鼓励承包土地向专业大户、家庭农场、农民合作社流转，发展多种形式的适度规模经营，解决农业经营规模小、生产效益低的问题。二是切实完善经营体系。大力支持发展多种形式的新型农民合作组织，促进农业生产集约化、专业化、组织化、社会化，破解农户分散生产与大市场有效对接的难题。三是不断健全保障体制。加强农业技术推广、动植物疫病防控、农产品质量监督等能力建设，完善以工扶农、以企帮村办法，完善农村金融服务，增加农业农村资金、技术、人才等生产要素的流入。

2. 切实加大"三农"资金投入。2013年市本级预算安排2.4亿元，重点用于农业农村基础设施建设、农业产业化发展、扶贫攻坚、农民增收等关键领域。以强大的资金投入作保障，促进农业增效、农村进步、农民增收。

3. 精心培育特色主导产业。在抓好"一村一品""一县一业"的基础上，重点启动实施"8+2"产业化增收工程。"8"就是培育壮大核桃、红枣、杂粮、蔬菜、马铃薯、食用菌、中草药和畜牧等8大产业，"2"就是抓好市场开拓和农产品深加工两个突破口。一是建设标准化生产基地。在优势产区划定专门区域，实行标准化生产，提高品质，扩大产量，形成稳定的商品规模。二是打响有机绿色品牌。重点在提高农产品质量上下功夫，注册商标，组织有机、绿色产地和产品认证，推动吕梁市特色农产品进入高档序列，占领高端市场，大幅度提高附加值。三是畅通销售渠道。创新营销模式，建立销售平台，加强产品包装和宣传，提高吕梁市农产品知名度和市场影响力。继续壮大农业产业化龙头企业，以公司带农户，以产业促增收。

4. 大胆闯出扶贫开发新路。一要抓机遇。紧紧抓住国家把吕梁山列为全国11个集中连片特困区的机遇，积极对接国家扶贫政策，制定规划，明确重点，承接产业，放大效应。二要闯新路。积极鼓励和支持大企业参加产业扶贫活动，加快促进农业产业化、农村公司化、农民工人化，大幅提升农民经营性收入、资产性收入和工资性收入。继续做好移民搬迁、整村推进和劳务输出等扶贫工作。确保全市农民人均纯收入的增幅高于城镇居民人均可支配收入的增幅，力争再减少低收入贫困人口13万人。

5. 全面推进新农村建设。继续大力推进新农村建设。完成集中连片示范区11个、打造高标准新农村100个、新农村重点推进村350个。

6. 均衡补短促进协调发展。把扶持石楼、补起短板、产业突破作为重要工作来抓。在石楼开工建设总投资78亿元的天然气项目和中煤总投资160亿元的煤焦电材一体化项目，以产业发展真正带动石楼的脱贫脱困，逐步缩小区域发展差距。

(三)扩城增容提质。1. 抓紧推进大县城建设。全面推进规划转型、新区示范、旧区提质、城乡清洁、宜居创建等工程。积极开展卫生县城、园林县城等品牌创建活动。持续整治"脏乱差"，不断提高城镇管理水平。推进"离柳中方""汾孝"城镇组群发展，支持经济强镇、区域重镇、文化名镇加快发展，使全市城镇化率提高1.7个百分点。在小城镇建设上，重点与汾酒厂合作，抓好汾阳杏花村古镇的规划建设。

2. 加快吕梁新城建设。一是规划设计先行。进行整体规划，进行组团和单体设计，规划出约30平方千米共11个组团。二是重点建设项目。陆续开工建设五项“十大公益工程”，分别是：十大市政工程、十大教育工程、十大公园工程、十大交通道路工程和十大医院。三是保障群众权益。抓好政策落实，统筹做好补偿兑现、户口转换、低保救助、就业培训等一系列关键环节。四是创新筹资模式。采取多种形式的筹资融资和建设方式，鼓励民营资本和社会资金进入新城建设。五是加强质量管理。加强工程质量和工程廉政监督管理，加强对新城建设工程招投标、土地交易、政府采购等环节的监管。六是坚持“两个同步”。即同步规划改造老城区和同步规划产业发展布局。在建设新城的同时，抓紧修订完善离石老城区规划建设，同步启动旧城改造，做到新老城区功能互补、共同发展。

3. 健全城镇化保障体系。实现就业方式、社会保障等一系列由“乡”到“城”的转变。出台户籍制度改革实施办法，有序推进农业转移人口市民化，重点解决社会保障、子女上学、保障性住房等问题，真正让农民能进得来、留得住、过得好。

（四）大搞基础建设。1. 建设立体交通。机场建设，吕梁机场2013年上半年实现校飞，下半年正式开通北京、上海、成都等地的航线；铁路建设，重点加快27个战略装车点及专用线的建设，扩建吕梁火车站；公路建设，西纵、环城两条高速和太佳高速黄河大桥10月正式通车，重点争取开工建设吕梁新城至交城、西纵离石至交口、交口至汾阳等高速公路工程，加强沿黄公路、县乡公路、乡村公路改造养护，确保公路交通便捷畅通。

2. 加强水利建设。继续实施“千井富民工程”，新打200眼灌溉深井。完成龙门供水等骨干工程年度任务，继续推进中部引黄和沿黄提灌工程。新建人畜饮水安全工程268处。全力争取列为全国人代会议案的碛口水利枢纽工程。

3. 完善电网布局。加快临县白文500千伏输变电工程，开工4座220千伏、9座110千伏输变电工程，扎实抓好农网、城网升级改造，进一步提高全市输变电能力。

4. 加速“气化”进程。完成临县到离石、离石到太原、临县到保德煤层气输配建设并实现供气，并建成20个加气站。开工建设4个液化工厂，争取所有县（市、区）城区居民都用上天然气，加快“气化吕梁”步伐。

（五）多办民生实事。1. 加快发展社会事业。一是均衡发展各级各类教育。力争7个县通过省政府义务教育均衡发展验收，并完成薄弱学校改造工程。加快推进中专学校重组升级和高等教育建设发展。全面推进素质教育，着力提高教育质量。加强校园安全管理。二是推进文化改革发展。切实加强思想道德建设。巩固扩大文化体制改革成果，促进公益性文化健康发展。完善基层文化设施，实施文化惠民工程，积极开展送戏下乡活动。培育壮大文化产业，推动文艺创作繁荣发展。加强非物质文化遗产传承保护。三是大力发展医疗卫生事业。开工建设以吕梁大医院为主的医疗综合体。推进乡镇卫生院和社区卫生服务机构标准化建设。继续深化医药卫生体制改革，全市60%以上的县级以上公立医院实施国家基本药物制度，新农合农民参合率保持在97%以上。加强地方重大疾病防治，提高全民健康水平。稳定低生育水平，提高出生人口素质。四是积极扩大就业。创造就业岗位，加强技能培训。2013年城镇新增就业4万人，城镇登记失业率控制在4.2%以内。五是完善社会保障体系。提高城乡居民基础养老金，月领标准不低于65元；企业退休人员基本养老金提高10%。城镇居民医保和新农合财政补助标准提高40元，达到每人每年280元。城乡低保标准每人每月分别提高30元和24元，并做到应保尽保。新建各类保障性住房2.3万套，基本建成1.8万套。

2. 推进生态文明建设。抓好造林绿化和生态治理恢复。实施吕梁山生态脆弱区植被恢复造林、高速公路沿线绿化、新城东西山绿化和核桃林发展四项重点工程。推进吕梁特色的荒山绿化、小流域治理等工程，积极开展采矿塌陷区治理，抓好北川河等重点流域综合整治。加强吕梁新城上游植被修复和水资源保护。推进节能降耗和减排治污。加大淘汰落后产能力度，引导重点企业实施技术改造。持续开展城市燃煤烟尘、扬尘整治和污染防治。新建一批城市污水处理厂，县县建成生活垃圾处理场。积极防范重大环境污染事件，严厉查处环境违法行为。

（六）推进改革开放，不断增强发展新活力。一是转型综改。紧紧围绕产业转型、生态修复、城乡统筹、民生改善“四大任务”，突出“走出转型路径、改革体制机制、强化组织保障”三个重点，扎实推进综改试验。二是机构改革。积极推进市、县（市、区）两级政府机构改革和职能转变。简政放权，提供优质公共服务。三是招商引资。扩大市外境外客商在吕梁的投资规模，积极挖掘和培植项目。加大招才引智力度。扎实抓好外贸平台建设。四是给力民营。积极扶持和引导民营企业家投资实体经济、承接转型项目、吸纳高新技术，促进民营经济加快转型升级，实现二次腾飞。五是创优环境。营造有利于发展的法制环境、市场环境和社会环境，给投资创业者提供最大限度的支持和便利，以优良的环境引来投资、留住客商。

（七）落实监管责任，确保安全稳定上台阶。一要全面加强安全生产。强化政府的监管责任，严格落实企业的主体责任。突出重点领域、重点行业、重点部位、重点时段，继续深入开展专项整治，深化隐患排查治理。深入开展“打非治违”，严厉打击私挖滥采行为，进一步规范生产、建设和经营活动。强化应急救援，提高应对突发事件的科学化水平。二要全力维护社会稳定。巩固扩大“三大活动”成果，建立健全群众诉求表达、利益协调、权益保障机制。完善流动人口、特殊人群、非公经济组织和新社会组织以及信息网络的服务与管理。强化食品药品安全监管，确保人民群众饮食安全、用药安全。完善治安防控体系，始终保持对重大刑事犯罪的严打态势，全力维护政治稳定、社会安定。

凝心聚力　攻坚克难
加快建设文明开放、富裕和谐新临汾

临汾市市长　岳普煜

2012年，临汾市紧紧围绕“率先转型、全力跨越”的总目标，牢牢把握“稳中求进、好中求快”的总基调，突出“产业转型、环境提升、城乡统筹、民生改善”四大重点，攻坚克难，开拓进取，圆满完成各项工作目标。

2013年是全面贯彻落实党的“十八大”精神的开局之年，也是实施“十二五”规划的关键之年。必须始终保持清醒头脑，切实增强责任感和紧迫感，以超前的思维，创新的精神，务实的作风，兢兢业业、扎扎实实做好各项工作。

一、2013年政府工作的总体要求

全面贯彻落实党的“十八大”和全国“两会”精神，以邓小平理论、“三个代表”重要思想、科学发展观为指导，按照市委三届四次全会的总体部署，紧紧围绕主题主线，以提高经济增长质量和效益为中心，以“百里汾河新型经济带”为龙头，不断深化改革开放，推进城乡统筹发展，构建循环产业体系，加快生态文明建设，促进文化发展繁荣，着力保障改善民生，确保经济持续健康发展和社会和谐稳定，加快建设文明开放、富裕和谐新临汾，为全面建成小康社会奠定坚实基础。

二、2013年全市经济社会发展的预期目标

地区生产总值增长11%，规模以上工业增加值增长15%，全社会固定资产投资增长23%，社会消费品零售总额增长15%，财政总收入增长12%，城镇居民人均可支配收入增长11%，农民人均纯收入增长15%，居民消费价格总水平涨幅控制在3.5%左右。

三、2013年政府主要工作任务

*（一）着力加快“百里汾河新型经济带”建设。*一要加快规划编制。进一步加快经济带整体规划和生态修复、产业园区、旅游景区、交通路网、城镇布局、新型农村社区等各类专项规划的编制工作，力争年内全面完成。二要坚持基础先行。汾河河道水利工程汛前全面完工，城区段和其他可行河段生态景观工程年内完成。临汾民航机场全面完成建设任务。滨河东路贯通工程完成路基，霍永高速东段、西段一期、大运高速临汾土门连接线拓宽改造、国道108线霍侯一级公路北段、省道桃临线汾西县城至霍州段全面完工，开工建设大西高铁临汾客运站、长临高速和霍永高速西段二期，临汾一级客运西站投入运营。加快推进滨河东路与市级主干道、小城镇及各产业园区、文化旅游景区连接路建设，完善路网结构。新建续建曲沃、霍州北等14项220千伏，侯马高村、翼城南唐等10项110千伏输变电工程，不断提升“经济带”电网保障能力。三要狠抓项目建设。按照项目储备、签约、落地、开工、建设和投产“六位一体”要求，深入开展“项目推进年”活动，引进建设大项目、好项目，特别是要加快推进中煤、奥特莱斯、太原煤气化、大连傅氏、山西国际电力等产业项目的落地建设。加快完善洪洞煤焦化深加工园、甘亭工业园、曲沃冶金生态工业园等产业园区的管理机制，建立健全组织机构和服务体系，进一步完善水、电、路等基础设施，不断提升园区综合承载能力，为项目入园创造条件。四要实施“两区同建”。积极推进新型农村社区与产业园区“两区同建”示范工程。鼓励土地流转，推进农村经济集约发展、规模经营。结合新农村连片建设、扶贫开发等有利政策，加快推进新型农村社区建设，完善农村社区配套，丰富公共服务内容，改善农民生活条件。“百里汾河新型经济带”沿汾6个县市区要抓好一个现代农业园区和新型农村社区“两区同建”试点工程。五要推进三产发展。物流业，重点推进山西国际陆港园区建设，实施方略保税物流中心二期，加快10平方千米起步区建设。进一步推进侯马开发区国家电子商务示范基地建设。旅游业，大力推进洪洞大槐树、广胜寺、尧庙、尧陵、晋国博物馆、丁村遗址及霍州七里峪等文化旅游景点开发，增强吃、住、行、游、购、娱要素配置，争创国家5A级旅游景区，建设区域性旅游集散中心。文化产业，打造“百里汾河文化长廊”，规划汾河非遗生态保护区，促进剪纸、刺绣等民间工艺规模化发展。现代商贸业，重点推进尧都红星美凯龙、临汾开发区居然之家、临汾建材博览城等项目建设，建立“15分钟便民消费圈”，不断提升“经济带”第三产业整体实力。

*（二）着力推进工业经济结构优化升级。*一要加快

煤矿基本建设步伐。加快煤矿规模化、集约化、机械化、信息化建设，努力实现矿井现代化、矿山新型化、矿区城镇化、矿域生态化。特别是要深入开展"煤矿基本建设攻坚年"活动，加大投资力度，确保上半年地方监管矿井全部批复开工建设，全年新增投产矿井 20 座，新增产能 1800 万吨。生产矿井井下安全避险"六大系统"全部完成。王家岭、华宁焦煤两座煤矿实现现代化矿井目标。全年原煤产量力争达到 6000 万吨以上。二要加大焦化、冶金等行业整合改造力度。大力推进焦化、冶金等传统产业整合改造和产能提升。焦化行业，完成同世达、万鑫达、华康 3 户独立焦化主体资产重组，改造升级陆合、永鑫、利达等 7 户煤焦联合主体，进一步实施巨成、宏源等 8 户限期保留企业并购重组。加快实施山焦 60 万吨烯烃、中煤尧都区煤化工等 13 个项目，逐步建成以洪洞煤焦化深加工园区、尧都汾河煤电化工业园区、襄汾河西煤化工园区、古县涧河华宝工业园区、安泽唐城工业园区为主的煤焦化深加工基地。冶金行业，加快"环塔儿山、二峰山"钢铁集群建设，重点做好升级改造项目的手续完善工作，抓好中宇钢铁 2×1860 立方米高炉、襄汾星原 100 万吨盘螺等 16 个项目建设。电力行业，加快推进海姿热电、侯马热电等一批在建项目，做好大唐安峪、蒲县宏源煤矸石发电等项目前期工作，力争用两到三年时间，全市电力装机总容量达到 1000 万千瓦。三要做大做强新兴产业。装备制造业，重点实施翼城舜达锻造、襄汾鸿达高端铸件、浮山智能矿用设备等 18 个项目。电子产业，重点实施洪洞尧天大功率 LED、侯马开发区志盛太阳能电池等项目。新材料工业，重点实施山西秉鼎陶瓷以及临汾山水、侯马汇丰、蒲县龙祥新型干法水泥等 11 个项目，努力使新兴产业尽快成为经济增长的重要支柱。

（三）着力抓好"三农"工作。一要夯实农业基础。加快推进山西"大水网"涉临工程，重点实施隰县、大宁、蒲县、汾西四县中部引黄工程和禹门口东扩支线工程。实施 16.7 万公顷高标准农田建设工程、9333 公顷农业综合开发土地治理工程、西山五县重点水保工程和西山百万亩果业水利配套工程，不断增强农业综合生产能力。积极创新农业耕种模式，提高农机装备和作业水平，发展机械化保护性耕作，稳定面积，主攻单产，突出抓好 39 个万亩高产示范区，确保粮食总产稳定在 20 亿千克以上。二要发展特色农业。以"一村一品、一县一业"为主攻方向，以西山百万亩水果基地、百亿元产值"双百"工程为龙头，加快"四个百万亩"特色农业基地建设。新增省级"一村一品"专业村 200 个以上。继续实施农业产业化"393"工程，加大对汾西洪昌养殖、翼城大众饲料、蒲县昌源马铃薯等一批农业产业化龙头企业的支持力度，提高农产品加工转化率和市场占有率。全年农产品加工销售收入突破 60 亿元。三要创新农业经营机制。引导一般农户提高集约化、专业化水平，扶持农业企业、联户经营、专业大户、家庭农场等经营主体，发展多种形式的新型农民合作组织和多元服务主体，不断提高农民生产组织化程度。抓好"两平台一通道"建设，巩固完善市、县、乡、村农业科技服务体系。加快"新发地"吉县果品市场、永和美特好农产品存储加工配送中心等营销平台建设，鼓励网上销售、农超对接或设立直销网点。充分发挥农信社等金融机构支农扶农作用，在农村设立小额贷款专柜和小额农贷绿色通道，保证农业生产经营资金需求。四要扎实搞好新农村建设和扶贫开发。巩固两轮"五个全覆盖"成果，以 30 个新农村连片示范区和 300 个重点村基础设施建设为重点，着力打造一批产业连片、设施连通、服务配套、管理有序的新农村综合体。办好省定农村五件实事，启动实施农村困难家庭危房改造、特困群众易地搬迁、行政村街道亮化、村级幼儿园改扩建和乡村清洁工程。加大新一轮扶贫开发力度，以吕梁山集中连片特困地区为主战场，建设吉县中市垣、东城垣，隰县阳德垣，大宁太德垣 4 个有机示范园区；以片区开发、整村推进为重点，实施安泽、古县等片区开发项目，完成整村推进 80 个，易地扶贫搬迁 9840 人。

（四）着力提高城市综合承载能力和城镇化发展水平。一要高起点规划城镇发展。加快完成《空港园区控制性详细规划》《河西新城控制性详细规划》《尧庙核心区城市设计》《城市燃气专项规划》等规划编制工作，开展《临汾市旧城区疏解提质专项研究》。快速推进县域规划，完成霍州、襄汾、乡宁总体规划修编，汾西、永和、大宁、洪洞总规报批，启动古县、隰县、浮山城区控制性详规，全年各县市控规覆盖率力争达到 70%。二要增强中心城区综合承载能力。按照"拓展新城、提升老城"的思路，河西新城突出完善交通网络，启动实施高铁西客站站前广场及景观大道、新高中南路、滨汾花园南路等 12 项城市道路工程。老城区着力完善功能，继续实施道路畅通工程，启动实施煤化巷、五一东路、二中路等道路拓宽改造以及城市防汛排水工程。建设平阳广场和尧都广场应急避难场所。继续推进市区集中供热、供气工程，实现市区供热管网联通，提高集中供热、供气率。大力开展园林绿化"四创"活动，加快园林城市创建步伐。创新城中村、城郊村改造机制，快速推进城中村、城郊村改造。持续开展环境专项整治活动。全面推进数字化管理和社区网格化管理，进一步整治城市交通秩序。三要加快大县城和特色城镇建设。加快基础设施和配套设施建设。依托煤炭、旅游等特色产业，抓好小城镇建设，努力在人口集聚、产业发展、公用设施建设等方面取得突破性进展。特别是要进一步完善就业、养老、上学、医疗等各项配套政策，引导农村居民向城镇集聚。

（五）着力推进生态文明建设。一要加大环境治理力度。科学编制 PM2.5 控制规划，完成 PM2.5 监测设备安装和调试。加大落后产能淘汰力度，从源头上减少污染物排放。启动隆顺、泰华、双山、欧环 4 个城周焦化企业整合搬迁工程。加大集中供气供热工程建设力度。加大建筑工地、工业企业及车辆运输环节等扬尘治理力度，减少烟尘粉尘污染。全面治理重点污染源，确保全年城市环境空气质量稳定达到国家二级标准以上。建设市区河西污水处理厂，完成市区第一污水处理厂改造，加快北城区污水收集管网建设，实施龙祠水源地周边环境综合整治，保证市区居民饮水安全。开工建设污泥干化处置场、小型垃圾压缩转运站。加快各县市区园林城市、卫生城市创建步伐，为全市创建“国家环保模范城”奠定坚实基础。二要扎实推进节能降耗。全面开展能效对标，严格节能评估审查，强化节能监察执法，积极倡导低碳消费，促进全社会节能。落实省千家企业节能低碳行动，督导176家重点企业，重点实施80个节能改造项目。大力推进“十城万盏”半导体照明应用示范工程。积极推广变频电机、建筑节能保温材料等节能技术和节能产品。全年单位生产总值能耗下降3.5%。三要大力开展造林绿化工作。深入推进“两山”造林、“两网”绿化、“两林”富民、“两区”增绿和“两保”资源等造林绿化工程，重点搞好吕梁山生态脆弱区植被恢复和高速公路通道绿化。巩固造林绿化成果，加大林木管护力度，提高森林保有量。继续加快涝洰河生态环境综合治理等生态工程，构建环境优美的生态体系。

（六）着力推进改革创新。一要加大重点领域改革攻坚力度。进一步加快政府机构改革，稳步推进事业单位分类改革。加快部门预算制度、国库集中收付制度和公务卡制度改革，推进资源税、房产税、环境保护税改革。不断扩大公立医院改革试点，继续推进基层医疗卫生体制综合改革。全面开展农村土地确权登记颁证工作。加快推进征地制度改革。巩固林权制度改革成果，鼓励森林、林地、林木合理流转。二要全面加快转型综改试验区建设。围绕产业转型、生态修复、城乡统筹、民生改善四大任务，继续大力推进“一市两县”“一市两园”、20个省级试点企业和70个市级标杆项目，突出抓好“一市一板块”“一县一任务”“一局一专项”改革试点，努力在资金、用地、税收、项目审批等领域取得突破。三要加快推进金融创新。深化投融资体制改革，规范完善投融资平台。引进光大、华夏等股份制银行，加快信用社改制商业银行，组建村镇银行。创新融资方式，拓宽融资渠道，推动地方企业上市。发展保险、基金、信托、中介等金融服务业。四要积极推进科技和人才创新。加大科技投入，大力实施高新技术企业成长、创新型产业集群构建等科技创新工程。深入开展产学研合作。加大对高层次、高技能人才的引进力度，加强对本地实用人才的培养和使用。加快人才发展体制机制改革，激发各类人才创新活力。五要进一步扩大对外开放。坚持以资源引资本、引技术、引项目、引人才，广泛开展专业化、集群式招商引资活动。加大与发达国家和地区的合作交流，开拓国际市场，加快外贸基地和平台建设，支持外贸企业做大做强。六要大力发展非公有制经济。鼓励支持民间资本投入重大基础设施、科技研发、战略性新兴产业、社会事业、民生改善等领域。大力实施中小企业成长工程，加大对中小微企业融资的服务力度，培育年销售收入超亿元的“小巨人”企业10户和销售收入超千万元企业30户，确保全年中小企业工业增加值增长15%以上。

（七）着力办好社会事业。一要推进文化事业发展繁荣。大力实施“文化强市”战略。抓好文化基础设施建设，巩固提升县级“三馆一院”和乡镇文化站所、农村文化活动场所。实现全市有线电视乡乡通。鼓励文化创新，打造文艺精品。加强文化遗产保护和非物质文化遗产传承。积极开展文化下乡、送戏下乡等文化惠民演出活动。广泛开展全民健身运动，促进群众体育和竞技体育全面发展。二要全面抓好各类教育。加大教育投入。把改善教学条件、整合教育资源、提高教学质量作为教育工作的重中之重，完成市区中小学危房改造扫尾工程。完成5个县薄弱学校改造，建设标准化学校200所。积极发展学前教育。大力发展特色职业教育，全面规范民办教育。三要提高医疗服务水平。加快临汾新医院建设，年内投入使用。稳步推进市精神病医院、市传染病医院和市中医院改建项目。积极推广古县、乡宁、蒲县改革经验，加快推进县级公立医院和县域医药卫生一体化综合改革。全面做好卫生应急、疾病防控、妇幼保健、地方病防治等工作。稳定低生育水平，提高出生人口素质，全市人口自然增长率控制在6.5‰以内。四要促进和扩大就业。继续完善创业就业服务体系，创造就业岗位和就业机会，以创业带动就业。大力发展劳动密集型产业，不断扩大就业规模。做好农民工、大中专毕业生、城镇就业困难群体等重点群体的就业工作，力争今年新增城镇就业岗位5.5万个，城镇登记失业率控制在4.2%以内。五要进一步加强社会保障。完善社保体系，提高职工、居民医保报销比例和养老、失业、工伤、生育保险待遇，全面推行“社会保障一卡通”。加快廉租住房、公共租赁房、经济适用房建设和农村危房、城市棚户区改造步伐。

（八）着力推进社会管理创新。一要坚持不懈抓好安全生产。深化落实企业主体责任、政府部门监管责任和属地管理责任。深入开展安全生产专项整治和打非治违行动，加大安全生产目标责任考核力度，严格执行安全生产一票否决制和责任追究制。突出煤矿、非煤矿山、危险化学品、尾矿库、水库、道路交通、森林防火、食品药品、特种设备、建筑施工、学校等重点行业和重点领域隐患排查、治理和日常监管活动。二要努力维护社会稳定。扎实开展“夯实基础管理、落实工作责任”集中教育整顿活动。完善人民调解、行政调解、司法调解联动工作体系。加大矛盾纠纷排查化解力度。扎实推进社区规范化建设和网格化管理。深入实施“六五”普法教育。严厉打击各类违法犯罪活动，全力维护社会稳定。加强应急管理工作，提高应对自然灾害、事故灾难、公共卫生事件和社会安全事件的应急处置能力。

实施五大战略重点　坚持三个强化　推行一项工作机制　努力建设美丽河东、大美运城

运城市市长　王清宪

2012年，运城市大力实施工业强市和文化强市战略，抓投资上项目，调结构转方式，惠民生促和谐，攻坚克难，扎实工作，圆满完成各项工作目标，为2013年全市经济社会保持持续向好发展奠定了良好基础。

一、2013年政府工作的总体思路

全面贯彻落实党的“十八大”精神，以科学发展观为指导，紧紧围绕全面建成小康社会目标，坚持转型跨越发展主旋律和稳中求进工作总基调，以国家转型综改试验区建设为统领，以晋陕豫黄河“金三角”承接产业转移示范区建设为抓手，以提高经济增长质量和效益为中心，以改革开放为动力，进一步强化投资拉动、项目带动、招商推动、创新驱动，紧紧扭住工业新型化、农业现代化、市域城镇化、城乡生态化和文化旅游产业五大战略重点，在经济发展、改善民生、安全生产、社会管理、优化环境等方面取得新成效，努力建设美丽河东、大美运城。

二、2013年经济社会发展主要预期目标

地区生产总值增长9%，固定资产投资增长20%，规模以上工业增加值增长12.5%，社会消费品零售总额增长14%，外贸进出口总额增长7%，财政总收入增长10%，一般预算收入增长6%，城镇居民人均可支配收入增长11%，农民人均纯收入增长13%，城镇新增就业5.65万人，城镇登记失业率控制在4%以内，居民消费价格水平涨幅控制在3.5%左右。

三、2013年政府工作重点

*（一）以“六位一体”为抓手，加大投资力度，强力推进项目建设和招商引资。*按照省委、省政府“项目推进年”的要求，认真落实项目储备、签约、落地、开工、建设、投产“六位一体”工作机制，采取领导包联、24小时“直通车”、现场办公和责任考核等措施，确保项目建设取得实效。全市实施重点项目267项，总投资3619亿元，年度计划完成投资900亿元。重点抓好产业类项目、基础设施类项目、民生类项目和生态建设类项目。

项目是投资增长的载体和依托，招商引资是项目投资的关键环节和主渠道。各县（市、区）、开发区要进一步明确主导产业定位，创意策划项目，确定招商的重点区域和对象，创新招商方式，大力开展专业化、定向化、集群化招商，提高招商引资实效。深入实施运城籍在外优秀企业家“回乡创业”工程。力争全年招商引资到位资金突破600亿元。

*（二）以工业强市为主导，千方百计做大工业总量，强力推进工业新型化。*继续实施工业强市战略，加快由工业小市向工业强市转变。一是传统产业抓改造。围绕冶金、焦化、电力、食品、纺织等产业，抓好重点企业的重组整合，重点项目的技改提升，推进产业链条延伸、产品升级换代、工艺流程再造、资源循环利用。积极推进与央企、省内大企业战略合作，大力支持阳煤、焦煤、同煤等大集团在运城市发展非煤产业。加快煤炭企业基建进度，尽快投入生产。二是新兴产业抓壮大。以汽车和运输设备、铝镁深加工、新型化工、现代医药、农产品加工、高新技术、新材料、新能源等产业为重点，加大投入，加强联合，扩大规模，增强实力，拓宽市场，构筑运城工业经济新优势。三是产业集聚抓园区。各县（市、区）、开发区要坚持“错位发展、差异竞争、优势互动”的原则，大力发展产业园区。重点抓好“5+15”园区建设，提高产业集群在区域经济中的带动作用。工业引导资金主要用于对园区发展的支持。四是创新驱动抓科技。加大对企业人才引进、产品开发、品牌创建、市场开拓的支持力度，加快构建以企业为主体、市场为导向、产学研相结合的技术创新体系，加强与中科院北京分院、西北工业技术研究院等科研院所合作。重点支持和推动银光镁业与中科院合作研发新型铝镁合金产品。新认定省级企业技术中心2家。全年申报国家、省科技计划项目80项以上。五是民营企业抓服务。切实加强对中小微企业和民营企业在土地、人才、资金、技术等方面的扶持和服务。继续推进标志性产业和中小企业发展“两个规划”，2013年新增标志性产业项目36个，规模以上工业企业30户。培育销售收入超亿元企业10户，孵化小微企业1000户。六是瓶颈突破抓融资。深入开展“金融下乡、送贷入企”活动，组织好第九届银保企洽谈会。坚持股权融资和债权融资相结合，推进有条

件的企业进行股份制改造，为嫁接资本市场创造条件。抓好永东化工、中磁科技、青山化工等企业上市。充分利用公司债、企业债、中小企业私募债等融资手段，多形式促进民间资本投入实体经济。

（三）以农民增收为核心，加快现代农业示范区建设，强力推进农业现代化。“一村一品”要巩固661个专业村，启动260个专业村建设。“一县一业”要继续抓好临猗、万荣、芮城、平陆的苹果，新绛、夏县的蔬菜，永济的肉鸡养殖等7个省级基地县建设。大力培育垣曲、闻喜的核桃，新绛、绛县、闻喜的中药材，绛县的樱桃、山楂，永济的芦笋等主导产业。果业要以打造运城品牌为重点，继续抓好果园技术改良，推进万荣、临猗精品苹果示范园，稷山红枣示范园，平陆、芮城优质苹果基地建设，进一步拓展国际高端市场。组织参加第三届山西农博会，积极推进“农超”对接，提升运城农产品在全国的知名度和市场占有率。龙头企业要重点扶持100家企业做大做强，全年农产品加工销售收入完成190亿元，增长10%。“五个计划”要完成“双创”增粮田8万公顷。全年粮食总产达到23亿千克以上。新增“三品一标”认证15个。每个县建立农产品质量追溯试点。新建和改扩建标准化养殖小区、规模养殖户100个。新增农民专业合作社400个。积极推进现代农业物流园区建设。现代农业标杆工程要重点抓好盐湖区国家现代农业示范县（区）、盐湖区国家休闲农业和乡村旅游示范县（区）、永济许家营国家级农业产业化示范基地和新绛国家级无公害标准化示范区建设。培育发展农村主导产业科技合作社10家。加快推进山西运城国家级农业科技园区建设。按照“区域集中、设施完善、特色明显、高产高效”的要求，每个县（市、区）建设1～2个高标准的现代农业示范区。农业基础建设继续实施“三引六扩、河库成网”规划，加快小浪底引水、北赵东扩等工程建设。全面完成小二型水库除险加固任务。完成农业灌溉面积36.7万公顷，新增和恢复水地4万公顷，治理水土流失面积1.8万公顷。完成夹马口、北赵引黄等灌区末级渠系配套1500千米，提高水资源利用率。建设高标准农田4067公顷，完成中低产田改造3667公顷。重视科技推广，提高农机化水平。新农村集中连片示范区要继续按照“一县一区、一区10村”要求，整合环保、农业、电力、土地、交通等资金，进一步提升13个新农村集中连片示范区和330个重点村建设水平。加快推进土地整理和高标准基本农田建设。2013年，要改造农村困难家庭危房8380套，易地搬迁农村特困人口1.3万人，完成1805个行政村街道亮化任务，改造村级幼儿园69所，在1167个村开展乡村清洁工程。扶贫开发要完成夏县、万荣各2000公顷核桃和平陆县1333公顷秋番茄三个片区扶贫开发项目，启动实施垣曲第二轮易地扶贫项目，支持18家龙头企业带动农民增收致富。农村改革要按照“自愿、依法、有偿”的原则，积极推进土地流转，发展规模经营。培养新型经营主体，提高农民组织化程度。改善农村金融环境，激发农村经济活力。继续发挥“一网九平台”作用，把强农惠农政策落到实处。

（四）以城乡一体化发展为方向，统筹“四位一体”和“八区联动”，强力推进市域城镇化。2013年，全市实施城镇化建设项目215项，总投资295亿元，年度计划完成投资101.9亿元。一要提升中心城市辐射带动力。要围绕“百万人口、百平方公里”的城市规模和打造“百平方公里湿地、百平方公里绿色屏障”的生态环境目标，建设人与自然协调发展、绿色生态宜居的美丽新城。中心区、老城区、运城经济开发区、空港经济开发区、东部新区、西部关圣旅游景区、南部生态区、北部高新区要在发展规划、产业布局、基础设施、公共服务、社会管理等方面“八区”联动，同城共建。继续推进“规划工程建设年”，实施城建项目54项，总投资206.7亿元，完成投资53.55亿元。主要抓好禹都公园、东部文化广场、高铁站前广场、机场和高铁快线、解放路跨工农街高架桥、华源街大桥、南山环湖生态、关圣文化建筑群申遗、姚暹渠改造及城市水系建设、保障房建设等2013年城市建设十大标志性工程。积极推进盐临夏城镇群建设。二要增强“大县城”综合承载力。深入实施“大县城”战略，按照已批复的各自建筑风格规划，每个县城至少实施一个“大县城”重点工程，加大基础设施和公共服务设施建设，使城市功能和品位得到新提升。三要增强小城镇产业集聚力。突出特色，发挥优势，着力增强产业聚集功能，打造一批工业强镇、商贸重镇、历史文化名镇和旅游大镇。编制完成5个建制镇（乡集镇）总体规划。重点支持15个特色镇建设。四要增强新农村自我发展力。突出主导产业培育、基础设施完善、村容村貌整治，重点实施新农村建设项目35项，发挥好示范带动作用。五要加强城市管理。深入推进城建质量提升综合整治，在绿化、卫生、交通、环保、治安等方面提升管理水平，探索建立长效机制。加强宣传教育，不断提高市民素质和城市文明程度，塑造城市良好形象。

（五）以关圣文化建筑群申遗为契机，打造运城特色文化品牌，强力推进文化旅游产业和现代服务业发展壮大。一要加大投入力度。市县两级财政都要安排专项资金扶持文化事业和文化产业发展。采取市场化手段，积极探索文化旅游产业发展投融资新机制、新模式。二要加强公共文化服务体系建设。实施文化惠民工程，丰富群众文化活动。大力推进文化科技法制卫生“四下乡”和博物馆、文化馆、图书馆免费开放。加快市新闻大厦、广电大楼建设，启动市群艺馆改扩建工程。搞好县级档案馆建设。三要大力发展文化产业。扶持运城制版、宇达青铜、凯达彩印等龙头企业做大做强。支持文化创意、工艺美术、制版印刷和演艺娱乐等支柱产业发展壮大。推动关公文化产业园、盐湖文化产业园、空港文化产业园、稷山印刷包装文化园、绛州澄泥砚等集约发展。提升关公文化节、舜帝德孝文化节、永乐宫国际书画节、鹳雀楼诗歌文化节节庆会展水平。精心打造关公故里、山西本命年、万荣笑话、绛州鼓乐等文化名片。完善文化人才培养、引进和激励机制，推出更多文化精品。扶持民间艺术发展。四要大力发展旅游产业。突出关公文化、根祖文化、盐文化、道教文化等特色文化，围绕关帝庙、永乐宫、舜帝陵、盐湖、鹳雀楼、普救寺、后土祠、李家大院等重点景区，在资源整合、文化融合、产品开发、品牌打造上下功夫。开展文化旅游宣传推介，全年旅游总收入增长15%以上。五要加快发展现代服务业。大力发展家政、餐饮、住宿等生活性服务业和交通运输、现代物流、信息等生产性服务业，积极培育发展电子商务、网络文化、数字家庭等消费热点，打造城市15分钟便民商业圈。启动实施商贸流通“118”工程，打造一批各具特色的直营店、大型超市、商业综合体和物流园区。六要大力发展金融产业。创新资源理念，进一步推进商业股份制银行以及保险、证券、基金、产业投资、股权投资等金融机构入驻运城。着眼黄河“金三角”金融中心建设，打造金融高地和资金洼地。争创全国金融生态示范城市。鼓励各金融机构加大对运城市的信贷投放。积极探索设备租赁、信托融资、信用证融资、股权融资、票据融资等多种新型融资方式，努力为运城市的重点项目建设和经济社会发展寻找更多资源，提供更多支持。

（六）以建设美丽河东、大美运城为目标，深入开展“四城联创”，强力推进城乡生态化。一是持之以恒造林绿化。落实林业直补政策，强力推进山上治本、身边增绿和产业致富等工程。在全社会倡导各种各样的家庭纪念林。大力开展省级生态县创建活动。科学规划核桃产业发展。加强荒山荒坡荒沟生态治理、水生态保护及水土流失严重地区生态修复。二是加大节能减排力度。落实循环经济试点市各项任务，关小上大、扶优汰劣，提高工业废弃物处理和利用水平。搞好新能源应用、地热资源开发，推进工业循环、农业循环及生产流通消费过程的减量化、再利用、资源化。三是深入推进生态兴市。倡导节约用水。加强城市(镇)集中式饮用水水源地保护，确保水质达标率100%。实施汾河、涑水河、姚暹渠环境综合整治。建设乡宁至河津天然气长输管线，发展居民用户2万户。积极推进天然气向农村延伸。中心城市和12个县(市)二级以上优良天数完成省定任务。四是深入开展“四城联创”活动。落实部门责任，严格督查考核，完成省级园林城市验收、国家卫生城市申报、省级环保模范城市创建和省级文明和谐城市验收等阶段目标。启动实施创建国家新能源示范城市。

（七）以转型综改试验区建设为统领，充分聚合政策能量，强力推进改革开放。转型综改要按照“一市一板块”“一县一任务”的要求，确定重点领域和重点任务，制定推进思路和改革措施，力求更大成效。力争中磁科技、中海金源新型材料、同誉铝合金轮毂、宏光医药包装、晋南生态铝工业基地规划、晋南牛产业化、F型杂交小麦等项目成为全省转型综改标杆项目。承接产业转移示范区建设要最大限度地争取和落实一批看得见、摸得着、用得上的优惠政策，继续深化在基础设施、文化旅游、苹果产业、治安联防、黄河生态治理等方面的合作。争取晋陕豫黄河“金三角”区域合作规划正式获批。重点围绕汽车和装备制造、铝镁深加工、特色文化旅游等优势产业，加快承接一批科技含量高、资源消耗少、带动能力强的大项目、好项目。各项改革要扎实稳步推进。统筹推进农村综合改革。稳步推进事业单位分类改革。深化公立医院改革。推进农村信用社改制、城市公交体制改革。积极稳妥推进企业改制。推进财税体制改革，巩固扩权强县试点成果。加强对外资企业的跟踪服务，力争年内新增外资企业5家，新增进出口企业20家，实际利用外资增长10%。大幅提高外贸企业自营份额，争取将进出口主要产品的异地代理和结算中心转回运城市。积极推进运城海关、商检大楼建设，提高大通关能力。加强市场监管、价格调控和信用体系建设，营造诚信的市场环境和公正的社会环境。

（八）以保障和改善民生为根本，让发展成果惠及人民，强力推进各项社会事业发展。一是进一步提升居民收入水平。全面落实更加积极的就业政策，突出抓好城镇就业困难人员、退伍军人、高校毕业生等群体就业工作。推进“双创建”活动，力争两年内完成创业型城市、农村劳动力转移示范县(市)创建任务。全面实施事业单位绩效工资，建立完善公务员工资正常调整机制。二是进一步提升社会保障水平。完善城乡一体化社会保障体系，确保全市城镇职工基本养老保险、城镇基本医疗保险、城乡居民社会养老保险覆盖率达到95%以上。做好社保“一卡通”工作。提高城乡低保对象补助标准。新开工建设各类保障性住房1.3万套，推动公共租赁住房和廉租住房制度并轨运行。三是进一步提升群众健康水平。加快发展医疗卫生事业。继续推进村卫生室标准化建设，重视和加强基层全科医疗人才培养。开展新型农村合作医疗网络直补直报。整合优化卫生资源，筹建北部新区三级综合医院。吸引社会资本，打造综合服务健康城。开展全民健身运动，促进群众体育和竞技体育全面发展。四是进一步提升教育水平。加大投入，优先发展教育。加强教师队伍建设，提高师德水平和教育质量。办好学前教育。均衡发展九年义务教育。13个县(市、区)城区中小学和乡(镇)所在地中小学全部实现“班班通”。大力发展职业教育。重视人才工作，加强对企业经营管理人才、专业技术人才、高技能人才、农村实用人才的引进和培养。加强科普宣传，提高全民科学素质。

（九）以民主法制和精神文明建设为重点，加强安全生产和社会管理，强力推进和谐社会建设。加强民主法制建设。加强精神文明建设。高度重视安全生产。落实企业安全生产主体责任和政府安全监管责任，毫不放松地抓好煤矿、非煤矿山、危险化学品、道路交通、水上运输、人员密集场所、学校、民爆物品、森林防火、地质灾害等重点领域的安全生产，强化薄弱环节的安全监管，推进重大危险源监测监控和隐患排查治理体系建设。扎实开展“工作落实年、执法行动年、基层建设年”和“百日安全生产”活动。继续抓好企业安全标准化建设、安全乡村创建工作和高危行业劳动用工管理。不断完善食品药品安全监管体制机制，扎实推进食品药品安全放心城市创建工作。加强和创新社会管理。实现全市基层社会服务管理体系全覆盖。创新完善对流动人口和特殊人群的管理服务。建立完善重大决策社会稳定风险评估机制，畅通民意表达渠道，及时排查化解社会矛盾。深化“平安运城”创建活动，健全社会治安防控体系，有效应对和处置各类突发事件。

坚持科学发展　服务转型跨越
努力争当山西经济发展的火车头

太原铁路局局长　杨绍清

2012年，太原铁路局在山西省委、省政府和铁道部的正确领导下，坚持"让人民群众满意"的根本标准，以科学发展观为指导，以服务国民经济和山西省转型跨越发展为己任，全局安全生产持续稳定，各项工作保持了良好的发展态势。

一、多方挖潜释放运输能力，精细组织提高运输效率，不断增强服务国民经济和山西转型跨越发展的能力

（一）实施重载集运战略。坚持走集约化、规模化、重载化运输道路，不断提高运输能力。在"晋煤外运"的战略通道——大秦线，大力推进战略装车基地建设，在大秦线源头300千米范围内建成18个2万吨、45个万吨装车基地；实施铁路与港口部门合署办公制度，加强日常卸车和港口疏解组织，保证煤炭畅通入海。大秦线已经成为我国铁路发展的标志性工程、现代化煤运通道重载运输的示范性工程、既有线扩能改造的样板性工程，创造了世界铁路运输史上单条铁路重载列车密度最大、运输能力最强、运营速度最快等多项世界纪录。

（二）充分释放运输潜能。为疏通区段运输"瓶颈"，大力实施投入小、见效快、产出大的"短平快"扩能改造工程，尽最大努力扩充铁路通过能力。一是增设改造中间站。先后在南北同蒲、石太、太焦、宁岢线的较大区间增设了17个中间站，在太焦线增建了郝村等4个车站，使该线区间通过能力由6对增至10对；在南同蒲线侯马北枢纽站至风陵渡站间的单线区段增建了辛庄等4个车站，使该线货物列车增加7对、年运能增加700万吨。二是实施区间配套设备扩能改造。针对北同蒲线太原北—原平—宁武间与其他区段闭塞方式不相匹配，原平站到发线有效长不足等制约南北车流互相交换的"卡脖子"问题，实施了北同蒲、京原线和原平站扩能改造工程，拉通了南北列车运行交路，有效提升了南北通道车流交换能力，使大秦线C80车辆可直接贯通太原枢纽腹地。三是实施车站站线扩能改造。针对大秦、南北同蒲、宁岢线、侯月线车站能力紧张的问题，先后对湖东、曲沃、端氏等13个车站实施了增设延长站线、改造道岔等站场扩能工程，使分界口运输调整更加灵活，列车通过能力更高。

（三）努力提升主通道运输能力。为最大限度提高既有线路运输能力，着力在打满大秦、侯月、太中银和石太线三条大通道能力及提高运输效率上下功夫。在大秦线，实施C80型车底装运卸结构模式化管理和C70型车底固定循环模式，逐步减少C80型车辆西延比重，最大限度地满足大秦线重载车流需求。在侯月线，积极组织南同蒲、侯西和介西线各发运企业开发日照港方向货源，加大5500吨以上重载列车开行对数。在太中银和石太线，加快推进完善清徐、交城、文水、汾阳、吴城、柳林南等6处大型装车点集运设施建设，形成上量能力。加强榆次枢纽挖潜提效，增强太原北—榆次间车流交换能力，提升枢纽中转通过能力。

（四）全力确保重点物资运输。始终密切关注省内电煤、粮食及春耕物资需求情况，对节日物资、煤炭、粮食、石油等重点物资的运输，坚持做到"优先承运、优先配车、优先装车、优先挂运、优先放行"，主动协调，特事特办，全力服务山西经济发展和三晋人民生活需求。

2012年，全局货物发送量5.55亿吨，创历史最高水平。特别是大秦线先后5次打破单日运量历史纪录，最高日运量达133.4万吨，铁道部下发表彰嘉奖令38次。

二、加大客运硬件投入，优化站车服务质量，想方设法满足人民群众出行需求

（一）确保客车绝对安全。一是加大担当客运任务的机车、发电车、餐车、客车车体和客车通道道岔等重点设备的维修检查力度、频度和范围，对所有客车通道上的设备全部实行记名修、记名检，确保运行状态良好，杜绝任何行车设备"带病"运行。二是对列车调度员、机车乘务员、临客"三乘"人员和调车作业人员等主要行车工种进行100%的强化培训，实行资格准入。三是加大对列车调度员、车站值班员、机车乘务员和主要设备维护人员等高风险岗位的盯控力度，做到白天有检查、晚上有夜查，狠抓各项安全控制措施的落实。

四是加大对所有进站上车旅客和携带物品的检查力度。

（二）千方百计方便旅客购票。一是深入开展“服务旅客创先争优”活动，实施实名制售票、电话订票、网络售票等客运服务新举措，在太原长治路、迎泽街和铁路文化宫建成3个占地面积达1400平方米的大型售票广场，新增代售点64个、应急窗口84个，全局售票窗口达702个，全局互联网售票和电话订票数占每日售票总数的14.5%。二是春运期间，深入局管内81所学校组织学生团体订票，在太原、大同、临汾、运城、吕梁地区对农民工提前发售往返票，开行了“矿工号”“学生号”等特色客车，努力做到便民、利民、惠民。三是在全局51个动车、直通车停靠站和旅客列车始发站全面实行了实名制售票，根据需要增设了58个临时制证窗口，增设了22条进站查危通道，努力减少实名制验票给旅客出行带来的影响。四是严肃售票纪律，严厉打击倒票行为，有效净化了售票环境。

（三）全面改善站车服务质量。一是完善客站配套设备，新建了宁武站站房，对太原、岢岚等15个车站站台及候车室等设施进行了改造，整修了12组援外车底和1583辆客车上部服务设施，有效地改善了站车环境。二是针对旅客需求，细化供水、采暖、餐饮和卫生保洁等方面的具体措施。三是在太原、大同、临汾等10个车站开设残疾人购票窗口，为部分车站配备轮椅、担架，免费为重点旅客提供便利服务。四是成功开行CRH380AL高速动车组，12月21日起，太原铁路局开行的动车组可直达珠三角和武汉经济圈，太原至北京仅用两个半小时，客运服务品质大幅提升。2012年，全局旅客发送量5920.4万人，创历史最高水平。

三、立足百年大计，加强安全质量控制，科学有序推进铁路重点工程建设

2012年，针对铁路工程建设中存在的征地拆迁、地方资金迟缓等具体困难，专人专项与省、市地方政府部门进行联系沟通，积极组织进行专家论证、设计比选、方案审查等前期工作，依法保证工程进度，严控施工安全质量。全年实施的403项既有线施工、1712项临近既有线施工，杜绝了因建设引起的铁路交通事故。全局所有建设项目均未发生触及质量管理“五条红线”问题。太原南站已初显规模，铁路建设工程整体推进有序。2012年全局（不包括中南部通道和大西客专）完成建设投资104.71亿元，完成年度计划的115.7%。

四、强化安全基础，推行安全风险管理，全力确保铁路运输安全持续稳定

（一）夯实设备基础保安全。先后开展8次集中修施工，基本消灭了主要干线客车径路木枕道岔。购置钢轨打磨车，更新工务养护检测设备4095台，新建大型养路机械检修基地。改造京原、南北同蒲、石太、太焦线29个车站信号设备及侯月、南同蒲、宁岢线传输网络。完成144个车站（站场）及机务段、车辆段的综合视频监控系统。改造374.5条千米接触网。实施太原机务段北区电力机车检修设施改造。完成太原、太原北车辆段检修设施改造和湖东车辆段厂段修设施完善配套工程。全局正线无缝化比重达到85%，微机连锁覆盖率77.7%，空调客车比重增至76%。

（二）狠抓关键卡控保安全。有针对性地明确了全局十大类、54个安全关键项目、122个控制要点和655条卡控措施，编印《安全关键控制手册》，下发到各关键岗位严抓落实，建立了自上而下的安全风险管理体系。

（三）落实现场作业标准保安全。在现场管理上，坚持“解决问题、教育为主”的方针，各级检查人员在现场检查发现问题时，必须与问题责任人见面或通话，提出解决建议和整改要求。在安全教育上，集合发生在自身和兄弟局的典型案例，根据安全事故、设备故障、职工“两违”等问题的不同类型进行梳理，收集案例近4000例，编印案例教材45种，以案例为教材，坚持开展点对点“举一反一”、面对面“一事一教”的案例警示教育，让干部职工时常绷紧安全弦。在考评管理上，建立职工个人“违章、违纪”档案，实施“两纪”积分考核办法，对认真整改并在一定时期内不再发生“两违”的职工，实行经济考核返还制度，将处罚金额按一定比例予以返还；对发现设备故障重大隐患、防止各类事故的干部职工给予重奖，在全局营造“安全立功就受奖”的导向。

五、加快转型发展，推进路企共赢，全力构建多元化经营格局

2012年，太原铁路局在核心业务市场需求低迷、管内运输增量空间日益缩小的情况下，通过与铁道部和相邻铁路局之间的密切协调，高效实施“两高一远”和“百千战略”，大力增运补欠，全年运输总收入、货物发送量、装车数、换算周转量、货物周转量五项主要生产指标全路第一。非运输业与核心业务融合发展，实体化经营迈出坚实步伐，油田开采、汽车销售、高端电液转辙机等形成新的“拳头”产品，客运广告发布、商业开发、餐饮经营等业务快速扩展；新建太原配餐、洗涤两大中心已开始运营。2012年，全局多元化经营总收入829.1亿元，完成铁道部下达的170.62亿元盈亏考核目标。其中，运输收入595.9亿元，比2011年增加38.7亿元；非运输业收入233.2亿元，增加40.8亿元；实现利润6.05亿元，增加2.55亿元。

六、落实人本理念，改善职工生产生活条件，全力构建内外和谐的良好发展局面

（一）全力改善沿线职工生产生活条件。改造太原、侯马北机务段机车乘务员候班楼。深入推进小伙食团、小单身宿舍、小庭院、小活动场地、小文化室（小书屋）、小浴室、小药箱等“八小工程”建设，对南北同蒲、京包线47个站区、125个工区生产生活设施进行整治，近2万名职工生产生活环境得到实质性改善。

（二）密切关注职工身体健康。在各车间、班组全部配备应急药品，多名职工因服用急救药品而得到及时救治。整修海南琼海和晋祠职工休养基地，全局南戴河、北戴河、五台山、晋祠、海南琼海“五大”休养基地，实现了职工一年四季“候鸟式”健康休养，全年共组织职工赴各地休养14540人。组织职工健康体检65397人。先后到大秦、迁曹、侯月线开展巡回医疗36次，全局定点医院新增8家、达到31家，定点药店新增

11家、达到43家，全省各市一流水平医院基本纳入定点服务，京、津、沪地区转院可实现随到随办，职工基本医疗报销的封顶线由每年3.6万元提高到8万元，大额医疗费用补助由15万元提高到30万元，职工医保待遇达到历史最高水平。

（三）合理解决职工生活上的具体困难。按照“六个一流”标准，加快推进保障性住房建设，全年交钥匙12栋1897户，新开工12栋1724户，近年来累计交钥匙48栋9996户。根据运输生产需要和家居地相对就近择优调剂的原则，妥善解决了797名职工远离家居地的困难，优化配置复退军人3053人。最大限度落实“三不让”帮扶救助机制，全年先后投入助困、助医、助学资金4041万元，惠及职工2.1万人次。

新的时代赋予我们新的使命。太原铁路局11.8万名干部职工将牢记肩负的责任，坚持以科学发展观为指导，以饱满的热情、昂扬的斗志、奋发有为的精神状态和更加扎实的工作，为助推山西转型跨越发展做出新的更大贡献。

转型跨越引领汾酒阔步前进

汾酒集团董事长　李秋喜

近年来，汾酒集团紧紧围绕省委、省政府提出的“转型跨越、再造一个新山西”的总体部署，紧扣科学发展主题，抢抓转型综改试验区政策利好和白酒行业重组革新的历史机遇，奋力实施思想观念、战略转型、文化营销、全国市场拓展、基础管理、人才队伍、科技质量等方面的改革和创新，提前三年顺利实现百亿目标，引领汾酒集团快速转入跨越发展、加速发展的快车道。

一、坚定信念，敢于担当，践行汾酒复兴使命

汾酒集团作为我国老牌名酒企业，有着悠久的历史和深厚的文化底蕴，和华夏文明、黄河文明、晋商文化同根同源，一脉相承。汾酒集团(原国营山西杏花村汾酒厂)自1948年6月1日成立以来，长期引领着中国白酒产业的发展方向。在上世纪90年代以前，以汾酒为主导的清香型白酒，占据了全国白酒市场的大部分市场，市场占有率最高时达到75%以上，被行业冠以“汾老大”，是山西品牌的骄傲。上世纪80年代末，茅台、五粮液、剑南春形成了持续多年的“茅五剑”格局。同时，以五粮液为代表的川酒“五朵金花”以及贵州茅台等名酒企业异军突起，迅速占领了全国市场，把汾酒甩在了身后，差距不断拉大，曾一度跌到了行业第九位。2009年底，汾酒集团新一届领导班子上任后，担负起全体汾酒职工复兴品牌的使命和梦想，认识到汾酒要重铸辉煌，必须打破“小步慢走、小富即安、不富亦安”的传统观念束缚，必须以“做大总量、提升质量”破解发展不足、发展不优的突出矛盾，必须下定决心以战略创新破解加快发展与转型发展的双重课题，探索出一条适合汾酒集团转型跨越、加速崛起的新路子。2012年，汾酒集团深入实践汾酒战略新思维，紧紧围绕“强夯基础、扩张规模、创新营销、提升品牌”的年度经营方针，以“三个突破、六个强化、六个提升”为工作目标，团结带领广大干部职工，奋力推进各项工作，顺利完成年初制定的各项经营目标任务，提前三年实现了百亿目标，推动汾酒事业跃上一个新的发展平台。各项经济指标持续、全面、高速增长，圆满完成年度经营目标，再创历史新高：工业总产值63.12亿元，比2011年增长16.3%；销售收入107.33亿元，增长36.7%；实现利税41.1亿元，增长43.9%。主要经济指标增长到2009年的3倍，相当于用3年时间再造了两个新汾酒，成功跻身行业百亿俱乐部，为汾酒提前进入新量级的竞争时代奠定了坚实的基础。

二、解放思想，大胆创新，战略新思维导航发展

汾酒怎样才能突破传统思想束缚，以全新思维开创未来？汾酒怎样才能差异化运营市场，以独特个性成为消费者首选？汾酒怎样才能加速发展，重塑清香天下实现王者归来？根本在战略转型。围绕“怎么看汾酒”和“怎么做汾酒”两大根本课题，整合发挥资源禀赋、目标导向明确、发展思路清晰、凝聚各方力量、体现职工意愿五大核心要素，新一届领导班子集思广益、鉴往知来、自我加压，大胆提出了汾酒发展新战略，导航汾酒集团的转型跨越发展。

从历史的高度思考汾酒，找寻汾酒发展的深厚文化支撑。在中国白酒发展史上，汾酒是中国白酒产业的奠基者，是传承中华酒文化的火炬手，是中国白酒酿造技艺的教科书，是见证中国白酒发展历史的活化石，一贯引领着中国白酒产业的前进方向，是“国酒之源、清香之祖、文化之根”，是“中国酒魂”。

从现实的角度审视汾酒，找寻突破现实困境的强大动力。十多年来，汾酒发展日渐落伍，落伍就落伍在思维上、观念上、战略上。要实现弯道超车、后来居上，必须确立并毫不动摇地实施“清香汾酒、文化汾酒、绿色汾酒”的经营理念，实施“追赶、超越、领先”三步走赶超战略，切实采取“体制机制支撑、人才支撑、科技质量支撑、文化支撑、市场营销支撑、财务资金支撑和项目支撑”七大支撑措施，逐步实现质量规模型、质量规模效益型、质量规模效益科技型的跨越发展。

从未来的发展定位汾酒，找寻汾酒跨越发展的新坐标。核心内容就是要“实现百亿目标，建立符合现代企业制度的管理秩序，带好汾酒这支队伍”三大历史性任务。“实现百亿目标”，就是到2015年汾酒唯一荣获巴拿马甲等大奖章100周年之际，实现销售收入100亿元，原酒产能达到8万吨，保健酒成品酒产能达到3万吨，人均年收入达到6万元；到2020年，销售收入再翻一番，达到200亿元，这是当初定的目标，也是新战略的核心。“建立符合现代企业制度的管理秩序”，就是到2015年把汾酒集团建设成一个体制机制、管理体系和人才结构与资本市场和国际接轨，有较强的市场开拓能力，专业化运作能力，主业突出、效益良好，具备较强核心竞争能力和品牌知名度的现代化大型国有集团公司；到2020年，把汾酒集团打造成为法人治理结构完善，内控制度合规健全，激励约束机制规范有效，企业透明度、竞争力和盈利能力突出，具有国际品牌影响，国内一流的大型企业集团。“带好汾酒这支队伍”，就是把人才战略始终作为推动实现新战略的中心任务，按照“八个能力”的要求，快速提升干部的能力和素质，勤“洗”三盆水，恪守三条“线”，始终做到三个“高于”，敢于发扬“四不”精神，清醒保持“四观”心态。

三、立足实际，战略落地，实现了三大历史性转变

以文化营销为驱动的品牌形象重塑取得新突破，实现由中低端品牌向次高端品牌的历史性转变。汾酒集团始终把文化作为一种主导力量，事件营销异彩纷呈，文化营销方兴未艾，品牌形象得到大幅提升。从“汾酒唯一荣获巴拿马万国博览会中国白酒品牌甲等大奖章95周年”纪念大会到“汾酒——新中国第一国宴用酒62周年”纪念大会，从成立我国酒行业第一家公益基金会到举办纪念版国藏汾酒拍卖会，关于汾酒的新闻、报道和评论见诸于各种媒体，引起了社会对“诚信”“文化”和“责任”的热议。汾酒成为人们谈论的焦点和热点，大大提升了品牌的社会知名度和美誉度，“杏花村”品牌价值提升到73亿元，较2009年增加了28亿元。尤其是2011年以来，汾酒成功跻身“国礼”，多次出现在G20领导人峰会、APEC会议、中非论坛等重要外交活动中，为汾酒走出国门、走向世界提供了难得机遇和宽阔舞台。

以新渠道模式为抓手的市场拓展取得新突破，实现由区域性品牌向全国性品牌的历史性转变。通过创新营销模式，变革组织架构，完善考核机制，改变以往大经销商坐地收钱、小经销商劳而不得的渠道模式，改变以往业务员只催款要账、不管理市场的粗放型工作方式，全力铺展以“小区域、全品相”为特点的经销结构，要求业务员和经销商一起精耕市场、细作服务，强化考核监督，下大力气提高市场拓展范围和品牌推广力度，市场占有率稳步提升。省内市场进一步巩固，渠道模式更加合理，取消省级代理实行地级代理，减少渠道层级，激活渠道动力。强化渠道管理和服务，实现了对核心终端的掌控。在省外，市场拓展的力度更大、步伐更快，销售收入平均每年以接近100%的速度递增。省外亿元以上规模市场从无到有，增加到9个。以山西市场为根据地，以环山西市场为重点，全面辐射全国市场的营销格局已基本形成。

以干部选拔任用机制为重点的人才队伍建设取得新突破，实现由按部就班向干事创业的历史性转变。对主要职能部门和二级单位正职实行竞聘上岗，确立公开、公平、公正、德才兼备、以德为先的用人导向；对全集团公司的科级干部实行备案制，将选拔权、考核权下放至用人单位，给予部门正职和单位厂长充分的自主权，做到管理人员能上能下；从定岗、定员、定编以及岗位评价入手，推行“劳动、人事、分配”三项制度改革，以经营目标责任书形式实施绩效考核，建立科学的收入分配考核机制。着重加强经营管理、工程技术、市场营销三类人才的建设，选送50名经营管理人员、28名工程技术人员分别赴清华大学和江南大学进行为期半年的脱产培训。此外，公司基础管理不断夯实，以财务管理、人力资源、项目投资三统筹为主要内容的集团管控模式逐步成型；科研质量稳步提升，建立了“一档二书、十二项制度、十六项记录、一报告”的质量管控体系，成立了汾酒原粮基地管理公司保障原料绿色安全，形成覆盖生产安全、质量安全、消防治安安全、市场营销安全的大安全体系，充分发挥国家级技术中心科研地位，成功申报博士后流动站；基层党组织建设全面加强，职工幸福指数不断提升，杏花村酒业集中发展区、保健酒园区和太原汾酒文化商务中心三大重点项目全部顺利推进。

四、酒业为主，系统提升，建设世界一流酒企

未来几年，汾酒集团将坚持做强主业不动摇，建设好名白酒基地和保健酒基地，做深全产业链和产融互动，规划好酒业模块、贸易服务业模块、产业链模块、资本运营模块这四大模块协调发展。充分发掘“国酒之源、清香之祖、文化之根”的深厚历史文化底蕴，做优“汾酒”“竹叶青”“杏花村”三大品牌，实施“三轮驱动”，以大品牌、大市场、大企业加快“追赶、超越、领先”的步伐，把汾酒打造成具有国际影响力、核心竞争力、最有文化力的山西名片。以产能规模化、产业一体化、模式板块化、管理现代化、资产资本化不断提升核心竞争能力和综合竞争实力，建设世界一流酒企。一是产能规模化。着力抓好保健酒园区、杏花村酒业集中发展区和省内外酒类资源整合以及相关产业发展，用几年时间实现发展形态的转变。二是产业一体化。按照前向一体化、后向一体化和循环经济发展思路，打造全产业链企业，构建从田间到餐桌的有机、绿色、安全体系。三是模式板块化。全力推进原料基地板块、产品制造板块、机械制造板块、文化层面板块、包装彩印板块、酒糟深加工板块、员工幸福指数提高板块第七大板块建设。四是管理现代化。在完成第一个百亿目标和第二个百亿目标的同时，认真做好“建立符合现代企业制度的高效运行的管理秩序，打造汾酒员工队伍核心竞争力”两篇文章。五是资产资本化。利用好金融业的平台，用资本推动产能扩张、资产增值和晋酒资源整合，产融结合做好汾酒发展的“乘法”。

未来，汾酒集团一定能够牢牢抓住全省转型跨越和先行先试的时代机遇，继续保持又好又快发展的强劲势头，实现百亿目标，加速汾酒崛起步伐，为山西省转型跨越、再造一个新山西作出更大的贡献。

转型跨越　做强做优
建设国际化新兴能源大集团

阳煤集团董事长、党委书记　赵石平

近年来，阳煤集团认真贯彻落实省委、省政府转型跨越发展战略，按照“主业突出，扩大加工，全循环，走高端，延长产业链条，发展和壮大相关产业”的指导思想，坚持煤炭、煤化工、铝业、电力、建筑地产、装备制造、贸易物流、现代服务和新兴产业九业并兴的产业新格局，实现了连续五年百亿级加速度增长，创造了五年再造六个阳煤的辉煌业绩，跻身中国企业500强第93位和中国煤炭企业100强第10位，2013年有望进军全球企业500强。

一、转型跨越、九业并兴，向国际化新兴能源大集团迈进

积极储备煤炭资源，奠定了企业的百年基业。经过60多年的持续开采，阳泉矿区煤炭资源枯竭问题日益严重，阳煤集团在阳泉市区的6个煤矿、10对矿井中5对矿井资源已经枯竭，原四矿和三矿已经实施破产。如何实现可持续发展，不仅成为一个经济问题，而且成为一个政治问题和社会问题。积极“走出去”储备资源，成为企业面临的不可推卸的战略选择。针对这种情况，集团以稳固本部煤矿产量、通过技改加快外埠煤矿开采步伐、加强资源开发与接续为发展方向，一方面，通过生产环节改造、更新装备和增加采煤队等措施稳定本部煤矿煤炭产量，同时按照规划，积极向昔阳、和顺、左权和寿阳等后备区转移；另一方面，抢抓全省煤炭资源整合有力机遇，在朔州、忻州、太原、临汾、晋中、阳泉6个市整合73个小矿，保留28个主体矿井。同时，成功取得了新疆准东近60亿吨煤炭资源。目前，亿吨基地框架已经搭建，企业实际控制的煤炭资源储量超过200亿吨，可以稳定开采百年以上，一举解决企业可持续发展资源制约问题，奠定了企业的百年基业。

以资源和资产为纽带，大批全国知名化工企业纳入阳煤旗下。阳煤集团是全国最大的无烟煤生产基地，无烟煤是生产尿素、甲醇、烯烃等产品的上好原料。基于这种现实基础，阳煤集团以资源为基础，以资本为纽带，2008年以来，利用上下游企业关系，以资本为纽带，大规模实施兼并重组，收购和托管了运城丰喜、石家庄正元、太化集团等一批省内外有一定行业基础的化工企业，在短时间内拥有了3个国家级技术中心和数量庞大的化工优秀技术、管理和操作队伍。阳煤集团充分利用这些企业的技术和人才资源，大规模兴建化工循环经济园区。目前，正在建设和即将开工的投资规模在百亿元以上的大型经济循环项目有6个，包括3个太化搬迁接续项目：清徐化工新材料基地、昔阳精细化工园区和交城新型煤化工园区，规划建设的另外3个大型循环经济园区是：晋东新型煤化工乙二醇项目、寿阳煤电化园区和晋北煤电化园区。以上项目规划在“十二五”期间完成投资600亿元以上，新增化工产品产能2000万吨以上，可消耗自产煤炭3000万吨以上，新增销售收入400亿元以上，新增利税60亿元以上，初步形成纵向成链的化工产业循环，实现煤炭的转化升值。2012年化工产业营业规模达到425亿元，化工实物产量近1000万吨，产业规模位居山西第一、全国前三。

拉粗拉长铝产业链条，建设晋东百万吨级循环经济园区。基于煤炭资源优势，利用劣质煤、煤矸石发展下游电力产业，又以电力充裕的优势发展电解铝产业，并由销售原铝转向铝品深加工产业。利用阳泉地区铝土资源优势，发展氧化铝产业，保证电解铝原料供应。在促进能源高效利用的同时，产业链条中各种副产品、废弃物也有效利用，极大地提升了产品附加值和市场竞争力，形成煤—电—铝、铝土矿—氧化铝—电解铝—铝品加工两条完整的产业链条，实现了以煤电促铝，以铝带动煤电，成为山西省三大铝生产基地之一。目前，铝产业拥有铝矾土矿生产和在建产能220万吨、氧化铝产能110万吨、电解铝23万吨、金属镓25吨以及配套的40.5万千瓦电站,2012年营业收入212亿元,规模居山西第二。正在积极谋划60万台汽车发动机铝合金缸体和20万吨/年铝板带等项目。积极引进战略合作伙伴,与中国氧化铝和电解铝行业技术与成本的领先者杭州锦江集团开展合作,引进先进技术和科学管理模式。

抢抓煤电一体化政策机遇,大力发展电力产业。电力产业是消耗和转化煤炭量最大的产业,也是消化煤炭增量的根本途径。阳煤集团下一步要将电力作为支持性产业布局发展,采取省内新建、控股,省外参股的方式,推进阳泉西上庄、盂县鑫磊、昔阳园区电厂、寿阳晋润、晋北5座新建电厂项目,积极寻找省内可以控股的电力项目。

做大做强建筑建材地产业,建设山西产业链条最完整的第一大地产建筑企业集团。阳煤集团的建筑建材地产业围绕煤矿建设而组建,伴随煤炭产业发展而发展,主要从事矿建、建材、建筑。2009年全球性金融危机爆发,建筑建材地产业也受到严重冲击,集团及时调整经营策略,加强资金回笼,建筑建材地产业发展出现拐点,步入依靠自有资金实现滚动发展的良性发展轨道。2010年,在太原晋阳湖、阳泉新城介入城市土地一、二级开发业务,阳泉地区住房建设规模达到百万平方米。2011年又整合建筑建材地产资源,组建阳煤地产建筑集团,2012年销售收入100亿元,比"十一五"末净增80亿元。阳煤集团的建筑建材地产业逐渐拓展为矿建、建材、建筑、地产、城市土地开发、建材深度加工六业并举,无论是在业务范围上,还是保证规模扩张资金需求上,都实现了重大转型。

以研发设计为核心,打造山西第一大煤机化机成套制造企业。2008年以来,阳煤集团以华越公司和华鑫公司为核心,以新建和整合重组为手段,发展壮大装备制造产业,产品范围从煤机制造扩大到化机成套制造,装备制造产业步入跨越发展轨道。目前,集团装备制造企业已达9家,拥有10个系列产品,拥有1个省级煤机技术中心和1个省级化机技术中心,成长为研发设计、制造、安装、技术咨询和服务一体化产业集群,2012年营业收入55亿元。未来,阳煤集团装备制造业将坚持专业化、集团化、科技化的发展方向,新建寿阳、和顺、晋北、晋南四处煤矿设备维修服务中心,建成阳泉、石家庄、运城三大煤机化机制造生产基地。

发展贸易物流和现代服务产业,打造山西第一大综合商社。贸易服务产业是阳煤集团快速成长的一个新兴产业,主要以2008年新成立的物资经销和国际贸易公司为中心,涉及勘探设计、宾馆旅游、生产生活服务等各个方面。2012年以来,阳煤集团高起点建设以阳泉为基地,以山西为中心,辐射晋、陕、内蒙古、冀地区的晋东物流基地,同时把贸易物流产业从现代服务业中独立出来,成为集团公司一个新兴的辅助产业。物流贸易业发展方向是以各种商品贸易、公司资产贸易为依托,有条件地介入金融保险、工矿企业、信息公司、流通基础设施企业,通过控制实体企业提高贸易收入;大力发展集团公司外部贸易,力争使外部贸易比重达到80%以上。

积极介入新兴产业,培育壮大瓦斯利用和吉天利城市矿产两大产业项目。阳煤集团把新兴产业项目作为企业的一项战略性任务,确定了重点发展瓦斯利用和吉天利城市矿产两大产业项目。2012年完成吉天利重组,推动这一城市矿产项目及早形成规模,分三期建设废旧锂电池无害化封闭处理和高技术锂电池生产闭合循环、废旧汽车循环利用、再生资源生态工业园三条产业链。瓦斯利用在涵盖阳泉市区民用并拥有高浓度瓦斯发电、氧化铝焙烧等大型工业用户的基础上,大力提升煤层气综合利用效率。

全面整合、优化、提升中小企业集团,建设强大的配套产业集群。2008年以来,阳煤集团整合下属多种经营中小企业,成立中小企业集团,并逐步完成产权改制工作,明确与各子公司间的产权关系,实现由松散管理向集中管理的转变。未来中小企业集团的发展方向是积极推进资源重组、产业整合和结构转型升级,加快配套企业集群化建设,按照"专、精、特、新"的要求,放眼行业一流,实施品牌战略,努力实现大提升、大发展。

二、认清形势、做强做优,明确"十二五"后三年发展思路

集团公司"十二五"后三年的发展思路是:坚持大强并重、以强为先,树立加快发展才是硬道理、提高效益才是真本事的核心价值观,以做强做优和永续发展为主题主线,以加快实体经济发展为战略要点,抓住国家稳增长和宏观经济逐步回暖的战略机遇期,力争提前两年完成"双千亿"目标,到2015年煤炭生产规模突破亿吨,化工产品产能突破2000万吨,营业收入达到2500亿～3000亿元,企业利税300亿元,把集团公司建成经济实力雄厚、产业链条完整、核心竞争力强、具有永续发展能力的世界500强特大型企业集团。到"十二五"末,煤炭产业证载储量达到200亿吨以上,煤炭产量达到亿吨以上;煤化工产业以做实做优农用化工、基础化工和化工装备制造,做大做强化工新材料、新型煤化工和精细化工为发展方向,建成国内最大的煤化工企业集团;铝业以铝业深加工和废弃物、污染环境物的"吃干榨净"为重点,建设以资源循环利用为特点的晋东百万吨级铝工业基地;电力产业独资、控股电厂装机容量达到300万千瓦以上,新建、控股、参股电厂消化集团公司50%以上的电煤;建筑地产具备年度100万平方米房地产开发、300万吨建材制造能力,建设山西产业链条最完整的第一大地产建筑企业集团;装备制造销售规模达到150亿元,成为山西最大的煤机化机成套制造企业;贸易物流和现代服务产业以打造山西第一大综合商社为目标,向实体经济控制和重组上市方向发展;瓦斯利用总量将达到19亿立方米以上,实现瓦斯变废为宝。

面临新转折、新机遇,阳煤集团将围绕山西省委、省政府"转型跨越,五年再造一个新山西"宏伟目标,着力构建"煤化为基、多业并举、循环转型、创新跨越"的产业发展格局,艰苦奋斗,开拓进取,为开创转型跨越发展新局面、建设国际化新兴能源大集团而努力奋斗!

抓好三个基础　实现各项业务又好又快发展

中国建设银行山西省分行行长　高　强

从事商业银行业务，三个基础至关重要：第一是客户，第二是客户关系，第三是客户经理队伍。三者相辅相成，一脉相通，共同构建了银行竞争力和可持续发展的根基。

一、把客户发展放在银行经营活动特别重要的位置

银行作为服务业，客户是经营之本、效益之源、发展之基、强行之石。客户是商业银行经营活动的唯一基础。评价银行客户基础是否牢固，首先要分析客户的数量，没有客户数量，银行就没有现实竞争力，就没有持续增长力。其次要分析客户的结构，客户结构是否合理，主要看大中小客户的构成比例、客户基本结算户的比例和客户使用银行产品的覆盖度。银行发展不足的主要因素是客户基础薄弱。客户基础薄弱，体现在客户数量偏少、客户结构不合理。客户基础薄弱，充分反映出竞争力不强、发展后劲不足。在新的时期，银行业的各项业务要实现"又好又快"的发展，必须立足于尽快改变客户基础薄弱这一根本问题。

*坚持大中小客户齐抓并举的方针。*一是深入落实总行"三大一高"战略，盯住大项目，发展新客户。二是高度重视机构业务，尤其是社保、医保、文化产业、大专院校、医院、军队武警等客户的拓展。三是深入专业市场、各类商会、工业园区，挖掘客户源，寻找一批产业转移中有市场、有管理经验的外部投资客户，尽快形成一批稳定的客户群体。在发展小企业业务上，必须大力发展，加快发展，这既是优化分行客户结构的内在要求，更是由于小企业业务对全行业务发展的带动作用。

*高度重视发展基本结算账户。*基本结算户代表银行可以代发工资，可以做企业网银，可以做更多的延伸业务。要选择一批有影响的大客户作为攻坚目标，坚持不懈争取基本结算户。强调做小企业必须是基本结算户，多做"速贷通"。并在全行开展代发工资专项活动，通过名单制管理、成立营销小组、建立目标责任制、加大激励力度等措施，以代发工资为基点，绑定银行卡、电子银行产品等进行综合营销，提升客户的依赖程度。

*特别强化各项业务的联动发展。*对公、对私业务没有严格的界线，业务处理流程可能有界线，但业务发展过程没有界线。一家企业，蕴藏着多个个人高端客户，个人高端客户的背后可能就是一家企业。同样，私人银行客户可以是银行的小企业客户，小企业业主也可以成为银行的私人银行客户，两者是互通的。因此，需要以企业和个人客户群体为一个整体的服务对象，采取公私联动分层营销方式开展工作。营销对公客户要考虑个人产品、电子银行产品，营销个人客户也要考虑背后有没有对公客户的发展机会。要通过对公业务带动对私业务的跟进与拓展，对私条线要通过高效率、高质量、高满意度的服务协助对公客户做好客户关系维护。当前业务联动的重点，一是抓源头客户营销，二是抓批量客户营销。通过与医院、大专院校、大型企业集团、公积金等单位运用推出联名卡或专属产品的方式抓好批量客户。通过做好"清街扫楼"的各项工作，开展社区金融，将结算通、电话支付等基本的支付结算工具嵌入社区生活。

*充分发挥电子银行在业务发展中的支点作用。*目前，电子银行渠道正在被客户所接受，通过电子银行支持业务竞争、吸引更多客户、拓展更多业务的作用正在被广大员工所认识。通过电子银行发展而来的客户、存款、融资贷款、中间业务收入等更多地体现在对公业务。可见，电子银行能为银行的业务竞争提供一个支点，能带来大量的客户，市场发展空间十分广阔。

二、把客户关系管理作为促进业务发展的坚强保证

银行有了客户数量还不够，还要与客户建立良好的合作关系。客户关系管理注重的是与客户的交流沟通，满足客户的多方面需求，挖掘客户潜在的价值。所以，必须花费足够的时间、足够的精力与客户交往，去研究、去发现客户，跟客户交朋友，才能形成长期稳定的合作关系。

*把向客户推销产品转变为营销产品。*在日常经营中，不少基层网点或客户经理做的大量工作是把现成的产品推销给客户，这不是真正意义上的营销。如果客户经理能够与客户保持紧密的联系、清楚了解客户的潜在需求、向客户提供适合的产品与服务、让客户所有的金融需求都能够得到满足，也就是说，所有的产品都是客户所需求的，达到这个境界，才是真正意义上的营销，客户对银行的忠诚度自然就会提高。要做到这一点，还必须要提升银行的产品研发和创新能力。

*善于在与客户的交往中发现商机。*银行在和客户

交往中，掌握了客户的很多信息。如果把这些信息仔细研究和分析，可以发现很多商机。因此，要培训员工学会发现数字背后的数据，这是非常重要的理念。如做对私业务，一个对私高端客户的背后可能就是一个企业，就可以考虑将其企业和员工发展为银行客户，就可以考虑向其营销银行的各种产品；做中小企业，就要思考中小企业的业主是不是白金卡客户或者私人银行客户；做资金结算业务，在单证处理过程中，要主动了解客户有哪些困难，需要银行提供哪些深层次服务，还可以发展公司的高管、财务人员为银行的高端客户。对客户而言，需求是多样性的、无限性的和重复性的，多样性的选择给银行的业务发展提供了机会。

让客户体验到银行的优质服务。银行属于服务业，打造服务最好的银行，核心理念就是全行为客户服务，确立同业比较优势。首先是全行树立良好的服务意识，"大服务"概念，不仅仅局限于柜面人员为客户提供的简单的服务，还包含了上级行为基层行的服务、中后台为前台的服务。必须要做到，一是流程短，二是手续简，三是时间快，四是产品好。

站在客户的立场上思考问题。在营销服务中，要了解客户最真实的想法。银行不缺好的产品，不缺优质客户，不缺足够的渠道，缺的是把好的产品通过合适的渠道卖给需要的客户。目前，银行产品具有很强的同质性，这就要求银行从客户角度出发，根据客户的不同需求进行差别化营销。如各家银行的现金管理系统、重要客户服务系统、企业网银等产品存在一定的同质化，要让客户去选择自己觉得适合的产品。再如对公条线的资金监管、财务顾问、百易安等，要尊重客户的自主选择。

三、打造一支特别能战斗的客户经理队伍

客户数量的拓展，客户关系的管理，主要靠客户经理。客户经理是银行与客户关系的纽带。客户经理队伍的强弱，对客户的拓展与维护起着至关重要的作用，直接关系到银行竞争力的强弱。因此，必须着力打造一支特别能战斗的客户经理队伍。

配备强大的客户经理队伍。一是新入行的大学生，主体要充实到客户经理队伍。二是对省分行、二级分行本部内设部门进行有效整合，压缩中后台人员数量，充实客户经理队伍。三是通过加强渠道建设，减轻柜面压力，让部分柜员能够走出柜台，贴近客户，实现核算型向营销型转变。四是通过政策引导，调整员工价值取向，调动更多人员流向客户经理队伍。

提高客户经理队伍的综合素质。客户拓展和客户维护是客户经理的基本功，要求客户经理必须具备相应的知识和工作能力。一是提高客户经理的专业知识素养，使其熟练掌握各类业务和产品知识，并具备将其传导给客户的技能。要适应业务一体化经营的需要，对公客户经理要学习个人业务、电子银行、理财业务等方面的知识；个人客户经理要学习公司业务、投行业务、国际业务等方面的知识，做好知识储备。二是提高客户经理的营销能力。一个出色的客户经理，除了掌握相关的专业知识外，还要具备较强的公关能力和系统的营销策略、强烈的服务意识、灵活的沟通能力。这些都是客户经理必须具备的基本素质。三是培养客户经理敢打敢拼、永不言败的坚毅品质。

为客户经理创造一个好的工作环境。一是要制定客户经理考核办法和相配套的激励约束政策，明确其工作目标和工作职责。拉开收入差距，让客户经理多得益。在职级晋升、评先评优方面向客户经理倾斜，以调动客户经理的积极性，激发客户经理的工作激情。二是切实解决客户经理的实际问题，让客户经理能够全心工作。三是尽可能为客户经理搭建减压平台，让客户经理开阔视野、舒缓压力，以更好的状态投入到工作中去。

建设一流的全国性煤炭交易中心
为煤炭市场化体系建设勇当排头兵

中国（太原）煤炭交易中心主任　**曲剑午**

中国（太原）煤炭交易中心的诞生及其成长发展是国家各部门和山西省委、省政府大力支持的结果，更是煤炭行业和关联产业客观需求的结果；既是依据国家政策发展而来，更是市场经济客观规律催生而来；既是交易中心全体职工开拓创新、努力工作的成果，更是广大交易商主动入市、积极交易的成果。总之，交易中心是煤炭市场化体系建设大潮的客观产物，其诞生、发展、壮大又助推着煤炭市场化体系的健全和完善。

一、成立背景及特性

成立背景。煤炭是工业的粮食，煤炭在一次性能源消费中比例高达65%以上。在我国，煤炭主产地的

郭宏，1965 年 9 月生，大学学历，中共党员，现任平陆县县委书记。

县委书记郭宏陪同省林业厅厅长李永林在核桃基地调研

矢志绿化三千沟壑 着力建设美丽平陆

——记平陆县县委书记 郭宏

县委书记郭宏现场听取“黄河白天鹅生态文化度假村项目”规划建设汇报

授予：平陆县

山西省林业生态县

山西省人民政府
二〇一三年九月

平陆地貌复杂，沟壑纵横，素有“平陆不平沟三千”之称，是集山区、库区、老区为一体的国家扶贫开发重点县。加之十年九旱，水土流失相当严重，生态问题在一定程度上制约了经济社会的发展。

郭宏同志 2011 年 1 月任县委书记以来，继承和发扬平陆全国林业先进县的优良传统，立足县情实际，科学谋划思路，强化造林举措，大打造林绿化攻坚战。提出了“打造生态强县，建设美丽平陆”，实施“县域生态化”的林业生态建设新思路，将全县林业科学定位为：以现代林业为指导，以创建省级林业生态县为抓手，瞄准增绿、增景、增收的“三增”目标，坚持以“科学、富民、强县”为方向，打造生态经济型山区林业大县。三年来，他强化组织推动、强化精神引导、强化政策助动、强化资金扶持，扎扎实实摆开了干果经济林、速生丰产林、四荒造林、退耕还林、县城绿化、道路绿化、新农村绿化及龙门关森林公园建设等八大战场。目前，全县森林覆盖率 32.8%，林木绿化率 40.9%，宜林荒山绿化率 92.9%，水土流失生物治理率 75%，公路宜绿化里程绿化率 97.6%，县城建成区绿化覆盖率 36%，全县活立木蓄积量 173 万立方米，活立木蓄积量和固碳量年净增率 4%。先后获得“全国生态示范县”“国家级出口苹果质量安全示范区”“中国十佳最具投资潜力文化旅游目的县”“中国大天鹅之乡”“全国保护森林和野生动植物资源先进单位”“全省林业生态县”等称号。

在黄河三湾湿地越冬栖息的白天鹅

（平陆县委办 供稿）

侯平高速平陆段通道绿化

县委书记苏连根基层调研

县委书记苏连根参加基层宣传活动

紧抓人口计生不松手 勇当国策书记不缺位

——记右玉县县委书记　苏连根

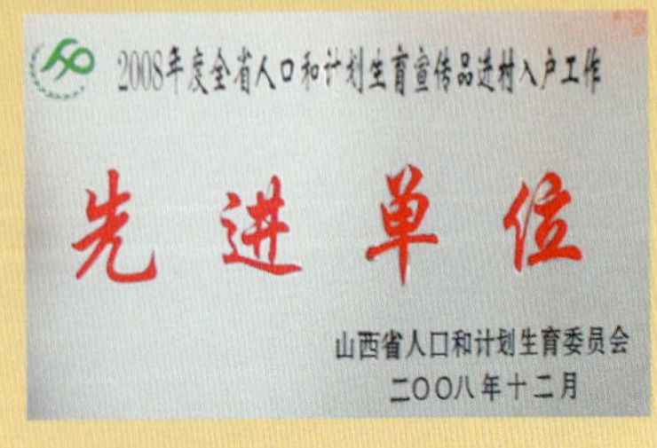
2008年度全省人口和计划生育宣传品进村入户工作

先进单位

山西省人口和计划生育委员会
二〇〇八年十二月

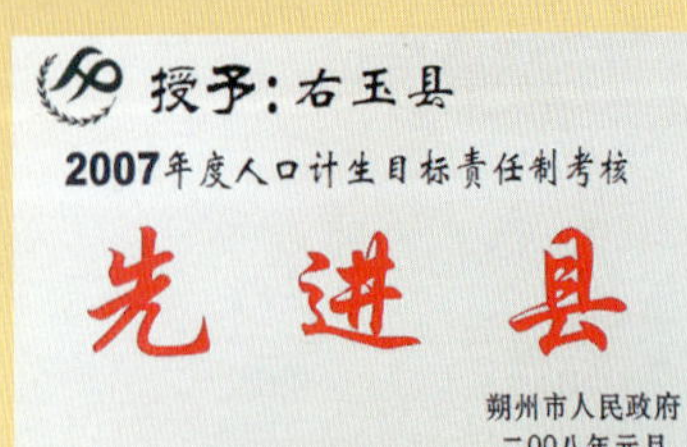
授予：右玉县

2007年度人口计生目标责任制考核

先进县

朔州市人民政府
二〇〇八年元月

作为朔州市唯一的国定贫困县，右玉人口计生工作有着"先天"的不足：资金投入欠账多、基础设施薄弱、人员紧缺、技术力量亟待充实、群众"养儿防老"落后观念尤为严重等。

苏连根同志自担任右玉县县长以来就高度关注人口计生工作，他经常带领分管领导和有关人员，到乡镇、社区进行计生工作调研督查，就一些热点难点重点问题作出指示，要求计生部门和乡镇落实。任县长期间，先后批拨专项资金200余万元，对县计生服务中心进行大改建，对两个中心服务站和所有新农村服务室进行新建和改造，并同步配备了优生健康医疗器械。村级计生服务员工资在全市率先实现了150元按月发放。

担任县委书记以来，他更是将人口计生工作摆到全县工作的突出位置。一年多先后两次召开大型的人口计生工作会议，两次县委常委会、一次党政联席会，研究解决计生工作中存在的突出问题。为建立"加强领导、政策推动、优质服务、综合治理、依法行政、村(居)民自治"的工作新机制，他亲自提议，有关部门研究制定了《关于开展计划生育优质服务先进县创建活动的实施方案》《右玉县出生人口实名登记制度》《右玉县减少政策外二孩生育、杜绝政策外多孩生育的实施方案》和《关于进一步做好全县计划生育家庭奖励扶助工作的意见》等系列文件。

为确保全县人口计生工作稳中提升，在认真履行领导责任的同时，他还积极推动全县上下抓紧抓实人口计生工作。

——完善制度，营造合力。通过建立以计生工作与经济工作同步规划部署为主要内容的"四同"制度，以每年召开两次全县计生大会和数次政府常务会、计生领导组会议为主要形式的定期研究制度，以每年逐级签定目标管理责任书为主要内容的目标责任考核制度，以开展督促检查和评优评先计生审核为主要内容的“一票否决”制度，着力强化了计生工作机制。

——优先投入，保障建设。尽管县财力十分紧张，但始终坚持“再穷不能穷计生”的原则，按照省责任状规定的逐年增长的人均投入标准，超额预算拨付各项计生事业经费；各乡镇转移支付金按人均不低于 2.5 元的标准用于计划生育事业。

——上下联动，狠抓征收。每年动员组织各乡镇 60%以上干部投入到征收工作中，村级干部主动提供超生户财产及人员动向，县法院计生巡回法庭加班加点攻“执行”，仅 2012 年就完成 129 万元的征收任务。

——信守承诺，奖励兑现。坚持实行逐级审批、双向核实和舆论公示制度，完善政府为主、社会补充的计生利益导向机制。2013 年为 140 人国家奖扶和 3400 多人省市级奖扶对象落实了奖励金，为 200 户计生困难家庭购买了种羊，为 70 户计生家庭扶植蔬菜大棚，先后有 5 名计生干部被提拔重用。

——创优服务，合力推进。坚持农闲集中施术和平时预约施术相结合制度，认真落实以上环为主的长效节育措施，仅 2012 年就完成上环 1456 例，查环查孕 13000 多人次。坚持聘请省市知名大夫与共享卫生人力资源相结合，持续开展孕前优生健康检查和生殖健康检查活动，先后有 2 万余人次育龄妇女受益。

——规范管理，依法行政。出台了关于规范行政执法行为和执法案卷的文件，编制各类证件办理、社会抚养费征收、奖励扶助办理案卷样本，做到计生管理服务时限、程序、文书、归档“四统一”。

县委书记苏连根荣获落实计划生育国策好书记称号

计生宣传

在苏连根同志的高度重视和有力推动下，2008 年至 2010 年，右玉县连续三年获得“市人口计生工作目标责任考核先进奖”，2010 年获得“全省计划生育优质服务先进县”称号，2011 年获得全市“人口计生责任状考核综合先进奖”。

（右玉县委办　供稿）

计生优质服务启动仪式

县委书记郭占宝陪同大同市委常委、常务副市长李世杰走访广灵县机关幼儿园

县委书记郭占宝陪同大同市委常委、常务副市长李世杰在广灵菌业基地调研

心系国策　倾情民生

——记广灵县县委书记　郭占宝

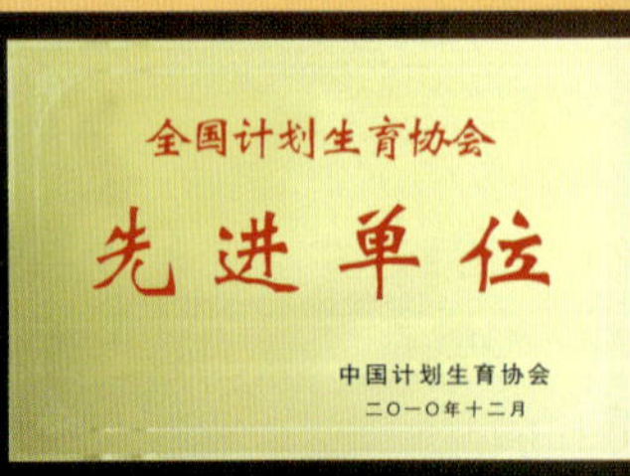

近年来，作为党政主要负责人，郭占宝同志始终把人口和计划生育工作放在心中，抓在手上，把落实计划生育基本国策作为尽职履责、改善民生的大事情来抓。他立足县情，求真务实，开拓创新，紧紧围绕提高出生人口素质、稳定低生育水平的工作要求，积极推动全县人口计生工作思路和工作方法转变，有力地促进了全县人口与经济社会的协调发展和可持续发展。广灵县2009年被省政府授予“目标责任制考核先进县”称号，2010年创建省级“计划生育优质服务先进单位”，2011年被省政府授予“目标责任制考核先进县”称号，2012年创建国家级“计划生育优质服务先进单位”。

★人口计生工作是国策，关乎民生，要落实到位。郭占宝同志坚持把人口和计划生育工作摆上促进科学发展、构建和谐广灵、实施富民强县战略的高度，在加强领导机构设置、目标责任考核、健全长效机制等方面，做了大量工作，保障了人口计生工作有序推进。专门成立了以县委书记为组长的县人口计生工作领导组，亲自指导制定了人口计生工作目标绩效考评制度，制定出台《关于进一步深化人口和计划生育综合改革的实施方案》《多措并举控制计划外生

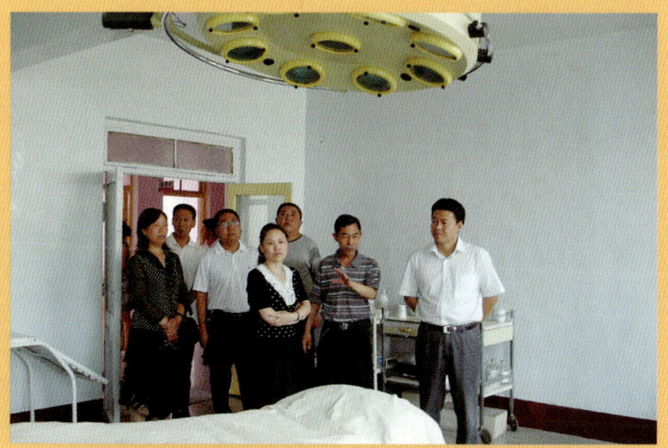
县委书记郭占宝在人口和计划生育局调研

县委书记郭占宝与计生干部在县街心广场开展宣传咨询活动

育遏制多胎生育的意见》等文件，进一步规范了人口计生工作。

★人口计生工作是事关民生的大事、实事，要优先解决。郭占宝同志工作中非常务实，注重民生。在技术服务、奖励扶助等方面的资金落实上给予优先投入，确保专项工作经费的拨付使用。将全县人口计生工作经费列入财政预算，并足额拨付到位。对实行计划生育的家庭优先提供劳务信息、技能培训、就业指导、权益维护、创业指导，减免相关费用，并重点对农村计划生育困难户进行照顾和倾斜。指导全县把计生工作与农民脱贫致富、与建立健全社会养老保障体系相结合。他高度重视人口计生干部队伍建设，把年轻有为、工作优秀且责任心强的干部选拔到人口计生工作主要岗位上。

★做好人口工作，功在当代，利在千秋。郭占宝同志在调研的基础上，多次组织召开县委、县政府专题会议，就全县人口计生政策、措施落实情况进行研究、探索，寻找人口计生工作好办法、好模式，使全县计划生育工作实现“三个转变”。即基层干部对搞好人口计生工作实现由“被动抓”向“主动管”的转变，人口计生干部实现由“重管理”向“重服务”的转变，群众婚育观念实现由“行政限制”向“自觉自愿”的转变。

（广灵县县委办　供稿）

县委书记郭占宝在县人口计生工作会上与各乡（镇）、大口单位签定目标管理责任书

2012 年全县计生工作会议召开

薛道成，1962年生，大学学历，采煤高级工程师，中共党员。1981年参加工作，2012年1月任西山煤电集团董事长兼任党委书记，西山煤电股份有限公司董事长、党委书记。

薛道成董事长在井下检查安全生产工作

煤海拼搏宏图志　转型跨越唱大风

——记山西焦煤西山煤电集团公司董事长、党委书记　薛道成

西山煤电（集团）有限责任公司（以下简称西山集团）是山西焦煤集团的子公司，其前身为1956年成立的西山矿务局，总部位于山西省太原市，是一个以煤炭资源开发为基础，集煤炭生产加工、电力、焦化、建筑建材、机械制修、商贸服务六大产业板块为一体的特大型煤炭企业，是全国最大的炼焦煤生产基地，全国首批循环经济试点单位，拥有1个上市公司——西山煤电股份有限公司。

多年来，西山集团坚持以煤为基，多元发展，煤炭—电力—建材、煤炭—焦炭—化工两条产业链综合发展，资源节约型、环境友好型、质量效益型的循环经济发展模式初具规模。现有生产和在建矿井主要分布于国家规划矿区的西山矿区和离柳矿区。煤种有焦煤、肥煤、1/3焦煤、气煤、瘦煤、贫瘦煤等，煤炭产品主要有炼焦精煤、喷吹煤、电精煤、筛混煤、焦炭等。炼焦精煤具有中低灰、中低硫、低磷、黏结指数高、结焦性强等多种优点。西山集团与宝钢、鞍钢、

大采高采煤工作面

古交发电厂配煤厂

焦化厂生产现场

集团公司总部

现代化生产矿井

华能国际等知名企业结成战略合作伙伴关系，煤炭产品畅销全国 20 多个省、市、自治区，并出口日本、韩国、德国、印度、巴西、西班牙、比利时等国家。截至 2012 年底，西山集团拥有 171 个子分公司，资产总额 751 亿元，职工人数 81699 人。

2012 年，在市场持续下行，煤炭产品量价齐跌的严峻危机下，薛道成同志审时度势，运筹帷幄，坚持以调整结构和转变发展方式为主线，突出安全与发展两大主题，团结带领 8 万余名干部职工，聚力"主业增量增收、经营减亏提效、物流贸易壮大、新兴产业做优、建筑板块做强、机电修造提升、并购步伐加快、矿区扩张加速"八轮驱动，引领企业在逆境中开拓奋进，在压力下勇攀高峰，历史性实现了煤炭生产百万吨死亡率为"零"的目标，原煤产量 4581 万吨，精煤产量 1918 万吨，发电量 166 亿千瓦小时，销售收入 640 亿元，实现利润 10.68 亿元，安全、富足、宜居、幸福的新西山建设迈出了新步伐。马兰矿、屯兰矿 2 个矿获评国家特级质量标准化矿井，7 个矿获评国家一级质量标准化矿井。救护大队成功晋升国家最高级别资质，"煤矿通风瓦斯超限预控与监管技术及系统"荣获国家科技进步二等奖。对外并购合作项目 19 个，创西山历史之最。24 项重点工程有序推进，转型跨越迈出坚实步伐。西山煤电成功获批为大连商品交易所焦煤期货品种交割厂库单位。6 个矿厂分别被山西省文明委和中煤协会命名为 "文明和谐单位标兵"和"文明单位"。马兰矿晋位"全国最美矿区"，傅昌旺、伏军、姚春红当选"感动中国"矿工。西山"3110"帮扶工作得到王兆国同志的充分肯定和高度评价，品牌经验走出焦煤，走向全国，产生广泛的示范效应。获得"全国党建工作先进单位""全国'五一'劳动奖状""全国工会帮扶工作标兵单位""中国煤炭行业信息工作先进单位""山西省循环经济先进单位"等称号。

展望未来，西山煤电将深入贯彻落实科学发展观，继续秉承"奉献社会，造福员工"的企业宗旨，以转型发展为主线，以跨越发展为目标，夯实安全基础，加快科技创新，强化经营管理，发挥人才效能，推进企业文化建设，进一步优化产业结构，改善生态环境，转变发展方式和经济增长模式，实现经济总量快速增长，质量效益全面提升，生活水平稳步提高，矿区环境和谐稳定。到 2015 年，建成煤炭主业突出、煤电化工并举、新兴产业多元的现代新型能源化工集团，煤炭产能达到 1 亿吨，焦炭产量达到 1000 万吨以上，电力总装机容量达到 600 万千瓦以上，化工产能达到 600 万吨以上，销售收入达到 1000 亿元以上，职工人均收入达到 10 万元以上。

（西山煤电集团　供稿）

职工住宅新居

改造一新的矿区公园

西山职工总医院

走科学发展道路 打造省会城市主流商业银行

——记农行山西分行营业部党委书记、总经理 任 鹏

中国金融工会全国委员会决定

授予 任 鹏 同志全国金融五一劳动奖章。

中国金融工会全国委员会
二〇一三年四月

第 2013076 号

任鹏，农行山西分行营业部党委书记、总经理。多次受到系统内外表彰嘉奖，先后被授予“山西省劳动模范”“农总行财会综合改革先进个人”等称号，2013 年荣获全国金融系统“‘五一’劳动奖章”。

农总行行长蒋超良在分行营业部调研

中国农业银行山西省分行营业部是农业银行在省城太原的一家二级分行，2009 年 1 月 15 日完成股份制改革，2010 年 3 月被农总行确定为“46112”优先发展重点城市行，是全国农行十大重点省会城市行之一。省分行营业部下设 17 个部门，16 家支行。现有营业网点 85 个，其中，城市网点 73 个，县区网点 11 个，乡镇网点 1 个，已投入运行的离行式网点 65 个，网点改造率 88%，电子渠道分流率 74%。

该营业部致力于推动地方经济发展，与多家世界 500 强、全国 500 强企业建立了长期业务往来关系，与省城各大院校、各大医院建立了合作关系，重点支持了煤炭、电力、钢铁、交通运输、航空等一批国计民生大项目和重点行业，加大向中小企业和个人类贷款的倾斜力度。2012 累计投放贷款 200 余亿元，全行中小企业贷款余额 31.3 亿元，个贷余额近 15 亿元，投放规模居全省农行系统首位。2012 年末，综合绩效考核排名全省第一。在省分行组织的零售产品营销竞赛、资产处置竞赛、反洗钱业务知识竞赛等多项比赛中荣获第一，先后获得“‘五一’劳动模范单位”“政风行风评议优秀行业”“山西省模范劳动关系和谐企业”等称号。

农行山西分行营业部总经理任鹏从事银行工作 30 余年，将全部的工作热情和工作斗志贡献到农业银行的改革发展中。他 2012 年到任新的岗位后，把改革的活力和春风带到了分行营业部。按照同业争份额，系统争位次，专业争名次，岗位树标兵，社会树形象的“三争两树”要求，加快企业流程再造和客户结构转型。加快探索信贷作业集中、内控监督检查集中、

农行山西分行行长杨继荣在分行营业部调研

任鹏总经理向参加全省信贷集中作业现场会代表介绍营业部业务开展情况

行务处理集中等工程，按照发展和严管"两手抓、两手硬"的要求，整合后台管理板块，缩短工作处理链条，提升业务办理效率，释放前台营销活力。组建专项营销团队，成功营销了一批大型优质法人客户。大力开办私募债、委托债权投资、同业融出资金、保函、买方付息贴现、结算套餐、银企通业务、保理、电子银行承兑汇票等新兴业务，支持国计民生发展。加大对中小企业和个人类贷款的支持力度，累计发放中小企业贷款 6.96 亿元，发放个人贷款 13.2 亿元。积极履行社会责任，承担农业银行"服务三农"使命，累计发放有效惠农卡 29.3 万张，小额农贷 2380 万元，开展了新农保、新农合、大病救治、农村低保等代理业务。完善职代会制度，健全重大疾病或意外困难救助等帮扶制度，加快推进图书馆、食堂等"五小建设"，坚持"婚丧嫁娶病五必访"工作，广泛开展"两节送温暖"活动，浓厚了家园文化氛围。

在他的带领下，截至 2012 年末，分行营业部各项存款 809 亿元，各项贷款 343 亿元，中间业务收入 2.08 亿元，实现拨备后利润 13.45 亿元，综合绩效考核全省系统内排名第一。

（农行山西分行营业部　供稿）

任鹏总经理在"惠农通"转账电话布放点调研

任鹏总经理在县域网点调研

任鹏总经理慰问老干部

任鹏总经理与山西移动客户洽谈，为山西移动提供金融服务和保障

李树民，男，49 岁，大学本科，中共党员，高级工程师，现任山西省阳泉第一监狱党委书记、监狱长，阳泉荫营煤矿矿长。2007 年被授予山西省"劳动模范"称号。2011 年被评为山西省煤炭系统"劳动模范"，荣记"个人三等功"。2013 年荣获全国"'五一'劳动奖章"。

陪同省司法厅厅长崔国红看望离休干部

平安监狱的守护者

——记阳泉第一监狱党委书记、监狱长、矿长　李树民

阳泉第一监狱隶属于山西省监狱管理局，始建于 1952 年，是山西省押犯最多、规模最大、设施最为完善的一座中度设防监狱，是全国首批命名、全省第一所"部级现代化文明监狱"，是目前司法部确定的全国首批十所监狱信息化建设示范单位之一，是全省首批"现代化矿井"和山西省唯一获得"全国煤炭行业百强"称号的监狱大型煤炭企业，年产煤炭 200 多万吨，固定资产突破 20 亿元，年工业产值 10 亿元。

近年来，阳泉一监以创建"平安监狱"为统领，以"平安、法治、民生、发展"为抓手，坚持"文化立监、文化兴监"和"孝道为先、厚道为本"的工作理念，大力弘扬"尽职守责、宽厚包容、自强不息、追求卓越"的一监精神和"仁厚智博、崇德尚法、弘毅笃行、致善致美"的核心价值观，着力推进监狱信息化和"四防一体化"建设，建立了一监一品、一区一特色的监区文化体系，连续三年杜绝了轻伤以上生产事故，连续 16 年实现了无押犯脱逃目标，连续两年被授予"全省监狱系统标兵单位"称号，成为全省监狱系统的排头兵。

宜居小区

综采工作面

阳泉一监荣获“全省监狱系统2012年度标兵单位”称号，旬轶旺局长为获奖单位颁奖

在监狱新址向省监狱局领导汇报新区规划情况

党委书记、监狱长李树民锐意进取，勇于创新，在促进监狱事业发展、推进社会主义法制建设中作出了突出贡献。一是作平安监狱的守护者。始终认真贯彻党的监狱工作方针，切实加强四防一体化建设，持续坚持安全隐患排查整治，圆满完成十八大“首都护城河”等各项安保任务，监狱连续16年“无押犯脱逃”，连续22年杜绝了“一通三防”重大安全生产事故。努力改善民生，为打造平安监狱，构建和谐社会作出突出的贡献。二是作信息监狱的建设者。参与制定了全国监狱信息化建设规划，大力推进监狱信息化运用成果，监狱门岗安检、应急处突、备勤值班、罪犯外出就医以及现场直接管理等监狱信息化水平有了质的提升，成为全国首批十所监狱信息化建设示范单位。三是作创新发展的带头人。实施“文化立监、文化兴监”战略，把“孝道为先、厚道为本”理念贯穿于监狱工作实践，在全国率先启动罪犯循证矫正试点，建立了“双集，四清、六互、一盯查”狱政管理新模式。在他的带领下，阳泉一监先后被授予“全国司法行政工作先进集体”“全国监狱工作先进单位”“全国监狱系统安全生产先进单位”“山西省文明单位”“山西省模范单位”“山西省‘五一’劳动奖状”等称号，多次被司法部、省政府授予“集体一等功”。荫营煤矿被授予“中国煤炭行业一百强”“部级质量标准化矿井”“全国职工模范之家”“全国企业文化创新建设先进单位”“山西省‘五一’劳动奖状”“全国企业文化建设百佳单位”“山西省文明和谐单位”等称号。

（阳泉一监　供稿）

陪同上级领导检查自动化综采工作面

深入装车站调研排查安全隐患

慰问离退休人员和困难职工家属

韩建明，1968 年 10 月生，山西沁源县人，中共党员，博士学位。现任山西同昌信息技术实业有限公司董事长，兼山西 IT 联盟协会理事长、山西省信息技术产业协会理事长等职务。2005 年被评为太原市优秀企业家，2007 年被评为太原市技术创新先进工作者、山西省优秀民营科技企业家，2008 年被评为太原市新世纪学术技术带头人，2011 年被评为山西省年度杰出软件人才，2013 年被评为山西省首批新型产业领军人才。

山西软件行业的翘楚

——记山西同昌信息技术实业有限公司董事长 韩建明

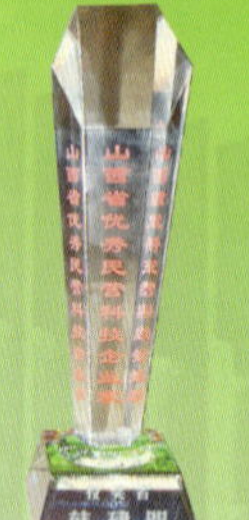

1996 年，韩建明同志创办了山西同昌信息技术实业有限公司，在他的悉心经营下，企业迅速崛起。公司主要为电子政务、交通政务、计生、电力、冶金、煤炭、装备等行业信息化职能体系提供信息技术咨询、云计算、云灾备、云存储、客户需求分析、IT 规划设计及信息化项目实施与托管、运维等服务。在深圳、重庆、北京、石家庄等全国十几个主要城市设有分公司或办事处，在山西设有 11 个市办事处，营销及服务网络遍及山西各地及全国，业务涉及党务、政府、公检法司、金融、电力、教育等领域。公司技术中心 2006 年被认定为省级企业技术中心。2008 年被评为山西省计算机网络及系统集成行业十强企业之一，被认定为高新技术企业、国家火炬计划软件产业基地骨干企业。2010 年被评为山西省工业转型发展百强潜力企业，被认定为研究生教育创新中心，与太原理工大学合作建立了研究教育创新基地，与山西大学、太原科技大学、中北大学等高等院校签订合作意向。2011 年被认定为山西省优秀系统集成企业，获得包括国家保密局认定的计算机涉密信息系统集成甲级资质，国家信息产业部认定的计算机信息系统集成壹级资质等 30 余项资质。组织完成国家火炬计划项目、国家电子信息产业振兴和技术改造项目等各类科技项目，自主研发的软件产品中有 52 项获得国家版权局软件著作权证书，9 项通过省科技厅成果鉴定，4 项获得省级优秀软件产品奖，4 项获得国家实用新型专利成果。主持研发的《山西省社会经济发展综合数据库》2002 年获第六届全国统计科学研究优秀成果信息技术应用类二等奖第一名（软件类一等奖空缺），《全员人口信息管理系统》获省科技厅科技进步奖，《同昌交通运政综合业务管理系统》获优秀自主创新产品奖，《山西省人口和计划生育委员会信息化解决方案》被认定为 2010 年度山西省计算机信息系统集成典型解决方案，《同昌基层社会服务管理信息系统》2013 年获得第十七届中国国际软件博览会创新奖，《基层社会服务管理信息系统 V1.0》获得中国软件行业协会颁发的 2013 中国年度创新软件产品奖。组织研发的"煤炭电子交易平台"是中国（太原）煤炭交易中心的核心业务系统，具备电子交易、合同签定、计划提报、交收结算等功能。

韩建明董事长为优秀员工颁发荣誉证书

同昌科技集团 2012 年工作总结暨表彰大会

“十二五“期间，韩建明同志将带领团队以软件应用推动为主体，以全面、整体、专业的系统集成解决方案为抓手，以遍布全省的服务网点、一站式信息运维服务为保障，全面提升同昌公司服务数字山西的综合实力。将以物联网、云计算等为技术基础，以商业模式创新为手段，配合政府全面推进我省电子政务、现代物流电子枢纽、煤炭交易等领域的信息化整合，以此实现我省各行业信息的共享、交换、协同，进而推动我省工业化水平的整体发展，形成同昌最稳健、最基础、最核心的竞争力，推动山西软件信息行业快速发展，为打开全国市场奠定坚实的基础。

（同昌信息技术公司　供稿）

同昌科技司规宣贯会

公司大楼

同昌科技集团公司一角

同昌杯——司歌歌咏比赛

姚建军，1962年10月生，山西永济人，毕业于西安公路学院公路桥梁与隧道专业，工学学士学位，中共党员，高级工程师，全国公路工程施工招标评标委员会专家级评委，国家一级建造师。2007年2月至今任太佳高速公路（太原段）建设管理处处长。1995年被共青团山西省委授予"山西省新长征突击手"称号，1999年荣记省劳动竞赛委员会个人"三等功"，2001年荣记省劳动竞赛委员会个人"一等功"，2004被太原市人民政府授予"劳动模范"称号，2006年被省劳动竞赛委员会授予"'五一'劳动奖章"，2013年1月被省政府授予"山西省高速公路建设先进工作者"称号。

忠诚书写在巍巍吕梁山潺潺汾河畔

——记太佳高速公路(太原段)建设管理处处长　姚建军

关心慰问困难职工

太原至佳县高速公路东段是省重点工程建设项目，是山西省高速公路规划网"三纵十一横十一环"第五横（平定－佳县）的重要组成部分，是西达陕甘宁、东承京津冀地区的物流大通道。起点位于太原北环高速公路向阳店互通以东6.7千米处，终点位于娄烦县赤土华村，与太原至佳县高速公路西段起点相接。线路全长94.9千米，全线采用四车道高速公路标准，设计速度80千米／小时。概算投资64.44亿元。2008年12月27日开工建设，2010年12月24日建成通车并试运营。它的建成通车，对实施中部崛起、西部开发战略，完善路网规划，加快革命老区建设，促进沿线矿产及旅游资源开发，带动经济发展发挥强大的服务功能。

建设期间，太佳高速公路(太原段)建设管理处在姚建军处长的带领下，以建设廉政大道、绿色大道、平安大道、人文大道为核心的百公里文明和谐长廊为己任，积极破解建设工期紧张、施工条件复杂、技术难点众多、征迁任务繁重等难题，以只争朝夕的精神创造了山西高速公路建设历史上的新奇迹。在两年半的时间里，建成了目前全省最长公路隧道——6565米的西凌井特长隧道和跨汾河最长公路特大桥——2380米的汾河特大桥；最大程度保护环境，努力追求凝固的建筑与俊美的山川和谐统一；在全省高速公路隧道照明设施建设中率先引入LED照明技术和设备。2012年被省政府授予山西省高速公路建设"先进集体"称号。

运营管理两年多来，该处坚持高标准抓起点，高速度求发展，以抓"基层建设、基础管理、基层工作"为主要内容的"三基"工作为切入点，全面实施"形象、素质、畅通、阳光、温馨"五大工程，取得了良好的经济、社会效益。2011年征收通行费5.18亿元，2012年征收通行费4.69亿元，客户满意度在全省公路中遥遥领先，2013年被省总工会授予"工人先锋号"称号。

（太佳高速公路(太原段)建设管理处　供稿）

科学调度指挥隧道内行车

便民服务

打通运输线，保障道路畅通

用奉献和担当交一份合格的答卷

——记全国金融系统"'五一'劳动奖章"获得者 中国银行朔州市分行党委书记、行长 韩玉辉

韩玉辉，中共党员，研究生学历，中国银行朔州市分行党委书记、行长。2011年被中国银行评为优秀党务工作者，2012年被评为朔州市劳动模范，荣获山西省"'五一'劳动奖章"，2013年荣获全国金融系统"'五一'劳动奖章"。

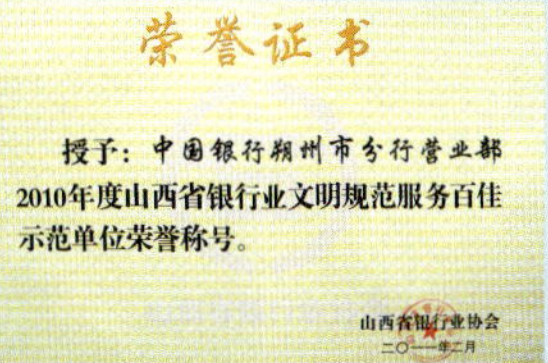

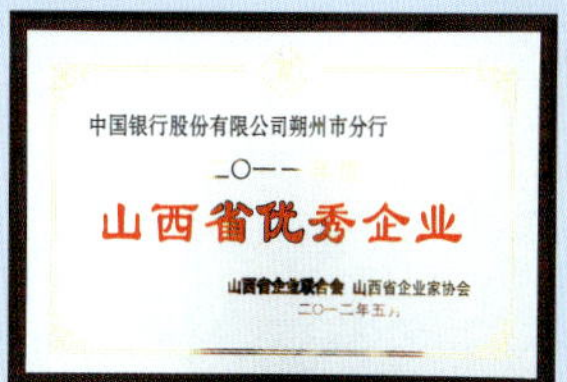

韩玉辉同志2009年任中国银行朔州市分行行长以来，以坚定的政治意识、大局意识、忧患意识、责任意识和良好的贯彻力、执行力，在网点转型中彰显担当和主动，在跨越发展中践行责任和奉献，取得可喜成绩。主要业务在当地同业中始终保持着较好的竞争力。2012年，人民币各项存款在前两年净增41亿元的基础上，继续以19亿元的净增额保持了良好的发展势头，净增额市场占有率21.2%，较2009年末提高3.1个百分点，在全市13家银行中排第三。履职三年来，各项存款累计净增60亿元，占该行建行前25年存款总量的50%。强力推进中间业务，先后推出转贴现、信用证卖方融资业务等8项业务，填补了朔州分行建行28年的空白。2012年，中间业务净收入4491万元，较2009年增长182%，年均增长41%。累计向各重点客户发放贷款17.4亿元，占当地当年贷款净增量的54%，居全市第一位。不良率全省最低。2010年、2011年、2012年在全省二级分行综合绩效考核中分别排名第一、第一、第二。先后荣获"中国银行业文明规范服务千佳示范单位""山西省优秀企业""全国金融系统职代会制度建设示范单位"等称号，入选山西省服务业百强企业。

（中国银行朔州市分行　供稿）

尚春树，1957年3月生，山西左权人，作物育种专家，山西强盛种业有限公司董事长。山西省政协第九、十届委员。1982年毕业于山西农业大学农学系，获学士学位，同年留校工作；1988年山西农业大学遗传育种专业硕士毕业，获硕士学位，进入山西农科院作物遗传所工作。1992年竞选为山西省农科院种苗公司总经理。1998年至2012年任山西省农科院食用菌研究所所长，2000年晋升为研究员。2001年受聘为山西农业大学硕士生导师。2005年享受国务院政府特殊津贴。先后获得"山西省直十大杰出青年""山西省结构调整先进个人""山西省'五一'劳动奖""山西省劳动模范""山西省优秀科技工作者""中共山西省委联系高级专家""山西省十大科技创新标兵""太原市'五一'劳动奖章"等称号。

立足山西 面向全国 服务农业 服务农民

——记山西强盛种业有限公司董事长 尚春树

副省长郭迎光在强盛种业调研

农业部副部长张玉香在强盛种业调研

农业部种子管理局领导在强盛种业试验田调研

山西强盛种业有限公司是一个集科研、生产、销售于一体的大型科技种业公司，注册资金1亿元，是我国种业信用骨干企业、山西省高新技术企业、山西省农业产业化龙头企业，拥有自主知识产权和开发经营权。建立了先进的种子质量、检测体系和科学严格的管理体系，形成种子科研、开发、生产、推广为一体的良种繁育、推广模式和经营体制。具有健全的科研机构，完善的基础设施，雄厚的科技力量和丰硕的研究成果。通过国家和省级审定的玉米、蔬菜新品种44个，15个玉米品种获国家植物新品种权证书，获山西省科技进步一等奖3项、二等奖1项，获全国农牧渔业丰收二等奖1项。

尚春树同志十分注重科技创新与成果转化，从1988年起，他主持了20多项国家级、省级重大科研项目。先后培育出通过国家、省级审(认)定的玉米新品种27个，其中，国审玉米品种6个，蔬菜品种16个，大豆品种2个；获国家植物新品种权保护15个。发表论文11篇，专著1部，获得山西省科技进步一等奖3项、二等奖3项、三等奖2项，全国农牧渔业丰收二等奖1项。他研制的"食用菌液体菌种接种抢注射枪"被鉴定为国际领先水平，并获国家发明专利1项。他创办的山西强盛种业有限公司走出了一条集科研、生产、销售为一体的产业化道路，年销往全国28个省、市、区的玉米、蔬菜种子达2万多吨。公司2003年、2006年连续两届被评为中国种业50强，2005年、2008年被认定为山西省高新技术企业，"强盛" 牌商标被评为山西省著名商标，2010年被评为 "山西省农业产业化龙头企业""中国种业骨干企业"，2011年被科技部评为"十一五"国家星火计划执行优秀团队奖，2012年被中国种子协会评为"中国种子行业AAA级信用企业"。

(强盛种业公司 供稿)

公司发展的领头人

——记山西“青年五四奖章”获得者
山西经贸集团节能投资有限公司执行董事　廉宏文

廉宏文，1971年生，山西怀仁人，中共党员，现任山西经贸集团节能投资有限公司执行董事。2013年荣获山西“青年五四奖章”。

廉宏文同志在忻州、朔州考察房地产项目

山西经贸集团节能投资有限公司是山西省经贸投资控股集团有限公司全资子公司，成立于2010年3月。受集团公司委托，管理大同、忻州、朔州、晋中、晋城、长治等6个市的省级财政性委托贷款形成的债权和股权。

廉宏文同志在内蒙古生物质电厂考察

廉宏文同志任公司执行董事两年来，以高度的责任感和使命感，敬畏工作，带领全体员工开拓创新、负重拼搏，大力清收资产，对受托管理企业的经营情况及资产质量做到了动态管理，实现了转变角色，开好局，全面工作上台阶，公司效益出成绩的目标。连年超额完成各项经济指标任务，走出了一条又好又快的转型跨越发展道路。截至2013年上半年，累计回收各类资金20820万元。

近年来，山西经贸集团节能投资有限公司坚持不懈地贯彻落实省委、省政府转型发展、跨越发展的战略，秉承集团公司提出的“整合资源、建设板块、推动转型、率先发展”的要求，结合集团公司“把房地产作为实体转型的主攻方向”的产业调整思路，认真谋划企业转型跨越发展路径，依托新成立的鼎轩房地产公司，抓紧土地资源储备，积极发展住宅地产、商业地产、工业地产、旅游地产等房地产项目，开创了节能公司转型跨越发展的新局面！

（山西经贸集团节能投资有限公司　供稿）

敢于探索　追求卓越　百倍努力　创新发展

——记山西"青年五四奖章"获得者 山西晋缘电力化学清洗中心有限公司总经理　支锋

支锋，1974 年 10 月生，山西灵丘人，中共党员，现任山西晋缘电力化学清洗中心有限公司党支部书记兼总经理。2004 年以来，多次被山西晋能集团公司授予"青年创新能手""先进工作者"等称号，2008 年被共青团太原市委评为太原市"新长征突击手"，2011 年被省科协授予第六届"山西省优秀科技工作者"称号，2013 年被团省委授予"青年五四奖章"。

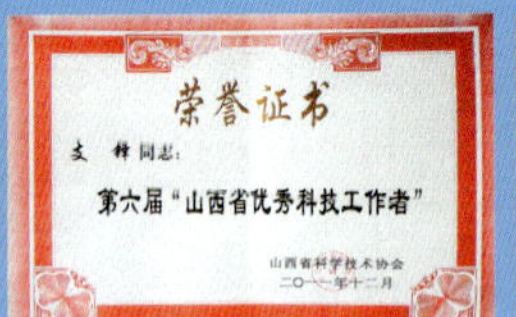

山西晋缘电力化学清洗中心有限公司是活跃在全国电力行业的一支技术先进、设备齐全、队伍年轻的专业化团队，主要从事电力设备的安装、检修、清洗、防污、销售、防腐保温工程，电网高压带电设备水冲洗和防污，以及电站动力设备的化学清洗，工业采暖锅炉、换热器、建筑物等清洗，化学清洗剂的研发使用，清洗技术的咨询服务等工作。具有国家电力企业联合会颁发的热力设备化学清洗资格（A 级）证书和山西省质量技术监督局颁发的锅炉化学清洗许可证（A 级）。通过 ISO9001/ISO14001/OHSAS18001（GB/T28001）体系认证。取得国家电力监管局颁发的《承装（修、试）电力设施许可证》、山西省科学技术厅颁发的《高新企业认定》证书以及由省住建委颁发的《建筑业企业资质证书》和《安全生产许可证》。1999 年以来，在完成山西省电网任务的同时，不断开拓市场，先后对广东、浙江、江苏等地区开展了变电站带电水冲洗业务，受到广大用户的信赖和好评，保障了电网安全运行。

作为一名从基层技术人员成长起来的优秀企业管理者，支锋同志先后任过部门经理、总经理助理、副总经理，经历了多方位的培养和磨炼，40 岁不到的他走上了总经理的岗位。上任后，他积极引入先进管理思想，在公司实行 ISO9000 一体化管理的基础上，全员推进 5S 管理，各项工作跃上了一个新台阶。他时刻关注新业务的创新发展。新型专利产品带测温窗的母排接头绝缘保护盒的推广应用、500 千伏变电设备带电水冲洗技术等成果开发使晋缘电力在竞争的市场上如虎添翼，成为电力防污闪行业关注的焦点。目前，公司的业务网络已经从山西地区扩展到了内蒙古、辽宁、河南、浙江、河北、广东、云南、重庆、广西、江苏等省（市、区），业务遍及全国。成长为集电气设备、热力设备清洗于一体的综合技术服务企业，实现了科学发展、和谐发展和跨越式发展。公司先后荣获中国质协"卓越绩效先进企业"、中电联"全国电力行业优秀企业""山西省五十佳转型发展标兵单位""山西省模范劳动关系和谐企业"等多项荣誉称号。

（晋缘电力化学清洗中心有限公司　供稿）

支锋总经理在基层检查工作

实干拼搏的带头人

——记山西省"'五一'劳动奖章"获得者 山西森特集团运城分公司焦化出口设备车间主任　杨晓峰

杨晓峰,1980年7月生,山西闻喜县人,大学本科学历,工程师,现任山西森特煤焦化工程集团有限公司运城分公司焦化出口设备车间主任,运城市人大代表,山西省政协委员。2010年荣获"运城市特级劳动模范""运城市拔尖人才"称号。2011年荣立运城市劳动竞赛委员会"个人一等功",焦化车间二组被省总工会命名为"工人先锋号"。2013年荣获"第一届山西省城联系统十大杰出青年"称号和"山西省'五一'劳动奖章"。

2003年8月,刚从太原重机学院毕业的杨晓峰胸怀回报家乡和社会的远大志向,果断放弃去行政事业单位工作的机会,毅然踏进山西森特的大门,从一名普通工人做起,学铆焊、上机床、干预装、搞技改、抓管理,一步一个脚印,在车间一线历炼成长,于2006年初挑起了焦化出口设备车间主任的大梁。担任车间主任以来,他严格管理,健全和完善了20多项管理制度,并在车间率先实行计算机网络系统管理和生产现场看板管理,对生产现场管理各环节全程跟踪,规范化科学管理。他牵头制定的安全文明生产13条管理措施在森特集团企业内部推广。他勤奋好学,改进了H型钢自动生产线,自行设计和制作各种模具、折弯具、钻具等生产工具28套,改进和完善各项操作工艺30余项,产品科技含量位于全国同行业领先水平。他实干苦干,为全省大型洁净煤装备制造业和选煤焦化行业发展作出突出贡献,为我国大型选煤焦化装备打入国际市场、出口创汇作出重要贡献。2010年—2012年,他所带领的车间累计完成工业产值4.82亿元,人均年产值28.6万元,人均年利税2.8万元,车间年均利税493.2万元,占森特集团利税总额的26.8%。先后为印度、巴西、越南、伊朗、印尼等国家生产炉门500套,各种型号的大型装煤推焦车、平接熄焦车、液压捣固机等大型焦化设备55台(套),洗选煤成套设备5套,产品质量全部达到优良。

(山西森特集团运城分公司　供稿)

杨晓峰同志在生产现场研究解决生产难题

杨晓峰同志同伊朗客商对出口产品进行质量检测

杨晓峰同志向巴西业主介绍产品情况

闫慧芳，女，1964年生，国家一级演员、省级非物质文化遗产运城眉户传承人，中国戏剧家协会会员，临猗县眉户剧团演员。2003年被表彰为山西省三八红旗手，2004年被表彰为山西省特级劳模，2007年获首届中国戏剧奖·第23届梅花表演奖，2010年被表彰为山西省德艺双馨文艺工作者，2011年获中国戏曲现代戏突出贡献奖，2013年荣获全国“‘五一’劳动奖章”。

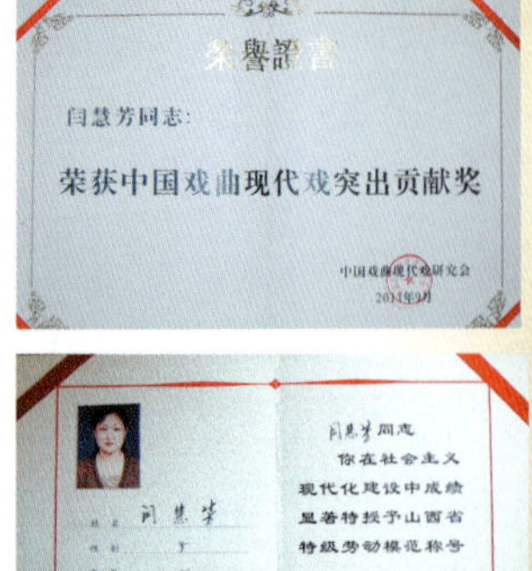

眉户现代戏的杰出代表和领军人物

——记全国“‘五一’劳动奖章”获得者、临猗县眉户剧团演员　闫慧芳

闫慧芳在《十里花香》剧中饰菊花

闫慧芳同志从事眉户戏曲表演多年来注重传承创新，勤学苦练，形成了表演细腻、唱腔委婉、热情奔放的表演风格。在30部剧目中担任主演，先后获中国第六、七、八届映山红戏剧节表演一等奖、山西省“杏花奖”“五个一工程奖”等国家及省级表演奖20余项。她主演的《十里花香》《山妹》在中央电视台多次播放。她精湛高超的演技，获得专家及广大观众的好评和赞誉，成为眉户现代戏的杰出代表和领军人物。与此同时，她积极从事现代戏创作，根据运城市优秀共产党员张小民编演的现代戏《张小民》，受到省委、省政府的高度重视。特别是2012年，她与创作人员多次深入位于高山之巅的平陆林场，精心创作宣传全国优秀共产党员荆保山先进事迹的眉户现代戏《守望》，赴太原参加“山西省欢庆十八大现代戏优秀剧目”展演，受到各级领导和广大观众的广泛好评。2012年精心创作拍摄八集戏曲电视连续剧《峨嵋岭》，为推动现代农业发展，更新观念，起到了积极的社会效益。近年来，她和剧团全体演职员工坚持上山下乡，送戏上门，足迹走遍秦晋豫三省1000余个村庄，累计演出3000余场，为丰富群众文化生活做出了突出贡献。临猗眉户剧团被中宣部、文化部表彰为“全国文化工作先进集体”和“服务农民服务基层文化先进集体”。

（临猗眉户剧团　供稿）

闫慧芳在《峨嵋岭》剧中饰月儿

闫慧芳在《山妹》剧中饰山妹

闫慧芳和老百姓在一起

"三西"地区(山西、陕西、内蒙古西部)占全国煤炭产量的60%以上,北煤南运、西煤东调的格局将长期存在。而对煤炭市场而言,长期存在着交易无序不透明、中间环节多、流通费用杂、市场集中度低、交易成本高、无序竞争、过度竞争等问题。市场好时盲目抬升价格,市场不好时低价甚至亏血本倾销等乱象频发,严重制约了煤炭产业的可持续健康发展,严重影响了煤炭的稳定供给和国家的能源安全。正是在这个行业背景演化和行业寻找转型突破口的同时,融合了现代电子技术、云计算技术、商务管理的互联网迅猛发展,催生了各类现代商务电子交易平台的"井喷式"出现。山西省委、省政府历届领导深谋远虑,顺势而为,高度重视并力推在煤种齐全的主产地山西,在扇形辐射面的中轴中心点——太原,建立现代煤炭交易市场。

2006年7月,省政府第31次专题会议研究,决定按照"市场主导,企业运作,政府推动"原则在山西成立与国际接轨、具有国家级、国际化的煤炭交易市场。同年8月,省政府正式向国家相关部委请示。2007年5月,国务院正式批复关于组建"中国太原煤炭交易中心"的请示。同年10月,中国太原煤炭交易中心有限公司在国家工商总局注册,注册资本9.4亿元,省内主要煤炭生产企业、国家五大电力集团和部分煤炭消费企业等29家股东单位入股。同年11月,中国太原煤炭交易中心有限公司在太原挂牌成立。

2008年8月,为加快推进交易中心建设运营步伐,省政府下发晋编字〔2008〕19号文件,决定成立省政府直属、正厅级建制、自收自支的事业单位——中国(太原)煤炭交易中心;同时撤销山西省煤炭工业局所属山西省煤炭销售办公室,其职能编制划转交易中心;并将山西煤销集团所属太原煤炭交易市场所有职能划入交易中心。在山西省转型跨越和综改试验区建设战略布局中,为促进交易中心快速发展,省政府又先后下发晋政办发〔2008〕97号文件和晋政办发〔2011〕107号文件,进一步明确了交易中心的十大职责。

煤炭交易中心的特性。煤炭交易中心模式是目前煤炭行业中出现的一种新兴市场模式,是建立在现代信息技术基础上,以电子交易平台为技术支撑,为煤炭供需双方提供服务的第三方交易市场。它本身既不属于买方,也不属于卖方。煤炭交易中心实质上是集中型、有组织的煤炭交易平台,具有有形的或无形的交易场所,是一个能为多个客户同时提供交易、信息、物流、结算、融资等多项服务的电子交易平台及物理场所的有机结合体。煤炭交易中心作为有组织的市场,具有固定的交易时间,集中了大量的买方卖方,基本都具备交易公平、信息公开、有效发现价格三大特点。

二、发展煤炭交易的意义

从政府角度来看,煤炭交易中心能调剂余缺、规范稳定市场行为,实现宏观调控,保证了税收的及时足额缴纳。一方面,在交易平台提供真实、全面、动态的煤炭产运需信息的基础上,政府相关部门能及时适度进行宏观决策引导或使用必要的调控手段;另一方面,在规范严谨的交易平台上,众多产需企业经过洽谈后形成的价格更理性,能避免煤炭价格的大起大落。而煤炭作为各产业的源头性产品,对稳定物价总水平起着重要的作用。此外,煤炭交易中心的一站式服务和全过程履行,可以及时、足额代收各种税费,避免了合理税费因不公开、不规范交易或监管缺位而流失。

从行业角度来看,煤炭交易中心是对传统煤炭销售模式的改进、提升和完善。煤炭交易中心作为集煤炭产、运、需信息和资源为一体的交易平台,以现代化的市场交易方式代替传统的煤炭销售手段,实现了一对多、多对多的快速交易。此外,作为集中化的交易市场,煤炭交易中心对促进行业自律,提高行业整体效率和经济效益有着重要的意义。一方面,众多供需企业同时参与交易,供求双方在交易过程中有更多的选择对象和空间,这在一定程度上抑制了传统煤炭销售模式下"一家独大"的现象,避免了不平等谈判甚至霸王条款的形成,降低了行业性垄断的发生概率;另一方面,由于众多企业同时集中参与交易,会形成一定规模的聚集效应,能更好地发现价格,规范交易行为,降低交易成本,控制交易风险,提高交易效率。有利于更好地反映煤炭资源的稀缺性及安全与环境成本,有利于更好地指导生产、引导消费。因此,煤炭交易中心是对传统煤炭销售模式的有效改进、提升和完善。

从企业角度来看,交易中心煤炭交易的上线,为入市交易商实现多赢创造了条件。大宗商品集中电子化交易是现代市场发展的必然产物,煤炭电子交易平台为交易商增加了交易机会、降低了交易风险、提高了交易效率和效益,为交易商实现多赢创造了条件。一是增加了交易机会。在交易平台上,"一对多""多对多"的谈判交流顺畅快速实现,入市各方根据自身需求,自主选择交易对象,自主谈判、定价、议价,选择的范围大了,时间省了,不受空间限制了。二是降低了交易风险。交易平台规范的管理流程,保证金等各项制度的严格执行,第三方资金的安全监管和现代化的技术保障措施,为供需双方降低了交易风险。三是提高了交易效率和效益。通过电子交易平台,信息流、物流、资金流可以及时有效地协同整合,产需双方业务洽谈及货款结算等程序可以通过交易平台一站式完成,轻松实现场内与场外的及时交易。此外,价格信息的集聚,使供需交易商不必再花费大量精力和时间谈判,而是方便快捷地进入议价、定价、交易等过程。提高了效率,节约了交易成本。交易中心着力打造的"一核三系"四位一体的服务体系,为交易商提供全方位、一体化、方便高效的服务,实现了交易商多赢。

从对区域经济的作用看,交易中心煤炭交易的上线,对山西省综改试验区建设、转型跨越发展具有重要意义。一是逐步形成资金集聚,为转型跨越发展提供资金支持。据初步测算,如果山西省销售煤炭全部纳入交易平台上线结算,每月至少有350多亿的资金流,而目前正在研发的煤炭中远期和场外交易再上线的话,资金流和部分资金沉淀预计更多。这种资金流和资金沉淀,对山西地方建设融资十分有利。二是逐步形成煤炭物流信息集聚,对大幅提升山西省煤炭流通的效率和效益、降低流通费用十分有利。煤炭交易必然产生煤炭交收,煤炭适时足量交收必然要求煤炭市场产销存、铁路公路储装运信息及时传递给供运需各方，借助现代电子技术、物联网技术，就可以完全实现有效时间内最佳运输路程、最佳装卸方式、返程配货等的高效组合。交易中心着力打造的物流服务体系，对提高全省煤炭物流效率效益非常有利。三是逐步体现价格发现功能，对提升以山西省为代表的煤炭主产地话语权有利。全省铁路公路销售煤炭全部集中到交易平台交易，多方谈判议价定价，形成价格集聚，集中化市场的价格发现功能充分显示，这个“煤炭超市”就为参与各方带来好处，对提升主产地的话语权非常有利。2013 年 5 月，自主研发的中国太原煤炭交易价格指数与新华社合作向社会发布，就是交易中心在这方面努力的阶段性成果。

三、煤炭现货交易情况

*煤炭现货交易规模不断扩大。*按照省政府“先省内后省外、先铁路后公路、先现货后期货”的战略部署，交易中心的建设、运营和发展，对于改革原有煤炭运销体制，全面推进煤炭市场化，确保能源稳定有效供应具有重要意义。交易中心承担着年度订货会合同统一录入汇总并统计上报国家发改委、铁道部等有关部门的任务，开发设计了年度、日常、专场三种运行模式，组织煤炭供需双方自由选择挂牌、竞价、邀约、协商交易 4 种交易方式。2012 年 2 月 23 日，交易中心正式启动煤炭现货交易，通过调研走访、营销推介、座谈交流、强化服务、减免费用等多种措施，截至 2012 年底，铁路销售煤炭交易总量 6.72 亿吨，交易额 4612.35 亿元，煤炭现货交易取得突破性进展；2013 年 5 月 23 日，全省公路煤炭交易也正式启动上线交易，标志着全省境内销售的煤炭全部纳入交易中心交易平台进行交易；截至 2013 年 8 月 31 日，注册交易商达到 6118 户，遍布全国 31 个省(区)市，其中，省内交易商 2140 户，省外交易商 3978 户。2013 年 1 月 1 日～8 月 31 日，交易总量 8.29 亿吨，交易总额 5480.98 亿元。

*煤炭产运需衔接机制实现创新。*2012 年底，为适应煤炭产运需衔接的新形势，充分发挥企业的市场主体作用，进一步推进煤炭市场化进程，加强供需双方的交流与合作，交易中心召开了为期 8 天的“中国(太原)煤炭交易中心 2013 年度煤炭交易大会”。大会期间，煤炭交易工作成果显著，实现了三个创新，取得了三个突破。一是实现产运需衔接机制创新，在煤炭市场化方面有了新突破；二是实现了价格机制创新，在价格谈判方面有了新突破；三是实现了衔接手段创新，在交易规模上有了新突破。来自 29 个省(市、区)2000 多家交易商代表累计 8000 多人次参加了本次大会。大会期间，新增交易商 726 户，注册交易商达到 3032 户；交易规模首次突破 7 亿吨，签订年度销售合同 7.88 亿吨。

四、交易综合服务体系构建情况

交易中心积极构建“交易服务为核心，信息服务为基础，物流服务为保障，金融服务为延伸”的“一核三系”四位一体交易综合服务体系，并以此为核心竞争力，为广大交易商提供全方位、一站式、高效快捷的优质服务。交易服务体系作为贯穿整个服务的主线，可为交易商在铁路煤炭和公路煤炭现货交易的各个流程和环节中提供全程化的服务。信息服务体系基本形成具有交易中心特色信息产品系列，可为交易商提供价格指数、研究报告、煤炭市场周报、信息速递周报等信息产品；并整合内容利用新媒体技术向重点用户发送煤炭交易手机报、微信及短信平台信息等。目前，正在开发移动交易服务终端，该终端可以使广大交易商通过移动通信工具进行日常煤炭现货交易，在煤炭现货交易方面实现了 IT 创新。物流服务体系建设稳步推进，除完成网上铁路运力需求提报外，部分重点铁路发煤站点的联网动态信息已实时传送。金融服务体系服务方面，安全快捷的网上结算体系已完备，实现了部分货款网上适时结算。煤炭订单池和票据池融资方案已经完成，正在进行试点企业筛选工作。

五、煤炭交易价格指数运行情况

中国太原煤炭交易价格指数由 1 个综合指数和动力煤、炼焦煤、喷吹煤、化工煤 4 个分指数组成，设立 6 个代表规格品加权平均价，分层次、分角度反映主产地煤炭市场变化情况。截至 2013 年 9 月 6 日，中国太原煤炭交易价格指数已成功发布 17 期，真实反映了主产地煤炭市场变化情况，受到业界的广泛关注，并逐步成为煤炭市场景气度指标、企业定价的参考和行业风向标。8 月 8 日，部分煤炭企业和电力企业签订的煤炭供应长期协议中的结算价格，就是在中国太原煤炭交易动力煤价格指数基础上，考虑一些增减因素确定的。

六、煤炭场外交易和期货交易筹备情况

交易中心发展煤炭场外交易的意义。(1)从全国煤炭产业发展角度看：一是提高资源配置效率。发展产地煤炭场外交易，可充分发挥市场在资源配置中的基础性作用，政府和企业能利用场外交易市场，预测煤炭的供需形势和价格走势，进行宏观调控和科学决策。同时煤炭场外交易市场的建立，为投资者提供了新的投资工具，有助于煤炭产业吸收外来投资，合理利用社会闲置资金，加快山西省煤炭产业的发展和壮大。同时，通过场外交易市场，交易双方可以提高交易效率，节约交易成本，并避免相互之间的债务问题。二是促进煤炭定价机制创新。在市场经济条件下，价格是根据市场供求状况形成的。场外交易中形成的价格能真实地反映供求状况，同时又为现货市场提供了参考价格。由于我省煤炭的价格对全国煤炭价格具有较强的影响力，通过场外交易市场传递的煤炭价格信息，有利于形成统一、有序的煤炭价格体系。(2)从山西省煤炭产业发展角度看：一是帮助山西省积聚发展资金。郑州商品交易所以农产品为主要交易品种，2010 年交易额达 62 万亿元，每年直接沉淀在河南的交易保证金达 2000 多亿元，这样的资金沉淀为河南经济发展提供了巨大的动力。“十二五”期间，山西省计划投资 5 万亿元，实现“再造一个新山西”，而所需资金从何而来，郑州商品交易所的例子给了我们很好的启示。二是促进山西省调整产业结构。长期以来，山西存在着第二产业所占比重过大的结构性矛盾，产业结构重型化特征十分突出，第三产业比重明显偏低，新兴服务业发展相

对缓慢。而煤炭场外交易属于具杠杆效应的金融服务业，同时其延伸所形成的物流和信息产业也均属新兴服务业范畴，对山西推进产业结构调整、发展能源经济和能源金融，实现“以煤为基、多元发展”目标具有重大意义。(3)从煤炭企业发展的角度看：一是煤炭产运需企业可通过场外交易市场和期货市场进行跨市场的套期保值，以有效规避市场价格波动所产生的风险，保证生产经营的平稳进行。二是场外交易市场在品种设计上更加贴近实际，企业可以更加方便地通过交收仓库，实现货物的交收。而交收仓库的建立又能进一步提高我省煤炭物流的信息化、社会化、专业化水平。

交易中心煤炭场外交易和期货交易筹备现状。(1)积极开展场外交易模式创新研发。一是强化筹备工作领导。交易中心成立场外交易工作指导委员会，下设4个工作组，明确了工作职责，细化了工作任务。二是加强业务模式规划。制定了场外交易业务建设计划和《场外交易推进工作方案》。场外交易各项工作有序推进，前期市场调研已完成，业务模式设计基本结束，正在进行业务规则细化和人员培训工作。场外交易各项业务即将就绪，择机正式开始场外交易试运行。三是完成《业务设计方案》论证。筹备组根据专家意见，进一步完善业务设计，细化各项业务制度，并已开始进行市场参与者的遴选和组织工作。四是加快技术平台研发和建设。计算机机房扩容改造招标工作全部完毕，已进入工程建设阶段，场外交易计算机网络架构已设计完成，并搭建了场外交易系统模型，网络和硬件设备招标工作即将开始。五是积极打造专业人才团队。组成煤炭场外交易筹备工作团队，并缩小工作单元，细化工作内容，加快场外交易模式研究及运营准备工作。(2)扎实推进煤炭期货交易立项申请。一是广泛征求专家意见。交易中心组织召开各种类型的煤炭交易研讨会、论证会，邀请监管部门、行业协会、高等院校以及期货公司等单位的专家学者，就山西开展煤炭期货交易和场外交易进行了充分的研讨论证。二是加紧煤炭期货交易立项准备工作。先后完成《山西动力煤现货市场调研报告》《筹建太原能源期货交易所开展动力煤期货交易的可行性研究报告》和《开展动力煤期货交易的申请》，为申请煤炭期货交易做了前期资料准备工作，待证监会同意后，随时呈报。其中，山西动力煤期货合约设计草案已经拟定。

煤炭交易中心是顺应市场客观规律、顺大势而为的新型事业，是“公开、公平、公正”的第三方服务平台，既有益于煤炭产业及关联产业可持续健康发展，又有益于区域经济发展，还有益于参与交易活动各方。我们已经走在了全国30家煤炭交易市场的最前列，未来还要不断创新思维、创新服务、创新发展，立足山西、服务全国、面向世界，继续担当煤炭市场体系建设的排头兵！

对煤炭老企业转型跨越发展的思考与实践

同煤集团副总经理、轩岗煤电公司董事长　**张良海**

2012年，突如其来的市场变化使山西的煤炭企业更为清晰地看到一个现实：山西经济大船由于其结构缺陷还难以抗击惊涛骇浪，煤炭企业作为山西经济的重要组成部分转型刻不容缓。

近年来，煤炭企业发展取得了显著成绩：产量不断提升，机械化程度不断普及，利润稳步增长，员工收入不断增加，但在危机的冲击面前，为何会如此缺乏应变能力？因为煤炭生产消费快速增长过程中，粗放式发展严重，产业发展仍依赖于初级产品的开采加工，煤炭深加工、精加工产品占比低，煤炭产业链条短，技术含量少，积累增值能力差，环境代价大，经济效益低，所以煤炭企业目前迫切需要转变发展方式，调整产业结构，提高产业增长的质量和效益。省委书记袁纯清深刻指出：山西能不能实现跨越发展，关键看能否做到转型发展，关键看转型发展的深度和广度。跨越发展不是建立在产能扩张上，而是建立在转型发展上。转型的文章做好了，跨越发展也就实现了。

煤炭企业作为山西省“一煤独大”“四柱擎天”经济结构的重要组成部分，有省内巨大的煤炭资源做支撑，发挥和依托煤炭资源优势，以煤为基，以煤兴产，以煤兴业，多元发展，在用好煤上狠下功夫，做好煤炭这篇大文章，实现转型就大有可为。

大同煤矿集团轩岗煤电有限责任公司作为有着近60年历史的煤炭企业，目前有二级单位及子公司17个。其中，煤炭主产业生产单位6个，分别为梨园河矿、焦家寨矿、刘家梁矿、阳方口矿业公司、华盛投资有限责任公司、金海煤业有限责任公司。主要商品煤种为气煤、贫瘦煤，产品主要销往华北地区京、津、唐各大电厂，以及湖北、湖南和省内各电厂。公司非煤生产单位11个。形成了以煤炭生产为主，化工生产、汽车运输、机电修理、建筑安装、印刷、住宿、餐饮等多业并举、综合配套、协调发展的产业格局。

轩煤公司凭借这次转型发展机遇，结合山西经济社会发展实际，可以从三个方面加大转型发展力度：一是要凭借资源优势，做好煤炭"老"文章。山西富煤产煤，资源占有得天独厚，这是山西的禀赋和优势。在山西不同的历史阶段，"煤"都是绕不开的结。作为煤炭企业要实现转型发展，必须发挥和依托煤炭资源优势，以煤为基，以煤兴产，以煤兴业，多元发展，在用好煤上下功夫，切实做好煤炭这篇"老"文章。二是要围绕主业优势，走好"多元发展"的路子。首先，山西作为产煤大省，煤机装备制造不乏支撑。煤炭企业要实现转型发展，必须搭建创新平台，加大研发力度，努力使煤机制造在核心技术、主要产品和关键部件等方面达到世界一流水平，在煤机领域拥有更多的话语权。其次，要重新认识煤的价值。不能再囿于过去的眼界与认识，必须解放思想，开阔眼界，对煤炭进行深入全面的再认识，在认识上有一个质的飞跃。煤炭，不仅是能源资源，也是碳材料资源；不仅是燃料，更是原料。煤的价值有多大？以一千克标准煤为例，烧掉它，释放约7000大卡的热量。但是，同一块煤含有碳、氢、氮、硫等元素，分解后可以制得乙醇、甲醚、氨化物等多种化工产品。最后，要提高煤的附加值。从挖煤卖煤到多元发展，就是要把煤炭的资源优势变成创新发展优势，依靠科技进步提高煤炭的附加值，实现价值倍增效应。以煤化工为例，原煤的市场价值与肥、醇、烯烃、油的市场价值比约是1∶2∶3∶4∶5。由此可见，煤化工前景十分广阔。加上我省现有的资源优势、产业基础和龙头企业，经过精心培育，完全可以后来居上，抢占煤化工技术与市场的制高点。三是要依托政策优势，抓好项目落实工作。项目是转型发展的引领，是创新驱动的支撑，抓项目就是抓转型发展，就是抓创新驱动。2013年是轩煤公司"十二五"规划期间的项目落地年，轩煤公司在省委、省政府的政策支持下，按照《山西省国家资源型经济转型综合配套改革试验实施方案(2013～2015年)》和《2013年行动计划》，建设一系列项目，走煤电一体化，发展循环经济的路子。

有了这样的理论基础，轩煤公司到"十二五"末，基本会形成两个层次的产业架构，即以煤炭开采、电力和煤层气开发(配套建设瓦斯发电厂)为主的支柱产业，以商贸物流、化工、煤机修理制造为主的支持产业，以建筑、物业服务及其他为主的跟进产业，力争构建宽领域、多元化产业体系。

一、做强主业带转型

坚持以煤为基做强主业，遵循资源扩展、生产集约、产品优质、产销一体的发展思路。

1. 矿井扩界提高资源储备。轩煤公司在"十二五"期间，将通过有效的资源整合，积极争取现有矿井扩界(刘家梁矿扩界原黄家堡井田未采资源区、焦家寨矿扩界本部未采资源区)、上马铺、静乐择善井田。规划期末，公司资源总储量将达到48.87亿吨，为矿井持续开采提供充足可靠的资源保障。

2. 改造生产系统提高产能输出。轩煤公司在"十二五"期间，将对现有矿井进行一系列的改造工程，实现产能翻番。一是对现有生产矿井进行生产系统改造，进一步释放产能。二是在建的新井全面引进新技术、新设备，争取打造成为一个现代化示范矿井。三是加快推进资源整合矿井的技术改造工程，并在实现联合试运转以后继续进行技术改造，全面提升矿井产能。

3. 积极推进后备矿井建设。"十二五"期间，加大资源拓展力度，规划上马铺井田年产500万吨的大型矿井，静乐择善两对年产1000万吨特大型矿井。

"十二五"期间，轩岗煤电公司通过发展现代化矿井，年产量将达到2000万吨以上，煤炭总销量达到2000万吨以上。规划期内，建设公司本部矿井、静乐择善、河津"三大"基地，到2015年末，煤炭主业总资产将达到60亿元。

二、多元发展促转型

"以煤为基，多元发展"的转型之路，重点在"煤"，关键在"多元"，轩煤公司要走出一条适合自己的成功转型之路必须实现多元发展。"十二五"规划期内，轩煤将依托煤炭主业这个基础，将公司非煤产业做强做大，真正实现转型跨越再铸辉煌。

1. 发展商贸物流。在国内煤炭主要销售市场，建立对外商贸物流公司，开展商贸物流业务。同时，对公司现有的从事煤炭贸易实体单位，进行机构重组，实现统一销售。"十二五"期间，将组建1～2个对外商贸公司，扩大以煤炭为主的商贸物流业务。

2. 发展化工产业。加大对云雁公司的资金支持力度，推进化工产品结构调整，拓宽外部销售市场，提高化工产业的整体效益。"十二五"期间，将提供3000万元流动资金支持，扩大产品销售。

3. 发展煤机修制产业目标。满足轩煤公司内部需求，逐步拓展外部市场。对公司机修厂和实业公司进行产业扩充、市场和产品调整，推进从煤机修理为主到以制造为主的转变，形成以机修厂修制大中型煤机设备、实业公司修制小型设备配件的发展结构，促进产业升级。

4. 发展建筑产业。依托公司轩腾建筑安装公司，推进体制重组，资源整合，申请二级资质，进行公司化运作，对内对外开展建筑安装业务。

5. 发展物业服务。整合现有的后勤服务单位，优化人员和资产结构，按公司员工家属住房分布，组建1～2个专业化的物业服务管理公司，对外拓展业务。规划期内，完成对后勤物业服务的重组整合。到2015年，实现物业服务类公司的专业化、企业化运作，实现人员自养并创造一定的经济效益。

三、落实项目保转型

坚持优化产业结构，在"十二五"末，配套煤层气井下、地面抽放系统，建设两座低瓦斯综合利用电厂，同步研究拓展相关产业链，扩大产业规模。

轩煤公司焦家寨矿和刘家梁矿为高瓦斯矿井，近年来，随着矿井开采深度增加，煤层瓦斯含量随之增大，给安全生产带来了较大隐患，直接排放入大气又会造成严重的环境污染。本着治理和利用并重的原则，“十二五”期间，公司规划加大瓦斯治理力度，并按照国家相关产业政策，进行瓦斯的综合利用开发，依托焦家寨矿和刘家梁矿建设低浓度瓦斯电厂。瓦斯电厂建成后，既可满足公司内部用电需求，还可并网增加收入。按照山西省和国家瓦斯发电优惠政策，年实现销售收入至少在1600万元以上，利润1000多万元。同时，依托同煤集团同华电厂(一期、二期)，间接火电装机达到4×660兆瓦，变输煤为输电，实现真正意义上的煤电配套。

“十二五”期间，轩煤将紧紧抓住全省转型跨越的战略机遇，主动融入区域经济发展和同煤集团的发展战略，围绕“建设新同煤、打造新生活”战略愿景和“双千亿”工程，以转变发展方式为主线，以优化产业布局为重点，以实现高效集约为主攻，以推进科技创新为支撑，以提高效益和惠及民生为根本，坚守“四个”坚持，建设一个“平安、和谐、高效、发展”的美丽新轩煤。

坚持以煤为基，优先安排资金项目，把推进资源拓展、生产系统改造和高效集约生产有机结合起来，提升生产能力，壮大主业规模，增强发展后劲。

坚持统筹协调，优化产业结构布局，把推进煤炭、主业发展与搞好煤炭商贸、化工等支持产业、建筑和物业服务等跟进产业有机结合起来，促进各产业协调发展，整体升级，构建层次分明、优势互补的产业结构。

坚持技术领先，完善技术创新体系，把推进技术创新研发、引进技术人才和先进的技术装备与淘汰落后产能、技术工艺有机结合起来，破解发展瓶颈，提升企业核心竞争力。

坚持开放包容，积极搭建合作平台，把推进各种资源共享与加强政府联系、和企业各类经济组织项目合作有机结合起来，争取外部支持，优化发展环境，实现互利共赢。

依托煤炭而非依赖煤炭，跳出煤炭而非放弃煤炭，传统产业改造提升，新兴产业做大做强——轩煤公司以煤为基、多元发展之路就在脚下。现在，我们需要做的就是加倍努力，奋起赶超。

发挥国家高新区创新优势
争当太榆科技创新城建设排头兵

太原高新区管委会主任　**赵伟东**

实施太榆同城化，建设太榆科技创新城，是省委、省政府全面推进山西省转型综改试验区进程的重大决策，势必成为全省转型发展的驱动区、新兴产业的集聚区、自主创新的核心区、产城一体的示范区。

太原高新区是山西省唯一的国家级高新区，经过20年的发展，园区已拥有占全省50%的高新技术企业，初步形成了电子信息、文化创意、煤化工技术研发、环保节能、新材料新能源、生命科学等领域的产业集群，并储备了50余项优质项目，是目前全省高端人才、高新技术、研发机构、高新技术项目最为集聚的区域。高新区的发展宗旨是：发展高科技、实现产业化，承担着山西省、太原市新兴产业基地、自主创新基地建设的重任。太原高新区有能力承担起省委、省政府在太榆科技创新城建设中分配给高新区的任务，必将在太榆科技创新城建设中的产业转型、新兴产业发展和科技研发、孵化等方面发挥更大作用。

一、以新区开发引领太榆科技创新城建设

2012年，太原高新区在汾东新区新落实规划土地13.3平方千米，开始建设太原高新区汾东园(地处太榆科技创新城核心部位)。太原高新区汾东园建设的总体思路是：以互联网、物联网、新材料、新能源、生命科学等战略型产业的专业园区或产业集群规划为切入点，以科研、孵化、创业、加速为支撑点，以开放的思维和手段集成社会资源为着力点，加速人才、技术、资本等创新要素的集聚，构建开放式的创新创业氛围，打造自主创新基地、新兴产业基地。坚持产城一体的思路，本着高起点、高标准、高效率的原则，把汾东园建设成山西省的新亮点，打造一个以高新技术为主导、新兴产业为支撑，集高新技术研发、孵化、产业化为一体的、高端人才集聚的、现代服务功能齐全的、宜商宜产宜居的生态化现代科技新城。目前，总占地80公顷、总投资65亿元的山西云计算产业园和总投资58亿元的山西国际物联网产业园已在太原高新区汾东园开工建设。

汾东园的基础设施建设也正在同步推进中。已引进和储备涵盖电子信息、生命科学、煤化工、文化创意、环保节能、新材料新能源的项目50余项，总投资近350亿元。

太原高新区在汾东园建设中安排的园区和项目有：(1)科技研发机构集聚和企业总部集聚园区。总占地2平方千米，入驻项目有：山西省科技厅正在汇总的在并国家、省研发机构需要拓展的项目，山西省商会正在汇总的各省商会和企业总部需要安排的基地和项目，太原高新区储备的项目。

(2)重点推进七个科技产业园建设。①信息产业园。总占地80公顷，落实和储备的项目有：物联网产业园区，主要项目有山西省物联网应用工程研究中心建设项目，年产5000套矿山自动化控制中心ACC建设项目，国家环境保护工业污染源监控工程技术中心建设项目，山西省物流公共服务平台建设项目，智能节能控制器生产基地建设项目等。山西绿云云计算产业园区，其他引进和高新区产业转移项目，主要有山西慧联“智能泊车物联网产业化项目”(国家“千人计划”领军项目)，太原航空仪表有限公司航空科技产业园项目，山西创奇煤矿安全技术装备研发及产业化项目(清华大学合作项目)，山西振中电力智能电网技术产业项目，山西通威消防“物联网”研发生产基地等。②节能环保产业园。已经落实与储备的项目有：中海油铂网催化剂及炼油催化剂项目，山西双良深层地热发电及供热项目，山西大邦新能源科技创新产业项目，山西华顿年产10万立方米醇醚清洁燃料国家战略储配中心项目，山西汇镪年产9000吨高性能钕铁硼永磁材料生产项目，山西尚风环境污染及噪声治理和扬尘污染及环境治理工程技术中心项目(拟上市公司)，山西高科耐火国家级铝质高温材料项目，山西华晟钢管装备研发制造基地建设项目，太原市海世嘉重型设备制造研发中心项目，山西晶科高亮度LED芯片蓝宝石晶体材料产业化项目(国家“千人计划”领军项目)。③光电产业园。已经落实和储备的项目有：山西傲维光视光电产业项目(国家“千人计划”领军项目)，山西国惠光电量子阱红外焦平面阵列探测器研制生产项目(加拿大皇家科学院院士、国家“千人计划”领军项目)，钮顿光电激光再制造产业化项目(国家“千人计划”项目，正在引进)，山大宇光全固态连续单频激光器项目(中科院院士领衔项目)，中电集团33所激光全息储存项目(国际领先水平项目)。④生命科技产业园。安排的项目有：山西国信凯尔基因诊断及药物开发基地建设项目(海外产业领军人物创办)，太原寰基生物芯片产业基地建设项目，北京博奥生物芯片应用项目的产业化开发项目(生物芯片国家工程研究中心)，山西省干细胞基因工程公司组织细胞生物资源库及细胞产品研究中心项目(上市公司中源协和控股)，太原美龙心脏生物支架研发生产及一次性手术消毒系列产品生产基地建设项目，山西华诚睿光牛奶体细胞数监控技术和奶牛健康管理研发推广中心项目(省“百人计划”领军项目)等。⑤文化创意、数字传媒产业园。储备的项目有：山西汇众动漫产业软件基地建设项目(国家级动漫企业)，山西省广告创意产业中心项目(山西报业传媒集团、山西广电传媒集团等)，报刊网络出版传媒项目、数字出版产业及报刊网络出版传媒项目、数字出版传媒大厦项目(山西出版传媒集团)，北京天脉传媒文化产业项目(国家“千人计划”领军项目)，中外名人文化产业公司和北京博天集团文化产业项目，山西高新博澳国家级文化产业示范基地项目(国家级动漫企业)。⑥国家级留学人员创业园。太原留学人员创业园创办于2003年2月，已吸引具有硕士、博士学位的留学人员208名，创办企业105家，已毕业企业22家。2012年12月，被国家科技部评为国家级科技企业孵化器。现有场地已饱和，需新建园区安排60余个项目。⑦普洛斯太原现代服务业产业园。新加坡企业独资开发，总用地33公顷。普洛斯作为亚洲最大的现代物流设施提供商与服务商，在中国运作并管理多个大型综合物流园区，致力于为全球及本土提供完整的产业链解决方案。普洛斯太原现代服务业产业园依托太原承接南北的区位及交通优势，打造太原首个国内领先的高端智能物流产业园、山西省高端现代服务业示范基地。

太原高新区总体目标是：到2020年，努力将太原高新区建设成为自主创新的战略高地，培育和发展战略性新兴产业的核心载体，转变发展方式和调整经济结构的重要引擎，实现创新驱动与科学发展的先行区域，抢占世界高新技术产业制高点的前沿阵地，充分发挥国家自主创新示范区、国家高新区的核心载体作用，以更强大的创新能力服务于创新型山西建设。

二、对太榆科技创新城建设的建议

一是把正在启动的太原汾东新区和规划为太原高新区新区开发的部分作为整个太榆科技城建设的发动区、先导区、起步区、示范区，在政策、资金、体制方面给予倾斜支持。二是根据太榆同城化的趋势和科技、城市的两大功能，以规划为龙头，对太榆科技创新城进行一次性总体规划、分步实施。确定太榆科技创新城工业、商住和公共设施、科研用地比例。拟安排纯工业用地20%左右，科研类用地40%左右，商住和公共设施用地40%左右。除土地实行级差分类外，制定统一的招商引资政策、人才引进政策、科技扶持、产业基金扶持政策。三是产业准入及项目引进。在太榆科技创新城，除纯商住用地和教育卫生等公益和功能用地外，其余所有用地采取严格的产业准入政策，按照国家鼓励类新兴产业发展要求进行招商。鉴于太榆科技创新城在全省经济发展、科技创新中的地位和作用，建议将省市符合产业政策的重大招商项目和新建、改建、异地搬迁改造的科技项目、新兴产业项目和研发机构优先安排落户太榆科技创新城。四是支持融资平台建设。由省有关部门建立产业专项基金和创投基金，支持太榆科技创新城新兴产业发展。

高起点谋划 高标准建设 高规格打造 加快建设引领率先转型跨越的国家级开发区

太原经济技术开发区管委会主任 刘 斌

2012年是太原经济技术开发区实现经济社会转型跨越发展，建设一流新兴产业基地和一流自主创新基地的关键时期。太原经济区以产业集聚区建设作为“主攻点”，以项目建设作为“主动力”，以招商引资作为“主抓手”，克难攻坚，奋力进取，实现发展新跨越。

一、高起点谋划，保进产业转型升级

立足区域优势，确立发展方向。太原经济区抢抓太原经济圈建设、太榆科技创新城建设、武宿保税区建设以及城市重心南移的机遇，针对产业布局中的第二产业比例畸高，第三产业和现代服务业较弱，提出了新的发展理念。一是坚持“工业立区”，在国家级装备制造(能源装备)、国家级新材料新能源、电子信息、食品及农产品加工、生物制药“五大产业基地”的基础上，积极吸纳外部资源，提高生产的专业化水平，提升产业竞争力和辐射带动力。二是加大对第三产业和现代服务业的扶持力度，提高第三产业和现代服务业在经济区的比重，优化产业结构和税收结构。注重为居民生活提供配套的生活性服务业以及为企业发展提供配套的生产性服务业，努力构建高端化、高质化、高新化的现代服务业体系，促进人流、物流、信息流、资金流在更高层次和更大范围内的集聚，推进产业转型升级发展和鼓励现代服务业发展有机统一起来，实现产业结构多元化、合理化拓展，形成现代服务业与工业互相促进、可持续发展的局面。

围绕发展目标，整体统筹规划。太原经济区依托产业布局和功能分区，结合地域特点和周边路网结构，重点对发展目标、空间布局、产业发展布局、绿地和生态系统、综合交通体系、基础设施、城乡一体化等内容进行科学合理的规划，努力推进土地利用整体规划与产业发展规划无缝对接。一是以推动“五大产业基地”发展为核心，优化调整开发区产业布局，引导区内企业集中集聚发展，充分发挥龙头企业的带动作用，带动相关配套产业链的集群发展，有效实现资源共享与产业集聚，为太原经济区的转型升级发展提供保障。二是统筹规划建设“城中村”安置工程、项目配套生活区、商业金融区和现代服务业、生产性服务业，合理布局经济、社会和环境建设，提升土地价值，保证全区土地利用的总体平衡。

二、高标准建设，增强承载能力

不断完善基础设施建设。太原经济区以建设国内外一流园区为目标，不断提升园区承载力，投资基础设施建设，优化园区的投资环境。一是完善“九通一平”等基础设施，投资建设9项道路道排工程，便捷居民出行、企业运输。建成2号10千伏开闭所，满足周边单位2万千伏安的用电需求。二是规划建设高档住宅区和配套生活区，为高级人才提供宜居创业的生活条件，为外来务工人员提供经济实惠的居住条件。三是建设教育、卫生、文化等公共服务机构，为入园企业人员及家属提供高质量的生活服务，优化生活配套服务。四是加强园区生态园林建设，大力实施绿化、亮化、美化工程，建设若干主题公园，为园区企业和居民提供最佳居住和创业环境。

不断完善投资软环境建设。不断拓展优化项目服务体系，提升服务质量，吸引重大项目入驻。一是建立完善投融资体系。积极建立多元化的投融资平台，鼓励发展风险投资，帮助企业联络信誉高、实力强的风险投资机构，为入区企业提供高效融资服务。二是进一步优化政务环境。加强政务大厅建设，强化政务大厅一站式、一条龙服务作用，大幅简化审批程序，减少不必要的收费项目，全面提高办事效率和服务水平。三是建立健全公共安全监测平台、公共行政服务平台、公共投诉处置平台等“三大公共服务平台”，依托物联网和现代信息技术，进行数字化流程再造，实现对全区的数字化、技术化和智能化管理。

不断推进城中村改造工作。坚持对城中村改造工程规划、建设和管理并重，按照“政府主导、市场运作、拆旧建新、片区改造、安置优先”的原则，全面推进9个城中村改造，加快推进安置区建设和社区建设，把每一个“城中村”都建成精品工程，成为高品位、现代化的宜居社区和推动全市城乡经济社会一体化发展的典型示范。针对城中村的失地农民、失业人员，实施更加积极的就业政策，结合园区企业需求，有针对性地加强职业培训，鼓励居民自主创业，以创业带动就业，不断提高园区的就业保障水平。区内所辖9个居委会近万名失地农民的社会保障体系基本健全，新农合参保率和养老保险参保率达100%。

三、高规格打造，保障集聚区发展后劲

保持经济稳定增长，推进企业转型跨越发展。2012年，太原经济区新开工、续建和近期开工项目42项，其中，省级重点工程6项，已开工建设3项，完成投资16.41亿元；市级重点工程18项，已开工建设13项，完成投资55.27亿元；土地摘牌后的落地项目18项，项目落地金额共计144.32亿元。陆续建成投入生产的太重高速轮对项目、阳煤化工装备项目等影响大带动强、税收多品质好、潜力大成长快、高精尖技术的投资项目，有力支撑和拓展了太原经济区现有的产业链，是太原经济区占领未来发展的"制高点"。

太原经济区以培育自主知识产权、自主品牌为重点，增强园区发展的内生动力为目标，通过发挥企业、项目在转型升级发展的主体和带动作用，完善以企业为主体、产学研有机结合的产品创新体系和企业发展模式，鼓励企业同国内外著名大学、科研院所开展全方位、深层次合作，进行"产学研"联合攻关，对核心技术、关键技术进行研发，突破发展瓶颈的制约，拓展企业的发展层次，生产科技含量高、附加值高的终端产品。形成以自主研发的新技术和新产品开拓市场的发展模式，激活新的经济增长点，增强工业新型化发展后劲，支撑经济区的转型跨越发展。

创新招商引资理念，促进产业结构优化。完善项目准入制度，提高项目准入门槛，进一步明确产业培育的目标定位、总体布局、发展导向以及相应的配套措施。一是立足政策、环境和产业优势，重点围绕装备制造、新材料、新能源、电子信息、生物医药、食品及农产品加工等优势产业和战略性新兴产业，引进更多世界500强和国内外知名企业，通过融合、嫁接、合作，不断提高招商引资实效。充分发挥大企业大集团和高端项目、转型项目的示范带动效应，吸引和集聚一批上下游关联配套企业进区落户，形成"引一个、建一个、带一批"的乘数效应。二是推进园区生产类企业和服务类企业的专业化分工，支持工业企业将生产辅助服务、售后服务、生活服务等外包给社会专业化服务企业。在中心区集聚总部经济、信息技术、文化创意、金融服务、现代物流等企业以及一批面向中小企业的科技咨询、设备租赁、会展服务、品牌策划、人才培训的生产性服务企业，促进经济区的现代服务业上规模上水平，提高经济社会协调发展质量，增强转型跨越发展的活力。三是以人才孵化基地为主导，吸引大专院校、企业、科研院所专业人员的试验项目和科研课题进入"孵化器"，进行提前孵化，待其成熟后，帮助其将研究成果转化为投资项目投入生产，实现快速产业化。

积极扶持科技创新，创新驱动未来发展。一是完善科技创新平台建设，优化科技创新条件。完善科技创新奖励激励自主创新的政策，提升企业的自主创新能力，大力扶持企业开展科技创新工作，积极开发具有自主知识产权的原始技术。协助企业的项目申报、专利审批，资金支持企业的科技项目研发。确保高科技孵化大楼、留学生创业园、综合服务中心等一批标志性建筑投入使用，为企业自主创新、新技术新产品研发、高新技术成果孵化和展示、对外交流、信息共享提供一流的服务平台。进一步科技创新中介服务平台。培育和引进一批以科技评估、投融资、技术产权交易、专利代理、质量检测等功能为主的科技中介服务机构，构建起园区完善的科技中介服务体系。二是不断引进科技人才，增强转型发展潜力。坚持人才优先发展、优先投入，全力打造集聚人才的高地，通过博士后工作站、参与"百人计划"和院士工作站等人才服务平台，围绕重点产业项目和重大科研课题，采取技术合作开发、产业技术联盟、课题招标、项目协作、人才租赁等多种形式，着力引进一批高层次科技人才、高水平创新创业团队、高素质管理人才和高技能实用人才。建立企校联合培养人才机制，加大与知名高校和本地职业院校的合作，加强促进创新型、应用型和复合型人才的培养，以人才优势夯实工业转型基础。

创宜居环境　建和谐城区

杏花岭区区长　李　浓

2012年，杏花岭区坚持以邓小平理论、"三个代表"重要思想、科学发展观为指导，牢牢把握稳中求进的总基调，开拓创新，攻坚克难，扎实工作，经济社会实现又好又快发展。

2013年是全面贯彻落实党的"十八大"精神的开局之年，是深入推进宜居和谐城区建设的关键一年，做好2013年的工作意义重大。

一、2013年政府工作指导思想

全面贯彻落实党的"十八大"和省委、市委十届四次全会精神，以邓小平理论、"三个代表"重要思想、科学发展观为指导，紧紧围绕"创宜居环境，建和谐城区"目标，坚持以转型跨越发展为主题，以保障和改善民生为主线，以提高经济增长质量和效益为中心，以推进项目建设为载体，全面加强经济、政治、文化、社会、生态文明建设和党的建设，解放思想，转变作风，狠抓落实，加快构建绿色和谐宜居新城区。

二、2013年全区经济社会发展的主要预期目标

地区生产总值增长8.5%，达到425亿元；服务业增加值增长8.5%，达到331亿元；财政总收入增长15%，达到30.26亿元；一般预算收入增长15%，达到13.82亿元；全社会固定资产投资增长15%，达到182亿元；社会消费品零售总额增长10%，达到132亿元；农民人均纯收入增长12%，达到13241元。

三、2013年政府工作重点

（一）加快转变经济发展方式，推动经济平稳较快增长。一是以现代服务业为主导，做优做强第三产业。充分发挥区位优势，大力发展商贸服务业，加快推进万达广场、铂尔曼酒店、晋韵假日酒店等项目，提升服务品质。积极发展现代物流业，支持丈子头农产品物流园、华远现代物流产业园等项目建设，努力打造现代物流连片发展区。注重发展楼宇经济和总部经济，支持服务珠琳国际、怡丰大厦、国贸大厦等30个重点商务楼宇，提高楼宇经济对全区经济的贡献率。鼓励发展旅游业，继续做好东湖醋园、农庄采摘等工农业旅游和红色旅游项目，推进历史文化街区的保护修复。二是以工业转型为方向，大力发展新兴产业。积极支持东山低碳生态工业园建设，以工业园为龙头，带动发展新材料、新能源、节能环保和高新技术产业，培育新型低碳产业，构建循环经济产业发展区。改造提升传统工业企业，优化结构，升级技术，节能减排，提高效益。积极推进区属企业改制，激发活力，实现转型。三是以农民增收为目标，加快发展现代都市农业。坚持"一县一业""一村一品"发展思路，推进花卉苗木基地建设，新建30000平方米智能温室和日光节能温室，推动全区花卉苗木产业上规模、提档次。探索组建花卉苗木技术和营销经纪人队伍，提供技术支撑，拓宽营销渠道，促进农民增收。加快农村土地流转，推动适度规模经营，增强发展活力，提升农业产业化水平。四是以优化环境为支撑，积极扶持民营经济。落实市委、市政府关于大力推进民营经济发展的40条意见，坚持两个"毫不动摇"，创新政策支撑，创造良好环境，加大服务力度，支持发展民营经济，鼓励民营企业上规模、提档次、增效益。积极搭建银企、政企服务平台，着力帮助民营企业解决好融资、人才、技术等实际问题。加大招商引资力度，支持民营企业参与经济发展、城市建设和民生事业，鼓励民间资本进入实体经济，充分释放民间投资潜力。

（二）强力推进宜居城区建设，提升城市综合承载能力。一要加大棚户区和城中村改造力度。抓好保障性住房建设，新开工各类保障性住房2941套。积极推进棚户区和旧城改造，实施东站货场棚户区、山机宿舍等8个项目。稳步推进城中村改造，启动实施小枣沟、道场沟、享堂的整村拆除改造，高标准规划设计，连片改造，整体推进，切实将城中村改造成城市建设新亮点。二要加快城市基础设施建设。配合实施好省市重点工程太行路、北中环街、府东府西街道路改造、大西铁路客运专线工程，全面完成胜利街东延工程，拉大城市框架，突破发展瓶颈，提升服务功能。加快推进龙潭片区动迁工作。严厉打击各种违法用地和违法建设行为，维护城市规划严肃性，营造良好的发展环境和整体形象。三要全面提高服务管理水平。以创建国家卫生城市为契机，深入推进城乡清洁工程，全面开展达标活动。组织片区整治，实施府东街片区、旱西关片区等5个小街巷连片综合整治工程。强化道路综合管理，实现清扫保洁工作全覆盖。提高机械作业面积，抓好清洁设施建设。加大城管执法力度，保持整洁、规范、有序的市容环境。

（三）坚持不懈抓好环境治理，推进美丽城区建设。一是深入推进东山生态建设。坚持全面绿化和重点绿化相结合，持续开展大规模植树造林，全年完成造林1400公顷。高标准实施重点绿化工程207公顷，做到景点绿化有特色，通道绿化不断线，规模造林连成片。完成东坪垃圾填埋场生态修复一期工程。加快东山生态基础设施建设，新修全长7.5千米的长沟新村至丈子头、杨家峪至大窑头两条公路。二是抓好城区园林绿化。积极开展建成区道路绿化整治，对新建路绿地实施深度改造，对解放路、城坊西街绿地进行提档升级，对区属道路行道树进行补栽补种。实施杨家峪、丈子头高速出口绿化改造，改造绿地面积2.3公顷。广泛开展单位、厂区、社区、庭院绿化，年内增加单位附属绿地、居住区绿地2.5公顷，新创建市级园林单位、居住区3个。三是继续实施环境综合整治。全面推进"五大工程"和"五项整治"，实现城乡环境质量改善明显见效。重点拆除燃煤锅炉35台，集中供热入网31万平方米，改造常年运行燃煤锅炉10台。完成北沙河5千米截污管线工程，美化河道环境。加大对工业企业污染、建筑工地和区域扬尘污染的治理力度，强化道路保洁。

（四）着力保障和改善民生，全面发展社会事业。一是做好就业和社会保障工作。继续完善政策扶持、创业服务、创业培训"三位一体"的工作机制，稳步推进就业再就业工作。年内新增就业人数1.7万人，培训各类人员3500人。全面实施社会保障全覆盖工程，抓好养老、医疗、失业、工伤、生育保险参保扩面工作，做到应保尽保。建立健全城乡一体化社会救助体系，实现城乡低保标准一体化，保障农村困难群体的利益。完善新型农村合作医疗制度，巩固和提高新农合参合率，参合率达99%以上，困难户、"五保户"参合率100%。二是强化基层社区建设。做好第五届社区居委会换届选举工作，加强社区班子和队伍建设，不断提高社区干部服务居民的能力和水平。增加社区办公经费，提高社区工作人员生活补贴，进一步激发社区干部工作积极性。探索创新服务模式，拓宽服务领域，为居民提供优质便捷服务。三是优先发展科教事业。加大科技研发与科普投入，搭建科技成果转化信息服务平台，推动科技创新和科技成果转化。完成44所义务教育学校标准化建设，实现标准化学校全覆盖，不断提高教育教学质量。继续推进中小学校舍安全工程。抓好学前教育。四是提高人民群众健康水平。健全基层医疗卫生服务体系，提高服务能力，完善新型农村合作医疗"先住院、后付费"服务模式，在全区108个社区实现基本医疗和基本公共卫生服务全覆盖。深化医疗卫生体制改革，加强医疗救助和疾病控制。重视做好人口和计划生育工作，创新管理，优化服务，进一步稳定低生育水平，提高人口素质。五是实施文化惠民工程。深化文化体制改革，发展文化产业，广泛开展群众文化活动，推动文化事业发展繁荣。加强公共文化服务设施建设，为街（乡）、社区（村）安装、更换健身器材，充实图书资料，丰富群众文化生活。推广全民健身活动，促进城乡体育均衡发展。

（五）加强和创新社会管理，维护社会和谐稳定。一是着力抓好安全生产。落实政府监管责任，实行挂牌责任制，完善安全生产责任体系。强化企业主体责任，抓好企业基础和现场管理，推进安全质量标准化建设。完善各项安全生产制度，建立健全安全生产长效机制。深入开展安全隐患有奖举报活动，形成政府、企业、社会共同促进安全生产的合力。扎实开展重点行业、重点领域安全生产专项整治，严厉打击各种非法违法生产经营活动。做好食品药品安全监管工作，强化安全整治，规范市场秩序。加强安全应急管理，切实提高应急处置能力。二是加强和创新社会管理。加快推进区社会管理服务指导中心建设，完成"三级平台、四级管理"网格化体系建设，提高社会管理科学化水平。做好社会稳定风险评估工作，从源头上预防社会矛盾。加强信访工作，着力解决信访疑难案件和突出问题。不断引申"访贫问寒送温暖，排查矛盾大接访"活动和为人民群众"办实事、解难事"活动，切实解决群众实际困难。抓好社会治安综合治理，严厉打击各类违法犯罪活动，维护社会长治久安。三是推进民主法制和精神文明建设。加强民主法制建设，全面推进依法治区工作，认真实施"六五"普法，加快建设法治城区。落实民族宗教政策，依法管理民族宗教事务。加强社会主义核心价值体系建设，大力弘扬"包容、尚德、崇法、诚信、卓越"的城市核心价值观，深入推进社会公德、职业道德、家庭美德、个人品德建设，不断提高居民文明素养。

2013年，在全面推进各项工作的基础上，继续集中力量抓好十大重点工程和十件惠民实事。

构筑山西生态屏障　打造塞外绿色海洋

大同市新荣区区委书记　董志刚

党的“十八大”站在中国特色社会主义全面发展和中华民族永续发展的高度，把生态文明建设放在突出地位，纳入社会主义现代化建设总体布局，提出了总体要求，明确了重点任务。因此，推进生态文明建设，是关系人民福祉、关乎民族未来的长远大计。近年来，大同市新荣区认真贯彻落实全省“绿化山西，生态兴省”战略部署，大力推进植树造林生态建设工程，城乡人居环境不断优化，生态优美之区、百姓宜居之地初步形成，生态建设取得了显著成绩。2008年以来，全区累计完成造林投资7.06亿元，全区林地面积净增2.8万公顷，“四旁”植树净增280万株，通道绿化总里程323千米，森林覆盖率从2007年的17.8%提高到24.82%，是全省24个国家级生态示范县(区)之一，连续4年荣获“全省造林绿化先进县区”称号。

一、坚持生态兴区，绿色理念深入人心

大同市新荣区位于山西省最北端，以长城为界，与内蒙古的丰镇、凉城接壤，全区总面积1018平方千米。属黄土丘陵区，十年九旱，植被稀疏，水土流失严重，生态脆弱。同时，新荣区是全省的重点产煤县区之一，经过多年高强度的开采，地表裂陷，地下水破坏严重，致使本来脆弱的生态进一步恶化，城乡人民的生活“幸福指数”大打折扣。近年来，新荣区围绕全省“绿化山西，生态兴省”和全市“转型发展，绿色崛起”战略目标，把造林绿化、生态建设摆到了经济社会发展的突出位置，确立了“生态兴区”的发展思路和建设“名城生态区，古都后花园”的目标，提出“全区上下横下一条心，脱胎换骨式的抓造林”的绿色发展理念，并强力推进造林绿化工程，建设宜居、宜业的生态新荣成为全区人民的共识。

在落实“生态兴区”战略过程中，按照“国家项目打基础，省级工程搞好衔接，区级工程出精品，三级工程配套联动”的思路，以通道绿化、荒山绿化、村镇绿化、矿区绿化、旅游景区绿化、区址绿化、种苗基地建设为重点，铺开了多处造林绿化工程，全区上下形成了“主要领导亲自抓，分管领导具体抓，林业部门全力抓，相关部门配合抓”的良好氛围。

二、坚持规模造林，绿色发展成果显著

一是高标准完成通道绿化323千米。在全面完成全区通道绿化工程的同时，重点对境内的大呼、得大两条高速、省道204和区址主要街道进行了绿化、美化，在大呼、得大高速两侧各建绿化带50米，形成全区纵横交错的绿色大动脉。二是高标准建成规划6667公顷(10万亩)的古长城森林公园。三年投资4亿元，栽植的油松、樟子松等大规格苗木为主，辅以杜松、松柏、桃、杏、花、灌木等700万株。在工程实施过程中，坚持体现并做到了“四化”，即：科学化布局、规模化开发、精细化实施、景观化体现。科学化布局就是乔灌混交、针阔结合、灌木铺底、乔木点缀、多树种配置的生态格局；规模化开发就是6667公顷(10万亩)连片开发，规模化治理，突出整体性；精细化实施就是高标准、高质量，专业实施，科学指导和管理；景观化体现就是山上治本与身边增绿协调发展，增绿与增景有机结合，建成城市周边的一处人与自然高度和谐的森林公园，工程建设拓展了城市外延，丰富了城市内涵，成为全市防沙治沙的示范样板工程和精品工程。三是高标准对全区56个村和5座煤矿进行绿化。结合新农村建设，透过“三改四化”，对全区140个行政村进行绿化美化，特别是对20个试点村、36个重点村和5座煤矿进行了高标准绿化。四是高标准建设种苗基地。积极引导农民大力发展苗木产业，培育发展2333公顷种苗基地，种苗在满足本区需要的同时，成为内蒙古、朔州、大同等周边县区重要的苗木供给地。五是高标准规划并启动1.3万公顷(20万亩)造林绿化工程。在全面完成“三路一园”造林绿化任务的基础上，启动了计划在“十二五”末全面完成的连片1.3万公顷(20万亩)造林工程。大规模造林绿化工程的实施，使新荣区向实现“荒山绿树掩映、通道绿树成荫、村庄绿树成景”，“名城生态区，古都后花园”的目标又迈进了一步。

三、坚持封育并举，绿色效益逐步显现

新荣区地广人稀，全区总人口11万人，共有167个自然村。是全省著名的养羊特色区，全区年存栏羊40多万只。如何解决植树造林与发展养羊为主的畜牧业是摆在区委、区政府面前的一道难题、一件大事。

为了破解这一难题，在全面落实省政府"封山禁牧"部署的同时，大力实施"退耕还林还草"，鼓励扶持棚圈养殖，着力引导农民放下"斧头"、扛起"锄头"，大力发展现代林业产业，实现生态建设与产业发展的良性互动、协调发展。近八年来，全区共完成退耕还林还草6133公顷，建设规模养殖园区18个，建设棚圈26万平方米，有效解决了林牧争地的矛盾，实现了造林绿化、生态建设和畜牧养殖、农民增收的多方共赢。

不断加大林权制度改革力度，提出"彻底放开，依靠民力，深化改革，激活民资"的兴林方针，向林权制度改革要造林资金，要管护措施，要造林成果，因地制宜地探索出多种科学灵活的运作方式，较好地解决了无人种树，无钱种树，无田种树的难题。区乡林业部门组织技术人员分片包干，开展现场指导服务，严把质量关，把科学营林的理念贯穿到造林绿化过程中，千方百计提高植树造林质量，确保严格按照规划标准要求，真正实现"一次成活、一次成林、一次成景"，绿色效益逐步显现。

四、坚持管护结合，绿色机制不断完善

"植树造林三分栽种、七分管护"。建立健全森林管护体系，是防止林业生态建设被破坏的有效途径，是实现林业收益长效化的重要方式。近年来，不断完善管护制度，提高管护队伍建设，增加专项经费投入，林业管护工作取得较好成绩。一是狠抓造林管护责任制。对新造林实行三年分期付款，一方面保证了苗木的成活率，另一方面强化了对新造林的管护。与此同时，把荒山绿化与封山育林紧密结合，及时落实管护人员、管护措施和管护责任，划定封山禁牧区，确保栽一片，成一片，绿一片。二是狠抓森林防火。在森林防火上，大胆探索，积极创新，组建了全市第一家以民兵预备役为主的防火专业分队；严格督查和责任考核，森林防火实行"一票否决"，建立了区级领导包防制度。每年清明节期间，组成机关干部入驻重点林区防火，并动员周边农村的干部村民积极参与，全区现有专业管护人员56人，聘请林业协管人员750名。三是狠抓林业执法。成立了区林业派出所和森林公园管委会，理顺林业行政执法体制，加大毁林案件查处力度。在林木管护中构建起"乡村抓源头管理，管护站抓查验管理，林业执法队伍抓活动管理，林业局抓全面管理"的立体综合管理模式和区、乡、场、村、林业员、应急分队六位一体的管理网络建设，做到"保护有重点、防护有对象，打击有目标，灭火有预案"，有效地保护了林业资源，巩固了造林绿化成果。

新荣区委、区政府将以2012年全省造林绿化现场会为起点，按照省委、省政府确立的"绿化山西、生态立省"战略要求，团结带领全区十万人民，秉承"以人为本，生态优先"的绿化理念，全面提升林业发展的规模和效益，努力走出一条黄土高原和资源型地区发展现代林业的新路子，构筑山西生态屏障，打造塞外绿色海洋，再造一个山川秀美、生态宜居、欣欣向荣的新新荣。

实施"十大工程"　全力改善民生
建设富裕、和谐新灵丘

灵丘县县长　罗永山

2012年，灵丘县认真贯彻落实中央和省、市一系列决策部署，团结奋进，奋发有为，全县经济社会各项事业稳中有进，取得了新的成绩。

2013年是深入贯彻落实党的"十八大"精神开局之年，是认真实施"十大工程"的重要之年，是加快推进灵丘转型综改和扩权强县试点建设的关键之年。做好2013年的政府工作，意义特别重大。

一、2013年经济社会发展的总体思路

深入贯彻落实党的"十八大"精神，坚持主题主线和稳中求进的工作总基调，以提高经济增长质量和效益为中心，按照市委、市政府"坚持一个统领，抓好三件大事，打好四大硬仗，实施十大工程"的总体要求，围绕既定目标，以规划为引领，以政策为驱动，以项目为抓手，扩大对外开放，优化发展环境，努力推进工业新型化、农业现代化、旅游产业化、城乡生态化、县域城镇化、社会和谐化和党建科学化，全力改善民生，实现全县经济社会事业平稳较快发展。

二、2013年经济社会发展主要预期目标

地区生产总值增长12%，达到37.3亿元；固定资产投资增长24%，达到61亿元；规模以上工业增加值增长11%，达到15亿元；社会消费品零售总额增长16%，达到23.4亿元；财政总收入增长9.6%，达到6.03亿元；一般预算收入增长4.6%，达到2.2亿元；

农民人均纯收入增长12%，达到5149元；城镇居民人均可支配收入增长10%，达到19923元。

三、2013年政府工作重点

（一）以矿为基，转型发展，大力实施“百企强县”工程。坚持以项目为抓手，以园区为载体，以科技为支撑，抓大壮中，育小扶微，重点支持26户规模以上工业企业和120户小微企业发展，加快建设经济强县。一是推动传统工业提档升级。加强顶层设计，优化资源配置，加大企业技改力度，做大做强冶金产业。二是加快工业企业转型发展。鼓励企业搞好工业废气、废渣、废水和余热的综合利用，推进环保节能降耗，实现资源循环利用，建立绿色循环产业体系。三是努力培育新兴产业。在新型建材产业方面，加快推进威凯公司等8家企业珍珠岩深加工项目；在清洁能源产业方面，实施唐河水电站工程，完成上沿河生态电站建设，争取宽河水电站开工，实现白草湾风电站并网发电。四是全力打造非煤产业园区。在县城东北规划建设占地10平方千米的非煤产业园区，一方面推动全县现有的各类非煤工业企业逐步向园区集中，另一方面委托清大控股等专业招商公司，进行全国范围的专业招商，依托产业园区重点承接京津塘地区产业的梯次转移。五是大力发展民营经济。坚持把发展壮大民营经济贯穿始终，放宽限制，延伸领域，完善机制，及时为企业排忧解难，为民营企业发展提供坚强保障。

（二）园区承载，龙头带动，大力实施“百园立农”工程。一是加快农业基础设施建设。重点实施土地开发整理、农业综合开发、以工代赈、灌区改造等工程项目。完成北泉水电站改扩建项目，实施京津风沙源治理一期追加工程和水土保持小流域治理以及唐河公园蓄水工程。大力开展以治水改土为主要内容的农田水利基本建设，实施23个村的土地整理项目，抓好5个村的小型农水建设项目。继续实施农村饮水安全工程，解决17个村1.1万人的饮水不安全问题。二是加快农业园区建设。重点规划建设有机农业示范园区、农产品加工产业园区等5个农业园区。其中，有机农业示范园区围绕有机农业生产标准，建设有机蔬菜种植园、有机水果种植园、有机粮食种植园、有机散养鸡轮牧场、有机农产品加工厂等有机种、养、加项目，构建完整的有机生态产业；农产品加工产业园区要进一步完善基础设施建设，实现“四通一平”，吸引更多的农产品加工企业入驻园区；现代农业观光示范园区要通过技术、人才、管理创新，切实提升经济、社会和观光效益；南山核桃产业园区要以片区扶贫开发核桃产业建设项目为支撑，在南山区上寨、下关、独峪、白崖台4乡镇大力发展核桃产业；荣昌健康养殖产业园区要尽快完成通水、通电、园区平整硬化及办公设施建设。

（三）规划先行，统筹城乡，大力实施“城镇提质”工程。按照“1+4+1”的城镇建设思路（第一个“1”指规划，“4”指新区开发、旧城改造、路网建设和设施配套，最后一个“1”指市政管理），全面实施“大县城”战略和“百强镇”建设，加快县域城镇化步伐。一是加强县城建设。加快编制完成灵丘县城建设规划。以“城中村”改造为突破口，搞好县城旧区综合整治，加快路、水、气、电、暖等市政设施建设，启动沙坡平安社区综合治理工程。二是推进中心镇建设。以东河南、上寨、落水河“两镇一乡”建设为主要内容，逐步完成市政公用设施建设、公共服务设施建设、公园绿化建设、中心街市建设、居住社区建设“五项建设”工程，提高小城镇综合承载能力。重点推进东河南镇“全省百强镇工程”建设。三是加强城乡交通建设。完成固城—驿马岭战备公路建设，完成高速公路县城连接线、县乡公路安保和危桥改造等工程，实施108国道下北泉—神堂堡段公路改线、县城南环路改线等项目。

（四）生态支撑，绿色开发，大力实施“名城复兴”工程。一是进行生态与旅游的深度融合，实施唐河湿地、桃花山、空中草原、花塔村和冉庄河流域五大景区的开发工程。二是进行农业与旅游的深度融合，重点建设一批生态农庄、家庭农场、农业采摘园、农家乐和有机农产品连锁超市。三是进行文化与旅游的深度融合。继续做好非物质文化遗产的保护、传承和开发，重点打造一批能够体现灵丘元素的文化产业，精心策划包装，扩大宣传推介，加快形成文化发展新格局。

（五）注重保护，综合治理，大力实施“生态建设”工程。一是加强矿山生态治理。围绕建立非煤矿山生态恢复补偿机制，重点实施生态修复标杆项目——总投资1.12亿元的独峪乡矿山生态环境治理建设工程。二是大力开展植树造林。依托京津风沙源治理和太行山绿化两大工程，实施通道绿化53千米，完成荒山绿化1333公顷（2万亩），发展仁用杏266公顷（4000亩），栽植核桃2667公顷（2万亩）。形成点上成景、线上成荫、面上成林的生态园林格局。三是加强水资源保护利用。重点实施三大水利工程，完成唐河水库蓄水998万立方米；实施唐河河道治理16.5千米，实现河道蓄水；规划建设7.5平方千米的唐河湿地公园。四是加大企业污染减排力度。重点实施农村环境连片整治示范项目、宏伟公司烟气脱硫项目、金宇公司氮气反吹除尘项目，启动机动车环保监测项目，淘汰银龙公司氧化锌生产线。

（六）保证质量，用活政策，大力实施“城乡安居”工程。一是加快城镇保障性住房建设。开工建设第四期5万平方米1000套廉租住房，使全县廉租住房面积达到20万平方米，保障对象达到4000户，同时完成前三期廉租住房外网工程，确保功能齐全，配套完善，质量合格。二是继续实施农村危房改造。严格对象认定、资金监管、质量监督、目标考核，年内完成农村危房改造任务1100户。三是实施移民搬迁工程。完成5个乡镇9个村1000人的移民搬迁任务。四是推进新农村建设。巩固提高农村“五个全覆盖”工程建设成果，围绕省委、省政府确定为农民办的“五件实事”，继续完善131个新农村重点推进村的建设，完成12个村的整村推进扶贫工作和153个行政村的街道亮化工程。

（七）加大投入，精细管理，大力实施“城乡清洁”工程。一是开展达标创优活动。积极创建示范乡、明星村，努力打造一批示范村，完成127个达标村，实现全县254个村庄城乡清洁全覆盖。二是加强城市环境综合治理。全面治理城市环境，实现市容市貌提档升级。

三是深入开展乡村清洁工程。

(八)强基固本,注重效果,大力实施“百校兴教”工程。一是着力加快学校建设。完成灵丘一中、古之河中学等5所示范校建设,改造升级信息技术装备,提升教学装备配置水平,实现“校校通、班班通、人人通”的省定标准。加快项目校标准化体育场建设。完成城镇幼儿园、东河南镇中心幼儿园2所标准化公办幼儿园建设,不断扩大学前教育规模,有效解决“入园难”“入园贵”问题。完成9所中小学校的食堂建设,改善学校供餐条件。二是着力推进“三项改革”。推动中小学课堂教学模式改革,提升教学效率和质量;加强中小学内部管理体制改革;强化教育督导机构改革,提升督导地位。同时,大力推进民办教育发展。三是着力加强“两个规范”。严格规范教师从教行为,强化师德师风建设,实行“师德问题一票否决制”;严格规范办学行为,严肃招生纪律,促进教育优质均衡发展。

(九)多措并举,强化保障,大力实施“收入倍增”工程。一是促进城镇就业。创造1200个城镇就业岗位,扶持创业带动就业350人,城镇失业率控制在4.2%以内,确保2013年城镇居民可支配收入达到19923元。二是增加农民收入。围绕农民收入三年翻番目标,通过实施“百园立农”工程和“一村一品”建设增加农民经营性收入,通过发放粮食直补、退耕还林补贴、农机补贴等增加农民政策性收入,通过开展3000人的农村剩余劳动力转移增加农民工资性收入,确保2013年农民人均纯收入达到5149元。三是加大扶贫攻坚力度。用足用活国定贫困县和片区扶贫开发重点县的各项政策,紧紧抓住我省实施百企千村产业扶贫开发工程的大好机遇,高标准谋划产业,多渠道发展经济,合力扶贫,全力攻坚,加快灵丘脱贫致富步伐。四是开展职业技能培训。做好创业培训后续服务工作、对城镇登记失业人员进行技能培训、开展农村剩余劳动力转移技能培训,培养技能人才100人,高技能人才50人。五是进一步完善社会保障体系。新农保参保率达到98%,新农合参合率达到91%以上,“社会保障一卡通”发放率达到80%。加快实现全县所有“五保户”集中供养。完成县卫生监督所建设和东河南、白崖台卫生院扩建工程。继续巩固国家基本药物制度,启动中医院药品零差率补偿。

(十)夯实基础,确保稳定,大力实施“平安创建”工程。一是加强和创新社会服务管理。完成基层社会服务管理体系建设,构建“三级平台”,形成“四级网络”,深化社会矛盾纠纷排查化解,加强人民调解、行政复议和法律援助工作。二是加强社会治安综合治理。实施“天眼工程”,推进警务运行机制改革,开展公安系统基层基础建设。三是狠抓安全生产工作。坚持安全生产“一岗双责”,强化政府监管责任和企业主体责任的落实。深入开展百日安全专项整治,全面排查非煤矿山、尾矿库、道路交通、消防、危险化学品、特种设备、民爆物品和公共场所的安全隐患,严厉打击非法违法生产经营活动。

着力创优服务水平　打造人口计生强县

广灵县县委书记　郭占宝

广灵县位于山西省东北边陲,是国家扶贫开发工作重点贫困县。全县总人口18.2万人,其中,已婚育龄妇女3.1万人,人口出生率5.38‰。全县有南村镇和加斗乡两个人口和计划生育中心服务站,其余7个乡镇为人口和计划生育服务站,184个村(社区)有计划生育服务室。

近年来,广灵县始终把人口和计划生育工作作为统筹全县经济社会发展的第一要务,牢固树立了抓人口问题就是抓经济增长、抓民生改善、抓和谐建设、抓科学发展的理念,全面贯彻落实中央《稳定低生育水平统筹解决人口问题的决定》。特别是2009年以来,全县人口计生工作以科学发展观为指导,紧紧围绕“稳定低生育水平,提高出生人口素质”这一中心,按照“强基固本,争创省优国优”的总体目标,以创新机制为主导,以综合改革为动力,以优质服务为平台,全力推进“三晋康家”工程,全县人口和计划生育工作整体水平全面提升,2010年被省政府授予“全省计划生育优质服务先进单位”称号,2011年被省政府授予“目标责任制考核先进县”称号,并在广灵召开了全省人口计生工作现场观摩会,2012年被评为“创建国家级计划生育优质服务先进单位”。

一、坚持“三个到位”,为开展优质服务奠定基础

责任到位。全县将人口计生工作确定为“一把手”工程。成立了县人口计生工作领导组,由县委书记任

组长，分管人口计生工作的副县长任副组长，相关部门领导任成员，为全面做好工作提供了坚强有力的组织保障。县、乡两级配套建立了党政一把手亲自抓、负总责，分管领导具体抓，四大班子领导包乡包村的工作机制。每年召开全县人口和计划生育工作会议，由县政府与各乡镇、相关部门签订责任书，严格实行“一票否决制”，确保了工作任务的落实。为确保工作正确开展，县委、县政府责成县委办、政府办专门成立了督察组，定期进行督查，县人口计生局坚持每季一督查，问题一经发现及时整改。

服务到位。2010年创建省级优质服务县，以优质服务的理念和运作方式推进建立“依法管理、村民自治、优质服务、政策推动、综合治理”的人口与计划生育工作新机制，全面提高管理服务水平和服务质量。一是加强计生服务阵地建设。按照“环境优美、设施优良、服务优质、管理优秀、群众满意”和“标准化、规范化、温馨化”建设标准要求，对县服务中心和9个乡镇服务站进行了改扩建，全省第二家安装了国家人口计生委定制的自动药具发放机。切实加大全县计生服务阵地建设力度，实现了县、乡、村三级计生服务阵地建设的提质提速。目前，全县已形成以县服务中心为龙头，乡镇服务站为主体，流动服务车为补充，村服务室为基础的全方位计生技术服务网络体系。继续实施生殖道感染综合防治、出生缺陷干预、避孕节育知情选择、避孕节育随访服务、推进男性生殖健康、青少年生殖健康教育、关爱女孩“七大工程”，侧重出生缺陷一级预防，提高出生人口素质，从源头上治理出生人口性别比偏高，维护群众的根本利益。二是开展妇女病普查普治。努力扩宽生殖健康服务的覆盖面，县人口计生服务中心整合资源，每半年免费为群众提供查环查孕、普查普治及生殖保健服务，开展了计划生育及生殖保健宣传咨询服务，并为患病妇女建档立卡，实行跟踪随访服务，确保为每一位育龄妇女提供贴心、优质、高效的生殖健康服务。近三年来，已普查3.1万人次。三是积极推进孕前优生免费健康检查工程。2011年广灵成为省试点县，2012年又成为国家试点县。为切实做好创建工作，专门组织计生工作者进行培训，19项检查全面开展，完成了下达的检查任务。同时，对退出育龄期的妇女免费进行“第二春生殖健康检查”。四是送计生知识下乡。制作3万余册计划生育优质服务手册并下发到每个已婚育龄群众手中。县人口和计划生育局配合县委组织部、宣传部、文化局在送文化、送科技下乡等活动中自编自演了计生专题文艺节目。通过一系列活动，营造了有利于开展人口与计划生育工作的氛围。五是开展诚信计生和计划生育基层群众自治活动。坚持把开展诚信计生、计划生育基层群众自治和避孕节育知情选择作为人口计生工作的突破口，三年来，全县184个村(社区)全面推行了计划生育基层群众自治、诚信计生、避孕节育知情选择工作，农村已婚育龄夫妇享有的基本计划生育技术服务落实率95%，避孕药具使用率、有效率95%以上，术后随访率98%以上，长效节育措施落实及时率90%以上。

政策落实到位。通过创新机制，切实改进工作方法，维护群众权益，全方位、多层次、拓宽领域，构建奖励、优先、优惠、扶持、救助、保障“六位一体”的多元化利益导向体系。坚持深入宣传发动、细致调查摸底、认真审核把关、准确调查信息的工作方法，真正做到该奖扶的一个不漏，不够条件的一个不报，全面落实奖扶政策，确保群众利益。把政策落实的效果体现在促进人口计生工作上，广泛开展扶贫帮困活动，做好新增农村部分计划生育家庭奖励扶助对象的确认工作。

二、积极探索服务方式，全面提升服务水平

一是广泛开展宣传活动。在全县广泛深入开展人口计生政策、奖励优惠政策宣传活动，开展“三晋康家”工程和“关爱女孩”宣传活动，推动早期发展工作。二是坚持依法行政，树立人口计生工作者形象。严格执行人口和计划生育行政执法责任制和行政执法过错责任追究制度，没有因工作不当引起的恶性案件发生。三是狠抓流动人口管理。强化对流动人口的计划生育服务管理，对全县范围内的流动人口进行全面清理清查，详细登记流动人口的基本信息，对未持《流动人口婚育证明》的人员责令其进行补办，与相关人员和出租房主及用工单位签订合同书；加强与周边县区的协作，与29个县区建立协作关系，把流动人口计生工作纳入常住人口服务管理，对流动人口计划生育工作实行“四同”即同宣传、同管理、同服务、同考核。四是实行村务公开。将计划生育法律法规，生育情况、奖励情况、服务项目等内容向群众公开，接受群众监督。五是坚持部门联动，形成齐抓共管新格局。县农业、科教、公安、民政等部门积极配合，上下联动，在项目、技术、资金、信息、物资、政策等方面向计划生育家庭倾斜，帮助计生贫困户解决实际困难，收到良好的社会效果。六是积极治理出生人口性别比偏高问题。研究出台严打“两非”、开展“关爱女孩行动”等方案，每年卫生、人口计生、公安、工商、药监等部门多次联合对医院、诊所、药店进行检查和清理，发现违法违规“两非”行为及时查处，确保人口出生性别比趋于正常。七是继续加强信息化建设，全面提升信息化管理水平。继续完善村(社区)人口和计划生育工作网络，对全县基层计生专干进行培训，以提高人口计生干部信息化管理服务水平。查漏补录，查重删改，确保全员人口信息资料的翔实可信，全方位提高信息化管理使用水平。

三、注重队伍建设，切实提升工作执行力

目前，县、乡有人口计生专干54名，其中，县服务中心技术人员16名，乡镇专业技术服务人员38名。乡镇有人口计生管理人员9名，全县184个村(社区)均配备了1～2名计生专干。计生专干每月工资最低120元，社区计生专干每月工资700～900元，基本做到了人员队伍加强，报酬待遇落实，为创建工作开展提供了人力支撑。不断强化协会组织建设，增强“三生”服务活力。进一步巩固基层计生协会组织，使协会活动与村民自治、优质服务活动有效结合起来。通过广泛开展行风评议、计生民主监测、民主评议等途径，加强对人口计生工作人员的监督，切实转变了工作作风，促进了工作执行力的提升。群众对人口计生工作和行风建设满意率均列全县前茅。

党的“十八大”明确指出，人口计生要更好地融入改革发展大局。深入开展优质服务，就是人口与计生工作在全面建成小康社会事业中的具体体现。广灵作为贫困县区，更要千方百计探索计划生育优质服务的有效实现形式，围绕群众的婚、孕、育、节的实际情况，改革人口与计划生育工作的内容、形式、手段和方法。要用科学化的体系，人性化的内容，唱响优质服务的主旋律，树立优质服务的新理念，创新优质服务的好机制。在服务中提高，在提高中服务，进一步推进计划生育优质服务上台阶、上水平。

加快建设富裕、宜居、美丽、幸福、和谐新广灵

广灵县县长　李立平

2012年，广灵县克难攻坚，开拓创新，真抓实干，圆满完成各项目标任务。2013年是全面贯彻落实党的“十八大”精神开局之年，是全市实施“十大工程”的起步之年，做好2013年政府工作具有十分重要的意义。

一、2013年政府工作的总体要求

全面贯彻落实党的“十八大”精神，按照省、市转型跨越发展的战略部署和办好“五件实事”、推进“六位一体”项目建设的总要求，紧紧围绕“再造两个新广灵”的奋斗目标，坚持对标一流、稳中求进，大力实施以百园立农、百企强县、城镇提质、城乡安居、文化旅游强县、生态建设、城乡清洁、百校兴教、收入倍增和平安创建为主的“十大工程”，统筹推进新型工业化、农业现代化、县域城镇化和城乡生态化，努力打造富裕、宜居、美丽、幸福、和谐的新广灵，为全面建成小康社会奠定坚实基础。

二、2013年全县经济和社会发展的预期目标

生产总值19.8亿元，比2012年增长13.5%。全社会固定资产投资47亿元。粮食总产量10.4万吨。规模以上工业增加值5.63亿元，增长14.5%。财政总收入17185万元，增长17.2%；一般预算收入7044万元，增长13.7%。农民人均纯收入4940元，增长11.8%；城镇居民人均可支配收入16385元，增长11%。社会消费品零售总额7.8亿元，增长16%。

三、2013年政府工作重点

（一）大力实施农业稳县战略和百园立农工程，全力打造富裕广灵。坚持一手抓传统农业的提升，一手抓现代农业的壮大，加快推进农业发展步伐。以实施百园立农工程为抓手，以“一县一业”“一村一品”为主攻方向，突出抓好北野食用菌种植加工园、东方物华小杂粮加工园、凯龙食用菌园区、养丽黑木耳示范园区、源洲肉牛标准化养殖示范园区、好源青千头奶牛养殖示范园区等17个重点园区项目建设，着力打造一批特色农业园区，做大做强食用菌、优质杂粮、绿色蔬菜和农畜产品四大特色主导产业。紧紧抓住全省企业参与产业扶贫开发工作的政策机遇，做好与山西晋能集团有限公司的对接帮扶工作，为推动特色农业加快发展注入新动力。重点培育壮大东方物华、荞宝、北野、凯龙、白老大、广宽等农业龙头企业，鼓励农民依托园区兴办专业合作社和股份合作等多元化、多类型合作组织，发展家庭农场，积极实践“公司＋基地＋农户”等产业化经营模式，努力构建现代农业经营体系。年内计划新增县级农业龙头企业1家、市级龙头企业2家，发展规范化农民专业合作社5家、示范性农民专业合作社2家。着力提升农业质量标准，大力发展农业标准化生产，打好市场牌，做大做强“东方亮”小米、黑苦荞、食用菌等特色农业品牌，打造精品农业，提升农业产出效益。年内计划申报农产品“三品”认证2个，新增标准化生产基地200公顷。全面落实强农惠农政策，加大扶贫开发力度，大力推广农业先进技术，促进农业机械化发展，加强农田水利等基础设施建设，不断增强粮食综合生产能力，提高农业生产效益。

（二）大力实施“六位一体”项目建设和百企强县工程，全力打造实力广灵。以全省实施项目推进年活动为契机，严格按照“六位一体、统筹推进”的要求，确保完成项目储备600亿元、签约70亿元、落地47.88亿元、开工35.57亿元、建设33.86亿元、投产68.13亿元的市定“六位一体”项目建设年度目标任务。及时更新完善项目库，精心谋划一批打基础、利长远、惠民生的好项目。进一步加大资金争取力度，及时对接申报项目，争取更多的项目进入上级投资计划，确保完成贫困县争取上级资金的年度考核任务。充分发挥特色农产品、建材、文化旅游等资源优势，创新招商方式，完善

招商平台，拓宽招商渠道，吸引更多的知名企业投资广灵。以实施百企强县工程为抓手，加速推进新型工业化进程，做强电力、建材、化工、冶金、酿造及农产品加工等“六大”支柱产业，壮大环保工业体系，切实增强县域经济竞争力。重点支持金隅水泥、同德化工、聚源银业、凯龙等一批成长性好、市场前景广、关联度大的支柱企业，充分发挥其骨干带动作用；大力扶持小微企业，让更多的小微企业成长壮大，成为富民强县的生力军。以提升产业发展层次、发展循环经济和低碳经济为导向，以创优服务为保障，加快推进蕉山工业园区和作疃农产品加工园区两大园区建设，重点抓好长青环保生物质热电、金隅余热发电、聚源银业6万吨再生铅、华电风电、国电风电等重点产业转型项目，力争早日达产达效。把民营经济作为县域经济发展的主体力量，坚持放开搞活，加大政策扶持力度，优先保障土地、资金等生产要素，兴办各具特色的民营企业创业基地，着力培植一批有优势、有潜力、有特色的民营企业，全面增强县域经济发展活力。

（三）大力实施城镇提质和城乡安居工程，全力打造宜居广灵。坚持把推进城镇化作为转型跨越的重要抓手，以打造“晋北最宜居县城”为目标，按照新区扩容、旧区提质、有效衔接、安置到位、创造一流的总体思路，全面实施城镇提质和城乡安居工程，大力推进“大县城”建设战略，促进人口和产业聚集，带动城乡一体化发展。加大建设推进力度，年内完成总长17.1千米的15条新建道路和两座桥梁建设、管网等配套工程及总面积77万平方米的景观和道路绿化工程，完善木槽涧河综合整治一期工程，启动实施木槽涧河综合整治二期工程，启动实施以体育场、图书馆、文化馆、展示馆“三馆一场”为主体构成的文化体育公园建设项目，开工建设人武部、剪纸文化艺术中心、档案馆等11个项目，重点抓好廉租住房工程建设，不断完善公共基础设施，提升县城综合承载能力。新区建成后，可解决3万余人的住房需求，全县城镇化率提高到35.7%，绿化率提高到35%，集中供热率提高到78.9%。与此同时，加大旧城改造力度，实施5条道路改扩建工程，抓好与新区相衔接的“城中村”改造工程，不断加强城市综合管理，提升县城整体形象与品位。坚持打造秀美家园和强化产业支撑同步推进，采用“公司＋园区＋农户”、产业向园区集聚的经营模式，吸引农户入驻千栋日光温室等农业园区和蕉山工业园区。加强技能培训，落实农民创业就业优惠政策，拓宽农民就业增收渠道。全面落实省政府为农民群众办好五件实事政策，着力抓好整村推进、农村困难家庭危房改造及住房抗震改建试点、饮水安全、村庄绿化和亮化、村级幼儿园改扩建等重点工程，扎实推进新农村建设，逐步改善农村居民生产生活条件。做好农村公路养护工作，坚持依法治超，提高城乡公路畅通能力，不断改善城乡居民出行条件。

（四）大力实施文化旅游强县战略，全力打造魅力广灵。以打造环京津地区文化休闲旅游胜地为目标，充分整合各种文化旅游资源，大力实施文化旅游工程，扎实推进文化旅游强县建设，不断提升文化旅游产业的“软实力”和对县域经济发展的贡献率。加大对文化旅游产业的投入力度，继续推进小剪纸、大产业发展战略，加强广灵剪纸文化产业园区建设。启动实施六棱山风景区、祥和谷四季度假区、白羊峪度假区、水神堂丰水湖旅游基础设施建设项目。着力抓好申报和争取非遗项目升级工作，加强非物质文化遗产的保护和传承。大力实施文化惠民工程，尤其是重点文化村倾斜工程，每个乡镇建设3～5个重点文化村。广泛开展群众文化和全民健身运动，不断丰富城乡居民文化生活。

（五）大力实施生态建设和城乡清洁工程，全力打造美丽广灵。大力实施生态建设工程，促进县域生态环境不断改善。继续加强壶流河湿地省级自然保护区建设，着力实施京津风沙源治理、文冠果基地建设、太行山造林、广源高速公路绿化等重点工程。以通道绿化、村庄绿化和庭院绿化为重点，使有人的地方先绿起来，让群众最大限度分享生态建设成果。加大流域治理力度。着力抓好节能减排工作，坚决淘汰落后产能。年内启动实施污水处理厂提标升级改造设计工程，确保完成二氧化硫等六项主要污染物市定年度减排任务。严格执行建设项目环境影响评价和“三同时”制度，严禁高耗能、高污染等破坏生态环境的企业和项目进入。以城市治“五乱”、农村治“四堆”为重点，努力实现城市环卫管理精细化、农村环卫保洁常态化、城乡垃圾处理一体化和环境卫生服务均等化。深入开展“四个一”达标创优活动，力争把广灵打造成示范县，完成打造1个明星村、9个示范村、121个达标村的目标任务。积极创建省级园林县城，不断提升城乡生态和环卫建设水平。

（六）大力实施百校兴教和收入倍增工程，全力打造幸福广灵。始终坚持教育优先发展战略，坚持硬件建设与软件提升并重，大力推进百校兴教工程，努力办好布局合理、优质均衡、人民满意的教育。进一步加强教育资源优化整合。加快普及高中阶段教育。继续深化教育改革，完善教育经费保障和助困保学机制，全面提升办学水平和教学质量。大力实施收入倍增工程，千方百计促进城乡居民收入增长。充分发挥产业聚集、园区带动作用，积极吸纳农村劳动力汇集，通过土地流转、园区务工、设施承包等多种方式，全面推进六大增收模式，即以香菇和黑木耳为主的食用菌栽培模式、以“东方亮”小米和黑苦荞为主的特色种植模式、以画眉驴和大尾羊为主的健康养殖模式、以仁用杏和文冠果为主的生态林业模式、以水泥建材和风力发电为主的工业支撑模式、以广灵剪纸为主的文化产业模式，带动农民致富增收。做好提高职工工资水平、促进城乡就业、强化职业技能培训等工作，努力实现居民收入增长和经济发展同步、劳动报酬增长和劳动生产率提高同步。年内新增城镇就业850人，下岗再就业200人，转移农村剩余劳动力2000人。推进城镇居民社会养老保险和新农保工作，扩大社会养老保险覆盖面。进一步完善城乡社会救助体系，不断规范城乡低保，提高“五保”集中供养率及城乡低保和大病救助水平，做好优抚、孤儿和困难儿童救助工作。深化医药卫生体制改革，完善农村合作医疗制度，努力解决群众看病难和因病返贫问题。

（六）大力实施平安创建工程，全力打造平安广灵。一要持之以恒抓好安全生产。进一步强化“一岗双责”，落实“两个主体”责任，严格执行“四不放过”原则和安全生产“一票否决”制度，完善安全监管长效机制。切实加强食品药品安全监管，保障人民群众饮食用药安全。进一步深化煤矿、非煤矿山、危险化学品、道路交通、建筑施工、消防安全等重点行业、重点领域和重要节点的隐患排查整治，狠抓安全生产基础建设。二要进一步创新社会管理。推进公安系统基层基础建设，实现“天眼工程”城区全覆盖，完善社会治安防控体系。健全信访维稳工作机制，畅通群众信访渠道，及时妥善解决群众的合理诉求。扎实推进社区“网格化管理”建设，提高社会管理水平。三要严厉打击非法违法行为。始终保持对各种违法犯罪活动的高压态势，严厉打击私挖滥采、私搭乱建等非法生产和违法建设行为，深入开展“扫黄打非”工作，确保社会大局和谐安定。

打造生态绿色品牌
建设山清水秀的美丽大同县

大同县县委书记　王凤瑞

党的“十八大”报告指出，建设生态文明，是关系人民福祉、关乎民族未来的长远大计。实践证明，推进生态文明建设，有利于贯彻科学发展观，转变经济发展方式；有利于顺应时代发展潮流，提高综合竞争力；有利于改善人居环境，提高人民生活质量。大同县地处大同市近郊，县城距市区 20 千米，具有良好的区位交通优势，打造生态绿化品牌，发展文化旅游产业的条件得天独厚。2011 年以来，全县以“建设现代城郊型新大同县”为奋斗目标，大力实施“生态立县”战略，科学谋划，攻坚克难，埋头苦干，取得显著成绩。2013 年 4 月，全国绿化委员会授予大同县“全国绿化模范县”称号，这是继“全国防沙治沙先进县”“全省造林绿化先进县”“全省林业生态县”等称号之后的又一张“绿色名片”。

一、树立生态文明理念，坚持不懈地进行造林绿化

2011 年以来，大同县委立足县情实际，将生态建设作为一项功在当代、利在千秋的事情来抓，高标准编制了全县“十二五”林业建设总体规划，并与全县空间发展战略规划、区域发展与扶贫规划相结合，完整描绘出全县未来的发展蓝图，规划设立了工业集聚区、特色发展区、生态涵养区和生态保护区。在规划的指导下，全县上下克服困难，苦干实干，坚持造林绿化不动摇。3 年投资 2 亿多元，完成造林 8000 公顷，仅 2013 年全县就投资 8000 万元，荒山绿化 2733 公顷，道路绿化 102 千米，村庄绿化 21 个，栽植各类树木 500 万株。目前，全县林地面积达到 6.4 万公顷，森林覆盖率 29.6%，林木绿化率 42.7%。其中，有 2 万公顷火山群、1.3 万公顷采凉山防沙治沙、6667 公顷南山“三北”防护林工程各 1 处，万亩以上的绿化工程 10 多处。全县共治理沙化面积 2 万公顷、水土流失面积 5.1 万公顷，分别占到各自总面积的 30%、65%。2013 年，年平均 6 级以上的大风天数由 44 天减少到 10 天左右，出现了“小风不起尘、大风不扬沙”的现象，全年二级以上良好天气达 300 多天。2013 年 9 月，“感知美丽新山西”第八届全国网络媒体山西行采访团在大同县考察生态建设情况，在人民日报、新华网等中央媒体进行了宣传报道。

二、强化组织引导作用，营造全民投身绿化的良好氛围

造林绿化是一项全方位、系统性、长期性的工程，需要各级各部门和全社会的共同努力。大同县始终把造林绿化放在各项工作的首位，时刻抓在手上，落实在行动上，全力打造山清水秀、景色迷人、生态宜居的现代城郊型美丽大同县。一是转变工作理念，促进造林绿化。在原有造林绿化的基础上，着眼长远，创新思维，从发展方向、营林理念、造林方式等方面实行“四个并重”。即“山上治本”与“身边增绿”并重，生态造林与发展经济林并重，单一树种与乔灌草搭配并重，自然美化与打造景观并重，营造山、水、田、林、路相互协调的园林式美景。二是强化组织领导，狠抓工作落实。每年县四套班子领导带头义务植树，科级干部包点绿化。春季召开动员会、观摩会，通过广播、电视台等途径宣传绿化理念，培育了一批“民营林”“职工林”“青年林”“大学生村官林”等精品工程，带动了全民义务植树。2013 年秋天，积极开展身边增绿增景活动，每个乡镇都要建设 1 条环境整洁、两边绿化、具有景观效应的示范路，至少打造 2 个街巷绿化、庭院美化、村容整洁、村在林中的示范村，集中力量建设10条示范路和20个示范村，掀起了造林绿化的新高潮。三是通过典型带动，激发干事热情。桦林背林场书记、县林业局局长赵德清同志30年如一日，坚持造林绿化，是全省党的群众路线教育实践活动报告团成员之一，先后在省市进行演讲。积极宣传他的先进事迹，在全县机关、学校等多个层面组织召开报告会，引导各级干部学习他的精神，以身边的人、身边的事影响人、带动人、鼓舞人。2012年，全省造林绿化大同现场会涉及大同县线路66千米，现场会圆满召开，受到了国家、省市领导的充分肯定。

三、尊重生态建设规律，确保林业资源安全

尊重自然、顺应自然、保护自然是推进生态建设的有效手段和根本方法。大同县地处晋北大同盆地，是我国北方风沙危害严重、生态环境十分脆弱的地区之一。面对困难，把科技应用作为第一手段，根据全县实际，划分16个立地类型，采用林草间作、乔灌搭配等模式，种植油松、樟子松、新疆杨、柠条等树种，做到适地适树。同时，严把苗木质量关，栽植时间"春抓早、秋抓晚"，连续两年对小苗用土覆盖，确保苗木顺利越冬。尤其面对大同火山群山体土层薄、水肥渗漏快、造林难度大的实际，探索推广取土栽植法、ABT生根粉、抗旱保水剂、根宝等技术，把昔日的荒山秃岭打造成绿色火山群、生态火山群、景观火山群。大同县作为全省唯一一个被国家确定的风沙治理科技示范县，基本形成"乔灌混交立体化，封造结合集约化，科研生产一体化，生态经济高效化"的科学治沙格局。把专业队造林作为第一选择，通过招标、议标等程序，择优选择施工队，推行法人负责制、市场准入制、资金专账制、工程监理制、竣工验收制等一整套制度。特别是采取"四三三"分期付款的办法，即第一年支付造林款总额的40%，第二年支付30%，第三年付清，有效保证了造林的进度和质量，苗木成活率普遍超过国家半干旱地区75%的标准，达到90%以上。把资金保障作为第一需要，采取"政府出一点、向上争一点、对外赊一点、社会捐一点、劳务省一点、施工队垫一点"的方法，积极解决资金难题。推进集体林权制度改革，培养民营大户6户、民营苗圃40个，社会各界都积极投身到生态建设之中。同时，中央及省市相关部门也给予大力支持，保证了造林绿化的顺利推进。把林木管护作为第一大事，坚持多树种搭配、多技术应用、多措施管护，加强病虫害防治，保护生物多样性，促进林业健康发展。尤其重视护林防火工作，聘用护林员100多名，建成视频监测点，对大片林区专人分段管护，在特殊时期严防死守，确保了林业资源的安全。

四、提高人民幸福指数，共建共享绿色美丽家园

把生态建设作为改善民生的重要内容，发展产业，改善环境，服务社会，促进生态、经济、社会效益的有机统一。一是发展林业产业，增加农民收入。2011年以来，发展杏果经济林2000公顷，全县达到6000公顷，杏果年产量700万千克，年产值2800万元，涉及农户3000余户，杏果已成为聚乐乡农民致富的主导产业，仅此一项人均纯收入增加1500元。力争到"十二五"末，全县经济林达到1万公顷，人均1亩，为实现农民人均纯收入翻番奠定良好基础。积极探索林下养羊、养鸡、药材种植以及蔬菜种植等多种经营模式，大力发展林下经济，多种渠道增加农民收入。借助林业工程的实施，全县参与劳务农民2.5万人次，退耕还林项目涉及8983户，农户生产生活条件明显改善。二是坚持以人为本，改善人居环境。按照生态园林县的标准，大力实施身边增绿增景工程，着力打造点、线、面相结合的景观化"县域名片"。在县城，对昊天寺、昊阳森林公园、西坪水库等进行背景绿化，推动街道小区和单位绿化，高标准美化机场到县城城际路、县城西环路、省道302县城3千米改造路，建成集休闲健身、科普宣传、群众文化为一体的西坪公园，提高了城市品位。在农村，以发展杏、梨、苹果等各类经济林为主导，绿化居住庭院、房前屋后、村庄周边，净化大街小巷，美化村容村貌，着力建设一批花果村、园林村、生态村。在道路，根据沿线地理环境，充分利用黄花、万寿菊、爬山虎等特色作物，形成高低搭配、错落有致的优美景观。在荒山，把生态绿化与水土流失、景点美化、景观打造结合起来，形成了优美的自然风光。三是带动经济发展，培育绿色产业。坚持"绿水青山就是金山银山"的生态文明理念，工业上坚决不引进高耗能、高污染类企业。农业上，积极发展立体农业、采摘农业、循环农业，实现农业的生态化，被评为"全省观光农业和乡村旅游示范县"。大力发展旅游产业，围绕大同市区百万市民做文章，顺应人们健康绿色的消费需求，整合生态、火山、温泉、土林、水库、湿地、黄花、乡土文化等资源，打造"国家火山公园、中国黄花之乡、生态休闲胜地"的品牌。以国家地质公园大同火山群为重点，争取省市支持，聘请一流规划设计院搞好整体规划，积极进行招商引资，完善基础设施，打造大同县旅游产业的"黄金招牌"，融入大同市旅游发展当中；以生态林区为基础，以16座大中小型水库和842公顷湿地为依托，整合不同特色的12个生态庄园，开发吕家大院、南山睡佛、白登之战遗址、聚乐古堡等项目，形成各具特色的近郊旅游线路。通过几年的努力，力争把大同县建设成为大同市乃至京津地区的生态功能区、绿色后花园、近郊目的地。四是着眼未来发展，共建美好家园。坚持"保护环境就是保护生产力，加强生态建设就是提高竞争力"的理念，持之以恒地推进生态建设。力争每年造林3333公顷，到2015年，林地达到7.3万公顷，其中，经济林1万公顷，高标准绿化通道500千米、园林式村庄100个，森林覆盖率33.8%以上。未来，大同县将形成"百花迎春，绿荫护夏，红叶映秋，松柏伴冬"的生态景观，一个现代城郊型美丽大同县将呈现在世人面前。

攻坚克难　奋力拼搏
加快实现全面小康、富民强县“阳高梦”

阳高县县长　邢　斌

2012年，阳高县政府认真贯彻落实党的“十八大”精神，以科学发展观为统领，紧扣“富民强县、和谐安康”发展主题，抢抓综改试验、扩权强县、连片扶贫等政策机遇，团结带领全县人民，攻坚克难，奋力拼搏，有力地推动了经济社会平稳较快发展。

2013年是全面贯彻落实党的“十八大”精神开局之年，也是实施“十二五”规划关键之年。做好2013年的工作，任务繁重，极具挑战。

一、2013年政府工作的指导思想

认真贯彻落实党的“十八大”精神，以综改试验和扩权强县为统领，以整体脱贫和全面建成小康社会为总方向，以争先进位、负重赶超为总要求，紧紧围绕市委、市政府全力实施的“十大工程”，坚持“富民强县、和谐安康”的发展目标，坚持工业园区化、农业设施化、城镇特色化、事业民生化、县域生态化“五化一体”的发展战略，坚持绿色基调、生态路径、有机农业、安全产业、园林县域、和谐民生的发展思路，以加速发展为主线，以项目建设为抓手，全力推动经济社会持续健康发展。

二、2013年经济社会发展预期目标

地区生产总值完成25.95亿元，增长12%；规模以上工业增加值3.7亿元，增长14.5%；全社会固定资产投资55亿元，增长39.9%；财政总收入2.23亿元，增长8.7%；一般预算收入9402万元，增长8.5%；城镇居民人均可支配收入1.64万元，增长11%；农民人均纯收入5130元，增长11.8%。

三、2013年政府工作重点

（一）狠抓百企强县工程，在壮大工业经济上谋求新跨越。一是全力推进重点项目。按照项目储备、签约、落地、开工、建设、投产“六位一体”推进机制，力促驭龙药业、阻燃皮带、自动风门、高锰酸钾、南顶山风电等项目年内建成，力促堡子湾金矿复产，力促电缆厂、国电下深井风电等项目开工建设，力促掘进机、通用机场、煤炭物流等项目完成前期工作。二是努力扩大招商引资。创新招商理念，通过聚变引进、延伸引进、栖生引进等灵活有效的招商模式，扩大引项目、引资金的范围和领域，努力使储备项目快速转化为实体项目。以创建安全产业园区和“一企一县”产业扶贫为契机，加深与同煤集团的合作，力促华电热电机组、航空产业园、矿用安全技术研发、温泉疗养院等项目落地。积极探索与丰镇市合作联办晋蒙阳丰联合产业园区。三是继续夯实园区基础。本着“基础设施跟进项目，优势资源紧跟项目”的思路，重点实施八大基础建设工程。推进道路建设，力争完成发改路、交通路硬化任务，完成阳西线白登路东口至大泉山路东口拓宽升级改造，完成连接线一、连接线二交会处道路安全隐患改造工程。推进绿化工程，完成安泰路两侧绿化，铺开发改路、交通路两侧绿化，对白登路、大泉山路绿化带进行补植补种。实施亮化工程，争取项目资金，在主干道部分路段试安装太阳能、风能路灯。加快推进守口堡水库建设工程，同步实施引水入园管道铺设工程。力争开工建设污水处理及中水回用项目。完成两座白登河大桥建设工程，年内通车。完成园区管委会服务大楼建设。建设景观工程，结合湿地改造，在安泰路东侧建造占地2公顷的人工湖1处。四是提升经济运行质量。加强经济运行监测分析，增强科学预见性，提高指导实效性，积极应对市场变化，及时消除发展阻碍，促进工业经济良好运行。搭建银企对接平台，充分利用政策和项目，鼓励扶持民营经济、中小微企业发展壮大，不断增强发展内生力。同时，加强税源监管，加大依法征收力度，确保应收尽收。

（二）狠抓百园立农工程，在培育富民产业上实现新突破。一是加快发展园区经济。继续发展龙泉镇万亩现代农业示范园、富园村日光温室园区、青和村扶贫移民日光温室园区、大白登日光温室园区、古城马家皂集中连片日光温室园区5个千亩以上设施蔬菜片区，在百里生态旅游长廊公路两侧布点建设移动大棚，力争全县新建日光温室3000栋、移动大棚5000栋，总面积突破3333公顷，申报全国蔬菜示范园。完成北农阳光、合创农业2个蔬菜预冷批发市场建设。加快推进玉安公司10万头生猪、大白登1000头奶牛、北方四季牧场生态养猪、合创农业综合养殖4个规模养殖园区，力争年内建成。加快发展杏果产业，新栽杏树1000公顷，建成绿苑饮品杏饮料加工项目。大力发展农业观光园，建成玉安生态度假岛水上娱乐城、滑雪场，完成安家皂村生态农林旅游度假区、东小村竹柳种植观光园主体建设。二是持续改善农业基础。实施好小型农田水利、农业综合开发、土地整理、京津风沙源治理、巩固退耕还林成果、高产创建、以工代赈等项目，改造中低产田686公顷，培肥耕地480公顷，新增耕地67公顷、水浇地1000公顷、节水灌溉667公顷。加大水利建设投入，努力提高抗旱保增收能力，巩固全国粮食生产先进县地位。三是积极推进循环农业。坚持循环联动、整体推进、提升品质、放大效益的发展理念，推动粮食、蔬菜、杏果、畜牧四大产业有效衔接，引导发展无公害、绿色、有机农业，实现畜牧业的“无害化”和粮菜杏的有机化。探索“政府扶持，企业使用”的商标注册机制，走品质化、品牌化发展道路，提升产品竞争力。

（三）狠抓百校兴教工程，在打造一流教育上再上新台阶。始终把教育放在优先发展的地位，完善基础，提升质量。建设阳高一中标准化体育场，配套完善教育技术装备，打造全市县区一流高中。兼顾教育均衡发展和布局调整，新建南关小学，建成阳高二中综合服务楼。统筹抓好职业教育和学前教育，将实验中学改建成职业技术学校，新建4所幼儿园。按照标准化办学的要求，逐步配套完善相关设施设备。继续加强教育管理和师德师风建设，完善教育激励机制。严肃中高考考风考纪，营造严谨治学的良好氛围。扎实抓好学校安全管理，确保学生安全。

（四）狠抓城镇提质工程，在推动城乡发展上展现新形象。一是推进大县城建设。进一步完成政府街、辕门街、义和福地、阳光财富城四大核心区建设。力争完成天大高速入城引道拓宽改造工程；开展阳高一中南路、职业技术学校北路、长神线县城段西移改线工程前期工作；完成积大线县城段南移改线工程的路基和桥涵建设，加快构建环城公路网。创新城市建设机制和模式，多种渠道筹集资金，逐步铺开县城公园、文体活动中心等公共服务设施建设，使县城基础更加完善，环境更加宜居。二是推进集镇群建设。按照“集镇、景区、产业”一体化发展的思路，加快构建特色鲜明、功能互补、协调可持续发展的城镇体系。依托温泉开发和大泉山风景区建设，加快罗文皂、大白登集镇建设；依托工业园区和玉安生态度假岛，带动王官屯集镇建设；依托古汉墓群、许家窑文化遗址和3333公顷杏果采摘园，谋划东小村、古城集镇建设；依托安家皂古堡和生态农林旅游度假区，带动马家皂集镇建设。三是推进新农村建设。以乡镇驻地村、中心村和文化景观特色村为重点，推进30个重点村和罗文皂镇新农村连片建设，使农村面貌进一步改观。

（五）狠抓城乡安居工程，在保障住房水平上要有新提高。紧紧围绕“安居康居”目标，改善城乡困难群众的居住条件。加快推进廉租房续建工程，确保年内完工。探索推行“租售并举”的分配安置方式，满足不同层次更多低收入家庭的住房需求。利用省市实施的农村危房改造、抗震加固工程，重点对鳌石、东小村等乡镇困难家庭危房，进行加固改造；结合文物景点保护性修复，对大泉山村进行异址新建，对安家皂、镇边堡两村进行改造。力争年内改造危房2500户，抗震加固1000户，提高农村居民住房水平。

（六）狠抓收入倍增工程，在提升幸福指数上创造新业绩。一是大力发展富民产业。围绕农民增收，制定县乡村三级产业发展规划。认真落实强农惠农各项政策措施，强化科技服务，扶持发展特色产业、高效农业。提升现有49个“一村一品”专业村发展水平，再扶持发展22个，力争全县蔬菜面积达到1万公顷，生猪饲养量、奶牛存栏量、羊饲养量分别达到100万头、2.5万头、50万只，杏树达到1.3万公顷。突出抓好畜禽免疫防疫工作，确保畜牧业健康发展。二是认真实施连片扶贫。整合连片特困地区扶贫攻坚项目资金1000万元、扶贫移民项目资金300万元，在龙泉镇新和堡村西新建日光温室200栋、住房200套，搬迁龙泉、大白登、古城、友宰和长城5个乡镇600人。力争年内完成温室和住房主体建设。三是加大社会保障力度。认真做好城乡低保户、“五保户”、特困户、残疾人等困难群体、弱势群体的保障工作。加大投入，提高灾害救助、应急保障能力。新建县急救中心，并配备救护车辆及救护设备。提高新农合支付限额和住院报销比例，扩大重大疾病保障范围，降低农民就医支出。以城乡居民养老保险为重点，继续做好各类社会保险的扩面和基金筹集工作。加强就业创业工作，力争培训各类人员5000人，开发就业岗位900个，输出劳务8000人，努力增加工资性收入。

（七）狠抓生态建设工程，在建设美丽阳高上谱写新篇章。认真实施造林绿化、节能减排、节能降耗三大工程。完成天大高速公路阳高段通道绿化61.6千米。完成大泉山流域生态绿化1333公顷，形成大泉山、绿苑山、致富山等2万公顷集中连片绿色生态观光区。分两期实施白登河流域综合治理工程，年内完成一期工程。完成鹏程小店种猪繁育场污染减排项目。实施农村环境连片整治工程。加强重点企业污染减排监测，淘汰落后产能，继续扩大集中供热供气覆盖面，进一步改善县域生态环境。

（八）狠抓城乡清洁工程，在改善人居环境上取得新成效。一是加强县城环境综合治理。全面完成垃圾处理、污水深度处理工程，年内投入运行。深入开展县城环境综合整治，大力创建卫生保洁示范街、市容市貌示范街和卫生清洁示范小区，进一步提升县城文明水平。二是全面开展农村环境卫生整治。加大农村环卫设施建设投入，从根本上解决环境卫生问题。拆除废弃房屋、残墙断壁，整治电线私拉乱接等现象，努力创建干净、整洁、美观的乡村环境。

同时，加大交通沿线和文物景点周边环境整治力度，清理积存垃圾，拆除违章建筑，修复破损道路，塑造良好的对外“窗口”形象。

（九）狠抓名城复兴工程，在重塑文化大县上迈出新步伐。一是抓好景区建设及文物保护开发。启动建设百里生态旅游长廊，积极申报项目、争取资金，按照规划年内铺开建设部分工程。加快建设大泉山风景区。保护开发安家皂古堡，完成规划编制，积极争取项目，力争开工建设。筹划建设温泉养生产业园，加快编制发展规划，完成温泉供水工程并投入运营。修复保护云林寺。保护开发长城乡镇边古堡，完成西门修复及周边环境整治。保护开发古长城，完成总体规划编制，同步铺开长城两侧生态绿化。二是扎实推进文化事业。坚持一手抓公益性文化事业、一手抓经营性文化产业，加强文化设施建设，实施文化惠民工程。传承发展"二人台"等民间艺术，全方位培育阳高特色文化品牌。举办好第七届世界养生大会，提升对外知名度。

（十）狠抓平安创建工程，在构建和谐阳高上开创新局面。进一步强化安全发展的理念，认真落实安全生产责任制，扎实开展隐患排查和综合治理，突出抓好道路交通、建筑施工、防汛、森林防火、特种设备、危险化学品、易燃易爆物品和公共场所的安全管理，强化现场管理，确保各项措施落实到位。深入开展食品药品安全专项整治，确保广大群众生命健康。严厉打击私挖滥采，加大治超工作力度。完善公共安全应急管理体制，增强保障公共安全和处置突发事件的能力。注重社会矛盾源头治理，严格落实信访案件属地管理责任，坚持领导接访、包案制度，及时妥善解决群众合法合理诉求。做好流动人口和特殊人群服务管理，加强社会治安防控体系建设，严密防范、依法打击各类违法犯罪活动，进一步增强群众的安全感。

坚持五轮驱动　建设美丽家园

——天镇县县委书记　**姚振华**

习近平总书记强调："保护生态环境就是保护生产力，改善生态环境就是发展生产力"。从一定意义上讲，建设好生态环境是最普惠的民生福祉。推进生态文明、建设美丽山西，也是绘就转型综改山西梦的应有之义。对于贫困县区而言，发展仍然是最大的任务、最大的主题，往往会面临着"绿水青山"和"金山银山"的艰难选择。如何处理好经济发展和保护生态环境、建设生态文明的关系，是摆在各级党委面前必须解决的重大课题。天镇是地处山西、内蒙古、河北三省（区）交界处的一个国家级贫困县。2013年以来，我们坚持"五轮驱动"的办法，引导干部群众把坚定不移推进生态建设作为转型综改试验区建设的主战场，大力实施生态兴县战略，实现了经济发展和生态建设的相融共赢。

一、从提高认识上触动，着力破除重经济、轻生态的观念

天镇县地处黄土高原丘陵区，是一个传统的农业大县、工业小县、财政弱县，虽地处煤都大同却没有煤炭资源，工业经济发展缓慢，但同时也没有"先污染、后治理"的困扰，而且孕育了独特生态区位、山水资源、环境资源，这是天镇的比较优势和后发优势，为加快转型跨越发展留下了广阔空间。然而，一些基层干部片面地认为，要实现强县富民最重要的是抓经济发展，最主要的是实现GDP的高速增长，而林木生长周期长、见效慢，保护生态投入又很大，抓生态建设势必会影响发展步伐。为切实解决对抓生态建设认识不够、抓得不牢的问题，我们召集11个乡镇党政干部和部分村支部书记进行座谈，围绕"生态建设能做什么、乡村应该干点啥"等问题展开讨论，引导基层干部正确处理经济发展与环境保护、显绩与潜绩、当前与长远的关系，进一步统一思想认识。在县委十三届六次全会暨全县经济工作会议上，把推进生态建设、建设美丽天镇作为全县四项重点工作之一进行安排，引导广大干部牢固树立"抓生态就是抓发展"的理念，不能片面追求经济总量扩张，忽视质量提高和环境改善，不能只求眼前利益和经济效益，而忽视长远利益和生态效益，吃"祖宗饭"，断"子孙路"，要大抓生态建设、搞好植树造林、发展生态经济。目前，抓造林绿化、建绿色家园已成为全县上下的共识，各级干部抓生态的热情高涨。

二、从战略规划上推动，着力走出重当前、轻长远的误区

推进生态建设是一场"持久战"，首先必须做好规划，只有规划好了才能有针对性地思考、考量和设计未来整套行动方案和阶段性重点。天镇县森林覆盖率仅9.5%，低于全省平均水平8.6个百分点、低于全市平均水平10.7个百分点，缺林少绿的问题十分突出，严重制约着经济社会持续健康发展。为此，出台了《关于加快林业生态建设的意见》，制定全县今后3年林业生态建设的规划，进一步明确了生态建设思路和目标。利用3年时间，投资3.1亿元，绿化面积1.7万公顷，重点推进主要道路及出省口绿化、南洋河县城段两岸绿化、盘山景区至沙梁坡环城绿化、南北两山荒山荒坡绿化、平川区农田林网、村庄绿化六大工程，力争到“十二五”期末，全县森林覆盖率达到16%以上，森林面积达到2.7万公顷，森林蓄积量达到39.8万立方米，初步实现山上绿化成林、田间绿化成网、路边绿化成带、村镇绿化成景的目标。各乡镇要立足自身立地条件和自然环境，因地制宜，合理选用树种，坚持宜林则林、宜果则果的原则，科学制定近期规划和长远规划，按照由近及远、连点成线的原则，坚持每年绿化几座山头，绿化几个村庄，让生态环境有一个大的改善，切实改善老百姓的生活环境。

三、从严格标准上拉动，着力转变重数量、轻质量的现象

为切实提高造林绿化工作的实效，重点要在“五抓”上下功夫。一是抓规模。2013年，安排了天大高速公路、天走线通道绿化及3个出境口的景观绿化工程、荒山绿化、村庄绿化、田间林网等工程，总面积4533公顷。二是抓质量。严把选用树种、土地平整、苗木质量、苗源保障、栽植浇水等关键环节，仁用杏、大接杏、大接李等水果经济林苗木地径全部达到0.8厘米以上，油松标高50厘米，新疆杨5厘米以上，丁香等其他苗木全部落实标准。三是抓管护。大力推行专业护林，以乡镇为单位成立护林专业队，建立完善护林员责任制，订立护林公约，划片包干，责酬挂钩。四是抓队伍。采用公开招标的方式，聘请有资质、业绩好的大同市绿园绿化公司和兰园绿化公司，对高速路两侧20米范围进行高标准的绿化，打造了样板。引导乡镇大力推进育苗基地建设，着手组建乡镇专业施工队，努力实现就地育苗。五是抓机制。对所有绿化工程，实行资金兑付与造林管理保成活挂钩，资金分三年度结算。第一年根据投资情况和任务完成情况，拨付总额的40%；第二年根据成活率和保存率拨付总额的30%；第三年验收合格后，拨付剩余的30%，不合格的不予拨付。

四、从先行先试上带动，着力扭转重建设、轻保护的风气

全省转型综改试验区建设是产业转型、生态修复、城乡统筹和民生改善四大领域的重大推动力，赋予我们先行先试的权利，给县域经济发展带来难得的政策机遇、空间机遇、项目机遇、开放机遇。围绕综合利用好这个大载体、大平台，积极开展先行先试，在大抓植树造林、严厉打击私挖滥采不法行为的同时，启动实施生态修复工程。制定《天镇县生态修复工程2012～2017年规划》，成立生态修复领导组，按照“整体规划、分步实施、项目推进、滚动发展、强化监管、规模运作”的总体思路，推进土地平整、田埂修筑、开挖排洪渠、修筑护地坝、造林绿化工程。所有修复工程项目，都聘请有资质的设计单位精心设计，编制预算书，由专业部门进行预算评估后，进行招投标，严格按程序进行，确保修复项目取得实效。按照“降低高度、放缓坡度、扩大宽度、尽可成田”的原则，修复整理、改造良田、改善环境。2013年推开逯家湾镇667公顷(1万亩)生态修复治理工程，目前已完成治理面积440公顷，实现占补平衡造耕地147公顷，造林地20公顷，修复平整土地273公顷，实现土地修复、生态治理、消除隐患、资金良性流动的治理目标。

五、从责任考核上调动，着力打破重布置、轻落实的格局

一是强化目标考核。坚持把造林绿化和生态修复作为生态建设的重点，作为全县今后一个时期的重要发展战略，作为县委、县政府年度目标责任考核的重要内容，充分发挥考核工作激励发展的作用。二是强化责任分解。成立生态建设领导组，明确牵头分管领导、协调单位、实施部门、督查责任，确保各项建设任务有人抓、有人管、有人查，各环节紧密相扣。三是强化督促检查。在植树造林的黄金期，组织召开造林绿化现场观摩促进会，由县四套班子领导带队，对11个乡镇生态建设进展情况进行实地观摩和总结评比。同时，到各乡镇的任务片区不定期检查，组织林业部门技术人员定期督导，确保成活率。四是强化结果运用。按照各乡镇绿化任务的完成情况进行排名，并将考核结果作为各乡镇评先评优和干部选拔使用的依据，有效增强了各级干部抓工作的积极性和主动性。

目前，全县造林绿化任务已全面完成，共完成投资8000万元。实施了京包铁路北侧933公顷仁用杏基地建设工程，天大高速10千米通道和马走线两侧767公顷绿化工程，赵家沟等3个出境口的259公顷景观绿化，以及荒山绿化、村庄绿化、田间林网等8项绿化工程，总面积达到4533公顷，为近年来投资最多、标准最高、成活率最好的一年，实现了生态建设的良好开局。今后，我们将继续抓住国家生态建设的一系列政策机遇，不等不靠、先行先试，为打造“美丽天镇”而不懈奋斗！

努力争当朔州市“三新一城”和“四化一体东部新区”建设的排头兵

朔州经济开发区党工委副书记、管委会主任　高世宝

开发区如何加快发展？首先必须有一个宏伟的奋斗目标，以此来作为一面旗帜，形成强大精神动力来引导感召全区广大干部职工。朔州经济开发区2012年总体奋斗目标是：坚持以邓小平理论和“三个代表”重要思想为指导，深入贯彻落实科学发展观。以转型跨越发展为主线，努力在工业新型化、市域城镇化、环境生态化和提高人民生活水平上下功夫，全力实施项目建设、基础设施建设、民生保障建设和社会管理建设“四大工程”，努力创建“环境最优、发展速度最快、幸福指数最高”的一流开发区。

一、进一步完善软硬环境建设，不断全方位创优环境

立足实际，适度超前，进一步推进规划建设。开发区规划是对开发区中长期建设与发展蓝图的合理设计，是指导开发区各项建设的依据，在开发区的开发建设过程中具有重要的导向作用。朔州经济开发区要按照适度超前，从实际出发的原则，处理好开发区发展的阶段性、连续性与规划的前瞻性、长效性的关系。朔州经济开发区扩区方案已获省人民政府批复，红旗牧场41.5平方千米土地划归开发区。原有的16.4平方千米规划区已经融入市区，新旧区的规划都需要进一步制定、修编。在制定和修编过程中，既要有总体规划，又要有专项规则；既要有用地布局规划，又要有产业发展规划；既要有城市功能区规划，又要有产业功能区规划；使开发区容量和承载力在现有基础上得到质的提升。总体规划修编要将原来的16.4平方千米土地纳入朔州市城市总体规划，当作城市的一个功能园区来考虑，同时将工业园区逐步南移至红旗新区，把南区逐步建成工业新城。

搞好区内基础设施建设，切实改善投资硬环境。按照国际一流经济园区的标准，进一步加强基础设施建设，完善区域内交通、供水、供气、供电、通讯、网络等公用基础设施。逐步积极推进园区信息化和政务电子化，以信息化促进工业化，打造数字开发区。2012年重点建设六大基础设施工程：一是完成和平街以北6条道路新建。二是进行文远路等东西区道路绿化改造。三是实施西区部分街巷亮化工程。四是积极协调平朔及相关部门，做好平朔铁路专用线入地下行项目前期工作。五是改造提升朔南大道。六是在南区（红旗牧场）进行绿化及供热、供水、天然气、学校、综合服务区及利用麻家梁煤矿排水建设水系工程。

针对基础设施建设资金不足的问题，将在积极争取上级投入的同时，努力加强市场化运作，运用经营的理念发展开发区，充分利用区经济建设投资有限公司这个平台，运用市场运作、资本运作等途径，建立健全以开发区经济建设投资有限公司为投资开发主体的融资开发机制。一是逐步建立土地储备融资机制。二是发挥国有企业及国有资产的主导作用，在开发和盘活中筹集资金。三是市场化运作，把基础设施包装成招商项目，交由社会资本开发建设。积极探索基础设施建设新模式，对经营性、准经营性重大市政基础设施项目，鼓励采取BOT、BT、TOT等多种方式，引进各类资本参与市政基础设施建设经营。

创优发展软环境，为开发区发展扫除障碍。一是营造解放思想的政治环境。开发区各级各部门要敢于突破陈规，敢于借鉴和创新，凡是沿海发达地区行之有效的政策措施，都要勇于借鉴；凡是有碍于发展的条条框框和政策限制，都要坚决打破。要深入检查自身思想不解放的症结，尤其要结合自身工作实际，拿出操作性强、能解决实际问题的办法，为优化投资环境肃清思想上的障碍。二是营造高效便捷的服务环境。牢固树立环境意识，真心诚意、全力以赴服务投资商。不断提升服务层次，加强机关效能建设，切实为项目建设、企业发展营造宽松的发展环境。保护知识产权，建立并完善鼓励创新的政策体系和保障机制平台。完善技术创新体系，促进企业提升自主研发能力，重点做好电动汽车研发中心、检测中心和展示中心的前期工作。保持并加强与北京中关村、北京大学等高端科研院所、高等学府的紧密联系，筹建研究基地。鼓励引进银行、证券、信托、保险等各类金融服务机构入区，为企业提供良好的金融服务。组建担保服务中心等融资、担保平台，切实解决企业融资难题。建设网上产品销售平台，为企业占领、扩大市场提供优质服务。三是营造灵活

宽松的政策环境。抓好政策清理，尽量减少审批事项。抓好政策落实，坚定不移地落实兑现支持经济发展、鼓励招商引资的一系列政策措施，用足、用活政策。加强对上的沟通、协调，在重点工程建设、重大项目招商、综合开发项目建设等方面，积极争取并寻求更多的政策及其他方面的支持。四是营造规范有序的法制环境。坚持依法行政，保护企业的合法权益。从严规范执法行为，依法查处破坏发展环境的行为，严厉整治并营造安全的企业周边发展环境。严格控制对企业的检查，推行封闭管理。严格控制企业收费。五是营造亲商安商的诚信环境。全力打造信用开发区，严格落实已出台的各项政策措施，不折不扣地兑现各项承诺。加快社会信用体系建设，营造言必行、行必果的诚实守信氛围。六是营造舒适美好的生活环境。努力提高城市的生活和居住环境品位，打造舒适安定、生活便利、和谐稳定的社会环境。积极规划好城市建设，提升城市建设档次和水平。继续抓好城市的美化、绿化工程，改善交通环境。

二、进一步加大招商引资力度，狠抓项目建设，加快发展步伐

坚持项目立区的方针，始终把招商引资作为开发区工作的第一要务和头等大事来抓。在招商引资方面，一是调整招商策略。突出产业招商，按照“引进大项目——上下游配套——形成完整产业链”思路，努力打造战略支撑产业，加快产业集群的培育，着重引进技术密集型、低能耗、低污染的高新技术产业。招商要通过“三道门槛”·环保门槛，凡环保不达标的项目，一票否决；能耗门槛，水、电、气等资源消耗大的项目限制入区；产业门槛，限制不符合国家产业政策导向和环保节能要求或即将淘汰的产业入区，鼓励煤机、电子、汽车、新能源高新项目入区。二是突出招商重点。围绕主导产业和园区规划，坚持把招大引强攀高作为主攻方向，瞄准有实力、有投资意向、有优化战略布局需求的世界500强企业、跨国公司、央企、民企大公司大财团，集中精力招引一批占用资源少、规模体量大、带动能力强、科技含量高的龙头型、旗舰型项目，快速集聚一批高附加值、高成长性、高技术含量的绿色高科技企业。努力吸引科研机构、研发中心、销售机构、金融机构等服务型产业项目入区，形成具有本地区特色标签的核心竞争力。三是提高招商水平，推动招商工作向专业化、信息化、精细化方向发展。全面提升招商队伍专业素质和能力，加强对招商工作的督查和考核，健全招商引资绩效评价体系、考核机制和奖励机制。四是创新招商方法，积极推行产业链招商、以商招商、小分队招商，加大招商项目信息源的挖掘。积极参加各类招商活动。充分利用现有资源优势，促进企业强强联合。在项目建设方面，市级重点项目及标杆项目19个，投资总额87.84亿元。云雁石化5万吨产品、美国安普公司新能源电动汽车项目、海尔一卡萨蒂物联网高端技术研发、贝氏体耐磨钢铸件加工生产线、诺亚防护设备、煤智科低污染防爆无轨胶轮运输设备6个项目力争在年内开工建设。

狠抓项目建设。不断加强组织领导，制定领导干部包联重点项目责任制，实行“一个项目、一位领导、一套班子、一抓到底”工作机制，实行“包筹划、包招商、包开工、包进度、包投产、包环境”六包责任。大力深化项目帮办服务人制度和“全员、全覆盖、全过程、全天候、全心全意”的“五全服务”，不断加大项目建设力度，密切关注投产项目、在建项目、在谈项目动态，促进大项目、好项目落地。依托麻家梁矿，坚持以煤为基、多元发展，以建设立体能源基地和新兴产业基地为目标，大力实施立体能源和新能源战略，打造朔南能源新区。依托安普新能源电动汽车项目，完成项目开工和园区规划，促成总装生产线、研发中心、展示中心落地开工，力争在太原召开的全国电动汽车大会在开发区召开现场会和电动汽车样车展示会，积极引进相关零部件配套企业，增加科技含量，提升技术水平，力争把朔州打造成全国最大的电动汽车生产基地。

加快统筹协调发展，积极创新社会管理，努力服务民生。朔州经济开发区要全力推进穆寨村城市化进程。把搬迁工作与解决就业相结合，讲究方法，平稳推进，通过搬迁提高村民生活质量和水平。关心帮助老龄、妇女、儿童、残疾人等弱势群体，加强覆盖城乡的社保体系建设，继续扩大社会保险覆盖范围，努力做到分类施保和应保尽保。全面完成廉租房建设任务和棚户区改造任务。做好对下岗失业人员、被征地农民、零就业家庭等困难群体的重点帮扶。加快项目建设和产业发展，多渠道开发就业岗位，加强被征地农民培训力度。建立和完善农民增收长效机制和社会保障机制，大幅提高辖区居民收入和生活水平，努力使发展成果惠及广大人民群众。

进一步加强和创新社会管理，切实维护社会和谐稳定。围绕改善民生、促进民和、确保民安的目标，积极推进社会管理理念、体制、机制、制度和方法创新，全方位加强社会管理、社会服务和社会保障，切实维护社会和谐稳定，不断提升人民群众的安全感和幸福指数。一是学习借鉴当前“三网合一”的社会管理创新模式，建立集百姓诉求处理、突发事件应急处理、党务政务村务公开、干部教育培训、政策和项目信息咨询服务、企业生产经营等功能为一体的社会管理和服务机制，构建完整的社会管理组织网络。二是以城市让人民生活更美好为主题，进一步改善人居环境。继续加大造林绿化、环境整治力度，规范道路沿线、居民社区、店铺门市清扫保洁和垃圾清运处理，规范交通秩序，规范建筑工地管理，全面实施入区企业净化、绿化、亮化、美化工程。三是加强社区建设管理，以社区服务为重点，拓宽街道、社区工作领域。探索完善城市管理体制，下移管理重心，进一步实现街道居委在城市管理的职能。四是强化社会治安综合治理，开展平安网建设工程，建设社会治安视频监控系统。深入开展严打整治行动，严密防范和依法打击各类违法犯罪活动，增强人民群众的安全感。五是及时化解矛盾纠纷，依法处置信访案件，维护全区正常的治安秩序、经济秩序和信访秩序。建立健全应急管理机制，提高应对突发事件能力。六是进一步完善安全生产监管机制，扎实开展安全生产专项整治，持之以恒地抓好安全生产，提高全社会对安全工作的满意度。

三、破解机制体制难题，推进人事工资制度改革

破解机制体制难题。一是实行南北区管理。实行南、北两大区分区管理，南面的红旗牧场改制红旗新区，加强服务，加快发展；北面合并现有铁东、铁西两区，成立综合管理机构，抓好城市经营和社区建管服务。两区分别明确职能定位、任务目标和隶属关系，建立运转灵活、指挥高效的分级管理指挥系统，促进全区科学规范、健康有序发展。二是去行政化。开发区要避免与一般行政区趋同，在管理模式上体现一个“特”字，机构上体现一个“精”字，运行机制上体现一个“活”字。继续保持精简、高效的特点，在机构上不能完全按照政府机关来设置，要引入市场机制，用经营的理念，公司化运作，实行高效的管理机制。

加强干部队伍作风建设，推进人事制度和工资制度改革。在人事制度和工资制度改革方面，要强化考评结果的运用，激发干部干事创业的强劲活力。将工作目标考核结果作为干部选拔任用的主要依据，给贡献大、实绩突出的干部提供施展才华的舞台；建立重实绩、重贡献、向优秀人才和关键岗位倾斜的分配激励机制，采取多种分配方式，拉开分配档次，将职工薪酬福利待遇与个人业绩及开发区经济增长幅度挂钩，增强内部凝聚力；定任务，严奖惩，建立激励约束机制，对工作成绩突出的部门和工作人员给予适当的物质奖励和精神鼓励，并作为选拔任用干部的主要依据。对关键环节和重点难点问题要跟踪督查，一抓到底，力求实效。改革用人制度，探索实行全员聘用制和岗位目标责任制，建立健全岗位考评制度，大力推行“公开招聘、竞争上岗、年度测评、末位淘汰”等用人机制。完善干部激励机制。建立干部动态考察制，建立绩效工资制度，形成以岗定酬、按绩定酬的分配激励机制。

朔州经济开发区要牢牢把握“项目立区、招商兴区、机制活区”这一重大战略思想，在市委、市政府的坚强领导下，抓住朔州市建设“三新一城”和“四化一体东部新区”的发展机遇，下大决心、花大力气，解放思想，改革创新，努力创造山西省开发区建设史上新的经验，为朔州市转型跨越发展做出新的贡献。

努力打造塞外环境最优、发展最快、实力最强的大美朔城

朔城区区长 **刘　彪**

2012年，朔城区紧紧围绕转型跨越发展这一主题，突出经济建设和主城区建设两大任务，持续推进“四个升级”，攻坚克难，扎实工作，经济社会各项事业继续保持平稳较快、健康协调的发展态势。

2013年是深入贯彻落实党的“十八大”精神的开局之年，是实施“十二五”规划承前启后的关键一年，做好2013年的工作意义重大。

一、2013年政府工作的指导思想和总体思路

以党的“十八大”精神为指导，以科学发展为主题，按照“安全稳定促和谐，抢抓机遇树标杆，整体工作上台阶”的总体要求，突出主城区建设和经济建设两大任务，强力推进产业转型、城市功能、社会管理、人文素质“四个升级”，牢牢把握项目推进、“三农”工作、城市建设、生态治理、文化繁荣、民生改善六大重点，转变作风，攻坚克难，改革创新，努力把打造塞外环境最优、发展最快、实力最强的大美朔城。

二、2013年全区经济和社会发展的主要预期目标

地区生产总值290亿元，增长11%；财政总收入28.37亿元，力争突破30亿元，增长13%以上；一般预算收入12.3亿元，增长13%以上；工业增加值111亿元，增长14%；固定资产投资完成204亿元，增长23%；社会消费品零售总额60亿元，增长15%；城镇居民人均可支配收入25210元，增长11%；农民人均纯收入10302元，增长12%。

三、2013年政府工作重点

（一）坚持以煤为基、多元发展，推动项目建设大跨越。改造提升传统产业。重点抓好9个项目：完成恒宝源、峪沟、石碣峪、下窑等4座整合矿井技改，确保年内全部投产达效。扎实推进同煤梵王寺和中煤马营堡两座600万吨新建矿井项目。开工建设同煤2×35万千瓦矸石发电厂。确保山水水泥日产4500吨干法熟料水泥生产线及余热发电项目上半年建成投产。注重节能减排，逐步淘汰落后产能。二是积极发展新兴产业。重点抓好23个项目：确保中煤平朔20万吨粉煤灰综合利用、天朔年产3万辆电动汽车、三元年产11万吨碳素制品二期等14个项目建成投产。积极推进中煤平朔年产300万条全钢载重子午线轮胎、丰泰年

产10万吨铝型材加工及亚麻深加工、三元碳素碳纤维、晋能铝硅合金二期等5个项目建设。争取年产2万吨新型钢结构及钢丝生产、球磨机、不锈钢制品等4个项目落地。三是大力发展现代服务业。重点抓好16个项目:全力推进中煤金海洋企业总部基地、准池铁路总部经济及物流园区、同煤朔南煤电工业总部建设,争取引进准朔铁路朔州分部等总部经济项目。加快推进北京华联、北京电子城·朔州数码港、金沙大酒店建设,争取引进广州奥特莱斯等高档服务项目。扎实推进杭州绿城、北京亿城、北欧风情小镇等高端地产项目。继续推进中煤平朔、居然之家仓储等物流园区建设。积极推进中煤吉庄、神朔铁路寇庄、同煤和省煤运合作投资的前寨煤站双万吨列改造,以及朔南铁路运煤专线等生产型物流项目,全区煤炭发运能力达到2500万吨。四是加快推进工业园区建设。富甲循环工业园区重点完成供暖供气供电等配套工程,8月底正式启用园区服务中心办公楼,筹建住宿、餐饮、加油、加气、门诊部、幼儿园等服务设施,配齐配强工商、税务、银行等专门机构,帮助企业完成融资5亿元。力争主干道两侧企业进驻率达到95%。东坡煤电工业园区重点加快园区周边棚户区改造和环境整治,完善主干道桥梁、道路建设,实施绿化、亮化等工程。完成平朔能源公司和刘家口集运站煤场封闭建设。新上煤矸石制砖、煤泥综合利用项目,完善煤炭生产—洗选—矸石发电—粉煤灰综合利用产业链。

(二)坚持强基稳粮、增菜兴牧,推动农民增收大突破。一是推动传统种植特色化。围绕玉米、马铃薯、小杂粮三大类作物,重点抓好2667公顷(4万亩)高产创建、4000公顷(6万亩)玉米丰产方建设,力争地膜覆盖面积达到2.7万公顷(40万亩)以上,粮食总产量稳定在3.15亿千克以上。强化科技支撑,培育新型农民,争取省级专业村达到51个,推动农业产业化发展。二是实现设施蔬菜园区化。围绕规模化建设、标准化生产、产业化经营目标,重点推进以新农苑为主的城南万亩片区,以后寨村为主的忻干线万亩片区,以贾庄乡为主的东南部万亩尖椒、青椒制种片区,以紫荆山胜茂园区为主的朔广路沿线万亩片区,以华源农业文化示范园为主的西山现代农业片区,以马跳庄村为主的东部现代农业示范园区等六大片区建设。三是促进健康养殖规模化。紧紧抓住全省实施新一轮雁门关生态畜牧建设和"千园万场"规模健康养殖工程机遇,全面推进养殖小区、退牧还草、良种繁育、牧草种植等项目建设。年内,完成标准化规模小区(场)15个,规范提升15个。全力打造7个600头奶牛养殖小区、3个万只羊场、3个万头猪场、10万只蛋鸡场,不断提升全区规模养殖水平。四是加快基础设施新型化。完成高标准农田建设666公顷(1万亩);完成7个乡镇17个村2366公顷河滩地、旱平地、坡耕地的改造与培肥,实现增产目标。实施小流域治理项目122公顷。实施退耕还林水利项目147公顷。实施小农水重点项目2267公顷。实施两座病险水库除险加固工程和元子河河道综合治理工程。解决4个乡镇23个村人畜饮水安全问题。五是引导龙头企业现代化。以发展绿色、有机、无公害食品为重点,围绕玉米、马铃薯、肉制品、蔬菜、乳制品、小杂粮、食用油等七大加工产业,大力扶持山老汉、绿源粮油等龙头企业做强做大,以品牌抢占市场制高点。六是助推合作组织专业化。积极推广"公司+基地+农户""农民专业合作社+基地+农户"等经营模式,充分发挥管理规范、信息畅通、销售集中的优势,大力推进种、养、加、农机、林业、水利、运输等农村合作经济组织专业化建设,不断提高农民工资性收入的比重。切实抓好干部下乡住村、包村增收和领导干部访民生、知民情、解民事集中走访活动,全面落实省政府为民办的"农村困难家庭危房改造、特困群众易地搬迁、行政村街道亮化、村级幼儿园改扩建和乡村清洁工程"等五件实事。

(三)坚持扩容提质、建管并重,推动城市面貌大变样。一是推进三大改造。老城和东关、西关片区改造工程,完成拆迁80万平方米,新建130万平方米。城中村改造工程,重点抓好南关、西街以及开发南路、建设路、马邑南路、张辽路两侧等12个地段20多个片区城市拆迁改造工程,积极配合启动小村、北旺庄等城中村改造。城边村改造工程,继续推进照什八庄、南泉城边村改造,新铺开6个城边村改造工程。二是突出四项建设。打通20条(座)城市路桥,总长21千米,投资5.6亿元,铺开3项基础建设工程,新建换热站13座,铺设供热管网10千米,铺设供水管网3千米,新增天然气用户3000户,铺设城南及富甲工业园区供气管网5千米。筹建3大公建项目,即体育中心、城市展馆、老年公寓。建设37个保障性住房小区。三是强化五项管理。城市绿化方面,加大对17条新建道路的绿化。启动老城绿化工程,新建完善21个城市游园、广场,增加绿地面积1万平方米,力争主城区绿化覆盖率达到42.8%。城市净化方面,继续增设环卫设施,做到垃圾日产日清,城市环卫机扫率达到70%。城市亮化方面,完成16条道路亮化工程,全区28条城市道路路灯全部实现数字化程控管理,实施3万平方米的沿街建筑物立体亮化工程。城市美化方面,深入开展主城区和城乡接合部环境综合整治。市政设施建设方面,加大市政公用设施管理、维修维护力度,切实做到主城区主次干道平整、无坑洼、无缺损。四是治理环境污染。取缔5处供热站。改造城市中心区宾馆、饭店、澡堂等服务行业燃煤锅炉,推进煤改气(油、电)工作,解决点源污染。在集中供热覆盖区域棚户区逐步推行集中供热改造,在城中村、城边村大力推广型煤燃料工程,切实解决原煤散烧污染。协调市直有关部门,取缔西山4家石料厂。市区所有工程车辆和建筑工地强制推行绿网覆盖和标准围墙,解决粉尘污染。启用城南污水泵站。改造完善排污企业污水处理设施。

(四)坚持综合治理、点面结合,推动生态治理大见效。重点抓好四大工程:一是西山生态工程。继续实施西山生态治理六期工程,修建道路30千米,硬化20千米,植树620万株,新建景点5处、仿古凉亭10座。完善西山水系建设,完成玉泉湖扩建。二是恢河治理工程。全面实施恢河一、二期改造工程,加快六、七期湿地治理,治理建成市区高标准湿地公园。三是国家、省、市级绿化工程。完成省级生态环境综合治理林业建设项目，巩固退耕还林成果，完成国家京津风沙源治理工程667公顷。四是城乡环境整治工程。做好张家河村马邑路和张辽路两个出入口、雁门立交桥、富甲工业园区大道、平朔交界处周边整治工作。继续开展农村环境综合整治，再推进100个重点村，力争使全区农村环境明显改善。积极推行以沼气开发利用为核心的生态农业循环模式，推进农作物秸秆综合开发利用。加强对农村两轮“五个全覆盖”工程的后续管理，促进城乡一体化发展。

（五）坚持挖掘内涵、打造精品，推动文化事业大发展。一是强化人文素质培育。切实加强爱国主义、传统美德和现代礼仪教育，使环境美化与人文素质提升相辅相成、同步推进。二是推进文明城市创建。继续引申文明创建，开展窗口单位、公共场所、交通秩序、校园周边、图书市场等综合整治，努力营造科学健康、积极向上、安全稳定、和谐融洽的人文环境，全面提升城市文明形象。三是促进文化事业发展。加强文化馆、图书馆、青少年活动中心建设，抓好乡镇文化站、村级文化活动室使用管理，健全公共文化设施，形成辐射城乡、遍布全区、功能完善的文化基础设施网状结构。搞好非物质文化遗产传统剧种的保护传承，打造地方特色文化品牌。四是加快文化产业建设。科学制定老城文化产业园规划方案，精心布局老城四大街文化产业，力争8月底全面启动。推进文昌阁恢复重建，加快神海湿地、紫金山、儿女山、十二连城等开发利用，推动文化产业加快发展。五是加大舆论宣传力度。加大舆论宣传，不断提高朔城区的美誉度和知名度。办好《善阳报》和新闻网站，恢复区广播电视节目播出，强化宣传阵地。

（六）坚持民生优先、成果共享，推动幸福指数大提升。一是优先发展科教事业。科学规划、优化学校布局，大力发展学前教育、职业教育，高度重视农村教育，促进全区教育事业均衡发展。高度重视科技工作，不断提高科技对经济社会各项事业的贡献率，推进国家可持续发展实验区建设。二是积极完善医疗卫生体系。做好区一医院创“三级”、二医院巩固“二甲”、中医院复诊工作，加快开展区级公立医院综合改革。进一步加强区、乡、村三级医疗卫生队伍建设，着力提高新农合服务水平。全面加强人口和计划生育工作，巩固国家级计划生育优质服务区成果。三是不断提高社会保障水平。着力推进社会保险扩面征缴，实现参保人数和基金征缴同步递增，新农保和城镇居民养老保险参保率达到100%，企业养老保险基金征缴增长10%。力争城镇居民医保参保人数增长30%、新农合参保率达到99.5%。继续完善创业孵化基地建设，争取建立一个功能齐备、设施完善的就业实训基地。四是全面加快公路改造建设。推进西纵高速公路城区段和环城高速东北环选线规划工作。加快县乡公路改造升级。深化治超管理，逐步推进发货运输一体化管理。

（七）坚持预防为主、综合治理，推动社会安全稳定。进一步强化政府和企业两个主体责任，不断健全完善安全生产网格化目标管理体系，切实加强安全基层基础建设，全面落实安全生产“十项制度”和“八个保证”，积极构建安全管理长效机制。深入开展以煤矿为重点、覆盖各行业各领域的专项整治和隐患排查。加大联合执法力度，扎实开展私挖滥采、非法生产、乱搭乱建、非法用工“四项整治”活动。坚决杜绝重特大事故，减少一般事故，严禁瞒报迟报现象发生。加强安全宣传教育，增强全民安全意识，加大安全投入力度。加强和创新社会管理，着力抓好43个社区的改造完善和全面启动工作。积极推进视频“天眼”工程。严厉打击违法犯罪行为，重点抓好社会治安、交通违法、土地违法三项整治。

落实计划生育国策　建设美丽和谐右玉

右玉县县委书记　**苏连根**

右玉县位于晋西北地区，毗邻毛乌素沙漠，历史上生态环境恶劣。新中国成立60多年来，右玉县历届县委、县政府团结带领全县党员干部群众，坚忍不拔改善生态环境，创造了令人惊叹的生态奇迹，在艰辛的探索实践过程中铸就了可贵的“右玉精神”。2012年9月28日，习近平同志对“右玉精神”做出重要批示“右玉精神体现的是全心全意为人民服务，是迎难而上、艰苦奋斗，体现的是久久为功、利在长远。”

在右玉生态环境不断改善的同时，解决人口问题的迫切性、重要性日渐凸显。近年来，我们积极探索人与自然和谐发展之路，围绕稳定低生育水平，统筹解决人口问题，坚持优质服务和奖励扶助并重，不断提升人口计生工作水平，为顺利实施“十二五”发展目标创造了良好条件。同时也清醒地认识到，当前人口计生工作中还存在着许多困难和问题，统筹解决人口问题的任务依然繁重而艰辛，要更加自觉地把传承弘扬右玉精神引向深入，牢固树立人口问题也是民生问题的理念，切实把人口计生工作纳入全县发展大局，摆上重要位置，抓紧抓好。

一、尊重科学，切实加强对人口计生工作的组织领导

人口计生工作既是一项复杂的社会系统工作，也是一项关系长远发展的战略工程，必须党政联动、统筹兼顾、齐抓共管，建立健全各项工作机制。一要强化组织领导，全面落实管理责任。实现人口和计划生育工作再上新水平，党政领导重视是关键。各级各部门一把手要明确自己作为计生工作第一责任人的职责，要把计生工作牢牢抓在手上，有针对性地解决重点、热点、难点问题，不断提高驾驭人口计生工作的能力和水平。对计生工作要敢抓敢管敢负责，严抓严管严要求。要善于抓班子，带队伍，搞协调，把各方面的力量凝聚到计生工作上来。坚决兑现“一票否决”和领导责任追究制度，决不含糊，决不变通。一定要意识到人口计生工作就是“高压线”，做得不好，丢了面子，影响位子。二要加强部门协作，全面推进综合治理。各级党委、政府要牢固树立国策意识和大局意识，自觉把人口和计划生育工作放在经济社会发展的全局中去把握，切实履行计划生育工作职责，综合治理人口问题。建立逐年稳步增长的财政投入机制，优先安排和落实人口计生资金投入和专项经费，并多渠道筹集资金，增加投入，确保人口计生事业持续健康发展。动员社会各方面力量齐抓共管，加强各方协调，进一步形成党政领导、部门指导、各方配合、群众参与的工作格局。计生、公安、卫生、民政、财政、组织人事部门、宣传、广电、文化、社保部门要切实履行职责，加大协调能力，形成推进人口计生工作的强大合力，开创计划生育综合治理新局面。三要坚持求真务实，不断改进工作作风。当前和今后一段时期人口计生工作的主要目标任务是稳定低生育水平，力争先进。要把这一目标任务落到实处，关键是各级领导要牢固树立科学的发展观和正确的政绩观，经常深入到问题多、矛盾多、困难多的地方，调查研究，解决问题，化解矛盾。推行“一线工作法”，自降一级、下沉一线，亲力亲为，深入基层，真正把计划生育各项工作落实到一线。坚持讲真话、办实事、求实效认真履行职能，真正做到以工作作风的大转变，促进计生水平的大提高。四要加强队伍建设，提高服务工作水平。重点抓好党政分管领导、计划生育行政管理、技术服务人员和村两委也包括计生专干这四支队伍建设，把素质高、工作实、作风正、有事业心和奉献精神的同志选配到各级计生部门领导岗位中去。建立健全激励机制，对敬业务实、勤恳工作的计生干部，该奖励的奖励，该提拔的提拔，充分调动他们的工作积极性。从政治上、工作上、生活上关心计生干部，积极帮助解决实际困难。计生部门要加强自身建设，内强素质，外树形象，做到对上精于参谋，对下善于指导，对内严于管理，对外擅长协调。抓好乡镇、村和社区计生干部的教育培训工作，不断提高政治业务素质和职业道德水平，达到“想服务、会服务、服务好”的要求。

二、求真务实，探索统筹解决人口问题的有效方法和途径

首先是坚持依法行政、文明执法，稳定低生育水平。不折不扣地落实好国家、省、市 16 项奖励优惠政策及本县的惠民政策，推进依法生育进程。大力推进计划生育村民自治，引导村民自觉实行计划生育，为稳定低生育水平提供有力保障。其次是全面开展以“孕前优生健康检查”为主要内容的优质服务，大力提高出生人口素质。完善宣传倡导、健康促进、优生咨询、高危人群指导、孕前筛查和营养均衡工作制度，加大人力、财力投入，确保怀孕妇女享受到优生健康服务。广泛宣传普及优生优育、预防出生缺陷科学知识，积极开展免费婚前检查，将预防关口前移，落实好免费补助叶酸工作，有效降低出生缺陷发生风险。大力开展生殖健康检查活动，让疾病远离育龄妇女，让健康伴随每个家庭。深入开展人口早期教育和青少年性教育，把性教育普及到学校，深入到课堂，让广大青少年特别是青少年学生认识早婚早育、非婚性行为、非婚生育的危害。三是积极推进出生人口性别比治理工作，着力优化人口结构。广泛开展“婚育新风进万家”活动和“关爱女孩”行动，倡导性别平等，让健康、文明的婚育观念走进千家万户。制定并落实有利于女孩健康成长和优先优惠女孩家庭的政策。重点在扶贫帮困、社会保障等方面制定政策，最大限度地给予农村独女户和双女户优先优惠，使女孩家庭在政治上有地位、经济上得实惠、生活上有保障。四是完善统筹协调机制，加强流动人口服务管理。按照“公正对待、正确引导、完善管理、搞好服务”的基本思路，建立健全流动人口管理运行机制和工作模式，落实流动人口的“属地化管理、市民化服务”要求。不断扩大流动人口服务管理的协作区域，探索省际、区域间“信息互通、服务互补、管理互动、责任共担”的新机制。

三、持之以恒，抓好全员人口信息化建设工作

全员人口信息化是实现人口管理与服务区域化协作的重要平台，对提升人口计生工作服务水平有着重要作用。各级各部门要把全员人口信息化建设工作摆在重要议事日程，采取超常规工作措施，集中人力、物力、财力，按照省、市要求全面完成全员人口信息化建设工作任务。一是严格实行信息反馈和互通制度。县公安、卫生、学校、社会保障、民政等部门相互协作，拓宽人口信息的采集、比对渠道，实现人口信息资源共建共享，提升以实有人口为核心的全员人口信息覆盖率和准确率。二是大力提升业务技能。通过组织县计生局骨干对乡镇基层骨干人员开展技术培训，带动全县计生人员强化学习，进一步提高全员人口信息管理队伍业务技能和工作水平，管理人员熟练使用人口信息系统，确保及时、准确、全面地把工作任务落实。三是加强监督核查。确保信息库信息与实际相一致，县计生局采取系统抽查和实地检查结合的方式不定期开展核查，进一步完善重点乡村跟踪管理和网络实时监测机制，对缺项、错项、漏项进行核实更正和纠错补录，对个案中的错误信息及时更正，确保录入的数据信息准确完整，不断提高全员人口数据库数据质量。四是加快形成长效管理机制。成立县全员人口信息化建设工作领导小组，定期对各乡镇数据质量进行抽检，通过抽查和问责制，提升各级工作人员的责任意识、服务意识和服务质量。

加快“四化三区”建设　推进转型跨越发展

应县县长　**边润文**

2013年是全面贯彻落实党的“十八大”精神的开局之年，是实施“十二五”规划承前启后的关键之年，也是应县全面推进“四化三区”建设的重要一年。全县上下要以科学发展观为指导，以“四化三区”建设为统领，深入实施园区承载、项目带动战略，全力推进经济转型、产业崛起，率先走出农业县转型跨越发展新路，为加快实现全面建成小康应县目标努力奋斗。

2013年全县经济社会发展的主要预期目标是：生产总值62亿元，比2011年增长17.6%；规模以上工业增加值19亿元，增长17.3%；固定资产投资45亿元，增长25.3%；社会消费品零售总额25亿元，增长14.8%；财政总收入3.37亿元，增长13%；一般预算收入1.55亿元，增5.1%；城镇居民人均可支配收入19000元，增长15.7%；农民人均纯收入7740元，增长18.2%。

一、以园区和项目为支撑，强力推进转型跨越发展

突出新型产业科技创新园区建设，加速推进新型工业化进程，构筑经济发展的主阵地。(1)着力推进新型产业科技创新园区建设。一是坚持规划建园，集中打造核心区。切实做到布局集中、产业聚集、特色鲜明，增强投资吸引力。二是坚持项目立园，促进产业向园区集中。调动全县党政机关、企事业单位及社会各界人士招商引资的积极性，形成全民招商、全员招商的浓厚氛围。三是坚持配套强园，致力要素向园区聚集。建立多元投融资体制机制，积极争取园区建设资金的更大倾斜；鼓励社会资金以入股、独资等方式参与园区生活和服务区的开发建设，加快园区基础设施建设。积极争取项目用地指标，加大用地储备，严格按投资强度和投入产出控制用地数量。四是坚持服务活园，实现管理向服务转变。加强园区管委会建设，建立园区封闭管理模式，并开展包项目领导上门服务活动。五是坚持科技兴园，不断提升园区创新力。积极开展产学研联合活动，推动科技项目与入园企业对接，科研院所与园区企业结对。吸引高层次人才加盟园区，努力把园区建成新技术的孵化基地，新成果的试验基地。(2)着力推进五大工业板块建设。一是新能源产业。重点推进6个光伏并网电站和3个风电项目建设，打造百万千瓦级风光储输产业基地。加快晶都太阳能市场营销体系和产业链建设，努力打造北方最大的光伏产业基地。二是农副产品加工。支持雅士利扩大产能，延伸产业链条，打造全省乳业龙头；顺应产业发展趋势，加快梨花春集团黄芪养生保健酒项目建设；加大政府补贴力度，拓展甜菜种植面积，促进中粮糖业达产达效；帮助解决玉雄淀粉、田仁乳业等企业流动资金短缺问题，促进企业投入正常生产。特别是抓住华联集团在应县扩大投资的机遇，大力发展蔬菜、肉制品深加工和分级包装，努力把应县打造成全省乃至全国一流的农畜产品加工集散基地。三是新型建材化工。加快推进科通化工、广聚砼减水剂、锦华草酸等企业达产达效，加快建设新型复合材料、水泥粉磨站、石材加工等项目。四是高档陶瓷。健全以行业协会和陶研所为纽带的行业规范和技术推广运行机制，打造中国工艺化日用陶瓷生产基地。五是装备制造。以万发公司为龙头，整合县内炉具企业，着力打造适应城镇集中供热的大锅炉生产基地。推进赛特电梯和北方汽车产业园项目建设，高起点发展装备制造产业。(3)着力推进新型工业项目建设。一是续建项目抓投产。新型复合材料、赛特电梯、黄芪保健酒、水泥粉磨站和4个新型高档陶瓷等8个项目，上半年要建成投产。福润生物质能发电项目4月底建成投产。北方汽车产业园项目年内力争投产。单晶硅二期项目年内建成投产。白马石风电项目4月底开始安装设备。二是新建项目抓开工。生物胶囊二期生产线、年产100万平方米轻质隔墙板、年产6000吨穿线管、生物有机肥等4个项目，4月初开工建设，年内力争建成投产。30兆瓦光伏并网电站、石材加工、天然气加气母站、玉晖陶瓷等4个项目，上半年完成前期筹备，下半年开工建设。三是筹建项目抓落地。对5个光伏并网电站项目和3个风能发电项目，以及资源综合利用发电供热项目，积极推进前期筹备，争取早日落地。

突出农民增收，加速推进农业板块化开发，夯实经济发展的硬基础。一要加快两大现代农业示范园区建设。南河种现代农业示范园区，重点是以朔州生态经济线为主轴，培育万亩高效观光农业、万亩日光温室及移动大棚设施农业区、1333公顷(2万亩)绿色有机蔬菜、533公顷(8000亩)生态循环农业、133公顷(2000亩)物流加工五大产业区，建设上百个百亩以上现代农业园区，形成"十八公里不断线，特色园区连成片"的发展格局。积极促成华联集团"两大基地、两大市场"项目落地，高标准推进世纪清、天喜等一批示范项目建设。应县万亩现代养殖示范园区，重点推进基础设施和棚圈建设，上半年完成防疫大楼建设，具备养殖条件的棚圈开始育肥肉羊。积极争取世界乳业巨头新西兰恒天然集团现代奶牛养殖项目上半年落地，积极推进澳大利亚肉牛养殖基地项目尽快落地。二要加快农业基础设施建设。水利建设方面，完成马岚峪和小石口河道治理、北楼口水库除险加固、农田灌溉渠系配套、京津风沙源治理、山洪灾害非工程措施预警系统建设以及7个乡镇安全饮水等水利工程；争取抗旱应急水源地建设、旱涝保收农田、山老区"一村一井"、国家小农水重点县等项目，新发展节水面积4533公顷，改善灌溉面积2867公顷。农田基本建设方面，完成万亩盐碱地改造、万亩高标准农田建设、6667公顷(10万亩)地膜覆盖、2667公顷(4万亩)玉米丰产方等项目，推进万亩黄芪基地建设。农机方面，落实农机购置补贴500万元，完成2000公顷保护性耕作示范项目。三要加快农业产业化进程。抓住全省实施农业七大产业振兴翻番工程的战略机遇，加大对农产品加工企业，特别是列入省"513"工程龙头企业的扶持，做大乳品、制糖、黄芪养生酒等特色食品产业，培育大型农业企业集团，引领玉米、杂粮、畜牧、设施农业、中药材、酿造、干果等产业快速发展。四要加快推进农业科技进步。依托无公害蔬菜产业技术集成与示范项目，引进新技术和新品种，不断提升和壮大蔬菜产业；探索肉羊、肉牛喂养葵花籽、黄芪的特色养殖模式，提升肉羊、肉牛品质，打造应县"葵花羊""黄芪牛"品牌，进军畜产品高端市场。五要加快农民增收步伐。加大惠农补贴。加强农民实用技能培训，组织好农村剩余劳力外出务工。继续开展干部下乡驻村、领导干部包村增收和机关定点扶贫工作。大力发展农民专业合作组织、家庭养殖、农副产品加工和农村服务业。

突出木塔申遗，加速推进文化旅游和商贸物流业快速崛起，拓展经济发展的新优势。一是不遗余力推进木塔申遗。推进申遗硬件建设。在加快推进木塔本体修缮保护和辽城、明清城、佛宫寺、净土寺遗址考古挖掘工作的基础上，同步做好遗址公园和水景公园建设。加快申遗软件建设。尽快组织专门的研究机构，对木塔的历史背景、文化价值和应县城的历史脉络进行系统整理，力争年内拿出有史实、有价值的成果。二是不遗余力打造两大产业园区。文化旅游产业园区重点推进四大项目。动漫文化博览园项目，首期在塔北文化宫建设数字博物馆，利用高科技手段"复活"历史，提升旅游产业品位；释迦文化产业园项目，重点推进释迦文化研究院、释迦文化广场、释迦牟尼雕塑馆等项目建设，力争上半年落地；工艺美术城项目，立足于搭建平台，增强吸引力，建成集产品加工体验、观光购物为一体的旅游精品点，年内开工；乙斑古建仿古木制文化工艺产品项目，重点开发独具特色的高档明清仿古家具和大型释迦塔实木雕塑，加快旅游产业化进程。商贸物流园区抓好四个项目。华联物流中心项目9月底完成农产品流通市场建设。金亿建材市场项目8月底全面建成，年内完成招商并投入运营。天津港散货物流项目年内完成商务中心和180万吨洗煤厂建设，力争年内投入运营。汽车商贸城年内完成主体工程。三是不遗余力推进文化与旅游业融合发展。深度挖掘释迦塔建造背景，深入研究应县历史人物，拍摄应县木塔传奇、杨家将和萧太后传说三部百集动画片，创作以辽金200年历史为题材的电视连续剧，办好大型文化旅游节庆活动，提升应县的知名度和影响力；推进石柱山、跑马梁、龙首山等景区保护性开发，打造旅游精品线路；依托应县现代农业优势，大力发展乡村观光游；培育旅游文化工作队、陶瓷乐队、耍孩儿艺术团等文艺团体，打造高水平的旅游文化主题表演，实现文化与旅游深度融合发展。

二、以县城综合改造为主攻，强力推进城乡统筹发展

推进中心城市建设。一要全面加快城市基础设施建设。推进道路改造工程，同步推进道路绿化、亮化工程，给排水、供热、供气、供电等设施全部入地。推进功能提升工程。完成新建供热公司和管网改造工程，铺开汽车站、辽代街、新世纪三个广场升级改造工程，启动县医院旧址城市综合体、匠艺街、金城镇农贸市场等改造工程。二要全面铺开城南新区建设。启动文化活动中心、武装部、检察院等8个单位的迁建工程，铺开幸福新城南北区、巴黎大街、绿园商住等商品房开发工程，新增建筑面积150万平方米。

推进小城镇、新农村建设。积极整合项目资金，推进以南河种为主的五大集镇、新农村集中连片示范区和中曹山、席家堡等12个重点村建设。进一步推进农村特困家庭危房改造、特困群众异地搬迁、行政村街道亮化、村级幼儿园改扩建和乡村清洁工程。同步启动新一轮农村电网改造，全面提升新农村建设水平。

推进交通路网建设。抓好全市生态旅游观光线应县段建设工程，铺开应繁公路建设工程，争取石柱山旅游公路和战备公路年内开工建设，推进应繁高速路前期筹备，争取5条县乡公路列入全省县级公路建设计划，推进农村路网建设。

三、以建设美丽应县为目标，强力推进生态文明永续发展

一要大力推进生态水系建设。重点完成塔北水景、清宁公园、城东湖三个蓄水景观工程。启动桑干河湿地公园建设，年内完成朱庄大桥附近20千米河道整治和绿化工程。推进镇子梁库区湿地公园和龙首山、石柱山两个生态森林公园建设。二要大力推进造林绿化。县城绿化重点完成金城街、新建街等10条28千米县城骨干道路、4条20千米环城道路绿化，高标准建设大同南路、塔南路、新建西街西段和汽车站、辽代街、新世纪三个广场精品绿化带，推进塔北千亩生态公园和龙泉森林公园建设，新增城市绿地60万平方米，建成区绿化覆盖率达到42%；乡村绿化重点完成54千米通道绿化工程，完成1667公顷农田林网工程、1000公顷风沙源治理和退耕还林补植工程、1333公顷荒山造林工程，推进五大产业园区绿化工程，实施南泉、下马峪、大临河3个乡万亩干果经济林工程，新增造林面积2000公顷，全县农村林木覆盖率达到28%。三要大力推进节能减排。组建专门能源管理队伍，建立能源指标控制体系和企业用能台账，实行以产值换能耗，改造淘汰不达标企业和项目。继续抓好主要污染物总量减排工作，重点推进8家陶瓷企业煤改气工程和11家砖窑污染防治设施升级改造工程，完成森泰皮革公司生产废水回用工程，推进县城污水处理厂提标改造、中水回用工程。

转型跨越　争先上位
加快实现“再造两个开发区”的奋斗目标

忻州经济开发区管委会主任　刘婷芳

2012年，忻州经济开发区管委会坚持以科学发展观为指导，认真贯彻落实忻州市“3581”发展战略，努力在招商引资上取得更大突破，在大项建设上强力扎实推进，在基础设施建设上取得显著成效，在推进扩区上取得实质性进展，促进转型跨越，努力争先进位，向争创全省先进开发区的目标迈进，各项工作均取得显著成效。

一、各项经济指标较快增长

2012年，忻州开发区科工贸总收入56亿元，比2011年增长34.2%；区内生产总值16.8亿元，增长34.2%；工业总产值38.14亿元，增长42.6%；实现税收3.22亿元，增长40.9%；财政总收入1.91亿元，增长15.3%；一般预算收入6065万元，增长32.9%。可用财力1.79亿元，增长44.4%。

二、重大项目建设扎实推进

忻州经济开发区管委会成立了由班子成员牵头的专门的项目工作组，分别对山西美新通用机械有限公司新建通用煤机建设项目、忻州城市广场项目、忻州香江国际大酒店项目、忻州长城钨钼有限公司异地扩建年产500吨钨钼制品项目等四个重点项目进行跟踪服务、推进，进一步强化责任，集中精力，狠抓各个重点项目的落地、开工和工程建设。

三、招商引资工作成效显著

积极参加第七届中部投资贸易博览会，签约总投资47亿元的厦门泛华忻州城市广场项目，是近年来签约引进的最大的投资项目。2012年共审核各类申请入区项目14个，其中，核准类项目3个、备案类项目11个，食品加工类3个、生物制药类1个、其他项目10个。批准项目投资总额11.95亿元。在引进商贸服务、装备制造、新材料等龙头产业的同时，大力引进现代物流、绿色食品加工、科技研发等新兴产业，为开发区实现转型跨越发展奠定了良好基础。不断充实招商项目库，共搜集整理10余个储备项目，有6个项目列入2013年拟签约的储备项目。

四、申报扩区基础性工作顺利完成

对开发区综改试验、申报扩区事宜进行前期调研和可行性论证，向市政府提交了关于扩区的请示。对扩区的前期工作进行认真筹备，就扩区的资金筹措问题进行积极探索，提出两种资金筹措方式。一是引进工业地产开发商一次性开发。二是融资自主开发。

五、大力加强基础设施和各项配套工程建设

2012年，开发区管委会本着全方位服务企业的理念，在最短时间内为入区单位提供水、电、交通的便利条件，大力加强基础设施和配套工程建设，为项目建设提供坚强、有力的保障。同时，大力配合市“7451”重点工程，积极为工程建设提供便利，排除障碍，为全市重点工程建设做出积极贡献。积极配合工程项目部落实解决场地租赁、施工便道问题，并协调完成接电、接水等前期工作，为工程的顺利施工创造了条件。

六、安全生产保持了平安、稳定局面

进一步落实政府监管责任和企业主体责任，连续开展安全生产四大行动，取得安全生产平安稳定和持续向好的良好局面。在巩固打非制违专项行动、专项治理的基础上，先后打响了卓有成效的安全生产“春雷行动”“长青行动”和“百日安全生产活动”三大战役。深入排查治理安全隐患，全年无生产事故发生，保持了平安、稳定的发展局面。

七、和谐园区建设取得丰硕成果

为在册环卫工人启动“职工养老保险基金”“医疗保险”“失业保险”“工伤保险”等相关保险的缴纳工作，对未纳入参保体系到龄退休的环卫职工发放一次性补偿金，依法保障了职工的合法权益。为保障入区项目能够顺利开工建设，对重点项目所涉及村的被征地对象进行集中政策讲解，顺利开展对二十里铺职院路违章占地户的拆除工作。针对“三农”问题特别是失地农民的问题，采取多种措施，想尽一切办法，促进和谐发展。在做好失地农民登记、落实、公示、审核等工作的同时，积极做好养老保险工作的推进与落实，及时为阳村、二十里铺村失地农民600余人发放了养老金。为阳村55周岁以上76位失地农民办理养老保险，解决了失地农民的后顾之忧。

弘扬原平精神 彰显原平速度
为实现“挺进全国百强”宏伟目标而努力奋斗

原平市市委书记 **薛根生**

2012年，原平市委、市政府认真贯彻山西省、忻州市一系列重大决策部署，紧紧围绕“扭住跨越发展，挺进全国白强”奋斗目标，牢牢抓住转型综改和扩权强县历史机遇，以争创一流的决心和敢行敢试的勇气，团结带领全市人民，齐心谋转型，戮力促跨越，扎实惠民生，“四大战役”捷报频传，“八大工程”(园区创建、天牙景区、治理滹沱、范亭广场、城南水系、城市畅通、化二改造、范中振兴)凯歌高奏，各项经济指标逆势上扬，经济总量持续扩张，综合实力大幅攀升，步入了跨越发展的高速轨道。

2013年是贯彻落实党的“十八大”精神的开局之年，是全面建成小康社会八年“倒计时”的开启之年，是承前启后实施“十二五”规划的关键之年，也是原平加快挺进全国百强大建设、大发展的重要一年，做好2013年的工作意义十分重大。

一、2013年工作的指导思想

深入学习和全面贯彻落实党的“十八大”精神，按照山西省、忻州市经济工作会议的要求和部署，紧紧围绕“扭住跨越发展、挺进全国百强，建设新型工业基地、商贸物流中心、和谐宜居家园”奋斗目标，坚持“短期快速、适者先行”发展战略不动摇，抢抓转型综改和扩权强县“双试点”机遇不懈怠，继续打好“四大战役”，巩固提升“四大工程”，弘扬“原平精神”，彰显“原平速度”，不断开创原平市更好更快发展新局面。

二、2013年工作的主要任务

(一)办好两件大事，夯实发展基础。一是坚持以大园区带动大发展，全力加快建设步伐。强化功能提升，继续完善原平循环经济示范区园区路网、道路两侧绿化、防洪景观渠、天然气、变电站等方面的建设，大力推进铁路专用线、污水处理厂、管委会业务大楼的建设，强化综合管理和配套服务，提高产业承载能力，努力把园区打造成为功能齐备、环境优美的省级示范区。力促项目提速，坚持意向项目早签约、签约项目早开工、入园项目早投产，对入园项目进行“一对一”全程跟踪服务，确保神达洗选、太行钢构、金盾钢构等15个项目投产达效，确保新石煤化工等其余5个项目加快进度。推动大项引进，加强与大企业、大集团的战略合作，采取优先保证建设用地、优先配套基础设施、优先配置生产要素等措施，力争引进1～2个百亿元以上的大项目。二是积极创建国家卫生城市。加强宣传动员，在全市范围形成声势浩大、不可阻挡的创卫氛围。综合整治，突破难点，深入开展以违章建筑、道路交通、环境卫生、立面广告等为主要内容的城乡环境综合整治，强化对城中村、城郊接合部和交通沿线等重点区域的环卫保洁和厕所改造。加大城市服务设施的投入和建设力度，完善城市基本公共服务体系，进一步抓好绿化、美化、净化、亮化工程。建章立制，长效管理，健全完善城市卫生长效管理机制，推行网格化管理，层层落实责任，推动城市管理步入制度化、规范化轨道。

(二)聚焦“四大重点”，激活发展全局。一要大力招商引资。进一步解放思想、更新观念，充分发挥“双试点”的优势，以更加优惠的政策、更加宽松的环境、更加优质的服务，敞开胸襟迎五湖英才，打开市门纳四海客商。坚定不移地以有限的资源换项目、引人才、招技术、变资本。瞄准珠三角、长三角、环渤海等重点区域，紧盯国内外有实力的大公司、大企业、大集团，开展专业化、高频率的产业招商、特色招商、园区招商、定点招商。注重招商选资，引进企业及项目要坚持“三个符合”，即符合全市规划、符合转型要求、符合发展实际，促进招商引资由数量扩张型向质量提升型转变。加快实施中电投三期、同华电厂二期、新石煤化工、神达洗选、太行钢构、冠宇铁粉、化二搬迁、煤层气液化等八大工业标杆项目，切实把铝、煤、铁、电、机械装备制造等传统优势产业做大做强，提高原平优势资源和优势产业的核心竞争力。二要设法经营城市。转变思维定式，充分认识到一切可经营的城市元素都是资本，都是项目建设的资金来源。适度负债，争取更好更快发展。科学经营城市，实行投资多元化、建设市场化，吸引和撬动外资和社会资金投入项目建设。完善工作机制，将经营理念贯穿于城市规划、建设、管理的各个环节，强化土地储备和一级开发管理，推动形成“储地—融资—建设”和“储地—整治—出让”两个层次的良性循环。运用市场化手段整合、配置、盘活城市各类有形和无形资产，特别是在市政公共设施、城市广告权、路桥广场冠名权等经营方面迈出步伐，最大限度地发挥城市资源的价值。三要促推民企膨胀。深入实施中小企业成长工程，培育一批行业“小巨人”。加强企业家队伍和企业文化建设，培养造就一支具有战略眼光、现代理念的企业家队伍。重点推进德金农副产品加工贸易园区、日昇家居建材市场、豪德汇通文化商贸物流中心、中远新能源汽车产业园四大商贸物流项目，进一步培育壮大泰宝密封、盛源化工、盛大实业、天兰锅炉、宝丰机械等高成长性工业企业。四要继续改进作风。改进作风，突出“快、实、干、学”四字要求。即“出手快”，坚持“短期快速、适者先行”，立足于早，立足于快，果断出击，以快制胜；“作风实”，多办好事实事，以过硬作风树形象，以务实风范赢民心；“埋头干”，敢干会干，苦干实干；“认真学”，通过学习，不断提高科学民主决策、驾驭市场经济、应对复杂局面的能力，努力使自己成为懂业务、善实践的行家里手、内行领导。

（三）提升六大工程，增进民生福祉。一是“两景”完善工程。天牙山风景区要继续完成好石鼓神祠、景区大门、门前广场等重要板块建设，滹沱河水利风景区要积极申报列入国家级水利风景区项目。大力发展旅游经济，规划建设两景连接线道路，加快发展商业一条街、观光采摘园、农家乐等旅游服务业。加快完成平安东街拓宽改造，使“两景”连成一体，并与市区有机融合。充分挖掘原平旅游潜力，主动融入五台山大旅游格局，以“两景”为龙头，整合大营温泉、梨花节等其他旅游资源，精心打造“原平一日游”旅游品牌。二是文化繁荣工程。重点加快范亭广场建设，进一步繁荣文体事业，弘扬范亭精神。创建凤秧歌舞、“三里四乡”（三班故里、慧远故里、晋贤故里、将军之乡、书画之乡、诗歌之乡、民间艺术之乡）等文化品牌，增强原平文化的影响力。积极推进“印象梨乡”文化创意产业园建设，精心打造忠孝文化节等文化旅游活动。三是“三水环城“工程。继续大力推进城南牛卧河生态公园建设工程，确保全面完工，打造成一个绿色带状休闲公园。开展城北沙河全线治理工程，整个城南城北将实现河岸景观化、整体园林化、周边宜居化，重现绿色、生态的自然景观，连同城东已经基本完成治理的滹沱河，形成“三水环城”的城市水系，打造山环水抱的居住旺地，为城乡居民创造良好生活环境。四是新区开发工程。在全力抓好天牙山风景区和滹沱河水利风景区工程完善和配套管理的同时，尽快完成滨河新区控制性详细规划编制，努力构筑城水共生、人水和谐的现代城市新区。鼓励社会资金、民间资金、外来资金参与新区开发，积极引进国内知名、实力雄厚的地产开发公司，建设高品位的景观环境、高档次的基础设施。同时，加快开发建设崞阳、轩岗、大牛店等重点镇，形成连接城乡、产业繁荣的新型城镇形态。积极推动太平街、三街、班村等“城中村”改造，切实做到政府主导规划设计、主导征地拆迁、主导土地一级开发，做到改造一处，建成一处新的经济带和景观带。五是农业提质工程。坚持以发展现代农业为方向，走规模经营之路，重点支持北岗示范园区、王家庄农业示范园、双惠现代农业科技示范园等三大设施农业园区的建设，以园区争创名牌产品，带动农民致富。对现有品种进行彻底的改良换优，再造产业优势，保障后续发展，坚决维护“中国酥梨基地”这一闪亮名片。坚持和完善农村基本经营制度，通过依法流转土地、发展农民专业合作股份合作等，培育新型经营主体，发展多种形式的规模经营，构建集约化、专业化、组织化、社会化相结合的新型农业经营体系。六是民安民和工程。围绕学有所教、劳有所得、病有所医、老有所养、住有所居“五有”目标，系统化解决民生问题。坚持“创业富民、就业惠民、社保安民”的方针，以增加居民收入改善民生，以解决突出问题普惠民生，以发展社会事业服务民生，以完善社会管理保障民生。抓好社会治安综合治理，强化安全生产监管，健全社会突发事件应急处置体系，全面建设平安原平、法治原平、和谐原平。

挺进全国百强　建成小康社会

原平市市长　**温建军**

2012年，原平市紧紧围绕“扭住跨越发展，挺进全国百强，建设新型工业基地、商贸物流中心、和谐宜居家园”的奋斗目标，以打好“四大战役”、实施“四大工程”为着力点，抢抓“双试点”机遇，先行先试，率先突破，开创了经济转型、社会进步、人民生活不断改善的良好局面。

2013年是全面贯彻落实“十八大”精神的开局之年，是实施“十二五”规划承前启后的关键之年，是为挺进全国百强、全面建成小康社会奠定坚实基础的重要一年，做好2013年的工作尤为重要。

一、2013年政府工作的指导思想

深入学习和全面贯彻落实“十八大”精神，紧紧围绕“扭住跨越发展，挺进全国百强，建设新型工业基地、商贸物流中心、和谐宜居家园”奋斗目标，坚持“短期快速、适者先行”发展战略不动摇，抢抓转型综改和扩权强县“双试点”机遇不懈怠，继续打好“四大战役”，巩固提升“四大工程”，弘扬“原平精神”，彰显“原平速度”，不断开创原平市更好更快发展新局面。

二、2013年经济社会发展的主要预期目标

全市生产总值增长12%，达到120亿元左右；财政总收入增长11.5%，达到23.2亿元，其中，一般预算收入增长13%，达到9.9亿元；固定资产投资增长25%，达到134.4亿元；社会消费品零售总额增长15%，达到46亿元；城镇居民人均可支配收入增长14%，达到22680元；农民人均纯收入增长15%，达到7440元。城镇新增就业岗位3701个，城镇登记失业率控制在4.2%以内。居民消费价格总水平涨幅控制在3.5%左右。

三、2013年政府工作重点

（一）抓住项目推进年契机，提升全市整体实力。一是以园区为载体，抓好龙头标杆项目。坚持科技创新驱动，集中力量抓好“四园区、两基地、一集群”建设，全面提升原平经济整体核心竞争力，力争至“十二五”末全市生产总值突破300亿元，财政总收入突破50亿元。循环经济示范区按照“以煤为基、多元发展”的思路，尽快形成“一区六园”的整体布局。现代农业园区以北岗、王家庄、双惠示范园区为龙头，推进传统农业向精品农业、高效农业、生态农业发展。商贸物流园区要加快德金农副产品加工贸易园区建设进度，启动实施豪德汇通文化商贸物流园区项目。文化旅游产业园区依托天牙山风景区和滹沱河水利风景区，挖掘区域文化资源，开发特色文化产品。生态铝工业基地要加快三期项目前期工作进度，力争年内取得“路条”并开工建设。铁矿产品综合利用基地要积极推进河北冠宇集团乾原金属粉末加工项目，上马钒钛合金、钒氮合金、冷轧球团生产线。煤电产业集群要加快推进同华电厂二期工程，积极实施华能、华润、国电三大风电项目以及贾庄井田开发项目。二是以产业为基础，推动区域发展。以循环经济示范区、铝业基地为龙头，依托五项优势，发展五大产业：即煤电一体化产业，钢铁综合利用产业，现代物流、煤炭交易、电子商务等生产性服务业，文化、旅游、商贸、饮食等生活性服务业和农副产品加工产业。通过资源整合、优势互补、链式推进、集群发展，培育特色产业，壮大区域经济。三是以制度为保障，助推项目落地生根、开花结果。建立健全项目储备、签约、落地、开工、建设、投产、服务和考核“八位一体”的工作机制，实行投资项目24小时直通车制度，不断完善项目推进机制。突出抓好101个省、忻州市重点工程，圆满完成“项目推进年”各项工作任务。

（二）培育新的经济增长点，提升经济增长的质量和效益。一是大力培植税源。巩固发展煤炭资源整合、煤矿兼并重组成果，在确保安全的基础上，加快办理基本建设矿井手续，加快复工复产步伐，全年原煤产量达到1000万吨以上；加强同铁路、公路部门的联系，提升煤炭发运能力。进一步提高中电投山西铝业、轩岗煤电、同华电厂等骨干企业的税收贡献额。加快铁矿企业尽快开工，全年铁精粉产量达到100万吨以上。建立工业经济运行监测系统，做好煤、电、运等综合协调。在培植税源的基础上，夯实税源管理基础，堵塞税费流失漏洞，加大防欠清欠力度，严打偷税漏税行为，确保今年的财政税收任务圆满完成。二是着力发展民营经济。进一步完善和落实各项优惠政策，优化民营经济发展环境，尽快培养一批标杆民营企业和优秀民营企业家，引导和支持企业自主建立科技研发中心，加大对民营企业产品开发、品牌创建、市场开拓的支持力度。鼓励资源型企业至少新上1个新型产业项目或非资源型产品项目，引导和激励民营经济转型发展。支持民间资本进入基础设施、公共事业等领域，鼓励社会资本多种方式参与建设和经营。三是努力搞好企业服务。增强服务意识，减轻企业负担，营造良好的经营环境。认真落实领导帮扶重点企业制度，帮助企业解决资金、技术、人才、用地、用电、用水、用气等方面的问题，积极支持企业做大做强。

（三）把握“三农”工作重点，提升强农惠农富农实效。一是落实好各项惠民政策。继续增加农业补贴资金规模，发展多种形式的适度规模经营。组织实施省、忻州市扶持畜牧业发展资金项目，促进畜牧产业持续健康发展。加大新型农民培训力度，大力培育农村致富带头人和经纪人队伍。二是构建新型农业经营体系。在完善提升北岗设施农业和王家庄温室示范园区的同时，新建双惠现代农业科技示范区，打造现代农业新亮点。推进农业科技创新，新建、改扩建乡镇农技推广站18个；引进优良品种，实施“酥梨换优”工程；实施中药材产业崛起工程，扩大种植面积，提升产品品质；发展壮大蔬菜基地、养殖基地，形成优势突出和特色鲜明的产业带。健全市乡村三级土地流转服务组织，抓好农村“三资”管理，加强农民专业合作示范社建设。加大“三品”认证力度，加强农畜产品质量安全监管，强化动物疫病防控。做大做强龙头企业，构建集约化、专业化、组织化、社会化相结合的新型农业经营体系。三是夯实农业增产基础。进一步加大农田水利建设力度，继续抓好粮食高产创建。积极争取油篓山拦河闸工程立项审批。加快推进滹沱河景观带下游至界河铺段治理工程。实施红色小流域建设和退耕还林水利项目。全面完成5座水库的除险加固任务。做好防汛抗旱工作。加大土地开发复垦力度。四是加快新农村建设。认真落实省政府确定的农村困难家庭危房改造、特困群众易地搬迁、行政村街道亮化、村级幼儿园改扩建和乡村清洁工程“五件实事”，加快农村基础设施建设，不断改善农民生产生活条件。搞好资源整合和开发利用，新发展“一村一品”专业村30个，推进新农村建设重点村和连片示范区建设，进一步增强辐射带动能力。

（四）加快市域城镇化步伐，提升生态文明建设水平。一是推动城市扩容提质。修编《城市总体规划》。大力实施“东拓南改”城市发展战略，以路网建设为重心，拉大城市框架，增强承载功能和集聚辐射能力。加快经营城市步伐，加强土地收购储备工作，拓宽融资渠道，破解建设资金难题。依法整顿土地和建筑市场，严格土地用途管理，从严防范和查处违法建设。二是促进城乡一体发展。抓紧布局产业项目，推动地产开发，集聚人流、物流、资金流、信息流，实现产业发展和城镇建设的融合。促进产业向园区集中、农村向城镇集中、农民向社区集中，加快农村社区化、农民市民化的转型步伐，打造以市区为核心、轩岗镇和崞阳镇为次中心、向四周辐射的城镇体系。加快新区建设和城中村改造。三是抓好生态环境改善。抓早抓实重点行业企业的节能工作，加速淘汰落后产能。扎实推进减排治污。扩大集中供热面积。加强农村环境集中连片整治，扎实推进矿山生态恢复治理。防治大气、水体及噪声污染，全面改善环境质量。全面加强水资源管理和保护。努力完成造林绿化和经济林种植任务。抓好城南牛卧河生态公园建设和城北沙河治理工程，力争滹沱河水利风景区列入国家级水利风景区。四是实施创卫攻坚。重点抓好城市基础设施建设、市容整治、环境保护、卫生管理以及市民健康教育，集中清理集贸市场、城乡接合部、城中村的卫生死角，使城市面貌明显改观。加大宣传力度，提升市民素质，营造全民创卫氛围。

（五）加大民生改善力度，提升人民群众幸福指数。一是千方百计扩大就业。统筹抓好农村转移劳动力、就业困难人员的就业问题，重点做好高校毕业生就业工作。开展职业技能培训，扶持小微企业、家庭服务业，以创业带动就业。完善劳动关系调处机制，维护劳动者合法权益，着力解决农民工工资拖欠问题。二是完善社会保障体系。全面推广社会保障“一卡通”，巩固城镇职工养老保险和基本医疗保险，扩大失业、工伤、生育保险覆盖面。提高事业单位人员补助标准，提高企业退休人员基本养老金、伤残军人护理费，城乡居民基础养老金标准提高120元，城乡低保保障标准分别提高360元、288元，困难群众大病救助变为医疗机构直接支付，扶助弱势群体。出台《原平市养老服务业实施方案》，鼓励和扶持社会力量兴办福利机构。启动基层就业和社会保障服务中心建设，逐步实现公共服务标准化、规范化。三是办好人民满意的教育。优化资源配置，实施好“百校达标”工程，推进教育均衡发展。抓好普高和职高特色办学，加大职业教育和培训力度。不断改善办学条件。加强教师队伍建设，促进教育教学质量的提高。继续实施“一颗鸡蛋”“一袋奶”工程。强化校园安全，提升安全保障水平。四是提升群众健康水平。进一步深化医药卫生改革，突出抓好公立医院改革，在乡镇卫生院、社区卫生服务站、村卫生室实现基本药物零差率的基础上，加强医疗、健康教育、预防、保健、康复等一体化服务，创建慢性病管理示范县(市)，进一步提升公共卫生服务水平。加强计划生育基层基础工作，继续稳定低生育水平。加大食品药品监管力度，坚决杜绝重大食品药品安全事故。五是实施文化惠民工程。促进多功能影剧院、图书馆、博物馆、体育馆等场馆早日向社会免费开放。全面启动“送戏下乡”和“乡村大舞台”活动，4年内覆盖全市所有行政村。抓好农村公益电影放映工程，实现“一村一月一电影”的目标。大力开展全民健身活动。加强文物保护、修复、普查，编撰完成《原平文物》《将军之乡》等文献资料。打造精品力作，争创国家级文化强市。六是改善群众生产生活条件。新建各类城镇保障性住房3138套，完成农村困难群众危房改造500户、农村住房抗震改建1200户的目标任务。完成原神高速崞阳出口连接线、轩岗公铁立交桥路面铺筑等工程，拓宽改造大运高速原平出口和崞阳出口，改善城乡交通，方便群众出行。

（六）抓好安全维稳，提升城乡居民安全感和满意度。一是切实抓好安全生产。坚持把落实政府的安全监管责任放在首位，确保企业主体责任的落实，实现安全生产监管全覆盖。加强煤矿、非煤矿山、道路交通、危险化学品等重点行业、领域和场所的安全监管，坚决杜绝各类安全事故的发生。抓好企业基础管理，强化职工安全培训。加强尾矿库监管，完成4座尾矿库关闭任务。继续保持打击非法违法采矿行为的高压态势，维护好资源开采利用秩序。严格安全生产工作考核，落实安全生产"一票否决制"。二是强化信访维稳工作。全力构筑维稳基层防线，充分发挥市、乡、村三级矛盾纠纷排查网络作用，及时消除可能引发集体访和大规模聚集的隐患，努力实现信访问题及时就地解决，力保进京赴省"零上访"。三是加强和创新社会管理。深入推进基层社会服务管理体系建设。加大科技治超力度。严厉打击违法犯罪行为，全力推进平安原平建设。强化应急管理，健全社会预警体系和应急机制。

认真实施"三五"战略
全力建设宜居宜业宜游美丽新五台

五台县县长　武新亮

2012年，五台县认真贯彻落实党的"十八大"精神，全面实施"三五"战略，以"三整治四创建"活动为抓手，深入开展"项目落地年""大干城建年""走出去年"活动，致力于打基础、利长远、办实事、求实效，扎实推进各项工作。

2013年是全面贯彻落实党的"十八大"精神的开局之年，是实施"十二五"规划承前启后的关键一年，是为全面建成小康社会奠定坚实基础的重要一年。做好2013年的政府工作，意义十分重大。

一、2013年政府工作总体思路

坚持以中国特色社会主义理论体系为指导，全面贯彻落实党的"十八大"和中央经济工作会议精神、省市委全会和经济工作会议精神，以创卫为抓手，以进位为目标，抓住转型综改旅游标杆建设重大历史机遇，不断解放思想、创优环境、推进项目、培育产业，走好旅游国际化、工业新型化、农业现代化、特色城镇化、城乡生态化五条新路子，全力建设宜居宜业宜游美丽新五台。

二、2013年经济社会发展主要预期指标

地区生产总值增长12%，固定资产投资增长25%，社会消费品零售总额增长16%，财政总收入增长21.9%，一般预算收入增长18.7%，城镇居民人均可支配收入增长13%，农民人均纯收入增长14%，城镇登记失业率控制在4.2%以内。

三、2013年政府工作重点

（一）坚持项目带动战略，全力提升经济发展水平。一是加大招商引资力度。牢固树立"大招商、招大商"的理念，紧盯大项目、大企业，加大招商密度，开展以商招商，善于亲情招商，强化产业链招商，真正形成高强度、大范围、宽领域的招商格局。编制好五台县招商引资项目画册，把五台县的招商项目信息向国内外传递。组织好各类招商活动，继续办好五台山国际文化旅游月投资贸易洽谈会。围绕五台工业园区的产业定位，开展装备制造、加工制造、有色金属、现代物流、旅游纪念品加工等产业的定向招商，吸引更多好项目、大企业落户园区。确保完成招商引资签约130亿元。二是突出抓好重点项目。加快完成由山西省社科院编制的五台县产业发展中长期规划（2013～2025年）。实施省市重点工程51个，总投资131.7亿元，年计划投资33.67亿元。其中，省重点工程19项，年计划投资7.77亿元；市重点工程32项，年计划投资25.9亿元。新上县乡产业化项目59个，总投资77.2亿元，年计划投资30.5亿元。三是强化项目推进措施。实行项目储备、签约、落地、开工、建设、投产、服务和考核"八位一体"，成立项目推进工作组，将"八位一体"任务分解到县直有关部门和乡镇。坚持推行重大项目县级领导包抓责任制、部门帮扶责任制，全力创优发展环境。依法严格控制对企业和项目的检查。积极组织银企对接，扩大中小企业担保规模，努力突破资金制约。

（二）坚持做好"三农"工作，全力提升农业发展水平。一是全面落实中央一号文件。以《中共中央、国务院关于加快发展现代农业，进一步增强农村发展活力的若干意见》为纲领，围绕"保供增收惠民生、改革创新添活力"的目标，创新农业经营体制，鼓励扶持种养大

户、家庭农场、农民专业合作社和农业产业化龙头企业等新型经营主体。在落实上级各项强农惠农政策的基础上，县财政将再划拨1000万元用于“三农”补贴，全年粮食播种面积保持在2.7万公顷以上，粮食总产量稳定在1亿千克以上。二是壮大东雷农业科技示范园区。继续推进“11551”项目达产达效，以5个企业为龙头，聘请中国农业大学编制园区规划，通过集中资金、技术、市场要素，实现增加产值和提高效益的目标，努力打造功能齐全、技术先进，集种、养、加为一体的东雷农业科技示范园区。三是扶持现代设施农业。巩固完善已建成的蔬菜大棚，提升蔬菜产业档次。对已投产的蔬菜大棚要完善水、电、路配套设施，推进蔬菜大棚向规模化、专业化迈进。加快标准化建设，每个园区都要有一个合作社、一项主导产品、一项“三品认证”、一个质量安全检测室、一个技术指导员。加快农产品市场体系建设，组建专业营销蔬菜及农产品经纪人队伍。建立直供基地，使全县蔬菜销售走上信息化、系统化、规模化的道路。四是加大扶贫开发力度。继续把连片特困地区区域发展扶贫攻坚项目作为扶贫工作的首要任务，编制好5年实施规划。完成陈家庄至小河底、环河公路正维至维坪段、耿镇至军铺岭的扶贫公路改造工程。捆绑使用农业、林业、水利、交通、住建、土地等资金，大力发展现代设施农业、干鲜果经济林、标准化规模养殖、特色小杂粮、农副产品加工等产业。实施整村推进24个村，完成移民搬迁4000人，减贫1.5万人。五是加快“一县一业”肉牛基地建设。新建标准化肉牛养殖小区5个，改扩建肉牛养殖园区3个，新发展规模养殖户50个。抓好牲畜养殖和免疫工作。完成投资1000万元标准化畜禽定点屠宰场建设。六是扎实办好农村五件实事。巩固提升农村两轮“五个全覆盖”建设成果，扎实办好农村困难家庭危房改造、特困群众易地搬迁、行政村街道亮化、村级幼儿园改扩建和乡村清洁工程5件实事。七是加强农业基础设施建设。新增有效灌溉面积66公顷，完成农田灌溉533公顷，水土流失初步治理面积3333公顷，解决5000人农村饮水安全问题，完成京津风沙源治理项目水源工程和节水工程。

（三）坚持园区开发引领，全力提升新型工业化水平。一是启动工业园区建设。完成五台县工业园区控制性规划，并通过评审。出台各项优惠政策，加大融资力度，加快推进土地收储工作，提高承载能力，加快园区道路、水、电、通讯等基础设施建设。扶持已入驻园区的企业扩大规模。二是进一步壮大五大产业。推进煤产业，促进同华、天和煤业完善各类手续，尽快投产达效。发展煤炭延伸项目，重点推进五台三友煤炭洗选有限公司180万吨原煤洗选项目和神达集团210万吨煤台项目。整合铁产业，推进以鑫大鑫为重点的铁选企业，完善各种手续，尽快复工复产。延伸铁选产业链条，促进全县铁选企业向规模化、深加工方向发展。提升铝产业，协调推进中电投山西铝业五台矿业50万吨采矿区扩建项目，确保10月投产。积极推进中电投白家庄100万吨铝土矿项目建设。延伸镁产业，规范白云石矿开采和销售秩序。全力推进云海镁业一期2000吨镁合金压铸件项目投产，争取二期3000吨镁合金压铸件扩能项目开工建设，推进3万吨原镁生产线粉碎输送和炉窑节能改造项目年内实施。发展电产业，加快华能新能源峨岭49.5兆瓦风电项目建设进度。

（四）坚持做大做强旅游产业，全力提升旅游服务水平。一是加快景区总体规划定位。突出主体功能区定位，加快《五台山风景名胜区总体规划》的修编、完善和报批工作。二是大力推进项目建设。加快推进清水河防洪和桥梁工程、气化五台山、医院、廉租房、晋察冀军区司令部纪念馆等续建项目。完成清水河水景、水面、滨河景观路、生态修复二期工程，完成污水处理厂改扩建项目、南线北线道路改造的主体工程，做好重点寺庙文物保护一期工程开工，积极推进垃圾处理场、数字化景区、步行街、二期拆迁整治等项目前期工作。三是继续开展旅游环境综合整治。将2013年确立为“五台山综合整治年”，下大力气开展综合性治理，建立旅游管理长效机制。加大对宗教场所、非宗教场所、旅游市场、工商市场执法监管力度，加强对寺庙僧尼、宾招单位、旅行社、导游从业人员的素质培训，积极开展文明服务活动，着力营造文明和谐的旅游环境。四是构建全县大旅游格局。完善国保和省保寺庙的保护和利用，加大红色旅游景区建设力度。完善驼梁景区旅游基础设施。积极参加国家、省、市组织的各种旅游宣传推介活动，拓展客源市场。

（五）坚持以创卫为抓手，全力打造宜居宜业宜游新五台。一是全力争创国家卫生县城。集中打好十大攻坚战，举全县之力实现台怀台城齐创卫、山上山下比翼飞的目标。二是重点实施“1234”城建工程。“1”是新建一个水景工程，“2”是新建两条道路，“3”是建设三类基础工程，“4”是实施四项市政工程。三是进一步加强城市管理。强化规划引领。加大城管执法力度，实施清洁工程，开展环境整治。

（六）坚持生态文明建设，全力建设美丽五台。一是抓好节能降耗。建立各行业节能标准体系，规范企业节能工作，建立健全节能奖惩制度，实行一票否决。严格节能评估审查制度，新建、改建、扩建固定资产投资项目，对未取得节能评估审查批准手续的不予核准立项建设。二是抓好减排治污。加大环境执法力度，开展整治违法排污企业保障群众健康行动，完成监察机构标准化建设和监测站的认证工作。加大环保创模工作力度，全面完成55家重点工业企业达标治理工作，确保9月底省级环保模范城创建顺利验收。三是抓好绿色生态和城乡清洁工程。完成重点造林绿化1347公顷。全面启动城乡清洁工程，开展农村污水和垃圾处理全覆盖试点，逐步建立村收集、镇转运、县处理的三级垃圾无害化处理网络。重点搞好县城及周边10个村的清洁工程。

（七）坚持发展成果共享，全力提升人民群众幸福指数。一是办好人民满意教育。完成五台中学综合大楼和操场建设、五台二中综合大楼建设、新城区龙泉学校教辅楼和食堂建设、实施农村义务教育薄弱学校食堂改造工程，改建8所幼儿园。加快寄宿制学校配套设施建设和教育信息化建设。加强学校安全管理和教师队伍建设，提高教学质量，提升办学水平。二是提升群众健康水平。建设县卫生监督所、五台山医院，改扩建5所乡镇卫生院。完善基本药物制度，推动县公立医院综合改革。全面推行新农合"一卡通"，新农合住院报销封顶线由10万元提高到15万元。继续实施基本公共卫生服务项目，做好妇幼保健、传染病防控和应急处理。提高食品安全监管水平。坚持计划生育基本国策，大力推行孕前优生健康检查全覆盖，人口自然增长率控制在6‰以内。三是促进文化事业发展。加强文化基础设施建设，启动文化馆、体育馆、图书馆、多厅数字影院"三馆一院"建设。加大非物质文化遗产保护力度，加强文化市场管理，实施"送戏下乡"工程，促进文化事业健康发展。扎实推进广电网络整合工作。四是改善城乡居民居住条件。完成1198套廉租房的续建工程，新建廉租住房151套，配建公租房26套，新建经济适用住房102套，改造农村危房300户。五是稳定和扩大就业。实施积极的就业政策，多渠道开发就业岗位，年内实现城镇新增就业3023人，城镇失业人员再就业1221人，转移农村劳动力3643人，农民培训1.2万人。六是巩固城乡社保全覆盖工程。扩大社会保险覆盖面，稳步提高各类保障标准和企业退休人员基本养老金，完善社会救助体系和被征地农民社会保障政策，推广社会保障"一卡通"。

（八）坚持加大安全投入，全力开创安全生产新局面。一是认真落实安全生产两个主体责任。坚持把政府的安全监管责任放在首位，严格履行安全生产属地管理责任，狠抓各类企业的安全机构建设、安全投入、安全评定等工作，引申安全标准化创建，提高本质安全水平。二是突出抓好重点行业、领域的安全生产。继续围绕煤矿、非煤矿山、危险化学品等重点行业和领域，深入开展专项整治活动，加强安全隐患排查治理，扎实开展打非治违活动。三是切实加强安全生产基层基础工作。推进科技兴安和安全质量标准化建设，抓好企业基础管理，强化职工安全培训，从根本上提高安全保障能力。要严厉打击非煤矿山无证经营行为，引导企业抓住非煤矿山二次整合机遇，实现安全健康发展。四是严格安全生产责任追究。建立健全安全生产长效机制。做好应急值守工作，及时发现和处置安全隐患。严格安全执法、责任倒查和从严问责。严格安全生产工作考核，落实安全生产"一票否决制"，促进全县安全生产向稳定好转坚实迈进。

实施"三大战略" 实现"五大跨越"

代县县长 **郝江陵**

2012年，代县以转型发展为主线，以项目建设为抓手，全面实施"三大战略"，奋力推进"五大突破"，在经济下行压力较大的情况下，扎实推进各项工作，全县经济社会保持了平稳较快发展的良好势头。

2013年是全面深入贯彻落实党的"十八大"精神的开局之年，是实施"十二五"规划承前启后的关键一年，是为全面建成小康社会奠定坚实基础的重要一年，也是我们站在新起点、把握新机遇、实现新跨越的重要一年。

一、2013年政府工作的指导思想

全面贯彻落实党的"十八大"精神，以科学发展观为指导，以提高经济增长质量和效益为中心，坚持主题主线，坚持稳中求进，抢抓转型综改试验区的重大战略机遇，全面实施"工业富县、文化强县、科教兴县"三大战略，奋力实现由矿产资源大县向工业强县、文化旅游资源名县向文化旅游强县、教育弱县向教育强县、农业大县向农业强县、传统农耕小县城向现代化宜居宜业大县城"五大跨越"，深入开展第二个"大干城建年""安全生产标准化建设年""项目推进年"活动，扎实推进"四城联创"，全力推动县域经济社会转型跨越发展，为加快实现全面建成小康社会目标努力奋斗。

二、2013年经济社会发展主要预期目标

地区生产总值增长12%，固定资产投资增长25%，社会消费品零售总额增长16%，进出口总额增长6%，财政总收入增长17.1%，一般预算收入增长20.3%，城镇居民人均可支配收入增长13%，农民人均纯收入增长14%，城镇新增就业岗位完成市级下达任务，城镇登记失业率控制在3.4%以内，居民消费价格总水平涨幅控制在3.5%左右。

三、2013年政府工作重点

（一）以项目建设为抓手，加大投资力度，不断增强经济发展带动力。一要突出抓好省市重点项目。2013

年实施省重点项目16个、市重点项目25个。全力做好省、市重点项目的推进和配合工作，确保新建项目按期开工、续建项目尽快投产、竣工项目如期达标。突出抓好市级观摩项目，200万吨钢铁项目尽快落实投资主体，开工建设；200万吨水泥项目、白峪里二选厂建设项目、久力尾砂制砖和加气混凝土砌块项目加快建设进度，年内竣工投产；金鸡农牧二期肉鸡孵化及饲料生产项目和景坤农产品加工及物流项目尽快落实土地，开工建设。二要突出抓好捆绑发展项目。继续扶持鼓励规模以上企业发展转型项目，争取年内所有规模以上企业实现捆绑发展目标。创新招商引资思路，进一步扩大项目总量，以优势资源换技术、换资本、换项目，认真搞好大型活动走出去招商，深入开展以商招商、以会招商、以节招商，确保完成招商引资任务。三要突出盯紧可能落地项目。通源矿业铁精矿粉新建项目要加快完善前期手续，力争近期开工建设。英利集团光伏发电项目和雨润集团肉猪养殖加工项目，已达成初步合作意向，争取尽快签订协议，投入实质性建设。四要突出抓好项目推进工作。扎实开展"项目推进年"活动。切实帮助企业解决项目建设中存在的具体问题，认真落实各种税收和收费减免政策，坚决杜绝各种不合理收费，为企业营造良好的经营环境。积极推动银企合作，争取"助保贷"等资金，多途径、多形式破解企业融资难题。继续实行督查、通报、约谈等制度，保障项目建设。

（二）以转型发展为方向，做强支柱产业，加快推进工业新型化。一是继续引申标准化建设。扎实开展第二个"安全生产标准化建设年"活动，继续鼓励引导规模以上企业进行资源整合、企业重组，建立现代化大型企业集团。积极推进企业科技创新，加大矿山企业创新投入，加强技术改造。创新工作方法，加快各种手续的办理进度。加大安全教育培训力度，提高从业人员的整体素质。全面加强非煤矿山、尾矿库、危险化学品、冶金等领域和行业的标准化建设，规范企业安全生产行为。年内所有的矿山企业完成六大系统建设，力争全县的矿山、尾矿库全部达到安全生产标准化三级以上水平，冶金等八大行业上半年全部完成县级安全生产备案。二是加速推进工业转型升级。重点抓好工业园区和铁矿、新材料、新能源三大产业建设。钢钛联产工业园区，尽快展开土地征收工作，并铺开基础设施建设。铁矿产业要重点抓好200万吨钢铁项目和通源、精诚、程林等企业的铁精矿粉新建、技改、扩建项目。新材料产业要重点抓好200万吨水泥项目、礼信橡胶二期建设项目、久力尾砂制砖和加气混凝土砌块项目；新能源产业要重点抓好200兆瓦雁门关风电、100兆瓦大唐风电和200兆瓦太阳能光伏发电项目。三是狠抓安全生产。严格落实安全生产两个主体责任，建立安全监管长效机制，做到安全生产监管全覆盖。继续引申平安矿山、企业创建活动。继续引申"打非治违"专项行动，扎实开展"零违章、零隐患、零事故"活动，突出非煤矿山、尾矿库等重点行业领域安全监管和隐患整治，坚决取缔私采滥挖和违法占地行为，控制一般事故，遏制较大事故，坚决杜绝重特大事故。

（三）以农民增收为核心，培植特色农业，加快推进农业现代化。一是加快培植特色农业。继续按照"两带四园八大产业"的发展规划，以"一村一品""一县一业"为抓手，统筹抓好农产品加工龙头企业和特色基地建设，稳步推进农业产业化发展。全年争取培育3～5家辐射带动效应较大的龙头企业，全县龙头企业销售收入达到2.75亿元以上。与企业加工能力相配套，继续推进特色种植、养殖基地建设。二是加强农业基础设施建设。有效整合涉农项目资金，集中力量建设一批农业重点工程。启动国家农田水利重点县建设项目，完成29个村1.3万人的农村安全饮水工程，实施京津风沙源治理工程，实施机械化保护性耕作和玉米机收秸秆还田项目，完成彩票公益金核桃经济林建设项目，完成15个村整村推进项目，加快滨河移民新区建设，力争完成移民搬迁任务。三是培育新型农业经营主体。引导农村土地承包经营权规范有序流转，着力培育新型经营主体和多元服务体系，大力扶持专业大户、家庭农场、农民合作社，发展多种形式的适度规模经营。认真抓好40家专业合作社建设。加强农技推广体系建设，加大农民的培训力度，促进农业实用技术推广应用。

（四）以景区开发为重点，强化宣传促销，加快推进旅游精品化。一是继续推进景区建设。雁门关景区要向国家5A级景区冲刺，主要完成景区旅游循环公路和景区生态恢复治理项目，多个景区加快完成景点修复、景区基础设施建设等工程。二是大力开发文化旅游产品。加大文化旅游产品的研发力度，以剪纸、面塑、刺绣、泥塑等手工艺品和美食为特色开发旅游产品，形成旅游文化产业的拳头产品，提升文化旅游的综合效益。三是加大文化旅游产业营销力度。创新品牌宣传模式，加大宣传力度，扩大营销覆盖面。整合旅游线路，积极拓宽旅游客源市场。

（五）以扩容提质为主线，统筹城乡发展，加快推进县域城镇化。一是加快县城建设。继续开展"大干城建年"活动，加快建设新城体育中心，加速新城供热站、市民广场等工程，全面推进商住区开发建设。二是提高城市管理水平。建立健全城市管理长效机制，加大市容市貌、环境卫生、交通秩序整治力度，加快城区市容环境卫生基础设施建设。加强市政设施后续管护。从严管理土地和建筑市场，从严防范和查处违法建设。三是推进城乡协调发展。重点实施优美乡村建设、新农村建设工程，着力抓好中心集镇、新农村示范村及公路沿线的环境整治，完善农村交通、水利、电力、通讯等基础设施建设，解决脏、乱、差等突出问题，进一步改善农村人居环境，提高居民生活便利度和舒适度。

（六）以改善民生为己任，发展社会事业，加快推进社会和谐化。一是办好"五件实事"。扎实办好省政府确定的农村困难家庭危房改造、特困群众易地搬迁、行政村街道亮化、村级幼儿园改扩建和乡村清洁工程五件惠民实事。二是大力发展教育事业。实施"科教兴县"战略，统筹推进教育均衡发展。加大教育投入，全力推进教育重点项目建设，提高整体办学水平。进一步实施"农村中小学薄弱学校改造计划"工程。加强教师队伍建设，全力打造一支高素质校长队伍，推动教育教学质量快速提高。三是提高公共卫生服务水平。深化医药卫生体制改革，巩固基本药物制度成果，促进基本公共卫生服务均等化，健全县、乡、村三级医疗卫生服务体系。继续完善新型农村合作医疗制度，把新农合的补助标准提高到 280 元，确保农民参合率稳定在 99%以上。加强卫生监督和食品药品监管。进一步改善医疗服务条件。认真抓好人口和计划生育工作，全面提升优质服务水平，人口自然增长率控制在 6.5‰以内。四是加强生态文明建设。加快重点流域、区域、行业污染治理，加强饮用水源地保护。抓好生态建设。认真抓好节能减排，推广节能新设备、新工艺、新技术，着力推进绿色发展、低碳发展、循环发展，确保完成主要污染物减排目标任务。五是完善社会保障体系。加强就业培训，积极开发公益性岗位，认真落实就业创业帮扶政策。健全城乡基本养老、基本医疗、失业、工伤和生育保险制度，扩大社会保险覆盖面，提高统筹层次和保障水平。完善社会救助体系，扩大救助范围。重视发展老龄事业，切实保障妇女和未成年人权益，关心和支持残疾人事业。大力发展社会福利事业和公益慈善事业，做好优质安置工作。六是努力满足人民群众的精神文化需求。继续抓好文化惠民工程建设。继续开展全民健身活动和“文化三下乡”活动。统筹城乡文化发展，加强乡镇综合文化站和村级农家书屋建设，逐步完善覆盖全县的农村公共文化设施网络。七是统筹抓好普法等其他社会事业。做好“六五”普法工作，深入开展矛盾纠纷排查化解工作，加大矛盾调处力度，维护社会稳定。扎实做好第三次全国经济普查工作。加大社会管理综合治理力度，加强流动人口、防震减灾、公路“三超”、民族宗教管治工作，完善社会治安防控体系建设，依法打击各类违法犯罪活动，切实提高人民群众安全感和满意度。

以解放思想为先导　以项目建设为抓手
充分发挥转型综改试点县的示范作用

宁武县县委书记　**任宁虎**

2011年，宁武被忻州市委、市政府确定为综改试点县，为今后的发展提供了新的契机。如何抓住这一重大历史机遇，利用好现有资源产业优势和积累，在全市乃至全省率先迈出转型跨越步伐，成为我们今后一段时期努力的方向。经济社会要取得新的突破，必须解放思想，更新观念，进一步强化机遇意识、开放意识、创业意识、创新意识，最终实现把宁武建设成为全省新型能源基地和特色旅游强县的奋斗目标，宁武的明天一定会更加美好。

一、在解放思想上有新突破

转型综改试验区建设有两大任务，一是在生产力层面，要优化经济结构，转变发展方式；二是在生产关系层面，要深化配套改革，创新体制机制。总的目标是率先在全市走出资源型地区科学发展的路子。实现这样的目标任务，解放思想是总闸门。省、市要求我们先行先试，机遇不抓则逝。建设转型综改试点县是认识与实践的互动过程，是发展与改革的互促过程，是探索与政策的循环过程，是上级支持推动与下级积极作为的配合过程，更是我们赢得主动、赢得优势、赢得未来的关键所在。我们将从每个党员干部开始，从具体项目开始，甩掉包袱，谋大思路，先行先试，放胆前行，加快推进产业结构和经济发展方式的转型，实现宁武经济社会的可持续发展。

二、在壮大县域经济上有新突破

从近年来宁武经济发展的情况看，整体势头不错，各项经济指标增幅均在两位数以上，进入了历史上最好最快时期。但是，作为全市乃至全省的资源大县，宁武的发展速度与自身具有的资源禀赋相比，还存在很大差距，经济总量和人均占有值还处于全省落后位置，加快发展的任务非常艰巨。我们将坚持把加快发展作为全县工作的第一要务，以大发展促进大转型、大跨越，力争早日把宁武建设成全省新型能源基地和特色旅游强县。一是挖掘和利用好资源优势。充分利用丰富的煤炭资源优势和得天独厚的旅游资源优势，下大力气把煤炭产业做强做大，把旅游产业做精做优，使地上和地下两种资源成为拉动宁武经济持续快速增长的强劲动力和有力支撑，使县域经济实力在较短时间内得到大幅提升。二是全力打好项目攻坚战。把投资作为拉动经济增长的第一动力，把项目作为扩大投资的主要抓手，千方百计上项目，不遗余力抓项目，确保项目建设在全市保持领先地位。

三、在优化产业结构上有新突破

按照煤与非煤同重并举、一产三产与二产同步发展的思路，建立更加稳固的现代产业体系，进一步增强县域经济的可持续发展能力。一是大力推进特色农业现代化。立足建设晋西北绿色农产品供应基地的发展目标，从“一村一品”“一乡一业”抓起，积极实施“特色乡镇建设工程”，每个乡镇都要发展一项特色主导产业，使其占到全乡农业总产值和农民收入的一半以上，不断夯实农业的基础地位；以基地和园区建设为龙头，不断加大农业科技投入力度，努力建设若干万亩、万头（只）、千万元为片区的特色种养殖基地和有机绿色产品加工基地，使农业产业化走上规模、质量、品牌、效益的良性循环之路。二是大力推进工业新型化。坚持以煤为基，做强做大煤炭产业。充分发挥煤矿数量占全市1/3的绝对优势和五大煤炭集团的资本、人才、技术、管理优势，全面改造提升传统优势产业，不断提高煤炭开采的机械化、集约化、信息化、智能化水平，建设全市最大的现代化煤炭生产基地；坚持多元发展，加速推进“资源转资本、地下转地上”两个转移战略，大力培植电力、新型材料、煤化工、装备制造业，改变“一煤独大”，形成五大支柱产业，实现黑色资源绿色发展。三是大力推进服务社会化。不断加大基础设施建设力度，整合精品线路，全力打造文化底蕴深厚、景点品位高端、要素功能齐全、服务水平先进的旅游品牌，积极推进宁武旅游由点线旅游向区域大旅游转变，努力把芦芽山打造成国家5A级景区，使五大景区更具竞争性、吸引力和知名度。充分利用交通优势和区位优势，围绕煤炭运销形成的巨大运力，大力发展现代物流业，“十二五”期间，力争建成2个千万吨级的煤炭运销物流园区、1个500万吨级的地销煤物流园区，1个现代商贸物流园区、1个蔬菜物流园区和1个特色农副产品物流园区。

四、在推进城镇建设上有新突破

按照“一字型”城镇体系建设构想，大力实施“一城三镇百村”战略。充分发挥县城的中心辐射带动作用，精心打造凤凰、阳方口、东寨3个龙头乡镇，重点扶持100个基础条件较好、发展潜力较大的新农村，尽快步入工业化、城镇化发展快车道。坚持新区建设与旧城改造同步推进，不断完善城市功能区划，把东区开发成政治经济文化中心和商贸物流中心，把西区建成综合服务和移民聚集区，把旧城改造为体现古关风韵的人文景观区和居民生活区，形成各具特色的城市板块。加快忻保、灵河过境高速公路与宁武的内联外接，贯通南北主轴线，畅通县城微循环，形成更加便捷通畅的交通路网体系。从增强承载功能和提升城市品位入手，加大基础设施建设力度，完善水、暖、电、气、通讯等公共服务功能，重点打造以六大广场、两山公园、恢河三期工程和五星级酒店为主的标志性建筑和特色城市景观群，彰显城市魅力。建立和完善适应城镇化快速发展的体制机制，逐步取消城镇落户限制，深化就业、社保、医疗等改革，促进人口向县城集中。

五、在创新体制机制上有新突破

进一步加大改革力度，加快体制机制创新，为转型综改试验区建设提供要素支撑和政策保障。一是完善产业发展机制。采取财政贴息、税收优惠、差别电价等措施，支持发展接续替代产业、高新技术产业和现代服务业；总结推广生态环境保护和补偿机制等试点政策，探索建立资源型产业与非资源型产业均衡发展机制，引导优势资源投向转型发展的重点领域、重点企业和重点项目。二是创新土地管理机制。用足用好城乡建设用地增减挂钩、矿业存量土地整合利用和露天采矿用地改革试点等政策，争取省国土资源厅的更大支持，有效破解用地难题；大力盘活企业土地，着力推行工业进园、住宅进区、产业集聚的集约用地模式，提高土地利用效率。三是创新融资机制。引进激活，积极吸引外资和股份制商业银行，形成良性健康发展的竞争局面；争取规模，积极向省各大银行推介企业和项目，在全省信贷总盘子中争取更多的规模；创新平台，通过建立风险补偿机制、多元化扩充资金总量、降低担保门槛和费用等方式，增强县中小企业信用担保公司的实力和市场竞争能力；直接融资，支持企业上市融资和再融资，力争在资本市场融资上取得新突破。同时，鼓励民间资本直接投资实体经济，保护合法的民间借贷行为。四是创新科技、人才机制。加大科技投入，加快科技创新平台建设，在转型发展重点领域实施一批科技重大专项，力争在矿井建设、现代煤化工、高寒作物高产丰产等方面有新突破。深入实施人才强县战略，统筹推进各类人才队伍建设，通过事业留人、感情留人、待遇留人等方式，为转型跨越发展提供智力支持和人才保证。

当好全市转型跨越发展排头兵
建成全省新型能源基地和特色旅游强县

宁武县县长　边东圣

2012年，宁武县紧扣主题主线，坚持稳中求进、好中求快，深入开展"项目落地年""大干城建年""走出去年"活动，努力克服经济下行压力，扎实推进各项工作。

2013年是全面贯彻落实党的"十八大"精神的开局之年，实施"十二五"规划承前启后的关键一年，是为全面建成小康社会奠定坚实基础的重要一年，也是宁武县以更大的力度、更快的速度建设全省新型能源基地和特色旅游强县，实现赶队前行、进位争先目标的决战之年。

一、2013年政府工作指导思想

全面贯彻落实党的"十八大"精神，坚持主题主线，坚持稳中求进，紧紧抓住转型综改试点县建设重大历史机遇，认真落实"4484"总体发展要求，统筹推进"四化"建设，全面完成"十大"攻坚任务，着力加强经济、政治、文化、社会和生态文明建设，不断提高经济发展的质量和水平，力争当好全市转型跨越发展的排头兵，努力把宁武建成全省新型能源基地和特色旅游强县。

二、2013年经济社会发展主要预期指标

地区生产总值增长12%，固定资产投资增长25%，社会消费品零售总额增长16.2%，财政总收入增长15.18%，一般预算收入增长14.1%，城镇居民人均可支配收入增长15%，农民人均纯收入增长20%，城镇登记失业率控制在4.2%以内，居民消费价格总水平涨幅控制在3.5%左右。

三、2013年政府工作重点

（一）增强经济发展动力，促进经济持续健康发展。一是加大投资力度。抓好省、市重点工程。全年安排省、市两级重点工程58项，总投资173.45亿元，年内要完成投资50.81亿元。推进县重点项目151个，总投资106.21亿元，年内完成10.17亿元。二是深入开展"项目推进年"活动。强化推进工作机制，切实加快项目建设，结合阳方口煤炭洁净化循环经济工业园区开发建设，建立招商引资激励机制，完成招商引资签约项目135亿元，储备项目700亿元，落地任务31.3亿元，开工任务106.57亿元，完成项目投产任务65.41亿元。三是着力服务企业。落实税费优惠政策，杜绝各类不合理收费行为，减轻企业负担。有效推进银企结合，多渠道破解企业融资难题，扩大"助保贷"资金额度。缩短审批时限，减少审批环节，提高审批效率。认真落实帮扶企业责任，及时帮助企业解决资金、技术人才、用地用水等问题。

（二）转变经济发展方式，提高经济增长质量。一是改造提升传统产业。巩固发展煤炭资源整合、煤矿兼并重组成果，完成整合矿井改造任务，加快建设一批现代化矿井。加大煤炭转化利用力度，不断延伸煤基产业链。加快复工复产步伐，24座兼并重组整合煤矿年内力争达到90%以上开工建设，全县煤矿建设年内要完成投资34亿元，原煤产量达到1600万吨。争取2×350兆瓦煤矸石电厂年内开工建设，推动4×660兆瓦煤电一体化项目建设，福光盘道梁风电项目6月前争取并网发电。二是培育壮大新型产业。加快推进煤制烯烃、煤炭地下气化等煤化工项目。开工建设宁煤集团煤机修配项目。加大旅游开发力度，以打造5A级景区为目标，积极构建由政府主导、集团入股、社会参与建设大旅游的新格局，组建芦芽山旅游投资有限公司，加快开发建设。积极争取澳大利亚赛马繁育驯养基地项目早日落地，年内开工建设。启动农家乐示范店60户。加快物流业发展，完成豪德物流园区、阳方口特色农产品物流园区建设，年内建成投入使用。

（三）做好"三农"工作，推动农业农村大发展。一是加快现代农业发展。认真落实各项支农惠农补贴政策，以"两增三建"为抓手，继续发展四大优势产业，努力实施五大富民增收工程，提高农业产业效益，持续增加农民收入，不断减少农村贫困人口，加快14个乡镇的"一乡一业"建设。种植业上，要充分发挥传统农业小杂粮种植优势，创建高产、高效农业丰产方12处，发展"一村一品、一社一特"16个，有效发挥农业设施作用。养殖业上，石家庄雨润生猪养殖园区、化北屯紫云牧业、圪廖大象清福肉鸡养殖项目要加快建设力度，尽快建成投产。加工业上，永禾、五谷园、星星食品、田园等9大龙头加工企业要以市场为导向，提高产品质量，延伸产业链条。二是大力促进农民增收。坚持扶贫跟着产业走，结合新农村建设，把产业扶贫作为核心，通过培育产业、项目推动，形成产业化扶贫开发的新局面。坚持搬迁跟着意愿走，把易地扶贫移民搬迁作为扶贫开发的有力举措，全年搬迁安置5000人，减贫5000人。加快公共设施和公共服务建设，提高移民户素质，规范社区管理。三是发展农村公共事业。巩固提升“十个全覆盖”建设成果。推动城乡发展“五个一体化”。完成16个新农村广场建设、400公顷复垦任务，实施雁门关生态项目、三期治汾工程、马营淤地坝工程，完成恢河城区至阳方口段河道综合治理、石家庄镇节水灌溉项目、人畜供水工程、水源地保护等工程。扎实办好农村困难家庭危房改造、特困群众异地搬迁、行政村街道亮化、村级幼儿园扩建和乡村清洁工程五件实事。四是培养新型经营主体。完善土地承包经营权。着力培育新型经营主体和多元服务主体，大力扶持专业大户、家庭农场，鼓励农民建设生态庄园，积极发展农民专业合作社。推动资本下乡，资本要素向农村配置，实现城乡公共资源均衡配置。完善“一乡一站”“一村一点”科技服务全覆盖工程，力争全县14个乡镇农技建设项目全部达标。

（四）创建国家卫生县城，打造宜居美丽新宁武。一是积极开展创建国家卫生县城活动。加快市政基础设施建设，完善城市服务功能。重点抓好两个集贸市场、城市道路、供水排水、污水处理和环卫设施建设，对建城区所有街道实施绿化、净化、亮化、美化工程。继续加大执法力度，开展市容环境集中整治大行动。启动公交客运。健全管理制度和长效机制，提高城市管理水平。二是认真维护城市规划权威。加快县城总体规划修编，强化“一书两证”管理，切实发挥规划的作用。三是大力实施城建重点工程。完成“4442”后续工程，即四区建设、四大广场建设、四馆建设和两镇建设工程。实施新的9项城建工程。四是继续整顿土地和建筑市场。严厉打击非法买卖土地和违章建筑行为，做到依法规范土地利用和建设行为。加强土地建筑市场秩序的管理和整顿，在全县范围内形成依法建设、拒绝违建的良好风气。

（五）重视综改试验，激发转型跨越发展的动力和活力。一是抓好标杆引领。全力推进宁煤集团达产达效，跟踪推进煤制烯烃项目，加快推进阳方口煤炭洁净化综合利用循环经济工业园区基础设施建设，抓好芦芽山旅游产业和凤凰、阳方口、东寨三个标杆乡镇建设，在集镇建设、设施完善、产业发展等方面取得重大突破。二是抓好改革创新。行政运行上，精简审批程序，简化审批流程，缩短审批时限；土地管理上，全力实施城乡建设用地增减挂钩、矿业存量土地整合利用、露天采矿三项用地改革，用好用足用活政策，大力推行国土资源节约集约利用模式，提高国土资源利用率和产出率；投资融资上，组建旅投公司和城投公司，建立融资平台，扩大融资渠道，吸纳企业和社会闲置资金参与城镇建设和旅游开发。解决中小企业、民营企业融资难等问题，积极探索农户利用宅基地、房产、土地抵押贷款的新途径；城乡统筹上，大力实施移民搬迁工程，鼓励农民用农村闲置土地置换县城住房，成立农资交易所，合理流转承包土地；政策引导上，出台《循环经济工业园区招商引资优惠办法》和《扶持农业产业发展促进农民增收的实施意见》两个政策性文件，促进产业发展，对一些大项目、好项目通过返还土地出让金等优惠政策，吸引其落户宁武。三是抓好生态修复。大力推进以保护母亲河、建设生态源为主的生态修复工程。对“两片两线一河”（两片是天池湿地、县城城郊，两线是宁白线、忻分线，一河是恢河）进行全面绿化。重点要抓好东寨生态公园续建工程。完成忻保高速通道绿化、干果经济林建设、“三北”防护林等工程。加大减排治污力度。抓好烟气脱硫、脱硝和污水处理、规模化畜禽养殖等专项整治。加大汾河、恢河治理力度。抓好大气污染防治，完善大气环境质量预警预报制度。

（六）抓好安全生产工作，创新社会管理服务。一要严格落实安全生产责任。进一步强化政府的安全监管责任，严格落实企业的安全生产主体责任。真正把企业的安全生产主体责任落到实处，狠抓各类企业机构建设、安全投入、教育培训、职业健康、绩效评定等工作，引申安全标准化创建，创建本质安全型企业。二要确保重点行业安全生产。深入开展专项整治活动，加强安全隐患排查治理，扎实开展打非治违活动。严厉打击私挖滥采行为。抓好道路交通、森林防火等八大行业安全生产，坚决杜绝重特大事故发生。抓好交通运输行业事故防范，严查各种交通运输违法行为和违章驾驶行为。全面提升煤矿现场管理水平。三要夯实安全生产基础工作。强化社会管理创新，实行网格化管理，加强社会综合治理。加强应急队伍建设，做好24小时应急值守工作，及时发现和处置安全隐患，完善应急救援体系。继续实行隐患举报重奖制度，做到“有报必查、有患必改”。要推进科技兴安和安全质量标准化建设，抓好企业基础管理，强化职工安全培训，从根本上提高安全保障能力。要打造自动化、智能化样板煤矿。四要严格安全生产责任追究。建立健全安全生产长效机制，严格安全执法和安全生产工作考核，坚决遏制重特大事故、减少一般性事故、杜绝瞒报迟报现象。

（七）改善民生和加强社会事业，提高群众幸福指数。一是积极扩大就业。统筹做好农村转移劳动力、城镇困难人员和退役军人就业工作。加强职业技能培训，落实好就业扶持政策。深入实施创业扶持计划，以创业带动就业。二是全面发展教育。抓好“教育管理年”各项工作。完成中小学标准化建设，促进义务教育均衡发展。启动高中和职中新建工程。切实改善师生生活条件，给予农村教师100～300元的生活补贴，继续落实好“三免一补”政策和“蛋奶”工程。完成5所标准化幼儿园建设。启动东城区小学建设工程。三是发展卫生事业。深化医药卫生体制改革，巩固完善基本药物制度，强化重大传染病防控，实施好基本公共卫生服务项目。切实提高食品安全监管水平，完善食品安全体系。落实人口计生政策，稳定低生育水平，提高出生人口素质。四是完成畅通工程。完成3项续建工程，开工新建3条连接线，完成4项改造工程，启动建设东寨三级汽车站。五是做好社会保障。稳步提高统筹层次和保障水平，完善社会救助体系和被征地农民社保政策，全面推广医保就医和社会保障“一卡通”。

城镇职工基本养老、医疗、失业、工伤、生育保险参保率全部达到95%以上。城乡居民基础养老金再提高10元,达到65元。企业退休人员基本养老金提高10%。城镇居民医保和新农合财政补助标准提高40元,达到每人每年280元。城乡低保保障标准每人每月分别提高30元、24元,达到338元、172元。六是抓好安居工程。继续推进保障性安居工程,完成保障性住房改造200套、公租房56套、农村危房改造300户,移民四期和保障性住房三期工程要基本完工。完善住房公积金制度。认真落实房地产市场调控政策,加强市场监管力度。七是丰富文化生活。实施"文化强县"战略,整理新编历史剧《宁武关》,精心编纂人文传记《南桂馨》,大力发扬根雕、石雕、剪纸等民间艺术。扎实开展好"三下乡"活动,丰富群众精神文化生活。

抢抓机遇　乘势而上
奋力开启全面建成小康社会新征程

静乐县县长　张文斌

2012年,静乐县以"项目落地年""走出去年""大干城建年"为抓手,立足建设"白里汾河川、太原后花园"的奋斗目标,扬正气、树新风、创环境、促发展,务实奋进,扎实工作,奠定了转型跨越的坚实基础,呈现出后发争先的良好态势。

2013年是贯彻落实党的"十八大"精神的开局之年,是实施"十二五"规划承前启后的关键之年,是静乐实施大投入、大开放、大建设,实现转型跨越、赶队前行、进位争先的关键一年。

一、2013年政府工作指导思想

全面贯彻落实党的"十八大"精神,坚持主题主线,坚持稳中求进,以强县富民为核心,以"扬正气、树新风,创环境、促发展"为统揽,深入推进工业新型化、农业现代化、县域城镇化、城乡生态化,全面加强经济、政治、文化、社会、生态文明建设,全面提高党的建设科学化水平,着力保持经济持续健康发展,着力加强民主法制建设,着力推动文化发展繁荣,着力保障和改善民生,着力加强资源节约和环境治理,努力实现和完成年度目标任务,为加快建成富裕文明、美丽和谐新静乐而努力奋斗。

二、2013年经济工作的主要目标

全县生产总值增长14%,达到22亿元;财政总收入增长20%,达到4.13亿元;一般预算收入增长20%,达到2.1亿元;规模以上工业增加值增长10%,达到6.1亿元;固定资产投资增长23%,达到47亿元;社会消费品零售总额增长15%,达到7.4亿元;城镇居民人均可支配收入增长13%,达到1.7万元;农民人均纯收入增长25%,达到5028元;城镇登记失业率控制在3.4%以内,居民消费价格总水平涨幅控制在3.5%左右。

三、2013年政府工作重点

(一)实施项目攻坚,扩大招商引资,推动工业产业优化升级。进一步强化工业经济主体地位,加快转变经济发展方式,着力在转型综改、优化结构上下功夫,不断延伸煤焦电化产业链,积极发展新型清洁能源产业,努力构建以煤为基、多元发展的现代产业体系,推动高碳资源低碳发展。重点抓好十大项目:一是煤矿达产项目。大远煤业90万吨煤矿年内达产达效,霍州煤电汾源煤业120万吨煤矿力争6月底前正式投产。二是煤矿建设项目。加快建设潞宁前文明、静安、大汉沟三个90万吨煤矿和霍州煤电金能煤业300万吨煤矿,完成年度投资任务。阳煤天安煤矿年内开工。三是洗选煤项目。鑫森源煤业有限公司120万吨重介质洗煤项目年内开工,实现投产。潞宁前文明煤矿100万吨洗选煤项目开工建设。四是龙源康家会15万千瓦风电项目。加快建设进度,年内并网发电。五是国电娑婆二期15万千瓦风电项目。力争年内开工建设。六是双路110千伏变电站项目。加快建设进度,年内完工。七是天柱山煤焦电化工业园区综改项目。天柱山化工有限公司要完善节能减排各项措施,尽快投产,甲醇、焦化转产等延伸项目年内取得实质性进展。八是惠恒制衣项目。年内实现投产。九是双路洁净改性型煤项目。完成设备安装,年内建成投产。十是天然气综合开发利用项目。完成管网铺设、加气站建设,力争年内入户使用。十大项目涵盖了煤焦电化产业,拓展发展空间,拉长产业链条。

(二)突出农民增收,狠抓产业培育,促进农业农村全面繁荣。重点实施十大项目:藜麦生产基地建设项目,玫瑰种植及加工生产线项目,片区扶贫开发养羊项目，吕梁山片区集中扶持项目，1200公顷土地占补平衡开发项目，现代农业循环经济生态产业示范项目，浩正生态农业开发项目，马铃薯种植项目，农产品加工项目，蔬菜大棚综合利用项目。十大项目既是静乐农业发展的龙头产业，又是直接带动农民增收的致富项目。要继续实施典型引导、示范带动、政策扶持、以奖代补等措施，加大财政扶持力度，从资金上给予最大限度的支持。大力支持发展农民合作社的政策机遇，发展“一乡一业”“一村一品”，因地制宜，发展产业。

（三）统筹城乡发展，强化基础建设，提升县域城镇化水平。重点抓好十项工程：一是加快世纪广场大酒店建设进度。二是开工建设晋北煤业、潞宁煤业住宅办公小区。三是加快汾水尚苑住宅小区建设进度。四是新建静乐县商贸物流中心，两年内建成集中转、仓储、粮油加工及农产品交易为一体的物流园区。五是实施汾河管道桥建设项目，解决汾河西区配套设施问题。六是县城污水处理厂改扩建工程、杜家村污水处理厂竣工并投入运行。七是开工建设太佳高速连接线。八是实施汾河大街东段排洪管网改造工程。九是启用人武部办公大楼和公安交警技术业务用房。十是实施县乡公路改造及危桥改造安保工程。同时，为民兴办10件实事。继续按照“大干城建年”的总体部署，编制完成县城总体规划和控制性详规，结合土地利用规划、产业发展规划，全面实施汾河西区综合开发二期工程，积极创造条件，多元投入加快旧城改造，着力打造一批高水准的地标性建筑。下大力气解决好群众最关心、最直接、最现实的热点难点问题。

（四）加强环境整治，构建生态文明，努力打造太原后花园。以创建省级园林城市为目标，立足太原大都市圈建设，加大环境保护和生态治理力度，大力发展循环经济，逐步开发生态旅游，高度重视节能减排，着力推进绿色发展、循环发展、低碳发展。重点抓好十大工程：完善和实施太佳高速、忻保高速两侧绿化工程，继续实施书记、县长林工程，实施南干渠节水改造工程，启动实施东碾河河道治理工程，实施县城水源地生态功能保护区建设工程，继续推进集中供热、集中供气工程，实施绿色生态环保工程，在鹅城镇、王村乡6个村实施集中连片环境整治工程，实施生态旅游工程，启动实施省级园林城市创建申报工作。以建设“百里汾河川、太原后花园”为目标，突出抓好三山两线两片的“322”绿化工程。扎实推进节能减排工作，深入开展大气环境和排污治理，规范企业节能减排行为。以创建园林城市为抓手，扎实开展规划设计、环境保护、生态建设、园区绿化、卫生整治、城市管理等各项工作，争取早日通过省级验收。

（五）发展社会事业，着力改善民生，加快社会和谐化进程。重点抓好十项民生工作：一是落实各项强农惠民政策。确保各项补贴资金及时足额发放到户。二是落实社会保障政策。抓好各类保险的扩面、征缴、发放工作，完善社会救助体系，逐步提高社会保障水平。三是优先发展教育。调整布局，整合资源，完成学校标准化建设。加强教师队伍建设，不断提高教育教学水平。四是实施就业再就业工程，多渠道创造就业机会。五是大力发展医疗卫生事业。建立健全基本医疗卫生制度。六是继续稳定低生育水平。七是发展文化体育事业。加快文化体制改革和文化产业开发，推进文化惠民工程，开展全民健身体育运动。八是开展安全生产“责任落实年”活动。严格落实主体责任，深入开展安全生产专项整治，确保安全生产形势稳定好转。九是高度重视群众来信来访，畅通信访渠道，合理解决群众诉求。十是深入开展“平安静乐”“法治静乐”创建活动，引申社会创新管理，加强社会治安综合治理，严惩各类违法犯罪活动。健全突发事件应急管理机制，努力营造安全稳定的发展环境。

建成小康社会　打造美丽神池

神池县县长　冯晓雷

2012年，全县上下认真学习贯彻落实党的“十八大”精神，全面实施市委“3581”发展战略，紧扣主题主线，坚持稳中求进，深入开展“走出去年”“项目落地年”“大干城建年”活动，努力克服经济下行压力，圆满完成年度目标任务，政府各项工作取得新成绩。

2013年是全面学习贯彻落实“十八大”精神、深入实施“十二五”规划的重要一年，做好2013年的工作，意义至关重要。

一、2013年政府工作的指导思想

全面贯彻落实党的“十八大”精神，按照中央、省、市经济工作会议的总体要求和市委“3581”发展战略，以更加科学的态度，改革创新的精神，务实苦干的作风，奋力争先的勇气，围绕全面建成小康社会的宏伟目标，扭住项目不放松，坚持为民不动摇。继续推进特色种植和绿色食品工业园区建设，着力打造特色农业强县；继续推进“羊业富民”战略，着力冲刺三晋羔羊第一县；继续推进新能源开发利用，着力构建新型工业体系；继续推进物流业发展，着力煤炭集散基地建设；继续推进民生改善，着力社会事业全面发展；继续推进大县城战略，着力美丽神池建设。

二、2013年经济发展主要预期目标

地区生产总值增长12%，达到15.2亿元；规模以上工业增加值增长15%，达到1.22亿元；社会消费品零售总额增长15%，达到8.05亿元；全社会固定资产投资增长25%，达到22.75亿元；财政总收入增长13%，达到3.91亿元；一般预算收入增长12%，达到1.81亿元；城镇居民人均可支配收入增长12%，达到17074元；农民人均纯收入增长14%，达到5452元；城镇职工登记失业率控制在4.2%以内。

三、2013年政府工作重点

（一）扭住项目建设，培育新兴产业，进一步提升综合实力。一要强化招商引资。继续按照“三三制”招商引资工作机制，精心筛选一批技术含量高、投资回报丰厚的大项目，到重点区域、重点企业开展全方位的项目推介和招商引资活动。积极推进专业化和小团组招商，完善以商招商的奖励办法。进一步拓宽招商渠道，以诚实守信、优化服务来营造风清气正的政务环境。二要推进重点项目。2013年承担省、市重点工程34项，其中，省重点工程20项，市重点工程14项。继续实行“五定两报一调度”工作机制和严格的项目建设责任制，施行市委提出的储备、签约、落地、开工、建设、投产、服务、考核“八位一体”和项目直通车制度，抓好重大基础设施项目。加快建设“一园六企”，不断推进119项重点工作和产业项目建设，进一步夯实发展基础。三要壮大支柱产业。挖掘丰富的土地资源、风光资源和区位资源优势，大力推进风电光电、新型建材、煤炭物流产业。做强风电产业，抓好华能新能源太平庄板井风电场、山西国际坝堰梁风电场等项目的建设进度。做大光电产业，争取把光伏发电项目列入省光伏发电规划。加快大唐国际山西代表处永祥山光伏发电项目、山西艾特科创义井光伏发电项目的筹建工作。做好新型建材产业，帮扶200万吨新型干法水泥厂完善手续，力争6月份建成投产。做活煤炭物流产业，加快建设产、储、销一体化的煤炭园区。

（二）紧紧围绕规模养羊和特色种植，着力推进现代农业进程，进一步加快农业强县发展步伐。一是全面实施“8643”农业富民工程。“8”就是到年末全县羊发展到80万只；“6”就是要打造6000亩（400公顷）膜下滴灌示范片、推广6000亩（400公顷）渗水地膜示范区、建设6000亩（400公顷）环城山造林绿化区。“4”就是要打井40眼。“3”就是落实好3项重点工作：①建设绿色食品工业园区。努力引进一批亿元级的重大项目，建设龙头企业，使年加工3万吨胡麻籽综合开发项目落地开工，万吨燕麦片加工厂投产运营。力争到4月底完成月饼、羔羊肉、小杂粮加工等首批企业入园，开发特色农副产品，延伸产业链条。②完成10个万只养殖场招商任务。争取每个乡镇完成一个万只羊场招商任务。③实施集中连片区域发展项目。抓住神池被列入全省36个吕梁山集中连片特困地区重点县之一的机遇，不断争取上级的政策和资金扶持。二是不断提升农业现代化水平。有序实施土地向专业大户、家庭农场、农民合作社流转，完成农机购置补贴300万元，扩大农业机械化作业面积，使胡麻、莜麦种植面积均达到1万公顷，玉米种植面积达到1.3万公顷，粮食总产1.38亿千克、油料总产达到1250万千克。申报神池黑豆和黍子为地标认证产品，并积极申报地标认证示范县。三是着力打造现代高效农业园区。切实加大现代农业扶持力度，大力调整农业产业结构，以东湖设施农业园区为核心，以贺职富康达种植养殖专业合作社为带动，以油桃、葡萄、蘑菇为主打产品，有序扩大设施农业建设规模。培训壮大实用技术人才队伍，努力打造以“区域化集聚、园区化生产、产业化经营、休闲化发展、多元化主体”为特色的现代高效农业园区。

（三）以改善民生为己任，突出大干城建年活动，进一步推进城乡一体化进程。一是扎实开展第二个“大干城建年”活动。以建设“大县城”为目标，在继续完成好“5763”续建工程的基础上，以“东扩、南建、西改、北绿”为工作思路，加快推进城市建设。“东扩”就是迁址改造第一供热源，新建神府花园，不断完善服务功能，拓展县城发展空间。“南建”就是加快神池县城南过境公路建设步伐，进一步拉大县城框架。“西改”就是做好旧城改造和棚户区改造的后续工作，拆除改造临街建筑，拓宽县城道路。争取投资新建第二供热源。加强旧城与新区的联系，全面提升县城整体形象。“北绿”就是大力开展植树增绿活动，加快建设县城北山绿色屏障。打造县城的生态走廊，并与外围环境相互渗透，构建优美、舒适、宜人的人居环境。二是加快城乡基础设施建设。加快保障性住房建设。继续推进棚户区和农村危房改造，切实解决群众的住房困难。加紧实施道路建设，完成神保线至孙家湾2千米公路、西口子至马黄沟3.2千米以工代赈工程、二里坪至马坊村道路、西长线部分道路改造工程。实施自来水管网改造，启动城东第二供水厂和双回路管网建设项目，保障城区供水。加大农网升级改造力度，扩建110千伏东湖变电站35千伏线路，改造东湖站至城关站线路、城关站35千伏综自系统等完成16个村的亮化任务。扎实推进新农村建设，继续推进农村劳动力转移，实施“阳光工程”和“农民工培训工程”。实施水土保持综合治理、坡地梯田改造综合治理、朱家川河神池段河道治理和山洪地质灾害防治非工程措施项目等工程。继续巩固新旧“五个全覆盖”成果，建成几个布局合理、带动作用强的示范新农村。

（四）统筹各项社会事业，完善公共服务体系，进一步创新社会管理。一要优先发展教育事业。加快发展学前教育，均衡发展义务教育，努力扩大高中教育。进一步优化教育教学管理，加强教师队伍建设，不断提高教育质量。加快和深化职业教育改革。认真实施义务阶段农村中小学生营养餐工程。二要繁荣文化事业。

全面铺开第二轮修志工作，完成神池县志编撰工作。全力做好图书馆、艺术馆、博物馆和影剧院建设的规划、选址、争取项目报批等前期工作。认真实施“送戏下乡”和“文化惠民”工程，加大神池道情的传承和宣传力度，充分利用已建成的农家书屋和文化广场，丰富广大群众的文化生活。三要完善医疗卫生服务体系。壮大医技队伍，培养学科骨干，巩固“二甲”成果。新建卫生监督所业务用房、改扩建疾控中心实验楼，扎实推进全民健康工程，健全疾病预防控制体系和突发公共卫生事件应急体系。全力实施贫困地区儿童营养改善试点项目。继续完善计生网络建设工作，实施免费孕前优生健康检查，全面完成社会抚养费的征收任务。四要加快生态文明建设。全民动员开展植树造林活动，完成“三北”防护林、天然林保护植苗造林任务以及京津风沙源治理、未成林地抚育管护和巩固退耕成果灌木任务。精心培育生态旅游产业，大力发展休闲观光农业、体验农业。继续完善丁家梁圆明观修复工程。开发风电进场道路。筹建国家级“山地自行车运动基地”，使旅游产业能够起步。认真做好减排治污，突出减排、净空、净水、清洁，完成城市污水处理厂二期工程和机动车尾气监测站建设项目。积极开展节能降耗。加快淘汰落后产能。五要强化社会保障工作。建立完善养老、医疗、失业、工伤、生育等“五险合一”的社会保障体系，关注老年人、残疾人等特殊群体，继续落实城乡居民最低生活保障制度，将符合条件的城乡贫困人口全部纳入最低生活保障范畴。完善城乡医疗救助大病医疗救助、自然灾害救助和“五保户”集中供养等专项救助制度，建立健全企业单位养老保险，全面完成新型农村社会养老保险全覆盖剩余任务。发放好一户一吨暖心煤，保障弱势群体生活。六要加强安全生产工作。加大“打非治违”工作力度，严格监管执法，进一步深化非煤矿山整顿及交通运输、危险化学品、建筑施工等重点行业领域隐患排查治理。大力提升安全科技保障和应急救援能力。七要加强和创新社会管理。推动“平安县城”创建和社会治安综合治理工作，构建立体化治安防控网络，严厉打击各类违法犯罪行为，确保社会和谐稳定。不断提升社会管理和建设水平，从源头上预防和减少社会矛盾的产生。

发展经济　优化环境　改善民生

五寨县县长　张宇光

2012年，五寨县坚持以科学发展观为指导，紧紧围绕“发展经济、优化环境、改善民生”三大工作重点，着力推进农业产业化、工业新型化、三产现代化、特色城镇化、城乡生态化，较好地完成年初确定的各项目标任务。

一、2013年政府工作指导思想

全面贯彻落实党的“十八大”精神，突出“发展经济、优化环境、改善民生”三项重点，在工业新型化、农业产业化、三产现代化、特色城镇化、城乡生态化“五化”建设上实现新突破，切实提高文化和党的建设科学化水平，加快打造晋西北物流集散地的中心城市、建设全省民富县强、安定和谐、文化繁荣、山川秀美、绿色宜居的生态旅游名县，为全面建成小康社会而努力奋斗。

二、2013年经济社会发展的主要预期指标

全县生产总值增长11%，达到20.9亿元；财政总收入增长13.6%，达到7.33亿元；一般预算收入增长18%，达到2.1亿元；固定资产投资增长23%，达到19.6亿元；社会消费品零售总额增长16%，达到7.9亿元；城镇居民人均可支配收入增长13%，达到17942元；农民人均纯收入增长22%，达到5536元。

三、2013年政府主要工作任务

（一）抓住八个环节，在推进重大项目上求突破。坚持“八位一体”抓项目，全力推进项目建设。一是抓储备。按照全省“项目推进年”和转型综改的要求，在产业转型、生态治理、城乡统筹、民生改善等重点领域，挖掘项目、筛选项目、储备项目，完成市下达的项目储备投资任务200亿元。二是抓招商。进一步宣传《五寨县招商引资优惠奖励办法》，紧紧盯住风电、光电等新能源、新产业，千方百计引进上马一批带动性强、可持续发展的大项目、好项目，确保完成项目签约任务115亿元。三是抓落地。切实加强签约项目的跟踪服务、协调管理，全力保障12个签约项目落地开工，确保完成项目落地任务47.6亿元。四是抓开工。完成项目开工任务18.5亿元。五是抓建设。继续完善“四大班子"领导包项目制度，制定切实可行的项目推进措施，完成省、市重点工程投资26.9亿元。六是抓投产。完成项目投产任务29.16亿元，形成新的经济增长点。七是抓服务。牢固树立"产业第一、项目第一"的思想，把精力用在主动服务企业上，把心思用在解决项目的具体问题上，认真落实项目帮扶责任，切实把服务送到企业。八是抓考核。按照《五寨县重点项目考核办法》，对重点项目建立台账，落实项目包干责任制，严格奖惩兑现，强化项目推进措施，全面加快项目建设。

(二)围绕农民增收，在繁荣农村经济上求突破。1.提升传统种植业。实施玉米、马铃薯、小杂粮、中药材、蔬菜等优势作物标准化生产基地建设。稳定种植面积。严格落实各项惠农政策，进一步加强耕地保护，千方百计稳定粮食生产。紧紧抓住玉米、马铃薯、小杂粮三大主导产业，实施三大丰产增粮工程，确保粮食产量稳定增长。推进绿色认证。继续落实财政补贴政策，倡导无公害绿色农业基地建设和产品认证，新增"三品"认证7个，进一步提高产品质量和效益。抓好设施农业建设。完善在建大棚，利用建成大棚。落实全市温室大棚发展计划。加快发展"一县一业""一村一品"。围绕全县马铃薯、甜糯玉米两大优势产业，充分挖掘马铃薯、甜糯玉米的开发利用价值，延长产业链条，提升产品效益。重点抓好马铃薯繁育体系建设，逐步扩大马铃薯优种使用率。新培育"一村一品"村11个，巩固完善28个。加强科技引导。大力开展农民培训，推广农业实用技术，不断提升农业科技含量，增加效益。加大农机引进、推广力度，努力提高现代农业装备水平。重点抓好1867公顷中低产田改造项目、1.7万公顷旱作农业地膜覆盖技术项目、12个乡镇标准化农技推广站项目、玉米机收秸秆还田项目、柠条机械平茬作业补贴项目和农产品质量监测中心站项目。

2.发展生态畜牧业。积极争取国家对优种羊、生猪等养殖业的政策扶持，大力发展以羊为主，兼养猪、鸡的畜牧业。提高养殖效益，新建10个标准化养殖场，力争建成1个万头种羊场，全力打造一批畜牧养殖高效亮点工程。重点抓好京津风沙源治理项目、鸵鸟养殖项目、雁门关生态经济区建设项目、退耕还林成果巩固畜禽棚圈建设项目和市级畜牧养殖100万元以奖代补项目。

3.培育和壮大龙头企业。加快北环农副产品加工园区建设。扶持双喜、汇丰、佳宇、绿野、春野等农副产品加工企业做大做强，着力培育"基地＋合作社＋企业＋品牌"的产业化龙头企业。重点抓好润泽粉业公司年产3万吨马铃薯颗粒全粉生产、力达粮油购销有限公司的脱水蔬菜深加工、康宇实业有限公司6000万穗甜糯玉米加工项目，确保年内建成，达产达效。

4.拓宽农副产品销售渠道。加强农产品质量监管，扶持和发展农业行业协会和各类专业合作组织，力争成立畜牧专业合作社12个，新增农民专业合作社24个，培育规模化农产品购销组织20个，培育农产品经济人大户50个，有效解决农副产品滞销问题。加大宣传营销力度，进一步拓展优特产品市场。

5.推进扶贫开发。打好新一轮扶贫开发攻坚战，重点抓好扶贫移民搬迁新建、续建项目，2013年移民搬迁3000人。着力解决好移民小区的社区建设、管理工作。继续实施教育扶贫、产业扶贫、片区开发等多种形式的扶贫工程。

6.加快新农村建设。兴办好省政府确定的"五件惠农实事"，加快农村困难家庭危房改造、特困群众易地搬迁、行政村街道亮化、村级幼儿园改扩建和乡村清洁工程建设。继续完善提高历年来的试点村、重点村建设，完成2013年确定的30个重点推进村建设任务。抓好三岔小集镇项目建设，完成三岔旧城街道的路面硬化、管网改造、路灯安装和绿化、美化，规范沿街门店和广告牌匾，整治环境卫生，全面提升三岔的对外形象。

7.严格土地管理。规范土地市场秩序，全面加强土地管理，从严查处、打击违法占用土地和非法采矿行为。积极开展农村土地开发和治理，加快土地收购储备，为全县重点项目建设提供用地保障。

(三)稳定煤炭运销，在壮大第三产业上求突破。确保2012年改扩建和新建的丈子沟煤台、小河头煤站、李家坪集运站达产达效，确保全年煤炭发运量稳定在2000万吨以上。加快实施胡会煤站万吨装车线及数字化配煤中心项目、神朔铁路分公司第二基地建设项目，争取投资五沙铁路建设项目开工建设，促进全县煤炭运销业可持续发展。

进一步规范市场秩序，完善物流运输网络，积极引进和培育以公路、铁路为主的物贸流通企业，加快发展电子商务、信息传输等现代服务业，形成县城—三岔—韩家楼的商贸物流带。加快建设北环汽配汽贸城、万通综合服务区、晋西北烟草配送中心、北环商贸物流园区等项目，确保主体工程竣工。在此基础上，不断完善农村流通网络，逐步形成配套完善、服务高效、覆盖城乡的现代物流体系，稳步推进晋西北现代物流集散基地建设。

(四)立足节能环保，在发展新型工业上求突破。坚持工业强县战略不动摇，依托风力、光能、土地、生态资源，以国家产业政策为导向，举全县之力发展新型环保工业。抓好风力发电、光伏发电等招商项目，实施好北环工业园区、生物质能发电、煤炭洗选加工等项目。

(五)突出市政建管，在优化县城环境上求突破。一要坚持规划先行。加快县城总体规划修编，全面完成东城区、清涟路西区、二道河沿河景观、给水、排水等5项规划，确保城市建设科学健康有序发展。二要加快建设步伐。重点抓好6个方面的建设：①全面完成北园新村路和2012年开工的清涟路拓宽改造工程。②实施东城新区"三纵三横"路网建设。③完成颐峰公园、西城区街心公园、清荷公园续建工程。④实施东城新区和旧城区的供水、供热、供气、排水"四网"铺设、改造工程。⑤实施保障性住房建设工程。加快完善相关手续，加快工程建设进度，加强工程质量监管，加快出售入住步伐，提前谋划后期管理，确保续建工程全部建成入住、新建工程主体完工。⑥继续实施城区主要街道和小街小巷的硬化、绿化、亮化、美化，确保按期完成建设任务。三要进一步强化管理。集中开展市场秩序、交通秩序、环境卫生秩序大整顿。调整县城市场布局，加快市场建设速度，规范市场运营管理。切实加强县城街道、城中村、城乡接合部综合治理力度，特别是解决环境卫生脏、乱、差问题。强化辖区管理和舆论监督。从严查处违规建设，坚决打击违法建设，形成规范良好的建设秩序。

（六）不断加大投入，在改善基础设施上求突破。一是水利建设。坚持以兴水治旱为着力点，整合水利、财政、发改等不同渠道资金，大力推进水利基础设施建设，不断改善农业生产条件。做好"引黄入五"工程初步设计和可研等前期工作。加快推进小河头、新寨农田水利建设，孙家坪乡东寺儿沟流域综合治理，县川河流域三岔镇张家墕沟生态综合治理等3个以工代赈项目。实施好清涟河治理工程，16个村、4000人、2500头大畜的人畜饮水安全工程，井儿洼坝系三期工程，巩固退耕还林工程，"一村一井"工程，新寨乡、前所乡膜下滴灌示范工程等6项重点工程。二是交通建设。配合好灵河高速公路、神岢高速公路建设的同时，重点实施好五阳线42千米改造工程、五寨汽车客运站新建工程。力争五寨至三岔一级公路建设项目立项。三是电力建设。抓好总投资塔子会500千伏变电站项目的前期工作，争取落地；抓好城市中低压电网建设与改造工程，保证县城用电安全。加快县城天然气入户步伐，加速"气化"五寨进程。

（七）坚持绿色发展，在建设生态文明上求突破。一要大兴造林绿化。完成营造林任务2733公顷，实施好"两山"造林工程、"两网"绿化工程、"两区"增绿工程和"身边增绿"工程。对城镇、乡村、机关单位、重点工程区、通村道路进行绿化，着力构建多功能生态屏障，全面提升城乡绿化水平。二要推进节能减排。力争开工建设县城污水处理厂提升改造工程、西八县PM2.5空气自动监测站项目。加强生态环境综合治理，加强重点区域环境综合治理和矿山开采破坏的山体恢复治理，坚决淘汰落后产能，全面控制节能降耗指标，实现低污染、低排放，促进全县空气质量进一步提升。三要全面整顿采矿业。对现有的各类采矿企业进行整顿，严格规范管理，逐步淘汰取缔一批不符合要求的采矿企业。四要加快旅游开发。积极推进五寨沟生态旅游景区开发项目，以旅游业的发展促进生态文明建设。

（八）强化综合治理，在创新社会管理上求突破。一是继续加大严打整治力度，依法严厉打击"两抢一盗"、毒品、外来人口涉恶违法犯罪。深入开展运煤通道专项整治，进一步完善治安防控体系建设，维护社会治安稳定。加强政法部门基础设施建设。深入推进平安创建活动，加强社会治安综合治理。二是真正落实信访责任。畅通信访渠道，回应信访诉求，对合理诉求妥善解决。三是认真落实安全生产综合监管、行业监管、专门监管、属地监管的责任。突出抓好护林防火、道路交通、非煤矿山、危化品、建筑施工、校园车辆、食品药品等重点行业、领域的安全生产，持续开展隐患排查，不断引申专项治理，积极开展打非治违，坚决杜绝重特大安全事故发生。健全突发事件应急体系，加强基层应急能力建设，提高突发公共事件的应急处置能力，保障人民群众的生命财产安全。

（九）发展社会事业，在提高民生水平上求突破。一是优先发展教育事业。继续加大教育基础投入，加强校长队伍管理，建立合理的教师流动和交流机制。努力推进教育现代化进程。扎实推进新课程改革。继续实施"一颗鸡蛋"工程和营养改善计划。稳步提升教育教学质量。强化校园安全管理工作。二是完善社会保障体系。全面落实社会保障政策，进一步扩大社会保险覆盖面，提高统筹层次和保障水平。加快就业和社会保障服务设施建设。认真抓好就业再就业工作，确保城镇登记失业率控制在4%以内。加快劳动就业和社会保障信息网络建设。进一步完善医疗救助体系，统筹做好救灾工作。启动社会福利中心。全面落实各项优抚政策，推进"双拥"工作。三是高度重视卫生事业。推进基层医疗卫生机构标准化、规范化建设，加快公立医院体制改革，完善基层医疗卫生机构设施设备，扩大国家基本药物制度实施范围，巩固新型农村合作医疗和城镇居民医疗保障水平，稳步提高新型农村合作医疗筹资标准，公开招聘医疗专业技术人员。不断加强疾病防控和妇幼保健工作。继续强化食品药品监督管理，推进卫生监督执法工作，切实提高公共卫生服务水平和突发公共卫生事件应急能力。扎实开展省级计划生育优质服务县创建工作，进一步完善计生工作长效机制，稳定低生育水平，提高出生人口素质。四是全面加强文化建设。高度重视文化事业发展，积极发展文化产业，精心打造八大角秧歌、五寨道情、手工地毯、木雕、刺绣、标本制作等十大文化品牌。扎实推进文化惠民工程，进一步完善乡镇文化站和农村文化体育场所功能，免费开放公共图书馆，新建5个社区文化站。加快推进有线电视网络整合，完成广播电视"户户通"工程。继续开展电影惠民工程和文化"三下乡"活动，努力丰富群众文化生活。

建设民富县强、生态宜居、和谐幸福新岢岚

岢岚县县长　刘　亮

2012年，岢岚县深入开展"项目落地年""大干城建年""走出去年"活动，扎实推进各项工作，在2012年度目标责任考核中名列全市第一。

2013年是全面贯彻落实"十八大"精神的开局之年，是实施"十二五"规划承前启后的关键一年，是为全面建成小康社会奠定坚实基础的重要一年，做好2013年的工作尤为重要。

一、2013年政府工作指导思想

全面贯彻落实党的"十八大"和中央、省、市经济工作会议精神，坚持主题主线，坚持稳中求快，抓住转型综改试验区和集中连片特困地区扶持机遇，创新实施"553"工作纲要，以加大投资为重点推进项目攻坚，以农民增收为重点推进"三农"工作，以扩容提质为重点推进城镇建设，以造林绿化为重点推进生态文明，以保障民生为重点推进社会事业，以转变作风为重点推进服务型党组织建设，加快民富县强、生态宜居、和谐幸福新岢岚建设步伐，为全面建成小康社会而努力奋斗。

二、2013年经济发展主要预期指标

地区生产总值增长14%，固定资产投资增长25%，规模以上工业增加值增长20%，社会消费品零售总额增长16%，财政总收入增长15%，一般预算收入增长15%，城镇居民人均可支配收入增长16%，农民人均纯收入增长20%以上。

三、2013年政府工作重点

（一）*加大项目投资，推动经济健康快速发展。*一是抓好省市重点项目。2013年安排省市重点工程39项，总投资75.65亿元。继续落实领导包省市重点项目制度，落实目标责任，确保工程进度。二是开展"项目推进年"活动。实行项目直通车制度，落实服务项目24小时工作制。进一步改进部门作风，推进项目攻坚，确保完成市下达的签约95亿元、落地41.4亿元、开工15.35亿元、建设31.08亿元、投产35.14亿元的考核任务。三是创新服务企业。全方位为企业排忧解难，帮助企业完善土地、环评、加工许可、财务报表等手续。加大产品开发、品牌创建、市场开拓力度。加大企业融资力度，加快信用社改制农商银行，继续与市建行开展助保贷业务，鼓励发展担保公司、小额贷款公司，争取重点项目和小微企业贷款10亿元。

（二）*推进结构调整，加快转变经济发展方式。*一要巩固壮大煤炭物流产业。加快煤炭物流基地建设，重点抓好9大项目，实现煤炭发运量800万吨、洗选煤200万吨的目标。二要培育发展新兴产业。按照建设晋西北最大的新材料生产基地定位，推进9个建材项目，逐步解决一煤独大的产业结构。三要大力开发新型能源。加快实施6个电力项目。四要加快推进园区建设。继续完善胡家滩煤焦镁化工业园区、安塘煤炭运销加工集中区、高家会高科技加工园区等三大园区。同时，规划建设产业链接、多元发展的大聚会新型建材循环工业园区，建设煤炭物流加工园区。

（三）*做大优势产业，加快农民增收步伐。*一是夯实农业农村发展基础。全力抓好16项重点工作。重点实施品种资源改良项目，建设华北最大的野生菌菌种资源库，新建12个基层农技站，完成坡改梯项目1113公顷、9千米河道治理和20个村的农村饮水安全工程。二是实施脱贫增收工程。重点抓好6项工作：做大晋岚绒山羊主导产业，打响中华红芸豆国际品牌，实施种子换代全覆盖工程，抓好扶贫攻坚工程，实施农村环境清洁整治工程，开展干部包户脱贫增收工程。三是推进农业产业化发展。扶持五大龙头企业，带动特色农产品加工迅速发展。政府要加大市场开拓力度，组建农副产品销售公司，建立网站，在种羊场设立展销平台，加大宣传力度，与知名企业合作，进行农超对接。四是培育新型经营主体。重点扶持种地百亩、产粮万斤、收入10万元以上的种粮大户，养羊300只、收入10万元以上的养殖大户，育苗百亩、收入50万元以上的造林大户，加工收入30万元以上的县级农副产品龙头企业，销售收入100万元以上的市级龙头企业。通过培育新型经济主体，引领农村经济发展，建设人均纯收入达万元的富裕村、示范村。

（四）*推进县域城镇化，加快建设美丽岢岚。*一是完善2个社区。完成广惠园社区一横七纵道路建设，实施水、暖、电、气、通信及绿化、亮化等配套工程；实施世纪嘉苑社区新建项目，部分主体完工。二是续建2个公园。完成南山森林公园4处小景点，文昌公园配套工程。三是新建改造8条道路。完成城区5条道路的新建（含部分改造）和3条道路的改造工程。四是推进8个引资项

目。形胜大酒店建成投入使用，兴茂大酒店、广惠园商品房开发、旧汽车站开发及漪东路、景观东路、岚漪大道沿街商业开发等4个项目完成主体，城北建材市场和原沙棘厂改建综合市场2个项目开工建设，以BT模式实施的供水二期工程完成立项等前期手续。五是绿化3座山。完成南山森林公园、北山文昌公园及东山绿化工程2000公顷。

（五）强化民生保障，统筹发展社会事业。一要维护安全稳定。抓好信访工作，深入开展信访积案处理和矛盾纠纷大排查。抓好安全生产工作，落实两个主体责任，实现安全监管全覆盖，开展安全生产“责任落实年”活动，抓好食品安全和动物疫病防治，确保不发生重特大安全事故。抓好社会治安工作，继续开展严打整治行动，破获各类刑事案件，不断提高人民群众的安全感和满意度。二要完善教育基础设施。多渠道筹资完成岢岚中学续建配套工程，新建教师周转宿舍、标准化运动场及附属工程。实施学前教育全覆盖工程。继续实施“两免一补”、义务教育营养改善计划、职业高中免学费全覆盖、贫困助学、生源地助学贷款等惠民工程。三要发展卫生事业。强化市级医改试点工作，推进县医院和中医院综合改革，逐步实现基本药物制度全覆盖。加快县医院综合大楼、120急救中心配套设施建设。提高新农合保障能力，实现省内定点医疗机构就医“一卡通”，县、乡医疗机构住院补偿比例分别达到80%和90%以上。四要加强社会保障。提高城乡居民基础养老金、住房公积金财政补助标准和公务员津补贴水平。稳定和扩大就业。推进住房保障，实施公共租赁住房、城市棚户区改造等新建项目。五要发展交通事业。改善城乡交通硬件，实施4条道路的路面改造工程；忻保高速岢岚互通连接线、岢大线环城路竣工通车，二级汽车站年内竣工运营；李家沟至河曲赵家沟国防公路争取年内立项。六要实施文化繁荣“555”工程。实施文化引领“五个一”工程、全民健身“五个一”工程、文物旅游“五个一”工程。

（六）改善生态环境，加快建设绿色岢岚。一要推进环境保护。创建省级环保模范县城。实施岚漪镇18个村连片综合整治项目。加强饮用水源地保护，完成保护区绿化、排水、泄洪渠道等设施建设。全力抓好大气污染防治，确保全县二级天气持续稳定好转。完成污染减排任务，确保各项排放指标零增长。二要推进生态文明。实施“八个一”工程，完成营造林4467公顷。

（七）勇于创新创业，激发转型跨越发展动力。一是加大招商引资力度。把最大的红利集聚到招商引资上来。执行市政府出台的招商引资政策，促进与大企业、大集团的交流合作。加快晋兴能源与昊东煤台、王家岭煤矿与万达煤台的兼并重组。加快航天博览城、物流园区和镁合金等项目的签约落地。鼓励支持各乡镇、各部门、各企业开展自主招商活动。二是加大创业就业力度。继续为企业选派过渡性就业大学生，鼓励大学生回乡创业，鼓励离岗离职干部领办经济实体，营造全民创业的良好氛围。加大公选力度，努力实现大学生本地就近就业。三是加大机制创新力度。继续在荒山流域综合治理和产业开发上先行先试，坚持农民不失权、变股东、变工人，流转土地和林权，对境内具有开发价值的荒山流域进行总体规划，面向社会进行招商引资。四是加大向上争资力度。紧紧围绕产业开发、扶贫攻坚、生态修复、民生领域、基础设施建设等方面，抢抓国家、省、市实施新一轮投资拉动、扶贫开发、产业转型的政策机遇，抢抓国家统计局扶贫机遇、省扶贫开发试点县机遇，加大向上争取政策、项目、资金力度。

倾力打造晋陕蒙黄河三角区“三宜三有”中心城市

河曲县县长　李旭清

2012年，河曲县认真贯彻“3581”发展战略，全力推进十大工程，紧紧围绕“项目落地年、大干城建年、走出去年”活动，坚定信心，攻坚克难，强化措施，狠抓落实，扎实推进各项工作，基本实现了年初确定的各项目标任务。

2013年是全面贯彻落实党的“十八大”精神的第一年，是实施“十二五”规划承前启后的关键一年，也是为全面建成小康社会奠定坚实基础的重要一年。做好2013年的工作尤为重要，意义重大。

一、2013年政府工作的指导思想

全面贯彻落实党的“十八大”精神，以中国特色社会主义理论体系为指导，抓好转型综改试验区建设重大历史机遇，加大力度落实省委转型跨越和市委“3581”发展战略，以“十大工程”为载体，以持续改善民生为根本宗旨，解放思想，创新实干，同心同德，团结奋进，全面加强经济、政治、文化、社会、生态文明建设，加快建设晋陕蒙黄河三角区“三宜三有”中心城市，把河曲建成宜居、宜业、宜学、有魅力、有活力、有潜力的幸福家园，为全面建成小康社会奠定坚实基础。

二、2013年经济社会发展主要预期指标

地区生产总值增长11%，固定资产投资增长23%，社会消费品零售总额增长15%，财政总收入和一般预算收入均增长13%，城镇居民人均可支配收入增长13%，农民人均纯收入增长15%。

三、2013年政府工作重点

(一)强力推进项目建设，筑牢转型跨越的发展支柱。一是突出抓好项目建设。2013年是省市县三级确定的"项目推进年"，年内启动实施重点项目55个，其中，新开工项目40个，总投资390.02亿元，年内计划完成投资60.4亿元。按照市政府"八位一体"推进要求，认真落实好县级领导对口联系制度，强化"六个一"领导包保责任制和人大政协协调机制，实行无障碍审批、项目直通车。加强现有企业运行调度，深入基层服务，从手续报批、要素保障等方面给予有效帮助。加大力度落实责任，促进项目签约落地，实现项目开工建设。二是突出抓好煤炭产业。抓紧抓好煤矿整合重组项目，围绕开工、投产、配套建设、多元发展等环节，精心培育全面协调可持续发展的煤炭支柱产业。进一步规范煤矿建设、生产、经营、安全秩序，突出抓好机械化改造和标准化矿井建设。积极推进煤炭洗选加工和物流运输，力争在两年内，培育发展1～2个500万吨级以上的旗舰式煤炭物流企业。加强公路煤炭统一销售管理，规范煤炭运销秩序，实现煤炭产业产运销整体效益的较大提升。三是推进多元产业转型发展。加快神华低热值煤发电一期及配套工程建设进度，全力推进河曲电厂三期、神华低热值煤发电二期2个市重点产业项目前期工作，及时跟进煤层气钻探开发等新能源产业项目。以煤为基，多元发展，循环发展，壮大煤电化建板块经济，提高工业产业的核心竞争力。四是千方百计促进中小微企业发展。鼓励资源型企业按照"一矿一厂、一企一业"的要求，至少新上1个新兴产业项目或非资源型产业项目，引导激励民营企业转型发展。认真落实支持中小微企业发展的政策措施，集中配置生产要素，服务企业茁壮成长。抓好蚰蜒峁工业园区规划报批和基础设施配套，力争年内完成主要道路建设，形成园区基本框架，同步开展招商引资工作，加快项目入驻和建设进度。

(二)加快推进新型城镇化，拓展转型跨越的发展空间。一要切实维护规划权威。加快完善城区控制性详细规划以及各类专项规划。强化城市规划的刚性约束和批后管理，加大城区建筑市场秩序整顿，严厉打击非法倒卖土地、违章违法建筑和私搭乱建行为。强化"一书两证"管理，健全科学有效的工作制度。二要加快特色城镇化建设。加快县城三大板块建设：提升中心区，改造旧城区，拓展新城区。稳步有序推进市政服务功能设施建设，促进城区整体均衡协调发展，增强城市的承载力、聚合力和辐射带动力。发展特色小城镇，把县城优势向乡镇和农村延伸，尽快形成一批经济实力较为雄厚、基础设施比较完善的新型城镇群，带动农村二、三产业发展。加快新农村集中连片区建设步伐，完成新农村建设重点推进村和贫困村整村推进任务。结合矿区搬迁、农村危房改造，加快移民住宅建设，力争年内移民扶贫2000人。加快交通路网服务城镇化建设步伐，建成启用二级汽车客运站，配合做好神河高速公路建设和晋蒙黄河高速公路大桥开工，抓紧滨河景观大道、城东环城公路、黄河大街与高速路连接线、红石线改造的规划报批与准备工作。统筹发展各类服务业，加快发展大型物流、机电维修等生产性服务业，鼓励发展房地产物业、社会化养老、家政日间照料等生活服务业，积极发展文化旅游、信息金融等现代服务业，升级改造宾馆餐饮、商贸流通等传统服务业，完善城市服务功能，做大做强城乡经济。三要巩固提升"创卫"成果。理顺城市建设管理体制，推行市场化运作、网格化管理模式，提升城市净化、绿化、亮化、美化、秩序化"五化"建设管理水平。提升市民城市意识和文明程度。强化城区集中供热管理，全面提高供热质量。推进城乡交通一体化，加强城市公交运营管理。将城市环境卫生整治行动延伸到乡村两级，做好农村公路养护、环境卫生、集镇秩序等方面的管理工作。

(三)始终重视"三农"工作，夯实转型跨越的发展基础。一要加快发展特色现代农业。继续实施农业"双新"(新品种、新技术)工程。巩固脱毒种薯种植面积，培育土豆主导产业，建设土豆产贮销体系。加快发展高效设施农业，启动唐家会智能育苗棚。扎实推进"一村一品、一县一业"，新增种羊、富硒土豆等特色专业村15个。壮大畜牧养殖产业，推进优种繁育改良工程，做好畜禽常年性检疫免疫工作。积极扶持进入全省"513"工程的河滩、圣达、振刚、香山、冰河等企业做大做强，重点扶持晋北种羊、河滩生物肥、万家福农产品商贸等企业，促进农产品、畜产品加工转化和对外销售。二要提高农民素质和组织化程度。搞好农民职业技能培训，抓好农村劳动力转移培训。继续壮大农民经纪人队伍，成立各类农民专业合作社。高度重视土地流转，鼓励和支持承包土地向家庭农场、家庭牧场、家庭林场和专业大户流转。鼓励家庭农场通过股份、联合等方式扩大经营规模和档次。发展多种形式的农机服务组织，为土地经营大户机械化耕种、收割提供条件。三要进一步加大强农惠农富农政策支持力度。全面执行国家省市连续出台的强农惠农富农政策，加大农业生产补贴力度。新增农业补贴重点向家庭农场、种养大户、农民合作社及各种生产服务组织倾斜。继续扶持脱毒种薯产业，增加补贴资金。确保农民务农种粮有效益。四要切实加强农田水利基础设施建设。引黄灌溉一期工程投入运营，开工建设二期工程。继续实施"一村一井"工程，健全和完善农田排灌系统，增加农田灌溉面积。新建38处农村提蓄水工程，为144村水质不达标农户配发净水设备。开工建设2座骨干坝的除险加固工程和朱家川河道治理工程。抓好旱涝保收农田建设，完成山洪灾害防治非工程措施建设项目。

(四)强化生态发展理念，创优转型跨越的发展环境。一要大力推进造林绿化。突出公路通道绿化、乡镇成片绿化和农村园林绿化。年内启动实施"一企一山一沟"矿区植被恢复工程，完成"两点两线"和神河高速沿线绿化工程。启动省级园林城市创建活动，广泛开展街道、小区、庭院、园林等绿化工作。进一步优化树种结构，发展红柳、柠条等乡土树种，严格把好施工、管护等环节，确保绿化质量。二要强化减排治污监管。扎实推进省级环保模范城市创建活动，强化工业污染源监测整治，严厉打击各类违法排污行为。抓好县城污水处理厂和无害化垃圾处理厂稳定运营。加强城市集中供水和乡镇集中式饮用水水源地保护。三要深入推进节能降耗。利用河曲电厂热源，完成城市集中供暖热源转换，形成河曲电厂、华鹿热电双热源供暖系统。全面开展能效对标活动，加强对重点能耗企业的节能、用能监管。完成市定淘汰落后产能任务。

（五）继续深化改革开放，增强转型跨越的发展动力。一要纵深推进各项改革。加快推进"一县一企""一园六企"工作，大力推进重大转型标杆项目建设，在转型综改试验上先行先试，取得突破。完成政府机构改革，全面推行事业单位人员公开招聘制度，深入推进医药卫生体制改革，积极创新用地保障机制，严格执行生态环境恢复治理保证金制度。二要继续扩大对外开放。充分发挥蚰蜒峁工业园区、旧县、楼子营工业基地和中博会、能博会的平台载体作用，引进大企业、大集团，推动引资、引技、引智有机结合，提高招商引资的综合优势和总体效益。突出抓好以交通、城建、农业、科教、卫生为重点的项目争取，使更多项目和资金在河曲落户。争取引黄灌溉、圣达淀粉无矾粉条及综合利用淀粉渣项目、生态脆弱区造林项目列入省煤炭可持续发展基金扶助范畴。三要提升财政资金保障能力。全力抓好财政增收节支工作，强化对煤炭、房地产等重点税源、重点行业的跟踪和监控，坚决治理企业偷漏税费行为。强化财政投资建设项目审批。进一步优化支出结构。四要大力弘扬"创卫"精神。树立知荣辱、讲正气、做奉献、促和谐的良好社会风尚。创优发展环境，坚决维护群众切身利益，坚决打击不正当谋利行为，进一步凝聚正能量，谋求真发展。

（六）致力保障和改善民生，提升转型跨越的发展质量。一要全力发展社会事业。强化教育优先发展的战略地位，全面落实学前教育三年计划，巩固义务教育标准化建设成果，重视农村教育和职业教育。推进义务薄弱学校改造。继续强化药品市场监管，健全城市社区卫生服务体系，加强乡村医疗卫生，全面推行新农合联网"一卡通"。建成120急救中心、卫生监督所。强化居民健康教育，稳定低生育水平，推动优生优育。二要大力完善社保体系。继续做好劳动力转移培训和科技培训，落实好各项就业扶持政策，重点做好高校毕业生就业工作。加强煤炭企业和建筑施工企业的劳动用工管理。落实各项社保政策，规范资金统筹和发放，推行社会保障"一卡通"。依法推进城中村改造、棚户区改造。加快保障性住房建设，制定保障性住房分配、退出管理制度，确保公平分配。整顿规范房地产市场秩序。完成城市集中供气工程，实现天然气入户。高标准高质量完成农村困难家庭危房改造、特困群众易地搬迁、行政村街道亮化、村级幼儿园改扩建和乡村清洁工程"五件实事"。落实老年人各项优待政策，及时兑现城乡低保、"五保户"供养等救助资金，加大扶弱助困力度。三要繁荣科技文化旅游事业。加大科技创新投入，健全科技服务体系，大力开展科技培训和科技下乡活动。启动黄河娘娘滩旅游风景区建设。积极推进"三网"融合。大力实施文化惠民工程，重视非物质文化遗产民歌、二人台保护，推进全民健身活动。四要全面加强社会管理。健全食品安全监管机制，加强食品卫生、畜禽屠宰、成品粮油市场监管，加强餐饮行业日常监管，确保食品生产、加工、流通规范有序，不发生一起食品安全事故。强化供热、供水等公共服务监督。加强社会治安综合治理，严厉打击各类违法犯罪行为。高度重视民生舆情，正确处理各类社会矛盾。加强应急管理，完善突发事件应急处置机制。

（七）抓好安全生产监管，恪守转型跨越的发展底线。一要严格实行安全生产属地监管全覆盖。二要突出抓好重点行业领域的安全生产工作。切实抓好煤矿、道路交通、非煤矿山、危险化学品、建筑工程、消防、人员密集场所等重点行业领域的隐患排查治理。三要落实企业安全生产主体责任。督促企业严格执行安全生产法律法规和标准，完善并认真执行各项安全制度，加强职工安全培训，配齐配强并发挥好安全管理人员的责任，确保企业安全生产。

为全面建设经济繁荣、环境优美、社会和谐、民生殷实的美丽保德而努力奋斗

保德县县长　郭新生

2012年，保德县紧紧围绕“建设三晋新型工业强县、中西部物流集散地、优秀宜居宜业城市”的总体目标，牢牢抓住“扩权强县”试点县机遇，深入开展“项目落地年、农民增收年、城市建设年、作风转变年”活动，努力克服经济下行影响，重点工作扎实推进，较好地完成了年初确定的各项目标任务。

2013年是全面贯彻落实“十八大”精神的开局之年，是实施“十二五”规划承前启后的关键一年，是为全面建成小康社会奠定坚实基础的重要一年，做好2013年的工作特别重要。

一、2013年政府工作总体思路

以邓小平理论、“三个代表”重要思想、科学发展观为指导，牢牢把握“稳中求进”的工作总基调，用足用活“转型综改”和“扩权强县”政策，以加快发展为主题，以富民强县为目标，继续开展“项目落地年”“农民增收年”“城市建设年”“作风转变年”活动，全面加强经济、政治、文化、社会、生态文明建设，万众一心，团结拼搏，为夺取保德转型跨越发展新胜利、全面建成小康社会而努力奋斗。

二、2013年经济社会发展主要预期目标

地区生产总值增长12%。规模以上工业增加值增长14%。财政总收入22亿元，增长14.5%；一般预算收入6.77亿元，增长11.53%。固定资产投资72.63亿元，增长25%。社会消费品零售总额13.8亿元，增长15%。城镇居民人均可支配收入21819元，增长13%；农民人均纯收入5712元，增长25%。

三、2013年政府主要工作任务

（一）狠抓项目建设，为转型跨越发展提供有力支撑。一是开展“项目推进年”活动。加大投资力度，2013年全县重点工程年度工作目标任务是：项目储备1200亿元，项目签约183亿元，项目落地39.9亿元，项目开工48.62亿元，省市重点工程完成投资54.94亿元，项目投产66.55亿元。安排省、市、县重点工程73项，其中，新建项目36个，续建项目37个，总投资约302亿元，年度计划完成投资61.69亿元。狠抓措施落实，按照“八位一体”工作机制，继续实行“一个项目、一位领导、一套方案、一班人马、一抓到底”的工作方法，确保重大项目取得实质性突破。创优发展环境，主动服务企业，帮助企业做大做强。缩短办理时间，减少审批环节，提高审批效率。认真落实领导帮扶重点企业责任，及时帮助企业解决资金、技术、人才、用地、用水、用电等方面存在的问题。二是抓好产业项目。壮大支柱产业，巩固发展煤炭资源整合煤矿兼并重组成果，加快办理基本建设矿井手续，加快复工复产步伐。培育新型产业，同德氧化铝项目进入主体工程建设阶段。王家岭循环工业园区项目运煤专线10月底通车。中石油煤层气项目产能达到7亿立方米。发展循环产业，重点建设中机电33兆瓦瓦斯燃烧发电、保德至三岔煤层气综合利用及2×60兆瓦煤层气发电项目，加快推进王家岭2×350兆瓦低热值煤发电项目。认真落实县长联系“一园六企”制度，确保“六企”项目见到实效。二是振兴民营经济。对发展转型项目的民企大户、投资大户给予重点扶持，促进民企“二次创业”。放宽市场准入，支持民营经济进军三次产业，参与基础设施建设。切实维护民营企业和民营企业家的合法权益，促进民营经济提质增效。全面推行“助保贷”，拓宽融资渠道，支持有潜力的民营企业做大做强。

（二）扎实做好“三农”工作，促进农民收入较快增长。一是加快推进农业产业化。扩大杂粮种植面积，实施优种工程、杂粮振兴工程，走科技创新路子，打造3个10万亩（6667公顷）优质粮食生产基地，扶持16个“一村一品”专业村。提高设施农业效益，发展规模饲养，发展龙头企业，加快品牌创建。二是切实加快扶贫开发。将扶贫开发与新农村建设、煤矿采空沉陷区居民安置相结合，整村推进10个村，建设30个新农村，打造4个新农村连片建设示范区，易地移民搬迁1500人。继续开展干部下乡住村包村扶贫增收活动。整合各类培训资金，开展形式多样的农民培训。三是加强农业基础设施建设。切实加强农田水利基本建设，提高农业综合开发能力。继续开展“一村一井”、淤地坝除险加固、“小水网”工程等水利基础设施建设。

大力实施土地开发复垦整理。四是培育新型经营主体。加快农村土地经营权流转。鼓励扶持种养大户、家庭农场、农民专业合作社、农业产业化龙头企业等新型经营主体。完善“一乡一站”“一村一点”农业科技服务全覆盖工程。五是发展农村公共事业。认真落实“十个全覆盖”工程管理办法,巩固提升建设成果。扎实办好农村困难家庭危房改造、特困群众易地搬迁、行政村街道亮化、村级幼儿园改扩建和乡村清洁工程五件惠农实事。做好退耕还林补贴、粮食直补、购机补贴、畜牧补贴、农资综合补贴等各项工作,让农民得到更多的实惠。

(三)继续开展“城市建设年”活动,加快城镇化步伐。一要认真维护规划权威。认真执行县城总体规划,抓紧编制新城区西延、旧城区改造、府前街前湾路至神华路改造等9个城市建设总规、方案、规划。严把规划实施关,严审修建性规划,确保规划落到实处。二要加大城市建设力度。继续开展以“旧城提质、新城扩容”为主要内容的城市建设年活动。切实抓好新开工项目,启动实施新城区城市公园(水系)、新城区小学和幼儿园、综合性商贸中心、计生服务中心等基础设施工程。全力推进续建工程,力争“一横四纵”路网、兴保塔公园及附属工程、飞龙山休闲度假区年内完工,体育馆、职工培训中心等项目年内完成主体。三要不断提高城市管理水平。继续开展市容环境综合整治,逐步形成长效机制。强化对市政公用设施的管理维护。集中整顿土地秩序、建筑秩序,严厉打击违法用地、乱修乱建等不法行为。四要加快城乡基础设施建设。加快公路建设。增强用电保障。完善基础设施。五要有序推进城镇化。加快推进户籍制度、社会管理相关制度改革,健全城市服务体系,加强移民小区基础设施建设,逐步实现城镇基本公共服务覆盖常住人口。启动“城市建设与失地农民利益保护”课题研究。

(四)大力改善生态环境,加快建设美丽保德。一是坚持不懈抓造林绿化。全面实施生态绿化工程,扎实推进通道绿化、沿河绿化、矿区绿化、“两山”造林,抓好干果经济林、育苗、花卉等林业产业发展。编制《县城绿地系统规划》和《县城园林设计》,精心打造2条示范街、2个示范小区、2个示范单位,城区绿化率达到38%以上。二是毫不动摇抓节能减排。加大对规模以上企业的节能监察力度,抓好重点企业、行业的节能工作。严格高耗能产业市场准入门槛,推进现有建筑节能改造。鼓励应用高新技术和先进适用技术改造传统工业,大力发展低碳经济,确保完成年度减排任务。三是持之以恒抓污染治理。以大气污染、水污染治理为重点,全力实施“蓝天碧水”工程。加强空气自动监测站建设。推进城区煤改气入户工程。新增供热面积10万平方米,逐步实现供热全覆盖。强化水源地保护,确保饮用水安全。净化河流污染。强化建筑施工管理。高标准完成20个村的农村环境连片整治项目。

(五)切实保障和改善民生,让人民群众共享发展成果。一是优先发展教育事业。积极发展学前教育,均衡发展义务教育,稳步推进教育体制改革和教学改革,实施中小学校舍扩容改造工程,完善教育信息化建设,加快发展职业教育,加大教师培训力度。二是完善社会保障体系。继续做好社会保险征缴扩面工作,逐步提高企业退休人员基本养老金、城乡居民月均基础养老金、城乡居民医保补助标准、城乡困难群众救助标准。全面推行社会保障“一卡通”。加快建设社会救助中心,提升社会救助水平。抓好拆迁户和失地农民的安置补偿工作。三是提升全民健康水平。稳步推进县级公立医院改革,进一步完善新型合作医疗制度,不断健全县乡村三级卫生服务网络,改扩建3个乡镇卫生院。积极推行国家基本药物制度,真正实行药物零利率销售。扎实抓好人口计生工作,强化计划生育全程管理服务,深化城镇人口网格化管理模式,确保人口自然增长率控制在6.5‰以内。切实提高食品安全监管水平,让人民群众对食品安全放心满意。四是努力改善城乡居民居住条件。加大保障性住房建设力度,重点解决城乡低收入家庭住房困难。加快推进农村危房改造,解决好农村困难群众的住房问题。推动房地产业健康发展,满足群众多样化住房需求。五是满足人民群众的精神文化需求。深入开展群众性精神文明创建活动。加快建设公共文化服务体系,完善县乡村三级文化服务网络。加强文化市场执法、网络舆情监控、思想阵地建设。进一步繁荣文化事业,鼓励文学艺术创作。加强文化遗产的传承保护开发,增强地域文化特色。六是全力维护安全稳定的社会局面。认真落实安全生产两个主体责任,实行安全生产网格化监管全覆盖。深入开展专项整治,加强隐患排查治理,扎实开展“打非治违”专项行动。重点抓好煤矿和道路交通安全。抓好社会治安综合治理,防范和打击各类违法犯罪活动。加强和创新社会管理。七是千方百计加大民生投入,集中办好六件惠民实事。

加快建设富裕文明、开放和谐、充满活力的新偏关

偏关县县长　王　源

2012年，偏关县坚持自我加压、赶超建设，全面推进实施“双五”发展战略，深入开展以“4815”为主的“项目落地年”、以“古关古韵”为主的“大干城建年”、以“解放思想转变观念”为主的“走出去年”等活动，扎实推进5大类147项重点工作，较好地完成了年初确定的各项任务。

2013年是全面贯彻落实党的“十八大”精神的开局之年，是实施“十二五”规划承前启后的关键一年，是为全面建成小康社会奠定坚实基础的重要一年。做好2013年的政府工作，意义十分重大。

一、2013年政府工作总的指导思想

以党的“十八大”精神为指导，紧紧围绕全面建成小康社会宏伟目标，牢牢把握稳中求进、好中求快的工作总基调，坚持“双五”发展战略不动摇，推进“4815”重点工程不停步，坚持项目为纲、产业为先、民生为重、环境为要、稳定为上、党建为本不松劲，加快建设富裕文明、开放和谐、充满活力的新偏关。

二、2013年政府工作的主要奋斗目标

地区生产总值确保增长13%，达到26.78亿元。全社会固定资产投资增长26%，达到16.38亿元以上。社会消费品零售总额增长15%，达到8.7亿元以上。外贸进出口总额达到50万美元以上。财政总收入增长17%，达到4亿元以上；一般预算收入增长17%，达到2亿元以上。城镇居民人均可支配收入增长15%，达到16759元；农民人均纯收入增长20%，达到5070元。

三、2013年政府工作重点

*（一）继续推进以“招商和建设”为主的项目强财战略。*一是扶持完善煤炭物流项目，并取得实质性进展。2013年重点是保证国新500万吨、同煤300万吨、博泰450万吨3个煤炭集运站全部开工建设。年内力争广盛恒300万吨、锦兴300万吨、泰鑫180万吨等4座洗煤厂全部拿到煤炭经营许可证，并正式投产运营，全部进入规模企业项目库。新增煤运、神达2个配送企业拿到煤炭经营许可证，年内争取煤运、盛宝等3家以上配煤中心正常运营。争取焦煤集团铁路专用线在被太原铁路局批准的基础上，被铁路总局批准接轨许可。争取新引进山西方大晋兴投资公司煤炭发运站、远东晋兴煤炭集运站等2～3个大型发运项目。在煤炭物流方面，力争使铁路发运企业达6家以上，设计年发运能力达3000万吨以上；洗选煤炭企业达6家以上，原煤洗选能力达1200万吨以上；配煤中心达8家以上，配送能力达到400万吨以上。二是继续推进风电项目落地，并有新项目开工建设。2013年，确保大唐水泉一期5万千瓦风电项目开工建设，并主体成型。积极跟踪并引进进展速度快的华润风电进入偏关，签约55万千瓦、投资48亿元的合作项目。积极扶持风电企业新上分散式微风发电项目。三是跟踪服务好油页岩开发利用项目，争取早日见效。与山西运泽能源集团深入对接，拟与山东企业合作在偏关投资30多亿元，实施“油页岩168”项目，建成后年耗油页岩800万吨，年产燃油50万吨。四是创新机制扶持区域性中小企业，力求快速发展。2013年在按计划推进“一园六企”的同时，县政府将出台并注资设立中小企业贷款基金的方案和细则，进一步为中小企业融资提供服务保障平台。对于已具规模的企业，积极支持向上申报资金，提高加工转化能力。继续实行品牌战略，对所注册优势农产品商标、申报并获得山西省著名商标品牌的企业补贴2万元，获得中国名牌产品的补贴10万元，获得中国驰名商标的补贴50万元，对企业取得自营出口权的补贴30万元。五是积极完成新的招商和签约任务，为保增长积蓄后劲。大力开展“项目推进年”活动。继续坚持“四大班子包领项目、乡镇部门支持项目、优惠政策扶持项目、‘三人组’服务项目”的推进机制不动摇，进一步为落户偏关的企业做好服务。完成28.8亿元的项目落地任务。不断扩大招商引资力度和范围，招商签约项目达到105亿元，储备项目总投资达到200亿元以上。2013年推进的34项重点工程项目要完成投资14.69亿元，项目开工要完成10.63亿元，项目投产任务要完成21.08亿元。

*（二）继续推进以“增强农村发展活力”为主的产业富民战略。*一是优化农业结构，稳定粮食生产。2013年全县总播面积稳定在2.8万公顷，粮食种植面积2.5万公顷，粮油产量稳定在5000万千克以上。继续

执行农机购机补贴和机收补贴政策，全县综合机械化水平达到40%以上，逐步提高农业机械化服务水平。实施好粮食直补政策，新增加马铃薯每亩补贴60元的新项目。多领域发展农民专业合作社，总数达到220个以上。全县耕地面积稳定在3.7万公顷，并启动实施2013年度“增减挂”任务，有效缓解项目用地征地难的问题。完成退耕还林水利工程治理面积233公顷，完成京津风沙源治理项目。二是抓住机遇发展养羊产业，培育壮大优势。2013年要完成6个标准化养殖小区和5个示范养殖场的建设任务，新发展舍饲养殖示范户100户，规模养殖户达到3500户，实现农民人均牧业纯收入2150元以上。三是优惠扶持日光温室大棚，实现扩数提质。2013年继续坚持新建日光温室大棚每座补贴1.2万元，调产实验棚每座补贴7000元的优惠扶持政策。突出发展特色基地，打响以老营镇无公害蔬菜基地为龙头，辐射全县的“增收棚”战役，形成条块结合，优势鲜明的“无公害”果蔬生产基地，使其成为农民增收的增长点。四是大面积发展仁用杏经济林，力争培育成农民增收新产业。将2013年确定为“林业转型发展年”。坚持“一整合、两转变”林业工作总思路，全年造林绿化任务完成3733公顷。实施1333公顷仁用杏干果经济林建设工程。五是统筹城乡发展，深入推进新农村建设和扶贫移民工程。重点为乡村办好8件实事。在新农村建设方面，首先按年度启动实施好农村“五件实事”：农村困难家庭危房改造，特困群众易地搬迁，行政村街道亮化，村级幼儿园改扩建工程，乡村清洁工程。在乡村转移支付资金方面，办好“三件实事”：为每个自然村村民组长平均补贴1000元，增加乡村道路维修费100万元，为每个乡镇每年增拨“农村重点工程”项目建设费15万元。重点完成整村推进和扶贫移民工程。

（三）继续推进以“古关古韵”为主的特色兴城战略。在建设方面，以积极的态度保障服务好高速路、县城外环路的建设，争取在2013年底前建成通车，彻底改善偏关交通不畅出行难、大车穿城保洁难的问题。准朔铁路全面复工。209国道“三改二”工程，争取年内桥梁、隧道等约束性工程开工。上半年完成县城东部和罗汉坪区域的城镇建设总体规划。规划设计1～2条与外环路连通的高标准道路。实施城区西南部集中供暖工程。投入使用黄河农贸综合市场。继续推进街巷硬化工程，力争城区主要街巷硬化实现全覆盖。新汽车站年内投入使用。整体改善城区环境，年内展开关河河道治理工程。

（四）继续实施以“景区建设和健全功能”为主的旅游活县战略。以黄河、长城、边塞古堡、水利枢纽等为依托，集中力量打造老牛湾、护宁寺、丫角山长城、鸿门口备战地道“四大景区”，分步实施，配套功能，逐步叫响“黄河风情旅游特色县”的“新名片”。2013年，精心打造“三大景区”：深度打造乾坤湾“一区八景”，加快推进黄河、长城边塞风情游护宁寺景区建设，先论证后引资开发鸿门口“备战地道”景区。

（五）继续推进以“为民办实事和提高生活质量”为主的实事惠民战略。一是认真办好人民满意的教育。在操场街新建1所幼儿园，在马家坡移民新区配套新建幼儿园和九年一贯制学校。推进实施投资237万元的农村校舍改造项目。落实好“一颗鸡蛋”营养工程，对全县17所寄宿制学校食堂进行集中改造。确保7所学校的教师周转房年内全部投入使用。优化教学配置，在偏关中学实施多媒体教学“班班通、堂堂用”工程。努力提高办学质量，力争2013年高考二本以上达线率再提高2个百分点，中考取得优异成绩。继续实行中等职业教育免费全覆盖。不断强化教学管理，突出教学主体，进一步提高各级各类学校教学质量。二是努力提升城乡社保能力。城乡居民基础养老金再提高10元，企业退休养老金提高10%，城镇居民医保和新农合财政补助提高40元。4000平方米的社会福利中心完成基建。实施更加积极的就业政策，全面做好各类人员就业工作。三是不断提高群众健康水平。巩固完善基本药物制度，全面推进县级公立医院综合改革。提高参合农民筹资水平，人均筹资总额从290元提高到340元。抓好基层医疗卫生机构基础设施建设，全力推进6个乡镇卫生院周转房项目和2个乡镇业务用房项目，县人民医院综合住院大楼年内完工。进一步健全食品药品卫生安全监管体系，确保广大人民群众的饮食和用药安全。做好优抚安置工作，重点优抚对象门诊治疗每人每年不低于300元。做好60岁农村老兵和60岁老烈士子女生活补助金发放工作。四着力改善城乡居民生活条件。2013年完成1264套保障性住房建设任务。推进800户农村危房改造。解决1.2万人、400头大畜的饮水安全工程。实施“一村一井”工程，年内新打机井45眼。努力争取环境连片整治项目和环保局业务用房新建项目。新一轮农网改造和城区用电能力保障工作全面展开。完成5000套以上广播电视接收设施的发放和安装工程。统筹推进司法大楼、法院大楼、公安局大楼、再就业和劳动保障服务中心、公共服务大厅等建设工程。开工建设档案馆工程。启动三岔至偏关的天然气主管线铺设工程，新建1～3座日生产能力3万～5万立方米的加气站，到2015年实现偏关城区全面气化。五是努力营造和谐稳定的社会环境。创新社会管理，打击社会不法行为。推进“网络安全”“三级平台”建设和社区网格化服务等工作。六是高度重视环境保护和安全生产。强化节能综合执法力度，切实加强节能目标责任管理，全面完成淘汰落后产能任务。加强重点流域、饮用水源地和地下水保护。强化环境评估，加强对排污企业的监测监管，确保城区二级及二级以上天数330天以上。认真落实安全生产的“四项”监管责任，重点抓好煤矿、非煤矿、地质灾害、民爆物品、烟花爆竹、学校食堂、公共场所、交通运输、特种设备、建筑施工、防火设施等重点领域和环节的专项整治。进一步发挥行业职能监管作用，加大审计、统计、质检、工商、采购、政务、公路治超、消防等监管力度，使偏关在和谐有序的环境中发展建设。

着力重点项目建设　推进转型跨越发展

汾阳市市长　李玉林

汾阳一直是开放发展的前沿，并且占有政治次中心地位，其重要性促进了汾阳经济的发展，人民生活水平一直明显地高于周边地区。也正由于此形成汾阳人相对保守，不愿外出的心态，导致改革开放以来汾阳经济没有同步发展，转型步伐相对滞后。

近年来，汾阳市充分认识到只有项目建设才能实现转型，只有实现转型才能跨越发展。出台了转型发展的意见，经过大力实施"六位一体"重点项目建设，使转型发展成为全市各级干部和广大群众的自觉行动，成为全市经济发展的主流和大局。

目前，汾阳市在推进项目建设中，展开了35个转型发展项目，转型发展到位资金175亿元。其中，生产性项目23个，基础设施项目12个。这些项目投产达效后，年产值可新增160亿元，税收增加35亿元，新增就业岗位3.5万个。极大地改善了全市就学、就医和居民生活条件，提升了汾阳的经济实力和社会形象。目前，已有半数转型发展项目投产或投运。2013年将新增产值40亿元，新增税收2.5亿元。另有中汾酒业、古杏酒业等8个项目也在年内投产或投运，经济效益和社会效益将逐步显现。

一、合理规划，政策引导，是实践转型发展的根本

实施重点项目建设、调整经济结构、转型跨越发展是近几年来的方向和主题，是党和政府的号召。汾阳市委、市政府不仅倡导而且落实在规划和引导中，政策引导成为转型跨越发展的根本。一是出台《关于促进全市工业经济转型发展的意见》。对转型的意义、指导思想、目标、重点、路径和鼓励措施进行明确，通过动员和号召，使大家明确了方向、把握了大局。二是抓住机遇，助推转型。汾阳市抓住煤炭资源整合的时机，引导24位从煤炭行业退出来的企业人士自发成立了汾阳市煤炭转型协会，使企业家各求门路，自主转型发展，出现了煤炭企业纷纷转型的态势。三是开展一企一事一业活动，提供转型发展的平台。转型发展的路子更多了，眼界更宽了。

二、根据实际，多路进发，是成功转型的关键

为企业提供广阔的平台和空间，已经实施的35个转型项目，从转型类型看主要有六类：一是"黑转白"项目6个，投资131亿元。中汾酒业、市酒厂、古杏酒业、盛世酒业、晋裕酒业以及利前陶瓷均是由煤炭或焦化转型为白酒或相关企业的。二是"黑转绿"项目3个，投资2.8亿元。山宝食用菌、阳泉村绿化造林、宏源养牛均是煤炭或焦化转型为农业项目的。三是"黑转商"项目5个，投资5.1亿元。汾阳国际大酒店、祥富贷款公司、晋泰粮储中心等均是煤炭或焦化企业转型为第三产业的。四是"黑转文"项目10个，投资20.7亿元。汾阳四中、五中、敬仁学校、昌蕾、昌迪、海洪幼儿园、文庙恢复工程均是煤炭企业转型为教育或文化项目的。五是"黑转基"项目5个，投资4.6亿元。垃圾发电、战略装车点、体育场、敬老院等均是煤炭或焦化企业转型为基础设施项目的。六是其他转型项目8个，投资11.2亿元。多种类型同步并进，成为成功转型的关键所在。

三、优势互补，突破障碍，是快速转型的创新之举

顺利实现转型发展要充分发挥各方面的优势所在，汾阳的转型主要是发挥了党和政府的组织优势、信息优势，国企的品牌优势、思想优势，民企的资金优势、效率优势。一是党和政府充分发挥转型发展的导向和引领作用。在转型发展中党和政府依靠掌握的大量信息资源，出台指导文件，制定鼓励政策并展开大力度舆论宣传。特别是党政领导积极实施，发挥组织职能，落实具体措施，为从煤炭领域退出来的资金提供了平台和归宿，为民营企业与国有企业强强联合提供了可能，奠定了基础，搭建了框架，使大量资金留在了当地，促进转型发展，加快转型步伐。二是广大事业单位和国有企业的领导解放思想，以发展为大局，冲破体制机制的束缚和羁绊。允许民营经济投资经营学校、医院、金融等领域，特别是汾酒集团开放汾酒和杏花村品牌，允许民营企业走驰名品牌共享多赢之路，在发展中保护品牌壮大品牌，将品牌资源优势转化为经济发展后发优势。三是民营企业积极发挥主动性。煤炭资源整合后，煤企老板主动争取为社会做贡献的机会和条件，为退出煤炭行业的大量资金寻求出路。特别是他们充分发挥快速决策、高效办事的优势，对汾阳市能够快速转型起到了决定性的作用。

四、突出重点，服务到位，是转型跨越发展的保证

在重点项目建设中，积极实施领导包联重点项目制度，重点转型项目由四大班子领导牵头，配备相关单位和所在乡镇(街道)负责人包联服务。从制度上有力支持了转型项目的顺利进展。一是对重点项目实行“保姆式”服务。要求包联人员从项目立项、征地、环评、资金、建设到用工、投产，各方面全过程给予帮助和扶持。特别是完善法人承诺、领导包联、调度观摩、定期督查、责任考核、逐月通报六项制度，对包联人员形成压力，增强了服务的主动性和自觉性。二是成立市政府驻重点项目现场服务办公室。抽调60余人驻扎25个项目现场开展服务，及时协调各方面关系，解决转型项目建设中遇到的通路、用水、供电等问题。三是成立重点项目推进服务组。为进一步加强转型项目服务工作，市政府抽调发改、经信、国土、环保、住建等12个部门主要领导成立推进服务组，着力解决“吃拿卡要”问题，专门就转型项目手续办理工作进行推动。不断强化服务工作，对项目建设“扶上马送一程”，为转型项目实施营造优良环境，为“六位一体”项目建设，推进转型发展起到了保驾护航的作用。

先行先试　积极作为
奋力开创转型跨越发展新局面

孝义市市委书记　张旭光

2011年，孝义市被确定为省级转型综改试点和扩权强县试点以来，全市上下大胆地试、扎实地干，紧紧围绕“产业转型、城乡统筹、生态修复、民生改善”四大主要任务，做了五方面的重点工作，转型跨越取得了新的阶段性成果。在2013年7月公布的全省县域发展考核评价结果中，孝义市位居榜首。在全国县域经济百强中连续6年进位赶超，位列第65位。

一、在转型综改顶层设计方面，主要做了两件事

一是成立由政府市长任组长的转型综改试验工作领导组，组建四大任务及扩权强县试点、全面建成小康社会等12个专门工作团队，分别由常委、副市长具体实施，确保在重点领域率先突破。编制完成《孝义市转型综改试验先行试点行动方案(2012年)》，全省市县两级首家获批，并作为范本印发至11个市及其他试点县推荐参考。二是积极对接省转型综改总体部署，编制完成《孝义市国家资源型经济转型综合配套改革试验实施方案(2013～2015年)》和《2013年行动计划》，明确了“十二五”后三年及2013年的重点工作任务，为转型综改试点工作有序推进提供了强有力的政策支撑。

二、围绕“产业转型”，主要做了三件事

按照“以煤为基、多元发展”的思路，坚持园区承载、项目支撑、循环引领，着力建设新兴产业新基地。一是产业集聚，建设循环经济大园区。统筹实施煤化工、装备制造、高新科技、现代农业、现代服务业“五大园区”，吸引全市90%以上的新兴产业项目入驻，总投资突破2000亿元。千万吨级煤化工循环经济园区被确定为全省4个焦化集中发展区之一，高新科技产业园区被省政府确定为吕梁“一市两园”科技创新园。二是招商引资，一批大集团、大项目落户孝义。成立9个专业招商局，定点式、跟进式持续招商引资、招大引强，引进沃尔玛、大润发、家乐福、山东信发、杭州锦江等一批世界500强、中国100强企业。实施“转型项目大攻坚”，累计上马总投资1752亿元的75个亿元以上重点转型项目，全部建成达产后可新增市域生产总值1000亿元，新增财政收入100亿元以上。其中，总投资800亿元的山西信发化工铝系综合循环项目成为省政府确定的30个重大项目之一，已完成投资近200亿元；兴安化工铝系产业项目连续4年蝉联孝义纳税“首户”。三是先行先试，破解土地、资金等难题。为破解项目用地难，率先推进城乡建设用地增减挂钩试点，复垦土地217公顷，新增耕地205公顷，争取周转用地指标533公顷。为破解项目融资难，在全省县级率先设立金融办，运用扩权政策争取上级转移支付和专项补助15.73亿元，调度资金9.96亿元，上半年为企业争取贷款50多亿元，并启动12亿元企业债券发行工作。为破解项目落地难，启动县级公共资源交易中心建设，运用扩权政策，办理时限平均缩短15个工作日。开通全省首个评标专家库县级抽取终端，为53个项目提供免费评标专家抽取服务，项目发展环境进一步优化。

三、围绕“城乡统筹”，主要做了三件事

抓住被确定为全省城乡一体化试点契机，扎实推进特色城镇化“1420”工程，即集中力量建设主城区、4个特色中心镇和20个社区化中心村。一是拓展延伸区域道路体系。围绕在“孝汾平介灵城镇群”发展中建设区域中心城市的目标，完成孝汾大道、时代大道等全长27.5千米的12条城市骨干道路新改扩建工程，搭建起“八横九纵一环”的开放型交通网络，实现与周边县市15分钟通达。二是完善优化中心城区框架。以胜溪湖绿色长廊和城市快速通道为轴心，布局建设CBD、中心医院、文化艺术中心等地标性建筑，城市建成区面积达到27.3平方千米，“一河两岸、沿河环湖”滨河城市景观初具规模。三是加快农村迁村进城步伐。结合采煤沉陷区治理，启动涉及8个乡镇84个村，总投资60亿元的5个压煤村庄搬迁安置新区建设工程，西部山区8万多农民将彻底走出房屋裂缝、土地塌陷的困境，过上与城市居民同等的水电气热完备、公共服务优厚的幸福生活。

四、围绕“生态修复”，主要做了两件事

抓住全省绿色转型试点政策机遇，建设宜居宜业宜游的生态城市。一是传统产业再整合、再提升，加快“低碳、节能、环保”城市建设。从解决结构性污染问题着手，将全市100余座煤矿整合重组为13座现代化矿井，实现了煤炭产业的高效、清洁、绿色发展。试行焦化产能置换，全市机焦企业由28个整合为8个，规划产能1500万吨，全部采用世界一流技术，年可节水300万吨，减少温室气体排放150万吨，减少二氧化硫排放3000吨，走上了超高端、大规模、全循环发展之路。二是大造林、大绿化，再造“碧水蓝天”新孝义。每年投入2亿元用于植树造林，全市森林覆盖率30.9%，林木绿化率42%。持续七年新造核桃林2万多公顷，实现孝义西部山区和丘陵地区3.3万公顷核桃林全覆盖。高标准实施国家级胜溪湖湿地公园，以及孝河、兑镇河等“一湖六河”流域生态环境综合整治，打造了直抵汾河的20多千米生态、旅游、文化走廊。孝义市先后荣获全国绿化模范城市、全国环境综合整治先进市、国家园林城市、省级综合宜居城市等称号。

五、围绕“民生改善”，主要做了四件事

突出“学有所教、劳有所得、病有所医、老有所养、住有所居”，大办民生实事，让全市人民早日实现“孝义梦”。一是全面推进公立医院改革。抓住被列为全省县域医药卫生一体化综合改革试点的机遇，投资3亿元完成市乡村三级医疗卫生院所标准化建设。实施山西大医院对口帮扶市人民医院综合改革试点，探索实行市级公立医院托管乡镇卫生院机制，逐步建立起全域医疗资源一体化管理体系。二是扎实推进大学城建设。筹资13亿元建设占地100公顷，建筑面积60万平方米的吕梁职业技术学院，市职业教育中心、汾阳煤炭工业学校进驻一期办学。引进太原理工大学现代科技学院，着力打造集聚3～5所高等院校，在校人数超3万人的区域教育中心。三是不断加强和创新社会管理。先后启动“大办社区年”“社区建设年”活动，城市社区由24个调整为48个，划分为308个社会管理网格，构建起市、街道、社区、网格“四级联动”服务管理模式。配齐配强社区专职工作人员和协警，将疾控、计生、民政等部门公共服务职能延伸到各社区。四是新建、改建乡镇养老院。市财政投入1000万元补助改造、建设乡镇养老院，确保每个乡镇有一所规模养老院，实现农村“五保户”集中供养。

今后，我们将再接再厉、再鼓干劲，全力做好转型综改试点工作。一是重大改革要有新突破。积极争取省直厅局63项专项改革任务在孝义先行先试。高标准完成省政府《2013年行动计划》提出的土地管理制度创新和金融发展机制创新两项改革任务。二是重大事项要有新亮点。全面推进城乡一体化试点、培育发展中小微企业等20项重大事项，争取更多扩权权限下放孝义市。实质性启动6个扩权强镇试点。三是重大项目要有新成果。按照“项目推进年”活动要求，完成“六位一体”目标任务，为再造一个新山西做出更大贡献！

紧抓“试点”机遇 突出“四化”引领 奋力夺取百强孝义转型跨越发展新成就

孝义市市长 **郭保平**

近年来，孝义市坚持以科学发展观为指导，牢牢把握中央“稳中求进”的总基调，认真贯彻省委、省政府“转型跨越，再造一个新山西”的战略部署和吕梁市委、市政府“打基础、利长远、惠民生”的总体要求，以转型综改和扩权强县“双试点”为总抓手，解放思想，先行先试，破解难题，加快发展，全面推进工业新型化、农业现代化、市域城镇化、城乡生态化，转型跨越取得新成效。2012年全市生产总值390.1亿元，比2011年增长14%；财政总收入64.26亿元，增长7.1%；一般预算收入24.82亿元，增长22.3%；全社会固定资产投资221.25亿元，增长30%；规模以上工业企业增加值257.9亿元，增长21.9%；社会消费品零售总额

93.38亿元，增长15.5%；城镇居民人均可支配收入23151元，增长17.2%；农民人均纯收入11077元，增长19%。多项主要经济指标位居全省县域总量前列。在第十二届全国县域经济基本竞争力与县域科学发展评价中，位列第65位，实现连续6年进位赶超。

一、围绕大上项目、上大项目，狠抓项目"六位一体"，转型项目大攻坚取得新突破

一是招商引资再掀高潮。瞄准新兴产业，紧盯高端项目，出台《关于鼓励投资和招才引智的实施办法》，实施定点式、持续式、跟进式招商。2010年7月以来，累计建设总投资1633亿元的69个亿元以上转型项目。同时，引进储备了一批转型引领项目，储备项目概算投资稳定在1000亿元以上。2012年，奠基开工22个亿元以上项目，概算投资187.04亿元。二是重点项目高效推进。把项目落地率、投资完成率作为重点，强化市级领导包扶，实行专业化对接、点对点攻坚、全过程服务，强力推进项目建设、投产步伐，建成一批转型标杆项目。69个亿元转型项目60个开工，完成投资351.48亿元，33个已经完工或部分完工。三是"五大园区"集聚发展。全市90%以上的新兴产业项目入驻园区，吸引投资突破2000亿元。千万吨级煤化工循环经济园区落地项目18个，完成投资60亿元，被确定为全省四个焦化集中发展区之一；装备制造业园区落地项目4个，完成投资207亿元，引进山东信发、中煤制造、杭州锦江等大型集团企业；高新科技产业园区落地项目5个，完成投资11亿元，被列为吕梁"一市两园"科技创新园；现代农业园区落地项目24个，完成投资21.85亿元，形成肉禽、果蔬、小杂粮、核桃四大特色产业链；中心城区现代服务业集中示范区引进沃尔玛、华美新天地、红星美凯龙、美特好等国内外知名品牌，完成投资15亿元。

二、围绕以煤为基、多元发展，加快转变经济发展方式，工业新型化迈出新步伐

一是传统产业做大做强。全面加快13座兼并重组煤矿基建改造，金达煤业投产。鹏飞500万吨焦化项目一期投产，成为全省首家点火烘炉并投产的现代化大型焦化项目。总投资800亿元的信发铝系综合循环项目一期白刚玉及配套项目基本建成。金州针状焦项目一期煤焦油部分正进行单体试车。金岩500万吨、金达300万吨焦化项目和兴安化工年产200万吨铝材深加工项目加快推进。楼俊红沟220万吨焦化及500万吨钢铁项目开工建设。二是新兴产业高端发展。晋越峰纳米超级电容电池30万只生产线投入试生产，华夏电动农用车电机、金晖可降解塑料、汾西矿业集团煤矸石制陶瓷微珠等一批高新项目开工建设。三是现代服务业蓬勃兴起。铺开孝义中央商务区(CBD)规划。沃尔玛综合商务区一期具备总包进场条件，西关世纪购物广场部分建成，金目物流、烟草物流配送中心、华美新天地购物广场等项目加紧建设，孝义大世界、义乌商品交易国际博览城、新濠国际酒店奠基开工。

三、围绕"一县一业、一村一品"，着力促进农业增效和农民增收，农业现代化呈现新成效

坚持效益提升、规模发展，大力发展特色"种养加"产业，实现基地带动农民5万人。全市粮食总产量达到13.6万吨，畜牧产值占农业总产值的53%。农民专业合作社369个，覆盖村数205个，覆盖率54%，入股农户1.5万户。一是特色种植业不断扩大。设施蔬菜总面积1133公顷，形成4个高标准设施蔬菜示范园区；玉米种植面积稳定在1.3万公顷以上。核桃经济林总面积3.3万公顷，形成6个万亩核桃基地和38个千亩核桃示范园。二是标准化养殖业集中做强。以山西铭信、孝义大象为龙头，铺开肉鸡、肉鸭标准化养殖小区建设工程，全市草食畜全部实现舍饲圈养。新发展肉禽标准化养殖小区34个，全市标准化养殖小区达到283个。三是农产品加工业打造品牌。威尔仓储产销一体化项目正式投产，惠民蔬菜直通车工程投入运营。大象禽业1亿只肉鸡屠宰加工及60万吨饲料生产项目投入试生产。铭信二期2520万只枫叶鸭加工项目完成孵化厂、种鸭厂建设。现代农业园区入园企业达到24户。农产品年加工总量20.1万吨，销售收入5.49亿元。

四、围绕城乡统筹、扩容提质，努力建设太原都市圈南部区域中心城市，市域城镇化实现新跨越

围绕在全省率先实现"市域城镇化、城乡一体化"目标，实施"1420"工程，集中力量建设规划面积57平方千米、30万人口的主城区，以及4个特色中心镇和20个社区化中心村。一是中心城市框架基本形成。打通多年阻碍城市发展的断头路，完成孝汾立交、时代大道东延等一批城市标志性工程，新改建城市道路12条、总长27.5千米，实现了城市南北、东西大贯通的"八横九纵一环"格局，建成区面积27.3平方千米，中心城市基础框架基本形成。二是城乡基础功能日益完善。完成人民广场景观提升改造工程，日处理污水2.4万吨的第二污水处理厂开工建设，城南110千伏变电站竣工投用。全市集中供热普及率90%以上，集中供气普及率95.7%。主动对接全省"大水网"建设，市域水网引黄输水工程加快实施，城市综合承载能力进一步增强。三是中心镇村建设稳步推进。梧桐新区6000户居民入住。胜溪新村中小学及9栋300套3.3万平方米居民安置房工程竣工投用。启动涉及84个村8万人的压煤村庄搬迁工程，已铺开总面积60万平方米的5个安置新区工程。

五、围绕生态宜居、环保优先，大力实施"五城"创建，城乡生态化展现新面貌

抓住全省绿色转型试点政策机遇，扎实推进节能减排、造林绿化、城乡环境卫生整治"三大工程"，争创全国文明城市、国家卫生城市、国家环保模范城市、国家生态园林城市、全国宜居城市。一是节能减排扎实有效。累计对40个产业项目实行环保"一票否决"，完成城市规划区和敏感区范围内174户企业的搬迁取缔。项目环评和"三同时"执行率100%。2012年，城区空气质量二级以上天数361天，一级天数111天，创历史最高水平。二是生态建设步伐加快。高标准打造10平方千米城南山区生态景观带。新造林7467公顷，新增城区绿化面积250.4公顷。国家级胜溪湖湿地公园、孝河生态环境综合整治三期以及兑镇河、下堡河、柱濮河、曹溪河流域生态环境综合治理工程加紧推进。全市森林覆盖率30.9%，林木绿化率42%。三是环境整治卓有成效。全面开展国家卫生城市创建活动，市容环境、食品安全、病媒防治等工作取得显著成效，顺利通过国家爱卫办暗访。铺开环境优美乡村创建活动，4个街道办事处39个村实现“垃圾不落地”管理。

六、围绕普惠民生、共享成果，着力保障和改善民生，群众幸福指数得到新提升

集中力量大办民生实事。一是大力发展科教卫生事业。吕梁职业技术学院一期工程完工，具备入驻条件。投资2165万元支持薄弱学校改造。投资3亿元完成市乡村三级医疗卫生院所标准化建设，399个医疗机构全部实现药品零差率销售。城镇居民医保和新农合补助标准提高到每人每年240元，新农合重大疾病保障由8项扩至30项以上。二是健全完善社会保障体系。2012年，城镇新增就业岗位5288人、创业带动就业816人、城镇失业人员再就业1107人、就业困难对象再就业314人，城镇登记失业率控制在3%以内。城镇职工基本养老保险参保5.1万人，城镇基本医疗保险参保18万人，失业保险参保5.1万人，工伤保险参保1.5万人，生育保险参保4.1万人。铺开2433套保障性住房建设，竣工1270套。圆满完成供应低收入农户冬季取暖用煤任务。三是高标准完成两轮“五个全覆盖”。农村便民连锁商店、农村文化体育场所、中等职业教育免费、新型农村社会养老保险实现全覆盖。特别是累计投入2.92亿元，完成农村街巷硬化1375.7千米。四是加快推进“方便农民五件实事”。全年累计完成实事388件。

七、围绕保障安全、维护稳定，深化安全生产专项整治和“三大活动”，社会管理夯实新基础

大力提高安全保障能力。以企业安全生产标准化建设为重点，稳步推进安全发展示范城市创建，集中开展安全生产专项整治、打非治违专项行动、安全隐患排查整治百日专项行动、道路交通安全执法检查等专项整治行动。严格落实安全生产责任追究，实行安全生产“一票否决制”。全市生产安全伤亡事故下降10.8%，安全生产形势持续稳定好转。不断创新社会管理。投资5000万元启动“大办社区年”活动，全市社区由24个调整为48个，划分为308个社会管理网格，构建起市、街道、社区、网格“四级联动”服务管理模式。着力维护社会稳定。深入开展“三大活动”。启动20项惠民工程，对20类群众共性诉求进行集中解决。

八、围绕先行先试、改革创新，加快两个试点建设，经济社会发展注入新活力

在全省市县两级首家获批《孝义市转型综改试验先行试点行动方案(2012年)》，首家通过《绿色转型三年行动计划》。完成《扩权强县首批下放权限汇编》。运用扩权政策，争取省、吕梁市专项补助和转移支付资金11亿元，资金调度4.46亿元。开通“扩权强县直通车”便民服务系统。在全省县级率先设立金融办，促成10家金融机构与69户企业达成77.6亿元贷款意向。梧桐镇、下堡镇列入全省首批“百镇建设”序列，启动6个扩权强镇(乡)试点，从财政激励、组织人事、行政执法、土地资金要素保障等方面先期铺开准备工作。

我们将深入贯彻落实党的“十八大”精神，紧紧围绕资源型城市经济转型和民生幸福型区域中心城市建设“两大战略”，牢牢把握转型综改和扩权强县“两项试点”政策机遇，团结和带领全市广大干部群众继续以更加高昂的斗志、更加饱满的热情、更加务实的作风，解放思想、锐意进取、大胆地试、扎实地干，为在全省实现“两个率先”做出新的更大的贡献！

努力建设和谐兴县、富裕兴县、美丽兴县、幸福兴县

兴县县长 **梁志锋**

2012年，兴县坚持科学发展主题、加快转变经济发展方式主线和稳中求进的总基调，按照“打基础、利长远、惠民生”的总体要求，坚定不移推进“五五兴县”战略，经济社会发展和各项工作取得新成绩，为完成2013年目标任务，打下了良好基础。

一、2013年政府工作的总体思路

深入贯彻落实党的“十八大”精神，始终坚持科学发展主题，牢牢把握稳中求进的总基调，把加快发展作为第一要务，坚定不移推进“五五兴县”战略，不断夯实发展基础，持续改善民生，以更加奋发的精神，更加务实的作风，更加开阔的思路，努力建设和谐兴县、富裕兴县、美丽兴县、幸福兴县！

二、2013年经济和社会发展的主要预期目标

地区生产总值78亿元，增长10%；规模以上工业增加值70亿元，增长15%；社会消费品零售总额5.4亿元，增长8%；固定资产投资42亿元，增长16%；财政总收入32亿元，增长27%；一般预算收入9.6亿元，增长31%；城镇居民人均可支配收入16000元，增长10%；农民人均纯收入3480元，增长15%。

三、2013年政府主要工作

（一）突出重点抓项目，集中精力办大事。实行县级领导包联重点项目制度，大上项目、上大项目、上好项目、上新项目，推动兴县经济社会又好又快发展。2013年的目标是：完成项目储备834亿元，项目签约85亿元，项目落地220亿元，项目开工175亿元，项目建设120亿元，项目投产130亿元。全年共确定重点工程项目42个，总投资531亿元。其中，省重点工程项目6个，市重点工程项目8个，县重点工程项目34个。工作重点是：建设"一个园区"、起步"两大产业"、实施"六大工程"，即建设华润中铝循环产业园区，起步电力产业和燃气产业，实施农业产业化工程、工业大道建设工程、县域基础设施建设工程、新区开发建设工程、教育基础设施建设工程、红色旅游建设工程。

（二）统筹兼顾谋全局，千方百计惠民生。(1)加快发展各项社会事业。一是坚持教育优先发展。在突出抓好教育基础设施建设工程的基础上，编制全县教育发展中长期规划，构建"一纲五目"的教育管理政策体系，合理配置资源。二是继续加强卫生计生工作。建立健全新农合长效筹资机制，确保参合率稳定在99%以上；进一步提高住院费用报销比例，门诊统筹报销比例达到80%，20种重大疾病报销比例达到70%；巩固基本药物制度改革成果，进一步强化基本药物采购工作，提高农村医疗服务质量，从根本上解决群众看病难、看病贵的问题。继续加强人口计生工作，人口出生率控制在10‰以内，自然增长率控制在6‰以内，切实稳定低生育水平。三是大力发展文化事业。全面启动"文化广厦"工程，做好图书馆、文化馆、广电演播厅、影剧院的环评、土地审批、立项等前期工作。四是努力提升社保水平。逐步提高社会救助基础条件。全力做好企业养老保险、机关事业养老保险、城镇基本医疗保险、失业保险、农村社会养老保险参保工作。力争使农村低保覆盖率达到全县农业人口的11%。城市低保覆盖率提高5个百分点，达到20%，并进一步扩大救助面，提高救助标准。五是不断拓宽就业渠道。进一步加大就业培训力度，积极协调驻地企业为当地劳动者提供就业岗位，确保城镇新增就业2100人，失业人员再就业600人，城镇登记失业率控制在4.2%，基本保持全县就业局势整体稳定。六是着力推进社区建设。积极探索社区建设的新思路，健全完善社区工作机构，努力提高社会管理水平。(2)积极推进生态文明建设。把生态文明的理念贯穿于工作的全过程，逐步改善生态环境。继续加大造林绿化工作力度，继续抓好天然林保护、退耕还林、"三北"防护林等国家林业重点工程建设，全面启动吕梁山生态脆弱区林业生态建设工程，全力实施通道绿化补植提档、环城绿化、厂矿区绿化和矿山生态修复治理等工程。加大地表水质监管力度，确保出境断面水质达到五类水质标准。积极开展9项污染物控制，确保市下达的任务圆满完成。加强环境监管能力和信息平台建设，力争年内达到国家环境监察能力三级标准并通过省级监测计量资质认证。(3)努力维护社会安全稳定。严格落实企业安全生产和政府各部门安全监管两个主体责任，建立网格化安全监管体系，深入开展"百日安全""打非治违"和"治理超限"等专项行动，加强安全隐患大排查、大整治，全力杜绝重特大事故，减少一般事故，防范突发性、群体性事件。进一步巩固"三大活动"成果，加强社会矛盾源头治理，健全矛盾纠纷排查调处机制，拓宽群众诉求表达渠道，妥善解决群众合法合理诉求。严厉打击各种违法犯罪行为，加强社会治安综合治理和社会治安防控体系建设，努力为人民群众创建安居乐业的幸福家园。(4)认真办好惠民利民实事。切实办好"5+1"六件为民实事。继续推进"千井灌溉富民"工程建设。安排763人易地搬迁，新启动9个村的整村推进项目，继续实施片区开发、教育扶贫、科技培训等项目，力争年内使1.7万人脱贫。努力改善群众居住条件，新建公租房150套7500平方米，廉租房200套10000平方米，改造城市棚户区510套4.6万平方米，改造农村危旧房500户，改造城中村20万平方米。

先行先试　创新创先
闯出晋西北欠发达县份转型综改新路径

岚县县委书记　**薄宇新**

自2011年9月岚县被确定为吕梁市综改试点县以来，县委、县政府将资源型经济转型综改工作作为岚县转型跨越发展的总抓手，以项目建设为纽带，以综改试点为平台，用足用好政策，大胆先行先试，努力在产业转型、城乡统筹、土地利用、项目审批、人才工作等方面创造“岚县模式”，力争创造转型跨越发展的“岚县速度”。

为进一步推进转型综改试验区建设，岚县按照全省国家资源型经济转型综改试验区建设的总体要求，以科学发展为主题，以转型跨越为目标，紧紧围绕“产业转型、生态修复、城乡统筹、民生改善”四大领域，抓住“资源开发、资源转化、新兴产业”三个重点，创新体制机制，努力破解制约资源型经济转型的瓶颈，在重点领域和关键环节取得新突破，力争将岚县建设成资源型经济可持续发展的示范区，生态环境综合治理的样板区，城乡建设用地“增减挂钩”试点工作的先行区，创新社会管理模式的先导区，率先走出资源型欠发达地区科学发展新路，全力打造实力岚县、富裕岚县、幸福岚县、美丽岚县、和谐岚县、勤廉岚县。

一、围绕四大领域改革，努力在经济发展、生态治理、城镇建设、民生改善上取得突破，加快形成与转型综改试验区相适应的新格局、新模式、新优势

（一）围绕产业转型，在经济发展上创先争优。坚持把经济结构调整作为经济发展方式转变的主攻方向，黑色与绿色并重，煤铁资源与非资源性联动，地下地上一体，以新兴产业引领转型，以园区集聚承载转型，以发展现代农业提升转型，建立以煤铁为基、多元发展先行示范区。精心规划实施“3＋1”“1＋3”转型跨越发展战略。“3＋1”发展思路是以增强县域经济实力为主，兼顾人民群众增加就业、提高收入的战略；“1＋3”是以农民收入稳定增长为主，兼顾县域经济健康发展的战略。“3＋1”中的“3”就是：以煤铁资源开采为主的资源型经济，以洗煤、冶炼、铸造、发电为主的产业链延伸，以高新技术产业、现代服务业为主的非资源型经济。到2020年，三大产业集群各提供20亿元以上的财政收入，全县财政总收入60亿元以上，达到全市中等水平。“3＋1”中的“1”就是农业产业化。“1＋3”是“一主三辅”农业产业化发展思路。“1”就是马铃薯产业，“3”就是油松育苗、生态养殖和生态旅游。到2020年，年生产微型薯1亿粒，马铃薯种植总面积达到2.3万公顷，成为全国大中型脱毒微型薯繁育基地、商品薯生产基地和重要加工基地，实现“中国种薯第一县”和“中国土豆第一县”目标。加快种苗基地建设，建成6667公顷油松育苗基地，打造“华北油松种苗第一县”打造以猪、牛、羊现代规模养殖为主的地方特色生态品牌，建成“雁门关生态养殖示范县”。农民人均纯收入超12000元，实现全面建成小康社会的奋斗目标。

（二）围绕生态修复，在生态治理上创先争优。抓住岚县被列为全省“实施区域流域或生态环境重点保护县”的机遇，加快汾河流域生态环境治理修复与保护等绿色生态工程。以农田水利建设、小流域综合治理、废弃矿区厂区治理以及尾矿库后续治理、推进减排治污为重点，大力开展水土保持和水生态保护工作，努力创优生态环境。大力开展造林绿化，形成以荒山绿化为屏障、通道绿化为骨架、农田林网绿化为羽翼、村庄绿化为亮点的造林绿化新格局，实现“全省林业生态县”目标。

（三）围绕城乡统筹，在城镇化建设上创先争优。依托丰富的自然人文景观资源，挖掘历史文化元素，坚持“四城”（国家文明县城、国家园林县城、国家卫生县城、国家环保县城）同创，努力将岚县建设成为太原都市圈旅游、休闲、纳凉和美食目的地，逐步融入太原都市圈。充分利用吕梁新区建设机遇和太原都市圈建设机遇转换为优势叠加效应，在城市互动、产业转移、商贸流通、文化旅游等方面实现全方位开放，全面对接，无障碍活动，多层次协作，打造吕梁市和太原市对接桥头堡，建设晋西北转型发展高地。

（四）围绕民生改善，在大民生建设上创先争优。把全民创业、社会保障、教育卫生等民生工程作为最大的发展工程，把创新社会管理作为最大基础工程，把抓好安全生产作为最大发展保障，把加快文化产业发展作为重要发展依据，使人民群众生活更有尊严和幸福感。

二、围绕机制创新，努力破除制约发展的各种体制机制障碍，加快形成与转型综改试验区相适应的新体制、新机制、新政策

（一）创新招商引资机制。牢固树立“优势互补、合作共赢”的理念，构建“大招商”格局。一是设立工业、农业、服务业、城镇化、社会事业等五个专业招商办公室，配备专门人员，彻底理顺招商引资机制。二是在重点省、市设立联络点，切实加强与省内外，尤其是沿海发达地区各级政府、知名企业、商会组织、工商联以及大的投资集团进行联络与沟通，拓展获取投资信息渠道。三是按照招商目录，合理划分招商引资任务，使全县每个部门都承担招商职责，对招商引资工作做出突出贡献的干部，优先提拔使用。四是设立招商引资奖励基金，根据引资投资额按适当比例奖励引资人员，激发引资人员积极性。

（二）创新行政审批机制。完善项目审批机制，成立“行政代办服务中心”，实行一站式办公、一条龙服务，把行政审批项目统一纳入政务大厅，变分散办公为集中办公，减少审批环节，加快审批进度，优化审批流程，提高审批效率。凡属即办件的项目，执行简易流程，由审批窗口限时办结；对保留的行政审批事项，逐项就环节、办理时限等问题认真研究梳理，做到优化流程、减少环节、明确责任、严格程序。

（三）创新财税管理机制。对上级投资的项目资金要统筹使用，优先投资县确定的转型标杆项目，发挥资金使用效益。县财政要设立专项的转型发展资金，用于支持转型标杆项目。对独立核算的经营性标杆项目，参照《山西省人民政府办公厅关于印发支持省级转型综改项目的若干优惠政策》，自投产获利之日起三年内，按其上缴财政的企业所得税给予一定的比例予以奖励。

（四）创新土地管理机制。尽快制定废弃工矿用地开展利用方案、闲置工商用地处置办法、建设用地增减挂钩实施办法，启动城乡土地利用增减挂钩工作。优化土地使用效益，把住用地关口，建立以投产产出效益为主要指标的建设用地准入制度、土地利用效益评估机制，考核单位建设用地的投资强度、产出效益、吸纳就业能力、项目建设周期四项指标，引导企业节约用地。加强土地资产经营管理，建立土地储备制度，解决土地供应不足的问题。

（五）创新生态补偿机制。按照“统筹兼顾、突出重点，预防为主、防治结合、过程控制、综合治理”的原则，扩大生态综合治理试点，对各种利用、污染、破坏资源环境的行为征收生态补偿资金，建立健全矿产资源开采生态补偿机制。按照“谁开发谁保护、谁破坏谁恢复、谁排污谁付费、谁治理谁受益”的原则，以工业废弃物排放收费、污水处理收费和垃圾处理收费为重点，探索建立排污权有偿使用和交易制度，鼓励社会资本和外资参与基础设施建设和运营。

（六）创新人才引进机制。设立人才引进专项资金，重点用于高层次和紧缺人才的引进和奖励。实现“一流人才一流待遇、一流贡献一流地位”，切实让优秀人才发挥应有作用。制定和落实人才优惠政策，建立高素质人才队伍。

推进转型跨越　建设美好岚县

岚县县长　**油晓峰**

2012年，岚县以科学发展为主题，以转型跨越为主线，以转型综改试点建设为契机，深入实施“五五”发展方略，巩固和持续了赶超发展的良好态势。

2013年是全面贯彻落实“十八大”精神的开局之年，是实施“十二五”规划承前启后的关键一年，更是为实现转型跨越奠定坚实基础的重要一年。只要我们坚定信心、抢抓机遇，趋利避害、扎实苦干，就一定能够推动经济社会发展再上新台阶，迈出建设美好岚县的坚实步伐。

一、2013年政府工作的指导思想

全面贯彻落实党的“十八大”精神，以科学发展观为指导，以党的建设为统领，围绕全面建成小康社会总体目标，以发展经济为第一要务，以项目建设和扶贫开发为抓手，以综改试点为平台，强力推进资源开发、资源转化和新型产业，努力建设实力岚县、富裕岚县、幸福岚县、美丽岚县、和谐岚县、勤廉岚县！

二、2013年经济和社会发展的主要预期目标

地区生产总值18亿元，比2012年增长10.5%；规模以上工业增加值7.6亿元，增长18.2%；固定资产投资70亿元，增长15.7%；社会消费品零售总额8.81亿元，增长18.6%；财政总收入11亿元，增长

9.9%；城镇居民人均可支配收入14863元，增长8.9%；农民人均纯收入4000元，增长18.3%；外贸进出口总额60万美元，增长25%。

三、2013年政府重点工作

（一）坚持投资拉动，在重大项目建设上取得突破。一是认真筹划项目。全力抓好总投资575亿元的55个重点项目，认真做好项目储备、签约、落地、开工、建设和投产工作，实施好重点标杆项目。全力抓好项目储备签约，突出抓好大煤电、大铸造、大煤焦“三大产业”；抓好项目落地开工，重点在新材料园区、生态养殖、路网基础设施、风力发电四个方面实现突破；抓好项目建设投产。重点完成煤炭、冶金、装备制造三大产业项目投产达效。二是全力推进项目。坚持实行一个项目、一套班子、一抓到底的项目推动制度，力攻立项、环评、土地“三大关”，全力解决项目建设瓶颈，坚决在项目审批上取得重大突破。认真开展项目专项清理行动，促进项目建设。三是狠抓项目管理。所有政府投资项目要严格按照《岚县政府投资项目管理办法》规范程序，加强管理。特别是要加强对政府投资建设项目财政评审、跟踪审计和竣工决算审计。进一步完善企业考核评价体系，加大对企业亩产税收、单位生产总值建设用地消耗、单位电耗等指标的考核。四是大力招商引资。出台招商引资优惠政策和奖励办法，引荐大项目、好项目，吸引更多有利于转型的生产要素进入岚县。

（二）围绕农民增收，在农业农村工作上取得突破。一是大力推进农业产业化。以农民增收为核心，人力发展“一村一品”“一县一业”，加快形成以马铃薯为主，油松育苗、生态养殖、生态旅游为辅的“一主三辅”农业产业布局。以市场为导向，构建农业产业生产加工体系、营销体系和技术服务体系，提高农产品加工转化率，增加附加值。进一步加强设施农业产业建设，加快土地流转，搞好基础配套，抓好技术培训，做好农超对接，完善营销网络。二是突出抓好扶贫攻坚。进一步加大财政投入力度，着力构建专项扶贫、行业扶贫、社会扶贫“三位一体”的大扶贫格局。通过产业扶贫、劳动力输出、整村推进等各项措施完成1万人的减贫任务，组织完成《产业扶贫实施规划》，完成1500人移民搬迁任务，继续实施“雨露计划”劳动力转移培训工程，切实做好全县3000名农村贫困家庭职业教育资助工作。三是加强农业基础设施建设。继续实施农村饮水安全工程，年内完成20个村、2.5万人饮水安全工程；大力实施节水灌溉工程，新打20眼深井，全部配套灌溉设备及系统，解决设施农业农水脱节问题。加大中低产田改造和水土保持治理。完成马铃薯晚疫病防控中心筹建工作，完善12个乡镇农业技术服务站建设。建立各乡镇、各行政村气象协理员和信息员队伍，完善气象灾害预警信息系统建设，逐步建立防灾减灾体系。加强耕地保护，严格控制土地开发利用，规范集体建设用地流转，加大土地整理项目管理力度，严厉打击各种违法违规用地行为。四是持续推进新农村建设。继续巩固农村新旧“五个全覆盖”成果，进一步改善农村的基础设施、改变农村的环境面貌、改进农民的生产生活习惯，真正使广大农民受惠。高标准、高质量完成20个新农村重点推进村规划编制，完成20个重点推进村和1个集中连片示范区的“四化四改”“五个全覆盖”和“五个一工程”建设任务；成立“方便农民五件实事”办公室，有序推进“方便农民五件实事”；全面完成农村困难家庭危房改造、特困群众易地搬迁、行政村街道亮化、村级幼儿园改扩建和乡村清洁工程各项目标任务，进一步夯实农村基础设施，使农民生产生活环境得到极大改善。

（三）优化发展环境，在改善城乡面貌上取得突破。一是狠抓规划体系。科学修编县城总体规划、控制性规划、土地利用规划、生态系统规划等，以规划引领生态宜居县城建设，做好城市建设与生态绿化建设相融合、共发展的大文章，绘就50年新城镇发展蓝图。二是加强生态建设。突出抓好造林绿化，全面启动吕梁山生态脆弱区林业生态建设工程，全力实施通道绿化补植提档、环城绿化、厂矿区绿化和矿山生态修复治理等工程；全力推进园林县城建设，科学引种外来植物，实施“一路一树、一街一景”工程，以城中村改造绿化为重点，在建成区实施拆墙透绿、见缝插绿、沿路植绿、立体布绿工程；加快实施生态园林建设，以茅龙山森林公园、龙凤生态公园、皇姑梁生态公园绿化为重点，抓好生态园林建设，积极推进环城绿化规模化、生态化、园林化。三是推进扩容提质。加快城中村改造，继续实施“东延、西拓、南扩”发展战略，重点完成“东延”工程，推进岚河北路综合管沟建设，力争年内建成投用。全面完成城区集中供水管网改造，实现集中供水全覆盖。着力抓好城区热电联产集中供热项目建设。积极推进城区天然气主管网和支网铺设。全面启动岚河县城段及支流清淤治污综合治理工程，高标准完善配建垃圾分类处理中转站，县城污水处理厂二期工程建成投用。全力推进岚河南路、太佳高速连接线和太兴铁路建设，进一步拉大县城发展框架。四是强化城乡管理。健全完善环卫保洁长效机制，推进乡村清洁工程，提高城乡环卫管理水平。加大执法力度，加强城乡环境秩序综合治理。严厉打击城区及乡村违法违规建设行为。

（四）持续改善民生，在发展社会事业上取得突破。一要坚持优先发展教育。继续实施义务教育学校标准化建设。基本普及高中教育。全面完成幼儿园建设任务。加快推进教育教学体制改革，健全完善教育管理机制，强化教师队伍管理与考核。加大教师培训力度，继续实施教师交流制度，促进城乡教育均衡发展，提高教育整体水平。加强职业技术教育，抓好科技体育、防震减灾等工作。二要抓好卫生计生工作。抓好县级公立医院改革。加强基层医疗机构建设，完善乡镇卫生院和村卫生室设施配套，提高全县医疗服务水平。启动急救中心项目建设。巩固创卫成果，加强健康教育和疾病预防工作。落实好国家基本药物制度，扩大新型农村合作医疗覆盖面。加强食品安全监管机构基础设施建设，进一步提升食品安全检验检测能力，确保不发生食品安全事故。继续加强人口计生工作，人口出生率控制在10‰以内，自然增长率控制在6‰以内，切实稳定低生育水平。三要着力解决就业难题。拓宽就业渠道，开展创业培训活动，引导创业带动就业，千方百计促进高校毕业生、下岗失业、零就业家庭和大龄未就业人员就业。四要加强社会保障体系建设。继续开展以城乡低保、医疗救助、“五保”供给和社会救助工作为主要内容的惠民行动，进一步扩大养老、医疗、工伤、失业等保险覆盖面，积极做好抢险救灾和困难群众生活救助工作。改善城乡居民住房条件，年内力争2400套保障性住房主体完工。做好撤村建居、村民变市民等各项工作。推进殡葬改革工作。

(五)围绕和谐社会建设，在加强社会管理上取得突破。严格落实企业安全生产和政府各部门安全监管两个主体责任。突出煤矿、非煤矿山、尾矿库、危险化学品、道路交通、消防、森林防火、地质灾害、农资等重点领域的安全工作。深入开展“百日安全”“打非治违”和“治理超限”等专项行动。抓好食品安全工作，全面排查食品安全隐患，保障群众饮食安全。全面推进网格化安全监管体系。加强和创新社会管理，深入开展农村“六项工作”。健全矛盾纠纷排查调处机制，拓宽群众诉求表达渠道，妥善解决群众合法合理诉求。深入推进“平安岚县”建设，加强社会治安综合治理和社会治安防控体系建设，严厉打击各种违法犯罪行为。进一步完善应急管理体制机制，增强应对突发事件的能力，确保全县社会大局和谐稳定。

(六)加快先行先试，在综改试点建设上取得突破。一要加快调整产业结构。坚持把经济结构调整作为经济发展方式转变的主攻方向，以新兴产业引领转型，以园区集聚承载转型，以发展现代服务业提升转型，以县域经济支撑转型，建立以煤铁为基多元发展先行示范区。二要拓宽融资渠道。在积极向上争取资金的同时，利用招商引资的办法吸引大企业投资，鼓励民间资金在重点项目、公益性事业方面投资，力求在保障发展上争先竞逐。三要统筹城乡发展。进一步理顺关系，明确职责，强化管理，完善制度，抓好国家卫生县城的巩固提升和城乡生态建设。四要进一步改善民生。完善社会保障制度，健全社会保障体系，使转型发展成果惠及全县人民。坚持广覆盖、保基本、多层次、可持续方针，加大公共财政对社会保障投入，加快推进覆盖全县的社会保障体系，完善正常的工资增长制度，有效改善人民群众的生活。五要合理利用土地资源。结合扶贫移民、危房改造、“五个一”工程、集体土地规模经营，大力实施城乡建设用地增减挂钩。通过逐步对矿机厂、皮件厂、二铁厂、三铁厂等国有集体企业改制，妥善安置职工，盘活闲置和低效利用土地，拓展建设用地空间，为全县项目建设提供用地保障。

抢抓机遇谋转型　建设小康新临县

临县县长　李双会

2012年，临县县委、县政府团结带领全县人民，开拓创新，扎实工作，较好地完成了各项目标任务，取得可喜成绩。

2013年是贯彻落实党的“十八大”精神开局之年，是实现“十二五”目标承前启后的关键之年，做好2013年的工作意义十分重大。

一、2013年政府工作的总体要求

全面贯彻落实党的“十八大”精神，以科学发展观为指导，按照市委“打基础、利长远、惠民生”的总体要求，围绕县委“四大跨越、三大基地、两个转变”总体目标，突出抓好项目推进、产业开发、民生改善、基础设施建设四个重点，深入推进改革开放，保持经济平稳增长，维护社会安全稳定，为全面建成小康社会目标努力奋斗。

二、2013年经济社会发展主要预期目标

地区生产总值增长10%，规模以上工业增加值增长13.5%，财政总收入增长19.3%以上，一般预算收入增长17%，固定资产投资增长22%，社会消费品零售总额增长15%，城镇居民人均可支配收入增长11%，农民人均纯收入增长15%。

三、2013年政府主要工作任务

(一)抓好产业扶贫开发，着力推进农民脱贫增收。一要抓好基地建设。继续推进红枣林覆盖工程，推广经济林避灾技术，提高红枣产量。积极申报临县红枣地理标志产品保护。加快核桃基地建设，新发展核桃林4000公顷。在白文、城庄、兔坂、雷家碛等乡镇实施万亩玉米和万亩大豆高产项目。推进蔬菜产业发展，完成900孔窑洞的食用菌种植任务。积极推进白文、城庄马铃薯脱毒基地建设。抓好林下经济试点推广，发展立体农业，培育经济增长点。大力发展特色养殖业。不断建立完善农业服务体系，提高农业综合生产能力，实现丰产增收目标。二要抓好龙头带动。培育引进红枣、杂粮、蔬菜、养殖等产业化项目，推进红枣加工企业战略重组。加快城北科技示范园区建设，推进枣福莱、中鹰大红枣等红枣深加工项目建设。加快天渊、满江红、奥华、鸿潮等传统企业的升级改造，整合优势资源，打造临县品牌，提高临县红枣的市场竞争力。完善红枣产地交易市场，启动山西省红枣质量监督检验中心建设。加快建设城北蔬菜批发市场和农产品检测检验中心，实现蔬菜生产、检验、销售一体化。推进朝阳农牧公司与蒙牛集团二期合作项目，启动3000头标准化奶牛场建设。积极发展农民专业合作社，培育农民经纪人，采取"公司＋合作社""合作社＋农户"的形式，提高农民组织化程度，完善农业产业化支撑体系。三要抓好扶贫攻坚。坚持扶贫攻坚与新农村建设相结合，用好用活土地增减挂钩、地质灾害治理和扶贫移民政策，启动2000人的移民搬迁项目，实施300人以下的山庄窝铺移民和20个贫困村的整村推进项目。落实各项强农惠农政策，县级财政要向"三农"倾斜，重点用于农业农村基础设施建设、农业产业化发展、扶贫开发等项目。实施农民素质提升工程，做大做强劳务产业。强化干部包村帮扶措施。

（二）坚持项目建设不动摇，着力推进经济持续增长。一要加快推进项目建设进程。按照全县项目规划总体布局，加快项目建设进度，确保投产达效。新上项目要尽快开工，开工项目要加快建设进度，建成项目要确保投产。二要实施煤炭企业"1＋1"工程。加快煤炭企业转型发展，美锦集团碛口四星级宾馆、裕民焦煤五星级酒店、楼俊集团四星级酒店要加快手续报批和建设进度，并积极组织实施，确保项目早落地、早开工、早投产、早达效。三要加强企业管理服务。认真落实省政府促进煤炭经济20条措施，暂停提取煤炭企业矿山环境恢复治理保证金和煤矿转产发展资金。加强煤炭市场监管，规范市场秩序，清理涉煤税费项目，对重点企业实行封闭式管理，清理取缔乱收费、乱摊派、乱集资，营造宽松环境，帮助煤炭企业尽快走出困境。强化企业服务，帮助办理项目手续，主动协调解决企业发展和项目推进中的矛盾问题。加大税收征管力度，打击偷漏税行为。金融单位要为企业提供方便快捷的金融服务，创优融资环境，降低融资成本，提升服务质量。煤炭企业要加强经营管理，稳定和拓宽营销市场，增强发展动力。

（三）坚持大县城带动，着力推进城镇化进程。一要加快城乡规划进度。按照县域体系规划和县城总体规划，突出大县城、重点镇、中心村，开展各类规划的新编、修编和完善工作。重点编制城区东西山防洪、县城道路网、县城给排水等专项规划。完成白文、三交、碛口、克虎4个镇的城镇规划。抓好规划实施，确保建设项目合规、依法、有序推进，切实提高城市规划的执行力和约束力。二要加强基础设施建设。支持和服务大水网、大路网、大电网、大气网等"四网覆盖"工程，全力支持"三铁二高"、白文500千伏输变电、城庄220千伏输变电、中部引黄等国家、省、市重点基础设施项目，做好临县火车站（安业）及站前广场、碛口火车站项目的前期工作。启动4个铁路集运站和铁路专用线建设项目。开工建设沿黄扶贫旅游公路碛口景区改线、集中连片特困地区公路改造项目。完成沿黄扶贫旅游公路养护项目。加强水利基础设施建设，实施世行贷款节水灌溉项目；实施农村饮水安全项目，提高农村自来水普及率，新解决2万人的饮水安全问题。加强电力设施建设，改造城区中低压线路，保障城区电力供应；实施8个乡镇农网改造项目。铺开县城至白文天然气输气管道项目，加快"气化湫川"步伐。三要推进大县城建设。旧城区要结合企业改制、旧房改造，盘活存量土地，加快城区改造开发步伐。城南新区、城北新区要加快已开工项目的建设进度，完善路网、水网、电网和供热、供气等配套设施。推进湫水河东、西路改造工程，规划实施雨污分离的排水管网建设，提高县城综合防洪能力。启动实施阳坡水库管道引水工程，解决县城供水不足问题。规划建材、车辆修理网点，完善服务功能。完善西山生态公园建设项目，实施环城绿化补植补造，加强城区绿化带管护，巩固和扩大绿化面积。加快推进城区在建工程进度，限期完成主体和外观装修；实施城区亮化工程，尽快形成夜景效果。四要加快小城镇建设。加快支柱产业发展，集贸市场培育，基础设施建设，完善城镇服务功能，提升小城镇的辐射带动作用。结合新农村建设、易地移民搬迁、地质灾害治理项目，推动农村人口逐步向重点镇集中，生产要素逐步向重点镇集聚，统筹推进城镇化进程。五要狠抓管理整治。深入开展环境卫生整治。强化管理措施，形成整治合力。开展市容市貌集中整治，开展城区交通秩序整治，开展建筑领域专项整治。强化联合执法，坚决打击违法乱建行为，确保城区建设规范有序。

（四）实施生态环境治理，着力推进生态文明建设。一要抓好造林绿化。深入开展"生态临县"行动，重点实施交通沿线荒山绿化、通道绿化、封山育林等工程项目，掀起造林绿化新高潮。启动实施西纵高速临县段和三碛线交通沿线荒山绿化，完善三曲线通道绿化工程。认真实施退耕还林、"三北"防护林、天然林保护工程，扎实开展林业"三防""三禁"工作，巩固提升森林覆盖率。二要抓好生态治理恢复。编制完成《湫水河水质综合治理方案》，启动县城污水全收集工程项目，确保湫水河碛口断面水质达标排放。巩固扩大集中供热、供气覆盖面，启动沿川乡镇机关、企事业单位"煤改气"试点工作，努力实现沿川乡镇燃气管网全覆盖。全面提升城乡空气质量，全年二级以上天气达到310天以上。推行"一企一矿治理一山一沟"的做法，推进荒山绿化、小流域治理和采矿塌陷区治理，抓好湫水河等重点流域综合整治，推动生态环境恢复治理取得新成效。三要抓好节能减排治污。加大节能减排力度，大力实施重点节能工程，全面推进资源节约利用，努力完成省、市下达的节能减排任务。完善排污费申报审核制度，扩大排污费的征收范围，全方位治理环境污染。深入开展环保执法专项行动，加大对违法排污企业的处罚力度，规范企业的排污行为。加强水资源、土地资源、森林资源的保护和管理，实现自然资源的综合、高效、有序利用。

（五）大力发展社会事业，着力推进民生改善。一要优先发展教育事业。加快推进高级中学建设，完成配套工程，完善设施设备。推进农村教师周转房建设，进一步改善办学条件。抓好农村学校布局结构调整的后续完善工作，做好校长、教师的选聘和培训，提高教学质量。落实各项教育支助政策，继续实施学前教育三年行动计划和农村义务教育阶段学生营养改善计划，保障教育事业健康稳定发展。二要发展医疗卫生事业。加快县人民医院、卫生监督所、急救中心等项目建设，继续实施白文等6个乡镇卫生院改扩建项目。深化医药卫生体制改革，铺开公立医院改革试点，严格执行基本药物“零差率”销售制度。进一步充实医疗卫生队伍，优化卫生人才结构，提高卫生服务水平。强化卫生监督检查，健全监管制度。做好人口和计划生育工作，稳定低生育水平，提高出生人口素质。三要完善社会保障体系。抓好社会保险扩面工作，实现社会保障全覆盖。加大企业养老保险、失业保险基金的征缴力度，确保基本养老金、失业金按时足额发放。完善城乡医疗保障和重特大疾病救助制度，提高保险参合率、征缴率和补偿率。加强对农村“五保”、城乡低保、残疾人的服务，不断完善社会救助体系，保障困难群体的基本生活。强化劳动执法监察，维护劳动者合法权益。四要发展繁荣文化事业。实施“111”文化工程，即创建1个农村文化先进镇、10个农村文化示范村、100个农村文化活动室。加强乡镇综合文化站和农家书屋管理，实施图书馆、文化馆免费开放。组织好文艺下乡活动，丰富群众文化生活。开展戏剧、秧歌、书画等文艺精品创作。加强临县伞头秧歌、道情、三弦书等非物质文化遗产研究保护工作。推进民间演艺、手工艺、铜制乐器等文化产业发展，实现文化大发展大繁荣。五要解决住房困难问题。大力实施保障性安居工程，力争完成廉租房、限价商品房、城市棚户区改造的续建任务。严格落实廉租房租赁补贴政策，逐步解决城市低收入居民的住房困难。六要搞好灾后恢复重建。实施好灾民住房、教育、卫生等基础设施恢复重建工程，确保工程质量和资金安全。扎实搞好防洪防汛工作，提高防洪标准，增强抗灾能力。组织发动灾民开展生产自救，努力完成灾后重建任务。七要办好为民“九件实事”。

（六）夯实社会管理基础，着力推进平安临县建设。切实把安全放在各项工作的首位，进一步强化企业主体和政府监管两个责任，继续引申各类安全生产专项整治，扎实开展安全生产大排查、大整治活动，不断加大煤矿、非煤矿山、道路交通、特种设备、消防、食品药品等重点行业领域的安全监管力度，扎实开展安全宣传教育和岗位培训，坚决杜绝重特大安全事故的发生。加强安全生产基层基础工作，全力推进“安全乡村”创建活动。继续引申领导干部大接访、矛盾纠纷大排查、信访问题大化解活动。深入开展地质灾害排查治理，建立健全食品药品安全监管制度，确保食品药品安全责任全覆盖，切实保障人民生命财产安全。创新社区管理模式，深入开展社会治安综合治理，严厉打击各种违法犯罪活动，坚决维护社会稳定，努力创建平安和谐临县。

实施二次创业　实现二次腾飞

方山县县长　田安平

2012年，方山县深入贯彻落实科学发展观，牢牢把握“打基础、利长远、惠民生”的总体要求，坚持绿色发展理念，大力实施“五位一体”战略，全县经济社会各项事业均取得了新成绩。

2013年是方山县全面实施二次创业、实现二次腾飞的开局之年，做好2013年的工作尤为重要。

一、2013年政府工作的总体要求

以邓小平理论、“三个代表”重要思想、科学发展观为指导，牢牢把握“打基础、利长远、惠民生”的总体要求，坚持绿色发展理念，大力实施“五位一体”战略，突出抓好大项目和吕梁新城建设，着力保持经济持续健康发展，着力推进城乡发展一体化，着力保障和改善民生，为全面实施二次创业、实现二次腾飞努力奋斗。

二、2013年经济社会发展主要指标的预期目标

地区生产总值30亿元，增长12.8%；规模以上工业增加值19亿元，增长5.6%；固定资产投资15亿元，增长23.9%；社会消费品零售总额7.73亿元，增长19.5%；财政总收入10亿元，增长18.4%；一般预算收入3.7亿元，增长21.7%；城镇居民人均可支配收入16027元，增长9.8%；农民人均纯收入3760元，增长24.1%；外贸进出口总额50万美元。

三、2013年政府主要工作任务

（一）扭住项目，加快发展，保持经济持续稳定增长。（1）做大做强产业，推动经济转型。一要壮大提升传统产业。霍州煤电集团吕梁山公司要不断延伸产业链条，加快向非煤产业转型，走循环经济、低碳经济的可持续发展道路；新星冶炼集团要积极推进总投资100亿元的热电联产综合开发项目建设，金晖凯川、金晖瑞隆、汇丰新星三个煤矿要在9月底前全面投产达效；洗煤企业继续稳步做大，全县洗煤能力达到2000万吨；铝矾土深加工项目要加快建设，确保2014年10月份全面投产。积极推进积翠工业园区建设，完善园区总体规划，加快园区水、电、路等基础设施建设，建立规范的园区运作机制，充分发挥园区招商引资的主渠道和大项目建设的主阵地作用，吸纳更多大企业、大集团入园。二要大力发展新兴产业。以天然气、太阳能、风力发电、非金属材料为主，加快风力发电项目、节能设备及太阳能产品生产项目建设步伐，实现方山县太阳能、风力发电、新材料产业的重大突破。三要加快推进旅游产业。整体规划、分年度实施，逐步将北武当山后山打通，形成"北武当山—烧炉山—南阳沟"循环旅游线路。进一步完善基础设施建设，开工建设五星级宾馆，加快于成龙廉政教育基地建设，修复历史文化名城左国城城池、城墙，恢复古代一条街。编制完成省级文化名村张家塔民居保护规划。加大宣传力度，扶持创作反映方山文化旅游的影视剧、文学作品和书画作品。大力开展景区环境卫生整治，加强旅游景点经营摊点监管，全面提升方山旅游形象。(2)抓好重点项目，推进二次创业。2013年确定70个重点项目，总投资300亿元，包括15个工业项目、12个农业项目、8个旅游项目、35个基础设施项目。按照重点工程"六位一体"目标任务，全年完成项目储备147亿元、签约120亿元、落地40亿元、开工50亿元、建设55亿元、投产50亿元。全面落实"项目推进年"各项要求，紧紧抓住立项、环评、土地等重点环节，组建审批指导小组跟踪项目，提高项目审批办结率。(3)大力招商引资，积极争取项目。争取更多的项目列入国家和省市重点项目投资计划，不断充实项目储备。进一步扩大对外开放，以优势资源换项目、换投资、换技术、换人才。充分利用第三届农博会、第八届中博会，创新招商引资方式，以企业为主体、园区为平台，大力引进科技含量高、资源消耗少、税赋贡献大、带动能力强的大项目；重点引进辐射功能突出、带动作用明显、促进群众增收致富的中小项目，力争完成招商任务120亿元。大力优化服务环境，推行项目手续办理"一站式"服务，提高服务效能。

(二)抢抓机遇，扩容提质，强力推进城镇化建设。(1)搞好新城建设。重点开工建设路网、桥梁、北川河整治、安置房建设四大工程。出台《吕梁市新城"农转非"、就业安置和社会保障工作实施方案》，就做好补偿兑现、户口转换、低保落实、转岗培训等关键环节做出安排，提出要建好商铺房，保证被拆迁户每户分得10平方米经营房；优先安排失地适龄农民在新城就业，环卫、保安、物业等岗位一律留给当地群众，确保他们利益不受损、生活有保障、生产能发展、前景更美好。(2)发展三产服务业。积极对接新城总体规划，制定相关扶持政策，统筹发展三产服务业。大力支持通信、邮政生产服务业，壮大拓展家政、养老生活服务业，提升优化商贸、餐饮传统服务业，积极开发金融、房地产现代服务业，带动农民市民化，力争"十二五"末全县城镇总人口达到5.5万人，城镇化率超过50%。重点抓好三项产业：一是集散物流业。推进大武火车站、金晖集团、霍州煤电集团铁路专用线建设，加快物流园区、物流配送中心建设，发挥机场、高速、铁路的交通枢纽优势，发展附加值高的制造业和高新技术产业及邮件快递业，使方山成为吕梁市最重要的物流中心。二是商贸金融业。鼓励国有商业银行、股份制银行来方山设立分支机构，有序发展村镇银行、小额贷款公司、融资性担保公司等准金融组织，积极搭建政银企合作平台，特别要加大对中小微企业和农业的信贷支持力度。三是劳务产业。积极引导农村剩余劳动力从事劳务产业，促进农民工资收入稳步提高。(3)夯实基础设施。以大武中心集镇建设为龙头，辐射带动县城扩容提质，推进"大县城"建设。高标准建设城南新区，尽快开工公安、司法、环保业务大楼，积极推进城区商贸大市场和方正南北街改造，扎实推进保障性住房建设。进一步完善基础设施，实施工业园区供水、北川河城区以北河道整治工程、农村饮用水安全建设工程，扎实抓好农网、城网的升级改造。(4)加强城乡环境整治。集中开展城乡"六乱整治"活动，建立城乡管理长效机制，巩固省级卫生县城创建成果。扎实推进以"净空、净水、减排"为重点的绿色生态工程攻坚行动，实施大武镇农村环境集中连片整治工程，新建县城垃圾处理厂，完善县城污水管网，提高污水收集率，力争创建"山西省环境保护模范城市"。

(三)注重"三农"，突出产业，着力构建现代农业体系。一是培育特色主导产业。以"一乡一业、一村一品"为方向，重点实施蔬菜、马铃薯、核桃、畜牧、食用菌、林下经济、万寿菊、育苗8大产业增收工程。切实加大资金投入，强化组织领导，加快8大特色富民产业推进步伐。二是加快扶贫开发步伐。重点围绕设施蔬菜、经济林、养殖业、中草药、小杂粮等产业进行帮扶。继续实施产业扶贫、移民搬迁等工程，抓好25个整村推进项目，力争2013年减少贫困人口1万人以上。三是切实改善农村条件。推进新农村建设，在巩固两轮"五个全覆盖"的基础上，围绕"四化四改"和"五个一工程"，加强农村基础设施和公益事业惠民工程建设，打造16个高标准新农村重点推进村；搞好造林绿化，整合涉林项目资金，建设"百里绿色走廊"，着力改善生态环境。加强农业基础设施建设，实施小流域综合治理，改造中低产田，完成土地整理项目，加强农业机械化建设，做好全县所涉72个行政村、10个自然村的山洪灾害防治工作。四是创新农业经营体制。大力发展农民专业合作社，推进农业产业化进程。积极稳妥推进土地流转，建立健全农村土地流转服务和纠纷调解仲裁体系。加强农村集体"三资"管理，强化农村财务审计工作。加强农业技术推广，完善以工扶农、以企帮村办法，增加农业农村资金、技术、人才等生产要素的流入。

(四)加大投入，齐抓共管，促进社会事业全面进步。一是促进文化大繁荣大发展。大力加强社会公德、职业道德、家庭美德、个人品德教育，深化群众性精神文明创建活动。加强公共文化基础设施建设，加快推进重点文化惠民工程，升级改造乡镇文化站、村级文化活动室，争取启动县图书馆、文化馆、体育馆和影剧院“三馆一院”建设。挖掘传统文化内涵，繁荣地方特色文化，开发精品文化产业。二是高度重视教育事业。继续加大教育投入，确保全县教育支出占一般预算支出比例不低于18%。加强义务教育学校标准化建设。加强薄弱学校建设。均衡发展各级各类教育。加大教师培训力度，完善考核奖惩制度。加强教学管理，提高教学质量，逐步提升高考达线率。三是加快发展卫生事业。积极推动方山大医院建设，新建35个村级卫生所。提高县医院、中医院差额工资人员财政补助标准。新农合财政补助标准提高到280元，参合率保持在95%以上。提高住院费用报销比例。推进实施国家基本药物制度配套政策，健全基层基本药物供应保障体系，降低药品费用。加强食品药品监管，加大食品药品安全检查力度，保障人民群众饮食用药安全。继续加强计生服务体系建设，稳定低生育水平，提高人口素质。

（五）立足民生，保障民利，深入推进和谐社会建设。一要突出抓好惠民实事。继续集中财力、精力，办好“十件实事”。二要加大社会保障力度。建立健全以养老保险、失业保险、医疗保险和最低生活保障为重点的社会保障体系，扩大保障范围，提高保障标准。多渠道开发就业岗位，新增就业3000人。转移农村劳动力9000人以上，城镇登记失业率控制在4%以内。加强对重点人群的就业指导和援助力度。推进国有企业改制步伐，对下岗职工给予关爱和帮扶。大力发展慈善事业，健全完善社会救助制度，真正解决好弱势群体基本生活、住房、就业等实际困难。三要着力抓好安全生产。进一步加强企业主体责任和政府及部门的监管责任，切实抓好瓦斯防治、水患治理、机电管理“三支队伍”建设。突出重点领域、重点行业、重点部位、重点时段的安全监管，高度重视道路交通、地质灾害和消防安全。继续深入开展专项整治，深化隐患排查治理，扎实推进“打非治违”，严厉打击私挖滥采行为。严格落实安全生产“一票否决”制，严肃查处各类安全事故，严格责任追究，促进全县安全生产形势持续稳定好转。四要全力维护社会稳定。深入开展基层组织纪律作风集中整治年活动，畅通信访渠道，完善长效机制。严格执行信访工作“双向责任追究”制度，千方百计把矛盾纠纷化解好。加强和创新社会管理，大力推动城乡社区和县、乡、村三级社会管理服务中心建设，强化流动人口和特殊人群管理，完善社会治安防控、应急管理和救援体系，健全突发事件信息通报和新闻发布制度，正确引导和依法控制舆情，营造健康向上的舆论环境。

奋力推进经济社会转型跨越发展
全力建设美丽幸福新交城

交城县县长　薛凤奎

2012年，交城深入贯彻落实科学发展观，牢牢把握“打基础、利长远、惠民生”的总体要求，以产业建设为重点，以改善民生为根本，奋力拼搏，砥砺前行，全县经济社会发展取得了较好成绩。

2013年是全面贯彻落实党的“十八大”精神的开局之年，是实施“十二五”规划承前启后的关键之年，更是加快推进转型综改、全面建设产业交城的重要一年。做好2013年的工作，意义十分重大。

一、2013年政府工作的总体要求

全面贯彻落实党的“十八大”精神，坚持科学发展主题，围绕转型综改总体战略，把握“打基础、利长远、惠民生”的总体要求，在“1359振兴工程”指引下，突出抓好产业建设和民生改善，着力推进城乡统筹、安全稳定、生态环境、社会事业等重点工作，凝心聚力，砥砺奋进，努力实现全县经济社会转型发展、跨越发展、绿色发展、和谐发展。

二、2013年经济社会发展的预期目标

地区生产总值84.03亿元，增长11%；财政总收入12.5亿元，增长9.6%；全社会固定资产投资37.95亿元，增长25%；社会消费品零售总额17.62亿元，增长16.5%；城镇居民人均可支配收入17100元，增长12%；农民人均纯收入6965元，增长15%。万元地区生产总值能耗下降4%。二氧化硫、化学需氧量等指标完成市下达任务。

三、2013年政府重点工作任务

（一）加快产业建设，推动经济发展提质增效。一是做大做强工业经济。继续按照“巩固以煤炭为主的基础产业，提升以煤焦化、煤化工为主的支柱产业，打

造以装备制造业为主的主导产业，培育以生物医药、新能源、新材料为主的新兴产业”的工业发展思路，在加快推进义望铁合金16万吨金属锰、利虎汽车安全玻璃、古特金炉前铸造等重点项目建设的同时，集中力量抓好“六件事”。大建电厂，全县电力装机容量新增180万千瓦，为产业建设提供充足的电力保障；办好煤矿，加快香源沟、黄草沟、鑫河等基建矿井建设，适时解决相关煤矿的遗留问题，确保全县煤矿早落地、早开工、早投产，逐步扭转交城煤炭行业有资源无产业、有项目没动静的被动局面；壮大焦化，建成投产亚太200万吨干熄焦项目，推进华鑫150万吨焦化项目建设，大力推进华鑫“1860”、盛锦焦化副产品深加工、宏特1万吨碳纤维等项目建设，不断延伸煤焦化产业链，着力打造全省煤化工示范基地；培育龙头，实施“2＋10”培育工程，重点扶持华鑫、美锦双百亿项目建设，大力扶持义望铁合金、古特金、新天源、利虎、宏特等10户企业上项目、扩规模、增实力，推动企业做优做强，打造一批支柱企业；转型综改，积极启动分批次推进开发区移民，继续完善园区路、电、水等基础设施建设，探索破解土地、资金、人才、技术等项目建设要素瓶颈的新路径，用足用活全省“一市两园”优惠政策，加快企业转型；招商引资，组建招商局、商务局，引进一批科技含量高、资源消耗少、税赋贡献大、带动能力强的大项目、好项目、新项目落户交城。二是培育壮大文化旅游。着力培育以吕梁英雄广场、庞泉沟风景区为核心的两大国家5A级景区，打响“千年古县、名人故里”品牌。重点抓好两规划、一开发、一挖掘。两规划就是编制好《庞泉沟旅游开发总体规划》《庞泉沟旅游开发控制性详规》，用规划指导旅游开发、保护生态资源。一开发就是严格按照规划要求，启动孝文山景区、柏叶口景区建设，加快推进庞泉沟景区开发；继续提升卦山、玄中寺两个4A级景区整体功能，为创建5A级景区做好准备。同时，要改造提升商贸流通、餐饮住宿等传统服务业，大力发展仓储物流、金融保险等现代服务业，促进第三产业繁荣发展。一挖掘就是深入挖掘交城作为千年古县的文化特色，做好千年古县展览馆改造工作，配合完成中央电视台千年古县专题片制作，促进文化与旅游的深度融合，提升交城在国内外的知名度与影响力，把“千年古县、名人故里”品牌优势最大限度地转化为文化优势、旅游优势和发展优势，推动全县经济、社会和旅游文化快速发展。三是大力发展特色农业。不折不扣落实各项强农惠农富农补贴政策，大力实施“8＋2”产业化增收工程，重点抓好设施蔬菜、规模养殖和结对帮扶。一要完善安定千亩设施蔬菜示范园基础设施。扎实推进设施蔬菜、物流仓储、加工配送基地建设，扶持原禾源新建万头生猪养殖、千头肉牛养殖和206.7公顷小杂粮种植基地，通过抓龙头、建基地、拓市场、联农户“四位一体”同步推进，带动农民脱贫致富。二要大力推进以肉牛为主的“一县一业”基地县建设。重点抓好万通高档肉牛养殖，加强对会立、东坡底、庞泉沟畜牧养殖聚集区的培训指导，促进农民科学养殖，力争走出一条龙头带基地、基地联农户、依靠科技增加收入的现代农业发展新路子。三要加快推进“百企千村”产业扶贫。动员全县企业就近牵手贫困村实施产业扶贫开发，回报社会，让企业的资本、管理等优势和农村的土地、劳动力、特色资源等优势对接，培育新产业，实现企业和农村共赢。

（二）统筹城乡发展，提升县域城镇化水平。一要加强基础设施建设。启动卦山生态园建设，积极启动东城区建设，加快垃圾处理场建设，完成供热站及管网建设，加快推进“气化交城”进程，全面启动县城供水改扩建工程，加快变电站、农村电网改造工程建设，加快推进旮旯水电站工程建设。二要全力推进龙门供水工程、山医大一院交城分院建设工程和夏汾高速交城连接线公路建设工程。三要改善农村基础条件。全面完成“方便农民六件实事”任务。与困难家庭危房改造、特困群众异地搬迁、行政村街道亮化、村级幼儿园改扩建和乡村清洁工程新五件实事相结合，统筹实施，加快推进。抓好山水村、圪洞村等10个新农村推进村建设，完成舍堂、杨家底等7个自然村组移民搬迁。普及农村“十村万户”数字电视。实施农村饮水安全工程，解决5000人的农村饮水安全问题。加大农村公共服务资源配置力度，把更多的优质资源向乡村延伸，推进城乡公共服务均等化。

（三）强化安全稳定，守住经济社会发展底线。一是全面加强安全生产。进一步强化政府的监管责任，严格落实企业的主体责任。深入开展安全生产专项整治，深化隐患排查治理，严肃查处护林防火、道路交通、食品安全等重点行业和领域的非法违法行为，推动安全生产制度化、规范化、常态化。继续保持严厉打击私挖滥采行为的强硬态势，全力维护矿业生产秩序。严格责任追究，坚决杜绝重特大事故发生，促进全县安全生产形势持续好转。二是全力维护社会稳定。加强和创新社会管理，大力推进“三中心一社区一网格”平台建设。巩固扩大“三大活动”成果，建立健全群众诉求表达、利益协调、权益保障机制，集中力量重点排查化解征地拆迁、移民安置、涉法涉诉等涉及民生问题的各种矛盾，切实将各种不稳定因素和矛盾纠纷化解在基层，消除在萌芽状态。健全完善社会治安防控体系和公共安全体系，始终保持对重大刑事等各类违法犯罪行为的严打态势。全面加强应急救援基础建设和能力提升，着力提高应对突发事件的科学化水平，全力维护政治稳定、社会安定。

（四）改善生态环境，提高可持续发展能力。一要深入开展造林绿化。坚持统一规划、多元筹资、突出重点、整体推进的原则，大力实施“一矿一企绿化一山一沟、一路一景”，重点完成吕梁英雄广场周边绿化、以南环路为主的城区绿化、开发区主干道绿化、高速沿线景观带绿化、县乡公路通道绿化、核桃经济林等10项重点工程，并加大管护力度，努力打造城乡园林化、通道林荫化、园区生态化的宜居美丽新交城。二要大力实施节能减排。加大淘汰落后产能力度，扶持企业实施节能技术改造。加强污染防治设施运行监管，实行空气质量动态监测和预警。严格落实二氧化硫、化学需氧量等污染物减排措施，重点抓好城区、开发区和320省道沿线环境综合治理。加大流域生态环境治理，严厉打击乱排污水、乱挖山体、乱毁耕地、乱采砂石等违法行为，全面提高区域生态环境质量。

（五）着力改善民生，提高人民群众幸福指数。全力抓好“六大惠民工程”，让发展成果惠及更多的人民群众。一是实施“学有所教”工程。大力发展学前教育。完成交城二中二期改扩建、职业中学新校园建设，确保通过省政府职教中心验收。完成薄弱学校标准化建设，力争通过省政府义务教育均衡发展验收。二是实施“病有所医”工程。大力推进医药卫生一体化改革，完善乡镇卫生院标准化建设，实行基本药物零差率销售。城镇居民医保和新农合财政补助标准提高40元，达到每人每年280元，并将新农合重大疾病保障由20项扩大到38项，大额门诊补偿病种由26种增加到33种，逐步实现城乡基本公共卫生服务均等化。三是实施“住有所居”工程。全面完成900套回迁安置任务，抓好588套廉租房分配入住，完成500套城市棚户区改造和376套经济适用房主体建设，完成200户农村困难家庭危房改造。四是实施“老有所养”工程。完善城乡养老保险制度，城乡居民基础养老金再提高10元，月领标准不低于75元，企业退休人员基本养老金提高10%。五是实施“业有所就”工程。新增城镇就业岗位3500个，城镇登记失业率控制在4.2%以内；加强农民技术培训，完成农村劳动力转移培训500人、科技培训1050人，帮助劳动者就地就近稳定就业。严格执行农民工工资保证金制度，依法保障农民工合法权益。六是实施“困有所助”工程。扩大城乡低保、农村“五保”、大病救助覆盖范围，城乡低保标准每人每月分别提高30元、24元，做到应保尽保、分类施保。加强县福利院和会立敬老院建设。积极开展计生优质服务活动，稳定低生育水平，提高出生人口素质。

坚定信心　攻坚克难
夺取“一增三保”的全面胜利

柳林县县长　武跃飞

2012年，柳林县委、县政府团结带领全县人民克难攻坚，奋勇争先，开启了转型跨越发展和建设“三大家园”的新征程，取得经济社会发展的新业绩。

2013年，经济发展形势依然严峻，要做好打硬仗的准备，面对压力，迎接挑战，争取夺得“一增三保”的全面胜利。

一、2013年政府工作的总体思路

以党的“十八大”精神为指引，以科学发展观为统领，紧紧围绕建设“三大家园”和跻身“三晋一流，全国百强”的目标，千方百计培育新的经济增长点，全力以赴保企业、保民生、保安稳。

二、2013年全县经济社会发展的奋斗目标

地区生产总值完成340亿元，增长21.3%；财政总收入力争完成100亿元，增长15.8%；一般预算收入力争完成31.5亿元，占财政收入比重达到32%；城镇居民人均可支配收入增长16.8%，达到24800元；农民人均纯收入增长18.5%，达到9000元。

三、2013年政府重点工作任务

（一）紧紧围绕“以煤为基，多元发展”的转型跨越发展战略，全方位寻求经济增长的新元素。一是要让煤炭资源效益最大化。坚定不移按照“控制原煤产量、严禁原煤出境、拉长产业链条、增加服务年限、科技保障安全”的思路继续提升煤炭产业，尽一切办法加快未投产整合矿井的技改步伐。年内要确保6对矿井建成投产，3对矿井进入联合试运转；加快推进6对矿井建设进度，使全县26对矿井中投产、联合试运转矿井达到20对，全县原煤产量稳定在3500万吨左右。同时，力争使全县洗精煤产量达到2200万吨以上。二是要让非煤产业异军突起。坚定不移推进“1+2”模式，已铺开总投资58亿元的4个铁路货运站、凌志星火印刷包装、鑫飞职业服装厂等12个非煤项目，要加快建设进度，早日投产达效。特别是煤矸石综合利用示范园区和李家湾光电子产业园区这两个转型的重大标志项目年内要取得突破。积极筹划几个新能源电厂的上马。配套资源，推动华润水泥扩展。充分调动全社会各方面的力量，形成“上大项目，大上项目”的浓厚氛围。各金融机构要减少环节、降低门槛，加大放贷力度。三是要让农业产业真正富民。一抓园区。全面加快联盛生态农业文化园区建设步伐，年内建设4000万只肉鸡养殖加工、66.7公顷设施蔬菜和万头肉牛养殖屠宰项目，完成一期中心集镇建设工程。同时，其他园区也要尽快推进。凌志生态农业园区和大庄农业示范园区要加快建设，鑫飞、森泽、宏盛的农业园区要尽快启动，高标准打造龙门垣核桃林示范园区，着手筹建三交红枣桑蚕工贸园区。二抓经济林。紧紧咬住壮大红枣、核桃两大支柱产业，在沿黄5个乡镇先期铺开2000公顷红枣林管护工程、2667公顷核桃林管护工程。各有关乡镇及部门要强化组织和培训，每个乡镇都要至少建立一支懂技术、会管理的红枣或核桃专业管护队伍。同时，大力发展林下经济，提高林地综合利用率。三抓基础。全面加快农业生产基础条件的改善。重点发展设施蔬菜、绿色谷子集中连片示范区、玉米地膜覆盖、机械化保护性耕作、小杂粮基地、测土配方施肥等农业提升项目。同时，要全面完成市下达的“千井富民”工程任务，完成水保生态综合治理，铺开涉及60个村2万余人的旱井水处理工程，加快推进提黄灌溉工程，做好中部引黄前期准备工作；启动成家庄和陈家湾2个省级土地整理项目；加大土地流转力度，严禁耕地撂荒，完成土地流转万亩以上；提高农民组织化程度，新发展规模健康养殖户69户。四是要让城镇化建设激发活力。积极探索和创新市场化运作机制，加快推进城镇化建设。加快推进贺昌、青龙、锄沟、庙湾、穆村等21个棚户区改造项目。开工建设太中银铁路柳林南站站前广场。加快北大街建设，确保主街建成，配套安置楼及2012年铺开的500套廉租房、500套经济适用房力争主体完工。重点推进列入省“百镇建设”项目的留誉和成家庄中心集镇建设。高标准完成26个新农村重点村的“四化四改”“七个一”工程。完成3120人的移民搬迁、5个村的整村推进及1000户农村危房改造项目。再实施90个村的“方便农民五件实事”。加快城乡基础设施建设，307国道改线加快推进。开工建设孟门黄河大桥，启动青银高速军渡出口建设前期工作。狠抓电力设施配套，全面完成农村电网升级改造。

（二）大力度支持企业、服务企业，为企业排忧解难，帮助企业渡过难关。一是2013年县委、县政府不再出台增加企业负担的任何政策。二是对企业涉及生产、经营等方面迫切需要解决的问题，实行县长负责制，集中政府力量全力协调解决。积极主动向上争取，解决好煤炭统销、销售票发放等困扰企业的具体问题。三是每季度定期召开政企联席会议，建立政府和企业沟通联系的便捷通道。四是对企业服务，乡镇和部门都要实行首问负责制和限期解决制。能办结的事项，7个工作日必须办结；凡需向上级请示批复的，7个工作日文件、手续必须出县。尤其是立项、土地、环评三大手续办理，政府要给所涉部门下达硬性量化任务，并与工作经费挂钩。五是建立县级领导帮联企业机制。全力协助企业解决融资难、销售难等问题。六是对企业实行封闭式管理。七是要严厉打击干扰企业的非法行为。

（三）把人民利益放在第一位，不遗余力为民谋利，千方百计解决民生问题。一要办好教育。全力提升中学办学水平。推动全县中小学标准化建设。大力推进普及学前三年教育工作。全力支持联盛教育园区建设，争取高中部投入使用。加强教师队伍建设，全面实施教师队伍素质提升工程，着力解决高中教师短缺、学前教育无编制和教师队伍中长期存在的结构性矛盾等问题。二要关注健康。深化医药卫生体制改革，加快推进城乡医疗卫生服务一体化进程。加快新县医院的选址规划和中医院改扩建工作，提升6～10个乡镇卫生院和80个村卫生室标准化建设水平，年内确保县医院120急救中心建成投用。进一步加强医务人员素质提升和医德医风建设，建立更加严格的考核评价机制和举报制度，切实提升医疗服务水平。强化食品安全监管，建设食品监测检验中心和饮用水检测中心，确保全县人民吃上安全食品，喝上放心水。三要繁荣文化。大力推进“文化兴县”发展战略，促进柳林文化大发展、大繁荣。继续开展省级文明和谐县城创建。加强公共文化服务，推进重点文化惠民工程，完成乡镇文化站、村级文化活动场所、文化大院建设任务，实施公益性文化设施免费开放。不断强化网吧和图书、音像制品的规范管理，净化文化市场，促进文化产业健康有序发展。扶持文化精品创作。加强非遗申保工作，在积极申报“中国盘子会文化艺术之乡”的基础上，再发掘一批具有柳林特色的非物质文化遗产，打造新的柳林“文化名片”。四要落实政策。加强社会保障体系建设，扎实落实各项社会保障政策。财政安排个人和家庭补助资金1.5亿元，切实做到应保尽保，该配套的足额配套。新农合住院报销封顶线由10万元提高至15万元，慢性病门诊补偿病种由25种提高到30种，城乡大病医疗救助由6种提高到20种。启动柳林福利院建设。全面建立“五保”老人和孤儿动态档案，确保得到有效监护。加大农民工工资保障力度，同时探索建立企业劳动用工工资支付监控制度和工资保证金制度。足额兑现公务员津贴补贴和事业单位人员绩效工资增加政策。继续加大保障性住房建设力度。五要改善生态。推进造林绿化，新完成荒山绿化2000公顷、核桃林建设3333公顷。新铺开50个村企绿化。以西纵高速、沿黄干线、沿黄旅游线的连接线为主，完成通道绿化50千米，形成公路绿化网。高标准建设龙门垣生态经济型综合示范园区、联盛生态农业文化园区、梁家山国营林场生态经济型综合绿化区、王老婆山生态先导区、军渡出省口万亩干石山绿化工程区五大片区。加大森林防火和封山禁牧的工作力度，切实巩固造林绿化成果。搞好节能减排，继续引申“净空、净水、减排”三大环保攻坚战役，按时完成脱硝治理工程，做好城区燃煤锅炉、炉灶改用环保型煤的示范推广工作，有效降低城区空气烟尘污染。启动三川河城区段综合治理工程。继续创建“省级卫生县城”，做好“国家级卫生县城”创建准备工作，力争“省级环保模范县城”创建成功。

（四）全力维护安全稳定大局。一是坚持安全生产上的“1＋2”，就是以隐患排查整治为重点，同时抓好领导重视和一线工人培训管理教育两个环节。大力开展“降事故、保畅通、树形象”活动，重点加强对校车、客运车辆和危险品运输车辆的安全监管，确保全县道路交通安全形势明显好转。在非煤矿山、消防、危险化学品、建筑施工、地质灾害、特种设备等行业领域全方位加强安全工作，预防和杜绝安全事故的发生。二是坚持信访稳定上的“1+2”，就是以矛盾纠纷排查化解为重点，同步抓好重点疑难问题解决和严厉打击非法上访两个环节。解决群众合理诉求，尽最大努力维护群众的合法权益。进一步加大社会治安管理力度，针对重点问题、重点区域、重点人群，切实加强稳控管理，严防恶性案件发生。

团结拼搏 共克时艰
开创交口经济社会转型跨越发展新局面

交口县县长 **刘应刚**

2012年，交口县紧紧围绕“打基础、利长远、惠民生”的工作要求，着力推动经济社会转型跨越发展，各项工作取得新成绩。2013年面临的环境异常复杂，应对的挑战极其艰巨，转型跨越的压力特别沉重，完成全年的任务需更加努力。

一、2013年经济社会发展的总体要求

以党的“十八大”精神为指导，坚持主题主线，坚持稳中求进、进中促稳、转中求新，以转变经济发展方式、提高经济增长的质量和效益为主攻方向，紧紧围绕“打基础、利长远、惠民生”的工作要求，加快经济转型，夯实发展基础，增进人民福祉，着力在项目建设、特色农业、城市扩容、基础设施、民生保障、安全稳定、行政效能等重点领域和关键环节实现新突破，开创转型跨越发展的新局面。

二、2013年经济社会发展的主要预期指标

地区生产总值43.5亿元，增长11.8%；工业增加值40.5亿元，增长12%；固定资产投资27.7亿元，增长14%；服务业增加值6.3亿元，增长10%；社会消费品零售总额3.9亿元，增长9.2%；财政总收入20亿元，增长11%；一般预算收入7.2亿元，增长27.4%；城镇居民人均可支配收入15500元，增长13.5%；农民人均纯收入5840元，增长19%。

三、2013年政府主要工作任务

（一）以资源换结构，着力推进经济转型。（1）调结构促转型。一是发展壮大农业产业。大力发展林下经济及生态种植、养殖，推进农业生产规模化、产业化，培育龙头企业，打造交口生态特色农业品牌。二是加快培育新兴产业。扩大招商引资，对投资符合国家产业政策和行业准入标准的资源深加工项目、高科技项目，根据项目建设情况和发展需要，优先配置矿产资源。鼓励引导资源型企业转型发展农业产业化项目、新能源项目、环保项目、医药项目、电子科技项目、服务业项目。三是大力发展旅游业。发挥生态人文资源的比较优势，积极发展生态休闲旅游，配套开发民俗文化旅游、红色旅游、农业观光旅游等，引导开发避暑休闲、康复疗养等面向高端的服务业，带动现代服务业的发展壮大。（2）上项目扩链条。2013年确立了6大类55个重点工程项目，概算总投资737.4亿元，年内计划完成投资112亿元。其中，重点抓10个工业转型项目和5个煤炭提升项目，总投资580亿元，力争年内完成投资100亿元。要立足现有产业基础，以资源的有序开采、综合利用为目标，打造煤焦化产业链、煤电铝产业链和冶铸一体化三条循环产业链。（3）抓管理见成效。一是大力开展“项目推进年”活动。实行储备、签约、落地、开工、建设、投产“六位一体”整体推进机制，力争完成项目储备66亿元，签约190亿元，落地50亿元，开工150亿元，投资110亿元，投产135亿元。二是推行县级领导包联项目制度。每月召开一次项目调度会，严格项目跟踪考核，组织专门班子力攻立项、环评、土地“三大关”，确保项目建设顺利推进。三是全面清理整顿项目。对没有实力、没有诚意的项目主体列入“黑名单”，不再预留或审批新的资源。对开工无望项目坚决清理，依法收回资源，更换主体。四是加大招商引资力度。积极组团参加省内外经贸洽谈活动，力争一批大项目、好项目落户交口。五是加快东南工业园区建设。推进产业园区化集聚，项目园区式审批，链条园区内循环，资源共享，优势互补，实现产业循环化、低碳化发展。

*（二）发展特色农业，着力拓宽农民增收渠道。*一是持续加大“三农”投入。不折不扣落实国家和省、市各项强农惠农政策，整合上级项目资金和财政资金，扩大“三农”投入规模，扶持发展农业生产和对农民进行补贴。加强涉农项目管理，发挥财政资金的倍数效应，采取项目支持、以奖代补等形式，鼓励农民增加投入。通过政策性担保、贴息等，引导金融部门向农业生产领域倾斜投资，集中扶持一批规模种养大户、示范基地和

农产品加工龙头企业。二是培育发展特色产业。扶贫重在“扶产业”。全面实施“5＋2”农业产业化振兴战略，“5”就是培育壮大林下经济、核桃、特色养殖、特色种植、食用菌五大产业，“2”就是建设一个农产品综合批发市场和发展一批农副产品加工龙头企业，打造农业现代化发展产业体系。林下经济产业，采取林药套种、林粮套种、林草套种和林菜套种4种基本形式，发展林下经济，培育农村经济发展新的增长点。核桃产业，立足于打造“一县一业”主导产业，在全县7个乡镇适宜区发展核桃经济林。特色养殖产业，重点发展以藏香猪、本地山猪为主的放养猪养殖、舍饲养羊和放养蛋鸡养殖。特色种植产业，重点发展有机谷子、红芸豆、马铃薯、蔬菜等特色种植。食用菌产业，重点发展窑洞蘑菇、林下菌类，试验开发黑木耳、香菇等种植。三是建设现代农业科技示范园区。以“一企一乡一园”为基本模式，规划建设十大现代农业科技示范园区，走出一条符合交口实际的农地经营规模化、农业产业化、农村公司化、农民工人化的资源型企业产业扶贫开发的新路子。规划设计高科技示范园区发展路径。创新管理模式，按照“公司＋合作社＋农户”的思路，培育农业产业化经营龙头企业。统筹园区发展和新农村建设，打造一批新农村建设示范村。

（三）推进城镇扩容提质，着力加快城乡统筹发展。一是推进大县城建设。一要高起点规划。按照“扩张南北、拓展中心”的思路，加快修编、评审《县城总体规划》，搞好重点地段、标志性项目的建筑设计。二要积极实施“五大扩容工程”。即：北部新区街道建设、南部新区河道公路改造、“一纵三横”街道改造、西环路、中心城区17万平方米旧城改造。三要规划建设“八大标志性”建筑。即：中心商业区的煤业大厦、铝业大厦、迎宾苑，南部新区的东征文化广场、会展中心、云梦豪景，北部新区的吕梁学院交口分院、体育场（馆），力争年内取得实质性进展。四要进一步完善城市功能。配套建设集中供热、供气、供水、供电、通信及污水管网改造和延伸配套工程，新增供热面积30万平方米，新增天然气用户1000户，扩建污水管网5千米，规划建设南山星级公园。五要加快推进智能城市建设。按信息化管理、安全监控全覆盖的要求，整合住建、城管、公安、交警、安保、通讯及相关部门技术、设施，统一规划、相互配套，建设城市智能化管理系统。二是推进大集镇建设。高起点规划建设双池镇，打造全县新的增长极。其他乡镇要依据地域特点、产业基础，搞好集镇规划和建设，完善功能、提升品位，增强人口集聚、产业集聚能力。三是强化城乡管理。全面开展城乡建筑市场秩序大整治。对所有建筑项目彻底清理，全面完善审批手续，全面规范建筑市场秩序。组织开展城乡环境卫生大整治。完善城乡环境卫生管理办法，形成完备的精细化管理体系。

（四）大抓基础设施建设，着力构建转型跨越发展的支撑体系。一是交通方面，着眼于改变区位劣势，打通交口和国、省高速公路、铁路运输主动脉的通道，建设交口的现代综合运输体系。抓好县乡公路建设。开工建设交秦线旅游公路。二是水利方面，积极支持配合中部引黄工程建设，配套建设小水网工程。实施下村川河综合治理工程和齐家庄、水泉沟、土地沟等坝系工程，完善东南部集中联网供水工程。三是电力方面，加快推进桃红坡220千伏输变电线路架设工程，开工建设温泉110千伏变电站项目，完成农网升级改造工程，启动实施城区电网改造工程。四是供气方面，加强同国新能源沟通，加快天然气管道铺设，年内实现主管道贯通县城和各乡镇。突出抓好到温泉管道的铺设，提高全县气化水平。五是通信方面，加强通信基站建设，实施“光速城市”和农村宽带普及计划，推进城镇、农村、企业信息化进程。六是生态方面，坚持不懈地实施生态脆弱区、通道、环城、村庄、矿区五大造林工程，扎实推进矿山生态恢复治理，抓好露采企业采区及周边地区生态修复，不断提升植被覆盖率，保护好、建设好生态环境。

（五）全面发展社会事业，着力提高民生保障水平。一是优先发展教育事业。坚持教育优先发展战略，举全县之力大办教育，率先实施“名校长”“名教师”工程。创新选拔考核机制，完善教师队伍代谢补充机制。继续加强基础建设，完善农村薄弱学校改造工程，实施义务教育标准化达标提升和城乡11所标准化幼儿园改造建设工程。二是大力发展卫生事业。深化医药卫生体制改革，积极探索县域医药卫生一体化发展模式，形成治疗、转诊、预防上下联动、互为一体的医疗卫生服务和覆盖城乡的公共卫生服务体系。推行国家基本药物制度，推进基本公共卫生服务均等化发展。强化计生服务，人口自然增长率控制在6.5‰以内。改造乡镇卫生院，完成30所村卫生室达标建设。开工建设公共卫生综合检测中心、计生妇幼保健服务中心。三是积极发展文化事业。实施文化惠民工程，扶持发展丝带绣、山核桃工艺等文化产业，组织开展群众喜闻乐见的文化体育活动。加强基层文化基础建设和通道文化建设，提升文化软实力和对外影响力。积极争取10处农村文化大院项目建设，将10个村纳入国家文化共享工程。继续完善村村通广播电视工程和数字电视平移工程。四是健全完善社会保障体系。完善城乡医疗保险体系，扩大城乡养老保险覆盖面，探索建设大病救助体系，提高城乡低保和社会救助水平。继续做好低收入农户冬季取暖用煤保障工作。加大特困群众、残疾人、“五保户”等弱势群众基本生活帮扶。五是全力做好抗灾救灾。积极向上争取专项资金，千方百计调度财政资金，努力抢修贯通毁坏道路，全力救助困难群众，确保受灾群众的基本生活。

（六）严守安全稳定底线，着力推进和谐社会建设。一是狠抓安全生产。全面开展安全生产大检查大整治活动，强化“两个主体”责任，抓好责任落实和制度执行。推进企业安全标准化建设，开展本质安全型企业试点工作。始终保持严厉打击私挖滥采和各类非法违法生产的高压态势。加强基层安监队伍和应急管理体系、防灾减灾体系建设，坚决杜绝重特大事故发生。二是狠抓社会管理。积极开展领导干部“访民生、知民情、解民事”活动，进一步完善信访接访制度，建立县乡矛盾纠纷解决机制。依法严厉打击各类违法犯罪活动，强化社会治安综合治理。加强法制宣传教育，推进依法治县。

强劲吹响综改试验区建设冲锋号

中阳县县长　乔晓峰

按照省市综改试验区政策要求，中阳县委、县政府强抓全省转型综改试验区建设的良好机遇，进一步抓好试点工作，努力在产业转型、生态修复、城乡统筹、民生改善、机制创新五个重点领域取得新突破，在全县上下强劲吹响综改试验区试点建设冲锋号。

一、以加快转变经济发展方式为主线，实现产业转型新突破

调整产业结构、转变经济增长方式是实现经济又好又快发展的根本任务，努力从单一地利用煤炭资源向利用其他各类资源转变，有重点有选择培育发展多元支柱产业和重点企业，积极培育非煤产业和接续产业，促进产业深度开发，不断延长产业链条，打造新的经济增长点。(1)提升传统产业。一是推进煤炭产业开发。抓好汾西中泰600万吨、鑫岩240万吨、沈家峁煤业、悦达军山等4对矿井的手续完善，完成付家焉、南山煤业等2对矿井三期工程建设，完成张子山、桃园荣大、西合煤业等3对矿井二期工程建设，争取荣欣公司高家庄煤矿、梗阳煤业、坤龙、暖泉、苏村、鑫隆煤业等6对矿井投入联合试运转，全年煤炭产量达到1000万吨。二是坚持立足煤、延伸煤、超越煤，鼓励煤炭企业发展下游产品，向高端化延伸，向循环经济发展，扩大洗煤焦化产能。抓好福裕450万吨、梗阳300万吨、荣欣一期150万吨、聚源150万吨4个洗煤项目和福裕180万吨焦化、20万吨甲醇项目建设，提高煤炭加工转化率。三是做强钢铁产业。加快中钢一期升级改造工程建设步伐，形成500万吨钢铁产能，推进中钢与文水海威联合，形成钢铁航母，有效应对市场风险。支持桃园水泥有限公司日产4000吨熟料及余热发电项目建设，力争年内投产；加快推进大唐桃园2×30万千瓦煤矸石综合利用发电项目，年内开工建设。(2)发展新型产业。重点扶持腾飞石油钻具公司钻杆深加工、金州铸造有限公司铸件扩建、吕梁精工机械厂拨丝和丝网建设等项目。支持慧仁核桃食品公司开发核桃糊等系列产品，形成特色生物保健产业。启动大唐风力发电项目建设。发展物流和旅游业，新建金罗镇物流园区，启动金钱豹生态旅游项目。(3)抓好园区建设。尚家峪工业园区为市级工业园区，要进一步完善园区的空间布局和功能定位，加强水、电、气、路等基础设施建设，增强园区的产业承载能力。组建功能完备、运行高效的园区管理机构，健全合理职能，以良好的服务吸引更多企业入驻园区。在全县各煤矿实施"1＋1"工程，即一个煤矿必须建设一个非煤企业或延伸项目。对率先启动实施的煤矿，项目优先入驻园区。

二、以提高可持续发展能力为目标，实现生态修复和节能减排新突破

持续促进农业产业化和现代化，推动社会主义新农村建设，不断完善以工补农、以煤补农机制，努力创建环境友好型、资源节约型社会，加大节能减排力度，大力推进造林、护林工程，发展生态林业，把中阳建成优美宜居的绿色生态县城。(1)壮大核桃产业。一是针对中阳核桃林基本覆盖的实际，把工作重心转到加强管护、提高质量、早日见效上。进一步加大涉农资金整合和政府补贴力度，加大核桃栽植区水利、道路等基础设施配套力度，改造低产低效林1333公顷(2万亩)，建立20个千亩、2个万亩核桃丰产示范园。二是创新经营模式，通过采取委托大户集中管理、龙头企业规模发展、煤炭企业在煤田范围内买断经营等办法，确保核桃树栽起来、管得好、早见效。实现全县宜林地核桃林全覆盖，农民人均核桃收入2000元以上。(2)实施生态修复。一是重点推进矿区生态环境修复工作，明确煤炭企业为矿界范围内绿化的实施主体，采取一次规划、分年实施的办法，力争3～5年内全县煤炭开发区全部高质量绿化。二是启动二郎坪生态公园建设，城市绿化覆盖率达到30%以上。三是搞好村庄绿化工作，行政村全部园林化。四是新建淤地坝7座，生产坝13座，新增旱井204眼。争取项目资金，补充耕地200公顷。实施高家沟骨干坝除险加固和陈家湾水库区防护整治项目。(3)落实节能减排措施。以煤炭、电力、化工、冶金、建材等行业的重点企业为突破口，以规划环评、循环经济准入标准为手段，限制和改造"两高一资"项目。实施脱硫、脱硝"双脱工程"，实施火电行业废水"零排放"工程，重点抓好东川河、南川河流域企业污水治理工程。

三、以推进城乡一体化发展为统领，实现县域城镇化建设新突破

构建特色城镇带，打造“一城四镇”城镇空间格局，建设高标准社会主义新农村，形成城乡经济社会发展一体化的全新局面。扩交通、固水利、增电力、强电信，打造高效、快捷的立体交通网络，现代化的水利工程和不断升级改造的电网服务设施，为经济发展提供坚强支撑。(1)实施城区扩容提质工程。新城开发方面：年内完成滨河西路南延、华润联盛大道南延及西侧拆迁改造工作，二郎坪片区东西向三条道路、宋家沟道路综合改造工程。中阳一中经济适用住房建设、中钢公司公租房建设。搬迁新城变电站。新建文体活动中心。完成县人民医院新建项目规划、选址等前期准备工作，年内开工建设。旧城改造方面：铺开粮贸市场片区改造工程。新建廉租房432套。启动城中村改造工程，确定1～2个村先行试点。市政设施配套方面：年内新增供热面积50万平方米，供热普及率80%；敷设供气管道20千米，供气普及率30%以上。完成城区污水排放系统、旧城区供水管网改造、雷家沟排洪渠改建等工程，打造布局有序、功能完善、环境舒适的和谐家园。(2)建设金罗、宁乡、枝柯城镇带和中心集镇。结合煤炭开采区移民和扶贫移民，逐步突破户籍和行政区划限制，有序引导居民向城镇带集中。完善乡镇水、电、路、校、医等基础设施，提高产业和人口吸纳承载力，扩大对农村的辐射力。年内争取张子山乡移民工程三期和下枣林、武家庄首批1700人的移民工程完工，枝柯镇成功申报全省小城镇建设重点镇。(3)推进基础设施建设。交通方面：万年饱—吴家峁、车鸣峪—韩家山运煤专线上半年开工建设；启动国道209线道常至城区段街路一体改造工程，力争209国道改线东山过境公路开工建设。配合西纵高速建设，搞好连接线建设。电力方面：城南110千伏变电站建成投运，开工建设下枣林110千伏变电站。

四、以保障和改善民生为目标，实现社会各项事业发展新突破

更加注重公共事业全面协调发展，增加财政在教育、医疗、文化、社会保障等民生领域的投入，努力实现居民收入和经济发展同步增长、劳动报酬和劳动生产率同步提高，农村居民收入增速高于城镇居民收入增速，人民生活质量和水平显著提高。一要优先发展教育事业。优化教育布局结构，缓解城区入学难问题；新建3个中心幼儿园、改扩建2个中心幼儿园，争取每个乡镇一个标准化幼儿园。二要积极发展卫生事业。抓好新建县人民医院的同时，完成2个分院的维修改造，争取卫生监督所、急救站等项目立项开工。达到每个乡镇一所规范化的卫生院，每个行政村一间标准的卫生所，县、乡、村三级医疗机构基础设施达标率100%。新建水质检验监测中心，确保群众喝上放心水。三要抓好扶贫开发。围绕干果、蔬菜、畜牧、小杂粮，完善“一村一品”规划，把“一村一品”落实到种养加工项目上。核桃面积达到1.3万公顷，粮食种植面积9333公顷，设施蔬菜33公顷，畜禽总量突破50万头(只)。四要健全完善社会保障体系。认真落实就业创业的各类优惠政策，多渠道开发就业岗位，城镇新增就业2300人。完善基本养老、医疗保险、失业保险、生育保险等为主的保障体系，做好新型农村养老保险管理工作，参保人数达到5万人，发放养老金人数1万人。完善城乡居民最低生活保障、农村“五保户”供养制度，健全大病医疗、住房、伤残、临时救助等社会救助体系，有效保障困难群众生活。省政府新的“五个全覆盖”工程全部完成。

五、以体制机制创新为核心，实现在重点领域和关键环节的实质性突破

在人才引进、结构调整、土地利用、环境保护、资金保障等重点领域大胆尝试，先行先试。切实用好现有政策，积极争取新政策，在实践中探索创造性政策，移植推广其他综改区的好政策，形成一系列推动中阳发展的“中”字牌政策。一要创新人才工作机制。建立外来人才引进和使用机制，建立本土人才素质提升机制，实施人才培养工程，引申与高等院校的合作。二要积极推进经济结构战略性调整。充分发挥区位优势、资源优势和政治优势，延伸四大煤基产业链条，建设八大园区(三个农业示范园、两个工业园、一个煤炭开采新区、一个物流园、一个文化产业园)，十三大基地(九大农牧基地、三大工业基地，一个物流基地)，形成“四链”“八园”“十三基”产业发展格局，特色农业、新型工业、现代化服务业协同发展。三要逐步建立土地集约利用制度。结合城乡建设用地增减挂钩试点政策，通过县域内土地整理复垦开发，以及积极争取跨区域土地利用指标综合调节政策，探索耕地“占补平衡”路径，有效破解“用地难”问题。探索废弃资源安全合理有效利用和地质灾害综合治理新途径，加快县域废弃工矿地治理并向建设用地置换。推进城中村改造。四要探索建立环境容量调节机制。完善节能减排投入机制和市场化机制，探索建立生态环境补偿机制和排污交易制度。推动实施“绿色信贷”“绿色贸易”和“绿色保险”等政策，淘汰取缔落后产能，为标杆项目提供环境容量，形成产业转型发展和环境容量和谐协调机制。五要探索建立现代金融服务机制。支持新设中阳县村镇银行。集中社会资金，引导建立小额信贷公司。积极与股份制商业银行沟通，争取进驻中阳设立分支机构，确保项目资金保障。加大财政对重点项目的担保、贴息力度，撬动、激活民间资本。

中阳县被列为吕梁市17个市级试点县之一，这是中阳发展“金字招牌”，也是解决中阳发展问题的“金钥匙”，是千载难逢的机遇。将举全县之力，把智慧和力量凝聚到“转型综改”中，激发活力、大胆探索、真抓实干、破解难题，试出经验，试出成果，把中阳县建成全市乃至全省转型综改试验区建设的样板县、标杆县。

用好国家级开发区金字招牌
加快推动经济社会转型跨越发展

晋中经济技术开发区管委会主任　温毓诚

2012年，围绕"转型跨越"和"四化"率先发展的新目标，因应晋升国家级开发区后的新定位，抢抓"太原晋中同城化""太原晋中科技创新城"、全省产业转型园区新机遇，攻坚克难，储能蓄势，圆满完成全年主要经济指标。

2013年是全面建成小康社会八年"倒计时"的开启之年，是各项工作目标、工作重点做出新的规划调整之后开始实施之年。重新谋划开发区发展，必须站在"国家级"的高度，站在全省转型跨越、全市"四化"率先的战略中定位和审视。全力以赴抓投入、促转型、优环境、惠民生，形成经济社会又好又快发展的良好局面。

一、2013年开发区工作总体要求

深入贯彻落实党的"十八大"和中央、省市经济工作会议精神，以科学发展观为指导，紧紧围绕"转型跨越"和"四化"率先发展战略目标，认真贯彻实施"五区"发展思路，抢抓综改转型、同城化、科技创新城、产业转型园政策机遇，以大项目引进与建设为主攻方向，做实实体经济，培育要素活力，完善基础设施，创新发展机制，全力打造新型产业集聚地、高新技术辐射极、生态文明新城区。

二、2013年开发区经济社会发展主要预期目标

确保实现目标：地区生产总值25.1亿元，比2012年增长14%；工业增加值12.3亿元，增长17%；财政总收入8.39亿元，增长15%；固定资产投资39.2亿元，增长13%；工业总产值45.5亿元，增长16%；科工贸总收入225.6亿元，增长15%；外贸进出口额1840万美元，增长15%。

奋斗目标：地区生产总值27.5亿元，增长20%；工业增加值12.9亿元，增长21%；财政总收入8.76亿元，增长20%；固定资产投资41.6亿元，增长20%；工业总产值47亿元，增长20%；科工贸总收入235亿元，增长20%；外贸进出口额1888万美元，增长18%。

三、2013年开发区主要工作任务

（一）运足转型势。党的"十八大"报告就实现目标提出了"两个加快"的任务：加快完善社会主义市场经济体系，加快转变经济发展方式。给我们最大的启示即发展必须转变。着眼这样的大背景，晋中开发区转型的定位及方向是：坚持走新型工业化之路，推动传统产业升级，提高产业集中度，促进产业层次从中低端进入中高端。具体讲就是：工业经济为主、实体经济为主、高端经济为主、规模经济为主的"四为主"主题，以及总部聚集、要素吸纳、产城共进的"三促进"方针。在转型战略实施中，应该学会并投入运势转型、应势转型、获利转型。一是把握战略定位。国家级开发区的位阶，太原晋中同城化战略，太原——榆次科技创新城的布局，全省转型产业园的落区，使开发区处在了十分有利而又充满挑战的位置。必须凭借各项政策优惠、资源优先配置、项目区位引力、领导关注力度，借势运势应势发展，抢抓机遇，争取政策，在竞争中集聚项目资源。二是释放特有能量。紧贴省城大都市，独占交通、区位、教育、科技、要素集聚、产业基础、市场辐射优势，把已有优势发现把握住，把潜在的优势发掘发挥好，使优势尽可能发挥，成为实现目标的顺风强势。三是完善基础职能。新扩区20平方千米，从根本上解决"基本农田"与"规划指标"两大用地瓶颈，进行整区连片、产业集中的开发建设。

（二）鼓足发展力。一是打造产业集聚发展力。医药食品产业方面，抓紧落地的振东医药基地项目实施，带动全区医药行业扩张，向大集团、大公司、大品牌方向发展。食品产业依托晋中优势农产品生产基地，面向太原市和晋中市两大市场，直供15万大学生和10万产业大军，抓好中华老字号双合成和田森中央厨房具备规模发展能力，倾力支持向精深加工和规模品牌拓展。装备制造业方面，立足现有纺机制造、汽车改装、矿用机械制造等行业，鼓励企业加大产品的研发投入，储备和开发后继跟进产品系列，推动由制造向创造转变，努力向高端制造业攀升。环保节能产业方面，帮助和支持晋能艾斯特、亚乐士、洁宇光电等环保节能企业进行拓展，在技术研发、服务创新和人才培养上给予扶持，不断提高企业的综合实力。电子信息产业方面，重点抓好207所系统软件向民用化发展，大力争取北斗集团投资的车联网项目、物联谷科技公司三网融合

项目的落户，扶持双软企业德润翔科技公司尽快达产达效。现代物流产业方面，引导三晋物流、图书物流、汽贸工程机械物流进行改造提升，加快煤机物流建设，积极推动铁路物流、方略保税物流项目落地实施。五大产业就是“发动机”、牵引力。二是营浓园区的吸引力。按照产业结构优、功能布局好、创新能力强、生态环境美、幸福指数高五个标准，着力优化区内空间布局，提高水、电、路、气、暖等基础设施的承载能力和教育、科技、研发、咨询、法律、金融等中介要素的辐射能力，完善“居然之家”、龙田新区等商业休闲及公共服务设施宜居宜商功能，以优美的城市形象、完善的城市功能、宜居的城市环境，吸引各类人才、企业及要素的涌入。三是激活科技创新力。抓好招才引智，要发挥政府和企业两个积极性，切实加强招才引智工作，拓展人才引进、人才培训、人才测评、人才策划、政策咨询、信息服务等工作。科技平台创建，以科技三项费用等财政资金为引导，健全政府对重点产业、企业、产品、科技研发平台的扶持机制，引导和支持高校、科研院所来开发区创建更多的研发机构、科技成果的转化平台，引导和扶持科技人员入区创建科技孵化平台，真正走上依靠科技进步和人才的产业发展轨道。建立融资体系，建立健全银行和保险、担保等非银行金融机构并存的金融组织体系；通过股权融资、创设基金平台、发行发展债券、上市激励等政策，扩大企业直接融资比例；坚持基础建设适度先行，发挥投资建设公司功能，强化与国家商业银行等的对接工作，开辟政府融资新渠道，推进城中村改造、基础设施、生产环境的改善；与民间资本建立合作机制，逐步探索完善“政府引导、市场主导”的多元化融资平台，形成可靠的金融支撑力。

（三）做足改革功。一是创新招商引资机制。招商方向要更加鲜明，坚持面向外资密集区、民资富集区，招引世界500强、国内500强，以及高端项目、高端产业、高端人才。重抓电子信息、医药食品、环保节能、装备制造等现有产业招商，突出总部经济等新兴产业招商，聚焦金融、研发、物流等现代服务业招商。招商形式要更加灵活，积极探索特别助理招商、建园招商、科技孵化招商、商业招商、以商招商等5种新的招商方式。招商责任要更加清晰，围绕特色产业、综合商务、社会服务、基础设施等多个领域和主题，有目的地跟进洽谈，力争引进一批投资规模大、科技含量高、带动能力强的龙头型、战略型、总部型项目。二是强化项目推进机制。审批项目全程代理服务，落地项目全程跟踪服务，建成项目主动上门服务，超前抓前期，积极抓协调，严格抓督查，建立完善四项机制。项目储备机制，按照储备、签约、落地、开工、建设和投产运营“六位一体”的要求，建立项目丰富、后续有力、竞争力强的储备库，形成策划一批、立项一批、开工一批、投产一批的良性循环；牵头领办机制，每一名领导必须领办至少一个重点工程项目，及时解决入区审批办理、进地施工、建设实施中存在的问题，确保每一个环节都能享受到最简、最快、最优的服务；审批代理机制，严格执行首问负责制、跟踪问效制、服务承诺制，最大限度减少审批事项和环节；督查考核机制，强化目标任务的分解落实，将考核结果作为考核奖惩各级领导工作能力、工作绩效和工作作风的重要依据。三是构筑公平正义维护机制。行政权力运行做到规范透明，进一步减少审批项目，规范工作程序，公示业务流程，明晰岗位责任、工作标准和时限，严格依照法律法规和政策办事。服务经济发展突出企业主体，坚持有限优惠、无限服务，积极为市场主体和企业家提供高效的政府作为，用政府的高效率和执行力推动企业加快发展、做大做强。优化社会环境坚持惩恶扬善，努力打造开发区团结和谐、一门心思促发展的氛围，努力营造让投资者放心投资、安心创业、顺心发展、保障有力的社会治安和政治环境。四是提升基层基础建设机制。①加强村级组织建设。引申党工委委员联系村制度，加强对基层组织建设指导。重大事项提交党支部讨论决定，村委会实行民主管理制度。加强村务公开。建设好班子，培育好队伍，发挥村级组织项目落地、城中村改造、社会稳定主力军作用。②增加民生投入。凡失地农民全部纳入社会养老医疗保险体系。入区企业使用本区农村劳动力，按每人每月400元标准补贴企业。加大对区内城乡特困户救助力度，救助标准提高为每户每年3000元。将农村低保标准提高到每年3000元。加快保障性住房建设，满足外地入区务工人员和中下等收入住房困难家庭及新就业无房职工基本住房需求，以单位安置住房困难职工。区内农村劳动力与区内企业职工技术技能培训一律免费。解决企业聘用人员和外来务工人员子女就近入学问题，享受与区内居民同等待遇。本区农民与区内企业员工享受大病医疗救助。进一步完善城市公交体系。完善对残疾人及困难家庭救助体系。完善和落实高校回乡毕业生自主创业优惠政策。积极完善幼儿园体系建设。③积极营造社会和谐氛围。严格落实“谁主管，谁负责”，强化社会矛盾和不稳定因素的排查、化解、处置。④安全生产提质。完善责任及监管机制，严格实行“一岗双责”和挂牌责任制，实现生产安全的区域覆盖、无缝链接，尤其要强化对履职尽责的监管机制，加大对失职渎职的检查、监督、处罚力度，以此推动开发区安全形势持续根本好转，以和谐稳定的良好环境保障开发区大发展、快发展。

推进"三化"统筹　加快建设都市核心区

榆次区区长　张祖祁

2012年，榆次区抢抓机遇，攻坚克难，都市核心区建设开启新征程，转型跨越发展开创新局面，各项目标任务圆满完成。

2013年是全面贯彻落实党的"十八大"精神的开局之年，是实施"十二五"规划承前启后的关键一年，既要清醒地认识当前错综复杂的经济形势，更要看到省市政策倾斜、要素资源集聚的重大机遇，牢牢抓住"三化"统筹推进这个关键，加快建设都市核心区。

一、2013年政府工作的指导思想

把握"稳中求进"总基调，抢抓转型综改区、太原晋中同城化、太榆科技创新城等重大机遇，突出"三化"统筹，在改革创新中赶超跨越，在转型发展中争先进位，在实干苦干中创造业绩，全力建设都市核心区。

二、2013年经济社会发展主要预期目标

地区生产总值220亿元，增长13%；财政总收入25.1亿元，增长10%；一般预算收入10.8亿元，增长10%；规模以上工业增加值82亿元，增长15%；全社会固定资产投资总额176亿元，增长25%；社会消费品零售总额137亿元，增长15%；外贸进出口总额7140万美元，增长15%；城镇居民人均可支配收入25500元，增长13%；农民人均纯收入12220元，增长15%。

三、2013年政府工作重点

（一）突出创新驱动，全力建设太榆科技创新城。一要在科技转化应用上求突破，搭建产业互动平台。利用科技创新城吸附效应，加紧省煤勘院、省交通设计院落地，引进省电力设计院、太钢研究院、省高分遥感信息中心等科研院所，发挥"五院两所"辐射作用，带动卫星遥感、通讯信息、新材料等新兴产业发展，打造新兴产业高地；加快建设液压院士工作站，筹建机械工业研究院。实施高新技术与高端液压、精密铸造嫁接，产、学、研、用"一条龙"，加快成果转化，建设先进制造基地；与高校新区融合发展，培养与产业衔接的订单、定向、定岗型人才，建设人才集聚地。二要在综合配套建设上下功夫，搭建公共服务平台。加快实施榆次工业园区综合服务区项目，建设集科技咨询、金融服务、商业会展、职工公寓、教育卫生于一体的公共服务配套基础设施，完善工业园区功能。三要在破解瓶颈上拓思路，搭建要素保障平台。迅速推进牛村、张胡、朱村、焦家寨等村增减挂钩旧村改造试点工作。引导榆次支柱产业与软银中国、国泰君安等基金公司和风投公司的深层次合作，鼓励支持金粮、方盛等一批企业重组联合，完成股权融资，积极推动上市，为产业扩张筹集资本。

（二）突出项目带动，全力提升区域经济总量。一要集中力量促进项目落地开工。全力推进总投资511.3亿元、年度投资170.3亿元的56项重点项目顺利建设，开辟规划选址、用地、环评、融资、报建"绿色通道"，强化协调服务，抓紧6904车载方舱及便携式卫星通信系统、戴尔蒙德不锈钢工业焊管等6个10亿元左右项目及早开工建设。二要加快步伐推动项目建设投产。进一步强化领导包项、部门负责的项目推进机制，重点推进太重榆液、太钢万邦、省粮食物流等14个重大项目建成投产，成为新的经济增长点。三要坚持不懈抓好招商引资和储备签约。精心谋划一批基础性潜力项目，做细做实前期工作，形成在建项目接替有序、逐个落地的良好局面，力争年内新增储备项目40个以上；大力开展专业化集群招商，积极促成法国波尔多、保利酒业葡萄酒项目等10个累计投资118亿元的在谈招商项目落地，力争年度签约额突破220亿元。

（三）突出产业集聚，全力加速新型工业化进程。一是搭建综合服务平台，提升承载能力。完善工业园区扩区规划，加快路网及配套基础设施建设进度。加强工业园区与国开行的合作。强化园区管理，规范园区企业土地交易、出租转让行为，提高土地利用效率。二是继续壮大产业集群，积蓄发展后劲。充分发挥纺机、液压两个国家级企业技术中心优势，引导中小企业向高端挺进，由单一元器件向系统、高端装备制造业转型升级。做好铬铁二期、瑞光热电二期、修文货站合作前期工作，为实施"以钢为基"太钢新材料工业园项目奠定基础。新能源汽车产业全力保障吉利、中航项目如期推进、加快进度。醋产业集群要挖掘传统文化，发挥原产地保护标志优势，重点培育龙头企业上规模、塑品牌，促进醋产业向标准化、高端化转型。三是加大政策扶持力度，壮大民营经济。切实用好政策性扶持资金，重点扶持中小企业搞技改、扩规模，对成功上市、荣获国家驰名商标、省级以上科技创新奖的企业给予重奖。鼓励本土企业抱团做强，引导中小企业向园区集聚发展。优化企业发展环境，保障民营经济健康运行。

（四）突出龙头引领，全力提高农业现代化水平。一要优化产业布局，打造特色产业。以“五个一”工程为抓手，新发展“一村一品”专业村50个。重点打造什贴为主的特色小杂粮片区，重点完善3个万亩无公害设施蔬菜片区，重点打造北田、庄子水果特色走廊，新建10个高标准养殖园区，建设潇河流域苗木基地，推动现代特色农业规模发展。二要加强科技支撑，实施龙头带动。全面建成“国家农业科技示范园”，壮大提升蔬菜、畜牧、水果、苗木四大主导产业；以丰沃、恒茂为龙头，重点抓好蔬菜新品种推广和物流基地建设，全力推进设施蔬菜规模发展；重点抓好产业链条延伸和农产品质量安全，提高标准化园区质量和规模化养殖水平；重点抓好高附加值产品和重点产业发展，带动干鲜果业合作社规模化发展；发展农业电子商务，促进农超对接、农社对接、农批对接。三要改善基础设施，促进农民增收。启动10个“六美”农村建设，完成30个重点新农村“四化四改”工程。重点实施涉及9个乡镇5000亩（333公顷）农田整理、2000亩（133公顷）复垦土地项目，新增耕地3500亩（233公顷）；加快推进全国小型水利重点县项目、东赵南山小流域治理、抗旱应急工程等八大水利工程，强化农业基础，促进农民增收。

（五）突出高端定位，全力加快区域城镇化步伐。一是积极推进省市区共建工程。积极协调推进山西医科大学第二附属医院、省儿童医院等一批省级优质项目落户；继续做好迎宾街东延、东升路改造等市政重点工程的征地、拆迁配合任务，推进中都北路延伸段建设。二是全力实施城中村和棚户区改造。全力推进城中村建设，力争年内主体完工；全力推进城中村的拆迁工作，力争年底具备开工条件；重点抓好棚户区改造工作，力争年内启动项目建设。三是重点推进特色村镇建设。挖掘地域人文特色，高标准修编村镇规划。优化城市布局，完善服务功能；围绕乡镇所在地、风景名胜地，先行规划、重点建设。

（六）突出布局优化，全力提升现代服务业层次。一是以建设华北枢纽节点为定位，大力发展物流业。加快推进太铁物流、中储物流、经纬物流、省粮食物流等项目进度。依托液压、纺机等产业集群布局，引进一批专业物流园、综合仓储物流园，培育一批速递配送、冷链储运、第三方物流等新型业态，推动物流业向集约化、品牌化发展。继续推进“新网工程”“万村千乡”便民店提档升级，扩大连锁经营和配送服务范围，构筑功能完善的农村市场体系。二是以配套高校新区为契机，大力发展高端商务。加快太榆科技创新城各项工程规划建设，促进科技服务、工业设计、服务外包等第三产业加速发展。围绕城市中心系列商圈，推进沃尔玛、家乐福等大型商业城市综合体建设，完善城市商务功能。三是以建设晋商文化知名旅游目的地为目标，加快文化旅游发展。围绕“三大精品旅游路线”和丰富的文化旅游资源，重点推进乌金山国家森林公园三期等项目建设；打造一条特色餐饮街，开发一系列特色旅游纪念品，延伸旅游产业链条，丰富旅游“六要素”；发展新型文化业态，实现文化和旅游深度融合；加大对外宣传力度，提升榆次文化旅游知名度。

（七）突出环境改善，全力推进生态文明建设。一要强化节能减排力度。实行严格的节水节地节能制度，集约节约利用资源。严格推进污染减排及污染防治工程，狠抓国电、瑞光等重点排污企业环保设施限期投运；推进工业园区内雨污分流、污水收集管网与二污水厂对接工程及中水回用系统建设，提高工业废水排放达标率；加强项目节能评估和审查，做好技术节能和管理节能工作，抓好落后产能关停淘汰和技术升级改造。二要加强生态系统建设。大力开展造林绿化，推进北部山地综合治理项目；完善国省道、高速公路林带补植任务，完成5条干线公路绿化工程；加大农田林网、村庄绿化步伐。三要抓好城乡环境卫生综合整治。以“四城联创”为目标，继续推进城乡环境连片整治，全面实施乡村清洁工程，进行规模畜禽养殖场（小区）综合治理。加大环城沿线、城乡接合部等重点路段、重点部位整治力度，建立长效管理机制，不断优化人居环境。

（八）突出惠民利民，全力促进民生事业改善。一要增强社会事业共享度。全力配合市政府统筹城区教育布局，加快推进10所中小学、4所乡镇中心幼儿园新改扩建工程；深入实施“名师名校长”工程，全面提升教育教学质量，实现教育均衡发展、内涵发展、特色发展。积极落实基本医疗保障制度，继续推进医改，进一步提高城镇职工医保、居民医保以及新农合实际补偿比例；逐步探索乡村医生新老交替机制，提升乡村医务人员从业素质，实现基本公共卫生服务均等化、规范化、精细化，满足人民群众健康需求。二要扩大社会保障普惠度。继续深入开展创业型城市创建活动，落实创业扶持政策，实施好各项就业服务专项行动，帮助就业困难人员、零就业家庭、高校毕业生等重点群体实现就业。统筹推进城乡社会保障体系建设，引导更多非公有制经济组织从业人员、灵活就业人员和农民工参加社会保险，城镇职工基本养老、医疗、失业、工伤、生育保险率全部达到95%以上；加大对弱势、低收入群体帮扶力度，完善物价上涨与保障标准挂钩联动机制，保障困难群众基本生活。三要提高社会管理满意度。创新维稳工作机制，畅通信息渠道，规范信访秩序；深入推进网格化管理，健全社会治安防控体系，依法严厉打击各类违法犯罪行为，维护社会稳定。抓好应急管理，不断提高预防和处置突发事件的能力和水平。严格治理超限超载。进一步落实安全生产责任制，加大重点行业领域的安全隐患排查治理，坚决杜绝重特大安全事故发生，保障人民群众生命财产安全。

稳增长　促转型　惠民生　保稳定

介休市市长　王怀民

2012年，介休市全力以赴抓项目、稳增长、促转型、惠民生、保稳定，多项工作取得重大突破，社会各项事业明显进步，经济社会发展多项工作走在晋中、全省前列。

2013年是贯彻落实"十八大"精神的开局之年，是实施"十二五"规划承前启后的关键之年，是为全面建成小康社会奠定坚实基础的重要一年，是介休城镇化建设突破之年、经济社会建设大变之年，做好2013年工作意义重大。

一、2013年政府工作总体要求

全面贯彻落实党的"十八大"精神，以邓小平理论、"三个代表"重要思想、科学发展观为指导，按照"介孝汾平灵"城镇组群核心城市、晋中市域副中心城市发展定位，紧紧抓住"三大试点"先行先试机遇，以项目建设为主要抓手，以民生改善为根本目标，奋力推进新型工业化、信息化、城镇化、农业现代化，让城市更美好、经济更发达、社会更和谐、人民更幸福。

二、2013年经济社会发展主要预期目标

地区生产总值增长12%，规模以上工业增加值增长14%，固定资产投资增长32%，社会消费品零售总额增长16%，财政总收入增长7%，城镇居民人均可支配收入增长12%，农民人均纯收入增长15%，城镇登记失业率控制在4.2%以内，居民消费价格涨幅控制在3.5%左右。

三、2013年政府重点抓好十项工作

（一）突出项目建设，以重点项目为抓手，增强经济社会发展后劲。一是完成"六位一体"目标任务。项目储备总投资额动态保持在1700亿元以上，签约项目投资总额达到220亿元，落地项目投资总额达到150亿元以上，开工项目投资总额达到130亿元以上，年度省、市重点工程建设投资完成132.2亿元以上，其中，省级重点工程建设完成投资额61.3亿元。力争20个以上项目建成或投产，投产项目投资总额达到105亿元以上。二是加快推进重大项目。2013年确定重点项目62个，总投资500亿元，其中，省重点项目7个，生产性项目27个。三是加大招商引资力度。以商招商，捕捉产业信息，提高引资实效。鼓励扶持本地企业做大做强，留住域内资金。瞄准大企业、知名企业，拓展合作，引进项目，开创招大商、引大资、上大项目的新局面。四是优化服务保障环境。突出抓好立项、规划、环评、土地等四方面前期手续办理，千方百计落实环境容量、用地指标，满足项目需求。积极帮助项目筹措资金，支持重点项目和转型综改标杆项目建设；定期向金融机构推荐重点项目，协调金融机构辅导企业项目融资。五是完善项目推进机制。严格落实领导干部包项目责任制，实行重点项目月调度制度，建立24小时直通车制度，实行重点项目目标责任考核制度。

（二）突出民生建设，在事关人民群众切身利益的六大领域继续大投入。一是深化"八十校兴学、四十园兴幼"工程。巩固38所中小学建设成果，改扩建教师进修校，创建15所数字化校园，促进各类教育优质均衡发展。大力开展"教育质量管理提升年"活动，狠抓校长、教师、教研三支队伍建设。二是实施"十院兴医"工程。切实改善医疗卫生条件，进一步深化医药卫生体制改革，巩固完善基本药物制度和基层医疗卫生机构运行机制，完成公立医院改革。三是提升住房保障水平。完善保障性住房准入、退出、管理机制，新开工1780套保障性住房。完善住房公积金制度，扩大非公企业覆盖面。四是完善社会保障体系。城乡居民养老保险、城镇职工五项保险参保率分别达到100%、95%以上；进一步提高企业退休人员基本养老金、城乡居民基础养老金、城镇居民医保和新农合财政补助标准、城镇职工和居民基本医疗保险最高支付限额、城乡低保保障标准等。加大优抚对象、农村"五保户"等困难群众救助力度，做到应保尽保。认真落实收入分配制度改革政策。加快发展社会福利和慈善事业。五是实现更高质量就业。高度重视高校、高职、零就业家庭就业和失业人员再就业，落实各项扶持优惠政策，千方百计创造更多就业岗位。完成技能和创业就业培训2万人次，转移农村富余劳动力4160人以上。六是加强创新社会管理。打造多维动态防控体系，夯实基层基础，确保社会稳定。重点推进各类功能网格融合共建，积极探索整合人口、治安、就业、社保、民政、医疗等社会管理和服务资源的有效办法，推进城市管理、社区服务、基础防控数字化、智能化、网格化系统建设。稳定低生育水平。加强公路治超工作。强化防空防震防灾能力和应急管理，妥善应对各类突发事件。

（三）强化工业强市建设，推进十大工业产业发展。一要大力推进传统产业升级。以循环经济为发展理念，着力完善煤焦化、煤焦电、煤焦钢建材三条产业链，实现焦炭、钢铁、洗煤三大产业工业产值过百亿元。煤炭产业要做好矿井基建技改、安全质量标准化建设，10座煤矿达到正常生产，3座进入联合试运转，扶优扶强40户规模以上洗煤企业。焦炭、煤化工产业以焦化兼并重组为契机，加快省定5个兼并主体重组进程，做好大机焦项目建设前期工作，延伸发展“油、苯、醇”等煤化工产品，打造全省千万吨级焦炭产业园区和煤化工产业核心区。钢铁产业依托新泰钢铁，加强技术改造，提高产品竞争力，延伸开发冷冻钢等新产品，建设全省最具潜力的特种钢产业基地。电力产业着力提升能源利用效率。建材产业发展新型墙材、新型耐火材料、干法水泥等产品，切实整合石料企业，节约集约资源，壮大新的工业支柱产业。二要突破性发展战略新兴产业。以有机硅、超轻飞机、大型锻件、超高功率碳素等新材料、新产品、新装备为引领，着力壮大产业集群。支持大企业、大集团在北部新区建设总部经济和科研中心，全力提高产品核心竞争力和市场占有率，建成全国最大陶瓷保温材料基地和华北最大的有机硅生产基地。重点推进新型装备制造产业发展，建成全省超轻飞机研发生产基地和大型锻件生产基地。整合提升碳素产业，加速志尧、福源等超高功率电极项目建设。三要加快促进中小企业发展。深入贯彻落实省、市促进中小企业发展各项优惠政策措施。继续设立中小企业发展专项资金，健全公共服务体系，在中小企业注册、用地、融资、市场开拓等方面给予扶持。年内新增2个营业收入超亿元、5个营业收入超5000万元的中小企业。

（四）强化园区功能配套，加快四大工业园区建设。一要科学规划园区建设。加快推进义安片区为主的240平方千米产业发展规划、土地利用规划、城市总体规划“三规合一”，统筹部署城镇化与工业化协调发展，扩大园区空间，优化园区布局，完成四个园区规划编制，坚持项目向园区集聚。二要完善园区基础设施。义安工业园区规划建设兴地引水和调水工程，加快中水管网建设，加快园区输电工程建设进度，完成天然气管网建设、道路建设等。装备制造园区完成中央大道建设，实施兴地引水入园，规划建设110千伏园区变电站以及道路亮化绿化等基础设施。新材料园区规划实施路网、中部引黄入园和变电站等项目。青云通用航空园区完成高压线路改迁和道路改线，接入天然气专线，配套道路、供电、供水、污水处理等设施。工业园区实施现代工业形象建设，积极推进标准化厂房等工业地产建设，推进工业园区服务业发展。三要创新园区管理机制。加快筹建园区管理机构，积极争取义安经济园区进入省级工业园区行列。研究制定落实更加灵活的优惠政策，吸引各类项目、各类资本、各种人才落户园区、入驻园区、发展园区。

（五）强化基础设施建设，推进百亿城建项目。一是强化规划引领作用。加强全域规划，完成城市总体规划修编，抓好中心城区、重点镇、中心村规划，实现全覆盖。加强城市控制规划，编制好各类控制性、修建性详规。加强城市设计。二是推进6.8平方千米北部新区建设。构建城市交通体系，新建7条道路，续建1条道路，改造3条道路。基本建成法院审判法庭、人武部新营区、消防指挥中心等10个新区功能配套工程。提升新区功能，新增集中供热面积80万平方米，新发展天然气用户5000户，新建垃圾焚烧电厂配套无害化填埋场和垃圾中转站，开展垃圾分类收集。理顺供气价格，新增用户使用天然气，建设“气化介休”。三是建成1平方千米历史文化街区。完成顺城关历史文化一条街、城隍庙及广场、祆神楼及广场等十大历史文化街区保护工程建设，展示老城历史文化街区风貌，形成“新旧两城、协调发展”的城市格局，积极申报国家历史文化名城。四是改善城市和“城中村”基础设施和生活条件。五是实施1.3平方千米义安生态新区建设。将义安园区内不满足卫生防护距离的14个村庄、4500户居民逐步搬迁，将其打造为全省一流的城乡一体化示范区。六是建设好2个省级重点镇、5个市级重点镇。加快义安、张兰省级重点镇建设，完成义安新村工程，完成张兰滨河路等重点项目。加快5个市级重点镇建设，规划实施好中心村建设。

（六）强化“三农”工作，推进特色百村发展。一是继续做好“一村一品”。抓好蔬菜、养殖、干果、加工四大优势产业，落实1900万元专项扶持资金，新培育40个“一村一品”专业村和连福核桃加工、张兰蔬菜专业镇。扩大设施蔬菜、核桃林种植面积，改扩建规模养殖小区。二是争取并实施好农业项目。积极争取中央、省、晋中市在设施农业、干鲜果、规模养殖等领域补贴政策和中央小型水利重点县项目。建设1平方千米现代农业园区。加快推进生猪养殖屠宰加工、蛋鸡养殖，以及张兰、连福万亩核桃和上梁万亩红薯基地建设。完成水库除险加固、493公顷中低产田改造。核桃加工进一步扩大规模、打造品牌。三是完善农业服务体系。鼓励通过土地流转，组建农民专业合作社，培育专业大户，发展庄园经济等新型规模主体。实施好“十百千万农民大培训工程”和基层农技推广体系项目。四是扎实推进新农村建设。实施洪山镇涉及3129人扶贫开发工程，210个重点村农村清洁工程，1个新农村集中连片示范区和30个重点村建设，完成30个行政村街道亮化和50户农村危旧房改造任务，加快15个地质灾害未搬迁村实施进度。

（七）强化生态文明建设，推进百里河道整治。一是打造汾河时代，做足“滨水”文章。投资4亿元实施33千米汾河综合治理，2013年完成18千米一期工程。配套完善沿河绿化，加快编制张洞河、候堡河、兴地河治理规划，修复生态环境，打造优美景观节点。二是增加城乡绿量，做足“增量”文章。在乡村实施以邢汾高速通道绿化、16个矿区绿化为重点的十大工程。在城区完成25万平方米城市道路和公园绿地建设。新建绵山公园、经四路公园、北坛游园，规划北部新区公园，提升现有公园的园艺化水平。三是深入推进节能降耗和减排，做足“减量”文章。对高耗能、高排放、不安全、低效益的落后产能企业有序退出市场，加强36户重点用能企业节能管理，试行企业差别电价和居民阶梯电价政策。持续深入开展城市和重点区域环境质量改善攻坚行动。加强饮用水源地保护，确保人民群众饮水安全。四是全力推进“创卫”工作。实施十大创卫攻坚工程，进一步强化行业卫生管理，加强健康教育，全面提升城市精细化管理水平，确保顺利通过暗访和综合评估。实施城乡清洁工程，创建城乡清洁示范市，高标准打造15个清洁示范小区和单位、2个示范镇、15个示范村。

（八）强化文化旅游建设，继续打造五大名片。一要继续打造好“五大名片”。绵山在提升服务和景区建设上下功夫，争创国家5A级景区；历史文化街区完成一期工程，梳理老城历史风貌和城市肌理；完成张壁古堡内主要文物景观修复和基础设施升级改造，争创国家4A级景区。二要抓好文化重点工程建设。进一步加强文化遗产保护，统筹抓好95处重点文物保护单位，特别是8处国保单位的修复保护，继承、保护和开发干调秧歌、陶艺制作等非物质文化遗产，培育介休独特文化品牌。加快文化体育场馆建设，加快发展文化创意、动漫等新型文化业态。三要积极发展商贸物流等其他服务业。加快推动服务业发展，加快培育煤炭、焦炭等综合型物流园区、专业物流中心和物流重点企业，新建大型汽贸城。引导房地产业健康发展。加快以社区卫生、家政服务、物业管理为主的社区服务业发展。

（九）持续抓好安全生产。深入开展“责任落实年”活动，强化政府部门安全监管、企业安全生产两个主体责任，继续夯实安全生产基层基础基本功，落实属地监管责任，做到生产经营领域全面覆盖、安全监管责任无缝对接。不断加大安全投入，突出抓好安全标准化建设和企业现场管理。狠抓煤矿、非煤矿山、危险化学品、道路交通、人员聚集场所、特种设备和食品药品等重点行业领域安全隐患排查整治，扎实推进打非治违行动，严厉打击私挖滥采。严格问责追究，坚决遏制较大以上事故，减少一般性事故，杜绝迟报瞒报，确保全市安全生产形势稳定好转。

（十）持续抓好改革创新。一是做好“三大试点”工作。用足用好省转型综改和扩权强县两个试点优惠政策相互享受的规定，在资金、项目、土地、环境容量、人才引进等方面争取更大支持。建立项目建设和产业发展激励机制。加大挖潜土地增减挂钩、矿业存量用地等潜力。市场化管理环境容量，推进节能量、排污权、碳排放权交易，建立生态环境补偿机制。二是不断推进金融创新。制定金融机构绩效考核办法，加强社会信用环境建设，发挥金融办联系金融机构的作用，做强城投公司、中小企业融资担保公司两个平台，积极引进兴业银行，支持信用联社改制商业银行。三是继续深化各项改革。推进财税体制改革，统筹抓好农村综合改革、事业单位分类改革、行政审批制度、户籍制度和社会管理体制等改革工作。继续推进工商企业改制工作，研究解决改制企业遗留问题。

加快综改探索实践　有力推动转型跨越

灵石县县委书记　**段燕翔**

灵石是全省转型综改和扩权强县“双试点”县。全省转型综改试验建设大会召开后，灵石县迅速行动，结合实际，编制完成灵石县《实施方案》和2013年《行动计划》，明确了未来三年转型综改工作思路，确定2013年的工作任务是抓好6项改革、7项重大事项和11个标杆项目。到目前，各项工作进展顺利，取得了阶段性成果。

一、立足先行先试，着力改革创新

创新金融服务机制。加大金融服务力度，成立县金融创新领导组，组织召开政银企项目融资推进会，3家银行与15家企业达成13.2亿元的贷款意向；着力打造政府引导、国资公司参与、同信基金依托、民间资本投入的投融资平台，与县建行签订小微企业“助保贷”业务合作协议，全力支持项目建设和小微企业发展。积极探索现代融资模式，鼓励引导民间资金进入金融领域，启动了6家小额贷款公司的组建工作；采取“政府引导、企业主体、社会参与”的模式，由政府出资10%作为引导资金，吸收5户民营企业参与，首支10亿元城镇化建设基金，已认购4.5亿元，基金公司、合作人公司、基金管理公司全部成立，并于2013年4月正式挂牌运营；县政府与省城镇化建设金融服务团、融资担保联盟签订全面战略合作协议，为城镇化建设提供资金保证。未来我们力争将全力推动县内优势企业强强组合，引导更多的企业和社会资本参与到私募基金中来，力争用3年左右的时间，将基金规模扩大到80亿～100亿元，培养1家本土上市公司。同时，加强专业人才培养和引进，努力打造一支懂经营、会管理的高素质队伍，确保私募基金规范运营，为城镇化建设助推加力。

创新土地管理机制。重点实施城乡建设用地增减挂钩、矿业存量土地整合利用、露天采矿用地方式改革试点“三项改革”。一、二轮城乡建设用地增减挂钩项目拆迁全部完成，已复垦土地60.7公顷，第一轮增减挂钩城镇和工业建新区11个项目征地已获省政府批准，其中两个项目已完成土地供应，第二轮增减挂钩城镇和工业建新区4个项目征地资料已上报省国土厅。着手启动三、四轮城乡建设用地增减挂钩工作，新增建设用地66.7公顷，争取年内全部完成；矿业存量土地整合利用实施方案获批，复垦设计通过评审，实施后可解决煤矿建设用地180.6公顷，新增耕地32公顷；露天采矿用地方式改革试点工作已完成采掘场用地复垦规划和年度采矿用地计划的编制工作，并与银行、企业签订三方复垦保证金监管合同，已上报省国土厅等待批复。

创新矿山生态环境恢复治理模式。实行地税部门代征，财政、煤炭部门参与调度的工作机制，将矿山生态环境恢复治理保证金缴纳作为煤矿复工复产的前置条件，确保按时足额征收；尝试推行保证金统筹使用办法，县政府从保证金中提取50%，对重点区域统一规划、集中治理，其余50%由企业申请立项、就地使用，形成统分结合、科学有效的治理模式。2013年上半年，已征收保证金5300万元，为生态建设顺利推进提供了坚实保障。下一步，我们将推开保证金扩面工作，将征收范围向硫铁矿、石膏矿、铝土矿等非煤矿山企业扩展。

探索产业转型促进机制。按照“地下与地上捆绑、以地下促地上”的原则，要求新设立矿权或增层扩界的煤炭企业同步建设与煤矿投入等额的地面项目。出台《灵石县本土企业建设转型项目优惠政策》，对新建的非资源型转型项目，政府在土地、税收、基础设施配套等方面予以支持，最大限度地调动企业投资上项的积极性，逐步建立起有利于生产要素向非资源型企业集聚的体制机制。

创新社会管理机制。进一步深化网格化管理，充分利用现有的安全生产、信访稳定、综合治理、市政管理、食品安全、应急管理“六网”体系，健全基层管理和服务体系，提高管理效率，上半年网格化监管平台共收集各种事件和信息2317件，处置2279件，处置率98.4%。出台《灵石县流动人口管理办法》和《关于户籍管理制度改革的实施意见》，进一步完善流动人口服务管理机制，推动农民向市民的身份转变。

深化行政审批改革。围绕打造全省“审批事项最少、时限最短、流程最简、费用最低、服务最优”的目标，进一步精简审批事项，优化审批流程，将行政审批事项由76项减少为53项；建立公共资源交易中心，按照“一县一场、资源共享、市场运作、集中服务、统一管理、依法监督”的要求，将建筑、交通工程交易、政府采购监管、土地招拍挂及其他交易监管统一整合，组建县公共资源交易中心，2013年8月正式运行。解决项目建设招标难、集中采购交易慢、国有(集体)产权出让不便捷等问题，真正实现公正开放、竞争有序、服务到位、监管有力的公共资源交易管理服务新体系。

二、立足转型跨越，抓好重大项目

2013年，灵石县共确定省、市、县重点项目164个，总投资1066亿元，年度投资计划195.9亿元。1～7月份累计完成投资118.5亿元，完成率60.5%。围绕全省“项目推进年”和“六位一体”的工作要求，筛选了31个重大项目，成立6个领导组、27个项目指挥部，分别由政府县长、副县长任领导组组长，四套班子领导任总指挥，并抽调31名科级干部脱岗蹲点包项目，加快推进项目建设。其中，列入全省重点的东方希望铝工业项目在省市领导和有关部门的大力支持下，要素制约取得重大突破，中煤1830项目竣工投入生产，聚义煤矸石制纤维、永泰机械装备制造项目进展顺利。静升古镇开发项目完成规划，并与重庆同元旅游开发公司达成开发协议。由煤炭企业投资建设的昕益农业观光园、红崖沟景区、石膏山风景区等项目已基本完工，正式对游客开放。针对部分企业退出煤炭领域资金充裕、等待彷徨的现状，县委、县政府研究出台《关于本土企业投资转型项目的优惠政策》，吸引他们回乡投资、“二次创业”。目前，新签约的总投资475亿元的7个重大转型项目快速推进，特别是北斗导航智慧应用云计算项目已经开工。

三、立足城乡统筹，全力推进城镇化

灵石2012年底城镇化率仅为46.5%，低于全国、全省平均水平。按照“一城、四镇、60个集中居住点”的总体布局，编制了全县城乡一体化规划。按照规划，2012～2013年要完成62个村的移民搬迁，目前36个村已基本完成，剩余26个村正在稳步推进。届时，将转移农民1.8万人，带动全县城镇化率提高7个百分点。下半年，结合城乡一体化规划，将启动四大镇规划修编工作，进一步完善公共服务、基础配套设施，全面提升中心集镇的集聚功能。与此同时，积极推进“大县城”战略，努力改善县城人居环境。目前，国家卫生县城通过综合审定，年内将正式挂牌，国家园林城市、省级环保模范县城和省级宜居县城等创建工作正在有序推进。

加快转型跨越发展
建设富裕、生态、美丽、幸福、活力新灵石

灵石县县长　刘　旋

2012年，灵石县紧紧抓住全省综改试验和扩权强县“两个试点”机遇，全面实施“十二五”战略部署，加速推动转型跨越发展，经济社会朝着又好又快发展的方向不断迈进。

2013年是全面贯彻落实党的“十八大”精神的开局之年，也是实施“十二五”规划承前启后、全面推进转型综改试验区建设的关键一年。我们要坚定信心，攻坚克难，在发展中抢抓机遇、在竞争中迎接挑战、在艰难中顽强拼搏，开创全县转型跨越发展新局面。

一、2013年政府工作的总体要求

全面贯彻落实党的“十八大”精神，以科学发展观为指导，围绕建设富强、生态、美丽、幸福、活力新灵石的总目标，紧紧抓住转型综改试点县和扩权强县试点县的政策机遇，以改革创新为动力，以项目建设为抓手，着力在产业转型、城乡统筹、生态文明、民生改善等方面求突破，努力实现经济又好又快发展和社会和谐稳定，不断加快全面建成小康社会进程。

二、2013年经济社会发展主要预期目标

地区生产总值增长12%以上，力争突破200亿元。规模以上工业增加值增长12%以上，固定资产投资增长25%以上，社会消费品零售总额增长15%以上，财政总收入增长18%以上，一般预算收入增长11%以上，城镇居民人均可支配收入增长10%以上，农村居民人均纯收入增长15%以上，城镇新增就业2598人，城镇登记失业率控制在4.2%以内，居民消费价格涨幅控制在3.5%左右。

三、2013年政府主要工作任务

（一）坚持“六位一体”，全力推进项目建设。始终把项目作为转型跨越的载体和引擎，扎实推进项目储备、签约、落地、开工、建设和投产。加大招商引资力度。进一步完善招商引资政策，最大限度地提高本土企业投资上项的积极性和实际成效。以北京、上海、广东等地为招商重点区域，以资源循环化项目、清洁环保节能项目为主攻方向，瞄准大企业，采取各种招商方式，加快引进一批支撑经济发展的大项目、好项目。加大向上争资力度，积极争取国家部委、省市部门的项目支持，力争更多项目进入上级投资计划。积极参加“中博会”“厦洽会”“广交会”等重大招商活动。全年招商引资220亿元以上。加大项目推进力度。继续实行县级领导和乡镇、部门负责人包项目责任制，跟踪解决重大项目建设中存在的困难和问题。落实项目直通车制度。强化项目督查考核，严格奖惩兑现，确保164个重点项目有序推进，完成投资195亿元。

（二）坚持优化结构，全力加快产业转型。按照以煤为基、多元发展的思路，深入推进产业结构调整，加快构建具有灵石特色的现代产业体系。一是做优新型工业。继续加快传统产业改造升级，实施17座煤矿技改工程，力争年内7座矿井竣工验收，原煤产量达到1800万吨。进一步延伸产业链条，全力推进聚义焦化项目，加快中煤“18·30”项目达产达效。大力培育接续替代产业，加紧实施东方希望铝系综合循环经济项目，积极推进煤矿机电设备制造、煤矸石制纤维、动力锂电池、500万吨新型干法水泥等一批转型项目，不断形成新型工业发展的基础和优势。落实促进中小企业发展的政策措施，支持中小企业结构调整、产业升级、技术创新、节能减排等。二是做大特色农业。围绕农民增收，大力推进“一村一品”建设，巩固提升现有192个专业村，新发展76个达标专业村。坚持把核桃作为“一县一业”的主打产业，鼓励、引导企业和大户发展核桃经济林。积极创新核桃产业发展机制，抓好核桃管护、流通等重点环节，不断健全和完善核桃产业服务体系。加快核桃加工企业的发展步伐，因地制宜新建3～5个中小型核桃加工企业，重点建设强隆1.7万吨核桃制品深加工项目。积极发展规模健康养殖，进一步增强养殖龙头企业的辐射带动作用。加强现代农业服务体系和农畜产品质量安全体系建设。抓好“农民增收明白卡”工作。二是做强文化旅游业。深化文化体制改革，用好1000万元文化产业发展资金，鼓励引导社会资本进入文化领域，促进中小型文化企业发展壮大，推动文化与旅游互动发展、深度融合。积极开展王家大院5A级景区创建工作，加快内部设施完善和周边区域改造，提升景区档次和品位；着力推进静升古

镇保护开发项目，重点实施非物质文化遗产博览园、文物保护维修等工程；继续推进石膏山、红崖峡谷等旅游景区的深度开发。强化宣传促销，完善要素体系，全面提升旅游产业的整体水平，力争全年旅游综合收入增长36%以上。

（三）坚持统筹发展，全力提升城镇化水平。按照城市建设与村镇建设并重，完善基础设施与强化服务管理并举的原则，加快城乡一体化发展，努力创建“省级宜居县城”。一是加快县城提质扩容。以提升城市功能品位为重点，积极推进星泰天地广场、存山启明城等房地产开发项目，实施棚户区改造工程；完善城市道路网架，改造常青街下穿南同蒲线涵洞，修建瑞云路，延伸步行街；扩大污水、供热、供气管网覆盖范围。以拉大城市框架为目标，加快静升新区建设，积极推进第二自来水厂、新建热源厂项目，逐步铺开新区房地产、商贸、酒店等工程。二是推进特色村镇建设。围绕完善功能配套、提升宜居水平、促进人口集聚，加快两渡、南关、段纯、夏门等中心集镇建设。启动美丽乡村创建工作，集中建设一批具有区域特色的中心村、样板村，重点对美丽乡村的规划设计及水、电、气、热等基础设施配套。加快新农村建设步伐，重点推进两渡汾河片区集中示范区建设，加紧实施延安新村、鑫源新村二期等新农村建设工程。三是完善城乡基础设施。完成东方希望运输专线、石膏山旅游公路、县乡公路水毁大修等道路建设工程；配合做好东山供水和中部引黄工程协调工作，启动小水网建设，实施静升河治理、农村饮水安全、集雨旱井、节水灌溉等水利工程，提高区域水资源利用水平；完成10千伏东干线、交夏线、交北线电力改造项目，铺开两渡220千伏输变电站建设工程。四是强化城乡一体化公共服务。加大对城中村、城边村“村改居”和搬迁移民的扶持力度，扎实解决进入城市人群的户籍转换、职业培训、子女入学、社会保障等问题，有序推进农业转移人口市民化。加快数字城管工程建设，推动城市管理全面融入社会管理网格化，不断提高精细化管理水平。巩固创建国家卫生县城成果，积极开展省级卫生乡镇、卫生村创建活动，加大城乡环境卫生综合整治力度。

（四）坚持多措并举，全力建设生态文明。以绿化、节能、治污为重点，加快绿色、循环、低碳发展，让灵石天更蓝、地更绿、水更清。一是狠抓节能降耗。继续淘汰落后生产能力，大力推广节能新工艺，积极开展重点耗能企业节能行动。二是强化减排治污。大力实施污染减排、污染防治工程，加快汾河流域30户污染企业的整合搬迁和深度治理；抓好汾河支流治理，完成静升河及其支流、交口河清淤打坝工程；加大中心集镇燃煤锅炉治理力度，启动城区6个换热站建设，推行供热分户计量。加快城市污水处理提标升级和乡镇污水处理厂建设。积极推行生活垃圾集中收集处理扩面。抓好农村环境连片整治提质工程，开展规模化畜禽养殖场（小区）污染治理。三是推进造林绿化。进一步健全投入保障机制，加快实施保利生态示范园四期、南马路绿化等林业建设工程，创建市级生态示范村30个；大力实施“身边增绿”工程，重点对县城中心及近郊22处绿地景观进行升级改造，对机关、学校等单位院落拆墙透绿、见缝插绿。

（五）坚持先行先试，全力推动改革创新。一是创新用地机制。加大闲置土地开发整理和“迁村腾地”力度，最大限度地增加可利用土地指标，大力推进城乡建设用地增减挂钩工作，积极开展矿业存量土地整合工作，鼓励、引导土地向企业、大户集中，重点用于生态建设和发展庄园经济。二是创新融资机制。进一步深化政银企合作，努力扩大国有商业银行和地方金融机构的信贷支持；积极搭建金融平台，争取成立1个村镇银行、3～5个小额贷款公司。鼓励民营企业进入金融信贷领域。着力激活民间资本，探索现代投融资模式，组建1支私募股权基金，为城镇化建设和经济发展提供资金保障。三是创新人才引育机制。大力实施“人才强县”战略，加强本土人才培养，强化县校交流合作，提升全县干部、企业家的综合素质，努力建设适应转型跨越发展的人才队伍。

（六）坚持综合治理，全力抓好安全生产。一是落实主体责任。积极开展安全生产“责任落实年”活动，进一步强化政府安全监管主体责任，重点抓好基层安监人员的责任落实；严格落实企业安全生产主体责任，不断加大安全投入，推进科技兴安、安全质量标准化建设和管理，深入开展本质安全单位、乡村、企业创建活动，努力提升安全发展水平。二是引申专项整治。以煤矿、非煤矿山、道路交通、危险化学品、食品药品等领域为重点，持续开展“打非治违”行动，严厉打击非法生产经营建设行为，全面纠正违规违章行为，坚决杜绝重特大事故，有效遏制较大事故，努力减少一般事故。三是严格考核奖惩。严格实行“一票否决制”。加大安全责任追究力度，严肃查处各类生产安全事故，确保各项安全生产措施落到实处。

（七）坚持以人为本，全力改善民生民利。一是扎实做好就业和社会保障工作。千方百计扩大就业，重点做好高校毕业生和农村劳动力转移创业就业。统筹推进城乡社会保障体系建设，引导更多非公有制经济组织从业人员、灵活就业人员和农民工参加社会保险，确保城镇职工养老、医疗、失业、工伤、生育保险参保率全部达到95%以上，新型农村养老保险参保率达到98%以上。巩固扩大新农合和城市医保覆盖面，逐步实现新农合持卡就诊、补偿“一卡通”。健全社会救助体系，保证困难群众基本生活。加大保障性住房建设力度，建立健全保障性住房分配管理制度，认真落实收入分配制度改革政策，按规定提高最低工资标准。二是全面推进社会事业发展。持续加大教育投入，加快学校信息化、标准化建设，积极推进薄弱校改造、乡镇所在地中小学和县直学校操场塑胶硬化工程；实施学前教育三年行动计划，完成6所乡镇中心幼儿园建设工程；继续实施名师名校长工程，提高教师素质，提升教育质量；加快特色化学校建设，创建5所市级数字化校园示范校。深化医药卫生体制改革，统筹规划和合理配置县城卫生资源，加快县、乡、村三级卫生网络建设，健全卫生监督体系、重大疾病防控体系、妇幼保健网络和突发公共卫生事件应急机制。加快文化基础设施标准化建设，全面开展文化惠民活动。加快城乡体育设施建设，积极开展全民健身运动，提高群众健康水平。抓好新一轮扶贫开发，完成易地扶贫搬迁400人。进一步做好人口和计划生育工作，稳定低生育水平。三是加强和创新社会管理。强化网格化服务管理，进一步规范县、乡、村三级网格平台运行管理。严格落实信访责任制，完善矛盾纠纷排查调解机制，维护社会和谐稳定。深入推进"平安灵石"建设，加快实施科技防控建设工程，完善社会治安防控体系，依法打击各种违法犯罪行为，保障人民生命财产安全。加强公路治超工作。强化防灾减灾能力建设和应急管理，妥善应对各类突发事件。

纵深推进转型跨越发展　全面加快美丽太谷建设

太谷县县长　武晓花

2012年，太谷县紧紧围绕"解放思想年、项目建设年"的总体部署，大力实施"双十双百"工程，有力地推动了全县经济社会快速发展。

2013年是贯彻落实党的"十八大"精神的开局之年，是实施"十二五"规划的关键之年。要坚持发展思路不变、执行力度不减、工作激情不衰，集聚正能量、传递好声音、创造加速度，倾力打造太谷经济发展的升级版。

一、2013年政府工作的总体思路

认真贯彻落实党的"十八大"精神，紧紧围绕富民强县总目标，以加强组织建设为主题，以加快项目推进为主线，务实创新、奋力赶超，全面开创经济社会发展新局面。

二、2013年经济社会发展的奋斗目标

全县生产总值67.2亿元，增长11%，力争达到68.4亿元；工业增加值16.6亿元，增长12%，力争达到16.9亿元；财政收入8亿元，增长11%，力争达到8.5亿元；固定资产投资45.5亿元，增长30%；社会消费品零售总额27.4亿元，增长16%；城镇居民人均可支配收入23043元，增长15%；农民人均纯收入12704元，增长16%。

三、2013年政府工作主要任务

（一）扩大优势、做精农业，加快建设富裕太谷。以率先建设全国最具影响力的现代农业示范区为引领，围绕"四个一"工程，认真实施国家首批20个现代农业建设与改革政策试点，重点抓好36个农业项目，为实现农民收入倍增奠定坚实基础。一是发展规模经营。县财政设立1000万元土地规模流转基金，围绕"四个一"工程，选择有代表性的产业开展试点，鼓励经营大户、家庭农场、专业合作社开展适度规模经营。重点抓好12个产业项目，包括3个现代农业项目、5个林业项目、4个畜牧项目，新建标准化养殖园区10个。积极探索产业规模化、农民组织化、主体多元化等现代农业发展新路径。二是建设精品园区。加大园区建设投入，重点实施10个农业项目，促进资本农业、公司农业、科技农业进一步发展。力争通过多元化投入、集约式开发，建立农产为基、多产相融的园区，打造引领现代农业发展的样板工程。三是夯实农业基础。重点抓好14个基础和服务类项目。实施任村、胡村、阳邑3个乡镇4667公顷高标准农田建设，完成25个自然村5000人安全饮水、2座小型水库除险加固工程，做好新增粮食产能项目，发展节水灌溉面积867公顷。抓好省级红枣现代园区、葡萄设施栽培、网格化管理信息平台3个技术推广项目，完成深松整地、秸秆还田、农机具配套3个农机项目。扩大涉农保险覆盖范围，建立政府、社会组织、农户、保险公司合作投保新模式。设立财政金融风险基金，探索建立企业合作社担保贷款、农业租赁贷款等金融支持"三农"建设的新模式。

（二）依托园区、做强工业，加快建设富强太谷。以率先建设太原经济圈最具竞争力的产业承接基地为抓手，全面加快"四大园区"建设，重点抓好50个工业项目，全面加快新型工业化进程。一是壮大园区经济。重点抓好45个产业项目。抓好5个基础建设项目。加快污水、天然气、供电线路建设，全面完善起步区功能。完成110千伏水秀变电站，实施3个35千伏第二电源改造工程，争取220千伏变电站工程年内立项，有效保障全县工业用电。二是振兴铸造产业。以提升自动化水平和产品档次为方向，组建一个中心、两个平台，推动铸造产业升级发展。即组建研发会展中心，研发铸造系列产品，建设铸造产品会展物流中心；组建企业合作平台，淘汰落后产能，鼓励企业、行业之间抱团发展、强强联合，实现信息、技术共享；搭建园区支撑平台，对投资规模大、投资强度高、技术含量高、附加值高，符合国家产业政策和节能环保要求的优质项目，优先安排用地指标，并给予人才、金融、财税等方面的政策倾斜。三是扶持中小企业。创建省级中小企业创业基地，设立中小企业发展基金，鼓励全民创业。深入实施土地增减挂钩项目，加大空闲、低效、闲置土地的整治力度，强化集约节约用地，确保土地有效供应。搭建银企对接平台，搞好企业融资。实行"政府聘任、企业使用”的用人政策，面向全国工科院校招聘铸造、机械等方面人才驻企服务。建立太谷饼、红枣等优势产业联盟标准，充分发挥地理标志商标作用，扩大产品品牌效应。四是培育优秀企业家。建立政府培育企业家制度、企业家联席会议制度，加强企业联合会、企业家协会建设，建立健全组织机构、人员配备、工作措施等方面的保障机制。采取请进来与走出去相结合、专题培训与企业考察相结合等多种办法，培养造就一支素质优良的优秀企业家队伍。

（三）搞活旅游、发展三产，加快建设魅力太谷。以率先建设中国北方最具吸引力的休闲度假区为目标，放大区位、资源、文化优势，开展63项基础工程建设，努力构建结构优、辐射广、后劲足的现代服务体系。一是打造旅游景点。全面整合旅游资源，重点抓好16个景点建设，加快“休闲度假、明清古城、中药养生、丛林狩猎”四大旅游板块建设。抓好彩灯、社火、铜艺、麦秆画等为代表的文化产业发展，丰富太谷旅游纪念品，做大做强文化产业。二是加强生态建设。重点抓好16个生态项目。积极开展省级林业生态县、省级园林城市创建活动，重点建设以“一山一河三园”为主的生态工程。加快县城绿化步伐，新增绿地面积18万平方米，新建10个园林村，为全县旅游发展培育新的景点、增添新的内涵。三是繁荣城乡市场。重点抓好31个商贸项目。继续推进万村千乡市场和新网工程建设，提升20个便民店，完善3个再生资源回收网点，新建1个县级电子商务信息平台。加快家家利物流、金谷农产品等5个物流项目建设，扶持发展物流集散中心。继续实施运输业优惠政策，推进全县运输产业规模发展。

（四）统筹城乡、扩容提质，加快建设精品太谷。以率先建设山西中部最具幸福感的精品城市为目标，实施8大类60项城建工程，加快县域城镇化进程，逐步建设生态宜居、环境优美、温馨和谐的现代化精品县城。一是打造大县城。完善城乡规划，加快历史文化名城、历史街区保护规划，做好城西片区和北部新城核心区控制性规划以及4个乡镇总体规划，加强执法督查，坚决遏制各类违法违规建设行为。扩大城市规模，将县城周边4个乡镇的16个村，纳入城市范围，重点抓好“一镇三区”建设，加快城郊村、城中村改造，推动农民变市民、村庄变社区、乡村变城市，全面推进城镇化发展。完善城乡路网，抓好10条道路建设，完成20千米农村公路改造，启动南山旅游公路建设，积极争取108国道过城段改线工程，进一步改善城乡交通条件。提升城市功能，抓好26个市政项目建设，继续打造一批具有文化内涵与现代特色的城市新地标，对城区临街单位、主要商铺、标志建筑全部亮化，对旧城7条主干路进行节能改造，继续实施集中供热、供气工程，启动1436套保障住房建设，完成700套农村危房改造。二是建设小城镇和中心村。胡村镇开展集镇新区建设，完成镇区主街道的绿化、亮化、美化工程；范村镇开展农旅互补示范区建设，实施山区移民搬迁、开发工程；水秀乡加快开展中心社区建设，完成北郭新村社区配套工程。积极引导村民向功能完备、服务配套的新型农村社区集中。重点实施25个新农村建设、47个村的街道亮化工程。三是加强城市管理。探索市容环境管理市场化运行机制，实现卫生保洁、道路清扫等方面全地域、全时段、全责任“三个全覆盖”。加强城市交通管理创新。启动社会治安高频监控系统建设，加快数字城管建设，构建县城、城区和社区“三级”管理网络，推进城市精细化管理。

（五）狠抓招商、扩大投资，加快建设开放太谷。把项目建设作为保增长、调结构、促转型的第一要务，按照项目储备、签约、落地、开工、建设和投产“六位一体”要求，加快项目推进，确保全县所有项目完成投资69.5亿元。一是扩大招商引资。建立招商引资目标责任、考核奖惩等新机制，保持招商引资的强攻态势。依托现有产业优势，开展以产招商、以节会招商；强化本土企业再生能力，以商招商、以企招商；挖掘交通区位优势，全员招商、以会招商。力争年内引进亿元项目5个以上，确保引资120亿元以上。二是完善推进机制。强化领导包项制度，实行包乡领导、乡镇（区）领导、项目单位“三位一体”工作机制。对口推进，及时协调解决项目推进中的问题，确保项目建设顺利推进。三是优化发展环境。大力宣传投资环境、招商政策和招商项目等。优化政务环境，提高办事效率，确保项目顺利实施。优化法制环境，严厉打击强揽工程、强控资源、欺行霸市等不法行为，增强投资者的安全感。

（六）关注民生、强化保障，加快建设幸福太谷。着力加强以改善民生为重点的社会建设，加大民生投入，实施26个项目，积极推进城乡公共服务均衡化。一是完善社会保障。重点抓好3项惠民工程。推进省级创业试点县建设，完成实名制就业2800人，转移农村劳动力4200人。全面落实60岁以上老年人、退伍军人、残疾人免费乘坐公交政策，并逐步惠及中小学生。为80岁以上高龄老人发放生活补贴金，加快儿童福利院、救助站等福利设施投入运营。二是发展社会事业。重点抓好23项利民工程。坚持教育优先发展，完善学前教育标准化建设，推进义务教育信息化平台、职业教育实训中心建设，巩固太谷教育全国领先的优势。深化医疗体制改革，改建2所乡镇卫生院，新建10个村级卫生所。积极开展国家药品安全示范县、省级餐饮安全示范县创建活动，提高食品药品安全水平。搞好科技推广，争取科研项目，协助企业与高校、科研院所进行合作。三是维护社会和谐。大力开展普法教育，提高依法治县水平，完善社会网格化管理体系。完善矛盾纠纷排查化解、重大事项社会稳定风险评估机制。完善信访工作网络，畅通信访渠道，妥善解决群众合法合理诉求。严格落实政府监管责任、企业主体责任，加快安全生产标准化建设和安全乡村创建，努力实现本质安全。严密监控森林火险，强化动植物防疫、食品药品监管，开展超限超载、地质灾害治理，坚决杜绝各类安全事故的发生。四是繁荣城乡文化。重点抓好5个文化产业项目。挖掘传统文化内涵，加大非物质文化遗产的传承与开发力度，打造太谷文化品牌。开展文明城市创建活动，不断提升城乡居民文化素质，繁荣城乡群众文化生活。

扎实工作 开拓创新
为建设"美丽祁县"而努力奋斗

祁县县长 张 鹏

2012年，祁县围绕"转型跨越、富民强县、重振雄风"目标，以"双十重点工程"和"十大续建项目"为统揽，突出抓好项目建设和民生改善两件大事，扎实推进"三区一基地"建设，经济社会保持平稳较快发展，综合考核跨入全市优秀行列。

2013年是实施"十二五"规划承前启后的关键一年，也是为全面建成小康社会奠定坚实基础的重要一年，做好2013年工作尤为重要。

一、2013年政府工作的总体思路

深入学习贯彻党的"十八大"精神，突出主题主线，围绕"四化"同步、城乡统筹总目标和"三区一基地"建设总要求，紧紧抓住项目建设和民生改善两件大事，坚定信心，攻坚克难，改革创新，狠抓落实，努力提高经济发展水平，努力提高人民生活水平，努力促进各项工作上台阶、求突破，实现经济持续快速发展和社会和谐稳定。

二、2013年经济社会发展主要预期目标

地区生产总值增长14%，规模以上工业增加值增长16%，财政总收入增长10%，固定资产投资增长18%，社会消费品零售总额增长17%，城镇居民人均可支配收入增长14%，农民人均纯收入增长16%，外贸进出口总额增长10%。

三、2013年政府主要工作

（一）坚定不移推进项目建设，努力增强发展后劲。一要狠抓招商引资。组建专业队伍，主动外出招商；落实招商引资目标责任制，领导干部带头招商；发挥企业招商引资主体作用，自觉走出去、引进来，形成全县上下大招商格局。加大与先进发达地区的交流合作，主动承接产业转移，拓展与央企、国企和大型民企的合作领域。全力办好欧洲低碳经济产业招商推介会，力争引进一批欧洲知名跨国企业集团入驻开发区低碳经济产业园。继续将各单位争取上级专项资金情况纳入年度考核范围。从土地指标、环境容量、融资渠道、财政奖补等方面加大对招商引资重点项目的扶持力度，力争全年招商引资总额突破200亿元。二要推进项目建设。落实项目储备、签约、落地、开工、建设和投产"六位一体"推进新机制，重点解决项目运行中的困难和问题，确保项目落地。突出抓好51项重点项目，对乔家大院千朝庄园、恒诚矿用管道、正大饲料等12个项目，要加快推进速度，确保年内投产。对统一饮品方便面生产线、伊利液态奶生产线、田森商务区等39个项目，要加大推进力度，确保时序进度。三要优化发展环境。创建全国国土资源集约节约模范县，推进土地增减挂钩工作，推行"助保贷"业务，积极筹划私募股权发展基金，设立村镇银行，破解土地、资金等发展瓶颈。进一步优化政务环境，打造阳光政务平台。严格规范执法行为，加强执法监督。

（二）加快推进产业转型升级，努力提升工业新型化水平。一是加强开发区建设。重点抓好七方面工作：①加强和创新招商引资工作，引进更多大项目、好项目，同时提高入区门槛，逐步实现由招商引资向选商引资转变。②提高服务水平，简化审批程序，为企业和项目建设提供"保姆式"服务。③通过"扩区、移位、升级"评审。④完成总体规划、产业发展规划、控制性详细规划和区域环境影响评价编制。⑤启动污水处理厂建设，完成园区循环路和退水渠改造工程，进一步完善基础设施。⑥启动2.5平方千米开发区低碳经济产业园项目。⑦加大土地收储力度，积极争取用地指标，保障项目用地。二是加快产业提质提效。玻璃器皿业，落实《进一步扶持玻璃器皿产业发展的若干意见》，引导企业进行技改升级和整合重组，重点扶持10户企业，推动玻璃器皿由日用品向工艺品、产品向产业、厂区向园区"三大转变"。酒类饮品业，加快推进伊利液态奶、统一饮品方便面项目开工建设，抓好红星白酒、燕京啤酒、今麦郎饮品、恒兴果汁产能提升和市场培育，提升行业整体竞争力。机械制造业，以水泵产业发展为重点，重点扶持天波磁悬浮水泵、神龙潜水泵等项目，引导企业分工协作，延伸产业链，开发高精尖产品，抓好传统产业的转型升级。材料加工业，重点抓好宇通碳素迁建、三益非晶合金带材项目，引导丹源、三利等企业积极增加产品种类，扩大海外市场。三是推动企业自主创新。设立创新基金，引导企业进行管理创新、技术创新、产品创新和商业模式创新。加强企业家队伍建设。争取天波、三益申报国家高新技术企业，大华、红海技术研发中心升级为省级中心。支持企业与国内外高校、科研院所、高科技园区加强合作，研发新产品，建立生产基地。鼓励企业创新商业模式，开展网上销售、设计等电子商务活动。

（三）精心打造现代特色农业，努力增加农民收入。一是壮大产业规模。大力实施“一村一品”和“四个十”工程，进一步壮大主导产业规模。全面提升现有106个省、市“一村一品”专业村水平，新发展推进村20个。继续实施粮食高产创建示范片项目。重点建设10个水果、设施蔬菜、规模养殖、林下经济标准化示范园区。依托伊利液态奶项目，制定奶业发展规划，出台奶业扶持政策。二是培育产业龙头。积极推进园区建设，着力培育十大投资亿元以上龙头企业。抓好设施蔬菜基地、药材基地和标准化酥梨示范园、观光园建设。加快与山西农大校县共建，建立试验、示范基地。加大农技推广服务体系建设力度。着力提升合作社经营水平，积极发展合作社联合社，构建集约化、专业化、组织化、社会化相结合的新型农业经营体系。三是创新增收机制。引导采取发展林下经济、特色养殖、外出务工等措施增加收入。鼓励农户依法有偿向龙头企业、合作社、家庭农场转让土地使用权，或以使用权入股参与产业化经营。积极扶持土地流转，创新经营机制体制。大力发展农产品加工和休闲观光农业，推进农民创业基地建设，扶持农民创办小微企业。实施“科技入户”和农民素质提升工程。严格落实粮食补贴、农机补贴等各项惠农政策。加大扶贫开发力度，探索利用农村危房改造、土地增减挂钩等方式实施扶贫移民。加快农村公共气象服务和农村气象灾害防御体系建设。推进小型农田水利重点县等10项水利重点工程和农业综合开发，夯实农业基础工程，保障农民增收。

（四）强力推进城镇化进程，努力促进城乡协调发展。一是坚持城乡一体化发展。完成《县城总体规划》新一轮修编，坚持产业规划、城镇规划和土地利用总体规划“三规合一”，实现城区建设、景区建设、产业建设、美丽乡村建设整体推进。构建社会化服务新机制，推进城乡基本公共服务均等化。落实放宽城市户口相关规定，解决好社会保障、上学、住房、就业等问题，确保农民有序进入城市。二是加强城乡基础设施建设。突出抓好“一轴两区四线”大县城建设。加大县城城区建设力度，拉大城市框架，提高城市承载力。加快东观村城镇化建设，完成道路“三化”工程，推进镇区污水管网、天然气管网铺设工程，促进开发区与东观镇互动发展。强化规划管理，打造景观大道，创建干净整洁的干线环境。三是提升城乡管理水平。做好城市主要地段和重要节点规划控制，严厉打击未批先建、私搭乱建等违法用地和违法建设行为。加强道路交通安全管理，加大交通违法行为整治力度。强化城市公用设施精细化、科学化养护管理。完成10个新农村重点推进村“四化四改”任务。引申城乡清洁工程，开展集中连片村庄区域性环境卫生综合整治，加强农村环卫管理。启动数字城管工程，推动城市管理融入社会化网格建设，全面提升城市管理水平。

（五）大力加强生态建设，努力建设宜居祁县。一是加强城乡绿化。实施荒山造林、通道绿化、环城景点及村庄绿化等八大林业重点工程，森林覆盖率达到28%。重点打造5个省级园林单位、3条省级园林道路、2个省级园林小区，城区绿化覆盖率达到36%。二是强化减排治污。依托顺发生物质发电项目，积极推进循环经济省级试点工作。推进“气化祁县”建设，提高天然气管网覆盖率。开展城区燃煤锅炉治理改造，推进城区集中供热，加快垃圾综合处理厂建设，实施城区污水处理厂提标升级工程。积极创建省级环保模范县城，完成农村环境连片整治。严厉打击违法排污企业，严格控制主要污染物排放总量，空气质量稳定达到国家二级标准。三是狠抓节能降耗。加强对列入省、市“千家”“双百”节能考核企业的监督，推广使用天然气等清洁能源，推进清洁生产。结合产业转型，对能耗过高、浪费资源的小型企业进行整合。推广新型建筑材料和建筑方式。

（六）全力打造旅游龙头，努力推进文化强县建设。一是拓展文化载体。丰富文化旅游内涵，完善“一城一院三园”大旅游格局。打好晋商文化牌，完成乔家大院5A景区创建。启动古城开发，加强古村落保护、开发。打好玻璃文化牌，大力发展特色工业游。完善湿地公园基础设施。打造特色农业生态休闲游。二是提升文化软实力。编辑出版《祁县历史文化名人丛书》和《名城祁县》外宣品，积极筹划“中国玻璃艺术节”，适时开展各种群众文化活动。做好祁太秧歌和心意拳两个国家级非物质文化遗产项目保护工作。三是提高文化旅游融合发展水平。做好县级文化产业项目申报工作。强化文化品牌传承利用，充分挖掘历史文化名城、中国民间剪纸艺术之乡，春节·元宵节保护示范地等文化品牌和中国玻璃器皿之都、中国酥梨之乡等产业品牌的潜力，发展一批特色鲜明的休闲度假旅游项目。着力构建晋商文化、古城文化、民俗文化、生态文化、玻璃文化、红色文化“六大文化产业板块”。

（七）大力发展商贸物流业，努力增强经济发展活力。一是建设新型内贸业态。出台《祁县商贸业总体发展规划》，出台鲜活农产品流通体系建设方案。开展“万村千乡”信息化改造。开展“15分钟便民商圈”建设试点。依托晋商老街，开展“特色商业街区”建设。支持玻璃器皿企业采取联营、直营等方式扩大国内销售，提高市场份额。扶持骨干流通企业发展壮大，培育3户年销售收入亿元以上商贸企业。二是建设外贸示范基地。加快玻璃器皿国家级外贸转型升级专业型示范基地建设步伐，加快省级外贸转型升级酥梨示范基地建设步伐，提高碳素、机电和农副产品出口比重。三是大力发展现代物流业。充分发挥交通区位优势，出台《祁县汽贸园区建设规划》，合理规划布局国道沿线汽贸、汽修、服务等行业。培育和引进专业化物流企业，重点建设丹源物流园、天禧物流仓储项目，引导配货中心进驻物流园，整合资源，集中运力，实现资源、信息、服务共享，建立减少中间环节、降低企业成本、信息来源广泛的物流平台，全力打造山西省重要物流集散基地。

（八）倾力保障和改善民生，努力提升人民幸福指数。一要加强就业和社会保障。全面落实就业再就业各项政策，增加就业岗位，扶持下岗失业人员再就业，加快转移农村劳动力。认真落实社会帮扶、救助、福利、优抚等政策，进一步扩大社保覆盖范围。加强农村和城镇居民最低生活保障工作，实现应保尽保。加强保障性住房建设、分配和管理。二要推动社会事业协调发展。坚持优先发展教育，加快教育续建、新建工程。抓好中小学校长、教育督导、一线教师三支队伍建设。稳妥推进教育布局调整。实施教育信息化建设，完成薄弱学校改造，推动县域教育由初步均衡向基本均衡、优质均衡发展。继续深化医药卫生体制改革。进一步完善新型农村合作医疗，加强乡村卫生一体化管理。加强食品药品安全工作，实现基层食品安全监管全覆盖。完善价格调控机制，稳定市场物价。启动文化中心建设，抓好乡镇综合文化站、文化信息资源共享、农村电影放映和文化“三下乡”等工程。落实人口与计生奖励优惠政策，稳定低生育水平。三要加强社会管理。创新和提高社会管理水平。严格落实“一岗双责”安全生产责任制。加大安全事故隐患排查力度，突出抓好道路交通、建筑、消防、危险化学品等重点领域安全生产。深入开展“六项整治”，构建立体化社会治安防控体系。严格落实信访责任制，完善矛盾纠纷排查调解机制。推进防灾减灾体系建设，提高气象、地质、地震灾害防御能力。加强应急管理，妥善应对各类突发事件。

办好三件大事，做实四项工作
全面建设晋商文化旅游中心城市

平遥县县长　**曹治胜**

2012年，平遥县抓大事、打硬仗、破难题、促发展，较好地完成了年初确定的目标任务，实现了经济社会的平稳发展，位列全市综合考核优秀类第四名，为2013年工作任务的顺利完成，打下了坚实基础。

一、2013年政府工作的总体思路

突出主题主线，以转型综改为统领，以争先进位为目标，围绕转型发展、绿色崛起、文化引领、和谐共进的发展定位，按照现代农业五县并举、新型工业五区集聚、宜居平遥五位一体的总体布局，办好三件大事，做实四项工作，全面建设晋商文化旅游中心城市，再创一个黄金发展期，争当全市建设“四化”率先发展区的排头兵。

二、2013年经济社会发展主要预期目标

地区生产总值110亿元，增长12%左右；财政总收入13.9亿元，增长15.4%；一般预算收入5.67亿元，增长4.19%；规模以上工业增加值42亿元，增长15%；固定资产投资70亿元，增长33%；社会消费品零售总额47亿元，增长18%；城镇居民人均可支配收入22600元，增长12%；农民人均纯收入9560元，增长14%；旅游人数480万人次，旅游综合收入46亿元。

三、2013年政府重点做实“四项工作”

（一）筑牢发展之基。以现代农业为基础，新型工业为支撑，国际型旅游业为突破，夯实发展基础，推进产业转型，打造核心竞争力。一是围绕现代农业，优化特色产业区域布局，完善现代农业支撑体系，激发农业农村发展活力。产业布局方面，按照“一线一区”“一区一带”“两壮两兴”“百企百社”布局，扶持健康规模养殖扩展、设施生产发展、干鲜果业壮大和龙头企业培育，完善提高市级以上专业村60个、专业乡镇1个，新建市级以上专业村21个、专业乡镇1个，县级专业村30个、专业乡镇1个。体系完善方面，壮大经纪人队伍，发展农民专业合作社，加强基层农技服务体系建设，健全支撑体系。激发活力方面，稳定承包经营权，引导农村土地合理有序流转，筑牢“一村一品”发展基础。完成集体土地使用权和宅基地使用权“两权”发证，维护农民权益，确保农村稳定。推广农民增收明白卡，坚持政策扶贫、科技扶贫、教育扶贫、移民扶贫、项目扶贫多措并举，推进贫困人口脱贫致富。二是围绕新型工业，持续提升支柱产业竞争力，逐步增强园区承载力，努力发挥政策引领力。提升产业竞争力方面，按照“煤炭保增长、焦化扩产能、铸造促转型、橡胶提层级、食品延链条、轻纺树品牌、医药成支柱、材料创未来、能源打基础”的产业发展思路，加快煤矿技改扩能，力争煤炭产

量达到300万吨；推进焦化兼并重组，煤化集团完成产能购买，铺开130万吨机焦及配套化工产品深加工项目前期工作；嵘兴公司发动机机体投产，中冶重工铺开焊接H型钢项目，提升铸造产业创新能力；加大橡胶企业技改力度，扩大生产规模，产量突破15万吨；大力发展生物医药、新型材料、清洁能源等高新产业，煤化导光板达产达效，力争陆源镁业一期工程投产，铺开煤化新型水泥技改扩建，晟弘农作物秸秆综合利用形成炭、气、电联产效应。增强园区承载力方面，工业新区完成总体规划、控制性详规和环境影响评价审批，力争铺开水、电、路、气等配套设施扩容和一期规划区土地预征收工作。启动4个工业集聚区总体规划编制。发挥政策引领力方面，财政拨出1000万元扶持资金，开展政银企对接活动，扶持中小企业发展和“两园五区”建设。三是围绕国际型旅游业，致力打造文化品牌，全力推进旅游创建，不断延伸旅游链条。打造文化品牌方面，扶持重点文化企业和文化产业发展。举办好平遥国际摄影大展、中国漆文化艺术节和平遥中国年。争取设立国家级晋中文化生态保护区非物质文化遗产展示馆。启动纱阁戏人等濒危非物质文化遗产的抢救保护。铺开漆文化创意园二期工程。组织好“晋商神韵”常态化演出。引进有实力的公司制作“网上平遥”。推进旅游创建方面，把旅游标准化试点县和5A级景区创建结合起来，高标准建成康宁路停车场游客服务接待中心，解决申报5A级景区的最大硬件制约。大力整顿旅游秩序。围绕旅游六大要素，培养一批示范企业，推进旅游服务业与国际接轨，一次性通过国家旅游局评估验收。延伸旅游链条方面，围绕“一城两寺、一山两水、四线八村”大旅游框架，启动超山生态绿化二期工程；加强襄垣酥梨园区基础设施建设，打造精品工程，探索建立灾害保险机制。建设横坡生态庄园三期工程。力争南良温泉开发取得实质性进展。逐步打造南良汾河温泉、尹回水库和梁村休闲、襄垣林果旅游、六河农家乐、超山森林生态、横坡生态休闲等乡村特色旅游区。

（二）建设宜居之城。以全面建设晋商文化旅游中心城市为统领，按照“1+1+4”的城镇总体布局，把“十二五”后三年作为平遥的“城市建设年”，再掀建设高潮。一是坚持品质立城。统筹编制城乡总体规划。以环城地带、旅游通道和公园绿地为重点，提升绿化品位，力争通过省级园林县城初审。建设城市外环污水管网。启动建设垃圾发电厂。二是推进精细管城。全面强化古城管理，坚决打击古城内破坏性建设行为，有效遏制过度商业化倾向，探索更加有效的管理机制。三是建设特色村镇。编制实施108综合发展廊带规划。以城郊乡镇和4个建制镇为重点，以奖代补支持乡镇总体规划编制，与全县总体规划有序对接。城郊乡镇以城中村改造为重点，吸引民间资本参与建设，融入大县城格局。4个建制镇按市政标准统筹推进交通、给排水、教育、医疗、环卫等基础设施建设，逐步打造区域性中心集镇。推进以规划编制、“四化四改”和“两个十”为主线的新农村建设，重点建设南政省级新农村集中连片示范区。综合整治城乡污染源，争创省级环保模范城。以“十线十四点、三线两路”为重点，大力整治城乡环境，建设美丽平遥。

（三）凝聚和谐之力。开展“六五”普法宣传教育，建设“法治平遥”。强化网格化基层社会服务管理，开展“平安建设”创建活动。构建立体社会治安防控体系，严打各种违法犯罪行为，保障群众生命财产安全。畅通信访渠道，解决突出问题，维护群众合法权益。强化防灾减灾和应急管理，妥善应对各类突发事件。推进国家级文明和谐县城创建。保持土地严管态势，严打私挖滥采、违法占地和违法建设行为。坚持计划生育“三个不变”，控制人口数量，实行优生健康检查全覆盖，争创国家级计生优质服务先进县。实行安全监管责任、安全教育培训“两个全覆盖”，推进安全标准化建设，引申隐患排查治理，开展“打非治违”行动，抓好护林防火工作，确保全县安全稳定。

（四）激发活力之源。推进新一轮政府机构改革。理顺古城管委会运行机制并确保发挥作用。落实好城乡一体化各项政策，有序推进城镇化建设。完成商业大厦资产变现，启动物资总公司、外贸总公司、肉联厂和减速器厂改制。完成信用联社向农村商业银行改制。启动平遥古城旅游整体打包上市，争取发行政府债券，引进BT或BOT融资模式，加大向上争资力度，探索资金筹集的有效途径。落实招商引资优惠政策，参加“煤博会”“中博会”“渝洽会”等招商引资活动，组织好平遥古城招商洽谈会，引资超200亿元。

加快后发崛起　建设美丽和顺

和顺县县长　马海军

2012年，和顺县围绕“五地两区”、山西“东大门”建设的总要求，锲而不舍抓项目，克难攻坚抓落实，圆满完成县十五届人大二次会议确定的各项目标任务。

2013年是全面贯彻落实“十八大”精神的开局之年，是实施“十二五”规划承上启下的关键之年，是全面建成小康社会奠定坚实基础的重要一年。我们要看到有利因素，利用发展机遇，抓紧每一天，做好每件事，促进全县经济社会持续健康发展。

一、2013年政府工作的总体思路

全面贯彻落实党的“十八大”和中央、省市经济工作农村工作会议精神，以邓小平理论、“三个代表”重要思想和科学发展观为指导，牢固树立“和民心、顺民意”的理念，围绕打造“五地两区”、建设山西“东大门”的总要求，以“经济提速、发展提质、产业提升”为主攻方向，突出“干部能力显现年”“民生改善推进年”和“透明政府建设年”主题，紧紧扭住项目建设不动摇，全力在工业提速、农民增收、城镇化推进、生态文明建设、民生改善和社会管理创新等方面有新突破，努力促进经济转型跨越，建设美丽新和顺。

二、2013年经济发展预期目标

地区生产总值50亿元，增长20.5%；财政总收入15.2亿元，增长19.9%；规模以上工业增加值28亿元，增长25%；固定资产投资总额60亿元，增长33.3%；社会消费品零售总额10.7亿元，增长13.2%；城镇居民人均可支配收入18411元，增长15%；农民人均纯收入5003元，增长30.6%。

三、2013年政府工作重点

（一）打好“一个硬仗”。动员全县上下、各个方面的力量推进项目建设，迅速掀起新一轮大上项目、上大项目的热潮。全年实施重点项目79个，总投资618.7亿元，当年计划投资75.25亿元。其中，新建项目44个，当年计划投资35.41亿元；续建项目35个，当年计划投资39.84亿元。严格落实“五个一”包抓工作责任制，坚持大中小项目协调推进，加大闲置土地清理力度，积极盘活存量用地。大力实施土地整理、工矿废弃地复垦和增减挂钩项目。多渠道解决项目建设资金短缺问题。重点解决好制约项目落地难的“水”“电”瓶颈，长远规划，分步实施。全力争取早日上马低热值煤发电项目。进一步完善依法拆迁、和谐拆迁模式，着力破解征地拆迁难题。

（二）突出“两大重点”。(1)加快工业提速。一是改造提升传统产业。加快推进泊里500万吨矿井建设，益德、鸿润、吕鑫、北关、良顺煤业转产验收。全年煤炭产量突破1300万吨。着力延伸煤炭产业链条。加快煤层气新型工业化利用示范项目前期工作。构建现代煤化工产业体系。扎实推进“地下支持地上，煤炭支持非煤”战略，督促吕鑫、鸿润、运通三个露天煤矿兴办亿元以上的地面企业项目和赞助公益事业项目。二是大力发展新兴产业。加快北京中冶能源有限公司镁产业园区项目前期规划，围绕硅钢镁引进开发下游产业，构建现代产业体系。佰裕东粮食加工项目一期工程年内竣工投产，同步带动相关产业，实现集群化发展。三是突出重点产业园区建设。开工建设温源新型工业集聚区和平松煤化工园区，强化园区配套能力，提高项目承载能力。四是发展壮大中小企业。加强对中小企业的扶持培育。全面落实支持中小企业发展资金以及结构性减税和各项优惠政策。(2)促进农民增收。一要加快种植结构调整。围绕肉牛、小杂粮、双孢菇、蔬菜、中药材、核桃等优势特色农业，高标准打造“一村一品”专业乡镇5个、专业村30个。新发展设施蔬菜266.7公顷。新发展中药材种植面积666.7公顷。新增核桃经济林333.4公顷。继续抓好“十企百区千户”现代养牛致富工程，全县肉牛产业总产值和总收入增幅均达到10%以上。推广养牛—沼气—双孢菇—有机肥生态养牛循环经济产业模式，扩大双孢菇种植规模。推进鸡、猪、鸭、兔多产业发展。加快肉鸭养殖项目建设，年内种鸭场建成，饲料厂、屠宰厂开工建设。二要积极构建新型农业经营体系。大力推广“龙头企业＋基地＋中介组织＋农户＋标准化”“龙头企业＋商标(地理标志)＋农户”等产业化经营模式，提高农产品市场竞争力。新发展农民专业合作社50个，创建“五好”示范社80个，积极探索组建联合社。有序推进农村土地流转、基层农技推广体系改革。三要大力发展沟域经济。年内大友、德牧、龙旺、内阳沟初见成效、形成规模，力争全县沟域经济发展呈现打造一个、带动一片的效应。四要全面落实各项强农惠农政策。落实好省政府新出台的10项惠农富农扶持政策。县财政对现代养牛业、设施蔬菜、一村一品、新农村建设等专项资金每年不少于5000万元。实施异地扶贫搬迁6个村、整村推进项目10个村、片区开发项目5个乡镇49个村的扶贫开发项目。实施大学生村官创业扶贫项目。

（三）实现“三个突破”。(1)在大县城建设上实现新突破。一是高标准建设城市。畅通路网体系，加快南北内环路、西外环路、北外环路建设和新和路贯通工程，北外环、北内环、西外环路年内建成通车。完善公共设施。加快推进文体中心工程建设。扩大集中供气覆盖面。继续实施旧城改造和串村新城建设。加快安置房建设，力争安置户按时回迁。完成供水和中水利用管网建设。美化市容市貌。开展县城环境综合整治，提升城市管理精细化水平。二是加快小城镇建设。打造一批以产业园区为主体的工业主导型小城镇，以农业产业化为主体的农业主导型小城镇，以旅游文化资源为依托的旅游开放主导型小城镇，完善小城镇基础设施，改善人居环境。实施整村推进，促进农民向城镇集中。加快农村基础设施建设，实施好农村饮水安全工程和农田水利基本建设，继续抓好土地开发整理项目。强化环境综合整治，建设“六美”乡村20个。三是完善基础设施。实施县乡路网功能提升工程，加快对接国省干线、高速公路，加快形成东西贯通、南北连接、立体交叉的大交通网络格局。开发利用各种水源，努力满足居民生活及工农业生产用水需求。实施22千米农电综合改造，提高电网供电能力和供电质量。(2)在招商引资上实现新突破。坚定不移扩大招商引资，大力推行优势资源招商、优惠政策招商、人文环境招商、高效政务服务招商和良好法治环境招商的“五个招商”模式，紧盯行业龙头企业，开展上门招商，以商招商。积极培育造就一批本土企业招商引资。力争全年招商引资110亿元，项目落地130亿元，项目储备1000亿元。(3)在生态文明建设上实现新突破。一要美化生态环境。紧紧围绕环城绿化一个圈、通道绿化一条线、村庄绿化一个点、精品工程一大片的思路，实施山上治本和身边增绿“双十”精品工程，确保森林覆盖率每年增长1个百分点。严格抓好森林防火和封山禁牧工作，禁止乱砍滥伐，严惩纵火烧山。加强农村生态环境保护，实施农村环境综合整治工程。二要实施蓝天碧水工程。着力推进产业转型升级，加快发展循环经济，严把项目准入关，淘汰落后产能，积极推进绿色增长。扎实推进总量减排，抓好主干河流、小流域和大气污染综合治理，持续改善环境质量。三要充分发挥生态优势，积极发展生态文化旅游业。以旅游业为龙头，带动第三产业发展。加速构建现代商贸流通体系，加快打造山西省东部物流产业基地，300万吨煤炭超市年内投入运营。

（四）推进“四项工作”。(1)坚持不懈抓好安全生产。一要抓好两个“主体责任”的落实。实行网格化监管，强化源头控制，落实安全生产的综合、行业、部门和属地“四大监管责任”。二要抓好基层基础工作。加强安全创建工作，扎实推进安全乡村、安全社区、安全企业创建。三要提升安全监管人员的执法水平和履职能力。四要启动万家企业安全管理专家会诊行动。五要引申安全生产领域“打非治违”和隐患排查治理专项行动，切实加强重点行业和领域的安全生产与专项整治，坚决杜绝重特大事故发生。(2)着力保障和改善民生。坚持民生优先，加大民生投入，让人民共享美好生活。健全完善城乡一体的社会保障体系，切实抓好城乡居民社会养老保险试点工作，确保参保率达到98%以上；全力做好城乡低保、“五保”供养、医疗救助、救灾救济等工作，让广大群众共享改革发展成果。新纳入农村低保2000人。继续为全县农户每户免费供应1吨原煤，解决群众冬季取暖困难。同时，2013年作为“民生改善推进年”，县政府将集中财力，抓好“十件为民实事”，切实解决民生热点难点问题。(3)统筹社会事业发展。进一步加大公共财政向社会事业领域投入力度。坚持优先发展教育，全面提高教育教学质量，规范发展学前教育、均衡发展义务教育、稳步提升高职教育。深入推进薄弱学校改造工程，加快县、乡、村学校标准化建设步伐。继续推进医药卫生体制改革，积极探索公立医院改革，启动县计生妇幼服务中心、疾控中心、卫生监督所项目建设。加强乡村医生队伍建设，巩固完善基本药物制度，不断提高城乡医疗服务水平。继续实施“文化惠民”工程，重点抓好博物馆、文化馆、图书馆、影剧院“三馆一院”建设，推动形成县乡村三级文化设施网络体系。积极组织文化产品、文化产业项目参加首届山西文化产业博览会，办好牛郎织女文化节等群众文化活动。深入开展精神文明创建活动，争创省级文明和谐县城。强化人口和计划生育管理，人口自然增长率控制在6‰以内。广泛开展全民健身运动。完成2000户农村有线电视网络改造。关心妇女儿童事业。加强防灾减灾体系建设，提高气象、地质、地震灾害防御能力。加强国防后备力量和人民防空建设，高度重视优抚安置和双拥工作。(4)加强和创新社会管理。坚持依法治县，扎实推进“六五”普法工作。进一步创新信访机制，健全县、乡、村三级联动的矛盾调处体系。加快县、乡、村三级社会管理服务中心建设，创新社会管理“三合一”模式。深入开展平安和顺建设，扎实推进社会治安综合治理，高压打击各类违法犯罪。重视网络舆情监测研判和引导处置，有效净化网络环境，及时应对和处置各类突发事件。

提高发展质量　推进和谐进步

阳泉开发区管委会主任　马　骥

2012年，阳泉开发区党工委、管委会本着"扩区"与"挖潜"并举、"建设"与"管理"并重、"发展"与"稳定"齐抓的指导思想，主动出击，负重前行，实现了发展思路的新变化、发展质量的新提高、社会和谐的新进步、民生改善的新成效。

一、经济发展呈现良好态势

2012年，全区财政总收入2.71亿元，比2011年增长30.9%；一般预算收入1.43亿元，增长43.6%，增幅全市第一。地区生产总值10.81亿元，增长13.8%；固定资产投资完成22.2亿元，增长30%；社会消费品零售总额9.36亿元，增长15.3%；工业总产值21亿元，增长17%；规模以上工业增加值2.3亿元，增长3.1%；外贸进出口总额5344万美元。以上指标大多高于全市平均增幅。

二、产业结构布局日趋优化

随着煤机制造工业园区项目、天峰五星级大酒店项目等一批新项目签约落地，百度云计算中心、晋东物流园、红星美凯龙等一批大项目开工建设，兆丰金属镓项目、林兴磁材、居然之家二期等一批重点项目建成投产，开发区以矿机装备制造、电子信息、现代化工和现代商贸物流为特色的产业结构更加凸显。尤其是百度云计算项目，不仅对提升阳泉市和山西省形象产生重大作用，而且对提升和优化开发区产业结构产生了决定性、里程碑式的影响。以此为契机，阳泉市现代信息产业园区正在积极规划当中，坐落于开发区的科技孵化器正式被批准为国家级孵化器，浪潮等知名IT企业入区事宜正在紧张接洽中。一个以信息化为方向、支柱和引领的产业结构即将形成。开发区正以新的业态改变和引领着阳泉市以煤炭和资源为主导为支柱的传统产业结构。

三、宜居宜业新城再展新姿

2012年，开发区率先全面完成创建国家园林城市各项任务。创建国家卫生城市和创建国家环保模范城市各项工作也走在全市前列，并积极开展"城乡清洁工程"集中整治活动。大连街创建为省级街景容貌示范街，宁波路创建为省级保洁示范街，上五渡村创建为省级清洁工程示范村。大连街省级园林道路和审计局、奥伦胶带省级园林单位等申报工作顺利通过省考核验收。

四、社会民生投入大幅提升

2012年，教育投资创历年新高，达3797万元。投资420万元完成中小学校标准化建设，投资100万元为王垅、河坡配备标准化校车，投资1000万元开工建设下五渡幼儿园，投资500万元援建太原理工大学阳泉学院。完成平坦垴学校搬迁和阳泉十中校园基础设施改造任务。医疗、养老、低保做到全覆盖，城镇职工基本养老保险和城镇基本医疗保险参保人数分别完成市政府下达计划的131.3%和109%，完成率均居全市第一，社会保险中心荣获省人社厅"优质服务窗口"奖。出资8.7万元用于王垅耐火厂缴纳企业职工医疗保险。开工建设保障性住房1827套，完成投资6.43亿元，太行工贸公司盛世新城项目被评为"全国保障性安居工程建设劳动竞赛优秀工程项目"。桃源社区卫生服务站正式获批并完成装修。投资600万元为康达社区、大华社区购买并装修办公用房。投资200万元在全区主要街道安装监控探头140余个，"天网"工程真正形成网络；完成公安分局办公大楼选址规划，保晋路派出所挂牌成立。

五、社会管理创新取得突破

开展安全生产承诺、安全生产隐患清剿、安全生产领域"打非治违"系列活动，完成第一个"百日安全生产月"活动和安全生产各项控制指标任务。组织开展问题乳粉、非法使用和滥用食品添加剂、地沟油、"染色馒头"、学校食堂等专项执法检查。开展维稳信访"百日攻坚"行动，全年共接待信访案件65件，办结63件，办结率97%。依法调处拖欠农民工工资纠纷29起，为农民工讨回工资500余万元。研究制定《关于在全区推进网格化管理的实施方案》，投资500万元建成全市设施齐全、硬件一流，集公安、交警、城管、环卫、社区等综合协调指挥为一体的社会服务管理指导中心。王垅村和惠泽社区信息服务中心建设接近尾声。投资新建的计生人口文化园被省人口计生委命名为"省人口文化示范基地"，平坦垴村、康达社区分别达到省级示范村（社区）标准。

抢抓机遇　争先进位
加快平定转型跨越发展

平定县县委书记　王银旺

“十二五”以来，平定县紧紧围绕“两大”目标、“三大”基地、“四县”建设的战略部署，以“新兴产业抓培育、传统产业抓提升、特色产业抓优势、支柱产业抓集聚、创优环境抓招商”为着力点，抢抓机遇，奋力拼搏，转型跨越发展迈上新台阶。

一、抢抓“两大”机遇，争当先行先试的领头雁

一是在“敢”字上求突破，敢行敢试。即：敢于跳出束缚思想的条条框框，敢于破除制约发展的成规陋习，敢于尝试政策赋予的方方面面，敢于应对发展面临的风险挑战，大胆探索，大胆实践，大胆创新。二是在“快”字上下功夫，快行快试。对省市的政策和要求第一时间学透、吃透、悟透；对工作的重点难点，特别是在项目的立项、土地、环评等工作上，先探索，先实践，先突破；在计划、财政、项目、税收等领域，先改革，先推进，先创新。三是在“善”字上做文章，善行善试。善于在突破束缚中破解难题；善于在破解难题中闯出新路；善于在改革创新中抢得先机；积极学习借鉴全省各地先行先试的好做法、好经验，形成了切合平定实际的新思路、新机制。2012年，运用扩权强县试点县优惠政策，共办结5个批次土地2538.58亩。出台中小微企业扶持政策，搭建了政、银、企融资合作平台。深化行政审批制度改革，设立外商投诉中心，制定了促进投资优惠政策，开通了项目建设“绿色通道”。通过这些先行先试、敢行敢试、善行善试的举措，有效破解了一批土地、资金、环境等方面的“瓶颈”问题，为转型跨越发展注入了新的活力。

二、坚持一县一业、一村一品，实现农民增收新跨越

按照“农业增效、农民增收、农村发展”的总体要求，围绕农民增收这一核心，突出“种植业、养殖业、加工业”三大重点。一是加快猪鸡养殖为主导的“一县一业”，坚持示范带动，加大扶持力度，突出抓好远鹏、余康等规模养猪、福润禽业肉鸡加工、瑞盛肉种鸡养殖、雏鸡孵化、饲料加工等项目，加快畜牧产业富民。二是加快“一村一品”农业产业化步伐，坚持培育龙头，发展骨干，挖掘潜力，做大福润禽业、万和油脂等10大龙头企业，发展余康养殖、富硒小米等10大骨干企业，扶持绿生源土鸡、金泉禽业养殖等10大潜力企业，构建农业“三大板块企业”。三是规划建设张庄现代农业示范园、高效综合农业生产带和干果经济林带，加快推进优质杂粮、商品菜和设施蔬菜、规模养殖、优质核桃四大基地建设。四是加快农业科技进步，完善农技推广体系。挖掘农业内部增收潜力，发展农村二、三产业，加大对农民的培训力度，促进农村富余劳动力转移，多渠道促进农民增收。2012年，粮食生产实现“九连增”，达到1.2亿千克。农民人均纯收入达到8213元，同比增长14%。被评为全省“一县一业先进县”、“畜牧业生产先进县”。

三、坚持以煤为基、多元发展，构建产业新体系

一是夯实煤炭产业基础。煤炭产业是平定转型之基、跨越之本。以煤炭“增量、提质、延伸”为重点，加快煤炭相关产业的发展，带动传统产业的改造提升，实现以煤兴产、以煤兴业。二是坚定新兴产业方向。按照“提升产业层次，优化产业结构，提高产业素质”的思路，培育壮大新型装备制造、新型材料、新能源等新兴产业，积极发展煤炭气化、节能环保、激光应用等高新技术产业。政策上优先倾斜，要素上优先供给，服务上优先保障，难题上优先破解，进一步加快新兴产业培育壮大。三是壮大特色产业优势。按照“瞄准高端、提升档次，扩大规模、提升效益”的转型思路，加快我县具有比较优势的电力、铝业、耐火、陶瓷等特色产业发展，在企业的做大做强上下功夫，在产品的做优做精上求突破。四是打造文化产业实力。倍加珍惜“文献名邦”的宝贵资源，实施文化强县战略，抓紧实施了一批重大文化项目，培育了一批国字号、省字号的文化品牌。加快娘子关景区开发，着力打造“中华名关、太行水乡”，推进冠山舍利文化园和刻花瓷文化产业园建设，扩大冠山书院文化影响力，提升了“中国刻花瓷之乡”的知名度。2012年，全县地区生产总值完成71.72亿元，同比增长12.8%；规模以上工业增加值完成27.94亿元，增长19.9%；全社会固定资产投资完成89.1亿元，增长36.9%；社会消费品零售总额完成24.9亿元，增长15.8%。

四、坚持多措并举、重点突破，推动转型新提升

发展转型靠项目，转型发展靠投入，产业转型靠园区。一是突出项目建设，在"三率"提升上求突破。按照省委省政府"项目建设攻坚年、落地年"的部署要求，进一步确立"大项目大发展，好项目多发展"的理念，以大项目为龙头，大力度推进项目建设。继续实行"一个项目、一套班子、一抓到底"工作机制，年初责任分解，倒排工期，年中督促检查，全力推进，年底严格考核，奖惩兑现，努力在项目的履约率、资金到位率和项目落地率上有大突破、大提升，打好项目建设攻坚战。重点抓好阳煤乙二醇、亿隆煤炭地下气化产业、春明全固态高功率激光器等标杆项目建设。二是突出招商引资，在质量提升上求突破。坚持领导带头抓招商，瞄准高端招大商，创优环境引外商，着力打好招商引资大会战。紧扣全县产业转型实际，更加注重产业链招商、园区招商、定点招商，加快借力发展。三是突出园区建设，在功能提升上求突破。坚持高起点定位、高标准规划、大力度推进，全面提升"一带三园"发展平台综合功能，重点加快王家庄新区和高新技术园区建设；有计划地引导企业和项目向园区集聚，最大限度地发挥园区的综合效应。

五、坚持民生为先、创新为要，打造发展新环境

一是本着搞好"基本民生"、保障"底线民生"、关注"热点民生"的执政为民理念，继续围绕教育、医疗卫生、就业再就业、社会保障、住房等民生领域，集中财力、物力，办几件让群众看得见、感受到、惠及面广、具有标志性的实事、好事，提升幸福指数。2012年，公共财政用于民生领域的投入达到8.2亿元。二是以网格化管理、社会化服务为方向，进一步创新社会治理方式，加强源头治理、深化综合治理、推动共同治理、抓好长效治理。加强基层民主法治建设，健全基层综合服务管理平台，抓好"天网工程"的维护升级，完善立体化社会治安防控体系，夯实"平安平定"基层基础。三是打造宜居宜业新环境。坚持规划先行、彰显特色，统筹推进大县城、重点镇和新农村建设。集中开展城乡垃圾清运和街景容貌整治工作，城乡卫生状况有了明显改善。加大生态修复力度，抓好节能减排工作，大力发展循环经济，使平定的天更蓝、水更清、山更绿。2012年，县城空气质量二级以上天数达到351天；完成营造林3.6万亩，县域森林覆盖率达到21.6%，建成区绿化覆盖率38.12%。

党的"十八大"为我们加快发展指明了方向。我县将在市委、市政府的正确领导下，深入贯彻落实党的"十八大"精神，团结带领全县人民，进一步激发干事创业热情、强化争先进位意识、弘扬真抓实干精神，解放思想，只争朝夕，顽强拼搏，攻坚克难，奋力开创转型跨越发展新局面，为平定更加美好的明天而努力奋斗！

推进生态文明　建设美丽盂县

盂县县委书记　张玉斌

盂县位于山西省东部、太行山西麓。北靠五台、定襄，西接阳曲、寿阳，南与阳泉郊区、平定为邻，东与河北省平山、井陉毗连。全县辖8个镇6个乡、1个城镇办事处、453个行政村，总人口30万人。全县总面积2442平方千米，其中，山地面积占81%，丘陵面积占14%，平川面积占5%。新中国成立初期，盂县森林覆盖率仅5%，到2013年，全县林地面积17.2万公顷，森林覆盖率达28.6%。

盂县县委、县政府在深入调查研究的基础上，加深了对县情特点和发展规律的认识，加深了对转型跨越发展的认识，明确了推动全县又好又快发展的总方向和主抓手，深刻认识到生态环境是影响盂县科学发展的最大制约和主要短板，提出"2442"的总体思路，把生态建设作为立县之本，把"生态立县"作为加快转型跨越的攻坚重点，全面抓好造林绿化、环境整治、生态修复各项工作，推动省级园林县城、卫生县城和环保模范县城共创共建，植绿、治理、减排"三策并举"，生态环境持续改善。

一、生态立县，造林绿化，增强转型跨越的支撑力

盂县坚持把造林绿化作为生态建设的先导性、基础性工作来抓，提出了盂县林业生态建设中长期发展规划，即"1239"林业生态建设工程，即集中力量重点建设环县城1千米宽绿色屏障，奠定森林城市基础；建设太阳、阳五两条高速公路绿色走廊，构建生态盂县构架；建设县域北部生态旅游、西部水源涵养林、东部干果经济林三大生态循环圈，形成现代林业生态示范圈；

打造9个特色鲜明的生态景观出入口，展示生态盂县新形象。“十八大”后，县委出台了《关于贯彻落实党的十八大精神加快转型跨越发展的意见》，提出到2016年基本建成省级森林城市、省级环保模范城市、省级卫生城市、省级园林城市，全县森林覆盖率达到35%以上、建成区绿化覆盖率达到38.5%、人均公共绿地达到8.8平方米的奋斗目标。

*打造高标准的高速公路绿色走廊，逐步完善环县城生态屏障。*以高速公路林带绿化为重点，逐步辐射带动北以石太高速铁路、高城山森林公园为基线，南以运煤专线、太阳高速公路为基线，西以狐城山、茄坪山、杏山为基线，东以路家村十里一条街、东二环、双阳线到植物园为基线的封闭方形林带，提升盂县生态形象，提高城市品位，改善生态环境。太阳高速公路两侧林带营造绿化工程是2013年确立的“1235”林业工程中的领头重点工程，已完成公路两侧林带营造31.2千米，荒山绿化700公顷。通过打造高标准、高质量的高速公路绿色走廊，逐步完善环县城生态屏障。

*建造3个绿色生态循环圈工程，加快改善乡村人居环境。*2012年，盂县规划确定实施3个生态循环圈，即西部水源涵养林循环圈、东部生态旅游循环圈和北部干果经济林循环圈。3个生态循环圈建设的主要绿化内容是通道绿化、景点绿化、村庄绿化、荒山绿化，已完成通道绿化81.7千米，荒山绿化2667公顷。搞好乡村绿化，全面推进生态建设纵深发展。2013年，有40个村庄实现灭荒，宜林荒山达到全面绿化。

*亮出县境出入口风景林示范区名片工程，凸显本地生态地域特色。*紧紧围绕“绿色盂县、和谐盂县、美丽盂县”建设目标，大力实施“生态提升及综合治理”工程，挖掘文化内涵，展现县域特色，规划设计出榆林垴出县口、烧瓷窑出省口、十八盘出市口、五里坡出市口、南将出市口、闫家庄出省口、夫城口出市口、北将出市口、五架山出县口等造林总面积335公顷的出入口景点工程，打造了太阳高速公路盂阳交界处绿化工程和阳五高速五架山隧道2个绿化示范工程，塑造了“大美盂县”窗口。

*开展“植树造林高潮年”活动，不断丰富生态建设载体。*县四套班子领导率先垂范，积极参加义务植树活动，在全县干部群众中广泛开展各种形式的义务植树活动，建立了干部林、青年林、教师林、学生林、三八妇女林基地，开展园林小区、园林单位、园林厂矿、生态乡镇、生态村、生态社区创建活动，全县义务植树90万株。目前，建成县城绿化广场3个，标准化绿化小区3个，创建园林单位10家，建成景点6处，县城建成区绿化面积118万平方米，绿地率34.4%，绿化覆盖率38.4%。

二、创新理念，完善制度，加强绿化建设后勤保障

在造林理念上，提出重点造林与全面铺开相结合、专业队伍营造与群众积极参与相结合、政府投入与社会各方投入相结合、荒山造林与小流域治理相结合、绿化与产业相结合、通道绿化与环境整治相结合、加快造林与加强管护相结合、植树造林与护林防火相结合的理念。在栽植质量上，提出严把规划设计关、严把专业队伍招标关、严把整地质量关、严把苗木选择关、严把施工栽植关、严把资金预算关、严把工程质量关，设计、施工、监理一条龙作业。建立健全植树造林质量责任追究制和严格的检查验收制度，为提高造林质量、确保新栽苗木成活提供了保障。在营林模式上，探索出“一个煤矿一座山、一个煤矿一条路、一个煤矿一个园、一个煤矿几个村”的营林机制，在生态建设与煤矿转型之间找平衡点、创新点，引领煤炭企业走出一条“以煤补绿、以煤兴林、村矿一体、村矿联动”的绿色转型之路。在投入机制上，制定环境恢复治理保证金、碳汇基金制度，按吨煤10元的标准收取环境恢复治理保证金，按煤炭生产加工企业吨煤5元、其他企业总收入的0.5%、个人每人每年60元“以资代劳”的标准收取碳汇造林基金，初步建立起实施生态补偿、偿还生态旧账的造林绿化长效投入机制。

高度重视森林防火工作，投资700多万元在全县筑起了六道森林“防火墙”。一是给各专业护林队、灭火队配备了运兵车、消防水车、灭火工具、车载台、对讲机等技术装备。二是组建了三支各50人的专业清理余火分队。三是建成可容纳60人的1660平方米的队员营地和防火储备库。四是建成覆盖全县6个对讲机中继台(基)站的森林火险监测预警网络系统。五是在诸龙山重点林区开通长5000米、宽30米的防火隔离带，开通循环防火公路7千米。六是悬挂森林防火宣传标语100余条，形成森林防火宣传一条街。2013年森林火灾发生率控制在0.5‰以内。

三、精益求精，生态利民，积极发展核桃经济产业

提出每年发展1333公顷、“十二五”末全县核桃种植面积2万公顷、人均达到1亩的思路，同时出台奖励补助政策，引导农民种植地埂核桃、实施低产低效林改造，成为全省十大核桃种植县之一，被命名为全国第27个、全省第5个“中国核桃之乡”。全县已建成万亩核桃基地的乡镇6个，千亩核桃基地村16个，248个行政村种植核桃，占全县村庄数的一半，培养核桃种植专业大户126户，优质核桃苗木繁育基地30公顷，全县成立县级及乡镇核桃产业协会4个，核桃种植专业合作社42个。通过大力推进核桃产业工程，使城乡居民在改善环境、提高幸福指数的同时，大幅度增加了经济收入。

项目强县　生态立县　扩城靓县　文化塑县

孟县县长　杜平华

2012年，盂县以科学发展观为指导，深入贯彻落实党的“十八大”精神，起步实施项目强县、生态立县、扩城靓县和文化塑县“四大战略”，在困难中找机遇，在挑战中求突破，在创新中谋发展，经济和社会各项事业取得新的成绩。

2013年是全面贯彻“十八大”精神的开启之年，是实施“十二五”规划承上启下的关键之年，是全面建成小康社会的奠基之年。做好2013年的政府工作，意义十分重大。

一、2013年经济社会发展的总体要求

全面贯彻党的“十八大”精神，以科学发展观为指导，坚持主题主线和稳中求进总基调，紧紧围绕“二四四二”总体思路，抢抓扩权强县试点和转型综改试验两大机遇，坚定不移地实施项目强县、生态立县、扩城靓县和文化塑县战略，整体推进全县经济、政治、文化、社会、生态文明建设，为率先转型跨越，率先建成小康而不懈努力。

二、2013年经济社会发展的主要预期目标

地区生产总值增长12.5%。财政总收入增长17.9%，一般预算收入增长16.1%。规模以上工业增加值增长13%。服务业增加值增长8%。全社会固定资产投资增长26%。社会消费品零售总额增长15%。农民人均纯收入增长13%，城镇居民人均可支配收入增长11%。粮食总产量稳定在1亿千克以上。

三、2013年政府工作重点

（一）狠抓项目建设，加快产业转型步伐。一要坚持走以煤为基、多元发展之路。2013年确定实施重点工程项目106项，计划总投资771.1亿元，年度计划投资128.8亿元。煤炭方面，加快煤炭企业提升改造和相关产业联动循环发展。电力方面，促进格盟国际2×100万千瓦盂县电厂、鑫磊2×30万千瓦热电联供项目尽快获批，中广核5万千瓦风电项目开工建设。冶金方面，加快推进万汇钢铁200万吨特优钢项目建设；深化与太钢集团的交流合作，力争南娄集团铁镍合金项目尽早落户盂县；启动香港华瑞30万吨球墨铸管技改扩建项目建设。化工方面，实现阳煤盂县化工100万吨尿素一期项目投产，开工建设二期项目；鑫磊集团66万吨冶金灰项目建成投产，推进恒大磁材4A沸石一期、恒固速凝剂二期项目建设。耐火材料方面，完成西小坪耐材20万吨新型复合材料项目建设，完成鲁中耐火10万吨铝矾土基致密均质料及高铝制品二期项目建设，推进阳煤兆丰铝业120万吨铝土矿废渣浮选项目建设。节能环保方面，完成吉天利10万吨废旧电池处理项目建设，启动吉天利城市矿产示范基地和昕亮木业三期项目建设。现代物流服务业方面，尽快开工建设中岚国际物流园，加快推进燕莎—鑫帝城购物广场建设，启动凯通农产品配送中心建设。二要大力发展民营经济和中小微企业。围绕增加城乡居民收入、就业两大任务，多途径破解中小微企业融资难题，促进中小企业快速成长，帮助微小企业健康发展。鼓励引导民营企业大力发展资源加工型、劳动密集型、农副产品加工型、科技应用型等新兴企业，促进民企“二次创业”。建立中小微企业发展基金，开展中小微企业助保金贷款业务，鼓励民间资本组成私募股金进行融资。进一步创优政务、法制、市场、信用、舆论、科技环境，促进民营经济提质增效、内涵发展。加大对本土企业家、科技型人才的培育和开发力度，使一批具有超前眼光和战略思维，懂经营、善管理、社会责任感强的优秀企业家脱颖而出。三要抓好产业集聚区平台建设。统一整合五大产业集聚区，实现一个机构统一管理、统一服务。进一步完善集聚区产业规划，大力推进基础设施配套建设。大力引进绿色、环保、低碳、循环以及科技含量高的大企业、大项目，实现集聚区永续有序发展。四要抓好项目储备、引进和落户工作。按照项目储备、签约、落地、开工、建设和投产“六位一体”工作机制，深入开展“项目推进年”活动。全面落实工程项目领导包保责任制、调度例会制、目标责任考核制等项目推进工作机制，确保项目建设有序推进。力争完成项目落地323亿元以上。切实加大对重大项目和竞争性项目的盯跑力度。积极发展“飞地经济”，有效解决项目落地难问题。进一步完善招商引资优惠政策，建立招商引资专项激励机制。

（二）强化“三农”工作，有效增加农民收入。一要积极发展特色现代农业。加快推进“一县一业”和“一村一品”发展,力争全年农村经济总收入增长10%,达到112亿元。粮食方面,在继续抓好玉米、小杂粮等传统作物种植,确保粮食稳产的基础上,积极推进优质万寿菊、种苗花卉、药材、平菇、鲜食玉米等特色种植,大力推行林粮、林菜、林苗、林菌、林药和地埂核桃、地埂花椒、零星经济作物等复合种植。蔬菜方面,重点推进设施蔬菜基地连片建设。核桃方面,以孙家庄镇辰厚种植专业合作社为龙头,大力推进核桃产业发展,实现核桃苗木自产自足。养殖方面,强化动物重大疫病防控,抓好肉牛、肉羊和生猪等规模养殖和养殖大户发展,规划实施万只肉羊标准化养殖项目。农产品加工方面,大力发展核桃饮品、小杂粮、饲料等加工产业,实现农产品“513”工程销售收入5.3亿元。二要落实各项强农惠农富农政策。建立多元农业投入机制,引导各类资金投向高效农业、规模农业、设施农业。配套完善县级奖补政策。加快推进以土地流转为主的农村各项改革,进一步培育壮大农民合作社、专业大户、家庭农场等新型经营主体。探索完善“以煤补农、以矿带村、村矿互动”及领导干部包村增收和结对帮扶工作长效机制。启动秀水粮站迁建工程,筹建现代化万吨粮油储备库。实施农产品质量检测中心及配套建设工程。完成农民生产技能培训1.5万人次,不断提高农民增收致富水平。三要加大新农村建设力度。在加大11个省级试点村、131个推进村和99个重点村创建力度的基础上,每个乡镇再高标准建设一个新农村示范村。进一步改善村容村貌,加强水利基础设施建设。有计划地对户籍人口不足100人,实际居住人口不足一半的贫困村实施移民搬迁,搞好移民扶贫开发。

(三)抓好城镇化建设,推进城乡一体化发展。一要抓好规划设计。完成城市总体规划的扩容修编以及东城区、南城区控制性详细规划的编制,完成东城区、西城区和旧城区改造的修建性详细规划。完成各乡镇小城镇总体规划和乡、村规划编制,修订完善城乡一体化规划。进一步完善规划区内重点区域的控制性详细规划和修建性详细规划。严格按规划推进大县城和小城镇建设,维护规划的权威性和严肃性。二要抓好路网建设。南北路网方面,完成高城山路二期、金运路南段建设工程。东西路网方面,完成金龙大街东延伸线建设工程。外环路网方面,实施省道盂榆线绕城南娄至西小坪二级公路、太阳高速盂县南出口至水神山路东坪口连接线等建设工程,逐步拉大县城框架。三要抓好功能区建设。完成阳泉北站站前广场配套功能服务区、国防动员指挥中心、县城二期供水建设工程。启动旧城区中心广场及周边区域的旧城改造工程。布局规划盂县商会大厦,加快老干部活动中心建设。完善城乡电网升级改造和污水管网配套建设。做好阳泉北站游客接待服务中心前期工作。规划配套建设一系列中小型休闲健身娱乐场地或小游园、小景点,实现城市功能优化和品位提升。四要抓好小城镇建设。大力实施以秀水镇、孙家庄镇、路家村镇为重点的扩容提质大县城战略。大力推进西烟小城镇建设。着力抓好高速路出口所在乡镇周边的功能规划、旧村改造、美化绿化以及服务设施建设,不断提升城镇化建设水平,实现产业集聚发展。加大对乡镇所在地的环境综合整治,推动美丽乡村建设。五要抓好城市管理。加大对影响市容市貌行为的管理整顿。强化市政公用设施的管理维护。严厉打击违法违规建设行为,大力规范房地产开发秩序。积极推行数字城管模式,提高城市管理水平,有效解决县城拥堵、环境脏乱等突出问题。

(四)加强生态建设,努力打造美丽盂县。一要加大造林绿化力度。重点抓好“1235”工程,即高标准完成太阳高速盂县段通道绿化,新增2万亩(1333公顷)核桃基地建设,实施西、北、东3个生态循环圈建设工程,完善县境出入口5处节点景观绿化带工程。力争全年完成造林绿化4667公顷。二要加大节能减排力度。严格环境准入,大力发展新型节能环保产业,加强对重点用能单位的节能管理,着力淘汰一批污染重、能耗高的落后企业,开展矾石倒竖窑集中清理整顿专项行动。大力发展循环经济,重点加强煤炭、耐火、焦化等传统产业循环化改造,构建低碳经济发展模式。加强PM2.5监测,强化工业废水、工业废气、噪声、扬尘、雾霾、机动车尾气等污染源综合治理,县城空气质量二级以上天数达到340天以上。三要加大城乡环境整治力度。将县城建成区内村庄纳入县城环境卫生一体化管理,统一进行环卫清理和保洁。完成环城18个村农村环境连片整治和206个村垃圾清运及卫生保洁工程。大力开展环保模范城市和生态乡镇、村、企业和学校创建活动。启动建设中水再生项目,实现污水再生利用。启动秀水河综合治理工程,搞好香河河道垃圾清理。完成城镇生活垃圾填埋场建设,规划建设乡镇垃圾中转站,实现无偿倾倒和无害化处理。

(五)弘扬忠义文化,大力发展文化旅游产业。一要强化精神引领打造文化名片。大力弘扬“忠义、崇文、包容、争先”的盂县精神,广泛开展社会主义精神文明建设,推进公民道德建设工程。以“忠义文化”为统领,着力打造忠义藏山、仇犹古国、进士之乡、文人长虹等十大文化名片。进一步扩大对外宣传,提高知名度和影响力。二要大力发展文化事业。积极开展中国楹联文化县创建活动。广泛开展群众性文化体育活动。深化公益性文化事业单位和经营性文化单位改革。加强文化市场综合执法机构建设,强化文化市场监管,维护文化市场秩序。三要加快发展旅游产业。继续推进藏山、梁家寨温泉、水神山、龙台山、尖山等风景区及其配套道路工程建设。启动国家重点文物保护单位北下庄坡头泰山庙和上社府君庙的维护整修工作。加强对旅游名胜景区古迹和文物的管理。积极推进旅游景区、星级宾馆酒店、旅行社升级达标工作,大力加强旅游商品开发,促进全县旅游业逐步由单一“门票经济”向综合“产业经济”转变,跻身全省旅游重点县行列。

(六)发展社会事业,着力保障和改善民生。一要优先发展教育科技事业。完成106所省级义务教育标准化学校创建和验收工作。努力实现城乡教育均衡发展,加大对山区教育的倾斜力度。大力实施知识产权战略,完成各项专利申请79项。加快创新型城市建设,力争完成全国科技示范县验收。二要大力发展医疗卫生计生事业。全面完成县级公立医院改革，实现药品零差价销售。有序推进全国中医“治未病”预防保健体系建设试点县创建工作。完成县中医院主体建设工程。改善各级医疗机构用房条件和装备条件，三级医疗机构达标率达到99%以上。进一步提升各级医疗机构管理和服务水平。继续提高财政对新农合的补助标准，新农合实际参合率达到99%以上。继续稳定低生育水平，提高出生人口素质。三要健全完善城乡社会保障体系。全面推行社会保障“一卡通”，进一步扩大社会养老、医疗、工伤、失业、生育等保险的覆盖面，提高企业退休人员基本养老保险水平。继续规范完善城乡低保工作，做到应保尽保。开展省级创业型城市创建工作，多渠道帮助就业困难群体、退役军人、“4050”人员以及困难大学生实现就业，全年新增城镇就业3000人，城镇职工登记失业率控制在4.2%以内。完成老年颐养中心主体建设。推进残疾人社会保障和服务体系建设。

（七）严打私挖滥采，确保安全生产和社会稳定。一要严厉打击私挖滥采。充实加强打击非法违法采矿监管力量，从重从严从快打击私挖滥采和盗采国家资源行为。严厉打击非法倒卖土地和矿产资源行为，保持良性健康的矿产秩序。二要狠抓安全生产。进一步强化政府的监管责任、企业的主体责任和乡镇的属地管理责任。深入开展专项整治，加强安全隐患排查治理。严格落实安全生产制度和规定，建立健全安全生产长效机制。统筹抓好各行业各领域安全生产，特别要抓好煤矿、非煤矿山、食品药品、道路交通等重点领域的安全生产。进一步做好森林防火安全工作。严肃查处各类安全生产事故，落实安全生产“一票否决制”，坚决遏制重特大事故，减少一般性事故。三要全力做好稳定工作。高度重视信访工作，确保不发生重大政治性事件和大规模群体性事件。积极推进平安盂县建设，健全完善重大决策社会稳定风险评估机制，畅通和规范群众诉求表达、利益协调、权益保障渠道。加强基层基础建设，充分发挥群众参与社会管理的作用。继续完善覆盖全县的应急管理体系，不断提高应急处置突发公共安全、自然灾害等事件的能力和水平。

（八）抓好财税金融工作，确保重点支出需要。一要强化财税收入征管。进一步完善重点税源监控机制，突出抓好主体税种的征管，大力整顿煤炭、铝矾土产运销秩序。加强零散税源管理，抓好各小税种及分散零星税源的有效管控。严厉打击偷税漏税等违法行为，加大执法与处罚力度。切实加强非税收入管理，全面推进和深化非税收入收缴管理改革。二要加强重点财源培植。综合运用财政政策、金融杠杆等各种手段，服务和支持企业发展、产业转型、项目建设，推动重点企业、重点产业集聚集群发展。切实用好用活税收、国债、财政补贴、转移支付等手段，引导带动信贷、社会资本投入，有效破解中小微企业融资难问题，促进各类企业良性发展。三要优化财政支出结构。严格控制“三公经费”支出，严格缩减一般性事务支出。集中财力办大事，确保全县工资性支出及时发放，确保社保类支出足额到位，确保科技、教育、卫生、文化等民生支出稳步增长，切实提高财政性资金的社会效益。

全面推进转型跨越发展
坚定不移建设“四宜”城区

长治市城区区长　胡　坚

2012年，长治城区紧紧围绕建设“四宜”城区目标，深入实施“双擎四驱”发展战略，抢抓机遇、攻坚克难，提振精神、争先进位，全区经济社会实现了持续健康快速发展。

2013年是全面贯彻落实党的“十八大”精神的开局之年，是实施“十二五”规划承上启下的关键之年，是为全面建成小康社会奠定坚实基础的重要之年。当前，城区正处于加速发展的崭新阶段、转型发展的攻坚时期、跨越发展的黄金节点，肩负着“四宜”城区建设的历史使命，承载着全区52万人民的殷切希望，我们将凝心聚力抓发展、戮力同心促跨越。

一、2013年政府工作的总体要求

全面贯彻落实党的“十八大”精神，按照“双擎四驱”发展战略，以实施“五提”工程为载体，解放思想、先行先试、立志大干、加速快跑，坚定不移地建设“四宜”城区，全面推进转型跨越发展再上新台阶。

二、2013年经济社会发展的主要预期指标

地区生产总值增长11%，财政总收入增长12.3%，一般预算收入增长4%，社会消费品零售总额增长16%，城镇固定资产投资增长24%，规模以上工业增加值增长6%，城镇居民人均可支配收入增长11%以上，农民人均纯收入增长15%以上，节能减排、环境保护等约束性指标全部控制在市控范围内。

三、2013年政府工作重点

（一）着力推动产业转型升级，激发区域发展新动力。一是强力度推进项目建设。紧紧围绕项目建设“六位一体”目标要求，加快实施总投资352亿元的100个重点项目建设，确保年内完成投资77亿元。抓重点突破，努力促进以LED垂直一体化为代表的5个工业新型化项目，着力抓好以红星美凯龙为代表的19个服务业项目，统筹推进以马坊头中央商务区为代表的18个城中村改造项目，加快建设以城区养老院为代表的17个民生工程项目，加速推进产业优化升级。抓服务提升，严格落实“七个一”和“四定四包两直通”工作制，指导和推进重点项目建设，确保投资增长的稳定性和连续性。抓要素保障，通过“政策要地、空间换地、民间融资、金融注资”等方式，统筹考虑规划、用地、拆迁和融资等问题，综合破解各类要素制约，切实加快项目的开工建设和投产达效。抓督促考核，严格执行重点项目“月总结、月分析、月计划、月排名、月通报”制度，健全完善项目考核机制，确保全年项目建设目标任务的全面完成。二是全方位开展招商引资。继续围绕“招大商、招高商、招需商”，在招商引资上加大力度、拓宽领域、创新方法，力争引进项目不少于15个，全年签约项目总额达到210亿元。更加注重产业招商，健全完善招商引资“四库一网”，围绕“4＋6”产业定位，找准招商重点，强化招商规划，延伸产业链条，做大做强区域特色产业，提高招商引资成功率。更加注重选商选资，选择可持续发展的人、高、新项目进行定向招商，吸引和培育一批高产值、低能耗、低污染的新兴产业和循环经济项目。更加注重展会招商，认真筹备第八届中博会、第十七届厦洽会等大型招商活动参展工作，努力引进一批产业带动强、税收贡献大、发展前景好的大项目、好项目。三是多举措壮大第三产业。扩大经济总量，依托商贸物流、餐饮服务等传统优势，进一步壮大市场主体，培育3个年销售亿元以上的骨干商贸流通企业。强化服务功能，出台全区服务业发展实施意见，加快发展现代物流、电子信息等生产性服务业，改造提升商贸流通、餐饮住宿等生活性服务业，大力发展社区服务等公共服务业，形成功能设施配套、优势特色明显、整体互动协调的发展新格局。进一步优化服务业布局，启动新延安南路商贸一条街、南一环路文化产业一条街、解放东街特色餐饮一条街、南石槽商业一条街的规划和建设。提升产业档次，积极培育中央商务区和中央休闲购物区等新兴业态，重点推进田森集团中央厨房等6个现代服务业项目，进一步提升现代服务业在第三产业中的比重。

（二）着力提高城市管理品质，打造美丽宜居新家园。一要全面提升城市管理水平。不断强化城市经营管理，努力提升综合服务功能，全力打赢“三项治理”攻坚战，实现城管工作的纵深化、精细化和常态化。加大投入，提升基础设施和队伍建设水平。积极探索农村垃圾处理中转站试点工作，改造200个农村无害化厕所，提升全区卫生村标准；进一步健全完善市容环境卫生工作标准和流程，重点解决环卫保洁缺位断档问题。完成数字化管理平台市区对接，着力打造一批重点亮点小区、精品小巷和示范单位，提升城市管理档次和现代化水平，全力打造“长治城管新模式”。二要深度拓展城市服务功能。加强便民服务网点管理。扎实推进路网征迁。按照全市“大干城建年、打好攻坚战”工作部署，全力落实16条路网征迁任务。三要更加突出城市生态建设。深入实施造林绿化工程，加快形成覆盖全域的森林生态体系。加强水利基础设施建设和水资源管理，继续实施石子河城区下游段河道治理工程，完成东山高效节水示范项目和东山小流域治理工程。大力发展循环经济，推行再生资源社区绿色回收亭试点，加强重点区域环境治理，全面推进环境保护“六大工程”，加强重点行业企业监管，严厉打击化工企业违法排污行为，筑牢绿色生态屏障，全力打造美丽城区。

（三）着力加快城中村改造进程，拓宽市域城镇化新空间。积极推进全区城中村改造工作，拆迁面积力争达到100万平方米以上，形成“沿路拆迁成线、旧村拆迁成片”格局。坚持安置优先，安置楼建设达到50万平方米以上，重点打造马坊头、西南关等4个千户安置小区和百万平方米新型城市社区，安置户数达到500户以上，为1000名城中村改造村民办理城镇职工养老保险。坚持产业优先，围绕总部经济、商贸零售、休闲购物等业态，着力培育具有街区特色的城市商业大道，将马坊头中央商务区、红星美凯龙家居广场打造成新的城市地标。坚持规划与手续办理先行，加快推进各村改造方案编制、人口界定、股份制改革、撤村建居、社会保障等工作，下大力气完善城中村改造项目的土地、规划、立项、环评等手续，将城中村建设成手续完备的标杆工程、功能齐全的精品工程。积极申报国家城镇化创建试点。

（四）着力增进人民群众福祉，建设普惠幸福新城区。一要发展更高品质的教育事业。继续加大教育投入，教育支出占一般性财政支出比重不低于16%。强化学校标准化建设，改造3所薄弱学校，新建1所公办幼儿园，进一步提高教育基础设施整体水平。加强个性特色学校建设，着力提高教学质量，推动教育内涵式发展。加快教育资源共享，完善网络教研体系，提升教育信息化水平。加大职业教育专业设置改革力度，进一步规范民办教育办学行为。加强人才队伍建设，做好新招聘教师等人员的培训录用工作。强化校园安全隐患排查和校园周边环境综合治理，坚决杜绝校园安全事故发生。二要推进更高水平的医疗卫生。深化医药卫生事业改革，不断提升人民群众健康指数。继续实施卫生项目推动战略，加快疾病预防控制中心等5个重点医疗卫生项目建设。落实政府办医责任，全面取消以药补医，推动公立医院改革。提高基本药物使用率和销售率，推动基本药物制度向非政府办基层医疗机构延伸。继续健全基层医疗卫生服务体系，推动基本公共卫生服务均等化。强化食品药品安全风险监测，确保人民群众饮食用药安全。全面提升公共卫生应急处置能力。努力优化人口结构，人口自然增长率控制在6‰以内。三要提供更高层次的社会保障。实施就业优先战略，加强职业技能和创业就业培训，打造10个充分就业星级社区；建立就业困难人员、零就业家庭动态管理和针对性帮扶工作机制，完成所有基层劳动就业和社会保障服务平台标准化建设，城镇登记失业率控制在3%以内。健全完善社会保障体系，加强社会保障卡服务窗口建设，进一步提高企业退休人员基本养老金和城镇居民医保标准，城镇居民基础养老金再提高10元，达到65元。增强新农合重大疾病保障能力，封顶线提高到15万元，补偿比例提高到70%，让人民群众享受更多实惠。加大劳动监察执法力度，全力维护劳动者特别是农民工的合法权益，构建包容共生的和谐劳动关系。四要推出更加实在的帮扶举措。实施帮贫助困工程，重点抓好困难群体的就业、住房、医疗、养老等保障工作，城乡居民最低生活保障标准提高到470元，加快推进城区社会福利中心建设。大力促进社会化养老，鼓励支持民办养老机构发展，积极开展社区居家养老服务。关注一线职工健康。加大廉租房实物配租和货币补贴力度。

（五）着力提升文化旅游内涵，构筑转型发展新优势。一要巩固文明城市创建成果。加强社会主义核心价值体系建设，扎实推进群众性精神文明创建。抓好道德领域突出问题专项教育和整治，深化未成年人思想道德建设，健全志愿服务体系，传递公民道德和社会文明正能量。二要深化旅游新兴产业发展。尽快通过并实施东山旅游总体规划。全面推进精品项目带动战略，引进推出一批特色乡村游、文化养生游、生态度假游等项目。开发饮食、医药、生态、红色等彰显本土特色的旅游纪念品，提升区域旅游品质。加大文物保护力度，继续做好上党堆锦等非物质文化遗产的挖掘、整理、抢救和申报工作，提升区域旅游发展内涵。三要增强区域文化品牌特色。加强文化场馆建设，健全完善街道多功能文化广场、综合文化站和村级群众文化活动室、农家书屋功能，完成“国家公共文化服务体系示范区”各项创建任务，满足人民群众多层次文化需求。积极开展文化产业调查，大力发展都市休闲文化业态，做强做大民间演艺娱乐企业，推动文化产业成为新的经济增长极。鼓励和扶持各类优秀文化作品创作，全力打造上党文化高地。

（六）着力加强社会管理创新，构建和谐安全新格局。一要以最严措施狠抓安全生产。进一步强化政府的安全监管主体责任，严格落实企业的安全生产主体责任。继续深化安全生产专项整治，深入实施“个十百千”工程，扎实推进“打非治违”行动。继续巩固和扩大“本质安全型城区”创建成果，抓好企业基础和现场管理，推进企业安全标准化建设，强化职工安全培训。严格实行安全生产目标责任考核“一票否决制”，确保全区安全生产形势持续稳定好转，全力建设“平安城区”。二要以最大力度创新社会管理。升级完善“三位一体”网格化社会管理服务信息平台，提高社会管理科学化水平。健全重大决策社会稳定风险评估机制。提升突发公共事件和群体事件的预防、预警和应急处置能力，加强流动人口服务管理，严厉打击侵犯知识产权和制售假冒伪劣商品行为，不断拓展社区服务功能，提高基本公共服务水平，全面增强人民群众满意度和幸福感。

坚持创新驱动　加快深度转型

长治郊区区委书记、长治高新区管委会主任　**王辅刚**

2012年，长治高新区加快转型跨越发展，沉着应对国内外严峻复杂的经济形势，牢牢把握稳中求进的总基调，以项目建设为带动，以招商引资为重点，以创建国家高新区为良好契机，持续深入推进“一二三五五”发展战略，全区经济、政治、文化、社会和生态文明建设迈上新的台阶，各项工作保持了健康有序快速发展的良好势头。

2013年是全面贯彻落实党的“十八大”精神的开局之年，是实施“十二五”规划承前启后的重要一年，是加快创建国家高新区的关键一年。做好2013年的工作，对于高新区加快转型跨越发展，全速向国家高新区进军，具有十分重大的意义。

一、2013年工作的总体要求

全面贯彻落实党的“十八大”精神，全面贯彻落实“一二三五五”战略，坚持创新驱动，加快转型跨越，推动信息化和工业化深度融合、工业化和城镇化良性互动，全力抓好升级扩区、招商引资、项目建设、经济结构调整、城中村改造、民生改善、安全稳定、文化强区、人才建设、党的建设等十项任务，为加快建设国家高新区而努力奋斗。全区经济社会发展的主要目标是:科工贸总收入增长9.9%,生产总值增长10.1%,工业总产值增长10%,工业增加值增长10.1%,财政总收入增长10%,固定资产投资增长30%。

二、2013年重点工作

(一)加快向国家高新区冲刺,在升级扩区上有新突破。一要积极推动扩区。2013年争取市政府常务会议研究高新区的扩区问题,使高新区的扩区计划尽快落地。要认真做好扩区后的园区建设规划和产业发展规划,积极对接国内外园区和产业发展的高端领域。二要争取松绑放权。借助长治市委、市政府出台的《关于加快长治高新技术产业开发区科学发展的意见》,争取上级松绑放权,使高新区应享有的政策权限尽快落到实处。三要完善相关手续。对照创建国家高新区的有关审批标准和要求,继续完善相关文字材料。积极争取市委市政府、省委省政府以及上级科技部门把高新区升级工作列入议事议程,协调上级商务、发改、土地、建设、规划等部门完善相关资料和手续,为推动升级铺平道路。

(二)唱响招商引资主旋律,在引进大企业大项目上有新成果。2013年高新区的招商目标是:签约引进项目10个,协议引资30亿元,签约项目到位资金7.5亿元,资金到位率25%。一要推动引资引技引智的深度融合。将引进资金、引进技术、引进人才统筹考虑,着力引进一批发展高新技术产业所急需的关键技术和人才,促成技术、项目和人才的对接,加快产学研的融合。二要加快国际视野下的高端对接。积极对接世界500强和国内外知名企业,力争在引进国内外大项目、大企业、大机构上有新举措,在引进研发经济、总部经济、孵化机构、高新技术企业、现代生产性服务业、高端服务业等方面有新成果,在引进具有广泛市场效应、就业拉动效应、辐射带动效应的大项目上有新作为。积极吸纳外商资本、社会资本、民营资本进入服务领域,打造现代三产服务品牌。三要抓好招商项目的包装策划。充分依靠矿用装备制造、生物医药、光电子等优势产业项目进行招商,有针对性地做好项目的包装和策划,通过委托招商、网络招商、驻点招商、敲门招商、专业招商、节会招商、展会招商等形式,引进一批对接性强、发展前景好的产业项目,进一步壮大产业集群。四要优化招商服务环境。2012年签约的和当前在谈的项目共19个,项目总投资159.6亿元,其中,亿元以上项目13个。五要加强招商队伍建设。坚持专业招商和业余招商相结合,培育一支业务精通、熟悉国家产业政策、通晓涉外法律法规和外经贸知识,善于与国际大企业沟通的专业招商队伍;充分调动每位领导、每个部门、每位干部的积极主动性,年内每个领导引进1个亿元以上项目,招商局引进10个项目,每个单位引进1个项目,年底统一考核。

(三)强势推进项目建设,在建设大项目强项目上有新速度。全力抓好项目储备、签约、落地、开工、建设、投产"六位一体"同步推进:项目储备360亿元、项目签约30亿元、项目落地30亿元、项目开工6.9亿元、项目建设39亿元、项目投产9.5亿元。2013年重点推进项目共42个,总投资119亿元,其中,续建30个,总投资95亿元;新建12个,总投资24亿元;计划完成固定资产投资39亿元。在这些项目中,投产或投入运营12个,全面竣工项目7个,新开工项目12个。

(四)增强科技创新能力,在经济结构优化提升上有新作为。一要把高新技术产业发展作为主攻方向。积极搭建高新技术企业成长的基础平台,在新落成的创新大厦中安排一定的空间,用于高新技术企业的孵化和培育;整合和盘活星星标准工业园资源要素,为真正有创新能力和发展实力的中小型科技企业提供成长平台。充分发掘康宝集团、山西防爆、长钢锻压、博太科电气等传统骨干企业的研发优势,支持这些企业走创新驱动、内生增长的发展轨道,培育自主创新能力,提高抗风险能力,加快传统产业的改造升级。在加快建设中信软件园研发生产基地等高新技术企业的同时,继续引进和培育研发经济、总部经济、楼宇经济,使之尽快成长为高新技术企业的新生力量。二要推进"大中小微"各类企业协同发展。在支持大型企业做大做强的同时,加大对小型微型企业的政策扶持,加大对中型企业的支持力度。抓住煤炭采掘业整合重组和技术改造的环节,做大做强以德国西门子特种电机生产基地、博太科电气为代表的矿用装备产业集群;依托雄厚的技术研发优势,做大做强以康宝集团为代表的生物医药产业集群;充分利用市场广阔的有利条件,做大做强以达利公司为代表的高档食品产业集群;用足用活国家扶持政策,做大做强光电子产业集群。加强经济运行质量的分析和研判,切实做好规模以上工业的调度、调控与协调,确保工业经济按预期目标进行。提高准入门槛,努力提高园区土地的经济和社会效益。三要补齐拉长服务业"短板"。大力支持金威、益东、居然之家等传统三产服务企业改善经营管理,开拓更广阔的市场;要大力支持移动、联通以及金融业等传统生产性服务业,使之更好地服务于企业发展和人民群众的需求;大力培育服务于工业经济、高新技术产业、现代化城市发展的新兴生产性服务业,为经济社会发展提供科技服务支撑;在扩区后的园区及产业规划中,充分考虑现代流通、商贸、金融、中介等服务业的配套,促进服务业发展提速、比重提高、水平提升。

(五)持续推进城中村改造,在市域城镇化建设上有新面貌。一要持续深入推进城中村改造。力争年内再拆迁350户,史家庄一期24万平方米、化家庄一期26万平方米、小化村一期8万平方米的住宅楼实现封顶,捉马村城中村改造起步区开工建设。在推进城中村改造的同时,按照城市社区管理要求,尽快在四村启动"村改居",从管理体制上完成农村村委会到城市社区居委会的转变。二要完善城市基础设施。进一步完善园区道路、水、电、气、暖、通信、网络等基础设施,打造优良的投资服务环境。继续推进北一环路的续建工作,抓好新开工的西环路的拆迁补偿工作,使区内"三横六纵"的城市道路网络初具规模。三要加强城市管理。进一步研究市容环卫和园林绿化管理长效机制。加强市容、环卫和绿化的日常监管,保持城市的清新整洁，全力提升美丽高新区和生态高新区建设水平。

（六）着力改善民生，在提高人民群众幸福指数上有新举措。一要搞好“基本民生”。加快建立人人可及的基本公共服务。坚持教育优先发展，进一步建立完善教育经费正常增长机制，确保财政教育支出占一般预算支出的16%以上；积极搭建就业平台，鼓励富余劳动力自主创业、自谋职业，新建企业在同等条件下优先安排失地居民就业；完善社会保障体系，进一步扩大社会保障覆盖面，提高各项社会保险统筹层次和待遇水平；加强基层医疗卫生体系建设，进一步完善城镇居民基本医疗保险、新型农村合作医疗和城乡医疗救助为一体的基本医疗保障体系；落实计划生育优待政策，千方百计稳定低生育水平，确保人口自然增长率控制在5.6‰以内。二要保障“底线民生”。建立健全困难群众、弱势群体的社会保障机制，落实社会救助和保障标准与物价上涨挂钩联动机制，进一步做好优抚安置、残疾人救助、困难户、“五保户”、老党员的救助工作；积极帮助进城农民工解决好就业、居住、医疗、子女入学等方面的困难。三要关注“热点民生”。着力解决群众反映强烈的热点、难点问题。

（七）加强和创新社会管理，在和谐高新区建设上有新进展。一要增强社区服务功能。进一步增强社区服务功能，充分发挥群众参与社会管理的基础作用，积极调动驻区企事业单位在社会管理和服务中的积极主动性。二要加强社会综合治理。进一步完善党委领导、政府负责、社会协同、公众参与的社会综合治理新格局，进一步整合公安、街道、综治、民政、矛盾调解、信访等机构的综治资源，实行管理联抓、矛盾联调、问题联治、治安联防、平安联创，全面提高社会管理科学化水平。三要抓好安全生产工作。严格落实政府和企业“两个主体”责任，全面落实各项安全生产制度，严厉查处各类安全生产非法违法行为。要抓好学校、农村、机关事业单位安全，特别要抓好特种设备、医药卫生、油气、食品等各个行业的安全，最大限度减少一般事故，坚决遏制和杜绝重特大事故。四要维护社会治安秩序。加强对重点企业、重点项目、重点工程的安全保卫工作，加强对城中村等社会面上治安乱点的整治，抓好流动人口和特殊人群的服务和管理，建立社会治安防范和应急措施，进一步完善社会治安防控体系。加强对各类犯罪行为的打击力度，对黑恶势力和严重刑事犯罪保持高压态势。五要确保社会和谐稳定。建立健全群众权益维护机制，落实信访包保责任制，为经济社会发展营造良好社会氛围。

（八）建设文化强区，在增强高新区文化软实力上有新跨越。一要加强社会主义核心价值观教育。倡导富强、民主、文明、和谐，倡导自由、平等、公正、法治，倡导爱国、敬业、诚信、友善，积极培育和践行社会主义核心价值观。在全区形成知荣辱、讲道德、守法纪、促和谐的文明风尚，为创建国家高新区提供强大的思想道德支撑。二要打造具有高新区特色的创业创新文化。在全区培育和树立开放观念、竞争观念、创新观念、法治观念，创造尊重知识、尊重人才、鼓励创新的文化环境，倡导勇于创新、敢为人先、鼓励冒险、宽容失败的创新精神，营造更加适宜于转型跨越的文化氛围，推动经济文化一体化协调发展，尽快把高新区打造成全市文化与经济、文化与城市、文化与科技、文化与产业深度融合的示范区。三要积极开展群众性文化活动。不断满足人民群众日益增长的精神文化需求，进一步加强机关、企业、学校、农村、社区的文化建设。积极开展丰富多彩的群众文化活动，提高基层群众文化素养，丰富人民群众文化生活。四要积极谋划发展文化创意产业。加强文化招商，让文化产业早日在区内落地，着力推动文化大发展、大繁荣。

（九）加强人才队伍建设，在创新型高新区建设上有新提升。一要适应综改试验区和国家高新区建设打造人才特区。积极探索适应高新区发展人才建设模式，创新人才工作管理的体制机制。启动实施人才特区建设。二要充分发挥企业在人才建设上的主体作用。鼓励和支持区内企业建立更多的院士工作站、博士工作站、博士后工作站、回国人才创业基地等。积极引导海内外高新技术人才、工程技术人才、外向型经济人才、中青年拔尖人才向企业一线流动。三要全力加强人才引进。以项目为载体和途径加快引进紧缺人才、高端人才。建立灵活的人才引进机制，按照“不求所有、但求所用”的原则，通过多种形式吸引各类人才为高新区经济发展服务。

加快建设全国百强县区　率先全面建成小康社会

长治市郊区区长　金所军

2012年，长治市郊区抢抓机遇，大干快上，全区经济发展、社会进步、人民生活水平不断提高，在推动转型跨越发展、全面建成小康社会的道路上迈出了坚实的步伐。

2013年是深入贯彻落实党的“十八大”精神的开局之年，是实施“十二五”规划的关键之年，是加快建设全国百强县区、率先全面建成小康社会的重要一年，做好2013年的各项工作，意义重大，影响深远。

一、2013年政府工作的总体要求

全面贯彻落实党的“十八大”精神，坚持主题主线，坚持稳中求进，以项目建设和招商引资为抓手，以提高发展质量和经济效益为中心，以保障改善民生与促进社会和谐为根本，同步推进工业新型化、农业现代化、市域城镇化、城乡生态化，全面加强经济建设、政治建设、文化建设、社会建设和生态文明建设，为加快建设全国百强县区，率先全面建成小康社会而不懈努力！

二、2013年全区经济社会发展的主要奋斗目标

确保各项主要指标增幅较全省提高2个百分点，较全市提高1个百分点。在此基础上，力争地区生产总值200.5亿元，增长18%；规模以上工业增加值160亿元，增长26.5%；固定资产投资145亿元，增长26%；社会消费品零售总额36.9亿元，增长18%；服务业增加值44亿元，增长12%；财政总收入36.3亿元，增长18%；一般预算收入6.99亿元，增长18%；城镇居民人均可支配收入30012元，增长15%；农民人均纯收入13291元，增长20%。

三、2013年政府工作重点

（一）坚持以项目建设推进工业新型化，努力建设实力郊区。一是一切工作项目化。明确工作任务，力争完成项目储备1300亿元，项目签约550亿元，项目落地420亿元，项目开工210亿元，项目建设157亿元，项目投产143亿元。明确工作重点，续建项目重点抓推进，新建项目重点抓开工，储备项目重点抓签约落地，竣工项目重点抓投产运行，投产项目重点抓管理和效益，招商引资重点抓环境和作风。明确工作方法，用制度规范行为，按制度推进项目，靠制度激励干部，明确“四个一”要求，一切工作项目化，项目推进制度化，确保项目推进任务圆满完成。二是招商引资全民化。广泛开展招商引资，认真落实招商引资优惠政策和奖励政策，提高洽谈成功率、项目履约率和资金到位率。抓好项目库建设，围绕资源精深加工、发展循环经济、延长产业链条以及新兴产业等方面，储备一批有规模、上档次、后劲足、竞争力强的项目，保证招商引资上项目的质量和效益。搭建银企对接平台，加强与金融机构的沟通联系，解决企业融资难题。畅通引才、引智、引资、引企的渠道。三是传统产业新型化。进一步加大煤炭、焦炭、冶金、电力、化工、建材六大传统产业的改造提升力度，实现循环发展、清洁发展、绿色发展、低碳发展。继续抓好首钢长钢1000万吨钢、漳电2×1000兆瓦超超临界发电机组、霍家沟2×300兆瓦煤矸石发电机组等重点项目建设，突出抓好吉安、吉祥2座矿井的建设进度，努力打造全省最大的钢铁生产基地和全国发电装机容量第一县（区）。实施品牌强区战略，提升市场竞争力，推动传统产业转型发展。四是新兴产业园区化。立足新型钢铁和电力、新能源和新材料、现代农业和特色旅游“三大基地”建设，着力打造新兴产业园区。充分发挥郊区交通畅达、环城近市、邻矿靠企的优势，积极发展商贸、交通运输和现代物流、金融服务、房地产、休闲旅游、文化创意等十大三产服务产业，大力兴建商贸物流等现代服务业园区，努力构建具有郊区特色的现代产业体系，力争到“十二五”末，全区新兴产业和三产服务业比重达到30%以上。

（二）坚持工业化与城镇化良性互动，努力建设美丽郊区。一是奋力打造城乡一体化发展新范式。全面推进故县新钢城、漳泽新型工业城和老顶山旅游城“三城”建设和堠北庄、大辛庄两个新镇建设，加快马厂、黄碾两个中心集镇改造步伐，同步推进20个中心大村建设，奋力打造全国城乡一体化发展新范式。深入开展打击违法占地、违法建设专项行动，规范城乡建设秩序。认真做好7条市政道路涉及郊区路段的征迁工作，确保征地拆迁顺利完成。二是进一步完善城乡统筹发展新机制。构建城乡一体的一元化户籍管理模式，进一步完善就业、养老、上学、医疗等配套政策，积极推进农民进城“六变”“四有”工作，使农民与城镇居民享有同等待遇，引导农民向城市和中心集镇集中，让农民真正成为城镇化的建设主体和受益主体,积极完善城乡统筹发展新机制。三是努力提升生态文明建设新水平。坚决打好"三项治理"双月行动攻坚战,城乡环境面貌发生根本性改变。全面引申"生态文明建设百村竞赛活动",大力实施造林绿化、农业调产、城镇建设、卫生整治、环境保护、河道治理"六大工程",不断改善城乡面貌,努力建设生态家园。切实抓好造林绿化工作,突出抓好干果经济林、上党城镇群路网工程郊区段绿化、农田林网建设、村庄绿化提档、乡村道路绿化等建设工程,大力建设省级绿化村庄、市级生态村庄,对全区所有路段进行高标准绿化,通道两侧1000米范围内的农田全部实现林网化。扎实推进节能减排工作,全面加强企业污染治理,大力推广新技术、新工艺,确保废气、废水、烟尘、粉尘等达标排放,促进全区经济社会与资源环境的协调发展。

(三)坚持城镇化与农业现代化相互协调,努力建设富裕郊区。一是做优特色基地。加快农业结构战略性调整,大力发展蔬菜大棚、苗木花卉、中药材、经济林、规模化养殖等农业项目。重点完成漳泽工业园周边以及主要干线道路两侧500米范围内调产任务,建设布局合理、特色鲜明、优势突出的集中连片的特色农业基地。二是做大农业园区。巩固提升现有农业园区,大力发展新型农业园区,重点建设6个千亩以上规模的现代农业产业园区,以设施农业为基础,以都市农业为重点,以旅游观光农业为突破,以休闲农业为亮点,打造城郊特色农业新品牌。三是做强龙头企业。以现有的35家农业产业化龙头企业为依托,围绕创建特色农产品品牌,进一步加大扶持力度,支持龙头企业做强做大,努力在标准化生产、规模化养殖、精细化加工、品牌化包装、延伸产业链、提高附加值上下功夫,打造一批全省乃至全国知名农业龙头企业,整体提升郊区农副产品知名度和竞争力。四是做实惠农举措。扶持扶强农民专业合作组织和家庭农场,争取到年底村村都建设一个高标准的家庭农场。落实好农民增收措施,不断增加农民的经营性收入、工资性收入、财产性收入、转移性收入。

(四)坚持文化与旅游产业共同发展,努力建设文化郊区。一是深化文化体制改革。积极创新文化管理和服务形式。文化馆、图书馆等公益性文化单位要创新运行机制和管理体制,促进文化资源和要素的合理流动,提高公共服务水平。加强文化市场综合执法队伍建设,建立统一、开放、竞争、有序的现代文化市场体系。二是加快发展文化旅游产业。加快文化产业与旅游、科技、体育的有机融合和集群发展,构建创意设计、传媒传播、休闲旅游等互动文化产业体系。尽快完成全区旅游发展总体规划,初步形成具有郊区特色的文化旅游产业新格局。扎实做好《郊区文化丛书》编纂工作,全力推进申报省级、国家级文化遗产工作,发展壮大民间手工艺品生产。三是完善公共文化服务体系。加大对公共文化设施的投入力度,继续实施农村"文化低保"工程,充分发挥农家书屋的作用,开展文化科技卫生"三下乡"、科技文化法律卫生"四进社区"等活动,不断保障和满足群众的精神文化需求。加大国家公共文化服务体系示范区创建力度,深入开展精神文明创建活动,不断巩固创建成果。

(五)坚持把改善民生作为第一责任,努力建设幸福郊区。一是推动教育均衡发展。切实加大教育投入,启动职教中心的规划和建设,加大幼儿园改扩建力度,加强师资队伍建设,不断优化学校布局,合理配置教育资源,实现各类教育统筹协调发展,全面提高教育教学质量。二是健全卫生服务网络。提高村级卫生所和社区卫生服务站建设水平。引进优质医疗资源,提升医疗服务水平。健全卫生监督体系、重大疾病防控体系、妇幼保健网络和突发公共卫生事件应急机制,巩固扩大新型农村合作医疗和城市基本医疗保险覆盖面,提高群众受益率,努力实现人人享有均等的基本医疗卫生服务目标。高度重视人口计生工作,稳定低生育水平。三是创优就业创业环境。不断健全完善城乡就业创业服务体系,积极扩大社会就业,多渠道开发就业岗位,重点帮助农村贫困家庭、失地农民就业;大力开展职业技能培训,积极扶持小微企业,鼓励自主创业,以发展促进就业,以创业带动就业。四是完善社会保障机制。进一步提高城乡低保和医保补助标准,完善社会救助体系,支持发展社会福利和慈善事业,不断扩大社会保障覆盖面。支持实施基本公共卫生服务项目和重大传染病防治,加大城乡医疗救助投入力度。坚持完善住房保障各项管理制度,努力完成保障房建设任务。

(六)坚持安全为天,创新社会管理,努力建设和谐郊区。一是积极创新社会管理。建立完善重大决策社会风险评估机制,畅通和规范群众诉求表达、利益协调、权益保障渠道,健全基层社会管理和服务体系。加强和改进信访工作,完善矛盾调处机制,有效化解社会矛盾。认真落实群众路线教育实践活动。推进社会治安防控体系建设,加强社会治安综合治理,严厉打击各类违法犯罪活动,提升社会管理能力。健全突发事件应急管理机制,有效预防和处置各类突发事件。二是高度重视安全生产。严格落实政府的监管责任和企业的主体责任。在企业全面实施标准化生产、科学化管理的一系列制度,强制推行"手指口述""双指双述"管理办法。突出抓好煤矿、非煤矿山、危险化学品、特种设备、建筑施工、护林防火、学校安全、道路交通等重点行业领域和涉及人民健康的食品、药品等重点产品的监管。

(七)坚持改革开放,破解发展瓶颈,努力建设活力郊区。一是抓住综改机遇先行先试。制定实施转型综改的具体方案和行动计划,坚持先行先试,用足用活政策,加速破解制约经济发展的瓶颈。创新土地管理机制,力保重点项目和民生工程及时落地。加强区级融资平台和信用担保体系建设,进一步推动银企合作。积极引导民间资本投入新兴产业和城乡基础设施建设。研究制定引进高新技术和高端人才的优惠政策,积极引进创新型人才,大力推进博士工作站建设。抓好转型综改标杆项目建设,争取更多更好的政策支持。二是着力深化各项改革。深入推进事业单位人事、收入分配等配套改革。深入推进集体林权制度改革,建立公益林补偿机制。全面推行国库集中支付改革,强化部门预算、政府采购和政府投资项目建设管理。扎实推进投融资体制、公立医院体制、文化体制等方面的改革。大力加强科技创新能力建设，广泛引进、应用、推广各种新技术、新工艺，不断提高科技对发展的贡献率。三是全力推进对外开放。拓展开放的领域和空间，创优发展的软环境和硬环境，瞄准世界500强和国内500强大企业、大集团，主动出击，寻求战略性合作，促进郊区外向型经济发展。

延伸抓循环为路径　转型上高端为方向

潞城市市委书记　**唐立浩**

循环经济是当今世界经济体系中出现的将经济发展与环境保护融为一体的新的经济发展形态，其本质特征是减量化、再利用和资源化。习近平总书记在党的“十八大”报告中指出：“坚持节约资源和保护环境的基本国策，坚持节约优先、保护优先、自然恢复为主的方针，着力推进绿色发展、循环发展、低碳发展，形成节约资源和保护环境的空间格局、产业结构、生产方式、生活方式，从源头上扭转生态环境恶化趋势，为人民创造良好生产生活环境。”省委书记袁纯清在省第十次党代会上的报告中指出：“把循环经济作为工业新型化的基本路径，在提高产业集中度的基础上，建立循环经济激励机制，使循环经济成为我省产业的基本模式，推动企业、园区、产业、社会循环发展。”中央和省委对发展循环经济的认识提高到了前所未有的高度，发展循环经济成为加快转变经济发展方式的重要举措。

潞城是全省十大产焦县（市）之一，焦炭产能800万吨，焦化产业对财政的贡献最高时达到50%以上。但潞城煤炭资源匮乏，产能仅有180万吨。由于近年来煤炭价格大幅上涨，钢材价格持续低迷，焦化产业两头在外、两头受挤；加之焦化行业集中度低、科技含量低、产业链短、抗市场风险能力弱，在金融危机的冲击下，到2010年焦化企业举步维艰，大部分停产、限产，焦化产业对财政的贡献率降至11.8%，陷入“因焦而兴、为焦而困”的境地。潞城作为资源依赖型城市，面临着巨大的资源、环境和生态压力，加快产业转型、发展循环经济具有战略性、全局性、根本性意义。

一、以建设全国一流的现代煤化工循环经济集聚区为重点，大力推进生产领域循环经济发展

省委书记袁纯清7·29重要讲话中提出了“以煤为基、多元发展”的转型跨越发展思路。长治市委十届五次全会提出打造全国一流的现代煤化工循环经济、先进装备制造、新能源新材料、休闲旅游度假、特色农产品生产加工“五大产业集聚区”的产业转型目标，潞城市认真贯彻落实省委、长治市委精神，结合市情，提出并完善了“引申实施三三战略（即突出抓好招商引资引智、项目建设和党的建设三项重点工作，在建设省级资源型经济转型综改试点市、全国一流的煤化工循环经济集聚区和长治一流的现代服务业集聚区三个方面取得重大突破），强力推进六化建设（即工业新型化、农业现代化、市域城镇化、城乡生态化、文化特色化、社会和谐化），以立志大干的决心和先行先试的勇气加速冲刺全省二十强”的总体工作思路，确定了建设“全国一流的现代煤化工循环经济集聚区和长治一流的现代服务业集聚区”的产业转型发展定位。围绕建设全国一流的现代煤化工循环经济集聚区，潞城市以延伸抓循环为路径，以转型上高端为方向，改造提升传统产业，大力培育新兴产业，逐步建立了企业间的小循环、园区间的中循环、社会的大循环的循环经济发展模式，努力促进经济转型发展。

*不断优化产业布局。*潞城市按照“布局集中、产业集聚、土地集约、生态环保”的原则，引导企业向园区集聚，项目向园区集中，努力形成上下游紧密衔接、配套发展的产业链，加快推进产业集约化、循环化发展。聘请中国石油和化学工业规划院编制煤化工循环经济集聚区产业发展规划，形成“一区四园”煤化工产业布局：一区即全国一流的现代煤化工循环经济集聚区，四园即潞宝园区、潞安园区、天脊园区、史回园区。聘请同济大学规划设计院编制城南新区规划，重点发展总部经济、楼宇经济、现代物流、金融服务、商贸会展、高端地产、餐饮服务等现代服务业。同时，还规划建设了翟店高新技术园区和史回建材循环产业园区。通过对产业的科学规划和合理布局，提升了产业的集中度、增强产业的关联度，最大限度实现了资源节约高效利用、高碳产业低碳发展、黑色资源绿色发展。

*积极搭建承载平台。*潞城市于2011年被确定为长治市唯一的省级转型综改试点市。2013年又被确定为全省扩权强县试点市。抢抓这一大好机遇，积极

搭建园区承载、技术支撑、信息共享、金融服务、土地收储等平台，从政策、资金、土地、技术、人才等方面，大力扶持循环经济项目建设和循环经济技术开发，做到了政策优先倾斜、要素优先供给、服务优先保障，为循环经济发展开辟绿色通道。围绕土地管理制度改革，开展城乡建设用地增减挂钩、工矿废弃地复垦利用、集体土地预征收等7项试点工作，配套制定了《城乡建设用地增减挂钩搬迁村补偿安置办法》《工矿废弃地复垦资金管理办法》《项目用地前置初审办法》等9项措施，确保循环经济产业项目建设用地。围绕金融创新和改革，建立政银企合作长效机制，实现政府、金融机构与企业之间的网络信息沟通和项目对接，率先在全省实施高风险农村信用联社改制，创造了信用联社改制的典范，引进社会股金15亿元成立农村商业银行。深入开展引进金融机构，加强金融产品创新，完善金融信息平台，筹建村镇银行，探索利用私募基金等5项重点工作，为循环经济产业发展提供了资金保障。引进民间资本新成立2家小额贷款公司，已上报省相关部门待批。在人才和技术创新方面，围绕发展循环经济，大力引进各方面的领军人才，先后建立了潞宝煤化工、卓越水泥、北航无人机3个博士后工作站，为潞城发展循环经济奠定了人才和技术基础。

大力延伸产业链条。潞城市围绕建设全国一流的现代煤化工循环经济集聚区的目标，依托潞宝、天脊、天潞、史回四大园区，逐步构筑了从源头到终端相互衔接、相互贯通的垂直一体化产业链，在现代煤化工循环经济发展上取得了重大突破。通过规划建设四大煤化工(物流)园区，实现企业间、园区间物质、能量和信息的集成，形成产业间的代谢和共生耦合关系，形成经济发展和生态保护的良性循环，潞城市煤化工循环经济发展迈出了坚实的步伐。

推进资源循环利用。加快推进工业生产的生态化、清洁化、循环化，支持王曲电厂积极筹划二期2×66万千瓦发电机组项目建设，加快改进生产工艺，既可充分利用潞城丰富的煤矸石资源为原料，且发电产生的脱硫石膏和粉煤灰又为发展水泥建材产业提供了充足原料，同时可充分利用电厂的余热实施热电联产，满足城市集中供热需求。潞城市卓越公司与武汉理工大学合作组建建材研发中心，推广运用节能新工艺新技术，新建一条4000吨/日熟料新型干法水泥生产线投产达效，利用新工艺用钢厂的钢渣代替铁矿石，用电厂的脱硫石膏代替天然石膏，水泥制备采用粉煤灰做混合材，将电厂脱硫石膏、粉煤灰和钢厂废渣吃干榨净，年综合利用工业废渣达200万吨以上，能耗下降45%。泰山石膏公司利用脱硫石膏为原料，建设纸面石膏板，既降低了生产成本，又减少了废弃物排放。

积极培育高科技产业。大力发展高科技产业，开工建设了航空航天高科技产业园、大唐余热余压综合利用、盈德2.1万立方米制氧、洺瑞旋流电解再生资源等14个高科技项目。航空航天高科技产业园项目是潞城市与北京铱格斯曼航空科技公司合作建设的高科技项目，该项目总投资20亿元，以发展平流层飞艇、氢能源无人机、太阳能无人机、无人直升机等国家级高新技术项目为主导，带动与航空航天相关的零部件加工、新能源、新材料、电子信息、教育培训、现代服务业等产业协调发展，项目建成后对潞城产业转型升级有十分重要的意义。2012年潞城市新兴产业投资完成38亿元，增长35.7%，占工业总投资的57.9%；新兴产业增加值完成16.5亿元，增长14.8%，占工业增加值的22.7%。

发展壮大现代服务业。以建设长治市次中心城市为定位，坚持把发展现代服务业作为产业转型发展的方向，依托10千米长潞城际线规划建设长治一流的现代服务业集聚区，重点发展现代服务业。已吸引汽车大世界、家电大世界、养老服务中心等11个现代服务业项目落地开工。新兴产业和现代服务业的占比率逐步提高。

二、以建设资源节约型和环境友好型社会为目标，大力推进社会领域循环经济发展

循环经济不仅是一场深刻的产业革命，更是一场深刻的社会变革，不仅要求企业节能降耗、延伸产业链、开展废物综合利用，更重要的是要将循环经济模式贯穿于经济社会发展的各个领域、各个环节，建设资源节约型和环境友好型社会。一是积极发展废旧资源回收再利用产业。二是在煤炭、焦炭、冶金、化工、电力、建材等高耗能行业实施十大节能工程。三是在市区大力实施管道煤气、集中供热扩容改造工程，节约能源降低污染，加快启动天然气管网置换，满足优质环保能源需求。四是在农村积极推广太阳能、沼气等新能源，大力改善农村居民生活环境。五是着力推进以城乡环境综合整治、饮用水源保护、垃圾及污水集中处理、水土流失综合治理、土壤污染防治为重点的城乡生态环境建设，大力实施蓝天碧水工程，加快辛安泉水源地生态修复和浊漳河流域综合治理。六是积极引导广大市民树立低碳生活理念，节约资源，减少排放，在全社会营造可持续发展的良好氛围。

三、以《循环经济促进法》为指导，大力构建发展循环经济的体制机制

一是加强法治保障。认真贯彻落实《循环经济促进法》，通过严格执法规范政府、企业、公众的行为，大力推动循环经济发展。二是加强政策推动。制定和完善税收、土地、融资等优惠政策，以及环保技术、环保市场管理办法和循环经济公众参与机制，给予符合循环经济要求的生产者及其技术和产品以最大的政策支持。三是加强资金扶持。对循环经济技术开发、产业示范项目，给予资金补助、贷款贴息等方式支持，引导各类金融机构给予信贷支持。四是加强机制激励。抓好利益导向，建立激励机制，对发展循环经济的企业大力表彰奖励；引入市场机制，用好价格杠杆，探索实行“阶梯水价”“阶梯电价”和“阶梯热价”等制度，抑制和调节资源消耗。

发展循环经济是战略选择和必然之路。潞城市一定认真贯彻落实中央和省委发展循环经济的精神，进一步更新发展理念，转变发展方式，立志大干，加速快跑，在全省率先闯出一条资源型地区绿色发展、清洁发展、低碳发展、循环发展的转型发展之路。

加快老区脱贫步伐　全面建成小康社会

武乡县县长　阎新平

2012年，武乡县深入贯彻落实科学发展观，坚持"三个建设"引领，"五项措施"保障，全力以赴推进脱贫翻番和转型跨越，经济社会保持了平稳较快发展势头。

2013年是全面贯彻落实党的"十八大"精神开局之年，是深入实施"十二五"规划攻坚之年，是办好"两件大事"、全面建成小康社会奠定坚实基础的一年。必须清醒认识困难和挑战，准确把握经济大势，切实增强拼搏意识，负重爬坡，攻坚克难，努力取得工作新成绩。

一、2013年政府工作的总体要求

全面贯彻落实党的"十八大"精神，深入实施"一三三"发展战略，坚持"三个建设"不动摇，坚定"三个资源"一起抓，改进工作作风，强化招商引资，狠抓项目落地，进一步振奋精神、合力攻坚，率先走出一条革命老区、贫困地区脱贫翻番、全面建成小康社会的新路子。

二、2013年经济社会发展主要预期目标

地区生产总值74.6亿元，增长13%；财政总收入15.96亿元，增长18%；一般预算收入5.58亿元，增长10.8%；固定资产投资49亿元，增长25%；社会消费品零售总额10.2亿元，增长18%；城镇居民人均可支配收入18398元，增长17%；农民人均纯收入5374元，增长19.6%；新增城镇就业岗位1400个，城镇登记失业率控制在3%以内；居民消费价格总水平涨幅控制在3.5%左右。

三、2013年政府工作重点

(一)促进农民增收，夯实"两件大事"基础。一是大力发展现代农业。集中力量培育发展"一县一业、一村一品"，加大生猪、肉鸡、羔羊养殖等主导产业扶持力度，重点抓好100万头生猪生态养殖加工项目建设；4000万只/年肉鸡养殖及屠宰加工项目一期全面投产，建成6个肉鸡养殖基地；山西多维百万只太行黑头羔羊生态养殖综合项目完成一期5000头种羊基地建设。培育销售收入超亿元的大型农产品龙头企业2个，龙头企业销售收入增长20%以上，农产品加工转化率达到40%以上。积极推进无公害农产品、绿色食品、有机食品和地理标志产品认证工作，加大农产品加工企业的整合力度。大力发展"一村一品"，建成68个专业村。推广订单农业、技术承包、股份制开发、科研院所嫁接等生产经营模式，重点扶持培育一批农民专业合作社、种养大户、农民经纪人、家庭农场主，建成示范合作社省级4家、市级5家、县级16家。二是多渠道增加农民收入。继续加大农业补贴力度，严格兑现国家、省、市相关政策和县已出台的养殖业补贴、经济林种植补贴，以及农业龙头企业、农民专业合作社等以奖代助政策，尽快制定家庭农场、专业大户和农民经纪人等专业新型经营主体发展扶持政策。深入挖掘农业内部增收潜力，加快传统种养业结构调整，努力增加农民经营性收入。鼓励农民进行土地流转、房产租赁、农机服务等，促进农民财产性收入增长。加大农村劳动力转移力度，鼓励农民积极发展农产品加工、交通运输、乡村旅游、农家乐等二、三产业，吸附转移8000人就业，增加农民工资性收入。三是加强农业基础设施建设。加强农田水利基本建设。加强农村集中供水工程管理，完成8个乡镇17个自然村5000人的农村饮水安全工程建设任务。加大农田改造力度，实施机械化保护性耕作工程，提升现代农机装备水平。开展土地开发整治工作，实施4个土地开发项目。推广秸秆还田等培肥技术，不断提高农业综合生产能力。四是持续推进新一轮扶贫开发。瞄准年均收入在2300元以下的贫困人口，加大投入，突出重点，整合力量，加快脱贫翻番步伐。重点抓好片区开发，在8个乡镇实施片区开发核桃经济林建设项目；在县城和中心镇规划建设移民新区和产业园区，分期分批实施易地扶贫搬迁，将移民户向大县城、重点镇、中心村集中，年内完成搬迁1000人；完成劳动力转移培训560人次，整村推进18个村。把产业开发作为主攻方向，坚持"四化"一体推进，发挥国有大企业和民营资本的带动作用，对土地集中开发，产业集中扶持，年内实现稳定脱贫9000人。

(二)扭住"三个建设"，加快推动产业转型升级。一是大力发展现代新型工业。坚持传统产业改造提升和新兴产业培育发展"两条腿"走路，把循环经济深化到煤、电、镁、焦和新型建材各个领域。加快推进煤矿技改扩建进度，加大循环经济推进力度，集中力量培育发展新兴战略产业，提高新兴产业在工业增加值中的比重。工业企业在生产、管理、销售、研发和安全等环节，要加快信息化工程建设，推进工业化和信息化深度融合。二是着力提高园区承载力。抓好蟠洪、和信两个循环工业园区建设，完善供水、供电、通讯、绿化、亮化等配套设施，提高园区承载能力。蟠洪工业园区年内完成工业大道二期4千米建设任务，争取新入驻企业2户，对现有的企业进行整合、优化、提升，推进产业集约化、集群化、循环化发展。和信工业园区年内完成《产业规划》评审，积极推进武乡西山发电公司二期2×100万千瓦机组项目，力争列入全省煤电一体化规划。加大资源综合利用力度，力争年内上马1个粉煤灰综合利用项目，提高园区循环经济水平。三是大力扶持中小微企业发展。落实《关于大力发展中小微型企业的实施意见》，加大资金争取力度，用好、用活中小微企业发展资金，扶持企业115家，新发展企业50家。拓展中小微企业"助保贷"业务，2013年累计投放贷款1亿元以上。各金融企业要制定扶持中小微企业放贷计划。实施"品牌兴县"战略，年内申报5个省级著名商标。积极引导有条件的企业按照上市融资的要求进行股份制改制，争取1～2家企业用3～4年时间在主板、中小板或创业板上市。四是持续扩张文化旅游业。做强做精"两园一剧"，进一步完善服务项目和功能。完善重点景区餐饮、住宿、通讯、卫生等配套服务功能，重点建设游客接待中心，配套完善停车场等硬件设施。深入开展农家乐星级管理，提高服务能力和水平。五是全面发展商贸物流业。抓紧做好《武乡县千亩物流园区规划》和《武乡县城市商业网点规划》，搭建武乡现代商贸物流产业发展大平台。积极引进义乌大型商贸物流企业，重点抓好仓储中心、电子商务中心建设及市场和商户培育工作。加强与义乌妇联协作，开展来料加工，年内争取开工建设三个试点基地，逐步形成前店后厂的生产经营模式。

(三)加快项目投资建设，增强经济发展后劲。一要推进"六位一体"工作机制。确定项目储备850亿元、签约200亿元、落地100.3亿元、开工118亿元、建设56亿元、投产56亿元。更加注重项目建设、投产、达效，确保2012年开工项目有50%建成，2013年开工项目有50%主体完工。实施重点建设项目46个，其中，新建31个，续建15个，总投资354亿元。2013年计划完成投资37.6亿元，有24个要建成投产。确定的县财政投资项目16个，前半年要全部开工，年内11个建成。二要切实强化项目推进措施。实行部门包联对口推进责任制，建立重大项目绿色通道制，对项目建设中的重大事项，实行3个24小时办理工作机制。协调解决项目推进中出现的问题，促进项目有序储备、及时签约、早日落地、尽快开工、顺利推进、按期投产。要大力推行重点工程"六位一体"综合考评机制。三要全力加大招商引资力度。提高项目储备质量，着力引进一批战略投资项目。全年亿元以上签约项目达到15个，落地项目达到10个。

(四)加快城镇化建设，统筹城乡发展。一要加大县城基础设施建设力度。深入推进"大县城"扩容提质战略，在旧城改造上下功夫。继续完善城建续建项目，完成丰州路改造、滨河路建设等城建续建工程，重点搞好县城热电联产集中供热项目，加快推进棚户区改造项目，加快推进城中村改造步伐，县城供水设施扩建工程年内竣工投用，规范县城规划建设秩序。加强与农发行合作，落实贷款1亿元，完成土地预收储工作，做好县城新区开发前期准备。积极筹备县城新区部分工程项目建设，进一步完善市政道路、水、电、气、暖等基础设施，规划建设一批标志性建筑。二要积极推进城乡统筹。不断完善城乡一体化发展中大县城、中心镇、重点村"一体两翼"格局。加快县城交通、供水、市政公共设施、公共服务和生态建设等向农村延伸，进一步放宽县城及五大镇落户条件，打破城乡户籍制度壁垒，促进符合条件的农业转移人口在城镇落户，完善就业、养老、上学、医疗等各项配套政策。搞好47个重点村新农村建设，增加投入、健全养管机构，加强养护管理，巩固"村村通""街巷硬化"成果。加大农村田间路的拓宽整治，进一步改善农村生产生活条件，完成农村街巷亮化工程建设。三要提高城镇综合承载力。积极争取项目，筹措资金，引导和扶持4个中心集镇实施居住、服务、商贸、加工、仓储等基础设施建设，逐步实现基本公共服务覆盖城镇常住人口，提升镇区吸纳农村剩余劳动力和为农业产业化、工业新型化提供服务的能力，2013年4个中心集镇镇区总人口要达到2.6万人。全县新增城镇人口4000人，城镇化率提高2个百分点以上。

(五)建设文化强县，提升软实力和竞争力。(1)培育壮大文化产业。全面实施"两区一园"项目。鼓励文化精品创作。积极组建"红星杨"艺术团。深入推动文化与旅游、体育、科技的深度融合和集群发展，提升武乡老区文化竞争力。(2)大力发展文化事业。尽快完成县级文化馆、图书馆、新闻综合大楼选址建设。提升乡镇综合文化站和村文体活动室服务功能，积极开展农村电影放映和送书送戏下乡等惠民工程。加强非物质文化遗产传承和保护，深入挖掘和发扬以石勒文化为代表的武乡地方文化，塑造具有本土特色的文化活动品牌。(3)加强精神文明建设。践行社会主义核心价值观，大力弘扬太行精神、长治精神和"一争天下无难事"的武乡精神，加强思想道德建设。引申精神文明创建活动，深入开展文明单位、文明村镇、文明社区等创建活动，努力提高城乡居民的文明素质和文化品位。

(六)全面发展社会事业，保障和改善民生。一要优先发展教育事业。推进城乡教育均衡化发展，强力推进农村薄弱学校改造工程及义务教育学校标准化建设项目，增加高中录取乡镇初中毕业生指标，积极推动普通高中多样化发展，巩固和提升职中联合办学成果。加强学校安全工作，优化教育发展环境。二要大力发展医疗卫生事业。积极推进县级医院综合配套改革，进一步深化医疗合作模式，带动全县医疗水平的快速提升。继续推进国家基本药物制度，严格执行新一轮基本药物省级集中采购。推进重大公共卫生服务项目建设，认真做好新农合政策调整，扩大特殊病种补偿和重大疾病保障范围。探索推行新农合支付方式改革。稳步推进卫生技术人才招录引进工作。加快基础设施建设。加强人口计生工作，全力以赴完成省级计划生育优质服务先进县创建目标。三要统筹做好社会保障工作。坚持稳基固本、提标扩面，城镇职工基本“五险”参保率达到95%以上，城乡居民基础养老金每月再提高10元，企业退休人员养老金提高10%，城乡最低生活保障标准每人每月提高30元和24元。社会福利服务中心老年公寓楼开工建设。加快建立跨部门、多层次、信息共享的救助申请家庭经济状况核对机制。积极开展六类重特大疾病医疗救助试点，完善医疗救助即时结报系统。建立临时救助长效机制。加强县、乡、村三级自然灾害预案应急体系建设，完善灾害应急响应机制。四要加快推进保障性住房建设。完善基本住房保障措施。切实改善城乡居民住房条件，新开工建设经济适用房、廉租房、公租房975套，实施1100户农村危房改造工程。确保保障性安居工程质量和施工安全。进一步规范保障性住房分配管理工作。

（七）加强社会管理，营造安全稳定发展环境。(1)全力守好安全底线，严格落实政府和企业两个主体责任，深入开展安全生产专项整治，加强隐患排查治理，突出抓好煤矿、非煤矿山、危化品、道路交通、森林防火等安全工作。建立市、县、企三级安全生产在线监控系统。全面推行“专家会诊、企业整改、政府督查”的专业化隐患排查治理长效机制。将煤矿安全生产作为重中之重，严厉查处各类安全生产违法行为，坚决杜绝重特大安全事故，遏制较大事故，减少一般事故。(2)加强和创新社会管理。加强网络舆情管理和突发事件应急管理，切实解决事关群众切身利益的重大问题。切实推进城乡社区网格化管理，完善社会治安防控和公共安全体系，建设“数字武乡”。深入开展社会矛盾纠纷排查化解，维护社会公平正义。加强农产品监测，确保农产品质量安全。强化食品药品安全监管。大力开展爱国卫生运动，创优生产生活环境。

（八）推进生态文明建设，努力打造美丽武乡。(1)抓好节能降耗。进一步规范固定资产投资项目的节能评估审查工作，强化节能监测和执法力度。在建筑领域积极推广使用新型建材、新兴能源，切实提高建筑节能水平。抓好西山发电、任兴镁业、晋王镁业三个重点能耗企业节能审计，切实提高粉煤灰、煤矸石、脱硫石膏等工业固废综合利用能力，完成市政府下达的综合利用率65%的目标。(2)狠抓治污减排。完善蟠龙、洪水、韩北3个污水处理厂建设任务。积极推广沼气利用。加快县城污水收集管网建设。完成县城生活垃圾卫生填埋场建设。实施19个行政村环境连片整治工程。全面完成武乡西山发电有限公司烟气、脱硫设施升级改造和烟气脱硝工程建设。对焦化、水泥、建材、金属镁等行业进行烟气治理，在全县煤炭企业技改中做好储煤筒仓、锅(茶)炉燃煤改燃气等建设。完善减排指标考核体系。(3)搞好植树造林和生态治理工作。继续实施山上固本和身边增绿两大工程，完成营造林4000公顷，封山育林433公顷，绿化高速、国省道及乡村公路160千米，森林覆盖率提高1个百分点。大力开展生态村创建活动，创建20个园林村庄。全面实施水保生态建设。加大地质灾害治理力度。

（九）坚持改革开放，增强发展的动力和活力。(1)积极推进各项改革。加快企业改制步伐。扎实推进行政审批制度改革。创新用地机制，加速周转指标循环使用。合理引导农民以转包、出租、互换、转让、股份合作等形式流转土地承包经营权。积极探索农村集体产权制度改革，让农民享有按股分红的权益。(2)持续扩大对外开放。加强与周边地区及国内、省内大型企业的战略性合作。积极参加各类招商引资洽谈会和交易会，争取引进更多的大企业、大集团来武乡投资兴业。努力发展外向型经济，促进县内企业对外交流，依托中国五矿轻金属新材料产业集群项目，力争出口取得实质性突破。(3)全面深化金融创新。全面推进“四位一体”信用体系建设，推行“农金村办”行政村金融服务模式，延伸农村金融服务，拓宽“三农”融资渠道。积极开展县域城镇化基金试点工作。促进财信担保公司与金融机构、邮储银行与中小企业信用对接，加大对“三农”和中小微企业贷款的担保力度。完成农村信用合作联社股份制改制。(4)推动科技人才创新。加强与国家重点院校、科研院所的合作，进一步完善省农科院、山西农大合作建立的博士工作站。加大对中小微型企业技术创新的支持力度。继续加大财政投入，对科技投入要占到财政支出的1%以上。设立人才发展专项资金，制定高层次人才引进管理办法，大力实施企业家能力提升和学术技术带头人培养“两大工程”。

切实抓好转型发展“六条路径”加快实现富民强县崛起之梦

沁县县长　王现敏

2012 年，沁县人民扎实工作，攻坚克难，全县各项工作整体平稳推进，呈现出争先晋位的良好局面。

一、2013 年经济社会发展的主要任务

全面贯彻市委十届五次全会“实施五五战略，加快转型跨越，率先在全省全面建成小康社会”的会议精神，以非常之举，下非常之功，尽非常之力，用足政策，尽快对接，有所作为，加速快跑，实现沁县富民强县的崛起之梦。

二、2013 年经济社会发展的预期目标

地区生产总值增长 11%，达到 16.7 亿元；固定资产投资增长 24%，达到 36 亿元；财政总收入增长 13%，达到 1.48 亿元；社会消费品零售总额增长 16%，达到 7.68 亿元；城镇居民人均可支配收入增长 13%，达到 14530 元；农民人均纯收入增长 18%，达到 4530 元；粮食总产量达到 17.5 万吨，增长 2.6%。人口自然增长率控制在 6‰以下。项目建设“六位一体”任务为：储备 550 亿元，签约 60 亿元，落地 60 亿元，建设 45 亿元，开工 33 亿元，投产 56 亿元。

三、2013 年政府重点工作

（一）以“六条路径”为抓手，扎实推进产业发展和项目建设。1. 以高端农业为引领，打造全国有机食品基地。一要扩基地。调整农业种植结构，围绕沁州黄谷子、设施蔬菜、核桃、小杂粮、中药材、畜禽“六大板块”，科学规划产业布局，扩大种植养殖规模，推行农业标准化生产模式。二要壮龙头。制定完善农产品加工龙头企业扶持政策，积极扶持沁州黄小米、潞宝金和生、沁州绿等龙头企业做大做强，扶持海洲兔业、檀山皇、葆源农牧、万里香食品等企业发展壮大。通过培育壮大龙头企业，提升产品附加值，逐步扩大市场份额，使全县农副产品加工转化率达到 20% 以上。三要创品牌。加大对特色优势农产品的宣传、包装和推介力度，保护利用好沁州黄、唯思可达两大中国驰名商标，对现有的“小、弱、散”品牌进行有效整合，增强农业产品市场竞争力。探索建立农产品品牌创新信息平台，鼓励科研组织和高端人才以技术入股形式参与品牌化经营。重点培育一批省级和国家级知名品牌，整体提升全县农副产品的知名度和竞争力。四要强服务。围绕六大产业板块，健全农业服务体系，打造富民富县的高端农业。依托三微生物五环有机产业博士工作站等研发基地，做好有机产品研发。聘请农大和外县专家，培育优良品种，开展病虫害防治、测土配方、技术培训等工作。五要真扶贫。启动实施万人整村搬迁推进计划，坚持市场化方向、公司化运作，引导大企业进入农村，逐步对 100 人以下山庄窝铺特困村进行整体搬迁。

2. 以新型工业园区为平台，打造循环经济和新能源产业。一要推进园区化发展。尽快完善尧山工业园区、沁州黄农业产业示范园区等现有园区管理机构的设置、报批和组建工作。编制完善园区规划，明确园区的功能定位、产业布局、区域范围，吸引人流、物流、资金流和信息流集聚，向国家级园区发展。研究出台园区服务流程、企业进驻园区的优惠政策。加快完善园区配套性设施建设。加快现有入园企业建设进度，使项目尽快投产见效。二要发展全循环产业。依托尧山工业园区，培育发展循环经济和新能源产业。既要抓大中型企业的引进，也要抓小微型企业的扶持。全方位加强企业之间的产业链对接，推动循环工业和新能源产业向高、精、尖产业链延伸。三要坚持抓高端产业。抓住国企、民企等大企业帮扶贫困县和煤炭企业转型转产的契机，对接一批光伏太阳能、风能、水能、天然气等新能源新材料产业项目，引进一批生物医药、信息网络、装备制造等新兴产业项目。

3. 以优质水源为基础，发展水产业，打造水经济。一要做强矿泉水产业。充分发挥水优势，做好水文章，重点抓好沁园春矿泉水生产项目的投产达效。积极引进娃哈哈、农夫山泉、乐百氏等全国知名水企业生产线产业链项目。加大对沁县矿泉水优势的宣传广告和营销推介。二要推进水产品多元化发展。饮料产业，抓好唯思可达果汁和冬虫夏草饮料项目。立足核桃基地优势，引进核桃露、核桃奶等系列饮品加工企业。酒产业，依托桑葚、高粱、中药材种植基地优势，扩大康禾公司桑果酒生产规模，引进汾酒生产线，开发药酒、保健酒生产项目。醋产业，研发高端醋，走高端市场。三要进行休闲养生旅游综合开发。集聚水资源和生态资源两大优势，对水产业进行整体深层开发，打造以水为主体的运动、休闲、观光、养生、旅游产业。

4. 以开发精品景点、精品线路为载体，打造休闲养生旅游度假胜地。一是注重顶层设计。邀请大家、名家进行策划设计，制定全县旅游产业发展总体规划。二是注重市场运作。坚持谁投资、谁开发、谁受益，采取服务外包、托管经营等形式，把旅游资源推向市场，鼓励支持民营资本、外来资本参与景区经营开发，吸引省内外大型旅游开发集团来投资发展。三是注重联合营销。加强与知名旅游网络媒体的合作，加强与各大旅行社的对接，加强与周边县区的联合，融入全省、全市大旅游圈，主动承接旅游团体，拓展旅游客源市场。四是注重整体开发。丰富旅游产品，完善旅游设施，提升旅游接待能力，具体要实施“一区一节五线十园”旅游开发工程。2013年要加快推进尧舜园现代农业观光园、沁州民俗文化园等12个重点项目。

5. 以整合各类教育资源为重点，打造人才强县。一是规划建设现代教育基地。制定人才引进政策，支持创业创新人才带团队、带项目、带资金来沁县发展和服务。鼓励高校、科研机构、企业相互合作，共建重点实验室、研究基地、高端人才创业园。创新招才引智方式，推行“人才＋项目＋团队”引才模式，引进高层次人才和紧缺型人才，实现人才引进与项目对接、与产业互动。加强各类载体建设，支持高校、科研机构在沁县设立高新技术研发中心、实习实训基地。二是构建多层次人才培养体系。坚持重点培养，提高人才培养的针对性和实效性。坚持整合资源，加快建立覆盖乡镇、社区、企业的职业教育和培训网络。坚持校企对接，深化与高等院校、各类人才培训机构的合作。坚持工学结合，引导企业建立高技能人才带头人制度，改进职业教育办学方式，实现学校培养与企业需求的有效对接。

6. 以山、水、城一体化为特色，打造美丽沁州。城市建设方面：一要规划先行。突出山、水、城一体化特色，优化空间布局，提升发展空间。对县城总体规划进行重新修编，尽快启动控制性详细规划和修建性详细规划编制。二要打造亮点。以大县城建设为重点，加大基础设施和公共服务设施建设力度。规划新建图书馆、文化馆、档案馆等标志性建筑。稳步推进旧城改造，抓好城中村、棚户区改造试点。三要市场运作。对县城规划范围内土地划片开发，公开出让，引进大企业、大集团和民间资本参与城市建设，解决集中供热、垃圾处理等市政工程资金不足的问题。四要城乡一体。在5个重点镇实施“五建设两整治”工程，即市政设施、公共服务设施、公园绿地、中心街市、居住社区建设和镇区景观风貌整治、环境卫生整治。采取企业带动、商贸带动、旅游带动、扶贫搬迁等措施，提升20个中心村建设水平。交通升级方面：着力构建大交通体系，启动实施扩网通达和县乡公路提档升级工程。生态建设方面：坚持环境保护与生态修复并重，全面加强生态功能区建设。探索建立“国家水生态文明城市”试点。抓好千泉湖国家湿地公园湿地保护、恢复、宣教、科研监测工程。继续推进蓝天碧水工程、绿色生态工程、水源地保护综合整治工程、河道治理工程。以创建国家森林城市为抓手，做精做细城市绿化。大力实施造林绿化工程，完成灭荒造林2667公顷。全面实施生态功能区建设和保护行动，抓好水流域综合治理和水源地保护工作。建设美丽乡村，积极创新村级经济发展路径，重点加大基础设施和公益事业的配套建设力度，推进社区化服务，实施村庄整治行动，开展农村生活污水、垃圾污染治理，推广使用沼气、太阳能，推进村庄改水改厕、绿化美化、房屋加固和立面改造，提升农村人居环境。

（二）以为民办实事为根本，着力保障和改善民生。一是教育方面要办3件实事。实施县城幼儿园改扩建工程，启动沁县育英学校扩建项目，完善全县中小学校标准化建设项目。二是就业方面要办3件实事。开展职业技能培训，以创业带动就业，培养“一村一品、一县一业”技能人才380人。新增就业1700人以上，创业带动就业639人，失业人员再就业400人，就业困难人员就业100人。转移农村剩余劳动力3259人。三是社会保障方面要办5件实事。城乡居民基础养老金再提高10元，达到65元。企业退休人员基本养老金提高10%，新农合财政补助标准提高40元，城乡低保保障标准每人每月提高30元、24元，开工建设保障性住房1047套。四是医疗卫生方面要办5件实事。规划实施县人民医院外科大楼、卫生监督所新建工程。完成定昌、故县、册村、郭村等4个乡镇卫生院建设。规范实施10大类、41项基本公共卫生服务项目。巩固完善基本药物制度，实施“药品放心”工程。开展城乡居民免费健康体检。五是文化惠民方面要办5件实事。实施县级公共图书馆、文化馆达标工程。配套完善乡镇（社区）综合文化站设施设备。继续抓好农村电影放映工程。完成农村数字电视整体转换。开展文化科技卫生“三下乡”、科技文化法律卫生“四进社区”等活动。六是新农村建设方面办好5件实事。完成农村困难家庭危房改造1000户，对9个100人以下的贫困村和特困群众实行易地搬迁，209个行政村实施街道亮化，改扩建村级幼儿园8所，实施乡村清洁工程。

打造新能源新材料基地、新城镇新农村典范

襄垣县县长　张志刚

2012年，襄垣县逆势而上、高位谋划、创新发展，牢牢把握科学发展主题，坚持安全与发展两手抓、当前与长远共谋划，重转型、重管理、重民生，全县经济建设和社会各项事业平稳持续发展。

2013年是全面贯彻落实党的"十八大"精神的开局年，是实施"十二五"规划承前启后的关键年，更是襄垣转型跨越发展的攻坚年。

一、2013年政府工作的指导思想

全面贯彻落实党的"十八大"精神，以科学发展观为统领，以新型工业化为主攻方向，以城乡一体化为强力引擎，凝聚五大共识，夯实四项基础，强化六大保障，全力打造中国"新能源新材料基地、新城镇新农村典范"县，为加快建设平安襄垣、创新襄垣、美丽襄垣、幸福襄垣，率先全面建成小康社会而不懈奋斗。

二、2013年全县经济社会发展的主要预期目标

生产总值增长12%，规模以上工业增加值增长15%，全社会固定资产投资增长25%，财政总收入增长24%，城镇居民人均可支配收入增长11%，农民人均纯收入增长13%，社会消费品零售总额增长16%，粮食总产量稳定在15万吨左右。

三、2013年政府工作主要任务

（一）坚定不移打造现代产业体系。一是主攻新型煤化工产业。①构建大园区。建设全国最大的精细煤化工园区，争取列入省级以上区域发展规划。全面实施全县煤化工产业发展规划，同步抓好王桥、富阳两个园区建设。②强抓大项目。加速推进总投资613亿元的八大支柱项目，年内力争完成投资92亿元。③推动大转型。抓好晋平、新发、大平、辉坡、荆宝、永丰6座矿井生产，加快石板沟、石泉、西故县等7座矿井建设，积极做好后备资源申报工作，进一步做实煤炭产业，提高生产效益。以新能源、新材料为发展方向，以煤炭气化一液化一固化为基本链条，以煤制乙二醇、煤制烯烃、煤制天然气和煤制油为主要路径，谋划建设一批新型煤化工产业链延伸项目，不断提高附加值。继续抓好招商选资，努力促进集聚发展，逐步形成新型煤化工产业集群。二是扶持现代特色农业。①培育龙头企业。每个乡镇上马1个龙头企业。指导各乡镇因地制宜，引进或建设1个投资在千万元以上的产业化龙头企业。坚持扶大、扶优、扶强，财政每年拿出3000万元扶持龙头企业，并实行贷款贴息和争创品牌奖励政策。继续扶持东宝薯业、广发禽业、宝达菇业、阎老醋业、山窝窝养殖等企业扩大生产规模，增强带动能力。充分发挥龙头企业的带动引领作用，加快农业产业化进程。②壮大绿色基地。集中连片建设绿色高效农业示范园区。巩固扩大设施蔬菜产业。规划建设14个规模养殖场（区）。种植万亩干果经济林，重点建设以优质核桃为主的西北部干果经济林产业带和以优质核桃、仁用杏等为主的东部山区生态经济兼用林产业带。抓好农业综合生产能力建设，加强中低产田改造，完成万亩机械化保护性耕作和1.3万公顷机械化秸秆还田。③完善服务体系。建立健全农业产业化服务体系，加大培训力度，推广先进技术，提升科技素质。大力发展无公害农产品、绿色食品和有机食品，培育一批具有襄垣特色的优势农产品。依法规范土地流转程序，鼓励承包土地向专业大户、家庭农场和各类合作社流转，促进规模化生产、公司化经营。三是培育战略性新兴产业。积极引进和培植科技含量高、发展潜力大、低碳环保的新兴产业。制定完善优惠政策，建立科技创新服务体系。加快推动科技成果转化。力争新发展高新技术企业10家、申报专利20项，高新技术产业产值提高5个百分点。四是开发文化旅游产业。实施全县文化旅游产业发展规划，完善各重点景区开发详规和控规。加快构建市场化开发机制。积极创作大戏大作大剧，搞好文化旅游品牌宣传推介。推动襄子文化产业园加速建设。五是提升现代服务业。实施服务业提速计划，促进生产服务业集聚化、生活服务业便利化、基础服务业网络化，服务业增加值年内力争提高5个百分点。结合煤化工基地建设，引进国内知名物流企业。积极发展会展经济。支持工业企业主辅业分离，加快培育金融保险、贸易营销、法律咨询、信息科技等服务外包新型业态。

（二）坚定不移构建新型城镇体系。一是坚持规划引领。按照"一城五镇百村"框架，将县城、5个卫星镇和100个中心村作为一个整体，统筹规划、科学布局。

抓好县城总体规划修编和城市功能区规划、控制性详规、修建性详规编制，组织编制镇级规划和中心村规划。二是坚持基础先行。以打造上党北部中心城市为目标，加快大县城建设。实施城际大路网工程。完善县城基础设施，新建和续建保障性住房2400余套，新建深水井及水厂，续建里信110千伏变电站。推进襄江新城开发，抓好历史文化一条街改造。巩固提高绿化、美化、净化水平，不断提升城市功能和品位。加快城中村改造步伐。力争用两年时间新建搬迁安置住房1.2万套，逐步完善路、水、暖、气、电、绿地、通讯等公共基础设施。力争侯堡、夏店、虒亭、西营、下良5个卫星镇基本拉开镇区路网框架。三是坚持政策调动。规范操作，制定完善配套细则，确保有章可循、公开公平；自由选择，保障农民的选择权；加大补贴，鼓励边远山村农民进城入镇；强化保障，加快完善就业、社保、户籍、医疗卫生、子女上学等配套政策，促进农民向城镇有序流动。四是坚持市场运作。强化经营城镇理念，走财政撬动、公司承载、市场配置的城市建设之路。搭建土地收储平台和资金融通平台，利用资本运作和金融创新破解投融资难题。进一步规范土地一级市场管理，千方百计争取建设用地指标，加快规范土地收储流程，积极开展集体土地预收储工作，不断提高土地供应能力。五是坚持规范管理。探索城镇新型社区管理模式。加大城市监管改革力度，建立规范长效管理机制。加强市政公用设施的维护与管理。启动“数字城管”建设。严格控制建筑红线、生态绿线、亲水蓝线、基础设施通道黄线，彻底整治乱搭滥建、占道经营、乱停乱放等问题。全面提升市民素质和文明程度，巩固全国文明县城和国家卫生县城创建成果，努力营造优美整洁有序的城市环境。

（三）坚定不移健全民生服务体系。一要抓好农村路网改造。将28条损毁严重的县乡公路，逐年分批实施改造。年内完成首批6条70千米道路改造任务，力争10月底竣工通车。二要抓好生态环境保护。年内新增绿化面积3467公顷，林木绿化率提高3个百分点。完善全民义务植树机制，降低绿化成本，提高绿化实效。加大污染治理和环境保护力度，狠抓节能减排，强化环境监管。三要抓好水利设施建设。加强水资源开发利用和有效保护，做好小型水库清淤和除险加固工作，力争新增供水能力1850万立方米。四要抓好教育均衡发展。切实加大教育投入。续建完善文华苑教育园区。搞好农村学校布局规划，整合利用农村闲置教育资源。继续推进中小学生营养餐工程，为农村寄宿制学生免费提供午餐。加强中小学校长队伍建设，充实和优化中小学教师队伍。将学前教育和高中教育纳入义务教育范畴，推行15年义务教育。五要抓好医疗保健服务。建立健全与新城镇新农村规划布局相配套的城乡公共医疗卫生服务体系。着力改善基层医疗服务条件。强化人口计生基层基础，搞好流动人口计生服务。大力实施全民健身工程，加快城乡社区体育设施建设。六要抓好社会保障工作。进一步健全城乡社会保障体系，继续扩大养老、医疗、失业、工伤和生育“五险”覆盖面，提高城乡低保对象及“五保户”保障水平，完善困难群体救助制度。制定出台被征地农民养老保险政策。建立城镇居民丧葬补贴制度。新建县社会福利服务中心、老年公寓、残疾人就业康复托养中心等公益性设施。七要抓好就业创业扶持。积极创建全省农村劳动力转移就业示范县，制定完善就业创业扶持政策，统筹做好农村劳动力转移和高校毕业生、城镇困难人员退役军人就业工作。降低劳动密集型小微企业的准入门槛，千方百计扩大就业。八要抓好塌陷（压煤）村搬迁。抓紧制定出台全县采煤塌陷村、压煤村搬迁治理实施方案。对全县所有采煤塌陷村，分批分期进行整体搬迁治理。重点抓好89万平方米塌陷村、压煤村搬迁新居和棚户区改造项目。九要抓好文化科技惠民。全面推进公共文化服务体系建设。抓好文化、科技、卫生“三下乡”和科教、文体、法律、卫生“四进社区”活动。实施“科普惠农兴村计划”，促进农民素质整体提升。十要抓好和谐共建共享。统筹发展各项社会事业，积极推进城乡基本公共服务均等化。

（四）坚定不移建立改革创新体系。一是抢抓政策良机。用足用活省政府首批下放85项管理权限和即将下放109项管理权限，精心打包申报一批项目。二是推进各项改革。加快推进要素市场、资源价格、财税、金融、投资等方面的改革，推动劳动就业、收入分配、社会保障、教育、医疗等方面的改革，建立有利于改变城乡二元结构和促进区域协调发展的体制机制。以产权改革为突破口，积极推进国有企业改革。深化行政审批制度改革，减少审批项目，简化审批程序，缩短审批时限。继续推进农村改革，加快农村集体土地确权登记工作，探索推进村级集体资产股份制改革。三是提升行政效能。推进政府流程再造，提高行政服务效能。加强电子政务及信息化建设。四是优化人才机制。以培养、开发、使用现有人才为主体，尽快培养一批专业技术领导人才、企业经营管理人才和高技能人才。搞好本土实用人才培训。五是壮大民营经济。给予民营经济国民待遇，将民营经济纳入经济运行调度范围和统计分析体系，搭建创业平台，激活民间资本。新发展民营工业企业100户，培育高成长性民营企业30户，民营经济增加值力争实现大幅提升。

（五）坚定不移完善安全保障体系。一要突出抓好煤矿安全生产。强化部门安全监管责任。落实企业安全生产主体责任，加大安全生产投入，提高安全生产水平。加强瓦斯和水患治理，依靠科技力量不断提升矿井防治灾害能力。二要全面强化各项安全工作。引申安全生产领域“打非治违”和隐患排查治理专项行动，切实加强非煤矿山、森林防火、危险化学品、消防、防汛、道路交通、建筑施工、公共聚集场所、中小学校、食品药品等重点行业和领域的安全监管与专项整治，坚决杜绝重特大事故发生。加强防灾减灾体系建设，完善突发事件应急管理机制，提高保障公共安全和处置突发事件能力。三要开展社会管理综合治理。积极畅通信访工作渠道，解决群众合理诉求。继续保持对各类违法犯罪活动的高压态势。加强对流动人口、特殊人群、“两新”组织等重点领域的管理。建立网络舆情监控体系和新闻发言人制度，提高应对公共危机的能力。

全面推进转型跨越发展
奋力打造“中国硅都、世界红山、宜居古城”

黎城县县长　郝献民

2012年，黎城县以科学发展观为指导，以转型跨越发展为主线，紧紧围绕打造“中国硅都、世界红山、宜居古城”战略实施，同心同德，扎实工作。

2013年是全面贯彻落实党的“十八大”精神的开局之年，是为全面建成小康社会奠定坚实基础的重要一年。要以对黎城发展和人民利益高度负责的精神，直面问题，正视差距，凝心聚力，奋力进取，开创转型跨越的崭新局面。

一、2013年政府工作总的要求

全面贯彻落实党的“十八大”精神，抢抓转型综改试验区建设机遇，紧紧围绕打造“中国硅都、世界红山、宜居古城”战略实施，以项目建设为中心，以招商引资为动力，全面推进工业新型化、农业现代化、市域城镇化和城乡生态化，围绕加快发展狠抓重点项目，围绕工作落实狠抓改进作风，在转型跨越发展道路上迈出坚实步伐。

二、2013年经济社会发展预期目标

地区生产总值增长12%，财政总收入增长10%，全社会固定资产投资增长23%，社会消费品零售总额增长14%，城镇居民人均可支配收入和农民人均纯收入分别增长11%和12%，居民消费价格总水平涨幅控制在3.5%左右，城镇登记失业率控制在4%以内。

三、2013年政府工作重点

（一）以项目建设为引领，狠抓招商引资，转型跨越实现新提升。一要扎实推进项目建设。抓准转型综改政策机遇，创新项目建设在财税、金融、科技、人才等方面的要素支撑体系，通过增减挂钩、工矿废弃地复垦等多种方式，有效保障项目用地。突出抓好项目储备、签约、落地、开工、建设、投产六个环节，确保项目及时签约落地，尽快开工建成，早日投产达效。二要加大招商引资力度。领导带头招商。全力协调和组织做好招商引资工作。提升招商质量，着力储备一批大项目、好项目，确保储备项目结构不断优化、质量持续提高。与科研院所、大专院校建立友好合作关系，引资、引技、引智有机结合，提升招商引资的质量和效益。面向高端招商，力争一批投资规模大、科技含量高、市场前景好、带动能力强的重大项目落地黎城。三要完善服务保障机制。集中职能部门业务骨干，专门服务项目审批，提高项目审批效率。主动参与解决项目推进中遇到的实际困难，为项目推进提供全方位“保姆式”服务。

（二）以园区建设为载体，夯实工业基础，新型工业化实现新提升。一是打造“四大工业园区”。充分发挥资源、产业、区位等优势，着力打造三晋（黎城）光伏产业园区、新材料工业园区、铁路物流园区、汽运物流园区等四大工业园区。二是整合提升传统产业。粉末冶金公司完成整合重组扫尾工作，力争6月全面恢复生产。古寺头铁矿项目年内完成主井建设。引导太行钢铁、金元钢铁和长福焦化、华太焦化整合重组，实现集约化、清洁化、循环化生产。三是积极推进企业改制。通过开发利用关停企业闲置土地、回收企业资产、回购企业债务、租赁现有设备等多种方式，做好多年停产关闭国有企业的改制工作，靠改制解决企业老问题、激发发展新活力。

（三）以农民增收为核心，做强特色产业，原生态农业实现新提升。一要加快“两园一区”建设。生态农业科技产业园区，全面开工建设六个功能区，冷链物流项目，三泰科技、奥利种业、昌晋粮油等农业龙头企业新建项目加快开工建设。高效农业示范园区，设施建设与技术引进、品种引进同步推进，采用国内领先的无土栽培和育苗技术，南果北种，打造全省一流特色蔬菜基地。核桃产业片区开发，把核桃业作为“一县一业”的主打产业，完成1500公顷核桃高标准栽植任务。同时，提高核桃树种植效益。二要改善农业生产条件。辛安泉供水改扩建黎城支线工程年内开工，抓紧做好源泉、清泉提水工程前期准备工作；实施农村饮水安全和旱井配套工程，改善11个村、6000人的生产生活用水条件；充分发挥三大灌区水利优势，有效扩大灌溉面积。加大农业机械化和农业技术推广力度。以太行山绿化、干果经济林建设、县城及村庄绿化为重点，完成造林绿化面积2867公顷，水土流失治理面积1600公项。全力做好森林防火工作，切实保障森林资源安全。三要拓宽农民增收渠道。鼓励和支持土地向专业大户、家庭农场、农民专业合作社流转，加快培育合作社、联合社等新型农村市场经济主体。推进原生态精品农业基地县建设，落实示范村20个，新发展“一村一品”专业村23个，新增畜禽养殖小区15个，扶持壮大设施蔬菜、中药材种植等农业特色产业。继续开展粮食稳定增产行动，粮食产量达到7万吨以上。认真落实各项农业补贴政策，加大强农惠农富农工作力度。加快扶贫开发进程，通过在贫困村实施种养殖工程、对贫困农民进行科技培训等多种措施，提高农民自我脱贫能力。以26个省级重点村为示范，推动城乡发展“五个一体化”，加快推进新农村建设。

（四）以县城建设为先导，坚持建管并重，市域城镇化实现新提升。一是传承历史文化，加快古城建设。年内一期工程全面建成，展示区建成开街；黎城印象小区完成主体工程，国防动员应急指挥中心、信用联社、司法局等10家入驻古城单位用房基本建成。古城地热工程全面开工，年内基本建成。二是提升县城品位，完善基础设施。完成路网建设，搭建起新区道路交通网络；高标准推进城市综合体、新区中学、新区幼儿园建设，完善新区设施配套。稳步推进旧城改造、城中村及城边村改造工程，分步实施环城水系建设。加快实施县城集中供热工程建设。中水回用项目建成投入运行。延伸完善县城供水管网，加速推进排污管网改造。以县城建设为龙头，按照“一城三镇二十个中心村”空间布局，推进县城和中心镇扩容提质。创新信贷服务政策。统筹各项政策措施，推动城乡一体发展。三是展示现代文明，加强县城管理。对县城规划区范围内的道路沿线路容路貌进行集中整治。严格县城卫生、交通和商业活动的集中整治和统一管理。规范建设审批管理，严厉打击违法违规建设行为。加快推进县城“村改居”工作，实现县城居民一体化管理。

（五）以红山景区为重点，强化保护开发，文化旅游发展实现新提升。一要加快景区开发建设。太行红山景区积极申报全省旅游标杆项目，加快景区基础设施建设进度，力争年内对外开放。黄崖洞景区索道、观光火车道、观光电梯等项目建设年内全部完成并对外开放，并通过国家级风景名胜区和4A级景区评审验收。二要加速发展文化产业。加大文化资源整合力度，加大对龙头企业的扶持力度。启动“红色百村”和“生态百村”保护工程。加强非物质文化遗产传承和保护。三要加强旅游资源推介。举办首届“太行红山·黎侯古城”文化旅游节，打响“中华黎民故里、太行第一古城”“黄崖洞风景名胜区”“太行红山”等特色文化旅游品牌，提高黎城旅游的对外影响力。

（六）以改善民生为根本，统筹发展社会各项事业，和谐黎城建设实现新提升。一要优先发展教育事业。继续推进中小学校标准化建设，促进义务教育均衡发展。进一步深化教育综合改革，加强教师队伍建设，着力提高教育教学质量。二要做好卫生计生工作。继续深化医疗卫生体制改革，进一步完善新型农村合作医疗制度。巩固完善基本药物制度。全面开展计划生育优质服务，促进人口长期均衡发展。三要办好农村“五件实事”。对300户农村困难家庭危房进行改造，完成黄崖洞镇水峧村易地扶贫搬迁，继续实施行政村街道亮化工程，对5所农村幼儿园实施改扩建，在广大农村启动实施乡村清洁工程。四要强化食品药品安全监管。完善食品药品安全网格化管理机制，全面加强对涉药单位和餐饮服务单位监督检查，确保人民群众饮食用药安全。五要构建公共文化服务体系。进一步完善公共文化服务体系。继续实施文化惠民工程。继续开展农村电影放映、送书送戏下乡和全民健身活动，丰富群众文化体育生活。六要积极扩大劳动就业。积极开展创业型城市和农村劳动力转移就业示范县“双创建”活动，以高校毕业生、农民工、城镇就业困难人员为重点，进一步完善就业服务体系。落实各项就业扶持政策，加大创业培训力度，全力推进创业带动就业。七要完善社会保障体系。加快推进保障性住房建设，全面落实住房保障惠民政策，有效解决城镇低收入住房困难家庭住房问题。稳步提高保障水平，城市低保每人每月增加30元，农村低保每人每月增加24元，规范社保基金管理，不断扩大社保覆盖面。强化城乡居民最低生活保障动态管理，做到应保人员全部参保。八要认真做好环保工作。大力推进农村环境综合整治工作，继续做好环境优美乡镇、生态文明村和畜禽养殖示范点创建工作。完善环境监测体系，县城空气质量二级以上天数保持在300天以上。九要着力抓好安全生产。全面落实企业主体、部门监管、属地管理责任，认真抓好安全生产各项制度落实。深入开展非煤矿山、危险化学品、冶金工贸、道路交通、建筑施工、消防安全等领域专项整治活动，加强安全隐患排查治理，提升企业安全管理水平，坚决杜绝重特大事故，减少一般性事故。十要加强和创新社会管理。深入推进领导干部接访活动，重大项目建设事先开展社会稳定风险评估，从源头上预防和化解社会矛盾。加强社会管理综合治理，健全基层社会管理和服务体系。严厉打击违法犯罪活动，加强网络社会管理，引导正确舆论方向。健全重大公共安全事件预警、应急、救援体系，不断提高预防和处置突发事件能力。

倾力打造宜居宜业宜游美丽平顺

平顺县县委书记、县长　吴小华

2012年，平顺县按照省、市转型跨越发展的战略部署，顽强拼搏，砥砺奋进，圆满完成年初确定的各项目标任务。

2013年是全面贯彻落实党的"十八大"精神的开局之年，是实施"十二五"规划承前启后的关键一年，是为全面建成小康社会奠定坚实基础的重要一年，也是推进平顺转型跨越、强县富民至关紧要的一年，做好2013年的工作至关重要。

一、2013年政府工作指导思想

高举中国特色社会主义伟大旗帜，以邓小平理论、"三个代表"重要思想、科学发展观为指导，深入贯彻落实党的"十八大"精神，按照省市转型跨越的总体部署，弘扬纪兰精神，抢抓机遇、奋力赶超，全面实施建设全国一流旅游目的地、新型工业产业园区和全国生态建设示范区发展战略，着力提升产业素质，统筹推进城乡发展，全力保障改善民生，全面提高党建工作科学化水平，为打造宜居宜业宜游美丽平顺而奋斗。

二、2013年经济社会发展主要预期指标

地区生产总值21.9亿元，增长12%左右；全社会固定资产投资完成25.42亿元，增长24%；社会消费品零售总额6.6亿元，增长16%；财政总收入力争1.81亿元，增长14%；一般预算收入8213万元，增长14%；城镇居民人均可支配收入17341元，增长12%；农民人均纯收入4192元，增长14%。

三、2013年政府工作重点

（一）倾力建设"一地两区"，为打造"三宜"美丽平顺提供有力支撑。（1）整合资源，深度开发，建设全国一流旅游目的地。①打造旅游精品。开工建设投资12亿元的旅游风情小镇，规划建设"梦幻不夜水乡"；着力抓好虹霓峡景区二期开发，全面推进太行水乡、神龙湾、西沟整合开发；着力抓好北方汉族地区首个生态博物馆——"平顺县太行三村生态博物馆"建设，全面启动奥治、西社、岳家寨三村"中国传统村落保护与抢救工程"。②完善旅游要素。构建"集散中心—集散点—辐射网点"三位一体的旅游集散体系，加快建设具有地方特色的餐馆、农家旅社、酒店、购物街，完成游客服务中心、博物馆、虹霓峡大酒店、农副产品购销配送中心等配套设施建设。规划建设自驾游、山地游、徒步游等精品线路，加快景区公共交通设施配套。完成西沟红色旅游公路前期工作，全面完成天脊山旅游公路拓宽改造任务。③构建支撑体系。举办"晋善晋美·诗画平顺"风光摄影大赛，继续做好名人名家进平顺等旅游推介活动。完善旅游网站建设。加快开发省内及周边省市区基础市场。引进和培养旅游规划设计、旅游商品开发及市场策划、高端会务接待、高级导游人才。建立健全旅游监管体系，加大景区环境整治力度，提升旅游接待水平。（2）引资上项，强力推进，建设新型工业产业园区。①狠抓两大园区建设。航天工业园一期工程投资3亿元，2013年6月投产达效；二期工程投资7亿元，10月开工建设，2015年建成投产。加快推进高新科技产业园区建设，继续完善园区总体规划，做好政府补偿协调工作，重点抓好园区内交通、污水处理、垃圾填埋、供水、供气和供热基础设施建设。②全面加强招商引资。以高新科技产业园区为依托，深入推进产业招商，着力引进先进制造业、高新技术产业和现代服务业项目；充分发挥资源优势，以铁、硅、镁等优势资源换项目、换投资、换技术、换人才；组织参加国家、省级重点会展，积极开展定点招商活动，做好对外招商推介工作。与金融部门进行无缝对接，加大金融企业对实体经济的扶持力度。③全力推进项目建设。对2013年确定的56个重点项目，突出抓好资金筹措、土地供应、项目审批、监督检查等关键环节，确保大项目建设在数量、质量和效益上有大跃升。以大项目带动大发展、多项目带动快发展、好项目带动优发展。

（3）以绿为基，统筹发展，建设全国生态建设示范区。①加快推进生态绿化。新建生态防护林3333公顷（5万亩）、兼用经济林1333公顷（2万亩），实施通道绿化50千米，园林村庄绿化15个；加快森林公园建设，完成太行水乡湿地公园一期工程，争取西沟森林公园升格为国家级森林公园，申报神龙湾省级森林公园。深化林权制度改革，引导林业合作经济健康发展。②着力发展高效农业。做好花椒（花椒芽菜）、蔬菜、小杂粮、核桃(扁桃)、马铃薯、畜牧养殖等产业,重点做好花椒种植,倾力打造中国香辣花椒第一品牌。建立"企业+专业合作社+农户"发展模式,带动更多农民增收致富。扎实推进水保治理工作,抓好农田水利基础设施建设,完成乡镇农技推广站和农产品质量安全监管站建设。③大力开发中药材产业。扩大中药材种植面积,把传统产业与现代制药企业结合起来,不断提升中药材加工转化能力,打造太行山中药材第一品牌。④倾力打造生态产业。大力开发风能、太阳能、水电等清洁能源,全力做好大唐平顺新能源虹梯关风电项目,做好大唐平顺光伏发电项目前期工作,完成溯头水电站建设工程。⑤持续加强生态保护。加强资源保护力度,提高矿产资源合理开采和综合利用水平;促进土地集约利用,严守耕地保护红线;加大土地开发力度,落实全县土地占补平衡。做好防灾减灾和生态重建。加强环境监管,抓好污染减排。

(二)着力提升民生福祉,为打造"三宜"美丽平顺奠定稳固基础。(1)强力推进教育提质工程。整合优化教育资源,严格规范中小学布局,改善中小学办学条件;加强薄弱学校改造和学校标准化建设,继续实施幼儿园新建和改扩建工程。推进平顺三中正式运行。加强师德师风师能建设,提升教师整体素质,深化课堂教学改革,提高教学质量。加大学校安全监管和周边环境整治力度,确保校园安全。(2)扎实完善医疗健康工程。完善公共卫生服务体系,加强重大传染病防治、慢性病防控、妇幼保健工作,提升全民健康水平;完善医疗保障体系,进一步扩大医疗保障覆盖面和保障水平,逐步建立重特大疾病保障和救助机制;完善医疗卫生服务网络,全面实施六个乡镇卫生院业务用房建设和高标准村卫生室建设工程。(3)积极实施就业援助工程。开展城乡失业人员再就业培训、大学生实用技能培训,完善创业扶持政策,积极推进创业培训基地建设。(4)全面提升社会保障工程。加快建立覆盖城乡的社会保障体系,力争新型农村养老保险、城镇居民养老保险参保率均达到90%,城镇职工养老保险参保人数4300人,城镇医疗保险参保人数17200人,失业保险参保人数3500人,工伤保险参保人数9800人;建立健全职工工资正常增长机制,稳步提高职工最低工资标准。(5)统筹城乡同步发展。实施"一城三镇二十个中心村"推进战略。加快县城供水、排水设施升级和管网改造,推进县城集中供热、供气工程,完善污水、垃圾处理设施,治理锅炉烟尘、餐饮业油烟污染。完成道路建设改造工程。完成棚户区提质改造,开工建设保障性住房513套,完成农村危房改造1500户。继续推进农村饮水安全工程建设,解决50个自然村、1万人的饮水安全。(6)切实加大扶贫开发力度。规划实施15个整村推进项目,做好1500人移民申报和山庄窝铺特困人群移民搬迁工作。深入推进花椒芽菜片区综合扶贫开发项目,集中发展核桃产业,形成产业规模。加大转移培训力度,切实提高贫困人口脱贫致富能力。抓好定点扶贫工作,切实加大社会扶贫开发力度。(7)着力实施文化繁荣工程。构建文化产业体系,发展经营性文化产业。创建红色劳模文化基地、百里水乡风情文化基地、西部台地民俗文化基地、山水风光摄影写生影视基地、古历史文化遗产基地、县城休闲娱乐六大文化基地。继续做好文化三下乡活动。积极申报非物质文化遗产。大力弘扬太行精神和纪兰精神,加强社会主义核心价值体系大众化建设。

(三)全力维护社会稳定,为打造"三宜"美丽平顺营造和谐环境。(1)积极维护和谐稳定局面。畅通诉求渠道,完善矛盾排查化解机制,防止发生影响社会大局稳定的信访突出问题和群体性事件。完善立体化社会治安防控体系,依法防范和惩治违法犯罪活动。(2)认真落实安全监管举措。强化企业主体责任,政府及部门监管责任和属地管理责任,深入开展"安全生产年"活动,严厉打击非法违法生产经营建设行为。切实抓好非煤矿山、尾矿库、危化品、道路交通、建设施工、消防、民爆等重点行业(领域)安全生产专项整治工作,确保全县安全生产平稳态势。(3)主动增强应急处突能力。科学编制应急管理预案,建立健全应急管理体制机制,完善应急网络信息平台。加强应急救援教育培训、演练,加大救灾物资储备,增强应对自然灾害、公共安全事件和重特大安全事故的预防和处置能力。

引申“六化建设”，加速“五大赶超”

沁源县县长　杨红旗

2012年，沁源县积极应对宏观经济下行的严峻考验，引深“六化”建设，加速“五大”赶超，全力推进宜居和谐幸福新沁源建设，各项主要经济指标均实现了两位数增长。

2013年是全面贯彻落实党的“十八大”精神开局之年，是实施“十二五”规划承前启后的关键一年，也是全面建设宜居和谐幸福新沁源的重要一年。要认清当前形势，坚定转型目标，增强发展自信，牢牢把握机遇，认真扎实地把2013年的工作做得更好。

一、2013年政府工作的总体思路

全面贯彻落实党的“十八大”精神，以邓小平理论、“三个代表”重要思想、科学发展观为指导，坚持稳中求进的总基调，协调推进“五位一体”，持续引申“六化”建设，以“集中力量办好两件大事、统筹城乡建设美丽家园”为重心，着力在经济转型升级、农民增收脱贫、城乡统筹发展、项目引领驱动、生态文明建设、民生福祉改善方面见实效，奋力夺取宜居和谐幸福新沁源建设的新成果，为全面建成小康社会扎实开局。

二、2013年全县经济社会发展的主要预期目标

地区生产总值123亿元，增长11%；财政总收入29亿元，增长13%；一般预算收入12.7亿元，增长8%；规模以上工业增加值90亿元，增长15%；全社会固定资产投资完成70亿元，增长20%；社会消费品零售总额17.77亿元，增长16%；农民人均纯收入9945元，增长15%；城镇居民人均可支配收入25053元，增长11%。

三、2013年政府工作重点

（一）在经济转型升级上见实效。一是加快改造提升传统产业。巩固提升煤矿兼并重组整合成果，加快煤炭产业规模化、集约化、机械化、信息化和标准化步伐，全面推进多品种优质煤生产供应基地建设。以循环发展为方向，依托旗舰企业，推进四大工业园区建设，延伸煤焦化、煤气化、煤电化循环产业链。根据全省焦化企业兼并重组意见，调整全县焦化行业布局，抓好通洲集团焦化扩能等项目，不断提升煤基多联产综合循环利用水平。二是积极推进非煤新兴产业。大力发展风电、水电、新型材料等非煤新兴产业，着力培育具有市场竞争优势、科技含量高、带动能力强的新兴接续产业。三是大力发展特色现代农业。充分发挥比较优势，进一步做大、做强、做优特色现代农业。建设超有机小杂粮基地，完成万吨小杂粮加工厂主体建设，建成健康养殖示范园区和光伏农业产业园区，建设草莓加工厂，开展省级设施草莓生产调控技术研究，抓好五大农业示范园区续建工程。强化农业科技支撑体系建设，新建羊产业、食用菌产业等4个专家工作站。四是加大现代服务业发展力度。继续推进文化旅游“三区同创”工程，确保全县旅游收入增长30%以上。加快发展文化产业项目，支持壮大雕刻、农民画等民间传统艺术；鼓励和引导各类文化组织健康发展，推动文化创意、文化娱乐、体育健身和养老养生等产业集聚发展。加快发展新兴服务业项目，积极探索“金融招商”，鼓励更多民间资本投入，推动金融创新和市场化融资；大力发展商贸服务、社区服务和家政服务，着力打造15分钟便民商业圈；切实支持实体经济发展，认真落实税收优惠政策，扶持壮大一批能带动就业、促进增收的中小微企业。

（二）在农民增收脱贫上见实效。一要提升农业主导产业。促进粮食稳产增产，不断壮大“一县一业”，突出沁丰薯业龙头作用，带动全县脱毒马铃薯种植面积扩展。以连翘为新的特色产业，启动13.3万公顷连翘种植与产业化开发项目，打造以连翘产业为主的优质地道中药材加工产业，大范围带动农民增收。二要搞活庄园经济建设。依托县内丰富的森林、水和文化旅游等资源，重点打造20个精品生态庄园。加紧企业、乡镇与庄园的对接，年内各企业至少新建1个生态庄园。加大生态庄园推介招商力度，为农民工创造就业岗位3000个，实现农民财产性收入和工资性收入的双增效应，着力打造庄园经济特色县。因地制宜发展反季节蔬菜、中药材、山猪、土鸡等特色种养业，新发展“一村一品”专业村65个。三要狠抓产业扶贫开发。坚持扶贫开发与下乡住村包村增收等活动相结合，帮助培育能够辐射带动多数贫困群众增收的特色优势产业。积极发展生产生活性等服务业，引导农民有序转移，农村劳动力转移就业率达到55%以上。实施3个行政村288户1000人的整村移民搬迁,年内脱贫5000人。四要健全产业组织体系。清理规范农民专业合作社,打造和推广一批示范合作社,积极发展联合社,管好用好产业协会,搭建政府与农户、合作社的沟通桥梁。启动建设5个农业技术推广乡镇区域站。实施品牌战略,培育壮大和注册认证一批无公害农产品、绿色食品、有机食品、地理标志农产品,积极创建农产品质量安全示范县。五要强化"三农"要素保障。实施农业综合开发土地整理和小流域治理313公顷,完成农田基本建设3133公顷,改造中低产田333公顷,建设高标准基本农田1333公顷。推进农村集体产权制度改革,加强农村土地承包经营仲裁体系建设,年内流转土地667公顷以上。在全面落实既有惠农政策的基础上,出台新的扶持政策,创新农村金融服务,不断加大强农惠农力度。继续办好现代农业青年人才专修班,培育一批有头脑、会技术、懂经营的新型职业农民。

(三)在城乡统筹发展上见实效。一是高标准实施城乡规划。按照"一核一圈两节点"城镇化框架,将县城及"四镇一乡"作为整体,统筹规划、科学布局。重点抓好县城总体规划、县城旧城控制性详规、八个专项规划、四镇总体规划报批备案,启动县城新区、郭道、王和、李元、灵空山镇镇区控制性详规的编制,加快王陶乡总体规划的编制。大力推进规划实施,强化"建筑红线""生态绿线""亲水蓝线"等规划执法,切实维护规划的严肃性和权威性。二是高品位拓展县城空间。加大政府投资的房屋建筑和市政基础设施工程项目管理力度,有效规范投资行为,保证工程建设质量,提高财政性资金的使用效益。实施县城提质工程,开工建设11项重点工程,年内完成主体工程的80%;启动胜利路、商业街改造,完成人民路改造和安置区路网建设。实施供热增容工程。实施"气化"沁源建设。实施供水改造工程。对照创建国家级卫生县城标准,查漏补缺,重点抓好县城内河、南小河雨污分流和1425座双瓮漏斗式无害化厕所改造,扎实开展乱搭乱建、卫生死角、工地文明施工等专项整治,确保年内成功创建。启动"数字城管"建设,实行城市实时、动态、高效、无缝化管理。逐步规范社区管理,加快制定村改居、农转非优惠政策,将城中村农转非人员全部纳入城镇社保体系,认真解决旧城改造搬迁人员和进城农民的就业问题,加快实现居住、医疗、子女入学等基本公共服务均等化,有力推进县城扩容,城镇化率提高2个百分点。三是高水平打造特色村镇。重点抓好郭道镇等5个重点乡镇和50个中心村的公共基础设施配套及产业发展。搞好中峪乡中峪村等6个村的新农村集中连片示范区建设,启动以法中、交口两乡交通沿线村为重点的美丽乡村环境综合治理,完成沁河、李元两镇所涉20个村的环境集中连片整治。推进7条乡村公路改造。实施农村亮化工程。实施农村饮水安全工程24处,解决1万人1839头大牲畜的饮水安全问题。

(四)在项目引领驱动上见实效。一是积极储备项目。认真落实项目储备管理办法,科学甄别、策划、包装一批投资规模大、技术含量高、市场前景好、可操作性强的重大项目,常年筛选,滚动储备,形成项目不断生成、有序推进的良性格局。年内全县储备项目达到1300亿元,力争突破2500亿元。二是全力招商引资。认真落实全县招商引资工作方案和考核办法,采取以企引企、以商招商等方式,综合资产重组、贸易补偿、股份合作等手段,积极开展对外招商活动。力争在引进国内外500强、行业50强和上市企业上实现新突破。三是加快推进项目。认真落实"项目推进年"工作方案,强化靠前服务意识,积极为项目推进创造条件,千方百计加快进度,确保2011年之前开工的项目80%投产达效,2012年开工的项目50%建成,2013年新开工的项目50%主体完工。

(五)在生态文明建设上见实效。一要全面整治环境污染。加快推进县城污水处理厂中水回用项目,完成太岳山风电、圣地铝业、阳坡铝业生态恢复治理,县城粪便处理厂、李元镇生活污水处理厂投入运行。完成胜利路等路段污水管网铺设5000米,污水收集处理率达到88%。进一步深化治污减排,实施电力、焦化行业脱硫升级改造,加快推进重点减排工程。严格环境影响评价,从严控制"两高一资"、产能过剩和低水平重复建设,以环境保护助推产业转型。开展饮用水源地和地下水污染评估,切实改善环境质量。加大执法监管力度,开展煤炭、焦化、危化企业环境安全专项整治行动,严厉打击违法排污行为,加强环境风险防控,确保环境安全。二要持续抓好节能降耗。全面开展能效对标活动,搞好煤炭、焦化、化工、建材等高耗能行业和重点企业的节能工作。推广应用节能、节地、节水、节材的产品、技术和设备,抓好交通运输、公共机构、居民生活等领域节能,完成3万平方米既有建筑的节能改造。积极推广清洁能源,逐步取缔燃煤锅炉。三要扎实开展造林绿化。实施天然林保护、退耕还林等国家重点工程。积极筹备国家园林县城创建,完成10条街道绿化。严格落实林地保护与利用规划,继续创新完善"分山到户、合作经营、双向委托、专业管护"的森林管护机制,全力做好森防检疫工作。

(六)在民生福祉改善上见实效。一要切实维护安全稳定。扎实推进本质安全型县创建,突出抓好煤矿、非煤矿山、化工、森林防火、道路交通、疫病防控等重点行业领域的安全整治。严厉打击私挖滥采,严查严处"三违""三超"等责任不落实、制度不执行的问题。建立健全管理模式网格化、社会治安防控立体化、矛盾排查经常化的社会管理体系,突出企业改制、劳动关系、社会保障等重点领域,及时掌握并妥善解决存在的矛盾隐患。二要大力发展社会事业。全面实施素质教育,持续推进质量提升工程,巩固优化教育发展联盟。建设全省弘扬爱国主义的红色教育基地。拓展职业高中"校企联办"模式,加快培养技能型适用人才。实施8所幼儿园新改扩建和4所农村寄宿制薄弱学校改造工程。加大科技成果推广力度,引导规模以上企业加强优势产业科技研发和创新,继续扩大同国内外知名科研单位的交流合作。推进国家级公共文化服务体系示范区创建,实施一批乡镇综合文化站和农家书屋达标工程,继续抓好农村文化体育场所、电子阅览室等重点文化惠民工程;建立非物质文化遗产项目储备库,保护非物质文化遗产。深化医药卫生体制改革，抓紧县级医院综合改革试点，加强县级医院重点专科建设和县人民医院农村急救体系建设，积极探索乡村医生进退机制，巩固完善县、乡、村三级卫生服务体系。深入推进“好娃娃”工程，稳定低生育水平，提高出生人口素质。三要着力扩大民生普惠。深入实施创业扶持计划，做好大中专毕业生、城镇就业困难群体和退役人员等各类人员的就业工作。城镇职工基本“五险”参保率达到95%以上。城乡居民基础养老金再提高10元，达到65元。企业退休人员基本养老金提高10%。城镇居民医保和新农合财政补助标准提高40元，达到每人每年280元。城乡低保保障标准每人每月分别提高30元、24元，达到410元和178元。规范城乡居民最低生活保障申请家庭经济状况核对工作，确保生活确有困难的家庭得到救助。完成安置小区、化肥厂棚户区等各类保障性住房续建1076套，新开工建设1021套公租房，完善保障性住房分配、管理、退出机制。科学整合农村敬老院。

凝神聚力谋发展　一心一意惠民生

长治县县长　李文兵

2013年是全面贯彻落实党的“十八大”精神的开局之年，是长治县进入百强县的冲刺之年，也是机遇和挑战并存、风险和困难较多的一年。必须增强机遇意识和忧患意识，提高市场经济形势的预测能力，充分做好应对各种困难挑战的思想准备，一心一意谋发展，心无旁骛抓落实，更加主动扎实地推进各项工作，促进全县经济平稳较快增长和社会和谐稳定。

一、2013年政府工作的总体要求

全面贯彻落实党的“十八大”精神，以转变发展方式为主线，以提高经济增长质量和效益为中心，以冲刺百强和率先全面建成小康社会为目标，统筹推进经济、政治、文化、社会和生态文明建设，改革创新，攻坚克难，更加突出经济转型，更加突出民生改善，更加突出生态优化，更加突出安全发展，更加突出政府建设，努力实现经济社会又好又快发展。

二、2013年经济社会发展主要预期目标

全县生产总值增长15%，达到226亿元。财政总收入63.8亿元，一般预算收入21.5亿元。固定资产投资增长40%以上。社会消费品零售总额增长17%。城乡居民人均纯收入增长15%以上。

三、2013年政府重点工作

（一）努力做大经济总量。一要集中力量抓好重点项目建设。按照项目建设“六位一体”要求，从观念推进、机制推进、政策推进、督查推进、协调推进、服务推进这“六个推进”入手，集中精力，加大项目建设力度。严格落实县领导班子包保重点项目责任制，建立“一个项目、一位领导、一套班子、一抓到底”工作机制；成立县重点项目推进领导组，建立县委、县政府重点项目推进例会制度，重点抓好2013年确定的89个市级以上重点项目，年内完成投资118亿元以上。二要全力支持企业发展。加快建设“三大企业方阵”，千方百计稳定重点骨干企业生产，实施重点企业技术改造、新品开发、品牌创建三大工程，新上重点技改项目23个；大力提升现有存量企业的运行质量，扩大产品销售份额；积极扶持小微企业发展，推动小微企业实现规模化经营。强化服务意识，积极帮助企业解决融资、用工、技术、市场等难题，促进企业转型升级、做大做强。进一步降低企业注册登记门槛，鼓励和支持新创办企业，吸引更多企业落户长治县，大力培植新的增长点和税源。三要建好四大园区。继续加快园区基础设施建设，着力抓好入园项目建设，努力提升园区产值和效益。在入园企业和在建项目投产达效、产业链延伸上下功夫，产业聚集区力争年内实现工业增加值3.5亿元，固定资产投资完成20亿元，利税3.9亿元；医药健康产业园要依托振东制药和医药物流中心，引进一批知名药企；太行山农产品物流园区力争全年实现交易量20万吨，交易额10亿元，利税1.2亿元；新型工业创业园在建项目年内要实现投产达效。

（二）加快推进产业结构优化升级。一要改造提升传统产业。巩固发展煤炭资源整合煤矿兼并重组成果，加快11个煤矿整合改造项目建设，探索开采技术整合应用，大力发展煤炭循环经济，加大煤炭转化利用力度。二要培育壮大新兴产业。坚持聚焦重点，推动制造业高端化发展，力争在机械制造产业发展上有新突破，着力打造机械产业集群；振东制药集团要加快医药物流中心的对外拓展步伐，进一步做大医药健康产业；紧紧抓住国家促进光伏产业发展政策出台的好时机，引导、支持以日盛达太阳能组件为核心的光伏产业，尽快实现产品与市场的对接。三要加快发展现代服务业。积极推动煤炭运输、商贸、家政、社区养老、物业管理、体育健身等服务业发展，重点发展以太行山农产品物流园区为核心的物流业，加大促进物流产业、总部经济等新兴服务业发展。

（三）扎实做好“三农”工作。全面落实强农惠农富农政策，新增惠农补贴优先向规模大户倾斜。积极发展农村二、三产业，增加农民非农收入和财产性收入。在稳定粮食生产的基础上，大力发展以设施蔬菜、生猪养殖为重点的特色现代农业。发展多种形式的适度规模经营，鼓励和支持农民依法、自愿、有偿、有序进行土地流转。努力提升农业产业化水平，培育壮大康寿园、芸生、五和等农业龙头企业，通过抓龙头、拓市场、建基地、联农户，实现“四位一体”同步推进，新增市级龙头企业2家、农民专业合作社100家。

（四）统筹推进城乡发展。一是以城镇化促进城乡发展一体化。科学编制城镇规划，完成《长治县中心城区控制性规划》《长治县北片区控制性详细规划》和《长治县城乡一体化规划》，编制和修订县、乡、村三级规划，形成三级现代化网络型城镇体系。按照“一轴两区”和“一城五镇五十村”总体发展思路，加快推进韩店、黎岭、经坊、池里城中村改造，推动“大县城”提质扩容；统筹抓好重点镇和中心村建设，加快推进产业聚集区城乡一体化建设工程，开工建设振兴棚户区改造项目，重点抓好振兴、西申家庄、苏店等中心村建设，努力推进农民向社区集中、土地向规模经营集中。二是增强城镇综合功能。加强城镇基础设施建设，加大市政道路、供水排水、污水处理、垃圾处理等设施建设投入力度，完善教育、医疗、文化等公共服务设施，推进城乡基础设施一体化、公共服务均等化，实现市政设施的无缝对接，增强城镇产业和人口集聚功能。加快构建县城“五纵十横”道路框架，开工建设黎岭街拓宽改造工程等一批重点城建工程竣工并投入使用，城际快速路县城至荫城段完工并通车，完成县乡、村公路改造50千米。县城供热覆盖率90%以上，并实现集中供气。三是实施城乡环境综合整治。加快推进以县城为重点的城乡环境综合整治。大力开展交通秩序、环境卫生整治行动，为全县人民创造优美的生产、生活环境。

（五）努力促进文化大发展大繁荣。完善公共文化服务体系，大力实施文化惠民工程，加大公共文化产品供给力度；实施文化品牌战略，全力创建“中国曲艺之乡”。依法加强文物保护，保护传承非物质文化遗产，弘扬上党传统文化。着力抓好文化旅游产业发展，加强政府对文化旅游产业的宏观管理，统筹实施全县重点文化旅游产业项目开发。实施重大文化产业项目带动战略，加快文化产业载体建设，壮大一批特色文化产业群，增强长治县文化产业实力和竞争力。

（六）加强生态文明建设。加强环境保护工作。深入开展省级环保模范城创建活动。加大养殖业污染治理力度，确保全县境内主要河流水质稳定达标。加大大气污染综合治理力度。推进节能减排，狠抓重点领域和重点企业节能降耗。严守耕地红线，强化建设用地考核，促进节约集约用地。抓好生态治理恢复和造林绿化。加快推进陶清河流域生态治理工程，有序推进鲍村整村搬迁工作。实施大绿化建设工程，力争森林覆盖率每年提高1个百分点以上。

（七）切实抓好安全生产。强化安全生产意识。严格落实安全责任。进一步强化企业的安全生产主体责任，强化政府安全监管主体责任。深入开展安全生产专项整治行动，进一步加强非煤矿山、危险化学品、易燃易爆物品、道路交通、食品药品、建筑施工、消防、学校及人员密集场所等各行业各领域的安全工作。严厉打击私挖滥采和非法违法生产经营活动。加大应急管理力度，提高突发事件预警和应急处置能力。加强禽流感等重大动物疫病综合防控，规范应急处置程序。

（八）着力保障和改善民生。一是全力实施“四个全民”工程。教育方面，大力推进义务教育均衡发展。调整优化中小学、幼儿园规划布局，缓解县城初中班容量较大问题；加快教育园区建设步伐，加强教师队伍建设，切实提高教育质量。就业方面，实施更加积极的就业政策，强化创业培训，增加创业贷款，积极引导自主就业。完善人才引进政策，编制中长期人才引进规划，为全县经济社会发展储备后备人才。养老方面，强化社会保险扩面征缴，搞好五险统征省级试点工作；鼓励社会力量兴办养老机构，推进乡镇养老院、社区和村级互助养老服务设施建设。医疗方面，抓好乡镇卫生院基础设施建设和村卫生室标准化建设，完成县城4所社区卫生服务站建设任务；适度提高职工医保、城镇居民医保门诊报销限额和住院报销比例，积极探索和完善新农合综合支付方式改革，不断扩大参合农民受益面。完善贫困群众大病救助制度。提升基层医疗卫生服务水平。二是努力办好惠民实事。确定的6件惠民实事已全部开始实施，其中有2件已完成。三是抓好其他社会事业。继续改善城乡中低收入群体住房条件，进一步完善保障性住房准入、退出和服务管理机制。稳定低生育水平，提高人口素质。全面发展群众体育。加强和创新社会管理，实施社会管理网格化管理，着力构建全县公共服务和社会管理体系。严厉打击违法犯罪行为，扎实推进社会治安防控体系建设。加强社会矛盾化解，从源头上预防和减少社会矛盾。

（九）继续深化综改扩权“双试点”改革。围绕产业转型、生态修复、城乡统筹、民生改善四大任务和10项配套改革，制定完善长治县的综改实施方案，着力推进改革试点工作。争取在项目、资金、土地等方面获得更多的政策支持。制定出台《长治县扩权强县试点工作综合考评试行办法》，加快推进综改扩权“双试点”工作。一是深化行政体制改革。加大行政审批制度改革力度。用足用活城乡建设用地增减挂钩、土地复垦、矿业用地改革等政策，创新项目用地保障机制；以县级公立医院改革为重点，深入推进医药卫生体制改革，切实减轻群众就医购药负担。二是深化投融资体制改革。制定完善政府投资项目管理办法和政府投资项目审计监督办法，进一步规范政府投资行为。推进以农村信用社为重点的地方金融机构改革，支持农商行、村镇银行、证券公司、小贷公司等现代金融业规范发展。努力扩大社会融资规模，为重点企业、重点项目建设和实体经济发展提供有力的金融保障。加大企业上市力度，力争有新的上市企业。三是进一步扩大对外开放。加大招商选资力度，突出传统优势产业提升、战略性新兴产业和现代服务业发展。积极主动对接中原经济区，加强与兄弟县(市)的交流合作，突出抓好买方市场条件下的煤炭销售，为县域经济发展增添活力和后劲。

强力招商引资抓转型 倾力打造省级先进开发区

壶关经济开发区管委会主任　郭志敏

壶关经济开发区的前身为壶关常平经济开发区，始建于2001年1月。2001年6月，长治市人民政府将常平经济开发区确定为市级经济开发区。2006年，壶关常平经济开发区更名为山西壶关经济开发区，主要产业为钢铁深加工和煤化工。2006年4月，山西省人民政府将壶关经济开发区批准设立为省级开发区，建制为正处级，主要产业为钢铁深加工和煤化工。

壶关经济开发区共辖10个行政村，占地面积20平方千米，规划面积266.6公顷，区内现有规模企业16家，共有职工人数4650余人，其中，各类专业技术人才1200余名。

2012年，开发区工业总产值44亿元，销售产值42.7亿元，上缴税金6409万元。农民人均纯收入5100元，全年完成固定资产投资1.7亿元，粮食总产量2500吨。

一、致力招商引资抓转型，项目建设进一步推进

一是引进资金3000万元，建设30万吨矿渣纤维保温材料厂一期工程，主厂房建成，辅助工房正在建设中。这是一项以热态高炉渣为主要原料，用煤灰等作为改性剂来制备矿渣纤维的新兴产业。二是引进资金1500万元，建设闫家河汽车检测线项目。2012年已建成办公、教学场所和安检、环保车间。办公设施装修完毕，安检、环保设施正在紧张安装，2013年7月即可建成投入使用。三是投资3亿元，建设常平凤凰城。一期工程建设9栋多层住宅楼主体工程已全部封顶。四是投资1亿元，建设八泉峡景区。观光电梯设计完成，循环路已经开通，2012年大坝枢纽建设完成工程量的80%。五是投资3000万元，建设元宝山生态恢复、常乐寺完善改造工程，是壶关经济开发区改善生态环境、提升整体形象、建设“旅游生态化优美园区”的主要景观。六是投资500万元，开发“庄稼园”小米粉产品。在现有小米粉生产线的基础上，开发了小包装精米、精品小杂粮、孕产妇专用小米粉等8个系列产品。

二、主导产业和重点企业持续发展壮大

山西潞安常平集团。该集团创建于20世纪80年代，是一家集煤炭、冶金、建材、化工、农业综合开发、煤气发电、旅游开发、房地产等多种行业于一体的大型民营企业，现有固定资产35亿元，具备150万吨铁、200万吨钢、150万吨焦、400万吨煤、100万吨高速线材、50万吨型钢、3亿千瓦时电的生产能力。先后荣获全省工业企业30强、全国大型乡镇企业、全国民营企业500强等称号。入区下属企业达11家。

30万吨矿渣纤维保温材料建设项目。该项目为国家“863”计划项目，是壶关经济开发区实现转型跨越的产业链延伸项目。以热态高炉渣为主要原料，用煤灰等作为改性剂来制备矿渣纤维。该项目总设计生产能力30万吨，总投资20亿元，一期项目生产能力10万吨，投资10亿元，主厂房已基本建成。

三、积极发展各项社会事业

2012年，壶关经济开发区持之以恒实施“一企带十村、共建新城镇”目标，加大投资力度，加快城镇一体化建设进程。一是加快新农村基础设施建设。街巷硬化全覆盖整体推进，认真落实街巷硬化全覆盖要求，10个行政村共计完成17千米的街巷硬化，超额完成任务。持续完成区村主干道亮化工程建设，村级活动组织场所、敬老院、村中主要街道、村文化广场等主要区域完成亮化工程；全面落实门前“三包”政策，定期开展卫生大扫除活动，环境进一步美化。环境治理成效显著，认真抓好重点工业企业节能降耗清洁工作。二是立足根本抓民生，幸福指数进一步提升。坚持改善民生，不断完善机制，着力增强保障，增进百姓福祉。教育事业蓬勃发展。常平中学430名应届生参加高考，

86人成绩达到国家二本录取线，实现了高考成绩的新跨越。常平中心校在壶关县组织的文化素质调研测试中，取得全县第一的好成绩。社会保障温暖民心。各村重点保证村民每天半斤至1斤面粉福利的发放，坚持做到节日福利提前领，养老金按季发，确保村民生活安定；积极开展五保户危房改造工作；全面推进居民社会养老保险、医疗保险，新农合参保率99%。计生工作成效显著。2012年壶关经济开发区人口出生率8.92‰，自然增长率3.24‰，政策生育率90.9%，综合节育率90.9%。文化建设稳打稳扎。启动文化场所建设，村村建起文化书屋，积极开展各项文艺活动，形成浓厚的辖区文化氛围。

勇当“争先综改、竞逐中原”排头兵

晋城市城区区长　张利锋

2012年，晋城城区坚持以科学发展观为统领，全力以赴抓项目、促转型、保稳定、惠民生，圆满完成各项目标任务。

2013年是全面贯彻落实党的“十八大”精神的开局之年，是实施“十二五”规划承前启后的重要一年。要倍加珍惜千载难逢的发展机遇，坚定信心，开拓进取，真抓实干，在新起点谋求新的发展，实现新跨越。

一、2013年政府工作的总体要求

坚持以科学发展观为指导，围绕市委、市政府“一争三快两率先”的战略部署，按照“三个坚定不移、三个全市领先”的总体要求和“六位一体、四轮驱动、重点突破、整体推进”的发展思路，着力推进项目建设和招商引资，着力推进主导产业集群化发展，着力推进城乡统筹，着力推进生态文明建设，着力保障和改善民生，着力维护安全稳定，勇当全市“争先综改、竞逐中原”的排头兵。

二、2013年经济社会发展的主要预期指标

全区生产总值增长11%以上，全社会固定资产投资增长25%，财政总收入增长14.9%，一般预算收入增长11.7%，城镇居民人均可支配收入增长12%，农民人均纯收入增长12%以上，社会消费品零售总额增长16%。

三、2013年政府主要工作任务

（一）突出项目带动，促进经济持续健康发展。一是积极扩大投资。围绕产业转型，重点抓好商业综合体、大型商贸物流园区和星级酒店等三产服务业项目；围绕城中村改造，重点抓好住宅、写字楼和商业开发项目；围绕民生改善，重点抓好学校、医院、生态环境治理项目；围绕主城区建设，重点配合市直有关部门抓好重大基础设施建设项目。强化对投资指标的考核，确保全区固定资产投资总量继续排在全市首位。二是积极开展“项目推进年”活动。建立项目储备、签约、落地、开工、建设和投产“六位一体”推进机制，推动项目建设取得新成效。2013年全区储备项目总投资额动态保持2975亿元，年度重点工程建设完成投资113.6亿元，投产项目投资总额达到140亿元。

（二）壮大主导产业，构建产业发展新格局。一是加快发展服务业。以商贸物流业提档升级为目标，突出抓好皇城相府城市综合体、红星美凯龙、兰花国际购物广场等34个重点商贸物流项目。依托“一主四副八街、一网两园五心”的商贸物流产业发展布局，吸引更多的大型商贸物流企业和知名品牌进驻，全力打造区域性商贸物流中心。加快发展文化旅游、电子交易、会展创意、法律咨询、金融证券、教育培训、休闲健身等现代服务业。大力发展社区服务业。二是加快发展新型工业。把北石店工业园区建设作为全区工业转型的头号工程来抓，推动海斯药业尽快入驻园区。以园区为载体，进一步加大工业项目的引进力度。继续加大对传统产业的帮扶力度，培育壮大装备制造、生物医药、新能源、热电联供、环保节能等产业。三是加快发展现代农业。以“一村一品”为重点，大力发展服务城市的观光农业、休闲农业、生态农业。新增11个省、市级“一村一品”专业村。扶持壮大精品花卉、食用菌、设施蔬菜、养殖等特色产业。突出抓好九牛牧业、汇江亨通花卉城、绿佳苗木花卉基地、牛山现代农业园、东上村现代农业园等优势项目。加大对农旅一体化项目的扶持力度，发展30～50家农家乐。依法引导农村土地承包经营权有序流转，促进专业大户、家庭农场、农民合作社等多种形式的适度规模经营。健全农业社会化服务体系，新培育5个带动性较强的示范合作社。四是加快发展中小微企业。出台扶持中小微企业加快发展的实施意见，拓宽民间资本投资领域和范围，引导企业并购重组、转型升级。加快公共服务体系建设，加强融资担保、财政贴息、创业辅导、企业孵化、人才培训等服务。

（三）主攻旧城改造，加快城乡一体化发展。一要扎实推进城中村改造。实行城中村改造与基础设施配套同步规划，同步实施。对投资规模较大且比较成熟的城中村改造项目加大组织协调和攻坚力度，切实加快改造进度。14个已开工项目要同步做好房屋征收、居民回迁安置、商业开发、品牌引进等工作，确保改造进度和品质。二要扎实推进北石店新区建设。对纳入新区建设范围的5个村庄改造项目，加快拆迁和土地出让，尽快启动商品房建设，年内确保完成投资11亿元。加快推进北石店五星级大酒店、铭基财富广场等项目的开工建设。加快畅安路沿线被拆迁单位土地、规划等手续的办理，尽快启动回迁项目建设。三要扎实推进景西路北段延伸工程。做好景西路沿线房屋和土地的征收补偿工作，同步推进沿线村（社区）改造。积极推动对西北片区进行高品质整体改造。四要扎实推进新农村建设。统筹推进新农村建设，加大强农惠农政策落实力度，进一步加大对“三农”的投入，继续保持农民收入较快增长。加强农村基础设施建设。加大对涉农镇办的财政倾斜，增强镇办统筹城乡发展的能力。以陵沁路以外边远山区贫困村为重点，抓好扶贫开发。

（四）推进生态文明，建设美丽城区。一是实施绿化提升工程。深入开展植树造林活动，加快创建国家森林城市。高标准完成环城荒山、晋高一级路、凤还巢森林公园和20个村的“1112”造林绿化工程。实施五大生态治理工程。二是实施节能减排工程。完善节能减排统计、监测和考核体系，加大对重金属、危险废物的监管力度，严格控制高耗能、高排放项目建设。开展环保专项行动，全面整治城中村和居民小区锅炉燃煤污染。积极倡导低碳消费，继续推进空气质量改善攻坚行动，严厉打击环境违法行为，确保完成节能减排目标任务。三是实施城乡清洁工程。巩固提升创卫成果，构建环卫长效机制，实现城乡环境卫生管理的常态化、规范化和制度化。积极推进餐厨垃圾和粪便无害化处理厂项目、中科垃圾焚烧发电项目的建设。规范废旧物资回收管理。加大城乡接合部环卫整治力度。加强乡村（社区）环境卫生工作，开展农村垃圾集中收集转运试点工作。积极开展“十镇百村”建设。

（五）勇于争先竞逐，增强发展动力和活力。一要全面推进综改试验区建设。用足用活中央、省、市有关政策，全面推进转型综改试验区建设。加快建立财权与事权相匹配、促进基本公共服务均等化的公共财政体系。支持农村信用社加快改革。统筹推进农村综合改革、事业单位分类改革及其他重要领域改革。二要全面扩大与中原地区的合作。在巩固对接上海成果的同时，与中原地区开展零距离对接，努力推进与中原经济区的务实合作。以商贸物流业为纽带，加强和周边城市的产业互动，实现与中原经济区城市的融合发展。三要全面提高招商引资的质量和水平。加快构建招商引资大格局。把非资源类主导产业和旧城改造项目作为招商引资的重点，力争有两个投资50亿元或一个100亿元的项目落地。

（六）致力保障和改善民生，努力提升人民福祉。一要大力推动教育均衡发展。继续加大教育投入，改善办学条件，扩大优质教育资源比重。出台加快学前教育发展的意见，着力办好学前教育。继续对薄弱学校进行改造。加强现代职业教育。全面推进素质教育，深化教学改革，加强教师队伍建设，着力提高教育质量。二要大力促进就业创业。以发展促进就业，以创业带动就业，保持就业形势总体平稳。建立健全“四位一体”的创业帮扶机制，继续做好高校毕业生、零就业家庭、就业困难人员的就业工作。充分发挥企业吸纳就业的主渠道作用，加大基层社会管理和公共服务岗位开发力度。三要大力完善社会保障体系。认真贯彻落实《社会保险法》，切实抓好社会保险扩面征缴工作。城镇居民基本医疗保险补助标准提高40元，达到每人每年280元。推进城镇居民医保门诊费用统筹，实现城镇居民医疗保险网上直接结算。进一步做好失地农民社会保障工作。构建和谐劳动关系，切实维护劳动者的合法权益。切实加大对困难群众的救助力度。积极探索构建社会化养老服务体系，争创老年友好型城市。四要大力推进文化改革发展。深化文化体制改革，巩固经营性文化单位改革成果。加强文化基础设施建设，完善公共文化服务网络，建设包括图书馆、文化馆在内的文化中心。深入实施文化惠民工程，培育一批文化特色村（社区）。加强文化市场监管，加大对非物质文化遗产的挖掘、整理和保护。五要大力发展医疗卫生事业。深化医药卫生体制改革，巩固完善基本药物制度和基层医疗卫生机构运行新机制，巩固完善新农合制度，提高财政补助和人均筹资标准，确保参合率稳中有升。完善公共医疗卫生服务体系，抓好国家公共卫生服务国债项目建设。稳定低生育水平，进一步提高人口素质。

（七）着眼安全发展，构建平安和谐家园。一要加强安全生产。深入开展专项整治，加强隐患排查治理，扎实开展打非治违行动。严格落实各项安全生产制度，建立健全安全生产长效机制。进一步加强基层基础建设，继续开展平安乡村（社区）创建活动。落实安全生产目标责任制，确保全区安全生产无事故。二要加强精神文明和民主法制建设。推进公民道德建设工程。认真实施“六五”普法。三要加强和创新社会管理。以社区网格化管理为抓手，全面加强公共安全管理、基层社会服务管理和流动人口服务管理。推进星级社区创建工作。加强应急管理，健全突发事件应急体系，做好防灾减灾工作。进一步完善社会治安防控体系，严厉打击各类违法犯罪活动，继续保持全社会的和谐稳定。加大矛盾纠纷排查调处力度，以群众工作为统揽，提升信访工作水平。

认真贯彻“456”工作思路
为打造炎帝故里、建设大美高平、挺进全国百强努力奋斗

高平市市委书记　张玉宏

当前，高平的发展站在了新的历史起点上，全市广大党员干部必须迎难而上、勇于担当，认真贯彻“456”工作思路，扎实做好当前各项工作，努力推动高平各项工作在全市夺第一、全省争一流、全国创品牌，为打造炎帝故里、建设大美高平、挺进全国百强做出新的更大的贡献。

一、贯彻工作思路

认真贯彻“456”工作思路。一是瞄准“四句话”目标，就是“唤起民众千百万、齐心协力创大业，新起点上谋跨越、挺进全国百强县”。在新起点上，要在更高的层次、更大的范围谋划高平、定位高平、发展高平；在新起点上，高平应该有更大的担当、更多的作为、更快的发展、更好的前景；在新起点上，高平的党员领导干部，一定要坚决维护高平的根本利益、长远利益、全局利益，以振兴高平、发展高平、建设高平为己任，把高平人干事创业的激情充分地挖掘出来、充分地调动出来、充分地释放出来，真正形成“唤起民众千百万，齐心协力创大业，新起点上谋跨越、挺进全国百强县”的强大社会合力。二是狠抓五方面工作。就是要狠抓安全生产、重点项目、城市建设、生态绿化、环境整治。狠抓安全生产，是一切工作的基础和前提。狠抓重点项目，是推进发展的根本和保障。狠抓城市建设，就是要全力打造最佳的人居环境。狠抓生态绿化，就是要全力打造最好的生态环境。狠抓环境整治，就是要努力打造最好的创业环境。三是落实“六必须”要求。就是从市委常委、市四大班子领导做起，做到“必须遵守纪律，在遵守纪律上带头；必须敢于担当，在敢于担当上带头；必须改进作风，在改进作风上带头；必须攻坚克难，在攻坚克难上带头；必须维护大局，在维护大局上带头；必须清正廉洁，在清正廉洁上带头”。

二、实现全新目标

紧紧围绕“打造炎帝故里、建设大美高平、挺进全国百强”的奋斗目标，全力以赴抓好三项工作。

一是通过六条途径，打造炎帝故里。即：修复炎帝陵，开发羊头山，打通高速出口，修建炎帝公园，提升炎帝大道，开辟海峡两岸炎帝文化论坛。

二是办好六件大事，建设大美高平。开发炎帝陵，2013年完成投资1亿元，加快建设炎帝文化旅游景区，全力打造炎帝故里、大美高平的文化品牌。提升观摩点，加大华润制药、科兴米山工业园区等重点项目建设提升力度，使之成为集中上项目、集中创环境、集中树形象的重要节点和重要窗口。狠抓飞地经济，进一步加强与上海嘉定区的对接，积极引进上海国际汽车城、大众汽车水箱生产线项目，全力建设百万吨汽车零部件生产基地，真正使高平在新一轮的竞争中赢得主动、赢得先机。打造丹河景观，对全长6千米的丹河市区段和两岸游园、绿化进行全面提升，打造城市水系，建设丹河景观，形成城市亮点。集中绿化四座山，对市区周边的韩王山、牛山、七佛山和西山进行高标准生态绿化，每座山至少完成投资1亿元，真正把高平打造成“城在山中、山在城中、青山绿水、鸟语花香、风景如画”的大美高平。打通城外大循环，总投资9.6亿元，力争两年内打通58千米的城外大循环，实现市区到乡镇15分钟快速通达。

三是开辟三大基地，挺进全国百强。对接恒天集团，努力打造百万吨精密铸件基地；对接上海嘉定，努力打造百万吨汽车零部件基地；壮大泫氏集团，努力打造百万吨球墨铸管基地。同时要积极对接晋煤集团，开发西部煤田，加快煤电气化一体化项目建设进度。通过“3+1”模式，为挺进全国百强奠定坚实的产业基础。

三、破解发展难题

一是破解经济发展的难题——项目。确立功能定位，对各个乡（镇、办）的产业功能定位进行基本划分；集中落户园区，所有的项目都要集中落户在规划的河西、米山、三甲、马村等四个工业园区；突出主导产业，围绕冶炼铸造、装备制造业，积极对接嘉定，把汽车零部件配套工业园以飞地经济的形式落户到高平，积极对接恒天，大力培育装备制造业的龙头企业；加快项目对接，在项目对接上取得实实在在的成效，不见成效绝不撤兵。创造最佳环境，围绕办手续、帮拆迁、抓协调、保安全，创造最佳的投资环境、发展环境。二是破解城市发展的难题——拆迁。制定出台《高平市城市房屋征收与补偿安置暂行规定》，进一步规范城市拆迁改造工作。认真学习国务院《国有土地上房屋征收和补偿条例》，在此基础

上申请人民法院依法强制拆迁。制定出台党员干部在城市拆迁建设中发挥模范带头作用的意见，发出了人大代表、政协委员倡议书，在城市拆迁中做到“四带头”“八不准”。开工建设2000套回迁安置房，用于过渡、安置拆迁户。对市区30平方千米内现有的房屋进行确权登记，控制违章违法建筑。加大舆论宣传力度，形成“支持拆迁光荣，阻挠拆迁可耻，城市环境人人共享，城市改造人人有责”的强大社会舆论氛围。三是破解社会发展的难题——稳定。围绕“六个强化、六项制度”做好信访工作。“六个强化”，即：强化主体责任，破除依赖心理；强化包村包片，突出源头治理；强化工作作风，主动化解矛盾；强化班子建设，夯实基层基础；强化群众工作，确保和谐稳定；强化领导考核，建立长效机制。“六项制度”，即：领导接访制度、领导包案制度、党员包户制度、入户接访制度、全天候为民服务制度、信息对称和信访联席会制度。四是破解和谐发展的难题——安全。要牢固树立安全高于一切、安全重于一切、安全压倒一切、安全否定一切的理念，始终怀着如履薄冰、如临深渊的责任感，敬畏生命、敬畏制度、敬畏责任，扎实抓好思想教育、隐患排查、严处重罚、机制建设，着力抓好十大领域安全整治，建立健全十项安全制度，确保高平全年安全生产无事故。五是破解可持续发展的难题——生态。集中绿化市区周边的四座山，全面提升主干道路两边绿化，全力构筑城市绿色屏障，加快建设大美高平，努力创造最佳的人居环境、投资环境和发展环境。

四、坚决狠抓落实

一是增强危机抓落实。切实增强逆水行舟、不进则退的危机感，切实增强时不我待、只争朝夕的紧迫感，切实增强如履薄冰、如临深渊的责任感。二是强化责任抓落实。强化目标，对每一个重点项目、每一项重大工程都要做到“六位一体，十项任务”。“六位一体”，就是项目的储备、签约、落地、开工、建设和投产；“十项任务”，就是手续、招商、招投标、安全、稳定、资金、质量、进度、税收、廉政。强化任务，对跨年度才能完成的项目，要明确每一阶段的“办好手续、搞好拆迁、加快进度、确保安全”等工作任务。强化责任，要强化领导责任、主体责任、承办责任、督查责任。强化督查，具体要做“一天一督查、一周一通报、一月一排队、一季一奖惩、一年一考核”，让每一个项目同每一个领导、每一个主管单位的领导都密切相关。三是积极主动抓落实。各级干部都要有一个好的精神状态，以积极的状态、主动的状态、攻坚的状态、进取的状态、志在必得的状态，以不可战胜的状态去抓落实。四是严格考核抓落实。全面推行经济发展腾飞杯、优质服务优胜杯、党的建设红旗杯“三杯竞赛”工作考核。“经济建设腾飞杯”，重点考核各乡（镇、办事处）经济发展、重点工程完成情况；“优质服务优胜杯”，重点考核市直各单位围绕中心服务、为经济发展服务、为招商引资服务情况；“党的建设红旗杯”，重点考核各乡（镇、办事处）、各企业和部分单位在基层组织建设、重点工作方面创造性开展工作情况。通过“三杯竞赛”考核，在全市真正形成以项目为重点、拿工作比高低、用发展论英雄的干事创业环境，真正形成“无功就是过、平庸就是错、在位必司职、无为就让座”的选人用人导向，形成争先恐后、你追我赶、奋勇争先、龙腾虎跃的竞争激励机制。五是只争朝夕抓落实。要做到抓住每一天，每一天都有安排，每一天都有任务，每一天都有进度，每一天都有收获，绝不浪费每一天、狠抓落实每一天。

建设城乡一体化先行县 打造中部地区经济强县

泽州县县长 常广智

2012年，泽州县紧紧围绕“建设城乡一体化先行县、打造中部地区经济强县”奋斗目标，着力夯基础、解难题、促转型、抓统筹、惠民生、提效能，克服宏观经济环境的不利影响，保持经济平稳发展、社会和谐稳定的良好局面。

党的“十八大”吹响了全面建成小康社会的新号角，省委、省政府提出到2016年要有一批市县率先实现全面小康，市委、市政府做出了“一争三快两率先”的战略部署，县委四届三次全会确立了实现“三个率先”的更高目标，尤为重要的是，全县人民热切期待新的美好生活，我们深感责任重大，使命光荣。

一、2013年政府工作的总体要求

以邓小平理论、“三个代表”重要思想和科学发展观为指导，深入贯彻党的“十八大”精神，牢牢把握“转型综改”主线，以提高经济增长质量和效益为中心，持续深入推进工业新型化、农业现代化、特色城镇化、城乡生态化、民生普惠化，努力建设“活力、秀美、幸福、和谐”新泽州，为在全省率先全面建成小康社会、率先走出资源型地区转型发展新路、率先走出新型城镇化建设新路而努力奋斗！

二、2013年经济社会发展主要预期目标

地区生产总值增长11%以上，财政总收入和一般预算收入均增长14%，固定资产投资增长24%以上，社会消费品零售总额增长16%，城镇居民人均可支配收入增长12%，农民人均纯收入增长12%以上。

三、2013年政府工作重点

（一）狠抓重点项目推进，加速产业转型步伐。一是深入开展"项目推进年"活动。全年实施重点工程项目68个，年度投资135亿元。煤炭产业，重点推进整合矿井技改扩建；铸造及装备制造业，重点推进南村、巴公、大阳三个集聚区建设，探索组建铸造集团；现代煤化工，重点推进周村高硫煤洁净利用循环经济工业园、兰花科创己内酰胺、天泽40万吨氨醇60万吨大颗粒尿素技改等项目建设；现代服务业，重点推进兰花国际物流园区、晋煤大东沟煤炭物流中心等项目建设，积极对接义乌小商品城项目；文化产业，重点建设珏山二十八宿动漫体验园和文化创意产业园，加快完善县乡文化场馆；旅游业，开工建设府城关帝庙、浮山盘古庙等文物修复工程，继续完善珏山景区建设；新兴产业，加快推进兰花纳米碳酸钙项目，提高新兴产业占比率。二是积极推进园区扁平化管理。进一步完善巴公装备制造、周村煤化工、南村铸造和新兴产业、金村现代服务业、高都现代农业等园区领导体制和管理体系，成立园区建设领导组。统筹推进园区项目建设、村庄搬迁和基础设施配套，有效聚集资金、科技、人才、信息等生产要素，努力把园区打造成为对外开放的高地和重要经济增长极。三是全力扶持中小微企业发展。严格落实支持中小微企业发展政策，着力培育一批有发展前景的本土企业。继续深入推进地面企业管理标准化建设，扶持15家企业达标创建。继续加强舆论导向、土地协调、融资服务、人才培育、产业服务和质量保障等平台建设，加快培育"小巨人"，启动巴公中小微企业创业基地项目。四是全方位加大招商引资力度。进一步完善招商引资政策，健全招商引资工作机制，积极组团开展各类招商引资活动，巩固和扩大招商引资成效，促进招商引资由数量扩张型向质量效益型转变，由粗放低效型向集约高效型转变，由招商引资向招商选资转变。强化招商引资工作的过程化管理和考核。

（二）积极推进综改试验，充分激发内生动力。一要先行先试破瓶颈。细化转型综改实施方案，编制完成国土、财政、环保等十大部门专项实施办法。创新土地使用新机制。深入推进城乡建设用地增减挂钩试点，加快拆旧区土地复垦；积极开展工矿废弃地复垦利用试点工作。创新投融资管理机制。规范政策性投融资，做实投融资平台；加快金融体制改革，完善金融办，建立投融资项目库，加强对金融市场的监管；加强与银行的金融合作，进一步创新和扩大助保金贷款产品；加快推进农村信用联社改制，组建农村商业银行。继续抓好"一市两园""一县一企"试点工作，全力推进产业转型、城乡统筹、生态修复、民生改善"四大任务"重点标杆项目建设，切实起到示范带动作用。二要深化改革增活力。积极推进户籍制度改革，加快农村人口向小城镇和中心村集聚。稳妥推进医药卫生体制改革，巩固完善全民医保体系和基本药物制度，加快公立医院改革。深入推进水务改革，规范水务投资公司运作。大力推进文化体制改革，制定《文化产业扶持政策》，完善经营性文化单位法人治理结构，繁荣文化市场。三要科技创新促转型。加快构建以企业为主体、市场为导向、产学研用相结合的技术创新体系。重点扶持清慧汽配与科研院所合作共建铸造材料工程研发中心、绿色铸造技术实验室、精密铸造研发中心，加快科技成果转化，促进产业转型升级。积极加强科技重大专项申报。加大招才引智工作力度，深化人才培养和使用机制。

（三）统筹推进城乡发展，加快建成小康步伐。一是统筹重点镇中心村建设。科学规划重点镇、中心村布局，积极稳妥推进特色城镇建设，加快新型农村社区建设，促进人口向中心村镇集聚，重点抓好工业园区、压覆资源村、煤矿采空区、边远山村移民搬迁。支持重点镇率先发展，积极推进金村新区和南村、巴公、周村、川底等重点镇建设。继续实施"百家帮扶、百企带动"工程。继续实施农村环境卫生清洁工程。二是统筹城乡基础设施建设。继续实施县乡道路升级改造工程。完成金村镇区煤层气集中供应工程。扩大南村和巴公的集中供热面积。合理开发利用水资源，启动东大河水库、石河水库两大新水源工程，继续推进农网升级改造工程。继续实施饮水安全工程，解决30个村、2.5万人饮水安全问题。三是统筹城乡社会保障体系建设。加快农村社会养老服务体系建设。完成残疾人康复中心建设。加快推进城乡保障性住房建设，在南村、巴公开工建设1000套限价商品房。完善农村优抚制度和社会救助体系，健全社会福利制度，支持发展慈善事业，更好地保障低收入者和特殊困难人员的基本生活。

（四）更加重视"三农"工作，促进农民收入倍增。一要完善农村基本经营制度。健全农村集体"三资"管理制度，不断壮大农村集体经济实力。构建农业新型科技服务体系，争创农业社会化服务示范县。巩固家庭承包经营基础地位，稳步推进土地规模流转，促进规模经营主体向种养大户、家庭农场延伸，产业发展向农产品深加工延伸。落实和完善最严格的耕地保护制度，继续实施机械化保护性耕作、粮食高产创建、粮食丰收等工程。二要加快发展现代农业。加强农田水利基本建设，改造中低产田200公顷，进一步提高农业综合生产能力。加快发展"一村一品"和"一县一业"，进一步壮大无公害蔬菜、经济林、食用菌、有机农产品、畜禽养殖"五大基地"。全年创建100个省级"一村一品"专业村、示范村。加快推进农业产业化，扶持重点龙头企业加快建设，做大做强，促进农产品就地转化包装，提高产品附加值。加快发展现代农业园区，重点抓好高都、雨润、绿之丰等农业科技示范园区建设，2013年新增5个市级现代农业示范园，培树农业发展新亮点。三要着力促进农民增收。完善促进农民增收的政策措施。实施更加积极的就业政策，抓好农民培训、职业介绍、小额贷款扶持等工作，服务农民创业就业，不断提高农民务工收入。大力发展农村新型股份合作社，创建100个农民专业合作"示范社"，不断提高农民经营性收入。加大“三农”投入力度，扩大补贴范围，增加农民转移性收入。完善征地补偿机制，提高农民在土地增值收益中的分配比例，增加农民财产性收入。

（五）全力构建生态文明，加快建设美丽泽州。一要狠抓节能减排。强化源头控制，严格产业准入门槛，严格限制新上高耗能、高污染项目，严格执行环境影响评价和“三同时”制度。强化行业控制，加强重点行业、重点企业节能降耗和减排技术改造，扶持一批节能和资源综合利用项目。大力发展绿色循环经济，促进经济发展方式由高能耗、高污染、高排放向清洁生产、低碳生产、循环利用转变。二要深化环境整治。继续实施农村环境连片整治示范项目，积极创建生态县、生态镇、生态村、生态工业园区、绿色学校、绿色社区。加强长河、丹河河道治理和景观建设，启动丹河龙门湿地公园建设，实施5个乡镇生活污水处理工程和4个乡镇生活垃圾卫生填埋场工程。加强畜禽规模养殖污染防治，建设10个粪污排放综合处理示范场。完善再生资源回收利用体系建设。三要加强水土治理。继续实施小流域水土保持综合治理项目，加强病险水库治理，强化地质灾害防治及汛期应急处置工作，加强煤矿采空区和沉陷区治理。四要加快生态绿化。重点抓好道路绿化，以及道路沿线100个村庄绿化和荒山、景区绿化，全县森林覆盖率每年提高1个百分点，争创全国绿化先进集体和全国绿化模范县。

（六）持续增进人民福祉，维护社会和谐稳定。一要推动教育均衡发展。大力发展学前教育，继续实行幼儿园民办公助，新改扩建34所幼儿园。加快提升农村义务教育水平，合理调整中小学布局，完成义务教育学校标准化示范县建设。进一步加强教师队伍建设，切实提高师德水平和业务能力。二要提升医疗服务水平。进一步配备完善县乡医院医疗设备，全面完成无公房村卫生所建设。深入推进基本药物零差价销售，落实好国家公共卫生服务项目，提高人民健康生活水平。三要大力发展文化等各项社会事业。加强公共文化服务体系建设，完成“两馆”建设，繁荣文化事业。加强文化遗产保护。鼓励文化精品创作，依托二十八宿系列动漫加快发展文化创意等新兴文化业态。深化社会主义核心价值体系建设，深入开展群众性精神文明创建活动，提高全民文化素质和文明程度。大力推进计划生育优质服务全覆盖，稳定低生育水平，提高出生人口素质。认真实施“六五”普法。扎实开展第三次全国经济普查。推进各项社会事业全面进步。四要坚持抓好安全生产。不折不扣落实政府监管和企业主体“两个责任”。深入开展专项整治，严厉打击违法非法建设、生产、经营活动，严肃查处各类安全生产事故。建立健全安全生产长效机制，继续推进安全质量标准化建设和管理，落实安全生产目标责任考核“一票否决制”。坚决遏制重特大事故、减少一般性事故、杜绝瞒报迟报现象。五要加强和创新社会管理。进一步健全“十化”管理新模式，完善重大社会决策、重大工程项目社会稳定风险评估机制和群众诉求表达机制、社会矛盾调处机制，切实解决好事关群众切身利益的突出矛盾和问题。加强应急管理，健全突发事件应急体系，做好防灾减灾工作。强化食品药品安全监管，确保人民群众饮食安全、用药安全。进一步完善社会治安防控体系，严厉打击各类违法犯罪活动，确保社会和谐稳定。

应对挑战　攻坚克难
奋力建设幸福小康新阳城

阳城县县长　王晋峰

2012年，阳城县以科学发展为主题，以加快转变经济发展方式为主线，以民生为先，以项目为重，积极应对挑战，奋力克难攻坚，全县经济社会保持了平稳较快的发展势头。

2013年是全面贯彻落实党的“十八大”精神的开局之年，是实施“十二五”规划承前启后的关键之年。我们一定要精心把握，因势利导，在具体工作中坚持速度与质量同步、内生与外源齐抓、产业与生态共谋、发展与民生协调、务实与创新并重，顺势而为，乘势而上，切实把2013年工作做好。

一、2013年政府工作的总体要求

深入贯彻党的“十八大”精神，坚持主题主线和稳中求进总基调，以“三大战略”为统领，把转方式、稳增长作为经济工作的首要任务，以招商引资和项目建设为抓手，着力在非煤产业、大县城建设、生态文明建设、农民增收、民生改善上取得新的突破，为率先在全省全面建成小康社会奠定坚实基础。

二、2013年经济社会发展的主要预期目标

地区生产总值增长11%以上，全社会固定资产投

资增长24%，社会消费品零售总额增长16%，财政总收入、一般预算收入分别增长14%，城镇居民人均可支配收入增长11%，农民人均纯收入增长12%以上。

三、2013年政府工作重点

（一）围绕富民强县，聚力产业转型升级，提升经济增长质量和效益。一是坚定不移稳煤炭、壮陶瓷、建园区，做强工业。煤炭产业以建设促生产。进一步加快在建矿井推进速度，力促大西、西沟、宇昌、西河、四侯5个矿井投入生产，史山、皇联、西冯街、惠阳4个矿井投入试运行，新增产能315万吨；在确保安全的前提下，引导生产矿井加强成本管理，开足马力生产。加快煤层气开发步伐，全力推动惠阳、潘庄煤层气开采和舜天达煤层气液化等项目尽早投产，提高煤炭综合效益。陶瓷产业以规模带集群。按照“扩容、提档、多元”的产业发展要求，鼓励引导县内外各类投资者向陶瓷产业投资，重点抓好山溪干法制粉、晋陶二期、舒耐奇二期、金玉陶瓷等项目和建瓷园区东冶基地建设，新增4500万平方米生产能力。大力支持发展相关配套产业和上下游产业，增加花色品种，提高产品档次，实现多样化、高端化、集群化发展。园区建设以配套引项目。加快以水、电、路、气、讯及标准厂房为重点的园区基础设施配套建设。鼓励阳泰和皇城相府两大集团在园区基础设施建设和招商引资上持续发力，推动园区承载能力和集群化水平进一步提升。同步加快东城办机械加工装备制造、风城博烨玛钢铸件、润城高性能玻璃微珠等非煤项目建设，力促济柴装备动力项目尽早上马，培育新的经济增长点。二是坚持不懈保根本、育特色、提效益，做优农业。强化农业基础建设。围绕提高土地产出率，完成800公顷旱作节水农业示范基地、白桑坝滩联治项目和两座小水库除险加固工程，增强农业抗旱保收能力。狠抓“一矿一池一园区”工程及末级渠系配套建设，实施寺头等6个村土地复垦整理、农业综合开发、坡耕地治理等项目，改善农业生产条件，提高综合生产能力，确保粮食产量正常年景保持在1.4亿千克以上。做亮农业特色产业。继续把蚕桑作为阳城农业的特色品牌来抓，以寺头、次营、芹池、蟒河、东冶、河北6个乡镇为重点，大力发展优质丰产桑园，改造低产桑园200公顷，推广固定养蚕大棚500栋。挖掘开发桑枝、蚕沙、蚕蛹等蚕桑副产品，拉长产业链条。加大财政扶持力度，建立产业发展和生丝储备基金，保护农民养蚕积极性，促进产业发展。同时，要按照山区抓畜牧、种药材、植干果，城郊抓蔬菜、栽培食用菌的思路，鼓励通过土地适度流转，促进规模养殖、连片种植。建立新型经营体系。坚持“公司＋基地＋合作社”产业经营模式，加快五维肉鸡养殖、中棉高效农业、沁河流域万亩苗木基地等项目建设，培育发展福隆达种鸡孵化、杨柏大峡谷特种养殖、中药材生物提取等一批农业龙头企业，提高农产品就地转化率；鼓励并规范引导各类农民专业合作社、股份制合作社和联合社健康发展，破解千家万户“小生产”和千变万化“大市场”的链接困局。三是持之以恒抓旅游、荣商贸、促物流，做活三产。进一步把旅游做精、做细、做出品牌。紧紧围绕“3＋1”大旅游发展战略，瞄准建设全国旅游目的地目标，搞好顶层设计，统筹谋划旅游发展全局。在旅游景区建设上，加快蟒河景区二期建设，增强景区承载力；全力推进析城山景区开发，力争早日对外开放；全方位提升皇城相府接待能力和服务水平，建设“全国旅游标杆景区”。在旅游文化挖掘上，启动“全国古堡民居第一县”打造工程。在旅游宣传促销上，召开海峡两岸龙文化高峰论坛、商汤文化研讨年会、“美丽阳城展现美丽画卷”赛事，不断提升阳城旅游美誉度和知名度。进一步把物流做多、做大、做出规模。鼓励工商企业与运输、仓储等企业进行联合重组，加快物流网络体系建设。强化物流基础设施配套，努力打造辐射周边的区域性物流中心。进一步把商贸做宽、做广、做出旺气。大力发展科技信息、财会金融、商务咨询、市场中介等新型服务业态。加快市场公用事业、房地产和物业、社区、家政等服务业发展。完善城乡商业网点布局，推动商贸服务业不断拓宽领域，扩大总量，提升效益，促进城乡市场繁荣，经济活跃。要认真落实项目推进年“六位一体”工作机制，扎实抓招商，全力推项目。围绕主导产业、特色产业，以园区为主要载体，重点引进一批投资规模大、技术含量高、产业关联度强的大项目，提高经济发展的外向度。坚持咬定项目不放松，尽可能向上争取项目资金。重点在“三农”、民生、新能源、新材料、节能减排、自主创新等领域，谋划一批经济效益好、带动能力强的转型标杆项目。全面落实省市“项目推进年”要求，实行县级领导对口联系项目制度，全方位推进项目建设。坚持扶持民营不减力，积极争取利用上级政策，持续加大对实体经济发展的扶持力度，用足用好非公有制企业发展专项资金，力促事关群众就业创业的小微企业健康发展。进一步加快建设融资担保、创业辅导、企业孵化、人才培训、技术支撑等公共服务平台，切实解决民营经济在发展中遇到的实际困难和问题。

（二）围绕宜居宜业，聚力城乡统筹发展，提升城镇化建设水平。一是再掀城市建设新高潮。继续拉大城市框架。坚持道路拓展与片区建设齐抓，铺开县城到八甲口、演礼两条快速通道建设，力争开工滨河东、西路上游延长线工程，做好骏马岭隧道、町店快速通道等项目前期，同步加快推进白桑、演礼、町店、西河、八甲口等五大功能区发展，搭就“1＋5”大县城基本框架。不断完善城市功能。坚持建设与改造并重，全面推进城市集中供热管网建设工程。铺开城市绿道建设。实施县城南部片区、滨河西路、甄阳巷、下川4个片区城中村改造，促进旧区扩容提质，增强现代城市气息。全面提升城市形象。集中力量开展街巷景观、环境卫生、交通秩序“三项整治”活动，努力营造干净、整洁、有序的城市环境。探索建立行之有效的城市管理长效机制，综合运用教育、经济、行政、法律等手段，引导居民养成健康文明的生活和行为习惯，塑造良好城市形象。二是建立城镇发展新体系。以乡镇所在地为重点，整体规划、因地制宜，不断完善基础建设，增强镇区承载力。积极引导项目向园区集中、园区向城镇发展，带动人口集聚，促进城镇向城市方向发展，逐步实现农民就地市民化，农村就地城镇化。以产业园区为引领，统筹带动城镇建设，实现产城融合发展；以保护生态为主旨，推动城镇发展，实现城镇与自然和谐共融，着力培育一批各具特色的产业重镇、商贸强镇、旅游生态名镇。三是建设文明美丽新农村。全面启动并实施省级美丽乡村连片区建设试点工程，积极引导山区村突出抓基础，强化基本保障；中间村突出抓巩固，改善生活条件；条件好的大村突出抓提升，提高发展水平，加快建设“卫星小城镇”型的新农村。推开农村环境综合整治。实施20个农村太阳能“绿色洗浴”工程，完成330个村的路灯亮化，启动20个新农村“标杆村”建设。

（三）围绕建设美丽阳城，聚力生态保护修复，提升人与自然的亲和力。一是狠抓节能降耗减排。倡导集约节约利用土地，严格保护耕地面积。继续强化节能监管，突出对重点能耗企业跟踪管理，提高能源利用效率。深入推进污染减排和脱硫脱硝工作，从严排查化工行业排放，开展PM2.5监测，加大机动车尾气以及烟尘、扬尘治理力度，确保全年空气二级以上天数保持在330天以上。二是强抓治河去污增绿。集中力量对境内主要河流进行综合整治，加快推进芦苇河生态治理工程，持续加强获泽河县城段治理工作；实施城乡饮用水源地保护“全覆盖”。力推县城垃圾处理厂建成投运。突出抓好主要道路、河道两侧和重点区域的造林绿化。继续对通道绿化和森林公园进行高规格补植补造和景观化提档升级。加强森林防火，严厉打击破坏森林资源行为。三是力抓循环经济发展。加快构建循环型产业体系。推进再生资源回收利用体系建设，鼓励通过推广先进适用新技术，推动资源循环式利用、产品循环式生产。

（四）围绕文化兴县，聚力人文科教，提升县域经济发展软实力。一是优先发展教育事业。大力促进教育公平，率先建成全省义务教育基本均衡县。持续加大教育投入，完成特殊教育学校建设任务和实验小学、南城幼儿园主体工程，加快教育信息化“三通两平台”建设，优化教育资源配置。继续扩充幼教资源，推进乡镇标准幼儿园建设，促进幼儿教育规范化。扩大职业教育规模。深入推进教学改革，开展送教下乡活动，强化教师岗位培训，实施名校名师工程，进一步提高教育教学质量。二是坚持先进文化方向。不断加强社会主义核心价值体系建设，强化社会公德、职业道德、家庭美德、个人品德教育，全面提高公民思想道德素质。大力发展文化产业，开发具有阳城特色的文化产品。繁荣文化艺术创作。启动无线广播“村村通”全覆盖工程。加强公共体育设施建设，积极倡导全民健身运动。继续实施电影下乡、送戏下乡等“文化惠民”工程，广泛开展各类群众性文体活动，进一步提高城乡群众文化生活质量。三是积极推动科技创新。支持创新要素、创新资源向产业、园区、企业集聚，鼓励企业与高校院所深化合作，加快构建以市场为导向、企业为主体、产学研相结合的创新体系，推动科技成果商业化、资本化、产业化。鼓励建设产学研合作基地，大力开发和引进新产品、新工艺、新技术，积极创建各类科技示范园区，提高科技进步对经济增长的贡献率。

（五）围绕保障和改善民生，聚力社会各项事业，提升人民群众的幸福度和安全感。一是进一步发展社会事业。着力优化医疗资源配置，加快人民医院迁建工程建设步伐，完善乡镇卫生院和村卫生所医疗设备，增强医护人员技术力量。开展新农合20种重大疾病保障工作，健全和完善城乡居民健康档案，切实提高医疗服务水平。加强疾病防控体系建设，逐步降低重大传染性疾病、慢性非传染性疾病以及地方病对人民群众健康的危害。深入开展爱国卫生运动，积极创建省级卫生城市。坚持计划生育基本国策，提高出生人口素质。二是进一步强化社会保障。认真落实各项就业扶持政策，鼓励自主创业、自谋职业，发展劳动密集型产业，全力增加就业岗位；积极推动职业技能培训和公共就业服务，重点做好高校毕业生和农村剩余劳动力的就业工作。不断完善城乡居民基本养老保险制度，将基本养老金标准由65元增加到80元，提高企业退休人员基本养老金；统筹考虑非公有制企业员工、城镇个体工商户、进城务工农民等群体基本养老，着力扩大覆盖面。继续提高城乡低保和农村“五保”保障标准，实现应保尽保；发展慈善事业，提高红十字等社会救助团体的救助实力；建成社会福利中心，全力做好孤儿救助和救灾救济工作。新建保障性住房2800套，改造农村危房200户，缓解城乡低收入家庭住房困难。三是进一步创新社会管理。以煤矿安全、食品药品安全、道路交通安全为重点，深入开展隐患排查治理，进一步健全完善各类规章制度，从严监管，最大限度减少一般事故，控制较大事故，严防重特大事故。加强非煤矿山、危险化学品、防火防汛、人员密集场所和校车安全管理，完善各类应急预案，提高应急处置能力，确保人民群众生命财产安全。大力推进县、乡、村三级社会服务体系和信息平台建设，完善基层网格化管理机制。认真解决好群众信访问题。健全矛盾纠纷排查调处化解机制。加强社会治安防控体系建设，严密防范和依法打击各类违法犯罪活动，确保社会治安持续稳定。

倾力打造山西产业转型样板区

临汾开发区管委会主任　尚日红

2012年，临汾开发区始终把“稳增长”放在全区工作首位，紧紧围绕招商引资、项目落实、园区开发、民生改善等重点工作，深入开展“四个年”活动，确保了全区各项目标任务的圆满顺利完成。

2013年是全面落实党的“十八大”精神的开局之年，也是实施“十二五”规划承上启下的关键一年。做好2013年的工作，意义重大，影响深远。

一、2013年全区经济工作的总体要求

全面贯彻落实党的“十八大”精神，牢固树立发展是第一要务理念，坚持解放思想，坚持改革开放，以做大经济总量和提高经济增长质量为中心，紧紧抓住山西省“转型综改”和“一市两园”发展机遇，以“一区两园”(即:临汾市域经济引领区、新型工业园和新型城市经济服务园)建设为重心，进一步加快产业转型升级步伐，继续加大招商引资和项目建设力度，全面提升城镇化建设水平，确保“两园”开发建设取得新突破，努力把临汾开发区建设成为山西省产业转型的样板区。

二、2013年主要经济发展目标

区内生产总值增长20%，达到42亿元；工业总产值增长15%，达到20亿元；工业增加值增长15%，达到6.3亿元；科工贸收入增长20%，达到250亿元；招商引资合同资金增长30%，达到87亿元；固定资产投资增长32%，达到33亿元；财政总收入增长13.5%，达到3.45亿元；进出口总额增长10%，达到5880万美元。

三、2013年开发区工作重点

(一)全力加快“一区两园”建设。以临汾开发区(洪洞·甘亭)工业园为载体，紧紧抓住全省转型综改试验区深入实施的大好机遇，重点做好三方面工作：一是全面加快“工业园”建设。紧紧围绕建设一个工业新城的奋斗目标，做到“五个抓好”：抓好政策利用，用好用活政策资源，盘活金融、土地等各类资源，切实推动项目引进、落地和实施；抓好产业转型，着力破解产业结构单一瓶颈，吸引一批高新产业，打造区域产业转型品牌；抓好园区管理，积极与洪洞县沟通协调，在合作框架协议基础上，完善园区运行机制、管理办法等，确保园区高效运行，快速发展；抓好招商引资，在全面推进签约项目落地实施的同时，力争引进10个以上投资超亿元项目，其中，10亿元以上项目不少于3个；抓好基础设施建设。继续加大配套资金投入力度，完善配套设施，确保园区全面达到“七通一平”标准，形成东片区道路闭路循环。进一步完善园区服务设施，壮大六大主导产业的龙头企业。二是全面加速新型城市经济服务园建设。以开发区老区为载体，以商贸、物流、科技研发等为突破，进一步加强与高校和科研机构的合作，加快高新技术孵化园建设，探索试行“园中园”建设。特别是要以科海等企业科技研发机构为依托，加快建设临汾开发区科技研发园，引进一批高科技、无污染的新型工业企业或组装类企业，扩大开发区现有区域经济增长点。同时，加大工业园内高新技术产业园的规划实施，做强做大公共孵化器、研发、检测公共服务平台、标准化厂房等重点科技创新项目，打造具有开发区特色的科技创新园品牌。三是全面加大扩区力度。做实扩区申请工作，力争在扩区问题上取得实质性突破。

(二)全面加快项目建设速度。将2013年确定为全区“项目建设提速年”。全区实施项目60个，其中，10亿元以上5个(工业园3个)，5亿元以上的10个。重点建设装备制造园区、电子信息园区、高端商贸园区。围绕这个目标，重点做好五个方面工作：一是继续实施领导包联项目制度。及时协调解决项目建设中的矛盾和问题，全面提升项目建设速度。二是全面完善项目直通车服务制度。进一步优化服务质量，加快项目推进速度。三是着力强化项目对口服务。每个项目除包联领导之外，还要有包联单位；由项目包联单位负责牵头，着力解决项目建设过程中的具体问题，相关单位做好配合。四是坚持实行调度会制度。增强部门合力，为项目建设排除障碍，为企业快速发展创造宽松环境。五是继续引申行政审批制度改革。建立重大项目跟踪服务制度，加大入区企业注册登记“一条龙”全程免费代理服务宣传力度，为入区企业提供全方位、保姆式优质服务。最大程度提高行政服务效率，强化行政审批监管。

（三）进一步加大招商引资力度。一是深入开展“招商引资突破年”活动。进一步完善招商引资实施方案和奖励措施，提高项目准入门槛，重点引进一批国内乃至国际500强企业，特别是在装备制造、电子信息等方面要有新突破，争取引进1家世界500强企业和两家中国500强企业，力争2013年招商引资额突破百亿元。巩固好与“中关村”、珠三角、长三角和台湾地区的招商关系，拓宽京津塘环渤海地区招商范围，构建多元招商网络，着力引进一批机械装备、电子、医药、商贸、物流、楼宇经济和总部经济项目。二是全面完善招商引资激励机制。继续实行全员招商和专业招商相结合制度，整合社会综合资源，大造招商引资声势。三是不断壮大招商引资队伍。四是进一步完善项目库建设。畅通项目信息渠道，让闲置资金得到最大效益的利用。继续加大与部分科技型企业和院校的合作力度，加强项目包装，发掘一批工业园产业配套如装备制造、机械制造、农业产业化、电子信息等项目。

（四）进一步搞活土地和金融机制。一是进一步提升土地的集约节约利用率。继续实施土地集约利用战略，促使取得用地指标的土地尽快进入实质性开发利用阶段。在“城中村”改造中，妥善解决好社区生产发展用地问题。二是进一步加强财政监管力度。充分发挥财政杠杆作用，确保民生和大项目投入；充分发挥区城投公司的平台作用，完善运作管理机制，创新用财方式，用活用好政府现有资金；充分利用资本市场，加强与银行和金融系统的合作或者通过BT、BOT等方式，想方设法解决建设资金，缓解财政压力，拉动搞活基础设施建设。继续推进国库集中支付改革，继续推进公务卡改革。不断拓宽财源，强化税收征管，进一步梳理调整税收渠道，确保全年财政收入任务圆满顺利完成。

（五）进一步加快城镇化进程。一是大力推进基础设施建设。重点做好河汾四路西段道路工程、中大街南段道路工程、工业东路中段道路工程、生活垃圾压缩中转站项目、临汾开发区道路照明节能改造示范项目、公共厕所配建项目等城市配套建设。着力完成好廉租房、公租房、公厕等工程建设任务，有效提升区域基础设施水平。二是加快“城中村”改造步伐。加快推进已启动的三个城中村改造项目，制定出台城中村改造管理办法，统筹解决好被拆迁户的安置补偿问题。加快还迁区建设进度，加强还迁工程质量监管。启动北孝、高河店等社区城中村改造工作。三是壮大社区股份合作经济。大力发展壮大社区股份合作经济。创新社区管理模式，大力提倡、鼓励社区成立股份制公司，积极引导吸纳居民有效利用各类补助入股办企业，探索建立变居民一次性补偿为终身受益的社会保障体制。在条件成熟的社区，率先开展集体经济产权制度改革，树立典型，总结经验，扩大成果。

（六）毫不放松地做好安全稳定工作。一是综合治理。做好安全稳定、信访接待、民生保障等工作。要强化社会管理责任制建设，深入排查化解矛盾纠纷，积极开展“三项战役”和“社区管理创新年”活动。二是社会治安管理。着重抓好社会治安防控体系建设、公安信息化建设、执法规范化建设，不断加大打击防范力度，适时开展各类专项严打活动和消防安全大检查活动，加大治安乱点整治力度，确保不发生重大火灾事故和人员伤亡事故。严厉打击各类刑事犯罪、经济犯罪、涉毒犯罪，维护市场经济秩序。三是安全生产。加大安全生产监管力度，进一步引申“安全生产年”活动，完善安全生产监管机构，深入开展商务、物价、工商、质监等专项执法检查活动，确保全区的市场安全和食品安全；完善应急管理预案和值班轮守制度，提高应对突发事件能力，确保安全生产形势持续稳定。

（七）大力度搞好辖区民生建设。一是积极推进和谐社区建设。高度关注和改善民生，继续加大区财政对社区和农民的资金扶持力度，大力推进社区“三有一化”（有办公场所、有人办事、有钱办事和网格化）建设。着力做好失地居民生活补助发放、“两免一奖”、城市居民最低生活保障和新型农村合作医疗、城市居民医疗保险、廉租房、经济适用房等申报、核查、发放工作，确保各项惠民保障政策真正落到实处。进一步完善信访接待工作，营造和谐发展氛围。二是全面加强社会事务管理。深化各项体制改革，不断探索社会管理发展的新举措。进一步整合教育资源，优化师资队伍管理配置，提高辖区基础教育整体水平；做实计生工作，确保计生工作在全市的先进位次。三是继续加强社区文化和精神文明建设。开展就业技能培训、社区文化展演等活动，提升辖区居民从业能力和整体素质。继续完善社区文化广场、活动中心等配套设施，让广大辖区居民真正享受到城镇化建设带来的好处，提升社区居民的幸福指数。

（八）全力做好转型综改工作。申请成立临汾开发区转型综改办公室，全面推进转型综改工作，增加标杆项目数量，加快标杆项目建设，重点在先行先试和改革创新上取得新突破。立足现有区域，紧扣总部经济、商贸物流、信息服务等现代服务项目，把“引进企业总部、拓展总部企业上下游产业链，大力发展总部经济”作为推动产业结构转型升级的重要推手，积极引进上市企业、高新技术企业等优秀企业总部入驻开发区。积极引进先进总部企业研发、制造、采购、销售等下游产业链，带动相关上下游产业发展，真正实现总部企业引得进、留得住、出效益，推动老区产业结构升级。

真抓实干 奋勇争先
建设文明开放、富裕和谐新尧都

尧都区区长 王 震

2012年，尧都区克服困难，扎实工作，全区经济社会发展取得重大成就，综合考评位列全市第三。2013年是全面贯彻落实党的“十八大”精神的开局之年，是尧都区主攻项目、重点突破、全面推进的关键一年，做好2013年的工作，意义十分重大。

一、2013年政府工作的总体思路

全面贯彻落实党的“十八大”精神，坚持以中国特色社会主义理论体系为指导，围绕六化目标，实施五大举措，紧扣主线，主攻项目，全面推进，着力推动项目建设，着力深化产业转型，着力推进新型城镇化，着力打造生态家园，着力保障和改善民生，着力构建和谐社会，为全面建成小康社会奠定坚实基础。

二、2013年全区经济社会发展的主要预期目标

生产总值278亿元，增长12.4%；规模以上工业增加值89亿元，增长16%；固定资产投资223亿元，增长25%；财政总收入37.08亿元，增长13%；社会消费品零售总额191亿元，增长16.4%；城镇居民人均可支配收入24424元，增长13%；农民人均纯收入10249元，增长15%。

三、2013年政府主要工作任务

*（一）以园区建设为重点，加快构筑工业新体系。*一是全面启动两大园区建设。贾得工业园区，完成14千米主干道路、13千米输水管道和供水配套设施、招商引资展示大厅建设，加快推进两大入园项目建设，启动450万吨生铁、500万吨钢铁项目前期工作。汾河煤电化工业园区，围绕中煤项目，启动实施309国道至园区5千米快速车道工程，抓好中煤260万吨焦化及煤化工项目，力争年内奠基开工。二是全力抓好煤炭生产。重点抓好四通煤业、晋牛公司等10座煤矿基建改造，年内龙驭煤业、宏大雪坪、晋牛公司3座煤矿竣工试运转，完成基建投资15亿元以上。继续抓好煤炭生产和统一经销，全年原煤产销量确保达到600万吨。继续鼓励煤矿企业发展后续产业或非煤产业。三是大力扶持小微企业。加大工业经济运行调度力度，实行工业经济例会制度，落实领导和部门包联责任。加快建立中小企业助保贷融资平台，重点抓好52家规模以上企业生产经营。光宇半导体100万盏智能灯具、志强钢铁25万吨精密铸造、中科国磁1000吨磁钢等10个项目完成年度建设目标。

*（二）以核桃基地建设为重点，增强农村经济发展活力。*一是加快产业基地建设。继续加快核桃基地建设，把发展核桃产业作为农业调产的重点，新增6667公顷（10万亩），支持发展核桃苗木产业，鼓励引进建设核桃深加工企业，逐步形成生产、加工、销售一体化发展格局。继续加快设施蔬菜、优质水果基地建设，新增设施蔬菜1000公顷，新增优质水果667公顷。继续抓好尧都生态产业园建设。理顺园区管理体制，按照“政府引导、企业主体、市场运作、集约经营”的模式，确保园区实现良性发展，重点抓好投资3.4亿元的千亩光伏发电大棚项目。加快创新农业生产经营机制，大力发展新型农民合作组织，扶持培育十大龙头企业，启动“一村一品”扶持工程，加强农产品质量安全体系建设，加强基本农田保护，落实强农惠农政策，全年粮食产量稳定在25万吨以上。二是加快农业农村基础设施建设。抓住山西“大水网”涉临工程建设机遇，加快推进涝河、洰河“五库联调”工程。抓好总投资8000万元的全国小型农田水利重点县一期工程、国家级基本农田整理和万亩高标准农田建设等八项基础建设工程。完成河底至乡宁光华23千米山区公路和22千米农村三级联网公路改造工程。启动新一轮农网升级改造，完成两项10千伏线路、31个低压台区和59项农村水利供电设施改造。三是全面提升新农村建设水平。按照城乡发展“五个一体化”要求，扎实推进新农村建设。抓好“两区同建”，积极推进“两区同建”示范工程，编制完成沿汾8个乡镇、1个办事处“两区同建”规划，重点抓好尧庙片区试点工作。抓好农村五件实事，在巩固两轮“五个全覆盖”工程的基础上，抓好“农村困难家庭危房改造、特困户易地搬迁、行政村街道亮化、村级幼儿园改扩建、乡村清洁工程”五件实事，不断改善农村基础设施条件。推进新一轮扶贫开发，以东西两山贫困村和贫困人口为重点，落实好79个贫困村

和3.1万贫困人口的产业扶持政策。

（三）以涝洰河生态建设为重点，加快推进城镇化进程。一是加快涝洰河生态建设。涝洰河生态建设工程，总投资37.94亿元，总占地22.4平方千米。主要实施河道治理、生态景观、城市路网、跨河桥梁四项基础工程，打造“五湖六园”景观格局，实现城市中心区格局由“滨河发展”向“拥湖发展”转变，形成尧都新的经济增长极，2013年重点启动实施河道治理、生态景观、城市路网和跨河桥梁四项基础工程。二是加快城市基础设施建设。在东城区，继续推进道路拓宽改造，启动实施108国道东移工程。继续推进东城学校、职业技术学校建设。东城医院6月主体完工。启动东城商业公园工程，年内完成高压入地和道路“五通一平”。加快上东世纪CBD城市经济综合体项目建设。东城城市综合体项目年内完成基础工程。三是全面加强东城管理。坚持建管并重，厘清事权，明确责任，建立分工明确、执行有力、配合有效的城市管理机制；成立东城管理综合执法机构，制定出台东城市容市政管理办法，加强东城市政公用、园林绿化、市容环境等综合管理工作；创新城市管理理念，全面加强东城管理，提升东城管理水平。四是加快城中村改造。重点抓好26个试点村改造项目，力争年内取得实质性进展。五是全力抓好河西重点项目征地拆迁工作。加快河西12项重点工程征地拆迁，完成站北春苑和漪汾花园还迁小区主体工程，完成规划十二路建设，完成奥体中心、站前广场、景观大道及桃临线等8项重点工程征地拆迁工作。

（四）以大项目建设为重点，推动三产提档升级。一是加快十大商贸工程建设。启动奥特莱斯芭蕾雨产业园项目，启动临汾建材家居博览城项目，加快生龙国际商贸城项目建设，启动实施红星美凯龙大型国际家居贸和超级百货贸项目，启动实施临汾汽车博览城项目，启动实施百汇、尧丰市场搬迁工作。加快恒安美特好项目建设及工贸大楼改扩建步伐。二是加快三大物流项目建设。启动兴荣物流扩容项目和百业物流项目，做好中信空港仓储物流园区项目前期工作。三是加快仙洞沟景区开发建设。实施仙洞沟风景名胜区开发建设工程，年内完成门户区主体工程和婚俗文化区建设。继续完善尧帝陵祭祀大殿和广场项目建设。

（五）以春秋大绿化为重点，全力建设美丽尧都。一是继续推进春秋大绿化工程。植树150万株，重点完成通道绿化182千米，退耕还林147公顷，生态造林867公顷。二是继续推进城乡环境综合整治。高标准实施东城环境综合整治，突出抓好“五化”工程，5月底前完成“两路一街”景观绿化、园路、人行道铺装等工程；完成解放路口、华州路口等重要节点景观建设。继续推进农村环境卫生综合整治，突出解决城乡接合部和农村背街背巷脏、乱、差问题，提升绿化、硬化、亮化水平。研究制定农村环境卫生管理制度和办法，建立农村环境卫生长效管理机制。三是加强环境保护和节能减排。以创建国家环保模范城市为目标，加大节能减排力度，加强大气、水环境监测和污染治理。启动奥特莱斯片区、滨河东路南延片区和贾得工业园区三座污水处理厂工程。继续加强对重点企业的监测，推进全社会节能，力争万元地区生产总值综合能耗下降3.7%。

（六）以项目建设为重点，全面增强发展活力。一是加快综改试点区建设。围绕产业转型、生态修复、城乡统筹、民生改善四大任务和10项配套改革，全面推进转型综改试点区建设。重点围绕百里汾河新型经济带，推进山西澳坤量子食用菌扩建和涝洰河生态建设两大标杆项目，加快流域生态治理走廊建设。二是全力推进项目建设。深入开展“项目推进年”活动，加大招商引资力度，全力抓好重点项目建设。年内项目储备保持1000亿元以上，签约160亿元，落地175亿元，开工115.7亿元，152个重点项目完成投资197亿元，项目投产137.2亿元。强化项目建设主体责任，落实项目包联责任制。建立健全考核机制，确保项目建设在力度、速度和强度上实现新提升。三是继续创优发展环境。全面优化政务环境，进一步提高行政审批效率，规范部门执法行为；继续完善服务对象评议部门制度，提高企业和服务单位参与度。全面优化社会环境，坚决打击各类违法行为，营造和谐稳定的社会环境。四是全力破解发展瓶颈。解决项目建设用地需求，用足用活城乡建设用地增减挂钩等相关政策，积极争取用地指标，为项目建设提供用地保障。加大融资力度，围绕涝洰河生态建设、滨河东路南北延、五一东路拓宽改造等重大民生工程，创新融资方式，采取贷款、短融、发行债券等模式，解决重点项目资金需求，全力抓好涝洰河生态建设工程17亿元企业债券发行工作。加大政策资金争取力度，抢抓政策机遇，精心包装项目，积极争取水利、交通、林业、环保、住建、财政等方面的政策性资金。

（七）以改善民生为重点，加快发展社会事业。一是加快发展文化事业。大力实施“文化强区”战略，推动文化大发展、大繁荣。完善基础配套设施，加强农村文体场所管理与维护，配套完善街道社区文化体育设施，打造城市社区“10分钟文体活动圈”。继续实施文化惠民工程，开展公益电影放映等文化下乡活动。加强非物质文化遗产保护。大力发展文化产业。抓好以帝尧为主题的影视作品创作筹备工作。二是全面发展各类教育。优化师资队伍结构，加强教师队伍建设。加大教育投入，改善教育基础条件。重视发展学前教育，编制完成全区幼儿园发展规划，建立“政府主导、社会参与、公办民办并举”的发展机制，加快城乡幼儿园建设。三是提高医疗卫生水平。继续改善医疗基础设施，启动实施大阳、吴村等6座卫生院改扩建工程；巩固基本药物制度，落实基本药物零差率政策；加强疾病预防和控制工作，搞好免费预防接种等公共服务；加强医疗队伍建设，公开招聘医技医务人员。做好人口和计划生育工作，人口自然增长率控制在6.5‰以内。四是千方百计扩大就业。完善创业就业服务体系，扶持鼓励自主创业，以创业带动就业。大力发展劳动密集型产业，不断扩大就业规模。重点做好大中专毕业生、城镇就业困难人员和复转军人等重点群体的就业工作。转移农村劳动力6000人，新增城镇就业8100

人，城镇登记失业率控制在4%以内。五是健全社会保障体系。提高职工、居民医保报销比例和养老、失业、工伤、生育保险待遇，全面推行社会保障"一卡通"。积极做好社会保险扩面工作，力争六大保险参保人数达到57万人。启动区就业社保服务中心项目建设。城乡低保保障标准每人每月分别提高30元、24元，达到385元、134元。加快保障性住房建设，完成200户农村困难家庭危房改造。

（八）以创新社会管理为重点，确保社会和谐稳定。一是全力抓好安全生产。牢固树立"安全责任大于天"的意识，进一步强化政府部门和企业两个主体责任，深入开展"打非治违"和安全生产专项整治活动，突出抓好以煤矿、非煤矿山、私挖盗采、危险化学品、食品药品、道路交通、森林防火、特种设备、中小学、人员聚集场所等重点行业、领域的安全工作。严格执行安全生产一票否决制和责任追究制。全面加强应急管理体系建设，开展应急演练。加强社会治安综合治理，严厉打击各类犯罪，高度重视和做好信访维稳工作，确保社会和谐稳定。二是加快推进社会管理创新。重点启动便民服务中心建设，启动城市社区网格化联网工程，启动街道社区居民生活服务中心建设，加强农村公路养护与管理。三是继续加强民主法制建设。自觉接受人大法律监督和工作监督，积极支持人民政协履行政治协商、民主监督、参政议政职能，认真办理人大代表建议和政协提案。完善基层民主管理制度，深入推进政务公开、村务公开和企务公开。

建设三晋经济强市　实现整体率先发展

霍州市市长　**崔山原**

2012年，霍州市紧紧围绕"建设三晋经济强市、实现整体率先发展"的奋斗目标，深入开展"项目建设年、环境整治年、作风转变年"活动，抢抓机遇，奋力赶超，实现了经济社会的平稳较快发展。

2013年是全面贯彻落实党的"十八大"精神的开局之年，是为全面建成小康社会奠定坚实基础的重要一年。面对新一轮的发展机遇，一定要增强紧迫感，强化主动性，以崭新的精神面貌，昂扬的奋斗激情，务实的工作作风，推动全市经济社会转型跨越、率先发展。

一、2013年政府工作的总体思路

坚持以"十八大"精神和科学发展观为指导，紧紧围绕"建设三晋经济强市，实现整体率先发展"的宏伟目标，牢牢扭住"主攻十大重点，夯实百亿工程"的总体要求，解放思想，齐心协力，真抓实干，为建设山川秀美、富裕和谐、文明开放的幸福美丽新霍州而努力奋斗。

二、2013年经济社会发展的预期目标

生产总值增长10%，工业增加值增长12%，固定资产投资完成90亿元，社会消费品零售总额增长16%，财政总收入和一般预算收入各增长6%，城镇居民人均可支配收入和农民人均纯收入分别增长13%和15%，居民消费价格涨幅控制在4%左右。

三、2013年政府主要工作

（一）强化工业主导地位，突出抓好项目建设，壮大经济发展实力。一是改造升级传统产业。重点完成煤矿企业扩能改造，确保复工生产，投产达效。积极推进企业技术改造和产业链条延伸，鼓励发展产业政策对路、建设周期较短、市场前景看好的下游产业，不断提升河西循环工业园区和城北煤化工工业园区的产业聚集度。二是培育壮大新型产业。加快霍东新产业聚集区建设，着眼长远，统筹抓好规划配套、规模扩张和服务管理，尽快完成"七通一平"等设施建设，为新项目落地奠定扎实基础。重点服务好霍煤50亿元非煤产业建设项目，确保一期工程建成投产，二期工程全面启动。天然气综合液化项目也要加快建设，年内投入运营。三是大力实施招商引资。认真落实招商引资的10项优惠政策，提高办事效率，优化发展环境，确保更多的项目招的来、建的成、效益好。

（二）夯实农业发展基础，重点扶持优势产业，促进农民持续增收。一是加快发展特色农业。以基地建设为引领，继续采取财政补助、信贷贴息的办法，扶持干鲜水果、无公害蔬菜、小杂粮等特色农业规模化发展，巩固提高原有200余个规模养殖场优势，特别是要加快推进西张垣现代农业生态循环示范园区建设，初步建成具有产品展示、技术培训、休闲观光等多种功能的现代农业示范园区。二是不断夯实基础设施。重点抓好农田水利基本建设。继续加大测土配方施肥、坡耕地治理、土地复垦改造等工作力度，全面提高农业综合生产能力。认真落实粮食直补、农机具补贴等各项强农惠农政策，调动农民生产积极性，稳定农业种植面积和规模。三是着力打造绿色品牌。积极扶持圣农蔬菜、马刨泉小米等专业合作组织和宗和农源、绿源乳业、霍山兔业等农产品加工企业，高度重视核桃、苹果等干鲜水果的品质优化和精深加工，提高农民生产组织化程度和农产品加工转化能力。继续扶持无公害农产品认证工作，鼓励注册经营，提升品牌效应。鼓励扶持农产品存储加工配送中心等营销平台建设，支持网上销售、农超对接或设立直销网点，拓宽农产品销售渠道，增加农民收入。

（三）推进文旅互动发展，着力打造品牌精品，建设新型旅游大市。一要重点打造旅游精品。以“中镇霍山·华夏州署”品牌为引领，策划、开发、建设一批高品位的旅游景点，着力打造生态旅游精品。霍州署，在完善提高保护修缮一期工程的基础上，启动实施东西辅线复建工程，再现州署原貌。进一步充实提升廉政文化，打造全国一流的廉政文化教育基地。加强古迹保护，搞好景点规划，扩大景区面积，进行适度开发，逐步纳入旅游范围。强化宣传推介，提高社会影响。二要深度挖掘文化资源。加强对各类非物质文化遗产的挖掘和保护，做大传统资源的产业规模。加快公共文化设施建设，积极开展群众喜闻乐见的文体活动，丰富群众文化生活。三要全面提升商贸服务。加强城乡商贸物流网点建设，加快实施联源现代物流园区建设项目，规划建设大型超市、高档商场和星级酒店，推进机电产品、汽车家电、建材装饰、农产品交易等专业市场建设，健全商贸服务网络，完善吃住行、游购娱配套体系，提升接待能力和服务水平，不断增强旅游业发展活力。

（四）加快基础设施建设，统筹推进扩容提质，打造宜居魅力城乡。一是加快中心城区建设。按照“拓展新城、提升老城”的思路和“五大板块”的城市发展框架，霍东新区、大西高铁车站区以扩容为重点，实施五大工程。以提质为重点，河西区、老城区和东城区实施十大工程。加快中心城镇建设，努力在公共基础设施建设方面取得突破性进展。二是构建畅通交通网络，形成衔接有序、四通八达的交通网络。三是推进新农村建设。加快实施新农村连片环境整治，改善农村面貌，建设宜居村庄。按照临汾市“两区同建”的要求，重点抓好大张、西张新型农村社区建设，年内全面启动。建立健全新“五个全覆盖”管理运营长效机制，提高标准，巩固成果。积极支持和服务好旧村改造、沉陷区治理、移民搬迁等工作。四是引申城乡环境治理。以“四城联创”为目标，强化市容管理；狠抓大气环境，加强企业排污监管，热电联产供暖面积新增和置换 100 万平方米以上，天然气扩户置换新增 30000 户，污水处理厂和垃圾处理场保证正常运转；保护饮用水源，完成涉及 1 万人的农村饮水安全工程，筹划城市新饮用水源地建设；实施生态工程，明显改善城乡居民生存环境。

（五）抓好民生事业改善，优先关注弱势群体，提升群众幸福指数。一要发展好教育。加大教育投入，进一步夯实九年义务教育，强化学前教育，提升高中教育，发展职业教育，实现各类教育统筹协调发展。加大教育改革力度，狠抓教师队伍建设，不断提升教育教学质量。二要重视好医疗。实施新医院建设工程，有序推进社区卫生服务中心、乡镇卫生院和村级卫生室建设改造和标准提升。充实配备医疗队伍，深化卫生体制改革。健全卫生监督体系、重大疾病防控体系、妇幼保健网络和突发公共卫生事件应急机制。巩固扩大新型农村合作医疗和城镇基本医疗保险覆盖面。抓好计生工作，统筹解决好人口数量、素质、结构和分布问题，促进人口长期均衡发展。三要保障好就业。坚持实施就业优先战略和更加积极的就业政策，通过稳定经济增长和调整经济结构增加就业岗位。加强职业技能培训，提高劳动者就业创业能力。加大投入和政策支持，完善就业服务体系，鼓励创业带动就业。做好农民工、大中专毕业生以及“零就业”家庭等重点人群就业工作。四要建设好住房。加快廉租房、公租房、经济适用房和农村危房、城市棚户区改造步伐，创新投资机制，加强监督管理，提高工程质量。2013 年开工各类保障性住房 900 套，满足城乡住房困难户居住需求。五要完善好社保。按照“全覆盖、保基本、多层次、可持续”的要求，实现养老、医疗保险全覆盖，失业、工伤、生育保险覆盖城乡从业人员。不断提高统筹层次和保障水平，逐步推行“一卡通”。城乡居民最低保障做到应保尽保。不断做好弱势群体帮扶救助工作。

（六）突出安全稳定工作，不断完善社会管理，确保社会长治久安。一是安全生产工作。强化公共安全体系和企业安全基础建设，深入开展安全生产专项整治和打非治违行动，严格执行安全生产一票否决制和责任追究制。突出煤矿、非煤矿山、民爆物品、特种设备、食品药品、建筑施工、道路交通、危险化学品、森林防火、消防安全、学校安全等重点行业和领域，进一步加强隐患排查治理和日常监管，遏制重特大事故发生，确保全市安全形势持续、稳定、根本好转。二是信访稳定工作。进一步完善利益协调、矛盾调处、诉求表达、权益保障等工作机制，落实领导干部接访、下访、回访等制度，畅通诉求渠道，化解社会矛盾，维护社会和谐稳定。三是综治应急工作。强化社会治安综合治理，完成市、乡、村三级社会管理服务中心建设，做好日常防范，严打违法犯罪，提高全社会安全感和满意度。健全突发事件监测预警、信息报告、应急处置等救援机制，加强防震减灾和应急管理，提高处置突发事件能力。四是民主法制工作。进一步完善村民自治组织和企事业单位民主管理制度，依法推进政务、村务、企务公开。

创造强县富民新业绩　铸就汾西发展新辉煌

汾西县县长　张安文

2012年，汾西县深入贯彻落实党的“十八大”精神，以科学发展观为统领，以转型跨越发展为主线，实施五大战略，开展“五个年”活动，圆满完成各项工作目标。

2013年是深入贯彻落实党的“十八大”精神的开局之年，是实施“十二五”规划的关键之年。面对机遇和挑战，必须保持清醒头脑，切实增强紧迫感和责任感，以开放的思维、创新的精神、务实的作风，加快推进县域经济社会转型发展、跨越发展、科学发展。

一、2013年政府工作的总体要求

深入贯彻落实党的“十八大”精神，牢固树立发展第一要务理念，解放思想，全面开放，全力以赴办好三件大事（安全稳定、三垣一城城市建设、工业项目落地），坚持不懈地发展三大产业（肉鸡养殖、核桃经济林、文化旅游），大力弘扬三大作风（密切联系群众、真抓实干、勤政廉政），坚定不移推进五大战略（工业强县、农业富民、三产活县、城镇扩张、社会和谐），加快建设和谐汾西、富裕汾西、美丽汾西。

二、2013年经济发展的指导性目标

全县生产总值增长11%，规模以上工业增加值增长15%，固定资产投资增长32%，社会消费品零售总额增长16%，财政总收入增长12%，城镇居民人均可支配收入增长11%，农民人均纯收入增长15%，居民消费价格总水平涨幅控制在3.5%左右。

三、2013年政府主要工作任务

（一）加快项目落地，培育新型产业，奠定工业强县新格局。一要加快推进工业项目落地。尽快落实资源配置、土地征收、施工设计和三通一平等工作，加快推进八大工业项目落地实施。二要持续加大招商引资力度。积极筛选项目、储备项目、申报项目。组团参加大型招商活动，主动与大型企业、商会寻求对接，承接东部地区产业转移，引进资金、技术、管理和人才。积极引进资源开发、特色种养、文化旅游、商贸物流、轻纺制造等项目。延伸产业链条，发展循环经济。三要切实优化经济发展环境。研究制定《优化发展环境的实施办法》，确保签约的重大工业项目引得来、落得下、留得住、发展好。要大力扶持发展中小微企业，认真落实《汾西县扶持中小微企业发展的实施意见》，设立扶持基金300万元，争取煤炭可持续发展资金100万元，重点扶持100户中小微企业。对符合申报国家星火计划的项目，符合申报省级、市级创业基地建设的项目，获得著名商标、知名品牌的项目，要给予奖励扶持或贷款贴息。

（二）发展特色产业，创新经营机制，培育农业富民新优势。一要瞄准建设全省肉鸡养殖大县和“中国核桃之乡”的目标，坚持不懈地发展肉鸡养殖和核桃经济林产业。完善和落实肉鸡产业扶持政策，依托洪昌养殖公司，坚持“五统一、三固定”的发展模式，加快推进“一县一业”。做大晋西核桃食品加工有限公司，扩大核桃基地建设规模。组建核桃科研所，建设优质核桃苗木基地。围绕苦荞、小米、桑蚕、獭兔、药材、食用菌、大棚菜、扁桃（巴旦木）等特色种养项目，加快推进“一村一品”“一长一园”，促进农民增收致富。二要统筹整合农业开发、以工代赈、土地整理等项目，扎实推进生态坝系农业建设。实施永安镇大角山土地治理项目、勍香镇它支河和麻阳沟河以工代赈项目、佃坪乡阳洼村淤地坝建设项目、和平镇申村土地整理项目、县城井沟坡地质灾害治理项目、对竹河河道治理工程。支持中部引黄工程建设，科学编制县域小水网规划。三要加大农村基础设施建设力度，全面提升新农村建设水平。完成霍州至太阳山35千伏二电源输变电工程，实施10千伏以下农网升级改造工程；改造县乡公路，实现全县公路大循环。抓住全省实施“五件实事”的契机，做好“农村困难家庭危房改造、特困群众易地搬迁、行政村街道亮化、村级幼儿园建设和乡村清洁工程”等工作，积极推进新型农村社区和产业园区“两区同建”，高标准建设25个新农村建设重点村和10个新农村建设连片区。四要创新农业生产经营体制，扶持壮大农产品加工企业和农民合作组织。支持龙养生物、晋发兔业、大华农牧、麒麟小米等龙头企业开拓市场、扩大规模，带动农户发展特色种养产业，引领农民增收致富。扶持补助农民专业合作组织，引导农民群众采取大户牵头、联户经营等形式，提高农业生产的专业化、组织化水平。不折不扣地落实国家扶持农业的各项政策，确保农民得到实惠。

（三）开发旅游资源，搞活商贸流通，注入三产活县新动力。一要做大旅游观光产业。开发姑射山旅游景区，实施师家沟清代民居文物修缮保护工程。完善旅游产业发展规划，筹建旅游管理机构，宣传推介汾西特色旅游景点，着力打造以民俗文化游、生态风景游为特色的旅游产业，争取早日向游客开放。二要开发特色文化产业。整合文化资源要素，挖掘、传承、开发传统历史文化遗产，实现剪纸、面塑等民间工艺的规模化、商品化，实现地灯秧歌、威风锣鼓等民俗文化的专业化、市场化。实施阳光体育场标准化改造和煤气化综合体育馆配套工程。广泛开展全民健身运动和文化下乡活动，促进城乡文体事业的全面发展。三要发展现代服务产业。大力发展地产开发、交通运输、家政服务等产业，增加就业岗位，拓宽就业渠道；加快发展电子商务、商贸物流、远程教育等产业，优化消费结构，扩大消费需求。发挥第三产业对县域经济发展的带动作用。进一步规范投融资平台建设，引导金融机构创新机制、拓展业务，支持重点工程、骨干企业和农村经济发展。

（四）建设三垣一城，完善集镇功能，打造城镇扩张新平台。一要建设永安大桥和汾西大道，构建新型城区框架。启动马沟河流域生态治理和环城绿化规划工作，争取尽早开工建设。二要开发府底新区和古郡新区，打造魅力山城雏形。在府底新区，启动汾西客运站和望客隆仓储物流配送中心建设。在古郡新区，续建档案馆、审判法庭项目、民政福利中心、检察办案技侦设施和人武部基础设施建设项目；新建廉租住房和卫生、消防、引黄服务等设施。建成集行政办公、宜居休闲、商贸物流于一体的城市新区。三要加快旧城改造步伐，引申市容环境整治。新建城内北环路，续建垃圾填埋场和移动生产综合楼。进一步完善县城供热供气、供水供电、污水处理等设施。持续开展市容环境卫生综合整治，完善和创新城市管理机制。四要完善集镇服务设施，提升辐射带动功能。按照建设区域性中心集镇的布局，加快五个中心集镇建设，配套基础设施，完善就业、上学、医疗、通信、金融等服务。因地制宜发展各类特色非农产业，引导农民向集镇有序转移。开展街巷硬化、集镇绿化、路灯亮化、环境净化“四化同创”活动，提升中心集镇对农村的辐射带动功能。

（五）维护安全稳定，保障基本民生，营造社会和谐新环境。一要强化安全生产监管。落实主体责任，严格“一票否决”。深入开展煤矿、非煤矿山、道路交通、危险化学品、地质灾害、森林防火、建筑施工、民爆物品、食品药品、学校安全、动物重大疫病防控等重点行业和领域的安全生产隐患排查治理，努力实现安全生产形势的稳定好转。二要严厉打击非法采矿。坚持非法采矿零容忍、保持严管高压不动摇，压实巡查监管责任，守住安全生产底线，加强举报网络建设，建立信息直报制度，加大抓捕打击力度，让非法采矿彻底灭绝。三要全面抓好各类教育。确保教育投入实现“三个”增长。续建职业高中基础设施项目，加快实施农村义务教育薄弱校改造计划，实现全县学校教学设施设备标准化。深化课堂教学改革，提高师资队伍素质。推进学前教育的公益性、普惠性，均衡发展义务教育，切实加强高中教育，大力发展职业教育。四要提升医疗服务水平。加快启动县级公立医院改革，推进县域医疗卫生一体化综合改革，扩大基本药物制度实施范围，提高新农合保障水平。强化公共卫生服务体系和卫生执法体系建设，切实抓好卫生应急、疾病预控、妇幼保健、卫生监督、爱国卫生和地方病防治工作。坚持中西医并重，加强中医药研究。高度重视医疗卫生队伍建设。五要加强人口计生工作。坚持计划生育基本国策和“一票否决”制，完善基层管理服务网络建设，落实计生家庭奖励优待政策。稳定低生育水平，提高出生人口素质。六要完善社会保障体系。认真落实各项社保政策，不断提高城镇职工、城乡居民医保报销比例，加强养老、失业、医疗、工伤、生育保险等工作。完善创业就业服务体系，重点做好农民工、下岗职工、大中专毕业生的就业工作。高度重视民政优抚和残疾人工作，切实增强社会保障能力。七要加大环境建设力度。全面提升环境空气质量自动监测能力。积极开展污染减排、城市尾气治理、工业污染防治、农村环境整治、水污染防治等工作。加大造林绿化工作力度。八要强化财税征收管理。坚持开源节流，优化财政支出结构。足额落实公教人员的津贴补贴。完善部门预算制度、国库集中收付制度和公务卡制度改革，加快推进资源税、环境保护税改革。拓宽融资渠道，为公共设施和重大民生项目提供资金支持。

同时，促进各项社会事业协调发展，继续为民办好10件实事。

实施“三大战略”，突出“三个重点”
开创大宁小康社会建设新局面

大宁县县长　樊　宇

2012年，大宁县紧紧围绕“生态立县、林果富民、工业强县”三大战略，大力实施富民、强县、生态、宜居、民生五大工程，狠抓30件实事的落实，全县经济和社会各项事业继续保持了持续、健康、平稳发展的良好势头。

2013年是全面贯彻落实党的“十八大”精神的开局之年，也是实施“十二五”规划承前启后的关键一年。一定要抓住机遇，树立大项目大发展、多项目快发展的理念，以非常之策、非常之力、非常之为，在全省全市竞相发展的格局中闯出一条贫困县先行先试、跨越发展的新路子。

一、2013年政府工作的总体思路

以邓小平理论、“三个代表”重要思想、科学发展观为指导，继续实施“生态立县、林果富民、工业强县”三大战略，突出抓好“产业发展、民生改善、生态建设”三个重点，全力办好30件实事，进一步解放思想，创新机制，真抓实干，强力攻坚，不断开创小康社会建设新局面。

二、2013年全县经济社会发展的主要预期目标

全县生产总值4.5亿元，增长12%；财政总收入5428万元，增长12%；一般预算收入2928万元，增长4.5%；城镇居民人均可支配收入14797元，增长13%；农民人均纯收入2543元，增长25%；社会消费品零售总额2.6亿元，增长20%；固定资产投资7.7亿元，增长30%。粮食总产量稳定在2万吨以上。

三、2013年政府工作重点任务

（一）抓好产业发展，持续壮大县域经济综合实力。一是壮大农业产业规模。坚持区域布局、连片开发、规模发展的原则，捆绑连片贫困地区扶贫攻坚试点产业、“一县一业”苹果示范基地、“一村一品”、农业综合开发等项目，集中使用涉农资金，培育壮大优质苹果、设施蔬菜和高效养殖三大主导产业，逐步推进种植业和养殖业走区域化、规模化和集约化发展的道路，提升基地建设的规模和档次，全年新增苹果经济林1333公顷（2万亩），新建蔬菜批发市场1个，发展规模健康养殖小区2个，羊饲养量新增1万只。大力推广“猪—沼—果”“猪—沼—菜”模式，建设一座万头猪场，带头示范，以此带动全县生猪养殖，逐步形成规模优势。二是提升新型工业效益。加快三多循环经济示范园区规划建设工作，完成并审核通过三多循环经济示范园区规划，申报设置大宁三多煤炭探矿权，完成540平方千米的煤层气地震勘探工作。大力发展农副产品加工企业，全力支持民营企业和个人利用社会资金以及金融资金，依托苹果、有机蔬菜、小杂粮等农副产品，发展绿色食品加工企业，逐步延伸产业链条，提高农产品附加值和市场占有率。提升改造现有企业，加大同德化工公司年产1万吨胶状乳化炸药生产力度，多种方式支持鑫辉电子元件制造有限公司融资贷款，扩大生产经营规模，推动企业健康发展。三是统筹城乡一体发展。完善土地流转制度，引导农村土地承包经营权有序流转，鼓励和支持土地向专业大户、家庭农场、农民合作社流转，引导或鼓励农民通过入股、出让、转让、承包、租赁等多种形式将土地流转。做大做强主导产业，加强基础设施综合配套，扩大经营规模，促进技术、信息、资金等资源共享，增强农民抵御市场风险的能力。推进“大城镇”发展战略，完成城市建设控制性详细规划编制工作，坚持旧城改造和新区开发并重，加大保障性住房、天然气利用、古乡大桥等工程建设力度，启动实施老城南城区开发、城西路改造、供热站等城建重点工程，不断完善城市功能，提升城市品位。大力实施产业园区、农村社区“两区同建”互动战略，通过实施易地扶贫搬迁、农村危房改造、廉租房等建设项目，把公共设施投入向城边村、中心村延伸，鼓励农民退宅进城购房定居，通过土地置换，对原有农村宅基地进行拆迁复耕。进一步提升城乡服务水平，积极稳妥放宽户籍限制，着力解决好进城务工人员就业、住房、子女上学、社会保障、户籍管理等问题，切实让城乡居民共享城镇化成果，形成以城带乡、城乡互动的良好局面。

（二）抓好民生改善，持续提高人民群众幸福指数。一要办好人民满意的教育。继续对全县公立幼儿园、中小学及高中阶段教育全部实行免费，实现教育零收费的目标，率先在全市推行15年免费教育。进一步完

善贫困学生救助制度。抓好教育基础设施建设，不断改善办学条件。深化教学内容方式、考试招生制度、质量评价制度等改革，推进教学模式转变，提升教育质量和水平。深入推进"名师、名校、名校长"三名创建培养工程，营造尊师重教的浓厚氛围，不断推动教育事业的健康发展。二要积极发展卫生事业。深入推进医药卫生体制改革，加快推进县医院创建国家二级甲等医院的进程。加强卫生基础设施建设。巩固扩大新型农村合作医疗和城镇基本医疗保险覆盖面，全面提升医疗保障水平。不断加强人口和计划生育工作，稳定低生育水平，提高出生人口素质，创建省级优质服务县。三要完善社会保障体系。坚持劳动者自主择业、市场调节就业、政府促进就业的方针，不断扩大就业渠道。利用再就业资金，完善职业培训、就业服务、劳动维权"三位一体"工作机制，引导农村劳动力有序进城就业、扶持返乡创业，重点解决困难群体和零就业家庭的就业问题。在加强城乡居民养老保险、救灾救济、医疗救助和优抚安置工作的基础上，免费为全县所有公民缴纳自然灾害公众责任保险，妥善安排好城乡居民的生产生活。四要促进文化繁荣发展。强化文化体育基础设施建设，实施体育场建设工程，深入开展形式多样、内容丰富的"文化三下乡"活动，广泛开展群众性健身活动，加强未成年人思想道德教育，全面普及科学知识，倡导文明健康的生活方式，全面加快文化体育事业发展。推进社会主义核心价值体系建设，深化社会公德、职业道德、家庭美德和个人品德教育，培育良好的社会风尚。五要推进民主法制建设。六要全面加强社会管理。进一步落实部门的监管责任和企业的主体责任。严格责任追究，坚决杜绝重特大事故发生。加强社会治安综合治理，建立网格化管理机制，打造基层平安建设综合平台，严密防范和依法打击违法犯罪活动，确保人民安居乐业。全面落实稳定物价的各项政策措施，保持市场物价基本稳定。强化信访和矛盾纠纷排查调处工作，畅通群众诉求渠道，妥善处置群体性事件。加强应急管理体系建设，提高公共突发事件的应急处置能力。

（三）抓好生态建设，全力打造山清水秀美好家园。一要加大植树造林力度。继续实施国家、省、市造林绿化工程。制定和实施有利于林业发展的经济政策，鼓励各类社会化投资，积极发展个体、股份制和股份合作制等非公有制林业。继续推行和完善"谁造、谁有、谁管、谁受益"的鼓励政策，在投资机制上给予扶持，政策上予以保障。狠抓森林防护工作，加大封山禁牧力度，严格落实责任追究制，确保全县森林资源安全。二要加大生态综合治理力度。整合提黄灌溉、农业综合开发、以工代赈、坡改梯等项目资金，集中连片，综合治理，有效控制水土流失面积，进一步扩大生态综合治理覆盖面。三要加大节能减排力度。优先保护水源地，防治县城和农村集中式水源地环境污染，保障群众饮用水安全。有效控制区域大气污染。做好节能减排工作，注重资源节约利用，大力发展循环经济，努力建设"生态大宁""绿色大宁"。

转型综改先行先试　扩权强县跨越发展

洪洞县县委书记　**王黎明**

国家资源型经济转型综合配套改革试验区，是新中国成立以来中央赋予我省最大的综合性政策。改革开放以来，尤其是进入新世纪以来，我国一个重要的发展趋势，就是"两化互动"，即"国家战略区域化"和"区域战略国家化"，国家战略与区域战略两者相互完善、互相促进，有力地推进了我国经济的健康、快速、协调发展。国家先后批准9个综改试验区，都取得了令人瞩目的成就。我省作为国家级综改区中唯一的资源型综改试验区，为我们的发展提供了难得的改革平台、政策平台、创新平台和发展平台，为凝聚人心提供了思想基础，为产业转型提供了政策空间，为先行先试提供了难得机遇。要进一步明确工作重点、积极改革创新、健全机制措施、狠抓目标落实。在"十二五"后三年，全力推进52项重大改革，完成38个重大事项，实施30个重大项目，研究4个重大课题；2013年要实施"2811"重大任务。完成这些目标任务，要突出抓好以下七个方面的工作：

一、全力抓项目落地

项目是转型发展的引领，是创新驱动的支撑。推进综改试验区建设，要紧紧围绕产业转型引进项目，只有把项目建设抓紧抓好，产业转型才能落到实处。

2013年，全县实施重点项目105项，总投资409亿元，年度计划完成投资119亿元。要进一步加大项目推进力度，深入落实项目储备、签约、落地、开工、建设和投产的“六位一体”推进机制和一个项目、一位领导、一套班子、一线督查、一抓到底的“五个一”工作机制，对未开工项目抓前期、促开工，对在建项目抓进度、保质量，对竣工项目抓投产、见实效。完善监督检查机制，严督实查，跟踪问效，坚持项目建设月考核、季通报、年终评比，及时反映各项目建设进展情况，督促对接部门和包办领导第一时间解决存在的问题；要完善考核奖惩机制，严格落实项目建设岗位责任考核，充分激发各成员单位项目建设的主动性和积极性，保证项目建设落在实处。

二、全力抓招商引资

招商引资是跨越发展的得力捷径。要凝心聚力，想方设法，建立机制，组织力量，全力以赴抓好招商引资工作。要统筹考虑，重点倾斜，拿出至少1/3的精力去思考招商、行动亲商，真正能够成功引商。乡镇招商引资，落在本乡镇的，企业税收按照一定比例划拨乡镇财政；没有条件落在本乡镇的，放在园区或其他乡镇也可以，同样享受该企业的税收分成。要专业化招商，主动承接环渤海经济圈，引申与长三角、珠三角地区的产业互动。要定向化招商，紧紧围绕自己的产业定位，选择对接的重点区域、行业领军企业，集中招商，全面承接产业转移，特别要认真对接东部沿海的资本富集地和产业转移输出地，与其建立密切的“领导互访、部门会商、企业合作”推进机制，争取吸引更多的产业向洪洞转移。赵城工业园区要瞄准煤焦相关企业，发挥优势，做大做强；甘亭工业园区要立足装备制造业，强化与临汾经济开发区的合作，抓住机遇，抢先发展；秦壁工业园区要突出高、新、小产业，明确定位，形成集聚；辛村工业园区要围绕新型建材，完善配套，延伸链条。三大农业园区要积极构建现代农业体系，夯实“大农业”战略基础，在规模化和品牌化上做文章，培育几个在山西，乃至华北叫得响的龙头农业企业。要以创建国家优秀旅游城市为契机，有效整合旅游资源，充分挖掘文化内涵，在组织发展商贸、餐饮等传统服务业的同时，不断引进金融、会展等新兴服务产业，不断加大以旅游文化产业为引领的三产开发力度。要亲情化招商，拓展视野，拓宽思路，在重视对外招商引资的同时，积极接洽洪洞在外的成功人士和本地企业家，从政策上多鼓励、多支持熟悉家乡、热爱家乡的企业家在老家投资兴业。

三、全力抓园区发展

工业园区具有要素集聚、用地集约、项目集中和资源共享的特点。进一步加强园区综合管理，搞好配套服务，优化发展环境，吸引更多企业向园区集聚，使园区真正成为带动产业发展、推动转型综改的有效平台；要立足自己的园区定位、产业现状、比较优势，以龙头企业为依托，突出产业特色，延伸产业链条，形成集聚效应，构建以主导产业引领关联产业、支柱企业带动配套企业的发展格局，建成全省、全国的一流园区、标杆园区。

四、全力抓环境优化

要以综改试验区建设为契机，进一步转变政府职能，优化政务服务，切实深化行政审批制度改革。要积极倡导“四通”工作意识，即：明文规定能办的事要“快通”，体现效率；遇到难题需要研究请示的要“疏通”，体现水平；部门之间需要相互配合的要“沟通”，体现境界；没有明令禁止的要“变通”，体现能力。要坚决杜绝推诿扯皮、办事拖拉等行为，进一步减轻企业负担，营造一个有利于项目建设、企业发展的良好软环境，为综改区建设创优环境、搞好服务。

五、全力抓民生改善

转型综改试验区建设是一项综合配套改革，涵盖经济社会发展的方方面面，出发点和落脚点都是为了惠及民生，让老百姓过上美好、幸福的生活。要牢固树立执政为民理念，增收节支，勤俭节约，把更多的财力投向民生事业。特别要加快推进以保障和改善民生为重点的社会事业建设，统筹实施各项惠民工程，切实办好教育、住房、医疗等关乎群众切身利益的事，让发展成果更多地惠及全县人民。

六、全力抓城乡统筹

要全力增加农民收入。以“一村一品”“一乡一业”为突破，不断推广万亩核桃园、林下经济、设施蔬菜等规模化产业发展模式，营造创收环境、传授增收本领，构建集约化、专业化、组织化、社会化相结合的农业经营体系，鼓励农民就业创业、创收增收。要推进新农村建设。进一步借鉴天泽现代农业园区与新型农村社区两区共建的做法，着力打造形成产业连片、设施连通、服务配套、管理有序的“新农村综合体”，催生更多的湾里新村、瑛皇社区，以点带线，以线促面，不断开创新农村建设新局面。要加快城镇化发展步伐。以县城为中心，以百里汾河经济带建设为平台，辐射带动广胜寺、明姜、赵城、辛村、甘亭、万安、苏堡等周边乡镇，构建包括4个工业园区、3个农业园区、2个旅游景区、2个物流园区和1个滨河新区在内的科学合理的城乡发展格局，在城乡之间建成一批经济强镇、商贸重镇、园林新镇，为长远发展奠定良好的规划布局和发展基础。

七、全力抓生态建设

要坚持科学创建和精细管理相结合，继续巩固和深化“六城同创”。以巩固国家卫生县城和省级环保模范城成果为目标，推进绿色发展、循环发展、低碳发展，形成节约资源和保护环境的空间格局、产业结构、生产方式、生活方式，促进市容环境面貌大改观。以创建国家园林城市、国家平安县、全国文明县城、国家优秀旅游城市为目标，不断提升群众文明程度，提高人民幸福指数，提升洪洞的美誉度和老百姓的幸福感。

锐意创新　开拓进取
加快建设富裕文明、生态宜居、开放和谐的新型工业旅游城

洪洞县县长　郑步电

2012年，洪洞县攻坚克难，开拓进取，县域经济社会取得新发展，为顺利实现“十二五”规划打下坚实基础。

2013年是全面贯彻落实党的“十八大”精神的开局之年，也是实施“十二五”规划的关键之年。我们必须始终保持清醒头脑，切实增强责任感和紧迫感，以超前的思维，创新的精神，务实的作风，兢兢业业、扎扎实实做好各项工作。

一、2013年政府工作的总体思路

全面贯彻落实党的“十八大”精神，以邓小平理论、“三个代表”重要思想和科学发展观为指导，紧紧围绕转型跨越这一主线，牢牢把握“转型综改试验区”和“扩权强县”重大机遇，深入推进“百里汾河新型经济带”建设，持续深化“六城同创”活动，全面加强民生改善和社会管理，求真务实，锐意进取，为全面建成富裕文明、生态宜居、开放和谐的新型工业旅游城而不懈奋斗。

二、2013年经济社会发展的预期指标

地区生产总值185亿元，增长12%；财政总收入25.7亿元，增长12%；规模以上工业企业增加值135亿元，增长16%；固定资产投资125亿元，增长25%；社会消费品零售总额45亿元，增长16%；城镇居民人均可支配收入20500元，增长12%；农民人均纯收入8465元，增长15%。

三、2013年政府工作重点

（一）坚持项目建设和招商引资并举，着力壮大县域经济总量。一是强力推进项目建设。全力实施好以甘亭现代农业转型综改示范园、山水水泥、广胜寺景区拓展改造为代表的42项结构调整类项目，以汾河生态修复治理与保护二期、棚户区改造为代表的11项民生固本类项目，以滨河东路贯通、城中村改造为代表的23项基础设施类项目，以山焦集团甲醇制烯烃、湿地建设为代表的22项争取发展类项目，以农村饮水安全、五类特殊家庭学生补助为代表的7项惠民实事，以上五大类105项重点工程项目，2013年计划完成投资119亿元。严格落实项目包联责任制，形成一级抓一级、层层抓落实的工作格局。新建项目要抓紧落实资金、土地、立项、招标等各方面准备工作，抓住施工黄金期，全力推进。续建项目要打破年度概念，争分夺秒抓紧实施。严格落实项目法人、招投标、工程监理等制度，提升项目管理水平，确保把每个项目都建成优质工程、德政工程。二是全力抓好招商引资。充分发挥工业园区招商引资的优惠政策效应，组建小分队招商，参加大节会招商，引进更多大项目、好项目。落实建设资金，明确进度要求；落地项目要加大前期投入，做好“七通一平”等配套工作，确保项目引得来、落得下、留得住。

（二）坚持转型优化和提升改造并举，着力增强工业经济实力。一是做强传统产业。煤炭行业，以安全、高效为目标，扎实开展“煤矿基本建设攻坚年”活动，加快煤矿规模化、集约化、机械化、信息化建设，实施11个整合矿井的改扩建工程，年内5座矿井投产运营。焦化行业，以提升技术装备水平、提高产业集中度为目标，大力推进整合重组和技术改造，加快洪洞煤焦化深加工园千万吨焦化基地建设。电力行业，以发展绿色、低碳为目标，运用先进节能环保技术，实施华锐3万千瓦风电示范项目；启动京能2×35万千瓦低热值煤发电项目。二是壮大新兴产业。大力发展装备制造、新型材料、光电子等新兴产业和高新技术产业，做大做强一批优势企业，努力培植新的经济增长支柱。三是加快园区扩容。建立多元化投融资机制，进一步配套完善园区基础设施，提升产业承接能力，加快推进洪洞煤焦化深加工园东环路建设工程；实施甘亭产业转移示范园第一大道、南外环东段、供水站和标准化厂房建设工程；启动辛村新型建材工业园和秦壁高新技术工业园道路建设工程。建立项目用地评估和审查制度，提高入园企业开工率、投产率和见效率。完善园区管理体制机制，有效解决企业资金、用电、用工、用地难题，全力扶持园区企业发展，打造优势产业聚集地、新型工业示范区、工业经济增长极。

（三）坚持彰显特色和拓展规模并举，着力促进农业增效、农民增收。一是提升现代农业。毫不放松抓好粮食生产，重点实施甘亭现代农业转型综改示范园项目，继续抓好大槐树农业生态园、历山农业观光园建设。抓好投资9600万元的千亩黑鱼养殖项目，扶持壮大一批规模化养殖厂和养殖小区。做好金裕养猪、恒

丰核桃种植两个国家农业综合开发项目申报工作。二是改善农村条件。加快大槐树—曲亭、万安—龙马新农村连片区建设步伐，重点抓好甘亭"六村连建"试点项目，建成集社区、学校、医院、超市为一体的新型农村社区。继续推进农业基础设施建设。实施曲亭水库水毁修复工程，汛期前完成主体工程。大力实施土地开发与复垦。巩固"十个全覆盖"成果，加快发展农村教育、公共卫生、文化体育等设施建设，提高公共服务均等化水平。三是促进农民增收。继续加强"两平台一通道"建设，扶持发展多种形式的农民合作组织和多元服务主体，不断提高农民组织化程度；全面落实各项强农惠农富农政策，扎实开展农民技能和农业科技培训，积极做好农民务工和创业服务工作，努力增加农民家庭经营性、工资性、转移性和财产性收入。

（四）坚持传承历史和演绎时尚并举，着力做强文化旅游产业。一是加速发展旅游产业。以"五个大槐树"为引领，坚持发挥优势、体现特色的原则，支持鼓励社会力量策划举办旅游文化活动，积极抓好大槐树5A级旅游景区创建工作，不断扩大旅游品牌影响力。加快景区开发建设，全力抓好明代监狱景区拓展提升工程，继续实施广胜寺景区拓展改造，积极推进"汾河风韵"景观带建设，启动"赵城金藏"经典复制、元代壁画开发传承和辛村、甘亭温泉度假村建设项目，加快青龙山、历山、乾元山等景区景点的开发步伐，不断丰富旅游内容。推出一批"一日游"旅游路线，开发一批具有地方文化特色的旅游纪念品，编创一批具有洪洞特色的地方文化节目，实现"吃、住、行、游、购、娱"一条龙服务，提高旅游综合效益。二是积极发展各类服务业。优化物流功能区布局，大力促进商贸业发展。用足用好国家、省、市促消费政策，重点发展社区服务、电子商务、健身养老等新型经济业态；开展金融招商，引进股份制银行、保险证券、担保中介等机构，创新金融产品，改进金融服务，优化信贷结构，更好地发挥金融对地方经济发展的支持和保障作用。

（五）坚持科学创建和精细管理并举，着力加快"六城同创"进程。一是巩固提升创建成果。不断开展"回头看"，对照创建指标，找准薄弱环节，自我加压，深入推进，做到工作不松、标准不降、力度不减，使创建成果持之以恒地保持下去。分步实施乡镇创卫工作，深入开展乡村清洁工程，健全完善环境卫生管理机制，逐步实现农村环卫保洁常态化、城乡垃圾处理一体化、环境卫生服务均等化，全面提升创卫整体水平。二是持续引申创建格局。以更新的理念、更大的力度推进城市绿化工作，重点塑造一批融合历史文化内涵、体现时代发展风貌、突出城市独特个性的城市绿化精品，不断提高绿化水平。蓬勃开展群众性精神文明创建活动，着力推进公民思想道德建设，构建社会主义核心价值体系。坚持民生优先、服务为先、基层在先，构筑县乡村三级社会服务管理和矛盾纠纷调处体系。深入挖掘旅游文化，推进优质旅游资源整合，加快景区改造升级，改善旅游整体服务能力，营造法制化、规范化、制度化的旅游新秩序。三是健全长效管理机制。不断加强和创新社会管理，全面推进数字化管理和社区网格化管理。努力在创建、监管中提炼、归纳、总结经验，形成运行规范、管理科学、具有洪洞特色的长效管理体系。

（六）坚持扩容提质和城乡统筹并举，着力建设现代城镇体系。一是加快县城扩容提质。按照城市西扩南延发展规划，新区抓扩容、旧城抓提质。滨河新区要结合"百里汾河新型经济带"建设，加快规划编制和建设步伐；坚持整体推进、重点突破，年内完成以引河挖掘、河岸护砌、生态绿化和东岸景观等建设为主要内容的汾河生态修复治理与保护二期工程。完成滨河东路贯通工程，完成涧河南岸景观道路建设工程，实施城市供水二期工程，完成垃圾处理厂二期工程，加快实施秦壁、城东、前坡底、常青三村4个村改造工程。二是推进城乡统筹发展。突出城镇特色，加快基础设施和配套设施建设。广胜寺、赵城要以"百镇示范镇"建设为契机，完善公用设施，促进人口集聚，加快产业发展；其他乡镇重点发挥自身优势，依托农业、工业、旅游等当地特色产业，不断完善城镇功能，提升经济发展水平。逐步推广"两区同建"城镇化发展模式，打造一批高标准居住社区和产业园区，力争城镇化率达到37.8%。

（七）坚持环境保护和生态建设并举，着力推进绿色低碳发展。一是更大气力抓好节能降耗。全面开展能效对标，严格节能评估审查，强化节能监察执法，积极倡导低碳消费，促进全社会节能。大力推进工业、建筑、交通和居民生活等领域节能，启动"十城万盏"半导体照明应用示范工程，实施县城主街道照明节能改造项目；推广使用新型燃料，年内新增天然气用户6000户。二是更大决心抓好环保治理。严格落实建设项目环保审批"三同时"制度，从源头上杜绝新的污染源产生。深入推进重点行业综合整治，坚决清理关停违法排污企业。加大环保设施建设力度，筹资1亿元，实施赵城镇、甘亭镇污水处理工程。科学编制PM2.5控制规划，认真做好重点区域大气污染联防联治，空气质量二级以上天数保持在320天以上，综合污染指数保持在1.5以下。三是更大规模抓好生态建设。大力发展生态经济，着力构建生态屏障，实施荒山绿化、景区绿化、城乡绿化工程，做到植绿和护绿并重。继续加大重点河道沿岸、交通沿线、农田林网造林力度，绿化覆盖率达到46.9%。

（八）坚持保障民生和改善民计并举，着力提高群众幸福指数。一是促进保障体系更加务实惠民。全面落实各项就业政策，扎实做好大中专毕业生、农民工、城镇就业困难人员和退役军人等重点群体的就业工作；加强职业技能培训，全年新增城镇就业岗位4500个，失业人员再就业1000人，城镇登记失业率控制在4.2%以内。不断完善社保救助体系，全面推行"社会保障一卡通"，继续扩大社会保险覆盖面，进一步提高职工、居民医疗报销比例和各项社会保险待遇；加大弱势群体救助力度，切实保障困难群众基本生活。完成社会保障服务中心建设工程。加快公租房、限价商品房、城市棚户区改造和经济适用房等各类保障性住房建设步伐。二是促进公共服务更加优质均等。坚持教育事业优先发展，高度重视学前教育。均衡发展义务教育，积极推进标准化学校建设工作；着力强化高中教育，加快发展职业教育。促进卫生事业快速发展，稳步推进公立医院和医药卫生一体化综合改革，加强公共卫生服务设施建设，完成卫生监督所建设工程。继续做好新型农村合作医疗工作，确保参合率稳定在98.8%以上。提高出生人口素质，稳定低生育水平，积极创建“省级计划生育优质服务县”。推进文化事业繁荣发展，不断深化文化体制改革，强化文化阵地和文化人才队伍建设；加大公益性文化事业扶持力度，加强文物、非物质文化遗产保护；积极开展文化下乡、送戏下乡等文化惠民演出活动，满足人民群众日益增长的精神文化需求。三是促进社会环境更加和谐稳定。扎实开展“安全生产稳定好转年”活动。严格落实两个主体责任，深入开展安全生产专项整治和打非治违行动，突出抓好煤矿、非煤矿山、道路交通、危险化学品、食品药品、森林防火、公共聚集场所、建筑施工、中小学校等重点行业和领域的安全工作。不断加强隐患排查和日常监管，加大安全生产投入，夯实安全生产基础，提高安全管理水平。加大矛盾纠纷排查化解力度，完善人民调解、行政调解、司法调解联动工作体系，构建联系群众、服务群众的长效机制。加强社会管理综合治理工作，全面开展严打整治斗争和治安防控体系建设。健全完善应急体系建设，有效应对各类突发事件。

争创“中部百强县”
建设生态安泽、富裕安泽、幸福安泽

安泽县县长　毛跟云

2012年，安泽县围绕建设“生态安泽、富裕安泽、幸福安泽”的奋斗目标，大力实施“六县”战略，全面完成各项目标任务，全县经济社会保持良好发展态势。

2013年是深入贯彻落实“十八大”精神的第一年，是实施“十二五”规划承上启下的关键年，也是安泽县争创中部百强县，奋力建设“生态安泽、富裕安泽、幸福安泽”的攻坚年，做好2013年的工作具有十分重要的意义。

一、2013年政府工作的总体要求

坚持以科学发展观统领全局，围绕建设“生态安泽、富裕安泽、幸福安泽”的奋斗目标，继续实施“六县”发展战略，全力抓好当前及“十二五”期间县委确定的十方面重点工作，突出项目推进、产业升级，作风改进、党建升级“两进两升”，着力加强以提效升级为重点的经济转型、以基础建设为重点的城乡统筹、以民生改善为重点的和谐建设，齐心谋转型，合力促跨越，走好富民强县之路、科学发展之路、开放开发之路，努力在争创中部百强县的进程中迈出更大步伐。

二、2013年全县经济社会发展的主要预期目标

地区生产总值56.75亿元，增长11%；规模以上工业增加值47.51亿元，增长15%；财政总收入13.44亿元，增长12%；固定资产投资40.68亿元，增长32%；社会消费品零售总额7.03亿元，增长15%；城镇居民人均可支配收入20370元，增长11%；农民人均纯收入6595元，增长15%；万元地区生产总值综合能耗下降3.5%、污染物排放量下降3.7%；粮食总产量稳定在10万吨以上。

三、2013年政府主要工作任务

（一）抓招商保落地，打好项目建设攻坚战。(1)把项目建设作为一项基础性工程。实施好总投资52.6亿元，当年完成投资13.8亿元，涵盖产业发展、基础设施、社会事业、积极争取等方面的53项工程项目。一要抓进度，提速提效。优化流程，现场办公，开足马力，高效推进。抓紧落实未开工项目的资金、土地、立项、招标等各方面准备工作，一切资源为项目建设开路，确保早开工、早见效。二要抓质量，抓牢抓实。加强对项目建设全过程的监管，确保项目高标准、高质量地完成。加强政府投资项目审计工作，确保工程质量。三要抓重点，力促力保。重点推进6项市定重点监测项目，确保全部完成既定任务，抓紧推进26项县定重点推进项目。(2)把招商引资作为一项关键性工程。一要建好项目储备库，以加工制造、煤化工、新材料、农副产品加工、文化旅游、商贸物流等新兴产业为主攻方向，着力补充创新型项目、基地型项目、“补链型”项目。二要推动全民大招商。充分发挥政策效应，组建小分队招商，参加大节会招商，引进更多的大项目、好项目。三要提高项目落地率。严格落实“五个一”推进机制。落实建设资金，明确进度要求；加大前期投入，做好规划、可研、环评、能评等工作，提高项目前期工作质量；加快完善配套，特别要加大土地整理、开发力度，为重点项目落地提供保障，确保项目引得来、落得下、留得住。

（二）调结构增效益，增强转型跨越驱动力。(1)推进农业产业化。一要用好产业政策。将“双千万”支农惠农资金向设施农业、有机农业、园区农业倾斜，向龙头企业、合作社、种养大户倾斜。将资源、项目向农业示范园、产业连片区集中，完成泗河农发水保工程，实施中低产田改造工程和基层农技推广体系建设，提高农业综合生产能力。二要夯实产业基础。大力推进四

大主导产业发展，以有机玉米产业化项目为引领，力争年内引进食品加工和饲料加工型龙头企业；以“核桃管理年”为重点，抓好补植补栽，强化以保水保肥保日照为主的管护工作，建好布局合理、设施配套的示范园区；以“一县一业”为主调，强化品牌认证、加密栽植、招商引资，年内完成33公顷连翘育苗基地建设，加快连翘原产地地理标志认证工作；突出牛羊养殖，抓品种抓规模，规范畜禽养殖，抓生态抓有机。三要延伸产业链条。致力于扩规模、创品牌，继续扶持蔺泉酿酒、润祥农贸等农副产品加工企业发展，引进带动能力强、辐射范围大的新龙头企业，提高农产品加工转化率和市场占有率。巩固完善“企业＋基地＋合作社＋农户”发展模式。立足“生态”优势，鼓励扶持有机种植、生态养殖产业，扶持发展林粮、林菌、林药、林禽等林下经济，打造纯天然、无公害品牌，全面提升安泽农业的竞争力。(2)推进工业新型化。一要着力建设唐城工业园区。突出抓好总体规划的上报、环评规划的编制和移民工作的推进，抓好工业园区基础设施建设。同步推进园区内的企业建设。二要大力发展新型化产业，坚持以煤为基、多元发展。加快发展煤焦化衍生产业项目，推进风山选煤厂210万吨重介洗煤技术改造项目，完成伦虎15万吨煤焦油加工异地改造、宏泰1.2亿块新型煤矸石烧结砖等项目建设。加快推进骨干项目落地建设，组建项目建设专班，专攻专办。加快中小企业发展，设立300万元中小企业发展资金，全力构建“旗舰企业引领、龙头企业支撑、小微企业满天星”的发展格局。(3)推进三产多元化。一是实施“文化兴县”“旅游带动”战略。继续完善旅游发展总体规划，建设精品景区、打造精彩线路、推出精细服务。建好荀子文化园，办好荀子文化节，大力弘扬荀子文化、红色文化、生态文化，加快文化产业发展，加大文化惠民力度。加快推进“吃、住、行、游、购、娱”六大旅游要素建设，开发剪纸、挂饰、民间刺绣以及本地土特产为主的旅游产品，提高旅游接待能力和水平。二是着力推进物流业、服务业发展。依托煤炭优势，制定物流园区建设规划，策划物流产业链，整合提高物流业的组织化程度和社会化配置能力。扶持发展商贸、餐饮等传统服务业，信息、中介等生产性服务业和家政等生活服务业，提升服务业水平。

(三)夯基础促统筹，推动城乡建设上水平。(1)更高标准打造山水园林城。一要抓规划。进一步完善县城总体规划及基础设施规划，切实加大规划执法力度，以规划引领建设、保障建设、调控建设。二要抓建设。着力拉大城市框架，实施好“一纵一横”提升改造工程，力争年底完成拆迁和道路拓宽任务。完善城市功能，实施好煤层气热电联产、309国道沁河大桥、垃圾处理厂等重点建设工程，提升县城综合承载力。着力提升城市品位，营造大水大绿景观，建设特色文化街景。三要抓管理。围绕创建省级文明和谐县城目标，积极推进综合执法，不断提升城市管理水平。创新城市经营模式，采取以地生财、资产置换、联合开发等多种融资方式，努力走好以城兴城的路子。(2)更高水平建设和谐新农村。一要创新机制。严格项目自选、工程备案、资金浮动、土地置换、考核排队五项制度，每乡镇补助200万元、启动实施1～2个示范村建设，以沼气建设、下水道改造、村庄绿化等基础工程的推进，改善农村的生产生活条件。二要破解“瓶颈”，围绕“大交通”战略，加快建设方便快捷、四通八达的交通路网。三要建好“两区”。以工矿型、城郊型、移民新村型、特色种养型为方向，同步推进产业园区和新型农村社区建设。尤其要集中精力推进和川水库移民工程和唐城工业园区移民工作。(3)更高层次推进城乡生态化。一要提高造林绿化档次。坚持生态建设和生态修复两手抓，全年完成造林2467公顷。对县城绿化进行高标准设计，在管护好行道树、绿化带的基础上，见缝插绿、查漏补绿，打造生态之景。二要加大生态保护力度。严厉打击各类破坏森林资源的违法犯罪行为。全面推进节能减排，建立符合生态文明要求的考评体系。加快实施以污水截流、生态修复、河岸整治和沿河林带建设为主要内容的沁河流域及沿线支流生态综合治理工程。

(四)强管理惠民生，谱写幸福安泽新篇章。(1)强化安全稳定。严格落实两个主体责任，继续深化安全生产专项整治，全力抓好煤矿、森林防火、防汛、道路交通、学校、公共聚集场所等行业和领域安全工作。继续深化“平安安泽”“法治安泽”建设，深入开展“六五”普法，加强社会管理综合治理，严厉打击各类违法犯罪活动，切实强化应急管理，促进社会和谐稳定。(2)释放发展红利。一是提升教育发展水平。进一步加大教育投入，确保全县教育投入增幅高于经常性财政收入增幅，重点完成义务教育标准化配套、二中操场改造等工程。进一步提升师资水平，不断充实教师队伍。推进素质教育，加强校园文化建设，着力提升教育质量，促进学生全面发展。二是提升医疗服务水平。完善医疗卫生网络。引进、培养医疗卫生人才，引申“对口援医”活动，加强村医队伍建设。深入推进县级公立医院改革，巩固完善新农合、国家基本药物制度。全面加强食品药品安全工作。巩固全国计生优质服务县创建成果，推动人口计生工作再上新台阶。三是提升社会保障水平。着力做好就业再就业工作，全年城镇新增就业岗位750个，农村劳动力转移就业1500人以上。着力提高保障水平，积极推进养老、医疗、工伤、失业等社会保险扩面工作，全面推行“社会保障一卡通”。完善社会救助体系，进一步提高城市低保和重点优抚对象护理费标准，继续做好扶老、助残、救孤、济困等工作。

转型跨越迈大步　进军中部百强县

襄汾县县长　程明温

2012年，以科学发展观为统领，直面挑战，破解难题，抓住关键，整体推进，取得了来之不易的成绩。2013年是全面贯彻落实党的"十八大"精神的开局之年，是实施"十二五"规划承前启后的关键一年，是襄汾县加快推进四大转型、奋力实现跨越发展的重要一年。

一、2013年政府工作的总体思路

贯彻落实党的"十八大"精神，坚持以科学发展观为指导，全面落实经济建设、政治建设、文化建设、社会建设、生态文明建设五位一体总体布局，紧紧围绕"转型跨越迈大步，进军中部百强县"赶超目标，强化招商引资一个引擎，夯实现代农业基地、新型工业强县、宜居宜业新区、帝尧文化之都四个基础，提升安全生产、生态建设、社会管理三个水平，着力推动以经济发展和民生改善为重点的工程项目建设，开拓创新，扎实工作，努力实现经济持续健康发展和社会和谐稳定。

二、2013年全县经济社会发展的指导性指标

地区生产总值143.3亿元，增长12%；规模以上工业企业增加值95.2亿元，增长16%；全社会固定资产投资77.2亿元，增长25%；社会消费品零售总额33.3亿元，增长16%；财政总收入15.73亿元，增长13.5%；城镇居民人均可支配收入22592元，增长13%；农民人均纯收入9484元，增长16%；居民消费价格总水平涨幅控制在4%左右。

三、2013年政府重点抓好十个方面的工作

（一）*加大对外开放力度，在招商引资工作上实现新突破*。一要狠抓项目储备。认真梳理，精心策划，着力储备一批工业、农业、现代服务业以及高新技术类项目，全年储备项目不少于65个。二要创新招商方式。充分发挥各乡镇、各部门的主观能动性，全力争取上级部门在资金、项目、政策、信息等方面的支持。继续开展以企招商、以商招商、以情招商等多种形式的招商引资，积极参加各类经贸洽谈活动，精心组织3次以上襄汾专场推介会。全年签约项目40个以上，签约金额180亿元以上。三要完善招商机制。实行招商引资目标责任制，副县级以上领导和主要经济部门至少签约1个项目；乡镇签约2～5个项目，落地1～2个项目，到位资金5000万元以上。四要促进项目落地。引申行政审批制度改革，坚持四套班子领导包建重点工程项目责任制，着力破解土地、资金、手续等难题，为项目落地创造高效便捷的政务环境。2013年要重点落实好十大招商引资项目。

（二）*提升"三农"工作水平，在农业基础稳固上实现新突破*。一是实施粮食安全工程。狠抓以小型农田水利重点县为主要内容的农业基础设施建设，建设高标准农田667公顷，完成景毛设施蔬菜大棚微灌、汾城涌泉灌和襄陵末级渠道防渗工程，推广无公害标准化生产、集约化育苗等十大实用技术，确保粮食稳定增产。二是加快发展特色农业。重点打造尧京葡萄、丁村白莲、官滩红枣、南贾中药材、奥格姆食用菌、赵康三樱椒、襄陵西红柿、景毛黄瓜8个特色农业示范园区。全力抓好南贾、襄陵两个生猪养殖示范基地，带动各类规模养殖场突破1600个。三是强化龙头企业建设。继续落实十大强农惠农政策，对规模以上农业龙头企业当年利用贷款产生的利息，给予适当财政补贴；对进入"513"工程序列的龙头企业，实行电价和行政性收费优惠；扶持奥格姆食用菌、侯临杏鲍菇、兴民林业3家企业创建市级农业龙头企业。四是打造知名农业品牌。对获得无公害农产品、绿色食品和有机食品认证的企业和获得山西省名牌农产品、山西省著名商标、国家地理标志农产品、中国驰名商标的企业奖励。完成赵康三樱椒地理标志认证，使全县农产品认证总量达到48个。2013年要重点实施好十大农业产业化项目。

（三）*推进新型工业发展，在产业结构调整上实现新突破*。一是推进整合重组。焦化方面，保留万鑫达、光大、顺泰三家企业，加快推进巨成100万吨和宏源、腾达联合重组120万吨两个项目入驻园区，分别建设5.5米捣固焦炉。钢铁方面，支持星原集团与太钢集团深度合作，规划建设2000立方米炼铁高炉、150吨炼钢转炉及配套设施，形成320万吨钢材生产能力；以星原、新金山、中升三家企业为依托，整合全县钢铁产能，建设3个优质特钢集聚区。二是加快转型升级。鼓励焦化企业发展新型煤化工，支持钢铁企业发展精深加工，推动铸造企业发展现代装备制造业，大力引进医药制造、食品加工和高新技术类产业，逐步摆脱焦铁独大的发展模式。三是强化园区建设。完善和审定河西煤化工园区相关手续，着手编制其余园区规划。成立六大工业园区管委会，开展前期准备工作。启动河西煤化工园区道路框架建设，实施路网、电网、供排水网等基础设施工程，使园区具备基本承载能力。四是创优发展环境。全面落实国家结构性减税和扶持小微企业加快发展的政策，切实减轻企业负担。严肃查处涉企“三乱”行为，坚决杜绝“吃拿卡要”现象，确保企业轻装上阵，集中精力抓好生产经营。2013年要重点推进十大工业转型升级项目。

（四）加快城镇扩张步伐，在城乡统筹发展上实现新突破。一要加大“百里汾河新型经济带”建设力度。加紧推进汾河深度治理和一般治理，9月底前全面完成治理任务。全力实施滨河东路建设。二要加快县城扩容提质步伐。按照“东提、西扩、北推进”思路，继续实施大县城建设战略。坚持经营城市的新理念，探索建设城市的新模式，加快实现20平方千米、15万人口的城市发展目标；申报国家级卫生县城，着力打造布局合理、功能完善、环境宜人的美丽襄汾。三要推进特色城镇化发展。支持汾城、邓庄实施全省首批“百镇建设工程”，着力打造历史文化名镇和工业经济强镇。大力发展各具特色的小城镇。完善就业、养老、医疗等配套政策，建立城乡统一的一元化户籍管理制度。四要提升新农村建设水平。申报“一村一品”专业村50个，新建农村户用沼气池300个，完成40个省级重点推进村的相关规划和“四化四改”“六个一”工程建设任务，重点打造万亩丁村白莲基地和双龙湖观光旅游生态农业园区2个新农村精品连片区。继续抓好“两区同建”试点工作，加速城乡一体化发展进程。2013年要重点实施十大业务办公用房项目和十大城市建设项目。

（五）突出重点景区建设，在文化旅游开发上实现新突破。一要高标准规划建设。完成丁村遗址保护总体规划和丁村、陶寺两个国家考古遗址公园规划的编制。实施汾城文庙、魁星楼等建筑的修缮工程，建设演艺广场、民俗风情街等配套设施。加快龙澍峪自然景区建设。二要大力度宣传造势。紧紧围绕“中国源头·文明根祖”主题，充分利用各种传媒手段大力宣传，全面提高襄汾县旅游的吸引力和竞争力。三要重特色培育品牌。加快北中黄高抬、汾城臊子面等项目非遗申报工作，扶持天塔狮舞、剪纸和面塑等民间技艺传承发展，支持晋作家具、锣鼓制造、丁村土布等文化产业形成规模。

（六）引申专项整治活动，在安全生产管理上实现新突破。落实安全责任，提升安全生产管理水平，强化企业安全生产主体责任，加强生产现场管理，夯实安全生产基础。不断加大安全监管力度，持续推进隐患排查治理，深入开展非煤矿山、尾矿库、危险化学品、道路交通等重点行业和领域的安全生产专项整治，严厉打击非法违法行为。强化建设标准，持续开展安全生产标准化创建工作，确保非煤矿山、有色金属、冶金、建材、机械等行业整体达到国家三级标准，实现安全生产形势持续稳定好转。

（七）狠抓节能减排工作，在生态文明建设上实现新突破。一是优化空间布局。严格耕地保护，控制开发强度，持续引申国土资源节约集约模范县创建活动。保持高压态势，突出巡查重点，进一步稳定国土资源管理秩序。加大排查力度，实行群测群防，认真做好地质灾害防治工作。二是狠抓节能降耗。大力发展循环经济，实现资源再利用；严格控制高耗能、高耗电行业过快增长，坚决抑制不合理能源消耗；严把行业准入门槛，坚决淘汰落后产能。三是整治环境污染。加快鸿达集团脱硫项目和光大一期90万吨干熄焦项目建设，启动龙腾达化工顺酐生产线废气回收利用项目；完成PM2.5设备安装和调试，与全市其他平川县市重点区域大气污染联防联治；实施县城污水处理扩容工程，实现河西区生活污水管网全覆盖。四是实施造林绿化。完成“百里汾河新型经济带”襄汾段护岸林、塔儿山生态治理封山育林、东西两山干果经济林等八大造林工程，完成营造林2133公顷。全年县城环境空气质量二级以上天数稳定在330天以上，空气优良率达到90%以上。

（八）优先保障和改善民生，在社会管理创新上实现新突破。一是调整学校布局。撤并21所农村学校，新改建10所农村公办幼儿园，确保星原中学、特殊教育学校秋季开学投入使用。二是促进创业就业。实施就业优先战略和更加积极的就业政策，全年新增城镇就业4150人，创业就业562人，下岗失业人员再就业900人，转移农村劳动力4500人。三是健全社保体系。坚持“全覆盖、保基本、多层次、可持续”方针，实现养老、医疗保险全覆盖，失业、工伤、生育保险覆盖特定职业人群，城乡医疗救助和最低生活保障做到应保尽保。四是提升健康水平。按照“保基本、强基层、建机制”的要求，强化县乡医疗卫生机构建设，公开招聘医学专业毕业生，加大医院科室带头人和乡镇卫生院全科医生的培养力度，提升医疗卫生服务水平，保障全县人民身体健康。五是强化服务管理。做好全省首批社会服务管理重点县建设工作，完善县乡两级平台，完成村级平台建设，实现全县1800个基础网格的网格员终端动态服务管理目标。六是维护社会稳定。完善领导干部大接访制度，畅通群众诉求表达、权益保障渠道；积极探索民爆物品管理新模式，巩固民爆安全整治成果；强化互联网监控，净化网络环境；持续开展各项严打整治专项行动，维护社会和谐稳定。2013年要重点实施十大基础设施建设项目和十大民生工程项目。

（九）实施项目带动战略，在重点项目建设上实现新突破。2013年，继续坚持项目带动战略不动摇，调整、充实“七个十”重点工程项目，通过大力度的项目建设，改善基础设施、促进经济转型、提升综合实力、增进人民福祉，以项目建设的实际成效支撑经济社会的转型跨越。

（十）统筹推进民主法制和精神文明建设，在全民素质提升上实现新突破。完善基层民主管理制度，深入推进政务公开、村务公开和企务公开，保障人民群众的知情权和监督权。加强和改进政府法制工作，做好法律服务和法律援助，维护社会公平正义。全面落实规范性文件审查备案制度，进一步加强行政复议工作。积极开展“六五”普法，推进依法治县进程。加强社会公德、职业道德、家庭美德、个人品德建设，开展文明和谐单位、乡镇、村庄、家庭创建活动，培育知荣辱、讲正气、比奉献、促和谐的良好风尚。

强力壮大四在主导产业
奋力建设富裕、繁荣、美丽、和谐新翼城

翼城县县长　杨春权

2012年，翼城县紧紧围绕“强力壮大钢铁、煤电、制造、林果四大主导产业，奋力建设富裕、繁荣、美丽、和谐新翼城”的发展战略，认真抓好“三件大事”，大力推进“五项工作”，克难攻坚，奋发进取，较好地完成了各项目标任务。

2013年是全面深入贯彻落实党的“十八大”精神的开局之年，是实施“十二五”规划承前启后的关键一年，做好今年的工作至关重要。

一、2013年政府工作的总体要求

以邓小平理论、“三个代表”重要思想、科学发展观为指导，全面贯彻落实党的“十八大”精神，紧紧围绕“强力壮大钢铁、煤电、制造、林果四大主导产业，奋力建设富裕、繁荣、美丽、和谐新翼城”发展战略，坚持解放思想、改革创新，认真抓好“科学发展、安全稳定、作风建设”三件大事，大力推进“项目攻坚突破、农业增效发展、城乡强基提质、民生事业改善、社会管理创新”五项工作，着力实施十大重点产业项目和十大基础设施项目，办好十件惠民实事，积极推进20个重点预备项目，加快全县转型跨越发展步伐，为全面建成小康社会奠定坚实的基础。

二、2013年经济社会发展的指导性指标

生产总值增长11%，达到95亿元；规模以上工业增加值增长16%，达到58亿元；固定资产投资增长32%，达到54亿元；社会消费品零售总额增长16%，达到32.7亿元；财政总收入增长12%，达到13亿元以上；城镇居民人均可支配收入增长12%，达到22000元以上；农民人均纯收入增长16%以上，达到8300元；居民消费价格总水平涨幅控制在3.5%。

三、2013年政府工作重点

（一）夯实“三农”发展基础。一是巩固提升林果主导产业。坚持不懈壮大林果产业，稳步扩大优质干鲜果种植面积，抓好苹果产业“一县一业”基地县建设。狠抓果品营销体系建设，扶持5～10个销售龙头企业，积极培育果品经纪人和营销队伍，加大宣传推介力度，着力打造翼城果品品牌。拉长果品加工链条，积极引进大型果品加工企业落户翼城。二是大力发展现代特色农业。实施小麦高产创建、现代农业玉米丰产方、测土配方施肥项目，确保全年粮食稳产增产。助推青铧等现代农业科技示范园区加快发展，抓好23个“一村一品”项目建设，对具备发展基础和潜力的小杂粮、设施蔬菜、红枣、草莓、樱桃、鲜桃、中药材、大葱、食用菌等专业村、专业大户进行重点扶持，扩大特色农业规模。大力推进畜禽标准化规模养殖。不断提高农民生产组织化程度。构建对接大中城市的农产品营销平台，积极开展农超对接。加大农村信用社等金融机构支农扶农力度。鼓励农村承包土地有序流转，发展多种形式的适度规模经营。三是切实改善农业生产条件。大力实施民生水利工程，抓好“小型农田水利重点县”项目建设，加强中低产田改造和土地开发整理，全面推进农机装备与服务提升，继续推进新一轮农网改造工程，提高农村供电保障能力。四是扎实推进新农村建设和扶贫开发。巩固提升农村“五个全覆盖”工程成果。继续推进农村饮水安全标准提升，解决5000人的饮水安全问题。抓好16个重点村的绿化、净化、亮化工程，全力推进新农村连片区建设。办好省定农村五件实事，启动实施农村困难家庭危房改造、特困群众易地搬迁、行政村街道亮化、村级幼儿园改扩建和乡村清洁工程。加大新一轮扶贫开发力度。

（二）加快工业转型升级。一是确保工业经济平稳运行。积极搭建产销对接平台，保障重点企业用煤、用电和运力需求。引导企业加快设备更新和工艺改造，努力挖潜增效。加强对困难企业的帮扶，认真兑现各项优惠政策，切实减轻企业负担。加快整合煤矿技改扩建，加快推进非煤矿山资源二次整合。二是推进工业项目攻坚突破。提高工业项目用电可靠性。完善三大工业园区中长期发展规划和项目规划，推进关联企业、优势资源和生产要素向园区集聚，促进产业集约发展。探索多元化投入机制，完善园区道路、供电、供气、供排水、通讯等配套设施。加紧实施园区项目建设。积极探索国资与民资联合共建模式，推进翼钢优特钢项目建设取得实质性突破。做大做强铸管、汽车配件、

电机铸件、柴油机缸体、机床配件等优势产品，大力发展精密铸造，延伸“铸造—机加—装配总成”产业链条，提高产品技术含量和附加值。全力推进高硫煤清洁高效利用项目，争取列入国家“十二五”煤炭深加工示范项目规划。三是提升中小微企业发展活力。大力实施“中小微企业服务年”活动。简化办事程序和审批事项。认真落实扶持中小微企业发展的税收优惠政策。积极争取节能技改、煤炭可持续发展基金中小企业项目等专项扶持资金。加强“银企对接”和“银保合作”，设立专项资金，增加政策性中小企业担保机构资本投入，采取财政贴息等措施推进“助保贷”金融服务试点工作。支持民间资本设立中小企业信用担保机构，鼓励小额贷款公司规范有序发展。

（三）提升县域城镇化水平。一是加强县城管理。加紧修编完善县城总体规划，抓好县城控制性规划、重点工程项目修建性详规、城中村改造规划以及县城燃气、亮化、综合交通等专项规划编制工作。积极开展以争创省级卫生县城、文明县城、园林县城、环保模范县城为载体的“四创联动”活动。构建市容市貌、交通秩序、城乡接合部环境卫生长效管理机制。二是增强县城综合承载能力。完善县城配套设施，增加集中供热面积40万平方米，进一步提高供热、供气质量。抓好公益工程建设。完善县城“两轴三环”路网结构。大力推进县城支路背街小巷硬化。有计划、分步骤启动“城中村”改造试点工作。三是统筹推进小城镇建设。科学编制和调整完善小城镇规划以及部分村级规划。提升城镇通达能力，大力改造乡村公路。完善基础设施和公共服务，大力改善环境面貌，提高小城镇吸纳人口、增强就业和聚集产业的能力。充分利用新农村建设、异地扶贫搬迁、农村危旧房改造等相关配套政策，支持集体、企业、个人投资参与小城镇建设。

（四）促进三产服务业提速发展。一是培育壮大文化旅游产业。完善文物旅游业、文化遗产和非物质文化遗产保护发展规划。鼓励和支持民营企业、社会力量投资发展文化产业。抓好文物旅游资源的保护开发，继续实施文物保护修缮。加快古绵山景区设施建设。二是繁荣商贸流通业。继续实施“万村千乡”市场工程。全力推进鲜活农产品、粮食商贸体系建设。深化公路交通运输信息资源整合，提升物流业发展水平。大力推进餐饮、家政等生活性服务业发展，积极支持银行、保险、证券等金融服务业发展，构建“十分钟便民消费圈”。

（五）持续改善生态环境质量。一要狠抓节能降耗。开展重点用能企业能效对标，严格节能评估审查，强化节能执法监察。加强重点领域节能技改。积极推广建筑节能保温材料，大力推进半导体照明应用示范工程，启动县城主干道路灯节能改造。二要强化减排治污。科学编制PM2.5控制规划，完成监测系统建设。综合整治城区各类污染源。完善城区污水管网，提高污水收集率和处理率。全面推进工业企业污染减排治理。实施两个乡镇18个村的环保连片整治示范项目。扎实推进畜禽养殖业粪污综合治理。大力实施“美丽乡村”建设工程，切实改善农村环境卫生面貌。加强重点区域生态环保治理和环境监管能力建设，提高环境保护基本公共服务水平。三要加强造林绿化。深入开展“省级林业生态县”创建工作，持续推进环城绿化、通道绿化、荒山绿化、村庄绿化、矿区绿化等工程。加大森林保护和林木管护力度，确保造林绿化成果。

（六）努力破解发展瓶颈制约。一是着力推进改革创新。积极向上争取“转型综改”优惠政策，抓好“一县一企”试点工作。进一步加快政府机构改革，稳步推进事业单位分类改革，促进服务型政府建设。深化财税体制改革，推进乡镇财政管理体制改革。继续深化基层医药卫生体制综合改革。全面开展农村土地确权登记颁证工作，鼓励林权合理流转。深化农村信用社改革，积极推进农村信用联社改制组建农村商业银行。加快户籍制度改革，有序推进农业转移人口市民化。完善和落实促进非公有制经济发展的各项政策措施，拓宽民间投资领域和渠道。二是切实强化要素保障。用活用好城乡建设用地增减挂钩、矿业存量土地整合利用、工矿废弃地复垦整合等政策措施。实行差别化用地政策，优先保障重点项目用地需求。继续抓好土地储备工作，坚决清理闲置土地，做好土地招拍挂工作，实现土地效益最大化。积极推行政府性资金存款与金融机构贷款投放挂钩办法，引导地方金融机构扩大对重点产业、重点项目的信贷投放。加大财源建设力度，整合优势资源，争取更多资金投向市政建设和民生事业。三是狠抓招商引资和项目推进。做好项目收集储备工作。落实招商引资奖励办法。重点加大对装备制造、煤炭加工转化、农副产品深加工、文化旅游资源开发、现代物流等产业配套型项目招商力度。加快建设确定的重点工程项目。

（七）大力增进民生福祉和社会和谐。一要加强就业和社会保障。完善城乡就业创业服务体系，做好大中专毕业生、农村转移劳动力、城镇就业困难人员和退伍军人等重点群体的就业工作。加强社会保障体系建设，进一步扩大各类保险的覆盖面。做好城乡居民养老保险保费征缴和发放工作。积极引导农民工、灵活就业人员、非公经济组织参加工伤保险和失业保险，切实维护劳动者合法权益。继续抓好新农合和城镇居民医保工作，逐步提高报销补偿比例，确保城乡低保户、农村“五保户”和重点优抚对象全部纳入保险范畴。大力发展社会福利事业和公益慈善事业。加快保障性住房建设。全力实施好棚户区改造项目。二要统筹社会事业协调发展。坚持教育优先发展，提升中小学基础设施水平。合理配置教育资源，加快标准化学校建设，探索城乡联合办学新途径，促进义务教育均衡发展。加快县、乡、村三级医疗卫生网络建设，逐步推进医疗卫生服务均等化。提升人口计生服务质量，稳定低生育水平，提高出生人口素质。做好助残扶贫工作。大力发展文化事业，积极开展对外宣传推介，提高唐霸文化和翼城花鼓等地方文化精品的知名度。继续完善县、乡、村三级文体网络，广泛开展群众性文体活动。实施广播电视网络巩固改造工程，提升群众收视质量。三要切实抓好安全生产工作。深入开展“安全生产稳定好转年"活动，进一步强化企业主体责任、政府部门监管责任和属地管理责任。深入开展安全生产专项整治和"打非治违"行动。突出煤矿、非煤矿山、危险化学品、尾矿库、水库、道路交通、民爆物品、冶金工贸、食品药品、特种设备、建筑施工、森林防火、人员密集场所消防、学校等重点行业和领域，深化安全隐患排查治理，坚决杜绝三人以上较大事故，推进全县安全生产形势持续稳定好转。四要着力推进社会管理创新。开展"夯实基础管理、落实工作责任"集中教育整顿活动。扎实推进社会服务管理体系建设，实现三级"中心＋网格"全覆盖目标，进一步加强公共安全、信息网络、流动人口和特殊人群、社会组织管理。加快社区"三有一化"基础建设，增强依法管理和服务群众的功能。继续深化"三关爱"活动。认真开展"六五"普法，大力推进法治翼城、平安翼城建设。加强治安综合治理，依法防范和打击各类违法犯罪。推进食品药品安全监管"无缝隙"全覆盖。加强公共应急管理和应急救援体系建设，不断提高应急处置能力。

放开胆子试　扑下身子干
倾力建设区域经济动力港和个性化开发区

侯马开发区管委会主任　李山林

2012年是开发区建区以来发展成果最突出的一年，圆满完成年初制定的各项目标任务，在各个方面都取得好成绩。

2013年是全面贯彻落实党的"十八大"精神的开局之年，也是开发区实现"十二五"奋斗目标的关键之年，做好2013年的工作尤为重要。

一、2013年政府工作总体思路

以全面贯彻落实党的"十八大"精神为主线，牢牢抓住省、市转型跨越和综改试验区建设的历史机遇，进一步巩固和发挥四大平台优势，进一步推进三大新兴产业园区建设，进一步打造品牌服务体系，集中围绕两个产业集群(即以电子信息为主的轻型加工产业集群和以电子商务为主的现代物流、总部中心产业集群)，全面开展大承接、大招商，解放思想，务实求真，敢于担当，勇于争先，以更大的智慧和勇气推进区域经济动力港和个性化开发区目标的实现。

二、2013年经济社会发展预期经济指标

全区生产总值40亿元，增长36.1％；工业总产值24亿元，增长45.3％；财政总收入2.82亿元，增长20.3％；固定资产投资34亿元，增长35.2％；进出口总额3.5亿美元，增长31.1％；招商引资50亿元，增长38.9％。

三、2013年重点实施好六项工程

*(一)以数字化考核为抓手，强力推进经济运行工程。*经济运行的主体是企业，关键是项目。开发区实行"6个10"的项目推进工程，即包联帮扶10个投产达效项目，10个在建竣工项目，10个落地开工项目；重点支持10个科技创新项目，10个外向型经济项目，引进落地10个影响较大的储备项目。对已建成投产的项目，重点在融资、外协、劳动用工等方面给予帮扶，使之在年内达产达效；对在建项目，要帮助企业完善手续，随时协调解决项目建设过程中的各种问题，确保早日建成投产；对落地开工项目，要重点解决好供地、立项、环评、建设等各项手续。要切实解决项目的实际问题，做到在谈项目有人跟踪、签约项目及时开工、开工项目有序推进、运行项目顺利达效。

*(二)以平台经济为抓手，强力推进项目引进和建设工程。*2013年的招商任务仍然是"6626"，就是要引进6个独立选址工业龙头项目，6个入驻标准厂房的工业项目，20个总部经济、科技研发、新型金融、电商平台项目和60个商贸物流及电商单品网项目。在招商方式上，要更加善于发挥平台优势和园区效应，做好平台招商、园区招商；更加注重做好项目落地服务跟进工作，以良好的口碑实现以商招商、产业链招商；更加重视发扬过去驻点招商的成功经验和社会资源，开展人脉招商、网络招商，形成符合开发区实际的立体招商格局。一是紧紧围绕以电子商务为主的现代物流、总部中心、研发设计、金融贸易等产业集群，全力集聚招商合力。二是紧紧围绕以电子信息为主的轻型加工类产业集群，全力承接沿海产业转移项目。同时，进一步抓好园区基础设施提档工程，具体任务是"两路四化"。"两路"，就是做好CBD商务办公园区步行街修缮工程和承接产业转移示范园区东站南路续建工程；"四化"，就是三个新

兴产业园区部分道路的绿化、道路路灯 LED 节能改造亮化、纺织东巷东段硬化和区内美化工程。

（三）以规范制度为抓手，强力推进社会管理工程。一是在城市管理上，重点完善规划设计、工程施工、市政设施、市容市貌、环境保护 5 个层面 16 项制度的管理，努力创建宜商、宜业、宜居、宜游的“精品开发区”。同时，全面完善市政设施委托管理合同，确定制度执行的考核标准。二是在劳动用工管理上，把劳动用工管理作为社会管理的重要内容，在劳动用工备案、工资支付和社会保险 3 个层面，着力抓好企业劳动用工备案制度、建筑企业工资保证金制度、工资支付制度、社会保险费征缴制度等 5 项制度的落实。制定《劳动保障突发事件应急预案》，加大对区内重点领域和重点企业的劳动用工监管，维护好劳动者的合法权益。三是在综合治理上，围绕建立新型治安防控体系和多元化综合协调体系 2 个层面，集中抓好社会治安综合治理警示制度、综合治理联席会议制度、综合治理工作检查考核制度、综合治理一票否决权制、排查与重点整治工作制度、综合治理挂牌督办制度等 6 项制度，要把开展平安创建活动作为促进科学发展的保障工作来抓，不断提高开发区社会平安度和群众安全感。

（四）以优化服务为抓手，强力推进人才跟进工程。一是打造政策环境优势。出台《加强人才工作意见》和《引进高层次人才暂行办法》两项优惠政策，形成开发区在人才方面的比较优势，形成有利于高层次人才聚集的高地。二是建立人才创新创业基地。依托高层次人才创新创业基地政策和品牌优势，逐步在电子商务、食品医药、新型材料、机械制造和电子光伏等五个产业领域，以企业为载体，建立技术研发中心，形成科研、孵化、产业相互衔接、相互促进的良性循环态势。三是加大人才引进激励力度。设立人才基金，用以辅助省市扶持，奖励做出贡献的研发机构以及为开发区引进人才的单位和个人。

（五）以完善细节为抓手，强力推进品牌服务工程。一是优化服务流程。全力实现并联式审批，提高办事效能。加大“项目推进年”服务力度，更好地服务企业。二是推行立体服务。全面统筹好园区内基础设施、生产生活环境、社会治安等问题，实行“一揽子管理”，倾力确保园区高水平运转。

（六）以安全稳定为抓手，强力推进和谐新区建设工程。牢牢抓住认识、责任、作风三个关键环节，严格落实“两个主体责任”，深入开展安全生产专项整治活动，不断夯实安全生产基础，加大安全生产投入，切实提高安全生产管理水平，把事关安全的各项基础工作做深、做细、做实，坚决杜绝任何事故的发生。二要全力以赴维护社会稳定。大力推进“一线工作法”，下大气力解决好群众反响强烈的民生问题，特别注重抓好信访矛盾源头预防工作，结合新农村建设，多办赢得民心的实事，多做化解矛盾的工作。三要不断引申文明和谐创建。坚持贴近实际、贴近生活、贴近群众，着眼做深做实，着眼有用有效，深入开展群众性精神文明创建活动，着力提高全区上下的文明程度，为开发区大发展提供强大的精神动力和坚实的道德支撑。

以“十八大”精神为指引 打开开发区发展新局面

运城经济开发区管委会主任　王瑞宝

“十八大”报告深刻阐述了科学发展观的理论贡献和实践要求，明确了党和国家未来发展的总依据、总布局、总目标、总任务。运城经济开发区学习贯彻“十八大”精神，就是要围绕把开发区建成全省先进产业的集聚区、科技创新的先导区、体制创新的示范区和现代化的新城区，勇闯开发区发展新局面，实现“十二五”末经济总量翻两番。

一、加快开发建设，勇当区域经济社会发展排头兵

贯彻落实党的“十八大”精神，重在把握精神实质，重在做好结合文章。开发区要结合党的“十八大”精神总体要求，紧紧把握招商引资、项目建设的工作主线，实施“产业集聚、科技创新、产城融合”三大战略，进一步突出重点任务，加快开发区发展。

（一）着力建设现代产业体系，在提升产业竞争力上取得新突破。近几年来，运城经济开发区接续替代产业发展很快，以商贸为主一业独大的产业格局已经彻底转变。在此基础上，要加快传统产业高端化、战略性新兴产业规模化、产业发展集群化、产业布局园区化来调整产业结构，促进产业升级。注重实施大企业培育工程，打造以同誉有色金属、北京卡乐仕、金博雅壁

纸、海博贝马消毒液为代表的铝镁合金深加工、汽车科技用品、新型装饰材料、高新技术等一批大企业、大集群、大园区;继续围绕新型工业、现代服务业和商贸物流、区域总部、职业技术教育和科技成果研发孵化、基础设施、民生和社会事业等“六大板块”组织项目攻坚。

(二)着力在招商引资和项目推进上取得新突破。围绕实际利用外资、区内生产总值、财政收入、工业销售收入、进出口总额和固定资产投资总额同比增长30%的考核目标,强化工作责任,突出招大引强选优,推行“产业招商、园区招商、以商招商”的办法,实现签约一批、落地一批、开工一批、储备一批,打造招商引资的主战区。围绕“四位一体、统筹推进”的要求,加快项目建设速度,实行日报、月查、季考、年底交账制,确保完成投资任务,续建的聚酯树脂、消毒液、汽车科技用品、高速印刷机12个项目年内全面建成,投产达效或完工运营;新开工的铝合金轮毂、超薄真空绝热板、美特好物流中心、特种电线电缆项目要加快进度;服务外包产业园、运城海关业务监管中心、运城商检等项目要抓紧开工前期工作;已建成运营的豪德、丰喜、壁纸、奥圣管业等9家企业和项目要加大扶持力度,帮助提高产品科技含量,拓宽销售渠道,发挥增加税收、促进就业的作用。

(三)着力打造区域中心,在建设现代新城区上取得新突破。加强区域性重大基础设施建设,努力扩大规模,完善提升功能,提高管理水平,增强对区域的辐射带动作用。遵循发展产业、集聚人口、打造环境、加快规模扩张的思路,坚持工业化和城镇化“双轮驱动”,完成北部新区“六路一桥”“一站”等工程建设。推进智能电网、智能交通管理等重点工程,建设数字管理系统。把开发区建成产业高端、功能完善、公共服务便利、充满生机和活力的现代新城区。

(四)着力加强生态文明建设,在建设风光秀美、空气清新美丽开发区上取得新突破。开发区的发展要全面贯彻落实科学发展观,要坚持以人为本,体现生态型建设要求,实施生态社区、生态企业、生态开发区打造工程,促进形成结构优化、布局合理,资源节约、环境友好型产业科学发展局面,不仅让开发区的经济提质提速,而且要使开发区环境保护和生态建设提高到一个新水平,不仅要建设一个经济又好又快发展的开发区,也要建设一个最适宜人居的风光秀美、空气清新的美丽开发区。

(五)着力加强社会建设,在建设和谐平安开发区上取得新突破。当前既是发展的重要机遇期,也是矛盾凸显期,要把社会建设放在更加突出的位置,完善专职副书记主抓、职能单位负责、公众广泛参与、以法制作保障的社会管理格局,努力实现平安开发区、法治开发区、活力开发区、和谐开发区的建设目标。

二、加快科技创新,打造开发区经济新的核心竞争力

“十八大”报告明确提出,科技创新是提高社会生产力和综合国力的战略支撑,必须摆在国家发展全局的核心位置。开发区要加强科技创新平台建设,整合资源,不断深化企业与高等院校及科研院所的交流合作,推进技术引进、自主研发、成果转化,提升开发区企业科技创新实力。

(一)强化校企联合,在建设公共创新平台上取得新突破。以西北工业技术研究院运城分院、运城职业技术学院为载体,加快微软IT学院落户步伐,鼓励开发区企业与职业院校、高等院校及科研院所加强合作,充分利用高职院校、科研院所、大型企业的精密仪器设备、科技信息资料、科技人才资源,结合开发区铝镁深加工、汽车用品科技、新材料等优势产业,建立资源共享、利益分享、风险分担、协同发展的公共科技创新平台,培育企业实习基地和研究实践基地,加快技术、人才向企业转移和流动。

(二)推进自主创新,在建设企业研发平台上取得新突破。充分发挥承担国家星火计划和863计划的杂交小麦研发中心、阳煤丰喜总部入驻的陕西秦能天脊科技公司、清华大学达立科公司、西安交大、郑州大学等9家研发中心的作用,提高区内企业资源综合利用率,全面降低成本,提升产品质量,创造国际先进水平。

(三)促进科技交流,在建设成果转化平台上取得新突破。紧紧围绕区内产业发展和企业技术需求,加快推进具有自主知识产权、带动作用大、竞争力强的高新技术产业转化基地建设。同时,加强与大院名校的交流合作,吸引国内外一批重大科技成果、科技项目来开发区实施转化,围绕产业集聚发展、产业链条延伸,加强项目与产业间的衔接,孵化一批掌握核心技术、具有发展潜力的新兴产业,带动传统产业升级转型。

同时,教育引导开发区企业真正认识到必须增强自主创新能力,要在技术、营销、管理等创新上做文章,面向长远打下新的发展基础;经贸部门要加大对企业自主创新的引导和支持力度,充分调动企业自主创新、转变发展方式的积极性。引导资金、人才、技术等创新要素向企业聚集,提升产业核心竞争力。到“十二五”末,培育销售收入超过20亿元的企业2家以上、超过10亿元的企业5家以上、超过亿元的企业10家以上,培育上市公司3家以上,拥有自主知识产权的企业60家以上,中国驰名商标2件,山西省著名商标10件,运城市著名商标20件。

三、加快开放步伐,全面提高开放型经济水平

“十八大”报告提出,全面提高开放型经济水平。适应经济全球化新形势,必须实行更加积极主动的开放战略,完善互利共赢、多元平衡、安全高效的开放型经济体系。运城经济开发区是全市对外开放的重要窗口,更是全市外资引进的主阵地与集聚区。近年来,随着香港豪德集团的入驻,陆续引进了荷兰蒂斯曼公司、新加坡艾润国际集团、意大利FDLArchitects公司投资开发区,开发区外向型经济取得重大突破。但是,开发区开放型经济的发展仍处于起步阶段,在走出去方面,更是处于探索和起步阶段。

(一)高位谋划,在思路办法上取得新突破。加快研究制定出台《运城经济开发区开放型经济“十二五”发展规划》,为开发区加快构筑参与国际合作与竞争新优势和“内外联动”新格局提供新的行动指南。

(二)突出重点,在引进外资上取得新突破。改变粗放型发展模式，通过节约、生态、绿色、创新驱动来提升整个开放高地的发展，引导外资投向高端服务业、新型工业、高科技和基础设施，引导加工贸易企业由贴牌加工向委托设计生产、自有品牌营销转型，逐步占领产业链的高端环节，从而推动加工贸易从劳动、资源密集型向资金、技术密集型转变。

（三）加快载体建设，在开放速度上取得新突破。加快运城海关监管中心和运城出入境检验检疫局建设步伐，为开发区开放型经济发展尽快提供"家门口"的技术支持和服务，早日为开发区经济腾飞插上翅膀。

运城经济开发区一定紧紧抓住中原经济区建设、山西综改试验区建设、运城建设黄河"金三角"承接产业转移示范区的重大历史机遇，勇于作为，奋力建树，勇于开创开发区经济社会发展新局面。

推进"五个永济"建设　全面建成小康社会

永济市市长　**朱晓东**

2012年，面对宏观环境复杂多变等不利因素，永济市迎难而上，真抓实干，较好地完成了市五届人大二次会议确定的各项目标任务，为完成2013年目标任务打下坚实基础。

一、2013年政府工作的总体思路

以推进转型跨越为主题，以人民生活幸福为根本，以全面建成小康社会为目标，认真落实"项目推进年"活动要求，千方百计招项目、优化环境引项目、自加压力跑项目、细化责任抓项目，迎难而上，狠抓落实，以66项重点项目和10件民生实事的快速推进，带动全市经济社会各项事业全面发展。

二、2013年的经济社会发展预期目标

生产总值130亿元，增长10%；规模以上工业增加值44.7亿元，增长13%；财政总收入6.69亿元，增长11.6%；固定资产投资77.2亿元，增长22%；社会消费品零售总额44.8亿元，增长16%；城镇居民人均可支配收入21470元，增长12%；农民人均纯收入9130元，增长13%。

三、2013年政府重点工作

（一）坚定不移地以项目建设为龙头，着力做大工业集群。一要抓项目，扩充工业总量。在加快续建项目建设的同时，壮大五大工业优势产业集群，全力抓好2×30万千瓦电厂项目、广海铝业二期10万吨铝型材项目、阳煤千军年产60万件汽车发动机缸体项目、创拓新型建材再生资源项目、粟海铝业3万吨热轧项目、船舶制造研发及配套试验中心建设项目重点工业项目建设。二要抓骨干，做强支柱产业。鼓励新时速公司路内、路外市场同步拓展，特别是要不断增加路外产品市场占有份额；帮助华圣铝业加快煤电铝一体化进程，同时积极发展下游产品，延伸产业链条；协助蒲洲发电抢抓与同煤集团重组机遇，拓宽融资渠道，确保满负荷生产；引导阳煤丰喜、阳煤千军不断加大科研投入，在新领域拓展和新产品研发上求突破、要效益；支持粟海集团加快上市步伐，通过募集股金进一步壮大规模；引导忠民集团加大新产品开发力度，逐步占领高端消费市场；认真落实鼓励企业扩张的优惠政策，不断扩大生产能力，增加效益，促进企业进一步做大做强。三要抓中小，壮大产业集群。大力支持本土能人创办企业，鼓励引导外出务工、经商成功人士回乡创业。设立工业发展基金，组建担保公司，切实解决中小微企业融资难问题。进一步加强工业园区基础设施建设，提升园区承载能力。建立中小企业行业协会，遏制无序竞争。加强企业家队伍和专业技术人才队伍建设，为企业发展提供人才支撑。

（二）坚定不移地以农民增收为目的，着力发展现代农业。一要强力推进现代农业增效益。按照"一县一业""一村一品"要求，重点抓好1500万只肉鸡养殖工程、1260公顷绿色蔬菜基地建设工程、2000公顷高效干鲜果基地建设工程、润源菌业永济食用菌基地建设工程及沿山、沿滩双万亩生态林带建设工程等五大农业产业结构调整提升工程建设，不断壮大优势产业规模。大力发展循环农业。加快现代农业产业化园区基础设施建设。加大现有龙头企业扶持服务力度。积极开展招商引资，结合核桃、红枣等大面积新发展产业，引进深加工企业，努力构建生产、加工、流通相互衔接的现代农业产业体系。二要大力发展公共事业强基础。全面完成东部腹地排涝二期工程、井灌区节水园区工程和黄灌区渠道防渗工程建设。加大农业综合开发力度。全力抓好高标准土地整理项目，切实提高基本农田标准。建设覆盖全市农村的气象防灾减灾体系，综合发布服务“三农”预警信息。坚持产业发展和基础设施建设并重，继续加快新农村建设步伐。深入开展村庄环境整治活动。三要切实抓好扶持服务增收入。进一步扶持、规范农民专业合作社建设。完善农村劳动力转移技能培训制度，拓宽农民就业空间，努力增加工资性收入。落实小额担保贷款等创业扶持政策，不断增加经营性收入。建立健全土地流转价格自然增长机制和土地流转费用兑现保障机制，不断提高农民土地租赁收益，促进财产性收入稳定增长。

（三）坚定不移地以“四城联创”为统领，着力建设宜居永济。一要科学规划提品位。高质量、高标准完成《永济市城市总体规划》修编和绿地系统规划、综合交通体系规划、给排水规划、近期建设规划四个专项规划。依法严厉打击违法违规建设行为，维护良好的城市建设秩序。二要加快建设强功能。在“扩容”方面，重点推进东外环路、富强街西延等工程建设，进一步拉大城市框架，扩大中心城区规模。在“提质”方面，着力推进舜帝山森林公园提升、滨河公园提升改造、市文化中心三大工程建设；强力推进名吃步行街、西厢国际商城等项目建设；进一步完善城市功能，重点实施城区供热管网改造及冷凝热项目、城市质量综合整治二期工程等工程建设。加大城乡电网改造力度。继续推进农村道路建设。三要“四城联创”促提升。狠抓“四城联创”，认真落实10大项65小项标准，突出抓好城区主次干道、背街小巷、居民小区、城中村、城乡接合部等重点区域环境卫生综合整治，坚决打好“脏、乱、差、污”治理攻坚战。扎实开展市民素质提升、市容市貌改善、未成年人思想道德建设、交通秩序整顿、公共环境整治和窗口服务达标六大专项行动。重点完成城市生活垃圾无害化处理厂建设、涑水河环境综合整治、医疗废弃物无害化处置等工作。认真落实节能减排目标责任制，严查各类环境违法行为，确保环境安全。进一步加大城乡绿化力度。

（四）坚定不移地以繁荣三产为目标，着力提升文化产业。一要提升拓展旅游产业。高质量编制完成永济旅游总体规划及鹳雀楼、普救寺、铁牛馆等景区提升规划，用规划指导建设，提升永济旅游整体品位。加快各景区基础设施建设。加大旅游招商力度，加快国有景区改制步伐。构建“大旅游”格局，全面加快吃、住、行、游、购、娱产业链条建设。二要繁荣发展文化事业。充分挖掘永济丰厚的历史文化资源，加强对虞舜文化、诗歌文化、黄河文化、爱情文化和大唐畿辅道文化的研究。不断加大文物保护力度，认真开展全国第一次可移动文物普查工作。认真做好非遗保护传承工作。

（五）坚定不移地以政策叠加为契机，着力加强招商引资。一要全力以赴狠抓招商。积极承接产业转移，做好对接合作，完善产业链条。广泛利用以商招商、产业招商、委托招商、小分队招商、网上招商及建好标准化厂房招商等一切方式，提高招商效率，确保完成全年招商引资工作目标。切实瞄准有意向的招商引资项目，加强对接、梯次推进、滚动开发。二要毫不松懈争取资金。做好项目包装，全方位争取上级支持。2013年引资的重点包括永济虞乡220千伏输变电项目、永济市城东污水处理厂项目、城市污水处理厂改造提升项目、高铁站至市区引道公路建设项目等。三要尽心竭力优化环境。全面加强重点项目“绿色通道”建设，24小时内对所报事项予以办理答复。对每一个招商项目，从洽谈、立项、审批、开工、建设到投产经营，都要确定专人全程跟踪服务，创建优良发展环境。

（六）坚定不移地以创新社会管理为抓手，着力保障改善民生。一要以解决民生问题为核心，办好“十件实事”。二要以构建和谐为目标，抓好社会保障。进一步健全完善全民养老保险、医疗保险等制度，不断提高社会保障水平。千方百计扩大就业扶持，大力推动创业带动就业。切实保障失地农民利益，促进失地农民就业创业。继续完善城乡低保、大病救助等制度，积极推进社会化养老，大力发展慈善事业，做好弱势群体和困难群众的救助工作。合理配置教育资源，不断加强教师队伍建设，全面推进素质教育，协调推进各类教育均衡发展。强化校车安全管理。推行市级医疗机构改革和市域医药卫生一体化综合改革，推动基本药物制度向非政府办基层医疗机构延伸。实施好国家公共卫生项目。强化食品、药品安全监管，提升人民健康水平。认真抓好第三次全国经济普查工作。积极发展体育事业，大力开展全民健身运动，提高群众身体素质。三要以维护稳定为前提，创新社会管理。加强基层社会服务管理体系建设，建立四级联动的新型社会服务管理模式。严格落实信访工作责任制，健全和完善基层矛盾预防机制和排查调处机制。完善社会治安防控体系，严厉打击各类违法犯罪活动，推进平安永济建设。加大劳动监察和劳动人事争议仲裁力度，严肃查处各类侵害劳动者合法权益行为。高度重视安全生产，强化企业主体和部门监管责任，建立健全企业隐患排查治理体系，深化专项整治，严防各类事故发生，营造和谐稳定的发展环境。

集聚发展正能量 奋力苦干不懈怠 加快建设美好幸福新垣曲

垣曲县县长 杨彦康

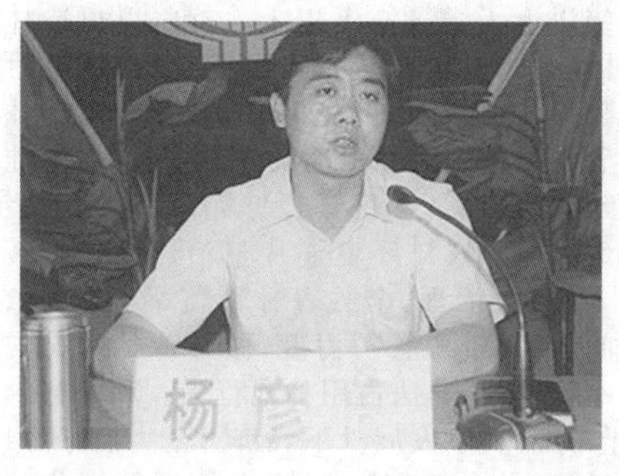

2012年，垣曲县认真落实科学发展观，抓调产保增收、抓项目优结构、抓投入强基础、抓民生促和谐，迎难而上、扑身实干，全县经济社会发展呈现出质量提高、增速加快、后劲充足的良好态势。

2013年是全面贯彻落实党的“十八大”精神的开局之年，是实施“十二五”规划承前启后的关键之年，也是为全面建成小康社会奠定基础的重要一年，做好2013年的工作，意义十分重大。

一、2013年政府工作的指导思想

认真贯彻落实党的“十八大”精神，以邓小平理论和“三个代表”重要思想、科学发展观为指导，紧紧围绕“六三”战略，坚持主题主线和稳中求进工作总基调，以项目建设为支撑，重点在农业调产提标、工业发展提速、生态建设提档、旅游拉动提效、基础完善提质、民生保障提力上实现新突破，继续狠抓招商引资，进一步加强和创新社会管理，凝心聚力，攻坚克难，在全面建成小康社会的伟大进程中迈出坚实步伐。

二、2013年经济社会发展的主要预期目标

地区生产总值增长15%，固定资产投资增长25%，规模以上工业增加值增长11%，社会消费品零售总额增长16%，财政总收入增长6.7%，一般预算收入增长5.3%，城镇居民人均可支配收入增长12%，农民人均纯收入增长13%以上。

三、2013年政府工作重点

*（一）以“六位一体”为抓手，加快重点项目建设。*一是深挖潜力储项目。做足做好重大项目储备库，确保全县每年项目储备保有量不低于100个，投资规模百亿元以上。当前，抓紧做好阳运高速、五龙集团年产30万吨硅铁等91个、投资规模400亿元的项目储备工作。二是狠抓招商引项目。点燃激情抓招商，在全县上下营造招大商、大招商的浓厚氛围；用足政策抓招商，围绕产业转型、生态修复、城乡统筹、民生改善四大领域，积极争取一批大项目、好项目；突出重点抓招商，主攻矿产资源深加工和生态旅游两大产业，在农业产业化、原材料工业、旅游开发、高新技术、新能源、机械加工制造、商贸流通、宜居休闲娱乐等方面大力引进一批标杆项目、优势项目；创优方式抓招商，全年招商引资22亿元，抽水蓄能发电、风力发电、美特好连锁超市、帝舜故里文化博览苑等12个项目力争签约。三是优化环境保项目。做到用地优先保障、资金优先协调、人力优先配备、资源优先配置；推行“一个重大项目、一个领导、一个机构、一个对口推进工作组”的对口推进工作模式，促成一批签约项目尽快落地。四是强化措施建项目。建立领导联系制度，严格考核督查，转变工作作风。2013年全县确定实施69项重点工程或项目。

*（二）以农民增收为核心，加快现代特色农业发展。*一要抓好粮食生产。全县粮食播种面积稳定在2.6万公顷左右。继续推进“双创”增粮计划，继续推广测土配方施肥、地膜覆盖、秸秆还田等新技术，继续扩大机械化耕作面积。认真落实各项惠农政策。全年粮食总产达到6100万千克以上。二要抓好“一县一业”“一村一品”。继续实施核桃经济林调产项目，在全县新发展1333公顷（2万亩）、农民实现人均一亩的基础上，重点抓好后期精细管护。扩大规模养殖，引进改良畜禽品种，加强动物疫病防控，搭好畜产品交易平台，提高养殖效益，全县新扩建规模养殖场10个，新增适度规模养殖户50户，规模饲养比重达到畜牧业总量的55%以上；出台优惠政策，支持鼓励养蜂业发展。食用菌以壮大皋落产业园为基础，辐射带动分散培育，全县发展到600万袋。桑、烟、椒、菜等特色产业，稳定规模，因势利导，提高质量，实现增收。三要抓好农业基础设施建设。持续增强农业综合生产能力、防灾减灾能力和可持续发展能力。科技推广方面，完成乡（镇）农技推广体系建设，实现“一乡一站、一村一点”全覆盖。农田水利建设方面，配合好小浪底引黄工程建设，完成长涧水库除险加固、古城农发水保、退耕还林巩固工程，实施蒲掌坡改梯二期、古城生态开发项目，新建160座卧式密集烤房和3个育苗基地。农村新能源方面，加快国家“绿色能源示范县”建设步伐，实施华峰、英言生物质气化和王茅、蒲掌生物质成型燃料项目。四要抓好

农副产品加工企业发展。继续推进全省“513”重点农业产业化龙头企业建设，沐风香菇酱二期、山里红果业年产1万吨核桃酪和5000吨蜜汁核桃仁项目年内建成投产。着力建设无公害、绿色、有机农产品生产基地，以品牌占领市场，以质量提升竞争力，进一步提升垣曲县农业产业化水平。五要抓好扶贫移民和新农村建设。扶贫移民要完成涉及6个乡(镇)15个村3900人的搬迁任务，启动实施县城集中安置工程。新农村建设方面完成20个省级新农村重点村建设、15个“一村一品”专业村扶持任务。

(三)以工业强县为动力，加快工业新型化培育。一是突出3个标杆。五龙集团110万吨焦化和6万吨镁合金综合利用项目抓紧工程扫尾，尽快建成投产；北方铜业50万吨多金属矿综合捕集回收技改项目加快建设进度，力争年底试生产；国泰矿业年产5万吨消失模铸造项目要做好“三通一平”基础工作，投资2亿元的一期工程6月底争取开建。二是抓好三项重点。抓好“一园两区”建设，县级低碳循环经济产业聚集园，完成组织机构建设和规划编制工作；西峰山中小企业创业基地，继续完善相关配套设施；李家窑循环经济工业园区，进一步拓展发展空间，努力建设机构完备、功能完善、规划科学、产业合理的现代化新型工业园区，促进土地、物流、市场、技术、公共服务实现共享。抓好重点项目建设和投运，燕尾沟煤矿年产30万吨无烟煤项目做好相关验收，鑫玉12万吨陶粒砂一期、力诺兽药及动物保健项目加快建设，天玉建材二期加紧办理矿山开采手续，力争年内投产运营。抓好三大产业集群发展，整合优化配置资源，支持企业技改扩建，培育新兴接续产业，铜铁采选总产能达到150万吨、陶粒砂总产能达到25万吨、农副产品深加工总产值达到6.5亿元。三是力争三个突破。在重点企业与国内外大型企业强强联合、抱团发展上，在以核桃深加工为重点、引进优势农业产业化项目上，在高新技术产业培育扶持上实现新突破。积极落实和出台扶持政策，着力发展实体经济。重视小微企业发展，每个乡镇要引进培育生产性小微企业2～3家，形成中小微企业合理分工，协调发展的新格局。

(四)以生态旅游为龙头，加快现代服务业发展。一要加快旅游业发展。继续加大旅游景区投入，实施历山环境综合整治、望仙大峡谷尧舜文化广场、白马山旅游专用公路等基础设施工程。鼓励发展农家乐，新增规模户20家。加强相关规划编制工作。整顿规范行业秩序，提升旅游业服务水平。多种形式宣传推介旅游品牌，加强与周边省市旅游市场合作对接，力争全年旅游总收入突破亿元。二要加快文化强县步伐。深入推进公共文化服务体系建设。实施“百县强基”“万村千乡”文化工程，扩大数字电视覆盖面，进一步完善基层文化服务功能。继续开展送书送戏送电影活动，丰富群众文化生活。启动国有可移动文物普查。大力扶持特色文化产业发展。加强旅游与文化深度融合，尽快把文化资源转化为产业优势。继续支持奇石、根雕、面塑、戏曲、布艺、书画、文学创作等特色文化产品发展。完成楹联文化广场建设。三要加快商贸流通业发展。健全专业商贸流通功能。大力发展各类集市、古庙会，完善便民连锁店管理机制，畅通农产品进城、工业品下乡渠道。四要加快现代服务业发展。推动家政物业、餐饮住宿、休闲娱乐、地产开发、信息咨询、交通运输、法律保险、电子商务等新兴社会服务业发展；引导投入，专业经营，不断提高服务业比重和水平。

(五)以建设美丽垣曲为目标，加快生态文明建设。加大力度节能减排。抓好重点企业节能技术改造，继续关停淘汰落后产能。严格保护耕地，促进土地节约集约利用。持续推进“蓝天碧水”工程，县城洗浴锅炉全部改造使用天然气。加强污水处理厂运行管理，强化主要河流排污监管和饮用水源地水质保护。新建PM2.5大气环境监测系统，有效控制主要污染物减排总量，全年二级以上天数300天以上。持之以恒造林绿化。巩固林业生态县创建成果。完成荒山造林、封山育林1400公顷、通道绿化补植补栽100千米、园林村绿化30个和1个精品造林示范区建设任务，加快推进古城国家级湿地公园莲花区建设。完成华峰、王茅两个乡(镇)16个村的农村环境连片整治。抓好矿区和重点区域水土流失治理，全县森林覆盖率再增加1个百分点。加大森林资源管护力度，做好森林防火安全，严厉打击私砍滥伐、非法占用林地行为。利用林木资源和核桃干果业，科学发展林下经济。全力搞好“四城联创”。启动开展省级卫生县城、省级环保模范城市、省级园林城市和省级文明和谐县城创建工作。

(六)以城乡一体化为引领，加快基础设施建设。城镇建设上，一要抓规划。完善县城总规修编和控制性详规。严格建设用地审批，严厉查处各类违法违规建设行为。二要抓建设。县城主要实施滨河东路、建设路硬化、东环路亮化、城市绿化等6项工程。以突出特色、完善功能、适度实用为重点，持续推进小城镇建设。三要抓管理。深入查处“十乱”现象，加强环卫工作。突出治理重点区域“停车难”问题，促进城市交通秩序明显好转。大力实施“乡村清洁”和行政村街道亮化工程，努力创建美丽乡村。建立健全长效机制，实现城乡建设管理规范化、常态化。加强县内道路养护和治超工作。电力建设上，张家庄110千伏输变电、中小企业创业基地10千伏开闭所和新城、解峪两个变电站增容改造工程要建成运行，新一轮农网升级改造加快推进。

(七)以保障和改善民生为根本，加快社会各项事业发展。一要坚持教育优先发展。全面实施学前教育三年行动计划，基本实现公办幼儿园全覆盖。扎实推进义务教育标准化建设，认真落实“两免一补”政策和学生营养改善计划，促进义务教育均衡发展。全面落实中职教育免费全覆盖和助学金政策，加强实用人才培养，引导职业教育特色发展。进一步强化高中教育，注重学校内涵式建设。深化教育人事制度改革，持续公开选聘优秀教师，全面提升教育教学质量。二要加快医疗卫生事业发展。深化医药卫生体制改革，提高医疗服务水平。推进县级公立医院改革，破除“以药补医”机制。深入推行国家基本药物制度，县级医院达到40%以上。提升新农合保障水平，最高报销封顶线由

15万元提高到20万元。加强食品药品安全综合监管，推进网络化管理机制，为人民群众创建更加安全的饮食用药环境。三要进一步扩大就业。全面落实各项优惠政策稳定就业，强化中介服务推动就业，鼓励自主创业促进就业。以城镇新增就业人员为重点，突出抓好农民工、城镇就业困难人员、退伍军人、高校毕业生等群体就业工作。全年新转移农村劳动力4800人。四要提升社会保障水平。坚持“全覆盖、保基本、多层次、可持续”的方针，社会养老、医疗保险实现全覆盖，失业、工伤、生育保险继续扩大覆盖面；60周岁以上城乡居民基础养老金再提高10元，企业退休人员基本养老金增加10%，城镇居民医保财政补贴标准提高40元，行政事业单位人员住房公积金存缴比例再增加1个百分点。完善各项社会救助制度，切实保障弱势群体和困难群众基本生活。规范城乡低保管理，提高保障标准。继续推进“五保户”集中供养。发展社会福利和慈善事业，拓宽社会救助渠道。加强残疾人社会保障和服务工作。落实优抚安置政策，保障优抚对象合法权益。五要高度重视安全生产。突出抓好重大危险源监测监控和隐患排查“季循环”治理体系建设，加强安全乡村创建、高危行业劳动用工管理和企业安全标准化建设。落实企业安全生产和政府安全监管“两个主体”责任，严格事故问责，为经济社会发展提供安全保障。六要加强和创新社会管理。进一步健全完善网格化管理体系。建立完善重大决策社会稳定风险评估机制。创新流动人口和特殊人群管理服务。扎实做好信访维稳和应急管理工作。深化“平安垣曲”创建活动，健全社会治安防控体系，加快建设“天眼”工程，县城区域实现全覆盖。重视网络舆情引导，提高网络管理水平。落实好移民后期扶持政策，稳定移民生产生活。

矢志不渝坚持生态兴县
攻坚克难建设美丽平陆

平陆县县委书记　郭　宏

平陆县位于山西省最南端，地处秦、晋、豫黄河“金三角”地带，居黄河流域中部。全县辖11个乡(镇、区)228个行政村，2012年总人口25.5万人，县域面积1173.8平方千米。县域地貌复杂，沟壑纵横，素有“平陆不平沟三千”之称，是集山区、库区、老区为一体的国家扶贫开发重点县，更是一个山区林业大县。

从上世纪50年代开始，特别是改革开放以来，平陆人民坚持不懈大搞造林绿化，在“封山、固塬、治沟、护岸”上取得了巨大成效。近年来，新一届县委、县政府接过“绿化棒”，认真贯彻落实省委、省政府“绿化山西、生态兴省”战略，坚持造林与生态保护并重，促进全县生态化环境持续改善。到目前，全县林业总面积6.6万公顷，占县域面积的56.9%，森林覆盖率32.8%，林木绿化率40.9%，宜林荒山绿化率92.9%，水土流失生物治理率75%，公路里程宜绿化率97.6%，县域建成区绿化覆盖率36%，黄河湿地自然保护区面积占县域面积的7.5%，活立木蓄积量和固碳量净增4%，实现了生态、经济、社会效益共赢。先后获得“全国生态示范县”“国家级出口苹果质量安全示范区”“中国十佳最具投资潜力文化旅游目的县”“中国大天鹅之乡”“全国保护森林和野生动植物资源先进单位”等称号，2013年9月被省政府命名为“全省林业生态县”。

一、立足实际，坚持把“生态兴县”摆上重要位置

加大造林绿化力度，是贯彻落实党的“十八大”精神，建设生态文明的具体举措，是改变生态环境，建设美丽平陆的必然要求，也是调整农村产业结构，促进农民增收的有效途径。新一届县委、县政府在全县党代会、人代会及经济工作会议上，确立了“坚持生态兴县，建设美丽平陆”和实施“县域生态化”的战略，并将全县林业科学定位为：以现代林业为指导，以创建省级林业生态县为抓手，瞄准增绿、增景、增收的“三增”目标，坚持以“科学、富民、强县”为方向，把平陆建成“生态涵养发展区，林业旅游休闲区，绿色经济示范区”，打造生态经济型山区林业大县。2011年，县委、县政府深入山、塬、沟、滩调查研究，制定新一轮林业发展规划蓝图，明确了全县林业建设的目标和重点，即围绕“四荒”搞绿化，构筑绿色屏障；围绕通道搞绿化，构建绿色长廊；围绕产业搞绿化，发展绿色经济；围绕村镇搞绿化，创造绿色家园；围绕县域搞绿化，着力打造绿色宜居城市，实现由“生态治理型”向“生态经济型”转变。

二、民生为先，坚持“绿化”和“富民”两个目标并重

在大力实施“生态兴县”战略中，县委、县政府强化“增绿、增景、增收”和“科学、富民、强县”方针，铺开干果经济林、速生丰产林、“四荒”造林、退耕还林、县域绿化、通道绿化、新农村绿化及龙门关森林公园建设等八大战场。经过三年坚持不懈的努力，全县共完成干果经济林687公顷，速生丰产林867公顷，“四荒”造林3667公顷，高标准绿化通道280千米，完成新农村绿化190个，创建园林单位105个。龙门关森林公园完成景观造林200公顷，栽植各种景观树23万余株，结束了平陆县没有森林公园的历史。年流入黄河的泥沙由800万吨减少到360万吨，全县林木覆盖率由5%提高到32.8%，大风天数比上世纪末减少12天，相对湿度增加3%，生态环境根本性好转。

在全方位推进造林绿化建设中，始终坚持把“增收、富民”当做重中之重来抓，围绕苹果、鲜桃、核桃、红枣、柿子等传统产业搞绿化，以奖代补，鼓励发展绿色经济，做到兴林富民。全县已形成四大经济林产业带：以洪池、张村、杜马、张店、圣人涧、部官6个乡镇为主的苹果、鲜桃特色产业带，以洪池、常乐、圣人涧3个乡镇为主的红枣特色产业带，以曹川、坡底、三门3个乡镇为主的柿子和花椒特色产业带，以张村、杜马、部官、圣人涧、张店等5个乡镇为主的核桃和花椒特色产业带。全县已发展经济林1.3万公顷，年干鲜果经济林产值3.6亿元，全县农村人均经济林收入1600元。“一乡一品”“一村一品”“一户一品”特色产业逐步形成，为农民增收致富开辟了新的经济增长点。

三、强化管理，坚持把“科学管护”这篇文章做好

一是严格新栽苗木管护，确保林木成活。在林木栽植上，严把苗木关、栽植关、浇水关。在林木管护上，大力推进封禁管护、人员管护和机构管护，形成政府主导、责任到人、机构健全的常态管护机制。全县县、乡、村三级专业管护队伍560余人，形成护林员长期管护、工程队定期管护和专业队包片管护的有效机制。创新干果经济林管理，强化从栽到活、从产到销的全过程管理，以管理抓质量，以管理促效益，建立干果经济林专业合作社组织27个，带动3000多个特色林业户发展。大力推行“市场＋基地＋农户＋专业合作社”的经营管理模式，形成市场托基地、基地带农户、农户连合作社的新型干果经济林产业发展格局。二是严格筑牢“防火墙”，遏制森林火灾。平陆县林业用地面积占总面积56.9%，防火任务非常艰巨。县委、县政府坚持把严防森林火灾作为第一责任来抓，不断加强护林防火宣传工作，落实防火责任制，从严查处非法野外用火行为，加强重点人群的监护管理，最大限度的消除火灾隐患。不断加强扑火队伍的落实、组建和管理培训，建立县级森林扑火队6支，乡级森林扑火队16支，进山主要路口设立防火检查站34个，建立森林防火视频监控塔5座，连续3年森林火灾受灾率控制在0.5%以下。三是严格森林执法，加强资源保护。加大林业执法制度建设，严厉打击各类破坏森林资源的违法行为，依法实行封山禁牧，严守森林资源红线。不断加强有害生物防治工作，抓好病虫害预测预报，搞好产地检疫和调运检疫，森林病虫害成灾率控制在9‰以下。2013年1月组建森林公安派出所，为保护造林绿化成果，促进全县林业健康发展，维护生态安全提供了新的保障。四是严格湿地保护，创优湿地环境。平陆县以三湾湿地为代表的黄河湿地面积达8791.2公顷，是国家二级保护动物白天鹅越冬栖息的最佳场所，更是平陆县的旅游名片。实施了三湾湿地120公顷水域面积的收回工作，组织编制黄河湿地保护规划，制定保护方案，成立保护站，设立全方位监测点，不断加强湿地保护区道路绿化等基础设施建设，加强对破坏野生植物行为的打击力度。三湾湿地的生态环境得到极大改善，平陆县境内越冬的大天鹅数量从1998年的2000余只，增加到2012年1.2万余只。

四、“五轮”驱动，坚持把生态文明建设引向深入

一是强化组织推动。成立县乡(镇)村三级林业生态建设领导和领导小组，形成四大班子领导包乡(镇)，县直机关搞帮扶，林业干部包工程，干部群众奋力干好的工作局面。坚持每年召开一次造林动员大会，制定年度造林绿化安排意见，年年与乡(镇)行政一把手签订目标责任书，形成领导重视，机构健全，措施到位的造林绿化良好局面。建立综合考核机制，召开专题会、现场会、推进会，对植树造林先进单位和个人表彰奖励，实施专项督查，通报造林绿化进展情况。组织县、乡、村三级干部及村民代表、林业种植大户，进行春季观摩整坑栽植、夏季观摩长势、秋冬季观摩管护。二是强化精神引导。开展“聚集艰苦奋斗正能量，为建设美丽平陆增绿添彩”活动。调动全社会力量克难攻坚，推进绿化，花园式学校、园林化工厂、绿色化机关、艺化庭院不断涌现，掀起了以工建林、以商造林、以农营林、以林促林，全社会同心协力共建美丽平陆的热潮。三是强化政策助动。组织出台“树随地走，谁栽谁有”与责任田50年不变政策相挂钩，并明确允许作价转让、承包和继承。按照“谁投资、谁管理、谁经营、谁受益”的原则，每年广泛吸纳社会资金8000余万元投入造林绿化。本着“规划区域必须栽，成片园地自愿栽，四荒地域鼓励栽”的原则，带动全县群众积极投身造林绿化中。四是强化资金扶持。县财政坚持每年挤出300万元，支持经济林改造升级，挤出500余万元支持县域绿化及重点造林绿化。2012年和2013年又挤出2400万元用于新农村绿化和龙门关森林公园建设，还拨出300万元用于黄河湿地保护性建设。加大森林防火专项经费投入，保障宣传和制度建设及硬件建设。五是强化技术指导。在全县推广名、特、优新品种，做到“不是优种不栽，差苗裂苗不栽”，有效保证了苗木的纯度。科学栽植，有效保证了成活率。组织林业部门技术服务队下基层到田间，手把手对农户进行指导，开办各种技术培训班52期，累计现场培训农民3万人次，培养特色林业“土专家”230人。

2011年以来，平陆造林绿化工作全方位推进，高起点运作，唱响了孕育着无限生机和活力的生态文明歌。在新的历史时期，平陆将坚持以“十八大”精神为指导，迎难而上、艰苦奋斗、绿化平陆、生态兴县，加快建设经济繁荣、社会和谐、民生殷实、生态优美的新平陆的步伐。

国民经济统计资料

GUOMINJINGJI TONGJIZILIAO

2012年国民经济统计资料

行政区划（2012年）

市名	城市			市辖区	县	镇	乡	村民委员会
	合计	地级市	县级市					
	22	11	11	23	85	564	632	28222
太原市	小店区　迎泽区　杏花岭区　尖草坪区　万柏林区　晋源区　清徐县　阳曲县　娄烦县　古交市							
大同市	城　区　矿　区　南郊区　新荣区　阳高县　天镇县　广灵县　灵丘县　浑源县　左云县　大同县							
阳泉市	城　区　矿　区　郊　区　平定县　盂　县							
长治市	城　区　郊　区　长治县　襄垣县　屯留县　平顺县　黎城县　壶关县　长子县　武乡县　沁　县　沁源县　潞城市							
晋城市	城　区　沁水县　阳城县　陵川县　泽州县　高平市							
朔州市	朔城区　平鲁区　山阴县　应　县　右玉县　怀仁县							
晋中市	榆次区　榆社县　左权县　和顺县　昔阳县　寿阳县　太谷县　祁　县　平遥县　灵石县　介休市							
运城市	盐湖区　临猗县　万荣县　闻喜县　稷山县　新绛县　绛　县　垣曲县　夏　县　平陆县　芮城县　永济市　河津市							
忻州市	忻府区　定襄县　五台县　代　县　繁峙县　宁武县　静乐县　神池县　五寨县　岢岚县　河曲县　保德县　偏关县　原平市							
临汾市	尧都区　曲沃县　翼城县　襄汾县　洪洞县　古　县　安泽县　浮山县　吉　县　乡宁县　大宁县　隰　县　永和县　蒲　县　汾西县　侯马市　霍州市							
吕梁市	离石区　文水县　交城县　兴　县　临　县　柳林县　石楼县　岚　县　方山县　中阳县　交口县　孝义市　汾阳市							

国民经济主要指标

指　　标	单位	1978年	1980年	1985年	1990年	1995年	2000年	2005年	2010年	2012年
一、年末总人口	万人	2424	2476	2673.5	2899	3077	3247.8	3355.2	3574.1	3610.8
二、全社会从业人员	万人	965	1003	1154.1	1304	1424.5	1392.4	1500.2	1685.9	1790.2
职工人数	万人	268	299	377.1	438.7	463.5	370.2	352.1	384.5	418.5
三、地区生产总值	亿元	88.0	108.8	219.0	429.3	1034.5	1643.8	4179.5	9200.9	12112.8
四、农业生产										
1. 农林牧渔业总产值	亿元	29.0	38.2	62.9	124.8	299.7	322.4	483.8	1047.8	1304.3
2. 主要农产品产量										
粮　食	万吨	706.96	685.7	822.7	969	917.1	853.4	978.0	1085.1	1274.1
棉　花	万吨	6.94	7.8	7.3	11.2	9.1	4.5	10.3	6.9	4.7
油　料	万吨	4.23	13.4	44.4	39.4	22.3	44.8	21.3	17.6	19.6
猪牛羊肉	万吨	18.23	17.3	20.9	29.3	56.1	59.2	81.0	63.6	67.1
3. 大牲畜年末数	万头	223.64	224	260.4	293.2	358.6	309.3	312.7	127.6	122.7
猪年末数	万头	578.5	531.2	372.1	363.1	561	519.5	627.1	474.8	473.8
羊年末数	万只	872.04	909.9	414.3	709.6	915	1058.4	1196.4	734.7	834.0
五、工业生产										
1. 工业总产值	亿元						1216.9	4850.9	12471.3	6230.2
轻工业	亿元						175.2	295.4	671.3	350.9
重工业	亿元						1041.7	4555.5	11800.1	5879.3
2. 主要工业产品产量										
原　煤	万吨	9825	12103	21418	28597	34731	25152	55426	74096	91333
发电量	亿千瓦小时	106.63	120.2	184.6	314.2	506	624.7	1316.5	2150.6	2535.0
钢	万吨	119.99	149.4	183.7	238.6	339.8	472.7	1654.7	3048.8	3950.2
成品钢材	万吨	74.04	86.4	110.8	128.8	217.1	392.6	1368.6	2866.4	3799.5
水　泥	万吨	255.87	287.9	458.7	612.5	1169.9	1434.0	2310.7	3670.3	5076.2
金属切削机床	台	3131	1706	1288	1678	688	832	1813	1822	834
布	万米	32756	38652	37555	42948	35593	33253	36256	7381	7499
机制纸及纸板	万吨	9.35	11.55	18.75	35.44	59.69	27.00	40.49	21.8	33.4
六、运输邮电										
1. 货物运输量	万吨	15620	18080	29181	50111	65962	86624	125367	124677	144622
铁　路	万吨	9166	11067	16110	23332	26095	28779	49067	63836	71437
2. 货物周转量	百万吨千米	18964	22538	36101	59493	71805	86808	136312	233242.1	334585
铁　路	百万吨千米	17848	20965	30869	47955	53638	59797	96970	136247.1	214354
3. 旅客发送量	万人	4498	5865	10564	15960	21337	31818	40209	39059	40839
铁　路	万人	2124	2523	3391	3226	3308	2953	3433	5746	6208

注：本表工业统计口径为年主营业务收入500万元及以上工业法人企业，工业总产值按现价计算。

续表

指　　标	单位	1978年	1980年	1985年	1990年	1995年	2000年	2005年	2010年	2012年
4. 旅客周转量	百万人千米	3874	4979	9318	12604	17510	22458	32954	37157	42298
铁　路	百万人千米	2710	3564	6214	6681	8066	8336	10564	15582	19237
5. 邮电业务总量	亿元	1.1	1.2	1.6	2.5	13.8	75.90	280.6	260.0	339.4
七、固定资产投资										
全社会固定资产投资	亿元	21.5	28.2	91.7	123.4	295.6	625.2	1859.4	6352.6	9176.3
第一产业	亿元	0.2	1.8	1.1	5.2	7.6	12.0	50.1	281.3	381.4
第二产业	亿元	13.2	16.2	55.5	25.6	140.2	289.6	1130.4	2628.1	4146.7
第三产业	亿元	8.1	10.2	35.1	42.6	147.7	323.6	678.9	3443.2	4648.2
八、商　　业										
社会消费品零售总额	亿元	32.38	42.7	89.4	158.0	376.0	722.7	1401.2	3318.2	4506.8
九、财　　政										
财政总收入	亿元	19.6	21.0	25.0	51.7	129.4	194.6	757.8	1810.2	2650.3
地方财政收入	亿元	19.6	21.0	25.0	51.7	72.2	114.5	368.3	969.7	1516.4
地方财政支出	亿元	21.1	19.6	35.5	54.9	112.9	225.1	668.8	1931.4	2759.5
十、物价指数(以1950年为100)										
商品零售价格总指数	%	143.1	148.8	174.5	290.6	510.2	500.5	506.8	580.8	620.3
城镇居民消费价格总指数	%	141.3	150.6	181.1	301.4	595.6	690.0	718.8	832.6	896.5
十一、工　　资										
全部职工工资总额	亿元	16.7	21.9	41.0	90.7	215.5	256.1	548.1	1268.8	1871.7
全部职工平均工资	元	632	754	1122	2111	4721	6918	15645	33544	44943
国有单位职工工资总额	亿元	14.6	19.0	33.9	75.9	186.2	200.9	394.4	760.3	959.32
国有单位职工平均工资	元	655	795	1200	2263	5094	7249	16027	33119	41561
十二、教育、文化										
高等学校在校学生数	人	20940	33104	41946	5.1	67420	125674	407036	562924	637330
中等专业学校在校学生数	万人	2.9	4.6	5.1	8.7	10.7	19.7	20.2	20.7	17.9
普通中学在校学生数	万人	194.3	179.6	157.0	145.1	151.0	199.8	261.2	253.7	235.7
小学在校学生数	万人	377.4	384.2	335.2	297.4	327.0	343.6	350.3	291.1	261.8
报纸出版数量	万份	1.79	1.76	5.52	5.44	5.93	5.88	329713	206698	208938
杂志出版数量	万份	598	1905	7981	2815	3586	2657	5914	4000	3733
图书出版数量	万册	6422	9055	9991	12166	13919	10105	10081	13183	14789

注:1995年以后的财政收入与以前年份不可比,1997年以后的财政收支为一般预算收支。

国民经济主要比例关系

单位:%

指　　标	1978 年	1980 年	1985 年	1990 年	1995 年	2000 年	2005 年	2010 年	2012 年
一、国内生产总值中三次产业比例									
第一产业	20.7	19.0	19.3	18.8	15.7	9.7	6.2	6.0	5.8
第二产业	58.5	58.4	54.8	48.9	46.0	46.5	55.7	56.9	55.6
第三产业	20.8	22.6	25.9	32.3	38.3	43.8	38.1	37.1	38.7
二、工业增加值中轻重工业比例									
轻工业						14.4	6.1	5.4	5.6
重工业						85.6	93.9	94.6	94.4
三、农林牧渔业总产值内部比例									
农业产值	78.3	73.7	74.4	72.2	62.2	65.3	58.2	63.8	65.0
林业产值	7.0	8.4	7.4	4.9	5.9	4.4	3.4	6.2	6.1
牧业产值	14.6	17.8	18.1	22.6	31.5	29.7	30.7	23.9	22.9
渔业产值	0.1	0.1	0.1	0.3	0.4	0.6	0.6	0.6	0.6
农林牧渔服务业							7.1	5.4	5.4
四、全社会固定资产投资中三次产业的比例									
第一产业	0.8	6.2	1.2	4.2	2.6	1.9	2.7	4.4	4.2
第二产业	61.5	57.5	60.5	61.3	47.4	46.3	60.8	41.4	45.2
第三产业	37.8	36.3	38.3	34.5	50.0	51.8	36.5	54.2	50.7
五、固定资产投资额占国内生产总值的比例		25.9	41.9	28.7	27.5	33.9	44.5	69.0	75.8
六、文教卫生科学事业费占财政支出的比例		20.4	23.0	28.4	30.2	25.0	22.4	24.6	28.6

注:工业口径为国有企业和年产品销售收入 500 万元及以上非国有企业。

人口和自然资源

项　　目		2012年	项　　目		2012年
全省总户数	（万户）	1282.4	工业劳动者	（万人）	489.92
全省总人口	（万人）	3610.8	农业劳动者	（万人）	647.1
城镇人口	（万人）	1851.1	土地面积	（万平方千米）	15.67
乡村人口	（万人）	1759.7	平原	（万平方千米）	3.12
人口出生率	（‰）	10.7	丘陵	（万平方千米）	6.96
人口死亡率	（‰）	5.83	山地	（万平方千米）	5.58
人口自然增长率	（‰）	4.87	森林覆盖率	（%）	18.03
人口密度	（人/平方千米）	231	水资源总量	（亿立方米）	124.34
社会从业人员	（万人）	1790.17	地下水资源量	（亿立方米）	94.95

注:本表水资源总量和地下水资源量为2011年数据。

地区生产总值及构成

（按当年价格计算）

年份	绝对数（万元）				构成（%）		
	总计	第一产业	第二产业	第三产业	第一产业	第二产业	第三产业
1952	159978	93831	27484	38663	58.7	17.2	24.1
1957	291594	115415	93994	82185	39.6	32.2	28.2
1962	324083	110666	121848	91569	34.1	37.6	28.3
1965	439158	127041	205199	106918	28.9	46.7	24.4
1975	698101	208009	346700	143392	29.8	49.7	20.5
1978	879946	182040	514685	183221	20.7	58.5	20.8
1980	1087619	206348	635098	246173	19.0	58.4	22.6
1984	1974231	462487	1031178	480566	23.4	52.3	24.3
1985	2189896	422629	1200573	566694	19.3	54.8	25.9
1986	2351114	379020	1282495	689599	16.1	54.5	29.4
1987	2572290	390647	1379696	801947	15.2	53.6	31.2
1988	3166851	485368	1632920	1048563	15.3	51.6	33.1
1989	3762551	637472	1887453	1237626	16.9	50.2	32.9
1990	4292736	808080	2100746	1383910	18.8	48.9	32.3
1991	4685131	687729	2362793	1634609	14.7	50.4	34.9
1992	5511228	829433	2702838	1978957	15.1	49.0	35.9
1993	6804100	972700	3350300	2481100	14.3	49.2	36.5
1994	8266600	1238400	3965700	3062500	15.0	48.0	37.0
1995	10760300	1686900	4944500	4128900	15.7	46.0	38.3
1996	12921100	1982800	6002100	4936200	15.3	46.5	38.2
1997	14760000	1918400	7075700	5765900	13.0	47.9	39.1
1998	16110800	2072500	7612500	6425800	12.9	47.3	39.8
1999	16671000	1599600	7854700	7216700	9.6	47.1	43.3
2000	18457200	1798600	8583700	8074900	9.7	46.5	43.8
2001	20295300	1710900	9560100	9024300	8.4	47.1	44.5
2002	23248000	1978000	11343100	9926900	8.5	48.8	42.7
2003	28552200	2151900	14633800	11766500	7.5	51.3	41.2
2004	35713700	2763000	19194000	13756700	7.7	53.8	38.5
2005	42305300	2624200	23570400	16110700	6.2	55.7	38.1
2006	48786100	2767700	27556600	18461800	5.7	56.5	37.8
2007	60244500	3119700	34544900	22579900	5.2	57.3	37.5
2008	73154000	3135800	42423600	27594600	4.3	58.0	37.7
2009	73583100	4775900	39938000	28869200	6.5	54.3	39.2
2010	92008600	5544800	52340000	34123800	6.0	56.9	37.1
2011	112375500	6414200	66352600	39608700	5.7	59.0	35.2
2012	121128300	6983200	67315600	46829500	5.8	55.6	38.7

全社会固定资产投资

单位:万元

年份	总计	房地产开发	农户	住宅	第一产业	第二产业	第三产业
1978	214935		11313	15006	1645	132080	81210
1979	232713		14940	38261	10752	131838	90123
1980	281960		21173	59117	17560	162157	102243
1981	254719		38452	76511	13723	129473	111523
1982	345486		38244	95144	20698	186438	138350
1983	448347		57569	96277	26159	257200	164988
1984	688991		63475	114800	15352	384594	289045
1985	916918		87387	158060	11443	554744	350731
1986	970247		106473	176525	22578	600777	346892
1987	1062371	6207	136987	193745	25621	597032	439718
1988	1076779	5421	141201	169236	33359	662277	381143
1989	1079587	2370	136709	184680	28614	668424	382549
1990	1234137	28486	164556	220354	51962	756324	425851
1991	1495206	32642	202269	238231	56159	934621	504426
1992	1727858	51869	119330	240328	48795	1079071	599992
1993	2512628	129685	191765	415095	84534	1424294	1003800
1994	2909041	116512	201153	464303	63897	1427878	1417266
1995	2955570	150886	188798	456871	76160	1401945	1477465
1996	3334714	147893	302383	666374	90324	1587144	1657246
1997	3983959	181736	317673	708704	104368	2008130	1871461
1998	5346852	278653	331200	920980	83706	2135036	3128110
1999	5753507	350458	245781	1083149	103046	2261965	3388496
2000	6251628	394556	344392	1113447	119648	2896273	3235707
2001	7083468	466464	399594	1021534	205239	3090533	3787696
2002	8382683	674331	462572	1173468	334467	3793232	4254984
2003	11163486	950740	533216	1210898	359529	6127825	4676132
2004	14776985	1449898	621851	1551521	362856	8697815	5716314
2005	18593969	1779937	757098	2245567	501034	11304223	6788712
2006	23214735	2086231	933279	3503467	651894	13463726	9099115
2007	29271653	2589251	1157947	4619967	838947	16171517	12261189
2008	36351396	3279807	1443268	5651842	1119701	18688907	16542788
2009	50335333	4772748	1785790	7600820	2203844	21636020	26495469
2010	63526011	5922376	2179375	9003350	2812813	26281280	34431918
2011	73730582	7901982	2353725	11877169	2712048	33485814	37532720
2012	91763142	10104513	2784109	14670489	3814072	41466603	46482467

人民物质文化生活提高情况

指　　标	单位	1978年	1980年	1985年	1990年	1995年	2000年	2005年	2010年	2012年
一、城乡居民收入										
城镇居民人均可支配收入	元	301.4	379.9	595.3	1290.9	3306.0	4724.1	8913.9	15647.7	20411.7
农民人均纯收入	元	101.6	155.8	358.3	603.5	1208.3	1905.6	2890.7	4736.3	6356.6
职工平均工资	元	632	754	1122	2111	4721	6918	15645	33544	44943
二、平均每人住房面积										
城镇居民建筑面积	平方米					14.2	17.9	25.6	28.0	30.6
农村居民居住面积	平方米	9.4	11.1	13.7	16.5	17.1	21.6	24.2	28.7	32.4
三、交通、文化、教育、卫生										
每百户拥有(抽样)										
电视机(彩电)										
城镇居民	台			18.8	60.1	86.2	107.2	113.7	111.8	111.2
农　民	台			1.3	6.7	20.6	63.5	82.3	109.0	109.2
洗衣机										
城镇居民	台		1.6	57.5	81.7	91.2	93.4	99.8	100.7	103.4
农　民	台			2.8	13.8	19.8	51.7	69.3	81.0	86.6
移动电话										
城镇居民	台							109.7	146.6	188.4
农　民	台							27.5	107.7	186.8
每百人每天拥有报纸	份	2.0	2.0	5.8	5.3	5.3	5.0	27.0	16.2	15.9
每人每年拥有杂志	册	0.8	1.2	1.9	1.5	1.2	0.8	1.8	1.1	1.0
每万人拥有在校大学生	人	8.6	13.4	16.0	17.7	21.9	38.7	121.3	157.5	176.5
每千人拥有医院床位数	张	2.7	2.9	3.3	3.5	3.4	2.4	2.4	3.1	3.3
每千人拥有卫生技术人员	人	3.2	3.5	4.2	4.6	5.7	4.2	3.9	5.5	5.5
四、储　蓄										
城乡居民储蓄存款年末余额	亿元	7.2	12.9	52.9	231.3	844.5	1748.4	4119.7	9223.0	11997.0
平均每人储蓄存款余额	元	30	52	198	798	2744	5383	12278	25805	33225

注：1997年以后每千人拥有医院床位数及卫生技术人员数与以前年份不可比。

2012年全国各省市区国民经济主要指标排序

省市区	常住人口(万人)			地区生产总值(亿元)			农林牧渔业总产值(亿元)			粮食总产量(万吨)		
	指标值	位次	比重(%)	指标值	位次	比重(%)	指标值	位次	比重(%)	指标值	位次	比重(%)
全国总计	**135404**			**519322.1**			**89453.0**			**58958.0**		
北京	2069	26	1.53	17801.0	13	3.43	395.7	26	0.44	113.8	29	0.19
天津	1413	27	1.04	12885.2	20	2.48	375.6	28	0.42	161.8	27	0.27
河北	7288	6	5.38	26575.0	6	5.12	5340.1	5	5.97	3246.6	8	5.51
山西	3611	18	2.67	12112.8	21	2.33	1304.3	24	1.46	1274.1	17	2.16
内蒙古	2490	23	1.84	15988.3	15	3.08	2449.3	17	2.74	2528.5	10	4.29
辽宁	4389	14	3.24	24801.3	7	4.78	4062.4	9	4.54	2070.5	13	3.51
吉林	2750	21	2.03	11937.8	22	2.30	2502.0	16	2.80	3343.0	5	5.67
黑龙江	3834	15	2.83	13691.6	17	2.64	3952.3	10	4.42	5761.5	1	9.77
上海	2380	24	1.76	20101.3	11	3.87	321.7	29	0.36	122.4	28	0.21
江苏	7920	5	5.85	54058.2	2	10.41	5808.8	3	6.49	3372.5	4	5.72
浙江	5477	10	4.04	34606.3	4	6.66	2658.7	15	2.97	769.8	23	1.31
安徽	5988	8	4.42	17212.1	14	3.31	3728.3	11	4.17	3289.1	7	5.58
福建	3748	17	2.77	19701.8	12	3.79	3007.4	13	3.36	659.3	24	1.12
江西	4504	13	3.33	12948.5	19	2.49	2399.3	18	2.68	2084.8	12	3.54
山东	9685	2	7.15	50013.2	3	9.63	7945.8	1	8.88	4511.4	3	7.65
河南	9406	3	6.95	29810.1	5	5.74	6679.0	2	7.47	5638.6	2	9.56
湖北	5779	9	4.27	22250.2	9	4.28	4732.1	7	5.29	2441.8	11	4.14
湖南	6639	7	4.90	22154.2	10	4.27	4904.1	6	5.48	3006.5	9	5.10
广东	10594	1	7.82	57067.9	1	10.99	4656.8	8	5.21	1396.3	16	2.37
广西	4682	11	3.46	13031.0	18	2.51	3490.7	12	3.90	1484.9	15	2.52
海南	887	28	0.65	2855.3	28	0.55	1082.1	25	1.21	199.5	26	0.34
重庆	2945	20	2.17	11459.0	23	2.21	1402.0	22	1.57	1138.5	20	1.93
四川	8076	4	5.96	23849.8	8	4.59	5433.1	4	6.07	3315.0	6	5.62
贵州	3484	19	2.57	6802.2	26	1.31	1436.6	21	1.61	1079.5	22	1.83
云南	4659	12	3.44	10309.8	24	1.99	2680.2	14	3.00	1749.1	14	2.97
西藏	308	31	0.23	695.6	31		118.3	31	0.13	94.9	31	0.16
陕西	3753	16	2.77	14451.2	16	2.78	2303.2	19	2.57	1245.1	19	2.11
甘肃	2578	22	1.90	5650.2	27	1.09	1358.2	23	1.52	1109.7	21	1.88
青海	573	30	0.42	1884.5	30	0.36	263.9	30	0.29	101.5	30	0.17
宁夏	647	29	0.48	2326.6	29	0.45	385.1	27	0.43	375.0	25	0.64
新疆	2233	25	1.65	7466.3	25	1.44	2275.7	20	2.54	1273.0	18	2.16

注:本表数据为统计快报数。

续表 1

省市区	规模以上工业主营业务收入(亿元)			规模以上工业利润总额(亿元)			发电量(亿千瓦小时)			粗钢产量(万吨)		
	指标值	位次	比重(%)	指标值	位次	比重(%)	指标值	位次	比重(%)	指标值	位次	比重(%)
全国总计	**915914.8**			**55577.7**			**49377.7**			**71716.0**		
北京	16851.2	19	1.84	1216.6	18	2.19	290.9	29	0.59	2.6	29	0.004
天津	23570.4	14	2.57	1940.0	10	3.49	589.7	27	1.19	2124.2	10	2.96
河北	43466.9	7	4.75	2296.9	6	4.13	2372.9	8	4.81	18048.4	1	25.17
山西	17788.4	18	1.94	806.5	22	1.45	2534.9	7	5.13	3950.1	5	5.51
内蒙古	17898.7	17	1.95	1754.2	13	3.16	3116.9	4	6.31	1734.1	12	2.42
辽宁	47965.1	6	5.24	1906.3	11	3.43	1420.0	15	2.88	5177.0	4	7.22
吉林	19727.3	16	2.15	1161.7	20	2.09	691.6	25	1.40	1174.2	20	1.64
黑龙江	12295.6	23	1.34	1201.0	19	2.16	846.8	23	1.71	697.6	24	0.97
上海	33738.3	8	3.68	2131.3	8	3.83	886.2	22	1.79	1970.9	11	2.75
江苏	117774.3	1	12.86	6881.8	2	12.38	3928.5	1	7.96	7419.7	2	10.35
浙江	56729.9	4	6.19	2899.8	5	5.22	2773.9	5	5.62	1305.2	18	1.82
安徽	27911.2	12	3.05	1470.2	15	2.65	1767.5	11	3.58	2147.0	8	2.99
福建	28892.9	11	3.15	1779.2	12	3.20	1622.6	13	3.29	1318.6	17	1.84
江西	22267.6	15	2.43	1285.1	17	2.31	728.2	24	1.47	2140.9	9	2.99
山东	116222.0	2	12.69	7443.3	1	13.39	3195.2	3	6.47	5957.0	3	8.31
河南	51558.3	5	5.63	3889.1	4	7.00	2643.0	6	5.35	2215.8	7	3.09
湖北	31372.8	9	3.43	1602.9	14	2.88	2204.1	9	4.46	2806.7	6	3.91
湖南	27575.5	13	3.01	1322.7	16	2.38	1318.7	17	2.67	1679.7	13	2.34
广东	92089.6	3	10.05	4635.9	3	8.34	3753.7	2	7.60	1228.5	19	1.71
广西	14324.4	21	1.56	749.0	23	1.35	1187.8	18	2.41	1338.1	16	1.87
海南	1686.1	30	0.18	123.7	29	0.22	198.5	30	0.40			
重庆	12715.7	22	1.39	608.3	24	1.09	597.7	26	1.21	545.6	25	0.76
四川	31065.7	10	3.39	2142.7	7	3.86	2152.4	10	4.36	1674.3	14	2.33
贵州	5686.2	27	0.62	466.0	26	0.84	1607.8	14	3.26	531.3	26	0.74
云南	8662.8	24	0.95	507.7	25	0.91	1745.5	12	3.53	1526.7	15	2.13
西藏	89.6	31	0.01	13.1	31	0.02	26.2	31	0.05			
陕西	16101.3	20	1.76	1982.6	9	3.57	1341.3	16	2.72	828.7	22	1.16
甘肃	7587.8	25	0.83	259.2	27	0.47	1103.0	20	2.23	810.2	23	1.13
青海	1951.4	29	0.21	152.4	28	0.27	589.2	28	1.19	141.2	27	0.20
宁夏	2972.6	28	0.32	107.0	30	0.19	1007.6	21	2.04	21.7	28	
新疆	7375.3	26	0.81	841.7	21	1.51	1135.5	19	2.30	1138.2	21	1.59

注:规模以上工业主营业务收入、规模以上工业利润总额为快报数据。

续表 2

省市区	社会消费品零售总额（亿元）			全社会固定资产投资额（亿元）			海关进出口总额（亿美元）			旅游外汇收入（亿美元）		
	指标值	位次	比重(%)	指标值	位次	比重(%)	指标值	位次	比重(%)	指标值	位次	比重(%)
全国总计	**210307.0**			**374675.7**			**38667.6**			**500.3**		
北　京	7702.8	11	3.66	6111.7	24	1.63	4079.2	4	10.5	51.5	5	10.29
天　津	3921.4	23	1.86	7934.8	21	2.12	1156.2	8	3.0	22.3	9	4.45
河　北	9254.0	9	4.40	19661.3	5	5.25	505.5	13	1.3	5.4	23	1.09
山　西	4506.8	19	2.14	8863.3	19	2.37	150.4	23	0.4	7.2	20	1.44
内蒙古	4572.5	17	2.17	11858.2	14	3.16	112.6	26	0.3	7.7	19	1.54
辽　宁	9346.6	7	4.44	21836.3	3	5.83	1039.9	9	2.7	32.6	7	6.52
吉　林	4772.9	16	2.27	9711.4	17	2.59	245.7	20	0.6	4.9	24	0.99
黑龙江	5491.0	15	2.61	9695.4	18	2.59	378.2	15	1.0	8.4	17	1.67
上　海	7412.3	12	3.52	5117.6	27	1.37	4365.4	3	11.3	54.9	3	10.98
江　苏	18331.3	3	8.72	30807.7	2	8.22	5480.9	2	14.2	63.0	2	12.59
浙　江	13588.3	4	6.46	17554.4	7	4.69	3122.3	5	8.1	51.5	4	10.30
安　徽	5736.6	14	2.73	15384.3	10	4.11	393.3	14	1.0	15.6	12	3.12
福　建	7256.5	13	3.45	12423.1	12	3.32	1559.3	7	4.0	42.3	6	8.45
江　西	4027.2	22	1.91	11784.7	15	3.15	334.1	16	0.9	4.8	25	0.97
山　东	19651.9	2	9.34	31256.0	1	8.34	2455.4	6	6.4	29.2	8	5.84
河　南	10915.6	5	5.19	21761.5	4	5.81	517.5	12	1.3	6.1	21	1.22
湖　北	9562.5	6	4.55	15591.8	9	4.16	319.6	17	0.8	12.0	14	2.40
湖　南	7921.9	10	3.77	14523.2	11	3.88	219.4	21	0.6	9.3	16	1.86
广　东	22677.1	1	10.78	18749.4	6	5.00	9838.2	1	25.4	156.1	1	31.20
广　西	4516.6	18	2.15	9808.6	16	2.62	294.7	18	0.8	12.8	13	2.56
海　南	870.8	28	0.41	2126.3	28	0.57	143.3	25	0.4	3.5	26	0.70
重　庆	4033.7	21	1.92	8732.3	20	2.33	532.0	11	1.4	11.7	15	2.34
四　川	9268.6	8	4.41	17036.5	8	4.55	591.3	10	1.5	8.0	18	1.60
贵　州	2027.6	25	0.96	5517.8	25	1.47	66.3	28	0.2	1.7	27	0.34
云　南	3511.6	24	1.67	7831.1	22	2.09	210.0	22	0.5	19.5	10	3.89
西　藏	254.6	31	0.12	670.5	31	0.18	34.2	29	0.1	1.1	28	
陕　西	4383.8	20	2.08	12044.5	13	3.21	148.0	24	0.4	16.0	11	3.19
甘　肃	1906.5	26	0.91	5145.5	26	1.37	89.0	27	0.2	0.2	30	0.04
青　海	476.0	30	0.23	1848.4	30	0.49	11.6	31	0.0	0.2	29	0.05
宁　夏	548.8	29	0.26	2096.9	29	0.56	22.2	30	0.1	0.1	31	0.01
新　疆	1858.6	27	0.88	6158.4	23	1.64	251.7	19	0.7	5.5	22	1.10

注：本表全社会固定资产投资额不包括跨省项目投资。海关进出口总额口径为按经营单位所在地分。

续表 3

省市区	房地产开发投资额（亿元）			商品房销售额（亿元）			人均地区生产总值（元）			地区生产总值比上年增长（%）		
	指标值	位次	比重（%）	指标值	位次	比重（%）	指标值	位次	比重（%）	指标值	位次	比全国高低（%）
全国总计	**71803.8**			**64455.8**			**38449**			**7.8**		
北　京	3153.4	7	4.39	3308.6	7	5.13	87091	2	226.5	7.7	30	−0.1
天　津	1260.0	23	1.75	1365.5	18	2.12	93110	1	242.2	13.8	1	6.0
河　北	3086.5	9	4.30	2303.9	11	3.57	36584	15	95.2	9.6	25	1.8
山　西	1010.5	24	1.41	579.9	26	0.90	33628	18	87.5	10.1	20	2.3
内蒙古	1291.4	22	1.80	1022.8	22	1.59	64319	5	167.3	11.7	13	3.9
辽　宁	5455.8	2	7.60	4362.8	3	6.77	56547	7	147.1	9.5	26	1.7
吉　林	1310.0	21	1.82	1016.9	23	1.58	43412	11	112.9	12.0	10	4.2
黑龙江	1535.8	19	2.14	1548.3	16	2.40	35711	17	92.9	10.0	23	2.2
上　海	2381.4	14	3.32	2669.5	9	4.14	85033	3	221.2	7.5	31	−0.3
江　苏	6206.1	1	8.64	6067.0	2	9.41	68347	4	177.8	10.1	20	2.3
浙　江	5226.3	4	7.28	4262.7	4	6.61	63266	6	164.5	8.0	29	0.2
安　徽	3151.6	8	4.39	2329.9	10	3.61	28792	26	74.9	12.1	9	4.3
福　建	2824.1	11	3.93	2817.7	8	4.37	52763	9	137.2	11.4	15	3.6
江　西	969.6	25	1.35	1137.3	21	1.76	28799	25	74.9	11.0	19	3.2
山　东	4708.3	5	6.56	4111.8	5	6.38	51768	10	134.6	9.8	24	2.0
河　南	3035.3	10	4.23	2286.7	13	3.55	31723	23	82.5	10.1	20	2.3
湖　北	2539.5	12	3.54	2036.2	15	3.16	38572	13	100.3	11.3	16	3.5
湖　南	2210.5	15	3.08	2085.2	14	3.24	33480	20	87.1	11.3	16	3.5
广　东	5352.8	3	7.45	6407.8	1	9.94	54095	8	140.7	8.2	28	0.4
广　西	1554.9	18	2.17	1159.8	20	1.80	27943	27	72.7	11.3	16	3.5
海　南	886.6	26	1.23	735.6	25	1.14	32374	22	84.2	9.1	27	1.3
重　庆	2508.4	13	3.49	2297.3	12	3.56	39083	12	101.7	13.6	2	5.8
四　川	3266.4	6	4.55	3517.7	6	5.46	29579	24	76.9	12.6	6	4.8
贵　州	1467.6	20	2.04	900.1	24	1.40	19566	31	50.9	13.6	2	5.8
云　南	1782.1	17	2.48	1362.8	19	2.11	22195	29	57.7	13.0	4	5.2
西　藏	6.9	31	0.01	7.4	31	0.01	22757	28	59.2	11.8	12	4.0
陕　西	1835.9	16	2.56	1420.7	17	2.20	38557	14	100.3	12.9	5	5.1
甘　肃	561.0	28	0.78	349.3	28	0.54	21978	30	57.2	12.6	6	4.8
青　海	189.7	30	0.26	106.5	30	0.17	33023	21	85.9	12.3	8	4.5
宁　夏	429.2	29	0.60	317.6	29	0.49	36166	16	94.1	11.5	14	3.7
新　疆	606.1	27	0.84	560.5	27	0.87	33621	19	87.4	12.0	10	4.2

续表 4

省市区	城镇居民人均可支配收入(元)			城镇居民人均消费性支出(元)			农村居民人均纯收入(元)			农村居民人均生活消费支出(元)		
	指标值	位次	比重(%)	指标值	位次	比重(%)	指标值	位次	比重(%)	指标值	位次	比重(%)
全国平均	**24564.7**			**16674.3**			**7916.6**			**5908.0**		
北京	36468.8	2	148.46	24045.9	2	144.21	16475.7	2	208.1	11878.9	2	201.1
天津	29626.4	6	120.61	20024.2	5	120.09	14025.5	4	177.2	8336.5	5	141.1
河北	20543.4	19	83.63	12531.1	28	75.15	8081.4	12	102.1	5364.1	18	90.8
山西	20411.7	21	83.09	12211.5	30	73.24	6356.6	23	80.3	5566.2	15	94.2
内蒙古	23150.3	10	94.24	17717.1	8	106.25	7611.3	15	96.1	6382.0	9	108.0
辽宁	23222.7	9	94.54	16593.6	9	99.52	9383.7	9	118.5	5998.4	11	101.5
吉林	20208.0	23	82.26	14613.5	15	87.64	8598.2	11	108.6	6186.2	10	104.7
黑龙江	17759.8	29	72.30	12983.6	24	77.87	8603.8	10	108.7	5718.0	14	96.8
上海	40188.3	1	163.60	26253.5	1	157.45	17803.7	1	224.9	11971.5	1	202.6
江苏	29677.0	5	120.81	18825.3	6	112.90	12202.0	5	154.1	9138.2	4	154.7
浙江	34550.3	3	140.65	21545.2	4	129.21	14551.9	3	183.8	10652.7	3	180.3
安徽	21024.2	15	85.59	15011.7	14	90.03	7160.5	20	90.4	5556.0	16	94.0
福建	28055.2	7	114.21	18593.2	7	111.51	9967.2	7	125.9	7401.9	7	125.3
江西	19860.4	24	80.85	12775.7	26	76.62	7829.4	14	98.9	5129.5	22	86.8
山东	25755.2	8	104.85	15778.2	11	94.63	9446.5	8	119.3	6776.0	8	114.7
河南	20442.6	20	83.22	13733.0	23	82.36	7524.9	16	95.1	5032.1	24	85.2
湖北	20839.6	17	84.84	14496.0	17	86.94	7851.7	13	99.2	5726.7	13	96.9
湖南	21318.8	12	86.79	14609.0	16	87.61	7440.2	17	94.0	5870.1	12	99.4
广东	30226.7	4	123.05	22396.4	3	134.32	10542.8	6	133.2	7458.6	6	126.2
广西	21242.8	13	86.48	14244.0	19	85.42	6007.5	25	75.9	4933.6	26	83.5
海南	20917.7	16	85.15	14456.6	18	86.70	7408.0	18	93.6	4776.3	27	80.8
重庆	22968.1	11	93.50	16573.1	10	99.39	7383.3	19	93.3	5018.6	25	84.9
四川	20307.0	22	82.67	15049.5	13	90.26	7001.4	21	88.4	5366.7	17	90.8
贵州	18700.5	26	76.13	12585.7	27	75.48	4753.0	30	60.0	3901.7	30	66.0
云南	21074.5	14	85.79	13883.9	22	83.27	5416.5	28	68.4	4561.3	28	77.2
西藏	18028.3	27	73.39	11184.3	31	67.08	5719.4	27	72.4	2967.6	31	50.2
陕西	20733.9	18	84.41	15332.8	12	91.95	5762.5	26	72.8	5114.7	23	86.6
甘肃	17156.9	31	69.84	12847.1	25	77.05	4506.7	31	56.9	4146.2	29	70.2
青海	17566.3	30	71.51	12346.3	29	74.04	5364.4	29	67.8	5338.9	20	90.4
宁夏	19831.4	25	80.73	14067.2	20	84.36	6180.3	24	78.1	5351.4	19	90.6
新疆	17920.7	28	72.95	13891.7	21	83.31	6393.7	22	80.8	5301.3	21	89.7

续表 5

省市区	居民消费品价格指数(%)			农产品生产价格指数(%)			城镇居民恩格尔系数(%)		农村居民恩格尔系数(%)	
	指标值	位次	比全国高低(%)	指标值	位次	比全国高低(%)	指标值	位次	指标值	位次
全国平均	**102.6**			**102.7**			**36.2**		**39.3**	
北京	103.3	3	0.61	104.7	8	1.99	31.3	30	33.2	30
天津	102.7	16	0.08	105.3	6	2.51	36.7	17	36.2	21
河北	102.6	19	−0.05	100.7	28	−2.08	33.6	25	33.9	26
山西	102.5	24	−0.15	101.3	27	−1.40	31.6	29	33.4	28
内蒙古	103.1	7	0.46	104.7	9	1.98	30.8	31	37.3	18
辽宁	102.8	10	0.20	106.6	3	3.81	35.0	23	38.3	15
吉林	102.5	25	−0.16	105.1	7	2.31	31.7	28	36.7	20
黑龙江	103.2	6	0.53	105.9	5	3.16	36.1	19	37.9	16
上海	102.8	11	0.19	101.4	26	−1.30	36.8	16	40.5	12
江苏	102.6	21	−0.08	103.7	14	1.00	35.4	21	33.4	29
浙江	102.2	28	−0.46	104.3	11	1.56	35.1	22	37.1	19
安徽	102.3	27	−0.39	102.9	21	0.20	38.7	11	39.3	14
福建	102.4	26	−0.22	102.7	23	−0.06	39.4	9	46.0	5
江西	102.7	14	0.10	103.5	16	0.77	39.7	6	43.5	10
山东	102.1	29	−0.54	102.5	25	−0.29	33.0	27	34.3	25
河南	102.5	22	−0.10	102.9	22	0.13	33.6	26	33.8	27
湖北	102.9	9	0.26	103.3	18	0.52	40.3	5	37.6	17
湖南	102.0	31	−0.63	100.2	29	−2.55	37.2	14	43.9	9
广东	102.8	12	0.17	103.4	17	0.64	36.9	15	49.1	3
广西	103.2	4	0.59	99.4	30	−3.38	39.0	10	42.3	11
海南	103.2	5	0.56	103.3	19	0.51	45.4	2	50.5	2
重庆	102.6	20	−0.06	104.6	10	1.88	41.5	3	44.2	8
四川	102.5	23	−0.11	104.0	13	1.28	40.4	4	46.8	4
贵州	102.7	17	0.07	104.3	12	1.53	39.7	7	44.6	7
云南	102.7	15	0.09	110.7	1	8.00	39.4	8	45.6	6
西藏	103.5	2	0.86				49.3	1	53.6	1
陕西	102.8	13	0.14	102.6	24	−0.16	36.2	18	29.7	31
甘肃	102.7	18	0.05	105.9	4	3.20	35.8	20	39.8	13
青海	103.1	8	0.41	108.2	2	5.49	37.8	12	34.8	24
宁夏	102.0	30	−0.61	103.6	15	0.87	33.9	24	35.3	23
新疆	103.8	1	1.18	103.2	20	0.46	37.7	13	35.7	22

2012 年各市基本情况排序

名称	常住人口（万人）		地区生产总值(亿元)		人均地区生产总值(元)		财政总收入（亿元）		一般预算收入(亿元)		农林牧渔业总产值(亿元)	
	指标值	位次	指标值	位次	指标值	位次	指标值	位次	指标值	位次	指标值	位次
太原市	425.6	3	2311.4	1	54440	2	454.5	1	215.7	1	67.5	10
大同市	335.7	6	931.4	9	27815	9	190.7	8	80.3	8	92.4	8
阳泉市	137.9	11	602.0	11	43702	4	141.0	10	56.9	10	17.8	11
长治市	337.0	5	1328.6	2	39523	5	302.1	3	133.5	3	93.8	7
晋城市	229.1	9	1012.8	6	44257	3	213.5	4	82.9	7	74.6	9
朔州市	173.5	10	1007.1	7	58205	1	210.0	6	84.3	6	104.7	4
晋中市	328.7	7	986.6	8	30093	7	210.4	5	99.2	5	144.5	3
运城市	519.5	1	1068.6	5	20628	10	80.1	11	41.5	11	331.6	1
忻州市	309.9	8	620.9	10	20081	11	144.2	9	65.2	9	102.3	5
临汾市	436.7	2	1221.1	4	28031	8	201.6	7	110.8	4	151.8	2
吕梁市	377.2	4	1230.4	3	32709	6	341.7	2	141.9	2	99.7	6

名称	粮食总产量（万吨）		工业总产值（当年价,亿元）		社会消费品零售总额(亿元)		城镇居民人均可支配收入(元)		农民人均纯收入(元)	
	指标值	位次	指标值	位次	指标值	位次	指标值	位次	指标值	位次
太原市	31.9	10	2561.7	1	1139.2	1	22586.9	3	10079.0	1
大同市	94.9	9	899.8	10	428.0	4	21622.2	7	5642.3	9
阳泉市	28.0	11	714.6	11	225.6	10	21748.6	6	8683.0	2
长治市	159.0	5	1954.9	2	386.2	6	22544.9	4	8120.0	3
晋城市	97.4	8	1110.8	8	268.6	8	22538.9	5	8037.0	4
朔州市	107.0	7	1299.1	6	201.2	11	23340.5	1	8000.0	5
晋中市	169.5	3	1288.7	7	387.3	5	22877.6	2	7936.0	6
运城市	304.2	1	1352.1	5	493.8	2	19661.4	10	6381.3	8
忻州市	163.4	4	940.6	9	232.9	9	19493.1	11	4776.0	11
临汾市	222.2	2	1857.0	3	431.7	3	21464.2	8	6899.3	7
吕梁市	110.5	6	1813.5	4	312.4	7	20006.1	9	5364.0	10

2012 年全省各市、县、区主要经济指标

市、县、区名称	常住人口（人）		地区生产总值（万元）		财政总收入（万元）		一般预算收入（万元）		农林牧渔业总产值（万元）	
	指标值	位次	指标值	位次	指标值	位次	指标值	位次	指标值	位次
太原市										
小店区	815898	2	5060878	1	353333	9	181783	4	134108	40
迎泽区	598819	9	4136290	3	241048	28	111468	15	8376	115
杏花岭区	650279	7	3763500	5	263166	22	120210	12	13757	112
尖草坪区	422615	26	2584285	10	136454	47	59186	45	47869	88
万柏林区	761379	3	3483864	6	172853	38	91748	24	13603	113
晋源区	224465	74	560599	68	68372	74	38747	64	63231	69
清徐县	346941	38	1174973	35	143902	45	100162	19	250261	7
阳曲县	120774	104	330201	92	57430	79	34502	68	75379	55
娄烦县	106988	113	157128	112	96556	65	53264	54	24769	107
古交市	208168	80	326693	93	126190	51	76413	31	35264	102
大同市										
城　区	731267	5	1317674	31	329417	12	33199	71		
矿　区	505216	15	185231	106	114338	61	10003	107		
南郊区	411137	28	4163085	2	981418	1	82538	30	102106	45
新荣区	109580	108	193566	103	51601	82	15485	95	57937	76
阳高县	275683	56	231693	100	20564	108	8662	109	192682	22
天镇县	208596	79	169740	110	12000	115	5508	117	95912	46
广灵县	184845	84	170344	109	14658	112	6197	115	95420	47
灵丘县	236903	67	332478	91	55075	81	21471	84	64860	66
浑源县	347634	37	341316	88	45558	89	24722	79	149890	32
左云县	158148	94	347845	86	87463	67	34484	69	46270	92

市、县、区名称	粮食总产量（吨）		工业总产值（当年价，万元）		社会消费品零售总额（万元）		城镇居民人均可支配收入（元）		农民人均纯收入（元）	
	指标值	位次	指标值	位次	指标值	位次	指标值	位次	指标值	位次
太原市										
小店区	74381	70	5943597	3	3442628	1	22587	10	13665	2
迎泽区	378	115	580285	71	2625676	2	22587	10	13427	3
杏花岭区	858	11	790828	58	1201320	9	22587	10	11822	4
尖草坪区	13698	110	8287793	1	574685	19	22587	10	9612	16
万柏林区	1256	113	6031558	2	1666802	4	22587	10	14164	1
晋源区	21515	105	654248	66	209951	52	22587	10	9364	20
清徐县	117587	56	2072467	23	332742	32	21671	23	11633	5
阳曲县	65767	75	682557	65	74361	95	16107	84	5177	74
娄烦县	13876	109	232549	97	28926	117	14193	108	4073	91
古交市	10164	111	341245	88	332603	33	20919	33	9910	14
大同市										
城　区			1050317	48	1645720	5	21482	25		
矿　区			18885	116	639808	14	21482	25		
南郊区	57006	78	1644839	34	730620	13	21482	25	9329	21
新荣区	46887	90	185840	98	68854	99	16333	82	5664	66
阳高县	236814	21	135923	103	76397	93	14419	107	4589	81
天镇县	148985	41	65959	111	65207	104	14788	101	4209	89
广灵县	131304	47	67033	110	67108	101	14761	102	4417	85
灵丘县	74008	71	300950	92	201385	54	18122	64	4597	80
浑源县	143577	42	237877	95	212542	50	15038	97	4547	82
左云县	32418	100	121621	106	157897	64	17838	67	7432	46

续表 1

市、县、区名称	常住人口(人)		地区生产总值(万元)		财政总收入(万元)		一般预算收入(万元)		农林牧渔业总产值(万元)	
	指标值	位次	指标值	位次	指标值	位次	指标值	位次	指标值	位次
大同县	188103	83	200301	102	34076	100	13873	101	116267	41
阳泉市										
城　区	194441	82	1313470	32	49645	87	27020	77		
矿　区	245564	63	1687112	23	62060	76	30041	73		
郊　区	286902	51	716589	56	120160	56	51034	56	44894	95
平定县	337668	40	717245	55	121176	53	54905	49	64893	65
盂　县	314686	47	1345833	30	231723	29	92834	23	68066	59
长治市										
城　区	499962	16	1511649	28	204838	33	43228	61	11037	114
郊　区	283086	54	1703160	21	307599	16	59211	44	51191	80
长治县	344427	39	1854607	17	572786	4	200307	3	103644	44
襄垣县	273371	57	2265907	13	401686	6	171121	5	107000	42
屯留县	266935	60	1123500	37	160518	40	54565	52	106665	43
平顺县	149623	95	209351	101	15918	111	7204	111	49070	84
黎城县	159639	91	308064	94	39458	92	15955	94	48991	85
壶关县	293497	50	379132	84	40971	91	20273	85	70474	57
长子县	355529	35	967165	44	302843	18	87506	28	169518	28
武乡县	181630	85	662668	59	135214	48	50411	57	52026	79
沁　县	172934	87	149350	113	13136	114	6132	116	62227	72
沁源县	159328	92	1108694	39	255712	24	117604	14	40483	97
潞城市	229705	72	970590	43	80068	70	35635	66	65559	62

市、县、区名称	粮食总产量(吨)		工业总产值(当年价,万元)		社会消费品零售总额(万元)		城镇居民人均可支配收入(元)		农民人均纯收入(元)	
	指标值	位次	指标值	位次	指标值	位次	指标值	位次	指标值	位次
大同县	78001	67	99276	108	109595	81	13555	112	5657	67
阳泉市										
城　区			316786	89	1188215	11	21892	20		
矿　区			3520433	9	168901	61	21892	20		
郊　区	26083	103	596244	70	116639	78	17552	70	9203	23
平定县	121019	52	836770	57	249028	46	19418	46	8213	39
盂　县	133317	46	1736222	30	360001	31	21081	32	8734	31
长治市										
城　区	2432	112	768883	59	2153269	3	22549	19	9373	19
郊　区	54029	84	4717257	6	312518	34	26096	1	11076	6
长治县	142740	43	1775773	28	189239	55	21391	28	10557	10
襄垣县	176001	34	3406662	10	176423	59	23250	3	9414	18
屯留县	240956	20	1796446	27	101419	83	18098	65	9581	17
平顺县	55630	81	234885	96	56892	111	15483	91	3677	100
黎城县	79757	63	745885	63	89812	89	12725	117	5467	71
壶关县	118678	55	877890	53	121454	75	15200	95	3529	102
长子县	236210	22	1138624	46	119313	77	19029	55	8707	32
武乡县	113232	57	744113	64	85686	90	15726	89	3947	96
沁　县	170532	35	54266	113	66185	102	12858	116	3838	97
沁源县	76162	68	1277255	39	153152	66	22570	16	8648	34
潞城市	123814	50	2011015	24	100764	86	18953	56	8533	37

市、县、区名称	常住人口（人）		地区生产总值（万元）		财政总收入（万元）		一般预算收入（万元）		农林牧渔业总产值（万元）	
	指标值	位次	指标值	位次	指标值	位次	指标值	位次	指标值	位次
晋城市										
城　区	482596	20	2033530	15	115926	60	70166	37	20483	111
沁水县	213758	77	1627391	25	326275	14	90532	25	82369	52
阳城县	388742	33	1600516	27	303889	17	88005	26	137169	37
陵川县	232838	71	303983	95	42787	90	15167	96	70145	58
泽州县	486305	19	2176678	14	375190	7	124862	10	205972	18
高平市	487192	18	2346797	12	423115	5	119094	13	229590	13
朔州市										
朔城区	511072	13	2642258	9	251035	26	108880	17	237295	11
平鲁区	205947	81	2921489	7	350088	10	158743	6	83904	51
山阴县	241744	65	1690807	22	300159	19	106135	18	240472	10
应　县	331984	42	526917	71	29828	103	14771	98	233718	12
右玉县	113360	105	434479	76	81000	69	35239	67	79771	53
怀仁县	330859	43	1758337	19	250088	27	85357	29	171163	27
晋中市										
榆次区	643990	8	1985993	16	228358	30	98161	21	244795	8
榆社县	136519	101	238191	98	32388	102	14239	100	46215	93
左权县	163039	88	340033	89	94168	66	43488	60	47749	89
和顺县	145666	98	421190	77	126778	50	53153	55	47548	90
昔阳县	229055	73	511024	75	127158	49	41657	62	65090	64
寿阳县	212022	78	1110893	38	314168	15	98523	20	168000	29
太谷县	302611	48	605590	64	72018	73	34246	70	240774	9

市、县、区名称	粮食总产量（吨）		工业总产值（当年价，万元）		社会消费品零售总额（万元）		城镇居民人均可支配收入（元）		农民人均纯收入（元）	
	指标值	位次	指标值	位次	指标值	位次	指标值	位次	指标值	位次
晋城市										
城　区	15089	108	377261	86	1366168	8	22565	18	9052	25
沁水县	136866	45	849383	55	150476	68	18371	59	7051	51
阳城县	185841	30	1578716	35	293781	35	19244	50	8048	42
陵川县	122522	51	138959	102	123179	74	12978	115	5421	72
泽州县	269949	10	2523128	15	267137	43	21691	22	9044	26
高平市	244192	19	2100630	21	406930	26	21324	30	8647	35
朔州市										
朔城区	314500	7	2176345	19	562669	20	22712	9	9198	24
平鲁区	62078	76	5359510	4	259337	45	16833	79	6206	59
山阴县	251750	17	1655239	32	271033	41	22811	8	10110	13
应　县	254000	16	546550	72	217733	49	16418	81	6550	55
右玉县	31722	101	502065	76	116310	79	15684	90	4600	79
怀仁县	156000	39	2377458	16	484326	22	23107	6	9834	15
晋中市										
榆次区	203561	27	1968932	25	1196955	10	22568	17	10630	9
榆社县	60922	77	386697	85	80789	91	15360	93	3346	104
左权县	51702	85	392307	84	95402	87	17638	69	3236	107
和顺县	49529	87	370153	87	94548	88	16010	85	3830	99
昔阳县	149823	40	532408	73	164902	62	16924	76	5367	73
寿阳县	308626	9	1100694	47	177060	58	23245	4	8287	38
太谷县	209778	26	454014	79	236150	47	20038	37	10952	7

续表 3

市、县、区名称	常住人口（人）		地区生产总值（万元）		财政总收入（万元）		一般预算收入（万元）		农林牧渔业总产值（万元）	
	指标值	位次	指标值	位次	指标值	位次	指标值	位次	指标值	位次
祁　县	267933	59	549544	70	51128	85	23080	80	204846	19
平遥县	509397	14	928430	47	120467	54	54452	53	221265	15
灵石县	265428	61	1740057	20	366999	8	138283	8	64598	67
介休市	411133	29	1510400	29	280186	21	122920	11	94357	48
运城市										
盐湖区	687322	6	1621611	26	201342	34	66161	39	196444	21
临猗县	579290	11	1080336	40	38120	94	18606	87	703807	1
万荣县	444229	24	516373	73	24518	107	9408	108	309218	4
闻喜县	408950	30	946977	46	51460	83	21925	82	173191	25
稷山县	351676	36	637547	60	37686	95	14879	97	190306	24
新绛县	336627	41	634832	61	50090	86	18176	88	283485	6
绛　县	284669	53	521424	72	13589	113	6399	114	138243	35
垣曲县	233835	69	344590	87	37485	96	12136	102	67945	61
夏　县	356881	34	357148	85	16911	110	8105	110	299569	5
平陆县	261283	62	293630	96	25688	105	10634	105	142103	34
芮城县	399456	32	668500	58	27071	104	14259	99	366246	2
永济市	449956	22	1193999	34	60050	77	28190	76	330582	3
河津市	400418	31	1846652	18	122204	52	62632	41	134175	39
忻州市										
忻府区	551860	12	1042477	42	120379	55	36395	65	134385	38
定襄县	220011	75	414452	78	38556	93	17711	90	65244	63
五台县	301143	49	335918	90	51250	84	22901	81	85930	49

市、县、区名称	粮食总产量（吨）		工业总产值（当年价，万元）		社会消费品零售总额（万元）		城镇居民人均可支配收入（元）		农民人均纯收入（元）	
	指标值	位次	指标值	位次	指标值	位次	指标值	位次	指标值	位次
祁　县	222944	25	433344	81	268588	42	21370	29	10129	12
平遥县	245792	18	1005084	50	391200	28	20105	35	7736	45
灵石县	54236	83	2605788	14	464120	23	25175	2	10515	11
介休市	138088	44	3637988	8	603525	17	23060	7	8704	33
运城市										
盐湖区	268645	11	1749974	29	1570000	7	19661	44	7405	47
临猗县	310829	8	648901	67	419769	25	18288	63	7785	44
万荣县	178421	32	303707	91	207851	53	16328	83	5597	68
闻喜县	263640	12	1710238	31	281506	39	18390	58	5934	63
稷山县	224268	24	640687	68	188681	56	17125	74	6709	54
新绛县	232116	23	1235292	41	281787	38	17946	66	6991	52
绛　县	167935	36	759145	62	159453	63	16737	80	5886	64
垣曲县	85937	62	245892	94	156812	65	16951	75	4220	88
夏　县	259080	15	135178	104	174774	60	16863	78	4692	78
平陆县	107760	58	251520	93	181589	57	15172	96	4237	87
芮城县	315328	6	395807	83	211179	51	18840	57	6809	53
永济市	450779	1	2081960	22	386293	30	19175	52	8082	41
河津市	177755	33	3362732	11	612096	16	19176	51	8625	36
忻州市										
忻府区	320640	5	767654	61	624367	15	19493	45	6130	60
定襄县	165643	37	429086	82	139636	71	19854	42	8017	43
五台县	120017	53	174918	99	148450	69	17216	73	4024	92

续表 4

市、县、区名称	常住人口(人)		地区生产总值(万元)		财政总收入(万元)		一般预算收入(万元)		农林牧渔业总产值(万元)	
	指标值	位次	指标值	位次	指标值	位次	指标值	位次	指标值	位次
代　县	216596	76	552412	69	120000	58	39270	63	49295	82
繁峙县	270138	58	586714	66	74168	72	28553	75	61885	73
宁武县	162418	89	400174	81	147583	44	50097	58	20811	109
静乐县	158256	93	193434	104	34449	98	17575	91	36345	100
神池县	107363	112	136467	115	34677	97	16241	93	85316	50
五寨县	108903	109	187886	105	64504	75	17809	89	62828	70
岢岚县	85246	116	141788	114	33362	101	11743	103	49104	83
河曲县	146794	96	591348	65	154045	41	54691	51	53607	78
保德县	162037	90	723264	54	192085	35	60736	42	58067	75
偏关县	113299	106	237269	99	34260	99	16773	92	71180	56
原平市	495254	17	1052448	41	208418	32	87988	27	209971	17
临汾市										
尧都区	954859	1	2478276	11	328172	13	130401	9	166958	30
曲沃县	239873	66	965858	45	75046	71	25319	78	191190	23
翼城县	315029	46	830501	51	116966	59	54725	50	138108	36
襄汾县	448249	23	1286054	33	138600	46	70001	38	223311	14
洪洞县	741776	4	1653389	24	226055	31	94635	22	199606	20
古　县	92987	115	624960	62	100067	64	56282	47	39993	98
安泽县	83034	117	511347	74	120058	57	48562	59	62608	71
浮山县	129044	102	383522	82	46866	88	19809	86	63684	68
吉　县	107827	111	179134	107	24563	106	10528	106	79678	54
乡宁县	236204	68	780814	52	259302	23	155529	7	48668	86

市、县、区名称	粮食总产量(吨)		工业总产值(当年价,万元)		社会消费品零售总额(万元)		城镇居民人均可支配收入(元)		农民人均纯收入(元)	
	指标值	位次	指标值	位次	指标值	位次	指标值	位次	指标值	位次
代　县	79454	65	494031	78	100769	85	17374	71	3620	101
繁峙县	72908	72	857951	54	114113	80	19039	54	4712	77
宁武县	20551	106	506083	75	69386	98	15881	87	3328	105
静乐县	38865	94	132842	105	63879	107	14831	100	3988	93
神池县	127256	49	28564	114	69840	97	15245	94	4741	76
五寨县	161626	38	65864	112	68087	100	15934	86	4500	84
岢岚县	43188	93	103988	107	61445	108	17239	72	3973	95
河曲县	50984	86	611919	69	101019	84	17773	68	3985	94
保德县	38674	96	846259	56	119923	76	19309	48	4532	83
偏关县	44316	92	3059669	13	75714	94	14573	104	4188	90
原平市	350082	4	1326628	38	398249	27	19895	41	6416	56
临汾市										
尧都区	261977	13	2175516	20	1639451	6	21614	24	8912	27
曲沃县	180554	31	2226505	18	145608	70	20103	36	8909	28
翼城县	188505	29	1878667	26	281855	37	19773	43	7141	50
襄汾县	403301	2	2346971	17	287400	36	19984	39	8176	40
洪洞县	390004	3	3187921	12	387471	29	18319	61	7359	49
古　县	55890	80	1008683	49	65052	105	20537	34	6381	57
安泽县	106832	59	768295	60	60879	109	18348	60	5735	65
浮山县	98381	60	531417	74	58920	110	19366	47	5577	69
吉　县	48689	88	76007	109	47454	114	13340	113	3138	108
乡宁县	78086	66	912933	51	133136	73	19271	49	6043	62

续表 5

市、县、区名称	常住人口(人)		地区生产总值(万元)		财政总收入(万元)		一般预算收入(万元)		农林牧渔业总产值(万元)	
	指标值	位次	指标值	位次	指标值	位次	指标值	位次	指标值	位次
大宁县	65309	118	41603	119	4846	119	2802	118	23877	108
隰　县	104958	114	101085	116	11006	117	6435	113	48532	87
永和县	64365	119	57565	118	5025	118	2350	119	17315	91
蒲　县	108721	110	412138	79	150699	43	75965	32	30655	104
汾西县	146537	97	171749	108	17299	109	11517	104	42826	96
侯马市	242562	64	909918	48	57798	78	29410	74	55475	77
霍州市	285925	52	865913	50	163009	39	72108	36	61177	74
吕梁市										
离石区	324927	44	900061	49	292428	20	111466	16	31704	103
文水县	426285	25	563282	67	56236	80	21852	83	171841	26
交城县	233240	70	735381	53	114058	62	55609	48	50825	81
兴　县	282459	55	704321	57	252788	25	73274	35	68056	60
临　县	586167	10	382431	83	150900	42	59321	43	147662	33
柳林县	323747	45	2802069	8	863641	2	253529	1	35401	101
石楼县	113225	107	71973	117	11701	116	6623	112	39276	99
岚　县	176207	86	161224	111	100111	63	73675	33	45423	94
方山县	145641	99	266142	97	84431	68	30398	72	24874	106
中阳县	143053	100	623049	63	189306	36	65577	40	20665	110
交口县	121202	103	401382	80	180168	37	56528	46	28955	105
孝义市	473644	21	3900983	4	642582	3	248180	2	216976	16
汾阳市	421779	27	1153031	36	335652	11	73458	34	153586	31

市、县、区名称	粮食总产量(吨)		工业总产值(当年价,万元)		社会消费品零售总额(万元)		城镇居民人均可支配收入(元)		农民人均纯收入(元)	
	指标值	位次	指标值	位次	指标值	位次	指标值	位次	指标值	位次
大宁县	33297	98	2585	117	21785	118	13095	114	2012	115
隰　县	67588	74			65637		15384	92	3466	103
永和县	47184	89			32090	103	14190	109	2206	113
蒲　县	56646	79	498800	77	51783	112	18314	62	5575	70
汾西县	55444	82	159018	100	77391	92	16901	77	2357	112
侯马市	79580	64	1237409	40	600160	18	19050	53	9319	22
霍州市	70530	73	1558752	36	226136	48	19923	40	8770	30
吕梁市										
离石区	25332	104	912294	52	491231	21	20006	38	3833	98
文水县	259986	14	1190556	43	136676	72	14570	105	6319	58
交城县	45608	91	1653710	33	151196	67	14870	99	6071	61
兴　县	90817	61	1176203	44	50060	113	14540	106	2831	111
临　县	118988	54	308629	90	275102	40	11862	118	3065	109
柳林县	36215	97	3706128	7	260052	44	21226	31	7404	48
石楼县	38739	95	28399	115	17048	119	10001	119	2097	114
岚　县	74529	69	144763	101	74272	96	13638	111	3296	106
方山县	33121	99	451184	80	64722	106	14596	103	2953	110
中阳县	20377	107	1221626	42	103658	82	15000	98	4291	86
交口县	28510	102	1140819	45	35703	115	13650	110	4775	75
孝义市	129802	48	4798402	5	933801	12	23151	5	10797	8
汾阳市	203463	28	1401786	37	420363	24	15845	88	8775	29

山西经济年鉴

YEARBOOK OF SHANXI ECONOMY

地方经济法规·规章

DIFANGJINGJI FAGUI GUIZHANG

法 规

山西省突发事件应对条例

（2012年3月28日山西省第十一届人民代表大会常务委员会第二十八次会议通过）

第一章 总 则

第一条 根据《中华人民共和国突发事件应对法》等有关法律、法规，结合本省实际，制定本条例。

第二条 本条例适用于本省行政区域内突发事件的预防与应急准备、信息报告与监测预警、应急处置救援、事后恢复与重建等应对活动。

第三条 本条例所称突发事件，是指突然发生，造成或者可能造成严重社会危害，需要采取应急处置措施予以应对的自然灾害、事故灾难、公共卫生事件和社会安全事件。

突发事件的等级和分级标准按照国家有关规定执行。

第四条 突发事件应对工作实行行政领导负责制，纳入政府工作年度目标责任制考核。

第五条 县级以上人民政府负责本行政区域内的突发事件应对工作，应当将突发事件应对体系建设规划纳入国民经济和社会发展规划，并将突发事件应对工作所需经费列入财政预算。

县级以上人民政府应急管理办事机构负责本行政区域内突发事件应对的日常工作，主要履行值守应急、信息汇总、综合协调、督查指导等职责。

县级以上人民政府相关部门在其职责范围内做好突发事件应对工作。

第六条 县级以上人民政府应当根据需要，设立应急指挥部，负责组织、协调、指挥突发事件应对工作。

第七条 乡（镇）人民政府、街道办事处应当确定专人负责突发事件应对日常工作。居民委员会、村民委员会应当配合人民政府做好突发事件应对工作。

第八条 工会、共青团、妇联和红十字会等社会组织应当动员、组织社会力量开展应急服务，协助人民政府做好突发事件应对工作。

第九条 各级人民政府及相关部门应当对公众进行突发事件应对知识的宣传、教育，并定期组织应急演练，提高公众应对突发事件的意识和能力。

新闻媒体应当开展应对突发事件知识的公益宣传。

第十条 县级以上人民政府及其相关部门应当对在突发事件应对工作中做出贡献的单位和个人给予表彰和奖励；对在突发事件应对工作中伤亡的人员，按照有关规定给予抚恤。

第二章 预防与应急准备

第十一条 各级人民政府应当制定突发事件总体应急预案，组织制定专项应急预案。街道办事处、县级以上人民政府相关部门应当根据职责制定应急预案。

第十二条 下列单位应当制定突发事件应急预案：

（一）煤矿，非煤矿山，冶炼、化工、制药企业，建筑施工单位；

（二）易燃易爆物品、危险化学品、放射性物品、病原微生物等危险物品的生产、经营、储运、使用单位；

（三）供（排）水、发（供）电、供热、供气、供油、通信、网络、广播电视、防洪等公共设施的经营、管理单位；

（四）学校、幼儿园、图书馆、医院、金融证券交易场所、车站、机场、港口、码头、体育场（馆）、会展中心、商（市）场、影剧院、休闲娱乐场所、宾馆、饭店、公园、旅游

景区(点)等公共场所的经营、管理单位;

(五)交通运输经营、管理单位;

(六)大型群众性活动的主办单位;

(七)其他应当制定应急预案的单位。

第十三条　制定应急预案应当符合《中华人民共和国突发事件应对法》第十八条的规定。

应急预案实行批准、备案制度,按照国家和本省有关规定及时向社会公布,并适时修订。

第十四条　县级以上人民政府及有关部门和单位、乡(镇)人民政府、街道办事处、专业机构和专业监测网点,应当实行24小时值班制度。

第十五条　县级以上人民政府应当建立危险源、危险区域的数据信息库和管理制度,采取安全防范措施,实行分类分级管理。

第十六条　县(市、区)人民政府及其相关部门、乡(镇)人民政府、街道办事处、居民委员会、村民委员会应当建立健全突发事件应对决策风险评估机制、矛盾纠纷调解机制,及时排查、消除突发事件隐患,有效处理可能引发社会安全事件的矛盾纠纷。

第十七条　设区的市和县(市、区)城乡规划应当符合应对突发事件的要求,统筹安排应对突发事件所必需的设备和基础设施建设,合理确定应急避难场所。已有的城乡规划不符合应对突发事件需要的,应当依照法定程序进行修改;已有的建筑物、构筑物和其他设施不符合应对突发事件需要的,设区的市和县(市、区)人民政府应当采取补救措施,必要时制定改造计划并组织实施;新建的广场、体育场、公园等场所应当按照国家有关应急避难场所的规定规划建设。

应急避难场所的所有权人或者管理使用单位,应当履行维护和管理应急避难场所的职责,保证其正常使用。

应急避难场所应当设置明显标志,并向社会公布。

第十八条　县级以上人民政府应当根据处置突发公共卫生事件的需要,建立或者指定诊疗、隔离场所。

第十九条　第十二条规定的单位应当依法采取突发事件预防措施,建立健全安全管理制度,定期开展隐患排查和风险评估,防止突发事件的发生。

第二十条　机关、团体、企业、事业单位应当建立应急管理培训制度,组织本单位人员进行突发事件应对相关法律、法规以及应急知识等方面的教育培训,定期开展应急演练,提高处置突发事件的能力。

煤矿,非煤矿山,冶炼、化工、制药企业,建筑施工单位和易燃易爆物品、危险化学品、放射性物品、病原微生物等危险物品的生产、经营、储运、使用单位的职工,应当熟练掌握安全操作规程和应对突发事件的技能。

第二十一条　县级以上人民政府及有关部门和单位应当按照《中华人民共和国突发事件应对法》第二十六条、第二十七条的规定组建应急救援队伍,配备相应的应急救援装备,并为专业应急救援人员购买人身意外伤害保险,减少应急救援人员的人身风险。

第二十二条　县级以上卫生行政主管部门应当组织建立心理危机干预的专兼职队伍,明确突发事件心理危机干预职责,并组织开展相关业务培训。

第二十三条　县级以上人民政府应当建立健全应急物资储备保障制度,完善重要应急物资的监管、生产、储备、调拨和紧急配送体系,统筹各类应急物资日常准备和应急状态时的生产、调配、供应,并建立省内跨区域的应急物资调剂供应渠道。

县级以上人民政府有关部门应当按照各自职责,组织、协调应急物资储备工作,建设应急物资储备库,并将应急物资储备情况报同级人民政府应急管理办事机构备案。

省人民政府或者其相关部门应当建立与其他省、自治区、直辖市的应急物资调剂供应协作机制。

第二十四条　省人民政府及有关部门和单位、设区的市人民政府、县(市、区)人民政府应当建立应急平台,纳入全省应急平台体系,建立统一的突发事件信息报送系统,形成突发事件信息报送快速反应机制和舆情收集、分析机制。

建立应急平台应当遵守国家和本省规定的有关数据库标准、数据共享、数据库相互兼容和安全管理的制度。

第二十五条　交通运输部门和公安机关交通管理部门应当保证应急处置车辆的线路畅通和优先通行,必要时开辟专用通道;应急处置车辆应当配置规范标志。

第二十六条　通信管理部门应当组织、协调电信运营企业做好应急通信保障工作。无线电管理部门应当提供应急专用频率的电波监测和干扰排查等技术保障。

第二十七条　县级以上人民政府应急指挥机构根据突发事件应对工作需要,可以要求有关通信服务单位提供突发事件求助人的相关信息,通信服务单位应当予以配合。

第二十八条　县级以上人民政府应当建立健全与当地同级军事机关,驻当地中国人民解放军、中国人民武装警察部队,国家、省驻当地有关单位和周边行政区域的应急联动机制,建立信息会商制度,提高应急快速反应能力。

第二十九条　县级以上人民政府、专项应急指挥机构应当成立应急管理专家组,建立健全应急决策咨询制度。

第三章　信息报告与监测预警

第三十条　各级人民政府应当及时向上一级人民政府报送突发事件信息,有关部门和单位应当及时向所在地的县(市、区)人民政府和上一级主管部门报送突发事件信息;必要时可以越级报告。较大以上和暂时无法判明等级的突发事件发生后,县(市、区)人民政府应当及时报告,设区的市人民政府、省人民政府有关部门和单位应当在两小时内报告省人民政府。

报告突发事件信息,应当及时、客观、真实,不得迟报、谎报、瞒报、漏报。首次报告时可以先简要报告,并做好续报，直至应急处置工作结束。报告内容包括时间、地点、单位名称、信息来源、事件类别、伤亡或者经济损失的初步评估、影响范围、事件发展态势及处置情况。涉及国家秘密的，应当遵守国家有关保密规定。

第三十一条　县级以上人民政府及其有关部门，应当根据各自职责和业务范围，合理划分监测区域，建立健全专业监测网点，完善应急监测预警体系。

有关专业监测机构应当按照应急需要加强技术保障建设，确保监测数据信息完整可靠。

第三十二条　县级以上人民政府应当在本行政区域内建立预警信息发布平台，发布预警信息。

三、四级预警信息由设区的市、县(市、区)人民政府或者其授权的部门发布。一、二级预警信息，由省人民政府或者其授权的省有关部门在突发事件可能影响的区域内发布。省人民政府授权的部门发布预警信息的，应当同时报省人民政府备案。

设区的市、县(市、区)发布的三、四级预警信息，有上升为二级以上趋势的，应当及时报告省人民政府或者其授权的省有关部门，并由其按规定启动预警信息发布程序。必要时，省人民政府或者其授权的省有关部门可以发布各级别的预警信息。

第三十三条　县级以上人民政府及其有关部门应当建立与通信、广播电视、报社、网站等单位的预警信息传输通道，完善气象、洪涝、干旱、地震、地质灾害等监测预警信息系统，加强偏远、高风险地区的监测预警信息发布设施建设。

预警信息可以通过广播、电视、报纸、网站、手机短信、宣传车、电子显示屏等方式发布，必要时组织人员逐户通知。

第三十四条　发布突发事件预警信息的人民政府或者有关部门应当按照规定适时调整预警级别并重新发布。

有事实证明突发事件不可能发生或者危险已经解除的，发布预警信息的人民政府或者有关部门应当立即解除警报、终止预警期、解除已经采取的有关措施。

第四章　应急处置与救援

第三十五条　突发事件发生后，县级以上人民政府除按照《中华人民共和国突发事件应对法》及有关法律、法规的规定采取应急处置措施外，还应当按照下列规定指挥处置：

(一)特别重大、重大的突发事件，由省人民政府应急指挥部负责统一指挥处置；

(二)较大突发事件，由设区的市人民政府应急指挥部负责统一指挥处置；跨设区的市的，由省人民政府应急指挥部负责统一指挥处置；

(三)一般突发事件，发生在县(市、区)行政区域内的，由县(市、区)人民政府应急指挥部负责统一指挥处置；跨县(市、区)的，由设区的市人民政府应急指挥部负责统一指挥处置。

一般、较大突发事件可能演化为重大、特别重大突发事件，或者本级人民政府认为难以应对的，应当及时报告上一级人民政府，由上一级人民政府统一指挥处置。

第三十六条　突发事件发生后，事发地县(市、区)人民政府应当迅速先行采取应急救援和处置措施，控制事态发展或者灾情蔓延。

第三十七条　省人民政府应当建立和完善全省应急交通运输综合协调机制。交通运输、铁路、航空部门应当优先运送受到突发事件危害的人员和救援人员、救援物资、救援设备。

第三十八条　县级以上人民政府依法实施应急征用，应当向被征用人送达突发事件应对征用令。送达突发事件应对征用令不得少于两人。

突发事件应对征用令由县级以上人民政府主要负责人签发，征用令应当明确征用人和被征用人的名称、地址、联系方式，执行人员姓名，征用用途，征用时间以及征用财产的名称、数量、型号等内容。

实施征用的人民政府应当及时返还被征用财产。财产被征用或者征用后毁损、灭失的，实施征用的人民政府应当按照国家和本省有关规定给予补偿。

第三十九条　县级以上人民政府应当根据有关法律、法规，建立健全突发事件新闻发布制度，准确、及时向社会发布有关突发事件事态发展和应对工作信息，并告知社会公众应当注意的事项和相关知识。

任何单位和个人不得编造、传播有关突发事件事态发展或者应对工作的虚假信息。

第五章　事后恢复与重建

第四十条　县级以上人民政府应当组织对突发事件的起因、性质、过程、影响范围、造成的损失和应急处置等情况进行调查评估，并向上一级人民政府报告。调查评估结果应当向社会公布。

突发事件应急处置工作结束后，应当向本级人民代表大会常务委员会做出专项工作报告。

第四十一条　县级以上人民政府应当加强对恢复与重建工作的领导，按照短期恢复与长远发展并重的原则，科学制定并实施恢复与重建规划。

县级以上人民政府应当加强对恢复与重建资金和物资的监督管理，保证其规范使用。

第四十二条　县级以上人民政府因应对突发事件采取措施造成公民、法人和其他组织财产损失的，应当按照国家规定给予补偿；国家没有规定的，省人民政府应当制定补偿办法。

第四十三条　突发事件发生地受灾人员需要过渡性安置的，县级以上人民政府应当根据实际情况，做好安置工作。

过渡性安置点应当设置在交通便利、方便受灾人员恢复生产和生活的区域，并采取相应的防灾、防疫措施，建设必要的配套基础设施和公共服务设施，保障受灾人员的安全和基本生活需要。

第四十四条　县级以上人民政府应当督促保险监

督管理机构和保险机构及时做好有关突发事件的保险理赔工作。

第四十五条　县级以上人民政府及其相关部门应当建立突发事件应对档案管理制度，对应对工作的原始记录等有关资料进行收集、整理、存档，并建立突发事件应对案例库。

第六章　法律责任

第四十六条　在突发事件应对工作中，县级以上人民政府及有关部门和单位违反本条例规定，有下列情形之一的，对直接负责的主管人员和其他直接责任人员依法给予处分：

（一）未制定应急预案的；

（二）未实行24小时值班的；

（三）未建立危险源、危险区域管理制度的；

（四）未对不符合应对突发事件需要的城乡规划依照法定程序进行修改；未对不符合突发事件应对需要的建筑物、构筑物和其他设施、设备采取必要的补救措施、制定改造方案；未按照国家有关应急避难场所的规定规划建设的；

（五）未履行维护和管理应急避难场所的职责，保证其正常使用的；

（六）未设置应急避难场所标志，未向社会公布应急避难场所的；

（七）未组织应急管理培训的；

（八）未依法组建应急救援队伍的；

（九）未遵守应急储备物资有关规定的；

（十）未按照规定报告突发事件信息的；

（十一）违反本条例规定的其他情形。

第四十七条　违反本条例规定，法律、行政法规已经规定法律责任的，从其规定。

第七章　附　　则

第四十八条　本条例自2012年6月1日起施行。

山西省循环经济促进条例

（2012年5月31日山西省第十一届人民代表大会常务委员会第二十九次会议通过）

第一章　总　　则

第一条　为促进循环经济发展，推进国家资源型经济转型综合配套改革试验区建设，实现经济社会全面协调可持续发展，根据《中华人民共和国循环经济促进法》等法律、法规，结合本省实际，制定本条例。

第二条　发展循环经济应当坚持国家确定的方针，遵循减量化、再利用、资源化，按照减量化优先的原则，加强规划引导、园区承载、项目带动和科技进步，提高资源产出率和传统产业循环率，促进资源综合利用。

第三条　县级以上人民政府应当加强对循环经济工作的组织领导和队伍建设，建立发展循环经济联席会议制度，定期召开联席会议，协调解决发展循环经济中的重大问题，促进循环经济发展。

县级以上人民政府发展和改革部门是本行政区域内发展循环经济的行政主管部门，负责发展循环经济的具体指导、组织协调、监督管理，并承担联席会议的具体工作。

县级以上人民政府经济和信息化、环境保护等有关部门，按照各自的职责负责发展循环经济的监督管理工作。

第四条　县级以上人民政府应当将发展循环经济纳入国民经济和社会发展规划及年度计划。

县级以上人民政府应当将循环经济规划编制、科技推广、统计调查、宣传培训、学术交流、监督检查等工作经费，纳入本级财政预算。

第五条　鼓励和支持行业协会、中介机构等社会组织，开展循环经济政策研究、技术推广、宣传培训和咨询服务，接受政府委托，提供循环经济发展的公共服务，加强循环经济的交流与合作。

鼓励和支持企业与高等院校、科研机构开展多种形式的产学研合作，开发减量化、再利用、资源化等方面的技术，提高循环经济技术支撑能力和创新能力。

第二章　基本管理制度

第六条　省人民政府发展和改革部门会同经济和信息化、环境保护、城乡规划等部门编制全省循环经济发展规划，报省人民政府批准后公布施行。

设区的市人民政府发展和改革部门会同经济和信息化、环境保护、城乡规划等部门编制本行政区域循环经济发展规划，报本级人民政府批准后公布施行，并报省人民政府发展和改革部门备案。

涉及两个以上设区的市的区域循环经济发展规划，由省人民政府发展和改革部门组织编制，报省人民政府批准后公布施行。

编制循环经济发展规划，其内容应当明确规划目标、适用范围、主要内容、重点任务和保障措施等，并规定资源产出率、废物再利用和资源化率等指标。

第七条　县级人民政府发展和改革部门应当按照设区的市的循环经济发展规划，制定本行政区域循环经济实施方案，报本级人民政府批准后实施，并报设区的市人民政府备案。

省、设区的市人民政府经济和信息化、煤炭等有关部门应当根据本行政区域循环经济发展规划，制定行业循环经济实施方案，并报同级人民政府发展和改革部门。

省、设区的市人民政府批准的循环经济试点园区和循环经济试点企业，应当制定循环经济实施方案，由同级人民政府发展和改革部门批准后实施。

第八条　煤炭、焦化、冶金、建材等行业实行产能总量控制，产能总量控制指标应当纳入国民经济和社会发展规划及年度计划。

第九条　设区的市、县级人民政府应当依据上级人民政府下达的本行政区域能源消费、主要污染物排放、建设用地和用水总量控制指标，规划和调整本行政区域的产业布局、产业结构，形成循环利用产业链，促进循环经济发展。

申报新建、改建、扩建项目，应当符合所在区域的能源消费、主要污染物排放、建设用地和用水总量控制指标的要求。

第十条　省质量技术监督部门会同有关部门制定循环经济地方标准，组织有资质的认证机构开展循环经济认证。

第十一条　县级以上人民政府发展和改革部门会同统计部门建立和完善循环经济信息管理系统，适时发布循环经济信息。

县级以上人民政府统计部门会同有关部门按照国家循环经济统计制度，负责资源消耗、综合利用和废物产生的统计管理，定期向社会公布统计结果。

第十二条　县级以上人民政府应当将国家规定的循环经济主要评价指标纳入年度目标责任制考核体系，对本级人民政府有关部门和下级人民政府及其主要负责人进行考核，考核结果向社会公布。

第三章　生产领域循环经济

第十三条　县级以上人民政府按照循环经济的产业链延伸、资源循环利用和能量梯级利用关系等要求，统筹规划本行政区域的产业布局和园区，引导新建企业向园区聚集，鼓励已建企业向园区搬迁。

县级以上人民政府应当采取措施，优先保障园区基础设施建设，优先安排产能、主要污染物排放量、水资源等配置指标。

现有园区和企业应当逐步进行循环化改造。

第十四条　省人民政府对煤炭、电力、焦化、冶金、建材、造纸、制药等企业的年综合能源消费量、用水量和废弃物排放量，超过国家和本省规定的，实行限额标准管理。

第十五条　省人民政府经济和信息化部门会同质量技术监督部门制定企业能源管理体系标准，指导企业进行能源管理体系建设。

第十六条　新建、改建、扩建项目的项目申请报告或者可行性研究报告，应当包含延长产业链、提高资源产出率和废弃物综合利用率等循环经济发展措施。

第十七条　企业应当对生产过程中产生的可利用固体废物、废气、废水、余压、余热等进行综合利用；不具备利用条件的，应当委托具备条件的生产经营者进行综合利用；暂时无法利用的，应当予以合理贮存或者无害化处置。

第十八条　企业应当执行国家循环经济技术导则，并在应当标识的产品及包装物上标识其能效水平和资源消耗情况。

鼓励企业进行循环经济标识认证。

第十九条　鼓励企业利用再生水、雨水、矿井水等水资源。

鼓励和支持废水循环利用。工业用水可以采取单位独立进行废水无害化处理和循环利用，也可以采取集中连片进行废水无害化处理和循环利用。

新建、改建、扩建的项目和园区，应当配套建设节水设施和工业用水回收利用设施、再生水回用管网设施。节水设施、回收利用设施和回用管网设施与主体工程同时设计、同时施工、同时投产使用。

第二十条　煤炭生产企业和煤层气开采企业应当坚持采煤、采气一体化，提高煤炭资源回采率和煤层气资源利用率。

鼓励和支持低浓度瓦斯、风排瓦斯的利用，发展煤层气提纯液化、精细化工等产业。

第二十一条　鼓励和支持企业利用煤矸石、煤泥、垃圾等低热值燃料以及余热、余压发电。符合并网调度条件的，电网企业应当为其提供上网服务，全额收购其电网覆盖范围内的上网电量，执行国家有关资源综合利用发电上网的电价政策。

第二十二条　各级人民政府应当推进农业领域的循环利用和农村清洁能源工作，推广沼气、秸秆气化、秸秆还田等资源循环利用技术。支持企业、个人对农作物秸秆、畜禽粪便、农产品加工业副产品、废农用薄膜等进行资源化利用或者无害化处理。

新建畜禽养殖场，应当同时配套建设畜禽粪便综合利用设施，对畜禽粪便进行沼气化、肥料化等综合利用。

第四章　流通和消费领域循环经济

第二十三条　鼓励使用节能环保型交通工具。

县级以上人民政府应当加强对清洁能源加注站的规划和建设，保障清洁能源供应。

第二十四条　县级以上人民政府应当按照城乡规划建设城市再生资源回收利用体系，合理布局再生资源回收网点、交易市场和分拣加工中心。

鼓励和支持企业建设区域性可再生资源回收利用基地。

第二十五条　省人民政府环境保护部门会同发展和改革、经济和信息化、商务等部门编制废弃电器电子产品处理发展规划，合理布局全省范围内的废弃电器电子产品收集处置中心。

第二十六条　鼓励使用资源综合利用的新型建筑材料。

禁止在省人民政府规定的区域内生产、销售和使用黏土砖。

第二十七条　县级以上人民政府应当将再生水利

用纳入城市总体规划，推动公共建筑、居民小区、酒店、洗车业等节水和再生水回用设施建设。

在有条件使用再生水的地方，禁止将自来水作为公共设施保洁、道路洒水、洗车、绿化和景观用水。

第二十八条　城市人民政府应当建立完善餐厨废弃物收运体系，对餐厨废弃物、食品加工废料进行资源化利用或者无害化处置。推广利用餐厨废弃物提炼生物柴油和制作肥料等。

禁止将餐厨废弃物产生的再生油用于食品加工。

餐厨废弃物管理及资源化利用的具体办法，由省人民政府制定。

第五章　废弃物资源化利用

第二十九条　省人民政府发展和改革部门会同经济和信息化、环境保护等部门编制煤矸石、粉煤灰、脱硫石膏、矿井水、焦炉煤气、镁渣、电石渣、赤泥等废弃物综合利用规划，报省人民政府批准后施行。

第三十条　省环境保护部门应当按照国家有关规定建立废弃物申报登记管理和限期治理制度。

产生煤矸石、粉煤灰、脱硫石膏、矿井水、焦炉煤气、镁渣、电石渣、赤泥等废弃物的企业，应当向所在地的环境保护部门申报产生源、产生量和上年度废弃物处置、资源综合利用的情况。

第三十一条　煤矿、洗煤等企业应当全部利用或者安全处置当年产生的煤矸石，并对长年堆存的煤矸石进行综合治理。

第三十二条　燃煤电厂应当合理利用或者处置当年产生的粉煤灰和脱硫石膏。

新建、改建、扩建燃煤发电项目，应当制定粉煤灰和脱硫石膏综合利用方案。

粉煤灰综合利用工程应当与主体工程同时设计、同时施工、同时投产。

第三十三条　建设坑口电厂应当优先利用矿井水。

煤炭生产企业应当优先选择矿井水用于煤炭洗选、井下生产、消防、绿化等。矿井水确需排放的，应当达到地表水环境质量标准Ⅲ类。

第三十四条　焦化企业和炼铁企业应当对其产生的焦炉煤气、高炉煤气进行资源化利用。

禁止将焦炉煤气、高炉煤气直接排空、燃烧。

第三十五条　产生镁渣和电石渣的企业应当研发或者引进新技术，对镁渣、电石渣进行资源化利用或者无害化处置。

第三十六条　氧化铝生产企业应当研发或者引进赤泥利用新技术，提高赤泥综合利用水平。对暂不具备利用条件的赤泥，应当采取安全合理的处置措施，防止对环境造成危害。

第六章　激励措施

第三十七条　县级以上人民政府应当安排循环经济发展专项资金，用于循环经济的重大项目、示范工程、技术成果产业化、信息服务等。

鼓励和引导社会资本投入循环经济项目建设。鼓励利用境外资本和技术，促进循环经济发展。

第三十八条　县级以上人民政府及其有关部门对企业产品列入国家和省级资源综合利用目录的，应当按照利用量给予企业财政补贴。

第三十九条　县级以上人民政府应当按照国家产业政策，将淘汰落后产能置换出的能源消耗量、主要污染物排放量等指标及存量土地，优先配置给发展循环经济的企业。

第四十条　科技部门应当将循环经济重大科研项目、重点技术项目列入科技发展重点，优先支持循环经济新工艺研究、资源综合利用技术研究及生产性试验。

第四十一条　县级以上人民政府及其有关部门对在循环经济管理、科学技术研究、产品开发、示范和推广工作中做出突出成绩的单位和个人给予表彰和奖励。

企业事业单位应当对本单位在循环经济发展中做出突出贡献的集体和个人给予表彰和奖励。

第七章　法律责任

第四十二条　违反本条例规定，《中华人民共和国循环经济促进法》等法律、法规已有法律责任规定的，从其规定。

第四十三条　违反本条例规定，省、设区的市人民政府批准的循环经济试点园区和循环经济试点企业未制定循环经济实施方案的，由省、设区的市人民政府责令限期改正；逾期未改正的，予以通报，并撤销其循环经济试点园区或者试点企业资格。

第四十四条　违反本条例规定，煤炭、电力、焦化、冶金、建材、造纸、制药等企业超过限额标准生产的，由有关主管部门责令其限期改造；逾期仍超过限额标准的，由有关主管部门报请本级人民政府按照规定的权限责令其停产整顿或者转产。

第四十五条　违反本条例规定，在省人民政府规定的区域内生产、销售、使用黏土砖的，由县级以上人民政府指定的部门责令限期改正；有违法所得的，没收违法所得；逾期继续生产、销售的，由工商行政管理部门依法吊销营业执照。

第四十六条　违反本条例规定，将餐厨废弃物产生的再生油用于食品加工的，按照《中华人民共和国食品安全法》第八十五条的规定予以处罚。

第四十七条　国家工作人员在循环经济管理工作中，滥用职权、玩忽职守、徇私舞弊的，依法给予处分；构成犯罪的，依法追究刑事责任。

第八章　附　　则

第四十八条　本条例自2012年10月1日起施行。

山西省安全技术防范条例

（2012年7月26日山西省第十一届
人民代表大会常务委员会第三十次会议通过）

第一章　总　　则

第一条　为了维护公共安全和社会治安秩序，保障国家、集体财产和公民人身、财产安全，加强安全技术防范管理，根据国家有关法律、行政法规的规定，结合本省实际，制定本条例。

第二条　本省行政区域内安全技术防范产品（以下简称技防产品）的生产、销售，安全技术防范系统（以下简称技防系统）的设计、安装、验收、监理、运营和信息使用等活动，以及对上述活动的管理，适用本条例。

技防产品，是指用于防抢劫、防盗窃、防爆炸等防止国家、集体、个人财产以及人身安全受到侵害并列入《安全技术防范产品目录》的专用产品。

技防系统，是指由技防产品和其他相关产品所构成的探测与报警、视频探测与监控、出入口目标识别与控制、防爆安全检查等系统，或者由这些系统为子系统组合、集成的系统或者网络。

第三条　县级以上人民政府应当加强对安全技术防范工作的领导，将其纳入国民经济和社会发展规划，列入社会管理综合治理和突发事件应急管理体系，保障安全技术防范工作所需经费。

县级以上人民政府应当采取多种措施，鼓励开展安全技术防范科学研究，开发和推广使用先进技术，促进安全技术防范工作健康发展。

第四条　县级以上公安机关主管本行政区域内的安全技术防范工作，主要履行下列职责：

（一）制定安全技术防范发展规划；

（二）指导安全技术防范工作；

（三）宣传普及安全技术防范知识；

（四）对安全技术防范活动实施监督管理。

发展和改革、住房和城乡建设、工商行政管理、质量技术监督、安全生产监督等部门应当在各自职责范围内，做好相应的安全技术防范监督管理工作。

第五条　国家机关、社会团体、企业事业单位和其他组织应当做好本系统、本单位的安全技术防范工作。

第六条　安全技术防范行业组织应当开展行业自律，提供技术咨询和评价服务，配合公安机关等部门做好安全技术防范管理相关工作。

第七条　任何单位和个人不得利用技防产品或者技防系统非法获取和泄露国家秘密、商业秘密、个人隐私，侵害国家、集体、公民、法人和其他组织的合法权益。

第二章　技防产品

第八条　对国家工业产品生产许可证制度、强制性认证制度管理范围以外的技防产品，实行生产登记制度。

第九条　从事实行生产登记制度的技防产品生产的，应当向所在地设区的市公安机关提出申请并提交下列材料：

（一）法定代表人身份证明、营业执照和组织机构代码证；

（二）专业技术人员的资格证书；

（三）符合国家规定产品标准的相关资料；

（四）产品质量保证体系、售后服务措施等相关文件；

（五）具备相应资质的检验机构出具的符合国家规定的检验报告。

第十条　设区的市公安机关应当自收到技防产品生产登记申请之日起10个工作日内进行初步审核。初审合格的，报省公安机关批准。省公安机关应当自收到初审意见之日起7个工作日内进行审查。审查合格的，核发《安全技术防范产品生产登记批准书》；审查不合格的，书面通知申请人并说明理由。

第十一条　从事技防产品销售的经营者，应当持营业执照和技防产品的相关资料报所在地县（市、区）公安机关登记备案。未经登记备案的，不得销售。

第十二条　销售技防产品的，应当建立进货验收制度。不得销售无产品质量检验合格证明、工业产品生产许可证证书、强制性产品认证证书或者生产登记批准证书的技防产品。

第三章　技防系统

第十三条　公共区域技防系统由设区的市、县（市、区）人民政府负责组织建设，并设置标识；其他场所和部位的技防系统，由所在单位负责建设。

第十四条　下列场所和部位应当按照有关技术标准安装技防产品或者技防系统：

（一）广场、公园、城市主要道路和路口、地下通道、过街天桥、隧道、大型桥梁等公共区域（以下所称公共区域均指这一范围）；

（二）机场、车站、码头、大型商贸中心、宾馆、网吧、居民小区、停车场等人员密集的公共场所；

（三）国家机关涉及国家秘密的场所或者部位，国家重点建设工程的重要部位，国防科技工业重要产品的研制、生产场所；

（四）广播、电视、电信、邮政等单位的重要部位；

（五）货币、有价证券、票据的制造或者集中存放的场所，金融机构的营业场所等重要部位；

（六）研制、生产、销售、存储易燃易爆物品或者危险化学品等危险物品的场所；

（七）大型物资储备单位、能源动力设施、水利设施，城市水、电、燃气、油、热力供应设施；

（八）城镇学校、幼儿园、医院，大型文化、体育场所；

（九）博物馆、档案馆、纪念馆、展览馆和重点文物保护单位；

（十）公共交通工具和专用运输工具；

（十一）法律、法规规定的其他场所和部位。

第十五条　应当安装技防系统的新建、改建、扩建建设工程，建设单位应当将技防系统与建设工程综合设计、同步施工、独立验收。

技防系统应当具备同公安机关联网的条件，预留接口。因安全技术防范工作需要，有关单位应当配合公安机关做好技防系统链接的相关工作。

第十六条　从事技防系统的设计、安装、监理、运营的，应当向所在地设区的市公安机关提出申请并提交下列材料：

（一）法定代表人身份证明、营业执照和组织机构代码证；

（二）施工装备、调试检测仪器设备的检验证书；

（三）专业技术人员的资质证书；

（四）质量保证体系文件。

取得相应资质从事技防系统的设计、安装、监理、运营的，不再提出申请和提交前款规定的材料。

第十七条　设区的市公安机关应当自收到技防系统的设计、安装、监理、运营申请之日起10个工作日内进行初步审核。初审合格的，报省公安机关批准。省公安机关应当自收到初审意见之日起7个工作日内进行审查。审查合格的，核发批准书；审查不合格的，书面通知申请人并说明理由。

第十八条　技防系统的设计方案应当通过可行性论证。公共区域的设计方案由公安机关组织论证；其他场所和部位的设计方案由建设单位组织论证。

技防系统竣工后，应当先由具有资质的专业检测机构进行检验。经检验后，建设单位会同公安机关根据专业检测机构提供的检测报告组织竣工验收。

第十九条　技防系统使用的产品，应当符合法律、法规的规定，符合产品质量标准的要求。

技防系统的功能、性能指标应当符合国家标准或者行业标准，保证系统运行安全、有效。

第二十条　任何单位和个人不得擅自在公共区域安装技防系统。

禁止在宾馆客房、集体宿舍以及公共场所的卫生间、更衣室、浴室等涉及他人隐私的场所安装视频、音频等技防产品。

第二十一条　技防系统的使用单位和运营单位，应当建立健全安全管理制度和岗位责任制度，规范系统操作规程，制定应急处置预案，保证系统安全有效。

技防系统的使用单位和运营单位接到报警信息并确认后，应当立即报告公安机关。

第二十二条　有关单位应当按照保密法律、法规的规定妥善保管技防系统的设计图纸和相关资料，相关工作人员对工作中涉及的资料、信息、技术应当依法保守秘密。

第二十三条　技防系统按照风险等级和投资额实行分级管理。国家已发布风险等级和防护级别的，按照有关规定执行。

第二十四条　任何单位和个人不得有下列行为：

（一）损毁、擅自拆除技防系统的设备、设施；

（二）擅自关闭技防系统或者妨碍技防系统的正常使用；

（三）擅自改变技防系统的用途和使用范围；

（四）擅自删除、修改技防系统的运行程序和记录等。

第二十五条　公安机关及其工作人员不得指定技防产品或者技防系统，不得指定技防系统的设计、安装、监理和运营单位。

第四章　信息使用

第二十六条　公安机关等有关部门工作人员在履行法定职责时，可以查阅、复制或者调取技防系统的相关信息资料，技防系统的使用单位和运营单位应当予以配合。

第二十七条　公安机关等有关部门工作人员查阅、复制或者调取技防系统信息资料时，除法律、法规另有规定外，应当遵守下列规定：

（一）调查取证不得少于二人；

（二）出示工作证件和单位证明文件；

（三）履行登记手续。

第二十八条　技防系统的使用单位和运营单位应当建立健全录制、调取信息资料的登记管理制度。保存资料时限不得少于30日，法律、行政法规另有规定的除外。

第二十九条　禁止任何单位和个人买卖、传播、隐匿技防系统信息资料。

第三十条　县级以上公安机关应当建立健全信息公开制度，每年至少向社会公布一次技防产品、技防系统的监督检查情况。

省公安机关每年至少向社会公布一次技防产品生产、销售和技防系统的设计、安装、监理、运营单位名录。

第五章　法律责任

第三十一条　违反本条例规定，未取得生产登记批准书，从事技防产品生产的，由县级以上公安机关责令限期改正；逾期不改正的，没收违法所得，并处3万元以上5万元以下罚款。

第三十二条　违反本条例规定，未经备案销售技防产品的，由县级以上公安机关责令限期改正；逾期不改正的，处以1000元以上3000元以下罚款。

第三十三条　违反本条例规定，公共区域未安装技防系统的，由省人民政府或者设区的市人民政府责令下一级人民政府限期改正；逾期不改正的，对有关责任人员给予处分。

违反本条例规定，其他区域应当安装技防系统而未安装的，由县级以上公安机关责令限期改正；逾期不改正的，对单位处以3000元以上1万元以下罚款，并对直接负责的主管人员和其他责任人员处以1000元以上3000元以下罚款。

第三十四条　违反本条例规定，技防系统未经验收或者验收不合格投入使用的，由县级以上公安机关责令建设单位限期改正；逾期不改正的，对单位处以3000元以上1万元以下罚款，并对直接负责的主管人员和其他责任人员处以1000元以上3000元以下罚款。

第三十五条　违反本条例规定，未经批准从事技防系统设计、安装、监理、运营的，由县级以上公安机关责令限期改正；逾期不改正的，处以3万元以上5万元以下罚款。

第三十六条　违反本条例规定，有下列行为之一的，由县级以上公安机关责令限期改正；逾期不改正的，对单位处以1万元以上5万元以下罚款，对个人处以1000元以上5000元以下罚款：

（一）在涉及他人隐私的场所安装技防产品的；

（二）擅自拆除技防系统设备、设施的；

（三）擅自关闭技防系统或者妨碍技防系统正常使用的；

（四）擅自改变技防系统的用途和使用范围的；

（五）擅自删除、修改技防系统的运行程序和记录的；

（六）买卖、传播、隐匿技防系统信息资料的。

第三十七条　公安机关及其工作人员在安全技术防范工作中滥用职权、玩忽职守、徇私舞弊的，依法给予处分；构成犯罪的，依法追究刑事责任。

第三十八条　违反本条例规定，法律、行政法规已有法律责任规定的，从其规定。

第六章　附　　则

第三十九条　本条例自2012年10月1日起施行。

山西省非物质文化遗产条例

（2012年9月28日山西省第十一届人民代表大会常务委员会第三十一次会议通过）

第一章　总　　则

第一条　为了加强非物质文化遗产保护、保存工作，继承和弘扬优秀传统文化，根据《中华人民共和国非物质文化遗产法》等法律、法规，结合本省实际，制定本条例。

第二条　本条例所称非物质文化遗产，是指各族人民世代相传并视为其文化遗产组成部分的各种传统文化表现形式，以及与传统文化表现形式相关的实物和场所。包括：

（一）传统口头文学以及作为其载体的语言；

（二）传统美术、书法、音乐、舞蹈、戏剧、曲艺和杂技；

（三）传统技艺、医药和历法；

（四）传统礼仪、节庆等民俗；

（五）传统体育和游艺；

（六）其他非物质文化遗产。

作为非物质文化遗产组成部分的实物和场所，凡属文物的，适用文物保护法律、法规的有关规定。

第三条　非物质文化遗产保护、保存应当正确处理经济建设、社会发展与非物质文化遗产开发、利用的关系，对非物质文化遗产采取认定、记录、建档等措施予以保存，对体现优秀传统文化，具有历史、文学、艺术、科学价值的非物质文化遗产采取传承、传播等措施予以保护。

第四条　县级以上人民政府应当将非物质文化遗产保护、保存工作纳入本级国民经济和社会发展规划，将保护、保存经费列入本级财政预算。

第五条　县级以上人民政府应当将国家级和省级文化生态保护区、非物质文化遗产展示场馆、传习所和生产性保护示范基地的建设纳入本行政区域城乡规划。

第六条　县级以上人民政府文化主管部门负责本行政区域内非物质文化遗产的保护、保存工作。

非物质文化遗产保护工作机构在同级文化主管部门的领导下，组织实施非物质文化遗产的保护、保存工作。

县级以上人民政府发展和改革、财政、经济和信息化、教育、民族宗教、商务、住房和城乡建设、规划、环境保护、国土资源、旅游、文物、体育等部门，按照各自职责负责非物质文化遗产的保护、保存工作。

第七条　文化站、村民委员会、居民委员会在文化主管部门指导和支持下，开展相应的非物质文化遗产保护、保存工作。

文学艺术界联合会、科学技术协会、作家协会和有关行业协会、学会等组织按照各自章程，做好非物质文化遗产的保护、保存工作。

第八条　鼓励和支持公民、法人和其他组织捐赠非物质文化遗产实物资料或者捐赠资金和实物，用于非物质文化遗产的保护、保存工作。

第二章　非物质文化遗产代表性项目名录

第九条　县级以上人民政府应当组织对本行政区域内的非物质文化遗产进行调查。

文化主管部门和其他有关部门应当对发现的非物质文化遗产予以确认、记录，并收集属于非物质文化遗产组成部分的代表性实物，整理调查所取得的资料，建立非物质文化遗产档案和数据库。

第十条　县级以上人民政府应当将本行政区域内体现优秀传统文化，具有历史、文学、艺术、科学价值的非物质文化遗产项目，列入本级非物质文化遗产代表性项目名录，并报上一级人民政府文化主管部门备案。

县级以上人民政府文化主管部门对列入非物质文化遗产代表性项目名录的项目确定保护单位，保护单位履行下列职责：

（一）收集该项目的实物、资料，并登记、整理、建档；

（二）推荐非物质文化遗产代表性项目的代表性传承人；

（三）制定并实施该项目保护计划，定期向文化主管部门报告实施情况并接受监督；

（四）开展该项目的宣传、展示、展演活动；

（五）为该项目传承及相关活动提供必要条件；

（六）其他应当履行的职责。

第十一条　设区的市、县（市、区）人民政府可以将本级非物质文化遗产代表性项目向上一级人民政府文化主管部门推荐，经认定后列入上一级非物质文化遗产代表性项目名录。

第十二条　公民、法人和其他组织可以向县级人民政府文化主管部门提出列入本级非物质文化遗产代表性项目名录的申请。

申请材料包括申请报告、项目申报书以及其他相关材料。

第十三条　公民、法人和其他组织认为某项非物质文化遗产具有重大历史、文学、艺术、科学价值的，可以向省人民政府文化主管部门提出列入省级非物质文化遗产代表性项目名录的建议。

第十四条　非物质文化遗产代表性项目的认定实行专家评审制度。评审工作应当遵循公开、公平、公正的原则。

第十五条　非物质文化遗产代表性项目的认定应当经过以下程序：

（一）文化主管部门组织专家评审小组对推荐、申请或者建议列入非物质文化遗产代表性项目名录的项目进行初评，经专家评审小组成员过半数通过后形成初评意见；

（二）文化主管部门组织专家评审委员会对初评意见进行审议，提出审议意见；

（三）文化主管部门将拟列入本级非物质文化遗产代表性项目名录的项目通过媒体公示征求公众意见，公示时间不少于20日。

文化主管部门根据评审委员会的审议意见和公示结果，拟订本级非物质文化遗产代表性项目名录，报本级人民政府批准后公布。

第十六条　公民、法人和其他组织对拟列入非物质文化遗产代表性项目名录的项目有异议的，应当在公示期间提出书面意见。文化主管部门经调查核实，情况属实的，终止对该项目的认定；情况不属实的，应当在收到书面意见之日起20日内书面告知异议人并说明理由。

第三章　非物质文化遗产代表性项目的代表性传承人

第十七条　县级以上人民政府文化主管部门对本级人民政府批准公布的非物质文化遗产代表性项目，可以认定代表性传承人。

公民、法人和其他组织在征得被推荐人书面同意的前提下，可以向文化主管部门推荐非物质文化遗产代表性项目的代表性传承人人选。公民也可以自行申请代表性传承人。

第十八条　非物质文化遗产代表性项目的代表性传承人应当符合下列条件：

（一）熟练掌握其传承的非物质文化遗产；

（二）具有传承谱系和特定领域内的代表性、影响力；

（三）积极开展传承活动，培养传承人才。

第十九条　认定非物质文化遗产代表性项目的代表性传承人，参照本条例有关非物质文化遗产代表性项目评审程序进行。

非物质文化遗产代表性项目的代表性传承人经县级以上人民政府文化主管部门认定后予以公布。

第二十条　非物质文化遗产代表性项目的代表性传承人享有下列权利：

（一）开展传艺、技艺展示、艺术创作、学术研究等活动；

（二）享受人民政府规定的传承补助；

（三）按照师承形式或者其他方式选择、培养传承人；

（四）参加有关活动取得相应报酬；

（五）提出非物质文化遗产保护工作的意见、建议；

（六）开展传承、传播活动确有困难的，可以向文化主管部门申请支持。

第二十一条　非物质文化遗产代表性项目的代表性传承人应当履行下列义务：

（一）开展传承活动，常随学徒不少于二人；

（二）配合非物质文化遗产调查工作；

（三）参与非物质文化遗产公益性宣传活动；

（四）妥善保存相关的实物、资料。

非物质文化遗产代表性项目的代表性传承人无正当理由不履行传承义务，文化主管部门经调查核实，情况属实的，按照规定的程序取消其代表性传承人资格并重新认定该项目的代表性传承人。

第四章　非物质文化遗产的保护措施

第二十二条　县级以上人民政府对非物质文化遗产代表性项目集中、特色鲜明、形式和内涵保持完整的特定区域，在尊重当地居民意愿的前提下，可以设立文化生态保护区，制定专项保护规划，实施区域性整体保护。

在文化生态保护区内从事生产、建设和开发，应当符合文化生态保护区的专项保护规划，不得破坏非物质文化遗产及其所依存的建（构）筑物、场所、遗迹等。

第二十三条　县级以上人民政府应当对与非物质文化遗产代表性项目直接关联的遗址、遗迹及其附属物划定保护范围，制定保护规划，建立专门档案，并在土地利用总体规划、城乡规划和建设中采取措施予以整体保护。

第二十四条　县级以上人民政府应当统筹协调发展和改革、财政、文化、旅游等部门制定非物质文化遗产开发利用规划，保护和传承非物质文化遗产。

鼓励和支持有关单位和个人有效保护、合理利用非物质文化遗产资源，开发具有地方特色、市场潜力的文化产品和文化服务。

第二十五条　县级以上人民政府应当对濒危的传统音乐、传统舞蹈、传统戏剧等非物质文化遗产代表性项目，采取专门保护措施，实施恢复性生产保护，资助公益性展演、展示活动。

第二十六条　县级以上人民政府应当根据经济社会的发展，增加非物质文化遗产保护、保存经费的投入。非物质文化遗产保护、保存经费主要用于下列事项：

（一）非物质文化遗产的调查；

（二）非物质文化遗产代表性项目保护工作；

（三）非物质文化遗产代表性项目的代表性传承人的补助；

（四）濒危非物质文化遗产的抢救；

（五）非物质文化遗产代表性项目的研究；

（六）非物质文化遗产资料和实物的征集和收购；

（七）非物质文化遗产的档案及数据库建设；

（八）非物质文化遗产的宣传、教育；

（九）非物质文化遗产保护、保存的其他事项。

第二十七条　县级以上人民政府根据非物质文化遗产保护、保存的需要，建立非物质文化遗产博览园、专题博物馆、传习所等公共文化设施。

第二十八条　非物质文化遗产代表性项目含有国家秘密的，按照国家保密法律、法规的规定确定密级，予以保护；含有商业秘密的，按照国家有关法律、法规执行。

第二十九条　县级以上人民政府文化主管部门负责对本行政区域内非物质文化遗产代表性项目的保护、保存情况进行监督检查。

第三十条　鼓励和支持大专院校、科研机构开展非物质文化遗产科学研究工作，培养和引进相关领域专业人才。

第三十一条　文化馆（站）、图书馆、博物馆、美术馆、体育场馆等公共文化体育机构，应当有计划地展示非物质文化遗产代表性项目，并按照国家和省有关规定向社会免费开放。

第三十二条　鼓励和支持公共教育机构建立非物质文化遗产传承教学基地，开展非物质文化遗产知识普及活动。

报刊、广播电视、网络等媒体应当通过专题展示、专栏介绍、公益广告等方式，普及非物质文化遗产知识。

第五章　法律责任

第三十三条　违反本条例规定，截留、挪用、挤占非物质文化遗产保护、保存经费的，由县级以上人民政府有关部门责令返还，对直接负责的主管人员和其他直接责任人员依法给予处分；构成犯罪的，依法追究刑事责任。

第三十四条　违反本条例规定，在申请非物质文化遗产代表性项目、代表性传承人过程中弄虚作假的，由县级以上人民政府文化主管部门给予警告；已列入非物质文化遗产代表性项目名录或者取得代表性传承人资格的，由县级以上人民政府或者文化主管部门予以撤销，责令返还项目保护费或者传承人补助费。

第三十五条　文化主管部门和其他有关部门的工作人员在非物质文化遗产保护、保存工作中，玩忽职守、滥用职权、徇私舞弊的，依法给予处分；构成犯罪的，依法追究刑事责任。

第六章　附　　则

第三十六条　本条例自2013年1月1日起施行。

山西省食品生产加工小作坊和食品摊贩监督管理办法

（2012年9月28日山西省第十一届人民代表大会常务委员会第三十一次会议通过）

第一章　总　　则

第一条　为了规范食品生产加工小作坊和食品摊贩生产经营活动，传承饮食文化，方便群众生活，保证食品安全，保障公众身体健康和生命安全，根据《中华人民共和国食品安全法》《中华人民共和国食品安全法实施条例》和有关法律、行政法规，结合本省实际，制定本办法。

第二条　本省行政区域内食品生产加工小作坊和食品摊贩的生产经营活动及其监督管理活动，适用本办法。

第三条　本办法所称食品生产加工小作坊，是指有固定生产经营场所，其生产规模、生产条件、固定从业人数等达不到国家规定的食品生产加工企业许可要求的食品生产经营者。食品生产加工小作坊包括餐饮服务类和非餐饮服务类食品生产加工小作坊。餐饮服务类食品生产加工小作坊，是指即时制作加工、销售食品并向消费者提供消费场所及设施的食品生产加工小作坊。

本办法所称食品摊贩，是指无固定店铺，摆摊设点从事食品销售或者现场制售的食品生产经营者。食品摊贩包括餐饮服务类和非餐饮服务类食品摊贩。餐饮服务类食品摊贩，是指即时制作加工、销售食品并向消费者提供消费场所及设施的食品摊贩。

第四条　县级以上人民政府负责组织领导本行政区域内食品生产加工小作坊和食品摊贩的监督管理工作，将食品安全监督管理工作经费列入本级财政预算。

县级以上人民政府食品安全协调机构按照省人民政府确定的职责，履行综合协调、督促指导和评议考核等职能。

县(市、区)人民政府应当在乡(镇)人民政府、街道办事处确定食品安全工作人员；乡(镇)人民政府、街道办事处应当在建制村、社区聘用食品安全监督员，协助有关部门开展食品安全监督管理工作。

第五条　卫生行政、食品药品监督管理、工商行政管理、质量监督等食品安全监督管理部门应当按照下列职责分工，加强协调配合，依法对食品生产加工小作坊和食品摊贩进行监督管理：

(一)卫生行政部门负责食品生产加工小作坊和食品摊贩监督管理的综合协调，组织查处食品安全事故；

(二)食品药品监督管理部门负责餐饮服务类食品生产加工小作坊和餐饮服务类食品摊贩的监督管理；

(三)工商行政管理部门负责非餐饮服务类食品摊贩，商场、超市、集贸市场内的非餐饮服务类食品生产加工小作坊，前店后坊式的非餐饮服务类食品生产加工小作坊的监督管理；

(四)质量监督部门负责商场、超市、集贸市场外的非餐饮服务类食品生产加工小作坊的监督管理。

教育、公安、环保、住房城乡建设、农业、商务、民族事务等有关行政部门应当在各自的职责范围内，依法做好食品生产加工小作坊和食品摊贩的监督管理工作。

国务院或者省人民政府批准实施相对集中行政处罚权的市、县(市、区)的综合行政执法部门按照规定实施监督管理工作。

省人民政府根据实际需要，可以对食品生产加工小作坊和食品摊贩监督管理体制作出调整。

第六条　县级以上人民政府应当统筹规划、建设、改造适宜食品生产加工小作坊和食品摊贩生产经营的集中场所、街区，完善基础设施及配套设施，加强食品检验检测能力和食品安全信息网络建设。

县级以上人民政府应当采取措施，鼓励和支持食品生产加工小作坊和食品摊贩生产经营地方特色食品和传统食品，改进生产经营条件和工艺技术，创建品牌。

第七条　县级以上人民政府应当建立健全食品安全举报奖励和保护制度，公布举报电话，方便群众举报。

有关监督管理部门应当提供业务指导和服务，加强食品安全法律、法规和食品安全知识培训，在新闻媒体和集中生产经营区域公布食品安全日常监督管理信息。

第八条　食品生产加工小作坊和食品摊贩应当依照食品安全法律、法规以及食品安全标准从事生产经营活动，接受培训，提高技能，诚实守信，保证质量，对其生产经营的食品安全负责，承担社会责任，接受社会监督。

第九条　食品行业协会应当加强行业自律，推动行业道德建设和诚信建设，为食品生产加工小作坊和食品摊贩依法生产经营提供培训、咨询、维权等服务。

第十条　机关、团体、企业、事业单位和其他组织应当开展食品安全知识的宣传教育，倡导健康的饮食方式，增强公众的食品安全意识和自我保护能力。

第二章　生产经营

第一节　一般规定

第十一条　食品生产加工小作坊生产经营实行许可制度。

第十二条　食品摊贩生产经营实行登记制度。

第十三条　食品生产加工小作坊和食品摊贩从业人员应当按照国家和本省的有关规定，每年进行健康检查，持有效的健康证明方可从事生产经营活动。

第十四条　食品生产加工小作坊和食品摊贩不得生产经营《中华人民共和国食品安全法》第二十八条和省人民政府明令禁止的食品。

第二节　食品生产加工小作坊

第十五条　食品生产加工小作坊应当依照本办法规定取得《食品生产加工小作坊许可证》后，依法办理工商注册登记，方可从事食品生产经营活动。

第十六条　申请《食品生产加工小作坊许可证》，应当具备下列条件：

(一)具有与生产经营的食品品种、数量相适应的生产经营场所，环境整洁，并与有毒、有害场所以及其他污染源保持规定的安全距离；

(二)具有清洁水源和排水设施；

(三)具有必要的、符合食品安全要求的工具、容器、设备和包装材料；

(四)具有相应的防蝇、防鼠、防尘和密闭的废弃物存放设施等；

(五)具有食品安全管理制度。

第十七条　食品生产加工小作坊应当分别向下列部门书面申请《食品生产加工小作坊许可证》：

(一)餐饮服务类食品生产加工小作坊，向县(市、区)食品药品监督管理部门申请；

(二)商场、超市、集贸市场内的非餐饮服务类食品生产加工小作坊，前店后坊式的非餐饮服务类食品生产加工小作坊，向县（市、区）工商行政管理部门申请；

（三）商场、超市、集贸市场外的非餐饮服务类食品生产加工小作坊，向县（市、区）质量监督部门申请。

食品药品监督管理、工商行政管理、质量监督部门受理申请后，应当进行现场核查，对符合本办法第十六条规定条件的，颁发《食品生产加工小作坊许可证》；对不符合条件的，决定不予许可并书面告知理由。许可自受理申请之日起15日内办结。

第十八条　食品生产加工小作坊从事生产经营活动，应当遵守下列规定：

（一）从业人员穿戴清洁的工作衣、帽；

（二）购进和使用食品原辅材料、食品添加剂和食品相关产品，应当建立台账，进货验收，索证索票，相关记录、票据的保存期不得少于二年；

（三）加工工艺及加工设备符合食品卫生要求；

（四）生产经营过程中生熟隔离，防止原辅材料、半成品、成品的交叉污染。

餐饮服务类食品生产加工小作坊除遵守前款规定外，还应当遵守下列规定：

（一）切配、制作、盛装食品的刀、案、容器等设施设备应当清洗、消毒；

（二）提供安全卫生的餐具、饮具。

第三节　食品摊贩

第十九条　食品摊贩应当依照本办法规定取得《食品摊贩登记证》，持证从事食品生产经营活动。

第二十条　申请《食品摊贩登记证》，应当具备下列条件：

（一）具有与生产经营的食品品种、数量相适应的制售工具、容器、工作台面；

（二）具有相应的亭、棚、车、台和防蝇、防雨、防尘等设施。

第二十一条　食品摊贩应当分别向下列部门书面申请《食品摊贩登记证》：

（一）餐饮服务类食品摊贩，向县（市、区）食品药品监督管理部门申请；

（二）非餐饮服务类食品摊贩，向县（市、区）工商行政管理部门申请。

食品药品监督管理、工商行政管理部门受理申请后，对符合本办法第二十条规定条件的，颁发《食品摊贩登记证》；对不符合条件的，决定不予登记并书面告知理由。登记自受理申请之日起10日内办结。

第二十二条　食品摊贩从事生产经营活动，应当遵守下列规定：

（一）在县（市、区）人民政府划定的区域和规定的时段内生产经营；

（二）食品制售工具、容器、工作台面保持清洁；

（三）食品、食品原辅材料干净、卫生、无毒、无害；

（四）购进和使用食品、食品原辅材料应当记录。

餐饮服务类食品摊贩除遵守前款规定外，还应当遵守下列规定：

（一）从业人员穿戴清洁的工作衣、帽；

（二）切配、制作、盛装食品的刀、案、容器等设施设备应当清洗、消毒；

（三）提供安全卫生的餐具、饮具；

（四）制作食品时生熟隔离；

（五）具有清洁用水和密闭的餐厨废弃物存放设施。

第三章　监督管理

第二十三条　县级以上人民政府应当建立食品安全信息报告制度和联席会议制度，协调处理食品生产加工小作坊和食品摊贩监督管理工作中的重大问题。

县级以上人民政府应当根据食品安全年度监督管理计划，对区域性、普遍性的食品生产加工小作坊和食品摊贩的食品安全进行联合执法检查。

第二十四条　卫生行政、食品药品监督管理、工商行政管理、质量监督部门应当按照职责分工，加强对食品生产加工小作坊和食品摊贩的日常监督检查。实施监督检查和处理食品安全事故时，有权采取下列措施：

（一）进入生产经营场所实施现场检查；

（二）对生产经营的食品进行抽样检验；

（三）查阅、复制有关合同、票据、账簿以及其他有关资料，向有关人员了解相关情况；

（四）依法查封、扣押有证据证明不符合食品安全标准的食品，违法使用的食品原料、食品添加剂、食品相关产品，以及用于违法生产经营或者被污染的工具、设备等物品；

（五）依法查封违法从事食品生产经营活动的场所。

第二十五条　乡（镇）人民政府、街道办事处的食品安全工作人员和建制村、社区食品安全监督员应当加强现场巡查，督促食品生产加工小作坊和食品摊贩规范生产经营，发现违法生产经营行为时，应当及时制止并报告。

有关监督管理部门应当加强对食品安全工作人员和食品安全监督员的培训，规范其监督行为，支持其依法开展对食品生产加工小作坊和食品摊贩监督管理的相关工作。

第二十六条　商场、超市、集贸市场的经营管理者、食品展销会的举办者应当加强对入场的食品生产加工小作坊和食品摊贩的管理，并履行下列义务：

（一）协助办理相关证件；

（二）记录基本情况、主要生产经营品种、品牌等信息，并建立档案；

（三）设置信息公示栏，及时发布食品安全管理信息；

（四）建立食品准入制度，明确双方的食品安全管理责任；

（五）查验有关资质和证明，定期检查生产经营环境和条件；

（六）及时制止违反食品安全法律、法规的行为并报告。

未履行前款第四项至第六项规定义务，造成在商场、超市、集贸市场、食品展销会发生食品安全事故的，应当承担连带责任。

第二十七条　广播、电视、报刊、网站等新闻媒体应当开展食品安全法律、法规以及食品安全标准和知识的公益宣传，对违反食品安全法律、法规的行为进行舆论监督。

第二十八条　公民、法人或者其他组织有权举报违反食品安全法律、法规的行为，有关部门接到举报后应当及时采取措施并依法处理。

第四章　法律责任

第二十九条　违反本办法第十三条、第十八条第一款第一项和第二十二条第二款第一项规定的，由有关监督管理部门按照职责分工责令限期改正；逾期不改正的，处以每人50元以上200元以下罚款。

违反本办法第十八条第一款第二项至第四项、第二款和第二十二条第一款第二项至第三项、第二款第二项至第五项规定的，由有关监督管理部门按照职责分工责令限期改正；逾期不改正的，处以200元以上2000元以下罚款。

违反本办法第二十二条第一款第一项规定的，由有关监督管理部门按照职责分工责令限期改正；逾期不改正的，处以50元以上500元以下罚款。

第三十条　违反本办法第十四条规定的，由有关监督管理部门按照职责分工，没收违法所得、违法生产经营的食品和用于违法生产经营的工具、设备、原料等物品，对食品生产加工小作坊并处5000元以上2万元以下罚款，对食品摊贩并处2000元以上1万元以下罚款；情节严重的，吊销《食品生产加工小作坊许可证》或者《食品摊贩登记证》；构成犯罪的，依法追究刑事责任。

第三十一条　违反本办法第十五条、第十九条规定的，由有关监督管理部门按照职责分工责令限期改正；逾期不改正的，没收违法所得、违法生产经营的食品和用于违法生产经营的工具、设备、原料等物品，对食品生产加工小作坊并处500元以上2000元以下罚款，对食品摊贩并处300元以上1000元以下罚款。

第三十二条　违反本办法第二十六条第一款第一项至第五项规定的，由有关监督管理部门按照职责分工，责令限期改正。

违反本办法第二十六条第一款第六项规定的，由有关监督管理部门按照职责分工责令改正，处以2000元以上2万元以下罚款；造成严重后果的，还应当责令停业，由原发证部门吊销许可证。

第三十三条　有关监督管理部门做出吊销《食品生产加工小作坊许可证》的行政处罚决定后，应当通知工商行政管理部门，工商行政管理部门应当依法吊销其营业执照。

第三十四条　有关监督管理部门及其工作人员在食品生产加工小作坊和食品摊贩监督管理工作中，滥用职权、玩忽职守、徇私舞弊，有下列情形之一的，对直接负责的主管人员和其他直接责任人员依法给予处分；构成犯罪的，依法追究刑事责任：

（一）不履行监督管理职责的；

（二）接到举报、投诉未及时处理的；

（三）索贿、受贿的；

（四）迟报、漏报、谎报、瞒报食品安全事故的；

（五）有其他违法行为的。

第五章　附　　则

第三十五条　《食品生产加工小作坊许可证》《食品摊贩登记证》的管理办法和专门为中小学生提供餐饮服务的小饭桌的管理办法，由省人民政府制定。

第三十六条　本办法自2013年1月1日起施行。

山西省气候资源开发利用和保护条例

（2012年9月28日山西省第十一届人民代表大会常务委员会第三十一次会议通过）

第一条　为了合理开发利用和保护气候资源，促进经济社会可持续发展，根据《中华人民共和国气象法》等法律、行政法规的规定，结合本省实际，制定本条例。

第二条　本条例所称气候资源，是指可以被人类生产和生活利用的太阳辐射、热量、风、云水和大气成分等能量和自然物质。

第三条　开发利用和保护气候资源应当坚持统筹规划、科学开发、合理利用、趋利避害的原则。

第四条　县级以上人民政府应当加强对气候资源开发利用和保护工作的领导，将气候资源开发利用和保护纳入本级国民经济和社会发展规划，制定扶持气候资源开发利用和保护的政策、措施，并将所需经费列入本级财政预算。

第五条　省气象主管机构负责本行政区域气候资源综合调查、区划工作，组织气候资源监测、分析、评价和气候可行性论证，加强气候变化基础理论、评估模型的研究，为气候资源开发利用和保护项目的实施提供服务。

市、县级气象主管机构负责本行政区域气候资源监测、分析、评价和综合调查等工作，为气候资源开发利用和保护项目的实施提供服务。

县级以上人民政府其他有关部门应当在各自的职责范围内，做好气候资源开发利用和保护的相关工作。

第六条　县级以上科技主管部门应当加强对气候资源科研项目、科研成果推广应用的支持，促进气候资源开发利用和保护领域的自主创新与科技进步。

鼓励有条件的企业事业单位开展气候资源开发利用和保护方面的科学研究、技术应用。

第七条　省气象主管机构应当会同有关部门，根据本行政区域气候资源综合调查结果，开展气候资源评价工作，提出气候资源开发利用和保护的建议，编制气候资源区划。

第八条　县级以上人民政府应当组织气象等有关部门，根据本行政区域国民经济和社会发展规划以及本省气候资源区划，编制本行政区域气候资源开发利用和保护规划。

编制气候资源开发利用和保护规划时，应当组织专家进行论证，并征求社会有关方面意见。

第九条　气候资源开发利用和保护规划应当包括下列内容：

(一)规划编制的背景；

(二)指导思想、原则和目标；

(三)气候资源的特点及其分析评价；

(四)气候资源开发利用的方向和保护的重点；

(五)气候资源可持续利用的保障措施；

(六)其他应当列入的内容。

第十条　县级以上人民政府应当加强气候资源监测基础设施建设，组织开展气候资源普查工作，为气候资源开发利用和保护提供保障。

第十一条　省气象主管机构应当建立健全太阳辐射、热量、风、云水、大气成分监测站网，组织开展气候资源的多层次监测和可利用资源的评估，为建设气候资源开发利用项目提供技术服务。

第十二条　建设气候资源监测站应当按照国家有关规定报省气象主管机构审查同意。

气候资源监测和资料的收集、审核、处理以及资料的传输、储存应当遵守国家有关技术规范和保密规定。

气候资源监测和资料传输，应当使用国家气象主管机构认定的专用技术装备。

第十三条　省气象主管机构应当会同有关部门制定气候资源汇交资料的管理办法，实现监测资料共享。

从事气候资源监测的组织和个人，应当按照国家有关规定向当地气象主管机构汇交有关气候资源监测资料。

第十四条　县级以上人民政府应当依照气候资源开发利用和保护规划，有计划地组织太阳能、风能资源的开发利用工作。

县级以上气象主管机构应当为太阳能电站和风电场的勘查、选址、建设、运营等提供技术支持和服务。

第十五条　鼓励单位和个人安装和使用太阳能热水系统、太阳能供热采暖和制冷系统、太阳能光伏发电系统等太阳能利用系统。建设单位应当在建筑物的设计和施工中，为太阳能利用提供必要条件。

鼓励、支持风能资源丰富地区优先开发利用风能资源。

第十六条　列入国家可再生能源产业发展指导目录、公共基础设施项目企业所得税优惠目录等符合条件的太阳能、风能开发利用项目，享受国家规定的税收优惠政策；符合信贷条件的，享受国家规定的财政贴息优惠贷款政策。

第十七条　县级以上人民政府负责空中云水资源开发利用工作的领导和协调，加强人工影响天气机构、作业站(点)设施和装备的建设。

县级以上气象主管机构应当加强空中云水资源开发利用，适时组织实施人工增雨(雪)、防雹等作业。

第十八条　公共建筑和其他民用建筑应当配套设计、安装雨(雪)水回收利用设施。有条件的地区和单位应当兴建蓄水设施，拦蓄雨(雪)、洪(沥)水。

第十九条　城乡规划、建设项目和气候资源开发利用项目，应当与当地气候资源承载能力相适应，避免气候和生态环境恶化。

可能影响气候变化或者直接涉及公众气候环境权益的项目，应当举行气候环境影响听证会或者论证会。

第二十条　城市规划、国家重点建设工程、重大区域性经济开发项目和大型太阳能、风能等气候资源开发利用项目应当进行气候可行性论证。

气候可行性论证应当由国家气象主管机构确认的具备相应论证能力的机构进行。气候可行性论证机构对论证报告的科学性、准确性负责。

进行气候可行性论证，应当使用县级以上气象主管机构提供或者经省气象主管机构审查的气象资料。

第二十一条　气候可行性论证机构应当将气候可行性论证报告报送省气象主管机构。省气象主管机构应当自收到气候可行性论证报告之日起20个工作日内，组织有关专家进行评审，并出具书面评审意见。

第二十二条　新建、扩建、改建建(构)筑物应当根据国家应对气候变化的要求，采取保护措施，减轻对气候环境的破坏，避免或者减轻热岛效应、风害、光污染和气体污染。

第二十三条　气象主管机构、气候可行性论证机构及其工作人员有下列行为之一的，对其直接负责的主管人员和其他直接责任人员依法给予处分，构成犯罪的，依法追究刑事责任：

(一)伪造气象资料或者其他原始资料的；

(二)出具虚假论证报告或者书面评审意见的；

(三)未在规定期限内出具书面评审意见的；

(四)其他玩忽职守、滥用职权、徇私舞弊的。

第二十四条　违反本条例规定，气候资源开发利用项目单位应当进行气候可行性论证而未进行，或者委托不具备相应论证能力的机构进行气候可行性论证的，由县级以上气象主管机构依法责令改正；拒不改正的，处以5万元以上10万元以下罚款。

第二十五条　本条例自2012年12月1日起施行。

山西省公路条例

(2012年11月29日山西省第十一届人民代表大会常务委员会第三十二次会议通过)

第一章　总　　则

第一条　为了加强公路建设、养护和管理，保障公路完好、安全和畅通，促进经济社会发展，根据《中华人民共和国公路法》《公路安全保护条例》和有关法律、行政法规的规定，结合本省实际，制定本条例。

第二条　本条例适用于本省行政区域内公路的规划、建设、养护、管理、经营和使用。

公路按其在公路路网中的地位分为国道、省道、县道、乡道和村道。

第三条　县级以上人民政府应当加强对公路工作的组织领导，将公路事业的发展纳入国民经济和社会发展规划，将公路（收费公路除外）的建设、养护和公路管理机构工作经费列入财政预算，并随着本级财政收入的增长逐步增加。

第四条　省人民政府交通运输主管部门负责全省公路工作。省公路管理机构负责国道、省道的建设、养护和管理工作，并对县道、乡道和村道工作进行指导。

设区的市、县（市、区）人民政府交通运输主管部门及其所属的公路管理机构按照其职责负责本行政区域内县道的建设、养护、管理和乡道的管理工作。

乡（镇）人民政府负责本行政区域内乡道的建设、养护和村道的组织建设、养护、管理工作；经县（市、区）人民政府批准，乡（镇）人民政府可以委托县（市、区）人民政府交通运输主管部门所属的公路管理机构行使村道的管理职责。

第五条　县级以上人民政府发展和改革、财政、公安、国土资源、住房和城乡建设（城乡规划）、水利、林业、环保、安监、工商、文物、物价等部门，在各自的职责范围内做好与公路相关的工作。

第二章　公路规划和建设

第六条　县级以上人民政府交通运输主管部门、乡（镇）人民政府应当依照《中华人民共和国公路法》规定的职权和程序，编制公路规划。

编制公路规划应当遵循科学合理、注重效益、适度超前、节约资源、保护生态环境的原则，并与国家公路规划和其他方式的交通运输发展规划及城乡规划、土地利用总体规划等专项规划相衔接。

公路规划批准后，除涉及国防的内容外，应当向社会公布。

第七条　公路规划需要调整的应当经公路规划原审批机关批准。

公路建设应当符合公路规划，未纳入规划的项目不得建设。

第八条　公路建设应当按照国家和省规定的基本建设程序、技术标准和建设工程有关规定执行。

第九条　公路建设实行项目法人负责制度、工程招标投标制度、工程监理制度、工程合同管理制度和工程质量责任追究制度。

承担公路建设项目的设计、施工和工程监理单位，应当建立质量和安全保证体系，对工程设计使用年限内的质量负责。

第十条　新建和改建公路的安全设施应当与主体工程同时设计、同时施工、同时投入使用，安全设施未经验收的公路不得投入使用。

第十一条　县级以上人民政府应当将公路建设质量和安全纳入绩效考评范围。

第十二条　省道、县道和乡道报废的，分别由省、设区的市、县（市、区）人民政府交通运输主管部门核准，并向社会公告；村道报废的，乡（镇）人民政府应当向所在地县（市、区）人民政府交通运输主管部门备案，并向村民公告。

公路报废后，原公路管理机构应当设置必要的标志和隔离设施。

报废公路的处置和利用按照国家和省有关规定执行。

第十三条　公路行政等级调整或者公路调整为城市道路的，应当按照国家和省有关规定办理审批手续。交接双方自批准之日起30日内办理交接手续。

公路调整为城市道路的，接收的设区的市或者县（市、区）人民政府应当自办理交接手续之日起履行相关职责。

第十四条　任何单位和个人在公路用地范围内设置照明、通信、标志、管线、信号灯等设施的，应当依法经公路管理机构批准。经批准设置的，其所有权人或者管理人对所设置的设施负责维护和管理。

第三章　公路养护

第十五条　省公路管理机构所属的驻县（市、区）的公路管理机构负责国道、省道的养护；县（市、区）人民政府交通运输主管部门所属的公路管理机构负责县道的养护；收费公路的养护由公路经营者负责。

第十六条　省人民政府交通运输主管部门负责制定并适时调整全省公路养护维修工程费和小修保养费的定额标准。

公路管理机构按照公路等级、里程、路况、交通量、养护定额及养护规范组织编制公路养护计划，并报有管辖权的交通运输主管部门和投资主管部门批准后实施，财政部门应当按照批准的公路养护计划及时足额拨付公路养护资金。

第十七条　公路管理机构应当按照国家和省有关标准和规范实施公路养护管理，建立公路养护检查、巡查制度和养护档案。

公路管理机构负责对公路养护作业单位的指导和监督，督促其依法履行养护作业义务。公路养护作业单位应当按照有关技术规范进行养护巡查，并将巡查、检测、养护作业以及其他相关信息记录归档。

第十八条　除收费公路外，在公路用地范围内申请设置非公路标志的，公路管理机构可以通过招标、拍卖等方式实施许可。所得款项实行收支两条线管理，专项用于公路的养护和管理。

非公路标志的设置不得影响公路的安全和运行，

设置单位负责对其进行维护和管理。

第十九条　公安机关交通管理部门发现已经投入使用的公路存在交通事故频发路段，或者配套设施存在交通安全隐患的，应当向当地人民政府提出防范交通事故、消除隐患的建议。公路管理机构接到人民政府的处理意见后，应当按照公路工程技术标准进行排查和处置。

第二十条　县级以上人民政府交通运输主管部门应当制定公路突发事件应急预案，报本级人民政府批准后实施。

公路管理机构、公路经营者应当根据国家和省有关规定制定应急预案，组建应急队伍，并定期组织应急演练。

第二十一条　发生公路突发事件时，当地人民政府及有关部门、公路管理机构和公路经营者应当按照规定启动公路突发事件应急预案。

第四章　路政管理

第二十二条　公路管理机构负责公路、公路用地和公路附属设施的调查核实，登记造册，建立公路管理档案，并逐级上报省人民政府交通运输主管部门备案。

第二十三条　未经公路管理机构许可，任何单位和个人不得在公路（村道除外）上增设平面交叉道口。

经许可在公路上增设平面交叉道口与公路搭接的路段，应当符合《公路养护技术规范》的有关规定，并按照公路工程技术标准设置交通标志。

第二十四条　禁止履带车、铁轮车或者其他可能损害公路路面的机具行驶公路，确需行驶公路的，应当采取保护措施并向有管辖权的公路管理机构办理审批手续。履带、铁轮式农业机械在当地田间作业需要在公路上短距离行驶并采取保护措施的除外。

第二十五条　经许可跨越、穿越公路修建桥梁、渡槽或者架设、埋设管线等设施的，应当符合公路工程技术标准。

在公路、公路用地范围内及公路建筑控制区内设置的非公路设施，其所有权人或者管理人应当巡查维护。

公路管理机构发现前款规定的设施有缺损、移位、变形等情形影响公路安全畅通的，应当设置警示标志，并责令其所有权人或者管理人限期整改；影响交通安全的，应当通知公安机关交通管理部门。

第二十六条　禁止在公路建筑控制区内设立为车辆补充燃料的场所、设施等建筑物和构筑物。

第二十七条　在公路及公路用地范围内，禁止任何单位和个人从事下列活动：

（一）设置路障、摆摊设点、堆放物品、打场晒粮、挖沟引水、种植作物、放养牲畜、经营性修车洗车及其他影响公路畅通的；

（二）倾倒垃圾杂物，向公路或者利用公路排水设施排污的；

（三）将公路作为检验机动车辆制动性能试验场的；

（四）擅自设置、损毁、移动、涂改、遮挡公路标志或者擅自损毁、移动公路其他附属设施的；

（五）堵塞公路排水系统，利用桥梁、涵洞或者公路排水设施设闸、筑坝蓄水的；

（六）擅自挖掘公路、修建桥梁、渡槽或者架设、埋设管线、电缆等设施的；

（七）法律、法规禁止的其他活动。

任何单位和个人不得损坏、擅自移动公路建筑控制区内由县级以上人民政府交通运输主管部门设置的标桩、界桩。

第二十八条　矿产采掘企业应当依法在批准的范围内实施采掘作业，不得在《公路安全保护条例》规定的范围内采矿。

第二十九条　公路管理机构在巡查中发现交通事故时，应当及时向公安机关交通管理部门通报。公安机关交通管理部门发现交通事故造成损坏公路及其附属设施或者污染公路时，应当及时向公路管理机构通报。

第三十条　任何单位和个人都有爱护公路及其附属设施的义务，发现违法占用公路和损害公路及其附属设施情形的，有权向公路管理机构举报。

造成公路损坏的责任人应当报告公路管理机构，并接受公路管理机构的调查处理。

第三十一条　专用公路用于社会公共运输的，经专用公路主管部门申请，省公路管理机构可以决定向该专用公路派驻公路管理人员，实施路政管理。

第三十二条　县级以上人民政府应当加强路政执法队伍建设，配备的路政执法人员应当与公路的技术等级、通车里程相适应。

第三十三条　公路管理机构应当在办公场所和相关网站，公开公路管理工作的执法主体、执法依据、办事程序、举报电话等，并接受社会公众的监督。

公路管理机构执法人员在执行公务时，应当统一着装，佩戴统一标志，出示合法有效的执法证件，不得擅自超越管辖区域、超越职权实施监督检查。

用于公路监督检查的专用车辆应当经省人民政府交通运输主管部门批准，并设置统一的标志和示警灯，公安机关交通管理部门应当为其办理登记手续。

省人民政府交通运输主管部门可以委托其所属的交通运输执法监督机构对交通运输执法活动实施监督检查。

第五章　超限运输管理

第三十四条　县级以上人民政府负责本行政区域内治理非法超限、超载工作，并将工作经费列入本级财政预算，其所属的治超机构按照其职责做好治理非法超限、超载的相关工作。

第三十五条　未经许可，超过公路、公路桥梁、公路隧道的限载、限高、限宽、限长标准的车辆，不得在公路、公路桥梁和公路隧道行驶。

禁止超过核定载质量运输危险化学品的车辆行驶公路。

第三十六条　车辆运载不可解体物品，车货总体外廓尺寸或者总质量超过公路、公路桥梁、公路隧道的限载、限高、限宽、限长标准，确需在公路、公路桥梁、公路隧道行驶的，承运人应当向公路管理机构申请公路超限运输许可，并提供下列材料：

(一)超限运输车辆行驶公路申请书；

(二)货物名称、重量、外廓尺寸以及必要的总体轮廓图；

(三)运输车辆的厂牌型号、自载质量、轴载质量、轴距、轮数、轮胎单位压力、载货时总的外廓尺寸等有关资料；

(四)货物运输的起讫点、拟经过的路线和运输时间；

(五)车辆行驶证原件及复印件。

公路管理机构在实施超限运输许可时，需要勘测、方案论证、加固、改造、护送及修复损坏部分的，其所需费用由承运人承担。

第三十七条　公路管理机构做出超限运输许可决定，需要进行勘测、方案论证的，应当将所需时间书面告知申请人，所需时间不计算在做出许可决定的时限内。

第三十八条　经许可进行超限运输的车辆，应当随车携带超限运输车辆通行证。超限运输车辆的型号及运输的物品应当与通行证记载的内容保持一致。

第三十九条　公路超限检测站的设置，由省人民政府交通运输主管部门提出方案，报省人民政府批准。

公路管理机构、公安机关交通管理部门应当在公路超限检测站内派驻路政管理、交通警察等执法人员，对超限运输车辆实施联合执法。

第四十条　公路管理机构经检测发现非法超限运输的，应当按照以下程序处理：

(一)出具公路超限检测站及其检测人员盖章、签字的检测文书；

(二)对运载可分载货物的，责令当事人采取卸载、分装等改正措施，消除违法状态；

(三)对运载不可解体物品的，责令当事人停止违法行为，并告知当事人到相关公路管理机构办理超限运输许可。

公路管理机构经检测发现非法超限运输易燃、易爆危险化学品的，应当通知当地公安、安监部门和道路运输管理机构处理。

第四十一条　超限车辆未经许可擅自在公路上行驶的，公路管理机构应当收取公路损害赔偿费，具体收取办法和标准由省人民政府交通运输主管部门提出意见，报物价、财政部门核定。

公路损害赔偿费专项用于受损公路的修复。

第四十二条　公路管理机构在查处非法超限行为时，应当将运输车辆、运输企业及从业人员等相关信息抄送同级人民政府所属的治超机构，治超机构应当督促有关部门依法做出处理。

第六章　收费公路

第四十三条　收费公路经营者应当建立健全公路经营管理制度，并遵守下列规定：

(一)按照国家和省规定的标准和方式收取车辆通行费，出具符合规定的票据；

(二)设置规范的公示牌；

(三)提示路况、通行和预警信息；

(四)设置、开通与交通量相适应的收费道口；

(五)履行公路的养护义务；

(六)接受行业管理，报送相关资料；

(七)法律、法规的其他规定。

收费公路经营者发现损坏公路的行为，应当及时制止并向公路管理机构报告；对影响公路运行安全的隐患应当及时处理。

第四十四条　收费公路经营者应当向省人民政府交通运输主管部门缴纳公路养护质量保证金，保证金及其利息属于收费公路经营者所有。收费公路经营期届满，省人民政府交通运输主管部门验收合格的，应当在20日内全额退还公路养护质量保证金及其利息。

公路养护质量保证金缴纳标准、使用和管理办法由省人民政府制定。

第四十五条　公路管理机构应当定期对收费公路及其附属设施进行检查，对不达公路良好技术状态的，应当责成经营者限期整改；对逾期不整改或者经整改仍不达良好技术状态的，经省人民政府交通运输主管部门批准，可以使用公路养护质量保证金用于公路养护，不足部分由收费公路经营者承担。

第四十六条　收费公路经营者单独转让收费公路广告经营权、服务设施经营权的，应当按照国家和省有关规定执行。

第七章　乡道村道特别规定

第四十七条　各级人民政府应当建立政府投资为主、多渠道筹措为辅、鼓励社会各界共同参与的乡道、村道建设和养护资金筹措机制。

第四十八条　省、设区的市人民政府对列入乡道、村道建设、养护计划的项目实行定额补助。

县级以上人民政府应当逐步增加对乡道、村道建设的资金投入，并对贫困地区、偏远山区给予倾斜。

第四十九条　县(市、区)人民政府应当将乡道、村道的养护资金纳入本级财政预算，并随着财政收入的增长逐步增加。

乡(镇)人民政府应当安排相应的财政资金，用于乡道、村道的日常养护。

第五十条　村民委员会应当遵循村民自愿、量力而行的原则，采取筹资筹劳和政府奖补相结合的方式筹集村道的建设、养护资金。

第五十一条　鼓励单位和个人捐助资金，用于乡道、村道的建设和养护。鼓励利用冠名权、绿化经营权、广告经营权、路边资源开发经营权等方式筹集社会资金，用于乡道、村道的建设和养护。

第五十二条　乡道、村道的建设和养护资金，应当实行专户管理、专项核算、专款专用，任何单位和个人不得截留、挤占、挪用。

第五十三条　村道的建设可以根据当地实际情况和经济条件确定技术等级。

乡（镇）人民政府应当对村道建设质量进行监督，将村道设计单位、建设单位、施工单位、监理单位、通车时间等内容予以公示。

乡（镇）人民政府可以聘请技术人员和村民代表参与村道建设质量的监督。

第五十四条　乡（镇）人民政府应当根据本地实际，编制和实施乡道、村道的大中修养护工程计划，县（市、区）人民政府交通运输主管部门所属的公路管理机构应当给予技术指导。

乡（镇）人民政府可以采取建立群众性、专业性养护组织或者由个人分段承包等方式，对乡道、村道实施日常养护。

乡（镇）人民政府应当适时组织开展乡道、村道集中养护。

村民委员会协助乡（镇）人民政府做好村道的养护工作。

第五十五条　跨越、穿越村道修建设施的，应当符合相应的技术标准，并不得低于公路工程技术标准规定的最低值。

第五十六条　村道受国家保护，未经乡（镇）人民政府批准，禁止任何单位和个人从事下列活动：

（一）占用、挖掘村道；

（二）跨越、穿越村道修建桥梁、渡槽或者架设、埋设管线、电缆等设施；

（三）履带车、铁轮车或者其他可能损害路面的机具行驶村道，但是履带、铁轮式农业机械在当地田间作业需要在村道上短距离行驶并采取保护措施的除外；

（四）设置、移动村道附属设施和标志；

（五）超限运输车辆行驶村道；

（六）法律、法规禁止的其他活动。

乡（镇）人民政府可以确定养护组织或者养护人员协助做好村道及其附属设施的管理工作。

第八章　法律责任

第五十七条　违反本条例第九条第二款规定，造成公路工程质量安全事故的，对直接负责的主管人员和其他直接责任人员依法给予处分；构成犯罪的，依法追究刑事责任。

第五十八条　违反本条例第二十三条第一款规定的，由公路管理机构责令恢复原状，属于国道、省道的，处以1万元以上5万元以下罚款；属于县道、乡道的，处以2000元以上1万元以下罚款。

第五十九条　违反本条例第二十四条规定的，由公路管理机构责令停止违法行为；造成公路损害的，处以2000元以上1万元以下罚款。

第六十条　违反本条例规定，未按照公路工程技术标准的要求修建桥梁、渡槽或者架设、埋设管线等设施的，由公路管理机构责令停止违法行为，处以1万元以上3万元以下的罚款。

第六十一条　违反本条例第二十七条第一款第一项、第二项规定，造成公路污染或者影响公路畅通的，由公路管理机构责令停止违法行为，处以200元以上1000元以下罚款；情节严重的，处以1000元以上5000元以下罚款。

违反本条例第二十七条第一款第三项规定的，由公路管理机构处以1000元以上5000元以下罚款。

违反本条例第二十七条第一款第四项、第五项、第六项规定或者第二款规定，可能危及公路安全的，由公路管理机构责令停止违法行为，处以5000元以上3万元以下罚款。

第六十二条　违反本条例第三十条第二款规定，造成公路损坏的责任人未履行报告义务的，由公路管理机构处以100元以上500元以下罚款；有逃逸或者拒绝接受公路管理机构调查处理等情形的，处以500元以上1000元以下罚款。

第六十三条　违反本条例规定，在公路上擅自超限行驶的，由公路管理机构责令停止违法行为，车货总质量未超过限定标准1%，且能够及时纠正，没有造成危害后果的，不予处罚；每超过限定标准1%（含1%），处以200元罚款；超过100%，加倍处罚，但最高不超过3万元。

违反本条例规定，超过核定载质量运输危险化学品的车辆行驶公路的，由公安机关依照《危险化学品安全管理条例》有关规定处理。

第六十四条　违反本条例规定，超限运输车辆的型号及运输的物品与超限运输车辆通行证记载的内容不一致的，由公路管理机构依据本条例第六十三条第一款的规定处理。

第六十五条　违反本条例第五十六条第一款规定的，由乡（镇）人民政府责令限期改正；逾期未改正的，处以200元以上1000元以下罚款。

第六十六条　违反本条例规定，交通运输主管部门、公路管理机构工作人员以及其他行政机关工作人员玩忽职守、滥用职权、徇私舞弊的，依法给予处分；构成犯罪的，依法追究刑事责任。

第九章　附　　则

第六十七条　高速公路的养护、使用和管理适用《山西省高速公路管理条例》。

第六十八条　本条例自2013年1月1日起施行。1994年9月29日山西省第八届人民代表大会常务委员会第十一次会议通过，1997年12月4日山西省第八届人民代表大会常务委员会第三十一次会议修正的《山西省公路管理条例》同时废止。

山西省节约用水条例

（2012年11月29日山西省第十一届人民代表大会常务委员会第三十二次会议通过）

第一章 总 则

第一条 为了加强节约用水管理，科学合理利用水资源，保障经济社会可持续发展，根据《中华人民共和国水法》和有关法律、行政法规，结合本省实际，制定本条例。

第二条 节约用水应当坚持统一规划、总量控制、合理调配、高效利用的原则。

鼓励使用再生水，合理利用地表水，有效涵养和保护地下水。

第三条 县级以上人民政府应当统筹城乡节约用水工作，并将其纳入国民经济和社会发展规划，建立健全节约用水的体制和机制，实行节约用水责任制和考核评价制度，建设节水型社会。

第四条 省人民政府水行政主管部门负责全省节约用水工作；省人民政府住房和城乡建设行政主管部门指导城市节约用水工作；省人民政府发展和改革、经济和信息化等相关行政主管部门按照各自职责做好相应的节约用水工作。

设区的市、县（市、区）人民政府确定的有关节约用水行政主管部门（以下简称节约用水行政主管部门），按照职责分工负责本行政区域内相关的节约用水工作。

乡（镇）人民政府、街道办事处配合节约用水行政主管部门开展节约用水工作。

第五条 任何单位和个人都有节约用水的义务，并有权对违反节约用水规定的行为进行制止和举报。

节约用水行政主管部门应当向社会公布违法用水举报方式，对违法用水行为及时调查和处理。

第二章 计划用水和计量管理

第六条 县级以上人民政府水行政主管部门应当根据上一级节约用水规划，以及本行政区域经济社会发展要求、水资源状况和水资源综合规划，会同同级发展和改革、经济和信息化、住房和城乡建设等行政主管部门，编制本行政区域节约用水规划，报同级人民政府批准后施行。

节约用水规划的修订，按照规划编制程序经原批准机关批准。

第七条 县级以上人民政府发展和改革行政主管部门会同同级水行政主管部门根据节约用水规划、用水定额、经济技术条件以及水量分配方案确定的可供本行政区域使用的水量，制定年度用水计划。

第八条 用水单位和个人已经采取节水措施，单位产品用水量低于用水定额标准，并且不影响公共利益和他人用水合法权益，确需新增用水的，应当按照下列规定申请核定用水计划指标：

（一）自建取水设施的新建、改建和扩建建设项目新增用水的，依法重新办理取水许可手续后向原核定机关申请核定；

（二）使用公共供水的单位和个人新增用水的，向原核定机关申请核定。

第九条 有下列情形之一的，原核定机关按照国家有关规定，核减用水单位和个人的用水计划指标：

（一）因自然原因使水资源不能满足本地区正常供水的；

（二）社会总需水量增加又无法获得新水源的；

（三）当地地下水严重超采又无其他替代水源的；

（四）因转产、减产、停产减少用水量的；

（五）拒不执行再生水配置方案的；

（六）其他确需核减用水量的。

第十条 用水单位和个人应当安装用水计量设施。用水计量设施必须使用经计量行政主管部门检定合格的产品。

用水计量设施发生故障的，应当及时修复或者更换，经检定合格后方可使用。

用水单位和个人不得擅自改装或者故意损坏用水计量设施，不得阻挠抄表计量。

第十一条 城镇居民生活用水实行一户一表，计量到户。

非居民生活用水户应当根据不同用水性质类别，分别安装用水计量设施，并实行总水表与分水表分别计量。

工业企业主要用水车间和用水设备应当单独安装用水计量设施。

农村地区实行村民生活用水与农田灌溉用水分别安装用水计量设施，分类计量。

第十二条 用水实行计量收费。供水单位不得对用水户实行包费制。

城镇居民生活用水实行抄表到户，公共供水单位应当按时按量收取水费。

非居民生活用水户在用水计划指标范围内用水的，应当按照规定的标准缴纳水资源费和水费。对超过计划用水的部分，累进收取水资源费和水费，具体办法由省人民政府制定。

农村地区逐步推行基本水价和计量水价相结合的水价制度，定期公布村民生活和农田灌溉用水量、水价和水费收取记录。

第十三条 农业用井转为非农业用途的，用水单位应当依法办理取水许可变更手续，重新核定用水计划指标，并按照新的用水性质类别缴纳水资源费和水费。

第十四条 省、设区的市人民政府应当根据当地水资源状况和经济社会发展水平，按照补偿成本、合理收益、优质优价、公平负担的原则和定价权限合理调整水价，实行分类分质定价和阶梯式水价。

城镇居民生活用水阶梯式水价，由省、设区的市人民政府按照定价权限确定。

第十五条 县级以上人民政府水行政主管部门应当严格执行用水统计制度,改进和规范用水统计方法,保证用水统计数据真实、完整。

第三章 节水措施

第十六条 本省限制高耗水工业项目建设和高耗水服务业发展,限制农业粗放用水。

严格执行建设项目水资源论证制度。对未依法完成水资源论证工作的建设项目,不予批准。

第十七条 县级以上人民政府水行政主管部门应当根据当地地下水超采程度,地表水替代地下水水源工程建设情况,会同有关部门制定地下水超采区和地表水供水区域水源置换和关井压采实施方案,报本级人民政府批准后实施。

第十八条 工业用水应当采用节水型工艺、设备和产品,禁止使用国家公布的淘汰名录中的高耗水工艺、设备和产品;已安装的,用水单位应当在规定时间内更换或者进行节水改造。

第十九条 工业用水日均用水量在1000立方米以上的,应当定期开展水平衡测试,并向节约用水行政主管部门报送测试资料。水平衡测试应当符合国家规定的方法和规程。

第二十条 工业用水应当采取循环利用、综合利用等措施,提高水的重复利用率。重复利用率不得低于行业标准和地方标准。

工业间接冷却水应当循环利用或者回收利用,不得直接排放。

以水为主要原料的生产企业应当采用节水型生产工艺和技术,生产后的尾水应当回收利用,不得直接排放。

第二十一条 新建、改建、扩建的建设项目应当在可行性研究阶段编制节约用水报告,制定节约用水措施,配套建设节约用水设施。节约用水设施应当与主体工程同时设计、同时施工、同时投产。

第二十二条 采矿企业应当配套建设矿井水综合利用设施,并在采矿作业中优先使用矿井水。矿井水确需排放的,应当达到地表水环境质量标准Ⅲ类。

第二十三条 县级以上人民政府应当逐年增加农业节水专项资金投入,兴建蓄水设施,扶持灌区、灌溉管道、渠道、排灌泵站技术改造等农业节水灌溉工程,明确产权和维护责任。

第二十四条 农业灌溉应当采取管道或者渠道防渗方式进行输水,并采用管灌、喷灌、微灌、滴灌等先进节水方式,提高用水效率。已建成的农业用水设施不符合节水灌溉标准的,应当进行更新改造。

鼓励有条件的单位和个人因地制宜建设集雨水窖、水池、水塘等蓄水工程,拦蓄雨洪水。

第二十五条 洗浴、滑雪场、现场制售饮用水等用水户应当采取节水措施,安装节水设施、器具。

洗车行业用水户应当安装循环用水洗车设备;在再生水输配管网覆盖区域内的,应当使用再生水。

第二十六条 园林绿化、环境卫生、建筑施工应当优先使用雨水和符合水质要求的再生水。

城镇园林绿化应当选种耐旱型花草树木,采用喷灌、微灌等节水方式浇灌。

第二十七条 建设单位应当安装、使用符合国家标准的节水型设备和产品。已安装使用的非节水型设备和产品,应当按照国家有关规定逐步更换。

任何单位和个人不得生产、销售国家公布淘汰的非节水型设备和产品。

第二十八条 用水单位应当使用、维护节水设施,保证正常运行,不得擅自停止使用。

第二十九条 建设城镇生活污水集中排放和处理设施,应当统筹规划、配套建设再生水输配管网。再生水输配管网覆盖区域内的工业企业,应当优先使用符合用水水质要求的再生水。

新建的宾馆、学校、居民区、公共建筑等建设项目,应当配套建设雨水集蓄和再生水使用设施;已建成的,应当逐步配套雨水集蓄和再生水使用设施。

第三十条 新建城镇(含城市新区)、工业园区和旧城改造项目,应当同时建设自来水、再生水输配管网,实行分网、分质供水。

第三十一条 供水企业、自建供水设施单位和农村集中供水站应当加强供水设施的检修和维护,减少输水损失。

第三十二条 县级以上人民政府应当安排资金,支持节水技术研究开发、节水技术和产品的示范与推广、节水宣传培训、信息服务和表彰奖励等。

第三十三条 县级以上人民政府对再生水、矿井水利用等非常规水源开发利用项目,实行财政补贴。

第三十四条 县级以上人民政府应当加强节约用水宣传工作。

教育机构应当对受教育对象进行节水教育。新闻媒体应当定期刊登或者播报节水公益广告。

宾馆、影剧院、体育场馆等公共场所应当设置节水宣传标语,宣传节水知识。

第三十五条 节约用水行政主管部门应当会同同级有关部门制定节约用水考核评价标准,对用水单位进行节约用水评价和监督。

第三十六条 节约用水行政执法人员行使监督检查职责时,应当出示执法证件,有权采取下列措施:

(一)进入用水现场开展检查,调查了解节约用水有关情况;

(二)要求被检查单位或者个人提供节约用水有关文件、资料;

(三)责令被检查单位或者个人停止违法行为,履行法定义务。

接受监督检查的单位或者个人应当配合监督检查工作,不得拒绝或者阻碍监督检查人员依法执行公务。

第四章 法律责任

第三十七条 违反本条例规定的行为,法律、法规已有法律责任规定的,从其规定。

第三十八条　违反本条例规定,用水单位和个人新增用水量,未申请核定用水计划指标的,由节约用水行政主管部门责令限期改正;逾期不改正的,处以3000元以上2万元以下罚款。

第三十九条　违反本条例规定,有下列行为之一的,由节约用水行政主管部门责令改正,处以2万元以上10万元以下罚款:

(一)工业间接冷却水未经循环利用或者回收利用直接排放的;

(二)以水为主要原料的生产企业生产后的尾水未经回收利用直接排放的。

第四十条　违反本条例规定,擅自停止使用节水设施的,由节约用水行政主管部门责令限期改正;逾期不改正的,处以1万元以上5万元以下罚款。

第四十一条　违反本条例规定,有下列行为之一的,由节约用水行政主管部门责令限期改正;逾期不改正的,分别按照下列规定处罚:

(一)洗浴、滑雪场、现场制售饮用水等用水户未安装节水设施、器具的,处以5000元以上5万元以下罚款;

(二)洗车行业用水户未安装循环用水洗车设备洗车的,处以1000元以上5000元以下罚款。

第四十二条　国家机关及其工作人员在节约用水管理工作中,滥用职权、玩忽职守、徇私舞弊的,对直接负责的主管人员和其他直接责任人员,依法给予处分;构成犯罪的,依法追究刑事责任。

第五章　附　　则

第四十三条　本条例自2013年3月1日起施行。

山西省就业促进条例

(2012年11月29日山西省第十一届人民代表大会常务委员会第三十二次会议通过)

第一章　总　　则

第一条　为了促进就业,保障和改善民生,促进社会和谐稳定,根据《中华人民共和国就业促进法》和有关法律、行政法规的规定,结合本省实际,制定本条例。

第二条　就业工作坚持劳动者自主就业、市场调节就业、政府促进就业和鼓励创业的方针。

县级以上人民政府应当加强促进就业工作的领导,将其纳入国民经济和社会发展规划,推动产业结构调整,发展第三产业,实施政策扶持,稳定和扩大就业。

用人单位应当合理设置就业岗位,为劳动者提供公平的就业机会。

劳动者应当树立正确的择业观念,提高就业创业能力,适应市场需求。

第三条　县级以上人民政府应当建立促进就业工作协调机制,研究解决就业工作中的重大问题;建立健全促进就业工作目标责任考核制度,开展促进就业工作宣传,组织促进就业工作情况的监督检查;统筹就业服务资源,促进就业创业。

第四条　县级以上人民政府人力资源和社会保障行政部门具体负责本行政区域内的促进就业工作,各有关部门按照职责分工,依法开展促进就业工作,落实相关政策,重点做好高等学校毕业生和农业富余劳动力、城镇困难人员、退役士兵就业工作。

乡(镇)人民政府、街道办事处应当做好与促进就业有关的基础性工作,村(居)民委员会配合做好相关工作。

工会、共产主义青年团、妇女联合会、残疾人联合会、工商业联合会以及其他社会组织,协助人民政府开展促进就业工作,并依法维护劳动者的劳动权利。

广播、电视、报刊、网站等新闻媒体应当加强促进就业法律、法规和政策的宣传,并对有关法律、法规和政策的实施情况进行舆论监督。

第五条　县级以上人民政府应当统筹城乡就业,培育、完善统一开放、竞争有序的人力资源市场,建立健全就业服务体系,加强就业创业教育和培训,提供就业援助,创造公平就业环境,保障劳动者合法权益。

第六条　县级以上人民政府应当加强失业动态监测工作,逐步建立失业预警机制,制定应急预案,对可能出现的较大规模失业,实施预防、调节和控制。

第二章　政策扶持

第七条　县级以上人民政府应当根据就业状况、就业工作目标和创业带动就业的实际需要,在财政预算中安排就业专项资金和创业资金。

第八条　县级以上人民政府应当采取措施,在资源型城市和独立工矿区发展与市场需求相适应的产业,拓宽就业渠道。

县级以上人民政府应当建立政府投资、招商引资和重大建设项目新增就业岗位预测评估和考核制度,发挥项目建设带动就业的作用。

第九条　用人单位吸纳劳动者就业的,可以享受以下扶持政策:

(一)属于劳动密集型小企业的,向所在地人力资源和社会保障行政部门申请小额担保贷款,由政府给予贴息支持;

(二)吸纳就业困难人员的,按照国家和本省有关规定享受岗位补贴和社会保险补贴;

(三)企业组织新录用人员培训的,享受职业培训补贴;

(四)国家规定的税收优惠;

(五)其他扶持政策。

第十条　劳动者自主创业的,可以享受以下扶持政策：

（一）向所在地人力资源和社会保障行政部门申请小额担保贷款，政府对规定行业的项目给予贴息支持；

（二）在创业初期参加创业培训的，享受创业培训补贴；

（三）就业困难人员从事个体经营或者实现灵活就业的，享受社会保险补贴；

（四）税收优惠和行政事业性收费减免；

（五）其他扶持政策。

第十一条　县级以上人民政府应当根据当地创业工作实际，规划、建设创业经营场所，加强创业项目库建设和项目推介服务，鼓励发展各类创业指导服务机构，按照有关规定给予以下资金扶持：

（一）对创业项目库建设单位，给予项目库建设补助；

（二）对创业孵化基地管理服务单位，给予管理服务补贴；

（三）对入驻创业孵化基地的单位或者个人，给予场地租赁补助；

（四）对创业园区建设单位，给予园区建设补助；

（五）对创业指导服务机构为劳动者创业提供项目开发、注册登记、投资融资、风险评估、法律咨询等服务的，给予创业指导服务补贴；

（六）其他资金扶持。

第十二条　省人民政府及其有关部门应当制定、实施促进高等学校毕业生就业创业的政策，开展高等学校毕业生就业状况评估，指导各类高等学校的专业建设。

县级以上人民政府应当制定、落实优惠政策，采取扶持措施，鼓励和引导高等学校毕业生到社区和农村、中小微企业、非公有制经济组织以及贫困地区和艰苦边远地区就业创业。

用人单位接收离校未就业的高等学校毕业生参加就业见习的，可以按照国家和本省有关规定享受就业见习补贴。

第十三条　县级以上人民政府应当通过推进城镇化建设，带动和扩大就业；鼓励和扶持在农村创办经济实体和专业合作社，引导农业富余劳动力就地就近就业创业；加强信息引导和就业服务，开展跨地区劳务协作，推动农业富余劳动力转移就业。

第十四条　县级以上人民政府应当完善进城就业农村劳动者的劳动就业、工资支付、社会保险以及子女就学等方面的制度、政策措施，保障其享有与城镇劳动者公平的就业条件和待遇。

第十五条　用人单位应当依法履行促进残疾人就业的义务，按照规定比例安排残疾人就业，并为录用的残疾人提供适当的岗位。

第十六条　各级人民政府应当优先扶持和重点帮助登记失业人员中的下列就业困难人员实现就业：

（一）女性40周岁、男性50周岁以上国家和本省规定范围内的企业失业人员；

（二）法定劳动年龄内的家庭成员均处于失业状况的城市居民家庭成员；

（三）享受城市居民最低生活保障且失业一年以上的登记失业人员；

（四）国家和本省规定范围内的就业困难高等学校毕业生；

（五）设区的市人民政府确定的其他就业困难人员。

省人民政府可以根据就业状况适时调整就业困难人员范围。

第十七条　县级以上人民政府应当按照国家和本省有关规定合理开发公益性岗位，优先安置就业困难人员。

第三章　就业服务

第十八条　县级以上人民政府应当建立完善公共就业服务机构，提供服务场所，配备工作人员和设施，加强信息网络建设，提高服务能力和水平。

县（市、区）人民政府应当加强乡（镇）、街道基层公共就业服务平台建设，充实公共就业服务人员，保障和改善工作条件。

县级以上人民政府应当将公共就业服务机构的人员、办公、业务经费以及就业服务场所运行维护经费纳入同级财政预算。

第十九条　公共就业服务机构应当免费为劳动者提供下列服务：

（一）就业法律、法规、政策宣传和咨询；

（二）职业供求、市场工资指导价位和职业培训信息的发布；

（三）职业指导和职业介绍；

（四）建立就业困难人员专门台账，组织实施就业援助；

（五）就业、失业登记；

（六）其他公共就业服务。

第二十条　公共就业服务机构可以根据用人单位或者劳动者的需求，提供人力资源和社会保障事务代理服务。

第二十一条　用人单位自录用劳动者之日起30日内，以及与劳动者解除或者终止劳动关系之日起15日内，到所在地公共就业服务机构办理登记手续。劳动者从事个体经营或者灵活就业的，到公共就业服务机构办理就业登记手续。

在法定劳动年龄内有劳动能力、有就业需求、处于无业状态的城镇户籍人员，以及在城镇稳定就业满6个月后失业的农村劳动者和其他非本地户籍人员，到公共就业服务机构办理失业登记手续。

劳动者凭登记证明享受公共就业服务和就业扶持政策。

公共就业服务机构应当简化登记手续，提供便捷服务。

第二十二条　申请设立职业中介机构的，应当符合《中华人民共和国就业促进法》第四十条第一款规定的条件。

县级以上人民政府人力资源和社会保障行政部门受理设立职业中介机构的申请后，应当在15日内依法做出许可决定；对不予许可的，应当书面说明理由。

第二十三条　职业中介机构可以从事下列服务：

（一）为劳动者介绍用人单位；

（二）为用人单位或者家庭推荐劳动者；

（三）开展职业指导；

（四）收集和发布职业供求信息；

（五）根据国家和本省有关规定从事互联网职业信息服务；

（六）经县级以上人民政府人力资源和社会保障行政部门核准的其他服务项目。

职业中介机构应当在服务场所公示许可证、营业执照、服务项目、收费标准等。

职业中介机构为劳动者提供公益性就业服务的，可以按照有关规定享受职业介绍补贴。

第二十四条 县级以上人民政府应当根据市场就业需求，统筹各类教育和培训资源，加大资金投入，规划和建设公益性、示范性公共实训基地，加强职业教育和职业能力开发，提高劳动者的就业创业能力。

鼓励社会力量参与职业教育和培训以及实训基地建设。

鼓励劳动者参加各种形式的职业教育和培训。

第二十五条 县级以上人民政府及其有关部门应当组织职业教育和培训机构重点开展下列职业培训：

（一）对城镇登记失业人员，提供再就业或者技能提升培训；

（二）对农业富余劳动力，提供初级技能培训；

（三）对高等学校毕业生，提供职业技能培训；

（四）对退役士兵，提供免费职业技能培训；

（五）对残疾人，提供实用技能培训；

（六）对用人单位新录用人员，提供岗前培训；

（七）对未继续升学的初高中毕业生，提供劳动预备制培训；

（八）对有创业愿望或者处于创业初期的劳动者，提供创业培训。

劳动者参加前款第（四）项规定之外项目培训的，按照国家和本省有关规定享受职业培训、职业技能鉴定等补贴。

第二十六条 企业应当建立健全职工教育和培训制度，改善培训条件，提高职工素质。

企业应当按照国家有关规定提取职工教育经费，用于劳动者技能培训的比例不低于60%，主要开展岗前培训、在岗技能提升培训、高技能人才培训和职业技能鉴定。

对没有能力开展职工培训的企业，县级以上人民政府可以统筹其职工教育经费，由县级以上人民政府人力资源和社会保障行政部门会同有关部门统一组织、提供培训，开展职业技能鉴定。

第二十七条 高等学校、职业院校和技工院校应当开展就业指导、创业教育和就业服务，建立和完善就业实习制度，组织学生参加实习，提高学生操作技能和实践能力。

鼓励用人单位为高等学校、职业院校和技工院校的学生提供实习场所和实习指导教师。

第二十八条 县级以上人民政府人力资源和社会保障等行政部门应当对公共就业服务、职业中介、职业培训和职业技能鉴定等机构开展就业服务情况进行业务指导和监督检查，促进其提高服务质量。

第四章 法律责任

第二十九条 违反本条例规定的行为，《中华人民共和国就业促进法》和其他法律、法规有法律责任规定的，从其规定。

第三十条 违反本条例规定，公共就业服务机构未依法提供就业服务的，由县级以上人民政府人力资源和社会保障行政部门责令限期改正；逾期未改正的，对直接负责的主管人员和其他直接责任人员依法给予处分。

第三十一条 违反本条例规定，用人单位未在规定时限内为劳动者办理就业等登记手续的，由县级以上人民政府人力资源和社会保障行政部门责令限期办理。

第三十二条 用人单位发布虚假招聘信息，或者在招聘过程中有欺诈行为的，由县级以上人民政府人力资源和社会保障行政部门责令改正；有违法所得的，没收违法所得，并处以1万元以上5万元以下罚款；给劳动者造成财产损失或者其他损害的，依法承担民事责任；构成犯罪的，依法追究刑事责任。

第三十三条 违反本条例规定，用人单位或者个人套取、骗取就业专项资金或者创业资金的，由县级以上人民政府人力资源和社会保障、财政部门依法追回，3年内不得享受同类补贴，并处以所套取、骗取金额10%以上50%以下罚款；对用人单位直接负责的主管人员和其他直接责任人员处以3000元以上5万元以下罚款；构成犯罪的，依法追究刑事责任。

第三十四条 违反本条例规定，职业中介、职业培训、职业技能鉴定等机构套取、骗取就业专项资金或者创业资金的，由县级以上人民政府人力资源和社会保障、财政部门依法追回，3年内不得享受同类补贴，并处以所套取、骗取金额10%以上50%以下罚款；对直接负责的主管人员和其他直接责任人员处以3000元以上5万元以下罚款；情节严重的，由县级以上人民政府人力资源和社会保障行政部门及其他有关部门吊销其相应的许可证、营业执照、民办非企业单位登记证书等；构成犯罪的，依法追究刑事责任。

第三十五条 违反本条例规定，各级人民政府、有关部门及其工作人员滥用职权、玩忽职守、徇私舞弊，有下列情形之一的，对直接负责的主管人员和其他直接责任人员，依法给予处分；构成犯罪的，依法追究刑事责任：

（一）未按照国家和本省有关规定落实税收优惠、行政事业性收费减免、各项就业创业补贴等扶持政策的；

（二）未按照国家和本省有关规定安排就业专项资金或者创业资金的；

（三）截留、侵占、挪用、套取就业专项资金或者创业资金的；

（四）未按照国家和本省有关规定对就业困难人员提供扶持和帮助的。

第五章 附 则

第三十六条 本条例自2013年3月1日起施行。

山西经济年鉴

YEARBOOK
OF
SHANXI
ECONOMY

山西经济大事记

SHANXI JINGJI DASHIJI

2012年山西经济大事记

1月

5日

〇省委常委、常务副省长李小鹏会见来并参加全国“小金库”专项治理工作总结交流会的财政部党组成员、纪检组长、中央治理“小金库”工作领导小组成员兼办公室主任刘建华一行。

6日

〇省委常委、太原市委书记陈川平会见古巴驻华大使白诗德一行。

8日

〇1月7日至8日，省委常委、宣传部长胡苏平就文化产业发展在大同、朔州进行调研。

10日

〇省委书记、省人大常委会主任袁纯清会见参加省政协十届五次会议的港澳委员。

12日

〇太原铁路检察分院和三个基层院整体移交给山西省委和山西省人民检察院，实施属地化管理，纳入国家司法体系。

15日

〇1月14日至15日，中华全国总工会副主席、书记处第一书记王珏普率全国总工会送温暖慰问团来晋开展送温暖慰问活动。

16日

〇省委书记、省人大常委会主任袁纯清与中央驻晋新闻单位负责同志进行座谈。他强调，要坚持正确舆论导向，宣传积极面、张扬闪光点，为转型跨越发展、迎接十八大胜利召开营造良好舆论氛围。

〇中国侨联党组书记、主席林军一行在山西进行调研慰问。

31日

〇山西老陈醋集团有限公司的美和居老陈醋酿制技艺入选第一批“国家级非物质文化遗产生产性保护示范基地”，是山西省唯一入选全国酿造技艺类项目的企业。

2月

1日

〇太钢获得美国机械工程师协会（ASME）颁发的ASME MO核电产品质量体系认证书，标志着太钢成为我国首家通过ASME MO核电认证的钢铁企业，将有资格按照ASME标准的质量体系要求制造核电产品。

6日

〇省政府与中国建设银行股份有限公司签署转型综改试验区建设金融战略合作协议。

8日

〇省政协主席薛延忠率在晋全国政协委员视察晋商银行和山西省农村信用合作联社。

12日

〇2月1日至12日，中共中央委员、省委书记袁纯清率中国共产党代表团、山西省经贸代表团赴日本、老挝、马尔代夫、斯里兰卡进行友好访问。

14日

〇由山西省相关单位主持和参与完成的14项科研成果获2011年度国家科学技术奖。其中，获国家科学技术进步奖特等奖1项、二等奖13项；主持完成项目4项，参与完成10项。

15日

〇省委书记、省人大常委会主任袁纯清会见中国农业银行党委书记、董事长蒋超良一行。

16日

〇副省长张平会见由科技部国际合作司司长靳晓明带队的“科技外交官山西行”代表团。

17日

〇中共中央政治局委员、国务委员刘延东一行在山西太原、晋中、吕梁等地对教育、科技、文化等领域的工作进行考察调研。

19日

〇中共中央政治局委员、中央书记处书记、中宣部部长刘云山在山西调研。他强调，要深入贯彻党的十七届六中全会精神，牢固树立文化发展为了人民、文化成果惠及人民、文化建设依靠人民的工作导向。

22日

〇副省长牛仁亮会见中国海洋石油总公司党组成员、副总经理吴振芳一行，双方就进一步加强合作、加快煤层气资源开发利用进行了深入交流。

〇副省长郭迎光会见来晋考察访问的荷兰代表团一行。

23 日

〇省长王君会见莅晋调研的国家电监会党组书记、主席吴新雄。

〇2 月 14 日至 23 日，省政协主席薛延忠率团对澳大利亚和新西兰的部分州市进行考察访问。

〇中国(太原)煤炭交易中心煤炭现货交易正式启动。

25 日

〇省长王君会见台湾富士康集团董事长郭台铭一行，双方就加快推进富士康在晋投资项目落地、进一步深化合作等事宜进行了协商洽谈。

27 日

〇中央第五地方巡视组莅晋开展巡视回访工作，并召开中央巡视组回访山西省工作动员会。

29 日

〇省委书记、省人大常委会主任袁纯清会见来晋就在长治市武乡县投资建设首席养生特区项目进行考察洽谈的加拿大中国商会会长练子乔，副会长、信和信集团总裁黄海浪一行。

3 月

12 日

〇省委书记、省人大常委会主任袁纯清在北京会见中国五矿集团公司党组书记、总裁周中枢，双方就全面提升合作水平，开辟新的发展空间进行了交流。

17 日

〇省委书记、省人大常委会主任袁纯清会见泰国正大集团董事长谢园尼一行，客人此行是为推动正大集团与山西在农业领域的合作。项目总投资 46 亿元，建成后将成为融高科技与现代管理为一体的标志性项目。

〇省长王君会见莅晋商务考察的福特汽车(中国)有限公司董事长兼首席执行官萧达伟，双方就推进重卡汽车项目合作进行了友好会商。

〇山西省出台《林权抵押贷款管理办法(试行)》，对贷款对象的条件，林权抵押的范围、程序、用途、期限及利率等作了详细规定。

20 日

〇省委书记、省人大常委会主任袁纯清深入太原市调研，考察转型项目，看望慰问社区干部群众，就保持党的纯洁性学习教育活动进行座谈。

21 日

〇省委书记、省人大常委会主任袁纯清深入临汾市汾西、隰县、蒲县、浮山、古县调研，考察企业转型、现代农业、扶贫开发、文化教育、民生保障等情况。他强调，要认真贯彻全国“两会”精神，狠抓项目落实，加快转型进程。

〇省长王君深入太原市晋阳湖新区建设现场、燃气热电联产项目工地、高新技术产业开发区和太原市社会保障大厦，调研指导城市规划建设、环境污染治理、产业转型发展和民生社会事业等工作。他强调，要加快转型，改善民生，强力治污，建设现代宜居的省会城市。

23 日

〇省委常委、常务副省长李小鹏会见中国地震局副局长赵和平一行。

26 日

〇具有目前世界最快速度的轧机——太钢新建不锈钢冷轧光亮线轧机过钢试车，进入最后调试阶段。

27 日

〇省委书记、省人大常委会主任袁纯清会见墨西哥驻华大使豪尔赫·瓜哈尔多一行。袁纯清对瓜哈尔多一行在晋成功推介投资项目表示祝贺。

29 日

〇省委书记、省人大常委会主任袁纯清深入晋中市祁县、太谷县和山西农业大学调研。他强调，要创新思想观念，一体推进农业现代化、工业化、城镇化。

30 日

〇省委书记袁纯清看望来晋参加 2012 年中华母亲节推动大会的全国政协副主席、农工党中央常务副主席陈宗兴。

4 月

5 日

〇省委书记、省人大常委会主任袁纯清深入忻州市五寨、神池、宁武、静乐等县调研。他强调，要加大扶贫开发力度，加快农民增收致富步伐。

〇省长王君会见参加第三届“中外使节山西行”活动的外交部原副部长王英凡、芬兰驻华大使岚涛、缅甸驻华大使吴丁乌等代表团一行。

〇省长王君会见莅晋进行商务考察的韩国电力公社社长金重谦一行，双方就推进格盟国际能源合作项目、深化能源领域合作进行了友好会商。

9 日

〇省委书记、省人大常委会主任袁纯清会见来晋推进 2012 年援疆工作的新疆昌吉州党政代表团一行。

10 日

〇4 月 9 日至 10 日，以中组部老干部局巡视员、副局长王维平为组长的中央组织部老干部政策落实督查组莅临山西检查，省委书记、省人大常委会主任袁纯清会见了督查组一行。

11 日

〇山西省政府与北京大学共同签署全面合作框架协议，商定进一步加强科技、人才、教育和决策咨询等合作。

12 日

〇省委常委、常务副省长李小鹏会见中国人民银行党委委员、副行长刘士余一行。

〇山西省第五届高新技术成果展示暨合作洽谈会在中国(太原)煤炭交易中心开幕。

13 日

〇4 月 12 日至 13 日，省长王君深入大同市广灵县、灵丘县和忻州市代县调研县域经济发展、农村民生改善和城镇化建设等情况。

16 日

〇全省“项目落地年”启动仪式在中国(太原)煤炭交易中心隆重举行。

18 日

〇4 月 16 日至 18 日，省委书记、省人大常委会主任袁纯清率山西省党政代表团赴广东省考察转型升级、综改试验、科教文化、生态文明和城市建设等情况，学习广东改革发展的经验，探讨深化晋粤两省合作新途径。

19日

○中国民主促进会山西省第七次代表大会在太原召开。

20日

○4月18日至20日，省委书记、省人大常委会主任袁纯清率山西省党政代表团赴湖北省学习考察“两型”社会、新兴产业、装备制造、城乡一体化、生态建设等情况，促进晋鄂两省进一步深化交流合作。

○首届世界晋商大会举行侨商投资项目签约仪式，山西世界华商中心、通澳世界名品会都、富鸿万亩农业生态庄园三大项目共计投资50亿元。

21日

○全国侨联文化宣传工作会议在太原召开。省委书记、省人大常委会主任袁纯清会见出席会议的中国侨联主席林军。

26日

○全国人大常委会原副委员长、中国关工委主任顾秀莲在山西就关心下一代工作进行调研。

○省长王君会见莅晋考察的外交部驻外使节团，双方就充分利用外交资源，扩大山西对外交流合作深入交换了意见。

27日

○省委书记、省人大常委会主任袁纯清会见中国残联党组书记、理事长王新宪。

○省长王君陪同前来山西参加2012年奥运会摔跤项目国际资格赛开幕式的国家体育总局局长刘鹏考察山西体育中心。

○国际A级赛事2012年伦敦奥运会摔跤项目国际资格赛在山西体育中心开幕。

5月

3日

○省委书记、省人大常委会主任袁纯清会见国务院妇女儿童工作委员会副主任，全国妇联党组书记、副主席、书记处第一书记宋秀岩一行。

○山西省举行纪念共青团成立90周年大会。

4日

○山西大学举办师生校友大联欢，庆祝建校110周年。

5日

○省长王君会见来晋调研高等教育工作的教育部党组副书记、副部长杜玉波一行。

6日

○太原理工大学举行110周年庆祝大会。

○中部地区第一家燃气热电联产项目在太原开工建设。

9日

○5月7日至9日，省长王君率山西省党政代表团赴河南省考察。

○第三届中国·运城舜帝德孝文化节在北京启动。

10日

○省委书记、省人大常委会主任袁纯清深入吕梁市石楼、交口、中阳、柳林等县调研。他强调，要狠抓关键环节，巩固发展势头，着力加快转型跨越步伐。

11日

○5月9日至11日，省长王君率山西省党政代表团赴福建省考察。

12日

○省委书记、省人大常委会主任袁纯清看望来晋出席省民建第八次代表大会的全国政协副主席、民建中央第一副主席张榕明。

13日

○山西省驻德国北威州联络处揭牌成立。

14日

○省长王君会见北京汽车集团有限公司党委书记、董事长徐和谊一行，双方就开展汽车轻量化和新型燃料产业领域的合作进行了深入交流。

15日

○山西省基层科普设施建设工程启动。

○山西省农村合作组织联合会在并成立，并开通“农合联”网站。

16日

○省长王君会见来晋参加山西省基层科普设施建设工程启动仪式的中国科协常务副主席、书记处第一书记、党组书记陈希一行。

18日

○第七届中国中部投资贸易博览会在湖南长沙开幕。此次中博会山西共签约240个项目，总投资1553.4亿元。

22日

○中共中央政治局委员、全国人大常委会副委员长王兆国在山西太原参加人大工作座谈会。他强调，要坚持和完善人民代表大会制度，加快建设社会主义法治国家。

23日

○省委书记、省人大常委会主任袁纯清会见波兰前总理约瑟夫·奥莱克西率领的波兰东欧研究所考察团一行。

○省委常委、常务副省长李小鹏会见中国银监会党委委员、副主席蔡鄂生一行。

24日

○省委书记、省人大常委会主任袁纯清会见中国人民保险集团公司党委书记、董事长吴焰一行。

○运城市蓝红杂交小麦研究中心自主创新的世界首创F型小麦雄性不育系获得国家发明专利，达到国际先进水平。

27日

○省委书记、省人大常委会主任袁纯清会见水利部党组书记、部长陈雷一行。

○山西大水网中部引黄工程开工奠基仪式在吕梁市离石区举行。

29日

○侯马经济开发区电子商务产业园获批，成为山西省首家国家电子商务示范基地。

31日

○省长王君会见工业和信息化部党组副书记、副部长、国家国防科工局局长陈求发一行，双方就推动国防科技工业和地方经济融合发展进行了深入会谈。

○山西运力互联科技有限公司研发成功我国首家公路运力电子商务交易公共服务平台。

6月

1日

○省长王君会见香港华润集团

董事长宋林一行。

4日

○省委书记、省人大常委会主任袁纯清会见广东省人大常委会主任欧广源率领的广东省经贸代表团一行。

5日

○省委书记、省人大常委会主任袁纯清看望莅晋调研检查《残疾人保障法》贯彻实施情况的全国人大常委会副委员长、民革中央主席周铁农。

○香港投资推广署首次在并举办"立足香港·迈向国际"山西省推介会,邀请山西省企业赴港投资兴业。

6日

○省委书记、省人大常委会主任袁纯清深入运城市夏县、稷山、绛县等县调研。他强调,要以工业新型化和农业现代化为重点,推动县域经济加快发展。

○省委常委、常务副省长李小鹏会见中国工商银行总行副行长罗熹一行。

7日

○6月6日至7日,省长王君深入忻州市岢岚、五寨、宁武、静乐四县,考察调研扶贫开发、现代农业发展、新农村建设和城镇化推进等情况。

○6月5日至7日,由水利部副部长李国英带队的国务院督导组在山西督导粮食稳定增产行动。

11日

○国家对山西省2011年节能目标责任进行了现场评价考核,初步确定山西省的考核等次为(最高等级)"超额完成"。

12日

○省委书记、省人大常委会主任袁纯清会见上海市政协主席冯国勤率领的市政协港澳委员考察团一行。

○上海市政协港澳委员赴晋考察团与省政协举行座谈会,双方围绕提升政协工作科学化水平、更好地服务两省市经济社会又好又快发展进行了深入交流。

14日

○省长王君会见来晋调研的国家税务总局党组书记、局长肖捷一行。

○山西省——外资企业合作交流恳谈会在京举行。66家世界500强和行业领军企业参会。

18日

○省长王君深入太原市企业调研。他强调,要加大投资力度,加快项目落地,大力发展新兴产业,努力保持全省经济平稳较快增长。

○年产20万吨钢铁粉末基地项目在阳泉开工建设。该项目建成后将成为国内最大的冶金用钢铁粉末基地。

19日

○省委书记、省人大常委会主任袁纯清会见新加坡国会议员、"通商中国"机构总裁刘燕玲率领的新加坡商务考察团一行。

20日

○省长王君会见出席中国创新论坛走进山西活动的中国工程院院长、中国机械工程学会理事长周济,中国工程院副院长、中国科协副主席谢克昌及中国工程院院士一行。

22日

○6月19日至22日,全国人大常委会副委员长路甬祥在山西考察调研。他强调,要发挥传统优势,加强创新驱动,加快转型升级,推进文化事业和装备制造业创新发展。

25日

○省长王君会见前来山西考察调研的中国驻英国大使刘晓明及夫人一行。

26日

○省长王君会见新疆生产建设兵团农六师五家渠市党政代表团一行。

太原高新区清华科技园太原分园项目

7月

1日

○6月28日至7月1日，全国人大常委会原副委员长、民建中央原主席成思危在山西调研。省委书记、省人大常委会主任袁纯清，省长王君、统战部长聂春玉看望了成思危一行。

2日

○民政部部长李立国在运城调研。

3日

○全国村务公开民主管理工作会议在运城市召开。中共中央书记处书记、中央纪委副书记何勇出席会议并讲话。他强调，要深入推进村务公开民主管理工作，促进农村经济社会又好又快发展。

○省政协主席薛延忠会见全国政协外事委员会副主任杨多良率领的“弘扬优秀传统文化、促进文化产业大发展”专题调研组一行。

○7月4日至5日，省长王君深入运城市芮城县、绛县、垣曲县，调研考察工业、农业和文化旅游产业发展情况。他强调，要推动三次产业协调发展，筑牢实体经济发展基础。

5日

○全国政协常委、教科文卫体委主任徐冠华率专题调研组来晋就“特殊教育发展”进行调研。

10日

○省委书记、省人大常委会主任袁纯清到新华社山西分社、人民日报社山西分社、山西广播电视台、山西日报报业集团、黄河新闻网进行调研。他强调，要把握正确舆论导向，提升新闻宣传水平，为党的十八大胜利召开营造良好氛围。

○省委书记、省人大常委会主任袁纯清看望来晋参加全国政协外事委员会工作会议的全国政协副主席李兆焯一行。

12日

○省委书记、省人大常委会主任袁纯清，省长王君会见前来山西出席武警部队推进全面建设现代后勤工作会议的武警部队司令员王建平、政委许耀元一行。

16日

○环境保护部与省政府签订合作协议，共同推进山西省国家资源型经济转型综合配套改革试验区环保领域的“先行先试”。

17日

○晋城荣获“全国创业先进城市”称号，是山西省的唯一一家。

18日

○省委书记、省人大常委会主任袁纯清深入朔州市，重点就转型项目建设情况进行调研。他强调，要坚持以煤为基、多元发展，以工业新型化为引领，加快转型跨越发展步伐。

19日

○省委书记、省人大常委会主任袁纯清会见来晋参观访问的老挝人民革命党中央委员，琅勃拉邦省省委书记、省长坎平·赛宋平一行。

○省政协主席薛延忠会见全国政协港澳台侨委员会副主任林兆枢率领的政协港澳台侨委员会和侨联界委员赴晋考察团一行。

20日

○省委副书记金道铭会见来晋访问的尼泊尔共产党（毛主义）主席基兰一行。

27日

○7月26日至27日，2012年中央纪委监察部华北、东北地区纪检监察工作座谈会在太原召开，中央纪委副书记张惠新出席会议并讲话。他强调，要坚定不移地推动党风廉政建设和反腐败斗争向纵深发展。

○省长王君会见莅晋调研的国家质量监督检验检疫总局局长支树平一行。

28日

○全国人大财政经济委员会主任委员石秀诗带领全国人大财经委调研组莅临山西，就国有煤炭企业改革和发展情况进行调研。

○山西煤销集团入选“《财富》世界500强”，列第447位，是山西首家入选的省属国有重点企业。

○长子县荣膺“全国信访系统先进集体”称号。在受表彰的100个市县中，长子县为山西省唯一获奖的县（市、区）。

31日

○太原高新技术开发区赛鼎工程公司开发设计的国内第一套煤制天然气示范项目——内蒙古大唐国际克什克腾40亿立方米/年煤制天然气一期甲烷化装置，顺利完成催化剂升温还原，产出合格天然气，已稳定运行72小时。标志着我国煤化工新技术的一次重大历史性突破，对我国实现节能减排和替代油、气的目标具有重要的现实和战略意义。

8月

5日

○省委书记、省人大常委会主任袁纯清会见以中央联席会议办公室副主任、国家信访局副局长徐业安为组长的中央信访工作督导组一行。

6日

○省委书记、省人大常委会主任袁纯清会见来晋交流参观的“爱我中华”两岸四地青年大汇聚火车团一行。

8日

○省委书记、省人大常委会主任袁纯清深入太原市晋阳湖区、明太原县城遗址和省高校新区进行调研。他强调，要把“一核一圈三群”城镇化建设作为转型跨越的重要内容，树立城市新形象，建设人才新高地。

○省长王君会见中国工商银行董事长姜建清一行。

10日

○8月7日至10日，全国政协副主席、民革中央第一副主席厉无畏莅晋考察文化创意产业。

13日

○为期17天的伦敦奥运会结束，本届奥运会山西省共有7名运动员参加了6个项目的比赛，获得1金、1银、1铜和1个第5名的好成绩，实现了山西运动员28年奥运史上单项金牌“零”的突破，创造了山西奥运历史上的最好成绩。

16日

○省委书记、省人大常委会主任袁纯清深入阳泉市盂县、平定、经济技术开发区和阳煤集团进行调研。他强调，要扭住发展不放松，狠抓项目保增长，积极探索资源型企业转型发展新范式。

17日

〇省长王君会见莅晋考察的招商局集团董事长、招商银行董事长傅育宁，中远集团董事长、招商银行副董事长魏家福，招商银行行长马蔚华一行。

〇省政协主席薛延忠会见来晋出席“中华美德与社会主义精神文明建设论坛暨国际儒联第五次儒学普及工作座谈会”的全国政协常委、中共中央文献研究室原主任、国际儒学联合会常务副会长腾文生和全国政协常委、文史和学习委员会主任陈福今一行。

18日

〇省委书记、省人大常委会主任袁纯清会见来晋出席首届世界晋商大会的全国政协副主席、全国工商联主席黄孟复一行。

19日

〇省委书记、省人大常委会主任袁纯清分别会见来晋出席首届世界晋商大会的全国工商联领导及知名企业家代表，港澳商会领袖、知名人士和晋商代表。

〇省长王君先后会见来并参加首届世界晋商大会的中华全国归国华侨联合会主席林军、副主席王永乐等知名侨领、侨商代表，鸿海集团总裁、富士康科教集团总裁郭台铭等晋籍台商代表和台湾商界知名人士。

20日

〇首届世界晋商大会在中国（太原）煤炭交易中心隆重召开。本次大会主题为“新晋商·新山西·新跨越”。来自42个国家和地区的1400余名晋商精英参加了此次大会。现场签约102个项目，总投资5245.5亿元，拟引资4620.4亿元。

23日

〇省长王君赴大同市就稳定经济增长、调整经济结构、加强城乡建设和改善人民生活等情况进行调研。他强调，要坚持统筹兼顾，加快推进老工业基地经济社会和生态环境全面协调可持续发展。

〇中国（山西）第二届黄河壶口文化旅游节开幕式在吉县黄河壶口风景区隆重举行。

24日

〇8月23日至24日，省委书记、省人大常委会主任袁纯清深入长治市沁源县、临汾市安泽县调研。他强调，要树立生态化理念，加快发展绿色产业。

〇第十七届中国北方旅游交易会在中国（太原）煤炭交易中心隆重开幕。

27日

〇8月26日至27日，国务院在朔州市召开“三北”防护林工作会议。中共中央政治局委员、国务院副总理回良玉出席会议，并深入朔州、大同等地考察指导。

〇省政府与浦发银行签署战略合作协议，两年间将向山西省提供500亿元的直接、间接融资支持。

30日

〇山西省就业服务局正式成立。

31日

〇中华全国总工会副主席、书记处书记张世平在山西调研工会工作。

〇省政府与中国工程院签署战略合作协议。省长王君，中国工程院院士、院长周济出席仪式并签字。

9月

3日

〇省委书记、省人大常委会主任袁纯清会见全国人大常委会副委员长华建敏率领的《农业法》执法检查组一行。

6日

〇9月5日至6日，广东省党政代表团在山西考察参观。考察期间，举行了山西·广东合作交流座谈会。

7日

〇我国首批28个国家矿山公园之一的晋华宫国家矿山公园揭牌开园。

10日

〇省政府与交通银行签署战略合作协议，省长王君会见交通银行董事长胡怀邦一行。

16日

〇省委书记、省人大常委会主任袁纯清会见前来山西出席第四届能源博览会的国家知识产权局局长田力普一行。

〇省长王君会见莅晋参加第四届能源博览会的中国工程院院士、中国科协副主席、中星微电子集团董事局主席邓中翰一行。

17日

〇省委书记、省人大常委会主任袁纯清会见前来山西参加第四届能源博览会的德国北威州经济能源工业中小企业和手工业部部长加莱尔特·杜英率领的代表团一行。

〇省长王君会见前来山西参加第四届能源博览会的非洲可持续发展团一行。

18日

〇省政府与中国银行签署《金融支持山西转型跨越发展合作备忘录》，省长王君会见中国银行行长李礼辉一行。

〇16日至18日，第四届中国（太原）国际能源产业博览会在太原举办。会议期间，山西省共签约招商引资项目1123个，其中，50亿元以上项目89个，总投资额10696.75亿元，拟从省外引进资金6334.1亿元。

19日

〇以“回归·超越”为主题的2012年平遥国际摄影大展在世界文化遗产地平遥古城开展。

20日

〇9月13日至20日，全国人大常委会副委员长华建敏在山西就红十字会扶贫工作等进行考察调研。华建敏强调，扶贫工作是党和国家工作的重中之重，要充分调动社会资源不仅要为贫困地区输血，更要探索扶贫工作的造血机制。

21日

〇省政协主席薛延忠会见新西兰中国团体联合会秘书长、新西兰—中国国际贸易促进会会长和志耘一行。

23日

〇省委书记、省人大常委会主任袁纯清会见前来山西调研并出席治超工作总结表彰会的交通运输部党组书记、部长杨传堂一行。

25日

〇全国政协人口资源环境委员

会工作研讨会在并召开，全国政协副主席李金华出席并讲话。

26 日

〇省长王君会见中国银监会党委委员、副主席周慕冰，工商银行总行行长杨凯生一行。

〇省长王君会见来晋调研的国家粮食局局长任正晓一行。

10月

9 日

〇在全国文化体制改革工作表彰大会上，山西省被授予全国文化体制改革先进地区称号。

12 日

〇国家重点工程大同到西安铁路客运专线重点控制工程——晋陕黄河特大桥胜利合龙。大桥全长9969米，是目前我国高速铁路跨越黄河最长、建设规模最大的桥梁。

15 日

〇省长王君会见前来山西出席贫困地区儿童营养干预试点项目启动全国视频会议的卫生部部长陈竺一行。

17 日

〇省委书记、省人大常委会主任袁纯清会见来晋考察人口文化工作的全国政协副主席李金华一行。

〇省委书记、省人大常委会主任袁纯清会见由公安部宣传局副局长刘世斌率领的郝万忠同志先进事迹报告团一行。

〇省长王君会见中国航天科工集团总经理、党组书记许达哲，双方就进一步推动航天工业与地方经济融合发展交流了意见。

〇副省长牛仁亮会见人力资源与社会保障部副部长胡晓义率领的人社部调研组一行。

20 日

〇山西证券对格林期货有限公司发起的并购案获得实质性进展，公司将以支付现金和非公开发行股份方式收购格林期货全部股权，交易总对价约11.37亿元。本次交易是我国证券行业第一例通过上市公司资本运作平台发起的跨行业并购案例。

25 日

〇省政协主席薛延忠会见法国旅游产业发展委员会主席梯世尔·贝过率领的法中友协考察团一行。

〇国家安全监管局党组成员、副局长杨元元在大同市进行调研。

〇大同煤矿集团有限公司与中国电力投资集团公司在太原签署《战略合作协议》，双方将在电力相关业务和煤炭相关领域采取多种方式合作。

太原高新区山西省重点工程云计算产业园规划图

30 日

〇省政府与中国民用航空局签署《关于加快推进山西民航发展的会谈纪要》，省长王君、中国民用航空局局长李家祥代表双方签字。

31 日

〇省委常委、常务副省长李小鹏会见华夏银行党委书记、董事长吴建一行。

11月

5 日

〇山西省碛口风景区入选第八批国家级风景名胜区名单，至此，全省共有 6 个景区入选国家级风景名胜区。

20 日

〇山西省汾西重工有限责任公司技术中心和山西华顿实业有限公司技术中心被认定为国家级企业技术中心，至此，全省国家级企业技术中心达到 22 户。

22 日

〇太原汾河水库水利风景区被水利部批准为国家水利风景区，进入第 12 批国家水利风景区行列。

23 日

〇全国人大常委会委员长吴邦国在山西调研。他强调，要深入贯彻落实党的十八大精神，全面推进社会主义经济建设、政治建设、文化建设、社会建设、生态文明建设，确保到 2020 年全面建成小康社会宏伟目标胜利实现。

28 日

〇省委书记、省人大常委会主任袁纯清到联系点太钢集团宣讲党的十八大精神，与干部职工共商落实十八大精神，实现企业转型跨越发展大计。

〇山西省首家从事融资租赁的外商投资企业——山西亿通融资租赁有限公司（合资）正式成立。

12月

1 日

〇中央宣讲团党的十八大精神

报告会在太原举行，由中央宣讲团成员、国务院研究室党组成员、副主任宁吉喆宣讲党的十八大精神。

3日

○省委书记、省人大常委会主任袁纯清会见来山西出席全国部分省(区、市)综治办主任座谈会的中央政法委副秘书长、中央综治办主任陈洲秋一行。陈洲秋一行就夯实基层基础,深化平安建设,加强和创新社会管理在山西调研。

6日

○省长王君会见莅晋调研的国家人口计生委党组书记、主任王侠一行。

○省委常委、常务副省长李小鹏会见中国能源建设集团有限公司党委书记、副董事长汪建平一行。

12日

○省委书记、省人大常委会主任袁纯清深入太原市阳曲县检查干部下乡住村包村增收工作。他强调,要深入学习贯彻党的十八大精神,大力改进工作作风,深入开展干部下乡住村包村增收活动。

19日

○晋城市被确定为第二批国家低碳试点城市,在全省是唯一一家。

20日

○代省长李小鹏深入潞安集团专题调研安全生产工作。他强调,要全面贯彻落实党的十八大和中央经济工作会议精神,进一步加强全省安全生产工作,为转型跨越发展提供更加有力的安全保障。

○在第七届中国北京国际文化创意产业博览会上,山西代表团共签订16个项目,签约总金额达51亿元。

21日

○中国(太原)煤炭交易中心举行首次年度煤炭大会。从此次交易大会开始,山西省境内通过铁路运输销售的煤炭,将全部通过交易中心煤炭现货交易平台实现合同、计划、调度、结算“四上线”。同时,山西省境内公路运输销售的煤炭开始全部纳入交易平台交易。

22日

○中国工程院院士周济深入1000千伏长治特高压变电站调研。

(马天天　整理)

山西经济年鉴

YEARBOOK OF SHANXI ECONOMY

光荣榜

GUANGRONGBANG

光荣榜

2012年度山西省功勋企业

山西煤炭运销集团有限公司
太原钢铁(集团)有限公司
山西焦煤集团有限责任公司
大同煤矿集团有限责任公司
太原铁路局
山西大昌汽车集团有限公司
太原市梗阳实业集团有限公司
太原市第一建筑工程集团有限公司
山西会馆餐饮文化有限公司
山西智诚房地产开发有限公司
太原市热力公司
中化二建集团有限公司
中国民生银行股份有限公司太原分行
山西宇田盛合工贸有限公司
太原市水产公司
招商银行股份有限公司太原分行
兴业银行股份有限公司太原分行
山西中绿环保集团有限公司
太原市亿利泰糖业烟酒有限公司
山西钢铁建设(集团)有限公司
大同市杏儿沟煤业有限责任公司
大同煤矿集团王村煤业有限责任公司
中国北车集团大同电力机车有限责任公司
大同晋能工业硅有限公司
中国重汽集团大同齿轮有限公司
大同煤矿集团有限责任公司同家梁矿
大同煤矿集团有限责任公司云冈矿
大同煤矿集团有限责任公司晋华宫矿
大同市深特发展集团有限责任公司
同煤国电同忻煤矿有限公司
山西华美奥能源集团有限公司
山西晋能集团山阴冶金有限公司
山西中煤平朔爆破器材有限责任公司
朔州金圆水泥有限公司
朔州中粮糖业有限公司
大同煤矿集团轩岗煤电有限责任公司
阳煤忻州通用机械有限责任公司
山西鲁能河曲发电有限公司
中国联合网络通信有限公司忻州市分公司
山西天宝风电法兰有限公司
山西榆次北山煤业有限公司
山西中远威药业有限公司
山西平遥煤化(集团)有限责任公司
山西平遥峰岩煤焦集团有限公司
山西省平遥减速器有限责任公司
山西昔阳安顺北坪煤业有限公司
山西煤炭运销集团晋中昔阳有限公司
山西寿阳段王煤业集团有限公司
山西华辉凯德制药有限公司
山西昔阳丰汇煤业有限责任公司
山西天凯经贸集团有限公司
山西义棠煤业有限责任公司
山西汾西矿业(集团)有限责任公司
山西阳光发电有限责任公司
阳泉天元家用电器有限责任公司
华通路桥集团有限公司
山西阳泉盂县东坪煤业有限公司
阳泉市煤气公司
山西潞安矿业(集团)有限责任公司
山西煤炭运销集团长治有限公司
山西潞宝集团
山西沁新能源集团股份有限公司
山西襄矿能源投资管理集团有限公司
山西振东实业集团有限公司
山西漳山发电有限责任公司
山西康宝生物制品股份有限公司
山西中德塑钢型材有限责任公司
长治金威商贸集团
长治市金泽生物工程有限公司
山西省长治经坊煤业有限公司

淮海工业集团有限公司
长治市公共交通总公司
山西兰花科技创业股份有限公司
阳城国际发电有限责任公司
山西天地王坡煤业有限公司
山西天泽煤化工集团股份公司
山西鑫马房地产开发有限公司
山西卓里集团有限公司
山西安民木业集团有限公司
永济市永鑫房地产开发有限公司
山西凯迪建材有限公司
山西鸿德房地产开发有限公司
山西永恒集团有限公司
山西一洲纺织印染有限公司
山西鑫宇豪食品开发有限公司
山西晋正建设工程项目管理有限公司
山西澳坤量子农业科技有限公司
临汾市电联通信器材有限公司
山西金雨电力工程有限公司
临汾市好运来礼品有限公司
酒钢集团翼城钢铁有限责任公司
临汾五洲休闲广场有限公司
佛山佛塑科技集团股份有限公司临汾经纬分公司
山西离柳焦煤集团有限公司
孝义市兴安化工有限公司
山西金晖能源集团有限公司
山西金州煤焦有限责任公司
山西楼东俊安煤气化有限公司
山西信发化工有限公司
山西宏盛能源开发投资集团有限公司

2012 年度山西省优秀企业

中钢集团山西有限公司
山西东辉煤焦化集团有限公司
太原市恒山机电设备有限公司
太原市旭海水产有限公司
太原市冶金机械厂
山西三通天然气有限公司
山西华顿实业有限公司
太原罗克佳华工业有限公司
山西天然气股份有限公司
大同煤矿集团同煤电力工程有限公司
山西领先大屏文化传媒有限公司
太原石化工贸有限公司
山西喜跃发道路建设养护有限公司
太原煤气化龙泉能源发展有限公司
太原市佳帝涂料有限公司
山西省邮政公司
山西超科电子有限公司
山西慕云山生态科技有限公司
山西漳泽电力股份有限公司
山西焦煤集团有限责任公司东曲煤矿
西山煤电(集团)有限公司东曲选煤厂
西山煤电建筑工程集团有限公司
山西西山煤电股份有限公司太原选煤厂
西山煤电(集团)有限责任公司多种经营分公司
山西西山煤电贸易有限责任公司
山西焦煤集团有限责任公司煤炭销售总公司
山西省电力公司太原阳曲供电公司
广西矿建集团有限公司山西工程项目部
山西新富升机器制造有限公司
山西省外国企业服务总公司
山西钢新实业有限公司
山西省焦炭集团有限责任公司
大同煤矿集团大同地煤姜家湾煤矿
大同煤矿集团大同地煤青磁窑煤矿
大同煤矿集团机电装备力泰有限责任公司
大同煤矿集团宏泰矿山工程建设有限责任公司
大同煤矿集团宏远工程建设有限责任公司
大同煤矿集团有限责任公司四台矿
大同煤矿集团电力能源有限公司
大同煤矿集团有限责任公司供水分公司
大同市春毅发展有限责任公司
大同煤矿集团电业有限责任公司
大同机车实业公司
大同煤矿集团白洞煤业有限责任公司
大同煤业股份有限公司燕子山矿
大同煤矿集团有限责任公司马脊梁矿
大同煤矿集团雁崖煤业有限公司
大同煤矿集团永定庄煤业有限责任公司
大同煤矿集团通信有限责任公司
大同煤矿集团有限责任公司忻州窑矿
同煤大唐塔山煤矿有限公司
大同煤矿集团外经贸有限责任公司
同煤大唐塔山发电有限责任公司
大同煤矿集团同生安平煤业有限公司
大同煤矿集团大地选煤工程有限责任公司
国药集团威奇达药业有限公司
山西三元炭素有限责任公司
中国煤矿机械装备有限责任公司平朔维修租赁中心
山西中煤顺通煤业有限责任公司
山西山阴宝山玉井煤业有限公司
怀仁县联伟建筑装潢有限责任公司
山西东盛陶瓷有限公司
山西明禾陶瓷有限责任公司
山西全盛化工有限责任公司
山西臣丰食业有限责任公司
山西晋西口农副产品有限公司
朔州市登利亚飞汽车销售服务有限公司
怀仁县万澳富牧业有限责任公司
大同煤矿集团朔州煤电有限公司
山西晋神铁路有限公司

忻州药业(集团)有限公司
忻州市糖酒副食供应站
忻州五台山风景名胜区五峰宾馆
繁峙县中兴实业有限公司
忻州市三源煤矿机械有限公司
定襄晟龙木雕模型艺术有限公司
山西恒跃锻造有限公司
山西冠力法兰有限公司
宁武县焱安热力有限公司
晋中市榆次华晋能源发展有限公司
山西泽榆畜牧业开发有限公司
太谷县鑫炳记食业有限公司
太谷县博世汽贸服务有限公司
祁县中宁肉品有限责任公司
祁县宏达房地产开发有限责任公司
祁县华祁食品有限公司
平遥县金众煤焦有限责任公司
山西省平遥思瑞沃重工有限公司
平遥同妙机车有限公司
山西陆源镁业有限责任公司
平遥县北海橡胶厂
山西省平遥东瑞线缆有限公司
平遥县居广居宾馆
介休市农村信用合作联社
灵石红杏能源有限公司
山西煤炭运销集团晋中榆社有限公司
阳涉铁路有限责任公司
国投昔阳能源有限责任公司
山西永丰汽车机械有限责任公司
山西庆峰科技有限责任公司
寿阳县世宇商厦有限公司
寿阳县新特鑫养殖专业合作社
晋中华晟房地产有限公司
阳泉百货大楼股份有限公司
山西煤炭运销集团保安煤业有限公司
山西阳泉华岭耐火材料有限公司
阳泉市三晋长远物流有限责任公司
山西东升煤业集团有限公司
山西阳泉盂县石店煤业有限公司
山西盂县西小坪耐火材料有限公司
盂县中信焦化有限公司
山西通洲煤焦集团
山西潞安集团余吾煤业集团有限责任公司
山西三元煤业股份有限公司
中国石油化工股份有限公司山西长治石油分公司
山西省长治市第一汽车运输有限公司
山西潞安集团司马煤业有限公司
山西壶关化工集团有限公司
山西康伟集团有限公司
襄垣县金鑫投资管理集团有限公司
山西黎城粉末冶金有限责任公司
山西澳瑞特健康产业股份有限公司
长治市长宁钢铁集团有限公司
山西鲁晋王曲发电有限责任公司
黎城太行钢铁有限公司
长治液压有限公司
长治县西山煤业有限责任公司
山西襄垣七一煤化集团山力投资管理有限公司
山西长治县雄山煤炭有限公司
长治市中天汽车实业有限公司
天脊集团精细化工有限公司
山西凤凰胶带有限公司
山西东明投资管理集团有限公司
长治市佳威商城有限公司
山西易通环能科技集团有限公司
山西煤炭运销集团三元古韩荆宝煤业有限公司
山西长治县振兴煤业有限公司
山西唯思可达天然饮业有限公司
山西省长治医药有限公司
长治市晋峰生态园有限公司
山西马军峪煤焦有限公司
中国移动通信集团山西有限公司长治分公司
山西沁州黄小米(集团)有限公司
山西长治王庄煤业有限责任公司
长治市宏达针纺有限公司
长治市义合源商贸有限公司
山西凌志达煤业有限公司
山西煤炭运销集团长治市长治县有限公司
长治市晋鑫煤焦有限责任公司
山西玉华建设集团有限公司
山西晋城钢铁控股集团有限公司
晋煤集团天溪煤制油分公司
山西蓝焰煤层气集团有限责任公司
山西汽运集团晋城汽车运输有限公司
山西高平科兴申家庄煤业有限公司
晋城市路宝汽车铝部件制造有限公司
山西厦普赛尔食品饮料股份有限公司
山西阳城阳泰集团屯城煤业有限公司
山西阳城阳泰集团竹林山煤业有限公司
山西陵川崇安苏村煤业有限公司
运城市鑫马建筑工程有限公司
运城市鑫马物业管理有限公司
运城市广厦房地产开发有限公司
山西省运城益鑫泰物资有限公司
山西鸿德物业管理有限公司
运城市鸿德混凝土有限公司
运城市德贸财富商贸管理有限公司
山西鸿通建筑安装有限公司
运城市天秀生态农业开发有限公司
运城市兰亭文化艺术品有限公司
运城市光磊机电设备安装有限公司
运城市龙腾文化传播有限公司
山西金盾苑建材有限公司
运城市吉运汽车销售服务有限公司
山西天石建材有限公司
运城市鑫华水泥制品有限公司

夏县秦晋食品有限公司
运城市冰丰商贸有限公司
山西关东房地产开发有限公司
芮城县北星商城春天服饰有限公司
运城市贝贝饮料有限公司
芮城县富荣枣业有限责任公司
垣曲县金叶烤烟购销有限公司
山西关东投资集团有限公司
永济市扁鹊水业有限公司
山西太阳食品有限公司
山西宏和华唐贸易有限公司
运城市春洲商贸有限公司
山西若冰食品有限公司
山西天能兆伟新能源有限公司
闻喜县德祥隆食品专业合作社
临猗县铭政酱菜(制造)有限公司
山西新通源食品有限公司
山西省新绛县绛州澄泥砚研制所
运城市蒲源担保有限公司
山西中德兴达商贸有限公司
夏县恒达混凝土有限公司
山西君得丽制衣有限公司
运城市空港华雄纺织有限公司
山西乾得龙房地产开发有限公司
山西恺元建筑工程有限公司
运城市锦海养殖有限公司
山西奥影服饰有限公司
河津市汾滨酒业有限公司
北京京福隆兴商贸有限公司(山西分公司)
河津市博翔铝业有限公司
山西中达铝业有限责任公司
河津市华晋选煤有限公司
翼城县飞翔铸管有限公司
临汾市尧都区恒安昌科贸有限公司
临汾市尧都区汉临家具有限公司
山西亨瑞达制药有限公司
临汾市金绿州园艺有限公司
山西辰康生物科技有限公司
临汾华基混凝土有限公司
临汾市尧都区绿苑幼儿园
山西省临汾市自来水公司
山西博海医正医疗器械有限公司
临汾市尧都区新品味餐饮有限公司
临汾大昌汽车服务有限公司
大同煤矿集团临汾宏大雪坪煤业公司
大同煤矿集团临汾宏大豁口煤业有限公司
山西金昌源地热能空调技术有限公司
临汾市夕阳红公寓
临汾市金盛豪装饰有限公司
临汾银博然投资咨询有限公司
临汾市摩登铁艺有限公司
临汾市百路通物流有限公司
山西焦化集团有限公司
山西新星冶炼集团有限公司
汾州裕源土特产品有限公司
孝义市鹏凯庆洗煤有限责任公司
山西东义煤电铝集团有限公司
山西红沟煤化工有限公司
孝义市和中兴矿产有限公司
山西奥凯达化工有限公司
孝义市晋茂煤焦有限公司
孝义市东兴帝豪酒店有限公司
孝义市金玺煤焦有限公司
山西曜鑫煤焦有限公司
临县朝阳农牧有限公司
山西杏乡世家酿酒有限公司
春德实业有限公司
山西焦煤集团公司华晋焦煤有限责任公司

2012 年度山西省功勋企业家

马力农　孝义市金达煤焦有限公司
马玉禄　山西天凯经贸集团有限公司
牛保炉　晋城蓝焰煤业股份有限公司古书院矿
王　峰　山西平遥峰岩煤焦集团有限公司
王　磊　定襄县宝源高合金铸造有限公司
王天明　太原服装城(集团)有限公司
王月光　招商银行股份有限公司太原分行
王玉宝　西山煤电(集团)有限责任公司
王佐军　临汾思麦尔酒店有限公司
王克良　霍州煤电集团团柏工贸有限公司
王怀宝　山西阳泉盂县跃进煤业有限公司
王建斌　中国联合网络通信有限公司长治市分公司
王贵聪　太原市第一建筑工程集团有限公司
王健雄　太原市自来水公司
王爱国　垣曲县舜皇菖蒲酒业有限公司
王淑琴　山西吉利尔潞绸集团织造股份有限公司
王鲜义　阳泉市煤气公司
王德奎　山西晋中交通建设有限公司
邓国强　山西国强科技发展有限责任公司
代全民　山西大昌汽车集团有限公司
冯礼正　山西煤炭运销集团吕梁孝义有限公司
石树平　长治金威商贸集团
乔　伟　山西鲁能河曲发电有限公司
任国庆　山西忻州神达能源集团有限公司
任建国　山西西山煤电西铭矿选煤厂
任福耀　山西焦煤集团有限责任公司
关占胜　大同煤矿集团王村煤业有限责任公司
刘东亮　太原田和食品集团有限公司
刘房庆　北京房庆新戎房地产开发有限责任公司侯马分公司
刘建亭　中化二建集团有限公司
刘爱国　山西省太原市外贸(集团)有限责任公司

孙宏原　山西沁新能源集团股份有限公司
朱英战　阳泉煤业集团煤层气开发利用分公司
祁超岗　山西省临汾公路管理段
米占有　太原市梗阳实业集团有限公司
米如中　山西襄矿能源投资管理集团有限公司
吴升富　大同煤矿集团朔州朔煤小峪煤矿
吴旭东　经纬纺织机械股份有限公司榆次分公司
宋德明　山西博大集团有限责任公司
张　鑫　山西金雨电力工程有限公司
张亚平　山西东辉煤焦化集团有限公司
张守礼　山西千禧投资集团有限公司
张有喜　大同煤矿集团有限责任公司
张克斌　太原重型机械集团煤机有限公司
张志方　山西太钢不锈钢股份有限公司
张来栓　山西教场坪能源产业集团有限公司
张良海　大同煤矿集团轩岗煤电有限责任公司
张明智　太原市热力公司
张炳林　山西三元煤业股份有限公司
张家彦　山西鑫兴煤电化集团
张满荣　山西钢铁建设(集团)有限公司
李　恒　山西永恒集团有限公司
李广俊　山西省长治经坊煤业有限公司
李东明　山煤国际能源集团大同有限公司
李占刚　阳泉市长青石油压裂支撑剂有限公司
李玉杰　山西省邮政公司
李安平　山西振东实业集团有限公司
李茂贵　中国移动通信集团山西有限公司忻州分公司
李俊成　大同煤矿集团有限责任公司马脊梁矿
李俊虎　山西煤炭运销集团长治有限公司
李贵生　山西汾西矿业(集团)有限责任公司
李晓波　太原钢铁(集团)有限公司
李景春　阳泉天元家用电器有限责任公司
杨保忠　山西陵川崇安苏村煤业有限公司
杨爱萍　山西省烟草公司吕梁市公司孝义营销部
汪有刚　山西天地王坡煤业有限公司
陈　鼎　山西晋能集团山阴冶金有限公司
陈旭忠　大同煤矿集团有限责任公司
陈景云　山西昆明烟草有限责任公司
周秦伟　山西一洲纺织印染有限公司
周满祥　山西康宝生物制品股份有限公司
屈全大　山西宏盛能源开发投资集团有限公司
武万华　阳泉煤业集团国际贸易有限公司
武正河　中国重汽集团大同齿轮有限公司
苗　鑫　永济市永鑫房地产开发有限公司
范　益　山西省电力公司吕梁孝义供电公司
范红星　山西荣坤投资有限公司
范娴娉　临汾市尧都区和谐娉韵文化传媒有限公司
郑　鹏　孝义市盛大煤焦有限公司
金智新　山西焦煤集团有限责任公司
胡东明　山西昔阳安顺北坪煤业有限公司
胡守平　大同煤矿集团铁峰煤业有限公司
胡耀飞　大同煤矿集团电力能源有限公司
贺仰兴　大同煤矿集团有限责任公司煤峪口矿
赵廷勇　山西信发化工有限公司
赵成书　山西楼东俊安煤气化有限公司
赵青春　山西煤炭运销集团晋中昔阳有限公司
赵效青　山西榆社化工股份有限公司
郝跃洲　山西兰花科技创业股份有限公司
钟志孟　山西中远威药业有限公司
唐光亮　晋中市太塑房地产开发有限公司
徐建凯　长治市金泽生物工程有限公司
栾兆俊　翼城县机电设备有限公司
秦伟泽　山西卓里集团有限公司
秦建军　山西汽运集团晋城汽车运输有限公司
郭士强　首钢长治钢铁有限公司
郭日平　山西怀仁中能芦子沟煤业有限责任公司
郭汉刚　山西晋正建设工程项目管理有限公司
郭兴银　山西平遥煤化(集团)有限责任公司
郭秀忠　山西金恒化工集团股份有限公司
郭尚文　山西智诚房地产开发有限公司
郭金刚　大同煤矿集团有限责任公司
郭胜清　中国北车集团大同电力机车有限责任公司
郭晓辉　山西宇田盛合工贸有限公司
高月珍　山西金城保险柜制造有限公司
高绍军　山西会馆餐饮文化有限公司
高晋喜　太原市水产公司
高祥明　太原钢铁(集团)有限公司
曹耀丰　山西煤炭运销集团有限公司
梁旭峰　孝义市农村信用合作联社
梁新文　山西省平遥减速器有限责任公司
黄祥苗　山西昔阳丰汇煤业有限责任公司
景步国　山西普国实业(集团)有限公司
程田青　山西中德塑钢型材有限责任公司
谢斌杰　山西中昊安环科技有限公司
韩长安　山西潞宝集团
韩刘玉　中国石油化工股份有限公司山西长治石油分公司
靳建顺　同煤国电同忻煤矿有限公司
翟　红　山西潞安矿业(集团)有限责任公司
蔡民红　山西鸿德房地产开发有限公司
樊三星　兴业银行股份有限公司太原分行

2012 年度山西省优秀企业家

丁　强　中煤平朔集团有限公司劣质煤项目部
丁大同　同煤大唐塔山煤矿有限公司
丁保东　山西大公房地产开发有限公司
卫正义　山西焦化集团有限公司
马天祥　清华大学企业总裁(山西)培训中心
马永阁　山西西山煤电股份有限公司西曲矿
马安民　阳煤集团化工产业管理局
马步才　山西焦煤集团有限责任公司屯兰矿

马国利　长治县西山煤业有限责任公司
马学民　山西年马肥业有限公司
马欣威　山西奥凯达化工有限公司
尹达君　大同煤矿集团大斗沟煤业有限公司
文生元　山西漳泽电力股份有限公司
毛建新　山西钢新实业有限公司
牛玉明　临汾市尧都区辅仁教育书店
牛丽芳　山西君得丽制衣有限公司
牛志学　长治市伟业装潢有限公司
王　晔　山西天工电力发展有限公司
王　涛　山西金盾苑建材有限公司
王　亮　右玉县兴隆石料厂
王一力　临汾四方信源投资咨询有限公司
王小钧　长治市公共交通总公司
王凤良　山西太谷玛钢有限责任公司
王冬平　山西省阳泉煤业集团五矿
王玉明　阳泉煤业集团财务有限责任公司
王庆水　大同煤矿集团大同地煤姜家湾煤矿
王旭芳　山西唯思可达天然饮业有限公司
王米起　山西关老爷文化创意有限公司
王作平　长治市运东汽运有限公司
王怀仁　中国联合网络通信有限公司忻州市分公司
王秀林　忻州市三源煤矿机械有限公司
王财宝　山西孝义华庆铝业有限公司
王佩峰　山西叶绿钙茶制品有限公司
王国瑞　华通路桥集团有限公司
王学斌　榆社县农村信用合作联社
王建林　山西省长治医药有限公司
王建强　山西潞安集团司马煤业有限公司
王转平　山西晋煤集团晋圣亿欣煤业有限公司
王郑太　太原市亿利泰糖业烟酒有限公司
王俊保　长治市郊区王庄春草实业公司
王彦宝　山西三来食品有限公司
王培亮　忻州药业(集团)有限公司
王维银　昔阳县四通工贸有限责任公司
邓茂红　临汾铁环漆业有限公司
付国军　山西科达自控工程技术有限公司
付晓宏　襄垣县鸿达煤化有限公司
仝太春　运城市鹏胜食用油脂有限公司
兰鹏伟　山西金瑞高压环件有限公司
冯志君　淮海工业集团有限公司
冯腊荣　山西煤炭运销集团三元古韩荆宝煤业有限公司
史福利　大同煤矿集团有限责任公司精煤分公司
巨世峰　左权永兴煤化有限责任公司公司
田永屯　山西厦普赛尔食品饮料股份有限公司
田利军　大同煤矿集团有限责任公司忻州窑矿
田武学　山西南洋包装材料有限公司
田新虎　太原煤气化龙泉能源发展有限公司
申乃江　左权县昌鑫矿山有限责任公司
申利民　长治市宏达针纺有限公司
申跃文　山西南耀集团
龙　磊　山西超科电子有限公司
乔向龙　临汾银博然投资咨询有限公司
乔如意　寿阳县同力供热有限公司
乔金锁　山西晋神铁路有限公司
乔胜水　运城市睿科房地产开发有限公司
任永青　晋中市金粮农业科技开发有限公司
任成文　春德实业有限公司
任成斌　孝义市红塔煤焦有限公司
任志坚　介休市农村信用合作联社
任建峰　山西西山晋兴能源有限责任公司
任捍东　大同煤矿集团白洞煤业有限责任公司
任晓波　孝义市焦炭运销公司
任铁柱　山西通洲煤焦集团
任福青　山西红山酒业有限公司
关　琳　山西圣地佳美生态园林科技有限公司
关永刚　太原钢铁(集团)不锈钢工业园有限公司
关庆伟　山西长治县振兴煤业有限公司
刘　革　运城市锦海养殖有限公司
刘　敏　忻州市糖酒副食供应站
刘　跃　山西喜跃发道路建设养护有限公司
刘　恭　山西煤炭运销集团阳泉平定有限公司
刘运青　晋煤集团沁秀公司岳城矿
刘建高　华晋焦煤有限责任公司
刘俊亮　运城市蒲津房地产开发有限公司
刘剑珅　盂县中信焦化有限公司
刘美生　左权县鑫瑞冶金矿山有限公司
刘晓锋　运城市蒲津奥圣塑钢制品有限公司
刘智强　山西西建集团有限公司
孙传福　昔阳安顺煤业有限公司
孙江勇　太谷县新逸园餐饮有限公司
孙建中　灵石县灵通出租车有限责任公司
孙茂华　山西华顿实业有限公司
孙雁卿　太原合创自动化有限公司
孙韶霖　大同煤矿集团电业有限责任公司
宇黎亮　山西高河能源有限公司
朱太生　太谷县富太商贸有限公司
祁茂富　山西中煤平朔爆破器材有限责任公司
许全平　大同煤矿集团同生煤矿生产管理有限公司
许鹏飞　新绛县富翔物流运输有限公司
达善荣　华晋焦煤有限责任公司
那学东　孝义市热力公司
闫　月　阳泉阳煤中小企业投资管理(集团)有限责任公司
闫　强　榆社县富榆热力有限责任公司
闫云贵　运城市冰丰商贸有限公司
闫及利　平遥同妙机车有限公司
闫长锁　山西煤炭运销集团长治市长治县有限公司
闫永红　山西艾斯特耐茨锻造有限公司
闫财旺　山西新星冶炼集团有限公司
闫祖升　山西玉竹活性石灰制造有限公司
佘　春　大同煤矿集团永定庄煤业有限责任公司
吴立豪　中国煤矿机械装备有限责任公司平朔维修租赁中心
吴建光　山西三通天然气有限公司

宋广金　山西广浩房地产开发有限公司
宋以斌　山西厚基伟业商贸有限公司
宋福忠　山西长治县雄山煤炭有限公司
张　军　山西领先大屏文化传媒有限公司
张　军　山西焦炭集团国际贸易有限公司
张　敏　山西汇镪磁性材料制作有限公司
张　琨　山西新通源食品有限公司
张　毅　山西安东矿山支护设备有限公司
张卫周　运城市春洲商贸有限公司
张卫星　太谷县永星铸造有限公司
张广琦　祁县中宁肉品有限责任公司
张丙秋　运城市风英中医冠心病专科医院
张玉军　大同煤矿集团电力能源有限公司
张光庆　山西泽州天泰能源有限公司
张旭阳　大同煤矿集团机电装备力泰有限责任公司
张岗峰　山西省焦炭集团有限责任公司
张怀民　芮城县宏光医药包装业有限公司
张怀宝　忻州市鑫宇煤炭气化有限公司
张来祥　西山煤电(集团)有限公司东曲选煤厂
张国宏　山西瑞启煤炭运销有限公司
张建明　山西宏远能源科技集团有限公司
张建斌　山西晋煤集团泽州天安润宏煤业有限公司
张保平　山西襄垣七一煤化集团山力投资管理有限公司
张贵平　大同煤矿集团大同地煤青磁窑煤矿
张振发　怀仁县天丰商贸有限公司
张继明　山西太原阳曲供电公司
张理中　山西东明投资管理集团有限公司
李　兴　大同煤矿集团雁崖煤业有限公司
李　震　广西矿建集团有限公司山西工程项目部
李　华　运城市蒲源担保有限公司
李　明　山西陆源镁业有限责任公司
李千保　寿阳县奥泰实业有限责任公司
李中秀　襄垣县金鑫投资管理集团有限公司
李云江　大同煤矿集团轩岗煤电有限责任公司
李天平　长治市东风建筑工程有限公司
李开宇　山西金州煤焦有限责任公司
李玉政　长治市长宁钢铁集团有限公司
李玉珍　孝义市鹏凯庆洗煤有限责任公司
李兵芳　长治市太行紫团饮业有限公司
李怀周　夏县恒达混凝土有限公司
李连杰　山西乾得龙房地产开发有限公司
李建国　太原塑料模具机械厂
李泽峰　运城经济开发区卓越商贸有限公司
李保祥　大同煤矿集团临汾宏大豁口煤业有限公司
李根柱　晋中市田绿园农家乐专业合作社
李爱栓　山西鑫磊电石集团有限公司
李继明　山西忻州神达栖凤煤业有限公司
李艳庆　山西漳泽电力股份有限公司河津发电分公司
李鸿晋　平遥县居广居宾馆
李新年　山西虹安科技股份有限公司
李蒙生　代县蒙盛选矿厂

李慧文　忻州五台山风景名胜区五峰宾馆
李黎明　山西黎明法兰有限公司
李燕飞　大同煤矿集团宏泰矿山工程建设有限责任公司
杨再兴　右玉县振兴机械厂
杨绍清　太原铁路局
杨晓林　中钢集团山西有限公司
沈　辉　阳城国际发电有限责任公司
肖　鹏　大同煤矿集团有限责任公司供水分公司
邵虹宇　临汾市尧都区同盛福烧烤店
邵登锋　孝义市物资总公司
闵江宁　潞城市卓越水泥有限公司
陆廷阁　太原市冶金机械厂
陈　洁　山西省外国企业服务总公司
陈春琳　山西汾西正帮煤业有限责任公司
陈胜利　山西兰花科技创业股份有限公司
周永军　太谷县鑫卡耐夫水暖器材有限公司
周玉龙　霍州煤电汾河焦煤悦昌煤业
周启为　大同煤矿集团临汾宏大矿业有限责任公司
周满福　大同煤矿集团轩岗煤电有限责任公司
和满先　山西省长子丹峰化工有限责任公司
季　新　临汾市尧都区信信沙发家具有限公司
庞学军　山西汾河焦煤股份有限公司回坡底煤矿
林占峰　山西鑫福鼎工贸有限公司
武忠宝　山西山阴宝山玉井煤业有限公司
武毅魁　大同煤矿集团有限责任公司塔山铁路分公司
金扣生　运城市金运来劳务派遣有限公司
姚工东　芮城县东婕卤肉食品有限公司
姜厚文　山西晋投玄武岩开发有限公司
宣宏斌　大同煤矿集团有限责任公司晋华宫矿
段　富　阳泉市郊区城乡建设发展总公司
段明峰　山西煤炭运销集团装备产业有限公司
段雪锋　山西唐明园食品有限公司
胡　波　太原市信丰通机电贸易有限公司
胡建刚　山西煤炭运销集团吕梁孝义有限公司
胡培明　阳泉天隆工程材料有限公司
荆世雄　山西省芮城县北星商城春天服饰有限公司
要雁聆　太谷通元电力器材有限公司
赵万明　中国人寿保险股份有限公司长治分公司
赵玉喜　山西玉华建设集团有限公司
赵军卫　山西华辉凯德制药有限公司
赵庆枝　山西凌志达煤业有限公司
赵学斌　晋城蓝焰股份公司凤凰山矿
赵建兵　山西中德兴达商贸有限公司
赵保明　山西易通环能科技集团有限公司
赵桂香　运城市迎太鑫鸿安装工程有限公司
赵海莲　太原市旭海水产有限公司
赵清平　武乡县同兴盛物资有限公司
赵晶晶　山西鑫宇豪食品开发有限公司
赵殿庆　山西恒特科技有限公司
郝文宏　大同机车实业公司
郝良军　山西盂县西小坪耐火材料有限公司

郝宝慧　阳泉煤业(集团)平定东升兴裕煤业有限公司
郝建斌　长治市天利商贸集团有限公司
郝彦青　宁武能源投资有限责任公司
郝清亮　霍州煤电集团吕临能化有限公司庞庞塔煤矿
唐银龙　晋中市榆次华晋能源发展有限公司
展红军　新绛县农村信用合作联社
席玉虎　《英语周报》社有限公司
徐俊萍　山西龙旺农业开发有限责任公司
徐振荣　长治市义合源商贸有限公司
晋忠文　山西凤凰胶带有限公司
晋喜云　山西省长治市第一汽车运输有限公司
柴云杰　山西若冰食品有限公司
柴俊海　闻喜县爱康餐饮服务有限公司
秦云霞　夏县秦晋食品有限公司
秦惠强　霍州煤电集团洪洞亿隆煤业有限责任公司
耿　刚　太原石化工贸有限公司
聂春喜　山西新富升机器制造有限公司
袁文斌　太原市恒山机电设备有限公司
袁兵元　山西龙腾簧业有限公司
贾　德　朔州市朔城区刘家口煤炭集运站
贾立军　山西天之润枣业有限公司
郭万才　大同煤矿集团朔州煤炭运销山阴有限公司
郭书萍　怀仁县天鸿房地产开发有限责任公司
郭文仓　山西焦化集团有限公司
郭平则　山西壶关化工集团有限公司
郭正节　祁县宏达房地产开发有限责任公司
郭伟亚　山西恺元建筑工程有限公司
郭兴金　平遥县金众煤焦有限责任公司
郭向文　山西康伟集团有限公司
郭晋昆　长治市嘉汇购物广场有限公司
郭晓东　山西省平遥东瑞线缆有限公司
郭铁虎　山西方盛液压机电设备有限公司
郭瑞平　山西澳瑞特健康产业股份有限公司
郭福忠　山西焦煤西山煤电集团公司
高　峰　大同煤矿集团轩岗煤电有限责任公司
崔尚成　平遥县北海橡胶厂
常卫东　山西焦炭集团国内贸易有限公司
常海疆　阳泉百货大楼股份有限公司
常润德　山西省长治市农业机械总公司
康天裕　朔州市登利亚飞汽车销售服务有限公司
康日霞　大同煤矿集团朔州朔煤王坪煤电有限责任公司
康建福　山西汾西正安煤业有限责任公司
梁　辉　晋中吉利房地产评估测绘有限公司
梁开川　太原市牛羊肉类加工厂
梁向东　山西东盛塑胶管道有限公司
渠贵君　大同市焦煤矿有限责任公司
温永峰　山西中达铝业有限责任公司
焦培斌　太谷县晋商彩灯文化有限公司
程廷齐　山西海宁皮革城发展有限公司
程建平　山西焦煤集团有限责任公司煤炭销售总公司
程剑新　大同煤矿集团有限责任公司云冈矿
程淑凤　山西奥影服饰有限公司
董玉平　黎城太行钢铁有限公司
谢富华　朔州市清华多经有限责任公司
韩宏伟　山西天石建材有限公司
韩海瑞　山西宏厦建筑工程第三有限公司
鲁治城　大同市焦煤矿有限责任公司
解建峰　运城市亚泰化工有限公司
解俊祥　山焦霍州煤电集团李雅庄煤矿
路振国　长治市佳威商城有限公司
雷引民　山西西山晋兴能源有限责任公司
靳晟宇　太谷县美宝房地产开发有限公司
鲍增军　阳涉铁路有限责任公司
熊万平　首钢长治钢铁有限公司
翟茂兵　大同煤矿集团挖金湾煤业有限责任公司
蔡国红　山西鸿通建筑安装有限公司
蔡显忠　山西金龟投资控股集团有限公司
蔺　涛　山西省新绛县绛州澄泥砚研制所
樊建军　山西省运城益鑫泰物资有限公司
潘灶记　临汾市尧都区聚众汇投资服务有限公司
潘潞彪　山西长信工业有限公司
冀致宁　山西省平遥思瑞沃重工有限公司
薄成仕　应县锦华科技实业有限责任公司
薛安民　山西安民木业集团有限公司
薛朝晖　山西杏乡世家酿酒有限公司
霍　丽　运城市龙腾文化传播有限公司
霍成祥　西山煤电建筑工程集团有限公司
霍松勤　长治市霍家工业有限公司
魏广林　山西省粮油食品进出口公司
魏生强　山西焦煤集团有限责任公司东曲煤矿
魏绍青　山西阳光发电有限责任公司
魏树斌　山西寿阳农村商业银行股份有限公司
魏锦亮　山西凯嘉能源集团有限公司

2012年度山西综合百强企业

山西煤炭运销集团有限公司
山西焦煤集团有限责任公司
山西潞安矿业(集团)有限责任公司
阳泉煤业(集团)有限责任公司
大同煤矿集团有限责任公司
山西晋城无烟煤矿业集团有限责任公司
太原钢铁(集团)有限公司
山西煤炭进出口集团有限公司
太原铁路局
中煤平朔集团有限公司
山西省国新能源发展集团有限公司
山西兆丰铝业有限责任公司
太原重型机械集团有限公司

首钢长治钢铁有限公司
山西晋城钢铁控股集团有限公司
山西潞宝集团
山西省焦炭集团长治焦炭有限责任公司
晋西工业集团有限责任公司
山西兰花科技创业股份有限公司
山西大昌汽车集团有限公司
中国北车集团大同电力机车有限责任公司
山西沁新能源集团股份有限公司
中国民生银行股份有限公司太原分行
中化二建集团有限公司
中煤集团山西金海洋能源有限公司
山西襄矿能源投资管理集团有限公司
中电投山西铝业有限公司
山西通洲煤焦集团
孝义市兴安化工有限公司
山西宝力金属材料集团有限公司
中石化山西太原石油分公司
中钢集团山西有限公司
山西省平遥煤化(集团)有限责任公司
山西美特好连锁超市股份有限公司
山西南耀集团
阳城国际发电有限责任公司
山西振东实业集团有限公司
山西金晖能源集团有限公司
山西金邦能源科技集团有限公司
山西天泽煤化工集团股份公司
赛鼎工程有限公司
孝义市金达煤焦有限公司
山西昆明烟草有限责任公司
中石化山西朔州石油分公司
华通路桥集团有限公司
山西汾河焦煤股份有限公司
中石化山西长治石油分公司
太原市梗阳实业集团有限公司
山西漳山发电有限责任公司
山西中煤平朔宇辰有限公司
山西长信工业有限公司
山西华宇集团有限公司
山西尧都农村商业银行股份有限公司
黎城太行钢铁有限公司
山西省邮政公司
朔州中煤平朔能源有限公司
山西榆社化工股份有限公司
山西省长治经坊煤业有限公司
孝义市金岩电力煤化工有限公司
山西平遥峰岩煤焦集团有限公司
临汾万鑫达焦化有限责任公司
国电电力大同第二发电厂
长治市长宁钢铁集团有限公司
经纬纺织机械股份有限公司榆次分公司
山西华顿实业有限公司
山西阳光发电有限责任公司
山西东辉煤焦化集团有限公司
太原市第一建筑工程集团有限公司
长治市金泽生物工程有限公司
山西鲁能河曲发电有限公司
山西宏厦建筑工程第三有限公司
山西离柳焦煤集团有限公司
山西寿阳段王煤业集团有限公司
太原建工集团有限公司
山西凯嘉能源集团有限公司
山西楼东俊安煤气化有限公司
山西大唐国际神头发电有限责任公司
兴业银行股份有限公司太原分行
神华国能神头第二发电厂
山西华鑫电气有限公司
山西怀仁联顺玺达柴沟煤业有限公司
山西康伟集团有限公司
山西忻州神达能源集团有限公司
长治市紫坊农产品综合交易市场有限公司
朔州市跃胜实业公司
山西教场坪能源产业集团有限公司
山西中煤东坡煤业有限公司
山西诚泰置业集团有限公司
孝义市盛大煤焦有限公司
山西太谷恒达煤气化有限公司
朔州大运果菜批发市场有限公司
山西银焱能源发展集团有限公司
长治市霍家工业有限公司
太原市市政工程总公司
山西煤矿机械制造有限责任公司
招商银行股份有限公司太原分行
中石油山西朔州销售分公司
山西神头发电有限责任公司
山西天工电力发展有限公司
山西汾西重工有限责任公司

2012年度山西服务业百强企业

山西煤炭运销集团有限公司
山西煤炭进出口集团有限公司
太原铁路局
山西省国新能源发展集团有限公司
山西省焦炭集团长治焦炭有限责任公司
山西大昌汽车集团有限公司
中国民生银行股份有限公司太原分行
山西宝力金属材料集团有限公司
中石化山西太原石油分公司
中钢集团山西有限公司
山西美特好连锁超市股份有限公司
山西金邦能源科技集团有限公司
同煤集团煤炭运销朔州矿业公司

赛鼎工程有限公司
中石化山西朔州石油分公司
中石化山西长治石油分公司
山西华宇集团有限公司
山西尧都农村商业银行股份有限公司
山西省邮政公司
兴业银行股份有限公司太原分行
长治市紫坊农产品综合交易市场有限公司
山西诚泰置业集团有限公司
阳泉煤业太行地产投资管理有限公司
朔州大运果菜批发市场有限公司
招商银行股份有限公司太原分行
中石油山西朔州销售分公司
山西国怀精煤有限公司
长治市商业银行股份有限公司
山西海宁皮革城发展有限公司
太原市热力公司
山西康美莱医药有限公司
中国银行股份有限公司朔州分行
山西省长治市第一汽车运输有限公司
长治金威商贸集团
山西瑞启煤炭运销有限公司
中国移动山西有限公司朔州分公司
山西新大洋汽车销售有限公司
太原田和食品集团有限公司
太原太航科技有限公司
山西宏艺首饰股份有限公司
山西香山汽贸集团有限公司
介休市农村信用合作联社
晋城市电力燃料有限公司
工商银行朔州分行
太原市自来水公司
山西汇众汽车家园有限公司
山西厦普赛尔食品饮料股份有限公司
太原市华龙泰房地产开发有限公司
山西鸿德房地产开发有限公司
山西省太原化工物资总公司
太原东泰汽车销售服务有限公司
晋中市榆次华晋能源发展有限公司
太原六味斋实业有限公司
山西喜跃发道路建设养护有限公司
山西广立实业有限公司
阳泉市商业银行股份有限公司
太原服装城(集团)有限公司
晋中市金粮农业科技开发有限公司
阳泉天元家用电器有限责任公司
中国联通朔州市分公司
中国农业银行朔州市分行
长治市郊区王庄春草实业有限公司
阳煤集团煤层气开发利用分公司
中国人寿朔州分公司
山西省长治医药有限公司
应县南河种蔬菜批发市场
中国人民财产保险股份有限公司朔州市分公司
太原理工天成电子信息技术有限公司
山西泽榆畜牧业开发有限公司
山西岩伟锋煤炭洗选有限责任公司
山西智诚房地产开发有限公司
大同煤矿集团公司供水分公司
忻州药业(集团)有限公司
长治市天利商贸集团有限公司
山西钢新实业有限公司
山西龙盛钢材市场有限公司
朔州百福商贸有限责任公司
太原经济技术开发区滨西工业园(有限)公司
朔州市木瓜界煤炭集运有限公司
长治市东明国际大酒店有限公司
长治市公共交通总公司
晋城市神利电器有限责任公司
《英语周报》社有限公司
太原石化工贸有限公司
大同市春毅发展有限责任公司
太原市中小企业信用担保有限公司
山西沁州黄小米(集团)有限公司
山西清华网络系统工程有限公司
山西晟基泰置业有限公司
山西三通天然气有限公司
太原青龙实业集团有限公司
孝义市中天购物广场有限公司
孝义市东兴帝豪酒店有限公司
朔州市登利亚飞汽车销售服务有限公司
长治市嘉汇购物广场有限公司
太原市亿利泰糖业烟酒有限公司
阳泉市煤气公司
朔州市三江商贸有限公司
忻州五台山风景名胜区五峰宾馆
晋城大酒店有限责任公司

2012年度山西制造业百强企业

山西焦煤集团有限责任公司
太原钢铁(集团)有限公司
山西兆丰铝业有限责任公司
太原重型机械集团有限公司
首钢长治钢铁有限公司
山西晋城钢铁控股集团有限公司
山西潞宝集团
晋西工业集团有限责任公司
中国北车集团大同电力机车有限责任公司
山西沁新能源集团股份有限公司
中电投山西铝业有限公司
山西通洲煤焦集团
孝义市兴安化工有限公司

山西南耀集团
山西振东实业集团有限公司
山西金晖能源集团有限公司
山西天泽煤化工集团股份公司
孝义市金达煤焦有限公司
山西昆明烟草有限责任公司
太原市梗阳实业集团有限公司
山西中煤平朔宇辰有限公司
山西长信工业有限公司
山西晋煤集团金鼎煤机矿业有限责任公司
黎城太行钢铁有限公司
朔州中煤平朔能源有限公司
山西榆社化工股份有限公司
山西省长治经坊煤业有限公司
孝义市金岩电力煤化工有限公司
山西平遥峰岩煤焦集团有限公司
临汾万鑫达焦化有限责任公司
长治市长宁钢铁集团有限公司
经纬纺织机械股份有限公司榆次分公司
山西华顿实业有限公司
山西东辉煤焦化集团有限公司
长治市金泽生物工程有限公司
山西离柳焦煤集团有限公司
山西楼东俊安煤气化有限公司
山西华鑫电气有限公司
朔州市跃胜实业公司
孝义市盛大煤焦有限公司
山西太谷恒达煤气化有限公司
山西银淼能源发展集团有限公司
长治市霍家工业有限公司
山西煤矿机械制造有限责任公司
山西天工电力发展有限公司
山西汾西重工有限责任公司
淮海工业集团有限公司
襄垣县金鑫投资管理集团有限公司
山西雅士利乳业有限公司
中国重汽集团大同齿轮有限公司
山西永济晋美油脂有限公司
山西康宝生物制品股份有限公司
山西晋能集团朔州能源铝硅合金有限公司
交口县旺庄生铁有限责任公司
襄垣县鸿达煤化有限公司
繁峙县中兴实业有限公司
太原罗克佳华工业有限公司
龙门科技集团有限公司
山西新华化工有限责任公司
山西马军峪煤焦有限公司
山西中德塑钢型材有限责任公司
山西古城乳业集团有限公司
蒙牛乳业(太原)有限公司
盂县中信焦化有限公司
山西壶关化工集团有限公司
山西卓里集团有限公司
长治市晋鑫煤焦有限责任公司
山西金恒化工集团股份有限公司
山西北方兴安化学工业有限公司
山西金州煤焦有限责任公司
中海油太原贵金属有限公司
朔州金圆水泥有限公司
山西青春玻璃有限公司
大同煤矿集团建材有限责任公司
长治市太行紫团饮业有限公司
定襄县宝源高合金铸造有限公司
山西唯思可达天然饮业有限公司
潞城市卓越水泥有限公司
朔州市格瑞特实业有限公司
阳煤忻州通用机械有限责任公司
山西东杰智能物流装备股份有限公司
山西凤凰胶带有限公司
山西晋能集团山阴冶金有限公司
山西新富升机器制造有限公司
山西紫林醋业股份有限公司
山西黎城粉末冶金有限责任公司
山西华辉凯德制药有限公司
山西百一机械设备制造有限公司
山西天鹏农牧有限公司
山西昌鑫生物农业科技有限公司
山西省长治市农业机械总公司
山西管家营法兰锻造有限公司
山西天垣诚慧投资集团有限公司
山西三元炭素有限责任公司
山西佰得拓普工贸有限公司
朔州中粮糖业有限公司
山西双合成工贸有限公司
朔州市润臻新技术开发有限公司
山西汾府酒业股份集团有限公司
山西科达自控工程技术有限公司

2012年山西省人口和计划生育工作先进单位

一、2012年人口和计划生育工作目标管理责任制考核综合先进奖

A类：阳泉市、长治市、太原市

B类：朔州市、运城市、临汾市

二、2012年人口和计划生育工作目标管理责任制考核先进奖

晋中市、晋城市、忻州市、吕梁市、大同市

三、2012年人口和计划生育工作目标管理制考核单项奖

(一)人口计生工作“家佳五服务工程”奖：大同市

(二)人口计生工作“综合改革”奖：忻州市

(三)人口计生工作“凤之家工程”奖：晋城市

四、2012年人口和计划生育工作目标管理责任制

考核先进县(市、区)

古交市、浑源县、山阴县、定襄县、柳林县、介休市、平定县、长治郊区、阳城县、曲沃县、绛县

五、2012年计划生育优质服务先进县(市、区)

新荣区、天镇县、代县、繁峙县、宁武县、河曲县、长治城区、平顺县、沁县、陵川县、浮山县、盐湖区、永济市、稷山县、夏县

2012年度重点工程工作先进市和先进企业

一、2012年度重点工程工作先进市

(一)储备完成额前三名:

太原市　运城市　长治市

(二)签约完成额前三名:

太原市　长治市　朔州市

(三)落地完成额前三名:

太原市　运城市　临汾市

(四)落地完成率前三名:

运城市　大同市　晋中市

(五)省市重点工程完成额前三名:

太原市　吕梁市　临汾市

(六)省级重点工程完成率前三名:

晋城市　忻州市　阳泉市、运城市(并列第三名)

(七)固定资产投资同比增长率前三名:

晋城市　太原市　朔州市

二、2012年度重点工程工作先进企业

(一)省属企业落地完成额前三名:

潞安集团　太钢集团　焦煤集团

(二)省属企业落地完成率前三名:

阳煤集团　焦煤集团　晋煤集团

(三)省属企业投资完成额前三名:

太钢集团　同煤集团　能源交通投资公司

(四)中央及外省企业投资完成额前三名:

晋豫鲁铁路通道公司　大西客专公司　太原铁路局

2012年全省造林绿化先进集体

一、全省造林绿化先进市

太原市

二、山西省林业生态县(市、区)

娄烦县、朔州市朔城区、柳林县、晋中市榆次区、沁县、高平市、翼城县、平陆县

三、山西省林业"六大"工程建设先进单位

古交市、太原市晋源区、阳高县、右玉县、保德县、孝义市、石楼县、平遥县、和顺县、平定县、武乡县、黎城县、阳城县、吉县、襄汾县、永和县、闻喜县、运城市盐湖区、省发改委农经处、省财政厅农业处、省五台山国有林管理局

四、山西省林业生态建设"八创"活动先进单位

(一)全省造林绿化先进乡(镇)

太原市杏花岭区杨家峪街道办事处、左云县鹊儿山镇、浑源县下韩乡、应县南泉乡、五台县台怀镇、中阳县暖泉镇、灵石县两渡镇、灵石县翠峰镇、盂县孙家庄镇、襄垣县古韩镇、高平市马村镇、泽州县北义城镇、洪洞县万安镇、安泽县杜村乡、临猗县庙上乡、芮城县陌南镇

(二)全省造林绿化先进村

太原市万柏林区白家庄街道办事处九院村

大同市南郊区杨家窑村

山阴县薛圐圙乡河曲堡村

定襄县河边镇河边二村

汾阳市文峰街道办事处建昌村

交口县回龙乡均庄村

榆社县箕城镇杨家坳村

寿阳县朝阳镇高家坡村

阳泉市郊区荫营镇上千亩坪村

沁源县李元镇马森村

长治县振兴新区振兴村

高平市东城办果则沟村

泽州县高都镇泊南村

霍州市三教乡龙泉村

夏县水头镇兴南村

(三)绿色生态林场

忻州市忻府区国营云中山林场

交城县国营石壁林场

祁县国营林场

陵川县国营第一山林场

古县国营林场

省太行山国有林管理局禅堂寺林场

省黑茶山国有林管理局中寨林场

省太岳山国有林管理局王陶林场

省关帝山国有林管理局枝柯林场

(四)绿色生态庄园

太原市东社生态园

阳曲县凤凰山庄

左权县日月星生态庄园

长子县石哲镇良坪庄园

(五)绿色生态企业

太原钢铁集团股份有限公司

代县明利矿业有限责任公司

山西潞安矿业(集团)有限责任公司

山西维之王食品有限公司

(六)绿色生态校园

太原市第四实验中学

稷山县稷王中学

(七)绿色生态军营

中国人民解放军朔州军分区

汾西重工董事长、总经理　王晓林

汾西重工党委书记　张涛

创先争优　文明和谐

——山西汾西重工

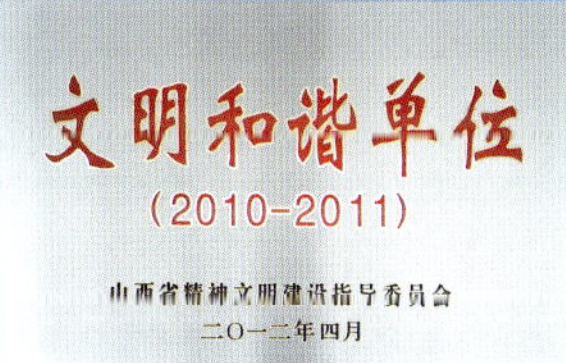

山西汾西重工有限责任公司隶属于中国船舶重工集团公司，是我国“一五”期间156项重点建设工程之一，是国家水中装备、电机、煤炭能源装备大型骨干企业。公司通过国家级企业技术中心、国家一级保密资格和职业健康、环境安全管理体制认证。拥有5个控股、合资公司，在太原、无锡、青岛、北京建有制造基地和研发中心，拥有全套的水中装备、发电机、电动机、煤炭能源装备研发、制造能力。电动机装备“蛟龙号”载人深海探测器，圆满完成7000米级海试任务。2012年公司经济总量12.7亿元，利润4000余万元。荣获中组部“全国创先争优先进基层党组织”、中华全国总工会“全国模范职工之家”、山西省精神文明建设指导委员会“山西省文明和谐单位”称号。

山西汾西重工有限责任公司在文明和谐创建活动中，成立了由公司党委书记任组长的文明和谐创建领导组，对全年创建工作进行定位、任务细化和分工，较好地发挥了顶层谋划、宏观指导、综合协调、检查督导作用，为文明和谐创建提供了坚强保障。完善修订《山西省汾西重工创建和谐文明单位考评指标体系》，将“创先争优”“精益管理”“道德讲堂”“我们的节日”“学雷锋活动”“志愿者活动”等列入考核项目，规范考核标准，提升创建水平。建设了占地面积1100平方米的汾西重工展览馆，成为汾西重工人的精神家园。积极筹备、建设新中国规模最大的特定军工产品展览馆，展示我国特定军工产品发展脉络，公司科研生产制造实力，形成完整的军工文化展示平台。开设道德讲堂，举办管理讲坛，开展学雷锋活动、志愿者服务活动、帮扶共建活动，创建活动，异彩纷呈。

（汾西重工　供稿）

道德讲堂

汾西重工展览馆开馆

金秋助学

省委书记袁纯清带领省观摩检查组在潞安观摩

省长李小鹏深入潞安集团井下调研安全生产工作

建设具有国际竞争力的能源品牌企业

——潞安集团

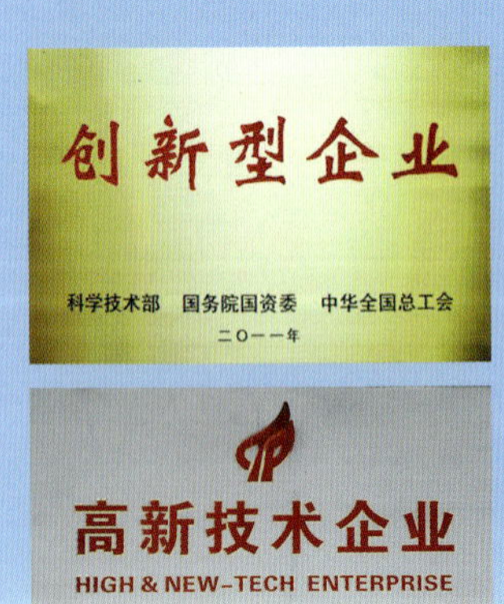

2012 年，面对严峻复杂的经济形势和艰巨繁重的转型跨越发展任务，潞安集团广大干部员工众志成城、砥砺奋进，立足高端谋转型，突出速度争跨越，在逆境中取得了新发展，在发展中呈现出新亮点。

★全面迈向世界 500 强。全年完成煤炭产量 8008 万吨，营业收入 1730 亿元，完成投资 243 亿元，41 个建设项目落地、建成投产或具备联合试运转条件，连续 13 年荣获“安康杯”竞赛优胜企业称号。在 2013 世界 500 强排行榜中，潞安集团首次跨入并排名 430 位。

★亿吨煤炭新基地建设实现新跨越。始终把资源作为企业的根基和命脉，全力推进“亿吨煤炭新基地”建设，全年整合资源 70 亿吨以上。500 万吨 / 年砂墩子矿和 600 万吨 / 年高河矿建成投产，整合矿井现代化改造实现 5 座竣工投产、4 座联合试运转，新增产能 570 万吨 / 年。潞安集团“扩张量”的同时，注重“提升质”，努力打造全国乃至

潞安集团煤炭资源综合利用循环工业园区

2012 年 6 月 28 日，潞安集团年产 600 万吨高河新型现代化矿井竣工

潞安集团煤化工工业园区

世界最大的喷吹煤基地、中国优质环保动力煤基地、全球第一个高硫煤清洁利用示范基地，特别是喷吹煤销量逆势而上，全年销量 1344 万吨。

★重大转型标杆项目实现新突破。21 万吨 / 年煤基合成油示范项目实现长周期稳定运行，最高日产量 520 吨，并开发出高级燃油、溶剂油、润滑油基础油三大系列 15 种新产品。“百万吨级高硫煤清洁利用油化电热一体化项目”按照山西省转型综改试验区建设的重大标杆、全国现代煤化工能源战略示范的标杆、全球现代化煤化工高转化率高效益的标杆，以及高新技术创新示范、能源转换效率示范、生态环境示范和经济效益示范的定位快速高效推进，取得国家发改委“路条”，项目总体设计完工，完成 18 个专篇，同时项目在高灰熔点煤气化、钴基固定床 F-T 合成等技术方面取得新突破。

★特色煤化工产业取得新优势。25 万吨 / 年硝酸铵钙、13 万吨 / 年苯胺项目年内相继建成投运。潞安集团将依托高硫煤粉煤气化技术的突破，进一步延伸硝基肥料、硝基化工和精细化工三大产业链，建设全国最大的硝基肥料、硝基化工特色循环经济园区。同时，通过优化集团焦化资源，整合隆源、亚晋等焦化项目，形成 620 万吨 / 年的焦化产能，为打造千万吨级新型焦化产业基地奠定了坚实基础。

★高纯硅业·太阳能一体化产业彰显新特色。潞安集团初步形成煤矸石综合利用电厂——工业硅及聚氯乙烯——高纯度多晶硅——太阳能垂直一体化、具有显著循环经济特色的新能源、新材料全产业链。生产的单晶电池片平均转换效率 19.8%，达到世界领先水平；太阳能公司加强与华电、大唐等五大电力集团合作建设光伏电站项目，全年营业收入 36.7 亿元，被评为全球新能源“最具成长性企业”。

★煤电一体化产业形成新格局。高河、古城、襄垣、哈密等 4 个新型煤电一体化园区有序推进的同时，潞安集团充分把握煤电联营的机遇优势和优惠政策，与华能集团、协鑫集团等大集团展开积极合作，特别是将依托江苏省电力市场潜力和潞安武夏矿区煤、水资源优势，在长治共同建设大型煤电一体化基地，直接向江苏省供电，实现煤炭就地转化，变输煤为输电，构建通道优良、煤电一体的优势电力发展模式，打造具有强大竞争力的绿色煤电基地。

★装备制造业迈向高端化。潞安集团与西门子合作，在长治建设国内第一个大型特种电机项目，合作生产单台功率在数万千瓦的大型特种电机、20000 转 / 秒电机的磁悬浮轴承、6 兆瓦直驱永磁风力发电机及大型船用电机等，将填补国内空白，打造山西高端装备制造品牌；高分子非金属安全材料一期 3 万吨 / 年项目当年开工，当年投产。全年装备制造、建筑建材产业营业收入分别达到 11 亿元、31 亿元。

★党建工作取得新成果。潞安集团积极探索具有时代特征的党建科学管理新模式，明确了党建工作的主题是"德、新、和"，党建科学化水平进一步提升。德，即品德培育，要坚持厚德承载，增强纯洁性，更具魅力；新，即坚持工作创新，突出先进性，更具活力；和，即坚持和谐发展，体现民主性，更具生命力。通过开展基层组织建设年活动，实现了整合矿井党组织全覆盖、工会工作全覆盖和企业文化全覆盖"三个全覆盖"。

★创新型企业建设取得新成效。潞安集团以"打造创新型企业，培育智慧型员工"为工作主线，鼓励全员创新，建立了 10 个员工创新工作室，以员工名字命名了 4 项创新成果；13 项优秀科技成果达到国际领先或先进水平，1 项技术获 PCT 专利的国际授权；集团技术中心在国家级企业技术中心评比中位列全煤系统第 2 位，潞安环能先后被评为"国家火炬计划重点高新技术企业""中国能源煤炭行业最具投资价值上市公司"，集团被确定为全省知识产权优势企业培育工程首批企业。

★和谐发展取得新进展。潞安集团始终坚持员工与企业共同发展，努力克服市场劣势，全力保证员工工资不减和为员工群众办实事、办好事的资金和力度不减"两不减"，实现了员工工资比去年有增无减，生活、健康、精神三个层面幸福工程高标准推进。潞安被中残联授予"全国推进残疾人就业示范企业"称号，是全国首家实现残疾人零待岗的企业。同时，潞安被评为 2010-2011 年度煤炭工业节能减排先进企业单位，潞安常村煤矿、漳村煤矿、王庄煤矿、石圪节煤业、司马煤业、余吾煤业等 6 个单位荣获"中国最美矿山"称号。

2013 年，潞安集团将紧紧围绕"建设亿吨煤炭新基地、打造产业发展新高地、开创幸福潞安新天地，全面建设既强又大国际化新潞安"发展战略，着力构建国际化的大安全新模式、高质效的可持续盈利新模式和科学化的党建工作新模式，突出抓好以德治企、绿色塑企、创新强企，着力促进高端发展、创新发展、效益发展，全力推进战略引领向价值引领转型、资源依赖向创新驱动转型、高碳能源向低碳利用转型，努力打造实力潞安、智慧潞安、美丽潞安、幸福潞安，奋力开创建设具有国际竞争力的能源品牌企业的新局面！

（潞安集团　供稿）

潞安理念

潞安愿景：打造具有国际竞争力的能源品牌企业

潞安核心理念：为人至诚　为业至精

潞安精神：艰苦奋斗　博采众长　追求卓越

潞安核心价值：以阳光的心开采光明
以感恩的心回报社会
以真诚的心造福员工

发展方针：高端化、低碳化、国际化
循环型、创新型、效益型

潞安战略：建设亿吨煤炭新基地
打造产业发展新高地
开创幸福潞安新天地
全面建设既强又大国际化新潞安

三个转型：战略引领向价值引领转型
资源依赖向创新驱动转型
高碳能源向低碳利用转型

2012 年 5 月 24 日潞安集团与西门子（中国）有限公司合作签字仪式

潞安集团整合矿井改造在全省领先。图为经过现代化改造后的五里堠煤业

潞安集团在云南永仁建设的亚洲最大的山地并网光伏电站

同煤集团董事长、党委书记　张有喜

同煤集团副董事长、总经理　郭金刚

转型发展的同煤集团

同煤集团是我国最大的煤炭生产企业之一，前身大同矿务局成立于1949年8月30日，2000年7月改制为大同煤矿集团有限责任公司。

近年来，同煤集团加快转型发展步伐，积极调整产业结构，加速煤电联营和煤电一体化建设，形成跨地区、跨行业、跨所有制、跨国经营，总资产、销售收入双千亿元，拥有20万员工、80万员工家属，以煤炭、电力为主业，煤化工、冶金、机械制造等多元发展的综合能源大集团。

同煤集团所产的“大优”“大友”等品牌煤炭，以低灰、低硫、高发热量、挥发份适中和质量稳定的特点享誉海内外，是全国乃至世界的优质动力煤，素有“工业精粉“之称，荣获“中国十大世界影响力品牌”“世界市场中国十大年度品牌”和“国家免检产品”称号。

同煤集团的发展始终得到党中央、国务院、山西省委、省政府的高度重视和亲切关怀，曾有30多位党和国家领导人视察指导工作，看望慰问矿工。企业先后荣获国家企业管理优秀奖“金马奖”、中国煤炭采选大王、全国“五一”劳动奖状、全国文明单位、全国精神文明建设工作先进单位、中国工业大奖表彰奖、全国企业文化建设示范基地、全国思想政治工作优秀企业等多种奖项。

2011年11月，同煤集团新班子在传承拓宽、完善创新历届领导班子的成功经验和工作思路的基础上，提出了

同煤集团河津发电分公司

同煤塔山循环经济园区

世界上设计能力最大的单井口井工矿井——年产煤炭 1500 万吨的同煤塔山矿

“建设新同煤，打造新生活”的战略愿景，并进一步丰富了“两新”的内涵和外延，完善了企业的发展战略体系。“新同煤”就是企业经营形态由传统型向国际化跨越，建设多元发展、开放创新、安全高效、实力强盛的国际化新同煤；“新生活”就是员工生活在现有的基础上向现代化跨越，打造环境优美、民主和谐、文明快乐、殷实富足的现代化新生活。

2012 年，同煤集团新班子带领全体员工开拓创新，提升三大核心竞争力，建设集约型的安全高效矿井群，打造深度融合的煤电一体化，发展“集约、绿色、多元、低碳”的循环经济模式。在市场煤价下跌的情况下，煤炭产量 1.33 亿吨，销量 1.73 亿吨。电力总装机容量 743.9 万千瓦。营业收入 1701 亿元。资产总额达到 1350 亿元。投资总量完成 242 亿元。非煤销售收入 550 亿元。企业排名大幅前移、规模快速做大、多个项目达到国家级水平、员工实惠大幅提升，人均年收入保持了 11.6%的增长。

当前，同煤集团紧紧围绕“建设新同煤，打造新生活”的发展战略愿景，加快建设煤炭、电力、煤化工、冶金、机械制造、建筑建材房地产、物流贸易、文化旅游八大产业，打造塔山、东金潘、朔南、轩岗、白家沟、铁峰、煤化工、机械装备制造、晋华宫矿山文化旅游九大园区，全面建设“煤电一体化”国际能源大集团。

（同煤集团　供稿）

年产煤炭 1000 万吨的同忻煤矿

同煤集团塔山坑口电厂

晋华宫国家矿山公园

同煤集团 60 万吨甲醇项目

寺河矿 6.2 米大采高工作面

加强瓦斯治理，保障矿井安全生产

着力打造
极具核心竞争力的新型能源集团

——晋煤集团

沁秀公司坪上煤矿

正在建设的太原煤气化龙泉矿井

山西省"一市两园"项目——晋煤集团高硫煤洁净利用循环经济工业园鸟瞰

晋煤集团是全国重要的优质无烟煤生产基地，全国最大的煤化工企业集团，全国最大的煤层气开发利用集团，山西最具发展活力的煤机制造集团，全国最大的瓦斯发电集团，位列 2013 年世界 500 强第 435 位。

2012 年以来，面对严峻的煤炭市场形势，晋煤集团变压力为动力，化挑战为机遇，牢牢把握国家稳增长、调结构、促改革，打造中国经济升级版的战略机遇，充分利用山西省转型综改试验区建设带来的红利，坚定不移地走以煤为基、多元发展之路，着力推进煤化联营、煤电一体、煤机联合和煤气共采，大力发展循环经济，加快产业转型升级，企业经济实力实现逆势增长，发展质量稳步提升。2012 年晋煤集团营业收入 1684 亿元，利润 37.80 亿元，上缴税费 100.37 亿元。

★煤炭主业着力推进"固煤夯基工程"。始终把壮大煤炭主业放在首位，2012 年煤炭产量 5393 万吨，煤炭主业基础支撑作用更加彰显。以"根治瓦斯事故和提升掘进效率"为重点，狠抓抽掘采衔接，原煤产量和商品煤销量稳步增长。特别是充填式采煤工艺的成功实践，为衰老矿井的可持续发展开辟了新路，"煤矿井下随钻测控千米定向钻进技术与装备"科技项目荣获 2012 年度国家科技进步二等奖。狠抓整合矿井技改升级，资源整合矿井进度在全省名列前茅，43 座整合矿井全部取得采矿许可证。百万吨死亡率 0.0731，企业安全生产状况稳定好转。

建成全国第一个高瓦斯条件下的千万吨矿井——寺河矿

★煤化工产业着力推进“稳肥扩化工程”。按照建设“高端化、多联产、循环化”现代煤化工园区方向，加快推进高硫煤洁净利用循环经济化工工业园区建设和其他64个煤化工技改项目建设，煤-化产业链优势进一步凸显，继续引领晋煤集团转型发展的第一大支柱产业地位。“晋煤集团高硫煤洁净利用循环经济工业园”成功列入山西省“一市两园”项目，“灰熔聚硫化床劣质无烟煤粉煤气化技术开发与工业示范”项目获得国家能源科技进步一等奖，“甲醇制汽油和芳烃技术”获得国家高技术研究发展计划(863计划)资金支持。在煤气化、脱硫、净化等方面取得新突破，进一步丰富了适应晋城煤种洁净化利用的气化技术体系。2012年煤化工产业营业收入突破600亿元。

★煤层气产业着力推进“保安增气工程”。抓住山西省先行先试的产业政策机遇，推动煤层气产业继续领跑全国——建设了国内实力最强的山西省煤层气工程研发中心，其自主研发的“井上下联合抽采技术”，使煤层气抽采效率提高4倍以上，并成功与北汽集团、联合镁业公司签订战略合作协议，进一步拓宽了煤层气应用领域。2012年，钻井800多口，累计超过4300多口，井上下累计抽采煤层气超过23亿立方米。作为“气化山西”的领军企业，在加强对外合作，积极争取煤层气资源的同时，积极挺进页岩气开发利用领域，牵头成立国家级“煤气共采”战略联盟，建设国内实力最强的山西省煤层气工程研发中心。2013年3月，由晋煤集团承担的“十二五”国家科技重大专项“采动区煤层气抽采技术完善和规模化试验”取得突破，第一口采动区抽采气井实现连续稳定出气。

加快高速公路加气站建设，让清洁能源造福和谐社会

世界首座煤基甲醇合成油示范工厂——天溪公司厂区

航天炉粉煤加压气化装置

成功运营世界领先的MTG装置

积极争取煤层气、页岩气资源，推进煤层气合作开发

加强煤层气抽采和利用技术工艺研究，形成成套技术工艺

成功研制具有自主知识产权的高端矿用设备，图为8.2米高端液压支架样机

研发制造了适合中小型现代化煤矿的成套生产设备，图为国内首台170千瓦单滚筒一次采全高短壁采煤机

大力发展煤层气就地转化利用项目，拥有亚洲最大的天煜煤层气液化厂和易高煤层气液化厂

★煤机产业着力推进“强机发展工程”。继三机成套设备、一次性采全高短壁采煤机、重介质旋流器、可移动矿用救生舱等系列新产品问世后，2012年，晋煤集团又成功生产8.2米大采高液压支架，成功研制8G采煤机，引领世界大采高工作面开采设备的发展潮流。截至2012年底，晋煤集团煤机板块拥有8项世界首创、2项世界之最、5项世界领先、8项世界先进、12项国内领先的煤机制造技术，共218项专利技术。2013年，晋煤集团调整煤机产业发展思路，将“快速适应市场需求，加工适销对路的产品”作为应对市场挑战的重要手段，从提块增效、降耗提效、技改创效入手，成功研发制造世界首台直线驱动香蕉型弛张筛，并率先在我国首个高瓦斯条件下千万吨矿井——寺河矿对洗选设备进行市场适应性改造，有效增加适销对路的煤炭产品，仅这一项改造就可为寺河矿每年增加约2亿元的收入。金鼎公司制造的该类型直线驱动香蕉型弛张筛，单台可带来营业收入约200万元(平均值)，利润约30万元。新技术的成功运用，也给市场寒流中的企业找到了新的经济增长点。

★电力产业着力推进“特色兴电工程”。坚持走“瓦斯发电、煤泥煤矸石低发热量坑口发电和IGCC发电”的特色发电之路。2012年，电力板块克服了投运迟延等因素影响，坚持多措并举保生产、攻坚克难稳运行，全年发电16.74亿千瓦小时，供电总量14.59亿千瓦小时。山西省在清洁能源领域利用国际金融组织贷款实施的第一个项目——山西沁水煤田煤层气综合开发利用项目，被亚洲开发银行评为“最满意项目”，晋煤集团12万千瓦煤层气发电项目作为其中一个子项目备受瞩目。

★新兴产业着力推进“育新突破工程”。2012年，以煤炭生产和消费大省为物源地和终端布局物流贸易产业，为抵御煤炭市场寒流提供了基础保障。积极推广应用的绿色可持续建筑受到社会和市场的认可；LED产品取得

争取输气管网资源，加快城市燃气网络建设

ISO9001 质量管理体系认证和欧盟 CE、ROHS 及澳大利亚 C–TICK 认证，得到中国农科院设施农业研究中心、中科院半导体研究所的技术支持，产品已销往太原和河南等多个地区；凤凰实业、晟皓光电两个新产业公司成功入围“山西省创新型试点企业”，并分别入围国家安全生产科技创新型中小企业和山西省综改试验区标杆企业。海斯制药取得 130 余个药品批准文号，形成“生产一代、储备一代、开发一代、研制一代”的产品发展格局，建成覆盖全国的销售网络。2012 年晋煤集团新兴产业营业收入超过 500 亿元。

2013 年，晋煤集团将全面贯彻落实党的十八大、中央及全省经济工作会议和省“两会”精神，坚持以安全发展为根本，以转型跨越为主线，以“对标世界 500 强，再造两个新晋煤”为奋斗目标，积极转变发展方式，不断在黑色煤炭绿色发展，高碳资源低碳发展上取得新进展、新成果。“十二五”期间，将投资建设 127 个规划项目，突出强化“煤—气一化、煤—焦一化、煤—气—电”三条产业链建设，做强做优“六大产业”，力争到 2015 年形成原煤产量 1 亿吨、煤层气抽采量 100 亿立方米、总氨产量 2000 万吨以上、发电装机容量 300 万千瓦，实现营业收入 2000 亿元以上，努力建设成为极具核心竞争力的新型能源集团。

（晋煤集团　供稿）

加快推进“晋煤集团煤机制造金匠园区项目”和“五大煤机修造基地”建设，图为金匠园区矿用油脂车间

瓦斯发电量继续保持全国第一，图为寺河瓦斯电厂

绿色可持续建筑工艺山西省试点项目——晋煤宏圣运盛 9T26 生产调度楼 6.5 天完成主体吊装

大力发展大功率 LED 芯片研发生产与特种照明灯具制造项目

副省长任润厚出席霍尔辛赫煤业举办的全省煤矿现代化和质量标准化建设推进大会

省煤炭工业厅厅长吴永平在山煤调研

凝心聚力　稳中求进谋发展
锐意进取　创新提升促跨越

——山西煤炭进出口集团有限公司

山煤集团办公大楼

2012 年，山西煤炭进出口集团坚持科学发展，加快优化升级，以“稳中求进、创新提升”为方针，强化“双基建设、双本经营”，着力做实主体、做大贸易、做活资本、做好项目，经济实力持续增强，营业收入突破千亿元大关，跨入省属大集团行列。

★经济总量明显攀升，综合实力进一步增强。截至 2012 年底，集团总资产 717.96 亿元，比 2011 年增长 33.2%；净资产 130.45 亿元，增长 8.7%；营业收入 1101.66 亿元，增长 54.8%；实现利润 13.09 亿元，下降 39.3%；上缴税费 31.56 亿元，增长 33.4%；原煤产量 1512 万吨，增长 49.6%；煤矿生产百万吨死亡率 0.027%。

★多元产业协调运行，发展基础进一步夯实。煤炭生产：发挥产能效益主力军作用，管理能力不断增强，煤炭产量持续攀升，全年生产原煤 1512 万吨，完成井巷进尺 107600 米，实现营业收入 66.75 亿元，实现利润 26.33 亿元。煤炭贸易：创新营销体制，加大营销力度，优化市场布局，贸易规模再上台阶，全年共完成煤炭贸易量 1.3 亿吨，实现营业收入 781 亿元。非煤贸易：产业领域继续拓宽，贸易规模明显提升，盈利能力逐渐显现，实现营业

山煤集团董事长郭海在井下调研

山煤集团总经理苏清政、副总经理乔春光在五寨调研

收入300亿元，非煤比率达到28%。机械制造：智奇公司在稳定生产、确保质量的基础上，进一步消化吸收先进技术，加强技术研发力度，在行业发展整体放缓的背景下，轮对维修业务增速较快，全年生产车轮22362片、车轴7308根，组装轮对10089对，实现营业收入9.6亿元，实现利润9232万元。金融投资：通过联点包片、财务人员直派、审计督导等措施，加强对控股、参股公司的控制力和参与力，实现投资收益3214万元。房地产：实现专业重组，编制发展规划，建立健全制度体系，积极调整经营策略，主动加压，实现销售收入1.69亿元，实现利润1662万元。

★项目建设统筹推进，动力支撑进一步稳固。2012年，集团公司累计完成投资96.47亿元，其中，省重点工程17.83亿元，完成省政府任务指标的109%。按照"加快推进一批、重点研究一批、放缓建设一批"的工作思路，科学安排建设进度，合理控制投资规模，把有限资金投向有利于优化结构、盈利能力强的项目。规范投资运作，进一步健全投资管理制度体系。推进项目进程，从规划、制度、运营、管理和服务等方面做好对接，严格计划管理和考核督办，强化项目建设过程控制。

★财务杠杆发挥效应，资本结构进一步优化。不断优化融资结构，降低财务成本。成功发行18亿元短期融资券、首期10亿元中期票据、20亿元的委托债权投资，启动高速公路项目18亿元企业债及增加30亿元短期融资券注册工作，通过合理运用融资工具，全年节省财务费用近5000万元。合理进行税收筹划，积极申报减免税项目，竭力争取优惠政策，财务状况得到改善。

★双基双本扎实开展，管理水平进一步提升。以"双基建设、双本经营"为抓手，制定完善近百项制度，建立起包括决策、人事、资金、法律、绩效考核以及项目管理等管控体系，进一步强化全员安全管理，完善全程绩效考核，启动

学习"十八大"精神培训班

与灵丘县人民政府签订战略合作协议

霍尔辛赫煤业远眺

感知矿山(霍尔辛赫)国家示范工程启动仪式

全面预算管理，推动人事薪酬改革，建立风险防范体系，搭建了横向到边、纵向到底的管理框架和机制雏形。

★科技创新成果丰硕，发展活力进一步增强。以重大项目为抓手，以省级技术中心为平台，以创新管理为手段，加强科技体系建设，注重人才培养，推进产学研合作，完成技术投入比率0.16%，增长0.06个百分点。开展关键技术攻关和重点技术创新示范工程建设，首次承担国家、省两个重大科技专项，科技成果实现历史性突破。“煤矿井下水仓煤泥综合清挖技术研究”等6项科技成果通过省部级鉴定，“矸石砖厂余热循环利用综合技术研究”等2项成果获得省部级科技进步奖，“一种矿用全自动在线水处理器”等3项专利被国家知识产权局授予实用新型专利，12家单位的15篇管理创新成果获得山西煤炭企业管理现代化创新成果奖。

广东山煤德润投资公司乔迁仪式

山煤集团非煤产业—内蒙古晟基房地产公司房产项目

太原凯宾斯基酒店开业

山煤集团自有船队

重点用户座谈会

★文明创建深入推进，和谐氛围进一步浓厚。以全面完成集团公司年度工作目标为出发点和落脚点，组织了以“保安全、提效益、优服务、做贡献”为主题的“百日劳动竞赛”活动，以“强文化、净环境、重服务、聚合力”为主题的思想作风纪律整顿等活动。为职工餐费补贴、健康体检，关心员工生活；积极履行社会责任，开展扶贫帮困、新农村帮扶工作，社会形象进一步提升，影响力进一步扩大。2012年，经坊、霍尔辛赫被评为“全国最美矿山”，铺龙湾煤业综采队张建玉班组被授予全国能源化学系统“工人先锋号”，集团公司荣获“省级文明和谐单位标兵”称号。

（山煤集团　供稿）

山煤集团首届煤矿职工岗位技能竞赛

纪念建党九十二周年表彰会

霍尔辛赫煤业公司获得全省“现代化示范矿井”称号

汾酒·中国酒魂

——山西杏花村汾酒集团有限责任公司

汾酒集团董事长　李秋喜

山西杏花村汾酒集团有限责任公司是我国520户重点企业和山西省12户授权经营企业之一，拥有"杏花村""竹叶青"两个中国驰名商标，据世界品牌实验室发布的2009年度《中国500最具价值品牌排行榜》，"杏花村"品牌价值以47.83亿元位列第185位，是山西省唯一上榜品牌。

汾酒集团地处驰名中外的山西杏花村，在册员工8000余人，2010年末资产总额49亿元。集团下属3个全资子公司，7个控股子公司，3个参股子公司，3个隶属单位。其中，汾酒厂股份有限公司为集团核心子公司(山西汾酒，600809)，1993年在上海证券交易所挂牌上市，为中国白酒第一股，山西第一股。公司以生产经营中国名酒——汾酒、竹叶青酒为主营业务，年产销名优白酒能力达5万吨，是全国最大的名白酒生产基地之一。

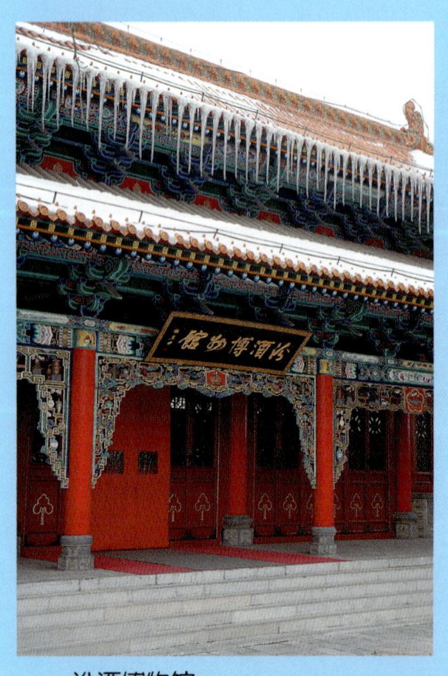

汾酒博物馆

汾酒文化源远流长，和华夏文明、黄河文明、晋商文化同根同源、一脉相承。早在1500年前的南北朝时期，汾酒就作为宫廷御酒受到北齐武成帝的推崇，被载入廿四史；晚唐大诗人杜牧的名句"借问酒家何处有？牧童遥指杏花村"使汾酒再度成名；明清时期，汾酒伴随着晋商的足迹传遍祖国的大江南北，成为酒中珍品；1915年，在巴拿马万国博览会上汾酒一举荣获中国白酒品牌唯一甲等大奖章，使汾酒名扬海内外；新中国成立后，汾酒5次蝉联国家名酒，竹叶青酒3次被评为中国名牌产品。

2012年是汾酒集团发展历程中具有里程碑意义的一年。面对国际国内严峻的经济形势，面对危机事件频发的行业环境，在省委、省政府和省国资委的正确领导下，深入实践汾酒战略新思维，紧紧围绕"强夯基础、扩张规模、创新营销、提升品牌"的年度经营方针，以"三个突破、六个强化、六个提升"为工作目标，团结带领广大干部职工，奋力推进各项工作，顺利完成年初制定的各项经营目标任务，提前三年实现了百亿目标，推动汾酒事业跃上了一个新的发展平台。各项经济指标持续、全面、高速增长，圆满完成年度经营目标，再创历史新高：工业总产值63.12亿元，比2011年增长16.3%；销售收入107.33亿元，增长36.7%；实现利税41.1亿元，增长43.9%。相当于用三年时间再造了两个新汾酒，用三年时间完成六年的任务，成功跻身行业百亿俱乐部，为汾酒提前进入新量级的竞争时代奠定了坚实的基础。

（汾酒集团公司　供稿）

省委书记袁纯清在杏花村酒业集中发展区调研

省委常委、省委宣传部长胡苏平，副省长张建欣在汾酒集团调研

汾酒集团公益基金会成立大会暨2015年世界酒文化博览会启动大会现场

纪念汾酒唯一荣获1915年巴拿马万国博览会中国白酒品牌甲等大奖章95周年国藏汾酒纪念酒公益慈善拍卖会

山西汾酒文化商务中心奠基庆典

酒业发展区储酒罐

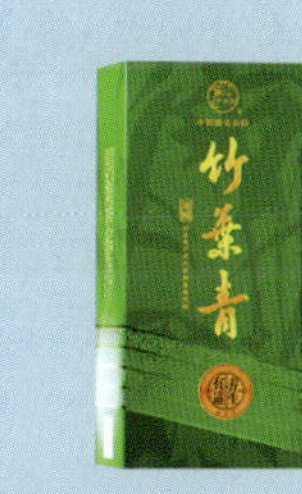

中国煤炭工业的新标杆

——中煤平朔集团有限公司

中煤股份公司副总裁、中煤平朔集团执行董事　高建军

平朔集团党委书记、副总经理　王天润

中煤平朔集团有限公司是中国中煤能源集团有限公司的核心企业，是我国目前规模最大、资源回收率最高、多项指标位居全国领先水平的露井联采的特大型煤炭生产企业。1987 年中美合作安太堡露天煤矿建成投产，推动中国煤炭工业露天开采技术一步跨越 30 年，被誉为中国改革开放的试验田。2006 年建成投产的平朔安家岭项目，是我国自行设计、施工和管理的大型现代化煤炭项目，首创露井联采模式，被誉为中国煤炭工业的新标杆。2010 年 12 月 15 日，平朔公司原煤产量首次突破亿吨大关，建成我国首座单一的露井联采的亿吨级矿区。2012 年平朔公司实行集团化运作，同年实现利税双百亿，经营业绩居中央企业前列。

平朔矿区地处山西省宁武煤田北端，所属井田面积 176 平方千米，地质储量 50 亿吨，可采煤层 3 层，平均总厚度 26 米，是我国重要的出口动力煤生产基地，是全国 14 个亿吨级煤炭大基地之一。

职工业余文化生活

邓小平与哈默历史性的握手

中国工程院院士、中煤集团总经理王安拜访省长李小鹏

平朔矿区的开发建设，得到党和国家领导人的高度重视和亲切关怀，邓小平同志 8 次过问平朔安太堡项目，李鹏同志 5 次视察平朔矿区并亲自为安太堡项目开工剪彩。江泽民、胡耀邦、万里、李瑞环、乔石、宋平、邹家华、张德江等党和国家领导人先后视察平朔矿区。国家的支持、领导的关怀、巨大的荣誉，激励着几代平朔人艰苦创业、锐意改革、科学发展、为国争光。自成立以来，平朔公司一直秉承“奉献国家、惠泽社会、幸福员工”的企业发展观，在企业快速发展的同时，更加注重企业的和谐稳定，更加注重民生的福祉建设，更加注重职工的人文关怀。经过 30 年的建设发展，企业发展环境安定祥和，职工安居乐业，企业的市场地位、行业地位和社会地位得到了稳步提升。现已拥有 3 座年生产能力 2000 万吨以上的特大型露天矿，3 座生产能力千万吨级的现代化井工矿，年入洗能力 1 亿吨的 6 座配套洗煤厂，总运输能力 1 亿吨的 4 条铁路专用线。截至 2012 年底，平朔集团拥有在册职工 12181 人，资产总额 567 亿元，已累计生产原煤 9.8 亿吨，外运商品煤 7.3 亿吨，缴纳税费 447 亿元。

平朔集团先后获得“金马奖”“金石奖”“全国思想政治工作优秀企业”“全国百家文明社区示范点”“全国‘五一’劳动奖状”“全国低碳发展突出贡献企业”“煤炭行业 AAA 级信用企业”“全国水土保持工作突出生产建设单位”“全国安全社区”“第七届中华宝钢环境优秀奖”“全国节能先进集体”“全国循环经济工作先进单位”“全国最美矿山”等称号。

（平朔集团　供稿）

中国改革开放的窗口——安太堡露天煤矿

中煤平朔矿区装备先进、生产高效的选煤厂

省长李小鹏代表山西省政府与中国建设银行签署战略合作协议

建行山西省分行行长高强为大堂经理发放御冬大衣

致力于转型跨越发展　全力支持地方经济建设

——建设银行山西省分行

成立于 1954 年的建设银行山西省分行，是中国建设银行股份有限公司在山西省辖属设立的一级分行。截至 2012 年底，全辖共有 15 个二级分（支）行，设有机构网点 349 个；全口径存款余额 2495 亿元，各项贷款余额 1105 亿元，不良贷款率仅为 0.83％。

2012 年，建行山西省分行紧紧抓住山西省作为国家资源型经济转型配套改革试验区的机遇，紧紧围绕省委、省政府的决策和部署，以山西省“十二五”确定的重点项目、重点工程、民生工程为着力点，致力于“转型发展、跨越发展”的项目落地与对接，全力支持地方经济建设。

2012 年，建行山西省分行各项贷款新增 134 亿元，同比多增 43 亿元，在四大银行中位列第二。同时，通过发行理财产品、债务融资等渠道，为企业筹集资金 167 亿元。荣获省政府“2012 年山西省信贷政策评估优胜单位”称号。

★持续加大对重点客户、重点行业的信贷支持力度。2012 年，建行山西省分行对公贷款累计投放 518 亿元，重点支持了山西省煤炭、电力、制造、炼焦、化工等支柱行业，以及铁路、公路等一批全省重点工程项目。在加大贷款投放的同时，建行山西省分行利用各种产品开展融资，发行项目投资类、股权收益权类新型融资理财产品 19.5 亿元；发行信托贷款、资产收益权类等信贷类理财产品 32.7 亿元；发行保本型理财产品 10 亿元；发行短融、中期票据、私募债 103 亿元。

★做好山西“十二五”规划及“中博会”项目的追踪及转化工作。密切追踪“十二五”规划中 2012 年重点工程项目的进展，做好项目落地对接工作。对“中博会”项目的转化进行跟踪，对符合建行信贷政策的客户及项目，积极进行支持。2012 年成功营销 140 个“中博会”引资项目开户，已发起授信 91 亿元。

★响应号召，加大对小企业的支持力度。明确信贷资源优先向小企业倾斜，确保实现监管机构关于小企业“两个不低于”。全省共设立 13 个小企业经营中心，实现小企业专营机构省内全覆盖；创新推出“速贷通”“联贷联保”“商用物业抵押贷款”“小额贷”“助保贷”等产品，形成专业专注服务模式。截至 2012 年末，小企业非贴现贷款余额 38 亿元，新增 25 亿元，增速 190%。

★加快个人住房贷款投放，支持社会保障房建设。在 11 个市设立个人贷款中心，在经营机制、业务操作流程、客户服务规范等方面建立标准运作模式。积极支持县域保障房建设项目，先后与大型企业集团以及县域保障房项目等 37 个经适房、保障房项目建

中国建设银行·中国（太原）煤炭交易中心交易商推介会在山西太原召开

建行山西省分行开展“小微企业金融服务集中宣传月”活动

建行山西省分行为阳曲县杨兴乡学校捐款

建行山西省分行副行长陈东平出席建设银行金融进太钢社区仪式

建行山西省分行副行长解陆一主持召开"内控合规年"万人动员大会

建行山西省分行副行长斛义锋出席建设银行山西省分行与山西国际电力集团战略合作签字仪式

建行山西省分行副行长宋海林参加政风行风热线节目

立合作关系。2012年，个人类贷款达到107亿元。发放个人住房贷款1.4万笔，投放金额28.5亿元，同比多投放14亿元。

★积极开展贸易融资，支持拓展外向型经济发展。积极推广新型贸易融资系列产品，支持国内大型企业"走出去"参与国际市场竞争。与诸多外贸客户办理国际结算6000万美元。2012年实现国际结算量1400万美元，为5家客户办理4.1亿元跨境人民币结算。

★密切关注民计民生，全方位融入民生建设。社保业务取得新成绩。以社保金融IC卡发卡为契机，大力拓展社保业务。目前，社保存款余额175亿元，新增30亿元，社保卡累计发行量174万张；公务卡得到继续推广，累计发卡超过10万张，同业第二，当年新增发卡超过2.4万张，同业第一。"晋工龙卡"提供新服务。以"融入民生建设，承担社会责任"为主题，创新推出"晋工龙卡"。与山西省总工会举行首批针对20万名困难职工帮扶济困的发卡仪式，并动员全行员工捐资100万元，为困难职工送上爱心。目前已发放"晋工龙卡"36600张。服务社区开拓新路子。在全省统一打造"建行你我他　共筑一个家"的特色社区金融服务品牌，与太原钢铁集团签署协议，全面承办其97个社区近40万人口的社区自助服务。

★扶持"三农"发展，着力支持县域经济。截至2012年底，建行山西省分行支持"三农"贷款余额10亿元，新增近3亿元，贷款户数由年初的20户增加到69户，新增贷款客户全部为小企业客户。出台《建行山西省分行县域机构发展指导意见》，着力改善县域机构网点布局与服务环境，形成具有区域经营特色的金融服务机构。

（建行山西省分行　供稿）

首批困难职工代表在山西省分行与山西省总工会联合举行"晋工龙卡"发卡仪式上领到新卡

建行山西省分行举办客户经理才艺展示活动

建行山西省分行开展金融进社区活动（太钢社区金融项目启动暨自助银行开业仪式）

晋商银行董事长　上官永清

晋商银行行长　阎俊生

着力推进发展战略　加快实施经营转型

——晋商银行

2012年，晋商银行以转型发展为主线，着力提高资本效率、经营效率和管理效率，不断探索实现增长方式转变的方法，积极推进各项业务发展，各项工作取得新成果。2012年末，全行资产总额1044.87亿元，较年初增长34.2%；各项存款余额743.55亿元，增长31.1%；各项贷款余额328.07亿元，增长19.5%；中间业务净收入2.46亿元，增长72.5%；净利润10.15亿元，增长66.1%。

★优化信贷投向，服务全省转型发展。一是全力支持转型综改试验区建设。从区域、行业、客户、产品四个方面入手，在服务传统经济产业发展的同时，积极支持新兴产业做大做强。全年累计向各类企业提供一般贷款273.34亿元，向生态治理、城乡统筹和改善民生等转型领域提供一般贷款41.69亿元，余额达到63.47亿元。二是积极参与重大项目建设。积极为高校园区建设提供金融服务支持，共为太原理工大学、山西医科大学等8所省内高校提供了总计5亿元的流动资金贷款，为太原市重点工程项目晋阳湖区建设改造提供综合授信6亿元。

★改善融资方式，缓解企业资金压力。一是积极发展票据融资。2012年全行累计票据贴现2060.4亿元，较好地满足了全省实体经济的资金需求。二是积极发展理财业务。建立理财资产池，研发一系列自主管理的个人理财产品、

晋商银行董事长上官永清参加“亚洲金融合作联盟”启动仪式

晋商银行被省劳动竞赛委员会授予“山西省‘五一’劳动奖状”，阎俊生行长被授予“山西省‘五一’劳动奖章”

公司领导班子

大同煤矿集团轩岗煤电有限责任公司前身为原轩岗矿务局，1954 年建局，为原煤炭部直属的 94 个统配矿务局、山西八大矿务局之一，属国家大型二类煤矿企业，1998 年下放山西省政府管理。2002 年实施政策性破产，同年 8 月由大同煤矿集团整体收购，并重组改制，组建为大同煤矿集团轩岗煤电有限责任公司，是大同煤矿集团最大的子公司，山西省国有资产监督管理委员会监管的重要子公司之一。

公司总部位于山西省忻州市原平轩岗镇，北同蒲铁路、大运公路横穿矿区，交通十分便利。公司生产矿井主要分布在忻州市的原平、宁武，运城市的河津，采煤机械化程度达 100%。主要商品煤种为气煤、贫瘦煤，并创立大友 5 号、大友 6 号等知名品牌，产品主要销往华北地区京、津、唐各大电厂，以及湖北、湖南和省内各电厂。

目前，公司形成了以煤炭生产为主，化工生产、汽车运输、机电修理、建筑安装、印刷、住宿、餐饮等多业并举、综合配套、协调发展的产业格局。

焦家寨矿生产区

梨园河矿全景

轩煤公司生产调度指挥中心

综采工作面

智能化矿灯房

运输“爱心煤”

2012 年，公司以安全稳定为第一责任，以推进发展为第一要务，以创新提升为第一动力，以惠及民生为第一要义，按照集团公司“抓融资保投资，抓销售保民生，抓节支保利润”的要求，科学谋划，务实创新，奋力赶超，经受了复杂局面的重大考验，顶住了市场变化的严重冲击，煤炭产量突破 1200 万吨大关，上缴税费 8.5 亿元，是忻州市第一利税大户，员工人均收入 6.56 万元。同时，公司商品煤销量、营业收入、利润、企业总资产、安全等主要技术经济指标均创历史最高水平。在此基础上，企业形象和社会影响力大幅提升。2012 年，公司党委被中组部授予“全国创先争优先进基层党组织”；公司被中华全国总工会、国家安全生产监督管理总局授予“全国‘安康杯’竞赛优胜单位”，并荣获“山西省‘五一’劳动奖状”称号。

“十二五”期间，公司将以“十八大”精神为引领，全面贯彻落实中央和全省经济工作会议精神，积极应对宏观经济形势和产业发展的变化，紧紧围绕“建设新同煤，打造新生活”的战略愿景，以主业做强为主攻方向，以安全做精为首要任务，以经营做细为主要抓手，以市场做稳为重要驱动，以民生做实为最大责任，以党建做优为根本保证，进一步坚定发展信心，落实发展举措，创优发展环境，为加快实现“二四六八十”战略目标，全面建设平安、和谐、高效、发展的美丽新轩煤而不懈奋斗。

（轩岗煤电公司宣传部　供稿）

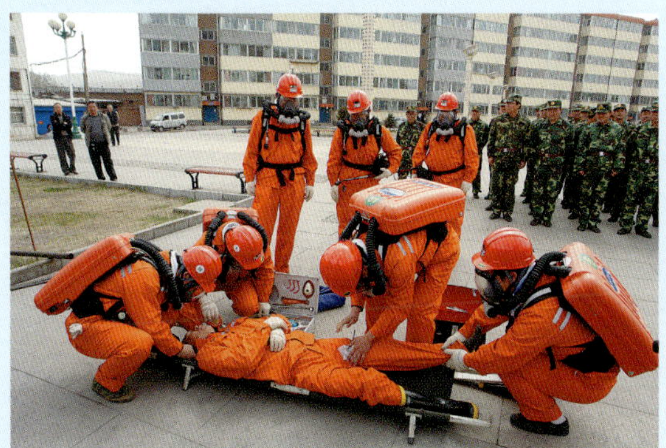

救援应急演练

大力开展“科研创新、技术比武”活动

庆“七一”颂党恩

元宵节活动

员工篮球赛

青年志愿者便民服务活动

吉祥花园小区

漳村煤矿矿长　韩玉明

漳村煤矿党委书记　段贵德

凭高极目潮起处　风驰云动竞风流

——漳村煤矿

漳村煤矿是潞安集团下属的一座以采矿、洗选为主的大型矿井。2006～2012年，连续7年被评为“国家特级安全高效矿井”，2007年、2010年两次荣获“全国‘五一’劳动奖状”。

漳村煤矿始建于1958年，经过50多年的发展，从一个年产不足10万吨的小煤窑，逐步成长为一座年产原煤400万吨、年产喷吹煤300万吨的特大型矿井。上世纪80年代，该矿依靠自学成才，跻身全国首批“现代化矿井”行列；90年代，该矿依靠自我探索，建成了全国首座“一井、一面、一条运输线、日产万吨”的“四一型”矿井，全员工效连续八年蝉联全煤井工矿井之首，被命名为全国首批“高产高效矿井”；“十一五”期间，该矿高举“中国潞安”旗帜，坚持科学发展，依靠战略制胜，以“数字矿山”和“永续发展”为目标，建成了全国首座数字化矿山，形成了“六一型”集约高效生产新模式。

“十二五”期间，漳村煤矿紧跟集团“三地一新”的战略部署，准确研判行业发展趋势，结合矿井发展实际，确立了“一地两区、千万产能”的“十二五”战略目标。“一地两区、千万产能”就是通过科学布局，以本部为战略发展的核心基地，以整合矿为产能增长区，以岳山矿为战略发展区，到“十二五”末，本部产能上500万吨，整合矿产能上500万吨，岳山矿全面开工建设，形成“一地两区、千万产能”战略发展新格局。

矿领导现场指导工作

自动化综采工作面

严格落实以矿带矿制度，分批次向整合矿井输送技术管理人才，全面提升整合矿井管理水平

新建的井下生态净水中心，实现了矿井水井下处理，循环复用，其处理技术经专家鉴定达到国际先进水平

新引进的综采端头支架

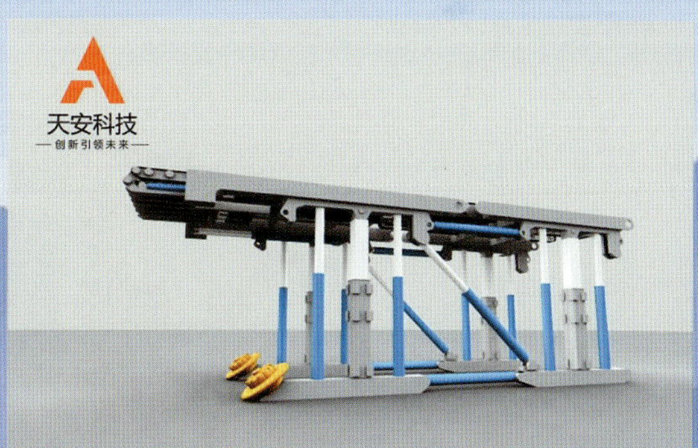

掘支锚支架

学习《弟子规》，倡导国学教育，营造良好的文明氛围

"道德讲堂"正式开讲

2008年首届邻居节现场

一缘煤业瓦斯抽放泵站

刚刚过去的2012年，全矿干部职工充分发扬"创新求实，高效卓越"的团队精神，拼搏进取，奋力攻坚，全年生产原煤首次突破420万吨，喷吹煤突破260万吨，掘进进尺突破14000米，主要指标均创历史最高水平；全面构建起"1237"安全管理新模式，实现了安全生产无事故，安全生产再上新台阶；科学合理优化采掘部署，攻坚克难狠抓扩区建设，企业发展后劲显著增强；强化整合矿井帮扶力度，以矿带矿形成新模式；紧抓"掘进超前支护、瓦斯综合治理、数字化感知化矿山建设"三大突破，科技创新呈现新亮点；创新经营管理体系，各项经营指标全面完成，降本增效取得新成效；搭建多种人才成长平台，完善"引进、培养、输出"机制，人才培育实现新提升；深入开展基层组织建设年、党的纯洁性教育活动，创新党建绩效管理，党建工作彰显新优势；惠民工程高标准兑现，关爱民生再有新作为。"十二五"战略发展扎实开局、快速推进、成果丰硕。

凭高极目潮起处，风驰云动竞风流。在转型跨越的发展道路上，一个更具经济实力、更具发展活力、更具文化魅力的新漳村定会乘风破浪，勇往直前，驶向新的彼岸！

（漳村煤矿　供稿）

女工井口开展慰问活动

社区开办的“图书银行”

开通了免费矿区电瓶车

矿区和谐文化广场

高质量承办了集团第二十届离退休职工运动会

省长李小鹏（中）在潞安集团董事长、党委书记李晋平（左一），副总经理唐军华（右一）陪同下深入井下调研

省煤炭厅厅长吴永平（中）在潞安集团总经理翟红（左一）、常村煤矿矿长王强（右一）的陪同下检查工作

全面加快自主创新 着力推进品牌化新常村建设

——常村煤矿

潞安集团常村煤矿是我国首次利用世行贷款建设的年生产煤炭 700 万吨的特大型、现代化矿井，现在拥有员工 8500 人。

常村矿采用立井开采、水平盘区布置，现在主采 3 号煤层，平均厚度 6.02 米，煤种为优质贫煤，发热量 6500 大卡左右，是发电、冶金、化工等行业的首选用煤，主要生产高炉喷吹煤、十四级混煤、混块等产品，现在已经发展成为潞安集团煤炭主业的品牌矿井。

近年来，常村煤矿在以矿长王强、党委书记薛利民为代表的矿党政团结带领下，紧紧围绕潞安建设国际化能源品牌企业的战略目标，以科学发展观为指导，提出了加快自主创新，建设本质安全型、集约高效型、自主创新型、质量效益型、绿色环保型、和谐幸福型“六型”品牌化新常村的发展思路，实现了又好又快发展。

常村矿党政负责人在建设工地现场办公

常村矿矿长王强、党委书记薛利民在潞阳公司整合矿井现场办公

常村煤矿高度重视生态治理、环境保护工作，坚持狠抓煤炭资源高效开采、清洁生产与环境治理，闯出了一条生产高效发展、生活富裕和谐、生态保护良好的开可持续发展道路。

常村矿通过质量、环境和职业健康安全管理体系认证，先后荣获“全国特级安全高效矿井”“全国特级高产高效矿井”“全国首批资源利用先进企业”“全国企业文化建设优秀单位”“全国最具成长性企业”“全国和谐社区建设示范社区”“全国模范职工之家”“山西省文明和谐标兵单位”等称号。

常村煤矿办公楼

2012 年，常村矿坚持以科学发展观为指针，着力推进自主创新，积极应对市场变化，全面加快品牌化新常村建设，各项工作都取得了新的可喜成绩，在九个方面实现了新提升：

★高标准本质安全矿井建设实现了新的提升。坚持“安全第一、预防为主”方针，确立了源头安全、系统安全、自主安全、变化安全的安全发展思路，制定了《“十二五”创建高标准本质安全矿井规划》，从瓦斯立体抽采、通风降阻改造、水患超前防治、安全教育培训、职工行为规范、隐患排查治理、变化环节控制、现场管理提升、强化设备点检、装备升级改造各方面狠下功夫，不断提升本质安全水平。全矿继续保持安全零事故、瓦斯零超限的良好态势，连续五年荣获全国“安康杯”竞赛优胜单位称号。

★企业主要生产经营指标实现了新的提升。正确处理市场变化、高效生产与集中检修的关系，采取措施强化集约高效生产、煤炭洗选销售和经营管理控制。2012 年，全矿(包括整合矿井)生产煤炭 969 万吨，喷吹煤 207.8 万吨，销售收入、实现利润分别达到 74 亿元、14 亿元，圆满完成年度各项经营任务。

采区自动化控制中心

整合矿安全生产指挥中心

★安全规范、集约高效生产实现了新的提升。深化推行大超前、精细化管理，全矿正规循环率、设备开机率和资源回收率明显提高。进一步优化采区、工作面布置，提高“稳产高产、持续发展”水平。进一步优化管理机制、洗选工艺，提高商品煤、特别是喷吹煤产运效率。进一步提高掘进效率，取得明显成效。

★各项重点工程建设实现了新的提升。470水平延伸明显加快。S3采区下部延伸步伐加快。数字化、自动化矿井建设步伐明显加快。其他各项重点工程建设成效显著。

★企业全面自主创新实现了新的提升。加快理念创新，提出“用心对事、用智谋事、用力干事”“超前管理、主动工作，快乐工作、幸福生活”“只有倒闭的企业，没有倒闭的行业”等新理念。加快机制创新，全面加快包括工资分配、选人用人等十个方面的机制创新，增强了企业经营活力。加快管理创新，创新构建了“层次管理、划块负责、自我管控”经营管理新模式。加快技术创新，瞄准“安全高效”方向，在加快先进、实用新工艺、新技术、新装备，特别是掘锚一体化、岩巷掘进机引进推广，加快数字化、自动化矿井建设的同时，进一步加大了职工“小改小革”“难题攻关”活动力度。

★“一通三防”、瓦斯抽采工作实现了新的提升。“一通三防”水平稳步提升，连续三年保持了瓦斯零超限。瓦斯超前、立体化抽采实现了质的突破，实现了“先抽后采、抽采平衡”。瓦斯源头治理成效显著，瓦斯防突实现了新提升，确保了安全生产，为加强防突工作积累了经验。

★整合矿井技改基建、现代化建设实现了新的提升。安全管理水平明显提升，规范和强化了整合矿井生产基建、变化环节、技术设计等安全监管。生产经营管理水平明显提升。技改基建水平明显提升。

劳模技能大师工作室负责人现场授课

在全省首家成立了煤矿安全心理咨询中心

★党建工作与文明创建实现了新的提升。进一步完善以党建工作绩效管理，主题活动、社区建设、企业文化建设、全国一流文明矿区创建为载体的“一个机制、四个载体”党建模式。职工队伍建设成效显著。新公寓楼“职工书屋”荣获全总“职工书屋示范点”称号。企业文化建设被集团授予“‘不简单’流动红旗”，顺利通过全国首届“最美矿山”初审检查。

★幸福和谐矿井建设实现了新的提升。大力弘扬“快乐工作、幸福生活”理念，提高了基层队组、职工群众的满意程度。后勤服务水平稳步提升。编制实施“幸福常村”创建方案，制定完善“可感知、能量化”的职工群众幸福指数评价办法，服务管理水平稳步提高。惠民工程建设成效显著。狠抓安全社区建设、“两堂一舍”改造、交通安全治理、直饮水改造、井口营养餐厅投运、供暖锅炉大修等各项惠民工程建设，职工生活条件明显改善。

（常村矿　供稿）

常村国际安全社区接待了众多慕名而来的参观者

团结奋进的斜沟矿领导班子

外树形象　内强素质　稳中求进

——斜沟煤矿

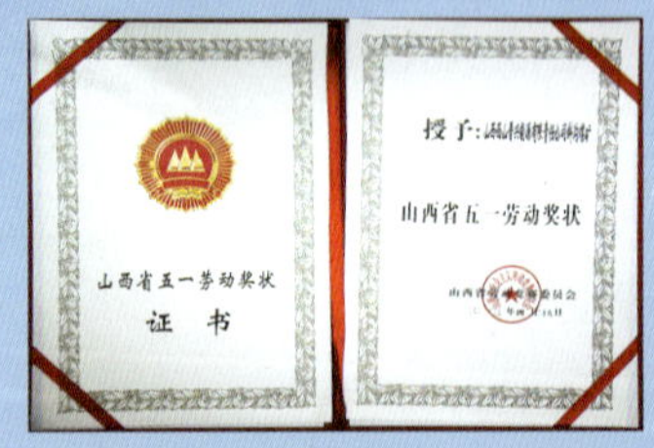

山西西山晋兴能源有限责任公司斜沟煤矿，是国家煤炭工业“十一五”规划的10个千万吨级矿井之一。矿井井田面积88.64平方千米，矿井主采8号和13号煤层。目前，矿井年生产能力1500万吨，为山西焦煤集团和西山煤电集团所属生产能力最大的一座矿井。

近年来，面对煤炭市场危机，该矿稳中求进，在实现安全生产“零”目标的同时，全员效率、完全成本、综合单产、单进等各项指标均创创历史最好成绩，开创了安全形势持续向好、各项指标全线飘红、矿区面貌不断改善、精神文明齐头并进、各项事业蒸蒸日上的喜人局面。先后荣获全国“安康杯”竞赛优胜企业、山西省“五星级”基层工会、山西省“五一”劳动奖状以及“先进基层党组织”“学习型党组织”等称号。

斜沟矿全景

斜沟矿先进的井下综采成套设备

斜沟矿大采高首采工作面

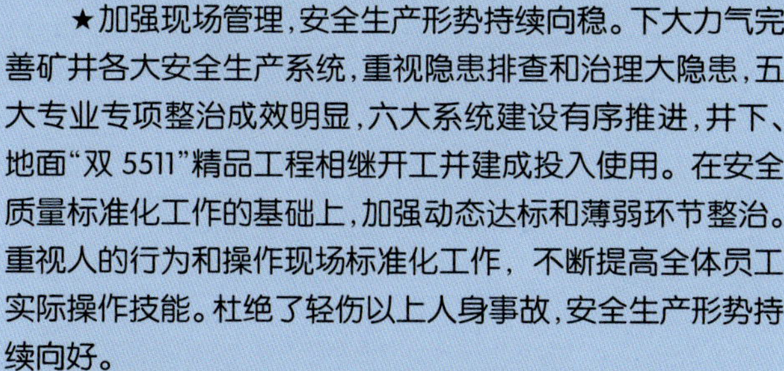

★加强现场管理，安全生产形势持续向稳。下大力气完善矿井各大安全生产系统，重视隐患排查和治理大隐患，五大专业专项整治成效明显，六大系统建设有序推进，井下、地面“双 5511”精品工程相继开工并建成投入使用。在安全质量标准化工作的基础上，加强动态达标和薄弱环节整治。重视人的行为和操作现场标准化工作，不断提高全体员工实际操作技能。杜绝了轻伤以上人身事故，安全生产形势持续向好。

★依靠科技进步，科学合理组织生产。引进千万吨级国产综采成套试验设备和奥钢联掘锚一体机等先进装备，积极探索和运用多轮间隔循环放顶煤工艺，工作面回采率保持在 98%以上。仅 2012 年开展科研项目 15 项，解决了矿井安全生产中一大批重大技术难题。“年产千万吨级矿井大采高系统成套设备及关键技术”项目获 2012 年煤炭工业协会科技一等奖。综采三队 QC 小组获中国煤炭行业优秀 QC 小组、综掘一队 QC 小组获太原市优秀 QC 小组称号。

★有效经营管控，企业经济效益大幅提高。加强成本管理，严控非生产性支出，大力压缩差旅费、办公费、会议费等费用。进一步完善《奖金分配考核管理办法》、《岗位绩效工资制管理办法》和《工资分配管理实施办法》，树立劳动、技术、管理等生产要素按贡献参与分配的新理念。学习摸索出“一粗一精”放顶煤技术，全矿放顶煤工作面回采率提高到 98%以上，仅此一项每月可多回收煤炭 4 万－5 万吨，经济效益显著。

★融入生产经营中心，企业党建工作卓有成效。紧紧围绕全矿中心工作，创新开展“136”（围绕一个中心，发挥三个作用，处理好六种关系）党建工作新模式。加强领导班子建设，求真务实，真抓实干。以文明和谐创建为载体，加强职工队伍建设。广泛开展职工群众喜闻乐见的各类文体活动，丰富了职工文化生活。关心职工生活，坚持开展“到基层、进宿舍、解民情”活动，为职工创造良好的生产生活环境。

（斜沟煤矿　供稿）

准军事化会操汇报表演

职工健美操表演

职工宿舍小区夜景

团结奋进的矿领导集体

西曲矿矿长马永阁对工程技术人员进行现场培训

山西焦煤集团副总经理杨根贵在西曲矿调研

和谐发展的西曲矿

——西曲矿

西曲矿1979年8月开工建设，1984年12月1日正式投产。井田位于古交市汾河北岸，总面积40.69平方千米。矿井设计年生产能力300万吨(2005年重新核定为340万吨)。截至2012年底，矿井累计查明资源储量46724.3万吨，保有资源储量32986.4万吨，可采储量17714.3万吨。经营范围包括原煤开采、煤质化验、汽车货运、小型水泥制品、机电修理、配件制造、技术咨询。产品以10级焦煤为主，先后通过ISO9000质量体系认证，ISO14001环境管理体系认证和ISO18000职业健康安全管理体系认证。为西山煤电股份有限公司二级单位。

2012年，西曲矿原煤总产量317万吨，精煤产量189.1万吨，掘进总进尺30670米，开拓总进尺3652米，实现利润2.06亿元，销售收入15.88亿元，连续1437天安全生产无事故。安全质量标准化示范矿井建设成绩突出，通风、地测防治水和采煤专业多次被评为金牌专业。完成质量标准化创新项目26项，其中，获二等奖3项、三等奖3项，安全质量标准化工作公司排名第二，被评为国家级“安全质量标准化煤矿”。利润、成本指标在公司矿井板块排名第一。在西山煤电职工技能大赛16个工种的比赛中，取得1个第一，12个前六的好成绩。工程二队职工柴卫国获得“全国技术能手”“全国青年岗位能手”“三晋技术能手”称号，所在班组荣获山西省总工会“模范班组”称号。矿帮扶工作不断巩固、特色工作不断出新，建成并开始运行集病友协会活动室、爱心药店、实物救助平台、洗车行为一体的“西曲矿困难职工帮扶站救助中心”，实现了“造血”帮扶的新型帮扶模式。

(王志军　供稿)

跟班干部对职工进行现场培训

西曲矿困难职工帮扶救助中心剪彩

矸石山通过治理，绿树葱葱，满山翠绿

阳煤三矿荣获全国'五一'劳动奖状，矿长刘兴和领奖

阳煤三矿荣获全煤系统先进煤矿称号，矿党委书记李怀明领奖

夯基固本谱新篇　安全发展铸辉煌

——阳煤集团三矿

团结奋进的阳煤三矿领导班子

全面开展安全监督检查工作

阳煤三矿始建于1950年5月，以生产含碳量较高的优质无烟煤著称。

2012年，阳煤三矿在矿长刘兴和、矿党委书记李怀明的带领下，紧紧围绕阳煤集团"建设国际化新兴能源大集团"的战略目标，解放思想，抢抓机遇，努力打造管理一流、本质安全、效益领先、和谐稳定的现代化矿井。坚持"安全第一、预防为主、综合治理"的方针，不折不扣地落实执行瓦斯抽采治理、干部跟班上岗等各项规定，开展岗位操作要领、事故案例教育等系列活动，推进"142"安全管理模式，强化通风和抽采"两个能力"建设，杜绝了重伤及以上人身事故，实现了瓦斯"零"超限目标。面对井下地质构造复杂、煤质松软、设备老化、动压影响等诸多不利因素，超前研究和制定安全生产组织措施，完善设备、工序、工艺，提前24天实现了千万吨目标，超额完成全年产量任务。认真贯彻执行降本增效"十六条"措施，圆满完成各项经济指标任务，在岗职工人均工资增长15.2%，增长幅度和人均工资总量双双跃居阳煤集团十大主体矿首位，经营工作成效显著。曾荣获中国煤炭工业协会"行业一级安全高效矿井"、全国"安康杯"竞赛活动优胜企业、"山西省'五一'劳动奖状""山西省优秀企业"等称号，2012年荣获"山西省优秀企业""全煤系统先进煤矿""全国'五一'劳动奖状"等称号。

（文／雷令萍　图／鄯志强）

产量突破千万吨祝捷大会

积极开展"安全生产文明家庭"评选活动

职工街头文艺表演

省长李小鹏在七元矿项目建设现场调研

七元矿筹建处处长乔金亮作项目介绍

七元公司效果图

敢立潮头　追求卓越

——阳煤集团七元煤业有限责任公司

公司领导现场规划矿山建设

项目工程施工机械

建设中的工业场区

阳煤集团七元煤业有限责任公司是阳煤集团的全资子公司。七元矿井位于太行山脉北段西侧，寿阳县丹凤城区。井田面积 194.36 平方千米，地质储量 16.18 亿吨，设计储量 12.88 亿吨，设计可采储量 8.94 亿吨。矿井建设规模为 800 万吨 / 年(一期 500 万吨 / 年)，矿井项目总投资 38 亿元。配套建设有选煤厂、铁路专用线，服务年限 78.3 年，建设工期 58 个月。全区以无烟煤为主，主采煤层为 8 号煤、15 号煤。

阳煤集团七元矿项目是国家煤炭工业发展“十二五”规划的重点建设项目，是山西省政府确定的重点建设工程，也是目前寿阳县境内投资规模、煤炭产能最大的建设项目。七元矿井的建设和规划与在寿阳建设的 6 亿立方米天然气联产、200 万吨 / 年尿素项目配套，形成循环经济工业园区。

七元矿项目于 2011 年 9 月正式开工建设，目前已完成工业场区平整、进场道路通行、10 千伏临时电源供电、生活办公区临建、火药库、风机房投运等工程，4 个立井井筒的开凿延深及平巷施工等陆续开工建设。2012 年以井筒工程为主，全年完成 2258 米，超额完成奋斗计划。

安全工作是煤炭企业“天”字号大事，是煤炭企业赖以生存和发展的根本，也是构建和谐社会的基础。在公司执行董事、党总支书记、总经理乔金亮的带领下，公司始终秉承“安全为天”理念，坚持“安全第一、预为主、综合治理”的安全生产总方针，不断拓展安全文化领域，提高全员培训力度，夯实企业安全发展基础，将安全生产筑成了公司发展的一道铜墙铁壁。七元公司先后荣获省安监局“安全先进集体”、寿阳县“2012 年度项目建设先进企业”等称号。他本人先后荣获 2012 年“山西省煤炭科技创新双十佳矿长”、2013 年晋中市“‘五一’劳动奖章”等称号。

（七元公司　供稿）

科技创造未来 真诚赢得朋友

——平朔宇辰有限公司

省委书记袁纯清在宇辰公司调研

厢斗生产现场

山西中煤平朔宇辰有限公司位于中煤平朔工业园区内，是中煤平朔煤炭工业公司全资子公司，注册资本4亿元，资产总额21亿元，现有从业人员1860人。

宇辰公司主要依托平朔集团公司煤炭主业，为矿区生产和建设提供产品及配套服务。经营范围涉及机电设备维修制造、油脂化工、建筑工程及房地产开发、综合加工服务4大板块近20多个行业。

宇辰公司实施多元化发展战略，始终坚持走以质量求生存、以科技求发展的道路，通过积极开展"开元节流、降本增效"活动锐意进取，不断提升市场竞争力和可持续发展能力。与南非VRS公司合作的矿用重型卡车厢斗、与美国EPM公司合作生产的高端井下及露天设备用密封产品、全部取得国家矿用产品安全标志认证的带式输送机系列产品、自动化水平全国第一的托辊生产线生产的托辊、煤用挂壁防冻液及选用瑞典SSAB钢材公司提供高强度耐磨钢板制造的铸造类耐磨件等拳头产品广受国内和海外市场好评。2012年收入30.3亿元，实现利润1.5亿元，上缴税费1.88亿元，全年安全生产无事故，经济效益和社会效益显著，发展势头良好。

按照平朔集团公司"11456"发展目标和"5448"工作要求，宇辰公司力争到"十二五"末，企业产值达到50亿元，中煤平朔工业园区成为同朔地区乃至全省一流的现代化工业园区。

2012年，宇辰公司被中共朔州市委、朔州市人民政府授予"朔州市模范集体"称号；朔州经济开发区授予"科技创新优秀企业"称号；山西省企业联合会、山西省企业家协会授予"2011年度山西省功勋企业"称号，2012年、2013年连续两年被评为"山西省100强企业"(目前排名第50位)和"山西省制造业100强企业"(目前排名第21位)；被评为朔州市"全市招商引资优秀外来投资企业"等。

今后，宇辰公司将继续以优质的产品和最完善的售后服务真诚地与各界朋友开展广泛的合作，共同创造一个美好的未来！

(宇辰公司 供稿)

部分荣誉展示

密封产品生产现场

电 话：0349-2051019 2051066
邮 箱：ccpsyuchen@163.com
地 址：山西朔州经济开发区

福光风电公司总经理李兵(右一)、总工程师董强(左一)向集团董事长刘建中(右二)介绍福光公司省内风场分布

风电场奠基

转型跨越发展　服务地方经济

——山西福光风电有限公司

夕阳下的风电场

山西福光风电有限公司成立于 2007 年 5 月，注册资本金 4.31794 亿元，主营风力发电项目开发、建设、运营管理等。

2007 年，福光风电公司开工建设平鲁败虎堡风电场和右玉小五台风电场，2009 年投入商业运营，总装机规模达到 75 兆瓦，每年可向电网提供 1.2 亿千瓦小时的绿色能源，每年可减少各类有害物排放 9 万吨。这两个风电场的成功运营，标志着我省的风力发电开始起步，填补了我省没有风力发电的空白。

福光风电美景

平鲁风电场

浇筑基础

质量监督检查会议

现场吊装

2009年以来，福光风电公司按照省委、省政府“高碳资源低碳发展，黑色煤炭绿色发展，以煤为基多元发展”的战略部署，生产经营、基本建设、项目前期三驾马车并驾齐驱，积极推进前期项目核准，加快推进工程建设进度，努力把握快速发展机遇期，努力建设有朝气、业绩优、效率高、管理强的省内风电行业领军企业。

目前，福光公司在建并即将投产的风电场有平鲁败虎堡一期扩容、平鲁瑀丰败虎堡、平鲁败虎堡二期、宁武盘道梁风电项目，已取得核准并即将开工建设的有平鲁高家堰一期、右玉丁家窑一期、右玉丁家窑二期、朔城牛家岭项目，已取得路条的有平鲁高家堰二期、平鲁败虎堡三期、平遥朱坑风电项目，列入国家能源局“十二五”核准计划的有寿阳坪头镇和平鲁红石峁风电项目。此外五台西龙池、五台莲花山、翼城中卫以及汾西高家岭风电项目正在开展前期测风储备，各项工作快速推进。

2012年，福光风电公司累计发电量1.05亿千瓦小时，比2011年增长12.9%；全年累计上网电量1.03亿千瓦小时，增长12%；全年累计收入7046.2万元，增长8%；全年利润45.5万元，增长3倍。全年完成投资7.75亿元，荣获“2012年度山西省重点工程建设‘五一’劳动奖状”。

（福光风电公司　供稿）

省煤炭厅厅长吴永平在北山煤业公司调研

晋中市原市长吴清海在北山煤业公司调研

鸿鹄高飞竞潮跃　煤海生辉曜北山

——山西榆次北山煤业有限公司

在晋中平原这片浸润着中华厚重文明的土地上，山西榆次北山煤业有限公司，这座饱蘸着创业者探索开拓史诗的企业，正以跨越式发展的雄姿跃起为一颗熠熠生辉的明星！

近年来，北山煤业公司党总支书记、董事长王福生的带领下，发扬“辛勤劳作艰难探索，正本清源相安无事”的北山精神，谱写了一曲时代壮歌——矿井数量减少，原煤产量增加；技改投资加大，矿井提升上档；采掘机运质变，安全正本清源；职工收入提高，实现跨越转型。2013 年公司荣获山西省“‘五一’劳动奖状”“山西省功勋企业”称号。

★安全为先——筑牢企业发展根基。2012 年以来，北山煤业公司牢固树立“安全责任重于泰山、职工利益高于一切”思想，贯彻落实“安全第一、预防为主、综合治理、总体推进”的方针，将安全生产置于工作首位，多管齐下保安全。2012 年轻伤事故比 2011 年下降 62%，重伤以上事故和三级以上非伤亡事故保持零纪录，安全质量标准化省级验收顺利通过。

★管理固本——多管齐下筑通途。立足公司实际，在实践探索中寻求企业发展与创新管理的最佳结合点，扎根科学理念，将点滴变化渗透在管理工作中。坚持矿级带班、科队级跟班制度，强化现场管理，确保安全，提高工效。以现代企业经营管理手段为引擎，注重资金管理和企业经营核算管理，提高了企业核心竞争力。

★以人为本——欣欣向荣始蔚成。以“一切为了职工、为了职工一切”为出发点，从薪酬管理、后勤保障、福利待遇方面加大改革力度，关心人、理解人、为了人、发展人。2011 年人均年工资收入 55268 元，并为职工按时缴纳了工伤、医疗及养老等社会统筹保险金，工伤、医疗保险参保率 100%。北山煤业在自身不断发展壮大的同时，始终没有忘记自己承担的社会责任和肩负的历史使命。2011 年以来，投资 290 多万元，对矿区环境进行综合治理，“地下乌金，地上林海”成为北山煤业发展进程中一道独特的风景线。

晋中市委常委、统战部长孙光堂在北山煤业公司调研

技术比武

★跋——发展如歌。总结改制十年，北山煤业收获硕果累累。矿井数量减少，原煤产量增加。2009 年以前，北山煤业拥有九九煤矿、北山二坑、长安 3 座矿井，产能 45 万吨。2009 年 9 月，关闭了九九、长安矿井。2012 年北山二坑提升产能为 90 万吨，现核定能力为 120 万吨。

技改投资加大，矿井提升上档。先后投资 3 亿元进行煤矿技改，机械化、现代化生产水平迅速提升。技改升级赢得高产量，更赢得了本质安全。

生活环境改善，职工共享企业发展成果。十年来，公司先后组织兴建鑫发小区、王湖路小区、堡新街和鸣谦小区，解决职工住房 582 套。先后投资 89 万元和 373.9 万元新建职工公寓楼，使身在异乡的矿工兄弟享受到“家”的温暖。

企业责任彰显，税金年年提高。公司 2002 年上缴税金 301 万元，2012 年上缴税金达 14070.7 万元。

注重生态建设，实现跨越转型。公司投资 6.6 亿元的乌金山森林公园，经过短短五年的开发建设，已经建成规模宏大、布局合理、设施完善、配套齐全的 4A 级景区，初步实现了从黑色到绿色、从地下到地上、从有限到无限的转型跨越。

（北山煤业公司　供稿）

公司监控

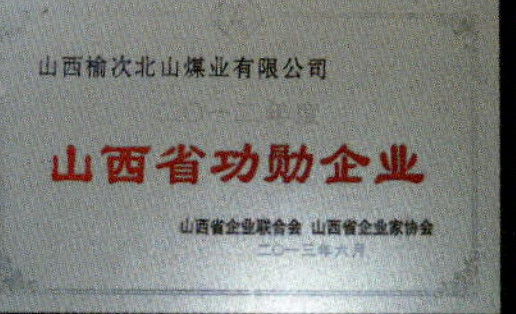

公司大楼

肩负责任 奋力拼搏 为山西转型跨越发展建功立业

——山西一建集团有限公司第一分公司

省委书记袁纯清参观公司承建的晋国博物馆工程

山西一建集团董事长澹台印玉在一分公司工地检查工作

山西一建集团有限公司第一分公司为国有控股大型综合建筑施工企业山西一建集团核心成员单位。40 年来，建设足迹遍布首都北京、三晋大地，先后建造了北京豹房小区、临汾华门、晋国博物馆等为代表的百余项工程，出色完成了各项建设施工任务。

1999 年以来，一分公司在总经理牛武功带领下，健康、持续、稳定发展。从 2000 年 8 个项目发展到现在的 20 余个项目，市场开发由 5000 万元增加到现在的 10 亿元，产值由 6140 万元增加到 5.5 亿元，上缴利润由 260 万元增加到 2433 万元，2012 年职工人均收入 6 万元。特别是近十年来，承揽任务 42 亿元，完成施工产值 28.5 亿元，上缴 1.23 亿元，创"汾水杯"工程 8 项、"太行杯"工程 3 项、省优工程 11 项、省科技示范工程 1 项、山西省用户满意工程 6 项、山西省装饰工程奖 2 项、北京市"结构长城杯"金奖 1 项。2007 年荣立山西省社会主义现代化建设集体二等功，2013 年被授予山西省建筑业"'五一'劳动奖状"；牛武功总经理 1999 年评为山西省直系统优秀共产党员，2001 年评为山西省劳动模范，2004 年荣立山西省社会主义劳动竞赛一等功，2013 年被授予山西省"'五一'劳动奖章"。

2013 年，山西一建集团以一分公司为骨干，整合十一分公司、十五分公司等 5 个土建单位，成立山西一建集团晋南区，由牛武功同志担任总经理。通过半年的运行，经营状况保持良好发展态势。一分公司将按照山西一建集团"平台构建年、转型发展年"的战略规划，继承和发展"逢一必争、逢旗必夺"精神，勇于走在集团发展的前列，站稳排头，为建设美丽山西再做新贡献。

（山西一建集团一分公司 供稿）

总经理牛武功介绍施工管理经验

公司承建的山西省重点工程——晋国博物馆

公司承建的天下第一门——临汾华门

图书在版编目（CIP）数据

山西经济年鉴.2013/《山西经济年鉴》编辑委员会主编.—太原：山西经济出版社，2014.1
ISBN 978－7－80767－747－5

Ⅰ.①山…　Ⅱ.①山…　Ⅲ.①区域经济—山西省—2013—年鉴　Ⅳ.①F127.25－54

中国版本图书馆CIP数据核字（2014）第019400号

山西经济年鉴·2013

编　　者：《山西经济年鉴》编辑委员会
责任编辑：李慧平
助理责编：姚　岚
装帧设计：太原方正新锐广告设计有限公司

出 版 者：山西出版传媒集团·山西经济出版社
社　　址：太原市建设南路21号
邮　　编：030012
电　　话：0351－4922133（发行中心）
　　　　　0351－4922085（综合办）
E－mail：sxjjfx@163.com
　　　　　jingjshb@sxskcb.com
网　　址：www.sxjjcb.com

经 销 者：山西出版传媒集团·山西经济出版社
承 印 者：利丰雅高印刷（深圳）有限公司

开　　本：787mm×1092mm　1/16
印　　张：62.25
字　　数：1892千字
版　　次：2014年1月第1版
印　　次：2014年1月深圳第1次印刷
书　　号：ISBN 978－7－80767－747－5
定　　价：200.00元